CONTRATS DU NUMÉRIQUE
INFORMATIQUES ET ÉLECTRONIQUES

DALLOZ RÉFÉRENCE

CONTRATS DU NUMÉRIQUE

INFORMATIQUES ET ÉLECTRONIQUES

DOUZIEME ÉDITION
REMANIÉE ET AUGMENTÉE
MISE À JOUR
AU 22 AVRIL 2022

PHILIPPE LE TOURNEAU
Professeur émérite de la faculté de Droit
de l'Université de Toulouse 1 Capitole

https://www.philippe-le-tourneau.fr

DALLOZ

ISBN 978-2-247-21171-5

31-35, rue Froidevaux
75685 PARIS CEDEX 14

SERVICE CLIENTÈLE
tél. 33 (0) 1 40 92 20 85
serviceclient@lefebvre-dalloz.fr

www.editions-DALLOZ.fr

DU MÊME AUTEUR

La Règle Nemo auditur, préface P. Raynaud, LGDJ, 1970, couronné par l'Académie de législation (*épuisé*).

La Responsabilité civile, Dalloz, 1re éd. 1972 ; 2e éd. 1976 ; 3e éd. 1982 (*épuisé*).

Sur La grand route du siècle, Téqui, 1987 ; 2e tirage 1989 (*épuisé*).

La Concession commerciale exclusive, Economica Poche, 1994 (*épuisé*).

Le Franchisage, Economica Poche, 1994, couronné par la Délégation générale à la langue française (*épuisé*).

Les Contrats informatiques, Dalloz, « Connaissance du droit », 1997 (*épuisé*).

La Responsabilité des vendeurs et fabricants, Dalloz, « Connaissance du droit », 1997 (*épuisé*).

Le Parasitisme, Litec, 1998 (*épuisé*).

L'Éthique des affaires et du management au XXIe siècle. Essai, Dalloz Dunod, 2000 ; 2e tirage 2001 (traduit en espagnol par R. Abarca Fernandez), *épuisé* (3e édition disponible gratuitement sur le site https://www.philippe-le-tourneau.fr)

La Responsabilité civile, PUF, « Que sais-je ? », 2003 (traduit en espagnol par J. Tamayo Jaramillo, Legis [Colombie] ; 3e tirage, 2010).

Le Contrat de vente, Dalloz, « Connaissance du droit », 2005.

Responsabilité civile professionnelle, 1re éd., Economica Poche, 1995 ; 2e éd., Dalloz, « Dalloz Référence », 2005 (traduit en espagnol par J. Tamayo Jaramillo, Legis [Colombie], 2e éd. 2014 ; et en arabe par L. Saadna).

Les Principaux contrats civils et commerciaux (avec J. Fischer et E. Tricoire), Ellipses, 2005.

Les Contrats de franchisage, Litec, « Litec professionnels », 1re éd. 2003 ; 2e éd. 2007.

Les Contrats de concession, Litec, « Litec professionnels », 1re éd. 2003 ; 2e éd. 2010.

Responsabilité des vendeurs et fabricants, Dalloz, « Dalloz Référence », 1re éd. 2001 ; 5e éd. 2015/2016.

L'Ingénierie, les transferts de technologie et de maîtrise industrielle, LexisNexis, 1re éd. 2003 ; 2e éd. 2016.

Droit de la responsabilité et des contrats, Dalloz, « Dalloz Action », 1re éd. 1996 ; 12e éd., 2021/2022, couronné par l'Institut (Académie des sciences morales et politiques).

EN COLLABORATION

Tratado de responsabilidad médica (direction M. J. López Mesa), Legis, Buenos Aires (Argentine), 2007.

SITE DE L'AUTEUR : https://www.philippe-le-tourneau.fr

Sommaire

Table des matières

LIVRE

0. LIVRE INTRODUCTIF

Non legem informaticam ignorare legem censetur
P. Catala
dans *Libre droit. Mélanges en l'honneur de Philippe le Tourneau*,
Dalloz, 2008, p. 213 s.

SECTION 0 ORIENTEUR

0.00 Sommaire du livre.

0.01 Plan de l'ouvrage. Cet ouvrage couvre un très large champ, de sorte qu'il comprend de nombreuses allées divergentes vers des perspectives multiples et, comme le droit des médias[1], transdisciplinaires. Certes de droit positif, il envisage néanmoins les évolutions lorsqu'elles sont prévisibles. Voici l'itinéraire qui sera suivi. Un livre *introductif*, assez long, donnera la clé de la citadelle sous la forme d'un premier aperçu de la matière et de ses particularismes. La riche palette des contrats relatifs au numérique sera ensuite envisagée au cours de quatre livres d'inégales importances, en un ordre assemblé (enrichi par certaines réflexions ou soliloques que le hasard a fait surgir). Le livre premier traitera de la *préparation* de l'informatisation d'une entreprise (livre 1). Ensuite, le deuxième, plus important, sera consacré à sa *réalisation* (livre 2). Puis un livre trois portera sur *l'environnement* de l'informatisation ; dans cette sorte de division fourre-tout, un aperçu de la plupart des contrats relatifs à l'informatique pourra être donné (livre 3). Enfin, le dernier livre sera consacré aux principaux contrats du monde de *l'internet*, qui a connu un développement spectaculaire (livre 4).

L'ouvrage respecte les normes de la collection *Dalloz référence*. Elles portent notamment sur le plan, dont l'ordonnance est voilée, les divisions devant être démultipliées pour en faciliter la consultation, plus particulièrement dans la base de données Dalloz (dont l'existence est d'une grande commodité pour les praticiens ; cependant, nous ne cèlerons pas que nous regrettons de ne plus avoir de véritables lecteurs, cheminant avec nous tout au long du fil de nos propos...). Nous nous consolons en nous souvenant de la réponse de Jean Cocteau à Marcel Proust, se plaignant que la comtesse de Chevigné n'ait pas lu *Le Côté de Guermantes 1* (un des tomes paru en 1920 de *La recherche du temps perdu*) qu'il lui avait envoyé : « *Fabre*[2] *a écrit un livre sur les insectes, mais il n'a pas demandé aux insectes de le lire* » ! Le fractionnement en parties, livres, titres, chapitres, sections et autres niveaux, souhaité par l'éditeur, est accompagné d'une numérotation spécifique à la collection, permettant l'indexation automatique.

0.02 Limitation au Droit privé – L'esprit de ce livre. Nous n'étudierons que les contrats *de Droit privé* relatifs à l'informatique et à l'internet, à l'exclusion des marchés publics et des télécommunications. Il ne traite ni du droit pénal ni de la fiscalité[3]. Pour autant, vaste est son domaine, comme le laissent deviner les sous-titres figurant sur la page de garde.

L'objectif de cet ouvrage est autant théorique que pratique. Fondé sur nos pensées sur la société et ses évolutions (c'est un livre de convictions !), associées à nos réflexions doctrinales sur les contrats et la responsabilité, menées depuis plus d'un demi-siècle, il fut aussi enrichi de l'apport des affaires, constitué par les consultations que nous avons eu à traiter et des arbitrages que nous avons eu à rendre. Ce livre, architectural et prémédité, fut écrit avec plaisir, de notre propre chef et non sur commande, peut-être parce que nous n'avions pas trouvé un ouvrage sur la matière qui nous convenait (or, selon Walter Benjamin, de toutes les façons de se procurer des livres, les écrire soi-même est la méthode la plus estimable ![4]).

Fruit d'un homme d'âge[5] (et, qui sait, sage), il constitue peut-être une espèce de testament (malgré ses lacunes et ses

1. D'UNE FAÇON GÉNÉRALE sur le droit des médias : E. Derieux, *Le droit des médias*, 6e éd., « Connaissance du droit », Dalloz, 2019.

2. Fabre (1823-1915), entomologiste réputé à son époque.
3. SUR CELLE-CI : F. Douet, *Fiscalité 2.0. Fiscalité du numérique*, 2e éd., « Précis fiscal », LexisNexis, 2019.
4. W. Benjamin, « En déballant ma bibliothèque », dans *Illuminations*, Suhrkamp Verlag, Francfort (Allemagne), 1955.
5. Né en janvier 1940.

scories), nos *ultima verba* (affranchies des canons[1]), dans lequel nous nous livrons parfois à la dérobée. Et, malgré l'aridité de la matière, il a été écrit, révisé et complété avec plaisir. Nous croyons que l'on ne peut rejoindre l'essence d'une création, quelle qu'elle soit, que dans une forme de joie intérieure, une joie de l'esprit : tel fut le cas !

Presque chaque page condense une longue durée antécédente, ne nous lassant pas de nous efforcer de progresser dans l'intelligence des choses. Notre pensée n'est pas figée une fois pour toutes. Bien qu'ancrée sur un socle de solides convictions, elle reste *en devenir* et évolue au fil du temps, s'enrichissant de rencontres et de dialogues avec les idées d'autrui. Tel est notre *modus operandi* ! Tout en étant à la pointe de l'actualité juridique et technique, ce livre comporte maintes « considérations inactuelles »[2]. Son parcours, « à sauts et gambades » (comme disait Montaigne[3]), est varié, voire escarpé, mais unifié par une vision du droit et du monde. Nous traiterons la matière sans dogmatisme, en nous efforçant de fuir tant l'excès de subtilité[4] que les « idées reçues » et la « pensée unique » (contre laquelle nous nous élevons[5], ce qui nous conduit parfois à proposer des solutions originales et quelques idées qui méritent créance ; aussi la lecture de ce livre implique de se mettre en état de « disponibilité intellectuelle » ; nous cultivons la curiosité et l'étonnement, permettant d'éviter les effets de mode, la contagion mimétique, le cloisonnement des disciplines et la spécialisation[6]). Conservant ce que Baudelaire nommait « *le plaisir aristocratique de déplaire* », nous espérons démentir ces vues, tout en acceptant d'être caricaturé en esprit passéiste[7]. Pour connaître le succès, il importe généralement de ne pas avoir d'idées. Nous n'avons pas toujours suivi ce précepte et en avons payé les conséquences, à savoir un certain ostracisme jeté sur nos travaux, singulièrement sur cet ouvrage. Par définition, la recherche est (ou devrait être) une transgression, donnant parfois l'impression d'une provocation lorsqu'elle bouscule les pensées figées et provoque une controverse. Notre indépendance d'esprit nous conduira à parfois emprunter des chemins de traverse. Ce livre est « moderne » par son objet (même à la pointe de la modernité), mais d'une certaine façon il est antimoderne, car défendant une certaine conception éthique[8], tant de l'être humain que de la culture, dont fait partie le droit, et en ne dédaignant pas la tradition (sa devise : *nova et vetera*)[9]. S'il est nourri des évolutions législatives et jurisprudentielles ainsi que des travaux de la doctrine dans sa diversité, il est très personnel et original, tant dans le fond que dans la forme[10]. Nous n'hésitons pas à proférer ce que saint Augustin appelait l'*admonitio*, ne signifiant pas tant l'avertissement[11] que l'action de rappeler à la mémoire, en revenant parfois sur des notions bien établies, passages qui paraîtront sans doute superflus à certains lecteurs avertis.

Depuis sa première édition en 2000 (déjà 23 ans !), les innovations, évolutions et même révolutions intervenues dans la matière sont si considérables, tant quant aux aspects juridiques qu'aux aspects techniques[12], que ce livre est extrêmement différent, presqu'un nouvel ouvrage à chaque édition, au point que son titre a été modifié en 2018 (où le mot numérique y fut intégré). Nombre de questions qui y figurent n'étaient nullement envisagées dans ses premières versions, voire inenvisageables. Et les évolutions sont loin d'être achevées !

0.03 **Bibliographie générale. Ouvrages.** A. Bensoussan (dir.), *Informatique, Télécoms, internet. Réglementation, contrats, fiscalité, assurance, santé, fraude, communications électroniques*, 6e éd., éd. Francis Lefebvre, 2017 – H. Bitan, *Droit et expertise des contrats informatiques*, 2e éd., « Axe droit », Lamy, 2017, très inspiré par nos travaux – J.-M. Bruguière, P. Desprez, F. Dumont et V. Fouchoux, *Le droit de l'internet*, 3e éd., « Professionnels », LexisNexis, 2017 – C. Castets-Renard, *Droit interne et européen du numérique*, 3e éd., « Cours », Montchrestien-Lextenso, 2018 – C. Féral-Schuhl, *Cyberdroit. Le droit à l'épreuve de l'internet*, 8e éd., « Praxis », Dalloz, 2020 – Ph. Gaudrat et F. Sardain, *Traité de droit civil du numérique*, 2 tomes, Larcier, Bruxelles, 2015 – L. Grynbaum, C. Le Goffic et L. Morlet-Haïdara, *Droit des activités numériques*, « Précis », Dalloz, 2014 – J. Huet, *Les contrats électroniques*, « Droit & Professionnels », LexisNexis, 2016 – J. Huet et N. Bouche, *Les contrats informatiques*, LexisNexis, « Droit & Professionnels », 2011 – Ph. le Tourneau (dir.), *Droit de la responsabilité et des contrats. Régimes d'indemnisation*, 12e éd., « Dalloz action », 2020 – M. Vivant (dir.), *Lamy Droit du numérique* (annuel).

Sans compter, évidemment, les divers traités et manuels consacrés aux contrats dits spéciaux, fréquemment réédités.

Bibliographies spéciales. Le lecteur trouvera en tête des développements des bibliographies particulières, établies dans l'ordre suivant : encyclopédies, ouvrages, manuels, thèses, contributions (sous-entendu aux ouvrages collectifs, dont les mélanges), articles.

1. Sur les œuvres tardives des auteurs : A. Compagnon, *La vie derrière soi. Fin de la littérature*, Équateurs, 2021.
2. Pour reprendre le titre d'une série de quatre ouvrages de Nietzsche (publiés de 1873 à 1876), dans sa traduction française, alors que le sens du titre allemand, *Unzeitgemässe Betrachtungen*, est littéralement *Considérations à contre-temps*.
3. Montaigne, *Les Essais*, chap. « De la vanité ».
4. COMP. : M. Vivant, « Considérations au fil de la plume sur la norme subtile », dans *Libre droit. Mél. Ph. le Tourneau*, Dalloz, 2008, p. 1059 s.
5. Comme : C. Hagège, *Contre la pensée unique*, Odile Jacob, 2012, mais axé sur la défense de la pluralité des langues.
6. COMP. J.-P. Martin, *La curiosité. Une raison de vivre,* « Les grands mots », Autrement, 2019.
7. Alors que nous avons été un des premiers à nous intéresser au droit du numérique ou au franchisage et un des rares à traiter de l'ingénierie. Après tout, c'est sans doute le prix à payer si « *vouloir être compris, c'est vulgaire* » (O. de Kersauson, *Le Figaro Magazine* 6 déc. 2019).
8. Ph. le Tourneau, *L'éthique des affaires et du management au XXIe siècle, Essai*, Dalloz-Dunod, 2000 ; 2e tirage, 2001, épuisé (une version postérieure est consultable librement sur https://www.philippe-le-tourneau.fr).
9. F. Colonna d'Istria, « Le poids de la tradition dans l'argumentation juridique », *RTD civ.* 2019. 727, montrant not. que la tradition est un support épistémologique et une contrainte psychologique.
10. V. *infra* ss no 011.103.
11. CEPENDANT : v. *infra* ss nos 011.11 et 011.13.
12. NOT. *infra* ss nos 011.41 s.

TITRE

01. Titre introductif

« La position fondamentale des temps modernes est la position technique ».

M. Heidegger, *« La question de la technique »*, dans *Essais et conférences*, Gallimard, 1993.

SECTION 0 ORIENTEUR

01.00 Sommaire du titre.

Division – Plan de l'introduction. Le Droit des contrats du numérique (informatiques et électroniques) s'intéresse notamment aux conventions relatives peu ou prou à ces disciplines, ce qui explique qu'un ouvrage puisse être consacré aux *contrats numériques (informatiques et électroniques)*. Toutefois cet intitulé donne à penser que nous allons étudier une des catégories du Droit curieusement nommée des « contrats spéciaux » (alors que, s'il existe des règles générales s'appliquant à tous les contrats dans leur diversité, *chaque contrat est spécial*). Or, ce n'est qu'une trompeuse apparence. D'où la nécessité, après des prolégomènes (chap. 011), qu'il conviendra de conserver « par derrière la tête » pour la suite de l'ouvrage, de s'interroger sur les notions usuelles de contrats informatiques et électroniques (chap. 012). Nous montrerons qu'elles sont fallacieuses, même si les contrats des mondes de l'informatique et de l'internet connaissent une certaine spécificité. Nous l'envisagerons sous deux aspects. D'un côté, le particularisme résultant de la pluralité d'interventions et d'intervenants (chap. 013). De l'autre, l'originalité des obligations de « l'informaticien », tant quant au conseil (chap. 014) qu'à l'efficacité (chap. 015). Mais nous en trouverons de supplémentaires ultérieurement, par exemple les procédures complexes de réception (v. *infra* s[s] n° 252.72).

CHAPITRE

011. Prolégomènes

SECTION 0
ORIENTEUR

011.00 **Sommaire du chapitre.**

SECTION 1
GENÈSE ET ÉVOLUTION DE L'INFORMATIQUE ET DE L'INTERNET

§ 1
Genèse

011.11 **Naissance d'un Droit de l'informatique et de l'internet.** L'évolution du monde est dominée par une sorte de *loi de complexité croissante*. Elle se traduit notamment par la multiplication des découvertes scientifiques et de leurs applications concrètes (des inventions), des plus banales aux plus stupéfiantes, qui constituent de merveilleux moteurs et accélérateurs de la croissance économique. Par un choc en retour, il arrive que ces innovations techniques[1] suscitent la naissance d'une nouvelle branche du Droit. L'apparition de l'informatique, son développement si important et si rapide, est un exemple particulièrement significatif de ce phénomène. L'informatique engendra un *Droit de l'informatique*, puis de l'internet, qui est devenu un droit du numérique. Il a conquis ses lettres de noblesse, depuis les travaux précurseurs du regretté professeur Pierre Catala[2], suivis par de nombreux émules. Pour autant, il ne s'est pas édifié sur une table rase. Il emprunte l'essentiel de ses mécanismes au Droit commun, sauf quelques textes particuliers qui ont été spécifiquement promulgués dans ce domaine, et sauf quelques infléchissements apportés par la jurisprudence (comme nous pourrons le constater à propos des contrats du numérique, portant sur l'informatique ou l'internet). Ici comme ailleurs la jurisprudence joue son rôle d'interprétation et d'explication, y compris par des *obiter dicta*, c'est-à-dire une digression en passant. Un *obiter dictum* est « *un énoncé juridique effectué au sein même d'une décision, mais s'écartant du champ décisionnel* »[3] ; c'est notamment un « *outil performant d'anticipation* »[4], tant « *lorsqu'il est le support d'un discours pédagogique que lorsqu'il permet d'affirmer une règle de droit nouvelle* »[5].

011.12 **Définition de l'informatique.** Mais qu'est-ce que l'informatique ? Le mot est un

1. La technique s'entend d'un « *ensemble de procédés bien définis et transmissibles, destiné à produire certains résultats jugés utiles* » (A. Lalande, *Vocabulaire technique et critique de la philosophie*, PUF, 2010, p. 1106, 2 A).
2. ARTICLES réunis et ordonnés dans : P. Catala, *Le Droit à l'épreuve du numérique : Jus ex Machina*, PUF, 1999.
3. S. Hortala, *Les* obiter dicta *de la Cour de cassation. Étude de la jurisprudence civile*, préf. J. Julien, « NBT », vol. n° 186, Dalloz, 2019, n° 134.
4. S. Hortala, th. préc., n°s 212 s.
5. S. Hortala, th. préc., n° 213.

condensé d'information et d'automatique[1]. Selon une définition officielle, l'informatique est « *La science du traitement rationnel, notamment par machines automatiques, de l'information considérée comme le support des connaissances humaines et des communications dans les domaines technique, économique et social* »[2] ; elle combine du matériel (le *hardware*) et de l'immatériel (le *software*, constitué par les programmes, les logiciels et les progiciels). Par extension, ce mot sert à désigner l'ensemble « *des techniques de la collecte, du tri, de la mise en mémoire, du stockage et de l'utilisation des informations* », traitées automatiquement par des logiciels, mis en œuvre par des unités centrales (dites aussi processeurs), plus communément appelés ordinateurs[3]. L'informatique résulte principalement de la conjonction de deux découvertes.

1° D'abord, de l'invention de calculateurs automatiques, les premiers ordinateurs, pendant la seconde guerre mondiale[4], simultanément en Allemagne par Konrad Zuse (mais dont, du fait des événements, les demandes de brevets ne furent pas examinées à temps) et aux États-Unis par Howard Aiken avec l'aide d'*IBM* (son premier appareil mesurait 2,5 mètres de long et 18 de large). Le premier micro-ordinateur au monde, *utilisant un microprocesseur*, fut le *Micral N*, conçu et développé en 1972 par le Français André Truong (au sein de la société *R2e*, à la suite d'une commande de l'Inra). À l'origine d'une nouvelle conception de l'informatique, le *Micral N* donna des idées aux Américains. En 1975, l'*IBM 5100* arriva dans les foyers, tandis que le premier micro-ordinateur conçu par Steve Jobs, l'*Apple II*, apparut en 1977. Aujourd'hui, la miniaturisation est si avancée que les scientifiques songent à implanter un processeur dans le corps de certains infirmes.

2° Ensuite, de la démonstration, effectuée par C. Shannon (1916-2001), l'inventeur de la théorie de l'information, que toute information peut être exprimée sous une forme numérique binaire de 1 et 0 (qui a été désignée en anglais par le mot *bit*, contraction de *binary digit*[5], nombre binaire ; 8 bits = 1 octet ; 1 KiloOctet = 1 024 octets ; 1 MégaOctet = 1 024 KiloOctets ; 1 GigaOctet [abrégé en GO] = 1 024 MégaOctets. Attention au piège des abréviations anglaises : le b minuscule désigne un bit, et le B majuscule un octet ; – la commission de terminologie a proposé comme équivalent français « élément binaire[6] »[7]). Au fond, la trouvaille de Shannon a produit un bouleversement considérable : « *le monde s'est fait nombre* »[8], tant le monde physique que celui de l'intelligence ; la vérité de ce propos est renforcée par l'importance prise depuis par les algorithmes[9]. Le vœu exprimé au XVIIIe siècle par Nicolas de Condorcet[10] « *d'assujettir toutes les vérités à la rigueur du calcul* »[11] s'est réalisé. Il existe donc une filiation historique entre mathématique, logique (dont le père est Aristote) et informatique, cette dernière étant le fruit du « croisement » des deux premières, leur « bissociation »[12]. Le mathématicien Américain Norbert Wiener proposa en 1947 le terme de cybernétique (en anglais *cybernetics*), formé à partir du grec *kubernêtês* (pilote, gouverneur), pour unifier les domaines naissants de l'automatisme, de l'électronique et de la théorie mathématique de l'information, en tant que « *théorie entière de la commande et de la communication, aussi bien chez l'animal que dans la machine* »[13].

011.13 Intelligence dite artificielle ; matière et mémoire. Une des métamorphoses les plus notables apportées par l'informatique dans notre monde fut l'incorporation croissante de connaissances dans les appareils, les processus et les services. Telle fut la « révolution numérique », en attendant la sublimation par la « révolution quantique », qui devrait intervenir au mieux entre 2025 et 2035. Elle sera le

1. Cet élégant néologisme fut créé en 1962 par Philippe Dreyfus. Il n'existe pas d'équivalent exact en anglais, qui recourt à diverses expressions : *data processing, information technology* ou *computer science*.
2. Arr. 22 déc. 1981, enrichissement du vocabulaire de l'informatique, *JO* 17 janv. 1982, n° complémentaire, p. 624.
3. *Nouveau Petit Robert 1, V° Informatique*.
4. En réalité, l'ordinateur avait été imaginé dès 1830 par le mathématicien Britannique Charles Babbage (1791-1871), sous le nom de *machine analytique*. Il ne réalisa jamais l'énorme appareil dont il avait dessiné les plans. Le musée des sciences de Londres envisage de le construire (source : *The New York Times*, reproduit par *Le Figaro* 18 nov. 2011).
5. Mais aussi jeu de mots, puisque *little bit* signifie « un petit peu ».
6. Vocabulaire des télécommunications (liste de termes, expressions et définitions adoptés), *JO* 14 déc. 2004, p. 21227, NOR : CTNX0407770K.
7. Sur celui-ci aussi : v. *infra* s^s^ n° 252.72.
8. G. Berry [professeur au Collège de France], *L'hyperpuissance de l'informatique. Algorithmes, données, machines, réseaux*, Odile Jacob, 2017.
9. V. *infra* s^s^ n° 011.13.
10. Nicolas de Condorcet (1743-1794), notre ancêtre Philippe Antoine Grouvelle fut un grand ami de Condorcet (sur Philippe Antoine Grouvelle, personnage historique intéressant, consulter sur : https://www.philippe-le-tourneau.fr la rubrique « De la famille du titulaire du site », puis le nom en question).
11. Dans son ouvrage posthume *Esquisse d'un tableau historique des progrès de l'esprit humain* (Paris, 1795).
12. L. de Brabandère, *Homo informatix*, Éd. Le Pommier, 2018 – L'auteur considère que les pères fondateurs du numérique sont Thomas Bayes (1702-1761, qui imagina le principe de fonctionnement du réseau), Claude Shannon (1916-2001, l'inventeur de la théorie de l'information) et Norbert Wiener (1894-1964, le père de la cybernétique).
13. N. Wiener, *La cybernétique : Information et régulation dans le vivant et la machine*, Seuil, 2014, « Introduction », p. 70.

fruit des ordinateurs quantiques (*quantum computer*)[1], 100 millions de fois plus rapides qu'un ordinateur classique, s'appuyant sur des propriétés physiques à l'échelle d'atomes ou de particules et non plus seulement sur des mathématiques ! Ils soulèveront de grosses difficultés quant à la cybersécurité[2]. Ici, les investissements sont surtout immatériels. Ils visent à introduire une apparence de raisonnement dans les systèmes (au point que l'on parle de plus en plus « d'intelligence artificielle » [IA][3], mais c'est un abus de langage ou une métaphore ; il s'agit plutôt d'un *artifice intellectuel* ; une résolution de l'Union européenne du 20 oct. 2020[4] lui substitue l'expression de « prise de décision automatisée », qui est préférable) : il n'existe pas de véritable intelligence artificielle[5], nous aurons l'occasion d'y revenir. Une excellente définition en a été donnée : *« un système informatique capable d'effectuer un choix autonome, distinct de celui de la personne qui l'a conçue et qui en a l'usage »*[6] (même s'il peut effectuer des choix, il n'est pas indépendant, son action dépendant nécessairement des options qui ont été effectuées en amont par ses créateurs[7]). L'informatique est le domaine par excellence de la matérialisation de l'intelligence, celui de *l'intelligence intégrée* au plus haut degré. Celle-ci, conjuguée à la robotique[8] (ou automatisation[9]), provoquera dans les années à venir (avant 2035 estiment les experts) un bouleversement de l'économie, en faisant sans doute disparaître la moitié des métiers actuels mais en en suscitant toutes sortes d'autres[10]. La fameuse théorie de « destruction créatrice » de Schumpeter, remise à l'honneur par Philippe Aghion en 2015[11], s'illustrera de façon spectaculaire, sans doute plus que jamais dans l'histoire[12] (mais sans que les emplois créés soient équivalents, quant à leur qualification, à ceux qui seront détruits). Plus de la moitié des emplois de l'avenir n'existent pas aujourd'hui et nul n'est capable d'en prédire les contours[13]. Qui aurait imaginé hier que des drones livreraient des colis[14] ?

L'ordinateur personnel (PC, sigle de *personal computer*) est un instrument extériorisant les facultés mentales de son utilisateur, prolongeant ainsi en quelque sorte celui-ci plus que toute autre création matérielle humaine antérieure. C'est un outil « *plus personnel que n'importe quel autre outil puisque son contenu et son organisation vont porter l'empreinte de l'esprit de son utilisateur* »[15]. Nul ne peut encore

1. Fondé sur la mécanique quantique, un ordinateur quantique est doté d'une importante puissance de calcul afin de résoudre des problèmes complexes. Sur un ordinateur classique, chaque bit représente soit un 0, soit un 1. Mais sur un ordinateur quantique, les bits sont des « qubit » qui superposent deux états (0 et 1) à la fois. Le premier concept d'ordinateur quantique est attribué à Richard Feynman (1918-1988), prix Nobel de physique en 1965, pour effectuer des simulations.
2. V. *infra* s[s] n° 335.63.
3. Définition (laborieuse) : « *Champ interdisciplinaire théorique et pratique qui a pour objet la compréhension de mécanismes de la cognition et de la réflexion, et leur imitation par un dispositif matériel et logiciel, à des fins d'assistance ou de substitution à des activités humaines* » (*JO* 9 déc. 2018, n° 58).
4. Résol. Parlement européen, 20 oct. 2020 (2020/2012[INL]), contenant des recommandations à la Commission sur un régime propre de responsabilité civile pour l'intelligence artificielle ; sur cette résolution : D. Galbois-Lehalle, « Responsabilité civile pour l'intelligence artificielle selon Bruxelles : une initiative à saluer, des dispositions à améliorer », *D.* 2021. Point de vue 87.
5. L. Julia, *L'intelligence artificielle n'existe pas*, First éditions, 2019. – L'auteur sait de quoi il parle, puisqu'il est un mathématicien dirigeant l'un des laboratoires les plus en pointe dans ce domaine ; son ouvrage, adoptant le point de vue que nous exprimions dans les éditions antérieures du présent ouvrage, affirme que l'intelligence artificielle est simplement (même si c'est beaucoup !) l'expression d'une formidable capacité de calcul associée à une quantité de données personnelles. Et il relativise ses capacités. Un ex. relatif aux algorithmes de reconnaissance d'images est saisissant : ils doivent ingurgiter des centaines de milliers d'images de chats pour en reconnaître un (mais pas toujours), alors qu'il suffit à un enfant de deux ans de croiser un chat deux fois pour qu'il le reconnaisse dans n'importe quelle situation !
6. S. Merabet, *Vers un droit de l'intelligence artificielle*, préf. H. Barbier, Dalloz, « NBT », 2020, n° 60.
7. S. Merabet, *Vers un droit de l'intelligence artificielle, op. cit.*, n° 118.
8. Ensemble des études et des techniques de conception et de mise en œuvre des robots effectuant des tâches déterminées en s'adaptant à leur environnement. Le mot robotique semble avoir été forgé par Isaac Asimov (1920-1999), auteur prolifique de romans de science-fiction.
9. V. *infra* s[s] n°s 011.65 s.
10. I. Rouhan, *Les métiers du futur*, First éditions, 2019 (il eut été plus correct d'écrire les métiers *de l'avenir* ; futur est un temps des verbes ; son emploi en tant que nom est un anglicisme ; en revanche, l'adjectif futur est correct) – L'auteur répartit les métiers en trois catégories : les métiers en évolution, en révolution ou en innovation radicale.
11. Dans sa leçon inaugurale au Collège de France, prononcée le 1er oct. 2015 : Ph. Aghion, *Repenser la croissance économique*, « Leçons inaugurales du Collège de France », Collège de France-Fayard, 2016 – *Adde* : Ph. Aghion, C. Antonin et S. Bunel, *Le Pouvoir de la destruction créatrice. Innovation, croissance et avenir du capitalisme*, Odile Jacob, 2020.
12. SELON UNE ÉTUDE de McKinsey de nov. 2017, environ 60 % des métiers auront au moins 30 % de leurs activités qui seront automatisées d'ici 2030. Et 14 % de la main-d'œuvre changera de métier et devra acquérir de nouvelles compétences (*Le Figaro* 29 nov. 2017, 22). Ces pourcentages sont mondiaux, et seront donc en réalité beaucoup plus importants dans les pays dits « avancés ».
13. E. Bembaron, *Ce pot de fleurs est un robot*, L'archipel, 2020.
14. Drone est un mot anglais signifiant faux bourdon (mâle de l'abeille). Il fut donné par dérision dans les années 1930 au Royaume-Uni à des avions automatisés pour servir de cibles, fort bruyants.
15. A. Supiot, *Homo juridicus. Essai sur la fonction anthropologique du Droit*, « La couleur des idées », Seuil, 2005, p. 193.

prédire l'ampleur à long terme des changements qui résulteront de l'informatique dans la vie quotidienne, les relations sociales, l'économie, notre appréhension du monde[1], *etc.* Mais il apparaît déjà qu'elle est en passe de transformer « matière et mémoire », au point « *de faire de l'âge classique de la parole, de l'écriture, de la lecture, un prélude au nouveau monde de l'immédiat* »[2]. Les mémoires des ordinateurs (et les bases de données électroniques) intègrent l'essentiel de ce que les hommes imaginent et s'échangent. Cette mémoire est absolue, puisqu'elle peut retrouver tout ce que nous avons dit ou écrit sur les réseaux. La maîtrise des données devient le cœur de la stratégie des entreprises ; les données sont devenues innombrables sur la toile ; des logiciels d'exploration de données (*data mining*) permettent leur analyse de différentes perspectives et de les transformer en informations utiles, en établissant des relations entre elles. L'importance des données est aujourd'hui telle que l'on se trouve dans une économie internationale fondée sur elles, alors qu'auparavant elle l'était sur le pétrole[3]. De plus, l'ordinateur augmente de façon considérable les potentialités du cerveau, alors qu'auparavant les diverses révolutions industrielles avaient permis à l'homme d'accroître sa force physique. La « raison numérique » interfère dans tous les domaines de l'activité humaine et ira peut-être jusqu'à modifier la manière de penser... Un *alter ego* numérique apparaît, fruit des « algorithmes prédictifs » du commerce électronique. Loin d'être une émanation de la personne, il aboutit à une dépersonnalisation de l'individu, qui est inconsciemment influencé et orienté par lui dans ses achats[4] (tout en affectant le marché, renforçant la position des opérateurs dominants). L'analyse algorithmique permet de créer un *profilage* comportemental de chaque internaute[5] (aussi : v. *infra* n°s 451.00 s.). Et la main numérisée (*digitalisée*) n'est nullement la *main invisible* d'Adam Smith (qui assurerait l'équilibre de la société, où chacun ne se soucie que de ses intérêts et passions[6]) car, disposant instantanément de la totalité des informations, elle domine le marché et fausse donc totalement les lois de celui-ci. Dans le commerce électronique les algorithmes prédictifs (pour une définition v. ci-dessous) servent à apprécier la réceptivité des clients potentiels (*prospects*) à une offre personnalisée, qui aura été élaborée en fonction d'un profilage effectué *via* les traces laissées sur les réseaux (par notre moi numérique ou jumeau numérique [*digital twin*]). Ainsi, *Amazon* a mis en place un algorithme grâce auquel la plateforme envoie au client un produit qu'il pourrait vouloir acheter près de chez lui avant même qu'il le commande ! Les plateformes permettent en effet une « *individualisation la plus grande possible du service à destination de l'utilisateur* »[7]. Une jeune pousse (*start-up*), *ContentSquare* (française malgré son nom anglais), en pointe dans son domaine, développe des outils permettant aux entreprises de comprendre ce que font les consommateurs qui visitent leurs sites internet ou leurs applications. Comprendre le cheminement des visiteurs permet d'améliorer la conversion des visites en achat, tout en faisant varier les prix instantanément en fonction de l'offre et de la demande[8]. L'entreprise émet des recommandations à ses clients afin de les aider à améliorer le parcours des consommateurs sur leurs sites, en tenant compte du fait qu'il devient difficile d'attirer l'attention des internautes, submergés par un flot continu d'informations (d'où l'apparition d'une économie de l'attention[9]). Les traces que nous laissons alimentent les bases de données des courtiers de données [*data brokers*] des entreprises mondiales - qui nous font entrer dans des catégories à vie afin de permettre de nous adresser des publicités ciblées ; l'appareil de surveillance le plus abouti est l'ordiphone (*smartphone*), qui recueille la masse de nos habitudes[10].

1. EX. : F. Paoletti et G. Chaty, *L'homme et l'ordinateur. Les enjeux de l'informatisation de la société*, « L'esprit économique », L'Harmattan, 2003.
2. G. Steiner, *Entretiens*, Éd. du Félin, 1992, 10/18, 2000, p. 202.
3. En juin 2020 les sept plus grandes entreprises numériques représentaient 7 200 milliards de dollars de capitalisation boursière ; celle des sept plus grandes sociétés pétrolières s'élevait à 2 500 milliards.
4. L. D. Godefroy, « Pour un droit du traitement des données par les algorithmes prédictifs dans le commerce électronique », *D.* 2016. Chron. 438 – L. Arcelin, « Données personnelles : sésame déterminant sur le marché de la publicité digitale », *RLDI* 2017. Ét. 5106 : pourquoi l'auteur a-t-il utilisé dans le titre de son article le mot anglais *digitale* à la place du mot français numérique ?
5. La licorne française *Content square* développe des algorithmes capables, à la fois d'analyser tous les comportements des visiteurs d'un site et d'en déduire des plans d'action à suggérer à leurs clients (sur les licornes v. *infra* s^s^ n° 011.47.
6. L'expression si célèbre de la main invisible n'a pourtant été employée que deux fois par Smith, la première dans sa *Théorie des sentiments moraux*, Guillaumin, 1860, p. 276 ; la seconde dans un passage très connu des *Recherches sur la nature et les causes de la richesse des nations*, Folio/Essais, p. 255-256. Du reste, les considérations morales, not. la prudence et la sympathie, sont plus importantes dans les analyses de Smith que l'égoïsme – A. Sen, *Éthique et économie*, PUF, 1993, p. 24 s. ; « Quadrige », 2012.
7. Conseil d'État, *Puissance publique et plateformes numériques : accompagner l'"ubérisation"*, Étude annuelle, Documentation française, 2017, p. 37.
8. E. Combe, *Vers des prix personnalisés à l'heure du numérique*, Fondation pour l'innovation politique, 2019.
9. Y. Citton, *L'économie de l'attention*, hors collection, La Découverte, 2014.
10. O. Tesquet, *À la trace. Enquête sur les nouveaux territoires de la surveillance*, Premier parallèle, 2020, réquisitoire contre les ravages de la surveillance numérique.

011.14 Intelligence dite artificielle et apprentissage automatique. Des algorithmes ont donc la capacité d'apprendre et de s'améliorer de manière autonome, par un apprentissage automatique[1] (*machine learning*[2]), dit aussi apprentissage non supervisé (*data clustering, unsupervised learning, unsupervised training*), par opposition à l'apprentissage supervisé (*supervised learning, supervised training*), utilisé notamment pour la reconnaissance d'images et la traduction automatique. Ces algorithmes anticipent le choix de l'utilisateur en se fondant, non seulement sur son comportement antérieur mais aussi sur les solutions les plus fréquemment adoptées par les autres utilisateurs. Du paradoxe que les plus récentes innovations conduisent à une sorte de mimétisme, pour ne pas dire de conformisme ! Une autre illustration s'en trouve dans la recherche opérationnelle. Celle-ci, technique d'aide à la décision, est destinée à trouver les solutions idoines, dans un système nouveau et/ou complexe, permettant de parvenir au meilleur résultat possible. Elle utilise des algorithmes spécifiques. Étant donné la tendance au mimétisme et au conformisme des algorithmes, l'aide à la décision risque parfois de devenir en réalité la décision, l'agent se laissant dicter celle-ci par le logiciel. Pour autant, le cerveau humain possède dès la naissance des capacités que les meilleurs logiciels de « prise de décision automatisée » (« d'intelligence artificielle ») ne parviennent pas encore à imiter la faculté d'apprendre réellement et d'imaginer[3]. Aussi subtil qu'il soit, nul algorithme ne saurait être responsable, n'étant pas doté de la personnalité juridique. La société « dystopique », gouvernée par l'IA n'existe pas[4].

Étant donné les immenses capacités des algorithmes, il est nécessaire de songer à leur régulation, afin que l'être humain en conserve le contrôle[5], car les périls sont immenses[6], notamment de servitude volontaire sous couleur de la commodité[7]. Il serait opportun de songer à l'éthique dès la conception des programmes (*ethic by design*)[8]. Une proposition de loi constitutionnelle, enregistrée à la présidence de l'Assemblée nationale le 15 janvier 2020 (nº 2585), est relative à la création d'une « Charte de l'intelligence artificielle et des algorithmes ». Au terme de l'Assemblée de l'Académie pontificale pour la vie, sur le thème « Le "bon" algorithme ? Intelligence artificielle : éthique, droit, santé », un document intitulé *Rome Call for AI Ethics* (Appel de Rome pour une éthique de l'intelligence artificielle) a été signé le 28 février 2020[9], notamment par le Saint-Siège, le directeur de l'Organisation des Nations unies pour l'agriculture (FAO), le président de *Microsoft*, le vice-président d'*IBM* et le président du Parlement européen. Il expose quelques directives pour une éthique de l'intelligence artificielle et quelques engagements des signataires quant à l'éthique, à l'éducation et au droit. La première partie du document insiste sur le fait que la liberté et la dignité de chaque personne humaine doivent « *être protégées et garanties lors de la production et de l'utilisation des systèmes d'IA* [...]. *Les systèmes d'IA doivent être conçus et mis en œuvre pour servir et protéger les êtres humains et l'environnement dans lequel ils vivent* ». Un vrai progrès technique, selon les auteurs du document, doit répondre à trois exigences : il « *doit inclure chaque être humain, sans discrimination* » ; il « *doit avoir le bien de l'humanité et le bien de chaque être humain en son cœur* » ; enfin, il « *doit être conscient de la réalité complexe de notre écosystème et se caractériser par la manière dont il prend soin et protège la planète* [...] *avec une approche très durable* ». Pour atteindre ces objectifs, l'Appel de Rome énonce un certain nombre de principes (qui sont autant de bons sentiments et d'observations de bon-sens. 1) *transparence* : les systèmes d'intelligence artificielle doivent être explicables ; 2) *inclusion* : les besoins de tous les êtres humains doivent être pris en considération afin que chacun puisse en profiter et que les meilleures conditions possibles soient offertes aux citoyens leur permettant de s'exprimer et de se

1. Traduction officielle de *machine learning* (Vocabulaire de l'intelligence artificielle – Liste de termes, expressions et définitions adoptés, *JO* 9 déc. 2018, nº 58, NOR : CTNR1832601K) – Ce texte en donne la définition suivante : « *Apprentissage automatique dans lequel l'algorithme utilise un jeu de données brutes et obtient un résultat en se fondant sur la détection de similarités entre certaines de ces données* ».
2. Y. Le Cun, *Quand la machine apprend*, Odile Jacob, 2019.
3. S. Dehaene, *Apprendre : Les talents du cerveau, le défi des machines*, Odile Jacob, 2018, indiquant que même le cerveau d'un bébé apprend déjà plus vite et plus profondément que la plus puissante des machines actuelles.
4. A. Jean, *Les algorithmes font-ils la loi* ?, éd. de L'Observatoire, 2021.
5. EN CE SENS : C. O'Neil, *Algorithmes : la bombe à retardement*, préf. C. Villani, Les Arènes, 2018.
6. É. Sadin, *L'intelligence artificielle ou l'enjeu du siècle. Anatomie d'un antihumanisme radical*, L'Échappée, 2018 – M. David et C. Sauviat, *Intelligence artificielle. La nouvelle barbarie*, Éd. du Rocher, 2019, dressant un tableau sombre des défis que la machine lance aujourd'hui à l'homme – C. Lazaro et A. Strowel (dir.), *Des véhicules autonomes à l'intelligence artificielle. Droit, politique et éthique*, Larcier, Bruxelles, 2020.
7. B. Barraud, « La vie au temps des IA, entre servitude volontaire et main invisible numérique », *RLDI* 2021/11. Ét. 6073.
8. A. Jean, *Les algorithmes font-ils la loi* ? *op. cit.* – COMP. : S. Merabet, *Vers un droit de l'intelligence artificielle*, préf. H. Barbier, Dalloz, « NBT », 2020, nºs 193 s., proposant de limiter le domaine de l'intelligence artificielle par la reconnaissance d'un ordre public de l'humanité.
9. https://romecall.org

développer ; 3) *responsabilité* : ceux qui projettent et mettent en œuvre ces techniques doivent agir avec responsabilité ; 4) *impartialité* : afin de protéger la dignité humaine il convient d'éviter de créer ou d'agir en fonction de préjugés ; 5) *fiabilité* : les systèmes d'intelligence artificielle doivent être en mesure de fonctionner de manière fiable ; 6) *sécurité et protection de la vie privée* : enfin leurs utilisateurs doivent être protégés et la confidentialité respectée.

Selon la « loi de Moore », la puissance de calcul informatique est multipliée par mille tous les dix ans. Au milieu du présent XXIe siècle, cette puissance sera telle que certains imaginent que les ordinateurs pourront égaler la capacité du cerveau humain, voire sauvegarder sa conscience (comme on sauvegarde n'importe quelle donnée), ce qui lui assurerait une espèce d'immortalité (là encore, nous doutons de ce résultat qui, au demeurant, serait un désastre). Voici qu'apparaît la tentation, avec ce que l'on appelle le *transhumanisme*, d'une machine parfaite supplantant l'homme qui, de son maître, deviendrait son serviteur[1]. Des risques de la « prise de décision automatisée » (« l'intelligence artificielle ») [IA] devenue autonome (dénoncée par l'astrophysicien britannique Stephen Hawking[2])... Après ce qui a été appelé le *scribere artificialiter* (pour désigner l'imprimerie), allons-nous voir apparaître le *cogitare artificialiter* ? Nous voulons croire qu'il ne s'agit que de science-fiction, car l'esprit, celui que Pascal nommait « de finesse »[3], est le propre de l'homme (accompagné de la conscience et des émotions) ; or, nul algorithme ne saurait prétendre au rang d'esprit, alors même qu'il pourrait donner l'illusion d'une certaine forme d'intelligence. Pour l'heure, l'IA est « *toujours totalement inintelligente* »[4] ou, si elle donne parfois l'impression de l'intelligence, elle est en même temps très stupide car, lorsqu'elle prend une décision « intelligente », elle n'a « *aucun moyen de le savoir* »[5]. Et comment imaginer qu'elle puisse créer comme Monet, Proust ou Ravel ? Certes, des algorithmes peuvent produire des tableaux[6], des textes ou des mélodies[7], mais « l'intelligence artificielle » n'est ni un écrivain ni un artiste ni encore un inventeur[8], de sorte que la protection de ses créations reste soumise aux règles classiques de la propriété intellectuelle (sauf à modifier profondément la notion juridique de l'acte de création[9]). Le personnalisme, qui est « *l'esprit du droit français de la propriété littéraire et artistique, pose que l'"œuvre" appropriée est de "l'esprit"* »[10]. L'œuvre de l'esprit se définit comme la « forme d'expression » (la réalisation) de la « conception de l'auteur[11] » ; celui-ci ne saurait être un algorithme, sauf à lui accorder la personnalité juridique, ce que nous récusons absolument[12] (un robot, tout comme « l'intelligence artificielle » est un bien). Pour qu'il y ait juridiquement « fait de la création », les divers « *instruments techniques doivent rester au service de la "conception de l'auteur"* »[13], dont l'œuvre portera « l'empreinte » de sa personnalité. Les créations des algorithmes et robots ne résultent pas d'un esprit, ne portent pas « l'empreinte » de la personnalité d'un auteur, ne sont pas des œuvres de l'esprit. Ils résultent d'un ensemble de paramètres, constituant ce que l'on a baptisé « modèle d'inférence ». La solution serait sans doute de créer un « droit voisin » spécifique en

1. COMP. : P. Picq, *Qui va prendre le pouvoir ? Les grands singes, les hommes ou les robots ?*, Odile Jacob, 2017 ; selon l'auteur (éthologue et paléoanthropologue), il nous faut comprendre les intelligences naturelles qui accompagnent notre évolution, à savoir celle des singes et des grands singes. Sinon nous serons les esclaves des robots – G. Loiseau, « Intelligence artificielle et droit des personnes », dans A. Bensamoun et G. Loiseau (dir.), *Droit de l'intelligence artificielle,* « Les Intégrales », LGDJ, 2019, p. 35 s., spéc. n°s 102 s.
2. 1942-2018.
3. PAR OPPOSITION à l'esprit de géométrie : Pascal, *Pensées*, n° 1, éd. Brunschvicg.
4. L. Alexandre, *La guerre des intelligences*, J.-C. Lattès, 2017 (nous ne partageons pas les vues de l'auteur, apôtre du transhumanisme et qui estime que l'intelligence artificielle dépassera dans un avenir proche l'intelligence humaine).
5. J.-L. Dessalles, *Des intelligences très artificielles,* Odile Jacob, 2019.
6. En 2017, pour son exposition *Rembrandt intime*, le musée parisien Jacquemart-André a fait créer un portrait inédit de l'artiste à partir de 300 de ses œuvres analysées et synthétisées par un algorithme. Ce portrait, sans être déplaisant, est banal : il y manque l'épaisseur et l'étincelle de vie des autoportraits de ce peintre.
7. En 2018, le chanteur Belge Stromae a produit un album *Hello World*, avec l'aide d'intelligence artificielle, ce qui constitue une première mondiale – Il s'agit bien d'une création « *à l'aide d'intelligence artificielle* » et non pas d'une création *ex nihilo* ; divers outils numériques facilitent la création mais ne créent pas : ce sont de simples collaborateurs. Ainsi, selon Anne Herkelmann (responsable des ordiphones *Huawei* pour l'Europe), ces outils eussent sans doute permis à Schubert de compléter sa *Huitième symphonie*, qu'il n'arrivait pas à achever (D. Sanz, « L'intelligence artificielle mène la vie artistique », *Le Figaro* 11 févr. 2019, p. 36).
8. Sur ce point : OEB, section de dépôt, 27 janv. 2020, demande EP 3564144, Stephen Thaler, *Propr. ind.* 2020. 67, obs. P. Vigand.
9. COMP. : J. Larrieu, « Le robot et le droit d'auteur », dans *Mél. A. Lucas,* LexisNexis, 2014, p. 465 s. – M. Vivant, « Intelligence artificielle et propriété intellectuelle », *CCÉ* 2018. Ét. 18 – A. Mendoza-Caminade, « Création et intelligence artificielle : la protection par le droit d'auteur en voie de légitimation ? », *RLDI* 2020. Ét. 5692.
10. A. Portron, *Le "fait de la création" en droit de la propriété littéraire et artistique : Une proposition de lecture réaliste de l'article L. 111-3 du code de la propriété intellectuelle*, préf. Ph. Gaudrat, « BDPr », t. 606, LGDJ, 2021, n° 413.
11. CPI, art. L. 111-1 – A. Portron, th. préc., n°s 29 s.
12. V. *infra* s^s^ n° 011.65.
13. A. Portron, th. préc., n° 456.

faveur des intervenants dans l'œuvre créée par l'IA [1] et, plus largement, pour tous les modèles d'inférence (tels les moteurs de recherche, les outils de reconnaissance de la parole et des images ou les mécanismes de guidage des véhicules sans conducteur). Il a pu aussi être suggéré de réserver au producteur [2] un droit *sui generis* sur ses créations dans le domaine de « l'intelligence artificielle » [3] (ne portant que sur les éléments strictement nécessaires à son effet : le logiciel, l'algorithme et les données [4]). En l'absence de ce droit voisin ou d'un nouveau droit *sui generis*, leur protection ne peut résulter que d'un contrat [5] ou, à défaut, par le droit *sui generis* du « producteur » d'une base de données et, en complément, par le parasitisme [6], comme toujours en l'absence d'une action spécifique [7].

L'utilisation d'algorithmes par des organismes de rencontres, pour déterminer les personnes à présenter entre elles, laisse dubitatif [8]. Le transhumanisme prétend utiliser les progrès de la science et de la technique pour transformer l'homme et lui permettre de dépasser ses limites biologiques [9], voire pour lui assurer une sorte d'immortalité (utopie mortifère prônée par les deux fondateurs du moteur de recherche *Google*) [10]. Une loi assimile déjà la chair et les instruments et matériaux destinés à la suppléer [11], préfigurant sans doute le statut de l'homme de demain, un « homme augmenté » [12], à l'apparence parfaite [13], au risque qu'il soit au contraire diminué [14], comme cela se ressent déjà fortement sur les enfants connectés dès le plus jeune âge : retards de langage, baisse de la concentration, de la mémoire, de l'intelligence, troubles du sommeil, de la vue, hausse de l'obésité, enfin de l'agressivité sans que la liste soit hélas exhaustive [15].

011.15 Proposition de règlement sur l'intelligence dite artificielle. La Commission européenne présenta, le 21 avril 2021, une proposition de règlement du Parlement européen et du Conseil, « établissant des règles harmonisées concernant l'intelligence artificielle (législation sur l'intelligence artificielle) et modifiant certains actes législatifs de l'union » [16]. Ce texte a notamment pour ambition d'encadrer les risques liés à l'utilisation de l'intelligence dite artificielle (IA). Il s'inscrit dans le prolongement de la publication par la Commission euro-

1. Adoptant notre position : I. Randrianirina, « Plaidoyer pour un nouveau droit de propriété intellectuelle sur les productions générées par l'intelligence artificielle », *D.* 2021. Chron. 91.
2. « *Entendu comme la personne, physique ou morale, qui prend l'initiative de la création et en assume la responsabilité* » (S. Merabet, *Vers un droit de l'intelligence artificielle*, préf. H. Barbier, « NBT », Dalloz, 2020, n° 187).
3. S. Merabet, *Vers un droit de l'intelligence artificielle*, th. préc., nos 180 s.
4. S. Merabet, *Vers un droit de l'intelligence artificielle*, th. préc., n° 182.
5. S. Merabet, *Vers un droit de l'intelligence artificielle*, th. préc., n° 467.
6. EN CE SENS : J.-M. Bruguière, « Intelligence artificielle et droit d'auteur : Sortir de la science-fiction des "machines/auteurs", entrer dans la réalité du droit des données », *CCE* 2020. Ét. 11. – S. Merabet, *Vers un droit de l'intelligence artificielle*, th. préc., n° 470.
7. V. Ph. le Tourneau (dir.), *Droit de la responsabilité et des contrats. Régimes d'indemnisation*, 12e éd., Dalloz action, 2020, nos 2215.00 s.
8. J. Duportail, *L'amour sous algorithme*, Éd. Goutte d'or, 2019, enquête à propos de *Tinder*, application payante de rencontres. Un tel organisme ne semble pas assimilable au courtage matrimonial, et donc pas soumis à la réglementation de celui-ci (C. consom., art. L. 224-90 s. – COMP. : Civ. 1re, 21 févr. 1995, n° 93-12.991, P I, n° 98 ; *RTD civ.* 1995. 603, obs. J. Hauser, à propos d'un « club de rencontres ») – Sur le courtage matrimonial : N. Dissaux, « Le courtage matrimonial : l'avenir en rose ? », *AJ contrat* 2018. Dossier 20 (sur le courtage en général v. *infra* ss nos 322.00 s.).
9. F. Damour, *La tentation transhumaniste*, Salvator, 2015 – O. Rey, *Leurre et malheur du transhumanisme*, Desclée de Brouwer, 2018, sévère et justifiée critique, montrant que d'immenses intérêts économiques sont à la manœuvre. L'enjeu central n'est pas de nous libérer des limites de notre condition, mais de faire de nous des êtres incapables de vivre sans implants et connexions, et donc intégralement soumis aux fournisseurs de ceux-ci – S. Lapaque, *Sermon de saint Thomas d'Aquin aux enfants et aux robots*, Stock, 2018, selon lequel l'idée de télécharger notre conscience sur une puce renvoie au *sema soma* de Platon, à l'idée que le corps serait le tombeau ou la prison de l'âme – Y. Flour et P.-L. Boyer (dir.), *Transhumanisme : questions éthiques et enjeux juridiques,* Parole et silence, 2020.
10. F. Damour, *Heureux les mortels car ils sont vivants*, Corlevour, 2016, recueil de lettres adressées par l'auteur aux fondateurs de *Google* – Google est apparu en 1998.
11. L. n° 85-677, 5 juill. 1985 tendant à l'amélioration de la situation des victimes d'accidents de la "circulation et à l'accélération des procédures d'indemnisation?, *JO* 6 juill., p. 7584, art. 5, al. 1er : « *Les fournitures et appareils délivrés sur prescription médicale donnent lieu à indemnisation selon les règles applicables à la réparation des atteintes à la personne* ».
12. X. Labbé, « L'homme augmenté », *D.* 2012, point de vue 1625 – J.-F. Mattei, *La santé, le grand bouleversement*, Les liens qui libèrent, 2020 : l'auteur craint que des implants cérébraux puissent modifier nos comportements ; répondant au projet « transhumaniste », l'être humain « augmenté » poursuivrait sa transformation vers une « post-humanité désincarnée ».
13. A. Jenni, *Vertus de l'imperfection*, Bayard, 2018, mettant en garde contre les dangers de l'être idéal.
14. M. Benasayag, *Cerveau augmenté : Homme diminué*, La Découverte, 2016. Le cerveau n'est pas un ordinateur ; le cerveau « augmenté » est une illusion dangereuse : le monde qu'entendent préparer les transhumanistes et certains scientifiques risque fort d'être surtout habité par la folie et la maladie…
15. Y. Marry et F. Souillot, *La guerre de l'attention. Comment ne pas la perdre,* L'Échappée, 2022.
16. C. Castets-Renard, « Quel droit de l'intelligence artificielle dans l'Union européenne ? Ou les multiples ambitions normatives de l'*AI Act* », *Dalloz IP/IT* 2022. 67.

péenne, le 19 février 2020, du Livre blanc sur l'intelligence artificielle visant à définir des options stratégiques concernant la manière de promouvoir le recours à l'IA et de tenir compte des risques associés, ayant donné lieu à une consultation publique jusqu'en juin 2020. Il succède aux trois résolutions adoptées par le Parlement européen le 20 octobre 2020, dont celle sur « Les droits de propriété intellectuelle pour le développement des technologies liées à l'intelligence artificielle » [1]. Un « système d'intelligence artificielle », objet de la proposition, est défini par elle comme « un logiciel qui est développé au moyen d'une ou plusieurs des techniques et approches énumérées à l'annexe I et qui peut, pour un ensemble donné d'objectifs définis par l'homme, générer des résultats tels que des contenus, des prédictions, des recommandations ou des décisions influençant les environnements avec lesquels il interagit ». L'annexe I contient ainsi une liste de formes d'IA, regroupant tant les approches d'apprentissage automatique (« machine learning »), que les approches fondées sur la logique et la connaissance, ou encore les approches statistiques.

Selon l'exposé des motifs, le texte poursuit quatre objectifs : 1) veiller à ce que les systèmes d'IA mis sur le marché de l'Union et utilisés soient sûrs, et respectent la législation sur les droits fondamentaux et les valeurs de l'Union, dont au premier chef le respect de la dignité ; 2) assurer la sécurité juridique pour faciliter l'investissement et l'innovation de l'IA ; 3) améliorer la gouvernance et l'application effective de la législation existante sur les droits fondamentaux et les exigences de sécurité applicables aux systèmes d'IA ; 4) faciliter le développement d'un marché unique pour l'utilisation d'IA légales, sûres et dignes de confiance, tout en évitant la fragmentation du marché. La Commission recherche ainsi un équilibre entre, d'une part, l'adoption d'exigences minimales pour encadrer les risques et difficultés liés à l'IA ; d'autre part, l'établissement de règles suffisamment souples pour ne pas contraindre ou entraver indûment le développement technique, ni augmenter de manière disproportionnée les coûts de mise sur le marché.

Le règlement aurait un champ d'application large, s'étendant d'abord aux prestataires mettant sur le marché ou mettant en service des systèmes d'IA dans l'Union, que ces prestataires soient établis en son sein ou à l'extérieur ; ensuite, aux utilisateurs de systèmes d'IA situés dans l'Union ; enfin, aux fournisseurs et utilisateurs de systèmes d'IA situés dans un pays tiers, lorsque les données de sortie produites par le système sont utilisées dans l'Union. Nombreux sont les acteurs jouant un rôle dans un système d'IA. Leur identification est délicate alors qu'elle est essentielle, notamment pour établir les règles de responsabilité [2].

La proposition de règlement prévoit d'établir un cadre réglementaire différencié en fonction des risques présentés par les utilisations de l'IA. Ainsi, une distinction est opérée entre : les utilisations interdites car présentant des risques inacceptables, les utilisations réglementées car présentant des risques élevés, enfin les utilisations soumises à des obligations de transparence car présentant certains risques de manipulation.

Les usages interdits, car contrevenant aux valeurs de l'Union, notamment aux droits fondamentaux, sont : 1) la mise sur le marché, la mise en service ou l'utilisation de systèmes d'IA ayant la possibilité de manipuler les personnes au moyen de techniques subliminales, afin de modifier leur comportement d'une manière susceptible de leur causer (ou à une autre personne) un préjudice ; 2) la mise sur le marché, la mise en service ou l'utilisation de systèmes d'IA susceptibles d'exploiter les vulnérabilités de groupes de personnes spécifiques, afin de modifier leur comportement d'une manière pouvant leur causer (ou à une autre personne) un préjudice ; 3) la mise sur le marché, la mise en service ou l'utilisation de systèmes d'IA par des autorités publiques à des fins de notation sociale fondée sur l'IA ; 4) les utilisations de systèmes d'identification biométrique à distance et « en temps réel » dans les espaces accessibles au public aux fins de l'application de la loi.

La proposition de règlement prévoit ensuite l'application de règles spécifiques aux systèmes d'IA présentant un risque élevé pour la santé, la sécurité ou les droits fondamentaux des personnes. En particulier, sont visés, d'une part, les systèmes d'IA destinés à être utilisés comme composant de sécurité de produits et soumis à une évaluation de conformité *ex ante* par un tiers ; d'autre part, des systèmes d'IA ayant principalement des incidences sur les droits fondamentaux et explicitement énumérés à l'annexe III (identification biométrique, éducation, processus de recrutement, etc. – la liste pouvant être modifiée par la Commission).

L'utilisation de tels systèmes d'IA est ainsi permise sous réserve du respect de certaines exigences obligatoires et d'une évaluation de conformité *ex ante*, parmi lesquelles : – l'établissement, la mise

1. I. Randrianirina, « Plaidoyer pour un nouveau droit de propriété intellectuelle sur les productions générées par l'intelligence artificielle », chron. préc., montrant que les dispositions actuelles du droit d'auteur n'offrent pas un régime adapté pour « *accueillir les spécificités propres à ce type de création* ».

2. J. Eynard, « L'identification des acteurs dans le cycle de vie du système d'intelligence artificielle », *Dalloz IP/IT* 2022. 71.

en œuvre, la documentation et la maintenance d'un système de gestion des risques ; – l'utilisation d'ensembles de données répondant à différents critères de qualité (représentatifs, non biaisés, adaptés aux spécificités géographiques ou comportementales, etc.) ; – l'établissement d'une documentation technique avant la mise sur le marché ou la mise en service et son maintien ; – la capacité d'enregistrement automatique d'événements (« journaux ») pendant le fonctionnement des systèmes d'IA ; – l'assurance d'un fonctionnement suffisamment transparent pour permettre aux utilisateurs d'interpréter les résultats du système et de les utiliser de manière appropriée ; – la supervision effective par des personnes physiques pendant la période d'utilisation du système d'IA ; – l'obtention, compte tenu de leur finalité, d'un niveau approprié d'exactitude, de robustesse, de cybersécurité, et de cohérence.

La conformité des systèmes d'IA présentant des risques élevés est évaluée au regard des critères mentionnés, mais également d'un certain nombre d'obligations spécifiques à la charge des fournisseurs de tels systèmes, parmi lesquelles des obligations relatives à l'établissement de la documentation, à l'évaluation de conformité ou encore à la notification et à la coopération avec les autorités compétentes. Dans cette perspective, la proposition de règlement définit les mécanismes de notification aux autorités compétentes, ainsi que les procédures d'évaluation de la conformité à suivre pour chaque type de système d'IA présentant des risques élevés.

La proposition de règlement contient aussi des règles spécifiques applicables à certains systèmes d'IA présentant des risques de manipulation, notamment dès lors qu'ils interagissent avec des humains, sont utilisés pour détecter des émotions ou établir des associations entre des catégories (sociales) sur la base de données biométriques, ou génèrent ou manipulent des contenus. Il est ainsi prévu que des obligations de transparence s'appliqueront à ces systèmes, notamment afin d'informer les utilisateurs.

Pour les systèmes d'IA ne présentant pas de risques élevés, la Commission propose d'établir des règles destinées à favoriser la création volontaire de codes de conduite contraignants par les fournisseurs de tels systèmes.

Le texte prévoit la création d'un Conseil européen de l'intelligence artificielle (« *European Artificial Intelligence Board* »), composé de représentants des États membres et de la Commission. Au niveau national, les États membres devront désigner une ou plusieurs autorités nationales compétentes afin de superviser l'application et la mise en œuvre du règlement. Le Contrôleur européen de la protection des données (« *European Data Protection Supervisor* ») agira en tant qu'autorité compétente pour le contrôle des institutions, agences et organes de l'Union. Il est également envisagé la mise en place d'autorités de surveillance du marché, chargées du contrôle *ex post* du respect des obligations et des exigences pour tous les systèmes d'IA à haut risque déjà mis sur le marché.

011.16 Terminologie.

1) L'adjectif numérique « *peut être accolé à toute activité fondée sur la numérisation et le traitement de l'information : photographie, son, édition, sciences, art, sont numériques* »[1]. Le sens est donc très différent de celui de l'informatique qui, *grosso modo*, est le traitement de l'information[2].

2) L'algorithme (mot tiré du nom du savant Persan Al-Khwarizmi[3]) se définit simplement comme « *une organisation mécanique d'opérations élémentaires pour réaliser une tâche donnée* »[4] et désigne donc d'une façon complexe des opérations simples : les additions, soustractions, multiplications et divisions sont des algorithmes ! La première formalisation d'un algorithme logiciel date de 1842 par la comtesse Ada Lovelace (fille de Lord Byron)[5]. Au sein des algorithmes, un algorithme prédictif est un programme informatique qui exécute instantanément une succession de calculs mathématiques. Son but : analyser, interpréter et doter de sens de nombreuses données[6] pouvant émaner de sources diverses ; lorsque celles-ci sont innombrables, on parle de mégadonnées, dites aussi données massives[7] (ou *Big Data*). Leur maîtrise et leur analyse sont très importantes dans tous les domaines (d'où l'apparition de courtiers de données [*data brokers*]), singulièrement dans celui du renseignement et de la défense. L'entreprise dominante dans ce secteur est californienne, *Palantir Technologies* (fondée en 2004), qui travaille pour divers États. Un regroupement (*cluster*) d'entreprises françaises a lancé en octobre 2018 une solution cent pour cent nationale dans ce domaine stratégique, offrant un très large choix de solutions. La conjonction de la « prise de décision

1. G. Berry, *L'hyperpuissance de l'informatique : Algorithmes, données, machines, réseaux, op. cit.*
2. Pour une définition plus précise de l'informatique v. *infra* s[s] n° 011.12.
3. Né dans les années 780, originaire de l'actuel Ouzbékistan, mort vers 850 à Bagdad.
4. G. Berry, *L'hyperpuissance de l'informatique. Algorithmes, données, machines, réseaux, op. cit.* – NOT. sur les algorithmes : D. Cardon, *À quoi rêvent les algorithmes*, Seuil, 2015 – S. Abitboul et G. Dowek, *Le temps des algorithmes*, Le Pommier, Essais, 2017.
5. É. Braun, « Ada Lovelace, pionnière de l'informatique », *Le Figaro* 23 juill. 2018, p. 22.
6. A. Basdevant et J.-P. Mignard, *L'empire des données. Essai sur la société, les algorithmes et la loi*, Don Quichotte, 2018.
7. J.-S. Bergé et D. Le Métayer, « Phénomènes de masse et droit des données », *CCÉ* 2018. Ét. 20.

automatisée » (l'intelligence artificielle) et des mégadonnées donne naissance à un *capitalisme cognitif*, c'est-à-dire à une économie de la connaissance.

Il existe des algorithmes d'automatisation (reproduisant les mécanismes cognitifs dans un domaine particulier ; ils comprennent des instructions qu'ils exécutent) et des algorithmes plus complexes d'apprentissage automatique[1] (*machine learning*), capables de s'autoréguler à partir d'une programmation initiale, de sorte qu'ils peuvent s'adapter à des situations nouvelles et évoluer de façon continue, se nourrissant de leurs expériences passées. Les algorithmes sont des biens juridiques immatériels. Ils ne relèvent pas du droit d'auteur, sauf en tant qu'élément intégré à un logiciel, ni du droit des brevets, sauf en tant qu'intégré à une invention brevetable. Leur protection[2] est celle du savoir-faire[3], par l'intermédiaire de la responsabilité civile (concurrence déloyale ou parasitisme), à défaut de clause de confidentialité. Quel est le régime de responsabilité quant aux dommages qu'ils pourraient causer ? D'abord, un algorithme n'est pas un produit au sens des articles 1245 et suivants du code civil sur la responsabilité des produits défectueux[4] ; mais la chose animée par l'algorithme est un produit au sens de la loi. Ensuite, la responsabilité du fait des choses est inopérante quant à l'algorithme lui-même, car elle ne s'applique en principe qu'aux meubles corporels[5] (tant en droit positif que dans le projet de réforme de la responsabilité civile présenté en mars 2017[6]). En revanche, rien ne s'oppose en théorie à ce que la responsabilité du fait personnel puisse être invoquée, mais il sera difficile de prouver la faute que le concepteur de l'algorithme a pu commettre[7].

3) Une jeune pousse (*start-up*) est une nouvelle entreprise innovante à fort potentiel de croissance. Selon l'entrepreneur californien Steve Blank[8] elles sont des « *organisations temporaires destinées à la recherche d'un modèle d'affaires extensible et reproductible* » (définition fort voisine de celle du franchisage[9]) ; ce qui signifierait, qu'une fois le modèle expérimenté avec succès par une jeune pousse, le relais devrait être pris par un grand groupe. Pour notre part, nous préférerions que la jeune pousse grandisse et acquière le statut d'une grande entreprise prospère et pérenne.

4) Au contraire de la connaissance ou des informations, les données ont une existence objective et peuvent être mesurées, notamment en unités d'éléments binaires (*bits*). La valeur des données provient notamment des opérations de production, circulation, agrégation et mise en forme dont elles font l'objet, en particulier dans le leur traitement par des algorithmes.

5) C'est par métaphore que l'on parle d'intelligence artificielle : il s'agit plutôt d'un *artifice intellectuel* ; une résolution de l'Union européenne du 20 octobre 2020[10] lui substitue l'expression de « prise de décision automatisée », qui est préférable : il n'existe pas de véritable intelligence artificielle. Une excellente définition en a été donnée : « *un système informatique capable d'effectuer un choix autonome, distinct de celui de la personne qui l'a conçue et qui en a l'usage* »[11] (même s'il peut effectuer des choix, il n'est pas indépendant, son action dépendant nécessairement des options qui ont été effectuées en amont par ses créateurs[12]). De même, il n'existe pas de « contrat intelligent » (malgré son appellation en anglais de *smart contract*) : c'est un contrat programmé (v. *infra* s^{s} n° 011.46).

6) L'intelligence dite artificielle (IA) actuelle génère des « boîtes noires », c'est-à-dire ces systèmes dont il est possible d'observer tant les données d'entrée que celles de sortie, mais dont on comprend mal le fonctionnement. Il est impératif de faire

1. Traduction officielle de *machine learning* : Vocabulaire de l'intelligence artificielle – Liste de termes, expressions et définitions adoptés, *JO* 9 déc. 2018, n° 58, NOR : CTNR1832601K.
2. A. Lefèvre et S. Abdeladhim, « Propriété intellectuelle. Protection des algorithmes et secret des affaires », *Expertises* 2017. Doctr. 340.
3. Sur celui-ci v. *infra* s^{s} n°s 116.12 s.
4. Sur celle-ci v. *infra* s^{s} n°s 212.13 s.
5. Ph. le Tourneau (dir.), *Droit de la responsabilité et des contrats. Régimes d'indemnisation*, 12e éd., « Dalloz action », 2020, n° 2221.44.
6. SUR LEQUEL : Ph. le Tourneau (dir.), *Droit de la responsabilité et des contrats…*, 12e éd., *op. cit.*, n° 0124.24.
7. SUR L'ENSEMBLE DE LA QUESTION : L. Godefroy, « Les algorithmes : quel statut juridique pour quelles responsabilités ? », *CCÉ* 2017. Ét. 18 – M. Bacache, « Intelligence artificielle et droit de la responsabilité et des assurances », dans A. Bensamoun et G. Loiseau (dir.), *Droit de l'intelligence artificielle*, LGDJ, 2019, p. 69 s. ; – COMP. : F. G'Sell, « Vers l'émergence d'une "responsabilité numérique" ? », *Dalloz IP/IT* 2020. Dossier 153 (parlant à tort de « machines intelligentes » : elles n'existent pas !) – S. Merabet, *Vers un droit de l'intelligence artificielle*, préf. H. Barbier, « NBT », Dalloz, 2020, remarquable thèse.
8. S. Bank et B. Dorf, *Le manuel du créateur de* start-up*. Étape par étape, bâtissez une entreprise formidable !*, Diateino, 2013.
9. NOT. : Ph. le Tourneau, *Les contrats de franchisage*, 2e éd., « Litec professionnels », Litec, 2007.
10. Résol. Parlement européen, 20 oct. 2020 (2020/2012[INL]), contenant des recommandations à la Commission sur un régime propre de responsabilité civile pour l'intelligence artificielle – Sur cette résolution : D. Galbois-Lehalle, « Responsabilité civile pour l'intelligence artificielle selon Bruxelles : une initiative à saluer, des dispositions à améliorer », *D.* 2021. Point de vue 87.
11. S. Merabet, *Vers un droit de l'intelligence artificielle*, th. préc., n° 60.
12. S. Merabet, *Vers un droit de l'intelligence artificielle, op. cit.*, n° 118.

disparaître ces « boîtes noires » et de parvenir à des systèmes d'IA explicables, capables d'interagir avec des humains dans un langage naturel et immédiatement, dans lesquels on a confiance.

Renvoi. Sur l'expression elle-même de contrat électronique : v. *infra* s^s^ n°s 012.11 s. – Sur le vocabulaire du numérique : v. *infra* s^s^ n°s 011.102 s.

011.17 Stratégie et cadre pour l'intelligence artificielle (IA). La Commission européenne a dévoilé le 19 février 2020, dans une communication, sa « *stratégie pour les données et les possibilités d'action pour garantir le développement d'une intelligence artificielle (IA) axée sur le facteur humain* ». Elle a pour objectif d'établir un espace européen des données et un marché unique de celles-ci, pour mobiliser celles qui ne sont pas utilisées, en autorisant leur libre circulation dans l'Union et entre les secteurs, au bénéfice des entreprises, des chercheurs et des administrations publiques.

La Commission proposera d'abord la création d'un cadre réglementaire pour la gouvernance des données, leur accessibilité et leur réutilisation entre entreprises, entre entreprises et administrations, et au sein des administrations. Cela implique d'instaurer des mesures d'incitation, visant à promouvoir le partage des données, en déterminant leur accessibilité et leur utilisation à l'aide de règles pratiques, équitables et claires, qui respecteront les valeurs et les droits européens tels que la protection des données à caractère personnel et la protection des consommateurs ou les règles de concurrence. Cela requiert aussi d'accroître la disponibilité des données du secteur public en ouvrant l'accès à des ensembles de données de grande valeur dans l'ensemble de l'Union et en permettant leur réutilisation aux fins d'innovations. Ensuite, la Commission entend soutenir l'élaboration de systèmes techniques et d'infrastructures de nouvelle génération, qui permettront à l'Union européenne et à tous les acteurs d'exploiter le potentiel de l'économie des données. Elle cofinancera des projets européens à forte incidence, portant sur des espaces européens des données et des infrastructures « en nuage » économes en énergie et fiables. Enfin, elle lancera des mesures sectorielles spécifiques pour le déploiement d'espaces européens communs des données, dans des domaines tels que l'industrie manufacturière, le pacte vert, la mobilité ou la santé.

011.18 Apparition et développement de l'internet. L'internet (abréviation d'*Interconnected Networks,* réseau interconnecté) fut conçu en 1969[1] à l'usage de l'armée américaine, mais il ne prit son essor qu'au début des années 1980, lorsque naquit l'idée d'un « réseau des réseaux », sur lesquels tous les ordinateurs pourraient se greffer librement ; si bien que fut créée la métaphore des *autoroutes de l'information*, très frappante (mais sans doute imprécise, car plutôt que les constructions linéaires des autoroutes, l'internet donne le sentiment du *labyrinthe*, dont les ramifications sont infinies, comme les replis de la mémoire dont saint Augustin a dépeint les méandres dans ses *Confessions*, et dans lesquelles l'internaute s'égare facilement...[2]).

Apparu aux États-Unis à la fin des années 1960, l'internet était à l'origine limité au domaine de la recherche militaire et scientifique. Il connut un développement spectaculaire quand le Centre européen de recherches nucléaires (Cern, situé à Genève) imagina en 1994 la toile (*web*), reliant entre eux les fichiers contenus dans des ordinateurs éloignés. L'internet accéléra prodigieusement le rythme et le volume du traitement de l'information ; et il permit l'interconnexion des contenus (devenus interactifs et en réseaux), qui n'aurait pas été possible sans l'informatique. L'internet connaît tout un monde d'acteurs nouveaux, que nous rencontrerons, les plus connus étant peut-être les fournisseurs d'accès et les hébergeurs[3] comme, dans la malfaisance cette fois, les fouineurs et autres pirates bien réels dans ce monde dit virtuel[4]. Il est à l'origine de divers organismes, par exemple gérant les noms de domaine[5] ; des règles d'un savoir-vivre spécifique à la toile sont apparues, notamment la « nétiquette »[6] et même d'une monnaie « virtuelle » (le *bitcoin*)[7].

Faut-il rappeler que le mot *internet*, n'étant ni un nom propre (d'une divinité) ni une marque, mais un nom générique, doit recevoir comme tel un article (l'internet) et ne point être affublé d'une majuscule (exactement comme pour le téléphone, le télex, le minitel, la radio ou la télévision) ? L'internet a connu un succès d'une ampleur et à une vitesse stupéfiante Il permit l'apparition et le développement rapide du commerce électronique[8], dont l'expansion paraît sans limite. Lui-même est la cause d'une augmentation substantielle du nombre de contrats (de ventes et de services) qui se nouent chaque jour dans le monde en ligne (e-commerce)[9].

1. C'est le 29 oct. 1969 que, pour la première fois, deux ordinateurs éloignés, l'un à l'université de Los Angeles, l'autre à Stanford, échangeaient un premier message en utilisant le réseau Arpanet, l'ancêtre d'internet.
2. SUR les labyrinthes le bel ouvrage de Marcel Brion, *Les labyrinthes du temps. Rencontres et choix d'un Européen*, « En lisant et en écrivant », José Corti, 1994.
3. V. *infra* s^s^ n°s 421.05 et 422.05 s.
4. V. *infra* s^s^ n°s 335.55 s.
5. V. *infra* s^s^ n°s 443.14 s.
6. V. *infra* s^s^ n° 4.15.
7. V. *infra* s^s^ n° 011.51.
8. V. *infra* s^s^ n°s 41.03 s.
9. V. *infra* s^s^ n°s 4.10 s.

De sorte, qu'après de longues périodes de croissance industrielle puis de croissance financière, nous serions entrés dans l'ère de la *croissance contractuelle*[1]. La toile est aussi devenue un vecteur des services administratifs, y compris les plus essentiels comme la santé avec la télémédecine[2] ou l'éducation.

Le poids du numérique dans la vie actuelle est tel, non seulement pour les administrations et les particuliers, qu'il n'est plus envisageable de vivre sans connexion à l'internet. Aussi les opérateurs télécoms ont conclu un accord avec le gouvernement français au début 2018 prévoyant une « couverture » de tout le territoire, ne serait-ce que pour faciliter l'implantation d'entreprises dans les régions et donc favoriser l'aménagement du territoire.

À ses débuts, l'internet apparut comme un idéal libertaire. Il devait permettre le partage gratuit du savoir et de l'information. Cette libre diffusion des idées et des connaissances devait favoriser l'égalité[3]. Mais il fallut déchanter assez vite[4]. Le numérique possède, comme chaque innovation, ses parts d'ombres. Parmi celles-ci figure au premier chef le fait que la fabrication de tous les appareils qu'il implique (dont les ordiphones [*smartphones*] et les robots) est très polluante : « *Le secteur des technologies de l'information et de la communication produit 50 % de plus de gaz à effet de serre que le transport aérien* [5] ». De plus, lesdits appareils nécessitent des « terres rares » provenant exclusivement de Chine, de sorte la pérennité de nos équipements, notamment militaires, dépend en grande partie du bon vouloir de cette puissance[6], ce qui est très inquiétant quant à notre indépendance[7]. La fameuse transition énergétique, dont on nous rebat les oreilles, dépend elle aussi des « terres rares », dont l'extraction et le raffinage sont très sales et coûteux, sans compter qu'ils sont infiniment plus dangereux et polluants que l'exploitation des gaz de schiste. Or, à l'heure actuelle il est impossible de fabriquer des ordinateurs, éoliennes ou batteries de voiture électrique sans utiliser ces métaux.

1. EN CE SENS : C. Collard, « Retour sur la notion de contrat… électronique », *Journ. sociétés* janv. 2004, p. 5, citant B. de Montmorillon, « La croissance contractuelle », *Rev. fr. de gestion* 1989/1, p. 97 s.
2. V. *infra* s[s] n° 221.13.
3. Aussi : v. *infra* s[s] n°s 011.20 s., 011.41 s.
4. V. *infra* s[s] n°s 011.81 s.
5. H. Védrine, *La guerre des métaux rares. La face cachée de la transition énergétique et numérique*, préf. à G. Pitron, Les liens qui libèrent, 2018.
6. C'est l'objet de la démonstration de G. Pitron, *La guerre des métaux rares. La face cachée de la transition énergétique et numérique, op. cit.*
7. COMP. : P. Türk et C. Vallar, *La souveraineté numérique : Le concept, les enjeux*, Mare et Martin, 2018.

011.19 Du web 1.0 au web 3.0. Le « *web 1.0* » caractérisa le début de l'internet, à la fin des années 1980, avec des pages d'internet *statiques* (sans interaction possible), « en lecture seule », créées par un nombre relativement restreint de participants. Une évolution de l'internet est apparue au début des années 2000 sous l'appellation de « *Web 2.0* », permettant une *interaction* et une participation beaucoup plus importantes des utilisateurs. Ceux-ci purent créer leurs propres comptes dans diverses applications, et donc avoir leur propre identité unique dans le monde en ligne. Cela ouvrit d'énormes possibilités pour les entreprises, en particulier pour le commerce électronique par les plateformes (v. *infra* n° 011.20). Cela signifiait également que n'importe qui, n'importe où dans le monde, pouvait publier du contenu à l'intention du public mondial, ce qui a donné naissance aux blocs notes (*blogs*), et alimenté les sites publiés par les utilisateurs (commme *Wikipedia*), sans oublier les réseaux sociaux.

Peu après 2010 est apparu le très contesté « Web 3.0 », également connu sous le nom de « Web décentralisé ». En effet, il vise principalement à connecter les données de manière décentralisée, les ordinateurs étant capables d'interpréter les informations de manière aussi efficace que les humains. Ainsi, les utilisateurs et les appareils pourront se connecter de manière plus transparente aux données, ce qui signifie que la « prise de décision automatisée » (« intelligence artificielle ») jouera un rôle crucial pour rendre cette version de l'internet plus puissante en termes de capacité à traiter l'information. L'architecture décentralisée du « Web 3.0 » utilise des réseaux de chaines de blocs (*blockchains*), constitués de nœuds décentralisés, capables de valider des transactions sécurisées par cryptographie. Il est donc possible d'utiliser des contrats programmés (dits malencontreusement *smarts contracts*), ce qui élimine la nécessité d'impliquer des tiers. Il permet d'introduire les notions de propriété d'un bien numérique et de procéder à des échanges de valeur en toute sécurité. Alors que dans le « Web 2.0 » nos données et la valeur qu'elles génèrent appartiennent à Google, Facebook, Netflix, etc., le « Web 3.0 » permet de contrôler son « soi virtuel », son identité numérique, ses données, ses biens numériques... Auparavant, les services appartenaient à des tiers, et on y avait simplement accès ; désormais, avec ce nouvel internet, les données nous appartiennent et l'on peut y donner accès à des tiers. Son ancêtre est sans doute la monnaie « virtuelle » (le *bitcoin*)[8], puisque son créateur voulait décentraliser ls système financier pour redonner plus de contrôle et de pouvoir aux utilisateurs.

8. V. *infra* s[s] n° 011.51.

011.20 Économie collaborative ou de partage – Plateformes en ligne. Le « *Web 2.0* » suscita l'apparition de nouveaux acteurs, notamment des éditeurs de sites personnels de vidéo en ligne. Mais aussi, concurrençant le commerce en ligne, l'économie dite collaborative[1] ou de partage (*crowdfunding*), qui semble bien constituer un parasitisme du marché, grâce à des plateformes[2], celles-ci étant constituées par un ensemble (logiciels, matériels, systèmes d'exploitation, *etc.*), destiné au stockage et au partage de contenus numériques. Pour le code général des impôts une plateforme est « *l'entreprise* [... qui] *met en relation à distance, par voie électronique, des personnes en vue de la vente d'un bien, de la fourniture d'un service ou de l'échange ou du partage d'un bien ou d'un service* » (CGI, art. 242 *bis*). Selon le code de la consommation : « *Est qualifiée d'opérateur de plateforme en ligne toute personne physique ou morale proposant, à titre professionnel, de manière rémunérée ou non, un service de communication au public en ligne reposant sur : 1° le classement ou le référencement, au moyen d'algorithmes informatiques, de contenus, de biens ou de services proposés ou mis en ligne par des tiers ; 2° ou la mise en relation de plusieurs parties en vue de la vente d'un bien, de la fourniture d'un service ou de l'échange ou du partage d'un contenu, d'un bien ou d'un service* »[3]. Ces plateformes numériques (ou virtuelles) sont bien différentes des plateformes corporelles (ou physiques), singulièrement des énormes plateformes pétrolières.

Un règlement 2019/1150[4] est relatif aux relations entre les plateformes et les entreprises utilisatrices des services d'intermédiation en ligne (*Platform to Business* ou P2B). Il promeut « *l'équité et la transparence* » pour ces entreprises. Son objectif est de rééquilibrer les relations entre les plateformes et les entreprises qui les utilisent pour élargir leurs débouchés (v. *infra* s^s n° 411.31). La Commission européenne a présenté, le 9 décembre 2021, un projet de directive sur les travailleurs des plateformes numériques (v. *infra* s^s n° 011.25 – Sur la position de la C. de cass. et de la CJUE quant aux coursiers de plateformes v. *infra* s^s n° 322.22 – Sur la plateforme de courtage *e.Bay* v. *infra* s^s n° 411.15 – Sur les ventes en ligne par les plateformes v. *infra* s^s n° 411.30 – Sur les plateformes juridiques, v. *infra* s^s n° 011.73 – Sur les plateformes de publicité en ligne v. *infra* s^s n° 451.31). Il émerge progressivement un droit commun des services de plateformes[5].

Un des exemples français le plus significatif de plateforme communautaire payante est *Blablacar* (de covoiturage[6], créée en 2006). Chaque individu peut se transformer en producteur ! Les acteurs mondiaux les plus importants de l'économie collaborative sont *Uber* (mais qui s'apparente maintenant, le succès venu, à une multinationale de transport[7]) et *Airbnb* (mise à disposition d'un logement à titre onéreux par un particulier à un autre particulier[8]) ; il s'agit donc d'un classique contrat de location de courte durée[9], ou souvent de sous-location lorsque l'offreur n'est pas propriétaire du logement qu'il propose à la location (auquel cas il doit obtenir l'accord écrit du bailleur, que le bail porte sur des locaux nus ou meublés dès lors qu'ils constituent la résidence principale du locataire[10], et, s'il n'a pas sollicité cet accord, « *les sous-loyers perçus par le preneur constituent des fruits civils qui appartiennent par accession au propriétaire* », de sorte que les sommes perçues à ce titre doivent être rembour-

1. SUR l'économie collaborative un dossier dans : *Cah. dr. entr.* 2017/3, n°s 10 à 20 – A. Fortunato, « La relation contractuelle collaborative », *RTD com* 2019, p. 19 s.
2. Le mot plateforme est issu du « *vieux français "platte fourme", désignant la disposition d'un édifice avec une structure plane, souvent surélevée, servant de support, de base* » (X. Delpech, « Propos introductifs », dans X. Delpech [dir.], *L'émergence d'un droit des plateformes*, Dalloz, « Thèmes et commentaires », 2021, p. 10.) – La commission générale de terminologie a choisi d'écrire le mot plateforme en un seul mot, sans tiret (*JO* 18 avr. 2001, annexe p. 42025) – Sur la qualification : D. Houtcieff, « Les plateformes au défi des qualifications », dans X. Delpech (dir.), *L'émergence d'un droit des plateformes, op. cit.*, p. 51 s.
3. C. consom., art. L. 111-7, I, réd. L. n° 2016-1321 du 7 oct. 2016, « pour une République numérique » – Sur les informations que doivent délivrer les plateformes selon l'art. L. 111-7, II, v. *infra* s^s n° 411.31.
4. Règl. 2019/1150, Parlement et Conseil, 20 juin 2019 promouvant l'équité et la transparence pour les entreprises utilisatrices de services d'intermédiation en ligne, *JOUE* L 186, 11 juill., p. 57 – G. Loiseau, « Le règlement *Plateform to Business* », *CCÉ* 2020. Ét. 13 – F. Viangalli, « Le règlement européen du 20 juin 2019 sur les services d'intermédiation en ligne : de la loyauté commerciale à la transparence algorithmique », *RLDI* 2020. Ét. 5972.
5. X. Delpech (dir.), *L'émergence d'un droit des plateformes, op. cit.*
6. Sur la qualification juridique v. *infra* s^s n° 411.30 – X. Delpech, « Des plateformes de transport en général et de cotransportage en particulier », dans X. Delpech (dir.), *L'émergence d'un droit des plateformes*, Dalloz, « Thèmes et commentaires », 2021, p. 111 s.
7. SUR LA QUALIFICATION DE L'ACTIVITÉ d'*Uber* selon la CJUE et en 2020 selon la C. cass. v. *infra* s^s n° 322.22.
8. A. Riéra, « La location entre particuliers à l'ère des plateformes numériques », *AJ contrat* 2018. Dossier 206.
9. *Airbnb* fut fondée en 2008 et est rapidement devenue la plus grande chaîne hôtelière du monde. Mais ces locations touristiques de brève durée entre particuliers existaient déjà sous l'Ancien Régime. Des guides les recensaient – EX. : N. de Blégny, *Le livre commode contenant les adresses de la ville de Paris pour 1692 ;* réédité par N. Fournier, 1878.
10. L. n° 89-462, 6 juill. 1989 tendant à améliorer les rapports locatifs et portant modification de la loi n° 86-1290 du 23 décembre 1986, *JO* 8 juill., p. 8541, art. 8, al. 1er (art. mod. par L. n° 2014-366, 24 mars 2014, art. 1er, dite loi Alur) et art. 25-3 (mod. par L. n° 2015-990, 6 août 2015, art. 82).

sées au bailleur[1] ; la plateforme *Airbnb* n'est pas assimilable à un agent immobilier[2]). Les plateformes de location saisonnière ont l'obligation de bloquer les locations au-delà de 120 jours par an lorsque l'hôte aura déclaré que le meublé de tourisme constituait sa résidence principale[3]. D'autres sites se contentent de mettre en relation les propriétaires et les locataires sans rien encaisser (comme *Abritel*)[4]. Une augmentation sans précédent du nombre de contrats de location de brève durée découle des plateformes collaboratives de locations entre particuliers, d'abord d'appartements ou de résidences de vacances[5], puis de toutes sortes de biens[6], que ce soit des appareils de bricolage, de jardinage, de photographie, des éléments de cuisine, des vêtements de cérémonie, des accessoires de mode, des montres de luxe, *etc*.

En janvier 2022 a été créée une plateforme collaborative privée « secret-défense », permettant aux industriels de l'armement, à leurs sous-traitants, leurs clients ainsi qu'au ministère des Armées et à la Direction générale de l'armement d'échanger des données sensibles[7].

L'économie de partage, qui se développe à grande vitesse, existe aussi dans le domaine du financement[8], sous forme de courtage en ligne[9]. Elles recourent à des plateformes en ligne dans de nombreux secteurs de l'activité, qui semblent intervenir comme[10] des courtiers[11]. Ces plateformes collaboratives sont prisées par les consommateurs, en raison des prix avantageux qu'elles proposent. Mais elles manifestent une dérégulation du marché, un *dumping* social (car elles ne paient pas de charges sociales sur le travail du loueur, du chauffeur, *etc.*), fiscal (elles échappent en partie aux impôts) et quant aux normes (*Airbnb* n'est pas soumis aux mêmes exigences que les hôteliers). Elles déstabilisent les acteurs traditionnels qui, pour survivre, doivent sans doute intégrer ces plateformes[12]. Les diverses plateformes sont devenues si importantes, jouant un rôle quasi oligopolistique, que l'on peut se demander si, en droit de la concurrence, elles ne devraient pas être regardées comme des « ressources essentielles »[13] (dont le refus d'accès pourrait être considéré comme un abus de position dominante), car certains opérateurs contrôlent l'essentiel des ressources des données massives (*Big Data*)[14]. La CJUE a considéré, au regard de la directive 2005/29[15] et de la directive 2011/83[16], qu'une personne physique, qui publie sur un site internet, simultanément un certain nombre d'annonces offrant à la

1. Civ. 3e, 12 sept. 2019, n° 18-20.727, P III ; *CCÉ* 2019, n° 66, obs. G. Loiseau ; *D.* 2019. 2025, note J.-D. Pellier ; *Gaz. Pal.* 26 nov. 2019. 69, note J. Laurent ; *RTD civ.* 2019. 865, obs. H. Barbier et 888, obs. P.-Y. Gautier.
2. CJUE, 19 déc. 2019, *Airbnb Ireland*, aff. C-390/18, *CCC* 2019, n° 35, obs. S. Bernheim-Desvaux ; *Dalloz IP/IT* 2020. 265, obs. A. Lecourt ; *AJ contrat* 2020. 99, obs. D. Richard : elle est un « *service de la société de l'information* » au sens de la dir. n° 2000/31/CE du 8 juin 2000, art. 2, a – SUR CET ARRÊT : J.-D. Bretzner, « Régulation de l'activité des plateformes. État des lieux après l'arrêt de la Cour de justice de l'Union européenne du 19 décembre 2019 », dans X. Delpech (dir.), *L'émergence d'un droit des plateformes, op. cit.*, p. 65 s.
3. C. tourisme, art. L. 324-2-1, al. 3 ; art. créé par L. n° 2014-366, 24 mars 2014, art. 11, dite loi Elan ; mod. par L. n° 2016-1321, 7 oct. 2016, art. 51 ; puis par L. n° 2018-1021, 23 nov. 2018, art. 145 ; puis par L. n° 2019-1461, 27 déc. 2019, art. 55 – POUR UN COMMENTAIRE : G. Loiseau, *CCÉ* 2019, n° 8.
4. En 2016, les particuliers captèrent par les divers sites 16 % de l'hébergement touristique en France.
5. NOT. *Airbnb* ou *Lecollectionist,* spécialisé dans la location de villas et chalets de luxe comme de châteaux, avec éventuellement des services.
6. NOT. sur les sites *Leboncoin* ou *E.loue*.
7. Nommée *TrustNestRestricted* (sous entendu espace de confiance pour l'échange de données confidentielles), en anglais bien que française.
8. K. Magnier-Merran, « La "plate-formologie" ou l'art de se dégager de l'essentiel – Aspects contractuels du *crowdfunding* », *AJ contrat* 2017. Dossier 421.
9. K. Magnier-Merran, préc.
10. Sur les courtiers v. *infra* ss nos 322.00 s.
11. J. Sénéchal, « Le "courtage" des opérateurs en ligne. Analyse sous le prisme de l'arrêt *Uber Systems Spain SL* de la Cour de Justice de l'Union européenne », *AJ contrat* 2018. Dossier 8 – A. Robin, « Les places de marché en ligne. Du millefeuille à la mouvance des qualifications juridiques », *JCP E* 2020. Ét. 1041, montrant que les places de marché en ligne recouvrent différentes réalités. Elles permettent de faire se rencontrer l'offre et la demande et de conclure des transactions, comme toute place de marché. Elles sont également des services de communication en ligne, de sorte qu'elles répondent à plusieurs qualifications.
12. M. Malaurie-Vignal, D. Heintz et M. Lécole, « Droit de la concurrence. Comment appréhender les abus et l'utilisation des données dans la relation d'une plateforme avec ses partenaires contractuels ? », *CCC* 2020/12, dossier 16
13. SUR LA NOTION : M.-A. Frison-Roche et M.-S. Payet, *Droit de la concurrence*, « Précis », Dalloz, 2006, nos 267 s. – M. Malaurie-Vignal, *Droit de la concurrence interne et communautaire*, 4e éd., « U », Sirey, 2008, nos 578 s.
14. A. Basdevant et J.-P. Mignard, *L'empire des données.Essai sur la société, les algorithmes et la loi*, Don Quichotte, 2018, p. 133 s. – F. G'sell (dir.), *Le Big Data et le droit*, Dalloz, « Thèmes et commentaires », 2020.
15. Dir. 2005/29, Parlement et Conseil, 11 mai 2005 relative aux pratiques commerciales déloyales des entreprises vis-à-vis des consommateurs dans le marché intérieur et modifiant la directive 84/450/CEE du Conseil et les directives 97/7/CE 98/27/CE et 2002/65/CE du Parlement européen et du Conseil et le règlement (CE) n° 2006/2004 du Parlement européen et du Conseil (directive sur les pratiques commerciales déloyales), *JOCE* L 149, 11 juin, p. 22, art. 2, b et d.
16. Dir. 2011/83, Parlement et Conseil, 25 oct. 2011 relative aux droits des consommateurs, modifiant la directive 93/13/CEE du Conseil et la directive 1999/44/CE du Parlement européen et du Conseil et abrogeant la directive 85/577/CEE du Conseil et la directive 97/7/CE du Parlement européen et du Conseil, *JOUE* L 304, 22 nov., p. 64, art. 2, point 2.

vente des biens, neufs et d'occasion, ne saurait être qualifiée de « professionnel » et une telle activité ne saurait constituer une « pratique commerciale » que si cette personne agit à des fins qui entrent dans son activité commerciale, industrielle, artisanale ou libérale, ce qu'il appartient aux juridictions du fond de vérifier. L'État recourt lui-même à des plateformes numériques, notamment afin de mettre à la disposition des acteurs sociaux des données publiques, ou comme processus de rationalisation des services numériques (l'objet de *FranceConnect*) et pour faire face à la pandémie du covid-19 (dont *StopCovid*) [1], sans oublier la plateforme d'orientation dans les études supérieures baptisée *Parcoursup* [2].

011.21 Effet de réseau des plateformes en ligne. Les plateformes obéissent à la loi des *rendements croissants*, car la hausse du nombre d'utilisateurs ne se traduit pas par une hausse des coûts. Et surtout d'un *effet de réseau* [3]. Celui-ci intervient lorsque l'utilisation accrue d'un produit ou d'un service augmente corrélativement sa valeur aux yeux des autres intervenants (tant de ceux qui proposent des services ou des produits que des consommateurs). Ce cercle vertueux permet au premier produit ou service qui en bénéficie de créer un avantage concurrentiel décisif par rapport à ceux des autres intervenants. Chaque nouvel utilisateur de la plateforme la rend un peu plus précieuse pour les autres utilisateurs ; et plus d'utilisateurs attirent plus d'entreprises.

011.22 Protection des données personnelles par les plateformes en ligne. La protection des données personnelles est assurée par la loi n° 78-17 du 6 janvier 1978 [4], dite *Informatique et Libertés*, modifiée plusieurs fois, notamment pour l'adapter au règlement 2016/679 [5] relatif à la protection des personnes physiques à l'égard du traitement des données à caractère personnel et à la libre circulation de ces données (RGPD) [6] par la loi [7] n° 2018-493 du 20 juin 2018 [8]. Elle fut suivie [9] par l'ordonnance n° 2018-1125 du 12 décembre 2018 [10], qui procéda à la réécriture complète (mais hélas assez confuse) de la loi *Informatique et Libertés* afin de l'adapter à la loi précitée et de simplifier la mise en œuvre de ses dispositions. Un décret n° 2019-536 du

1. J. Chevallier, « État-plateforme et covid 19 », dans X. Delpech (dir.), *L'émergence d'un droit des plateformes*, Dalloz, « Thèmes et commentaires », 2021, p. 163 s.
2. É. Untermaier-Kerléo, « Un exemple d'utilisation d'une plateforme dans le cadre d'une politique publique : Parcoursup », dans X. Delpech (dir.), *L'émergence d'un droit des plateformes, op. cit.*, p. 175 s.
3. Bien décrit par R. Hoffman et C. Yeh, *Blitzscaling ou la croissance éclair : quand privilégier la vitesse à l'efficacité ?*, préf. B. Gates, « Essais et documents », Buchet-Chastel, 2022.
4. L. n° 78-17, 6 janv. 1978 relative à l'informatique, aux fichiers et aux libertés, *JO* 7 janv., p. 227.
5. Règl. 2016/679, Parlement et Conseil, 27 avr. 2016, relatif à la protection des personnes physiques à l'égard du traitement des données à caractère personnel et à la libre circulation de ces données, et abrogeant la directive 95/46/CE (règlement général sur la protection des données), *JOUE* L 119, 4 mai, p. 1.
6. F. Mattatia et F. Mordelet, « La mise en œuvre du RGPD au prisme du risque juridique », *RLDI* 2017. Ét. 5066 – É. A. Caprioli (dir.), *Banque et assurance digitales. Droit et pratiques, op. cit.*, n°s 104 s. (analyse détaillée de la question) – A. Basdevant et J.-P. Mignard, *L'empire des données. Essai sur la société, les algorithmes et la loi, op. cit.*, p. 141 s. – A. Debet, N. Metallinos et R. Perray (dir.), « Entrée en vigueur du RGPD. Quels changements pour les responsables de traitement ? », *CCÉ* 2018/4. Dossier.
7. F. Mattatia, *RGPD et droit des données personnelles*, Eyrolles, 2018 – G. Desgens-Pasanau, *Les principales clés de décryptage du RGPD*, 5e éd., LexisNexis, 2022 – C. Féral-Schuhl, *La protection des données personnelles*, « À Savoir », Dalloz, 2019 – M. Bourgeois, « La nouvelle loi informatique et libertés : une transposition du RGPD ? », *JCP E* 2018. Ét. 1417 – A. Debet, « Libertés et protection des personnes : loi n° 2018-493, 20 juin 2018 », *JCP G* 2018. Doctr. 907 – H. Claret, « Plateformes numériques et protection des données personnelles du consommateur », *CCC* 2018. Ét. 10 – A. Debet et N. Metallinos, « Droit des données personnelles. Loi informatique et Libertés : adaptation du droit français à la RGPD », *CCÉ* 2018. Ét. 17 – A. Lecourt, « RGPD : nouvelles contraintes, nouvelles stratégies pour les entreprises », *Dalloz IP/IT* 2019. 205 – A. Danis-Fatôme, « Ordre public et protection des données à caractère personnel », *AJ contrat* 2019. Dossier 366 – F. Roque, « Capacité et consentement au traitement des données à caractère personnel et au contrat », *AJ contrat* 2019. Dossier 370 – C. Alleaume, « Les données à caractère personnel comme objet des contrats », *AJ contrat* 2019. Dossier 373 – E. Netter, « L'extinction du contrat et le sort des données personnelles », *AJ contrat* 2019. Dossier 416 – É. Le Quellenec, « Les contrats informatiques et la protection des données à caractère personnel : aspects pratiques », *AJ contrat* 2019. Dossier 420 – M.-É. Ancel, « D'une diversité à l'autre. À propos de la "marge de manœuvre" laissée par le règlement général sur la protection des données aux États membres de l'Union européenne », *Rev. crit. DIP* 2019. 647 – *Code de la protection des données personnelles*, 2e éd., Dalloz, 2020.
8. L. n° 2018-493, 20 juin 2018 relative à la protection des données personnelles, *JO* 21 juin, n° 1.
9. M. Bourgeois et M. Moine, « Réécriture de la loi informatique et libertés : encore des nouveautés ! Ord. n° 2018-1125, 12 déc. 2018 », *JCP E* 2019. Ét. 1042 – A. Debet et N. Metallinos, « La Cnil publie la liste des traitements pour lesquels une analyse d'impact relative à la protection des données (AIPD) est requise », *CCÉ* 2019, n° 19 – La question se pose maintenant de l'éventuelle instauration d'un droit de propriété sur ces données personnelles : C. Deschanel, « L'instauration d'un droit des données personnelles : vrai danger ou fausse utilité ? », *RLDI* 2019. Ét. 5344.
10. Ord. n° 2018-1125, 12 déc. 2018, prise en application de l'art. 32 de la loi n° 2018-493 du 20 juin 2018 relative à la protection des données personnelles et portant modification de la loi n° 78-17 du 6 janv. 1978, relative à l'informatique, aux fichiers et aux libertés et diverses dispositions concernant la protection des données à caractère personnel, *JO* 13 déc., n° 5.

29 mai 2019[1] tira les conséquences de forme et de fond de la modification de la loi du 6 janvier 1978 par l'ordonnance du 12 décembre 2018 quant à la partie réglementaire. Le Comité européen de la protection des données (CEPD) a adopté le 18 novembre 2021 des « lignes directrices » pour préciser le champ des dispositions du RGPD relatives à son application territoriale et celles qui portent sur les transferts de données personnelles hors de l'Union européenne. De plus, elles proposent une définition de la notion de transfert de données personnelles, tout en précisant les obligations qui en résultent pour les acteurs en cause, selon qu'ils sont en présence ou non d'un transfert[2].

La loi du 20 juin 2018 intégra dans la loi du 6 janvier 1978 l'ensemble des « données » (règlement et directive) dans notre ordre interne. Le résultat de cette intégration crée une grande complexité, un empilement de normes et paraît critiquable, tant sur la forme que sur le fond, d'autant que certaines dispositions adoptées ne semblent pas conformes au droit européen[3]. De plus, il est à craindre que la maîtrise du consommateur sur les données qu'il communique lors de ses relations avec les professionnels reste largement illusoire[4]. Cela étant, le fondement du règlement réside tant dans la libre-circulation des données personnelles que dans la protection des droits fondamentaux.

Les droits des utilisateurs de plateformes numériques (les consommateurs) sur leurs données sont réaffirmés (droit d'accès, de rectification, d'opposition, d'effacement[5]). Deux droits nouveaux leur sont accordés, le droit à la limitation du traitement (diminutif du droit à l'effacement) et surtout le droit à la « portabilité », renforcé par le règlement 2018/1807 du 14 novembre 2018[6]. L'objectif est de permettre au consommateur de valoriser l'utilisation de ses données, qui sont des biens[7], afin de favoriser leur libre circulation et donc la concurrence, facteur d'innovation. Selon le règlement, le consommateur peut « *recevoir les données à caractère personnel [le] concernant* [...] *fournies à un responsable de traitement* », et les « *transmettre* [...] *à un autre responsable de traitement* »[8], et même, « *lorsque c'est techniquement possible* », exiger que « *les données soient transmises directement* » à ce dernier[9]. Ce droit s'exerce quant aux données qui ont fait l'objet d'un traitement fondé sur le consentement de la personne ou lié à l'exécution d'un contrat, autrement dit en présence des relations entre les plateformes et leur utilisateur[10]. Les données pourront être récupérées de manière isolée ou à lors d'un changement de fournisseur de contenu ou de service numérique. Le droit à la portabilité porte aussi bien sur les données fournies volontairement par la personne que sur les données générées à son insu. Cependant, par « données fournies » il faut entendre données « brutes », de sorte qu'elles ne comprennent pas celles qui ont donné lieu à un traitement, les données « enrichies ». La loi française était plus rigoureuse, car elle permettait la portabilité de données modifiées dans la limite de celles qui avaient fait l'objet d'un « enrichissement significatif ».

Le caractère personnel des données implique aussi que le responsable du traitement ne les transfère qu'après s'être assuré de l'identité de la personne qui le sollicite. En cas de « doute raisonnable », le responsable peut exiger des informations supplémentaires, permettant de confirmer l'identité[11]. Lorsque les informations et données sont liées à des pseudonymes ou à des identifiants uniques, les responsables du traitement peuvent appliquer des procédures plus exigeantes, garantissant l'identité, sans pouvoir refuser l'exercice du droit à la portabilité. Les données doivent être réutilisables, d'où l'opérateur doit les délivrer « *dans un format structuré, couramment lisible par une machine* » (interopérables), utilisable par un tiers. La CJUE a jugé que l'administrateur d'une page de supporteur (page *fan*) d'un réseau social est conjointement responsable avec ce dernier du traitement des données des visiteurs de sa page[12].

1. Décr. n° 2019-536, 29 mai 2019 pris pour l'application de la loi n° 78-17 du 6 janv. 1978, relative à l'informatique, aux fichiers et aux libertés, *JO* 30 mai, n° 16 – M. Bourgeois et M. Moine, « Le décret n° 2019-536 du 29 mai 2019 pris en application de la nouvelle loi Informatique et libertés – Les ultimes précisions ! », *JCP E* 2019. Ét. 1520.
2. N. Botchorichvili, « Le CEPD clarifie la notion de transfert de données personnelles : enjeux et conséquences pour les organismes », *CCÉ* 202. Ét. 4.
3. EN CE SENS : Martial-Braz, « Quand la *French Touch* contribue à complexifier l'édifice du droit de l'Union européenne ! À propos de la loi sur la protection des données personnelles du 20 juin 2018 », *JCP G* 2018. Aperçu rapide 78.
4. EN CE SENS : H. Claret, « Plateformes numériques et protection des données personnelles du consommateur », ét. préc.
5. V. *infra* s[s] n°s 431.17 et 431.18.
6. A. Bougeard, « Les dispositions relatives à l'accès et au portage des données : code de conduite et bonnes pratiques », *Dalloz IP/IT* 2020. 408.
7. CONTRA : M. Bernelin, « La patrimonialisation des données personnelles : entre représentation(s) et réalité(s) juridiques », *JCP G* 2019. Doctr. 1172.
8. RGPD, art. 20, § 1er.
9. RGPD, art. 20, § 2.
10. N. Martial-Braz, « Le contrat entre responsable de traitement et sous-traitant », *Dalloz IP/IT* 2021 p.181 – L. Pailler, « Le contrat international en droit de la protection des données à caractère personnel », Dalloz IP/IT 2021 p.197.
11. RGPD, art. 12.
12. CJUE, G[de] ch., 5 juin 2018, *Unabhängiges Landeszentrum für Datenschutz Schleswig-Holstein*, aff. C-210/16, *D.* 2018. Pan. 2270, obs. J. Larrieu, C. Le Stanc et P. Tréfigny ; *D.* 2019. 1016, obs. S. Clavel et F. Jault-Seseke ; *D.* 2019. 1673, obs. W. Maxwell et C. Zolynski ; *CCÉ* 2018. 86, obs. N. Metallinos ; *RDC* 2018. 555 obs. A. Danis-Fatôme – B. Pitcho, « *Fan* page sur *Facebook* : même la CJUE en est *fan* ! », *RLDI* 2018. Chron. 5236 ; I. M. Barsan, « Réseaux sociaux et co-responsabilité de traitement », *CCÉ* 2018. Ét. 15.

La RGPD prône une approche proactive du responsable du traitement des données personnelles afin qu'il intègre leur protection dès la conception d'un outil, d'un service ou de tout autre moyen lié à leur récolement. C'est ce qui est appelé la protection dès la conception (*Privacy by design*)[1]. Il peut être amené à en répondre (*accountability*)[2]. Le délégué à la protection des données (DPD) ou *data protection officer* (DPO) accompagne et conseille les responsables des traitements de données à caractère personnel dans leur démarche de conformité aux textes en vigueur.

Le traitement des données est dominé par le *principe de finalité*[3]. Cette finalité se décline en trois éléments : les finalités de la collecte des données à caractère personnel doivent être déterminées (et limitées à celles-ci), explicites et légitimes[4]. Ce dernier aspect constitue en réalité l'avatar de la proportionnalité entre le traitement et ses finalités. Les données collectées et leur conservation doivent l'être sous une forme permettant l'identification. L'exigence du consentement éclairé de l'utilisateur pour le traitement de ses données personnelles est consolidée. Le consentement repose sur la transparence du traitement[5]. Le responsable de traitement doit prendre des « mesures appropriées » pour fournir les informations prévues par ces textes[6]. Le règlement énumère les différentes hypothèses où le traitement des données est licite[7]. Dans le cas des plateformes numériques, cela suppose que, soit l'utilisateur a donné son consentement spécifiquement pour une ou plusieurs finalités, soit le traitement est lié à l'exécution d'un contrat ou de « mesures précontractuelles » prises à sa demande, soit enfin il répond aux « intérêts légitimes » du responsable de traitement[8]. Le RGPD prévoit la conclusion de contrats qualifiés de sous-traitance ; mais ils ne répondent pas réellement à cette qualification ; ils sont donc plutôt des contrats *sui generis*[9]. Le non-respect du principe de finalité est pénalement sanctionné par le délit de détournement de finalité[10].

Si l'on comprend bien l'objectif poursuivi par l'Union européenne en réglementant l'usage des données, protéger la liberté des citoyens, le RGPD empêchera les sociétés européennes de perfectionner la « prise de décision automatisée » (« l'intelligence artificielle ») (perfectionnement qui nécessite de colliger des données) et donc de concurrencer les Gafam et les BATX[11] qui, en dehors de l'Europe, ne sont pas soumis à de telles règles[12].

Le RGPD devra être complété dans un avenir proche par des mesures pour protéger cette fois les données industrielles car, avec la multiplication en cours des objets connectés, un nombre considérable d'informations industrielles émergera. La guerre des données industrielles va commencer et l'Europe en sera le principal champ de bataille[13]. Madame U. von der Leyden, présidente de la commission européenne, présenta le 19 février 2020 sa stratégie numérique, lançant l'Europe dans la bataille de l'exploitation des données industrielles, « *carburant*

1. O. Thibout, « La convergence numérique des données personnelles : le temps et l'espace au cœur des problématiques juridiques liées à l'innovation numérique. L'exemple du principe de la *Privacy by design* », I, *RLDI* 2018. Ét. 5309 (quel titre concis !) ; et II, *RLDI* 2019. Ét. 5328.
2. L. Marignol, « Principe de responsabilité et action en responsabilité dans le règlement général sur la protection des données (I) », *RLDI* 2020. Ét. 5643, montrant que le fondement de l'action en responsabilité est incertain et son régime insuffisant – Du même, « Principe de responsabilité et action en responsabilité dans le règlement général sur la protection des données (II) », *RLDI* 2020. Ét. 5661, déplorant les insuffisances du texte ; selon l'auteur, le recours immodéré à des standards juridiques rend imprévisible les conditions de mise en œuvre de la responsabilité. Le flou de la norme originaire oblige à s'en remettre au magistère de diverses autorités d'interprétation et/ou d'application (jurisprudence, autorité de contrôle) afin d'en connaître les modalités d'application, au détriment de la sécurité juridique. Certes, le recours à la contractualisation des relations entre les différents acteurs du traitement des données pourrait éventuellement pallier cette insuffisance du régime légal de responsabilité instituée par le RGPD. Cependant, le règlement n'envisage pas de façon suffisante l'articulation entre les deux ordres de responsabilité.
3. RGPD, art. 5 ; L. 6 janv. 1978, art. 4, 2°, numérotation ord. 12 déc. 2018.
4. H. Claret, « Plateformes numériques et protection des données personnelles du consommateur », ét. préc., n° 19.
5. RGPD, art. 13, 14, 34 – E. Netter, « À quoi sert le principe de transparence en droit des données personnelles ? », *Dalloz IP/IT* 2020.611 ; pour l'auteur, la transparence n'est qu'un outil, dont il faut connaître l'utilité mais aussi les limites. À elle seule, elle ne suffit pas à protéger efficacement les personnes par les traitements de leurs données à caractère personnel.
6. RGPD, art. 12, § 1er.
7. RGPD, art. 6 – C. Féral-Schuhl, *Cyberdroit : Le droit à l'épreuve de l'internet*, 8e éd., « Praxis », Dalloz, 2020, n° 114.21.
8. COMP. : L. n° 2018-493, 20 juin 2018, art. 28, al. 2 – SUR LE CONSENTEMENT des mineurs : L. n° 78-17, 6 janv. 1978, art. 45 ; mod. par ord. n° 2018-1125, 12 déc. 2018, art. 1er [anc. L. n° 78-17, 6 janv. 1978, art. 7-1 ; créé par L. n° 2018-493, 20 juin 2018, art. 20] – AUSSI : L. n° 78-17, 6 janv. 1978, art. 116 ; mod. par ord. n° 2018-1125, 12 déc. 2018, art. 1er [anc. L. n° 78-17, 6 janv. 1978, art. 32 ; mod. par L. n° 2018-493, 20 juin 2018, art. 23 et 29].
9. EN CE SENS : M. Guillemain, « La sous-traitance en droit des données personnelles », *RLDI* 2018. Ét. 5265.
10. C. pén., art. 226-21.
11. BATX est l'acronyme de Baidu, Alibaba, Tencent et Xiaomi, les géants chinois correspondant aux Gafam.
12. EN CE SENS : L. Alexandre et J.-F. Copé, *L'IA va-t-elle aussi tuer la démocratie ?* JC Lattès, « Coup de sang », 2019.
13. T. Breton (commissaire européen au marché intérieur), *Les Échos* 17 févr. 2020, p. 29.

de l'intelligence artificielle ». Les objectifs sont d'une part, que l'Europe ne se fasse pas devancer par les géants américains et chinois ; d'autre part, de préserver sa souveraineté technique. La commission de Bruxelles veut créer un marché unique du numérique, où pourront se développer des champions européens.

011.23 Droit d'auteur et plateformes en ligne. Selon la directive 2019/770[1], toute plateforme est considérée comme accomplissant un acte de communication au public pour les contenus déposés par les utilisateurs[2]. Et elle ne pourra plus se prévaloir de la responsabilité limitée mise en œuvre par la loi du 21 juin 2004[3], dite LCEN[4]. Il en découle que les plateformes devront conclure des licences avec les auteurs ou leurs représentants. Toutefois, cette règle connaît des limites. D'une part, la plateforme qui n'aura pas conclu de licence ne sera pas responsable si elle prouve qu'elle a fourni « ses meilleurs efforts ». D'autre part, ceux-ci imposent une obligation de notification, créant une obligation de retrait tant pour les contenus déposés avant que pour ceux qui seraient déposés ensuite. Ces dispositions sont applicables aux auteurs, à l'exclusion des auteurs de logiciel[5]. Un retour du droit d'auteur par les plateformes découle de l'article 17 de la directive UE 2019/790 du 17 avril 2019[6], transposé en 2021[7].

011.24 Travailleur de plateforme en ligne. La loi du 8 août 2016[8], relative au travail, à la modernisation du dialogue social et à la sécurisation des parcours professionnels, dite loi El Khomri, a ajouté au code du travail un titre relatif aux « *travailleurs utilisant une plateforme de mise en relation par voie électronique* »[9]. Ces textes tendent à prendre en considération la situation précaire des prestataires qui offrent leurs services sur des plateformes (tels des livreurs, ou des chauffeurs de VTC) qui, tout en étant juridiquement indépendants, sont économiquement dépendants. Ils bénéficient de la prise en charge de certains frais et bénéficient de certains droits sociaux collectifs[10]. Cependant, un coursier de plateforme numérique peut être qualifié de salarié, et bénéficier du régime de celui-ci, lorsqu'il existe un lien de subordination, par exemple du fait de son traçage numérique (*tracking*) ou du traçage de ses contacts (*contacts tracking*), notamment par géolocalisation permanente[11]. En conséquence, l'existence d'une relation de travail ne dépend ni de la volonté exprimée par les parties ni de la dénomination qu'elles ont donnée à leur convention mais des conditions de fait dans lesquelles est exercée l'activité des travailleurs[12]. Selon la Cour de cassation, le site internet qui met en relation des travailleurs indépendants est régi par les règles applicables aux plateformes numériques et non par celles pour les sociétés d'intérim[13].

La loi n° 2019-1428 du 24 décembre 2019[14] d'orientation des mobilités comprend des dispositions spécifiques à la mise en relation de travailleurs ayant recours à des plateformes pour exercer une activité de conduite d'une voiture de transport avec chauffeur, professionnel ou simple particulier, et de livraison de marchandises au moyen d'un véhicule à deux ou trois roues (*Deliveroo, UberEats*...)[15], notamment d'information et de transparence[16]. Elle précise que « *les travailleurs choisissent leurs plages horaires d'activité et leurs périodes d'inactivité et peuvent se déconnecter durant leurs plages horaires d'activité. Les plateformes ne peuvent mettre fin au contrat lorsqu'un travailleur exerce ce droit* »[17]. La loi

1. Dir. 2019/770, Parlement et Conseil, 20 mai 2019 relative à certains aspects concernant les contrats de fourniture de contenus numériques et de services numériques, PE/26/2019/REV/1, *JOUE* L 136, 22 mai, p. 1, art. 17.
2. Sur cette directive 2019/770, v. *infra* s^s n° 013.34.
3. L. n° 2004-575, 21 juin 2004, pour la confiance dans l'économie numérique, *JO* 22 juin, p. 11168.
4. V. *infra* s^s n°s 422.31 s.
5. Dir. 2019/770, Parlement et Conseil, 20 mai 2019, art. 23, 2.
6. EN CE SENS : É. Treppoz, « La propriété intellectuelle est-elle de retour sur les plateformes ? », art. préc., spéc. p. 155 s.
7. V. *infra* s^s n° 423.05.
8. L. n° 2016-1088, 8 août 2016, relative au travail, à la modernisation du dialogue social et à la sécurisation des parcours professionnels, *JO* 9 août, n° 3.
9. C. trav., art. L. 7341-1 à L. 7342-6.
10. Sur les plateformes aussi : v. *infra* s^s n°s 011.50, 011.69, 313.31, 4.12, 411.15, 411.30 s., 433.12 et 451.31.
11. Soc. 28 nov. 2018, n° 17-20.079, P ; *D.* 2019. 46, avis av. gén. C. Courcol-Bouchard, note M.-C. Escande-Varniol ; *AJ contrat* 2019. 46, obs. L. Gamet ; *CCÉ* 2019, n° 2, obs. G. Loiseau ; *RLDI* 2019, n° 5304 : *JCP G* 2019. 46, note V. Roche ; *JCP E* 2019. 1031, note B. Bossu ; *RDC* 2019/3. 40, obs. J. Huet, par application de l'art. L. 8221-6, II, du C. du travail. – CONTRA : Paris, pôle 6, ch. 4, 7 avr. 2021, RG n° 18/02846, *Deliveroo, CCÉ* 2021, n° 46, obs. G. Loiseau.
12. Com. 12 janv. 2022, n° 20-11.139, P.
13. Soc. 12 nov. 2020, n° 99-10.606, P ; *RLDI* 2020, n° 5986.
14. L. n° 2019-1428, 24 déc. 2019 d'orientation des mobilités, *JO* 26 déc., n° 1. – V. d'une façon plus générale : G. Loiseau, « La protection contractuelle des travailleurs de plateformes », *D.* 2021. Chron. 147.
15. T. Pasquier, « Travailleurs de plateforme et charte "sociale" : un régime en clair-obscur », *AJ contrat* 2020. Dossier 60 – X. Delpech, « Des plateformes de transport en général et de cotransportage en particulier », dans X. Delpech (dir.), *L'émergence d'un droit des plateformes*, Dalloz, « Thèmes et commentaires », 2021, p. 111 s.
16. C. transp., art. L. 1326-2 et L. 1326-3 ; art. créés par L. n° 2019-1428, 24 déc. 2019, art. 44 – Plus largement : T. Pasquier, « La plateforme, le travailleur et l'entreprise. Quel encadrement juridique pour le pouvoir privé numérique ? », dans X. Delpech (dir.), *L'émergence d'un droit des plateformes*, Dalloz, « Thèmes et commentaires », 2021, p. 91 s.
17. C. transp., art. L. 1326-4 ; créé par L. n° 2019-1428, 24 déc. 2019, art. 44.

du 24 décembre 2019, précitée, prévoit aussi que lesdites plateformes, peuvent élaborer une charte (facultative), comportant des engagements au profit des travailleurs indépendants[1]. Cependant, le respect des engagements qui y sont pris ne les protègera plus contre d'éventuelles requalifications en contrat de travail[2], de sorte que cette disposition risque de rester lettre morte. Un règlement 2019/1150[3] est relatif aux relations entre les plateformes et les entreprises utilisatrices des services d'intermédiation en ligne (*Platform to Business* ou P2B). Il promeut « *l'équité et la transparence* » pour ces entreprises. Son objectif est de rééquilibrer les relations entre les plateformes et les entreprises qui les utilisent pour élargir leurs débouchés (v. *infra* s^s n° 411.31).

011.25 **Projet de directive sur les travailleurs de plateformes en ligne.** La Commission européenne a présenté, le 9 décembre 2021, un projet de directive sur les travailleurs des plateformes numériques. Son objectif est à la fois d'améliorer leurs conditions de travail, tout en soutenant l'innovation et la souplesse de ces services. Plusieurs défis concernent le statut des personnes exerçant via ces plateformes, dont le manque de transparence et de prévisibilité des dispositions contractuelles ainsi que les risques pour la santé et la sécurité des travailleurs, de même que la difficulté d'accès à une protection sociale. Dans sa directive, la Commission promet à la fois plus de transparence sur les algorithmes (en créant une obligation d'information sur eux) et une clarification du statut de ces travailleurs par une *présomption de salariat*.

En effet, lorsque la plateforme exercera un certain niveau de contrôle sur les personnes effectuant un travail par son intermédiaire, elle sera présumée être un employeur. La Commission ajoute que ladite présomption doit s'appuyer sur les faits (influence de l'algorithme, rémunération, horaires de travail, *etc.*) et non pas sur la façon dont la plateforme définit la relation avec le travailleur dans son contrat. Une longue liste de critères permettra de déterminer si la plateforme exerce ou non un contrôle sur les travailleurs (déterminer le niveau de rémunération ou fixer des plafonds ; superviser l'exécution du travail par des moyens électroniques ; restreindre la liberté de choisir ses horaires de travail ou ses périodes d'absence, accepter ou de refuser des tâches ou de faire appel à des sous-traitants ou des remplaçants ; fixer des règles contraignantes spécifiques en ce qui concerne l'apparence, la conduite envers le destinataire du service ou l'exécution du travail ; restreindre la possibilité de se constituer une clientèle ou d'effectuer des travaux pour un tiers). Lorsqu'au moins deux critères seront remplis, la plateforme sera considérée, de façon réfragable, comme un employeur, à charge pour la plateforme de prouver que cette relation ne relève pas d'un contrat de travail. Il en découlera pour les travailleurs une protection sociale (salaire minimum lorsqu'il existe, négociation collective, temps de travail et assurance maladie, congés payés, protection contre les accidents du travail, chômage, arrêt maladie, retraite, *etc.*).

En 2021, plus de 28 millions de personnes dans l'UE travaillent via des plateformes numériques. D'ici 2025, leur nombre devrait atteindre 43 millions. Environ 55 % de ces travailleurs gagnent moins que le salaire minimum en vigueur dans les pays où ils exercent leur activité. Et 5,5 millions d'entre eux pourraient être actuellement mal classifiés (être des indépendants plutôt que des salariés). Les 22,5 millions de personnes restantes sont considérées comme correctement classées, soit en tant que travailleurs, soit en tant qu'indépendants. Pour la Commission, *« la plupart de ces personnes sont véritablement autonomes dans leur travail et peuvent utiliser le travail sur plateforme pour développer leurs activités entrepreneuriales »*.

Cette directive s'appliquera uniquement aux plateformes exerçant un certain contrôle sur les personnes qui y travaillent. Les acteurs de l'économie à la demande, notamment les entreprises de VTC et de livraison de repas, semblent tout particulièrement visées puisqu'elles fixent les rémunérations, surveillent généralement l'exécution de la tâche et restreignent souvent la liberté du travailleur de choisir ses horaires. Ils pourront, au choix, changer la façon dont ils se comportent avec les travailleurs pour s'assurer qu'ils soient vraiment indépendants (en les laissant fixer leurs propres tarifs, établir leur propre clientèle, *etc.*) ou appliquer la présomption. Mais avant d'en arriver là, le texte doit être adopté par le Parlement européen puis retranscrit dans le droit national de chaque État membre.

011.26 **Toile profonde et internet clandestin.** À l'origine, la toile (*web*) était nominative (*clearnet*),

1. C. transp., art. L. 7342-9 ; créé par L. n° 2019-1428, 24 déc. 2019, art. 44. Le décr. n° 2020-1548 du 9 déc. 2020 régit la procédure applicable aux recours et questions préjudicielles portant sur des décisions relatives à l'homologation des chartes de responsabilité sociale des plateformes de mise en relation par voie électronique.
2. V. *infra* s^s n° 322.22.
3. Règl. 2019/1150, Parlement et Conseil, 20 juin 2019 promouvant l'équité et la transparence pour les entreprises utilisatrices de services d'intermédiation en ligne, *JOUE* L 186, 11 juill., p. 57 – G. Loiseau, « Le règlement *Plateform to Business* », *CCÉ* 2020. Ét. 13 – F. Viangalli, « Le règlement européen du 20 juin 2019 sur les services d'intermédiation en ligne : de la loyauté commerciale à la transparence algorithmique », *RLDI* 2020. Ét. 5972.

en ce sens que chaque site avait un titulaire connu, ou du moins facilement identifiable par son adresse IP. Mais des réseaux anonymes sont apparus. Telle est la toile profonde ou l'abysse (*deep web*), élément de la toile inaccessible aux internautes au moyen des moteurs de recherche usuels, ce qui est notamment le cas des serveurs privés n'ayant pas vocation à être accessibles au public. Les grands et populaires réseaux[1], gérés par des organisations publiques ou des individus, relèvent de cette mouvance de la toile.

Au sein de la toile profonde figure l'internet clandestin (*dark web*)[2], désignant l'ensemble des réseaux parallèles, conçus pour assurer l'anonymat des utilisateurs par la mise en œuvre d'une architecture décentralisée, ainsi que des logiciels et d'autorisations d'accès spécifiques et des techniques garantissant l'intraçabilité des échanges. Il est un bon outil pour garantir la liberté d'expression face à certains États, mais est aussi précieux pour les lanceurs d'alerte (définis par la loi n° 2016-1691, 9 déc. 2016, art. 6), les militaires et les policiers. Cette activité est licite, puisque la loi du 21 juin 2004, dite LCEN, précitée, autorise la cryptologie[3], sous réserve de sa déclaration. Cependant, par extension, l'internet clandestin englobe les activités illicites qui y sont pratiquées (au noir, *darknet* ou internet sombre), dont les plateformes de ventes de stupéfiants, utilisant principalement des réseaux privés virtuels ou de pair à pair (*peer to peer*)[4], ainsi que des méthodes de chiffrement et des outils spécifiques de connexion[5]. Les connexions sont anonymes, la localisation géographique des serveurs est indétectable et la monnaie utilisée est cryptoprotégée. On estime qu'un pour cent des transactions effectuées sur l'internet clandestin serait le fait des *mafias* en tous genres. Toute forme d'atteinte à un système d'information et toute manipulation de données stockées sont incriminées pénalement[6].

011.27 De la neutralité de la toile. L'internet est un réseau neutre, garantissant à chacun un accès égal et sans discrimination, ne choisissant pas les usages qu'il véhicule, afin de favoriser le partage des savoirs ; il permet à ses utilisateurs d'accéder à tous ses points, quelle que soit la nature de l'usage qu'ils en font, bon ou mauvais[7]. La responsabilité civile est l'une des conditions essentielles de ladite neutralité[8], condition et garantie de la liberté de communication. Les intermédiaires techniques du réseau n'engagent pas leur responsabilité du fait du comportement des utilisateurs[9], du moins lorsqu'ils sont neutres[10]. Le principe[11] de la neutralité de l'internet a été consacré par le règlement 2015/2120[12], puis en France par la loi du 7 octobre 2016[13], inséré à l'article L. 32-1[14] du code des postes et des communications électroniques (dont l'art. L. 32[15] donne une définition). La neutralité de la toile implique que les fournisseurs d'accès ne contrôlent, discriminent ou limitent la circulation des contenus disponibles et licites, que pour préserver l'intégrité et la sûreté du réseau comme de prévenir une congestion imminente et, évidemment, pour « *se conformer aux actes législatifs de l'Union ou à la législation nationale qui est conforme au droit* » de celle-ci[16]. La neutralité apparaît ainsi comme une nouvelle source du droit des contrats, teintée de régulation[17].

Les opérateurs télécoms plaident pour une exception à la neutralité de la toile, pour que les données de santé passent en priorité afin de permettre le développement de la télémédecine[18].

011.28 Richesse, interactivité et convivialité de la toile. L'informatique et la toile mondiale (*World*

1. EX. : *Freenet, I2P* et *Tor.*
2. B. Barraud, « Le *darknet* et le droit », *JCP G* 2018. Libres propos 3 – F. Dempuré « Le *darknet* en 5 points », *JCP G* 2018. 444 – *Dalloz IP/IT* 2021/1, p. 68 s., dossier « *Darknets* : éclairage et démystification » – D. A. Levastre-Bodoule, « Les principaux usages de l'internet sombre », *Dalloz IP/IT* 2021/1, p. 83 s.
3. Sur celle-ci v. *infra* s^s^ n° 335.73.
4. Sur l'expression v. *infra* s^s^ n° 4.12.
5. P.-X. Chomiac de Sas, « Le *dark web* ou l'internet clandestin et son encadrement juridique », *RLDI* 2018. Ét. 5441.
6. C. pén., art. 323-1 à 323-8 (v. *infra* s^s^ n° 335.68).
7. V. AUSSI sur la neutralité de la toile *infra* s^s^ n° 422.32.
8. Sur celle-ci : A. Tourette, *Responsabilité civile et neutralité de l'internet. Essai de conciliation*, th. Nice Sophia Antipolis, 2015.
9. Sur la responsabilité v. *infra* s^s^ n° 422.21.
10. POUR UNE PUISSANTE DÉMONSTRATION : A. Tourette, *Responsabilité civile et neutralité de l'internet. Essai de conciliation*, th., Nice Sophia Antipolis, 2015 ; les propos au texte sont extraits de la conclusion de l'ouvrage (n°s 668 s.), not. des propositions de thèse.
11. SUR LA NOTION DE PRINCIPE : S. Caudal (dir.), *Les principes en droit*, « Études juridiques », Economica, 2008.
12. Règl. 2015/2120, Parlement et Conseil, 25 nov. 2015 établissant des mesures relatives à l'accès à un internet ouvert et modifiant la directive 2002/22/CE concernant le service universel et les droits des utilisateurs au regard des réseaux et services de communications électroniques et le règlement (UE) n° 531/2012 concernant l'itinérance sur les réseaux publics de communications mobiles à l'intérieur de l'Union, *JOUE* 26 nov., p. 1.
13. L. n° 2016-1321, 7 oct. 2016 pour une République numérique, *JO* 8 oct., n° 1.
14. CPCE, art. L. 32-1 ; mod. par L. n° 2019-1063, 18 oct. 2019, art. 3.
15. CPCE, art. L. 32 ; mod. par L. n° 2016-1321, 7 oct. 2016, art. 68.
16. CJUE, 15 sept. 2020, aff. jtes C-807/18 et C-39/19, *RLDI* 2020. 5959, obs. A. Casanova ; *JCP E* 2021. 1060, note T. Douville – E. Derieux, « Signification et portée du principe de "neutralité du net" », *RLDI* 2020. Doctr. 5927.
17. EN CE SENS : T. Douville, note préc.
18. Sur celle-ci v. *infra* s^s^ n° 221.13.

Wide Web) offrent une richesse d'information inégalée, qui ne cesse de croître (le concept et l'expression de *World Wide Web* sont dus à l'Anglais Tim Berners-Lee, physicien au CERN, et ne datent que de 1990 ; en anglais *web* signifie toile d'araignée). En 2008, la chaîne de télévision France 5 a créé le premier site à vocation éducative généraliste (http://www.curiosphere.tv), d'accès gratuit, offrant les meilleurs contenus audiovisuels pour favoriser l'éducation des enfants et leur accès à la culture. Cette masse d'informations est d'un accès aisé et, pour la première fois dans l'histoire, égalitaire. La « toile » c'est « *la fourmilière des intelligences. C'est la ruche où toutes les imaginations, ces abeilles dorées, arrivent avec leur miel.* [...] *Là chaque œuvre individuelle, si capricieuse et si isolée qu'elle semble, a sa place et sa saillie. L'harmonie résulte du tout* » (Hugo[1]). L'internet est fondé sur un principe général d'interaction dont les liens hypertextes sont la clé de voûte[2].

Mais l'interactivité de l'internet ne se limite pas aux liens hypertextes. En voici d'autres manifestations. Les logiciels ouverts, dits logiciels libres[3], n'ont pu se répandre que grâce à l'internet. Ils sont une manifestation étonnante d'autogestion et de solidarité concrète, en action, chacun cherchant à améliorer le produit dans son intérêt, se confondant avec l'intérêt général. Sur le même modèle, sont ensuite apparues des encyclopédies collaboratives, les *wiki* (du hawaïen *wikiwiki*, signifiant vite), dont *Wikipedia* créée en 2001 par Jimmy Wales[4] (entièrement financé par les dons de ses utilisateurs, *via* une fondation : *Wikimédia*), *Wikimonde* ou *Wikitionnaire*. N'importe qui peut insérer de nouvelles rubriques ou modifier celles qui existent déjà. L'internaute est alors émetteur de contenu (caractère du « *web 2.0* »[5]), ce qui est également le cas des sites communautaires. Il est de bon ton de s'émerveiller des encyclopédies collaboratives, singulièrement de *Wikipédia* (créée en 2001, qu'une association promeut [*Wikimedia*] ; alimentée chaque jour par plus de cent mille contributeurs à travers le monde, souvent de grande qualité[6], elle comprenait au début 2021 plus de 55 millions d'articles dans 300 langues). Pourtant, elles comportent des risques, non seulement d'atteintes aux personnes (rumeurs, diffamation, *etc.*), mais aussi d'accueillir des données erronées présentées comme étant la vérité, chacun pouvant s'exprimer à volonté (avec toutefois un contrôle exercé par la collectivité des internautes, invitée à signaler plagiats, diffamations et calomnies, voire en supprimant d'office certains éléments). Jacques Julliard a fait observer que, si *Wikipédia* avait existé à l'époque de Galilée, ce n'est certainement pas son point de vue qui l'aurait emporté[7] ! Certains auteurs assimilent les encyclopédies collaboratives au référencement[8], ce qui ne nous semble pas exact.

Cette interaction a renouvelé et renouvellera encore notre rapport aux sources d'information et, au-delà, à l'écriture, aux signes et à l'indexation de l'information[9]. Une Tour de Babel en perpétuel devenir s'édifie progressivement, tout en se renouvelant incessamment. « *C'est la fourmilière des intelligences. C'est la ruche où toutes les imaginations, ces abeilles dorées, arrivent avec leur miel.* [...] *Là chaque œuvre individuelle, si capricieuse et si isolée qu'elle semble, a sa place et sa saillie. L'harmonie résulte du tout* » (Hugo[10]). Actuellement, tout internaute peut s'exprimer à destination d'un auditoire indéterminé mais extrêmement vaste, celui de l'ensemble des internautes de la planète.

Les nouvelles techniques de communication (l'informatique et l'internet) sont *conviviales*. L'homme y trouve la clé de sa liberté, et l'accès à un monde sans contradiction[11]. Tant dans notre vie privée que dans notre vie professionnelle nous sommes désormais connectés les uns aux autres ; l'individualisme, si prégnant dans le monde contemporain, est un « individualisme connecté »[12]. L'évolution n'est pas achevée. Il est probable qu'à assez brève échéance l'internet détrônera la télévision, actuel acteur majeur dans la représentation du monde[13].

Enfin, dans les pays peu démocratiques, l'internet permet la diffusion rapide de nouvelles que le pouvoir voudrait cacher, avant qu'il opère une censure par filtrage d'un certain nombre de mots clés ; et il aide à la création d'une opinion publique,

1. V. Hugo, *Notre Dame de Paris*, « Bibliothèque de la Pléiade », NRF, 1975, p. 187, à propos de l'imprimerie.
2. Sur les liens hypertextes v. *infra* s[s] n°s 432.11 s.
3. V. *infra* s[s] n°s 221.31 s.
4. http://fr.wikipedia.org ; *Wikipedia* appartient à une fondation de Droit des États-Unis.
5. V. *supra* s[s] n° 011.20.
6. L. Barbe, L. Merzeau et V. Schafer (dir.), *Wikipédia, objet scientifique non identifié*, PU Paris Ouest, « Intelligences numériques », 2015 ; pour les auteurs, *Wikipédia* est bien un objet scientifique émergent, qu'ils nous aident à mieux identifier.
7. *Le Figaro* 10 mars 2008, p. 22.
8. Sur celui-ci v. *infra* s[s] n°s 432.11 s.
9. COMP. : J. Segal, *Le Zéro et le Un. Histoire de la notion scientifique d'information au XXe siècle*, « Matériologiques », Syllepse, 2004.
10. V. Hugo, *Notre Dame de Paris*, « Bibliothèque de la Pléiade », NRF, 1975, p. 187 s., à propos des livres.
11. D. Quessada, « La convivialité : une relation sans autre », *Quaderni* 2003/2004, n° 53, p. 67 s.
12. P. Flichy, « L'individualisme connecté entre la technique et la société », *Réseaux* 2004, n° 124, p. 17 s.
13. P. Rosanvallon, *La République des idées*, « Les Livres du nouveau monde », Seuil, 2006.

préliminaire indispensable dans la voie vers le respect des Droits de l'homme. C'est particulièrement frappant en Chine[1]. Début 2011, l'internet (jumelé avec les réseaux sociaux)[2] fut le vecteur des révolutions, tant non violentes de Tunisie et d'Égypte, que violentes de Lybie et de Syrie. Et, partout, il est un instrument contre l'infantilisation des citoyens, que ce soit par l'élargissement des points de vue et des données qu'il procure[3], ou par la diffusion d'informations que le Pouvoir voudrait cacher (comme ce fut un temps le cas de divers réseaux sociaux chinois ; mais le Gouvernement chinois a entrepris de les museler. Ainsi l'agence d'administration du cyberespace chinois a lancé, en août 2017, une enquête contre les trois principaux réseaux sociaux [*WeChat, Weibo, Baidu*], accusés de laisser passer des contenus illicites, mettant « *en danger la sécurité nationale* » ; et *WhatsApp* est fréquemment inaccessible).

011.29 Virtualité et réalité. L'informatique et plus encore l'internet paraissent des terres d'élection de l'incorporel ; le second serait même un monde *virtuel*, selon une expression habituelle (que nous utilisons parfois), au sein duquel les relations commerciales, les échanges, voire la doctrine[4] sont dématérialisés[5] ; du reste cette dématérialisation peut toucher aussi bien le contrat (conclu par internet) que son objet (par exemple l'obtention d'un logiciel). Cependant, même si les inscriptions sont inintelligibles sans l'intermédiaire d'un appareil, le support électronique est bien matériel (puisqu'il comprend des inscriptions numériques physiques, contenant des quantités mesurables d'information). Et, quant à l'internet, sa réalité est certaine, dans la mesure où il est constitué de matières quantifiables (des électrons, des photons, des particules...).

L'ordonnance du 4 octobre 2017[6], relative à la *dématérialisation des relations contractuelles dans le secteur financier*, vise à favoriser la numérisation en droit des assurances[7] et en droit bancaire et financier[8] par le recours à la signature électronique et à l'envoi recommandé électronique (tout en cherchant à améliorer la protection des clients en déterminant les conditions du recours à un support durable et en encadrant les espaces personnels sécurisés). En janvier 2018, la chancellerie a publié les rapports de cinq « chantiers de la justice », dont « *Transformation numérique, amélioration et simplification de la procédure civile* »[9]. La loi organique n° 2019-221 du 23 mars 2019[10], relative au renforcement de l'organisation des juridictions, et la loi n° 2019-222 du 23 mars 2019[11] de programmation 2018-2022 et de réforme pour la justice (PLPRJ) consacrent les notions de « procédure civile numérique » et de « procédure pénale numérique » dans un service tourné vers le justiciable[12].

011.30 « Réalité augmentée ». La virtualité a connu un nouveau développement, avec ce qui a été appelé la « réalité augmentée ». Celle-ci consiste à incruster des images virtuelles dans un univers réel. Le grand public a découvert son existence par le jeu *Pokémon* [d'*Apple*], consistant à se déplacer dans le monde réel avec son ordiphone (*smartphone*) pour capturer des *Pokémon* virtuels. Par la magie d'une application téléchargée sur son ordiphone, *homo festivus* peut voir transformer en lieu festif l'ensemble du monde réel, dans lequel il chasse des personnages virtuels (des *Pokémon*). Il a connu un succès considérable en 2016, tant auprès des enfants que

1. À CET ÉGARD : P. Haski, *Internet et la Chine*, « Médiathèque », Seuil, 2008.
2. Sur lesquels v. *infra* s[s] n° 011.82.
3. D. Cardon, *La démocratie internet : Promesses et limites*, « La République des idées », Seuil, 2010, sans doute trop optimiste.
4. A.-S. Chambost (dir.), *Les blogs juridiques et la dématérialisation de la doctrine*, « Contextes », LGDJ, 2015.
5. I. Rueda, « L'adaptation du droit des contrats d'origine internationale et communautaire à la dématérialisation des échanges », *RID comp.* 2006. 925 – À PROPOS du notariat : J. Sanchez, *Internet et dématérialisation au service du notariat*, mémoire, Toulouse 1, 2012.
6. Ord. n° 2017-1433, 4 oct. 2017, relative à la dématérialisation des relations contractuelles dans le secteur financier, *JO* 5 oct., n° 21 ; SUR LAQUELLE : *CCÉ* 2017, n° 97, obs. G. Loiseau – Le décret n° 2018-229 du 30 mars 2018 prévoit les dispositions nécessaires à l'application de ladite ordonnance : Y. Broussolle, « Les principales dispositions du décret n° 2018-229 du 30 mars 2018 relatif à la dématérialisation des relations contractuelles dans le secteur financier », *LPA* 6 juill. 2018. 12.
7. Un arrêté du 27 mars 2018 (modifiant le C. assur. et relatif à la dématérialisation des relations contractuelles dans le secteur financier, *JO* 30 mars, n° 34, NOR : ECOT1806044A), organise la dématérialisation des relations contractuelles dans le secteur de l'assurance. Un autre arr. du même jour organise la dématérialisation des relations contractuelles au sein des institutions de prévoyance.
8. É. A. Caprioli (dir.), *Banque et assurance digitales : Droit et pratiques*, préf. M. Roussille, RD éd., 2017, la somme sur la question.
9. S. Amrani-Mekki, « Les chantiers de la *justice Numérique, Procédure civile* et *Réseau des juridictions* : le rationnel est-il toujours raisonnable ? », *Gaz. Pal.* 6 févr. 2018. Dossier 67 – M. Dochy, *La dématérialisation des actes du procès civil*, « NBT », Dalloz, 2021.
10. L. n° 2019-221, 23 mars 2019, relative au renforcement de l'organisation des juridictions, *JO* 24 mars, n° 1.
11. L. n° 2019-222, 23 mars 2019, de programmation 2018-2022 et de réforme pour la justice, *JO* 24 mars, n° 2.
12. C. Bléry, « Loi du 23 mars 2019 de programmation 2018-2022 et de réforme pour la justice : aspects numériques », *D.* 2019. Chron. 1069 – S. Hardouin, « La transformation numérique au service de la justice », *JCP G* 2018. Doctr. 1321.

des adultes. Où les loisirs de masse bêtifiants mais pourvoyeurs de gros profits pour *Google et Apple*, détruisent la culture et la sociabilité. Puissions-nous ne pas chercher à « *se distraire à en mourir* »[1], mais tâcher de vivre humainement en pleine conscience ! Dans un avenir proche, la réalité augmentée devrait connaître une utilisation industrielle importante, que ce soit dans la formation, la maintenance, la réparation à distance ou la conception assistée par ordinateur.

Si nous manifestons une certaine défiance des jeux utilisant la réalité virtuelle, nous saluons son utilisation en médecine[2].

011.31 Internet et mondialisation. Nous vivons dans l'ère de *l'universalité*, comme l'avait relevé Lucien Febvre (le grand historien des *Annales*) dès la fin de la Seconde Guerre mondiale. Cette universalité fut ensuite baptisée de *mondialisation*[3] (en anglais *globalisation*). Nul outil ou technique n'est plus mondial que la « toile ». Aussi, tous les pays peuvent disposer désormais de cet outil prodigieux. Grâce à lui une mondialisation (ici bénéfique) des informations et des connaissances se réalise, permettant en théorie à tous les peuples d'accéder aux connaissances des autres plus facilement, plus rapidement et à un moindre coût[4]. Alors que l'Afrique et des contrées dans d'autres continents sont dramatiquement exclues de la mondialisation (sans que l'Occident se soucie particulièrement de ce fait), il offre à ces pays une chance inespérée de s'y intégrer. L'internet leur permet de trouver des solutions à leurs manques de connaissances, mais aussi à leurs blocages internes en matière de normes, de moyens de communication et de paiement. Les logiciels dits « libres » sont pour eux un atout majeur. Mieux, ils pourront même contribuer à l'innovation, en apportant des améliorations à ceux-ci[5]. Les mobiles et ordiphones (*smartphones*) ont fait une percée spectaculaire en Afrique qui compta dès 2015 un nombre considérable de souscripteurs (931 millions, avec un taux de pénétration de 85 %, presque celui de la France, contre 2 % en 2000), ce qui est source de bienfaits variés[6].

1. Titre d'un livre de N. Postman, préf. M. Rocard, Pluriel, 2011.
2. V. *infra* s[s] n° 221.13.
3. SUR LA MONDIALISATION : Assoc. Capitant (dir.), *La mondialisation*, Bruylant, 2018 – Le mot de mondialisation fut créé par Pierre de Coubertin (1863-1937) et utilisé par lui pour la première fois dans *Le Figaro* du 13 déc. 1904.
4. COMP. : J. Bonjawo, *Internet, une chance pour l'Afrique*, « Tropiques », Karthala, 2002.
5. Sur les logiciels « libres » v. *infra* s[s] n°s 432.11 s.
6. J.-M. Huet, *Le digital en Afrique. Les cinq sauts numériques*, préf. S. Richard, Michel Lafon, 2017.

§ 2 Révolutions induites par l'informatique et par l'internet

A. Révolution, fruit de la conjonction de l'informatique et de l'internet

011.41 Numérique, fruit et siège d'innovations majeures. Le numérique est le fruit et le siège d'innovations considérables, si importantes que le mot de révolution semble plus adapté pour dépeindre la situation. La plupart de ces innovations découlent de recherches techniques dans un but précis. Mais d'autres sont issues de la « sérendipité », c'est-à-dire d'un heureux hasard, dont une intelligence aiguisée imagine les conséquences. Le XXIe siècle sera marqué, plus que tout autre dans l'histoire jusqu'à présent, par la communication, donc par la circulation des informations comme des connaissances. Et, dans une *économie du savoir*[7], où les services ont pris le haut du pavé (même s'ils ont subi une éclipse provisoire depuis la pandémie mondiale du covid-19 en 2020-2022), les biens immatériels prédominent (« *Le savoir* [devient] *une valeur d'échange. L'utilité du savoir fait du savoir une denrée.* [Celle-ci] *deviendra chose du commerce, chose qui s'exporte, chose qui s'imite et se produit un peu partout.* [...] *Résultat : l'inégalité qui existait entre les régions du monde* [...] *tend à disparaître graduellement* », Valéry[8]). Même si, avec la nouvelle révolution technique en cours, les frontières entre l'industrie et les services vont s'estomper de plus en plus, la source principale des richesses réside maintenant et résidera demain encore davantage dans les informations et les connaissances de tous ordres. Les « industries » de l'information et de la communication sont au cœur des transformations contemporaines de l'organisation des entreprises et, plus largement, de l'économie[9], elle-même devenant de plus en plus immatérielle[10]. Ce sont elles qui procurent aux entreprises des « avantages compétitifs ».

Cela, dans une civilisation *mondialisée*, puisque les frontières disparaissent du fait des accords inter-

7. J.-P. Bouchez, *L'économie du savoir : Construction, enjeux et perspectives*, « Méthodes et recherches », de Boeck, Bruxelles, 2012, montrant que, dans la « nouvelle économie », le savoir et l'innovation sont au cœur de la croissance et du développement économique.
8. P. Valéry, *La Crise de l'esprit*, NRF-Gallimard, août 1919, p. 335.
9. NOT. : Collectif, « Économie et communication », *Hermès*, n° 44, 2006, n° spécial.
10. CF. L. Habib, *La Force de l'immatériel : Pour transformer l'économie*, PUF, 2012.

nationaux ; que les moyens de transport offrent des facilités inégalées ; enfin, qu'une révolution tranquille mais prodigieuse continue de s'opérer grâce au développement jumelé de l'informatique et de l'internet. Leur conjonction constitue beaucoup plus qu'une évolution technique, une *révolution* aux conséquences considérables, se ramifiant dans divers domaines (y compris l'enseignement[1]), comme l'avait été l'invention de l'imprimerie au XVe siècle, voie royale de l'esprit humain[2]. « *Le plus grand événement de l'histoire. C'est la révolution mère. C'est le mode d'expression de l'humanité qui se renouvelle totalement, c'est la pensée humaine qui dépouille une forme et en revêt une autre* » (Hugo[3]). « *Les inventions de l'ordre matériel ont été le plus puissant véhicule des idées, des effets de l'intelligence dans le monde* » (Lamartine[4]). La conjonction de l'informatique et de l'internet sublime le *scribere artificialiter* de Gutemberg.

Dès lors, on comprend que le Conseil constitutionnel, dans son œuvre de création du Droit (au demeurant assez contestable, s'étant octroyé ce pouvoir[5]), ait considéré que le droit d'être connecté à internet est un Droit constitutionnel, dérivé de l'article 11 de la Déclaration des Droits de l'homme et du citoyen de 1789 sur la liberté de communication et d'expression[6]. Il existe un véritable *Droit de la communication numérique*, donnant déjà lieu à de solides analyses[7]. La loi du 7 octobre 2016[8] conçoit l'accès à l'internet comme un service essentiel dans la vie quotidienne, de sorte qu'elle a introduit la possibilité d'un maintien temporaire de ce service au profit de personnes en difficultés financières malgré le non-paiement de factures. Ainsi, une singulière exécution forcée du contrat est imposée dans l'intérêt du débiteur défaillant au détriment des droits contractuels du fournisseur d'accès[9].

011.42 Interpénétration des sphères privées et professionnelles. Une autre évolution considérable est l'interpénétration des sphères privées et professionnelles, ordinateurs personnels[10] (PC), tablettes et ordiphones (*smartphones*[11]) ayant envahi le monde du travail. Ainsi, l'*iPhone* d'*Apple*[12], qui a connu un énorme succès, est utilisé comme outil autant professionnel que personnel. Les ordiphones confiés aux cadres instaurent un lien continu avec l'entreprise, très périlleux pour leurs utilisateurs et leur vie de famille. La connexion, si l'on n'y prend pas garde, peut devenir un instrument d'aliénation (voire, pour les enfants, générer une sorte « d'autisme virtuel »[13] et même de « crétinisme digital »[14]). On ne peut donc qu'approuver l'intention du législateur de permettre la déconnexion des salariés et de susciter dans les entreprises la mise en place de mesures de régulation relatives à « *l'utilisation des outils numériques, en vue d'assurer le respect des temps de repos et de congé ainsi que de la vie personnelle et familiale* ». À défaut d'accord lors de la négociation annuelle, l'employeur doit élaborer une charte définissant les modalités de l'exercice du droit à la déconnexion et prévoyant en outre des actions de formation et de sensibilisation du personnel « *à un usage raisonnable des outils numériques* »[15].

D'un autre côté, l'utilisation par les salariés de leur matériel privé sur leur lieu de travail est un

1. V. *infra* ss nos 332.11 s.
2. F. Cuvelier, *Histoire du livre : Voie royale de l'esprit humain*, Éd. du Rocher, 1982.
3. V. Hugo, *Notre Dame de Paris*, « Bibliothèque de la Pléiade », NRF, 1975, p. 185, à propos de l'imprimerie.
4. A. de Lamartine, Discours à l'Ass. nat. le 11 mai 1842, à propos d'un projet de loi sur les chemins de fer ; reproduit dans : *Futuribles* 2013/397, 80.
5. Notre ami Jean Foyer, qui rédigea avec François Luchaire la loi organique sur le Conseil constitutionnel, regrettait vivement et souvent de ne pas avoir « verrouillé » les dispositions relatives au pouvoir de celui-ci, dont il fustigeait les empiétements ; son opinion était partagée par J. Carbonnier : v. Ph. le Tourneau, « *Speculum amicorum* », dans C. Puigelier et F. Terré (dir.), *Jean Foyer. In memoriam*, Litec, 2010, p. 185 s.
6. Cons. const. 10 juin 2009, no 2009-580 DC, *loi favorisant la diffusion et la protection de la création sur internet*, NON-CONFORMITÉ PARTIELLE, *JO* 13 juin, p. 9675 ; *Rec.* p. 107 ; *AJDA* 2009. 1132, obs. S. Brondel ; *RTD civ.* 2009. 756, obs. T. Revet – J.-M. Bruguière, « Loi "sur la protection de la création sur internet" : mais à quoi joue le Conseil constitutionnel ? », *D.* 2009, point de vue 1770 – L. Marino, « Le droit d'accès à internet, nouveau droit fondamental », *D.* 2009, point de vue 2045 – M. Verpeaux, « La liberté de communication avant tout. La censure de la loi Hadopi 1 par le Conseil constitutionnel », *JCP* 2009. Ét. 274.
7. E. Dreyer, *Droit de la communication,* « Manuel », LexisNexis, 2018 – E. Derieux, *Le droit des médias*, 6e éd., « Connaissance du droit », Dalloz, 2019.
8. L. no 2016-1321, 7 oct. 2016, pour une République numérique, *JO* 8 oct., no 1, art. 108.
9. G. Loiseau, « Accès à Internet : une exécution forcée du contrat au profit du débiteur défaillant », *CCÉ* 2016, no 101.
10. Apparus en 1974.
11. Que les Québécois, généralement mieux inspirés, ont traduit littéralement par téléphone intelligent, alors qu'un téléphone est un appareil, qui ne peut être doté ni de conscience ni d'intelligence !
12. Apparu en 2007.
13. P. Massot, *Être parent à l'heure des écrans*, Dangles, 2019 : véritable boîte à outils pour aider les parents à faire face à l'hyperconnexion de leurs enfants.
14. M. Desmurget, *La fabrique du crétin digital. Les dangers des écrans pour nos enfants*, Seuil, 2019. L'auteur, docteur en neurosciences, s'attaque aux idées reçues sur les bienfaits de la révolution numérique. Il expose les effets délétères des nouvelles techniques sur l'attention et la réussite scolaire.
15. C. trav., art. L. 2242-8, 7° ; mod. L. 2016-1088, 8 août 2016, art. 55 ; puis par L. no 2018-771, 5 sept. 2018, art. 104 – C. Willmann, « La déconnexion des salariés : un droit "mou", aux forts enjeux », *Dalloz IP/IT* 2019. 684.

danger pour la sécurité informatique des entreprises[1]. L'interpénétration des sphères privées et professionnelles se manifeste également par le fait que les entreprises créent elles aussi leurs propres pages dans des réseaux sociaux[2], tels notamment *Facebook*[3] ou *Twitter*. Innombrables sont, de par le monde, les passionnés d'informatique et/ou des techniques de communication, dont l'internet, qui se désignent par le mot de *geek*[4] (pouvant se traduire par as de l'informatique[5]).

En outre, il est quasiment certain que, dans un avenir proche, le management des entreprises évoluera vers une organisation plus participative (en recourant de plus en plus à une gestion du flux de travail [*workflow*[6] *management*]), comme conséquence imprévue de la conjonction de l'internet et des réseaux sociaux. Pourquoi ? Parce que les collaborateurs des entreprises, habitués à s'exprimer sur les réseaux sociaux et à être connectés en permanence entre eux, n'accepteront plus les hiérarchies hiératiques et voudront de plus en plus donner leur avis sur les décisions de toutes natures engageant leur entreprise.

011.43 **Rapports au temps et à l'espace.** Le numérique, surtout par l'internet, constitue une véritable révolution anthropologique, bouleversant les manières de sentir, de penser et d'agir[7]. En effet, les rapports au temps[8] et à l'espace sont bouleversés par l'internet (voire peut-être même le fonctionnement du cerveau ![9]). Déjà, les voies ferrées (puis plus tard les avions) avaient modifié les manières de voir et de penser, mais dans une moindre mesure que la « toile ». Heine, assistant à l'inauguration successivement des lignes de train Paris-Saint-Germain-en-Laye, Paris-Orléans et Paris-Rouen, écrivait en 1843 : « *Même les notions élémentaires de temps et d'espace sont devenues incertaines. Par les chemins de fer, l'espace est tué, et il ne nous reste plus de temps* »[10]. Que dirait-il aujourd'hui ? « *Ce sont les relations fondamentales entre la conscience et le temps, entre le moi et la phénoménalité, entre l'entendement et la communication, qui sont en voie de mutation* »[11]. Le temps s'est en quelque sorte *contracté*, et l'homme agit désormais en urgence, dans l'instant, dans l'immédiateté[12], notamment grâce aux courriels, par conséquent sans recul[13] et sans perspective. Si les Encyclopédistes, dirigés par Diderot et d'Alembert, avaient fonctionné de la sorte eussent-ils pu produire leur œuvre monumentale, symbole des Lumières, qui s'étala de 1751 à 1772 ? Et, à un niveau plus modeste, si nous avions vécu dans l'immédiateté, aurions-nous pu rédiger seul notre traité de la responsabilité civile et des contrats au spectre considérable[14] ? De plus, il règne sur la toile une place considérable pour l'aléatoire, par le jeu des liens qui peuvent se nouer sans fin de site en site (le mot de jeu, venu instinctivement sur le clavier, est pertinent). Relevons encore l'ubiquité qui règne sur la toile, nous permettant d'être présent en tous lieux et par les « traces » que chacun y laisse, créant de fait son « jumeau numérique » (*digital twin*), qui subsisteront au décès de son titulaire[15]. Chaque internaute devrait songer à rédiger une sorte de « testament numérique », comme le permet la loi n° 2016-1321 du 7 octobre 2016, « *pour une République numérique* », dont l'article 63 a ajouté à la loi du 6 janvier 1978[16] la disposition suivante : « *Toute personne peut définir des directives relatives à la conservation, à l'effacement et à la communication de ses données à caractère personnel après son décès. Ces directives sont générales ou particulières. // les directives générales concernent l'ensemble des données à caractère personnel se rapportant à la personne concernée et peuvent être enregistrées auprès d'un tiers de confiance numérique certifié par la Commission nationale de l'informatique et des libertés*[17] »[18]. Les directives peuvent, notamment, désigner un tiers de confiance[19] chargé de gérer les comptes des réseaux

1. Sur celle-ci v. *infra* s^s n°s 335.11 s.
2. Sur ceux-ci v. *infra* s^s n° 011.82.
3. Apparu en 2004.
4. Déformation du mot de l'argot anglais *geck* signifiant imbécile !
5. Certains proposent le mot de bidouilleur !
6. Sur lequel v. *infra* s^s n° 115.11.
7. V. Julien-Grésin et Y. Michaud, *Mutation numérique et responsabilité humaine des dirigeants*, Odile Jacob, 2019.
8. De sorte que le temps lent du droit n'est peut-être plus adapté aux rapides mutations de l'internet – EN CE SENS : B. Barraud, « Internet et temps du droit », *RLDI* 2016, n° 3929.
9. EN CE SENS : N. Carr, *Internet rend-il bête ?*, éd. Robert Laffont, 2011 : le livre au titre provocateur ne correspondant pas exactement au contenu.
10. CITÉ PAR : K. Stierle, *La Capitale des signes : Paris et son discours*, Maison des sciences de l'homme, 2001, p. 179 – SUR les bouleversements créés par la rapidité : C. Studeny, *L'Invention de la vitesse : France, XVIIIe-XXe siècle*, « Bibliothèque des Histoires », NRF-Gallimard, 1995.
11. G. Steiner, *Entretiens, op. et loc. cit.*
12. P. Josèphe, *La Société immédiate*, Calmann-Lévy, 2008.
13. Z. Laïdi, *Le Sacre du présent*, « Champs », Flammarion, 2002.
14. Nous avons l'habitude de dire qu'il constitue l'œuvre d'une vie.
15. Sur ces traces v. *supra* s^s n° 011.13.
16. L. n° 78-17, 6 janv. 1978, relative à l'informatique, aux fichiers et aux libertés, *JO* 7 janv., p. 227.
17. L. n° 78-17, 6 janv. 1978, art. 85 ; mod. par ord. n° 2019-964, 18 sept. 2019, art. 35 [anc. L. n° 78-17, 6 janv. 1978, art. L. 40-1, II ; abrogé par ord. n° 2018-1125, 12 déc. 2018, art. 1er].
18. Sur le droit des personnes physiques à l'effacement, v. *infra* s^s n° 431.18.
19. SUR les chaînes de blocs à cet effet : E. Drillon, « La révolution *blockchain*. La redéfinition des tiers de confiance », *RTD com.* 2016. 893 s.

sociaux après le décès de leur titulaire, de demander leur suppression ou de les transformer en pages d'hommage, le cas échéant d'en récupérer les données. Enfin, le numérique crée une distorsion de notre inscription charnelle des rapports humains avec l'illusion d'une « présence virtuelle » [1].

011.44 Bouleversements tous azimuts de la numérisation. La numérisation (désignée aussi à tort par l'anglicisme *digitalisation* [2]), largement accélérée depuis la pandémie de la covid-19, interfère dans d'innombrables domaines, tous azimuts (avec cependant quelques îlots qui y échappent ; ainsi la date d'entrée en vigueur des lois et actes administratifs [si l'ord. n° 2004-164 du 20 févr. 2004 [3] a modernisé l'art. 1er du code civil, elle n'a pas franchi le pas de prendre en compte leur publication en ligne [4]]). Elle affecte tant l'écriture que la lecture, la place du livre imprimé [5] et des bibliothèques (sans pour autant entraîner leur disparition [6]) comme celle de l'écrit papier souvent remplacé par l'écrit électronique, la médecine [7], les compétitions sportives numériques (que certains nomment l'e.sport [8]) ou l'enseignement [9], sans compter un bouleversement radical dans la vie des entreprises [10] (aussi bien dans la manière de travailler des équipes que dans la relation avec leurs clients tout en étant un puissant facteur de productivité), qui s'est brusquement accéléré lors de la pandémie du coronavirus (covid-19) en 2020-2022. La numérisation s'est révélée, pendant cette crise, comme un précieux outil de sauvegarde de l'économie (not. grâce au télétravail [11], à l'enseignement en ligne ou aux consultations médicales à distance). Elle appelle une déontologie spécifique [12].

L'ère numérique marque sans doute une nouvelle étape de l'humanité [13]. Les logiciels « *sont en train de dévorer le monde* » (*software is eating the world* [14]). La numérisation apporte de nouveaux modes de transmission [15], d'autres vecteurs, une autre mémoire [16] et une modification importante de l'attention humaine [17] (donnant naissance à une économie de l'attention [18]), devenue une ressource rare, alors qu'elle est au cœur de la croissance économique, et dont l'extraction ne va pas sans quelques effets indésirables pour l'humanité [19].

Sans compter les manipulations inconscientes organisées par des applications sur la toile, ce que l'on nomme la captologie. Déjà se dessine la tentation de croire à l'apparition d'une « intelligence artificielle » [20] (IA) [21], capable de fusionner avec le cerveau humain, pour parvenir à un « homme augmenté » [22], terrifiant *Homo artificialis*. Des cher-

1. V. *infra* ss nos 011.81 s.
2. MAIS, POUR CERTAINS, la digitalisation impliquerait, outre la numérisation, l'interconnexion permanente – Le mot anglais *digital* est l'ex. type du faux-ami, car en français il signifie « qui appartient à la main », comme les empreintes digitales.
3. Ord. n° 2004-164, 20 févr. 2004, relative aux modalités et effets de la publication des lois et de certains actes administratifs, *JO* 21 févr., p. 3514.
4. J. Huet, « Le nouvel article 1er du code civil : une réforme confuse et timorée », dans *Libre droit. Mél. Ph. le Tourneau*, Dalloz, 2008, p. 439 s.
5. Rien ne peut remplacer la lecture approfondie et solitaire d'un livre imprimé : R. Casati, *Contre le colonialisme numérique : Manifeste pour continuer à lire*, « Bibliothèque idées », Albin Michel, 2013 ; l'auteur montre aussi comment les résultats obtenus par les moteurs de recherche sont biaisés, étant modélisés par les anciennes recherches de l'internaute.
6. Dans les années 1990 Bill Gates avait prédit « la fin du livre » en 2015 ; de l'inanité des prédictions…
7. V. *infra* ss nos 011.68 et 221.13.
8. V. *infra* ss n° 451.30.
9. V. *infra* ss n° 332.22.
10. T. Enders, « Airbus doit gagner la course à la digitalisation », *Le Figaro économie* 8 déc. 2016, p. 28 (T. Enders a été PGD du groupe *Airbus* entre 2012 et 2019).
11. Sur le télétravail v. *infra* ss n° 011.74.
12. V. *supra* ss n° 011.13 – COMP. : A. Basdevant et J.-P. Mignard, *L'empire des données. Essai sur la société, les algorithmes et la loi*, Don Quichotte, 2018, p. 234 s.
13. G. Babinet, *L'ère numérique : un nouvel âge de l'humanité*, Le Passeur, 2014.
14. Selon Marc Andreessen, cofondateur de *Netscape*.
15. A. Audevart et M. Alonzo, *Apprendre demain : Quand intelligence artificielle et neurosciences révolutionnent l'apprentissage*, Dunod, 2019.
16. POUR un brillant plaidoyer (trop optimiste ?) : F. Bon, *Après le livre*, « Débats », Seuil, 2011 ; le sous-titre de son site http://www.publie.net/, « *Le contemporain s'écrit numérique* », résume l'esprit de l'ouvrage cité.
17. B. Patino, *La civilisation du poisson rouge. Petit traité sur le marché de l'attention*, Grasset, 2019 : « *Le poisson rouge tourne dans son bocal. Il semble redécouvrir le monde à chaque tour. Les ingénieurs de Google ont réussi à calculer la durée maximale de son attention : 8 secondes. Ces mêmes ingénieurs ont évalué la durée d'attention de la génération des millennials, celle qui a grandi avec les écrans connectés : 9 secondes. Nous sommes devenus des poissons rouges, enfermés dans le bocal de nos écrans, soumis au manège de nos alertes et de nos messages instantanés* ». – Du même : *Tempête dans le bocal, la nouvelle civilisation du poisson rouge*, Grasset, 2022 : l'auteur, relevant que déconnecter est un leurre, et conseillant donc de lutter avec souplesse, de transformer nos habitudes d'internaute, d'aimer et de connaître différemment, de réformer notre langage, de déjouer « l'intelligence artificielle » ; et, surtout, de se créer des moments à soi, complètement déconnectés.
18. B. Patino, *op. cit* : il s'agit d'augmenter la productivité du temps pour en extraire plus de valeur. Les algorithmes sont les machines-outils de cette économie.
19. Y. Marry et F. Souillot, *La guerre de l'attention. Comment ne pas la perdre*, L'Échappée, 2022.
20. Qui pourrait composer de la « musique artificielle » dont une personne morale pourrait être considérée comme l'auteur – EN CE SENS : G. Querzola, « AVA, premier compositeur de musique artificiel(le) ? », *RLDI* 2017. Ét. 5069.
21. Sur l'expression v. *supra* ss n° 011.13.
22. Sur la « réalité augmentée » v. *supra* ss n° 011.30.

cheurs de la Silicon Valley s'y adonnent, encouragés par Larry Page (cofondateur et premier PDG de *Google*[1]), comme s'il était possible de télécharger un cerveau. Il s'agit en réalité d'une construction mythologique et idéologique. Quoi qu'il en soit, il est évident que la relation entre l'homme et la machine a été profondément modifiée. Et, même si l'expression « d'intelligence artificielle » (IA) est un abus de langage ou une métaphore, il convient de mesurer les dangers qu'elle recèle[2] et de les prévenir en établissant des principes éthiques encadrant cette technique[3], qu'ils soient élaborés par les institutions européennes ou par les grands acteurs de l'économie numérique[4] (plus de cent textes de recommandations éthiques ont été adoptés en ordre dispersé, souvent sous forme de chartes ; il conviendrait d'élaborer un texte uniforme, apportant une vision globale des enjeux). Quant aux dommages qui pourraient être causés par les systèmes « intelligents », le droit est à peu près outillé pour y répondre[5], que ce soit la responsabilité pour faute[6] ou du fait des choses[7], au prix éventuellement de quelques ajustements, notamment quant à la responsabilité des produits défectueux, qui pourrait devenir la responsabilité de droit commun en la matière[8], ou en réactivant la distinction des gardes de la structure et du comportement. Cependant, peut-être sera-t-il opportun de créer, à terme, un régime spécifique de responsabilité de « l'intelligence artificielle »[9] ou « responsabilité numérique »[10]. En attendant, une proposition de loi constitutionnelle, enregistrée à la présidence de l'Assemblée nationale le 15 janvier 2020 (n° 2585), est relative à la création d'une « *Charte de l'intelligence artificielle et des algorithmes* »[11].

L'introduction d'un programme informatique (*Watson*) pour aider les salariés à traiter les abondants courriels qu'ils reçoivent, soit en les réorientant à partir des mots clés qu'ils contiennent vers le guichet où ils pourront être directement traités en raison des compétences préalablement définies par un responsable au vu de la demande, soit en les traitant par ordre de priorité en raison de l'urgence qu'ils présentent et qui leur sera signalée, soit encore à y répondre d'une manière appropriée en proposant une déclinaison de situations permettant d'adapter sans oublis la réponse à la question posée, n'entraîne donc que des conséquences mineures dans les conditions de travail des salariés. Dès lors, il n'est pas nécessaire de recourir à une mesure d'expertise afin d'examiner les modifications des conditions de santé, de sécurité et de travail[12]. Certaines entreprises, recourant à la « prise de décision automatisée » (« l'intelligence artificielle ») dans leurs relations avec la clientèle, considèrent qu'elle est « *mise au service d'une relation client augmentée et permet de dégager du temps commercial et du temps d'écoute* », tout en étant « *un outil extrêmement puissant de*

1. Depuis 2015 *Google* est une filiale du conglomérat *Alphabet*.
2. É. Sadin, *L'intelligence artificielle ou l'enjeu du siècle : Anatomie d'un antihumanisme radical*, L'Échappée, 2018 – G. Koenig, *La fin de l'individu : Voyage d'un philosophe au pays de l'intelligence artificielle*, Éd. de l'Observatoire, 2019 : selon l'auteur, en déployant des techniques d'optimisation, de prédiction et de manipulation à grande échelle, l'IA remet en cause le fondement même des Lumières : l'idée d'un individu autonome et responsable. L'intelligence artificielle nous préparerait ainsi des droits sans démocratie, un art sans artiste, une science sans causalité, une économie sans marché, une justice sans coupable, des amours sans séduction... à moins que nous ne reprenions le contrôle en forgeant pour nous-mêmes « un droit à l'errance ».
3. COMP. : M. Coulaud, « Quelle place pour l'éthique et le droit en matière d'intelligence artificielle », *CCÉ* 2018. Entretien 1 – D'UNE FAÇON PLUS GÉNÉRALE, l'ONG *Optic Technology* (fondée, malgré son nom anglais par le Français Éric Salobir) est une plateforme de réflexion et de dialogue interdisciplinaire accompagnant les entreprises dans la gestion éthique des innovations techniques. Elle publie des rapports thématiques balisant le terrain par des recommandations – SURTOUT : H. Barbier, « Intelligence artificielle et éthique », dans A. Bensamoun et G. Loiseau (dir.), *Droit de l'intelligence artificielle*, « Les Intégrales », LGDJ, 2019, p. 9 s., spéc. n°s 30 s., proposant cinq principes devant gouverner l'IA : de bienfaisance (de recherche du bien commun), de non-malfaisance (*primum non nocere*), d'autonomie, de justice, d'« explicabilité » et de transparence.
4. A. Bensamoun et G. Loiseau, « La gestion des risques de l'intelligence artificielle – De l'éthique à la responsabilité », *JCP* 2017. Doctr. 1203 – *ADDE* : H. Barbier, « Intelligence artificielle et éthique », art. préc. – L. Godefroy, « Éthique et droit de l'intelligence artificielle. Osmose ou symbiose ? », *D.* 2020. Chron. 231.
5. Il n'est donc nullement nécessaire de refonder le concept de responsabilité, contrairement à ce qu'écrit F. G'Sell : « Vers l'émergence d'une "responsabilité numérique" ? », *Dalloz IP/IT* 2020. Dossier 153.
6. S. Merabet, *Vers un droit de l'intelligence artificielle*, préf. H. Barbier, Dalloz, « NBT », 2020, n°s 505 s.
7. S. Merabet, *Vers un droit de l'intelligence artificielle*, th. préc., n°s 510 s.
8. A. Bensamoun et G. Loiseau, « La gestion des risques de l'intelligence artificielle. De l'éthique à la responsabilité », art. préc., spéc. n°s 18 s.
9. EN CE SENS : L. Archambault et L. Zimmermann, « La réparation des dommages causés par l'intelligence artificielle : le droit français doit évoluer », *Gaz. Pal.* 6 mars 2018. 16. – S. Merabet, *Vers un droit de l'intelligence artificielle*, th. préc., n°s 523 s., un régime qui permettrait de sanctionner, non seulement un fait anormal, mais aussi un fait normal de l'intelligence artificielle, « *qui aurait été qualifié d'anormal s'il avait été accompli par une personne ou provoqué par une chose ordinaire* » (th. préc., n° 525), du moins lorsque le trouble excèdera un seuil raisonnable (th. préc., n° 528).
10. F. G'Sell : « Vers l'émergence d'une "responsabilité numérique" ? », art. préc.
11. V. *supra* s^s n° 011.13.
12. Soc. 12 avr. 2018, n° 16-27.866, NP, F. Dekeuwer-Défossez (dir.), « Droit et risque », *LPA* 5 déc. 2018, p. 6.

montée en compétences des salariés, grâce à des assistants (virtuels) efficaces »[1].

Un constructeur automobile (*Ford*) a annoncé en août 2018 que les ouvriers de quinze de ses sites, implantés dans sept pays différents, vont disposer de gilets robotisés, baptisés « exosquelettes », destinés à les aider dans la réalisation de certaines tâches physiques et/ou pénibles, afin d'améliorer leur productivité. Cette mesure doit être saluée, et ne saurait être considérée, contrairement aux affirmations des médias, comme l'apparition du fameux « homme augmenté ». Il s'agit seulement d'un outil, plus précisément un vêtement technique, aidant le salarié dans son travail, certes plus perfectionné qu'un treuil, mais de même nature. Depuis, ces appareils se sont répandus dans l'industrie, la logistique, les services à la personne et le BTP. D'autres « exosquelettes » sont encore plus précieux, permettant à certaines personnes handicapées de retrouver une mobilité (tel est le cas du robot bipède *Atalante*[2], mis sur le marché en 2019 par la société française *Wandercraft*).

Cela étant, la « prise de décision automatisée », dénommée intelligence artificielle (IA), est riche de potentialités[3], notamment dans les entreprises[4], dont certaines se rencontreront dans la suite de l'ouvrage. Nous ne citerons ici que son utilisation pour améliorer et personnaliser l'éducation en fonction des caractéristiques cognitives de chaque enfant ; un assistant pédagogique (numérique) s'adapte au rythme de l'enfant grâce à un apprentissage adapté (*adaptative learning*). Et aussi son utilisation sur le terrain par l'Armée au titre de l'aide à la décision. Les automates[5], gérés par l'IA, rendent de plus en plus de services.

011.45 **Précision.** Ce qui est généralement désigné par l'expression d'intelligence artificielle (qu'il est préférable de nommer « prise de décision automatisée ») est en réalité un ensemble de logiciels d'analyse et de traitement de l'image, des sons, des textes, d'optimisation et d'aide à la décision, qui opère grâce à des algorithmes.

011.46 **Y compris en droit.** Le droit n'échappe pas d'une part, à la numérisation, le contrat pouvant se conclure, de plus en plus souvent, non point par un document en papier mais par une transmission électronique des volontés, ce qui soulève de nombreuses questions et transformations, aussi bien quant au consensualisme qu'au formalisme, tant *ad validitatem* [l'acte sous seing privé] qu'*ad probationem* [l'acte authentique][6]. D'autre part, à l'intrusion des algorithmes[7]. Certains imaginent même de conférer la personnalité juridique à l'intelligence artificielle décisionnelle[8]. Pour autant, aucun algorithme ne peut décider de la bonne justice, celle à laquelle il faut tendre dans la conception d'un dossier ou d'un acte[9], l'élaboration d'une plaidoirie comme la stratégie[10] d'une défense[11]. De même, un contrat ne saurait se conclure de lui-même : il lui faut avoir été programmé. Il peut être dit *contrat programmé* et non « contrat intelligent » (malgré son appellation en anglais de *smart contract*)[12], mais il s'agit en réalité d'un logiciel qui

1. N. Théry [président du Crédit Mutuel], « IA : Watson est un investissement "rentable" au Crédit Mutuel », *La tribune.fr* 22 févr. 2018.
2. Il possède 12 moteurs et autant d'articulations robotisées, actionnés par télécommande ou par la voix. La prise de décision automatisée (dite « l'intelligence artificielle ») analyse en permanence la situation.
3. Kaï-Fu Lee, *La plus grande mutation de l'histoire*, Les Arènes, 2019 – Selon l'auteur, la Chine a détrôné la Silicon Valley en tant qu'épicentre du progrès technique. Il démontre à quel point « l'IA » va changer les modes de vie et transformer l'économie, en privilégiant les plus agiles et les plus créatifs. Il propose d'utiliser les ressources financières considérables qui seront dégagées afin de soutenir les métiers où l'humain est irremplaçable : l'éducation, l'artisanat et les services à la personne.
4. S. Roder, *Guide pratique de l'intelligence artificielle dans l'entreprise. Anticiper les transformations, mettre en place des solutions*, Eyrolles, 2019.
5. Du grec *automatos* (qui se meut de soi-même). Homère fut le premier, dans *L'Iliade*, à évoquer des automates.
6. F. Binois, *Consensualisme et formalisme à l'épreuve de l'électronique. Étude de droit civil*, préf. F. Labarthe, PUAM, 2021. – S. Merabet, *Vers un droit de l'intelligence artificielle*, préf. H. Barbier, Dalloz, « NBT », 2020, n°s 381 s.
7. F. G'sell, *La justice numérique*, Dalloz, « À savoir », 2021 – M. Douchy-Oudot, « La connaissance du droit par algorithmes, questions épistémologiques », *Mél. Ph. Théry*, LGDJ-Dalloz, 2022. 203 – V. AUSSI *infra* s^s^ n°s 011.73 et 221.14.
8. O. Debat, « De la personnalité juridique de l'intelligence artificielle dans la perspective du commerce juridique », dans *Mél. J. Mestre*, LGDJ, 2019, p. 335 s. Cependant, l'auteur envisage de « *reconnaître une forme relative de la personnalité juridique à l'intelligence artificielle [...] pour répondre aux besoins du commerce juridique* » (p. 340), donc ayant « *une personnalité lui permettant d'agir sur la scène juridique, sans pour autant posséder un patrimoine, tout en étant attachée à une autre personne, comme une entreprise ayant la personnalité morale, qu'elle engagerait par ses décisions* » (p. 341). Nous ne sommes pas convaincus.
9. V. AUSSI *infra* n° 011.73.
10. G. von der Weid, « Face à l'intelligence artificielle, l'avocature reste-t-elle une profession d'avenir ? », *D. avocats* 2017. 204 – Scarlett-May Ferrié, « Les algorithmes à l'épreuve du droit au procès équitable », *JCP* 2018. Doctr. 297, indiquant qu'il faut veiller à ce que l'introduction de « l'intelligence artificielle » dans le domaine de la justice ne conduise pas à un « artifice de justice » et recommandant not. de mettre les algorithmes à l'épreuve des garanties du droit au procès équitable.
11. V. *infra* s^s^ n° 221.14.
12. J.-C. Roda, « *Smart contracts, Dumb contracts* ? », *Dalloz IP/IT* 2018. Dossier 387 – M. Mekki, « Le contrat, objet des *smart contracts* (partie 1) », *Dalloz IP/IT* 2018. Dossier 409 – G. Cattalano, « *Smart contracts et droit des contrats* », *AJ contrat* 2019. Dossier 321.

exécute automatiquement un contrat rédigé par des juristes, en fonction de paramètres préétablis, sans l'intervention d'un tiers, le consentement ayant été donné à l'avance (à des conditions fixées ; il fonctionne sur le modèle « si/ensuite » [*if/then*] *si* tel événement se produit, *ensuite* tel autre se déclenche). Il semble nécessaire de l'encadrer par le droit[1]. Le contrat programmé optimise le contrat, tant dans sa phase de conclusion (en sécurisant et facilitant l'échange de documents entre toutes les parties), que dans sa phase d'exécution (en automatisant les transferts de fonds)[2]. Il est éventuellement encodé sur une chaîne de blocs (*blockchain*[3]). Des contrats ne peuvent être ainsi programmés à l'avance que pour des transactions simples et répétitives. Ils doivent évidemment respecter toutes les règles du droit des contrats dont, le cas échéant, les règles protectrices des consommateurs[4]. Un nouveau métier est apparu (vers 2010), celui de « juriste codeur », dont la fonction est d'automatiser la rédaction de documents juridiques, grâce à une programmation utilisant le modèle « si/ensuite ». Les juristes doivent prendre conscience de la « loi des algorithmes », pour s'en servir ou/et s'en prémunir afin de n'en pas subir « la dictature »[5] (et alors qu'elle risque de devenir une source du droit). Puissent-ils même, du fait de l'irruption des algorithmes, revenir à une saine vision du droit comme art du juste et de l'injuste[6].

Pour permettre aux actes notariés d'être authentifiés pendant la période de confinement, décidée lors de la pandémie du coronavirus (covid-19) de 2020, le ministère de la Justice a publié un décret n° 2020-395 du 3 avril[7], visant à accélérer la numérisation des actes de vente, afin de fluidifier le marché immobilier, qui était à l'arrêt. Grâce à un système vidéo, les contractants peuvent assister, à distance, à la signature. Les notaires lisent l'acte aux deux parties. Puis ils reçoivent un formulaire à remplir dans lequel ils donnent leur accord ou pas. Mais seule la signature du notaire apparaît sur l'acte de vente. Le ministère envisage de pérenniser cette façon de procéder, sans la rendre obligatoire. La réforme du droit des sûretés de 2021[8] a autorisé la conclusion des sûretés par voie électronique[9]. Le notaire instrumentaire peut établir une procuration par voie électronique, lorsqu'une des parties à cet acte n'est pas présente devant lui ; l'acte est parfait dès lors que le notaire instrumentaire y appose sa signature électronique qualifiée[10].

011.47 Bouleversements géopolitiques découlant de la numérisation. L'Europe doit impérativement investir massivement dans le numérique si elle ne veut pas « décrocher »[11]. La France dispose de l'un des meilleurs écosystèmes de recherche dans ce domaine, ce qui explique que *Google* ait annoncé en janvier 2018 qu'il ouvrait à Paris un centre de recherche en IA, son deuxième en Europe, qui travaillera sur les usages à venir dans les domaines de la santé, de l'environnement et de l'art[12]. Tant *Face-*

1. V. les suggestions de M. Mekki, « Le contrat, objet des *smart contracts* (partie 2) », *Dalloz IP/IT* 2019. Dossier 27.
2. M. Mekki, « Le contrat, objet des *smart contracts* (partie 1) », art. préc.
3. Sur celle-ci, v. *infra* s^s n° 011.50 – *Justice par blockchain*, *Dalloz IP/IT* 2022. 12 s. Dossier.
4. Sur celles-ci v. *infra* s^s n° 013.31.
5. B. Barraud, « Le droit en date : comment l'intelligence artificielle redessine le monde juridique. – I. La dictature des algorithmes ou l'intelligence artificielle à la source du droit », *RLDI* 2019. Ét. 5604 ; « II. Les nouvelles technologies juridiques ou l'intelligence artificielle au service du droit », *RLDI* 2019. Ét. 5625.
6. G. Drouot, « Droit, algorithmes et anarchie », *D.* 2020. Chron. 35, plaidoyer en ce sens.
7. Décr. n° 2020-395, 3 avr. 2020 autorisant l'acte notarié à distance pendant la période d'urgence sanitaire, *JO* 4 avr., n° 1.
8. Ord. n° 2021-1192, 15 sept. 2021, portant réforme du droit des sûretés, *JO* 16 sept., texte 19.
9. A. Gouëzel, « La dématérialisation des sûretés », *D.* 2022. 27, Point de vue.
10. Décr. n° 2020-1422, 20 nov. 2020, instaurant la procuration notariée à distance, *JO* 21 nov., texte 25.
11. C. Villani, mathématicien de renom (médaille Fields 2010) et député, a remis au Gouvernement en mars 2018 un important rapport pour une stratégie nationale et européenne sur « l'intelligence artificielle » (C. Berthet, « Vers une politique de l'intelligence artificielle ? », *D.* 2018. Entretien 1640 – C. Berthet fut le rapporteur de la mission Villani). Il avait indiqué, en janvier de cette même année, qu'il fallait retrouver « *la souveraineté sur toute la chaîne, de la production d'ordinateurs, de logiciels à la maîtrise des données* » (*Le Figaro* 20-21 janv. 2018, p. 22). Voici quelques mesures proposées par le rapport Villani, qui identifia quatre secteurs prioritaires d'investissement pour la France (la santé, l'environnement, les transports et la défense) : – La création de « *communs de la donnée* », c'est-à-dire une ressource commune et ouverte d'informations qui puissent être utilisées par l'intelligence artificielle, autrement dit (et de façon plus élégante, une mutualisation des données) – Fédérer chercheurs, ingénieurs et étudiants dans des instituts interdisciplinaires à l'intérieur d'établissements publics d'enseignement et de recherche, « *zones franches de l'intelligence artificielle* » – Créer un laboratoire dédié à l'analyse et aux prévisions macroéconomiques de l'effet de l'intelligence artificielle sur l'économie et l'emploi – Lutter contre le phénomène des « boîtes noires », c'est-à-dire ces systèmes d'algorithmes dont il est possible d'observer les données d'entrée, les données de sortie, mais dont on comprend mal le fonctionnement – Créer des cours d'éthique dans les formations informatique et dans les écoles d'ingénieurs – La Cnil a émis son propre rapport le 15 déc. 2017, « Comment permettre à l'homme de garder la main ? », formulant un certain nombre de recommandations, dont certaines relèvent de l'éthique – POUR SON ANALYSE : G. Marraud des Grottes, « Intelligence artificielle : la Cnil appelle à une plus grande vigilance », *RLDI* 2018. Ét. 5148.
12. *Le Figaro* 23 janv. 2018, p. 22.

book que *Microsoft* avaient déjà de tels laboratoires en France [1]. L'existence dans ce pays du crédit impôt recherche facilite ces installations. Lors de la rencontre internationale *Choose France*, organisée le 22 janvier 2018 au château de Versailles, le Président de la République a désigné John Chambers, ancien patron de *Cisco* et figure de la Silicon Valley, ambassadeur de la « *French Tech* » [2] (label français attribué à des pôles métropolitains [3] reconnus pour leur écosystème les jeunes pousses [*start-up*], ainsi qu'une marque commune utilisable par les entreprises innovantes françaises). Ledit ambassadeur a pour mission d'assurer la promotion de cet écosystème d'avenir et de contribuer à l'attractivité de la France pour les fonds d'investissement, les grandes entreprises numériques et les jeunes pousses étrangères. La France est en Europe le champion de la création d'entreprises, devant le Royaume-Uni, l'Italie et l'Allemagne, notamment grâce aux nombreuses « jeunes pousses » dans le domaine du numérique, dont certaines sont citées dans le présent ouvrage. Elle dispose aussi d'un nombre important de « jeunes pousses » (*scale-up*) en croissance rapide [4] (qui ont un chiffre d'affaires annuel supérieur à cinq millions d'euros, avec une croissance annuelle d'au moins 10 % à 20 % sur les trois dernières années). Cependant, ne sont pas assez nombreuses celles qui deviennent des « licornes » [5], à savoir des jeunes pousses valorisées plus d'un milliard de dollars (elles étaient tout de même 27 en avr. 2022 [6]). Figurent notamment dans cette catégorie enviable des entreprises dans le domaine du covoiturage [7], de l'écoute de musique sur internet en flux [8], de publicité ciblée sur internet, de ventes « événementielles » [9], de services d'informatique en nuages [10], de bricolage [11], de paiement et de services financiers pour les PME, les TPE et les indépendants [12], de revente de produits reconditionnés [13], ou encore de services de santé [14]. La plus importante licorne française, en janvier 2022, était *Back market* [15], valorisée à 5,1 milliards d'euros. En octobre 2021, on comptait 865 licornes aux quatre coins du monde, dont la valorisation totale atteignait 2 841 milliards de dollars ! La première technopole européenne est Sophia Antipolis (près d'Antibes) ; elle compte 2 500 entreprises, 38 000 salariés de 80 nationalités, 4 500 chercheurs et 5 500 étudiants.

Dans l'*Eurêka Park* du « Consumer Electronic Show », de Las Vegas, salon de l'innovation technique mondiale depuis plus d'un demi-siècle, les Français occupent ces dernières années la deuxième place pour les entreprises innovantes (avec 266 exposants en 2018), après les États-Unis. Le thème en 2018 était « La ville intelligente ». Les jeunes pousses ont souvent besoin, lors de leur lancement d'une structure d'accompagnement de projets de création d'entreprise. Tel est le rôle des *incubateurs* d'entreprises (ou accélérateurs de jeunes pousses). Acteurs de l'innovation, les incubateurs jouent un rôle essentiel dans la maturation d'un projet innovant. Présents à la fois en amont de la création et au cours de la vie de l'entreprise, ils mettent à disposition des porteurs de projet une multitude de services (dont l'intervention d'experts, l'hébergement à bas coût, la mise en relation avec des investisseurs ou des clients), leur permettant de se lancer dans les meilleures conditions. Il existe un grand nombre d'incubateurs français (figurant sur le site mon-incubateur.com), parmi lesquels nous en citerons trois. Le plus grand incubateur au monde est *Station F* (Halle Freyssinet à Paris), fondé par Xavier Niel, comprenant plus de 3 000 stations de travail et plus de 10 programmes d'accompagnement, le tout ouvert 24 h/24 et 7 j/7. *Paris&Co* représente le plus gros réseau d'incubateurs d'entreprises parisien en phase d'amorçage, puis de décollage. Le réseau anime une bonne vingtaine d'incubateurs dans des thèmes variés, allant des jeux vidéos aux techniques

1. « Fair Paris », est le plus grand laboratoire « d'intelligence artificielle » de *Facebook* dans le monde.
2. *Le Monde informatique* 23 janv. 2018.
3. Dont *French Tech in The Alps*, regroupant quelques 400 jeunes pousses dans la région de Grenoble (le centre névralgique des techniques de l'avenir), à l'initiative de la création du Campus numérique dédié à la formation.
4. Sur celle-ci, caractéristique des jeunes pousses : R. Hoffman et C. Yeh, *Blitzscaling ou la croissance éclair : quand privilégier la vitesse à l'efficacité ?*, préf. B. Gates, « Essais et documents », Buchet-Chastel, 2022 ; R. Hoffman est cofondateur de *LinkedIn*. L'ouvrage est un guide, tant de la création que de la survie à l'adresse des fondateurs de jeunes pousses.
5. L'expression « licorne » a été lancée en 2013 par A. Lee, fondatrice de la sté de capital-risque *Cowboy Ventures*. Elle expliqua que ce terme fait passer les sociétés du numérique « *de quelque chose de lointain et de compliqué à quelque chose de magique et même de sympathique, tout en étant rare et puissant* ».
6. La 26e fut *Spendesk*, plateforme destinée à la gestion des dépenses opérationnelles des entreprises, la 27e est *Choco*, au service des restaurants (licorne franco-allemande).
7. *Blablacar* – F. Mazzella (dir.), *Mission Blablacar. Les coulisses de la création du phénomène*, Eyrolles, 2022 ; F. Mazzella est le fondateur de cette entreprise.
8. *Deezer.*
9. *Vente.privee.com.*
10. *OVH.*
11. *ManoMano.*
12. *Qonto*, sté valorisée à 4,4 milliards d'euros en janv. 2022.
13. *Back market* (licorne française malgré son nom) ; vente de produits reconditionnés variés, not. ordiphones, tablettes, ordinateurs, appareils de photo, drones… L'emploi du mot reconditionné est soumis aux conditions indiquées par l'art. R. 122-4 du C. consom. (créé par Décr. nº 2022-190, 17 févr. 2022, *JO* 18 févr., texte 2).
14. *Doctolib.*
15. En janv. 2022, *Qonto* était valorisée à 4,4 milliards d'euros.

numériques en passant par la finance ou encore le tourisme. De plus *Paris&Co* propose un programme de soutien à l'entrepreneuriat et facilite la mise en relation des jeunes pousses avec les acteurs de l'écosystème. *Business Innovation Centre* (BIC) de Montpellier, créé dès 1987, se classe au quatrième rang mondial. Cette entité rassemble en réalité trois incubateurs : *Cap Omega* dédié aux techniques de l'information et de la communication (TIC), *Cap Alpha* pour les « biotechnologies »[1] et les techniques propres (ou vertes, *Cleantech*), contribuant à la protection et à la conservation des ressources naturelle, enfin *MIBI* pour l'international. L'écosystème de la « French Tech » a investi plus de 10 milliards d'euros en 2021. Les investisseurs internationaux ont désormais confiance dans l'avenir de la « *French Tech* ».

En Chine la ville de Shenzhen[2], qui n'était en 1980 qu'un petit village de pécheurs, est devenue la capitale mondiale de la révolution numérique, avec notamment les sièges de *Tencent, ZTE, Foxconn* et *Huaewei*.

011.48 **« Industrie numérique ».** Certaines sociétés (dont *Dassault Systèmes*) ont élaboré des solutions permettant de numériser l'ensemble des processus de fabrication d'une usine, de la conception du produit en passant par la R & D et l'industrialisation. On passera ainsi de l'industrie 3.0 à l'industrie dite « agile et numérique » (*digitale*), qui permettra des gains de compétitivité tels qu'ils devraient permettre de rapatrier la production de masse sur le territoire national (même s'il est évident que les robots ne peuvent pas tout faire[3]).

Or, l'industrie, donc la présence d'usines, est nécessaire, non seulement à l'indépendance nationale dans certains secteurs stratégiques, mais aussi, contrairement à ce qui a été souvent prétendu, à la croissance d'un pays, sans compter qu'elle constitue un gisement d'emplois (car chaque emploi créé représente trois à quatre emplois induits).

011.49 **Le numérique et les entreprises.** À l'heure du numérique, pour améliorer la performance de leur organisation les entreprises ne peuvent plus se contenter de l'ingénierie d'organisation[4], quels qu'en soient les mérites. Le paradigme d'innovation change ! Les entreprises doivent exécuter un retournement complet des processus sur lesquels elles s'appuient pour penser, concevoir, produire et livrer leurs innovations, ce qu'un auteur de management a nommé « *le demi-tour numérique* »[5]. Les grands succès du numérique montrent qu'il est indispensable de savoir modifier sa proposition de valeur, parfois radicalement. Les innovateurs ne doivent pas suivre leurs intuitions ou leurs visions. Il leur faut adopter une démarche beaucoup plus scientifique à l'égard de l'innovation. Puis, une fois celle-ci lancée, le but initialement fixé ne doit pas être poursuivi obstinément, mais au contraire l'entrepreneur audacieux doit se laisser guider par les réactions du public et des clients, donc les effets *in concreto* de l'innovation en cause (ce que certains appellent de façon affreuse la logique « effectuale », qu'il eut été plus séant et plus clair de dénommer la logique des effets).

Cette démarche implique d'accepter les erreurs et, le cas échéant, d'abandonner sans regret la stratégie initiale et d'accepter, en toute humilité, un apprentissage permanent. Ce fut par exemple le cas des fondateurs[6] de *Youtube*, créé en 2005 comme un site de rencontre, qu'ils transformèrent en site d'hébergement de vidéos et en média social[7].

011.50 **« Chaîne de blocs ».** Une autre évolution, voire révolution est apparue en 2008, sous la forme de chaîne de blocs[8] (en anglais *blockchain*), officiellement dénommé « dispositif d'enregistrement électronique partagé »[9]. La chaîne de blocs fut créée pour servir de vecteur à une cryto-monnaie mais s'évada très vite de ce domaine (sur lequel, v. *infra* s^s n°s 011.51 s.). Il s'agit d'une technique de stockage et de transmission d'informations, transparente,

1. La biotechnologie est « *l'application à des organismes vivants des principes scientifiques et de l'ingénierie à la transformation de matériaux vivants ou non-vivants aux fins de la production de connaissances, de biens et de services* » : définition de la biotechnologie de l'OCDE selon *Wikipedia*.
2. 12,59 millions d'habitants en 2021, plus de 70 millions pour le delta de la rivière des Perles, regroupant Shenzhen, Canton, Dongguan, Hongkong et Macao.
3. Sur les robots v. *infra* s^s n°s 011.65 s.
4. SUR LAQUELLE : Ph. le Tourneau, *L'ingénierie. Les transferts de technologie et de maîtrise industrielle*, 2e éd., « Droit & Professionnels », LexisNexis, 2016, n°s 82 s.
5. T. Houy, *Le demi-tour numérique*, édité par l'auteur, 2018.
6. C. Chen, C. Hurley et J. Karim.
7. Ils le vendirent à *Google* en 2006 pour 1,65 milliard de dollars.
8. L. Leloup, *Blockchain : la révolution de la confiance*, Eyrolles, 2017 – P. Rodriguez, *La révolution* blockchain : *algorithmes ou institutions, à qui donnerez-vous votre confiance ?*, Dunod, 2017 – S. Loignon, *Big bang Blockchain : la seconde révolution d'internet*, Tallandier, 2017 – A. Collomb, L. Léger et K. Sock, « *Blockchain* : révolution ou évolution ? La pratique qui bouscule les habitudes de l'univers juridique », *D.* 2016. 537 – H. de Vauplane, « La *blockchain* et le droit », *JCP E* 2016. 1480 – M. Mekki, « Les mystères de la *Blockchain* », *D.* 2017. Chron. 2160 – N. Binctin, « Quelle place pour la *blockchain* en droit français ? », *Propr. intell.* 2017/65, p. 19 s. – Simmons & Simmons (dir.), « Le droit et la technologie *blockchain* : une approche sectorielle », *CCC* 2017. Ét. 10 (intéressante et comprenant de nombreuses suggestions, mais ex. de publication rédigée par des auteurs complètement « déculturés » : v. *supra* s^s n° 011.13.
9. C. mon. fin., art. L. 222-12 et L. 222-13, à propos des minibons.

sécurisée, et fonctionnant sans organe central de contrôle. Par extension, une chaîne de blocs constitue une base de données, contenant l'historique de tous les échanges effectués entre ses utilisateurs depuis sa création. Un enregistrement sur une chaîne de blocs peut permettre de soutenir une prétention, dès lors du moins que la preuve par tous moyens est admise dans l'affaire où elle serait invoquée[1]. Elle pourrait ainsi permettre aux créateurs d'établir la priorité de leurs œuvres, ce qui est capital pour les inventions[2]. Les transactions réalisées sur la chaîne sont stockées sur une plateforme décentralisée (*distributed ledger*), sans organe de contrôle. Cette base de données est sécurisée et distribuée : elle est partagée par ses différents utilisateurs pair à pair (*peer to peer*)[3], sans intermédiaire, totalement décentralisée, ce qui permet à chacun de vérifier la validité de la chaîne. Toutes les données échangées sur la plateforme sont dispersées et hébergées par une multitude d'ordinateurs qui constituent les nœuds du réseau. Comme son nom l'indique, le système repose sur le chaînage, en ce sens qu'une fois un bloc validé, il est ajouté au bloc précédent. Le bloc *n* faisant référence au bloc *n*-1, modifier un bloc modifie la chaîne. C'est le principe d'une base de données « distribuée » : toute erreur est ainsi rapidement corrigée sur le principe de l'autorégulation. La sécurité quasi absolue résulte du fait que chaque transaction est calculée et vérifiée par de puissants algorithmes avant d'être validée, qu'un fichier est non seulement chiffré (par cryptologie asymétrique) mais aussi signé *via* une somme de contrôle et d'empreintes (ou *hash*). Une chaîne de blocs permet ainsi d'établir la confiance entre les utilisateurs, en quelque lieu qu'ils se trouvent. Les transactions échangées entre des utilisateurs sont regroupées dans des blocs. Chaque fois qu'un nouveau bloc est créé et validé, il est horodaté et ajouté à la chaîne blocs. Les transactions qu'il contient sont alors visibles dans l'ensemble du réseau. Une fois ajouté à la chaîne, un bloc ne peut plus être ni modifié ni supprimé, ce qui garantit l'authenticité et la sécurité du réseau. Il existe tant des chaînes de blocs publiques, ouvertes à tous, que des chaînes de blocs privées, dont l'accès et l'utilisation sont limités à un certain nombre d'acteurs à l'aide d'une clé.

Un ensemble de contrats, conclus et exécutés automatiquement (auto-exécution), de façon autonome, sans nécessiter d'intervention humaine une fois lancés (contrats programmés [et non point intelligents, malgré son appellation anglaise de *smart contract*][4]) constitue une chaîne de blocs[5] ; la force obligatoire des contrats découle alors directement du code informatique, qui a été programmé à cet effet, de sorte que certains affirment que le code (sous-entendu informatique ») est la loi (*Code is law* ; la loi des parties au sens C. civ., art. 1103). Cette technique ne fonctionne évidemment pas dans les situations d'échanges directs entre humains. La conclusion et l'exécution de nombreux contrats exigent une appréciation humaine des circonstances et un lien d'une véritable confiance, et non pas d'une simple « confiance numérique », artificielle.

La technique de stockage décentralisé d'informations par les chaînes de blocs se développe dans de nombreux domaines[6]. Elle permet de « tracer » les transports internationaux de marchandises à travers les différents pays ou de maîtriser la chaîne de froid. Elle est utilisée par certaines entreprises, par exemple *AXA* pour indemniser les retards d'avion, la *Banque de France* pour gérer son registre d'identification des créanciers, *Aéroports de Paris* pour archiver des documents. Les chaînes de blocs devraient se développer dans le marché de l'art et entraîner une profonde modification de celui-ci, malgré certains obstacles[7]. La jeune pousse (*start-up*) *Back Market* (française malgré son nom), est une place de marché qui met en relation des ateliers et des usines spécialisés dans le reconditionnement des produits électroniques, notamment les ordiphones (*smartphones*)[8] avec des consommateurs[9]. Les chaînes de blocs connaîtront sans doute prochainement de multiples applications inédites, notamment en tant que registre (*record keeping*, puisqu'elle assure une meilleure « traçabilité » des produits et des actifs), par exemple pour préconstituer une preuve et faire ensuite reconnaître l'originalité comme l'antériorité

1. SUR LA QUESTION : T. Douville, « *Blockchains et* preuve », *D.* 2018. Point de vue 2193.
2. T. Kern, « Blockchain and intellectual property rights : blockchain anchoring, a ground-breaking means of proof to the reserve of the creators ? », *RD aff. int.* 2021/2. 279 – Quant à la protection des chaînes de blocs, not. par un brevet : R. Duprez et E. X. Ren, « Brevet et chaînes de blocs : deux objets antagonistes ? », *RLDI* 2022. Analyse 6105.
3. Sur l'expression v. *infra* s[s] n° 4.12.
4. V. *supra* s[s] n° 011.44.
5. E. Théochardi, « La conclusion des *smart contracts* : révolution ou simple adaptation ? », *RLDC* 2018/161 – L'article confronte ce qu'il nomme les « contrats intelligents » au droit des contrats. Il estime que la distance avec celui-ci n'est que relative, de sorte qu'ils peuvent s'inscrire en son sein. L'article confronte ensuite la conclusion du pseudo « contrat intelligent » à l'accord des volontés au sens de l'art. 1101 du C. civ.
6. EX. : L. Bettoni, « Problématiques soulevées par la *blockchain* en droit de la concurrence », *CCC* 2020. Ét. 3.
7. P. Noual, « Le marché de l'art, la blockchain et le droit », *RLDI* 2021/11. Ét. 5961.
8. Les appareils reconditionnés sont vendus 20 à 30 % moins chers que les neufs par les grands distributeurs (*Fnac, Darty, Boulanger, Leclerc, Intermarché, etc.*).
9. AUSSI : sur le reconditionnement v. *infra* s[s] n°s 213.120, 215.13.

d'une création ou d'un savoir-faire devant les juges[1], la chaîne de bloc permettant d'enregistrer rapidement et de façon infalsifiable toutes les créations, en protégeant leur secret[2], particulièrement dans le domaine de la mode, de manière décentralisée, en se passant de tout intermédiaire[3]. Ou pour remplacer *Swift*, la plateforme d'échanges interbancaires. À cet effet, l'ordonnance[4] n° 2017-1674 du 8 décembre 2017[5] définit un régime juridique adapté pour le transfert de propriété de titres financiers par le mécanisme « *d'enregistrement électronique partagé* » (DEEP)[6]. Les chaînes de blocs seront aussi utilisées pour la compensation ou le financement participatif (*crowdfunding*)[7], le covoiturage[8], la gestion des relations de travail[9] ou en droit des sociétés[10]. Et encore pour les contrats programmés (*smart contracts*)[11], pour des transferts d'actifs et pour la monnaie virtuelle[12], enfin pour le dossier médical partagé[13]. À partir de 2022 un carnet de santé en ligne sera proposé à tous les assurés sociaux (« mon espce santé »). Il comportera tout le dossier médical du patient (prises de sang, radios, IRM, opérations, ordonnances, allergies, etc.) ; il permettra aussi aux médecins d'échanger entre eux et avec leurs patients. (Cependant, les chaînes de blocs seront sans doute remplacées dans l'avenir par la mécanique quantique[14] – qui présenterait l'immense avantage de consommer peut d'électricité, alors que tous les outils numériques actuels sont gourmands de cette énergie).

Un code de déontologie des chaînes de blocs serait bienvenu, en attendant l'édiction d'un droit spécifique (par une convention internationale ?). Des cabinets de conseils et des jeunes pousses (*start-up*) se sont créés dans ce domaine[15].

011.51 **Monnaie virtuelle.** Une des applications les plus connues actuellement de chaîne de blocs (*blockchain*) est celle de la cryptomonnaie ou monnaie virtuelle[16], dénommée le *bitcoin* (BTC)[17], à la mode dans un certain milieu, comme signe de reconnaissance. La chaîne de blocs constitue en quelque sorte le livre de compte de la cryptomonnaie. Celle-ci fut inventée par Satoshi Nakamoto[18] en 2008, en réaction à la crise des subprimes et à la défiance envers le système financier mondial qui en découla. Son créateur qui en publia le logiciel libre (*open-source*) en 2009. Le *bitcoin*, divisé en *satoshi*, permet l'échange sur la toile de monnaies dématérialisées. Il s'affranchit de l'intervention publique ou étatique. Le système, théoriquement infalsifiable, aurait pour garant un algorithme et pour tiers de confiance[19] la masse des utilisateurs indifférenciés qui, grâce à la technique de la chaîne de blocs, sont chacun dépositaire de son effectivité, accomplissement du rêve libertarien. Pour chaque nouveau bloc

1. EN CE SENS : G. Mathias et C. Gabillat, *Valoriser l'entreprise par la propriété intellectuelle*, Eyrolles, 2017 – V. Fauchoux, « En matière de propriété intellectuelle, la *blockchain* présente l'avantage de couvrir toute la zone de l'avant-brevet », *RLDI* 2017. Entretien 5133.
2. Car l'empreinte cryptographique (*hash*) qui permet de crypter le document est une fonction à sens unique, ce qui veut dire que le calcul de la fonction d'empreinte est facile et rapide tandis que le calcul de sa fonction inverse est infaisable par calcul.
3. N. Binctin, « Quelle place pour la *blockchain* en droit de la propriété intellectuelle ? », *Propr. intell.* 2017. 18 s. – V. Fauchoux et A. Gouazé, « Pourquoi la *Blockchain* va révolutionner la propriété intellectuelle, application pratique au secteur de la mode », *Propr. intell.* 2017, n° 65 – A. Favreau, « L'avenir de la propriété intellectuelle sur la *blockchain* », *Propr. intell.* 2018, n° 67, p. 11 s. ; M. Malaurie-Vignal, « *Blockchain* et propriété intellectuelle », *Propr. industrielle* 2018. Ét. 20 ; cette étude montre les atouts de la chaîne de blocs pour la propriété intellectuelle et décrit sa mise en œuvre.
4. Aperçus rapides : X. Delpech, *AJ contrat* 2018. 4 – D. Legeais, *JCP E* 2018. Act. 58 – Les modalités d'application de l'ordonnance ont été précisées par : Décr. n° 2018-1224, 24 déc. 2018, relatif à la fourniture d'espèces dans le cadre d'une opération de paiement, *JO* 26 déc., n° 31.
5. Ord. n° 2017-1674, 8 déc. 2017, relative à l'utilisation d'un dispositif d'enregistrement électronique partagé pour la représentation et la transmission de titres financiers, *JO* 9 déc., n° 24.
6. MODIFIANT : C. com., art. L. 228-1 ; et C. mon. fin., art. L. 221-3, L. 211-4, L. 211-7, L. 211-15, L. 211-17 et L. 211-20.
7. V. *infra* s[s] n° 011.53.
8. E. Guilhaudis, « Comprendre la *blockchain* à travers l'étude d'un cas pratique : le covoiturage "*blockcar*" », *RLDI* 2017, n° 5134.
9. Simmons & Simmons (dir.), « Le droit et la technologie *blockchain* : une approche sectorielle », Ét. préc.
10. POUR DES SUGGESTIONS : Simmons & Simmons (dir.), « Le droit et la technologie *blockchain* : une approche sectorielle », ét. préc.
11. V. *supra* s[s] n° 011.44.
12. V. *infra* s[s] n° 011.51.
13. CSP, art. L. 1111-14 s.
14. D. Guével, « Les chaînes de blocs déjà dépassées ? », *D.* 2018. Éditorial 409.
15. NOT. en France *Blockchain partner* (http://www.labo-blockchain.com). On se demande bien pourquoi cette sté française a un nom anglais.
16. G. Marain, « Le *bitcoin* à l'épreuve de la monnaie », *AJ contrat* 2017. 522, considérant que le *bitcoin* est réellement une monnaie, à laquelle il serait opportun d'appliquer le régime juridique de celle-ci – P. De Filippi, *Blockchain et crypto-monnaies*, « Que sais-je », PUF, 2018 – A. Barbet-Massin, F. Fleuret, A. Lourimi, W. O'Rorke et C. Pion, *Droit des crypto-actifs et de la blockchain,* LexisNexis, coll. « Droit & professionnels », 2020.
17. Apparu en 2008, développé par un groupe anonyme de programmateurs informatiques se présentant sous le pseudonyme de Satoshi Nakamoto.
18. Il s'agit en réalité d'un pseudonyme utilisé par son ou ses créateurs de la crypto-monnaie Bitcoin (BTC).
19. SUR les chaînes de blocs à cet effet : E. Drillon, « La révolution *blockchain*. La redéfinition des tiers de confiance », *RTD com.* 2016. 893 s.

accepté, l'activité de vérification-enregistrement-sécurisation, appelée *minage*, opérée par des *mineurs* (les milliers d'ordinateurs du réseau *bitcoin*) est rémunérée par des *bitcoins* nouvellement créés et par les frais des transactions traitées. Le *bitcoin*, accepté par de nombreux commerçants et sites comme moyen de paiement, est également souvent utilisé, outre comme valeur de réserve, pour l'évasion fiscale et le blanchiment d'argent. Cette cryptomonnaie est fondée sur quelques principes simples : l'anonymat des transactions, la décentralisation du contrôle, enfin la convertibilité en dollars et en euros. Son nombre d'unités est limité (à 21 millions d'unités, divisibles jusqu'à la huitième décimale, jusqu'en 2140 ; on en était en 2021 à 18,5 millions), ce qui provoque une périlleuse spéculation sur elle[1], chacun voulant prendre position avant que le plafond d'émission soit atteint. Le prix de la crypto monnaie est fixé principalement sur des places de marché spécialisées et fluctue selon la loi de l'offre et de la demande. L'Américain, Joseph Stieglitz, prix Nobel d'économie (2001) estime que « *le* bitcoin *ne sert aucune fonction socialement utile* » et ne réussit « *qu'en raison de son potentiel de contournement, du déficit de surveillance* », qu'il constitue déjà « bulle » financière redoutable, qui explosera un jour ou l'autre, de sorte qu'il conviendrait de l'interdire. Le Toulousain Jean Tirolle, également prix Nobel d'économie (2014) a mis en garde contre elle, car elle est « *un actif sans valeur intrinsèque* », ni « *réalité économique* », de sorte que « *son prix pourrait carrément tomber à zéro si la confiance dans le système venait à disparaître* »[2]. Le *bitcoin* valait 1 cent de dollar en 2010, 5 000 dollars en 2016, 19 783 dollars en décembre 2017, mais seulement 3 236 le 10 décembre 2018, pour atteindre 64 870 dollars le 14 avril 2021, puis redescendre à 29 334 dollars le 22 juin, avant de remonter à 65 000 le 20 octobre de la même année ! La hausse de la valeur du bitcoin en 2021 fut une conséquence de la pandémie de la covid-19, tandis que sa chute résulta d'une mise en garde contre la spéculation de plusieurs fédérations bancaires chinoises de référence. Les montants sans précédents des liquidités injectées dans les économies ont fait souffler un vent d'inquiétude des investisseurs qui, dès lors, ont placé leurs capitaux disponibles dans la cryptomonnaie, considérée comme une valeur refuge, une sorte d'or numérique. On estime que, sur une longue durée, le cours devrait encore progresser, malgré des périodes de repli, du moins tant qu'un certain nombre de grands pays n'interviennent pas pour le réguler ou ne créent leur propre cryptomonnaie. Ainsi la Chine créa en 2021 le yuan numérique, cryptomonnaie officielle, et a interdit, sous peine de lourdes sanctions, la création de tout autre *stablecoin* adossé au yuan (un *stablecoin* est une cryptomonnaie dont la valeur est stable, car fondée sur celle d'un autre actif). Contrairement à l'immobilier ou aux actions, le *bitcoin* ne repose sur aucune valeur fondamentale et ne génère ni loyers ni dividendes, de sorte qu'il est impossible de connaître son juste prix. Sa valeur repose en réalité sur la confiance qui lui est accordée ; or, rien n'est plus volatil que celle-ci ! Donc une chute importante du cours du *bitcoin* est toujours possible.

Le *bitcoin* et les autres cryptomonnaies donnent lieu à d'importants « braquages » qui, pour être virtuels, n'en sont pas moins réels et dévastateurs[3]. De plus, le système est détourné par des activités illégales qui profitent de la garantie de l'anonymat. Il n'est donc pas prudent de faire entièrement confiance à une plateforme d'échange pour conserver ses avoirs en cryptomonnaie, mieux vaut les loger dans des sites sécurisés. D'autres monnaies virtuelles sont apparues à la suite du *bitcoin* (62,4 % du marché en 2021), notamment, par ordre décroissant d'importance, *Ethereum* (16,5 %), *Tether* (2,6 %), *Polkadot* (1,7 %). Une jeune pousse française (*start-up*) *Ledger*, créée en 2014 à Vierzon, propose aux adeptes des monnaies virtuelles l'équivalent d'une clé USB destinée à protéger leurs crypto devises contre d'éventuelles cyberattaques. Le système du *bitcoin* nécessite de faire tourner, 24 heures sur 24 et 7 jours sur 7, des centaines de milliers d'ordinateurs surpuissants dans le monde. En moyenne, 215 kilowatheures de courant sont utilisés pour chaque transaction ! Le réseau dépense autant d'énergie en un an qu'un pays comme la Belgique et ses 11 millions d'habitants. Elle est donc fâcheuse pour l'environnement ! La loi n° 2021-1485 du 15 novembre 2021 vise à réduire l'empreinte environnementale du numérique en France (REEN)[4].

1. É. A. Caprioli (dir.), *Banque et assurance digitales. Droit et pratiques*, préf. M. Roussille, RD éd., 2017, n°s 902 s.
2. *Financial Times* 30 nov. 2017 – L'économiste Marc Touati partage cette opinion, mettant en garde ses détenteurs qui n'auront aucun remboursement en cas d'effondrement de cette monnaie : M. Touati, *Un monde de bulles*, Bookelis, 2018.
3. En janvier 2018 près de 430 millions d'euros d'avoirs numériques ont été dérobés sur la plateforme *Coincheck*, utilisées principalement par des Japonais. En août 2021 la plateforme de cryptomonnaie *PolyNetwork* s'est fait dérober 610 millions de dollars !
4. L. n° 2021-1485, 15 nov. 2021, visant à réduire l'empreinte environnementale du numérique en France (REEN), *JO* 16 nov., texte 2 – Sur elle : M. Bourgeois, S. de Kermenguy et L. Schulte « Loi visant à réduire l'empreinte environnementale du numérique en France : la fin de l'illusion ! », *JCP E* 2021. Ét. 1011 ; L. Fonbaustier, « Environnement. Le législateur environnemental s'empare (enfin !) du numérique. À propos des lois des 15 novembre et 23 décembre 2021 », *JCP G* 2022. Doctr. 186.

À côté des bitcoins existent des jetons échangeables, dits *tokens*. Il s'agit d'actifs numériques pouvant être échangés en toute confiance entre individus sur internet, sans intervention d'un tiers ou d'une quelconque autorité, grâce à une chaîne de blocs. Ils sont au cœur d'une méthode de levée de fonds, fonctionnant via l'émission d'actifs numériques échangeables contre des cryptomonnaies durant la phase de démarrage d'un projet, méthode désignée par l'expression de *token sale* ou par le sigle ICO (*Initial Coin Offering*). Ces jetons échangeables doivent en principe être partie intégrante du fonctionnement et/ou du modèle économique (*business model*) du projet. En contrepartie des jetons vendus, l'organisation à l'origine de l'ICO reçoit l'argent payé par les internautes sous forme de cryptomonnaie. La loi n° 2019-486 du 22 mai 2019 [1], relative à la croissance et à la transformation des entreprises, dite loi Pacte, consacre un régime propre à ces jetons échangeables et aux prestataires de services sur actifs [2].

011.52 Jeton non fongible. À l'instar de la cryptomonnaie *Bitcoin*, qui utilise une chaîne de blocs (*blockchain*), un jeton non-fongible (JNF, *non fungible tolken* ou NFT) est une valeur numérique unique, irremplaçable, composée d'un jeton cryptograhique [3]. Son authentification et sa propriété sont vérifiées par une chaîne de blocs, qui lui accorde aussi sa première valeur. Les jetons non-fongibles ne sont pas interchangeables, par définition, contrairement aux cryptomonnaies. Ainsi, la valeur d'un jeton est déterminée par le jeu de l'offre et de la demande, sans régulation du marché, et est liée à la valeur symbolique associée à l'objet représenté, ainsi qu'au cours de la cryptomonnaie utilisée. Les jetons non-fongibles sont utilisés pour attester une forme de rareté, représenter une propriété symbolique et en faire un actif. Ils se donnent, s'échangent, se vendent et s'achètent sur plusieurs plateformes, dont *OpenSea*. Ils sont utilisés dans plusieurs applications spécifiques, nécessitant des éléments numériques uniques, notamment l'art « crypto » (art rare), les objets de collection « crypto », les « crypto-jeux », *etc.*

Comme les cryptomonnaies, les jetons non-fongibles sont extrêmement énergivores. De ce fait, ils sont accusés de nuire à l'environnement, en contribuant au changement climatique.

1. L. n° 2019-486, 22 mai 2019, relative à la croissance et la transformation des entreprises, *JO* 23 mai, n° 2 – A. Menais (dir.), *Raison d'être, engagement et responsabilité. L'entreprise au-delà du capitalisme*, préf. B. Le Maire, postface O. Grégoire, LexisNexis, 2021.
2. L. n° 2019-486, 22 mai 2019, art. 82 et 85 à 88.
3. T. Girard-Gaymard et C. Dubucq, « Regards juridiques sur les NFT », *RLDI* 2022. Analyse 6106.

011.53 Minibons. Les traditionnels bons de caisse peuvent maintenant faire l'objet d'une offre par l'intermédiaire d'un prestataire de services d'investissement ou d'un conseiller en investissements participatifs au moyen d'un site internet remplissant les caractéristiques fixées par le règlement général de l'Autorité des marchés financiers. Ils prennent alors la dénomination [4] de minibons [5]. « *Seules les sociétés par actions et les sociétés à responsabilité limitée dont le capital est intégralement libéré peuvent émettre des minibons* » [6]. Ces sociétés « *peuvent émettre des minibons conférant un droit de créance identique pour une même valeur nominale* » [7]. Ils présentent alors les caractéristiques des valeurs mobilières, sans pour autant être rattachés à la catégorie des instruments financiers. « *L'émission et la cession de minibons peuvent être inscrites dans un dispositif d'enregistrement électronique partagé permettant l'authentification de ces opérations, dans des conditions, notamment de sécurité, définies par décret en Conseil d'État* » [8] ; – Le décret annoncé est le n° 2016-1453 du 28 oct. 2016 [9]. Autrement dit, ces minibons se propagent sur des plateformes de prêt participatif (*crowdlending*) par des chaînes de blocs [10].

Les titres financiers, dont les minibons, peuvent être inscrits dans « *un dispositif d'enregistrement électronique partagé, présentant des garanties, notamment en matière d'authentification* » [11]. Ledit « *dispositif d'enregistrement électronique partagé* », généralement une chaîne de blocs (*blockchain*), doit être conçu et mis en œuvre de façon à garantir l'enregistrement et l'intégrité des inscriptions et à permettre, directement ou indirectement, d'identifier les pro-

4. C. mon. fin., art. L. 223-6 ; créé par ord. n° 2016-520, 28 avr. 2016, art. 2 – Ord. n° 2016-520, 28 avr. 2016 relative aux bons de caisse, *JO* 29 avr., n° 16.
5. H. de Vauplane, « Financement des entreprises par la *blockchain* : le cas des minibons », *RTD fin.* 2016/2, p. 64 – R. Vabres, « Bons de caisse, minibons, *blockchain*... résurrection ou révolution ? », *Dr. sociétés*. 2016. Repère 7 – D. Legeais, « La *blockchain* », *RTD. com.* 2016. 830 – S. Drillon, « La révolution *blockchain*, la redéfinition des tiers de confiance », *RTD. com.* 2016. 893 – Y. Muller-Lagarde (dir.), « Les applications de la *blockchain* dans le domaine de la finance », *RLDA* 2018, n° 140 (supplément).
6. C. mon. fin., art. L. 223-7 ; créé par ord. n° 2016-520, 28 avr. 2016, art. 2.
7. C. mon. fin., art. L. 223-8 ; créé par ord. n° 2016-520, 28 avr. 2016, art. 2.
8. C. mon. fin., art. L. 223-12 ; créé par ord. n° 2016-520, 28 avr. 2016, art. 2 – LES MODALITÉS D'APPLICATION ont été précisées par : décr. n° 2018-1224, 24 déc. 2018, relatif à la fourniture d'espèces dans le cadre d'une opération de paiement, *JO* 26 déc., n° 31.
9. Décr. n° 2016-1453, 28 oct. 2016, relatif aux titres et aux prêts proposés dans le cadre du financement participatif, *JO* 30 oct., texte 8.
10. Sur les services financiers en ligne, v. *infra* s[s] n°s 414.00 s.
11. C. mon. fin., art. L. 211-3 ; mod. par ord. n° 2017-1674, 8 déc. 2017, art. 2.

priétaires des titres, la nature et le nombre[1] de titres détenus[2].

011.54 **Propriété.** Même la propriété est en passe d'évoluer par l'effet du souffle de l'internet : elle semble changer de fonction. En effet, on peut se demander si elle ne consiste pas surtout en un droit d'administrer l'accès aux ressources qui, dans une économie de services, sont de plus en plus des supports de biens dématérialisés, ceux-ci pensés comme des « accomplissements », c'est-à-dire des fonctionnements dont les hommes ont besoin pour se développer pleinement[3].

011.55 **Démocratie numérique.** Les démocraties sont en crise[4]. L'irruption du numérique, par le biais des réseaux sociaux, qui a servi à l'émergence de la jacquerie numérique des « gilets jaunes » à partir de novembre 2018, a été considérée par certains comme une façon de régénérer la démocratie, par l'arrivée de la démocratie directe chère aux utopistes. Mais cette démocratie numérique est pleine de périls, les réseaux sociaux étant envahis de fausses nouvelles et autres bobards (*fake news*) tout comme de « post-vérité »[5]. Comment se passer de représentants sans sombrer dans une dictature déguisée ? Même Rousseau se méfiait de la démocratie directe : « *Il n'y a pas de gouvernement si sujet aux guerres civiles et aux agitations intestines* ».[6] Les grandes sociétés du numérique se substituent aux États, avec pour conséquence l'effacement de la frontière entre les sphères publique et privée, entre l'homme et la machine, et la montée en puissance d'une écologie dogmatique[7]. La pseudo « intelligence artificielle » menace aussi la démocratie[8].

B.

Intrusion du numérique dans la vie quotidienne et dans tous les secteurs d'activités

011.61 **Rapidité des révolutions résultant de la conjonction de l'informatique et de l'internet.** La diffusion de la révolution numérique, commencée par l'informatique, poursuivie et amplifiée par l'internet, fut d'une rapidité et d'une ampleur stupéfiantes par rapport aux inventions techniques antérieures. À s'en tenir à l'internet, elle s'effectua en moins d'une décennie, alors que l'imprimerie, le téléphone, la radio ou la télévision mirent un temps beaucoup plus long pour s'imposer. Pour donner une comparaison, songez qu'il fallut 75 ans pour qu'il y ait en France 5 millions d'abonnés au téléphone, alors que ce chiffre fut atteint en cinq ans pour l'internet haut débit (*Assymetrical Digital Subscriber Line* [ADSL]) ; en avril 2021 la France comptait 53,8 millions d'internautes. Il a fallu 38 ans à la radio pour toucher 50 millions d'utilisateurs, 13 ans à la télévision, 4 ans à internet. *Facebook* a conquis 100 millions de membres dans le monde en moins de 9 mois ! Serait-ce une manifestation de ce que certains nomment « *l'accélération de l'Histoire* »[9] ? En 2019, *Facebook*, dont le chiffre d'affaires atteignit 70,7 milliards de dollars et le bénéfice 23,9 milliards de dollars ! On estime aujourd'hui que le cycle d'innovation technique est de 5 ans, alors que le cycle humain d'adoption et de formation technique est de 25 ans.

011.62 **Importance économique des révolutions résultant de la conjonction de l'informatique et de l'internet.** Ces activités sont importantes économiquement, et créatrices de très nombreux emplois. L'emploi salarié dans le secteur numérique a progressé ces dernières années à un rythme quatre fois plus rapide que dans l'ensemble de l'économie (il comptait 530 000 salariés en 2020) ; jamais aucune industrie n'avait créé tant d'emplois aussi rapidement. Les services informatiques et le secteur des logiciels sont devenus les plus gros recruteurs de cadres en France, selon l'Association pour l'emploi des cadres (Apec). L'économie numérique (au sens large) a représenté, en France, en 2021, un chiffre d'affaires de 563 milliards d'euros[10]. L'usage s'est répandu de désigner ses cinq entreprises mondiales les plus emblématiques par l'acronyme Gafam

1. C. mon. fin., art. R. 211-9-7, al. 1er ; art. créé par décr. n° 2018-1226, 24 déc. 2018, art. 4.
2. S. Schiller et T. Cremers, « Effectivité de la représentation et de la transmission des titres financiers non cotés par une *blockchain* ainsi que des minibons », *JCP G* 2019. Aperçu rapide 92.
3. CONSIDÉRATIONS inspirées par : P. Crétois, « La propriété repensée par l'accès », *RID éco.* 2014/3. 319.
4. Y. Mounk, *Le peuple contre la démocratie*, éd. de l'Observatoire, 2018, montrant not. pourquoi notre liberté est en danger et comment la sauver.
5. V. *infra* ss n° 011.82.
6. Rousseau, *Contrat social*, III, 4.
7. Démonstration de R. Redeker, *Réseaux sociaux : la guerre des Léviathans*, Éd. du Rocher, 2021 – Sur l'écologie v. *infra* nos 011.94 et 011.96.
8. L. Alexandre et J.-F. Copé, *L'IA va-t-elle aussi tuer la démocratie ?*, JC Lattès, « Coup de sang », 2019 – L. Alexandre établit un sombre diagnostic, estimant que nous sommes en train de vivre « *un coup d'État numérique* », les Gafam, qui ont acquis une puissance considérable, « *sont messianiques, mégalos et transhumanistes* ». Une guerre technique est engagée entre le reste du monde et les immenses puissances que sont les États-Unis et la Chine. L. Alexandre craint que l'Europe et la France, en ne réagissant pas, soient marginalisées par le développement de « l'intelligence artificielle » et la détention des mégadonnées – J.-F. Copé répond à ces inquiétudes, suggérant aux hommes politiques des initiatives à prendre pour décider de notre avenir.
9. D. Halévy, *Essai sur l'accélération de l'histoire*, Les Iles d'or, 1948 ; nouv. éd. de Fallois, 2001.
10. V. aussi sur les données chiffrées *infra* ss n° 211.11.

(*Google, Apple, Facebook, Amazon et Microsoft*). Dites « plateformes structurantes » (*gatekeepers*), leur puissance est considérable ; elles se jouent des États[1], tout en mettant en péril, par leur quasi-monopole, le libre jeu de la concurrence et des prix. De plus, les Gafam se sont lancées dans une course frénétique d'accroissement de leur force, ciblant toute nouvelle entreprise prometteuse et l'achetant, tout en supprimant des postes de salariés ; chacune cherche à détenir un monopole dans son domaine, en devenant l'unique fournisseur de biens et de services indispensables, et en même temps un acheteur lui aussi indispensable de biens et de services des entreprises[2]. *Google* accapare 90 % du marché des moteurs de recherche et 87 % de celui des systèmes d'exploitation, tout en étant un acteur majeur du stockage de données et de la cartographie avec *Google Maps* et *Waze*. *Facebook* occupe une position dominante dans la messagerie avec (en 2020) plus de 2,7 milliards d'utilisateurs actifs *par mois*, auxquels s'ajoutent ceux de *WhatsApp* (2 milliards), de *YouTube* (2,2 milliards), de *Messenger* (1,3 milliards), d'*Instagram* (plus de 1,2 milliard) et de *WeChat* (1,2 milliard). L'Europe est en quelque sorte vassale des Gafam[3]. Les droits nationaux peinent à conserver leur efficacité face à ces géants[4], qui contournent les réglementations et la fiscalité[5].

Ainsi le droit français des contrats, non seulement est fondé sur des concepts et des catégories mal adaptées à eux, mais de plus est si peu respecté qu'il semble impuissant[6]. Cependant, il est à espérer, qu'à la longue, les actions menées à l'échelle nationale et européenne conduiront les Gafam à une meilleure utilisation de l'outil contractuel et que leurs utilisateurs se décideront à recourir plus fréquemment à des actions en justice pour défendre leurs droits[7]. Face aux Gafam américains les géants chinois sont désignés par l'acronyme BATX (*Baidu, Alibaba, Tencent, Xiaomi*).

011.63 De « l'iconomie » et des « innovations disruptives ». De l'économie industrielle, le monde est passé à « l'iconomie », selon le néologisme de Christian Saint-Étienne, désignant l'économie des services de l'informatique et de l'internet. Sur cette base, « l'iconomie entrepreneuriale », la main-d'œuvre est remplacée par le « cerveau-d'œuvre » comme facteur déterminant de production[8].

Certains caractérisent ces diverses évolutions par l'expression d'*innovations de rupture* (ou *disruptives*[9], transposition de la *disruptive technology*, forgée par l'Américain Clayton Christensen en 1995), qui bouleversent nos modes de vie et les comportements sociaux. Le mouvement semble s'accélérer du fait la nouvelle révolution en cours[10], l'industrie 4.0, avec les usines connectées, les objets connectés[11] (qui rapprochent l'esprit de la matière [tout en démultipliant les points d'entrée pour les cyber attaques]), les assistants vocaux, la robotique[12], la « prise de décision automatisée » (« l'intelligence

1. S. Galloway, *Le règne des quatre*, Quanto, 2018, dissèque la puissance et le succès des Gafam – B. Bévière-Boyer, « Faire face au risque de souveraineté numérique incontrôlée », *Dalloz IP/IT* 2020. Dossier 339. – T. Fauré, *Après Facebook, rebâtir*, Nouv. Ed. de Passy, 2022, suggérant les moyens de mettre fin, avec l'aide de l'État, de l'Europe et des entrepreneurs, à la domination des Gafam, pour que nous cessions d'être une colonie numérique et redevenions libres.
2. V. DEUX ESSAIS TRÈS CRITIQUES sur les Gafam : O. Babeau, *Le nouveau désordre numérique*, Buchet Chastel, 2020 – C. Durand, *Techno-féodalisme, ciritique de l'économie numérique*, La Découverte, 2020.
3. P. Pozzi Belforti, P.-H. Thomas, *La fin des manipulateurs. Comment mettre au pas les géants nés de la silicon valley*, éd. Saint-Simon, 2020 ; l'ouvrage s'achève par une série de treize propositions qui, appliquées, permettraient à l'Europe de retrouver sa souveraineté technique, dont une « *OCDE de l'intelligence artificielle* » et un Conseil européen de la sécurité technique.
4. G. Pillet, « L'efficacité du droit français des contrats face aux géants de l'internet », *RTD com.* 2018. 273.
5. P. Louette, *Des géants et des hommes. Pour en finir avec l'emprise des Gafam sur nos vies*, éd. Robert Laffont, 2021 – L'auteur propose des solutions pour contrer la surpuissance des Gafam.
6. Objet de la 1re partie de l'art. préc. de G. Pillet, « L'efficacité du droit français des contrats face aux géants de l'internet ».
7. Objet de la seconde partie de l'art. préc. de G. Pillet, « L'efficacité du droit français des contrats face aux géants de l'internet ».
8. C. Saint-Étienne, *France : état d'urgence. Une stratégie pour demain*, Odile Jacob, 2012.
9. De l'adjectif disruptif, dans la langue depuis le XVIe siècle, « qui sert à rompre » selon le *Dictionnaire de l'Académie française*, 9e éd. – La traduction officielle de *disruptive innovation* est « innovation de rupture » : Vocabulaire de l'innovation (liste de termes, expressions et définitions adoptés), *JO* 7 déc. 2018, no 102, NOR : CTNR1832364K.
10. L'idée qu'il s'agit d'une quatrième révolution est contestée par certains ; ils considèrent que nous sommes toujours dans la 3e, celle-ci se développant dans des innovations techniques faisant apparaître de nouveaux produits et services, des « nanotechs aux biotechs » – EN CE SENS : C. Saint-Étienne (économiste), « Sommes-nous dans la troisième ou la quatrième révolution industrielle ? », *Le Figaro* 3 janv. 2016, p. 14 – Nous ne sommes pas convaincus, tant l'actuelle révolution est spécifique comme nous l'indiquons dans le texte.
11. S. Bernheim-Desvaux, « L'objet connecté sous l'angle du droit des contrats et de la consommation », *CCÉ* 2017. Ét. 1.
12. Sur les robots v. *infra* ss nos 011.65 s. – G. Loiseau et M. Bourgeois, « Du robot en droit à un droit des robots », *JCP G* 2014. 1231 – A. Mendoza-Caminade, « Le droit confronté à l'intelligence artificielle des robots : vers l'émergence de nouveaux concepts juridiques ? », *D.* 2016. Chron. 445 – C. Coulon, « Du robot en droit de la responsabilité civile : à propos des dommages causés par les choses intelligentes », *RCA* 2016. Ét. 6.

artificielle » [IA])[1], sans compter la « réalité augmentée » (celle-ci consiste à incruster des images virtuelles dans un univers réel ; le grand public a découvert son existence par le jeu *Pokémon* [d'*Apple*], qui a connu un succès considérable[2]). Ces innovations de rupture s'accompagnent de *techniques de rupture* (*deep tech*).

Par rapport aux révolutions antérieures[3], qui étaient industrielles, l'actuelle ne se limite pas à l'industrie, mais porte sur l'ensemble des activités humaines (bien au-delà de l'économie)[4]. En outre, elle présente trois caractères distinctifs : sa rapidité (son évolution est exponentielle et non pas linéaire) ; son amplitude (de multiples techniques sont en œuvre) ; enfin, son influence systémique (sur les entreprises, les sociétés et les pays). Pour faciliter les innovations « de rupture » et permettre leur industrialisation en France, le Gouvernement a créé un fonds destiné à investir de 200 à 300 millions d'euros chaque année dans les jeunes pousses (*start-up*) de ce domaine. Hébergé par *Bpifrance*, il est opérationnel depuis mars 2018. Le Gouvernement souhaiterait constituer une « force de frappe » européenne commune avec le même objectif. Ce ne sont pas les plus grandes entreprises ni les plus grands groupes qui survivront, mais ceux qui sauront s'adapter en temps opportun à la révolution numérique.

011.64 Économie numérique et commerce électronique. Le commerce électronique[5] et, au-delà, l'économie numérique connaissent un développement spectaculaire, bien que concurrencés par l'économie dite *collaborative* ou *de partage* (*crowdfunding*)[6], recourant éventuellement à des espaces de travail collaboratif, en quelque sorte « jumeau numérique » du lieu de travail (*digital workplace*). L'économie numérique a donné naissance à une nouvelle maxime économique, à savoir « le gagnant emporte tout » (*Winner takes all*) ou, comme l'on disait autrefois dans les jeux populaires, « *le gagnant décroche la timbale* ». Cela signifie que, plus un acteur grand public attire de clients par l'internet plus il gagne en efficacité, au point de faire disparaître ses concurrents, même intervenants eux aussi sur la toile.

Ainsi, *e.bay* a supplanté tous les acteurs des enchères en ligne. Et que dire d'*Amazon*, créé en 1994, devenu en quelques années le premier distributeur de la planète, avec 1 468 000 salariés dans le monde (en 2021), pour un chiffre d'affaires de 526,9 milliards d'euros (en 2021), et une capitalisation boursière de 1 728 406 dollars (le 4 janv. 2022). Le site, à l'origine consacré aux ventes de livres, s'est lancé en 2017 à l'assaut du commerce traditionnel ; en 2021, il a représenté 12,7 % du marché mondial du commerce en ligne (20 % en 2021 en France, hors alimentaire). Il y aurait actuellement 300 millions de référence sur *Amazon*. La société touche une commission de 15 à 20 % sur chaque vente et facture des prestations de service aux commerçants pour assurer la distribution, le paiement et le retour des marchandises. Son fondateur, Jeff Bezzos, est depuis plusieurs années l'homme le plus riche de la planète (211 milliards de dollars en juill. 2011), devant Elon Musk (*Tesla*), Mark Zuckerberg (*Facebook*) et Bill Gates (*Microsoft*). Le principal rival d'*Amazon* est le géant chinois du commerce en ligne *Alibaba*, dont le chiffre d'affaires ne fut « que » de 60 milliards d'euros (en 2021). La question se pose d'instaurer des règles à ces mastodontes, qui ne respectent pas les règles du jeu, en recourant à des méthodes prédatrices (comme certaines ventes à perte) et en échappant largement aux impôts[7].

011.65 Des robots. Le terme de robot désigne tant une machine à forme humaine ou animale qu'un agent logiciel automatique interagissant avec des serveurs informatiques, grâce à des algorithmes[8]. Les robots interviennent dans les domaines des plus divers, y compris la grande distribution[9], soulevant des questions inédites, par exemple dans le contrat d'assurance le rapport de confiance assureur-assuré[10]. À côté du robot industriel (travaillant *avec* les humains) est apparu le robot collaboratif dit *cobot*[11] (travaillant *pour* les humains, en interaction avec eux). Les robots ont

1. Sur l'expression v. *supra* s^s n° 011.13 – Des Français ont été les pionniers dans la conception des éléments clés de l'intelligence artificielle (IA). Plus d'un millier de chercheurs travaillent dans ce domaine en France, surtout à Paris, Marseille et Toulouse.
2. V. *supra* s^s n° 011.30.
3. 1re : la machine à vapeur (1740-1840) ; 2e : l'électricité (1869-1960) ; 3e de l'ordinateur à l'internet (1960-2000) – Nous nous en sommes tenus à la vision traditionnelle ; mais elle fait bon marché de celle qui est intervenue au Moyen Âge – SUR CELLE-CI : J. Gimpel, *La Révolution industrielle du Moyen Âge*, « Points histoire », Seuil, 1975.
4. G. Babinet, *Transformation digitale : l'avènement des plateformes : Histoires de licornes, de data et de nouveaux barbares...*, Le Passeur, 2016.
5. V. *infra* s^s n°s 411.00 s.
6. V. *infra* s^s n° 411.30.
7. Ph. Moatti, *La plateformisation de la consommation. Peut-on encore contrer l'ascension d'Amazon ?*, Gallimard, « Le Débat », 2021.
8. Sur la définition de ceux-ci, v. *supra* s^s n° 011.13.
9. La plus grande enseigne de distribution du monde, *Wal-Mart*, a introduit à l'automne 2017 des robots pour détecter les ruptures en rayon, les erreurs d'étiquetage ou les produits placés au mauvais endroit.
10. R. Bigot, « La robotisation et la relation de confiance assureur/assuré », *RLDI* 2017. Ét. 5110.
11. On parle de *cobotique*.

des capacités grandissantes [1], qui les amèneront à collaborer de plus en plus avec les hommes (tels les robots médicaux [2]). Certains peuvent répondre à des questions, voire dialoguer avec une personne : c'est alors un « agent de dialogue » [3] [*chatbot, conversational agent*]), allant éventuellement jusqu'à donner des conseils (par exemple lors d'un achat, d'autant que la majorité des questions sont les mêmes), mais dont la « conversation » est limitée et les « conseils » assez primaires. Certains robots sont doués « d'apprentissage par renforcement » [4] (*reinforcement learning*), c'est-à-dire d'apprentissage « *automatique, dans lequel un programme extérieur évalue positivement ou négativement les résultats successifs de l'algorithme, l'accumulation des résultats permettant à l'algorithme d'améliorer ses performances jusqu'à ce qu'il atteigne un objectif préalablement fixé* » [5]. Le robot est plus rapide que l'être humain et dispose d'une mémoire illimitée, mais contrairement à lui, il n'est ni polyvalent ni aussi réactif (au sens de la capacité à s'adapter). Les robots (tout comme « l'intelligence artificielle ») disposeront même de plus en plus d'une certaine autonomie, tout en restant des choses, évidemment dénuées de toute personnalité, d'intention propre, d'esprit, de sentiment ou d'émotion [6] et de conscience [7] (donc d'une morale et d'un idéal), qui doivent rester des auxiliaires de l'être humain [8]. Et, si l'on peut éventuellement parler à leur propos « d'intelligence en essaim » (*Swarm Intelligence*), c'est de façon imagée (il s'agit de la propriété de systèmes de robots, par définition dénués d'intelligence mais qui, par leur interaction, adoptent un comportement produisant l'illusion de celle-ci, sans compter qu'ils emmagasinent les expériences et donnent donc l'impression de savoir apprendre automatiquement [*machine learning*], voire d'apprendre profondément [*deep learning*] [9], tout en ne comprenant jamais quoi que ce soit). Pour autant, même un robot humanoïde ou androïde, c'est-à-dire dont l'apparence générale rappelle celle d'un corps humain, n'est en aucune façon comparable à l'homme, sauf l'aspect extérieur. La vitalité humaine se déploie par la pensée, la parole et l'action [10]. Est-ce le cas des robots ? Si, selon la célèbre pensée de Pascal, « *L'homme n'est qu'un roseau, le plus faible de la nature ; mais c'est un roseau pensant* » [11], un robot est peut-être plus qu'un roseau, mais il n'est pas pensant. « *Les merles, les perroquets, les corbeaux, les pies et autres oiseaux sont parfois dressés par l'homme à émettre des sons qu'ils ne comprennent pas. Avoir l'intelligence de son chant, c'est un privilège [...] accordé à la nature humaine* » [12]. Les robots sont comme les merles et les autres volatiles : s'ils peuvent proférer des paroles, ils n'en comprennent pas le sens [13]. Et, alors qu'ils peuvent battre aux échecs ou aux jeux de go les champions, jamais ils ne pourront parvenir à des dialogues de la profondeur et de l'intensité de ceux qui avaient lieu entre Socrate et Platon. Un robot peut faire montre de grandes, d'immenses capacités même, mais ne saurait avoir de génie. Selon l'article 515-14 du code civil, les animaux sont « *des êtres vivants doués de sensibilité* [...] *soumis au régime des biens* » [14] ; *a*

1. SUR LE DROIT des robots : N. Nevejans, *Traité de droit et d'éthique de la robotique civile*, LEH, 2017 – Sur les robots en général : L. Devillers, *Des robots et des hommes. Mythes, fantasmes et réalité*, Plon, 2017, dénonçant not. le poncif selon lequel les robots nous surpasseront et nous dépasseront.
2. V. *infra* s[s] n° 011.67.
3. Traduction officielle avec dialogueur de *chatbot et* de *conversational agents* (Vocabulaire de l'intelligence artificielle – Liste de termes, expressions et définitions adoptés, *JO* 9 déc. 2018, n° 58, NOR : CTNR1832601K) – SUR LES NOUVEAUX MOTS : C. Le Stanc, « Nouveaux mots, nouvelles choses, nouvelles règles ? », *Propr. ind.* 2017/5. Repère 5.
4. Traduction officielle de *reinforcement learning* (Vocabulaire de l'intelligence artificielle – Liste de termes, expressions et définitions adoptés, *JO* 9 déc. 2018, n° 58, NOR : CTNR1832601K).
5. Définition donnée par Vocabulaire de l'intelligence artificielle (liste de termes, expressions et définitions adoptés), *JO* 9 déc. 2018, n° 58, NOR : CTNR1832601K.
6. Or, selon A. Damasio (dans *L'ordre étrange des choses. La vie, les sentiments et la fabrique de la culture*, Odile Jacob, 2017), il n'est d'intelligence qu'émotive et sentimentale, ces deux termes correspondant chacun à un niveau de complexité du vivant. « *Les sentiments tiennent l'esprit informé du corps, ils sont les adjoints du "dur désir de durer"* » (le « *dur désir de durer* » est un vers d'Éluard).
7. L. Devillers, Les robots « émotionnels », Éd. de L'Observatoire, 2020. – S. Merabet, *Vers un droit de l'intelligence artificielle*, préf. H. Barbier, Dalloz, « NBT », 2020, n°s 200 s.
8. COMP. : P. Picq, *Qui va prendre le pouvoir ? Les grands singes, les hommes ou les robots ?* Odile Jacob, 2017 – Selon l'auteur (éthologue et paléonthropologue), il nous faut comprendre les intelligences naturelles qui accompagnent notre évolution, à savoir celle des singes et des grands singes. Sinon nous serons les esclaves des robots.
9. L'apprentissage profond (*deep learning*) est défini par le *JO* 9 déc. 2018, texte 58 comme suit : « *Apprentissage automatique qui utilise un réseau de neurones artificiels composé d'un grand nombre de couches dont chacune correspond à un niveau croissant de complexité dans le traitement et l'interprétation des données* ». D'autres termes sont équivalents : *deep structured learning, hierarchical learning.*
10. B. de Geradon, *Le cœur, la langue, les mains*, Desclée de Brouwer, 1974.
11. Pascal, *Pensées*, n° 347, éd. Brunschvicg.
12. Saint Augustin, *Enarrationes in Psalmos*, 18.
13. COMP. : M. Crawford, *Prendre la route*, La Découverte, 2021, vibrant plaidoyer pour la liberté humaine contre l'imbécilité des robots.
14. L. n° 2015-177, 16 févr. 2015, relative à la modernisation et à la simplification du droit et des procédures dans les domaines de la justice et des affaires intérieures, art. 2 (recours rejeté par le Cons. const., n° 2015-710 DC, 12 févr. 2015, *JO* 17 févr. p. 2969, n° 2 ; *AJDA* 2015. 312 ; *D. avocats* 2015. 57, obs. L. Dargent ; *Constitutions* 2015. ▶

fortiori les robots relèvent au premier chef du droit des biens (mais aussi du droit des contrats et de la responsabilité[1]). Puisse ne pas aboutir l'invraisemblable résolution sur le droit des robots[2], adoptée par le Parlement européen le 16 février 2017[3], qui entend leur donner une personnalité juridique ! Il s'agirait à terme de reconnaître que certains robots les plus sophistiqués sont des « personnes électroniques », avec des droits et des devoirs, afin de clarifier la responsabilité en cas de dommages, ce qui est grotesque. Seul l'être humain a une conscience (norme immédiate de la moralité personnelle, s'enracinant et se développant par la prudence) et peut être responsable. Les robots sont des biens, des choses (certes un peu particulières[4]), tout comme « l'intelligence artificielle »[5], dont des êtres humains sont responsables[6]. Ne les laissons pas nous dominer, même si inévitablement ils vont nous faire perdre en liberté intérieure ce qu'ils nous feront gagner en potentialité. Certains redoutent une civilisation de robots, « fabriquant » des enfants en laboratoire[7], qui seront ensuite enfermés par peur de la maladie et de la mort (en appliquant le principe de précaution à l'extrême). Et quels que soient les services que peuvent rendre les robots, l'être humain ne doit leur confier des tâches périlleuses qu'avec circonspection et, autant que faire se peut, sous son contrôle. Selon trois chercheurs en gestion, l'écrasement (*crash*) du vol AF447 Rio-Paris de juin 2009 est une illustration tragique d'un excès de confiance dans la machine[8]. Peut-être serait-il opportun de procéder à une immatriculation des robots[9].

Quant aux dommages causés par les robots, la responsabilité délictuelle, tant pour faute[10] que du fait des choses et des produits défectueux, remplira son office, sans qu'il soit nécessaire d'envisager un régime spécifique[11]. Flaubert avait raison de dénoncer la tentation de légiférer à chaque innovation technique ; selon lui, il est « *d'un haut grotesque que de voir* [...] *la loi se torturer comme elle peut et se casser les reins de fatigue, à vouloir retenir l'immense nouveau qui déborde de partout* »[12] (à propos de la loi sur la « correspondance des particuliers *par voie électrique* », c'est-à-dire le télégraphe électrique en passe de supplanter à cette époque le télégraphe aérien).

L'automatisation (ou robotisation) envahit notre vie quotidienne, *via* les applications pour ordiphones (*smartphones*), les GPS (assistant de naviga-

► 207. Chron. P. Bachschmidt) – POUR DES CRIT. : Ph. Malinvaud, « L'animal va-t-il s'égarer dans le code civil ? », *D.* 2015. Point de vue 87 – Ph. Reigné, « Les animaux et le code civil », *JCP* 2015. Libre propos 242 – J.-P. Marguénaud, « Une révolution théorique : l'extraction masquée des animaux de la catégorie des biens », *JCP* 2015. Chron. 305 – N. Reboul-Maupin, « Nos amis, les animaux... sont désormais doués de sensibilité : un tournant et des tourments ! », *D.* 2015. 573 ; *RDC* 2015. 362, note P. Berlioz – De par cette loi, les animaux ne sont plus des biens comme les autres, même s'ils demeurent soumis à leur régime ; peut-être sont-ils devenus des biens « par destination ».

1. B. Charrier, « Proposition de réécriture de l'article 515-14 du code civil », *RLDC* 2017. Ét. 6389 – D. Lovato, *La prudence et le droit,* Université Toulouse 1 Capitole, 2020, n° 94.
2. A. Bensamoun et G. Loiseau, « L'intelligence artificielle : faut-il légiférer ? », *D.* 2017. Point de vue 581 – X. Delpech, « Vers un droit civil des robots », *AJ contrat* 2017. 148 – T. Daups, « Le robot, bien ou personne ? Un enjeu de civilisation ? », *LPA* 11 mai 2017. 7.
3. Résolution du Parlement européen du 16 février 2017 contenant des recommandations à la Commission concernant des règles de droit civil sur la robotique (2015/2103(INL)).
4. Des choses à part, justifiant peut-être un régime de responsabilité adapté ; en ce sens : P. Berlioz, « La personnalité juridique des robots », dans *Mél. B. Teyssié*, LexisNexis, 2019, p. 431 s., spéc. p. 440 s. – G. Loiseau, « Intelligence artificielle et droit des personnes », dans A. Bensamoun et G. Loiseau (dir.), *Droit de l'intelligence artificielle,* LGDJ, 2019, p. 35 s. – P. Berlioz, « La personnalité juridique des robots », art. préc.
5. S. Merabet, *Vers un droit de l'intelligence artificielle*, préf. H. Barbier, Dalloz, « NBT », 2020, n° 150.
6. NOT. SUR LE DÉBAT : H. de Vauplane, « La personnalité juridique des robots », dans *Mél. J.-J. Daigre*, Joly, 2017, p. 79 s. – G. Loiseau, « La personnalité juridique des robots : une monstruosité juridique », *JCP G* 2018. Libre propos 597 – C. Lachièze, « Intelligence artificielle : quel modèle de responsabilité ? », *Dalloz IP/IT* 2020. 663.
7. D. Haziza, *Le procès de la chair. Essai contre les nouveaux puritains*, Grasset, 2022.
8. Analyse parue dans *Phébé*, la veille d'idées internationale créée par « *Le Point* » (site du *Point* 21 août 2018).
9. EN CE SENS : D. Lovato, *La prudence et le droit,* th. préc, n° 96.
10. PAR EX. pour concurrence déloyale ou parasitisme du possesseur du robot réalisant des articles à partir de publications de tiers – COMP. : A. Lebois, « Quelle protection juridique pour les créations des robots journalistiques », *CCE* 2015. Ét. 2, DUBITATIF.
11. COMP. : A. Bensamoun et G. Loiseau, « La gestion des risques de l'intelligence artificielle. De l'éthique à la responsabilité », *JCP G* 2017. Doctr. 1203 – S. Dormont, « Quel régime de responsabilité pour l'intelligence artificielle ? », *CCE* 2018. Ét. 19 ; l'étude propose un renouvellement des concepts traditionnels de la responsabilité (*op. cit.*, n° 7), en raison du fait que le droit ne serait « *pas armé pour dire qui doit être responsable du dommage causé par un robot intelligent car celui-ci ne rentre pas dans les catégories juridiques connues qui reposent notamment sur une* summa divisio *entre la personne et la chose* ». Nous nous élevons catégoriquement contre cette vue. En effet d'une part, il n'existe pas de robot intelligent ; d'autre part, un robot est une chose soumise à la responsabilité de l'art. 1242, al. 1er, et aux art. 1245 et s. (produits défectueux) (sur la pseudo « intelligence artificielle » v. *supra* ss n° 011.13 – Partageant nos vues : C. Lachièze, « Intelligence artificielle : quel modèle de responsabilité ? », art. préc. – L. Viaut, « Responsabilité et intelligence artificielle », *LPA* 22 janv. 2021. 9.
12. G. Flaubert, *Correspondance*, t. I, « Bibliothèque de la Pléiade », Gallimard, 1973, p. 730 ; lettre écrite d'Athènes le 19 déc. 1830 à son ami le poète Louis Bouilhet.

tion[1]), les objets connectés[2], les robots (de toutes sortes, y compris les routes[3]) ou drones domestiques[4], voire bientôt les véhicules autonomes[5], sans conducteur, même si nous doutons qu'elles soient autorisées avant longtemps en dehors de voies propres (la loi n° 85-677 du 5 juill. 1985[6]) pourra difficilement continuer de régir les accidents qu'elles provoqueront lorsqu'elles seront réellement autonomes, puisque son régime repose largement sur la notion de conducteur[7]. En revanche, la responsabilité du fait des produits défectueux [C. civ., art. 1245 s.] pourra éventuellement être invoquée, lorsque ses conditions seront remplies – Ne faudrait-il pas envisager l'indemnisation par un fonds, sans pour autant déresponsabiliser les différents acteurs du système[8] ? – Les voitures autonomes ne sont pas forcément un progrès ; en visant la sécurité, leurs concepteurs cherchent en réalité à capter notre attention, et à créer un nouveau modèle économique : l'exploitation de nos données et la commercialisation de notre attention[9]). L'ordonnance n° 2021-443 du 14 avril 2021[10] régit la responsabilité pénale[11] en cas de circulation d'un véhicule à « délégation de conduite », géré par un ordinateur de bord ; elle répartit les responsabilités pénales entre le conducteur et le constructeur du véhicule[12]. L'automatisation occupe aussi une place grandissante dans les entreprises, spécialement sous la forme de robots (5 % des emplois devraient être automatisés par des robots d'ici 2035). Elle présente bien des avantages, en augmentant la sécurité, l'efficacité, la productivité et en soulageant les travailleurs des tâches les plus pénibles. Grâce à elle, certains constructeurs (notamment d'avions) passent d'une industrie de type artisanal avec des cycles longs à une industrie de plus grande série aux cycles plus courts. Mais elle transforme les humains, sous l'appellation d'opérateurs de machines, en simples surveillants passifs, leur faisant perdre leurs compétences[13] (voire occultant leur vie intérieure comme le craignait Bernanos[14]). En faisant de moins en moins appel à ses sens, à son expérience et à ses facultés intellectuelles, l'être humain risque de perdre son autonomie, ses savoir-faire et son pouvoir de décision. Puissions-nous nous opposer à l'automatisation intégrale de la société et remettre l'homme à

1. Un ingénieur du centre spatial de Toulouse, L. Lestarquit, a inventé le signal *Galiléo* ; plus précis que le GPS américain, il tente de le supplanter.
2. Une jeune pousse (*start-up*) française prometteuse, à forte croissance, *Matooma*, est spécialisée dans la connexion des objets. Elle a développé une offre de cartes SIM (*Subscriber Identity Module*, module d'identification de l'abonné) multi-opérateurs (*MatooCard*) pour les objets connectés, qui repose sur des partenariats avec plus de 140 opérateurs européens.
3. La jeune pousse (*start-up*) française *Altaroad* déploie ses réseaux de capteurs sur des routes et les interprètes grâce à des algorithmes « auto-apprenants ». Des acteurs du BTP utilisent cette technique pour suivre les entrées et sorties de leurs poids lourds des chantiers, ce qui permet de suivre les déblais et d'optimiser le remplissage des camions. La sté *Altaroad* souhaite parvenir à connecter toutes les routes afin d'aider leurs responsables à anticiper les besoins de maintenance. Ces routes connectées pourront aussi communiquer avec les véhicules autonomes.
4. C. Dubois, « Les drones face aux enjeux de responsabilité civile », *Dalloz IP/IT* 2022.134.
5. L. Andreu (dir.), *Des voitures autonomes. Une offre de loi*, Dalloz, 2018 – I. M. Barsan, « La voiture autonome : aspects juridiques », *CCÉ* 2018. Ét. 3 – D. Noguéro, « Assurance et véhicules connectés – Regards de l'universitaire Français », *Dalloz IP/IT* 2019. 597 – D. Noguéro, « Intelligence artificielle et véhicules autonomes », dans A. Bensamoun et G. Loiseau (dir.), *Droit de l'intelligence artificielle*, *op. cit.*, p. 99 s. – C. Lazaro et A. Strowel (dir.), *Des véhicules autonomes à l'intelligence artificielle. Droit, politique et éthique*, « Crides », Larcier, Bruxelles, 2020 – D. Tsiaklagkanou, « Voiture autonome et responsabilité civile », *RLDI* 2021. Ét. 6094.
6. L. n° 85-677, 5 juill. 1985, tendant à l'amélioration de la situation des victimes d'accidents de la "circulation et à l'accélération des procédures d'indemnisation", *JO* 6 juill., p. 7584.
7. A. Bensamoun et G. Loiseau, « La gestion des risques de l'intelligence artificielle. De l'éthique à la responsabilité », *JCP G* 2017. Doctr. 1203, n° 21 – POUR DIVERSES PROPOSITIONS de textes, destinés à alimenter une éventuelle législation en la matière (sans se contenter de la notion de conducteur), en modifiant substantiellement le C. de la route, mais aussi le C. pén. et la loi du 5 juill. 1985 sur les accidents de la circulation : L. Andreu (dir.), *Des voitures autonomes : une offre de loi, op. cit.*
8. EN CE SENS : M. Monot-Fouletier et M. Clément, « Véhicule autonome : vers une autonomie du régime de responsabilité applicable ? », *D.* 25 janv. 2018. Chron. 129, IV : les auteurs proposent la création d'un fonds spécifique « de garantie » ; D. Tsiaklagkanou, art. préc., II, B – POUR NOTRE PART, s'il fallait adopter cette voie de la compensation collective, nous opterions pour son insertion au fonds général d'indemnisation que nous appelons de nos vœux : Ph. le Tourneau (dir.), *Droit de la responsabilité et des contrats. Régimes d'indemnisation*, 12e éd., « Dalloz action », 2020, n° 0124.16.
9. M. Crawford, *Prendre la route. Une philosophie de la conduite*, La Découverte, 2021.
10. Adoptée sur le fondement de la loi n° 2019-1428, 24 déc. 2019, art. 31, complétée par décr. n° 2021-873, 29 juin 2021 ; *CCÉ* 2022, n° 3, obs. G. Loiseau.
11. Et indirectement la responsabilité civile, puisque la personne reconnue coupable d'une infraction pénale dommageable est tenue à réparation.
12. S. Detraz, « De la mauvaise conduite des véhicules autonomes en droit pénal », *D.* 2021. Chron. 1039 – E. Dreyer, « De l'intelligence à la responsabilité artificielle, s'agissant des véhicules autonomes », *Gaz. Pal.* 7 déc. 2021, p. 13.
13. N. Carr, *Remplacer l'humain : Critique de l'automatisation de la société*, L'Échappée, 2017 (traduit de l'anglais [États-Unis] par E Jacquemoud) – DÉJÀ du même auteur : N. Carr, *Internet rend-il bête ?*, éd. Robert Laffont, 2011.
14. Bernanos (1888-1948) fut le premier à faire entrer le mot de robot dans la littérature française par son ouvrage *La France contre les robots*, 1947 ; nouvelle éd., préf. P.-L. Basse, Le castor Astral, 2015.

la première place, la technique ne devant être que sa servante[1]. D'autant que, lors de la pandémie du coronavirus (covid-19) en 2020-2022, les robots ont été un peu décevants : efficaces pour les tâches répétitives, ils ne l'ont pas été pour les livraisons ou pour suppléer le personnel absent ; les robots n'ont ni la dextérité ni la polyvalence des humains. Quoi qu'il en soit, le robot n'est pas l'avenir de l'homme, « *ils n'auront pas notre peau* »[2], mais il sera son aide précieuse dans plus en plus de domaines. En voici quelques exemples.

011.66 **Robot opérateur de marché.** Dans les banques de financement et d'investissement les tâches sont de plus en plus automatisées. Dans ce cas, les ordres sont passés, *via* des plateformes électroniques, par des robots opérateurs (ou négociants) de marché, remplaçant les personnes physiques opérateurs de marché (les fameux *traders*). Grâce à de puissants algorithmes, ces robots décident seuls du prix, du volume de l'ordre de bourse et du moment où il devra être passé, particulièrement pour les ordres liés aux mouvements du marché. Toutefois, les opérateurs de marché personnes physiques continueront d'exister, car seul un jugement humain est pertinent pour les opérations complexes.

011.67 **Robot médical.** À côté de la télémédecine[3] est apparu le robot chirurgical[4], le plus connu étant *Da Vinci*, vendus en 2020 à plus de 5 000 exemplaires. Il permet de réaliser certaines interventions délicates de façon moins invasives, en ne pratiquant que de minuscules incisions, dans la prise en charge des cancers gynécologiques, ORL, de la prostate et encore digestifs, avec une grande sûreté. Devant sa console, le chirurgien dispose d'une vision en trois dimensions (3D, largeur, hauteur et profondeur) du champ opératoire. Assurément, le chirurgien prend personnellement les décisions et dirige l'action, mais c'est le robot qui opère, en transformant les mouvements du praticien en gestes mécaniques d'une précision extrême. On prétend même qu'il opère mieux que le meilleur des chirurgiens ! Le nombre d'hôpitaux français équipés d'un robot chirurgical était de 150 fin 2020.

1. C'est tout le sens de la démonstration de N. Carr, *Remplacer l'humain. Critique de l'automatisation de la société, op. cit.*
2. L. Geneslay et R. Michau, *Les robots n'auront pas notre peau ! Ce qui va changer dans l'entreprise à l'heure de l'IA*, Dunod, 2019.
3. Sur laquelle v. *infra* s^s^ n° 221.13.
4. G. Vallancien, *Homo artificialis. Plaidoyer pour un humanisme numérique*, Michalon, 2017, mettant en garde contre les dérives de la robotique médicale, et plaidant pour un nouvel humanisme, articulé autour de « *l'objet numérique à l'intelligence supérieure* » que sera *Homo artificialis*.

Les robots *Mako* et *Navio* sont dédiés aux interventions du genou et de la hanche. Ils permettent, tant d'augmenter la précision que d'aider à la régularité du geste opératoire, mais l'intervention humaine reste primordiale ; de plus, leur utilisation permet une diminution de la taille des incisions, une amélioration fonctionnelle (par ex. meilleure flexion du genou) et un allongement de la durée de vie de la prothèse.

En 2020, lors de la pandémie du coronavirus (covid-19), un hôpital de Varèse en Lombardie (Italie) utilisa pour la première fois des robots infirmiers : les six robots s'activèrent auprès des malades, vérifiant les paramètres vitaux ou déclenchant des procédures indispensables au maintien en vie de ces malades durement atteints ; pilotant à distance ces appareils, médecins et infirmiers se protégèrent et économisèrent les équipements de protection.

On pressent, qu'après le robot chirurgical, apparaîtront des robots anesthésistes qui endorment et veillent, des robots infirmiers qui piquent ou délivrent les médicaments, sans compter ceux qui assistent les infirmes ou les personnes âgées dans la vie quotidienne (facteur d'autonomie et de valorisation individuelle[5]), *etc.* Ils seront des auxiliaires très précieux (logiciels d'applications de santé mobile et centres de soins connectés[6]). Toutes ces avancées techniques sont merveilleuses. Toutefois, il ne faudrait pas qu'elles « *fassent perdre à la médecine son caractère "magique", à savoir, humain* »[7], fondé sur un « colloque singulier »[8], car la médecine, « *c'est guérir parfois, soulager souvent, écouter toujours* » (Pasteur). Et ces outils soulèvent des questions éthiques[9]. La responsabilité des dommages qu'ils pourront causer relèvera assez facilement du droit commun[10] (notamment le régime des produits défectueux[11]).

5. N. Nevejans, O. Pourtalier, S. Icart et J.-P. Merlet, « Les avancées en robotique d'assistance à la personne sous le prisme du droit et de l'éthique », *Rev. gén. dr. médical* 2017/65, p. 189 s., spéc. II, A.
6. Sur lesquels aussi v. *infra* s^s^ n° 221.13.
7. G. Duhamel (1884-1966), médecin, président de l'Académie de médecine, membre de l'Académie française.
8. Expression de G. Duhamel, « Étatisme et médecin », *Rev. des deux mondes* 1934. 277 – J. Bouton, « Le code de déontologie médical, un code singulier pour un "colloque singulier" », dans *Mél. G. Wiederkehr*, Dalloz, 2009, p. 27.
9. N. Nevejans, O. Pourtalier, S. Icart et J.-P. Merlet, « Les avancées en robotique d'assistance à la personne sous le prisme du droit et de l'éthique », art. préc.
10. M. Bacache, « Intelligence artificielle et droit de la responsabilité et des assurances », dans A. Bensamoun et G. Loiseau (dir.), *Droit de l'intelligence artificielle*, LGDJ, 2019, p. 69 s.
11. Éventuellement au prix de quelques adaptations : M. Bacache, « Intelligence artificielle et droit de la responsabilité et des assurances », art. préc., spéc. n°s 135 s. (sur le régime des produits défectueux v. *infra* s^s^ n°s 212.13 s.).

En dehors des robots, le corps humain peut recevoir des prothèses et appareils divers, certains informatisés[1], souvent précieux mais sans pour autant transformer l'être humain en ce que certains appellent « l'homme augmenté »[2]. Et, dans un avenir assez proche, il est envisagé que les chirurgiens et d'autres membres du corps médical utilisent des casques de « réalité augmentée »[3].

011.68 Algorithmes et « intelligence artificielle » (IA) en matière médicale. Le Conseil national de l'Ordre des médecins a publié, le 22 janvier 2018, un « livre blanc » consacré aux « *Médecins et patients dans le monde des data, des algorithmes et de l'intelligence artificielle* » (ce que d'aucuns désignent par médecine numérique). Ce document explore notamment l'influence actuelle et future des nouvelles techniques pour la formation initiale et continue des médecins, l'exercice de la médecine, la recherche médicale et la place des patients dans le système de santé. Rappelant que « *la médecine comportera toujours une part essentielle de relations humaines, quelle que soit la spécialité, et ne pourra jamais s'en remettre aveuglément à des "décisions" prises par des algorithmes dénués de nuances, de compassion et d'empathie* », les auteurs du livre blanc estiment néanmoins que les « *algorithmes et l'intelligence artificielle seront nos alliés, comme un apport essentiel pour l'aide à la décision et à la stratégie thérapeutique* », ainsi qu'à la recherche médicale. Dès lors, le Conseil national de l'Ordre des médecins, pour « *accompagner l'ensemble de la profession, dans la diversité de ses exercices* », pour « *renforcer sa collaboration avec les patients* », et pour assurer que les nouvelles techniques soient réellement mises « *au service de la personne et de la société* » émit 33 recommandations.

Il est certain que la « prise de décision automatisée », dénommée « intelligence artificielle » (IA), en réalité certains algorithmes, seront précieux dans le domaine de la santé (comme l'a indiqué le rapport Villani[4]), surtout ceux qui, autoapprenants (*deep learning*), sont capables de se développer au hasard des données rencontrées[5]. Ils soulèvent un certain nombre de questions et de difficultés juridiques qui renvoient en même temps à un débat de société[6].

En cas de dommages, la victime s'adressera à celui qui aura utilisé l'algorithme. Celui-ci se retournera contre son concepteur ou son fournisseur, au titre sans doute de la défaillance contractuelle, car la responsabilité du fait des produits défectueux ne nous semble pas pouvoir s'appliquer aux œuvres de l'esprit[7] (mais la jurisprudence aura peut-être l'audace de décider le contraire).Cependant, la solution la meilleure (que nous ne cessons de proposer depuis 1972) serait que tous les dommages corporels et psychiques, quelle qu'en soit l'origine, contractuels comme délictuels, fussent indemnisés, forfaitairement et automatiquement, par la Sécurité sociale[8]. Les progrès techniques vont modifier profondément la médecine. Celle-ci dans l'avenir sera plus personnalisée, plus préventive, plus prédictive et plus participative, ce que l'on nomme la médecine des « 4P ».

Pour rechercher de nouvelles molécules capables de servir de base à un traitement au covid-19 les laboratoires[9] recoururent l'IA, dans laquelle ce travail serait extrêmement difficile, voire impossible, à effectuer dans un délai rapproché. D'une façon plus générale, le laboratoire *Sanofi* est entré, en novembre 2021, au capital d'*Owkina*, jeune pousse française, qui s'est imposée dans la « prise de décision automatisée » (IA) appliquée à la recherche médicale. Et il a annoncé, en janvier 2022, s'allier à *Exscientia*, le spécialiste britannique de la conception de médicaments grâce à l'IA, pour découvrir de nouvelles molécules, en encologie et immunologie ; cela en utilisant l'IA et des échantillons biologiques de patients. La « prise de décision automatisée » (IA) apparaît ainsi comme un facteur d'accélération de la découverte de médicaments, en réduisant les délais de R&D, tout en concevant des médicaments mieux ciblés et de qualité supérieure.

Selon l'article L. 4001-3 du code de la santé publique, insérée par la loi bioéthique n° 2021-1017 du 2 août 2021, diverses obligations s'imposent au professionnel de santé qui entend faire usage d'un système de « *traitement de données algorithmique dont l'apprentissage* [sic] *a été réalisé à partir de données massives* » (autrement dit prise de décision automatisée, dénommée le plus souvent « intelligence artificielle »). Pour l'essentiel, il s'agit d'obligations d'informations. D'abord, le patient doit être informé et le cas échéant, averti « *de l'interprétation qui en résulte* » (CSP, art. L. 4001-3, I). Ensuite,

1. V. *infra* s^s n° 011.71.
2. V. *supra* s^s n°s 011.13 et 011.44.
3. Sur laquelle v. *supra* s^s n° 011.30.
4. V. *supra* s^s n° 011.44.
5. Aussi : v. *infra* s^s n° 221.13.
6. Y. Poullet, « Le droit face aux développements de l'intelligence artificielle dans le domaine de la santé », *RLDI* 2018. Ét. 5267 et 5286 – D. Gruson, *La machine, le médecin et moi*, Éd. de l'Observatoire, 2018, dressant le tableau réaliste d'un système de santé dans lequel l'association de la machine, du médecin et du patient est indispensable – P. Mistretta, « Intelligence artificielle et droit de la santé », dans A. Bensamoun et G. Loiseau (dir.), *Droit de l'intelligence artificielle, op. cit., p.* 309 s.
7. V. *infra* s^s n° 212.42.
8. Ph. le Tourneau (dir.), *Droit de la responsabilité et des contrats…*, 12e éd., *op. cit.*, n°s 0124.12 s.
9. Telle la sté française *Iktos*.

lesdits professionnels de santé « *sont informés du recours à ce traitement de données. Les données du patient utilisées dans ce traitement et les résultats qui en sont issus leur sont accessibles* » (CSP, art. L. 4001-3, II). L'information bénéficie tant au patient qu'aux professionnels de santé. L'objet de l'obligation d'information est assez limité : elle porte sur le principe de l'utilisation d'un « *système de traitement de données algorithmiques* » ainsi que des données du patient mobilisées et des résultats du traitement. En revanche, le professionnel n'est pas tenu de révéler le fonctionnement du dispositif en cause (contrairement à l'Administration recourant à des systèmes équivalents – CRPA, art. L. 311-3-1 et R. 311-3-1-2). Toutefois, les concepteurs d'un traitement algorithmique, au sens du texte, « *s'assurent de l'explicabilité de son fonctionnement pour les utilisateurs* » (CSP, art. L. 4001-3, III ; quel charabia : l'explicabilité se dit en français la compréhension). En effet, la seule connaissance des informations relatives aux algorithmes et données ne suffit pas à rendre le dispositif utilisé intelligible. Les concepteurs du système doivent être en mesure d'expliquer son fonctionnement[1].

011.69 Médicaments connectés. Voici qu'apparaissent des médicaments connectés ! Le premier a été autorisé en janvier 2018 aux États-Unis, soignant la schizophrénie. Il contient un capteur qui, par oxydation provoquée par les sucs gastriques, signale son ingestion par le patient à un *patch* transmettant l'information à son ordiphone (*smartphone*), qui ensuite le fait suivre au médecin. Celui-ci peut ainsi surveiller le suivi du traitement et obliger par conséquent le patient à respecter ce dernier. Le médicament connecté permettrait, tant d'améliorer la santé des populations que de réduire la dépense des États. Cependant, le passage de la prescription médicale à l'obligation légale n'est pas sans inconvénients. Un tel médicament prive notamment le patient de son rôle dans sa lutte contre la maladie. Or, il est essentiel dans l'efficacité du traitement : il semble illusoire de tenter de le guérir malgré lui.

011.70 Appareil de mesure médicale connecté. Un des Gafam a annoncé en septembre 2018 qu'il mettait au point une montre connectée permettant de contrôler le rythme cardiaque, de détecter les chutes et de prévenir automatiquement les secours[2]. Des applications téléchargeables sur les ordiphones (*smartphones*) rendent des services qui vont se multiplier, comme la surveillance à distance de patients, notamment dans le suivi des maladies chroniques quand les symptômes évoluent vite ou des diabétiques dont le médecin peut suivre le taux de glycémie et lui préconiser une injection. Les médecins prescrivent maintenant, à côté de médicaments, des logiciels... Lors de la pandémie du coronavirus (covid-19) en 2020-2022, la télésurveillance des malades guéris et rentrés chez eux fut organisée à grande échelle avec succès.

011.71 Prothèse connectée. L'étape suivante est la prothèse connectée, qui commence à apparaître. Au début 2018 une entreprise de Brest a mis au point une prothèse de genou connectée[3]. Une telle prothèse devient « une personne par nature »[4]. Mais cette innovation soulève de graves questions juridiques et éthiques[5]. Cependant, le but que certains prônent ardemment est le transhumanisme[6], dont la finalité est de dépasser les limites actuelles de l'humaine condition et d'améliorer l'espèce humaine grâce à la technique, en bannissant la maladie, le vieillissement, la différence sexuelle, voire la mort. Sous le nom savant de transhumanisme se camoufle en réalité un abominable eugénisme[7]. Il est associé à une « marchandisation » de l'être humain[8], car d'immenses intérêts économiques sont à la manœuvre ; l'enjeu central n'est pas de nous libérer des limites de notre condition, mais de faire de nous des êtres incapables de vivre sans implants et connexions, et donc intégralement soumis aux fournisseurs de ceux-ci.

Les nouvelles prothèses, en quelque sorte actives, car informatisées et donc répondant aux intentions de la personne qui les portent et dont elles remplacent des éléments malades ou amputés, sont dites bioniques (*bionics*, ce mot est forgé à partir de biologie et d'électronique). Un éminent auteur a excellemment synthétisé la position qu'il faut adopter à leur endroit : « *lorsque l'objet bionique est incorporé au support de la personne (comme la puce ou l'implant), il devient personne par nature. S'il est au service de la personne*[9] *(et*

1. F. Eon-Jaguin, « Le médecin, véritable décideur et non simple auxiliaire de l'algorithme », *Dalloz IP/IT* 2022. 9.
2. Sur les logiciels dans le domaine médical v. *infra* s[s] n° 221.13.
3. X. Labbée, « Le corps humain connecté », *Gaz. Pal.* 6 mars 2018. 14.
4. X. Labbée, « Le corps humain connecté », art. préc.
5. X. Labbée, « Le corps humain connecté », art. préc.
6. Y. Flour et P.-L. Boyer (dir.), *Transhumanisme : questions éthiques et enjeux juridiques*, Parole et silence, 2020.
7. J. Testard et A. Rousseaux, *Au péril de l'humain : les promesses suicidaires des transhumanistes*, Seuil, 2018 – P.-J. Delage, « Le transhumanisme : entre réception et dangers », dans Y. Flour et P.-L. Boyer (dir.), *Transhumanisme : questions éthiques et enjeux juridiques, op. cit.*, 231, spéc. p. 241 s.
8. O. Rey, *Leurre et malheur du transhumanisme*, Declée de Brouwer, 2018, sévère et justifiée critique d'un philosophe et mathématicien.
9. Comme une prothèse amovible – L. Leveneur, « Les améliorations techniques du corps : le droit des biens face à l'homme », dans Y. Flour et P.-L. Boyer (dir.), *Transhumanisme : questions éthiques et enjeux juridiques, op. cit.*, p. 209.

à condition qu'il soit au service de la personne), il devient "personne par destination". Ce qui signifie d'après nous qu'il apparaît logique, dans un cas comme dans l'autre, d'appliquer le droit des personnes et non pas le droit des biens. L'objet "personne par nature ou par destination", est alors soumis au droit des personnes » (X. Labbée[1]).

011.72 Jumeaux numériques en médecine. Le jumeau numérique est la copie numérique parfaite, donc conforme à une réalité, d'une ville, d'une usine, d'un immeuble, d'un objet (quel qu'il soit), et encore d'un corps ou d'un organe de celui-ci. L'utilisation de jumeaux numériques en médecine révolutionne les interventions cliniques et la gestion des hôpitaux. Elle améliore les traitements, facilite grandement le suivi médical personnalisé, la mise en place de mesures pour prévenir la survenance d'évènements, tout comme la mise au point de prothèses adaptées à chaque cas. Son utilisation avant une opération est précieuse : par exemple, le jumeau numérique du cœur d'un malade permet de visualiser instantanément l'effet d'une intervention et, par conséquent, d'en choisir une autre si celle qui avait d'abord été envisagée comporte trop de risques.

011.73 Technique au service du droit. La « technique au service du droit » (*Legaltech*) renvoie à l'usage d'outils numériques offrant des services juridiques totalement ou partiellement automatisés[2]. Ils sont proposés par de jeune pousse (*start-up*). Ainsi *Captain Contract* offre une panoplie d'actes juridiques pour tous publics. *Legalstart* met les documents juridiques simples à la disposition des entreprises et offre l'accompagnement d'un avocat pour les affaires plus complexes. *Legalife* génère des documents en ligne, tant pour les entreprises que pour les particuliers. Tous ces sites sont des plateformes de consultations juridiques interactives. La question se pose de savoir quelle responsabilité endosse l'avocat qui intervient dans une telle plateforme[3]. La technique de chaîne de blocs (en anglais *blockchain*)[4] facilite le développement de ce procédé. Cela étant, les logiciels ne sauraient se substituer aux avocats ni aux juges par ce que l'on nomme parfois la *justice prédictive*, qui est une expression fallacieuse, application pour ses thuriféraires de la « prise de décision automatisée » (l'intelligence artificielle[5]). Il ne saurait exister de solution « presse-bouton ». Des plateformes juridiques peuvent sans doute faciliter la consultation d'avocats avant de signer un contrat, de prendre une décision importante ou en présence d'une difficulté. Telle est la plateforme *Augustin Mon Avocat*, estampillée « Avocats barreau de Paris ». Un décret nº 2020-356 du 27 mars 2020[6] autorise le ministre de la Justice à mettre en œuvre, pour une durée de deux ans, un traitement automatisé de données à caractère personnel, dénommé *DataJust*. Il vise à développer un dispositif algorithmique permettant de recenser, par type de préjudice, les montants demandés et offerts par les parties à un litige ainsi que les montants alloués aux victimes en indemnisation de leur préjudice corporel dans les décisions de justice rendues en appel, tant par les juridictions administratives que les formations civiles des juridictions judiciaires[7]. Le notariat n'échappera pas à la numérisation, qui peut lui apporter une aide importante[8].

La doctrine se numérise elle aussi : ainsi le présent ouvrage existe sous la forme papier et la forme numérique ; elle utilise aussi des blocs-notes en ligne[9] pour diffuser ses réflexions. La justice elle-même connaîtra la numérisation plus ou moins poussée. La loi organique nº 2019-221 du 23 mars 2019[10], relative au renforcement de l'organisation des juridictions et la loi nº 2019-222 du 23 mars 2019[11] de programmation 2018-2022 et de réforme pour la justice (PLPRJ) consacrent les notions de « procédure civile numérique » et de « procédure pénale numérique » dans un service tourné vers le justiciable[12]. Depuis avril 2019, tout chef d'entreprise peut disposer d'une clé numérique personnelle, lui permettant de saisir en ligne un tribunal de

1. X. Labbée, « Respect et protection du corps humain. L'homme robotisé », *J.-Cl. civ.*, fasc. 56, nº 16 – Du même : « Le robot humanoïde face au droit », dans Y. Flour et P.-L. Boyer (dir.), *Transhumanisme : questions éthiques et enjeux juridiques, op. cit.*, p. 165.
2. V. DÉJÀ *supra* nº 011.46 – *ADDE infra* nº 221.14.
3. S. Lataste, « Avocat et *legaltechs* : quelles responsabilités ? », *Gaz. Pal.* 21 nov. 2017, Doctr. 44.
4. V. *supra* s^s nº 011.50.
5. V. *infra* s^s nº 221.14.
6. Décr. nº 2020-356, 27 mars 2020, portant création d'un traitement automatisé de données à caractère personnel dénommé « DataJust », *JO* 29 mars, texte 2 ; sa validité a été admise par CE, 10e et 9e ch. réunies, req. n°s 440376, 440976, 442327, 442361 et 442935, *CCÉ* 2022, nº 14, obs. N. Belkacem. – Y. Meneceur, « *DataJust* face aux défis de l'intelligence artificielle », *JCP G* 2020. 1087.
7. C. Crichton, « Création de "DataJust", un algorithme prédictif d'évaluation du préjudice », *Dalloz IP/IT* 2020. 209 – L. Viaut, « L'évaluation des préjudices corporels par algorithmes », *LPA* 31 mai 2021, p.100.
8. M. Julienne, « Pratique notariale et numérique : état des lieux », *Dalloz IP/IT* 2019. 96.
9. Sur ceux-ci v. *infra* s^s nº 44.05.
10. L. nº 2019-221, 23 mars 2019, relative au renforcement de l'organisation des juridictions, *JO* 24 mars, texte 1.
11. L. nº 2019-222, 23 mars 2019, de programmation 2018-2022 et de réforme pour la justice, *JO* 24 mars, texte 2.
12. S. Hardouin, « La transformation numérique au service de la justice », *JCP G* 2018. Doctr. 1321 – V. Lasserre, « Les failles de la régulation des services en ligne de médiation ou de conciliation », *JCP G* 2019. Libre propos 502 – J.-B. Thierry, « La loi nº 2019-222 du 23 mars 2019, loi de réforme pour la justice numérique ? », *JCP G* 2019. Doctr. 524.

commerce et ensuite de suivre son affaire. Dans un avenir proche, toutes les parties au contentieux commercial (avocats, experts et magistrats) pourront échanger des pièces de façon sécurisée.

011.74 **Télétravail.** Enfin, l'internet a facilité le développement du télétravail[1]. Cette expression « *désigne toute forme d'organisation du travail dans laquelle un travail qui aurait également pu être exécuté dans les locaux de l'employeur est effectué par un salarié hors de ces locaux de façon volontaire en utilisant les technologies de l'information et de la communication* »[2] (l'art. 21 de l'ord. n° 2017-1387 du 22 sept. 2017[3] tend à le favoriser[4]). Le télétravail est réglementé par le code du travail[5], qui créa une sorte de droit à cette forme d'exercice du salariat et un statut du télétravailleur. Il implique un changement important du management des entreprises y recourant, car devant reposer sur la confiance, en encourageant plus qu'en contrôlant (et en recourant de plus en plus à une gestion du flux de travail [*workflow*[6] *management*]). Les résultats semblent positifs quant à la qualité de vie des télétravailleurs (à condition qu'ils se déconnectent le soir afin d'éviter que la vie professionnelle n'envahisse pas trop la sphère personnelle). Et aussi quant à la productivité et donc à la compétitivité des entreprises qui y recourent (en effet, selon certaines études, la productivité des salariés « télétravailleurs » augmente de 22 %, tandis que les arrêts maladie diminueraient de 5 % par an). De plus, l'entreprise retire des bénéfices économiques de l'ordre de 30 % sur les charges structurelles. Enfin, l'un des atouts majeurs du télétravail est la souplesse qu'il apporte, mis en évidence lors de grèves des transports, voyage ou déplacement des salariés, puisque ceux-ci pourront accéder à leurs applications et informations où qu'ils soient. *Microsoft* propose un service de « poste de travail virtuel », permettant à un salarié en télétravail d'accéder à distance et en toute sécurité à ses logiciels professionnels, même s'ils ne sont pas installés sur son ordinateur personnel (par l'informatique dans les nuages [*cloud*]). Le télétravail implique une discipline rigoureuse quant à la sécurité afin d'éviter les cyberattaques (les terminaux et réseaux personnels, très utilisés par les employés, sont malheureusement souvent peu sécurisés et rendent donc les entreprises vulnérables). Dès l'entrée en vigueur du grand confinement de 2020, les cyberattaques se multiplièrent. Les professionnels du secteur enjoignent donc aux télétravailleurs de veiller à ne pas ouvrir n'importe quel courriel (*e-mail*) et encore moins les pièces jointes d'origine inconnue, comme à ne pas cliquer sur n'importe quel lien[7].

Le télétravail a été vivement encouragé par le gouvernement lors de la pandémie du coronavirus (covid-19) de 2020-2022 (singulier retour en arrière : le travail à domicile comme au temps de l'artisanat). Il a connu, à cette occasion, une augmentation spectaculaire (mais déjà en temps normal environ 30 % des salariés y recourent de façon habituelle ou temporaire). La situation avait été prévue par l'ordonnance précitée du 22 septembre 2017 : « *En cas de circonstances exceptionnelles, notamment de menace d'épidémie, ou en cas de force majeure, la mise en œuvre du télétravail peut être considérée comme un aménagement du poste de travail rendu nécessaire pour permettre la continuité de l'activité de l'entreprise et garantir la protection des salariés* »[8]. Pour autant, le télétravail ne saurait devenir universel, même pour les « cols blancs ». La présence physique et les contacts ont un rôle important dans le travail, y compris dans les entreprises techniques ; les échanges professionnels impromptus sont enrichissants[9] ; le télétravail atomise les salariés, en les isolant les uns des autres ; sans compter que le travail reste le principal vecteur d'une socialisation que le télétravail ne saurait remplacer. Les bureaux sont des lieux de créativité[10], de rencontre entre les salariés, d'échange d'idées et d'intelligence collective. Enfin, ils permettent la transmission des aînés aux plus jeunes de la culture de l'entreprise, d'un modèle de vie au travail, de comportement envers les collègues, les fournisseurs, les clients, les journalistes ou les pouvoirs publics[11].

Une variété du télétravail est l'enseignement en ligne[12].

011.75 **La révolution continue...** Les révolutions résultant de la conjonction de l'informatique et de

1. Ph. Planterose, *Télétravail : Travailler en vivant mieux*, Eyrolles, 2014 – L. Gamet, « Télétravail et droit : *nihi novum sub sole !* », *CCÉ* 2021. Ét. 8.
2. C. trav., art. L. 1222-9, al. 1er ; créé par L. n° 2012-387, 22 mars 2012, art. 46 ; art. mod. par L. n° 2018-771, 5 sept. 2018, art. 68.
3. Ord. n° 2017-1387, 22 sept. 2017, relative à la prévisibilité et la sécurisation des relations de travail, *JO* 23 sept., n° 33.
4. O. Rault-Dubois et S. Béal, « Le télétravail facilité », *JCP E* 2017. Ét. 1536 – En 2021, le télétravail concernerait 31 % des salariés en France.
5. C. trav., art. L. 1222-9 s., art. L. 5213-6 (mod. par L. n° 2016-1088, 8 août 2016, art. 56).
6. Sur lequel v. *infra* ss n° 115.11.
7. Sur les façons de se prémunir contre l'intrusion de virus v. *infra* nos 335.63 s.
8. C. trav., art. L. 1222-11 ; mod. par ord. n° 2017-1387, 22 sept. 2017, art. 21.
9. Comp. quant à la formation en ligne : *infra* n° 332.22.
10. Sur l'histoire des bureaux : P. Dibie, *Ethnologie du bureau. Brève histoire d'une humanité assise*, éd. Métaillié (Paris), 2020.
11. COMP. : A. de Bernardy, *Les 130 règles d'or pour mieux collaborer à distance*, Marabout, 2021.
12. Sur l'enseignement en ligne v. *infra* ss n° 332.22.

l'internet ne cessent de se développer. Certaines évolutions en cours, d'importance, ont été citées précédemment, sans avoir cherché l'exhaustivité (bien des applications récentes auraient pu être ajoutées, notamment la vidéo-surveillance, les montres connectées pour les personnes fragiles ou les bracelets électroniques prescrits par des juridictions pénales[1]). Toutefois, d'autres ne sont pas imaginables, restent donc imprévisibles et innommables (au sens propre, sans jugement de valeur). Nul ne sait vraiment quel sera le vent nouveau qui soufflera demain et encore moins après-demain. Les livres d'anticipation, tels au XIXe les fameux romans de Jules Verne ou, au XXe, *1984* de George Orwell et *Le Meilleur des mondes* d'Aldous Huxley, n'avaient nullement prévu les bouleversements apportés par la numérisation du monde. Alors comment attendre que nous dévoilions l'avenir ? Verrons-nous apparaître, à l'échelle planétaire, une sorte de superconscience, la « noosphère »[2], que Pierre Teilhard de Chardin[3] subodorait, fruit de la mondialisation (qu'il appelait la « planétisation »), « *où chaque élément pour soi voit, sent, désire, souffre les mêmes choses que tous les autres à la fois* »[4]. Telle serait une humanité dont l'imaginaire, les pensées, les idées, les découvertes, en d'autres termes le psychisme ou la conscience, tissent progressivement la « noosphère » de plus en plus serrée et dense, génératrice non seulement d'une intensification de la conscience mais aussi d'une conscience de plus en plus solidaire, de plus en plus planétaire.

SECTION 2
LIMITES DES RÉVOLUTIONS INDUITES PAR L'INFORMATIQUE ET PAR L'INTERNET

011.81 De ses limites quant à la convivialité et la communication... Certes, ces vues sont schématiques. Des nuances seraient nécessaires. La convivialité assurée par l'internet est rassurante *a priori*, mais en fait assez dangereuse car « déstructurante »[5] (au point d'altérer les liens familiaux et de constituer une menace pour les mariages fragiles). Elle est une relation sans corps, « *une fusion molle* »[6]. La véritable communication profonde entre les hommes, fondée sur un dialogue intellectuel intense et un sens aigu de l'écoute, est en déclin (quoique l'internet soit interactif[7]) ; elle est remplacée par les messages superficiels et évanescents de toutes sortes (courriels[8], « post » [message publié sur un forum de discussion, dit aussi *chat room*, ou sur un *blog*[9]] ; SMS), dans une inconsistante « blablasphère »[10], sans compter que peu nombreux sont ceux qui, aujourd'hui, arrivent à vivre sans être l'oreille collée à leur mobile, par lequel ils transmettent instantanément toutes sortes d'informations sans intérêt et non urgentes... Penser être connecté au monde entier nous déconnecte de la réalité qui nous entoure, nous isole dans un monde parallèle (irréel ?).

Or, entre les hommes, seule une entrevue réelle face à face est créatrice. Un signe que, malgré les nombreux moyens techniques actuels de communication, celle-ci est en perte de vitesse, est l'accroissement de la solitude[11], dont témoigne notamment l'augmentation constante et consternante du nombre de suicides, particulièrement chez les jeunes. La toile (*web*) enferme comme dans un filet (*net*), si l'on n'y prend garde. « *C'est le paradoxe du progrès technique : autrefois, communiquer était techniquement si difficile et prenait tellement de temps que chacun faisait un effort pour se comprendre. Aujourd'hui, c'est l'inverse. Se brancher les uns aux autres devient si facile que la communication bute sur sa principale limite : la volonté réelle de se comprendre, la prise en compte du fait que l'autre est différent de moi et que je dois le respecter dans l'altérité* »[12]. Tout en étant disponibles en permanence sur internet, nombreuses sont les personnes qui sont moins présentes pour tous ceux qu'elles côtoient dans leur vie

1. N. Bourgoin, « Montée en force du bracelet électronique : vers une société de contrôle ? », *RSC* 2017. 725.
2. Des mots grecs *noüs* (l'esprit) et *sphaira* (sphère), par analogie avec atmosphère et biosphère.
3. P. Teilhard de Chardin, 1881-1955.
4. P. Teilhard de Chardin, *Le phénomène humain*, Seuil, 1955.
5. Une étude au sein de l'armée américaine, en 2011, a démontré l'épuisement du cerveau des soldats, soumis à un trop-plein de données reçues, par les moyens techniques actuels. Il en résulte not. une perte du discernement dans l'action.
6. Ph. Breton, « La convivialité : variante de la désincarnation contemporaine », *Quaderni* 2003/2004, n° 53, p. 61 s. – Mais, pour une vision plus optimiste, M. Maffesoli, *L'Ordre des choses : Penser la postmodernité*, CNRS, 2014, selon lequel internet n'est pas un obstacle à la relation, mais permet l'apparition de nouvelles formes de sociabilité, plus communautaires, plus émotionnelles, plus sensibles. Loin de pousser à l'individualisme, les forums de discussion et sites communautaires renforceraient les relations.
7. V. *supra* s^s^ n° 011.28.
8. V. *infra* s^s^ n° 221.33.
9. Sur ceux-ci v. *infra* s^s^ n° 44.05.
10. Y. Prigent, *Débandade dans la blablasphère*, Calligrammes, 2011.
11. S. Turkle, *Seuls ensemble : De plus en plus de technologies de moins en moins de relations humaines*, « Pour en finir avec », L'Échappée, 2015.
12. D. Wolton, *Internet : Petit manuel de survie*, « Essai », Flammarion, 2000, p. 17 – Il est particulièrement significatif (et paradoxal en apparence) que Mark Zuckerberg, inventeur de *Facebook*, est un homme éprouvant des difficultés à communiquer, comme en témoigne tous les procès dans lesquels il est demandeur ou défendeur (v. le film préc. de David Fincher, *The Social Network*, 2010).

quotidienne ! Le travail, qui était et reste en principe un moyen de sociabilité, même si cela n'est pas son objectif premier, tend à perdre cette vertu à mesure que se développe le travail à distance (ou télétravail) [1]. Et la véritable conversation qui, en France, avait été hissée au rang d'un art, célébré pendant des siècles par les étrangers comme une spécificité remarquable [2], a quasiment disparu, en raison de ce qui vient d'être indiqué, ainsi que de l'appauvrissement général de la façon de parler et de la connaissance de la langue, au point qu'un auteur estime que de nombreux contemporains se contentent de « blablater », relevant que *l'on parle de plus en plus pour dire de moins en moins* [3].

De plus, nombreux sont les êtres, particulièrement les jeunes [4], qui ont des troubles de comportement, des difficultés d'apprentissage et sont devenus absolument « cyberdépendants », au point parfois de causer leur épuisement [5] (*burn out*) ou d'être atteint d'une sorte « d'autisme virtuel », voire d'un piratage des cerveaux (*brain hacking*) par des techniques mêlant neurosciences et algorithmes. À hautes doses, les écrans sont des destructeurs d'humanité. On a assisté lors de la pandémie du coronavirus [covid-19] de 2020-2022 à un accroissement de la dépendance aux écrans (contrebalancé, il est vrai, par la redécouverte pas beaucoup des joies de la conversation et des jeux en famille). Enfin, l'internet a démultiplié les possibilités d'achat et donc les excès de la société de consommation, si dangereuse pour la liberté (créant un état d'asservissement volontaire) et la vie intérieure, le « *murmure confus de nos âmes* » [6], pourtant si nécessaire à l'équilibre de chacun [7]. Les nouvelles techniques créent un face-à-face avec nous-même, nous coupant de la relation concrète avec l'univers et les personnes.

La réalité virtuelle, fondée sur les algorithmes et les modélisations mathématiques, est devenue dévorante. Elle affecte notre entière personnalité : sens, imagination, émotion, capacité relationnelle et cognitive, bref, toute notre humanité profonde [8].

011.82 Réseaux sociaux. Le site *Facebook* (trombinoscope), « réseau social », dit aussi site communautaire, fut fondé en février 2004 par quelques étudiants de Harvard, dont Mark Zuckerberg [9], et financé en partie par Peter Thiel (inventeur de *PayPal*) qui avait compris que ce réseau se répandrait comme une traînée de poudre, selon la loi du désir mimétique (exposée par René Girard [10], notamment dans *Des choses cachées depuis la fondation du Monde* [11]). *Facebook* est un étonnant outil de socialisation et de convivialité, au moins apparente, supprimant la distance entre les personnes (encore plus lorsqu'ils sont jumelés à la vidéo, permettant notamment des vidéoconférences [12] ; cela fut précieux lors de la pandémie du coronavirus [covid-19] de 2020-2022 pour amoindrir les conséquences de l'isolement et retrouver un semblant de vie sociale). Il a eu des émules (*Babelio* [s'adressant aux amateurs de littérature]), *Copains d'avant, Myspace, Viadeo, Instagram, YouTube, Twitter, Linkl et LinkedIn* (réseau social professionnel), *Instagram* [13], *Snapchat, WhatsApp* (déformation de *What's up* ? qui en anglais signifie « quoi de neuf » ?) très utilisé par les familles, *Whaller* [14], *Wukan* (en Chine)... Leur audience est très importante et ne cesse de croître. Les cinq sites les plus visités en France sont *Facebook, Copainsdavant, Myspace* et *Twitter. LinkedIn* est le plus gros réseau professionnel du monde [15]. Au sein des réseaux sociaux, une place à part est occupée par *Twitter*, un réseau social de micromessages (géré par l'entreprise *Twitter Inc.*). Il

1. V. *supra* s[s] n° 011.74.
2. M. Fumaroli, « La conversation », dans P. Nora (dir.), *Les Lieux de mémoire*, t. III, « Quatro », Gallimard, 1997, p. 3651.
3. Y. Prigent, *Débandade dans la blablasphère, op. cit.*
4. C. Cabourg et B. Manenti, *Portables : la face cachée des ados*, Flammarion, 2017.
5. T. Crouzet, *J'ai débranché*, Fayard, 2011 – Un quart des 18-22 ans passent plus de cinq heures par jour sur les réseaux sociaux, et 10 % plus de huit heures. Un sur six (16 %) s'adonne plus de cinq heures par jour aux jeux vidéo et 7 % plus de huit heures. Certains jeunes dépassent ainsi dix heures quotidiennes devant un écran (*Le Parisien* 8 juin 2018). L'OMS classe l'addiction aux jeux vidéo comme une maladie.
6. A. Comte-Sponville.
7. C. André, *La vie intérieure*, L'iconoclaste, 2018 – J.-G. Xerri, *(Re)vivez de l'intérieur*, Cerf, 2019.
8. Démonstration de : A. Vidalin, *Personne ! L'existence numérique ou la négation de la chair*, Artège, 2021.
9. Né en 1984. Sa fortune en 2010, alors qu'il était âgé de 29 ans, fut évaluée à 6,9 milliards de dollars. En 2021 elle atteignit 117,5 milliards ! Un film, sorti en 2010, raconte la naissance de *Facebook*, ainsi que les conflits humains et juridiques entre ses fondateurs (*The Social Network*, préc.).
10. R. Girard (1923-2015).
11. R. Girard, *Des choses cachées depuis la fondation du Monde*, Grasset, 1978.
12. Grâce à des logiciels spéciaux, tels *Skype, whatsApp, Messenger ou FaceTime*.
13. *Instagram* est un réseau social et un service permettant de partager ses photographies et ses vidéos avec son réseau d'amis, de fournir une appréciation positive et de laisser des commentaires sur les clichés déposés par les autres utilisateurs. Il permet aussi de dialoguer avec les membres *via* l'utilisation de la messagerie interne appelée « Instagram direct ». Fondé en 2010, il fut acheté en 2012 par *Facebook* pour un milliard de dollars.
14. Fondé par le Français Thomas Fauré, plateforme de services à la manière de *Facebook*, mais privée et sécurisée, garantissant aux internautes la propriété et la confidentialité de leurs données.
15. SUR les avantages de ce réseau professionnel : L. Marino, « LinkedIn : just do it ! », *JCP* 2014. 48.

permet d'envoyer gratuitement des micromessages (limités à 280 caractères), appelés *tweets* (littéralement gazouillis), sur internet, par messagerie instantanée ou par SMS (*twitter* : envoyer un micromessage ; blablater [ne pas confondre avec *tweeter* : haut-parleur destiné à reproduire les fréquences sonores élevées]). Les hommes politiques et autres décideurs sont friands de ces micromessages ; le président Trump en était même un obsédé compulsif.

Aujourd'hui, les réseaux sociaux, au-delà de leur rôle initial de socialisation et de convivialité, sont devenus des outils indispensables dans la recherche d'un emploi. Ils furent le moyen de communication et de mobilisation des contestataires en Syrie, en 2011-2012, nettement plus que dans les autres révolutions arabes (dites Printemps, qui hélas furent écrasés dans le sang ou consumés dans l'anarchie) encore de façon plus importante lors des événements de 2019 en Algérie. Mais ce sont également eux qui drainent une certaine jeunesse vers l'islamisme radical et la barbarie. De plus, ils encouragent l'hystérie des rumeurs, des fausses nouvelles et autres bobards [1] (*fake news*), des théories complotistes et de ce que l'on nomme la « post-vérité » [2]. Tous se propagent à une vitesse stupéfiante, avec une efficacité redoutable, créant une sorte de « *dérégulation du marché cognitif* » [3]. Il existe une sorte de complotisme numérique, bafouant les connaissances et la science [4]. Dans l'océan d'informations sans hiérarchie ni règles surnagent principalement les messages les plus anxiogènes et les plus clivants. De plus en plus de messages sur les réseaux témoignent de l'obéissance passive de leurs auteurs à l'air du temps, devenus inconsciemment des collaborateurs zélés d'algorithmes, les privant de leur faculté de jugement et de toute vie intérieure. Les mouvements d'opinion, plus ou moins populistes, comme à partir de novembre 2018 la jacquerie numérique des « gilets jaunes » [5](qui provoqua des centaines de blessés, plus d'une dizaine de morts et de lourds dommages économiques), illustrèrent caricaturalement tout cela. Sans compter le risque, réel, d'influencer les votes lors des élections (tel fut le cas aux États-Unis pour l'élection de M. Trump en 2016). Les démocraties libérales sont fragilisées. Il serait donc opportun de créer dans les écoles et universités des cours « d'autodéfense intellectuelle » [6], permettant aux jeunes de sauvegarder leur esprit critique [7], de les habituer au doute et à la nuance, alors que, sur les réseaux, des meutes hystériques récusent toute objection aux affirmations qu'ils véhiculent, quelque excessives ou même invraisemblables qu'elles soient. Deux lois n° 2018-1201 [8] et 2018-1202 du 22 décembre 2018 [9] ont pour objet de lutter contre la diffusion de fausses informations par les communications électroniques, notamment en périodes électorales.

011.83 **Dangers des réseaux sociaux.** Les réseaux sociaux comportent ainsi des dangers et des faiblesses [10]. Leurs quatre piliers paraissent être l'immédiateté, le narcissisme [11], l'exhibitionnisme et le voyeurisme ! Chacun se valorise à sa façon et a comme principal but d'être « liké » (être aimé, mais c'est en réalité plus prosaïquement être remarqué) : « tout à l'ego » (Régis Debray), tendance à laquelle participe la frénésie des egophotos (*selfies*), forme nouvelle du narcissisme et du culte de soi [12]. Certains en viennent à mesurer leur existence à leur occurrence sur les réseaux sociaux [13]. « *Les réseaux sociaux servent à créer des liens mais pas de racines, ils sont incapables de nous donner une appartenance* » [14]. Des études américaines démontrent même que ceux qui s'adonnent beaucoup aux réseaux sociaux, sur-

1. M. d'Ancona, *Post-vérité. Guide de survie à l'ère des* fake news, éd. Plein Jour, 2018 – F. Sauvageau (dir.), *Les fausses nouvelles. Nouveaux visages, nouveaux défis. Comment déterminer la valeur de l'information dans les sociétés démocratiques ?*, PU Laval, Québec, 2018.
2. M. Revault d'Allonnes, *La Faiblesse du vrai. Ce que la post-vérité fait à notre monde commun*, Seuil, 2018, dans cet essai l'auteur analyse le concept récent de « post-vérité » et s'interroge sur les rapports entre la politique et la vérité. Selon le dictionnaire d'Oxford, cité par l'ouvrage, la « post-vérité » se définit comme ce qui se rapporte « *aux circonstances dans lesquelles les faits objectifs ont moins d'influence sur l'opinion publique que ceux qui font appel à l'émotion ou aux croyances personnelles* ». Le partage entre le vrai et le faux s'efface ; la vérité n'a plus d'effet sur le réel.
3. G. Bronner, dans N. Gauvrit (dir.), *Des têtes bien faites. Défense de l'esprit critique*, PUF, 2019.
4. G. Bronner, *Apocalypse cognitive*, PUF, 2021.
5. SUR CELLE-CI : P. Vermeren, *La France qui déclasse. Les Gilets jaunes, une jacquerie du XXIe siècle*, Tallandier, 2019.
6. S. Mazet, dans N. Gauvrit (dir.), *Des têtes bien faites : défense de l'esprit critique, op. cit.*
7. N. Gauvrit (dir.), *Des têtes bien faites : Défense de l'esprit critique, op. cit.*
8. L. n° 2018-1201, 22 déc. 2018, relative à la lutte contre la manipulation de l'information, *JO* 23 déc., texte 1.
9. L. n° 2018-1202, 22 déc. 2018, relative à la lutte contre la manipulation de l'information, *JO* 23 déc., texte 2.
10. POUR L'ENCADREMENT JURIDIQUE des réseaux : E. Derieux et A. Granchet, *Réseaux sociaux en ligne. Aspects juridiques et déontologiques,* « Axe droit », Lamy, 2014.
11. J.-F. Amadieu, *La société du paraître,* Odile Jacob, 2018.
12. Conduisant parfois à la mort. En effet, 93 personnes sont mortes en France en 2017 lors d'une prise d'egophoto (par suite de chutes) – Ph. Delerm, *L'extase du selfie et autres gestes qui nous disent,* Seuil, 2019 : l'egophoto, ce geste héros de notre temps ! L'auteur le caractérise comme l'apothéose de soi-même, mais qui demande cependant à ce qu'on s'écarte de soi, au maximum, le bras tendu, pour se révéler le plus… authentiquement.
13. H. Fischer, *La pensée magique du net,* « Le mythologue », François Bourin, 2015.
14. Pape François, à Panama, 26 janv. 2019.

tout de façon passive, sont plus malheureux et plus envieux de leurs prochains que les utilisateurs modérés desdits réseaux. Au-delà des egophotos (*selfies*), les réseaux permettent la viralité des images et contribuent à la tyrannie de la visibilité, le désir d'être vu et celui de voir transformant notre relation à la vérité ainsi qu'à l'autorité [1].

En outre, le fait que les réseaux sociaux fourmillent de données personnelles facilite les usurpations d'identité [2], qui se sont multipliées depuis leur apparition (1,5 million de comptes *Facebook* avaient été détournés en Europe par des pirates, pour la seule année 2010, puis transmis moyennant finance à d'autres pirates, qui les utilisèrent pour usurper des identités [3] et transmettre des virus par courriel), qu'ils peuvent porter atteinte à la réputation [4], voire inciter à la haine [5], sans compter qu'ils sont souvent infestés de virus [6]. Enfin, dans certaines familles ou groupes d'amis on ne se parle plus, tout étant déjà dans *Facebook* ! La masse d'informations menace le plaisir des échanges ; les relations virtuelles, sans chair ni corps, risquent de remplacer les relations véritables. Fréquentés à trop grande dose, les réseaux sociaux isolent leurs utilisateurs, contrairement à ce que suggère leur nom. On peut même se demander s'ils ne détruisent pas la société... Sans les condamner, il importe de garder les pieds sur terre, et de former la jeunesse à la modération de leur usage. Ce d'autant que les jeunes ont tendance à se voir davantage comme des citoyens du réseau social que comme celui de leur pays. Un des anciens développeurs de *Facebook* estime que les réseaux sociaux « *déchirent le tissu social* » et a interdit à ses enfants de les utiliser [7] ! Il existe une pression sociale forte à être présent sur ce type de réseaux et, une fois que l'on y a adhéré, il est difficile de refuser un collègue, un client, une vague relation, de sorte que le réseau social n'a plus rien de personnel. On s'y dit « ami » sans même se connaître ! La Cour de cassation a été amenée à juger d'une affaire dans laquelle la cour d'appel avait retenu « *que le terme "d'ami" employé pour désigner les personnes qui acceptent d'entrer en contact par les réseaux sociaux ne renvoie pas à des relations d'amitié au sens traditionnel du terme et que* [le réseau social est] *simplement un moyen de communication spécifique entre des personnes qui partagent les mêmes centres d'intérêt* », en l'espèce la même profession [8]. Souvenons-nous, à propos des « amis » qui se multiplient sur les réseaux sociaux, de la fable de La Fontaine *Parole de Socrate* : « *Chacun se dit ami ; mais fol qui s'y repose : // rien n'est plus commun que ce nom, // rien n'est plus rare que la chose* ». [9] En outre, il faut être conscient que les réseaux sociaux influent sur les internautes, car notre *alter ego* numérique en sait plus sur nous-même que nous-même ! Ainsi, ils sont capables d'agir sur leur moral en changeant l'ordre des informations présentes sur leurs pages personnelles. Et, en analysant les données personnelles, ils ciblent les publicités qui s'affichent de façon répétitive pour inciter à l'achat [10]. Pour toutes ces raisons, nous avons refusé de figurer dans quelque réseau social que ce soit, malgré les demandes renouvelées de nos proches et de nos relations, ce qui suscite beaucoup d'incompréhension.

Quels que soient les dangers des réseaux sociaux, il ne semble pas nécessaire de créer un droit spécifique à leur endroit : le droit commun doit pouvoir suffire [11], notamment la législation [12] sur les clauses abusives [13]. La Commission européenne entend que les conditions générales des réseaux soient mises en conformité avec le droit européen des consommateurs, particulièrement quant aux clauses abusives [14].

1. Ph. Guibert, *La tyrannie de la visibilité : un nouveau culte démocratique*, Éd. Va, 2020 : Le culte de la visibilité construit une relation nouvelle à l'autorité, à la réalité et à la vérité, avec ses impasses et dangers. Elle transforme notre imaginaire, nos rapports sociaux et, partant, le statut du politique, plus vulnérable que jamais. La coupure classe dirigeante-peuple est accentuée par les réseaux sociaux, qui se transforment parfois en contre-société.
2. M. Monteil, « L'usurpation d'identité à l'épreuve du numérique », *D.* 2020. Chron. 101. – D. Lovato, « Le faux numérique ou la promesse d'une réalité nouvelle », *RRJ* 2022.
3. POUR APPRENDRE comment limiter les risques d'usurpation : www.securiservotreidentite.com
4. Sur la réputation en ligne et les moyens de la rétablir, v. *infra* s^s n° 42.06.
5. D. Doucet, *La haine en ligne. Enquête sur la mort sociale*, Albin Michel, 2020.
6. S. *infra* s^s n° 335.52.
7. C. Palihapitiya, propos tenus lors d'un débat, rapportés par le site de l'hebdomadaire *Le Point*, le 12 déc. 2017 – *ADDE* : M. Desmurget, *La fabrique du crétin digital.Les dangers des écrans pour nos enfants*, Seuil, 2019. L'auteur, docteur en neurosciences, conteste les idées reçues sur les bienfaits de la révolution numérique.
8. Civ. 2e, 5 janv. 2017, n° 16-12.394, P II, n° 3 ; *D.* 2017. Entretien 208 de P.-Y. Gautier ; *D.* 2017. Pan. 2016, obs. J. Larrrieu, C. Le Stanc et P. Tréfigny ; *RLDI* 2017. 4972, note B. Spitz.
9. La Fontaine, *Fables : Contes et nouvelles*, « Bibliothèque de la Pléiade », NRF, 1932, p. 108 (Livre IV, XVII).
10. L. Arcelin, « Données personnelles : sésame déterminant sur le marché de la publicité digitale », *RLDI* 2017. Ét. 5106 (pourquoi l'auteur a utilisé dans le titre de son article le mot anglais *digitale* à la place du mot français numérique ?).
11. V. Ndior (dir.), *Droit et réseaux sociaux*, Lejep-Lextenso, 2015.
12. TGI Paris, 7 août 2018, n° 14/07300, *AJ contrat* 2018. 487, obs. L.-M. Augagneur, plusieurs clauses du règlement du réseau social *Twitter* furent jugées abusives.
13. Sur celles-ci v. *infra* s^s n° 412.42.
14. F. Jacomino, « Mise en conformité des conditions générales de *Facebook* : la Commission européenne s'impatiente », *AJ contrat* 2018. Pratiques 521.

011.84 Utilisation des réseaux sociaux par les entreprises. Les réseaux sociaux sont également utilisés par les entreprises, afin de communiquer autour d'une marque, nouer des partenariats, recruter des collaborateurs, améliorer les relations avec la clientèle, *etc.* [1] De nouveaux métiers sont apparus, au premier chef l'animateur de compte ou de site (*Community Manager*, CM), animant les internautes aimant les marques de l'entreprise, pour qu'ils interagissent, faisant passer des informations, réagissant promptement en cas de crise (comme une grève ou un défaut décelé du produit). Mais aussi l'influenceur (*Key Opinion Leader*, KOL[2]), plus souvent une influenceuse (souvent jeune) : il s'agit d'une célébrité ou d'un internaute ayant fédéré autour de lui une vaste communauté sur les réseaux, qui se charge (moyennant rémunération) d'une marque ou d'une entreprise[3]. Il existe aussi des sociétés d'influenceurs, accompagnant leurs clients dans la création de leurs marques et leurs boutiques en ligne, dont elles assurent éventuellement la gestion du stock, la livraison ou encore le service après-vente.

011.85 Réseaux sociaux d'intérêts. Des réseaux sociaux de « deuxième génération » sont apparus, les *réseaux d'intérêts* (tels *Pearltrees* ou *Pinterest*), réunissant des internautes passionnés par un thème, qui insèrent du contenu. D'autres reviennent aux sources en étant réellement personnels. Ainsi *Path*, limité à 150 personnes, totalement fermé aux êtres qui n'ont pas été formellement acceptés par son titulaire, et sur lesquels les moteurs de recherche n'ont pas d'accès possible. Les membres de *Path* partagent leurs photos, leurs pensées, lectures, musiques, mais sont dominés par le respect de l'intimité.

011.86 De ses limites quant à l'information... Nous vivons dans une « société de l'information », au sein de laquelle le travail intellectuel a supplanté définitivement le travail physique. Or, l'information s'est répandue par l'internet de façon aussi étendue dans l'espace qu'en quantité invraisemblable, le tout associé à une instantanéité remarquable mais redoutable. L'abondance d'information crée « *une rareté d'attention* », mise en évidence depuis plusieurs années par Jean Tirolle, Toulousain (prix Nobel d'économie en 2014), à la suite de l'Américain Herbert Simon, si bien qu'il devient difficile d'attirer l'attention[4] (tant dans le domaine culturel que dans le secteur marchand ; d'où la naissance, à propos du second, d'une économie de l'attention[5]). Mais si l'information est surabondante et facilement disponible, en même temps plus personne ne domine réellement les connaissances (sauf dans le domaine de sa spécialité, de plus en plus étroite). L'*homo numericus*[6] est enseveli sous une masse d'informations brutes peu contrôlables, parmi lesquelles il peine à distinguer le bon grain de l'ivraie. « *Être informé de tout et condamné ainsi à ne rien comprendre, tel est le sort des imbéciles* » (Bernanos). Le déferlement d'informations a entraîné une concurrence généralisée de toutes les idées, une dérégulation du « marché cognitif » qui a une fâcheuse conséquence : capter, souvent pour le pire, le précieux trésor de notre attention. Nos esprits subissent l'envoûtement des écrans et s'abandonnent aux mille visages de la déraison[7]. Dans notre monde hyperconnecté, une information chasse l'autre à un rythme frénétique. L'accumulation des informations ou des connaissances ne sert à rien, tant que celles-ci ne sont pas hiérarchisées et mises en relation. Rares sont ceux qui conservent des perspectives d'ensemble et ne se limitent pas à de minutieux travaux d'entomologistes ! Le numérique laisse croire que la pensée est du traitement d'informations, alors que c'est plutôt un jaillissement personnel, dans lequel une liberté apprend à se réfléchir elle-même et à réfléchir le monde. Les dirigeants et les cadres vivent aujourd'hui devant des ordinateurs et autres tablettes, ne font que du traitement d'informations, et celle-ci produit des décisions. Le grand danger est que la pensée perde son rapport à l'esprit, qu'elle devienne une rationalité procédurale.

Le Droit n'échappe pas à ce phénomène. « *La prolifération d'informations* [a] *pour effet de réduire la maîtrise que les juristes avaient acquise - ou qu'ils avaient cru acquérir - sur les données mises en œuvre* »[8], sans compter qu'une lecture sur écran n'est pas de même nature que le dépouillement d'un volume, de sorte que « *de la modernité peut sortir un*

1. C. Balagué et D. Fayon, *Facebook, Twitter et les autres... Intégrer les réseaux sociaux dans une stratégie d'entreprise*, préf. D. Sarfaty, « Village mondial », Pearson, 2010.
2. V. *infra* s^{s} n° 451.13.
3. Sur leur responsabilité : I. Boismery, « La responsabilité des influenceurs », *CCÉ* 2022. Ét. 8.
4. C. Zolynski et M. Le Roy, « L'économie de l'attention saisie par le droit. Plaidoyer pour un droit à la protection de l'attention », *Dalloz IP/IT* 2019. 614 ; l'article traite d'une question importante, même si nous récusons les « droits à » (v. *supra* s^{s} n° 011.110).
5. Y. Citton, *L'économie de l'attention*, La Découverte, 2014.
6. On se méfiera de ne pas employer, comme certains auteurs, l'expression d'*homo digitalis* car, selon le dictionnaire Gafiot, *digitalis* signifie « de la grosseur du doigt » !
7. Démonstration de G. Bronner, *Apocalypse cognitive*, PUF, 2021.
8. C. Atias, « Des Réponses sans questions 1804-1899-1999 (quantitatif et qualitatif dans le savoir juridique) », *D.* 1998. Chron. 406 s., n° 10 – COMP. : S. Bories, « Et du droit tu pourras être instruit... », dans *Mél. P. Catala*, Litec, 2001, p. 733 s.

droit moins méditatif » (Carbonnier[1]). De plus, comme l'avait déjà relevé Einstein, « *L'information n'est pas le savoir* ». Les médecins sont maintenant confrontés à des patients qui, ayant glané des informations sur la toile, n'ont plus confiance dans leur diagnostic, refusent tel ou tel traitement dont les inconvénients ou accidents exceptionnels ont été amplifiés sur les réseaux sociaux, ce qui est évidemment très fâcheux. La pratique doit sans doute évoluer vers une plus grande autonomie des patients, se traduisant notamment par des décisions médicales partagées, c'est-à-dire prises par le médecin et le patient, voire négociées avec lui, après qu'il ait été pleinement éclairé par le premier (évidemment s'il est en état de comprendre et de décider). Rien ne peut plus se faire si le patient n'adhère pas au projet thérapeutique[2].

En outre, la désinformation (et la manipulation) bénéficie des mêmes facilités que l'information (ce qui, jusqu'à présent, n'avait jamais été le cas), et il devient souvent difficile de discerner l'une de l'autre sur la toile. Or, la désinformation, les fausses nouvelles et autres bobards[3] (*fake news*), la « post-vérité » ou les rumeurs jetées (virtuellement) peuvent causer des dommages très réels, d'autant qu'elles se répandent instantanément et se répercutent dans le monde entier. Les réseaux sociaux favorisent leur propagation. La profusion de l'offre sur le « marché cognitif » facilite l'enfermement des individus dans leurs croyances spontanées (peu importe qu'elles soient vraies ou fausses) et renforce le plus souvent les hypothèses ou les préférences de départ[4]. Lors de leur apparition, l'imaginaire de l'internet et des réseaux sociaux était celui de l'*agora*, un forum ouvert à tous qui permettait une meilleure diffusion des connaissances et des informations. Aujourd'hui, on est passé à une vision de cauchemar, où règnent la manipulation, la désinformation et l'exploitation commerciale des conversations sur la toile. L'internet porte en lui un modèle communautariste favorisant les clivages. Dans cet univers profondément conflictuel, l'enjeu n'est plus d'échanger, mais d'occuper l'espace. La dérégulation généralisée de l'information fait peser de sérieuses menaces sur l'exercice de la liberté d'expression[5]. Le péril existe dans le domaine économique, par exemple au moyen d'avis en ligne fallacieux[6]. Mais surtout, des informations erronées et alarmantes portées sur une grande entreprise provoqueront une chute de ses cours dans toutes les bourses, entraînant le cas échéant une crise boursière, dégénérant éventuellement par une réaction en chaîne en une série de « krachs ». *Mutatis mutandis*, les mêmes propos, avec les mêmes conséquences du risque systémique, sont transposables et ont déjà été observés lors des crises économiques de certains pays. La toile facilite aussi et amplifie les bulles spéculatives[7].

L'internet est aussi le vecteur d'un asservissement à une « pensée unique », écartant toute réflexion, et favorisant les idées « socialement correctes » et les impostures[8]. Dès 1961, Ricœur avait perçu ce danger de l'universalisation, détruisant « *le noyau éthique et mythique de l'humanité.* [...] *Nous sentons bien que cette unique civilisation mondiale exerce en même temps une sorte d'action d'usure ou d'érosion aux dépens du fonds culturel qui a fait les grandes civilisations du passé* [...]. *C'est, partout à travers le monde, le même mauvais film, les mêmes machines à sous, les mêmes horreurs en plastique ou en aluminium, la même torsion du langage par la propagande* »[9]. « *Le véritable ennemi c'est l'esprit réduit à l'état de gramophone, et cela reste vrai que l'on soit d'accord ou non avec le disque qui passe à un certain moment* » (Orwell). Car notre temps donne parfois l'impression de « marcher sur la tête », privilégiant l'hygiène à l'amour, le féminisme à la féminité, les communautarismes à l'universalisme, l'égoïsme à la solidarité (sauf dans les discours), les droits aux devoirs, la vulgarité à la politesse, le sentimentalisme à la raison (engendrant une crise de sens), l'exhibitionnisme corporel et sentimental[10] à la pudeur et à la réserve, *etc.* Jusque dans les années 1970, il était inconvenant (tabou) de parler du sexe, alors qu'aujourd'hui c'est un impératif de la vie en société et des divers moyens de communication. En revanche, l'ostracisme frappe désormais la mort : on ne meurt plus chez soi mais à l'hôpital, les cérémonies mortuaires ont été simplifiées et le deuil n'est plus porté[11].

1. J. Carbonnier, *Droit et passion du droit : sous la Ve République*, « Forum », Flammarion, 1995, p. 74 ; « Champs », Flammarion, 2010.
2. L. Combalbert, S. Furtois et M. Mery, *Non merci, Docteur. 12 histoires vraies pour négocier l'observance thérapeutique*, Dunod, 2020.
3. M. d'Ancona, *Post-vérité : Guide de survie à l'ère des* fakes news, Plein Jour, 2018 – F. Sauvageau (dir.), *Les fausses nouvelles : Nouveaux visages, nouveaux défis – Comment déterminer la valeur de l'information dans les sociétés démocratiques ?*, PU Laval, Québec, 2018.
4. M. Revault d'Allonnes, *La Faiblesse du vrai : Ce que la post-vérité fait à notre monde commun*, « La Couleur des idées », Seuil, 2018.
5. SUR TOUS CES ASPECTS : R. Badouard, *Le désenchantement de l'internet : Désinformation, rumeur et propagande*, FYP éd., 2017.
6. Sur ces avis en ligne v. *infra* ss no 411.31.
7. Sur celles-ci : A. El Mejri, « Les bulles spéculatives et le droit », *RTD com.* 2021. 715 s.
8. SUR CELLES-CI, mais sans viser spécialement l'internet : E. Reynaud, *La valse des imposteurs*, « Documents », Le Rocher, 2003, pamphlet roboratif, incitant à la réflexion, même s'il est sans doute parfois excessif.
9. DANS LA revue *Esprit*, cité par : P.-M. Coûteaux, *Être et parler français*, Perrin, 2006, p. 117.
10. Sur les réseaux sociaux, les trombinoscopes cités v. *supra* ss no 011.82.
11. D. Le Guay, *Qu'avons-nous perdu en perdant la mort ?*, « Histoire à vif », Le Cerf, 2003.

De plus, la toile est devenue le nœud mondial de la pédophilie et de la pornographie [1], dont la jeunesse est abreuvée (alors que cela a des conséquences sur le développement des plus vulnérables et des moins structurés psychologiquement, créant un rapport peu adapté à la sexualité et une dépendance [2]). Sans être pudibond, il est affligeant de constater que le mot de sexe est celui qui est le plus demandé sur les moteurs de recherche. La technique n'est évidemment pas en cause : elle n'en peut mais ! Chacun est libre d'y insérer d'autres sujets, comme d'y insuffler un souffle régénérateur et spirituel, une once de morale libératrice, joyeux élan vital (à ne pas confondre avec le sot et ennuyeux moralisme, qui n'en est que la caricature), en prise avec les réalités mais signe de contradiction (nous avons tenté de donner une plaisante conception de la morale dans *L'Éthique des affaires et du management au XXIe siècle. Essai* [3]). L'internet est un réseau neutre [4].

La démocratie court elle-même des dangers, résultant de l'uniformisation des opinions publiques, de leur manipulation, et de leur asservissement à une « pensée unique » écartant toute réflexion (sans compter la dérision enveloppant les hommes politiques à la télévision et sur internet, tandis que sont hissés au pinacle le moindre sportif ou modèle de mode. Le général de Gaulle eût-il pu conserver son charisme populaire dans un tel environnement, qui a transformé les moyens de communication de masse en une sorte de *cloaca maxima* ?). Le pire (qui, heureusement, n'est jamais certain !) serait le blocage des systèmes de transmission d'un pays en cas de guerre *armée*. En dehors de cette circonstance de crise majeure, il n'est pas possible d'écarter une guerre *virtuelle* par l'envoi massif de pourriels [5], de virus et de « chevaux de Troie » [6] dans un secteur d'activité ou dans un pays [7]. Les cyberattaques sont des armes de guerre en temps de paix apparente [8], y compris dans l'espace. Lors de la pandémie du coronavirus (covid-19) de 2020-2022, les cyberattaques explosèrent sur internet, visant notamment les systèmes informatiques des hôpitaux surchargés ; des serveurs de l'Assistance publique-Hopitaux de Paris (AP-HP) furent ainsi bloqués par une attaque de déni de service distribué, empêchant ses détenteurs de l'utiliser (*Distributed Denial of Service attack : DDoS attack*, variante de déni de service *Denial of Service attack*, DoS). Pire, un certain nombre de jeunes, déculturés, aliénés par les jeux vidéos et la téléréalité, endoctrinés par des mentors sur *Google* ou *Facebook*, en arrivent à voir des actes de violence comme un *far-west* virtuel où ils accéderont au statut de super-héros.

Toutes ces données nécessitent, comme l'avait indiqué Malraux, dès 1974, dans une intervention télévisée lors de la campagne présidentielle de Jacques Chaban-Delmas (qui fut battu par Valéry Giscard d'Estaing), de dispenser un solide enseignement de la jeunesse sur l'usage des outils numériques, parallèlement à l'enseignement de la langue. Cela, afin d'éviter que les jeunes en deviennent esclaves et s'étiolent (au lieu de s'étoiler). À défaut, « *nous préparerons des générations de drogués de l'image et du son, d'égarés du virtuel, d'aveugles et de sourds, de solipsistes hors d'état de se défendre contre les manipulations* » [9] et contre les dépendances, notamment des sites pornographiques et de violences [10]. Sans doute, faudrait-il aussi leur réapprendre les vertus du silence, tant de l'absence de bruit que du silence intérieur : « *En notre époque de pléthore d'informations et de déluges de mots, il faut savoir faire comme Noé au moment du grand Déluge, et rentrer dans une arche de silence* ». [11] Là où les messages et l'information sont abondants, le silence devient essentiel pour discerner ce qui est important de ce qui est inutile ou accessoire. Hélas, l'*homo numericus* redoute par-dessus tout le face-à-face avec lui-même que permet le silence...

011.87 De ses limites quant à la culture et à l'enseignement... L'internet peut être un merveilleux vecteur de culture et de *diversité culturelle*, facilitant l'accès à toutes les richesses intellectuelles et artistiques du monde [12], et donc à la comparaison

1. 34 % des internautes ont été exposés involontairement à une forme de pornographie ; 12 % des sites internet sont à caractère pornographique, soit à peu près 1 site sur 10 (source : *Topito,* 19 juin 2013).
2. Un jeune sur cinq (dont 15 % des 14-17 ans) regarde de la pornographie au moins une fois par semaine, 9 % une fois par jour et 5 % plusieurs fois par jour (*Le Parisien*, 8 juin 2018).
3. Ph. le Tourneau, *L'éthique des affaires et du management au XXIe siècle : Essai,* Dalloz-Dunod, 2000 ; 2e tirage, 2001, p. 42 s. (épuisé ; consultable gratuitement sur https://www.philippe-le-tourneau.fr).
4. V. *supra* s^s^ n° 011.18.
5. Sur lesquels v. *infra* s^s^ n° 421.22.
6. Sur les divers virus v. *infra* s^s^ n°s 335.51 s.
7. SUR PLUSIEURS DES PÉRILS signalés ci-dessus : P. Virilio, *La bombe informatique*, « L'espace critique », Galilée, 1998.
8. D. Mongin, « Les cyberattaques, armes de guerre en temps de paix », *Esprit* 2013/1, p. 32.
9. A.-G. Smala, « Ne soyez pas numérisable ! », *Le Figaro* 31 déc. 2008.
10. Le nombre de scènes de violence et de meurtres auxquels un adolescent a assisté sur les écrans est considérable, les banalisent.
11. J. Vigne, *La mystique du silence,* Albin Michel, 2003, p. 348 – R. Sarah, *La force du silence. Contre la dictature du bruit,* Fayard, 2016.
12. En Uruguay, un petit ordinateur portable, avec connexion sans fil à l'internet, pouvant fonctionner à l'énergie solaire et même être rechargé manuellement à l'aide d'une manivelle, a été distribué gratuitement à tous les élèves des écoles publiques primaires et à leurs enseignants ; cette initiative est unique au monde (*Le Monde* 18-19 oct. 2009).

(or, « *penser, c'est comparer* », disait encore Malraux). Toutefois, il véhicule principalement la culture des États-Unis et risque donc, loin de pousser à la diversité, de conduire à une uniformité culturelle appauvrissante, comme l'est déjà la domination de fait, de plus en plus grande, de l'anglo-américain. Le risque de l'uniformisation est d'autant plus à redouter que l'internet donne l'apparence de la diversité. De plus, l'exemple antérieur de la télévision conduit à la prudence ; car, alors qu'elle aurait pu être un merveilleux foyer de culture, elle a plutôt favorisé l'inculture et l'abêtissement (en grossissant le trait[1]), avec cependant d'heureuses exceptions, telle la chaîne *Arte*. Sans doute la « toile » est différente par nature, puisque l'internaute n'est pas passif mais actif et réactif. Malgré tout le péril existe que l'accumulation de données brutes, sans fil conducteur, soit prise pour la culture, et que la disponibilité des bases de données comme les facilités des liens hypertextes créent l'illusion chez certains de savoir et de connaître ce qu'ils ignorent en réalité, sans compter le fait que les moyens techniques actuels, qui multiplient les écrans, invitent à l'éparpillement. Les élèves, plutôt que d'apprendre et de lire, sont tentés de cliquer ou de chercher sur leur tablette ou leur ordiphone (*smartphone*), par lesquels leur parviennent incessamment toutes les vibrations du monde ; or le numérique gâte l'attention, émiette les connaissances, déconstruit la pensée, enfin appauvrit la langue et donc la compréhension du monde[2]. Sur la toile toutes les données sont à égalité, les faits, les informations, les enquêtes, les rumeurs, les contenus payés. Le bon grain est mêlé à l'ivraie. Il est donc nécessaire d'éduquer les jeunes à cet égard et de créer des garde-fous (sans attenter à la liberté d'expression, ce qui est malaisé). Le ministre de la culture a annoncé en janvier 2018 mettre en place un programme d'éducation aux médias. Lucides, de nombreux cadres de la Silicon Valley (dont l'un des fondateurs de *Twitter*) ont choisi pour leurs enfants des écoles dispensant un enseignement traditionnel, avec des livres, des crayons, un tableau, sans ordinateurs, ni tablettes, ni ordiphones ! Ils sont conscients que la lecture d'un livre papier[3] est fondamentale pour former les esprits à la pensée et, de même que le calcul mental est nécessaire à l'intériorisation des nombres, l'écriture à la main est indispensable à celle du langage ; la mémoire sensori-motrice joue un rôle aussi important que la mémoire visuelle et auditive. La sollicitation permanente de l'image, des écrans[4] et des réseaux paralyse la patience et la lente maturation qui sont nécessaires à l'apprentissage des bases fondamentales (au-delà de lire, écrire et compter), à savoir des langues, de l'histoire, de la philosophie, d'une culture, *etc.* Les académies de médecine du monde entier dénoncent les dangers du numérique chez les enfants : obésité, myopie, affaiblissement de la concentration et de la réussite[5], baisse des capacités créatives, troubles du sommeil et du comportement, dépendance (*addiction*) aux jeux vidéo[6], dont les jeux d'argent et les « coffres à butin » *(loot boxes)*[7]...

En outre, il existe, surtout chez les jeunes, fascinés par la nouveauté et l'immédiateté, le risque de la perte de la culture humaniste, qui aide à comprendre le passé, à se projeter dans l'avenir et à nouer des liens avec les autres. Un philosophe affirme craindre le « *choc des incultures* » (F.-X. Bellamy[8]). Nous espérons que ces craintes sont vaines... Car la culture générale est fondamentale quant à l'existence d'une société harmonieuse et quant à son évolution, plus encore probablement que les régimes politiques ou les modes de production[9]. Du reste, le sous-développement relève en partie d'un déficit culturel. Le risque, souvent annoncé, d'un illétrisme électronique[10], cause d'une « fracture numérique », est réel, en raison de savoir-faire insuffisants, qui pourraient conduire à une nouvelle inégalité au sein même de nos pays[11]. La

1. Il est cependant avéré que le niveau d'intelligence (QI) baisse de façon inquiétante. La visualisation massive des écrans entraîne des modifications cérébrales observables, avec une diminution de l'épaisseur de la matière grise dans certaines zones du cortex, en particulier celles qui sont liées à la communication interhumaine et à la compréhension (D. Raoult, *Point.fr* 24 mai 2018).
2. C. Biagini, *L'empire du numérique. Comment internet et les nouvelles techniques ont colonisé nos vies*, « Pour en finir avec », L'Échappée, 2013.
3. R. Casati, *Contre le colonialisme numérique. Manifeste pour continuer à lire*, Albin Michel, 2013.
4. En France, en 2017, les enfants de 6 à 17 ans ont passé en moyenne 4 h 11 par jour devant un écran ; 73 % des enfants de 4 à 14 ans avait au moins un écran personnel. Pire, 12 % des enfants de 2 ans jouaient avec un ordinateur ou une tablette, et 10 % avec un téléphone mobile !
5. M. Desmurget, *La fabrique du crétin digital. Les dangers des écrans pour nos enfants*, Seuil, 2019. L'auteur, docteur en neurosciences, montre les effets délétères des nouvelles techniques sur l'attention et la réussite scolaire.
6. Les concepteurs de certains jeux utilisent des stratégies pour « accrocher » les joueurs et tromper leur rationalité. Depuis 2018, l'OMS a reconnu l'existence d'un trouble de jeu vidéo (*gaming disorder*).
7. N. Noto-Jaffeux, « La qualification de jeu d'argent à l'épreuve des transactions intra-jeu : l'exemple des coffres à butin (*loot boxes*) », *AJ Contrat* 2020. Pratiques 431.
8. F.-X. Bellamy, *Les déshérités ou l'urgence de transmettre*, Plon, 2014 – COMP. : F. Balle, *Le choc des incultures*, L'Archipel, 2016.
9. EN CE SENS : T. de Koninck, *La nouvelle ignorance et le problème de la culture*, « Intervention philosophique », PUF, 2000.
10. Dit aussi illectronisme.
11. C. Rizza, « La fracture numérique, paradoxe de la génération internet », *Hermès*, n° 45, 2006, p. 25 s. – B. Olivier, « Fracture numérique : ne soyons pas dupe des mots », *Hermès*, n° 45, 2006, p. 33 s.

« fracture numérique » s'est nettement révélée lors de la pandémie du coronavirus (Covid-19) en 2020 : il est apparu que treize millions de Français (dont un nombre certain d'enseignants) n'avaient pas les connaissances numériques de base pour utiliser un ordinateur. Face à cette situation, des médiateurs du numérique (dits MedNum) proposent leurs services, généralement à titre bénévole (version numérique des anciens écrivains publics).

011.88 **De ses limites quant aux pays en voie de développement...** Pour que les contrées en voie de développement puissent bénéficier des atouts de l'internet, encore faut-il qu'ils y accèdent. Cela implique que les pays occidentaux leur accordent une aide considérable, non seulement de fourniture de systèmes de télécommunications, de systèmes informatiques et d'appareils, mais surtout de formation : Sinon, le fossé entre pays riches et pays pauvres, loin de diminuer sera renforcé par une « fracture numérique », constitué par un écart redoutable entre les nantis et les pauvres en informations et en moyens d'y accéder[1]. Comment accepter, alors que nous baignons dans l'ère de la communication et des signes, que 40 % de l'humanité reste à l'écart de la modernité, ne sachant pas lire, écrire ou compter ? Il est urgent de créer cette « solidarité numérique », souhaitée à juste titre par Abdoulaye Wade lorsqu'il était président du Sénégal (de 2000 à 2012). À son instigation, un Fonds de solidarité numérique (FSN) fut créé en 2004 ; siégeant à Genève, il a été inauguré en 2005. De plus, l'internet risque de renforcer la domination culturelle de l'Occident, en laminant les cultures locales et leurs valeurs. Enfin, permettant une comparaison superficielle entre les pays, sans en comprendre les raisons, il risque d'exacerber les rancœurs des pays pauvres[2].

Pour autant, dans les pays émergents ou en développement, notamment d'Afrique, il ne serait pas prudent de remplacer brutalement les manuels matériels, sur papier, par des contenus numériques. En effet, le matériel a le mérite d'organiser une progression claire et nette des connaissances. Lui substituer un contenu dématérialisé se traduirait par le transfert de l'organisation des contenus aux enseignants, dont malheureusement à l'heure actuelle la formation nécessaire n'est plus ou pas suffisante.

011.89 **De ses limites quant à l'écologie.** La pollution et donc les dommages à l'environnement causés par la numérisation sont considérables et ne cessent d'augmenter. Ils résultent d'abord des milliards d'interfaces (tablettes, ordinateurs, ordiphones [*smartphones*]), qui sont les portes d'entrées sur la toile. Ensuite, ils proviennent des innombrables données que chacun émet quotidiennement (transportées, stockées, traitées dans de grandes infrastructures). Enfin, des énormes déchets consitués par les appareils obsolètes. Le numérique consomme aujourd'hui dans le monde 10 % de l'électricité produite, rejette 4 % des émissions globales de CO^2 (presque le double du secteur aérien civil). Dès lors, la pollution numérique met la transition écologique en péril[3]. La loi n° 2021-1485 du 15 novembre 2021 vise à réduire l'empreinte environnementale du numérique en France (REEN)[4].

1. AUSSI : v. *supra* s[5] n° 011.64.
2. COMP. : D. Wolton, *L'Autre mondialisation*, « Essais », Flammarion, 2003.

SECTION 3
MYTHES, PEURS ET PROGRÈS

011.91 **La mythologie de la toile.** Une mythologie et une nouvelle religiosité sont nées autour de la « toile »[5], véhiculée par la « pensée unique », sans doute fomentée par des intervenants possédant de puissants intérêts financiers. La technique remplace la magie (c'est la plus spectaculaire manifestation de ce que Max Weber désignait par *Entzauberung*, dont il n'existe pas d'équivalent en français, mais signifiant « démagification »). Nombreux sont ceux qui poursuivent, à travers l'internet, un triple rêve (fou) de télépathie, d'ubiquité et d'immortalité[6]. De télépathie, en aspirant à une communication parfaite, immédiate et désincarnée. D'ubiquité, par le sentiment de puissance procuré par la navigation et la possibilité de s'affranchir des limites spatiales. D'immortalité enfin (cette envie secrète des hommes depuis la nuit des temps, ayant peine à admettre leur finitude), étant donné le caractère permanent et en quelque sorte infini de la toile. Or, cette fuite en avant éperdue dans la technique ne permet pas de surmonter les difficultés existentielles, économiques et politiques (comme s'il suffisait de « cliquer »

3. G. Pitron, *L'enfer numérique*, éd. Les liens qui libèrent, 2021.
4. L. n° 2021-1485, 15 nov. 2021, visant à réduire l'empreinte environnementale du numérique en France (REEN), *JO* 16 nov., texte 2 – Sur elle : M. Bourgeois, S. de Kermenguy et L. Schulte « Loi visant à réduire l'empreinte environnementale du numérique en France : la fin de l'illusion ! », *JCP E* 2021. Ét. 1011 ; L. Fonbaustier, « Environnement. Le législateur environnemental s'empare (enfin !) du numérique. À propos des lois des 15 novembre et 23 décembre 2021 », *JCP G* 2022. Doctr. 186.
5. Ph. Breton, *Le Culte de l'internet. Une menace pour le lien social ?*, « Sur le vif », La Découverte, 2000 – P. Musso, *Critique des réseaux*, « La Politique éclatée », PUF, 2003.
6. EN CE SENS : M. Descolonges, *Vertiges technologiques*, « Essais », La Dispute, 2003.

pour les résoudre[1]) ; au contraire, elle risque de les compliquer ou de les masquer[2]. Et le « bruit numérique » conduit à un amenuisement de la vie privée et, pire, au renoncement à toute intériorité[3].

011.92 Des dangers de la toile. Si la toile a suscité un grand engouement et donné naissance à une sorte de mythologie, elle comporte évidemment des inconvénients et des risques, comme toute création humaine, au-delà des nombreuses les limites exposées dans la section précédente. Le premier est sans doute l'apparition d'une importante cybercriminalité[4], à l'encontre de particuliers ou d'entreprises, mais aussi d'États. Où émerge une des menaces contre la souveraineté numérique de ces derniers, qu'ils se doivent de protéger[5]. Le grand confinement imposé par les autorités lors de la pandémie du coronavirus (Covid-19) en 2020-2021, obligea chacun à se confronter à son intériorité. Heureux ceux qui y étaient prêts ! « *L'affolement causé par le virus* [traduisit] *une fuite éperdue devant le vide métaphysique auquel nous a conduits l'idolâtrie des biens matériels* »[6].

011.93 Triomphe du « système technicien ». Le « système technicien », mis en lumière par Jacques Ellul dès 1977[7] et le « bluff technologique »[8] ont été singulièrement renforcés et facilités par le développement de l'informatique puis de l'internet. Aujourd'hui, l'informatique et l'internet sont des pièces majeures des nouvelles techniques de l'information, auxquelles s'ajoutent les télécommunications, qui connaissent toutes un développement spectaculaire, et représentent un élément capital de l'économie des pays développés (la seule production électronique mondiale atteignit 1 000 milliards de dollars dès 2005). En France, elles génèrent une part plus importante du produit intérieur brut que l'addition des secteurs de l'automobile et de l'énergie ! Du reste, notre pays se situe dans ce domaine au quatrième rang mondial derrière les États-Unis, l'Allemagne et le Japon.

Un fait significatif et heureux mérite d'être relevé. Alors que l'internet semblait assurer le triomphe des seules valeurs marchandes mondialisées, *l'éthique* s'est subrepticement rappelée aux souvenirs des intervenants de ce monde dit virtuel[9]. Chassez l'éthique, elle revient au galop... (c'est un des thèmes récurrents de notre ouvrage *L'Éthique des affaires et du management au XXIe siècle. Essai*, préc.[10]). Aussi, malgré les risques réels que nous avons recensés ci-dessus, qu'il est bon de connaître pour s'en prémunir, nous restons optimistes quant à l'avenir. Et nous saluons les étonnantes possibilités offertes par l'informatique et l'internet (dont certaines ont été relevées plus haut).

011.94 Et peurs irrationnelles exacerbées par le principe de précaution. L'homme est plus que jamais fasciné par les progrès techniques et ses merveilleuses applications, dont l'internet aux mille virtualités. Mais, en même temps, il est devenu plus craintif qu'auparavant, tout en perdant le sens de l'intérêt général. Chaque nouvelle technique génère son cortège de défiances, alimentées par les réseaux sociaux, véhiculant toutes sortes de sottises sous un habillage scientifique. L'émergence du « principe de précaution » est une des manifestations de la tendance actuelle aux peurs irraisonnées. Il tend à se répandre partout comme élément « incontournable » de la « pensée unique » dominante ; mais sans que son contenu soit toujours consistant, de sorte qu'il donne souvent l'apparence de n'être qu'une pieuse incantation. Ce principe conduit à prendre en compte les risques incertains : « *À considérer comme fautif, non seulement celui qui n'aura pas pris les mesures de prévention du risque connu ou prévisible, mais également celui qui, en situation d'incertitude ou de doute, n'aura pas adopté une démarche de précaution, consistant, par exemple, à retarder la mise en vente d'un produit...* »[11]. Ainsi, le principe de précaution a une visée beaucoup plus large que le devoir traditionnel de prévention[12].

1. SUR LES LIMITES et dangers, not. pour la liberté, des progrès techniques, dont l'internet : E. Morozov, *Pour tout résoudre : Cliquez ici. L'aberration du solutionnisme technologique,* Fyp Éd., 2014.
2. Nul n'a mieux montré les dangers d'un monde où l'homme serait la proie et le jouet de la technique que Georges Bernanos, dans *La France contre les robots,* (Ed. Princeps), Éd. France libre, Rio de Janeiro, Brésil, 1946 ; R. Laffont, 1947 ; Plon, 1970 ; Le Castor astral, 2009, 2015.
3. L. Mumford, *Art et technique : six conférences inédites*, La Lenteur, 2015 : « *Pour vaincre les perversions de la technique, nous devons cultiver l'intériorité et la subjectivité comme au cours des trois derniers siècles nos ancêtres ont cultivé l'extériorité et l'objectivité* » (*op. cit.*, p. 70).
4. V. *infra* s^s n°s 335.51 s.
5. COMP. : P. Türk et C. Vallar, *La souveraineté numérique. Le concept, les enjeux*, Mare et Martin, 2018.
6. J.-M. Delacomptée (universitaire et essayiste), *Le Figaro*, 11 mai 2020.
7. J. Ellul, *Le système technicien*, Calman-Lévy, 1977.
8. J. Ellul, *Le bluff technologique*, Hachette Littérature, 1988.
9. TGI Paris, réf., 20 nov. 2000, *Yahoo c/Licra et UEJF, CCÉ* 2000, n° 132, obs. J.-C. Galloux – Paris, 17 mars 2004, *CCÉ* 2005, n° 72 (v. *infra* s^s n° 334.11).
10. Consultable gratuitement sur https://www.philippe-le-tourneau.fr.
11. G.-J. Martin, « Précaution et évolution du droit », *D.* 1995. Chron. 299, spéc. II, 1°.
12. Dans cet ouvrage les mots d'obligation et de devoir seront entendus comme équivalents alors qu'ils pourraient être distingués : N. Hage-Chahine, *La distinction de l'obligation et du devoir en droit privé*, préf. Y. Lequette, Éd. Panthéon-Assas, 2017. Pour l'auteur, le principe de la distinction réside dans l'idée de lien de droit : l'existence d'un tel lien (entre au minimum deux sujets déterminés) caractérise l'obligation, son absence caractérise le devoir (qui peut ▶

Alors que ce dernier reposait sur une démarche rationnelle fondée sur un risque, clairement connu, pouvant être évalué et prévenu, celui-là repose sur des risques hypothétiques et invérifiables (dans les domaines de la santé, de la bioéthique et de l'environnement). Il tend à instaurer « *une* responsabilité au bénéfice du doute *à la charge de tous ceux qui n'auront pas adopté une conduite appropriée dans la perspective d'anticiper, de prévenir* [...] *les simples risques susceptibles de dommages qui menacent l'avenir de notre civilisation* »[1]. Toutefois, il ne vise pas toutes les situations créatrices d'un danger éventuel, mais celles qui sont marquées par les deux caractères suivants : *un contexte d'incertitude scientifique associé à l'éventualité de dommages graves et irréversibles (atteignant certains intérêts collectifs)*. La prévention, dans son acception traditionnelle, présuppose que le risque qu'il convient d'éviter est *avéré*, la précaution anticipe un risque simplement *suspecté*, compte tenu des connaissances scientifiques et techniques du moment[2]. La prévention consiste donc à éviter un *risque*, tandis que la précaution se traduit par une attitude de vigilance en présence d'une *incertitude*. Un des critères pertinents de distinction de la responsabilité civile pour défaut de prévention ou pour défaut de précaution pourrait être trouvé dans le lien de causalité scientifique[3]. Après la démonstration, par le surgissement en 2020 du coronavirus (covid-19), que l'État n'avait pas anticipé la survenance d'une pandémie, il est urgent qu'il se prépare à la prochaine crise, celle d'une cyberattaque massive, qui arrivera un jour, bloquant nos systèmes électriques et nos services collectifs, dont la Défense[4].

À tout prendre, le principe de précaution sainement conçu, dans les limites indiquées, n'est que la redécouverte, sous un nouveau nom, de la vertu morale et juridique de *prudence*[5], la *phronêsis* d'Aristote[6], « ministre de la sagesse »[7], qui implique le discernement. Mais l'authentique prudent est homme d'action, prenant des risques, sachant « *commander en matière d'action ce qui a d'abord été délibéré et jugé* »[8], car la prudence est « *la science audacieuse et sereine de l'action* »[9] ; elle permet d'atteindre le but que l'on recherche, en ayant conscience des risques car, selon l'étymologie, le prudent voit en avant, c'est-à-dire qu'il est prévoyant. Le principe de précaution, à l'aune de la prudence, est une prudence entendue largement, y compris envers les générations à venir (et dont les mesures d'application relèvent alors pour l'essentiel de choix politiques). Il ne suscite donc pas de méfiance en soi, même s'il est actuellement l'objet d'un engouement sans doute excessif, risquant de générer des effets pervers, notamment l'attentisme devant les progrès techniques et l'excès de prudence[10], alors que la véritable prudence (« *œil de l'âme* » disait Aristote) est la capacité à agir dans l'incertitude. Le principe de précaution tend à devenir une idéologie politique, de peur irraisonnée et de passion déréglée, collant au monde des images, où

► exister entre sujets déterminés ou indéterminés). Pour l'auteur, le devoir se décline en trois catégories : « devoirs universels » aux sujets actif et passif indéterminés (tel le devoir de ne pas nuire à autrui sous-jacent à l'art. 1240) ; « devoirs passifs universels » où le sujet actif est déterminé mais pas le sujet passif (comme la pseudo obligation passive universelle qui est en réalité un devoir) ; enfin devoirs « individuels » dans lesquels le sujet passif est déterminé mais pas le sujet actif (tel le devoir d'assurer son véhicule). Mais, pour caractériser pleinement obligations et devoirs à sujets déterminés, l'auteur s'attache à un second critère, déduit non plus de la structure du lien de droit mais de sa source. Il n'y a obligation que si le lien de droit dérive d'une source investie par la loi de la fonction d'engendrer une telle contrainte. Par contraste, la source du devoir réside dans une norme donnant un ordre à un individu. Quant à l'efficacité, alors que l'obligation juridique produit des effets juridiques dès sa formation, le devoir ne produits d'effets qu'à partir de sa violation. La première est transmissible, le second ne l'est pas. Alors qu'il appartient au débiteur de l'obligation de prouver son inexécution, c'est au sujet actif du devoir de prouver l'existence de celui-ci et sa violation. Enfin l'obligation et le devoir ne sont pas soumis au même régime de responsabilité. L'inexécution de la première, d'origine contractuelle ou délictuelle, constitue un cas de responsabilité *à l'égard du créancier*, régie par les art. 1231 et s., tandis que la violation du devoir constitue un cas de responsabilité *à l'égard d'autrui* et relève des art. 1240 et s. (toujours selon N. Hage-Chahine).

1. D. Mazeaud, « Responsabilité civile et précaution », dans *La responsabilité civile à l'aube du XXIe siècle, RCA* juin 2001, nos 19 s., no 3.
2. D. Tapinos, *Prévention, précaution et responsabilité civile*, préf. N. Molfessis, « Logiques juridiques », L'Harmattan, 2008, nos 61 s.
3. D. Tapinos, *Prévention, précaution et responsabilité civile*, th. préc., nos 219 s.
4. Sur la cyberguerre v. *infra* no 335.56.
5. DANS LE MÊME SENS : C. Bloch, *L'obligation contractuelle de sécurité*, préf. R. Bout, PUAM, 2002, nos 342 s. – DANS UN SENS VOISIN : S. Grayot, *Essai sur le rôle des juges civils et administratifs dans la prévention des dommages*, th. Paris I, 2006, nos 467 s. – *CONTRA* : D. Tapinos, *Prévention, précaution et responsabilité civile*, th. préc., nos 34 s., distinguant la prévention et la précaution de la prudence – V. sur la prudence, la thèse monumentale de D. Lovato, *La prudence et le droit*, Université Toulouse 1 Capitole, 2020.
6. P. Aubenque, *La prudence chez Aristote*, 6e éd., « Quadrige », PUF, 2014. – Dans le livre VI de *L'Éthique à Nicomaque*, Aristote définit la prudence comme un savoir approximatif à la recherche de la juste mesure.
7. A. de Liguori.
8. Saint Thomas d'Aquin, *Somme théologique*, IIa IIae qu. 47, art. 9 – SUR LA PRUDENCE : *Somme théologique*, IIa IIae, qu. 47 à 51.
9. E. Mounier, *Refaire la Renaissance*, Seuil, 1961, rééd. 2002, p. 2.
10. J. de Kervasdoué, *La Peur est au-dessus de nos moyens. Pour en finir avec le principe de précaution*, Plon, 2011.

prédomine l'émotion, aboutissant à une écologie culpabilisante de la peur[1], associée au mythe totalitaire de la « croissance zéro », voire un plaidoyer pour la décroissance et l'anticapitalisme primaire[2]. L'écologie, idéologie ayant pris le relais du marxisme, met en procès la culture occidentale, promeut le refus des frontières, la table rase et la déconstruction[3], tout en s'opposant au développement[4]. « L'heuristique de la peur », concept forgé par le philosophe Hans Jonas, s'est substituée à la recherche du progrès sous l'influence des écologistes. L'idée de catastrophe à l'horizon a remplacé la perspective de progrès des Lumières. L'écologie est souvent dénaturée en un naturalisme béat, un antihumaniste qui magnifie le naturel et le sauvage, alors que tout dans la nature n'est pas parfait, la pandémie du coronavirus (covid-19) en 2020-2022 en fut un exemple frappant. « *La nature est la plus grande menace bioterroriste* » a déclaré un chercheur[5]. Selon un autre : « *Toute l'histoire de l'humanité est celle d'une longue lutte contre la nature, jalonnée de pandémies meurtrières et de catastrophes naturelles pour s'arracher à la violence des milieux physiques* »[6]. La science est de plus en plus disqualifiée à travers les réseaux sociaux. Le naturalisme écolo est une sottise, qui voudrait ramener à néant tout l'effort plurimillénaire de l'humanité pour moraliser la nature et en quelque sorte la civiliser. Tenir des discours apocalyptiques, quand l'humanité n'a jamais été aussi riche et en aussi bonne santé (malgré le coronavirus), est une sottise d'enfant gâté. Le catastrophisme conduit à l'affaiblissement des volontés[7]. En France, alors que les partis républicains avaient toujours associé l'idée de démocratie à celles de science et de progrès, le principe de précaution est magnifié par la gauche qui, paradoxalement, n'est plus progressiste[8], son idéologie dominante étant maintenant la protection, avec comme principal objectif la sauvegarde des avantages acquis et l'assistanat généralisé (tout en se préoccupant de la souveraineté de l'acheteur-consommateur). Or, « *ce ne sont ni la peur ni la décroissance qui vont nous aider à préparer l'avenir, mais bel et bien les progrès de l'intelligence* »[9], et des applications des découvertes effectuées et mises au point grâce à celle-ci par les chercheurs[10]. L'avenir ne sera meilleur que par les progrès suscités par la recherche scientifique, impliquant la prise mesurée de risques. La précaution ne doit pas vivre repliée sur elle-même ; sa véritable dignité se manifeste par son union, tant avec l'audace qu'avec la raison. En ce sens, et en ce sens seulement, elle est *lucens et redarguens*, c'est-à-dire éclatante et réverbérante. Et ce n'est pas en remettant en cause, comme le font certains écologistes béats, les acquis de la culture européenne, ceux des Lumières comme ceux des religions juive et chrétienne pour lesquelles la dignité de l'homme est première dans la création.

Il serait sans doute préférable de considérer l'appel à la précaution comme une exception à la liberté, plutôt que comme un principe[11]. Il en découlerait les conséquences suivantes : cette exception est d'interprétation stricte[12], la preuve est à la

1. P. Bruckner, *Le fanatisme de l'Apocalypse. Sauver la Terre, punir l'Homme*, « Essais - Documents », Grasset, 2011, prônant une écologie de l'admiration plutôt qu'une écologie de la désolation des écologistes affichant une « *séduction de la peur* » – AUSSI, POUR une vision raisonnable et positive de l'écologie : M. Fontenoy, *Ras-le-bol des écolos. Pour qu'écologie rime avec économie*, Plon, 2013 ; B. Piccard, *Réaliste. Soyons logiques autant qu'écologiques* – Et pour une écologie humaine : T. Derville, *Le temps de l'homme. Pour une écologie humaine*, Plon, 2016.
2. P. Perri, *Le péril vert*, L'Archipel, 2021, montrant qu'en France « Europe Écologie Les Verts » (EELV) défend un projet de société liberticide et misanthrope ; pour l'auteur, les Verts instruisent un « procès à l'humanité », en assimilant toute tentative d'amélioration de sa condition à un écocide.
3. B. Levet, *L'écologie ou l'ivresse de la table rase*, Éd. de l'Observatoire, 2022 ; la philosophe propose une autre écologie, qui ne serait pas une machine de guerre contre l'héritage occidental, mais puiserait dans notre culture les ressources pour préserver la planète.
4. C. Gerondeau, *Les douze mensonges du GIEC*, L'Artilleur, 2022.
5. F. Keck, directeur du laboratoire d'anthropologie sociale du CNRS, *Le Figaro* 24 mars 2020.
6. S. Bunel (professeur à La Sorbonne), « La nature livrée à elle-même n'est pas l'amie du genre humain », *Le Figaro Magazine* 17 avr. 2020. 23. L'auteur affirme, contrairement aux déclarations des écologistes, que : « *Le coronavirus n'a pu prendre une telle ampleur qu'en raison des lacunes de la mondialisation et du développement. Les sociétés développées ne consomment pas d'animaux sauvages, ne taisent pas l'arrivée d'une maladie inconnue, mettent en place des réponses rapides. Ce n'est pas l'excès de la mondialisation qui a causé la crise, mais ses insuffisances* ».
7. M. Fontecave, *Halte au catastrophisme ! Les vérités de la transition énergétique*, Flammarion, 2020.
8. S. Roza, *La gauche contre les Lumières ?*, Fayard, 2020.
9. L. Ferry, « Monsieur Hulot ou la stratégie de la chauve-souris », *Le Figaro* 15 oct. 2009, p. 15 – À L'OPPOSÉ de l'écologie de la peur et de la décroissance, une saine écologie concilie la préservation de l'environnement, la satisfaction des intérêts des consommateurs, des producteurs et des citoyens, tout en favorisant la recherche-développement et en y investissant massivement – B. Retailleau, *Aurons-nous encore de la lumière en hiver ? Pour une écologie du réel*, éd. de L'Observatoire, 2021 – *ADDE*, pour une « écomodernisme », où se mêlent innovation et économie circulaire, L. Ferry, *Les sept écologies. Pour une alternative au catastrophisme antimoderne*, éd. de L'Observatoire, 2021.
10. N. Bouzou, *L'innovation sauvera le monde. Philosophie pour une planète pacifique, durable et prospère*, Plon, 2017.
11. EN CE SENS : H. Barbier, *La liberté de prendre des risques*, préf. J. Mestre, « Institut de droit des affaires-Centre de droit économique », PUAM, 2011, n°s 323 s.
12. H. Barbier, th. préc., n°s 327 s.

charge de celui qui l'invoque[1], enfin elle est soumise à l'exigence de proportionnalité[2].

Une équivoque est née à propos du principe de précaution, qui tend à être considéré comme un principe de responsabilité (certains auteurs plaidant avec vigueur en ce sens[3]). En réalité, il s'agit d'abord d'une règle plutôt que d'un principe, certes de droit positif[4] mais d'application exceptionnelle étant donné les conditions de sa mise en œuvre. Ensuite cette règle est autonome et spéciale, d'action (prendre les mesures pour empêcher la réalisation de certains risques dans un domaine précis, celui de l'environnement[5]), et non point un principe de responsabilité, du moins à s'en tenir aux textes[6]. Une confusion s'est donc instaurée autour du principe de précaution, étendu à l'excès, hors du champ qui lui a été assigné par le législateur. Il est invoqué à tort et à travers[7], sous la pression de l'opinion publique, mauvaise conseillère, ne visant pas réellement l'intérêt collectif et aboutissant à une paralysie généralisée. Son invocation est maintenant si générale que l'on peut se demander si la devise de la République n'est pas devenue « *Liberté, Égalité, Fraternité, Précaution* » !

011.95 Application du principe de précaution. Des tribunaux appliquèrent le principe de précaution à propos d'antennes relais de téléphonie mobile[8], de manière contestable, ce principe ne s'adressant qu'aux autorités publiques, et n'étant pas invocable, en tant que principe constitutionnel par les administrés ; de plus, le principe de précaution, « *s'il est applicable à toute autorité publique dans ses domaines d'attributions, ne saurait avoir ni pour objet ni pour effet de permettre à une autorité publique d'excéder son champ de compétence et d'intervenir en dehors de ses domaines d'attributions* » (CE 26 oct. 2011, n°s 326492[9], 341767[10]). Pour autant, le Conseil d'État a jugé qu'il était applicable en matière d'urbanisme[11]. Le Conseil d'État a reconnu une compétence exclusive aux autorités de l'État pour réglementer l'implantation des antennes relais sur le territoire[12]. En effet, un maire, agissant en qualité d'autorité de police générale, ne saurait s'immiscer dans l'exercice de la police spéciale des communications électroniques confiée à l'État, de sorte qu'il est incompétent pour interdire de manière temporaire sur le territoire de sa commune l'implantation d'antennes de téléphonie mobile, sans pouvoir invo-

1. H. Barbier, th. préc., n°s 331 s.
2. H. Barbier, th. préc., n°s 335 s.
3. DONT : M. Boutonnet, *Le principe de précaution en droit de la responsabilité civile*, préf. C. Thibierge, « BDPr », t. 444, LGDJ, 200 ; l'auteur souhaite qu'il devienne un véritable principe de responsabilité civile, destiné à l'évitement de certains risques ; il en découlerait une action préventive et collective – *ADDE :* M. Boutonnet, « Bilan et avenir du principe de précaution en droit de la responsabilité civile », *D.* 2010. Chron. 2662.
4. Charte de l'environnement, art. 5 et C. envir., art. L. 110-1, II, 1°.
5. C'est ainsi, qu'aucune des mesures qui ont été prises lors de la pandémie du covid-19, souvent excessives (comme le confinement de tout le pays), ne relevèrent pas du principe de précaution, contrairement à ce qui a souvent été répété, le virus n'affectant nullement « *de manière grave et irrévocable l'environnement* », selon les termes de la loi constitutionnelle n° 2005-205, 1er mars 2005, relative à la charte de l'environnement, art. 5).
6. SUR TOUT CELA la solide mise au point de : M. Poumarède, « Précaution et responsabilité civile : de la règle au principe (et inversement) », *RTD civ.* 2019. 465.
7. V. ci-dessous.
8. TGI Grasse, 17 juin 2003, publié après S. Kowouvih, « Les troubles anormaux de voisinage et les antennes relais de téléphonie mobile : une utilisation inédite du principe de précaution en matière de responsabilité civile », *RCA* 2003. Chron. 29 – TGI Nanterre, 18 sept. 2008, n° 07-02.173, *D.* 2008. 2916, note M. Boutonnet ; *JCP* 2008. II. 10208, note J.-V. Borel ; *RDI* 2008. 489, obs. F.-G. Trébulle ; *JCP* 2009. 123, n° 4, obs. Ph. Stoffel-Munck, 2e esp., considérant que le risque de dommage sanitaire constitué par l'antenne relais constitue un trouble de voisinage devant être pris en compte au nom du principe de précaution – TI Angers, réf., 5 mars 2009, n° 08/00765, *JCP* 2009. II. 10099, note J.-V. Borel – TGI Créteil, réf., 11 août 2009, n° 2009/00658, *D.* 2009. AJ 2164, obs. Y. Rouquet ; *RLDI* 2009/52, n° 1726, obs. M. T. ; *JCP* 2009, n° 47, 455, note J.-V. Borel – EN REVANCHE : TGI Lyon, ch. des urgences, 15 sept. 2009, n° 09/7385, *CCÉ* 2009, n° 100, obs. Ph. Stoffel-Munck ; *Gaz. Pal.* 2010. 1, p. 919, note M. Mekki ; tout en reconnaissant que le juge judiciaire peut, sur le fondement du principe de précaution, prendre des mesures effectives et proportionnées, encore faut-il qu'existe un risque sérieux, ce qui n'est pas le cas en l'esp.
9. CE 26 oct. 2011, req. n° 326492, *Saint-Denis (C^{ne}), Lebon ; AJDA* 2011. 2039 ; *AJDA* 2011. 2219. Chron. J.-H. Stahl et X. Domino ; *D.* 2012. 2128, obs. B. Mallet-Bricout et N. Reboul-Maupin ; *JCP* 2012, n° 3, 60, note D. Del Prete et J.-V. Borel ; *RDI* 2012. 153, obs. A. Van Lang ; *AJCT* 2012. 37, obs. M. Moliner-Dubost.
10. CE 26 oct. 2011, req. n° 341767, *SFR, Lebon ; AJDA* 2011. 2039 ; *D.* 2011. 2660 ; *D.* 2012. 2128, obs. B. Mallet-Bricout et N. Reboul-Maupin ; *JCP* 2012, n° 3, 60, note D. Del Prete et J.-V. Borel ; *RDI* 2012. 153, obs. A. Van Lang ; *AJCT* 2012. 37, obs. M. Moliner-Dubost.
11. CE 19 juill. 2010, req. n° 328687, *Quartier « Les hauts de Choiseul » (Assoc), Lebon* 2010. 333 ; *AJDA* 2010. 1453 ; *AJDA* 2010. 2114, note J.-B. Dubrulle ; *D.* 2010. 2468, obs. F. G. Trébulle ; *JCP* 2010, n° 55, note D. Del Ponte et J.-V. Borel ; *RDI* 2010. 508, obs. P. Soler-Couteaux ; *AJCT* 2010. 37 ; *Constitutions* 2010. 611, obs. E. Carpentier : en présence d'une controverse scientifique sur leur dangerosité, le Conseil d'État estime que, face à une telle situation d'incertitude, un maire ne commet pas d'erreur manifeste en autorisant l'implantation d'une antenne-relais sur le territoire de sa commune.
12. CE 26 oct. 2011, req. n°s 326492, *Lebon* [préc.], 329904, NP, [*Pennes-Mirabeau (C^{ne}), Lebon ; AJDA* 2011. 2039 ; *D.* 2012. 2128, obs. B. Mallet-Bricout et N. Reboul-Maupin ; *AJCT* 2012. 37, obs. M. Moliner-Dubost], 341767, NP, [préc.], (3 arrêts), *JCP* 2012, n° 3, 60, note D. Del Prete et J.-V. Borel ; *LPA* 25 févr. 2012, n° 33, p. 11, note K. Hamri et J.-Ph. Sorba.

quer à cet égard le principe de précaution ; cependant, il peut agir en usant de son pouvoir de police spéciale de l'urbanisme. Enfin, par six arrêts rendus en 2012 [1], le Tribunal des conflits s'est prononcé sur la compétence relative à l'action en responsabilité civile intentée par des riverains contre un opérateur de téléphonie mobile de la façon suivante. Le principe de la séparation des pouvoirs s'oppose à ce que le juge judiciaire soit compétent pour connaître de l'action tendant à empêcher l'installation d'une antenne [2], ou à obtenir l'interruption de l'émission, l'interdiction, l'enlèvement ou le déplacement d'une station radioélectrique autorisée [3], en cas de risque de brouillage ou d'atteinte à la santé. En revanche, le juge judiciaire reste compétent pour connaître des litiges tendant, d'une part, à l'obtention de dommages et intérêts en réparation des préjudices causés par le fonctionnement d'une telle station ; d'autre part, à faire cesser les troubles anormaux de voisinage liés à la preuve de nuisances et inconvénients anormaux autres que ceux qui sont afférents à la protection de la santé publique et aux brouillages [4], ce qui devrait être rarissime.

Un des jugements emploie l'expression de « *principe de précaution renforcée* » [5]. Certains furent maintenus par les cours d'appel d'Aix-en-Provence [6] et de Versailles [7] ; toutefois, elles ne se fondèrent généralement pas sur le principe de précaution [8], mais sur l'existence d'un trouble anormal de voisinage [9], en dénaturant complètement ledit principe [10], alors que s'il peut exister éventuellement une crainte (semble-t-il infondée), il n'existe pas de risque. L'arrêt précité de la cour d'appel de Versailles du 4 février 2009 condamna un opérateur à retirer son antenne relais sur la base d'un syllogisme consternant : après avoir longuement expliqué qu'aucune

1. T. confl. 14 mai 2012, n^os C3844, C3846, C3848, C3850, C3852 et C3854, *Lebon ; D.* 2012. 1930, note G. J. Martin et J.-C. Msellati ; *AJDA* 2012. 1525, note A. Van Lang ; *Gaz. Pal.* 31 août 2012, note É. Clot ; *JCP* 2012, n° 28. 820, note M. Bacache ; *RDI* 2012. 514, obs. A. Jacquemet-Gauché – G. Viney, « Le contentieux des antennes-relais », *D.* 2013. Chron. 1489.
2. Civ. 1re, 17 oct. 2012, n° 11-19.259, P I, n° 208 ; *D.* 2012. 2523 ; *D.* 2013. 2123, obs. B. Mallet-Bricout et N. Reboul-Maupin ; *Gaz. Pal.* 29 nov. 2012, p. 16, note M. Mekki, 3e esp. ; *Gaz. Pal.* 9 janv. 2013, p. 17, note I. Tosi-Dupriret ; *Gaz. Pal.* 23 janv. 2013, p. 11, note D. Houtcieff ; *JCP* 2013, n° 1, 14, note F. G. Trébulle ; *CCÉ* 2012, n° 133, obs. G. Loiseau, 2e esp. ; *RDC* 2013. 98, note O. Deshayes ; *RDI* 2012. 612, obs. A. Van Lang ; *AJCT* 2013. 98.
3. Civ. 3e, 19 déc. 2012, n° 11-23.566, P III, n° 198 : « *l'action tendant à obtenir l'enlèvement d'une station radioélectrique régulièrement autorisée par l'autorité administrative ne relève pas de la compétence du juge judiciaire* ».
4. Civ. 1re, 17 oct. 2012, n° 10-26.854, P I, n° 207 ; *D.* 2012. 2523 ; *D.* 2013. 2123, obs. B. Mallet-Bricout et N. Reboul-Maupin ; *Gaz. Pal.* 29 nov. 2012, p. 16, note M. Mekki, 2e esp. ; *CCÉ* 2012, n° 133, obs. G. Loiseau, 1re esp. ; *RDI* 2012. 612, obs. A. Van Lang ; *AJCT* 2013. 98, obs. R. Grand – SUR L'ENSEMBLE DE LA QUESTION : S. Moreil, « Antennes relais : que reste-t-il au juge judiciaire ? », *D.* 2012. Chron. 2978.
5. TGI Grasse, 17 juin 2003, préc.
6. Aix-en-Provence, 8 juin 2004, *D.* 2004. 2678, note M. Boutonnet – EN REVANCHE, la même Aix-en-Provence considéra, dans un arrêt du 15 sept. 2008 (*JCP* 2009. 123, n° 4, obs. Ph. Stoffel-Munck, 1re esp.), qu'une antenne relais ne présente pas de danger et refusa donc d'en ordonner le démontage – ET, SELON Aix-en-Provence, 4e ch. A, 24 juin 2011, *JCP* 2011, n° 41, 1073 : les autorités compétentes ayant procédé à « *la mise en œuvre de procédures d'évaluation des risques et l'adoption de mesures provisoires et proportionnées afin de parer à la réalisation du dommage* », le principe de précaution a été respecté.
7. Versailles, 4 févr. 2009, RG n° 08/08775, *Lapouge c/Bouygues télécom, D.* 2009. AJ 499 ; *D.* 2009. Somm. 2303, obs. N. Reboul-Maupin ; *JCP* 2009, actu. 73, obs. C. Bloch, CRIT. ; *Gaz. Pal.* 2009. 1, Somm. 1521, obs. A. Sultan ; *JCP E* 2009. 1336, note J.-V. Borel ; *RLDC* 2009, n° 3379 ; *AJDA* 2009. 712, obs. S. Bourillon ; *Environnement* 2009, n° 51, note M. Le Prat et L. Verdier ; *RCA* 2009, n° 75, obs. G. Courtieu ; *RTD civ.* 2009. 327, obs. P. Jourdain – M. Boutonnet, « Le risque, condition "de droit" de la responsabilité civile, au nom du principe de précaution ? (à propos de Versailles, 4 févr. 2009) », *D.* 2009, point de vue 819 – Ph. Stoffel-Munck, « La théorie des troubles de voisinage à l'épreuve du principe de précaution : observations sur le cas des antennes relais », *D.* 2009. Chron. 2817 – Ph. Feldman, « Le trouble voisinage du principe de précaution (sur l'arrêt de la cour de Versailles du 4 février 2009) », *D.* 2009. 1369 – C. Quérel-Ambrunaz, « Antennes-relais : distinguer risque, trouble et préjudice sur fond de principe de précaution », *RLDC* 2009. Chron. n° 3374 – M. Boutonnet, « Les risques éventuels générés par les antennes-relais de téléphonie mobile », *Gaz. Pal.* 2009. 2. Doctr. 3430 – N. Leblond, « Feue la responsabilité pour trouble anormal de voisinage d'antennes relais ? », *RCA* 2011. Ét. 2 – ET, POUR UNE CRITIQUE scientifique : D. Zmirou-Navier, « L'antenne de Pandore », *Gaz. Pal.* 2009. 2. Doctr. 3427.
8. TOUTEFOIS : Versailles, 4 févr. 2009, RG n° 08/08775, *Lapouge c/Bouygues télécom*, préc. – *ADDE* depuis : Montpellier, 15 sept. 2011, RG n° 09/01086, *D.* 2012. Pan. 53, obs. Ph. Brun, et p. 267, note B. Parance, CRIT. ; *Gaz. Pal.* 2012. 8 févr., note M. Mekki – TI Angers, réf., 5 mars 2009, n° 08/00765, préc., fondé sur le principe de précaution et sur l'art. 809, al. 1er, du C. pr. civ. (sur celui-ci, v. *supra* s^s n° 334.11).
9. EN REVANCHE : TGI Lyon, ch. des urgences, 15 sept. 2009, préc., jugea à bon escient qu'en l'absence de tout risque prouvé de dommage, les ondes émises par une antenne relais ne peuvent pas constituer un trouble de voisinage – Aix-en-Provence, 4e ch. A, 24 juin 2011, préc., *idem.*
10. SURTOUT, À CET ÉGARD : Ph. Stoffel-Munck, « La théorie des troubles de voisinage à l'épreuve du principe de précaution... », chron. préc. ; N. Leblond, « Feue la responsabilité pour trouble anormal de voisinage d'antennes relais ? », art. préc., montrant qu'il n'y a ni trouble, ni trouble anormal – EN REVANCHE, selon un autre auteur, le principe de précaution, appliqué franchement mais raisonnablement, serait préférable et pourrait jouer un rôle modérateur dans les litiges portant sur les antennes-relais : M. Boutonnet, « Les risques éventuels générés par les antennes-relais de téléphonie mobile », art. préc.

étude scientifique ne montrait l'existence d'un risque, même infime, sur la santé des antennes de téléphonie mobile[1], l'arrêt indique qu'à l'inverse « *aucun élément ne permet d'écarter péremptoirement l'impact sur la santé publique de l'exposition de personnes* »[2] à leurs ondes[3] ! L'inconvénient de voisinage ne résulterait donc plus de la certitude du dommage potentiel, mais de son incertitude ; la responsabilité serait admise sans faute et sans risque de dommage[4] ! Heureusement, d'autres arrêts sont plus raisonnables[5]. Nos concitoyens font preuve, à propos de ces antennes, d'une curieuse schizophrénie. Alors qu'ils ne peuvent plus se passer de leurs téléphones mobiles, qu'ils utilisent à l'excès, partout et tout le temps, ils refusent l'implantation des antennes relais près de chez eux.

011.96 Conclusion sur le principe de précaution. Il ne faudrait pas que le principe de précaution dégénérât dans la recherche du « risque zéro ». Louable en lui-même, surtout dans le domaine de la protection de l'environnement, il est critiquable lorsqu'il confine au principe d'inhibition et d'immobilisme (devenant un nouveau populisme[6]), il pourrait se révéler un frein à la recherche et à l'activité industrielle, laissant croire que tous les risques peuvent être anticipés et, grâce aux pouvoirs publics, l'imprévu éliminé. N'est-ce pas là le signe d'un orgueil démesuré ? Comment croire raisonnablement que l'on peut se protéger contre tout, y compris contre ce qui n'est pas prévisible, faire disparaître, comme par enchantement, l'impérieux destin et tous les aléas de l'existence et comme si vivre heureux était d'être protégé contre tous les maux et toutes les difficultés (sans compter que ce souci excessif et infantilisant annihile le « souci de l'âme » prôné par Socrate[7], et alors que « *de toutes les menaces qui pèsent sur nous, la plus redoutable* [...], *c'est nous-mêmes* », affirmait René Girard[8]). L'*insecuritas humana* subsistera toujours. Du reste, le fait même de vivre est dangereux (mortel assurément, puisque la mort toujours gagne, la finitude étant la marque de l'humaine condition, le temps, qui n'a nulle pitié, abolissant tout[9] : c'est l'unique événement futur dont chaque être humain est absolument certain) ! En 2020, le tragique s'est

1. TELLE EST LA CONCLUSION, tant du rapport scientifique de l'Agence française de sécurité sanitaire de l'environnement et du travail (Afsset) du 15 oct. 2009 que de l'avis exprimé le 17 déc. 2009 conjointement par les Académies des sciences, des technologies et de médecine. Les représentants des trois académies estiment aussi que, s'il est possible de réduire l'exposition aux antennes relais en les multipliant, ce faisant on risque d'augmenter sans raison la puissance d'exposition des mobiles des 85 % de Français qui les utilisent : *Qui veut faire l'ange... – ADDE :* A. Perrin et M. Souques (dir.), *Champs électromagnétiques, environnement et santé*, Springer, 2010 [version mise à jour et restructurée de l'ouvrage de : A. Duchêne et J. Joussot-Dubien, *Les Effets biologiques des rayonnements non ionisants*, Médecine-Sciences, Flammarion, 2001, montrant que les radiofréquences ne présentent pas de « risque significatif » pour la santé. Du reste, il est avéré que ces antennes émettent cent mille fois moins d'énergie que les antennes de télévision, qui n'ont jamais suscité de plaintes !
2. Un rapport de l'Agence française de sécurité sanitaire de l'environnement et du travail (Afsset), d'oct. 2009, relève que la demande de réduction des niveaux d'exposition liés aux antennes-relais ne repose sur aucune justification scientifique ; il recommande de peser avec soin les conséquences d'une telle réduction, NOT., en termes de multiplication du nombre des antennes et de l'augmentation parallèle possible de l'exposition aux radiofréquences émises par les téléphones mobiles (*Le Figaro* 15 oct. 2009, p. 11) : de l'éternelle vérité de la pensée de Pascal : *qui fait l'ange, fait la bête...*
3. COMP., CONTESTABLE : Montpellier, 15 sept. 2011, RG n° 09/01086, préc. : la crainte constitutive du trouble peut résulter de ce que les riverains n'ont « *aucune garantie de l'absence de risque sanitaire généré par l'antenne relais* ».
4. Ph. Stoffel-Munck, chron. préc., n°s 19 s. – L'auteur montre aussi les dangers politiques et économiques de cet arrêt (chron. préc., n°s 29 s.).
5. Civ. 3e, 3 mars 2010, n° 08-19.108, P III, n° 53 ; *D.* 2010. AJ 706, obs. G. Forest ; *D.* 2010. Pan. 2186, obs. N. R.-M ; *D.* 2010. 2419, note E. Bouchet-Le Mappian ; *Gaz. Pal.* 2010. 1, p. 1717, note M. Mekki ; le risque de pollution d'une source par un forage ayant formellement été exclu par l'expert judiciaire, le principe de précaution ne peut recevoir application – Chambéry, 2e ch., 4 févr. 2010, RG n° 09/00731, *D.* 2010. AJ 707 ; *JCP* 2010, n° 15, 407, obs. J. Le Bourg ; *JCP* 2010, n° 19, 531, note B. Parance : rejette une demande de démantèlement d'une antenne relais au nom du principe de précaution, en exposant excellemment que le principe de précaution ne consiste pas à supprimer tout risque mais à adopter les mesures proportionnées, ce qui est le cas en l'esp. ; l'arrêt relève aussi que le juge judiciaire n'a aucune légitimité pour remettre en cause la réglementation applicable auxdites antennes – Lyon, 6e ch., 3 févr. 2011, RG n° 09/06433, *CCÉ* 2011, n° 35, obs. Ph. Stoffel-Munck : encore à propos d'une antenne relais ; pas de trouble anormal de voisinage, car l'existence d'un risque sanitaire lié aux ondes émises par les antennes est indéterminé ; et le principe de précaution ne peut pas être retenu, car « *il n'appartient pas au juge de prendre en compte l'angoisse suscitée par la croyance, même erronée, de l'existence d'un risque* ».
6. POUR DES CRITIQUES : G. Bronner et É. Géhin, *L'Inquiétant principe de précaution*, Puf, 2010.
7. Platon, *Apologie de Socrate*, traduction L. Brisson, présentation A. Macé, Flammarion, 2017, 30-30b : « *Ma seule affaire est d'aller et de venir pour vous persuader, jeunes et vieux, de n'avoir point pour votre corps et pour votre fortune de souci supérieur ou égal à celui que vous devez avoir concernant la façon de rendre votre âme la meilleure possible, et de vous dire : "Ce n'est pas des richesses que vient la vertu, mais c'est de la vertu que viennent les richesses et tous les autres biens, pour les particuliers comme pour l'État"* ».
8. R. Girard (1923-2015), *Celui par qui le scandale arrive*, Hachette, coll. Pluriel, 2001, p. 15.
9. Mais pas pour les chrétiens et les musulmans, qui ont créance en la vie éternelle.

rappelé à notre bon souvenir dans sa forme la plus archaïque et la plus imprévisible [1], la pandémie du coronavirus (covid-19), qui réactiva la mémoire longue des pandémies (tout en rappelant la fragilité de nos sociétés hypertechniciennes, qui ont dû recourir à la pratique primitive du confinement). Aujourd'hui, la surmédiatisation du moindre incident, attentat ou autre évènement plus ou moins grave, fait vivre les citoyens dans un film d'horreur permanent, où le pire est toujours au coin de la rue. Tâchons de prendre du recul par rapport aux évènements et raison garder ! Il est difficile de trouver le point d'équilibre entre la prise de risque et son refus, entre la témérité et la pusillanimité. Conservons la liberté de prendre des risques [2] ! Aussi nous avions approuvé le vote d'un amendement par l'Assemblée nationale à la loi Macron, en février 2015, créant un principe « d'innovation responsable » (même si son objectif était très limité : « *L'objectif est de valoriser l'innovation issue des petites et moyennes entreprises dans les achats et fournitures comme dans le travail des collectivités territoriales et de toutes les administrations* ») ; mais cette disposition ne figura pas dans le texte définitivement voté (loi n° 2015-990 du 6 août 2015 [3], dite loi Macron).

Longtemps, le progrès (tel que ce concept est apparu au XVIIIe, not. chez Condorcet [4]) fut perçu comme forcément bénéfique, innocent en quelque sorte, et vécu de façon insouciante [5]. Ce n'est plus le cas. Hans Jonas, inspirateur du principe de précaution [6], a montré que notre temps a été marqué par *le passage de l'heuristique du progrès à l'heuristique de la peur*. À un horizon d'espérance habité par le progrès, s'est substituée l'anticipation de la menace, de sorte que nous envisageons aujourd'hui un avenir semé de catastrophes. Nous découvrons, ou redécouvrons, que le progrès recèle en son sein des forces des ténèbres. Nous vivons dans un « monde désenchanté », du désarroi, du doute et de l'inquiétude. Les hommes craignent désormais d'être des apprentis sorciers, de provoquer des catastrophes durables et irréversibles (alors que le monde va beaucoup mieux qu'on ne le dit [7] tandis que le passé n'était pas merveilleux [8]). Le « postmodernisme » camoufle souvent la perte de confiance dans le progrès, voire un catastrophisme technophobe [9] (associé à son sous-produit, le journalisme d'épouvante), et la crainte de la croissance économique. D'une société animée à l'excès par l'ivresse du progrès, nous

1. N. Taleb, *Le cygne noir : La puissance de l'imprévisible*, 2e éd., Belles Lettres, 2011, événements imprévisibles qui changent le cours du monde.
2. H. Barbier, *La liberté de prendre des risques*, préf. J. Mestre, « Institut de droit des affaires – Centre de droit économique », PUAM, 2011 – A. Dufourmantelle, *Éloge du risque*, Manuels, Payot, 2011.
3. L. n° 2015-990, 6 août 2015 pour la croissance, l'activité et l'égalité des chances économiques, *JO* 7 août, p. 13537.
4. Condorcet se laissa aller parfois à l'illusion scientiste, supposant que le progrès des connaissances engendrera par lui-même le meilleur ordre politique et le bonheur des hommes.
5. SUR LE PROGRÈS en général : S. Neuville, « Le progrès : fascinant et équivoque », dans *Mél. C. Saint-Alary-Houin*, Lextenso, 2020, p. 417.
6. Ou plutôt, le principe de précaution est la traduction juridique des conceptions philosophiques de cet auteur (Hans Jonas, 1903-1993), dans son ouvrage *Le Principe Responsabilité. Une éthique pour la civilisation technologique* (trad. fr. J. Greisch, Le Cerf, 1997), qui mettait en garde contre le danger que représente une trop grande confiance dans le savoir ; s'il faut poursuivre les progrès de la science, cela ne doit pas être au détriment des générations de l'avenir ni surtout en menaçant l'humanité elle-même.
7. D. Raoult, *Arrêtons d'avoir peur*, M. Lafon, 2016 : l'auteur (professeur à la faculté de médecine de Marseille) nous incite à nous appuyer sur les données vérifiées de la science pour éviter les caricatures anxiogènes du discours ambiant ainsi que leurs dangers, pour notre santé tant physique que morale et mentale – H. et A. Rosling, *Factfulness : Ten Reasons We're Wrong About the World. And Why Things Are Better Than You Think*, Hodder & Stoughton Libri, Londres, 2018 – S. Brunel, *Toutes ces idées qui nous gâchent la vie*, JC Lattès, 2019, tentant de mettre un peu de raison dans ce que l'auteur (professeur à la Sorbonne) qualifie de « nouvelles croyances » apocalyptiques, se cachant souvent sous un vernis scientifique ; l'auteur affirme que l'homme ne fait pas « *courir un danger imminent pour la planète* » – On ressasse indéfiniment les désastres sans jamais citer les progrès : en France, la forêt a doublé en deux siècles, la faune sauvage revient, les fleuves renaissent, même l'air est plus respirable dans les grandes villes qu'il ne l'était dans les années 2000, le « trou » de la couche d'ozone se réduit progressivement, sans parler de l'allongement spectaculaire de la durée de vie (et en meilleure santé). Le taux d'alphabétisation dans le monde est passé de 20 % en 1900 à 86 % en 2016 (en France il est de 99 %). Celui de la pauvreté a diminué de 25 points de pourcentage au cours des 25 dernières années – Et pour relativiser les prévisions des experts, souvenons-nous que, dans les années 1970, ils s'alarmaient d'un possible refroidissement et que le Club de Rome prédisait que la terre mourrait prochainement de faim !
8. M. Cocquet et P.-A. Delhommais, *Au bon vieux temps*, Éd. de l'Observatoire, 2018.
9. Fondé sur des affirmations présentées comme des dogmes, qui pourtant ne sont pas scientifiquement prouvées, comme le fait que le réchauffement climatique serait exclusivement causé par l'homme, alors que le grand historien Le Roy-Ladurie a montré qu'à l'époque où Jules César entrait en Gaule, le climat était plus chaud qu'aujourd'hui (et plus chaud encore autour de l'an mil : en ce temps, le Groenland était couvert de prairies !) ; et au Moyen-Âge, la planète fut aussi chaude que maintenant (*ADDE*, montrant la « normalité des variations climatiques », C. Gérondeau, *Climat : la grande manipulation*, l'Artilleur, 2017). Au demeurant, la plus grande menace de l'humanité, à vue humaine, n'est pas le réchauffement climatique mais le manque d'eau (sans oublier le fait qu'actuellement un milliard de personnes sont sous-alimentées).

sommes passés insensiblement à une société minée à l'outrance par le risque et la peur [1] qu'il suscite, avivée par certains idéologues écologistes (dont les suggestions sont souvent très contestables [2]), à la recherche d'un mythique monde parfait (en même temps, cette vénération de la nature poussée à l'extrême sombre dans le panthéisme et le néopaganisme [3], en la situant sur le même plan que l'homme alors qu'elle est à son service, même s'il doit la respecter). D'où la place donnée au principe de précaution, magnifié, haussé au rang de mythe fondateur [4], se substituant aux défuntes idéologies.

Le développement des sciences et des techniques est un prolongement de l'aventure humaine [5] ; l'un et l'autre interagissent continuellement, l'homme trouvant par les moyens techniques de nouvelles possibilités d'exploration, de reconfiguration et de développement de la création, qui n'est jamais achevée. La technique, dont participent l'informatique et l'internet, est l'une des dimensions essentielles de la broderie de la vie. Puissent nos contemporains s'en servir davantage pour le bien que pour le mal car, quoi qu'en disent certains, le bien et le mal existent et existeront toujours, même s'il est devenu particulièrement inconvenant de le prétendre... Le principe de précaution, soit ! Mais nous souhaitons qu'il n'occulte pas le *principe de réalité* (car il y a loin de la connaissance d'une éventualité à la capacité de prendre toute la mesure de la réalité, et d'en tirer les conclusions nécessaires), et ce que nous appellerons *le principe de risque* (de prise de risque, réfléchie, à bon escient) ou, si vous préférez, *le principe d'audace* [6] et *d'inventivité !* Une audace active, persévérante, courageuse [7] et créatrice (et non une frilosité passive, craintive, dénigrante ou indignée). « *Le risque n'est pas le danger, et il ne faut pas confondre s'engager et s'exposer* » [8]. La sagesse « *n'est pas l'immobilisme mais l'intelligence de l'action* » [9], associée à l'optimisme constructif [10]. « *Le pessimisme est d'humeur, l'optimisme est de volonté* » [11]. Le plus grand risque serait de ne plus prendre de risques [12]. « *Toujours choisir la sécurité est à coup sûr un très grand risque* » [13]. Qui chantera le goût de l'aventure et du risque ?

Le principe de précaution surplombant la responsabilité délictuelle, que nous critiquons, correspond en matière contractuelle à un principe plus pertinent que nous appelons *le principe d'anticipation* [14].

1. C. Lambert, *La société de la peur*, Plon, 2005 – Ph. Vuitton, *Peurs ? Pour en finir avec les lieux communs,* Gnos, Ellébore, 2006 – B. Tertrais, *L'Apocalypse n'est pas pour demain. Pour en finir avec le catastrophisme*, « Médiations », Denoël, 2011, stigmatisant « le marché de la peur » et « les bateleurs de l'apocalypse », alors que la société n'a jamais été aussi prospère, sereine et protectrice qu'actuellement – P. de La Coste, *Apocalypse du progrès,* préf. F. Rouvillois, Perspectives libres, 2014.
2. À CET ÉGARD : J. de Kervasdoué, *Les prêcheurs de l'apocalypse. Pour en finir avec les délires écologiques et sanitaires,* Plon, 2007 ; *Les écolos nous mentent*, Albin Michel, 2021 ; P. Cahart, *La peste éolienne*, éd. Hugo, 2021, montrant not. que la construction d'éoliennes, qui saccagent les paysages, n'est pas la solution, alors qu'elles ne fonctionnent en moyenne qu'à 25 % de leur puissance, ce qui nécessite de construire en parallèle des centrales à gaz très polluantes – Il existe actuellement une sorte de fanatisme et de totalitarisme « vert ».
3. S. Furfari, *Dieu, l'homme et la nature. L'écologie, nouvel opium du peuple ?*, « Essai », Bourin, 2010.
4. MAIS certains auteurs adoptent une vision raisonnable du principe, NOT. : M. Boutonnet, *Le principe de précaution en droit de la responsabilité civile*, préf. C. Thibierge, « BDPr », LGDJ, 2005.
5. COMP. : D. Lecourt, *Humain, Post-humain,* « Quadrige. Essais, Débats », PUF, 2003 – H. Barbier, *La liberté de prendre des risques*, th. préc., n° 66, « *La liberté de prendre des risques, condition de l'innovation* ».
6. COMP. : M.-L. Brun, *Oser décider*, Atelier, 2005, invitant et aidant à prendre des décisions – G. Bronner, *La planète des hommes : réenchanter le risque,* PUF, 2014.
7. L.-C. Gallet, *Éloge du courage*, Grasset, 2020. L'auteur, général, ancien commandant de la brigade des sapeurs-pompiers de Paris, regrette not. que, lors du « grand confinement » de 2020, tant l'esprit d'initiative que les notions de devoir et de responsabilité aient semblé assez absents.
8. B. Vergely, *Petit précis de morale*, Milan, 2005, p. 136.
9. B. Vergely, *op. cit.*, p. 138.
10. COMP. : Ph. Gabillet, *Éloge de l'optimisme. Quand les enthousiastes font bouger le monde*, Éd. Saint-Simon, 2010 – A. Braconnier, *Optimiste*, Odile Jacob, 2014 – J. Staune, *Les clés du futur. Réinventer ensemble la société, l'économie et la science,* préf. J. Attali, Plon, 2015 ; est résolument optimiste sur l'avenir – C. Buchet, *Cap sur l'avenir ! À contre-courant, les raisons d'être optimistes*, Éd. du Moment, 2014, donne des raisons de l'être – J. Lecomte, *Le Monde va beaucoup mieux que vous ne le croyez !,* Les Arènes, 2017 ; le titre est clair ; son affirmation est étayée par des chiffres et des statistiques ; ce livre propose aussi un message d'espoir. – J. Norberg, *Non, ce n'était pas mieux avant. 10 bonnes raisons d'avoir confiance en l'avenir*, préf. M. Laine, Plon, 2017.
11. É.-A. Chartier, dit Alain, philosophe [1868-1951].
12. COMP. : H. Barbier, *La liberté de prendre des risques*, th. préc., n°s 45 s., pour lequel la prudence exige la prise de risques ; de plus, la liberté de prendre des risques est la source du déploiement de la personnalité (th. préc., n°s 47 s.) ; elle est une composante de la liberté personnelle (th. préc., n°s 100 s.) – A. Dufourmantelle, *Éloge du risque*, Payot, 2011 (l'auteur, philosophe, romancière et psychanalyste, dénonce dans cet essai une société de consommation lisse et aseptisée, empêchant la prise de risque, parle de joie, d'amour et d'errance. Elle prit le risque en 2017 de se jeter à la mer pour sauver deux enfants, ce qu'elle fit, mais se noya) – Ph. le Tourneau, « Menus propos sur le passage de la prévention au principe de précaution », dans *Mél. A. Kettani*, Casablanca, 2018, p. 105 s.
13. Ph. Vuitton, *Peurs ?, op. cit.*
14. Ph. le Tourneau (dir.), *Droit de la responsabilité et des contrats. Régimes d'indemnisation*, 12e éd., « Dalloz action », 2020, n° 3124.171 (aussi : v. *infra* ss nos 015.41, 115.12, 115.13, 115.24).

SECTION 4
PARENTHÈSE

011.101 **Du vocabulaire.** Le Droit est une langue, une langue de précision. La bonne compréhension du droit (et son bon usage) commence par conserver un « *sens pur aux mots de la tribu* » (pour reprendre une expression de Mallarmé), le juste emploi des mots[1], pour savoir de quoi l'on parle et d'éviter les enlisements sémantiques. Penser ne se sépare pas de s'exprimer. Or, on ne peut s'exprimer que par le langage. Il est donc opportun de commencer par quelques précisions de vocabulaire. L'énumération ci-dessous est incomplète ; de nombreuses autres mises au point langagières seront présentées au fil des pages. Comme cet ouvrage, tout en étant hautement doctrinal, a une visée pratique, les expressions traditionnelles ont été conservées, même lorsqu'elles sont contestables ou imprécises. Mais, comme il est en même temps hautement doctrinal, nous avons généralement effectué les mises au point nécessaires, qui ne sont pas de simples chicaneries érudites. En voici un aperçu.

Depuis longtemps nous avons pris l'habitude de parler de défaillance contractuelle plutôt que de responsabilité contractuelle (ce dont nous avait félicité Carbonnier dans une lettre manuscrite[2]). À propos de la pseudo-responsabilité contractuelle l'expression usuelle de réparation en nature est erronée[3] : il s'agit en réalité d'une *exécution forcée de la prestation contractuelle* (mais sous une forme différente de celle qui était prévue à l'origine, à défaut de l'exécution en nature, de droit selon l'art. 1221, « *sauf si cette exécution est impossible ou s'il existe une disproportion manifeste entre son coût pour le débiteur de bonne foi* et *son intérêt pour le créancier* »[4] ; l'impossibilité de demander l'exécution en nature lorsque sont réunies les conditions de la fin de l'art. 1221 précité est-elle d'ordre public, ou au contraire peut-elle être écartée par une clause *ad hoc ?* La jurisprudence aura à trancher, étant entendu que le rattachement de cette disposition à l'abus de droit par le rapport au Président de la République témoigne que ses auteurs opineraient par la négative). Dans le prolongement de l'inexistence de la responsabilité contractuelle, il ne saurait exister dans les contrats de clauses limitatives ou élusives de « responsabilité », mais de clauses limitatives ou élusives de la défaillance contractuelle (cependant, pour ne pas trop perturber le lecteur, nous avons maintenu les expressions clauses limitatives ou élusives de « responsabilité », nous contentant d'ajouter des guillemets à responsabilité pour faire sentir l'incongruité de la formule). Nous nous efforçons à ne pas utiliser l'expression de responsabilité extracontractuelle (retenue par le projet de réforme de la responsabilité présenté le 13 mars 2017[5]), car elle laisse entendre que la pseudo-responsabilité contractuelle aurait servi de modèle à l'autre (la responsabilité délictuelle), alors que c'est tout l'inverse, la première étant même pratiquement devenu un « clone » de la seconde.

Dans un langage juridique précis, le compromis n'est pas une promesse. Et promettre c'est s'engager (donc normalement le fait du débiteur), alors que

1. G. Cornu, *Linguistique juridique*, 3e éd., Montchrestien, 2005 – G. Cornu (dir.), *Vocabulaire juridique*, 11e éd., « Quadrige », PUF, 2016 (auquel nous avons eu l'honneur et le bonheur de participer) ; 12e éd., 2018.

2. Nous avons présenté nos vues iconoclastes pour la première fois dans la 3e éd. de *La Responsabilité civile* (Dalloz, 1982), qui furent ensuite développées dans les éditions successives de l'ouvrage (devenu *Droit de la responsabilité et des contrats. Régimes d'indemnisation*). Elles passèrent totalement inaperçues, sauf du professeur Philippe Rémy, qui accusa réception de l'ouvrage en écrivant ceci : « *j'approuve, j'applaudis, je jubile, j'exulte : un superbe pavé dans la marre aux grenouilles ; j'admire votre rigueur, votre vigueur, votre style. Tout. Je saurai m'en servir – et dire où j'ai puisé mes munitions. La "responsabilité civile" sera remise sur ses pieds* » (lettre du 17 nov. 1982 ; on ne peut donc que s'étonner (litote) que nombre d'auteurs, faisant état du débat sur l'existence ou l'inexistence de la responsabilité contractuelle (généralement dévots du piège cognitif et de l'idole doctrinale constitués par cette dernière), puissent se permettre de ne pas citer son initiateur, à savoir nous-même). Chacun connaît l'article percutant de « remise sur pieds » publié par Philippe Rémy, qui eut un retentissement considérable (Ph. Rémy, « La "responsabilité contractuelle" : histoire d'un faux concept », *RTD civ.* 1997. 323 s.), suivi d'autres publications, qui popularisèrent la controverse – ADDE : M. Faure-Abbad, *Le fait générateur de la responsabilité contractuelle. Contribution à la théorie de l'inexécution du contrat,* préf. Ph. Rémy, Faculté de droit et des sciences sociales de Poitiers – LGDJ, 2003 – Z. Jacquemin, *Payer, réparer, punir. Étude des fonctions de la responsabilité contractuelle en droit français, allemand et anglais,* préf. B. Fauvarque-Cosson, LGDJ, 2021 – D. Gardner et B. Moore, « La responsabilité contractuelle dans la tourmente », *Les Cahiers du Droit* [Université de Laval, Québec], vol. 48, no 4, déc. 2007, p. 543 s. – M. Poumarède, « La responsabilité du fait de l'inexécution d'une obligation contractuelle : un régime de compromis », *RDC* 2016. 795 – Z. Jacquemin, « Pour une reconnaissance de la spécificité contractuelle dans les effets de la responsabilité », *RDC* 2016. 808 – Ph. le Tourneau et M. Poumarède, « Pour en finir avec la responsabilité contractuelle », dans *Mél. J. Huet*, Lextenso, 2017, p. 269 s. ; « Sens et non-sens de la responsabilité civile en cas d'inexécution du contrat », dans J. Le Bourg et C. Quézel-Ambrunaz (dir.), *Sens et non-sens de la responsabilité civile*, CDPPOC – Université de Savoie, 2018, p. 233 s.

3. Ph. le Tourneau (dir.), *Droit de la responsabilité et des contrats. Régimes d'indemnisation*, 12e éd., « Dalloz action », 2020, nos 010.15 et 3223.11 s.

4. G. Lardeux, « Le contrôle de proportionnalité des sanctions en matière contractuelle », *JCP G* 2021. Doctr. 502.

5. SUR LEQUEL : Ph. le Tourneau (dir.), *Droit de la responsabilité et des contrats*..., 12e éd., *op. cit.*, no 0124.24.

stipuler c'est obtenir un engagement (donc normalement le fait du créancier) ; la distinction était implicite dans la formule de l'ancien article 1119 du code civil (si elle figurait encore dans la première version de l'actuel art. 1203, elle a disparu dans le texte définitif). Les deux mots de mandat et de procuration ne sont pas synonymes. La procuration est le *pouvoir* donné par le mandant au mandataire, tandis que le mandat est le contrat qui confère ce pouvoir. En pratique, aujourd'hui, le mot de procuration n'est guère plus utilisé que pour désigner l'acte écrit (*instrumentum*), qui constate le pouvoir donné au mandataire. En Droit, le *dispositif* est l'énoncé final d'un jugement ou d'un arrêt, contenant sa décision (d'une façon plus large, et extrajuridique, ce mot désigne l'ensemble des moyens mis en œuvre pour parvenir à un but). Pour un juriste, une *disposition* désigne les questions réglées par un texte ; au pluriel l'ensemble des points tranchés. Il est donc maladroit d'écrire le dispositif adopté par telle ou telle loi ; il est préférable de parler des dispositions de cette loi.

Les mots de dommage et de préjudice ne sont pas synonymes (l'art. L. 623-2 du C. de la consom. distingue bien les deux notions, comme le projet de réforme de la responsabilité civile préc.). Le premier désigne la lésion subie (un fait brut et matériel, le fait dommageable, donc une réalité factuelle) appréciée de façon objective, tandis que le second est la conséquence juridique et subjective de la lésion (le fait générateur, et est donc un concept juridique), se concrétisant dans les répercussions subjectives du dommage sur la personne et/ou sur les biens de la victime : Un voyou m'ayant violemment heurté, je suis tombé, mon ordinateur portable s'est brisé (le dommage), ce qui m'a empêché d'exercer mes tournées en tant que représentant (mon manque à gagner est le préjudice, atteinte à un de mes droits). Le passage du dommage au préjudice opère une métamorphose : devenant préjudice, il se détache du fait illicite ; enfin, si le dommage, une fois advenu, est irréversible, le préjudice peut être indemnisé, voire compensé et donc disparaître (l'utilité de la distinction dommage-préjudice s'illustre en pratique assez fréquemment). De même, il est préférable d'employer l'expression de dommages et intérêts (comme généralement le code civil de 1804, à quelques exceptions près[1]), plutôt que celle de dommages-intérêts[2] (avec un trait d'union remplaçant le « et »), qui s'est répandue dans les textes récents (en revanche, l'ord. 2016-131 du 10 févr. 2016 emploie bien l'expression de dommages et intérêts : art. 1217, 1228, 1231 s.). En effet, les dommages visent l'indemnisation de la perte subie (le dommage, *damnum emergens*), et les intérêts le gain manqué (le préjudice, *lucrum cessans*. Cependant, on peut aussi considérer que, dans le code civil de 1804, l'expression dommages-intérêts ne visait pas une indemnisation mais l'aspect punitif de la responsabilité, de sorte qu'ils sont évalués arbitrairement par les tribunaux, alors que les dommages et intérêts doivent évidemment tenir compte de la réalité de la perte subie et du gain manqué[3]). De façon ambiguë, on parle généralement du *non-cumul* de la responsabilité délictuelle et du régime de la défaillance contractuelle ; il est préférable de nommer ce principe de *non-option* (car c'est bien de cela qu'il s'agit : il interdit d'une part, d'invoquer les deux régimes dans la même action ; de l'autre, de choisir le régime de responsabilité sur lequel l'action est fondée[4]). La formule habituelle « d'exonération partielle », en présence d'une faute de la victime, est impropre ; en effet, c'est l'indemnisation du préjudice qui peut n'être que partielle, l'obligation d'indemniser restant entière (à hauteur du préjudice que le responsable a effectivement causé), ladite faute est donc seulement une *cause limitative de l'indemnisation*. À propos des clauses sur la responsabilité, il serait peut-être préférable de parler des clauses *élusives* de responsabilité et des clauses *limitatives* d'indemnisation (ou, dans un vocabulaire plus habituel, de réparation ; et le mot élusif est seul correct[5], celui d'élisif, souvent utilisé par les auteurs, n'existe pas[6], mais on peut employer celui d'exonératoire). Les expressions traditionnelles de garanties légales et conventionnelles ne sont pas heureuses, car les garanties légales sont également conventionnelles, de sorte qu'il serait préférable de désigner les premières de garanties d'ordre public dues par les professionnels. Les présomptions dites de faute ou de responsabilité portent mal leur nom, la responsabilité ne pouvant pas se présumer, dans la mesure où elle est une obligation et non un fait (et faut-il rappeler que la seconde lettre « p » ne se prononce pas dans présomption ?). La formule

1. TRÈS PEU NOMBREUSES en Droit des obligations, à propos du régime général (anc. art. 1152) ; et les contrats « spéciaux » (art. 1585, 1599, 1764, 1880, 1991).
2. NOT. sur les dommages et intérêts : N. Cayrol (dir.), *La notion de dommages-intérêts*, « Thèmes & commentaires », Dalloz, 2016.
3. EN CE SENS : O. Saedi, « Dommages-intérêts ou dommages et intérêts ; celle-ci ou celle-là ; ou bien les deux ? », *LPA* 7 juin 2005, n° 112, p. 6 s.
4. L'art. 1233 du projet de réforme du droit de la responsabilité présenté le 13 mars 2017 maintient la règle sans la nommer – Dans ce projet la règle dépend de la nature du dommage et non de celle de la responsabilité contractuelle : Y.-M. Laithier, « Les rapports entre responsabilités contractuelle et extracontractuelle entre les parties contractantes », *RDC* 2019/4. 158.
5. Dérivé d'éluder.
6. SANS DOUTE inspiré par le mot d'élision, mais dont le sens est tout autre.

responsabilité de plein droit, utilisée parfois par la jurisprudence, par le législateur[1] ou par la doctrine (y compris dans cet ouvrage), est frappante mais inexacte et excessive, car toute responsabilité, même objective, reste soumise à certaines conditions. Le préjudice « par ricochet » est plutôt un préjudice « réfléchi ».

La formule « l'acceptation des risques » est ambiguë. En effet, la victime n'a pas accepté le risque mais s'est exposée à un danger : autrement dit, elle a pris des risques. L'expression doctrinale usuelle de « risque de développement » (à propos de l'exonération de la responsabilité du fait des produits défectueux, prévue par l'art. 1245-10, 4°, du C. civ.[2]) est impropre car, en définitive, ce n'est jamais le risque qui exonère, mais le défaut inconnu lors du lancement du produit. Nous préférons l'expression indemnisation appropriée (ou adéquate) à celle de réparation intégrale, notamment en raison du fait que les dommages et intérêts servent moins à réparer qu'à indemniser, et mieux encore à *compenser* le préjudice autant que faire se peut (au demeurant, l'intégralité ne s'applique pas au préjudice, mais à la réparation elle-même, tous les préjudices n'étant pas compensables[3] ; de plus, le principe dit de réparation intégrale n'est pas absolu[4], et il est menacé par la « satisfaction équitable » imposée par la Cour européenne des Droits de l'Homme[5], qui conduit à indemniser plus que le préjudice [et, le cas échéant, à réviser une décision nationale]). Même s'il n'en fut pas toujours de la sorte, les expressions de cas fortuit et de force majeure sont devenues synonymes, de sorte que la réforme du droit des contrats de 2016 ignore la première (mais elle figure dans le projet de réforme de la responsabilité civile présenté le 13 mars 2017[6] à l'art. 1253). Malgré notre hostilité aux néologismes, il nous arrive d'employer l'expression, hélas devenue courante même sous les meilleures plumes, de « *modes alternatifs de règlement des conflits* », alors que l'alternative, en français, est une situation dans laquelle il n'y a que deux partis possibles, comme dans les obligations alternatives[7] (définies par C. civ., art. 1307).

Selon un auteur, le *devoir* se distingue de *l'obligation* : l'existence d'un lien de droit (entre au minimum deux sujets déterminés) caractérise l'obligation, son absence caractérise le devoir (qui peut exister entre sujets déterminés ou indéterminés)[8]. Un autre dissocie le devoir de *l'incombance*, contrainte comportementale préalable à l'exercice d'un droit empreint d'aléa, qui s'impose au contractant s'il désire obtenir l'avantage qui y est attaché ; son inobservation d'une incombance est sanctionnée par la déchéance du droit conditionné[9]. Un troisième a démontré que l'expression de « titulaire d'un droit » est purement descriptive ; que la titularité s'analyse comme une appropriation et ne peut avoir qu'un seul fondement technique avec lequel elle se confond : la propriété[10] (celle-ci étant un rapport d'exclusivité[11]).

1. C. civ., art. 1245-10.
2. V. *infra* s[s] n°s 212.133 s.
3. C. Coutant-Lapalus, *Le principe de réparation intégrale*, PUAM, 2002, spéc. n° 16 – SUR LE PRINCIPE de réparation intégrale : Ph. Leduc (dir.), *La réparation intégrale en Europe. Études comparatives des droits nationaux*, Larcier, Bruxelles, 2012.
4. C. Charbonneau, « La réparation intégrale du dommage, un principe à nuancer », *RLDC* 2013. Chron. 5187 s.
5. CEDH 2e sect., 25 juin 2013, *Youth Initiative for Human Rights c/Serbie*, req. n° 48135/06, *D.* 2013. 2139, obs. L. Sadoun-Jarin, note O. Sabard, CRIT. – CEDH 14 juin 2011, *Trévalec c/Belgique*, req., P.-Y. Gautier, *D.* 2103, point de vue P.-Y. Gautier, « La Cour européenne des Droits de l'homme poursuit la révolution normative », CRIT. ; *D.* 2103. 2658, obs. M. Bacache, A. Guégan-Lécuyer et S. Porchy-Simon ; *RSC* 2014. 139, obs. A. Giudicelli ; *RTD civ.* 2013. 807, obs. J.-P. Marguénaud, *D.* 2013, point de vue 2016, CRIT.
6. SUR LEQUEL : Ph. le Tourneau (dir.), *Droit de la responsabilité et des contrats…*, 12e éd., *op. cit.*, n° 0124.24.
7. EN ANGLAIS, alternative ne désigne que la seconde possibilité d'un choix.
8. N. Hage-Chahine, *La distinction de l'obligation et du devoir en droit privé*, préf. Y. Lequette, Panthéon Assas, 2017. Pour l'auteur, le devoir se décline en trois catégories : « devoirs universels » aux sujets actif et passif indéterminés (tel le devoir de ne pas nuire à autrui sous-jacent à l'art. 1240) ; « devoirs passifs universels » où le sujet actif est déterminé mais pas le sujet passif (comme la pseudo obligation passive universelle qui est en réalité un devoir) ; enfin « devoirs individuels » dans lesquels le sujet passif est déterminé mais pas le sujet actif (tel le devoir d'assurer son véhicule). Mais, pour caractériser pleinement obligations et devoirs à sujets déterminés, l'auteur s'attache à un second critère, déduit non plus de la structure du lien de droit mais de sa source. Il n'y a obligation que si le lien de droit dérive d'une source investie par la loi de la fonction d'engendrer une telle contrainte. Par contraste, la source du devoir réside dans une norme donnant un ordre à un individu. Quant à l'efficacité, alors que l'obligation juridique produit des effets juridiques dès sa formation, le devoir ne produit d'effets qu'à partir de sa violation. La première est transmissible, le second ne l'est pas. Alors qu'il appartient au débiteur de l'obligation de prouver son inexécution, c'est au sujet actif du devoir de prouver l'existence de celui-ci et sa violation. Enfin l'obligation et le devoir ne sont pas soumis au même régime de responsabilité. L'inexécution de la première, d'origine contractuelle ou délictuelle, constitue un cas de responsabilité *à l'égard du créancier*, régie par les art. 1231 et s., tandis que la violation du devoir constitue un cas de responsabilité *à l'égard d'autrui* et relève des art. 1240 et s. (toujours selon N. Hage-Chahine).
9. B. Freleteau, *Devoir et incombance en matière contractuelle*, préf. L. Santonie-Laguionie, « BDPr », t. 576, LGDJ, 2017, n°s 151 s.
10. J. Laurent, *La propriété des droits*, préf. T. Revet, « BDPr », t. 537, LGDJ, 2012, n°s 133 s. – POUR AUTANT, dans la suite de l'ouvrage nous emploierons souvent le mot de titulaire, à l'instar du législateur, mais en gardant à l'esprit qu'il est purement descriptif.
11. J. Laurent, th. préc., n° 201.

La réforme du droit des contrats[1] comporte un certain nombre de changements lexicaux qui sont parfois substantiels[2]. Ainsi, elle ignore le mot de cause, ce qui est regrettable[3]. Toutefois, plusieurs dispositions manifestent le maintien de l'institution sous d'autres appellations (que ce soit la cause subjective [C. civ. art. 1162 : « but » du contrat] ou la cause objective [C. civ. art. 1128, « contenu »[4] ; art. 1169 : « contrepartie »[5]], mais qui ne porte que sur les contrats à titre onéreux [voire art. 1186 : « élément essentiel »]). Il aurait sans doute été préférable, soit de conserver le mot de cause, soit de le remplacer par celui d'intérêt comme le suggérait Carbonnier[6], ou par celui de motif à condition d'en établir une théorie[7]. Les juges devront trouver le moyen de suppléer à d'autres omissions, parfois volontaires (comme l'abandon de l'impossibilité et de l'immoralité dans l'art. 1304-1 remplaçant l'art. 1172), tantôt sans doute involontaires qui se feront jour. Les « bonnes mœurs »[8] ont été supprimées par la réforme de 2016 (comme trop liées, au moins en apparence, à la morale, honnie en ce temps) ; mais elles subsistent à l'article 6 du code civil et surtout par l'ordre public, qui est évidemment maintenu ; or, il n'est distingué des bonnes mœurs que conceptuellement. En vérité, comme nous le soutenons depuis notre thèse en 1969, les bonnes mœurs ne sont qu'une des multiples facettes de l'ordre public. Il s'agit d'une notion unitaire bien que polymorphe. Les obligations immorales sont des obligations illicites d'une nature particulière, en ce sens que leur caractère répréhensible tire son origine dans la morale et non dans un texte de loi. Mais, encore une fois, les bonnes mœurs font partie intégrante de l'ordre public. Elles participent « *à la constitution d'un ordre public de civilisation* », dans la mesure « *où elles traduisent les intérêts essentiels de la société de leur époque* »[9] ; elles contribuent ce faisant à la défense des exigences actuelles de la vie en société[10]. Quant à l'adage *Nemo auditur*, le code l'ignore depuis la réforme comme il l'ignorait auparavant, « *si bien que le silence du code ne vaut pas nécessairement abandon* »[11]. Lors de l'examen du projet de loi de ratification de l'ordonnance de 2016, le rapporteur proposa de réintégrer la notion de bonnes mœurs dans les dispositions du code civil consacrées au droit des contrats ; l'amendement fut rejeté après un débat assez médiocre[12].

La technologie est l'art d'élaborer, d'utiliser, de transmettre ou d'étudier une technique (de même que méthodologie ne signifie pas méthode, mais réflexion sur les méthodes). Le mot a donc un sens plus large que celui de technique. Souvent, technologie est employée abusivement - de façon pédante qui se veut savante (alors qu'il s'agit d'un anglicisme) - à la place de technique.

Signalons enfin quelques articles, l'un sur les mots du Droit de la responsabilité[13], d'autres sur la langue et le contrat[14], sur la réforme de 2016[15], ou

1. Ord. n° 2016-131, 10 févr. 2016 portant réforme du droit des contrats, du régime général et de la preuve des obligations, *JO* 11 févr., n° 26.
2. T. Génicon, « Notions nouvelles et notions abandonnées, réflexions sur une évolution des mots », *RDC* 2015. 625 s.
3. D. Mazeaud, « Pour que survive la cause, en dépit de la réforme ! », *Droit et patr.* 2014/240, p. 38 s. – C. Grimaldi, « Juste cause (et injuste clause) », *D.* 2015. Chron. 335 – T. Génicon, « Défense et illustrations de la cause en droit des contrats », *D.* 2015. Chron. 1551 – G. Wicker, « La suppression de la cause par le projet d'ordonnance : la chose sans le mot ? », *D.* 2015. Chron. 1557 – J. Antippas, « Nouveau plaidoyer pour une cause perdue : le maintien de la cause en droit français des contrats », *RRJ* 2015/3, se fondant not. sur la place de la notion en droit public – Y. Lequette, « Y aura-t-il encore en France, l'an prochain, un droit commun des contrats ? », *RDC* 2015. 616, spéc. 618-619.
4. M. Fabre-Magnan, « Critique de la notion de contenu du contrat », *RDC* 2015. 639 s.
5. Com. 25 janv. 2017, n° 15-23.547, P IV, n° 13 ; *D.* 2017. 481, note F. Buy – M. Behar-Touchais, « La prise de pouvoir du juge sur les négociations commerciales – À propos de l'arrêt Galec », *JCP G* 2017. Doctr. 255, TRÈS CRITIQUE.
6. *Les obligations*, 22e éd., « Thémis », PUF, 2000, n° 58 – DANS LE MÊME SENS : M. Fabre-Magnan, « Critique de la notion de contenu du contrat », art. préc.
7. EN CE SENS : G. Wicker, « De la survie des fonctions de la cause. Ébauche d'une théorie des motifs », *D.* 2020. Chron. 1906, identifiant les motifs pouvant pénétrer le champ contractuel, de sorte que leur existence détermine celle de l'engagement contractuel ; les motifs permettent de contrôler tant la licéité du contrat que la rationalité initiale de l'engagement.
8. Sur celles-ci : G. Pignarre « Que reste-t-il des bonnes mœurs en droit des contrats ? Presque rien ou presque tout ? ", *RDC* 2005. 1290
9. D. Houtcieff, « Pour un retour aux bonnes mœurs contractuelles », *RTD civ.* 2021. 757, n° 4.
10. D. Houtcieff, « Pour un retour aux bonnes mœurs contractuelles », art. préc., nos 16 s.
11. D. Fenouillet, « Les valeurs morales », *RDC* 2016. 589 s., no 24 ; mais l'auteur ajoute en note que sa survie est peu probable dans le silence des nouveaux textes sur les restitutions, ce que nous contestons ; toutefois, nous pensons que la jurisprudence n'applique pas tant la maxime *Nemo auditur* qu'*In pari causa* – Sur la survie de l'adage à la réforme : D. Houtcieff, « Pour un retour aux bonnes mœurs contractuelles », art. préc., n° 22.
12. N. Dissaux, « Les fossoyeurs des bonnes mœurs », *D.* 2017. 2201.
13. Ph. Brun, « Les mots du droit de la responsabilité : esquisse d'abécédaire », dans *Libre droit. Mél. Ph. le Tourneau*, Dalloz, 2008, p. 117 s.
14. J. Julien, « La langue française et le contrat », dans *Libre droit. Mél. Ph. le Tourneau*, Dalloz, 2008. 465 s. – G. Chantepie, « L'exigence de clarté dans la rédaction du contrat », *RDC* 2012. 989 s. – J.-M. et P. Mousseron, « La langue du contrat », dans *Mél. M. Cabrillac*, Dalloz-Litec, 1999, p. 219 s.
15. S. Chassagnard-Pinet, « Le vocabulaire », *RDC* 2016. 581 – T. Genicon, « La grammaire dans la réforme du droit des contrats », *RDC* 2016. 751.

sur la ponctuation[1], enfin le dernier sur l'éloquence judiciaire[2]. Les étudiants sont invités à suivre les conseils donnés sur notre site : https://www.philippe-le-tourneau.fr.

011.102 **Le vocabulaire du numérique.** Comme toute discipline, le numérique possède un vocabulaire propre (v. not. *supra* s^s n° 011.16), parfois officiel car prescrit par une commission de terminologie *ad hoc* (v. *infra* s^s n° 011.104), qui en donne une définition. Il arrive que la loi (au sens large) définisse certaines expressions ou certains mots de la matière. Ainsi à l'article liminaire du code de la consommation, qui comportait déjà des définitions du consommateur, du professionnel et du non-professionnel (v. *infra* s^s n° 011.41), l'ordonnance n° 2021-1247 du 29 septembre 2021 en ajouta de nouvelles : « *5° Bien comportant des éléments numériques : tout bien meuble corporel qui intègre un contenu numérique ou un service numérique ou qui est interconnecté avec un tel contenu ou un tel service, de manière telle que l'absence de ce contenu numérique ou de ce service numérique empêcherait le bien de remplir ses fonctions ; 6° Contenu numérique : des données produites et fournies sous forme numérique ; 7° Service numérique : un service permettant au consommateur de créer, de traiter ou de stocker des données sous forme numérique ou d'y accéder, ou un service permettant le partage ou toute autre interaction avec des données sous forme numérique qui sont téléversées ou créées par le consommateur ou d'autres utilisateurs de ce service ; 8° Support durable : tout instrument permettant au consommateur ou au professionnel de stocker des informations qui lui sont adressées personnellement afin de pouvoir s'y reporter ultérieurement pendant un laps de temps adapté aux fins auxquelles les informations sont destinées et qui permet la reproduction à l'identique des informations stockées ; 9° Fonctionnalité : la capacité d'un bien, d'un contenu numérique ou d'un service numérique à remplir ses fonctions eu égard à sa finalité ; 10° Compatibilité : la capacité d'un bien, d'un contenu numérique ou d'un service numérique à fonctionner avec du matériel informatique ou des logiciels, avec lesquels des biens, des contenus numériques ou des services numériques de même type sont normalement utilisés, sans qu'il soit nécessaire de convertir lesdits biens, matériels, logiciels, contenus numériques ou services numériques ; 11° Interopérabilité : la capacité d'un bien, d'un contenu numérique ou d'un service numérique à fonctionner avec du matériel informatique ou des logiciels différents de ceux avec lesquels des biens, des contenus numériques ou des services numériques de même type sont normalement utilisés ; 12° Durabilité : la capacité d'un bien à maintenir les fonctions et performances requises dans le cadre d'un usage normal ; 13° Données à caractère personnel : les données à caractère personnel telles que définies à l'article 4, point 1, du règlement (UE) 2016/679 du 27 avril 2016 relatif à la protection des personnes physiques à l'égard du traitement des données à caractère personnel et à la libre circulation de ces données* »[3]. L'ordonnance précitée n° 2021-1247 du 29 septembre 2021 a aussi donné des définitions de l'environnement numérique et de l'intégration : « *1° Environnement numérique : tout matériel informatique, logiciel et connexion réseau utilisés par le consommateur pour accéder à un contenu numérique ou à un service numérique ou en faire usage ; 2° Intégration : le fait de relier et d'intégrer un contenu numérique ou un service numérique aux composantes de l'environnement numérique du consommateur afin de permettre que le contenu numérique ou le service numérique soit utilisé conformément aux critères de conformité prévus par la présente section* » (C. consom., art. L. 224-25-1). Puis l'ordonnance n° 2021-1734 du 22 décembre 2021[4] en ajouta, par son article premier, trois nouvelles : « *14° Place de marché en ligne : un service utilisant un logiciel, y compris un site internet, une partie de site internet ou une application, exploité par un professionnel ou pour son compte, qui permet aux consommateurs de conclure des contrats à distance avec d'autres professionnels ou consommateurs ; 15° Opérateur de place de marché en ligne : tout professionnel qui fournit une place de marché en ligne aux consommateurs, au sens du 2° du I de l'article L. 111-7 ; 16° Pratique commerciale : toute action, omission, conduite, démarche ou communication commerciale, y compris la publicité et le marketing, de la part d'un professionnel, en relation directe avec la promotion, la vente ou la fourniture d'un bien, d'un service, ou portant sur des droits et obligations* ». On peut se demander s'il est de bonne légistique de multiplier ainsi, dans un seul article de code, une litanie de définitions ; et est-ce raisonnable de modifier substantiellement un article à trois mois d'intervalle...

1. A. Lepage, « Le diable est dans la virgule », dans *Mél. B. Teyssié*, LexisNexis, 2019, p. 839 s. – Pour renforcer les propos de cet art., nous nous souvenons des longues discussions que nous avons eues avec le doyen Cornu, lors de la rédaction du code de procédure civile, portant sur l'insertion ou non d'une virgule dans telle ou telle disposition !
2. J. Villacèque, « Le style et l'éloquence judiciaire entre tradition et évolution », dans *Libre droit. Mél. Ph. le Tourneau*, Dalloz, 2008. 1023 s.
3. La présence de ces nouvelles définitions dans l'art. préliminaire du C. de la consom. est critiquable : J.-D. Pallier, « La dénaturation de l'article liminaire du code de la consommation »,*D.* 2021. Point de vue 1873.
4. Transposant la dir. 2019/2161 du Parlement européen et du Conseil du 27 nov. 2019, relative à une meilleure application et une modernisation des règles de l'Union en matière de protection des consommateurs.

011.103 Avec un style. Notre souci de la précision du vocabulaire s'accompagne de notre volonté de dissiper l'obscurité naturelle des choses et du souhait que la langue de cet ouvrage soit soutenue, au prix de son polissage incessant, tourment infini tout autant que plaisir intense et jubilation de tout l'être. En effet, d'une part, car le fond se dissocie mal de la forme [1], du style [2] (différent de la correction du langage), à qui incombe la mission de dévoiler au mieux la pensée et de l'éclairer, la rendre lumineuse (en ce sens le style est une forme du luxe, selon l'étymologie de ce mot, *lux*). « *Il y a une sainteté de l'esprit, c'est la clarté* » (A. Suarès [3]). Il faut à la palette une polychromie diversifiée, à la symphonie de multiples instruments. Nous sommes persuadés que la qualité de la langue ne doit pas être négligée sous le prétexte que le domaine est technique. Elle est importante pour les entreprises, dans tous leurs documents, particulièrement lorsqu'elles s'internationalisent [4].

De plus, nous nous flattons de vouloir apporter un peu de cette beauté « *qui sauvera le monde* » [5], reflet de la vérité [6]. Car le Droit participe de l'art, comme relevant du domaine de l'esprit et en tant que création régie par un idéal esthétique [7]. Le droit le plus parfait est beau (et juste). Déjà Platon considérait que la justice renvoyait à la justesse qui est *équilibre*, faisant surgir la beauté [8]. La justice est assimilée à l'harmonie, dont la propriété majeure est le beau (*to kalon*) ; et le beau est associé au bien (*to agathon*). Si cet ouvrage doit informer, voire instruire, il lui faut aussi plaire pour maintenir l'attention et convaincre [9].

011.104 De l'emploi de la langue française. Les nouvelles techniques suscitent généralement de nouveaux mots et expressions. Ce fut le cas, en nombre considérable, tant pour l'informatique pour l'internet. Malheureusement, l'inculture, la perte du sentiment national [10] et la paresse font que les auteurs et praticiens de ces domaines utilisent systématiquement des vocables américains, sans toujours en connaître le sens exact, alors même qu'il existe des mots français pour dire la chose, qu'ils soient anciens ou nouveaux, créés récemment, puisqu'il existe une commission de terminologie *ad hoc*. Lorsqu'ils ont été publiés au *Journal officiel* (dans les conditions prévues par le décret du 3 juillet 1996 [11] relatif à l'enrichissement de la langue) leur emploi est alors obligatoire (dans la mesure où le français l'est lui-même en vertu de la loi n° 94-665 du 4 août 1994 [12], dite loi Toubon [13]). Mais même s'ils ne sont pas obligatoires, il est évident qu'un auteur qui se respecte doit parler et écrire dans la langue de son pays, sauf pour éventuellement une citation [14]. Pour notre part, nous utilisons systématiquement les mots et expressions français afin d'éviter l'insécurité linguistique (dénoncée par l'Académie française [15]), tout en donnant entre parenthèses le mot ou l'expression américain, pour ne pas trop perturber le lecteur complètement « déculturé » [16]. La tendance forte à employer des mots anglais, associée à la mode de créer des marques d'apparence anglaise, témoigne d'une imprégnation dans notre pays d'une culture étrangère, qui est en même temps un signal ostentatoire d'appartenance à la nouvelle bourgeoisie mondialisée. Le présent ouvrage comporte en annexe un important lexique anglais-français des principaux termes de l'informatique et de l'internet et des contrats s'y rapportant, sensiblement augmenté à chaque édition.

Le français utilise beaucoup moins de majuscules que l'anglais ou l'allemand. Elles se placent au début des phrases, des vers, des titres des ouvrages, des noms propres (y compris les marques) ainsi que des divinités. Et aussi aux habitants d'un pays (Français, Italiens, sans majuscule dans les autres sens [exem-

1. « *La forme, c'est le fond qui remonte à la surface* » (Hugo).
2. COMP. : N. Kasirer [dir.], *Le droit civil, avant tout un style ?*, Thémis, Montréal, 2003.
3. A. Suarès (1868-1948).
4. V. *infra* s[s] n° 116.06.
5. Selon Dostoïevski, dans *l'Idiot* – ADDE : « *Le savoir ne peut se passer de beauté. Je recherche une science belle. [...] La science doit répondre de son visage, de la beauté qu'elle présente et produit* », M. Serres – Le Droit n'échappe pas à cette directive : Ph. Jestaz, « Le beau droit », *APD*, Sirey, t. 40, 1996, p. 22 s. – W. Mastot et L. Miniaton « Le droit comme récit », *D.* 2017. Point de vue 2433.
6. On attribue à Platon la formule : « *Le beau est la splendeur du vrai* », mais elle ne se trouve dans aucune de ses œuvres. Cette formule fut donnée en latin (*Splendor veritatis*) par Jean-Paul II à une encyclique du 6 août 1993.
7. COMP. : Collectif, *Droit et esthétique, APD*, Sirey, t. 40, 1996 – G. Cornu, « Le Juste et le beau », dans *L'Art du droit en quête de sagesse*, PUF, 1998. 141 s. – F. Colonna d'Istria, « Contre le réalisme : les apports de l'esthétique au savoir juridique. Approche interdisciplinaire », *RTD civ.* 2012. 1 s.
8. *République*, livre IV, 419 à 445 e ; *Philèbe*, 64, e.
9. Sur l'art de rédiger un contrat v. *infra* s[s] n° 115.24.
10. Alors qu'il serait si important de *Revenir à la nation*, selon le titre de l'ouvrage de J.-L. Harouel, Ed. Jean-Cyrille Godefroy, 2014.
11. Décr. n° 96-602, 3 juill. 1996 relatif à l'enrichissement de la langue française, *JO* 5 juill., p. 10169.
12. L. n° 94-665, 4 août 1994 relative à l'emploi de la langue française, *JO* 5 août, p. 11392.
13. V. *infra* s[s] n°s 012.16 s.
14. Et il est choquant que tant de créateurs Français de sociétés françaises leur donnent des noms de consonance anglaise.
15. L'Académie française a adopté, lors de sa séance du 3 févr. 2022, un rapport sur la communication institutionnelle en langue française présenté par une commission d'étude, disponible sur le site de cette institution.
16. SUR CE FLÉAU contemporain : R. Camus, *La grande déculturation*, Fayard, 2008.

ple : une voiture française]), aux institutions uniques (Président de la République, Cour de cassation, Conseil d'État, Conseil constitutionnel). Donc pas à tribunal, à cour d'appel, à ministre, député, sénateur ou maire (sauf en écrivant à l'un d'entre eux), pas aux codes, ni à internet (comme pour le téléphone ou la télévision)[1].

Pour connaître les raisons historiques, culturelles, politiques et économiques d'utiliser sa langue de façon correcte : de Ph. Lalanne-Bertoudicq, *Pourquoi parler français* (Fleurus, 1993) – C. Hagège, *Au nom de la diversité des langues et des cultures* (Odile Jacob, 2006) ; – du même, *Contre la pensée unique* (Odile Jacob, 2011, montrant les risques de la méconnaissance du français et l'illusion de croire que pratiquer l'anglais est suffisant pour un Français) – P.-M. Coûteaux, *Être et parler français*, Perrin, 2006.

Et contre ceux qui dégradent le français : B. Lecherbonnier, *Pourquoi veulent-ils tuer le français ?* Albin Michel, 2005 – H. Bourges, *Pardon My French. La langue française, un enjeu du XXIe siècle*, Éd. Kaermala, 2014 – Sur les vertus de la diversité linguistique (donc contre le « tout anglo-américain ») : D. Volton, *Demain la francophonie*, Flammarion, 2006, et les ouvrages précités de C. Hagège – Enfin, sur l'histoire du français et de l'anglais, exposée parallèlement : H. Walter, *Honni soit qui mal y pense. (L'incroyable histoire d'amour entre le français et l'anglais)*, Le livre de poche, 2006 (contient notamment des listes de mots anglais empruntés au français et vice versa, ainsi que des listes de « faux amis »)[2].

011.105 **Des adages.** La langue juridique comprend des adages (dits aussi brocards ou maximes), qui contribuent à lui donner un style particulier et cet air traditionnel auquel nous sommes attachés[3]. Un adage est un précipité de Droit, ciselé par le temps, un enseignement intemporel[4]. L'Encyclopédie[5] définissait l'aphorisme comme étant « *En Droit et en médecine, de courtes maximes dont la vérité est fondée sur l'expérience et la réflexion, et qui en peu de mots comprennent beaucoup de sens* ». Sa forme concise et imagée est amie de la mémoire (« *La maxime est un clou qui s'enfonce dans l'esprit* » selon Diderot), de sorte que le sac des adages est un peu la poésie du Droit[6]. Négligeant les pesanteurs des faits qui lui donnent naissance, une maxime condense l'essentiel et constitue un « éclair de pensée » (pour reprendre une expression de Rodin sur ses dessins[7]), un amplificateur d'efficacité de la proposition énoncée, ou encore la « cristallisation » d'une idée (selon le mot inventé par Stendhal pour caractériser une étape de l'amour). Visant la quintessence, elle recèle une part d'obscurité, qui est une invitation à l'interpréter. Les brocards constituent des formules qui chantent plus qu'ils ne parlent. En eux, s'unissent « *les promesses de l'écriture et le génie de la sagesse, fusion transcendante et poétique du fond et de la forme* » (G. Cornu[8]). Ils traduisent un effort ancien et réussi d'abstraction (légère), de même nature (sous cet aspect) que les catégories. « *Tel est bien le mérite, l'avantage capital des catégories : assigner aux faits mouvants et flottants de la vie sociale, notamment aux nuances infinies des volontés humaines, un cadre ferme dans lequel ils puissent se développer sans se dissoudre et rester soumis à la préhension du droit* » (F. Gény[9]).

Les auteurs ou inventeurs des adages se sont généralement contentés de donner une forme percutante à des règles de Droit communément admises dans le royaume de France depuis les temps les plus reculés. En ce sens, ils ne constituent pas de véritables créations, mais une transformation et mise au net de règles préexistantes, « *en suspension dans l'esprit de notre droit* », selon la formule de Carbonnier relative aux principes généraux du Droit[10]. Cet auteur regroupait les maximes et les principes généraux du Droit sous l'appellation de « coutume d'origine savante »[11] Ce point de vue est

1. AUSSI : R. Guibert [anc^t^ Syndicat national des cadres et maîtrises du livre, de la presse, et des industries graphiques], *Le nouveau code typographique. Les règles typographiques de la composition à l'usage des auteurs, des professionnels du livre et des utilisateurs d'ordinateurs*, 17e éd., Fédération de la communication CGC, 1997 [référence de la profession des correcteurs] – Collectif, *Lexique des règles typographiques en usage à l'Imprimerie nationale*, Imprimerie nationale, 2002 – L. Guéry, *Abrégé du code typographique à l'usage de la presse*, 9e éd., EdiSens, 2019 – A. Ramat et A.-M. Benoit, *Le Ramat de la typographie*, 11e éd., A.-M. Benoit, 2017 [recommandé au vu des actualisations successives].
2. POUR QUELQUES EX. en matière contractuelle v. *infra* s^s^ n° 012.21.
3. H. Roland, *Lexique juridique des expressions latines*, LexisNexis, 8e éd., 2021.
4. G. Cornu, *Linguistique juridique*, Montchrestien, 3e éd. 2005, n° 114.
5. Ou *Dictionnaire raisonné des sciences, des arts et des métiers*, éditée de 1751 à 1772 sous la direction de Diderot, D'Alembert et Voltaire.
6. EN CE SENS : A. Laingui, « L'adage, vestige de la poésie du droit », dans *Mél. J. Imbert*, PUF, 1989, p. 345 s. – Sur la concision en général : A. Montandan, *Les formes brèves*, Hachette 1992.
7. A. Rodin, *Éclairs de pensées*, Éd. Olbia 1998, p. 9.
8. G. Cornu, *RID comp.* 2004. 1017, recension de N. Kasirer [dir.], *Le droit civil, avant tout un style ?, op. cit.* – SUR L'USAGE DU LATIN en Droit français : G. Cornu, « *Hortus deliciarum* ; Au jardin des lettres latines », dans *Mél. J. Foyer. Auteur et législateur, Leges tulit, jura docuit*, PUF, 1997, p. 53 s.
9. F. Gény, *Science et technique*, t. II, Sirey 1915, n° 213.
10. J. Carbonnier, *Droit civil : Introduction*, 26e éd., « Thémis », PUF, 1999, n° 139.
11. *Op.* et *loc. cit.*

contesté, car les principes généraux paraissent plus relever du « droit délibéré » que du « droit spontané »[1]. Au demeurant, un principe est une source réelle du Droit, trouvant son fondement dans des principes moraux universels. « *Le terme de principe, sous cet aspect, désigne avant tout une source réelle qui, consacrée en Droit positif, en devient source formelle* »[2]. S'il est vrai que les adages viennent du passé et revêtent l'aspect de proverbes, il convient de rester circonspect à leur endroit, car la sagesse des nations, qu'ils sont censés recueillir, se nourrit parfois d'erreurs... Que des maximes, latines ou françaises, soient utilisées dans la doctrine, et citées dans les prétoires, est un fait incontestable ; mais il ne révèle rien quant à leur valeur. Il apparaît qu'elles ont rang de coutume (un adage est « *une parole mémorable passée en force de coutume* »[3]), du moins lorsqu'elles présentent quelque spécificité, et encore à titre subsidiaire[4]. Dans ce cas, leur violation pourrait sans doute donner lieu à un pourvoi en cassation[5]. Certaines maximes sont d'interprétation[6], telles *Specialia generalibus derogant* ou *Ubi lex non distinguet*.

011.106 Spécificité des adages repris par le code et des adages *contra legem*. Pourquoi la spécificité ? Parce que la source principale du Droit français, depuis la Révolution et la codification napoléonienne, est la loi. Certes, un avocat ou un juge peut toujours citer un adage lorsque sa teneur a été intégrée dans le code civil (un des exemples les plus célèbres est « *Res inter alios acta...* »[7], repris presque textuellement par l'art. 1199, al. 1er), ou lorsqu'il se borne à souffler une directive d'interprétation (du style « *Ubi lex non distinguet, nec nos distinguere debemus* »[8]). Certes encore, il est évident qu'un brocard *contra legem* (contre la loi) n'a aucune espèce de valeur face à une loi d'ordre public (tel « *Bâtards ne succèdent* », alors que l'art. 310 du C. civ. [L. n° 2002-305, 4 mars 2002[9]] pose le principe d'égalité entre tous les enfants dont la filiation est légalement établie). Du reste, c'est par cet aspect que la coutume se distingue le plus facilement d'un principe général du Droit (formulé ou non en maxime), car ce dernier peut aller à l'encontre de la loi : il est une véritable source autonome du Droit[10].

011.107 Spécificité et adages *præter legem*. Entre ces deux catégories extrêmes s'insère l'adage *præter legem* (à côté de la loi ou au-delà de la loi) qui, en tant que coutume d'origine savante, est source du Droit, sans être une création jurisprudentielle. Toutefois, le recours à cette source secondaire, de faible débit, n'est admissible que si elle présente un intérêt technique original, c'est-à-dire s'il en jaillit quelque élément spécifique. Dans cette perspective quelle est la situation de la maxime *Nemo auditur* ? À défaut de son application ou plutôt de *In pari causa turpitudinis cessat repetitio*, l'annulation d'un contrat, fût-ce pour immoralité ou illicéité, emporterait des restitutions entre les anciens cocontractants, selon le Droit commun des nullités, pour revenir au *statu quo ante*. La maxime *In pari causa*, voici sa spécificité, paralyse parfois les restitutions qui eussent dû intervenir à la suite de l'annulation d'un contrat immoral ou illicite[11] ; c'est ce que nous avons baptisé l'exception d'indignité[12]. L'absence de consécration expresse par la réforme de 2016 ne vaut pas condamnation de la maxime[13], qui au demeurant ne figurait pas auparavant dans le code.

1. EN CE SENS : P. Deumier, *Le droit spontané. Contribution à l'étude des sources du droit*, préf. J.-M. Jacquet, Economica 2002, nos 216 s.
2. N. Molfessis, obs. *RTD civ.* 2001. 705 – COMP. : J.-P. Gridel, « La Cour de cassation française et les principes généraux du droit privé », *D.* 2002. Chron. 228 – S. Caudal [dir.], *Les principes en droit*, « Études juridiques », Economica, 2008 – MAIS POUR : M. de Bechillon, *La notion de principe général en droit privé*, préf. B. Saintourens, PUAM, 1998, l'expression de principe général ne désigne rien de précis en Droit privé français, recouvrant toutes sortes de règles éparses, d'origines diverses, de sorte que la catégorie de « principe général » n'existe pas !
3. G. Cornu, dans D. Alland et S. Rials [dir.], *Dictionnaire de la culture juridique*, « Quadrige », PUF, 2003, *V*is « Adages et brocards ». *V*is « Adages et brocards », préc.
4. V. *infra* ss nos 011.106 s.
5. V. *infra* ss n° 011.109.
6. A. Thouement, *Les maximes d'interprétation*, th. Montpellier, 2020.
7. H. Roland, *Lexique juridique des expressions latines*, LexisNexis, 8e éd., 2021, p. 333.
8. La formule complète est *Ubi lex non distinguet nec nos distinguere debemus* : Là où la loi ne distingue pas, nous ne devons pas distinguer – POUR UNE ANALYSE brillante sur la diversité des adages et leur place dans le Droit : G. Cornu, *Linguistique juridique, op. cit.*, nos 108 s. – *ADDE* : H. Roland, *Lexique juridique des expressions latines*, LexisNexis, 8e éd., 2021.
9. L. n° 2002-305, 4 mars 2002 relative à l'autorité parentale, *JO* 5 mars, p. 4161.
10. Aussi : v. *supra* ss n° 011.18.
11. Le code ignore cet adage depuis la réforme comme il l'ignorait auparavant, « *si bien que le silence du code ne vaut pas nécessairement abandon* » (D. Fenouillet, « Les valeurs morales », *RDC* 2016. 589 s., n° 24), à propos de *Nemo auditur* ; mais l'auteur ajoute en note que sa survie est peu probable dans le silence des nouveaux textes sur les restitutions, ce que nous contestons – COMP. : B. Freleteau, « La maxime *Nemo auditur* a-t-elle survécu à la réforme du droit des contrats ? », *D.* 2020. Chron. 1053, estimant comme nous que les magistrats peuvent continuer à utiliser l'adage, mais que cela ne conservera un intérêt que si son domaine comprend les atteintes à l'ordre public, comme nous le soutenons depuis toujours.
12. Ph. le Tourneau, « L'exception d'indignité », *J.-Cl. Civ.* app. art. 1131 à 1133 (2013).
13. Civ. 3e, 4 oct. 2018, n° 17-23.235, P ; *D.* 2019. Pan. 279, obs. M. Mekki ; *CCC* 2019, n° 2, obs. L. Leveneur.

011.108 Subsidiarité des adages. Ce n'est pas tout : la notion de spécificité n'enserre pas assez l'utilisation contemporaine des brocards. Il faut lui adjoindre celle de subsidiarité, qui la prolonge[1]. L'emploi d'une maxime à bon escient, sertissant avec distinction une authentique norme juridique (à l'exclusion, par conséquent, de simples directives d'interprétation), n'est recevable dans notre système juridique que si elle est réellement *præter legem*. Ce qui signifie, qu'à côté de la loi, elle vient la nuancer, la compléter ou, ce qui plus est, combler une de ses lacunes. En ce cas, mais en ce cas seulement, elle est source efficiente du Droit et s'applique. C'est sous cet angle que l'usage d'un adage juridique n'intervient jamais qu'à titre subsidiaire, « *édifiant le droit comme sagesse* »[2]. Il ne saurait être invoqué par un sujet de droit qu'à défaut d'une autre norme légale ou jurisprudentielle réglant la question en cause[3]. Dans chaque affaire, il convient au premier chef d'appliquer la norme la plus appropriée, la plus spécifique.

011.109 Pourvoi en cassation pour violation d'un adage. Reste à savoir si la violation d'une maxime peut permettre de former un pourvoi en cassation. Si tout adage était un principe général du Droit, la solution ne ferait pas l'ombre d'un doute. En effet, il est admis que la violation d'un principe général donne ouverture à un pourvoi, ce principe fût-il exprimé sous la forme d'un brocard. C'est le cas pour la règle *Fraus omnia corrumpit*[4]. En revanche, si une maxime ne relève que de la coutume, l'octroi ou non de la licence de former un pourvoi lorsqu'elle a été bafouée, est controversé. L'opinion la plus répandue est aujourd'hui que la violation d'une coutume, donc en son sein d'une maxime traditionnelle, ouvre le pourvoi en cassation pour violation de la loi, celle-ci étant entendue très largement[5]. La Cour de cassation aurait un véritable pouvoir de contrôle des règles de Droit non écrites. Les arrêts de la Cour de cassation invoquant des maximes, ou cassant des décisions les ayant négligées, sont assez nombreux[6]. Au demeurant, depuis la promulgation de l'actuel code de procédure civile, la question a été renouvelée puisque son article 604 autorise le pourvoi en cas de violation « *aux règles de droit* ». L'expression est fort large : à nos yeux elle englobe la coutume[7].

011.110 Pour une pause législative. C'est devenu un lieu commun, depuis assez longtemps, que de

1. Ph. le Tourneau, « La spécificité et la subsidiarité de l'exception d'indignité », *D.* 1994. Chron. 298.
2. G. Cornu, *V*[is] « Adages et brocards », préc. – P. Mousseron, « Les usages sont-ils encore une source de droit commercial ? », *RJC* mars 2014. Ét. p. 1 s.
3. DANS LE MÊME SENS : D. Sadi, *Essai sur un critère de distinction des nullités en droit privé*, thèse, Paris-Sud Jean Monnet, 2013, n° 394.
4. J. Vidal, *Essai d'une théorie générale de la fraude en droit français. Le principe Fraus omnia corrumpit*, préf. G. Marty, Dalloz, 1957, n° 388 – NOT. : Civ. 1re, 19 sept. 2007, n° 06-14.550, P I, n° 297 : « *La fraude fait échec à toutes les règles* », qualifié de « moyen de pur droit » relevé d'office – Civ. 3e, 21 janv. 2009, n° 07-19.916, P III, n° 15 ; *Defrénois* 2009. 1934, note R. Libchaber : « *Vu le principe selon lequel la fraude corrompt tout* » – Com. 11 janv. 2017, n° 15-15.750, P IV, n° 4 ; *RLDI* 2017, n° 4943 ; *RTD com.* 2017. 76, obs. F. Pollaud-Dulian, rendu not. au visa du « *principe selon lequel la fraude corrompt tout* » – Com. 17 mars 2021, n° 18-19.774, NP, *RJDA* 2021, n° 742, cite le « principe "*fraus omnia corrumpit*" » – *CONTRA* : Soc. 28 févr. 2018, n° 16-50.015, P V, n° 36, ADMETTANT, IMPL., pour la première fois que la fraude ne fait pas exception à toutes les règles (à propos de l'art. L. 3326-1, al. 1, C. trav.) – P. Sargos, « La fraude licite », *JCP G* 2018. Libre propos 662, CRIT. – E. Dockès, « Conflit d'intérêts à la chambre sociale de la Cour de cassation et dérive des temps », *D.* 2018. Chron. 1930.
5. NOT. : L. Cadiet et E. Jeuland, *Droit judiciaire privé*, 9e éd., « Manuel », LexisNexis, 2016, n° 871 – G. Cornu, *Introduction. Les personnes, les biens*, 13e éd., Montchrestien, 2007, n° 431 – S. Amarani-Mekki et Y. Strickler, *Procédure civile*, « Thémis », PUF, 2014, n° 565 – Y. Chartier, *La Cour de cassation*, 2e éd., « Connaissance du droit », Dalloz, 2001, p. 59 – F. Terré, « Le rôle actuel de la maxime "Nul n'est censé ignorer la loi" », *Travaux et recherches de l'Institut de droit comparé*, t. XXX, 1966, p. 91 s., spéc. p. 121 – *CONTRA* : G. Marty, *La distinction du fait et du droit. Essai sur le pouvoir de contrôle de la Cour de cassation sur les juges du fait*, Sirey, 1929, n° 67, estimant qu'un texte légal doit toujours être invoqué par le pourvoi et que la violation d'une maxime serait insuffisante.
6. NOT. : Req. 21 juin 1880, *DP* 1881. 1. 108, à la formulation extrêmement catégorique à propos de *Temporalia ad agendum perpetua sunt ad excipiendum* – Civ. 3e, 3 févr. 1976, n° 74-12.856, P III, n° 40, pour « Nul ne plaide par procureur » – Civ. 3e, 2 déc. 1998, n° 97-10.590, P III, n° 226 ; *RTD civ.* 1999. 617, obs. J. Mestre, *Temporalia ad agendum*, mais en la citant en français – Com. 23 févr. 1970, n° 68-13.156, P IV, n° 69 et Com. 19 mars 1974, n° 72-11.293, P IV, n° 102 ; *JCP G* 1975. II. 17841, note J. Ghestin, *Contra non valentem agere non currit praescriptio* [qui fut consacrée par la loi n° 2008-561,17 juin 2008, à l'art. 2234 du C. civ. – SUR CETTE MAXIME : W. Janke et F.-X. Licari, « Des rives de la Seine à celles du Mississippi : le fabuleux destin de la maxime *Contra non valentem agere non currit praescriptio* », *RID comp.* 2011. 809 s.] – Com. 11 janv. 1994, n° 92-10.241, P IV, n° 22, *idem* – Soc. 8 juin 1995, n° 93-13.958, P V, n° 195, *Nemo auditur* – Civ. 1re, 22 juin 2004, n° 01-17.258, P I, n° 182 ; *CCC* 2004, n° 136, obs. L. Leveneur ; *D.* 2005. 189, obs. D. Mazeaud, *idem*, mais en français ; l'arrêt présente la particularité de qualifier, à six reprises, la maxime de principe – Civ. 2e, 4 févr. 2010, n° 09-11.464, NP : « *Vu l'article L. 113-8 du code des assurances, ensemble le principe selon lequel nul ne peut se prévaloir en justice de sa propre turpitude* » – sur « le principe selon lequel la fraude corrompt tout », v. *supra* s[s] n° 011.109.
7. EN CE SENS à propos d'usages commerciaux : Com. 14 oct. 1981, n° 80-12.336, P IV, n° 357 ; *D.* 1982. 301, note M. Vasseur – Com. 7 oct. 1987, n° 86-13.066, P IV, n° 213 ; *JCP* 1988. II. 20928, note J. Stoufflet.

dénoncer l'*inflation législative*[1]. Mais elle connaît une *accélération* phénoménale et tourne au véritable « harcèlement textuel »[2]. Le présent ouvrage comporte la citation d'un nombre considérable de textes supplémentaires distincts (lois, ordonnances ou décrets) par rapport aux éditions précédentes. Plusieurs d'un foisonnement inimaginable, telle la loi n° 2015-990 du 6 août 2015[3] « *pour la croissance, l'activité et l'égalité des chances économiques* », dite loi Macron, qui comporte 308 articles ; d'autres encore fourre-tout (comme la L. n° 2017-86 du 27 janv. 2017[4], relative à l'égalité et à la citoyenneté[5]), inutiles (quand ce n'est pas contraire à leur objectif[6]), ridicules, voire scandaleuses[7]. Un arsenal de textes, d'origine nationale[8] ou imposés par les organes de l'Union européenne, enserre l'homme dans un carcan rigide, d'interdits et de contraintes innombrables, à un point jamais atteint dans l'histoire, même par le moralisme le plus obtus. *Plurimæ leges, pessima respublica*, s'écriait Tacite (abondance de loi, triste État). De plus, cette masse est disparate et incohérente, sans ligne de force perceptible, entrant dans des détails ne relevant pas de la loi. Les régimes se superposent les uns aux autres. Tout cela avec souvent les meilleures intentions du monde, par exemple dans le souci de protéger les citoyens : « *Le prétexte ordinaire de ceux qui font le malheur des autres est qu'ils leur veulent du bien* » (Vauvenargues).

Cette inflation résulte aussi de la croyance naïve, traduisant une profonde méconnaissance du droit, qu'il suffit de légiférer pour régler une difficulté réelle, alors que toute loi nouvelle soulève des questions de frontières avec les lois antérieures, nécessite une interprétation des termes qu'elle emploie, révèle des lacunes, *etc.* Un des facteurs de ce phénomène est encore la multiplication contemporaine des droits subjectifs. « *La passion du droit dans la société s'enflamme d'être la projection désordonnée d'une infinité de passions individuelles, en rivalité entre elles,* ego *contre* ego » (J. Carbonnier[9]). Contribue enfin à cet état de mauvais droit l'apparition et l'augmentation des droits-créances (à côté des droits-libertés), à l'objet et aux débiteurs indéterminés, tous ces fameux « droits à » qui font florès depuis quelques décennies ; ce ne sont que verbiage, *flatus vocis*. L'excès de lois tue le droit. « *Un peuple qui a quarante mille lois n'a pas de loi* » (Balzac[10]). « *Les lois inutiles affaiblissent les lois nécessaires* » (Montesquieu[11]). Et plus les lois sont nombreuses, moins leur effectivité est assurée. L'excès engendre une ineffectivité partielle : les lois « *s'étouffent mutuellement par leur surabondance* » (J. Carbonnier[12]). D'une façon générale, le foisonnement de textes s'accompagne de leur pointillisme. Loin de poser quelques grands principes, selon le « génie » du droit français depuis les codes napoléoniens, comme en matière délictuelle l'ancien article 1382 du code civil ou, en matière contractuelle, l'ancien article 1134, ils prétendent tout prévoir, en descendant dans un luxe vétilleux de précisions tout en multipliant les exceptions[13] ; l'*imbecillitas legis* se répand. Nos faiseurs de textes n'appliquent plus les sages préceptes de Portalis dans le *Discours prélimi-*

1. R. Savatier, « L'inflation législative et l'indigestion du corps social », *D.* 1977. Chron. 43 – J. Carbonnier, « L'inflation des lois », dans *Essais sur les lois, Defrénois* 1979. 271 – J. Bourdon et J.-P. Négrin, « L'inflation législative et réglementaire en France », dans C. Debbasch (dir.), *L'inflation législative et réglementaire en Europe,* CNRS, 1986. 75 – F. Pollaud-Dulian, « *Quo vadis lex ?* La législation française sur le droit d'auteur dans les affres de la modernité », *RTD com.* 2016. 641 – M. Nicod (dir.), *Les rythmes de la production du droit,* LGDJ, 2016.
2. Au début 2021 le code du commerce comportait 6 991 articles et celui du travail 10 840 !
3. L. n° 2015-990, 6 août 2015, pour la croissance, l'activité et l'égalité des chances économiques, *JO* 7 août, p. 13537.
4. L. n° 2017-86, 27 janv. 2017, relative à l'égalité et à la citoyenneté, *JO* 28 janv., texte 1.
5. Qualifiée par le professeur J.-P. Le Goff de « *panier de la ménagère du gauchisme culturel* » (*Le Figaro* 23 déc. 2016).
6. Le cas le plus extravagant étant l'art. L. 231-1 du C. des relations entre le public et l'administration, selon lequel « *Le silence gardé pendant deux mois par l'administration sur une demande vaut décision d'acceptation* » (créé par ord. n° 2016-1341, 23 oct. 2015). À s'en tenir à sa lettre, ce texte correspond à l'objectif du « choc de simplification » décidé par le chef de l'État de l'époque (F. Hollande, dit Normal 1er). Mais il fut suivi de 41 décrets d'applications contenant 1300 dérogations, de sorte qu'en définitive le choc fut de complexification à outrance !
7. Telles certaines dispositions de la L. n° 2017-86 du 27 janv. 2017, relative à l'égalité et à la citoyenneté, qui affaiblissent les protections que celle du 29 juill. 1881 (sur la liberté de la presse) accordait aux journalistes et à la licence de critiquer. Cette loi, à la suite d'autres, contribue à nous faire entrer dans le « despotisme doux » qu'annonçait Tocqueville. Selon lui, le pire des périls qui guettent les démocraties n'est pas le désordre, mais « *l'avènement d'un ordre régi par l'État-Providence, enfermant l'homme dans un réseau de réglementations oppressives et le réduisant à n'être qu'un matricule anonyme, sans initiatives ni grandeur, au sein d'une masse domestiquée* » (Ph. Braud, *Histoire des idées politiques depuis la Révolution*, Montchrétien, p. 190).
8. Au cours de la législature parlementaire du quinquennat de F. Hollande, 330 lois furent adoptées, 115 000 amendements proposés et 19 000 acceptés !
9. *Droit et passion du droit sous la Ve République,* Flammarion, 1996, p. 124.
10. *Le médecin de campagne*.
11. *De l'esprit des lois*, Livre XXIX, chap. XVI.
12. *Droit et passion du droit sous la Ve République, op. cit.*, p. 111.
13. Oubliant les sages conseils de Montesquieu (*De l'esprit des lois*, chap. XVI) : « *Lorsque dans une loi les exceptions, limitations, modifications, ne sont point nécessaires, il vaut beaucoup mieux n'en point mettre ; de pareils détails jettent dans de nouveaux détails* ».

naire[1]. Ils devraient méditer les propos acerbes de Montesquieu : les législateurs « *se sont jetés dans des détails inutiles : ils ont donné dans des cas particuliers, ce qui marque un génie étroit qui ne voit les choses que par parties et n'embrasse rien d'une vue générale* »[2]. Et que dire de leur rédaction ? Stendhal avait à cœur de lire quotidiennement une page du code civil pour perfectionner son style. Il est formellement déconseillé d'agir de la sorte pour la plupart des lois contemporaines et, *a fortiori*, pour les textes émanant de l'Union européenne : leurs rédacteurs sont les champions inégalés du charabia. En outre, si la fiction exprimée par la maxime « *Nul n'est censé ignorer la loi* » était recevable jadis, elle est injuste aujourd'hui. Non seulement personne ne peut connaître tous les textes, mais même ceux d'une branche du droit, sauf à être un professionnel spécialisé dans celle-ci[3]. Enfin, la frénésie de *changement* enlève toute fixité au droit[4]. Il a perdu la stabilité qui contribuait à asseoir sa majesté : le droit est devenu *évanescent*. Sur un coup de tête, à la demande d'un électeur ou d'un groupe de pression, les ministres n'ont de cesse de projeter des réformes législatives, dont ils ne mesurent généralement pas la portée, ni la perturbation qu'elles entraîneront dans la cohérence du texte modifié et de l'ensemble du droit. Dans ces conditions, comment voulez-vous que la jurisprudence effectue sa tâche d'éclaircissement, et la Cour de cassation son œuvre d'unification et d'interprétation créatrice, atténuant les excès, comblant les lacunes, nivelant les contradictions, *etc.* ? Nous sommes entrés dans l'ère de l'éphémère[5], où tout est jetable, y compris les lois.

1. Dont les idées étaient dans l'air du temps. Cambacérès relate, à propos d'un projet de code civil dont il fut l'auteur sous la Convention : [je réduisis] « *le projet à des axiomes, qu'on pût suivre sans peine dans leurs conséquences, et dont l'application laissée aux juges, pût fournir les éléments d'une jurisprudence qui deviendrait à la longue le complément de la législation civile, et suppléerait aux lois de détail. Le besoin de ces lois pouvait paraître indispensable à ceux qui voulaient borner l'action des tribunaux à une simple action mécanique.* [...] *J'ai toujours pensé que la justice ne pouvait être bien administrée que par des juges autorisés à s'approprier la raison de la loi, et à en faire usage dans tous les cas analogues à l'objet que la loi a voulu régler* » (Cambacérès, *Mémoires inédits*, t. I, préf. J. Tulard, Perrin, 1999, p. 175).
2. *Lettres persanes*, Lettre CXXIX.
3. COMP. : J. Carbonnier, « La maxime "nul n'est censé ignorer la loi" en droit français », *RIDC* 1984. 321 – F. Terré, « Le rôle actuel de la maxime "nul n'est censé ignorer la loi" », dans *Études de droit contemporain*, Cujas, 1966, p. 109.
4. Là encore relisons Montesquieu (*op. et loc. cit.*) : « *Il ne faut point faire de changement dans une loi, sans une raison suffisante* » – « *Il est vrai que, par une bizarrerie qui vient plutôt de la nature que de l'esprit des hommes, il est quelquefois nécessaire de changer certaines lois. Mais le cas est rare ; et lorsqu'il arrive, il n'y faut toucher que d'une main tremblante* » (*Lettres persanes*, Lettre LXXIX).

011.111 De quelques exceptions à la pause législative. Nous souhaitons donc une pause législative, sauf pour la réforme du droit de la responsabilité (dont un projet a été présenté par le garde des Sceaux le 13 mars 2017[6]), qui nécessite assurément une remise en ordre, afin de compléter la réforme du droit des obligations opérées par l'ordonnance n° 2016-131 du 10 février 2016[7] qui l'a ignorée, alors qu'elle en constitue un pan essentiel. Une refonte du droit des contrats dits spéciaux s'impose aussi. Le droit des contrats spéciaux, dont font partie ceux qui seront étudiés dans cet ouvrage, est proche des réalités, réaliste, concret, même s'il recourt aux notions abstraites du Droit des obligations. Et, si le droit de la responsabilité est en crise et en attente d'une réforme, le droit des contrats se porte bien[8], d'autant mieux qu'il a été réformé en 2016[9], même si une réforme des « contrats spéciaux » serait maintenant sans doute bienvenue. Un groupe de travail de l'association Henri Capitant publia en 2017 une proposition de réforme de ceux-ci[10] créant, à côté d'un droit des contrats spéciaux un droit des obligations spéciales[11] ; le 7 avril 2020, ladite association présenta une seconde version de l'offre de réforme du droit des contrats spéciaux[12]. En revanche, nous sommes réservés sur la proposition de règlement du Parlement européen et du Conseil relatif à un

5. F. Ost et M. Van Hoecke (dir.), *Temps et droit. Le droit a-t-il pour vocation de durer ?* Bruylant, Bruxelles, 1998.
6. SUR LEQUEL : Ph. le Tourneau (dir.), *Droit de la responsabilité et des contrats...*, 12e éd., *op. cit.*, n° 0124.24.
7. Ord. n° 2016-131, 10 févr. 2016, portant réforme du droit des contrats, du régime général et de la preuve des obligations, *JO* 11 févr., n° 26 – Modifiée par la loi de ratification : L. n° 2018-287, 20 avr. 2018 ratifiant l'ordonnance n° 2016-131 du 10 février 2016 portant réforme du droit des contrats, du régime général et de la preuve des obligations, *JO* 21 avr., n° 1.
8. D. Mazeaud, « Rapport de synthèse », dans N. Dissaux (dir.), *Le mandat : Un contrat en crise ?*, Economica, 2011, p. 153 s., montrant que le mandat, loin d'être en crise, témoigne d'une formidable vitalité – L'attention avait été attirée sur celle-ci par nous-même : « De l'évolution du mandat », *D.* 1992. Chron. 157.
9. Seuls sont soumis aux dispositions nouvelles les contrats conclus après cette date, ainsi que les contrats renouvelés et ceux qui ont été tacitement « reconduits », puisqu'ils sont considérés comme de nouveaux contrats. En revanche, les contrats qui avaient été conclus avant l'entrée en application de l'ordonnance restent soumis à la loi ancienne, même si leurs effets se prolongent dans le temps : Civ. 1re 19 sept. 2018, n° 17-24.347, P I, n° 155 ; *AJ contrats* 2018. 477, obs. G. Chantepie.
10. Consultable sur : www.henricapitant.org/
11. Assoc. Henri Capitant, « Avant-projet de réforme du droit des contrats spéciaux », *D.* 2017. Point de vue 1661 – Ph. Chauviré, « Présentation de l'avant-projet de réforme du droit des contrats spéciaux de l'Association Henri Capitant », *RDC* 2017. 622.
12. V. le texte de l'avant-projet : *RDC* 2020/3. 131 s. ; pour sa présentation *RDC* 2020/3. 126 s.

« *Droit commun européen de la vente* », adoptée le 11 octobre 2011 par la Commission européenne[1] mais abandonné en 2014, car les autorités de l'Union européenne ne sont pas compétentes pour traiter ces questions et parce que, sous un titre modeste, elle dissimule l'amorce d'un Droit européen des contrats. De plus, ce projet est de mauvaise tenue, tant rédactionnelle (d'un style détestable) que légistique (entrant dans tous les détails et imaginant toutes les hypothèses). Nous serions aussi favorables à une nouvelle codification complète du code civil[2], dont le plan est médiocre (dès l'origine), et alors surtout qu'il a subi les affres du temps. Certes, il a été largement modifié depuis la Ve République, mais par pièces détachées, sans véritable vision d'ensemble.

011.112 Contre le contrôle de proportionnalité. Les propos précédents laissent deviner notre opposition au « contrôle de proportionnalité », que certains voudraient fâcheusement voir exercer par la Cour de cassation, ce qu'elle a commencé à expérimenter[3], alors que son rôle est le strict contrôle de légalité (cela ne l'empêche évidemment pas de combler les lacunes de la loi comme elle le fit bien souvent, un des exemples les plus célèbres étant « l'invention » des responsabilités générales du fait des choses[4] puis du fait d'autrui[5]). Sous l'appellation de contrôle de proportionnalité, transposition en droit du conséquentialisme (prôné par certains moralistes contemporains), il s'agirait en réalité d'autoriser le juge à statuer en pure équité, puisqu'il pourrait écarter une loi claire et précise lorsqu'il estimerait que son application au cas d'espèce porterait une atteinte excessive aux droits et libertés de l'une des parties au litige[6]. Autrement dit, une rupture s'opérerait avec les principes de légalité et d'égalité. Au-delà, le risque existe que, sous ce biais,

1. V. *infra* s^s n° 116.143.
2. POUR UN PLAIDOYER ARGUMENTÉ, s'achevant par la proposition d'un nouveau plan général, de B. Beignier, « Pour un nouveau code civil », *D.* 2019. Chron. 713 – *CONTRA* : T. Revet, « À propos de l'article de Bernard Beignier "Pour un nouveau code civil" », *D.* 2019. Chron. 1101 – B. Beignier, « Réponse à Thierry Revet ("Pour un nouveau code civil") », *D.* 2019. Chron. 1408 – E. Cabrillac, « Un nouveau code civil », *D.* 2019. Chron. 2149.
3. EX. : Civ. 1re, 4 déc. 2013, n° 12-26.066, P I, n° 234 ; *D.* 2014. 179, communiqué de la Cour, note F. Chénedé ; *D.* 2014. 153, point de vue H. Fulchiron ; *D.* 2014. 1342, obs. J.-J. Lemouland et D. Vigneau ; *D.* 2017. 123. Chron. V. Vigneau ; *AJ fam.* 2014. 124, obs. S. Thouret ; *AJ fam.* 2013. 663, point de vue F. Chénedé ; *RTD civ.* 2014. 88, obs. J. Hauser ; *RTD civ.* 2014. 307, obs. J.-P. Marguénaud – Civ. 3e, 15 oct. 2015, n° 14-23.612, P III, n° 97 ; *D.* 2015. 2423, note C. Dubois ; *D.* 2016. 566, obs. M. Mekki ; *ibid.* 1028, Chron. A.-L. Méano, V. Georget et A.-L. Collomp ; *D.* 2016. 1779, obs. L. Neyret et N. Reboul-Maupin ; *RDI* 2016. 27, obs. D. Tomasin ; *RTD civ.* 2016. 107, obs. H. Barbier ; *RTD civ.* 2016. 140, obs. P.-Y. Gautier – Civ. 3e, 17 déc. 2015, n° 14-22.095, P III, n° 138 ; *AJDA* 2015. 2467 ; *D.* 2016. AJ 72 ; *D.* 2016. 1028. Chron. A.-L. Méano, V. Georget et A.-L. Collomp ; *AJDI* 2016. 667. Chron. F. Zitouni ; *RDI* 2016. 100, obs. P. Soler-Couteaux ; *AJCT* 2016. 283, obs. E. Péchillon ; *RTD civ.* 2016. 398, obs. W. Dross ; *RTD civ.* 2016. 449, obs. N. Cayrol – Civ. 1re, 22 juin 2017, n°s 15-28.47, 16-11.759, P I, n° 153 ; *D.* 2017. 1955, note Ph. Malaurie, CRIT. ; *CCÉ* 2017, n° 69, obs. C. Caron ; *RLDI* 2017. 5046, note P. Noual, cassation de l'arrêt prononçant l'interdiction de la diffusion d'une ▶ mise en scène du *Dialogue des Carmélites* (de Bernanos et Poulenc, à la demande de leurs héritiers), « *sans examiner, comme elle y était invitée, en quoi la recherche d'un juste équilibre entre la liberté de création du metteur en scène et la protection du droit moral du compositeur et de l'auteur du livret, justifiait la mesure d'interdiction qu'elle ordonnait* » – EN REVANCHE, la C. de cass. a réaffirmé sa jurisprudence traditionnelle en matière de démolition d'ouvrages empiétant sur un fonds voisin en écartant tout contrôle de proportionnalité : Civ. 3e, 10 nov. 2017, n° 15-19.561, P – Civ. 3e, 10 nov. 2017, n° 15-25.113, P – Civ. 3e, 10 nov. 2017, 15-21.949, P ; *D.* 2017. Chron. 1068, obs. A.-L. Méano ; *RTD civ.* 2017. 191, obs. W. Dross.
4. Civ. 16 juin 1896, *Teffaine*, *D.* 1898. 1. 433, concl. Sarrut, note Saleilles ; *S.* 1897. 1. 17, note A. Esmein ; Ph. le Tourneau (dir.), *Droit de la responsabilité et des contrats…*, 13e éd., *op. cit.*, n°s 2221.11 s.
5. Cass., ass plén., 29 mars 1991, n° 89-15.231, *Blieck*, P n° 1 ; *GAJC*, t. II, 13e éd., Dalloz, 2015, n° 229 ; *D.* 1991. 324, note C. Larroumet ; *JCP G* 1991. II. 21673, concl. D.-H. Dontenwille, note J. Ghestin ; *Gaz. Pal.* 1992. 2. 513, note F. Chabas ; *RTD civ.* 1991. 312, obs. J. Hauser, et 541, obs. P. Jourdain ; Ph. le Tourneau (dir.), *Droit de la responsabilité et des contrats…*, 12e éd., *op. cit.*, n°s 2232.07 s. – D'une façon générale v. le brillant plaidoyer pour la reconnaissance du fait d'autrui comme un *fait générateur autonome de responsabilité*, indépendant de la faute, de M. Poumarède, « L'avènement de la responsabilité civile du fait d'autrui », dans *Libre droit. Mél. Ph. le Tourneau,* Dalloz, 2008, p. 839 s. – *CONTRA* : la violente diatribe de J. Antippas, « Réquisitoire contre la "responsabilité du fait d'autrui" », art. préc. Elle présenterait deux vices rédhibitoires : 1) l'indétermination (de ses conditions et de ses effets) ; 2) l'inopportunité (par son absence tant de cohérence que de pertinence) ; du même : « Plaidoyer pour l'imputation du fait générateur émanant d'autrui », *RRJ* 2018/4. 1535 – Sur la responsabilité du fait d'autrui en général : J. Julien, *La responsabilité du fait d'autrui : Ruptures et continuités*, préf. Ph. le Tourneau, PUAM, 2001.
6. NOT. LES VIVES CRITIQUES de : F. Chénedé, « Contre-révolution tranquille à la Cour de cassation ? », *D.* 2016. Chron. 796. – P. Puig, « L'excès de proportionnalité (À propos de la réforme de la Cour de cassation et quelques décisions récentes) », *RTD civ.* 2016. 70 – F. Zenati-Castaing, « La juridictionnalisation de la Cour de cassation », art. préc. – S. Guinchard, « L'instrumentalisation du contrôle de proportionnalité dans le débat sur la place de l'autorité judiciaire dans nos institutions », dans *Mél. B. Teyssié*, LexisNexis, 2019, p. 609 – MAIS EN FAVEUR DE CE CONTRÔLE : B. Louvel, « Réflexions à la Cour de cassation », *D.* 2015. Chron. 1326 – H. Fulchiron, « Flexibilité de la règle, souplesse du droit. À propos du contrôle de proportionnalité », *D.* 2016. Point de vue 1376 (aux vues mesurées) ; « Le contrôle de proportionnalité : questions de méthode », *D.* 2017. Chron. 656 – V. Vigneau, « Libres propos d'un juge sur le contrôle de proportionnalité », *D.* 2017. Chron. 123 : mais en l'encadrant dans des limites raisonnables – ▶

on glisse insensiblement *volens nolens* vers une appréciation politique. Certes, nous ne rejetons pas l'équité dans l'absolu, mais elle ne saurait intervenir en présence d'un texte clair et précis [1]. Toutefois, la plupart des partisans d'un nouvel art de juger, recourant au contrôle de proportionnalité l'entendent avec prudence [2], son exercice supposant que soient dégagés des critères et révélée une méthode [3], afin de le canaliser [4].

Au demeurant, nous saluons le recours à la proportionnalité [5] dans diverses circonstances [6], notamment en vue de rétablir l'équilibre contractuel [7]. Mais depuis la réforme du droit des obligations [8], le code civil comporte deux dispositions spécifiques en ce sens. D'abord, l'article 1143 (modifié par la L. n° 2018-287 du 20 avr. 2018 [9] dans un souci de clarification de la notion de dépendance [10], mais au risque d'autres incertitudes [11]) : « *Il y a également violence lorsqu'une partie, abusant de l'état de dépendance dans lequel se trouve son cocontractant à son égard, obtient de lui un engagement qu'il n'aurait pas souscrit en l'absence d'une telle contrainte et en tire un avantage manifestement excessif* » [12]. Ensuite, le périlleux article 1171, alinéa 1er, du code civil : « *Dans un contrat d'adhésion, toute clause non négociable, déterminée à l'avance par l'une des parties, qui crée un déséquilibre significatif entre les droits et obligations des parties au contrat est réputée non écrite* » [13]. Cette disposition est caractéristique de la réforme de 2016, marquée par le souci de l'équilibre contractuel. La Cour de cassation a jugé que l'article 1171, interprété à la lumière des travaux parlementaires de la loi n° 2018-287 du 20 avril 2018, s'applique aux contrats, même conclus entre producteurs, commerçants, industriels ou personnes immatriculées au répertoire des métiers, lorsqu'ils ne relèvent pas de l'ancien article L. 442-6, I, 2°, du code de commerce [14], tels les contrats de location financière conclus par les établissements de crédit et sociétés de financement [15]. Le déséquilibre significatif [16] est égale-

▶ S. Le Gac-Pech, « Le nouvel art de juger : quand la proportionnalité s'invite dans la mise en œuvre de la règle de droit. *Jus id quod justum est* », *RLDC* nov. 2017. Opinion p. 48 : vibrant plaidoyer – T. Marzal, « La Cour de cassation à "l'âge de la balance". Analyse critique et comparative de la proportionnalité comme forme de raisonnement », *RTD civ.* 2017. 789 : soumettant le principe à un examen critique pour montrer qu'il n'est ni un monstre ni une panacée et qu'il doit être manié avec précaution – S. Guinchard, « L'instrumentalisation du contrôle de proportionnalité dans le débat sur la place de l'autorité judiciaire dans nos institutions », dans *Mél. B. Teyssié*, LexisNexis, 2019, p. 609 s. : relevant le risque d'une dérive vers un contrôle de pure opportunité, suggère des remèdes, mais y voit surtout une face cachée, à savoir d'obtenir le statut d'un troisième pouvoir.

1. Ph. le Tourneau (dir.), *Droit de la responsabilité et des contrats…*, 12e éd., *op. cit.*, nos 010.42 s., sur l'équité en tant que « concept d'appoint », à côté de la logique, de la nature des choses (l'une et l'autre manifestations du droit naturel) et de la raison.
2. H. Fulchiron, « Le contrôle de proportionnalité : questions de méthode », chron. préc.
3. COMP. À PROPOS d'un autre contrôle : P. Deumier, « Contrôle concret de conventionnalité : l'esprit et la méthode », *RTD civ.* 2016. 578.
4. S. Le Gac-Pech, « Le nouvel art de juger : quand la proportionnalité s'invite dans la mise en œuvre de la règle de droit. *Jus id quod justum est* », art. préc. – F. Chénedé, « Le droit civil, au naturel (ou l'actualité d'un passé) » *RTD civ.* 2020. 507, spéc. nos 21 s., suggérant des solutions pour un contrôle raisonnable de proportionnalité.
5. POUR SA CRITIQUE : F. Terré, « La proportionnalité comme principe ? », *JCP* 15 juin 2009. Ét. n° 31.
6. V. *infra* ss nos 312.110 et 315.77.
7. S. Le Gac-Pech, *La proportionnalité en droit privé des contrats*, préf. H. Muir-Watt, « BDPr », t. 335, LGDJ, 2000 – L'auteur prône la reconnaissance d'un principe général de proportionnalité qui « *permettrait de* remédier à l'absence de théorie générale *de l'équilibre contractuel* » (p. 5). « *Ce marqueur d'équilibre constitue à la fois un instrument de mesure du défaut d'équilibre contractuel et un instrument de rétablissement de cet équilibre perdu ou failli* » (p. 8) – Ph. le Tourneau (dir.), *Droit de la responsabilité et des contrats…*, 12e éd., *op. cit.*, n° 3124.156 – ADDE : *op. cit.*, nos 0124.34 et 3113.44.
8. Ord. n° 2016-131, 10 févr. 2016 portant réforme du droit des contrats, du régime général et de la preuve des obligations, *JO* 11 févr., n° 26.
9. L. n° 2018-287, 20 avr. 2018 ratifiant l'ordonnance n° 2016-131 du 10 février 2016 portant réforme du droit des contrats, du régime général et de la preuve des obligations, *JO* 21 avr., texte 1.
10. T. Douville (dir.), *La réforme du droit des contrats et du régime général et de la preuve des obligations*, Gualino, 2018, p. 97 s.
11. En ce sens la démonstration de F. Rogue, « Abus de dépendance : la "réforme de la réforme" du droit des contrats a-t-elle accouché d'une souris ? », *D.* 2018. Point de vue 1559.
12. Tel que modifié par la L. du 20 avr. 2018, la dépendance de l'art. 1143 ne peut s'apprécier qu'entre contractants. À la lecture du texte, seule une vulnérabilité extrinsèque pourrait faire naître l'état de dépendance : F. Rogue, « Abus de dépendance : la "réforme de la réforme" du droit des contrats a-t-elle accouché d'une souris ? », art. préc., n° 7.
13. SUR LA NOTION : S. Gaudemet, *La clause réputée non écrite*, préf. Y. Lequette, « Recherches juridiques », Economica, 2006 – Cet art. fut modifié par la loi n° 2018-287, 20 avr. 2018 : T. Douville (dir.), *La réforme du droit des contrats et du régime général et de la preuve des obligations*, Gualino, 2018, p. 143 s. – O. Deshayes, T. Genicon et Y.-M. Laithier, *Réforme du droit des contrats, du régime général et de la preuve des obligations*, 2e éd., LexisNexis, 2018, p. 340 s. (v. *infra* ss n° 312.154 – Le bilan de l'application de ce texte est assez décevant : L. Thibierge, « Le contrat d'adhésion : beaucoup de bruit pour rien ? », *RJDA* 2021. Ét. 963.
14. Depuis l'ord. n° 2019-359, 24 avr. 2019, la disposition de l'art. L. 442-6, I, 2°, figure à l'art. L. 442-1, I, 2°.
15. Com. 26 janv. 2022, n° 20-16.782, P IV ; *JCP G* 2022. Chron. 257, n° 3, obs. Y.-M. Serinet.
16. É. Gicquiaud, « Le contrat à l'épreuve du déséquilibre significatif », *RTD com.* 2014. 267. – V.Lasbordes-de Virville, « Retour sur les contrats déséquilibrés après l'ordonnance n° 2016-131 du 10 février 2016 portant réforme du droit des contrats, du régime général et de la preuve des obligations », dans *Mél. C. Saint-Alary-Houin*, LGDJ, 2020, p. 311 s.

ment condamné, tant par le code de la consommation[1] que par le code de commerce[2]. La partie victime d'un déséquilibre significatif, au sens de l'article L. 442-6, I, 2°, du code de commerce, est fondée à faire prononcer la nullité de la clause du contrat créant ce déséquilibre[3].

011.113 Rappel. Depuis l'entrée en vigueur le 1er janvier 2020 de la loi n° 2019-222 du 23 mars 2019[4] de programmation 2018-2022 et de réforme pour la justice (PLPRJ) les tribunaux d'instance et les tribunaux de grande instance sont réunis sous une dénomination commune : les tribunaux judiciaires (T. jud.).

1. C. consom., art. L. 212-1 et art. L. 212-2 (v. *infra* ss n° 412.42).
2. C. com., art. L. 442-2, I, 2° (v. *infra* ss n° 312.154).
3. Com. 30 sept. 2020, nos 18-25.204 et 18-11.644 (2 arrêts), NP, *CCC* 2020, n° 172, obs. N. Mathey ; *RTD com.* 2021. 53, obs. M. Chagny ; P. Mihailov, « L'action en nullité de la victime du déséquilibre significatif. À propos de deux arrêts de la chambre commerciale de la Cour de cassation du 30 septembre 2020 », *JCP E* 2021. 1075.
4. L. n° 2019-222, 23 mars 2019 de programmation 2018-2022 et de réforme pour la justice, *JO* 24 mars, texte 2.

CHAPITRE

012. Des notions de contrats informatiques et électroniques

SECTION 0 ORIENTEUR

012.00 Sommaire du chapitre.

SECTION 1 DES CONTRATS ORDINAIRES

012.11 Contrats *par voie* électronique et contrats *de* l'électronique – Contrats informatiques et électroniques : des « contrats spéciaux ». Il convient en premier lieu de s'entendre sur les mots, par conséquent de bien distinguer les contrats *conclus par voie électronique*, selon la pertinente expression du code civil (C. civ., art. 1125 s.[1]), des *contrats de l'électronique*[2], qui seront surtout l'objet du présent ouvrage. Les premiers, que l'usage tend à désigner sous la forme abrégée de contrats électroniques ou de contrats numériques, relèvent du droit commun des contrats, même si celui-ci a connu, à leur propos, quelques évolutions pour l'adapter à la forme numérique[3], principalement quant au consensualisme et au formalisme[4]. Du reste, on pourrait raffiner en dissociant le contrat conclu *par voie* électronique (commande en ligne) de celui qui se conclut *sous forme* électronique (et constitue donc un acte juridique électronique). Mais, fondamentalement la formation électronique ne modifie pas la nature du contrat ; il constitue simplement une variété, nouvelle lors de son apparition, de contrats à distance.

Quant aux seconds, les contrats *du* numérique (informatiques et électroniques), ils s'inscrivent dans le domaine des « contrats spéciaux », mais seulement indirectement. Sans doute le Droit des « contrats spéciaux » s'intéresse aux divers types de contrats, mais c'est en fonction de leur nature (vente, entreprise, bail, mandat...). La chose sur laquelle ils portent est indifférente. La vente d'un *Airbus* est en elle-même et en principe de même nature que celle d'une trottinette (du moins si l'avion est standard, et n'a pas été profondément modifié pour un besoin spécifique du client, ce qui est fréquent) ; une licence de marque est semblable à la location d'une voiture ; la réparation d'un mur par un maçon, les soins donnés par un médecin à son patient, et la rédaction d'un contrat par un avocat sont tous des contrats de « louage d'ouvrage »[5] (dit aujourd'hui plus communément d'entreprise), soumis à des règles identiques. La CJUE a jugé (pour l'application de la dir. 2016/115[6]) qu'il convenait d'assimiler le prêt de copies de livres sous formes numériques à des prêts d'ouvrages imprimés[7] (mais uniquement pour les formes de

1. Qui se retrouve dans de nombreux art. épars du C. consom.
2. Ph. le Tourneau, « La notion de contrat électronique », dans Collectif, *Les deuxièmes journées internationales du commerce électronique*, Litec, 2005, p. 1 s.
3. V. *infra* n°s 412.30 s.
4. F. Binois, *Consensualisme et formalisme à l'épreuve de l'électronique. Étude de droit civil*, préf. F. Labarthe, PUAM, 2021, montrant, tant l'adaptation du consensualisme et du formalisme à l'électronique que leur transformation par ce dernier.
5. C. civ., art. 1710.
6. Dir. 2006/115, Parlement et Conseil, 12 déc. 2006, relative au droit de location et de prêt et à certains droits voisins du droit d'auteur dans le domaine de la propriété intellectuelle, *JOUE* L 376, 27 déc., p. 28.
7. CJUE 10 nov. 2016, *Vereniging Openbare Bibliotheken,* aff. C-174/15, *D.* 2017. Chron. 747, note C. Alleaume ; *CCÉ* 2017, n° 3, obs. G. Loiseau ; *CCÉ* 2017, n° 10, obs. C. Caron ; *RTD civ.* 2017. 173, obs. P.-Y. Gautier ; *RTD com.* 2017. 79, obs. F. Pollaud-Dulian.

mise à disposition qui présentent des traits comparables à ceux des prêts d'ouvrages sur papier).

De même, l'exécution d'un contrat peut être électronique, comme le téléchargement de musique, mais cela ne modifie en rien les obligations contractuelles, le lien de droit dont elles découlent, et qui est une abstraction. Certes, l'informatique et l'électronique constituèrent *techniquement* un monde différent et nouveau lorsqu'ils apparurent, mais beaucoup moins *juridiquement*, confirmant l'opinion du bonhomme Montaigne, selon lequel : « *Et nous et notre jugement et toutes choses mortelles vont coulant et roulant sans cesse* ».

À côté d'un fonds permanent, qui se transmet de génération en génération (*pars translaticia*), comme le bail, le mandat, la vente, ou de « belles questions » traditionnelles (la vente de la chose d'autrui, la garantie contre les vices), il existe un ajout mouvant, d'importance croissante surtout dans le monde des affaires (*pars nova*), suscitant sans cesse l'apparition de contrats inédits et de difficultés originales. Le droit des « contrats spéciaux » est le fruit de la liberté contractuelle[1], donc de l'imagination des parties (source du Droit ?), mais répondant généralement à des besoins économiques, et qui dépend aussi étroitement de l'évolution des données de toutes sortes, notamment techniques (dont l'apparition et au développement de l'informatique comme d'internet et des contrats électroniques, aux objets connectés[2] et bientôt aux robots plus ou moins autonomes). En ce sens, il n'est pas de Droit plus proche des réalités, ni plus réaliste, plus concret, même s'il recourt aux notions abstraites du Droit des obligations.

012.12 Les expressions de *contrats du numérique*, de *contrats informatiques* et de *contrats électroniques* sont simplement descriptives. Les expressions de *contrats du numérique*, de *contrats informatiques* et de *contrats électroniques*, pour courantes qu'elles soient, sont vicieuses. Elles sont descriptives plus que techniques, de fantaisie plus que scientifiques (de même, en matière de responsabilité civile, celle de concurrence déloyale, qui n'est qu'une application de la responsabilité délictuelle ou quasi délictuelle). Il n'existe pas plus de contrats informatiques ou de contrats électroniques que de contrats médicaux ou de contrats de la distribution. Voilà la réalité. Ces divers domaines utilisent plusieurs sortes de « contrats spéciaux » nommés (et innommés). Et même les contrats qui, *a priori*, paraissent propres à l'informatique, ne sont pas spécifiques, contrairement à ce que certains auteurs ont pu écrire. En réalité, ils se ramènent bien à des figures connues (au moins pour la plupart d'entre eux), malgré leurs appellations parfois saugrenues (par exemple, le contrat dit de *facilities management* n'est qu'un contrat de sous-traitance de spécialité[3]).

Dès lors, s'il est impropre de parler de contrats du numérique, de contrats informatiques ou de contrats électroniques, dans la mesure où ils ne sont pas spécifiques par nature, il est exact de traiter des contrats *relatifs* au numérique, à l'informatique ou à l'électronique (il nous arrivera toutefois d'utiliser l'expression de contrats du numérique, de contrats informatiques ou électroniques, *brevitatis causa*). Indirectement nous retrouvons alors les « contrats spéciaux », puisque aussi bien les contrats relatifs au numérique, à l'informatique ou à l'électronique entrent dans les moules présentés par ceux-ci. Notre expression de contrats *relatifs à* l'informatique a été adoptée par un auteur[4].

Le monde du numérique a vu apparaître de nombreux contrats de services, aux noms parfois étranges (comme le contrat de « services applicatifs »[5]). Certains d'entre eux seront exposés plus loin[6].

012.13 Des contrats de service : l'écrivain et « l'écrivant ». Les contrats du numérique sont divers. Parmi eux se trouvent des contrats de vente ou des baux. Mais beaucoup d'entre eux sont des contrats de service. Ceux-ci reçoivent l'une des deux qualifications juridiques que sont le contrat *d'entreprise*[7] *et* le contrat de *mandat*[8]. Cependant, certains contrats de services sont hybrides, combinant en réalité des éléments tant de l'entreprise que du mandat. Dans ce cas, l'habitude est de retenir la qualification prédominante des prestations en cause, voire de vente. Toutefois, selon le code de la

1. C. civ., art. 1102, mod. par ord. n° 2016-131, 10 févr. 2016, art. 2.
2. S. Bernheim-Desvaux, « L'objet connecté sous l'angle du droit des contrats et de la consommation », *CCÉ* 2017. Ét. 1.
3. V. *infra* ss nos 336.12 s.
4. H. Bitan, dans *Contrats informatiques*, « Droit@Litec », Litec, 2002, qui reproduisit de façon textuelle et bien désinvolte de nombreux passages de l'éd. 2000 du présent ouvrage – Son ouvrage postérieur, *Droit et expertise des contrats informatiques*, 2e éd., « Axe droit », Lamy, 2017, est également très inspiré par nos travaux, mais de façon plus discrète.
5. Paris, pôle 5, ch. 10, 3 mars 2010, RG n° 08/09839.
6. NOT. v. *infra* ss nos 33.00 s., 421.00 s., 422.00 s., 423.00 s., 431.00 s., 432.00 s., 433.00 s., 441.00 s. et 443.00 s.
7. L'expression de *contrat d'entreprise*, couramment employée aujourd'hui, ne figure pas dans le C. civ., qui utilise l'expression vieillie de « louage d'ouvrage » (C. civ., art. 1708 et 1710). Toutefois, dès l'origine, le code citait plusieurs fois le mot *d'entrepreneur* (C. civ., art. 1779, 3°, 1793, 1794, 1797, 1798, 2270 – *ADDE*, ajoutés postérieurement, C. civ., art. 1792-1, 1792-6, 1799-1. En revanche, il a disparu de l'art. 2270 en 1978).
8. C. civ., art. 1984 s. – Ph. le Tourneau, Rép. civ., V° *Mandat*, 2022.

consommation : « *Le contrat ayant pour objet à la fois le transfert de propriété d'un bien et la fourniture d'une prestation de services, y compris la prestation de livraison de biens, est assimilé à un contrat de vente* » (C. consom., art. L. 221-1, II, *in fine*[1]). Et la tentation, surtout lorsqu'aucune prédominance ne se dessine clairement, de qualifier le contrat de *sui generis,* faute de mieux (bien que cette dénomination soit une solution de facilité et un pis-aller, ne devant être utilisée qu'avec circonspection).

Les contrats de prestation de service revêtant la figure, soit du contrat d'entreprise soit du contrat de mandat, il est nécessaire de déterminer grossièrement la façon dont intervient le partenaire, permettant de les distinguer. Tous deux portent sur des services, mais des services de nature très différente. Pour donner une première idée de leur opposition, nous transposerons une célèbre distinction de Roland Barthes[2] entre *l'écrivain* et *l'écrivant*[3]. Le premier exerce une fonction, le second accomplit une activité[4]. Or, le mandataire exerce lui aussi une fonction, tandis que l'entrepreneur déploie une activité. Dans le mandat, les services consistent à s'entremettre. Le mandataire est d'abord et avant tout un intermédiaire : telle est sa fonction. Dans l'entreprise, les services se concrétisent par quelque œuvre à créer ou à édifier, quelque tâche matérielle ou intellectuelle à accomplir : tels sont les fruits de l'activité de l'entrepreneur. Un autre trait caractérise l'entreprise par rapport au mandat, fondé sur l'intention des parties, la réalité psychologique du rôle confié au partenaire. L'entreprise est d'une certaine manière centripète, dirigée vers un point central, en ce sens que le donneur d'ordre confie à l'entrepreneur le soin d'exécuter sa commande en son lieu et place. En revanche, le mandat est un contrat tourné vers l'extérieur, le mandataire traitant au nom du mandat avec des tiers[5].

L'expression « contrat de prestation de service » était inconnue du code civil. Elle y figure depuis la réforme de l'ordonnance n° 2016-131 du 10 février 2016[6], à l'article 1165 relatif à la détermination du prix à défaut d'accord des parties avant l'exécution[7] et à l'article 1352-8 relatif à la restitution d'une prestation de service (en valeur). Non seulement le code de la consommation emploie cette notion à de nombreuses reprises[8], mais encore il en donne une définition : « *tout contrat ayant pour objet la fourniture d'un service par le professionnel en contrepartie duquel le consommateur s'engage à payer le prix* »[9]. Elle fut aussi retenue par le groupe de travail de l'association Henri Capitant, dans l'avant-projet de réforme des contrats spéciaux qu'elle porta en avril 2020 à la connaissance des juristes[10], alors que l'un des membres de ce groupe avait milité pour l'expression, qui lui paraissait plus pertinente, de « travail indépendant »[11]. Ledit avant-projet englobe dans les contrats de prestation de services le transport, le courtage et la réalisation d'un bien. En revanche, le mandat se trouve dans un titre consacré aux contrats de représentation, avec le prête-nom et la commission.

012.14 Les contrats relatifs à l'informatique et à l'électronique sont soumis au régime du Droit commun. Autrement dit, les contrats relatifs au numérique, à l'informatique ou à l'électronique sont des contrats ordinaires, soumis au régime des figures juridiques qu'ils utilisent (vente, louage, entreprise, prêt...). Et, comme tels, ils obéissent *au Droit commun*[12], que ce soit celui *des contrats*[13] (y compris dans ses dispositions spéciales récentes telles celles qui sont relatives à la rupture des relations commerciales établies[14], visées par l'art. L. 442-1, II, du code

1. Réd. Ord. n° 2021-1734, 22 déc. 2021, transposant dir. 2019/2161, Parlement et Conseil, 27 nov. 2019, relative à une meilleure application et une modernisation des règles de l'Union en matière de protection des consommateurs.
2. Roland Barthes, philosophe, critique littéraire et sémiologue Français (1915-1980).
3. Néologisme de Roland Barthes.
4. « Écrivains et écrivants », dans *Essais critiques*, Seuil, 1971.
5. COMP. : M. Mekki, « La distinction entre acte juridique et acte matériel à l'aune du contrat de mandat », dans B. Remy (dir.), *Le mandat en question*, Bruylant, Bruxelles, 2013, p. 13 s., spéc. n°s 30 s.
6. SUR cette catégorie : G. Lardeux, « Le contrat de prestation de service dans les nouvelles dispositions du code civil », *D.* 2016. Chron. 1659.
7. V. *infra* s^{s} n° 121.72.
8. Not. C. consom., art. L. 215 s. ; L. 221-1, II ; L. 221-5, 1, 9° ; L. 221-18 ; L. 221-25, al. 1er.
9. C. consom., art. L. 611-1, 4°, création Ord. n° 2016-301, 14 mars 2016.
10. Dans son titre X. – V. le texte de l'avant-projet : *RDC* 2020/3. 131 s. ; pour sa présentation *RDC* 2020/3. 126 s.
11. J. Huet, « Réflexions critiques sur le recours à la notion de "prestation de services" au détriment de celle de "travail indépendant" », *RDC* 2020/3. 186 s.
12. NOT. sur les rapports droits communs/droit spécial : C. Goldie-Genicon, *Contribution à l'étude des rapports entre le droit commun et le droit spécial des contrats*, préf. Y. Lequette, « BDPr », t. 509, LGDJ, 2009 ; « Droit commun et Droit spécial », *RD Assas*, 2013/7. 29 s. – Sur le droit commun en général : N. Balat, *Essai sur le droit commun,* préf. M. Grimaldi, « BDPr », t. 571, LGDJ, 2016.
13. Paris, 15 sept. 1995, *Gaz. Pal.* 1996. 2, Somm. 329, obs. H. Gabadou, posant bien ce principe, à propos de la résolution judiciaire [C. civ., anc. art. 1184] pour inexécution d'un contrat relatif à un logiciel – Pau, 18 mars 1999, *Secura, JAMP* 1999/2, p. 287, nullité absolue d'un contrat dit de maintenance faute d'objet déterminé – Com. 4 juill. 2000, n° 97-10.052, NP, *RJDA* 2000, n° 1105, nullité pour dol – Nancy, 19 sept. 2000, *JCP E* 2001. 845, n° 9, obs. M. Vivant, N. Mallet-Poujol et J.-M. Bruguière, *idem.*
14. F. Chafiol-Chaumont et C. Minet, « Rupture des relations commerciales établies et contrats informatiques », *Cah. dr. entr.* 2010/1, prat. 5.

de commerce)[1] ; celui du *Droit de la consommation*[2] ; ou encore celui du *Droit de la concurrence*[3]. Nous citerons donc parfois des arrêts qui, bien que rendus hors des domaines du numérique, de l'informatique ou de l'électronique, sont éclairants pour ceux-ci. Autant dire qu'il n'existe aucun « vide juridique »[4], mais plutôt un *trop-plein*... Aussi, nous pourrions nous arrêter ici, renvoyant pour le surplus à ces trois matières !

012.15 Ordonnance du 10 février 2016. Le droit commun comprend évidemment la « révolution d'octobre »[5], constituée par l'ordonnance n° 2016-131 du 10 février 2016[6], « *portant réforme du droit des contrats, du régime général et de la preuve des obligations* »[7]. Celle-ci, accompagnée d'un important rapport au Président de la République[8] (de plus de 80 pages), fut le fruit d'un travail collaboratif, jamais égalé auparavant, entre la Chancellerie, des universitaires, des magistrats et des praticiens, sans oublier les milieux d'affaire[9]. Elle s'inscrit dans un contexte d'européanisation et d'internationalisation du droit des contrats[10]. Globalement, cette réforme fondamentale fut excellente (malgré l'appréciation sévère de quelques esprits négatifs), même si évidemment elle comporte des imperfections ou des lacunes. La belle affaire ! N'était-ce pas aussi le cas du code civil de 1804, dont a oublié, le temps passant, que certes il avait le mérite d'exister (donnant à la France un droit unique et uniforme), mais qu'il était fait de bric et de broc (ce que l'on nomme généralement plus élégamment sous l'appellation d'œuvre transactionnelle).

L'ordonnance du 10 février 2016 est entrée en vigueur le 1er octobre 2016. Seuls sont soumis aux dispositions nouvelles les contrats conclus après cette date, ainsi que les contrats renouvelés et ceux qui ont été tacitement « reconduits », puisqu'ils sont considérés comme de nouveaux contrats[11]. En revanche, les contrats qui avaient été conclus avant l'entrée en application de l'ordonnance resteront soumis à la loi ancienne, même si leurs effets se prolongent dans le temps. Bien que la survie de la loi ancienne soit la règle[12], il existe trois exceptions, relatives aux actions interrogatoires créées en matière de pacte de préférence, de représentation et de nullité[13]. L'application de ces principes très simples pose cependant un certain nombre de difficultés[14]. Et, comme il était prévisible[15], les juges

1. Sur cette disposition v. *infra* s[s] n° 312.155.
2. EX. : Toulouse, 9 janv. 1996, *Expertises* 1997, p. 79, appliquant à propos de logiciels les anc. art. L. 121-21 s. du C. consom., relatifs à la vente et à la proposition de services par démarchage (aussi : v. *infra* s[s] n° 013.31).
3. M.-A. Pichaud, « Informatique et droit de la concurrence », *CCC* 1999, p. 4 s.
4. Aussi : v. *infra* s[s] n° 422.45.
5. SELON L'EXPRESSION de : J.-M. Leloup, *RJ com.* 2016. 634.
6. Ord. n° 2016-131, 10 févr. 2016 portant réforme du droit des contrats, du régime général et de la preuve des obligations, *JO* 11 févr., n° 26.
7. Qui a donné lieu à une multitude de publications, tant partielles que d'ensembles, dont certaines seront citées au cours de l'ouvrage – SUR LA PHILOSOPHIE OU L'ESPRIT de la réforme : T. Revet, « Une philosophie générale ? », *RDC* 2016. 5 – H. Barbier, « Les grands mouvements du droit des contrats après l'ordonnance du 10 février 2016 », *RTD civ.* 2016. 247 – SUR LES ENJEUX SCIENTIFIQUES ET POLITIQUES du nouveau discours contractuel porté par la réforme : G. Chantepie et N. Dissaux, « Le nouveau discours contractuel. Rapport introductif », *RDC* 2016. 572 – SUR L'OFFICE DU JUGE : D. Mazeaud, « L'office du juge dans le nouveau droit des contrats », *RD Assas* 2017/13-14. 100 – SUR SA LANGUE : T. Genicon, « La grammaire dans la réforme du droit des contrats », *RDC* 2016. 751, remarquable analyse – SUR LES VALEURS MORALES dans la réforme : D. Fenouillet, « Les valeurs morales », *RDC* 2016. 589 – SUR UN AUTRE ASPECT : C. Bloch, A. Cerati-Gauthier et V. Perruchot-Triboulet (dir.), *L'influence de la réforme du droit des obligations sur le droit des affaires*, Dalloz, 2018 – SUR SES SOURCES ET SON INTERPRÉTATION : T. Girard Gaymard, « L'incidence du renouvellement des sources du droit des obligations sur son interprétation », *RTD civ.* 2020. 779 – AUSSI : F. Ancel et B. Fauvarque-Cosson, *Le nouveau droit des contrats. Guide bilingue à l'usage des praticiens*, LGDJ, 2019, pour les juristes du droit des affaires dans le domaine international.
8. P. Puig, « L'autorité des rapports relatifs aux ordonnances », *RTD civ.* 2017. 84.
9. D. Bert, « La "co-création" de la loi. Réflexions critiques sur le renouvellement des sources du droit », *RJ com.* 2016. 616 – F. Ancel, B. Fauvarque-Cosson et J. Gest, *Aux sources de la réforme du droit des contrats*, « Hors collection », Dalloz, 2017. L'ouvrage expose les sources de la réforme, quelles en furent les impulsions majeures et les soutiens politiques, tout en abordant l'avenir, s'interrogeant sur l'influence prévisible de la réforme, not. sur le développement à venir du droit privé européen.
10. V. Rivolier, « L'influence du droit européen et international des contrats sur la réforme française du droit des obligations », *RID comp.* 2017. 757, relevant que le mouvement dans lequel s'inscrit la réforme n'est pas limité aux textes cités dans le rapport précédant l'ordonnance (qui, au surplus, ont peut-être été utilisés abusivement).
11. C. civ., art. 1215, al. 2, mod. par ord. n° 2016-131, 10 févr. 2016, art. 2.
12. Ord. n° 2016-131, 10 févr. 2016, art. 9, al. 2.
13. Ord. n° 2016-131, 10 févr. 2016, art. 9, al. 3 – SUR L'ENSEMBLE DE LA QUESTION : C. François, « Application dans le temps et incidence de la jurisprudence antérieure de l'ordonnance de la réforme du droit des contrats », *D.* 2016. Chron. 506 s. – S. Gaudemet, « Dits et non-dits sur l'application dans le temps de l'ordonnance du 10 février 2016 », *JCP* 2016, Libres propos, 559 s. – A. Bénabent, « La "digestion" de la réforme », *RDC* 2016. 608 s. – G. Chantepie, « L'application dans le temps de la réforme du droit des contrats », *AJ contrat* 2016. 412 s. – F. Buy, « La subtilité du droit transitoire dans la réforme du droit des contrats. Le cas des contrats modifiés, prolongés ou cédés », *RLDC* 2017. 6295 – D. Mainguy, « Nouvelle avancée de la question de l'entrée en vigueur immédiate de la réforme des contrats », *RJDA* 2017. Chron. 899.
14. NOT. : F. Chénedé, *Le nouveau droit des obligations et des contrats*, 2e éd., « Dalloz référence », 2018, n°s 311.32 s.
15. F. Chénedé, *Le nouveau droit des obligations et des contrats, op. cit.*, n°s 312.00 s.

appliquent par anticipation certaines des dispositions de la loi nouvelle ou apprécient différemment certaines d'entre elles[1]. Il a pu être soutenu que, si un revirement de jurisprudence à la seule fin d'anticiper la réforme paraît bien être une figure *contra legem*, celui s'appuyant sur les ressorts de l'interprétation créatrice de textes anciens offre l'opportunité d'assurer la transition entre les règles anciennes et nouvelles applicables aux contrats[2].

La loi n° 2018-287 du 20 avr. 2018[3] de ratification de l'ordonnance de 2016 apporta de nombreuses modifications sans bouleverser l'équilibre général du texte ni le défigurer ; certaines des modifications ont seulement « un caractère interprétatif »[4].

La réforme a modifié sensiblement le rôle du juge dans le domaine contractuel. En effet, elle déplaça son intervention vers un contrôle *a posteriori* et offre à cette fin aux parties de nouvelles prérogatives permettant, sans recourir préalablement au juge, de faire cesser des situations d'incertitude (ainsi par « l'action interrogatoire » des art. 1158[5] et 1183[6]) et de prévenir la défaillance du cocontractant (grâce à l'exception d'inexécution par anticipation pour risque d'inexécution de l'art. 1220[7]). Toutefois, le recours à de nombreux standards[8] et la faculté pour le juge de réviser le contrat pour imprévision (art. 1195[9])[10]

1. Cass. ch. mixte, 24 févr. 2017, n° 15-20.411, P, n° 1 ; *D.* 2017. Chron. 793, note B. Fauvarque-Cosson ; *AJ contrat* 2017. 175, obs. D. Houtcieff ; *JCP* 2017. 305, avis B. Sturbise ; *JCP* 2017. 306, note G. Pignarre ; *RDC* 2017. 415, obs. T. Genicon (importante analyse) : « *l'évolution du droit des obligations, résultant de l'ordonnance n° 2016-131 du 10 février 2016, conduit à apprécier différemment l'objectif poursuivi par les dispositions relatives aux prescriptions formelles que doit respecter le mandat [de l'agent immobilier], lesquelles visent la seule protection du mandant dans ses rapports avec le mandataire* » – Civ. 1re, 20 sept. 2017, n° 16-12.906, P I, n° 195 ; *RTD civ.* 2017. 837, obs. H. Barbier, 2e esp. ; *Gaz. Pal.* 9 janv. 2018. 29, note D. Houtcieff, 1re esp. : même motif dans le même domaine – Soc. 21 sept. 2017, nos 16-20.103, 16-20.104, P V, n° 148 ; *D.* 2017. 2007, note D. Mazeaud ; *Gaz. Pal.* 10 oct. 2017. 13, note M. Latina ; *AJ contrat* 2017. 480, obs. C.-É. Buchet ; *RDC* 2017. 619, obs. Ph. Chauviré ; *Gaz. Pal.* 9 janv. 2018. 29, note D. Houtcieff, 2e et 3e esp. : « *l'évolution du droit des obligations, résultant de l'ordonnance n° 2016-131 du 10 février 2016, conduit à apprécier différemment, dans les relations de travail, la portée des offres et promesses de contrat de travail* ». Cet arrêt est plus caractéristique que les précédents de la volonté de la C. cass. de « *s'engager dans la convergence des droits* », le droit contractuel ancien jurisprudentiel avec le droit nouveau (M. Latina, note préc.) car, alors que l'évolution du droit des obligations n'y apparaissait que comme un élément conduisant à un revirement de jurisprudence, elle est l'élément déterminant du revirement intervenu par l'arrêt de la chambre sociale ; SUR CES ARRÊTS de la ch. soc. aussi : D. Mainguy, « Nouvelle avancée de la question de l'entrée en vigueur immédiate de la réforme des contrats », *RJDA* 2017. Chron. 899 – Com. 6 déc. 2017, n° 16-19.615, P IV, n° 159 ; *AJ contrat* 2018. 37, obs. T. Douville ; *D.* 2018. 327, note G. Lardeux ; *RDC* 2018. 205, obs. J. Klein ; *RTD civ.* 2018. 123, obs. H. Barbier : selon lequel une clause sur la preuve n'est licite qu'à la condition qu'elle n'établisse pas une présomption irréfragable au profit de l'une des parties ; cette solution inédite semble une application par anticipation de l'art. 1356, al. 2, du C. civ. – L. et J. Vogel, « Un premier bilan de l'application dans le temps de la réforme du droit des contrats », *RJDA* 2020. Ét. 383.
2. S. Mercoli, « Application dans le temps de la réforme des contrats : le revirement "de transition", une nouvelle figure jurisprudentielle pour la concorde des droits ? », *LPA* 31 déc. 2021, p. 17.
3. L. n° 2018-287, 20 avr. 2018, ratifiant l'ordonnance n° 2016-131 du 10 février 2016 portant réforme du droit des contrats, du régime général et de la preuve des obligations, *JO* 21 avr., texte 1.
4. SUR CETTE LOI : M. Mekki, « La loi de ratification de l'ordonnance du 10 février 2016. Une réforme de la réforme ? », *D.* 2018. Chron. 900 – D. Mazeaud, « Quelques mots sur la réforme de la réforme du droit des contrats », *D.* 2018. Chron. 912 – A. Bénabent, « Application dans le temps de la loi de ratification de la réforme des contrats (art. 16 de la loi du 20 avr. 2018) », *D.* 2018. Chron. 1024 – Collectif, « La "réforme de la réforme" du droit des obligations : (I) Le contrat », *AJ contrat* 2018. Dossier 251 – J. Caertwright, B. Fauvarque-Cosson et S. Whittaker (dir.), *La réécriture du code civil : Le droit français des contrats après la réforme de 2016*, « Droit comparé européen », vol. 29, Société de législation comparée, 2018.
5. NOT. : E. Jeuland, « Les actions interrogatoires en question », *JCP* 2016. Libre propos 737 – M. de Fontmichel, « Les nouvelles actions interrogatoires », *D.* 2016. Chron. 1665 – L. Mayer, « Défense des "actions interrogatoires" introduites par la réforme du droit des contrats », *Gaz. Pal.* 29 nov. 2016. Doctr. 47. – X. Lagarde, « Entre contrat et procédure : les actions interrogatoires », *D.* 2017. Chron. 715 – A. Danis-Fatôme, « Le contrat de mandat à l'épreuve de la réforme du droit des obligations du 10 février 2016 », dans *Mél. J. Huet*, LGDJ, 2017. 77, spéc. p. 81 s.
6. SUR les conditions et les effets de cette action interrogatoire : O. Deshayes, T. Genicon et Y.-M. Laithier, *Réforme du droit des contrats. Du régime général et de la preuve des obligations*, 2e éd., LexisNexis, 2018, p. 288 s.
7. H. Juillet-Regis, « Nouveau droit commun des sanctions contractuelles et risque manifeste d'exécution : *quid* de la résolution et de la réfaction anticipées ? », dans *Mél. B. Teyssié*, LexisNexis, 2019, p. 991 s., souhaitant la généralisation de l'anticipation à la réduction du prix et à la résolution du contrat.
8. DONT VOICI UN ÉCHANTILLON : Ordre public (art. 1104 et 1112), bonne foi (art. 1104 et 1198), obligation essentielle (art. 1170), personne raisonnable (art. 1188, 1197 et 1301-1), délai raisonnable (art. 1116, 1117, 113, 1195, 1211, 1222, 1226 et 1231), meilleurs délais (art. 1220 et 1223), coût raisonnable (art. 1222), attentes légitimes (art. 1166), déséquilibre significatif (art. 1171), avantage manifestement excessif (art. 1141 et 1143), disproportion manifeste (art. 1221).
9. En deuxième lecture du projet de loi de ratification de l'Ord. n° 2016-131 du 10 févr. 2016, le Sénat avait supprimé la possibilité, pour une partie, de demander au juge, en cas d'échec de la renégociation, de réviser le contrat : G. Chantepie et M. Latina, « Ratification de la réforme du droit des obligations : analyse de la deuxième lecture du Sénat », *D.* 2018. Chron. 309, nos 16 s. – Mais cette modification ne fut pas retenue par la loi de ratification (L. n° 2018-287, 20 avr. 2018), qui laissa le texte inchangé.
10. V. *infra* ss n° 116.23.

renforcent son rôle dans l'appréciation des obligations à la charge des parties et dans le contentieux du contenu du contrat[1]. D'un autre côté, le fait que la loi soit récente, plus précise et plus complète, va diminuer sensiblement pour un certain temps la place de la casuistique en la matière[2], tout en revivifiant l'exégèse[3] dans un esprit de « libre recherche ». Le droit des obligations est un immense palimpseste, dont les strates cachent l'histoire du passé, alors que sa vie se poursuit, dont les développements, issus d'innovations, d'évolutions, notamment d'interprétation, sont pour la plupart indécelables. Contrairement à la réforme des contrats, qui a accru le rôle du juge, le projet de réforme de la responsabilité civile (présenté par le garde des Sceaux le 13 mars 2017[4]) devrait entraîner, s'il était adopté, une diminution de sa place[5].

012.16 **Emploi de la langue française.** Au sein du Droit commun figure la loi n° 94-665 du 4 août 1994[6], dite loi Toubon, relative à l'emploi de *la langue française*. Sa finalité n'est pas seulement la sauvegarde de cette dernière (« *élément du patrimoine de la France* », selon L. préc. 4 août 1994, art. 1er), face à l'envahissement de l'américain, mais aussi la protection des consommateurs. Ses dispositions semblent parfois négligées par les entreprises informatiques et sur internet[7]. Son article 2 dispose que : « *Dans la désignation, l'offre, la présentation, le mode d'emploi ou d'utilisation, la description de l'étendue et des conditions de garantie d'un bien, d'un produit ou d'un service, ainsi que dans les factures et quittances, l'emploi de la langue française est obligatoire. Les mêmes dispositions s'appliquent à toute publicité écrite, parlée ou audiovisuelle* ».[8] L'usage de la langue française est donc impératif, « *y compris dans le domaine de la micro-informatique, où l'emploi de termes étrangers s'avère générateur de contresens, d'incompréhensions ou de malentendus qui peuvent conduire les utilisateurs à commettre des erreurs d'installation* »[9]. Les prescriptions légales relatives au français s'imposent, sans qu'il y ait lieu de distinguer selon que l'acheteur d'un produit portant une mention écrite en langue étrangère est un particulier ou un professionnel[10].

L'obligation de l'emploi du français s'étend non seulement aux modes d'emploi, y compris en ligne[11], auxquels l'utilisateur final d'un progiciel peut avoir accès après son installation, mais aussi aux documents destinés au professionnel chargé de procéder à cette installation[12]. L'utilisation de dessins ou pictogrammes, éventuellement accompagnés de mentions en langue étrangère non traduites en français, ne remplit pas les conditions légales[13]. De plus, « *le juge, sans violer l'article 6 de la convention de sauvegarde des droits de l'homme et des libertés*

1. EN CE SENS : A. Chatain et J.-Ph. Erb, « Les conséquences de la réforme du droit des contrats sur l'intervention du juge », *JCP E* 2017. Doctr. 1245 – *ADDE* : V. Vigneau, « Un nouvel office pour le juge », *Gaz. Pal.* 12 juin 2017. Doctr. 23 – D'UNE FAÇON GÉNÉRALE : D. Guevel (dir.), « Le juge, auteur et acteur de la réforme du droit des contrats », *RDC* 2016. Dossier 352.
2. SUR CELLE-CI : F. Rouvière, « Apologie de la casuistique juridique », *D.* 2017. Chron. 118.
3. SUR CELLE-CI : la défense et illustration de : Ph. Rémy, « Éloge de l'exégèse », *Droits* 1985, n° 1. 115 s. – Sur l'autorité juridique à donner à la grammaire dans la réforme de 2016 : T. Genicon, « La grammaire dans la réforme du droit des contrats », art. préc., n° 18.
4. SUR LEQUEL : Ph. le Tourneau (dir.), *Droit de la responsabilité et des contrats...*, 12e éd., *op. cit.*, n° 0124.24.
5. P. Jourdain, « Fait générateur et responsabilité civile », *RDC* 2017. Dossier 717.
6. L. n° 94-665, 4 août 1994, relative à l'emploi de la langue française, *JO* 5 août, p. 11392.
7. SUR LA QUESTION : F. Bouguettaya, « La loi "Toubon" appliquée à l'internet », *RLDI* 2014, n° 3642.
8. V. AUSSI son décret d'application : décr. n° 95-240, 3 mars 1995 pris pour l'application de la loi n° 94-665 du 4 août 1994 relative à l'emploi de la langue française, *JO* 5 mars, p. 3514 – Circ. 19 mars 1996 concernant l'application de la loi n° 94-665 du 4 août 1994 relative à l'emploi de la langue française, *JO* 20 mars, p. 4258, NOR : PRMX9601403C – Circ. 6 mars 1997 relative à l'emploi du français dans les systèmes d'information et de communication des administrations et établissements publics de l'État, *JO* 20 mars, p. 4359, NOR : PRMX9701940C – Circ. 20 sept. 2001 relative à l'application de l'article 2 de la loi du 4 août 1994 relative à l'emploi de la langue française, *JO* 27 oct., p. 16969, NOR : MCCG0100589C – Circ. 14 févr. 2003 relative à l'emploi de la langue française, *JO* 21 mars, p. 5034, NOR : PRMX0306461C.
9. Paris, 27 janv. 1997, *Dewavrin*, *JCP E* 2001. Pan. 1219 ; *RJDA* 1997, n° 1576 – Montpellier, 27 mai 1999, *Gaz. Pal.* 2000. 2, Somm. 1695, précisant que cette loi « *concerne tous les biens, produits ou services, destinés ou non à des spécialistes, et qu'elle s'applique à tous les stades de la diffusion* » – Paris, 10 févr. 2003, *Charlie 12*, *CCC* 2003, n° 167, obs. G. Raymond, le mode d'emploi de « cartes mères » informatiques doit être rédigé en français – Civ. 3e, 24 nov. 2009, n° 08-15.002, P III, n° 150 ; *CCC* 2010, n° 63, obs. G. Raymond ; *CCC* 2010, n° 75, obs. M. Malaurie-Vignal ; *RLDI* 2009/55, n° 1819, obs. L. C. ; sté commercialisant sur son site internet des produits dont l'étiquetage et les fiches de présentation sont entièrement rédigés en langue anglaise – *ADDE* en dehors de l'informatique : Aix-en-Provence, 24 sept. 1997, *CCC* 1998, n° 82, obs. G. Raymond ; condamnation d'une sté ayant distribué des produits comportant des mentions exclusivement en langue étrangère.
10. Paris, 17 déc. 1999, *Master Trading*, *RJDA* 2000, n° 370.
11. Com. 24 nov. 2009, n° 08-15.002, préc.
12. Crim. 3 nov. 2004, n° 03-85.642, P n° 266 ; *RTD com.* 2005. 432, obs. B. Bouloc.
13. Paris, 10 sept. 1999, *Fruit of the Loom*, *JCP E* 1999. 1897 : un pictogramme ne peut pas suppléer l'absence de notice d'entretien – CE 30 juill. 2003, *Assoc. Avenir de la langue française*, req. n° 245076, *Lebon* ; *JCP E* 2003. Pan. n° 1341 : annulation partielle [pour incompétence de l'autorité administrative d'aller contre une disposition légale] de la Circ. préc. 20 sept. 2001 ayant affirmé le contraire.

fondamentales, est fondé, dans l'exercice de son pouvoir souverain, à écarter comme élément de preuve un document écrit en langue étrangère, faute de production d'une traduction en langue française » (Com. 27 nov. 2012, n° 11-17.185[1]). Toutefois, l'ensemble de ces dispositions ne s'applique qu'aux contrats soumis à la loi française. Les parties choisissent donc librement la langue dans laquelle elles rédigent un contrat international de Droit privé[2]. Le français n'est pas nécessairement la langue des négociations (qui, au demeurant, ont pu être menées en plusieurs idiomes). Enfin, les prescriptions relatives à la langue doivent être invoquées de bonne foi, comme toute loi, et non en vue de résilier un contrat dont on regrette la conclusion[3]. Lorsqu'une partie à un contrat international n'est pas francophone, l'usage se répand qu'il soit rédigé en anglais[4].

012.17 Position de la Cour de justice de l'Union européenne sur l'obligation d'utiliser une langue déterminée. La Cour de justice des Communautés européennes [devenue la Cour de justice de l'Union européenne] a admis qu'un État puisse imposer sa langue nationale pour les mentions sur les emballages des produits importés Mais cette obligation ayant un effet équivalent à une restriction quantitative à l'importation doit être *proportionnée* au but de la protection des consommateurs (et elle est alors justifiée par l'article 36[5] du traité de fonctionnement de l'Union européenne [TFUE]). De plus, elle doit être *limitée* aux mentions auxquelles l'État attribue un caractère obligatoire (CJCE 3 juin 1999, *Colim NV c/Bigg's Continent Noord NV*, aff. C-33/97[6]). Une autre décision de la CJCE comportait une formule inquiétante : « *Les articles 30*[7] *du Traité et 14 de la directive 79/112 s'opposent à ce qu'une réglementation nationale impose l'utilisation d'une langue déterminée pour l'étiquetage des denrées alimentaires, sans retenir la possibilité qu'une autre langue facilement comprise par les acheteurs soit utilisée ou que l'information de l'acheteur soit assurée par d'autres mesures* » (CJCE 12 sept. 2000, *Y. Geoffroy c/Casino France*, aff. C-366/98[8]). La position de la Cour de justice est une manifestation du libéralisme à tous crins (ici sous les espèces de la libre circulation des biens), érigé en valeur suprême, au détriment de la protection des consommateurs et d'autres valeurs, comme la défense des cultures nationales. Elle restreint sensiblement et fâcheusement la portée de la loi du 4 août 1994, dite Toubon ; toutefois, cette dernière joue pour l'instant un rôle non négligeable, comme l'attestent les arrêts précités des juridictions françaises.

Mais le gouvernement a pris le soin de rappeler, pour éviter une interprétation erronée des décisions de la CJCE, que la disposition de l'article 2 de la loi du 4 août 1994 est applicable « *lors de la commercialisation en France des biens, produits ou services quelle soit l'origine de ceux-ci* »[9].

012.18 Plaidoyer pour le multilinguisme. La politique du « tout anglo-américain » des entreprises est maladroite. Les Américains ne sont pas aimés partout, et un négociateur qui arrive en Allemagne sachant la langue de Gœthe, en Amérique latine en pratiquant l'espagnol, au Brésil en parlant portugais, en Chine connaissant le mandarin ou le cantonnais, *etc.*, bénéficiera d'un préjugé favorable et augmentera ses chances de conclure des affaires. Du reste, le mandarin et le cantonnais sont les langues de l'avenir, *volens nolens*, compte tenu de l'immensité du marché chinois. Quoi qu'il en soit, la diversité culturelle et donc le multilinguisme sont

1. Com. 27 nov. 2012, n° 11-17.185, P IV, n° 213 ; *D.* 2012. 2900 ; *RDC* 2013. 495, note S. Pérès.
2. Com. 11 mars 1997, n° 95-13.926, P IV, n° 66 – SUR L'ENSEMBLE DE CES QUESTIONS : J. Julien, « La langue française et le contrat », dans *Libre droit. Mél. Ph. le Tourneau*, Dalloz, 2008, p. 465 s. (sur la langue du contrat v. *infra* s[s] n° 116.06 ; sur la langue de l'arbitrage, v. *infra* s[s] n° 116.173).
3. Com. 17 juin 2008, n° 07-14.299, NP, l'arrêt relève que la sté C... n'avait pas de motifs légitimes de rompre le contrat ; qu'en particulier, « *la documentation en langue anglaise relative à l'installation du progiciel émanant de la société SAP n'était pas utile à la société C..., à laquelle il était prévu de remettre en langue française, lors de l'installation du progiciel, la documentation relative à son utilisation, et que la non remise au mois d'avril 2000 du contrat de licence en langue française n'était pas de nature à constituer un obstacle à l'exécution du contrat* ».
4. SUR LA LANGUE DU CONTRAT, v. *infra* s[s] n° 116.06.
5. TFUE, 36 [TCE-A, 30 ; TCE 36] – I. Pingel (dir.), *De Rome à Lisbonne. Commentaire article par article des traités UE et CE* 2e éd., Helbing-Lichtenhahn-Dalloz-Bruylant, 2010, p. 396.
6. CJCE 3 juin 1999, *Colim NV*, aff. C-33/97, *RJDA* 1999, n° 1281 – POUR DES ARRÊTS reconnaissant que l'obligation de l'emploi de la langue française est justifiée par la protection des consommateurs : Crim. 26 avr. 2000, n° 98-86.408, P n° 163 ; *RJDA* 2000, n° 1209 – Crim. 14 nov. 2000, n° 99-86.216, *Fruit of the Loom France*, P n° 342 ; *JCP* 2001. II. 10525, note E. Dreyer – Crim. 3 nov. 2007, n° 06-89.330, *SAP c/Concurrence (S[té])*, *CCC* 2008, n° 54, obs. G. Raymond : à propos d'un logiciel de gestion.
7. TFUE, 36 [TCE-A, 30 ; TCE 36]. – I. Pingel (dir.), *De Rome à Lisbonne. Commentaire article par article des traités UE et CE*, 2e éd., préc., p. 396.
8. CJCE 12 sept. 2000, *Y. Geoffroy*, aff. C-366/98, *D.* 2001. 1458, note J.-M. Pontier [l'art. 30 cité est devenu l'art. 28 du traité CE] ; rendue sur le fondement d'une directive dans un domaine particulier, et dans une aff. à propos d'un pays où règne le plurilinguisme [la Belgique], il est à espérer qu'elle ne s'étendra pas au-delà, d'autant que ses termes sont contraires à la Constitution de notre pays déclarant le français seule langue de la République.
9. Circ. 20 sept. 2001, relative à l'application de l'article 2 de la loi du 4 août 1994 relative à l'emploi de la langue française, *JO* 20 sept., p. 16969 ; NOR MCCG0100589C.

des atouts[1]. Au demeurant, il semble qu'une réussite internationale durable implique un effort de l'entreprise pour s'adapter au pays d'implantation, passant par une connaissance de sa culture et de sa langue[2] ; sinon de graves impairs peuvent être commis, sources de déconvenues commerciales (la devise publicitaire de *Pepsi-Cola, Come alive with Pepsi*, soit « Revivez avec Pepsi », a failli signifier en cantonnais, du fait d'une traduction littérale, « Pepsi sort vos ancêtres de la tombe »[3] !).

012.19 Langue et fond. La langue retentit nécessairement sur le fond. S'exprimer systématiquement en anglais conduit nécessairement, à la longue, à une sorte de déformation des concepts d'origine, à leur alignement sur celui de l'idiome utilisé. Cela favorise peut-être une certaine harmonisation du Droit, mais celle-ci est de mauvais aloi dès lors qu'elle n'a pas été délibérée, qu'elle est intervenue subrepticement. L'importance sans cesse croissante de l'anglais dans les négociations et comme langue contractuelle entraîne par ricochet le développement de techniques juridiques et de clauses anglo-américaines, dont les rédacteurs doivent bien comprendre la portée[4].

012.20 Accentuation des majuscules. L'Académie française a appelé l'attention, dans un communiqué du 1er mars 2019, sur l'importance de l'accentuation des majuscules. Elle releva qu'en typographie certains suppriment tous les accents sur les capitales sous prétexte de modernisme (en fait pour réduire les frais de composition). La vénérable institution indiqua « *qu'en français, l'accent a pleine valeur orthographique. Son absence ralentit la lecture, fait hésiter sur la prononciation, et peut même induire en erreur. Il en va de même pour le tréma et la cédille* ». Il convient donc d'utiliser « *systématiquement les capitales accentuées, y compris la préposition À, comme le font bien sûr tous les dictionnaires* [...] *mais aussi l'Imprimerie nationale, la Bibliothèque de la Pléiade, etc.* ».

012.21 Langue du contrat ; des pièges de l'anglais. Le risque linguistique du contrat conclu en anglais par un juriste non anglophone est sérieux. D'abord, il est fréquent que les négociateurs ne pratiquent qu'un anglo-américain médiocre (ce dérisoire *basic english*, nommé par certains le *Globish*, dont le vocabulaire est de moins de 500 mots), un vague salmigondis international (une sorte de *pidgin*) et, surtout, qu'ils ne connaissent pas le sens précis des expressions économiques et, pis encore, juridiques anglaises, avec les dangers que cela comporte. Qui envisage de négocier en anglais doit, au préalable, faire l'indispensable effort de parfaire sa connaissance de cette langue et, particulièrement, du vocabulaire juridique[5]. Le pire n'est pas dans l'ignorance mais dans l'illusion de savoir, d'autant plus que l'anglais connaît de nombreux *faux-amis* par rapport au français, qui sont autant de chausse-trappes et de nids à confusions et à procès.

En voici quelques exemples : *assumption* n'est qu'hypothèse ; *condition precedent, subsequent* signifie respectivement condition suspensive, résolutoire ; *commencement*, entrée en vigueur d'un contrat ; *depreciation*, dotation aux amortissements ; *determinable*, résiliable ; *discharge by frustration*, résolution pour impossibilité d'exécution ; *duty of best efforts*, correspond à peu près à l'obligation de moyens[6] ; *letter of credit*, crédit documentaire ; *relief*, exonération, à propos de la défaillance contractuelle ; *right of first refusal*, droit de préemption ; *security agreement*, contrat de garantie ; *scope* (différent de *scoop* !), en matière contractuelle est le domaine ou la portée d'un contrat ; *simple contract*, convention verbale ; *solicitation*, offre de vente ; *stage*, en matière contractuelle, signifie étape ou phase dans l'exécution ; *term*, durée ; *the latent vice* (ou *defect*), le vice caché ; *to file a patent*, déposer un brevet ; *vicarious liability*, responsabilité du fait du préposé. Et n'allez pas croire que *to recoup oneself* soit se recouper, c'est rentrer dans ses fonds, ni que *return of equity* soit le retour à un mythique âge d'or de l'équité : cette expression se traduit par rentabilité des capitaux propres !

Ensuite, car l'anglais n'est pas précis. Ainsi, dans cette langue, l'expression de force majeure n'a nullement la précision qu'elle possède en français (d'où la nécessité d'une clause sur cet objet[7]). Cette imprécision est sans doute à l'origine de l'insertion dans certains contrats internationaux de longues déclarations « de reconnaissance » de leurs obligations par les parties et énonçant leur cause (pratique qui n'étonne pas les juristes de la *Common law*[8],

1. SUR CES QUESTIONS : Ph. le Tourneau, « La francophonie », *Annales de l'Université Toulouse 1*, 1997, p. 3 s. – D. Volton, *Demain la francophonie*, Flammarion, 2006 – C. Hagège, *Contre la pensée unique*, Odile Jacob, 2011.
2. COMP. : G.-P. Ferraro, « L'Amérique découvre les vertus du *business* en version originale », *L'Expansion Management Review*, déc. 1996, p. 84 s.
3. G.-P. Ferraro, art. préc., citant d'autres ex. aussi frappants.
4. DÉJÀ sur le vocabulaire, le style et l'emploi de la langue française v. *supra* ss nos 011.101 s.
5. COMP. : J. Y. Duyck, « Haro sur la diversité ! De l'usage du sabir anglo-saxon en sciences de gestion », *Rev. Sciences de gestion* 2011/82, p. 101 s.
6. SUR LA CLAUSE de *best efforts* : J. Mestre et J.-C. Roda (dir.), *Les principales clauses des contrats d'affaires*, « Les intégrales », Lextenso, 2011, p. 129 s.
7. V. *infra* ss no 116.24.
8. L'expression *Common law* vient du franco-normand « commune ley » signifiant « loi commune » – Mais la *Common law* s'est aujourd'hui largement diversifiée selon les contrées, de sorte qu'il existe **des** *Common laws* et qu'une branche nouvelle du droit comparé est apparue : le droit comparé *interne* à la *Common law (comparative Common law)* ; v. pour une entrée en la matière : A. Roberston et M. Tilbyry [dir.], *The Common law of obligations. Divergence and Unity*, Hart Publishing, Oxford, 2016, et l'importante recension par É. Descheemaeker, *RTD civ.* 2020. 474.

mais qui est assez singulière pour les juristes de tradition romano-germanique). Enfin, dans la mesure où l'anglais n'est plus une langue unitaire (ce qui est moins connu). En effet, il varie de façon assez importante selon les pays et les continents, même si le monde des affaires a tendance à utiliser le même vocabulaire, assez restreint, cette nouvelle *lingua franca* (dans le présent ouvrage nous avons donné la traduction de nombreuses expressions du monde de l'informatique de l'internet et publié en annexe un lexique anglo-français).

012.22 **Enrichissement de la langue française.** La langue française s'est enrichie à l'époque contemporaine de mots nouveaux, rendus nécessaires par les évolutions du monde et des techniques, notamment par la naissance de l'informatique puis de l'internet. Certains d'entre eux ont été publiés au *Journal officiel* (dans les conditions prévues par le décret du 3 juillet 1996[1] relatif à l'enrichissement de la langue) : leur emploi est alors obligatoire (dans la mesure où le français l'est lui-même en vertu de la loi du 4 août 1994, préc.). Les listes de terminologie peuvent être consultées dans le *Code de la communication* Dalloz ou sur le site internet de la *Délégation générale à la langue française*[2]. Un autre site (non officiel) propose un vaste dictionnaire de l'informatique[3]. Le présent ouvrage comporte en annexe un lexique anglais-français des principaux termes de l'informatique et de l'internet et des contrats s'y rapportant. Il est intéressant et commode, même s'il convient de rester vigilant en le consultant, pour ne pas adopter sans réfléchir n'importe quel mot anglais, alors qu'il est inutile, un vocable français existant : Le recours à des mots étrangers est souvent le fruit de la paresse et de la méconnaissance de sa propre langue ! Nous aurons hélas souvent l'occasion de dénoncer, au cours du présent ouvrage, la mauvaise qualité de la langue des informaticiens (au sens large), découlant de leur méconnaissance du français et de leur paresse intellectuelle, les conduisant à user d'un « franglais »[4] grotesque et d'un charabia incompréhensible[5], une « novlangue » abominable[6], auprès duquel celui des *Précieuses ridicules*, fustigé par Molière, apparaît comme un modèle de simplicité et de clarté !

Certains termes des disciplines nouvelles ne sont pas d'origine américaine, mais viennent du latin (*fax*, déformation de *fac simile*) ou le fameux signe arobase (@), raccourci du latin *ad* (vers ; d'où les pays de langue anglaise le désignent par *at*)[7] ; en réalité, ce signe était déjà utilisé par les scribes médiévaux (ce que ne signale pas A. Le Diberber), parmi les nombreuses abréviations auxquelles ils recouraient pour alléger leur tâche. Il était tombé dans l'oubli, sauf aux États-Unis où son usage s'est répandu au XIXe siècle pour noter le prix unitaire des marchandises. « *Deux chaises à 20 dollars pièces* » se notait « *2 chairs @ $ 20* » et se lisait « *two chairs at twenty dollars* ». L'usage en est resté pour les Américains qui lisent toujours *at*. Comme le *at* américain pouvait aussi servir à localiser les choses, c'est sans doute pourquoi il a été choisi par Ray Tomlinson en 1971, créateur du logiciel électronique *TELNET*, pour indiquer la localisation des serveurs (ou boîtes aux lettres) de messagerie électronique (en italien l'arobase est désigné par le mot *chiocciola*, escargot, du fait de la forme du signe). Le mot d'ordinateur a été introduit à la fin des années cinquante du siècle passé par *IBM* France, et a été soufflé à sa direction par un universitaire, qui s'était souvenu d'un propos du philosophe et théologien Malebranche[8], selon lequel « *Dieu est le grand ordinateur, parce qu'il ordonne...* » (il avait lui-même repris une vieille formule de la théologie médiévale, *Deus ordinator*[9]) !

012.23 **Unités légales de mesure.** Dans la désignation, l'offre, la présentation, le mode d'emploi ou d'utilisation, la description de l'étendue et des conditions de garantie d'un bien, d'un produit ou d'un service, la langue française doit en principe être employée[10]. De plus, il est évident que les unités de mesure utilisées doivent être celles qui sont légales en France. Or, en pratique ce n'est pas le cas, les fabricants et vendeurs ne donnant jamais dans le domaine de l'informatique les dimensions en centimètres mais en « pouces ». Une association de consommateurs s'en est à juste titre émue, et a assigné un professionnel de la distribution[11].

1. Décr. n° 96-602, 3 juill. 1996 relatif à l'enrichissement de la langue française, *JO* 5 juill., p. 10169.
2. http://dglf.culture.gouv.fr/
3. http://www.dicofr.com/
4. Étiemble, *Parlez-vous franglais ?*, « Folio actuel », Gallimard, 1991.
5. « *L'esprit de la technique a chassé et supplanté le génie de la langue* », M. Heidegger (dans *Langue de tradition et langue technique*, Leber-Hossmann, Bruxelles, 1990).
6. J. Semprun, *Défense et illustration de la novlangue française*, éd. de l'Encyclopédie des nuisances, 2005.
7. SUR LE SUJET : A. Le Diberber, *Histoire d'@, l'abécédaire du cyber*, La Découverte, 2000, donnant plusieurs origines possibles, mais sans trancher. Le mot pourrait venir de l'espagnol *arroba*, lui-même issu de l'arabe *ar-roub* signifiant *un quart*.
8. Malebranche (1638-1715) était prêtre oratorien.
9. Saint Augustin, *Les confessions*, 13, X, 16.
10. V. *supra* s^s^ n°s 012.16 s.
11. Civ. 1re, 20 oct. 2011, n° 10-25.402, P I, n° 171 ; *D.* 2011. 2910, note E. Bazin ; *D.* 2012. 840, obs. H. Aubry, E. Poillot et N. Sauphanor-Brouillaud : statuant uniquement sur la question de l'agrément de l'association ; la cour d'appel de renvoi a eu à juger du fond, mais nous n'avons pas eu connaissance de l'arrêt.

SECTION 2
TRANSFORMATION DES CONTRATS RELATIFS À L'INFORMATIQUE ET À L'INTERNET

012.31 Les faits transforment le Droit. Le Droit est nécessairement influencé par les données, qui lui sont extérieures, mais qu'il est appelé à régir. Les faits transforment toujours le Droit, comme cela a été magistralement démontré par le doyen Savatier[1]. Ainsi, l'apparition de nouvelles techniques ou de nouveaux appareils retentit sur le Droit (précisons, parce que cette évidence est aujourd'hui souvent méconnue, que dans la langue française, les mots de technique et de *technologie* ne sont pas synonymes, contrairement à l'anglais : le second a une acception plus large que le premier, puisqu'il signifie l'art d'élaborer, d'utiliser, de transmettre ou d'étudier une technique, de même que méthodologie n'équivaut pas à méthode, mais réflexion sur les méthodes ; technologie est souvent employé abusivement – de façon pédante qui se veut savante, alors qu'il s'agit d'un anglicisme inconscient – à la place de technique). Le développement du machinisme à la fin du XIXe siècle provoqua la naissance, en Droit des contrats d'une obligation dite de sécurité, et dans la responsabilité d'un principe général de responsabilité du fait des choses. Il est indéniable que la troisième révolution industrielle (ou quatrième ?[2]), celle du microprocesseur, de ses applications comme de l'internet, provoquèrent et provoqueront à leur tour des modifications du Droit, en attendant peut-être un droit spécifique de l'internet et du cyberespace[3].

En voici quelques exemples, parmi d'autres. Une œuvre de l'esprit peut bénéficier du Droit d'auteur, même lorsqu'elle a été créée à partir d'un système informatique, dès lors qu'elle laisse apparaître l'originalité de son concepteur[4] ; de même, est bien un artiste interprète qui recourt à l'interprétation assistée par ordinateur[5]. La vie et le paiement de la *lettre de change-relevé papier* ont été profondément marqués par l'informatisation de son traitement. Et, quant à la *lettre de change-relevé magnétique*, établie *ab initio* sur support magnétique, la transformation a été si radicale qu'elle n'a plus qu'un lointain rapport (purement verbal) avec le Droit cambiaire[6], de sorte que toutes les règles de celui-ci sont exclues à son égard[7] et qu'elle ne bénéficie pas des garanties qui s'attachent aux lettres de change papier. La lettre de change-relevé magnétique constitue un simple procédé de recouvrement de créance dont la preuve de l'exécution relève du droit commun[8]. En réalité, elle repose sur un double mandat : par l'émetteur donnant mandat au banquier de procéder à l'encaissement de la lettre, et par le débiteur donnant mandat à son banquier d'en opérer le paiement (lorsqu'il renvoie le relevé des lettres). Le prestataire habilité qui fournit des services de réception et de transmission d'ordres de bourse par internet doit disposer d'un système automatique (informatisé) de vérification du compte, bloquant l'ordre en cas de provision insuffisante (règl. général de l'Autorité des marchés financiers, art. 321-62[9]).

D'un autre côté, il a été nécessaire de transformer profondément le Droit de la preuve pour tenir compte de l'informatique et de l'internet, notamment en reconnaissant la valeur juridique d'un document électronique (y compris pour donner mandat[10]), et en légalisant la « signature électronique »[11]. Le défi en la matière consistait à allier *la sécurité juridique*, indispensable à la preuve, à *la souplesse* nécessaire du rapport contractuel se créant en ligne. Cependant, il est remarquable que le législateur ait pris le parti de réformer le Droit commun de la preuve littérale[12], plutôt que d'adop-

1. R. Savatier, *Les métamorphoses économiques et sociales du droit civil d'aujourd'hui*, 3e éd., Dalloz, 1963 – COMP. : S. Pellé, « Quels nouveaux paradoxes pour le droit de demain ? », dans *Mél. B. Teyssié*, LexisNexis, 2019, p. 857 s.
2. V. *infra* s^s^ n° 011.63.
3. B. Barraud, « Droit 1.0, droit 2.0, droit 3.0 ? Les NTC, mille défis pour les juristes », *RLDI* 2017. Ét. 4997.
4. TGI Paris, 5 juill. 2000, *CCÉ* 2001, n° 23, obs. C. Caron – Bordeaux, 31 janv. 2005, *Saunier (S^té^) c/Atevi, CCÉ* 2005, n° 84 – Paris, 3 mai 2006, *Chany, CCÉ* 2007, n° 23.
5. Paris, 3 mai 2006, *Chany*, préc.
6. Arg. C. com., art. L. 511-1.
7. COMP. : J. Djoudi, « Les garanties cambiaires à l'épreuve de la lettre de change magnétique », *D.* 2001. Chron. 1858 s. : depuis la promulgation de l'art. 1108-1 [devenu 1174] du C. civ., admettant l'écrit électronique lorsque l'écrit est exigé pour la validité d'un acte juridique, la LCR magnétique pourrait théoriquement être reconnue comme une véritable lettre de change ; toutefois, cela supposerait une modification de l'art. L. 5111 du C. com.
8. Civ. 1re, 2 juin 2015, n° 14-13.775, P I, n° 93.
9. Com. 4 nov. 2008, n° 07-21.481, P IV, n° 185 ; *D.* 2008. AJ 2859, obs. X. Delpech ; *Gaz. Pal.* 2008. 2, p. 3988, note S. Piedelièvre ; *JCP E* 2008. Pan. n° 2388 ; *JCP* 2009. II. 10029, note M. Roussille : défaillance d'une banque à cet égard, qui doit répondre de ses conséquences dommageables – Com. 17 nov. 2015, n° 14-18.673, P IV, n° 155 : *« si le système automatisé avait fonctionné, l'entrée des ordres aurait été bloquée, de sorte qu'en l'absence d'aléa, le préjudice ne pouvait consister en la seule perte de la chance d'obtenir ce blocage »*.
10. Caen, 5 mars 2015, RG n°s 13/03009, 13/03010 (2 arrêts), *CCÉ* 2015, n° 45, obs. É. A. Caprioli ; *RDC* 2016. 241, obs. J. Huet ; les arrêts ajoutent que ledit écrit électronique doit être revêtu d'une signature électronique telle que visée par l'art. 1367, al. 2 [anc. 1316-4, al. 2], ce qui est contestable, surtout en matière commerciale comme dans les esp. ayant donné lieu aux deux arrêts puisque dans ce domaine la preuve est libre (C. com., art. L. 110-3), mais même sans doute en matière civile : J. Huet, obs. préc.
11. V. *infra* s^s^ n°s 412.54 s.
12. C. civ., art. 1365 s. [anc. 1316 s.].

ter un Droit spécifique. Ou encore, des concepts nouveaux apparurent, tels les bases de données (et le droit *sui generis* de son « producteur »[1]), les sites internet[2], les noms de domaine[3], ainsi que le fonds de commerce électronique[4].

012.32 Influence de la technique sur les contrats relatifs au numérique, à l'informatique et à l'internet. La technique influe sur les contrats relatifs au numérique, à l'informatique et à l'internet. Il ne nous appartient pas de décrire ces transformations dans le présent ouvrage, dont l'objet est autre, celui d'envisager les contrats relatifs au numérique, à l'informatique et à l'internet. L'électronique et la « toile », en tant que domaines techniques relativement récents, complexes et évolutifs, influent nécessairement sur les contrats qui les ont pour objet. Et la spécificité de la chose informatique, logiciels, bases de données..., se prolonge par une coloration particulière des contrats qui en traite[5]. Le Droit du numérique fut imaginatif et créateur, tant du reste du fait des utilisateurs, rédacteurs de contrats, que de la doctrine analysant les données ou proposant des solutions, que des juges ayant apporté leur pierre à l'œuvre commune (certains magistrats sont d'excellents spécialistes de l'informatique). La doctrine occupe une place d'autant plus importante que la matière est récente. Il lui appartient de définir les termes qu'elle rencontre et, identifiant une situation de fait à une notion juridique, de passer du concret à l'abstrait, c'est-à-dire à un concept.

Ce phénomène montre bien que le Droit, loin d'être une science, est un *art*, ce mot étant entendu au sens d'une méthode, d'un ensemble de procédés d'élaboration des règles, de leur interprétation et de leur application. Le juriste est un *créateur*, puisque son rôle principal consiste à trouver des solutions. Les Droits du numérique, de l'informatique et de l'internet génèrent un sang nouveau, vivifiant le Droit des « contrats spéciaux » qui, lui-même enrichit aujourd'hui le régime général des obligations, par une sorte de jeu de miroirs. Il nous est arrivé de rendre grâce à la pratique des contrats relatifs au numérique pour les applications nouvelles qu'elle donne des principes anciens (et d'invoquer davantage ce domaine, pour donner des exemples concrets, que celui des contrats portant sur les soins médicaux qui, pendant des décennies, fut le pain béni des professeurs ; est-il témoignage plus saisissant *du passage d'une civilisation de l'homme à une civilisation technicienne ?*).

012.33 Influence de la santé sur les contrats relatifs au numérique, à l'informatique et à l'internet. De façon plus surprenante la santé a eu, en 2020, lors du « grand confinement » imposé par les pouvoirs publics face à la pandémie du coronavirus (covid-19), une influence importante sur les contrats relatifs au numérique[6].

Une ordonnance du 25 mars 2020[7], complétée par une ordonnance du 15 avril[8], proroge un grand nombre de délais. Elle neutralise aussi les astreintes, clauses pénales, clauses résolutoires et clauses de déchéance, tout en prolongeant les délais contractuels ou légaux prévus pour résilier un contrat ou s'opposer à son renouvellement[9].

012.34 Une remise en perspective de principes classiques. Un certain nombre de techniques contractuelles ont été suscitées ou transformées par l'apparition de l'informatique puis par celle de l'internet. Celle-ci conduisit les juristes à une sorte de « relecture » du Droit des contrats et à une remise en perspective des principes les mieux établis[10]. Par exemple, *l'obsolescence* extrêmement rapide du matériel informatique peut enlever tout intérêt à sa restitution, après résolution judiciaire du contrat de vente, et conduire le juge à condamner l'acheteur à en payer le prix, dès lors que le retard de la restitution lui est imputable[11] ; ou à considérer que, lorsque les biens loués sont amortis à la fin de la période contractuelle de location, le bail se transforme en location financière avec option d'achat[12]. De même, il a été jugé, qu'étant donné le

1. V. *infra* s[s] n°s 343.31 s.
2. V. *infra* s[s] n°s 221.11 s.
3. V. *infra* s[s] n°s 441.11 s.
4. V. *infra* s[s] n° 411.24.
5. DANS LE MÊME SENS : M. Vivant, « L'informatique dans la théorie générale du contrat », *D.* 1994. Chron. 117 s. – L. Ravillon, « L'adaptation du droit des contrats aux innovations technologiques : l'exemple des secteurs informatique et spatial », *RD aff. int.* 2007. 453.
6. NOT. : V. s[s] n°s 011.44, 011.46, 011.47, 011.65, 011.67, 011.70, 011.71, 011.73, 011.74, 011.82, 011.87, 011.92 et 011.94, *infra* n°s 116.23, 116.24, 213.120, 221.13, 332.22, 336.21, 412.54 et 421.11.
7. Ord. n° 2020-306, 25 mars 2020, relative à la prorogation des délais échus pendant la période d'urgence sanitaire et à l'adaptation des procédures pendant cette même période, *JO* 26 mars, n° 9.
8. Ord. n° 2020-427, 15 avr. 2020, portant diverses dispositions en matière de délais pour faire face à l'épidémie de covid-19, *JO* 16 avr., n° 2.
9. POUR UN ÉTAT DES LIEUX : O. Deshayes, « La prorogation des délais en période de covid-19 : quels effets sur les contrats ? », *D.* 2020. Chron. 831 – *ADDE* : M. Mekki, « De l'urgence à l'imprévu du covid-19 : quelle boîte à outils contractuels ? », *AJ contrat* 2020. Dossier 164 ; A. Gouëzel, « L'ordonnance "délais II" du 15 avril 2020 et le droit des contrats », *AJ contrat* 2020. Dossier 210.
10. Sur les négociations contractuelles v. *infra* s[s] n°s 111.11 s.
11. Com. 18 mars 1997, n° 93-18.791, NP, *Expertises* 1997, p. 238.
12. Com. 28 janv. 2003, n° 99-20.137, NP, *CCÉ* 2003, n° 52, obs. Ph. Stoffel-Munck, CRIT. : cet arrêt est assez contestable.

caractère particulièrement évolutif de ce domaine, l'obligation de délivrance ne saurait « *avoir pour conséquence d'imposer la garantie d'un usage perpétuel* » du bien[1]. Ou encore *l'indivisibilité*, vieux concept au rôle modeste, a été comme revigoré et remis sur le devant de la scène, en grande partie grâce aux ensembles contractuels relatifs au numérique[2].

Des observations semblables peuvent être présentées en dehors même des contrats. Jusqu'alors tout usage non autorisé d'une marque constituait une contrefaçon[3]. Or, il a été jugé que ne se rendait pas coupable d'un tel acte la société qui, après avoir cédé sa marque, en a retiré de son site sur la toile toute référence ; cela même si les moteurs de recherche continuaient à la référencer en l'associant au site de cette société, car des « traces » en subsistaient, qu'elle ne pouvait pas effacer et qui ne résultaient pas d'une négligence de sa part[4].

012.35 Évolution du consensualisme et du formalisme. Les contrats conclus *par voie* électronique (distincts des contrats *de* l'électronique[5]), pour être des contrats de droit commun (ils constituent simplement une variété de contrats à distance), n'en ont pas moins connu des adaptations nécessités par la technique[6], principalement quant au consensualisme et au formalisme[7].

012.36 Transformation des obligations de certains contractants. Et, par un choc en retour, les facilités du numérique transforment les obligations de certains contractants. Ainsi, puisque c'est techniquement possible, un banquier diligent est tenu de mettre sur pied une organisation lui permettant d'aviser immédiatement tous les guichets de l'opposition d'un client[8], de bloquer toute utilisation d'une carte de crédit[9] ou des ordres d'un client en cas d'insuffisance des provisions et des couvertures[10]. C'est au prestataire de services de paiement de prouver que l'utilisateur, qui nie avoir autorisé une opération de paiement, a agi frauduleusement ou n'a pas satisfait intentionnellement ou par négligence grave[11] à ses obligations[12]. Une agence de voyages ne peut pas échapper à sa responsabilité en prétextant que ses ordinateurs n'étaient pas équipés d'un programme qui aurait été utile[13]. Le défaut ou l'inadaptation du système informatique d'une banque, qui aurait empêché de révéler à un huissier l'existence d'un compte des débiteurs saisis, constitue une circonstance inopposable au créancier saisissant[14]. Une banque sur laquelle est tiré un chèque falsifié ne peut pas prétendre échapper à sa faute, consistant à n'avoir pas effectué le contrôle de la régularité du titre, sous le prétexte que le traitement des chèques est informatisé[15]. Mais l'utilisation d'un outil technique, quel qu'il soit, ne décharge en rien le professionnel de ses obligations, par exemple de son devoir de prudence[16]. Cependant, on ne saurait reprocher au notaire de n'avoir pas effectué de recherches sur internet *via* le moteur de recherche *Google*[17].

Comment refuser à l'ère de l'internet que les informations auxquelles sont tenus les professionnels envers leurs clients (not. celles du C. consom., art. L. 111-1 s.) leur soient délivrées par ce biais ? Toutefois, certains domaines connaissent des dispositions spécifiques quant à cette information, qui ont parfois soulevé des difficultés d'interprétation. Ainsi, la CJUE a jugé, au regard de la directive 2007/

1. T. com. Créteil, 16 juin 1998, *Expertises* 1998, p. 316 ; *DIT* 1998/4, p. 83 – APPEL REJETÉ PAR : Paris, 1er juill. 1999, *D. Affaires* 1999, 1281, obs. J. F. ; *JCP E* 1999. Pan. 1215, à propos du passage à l'an 2000. – SUR LES DIFFICULTÉS liées aux passages à l'an deux mille et à l'euro v. les éd. antérieures de cet ouvrage, dont celle de 2017, nos 231.80 s.
2. Sur l'indivisibilité et « la gamme des prestations » v. *infra* ss nos 013.12 s.
3. CPI, art. L. 713-2 s.
4. TGI Roanne, 27 févr. 2002, *Fonthieure, RJDA* 2002, no 1208.
5. Ph. le Tourneau, « La notion de contrat électronique », dans Collectif, *Les deuxièmes journées internationales du commerce électronique*, Litec, 2005, p. 1 s.
6. V. *infra* nos 412.30 s.
7. F. Binois, *Consensualisme et formalisme à l'épreuve de l'électronique. Étude de droit civil*, préf. F. Labarthe, PUAM, 2021, montrant, tant l'adaptation du consensualisme et du formalisme à l'électronique que leur transformation par ce dernier.
8. Com. 8 oct. 1991, no 88-19.898, NP, *Gaz. Pal.* 1992. 1, p. 127, 2e esp.
9. Com. 10 janv. 1995, no 92-21.975, P IV, no 7 ; *RTD com.* 1995. 458, obs. M. Cabrillac ; *Gaz. Pal.* 1995. Pan. 244. – Com. 20 oct. 1998, no 96-10.259, P IV, no 244 ; *JCP E* 1999. 1101, note J. Devèze : pour l'organisme émetteur.
10. Com. 17 nov. 2015, no 14-18.673, P IV, no 155 ; *CCÉ* 2016, no 3, obs. G. Loiseau.
11. C. mon. fin., art. L. 133-19, IV et L. 133-23.
12. Com. 23 mars 2018, no 16-20.018, P IV ; *D.* 2018. 716 ; *Dalloz IP/IT* 2018. 440, obs. N. Kilgus ; *CCÉ* 2018, no 34, obs. G. Loiseau ; *JCP E* 2018. 1272, note K. Rodriguez ; *RLDI* 2018, no 5219, obs. L. Costes ; *RTD com.* 2018. 436, obs. D. Legeais.
13. Paris, 7 sept. 1993, *D.* 1993. IR 228.
14. Chambéry, 2 janv. 2002, *Banque populaire des Alpes, CCÉ* 2002, no 86, obs. L. Grynbaum.
15. Com. 9 juill. 2002, no 00-22.788, P IV, no 114 ; *D.* 2002. AJ 2676 ; *RCA* 2002, no 335 : elle prétendait que, de ce fait, le contrôle incombait uniquement à la banque présentatrice ; les juges du fond, approuvés par la C. de cass., retinrent un partage de responsabilité – COMP. : T. com., Blois, 4 mars 2005, *J2P, JCP E* 2005. Pan. no 860.
16. Com. 6 sept. 2016, no 14-29.724, NP : l'outil informatique « *d'aide au classement des marchandises ne dispensait pas la société D., commissionnaire en douane, de son devoir de prudence* ».
17. Civ. 1re, 28 nov. 2018, no 17-31.144, P ; *RTD civ.* 2019. 98, obs. H. Barbier ; recherches dont, au demeurant, il n'était pas établi qu'elles auraient permis de déceler la mise en liquidation judiciaire de la personne pour laquelle le notaire était intervenu.

64 [1] relative aux services de paiement dans le marché intérieur, que les modifications des informations et des conditions ou les modifications du contrat-cadre, transmises uniquement par le biais d'une messagerie interne au site de banque en ligne ne peuvent être considérées comme étant fournies sur un support durable [2] que sous deux conditions. D'une part, que le client puisse accéder aux informations et les reproduire à l'identique, pendant une durée appropriée, sans qu'aucune modification unilatérale de leur contenu par le prestataire ou par un autre professionnel ne soit possible. D'autre part, qu'il soit prévenu de la mise à disposition des informations dans la messagerie. À défaut de notification les informations sont simplement considérées comme mises à disposition du client [3]. Selon l'article liminaire du code de la consommation constitue un support durable « *tout instrument permettant au consommateur ou au professionnel de stocker des informations qui lui sont adressées personnellement afin de s'y reporter ultérieurement, pendant un laps de temps adapté aux fins auxquelles les informations sont destinées et qui permet la reproduction à l'identique des informations stockées* » [4].

Le refus d'un salarié de se former à l'informatique ou à ses évolutions constitue un motif de licenciement [5]. Mais le caractère fautif de suivre une formation s'apprécie concrètement : des circonstances particulières peuvent le justifier dès lors que le refus opposé n'est pas « de principe » [6]. Le refus de principe, non motivé, d'un dépositaire d'adopter un nouveau système informatique, nécessaire à une meilleure gestion favorisant l'expansion de l'entreprise du déposant, est un motif légitime de résiliation du contrat [7]. Et encore, il est probable que l'informatique, renforcée par le développement du *multimédia* (la communication numérique en ligne), conduira à exiger des officines de formation permanente un changement de leurs méthodes, en tenant compte des possibilités offertes par ces techniques interactives. Le Droit des contrats relatifs à l'informatique et à l'électronique s'élabore sous nos yeux : ce n'est pas le moindre de ses intérêts.

012.37 **Plan. Trois particularismes.** Outre les aspects envisagés ci-dessus [8], les transformations des contrats relatifs au numérique, à l'informatique et à l'internet se traduisent par divers particularismes. Le premier résulte d'une pluralité d'interventions et d'intervenants (chap. 013). Le deuxième affecte l'obligation de conseil (chap. 014). Enfin, le dernier porte sur l'obligation d'efficacité (chap. 015).

1. Dir. 2007/64, Parlement et Conseil, 13 nov. 2007, concernant les services de paiement dans le marché intérieur, modifiant les directives 97/7/CE 2002/65/CE 2005/60/CE ainsi que 2006/48/CE et abrogeant la directive 97/5/CE, *JOCE* L 319, 5 déc., p. 1.
2. SUR LA NOTION de support durable : É. A. Caprioli (dir.), *Banque et assurance digitales : Droit et pratiques*, préf. M. Roussille, RD éd., 2017, n°s 51 s.
3. CJUE 3e ch., 25 janv. 2017, *Bawag PSK Bank für Arbeit und Wirtschaft und Österreichische Postsparkasse AG*, aff. C-375/15 – Sur cet arrêt : T. Gisclard, « La nature des "dommages et intérêts" sanctionnant la contrefaçon » – À propos de l'arrêt de la CJUE, 25 janv. 2017, *Stowarzyszenie Olawska Telewizja Kablowa*, aff. C-367/15, *Propr. ind.* 2017. Ét. 15 ; V. Florent, « Support durable, fourniture et mise à disposition d'informations – Les conséquences de l'arrêt BAWAG sur l'information de l'investisseur », *Cah. dr. entr.* 2017. Dossier 38.
4. C. consom., art. liminaire, 8° (réd. Ord. n° 2021-1247, 29 sept. 2021).
5. Montpellier, 11 sept. 2002, *CCÉ* 2003, n° 17, obs. Ph. Stoffel-Munck.
6. Metz, 16 oct. 2002, *CCÉ* 2003, n° 29, obs. Ph. Stoffel-Munck.
7. Com. 21 juin 2011, n° 10-17.587, NP.
8. V. *supra* s^s n°s 012.31 s.

CHAPITRE

013. Du particularisme résultant d'une pluralité d'interventions et d'intervenants

SECTION 0

ORIENTEUR

013.00 **Sommaire du chapitre.**

Division. Une des spécificités marquantes des contrats relatifs au numérique (qu'ils partagent avec d'autres contrats, par exemple d'ingénierie), est que leur réalisation implique souvent une gamme étendue de prestations (sect. 1) et une diversité des intervenants (sect. 2), marquée par l'évolution de la responsabilité du professionnel sous l'angle de la protection du consommateur (sect. 3).

013.03 **Bibliographie. Ouvrages.** J. Ghestin, *Cause de l'engagement et validité du contrat*, LGDJ, 2006 – J. Huet et H. Maisl, *Droit de l'informatique et des télécommunications*, Litec, 1989.

Thèses. R. Chaaban, *La caducité des actes juridiques*, préf. Y. Lequette, « BDPr », t. 445, LGDJ, 2005 – J. Bellissent, *Contribution à l'analyse de la distinction des obligations de moyens et des obligations de résultat : À propos de l'évolution des ordres de responsabilité civile*, préf. R. Cabrillac, « BDPr », t. 354, LGDJ, 2001 – P.-A. Foriers, *La caducité des obligations contractuelles par disparition d'un élément essentiel à leur formation*, Bruylant, Bruxelles, 1998 – F. Garron, *La caducité du contrat : Étude de droit privé*, préf. J. Mestre, PUAM, 2000 – F. Hermet, *La maîtrise d'œuvre aéronautique civile et de défense en droit privé*, Toulouse 1, 2001 – S. Pellé, *La notion d'interdépendance contractuelle : Contribution à l'étude des ensembles de contrats*, préf. J. Foyer et M.-L. Demeester, « NBT », vol. 64, Dalloz, 2007 – S. Pimont, *L'économie du contrat*, préf. J. Beauchard, PUAM, 2004 – J.-B. Seube, *L'indivisibilité et les actes juridiques*, préf. M. Cabrillac, « Bibliothèque de droit de l'entreprise », t. 40, Litec, 1999.

Articles. Collectif, « L'interdépendance contractuelle en droit comparé », *RDC* 2013. 1079 (dossier) – M. C. Aubry, « Retour sur la caducité en matière contractuelle », *RTD civ.* 2012. 625 – S. Bros, « Les contrats interdépendants : actualité et perspective », *D.* 2009. Chron. 960 ; « L'interdépendance contractuelle, la Cour de cassation et la réforme des contrats », *D.* 2016. Chron. 29 ; « Les contrats interdépendants dans l'ordonnance du 10 février 2016 », *JCP G* 2016, Libres propos 975 – X. Lagarde, « Économie, indivisibilité et interdépendance des contrats », *JCP* 2013, n° 48, Doctr. 1255 – É. Le Quellenec, « Le rejet par la chambre mixte de la clause de divisibilité dans les contrats de location financière », *RLDI* 2013/95, n° 3160 – N. Martial-Braz, « Variations autour des fondements de l'indivisibilité au sein d'un ensemble contractuel : la symphonie inachevée de la Cour de cassation », *RLDC* 2013, Doctr. 5181 – B. May, « Financement des projets informatiques : l'indivisibilité des contrats à la rescousse », *JCP E* 2009. 1277 – M. Mekki, « Fiche pratique : la caducité entre l'excès et le défaut... », *Gaz. Pal.* 7 févr. 2017. Doctr. 12 – J. Moury, « De l'indivisibilité entre les obligations et entre les contrats », *RTD civ.* 1994. 255 – P. Mousseron, « La sanction de l'altération des liens d'alliance du membre d'un groupement », *JCP E* 2006. I. 1607 – E. Seifert, « Interdépendance contractuelle et caducité », *RCA* 2017. Formule 8 – V. Wester-Ouisse, « La caducité en matière contractuelle : Une notion à réinventer », *JCP* 2001. I. 290.

SECTION 1

GAMME DES PRESTATIONS

013.11 **Étendue de la gamme des prestations dans ce domaine.** La gamme des prestations proposées par une entreprise intervenant dans l'informatisation d'une autre (ou sa reconfiguration) est extrêmement large[1], de la fourniture d'appareils à la conception d'un logiciel ou d'un ensemble... Le même phénomène s'observe, encore amplifié, à propos de l'élaboration d'un produit multimédia numérique (combinant texte, images et son). Les montages juridiques sont donc parfois très complexes. Et il existe comme un *phénomène de démultiplication* ou de poupées russes, en ce sens qu'un contrat en appelle un autre. Le contrat d'étude relatif à l'informatisation est éventuellement suivi de la vente d'une unité centrale (dites aussi processeur) ; ce contrat conduit à la fourniture d'un progiciel ou d'un logiciel (donc après sa conception), puis à la formation du personnel, à la maintenance... Certaines « connexions » sont quasi automatiques. D'autres sont plus le fruit d'un choix délibéré. Il n'est point d'autres domaines où un semblable phénomène pourrait se constater. Il y a comme une tendance à la prolifération des contrats, enchaînés les uns aux autres, ou constituant un ensemble compact, un bloc solidaire[2]. Le monde de l'informatique, et plus encore celui de l'internet, est un terrain privilégié des chaînes de contrats.

013.12 La question de l'indivisibilité. La diversité des prestations qui existe dans le domaine du numérique entraîne souvent une difficulté de *qualification* juridique du contrat, comme nous nous en rendrons compte plus loin. Elle soulève aussi des interrogations sur la *divisibilité* ou non de *l'ensemble contractuel*.

L'indivisibilité existe d'abord lorsque telle a été la volonté des parties[3] (ou du seul client, mais qui a été connue du fournisseur) et qu'elle est donc conventionnelle : les divers contrats auraient fort bien pu être totalement indépendants, et souvent le sont même formellement[4]. Toutefois, dans les circonstances des arrêts cités en note, la notion d'indivisibilité n'est pas indispensable, celle de condition suffisant[5].

À côté de cette indivisibilité *subjective*, il existe une indivisibilité *objective*, lorsque les différents actes poursuivent un but commun, visent la réalisation d'une opération économiquement homogène, considérée comme un ensemble contractuel[6], l'existence de chaque contrat étant une condition de l'existence de l'autre. Ainsi, il a été jugé que : « *Les contrats, réalisant une opération économique tripartite, étaient indivisibles* » (Com. 26 oct. 1999, n° 96-19.148[7]). Mais, depuis deux arrêts d'une chambre mixte de la Cour de cassation de 2013, poussant l'objectivisme contractuel au maximum, l'interdépendance[8] est présumée (sans doute de façon irréfragable) lorsque le groupe de contrats[9] inclut une « location financière »[10] (cette particularité devrait cesser pour les contrats conclus à partir du 1er oct. 2016, soumis à l'art. 1186 C. civ. posant les conditions de la caducité à raison d'une interdépendance[11]). D'où est réputée non écrite[12] la clause de

1. J. Huet et H. Maisl, *op. cit.*, n° 53.
2. COMP. DANS LE DOMAINE de l'aéronautique : F. Hermet, *La maîtrise d'œuvre aéronautique civile et de défense en droit privé*, th. préc.
3. COMME DANS : Com. 12 juill. 2017, n° 15-23.552, P IV, n° 104 ; *AJ contrat* 2017. 429, obs. S. Bros, 1re esp. ; *Gaz. Pal.* 26 sept. 2017. 34, note D. Houtcieff, 1re esp. ; *RDC* 2017. 590, obs. T. Genicon, 2e esp. et 627, obs. J.-B. Seube, 2e esp. ; *D.* 2018. Pan. 371, obs. M. Mekki : contrat de location de matériel de protection et contrat de prestation de surveillance électronique.
4. Com. 4 avr. 1995, n° 93-20.029, P IV, n° 115 : indivisibilité entre les contrats de location d'appareils de télématique et de financement – Com. 13 janv. 1998, n° 95-16.468, NP, *Expertises* 1998, p. 235 : indivisibilité des contrats, distincts mais associés, de fourniture de matériel et de logiciels – Civ. 1re, 18 sept. 2002, n° 00-13.706, NP, *Expertises* 2003, p. 149 : indivisibilité entre le contrat portant sur la mise en place d'une nouvelle application informatique et celui de maintenance – Toulouse, 22 juin 2006, *KBC Lease, JAMP* 2007/1, p. 164 : d'une part location de matériel informatique, d'autre part entretien et fourniture de « consommables » rendues indivisibles par les parties – Com. 5 juin 2007, n° 04-20.380, P IV, n° 156 ; *D.* 2007. AJ 1723, obs. X. Delpech ; *JCP* 2007. II. 10184, note Y.-M. Serinet, CRIT. : contrat de vente de matériel informatique, de location et de maintenance, constituant « *un ensemble contractuel complexe et indivisible* » ; reconnaissance implicite à l'indivisibilité subjective par le visa de l'anc. art. 1134 du C. civ. – Com. 18 déc. 2007, n° 06-15.116, P IV, n° 268 ; *D.* 2008. AJ 158, obs. X. Delpech ; *CCC* 2008, n° 93 : contrat de vente de matériel ; contrat de service de fourniture de disquettes mensuelles nécessaires à l'approvisionnement en données informatiques ; enfin, contrat de crédit-bail.
5. EN CE SENS : J.-B. Seube, *L'indivisibilité et les actes juridiques*, th. préc., nos 195 s.
6. POUR UNE CRITIQUE DE LA DISTINCTION entre indivisibilité subjective et indivisibilité subjective par certains, dont : J.-B. Seube, not. à la *RDC* 2008. 844.
7. Com. 26 oct. 1999, n° 96-19.148, NP, *RJDA* 2000, n° 1, 1re esp. – COMP. : Civ. 1re, 13 nov. 2008, n° 06-12.920, P I, n° 254 ; *BJS* 2009, § 116, p. 572, note P. Rubellin ; *Dr. sociétés* 2009, n° 25, obs. R. Mortier ; *JCP E* 2009. Chron. 1767, n° 2, obs. F. Deboissy et G. Wicker ; *JCP* 2009, n° 45, 405, n° 2, obs. F. Deboissy et G. Wicker : « *ensemble contractuel voulu indivisible* ».
8. La C. de cass. emploie ici l'expression de contrats *interdépendants* plutôt que celle d'indivisibilité, suivant en cela un auteur : S. Pellé, *La notion d'interdépendance contractuelle : Contribution à l'étude des ensembles de contrats*, th. préc. (v. *infra* ss n° 334.11).
9. SUR LA NOTION : B. Teyssié, *Les groupes de contrats*, préf. J. Mousseron, LGDJ, 1976 – S. Lequette, « Les réseaux de contrats. Contribution à la théorie des groupes de contrats », dans *Mél. B. Teyssié, op. cit.*, p. 1043 s., spéc. II.
10. La location financière se distingue du crédit-bail par le fait qu'elle n'est pas assortie d'une promesse unilatérale de vente au profit du vendeur.
11. E. Seifert, « Interdépendance contractuelle et caducité », formule préc. – M. Latina, « L'interdépendance contractuelle depuis la réforme du droit des contrats », dans *Mél. B. Teyssié, op. cit.*, p. 1007 s., mettant en lumière les critères légaux de l'interdépendance depuis la réforme et le régime des contrats interdépendants.
12. SUR LA NOTION : S. Gaudemet, *La clause réputée non écrite*, préf. Y. Lequette, « Recherches Juridiques », Economica, 2006.

divisibilité dans cette situation[1] (sans justification de cette atteinte à la liberté contractuelle). Si, lorsque des contrats incluant une location financière sont interdépendants, l'anéantissement de l'un quelconque d'entre eux est un préalable nécessaire à la caducité des autres par voie de conséquence, il n'est toutefois pas exigé que l'anéantissement préalable et la caducité soient prononcés ou constatés au cours d'une seule et même instance[2].

Le fait que plusieurs conventions participent d'une même opération économique ne suffit pas à lui seul à caractériser leur indivisibilité[3]. La Cour de cassation a donné en 2007 des critères assez généraux de l'indivisibilité, relevant que les quatre contrats informatiques litigieux « *étaient interdépendants, dans la mesure où ils poursuivaient tous le même but et n'avaient aucun sens indépendamment les uns des autres* » (Com. 13 févr. 2007, n° 05-17.407[4]), que les prestations de maintenance et de formation ne se concevaient pas sans les licences sur lesquelles elles portaient et que l'acquisition de ces licences par

1. Cass. ch. mixte, 17 mai 2013, n° 11-22.768, P, n° 1, 1re esp. ; *D.* 2013. 1658, note D. Mazeaud, 2e esp. ; *D.* 2013. 2487, obs. J. Larrieu, C. Le Stanc et P. Tréfigny ; *JCP* 2013, n° 673, note F. Buy, APPROB. ; *JCP* 2013, n° 674, note J.-B. Seube, CRIT. ; *JCP E* 2013, n° 1403, note D. Mainguy ; *Gaz. Pal.* 12-13 juin 2013, 11, note N. Guerrero, CRIT. ; *Gaz. Pal.* 3-7 juill. 2013, 18, note D. Houtcieff, 1re esp. ; *Gaz. Pal.* 18-19 sept. 2013, n° 261-262, note L.-F. Pignarre ; *LPA* 1er juill. 2013, n° 130, p. 7, note L. Martinet et H. de Roux, CRIT. ; *LPA* 28 août 2013, n° 172, p. 9, note J. Attard, 1re esp. ; *LPA* 25 oct. 2013, p. 7, note S. Chassagnard-Pinet ; *RDC* 2013. 849, avis L. Le Mesle ; *RTD civ.* 2013. 597, obs. H. Barbier ; *RTD com.* 2013. 569, obs. D. Legeais – Cass. ch. mixte, 17 mai 2013, n° 11-22.927, P, n° 1, 2e esp. ; *D.* 2013. AJ 1658, obs. X. Delpech, note D. Mazeaud, 1re esp. ; *D.* 2013. 2487, obs. J. Larrieu, C. Le Stanc et P. Tréfigny ; *JCP* 2013, n° 673, note F. Buy, APPROB. ; *JCP* 2013, n° 674, note J.-B. Seube, CRIT. ; *Gaz. Pal.* 3-7 juill. 2013, 18, note D. Houtcieff, 2e esp. ; *Gaz. Pal.* 18-19 sept. 2013, n° 261-262, note L.-F. Pignarre ; *LPA* 1er juill. 2013, n° 130, p. 7, note L. Martinet et H. de Roux, CRIT. ; *LPA* 28 août 2013, n° 172, p. 9, note J. Attard, 2e esp. ; *LPA* 25 oct. 2013, p. 7, note S. Chassagnard-Pinet ; *RDC* 2013. 849, avis L. Le Mesle ; *RTD civ.* 2013. 597, obs. H. Barbier ; *RTD com.* 2013. 569, obs. D. Legeais – SUR ces deux arrêts de Cass. ch. mixte : É. Le Quellenec, « Le rejet par la chambre mixte de la clause de divisibilité dans les contrats de location financière », art. préc. ; N. Martial-Braz, « Variations autour des fondements de l'indivisibilité au sein d'un ensemble contractuel : la symphonie inachevée de la Cour de cassation », art. préc. – DANS LE MÊME SENS NOT. : Com. 9 juill. 2013, nos 11-19.633 et 11-19.634, NP, *CCÉ* 2013, n° 102, obs. G. Loiseau – Com. 19 nov. 2013, n° 12-23.955, NP, *RJDA* 2013, n° 196 : contrat portant sur du matériel de télésurveillance et sur sa maintenance, avec une location financière – Com. 19 nov. 2013, n° 12-12.008, NP, *RJDA* 2014, n° 299 : contrat de fourniture et de matériel, d'intégration d'une solution de traçabilité et d'assistance technique, financé par un contrat de location financière – Com. 26 nov. 2013, n° 12-25.191, NP, *D.* 2014. 2317, obs. J. Larrieu, C. Le Stanc et P. Tréfigny ; *CCÉ* 2013, n° 5, obs. G. Loiseau : contrat de prestation de services internet et une convention de location financière de matériels et de logiciels – Com. 12 juill. 2017, n° 15-27.703, P IV, n° 105 ; *AJ contrat* 2017. 429, obs. S. Bros, 2e esp. ; *Gaz. Pal.* 26 sept. 2017. 34, note D. Houtcieff, 2e esp. ; *JCP G* 2017. 1021, note C. Boy ; *JCP E* 2017. 1523, note N. Dissaux ; *CCC* 2017, n° 218, obs. L. Leveneur ; *D.* 2017. Chron. 2328 ; *RDC* 2017. 590, obs. T. Genicon, 1re esp. et 627, obs. J.-B. Seube, 1re esp. ; *RTD civ.* 2017. 846, obs. H. Barbier : « *les contrats concomitants ou successifs qui s'inscrivent dans une opération incluant une location financière sont interdépendants et* ► [...] *la résiliation de l'un quelconque d'entre eux entraîne la caducité, par voie de conséquence, des autres, sauf pour la partie à l'origine de l'anéantissement de cet ensemble contractuel à indemniser le préjudice causé par sa faute* » ; contrat de fourniture et d'entretien de photocopieurs et contrat de location financière de ces matériels – Com. 20 oct. 2021, n° 19-24.796, P ; *RJDA* 2021, n° 783 : contrats concomitants et incluant une location financière interdépendants ; le contrat de maintenance avait été résilié par une décision du liquidateur ce qui entraîna la caducité du contrat de location financière.
2. Com. 4 juill. 2018, n° 17-15.597, P IV, n° 78 ; *D.* 2018. 1486 ; *D.* 2019. 279, obs. M. Mekki ; *JCP E* 2019. 1010, note N. Dissaux.
3. Com. 15 févr. 2011, n° 09-16.626, NP, *RJDA* 2011, n° 492 : à propos d'un contrat de franchisage et d'un contrat de prêt.
4. Com. 13 févr. 2007, n° 05-17.407, *Faurecia c/Oracle*, P IV, n° 43 ; *D.* 2007. AJ 654, obs. X. Delpech ; *RDC* 2007. 707, note D. Mazeaud et p. 746, note S. Carval ; *JCP* 2007. II. 10063, note Y.-M. Serinet ; *JCP* 2007. I. 185, obs. Ph. Stoffel-Munck ; *JCP E* 2007. 2336, note J. Huet ; *RJ com.* 2008. 187, note H. Alterman et N. Herzog ; *Defrénois* 2007. 1042, note R. Libchaber ; *RLDC* 2007, n° 2511, note G. Loiseau – SUR RENVOI : Paris, 25e ch. A, 26 nov. 2008, *Faurecia c/Oracle, CCÉ* 2009, n° 37, obs. Ph. Stoffel-Munck ; *Gaz. Pal.* 2009. 1, Somm. 1438, obs. J.-F. Forgeron et C. Michau ; *RJ com.* 2009. 20, note H. Alterman ; *JCP E* 2009. 1674, n° 3, obs. M. Vivant, N. Malldt-Pujol et J.-M. Bruguière ; *RDC* 2008. 1010, note T. Genicon – POUR D'AUTRES ESP. : Paris, 22 juin 2001, *Unisys France, CCÉ* 2001 n° 128 ; *LPA* 13 janv. 2003, note C. M.-R. : indivisibilité entre les contrats portant sur les logiciels avec ceux de vente de matériel ; application du régime de la vente à l'ensemble – Paris, 28 janv. 2005, *Grenke location et Cybervitrine, CCÉ* 2005, n° 103, obs. L. Grynbaum : contrat de création d'un site internet et contrat de location de matériel informatique « étroitement liés » – Lyon, 31 mars 2005, *Pernot c/Locam, JurisData* 272612 ; *CCÉ* 2006. Chron. 4, n° 37 : indivisibilité entre les contrats de « *location financière de matériel informatique* » et de mise en place d'un site internet – Civ. 1re, 13 mars 2008, n° 06-19.339, P I, n° 72 ; *JCP E* 2008. Pan. n° 1594 ; *RDC* 2008. 841, note J.-B. Seube : d'une part, contrat de location d'un matériel téléphonique ; d'autre part, contrat d'installation et d'entretien – Civ. 1re, 28 mai 2008, n° 07-10.786, NP, *RJDA* 2009, n° 403 : « *le crédit-bail souscrit auprès de la société G. n'avait aucun sens sans les prestations d'installation et de maintenance du matériel contractuellement dues à l'utilisateur* » – Rennes, 1re ch. B, 19 sept. 2008, *KBC c/Roussel, JCP* 2009. IV. 1711 ; *JCP E* 2009. Pan. 1481 : indivisibilité du contrat de création et de « maintenance » d'un site internet avec le contrat de location du matériel informatique – Com. 5 nov. 2013, n° 12-13.349, NP, *CCÉ* 2013, n° 125, obs. G. Loiseau : cassation de l'arrêt n'ayant pas recherché, comme la cour y était invitée, si le contrat de vente et les contrats de maintenance ne formaient pas un ►

la société *Faurecia* n'avait aucune raison d'être si le contrat de mise en œuvre n'était pas exécuté.

Tout dépend donc, selon la chambre commerciale de la Cour de cassation, des « *circonstances de l'espèce* » (Com. 8 janv. 1991, n° 89-15.439 [1]) et de « *l'économie générale du contrat* » (Com. 15 févr. 2000, n° 97-19.793 [2] ; ou de « *l'économie générale de l'opération* » [3]). Cependant, la première chambre civile paraît plus favorable à la liberté contractuelle « et *soucieuse de l'intérêt du contractant, partie au contrat de financement et tiers au contrat financé et résilié* » [4].

La question de l'indivisibilité subjective ou objective ne devrait pas se poser lorsque les parties ont pris soin de stipuler une clause relative à elle, qu'elle soit d'indivisibilité ou, au contraire, de divisibilité [5] ; et, bien qu'avec moins d'évidence, lorsque telle semble avoir été la volonté des parties [6]. Toutefois, d'une part, la Cour de cassation a décidé que l'interdépendance est de droit lorsque le groupe de contrats inclut une « location financière » et *répute non écrite la clause de divisibilité dans cette situation* [7]. D'autre part, il arrive que l'indivisibilité conventionnelle soit reconnue alors même qu'une clause, dite de non-recours, excluant l'indivisibilité avait été stipulée par les parties [8] !

013.13 Rôle des juges quant à l'indivisibilité. L'existence ou non d'un ensemble contractuel indivisible touchant au fond, et ne relevant pas de l'évidence, ne peut pas être reconnue par le juge des référés [9]. Pour autant, elle reste une question de fait, relevant de l'appréciation souveraine des juges du fond [10]. Le juge est en principe tenu de la respecter [11], sauf si elle ne paraît pas refléter la volonté réelle des parties, de sorte qu'il doit rechercher, lorsque les parties le demandent, si, « *nonobstant la clause précitée, [elles] avaient la commune intention de rendre leurs accords indivisibles* » (Com. 22 janv. 2008, n° 06-18.708 [12]).

013.14 Fondement de l'indivisibilité. Plusieurs arrêts de la Cour de cassation fondent l'indivisibilité

▶ ensemble indivisible – MAIS : Versailles, 4 avr. 2002, *Matra, Expertises* 2003, p. 109 : pas d'indivisibilité, les prestations étant bien distinctes d'après les données de fait – Paris, 25e ch. A, 24 juin 2009, n° 07/2935, *RJDA* 2009, n° 1028 : *idem*, à propos d'une licence de logiciel, de la location d'une imprimante, d'une assistance technique et d'hébergement internet.

1. Com. 8 janv. 1991, n° 89-15.439, P IV, n° 20 ; *DIT* 1991/2, p. 37, note J. Huet – Com. 3 mars 2009, n° 08-12.884, NP, *RJDA* 2009, n° 504 : pas d'indivisibilité car les deux contrats contenaient des conditions de résiliation spécifiques.
2. Com. 15 févr. 2000, n° 97-19.793, P IV, n° 29 ; *D.* 2000. Somm. 364, obs. Ph. Delebecque ; *RTD civ.* 2000. 325, obs. J. Mestre et B. Fages – Civ. 1re, 12 juill. 2001, n° 98-21.591, *Mutuelles du Mans,* P I, n° 224 ; *JCP E* 2001. Pan. 1647 – Rennes, 1re ch. B, 19 sept. 2008, *KBC c/Roussel*, préc. – SUR LA NOTION d'économie générale du contrat : S. Pimont, *L'économie du contrat*, th. préc., NOT. la définition du n° 274 : « *L'économie du contrat est l'opération globale et concrète que veulent réaliser les parties* » ; Ph. le Tourneau (dir.), *Droit de la responsabilité et des contrats. Régimes d'indemnisation*, 12e éd., « Dalloz action », 2020, n° 33.20.
3. Com. 24 avr. 2007, n° 06-12.443, préc.
4. D. Mazeaud, note au *D.* 2011. 569.
5. V. *infra* ss n° 116.41.
6. COMP. : Com. 15 janv. 2008, n° 06-18.825, NP – Com. 2 déc. 2008, n° 07-16.707, NP : la cour d'appel « *a souverainement retenu l'intention commune des trois parties en cause de rendre leurs conventions indivisibles* » – Civ. 1re, 14 janv. 2010, n° 08-15.657, NP, *RLDI* 2010/57, n° 1900, obs. M. T. ; *JCP E* 2010, n° 20. Chron. 1470, n° 5, obs. M. Vivant, N. Mallet-Pujol et J.-M. Bruguière : cassation de l'arrêt n'ayant pas recherché, ainsi qu'il lui était demandé, si la circonstance que les contrats de location et les contrats de prestation de services, conclus le même jour pour une même durée, « *ne révélait pas la commune intention des parties de rendre leurs accords indivisibles* » – Civ. 1re, 28 oct. 2010, n° 09-68.014, P I, n° 213 ; *D.* 2010. AJ 2703, obs. X. Delpech ; *D.* 2011. 566, note D. Mazeaud ; *JCP E* 2010, nos 51-52. Chron. 2134, n° 3, obs. J.-B. Seube, APPROB., 2 esp. ; *JCP* 2011, n° 11, 303, note C. Aubert de Vincelles, CRIT. ; *JCP E* 2011, n° 16, 1326, note C. Aubert de Vincelles, CRIT. : la cour d'appel « *a souverainement déduit que la commune intention des parties avait été de rendre divisibles les deux conventions* ».
7. V. *supra*.
8. Sur cette clause v. *infra* ss n° 116.41 – Civ. 1re, 10 sept. 2015, n° 14-13.658, P I, n° 200 ; *AJCA* 2015. 469, note D. Mazeaud, 1re esp. ; *JCP E* 2015, n° 1548, note S. Le Gac-Pech, CRIT. ; *CCC* 2015, n° 266, obs. G. Raymond ; *CCC* 2015, n° 274, obs. L. Leveneur ; *LPA* 18 nov. 2015. 8, note V. Legrand ; *D.* 2016. Pan. 571, obs. M. Mekki ; *RDC* 2016. 16, note Y.-M. Laithier, 1re esp. : les parties avaient inséré dans leur contrat une clause écartant l'indivisibilité des contrats de vente et de prêt à la consommation, ou du moins le prêteur avait accepté de déroger à la clause du contrat de crédit excluant les art. anc. L. 311-1 s. du C. consom. si l'opération de crédit dépassait 21 500 euros – Com. 13 déc. 2017, n° 16-21.362, NP, *RJDA* 2018, n° 99.
9. Com. 23 oct. 2007, n° 06-16.733, *CCC* 2008, n° 8, obs. M. Malaurie-Vignal : pour des contrats d'approvisionnement et de franchisage.
10. Civ. 1re, 4 avr. 2006, n° 02-18.277, P I, n° 190 ; *D.* 2006. 2656, note R. Boffa ; *RDC* 2006. 700, note D. Mazeaud. – Com. 18 déc. 2007, n° 06-15.116, préc. – Com. 22 janv. 2008, n° 06-18.708, NP, *RJDA* 2008, n° 979, 2e esp. – Civ. 1re, 28 mai 2008, n° 07-10.786, préc. – Com. 3 mars 2009, n° 08-12.884, préc. – Civ. 1re, 28 oct. 2010, n° 09-68.014, préc. – Com. 15 févr. 2011, n° 09-16.626, préc.
11. Com. 27 mars 1990, n° 88-15.092, P IV, n° 93 ; *D.* 1991. 289, note F.-X. Testu.
12. Com. 22 janv. 2008, n° 06-18.708, – ET, SUR POURVOI contre l'arrêt de renvoi rendu après cassation : Com. 7 juin 2011, n° 10-12.020, NP, *RJDA* 2011, n° 764 – COMP. : Paris, pôle 5, ch. 10, n° 09/22843 : relevant que « *l'indivisibilité des contrats de prestation de services et de location, concourant à l'économie générale de l'opération, le bailleur [oppose], vainement, la clause de location prévoyant leur indépendance juridique* », à propos d'une location de matériels et de prestations téléphoniques.

sur la cause[1]. Pour un auteur, *la volonté des parties* est le fondement juridique autonome de l'indivisibilité (S. Amrani-Mekki, art. préc.), alors que, pour un autre, *l'économie du contrat* est en réalité l'instrument et la source de la reconnaissance de l'indivisibilité des contrats par la jurisprudence (S. Pimont[2]). Les deux conceptions sont sans doute exactes et complémentaires, selon que l'on considère l'indivisibilité subjective ou l'indivisibilité objective[3].

013.15 Remplacement du concept d'indivisibilité par celui d'interdépendance ? Une thèse critiqua fortement la notion d'indivisibilité, considérée comme un faux concept menaçant gravement la sécurité juridique[4]. Son auteur proposa de la remplacer par celle d'interdépendance contractuelle[5] ; la Cour de cassation a adopté ce mot d'interdépendance[6]. Celle-ci se définit comme « *la caractéristique d'un ensemble de contrats dont l'imbrication des prestations donne naissance à l'opération globale voulue par les parties, de telle sorte que l'opération globale ne peut pas se réaliser si un seul des contrats fait défaut et que, réciproquement, chaque contrat perd sa raison d'être en cas d'échec de l'opération globale* »[7]. Pour rendre compte de cette hypothèse de contrats « imbriqués », l'auteur propose une vision renouvelée de la cause, fondée pour ceux-ci sur l'économie générale de l'opération (donc distincte de l'économie de chaque contrat de l'ensemble) ; elle se présente « *comme le reflet du projet contractuel des parties et permet de révéler la structure de l'opération* » voulue par elles[8]. En effet, lorsque l'économie générale de l'opération dépasse l'économie de tel ou tel contrat de l'ensemble, celui-ci ne permet pas de satisfaire l'objectif poursuivi par les parties ; dans ce cas, il est manifeste que ce contrat est « *imbriqué avec d'autres pour la réalisation d'une opération contractuelle globale* »[9]. La cause ne doit plus alors être appréciée à l'intérieur du contrat, mais au regard de l'opération dans sa globalité ; elle est la « *gardienne d'un projet contractuel* »[10]. Dans cette optique, « *la cause de chaque contrat se prolonge dans l'objet de l'opération globale. Ainsi, cette dernière est la cause de chaque contrat. Réciproquement, puisque chaque contrat réalise une partie de l'opération globale, chaque contrat est la cause de l'opération tout entière* »[11].

Tous les raisonnements ci-dessus fondés sur la cause conservent leur pertinence même après la réforme du droit des contrats[12], qui ignore la cause, quoique plusieurs dispositions manifestent le maintien de l'institution (que ce soit la cause subjective [C. civ. art. 1162] ou la cause objective [C. civ. art. 1169 et 1170])[13].

013.16 Indivisibilité de contrats et pluralité de contractants. L'indivisibilité peut exister entre plusieurs contrats conclus par le client avec un seul partenaire ou avec plusieurs partenaires distincts[14]. Lorsque l'indivisibilité existe entre des contrats ayant été conclus avec plusieurs partenaires, ceux-ci

1. LE PLUS CATÉGORIQUE : Civ. 1re, 28 oct. 2010, no 09-68.014, préc. ; G. et L.-F. Pignarre, « Ensembles contractuels indivisibles : la cause... en question », *RLDC* 2011, no 4114 – DÉJÀ : Civ. 1re, 13 juin 2006, no 04-15.456, P I, no 306 ; *D.* 2007. 277, note J. Ghestin ; *RDC* 2007. 256, note D. Mazeaud ; *RTD com.* 2006. 593, obs. F. Pollaud-Dulian.
2. S. Pimont, th. préc., nos 560 s.
3. SUR L'INTERDÉPENDANCE CONTRACTUELLE dans la réforme du droit des contrats de 2016 : S. Bros, « L'interdépendance contractuelle, la Cour de cassation et la réforme des contrats », chron. préc. – « Les contrats interdépendants dans l'ordonnance du 10 février 2016 », Libres propos préc.
4. S. Pellé, *La notion d'interdépendance contractuelle : Contribution à l'étude des ensembles de contrats*, th. préc.
5. AUSSI : S. Bros, « Les contrats interdépendants : actualité et perspective », art. préc. ; Collectif, « L'interdépendance contractuelle en droit comparé », dossier préc.
6. EX. : Civ. 1re, 28 oct. 2015, no 14-11.498, P I, no 260 ; *D.* 2016. 187, note S.-M. Ferrié. – Com. 10 juill. 2017, no 15-23.552, P IV, no 104 ; *AJ contrat* 2017. 429, obs. S. Bros, 1re esp. ; *Gaz. Pal.* 26 sept. 2017. 34, note D. Houtcieff, 1re esp. ; *D.* 2017. Chron. 2328 ; *RDC* 2017. 590, obs. T. Genicon, 2e esp. et 627, obs. J.-B. Seube, 2e esp. ; *D.* 2018. Pan. 371, obs. M. Mekki.
7. S. Pellé, th. préc., no 557.
8. S. Pellé, th. préc., no 558.
9. S. Pellé, th. préc., *loc. cit.*
10. S. Pellé, th. préc., *loc. cit.*
11. S. Pellé, th. préc., *loc. cit.*
12. Ord. no 2016-131, 10 févr. 2016, portant réforme du droit des contrats, du régime général et de la preuve des obligations, *JO* 11 févr., texte 26.
13. DÉPLORANT la disparition de la cause : D. Mazeaud, « Pour que survive la cause, en dépit de la réforme ! », *Droit et patr.* 2014/240. 38 – T. Genicon, « Défense et illustration de la cause en droit des contrats », *D.* 2015. Doctr. 1551 – R. Boffa, « Juste cause (et injuste cause) », *D.* 2015. Chron. 325 – J. Antippas, « Nouveau plaidoyer pour une cause perdue : le maintien de la cause en droit français des contrats », *RRJ* 2015/3, se fondant not. sur la place de la notion en droit public – MONTRANT qu'elle subsistera sans le mot : G. Wicker, « La suppression de la cause par le projet d'ordonnance : la chose sans le mot ? », *D.* 2015. Chron. 1557, en se fondant sur plus de textes, mais regrettant cependant sa disparition formelle.
14. EX. : Com. 4 avr. 1995, no 93-20.029, préc. – Com. 16 janv. 1996, no 93-20.563, NP, *Expertises* 1996, p. 153 : contrat de fourniture de matériel et de logiciels indivisible avec le contrat d'abonnement à un centre serveur – Aix-en-Provence, 13 févr. 1998, *Kérisit, JCP* 1998. II. 10213, note C. Renault-Brahinsky : contrats d'adhésion à un centre serveur, de location de matériel informatique de connexion au réseau, et de maintenance – Rouen, 21 nov. 2002, *ADT Télésurveillance, RJDA* 2003, no 679 : contrat d'abonnement de télésurveillance conclu avec un prestataire de services et contrats de location financière portant sur le matériel nécessaire au 1er – Toulouse, 3 déc. 2002, *Hermeline, JCP E* 2004. Pan. no 125 : « ensemble contractuel » de deux contrats « économiquement complémentaires » ; l'identité des parties et d'objet n'est pas une condition de l'existence d'un ensemble indivisible – Paris, 2 juill. 2004, *IFTH, Legalis.net* 2005/1, p. 125 : indivisibilité « naturelle » ▶

devraient avoir été informés des « *modalités et [de] la finalité de l'opération envisagée dans sa globalité* » (selon Com. 18 déc. 2007, n° 06-15.116, solution inédite [1]).

013.17 Qui peut se prévaloir de l'indivisibilité ? L'une des parties à un ensemble contractuel indivisible peut se prévaloir de son anéantissement alors même qu'elle est à l'origine de l'extinction de l'un d'entre eux. Pour autant, l'autre partie peut demander la réparation de son préjudice, pour l'évaluation duquel le comportement de son partenaire sera évidemment pris en compte [2].

013.18 Quelques conséquences de l'indivisibilité. Voici quelles sont les principales conséquences de l'indivisibilité ou de l'interdépendance (pour chaque point à défaut de convention en sens contraire) :

1° L'obligation de délivrance n'est accomplie que lorsque l'ensemble a été réceptionné [3].

2° Le client est en droit de refuser le paiement relatif à l'un des contrats lorsque les prestations du second sont inexécutées (exception d'inexécution) [4].

3° L'annulation, la résolution ou la résiliation de l'un des contrats, même accessoire, emporte l'annulation, la caducité [5] (C. civ., art. 1186, al. 2 [6]) ou la résiliation [7] de l'autre ou des autres [8]. Parfois, cependant, les divers contrats ne connaissent pas le même

▶ des contrats pour la réalisation d'un système informatique – Paris, 25e ch. B, 18 avr. 2008, *Axialog c/Christophe, JurisData* 364072 : indivisibilité d'un contrat de location de matériel informatique et d'un contrat d'assistance technique avec une autre entreprise – Com. 26 mars 2013, n° 12-11.688, NP, *RJDA* 2013, n° 685 : contrat de licences de logiciel et contrat d'intégration de ceux-ci.

1. Com. 18 déc. 2007, n° 06-15.116, préc.
2. Com. 26 mars 2013, n° 12-11.688, NP, préc.
3. Paris, 17 nov. 1995, *Cobatri, Expertises* 1996, p. 160 : pas le cas dans la mesure où le logiciel d'application commandé n'a pas été mis en place – T. com. Paris, 17 déc. 1999, *Sem-Angles, Expertises* 2000, p. 198.
4. C. civ., art. 1219 et 1220 – P. Grosser, « L'exception d'inexécution », *AJCA* 2014. 320 – POSTÉRIEUREMENT SUR L'EXCEPTION : W. Dross, « L'exception d'inexécution : essai de généralisation », *RTD civ.* 2014. 1, proposant une analyse renouvelée de l'exception, conduisant not. à élargir son domaine au-delà du contrat – B. Vincendeau, « L'évolution de l'exception d'inexécution : vers la consécration d'un droit de réserve d'exécution », *LPA* 9 sept. 2019, p. 6, pour lequel il serait préférable d'évoquer un « *droit de réserve d'exécution d'une partie au contrat* » aux fins de désigner la réponse à l'inexécution de l'obligation de l'autre partie.
5. Civ. 1re, 4 avr. 2006, n° 02-18.277, préc. : dans un autre domaine, mais posant le principe de façon catégorique : « *Lorsque deux contrats constituent un ensemble contractuel indivisible, la résiliation de l'un des contrats entraîne la caducité de l'autre et libère le débiteur des stipulations que celui-ci contenait* » – Com. 5 juin 2007, n° 04-20.380, préc. : précisant les conséquences de la caducité : L'acquéreur doit restituer le bien vendu et le vendeur son prix, sauf à diminuer celui-ci d'une indemnité correspondant à la dépréciation subie par la chose en raison de l'utilisation par ▶ l'acquéreur, et à tenir compte du préjudice subi par ce dernier résultant de l'anéantissement de l'ensemble contractuel – Com. 26 mars 2013, n° 12-11.688, NP, préc. : la résiliation du contrat d'intégration entraîne la caducité des licences – Com. 12 juill. 2017, n° 15-23.552, P IV, n° 104 ; *AJ contrat* 2017. 429, obs. S. Bros, 1re esp. ; *Gaz. Pal.* 26 sept. 2017. 34, note D. Houtcieff, 1re esp. ; *RDC* 2017. 590, obs. T. Genicon, 2e esp. et 627, obs. J.-B. Seube, 2e esp. ; *D.* 2018. Pan. 371, obs. M. Mekki : « *lorsque des contrats sont interdépendants, la résiliation de l'un quelconque d'entre eux entraîne la caducité, par voie de conséquence, des autres, sauf pour la partie à l'origine de l'anéantissement de cet ensemble contractuel à indemniser le préjudice causé par sa faute* », contrat de prestation de surveillance électronique et contrat de location de matériel pour assurer cette surveillance.
6. SUR LES DIFFICULTÉS soulevées par cet art. : M. Mekki, « Fiche pratique : la caducité entre l'excès et le défaut... », art. préc. – P. Crocq, « La codification incomplète de l'interdépendance des contrats », dans *Mél. B. Teyssié*, LexisNexis, 2019, p. 950 s., suggérant de préciser le régime – M. Latina, « L'interdépendance contractuelle depuis la réforme du droit des contrats », dans *Mél. B. Teyssié, op. cit.*, p. 1007 s., mettant en lumière les critères légaux de l'interdépendance depuis la réforme et le régime des contrats interdépendants.
7. Com. 25 avr. 2001, n° 98-19.718, NP, *RJDA* 2001, n° 898 : *résolution* du contrat de vente d'un matériel non conforme, et *résiliation* consécutive du contrat de crédit-bail dont il est l'objet – Toulouse, 22 juin 2006, *KBC*, préc. : la cessation des prestations de fourniture des « consommables » entraîne la résiliation de l'ensemble, comprenant la location de matériel et leur entretien – Paris, 25e ch. B, 18 avr. 2008, *Axialog*, préc. : la résiliation du contrat d'assistance entraîne celle du contrat de location. – Com. 9 juill. 2013, nos 11-19.633 et 11-19.634, préc.
8. Toulouse, 13 déc. 2001, *Hitech, JAMP* 2002/2, p. 432, obs. Ph. le Tourneau : vente de matériel, concession d'un logiciel et de progiciels, maintenance – Civ. 1re, 18 sept. 2002, n° 00-13.706, préc. : nouvelle application informatique et maintenance – Paris, 28 janv. 2005, *Grenke location et Cybervitrine*, préc. – Com. 18 déc. 2007, n° 06-15.116, X... *c/Barclays bail*, préc., IMPL. – Com. 15 janv. 2008, n° 06-18.825, préc. – Civ. 1re, 28 mai 2008, n° 07-10.786, préc. – Rennes, 1re ch. B, 19 sept. 2008, *KBC*, *JCP* 2009. IV. 1711 ; *JCP E* 2009. Pan. 1481 – *CONTRA IMPL.* : Com. 11 mars 2003, n° 98-14.691, NP, *CCE* 2003, n° 73, obs. Ph. Stoffel-Munck : puisque l'arrêt donne effet à la clause pénale stipulée dans le contrat de crédit-bail, continuant donc ses effets malgré la cessation du contrat de diffusion d'images auquel il était lié – Cass., ch. mixte, 13 avr. 2018, nos 16-21.345, 16-21.947, P, n° 1 ; *D.* 2018. 1185, note H. Barbier ; *LPA* 26 juin 2018. 9, note D. Lanzara : la résolution du contrat de vente entraîne la caducité du contrat de crédit-bail (alignement partiel de la ch. mixte sur la jurisprudence relative à la location financière, v. *supra* ss n° 013.12 – Com. 4 juill. 2018, n° 16-26.003, NP, *RJDA* 2018, n° 895 – Civ. 2e, 2 juill. 2020, n° 17-12.611, P ; *CCC* 2020, n° 134, obs. L. Leveneur ; *RTD civ.* 2020. 884, obs. H. Barbier ; extension de la solution donnée par la ch. mixte préc. : « *la résolution du contrat de vente entraîne, par voie de conséquence, la caducité, à la date d'effet de la résolution, du contrat de location avec option d'achat et [...] sont inapplicables les clauses prévues en cas de résiliation du contrat* ».

sort[1]. Toutefois, lorsque des contrats incluant une location financière sont interdépendants, *l'anéantissement du contrat principal est un préalable nécessaire* à la caducité, par voie de conséquence, du contrat de location[2]. Inversement, l'anéantissement du contrat de location est un préalable nécessaire à la caducité du contrat principal.

La caducité[3], qui met fin au contrat[4] est juridiquement définie comme l'état d'un acte juridique dont l'un des éléments essentiels a disparu postérieurement à sa création et généralement indépendamment de la volonté des parties[5].

1° La cession de l'un entraîne[6] la cession de l'autre[7].

2° L'appréciation de la rentabilité intervient sur l'ensemble[8].

3° L'existence ou l'absence de but[9] (on disait auparavant de la cause) s'apprécie au regard de l'ensemble indivisible[10].

4° La clause compromissoire[11] de certains des contrats s'étend à tous les contrats de l'ensemble contractuel[12] ; si l'interdépendance des contrats justifie la compétence d'une seule juridiction pour connaître de leur ensemble, c'est celle du tribunal arbitral dès lors que le « contrat pivot » comporte une clause compromissoire[13] (mais uniquement, évidemment, pour les actions entre parties contractantes et non quant à l'action en responsabilité délictuelle du tiers complice d'une violation du contrat[14]).

5° L'action en résolution est indivisible, et devrait donc être intentée par tous les créanciers agissant de concert, à peine d'irrecevabilité[15].

6° L'indivisibilité entre plusieurs conventions ne saurait priver un des cocontractants de la possibilité d'agir seul en réparation de ses préjudices personnels[16].

7° Sont réputées non écrites les clauses des contrats inconciliables avec leur interdépendance[17].

8° Le devoir d'information rayonne à l'intérieur du groupe ; par exemple, les prestataires dont les interventions sont interdépendantes doivent chacun s'informer de ce qu'ils font, quand bien même aucun contrat ne les unirait directement ; ainsi des

1. EX. : Com. 12 juin 2001, n° 98-19.787, NP, *RJDA* 2001, n° 1173 ; *RTD civ.* 2002. 96, obs. J. Mestre et B. Fages : annulation du premier, mais seulement résolution du second ; – SUR CETTE « dissymétrie des sanctions » : J.-B. Seube, th. préc., n°s 670 s.
2. PRÉCISION APPORTÉE PAR : Com. 4 nov. 2014, n° 13-24.270, P IV, n° 159 ; *JCP G* 2015. 54, note J.-J. Barbieri ; *D.* 2015. Pan. 529, obs. S. Amrani-Mekki et M. Mekki ; *RTD civ.* 2015. 127, obs. H. Barbier, 1re esp. ; *RDC* 2015. 269, note J.-B. Seube, 1re esp. – Com. 13 déc. 2016, n° 15-14.355, NP, *RJDA* 2017, n° 150, reprend le même attendu, à propos d'un contrat portant sur la fourniture de prestations informatiques et téléphoniques, le financement du matériel étant assuré par un contrat de location – Civ. 1re, 20 févr. 2019, n° 18-11.666, NP, *RJDA* 2019, n° 541.
3. NOT. SUR LA NOTION de caducité : P.-A. Foriers, *La caducité des obligations contractuelles par disparition d'un élément essentiel à leur formation*, th. préc. – F. Garron, *La caducité du contrat : Étude de droit privé*, th. préc. – R. Chaaban, *La caducité des actes juridiques*, préf. Y. Lequette, « BDPr », t. 445, LGDJ, 2005 – V. Wester-Ouisse, « La caducité en matière contractuelle : Une notion à réinventer », art. préc. – M.-C. Aubry, « Retour sur la caducité en matière contractuelle », art. préc. – M. Mekki, « Fiche pratique : la caducité entre l'excès et le défaut... », art. préc. – *ADDE* : P. Mousseron, « La sanction de l'altération des liens d'alliance du membre d'un groupement », art. préc.
4. C. civ., art. 1187, al. 1er. ; art. mod. par ord. n° 2016-131, 10 févr. 2016, art. 2.
5. C. civ., art. 1186 ; mod. par ord. n° 2016-131, 10 févr. 2016, art. 2.
6. Sur les clauses d'indivisibilité v. *infra* s^s^ n° 116.41.
7. Com. 12 mai 1998, n° 95-15.650, *D. Affaires* 1998, 1123 [2e moyen non publié au *Bull. civ.* ni sur *Legifrance*] – POUR UNE ÉTUDE APPROFONDIE : J.-B. Seube, th. préc.
8. Com. 17 déc. 2002, n° 01-02.221, NP, *RJDA* 2003, n° 256 : à propos de l'application de l'art. 2000 du C. civ. sur l'indemnisation des pertes essuyées par un mandataire, alors que le mandat était indissociable d'un contrat de location-gérance d'un fonds de commerce.
9. C. civ., art. 1169 ; mod. par ord. n° 2016-131, 10 févr. 2016, art. 2.
10. Civ. 1re, 13 juin 2006, n° 04-15.456, P I, n° 306 ; *D.* 2007. 277, note J. Ghestin ; *RDC* 2007. 256, note D. Mazeaud ; *RTD com.* 2006. 593, obs. F. Pollaud-Dulian – SUR LA QUESTION : J. Ghestin, *Cause de l'engagement et validité du contrat, op. cit.*, n°s 375 s.
11. Sur celle-ci v. *infra* s^s^ n°s 116.171 s.
12. Civ. 1re, 30 mars 2004, n° 01-14.311, P I, n° 95 ; *JCP E* 2004. 1640, note G. Chabot – Civ. 1re, 13 nov. 2003, n° 02-10.229, NP, *D.* 2004. 657, note I. Najjar – CCI, sentence 12605 (2008), *JDI* 2008. 1193, note S. J. et C. T.-N. : la sentence emploie aussi l'expression d'indivisibilité du litige.
13. Paris, pole 1, ch. 2, 22 nov. 2012, RG n° 12/11878, *Gaz. Pal.* 6 janv. 2013, n° 6, p. 19, obs. D. Bensaude.
14. Civ. 1re, 9 juill. 2014, n° 13-17.495, P I, n° 126 ; *D.* 2014. 2092, note V. Mazeaud ; *AJCA* 2014. 329. obs. J. Dubarry ; *RTD civ.* 2014. 888, obs. H. Barbier ; *D.* 2015. Pan. 529, obs. S. Amrani-Mekki et M. Mekki.
15. Civ. 1re, 22 mars 2012, n° 09-72.792, P I, n° 62 ; *D.* 2012. 876 ; *RDC* 2012. 795, note O. Deshayes, CRIT. ; *RTD civ.* 2012. 314, obs. B. Fages ; *LPA* 31 déc. 2012, n° 261, p. 6, note G. et L.-F. Pignarre ; *RDC* 2013. 1377, note É. Savaux, CRIT. : mais, malgré ses termes, il n'est pas certain que cela soit le sens de l'arrêt (v. note O. Deshayes, préc.).
16. Civ. 1re, 22 mars 2012, n° 09-72.792, préc. : « *l'indivisibilité entre plusieurs conventions ne saurait priver un des cocontractants de la possibilité d'agir seul en réparation de ses préjudices personnels* ».
17. Cass. ch. mixte, 17 mai 2013, n°s 11-22.768 et 11-22.927 (2 arrêts), P, n° 1 ; *D.* 2013. 1658, note D. Mazeaud ; *Gaz. Pal.* 4 juill. 2013. 18, obs. D. Houtcieff ; *JCP* 2013. 673, note F. Buy, et 674. note J.-B. Seube ; *JCP E* 2013. 1403, note D. Mainguy ; *LPA* 1er juill. 2013. 7, note L. Martinet et H. de Roux.

différents corps de métiers qui participent à un chantier[1].

9° De même que les clauses d'un contrat « *s'interprètent les unes par rapport aux autres, en donnant à chacune le sens qui résulte de l'acte entier* » (C. civ., anc. art. 1161), dans un ensemble contractuel chaque contrat doit être interprété au regard du contenu des autres[2]. L'actuel article 1189 du code civil a repris, dans son premier alinéa, la substance de l'ancien article 1161 précité (en en modifiant les termes) et légalisé dans son second alinéa la règle relative à l'interprétation des ensembles contractuels : « *Toutes les clauses d'un contrat s'interprètent les unes par rapport aux autres, en donnant à chacune le sens qui respecte la cohérence de l'acte tout entier. // lorsque, dans l'intention des parties, plusieurs contrats concourent à une même opération, ils s'interprètent en fonction de celle-ci* »[3].

013.19 Une particularité. Un autre trait remarquable est que la prestation due ne pourra parfois être précisée *qu'au cours de l'exécution* du contrat, par exemple de création d'un logiciel ou d'un système spécifique, en fonction des résultats des études diligentées spécialement.

SECTION 2
DIVERSITÉ DES INTERVENANTS

013.21 Présentation. La gamme très ouverte des prestations des contrats du numérique s'accompagne d'une grande diversité des intervenants, qu'il s'agisse de conseils, de fournisseurs, de loueurs, de concepteurs, de mainteneurs, de formateurs... L'enchevêtrement des tâches est assurément une source de difficultés, et il risque de diluer ou d'éparpiller les responsabilités, chacun tentant de reporter le poids des défaillances ou manquements sur l'autre.

1. Com. 6 déc. 1983, n° 82-13.924, P IV, n° 339 ; *RTD civ.* 1984. 523, obs. Ph. Rémy – Civ. 3e, 31 janv. 2007, n° 05-18.311, P III, n° 13 ; *D.* 2007. 579 ; *Dr. et patr.* sept. 2007. 87, obs. Ph. Stoffel-Munck, arrêt catégorique : « *le devoir de conseil peut s'étendre aux entrepreneurs entre eux, dès lors que le travail de l'un dépend du travail de l'autre* » – COMP. : Civ. 3e, 29 oct. 2015, n° 14-17.469, P III, n° 104 ; *RDC* 2016. 225, note J. Knetsch : condamnation d'un tiers avec lequel les demandeurs n'entretenaient aucun lien contractuel ou légal, mais qui était indirectement lié à la sphère contractuelle à travers un ensemble contractuel.
2. Civ. 1re, 28 oct. 2015, n° 14-11.498, P I, n° 260 ; *D.* 2016. 187, note S.-M. Ferrié.
3. SUR L'INTERPRÉTATION du contrat depuis la réforme de 2016 : R. Cabrillac, « L'interprétation du contrat : le nouveau droit français à la lumière du droit comparé », dans *Mél. J. Huet*, LGDJ, 2017, p. 45 s. – SPÉCIALEMENT sur l'art. 1189 : P. Crocq, « La codification incomplète de l'interdépendance des contrats », dans *Mél. B. Teyssié*, LexisNexis, 2019, p. 950 s., spéc. II, suggérant d'appliquer largement le principe.

013.22 Cas particulier des préposés et des sous-traitants. Écartons l'hypothèse du professionnel recourant à des aides (préposés) ou à des substituts (sous-traitants[4]), il en est responsable comme d'autres lui-même[5] (à strictement parler, il n'existe pas de véritable « responsabilité contractuelle pour autrui » : Le débiteur est responsable de tous ceux qu'il introduit dans l'exécution du contrat, tant de ses auxiliaires que ceux qu'il se substitue ; il reste tenu des obligations convenues, quand bien même il en aurait confié l'exécution, en tout ou en partie, à un tiers, dès lors qu'il les a volontairement introduits dans la sphère de l'exécution[6]). Cela étant, au sein du groupe, chacun doit *coopérer* avec les autres de façon loyale et, notamment, leur fournir spontanément d'utiles informations. Mais le technicien doit préserver son *autonomie* : serait-il placé sous l'autorité d'une autre personne pendant un certain temps qu'il garderait néanmoins l'entière maîtrise (et responsabilité) de ce qui relève de sa compétence. En tant que spécialiste, appelé à travailler à une œuvre commune, il lui incombe de *vérifier* ce qui lui est demandé : Il ne saurait se contenter de suivre aveuglément les indications ou prescriptions d'un autre[7]. Et, si l'acte qu'il estime néfaste lui est imposé, qu'il émette des réserves par écrit. Le « prestataire principal » doit *contrôler* les prestations des autres membres de l'équipe[8].

013.23 Pas de subsidiarité de la responsabilité des divers intervenants. Lorsque plusieurs hommes de l'art interviennent dans un contrat, leur éventuelle défaillance contractuelle pourra être retenue *solidairement*, en matière commerciale, sans aucune hiérarchie entre eux : la responsabilité de quelque professionnel que ce soit *n'est jamais subsidiaire*[9] ;

4. V. *infra* ss nos 336.11 s.
5. Ph. le Tourneau (dir.), *Droit de la responsabilité et des contrats. Régimes d'indemnisation*, 12e éd., « Dalloz action », 2020, nos 3121.41 s.
6. DANS LE MÊME SENS : J. Data, *Contribution à l'analyse de la distinction des obligations de moyens et des obligations de résultat*, th. préc., nos 1110 s.
7. À PROPOS d'un courtier : Civ. 3e, 4 nov. 1993, n° 91-17.087, P III, n° 136.
8. Com. 3 mai 1995, n° 93-13.760, NP, *RJDA* 1995, n° 1353.
9. Ph. le Tourneau (dir.), *Droit de la responsabilité et des contrats...*, 12e éd., *op. cit.*, n° 3124.402 – Civ. 1re, 25 nov. 2015, n° 14-26.245, P I, n° 292 ; *RDC* 2016. 221, obs. O. Deshayes ; *RTD civ.* 2016. 351, obs. H. Barbier, 4e esp., CATÉGORIQUE, pour un notaire – À PROPOS de contrats informatiques : Paris, 17 oct. 1985, *D.* 1986. IR 68 : le fait pour le vendeur d'avoir ensuite suscité l'intervention d'un tiers, qui a contracté pour la mise en place d'un logiciel d'application, ne saurait décharger le vendeur quant aux manquements à ses obligations envers le client – Civ. 1re, 3 juill. 2001, n° 99-15.412, NP, *RCA* 2001, n° 328 ; *RJDA* 2002, n° 32 : la défaillance du fournisseur de matériel n'est pas allégée par celle de l'installateur – Com. 31 janv. 2018, nos 16-16.634 et 16-22.097, NP, *AJ contrat* 2018. 127, obs. ▶

ou, du moins, seule une stipulation peut prévoir le contraire (par exemple une clause chargeant l'un d'entre eux de la maîtrise d'œuvre ; il est de l'intérêt du client d'obtenir une telle disposition). Mais les divers intervenants disposent éventuellement d'une *action récursoire* entre eux puisque, « *lorsque plusieurs personnes responsables d'un même dommage ont commis une faute, elles contribuent entre elles à proportion de la gravité et du rôle causal de leurs fautes respectives* »[1].

013.24 Qualification globale. La jurisprudence considère que la qualification doit être globale quand un groupe *ad hoc* de spécialistes s'est formé momentanément pour mettre au point et livrer un *système informatique complet*. Mais cela ne préjuge en rien de la responsabilité, qui dépend de la méthode de réalisation. S'il y a contrat *clé en main*, la responsabilité est elle aussi globale[2]. En revanche, il se peut que chaque participant contracte directement avec le client, chacun restant donc seul tenu de l'inexécution ou de la mauvaise exécution de ses prestations[3]. Mais, même en ce cas, le client doit prendre la précaution de préciser que les obligations issues des divers contrats sont indivisibles.

013.25 Réparation intégrale. Une partie à une telle œuvre commune est parfois condamnée à compenser l'intégralité du dommage subi par le client. Or, le dommage peut avoir plusieurs causes : La défaillance de celui qui a été actionné en justice, mais aussi la faute de l'un des autres intervenants, ou encore le fait d'une chose dont un tiers est le gardien. En ce cas, il dispose d'une action récursoire contre le tiers fautif ou gardien, en tant que subrogé aux droits de la victime. Si l'un d'eux se trouve insolvable, la perte qui en résulte se répartit par contribution entre tous les autres codébiteurs solvables et celui qui a payé. La jurisprudence est abondante à propos de telles actions entre architectes et entrepreneurs[4].

013.26 Comparaison avec d'autres domaines. Le numérique n'est pas le seul domaine d'une multiplicité de prestations et d'intervenants. Depuis toujours, le Droit de la construction présente les mêmes traits ; mais ils conduisirent précisément le législateur à le réglementer de façon assez minutieuse, notamment quant aux garanties dues par les uns et par les autres au maître de l'ouvrage (de parfait achèvement, biennale et décennale). Rien de tel dans l'informatique. L'ingénierie technique, traitant de la conception (voire de la réalisation) d'ensembles commerciaux ou industriels est également comparable, par bien des aspects, à certains contrats relatifs à l'informatique. Ceux-ci apparaissent même souvent comme de *mini-contrats d'ingénierie*. Comme eux, leur négociation et leur exécution, qui s'étalent dans le temps, sont ponctuées d'étapes et d'actes de toutes sortes. Comme eux aussi, ils connaissent des réceptions fractionnées et temporaires, qui n'étaient pas d'usage jusqu'alors en Droit français.

013.27 Entreprise de services du numérique (ESN). De nombreuses entreprises se sont spécialisées dans le secteur du numérique. Dans le cours de l'ouvrage il nous arrivera de les désigner par le mot *d'informaticien* ; ce sont les *entreprises de services du numérique* (ESN), appelées précédemment sociétés de services en ingénierie informatique (SSII ; en pratique ce sigle se dit curieusement « SS deux I ») et les *sociétés de services utilisant des logiciels libres* (SSLL).

Des sociétés de conseil peuvent s'engager à apporter un chiffre d'affaires minimum par an à une entreprise prestataire dans le domaine de l'informatique[5].

013.28 Classement. Les entreprises de services du numérique (ESN) françaises sont performantes : elles occupent le deuxième rang mondial derrière les États-Unis quant au chiffre d'affaires (et le premier rang par tête d'habitant). La France occupe la même deuxième place quant aux logiciels, dans lesquels sa maîtrise est reconnue. En effet, ce pays forme parmi

▶ Ph. le Tourneau ; *CCC* 2018, n° 63, obs. L. Leveneur : « *le manquement de la société ABR* [vendeuse] *à ses obligations, retenu par la cour d'appel, n'exonère pas la société Kip* [installatrice] *de sa propre responsabilité à l'égard de la société Octant* [cliente] ».

1. Com. 31 janv. 2018, n°s 16-16.634, 16-22.097, NP, préc.
2. V. *infra* s^{s} n°s 252.42 s.
3. V. *infra* s^{s} n°s 253.11 s.
4. Ph. le Tourneau (dir.), *Droit de la responsabilité et des contrats...*, 12e éd., *op. cit.*, n° 3312.181.
5. Paris, 10 janv. 2003, *Accenture, CCÉ* 2003, n° 74, obs. Ph. Stoffel-Munck : d'après les termes du contrat il s'agissait en l'esp., selon l'arrêt, d'une obligation de résultat ; l'annotateur y voit plutôt une promesse de porte-fort – Mais la seconde n'exclut pas la première, la C. de cass. ayant reconnu que, dans la promesse de porte-fort le promettant est tenu par une obligation de résultat : Civ. 1re, 25 janv. 2005, n° 01-15.926, P I, n° 43 – Civ. 1re, 3 mai 2012, n° 11-10.501, P I, n° 130 ; *RDC* 2012. 1205, note O. Deshayes – Com. 1er avr. 2014, n° 13-10.629, P IV, n° 67 ; *D.* 2014. 1185, note B. Dondero ; *RDC* 2014. 625, note J. Klein – RAPPEL : en cas d'inexécution, le promettant « *peut être condamné à des dommages et intérêts* » (C. civ., art. 1204, al. 2) ; la C. de cass. précisa à juste titre que la condamnation à ceux-ci est la seule sanction possible (le bénéficiaire de la promesse inexécutée ne peut donc ni engager une action en résolution ni une action en exécution forcée) : Civ. 1re, 7 mars 2018, n° 15-21.244, P I, n° 43 ; *AJ contrat* 2018. 231, obs. Ph. Delebecque ; *CCC* 2018, n° 104, obs. L. Leveneur ; *RTD civ.* 2018. 396, obs. H. Barbier ; *RDC* 2018. 341, obs. T. Genicon.

les meilleurs talents au mode dans le domaine de la programmation.

013.29 Institut national de recherche en informatique et en automatismes (Inria). Né du « Plan calcul » voulu par le général De Gaulle, l'Institut national de recherche en informatique et en automatismes (*Inria*), créé en 1967, jouit d'une réputation mondiale dans bien des domaines de la recherche sur les logiciels. Lorsque des recherches effectuées par l'*Inria* ont été couronnées de succès, cet organisme les transfère à une entreprise nouvelle, créée pour ce dessein, tandis qu'il passe à autre chose. Il pratique en effet l'essaimage de façon intense, favorisant donc la création de « jeunes pousses » (*start-up*). Depuis l'origine, près de 90 de celles-ci prospèrent (dont *Ilog*, spécialisée dans les composants logiciels ; *Kelkoo*, site internet de comparaison des prix, qui fut achetée en 2004 par *Yahoo* ; *Keeneo* spécialisée dans la vidéosurveillance assistée par ordinateur). *Microsoft* a ouvert en 2007, dans la région parisienne, un centre de recherche en partenariat avec l'*Inria*, axé notamment sur les recherches dans le domaine des méthodes formelles. La France est actuellement le leader mondial en matière de « jeunes pousses » et d'innovation (selon le professeur N. K. Goyal, président de la *CMAI Association of India* [1]). Le secteur français du logiciel est également prospère.

SECTION 3
RESPONSABILITÉ DU PROFESSIONNEL ET PROTECTION DU CONSOMMATEUR

013.31 Responsabilité professionnelle et législation protectrice des consommateurs : évolution de la jurisprudence. L'informaticien (entendu au sens large) est un *professionnel*. Comme tel, il est soumis à certaines diligences particulières et à un renforcement de ses obligations [2]. Nous allons y venir. Mais *quid* de son partenaire ? Nous verrons que sa compétence est prise en compte. En est-il de même quant à sa protection par le Droit de la consommation ? [3]

La loi n° 2014-344 du 17 mars 2014 [4] a inséré dans le code de la consommation un article « liminaire » définissant officiellement [5] le consommateur, par la finalité non professionnelle de l'acte qu'il accomplit et par un critère personnel qui exclut la personne morale : « *Au sens du présent code, on entend par : - consommateur : toute personne physique qui agit à des fins qui n'entrent pas dans le cadre de son activité commerciale, industrielle, artisanale, libérale ou agricole* ». [6] Néanmoins, certaines mesures applicables aux relations entre consommateurs et professionnels, « *sont étendues aux contrats conclus hors établissement entre deux professionnels dès lors que l'objet de ces contrats n'entre pas dans le champ de l'activité principale du professionnel sollicité et que le nombre de salariés employés par celui-ci est inférieur ou égal à cinq* » [7]. Le même article liminaire a donné une définition inédite du non-professionnel : « *toute personne morale qui n'agit pas à des fins professionnelles* » [8], alors que jusqu'alors cette notion était indéterminée et sujette à controverses. Mais, si cette définition s'inspire de la jurisprudence antérieure, elle a transformé en catégorie fermée une catégorie ouverte qui n'excluait pas les personnes morales [9]. Enfin, ledit article liminaire définit le professionnel comme « *toute personne physique ou morale, publique ou privée, qui agit à des fins entrant dans le cadre de son activité commerciale, industrielle, artisanale, libérale ou agricole, y compris lorsqu'elle agit au nom ou pour le compte d'un autre professionnel* » [10]. Ainsi, pour distinguer d'une part, les professionnels, d'autre part, les bénéficiaires du code (consommateurs ou non-

1. Déclaration à l'occasion du 22e *World Electonics Forum* qui s'est tenu en oct. 2017 en France : *Le Figaro* 27 oct. 2017. 4.
2. Ph. le Tourneau, *Responsabilité civile professionnelle*, 2e éd., « Dalloz référence », 2005 – Ph. le Tourneau et J. Julien, « Retour sur la *responsabilité professionnelle* », dans *Écrits de droit de l'entreprise. Mél. P. Serlooten*, Dalloz, 2015. 489 s.
3. POUR UNE ÉTUDE APPROFONDIE DE LA NOTION de consommateur : J. Julien, *Droit de la consommation*, 3e éd., « Précis Domat », LGDJ-Lextenso, 2019, nos 21 s. – Y. et N. Picod, *Droit de la consommation*, 5e éd., Sirey, 2020, nos 39 s.
4. L. n° 2014-344, 17 mars 2014 relative à la consommation, *JO* 18 mars, p. 5400 – L. n° 2017-203, 21 févr. 2017 ratifiant les ordonnances n° 2016-301 du 14 mars 2016 relative à la partie législative du code de la consommation et n° 2016-351 du 25 mars 2016 sur les contrats de crédit aux consommateurs relatifs aux biens immobiliers à usage d'habitation et simplifiant le dispositif de mise en œuvre des obligations en matière de conformité et de sécurité des produits et services, *JO* 22 févr., texte 1. Modifiée par l'ord. n° 2021-1247 du 29 sept. 2021, relative à la garantie légale de conformité pour les biens, les contenus et les services numériques.
5. G. Raymond, « Définition légale du consommateur par l'article 3 de la loi n° 2014-344 du 17 mars 2014 », *CCC* 2014, n° 5, dossier 3.
6. C. consom., art. liminaire.
7. C. consom., art. L. 221-3.
8. L. n° 2017-203, 21 févr. 2017 ratifiant les ordonnances n° 2016-301 du 14 mars 2016 relative à la partie législative du code de la consommation et n° 2016-351 du 25 mars 2016 sur les contrats de crédit aux consommateurs relatifs aux biens immobiliers à usage d'habitation et simplifiant le dispositif de mise en œuvre des obligations en matière de conformité et de sécurité des produits et services, *JO* 22 févr., texte 1.
9. G. Paisant, « Le "non-professionnel" en quête d'identité (de la Cour de cassation au nouveau code de la consommation) », art. préc.
10. R. Loir, « Les nouvelles définitions du professionnel, du consommateur et... non-professionnel », *JCP E* 2016. Doctr. 1402.

professionnels), le texte consacre un critère unique, tiré du champ de l'activité professionnelle et principale[1] de l'acte en cause[2]. Appliquant par anticipation la définition légale, la Cour de cassation a jugé qu'un comité d'entreprise était un « non-professionnel » et bénéficiait donc des dispositions de l'ancien article L. 136-1 [devenu L. 215-1] du code de la consommation[3]. Depuis, la CJUE a considéré, au regard de la directive 2005/29[4] et de la directive 2011/83[5], qu'une personne physique qui publie sur un site internet simultanément un certain nombre d'annonces offrant à la vente des biens, neufs et d'occasion, ne saurait être qualifiée de « professionnel » et une telle activité ne saurait constituer une « pratique commerciale » que si cette personne agit à des fins qui entrent dans son activité commerciale, industrielle, artisanale ou libérale, ce qu'il appartient aux juridictions du fond de vérifier[6]. La qualité de non-professionnel d'une personne morale s'apprécie au regard de son activité et non de celle de son représentant légal[7]. La Cour de cassation a même posé une présomption de caractère professionnel des actes correspondant à l'objet social[8].

L'existence d'un rapport direct entre le contrat et l'activité professionnelle relève de l'appréciation des juges du fond[9].

013.32 Appréciation de la solution actuelle. La solution actuelle, pour préférable qu'elle soit, reste imprécise. En réalité, ce qui importe, c'est la nature de l'acte que passe l'agent. À nos yeux, la seule question qu'il convient de poser est de savoir si ce dernier est, ou n'est pas, dans *le domaine habituel et normal de sa compétence* ou, pour dire les choses autrement, *s'il a ou non la maîtrise* de ce dont il s'agit. Négocier et conclure un contrat entre bien dans sa compétence et il maîtrise cet acte[10], même s'il porte sur un appareil technique qui, pour sa part, échappe à sa connaissance, tel l'achat ou la location d'un matériel informatique[11]. La jurisprudence était rigoureuse[12], excluant en fait la protection du professionnel[13] ; mais sans doute s'expliquait-elle par la nature de cette matière : « *la règle consumériste doit rester l'apanage du consommateur personne physique, qui agit à l'occasion de sa vie privée* »[14]. Néanmoins, le droit de la consommation assure parfois une protection du professionnel[15].

1. AINSI, un contrat qui entre dans le champ de l'activité d'un professionnel sans entrer dans celui de son activité principale peut bénéficier des règles du droit de la consommation : Civ. 1re, 12 sept. 2018, n° 17-17.319, P I, n° 149 ; *AJ contrat* 2018. 485, obs. V. Legrand ; *CCC* 2018, n° 196, obs. S. Bernheim-Devaux ; *D.* 2019. 115, note C. Durez ; *Dalloz IP/IT* 2019. 125, obs. J. Groffe ; *RDC* 2018. 114, note J. Julien : certes, la création d'un site internet et la publicité sur celui-ci poursuivent bien une finalité professionnelle, mais n'entrent pas dans le champ de l'expertise d'un architecte, de sorte qu'il bénéficie du droit de rétractation à propos du démarchage.
2. Civ. 1re, 22 sept. 2016, n° 15-18.858, P I, n° 177 ; *AJ contrat* 2016. 493, obs. V. Legrand ; *JCP E* 2016, n° 1574, note R. Loir ; *RJDA* 2017, n° 207 : un emprunteur souscrivant à des fins étrangères à son activité est un consommateur.
3. Civ. 1re, 15 juin 2016, n° 15-17.369, P I, n° 136 ; *D.* 2016. 1844, note G. Loiseau ; *RJDA* 2016, n° 824 – La C. de cass., avant la nouvelle définition légale, avait adopté la position inverse : Com. 16 févr. 2016, n° 14-25.146, P IV, n° 32 ; *CCC* 2016, n° 129, obs. S. Berheim-Desvaux ; *CCÉ* 2016, n° 40, obs. G. Loiseau, CRIT.
4. Dir. 2005/29, Parlement et Conseil, 11 mai 2005, relative aux pratiques commerciales déloyales des entreprises vis-à-vis des consommateurs dans le marché intérieur et modifiant la directive 84/450/CEE du Conseil et les directives 97/7/CE 98/27/CE et 2002/65/CE du Parlement européen et du Conseil et le règlement (CE) n° 2006/2004 du Parlement européen et du Conseil (« directive sur les pratiques commerciales déloyales »), *JOCE* L 149, 11 juin, p. 22, art. 2, b et d.
5. Dir. 2011/83, Parlement et Conseil, 25 oct. 2011, relative aux droits des consommateurs, modifiant la directive 93/13/CEE du Conseil et la directive 1999/44/CE du Parlement européen et du Conseil et abrogeant la directive 85/577/CEE du Conseil et la directive 97/7/CE du Parlement européen et du Conseil, *JOUE* L 304, 22 nov., p. 64, art. 2, pt 2.
6. CJUE, 4 oct. 2018, *Komisia za zashtita na potrebitelite,* aff. C-105/17, *Rec.* N ; *AJ contrat* 2018. 534, obs. V. Legrand ; *Dalloz IP/IT* 2018. 702, obs. A. Lecourt ; *CCC* 2018. 206, obs. S. Bernheim-Devaux.
7. Civ. 3e, 17 oct. 2019, n° 18-18.469, P ; *D.* 2019. 2331, note S. Tisseyre ; *AJ contrat* 2019. 546, obs. Y. Picod ; *CCC* 2019, n° 207, obs. S. Bernheim-Desvaux ; *RDC* 2020/1. 44, obs. G. Cattalano et J. Heinrich.
8. Civ. 3e, 7 nov. 2019, n° 18-23.259, P ; *D.* 2020. 55, note S. Tisseyre ; *JCP E* 2020. 1002, note R. Loir ; *AJ Contrat* 2020. 37, obs. Y. Picod ; *CCC* 2020, n° 13, obs. S. Bernheim-Desvaux ; *JCP G* 2020. 122, note S. Le Gac-Pech.
9. Civ. 1re, 10 juill. 2001, n° 99-12.512, P I, n° 209 ; *D.* 2001. AJ 2828 – Civ. 1re, 27 sept. 2005, n° 02-13.935, P I, n° 347 ; *D.* 2006. 238, note Y. Picod ; *CCC* 2005, n° 215, 1re esp., obs. G. R.
10. *CONTRA :* Civ. 3e, 4 févr. 2016, n° 14-29.347, P III, n° 23 ; *D.* 2016. 639, note C.-M. Péglion-Zika ; *AJCA* 2016. 200, obs. S. Carval ; *Gaz. Pal.* 22 mars 2016. 20, note D. Mazeaud.
11. COMME DANS : Civ. 1re, 30 janv. 1996, n° 93-18.684, P I, n° 55 ; *D.* 1996. 228, note G. Paisant, 2e esp. ; *JCP E* 1996. 830, note L. Leveneur : achat – Versailles, 9 nov. 2001, *Lease, RJDA* 2002, n° 697, 1re esp. : location par un chirurgien-dentiste ; mais un tel professionnel a-t-il une grande habitude des contrats ?
12. CEPENDANT, ADOPTANT NOTRE POSITION : Civ. 1re, 12 sept. 2018, n° 17-17.319, préc. : la création d'un site internet poursuivait bien une finalité professionnelle mais n'entrait pas dans le champ de l'expertise d'un avocat, à propos des règles relatives au démarchage.
13. SUR LES CLAUSES ABUSIVES *entre professionnels* l'ouvrage de : C. Jamin et D. Mazeaud [dir.], *Les clauses abusives entre professionnels*, « Études juridiques », Economica, 1998 – SUR LA NOTION elle-même : X. Lagarde, « Qu'est-ce qu'une clause abusive ? Étude pratique », *JCP E* 2006. I. 1663.
14. J. Julien, *Droit de la consommation, op. cit.,* n° 24.
15. J. Julien, « La protection du professionnel par le droit de la consommation », dans *Mél. J. Mestre,* LGDJ, 2019, 553 s.

013.33 Récupération et portabilité des données. L'article 53 de la loi du 7 octobre 2016 [1] avait ajouté, dans le code de la consommation une sous-section relative à la récupération et à la portabilité [2] des données [3]. Le premier article posait le principe que : « *Le consommateur dispose en toutes circonstances d'un droit de récupération de l'ensemble de ses données* ». [4]. L'article suivant indiquait comment ce droit s'exerce. Cependant, les différences du régime de ces textes avec le règlement 2016/679 [5] relatif à la protection des personnes physiques à l'égard du traitement des données à caractère personnel et à la libre circulation de ces données (RGPD), étaient telles que le législateur abrogea ces articles avant même leur entrée en vigueur [6]. La portabilité est régie par l'article 20 du RGPD [7].

013.34 Ordonnance n° 2021-1247 du 29 septembre 2021, relative à la garantie légale de conformité pour les biens, les contenus numériques et les services numériques. La directive 2019/771 [8] relative à certains aspects concernant les contrats de vente de biens, remplaçant la directive 1999/44 [9] à compter du 1er janvier 2022, « *vise à contribuer au bon fonctionnement du marché intérieur tout en garantissant un niveau élevé de protection des consommateurs, en établissant des règles communes relatives à certaines exigences concernant les contrats de vente conclus entre vendeurs et consommateurs, en particulier des règles relatives à la conformité des biens avec le contrat, aux recours en cas de défaut de conformité, aux modalités d'exercice de ces recours et aux garanties commerciales* » [10]. Elle fut transposée dans le code de la consommation par l'ordonnance n° 2021-1247 du 29 septembre 2021 [11].

Selon l'article L. 224-25-10 du code de la consommation : « *Le professionnel s'est acquitté de l'obligation de fourniture lorsque le contenu numérique ou le service numérique, ou tout moyen approprié pour accéder au contenu numérique ou le télécharger, sont rendus disponibles ou accessibles pour le consommateur en tout lieu physique ou virtuel que ce dernier a choisi* ». Il précise que la charge de la preuve de la fourniture du contenu ou du service numérique incombe au professionnel. Les articles L. 217-4 et L. 217-5 du même code définissent minutieusement la conformité, tant par ses critères subjectifs qu'objectifs et le défaut de conformité. Quant à la « responsabilité » du professionnel, le code distingue à juste titre le recours pour défaut de fourniture du recours pour défaut de conformité. En cas de défaut de conformité, le consommateur a droit à la mise en conformité du contenu ou du service numérique, sans frais et dans les meilleurs délais [12], sauf si cela s'avère impossible ou si cela risque d'imposer au professionnel des frais disproportionnés, compte tenu de toutes les circonstances de l'espèce [13]. À défaut, le consommateur a droit, soit à une réduction proportionnelle du prix [14] si le contenu numérique ou le service numérique est fourni en échange du paiement d'un prix, soit à la résolution du contrat, dans chacun des quatre cas énumérés par l'article L. 224-25-21 du code de la consommation. Toutefois, la résolution du contrat ne peut pas être prononcée lorsque le défaut de conformité est mineur (*De minimis*...), ce qu'il incombe au professionnel de démontrer [15].

013.35 Projets de règlements sur les services et marchés numériques.

La Commission européenne a présenté au Conseil européen et au Parlement européen fin décembre 2020 deux projets de règlements [16]. L'unanimité des États membres est acquise sur le premier texte, ce qui n'est pas le cas pour le second. Des négociations

1. L. n° 2016-1321, 7 oct. 2016 pour une république numérique, *JO* 8 oct., n° 1.
2. C. Berthey et C. Zolynski, « L'"*empouvoirement*" des citoyens de la République numérique : regards sur une réforme en construction », *RLDI* 2018. Ét. 5153 (que diable pourquoi les auteurs ont-ils inventé un nouveau néologisme abominable pour empowerment, « empouvoirement », alors qu'il eût été tellement plus élégant d'adopter celui des Québécois, à savoir « autonomisation » ou bien tout simplement, pouvoir d'action).
3. C. consom., art. L. 224-42-1 s. ; créés par L. n° 2016-1321, 7 oct. 2016, art. 48 ; abrogés par L. n° 2018-493, 20 juin 2018, art. 33.
4. C. consom., art. L. 224-42-1, abrogé.
5. Règl. 2016/679, Parlement et Conseil, 27 avr. 2016, relatif à la protection des personnes physiques à l'égard du traitement des données à caractère personnel et à la libre circulation de ces données, et abrogeant la directive 95/46/CE (règlement général sur la protection des données), *JOUE* L 119, 4 mai, p. 1.
6. L. n° 2018-493, 20 juin 2018, relative à la protection des données personnelles, *JO* 21 juin, n° 1, art. 33.
7. V. *supra* s^s n° 011.22 – E. Netter, « La portabilité, un droit à inventer », *Dalloz IP/IT* 2020. Dossier 352.
8. Dir. 2019/771, Parlement et Conseil, 20 mai 2019 relative à certains aspects concernant les contrats de vente de biens, modifiant le règlement (UE) 2017/2394 et la directive 2009/22/CE et abrogeant la directive 1999/44/CE, *JOUE* L 136, 22 mai, p. 28.
9. Dir. 1999/44, Parlement et Conseil, 25 mai 1999, sur certains aspects de la vente et des garanties des biens de consommation, *JOCE* L 171, 7 juill., p. 12.
10. D. Staudenmayer, « Les directives européennes sur les contrats numériques », préc.
11. G. Loiseau, « L'ordonnance du 29 septembre 2021 : un texte fondateur d'un droit des contrats portant sur les biens et services numériques », *CCÉ* 2021. Ét. 21.
12. C. consom., art. L. 224-25-17, 1er al. ; art. L. 224-25-18.
13. C. consom., art. L. 224-25-19 ; Dir. 2019/770, Parlement et Conseil, 20 mai 2019, art. 14, 2 et 3.
14. C. consom., art. L. 224-25-20 et C. consom., art. L. 224-25-21.
15. C. consom., art. L. 224-25-20, *in fine*.
16. A. Bensamoun, « *Digital Services Act* et responsabilité des plateformes : une affaire à suivre », *D.* 2022. Point de vue 75.

se poursuivent. La France espère faire aboutir ces deux textes à l'été 2022.

Le premier sur les **services numériques** (RSN, en anglais : *Digital Services Act* [DSA]). Son objectif est de moderniser la directive sur le commerce électronique adoptée en 2000, transposée en droit français sous le vocable « loi pour la confiance dans l'économie numérique » (LCEN), afin de réglementer les contenus en ligne (haine, contrefaçon, désinformation...) en amont, en forçant les plateformes à modifier leurs algorithmes. Selon Thierry Breton, commissaire européen au marché intérieur, le fil conducteur de ce texte est simple : ce qui est autorisé hors de la toile doit l'être sur la toile et ce qui est interdit hors de la toile doit l'être sur la toile. Que l'on parle de contrefaçon, d'antisémitisme, de pédopornographie, de menaces de mort ou de vente de drogues, tous les contenus illégaux doivent être bannis. Les contenus haineux, l'amplification de la violence verbale et physique, la désinformation doivent être identifiés comme tels et traités en conséquence.

Le second projet porte sur les **marchés numériques** (RMN, en anglais : *Digital Markets Act*, [DMA]). Le RMN vise spécifiquement les grandes sociétés numériques ; il propose de considérer les grands fournisseurs de services de plateforme essentiels, par exemple celles ayant plus de 45 millions d'utilisateurs en Europe (telles que *Apple, Google, Facebook* et *Amazon*) comme « contrôleurs d'accès » en leur imposant de nouvelles obligations. Il vise également à empêcher que les grandes sociétés n'abusent de leur pouvoir de marché et à permettre à des sociétés plus petites ou à des nouveaux intervenants d'entrer sur le marché. Un objectif central du texte est de mettre fin aux pratiques d'auto-préférence de sociétés telles que *Google*, qui ont la possibilité de mettre en avant leurs produits dans les résultats de leur moteur de recherche. Les grandes sociétés se verraient également interdire de réutiliser les données personnelles qu'elles ont collecté grâce à un produit. Par exemple, *Facebook* verrait limitée son utilisation des données obtenues par sa filiale *WhatsApp* limitées.

CHAPITRE

014. Du particularisme de l'obligation de conseil

SECTION 0
ORIENTEUR

014.00 **Sommaire du chapitre.**

Division – Trois aspects. Parmi les spécificités des contrats relatifs au numérique, une place centrale est occupée par l'obligation de conseil, assurément exigeante, dont il convient de voir le principe (sect. 1) et ses limites (sect. 2), tout en mettant en lumière son complément (sect. 3), le devoir de collaboration du client.

SECTION 1
PRINCIPE DE L'OBLIGATION DE CONSEIL

014.11 **Obligation complémentaire de l'obligation d'information.** L'obligation de conseil, dont il va être traité, s'ajoute aux obligations traditionnelles de renseignement et d'information, qui s'appliquent dans les domaines des contrats du numérique (informatiques et électroniques), comme dans les autres (Paris, 18 oct. 2007[1] ; le vendeur d'un logiciel et d'un ordinateur à un dentiste, non seulement n'avait pas donné de consignes claires en matière de sauvegarde, mais encore le client avait été entretenu, par les démonstrateurs intervenus chez lui, dans l'idée que les sauvegardes s'effectuaient automatiquement), y compris évidemment pour les objets connectés[2]. Elle se justifie particulièrement dans ce domaine, la complexité de l'outil informatique et le secret industriel qui l'entoure créant une asymétrie de l'information entre professionnels et profanes. Depuis la réforme du droit des contrats, ce devoir d'information précontractuel (mais non de conseil) figure expressément dans le code civil à l'article 1112-1, alinéa 1er[3] : « *Celle des parties qui connaît une information dont l'importance est déterminante pour le consentement de l'autre doit l'en informer dès lors que, légitimement, cette dernière ignore cette information ou fait confiance à son cocontractant* » (sauf, selon l'al. 2, sur l'estimation de la valeur de la prestation). Cette disposition est caractéristique de la réforme de 2016, marquée par le souci de l'équilibre contractuel. Le troisième alinéa de cet article précise qu'« *Ont une importance déterminante les informations qui ont un lien direct et nécessaire avec le contenu du contrat ou la qualité des parties* » (la suite du texte porte notamment sur la preuve du défaut d'information et ses conséquences)[4]. L'information doit évidemment être compréhensible par son destinataire et aussi d'une quantité assimilable (comme l'établit la psychologie cognitive)[5], tout en étant exacte et pertinente, adaptée à la situation.

Outre ce devoir général, des obligations d'information sont parfois devenues légales. Ainsi, le vendeur professionnel doit mettre le consommateur :

1° En mesure de connaître « *les caractéristiques essentielles du bien ou du service, ainsi que celles du*

1. Paris, 5e ch. B, 18 oct. 2007, n° 2004/18739, *Visiodent*, *RJDA* 2008, n° 116 ; *CCÉ* 2008, n° 70, obs. Ph. Stoffel-Munck.
2. I. Vingian-Viricel, « Les obligations précontractuelles d'information lors de la vente d'un objet connecté », *CCC* 2019. Ét. 6.
3. M. Mekki, « Fiche pratique sur le clair-obscur de l'obligation précontractuelle d'information », *Gaz. Pal.* 12 avr. 2016. Doctr. 15.
4. POUR UNE ANALYSE : O. Deshayes, T. Genicon et Y.-M. Laithier, *Réforme du droit des contrats, du régime général et de la preuve des obligations*, 2e éd., LexisNexis, 2018, p. 102 s.
5. P.-E. Audit, « De quelques enseignements de l'analyse comportementale du droit en matière d'information du contractant », *RTD civ.* 2021. 545 s.

service numérique ou du contenu numérique, compte tenu de leur nature et du support de communication utilisé, et notamment les fonctionnalités, la compatibilité et l'interopérabilité du bien comportant des éléments numériques, du contenu numérique ou du service numérique, ainsi que l'existence de toute restriction d'installation de logiciel »[1].

2° À même de connaître le prix du bien ou du service[2] (ou tout autre avantage procuré au lieu ou en complément du paiement d'un prix). Lorsque le prix ne peut être raisonnablement calculé à l'avance du fait de la nature du bien ou du service, le professionnel fournit son mode de calcul[3]. De plus, lors de l'achat, le professionnel indique par écrit, s'il y a lieu, le coût de la livraison et de mise en service du bien[4]. Ces dispositions sont applicables aux contrats conclus entre des professionnels et des non-professionnels (C. consom., art. L. 216-8).

3° Et le délai de livraison du bien ou d'exécution du service[5]. Mais à défaut d'indication ou d'accord quant à la date de livraison ou de la fourniture d'un contenu ou d'un service numérique, le professionnel livre le bien ou fournit le service sans retard injustifié et au plus tard trente jours après la conclusion du contrat[6]. Ces dispositions sont applicables aux contrats conclus entre des professionnels et des non-professionnels (C. consom., art. L. 216-8).

4° Les informations relatives à son identité, à ses « coordonnées » postales, téléphoniques et électroniques et à ses activités, pour autant qu'elles ne ressortent pas du contexte[7].

5° Les informations portant sur les fonctionnalités du contenu numérique et, le cas échéant, de son interopérabilité[8]. Il est donc nécessaire d'informer l'acquéreur de la compatibilité du contenu numérique à son matériel et à son système d'exploitation[9] (*operating system*)[10] – Le code de la consommation définit la compatibilité comme « *la capacité d'un bien, d'un contenu numérique ou d'un service numérique à fonctionner avec du matériel informatique ou des logiciels, avec lesquels des biens, des contenus numériques ou des services numériques de même type sont normalement utilisés, sans qu'il soit nécessaire de convertir les dits biens, matériels, logiciels, contenus numériques ou services numériques* »[11]. Et l'interopérabilité est « *la capacité d'un bien, d'un contenu numérique ou d'un service numérique à fonctionner avec du matériel informatique ou des logiciels différents de ceux avec lesquels des biens, des contenus numériques ou des services numériques de même type sont normalement utilisés* »[12].

6° Les informations relatives aux garanties légales, à l'existence et aux modalités de mise en œuvre des garanties et aux autres conditions contractuelles[13].

7° La possibilité de recourir à un médiateur de la consommation[14].

8° Lorsque la vente porte sur un meuble (ce qu'est juridiquement un ordinateur, une imprimante, etc.), le fabricant ou l'importateur informe le vendeur professionnel « *de la disponibilité ou de la non-disponibilité des pièces détachées indispensables à l'utilisation des biens concernés et, le cas échéant, de la période pendant laquelle ou de la date jusqu'à laquelle ces pièces sont disponibles sur le marché. Pour les équipements électriques et électroniques* [...], *lorsque cette information n'est pas fournie au vendeur professionnel, les pièces détachées indispensables à l'utilisation des biens sont réputées non disponibles. Les fabricants ou importateurs d'équipements électriques et électroniques informent les vendeurs de leurs produits ainsi que les réparateurs et les reconditionneurs professionnels, à la demande de ces derniers, du détail des éléments constituant l'engagement de durée de disponibilité des pièces détachées. Cette information est rendue disponible notamment à partir d'un support dématérialisé. Les fabricants et les importateurs d'équipements électroménagers, de petits équipements informatiques et de télécommunications, d'écrans et de moniteurs assurent, pour une liste de produits fixée par voie réglementaire, la disponibilité des*

1. C. consom., art. L. 111-1, 1°, rédac. Ord. n° 2021-1247, 29 sept. 2021 – POUR DES APPLICATIONS : Civ. 1re, 1er mars 2005, n° 04-10.063, *Laurent,* P I, n° 109 ; *RJDA* 2005, n° 798 : défaillance à cet égard. – Paris, 22 avr. 2005, *S... X. et Que Choisir c/Universal Pictures, Gaz. Pal.* 2005. 1, Somm. 2203 ; *RJDA* 2006, n° 74, *idem :* l'impossibilité de réaliser une copie à des fins privées du DVD vendu n'était pas clairement indiquée – Versailles, 3e ch., 15 sept. 2011, n° 10/01014, *RJDA* 2012, n° 144 : défaillance à cet égard, à propos de la consommation d'un véhicule.
2. C. consom., art. L. 111-1, 2°.
3. C. consom., art. L. 121-3 et L. 121-4. Ces art. ont été complétés par l'Ord. n° 2021-1734, 22 déc. 2021, transposant la dir. 2019/2161 du Parlement et du Conseil du 27 nov. 2019, relative à une meilleure application et une modernisation des règles de l'Union en matière de protection des consommateurs.
4. C. consom., art. L. 216-5.
5. C. consom., art. L. 111-1, 3°.
6. C. consom., art. L. 216-1.
7. C. consom., art. L. 111-1, 4°.
8. C. consom., art. 111-1, 1°.
9. COMP. : Civ. 1re, 2 juill. 2014, n° 13-10.076, NP, *JCP E* 2015. 1037, note C. Vanuls ; *RDC* 2015. 43, obs. A. Danis-Fatôme ; *RDC* 2015. 266, obs. J. Huet – Com. 31 janv. 2018, nos 16-16.634 et 16-22.097, NP, *AJ contrat* 2018. 127, obs. Ph. le Tourneau ; *CCC* 2018, n° 63, obs. L. Leveneur : défaillance à cet égard, résolution du contrat.
10. Pour une définition v. *infra* ss n° 213.32.
11. C. consom., art. liminaire, 10° (réd. Ord. n° 2019-1247, 29 sept. 2021, transposant Dir. 2019/770, Parlement et Conseil, 20 mai 2019, art. 2, 10).
12. C. consomm., art. liminaire, 11° (réd. Ord. n° 2019-1247, préc., art. 2, 12.
13. C. consom., art. L. 111-1, 5°.
14. C. consom., art. L. 111-1, 6°.

pièces détachées de ces produits pendant la période de commercialisation du modèle concerné ainsi que pendant une période minimale complémentaire après la date de mise sur le marché de la dernière unité de ce modèle. La durée de cette période minimale complémentaire ne peut être inférieure à cinq ans. Les modalités d'application de cette obligation de disponibilité des pièces détachées, notamment la liste des produits et pièces concernés, les échéances à partir desquelles les pièces détachées sont disponibles pendant la commercialisation des produits ainsi que les périodes minimales complémentaires prévues sont précisées par décret en Conseil d'État » (C. consom., art. L. 111-4[1]). Ces informations sont obligatoirement délivrées au consommateur par le vendeur de manière lisible avant la conclusion du contrat et confirmées par écrit lors de l'achat du bien[2].

9° Dès lors que le vendeur a indiqué la période ou la date de disponibilité des pièces détachées, le fabricant ou l'importateur fournit obligatoirement, dans un délai de quinze jours ouvrables, dans des conditions non discriminatoires, aux vendeurs professionnels, aux reconditionneurs ou aux réparateurs (agréés ou non) qui le demandent les pièces détachées indispensables à l'utilisation des biens vendus. Pour certaines catégories de biens définies par décret, lorsqu'une pièce détachée indispensable à l'utilisation d'un bien disponible sur le marché peut être fabriquée par un moyen d'impression en trois dimensions et qu'elle n'est plus disponible sur le marché, le fabricant ou l'importateur doit, sous réserve du respect des droits de propriété intellectuelle (en particulier du consentement de leur détenteur), fournir aux vendeurs professionnels, aux reconditionneurs ou aux réparateurs, agréés ou non, qui le demandent le plan de fabrication par un moyen d'impression en trois dimensions de la pièce détachée ou, à défaut, les informations techniques utiles à l'élaboration de ce plan dont le fabricant dispose (C. consom., art. L. 111-4, al. 2 et 3, al. 2 et 3).

10° Lors de la conclusion de tout contrat écrit, le consommateur est informé par le professionnel de la possibilité de recourir, en cas de contestation, à une procédure de médiation conventionnelle ou à tout autre mode de règlement des différends[3].

11° À cela, s'ajoute l'obligation de l'auteur de la mise sur le marché d'un produit de fournir au consommateur les informations lui permettant d'évaluer les risques inhérents à lui pendant sa durée d'utilisation normale ou raisonnablement prévisible et de s'en prémunir, lorsque ces risques ne sont pas immédiatement perceptibles sans un avertissement particulier[4].

En cas de litige relatif à l'application des articles L. 111-1 à L. 111-4, précités, il appartient au professionnel de prouver qu'il a exécuté ses obligations[5].

L'article 53 de la loi du 7 octobre 2016[6] a ajouté, dans le code de la consommation[7] de nombreuses mentions informatives supplémentaires, assez alambiquées, à la liste déjà longue de celles qui doivent figurer dans le contrat de fourniture de services de communications électroniques. L'excès d'information est contre productif, car il existe une lassitude informative ! Le mieux est l'ennemi du bien...

014.12 Des exigences attachées à l'obligation de conseil. L'« informaticien » est un professionnel. Comme tel, il est soumis à certaines diligences particulières et à un renforcement de ses obligations. Cela est particulièrement frappant quant à l'obligation de renseignement ou d'information. D'une façon générale, celle-ci se distingue de l'obligation de conseil, qui est beaucoup plus exigeante. En effet, cette dernière consiste à formuler une *appréciation* circonstanciée des divers éléments, une *orientation* du choix et des décisions du partenaire, voire une *incitation*[8] à adopter la solution qui paraît la meilleure. En principe, une telle obligation de conseil ne peut résulter que d'une clause expresse. Or, dans certains domaines, singulièrement en matière informatique et électronique, la jurisprudence considère qu'elle est implicite, en quelque sorte de la nature de l'obligation principale[9]. La Cour de cassation a formulé la règle de façon catégorique : « *Le vendeur professionnel d'un matériel informatique est tenu d'une obligation de renseignement ou de conseil envers un client dépourvu de toute compétence en la matière* » (Com. 11 juill. 2006, n° 04-17.093[10]).

1. Réd. L. n° 2020-105, 10 févr. 2020, relative à la lutte contre le gaspillage et à l'économie circulaire (REEN), modifié par L. n° 2021-1485, 15 nov. 2021, art. 18.
2. C. consom., art. L. 111-4 ; art. D. 111-4 et D. 111-5.
3. C. consom., art. L. 211-3 ; créé par ord. n° 2014-344, 17 mars 2014, art. 26. – C. consom., art. L. 111-1, 6°.
4. C. consom., art. L. 423-1.
5. C. consom., art. L. 111-5 ; créé par L. n° 2014-344, 17 mars 2014, art. 6.
6. L. n° 2016-1321, 7 oct. 2016 pour une République numérique, *JO* 8 oct.
7. C. consom., art. L. 224-30 ; mod. par L. n° 2016-1321, 7 oct. 2016, art. 53 ; puis par L. n° 2019-1063, 18 oct. 2019, art. 7.
8. ANALYSE DONNÉE PAR : Toulouse, 26 févr. 1992, *JCP E* 1993. I. 246, n° 14, obs. M. Vivant et A. Lucas : cet arrêt reprend textuellement nos développements.
9. EX. : Lyon, 26 mai 2005, *Kilove location, JurisData* 282356 – À PROPOS d'un fournisseur d'accès à internet : TGI Paris, 26 juin 2007, RG n° 05/08845, *Stock, D.* 2007. AJ 2157, obs. C. Manara – À PROPOS d'un logiciel : Com. 19 juin 2007, n° 06-13.868, NP, *Gaz. Pal.* 2008. 1, Somm. 480, obs. P. Saurel et B. Ohayon.
10. Com. 11 juill. 2006, n° 04-17.093, NP, *D.* 2006. AJ 2788, obs. X. Delpech ; *CCC* 2006, n° 248, obs. L. Leveneur ; *CCE* 2007, n° 82, obs. Ph. Stoffel-Munck – COMP. : Civ. 2e, 7 juill. 2011, n° 10-16.267, NP, *Gaz. Pal.* 2011. 2, 25 nov., note X. Leducq : l'assureur doit fournir à son client « *une information précontractuelle adaptée à sa situation personnelle dont il* [a] *connaissance* ».

• L'obligation de conseil nécessite que le fournisseur *s'informe* des besoins et de la volonté de son client[1], même professionnel[2], notamment afin d'être en mesure de l'informer quant à l'adéquation de la chose proposée à l'utilisation qui en est prévue[3], quel que soit l'usage envisagé[4].

1. Civ. 1re, 5 déc. 1995, nº 94-12.376, P I, nº 453 – Com. 19 mai 1998, nº 96-12.801, NP, *Expertises* 1998, p. 267 : le contrat a été résolu aux torts du fournisseur d'un logiciel qui n'avait pas donné satisfaction au client, alors qu'il « *avait accepté de s'engager sur des objectifs définis en termes généraux, sans demander* [à son partenaire] *aucune clarification ni implication supplémentaire* » – Com. 5 janv. 1999, nº 96-16.521, NP, 1999, p. 269 ; *RJDA* 1999, nº 399 – Besançon, 9 avr. 1999, *Lacroix, Gaz. Pal.* 2000. 1, p. 820, obs. P. Arrigo : le fournisseur d'un progiciel a manqué à son obligation de « conseil renforcé », en ne recherchant pas la volonté du client, alors que celui-ci avait notifié par écrit des exigences particulières ; POURVOI REJETÉ PAR Com. 19 févr. 2002, nº 99-15.722, NP, *Expertises* 2002, p. 190 – Com. 15 mai 2001, nº 98-18.603, NP, *RJDA* 2001, nº 957 : le fournisseur n'a pas « *rempli son obligation de conseil en mésestimant les besoins réels de [son client] en lui vendant un produit inadapté à ceux-ci* » – Paris, 29 juin 2001, *Henry, D.* 2001. IR 2459 ; *JCP E* 2002. 888, obs. M. Vivant – Toulouse, 2 nov. 2002, *Soft Siag, JAMP* 2003/1, p. 159, obs. Ph. le Tourneau : résolution du contrat de conception et d'installation de logiciels aux torts de l'informaticien qui n'avait pas étudié les besoins de son client et ne lui avait pas proposé des produits adaptés – Com. 6 mai 2003, nº 00-11.530, NP, *Expertises* 2003, p. 262 : le prestataire a failli à son devoir de conseil en n'envisageant pas les risques de l'absence de définition précise pour le projet concerné et ne s'enquérant pas des informations nécessaires, alors qu'il connaissait l'activité et « l'environnement » de son client – Lyon, 26 mai 2005, *Kilove location c/Cegid*, préc. : le fournisseur a manqué totalement à son obligation d'information et de conseil, en s'abstenant de toute étude quant aux besoins du client et en s'abstenant de les définir de concert avec lui.
2. Com. 6 sept. 2011, nº 10-17.966, NP, *RJDA* 2012, nº 28 : à propos d'une vente dans un autre secteur – Com. 5 févr. 2013, nº 12-12.168 et nº 12-12.221, NP – Civ. 1re, 2 juill. 2014, nº 13-10.076, NP, *JCP E* 2015. 1037, note C. Vanuls ; *RDC* 2015. 43, obs. A. Danis-Fatôme ; *RDC* 2015. 266, obs. J. Huet.
3. Civ. 1re, 28 juin 2012, nº 11-17.860, NP, *RJDA* 2012, nº 946 ; *CCC* 2012, nº 251, obs. L. Leveneur – Com. 5 févr. 2013, nºs 12-12.168, 12-12.221, NP : le fournisseur n'avait pas été assez rigoureux « *dans la définition des tâches de chaque partie notamment quant au transfert de données et aux opérations de paramétrage* » et ne s'est pas préoccupé « *suffisamment des conditions nécessaires à la réussite de l'implantation, qu'en sa qualité de vendeur professionnel elle était seule en mesure d'apprécier, s'agissant d'un produit certes standard mais récemment mis sur le marché et d'un maniement plus complexe que celui déjà utilisé* » par le client – À PROPOS d'un logiciel, défaillance et résolution du contrat : TGI Paris, 5e ch., 1re sect., 13 mai 2014, *RLDI* 2014, nº 3502 – À PROPOS d'un site internet : Paris, pôle 5, ch. 11, 16 oct. 2015, RG nº 13/06759, *CCÉ* 2015, nº 98, obs. G. Loiseau – À PROPOS d'un logiciel : Com. 20 juin 2018, nº 17-14.742, NP, *D.* 2018. Pan. 2270, obs. J. Larrieu, C. Le Stanc et P. Tréfigny.

• En bon professionnel, le fournisseur doit être actif, et donc susciter la collaboration de son client et l'aider à exprimer ses besoins[5].

• L'obligation de conseil implique que le professionnel vérifie l'adéquation de l'offre qu'il émet à la situation de son client[6] (TGI Paris, 26 juin 2007, RG nº 05/08845[7], un fournisseur d'accès à internet aurait dû vérifier l'adéquation de son offre, tant aux spécificités locales du lieu de connexion de son client qu'aux caractéristiques des équipements de ce dernier[8]), ce qui soulève des difficultés inédites dans le commerce électronique du fait des algorithmes prédictifs[9]. L'obligation de conseil englobe aussi celui de *recommander* au client de modifier, le cas échéant, les structures de son entreprise et de former son personnel[10].

• Il implique d'éclairer le client sur les conséquences des choix qu'il effectue[11], par exemple sur la nécessité de souscrire un contrat de maintenance et « d'actualiser » l'installation[12], ou sur l'incompatibilité du matériel fourni avec l'installation existante[13].

• Il comporte encore celui de *mise en garde* : – contre les insuffisances du cahier des charges[14] et,

4. À PROPOS d'une vente dans un autre secteur : Civ. 1re, 28 oct. 2010, nº 09-16.913, P I, nº 215 ; *D.* 2010. AJ 2580, obs. X. Delpech ; *Gaz. Pal.* 2010. 2, p. 3447, note É. Bazin, APPROB. ; *Gaz. Pal.* 2011. 1, p. 291, note D. Houtcieff, APPROB. ; *CCC* 2011, nº 1, obs. L. Leveneur ; *RCA* 2011, nº 27, note S. Hocquet-Berg ; *LPA* 8 févr. 2011, nº 27, p. 11, note M. Burgard ; *JCP E* 2011, nº 23, 1438, note C.-E. Bucher ; *RDC* 2011. 531, note S. Pimont – À PROPOS de fourniture de matériels informatiques : Civ. 1re, 2 juill. 2014, nº 13-10.076, NP, préc.
5. Lyon, 26 mai 2005, *Kilove location*, préc. – Civ. 1re, 2 juill. 2014, nº 13-10.076, NP, préc. – Paris, pôle 5, ch. 11, 16 oct. 2015, nº 13/06759, préc.
6. Paris, pôle 5, ch. 11, 17 nov. 2017, RG nº 15/20024, *CCÉ* 2018. 25, obs. É. A. Caprioli.
7. TGI Paris, 26 juin 2007, RG nº 05/08845, *Stock*, préc.
8. *ADDE* : Douai, 2e ch., 30 oct. 2007, *Tiebergheim, JurisData* 364901 : défaillance dans l'obligation de conseil, le logiciel ne pouvant pas s'adapter aux besoins spécifiques du client.
9. L. D. Godefroy, « Pour un droit du traitement des données par les algorithmes prédictifs dans le commerce électronique », *D.* 2016. Chron. 438 – Un algorithme prédictif est un programme informatique qui exécute instantanément une succession de calculs mathématiques ; son but : analyser, interpréter et doter de sens de nombreuses données pouvant émaner de sources diverses ; lorsque celles-ci sont nombreuses, on parle de mégadonnées, dites aussi données massives (ou *Big Data*) (v. *supra* ss nº 011.13).
10. Com. 19 déc. 1995, nº 93-17.645, NP, *RJDA* 1996, nº 482.
11. Paris, 2 juill. 2004, *IFTH, Legalis.net* 2005/1, p. 125.
12. Com. 9 déc. 2006, nº 05-13.283, NP, *RJDA* 2007, nº 245.
13. Orléans, 31 mai 2008, *Cybervitrine, JurisData* 342466 – Civ. 1re, 2 juill. 2014, nº 13-10.076, NP, préc.
14. T. com., Paris, 23 mars 2000, *ISA, Expertises* 2000, p. 355 – Grenoble, 4 juin 2015, *CIMM, RLDI* 2015, nº 3801, obs. J. de Romanet, absence de cahier des charges pour l'élaboration d'un logiciel spécifique destiné à un réseau de franchisage.

a fortiori, contre son absence lorsque le projet est quelque peu complexe ; – contre les difficultés d'installation du système envisagé [1] ; ou de son fonctionnement [2] ; ses contraintes techniques [3] ; ou ses limites [4], résultant le cas échéant de la réglementation [5] ; ou la nécessité d'un « pilotage » du projet par une personne compétente [6].

• Enfin, le cas échéant, le professionnel se doit même de dissuader son partenaire d'agir comme il l'entend. À l'extrême, il refusera la mission qui lui est demandée, lorsqu'elle dépasse sa compétence ou qu'elle lui paraît vouée à l'échec [7].

Certains arrêts ont repris le vocabulaire et les développements ci-dessus [8].

014.13 **De quelques excès.** Il est des arrêts qui entendent (distendent) l'obligation de conseil de façon exagérée, ou en déduisent des conséquences excessives. Voici des exemples. Dans une espèce, le fournisseur avait accepté des modifications demandées par le client postérieurement à la conclusion du contrat puis, après avoir pris la mesure de l'importance des travaux en découlant, il avait refusé de poursuivre ses interventions : il fut condamné pour manquement à son devoir d'information [9]. Dans une autre affaire les juges ont considéré que l'obligation de conseil envers un client néophyte se prolongeait par une *assistance technique* [10] ; cette solution est excessive : l'assistance technique n'existe que si elle a été expressément stipulée [11], ou lorsqu'elle découle de la nature de la convention, tel un *contrat d'ensemblier* [12]. Selon certains arrêts, il est vrai rendus dans un domaine différent, l'obligation de conseil imposerait à l'installateur celle d'adapter l'installation existante aux caractéristiques du matériel livré [13] ; la notion de conseil est entendue de façon excessive. Parfois des décisions condamnent un fournisseur en retenant une défaillance dans son obligation de conseil, alors qu'en réalité un autre fondement eût été plus approprié [14].

014.14 **Quelle est la nature de l'obligation de conseil ?** La jurisprudence considère que tout manquement à l'obligation de conseil est une *défaillance contractuelle* de « l'informaticien », alors même que la prestation aurait dû intervenir avant la conclusion du contrat [15] (de sorte qu'il aurait été possible de retenir la responsabilité quasi-délictuelle ; comp. pour l'obligation d'information [16]). Dans toutes ses modalités, l'obligation de conseil est de *résultat quant à la réalité de la délivrance* des conseils. La Cour de cassation a implicitement adopté ce point de vue : « *Celui qui est légalement ou contractuellement tenu d'une obligation particulière d'information doit rapporter la preuve de l'exécution de cette obligation* » (Civ. 1re, 25 févr. 1997, no 94-19.685, *Hédreul* [17]). Le code de la consommation consacra la jurisprudence pour les professionnels [18], tandis que la réforme du droit des contrats légalisa la règle d'une

1. Civ. 1re, 3 juill. 2001, no 99-15.412, NP, *RCA* 2001, no 328 ; *RJDA* 2002, no 32 : quant à la « faisabilité » des interventions nécessaires pour rendre compatible un matériel nouveau à l'installation – Com. 19 juin 2007, no 06-13.868, *Faiveley c/Ateme*, préc. : le professionnel a effectivement indiqué, qu'en l'esp., n'était pas bonne la solution retenue par le client, consistant à développer un logiciel à partir de « l'existant ».
2. Paris, 4 janv. 1980, *Cerci, RJ com.* 1980. 260, concl. P. Écoutin et note Ph. le Tourneau – Rennes, 1re ch. B, 6 nov. 2009, *JCP* 2010, no 16, 433, obs. M. Boizard : défaillance dans l'obligation de mise en garde de l'acheteur sur le risque de non fonctionnement du système, en raison de l'éloignement du commutateur local d'ADSL – Paris, pôle 5, ch. 11, 17 nov. 2017, RG no 15/20024, préc.
3. Com. 19 mai 1998, no 96-12.801, préc. – Paris, 28 sept. 2018, RG no 17/03111, *Expertises* 2018. 375, note C. Bouffier.
4. Paris, 1er oct. 1997, *Wang, Gaz. Pal.* 1999. 1, Somm. 44 – Paris, pôle 5, ch. 11, 16 oct. 2015, RG no 13/06759, préc., mais prononçant à tort la résolution du contrat pour délivrance non conforme, alors que le site fourni correspondait réellement à la commande ; il eût fallu statuer sur la défaillance du prestataire.
5. Civ. 1re, 25 juin 2002, no 99-15.915, P I, no 177 ; *RTD civ.* 2003. 105, obs. P.-Y. Gautier : installation d'un système de surveillance incompatible avec la réglementation en vigueur.
6. Paris, 20 mai 2005, *CCÉ* 2006. Chron. 4, no 16 – Paris, 25e ch. A, 28 mai 2008, *Lenôtre, Expertises* 2008, p. 313.
7. Ph. le Tourneau (dir.), *Droit de la responsabilité et des contrats. Régimes d'indemnisation*, 12e éd., « Dalloz action », 2020, no 3124.127 – C. Willems, « De la mise en garde à la dissuasion contractuelle », *Dr. et patr.* 2002/109, p. 32 s. – Paris, 28 sept. 2018, RG no 17/03111, préc.
8. EX. : Paris, pôle 5, ch. 11, 16 oct. 2015, RG no 13/06759, préc.
9. Grenoble, 19 janv. 1998, *Gaz. Pal.* 1999. 2, Somm. 430, obs. P. Arrigo.
10. Orléans, 18 sept. 1996, *JCP E* 1998. I. 847, no 19.
11. EX. : Paris, 25 janv. 2002, *Marben GL, CCÉ* 2002, no 87, obs. L. Grynbaum – Grenoble, 4 juin 2015, *CIMM*, préc.
12. V. *infra* ss nos 252.31 s.
13. À PROPOS d'une chaudière livrée à un client profane : Civ. 1re, 25 janv. 2000, no 98-12.702, P I, no 29 ; *D.* 2000. Somm. 284, obs. C. Caron – Com. 8 juill. 2003, no 01-10.495, NP, *RCA* 2003, no 266 ; *RJDA* 2004, no 301.
14. EX. : Com. 19 déc. 1995, no 93-17.645, préc. – Com. 19 févr. 2002, no 99-15.722, préc. : où en réalité il y avait tout simplement une délivrance non-conforme.
15. Com. 12 nov. 1992, no 91-12.600, P IV, no 352 ; *RTD civ.* 1993. 115, obs. J. Mestre – Paris, pôle 5, ch. 11, 17 nov. 2017, RG no 15/20024, préc.
16. C. civ., art. 1112-1, al. 6 ; art. mod. par ord. no 2016-131, 10 févr. 2016, art. 2.
17. Civ. 1re, 25 févr. 1997, no 94-19.685, *Hédreul*, P I, no 75 ; *D.* 1997. Somm. 319, obs. J. Penneau ; *RGDA* 1997, p. 852, obs. Ph. Rémy ; *Gaz. Pal.* 1997. 1, p. 274, rapport P. Sargos, note J. Guigue ; *RTD civ.* 1997. 434, obs. P. Jourdain – Versailles, 25 oct. 2005, *Beaune Prestige, RJDA* 2006, no 125 – Civ. 1re, 11 oct. 2017, no 16-24.594, NP.
18. C. consom., art. L. 111-5.

façon générale : « *Il incombe à celui qui prétend qu'une information lui était due de prouver que l'autre partie la lui devait, à charge pour cette autre partie de prouver qu'elle l'a fournie* »[1]. En revanche, la loi n° 98-389 du 19 mai 1998[2] sur la responsabilité du fait des produits défectueux[3] adopta exceptionnellement le principe inverse[4].

Cependant, l'obligation n'est que de *moyens quant à la teneur et à la pertinence* des conseils donnés (au client d'établir la faute du professionnel[5]). Cette solution s'impose, notamment parce que l'efficacité des conseils échappe au pouvoir du prestataire, et que le client demeure responsable de ses choix[6].

Certains arrêts retiennent néanmoins un régime juridique intermédiaire entre ceux de l'obligation de moyens et de résultat. Le professionnel serait tenu d'établir qu'il a conseillé son client avec toute la diligence requise (obligation de moyens renforcée[7]).

La distinction des obligations de moyens et de résultat a été ignorée par l'ordonnance n° 2016-131 du 10 février 2016[8] portant réforme du droit des obligations ; elle ne figure pas non plus dans le projet de réforme de la responsabilité civile présenté par le garde des Sceaux le 13 mars 2017[9], ce que nous approuvons d'autant plus que nous en souhaitions la disparition depuis longtemps ; mais il ne serait pas impossible que, face aux critiques d'une partie importante de la doctrine[10], attachée à cette distinction, elle soit introduite dans le texte avant son vote définitif. De plus, même si elle ne figurait pas dans la loi, il est probable qu'elle continuera pendant longtemps à être utilisée par les avocats, les juges et la doctrine, séduits par son apparente simplicité.

Enfin, dans d'autres espèces le manquement à l'obligation de conseil est considéré comme une cause de nullité du contrat pour erreur sur les qualités substantielles de la chose, vice du consentement[11]. L'actuel article 1112-1, 6e alinéa, du code civil, a légalisé cette solution.

SECTION 2
LIMITES DE L'OBLIGATION DE CONSEIL

014.21 **Seule l'ignorance légitime est admise – Éléments pris en considération pour limiter l'obligation de conseil.** Toutefois, le client doit de son côté se renseigner et être vigilant, surtout s'il est lui-même un professionnel. Au fond, seule son *ignorance légitime* est recevable[12]. Or, pour apprécier l'ignorance légitime du partenaire, il faut tenir compte de son état social et, d'une façon plus large, de l'évolution des mentalités comme de la diffusion des techniques[13]. De plus, l'obligation de conseil du fournisseur se limite à certains éléments. D'une part, qui relèvent de sa compétence[14]. D'autre part, que l'utilisateur n'est pas en mesure de percevoir ou d'apprécier par lui-même[15]. Autrement dit, la *qua-*

1. C. civ., art. 1112-1, al. 4.
2. L. n° 98-389, 19 mai 1998 relative à la responsabilité du fait des produits défectueux, *JO* 21 mai, p. 7744.
3. V. *infra* s[s] n°s 212.16 s.
4. C. civ., art. 1245-8 ; mod. par ord. n° 2016-131, 10 févr. 2016, art. 2.
5. EX. : Montpellier, 5 juill. 2000, *Courtex France, CCÉ* 2001, n° 37, obs. C. Le Stanc – Rouen, 27 avr. 2005, *Stéphane S. , CCÉ* 2006. Chron. 4, n° 29, obs. H. Bitan ; *Gaz. Pal. 2006*. 1. Somm. 546 – Lyon, 26 mai 2005, *Kilove location c/Cegid, JurisData* 282356, préc. – Paris, 6 oct. 2006, *Peyre, Gaz. Pal.* 2007, Somm. 1290.
6. Com. 17 déc. 1991, n° 90-13.557, NP, *DIT* 1992/3, p. 27, note M. Tonnelier, 2e esp. : le client, averti de la nécessité d'adapter le système vendu, avait souhaité rédiger personnellement les études préalables à la réalisation des modifications – Montpellier, 5 juill. 2000, *Courtex France c/Isis*, préc. – T. com. Paris, 5 mai 2004, *Peyre, Expertises* 2004, p. 278.
7. Paris, 27 mai 1984, *D.* 1985. IR 42, obs. J. Huet – Com. 3 déc. 1985, n° 84-14.463, P IV, n° 284 ; *RTD civ.* 1986. 372, obs. Ph. Rémy ; *RTD civ.* 1986. 764, obs. J. Huet.
8. Ord. n° 2016-131, 10 févr. 2016 portant réforme du droit des contrats, du régime général et de la preuve des obligations, *JO* 11 févr., n° 26.
9. SUR LEQUEL : Ph. le Tourneau (dir.), *Droit de la responsabilité et des contrats…*, 12e éd., *op. cit.*, n° 0124.24.
10. P. Jourdain, « Quel avenir pour la distinction des obligations de résultat et de moyens ? », *JCP* 2016, n° 36, Libres propos, 909.
11. Civ. 1re, 3 avr. 2002, n° 00-12.508, NP, *CCÉ* 2002, n° 131, obs. L. Grynbaum et Ph. Stoffel-Munck : ce dernier estimant que la résolution judiciaire aurait pu été plus opportune.
12. COMP. DANS UN AUTRE DOMAINE : Civ. 3e, 6 mars 2002, n° 99-20.637, NP, *RGDA* 2002, p. 387, obs. L. Mayaux : « *L'obligation de conseil ne s'applique pas aux faits qui sont de la connaissance de tous* » ; la formule est sans doute excessive, et vaudrait plutôt pour l'obligation de renseignement.
13. V. *infra* s[s] n° 121.22.
14. COMP. : Civ. 3e, 1er déc. 1999, n° 98-12.840, P III, n° 229 ; *JCP E* 2000. Pan. 107 : un architecte n'a pas à renseigner le maître de l'ouvrage sur ses propres capacités financières – Civ. 3e, 14 janv. 2009, n° 07-20.245, P III, n° 8 ; *D.* 2009. AJ 373, obs. A. Vincent ; *JCP* 2009. II. 10084, note C. Noblet ; *Gaz. Pal.* 2009. 2, Somm. 3132, obs. M. P. : « *Le devoir de conseil du maître d'œuvre ne* [l'oblige] *pas à rappeler au maître de l'ouvrage l'obligation de respecter ces prescriptions qui s'imposaient à lui en vertu de la loi* » – Versailles, ch. 13 B, 22 oct. 2015, RG n° 13/07210, *RJDA* 2016, n° 181 : un vendeur professionnel « *de matériels bureautiques mais non spécialisé dans une clientèle de laboratoires* » ne pouvait pas savoir qu'il existait de nouvelles normes propres à cette activité.
15. Civ. 1re, 20 juin 1995, n° 93-15.948, P I, n° 277 ; *JCP E* 1996. I. 523, n° 12, obs. D. Mainguy – Civ. 1re, 24 mars 2009, n° 08-11.723, NP, *CCC* 2009, n° 158, obs. L. Leveneur ; *RJDA* 2009, n° 618.

lité du client influe sur l'intensité de l'obligation de conseil. Elle est puissante à l'égard d'un profane[1].

En revanche, il sera moindre envers un client compétent et/ou expérimenté[2], qui pourrait dire « *nourri dans le sérail, j'en connais les détours* »[3] ; ou à d'une personne assistée d'un conseil professionnel (tout en ne disparaissant pas[4]), sans pour autant pouvoir imposer à l'acheteur de s'entourer des conseils d'autres professionnels[5]. Toutefois, l'obligation de conseil existe même en présence d'un client professionnel, dans un secteur d'intervention différent du sien et/ou lorsque sa compétence ne lui permet pas d'apprécier la portée exacte des caractéristiques techniques qui lui ont été indiquées[6]. De plus, le fait qu'un contrat soit conclu entre deux professionnels ne dispense évidemment pas le fournisseur de livrer un produit conforme et au point[7].

Il est également tenu compte de la *réputation* du fournisseur, du prix qu'il demande et des prestations envisagées. De toute façon, l'obligation de conseil

1. Com. 25 oct. 1994, nº 93-10.184, NP, 1995, nº 131 ; *CCC* 1995, nº 3, obs. L. Leveneur : « *Le vendeur professionnel de produits informatisés complexes, sophistiqués et très spécialisés, avait, à l'égard de sa cliente, entreprise néophyte en la matière, une obligation contractuelle de renseignement, conseil, information et assistance technique* » – Paris, 2 juill. 2004, *IFTH c/Léonard Fashion*, préc. – Com. 9 déc. 2006, nº 05-13.283, préc. : achat d'un matériel informatique « pointu » alors que l'acheteur, un garagiste, n'avait pas de connaissances informatiques. – Com. 10 juill. 2019, nº 18-12.213, NP, *Gaz. Pal.* 3 sept. 2019. 14, note C. Paulin : relevant que les prestataires étaient tenus à l'égard de la société cliente, « *profane sur l'objet du projet qu'elle leur confiait, d'une obligation de renseignement, de conseil, d'information et d'assistance* » – Paris, pôle 5, ch. 10, 3 mai 2021, RG nº 19/16132, *CCÉ* 2021. Chron. 13, nº 11, obs. N. Dreyfus : résiliation d'un contrat de création de site, faute de transfert du nom de domaine, alors que le client était un profane, ignorant que ce transfert dépendait de la bonne volonté de l'ancien prestataire.
2. Aix-en-Provence, 21 mai 1997, *JCP E* 1998. I. 845, nº 15 : client qui a déjà été équipé – T. com. Créteil, 16 juin 1998, *Expertises* 1998, p. 316 ; *DIT* 1998/4, p. 83 : client utilisant le logiciel depuis dix ans, qu'il avait contribué à mettre au point – Com. 6 oct. 1998, nº 96-13.685, NP, *RJDA* 1998, nº 1348 : l'arrêt note la compétence du client – Com. 14 mars 2000, nº 97-16.299, NP, *JCP E* 2000. 1430, note D. Talon ; *RJDA* 2000, nº 608 : acquisition d'un progiciel, par un utilisateur de longue date de programmes informatiques, précédée d'une démonstration dans les locaux du fournisseur, en présence de plusieurs membres du personnel du client – Paris, 2 mars 2001, *Develay, CCÉ* 2001, nº 102 : client « *déjà équipé dans ce domaine*, [et qui] *était au surplus initié* » – T. com. Paris, 17 sept. 2002, *BOS, CCÉ* 2003, nº 30, obs. Ph. Stoffel-Munck – Civ. 1re, 25 mars 2003, nº 99-15.198, NP, *RCA* 2003, nº 179 : rendu dans un autre domaine, à propos d'un client « professionnel averti » : « *Le manquement d'un professionnel à son obligation de conseil et d'information ne dispense pas le client de son devoir de prudence et de diligence* » – T. com. Paris, 5 mai 2004, *Peyre*, préc. : PME mais disposant déjà d'un système informatique – Paris, 30 sept. 2004, *Atac, Expertises* 2005, p. 113 : sociétés clientes disposant « *d'une direction informatique et de personnel compétent et expérimenté en matière informatique,* [...] *au point qu'elles avaient décidé d'assurer la maîtrise d'œuvre des projets connexes* » ; de plus, une démonstration avait été effectuée – TGI Caen, 18 janv. 2006, *Acibois, Expertises* 2006, p. 118 ; *Legalis.net* 2007/1, p. 59 : compétence du client, et plusieurs démonstrations du progiciel effectuées devant un certain nombre de ses collaborateurs – Com. 11 juill. 2006, nº 04-17.093, préc. : ▶

▶ rappelle que l'obligation de conseil ne joue qu'envers « *un client dépourvu de toute compétence en la matière* » – Com. 19 juin 2007, nº 06-13.868, préc. : client disposant d'une structure le « *rendant apte à prendre en compte les conseils prodigués* » ainsi que « *d'une expérience certaine en matière de développement de logiciels* » – Versailles, 14e ch., 28 oct. 2009, *Globalisnet, RLDI* 2009/54, nº 1801, obs. M. T. : pas de défaillance de l'obligation de conseil, le demandeur étant « *un acteur majeur du commerce électronique en Europe et [déclarant] être spécialisé dans le traitement sécurisé des flux bancaires et sensibles, est à l'évidence un spécialiste de l'internet* » – Poitiers, 1re ch. civ., 25 nov. 2011, RG nº 10/00285, *IBM, Expertises* 2012, p. 28 ; *RLDC* 2012/92, p. 57, obs. V. Fauchoux : client disposant d'une « *division informatique très étoffée* », et qui n'ignorait pas, « *compte tenu de l'échec du projet préalablement confié à la société [S...] en 2002 les difficultés et les risques associés au projet* » ; SUR cet arrêt : L. Szuskin et A. David, « Contrat informatique : lorsque le fait du client exonère la responsabilité du prestataire », *Expertises* 2012, p. 73 – SUR POURVOI : Com. 4 juin 2013, nº 12-13.002, NP, *D.* 2013. Pan. 2487, obs. C. Le Stanc – SUR RENVOI : Bordeaux, 1re ch., sect. B, 29 janv. 2015, nº 13/05.939, *RLDI* 2015, nº 3713, note S. Staub ; *RDC* 2015. 871, note J. Huet : « *les équipes techniques [du client], loin d'être de simples exécutants du projet, en ont été des acteurs importants puisqu'elles l'ont activement copiloté avec IBM dont elles ont parfois discuté les orientations ou propositions et avec lesquelles elles ont collaboré dans des conditions exclusives d'une insuffisance d'information* » (néanmoins résolution du contrat pour d'autres raisons).
3. Racine, *Bajazet*, IV, 7.
4. Com. 19 févr. 2008, nº 06-17.669, NP, *RJDA* 2008, nº 644 ; *Gaz. Pal.* 2008. 2, Somm. 2734, obs. J.-F. Forgeron et V. Lukia : « *la présence d'un professionnel de l'informatique aux côtés d'un client pour l'assister dans ses choix ne dispense pas le concepteur d'un progiciel du devoir d'information dont il est tenu envers son client pour lui permettre de prendre la décision appropriée à sa situation* ».
5. Civ. 1re, 28 juin 2012, nº 11-17.860, NP, *RJDA* 2012, nº 946 ; *CCC* 2012, nº 251, obs. L. Leveneur.
6. Civ. 1re, 3 juin 1998, nº 96-16.439, P I, nº 198 ; *D.* 1998. IR 168 ; *RJDA* 1998, nº 1182 – Civ. 1re, 24 mars 2009, nº 08-11.723, NP, préc. – Com. 6 mai 2003, nº 00-11.530, NP, *Expertises* 2003, p. 262 : le client était certes doté d'un service informatique « actif et compétent », mais ses membres « *ne disposaient pas de toutes les compétences nécessaires, s'agissant de l'installation de logiciels spécifiques* », de sorte que le devoir de conseil du prestataire informatique subsistait intégralement – Com. 7 sept. 2010, nº 08-17.890, NP, *Gaz. Pal.* 2011. 1, p. 309, note B. de Roquefeuil et V. Bensoussan : fournisseur n'ayant pas informé le revendeur de l'aptitude du bien vendu à atteindre le but recherché par le client final – Paris, pôle 5, ch. 11, 17 nov. 2017, RG nº 15/20024, *CCÉ* 2018. 25, obs. É. A. Caprioli.
7. COMP. : Com. 11 mai 1993, nº 91-10.919, NP, *Expertises* 1993, p. 273.

n'implique pas d'éclairer le client sur les produits de la concurrence[1], ou sur des caractéristiques du matériel ou du progiciel immédiatement perceptibles par le futur utilisateur[2].

Il n'est peut-être pas inutile d'insérer dans le contrat une clause indiquant, le cas échéant, que le client est un professionnel compétent dans le domaine de l'informatique, qu'il a effectué le choix des appareils et logiciels en connaissance de cause, et qu'il reconnaît avoir reçu de son partenaire tous les éléments d'information nécessaires sur leurs capacités comme sur leur adéquation aux besoins spécifiés.

Enfin, l'obligation de conseil n'est pas proportionnelle au montant des honoraires fixés[3].

SECTION 3
COMPLÉMENT DE L'OBLIGATION DE CONSEIL

014.31 Devoir de collaboration du client, surtout professionnel. C'est à propos des contrats relatifs au numérique que la jurisprudence a mis en pleine lumière le devoir de collaboration pesant sur le client[4]. Si l'obligation de coopération n'est pas cantonnée à ce domaine[5], elle est ici plus vive et plus fréquente que dans d'autres[6]. Elle est sans doute une conséquence du fait que les contrats relatifs à l'informatique sont souvent marqués d'un certain *intuitu personæ, firmæ* ou *societatis*[7]. En effet, contrairement à ce qui est souvent affirmé, loin de disparaître et d'être ignoré dans les contrats commerciaux, l'*intuitus personæ* a connu un regain de vigueur dans la plupart des grands contrats d'affaires contemporains (comme l'ingénierie ou l'assistance technique). Le devoir de coopération « *opère une mise en relation d'actifs complémentaires [en vue] d'un projet commun mettant ainsi en scène des intérêts économiques convergents mais différents* »[8] ; instrument d'efficacité et de synergie du rapport contractuel, il renforce l'exigence de bonne foi, « *traduction de l'assujettissement des parties au but contractuel* »[9]. L'obligation de coopération donne parfois lieu à une disposition particulière, organisant ses modalités et ses organes. Qu'une clause ait été ou non prévue, le client doit « s'impliquer »[10], être actif, exposer correctement ses besoins spécifiques[11] et révéler à son partenaire toutes les informations importantes qu'il ignore (comp. : C. civ., art. 1112-1, al. 1er, issu de la réforme du droit des contrats de 2016[12]). Ce devoir de collaboration est plus intense lorsque le client est un professionnel[13]. Toutefois, les relations d'affaires habituelles dispensent le client d'informer le fournisseur de ses besoins[14]. Et les Principes d'Unidroit 2016 limitent le devoir de collaboration entre les parties « *lorsque l'on peut raisonnablement s'y attendre dans l'exécution de leurs obligations* » (Principes d'Uni-

1. Com. 12 nov. 1992, n° 91-12.600, P IV, n° 352.
2. Civ. 1re, 5 nov. 1991, n° 89-18.329, NP, *Expertises* 1992, p. 27, obs. S. Moreau : ici par la notice publicitaire.
3. Civ. 1re, 30 mai 2013, n° 12-18.515, NP, *Gaz. Pal.* 3-7 juill. 2013, 16, note D. Houtcieff ; *RJDA* 2013, n° 877 : à propos d'un expert-comptable, mais dont le principe énoncé s'applique à tous les débiteurs d'une obligation de conseil.
4. Aussi : v. *infra* ss nos 121.11 s.
5. Com. 5 févr. 2020, n° 18-20.722, NP, *D.* 2020. Chron. 1254, obs. S. Kass-Danno, à propos d'un contrat de réalisation d'un film publicitaire.
6. COMP. : L. Ravillon, « L'adaptation du droit des contrats aux innovations technologiques : l'exemple des secteurs informatique et spatial », *RD aff. int.* 2007. 453, spéc. p. 458 s.
7. EX. relevant cet élément : Com. 10 juill. 1989, n° 88-10.894, NP, *DIT* 1993/1, p. 26, obs. J. H.
8. S. Lequette, *Le contrat-coopération. Contribution à la théorie générale du contrat*, préf. C. Brenner, « Recherches juridiques », Economica, 2012, n° 180.
9. S. Lequette, th. préc., n° 432.
10. Ce verbe est employé par : Com. 19 mai 1998, n° 96-12.801, NP, *Expertises* 1998, p. 267.
11. Paris, 24 nov. 1995, *Expertises* 1996, p. 81, obs. C. Caron : mais en l'esp. les relations d'affaires habituelles des parties dispensaient le client d'informer le fournisseur de ses besoins – Toulouse, 5 mai 1997, *JCP E* 1998. I. 846, n° 19 : décrit le rôle du client – Orléans, 28 mai 1998, *Gaz. Pal.* 2000. 1, Somm. 261, obs. C. Rothhahn : défaut de coopération alors qu'elle aurait dû être d'autant plus vive que la prestation était standardisée – Com. 6 oct. 1998, n° 96-13.685, *TMT*, NP, *RJDA* 1998, n° 1348 : défaillance à cet égard du client – Com. 11 mai 1999, n° 96-16.322, NP, *Gaz. Pal.* 2000. 1. Pan. 822, obs. B. du Chaffaut, *idem* – Paris, 6 juin 2001, *Assoc. Aprim, CCÉ* 2001, n° 127 : lourde défaillance du client – Orléans, 20 févr. 2003, *Sté Développement immobilier, CCC* 2003, n° 135 : le client est tenu par une obligation de « coopération, d'implication, de dialogue » – Paris, 30 sept. 2004, *Atac*, préc. : le client n'a pas exposé ses besoins – Versailles, ch. 13 B, 22 oct. 2015, RG n° 13/07210, préc. : le client était tenu « *d'un devoir de collaboration* [lui imposant] *de porter à la connaissance du vendeur* [...] *les informations dont il disposait quant aux fonctionnalités et finalités qu'il attendait des nouveaux matériels* » – Com. 10 janv. 2018, n° 16-23.790, NP, *RJDA* 2018. 493 ; le client n'avait pas exposé ses besoins – Com. 5 juin 2019, n° 17-26.360, NP, *CCC* 2019, n° 150 : « *la conception ou la refonte d'un site internet exige la participation active du client, tenu de fournir au prestataire les informations sans lesquelles celui-ci ne peut mener à bien sa mission, ce dont il résulte que cette collaboration fait nécessairement partie du périmètre contractuel* ».
12. M. Mekki, « Fiche pratique sur le clair-obscur de l'obligation précontractuelle d'information », *Gaz. Pal.* 12 avr. 2016. Doctr. 15.
13. DANS LE MÊME SENS : N. Balbo-Izarn, « Le professionnel face aux risques informatiques », *LPA* 16 févr. 2001, p. 4 s., nos 9 s. – Poitiers, 1re ch. civ., 25 nov. 2011, n° 10/00285, *IBM c/MAIF*, préc. – SUR POURVOI : Com. 4 juin 2013, n° 12-13.002, NP, *D.* 2013. Pan. 2487, obs. C. Le Stanc – SUR RENVOI : Bordeaux, 1re ch., sect. B, 29 janv. 2015, n° 13/05.939, *RLDI* 2015, n° 3713, note S. Staub ; *RDC* 2015. 871, note J. Huet : où cela fut le cas selon la cour d'appel.
14. À PROPOS d'un logiciel : Paris, 24 nov. 1995, *Expertises* 1996, p. 81, obs. C. Caron.

droit, art. 5.1.3). Le commentaire précise que le renvoi à la raison est destiné à ne pas « *bouleverser la répartition des devoirs dans l'exécution du contrat* »[1].

014.32 Concrétisation du devoir de collaboration : rédaction d'un cahier des charges. La façon la plus commode et la plus répandue d'expression des besoins dans ce domaine est la rédaction d'un *cahier des charges*, certes théoriquement facultatif[2], mais qui en fait s'impose dès que les prestations envisagées sont un peu complexe, comme les contrats clé en main (en revanche, à mesure que l'informatique s'est vulgarisée, sa nécessité diminue pour les contrats simples même dans ce domaine, qui a cessé d'être nouveau et mystérieux). S'il existe, il a valeur contractuelle et engage les parties, y compris le client[3]. Il énumère les grandes lignes directrices du processus d'informatisation recherché, un descriptif des applications à réaliser, les spécifications (qui serviront de référentiel de conformité) et les garanties, les types d'utilisateurs (par une « modélisation », afin de permettre au système de fonctionner facilement en fonction de leurs connaissances et pratiques)... Le cahier des charges est rédigé, soit par l'entreprise elle-même qui désire s'informatiser ou modifier son installation, surtout si elle compte en son sein un responsable numérique (*chief digital officer* [CDO]) ; soit l'œuvre, à sa demande, d'un conseil extérieur. Aucun formalisme n'existe en la matière, et le client peut donc parfaitement se dispenser de rédiger un cahier des charges, dès lors qu'il exprime ses besoins de manière suffisamment précise[4]. Mais, à l'inverse, l'absence de cahier des charges est la cause de la défaillance du système livré lorsque le fournisseur n'a pas pu réellement déterminer les besoins spécifiques du client[5]. Toutefois, son manque n'exonère pas le prestataire lorsque le projet est complexe[6] ; car, dans ce cas, il devait refuser de s'engager en l'état, ou il lui incombait de suppléer son client[7]. *L'ingénierie des systèmes* permet d'améliorer la qualité des cahiers des charges[8]. Dans les méthodes dites *Agile*[9], il n'y a pas de cahier des charges (ou, s'il en existe un, il ne servira qu'accessoirement pour éventuellement interpréter des clauses obscures du contrat[10]). En effet, la liste des *desirata* du client figure dans un *référentiel des fonctionnalités* ou des tâches (*backlog*[11]), jugées nécessaires pour la réalisation satisfaisante du projet. Celui-ci évolue au fil des semaines, voire des jours, avec la collaboration du client, qui doit être actif, notamment pour le choix de ce qui reste à accomplir[12]. La méthode *Agile* permet donc une élaboration plus rapide du projet.

014.33 Le fournisseur doit demander des compléments d'information. Le fournisseur doit savoir, le cas échéant, solliciter des compléments d'information[13], aider son client non professionnel à exprimer ses besoins, voire le suppléer lorsqu'il est incompétent et défaillant[14]. Au demeurant, les créateurs de logiciels et de progiciels ont tout intérêt à connaître, utiliser et exploiter (licitement) les connaissances de leurs clients[15].

014.34 Devoir de collaboration du client perdurant lors de l'exécution du contrat. Plus remarquable encore est le fait que ce devoir de collaboration du client perdure lors de *l'exécution* même du contrat, ce qui n'aurait pas été imaginable jadis, ni même naguère. Ainsi, le client doit collaborer *durant la phase d'élaboration*[16] des logiciels[17], comme lors de l'installation et de la mise en route des logiciels ou du système[18]. D'où un contrat est résolu aux torts

1. *Op. cit.*, 107.
2. Toulouse, 2 nov. 2002, *Soft Siag, JAMP* 2003/1, p. 159, obs. Ph. le Tourneau.
3. Com. 1er juill. 1997, n° 95-13.073, NP, *RJDA* 1997, n° 1478.
4. Paris, 18 juin 1999, *France Télécom, Expertises* 2000, p. 154, obs. J. Bertrand – Aix-en-Provence, 8e ch., B, 5 oct. 2017, *RLDI* 2017, n° 5104 : résiliation d'un contrat de refonte d'un site internet, le client n'ayant pas exprimé ses besoins ni fourni de cahier des charges, malgré les demandes du prestataire.
5. Paris, 6 juin 2001, *Assoc. Aprim*, préc. – COMP. : Com. 10 janv. 2018, n° 16-23.790, NP, préc. : le fournisseur « *ne pouvait laisser en attente ce module sans alerter sa cliente sur les difficultés qui allaient finalement la conduire à proposer une évolution contractuelle plus de deux années après le début de ses interventions* ».
6. Dijon, 19 févr. 2009, *Félix, JurisData* 375797.
7. AUSSI : v. *infra* ss n° 014.33.
8. A. von Knethen et autres, « Une étude comparative des méthodes industrielles d'ingénierie des exigences », *Génie logiciel* 1999/50, p. 8 s.
9. Sur lesquelles v. *infra* ss nos 121.12, 121.13, 223.21, 231.52, 231.71.
10. Paris, 3 juill. 2015, *SET c/Sfeir, Expertises* 2015. 444.
11. Paris, 3 juill. 2015, *SET c/Sfeir*, préc.
12. Paris, 3 juill. 2015, *SET c/Sfeir*, préc.
13. V. *supra* ss n° 014.12.
14. Com. 17 mars 1981, n° 79-13.612, P IV, n° 150 – Paris, 3 déc. 1993, *Expertises* 1994, p. 193 – Versailles, 9 nov. 2000, *Slibail Location, RJDA* 2001, n° 412 ; *JCP E* 2002. 888, obs. M. Vivant.
15. C. K. Prahalad et V. Ramaswany, « Mon client est très compétent ! », *L'Expansion Management Review* 2000/98, p. 31.
16. Sur laquelle v. *infra* ss n° 223.14.
17. Sur la méthode dite *Agile* v. *supra* ss n° 014.32.
18. Paris, 31 janv. 1986, *Expertises* 1986, p. 232 – Versailles, 24 juin 1988, *D.* 1988. IR 240 – Com. 11 janv. 1994, n° 91-17.542, *SAB*, NP, *Expertises* 1994, p. 111 : attitude fautive du client, ayant refusé « *de collaborer à la recherche d'une solution qui aurait permis l'adaptation du logiciel à ses besoins* » – Paris, 5 mars 1996, *Expertises* 1996, p. 279 – Paris, 6 juin 2001, *Assoc. Aprim*, préc. : refus fautif par le client de l'installation de nouvelles versions du logiciel qui eussent permis l'adaptation de son système à ses besoins – Orléans, 20 févr. 2003, *Sté Développement immobilier*, préc. – T. com. Paris, 26 mars 2003, *Laser informatique, Expertises* 2003, p. 438 : responsabilité de l'échec de l'informatisation partagée entre les deux parties – T. com. Paris, 5 mai 2004, *Peyre*, préc.

partagés en raison du « dysfonctionnement » de logiciels, alors que le client a refusé de les utiliser, en dépit des solutions de remplacement trouvées par le fournisseur[1] ; il devait être patient face à une innovation (pourquoi les praticiens et usagers de l'informatique répugnent à employer les mots simples d'avarie, de désordre, de dérangement, de malfaçon, de panne, de pépin..., et préfèrent utiliser l'affreux « dysfonctionnement », sans parler du mal sonnant « bogue », *bug*, désignant une erreur d'écriture d'un programme). À propos de la garantie légale de conformité des contenus et services numériques, la loi impose expressément au consommateur une obligation de coopération avec le professionnel, « *dans la mesure de ce qui est raisonnablement possible, nécessaire et le moins intrusif pour lui* », afin de déterminer si le défaut de conformité est causé par l'incompatibilité entre la fourniture et son « environnement numérique » (C. consom., art. L. 224-25-16, II, al. 2[2]).

De plus, le client doit accepter, pour un système spécifique, un temps de *rodage* pendant lequel les performances escomptées ne seront pas encore atteintes, et durant lequel des pannes se produiront[3]. Sans doute faudrait-il aussi en déduire que, dans un contrat relatif à l'informatique s'exécutant sur une longue durée, il est tenu d'accepter d'en renégocier les conditions lorsqu'elles deviennent déséquilibrées à la suite d'un changement des données (comp. : C. civ., art. 1195[4]). Cela, à défaut même d'une clause de *hardship* (que nous préférons appeler de *dureté*)[5], en raison de la *bonne foi* devant guider les parties (C. civ., art. 1104), d'une bonne foi qu'il nous est arrivé de qualifier de *dynamique*[6]. De plus, les usages de l'informatique[7] tolèrent une certaine marge de difficultés, notamment pendant la période de mise au point, et un certain taux d'indisponibilité des appareils et systèmes.

La bonne foi est l'exemple type de la *notion cadre*, dont l'interprétation peut évoluer dans le temps. Mais, à toute époque, elle reste une notion imprégnée de morale. Elle renvoie à la conscience des parties et, en cas de litige, à celle du juge (et certainement pas à une « conscience collective »). C'est à la conscience (loi de notre esprit, qui règle notre conduite) de tenir le gouvernail et de maintenir le cap. Dans chaque espèce, les tribunaux doivent actualiser et concrétiser *in specie* ce référent de base (la bonne foi ou son revers la mauvaise foi), lui donner un contenu objectif et, ainsi, édifier ou renforcer une norme. D'inspiration morale, le principe de bonne foi est cependant bien de *droit positif* puisque consacré par le code civil (C. civ., art. 1104), constituant même un *principe général*[8]. Au sein de cette catégorie, elle est tantôt un principe directeur, tantôt un principe correcteur du comportement des parties[9]. La bonne foi plane sur les contractants. À défaut de disposition spécifique, elle permet de contrôler leur comportement, apparemment régulier à s'en tenir à la lettre du droit écrit. La forme conforme, pure apparence extérieure, ne saurait occulter la réalité, par exemple la malignité réelle mais secrète de l'un d'entre eux. En revanche, elle ne peut pas remédier aux conséquences d'une nullité absolue[10]. En tant que principe général du droit des contrats, la bonne foi est *d'ordre public*, comme le précise, depuis la réforme de 2016, le 2e alinéa de l'article 1104. Dès lors, il est impossible d'éluder par une clause contractuelle l'exécution de bonne foi d'un contrat ; pour autant, le juge ne devrait pas pouvoir relever d'office le moyen tiré de la bonne foi (ce qui aurait « *l'effet d'une bombe contractuelle* »[11]). La bonne foi est en principe *présumée* : c'est à celui qui invoque la mauvaise foi de la prouver (C. civ., art. 2268).

1. Paris, 16 janv. 1998, *Siftware AG France, Expertises* 1998, p. 395, obs. J. Bertrand ; SUR POURVOI : Com. 5 déc. 2000, n° 98-12.827, NP, *RJDA* 2001, n° 447 ; *Expertises* 2001, p. 271, obs. J. Drack – COMP. : Reims, 23 juill. 2007, *Progimed, JurisData* 364710 : le client, après avoir été informé par le fournisseur, au cours des journées de formation, de l'inadaptation du logiciel et de la nécessité d'un concentrateur pour obtenir les services souhaités, n'a jamais sollicité l'installation de celui-ci, préférant mettre fin au contrat sans préavis ; la réparation n'a donc pas été intégrale.
2. Créé par Ord. n° 2021-1247, 29 sept. 2021, préc.
3. Orléans, 30 sept. 1999, *Signal Ateliers Cado, CCÉ* 2000, n° 65, obs. J.-C. Galloux : mais l'arrêt note que sept mois est une durée excessive – Com. 10 mai 2000, n° 97-17.277, *Fabre c/ZM informatique*, NP, *Expertises* 2000, p. 389 : des difficultés sont inhérentes à l'installation d'un système informatique – Toulouse, 25 janv. 2001, *FRS, JCP E* 2001. 1001, note Ph. le Tourneau ; *Gaz. Pal.* 2002. 1, Somm. 507, obs. E. Nicolas : l'existence d'un certain aléa ou risque technique, résultant du caractère « innovant » du matériel, ne pouvait pas être ignoré du client, une sté spécialisée dans l'intégration des systèmes de communication.
4. V. *infra* ss n° 116.23.
5. Sur cette clause v. *infra* ss n° 116.23.
6. Ph. le Tourneau, *L'Éthique des affaires et du management au XXIe siècle. Essai*, Dalloz-Dunod, 2000 ; 2e tirage 2001, p. 203 [épuisé ; consultable gratuitement sur https://www.philippe-le-tourneau.fr.].
7. SE FONDANT SUR UN USAGE dans le domaine informatique : Paris, pôle 5, ch. 11, 9 janv. 2015, *Expertises* 2015. 230.
8. J. Ghestin, G. Loiseau et Y.-M. Serinet, *Le contrat. Le consentement*, 4e éd., 2013, nos 457 s. : les auteurs placent la bonne foi au sein de leur présentation originale des principes directeurs du contrat, *l'utile et du juste*, pour remplacer la théorie de l'autonomie de la volonté : *op. cit.*, nos 223 s.
9. J.-L. Bergel, *Théorie générale du droit*, 2e éd., « Méthodes du droit », Dalloz, 1989, n° 86.
10. Com. 18 janv. 1994, n° 92-10.841, P IV, n° 29 ; *D.* 1996. 235, note L. Orsini : la bonne foi ne peut pas conférer une cause licite à une reconnaissance de dette nulle en vertu de l'ancien art. 1840 du CGI (devenu 1202 du C. civ. ; Ord. n° 2016-131, 10 févr. 2016).
11. N. Balat, « Le juge contrôlera-t-il d'office la bonne foi des contractants ? », *D.* 2018. Chron. 2099.

CHAPITRE

015. Du particularisme de l'obligation d'efficacité

SECTION 0
ORIENTEUR

015.00 **Sommaire du chapitre.**

Division. La troisième et dernière particularité annoncée des contrats relatifs au numérique porte sur l'efficacité attendue de « l'informaticien »[1]. Elle-même se décline en divers aspects : efficacité technique (sect. 1), compétence (sect. 2), célérité (sect. 3) et esprit d'initiative (sect. 4). Dans un souci d'exhaustivité, il serait sans doute possible, en forçant quelque peu la note, d'inclure dans les conséquences de l'obligation d'efficacité, les garanties contre les vices cachés dues par tout fabricant, vendeur ou loueur professionnel et, dans la vente, de conformité.

Renvois. L'acheteur attend en effet de la chose achetée ou louée qu'elle soit efficace, donc qu'elle soit exempte de vice (pour la vente : C. civ., art. 1641 s. ; v. *infra* s^{s} n°s 213.150 s. ; pour le bail : C. civ., art. 1721 ; v. *infra* s^{s} n° 216.51) et conforme au contrat (C. consom., art. L. 217-1 s. ; v. *infra* s^{s} n°s 213.231 s.).

SECTION 1
EFFICACITÉ TECHNIQUE

015.11 **Obligation juridique.** À chaque fois que quelqu'un recourt aux services d'un professionnel, c'est parce qu'il poursuit un dessein, espère un résultat (même dans les obligations dites de moyens). Dès lors, il compte sur l'action de l'homme de l'art, sa créativité et son adaptabilité, l'efficacité[2] et la pertinence des choix effectués. Aussi le professionnel a l'obligation juridique d'être efficace (sinon d'atteindre un résultat). Cela suppose qu'il ait la *compétence* requise et, le cas échéant, une *organisation*[3] lui permettant de faire face aux difficultés inhérentes à son métier, prévues ou imprévues (hormis celles qui résultent de la force majeure). L'obligation d'efficacité est au fond une conséquence de l'obligation de loyauté du cocontractant. Elle se démultiplie elle-même en plusieurs sous catégories, qui sont autant de manifestation de *l'habileté* et de la *diligence* qui sont attendues d'un partenaire dans l'exécution de ses obligations contractuelles. La première est l'efficacité technique et pratique tant des *interventions intellectuelles*, telle la conception d'un logiciel que des *interventions matérielles*, par exemple quant à l'entretien ou la réparation[4] d'appareils[5].

SECTION 2
EFFICACITÉ ET COMPÉTENCE

015.21 **Compétence.** L'efficacité implique la compétence du professionnel[6], complétée par son

1. D'UNE FAÇON GÉNÉRALE sur l'efficacité du contrat : G. Lardeux (dir.), *L'efficacité du contrat*, « Thèmes & commentaires », Dalloz, 2011 – G. Chantepie, « L'efficacité attendue du contrat », *RDC* 2010. 347.

2. CATÉGORIQUE DANS UN AUTRE DOMAINE : Civ. 1re, 6 avr. 2016, n° 15-16.448, NP : « *en dépit de l'absence d'engagement écrit, la société X s'était obligée à fournir une installation efficace* ».
3. COMP. : Civ. 1re, 6 oct. 2011, n° 10-21.212, NP, *D.* 2011. AJ 2599 ; *Gaz. Pal.* 2011. 2, 4 nov., note S. Brissy, APPROB. ; *JCP* 2011, n° 49, 1349, note P. Sargos, APPROB., 1re esp.
4. COMP., DANS UN AUTRE DOMAINE : Dijon, 25 janv. 1994, *Crespeau, Gaz. Pal.* 1995. 2, Somm. 524 : pour une entreprise de gardiennage, dont le salarié n'a pas été « *capable de faire face avec efficacité et professionnalisme* » à la situation.
5. V. *infra* s^{s} n° 331.136.
6. Une vraie compétence, loin de la définition de Valéry, pour lequel : « *Un homme compétent est un homme qui se trompe dans les règles* » !

indépendance d'esprit. Le professionnel est « *investi d'un devoir de compétence* » (Civ. 1re, 14 mai 2009, n° 08-15.899[1]). Il est donc censé connaître toutes les *règles de son métier*, singulièrement lorsqu'un organisme professionnel les recommande[2], ou un fabricant[3], et ses *usages particuliers*. Ainsi, le producteur d'une œuvre audiovisuelle a l'obligation de « *rechercher une exploitation suivie* » de ladite œuvre, « *conforme aux usages de la profession* »[4]. Le code de la consommation mentionne « *le sérieux qu'imposent les usages professionnels* »[5] (à propos du surendettement). « *L'usage du commerce est une pratique contractuelle qui a particulièrement bien réussi* » (É. Loquin[6]). Le professionnel sait et « *ne peut ignorer en sa qualité de professionnel spécialisé* » (Angers, 23 juin 1992[7]) ; il domine la technique tout en ayant la capacité d'effectuer des vérifications et des contrôles. Et si, par malheur, il ne connaît pas, n'est pas le maître mais le jouet de sa technique, il se trouve fautif. Dès lors, il convient de poser nettement le principe que *la compétence technique du professionnel est présumée*, de façon irréfragable, c'est-à-dire que c'est une règle de fond.

Cette obligation de compétence s'apprécie *in concreto*, en tenant compte de l'expérience du professionnel[8], et du fait qu'il est spécialisé ou non[9]. Aussi, un professionnel qui a accepté une mission ne peut pas ensuite invoquer son absence de qualification professionnelle pour s'exonérer de ses défaillances dans l'exécution. Et il se doit de refuser d'intervenir hors de sa compétence ou d'appeler un spécialiste.

015.22 Compétence de pointe. La *formation permanente* est inhérente à la qualité de professionnel (particulièrement dans ce domaine, qui évolue si vite). Il lui faut se tenir au courant des évolutions juridiques et techniques, non seulement pour les mettre en œuvre, mais encore afin d'avertir son client de la nécessité de procéder à une modification de son installation[10]. Pour la même raison, un fabricant ou un vendeur professionnel ne doit pas continuer, sauf accord exprès et éclairé du client, de livrer un appareil devenu obsolète[11]. Plus radicalement, le code de la consommation prohibe la programmation de l'obsolescence, visant à réduire délibérément la durée de vie d'un produit pour en augmenter le taux de remplacement[12].

SECTION 3
EFFICACITÉ ET CÉLÉRITÉ

015.31 Respect des délais convenus. Être efficace, c'est encore agir avec promptitude. Le bon professionnel accomplit les démarches ou actes qui lui

1. À PROPOS d'un avocat : Civ. 1re, 14 mai 2009, n° 08-15.899, P I, n° 92 ; *D.* 2009. AJ 1479 et 2010 Somm. 56, obs. Ph. Brun ; *JCP* 2009, n° 94, note H. Slim ; *JCP* 2009, n° 40. Chron. 295, n° 14, obs. G. Pillet, 2e esp. ; *RCA* 2009, n° 219, obs. S. Hocquet-Berg ; *LPA* 27-28 août 2009, p. 11, note Y. Dagorne-Labbe ; *Gaz. Pal.* 2009. 2, p. 3034, note Y. Avril ; *Contrats* 2009, 1373, note S. Carval ; *RTD civ.* 2009. 493, obs. P. Deumier, 2e esp. ; *RTD civ.* 2009. 725, obs. P. Jourdain, 2e esp. ; *RTD civ.* 2009. 744, obs. P.-Y. Gautier.
2. À PROPOS d'un commissaire aux comptes : Paris, 30 juin 1994, *Van der Have*, *D.* 1995. IR 3.
3. Civ. 3e, 26 mai 1994, n° 92-15.911, P III, n° 110 ; *RDI* 1995. 117, obs. J.-C. Groslière et C. Saint-Alary-Houin ; *Gaz. Pal.* 1995. 1. Pan. 6 : responsabilité d'une entreprise qui n'a pas respecté les prescriptions de pose d'un appareil – Pau, 1re ch., 18 déc. 2007, *Contact, JAMP* 2008/1, p. 110 : *idem* pour l'installation d'un système GPL sur un véhicule – AUSSI : Civ. 1re, 11 avr. 1995, n° 93-14.975, P I, n° 177.
4. CPI, art. L. 132-27, al. 1er ; réd. L. n° 2016-925, 7 juill. 2016, art. 38.
5. C. consom., art. L. 733-5.
6. É. Loquin, « Les règles matérielles du commerce international », *Rev. arb.* 2005. 443 s. – QUANT À leurs liens avec la *lex mercatoria :* É. Loquin, « Retour sur les sources premières de la *lex mercatoria :* les usages du commerce international », dans *Mél. J.-M. Jacquet*, LexisNexis, 2013, p. 215 s. – AUSSI, D'UNE FAÇON GÉNÉRALE, sur la réceptivité des usages : M. Bourdeau, « L'invocabilité des usages professionnels en matière contractuelle », *RJDA* 2011. Chron. 459 s.
7. Angers, 23 juin 1992, *Gaz. Pal.* 1995. 1, Somm. 259.
8. Civ. 1re, 16 juin 1998, n° 97-18.481, P I, n° 210 ; *D.* 1999. 653, note V. Thomas ; *RDSS* 1999. 566, obs. G. Mémeteau et M. Harichaux.
9. Paris, 28 sept. 2018, RG n° 17/03111, *Expertises* 2018. 375, note C. Bouffier : l'exécution des obligations de S… doit « *être envisagée de façon renforcée compte tenu de l'expertise en progiciels Oracle de S…* »
10. Civ. 1re, 15 mars 1988, n° 86-14.941, P I, n° 80.
11. Paris, 6 mai 1987, *D.* 1987. IR 152 – COMP. : Com. 16 mai 2006, n° 04-19.785, P IV, n° 124 ; *D.* 2006. AJ 1683 : la vente d'un produit périmé est hors commerce, et donc dépourvue d'objet (l'impossibilité de conclure un contrat relatif à une chose hors commerce, prévue par l'anc. art. 1128, ne figure plus directement dans le C. civ., mais implicitement par l'art. 1128 exigeant un « contenu licite ») – Com. 24 mars 1998, n° 94-21.076, NP, *RJDA* 1998, n° 967 : qui, pour condamner le client ayant refusé de prendre livraison d'une partie de sa commande, relève qu'il n'a pas prouvé que le produit était « *dépassé sur le plan technique* ».
12. C. consom., art. L. 441-2, complété par la L. n° 2020-105, 10 févr. 2020, relative à la lutte contre le gaspillage et à l'économie circulaire, par les art. L. 441-3 à L. 441-5, érigeant la pérennité en mot d'ordre. Ces articles consacrent un droit de l'utilisateur à faire réparer son produit hors des circuits agréés, doublé d'un droit des professionnels de la réparation de se procurer les moyens de réparer le produit, sans pour autant reconnaître à l'utilisateur le droit d'opposer au fabricant sa propre maladresse dans la réparation (selon C. Dubois et M. Leroux-Campello, « L'obsolescence programmée a des petits frères ! », *D.* 2020. Chron. 1412, relevant le manque de rigueur terminologique des textes). Trois décrets du 31 déc. 2021 (Décr. nos 2021-1943, 2021-1944, 2021-1945, 31 déc. 2021, *JO* 1er janv. 2022, textes 17, 18 et 19), pris en application de la loi du 10 févr. 2020 préc., apportent des précisions quant à la durée de disponibilité des pièces détachées, aux équipements concernés par des obligations de réparation, et aux informations à donner aux consommateurs.

incombent dans les délais prévus[1] ou dans un délai raisonnable[2]. Toutefois, bien des contrats portant sur l'informatique précisent que les délais stipulés sont purement indicatifs. En réalité, il s'agit là d'une clause d'exonération déguisée, dont la validité s'apprécie comme pour celle-ci. Elle n'est licite qu'en présence d'une faute ordinaire (à l'exclusion des fautes lourdes et dolosives), et sous réserve de l'application du Droit de la consommation (la précision du délai de la délivrance d'un bien ou d'exécution d'une prestation de services est obligatoire dans un contrat envers un consommateur, selon C. consom., art. L. 111-1, 3e) et, cette fois dans le droit commun, de ne pas priver « *de sa substance l'obligation essentielle du débiteur* » (C. civ., art. 1170[3] ; toute clause en ce sens est « *réputée non écrite* »[4]). Cette disposition est caractéristique de la réforme de 2016, marquée par le souci de l'équilibre contractuel.

015.32 Agir en temps utile. À défaut de délai précisé, l'homme de métier doit accomplir sa tâche en *temps utile*. De plus, il lui faut intervenir avec *rapidité* lorsque les circonstances l'exigent, comme le service de maintenance[5]. Mais l'excès, c'est-à-dire la *précipitation*, est fautif[6].

SECTION 4
EFFICACITÉ ET ESPRIT D'INITIATIVE

015.41 Imagination. *L'esprit d'initiative*, fondé sur l'imagination, qui est peut-être « la folle du logis » (selon la fameuse formule de Malebranche) mais aussi, positivement, un précieux auxiliaire du professionnel. Elle figure souvent dans la panoplie de l'efficacité[7] voire *l'intelligence*, celle du cœur et celle de la raison[8]. Elle implique une mémoire, car celle-ci n'est pas seulement réminiscence mais aussi anticipation de l'avenir (et tout contrat qui n'est pas à exécution instantanée vise à régir l'avenir. Le contrat, acte d'anticipation, relève de la prévision « *Contracter c'est prévoir. Le contrat est une emprise sur l'avenir* »[9]). On attend d'un professionnel la prévision ou l'anticipation au profit de son cocontractant. Ce devoir est tantôt au service de la conformité (très souvent), tantôt encore pour parvenir à l'objectif poursuivi, tantôt enfin nécessaire pour prévenir les atteintes à la sécurité.

015.42 Sans immixtion. Toutefois, ce zèle ne doit pas dégénérer en intrusion excessive dans les affaires du client, en une intempestive immixtion. *Culpa est immiscere se rei ad se non pertinenti* (C'est une faute de vous mêler de chose qui ne vous regarde pas : Dig. L. 36). La règle de *non-ingérence*, mise en évidence à propos du banquier[10], est générale. L'immixtion peut aussi conduire à lever le voile de l'autonomie des personnes morales d'un groupe de sociétés pour protéger les tiers de bonne foi, en tenant compte de la réalité économique. Ainsi, une société mère qui, de son propre chef, joua un rôle actif, mais maladroit, dans les études nécessaires à la réalisation d'une prestation par sa filiale, engage de ce fait sa responsabilité délictuelle envers le client[11]. Cependant, cette immixtion doit être de nature à créer pour le partenaire une apparence trompeuse[12], propre à lui permettre de croire légitimement que cette société était aussi son cocontractant. Mais la consigne de non-ingérence ne dispense pas de la vigilance (*duty of care*).

1. CONTRA : Rennes, 16 juin 1995, *JCP E* 1996. I, n° 14, obs. M. Vivant et C. Le Stanc : car le client, compétent, ne pouvait pas ignorer qu'une phase d'adaptation était nécessaire.
2. CCI, sentence 14427 (2008), *JDI* 2013. 217, note F. Mantilla Serrano.
3. Sur ce texte v. *infra* s^{s} n° 116.26.
4. SUR LA NOTION : S. Gaudemet, *La clause réputée non écrite*, préf. Y. Lequette, « Recherches juridiques », Economica, 2006.
5. V. *infra* s^{s} n°s 331.121 s.
6. Paris, 8 juill. 1981, *Expertises* n° 32, p. 16 : appliquant une *réfaction* du prix de vente d'un ordinateur, car le vendeur avait agi « un peu vite », sans s'être assuré que l'appareil correspondait aux besoins (sur la réfaction, v. *infra* s^{s} n° 213.78).
7. Civ. 1re, 6 janv. 1994, n° 90-19.612, P I, n° 3 ; *Gaz. Pal.* 1994. 2, Somm. 666, obs. M. Peisse : un entrepreneur devait prendre les « initiatives appropriées ».
8. Paris, 4 avr. 1997, *D. Affaires* 1997, 698 : un expert-comptable doit transcrire les données « *de manière réfléchie* ».
9. G. Ripert, *La règle morale dans les obligations civiles*, 4e éd., LGDJ, 1949, n° 84 – PAR CONTRASTE, dans la responsabilité délictuelle règne le hasard, l'imprévu, voire l'imprévisible, sinon le destin...
10. Ph. le Tourneau (dir.), *Droit de la responsabilité et des contrats. Régimes d'indemnisation*, 12e éd., « Dalloz action », 2020, n°s 3331.41 s.
11. Civ. 2e, 3 mai 1995, n° 93-15.777, P I, n° 132 – COMP. : Civ. 1re, 26 oct. 2011, n° 10-17.026, P I, n° 190 ; *D.* 2011. 2736 ; *D.* 2012. 1228, obs. H. Gaudemet-Tallon et F. Jault-Seseke ; *D.* 2012. Pan. 2331, obs. L. d'Avout et S. Bollée ; *Rev. crit. DIP* 2012. 639, note L. Usunier : l'action intentée du fait de l'immixtion supposée d'une société mère dans la gestion d'une autre est fondée sur l'anc. art. 1382 du C. civ., de sorte qu'elle est de nature délictuelle ou quasi délictuelle au sens de l'art. 5-3 du règlement 44/2001/CE du Conseil du 22 déc. 2000 (sur ce règlement v. *infra* s^{s} n°s 413.22 s.).
12. Com. 3 févr. 2015, n° 13-24.895, P IV, n° 14 ; *RDC* 2016. 35, note R. Libchaber : « *l'immixtion de la société mère avait été de nature à créer une apparence propre à faire croire à la société Devicelock qu'elle se substituait à sa filiale, la cour d'appel a pu déduire que la société TAF devait répondre de la dette de sa filiale* ».

LIVRE

1. LA PRÉPARATION

SECTION 0
ORIENTEUR

1.00 Sommaire du livre.

Division. Les contrats simples du numérique se concluent rapidement et directement. Mais, s'ils sont complexes, ils nécessitent une période préalable d'études préliminaires, qui se déroulent pendant le temps des pourparlers (précédant le moment de sa réalisation). Il en est particulièrement ainsi lorsqu'une société d'une certaine importance désire s'informatiser ou modifier son informatique. Plusieurs étapes ponctuent ce parcours, du moins généralement (car il se peut que le client connaisse exactement ses besoins, et que l'informatisation ou la modification envisagées soient banales, pouvant être réalisées par des produits standards). La logique commande de commencer par envisager l'élaboration du contrat (titre 11), avant d'étudier les obligations des parties (titre 12) : si elles pèsent essentiellement sur la société d'informatique (une entreprise de service du numérique [ESN], anc. SSII), son partenaire (que nous appellerons généralement le « maître de l'ouvrage ») est lui-même tenu à certaines diligences.

1.05 Observations préliminaires. Un contrat autonome de conseil peut être conclu par une entreprise avec un tiers, généralement une *entreprise de service du numérique* (ESN), pour l'assister ou accomplir quelques-unes des tâches qui seront indiquées dans ce livre. Il n'offre aucune spécificité par rapport aux contrats d'études analysés plus loin, de sorte qu'il a paru inutile de l'envisager isolément.

Le Droit commun s'applique aux contrats relatifs à l'informatique, tant celui des obligations que celui des contrats dits spéciaux utilisés en la matière[1] ; aussi y est-il renvoyé.

Nous avons surtout songé, dans les développements qui suivent, aux contrats relatifs à l'informatique entre entreprises, l'une fournisseuse l'autre cliente, qui présentent le plus d'intérêt et la plus grande spécificité. Cependant, les contrats les plus nombreux sont conclus par des particuliers. Les règles protectrices des consommateurs s'appliquent alors, à tous égards : il ne paraît pas indispensable de les rappeler systématiquement dans cet ouvrage. Relevons seulement ici que si, d'une façon générale, la durée de la prescription peut être abrégée ou allongée par accord des parties[2], cette possibilité est prohibée dans les contrats entre un professionnel et un consommateur[3].

Comme cela a déjà été indiqué, la présente étude se bornera aux *contrats de Droit privé* ; les règles particulières des contrats publics en Droit français ne seront pas exposées : à cet égard le lecteur se reportera aux ouvrages de Droit administratif.

1. V. *supra* s^s^ n°s 012.11 s.
2. C. civ., art. 2254, al. 1er ; réd. L. n° 2008-561, 17 juin 2008.
3. C. consom., art. L. 218-1.

TITRE

11. L'élaboration du contrat

SECTION 0
ORIENTEUR

11.00 **Sommaire du titre.**

11.03 **Bibliographie. Encyclopédie.** Ph. le Tourneau et D. Krajeski, « Contrat *intuitu personæ* », *J.-Cl. Contrats distribution*, fasc. 420 (2020).

Ouvrages. Ph. le Tourneau (dir.), *Droit de la responsabilité et des contrats. Régimes d'indemnisation*, 12e éd., « Dalloz action », 2020 – Unidroit, *Principes relatifs aux contrats du commerce international*, Rome, 2016 – É. Vergès (dir.), *Contrats sur la recherche et l'innovation*, Dalloz, 2018.

Manuels. J. Julien, *Droit de la consommation*, 3e éd., « Précis Domat », LGDJ-Lextenso, 2019 – Y. et N. Picod, *Droit de la consommation*, 5e éd., Sirey, 2020.

Thèses. D. Krajeski, L'intuitus personæ *dans les contrats*, « Doctorat et notariat », Éd. La Mouette, 2001 – C. Mas, *La responsabilité contractuelle de droit commun du prestataire de service informatique*, Pau, 1994 – L. Monnier, *L'avenant au contrat*, Toulouse, 1998 – S. Pellet, *L'avenant au contrat*, préf. Ph. Stoffel-Munck, Éd. IRJS, 2010 – I. Rueda, *Incidence des règles d'*Unidroit *sur le droit des contrats en Europe*, avant-propos de Herbert Kronke, préf. S. Poillot Peruzzetto, « BDPr », t. 559, LGDJ, 2015.

Contributions. O. Deshayes, « Les parties aux négociations contractuelles (réflexions sur le sens de l'acte de négocier) », dans O. Deshayes (dir.), *L'avant-contrat : Actualité du processus de formation des contrats*, PUF, 2008, p. 43 s. – Ph. le Tourneau, « De l'art du juriste d'entreprise », dans *Mél. A. Sériaux*, Mare et Martin, 2022.

Articles. B. Beignier, « La Conduite des négociations », *RTD com.* 1998. 463 s. – P. Blanchard, « Offre et acceptation dans la négociation d'un contrat international. Réflexions comparatistes », *RD aff. int.* 2008/1, p. 3 s. – G. Cordier,

« Les *Request For Proposal* relatifs aux opérations informatiques », *CCÉ* 2009/11. Fiche prat. 10 – J.-Q. de Cuyper et W. Peter, « Renegotiation of a long term agreements and flexibility », *RD aff. int.* 1995. 775 s. – M.-H. Dumeste, « Langue française et protection du consommateur dans le commerce électronique », *Rev. conc. consom.* 1998/101, p. 44 s. – J.-M. Loncle et J.-Y. Trochon, « La phase de pourparlers dans les contrats internationaux », *RD aff. int.* 1997/1, p. 3 s. – Ph. Marchandise, « Qui doit signer l'accord de confidentialité ? », *RD aff. int.* 2002/7, p. 741 s. – L. Vandomme, « La négociation des contrats internationaux », *RD aff. int.* 2003/5, p. 487 s. – H. de Vigan, « Accord de confidentialité (formule) », *JCP E* 2012, n° 46, 1672.

CHAPITRE

111. Ouverture des négociations

SECTION 0 ORIENTEUR

111.00 Sommaire du chapitre.

Division. Deux méthodes. L'ouverture des pourparlers s'opère de façon diamétralement différente, selon qu'est envisagé un contrat de gré à gré (sect. 1) ou que la société soucieuse de s'informatiser ou de modifier le système existant lance un appel d'offres (sect. 2). L'offre de contracter obéit à son régime habituel[1] (prévu depuis la réforme du droit des contrats de 2016 par le C. civ., art. 1113 s.[2]). Comme dans les autres domaines, la rupture fautive des pourparlers engage la responsabilité délictuelle de son auteur (v. *infra* s[s] n°s 112.12 s.).

SECTION 1 MARCHÉ DE GRÉ À GRÉ

111.11 Présentation. La méthode venant en premier à l'esprit pour engager des pourparlers dans un contrat d'informatisation, fortement teinté d'*intuitus personæ* (*firmæ* ou *societatis*), est celle-ci : l'entreprise soucieuse de s'informatiser, ou de modifier son système existant, s'adresse elle-même (par son juriste[3]) à une société d'informatique (constructeur, distributeur, importateur ou, plus généralement, société spécialisée de services, une ESN, anc. SSII ou une SSLL), qu'elle choisit, parce qu'elle lui paraît présenter les qualités requises pour cette affaire. Elle lui propose de contracter ou, plus exactement, d'entrer en pourparlers pour contracter ensemble : juridiquement, il n'y a donc pas ici d'offre véritable de contracter, bien que celle-ci puisse exister. C'est le marché de *gré à gré*, le plus répandu pour les petits contrats, librement négociés, mais qui existe aussi pour les contrats importants. À la vérité, la concurrence n'est pas totalement exclue dans le contrat de gré à gré, mais elle est limitée à un très petit nombre de sociétés, auxquelles le maître de l'ouvrage demande de présenter leurs propositions ; dans ce dernier cas, il y a marché négocié après mise en compétition.

111.12 Raison du choix d'une entreprise. La sollicitation d'une entreprise plutôt qu'une autre n'est évidemment pas le fait du pur hasard ou de la chance, même si ces éléments peuvent intervenir. En premier lieu, elle peut être le fruit de la *notoriété* de la société d'informatique, notamment acquise lors d'affaires comparables, ses *références* ; la réputation ne concerne pas que les aspects purement techniques, mais aussi le respect des délais, la qualité de la formation dispensée ou de la maintenance, voire l'honnêteté. Autant d'éléments caractérisant un certain *intuitu personæ* (*firmæ* ou *societatis*). En deuxième lieu, le choix de telle ou telle société est parfois l'aboutissement de longs et coûteux *efforts commerciaux*, fondés sur des contacts directs, par exemple lors de foires, expositions, salons, ou par l'intermédiaire de courtiers et agents commerciaux. Enfin, il peut être la conséquence de liens d'estime ou d'amitié noués entre les dirigeants des entreprises en cause, qui se rencontrent au golf ou à la chasse, voire simplement dans les salons d'attente des « classes affaires » dans les grands aéroports ; peu de juristes imaginent le nombre de gros contrats qui résultent indirectement d'entrevues dans de tels lieux ou lors des vols internationaux !

111.13 Avantage et inconvénient. Le contrat de gré à gré présente un avantage certain par rapport à

1. SUR CELUI-CI : Ph. le Tourneau (dir.), *Droit de la responsabilité et des contrats. Régimes d'indemnisation*, 12e éd., « Dalloz action », 2020, n°s 3112.100 s.
2. G. Chantepie et M. Latina, *La réforme du droit des contrats*, Dalloz, 2016, n°s 196 s.
3. Ph. le Tourneau, « De l'art du juriste d'entreprise », art. préc.

l'appel d'offres : la *rapidité*. De plus, lorsque le projet comporte des engagements au-delà de la mise en route de l'installation (formation, maintenance, *etc.*), cette formule est préférable par sa *souplesse*, et parce qu'elle permet une meilleure compréhension entre les parties. Mais, d'une façon générale, le contrat de gré à gré est *plus onéreux* que le contrat sur appel d'offres, n'étant que rarement forfaitaire, et la concurrence ayant été moins contraignante.

111.14 Négociations plurales. La liberté de la concurrence postule que chacun puisse négocier un contrat avec plusieurs partenaires éventuels, en parallèle, en l'absence d'un contrat de négociation comportant une clause d'exclusivité. Cela n'est pas une faute en soi, comme le décide expressément la jurisprudence en l'absence de contrat de négociation accordant une exclusivité[1] (qu'il est toujours possible de prévoir ; l'exclusivité de négociation est nommée *Lock-out agreement* en Droit anglais). Et qui noue ainsi des pourparlers dans plusieurs directions n'est nullement tenu d'en informer ses interlocuteurs[2]. Ce n'est qu'en présence d'autres éléments permettant de caractériser la faute que cette manière de faire est répréhensible[3].

SECTION 2
MARCHÉ SUR APPEL D'OFFRES

§ 1
Lancement de l'appel

111.21 Modalités. Après une étude préalable, plus ou moins sommaire, notamment de *préfaisabilité et de définition des objectifs*, effectuée souvent par une société de conseil (une entreprise de service du numérique [ESN], mais pas obligatoirement[4]), l'entreprise en mal d'informatisation lance un appel d'offres. Dès que celle-ci est un peu importante, le signataire de l'appel d'offres sera le directeur des systèmes d'information (DSI) : Elle propose un contrat déterminé, dont elle laisse le soin aux destinataires de préciser les modalités[5]. Juridiquement, le véritable offrant est donc la société *soumissionnaire* qui, répondant à l'appel, propose un contrat précis à des conditions déterminées. Les candidats sont mis en concurrence. L'appel doit être maintenu pendant un délai raisonnable, à l'expiration duquel il devient automatiquement caduc. Les conditions générales[6] prévoient parfois cette durée.

L'appel d'offres comporte fréquemment un *cahier des charges* assez détaillé, notamment quant aux performances attendues ou au coût[7] ; il servira donc de référentiel de conformité dans les négociations contractuelles. Les appels d'offres se réfèrent parfois à des modèles établis. Il arrive que l'appel soit fort imprécis, de sorte que la première tâche de celui qui entend y répondre soit de préciser les données de l'affaire[8].

111.22 L'appel d'offres ouvert ou restreint, pur et simple ou de préqualification. L'appel d'offres peut être *restreint*, c'est-à-dire limité à des entreprises connues auxquelles l'appelant s'adresse directement (une de ses modalités anglo-saxonne est dite RFP, sigle de *Request For Proposal*[9]). Mais l'appel d'offres peut, au contraire, être *public*, un large appel à la concurrence étant lancé, par exemple dans la presse spécialisée, voire par internet. Enfin, une autre distinction oppose l'appel d'offres *pur et simple*, envisagé jusqu'ici, à l'appel d'offres de *présélection ou de préqualification*. Dans cette variété, une étape préliminaire est introduite puisque, pour pouvoir répondre utilement à l'appel d'offres, encore faut-il que l'entreprise soumissionnaire ait été au préalable agréée lors de cette phase de présélection ou de préqualification. La procédure est légère : Elle consiste dans l'envoi d'un dossier contenant essentiellement une présentation de la société, ses références antérieures dans des projets d'informatique et sa motivation pour présenter sa candidature dans l'affaire en cause. En réalité, cette étape préliminaire est destinée à éliminer, de but en blanc, un certain

1. Bordeaux, 11 juin 1997, *JCP E* 1997. I. 617, n° 1, obs. P. Mousseron – Douai, 22 oct. 1998, *Expertises* 1999, p. 235, obs. J. Bertrand.
2. À PROPOS d'une cession d'actions dans les deux cas : Com. 26 nov. 2003, n°s 00-10.243, 00-10.949, *Alain Manoukian*, P IV, n° 186 ; *JCP E* 2004, n° 738, note Ph. Stoffel-Munck ; *D.* 2004. 869, note A.-S. Dupré-Dallemagne ; *RDC* 2004. 257, note D. Mazeaud ; *RTD civ.* 2004. 80, obs. J. Mestre et B. Fages ; *CCÉ* 2004, n° 31, obs. Ph. Stoffel-Munck – Com. 12 mai 2004, n° 00-15.618, *Beley*, P IV, n° 94 ; *D.* 2004. AJ 1599, obs. A. Lienhard ; *JCP* 2004. II. 10153, note G. Damy ; *Gaz. Pal.* 2005, Somm. 645, obs. D. Guével ; *RTD civ.* 2004. 500, obs. J. Mestre et B. Fages.
3. Paris, 4 avr. 1997, *JurisData* 021076 : négociations avec deux concurrents, rupture avec l'un après lui avoir demandé diverses études et adressé une lettre d'intention – Civ. 2e, 4 juin 1997, n° 94-10.574, NP, *RTD civ.* 1997. 921, obs. J. Mestre : est implicitement une faute le fait de conduire des pourparlers avec quelqu'un sur la base d'un prix exagéré, tout en en menant d'autres avec un tiers à un prix inférieur.
4. Paris, 14 mai 1999, *SNC Trema gestion, RJDA* 1999, n° 914, par un expert-comptable !
5. COMP. L'AFF. JUGÉE PAR : Paris, 14 mai 1999, *SNC Trema gestion*, préc.
6. Sur les conditions générales v. *infra* s^{s} n° 115.18.
7. V. *supra* s^{s} n° 014.32.
8. V. *infra* s^{s} n° 111.32.
9. POUR DES DÉTAILS : G. Cordier, « Les *Request For Proposal* relatifs aux opérations informatiques », art. préc.

nombre d'entreprises avec lesquelles « l'appelant » ne veut en aucun cas conclure (*intuitus personæ* à rebours), que ce soit en raison de mauvaises relations contractuelles antérieures ou de leur fâcheuse réputation (notoriété négative).

§ 2
Réponse à l'appel

111.31 Conditions de la réponse. Quiconque estimant correspondre à l'appel peut y répondre (sauf procédure de présélection[1]), y compris la société qui, le cas échéant, aurait rédigé le cahier des charges (et, de ce fait, bénéficierait d'un avantage certain et, *a priori*, d'un préjugé favorable)[2]. Une réponse sérieuse à l'appel d'offres implique :

1° Une première *évaluation sommaire des difficultés techniques* de l'affaire, en tenant compte de toutes les particularités locales (par exemple climatiques, quant à la qualité du courant électrique ou quant à la qualification de la main-d'œuvre), afin de s'assurer de la possibilité de l'exécuter de la façon indiquée dans le cahier des charges (d'autant que, sauf indication contraire, la réponse à l'appel d'offres ne fait naître aucun droit à rémunération).

2° Une connaissance suffisante de ses *concurrents*, pour prévoir *grosso modo* la teneur de leur réponse.

3° Dans l'hypothèse où le contrat doit s'exécuter à l'étranger, une prise en compte des *données juridiques et fiscales et* une *ouverture réelle sur le pays*, afin d'en connaître les pièges, les rouages administratifs, les centres réels de décision, les groupes de pression...

4° Une connaissance approfondie de la langue utilisée.

111.32 Modalités de la réponse. Il est possible de ne répondre à l'appel d'offres que pour une partie du projet, par exemple pour la conception des logiciels spécifiques, pour la fourniture du matériel, ou encore pour la conception de l'ensemble mais sans se charger des fournitures.

Évidemment, il convient de répondre soigneusement, dans les délais impartis, à tous les points soulevés par le cahier des charges, tant sur le plan technique que sur l'aspect commercial, de façon concise (en évitant la superfluité). Mais il est recommandé de formuler des *réserves* sur les conditions de l'appel d'offres que le soumissionnaire n'est pas disposé à accepter telles quelles. Il importe encore d'utiliser les spécifications techniques du client s'il en a, et les normes reconnues en la matière, tout en veillant à la précision du vocabulaire technique et juridique. Le jargon des praticiens de l'informatique doit être passé au crible, ne pas être automatiquement transcrit dans le contrat et, au minimum, être traduit en français. Il est de bonne politique de placer, en tête de l'offre, un résumé synthétique et clair, en sachant qu'il risque d'être seul lu et, en tout cas, compris par les décideurs.

111.33 Prise en compte de la réponse. En principe, sauf loi locale contraire ou sauf disposition de l'appel d'offres (précisant, par exemple, que sera retenu le « moins-disant », ce qui est très dangereux), le choix de « l'appelant » est entièrement libre et discrétionnaire, c'est-à-dire non susceptible d'abus. Cela est tout à fait normal dans un contrat d'une telle nature, forcément marqué d'un *intuitus personæ* (*firmæ* ou *societatis*) très intense. Le soumissionnaire est parfois tenu de fournir une *caution de soumission* (de 2 à 3 % du marché), dite *bid bond* en anglais, garantissant au « maître de l'ouvrage » que, s'il est retenu, il signera effectivement le contrat. À ce stade, la partie n'est pas définitivement gagnée, puisqu'il va falloir négocier le contrat définitif, mais a de fortes chances de l'être.

1. V. *supra* s[s] n° 111.22.
2. Sur l'offre en droit européen : H. Kötz (dir.), *Droit européen des contrats,* « Université », Sirey, 2020, n°s 36 s. ; pour l'acceptation, n°s 46 s.

CHAPITRE

112. Rupture des pourparlers

SECTION 0 ORIENTEUR

112.00 **Sommaire du chapitre.**

112.03 **Bibliographie. Ouvrage.** P. Audebert-Lasrochas, *Bien négocier*, 3e éd., « Référence », Éd. d'Organisation, 2005.

Thèse. A. Laude, *La reconnaissance par le juge de l'existence d'un contrat*, préf. J. Mestre, PUAM, 1992.

Contributions. D. Mazeaud, « Mystères et paradoxes de la période précontractuelle », dans *Mél. J. Ghestin*, LGDJ, 2001, p. 637 s. – M. Vivant, « Les clauses de secret », dans *Les principales clauses des contrats conclus entre professionnels*, PUAM, 1990, p. 101 s.

Articles. A. Albarian, « De l'impératif de liberté (pré)contractuelle dans le contentieux de la rupture des pourparlers précontractuels », *RD aff. int.* 2010/3, p. 252 s. – B. Beignier, « La conduite des négociations », *RTD com.* 1998. 463 s. – F. Diesse, « L'exigence de la coopération contractuelle dans le commerce international », *RD aff. int.* 1997/7, p. 737 s. – J. Ghestin, « La responsabilité délictuelle pour rupture abusive des pourparlers », *JCP* 2007. I. 155 – B. Lassalle, « Les pourparlers », *RRJ* 1994. 825 s. – A. Laude, « Le constat judiciaire des pourparlers », *RTD com.* 1998. 551 s. – R. Monzer, « Les effets de la mondialisation sur la responsabilité précontractuelle. Régimes juridiques romano-germaniques et anglo-saxons », *RIDC* 2007, 523 – P. Mousseron, « Conduite des négociations contractuelles et responsabilité civile délictuelle », *RTD com.* 1998. 243 s. – O. Deshayes, « Perte de chance et responsabilité précontractuelle », *LPA* 31 oct. 2013, n° spéc., p. 34 – Ph. le Tourneau, « De l'art et de la manière de négocier et conclure les contrats internationaux », *Gaz. Pal.* 1996. 1. Doctr. 8 s. ; « La rupture des négociations », *RTD com.* 1998. 479 s.

SECTION 1 LICÉITÉ DE LA RUPTURE ET SES LIMITES

112.11 **Principe : la liberté de rompre.** Tant que les parties n'en sont qu'aux simples pourparlers, n'ayant pas encore abouti à une offre véritable, la rupture est en principe licite[1] : elle n'engage pas la responsabilité de son auteur[2] (comme l'indiquent de nombreux arrêts rejetant des demandes de dommages et intérêts pour rupture fautive[3]). La liberté de ne pas aboutir, de ne pas conclure, même de changer d'avis (*jus variandi*), doit en effet être préservée, chacun supportant seul les frais engagés

1. NOT. : A. Albarian, « De l'impératif de liberté (pré)contractuelle dans le contentieux de la rupture des pourparlers précontractuels », art. préc. ; Ph. le Tourneau, « La rupture des négociations », art. préc.
2. Com. 12 janv. 1999, n° 96-14.604, *Sofiges*, NP, *RJDA* 1999, n° 371 – Com. 10 oct. 2000, n° 98-15.457, *Appart*, NP, *PIBD* 2001. III. 152 – Paris, 28 nov. 2002, *Sogetra*, *Gaz. Pal.* 2003. 2, p. 2513 : rupture causée par la « *légitime perte de confiance mutuelle de chacune des parties envers l'autre* » ; aucune des deux n'a commis de faute – Civ. 3e, 28 juin 2006, n° 04-20.040, P III, n° 164 ; *D.* 2006. 2963, note D. Mazeaud ; *JCP* 2006. I. 166, n° 6, obs. Ph. Stoffel-Munck ; *JCP E* 2006. 2322, note O. Deshayes ; *RDC* 2006. 1069, note D. Mazeaud ; *RTD civ.* 2006. 754, obs. J. Mestre et B. Fages : relevant l'existence d'un « *droit de rupture unilatérale des pourparlers précontractuels* » – Com. 20 nov. 2007, n° 06-20.332, NP, *RTD civ.* 2008. 101, obs. B. Fages : « *la cour d'appel a pu décider que la rupture des pourparlers, certes à un stade avancé, à l'initiative de MAAF santé, était fondée sur une raison légitime et n'était pas fautive* » – Com. 26 mars 2008, n° 07-11.026, NP, *RJDA* 2008, n° 599 – Com. 5 mai 2009, n° 08-10.474, NP, *RJDA* 2009, n° 1030 – Com. 19 oct. 2010, n° 09-65.382, NP, *RJDA* 2011, n° 100.
3. Sur ces arrêts : v. *infra* s[s] n° 112.12.

par les négociations, notamment le coût d'études préalables, qui sont un risque commercial librement assumé[1].

112.12 Limites de la liberté de rompre. Mais cette liberté n'est que relative[2]. La *bonne foi* a son mot à dire lors des négociations contractuelles ; nombreux sont les arrêts qui s'y réfèrent[3] et l'article 1112, alinéa 1er, *in fine*, du code civil, sur les pourparlers la mentionne expressément. Mais, en réalité, la responsabilité en ce domaine suppose un abus dans l'exercice du droit de rupture unilatérale des pourparlers, caractérisé soit par la mauvaise foi de l'auteur de la rupture, soit pas son absence[4] de motif légitime[5]. Aussi, il y aurait faute et responsabilité si les pourparlers avaient été entamés par une partie sans intention de négocier sérieusement, ou s'ils ont traîné en longueur alors que la décision de ne pas conclure était adoptée ; enfin si, après une longue période d'incertitude et de tergiversations, il était mis brutalement fin et sans préavis à toute relation.

Ces agissements sont constitutifs d'abus de droit et la responsabilité qui en résulte est donc délictuelle[6]. En principe, toute faute engage la responsabilité de son auteur, ici comme ailleurs[7]. Est ainsi condamnée la thèse de Jhering qui voyait dans la *culpa in contrahendo* (faute en contractant) la source d'une « responsabilité contractuelle »[8] (son existence même est aujourd'hui une belle *quaestio disputata*[9]).

Un arrêt de la Cour de cassation a synthétisé de manière remarquable tous les aspects de la rupture fautive de pourparlers : « *la cour d'appel a retenu à bon droit que M. X..., qui avait rompu sans raison légitime, brutalement et unilatéralement, les pourparlers avancés qu'il entretenait avec son partenaire qui avait déjà, à sa connaissance, engagé des frais et qu'il avait maintenu volontairement dans une incertitude prolongée en lui laissant croire que l'affaire allait être conclue à son profit, avait manqué aux règles de la bonne foi dans les relations commerciales et avait ainsi engagé sa responsabilité délictuelle envers M. Y...* »[10].

L'absence d'accord intermédiaire n'exclut aucunement la rupture fautive[11]. En revanche, si quelque

1. Com. 22 mai 1978, *D.* 1978. IR 408, obs. C. Larroumet – Rennes, 29 avr. 1992, *JCP* 1993. IV. 1520 – Com. 9 mars 1999, n° 96-16.559, P IV, n° 54 ; *D. Affaires* 1999, 757 : refus des propositions du partenaire, et présentation de contre-propositions très éloignées et non acceptées.
2. D. Mazeaud, art. préc., nos 9 s. – SUR LA QUESTION EN DROIT EUROPÉEN : H. Kötz (dir.), *Droit européen des contrats*, « Université », Sirey, 2020, nos 60 s.
3. Ph. le Tourneau et M. Poumarède, *Rép. civ. Dalloz*, *V°* « Bonne foi », 2017 – EX. : Com. 18 janv. 2011, n° 09-14.617, NP, *Gaz. Pal.* 2011. 1, p. 1058, note D. Houtcieff ; *Gaz. Pal.* 2011. 1, 1711, 1re esp., note B. Dondero ; *RTD civ.* 2011. 345, obs. B. Fages.
4. Aussi : v. *infra* ss n° 112.22.
5. EN CE SENS : J. Ghestin, « La responsabilité délictuelle pour rupture abusive des pourparlers », art. préc.
6. Com. 20 mars 1972, n° 70-14.154, P IV, n° 93 ; *JCP* 1973. II. 17543, note J. Schmidt-Szalewski ; *RTD civ.* 1972. 779, obs. G. Durry, TRÈS MOTIVÉ – Com. 22 févr. 1994, n° 91-18.842, P IV, n° 79 ; *RTD civ.* 1994. 849, obs. J. Mestre – Com. 7 janv. 1997, n° 94-21.561, NP, *D.* 1998. 45, note P. Chauvel – Com. 22 avr. 1997, n° 94-18.953, NP, *D.* 1998. 45, note P. Chauvel ; *RTD civ.* 1997. 651, obs. J. Mestre : relevant le manquement à la bonne foi – Civ. 1re, 6 janv. 1998, n° 95-19.199, *Ossona*, P I, n° 7 ; *D. Affaires* 1998, 242 ; *JCP* 1998. II. 10066, note B. Fages – Paris, 3 sept. 1999, *Fettatex*, *RJDA* 1999, n° 1284 : faute ayant consisté à avoir laissé croire que les négociations se poursuivraient normalement – T. com. Paris, 17 oct. 2000, *SGCI c/ESI*, *Expertises* 2000, p. 38, obs. J. Drack : rupture brutale, alors que de longues négociations avaient donné lieu à la rédaction de divers documents – Com. 12 févr. 2002, n° 98-13.778, *Ingerex*, NP, *CCC* 2002, n° 90, obs. L. Leveneur : rappelant que les fautes commises lors des négociations engagent la responsabilité délictuelle de leur auteur – CJCE 17 sept. 2002, *Fonderie Officine Meccaniche Tacconi*, aff. C-334/00, *D.* 2002. IR 2774 ; *RJDA* 2003, n° 346 : visant la bonne foi, rendu à propos de Conv. Bruxelles, 27 sept. 1968, art. 5, pt 3 (v. *infra* ss n° 252.31) – Versailles, 25 sept. 2003, *CLL*, *RJDA* 2004, n° 123 : manquement à l'obligation de loyauté en ne donnant plus aucune information sur le sort des projets de contrats pendant quatre mois, contraignant l'offrant à maintenir ses efforts commerciaux, alors que l'éventuel partenaire avait déjà opté pour une autre stratégie commerciale – Versailles, 18 mars 2004, *J. Walter Thompson*, *RJDA* 2004, n° 1292 – Paris, 7 mai 2004, *Les Productions du Roi soleil*, *RJDA* 2004, n° 1078 : rupture des négociations en « phase terminale » – Versailles, 3 mars 2005, *D.* 2005. Pan. 2836, n° 1 : pourparlers longs portant sur un contrat d'importance ; une partie avait maintenu l'autre dans la quasi-certitude que l'accord définitif allait être matérialisé – Versailles, 31 janv. 2009, n° 06-7481, *RJDA* 2008, n° 482 : longs pourparlers, rupture sans motif légitime, après avoir laissé croire au partenaire qu'un contrat allait être conclu – Toulouse, 2e ch., 16 août 2009, *Airbus c/Icarelink*, *RLDI* 2009/53, n° 1732, obs. M. T.
7. *CONTRA :* Civ. 1re, 1er avr. 1976, P I, n° 122 ; *RTD civ.* 1977. 127, obs. G. Durry : exigeant à tort la mauvaise foi.
8. R. Von Jhering, *De la culpa in contrahendo ou des dommages-intérêts dans les conventions nulles ou restées imparfaites, œuvres choisies, de Meulenaere, Œuvres choisies*, t. II, 1893, spéc. n° 21 – R. Saleilles, « De la responsabilité précontractuelle », *RTD civ.* 1907. 697 s. – CEP. : Paris, 9 oct. 1995, *Tapiero*, *D.* 1995. IR 267 : analysant contractuellement la rupture de pourparlers entre un auteur et un éditeur : le premier, ayant pris l'initiative de cette rupture, doit assumer les frais de l'opération et supporter la charge des investissements engagés.
9. Ph. le Tourneau (dir.), *Droit de la responsabilité et des contrats. Régimes d'indemnisation*, 12e éd., « Dalloz action », 2020, nos 010.15 et 3223.11 s. – Ph. le Tourneau et M. Poumarède, « Pour en finir avec la responsabilité contractuelle », dans *Mél. J. Huet*, LGDJ, 2017, p. 269 s. ; « Sens et non-sens de la responsabilité civile en cas d'inexécution du contrat », dans J. Le Bourg et C. Quézel-Ambrunaz (dir.), *Sens et non-sens de la responsabilité civile*, CDPPOC-Université de Savoie, 2018, p. 233 s.
10. Com. 18 janv. 2011, n° 09-14.617, NP, préc.
11. Com. 9 nov. 2010, n° 09-70.726, P IV, n° 172 ; *Gaz. Pal.* 2011. 1, p. 291, note D. Houtcieff.

contrat préparatoire avait été conclu, et qu'il est rompu fautivement, le régime de la défaillance contractuelle s'appliquera[1].

SECTION 2
EXISTENCE D'UNE FAUTE ET SES CRITÈRES D'APPRÉCIATION

112.21 Négociations plurales. En principe, la liberté de la concurrence postule que chacun puisse négocier un contrat avec plusieurs partenaires éventuels, en parallèle, en l'absence d'un contrat de négociation comportant une clause d'exclusivité. Cela n'est pas une faute en soi, comme le décide expressément la jurisprudence en l'absence de contrat de négociation accordant une exclusivité[2]. Ce n'est qu'en présence d'autres éléments permettant de caractériser la faute que cette manière de faire est répréhensible[3].

112.22 Éléments d'appréciation de la faute. Plusieurs éléments sont pris en considération dans l'appréciation de la faute : l'existence (ou non) de motifs légitimes de rompre[4], les frais engagés, l'importance et la singularité (ou non) du contrat discuté, la présence (ou non) de relations d'affaires antérieures entre les parties, l'état d'avancement des négociations avant la rupture et leur durée[5]...

Entre aussi en ligne de compte l'état ou non de professionnel de l'auteur et de la victime de la rupture[6]. La faute ne doit pas pour autant être qualifiée, seulement le modèle de comparaison change et impose une diligence plus grande. Lorsqu'une seule des parties en pourparlers était un professionnel, son sort dépendra de sa place dans l'échec : auteur ou victime. S'il est l'auteur, sa responsabilité sera plus facilement engagée, car il a bafoué la confiance qui avait été légitimement placée en lui en raison de son état. À l'inverse, s'il est la victime, il lui sera difficile de prétendre qu'il a été le jouet d'un profane. Rompu aux négociations, il a dû (ou aurait dû) rester sur ses gardes, et n'a subi qu'un risque normal dans les affaires (particulièrement pour les contrats importants, où le pourcentage de contrats conclus par rapport aux pourparlers engagés est infime).

112.23 Auteur de la faute. L'auteur de la faute n'est pas forcément celui qui a pris la décision de mettre un terme aux négociations, lorsque celle-ci n'a été que la conséquence des actes ou des défail-

1. EX. : Paris, 7 nov. 2002, *EFI, Expertises* 2003, p. 153.
2. Com. 15 déc. 1992, n° 90-21.175, NP, *RJDA* 1993, n° 296 ; *RTD civ.* 1993. 577, obs. J. Mestre – Bordeaux, 11 juin 1997, *JCP E* 1997. I. 617, n° 1, obs. P. Mousseron – T. com. Valenciennes, 20 janv. 1998, *Encyclopédie Conex, Expertises* 1998, p. 196 – SUR APPEL : Douai, 22 oct. 1998, *Expertises* 1999, p. 235, obs. J. Bertrand.
3. Paris, 4 avr. 1997, *JurisData* 021076 : négociations avec deux concurrents sans les prévenir, rupture avec l'un après lui avoir demandé diverses études et adressé une lettre d'intention – Civ. 2e, 4 juin 1997, n° 95-10.574, *Saint-Pierre (Sté)*, NP, *RTD civ.* 1997. 921, obs. J. Mestre : est implicitement une faute le fait de conduire des pourparlers avec quelqu'un sur la base d'un prix exagéré, tout en en menant d'autres avec un tiers à un prix inférieur – Com. 26 nov. 2003, nos 00-10.243, 00-10.949, *Alain Manoukian*, P IV, n° 186 ; *D.* 2004. 869, note A.-S. Dupré-Dallemagne ; *JCP E* 2004, n° 738, note Ph. Stoffel-Munck ; *JCP* 2004. I. 163, n° 18, obs. G. Viney ; *RDC* 2004. 257, note D. Mazeaud ; *RTD civ.* 2004. 80, obs. J. Mestre et B. Fages ; *CCÉ* 2004, n° 31, obs. Ph. Stoffel-Munck.
4. Com. 11 juill. 2000, n° 97-18.275, NP, *CCC* 2001, n° 174, obs. L. Leveneur – Com. 16 févr. 2010, n° 09-12.097, NP, *Gaz. Pal.* 2010. 2360, note P. Arrigo et M.-A. De Montlivaut : plusieurs motifs justifiant la rupture brutale des pourparlers d'un projet informatique.
5. Com. 7 janv. 1997, n° 94-21.561, NP, *D.* 1998. 45, note P. Chauvel : refus sans explications des trois propositions finales, intervenues après de longues négociations – Civ. 1re, 6 janv. 1998, n° 95-19.199, *Ossona*, P I, n° 7 ; *D. Affaires* 1998, 242 ; *JCP* 1998. II. 10066, note B. Fages : rupture la veille de la signature de la promesse, alors que les négociations étaient fort avancées, même si elles avaient été brèves – Com. 7 avr. 1998, n° 95-20.361, *Poleval*, NP, *JCP E* 1999. 169, obs. P. Mousseron ; *JCP E* 1999. 579, note J. Schmidt-Szalewski ; SUR POURVOI CONTRE : Versailles, 21 sept. 1995, *RJDA* 1996, nos 178 et 179 : rupture sans raisons sérieuses, après quatre années de négociations d'un contrat d'importance, ponctuées de nombreuses études – Paris, 5 nov. 1999, *Prometech, RTD civ.* 2000. 104, obs. J. Mestre et B. Fages : rupture alors que les pourparlers étaient dans un état « d'avancement significatif » – Paris, 10 mars 2000, *Thorn Europhanx c/Elixir, JCP E* 2001. 422, note F. Violet : *JCP* 2001. II. 10470, note F. Violet : rupture après de longues négociations ayant donné lieu à de nombreux échanges et à l'établissement par l'auteur de la rupture de contrats définitifs retournés signés par son partenaire – Com. 11 juill. 2000, n° 97-18.275, préc. : pourparlers très avancés – Versailles, 18 mars 2004, *J. Walter Thompson (Sté)*, préc., *idem* – Paris, 17 oct. 1997, *Fortunari, RJDA* 1998, n° 133 : rupture non fautive, car opposition sur le prix manifesté dès le début – Com. 20 juin 2000, n° 96-16.497, NP, *RJDA* 2000, n° 1068 : pas de faute, car les négociations n'ont été ni longues ni intenses, et absence de relations d'affaires antérieures entre les parties – Paris, 25e ch. A, 2 juill. 2008, *Denatis c/Coface, JurisData* 367731 : pourparlers d'une sté commercialisant un logiciel de gestion avec une autre ; pas de faute, les négociations n'étaient pas avancées, les aspects financiers et contractuels n'avaient pas encore été évoqués – Com. 5 mai 2009, n° 08-10.474, préc. : pas de faute, pour plusieurs raisons, dont le fait que l'auteur de la rupture avait conduit les discussions avec prudence et n'avait pas entretenu son partenaire dans l'illusion d'une convergence de vue rendant certaine la conclusion de l'accord – Civ. 1re, 13 oct. 2009, n° 08-16.634, NP, *CCC* 2010, n° 38 : les consorts X... avaient brutalement rompu les négociations sans motif légitime après avoir laissé croire à la sté la conclusion proche du contrat.
6. Paris, 18 janv. 1996, *D. Affaires* 1996, 292, relevant que les plaideurs étaient des « professionnels avertis ».

lances de l'autre, faisant par exemple traîner les choses en lenteur, au risque de perdre un marché important. La faute est parfois commune au négociateur et à un tiers, qui a été l'incitateur, soit par malveillance, soit plus probablement parce qu'il entend contracter avec l'intéressé. C'est une hypothèse typique de *tierce complicité*[1].

112.24 Faute résultant de l'absence de rupture. Paradoxalement, dans certaines circonstances c'est l'absence de rupture qui sera fautive. S'il n'est pas demandé aux contractants d'être désintéressés et d'avoir une visée altruiste, la jurisprudence tend néanmoins à exiger de leur part qu'ils renoncent à leur intérêt, donc à contracter, lorsque l'autre partie n'est pas en mesure de faire face aux engagements qu'elle va souscrire[2], ou que le projet en cause est dangereux[3], pour les salariés, les consommateurs ou l'environnement. De même du projet qui n'est pas sérieux. C'est une immoralité aussi scandaleuse que la corruption, bien que les censeurs soient fort silencieux à cet égard, que de proposer ou d'accepter un contrat dont l'objet est disproportionné aux besoins du client, inutile, ou dont les tenants et aboutissants ont été insuffisamment examinés. À cet égard, les études du projet doivent avoir été menées à fond, sous tous ses aspects (anthropologiques et culturels, ethniques et ergonomiques, climatiques et écologiques[4]).

112.25 Faute distincte de la rupture. Que la rupture soit abusive ou non, une faute distincte de la rupture peut être reconnue, le cas échéant, à l'encontre d'une des parties, lorsqu'elle est en quelque sorte détachable des négociations[5].

SECTION 3
NATURE DU DOMMAGE

112.31 Perte éprouvée. Le dommage subi par la victime est d'abord une perte éprouvée (*damnum emergens*), au premier chef matériel, tels les frais engagés[6], liés aux déplacements[7], à l'aménagement de locaux, aux heures passées à négocier, aux études effectuées[8] ; éventuellement à la mise au point d'un procédé ou d'un prototype, *etc.* Certes, un professionnel connaît les risques de rupture de négociations, engendrant des pertes sèches : Il les intègre dans ses prévisions financières. Mais il n'entend pas accepter celles qui résultent de la mauvaise foi : Il veut en être indemnisé[9]. La rupture peut également, assez rarement, générer un préjudice moral, telle une atteinte à la réputation commerciale lorsqu'elle a connu un certain retentissement, et qu'elle laisse planer un doute sur la compétence ou l'honnêteté de la victime[10].

112.32 Gain manqué ? À côté de la perte éprouvée, le gain manqué (*lucrum cessans*) est traditionnellement un chef de réparation. Encore faut-il s'entendre sur ce qu'il couvre en l'espèce. Trois hypothèses sont imaginables et se rencontrent dans

1. COMP. : Com. 22 févr. 1994, n° 91-18.842, P IV, n° 79 ; *RTD civ.* 1994. 849, obs. J. Mestre – Com. 26 nov. 2003, n°s 00-10.243, 00-10.949, *Alain Manoukian*, préc.
2. Com. 22 févr. 1994, n° 92-13.871, P IV, n° 72 ; *RTD civ.* 1994. 850, obs. J. Mestre.
3. Paris, 26 juin 1991, *CCC* 1992, n° 42, obs. G. Raymond.
4. SUR TOUT CELA : Ph. le Tourneau, *L'Éthique des affaires et du management au XXe siècle : essai*, Dalloz-Dunod 2000, 2e tirage 2001, p. 200 [épuisé ; consultable gratuitement sur https://www.philippe-le-tourneau.fr].
5. Com. 20 juin 2000, n° 96-16.497, NP, *RJDA* 2000, n° 1068 : a été reconnu comme une faute distincte [alors que la rupture ne fut pas considérée comme abusive] le fait d'autoriser l'autre partie à s'installer sur le chantier, en vue de le préparer, alors que les pourparlers n'étaient pas suffisamment avancés pour que l'on puisse croire que le contrat allait être signé.
6. Civ. 1re, 13 oct. 2009, n° 08-16.634, préc. : Si les manquements à leur obligation de bonne foi caractérisés à l'encontre des consorts X… n'avaient pas été commis, une partie des très importants frais liés au travail qu'elle a accompli et aux études et prestations qui lui ont été facturées par ses conseils et qu'elle a, sans imprudence de sa part, exposées en vue de conduire à bonne fin ses négociations n'auraient pas été engagés, de sorte que la cour d'appel pouvait l'indemniser de ces frais inutiles – Com. 1er mars 2011, n° 10-12.268, NP, *RJDA* 2011, n° 494.
7. Com. 20 mars 1972, n° 70-14.154, P IV, n° 93 ; *RTD civ.* 1972. 779, obs. G. Durry – Liège, 19 nov. 1996, *DIT* 1996/4, p. 41.
8. Com. 7 janv. 1997, n° 94-21.561, NP, *D.* 1998. 45, note P. Chauvel : accorde comme dommages et intérêts le remboursement des frais d'études – À PROPOS d'une étude de marché : Versailles, 1er avr. 1999, *Koetsier, RJDA* 1999, n° 1285 – Paris, 10 mars 2000, *Thorn Europhanx c/Elixir, JCP E* 2001. 422, note F. Violet ; *JCP* 2001. II. 10470, note F. Violet : frais des négociations et des études – Com. 26 nov. 2003, n° 00-10.243 et n° 00-10.949, *Alain Manoukian*, préc., *idem* – Paris, pôle 5, 2e ch., 11 mai 2012, RG n° 11/01247, *CCÉ* 2012, n° 77, obs. G. Loiseau : pendant les négociations une des parties avait réalisé un site internet pour l'autre sans que le contrat soit conclu, du fait de la déloyauté de ce dernier ; la cour octroya au concepteur, sous forme d'indemnité pour rupture abusive des pourparlers, l'équivalent de la rémunération à laquelle il aurait pu prétendre en exécution d'un contrat pour le travail fourni.
9. *CONTRA :* B. Lassalle, « Les pourparlers », *RRJ* 1994/3, p. 825 s., spéc. p. 851-852 : il est vrai que quelques rares arrêts considèrent, à tort, que ces dommages sont inhérents à la gestion de toute entreprise, NOT. : Pau, 14 janv. 1969, *D.* 1969. 716 – Com. 30 nov. 1971, n° 70-13.070, P IV, n° 288 – Paris, 16 déc. 1998, *Première Music, RJDA* 1999, n° 372 : refuse d'inclure dans le préjudice les frais exposés pendant la phase des pourparlers, car ils seraient restés à la charge de chaque partie, quelle qu'eut été l'issue de la négociation.
10. Versailles, 1er avr. 1999, *Koetsier, RJDA* 1999, n° 1285 : altération de son image auprès de ses partenaires commerciaux.

la réalité. *D'abord*, l'atteinte à la réputation (perte d'image résultant de la rupture[1]) ; elle peut nuire à la conclusion de contrats dans l'avenir. *Ensuite*, ayant noué des pourparlers qui paraissaient prometteurs, une entreprise a pu refuser de négocier avec un tiers, et a ainsi perdu la possibilité de conclure avec lui. *En troisième lieu*, la rupture des pourparlers actuels priverait la victime des bénéfices qu'elle pouvait escompter de la conclusion de ce contrat. Mais, dans les trois cas, il s'agit seulement de compenser *la perte d'une chance*, même si, dans le dernier, la conclusion du contrat pouvait apparaître comme très probable.

Dans ces circonstances, tout au plus la jurisprudence accordait une indemnité forfaitaire, prenant en compte l'importance de l'aléa et la consistance de l'espoir[2]. Car, après tout, non seulement le contrat n'aurait peut-être pas été conclu, en définitive, mais, aurait-il même été signé, que des incidents auraient pu surgir, de toute nature, qui se seraient traduits par une diminution du gain, peut-être par sa disparition, voire par une perte. Combien de grands contrats internationaux, signés avec éclat, s'avèrent, tout compte fait, bien décevants ! Autrement dit, pour reprendre une expression anglaise et allemande, si l'intérêt négatif est indemnisable, l'intérêt positif ne l'est pas. Mais, plus radicalement, la Cour de cassation considère depuis 2003 qu'il n'existe pas de causalité entre la faute commise dans l'exercice du droit de rupture unilatérale des pourparlers précontractuels et le préjudice consistant dans la perte d'une chance de réaliser les gains que permettait d'espérer la conclusion du contrat (du moins en l'absence d'un accord « ferme et définitif »). Il en découle que cette perte de chance n'est pas indemnisable, car elle consisterait à mettre le demandeur dans la situation qui aurait été la sienne si les négociations avaient été menées à leur terme et le contrat exécuté alors que, par hypothèse, il ne l'a pas été[3]. L'actuel article 1112, alinéa 2, du code civil, tel que modifié par la loi n° 2018-287 du 20 avril 2018[4], paracheva l'évolution en précisant qu'en « *cas de faute commise dans le cours des négociations, la réparation du préjudice qui en résulte ne peut avoir pour objet de compenser ni la perte des avantages attendus du contrat non conclu, ni la perte de chance d'obtenir ces avantages* »[5].

112.33 Clause spécifique d'indemnité contractuelle. Lorsque le contrat est de quelque ampleur et que les négociations risquent de s'étaler sur une longue période, ponctuées de divers documents préparatoires (accord de principe[6], protocole d'accord[7], promesse[8], *etc.*), il est fréquent qu'un accord préliminaire de négociation soit conclu[9]. Il comprend parfois, assez rarement il est vrai, une clause fixant *a priori* l'indemnité (*break-up fees*) due

1. Com. 16 sept. 2014, n° 13-16.524, NP, *JCP E* 2014, n° 1503, note L. Fériel ; *RJDA* 2015, n° 2, catégorique, à propos de la rupture brutale d'un contrat de négociation.
2. Civ. 2e, 27 févr. 1985, n° 83-15.622, P II, n° 52 – Riom, 10 juin 1992, *RJDA* 1992, n° 732 ; *RTD civ.* 1993. 343, obs. J. Mestre – Com. 2 nov. 1993, n° 91-14.673, P IV, n° 380 – Civ. 1re, 15 nov. 1994, n° 92-11.265, P I, n° 334 – Versailles, 9 oct. 1995, *Putod, RTD civ.* 1996. 383, obs. J. Mestre – Paris, 16 déc. 1998, *Première Music*, préc. – Versailles, 1er avr. 1999, *Koetsier, RJDA* 1999, n° 1285 – Paris, 10 mars 2000, *Thorn Europhanx c/Elixir, JCP E* 2001. 422, note F. Violet ; *JCP* 2001. II. 10470, note F. Violet – RAPPELANT AVEC FORCE LE PRINCIPE : Civ. 1re, 15 janv. 2002, n° 98-15.247, NP, *JCP E* 2002, n° 1206, note L. Leveneur : « *La réparation d'une perte de chance doit être mesurée à la chance perdue et ne peut être égale à l'avantage qu'aurait procuré cette chance si elle s'était réalisée* », à propos de l'omission par un mandataire de la prise des sûretés demandées – Soc. 18 mai 2011, n° 09-42.741, P V, n° 119 ; *D.* 2011. 1955, note M. Robineau.
3. Com. 26 nov. 2003, nos 00-10.243 et 00-10.949, *Alain Manoukian*, préc., REVIREMENT – Civ. 3e, 28 juin 2006, n° 04-20.040, *Antineas c/Longson*, P III, n° 164 ; *D.* 2006. 2963, note D. Mazeaud ; *D.* 2006. Pan. 2639, obs. S. Amrani-Mekki ; *JCP* 2006. I. 166, n° 6, obs. Ph. Stoffel-Munck ; *JCP* 2006. II. 10130, note O. Deshayes ; *JCP E* 2006. 2322, note O. Deshayes ; *CCC* 2006, n° 223, obs. L. Leveneur ; *Defrénois* 2006. 1858, note R. Libchaber ; *RDC* 2006. 1069, note D. Mazeaud ; *RTD civ.* 2006. 754, obs. J. Mestre et B. Fages – Civ. 3e, 7 janv. 2009, n° 07-20.783, P III, n° 5 ; *D.* 2009. AJ 297, obs. D. Chenu ; *RDC* 2009. 480, note Y.-M. Laithier et p. 1108, note J.-B. Seube ; *RTD civ.* 2009. 113, obs. B. Fages – COMP. : Com. 20 nov. 2007, n° 06-17.289, NP, *CCC* 2008, n° 6, obs. N. Mathey ; *RJ com.* 2008. 105, note S. Lebreton-Derrien : « *le préjudice directement rattachable* » à la rupture des pourparlers en vue de la conclusion d'un nouveau contrat de concession avec un ancien concessionnaire « *s'avère être constitué par la seule perte de chance d'opérer une reconversion* » – Com. 1er mars 2011, n° 10-12.268, préc. : à propos de la rupture de pourparlers d'une cession d'actions – Com. 18 sept. 2012, n° 11-19.629, P IV, n° 163 ; *D.* 2012. AJ 2241, obs. X. Delpech ; *Gaz. Pal.* 29 nov. 2012, p. 13, note M. Mekki ; *Gaz. Pal.* 9 janv. 2013, p. 17, note I. Tosi-Dupriet, APPROB. ; *RTD civ.* 2012. 721, obs. B Fages – *Non obstat :* Paris, pôle 5, 2e ch., 11 mai 2012, n° 11/01247, préc. : certes, la cour octroya au concepteur, sous forme d'indemnité pour rupture abusive des pourparlers, l'équivalent de la rémunération à laquelle il aurait pu prétendre en exécution d'un contrat pour le travail fourni, mais ici la tâche pour laquelle les pourparlers avaient été engagés avait été réalisée pendant ceux-ci par le demandeur (victime de la rupture abusive).
4. C. civ., art. 1112 ; mod. par L. n° 2018-287, 20 avr. 2018, art. 3.
5. T. Douville (dir.), *La réforme du droit des contrats et du régime général et de la preuve des obligations*, 2e éd., Gualino-Lextenso, 2018, p. 54 s. – O. Deshayes, T. Genicon et Y.-M. Laithier, *Réforme du droit des contrats, du régime général et de la preuve des obligations*, 2e éd., LexisNexis, 2018, p. 97 s.
6. V. *infra* ss n° 114.21.
7. V. *infra* ss n° 114.31.
8. V. *infra* ss n° 114.00.
9. V. *infra* ss n° 114.11.

par l'auteur de la rupture des pourparlers, sécurisant donc au mieux ses conséquences financières[1]. La clause peut définir les faits générateurs de sa mise en œuvre, en veillant à ne pas mentionner une éventuelle faute de l'une des parties (car, dans ce cas, elle risquerait en France d'être qualifiée de clause pénale[2] et donc donner lieu à révision par le juge[3] : tandis qu'en droit anglo-américain la clause pénale [*penalty clause*] est en principe réputée non écrite[4] [*disregarded*]). Elle doit déterminer le montant de l'indemnité, qu'elle soit forfaitaire ou équivalente aux débours de l'autre partie générés par les négociations.

112.34 Extension : l'obligation au secret. Les négociations impliquent souvent, pour qu'elles soient sérieuses, que des informations confidentielles et des connaissances, voire des éléments d'un savoir-faire, soient échangés entre les parties. Certaines de ces données peuvent procurer un avantage concurrentiel à son bénéficiaire. En l'absence même d'une clause *ad hoc* de confidentialité[5], la bonne foi impose au sachant de ne pas les divulguer et même, sans doute, de ne pas les utiliser si, finalement, le contrat n'est pas signé (Unidroit 2016, *Principes relatifs aux contrats du commerce international*, préc., art. 2.1.16 ; *Principes du droit européen du contrat*, art. 2.302). Celui qui divulguerait ou utiliserait ainsi une information commettrait une faute délictuelle[6]. Selon l'article 1112-2 du code civil, « *Celui qui utilise ou divulgue sans autorisation une information confidentielle obtenue à l'occasion des négociations engage sa responsabilité dans les conditions de droit commun* ». Autrement dit, les pourparlers comportent implicitement une obligation double : « *de réserve et de discrétion* » (Paris, 1er févr. 1989[7]), quant aux indications techniques et au savoir-faire qui peuvent être dévoilés (par réserve, il faut entendre ne pas exploiter). Elle est du reste réciproque. Un contrat de confidentialité peut être expressément conclu[8].

1. N. Kilgus, « Les clauses de *break-up fees* dans les accords de négociation », AJ *Contrat* 2018. Pratiques 273.
2. Sur la clause pénale v. *infra* ss nº 122.133.
3. C. civ., art. 1231-5, al. 2 ; art. créé par ord. nº 2016-131, 10 févr. 2016, art. 2.
4. F.-X. Testu, *Contrats d'affaires*, « Dalloz référence », 2010, nos 113.27 s.
5. V. *infra* ss nº 114.11.
6. Com. 3 oct. 1978, nº 77-10.915, *Chantiers modernes,* P IV, nº 208 ; *D.* 1980. 55, note J. Schmidt – Com. 3 juin 1986, nº 84-16.971, P IV, nº 110 – T. com. Meaux, 3 nov. 1987, *Expertises* 1988, p. 122 – Paris, 5 mai 1991, *Expertises* 1994, p. 234 – TGI Paris, 31 oct. 1991, *PIBD* 1992. III. 169 – Paris, 30 avr. 1997, *Gaz. Pal.* 1998. 1, Somm. 43 – Paris, 15 mars 2000, *Nina Ricci, PIBD* 2000. III. 350 : entreprise contrefaisant les modèles d'un thème publicitaire, imaginé par une agence de publicité à sa demande, et qu'elle avait refusé à l'issue des pourparlers – Com. 21 nov. 2000, nº 98-17.783, *Invitance*, NP, *RJDA* 2001, nº 252 ; *PIBD* 2001. III. 273 : mais pas le cas, pour des procédés relevant du domaine public et pour des idées non protégeables en elles-mêmes – *CONTRA :* Civ. 1re, 5 oct. 1994, nº 92-17.697, NP, *RIDA* 1995, p. 205 : pour l'idée d'un scénario pour la télévision – TGI Paris, 27 juin 1997, *PIBD* 1997. III. 661 : utilisation par *Givenchy* d'idées émises par un concepteur au cours de réunions de travail.
7. Paris, 1er févr. 1989, *JurisData* 020420.
8. V. *infra* ss nos 114.11 s.

CHAPITRE

113. Évolution des négociations

SECTION 0
ORIENTEUR

113.00 **Sommaire du chapitre.**

SECTION 1
DURÉE DES NÉGOCIATIONS

113.11 **Un jeu savant et risqué.** Comme cela a déjà été indiqué, la décision de retenir telle ou telle société parmi les divers soumissionnaires à l'appel d'offres, ou de confier le projet de gré à gré à telle ou telle société, ne signifie pas que l'affaire soit « dans le sac » pour l'heureux élu, même s'il y a de grandes probabilités qu'il l'emporte. En effet, les négociations vont maintenant reprendre leur envol, des tractations vont intervenir, qui seront d'autant plus longues et complexes que le contrat est important. Elles sont faites d'alternatives de bonds et de repliements, « *soutenues par la continuité d'un regard intelligent qui ne fléchit jamais, par le resserrement de l'âme, dans l'appréciation du but et de l'obstacle* »[1]. C'est toute une équipe qui discutera de chaque côté[2]. L'ajustement des desseins croisés et entremêlés, d'audaces et de repentirs, de faux départs et de surenchères, de projets et de contre-projets successifs de contrat, proposés par les uns, rejetés par les autres, qui scandent les pourparlers, ponctués de coups de théâtre, évoquent l'image d'*un jeu savant et risqué*. Sans conteste, les négociations contractuelles d'une telle ampleur sont une des formes achevées du jeu, qui sous-tend, plus ou moins consciemment, la plupart des faits et gestes de l'homme[3].

Chacun des éventuels partenaires se fait assister, le cas échéant, par toutes sortes de spécialistes (ingénieurs, juristes, fiscalistes, *etc.*). Mais ils peuvent aussi recourir ensemble à un manageur ou gestionnaire de contrat (*Contract Manager*)[4], dont le rôle est d'autant plus important que le projet est complexe et met en scène une grande diversité de partenaires. Couvrant toutes les disciplines du projet, il veille à sa cohérence, propose des solutions face aux intérêts divergents, les meilleurs choix fiscaux et juridiques[5].

1. P. Claudel, *Œuvres en prose*, Pléiade, 1965, p. 1116, à propos des négociations diplomatiques.
2. SUR les équipes et leurs conséquences juridiques : I. Pascual, *Les équipes professionnelles et la responsabilité civile*, th., Bordeaux, 1996 – SUR l'art de la négociation : Ph. le Tourneau, *L'ingénierie : Les transferts de technologie et de maîtrise industrielle*, 2e éd., « Droit & Professionnels », LexisNexis, 2016, nos 122 s.
3. A. Cotta, *La société ludique : La vie envahie par le jeu*, Grasset, 1980.
4. Sur le manageur ou gestionnaire de contrat v. *infra* ss no 252.26.
5. G. Leveau, *Pratique du* Contract Management : *Optimisez la gestion du cycle de vie contractuel*, 3e éd., « Guides Pro », Gualino, 2019 : ce livre explique le rôle et les missions du manageur de contrats, mesure la valeur ajoutée de la fonction tout en préparant son intégration dans l'entreprise et propose tant des processus que des outils utiles, testés dans un cas pratique – T. des Lauriers, *Manager un projet : Définir, concevoir, piloter*, Eyrolles, 2016 – O. Englender et S. Fernandes, *Manager un projet informatique : Comprendre pour faire les bons choix tout au long du projet*, 4e éd., « Gestion de projet », Eyrolles, 2017 – A. Bensoussan et E. Le Quellenec, *Le* contract manager : *Outils et bonnes pratiques de la fonction*, « Minilex », Bruylant, 2019 – G. Feld, C. Delcamp et P. Delargy, « *Contract manager,* un autre métier du droit en entreprise », *JDI* 2013. 105 – D. Chekroun et E. Thomas, « Les contract managers en France : formation, rattachement dans l'organisation de l'entreprise, positionnement au sein des équipes projets », *RDAI* 2015. 262 s. – Ph. Beaussant, D. Chekroun, D. Tremblay et F. Fourcade, « La formation des contract managers au service de la performance contractuelle : l'initiative EDF/ESCP Europe », *RDAI* 2016. 1 s. – Il existe une Association française du *contract management* (AFCM) : www.afcm-asso.fr

SECTION 2
DEVOIR DE LOYAUTÉ DÈS LA PHASE PRÉCONTRACTUELLE

113.21 **De la loyauté dans les négociations.** De l'exigence légale de bonne foi (C. civ., anc. art. 1134), la jurisprudence a déduit l'existence d'un devoir de loyauté dès la *phase précontractuelle*, y compris à propos des *avant-contrats*, impliquant une coopération du client[1]. L'article 1104 du code civil prévoit expressément que les contrats doivent être négociés de bonne foi. Il en va singulièrement de la sorte lorsqu'ont été adoptées les méthodes dites *Agile*[2].

Ce devoir se révèle surtout, *a contrario*, lors de la rupture des négociations[3]. Dans la période précontractuelle, les fautes relèvent logiquement de la responsabilité délictuelle et non de la défaillance contractuelle, même si la jurisprudence n'adopte pas toujours cette position[4] ; la Cour de cassation a considéré que pouvait constituer une telle faute le manquement à l'obligation de contracter de bonne foi, consistant pour le cédant d'une société d'omettre d'informer son cocontractant des conséquences probables d'un accident du travail intervenu avant la cession[5] (situation aujourd'hui visée par C. civ., art. 1112-1).

1. COMP. : v. *infra* s[s] n°s 121.12 s.
2. Sur lesquelles v. *supra* s[s] n° 014.32 ; *infra* s[s] n°s 121.12, 121.13, 223.21, 231.52, 231.71.
3. Sur cette question v. *supra* s[s] n°s 112.11 s.
4. NOT., retenant la défaillance contractuelle : Com. 25 juin 1980, n° 78-13.532, P IV, n° 276 – Com. 23 juin 1998, n° 95-16.117, P IV, n° 208 ; *RJDA* 1998, n° 1297 – Civ. 3e, 5 nov. 2008, n° 07-15.083, NP, *RJDA* 2008, n° 303.
5. Civ. 1re, 15 mars 2005, n° 01-13.018, *Affiche européenne*, P I, n° 136 ; *D.* 2005. 1462, note A. Cathiard ; *RJDA* 2005, n° 984.

CHAPITRE

114. Contrats préparatoires

SECTION 0 ORIENTEUR

114.00 Sommaire du chapitre.

Division – Diversité. Les contrats préparatoires sont d'une grande diversité, aux noms eux-mêmes très variés [1]. Nous isolerons ceux que nous appelons les *contrats préparatoires de précaution* (sect. 1). En dehors de ceux-ci, les parties sont amenées à rédiger toutes sortes d'autres actes, tels un engagement d'honneur [2], un pacte de préférence (C. civ., art. 1123) [3], une promesse unilatérale (C. civ., art. 1124) [4] ou synallagmatique [5] (l'une et l'autre constituent bien un contrat, à la différence de la simple offre [6] [sur l'offre : C. civ., art. 1113 s.]), un contrat-cadre [7] (défini par C. civ., art. 1111 [8] – *Master agreement* ou *Governing agreement*), une « *proposition d'étude de cadrage* » [9], une lettre d'intention [10], un accord de principe (sect. 2) ou un protocole d'accord (sect. 3). Nous n'aborderons que les deux derniers. Ces divers contrats préparatoires ne sont pas obligatoires et, dans les affaires simples, plusieurs de ces étapes, voire toutes, seront brûlées. Parfois, le contrat est précédé d'un contrat de conseil avec un tiers [11] (v. *infra* s[s] n° 122.71), notamment de reconfiguration (*reengineering*) ou un contrat d'audit (sur celui-ci v. *infra* s[s] n°s 333.00 s.). Il convient d'être vigilant quant à la teneur des contrats préparatoires qui, peu formalisés, peuvent être la cause de bien des déconvenues [12].

114.05 Succession de contrats. Au cours des négociations plusieurs contrats peuvent être conclus successivement portant sur la même opération. Il est prudent, en présence d'une telle situation, de préciser dans chaque nouveau contrat qu'il se substitue

1. NOT. : É. Vergès (dir.), *Contrats sur la recherche et l'innovation*, Dalloz, 2018, n°s 111.00 s.
2. Ph. le Tourneau (dir.), *Droit de la responsabilité et des contrats. Régimes d'indemnisation*, 12e éd., « Dalloz action », 2020, n° 3112.142.
3. Ph. le Tourneau (dir.), *Droit de la responsabilité et des contrats...*, 12e éd., *op. cit.*, n°s 3112.161 s. – S. Lequette, « Réflexions sur la durée du pacte de préférence », *RTD civ.* 2013. 191 – POUR UN RAPPEL FERME de la force obligatoire d'un tel pacte et de ses effets entre les parties : Civ. 3e, 6 déc. 2018, n° 17-23.321, P ; *D.* 2019. 294, note S. Tisseyre ; *AJ contrat* 2019. 79, obs. G. Pillet ; *LPA* 14 mars 2019. 12, note S. Barry ; *RTD civ.* 2019. 96, obs. H. Barbier ; *RDC* 2019/1. 20, note Y.-M. Laithier ; *RDC* 2019/2. 29, note R. Libchaber.
4. T. Francisot, « Controverse sur la promesse unilatérale de contrat après la réforme du 10 février 2016 », *AJ contrat* 2016. 479 – B. Attias, « L'inefficacité de la promesse unilatérale de contrat », *AJ contrat* 2020. 23.
5. Ph. le Tourneau, (dir.), *Droit de la responsabilité et des contrats...*, 12e éd., *op. cit.*, n°s 3112.261 s.
6. DISTINGUANT BIEN l'offre de la promesse unilatérale de contrat : Soc. 21 sept. 2017, n°s 16-20.103, 16-20.104, P V, n° 148 ; *D.* 2017. 2007, note D. Mazeaud ; *Gaz. Pal.* 10 oct. 2017. 13, note M. Latina ; *AJ contrat* 2017. 480, obs. C.-É. Buchet ; *RDC* 2017. 619, obs. Ph. Chauviré – SUR ces arrêts aussi : D. Mainguy, « Nouvelle avancée de la question de l'entrée en vigueur immédiate de la réforme des contrats », *RJDA* 2017. Chron. 899.
7. Ph. le Tourneau, *Droit de la responsabilité et des contrats...*, 12e éd., *op. cit.*, n°s 3112.250 s.
8. N. Dissaux, « Les mystères du contrat-cadre », *AJ contrat* 2017. 104.
9. Paris, 5e ch., 27 nov. 2019, RG n° 17/20350, *RDC* 2020/1. 33, obs. A. Danis-Fatôme.
10. Ph. le Tourneau (dir.), *Droit de la responsabilité et des contrats...*, 12e éd., *op. cit.*, n°s 3112.241 s. – SUR LES DANGERS des lettres d'intention not. : B. Dondero, « Lettres d'intention : gare au coup de foudre... contractuel », *Gaz. Pal.* 6 juill. 2014. Doctr. 5.
11. Ph. Gaudrat et F. Sardain, *Traité de droit civil du numérique*, t. II, Larcier, Bruxelles, 2015, n°s 62 s. – N. Reboul-Maupin, « Le contrat de conseil : l'unité dans la diversité », *AJ contrat* 2018. Dossier 56.
12. Paris, 5e ch., 27 nov. 2019, RG n° 17/20350, préc. : en l'esp. la défaillance du prestataire fut écartée et la condamnation du client à payer les factures refusées.

aux précédents. Et, si ce n'est pas le cas, quels sont les engagements qui sont modifiés [1].

SECTION 1 CONTRATS PRÉPARATOIRES DE PRÉCAUTION

114.11 Clauses principales. Dès le début des pourparlers, il est prudent de faire signer à son partenaire un contrat préparatoire de négociation (*agreement to negociate*), comportant un certain nombre de clauses en fonction des circonstances. Les clauses les plus fréquentes sont les suivantes : – de *limitation*, par laquelle les parties conviennent qu'aucune disposition du présent accord ne peut être interprétée comme obligeant l'une des parties à se lier contractuellement avec l'autre dans l'avenir ; – de *confidentialité* (*Non Disclosure Agreement*) dite aussi de secret [2], car des informations confidentielles et des savoir-faire conférant un avantage concurrentiel risquent d'être dévoilés [3]. Elle précise la durée de ses effets (assez longue, par exemple une décennie). Est-ce nécessaire, alors que les techniques connaissent une obsolescence rapide dans le domaine de l'informatique (et alors que le C. de la consom. prohibe la programmation de l'obsolescence, visant à réduire délibérément la durée de vie d'un produit pour en augmenter le taux de remplacement [4]) ? Oui, car les données que le cocontractant peut être amené à connaître, fortuitement ou non, peuvent porter sur son activité commerciale, sa clientèle ; surtout, la clause protège le partenaire de l'entreprise de service du numérique (ESN, anc. SSII), qui lui a demandé d'étudier un projet correspondant à ses besoins et qui, à cet effet, est obligée de connaître le système actuel, d'y pénétrer, *etc.*

La clause de confidentialité telle qu'ici envisagée est de précaution, de sorte qu'elle n'engage à rien d'autre (il sera possible d'indiquer qu'elle « *ne pourra pas être interprétée comme obligeant l'une des parties à divulguer des informations confidentielles à l'autre partie* » [5]) ; parfois, un contrat ou un document préparatoire ne comporte pas de véritable clause de confidentialité, mais simplement la formule *Privileged & Need-to-know*, signifiant accès confidentiel, document à partager seulement entre ceux qui ont besoin (et le droit) de savoir. – Une clause de *paiement* des études préliminaires que la société d'informatique serait amenée à effectuer ; elle est importante car celles-ci représentent souvent un pourcentage non négligeable du montant du contrat. – Une clause de *facilitation*, confiant à un tiers le soin de trouver un accord sur un point où les positions des parties ne se sont pas rapprochées (qui n'est ni une médiation ni un arbitrage, car il n'y a pas de litige [6]). – Une clause d'*exclusivité* (pour la durée des pourparlers ; l'exclusivité de négociation est nommée *Lock-out agreement* en Droit anglais). – Rarement, une clause d'indemnité contractuelle en cas de rupture des pourparlers (clause *break-up fees* [7]). Ou encore une clause de *délais* pour l'achèvement des pourparlers, soit par la conclusion du contrat définitif, soit sur un échec. Souvent, tout ou partie de ces dispositions seront adoptées dans un accord de principe [8].

SECTION 2 ACCORD DE PRINCIPE

114.21 Un engagement de négocier. *L'accord de principe* ou *déclaration d'intention* (*Memorandum of Understanding*, MOU), est un accord préliminaire, soit constatant des éléments sur lesquels les parties s'entendent mais sans qu'il vaille engagement [9]

1. COMP. : Com. 5 juill. 2017, n° 16-10.325, NP, *RJDA* 2017, n° 708, le procès résultait que les engagements successifs étaient contradictoires quant aux honoraires (dans un autre domaine).
2. É. Vergès (dir.), *Contrats sur la recherche et l'innovation*, *op. cit.*, n°s 112.00 s., étude approfondie, tant en droit français qu'en droit anglo-américain – POUR DES CONSEILS pratiques : Ph. Marchandise, « Qui doit signer l'accord de confidentialité ? », préc., not. quant aux personnes ayant le pouvoir de signer un tel accord et qui il engage, spécialement au sein d'un groupe – POUR UN EX. D'ACTE détaillé : H. de Vigan, « Accord de confidentialité (formule) », préc.
3. Com. 13 juill. 2010, n° 09-14.985, NP, *RDC* 2011. 51, note Y.-M. Laithier.
4. C. consom., art. L. 441-2, complété par la L. n° 2020-105, 10 févr. 2020, relative à la lutte contre le gaspillage et à l'économie circulaire, créant les art. L. 441-3 à L. 441-5, érigeant la pérennité en mot d'ordre. Ces articles consacrent un droit de l'utilisateur à faire réparer son produit hors des circuits agréés, doublé d'un droit des professionnels de la réparation de se procurer les moyens de réparer le produit, sans pour autant reconnaître à l'utilisateur le droit d'opposer au fabricant sa propre maladresse dans la réparation (selon C. Dubois et M. Leroux-Campello, « L'obsolescence programmée a des petits frères ! », *D.* 2020. Chron. 1412, relevant le manque de rigueur terminologique des textes). Trois décrets du 31 déc. 2021 (Décr. nos 2021-1943, 2021-1944, 2021-1945, 31 déc. 2021, *JO* 1er janv., textes n°s 17, 18 et 19), pris en application de la loi du 10 févr. 2020 préc., apportent des précisions quant à la durée de disponibilité des pièces détachées, aux équipements concernés par des obligations de réparation, et aux informations à donner aux consommateurs.
5. Sur la clause de confidentialité dans le contrat définitif, aussi : v. *infra* s^{s} n° 116.81.
6. V. *infra* s^{s} n° 116.202.
7. V. *supra* s^{s} n° 112.33.
8. Sur celui-ci v. *infra* s^{s} n° 114.21.
9. Civ. 1re, 24 janv. 2009, n° 07-17.304, NP : « *cette lettre se rapprochait plus d'un accord de principe non générateur d'engagements que de la rencontre de volontés faisant naître des obligations précises à l'égard de l'une et l'autre* ►

(contrairement au protocole d'accord[1]) ; soit, plus fréquemment, un acte par lequel les parties s'engagent à négocier de bonne foi un deuxième contrat[2], dont elles ne précisent ni les clauses essentielles ni, *a fortiori*, les clauses accessoires, tout en relevant certains éléments sur lesquels elles sont déjà d'accord. Ce n'est que l'affirmation d'un engagement de négocier[3] (un *agreement to agree*, dit-on outre Manche). La seule obligation qui en résulte est la reprise des pourparlers, sans du reste d'engagement quant à leur aboutissement[4]. En Droit anglais, une formule du style *subject to contract* prive le texte dans lequel elle figure de toute portée juridique[5].

L'accord de principe est par définition fugitif, même s'il peut être amené à exister assez longtemps, les pourparlers des contrats importants s'étalant dans le temps. Sa durée est précisée par référence à une date ou à un événement, par exemple l'obtention d'un financement. L'accord de principe doit être succinct, afin de préserver la liberté des négociateurs, et de lui conserver la souplesse permettant à ceux-ci de prendre en compte des données nouvelles surgissant en cours de route.

► *des parties* » – Com. 18 janv. 2011, n° 09-72.508, NP : « *en l'état de ces constatations, desquelles il ressortait que les parties ne s'étaient pas engagées de façon irrévocable l'une envers l'autre à conclure un contrat de franchise dans des conditions suffisamment définies, la cour d'appel a pu qualifier leurs engagements de simple accord de principe* » (sur cet arrêt : D. Mazeaud et T. Revet, *RDC* 2011, éditorial p. 7) – Paris, 5e ch., 27 nov. 2019, RG n° 17/20350, *RDC* 2020/1. 33, obs. A. Danis-Fatôme.

1. V. *infra* s^s n° 114.31.
2. Com. 16 sept. 2014, n° 13-16.524, NP, *JCP E* 2014, n° 1503, note L. Fériel ; *RJDA* 2015, n° 2.
3. Com. 10 janv. 2012, n° 10-26.149, NP, *D.* 2013. Pan. 391, obs. S. Amrani-Mekki et M. Mekki, *RDI* 2012. 222 ; *CCC* 2012, n° 86 ; *RTD civ.* 2012. 311, obs. B. Fages ; *RTD com.* 2012. 174, note D. Legeais : « *un accord de principe donné par une banque "sous les réserves d'usage" implique nécessairement que les conditions définitives de l'octroi de son concours restent à définir et oblige seulement celle-ci à poursuivre, de bonne foi, les négociations en cours* » – Cet arrêt a été curieusement rendu sous le visa de l'anc. art. 1382 [devenu 1240], ce qui constitue peut-être l'adoption de l'idée de Ph. Stoffel-Munck, selon lequel un manquement à la bonne foi constitue un manquement au devoir général de comportement, créant une obligation délictuelle (*L'abus dans le contrat. Essai d'une théorie*, préf. R. Bout, « BDPr », LGDJ, 2000, n° 126).
4. Soc. 19 déc. 1989, n° 88-13.388, P V, n° 721 ; *D.* 1991. 61, note J. Schmidt-Szalevwsky ; *RTD civ.* 1991. 330, obs. J. Mestre – Chambéry, 1er mars 2000, *Riquet-Barville, JCP E* 2000. Pan. 1934 : l'acte en cause ne constituait pas une promesse de vente, car trop imprécis, mais un avant-contrat mettant à la charge de la partie qui s'engage l'obligation de poursuivre loyalement les négociations – T. com. Paris, 17 oct. 2000, *SGCI, Expertises* 2000, p. 38, obs. J. Drack – Com. 2 juill. 2002, n° 00-13.459, NP, *RJDA* 2003, n° 52 – Paris, 7 nov. 2002, *EFI, Expertises* 2003, p. 153 : engagement de négocier en vue de la constitution d'une filiale commune et d'un pacte d'actionnaires – COMP. : Versailles, 12e ch., 30 juin 2011, RG n° 10/06302, *D.* 2011. 2848, note B. Dondero : à propos d'une lettre d'intention de capital risque, reconnu dépourvue de « *caractère définitivement liant* ».
5. J. Mestre et J.-C. Roda (dir.), *Les principales clauses des contrats d'affaires*, « Les intégrales », Lextenso, 2011, p. 1009 s.

SECTION 3

PROTOCOLE D'ACCORD

114.31 Contrat partiel. Le protocole d'accord (*Draft agreement* ou *Head of terms*) consigne les conditions et obligations dont les parties sont convenues. C'est généralement un véritable contrat, mais un contrat partiel, un contrat d'étape (*step deal*) intervenant avant le contrat total définitif, une sorte de *contrat-cadre*[6] *(Master agreement)*, sur lequel viendront éventuellement se greffer des contrats ultérieurs, précisant notamment des points sur lesquels les parties ne sont pas encore parvenues à un accord, ou réglant certains aspects techniques particuliers[7]. Il est constitué parfois par un simple procès-verbal d'une fructueuse réunion de travail[8]. L'exécution pourra commencer dès la signature de ce protocole (raison pour laquelle les Anglais disent qu'il est *self-executing*), ce qui le différencie grandement du simple accord de principe[9].

Cependant, il en va différemment lorsqu'il a été précisé, au début des pourparlers, que la force obligatoire de l'accord (auquel les négociateurs parviendraient) dépendrait de l'approbation (par exemple du conseil d'administration de la société) ou encore de la signature d'un autre contrat avec un tiers (telle une licence avec le détenteur d'un procédé, ou de financement avec un groupe bancaire) ; dans ces hypothèses, le protocole n'est qu'un contrat en germe et une sorte *d'aide-mémoire*, étant affecté d'une condition suspensive[10]. Il a pu aussi

6. Depuis 2016 le contrat-cadre est défini par l'art. 1111 du C. civ.
7. POUR UN EX. de protocole d'accord exécutoire : Paris, 24 mars 1994, *Control Data France, Expertises* 1994, p. 355.
8. Paris, 18 févr. 1975, *RJ com.* 1975. 370, note Ph. le Tourneau.
9. Sur celui-ci v. *supra* s^s n° 114.21.
10. COMP. : Paris, 5 mai 2000, *Pinault-Printemps-Redoute c/ Baeyens, RJDA* 2000, n° 955 : le protocole d'accord, de nature contractuelle, prévoyant la constitution d'une sté, n'était qu'un engagement conditionnel et sans aucun terme pour la réalisation de la condition ; une partie peut rompre le contrat après un préavis raisonnable, ce qui avait été le cas en l'esp. – Civ. 1re, 28 nov. 2006, n° 05-10.464, NP, *D.* 2008. Pan. 182, obs. T. Clay ; *JDI* 2007. 1255, note O. Diallo : le protocole d'accord passé par les parties ne créait aucune obligation pour elles ; il enregistrait seulement les concessions réciproques auxquelles les parties étaient parvenues lors des négociations, représentant « *un équilibre acceptable dans la perspective d'un accord globale qui n'a pas abouti* ».

être jugé que la loyauté imposait de négocier lorsque le « *protocole d'accord s'avérait difficilement réalisable, et de proposer des conditions acceptables* »[1].

1. Com. 15 mars 2017, nº 15-16.406, NP, *JCP E* 2017, nº 1279, note A. Bories ; *Gaz. Pal.* 26 sept. 2017. 31, note D. Houtcieff, 2ᵉ esp. : ayant relevé que le plan de développement d'un franchisage convenu entre les parties ne pouvait être réalisé qu'avec la collaboration étroite et loyale entre elles « *et que l'ouverture de nouveaux magasins franchisés restait nécessairement associée à la réussite des exploitations, la société H., franchiseur, ayant le pouvoir de vérifier les conditions d'implantation à cette fin et de refuser un projet, s'il ne répondait pas à cet objectif, la cour d'appel, sans obliger la société H. à renégocier le protocole, a pu retenir que la loyauté imposait de négocier, si le protocole d'accord s'avérait difficilement réalisable, et de proposer des conditions acceptables* ».

CHAPITRE

115. Aboutissement des négociations et contrat définitif

« *Toute la structure sociale est fondée sur la croyance ou sur la confiance.* [...] *Le monde social, le monde juridique, le monde politique sont essentiellement des mondes mythiques* [qui reçoivent de notre esprit] *leur existence, leur force, leur action d'impulsion et de contrainte. Serment, Constitution, traité, contrat* [...] *ne sont choses que de l'esprit* ».

P. Valéry, *Œuvres*, t. I, « Bibliothèque de La Pléiade », NRF, 1957, p. 1033.

SECTION 0
ORIENTEUR

115.00 Sommaire du chapitre.

Division. Des observations sur le contrat définitif et sa conclusion individualisée (sect. 1) précèdent l'examen de la diversité de son « entourage contractuel » (sect. 2) ainsi que son interprétation (sect. 3).

115.03 Bibliographie.

* V. *supra* s^s n° 11.03 ADDE :

Encyclopédie. D. Mainguy et J.-D. Pellier, « Conditions générales de ventes et contrats-types », *J.-Cl. Contrats Distribution*, fasc. 60 (2021).

Manuel. J.-M. Moulin, *Droit de l'ingénierie juridico-financière*, 5e éd., Master, Gualino-Lextenso, 2015.

Thèses. S. Amro, *La clause de renvoi dans un document contractuel,* thèse, Toulouse, 2000 – F. Labarthe, *La notion de document contractuel,* préf. J. Ghestin, « BDPr », t. 241, LGDJ, 1994 – F. Limbach, *Le consentement contractuel à l'épreuve des conditions générales,* préf. C. Witz, avant-propos S. Peruzzetto, « BDPr », t. 412, LGDJ, 2004 – P. Malinverni, *Les conditions générales de vente et les contrats-types des chambres syndicales*, préf. J. Hémard, « BDPr », t. 154, LGDJ, 1978.

Contributions. T. Revet, « Le "contrat-règles" », dans *Libre droit. Mél. Ph. le Tourneau*, Dalloz, 2008, p. 919 s. – J.-B. Racine, « La protection du professionnel contractant en matière internationale », dans *Mél. J.-M. Jacquet*, LexisNexis, 2013, p. 255 s. – Ph. le Tourneau, « *De l'art du juriste d'entreprise* », dans *Mél. A. Sériaux*, Mare et Martin, 2022.

Articles. D. Alibert, « L'ingénierie juridique : un atout pour l'entreprise », *Cah. dr. entr.* 1993, n° 2, p. 2 s. – L.-M. Augagneur, « La compliance a-t-elle une valeur ? », *JCP E* 2017. Ét. 1522 – E. Allan Farnsworth, « The interpretation of international contracts and the use of preambles », *RD aff. int.* 2002/3, p. 271 s. – F. Bortolotti, « The ICC models contracts : A new approach to the drafting of model forms for international trade », *RD aff. int.* 2001. 969 s. – M.-É. Boursier, « Qu'est-ce que la compliance ? Essai de définition », *D.* 2020. Chron. 1419 – G. Chantepie, « De la nature contractuelle des contrats-types », *RDC* 2009. 1233 s. – G. Cordier et A. Jobard, « L'opposabilité des conditions générales de vente aux consommateurs », *JCP* 2013, n° 35. Ét. 1464 – O. Debat, « *Compliance* : une éthique choisie ou subie ? », *Rev. Thémis* (Montréal), 2017, n° 50-3, p. 1 s. – F. De Ly (dir.), « Les clauses d'interprétation dans les contrats internationaux », *RD aff. int.* 2000/6 (n° spécial) – V. Forti, « La bataille des conditions générales contradictoires : étude comparative », *RID comp.* 2008. 730 s. ; « La discordance entre les conditions générales invoquées par les deux parties (observations comparatives sous l'article 1119, alinéa 2, du code civil) », *RDC* 2017. 552 – Inforeg, « Les conditions générales de vente dans les contrats de vente dans les contrats d'affaire à l'heure de la loi Hamon », *Cah. dr. entr.* 2015/1. 61 – É. Nicolas, « Le modèle type de contrat, source du droit ? L'épreuve par la baguette du sourcier », *LPA*

23 oct. 2012, n° 212, p. 3 – A. Penneau, « La réforme de la normalisation : quel "système" pour quel "intérêt public" ? À propos du décret n° 2009-697 du 16 juin 2009 relatif à la normalisation », *JCP E* 2009, n° 44, 2038 – C. R. Seppälä, « Les nouveaux modèles Fidic de contrat de construction internationale », *RDI* 2002. 183 s.

SECTION 1
LE CONTRAT DÉFINITIF LUI-MÊME

115.11 Consensualisme. Le dénouement intervient, soit par la rupture des négociations[1], soit au contraire par la conclusion du contrat définitif[2]. Toutes les questions ayant été enfin réglées (du moins est-ce à espérer), arrive le moment de la rédaction, puis de la conclusion du contrat définitif, qui succède aux avant-contrats ou les prolonge. C'est le *marché* qui conclut l'affaire (en anglais *the bargain*). Il est évidemment primordial de vérifier la qualité juridique de son partenaire, et de son pouvoir à engager son entreprise.

Mais les parties ne prennent pas toujours la peine ni le soin de rédiger un contrat en bonne et due forme, dans les contrats simples, et même parfois dans les contrats importants (bien que ce soit grande folie dans cette hypothèse d'agir de la sorte). En cas de litige, et de désaccord entre les plaideurs sur leurs obligations (voire sur l'existence même d'un contrat), ce sera au juge de déterminer celles-là (et éventuellement celle-ci), en se fondant sur les faits, tous les documents échangés entre les parties, y compris leur correspondance (dont leurs courriels[3]), et les *usages*[4]. Le contrat d'entreprise étant purement consensuel, il est établi au minimum (lorsqu'aucun document n'est pertinent) par les opérations effectuées par un prestataire à la demande d'une personne physique ou morale[5].

Le contrat peut se conclure *sous forme* électronique (et est alors un acte juridique électronique[6]), mais aussi *par voie* électronique[7] (commande en ligne[8]). Les rédacteurs du contrat peuvent recourir à un logiciel de flux des travaux (*workflow*). Le flux des travaux est la représentation d'une suite de tâches et d'opérations effectuées par une personne, un groupe de personnes ou un organisme. Il modélise et automatise les flux d'informations dans l'entreprise, notamment en définissant le parcours de chaque type de document, permettant de contrôler les délais, d'en suivre l'exécution et d'intervenir sur eux (pour les modifier ou les compléter ; le logiciel de flux des travaux est alors dit *ad hoc*). Il est même possible de modifier en cours d'élaboration le parcours le circuit préétabli.

Une autre innovation est prometteuse. Il s'agit des plateformes numériques de management des projets[9], créant une sorte de « jumeau numérique » pour chacun d'eux. Il permet de traiter toutes les données relatives audit projet, avec une mise à jour permanente et instantanée.

Les intervenants dans les affaires internationales sont habituellement considérés comme compétents dans leur domaine (*sophisticated players*), ne méritant donc pas de protection particulière, même si progressivement une protection se fait jour, surtout par la technique des lois de police (par exemple dans la sous-traitance), et contre certains déséquilibres contractuels[10], notamment dans les *Principes d'Unidroit* 2016[11].

115.12 Gestion des risques et ingénierie juridique. Souvent, le public confond le Droit avec le judiciaire, et ne le perçoit que négativement comme un ensemble de contraintes. Or, sur le premier aspect, il doit au contraire tendre à éviter les procès et, d'une façon plus générale, à neutraliser les dangers, ce que l'on nomme parfois le *legal risk management*[12]. Et, sur le second, le Droit est plein de

1. Sur lesquelles v. *supra* s^s n°s 112.11 s.
2. Sur lequel v. *infra* s^s n° 116.00.
3. Sur lesquels v. *infra* s^s n° 221.33.
4. Paris, 26 févr. 1999, *CGIP c/Start informatique, RJDA* 1999, n° 776, ici le juge déduisit l'existence du contrat de l'envoi d'un devis et de lettres, suivi de commandes acceptées par le fournisseur ; elles lui permirent aussi de préciser les obligations de ce dernier – Poitiers, 14 mai 2003, *Egocom, CCÉ* 2003, n° 92, obs. C. Caron, pas de contrat, malgré un commencement d'exécution des prestations, car le client avait émis des réserves quant au devis qui lui avait été adressé par la SSII, auxquelles il n'a pas été répondu, c'est-à-dire qu'elles ne furent pas levées – NOT., d'une façon générale, sur la réceptivité des usages : M. Bourdeau, « L'invocabilité des usages professionnels en matière contractuelle », *RJDA* 2011. Chron. 459 s.
5. Paris, 10 déc. 1998, *Chareyre, RDI* 1999. 253 – Versailles, 16 oct. 2003, *Probourse c/UP2News, RJDA* 2004, n° 1291 – COMP. : Paris, 11 mars 1999, *RJDA* 1999, n° 754, la conclusion d'un contrat de concession a été déduite de son commencement d'exécution, survenu après un échange de lettres et un accord de principe (sur celui-ci v. *supra* s^s n° 252.31).
6. V. *infra* s^s n°s 412.35 s.
7. SUR CETTE DISTINCTION : FNTC, *Vademecum juridique de la digitalisation des documents*, préf. É. A. Caprioli, 2016, p. 12 s. et 21 s.
8. Sur laquelle v. *infra* s^s n°s 411.11 s.
9. *Bouygues* et *Dassault Systèmes* ont conclu en avril 2021 un partenariat ayant cet objectif.
10. SUR TOUT CELA : J.-B. Racine, « La protection du professionnel contractant en matière internationale », art. préc., favorable à une extension de cette protection, sous certaines conditions.
11. Principes d'Unidroit 2016, art. 3.2.7, 6.2.1 s.
12. J.-M. Mousseron, « La gestion des risques par le contrat », *RTD civ.* 1988. 481 s. – C. Roquilly, « Performance juridique et avantage concurrentiel », *LPA* 30 avr. 2007, n° 86, p. 7 s., sur la gestion juridique des risques, p. 11 s. – C. Collard et C. Roquilly, *La performance juridique : pour une vision stratégique du droit dans l'entreprise*, « Droit des affaires », LGDJ, 2010.

virtualités positives, qu'il échet d'utiliser à bon escient. En ce sens, s'il est une « veille » technique[1], il existe aussi une « veille » juridique, favorisant l'innovation et sa diffusion (par des contrats de communication de savoir-faire, des licences ou des cessions de brevet, *etc.*) comme les échanges économiques. Le Droit, sous la forme de ce que l'on tend maintenant à dénommer l'ingénierie juridique, est un outil de prévision[2], d'organisation et de gestion, permettant de choisir les stratégies juridiques les plus efficaces, d'optimiser les atouts de l'entreprise et de valoriser ses avantages concurrentiels[3].

L'ingénierie contractuelle est une forme d'ingénierie juridique, se limitant (mais ce n'est pas rien !) au choix et à la rédaction des clauses les plus adaptées aux objectifs des contractants[4]. Une entreprise n'a pas toujours un service juridique suffisamment étoffé et pluridisciplinaire pour effectuer l'ensemble de ces tâches avec toute la fiabilité nécessaire, surtout si elle opère à l'étranger. Elle s'adressera alors à un consultant extérieur spécialisé, ou à un des professionnels que sont les avocats, les notaires, ou les professeurs de Droit[5].

115.13 Gestion des risques et programmes de conformité (*compliance*). Le management juridique et les programmes de conformité (*compliance*) sont sans doute deux variantes plus élaborées de l'ingénierie juridique[6]. Ces notions renvoient à l'obligation de respecter tous les textes légaux et réglementaires (not. fiscaux[7]), le respect de l'environnement[8], la vigilance (*duty of care*)[9] quant à la corruption[10], que les arbitres commencent à sanctionner[11], des sociétés mères comme des donneuses d'ordre[12], ainsi que les normes professionnelles et déontologiques, dont les codes de bonne conduite[13], voire une bonne gouvernance des sociétés[14]. Elles comprennent aussi une optimisation de la veille et de l'information juridique[15], la mise en place de mesure de surveillance et d'alerte professionnelle (*whistleblowing*). La *compliance* est « *un processus par lequel les acteurs économiques insèrent leurs actions dans une démarche de conformité aux règles de toute nature, externes (supra-étatiques, étatiques, locales, professionnelles, coutumières, etc.) et internes à l'entreprise, et d'éthique, en vue de prévenir les risques liés aux violations de ces règles et de moraliser les pratiques dans*

1. V. *infra* s[s] n° 335.101.
2. SUR CELLE-CI : L. Marignol, *La prévisibilité en droit des contrats*, th., Toulouse 1 Capitole, 2018.
3. D. Alibert, « L'ingénierie juridique : un atout pour l'entreprise », art. préc. – J.-M. Moulin, *Droit de l'ingénierie juridico-financière, op. cit.*
4. Aussi : v. *infra* s[s] n° 115.24.
5. Sur le manageur ou gestionnaire de contrat v. *infra* s[s] n° 252.26.
6. W. Ayed, « Les programmes de compliance ou le management des risques de non-conformité », *JCP* 2011, n° 4, 96 – C. Collard, C. Delhaye, H.-B. Loosdregt et C. Roquilly, *Risque juridique et conformité. Manager la* compliance, Lamy, 2011 – C. Roquilly (dir.), *La contribution des juristes et le droit à la performance de l'entreprise – Management juridique et culture juridique*, Joly, 2011 – *Code de la compliance*, 2e éd., Dalloz, 2021 – Sur les rapports de la régulation et de la *compliance*, not. la prise d'autonomie de la seconde par rapport à la première : M.-A. Frison-Roche, « Le droit de la *compliance* au-delà du droit de la régulation », *D.* 2018. Chron. 1561.
7. O. Debat et N. Ginestier, « Une réflexion globale sur la "compliance fiscale". Une nécessité pour les sociétés et les groupes de sociétés », *Actes prat. et ingénierie sociétaire*, 2014/137. 18.
8. G. Lhuilier, « La nouvelle responsabilité des entreprises internationales pour risques environnementaux », *RIDA* 2020/1. 25.
9. B. Parance, « La consécration législative du devoir de vigilance des sociétés mères et des entreprises donneuses d'ordre », *Gaz. Pal.* 18 avr. 2016. Doctr. 16 s. – S. Schiller, « Exégèse de la loi relative au devoir de vigilance des sociétés mères et entreprises donneuses d'ordre », *JCP E* 2017. Doctr. 1193 – A. Danis-Fâtome, « La responsabilité civile dans la loi relative au devoir de vigilance des sociétés mères et des entreprises donneuses d'ordre », *D.* 2017. Chron. 1610 s., montrant not. le particularisme des conditions de cette responsabilité : la faute est nommée, le dommage englobe le risque de dommage et le lien de causalité est difficile à prouver (si difficile que ce texte a plus une fonction prophylactique qu'efficace en cas de manquement) – X. Boucobza et Y.-M. Serinet, « Loi "Sapin 2" et devoir de vigilance : l'entreprise face aux nouveaux défis de la *compliance* », *D.* 2017. Chron. 1619 s. – B. Parance et É. Groulx, « Devoir de vigilance – Regards croisés sur le devoir de vigilance et le *duty of care* », *JDI* 2018. Doctr. 2 – J.-B. Tap, « Le devoir de vigilance, un nouvel horizon », *RJ com.* 2018. 5 – C. Kessedjian, « Les obligations de vigilance (*due diligence*) des entreprises », dans *Mél. C. Witz*, LexisNexis 2018, p. 407 – N. Lenoir, « Entreprise - La loi sur le devoir de vigilance ou les incertitudes de la transformation du droit souple en règles impérative », *JCP E* 2020. Doctr. 1250 : l'auteur, qui étudie les divers aspects de la loi et le régime de responsabilité civile qu'elle instaure, estime que le devoir de vigilance crée une insécurité juridique, ne permettant pas aux entreprises de remplir leurs obligations tout en se prémunissant contre les actions judiciaires auxquelles elle ouvre la voie ; elle suggère une législation européenne sur un devoir de « diligence ».
10. L. n° 2016-1691, 9 déc. 2016 relative à la transparence, à la lutte contre la corruption et à la modernisation de la vie économique, *JO* 10 déc., texte 2.
11. E. Gaillard, « La corruption saisie par les arbitres du commerce international », *Rev. arbitrage* 2017. 805 – Civ. 1re, 13 sept. 2017, n°s 16-25.657 et 16-26.445, NP, *Rev. arbitrage* 2017. 901 : refus d'*exequatur* en raison de la corruption.
12. L. n° 2017-399, 27 mars 2017 relative au devoir de vigilance des sociétés mères et des entreprises donneuses d'ordre, *JO* 28 mars, texte 1.
13. P. Deumier, « Les sources de l'éthique des affaires. Codes de bonne conduite, chartes et autres règles éthiques, dans *Libre droit. Mél. Ph. le Tourneau*, Dalloz, 2008, p. 337 s.
14. O. Debat, « Éthique, conformité, *compliance*, à la croisée du droit et de la gouvernance des entreprises », *Actes prat. et ingénierie sociétaire*, 2014/137.
15. Sur la veille v. *infra* s[s] n° 335.101.

le système économique »[1]. Les liens de l'éthique et de la *compliance* sont donc certains, que l'éthique soit choisie ou subie[2] (car imposée par les partenaires ou par l'État), la conciliant avec le droit[3] ; elle s'intègre dans le champ juridique en imposant des normes relevant de celui-ci (dans une optique plus de prévention que curative). Certaines entreprises se dotent d'un responsable de la conformité (*compliance officer*). La *compliance* peut se décliner en plusieurs aspects selon le domaine sur lequel elle porte, par exemple la fiscalité[4] ou les fusions-acquisitions[5]. Pour un logiciel, la *compliance* désigne l'obligation de l'utiliser dans le strict respect des droits qui lui sont attachés, et consiste donc dans une conformité d'utilisation[6]. La Cour de cassation a jugé, en novembre 2019, que, « *compte tenu des règles fixées par le programme de "compliance" et* [d'un] *accord conclu, le manquement de la société A à ses obligations contractuelles, en ce qu'il était susceptible d'engager la propre responsabilité de la société B, était suffisamment grave pour justifier la rupture de la relation commerciale sans préavis* »[7]. De l'efficacité d'une clause contractuelle « anti-corruption »[8].

115.14 Programmes de conformité (compliance) et espionnage par le droit. Dans le monde dit virtuel la vigilance est particulièrement indispensable, tant le péril y pénètre facilement. Nous aurons l'occasion d'en traiter, à propos des contrats de surveillance[9]. Mais il est nécessaire d'y faire allusion ici, à propos de la conformité (*compliance*). En effet, elle est devenue une source potentielle de vulnérabilité, qui préoccupe grandement le ministère des Armées ainsi que les entreprises du secteur[10]. La conformité, poussée à l'excès ou dévoyée, peut imposer aux entreprises de respecter des obligations légales étrangères, et parfois intrusives, au-delà de l'encadrement nécessaire des activités économiques et de la lutte contre la corruption. Les pressions pour la transparence, la difficulté d'accès au financement ou la menace de sanctions extraterritoriales sont autant de moyens d'affaiblir un rival par des biais légaux. L'espionnage industriel fait partie des risques où le droit peut se transformer en arme. Au sein de l'OTAN, les règles de conformité sont étudiées de près, dans l'espoir de parvenir à une stratégie commune et d'éviter, par le biais du droit et des exportations incontrôlées, la dissémination de techniques ou de données sensibles. L'inquiétude des entreprises se résume en un acronyme anglo-saxon : KYC, *Know Your Customer*. Au nom du principe, « connaître son client », les prestataires d'entreprises, dont celles qui se chargent de surveiller (*monitoring*), des auditeurs, des experts-comptables, des cabinets d'avocats, des responsables de la conformité, sont susceptibles de demander à accéder à des données. La conformité est entrée dans le champ des compétences de la Direction du renseignement et de la sécurité de la Défense (DRSD). Face à la guerre du droit, la DRSD a renforcé son bureau de sécurité économique, chargé de déceler les ingérences étrangères. C'est là que sont traquées de potentielles « attaques normatives ». Le service mène aussi des actions de sensibilisation et de formation auprès des entreprises, notamment les PME, dont les services juridiques sont moins outillés que ceux des grandes entreprises. Quelques conseils d'organisation réduisent les risques : limiter les liens de rattachement juridique, compartimenter les données et les activités... La loi « Sapin 2 » du 9 décembre 2016[11] a doté la France d'une réglementation pour répondre aux standards internationaux. C'est une première réponse par le droit à la guerre du droit.

115.15 Responsabilité sociale des entreprises (RSE). Peut-être faut-il aller plus loin encore de ces outils régulateurs que sont les programmes de conformité. Les contrats ne se développent pas dans une sphère close, isolée, mais dans un monde qui leur préexiste, avec ses normes et ses acteurs. Ils s'y insèrent, tout en lui apportant ses normes propres (créant une sorte d'ordre privé complétant l'ordre public). Tout contrat, lien entre des personnes physiques ou morales, est aussi un fait social. Sa

1. O. Debat, « *Compliance* : une éthique choisie ou subie ? », art. préc., p. 1.
2. O. Debat, « *Compliance* : une éthique choisie ou subie ? », art. préc.
3. L.-M. Augagneur, « La *compliance* a-t-elle une valeur ? », étude préc., voit dans la compliance, décentralisant l'élaboration de la règle, une forme d'identité normative, réconciliant droit et éthique. L'auteur la qualifie aussi de « *droit de conviction* », ce dont nous nous réjouissons, étant un homme de conviction (v. *supra* s[s] n° 0.02).
4. O. Debat et N. Ginestier, « Une réflexion globale sur la "*compliance* fiscale". Une nécessité pour les sociétés et les groupes de sociétés », *Actes prat. et ingénierie sociétaire,* 2014/137. 18.
5. L. Paget et C. Suné, « Le rôle du responsable conformité dans le processus de fusion-acquisition », *Actes pratiques et ingénierie sociétaire,* 2014/137. 24.
6. H. Alterman et F. Perbost, « La "*compliance*" en matière de licences logicielles », *RJ com.* 2012. 44 s.
7. Com. 20 nov. 2019, n° 18-12.817, NP, *D.* 2020. 913, note J.-C. Roda.
8. N. Bonucci, « La place de la clause "anticorruption" dans le contrat. Un instrument de compliance en plein essor », *Rev. internat. de la compliance et de l'éthique des Affaires*, 2020. Dossier 235.
9. V. *infra* s[s] n°s 335.00 s.
10. Sur la question : N. Barotte, « Espionnage : la "compliance" comme cheval de Troie juridique », *Le Figaro* 6 janv. 2022, p. 15 ; ce paragraphe est largement inspiré par cet art.
11. L. n° 2016-1691, 9 déc. 2016, relative à la transparence, à la lutte contre la corruption et à la modernisation de la vie économique, *JO* 10 déc.

visée première est l'intérêt de ses partenaires, les avantages qu'il leur procure (selon le mot des art. 1107 et 1108 du C. civ.). Mais, dans une perspective plus élevée, dans une vue idéale, ses rédacteurs doivent rechercher tant le bien commun[1] que l'intérêt général[2]. Il en va particulièrement de la sorte des entreprises. Elles ont à prendre en compte, dans une conception très distendue de l'intérêt social, les intérêts de toutes les parties intéressées (les « parties prenantes » dit-on souvent, ou encore les « porteurs d'intérêt » [*Stakeholders*]), certes les actionnaires (y compris minoritaires) et les salariés, mais aussi l'ensemble des partenaires de l'entreprise, dont les fournisseurs, les créanciers (parmi lesquels le fisc et la Sécurité sociale), les sous-traitants, et surtout les clients, voire les concurrents (notamment en ne pratiquant ni concurrence déloyale ni parasitisme) et, plus largement encore, la collectivité (en respectant l'environnement et en économisant l'énergie). Telle est *la responsabilité sociale des entreprises* (RSE)[3]. Elle proscrit la recherche de l'enrichissement maximum et à court terme des actionnaires « de référence », qui est un objectif immoral ; nous croyons même qu'elle est contraire à l'intérêt social, par le mauvais climat qu'elle crée dans l'entreprise, les décisions désastreuses qu'elle suscite et donc la fâcheuse image à l'extérieur, qui retentira à la longue sur le chiffre d'affaires (d'autant que de plus en plus de fonds de placement pratiquent « l'investissement socialement responsable » [ISR[4]], c'est-à-dire au sein d'entreprises respectant certains critères de gouvernance [dont le bien-être des salariés dans l'entreprise] ou relatifs à l'environnement). La visée du seul profit maximum est *préjudiciable à la continuité de l'entreprise*. Dès lors, il serait erroné de penser que la défaillance dans la responsabilité sociale des entreprises ne comporte aucune sanction, car le marché réagira un jour ou l'autre. La sanction n'est pas nécessairement étatique[5].Au demeurant, grâce à leur pouvoir d'adaptation, les juges peuvent être amenés à reconnaître la juridicité des normes RSE, au moyen du contrôle de la qualification juridique des faits et de la technique du standard juridique[6]. La RSE est une nécessité, un droit collaboratif et de combat[7], nécessitant des outils pour la prendre en considération avec efficacité. Quels sont-ils ? D'abord, le contrat[8] ; ensuite les algorithmes, les chaînes de blocs (*Blockchains*) et la « prise de décision automatisée » (dite intelligence artificielle ou IA)[9].La rentabilité et l'éthique ne sont pas contradictoires, bien au contraire[10], mais en raisonnant sur le long terme, et en ne privilégiant pas les intérêts des actionnaires par rapport à ceux des autres parties prenantes. D'aucuns en viennent à suggérer, dans cette perspective, le « contrat durable »[11], traduction juridique des objectifs de développement durable, conciliant les aspects économiques, sociaux et environnementaux afin de protéger les droits fonda-

1. Le bien commun, expression thomiste, est entré dans le droit positif au détour d'un article précisant la mission du procureur général près la C. de cass. En effet, selon la loi n° 2016-1547 du 18 nov. 2016, il « *rend des avis dans l'intérêt de la loi et du bien commun* » (COJ, art. L. 432-1) : F. Peltier, « Utilité commune. De l'utilité commune et du bien commun », *JCP* 2017. Doctr. 33.
2. M. Mekki, *L'intérêt général et le contrat. Contribution à une étude de la hiérarchie des intérêts en droit privé*, préf. J. Ghestin, « BDPr », LGDJ, 2004.
3. Son premier théoricien fut un universitaire américain, H. Bowen (1908-1989), dans son ouvrage *Social Responsabilities of the Businessman* (1953), s'inscrivant dans une série de travaux du Conseil fédéral des Églises réformées américaines, destinés à forger une doctrine économique et sociale de celles-ci – NOT. sur la RSE : F. G. Trébulle et O. Uzam (dir.), *Responsabilité sociale des entreprises. Regards croisés droit et gestion*, Economica, 2011 – F. Lépineux, J.-J. Rosé, C. Bonanni et S. Hudson, *La RSE : La responsabilité sociale des entreprises, Théories et pratiques*, 2e éd., « Management Sup », Dunod, 2016 – (Collectif), *Entreprise et responsabilité sociale en question. Savoirs et controverses*, préf. G. Bon-Maury, Garnier, 2017 – Ph. le Tourneau, « Responsabilité sociale des entreprises et droit des affaires », dans F. G. Trébulle et O. Uzan (dir.), *Responsabilité sociale des entreprises, op. cit.*, p. 243 s.
4. Le décret n° 2016-10 du 8 janv. 2016 a créé un label « *investissement socialement responsable* ». Il constitue un signe distinctif matérialisant la certification de la conformité d'un produit ou d'un service d'investissement à un référentiel (décret, art. 1er). Il s'agit surtout de vérifier le respect, par l'organisme de placement, d'un ensemble de critères relatifs à ses modalités de gestion, afin de récompenser les placements conciliant tant la performance économique que les conséquences sociales et environnementales, en finançant les entreprises et entités publiques qui contribuent au développement durable, quel que soit leur secteur d'activité.
5. C. Thibierge (dir.), *La force normative : Naissance d'un concept*, LGDJ-Bruylant, 2009.
6. P. Abadie, « Le juge et la responsabilité sociale de l'entreprise », *D.* 2018. Chron. 302.
7. SELON : M. Mekki, « L'intelligence contractuelle et numérique au service de la responsabilité sociétale des entreprises », *AJ contrat* 2020. Dossier 112.
8. V. les substantiels développements de M. Mekki : « L'intelligence contractuelle et numérique au service de la responsabilité sociétale des entreprises », art. préc., spéc. p. 114 s.
9. V. M. Mekki, « L'intelligence contractuelle et numérique au service de la responsabilité sociétale des entreprises », art. préc., spéc. p. 116 s.
10. I. Getz et L. Marbacher, *L'entreprise altruiste*, Albin Michel, 2020, pour lesquels il s'agit d'inscrire la création de valeurs sociales dans la stratégie même de l'entreprise, avec la conviction qu'*in fine* les profits suivront – C'était déjà le thème central de notre ouvrage publié en 2000, en dehors de toute mode : Ph. le Tourneau, *L'éthique des affaires et du management au XXIe siècle : Essai*, Dalloz-Dunod, 2000, épuisé ; 3e éd., disponible gratuitement sur : https://www.philippe-le-tourneau.fr.
11. Y. Queinnec, « Le contrat durable. Pour une conciliation contractuelle effective des enjeux économiques, sociaux et environnementaux », *AJ contrat* 2020. Dossier 121.

mentaux et l'environnement[1]. La « durabilité » et la « réparabilité » figurent parmi les objectifs de la loi « antigaspillage » n° 2020-105 du 10 févr. 2020[2], relative à la lutte contre le gaspillage et à l'économie circulaire (trois décrets du 31 déc. 2021[3], pris en application de la loi du 10 février 2020 préc., apportent des précisions quant à la durée de disponibilité des pièces détachées, aux équipements concernés par des obligations de réparation, et aux informations à donner aux consommateurs). À cette fin, les producteurs, importateurs, distributeurs ou autres « metteurs sur le marché » (*sic*) d'équipements électriques et électroniques doivent communiquer « l'indice de réparabilité » de ces équipements ainsi que les paramètres ayant permis de l'établir[4]. La loi n° 2021-1485 du 15 novembre 2021 vise à réduire l'empreinte environnementale du numérique en France (REEN)[5].Certes, toute entreprise doit chercher à être profitable car le profit est évidemment légitime, et il est un révélateur pertinent de son efficacité[6]. Contrairement à ce qui est parfois enseigné, la raison d'être des sociétés n'est pas uniquement l'enrichissement de ses actionnaires, même si celui-ci en est un objectif. « *Il y a probablement lieu de distinguer l'objectif de la société et sa finalité* »[7]. Ce qui doit être privilégié, encore une fois, c'est l'intérêt général commun de toutes les parties prenantes[8], plus précisément le bien commun[9], incluant notamment « *les enjeux sociaux et environnementaux* » comme l'indique le second alinéa de l'article 1833[10] du code civil (ajouté par la loi n° 2019-486 du 22 mai 2019[11]). « *Si l'objectif assigné à la société est la réalisation de profits ou d'économies, sa finalité ultime, la raison pour laquelle est dotée de la personnalité morale, demeure la recherche du bien commun pour la société tout entière* ».[12] Au fond, la finalité de l'entreprise est *le service*. Le service envers les salariés, comme

1. Y. Queinnec, « La notion de sphère d'influence au cœur de la RSE. Lecture juridique d'un phénomène normatif », *Journ. sociétés* juill. 2012, p. 66 s., spéc. p. 71 et « Le contrat durable. Pour une conciliation contractuelle effective des enjeux économiques, sociaux et environnementaux », art. préc.
2. L. n° 2020-105, 10 févr. 2020, relative à la lutte contre le gaspillage et à l'économie circulaire, *JO* 11 févr., texte 1.
3. Décr. n°s 2021-1943, 2021-1944, 2021-1945, 31 déc. 2021, *JO* 1er janv. 2022, textes 17, 18 et 19.
4. C. envir., art. L. 541-9-2 – Des arrêtés relatifs aux critères, sous-critères et au système de notation pour le calcul et l'affichage de l'indice de réparabilité ont été publiés, not. pour les ordinateurs portables (Arr. n° TRED2023819A, 29 déc. 2020) et les ordiphones (*smartphones* : Arr. n° TRED2023820A, 29 déc. 2020).
5. L. n° 2021-1485, 15 nov. 2021, visant à réduire l'empreinte environnementale du numérique en France (REEN), *JO*16 nov., texte 2 – Sur elle : M. Bourgeois, S. de Kermenguy et L. Schulte « Loi visant à réduire l'empreinte environnementale du numérique en France : la fin de l'illusion ! », *JCP E* 2021. Ét. 1011 ; L. Fonbaustier, « Environnement. Le législateur environnemental s'empare (enfin !) du numérique. À propos des lois des 15 novembre et 23 décembre 2021 », *JCP G* 2022. Doctr. 186.
6. « *Quand une entreprise génère du profit, cela signifie que les facteurs productifs ont été dûment utilisés* » (Jean-Paul II, *Centesimus annus*, § 35).
7. F. G. Trébulle, « *Stakeholders Theory* et droit des sociétés », *BJS* 2007. 7 s., spéc. p. 10.
8. Nous avons eu l'agréable surprise de lire que l'Américain Larry Fink, le plus grand gestionnaire d'actifs du monde (*BlackRock*), à la tête de 6 000 milliards de dollars, abondait dans le même sens, affirmant excellemment que, « *pour prospérer au fil du temps, toute entreprise doit non seulement produire des résultats financiers, mais également montrer comment elle apporte une contribution positive à la société. Les entreprises doivent bénéficier à l'ensemble de leurs parties prenantes, dont les actionnaires, les clients et les communautés dans lesquelles elles opèrent* » (J.-M. Vittori, « Des entreprises au service du bien commun », *Les Échos* 22 janv. 2018).
9. J. Tirole [professeur à l'Université Toulouse 1 Capitole, prix Nobel d'économie], *Économie du bien commun*, PUF, 2016 – Aussi avions nous approuvé, dans la 10e éd. de cet ouvrage, l'idée exposée par le ministre de la Transition énergétique lors de son intervention au *One Planet Summit*, qui s'est tenu en déc. 2017 à Paris, de faire évoluer l'objet social des entreprises et à cet effet de modifier l'art. 1833 du C. civ. définissant l'objet de la société (ce qui souleva l'ire de l'association des entreprises privées [Afep]). En mars 2018 le rapport de la mission « Entreprise et intérêt général », dirigé par N. Notat et J.-D. Senard, suggéra not. d'ajouter un second alinéa à l'art. 1833 préc., indiquant que « *La société doit être gérée dans son intérêt propre, en considérant les enjeux sociaux et environnementaux de son activité* », ce que fit la loi n° 2019-486 du 22 mai 2019. Allant beaucoup plus loin, cinquante juristes, économistes et chercheurs lancèrent en mai 2018 un appel à subordonner la défense de la liberté d'entreprendre et de la propriété privée au respect du bien commun, règle devant prendre la forme d'une précision à l'art. 34 de la Constitution (*Le Monde* 30 mai 2018, p. 8), ce qui est sans doute excessif. Cette idée est à contre-courant de la tendance à regarder les droits de l'homme comme le seul principe de légitimité et faisant primer les droits individuels, tendance dénoncée par P. Manent (*La Loi naturelle et les droits de l'homme*, PUF, 2018). Les droits de l'homme sont devenus un peu fous (de même que les éléments de la devise de la République. Ainsi de la décision du Conseil constitutionnel érigeant la fraternité en un principe ayant valeur constitutionnelle, d'où il peut découler à peu près n'importe quoi [Cons. const. 6 juill. 2018, n° 2018-717/718 QPC, *M. Cédric H. et autre, délit d'aide à l'entrée, à la circulation ou au séjour irréguliers d'un étranger,* NON CONFORMITÉ PARTIELLE – EFFET DIFFÉRÉ – RÉSERVE, *JO* 7 juill., n° 107 – POUR la liberté : M Fabre-Magnan, *L'institution de la liberté*, PUF, 2018]).
10. C. civ., art. 1833 ; L. n° 2019-486, 22 mai 2019, art. 169 – G. Leray, « Quelques réflexions civilistes sur la notion d'enjeux environnementaux dans l'article 1833 du code civil », *RTD com.* 2021. 513.
11. L. n° 2019-486, 22 mai 2019 relative à la croissance et la transformation des entreprises, *JO* 23 mai, texte 2.
12. F. G. Trébulle, *op. et loc. cit.* – A. Menais (dir.), *Raison d'être, engagement et responsabilité. L'entreprise au-delà du capitalisme*, préf. B. Le Maire, postface O. Grégoire, LexisNexis 2021.

celui des salariés envers l'entreprise. D'eux tous envers la clientèle et, plus largement, envers la collectivité, par la richesse créée, les biens offerts sur le marché, les services assurés, les emplois proposés, les recettes fiscales versées.

115.16 Contrat individualisé, généralement conclu *intuitu personæ*. Nous continuons de raisonner sur une opération complexe d'informatisation, le contrat simple (par exemple d'achat d'un processeur ou la licence d'un progiciel), n'appelant pas d'explications particulières. Mais, à s'en tenir à notre hypothèse de travail, il découle implicitement des développements ci-dessus sur les étapes préparatoires que le contrat définitif est *individualisé*, fruit de longues, normalement franches et égalitaires discussions : en somme tout à l'opposé d'un contrat d'adhésion. Comme tel, par la nature des choses, c'est un contrat conclu *intuitu personæ* ou, plus précisément *intuitu societatis*, de façon bilatérale[1]. Il est sage de se prémunir contre les changements survenant dans le capital de son partenaire, si fréquents à l'époque contemporaine, en prévoyant une clause *d'agrément*[2]. Tout contrat ainsi « cousu main » constitue en soi une œuvre, une création intellectuelle[3] ; il en serait ainsi même si aucune de ses clauses ne revêtait une forme originale, dès lors que leur disposition et leur arrangement ne s'imposaient pas d'eux-mêmes.

115.17 Contenu du contrat. Les rédacteurs n'oublieront pas de commencer par identifier les parties (nom de la personne physique ou de la personne morale [dans ce cas, nom de la personne physique la représentant[4]], domicile ou siège social ; montant du capital de la société, numéro Insee, SIRET, numéro d'immatriculation au registre du commerce). Lorsque le contrat est assez développé il est commode de le faire précéder d'un *sommaire*, avec la liste des articles et leur intitulé.

Souvent, le contrat commence par un exposé préalable (*Preliminary Statement*) ou *préambule*, précisant les objectifs du contrat, l'esprit qui a animé ses signataires, et fixant des normes de *comportement* pour son exécution, en insistant par exemple sur la volonté des parties de collaborer étroitement (ce qui ne saurait suffire à créer une société en participation[5]). Il est surtout utile en cas de litige pour interpréter la volonté des parties[6], mais peut avoir une valeur juridique propre, s'il contient de véritables engagements (ce qui est à éviter) ; ou bien s'il intègre comme condition du contrat le motif déterminant d'une partie au contrat[7].

Il comprend aussi parfois un *lexique* définissant les termes juridiques ou techniques employés dans le corps du contrat[8] (*Key Business Terms*), garantissant une interprétation univoque[9]. Le droit est une langue, et une langue de précision[10]. D'où tout juriste est peu ou prou un linguiste. Il aime à définir les termes qu'il emploie, et est dans la nécessité d'agir de la sorte. Du reste, le *quid* (qu'est-ce que c'est) n'est-il pas à la base de toute réflexion ? Définir permet non seulement d'enserrer l'objet en cause mais aussi d'en déceler la finalité.

Les *prestations* du marché sont ensuite définies, de façon à la fois exhaustive et précise. De plus, faut-il rappeler que, non seulement le contrat doit être signé par les parties contractantes, ayant pouvoir à cet effet, mais aussi paraphé à chaque page et, en outre, en marge à chaque modification qui serait portée ?

Il est commode d'indiquer dans une clause finale les *adresses* postales et électroniques auxquelles doivent être adressés les documents entre les entreprises contractantes, et le destinataire de ceux-ci (à l'attention de M...). Exemple : « *Notices. The*

1. SUR CETTE NOTION : Ph. le Tourneau et D. Krajeski, « Contrat *intuitu personæ* », *J.-Cl. Contrats distribution*, fasc. 420 [2020] – *ADDE* sur les clauses relatives à l'*intuitus personæ*, avec des exemples de clauses en français et en anglais : É. Vergès (dir.), *Contrats sur la recherche et l'innovation*, Dalloz, 2018, n°s 213.00 s.
2. V. *infra* s^{s} n° 116.131.
3. TGI Paris, 4 sept. 1989, *Expertises* 1991, p. 273.
4. POUR UN TABLEAU INDICATIF des titulaires du pouvoir légal de contracter en France et dans les pays anglo-saxons : F.-X. Testu, *Contrats d'affaires*, « Dalloz référence », 2010, n° 32.22.
5. T. com. Lyon, 7 déc. 1993, *JCP E* 1996. I. 559, n° 11, obs. M. Vivant et C. Le Stanc.
6. E. Allan Farnsworth, « The interpretation of international contracts and the use of preambles », art. préc.
7. Civ. 1re, 13 févr. 2001, n° 98-15.092, *Lucas*, P I, n° 31 ; *CCÉ* 2002, n° 62, obs. Ph. Stoffel-Munck.
8. F.-X. Testu, *Contrats d'affaires*, *op. cit.*, n°s 33.05 s., donnant (aux n°s 33.09 s.) une « bibliothèque de définitions » en français et en anglais – J. Mestre et J.-C. Roda (dir.), *Les principales clauses des contrats d'affaires*, « Les intégrales », Lextenso, 2011, p. 239 s. – Sur les définitions en droit : L.-M. Schmit, *Les définitions en droit privé*, préf. J. Julien, LGDJ-PU Toulouse 1, 2017 – F. Martineau, *Petit traité d'argumentation judiciaire et de plaidoirie*, 8e éd., « Praxis », Dalloz, 2019, n°s 113.278 s.
9. COMP. : « *En tête des livres, il conviendrait d'établir un lexique spécial, grâce auquel, assignant sa valeur à chaque terme, on éviterait bien des méprises* » (J. Cocteau, *Le rappel à l'ordre*, 10e éd., Stock, 1926, p. 15).
10. NOT. : G. Cornu, *Linguistique juridique*, 3e éd., Montchrestien, 2005 – G. Cornu (dir.), *Vocabulaire juridique*, 11e éd., « Quadrige », PUF, 2016 (auquel nous avons eu l'honneur et le bonheur de participer) – J. Larrieu, « L'ingénierie des mots », dans *Libre droit : Mél. Ph. le Tourneau*, Dalloz, 2008, 590 s. – J. Julien, « La langue française et le contrat », dans *Libre droit, Mél. Ph. le Tourneau, op. cit.*, 465 s. – G. Chantepie, « L'exigence de clarté dans la rédaction du contrat », *RDC* 2012. 989 s. – AUSSI : A.-B. Caire, « La magie du verbe juridique. Réflexions sur la force du langage du droit », *RTD civ.* 2017. 321 s.

addresses of the parties for purposes of all communications pursuant of this agreement shall be as follows :

To SA Blanche,
25 rue Dupont,
31000 Toulouse, France
(Attention : Monsieur Philippe BEAU)
To Red Corp,
10 East 54 th Street
New York 1022
États-Unis
(Attention : Mister Jack TOWER) ».

115.18 Contrats types et conditions générales. Les praticiens aiment s'inspirer, tantôt d'un *contrat type* (*model form* ou *form contract*), aux vertus éprouvées[1], cristallisant souvent des usages[2], par exemple les contrats privés d'ingénierie Syntec ou les « modèles » de contrats de services entre client et consultant Fidic[3]. Tantôt de *conditions générales* connues[4]. Tantôt encore de *guides* rédigés par des organismes internationaux ou par des syndicats professionnels[5]. Toutefois, il est clair que jamais un contrat ne peut reproduire tel quel un de ces documents préexistants. Tout au plus ses rédacteurs peuvent s'en *inspirer*, notamment pour en transcrire ou transposer les clauses convenables et vérifier, à l'aide d'une liste des éléments indispensables, qu'ils n'ont rien omis. Il est commode de se référer aux normes techniques propres à la matière (notamment les normes Afnor[6]). La force obligatoire des conditions générales envers les consommateurs soulève des difficultés[7].

Les conditions générales de l'une des entreprises à l'accord peuvent être prises en compte, soit comme base de discussions comme dans les hypothèses qui viennent d'être envisagées ou, plus radicalement, en considérant qu'elles sont intégrées au contrat[8], notamment lorsqu'elles y sont annexées[9]. Une telle solution suppose toutefois que celui-ci y renvoie expressément[10], et que le partenaire ait réellement pu en prendre connaissance[11]. Selon l'article 1119,

1. Ph. Malinverni, *Les conditions générales de vente et les contrats-types des chambres syndicales*, th. préc. – NOT., sur leur nature juridique : G. Chantepie, « De la nature contractuelle des contrats-types », art. préc. ; É. Nicolas, « Le modèle type de contrat, source du droit ? L'épreuve par la baguette du sourcier », art. préc. – COMP. : T. Revet, « Le "contrat-règles" », art. préc.
2. P. Mousseron (dir.), *Les usages : l'autre droit de l'entreprise*, LexisNexis, 2014, n° 238.
3. Fédération internationale des ingénieurs conseils, dont le siège est en Suisse, à Lausanne ; *www. fidic.org* – NOT. : C. R. Seppälä, « Les nouveaux modèles Fidic de contrat de construction internationale », art. préc.
4. NOT. : D. Mainguy, « Conditions générales de ventes et contrats-types », art. préc. – V. Forti, « La bataille des conditions générales contradictoires : étude comparative », art. préc. – Ph. Malinverni, *Les conditions générales de vente et les contrats-types des chambres syndicales*, th. préc. – F. Limbach, *Le consentement contractuel à l'épreuve des conditions générales*, th. préc.
5. F. Bortolotti, « The ICC models contracts : A new approach to the drafting of model forms for international trade », art. préc., montrant l'approche nouvelle adoptée par la Chambre internationale de commerce dans les six modèles de contrats qu'elle a élaborés depuis les années 1990, surtout en matière de distribution et de vente.
6. POUR L'ENSEMBLE DE CELLE-CI : www.afnor.fr – La dernière version est la catégorie « ISO 9001 : 2000 » – Un décret n° 2009-697 du 16 juin 2009 précise la mission d'intérêt général confiée à l'Afnor, la procédure d'élaboration et d'homologation des projets de normes, ainsi que les modalités d'application des normes homologuées ; A. Penneau, « La réforme de la normalisation : quel "système" pour quel "intérêt public" ? À propos du décret n° 2009-697 du 16 juin 2009 relatif à la normalisation », art. préc.
7. G. Cordier et A. Jobard, « L'opposabilité des conditions générales de vente aux consommateurs », ét. préc. ; l'expression d'opposabilité des conditions générales est inopportune entre les parties contractantes (elle est pertinente seulement à l'égard des tiers) ; entre les parties contractantes il s'agit de force obligatoire et de déterminer sur quoi porte leur accord – Inforeg, « Les conditions générales de vente dans les contrats de vente dans les contrats d'affaire à l'heure de la loi Hamon », art. préc.
8. Versailles, ch. 12, 25 mars 2014, RG n° 12/07.079, *RLDI* 2014, n° 3476, obs. J. de R. ; *CCÉ* 2014, n° 59, obs. É. A. Caprioli.
9. Civ. 1re, 20 sept. 2017, n° 16-20.147, NP ; *CCÉ* 2017, n° 87, obs. G. Loiseau, CRIT. ; *D.* 2018. Pan. 2270, obs. J. Larrieu, C. Le Stanc et P. Tréfigny (mais donnant l'arrêt comme émanant de la ch. com.) ; la C. de cass. approuve les juges du fond d'avoir annulé un contrat parce que la confirmation de la commande avait été adressée par courriel, alors que les conditions générales, annexées au bon de commande, prévoyaient qu'elle devait être effectuée par lettre recommandée avec avis de réception.
10. Versailles, ch. 12, 3 mai 2016, RG n° 15/02478, *AJCA* 2016. 343, obs. Y. Dagorne-Labbe, pas le cas, les conditions générales non signées, n'étaient « *évoquées que de manière tout à fait accessoire dans le contrat, qui ne précise à aucun moment* » qu'elles ont été remises à l'acheteur.
11. COMP. : Civ. 1re, 16 févr. 1999, n° 96-19.469, P I, n° 51 ; *JCP* 1999. II. 10162, note B. Fillion-Dufouleur : à propos d'une clause attributive de compétence ; mais cet arrêt est excessif en ce qu'il admet la connaissance de la partie à laquelle la clause était opposée du seul fait que le contrat se référait aux conditions générales la contenant – Civ. 1re, 15 nov. 2005, n° 04-12.725, *Ph. Morey c/Bouygues Télécom*, NP, *CCÉ* 2006, n° 10, obs. Ph. Stoffel-Munck : les conditions générales jointes au contrat entrent dans le champ contractuel, dès lors que le consommateur a signé sous la mention préimprimée, d'après laquelle il reconnaissait en avoir pris connaissance et les avoir acceptées – Com. 21 févr. 2012, n° 11-16.156, NP, *D.* 2013. 1503, obs. F. Jault-Seseke ; *Rev. crit. DIP* 2012. 630, note D. Bureau – MÊME SOLUTION que : Civ. 1re, 16 févr. 1999, n° 96-19.469, préc. – Com. 2 juin 2015, n° 14-11.014, NP, *D.* 2016. Pan. 571, obs. M. Mekki : aucune formule sacramentelle n'est nécessaire ; la mention au *recto* d'un contrat du renvoi aux conditions générales figurant au *verso* est suffisante – D'UNE FAÇON GÉNÉRALE : F. Labarthe, *La notion de document contractuel*, th. préc.

alinéa 1er, du code civil, « *Les conditions générales invoquées par une partie n'ont effet à l'égard de l'autre que si elles ont été portées à la connaissance de celle-ci et si elle les a acceptées* »[1]. Il est donc souhaitable d'insérer dans le contrat une clause par laquelle le signataire reconnaît avoir pris connaissance des conditions générales de son partenaire et les accepter comme éléments contractuels[2], d'autant plus que les parties les lisent rarement. La connaissance des conditions générales d'un contrat et leur acceptation peut résulter des relations d'affaires antérieures entre les parties[3]. Le défaut d'acceptation des conditions générales peut empêcher la formation du contrat, dès lors qu'elles renferment un élément essentiel de celui-ci[4].

De plus, lorsque les deux parties ont des conditions générales (qui ont été d'une façon ou d'une autre intégrées au contrat), elles ne doivent pas être contradictoires, ce que les juristes de *Common Law* nomment une bataille de formes (« *battle of the forms* ») ; dans ce cas, en principe elles se neutralisent en Droit français[5], c'est-à-dire qu'elles sont sans effet, comme le précise l'article 1119, alinéa 2, du code civil ; il n'en irait autrement que s'il apparaît qu'en réalité celles de l'une des parties a été implicitement adoptée[6]. Il serait sans doute souhaitable que la jurisprudence, interprétant l'article 1119, alinéa 2, considérât que seules les clauses communes aux deux parties intègrent le contrat et, en attendant une éventuelle position en ce sens de la Cour de cassation, les parties devraient viser un tel résultat en rédigeant chacune une clause de rejet des conditions générales de l'autre[7].

La solution est différente dans la *Common law*, où prévaut le dernier document envoyé, selon la règle *The Last Shot Rule* ; d'où, par exemple, si une des deux parties adresse à son partenaire en fin de négociation une ultime lettre, à laquelle il a pris soin de joindre de nouveau ses conditions générales, celles-ci l'emporteront (même si elles avaient déjà été communiquées auparavant).

D'évidence, en cas de divergence ou de contradiction entre les clauses particulières et les conditions générales, les premières prévaudront (comme l'indique le C. civ., art. 1119, al. 3[8] ; application de la maxime *specialia generalibus derogant*[9]) ; il n'est pas inutile de le préciser[10]. Le fait de reproduire servilement les conditions générales d'un tiers, sans la moindre contrepartie financière, a pu être considéré comme constituant un acte de parasitisme[11].

Les conditions générales de vente applicables aux contrats de consommation doivent mentionner l'existence, les conditions de mise en œuvre et le contenu de la garantie légale de conformité et de la garantie relative aux défauts de la chose vendue, dues par le vendeur, ainsi que, le cas échéant, l'existence d'une garantie commerciale et d'un service après-vente[12]. Entre professionnels, les produc-

1. Paris, 28 sept. 2018, RG n° 17/03111, *Expertises* 2018. 375, note C. Bouffier : l'absence de signature du bon de commande, comportant les conditions générales, ne permet pas d'établir qu'elles ont été acceptées.
2. COMP., À PROPOS des conditions générales d'un site de vente par internet : Paris, 25 nov. 2010, n° 08/22287, *CCÉ* 2011, n° 56, obs. A. Debet – POUR UN EX. : S. Bernheim-Desvaux, « La clause d'acceptation des conditions générales du contrat (formule) », *CCC* 2012, formule 10.
3. Com. 8 juill. 2014, n° 13-18.700, NP, *AJCA* 2014. 326, obs. S. Bros, posant bien le principe à propos d'un contrat de transport et d'entreposage – À PROPOS d'un contrat de distribution : Civ. 1re, 13 févr. 2019, n° 18-11.609, NP, *RJDA* 2019, n° 597.
4. Civ. 1re, 4 oct. 2017, n° 16-10.411, NP, *RTD com.* 2017. 906, obs. F. Pollaud-Dulian ; *RLDI* 2017. 5089, obs. L. Costes ; *RTD civ.* 2018. 100, obs. H. Barbier,
5. Com. 3 déc. 1996, n° 94-21.796, P IV, n° 299 ; *D.* 1997. 31 ; *RTD com.* 1997. 500, obs. B. Bouloc – Com. 10 janv. 2012, n° 10-24.847, NP, *RDC* 2013. 528, note Y.-M. Laithier, APPROB. – MAIS : Civ. 1re, 6 nov. 2013, n° 11-17.736, NP, *RTD civ.* 2014. 113, obs. H. Barbier, 1re esp. ; *RDC* 2014. 260, note X. Boucobra et Y.-M. Serinet : les clauses spécifiques de règlement des différends, figurant dans les autres contrats, faisaient obstacle, dans leurs domaines respectifs, à l'application de la clause compromissoire du contrat-cadre – NOT., SUR l'éventuelle contradiction des conditions générales : V. Forti, « La bataille des conditions générales contradictoires : étude comparative », art. préc.
6. Com. 11 mars 2014, n° 13-14.699, NP, *RCA* 2014, n° 849 : v. les circonstances dans l'arrêt.
7. EN CE SENS : V. Forti, « La discordance entre les conditions générales invoquées par les deux parties (observations comparatives sous l'article 1119, alinéa 2, du code civil) », art. préc.
8. Com. 12 juill. 2016, n° 14-29.616, NP, *RJDA* 2016, n° 843 : les conditions générales et particulières d'un contrat de location de matériel informatique n'étaient pas inconciliables, contrairement à ce que soutenait le locataire – Com. 21 juin 2017, n° 15-11.154, NP, *RJDA* 2017, n° 686 : discordance, à propos de la juridiction territorialement compétente, entre les conditions particulières et les conditions générales ; application des premières – Com. 6 févr. 2019, n° 17-26.494, P IV ; *RJDA* 2019, n° 481 : les conditions générales et particulières d'un contrat de location de licences de logiciels n'étaient pas inconciliables.
9. H. Roland, *Lexique juridique des expressions latines*, LexisNexis, 8e éd., 2021, p. 358 – L. Lucienne, *Specialia generalibus derogant*, th. Tours (dir. F. Leduc), 2020 – H. Lécuyer, « La maxime *specialia generalibus derogant* », dans *Mél. Ph. Théry*, LGDJ-Dalloz, 2022.
10. Sur les clauses de hiérarchie contractuelle, d'une façon générale, v. *infra* ss n° 116.53.
11. T. com. Paris, 15e ch., 22 juin 2012, *CCÉ* 2012, n° 108, obs. A. Debet ; *CCÉ* 2012, n° 112, obs. M. Chagny ; *RLDI* 2012, n° 2852, obs. M. Trézéguet – SUR LA NOTION : Ph. le Tourneau, *Le Parasitisme*, Litec, 1998 ; *J.-Cl. Concurrence Consommation* fasc. 570 et 571 (2020).
12. C. consom., art. L. 211-2 ; mod. par Ord. n° 2021-1247, 29 sept. 2021. Le décret n° 2021-609 du 18 mai 2021 détermine les catégories de biens pour lesquels le document de facturation (not. le ticket de caisse et la facture), remis au consommateur, doit mentionner l'existence et la durée de la garantie légale de conformité de 2 ans minimum ; les « équipements informatiques » en font partie.

teurs, prestataires de services, grossistes ou importateurs sont tenus de communiquer leurs conditions générales de vente à tout acheteur de produits ou tout demandeur de prestations de services qui en fait la demande (C. com., art. L. 441-1, II, numérotation datant de l'ord. n° 2019-359 du 24 avr. 2019[1] ; la suite du texte précise que les conditions générales de vente peuvent être différenciées selon les catégories d'acheteurs de produits ou de demandeurs de prestation de services, et que tout producteur, prestataire de services, grossiste ou importateur peut convenir avec un acheteur de produits ou demandeur de prestation de services de conditions particulières de vente). Dès lors que les conditions générales de vente sont établies, elles constituent « *le socle unique de la négociation commerciale* »[2].

Il serait sans douter souhaitable de standardiser les conditions générales applicables aux consommateurs dans les contrats électroniques[3].

SECTION 2

L'« ENTOURAGE CONTRACTUEL » DU CONTRAT DÉFINITIF

115.21 Diversité des contrats de « l'entourage contractuel ». Souvent, dans un marché important il n'y a pas qu'un seul document contractuel. Le contrat principal est au centre d'une nébuleuse de contrats, ce que nous avons appelé son « entourage » contractuel. Il a d'abord été précédé d'*études préalables* (notamment de faisabilité[4]) et de *contrats préparatoires*[5], dont certains conservent leur valeur[6]. Il est prudent d'indiquer par une clause du contrat pour quels actes préparatoires il en va de la sorte (et en précisant qu'en présence d'une divergence entre une disposition d'un acte préparatoire et une autre du contrat définitif cette dernière prévaudra). Il est d'autre part escorté par une série de *contrats satellites* ou *périphériques* (en anglais *collateral contracts*), par exemple sur le transfert d'un procédé technique, sur une licence de marque, des fournitures de matériels, des travaux de montage, des contrôles techniques, la formation du personnel, le financement, une assistance[7], la maintenance[8]... Il est du reste possible de considérer que le contrat principal, les contrats préparatoires ayant conservé leur force obligatoire et les contrats périphériques forment un *ensemble* indissociable (se servant mutuellement de cause), le *marché*, analysé comme un contrat complexe, composite et *sui generis* (nous y reviendrons).

Enfin, le contrat principal est entouré d'une *gerbe de contrats* (dans la co-traitance[9]) ou suivi d'une *grappe de contrats* (dans la sous-traitance[10])[11]. Il arrive, ce qui est très fâcheux et à déconseiller formellement, qu'aucun document écrit ne formalise le contrat[12].

115.22 Annexes techniques. Au contrat sont jointes des *annexes techniques*, qui sont en quelque sorte le pendant des cahiers des charges initiaux[13]. Elles peuvent être nombreuses et fort volumineuses. Elles décrivent notamment avec précision les équipements du client ou ceux qu'il entend obtenir, les prestations qui devront lui être assurées, la nature de ses réseaux, *etc*. Il convient de préciser, dans le contrat principal, le nombre (pouvant être très élevé) et la nature des annexes techniques (soigneusement numérotées, paraphées et signées) et d'indiquer qu'elles font partie du contrat[14]. L'importance de ces documents ne saurait assez être relevée. Ce sont dans ces annexes que se trouvent parfois les réponses à des questions juridiques fondamentales, notamment quant aux garanties promises par la société d'informatique[15]. De sorte que la rédaction des annexes techniques ne devrait pas être effectuée

1. Sur ce texte : J.-L. et J. Vogel, « Droit de la négociation commerciale : une réforme courageuse mais perfectible », *AJ contrat* 2019. Dossier 208 – Ph. Vanni et A.-C. Martin, « Relèvement du seuil de vente à perte et encadrement des promotions : l'ouvrage à nouveau sur le métier », *AJ contrat* 2019. Dossier 221 – N. Dissaux et R. Loir, « Réforme d'ampleur du droit des relations commerciales », *JCP G* 2019, aperçu rapide 589.
2. C. com., art. L. 441-1, III, al. 1er.
3. F. Bouguettaya et C. Chancé, « Contrats B2C sur internet : réalités et perspectives d'un secteur reposant sur la confiance », *RLDI* 2015. Doctr. 3782.
4. EX. : Paris, 30 sept. 2004, *Atac c/SAP, Expertises* 2005, p. 113.
5. V. *supra* s[s] n°s 114.00 s.
6. COMP. : Nancy, 1re ch. civ., 15 oct. 2012, n° 10/00362, *JCP* 2013, n° 546, obs. X. Henry : très caractéristique, mais en dehors du domaine de l'informatique ; une obligation d'assistance technique, figurant dans la promesse mais non reprise dans l'acte authentique, doit s'appliquer.
7. EX. : Paris, 30 sept. 2004, *Atac c/SAP*, préc.
8. V. *infra* s[s] n°s 331.03 s.
9. PAR EX. : v. *infra* s[s] n°s 253.11 s.
10. V. *infra* s[s] n°s 336.11 s.
11. POUR UN schéma très suggestif des « montages contractuels » les plus courants dans le domaine de l'informatique : X. Linant de Bellefonds et A. Hollande, *Les contrats de l'informatique*, 1re éd., Delmas, 1984, C13, p. 47 ; il ne figura plus dans l'ouvrage des mêmes auteurs, *Pratique du droit de l'informatique*, 5e éd., Delmas, 2002.
12. EX. : T. com. Paris, 26 mars 2003, *Laser informatique, Expertises* 2003, p. 438.
13. Sur ceux-ci v. *supra* s[s] n° 014.32.
14. S. Amro, *La clause de renvoi dans un document contractuel*, th. préc.
15. COMP. EN MATIÈRE immobilière : Versailles, 20 oct. 1998, *Charles Katz, RDI* 1999. 268, obs. C. Saint-Alary-Houin : le vendeur d'un immeuble à construire doit livrer toutes les prestations convenues telles qu'elles avaient été détaillées dans la *notice descriptive annexée au contrat*.

par les seuls techniciens comme c'est trop souvent le cas : La présence de juristes est nécessaire. Bien des litiges naissent d'une absence de concordance entre le contrat et ses annexes.

115.23 Avenants. Un long temps caractérise l'élaboration et la réalisation d'un marché important. Des modifications au contrat initial pourront apparaître souhaitables, voire nécessaires, au cours de la mise au point du projet ou au cours de sa réalisation. Un ou des *avenants* seront alors signés [1] (sur l'avenant v. aussi *infra* s^s^ n° 117.11). De même peut-il en aller de la sorte par le jeu d'une clause de sauvegarde [2]. Il serait même sans doute possible de prévoir une clause de modification unilatérale, mais uniquement de la configuration technique des prestations de fourniture de contenus et services numériques (à condition qu'elles soient à prix constant, qu'elles n'altèrent pas la qualité des prestations prévues ou n'en modifient sensiblement les caractéristiques) [3]. Pour éviter des querelles quant à la conciliation des textes, il convient de prévoir que les avenants, signés par les deux parties, l'emporteront sur les documents antérieurs, et qu'aucune modification au contrat ne peut avoir effet sans avenant [4]. En définitive, un contrat informatique d'envergure implique souvent une grande *complexité* juridique, que confirmera l'examen ci-dessous de quelques clauses usuelles [5]. Aussi ne devrait-il être rédigé que par un juriste chevronné et spécialisé en « ingénierie juridique » [6].

115.24 De l'art de rédiger un contrat. Le juriste d'affaire, rédacteur d'un contrat, est une sorte « d'anticipateur » ou de prévisionniste, imaginant tous les périls possibles pour les conjurer et organiser des façons d'y remédier (tout contrat recèle un procès en puissance !). Il existe en ce sens une véritable stratégie juridique [7]. « *La science des projets consiste à prévoir les difficultés de l'exécution* » (Vauvenargues). Il doit avoir l'esprit aux aguets, mesurer tous les risques éventuels en tâchant d'y parer [8], garder l'esprit critique contre les formules à l'emporte-pièce qui lui sont suggérées par les négociateurs techniciens et dont le sens est imprécis, même s'ils lui affirment que tel est l'usage. De plus, il importe de préciser soigneusement et minutieusement les obligations des parties, notamment celles du fournisseur, les clients ayant tendance à prétendre avoir droit à des prestations supplémentaires.

Plus les tâches du prestataire sont précises, indiquant ce qu'il se charge d'effectuer et, le cas échéant, ce à quoi il ne s'engage pas, moins les risques d'une action en défaillance contractuelle seront grands [9]. En visant la clarté et la précision, les parties limitent le rôle de l'interprète, tout en maîtrisant l'application des effets du contrat qu'elles souhaitent [10]. Deux dangers opposés menacent le rédacteur : le laconisme et la logorrhée. Il lui faut éviter le premier en n'omettant aucune clause essentielle sans tomber dans le second, qui le conduirait à rappeler des évidences et à transformer le contrat en un résumé d'un cours du Droit des contrats ! En outre, le bon juriste d'affaires propose des solutions à sa hiérarchie plus qu'il met en exergue les dangers et périls [11]. Enfin, il lui faut veiller à la qualité de la langue [12], qui, dans certains contrats, doit être en français [13].

SECTION 3
INTERPRÉTATION DU CONTRAT

115.31 Directives légales d'interprétation. Le code civil propose une herméneutique légale dans une kyrielle de directives d'interprétation des contrats, diminuée depuis la réforme (C. civ., art. 1188 à 1192 [14], succédant aux anc. art. 1156 à

1. Civ. 3e, 12 juin 2002, n° 01-00.710, *Établissements Berthélémy Philippe*, P III, n° 135 : le contrat prévoyait la rédaction d'un avenant pour toute prestation supplémentaire – TGI Lyon, 1re ch., 23 janv. 2013, *Expertises* 2013, p. 193 : signature d'un avenant – Com. 19 nov. 2013, n° 12-12.008, NP, *RJDA* 2014, n° 299, *idem* – SUR CETTE NOTION : L. Monnier, *L'avenant au contrat*, th. préc. ; S. Pellet, *L'avenant au contrat*, th. préc.
2. V. *infra* s^s^ n°s 116.20 s.
3. G. Brunaux, « Les clauses de modification unilatérale de la configuration technique des prestations de fourniture de contenus et services numériques », *CCC* 2021, formule 9.
4. Sur la clause d'immutabilité v. *infra* s^s^ n° 116.61.
5. V. *infra* s^s^ n°s 116.00 s.
6. V. *supra* s^s^ n° 115.12.
7. COMP. : C. Champaud et D. Danet, *Stratégies judiciaires des entreprises, op. cit.*
8. Aussi : v. *supra* s^s^ n° 115.12.
9. COMP. : Civ. 1re, 3 mars 2011, n° 09-70.754, P I, n° 43 ; *JCP* 2011. Chron. 566, n° 14, obs. J. Ghestin ; *RDC* 2011. 841, note O. Deshayes : on ne peut pas reprocher à un entrepreneur « *d'avoir manqué à une obligation qui ne lui incombait pas* ».
10. G. Chantepie, « L'exigence de clarté dans la rédaction du contrat », art. préc., spéc. p. 1007 s.
11. COMP. la célèbre phrase du financier Américain J. Pierpont Morgan (1837-1913) : « *I don't want a lawyer to tell me what I cannot do ; I hire him to tell me how to do what I want to do* » (je ne veux pas qu'un avocat me dise ce que je ne peux pas faire ; je l'engage à me dire comment faire ce que je veux faire).
12. NOT. V. *supra* s^s^ n° 011.12 et *infra* s^s^ n° 116.06.
13. V. *infra* s^s^ n°s 012.16 s.
14. A. Etienny de Sainte Marie, « Les principes, les directives et les clauses relatives à l'interprétation », *RDC* 2016. 384 ; « L'interprétation du contrat d'adhésion », *RDC* 2019/2. 147 – F. Chénedé, *Le nouveau droit des obligations et des contrats*, 2e éd., « Dalloz référence », 2018, n°s 124.00 s. – O. Deshayes, T. Genicon et Y.-M. Laithier, *Réforme du droit des contrats, du régime général et de la preuve des obligations*, 2e éd., LexisNexis, 2018, p. 413 s.

1164[1] empruntés presque textuellement à Domat[2], qui ont inspiré de nombreux droits étrangers ainsi que les *Principes du droit européen des contrats* [art. 5 : 101 s.][3]). Traditionnellement, elles étaient considérées, non pas comme d'authentiques règles de droit, mais de simples *conseils* donnés au juge[4], destinés à l'aider. Cependant, la réforme suscitera peut-être un changement à cet égard, souhaité par certains[5], qui voudraient que ces règles aient un caractère obligatoire, tant à l'égard des juges que des parties[6]. Le premier alinéa de l'article 1188 formule un principe général. *L'esprit l'emporte sur la lettre.* L'écorce de la lettre importe peu, seul compte ce qui a été voulu. Le juge est tenu d'effectuer une recherche d'ordre psychologique. Toutefois, cette recherche d'intention ne doit intervenir qu'en cas de doute ou d'ambiguïté. Sinon, lorsque le contrat est clair et complet, il n'y a pas lieu de l'interpréter (C. civ., art. 1192[7]) : il convient seulement de l'exécuter et, pour le juge, d'ordonner son exécution. Cependant, l'œuvre d'interprétation est délicate lorsque la volonté commune des parties n'existe pas ou, ce qui revient au même, n'est pas connaissable avec certitude (ou au moins avec une grande probabilité). Il convient alors de recourir aux règles auxiliaires données par le code, qui permettent de pallier l'absence de connaissance de la volonté réelle des parties. Cela est très net pour le second alinéa de l'article 1188, selon lequel « *Lorsque la commune intention des parties ne peut être décelée, le contrat s'interprète selon le sens que lui donnerait une personne raisonnable placée dans la même situation* »[8] (qui ne figurait pas dans l'anc. art. 1156). Dans certaines circonstances, le critère n'est plus seulement psychologique, il devient donc en partie objectif. L'article 1189, alinéa 1er, en témoigne : les clauses d'un contrat s'interprètent les unes par rapport aux autres, « *en donnant à chacune le sens qui respecte la cohérence de l'acte tout entier* ». Il est en effet raisonnable de présumer que les parties ne se sont pas délibérément contredites. Il y a là une *disposition structuraliste* (P. Godé[9]), appliquant la *théorie des ensembles.* Dans la même veine, l'article 1189, alinéa 2, recommande, en présence d'un ensemble contractuel, d'interpréter chacun de ses contrats en fonction de l'opération complète[10]. Il arrive qu'une clause soit nulle ou sans effet en lui donnant un certain sens, valable en lui en donnant un autre ; mieux vaut alors adopter le second (*favor contractus*), car il faut supposer que les parties ont voulu faire du contrat un instrument efficace (C. civ., art. 1191).

Enfin, lorsqu'aucune des règles auxiliaires n'a été féconde, que le doute subsiste sur le sens de la convention, l'article 1190 (plus précis que l'anc. art. 1162) intervient comme une sorte de *Deus ex machina*, de sauveur : « *Dans le doute, une obligation s'interprète contre le créancier et en faveur du débiteur, et le contrat d'adhésion contre celui qui l'a proposé* »[11] (*Dubia in meliorem partem interpretati debent* – L'art. 1110, al. 2, donne une définition du contrat d'adhésion[12], modifiée par la loi n° 2018-287, 20 avril 2018[13]). Ce principe repose sur l'idée que celui qui s'engage est dans une situation de faiblesse

1. J. Dupichot, « Pour un retour aux textes : défense et illustration du "petit guide-âne" des articles 1156 à 1164 du code civil », dans *Mél. J. Flour, Defrénois*, 1979, p. 179 s.
2. H. Trofimoff, « Les sources doctrinales de l'ordre de présentation des articles 1156 à 1164 du code civil sur l'interprétation des contrats », *Rev. hist. dr.* 1994. 203.
3. SUR L'INTERPRÉTATION en droit européen des contrats d'une façon générale : H. Kötz (dir.), *Droit européen des contrats,* « Université », Sirey, 2020, nos 142 s.
4. COMP. : J. Richard de la Tour, « Les principes, les directives et les clauses relatives à l'interprétation », *RDC* 2016. 392.
5. SUR le projet de réforme : O. Deshayes, « Les directives d'interprétation du code civil : la cohérence des textes », *RDC* 2015. 159 ; C. Grimaldi, « La valeur normative des directives d'interprétation », *RDC* 2015. 154 – SUR la réforme elle-même : B. Fauvarque-Cosson, « Les nouvelles règles du code civil relatives à l'interprétation des contrats : perspectives comparatiste et internationales », *RDC* 2017. 363 – R. Cabrillac, « L'interprétation du contrat : le nouveau droit français à la lumière du droit comparé », dans *Mél. J. Huet*, LGDJ, 2017, p. 45.
6. B. Fauvarque-Cosson, « Les nouvelles règles du code civil relatives à l'interprétation des contrats : perspectives comparatiste et internationales », art. préc.
7. Com. 4 déc. 2019, n° 18-14.537, NP, *RJDA* 2020, n° 61.
8. DONT LA RÉDACTION n'est pas heureuse : T. Genicon, « La grammaire dans la réforme du droit des contrats », *RDC* 2016. 751, n° 15.
9. P. Godé, *Volonté et manifestations tacites*, PUF, coll. « Travaux et recherches de l'Université du droit et de la santé de Lille », 1977.
10. P. Crocq, « La codification incomplète de l'interdépendance des contrats », dans *Mél. B. Teyssié*, LexisNexis, 2019, p. 950 s., spéc. II : suggérant d'appliquer largement le principe.
11. N. Martial-Braz, « L'objectivation des méthodes d'interprétation : la référence à la "personne raisonnable" et l'interprétation *in favorem* », *RDC* 2015. 193 – E. d'Artis, « Le doute ne profite pas qu'à l'accusé : il peut jouer aussi en faveur de celui qui a souscrit une obligation contractuelle », *Journal des Sociétés* 2016/137. 50.
12. T. Revet, « Les critères du contrat d'adhésion », *D.* 2016. Chron. 1771 – M. Mekki, « La notion de contrat d'adhésion : on est loin de la "haute définition" ! », *RDC* 2019/2. 112.
13. L. Andreu, « Le nouveau contrat d'adhésion », *AJ contrat* 2018. 262 – T. Douville (dir.), *La réforme du droit des contrats et du régime général et de la preuve des obligations*, Gualino, 2018, p. 51 s. – Le bilan de l'application de ce texte est assez décevant : L. Thibierge, « Le contrat d'adhésion : beaucoup de bruit pour rien ? », *RJDA* 2021. Ét. 963 – Depuis la réforme de 2016, la *summa divisio* en matière contractuelle oppose les contrats de gré à gré aux contrats d'adhésion. Ce faisant, la notion de contrat est engagée dans un processus de recomposition qui aboutira peut-être (quand ? Qui le sait ?) à la naissance d'un nouveau contrat.

par rapport à celui qui obtient un engagement, de sorte qu'il convient de le protéger (une application spéciale en est donnée par l'art. 1602, al. 2, pour la vente). Mais ce texte énonce aussi un procédé de recherche de volonté : si le créancier avait vraiment entendu acquérir un droit que le débiteur lui conférait, il n'aurait pas manqué de le mentionner dans l'acte, sauf évidemment dans un contrat d'adhésion, d'où la formule finale de l'article 1190.

Le code de la consommation (C. consom., art. L. 211-1, al. 2) prescrit une règle inverse de celle du début de l'article 1190 : les clauses des contrats proposés par un professionnel à un consommateur « *s'interprètent en cas de doute dans le sens le plus favorable au consommateur* »[1]. En dehors des contrats d'adhésion (mais que sont la plupart des contrats conclus avec un consommateur), la règle est bien inversée (puisque le consommateur est le créancier). Par application de la maxime *Specialia generalibus derogant*[2], ce texte prévaut sur celui du code civil, lorsque la situation est celle qu'il envisage.

Dans le code civil deux articles faisaient allusion à l'usage avant la réforme de 2016 [anc. 1159 et 1160] ; ils ne subsistent plus. En réalité, ils étaient inutiles, ne constituant que des applications de l'article 1194 [anc. 1135]. L'usage est un élément du Droit positif, n'ayant pas besoin de la volonté des parties, même s'il résulte de la pratique des professionnels, qui peuvent seulement l'anéantir. En ce sens, il n'est point d'usage « conventionnel »[3]. D'où, un usage s'applique d'office entre professionnels, sauf clause en sens contraire[4] (car les usages ne sont que supplétifs de la volonté des parties).

Il est assez fréquent, que pour limiter l'incertitude, les parties peuvent insérer dans leur contrat une clause d'interprétation[5].

1. Civ. 1re, 22 mai 2008, n° 05-21.822, P I, n° 145 ; *D.* 2008. AJ 1547, obs. X. Delpech ; *JCP* 2008. II. 10133, note A. Sériaux ; *JCP* 2008. I. 218, nos 11 s., obs. N. Sauphanor-Brouillaud ; *RLDA* 2008. 45, obs. M. Bruschi ; *RTD civ.* 2008. 478, obs. B. Fages.

2. Ce qui est spécial déroge à ce qui est général. – H. Roland, *Lexique juridique des expressions latines*, LexisNexis, 8e éd., 2021, p. 358 – L. Lucienne, *Specialia generalibus derogant*, th. Tours (dir. F. Leduc), 2020 – H. Lécuyer, « La maxime *specialia generalibus derogant* », dans *Mél. Ph. Théry*, LGDJ-Dalloz, 2022.

3. P. Deumier, *Le droit spontané. Contribution à l'étude des sources du droit*, préf. J.-M. Jacquet, Economica, 2002, n° 235.

4. Com. 9 janv. 2001, nos 97-22.212, 97-22.668 (2 arrêts), P IV, nos 8 et 9 ; *RTD civ.* 2001. 870, obs. J. Mestre et B. Fages – Com. 19 févr. 2002, n° 97-21.604, NP, *CCC* 2002, n° 91, obs. L. Leveneur : usage résultant d'un code de la profession – Civ. 1re, 4 juin 2014, n° 13-17.077, P I, n° 100 ; *D.* 2014. 2508, note G. Ansaloni ; *RTD civ.* 2015. 137, obs. H. Barbier, 1re esp.

5. J. Mestre et J.-C. Roda (dir.), *Les principales clauses des contrats d'affaires*, « Les intégrales », Lextenso, 1re éd., 2011, p. 539 s. – M. Lamoureux, *L'aménagement des pouvoirs du juge par les contractants. Recherche sur un possible imperium des contractants*, préf. J. Mestre, PUAM, 2006, 2 t. – J. Richard de la Tour, « Les principes, les directives et les clauses relatives à l'interprétation », art. préc – Sur la notion d'incertitude : B. Alidor, *L'incertitude et le contrat en droit privé*, th., Toulouse 1 Capitole, 2019.

CHAPITRE

116. De quelques clauses usuelles du contrat définitif

SECTION 0 ORIENTEUR

116.00 **Sommaire du chapitre.**

Division – Choix des clauses qui seront étudiées. Les obligations essentielles des parties, relevant de la sphère de la planification contractuelle, et donc les clauses qui les déterminent, feront l'objet de développements ultérieurs. Le principal étant ainsi évacué, nous aborderons les clauses relatives aux propriétés intellectuelles (sect. 1), les clauses intégrant l'évaluation de la conjoncture (de sauvegarde et de limitation du dommage ; sect. 2), celles de divisibilité, d'intégralité et d'immutabilité (sect. 3), celles de transparence et d'opacité ou de confidentialité (sect. 4), de non-débauchage (sect. 5), les clauses de temporalité sur la date d'entrée en vigueur du contrat et celle de reconduction tacite (sect. 6), celles de résiliation (sect. 7) et encore les clauses sur la loi applicable et la compétence juridictionnelle (sect. 8), enfin celles sur l'arbitrage et la résolution négociée des différends (sect. 9).

C'est dire que bien des clauses ne seront pas envisagées, telle celles qui portent sur la charge, l'objet ou les modes de preuve[1] (y compris les présomptions[2]), qui sont valables lorsqu'elles portent sur des droits dont les parties ont la libre disposition (C. civ., art. 1356, al. 1er). Néanmoins les contrats « *ne peuvent contredire les présomptions irréfragables établies par la loi, ni modifier la foi attachée à l'aveu ou au serment* », ni encore « *établir au profit de l'une des parties une présomption irréfragable* » (C. civ., art. 1356, al. 2[3]). Cependant, la Cour de cassation admet que les parties puissent

1. C.-É. Bucher, « La clause aménageant la charge de la preuve », *CCC* 2018. Formule 5.
2. L. Pailler, « Les conventions sur les présomptions », *AJ contrat* 2019. 378.
3. L. Pailler, « Les conventions sur les présomptions », art. préc.

aménager dans une certaine mesure la force probante d'une preuve[1].

Dans une affaire simple, de même qu'il n'y aura pas eu de contrats préparatoires, plusieurs des clauses ci-dessous n'auront pas lieu d'être stipulées (la clause de non-concurrence[2] comme la clause organisant la rupture d'une relation commerciale établie[3]). Une typologie des principales clauses a été proposée[4]. Elle distingue les clauses de prestations, les clauses de pouvoir et les clauses de différend. Les clauses de prestations sont elles-mêmes divisées en clauses définissant les engagements et en clauses définissant les solutions. La stipulation de sanctions à l'inexécution du contrat n'exclut pas la mise en œuvre des solutions issues du droit commun des obligations[5]. Dès lors, la stipulation de pénalités contractuelles de retard n'empêche pas le créancier de mettre en œuvre l'exception d'inexécution, même de demander l'exécution forcée ou la résolution du contrat. Toutefois, les parties pourraient stipuler que telle solution contractuelle sera la seule et unique voie offerte au créancier, sauf si elle contrevient à l'article 1170 du code civil[6]. Enfin, les sanctions qui ne sont pas incompatibles peuvent se cumuler (C. civ., art. 1217, dernier al.).

Divers livres comportent des modèles de clauses (dont le présent ouvrage) ; ils sont indiqués ci-dessous. Certains sont consultables par internet sur le site de l'éditeur. Mais certains cabinets de conseil proposent à leurs clients des bases de données de modèles de clauses et de contrats, pouvant du reste être personnalisés. Les grands cabinets d'avocats d'affaires ont leur propres clausiers, le plus souvent d'inspiration anglo-saxonne, auxquels ils recourent même lorsque le contrat est rédigé en français, voire alors qu'il est soumis au droit français[7].

Pour autant, le contrat ne peut pas tout prévoir[8], mieux ne doit pas tout prévoir[9], afin de conserver une certaine souplesse[10], surtout s'il est complexe et de longue durée, ce qui implique d'imaginer *ab initio* des mécanismes pour compléter le contrat ou pour le renégocier[11]. Cependant, même si les rédacteurs des contrats doivent s'efforcer d'imaginer les incidents qui pourraient survenir pour les prévenir, depuis toujours des évènements bouleversent les sociétés humaines sans avoir été anticipés par personne, les fameux « cygnes noirs », telles la crise économique de 2018 ou, plus récemment et plus gravement, la pandémie de la covid-19 en 2020-2022[12] et la guerre en Ukraine.

116.03 Bibliographie. Ouvrages. É. Boyé, *L'anglais des contrats internationaux. Clauses traduites et commentées. Analyse des expressions idiomatiques. Lexique des principaux concepts de Common law et d'Equity. Lexique-index des mots-clés,* préf. L. Leveneur et S. Mazeaud-Leveneur, 3ᵉ éd., LexisNexis, 2016 – C. Champaud et D. Danet, *Stratégies judiciaires des entreprises*, Dalloz, 2006 – M. Deman et M. Julian, *Guide de l'anglais des contrats d'affaires. Lecture, traduction, rédaction,* 2ᵉ éd., LexisNexis, 2019 – W. Dross, *Clausier. Dictionnaire des clauses ordinaires et extraordinaires des contrats de droit privé interne*, 4ᵉ éd., LexisNexis, 2020 – J. Mestre et J.-C. Roda (dir.), *Les principales clauses des contrats d'affaires*, « Les intégrales », Lextenso, 2011 – F.-X. Testu, *Contrats d'affaires*, « Dalloz référence », 2010.

Manuel. M.-É. Ancel, P. Deumier et M. Laazouzi, *Droit des contrats internationaux*, 2ᵉ éd., « Université », Sirey, 2019.

Thèse. G. Helleringer, *Les clauses du contrat ; Essai de typologie*, préf. L. Aynès, postface F. Terré, « BDPr », t. 536, LGDJ, 2012.

Articles. G. Chantepie, « L'exigence de clarté dans la rédaction du contrat », *RDC* 2012. 989 s. – B. Galonnier, « Les difficultés linguistiques du contrat anglais », *Cah. dr. entr.* 1977, nº 6, p. 1 s. – J. Mauro, « Au carrefour des droits et des langues : la langue applicable au contrat, le risque linguistique », *Gaz. Pal.* 1988. 1. Doctr. 214 s.

Encyclopédie. J.-M. Jacquet, *Rép. dr. international, V°* « Contrats », déc. 1998, actualisé janv. 2022.

116.05 Considérations liminaires – Parties – Préambule – Objet. Tout contrat écrit d'affaires commence par identifier les parties de façon précise. La plupart des contrats du numérique de quelque importance comportent ensuite un préambule et des définitions[13] des termes employés[14]. Vient ensuite l'indication de l'objet du contrat. Mais ce sont les obligations des parties qui constituent le corps du contrat.

1. Com. 6 déc. 2017, nº 16-19.615, P IV, nº 159 ; *AJ contrat* 2018. 37, obs. T. Douville ; *D.* 2018. 327, note G. Lardeux ; *RDC* 2018. 205, obs. J. Klein ; *RTD civ.* 2018. 123, obs. H. Barbier : à propos d'une présomption de réception d'un contrat de licence et de distribution d'un progiciel ; l'arrêt n'annula pas la clause créant une présomption irréfragable mais l'interpréta comme une présomption simple de réception sans réserve du client – Com. 24 janv. 2018, nº 16-19.866, P IV, nº 7 ; *AJ contrat* 2018. 195, obs. T. Douville ; *RTD civ.* 2018. 415, obs. H. Barbier : à propos du dépôt d'espèces dans un guichet automatique, une clause du bordereau remis au client déniait sa valeur probante ; l'arrêt juge que « *sauf à être abusive, une telle clause ne saurait priver le client de la possibilité de faire la preuve du dépôt par tout autre moyen* ».
2. Sur laquelle v. *infra* sˢ nᵒˢ 315.76 et 321.26.
3. Sur laquelle v. *infra* sˢ nº 312.155.
4. G. Helleringer, *Les clauses du contrat. Essai de typologie*, th. préc.
5. FORMULE INÉDITE : Civ. 3ᵉ, 14 févr. 2019, nº 17-31.665, P ; *JCP G* 2019. 363, note O. Deshayes ; *RTD civ.* 2019. 330, obs. H. Barbier.
6. EN CE SENS : O. Deshayes, note préc. sous Civ. 3ᵉ, 14 févr. 2019.
7. R. Libchaber, *Le contrat au XXIᵉ siècle. L'ingénierie juridique et les nouveaux contrats d'affaires*, LGDJ, 2021.
8. E. Putman, « L'introuvable contrat complet », *RRJ* 2008/5, p. 2478.
9. Aussi : v. *supra* sˢ nº 115.24.
10. R. Tafotie, « L'imprévision comme manifestation de l'incomplétude contractuelle », *Rev. dr. internat. et dr. comparé,* Bruylant, 2017/1. 39.
11. V. *infra* sˢ nᵒˢ 116.22 et 116.202.
12. N. Taleb, *Le cygne noir. La puissance de l'imprévisible,* Les belles lettres, 2014.
13. V. *supra* sˢ nº 115.17.
14. SUR l'art et la valeur des définitions : L.-M. Schmit, *Les définitions en droit privé*, préf. J. Julien, LGDJ-PU Toulouse 1, 2017.

116.06 Considérations liminaires – Clause sur la langue du contrat. Il peut être utile, dans un contrat international, de préciser la langue du contrat[1] (en ajoutant éventuellement que, si le texte existe aussi dans une autre langue, la version dans celle qui est désignée prévaudra[2]). La langue du contrat n'est pas nécessairement celle des négociations (qui, au demeurant, ont pu être menées en plusieurs idiomes). Lorsqu'une partie à un contrat international n'est pas francophone, l'usage se répand qu'il soit rédigé en anglais. Nous ne saurions trop attirer l'attention sur le risque linguistique[3]. Dès lors, il est conseillé :

– de rédiger une version française, autant que faire se peut, qui au mieux fera foi au même titre que la version anglaise ; au moins, selon ce qui aura été décidé par les parties, pourra être utilisée afin d'éclairer les interprètes en cas de doute sur le sens d'une disposition ;

– de définir les mots-clefs[4] ou de renvoyer aux Incoterms 2020[5]. Dans le contrat, il convient encore de préciser la langue qui sera utilisée dans la correspondance et dans les documents ultérieurs, qui peut être différente. Il arrive que les parties conviennent que chacun utilisera sa langue. Lorsque le contrat existe dans plusieurs langues, il est généralement indiqué que prévaudra la version de l'une d'entre elles, qui est désignée[6]. À défaut la logique est de donner la préférence à l'interprétation fondée sur la version rédigée en premier[7].

La qualité de la langue ne doit pas être négligée sous le prétexte que le domaine est technique. La langue (au demeurant quelle qu'elle soit) est importante pour les entreprises, dans tous leurs documents, particulièrement lorsqu'elles s'internationalisent[8]. Au demeurant, envers un consommateur, la rédaction défectueuse de la clause portant sur l'objet principal du contrat, en tant qu'elle rend le contenu de celle-ci imprécis ou incertain est susceptible de constituer un déséquilibre significatif au sens du code de la consommation (C. consom., art. L. 212-1), et peut donc conduire à lui reconnaître un caractère abusif[9] (sur le déséquilibre significatif v. *infra* n° 312.154).

116.07 Considérations liminaires – Interdiction de la sous-traitance. Un contrat d'informatisation semble être conclu *intuitu personæ*, par nature, comme tous les contrats portant sur des prestations intellectuelles. Il n'est cependant pas inutile de le préciser par une clause spécifique d'exécution personnelle[10], en vertu de laquelle le prestataire s'interdit de recourir à la sous-traitance, même partielle, sauf accord préalable et écrit de son partenaire.

116.08 Divers rôles du contrat. Pour un professionnel, surtout s'il est à la tête d'une entreprise, le contrat est un instrument de prévision, un moyen d'agir dans le temps, et une *technique de gestion des risques*[11]. De plus, tout contrat, exprimant des déplacements réciproques de valeurs économiques, des échanges de biens et/ou de services, est destiné à réaliser une *opération économique*[12]. Comme tel, il tend à modifier peu ou prou l'ordonnancement juridique, le donné : le contrat présente un *aspect dynamique*. Dès lors, il se traduit nécessairement par des obligations de faire (et/ou de ne pas faire, qui

1. Sur la langue française et le Droit de l'informatique v. *supra* s[s] n°s 012.16 s. ; sur la langue de l'arbitrage v. *infra* s[s] n° 116.173.
2. EN CE SENS : Versailles, 12e ch., sect. 2, 7 juin 2007, *Courtoux c/Bonnier, RTD civ.* 2007. 772, obs. B. Fages : contrat comportant une clause désignant la version française comme faisant « foi » entre les parties ; « *la traduction de la version rédigée en langue anglaise ne peut en conséquence être opposée* » au cocontractant – Civ. 1re, 1er févr. 2012, n° 11-12.453, NP, *RJDA* 2012, n° 433 : selon une clause du contrat, figurant dans les moyens du pourvoi, « *Pour toute traduction de contrat en deuxième langue et en cas de différence d'interprétation, seront valides uniquement les termes juridiques en version allemande* ».
3. B. Galonnier, « Les difficultés linguistiques du contrat anglais », art. préc. – J. Mauro, « Au carrefour des droits et des langues : la langue applicable au contrat, le risque linguistique », art. préc. – POUR un bon exposé de l'anglais juridique : É. Boyé, *L'anglais des contrats internationaux, op. cit.*, proposant de nombreuses clauses dans cette langue – Et M. Deman et M. Julian, *Guide de l'anglais des contrats d'affaires, op. cit.*, comportant 12 modèles de contrats d'affaires en anglais avec leur traduction.
4. Sur lesquels v. *supra* s[s] n° 115.17.
5. Sur lesquels v. *infra* s[s] n° 213.12.
6. EX. : Civ. 1re, 1er févr. 2012, n° 11-12.453, NP, *RJDA* 2012, n° 433, selon une clause du contrat, figurant dans les moyens du pourvoi, « *Pour toute traduction de contrat en deuxième langue et en cas de différence d'interprétation, seront valides uniquement les termes juridiques en version allemande* ».
7. EN CE SENS : Association Capitant (dir.), *Projet de cadre commun de référence. Principes contractuels communs*, Société de législation comparée, 2008, art. 5 : 107, p. 483.
8. COMP. : D. de Vecchi, *Vous avez dit jargon…*, Éd. d'Organisation, 2002, donnant des exemples désopilants et navrants de traductions approximatives, voire grotesques.
9. Civ. 2e, 14 oct. 2021, n° 19-11.758, P ; *CCÉ* 2021, n° 93, obs. G. Loiseau.
10. J. Mestre et J.-C. Roda (dir.), *Les principales clauses des contrats d'affaires, op. cit.*, p. 547 – F.-X. Testu, *Contrats d'affaires*, « Dalloz référence », 2010, n°s 101.28 s.
11. J.-M. Mousseron, « La gestion des risques par le contrat », *RTD civ.* 1988. 481 – D'une façon plus générale : A.-C. Martin, *L'imputation des risques entre contractants*, préf. D. Ferrier, LGDJ, 2009.
12. J.-F. Overstake, *Essai de classification des contrats spéciaux*, préf. J. Brèthe de la Gressaye, « BDPr », LGDJ, 1969, *passim* – J.-M. Poughon, « Une constante doctrinale : l'approche économique du contrat », *Droits* 1990/12, 47 – SUR L'ANALYSE ÉCONOMIQUE du contrat : Ph. le Tourneau (dir.), *Droit de la responsabilité et des contrats. Régimes d'indemnisation*, 12e éd., « Dalloz action », 2020, n° 0113.34 et les références.

n'en est que l'envers). Car ce qui importe au créancier, c'est *l'activité* que va déployer son partenaire, les *diligences* qu'il va mettre en œuvre, à la fois techniques, corporelles, intellectuelles et psychiques. S'il est vrai que le contrat exprime une volonté (fut-elle fictive, comme celle d'une personne morale[1]), il manifeste plus encore un *intérêt*, qui est le dessein poursuivi par la volonté. Il se traduit par des *attentes légitimes* de la part du créancier, que le débiteur ne doit pas décevoir, une confiance qu'il importe de ménager[2] (l'art. 1166 a fait entrer en 2016 dans le C. civ. la théorie des attentes légitimes, cependant non pas du créancier mais des parties, dans ce texte à la marge[3]). La *confiance légitime* du créancier est garante de la prévisibilité (possédant elle-même une fonction normative[4]).

Tout contrat possède une double nature. Il est d'abord un lien entre des personnes (c'est son aspect *subjectif*), créant des normes juridiques entre elles. Mais il constitue également une opération économique (voici son aspect *objectif*), un échange de valeurs entre des patrimoines qu'il organise. Ces valeurs s'apprécient objectivement tout autant que subjectivement, car normalement chaque partie attribue une valeur subjective plus élevée à la prestation qu'il reçoit que la valeur qu'elle représente pour celui qui la donne. Par là se manifeste encore le dynamisme du contrat. La tendance contemporaine est sans doute de privilégier l'objectif économique poursuivi par les parties sur les caractères purement juridiques des contrats, singulièrement en cas de litige résultant d'une défaillance contractuelle.

SECTION 1
CLAUSES RELATIVES AUX PROPRIÉTÉS INTELLECTUELLES

116.11 Généralités. Un contrat d'informatisation comporte parfois des dispositions relatives à des propriétés incorporelles. La propriété en cause peut être un brevet ou un Droit d'auteur, moins fréquemment une marque, voire un dessin ou un modèle. Le plus souvent, il y aura licence du droit, plus rarement cession (les locations de propriétés industrielles [brevet, dessin ou modèle, marque, logiciel] portent le nom spécial de *licence*, plus original que le régime[5]). Le territoire sur lequel le droit est accordé doit être précisé, ainsi que les garanties contre l'éviction et contre les vices cachés.

116.12 Savoir-faire. Il est possible que le contrat porte sur un « simple » savoir-faire (même complexe). Ce dernier se caractérise par les six traits suivants. C'est une connaissance technique ou commerciale, conférant un avantage économique[6], transmissible, secrète et non brevetée[7]. Pour sa part, l'ancien règlement 4087/88[8] sur le franchisage précisait qu'il est « *un ensemble d'informations pratiques non brevetées, résultant de l'expérience du franchiseur et testées par celui-ci, ensemble qui est secret, substantiel et identifié* » (anc. règl. 4087/88, art. 1, f[9]). Le règlement 330/2010[10], relatif aux « accords verticaux et de pratiques concertées », emploie une formule voisine : « *Le "savoir-faire"* [signifie] *un ensemble secret, substantiel et identifié d'informations pratiques non brevetées, résultant de l'expérience du fournisseur et testées par celui-ci* » (règl. 330/2010, art. 1er, g ; la suite de ce g en définit les mots principaux). La définition donnée par le règlement 316/2014[11]

1. Sur le débat juridique entre fiction et réalité de la personne morale : C. Gazeau, « La personne morale, un enjeu sociétal », *D.* 2020. Chron. 1132.
2. SUR L'ATTENTE LÉGITIME du créancier not. : X. Dieux, *Le respect dû aux anticipations légitimes d'autrui : Essai sur la genèse d'un principe général du droit*, Bruylant-LGDJ, 1995 – H. Aubry, « L'apport du droit communautaire au droit français des contrats : la notion d'attente légitime », *RID comp.* 2005. 627 – A. Albarian, *De la perte de confiance légitime en droit contractuel : Essai d'une théorie*, préf. J. Mestre, Mare et Martin, 2012 – L. Marignol, *La prévisibilité en droit des contrats*, th., Toulouse 1 Capitole, 2018, nos 344 s. et 403 s.
3. O. Deshayes, T. Genicon et Y.-M. Laithier, *Réforme du droit des contrats, du régime général et de la preuve des obligations*, 2e éd., LexisNexis, 2018, p. 322.
4. L. Marignol, *La prévisibilité en droit des contrats*, th. préc. L'auteur regarde la prévisibilité comme un principe directeur du droit des contrats, « *visant à réguler les rapports des prévisions contractuelles avec le risque, soit à titre préventif, soit une fois ce risque réalisé, en conditionnant la sanction du droit à la considération de l'anticipation pouvant être raisonnablement faite de ce risque par les parties* » (th. préc, p. 583).
5. EX. : Paris, 21 oct. 1999, *Curioz, D.* 2002. Somm. 1195, obs. J. Schmidt-Szawelski, rappelant que la licence d'un brevet est assimilable à un louage.
6. « *Pour gagner du bien, le savoir-faire vaut mieux que le savoir* », Beaumarchais, *Le Mariage de Figaro*.
7. COMP. : Paris, pôle 5, ch. 11, 12 avr. 2013, RG no 12/21643, *RLDI* 2013, no 3285 ; *RDC* 2014. 739, obs. J. Passa.
8. Règl. 4087/88, Commission, 30 nov. 1988 concernant l'application de l'art. 85, § 3, du traité à des catégories d'accords de franchise, *JOCE* L 359, 28 déc., p. 46.
9. Ph. le Tourneau, *Le Parasitisme*, Litec, 1998, nos 195 s. – *J.-Cl. Concurrence Consommation* fasc. 570 et 571 (2020).
10. Règl. 330/2010, Commission, 20 avr. 2010 concernant l'application de l'art. 101, § 3, du traité sur le fonctionnement de l'Union européenne à des catégories d'accords verticaux et de pratiques concertées, *JOUE* L 102, 23 avr., p. 1.
11. Règl. 316/2014, Commission, 21 mars 2014, relatif à l'application de l'art. 101, § 3, du traité sur le fonctionnement de l'Union européenne (TFUE) à des catégories d'accords de transfert de technologie, texte présentant de l'intérêt pour l'EEE, *JOUE* L 93, 28 mars 2014, p. 17 ; remplaçant le règl. no 772/2004 du 27 avr. 2004, il est entré en vigueur le 1er mai 2014 et expirera le 30 avr. 2026.

d'exemption, concernant l'application de l'article 101[1], § 3, du traité de fonctionnement de l'Union européenne [TFUE] à des catégories d'accords de transfert de « technologie » (art. 1, i) est voisine (mais exprimée plus lourdement) : Le savoir-faire est « *un ensemble d'informations pratiques, résultant de l'expérience et testées, qui est : i) secret, c'est-à-dire qu'il n'est pas généralement connu ou facilement accessible ; ii) substantiel, c'est-à-dire important et utile pour la production des produits contractuels, et iii) identifié, c'est-à-dire décrit d'une façon suffisamment complète pour permettre de vérifier qu'il remplit les conditions de secret et de substantialité* ». Parfois, le savoir-faire original réside moins dans une connaissance inédite que dans la combinaison originale d'informations connues.

116.13 Contrat de savoir-faire. L'objet du contrat de savoir-faire est d'engendrer une *obligation de communication*, d'enseignement du savoir-faire, c'est-à-dire une obligation de faire. En dernière analyse, un tel contrat est donc un *contrat* d'entreprise, parmi bien d'autres[2]. Ainsi, même si l'habitude est fortement ancrée dans la pratique de parler de licence de savoir-faire, l'expression de *communication de savoir-faire* est la seule convenable. Il convient d'indiquer, dans le contrat, le mieux possible, la technique dont l'usage est conféré au cocontractant[3]. Le savoir-faire se distingue encore des autres propriétés intellectuelles citées par son absence de mode de protection spécifique. Il ne peut être protégé que par le Droit commun, une clause de confidentialité dans le contrat[4] et, à défaut ou au-delà, par la responsabilité délictuelle, plus précisément par la théorie des *agissements parasitaires*[5], se révélant un efficace « instrument de réservation » des investissements[6]. Le règlement 316/2014, précité, régit l'exemption des accords et pratiques concertées, relevant de l'article 101[7] du traité de fonctionnement de l'Union européenne [TFUE], portant sur des licences de brevets et/ou des contrats de communication de savoir-faire. Les accords dont l'objet est la reproduction et la distribution pure et simple de logiciels[8] en sont exclus[9]. Ledit règlement prévoit notamment quelles sont les clauses autorisées, celles qui ne sont admises que si la Commission ne s'y oppose pas, enfin celles qui sont interdites[10].

116.14 Modes de transmission du savoir-faire. Le savoir-faire est transmis de diverses manières. D'abord verbalement, et par écrit au moyen de manuels d'instructions, souvent stupidement qualifiés de « bibles » (notamment dans le domaine du franchisage), ou de fiches et dossiers. Mais les écrits tendent à être remplacés ou assortis de supports numériques et de logiciels, ou encore par des moyens vidéo. La remise des documents ou d'un autre moyen d'accès aux connaissances est souvent précédée ou accompagnée d'un ou de plusieurs stages de formation[11]. Ces stages se déroulent chez le détenteur du savoir-faire (dans un de ses établissements), ou dans un centre spécial de formation, propre à celui-ci, qu'il soit national ou international, ou encore par l'envoi de formateurs chez le bénéficiaire, par une clause ou un contrat annexe de mise à disposition d'autrui d'un salarié ; une telle prestation de service est licite (et n'est pas un « marchandage » ni un « prêt de main-d'œuvre » illicites) lorsqu'elle seule permet « *la transmission d'un savoir-faire ou la mise en œuvre d'une technicité qui relève de la spécificité* » de l'entreprise du salarié[12] en question[13].

116.15 Sort des perfectionnements. Que la technique soit couverte par un brevet ou qu'elle relève du savoir-faire, il est de bonne politique de prévoir que les *perfectionnements* (*improvements*) seront transmis de plein droit, dans tel délai et sous telle forme, moyennant éventuellement une rémunération particulière. Il est conseillé de prévoir la réciprocité de cette obligation, car il se peut que ce soit le client qui imagine une amélioration du procédé ou du savoir-faire.

116.16 Garantie contre l'éviction. Les cessions ou licences de marques, brevets, dessins ou modèles,

1. TFUE, 101 [TCE-A, 81 ; TCE 85] – I. Pingel (dir.), *De Rome à Lisbonne : Commentaire article par article des traités UE et CE* 2e éd., Helbing-Lichtenhahn-Dalloz-Bruylant, 2010, p. 695.
2. COMP. : E. Tricoire, *L'extracommercialité*, préf. B. Beignier, Éd. universitaires européennes, 2012, n° 86.
3. POUR UN EX. DE CONTRAT : R. Fabre et L. Sersiron, « Contrat de licence de brevet et de savoir-faire », *JCP E* 2014, n° 4, formule 1036.
4. V. *infra* ss n° 116.81.
5. Ph. le Tourneau, *Le Parasitisme, op. cit.*
6. G. Grundeler, *L'investissement : Étude juridique*, préf. J. Mestre, PUAM, 2017, n° 276 – L'auteur définit l'investissement comme « *l'acte juridique par lequel une personne engage une valeur dont elle attend une rémunération liée aux profits tirés de l'exploitation* » (th., préc., n° 398).
7. TFUE, 101 [TCE-A, 81 ; TCE 85] – I. Pingel (dir.), *De Rome à Lisbonne...*, préc., 2010, p. 695.
8. Car, selon la Commission, ils s'apparentent davantage à des accords de distribution, ce qu'affirmaient déjà les lignes directrices relatives aux accords verticaux (*JOUE* C 130, 19 mai 2010, p. 1, pts 41 et 42).
9. Règl. 316/2014, Commission, 21 mars 2014, pt 7 – Lignes directrices, pt 62.
10. POUR UNE ANALYSE : C. Prieto, *RDC* 2005. 312 s.
11. Sur celle-ci v. *infra* ss nos 332.00 s.
12. Soc. 9 juin 1993, n° 91-40.222, P V, n° 164 ; *D.* 1993. IR 176 – T. corr. Bobigny, 14 déc. 2000, *Min. public c/Hélice et Canon, Expertises* 2001, p. 313, obs. G. Flambard et W. Benchikh ; *Gaz. Pal.* 2001. 2, Somm. 1417.
13. C. trav., art. L. 8241-1.

comportent généralement une clause de garantie d'éviction (*peaceful possession guarantee*) contre les revendications des tiers et quant à la validité du droit de monopole temporaire accordé par l'État[1]. Mais, à défaut, s'applique en Droit français la garantie légale contre l'éviction[2] y compris, pour certains arrêts contestables, en présence d'une communication de savoir-faire, qualifiée de cession[3]. Dans le même Droit, ces actes comportent *de lege* une garantie contre les vices cachés[4]. Elles incluent parfois une clause de garantie quant aux résultats à attendre du contrat, surtout pour les brevets : cela est tout à fait à déconseiller, car les résultats sont entourés d'aléas, puisqu'ils dépendent notamment du comportement du partenaire et de ses salariés. Il est préférable de négocier une clause de non-garantie (mais dont la validité est contestée en Droit européen). Il importe enfin de prévoir qui pourra agir en contrefaçon contre des usurpateurs ou imitateurs.

SECTION 2

CLAUSES INTÉGRANT L'ÉVALUATION DE LA CONJONCTURE

§ 1

Clauses de sauvegarde

116.20 Bibliographie. Ouvrage. M. Almeida Prado, *Le* hardship *dans le droit du commerce international*, Bruylant, Bruxelles, 2003.

Thèse. M. Leveneur-Azémar, *Étude sur les clauses limitatives ou exonératoire de responsabilité*, préf. Y. Lequette, « BDPr », t. 577, LGDJ, 2017.

Contribution. Y. Lequette, « De l'efficacité des clauses de *hardship* », dans *Mél. C. Larroumet*, Economica, 2010, p. 267 s.

Articles. C. Aubert de Vincelles, « Plaidoyer pour un affinement réaliste du contrôle des clauses limitatives de réparation portant sur les obligations essentielles », *RDC* 2008. 1034 s. – H. Bitan, « Les clauses limitatives de responsabilité dans les contrats informatiques », *CCÉ* 2004. Chron. 2 – C.-É. Bucher, « Clauses limitatives de réparation », *CCC* 2020 (10). Formule 9 et *RCA* 2021. Formule 10 – J. Cedras, « L'obligation de négocier », *RTD com.* 1985. 265 s. – O. Deshayes, « Clauses limitatives de responsabilité contractuelle et répartition des risques d'inexécution », *RDC* 2008. 1008 s. – U. Draetta, « Les clauses de force majeure et de *hardship* dans les contrats internationaux », *RD aff. int.* 2002/3, p. 347 s. – T. Genicon, « Le régime des clauses limitatives de réparation : état des lieux et perspectives », *RDC* 2008. 982 s. – A. Kabadi, « La renégociation du contrat », *Cah. dr. entr.* 1999/3 – A. Kirillov, « Les clauses de *hardship* en droit prospectif à l'épreuve de l'article L. 442-6-I-2° du code de commerce », *LPA* 23 sept. 2011, n° 190, p. 5 – H. Konarski, « Force Majeure and Hardship Clauses in International Contractual Practice », *RD aff. int.* 2003/4, p. 405 s. – S. Lipovetski, « Les clauses limitatives de responsabilité et de garantie dans les contrats informatiques », *Expertises* 2000, p. 143 s. – A.-S. Lucas-Puget, « La clause de force majeure », *JCP E* 2015. Formule 2 – F. Magar, « Ingénierie juridique : pratique des clauses de rencontre et renégociation », *D.* 2010. Chron. 1959 – B. Oppetit, « L'adaptation des contrats internationaux aux changements de circonstances : la clause de *hardship* », *JDI* 1974. 794 s.

116.21 Désillusions : des fleurs aux fruits. Tout contrat s'exécutant sur une longue durée (au point que celle-ci peut être considérée comme un élément essentiel de l'obligation[5]), est sujet aux aléas de la conjoncture, qui en rend l'exécution difficile, voire impossible ; tel est le cas des contrats complexes d'informatisation. Le *contrat vécu* sera rarement celui qui avait été conçu : il y a loin de la promesse des fleurs aux fruits, de l'idée de l'œuvre à l'œuvre elle-même. Il s'apparente souvent à la définition aigre-douce du mariage donnée par un humoriste (pessimiste) : « *Un mauvais livre précédé d'une jolie préface !* » Aussi, au cours de la *vie contractuelle* est-il parfois nécessaire de modifier quelque peu le contrat par un avenant[6], d'en suspendre l'exécution, voire de s'en échapper d'une façon ou d'une autre. Les clauses de dureté, de force majeure, d'évolution du prix ou limitatives et exonératoires de responsabilité règlent ces questions, indépendamment des clauses de sortie[7]. L'inclusion de certaines de ces clauses, et leur rédaction, constituent un élément important des négociations contractuelles relatives aux systèmes informatiques complexes, particulièrement les clauses limitatives et exonératoires de responsabilité[8].

116.22 Clauses d'adaptation ou/et de renégociation. Une clause d'adaptation ou/et de renégociation[9] peut utilement être insérée, renvoyant le cas

1. POUR LA CONJONCTION avec la convention de Vienne [CVIM] : A. Vida, « Garantie du vendeur et propriété industrielle : les "vices juridiques" dans la vente internationale de marchandises – convention de Vienne », *RTD com.* 1994. 21 s.
2. Sur celle-ci v. *infra* s^s n°s 213.131 s.
3. Paris, pôle 5, ch. 11, 12 avr. 2013, RG n° 12/21643, préc.
4. Sur celle-ci v. *infra* s^s n°s 213.150 s.
5. NOT. À CET ÉGARD : A. Etienney, *La durée de la prestation. Essai sur le temps dans l'obligation*, préf. T. Revet, « BDPr », LGDJ, 2008 ; A. Etienney de Sainte Marie, « La durée du contrat et la réforme du droit des obligations », *D.* 2011. Chron. 2672 s.
6. Sur celui-ci v. *supra* s^s n° 115.23 et v. *infra* s^s n° 117.11.
7. Sur celles-ci v. *infra* s^s n°s 116.23, 116.24, 116.25 et 116.26.
8. SUR ces clauses : M. Leveneur-Azémar, *Étude sur les clauses limitatives ou exonératoire de responsabilité*, th. préc.
9. J. Mestre et J.-C. Roda (dir.), *Les principales clauses des contrats d'affaires, op. cit.*, p. 52 – F.-X. Testu, *Contrats d'affaires, op. cit.*, n°s 43.09 s. – G. Helleringer, *Les clauses du contrat. Essai de typologie*, th. préc., n°s 122 s.

échéant à une « facilitation »[1], dont un exemple caractéristique est la clause de dureté[2].

116.23 Clause de dureté (*hardship*). La clause dite de *hardship*, que nous préférons appeler de *dureté*, autorise les parties à demander, dans des cas exceptionnels (de dureté *relative*), un « réaménagement » du contrat[3]. Apparue dans le domaine international, elle se rencontre aussi dans les contrats internes[4]. Cela, lorsque les changements intervenus, indépendants de la volonté des parties, telles des fluctuations monétaires ou économiques, voire la modification des règles juridiques ou fiscales, bouleverse inopinément l'équilibre initial du contrat (imprévision), de façon substantielle (car *de minimis non curat prætor*), mais que celui-ci peut être rétabli (indépendamment d'une clause de révision de prix[5]). Autrement dit, elle se situe dans une logique d'exécution du contrat, contrairement à la clause de force majeure, mais en l'aménageant. Il importe de préciser dans la clause que, lorsque la poursuite du contrat, même modifié, n'apparaît pas possible pour une partie, celle-ci pourra résilier le contrat après un préavis de (x) mois et après avoir communiqué les éléments permettant d'apprécier cette dureté *absolue* (quitte à en répondre devant un tribunal arbitral ou étatique ; c'est en fait, à ce moment-là, une clause de force majeure[6]).

La clause doit prévoir le mieux possible les circonstances qui enclencheront la procédure de négociation, et les modalités de cette dernière. Les parties peuvent stipuler qu'elles auront des conversations ensemble à cet effet (clause de « rencontre »), mais il semble plus opportun de confier le soin de proposer de nouvelles conditions à un tiers indépendant, désigné par quelque organisme (comme une chambre de commerce) ou, à la limite, par une juridiction étatique. Encore faut-il indiquer les pouvoirs du tiers : donne-t-il un simple avis (comme un expert), ou prend-il une décision obligatoire pour les deux parties ? Il s'agit alors, sinon d'une vraie médiation puisqu'il n'y a pas de litige[7], mais plutôt de ce que nous nommons une *facilitation*[8].

Il est généralement prévu, dans une telle clause, que l'exécution du contrat sera poursuivie pendant les négociations mais que, si celles-ci n'aboutissent pas, la résiliation sera de droit. L'obligation de renégocier est de résultat, mais de moyens pour le surplus : Les parties n'ont pas l'obligation d'aboutir, mais seulement de renégocier de bonne foi[9]. Il est donc prudent « *de doubler [la] clause de renégociation d'une clause organisant les conséquences de l'échec de celle-ci, notamment une clause de libération* »[10]. Tant les *Principes du droit européen du contrat* que les *Principes d'Unidroit 2016*[11] prévoient, en cas d'échec de la renégociation dans un délai raisonnable, une intervention judiciaire, le tribunal pouvant mettre fin au contrat ou l'adapter en vue de rétablir l'équilibre des prestations.

Une variante de la clause de dureté est la clause d'événement défavorable important (*material adverse change* ou *material adverse effect*), permettant à la partie, subissant les conséquences de l'évènement défavorable, de rompre le contrat, ou de le maintenir sous la condition d'une renégociation partielle.

L'article 1195 du code civil, légalisa l'imprévision dans les termes suivants : « *Si un changement de circonstances imprévisible lors de la conclusion du contrat rend l'exécution excessivement onéreuse pour une partie qui n'avait pas accepté d'en assumer le risque, celle-ci peut demander une renégociation du contrat à son cocontractant. Elle continue à exécuter ses obligations durant la renégociation.*

En cas de refus ou d'échec de la renégociation, les parties peuvent convenir de la résolution du contrat, à la date et aux conditions qu'elles déterminent, ou demander d'un commun accord au juge de procéder à l'adaptation du contrat. À défaut d'accord dans un délai raisonnable, le juge peut, à la demande d'une partie, réviser le contrat ou y mettre fin, à la date et aux conditions qu'il fixe ».

Cette disposition est caractéristique de la réforme de 2016, marquée par le souci de l'équilibre contractuel.

L'adaptation du contrat s'opère en plusieurs étapes[12] : demande de renégociation par une des parties (sans suspension du contrat) ; à défaut d'adaptation dans un délai raisonnable (le standard de la raison est très présent dans le C. civ. depuis la

1. Sur celle-ci v. *infra* s^s n° 116.202.
2. Sur celle-ci v. *infra* s^s n° 116.23.
3. U. Draetta, « Les clauses de force majeure et de *hardship* dans les contrats internationaux », art. préc.
4. NOT., sur leur efficacité : Y. Lequette, « De l'efficacité des clauses de *hardship* », art. préc. – Sur leur négociation, leur teneur et leur mise en œuvre, F. Magar, « Ingénierie juridique : pratique des clauses de rencontre et renégociation », art. préc.
5. V. *infra* s^s n°s 121.130 s.
6. Sur celle-ci v. *infra* s^s n° 116.24.
7. Sur celle-ci v. *infra* s^s n° 116.202.
8. Sur celle-ci v. *infra* s^s n° 116.202.
9. Angers, 27 janv. 2004, *Mayenne Cogen et Soffimat, CCÉ* 2004, n° 145, obs. Ph. Stoffel-Munck – Com. 3 oct. 2006, n° 04-13.214, NP, *RJDA* 2007, n° 127 ; *D.* 2007. 765, note D. Mazeaud.
10. Ph. Stoffel-Munck, obs. préc.
11. *Principes d'Unidroit 2016* (art. 6.2.3).
12. N. Balat, « Les règles instituant des processus en droit des contrats : observations sur le "formalisme méthodique" », dans *Mél. B. Teyssié*, LexisNexis, 2019, p. 895 s.

réforme du droit des contrats[1]), demande judiciaire de révision ou de résiliation[2]. Ce texte, adoptant un équilibre satisfaisant[3], soulève d'autant moins d'objections qu'en réalité il a surtout un rôle prophylactique, d'aiguillon envers les parties pour les inciter à renégocier leur contrat dans un esprit constructif[4], afin d'éviter l'intervention du juge. Il est probable que le recours à celui-ci sera rarissime[5]. Mais qui sait si les juges ne se fonderont pas sur l'exigence de bonne foi de l'article 1104 pour admettre une obligation de renégocier, en marge de l'article 1195, à titre exceptionnel[6]. La survenance de la pandémie du coronavirus (covid-19) en 2020 conduisit à s'interroger sur l'application de l'imprévision à cette situation[7].

La clause de dureté conservera son utilité, en précisant les cas d'imprévision (*unexpected circumstances*) et donc en évitant les litiges portant sur les conditions légales (surtout le « *changement de circonstances imprévisible* »). D'un autre côté, l'article 1195 prévoit la possibilité d'une clause inverse, d'acceptation du risque d'imprévision, neutralisant donc cette disposition[8] (sauf sans doute dans les contrats d'adhésion, où une telle clause paraît constitutive d'un déséquilibre significatif au sens[9] de l'article 1171[10]).

En restreignant de manière significative le droit du cocontractant de saisir le juge dans les cas prévus, voire en l'écartant totalement, la clause de dureté pourrait éventuellement être considérée, en l'état actuel des textes, comme abusive en Droit interne, par application de l'article L. 442-1, I, 2°, du code de commerce (numérotation datant de l'ord. n° 2019-359 du 24 avr. 2019), relatif à l'abus par création d'un déséquilibre significatif[11].

La clause prévoyant l'obligation pour les parties de se réunir, notamment en cas d'événement majeur affectant l'équilibre économique et financier du contrat, n'oblige aucunement le contractant à accepter les modifications proposées par l'autre[12].

Il a été jugé, à propos de la cause d'exonération prévue par l'article 79 de la CVIM (« *empêchement indépendant de sa volonté* »[13]), qu'un vendeur ne pouvait pas s'en prévaloir dans la mesure où il n'établissait pas le caractère imprévisible des modifications des conditions de vente, « *alors que, professionnel rompu à la pratique des marchés internationaux, il lui appartenait de prévoir les mécanismes contractuels de garantie ou de révision* » (Civ. 1re, 30 juin 2004, n° 01-15.964[14]), ce qui montre combien la clause de dureté est considérée comme habituelle, au moins dans les contrats internationaux.

116.24 **Clause de force majeure.** Une clause de sauvegarde plus traditionnelle est celle qui porte sur la *force majeure*. Le contrat doit définir ce que les parties entendent par événement de force majeure[15] (*frustration* – v. la définition de l'art. 1218, al. 1er, C. civ., issu de la réforme du droit des contrats), et les conséquences qu'elle produit (à défaut de clause particulière les effets de la force majeure sont énoncés par l'art. 1218, al. 2). Celui qui désire s'en prévaloir doit le signifier à l'autre partie. Le contrat est *suspendu*, si l'événement de force majeure est temporaire, l'inexécution n'étant pas irrémédiable (et la partie intéressée doit tout mettre en œuvre pour reprendre l'exécution normale dans les

1. N. Blanc, « Le juge et les standards juridiques », *RDC* 2016. 394 – L. Marignol, *La prévisibilité en droit des contrats*, thèse Toulouse 1 Capitole, 2018, nos 427 s. – M. Lagelée-Heymann, « Le "raisonnable" dans le nouveau droit des contrats », *RDC* 2018. Tribune libre 473.
2. L'art. 2028, al. 2, du C. civ. (L. n° 2007-211, 19 févr. 2007), prévoyait déjà que le contrat de fiducie pouvait être modifié ou révoqué par décision de justice.
3. Ph. Stoffel-Munck, « La résiliation pour imprévision », *AJCA* 2015. 262 – J. Heinich, « Acclimater la révision pour imprévision dans les contrats en droit français », *Gaz. Pal.* 12 juin 2017. Doctr. 66.
4. Y. Picod, « L'obligation de renégocier à l'aune de la réforme du droit des obligations », dans *Mél. J. Mestre*, LGDJ, 2019, p. 805 s., spéc. n° 12.
5. Sur le rôle de l'arbitre en la matière : Ph. Stoffel-Munck, « La révision du contrat par l'arbitre à la lumière de l'article 1195 du code civil », *Rev. arbitrage* 2017/1, p. 51 s.
6. Y. Picod, « L'obligation de renégocier à l'aune de la réforme du droit des obligations », art. préc., spéc. nos 14 s.
7. C.-É. Bucher, « Contrats : la force majeure et l'imprévision remèdes à l'épidémie de covid-19 ? », *CCC* 2020. Ét. 5 – L. et J. Vogel, « Possibilités, limites et exclusions du recours à l'imprévision dans la crise du covid-19 », *AJ contrat* 2020. Pratique 275 – Ph. Stoffel-Munck, « Le devoir de renégociation du contrat : et après ? », *RDC* 2021. 173 s., s'interrogeant sur l'échec de la renégociation.
8. Contestant le caractère supplétif de l'art. 1195, et montrant qu'une impérativité raisonnée sauvegarderait bien mieux les objectifs de fond qui présidèrent à sa consécration : R. Libchaber, « Pour une impérativité raisonnée de la révision pour imprévision », *D.* 2020. Chron. 1185.
9. EN CE SENS : T. Revet, « Une philosophie générale ? », *RDC* 2016. 5, spéc. p. 10 – SUR LA QUESTION : T. Guillebon, « L'application du dispositif du code civil aux contrats du commerce électronique », *JCP E* 2017. Ét. 1454, nos 13 s. (dans le titre, il eut été préférable de parler de dispositions plutôt que de dispositif).
10. Sur cet article v. *infra* ss n° 312.154.
11. Sur cette notion v. *infra* ss n° 336.11.
12. Angers, 27 janv. 2004, *Mayenne Cogen et Soffimat*, préc. – Com. 3 oct. 2006, n° 04-13.214, préc.
13. Sur cet art. 79 : L. Pailler, « Pour une interprétation de la notion d'empêchement de l'exécution », dans G. Cerqueira (dir.), « Les 40 ans de la convention de Vienne sur la vente internationale de marchandises », *AJ Contrat* 2020. Dossier 507, p. 536.
14. Civ. 1re, 30 juin 2004, n° 01-15.964, P I, n° 192 ; *RDC* 2005. 456, obs. P. Deumier.
15. COMP. : Com. 19 juin 2007, n° 06-13.706, NP, *Expertises* 2007, p. 314, par une interprétation souveraine les juges du fond ont estimé que les parties n'avaient pas entendu exclure « *la nécessaire réunion des conditions retenues par la jurisprudence pour caractériser la force majeure* ».

meilleurs délais). Dans le cas contraire le contrat est *résolu* « de plein droit »[1] (C. civ., art. 1218, al. 2 ; contrairement à ce que pourrait donner à penser l'expression « de plein droit », la résolution de l'art. 1218 n'est ni impérative [puisque les parties peuvent stipuler une clause sur la question], ni automatique [puisqu'il est nécessaire de s'en prévaloir], sans compter que le juge a un rôle à jouer[2]). La clause peut prévoir que cette dernière mesure sera constatée par un tribunal arbitral ou étatique. La survenance de la pandémie du coronavirus (covid-19) en 2020 conduisit à s'interroger sur l'application de la force majeure à cette situation[3].

Exemple de clause de force majeure : « *La partie qui, en exécutant ses obligations avec toute la diligence voulue, se heurte à un obstacle, de quelque nature qu'il soit, qu'elle ne peut pas surmonter, n'encourt pas de responsabilité et se trouve déchargée de ses obligations, en tout ou en partie, temporairement ou définitivement, selon les circonstances. Elle devra immédiatement avertir de la situation l'autre partie par écrit, qui sera déchargée de ses obligations réciproques. Toute difficulté, quant à l'application de cette clause, sera soumise, dans un esprit de bonne foi, à l'appréciation d'un tiers, dans les conditions prévues par l'article X... Faute d'accord amiable, malgré l'intervention du susdit tiers, il appartiendra au tribunal arbitral organisé par l'article Y... de trancher le différend* »[4].

À l'inverse, comme les parties sont en principe libres de modifier les règles relatives aux risques du contrat, elles peuvent décider que la survenance d'un cas de force majeure, empêchant l'exécution des obligations de l'une d'entre elles, ne dispensera pas l'autre de l'exécution de ses propres obligations. Cependant, cette clause peut être jugée abusive lorsqu'elle a pour objet ou pour effet de créer, aux dépens du non-professionnel ou du consommateur, un déséquilibre significatif dans les droits et les obligations des parties (C. consom., art. L. 212-1, al. 1er[5]). La prohibition est même sans doute plus radicale depuis l'entrée en vigueur du décret n° 2009-302 du 18 mars 2009, car l'actuel article R. 212-1 du code de la consommation considère comme abusives douze clauses, dont « 5° *Contraindre le consommateur à exécuter ses obligations alors que, réciproquement, le professionnel n'exécuterait pas ses obligations de délivrance ou de garantie d'un bien ou son obligation de fourniture d'un service* » et « 7° *Interdire au consommateur le droit de demander la résolution ou la résiliation du contrat en cas d'inexécution par le professionnel de ses obligations de délivrance ou de garantie d'un bien ou de son obligation de fourniture d'un service* ».

Dans un contrat international, la définition de la force majeure est généralement beaucoup moins rigoureuse qu'en Droit français, c'est-à-dire que des circonstances ne correspondant pas à celle-là y sont assimilées d'un commun accord ; le négociateur doit en peser les termes. Nous avons proposé ci-dessus une version courte de clause de force majeure. Mais elle est parfois fort longue dans un contrat international : nous avons eu connaissance d'une clause qui avait quatre pages ! Plus la clause est prolixe, plus paradoxalement elle risque d'être inefficace car, si elle entend citer tous les cas de force majeure, elle risque d'omettre celui qui précisément surviendra, sauf lorsque les rédacteurs ont pris la précaution d'assortir l'énumération des cas par « notamment » ou une autre formule équivalente.

116.25 Clauses d'actualisation du prix (renvoi). Parmi les clauses de sauvegarde, il y a encore lieu de mentionner les clauses destinées à permettre l'actualisation du prix[6].

116.26 Clauses d'indulgence (rappel). Peuvent être regardées comme des clauses d'indulgence les *clauses élusives de « responsabilité »* et *limitatives d'indemnisation*[7] (dont les clauses d'indemnisation forfaitaire [*liquidated damages clauses*]). En Droit français, ces clauses jouent pleinement, dans le domaine contractuel, pour les fautes ordinaires (légères[8]), alors qu'elles n'ont qu'un rôle probatoire quant aux fautes lourdes ou dolosives (elles n'ont donc d'intérêt, sous cet aspect, que pour les obligations qui, sans la clause, eussent été de moyens). Elles se déduisent de la gravité du comportement du débiteur. Lorsque le créancier prouve la présence d'une telle faute, la limitation contractuelle disparaît[9].

1. M. Tirel, *L'effet de plein droit*, préf. D. R. Martin, « NBT », Dalloz, 2018, montrant que le régime juridique des mécanismes contractuels de plein droit n'est jamais gouverné par l'automaticité.
2. SUR l'ensemble de la question : J.-B. Seube, « "De plein droit" dans la réforme ! », dans *Mél. J. Huet*, LGDJ, 2017, p. 350.
3. C.-É. Bucher, « Contrats : la force majeure et l'imprévision remèdes à l'épidémie de covid-19 ? », *CCC* 2020. Ét. 5.
4. *ADDE* l'excellente clause de force majeure des *Principes relatifs aux contrats du commerce international Unidroit 2017*, préc., art. 7.1.7, et le commentaire – COMP. : A.-S. Lucas-Puget, « La clause de force majeure », *JCP E* 2015. Formule 2.
5. Ph. le Tourneau (dir.), *Droit de la responsabilité et des contrats. Régimes d'indemnisation*, 12e éd., « Dalloz action », 2020, nos 3221.40 s.
6. Traitées avec l'étude du prix, v. *infra* ss nos 121.61 s.
7. Celles-ci sont expressément valides selon l'art. 1231-3 du C. civ. – POUR UN MODÈLE : C.-É. Bucher, « La clause limitative de réparation », *CCC* 2020 (10). Formule 9 et *CCÉ* 2021 (11). Formule 10.
8. EX. : Com. 22 janv. 2008, n° 06-12.341, NP.
9. Ph. le Tourneau (dir.), *Droit de la responsabilité et des contrats...*, 12e éd., *op. cit.*, n° 3225.12 ; sur la notion de faute lourde, nos 3121.230 s.

Mais ce n'est pas tout. À côté de ce manquement de *nature subjective* (la faute lourde), il existe aussi un manquement de *caractère objectif*, conduisant à la même inefficacité des clauses sur la responsabilité, à savoir en présence d'un écart considérable entre la prestation attendue et la défaillance constatée. En effet, les clauses élusives de « responsabilité » et limitatives d'indemnisation sont *nulles (pour absence de cause) lorsqu'elles contredisent l'obligation essentielle* (ou *fondamentale*) souscrite par le débiteur. Telle est la solution adoptée par la Cour de cassation en juin 2010, mettant un terme à des hésitations et à une jurisprudence excessive[1] en rejetant[2], par des termes très clairs[3], dans une autre affaire *Faurecia c/Oracle*, le pourvoi contre l'arrêt de la cour d'appel de Paris qui avait résisté[4]. L'article 1170 du code civil légalisa et généralisa la solution : « *Toute clause qui prive de sa substance l'obligation essentielle du débiteur est réputée non écrite* ».[5] Et, comme le second alinéa de l'article 1184 précise que « *Le contrat est maintenu lorsque la loi répute la clause non écrite* », le risque suscité par un arrêt de 2012[6], permettant de demander la résolution pour inexécution afin d'échapper aux clauses limitatives, n'existe plus. La clause d'indemnisation forfaitaire peut le cas échéant être requalifiée de clause pénale[7]. En France son montant peut alors être modéré ou augmenté s'il est manifestement excessif ou dérisoire[8], tandis qu'en droit anglo-américain la clause pénale [*penalty clause*] est en principe réputée non écrite[9] (*disregarded*). Au Royaume-Uni, les clauses limitatives de responsabilité sont généralement paralysées, par une disposition spécifique de la clause, en présence de « faute délibérée » (*wilful misconduct*), dite aussi « négligence délibérée » (*wilful neglect* – La *wilful misconduct* est une notion floue, qui suppose que le contractant : *a)* avait conscience et l'intention d'adopter un comportement revêtant un caractère fautif ; *b)* était conscient de la perte qui pourrait en résulter ; *c)* a été imprudent quant au fait de savoir si ses actions étaient ou non fautives et si une perte en résulterait[10]).

1. SUR CELLE-CI : l'éd. 2010-2011 de ce livre, n° 1.39.1.
2. Com. 29 juin 2010, n° 09-11.841, *Faurecia c/Oracle*, P IV, n° 115 ; *D.* 2010. AJ 1707, obs. X. Delpech ; p. 1383, note D. Mazeaud ; *JCP* 2010, n° 28, 787, note D. Houtcieff ; *JCP E* 2010, n° 37, 1790, note Ph. Stoffel-Munck ; *CCÉ* 2010, n° 99, obs. Ph. Stoffel-Munck ; *LPA* 7-8 sept. 2010, n° 178-179, p. 7, note C. Grimaldi ; *LPA* 13 sept. 2010, n° 182, p. 6, note R. Siri ; *Gaz. Pal.* 2010. 2, p. 2806, note Ph. Glaser et M.-E. Mathieu ; *RJ com.* 2010. 430, note H. Alterman ; *RDC* 2010. 1253, obs. O. Deshayes – L. Bloch, « L'ère post-Chronopost : le retour aux sources », *RCA* 2010. Ét. 11 ; B. Daille-Duclos, « Clauses limitatives de responsabilité : Un nouvel avenir ? », *JCP E* 2010, n° 38, 1814 ; M. Lamoureux, « Le regain de vitalité de la clause limitative de réparation », *RLDC* 2010/77. Chron. 4030 – NOT. DEPUIS : Com. 31 mai 2011, n° 10-13.633, NP, *RJDA* 2011, n° 771 ; *Gaz. Pal.* 2011. 2, p. 2395, note D. Houtcieff, à propos de la location d'une console d'enregistrement.
3. « *Seule est réputée non écrite la clause limitative de réparation qui contredit la portée de l'obligation essentielle souscrite par le débiteur* » – NOT. DEPUIS : Com. 3 déc. 2013, n° 12-26.412, NP, *RDC* 2014. 176, note T. Genicon, cassation de l'arrêt n'ayant pas recherché « *en quoi la clause litigieuse, qui fixait à une somme égale au coût du transport le montant de l'indemnité en cas de retard dans la livraison, avait pour effet de contredire l'obligation pour le transporteur de respecter un strict délai* » ; l'arrêt est bien dans la lignée de Com. 29 juin 2010, n° 09-11.841, préc., tout en adoptant une solution plus libérale quant à la validité des clauses – Com. 4 nov. 2014, n° 13-13.576, NP : une clause, obligeant l'acheteur à former réclamation contre le vendeur au moment même de la livraison de la chose, rend impossible toute action en réparation du préjudice résultant de son utilisation, nécessairement postérieure, de sorte qu'elle doit être réputée non écrite dans les rapports entre le vendeur et l'acheteur.
4. Paris, 25e ch. A, 26 nov. 2008, *Faurecia c/Oracle, CCÉ* 2009, n° 37, obs. Ph. Stoffel-Munck ; *Gaz. Pal.* 2009. 1, Somm. 1438, obs. J.-F. Forgeron et C. Michau ; *RJ com.* 2009. 20, note H. Alterman ; *JCP E* 2009. 1674, n° 3, obs. M. Vivant, N. Mallet-Pujol et J.-M. Bruguière ; *RDC* 2009. 1010, note T. Genicon – RÉSISTANT À : Com. 13 févr. 2007, n° 05-17.407, *Faurecia c/Oracle*, P IV, n° 43 ; *D.* 2007. AJ 654, obs. X. Delpech ; *RDC* 2007. 707, note D. Mazeaud et p. 746, note S. Carval ; *JCP* 2007. II. 10063, note Y.-M. Serinet ; *JCP* 2007. I. 185, obs. Ph. Stoffel-Munck ; *JCP E* 2007. 2336, note J. Huet ; *RJ com.* 2008. 187, note H. Alterman et N. Herzog ; *Defrénois* 2007. 1042, note R. Libchaber ; *RLDC* 2007, n° 2511, note G. Loiseau : dans le domaine informatique, écartant les clauses sur la responsabilité alors qu'il y a eu manquement à l'obligation essentielle, sans égard au montant dérisoire ou non de la réparation stipulée [EN L'ESP. elle était importante] – Le plafond doit être respecté lorsqu'il n'est pas dérisoire et qu'il ne vide pas l'engagement du débiteur de sa substance.
5. SUR LA NOTION : S. Gaudemet, *La clause réputée non écrite*, préf. Y. Lequette, « Recherches Juridiques », Economica, 2006 – SUR LES INTERROGATIONS quant à la portée de l'art. 1170 : Ph. Stoffel-Munck, « Le contenu du contrat. La révolution des clauses abusives », dans J. Caertwright, B. Fauvarque-Cosson et S. Whittaker (dir.), *La réécriture du code civil. Le droit français des contrats après la réforme de 2016*, « Droit comparé européen – Société de législation comparée », vol. 29, 2018, p. 149 s., spéc. p. 153 s. – Douai, 25 oct. 2018, RG n° 17/05131, clause limitative déclarée non-écrite, car dérisoire au regard des profits réalisés par le biais de l'installation informatique et des dommages très élevés pouvant intervenir en cas de mauvais fonctionnement.
6. Com. 3 mai 2012, n° 11-17.779, P IV, n° 86 ; *D.* 2012. 1719, note A. Etienney de Sainte-Marie, CRIT. ; *D.* 2013. 391, obs. S. Amrani-Mekki et M. Mekki ; *JCP* 2012, n° 35, 901, note A. Hontebeyrie ; *JCP E* 2012, n° 36, 1512, note A. Hontebeyrie ; *Gaz. Pal.* 10 oct. 2012, note APPROB. D. Houtcieff ; *RTD civ.* 2012. 527, obs. B. Fages.
7. Sur celle-ci v. *infra* ss n° 122.133.
8. C. civ., art. 1231-5, al. 2.
9. F.-X. Testu, *Contrats d'affaires*, « Dalloz référence », 2010, nos 113.27 s.
10. P. Rosher, « La notion de "wilful misconduct" et son incidence sur l'étendue des clauses limitatives de responsabilité », *RDAI* 2018/6. 529 s., spéc. p. 531.

Plus radicalement, dans la *vente*, les clauses relatives à la responsabilité sont interdites entre professionnel et non-professionnel ou consommateur (au titre des clauses abusives[1]), tandis que les clauses relatives à la garantie contre les vices cachés ne sont valables qu'entre professionnels de la même spécialité[2].

Lorsque la clause élusive de « responsabilité » ou limitative d'indemnisation est licite, elle se transmet aux acquéreurs successifs de la chose[3].

En cas de résolution d'un contrat pour inexécution, les clauses limitatives de réparation des conséquences de cette inexécution demeurent applicables[4] (comp. : C. civ., art. 1230).

Rappel : les clauses élusives ou limitatives de responsabilité délictuelle sont nulles, les articles 1240 et 1241 étant d'ordre public[5].

116.27 Clauses sur la solidarité. Dans un contrat comportant plusieurs prestataires il est possible d'exclure par une clause la solidarité (de principe en matière commerciale[6]) et la responsabilité *in solidum*[7]. La Cour de cassation a même admis qu'une clause excluant la solidarité en cas de pluralité de responsables s'appliquait également à la responsabilité *in solidum*[8], ce qui est justifié dans la mesure où ces clauses ont pour objet de répartir les risques du contrat.

116.28 Clauses de renonciation. Les contrats comportent parfois une clause de renonciation à recours[9], assortie de l'obligation pour le créancier de souscrire une assurance, de sorte qu'elle ne le prive pas d'indemnité en cas de sinistre. Bien que différente d'une clause de non-responsabilité, puisqu'elle présente un caractère purement procédural, portant sur l'action en responsabilité et non sur le droit à réparation, la jurisprudence tend à les assimiler[10].

116.29 Clauses d'absence de renonciation tacite. Le contrat comporte parfois une clause précisant que le fait, pour une des parties, de ne pas se prévaloir, à un moment donné, d'une stipulation ne pourra pas être interprété comme une renonciation tacite à ses droits ; de sorte qu'elle pourra ultérieurement faire valoir ladite stipulation[11]. Une clause comparable est dite de tolérance[12] ; l'expression est assez malheureuse, car en réalité elle vise généralement à éviter que la tolérance de tel manquement ou de tel comportement soit interprété comme un acte de renonciation. Cependant, une véritable clause de tolérance est celle par laquelle le créancier accepte par avance une éventuelle défaillance minime du débiteur (par ex. moins de 1 % de produits défectueux).

§ 2
Clauses de limitation du dommage

116.31 Devoir implicite devenu explicite. En dehors des clauses d'indemnisation régissant directement les conséquences d'une défaillance contractuelle[13], une clause originale instaure indirectement une limitation de celles-ci ou, du moins, l'espoir

1. C. consom., art. R. 212-1, 6°.
2. EX. : Com. 15 mai 2001, n° 98-18.603, *Cegid informatique*, NP, *RJDA* 2001, n° 957 – Douai, 27 janv. 2005, *Richard c/ Bouduin, JCP E* 2006. Pan. n° 1062 : cas en l'esp., dans un autre domaine – Civ. 3e, 5 déc. 2006, n° 04-16.878, NP, *RJDA* 2007, n° 466 : pas le cas – Civ. 1re, 27 nov. 2019, n° 18-18.402, NP, *CCC* 2020, n° 18, obs. L. Leveneur – Ph. le Tourneau, *Responsabilité des vendeurs et fabricants*, 5e éd., « Dalloz référence », 2016, nos 52.192 s.
3. Civ. 1re, 7 juin 1995, n° 93-13.898, P I, n° 249 ; *D.* 1996. Somm. 14, obs. O. Tournafond et p. 395, note D. Mazeaud, CRIT. – Aix-en-Provence, 27 mars 2002, *Rapt, CCÉ* 2002, n° 144, obs. Ph. Stoffel-Munck.
4. Com. 7 mai 2018, n° 16-20.352, P IV, n° 19 ; *D.* 2018. 537, note D. Mazeaud ; *JCP E* 2018. 415, avis L. Le Mesle ; *JCP E* 2018. 416, note M. Leveneur-Azémar ; *JCP E* 2018. 1295, note N. Dissaux ; *RDC* 2018. 196, note J. Knetsch ; *RTD civ.* 2018. 401, obs. H. Barbier.
5. Civ. 2e, 28 nov. 1962, *D.* 163. 465 – Civ. 1re, 5 juill. 2017, n° 16-13.407, NP, *CCC* 2017, n° 217, obs. L. Leveneur ; *RDC* 2017. 599, obs. O. Deshayes ; *D.* 2018. Pan. 371, obs. M. Mekki – H. Conte, *Volonté et responsabilité civile*, th. Toulouse 1 Capitole, 2017, nos 308 s., conteste le caractère d'ordre public de la responsabilité « extra-contractuelle ».
6. V. Forti, « Le domaine de la présomption de solidarité en matière commerciale », *RTD com.* 2021. 257.
7. EX. : Civ. 3e, 8 févr. 2018, n° 17-13.596, NP : à propos d'un contrat de maîtrise d'œuvre – Civ. 3e, 19 mars 2020, n° 18-25.585, P, *CCC* 2020, n° 92, obs. L. Leveneur ; *RDC* 2021. 35, obs. A. Hontebeyrie, à propos de travaux de terrassement. – Civ. 3e, 19 janv. 2022, n° 20-15.376, P, *JCP G* 2022. Chron. 257, n° 5, obs. G. Virassamy, contrat de construction, clause privée d'effet en l'esp.
8. Civ. 3e, 14 févr. 2019, n° 17-26.403, P, *AJ contrat* 2019. 255, obs. G. Cattalona.
9. Ph. Delebecque, « Les renonciations à recours », dans *Mél. Ph. Simler*, Litec-Dalloz, 2006, p. 563 s.
10. EX. DANS UN CONTRAT de dépôt : Com. 26 avr. 2017, n° 15-23.239, NP, *CCC* 2017, n° 140, obs. L. Leveneur ; *RDC* 2017. 431, obs. J. Knetesch ; *RTD civ.* 2017. 851, obs. H. Barbier ; *D.* 2018. Pan. 371, obs. M. Mekki : en l'esp., la C. de cass. appliqua le critère de l'arrêt *Faurecia,* préc, l'obligation essentielle, pour valider la clause de renonciation à recours.
11. EX. : T. com. Paris, 1re ch., *Iguane c/F. Secure, Expertises* 2015. 400 : clause dans un contrat d'hébergement de serveurs et d'accès à internet pour des activités de stockage.
12. H. Skrzypniak, « La clause de tolérance », *D.* 2016. Chron. 218.
13. V. *supra* ss n° 116.26.

d'une telle limitation, mais uniquement pour les préjudices matériels. Telle est celle qui rappelle le devoir du maître de l'ouvrage de minimiser le préjudice (*mitigation of loss*), en prenant toutes les mesures propres à cet effet[1] (l'expression « obligation de minimiser le dommage », traduction de l'anglais *duty to mitigate*, est imparfaite, car il ne s'agit pas d'une obligation *stricto sensu*, la victime n'encourant aucune responsabilité envers l'auteur du dommage lorsqu'elle ne modère pas celui-ci). La clause peut préciser que ce devoir de minimiser le préjudice s'étend aux frais de l'éventuel litige.

À dire le vrai, une clause en ce sens pourrait sembler superflue, étant inhérente à l'obligation de bonne foi et de loyauté devant gouverner les rapports contractuels ou bien, selon un auteur, en tant qu'effet du contrat « *dont la fonction est d'en faire respecter l'économie lors de la liquidation des dommages-intérêts* »[2]. L'obligation de minimiser le préjudice, reconnue comme un principe de la *lex mercatoria internationalis* et appliquée par les arbitres internationaux, est imposée par la convention de Vienne du 10 avril 1980 sur la vente internationale de marchandises[3] (elle est également prévue par les *Principes d'Unidroit 2016*[4] et, de façon édulcorée, par les *Principes du droit européen du contrat*[5]). Certains arrêts de juridictions nationales semblent l'avoir adoptée[6].

1. L. Thibierge, « L'obligation de minimiser son préjudice », *RDAI* 2016. 365 s. ; adoptant notre point de vue sur la distinction du dommage et du préjudice (Ph. le Tourneau [dir.], *Droit de la responsabilité et des contrats. Régimes d'indemnisation*, 12e éd., « Dalloz action », 2020, nº 010.04) ; l'auteur analyse cette obligation dans la jurisprudence arbitrale, tant quant à son fondement que quant à sa mise en œuvre.
2. S. Pimont, « Remarques complémentaires sur le devoir de minimiser son propre dommage », *RLDC* oct. 2004, p. 15 s. ; nov. 2004, p. 14 s.
3. CVIM, art. 77.
4. Principes d'Unidroit 2016, art. 7. 4. 8, 1.
5. Principes du droit européen du contrat, art. 9.505, 1 – AUSSI : Perruchot-Triboulet, dans C. Prieto (dir.), *Regards croisés sur les Principes du Droit européen du contrat et sur le Droit français*, avant-propos J. Mestre, PUAM, 2003, p. 529.
6. Civ. 2e, 24 nov. 2011, nº 10-25.635, P II, nº 217 ; *D.* 2012. 141, note H. Adida-Canac ; *D.* 2012. 644. Chron. H. Adida-Canac, O.-L. Bouvier et L. Leroy-Gissinger ; *D.* 2013. 40, obs. Ph. Brun et O. Gout ; *JCP* 2012, nº 7, 170, note V. Rebeyrol ; *RCA* 2012, nº 34, obs. S. Hocquet-Berg ; *JCP* 2012, nº 17, 530, nº 3, obs. Ph. Stoffel-Munck ; *Gaz. Pal.* 29 avr. 2012, note M. Mekki ; *RDC* 2012. 437, note S. Carval ; *RTD civ.* 2012. 324, obs. P. Jourdain : cassation de l'arrêt n'ayant pas caractérisé « la faute de l'assuré ayant causé l'aggravation de son préjudice matériel » – Mais la C. de cass. refuse généralement de reconnaître ce devoir de minimiser le préjudice : Ph. le Tourneau (dir.), *Droit de la responsabilité et des contrats... op. cit.*, 12e éd., nº 0113.32.

SECTION 3
CLAUSES SUR LA DIVISIBILITÉ, L'INTÉGRALITÉ ET L'IMMUTABILITÉ

§ 1
Clauses de divisibilité ou d'indivisibilité contractuelles

116.40 Renvoi. Sur la question de l'indivisibilité des ensembles contractuels v. *supra* s^s n°s 013.12 s.

Bibliographie. Thèse. M. Lamoureux, *L'aménagement des pouvoirs du juge par les contractants. Recherche sur un possible imperium des contractants*, préf. J. Mestre, PUAM, 2006, 2 t.

Articles. O. Dorchies, « Pratique contractuelle. La clause d'intégralité dans les contrats informatiques et télécoms », *CCÉ* 2016. Fiche prat. nº 2 – M. Lamoureux, « La clause d'intégralité en droit français, anglais et américain », *RLDC* 2007, 35, nº 2418 – A.-S. Lucas-Puget, « La clause d'intégralité », *RCA* 2016. Formule 5 – G. Pillet et P. Roscher, « Les clauses d'intégralité dans les contrats du commerce international », *RDAI* 2020/1, p. 1 – T. de Ravel d'Esclapon, « Variations sur la clause d'intégralité à l'heure de la réforme du droit des contrats », *AJ contrat* 2017. Pratique 375.

116.41 Dissociation du sort des diverses clauses ou des divers contrats. Le risque existe, malgré le recours à des juristes chevronnés, que telle ou telle clause du contrat définitif lui-même ou de l'un des contrats satellites[7] soit nulle. Pour se prémunir contre le risque que le juge ou un arbitre considère l'entier contrat ou le groupe des contrats comme un tout indivisible et, dès lors, annule l'*ensemble*, une clause de divisibilité ou d'indépendance contractuelle peut être judicieusement insérée[8]. Le juge est en principe tenu de la respecter[9], sauf si elle ne paraît pas refléter la volonté réelle des parties[10] (n'étant en réalité qu'une « clause de style »[11]), et sauf s'il lui apparaît que la nullité totale permet

7. V. *supra* s^s n°s 115.21 s.
8. Com. 22 janv. 2008, nº 06-18.708, *Bahé c/Locam*, NP, *RJDA* 2008, nº 979, 2e esp., où c'était le cas.
9. Com. 27 mars 1990, nº 88-15.092, P IV, nº 93 ; *D.* 1991. 289, note F.-X. Testu.
10. De sorte que les juges du fond doivent rechercher lorsque les parties le demande si, « *nonobstant la clause précitée,* [elles] *avaient la commune intention de rendre leurs accords indivisibles* » : Com. 22 janv. 2008, nº 06-18.708, *Bahé c/Locam*, préc. – SUR POURVOI contre l'arrêt de renvoi rendu après cassation : Com. 7 juin 2011, nº 10-12.020, *Bahé c/Locam*, NP, *RJDA* 2011, nº 764.
11. COMP. : Com. 14 oct. 2008, nº 07-18.955, P IV, nº 171 ; *D.* 2008. AJ 2718, obs. X. Delpech ; *RDC* 2009. 56, obs. Y.-M. Laithier, « *clause de style dépourvue de valeur juridique* », à propos d'un transport maritime – SUR CETTE NOTION : D. Denis, « La clause de style », dans *Mél. J. Flour*, *Defrénois*, 1979, p. 117 s.

seule de répondre aux exigences d'ordre public. Toutefois, d'une part, il arrive que l'indivisibilité conventionnelle soit reconnue alors même qu'une clause excluant l'indivisibilité avait été stipulée par les parties [1]. D'autre part, depuis deux arrêts d'une chambre mixte de la Cour de cassation de 2013, l'interdépendance [2] est de droit lorsque le groupe de contrats inclut une « location financière » [3], et ils réputèrent non écrite la clause d'indépendance dans cette situation [4] (sans justification de cette atteinte à la liberté contractuelle). Cependant, l'anéantissement du contrat principal est un préalable nécessaire à la caducité, par voie de conséquence, du contrat de location financière [5]. Inversement, l'anéantissement du contrat de location est un préalable nécessaire à la caducité du contrat principal [6]. Cette particularité cessera pour les contrats conclus à partir du 1er octobre 2016, soumis à l'article 1186 du code civil posant les conditions de la caducité à raison d'une interdépendance [7].

La clause de divisibilité participe de ce qu'un auteur nomme l'*imperium des contractants* [8]. Toutefois, à la lecture des arrêts précités d'une chambre mixte rendus en 2013, la prudence conduit à éviter les clauses d'indépendance dans des ensembles contractuels dans lesquels « *le juge aurait pu identifier une indivisibilité objective, à commencer par toutes les opérations relatives à un financement, quelle qu'en soit la forme, d'un matériel comme dans les prêts liés, au-delà du droit de la consommation ou du crédit-bail,*

1. Civ. 1re, 10 sept. 2015, n° 14-13.658, P I, n° 200 ; *AJCA* 2015. 469, note D. Mazeaud, 1re esp. ; *JCP E* 2015, n° 1548, note S. Le Gac-Pech, CRIT. ; *CCC* 2015, n° 266, obs. G. Raymond ; *CCC* 2015, n° 274, obs. L. Leveneur ; *LPA* 18 nov. 2015. 8, note V. Legrand ; *D.* 2016. Pan. 571, obs. M. Mekki ; *RDC* 2016. 16, note Y.-M. Laithier, 1re esp. : les parties avaient inséré dans leur contrat une clause écartant l'indivisibilité des contrats de vente et de prêt à la consommation, ou du moins le prêteur avait accepté de déroger à la clause du contrat de crédit excluant les anc. art. L. 311-1 et s. du C. consom. si l'opération de crédit dépassait 21 500 euros.
2. La C. de cass. emploie ici l'expression de contrats *interdépendants* plutôt qu'indivisibles, suivant en cela un auteur : S. Pellé, *La notion d'interdépendance contractuelle : Contribution à l'étude des ensembles de contrats*, préf. J. Foyer et M.-L. Demeester, Dalloz, 2007.
3. La location financière se distingue du crédit-bail par le fait qu'elle n'est pas assortie d'une promesse unilatérale de vente au profit du vendeur.
4. Cass. ch. mixte, 17 mai 2013, n° 11-22.768, P, n° 1, 1re esp. ; *D.* 2013. 1658, note D. Mazeaud, 2e esp. ; *D.* 2013. 2487, obs. J. Larrieu, C. Le Stanc et P. Tréfigny ; *JCP* 2013, n° 673, note F. Buy, APPROB. ; *JCP* 2013, n° 674, note J.-B. Seube, CRIT. ; *JCP E* 2013, n° 1403, note D. Mainguy ; *Gaz. Pal.* 12-13 juin 2013, 11, note N. Guerrero, CRIT. ; *Gaz. Pal.* 3-7 juill. 2013, 18, note D. Houtcieff, 1re esp. ; *Gaz. Pal.* 18-19 sept. 2013, n° 261-262, note L.-F. Pignarre ; *LPA* 1er juill. 2013, n° 130, p. 7, note L. Martinet et H. de Roux, CRIT. ; *LPA* 28 août 2013, n° 172, p. 9, note J. Attard, 1re esp. ; *LPA* 25 oct. 2013, p. 7, note S. Chassagnard-Pinet ; *RDC* 2013. 849, avis L. Le Mesle ; *RTD civ.* 2013. 597, obs. H. Barbier ; *RTD com.* 2013. 569, obs. D. Legeais – Cass. ch. mixte, 17 mai 2013, n° 11-22.927, P, n° 1, 2e esp. ; *D.* 2013. AJ 1273, obs. X. Delpech ; *D.* 2013. 1658, note D. Mazeaud, 1re esp. ; *D.* 2013. 2487, obs. J. Larrieu, C. Le Stanc et P. Tréfigny ; *JCP* 2013, n° 673, note F. Buy, APPROB. ; *JCP* 2013, n° 674, note J.-B. Seube, CRIT. ; *Gaz. Pal.* 3-7 juill. 2013, 18, note D. Houtcieff, 2e esp. ; *Gaz. Pal.* 18-19 sept. 2013, n° 261-262, note L.-F. Pignarre ; *LPA* 1er juill. 2013, n° 130, p. 7, note L. Martinet et H. de Roux, CRIT. ; *LPA* 28 août 2013, n° 172, p. 9, note J. Attard, 2e esp. ; *LPA* 25 oct. 2013, p. 7, note S. Chassagnard-Pinet ; *RDC* 2013. 849, avis L. Le Mesle ; *RTD civ.* 2013. 597, obs. H. Barbier ; *RTD com.* ▶ 2013. 569, obs. D. Legeais – SUR ces deux arrêts de Cass. ch. mixte : É. Le Quellenec, « Le rejet par la chambre mixte de la clause de divisibilité dans les contrats de location financière », *RLDI* 2013/95, n° 3160 ; N. Martial-Braz, « Variations autour des fondements de l'indivisibilité au sein d'un ensemble contractuel : la symphonie inachevée de la Cour de cassation », *RLDC* 2013, Doctr. 5181 ; – DANS LE MÊME SENS : Com. 9 juill. 2013, nos 11-19.633 et 11-19.634, NP, *D.* 2013. 2551. Chron. A.-C. Le Bras, H. Guillou, F. Arbellot et J. Lecaroz ; *CCÉ* 2013, n° 102, obs. G. Loiseau – Com. 19 nov. 2013, n° 12-23.955, NP, *RJDA* 2013, n° 196 : contrat portant sur du matériel de télésurveillance et sur sa maintenance, avec une location financière – Com. 19 nov. 2013, n° 12-12.008, NP, *RJDA* 2014, n° 299 : contrat de fourniture et de matériel, d'intégration d'une solution de traçabilité et d'assistance technique, financé par un contrat de location financière – Com. 26 nov. 2013, n° 12-25.191, NP, *D.* 2014. 2317, obs. J. Larrieu, C. Le Stanc et P. Tréfigny ; *CCÉ* 2013, n° 5, obs. G. Loiseau : contrat de prestation de services internet et une convention de location financière de matériels et de logiciels – Com. 21 oct. 2014, n° 13-21.670 et n° 13-24.925, NP, *RDC* 2015. 40, obs. J. Huet – Com. 10 juill. 2017, n° 15-27.703, P IV, n° 105 ; *AJ contrat* 2017. 429, obs. S. Bros, 2e esp. ; *Gaz. Pal.* 26 sept. 2016. 34, note D. Houtcieff, 2e esp. ; *JCP* 2017. 1021, note C. Boy ; *JCP E* 2017. 1523, note N. Dissaux ; *CCC* 2017, n° 218, obs. L. Leveneur ; *RDC* 2017. 590, obs. T. Genicon, 1re esp. et 627, obs. J.-B. Seube, 1re esp. : « *les contrats concomitants ou successifs qui s'inscrivent dans une opération incluant une location financière sont interdépendants et [...] la résiliation de l'un quelconque d'entre eux entraîne la caducité, par voie de conséquence, des autres, sauf pour la partie à l'origine de l'anéantissement de cet ensemble contractuel à indemniser le préjudice causé par sa faute* » ; contrat de fourniture et d'entretien de photocopieurs et contrat de location financière de ces matériels.
5. Com. 4 nov. 2014, n° 13-24.270, P IV, n° 159 ; *D.* 2015. Pan. 529, obs. S. Amrani-Mekki et M. Mekki ; *JCP G* 2015. 54, note J.-J. Barbièri ; *RDC* 2015. 269, note J.-B. Seube, 1re esp. ; *RTD civ.* 2015. 127, obs. H. Barbier, 1re esp. – Com. 13 déc. 2016, n° 15-14.355, NP, *RJDA* 2017, n° 150 – Civ. 1re, 20 févr. 2019, n° 18-11.666, NP, *RJDA* 2019, n° 541.
6. Com. 4 juill. 2018, n° 17-15.597, P IV, n° 78 ; *JCP E* 2019. 1010, note N. Dissaux.
7. E. Seifert, « Interdépendance contractuelle et caducité », *RCA* 2017. Formule 8 – P. Crocq, « La codification incomplète de l'interdépendance des contrats », dans *Mél. B. Teyssié*, LexisNexis, 2019, p. 950 s., suggérant de préciser le régime.
8. M. Lamoureux, *L'aménagement des pouvoirs du juge par les contractants. Recherche sur un possible imperium des contractants*, th. préc.

et peut-être des ensembles constitués de la fourniture d'un matériel et de sa maintenance »[1].

Voici deux exemples de clauses de divisibilité : « *Si l'une des clauses du présent contrat ou de l'un des contrats annexés était contraire à une loi d'ordre public nationale ou internationale, seule la clause en question sera annulée, le contrat demeurant valable pour le surplus. Les parties négocieront de bonne foi la rédaction d'une nouvelle clause destinée à remplacer celle qui était nulle. Si elles ne parviennent pas à s'entendre sur cet objectif, elles chargeront un tiers, choisi selon ce qui est indiqué à la clause ci-dessus x..., de la rédiger* ».

« *Severability. The provisions of this agreement are severable, and any invalidity, unenforceability or illegality of any provision or provisions hereof, pursuant to the law of any state or country in which this agreement is effective, shall not affect the remaining provisions of this agreement nor the validity of this agreement as a whole. Any provision of this agreement which is prohibited or unenforceable in any jurisdiction shall, as to such jurisdiction, be ineffective to the extent of such prohibition or unenforceability without invalidating the remaining provisions hereof or affecting the validity or enforceability or such provision in any other jurisdiction. If any provision of this agreement is capable of two constructions, one of which would render the provision void and the other of which would render the provision valid, the provision shall have the meaning which renders it valid* ».

De même, lorsqu'il existe un ensemble contractuel, une clause de divisibilité peut dissocier le sort des divers contrats, afin que le contrat conclu avec son partenaire ne soit pas affecté par les incidents rencontrés par celui-ci avec un tiers dans un autre contrat. Elle prévoit ainsi que la validité et la pérennité du contrat A est indépendante de celles du contrat B[2]. Toutefois, les juges peuvent déduire de *l'économie* de l'ensemble contractuel l'interdépendance des contrats et de leurs obligations malgré la clause de divisibilité[3]. Cette solution apparaît comme une application du principe de cohérence[4]. Elle semble avoir été légalisée par l'article 1186, alinéa 2, du code civil[5], dont le caractère impératif ou supplétif fait débat[6].

À l'inverse, les parties peuvent organiser par une clause spécifique l'indivisibilité du contrat, ou d'un groupe de contrats : La nullité d'une clause ou d'un contrat (comme la résiliation de l'un d'entre eux) atteindra l'ensemble[7].

§ 2
Clauses d'intégralité, de complémentarité et de préséance

116.51 **Clause d'intégralité.** Par la clause *d'intégralité* (*entire agreement*) il est convenu que le contrat définitif renferme toutes les conditions et obligations que les parties ont adoptées, qu'il ne peut pas être contredit ni complété par des déclarations ou des documents antérieurs[8]. Elle calque le *negotium* sur l'*instrumentum*. Dans le domaine de l'informatique elle est plus volontiers dénommée *clause des quatre coins*, signifiant que les engagements des parties sont bornés par lesdits angles (du contrat). Cette appellation est-elle une réminiscence de la notion des quatre circonstances, qui constituaient le fondement du savoir-vivre selon Antoine de Courtin[9] ? Les voici : Un homme bien élevé doit régler son comportement en fonction de sa condition, de son âge, du moment et du lieu. Mais n'est-ce pas aussi le cas des négociateurs d'un contrat ?

Ceux-ci doivent mesurer la portée de la stipulation des quatre coins. Elle annule et évince de but en blanc l'ensemble des documents antérieurs au con-

1. D. Mainguy, note préc. sous Cass. ch. mixte, 17 mai 2013, n° 11-22.768, préc.
2. COMP. : Colmar, 25 sept. 2007, *JCP E* 2008, Somm. n° 1430 : indépendance juridique des deux contrats informatiques, résultant de la volonté des parties relevée par les juges, en l'absence toutefois d'une clause expresse en ce sens.
3. Com. 15 févr. 2000, n° 97-19.793, P IV, n° 29 ; *RJDA* 2000, n° 371 – Rouen, 21 nov. 2002, *ADT Télésurveillance*, *RJDA* 2003, n° 679 – Com. 24 avr. 2007, n° 06-12.443, *Vecteur plus*, NP, *RJDA* 2007, n° 927 ; *RDC* 2008. 276, note D. Mazeaud.
4. SUR CELUI-CI : Ph. le Tourneau (dir.), *Droit de la responsabilité et des contrats. Régimes d'indemnisation*, 12e éd., « Dalloz action », 2020, nos 3124.251 s., avec les références doctrinales et jurisprudentielles.
5. C. Noblot, « La clause de divisibilité ou d'indépendance à l'aune de l'article 1186 du code civil », *CCC* 2017. Formule 5 – P. Crocq, « La codification incomplète de l'interdépendance des contrats », dans *Mél. B. Teyssié*, LexisNexis, 2019, p. 950 s., suggérant de préciser le régime – M. Latina, « L'interdépendance contractuelle depuis la réforme du droit des contrats », dans *Mél. B. Teyssié, op. cit.*, p. 1007 s., mettant en lumière les critères légaux de l'interdépendance depuis la réforme et le régime des contrats interdépendants.
6. POUR LE CARACTÈRE d'ordre public : S. Bross, « L'interdépendance contractuelle, la Cour de cassation et la réforme du droit des contrats », *D.* 2016. Chron. 29 – POUR LE CARACTÈRE supplétif : Ph. Malaurie, L. Aynès et Ph. Stoffel-Munck, *Droit des obligations*, 10e éd., « Droit civil », LGDJ, 2018, n° 839.
7. Sur l'indivisibilité des ensembles contractuels v. *supra* ss nos 013.12 s.
8. EX. : Civ. 3e, 3 mai 2001, n° 99-14.370, P III, n° 56 ; *RJDA* 2001, n° 952 : cassation d'un arrêt ayant fait prévaloir [dans un autre domaine] les annexes du contrat, alors que celui-ci précisait que ses indications « *devaient prévaloir sur toute autre pièce contractuelle* ».
9. *Nouveau traité de la civilité qui se pratique en France parmi les honnêtes gens*, Paris, 1671.

trat définitif[1] : toutes les offres, contre-propositions, projets de contrat, échange de lettres, télécopies, courriels... (en l'absence d'une telle clause, une entreprise a été considérée comme ayant accepté la fourniture clé en main d'un système informatique, par l'emploi de certaines expressions dans une lettre adressée au client[2]). Et aussi toute modification ultérieure qui ne résulterait pas d'un contrat modificatif en bonne et due forme, notamment un avenant (*n° oral modification clause*[3]). Cependant, en cas de litige, le juge (étatique ou arbitral) pourra le cas échéant se référer aux documents écartés pour rechercher quelle a été la commune intention des parties[4]. Il n'en irait autrement, en principe, que si cette possibilité a été exclue expressément (« *En aucun cas les documents précontractuels ne pourront être utilisés pour l'interprétation du présent contrat* »). Toutefois, une telle disposition n'est pas recommandée, car elle bride par trop le pouvoir des juges et risque de se retourner contre leurs auteurs (bloquant toute issue positive en cas de litige sur le sens de leur accord). Lorsqu'au cours des négociations l'une ou l'autre de celles-ci veut éviter d'être engagée par tel ou tel document, il lui suffit d'insérer la formule « soumis à approbation » (*subject to management's approval*) ou une formule équivalente[5]. Cette clause participe aussi de ce qui a été nommé l'*imperium des contractants*[6].

Voici des exemples de clause d'intégralité : « *La présente convention représente la totalité de l'accord des parties ; il annule et remplace tous les documents échangés et communiqués lors des pourparlers* (sauf.........) ».

« *Le présent contrat et ses clauses énumérées à l'article........., qui en font partie, constitue l'intégralité des engagements entre les parties et établit l'ensemble de leurs droits et obligations. Il annule tous les engagements antérieurs, verbaux ou écrits, que les parties auraient pu souscrire quant à son objet* »[7].

« *Entire agreement. This agreement constitutes the entire agreement of the parties, supersedes all prior oral or written agreements of the parties with respect to the subject matter hereof, and may not be amended or modified except by an agreement in writing specifically referring to this agreement executed by the duty authorized representative of each party hereto* ».

116.52 Clause de complémentarité. Par la clause inverse de *complémentarité*, les parties conviennent que les contrats préparatoires (en totalité, ou certains d'entre eux précisés) font partie du contrat définitif ; que, toutefois, en présence d'une divergence entre une disposition de ce dernier et une autre de ceux-là, prévaudra celle du contrat définitif. Il est logique (de bon sens) que la dernière manifestation de volonté ait le dessus. Ces deux clauses étant contradictoires, il est évident qu'il faut choisir une seule des deux.

116.53 Clause de préséance ou de hiérarchie contractuelle. Le contrat principal peut comporter une clause de préséance des documents contractuels (dite aussi de hiérarchie contractuelle), permettant de régler les éventuels conflits entre eux. En voici un exemple : « *En cas de contradiction entre les documents contractuels d'ordre général (comme les normes) et les documents contractuels d'ordre particulier, ces derniers prévaudront. Lorsqu'il existe une contradiction entre plusieurs documents contractuels dont les numéros sont mentionnés à l'article (X), les indications de la pièce portant le numéro le moins élevé primeront sur les autres (exemple : le document 4 primera sur le document 6). En présence d'une contradiction entre deux documents de la même importance, ou au sein d'un document, l'interprétation la plus favorable au maître de l'ouvrage sera retenue* »[8]. La question se pose de l'éventuelle hiérarchie des conditions générales[9].

§ 3
Clauses d'immutabilité

116.61 De la constance... La prudence commande d'insérer une clause *d'immutabilité* ou de constance, par laquelle il est convenu que les obligations et droits des parties subsisteront, quoi

1. O. Dorchies, « Pratique contractuelle. La clause d'intégralité dans les contrats informatiques et télécoms », fiche prat. préc. – M. Lamoureux, « La clause d'intégralité en droit français, anglais et américain », art. préc. – J. Mestre et J.-C. Roda (dir.), *Les principales clauses des contrats d'affaires*, « Les intégrales », Lextenso, 2011, p. 511 s. – F.-X. Testu, *Contrats d'affaires*, « Dalloz référence », 2010, n°s 37.12 s. – G. Pillet et P. Roscher, « Les clauses d'intégralité dans les contrats du commerce international », art. préc.
2. Com. 19 mai 1998, n° 95-21.116, NP, *RJDA* 1998, n° 1096 ; *Expertises* 1998, p. 349.
3. Sur les avenants v. *supra* s^s n° 115.23.
4. Paris, 4 mars 1980, *Expertises* 1980/17, p. 8 – Unidroit 2016, *Principes relatifs aux contrats du commerce international, op. cit.*, art. 2.1.17.
5. *Heads of agreement, subject to contract* – PAR EX. : Chambéry, 23 févr. 1998, *Pechiney, D.* 1999. Somm. 292, obs. B. Audit – J. Mestre et J.-C. Roda (dir.), *Les principales clauses des contrats d'affaires, op. cit.*, p. 1009 s.
6. M. Lamoureux, *L'aménagement des pouvoirs du juge par les contractants. Recherche sur un possible imperium des contractants,* th. préc.
7. POUR UN AUTRE EX. DE CLAUSE d'intégralité : T. de Ravel d'Esclapon, « Variations sur la clause d'intégralité à l'heure de la réforme du droit des contrats », art. préc., spéc. p. 375.
8. COMP. : M. Martin, « Pratique contractuelle. Contrats de l'informatique. Les clauses de hiérarchie contractuelle », *CCÉ* 2018. Fiche prat. 4.
9. V. *supra* s^s n° 115.18.

qu'il arrive (sauf le jeu de l'une des clauses de sauvegarde[1]). Elle prémunit les contractants contre le risque qu'une correspondance, une attitude, un comportement, soient compris comme une modification du contrat, notamment comme une renonciation à un droit[2]. Il lui faut prévoir fermement que toute modification au contrat doit résulter d'un avenant[3] expressément rédigé à cet effet.

Exemples : « *Le présent contrat ne peut être modifié que par un écrit dûment signé par chacune des parties* » ; ou « *Toute modification du présent contrat et de tout autre document s'y rattachant devra donner lieu à un avenant écrit, signé par les parties* ».

SECTION 4
CLAUSES SUR LA TRANSPARENCE ET L'OPACITÉ

§ 1
Clauses de transparence

116.71 **La transparence à divers égards.** Juridiquement, les contrats des sous-traitants restent *autonomes* entre eux et avec le contrat principal liant le maître d'œuvre ou ensemblier au maître de l'ouvrage. Néanmoins, l'entrepreneur principal (ensemblier) veillera à harmoniser, en tant que de raison, les sous-contrats, y compris ceux qui entrent en rang subséquent dans une chaîne verticale de sous-contrats, avec le contrat principal. Ceux-là doivent être l'exact reflet de celui-ci. Lorsqu'il en va de la sorte, le sous-contrat est joliment dit *transparent*. Il est clair que toutes les conditions relatives aux spécifications (*requirements*) des travaux à effectuer, aux délais, aux réceptions, aux essais, doivent être identiques dans les uns et les autres. Les conséquences sur le sous-contrat d'une résiliation du contrat de base doivent être envisagées (l'indivisibilité ou non[4]). Il convient encore de veiller à harmoniser les clauses limitatives de responsabilité du sous-traité et du contrat principal. Mais la prudence conseille aussi d'imposer au sous-traitant la clause compromissoire du contrat de base (aboutissant à un arbitrage multipartite[5]) et la juridiction arbitrale qui y est instituée, afin qu'il soit statué sur une éventuelle action du maître de l'ouvrage en même temps que sur le recours en garantie de l'ensemblier contre le sous-traitant. Cependant, à défaut même d'une telle clause, la Cour de cassation a jugé que « *l'effet de la clause d'arbitrage international contenue dans le contrat initial s'étend au sous-traitant qui en a eu connaissance lors de la signature de son contrat et qui est directement impliqué dans l'exécution du premier contrat* » (Civ. 1re, 26 oct. 2011, n° 10-17.708[6]).

Deux conditions cumulatives devraient donc être réunies pour appliquer une convention d'arbitrage à un non-signataire. Celui-ci devrait avoir participé directement à l'exécution du contrat principal et avoir eu connaissance de la clause d'arbitrage lors de la signature de son contrat ; ainsi ressurgit l'approche subjective[7]. Enfin, le cas échéant, l'entrepreneur principal ne doit pas omettre d'insérer une clause de confidentialité[8] dans les sous-contrats (et notamment y étendre celle qui figure dans son contrat avec le donneur d'ordre).

§ 2
Clauses d'opacité

116.81 **Confidentialité.** L'inverse de la transparence est l'opacité, qu'il est capital d'organiser, par *une clause de confidentialité* (*non-disclosure agreement*) lorsqu'il n'a pas été conclu de contrat préparatoire[9] réglant cette question, ou que ses effets ne couvraient que la période des pourparlers. Elle est souvent réciproque. La clause doit préciser ce que les parties entendent par informations confidentielles (de façon très large, du style « *toutes informations ou toutes données divulguées par l'une des parties, quel qu'en soit le moyen* [oralement, par écrit, disquette, mémoire vive, disque dur, *etc.*], *dont le caractère confidentiel a été expressément indiqué par une notification écrite dans les dix jours de la transmission* »[10], mais suffisamment précise car sinon elle serait inefficace[11]). Elle est un moyen de valoriser l'entre-

1. Sur lesquelles v. *supra* ss nos 116.21 s.
2. SUR CETTE NOTION : F.-X. Ruellan, « Nouveau regard sur la renonciation en droit privé », *Journ. sociétés* 2012/101. 53.
3. Sur les avenants v. *infra* ss n° 117.11.
4. V. *supra* ss n° 116.41.
5. Sur lequel v. *infra* ss n° 116.171.
6. Civ. 1re, 26 oct. 2011, n° 10-17.708, P I, n° 175 ; *D.* 2011. AJ 2736 ; *Gaz. Pal.* 2012. 1, 22 janv., note D. Bensaude ; *JCP* 2012, n° 5, 99, note J.-J. Barbièri ; *RJ com.* 2012. 17, obs. B. Moreau ; *RDC* 2012. 545, note X. Boucobza et Y.-M. Serinet.
7. A. Bessis, « L'extension *ratione personæ* des conventions d'arbitrage international : vers un retour au droit des obligations ? », *LPA* 2 août 2012, n° 154, p. 6.
8. V. ci-dessous.
9. Sur les contrats préparatoires de précaution v. *supra* ss nos 114.11 s.
10. POUR DES EX. DE CLAUSE : H. de Vigan, « Accord de confidentialité (formule) », *JCP E* 2012, n° 46, 1672 – A.-S. Lucas-Puget, « La clause de confidentialité », *CCC* 2016. Formule 7 – ET POUR UN ACCORD de confidentialité très détaillé, Paris, pôle 5, ch. 2, 31 janv. 2014, n° 2013/00202, *PIBD* 2014. III. 329.
11. Versailles, 12e ch. 2, 24 nov. 2015, *Digitre, Expertises* 2016. 31, clause imprécise donc inefficace, et alors que le demandeur ne précisait pas les informations qui auraient été dévoilées et utilisées fautivement.

prise[1]. La clause indique que, pendant la durée convenue, la partie qui reçoit l'information s'engage à la conserver secrète et à la protéger, à ne pas l'utiliser avec un autre objectif que celui qui est défini dans le contrat, à ne la diffuser qu'aux seuls collaborateurs ayant à en connaître pour la conception et la réalisation de l'installation objet du contrat (et qui seront prévenus de leur caractère confidentiel). Il peut être utile de prévoir quelles sont les personnes (désignées nommément) qui seront autorisées à recevoir et/ou à transmettre les informations confidentielles. La clause indique le délai au terme duquel elle cessera ses effets, quoi qu'il arrive, à supposer qu'elle n'ait pas disparu auparavant automatiquement, les connaissances étant tombées dans le public indépendamment du fait du débiteur du secret. La clause de confidentialité doit prévoir que le « sachant » conservera le secret sur ce qu'il a appris grâce à son statut de négociateur lors de pourparlers ou en tant que partie (et qu'il s'interdit de copier ou d'emporter tout document ou *cédérom* [CD]). Dans ce dernier cas, elle couvrira de son ombre protectrice tant la vie contractuelle que l'après contrat (principal), mais elle est sans doute en partie illusoire. Il est difficile de prouver l'utilisation ou la divulgation du savoir-faire par le sachant. Cependant, en présence d'une utilisation du savoir-faire par un tiers, partenaire du sachant, l'absence d'une autre explication que la divulgation par ce dernier crée une présomption de fait de celle-ci (preuve par exclusion)[2]. Autant il est assez aisé de faire respecter l'interdiction de divulguer à un tiers informations et connaissances, autant il est impossible d'empêcher le « sachant » de les utiliser. Elles font désormais partie intégrante de sa personnalité qui, par l'exercice professionnel, s'est développée et enrichie. Enfin, la clause de secret n'a de sens que si elle couvre des connaissances procurant un avantage concurrentiel, c'est-à-dire qui ne sont pas publiques. Elle tombera *ipso facto* si cette condition cesse, par une divulgation des informations. Quant à la clause de confidentialité ne régissant que la période post-contractuelle, elle présente le caractère d'une norme comportementale. Revêtue d'une valeur « *supra*-contractuelle », elle défie l'effet résolutoire du contrat.

Il ne saurait trop être recommandé de prévoir une limitation temporelle de la clause de confidentialité. Si tel n'a pas été le cas, peut-être sa durée pourrait-elle être restreinte par le jeu du principe de proportionnalité, comme en matière de clause de non-concurrence, qui présente bien des affinités avec elle[3].

Selon l'article 1230 du code civil, la résolution n'affecte pas les clauses « *destinées à produire effet même en cas de résolution, telles les clauses de confidentialité et de non-concurrence* »[4].

SECTION 5
CLAUSES DE NON-DÉBAUCHAGE ET DE NON-SOLLICITATION

116.90 **Bibliographie. Articles.** S. Bénilsi, « La clause de non-sollicitation », *JCP S* 2007. 1976 – C. Caseau-Roche, « La clause de non-sollicitation », *AJCA* 2015. 64 – M. Depincé, « Les clauses de non-concurrence post-contractuelles et ses alternatives », *RTD com.* 2009. 259 s. – A.-S. Lucas-Puget, « Clause de non-sollicitation de collaborateurs », *CCC* 2016, Formule 4.

116.91 **Prolongement de la clause de confidentialité.** Un moyen efficace de renforcer la clause de confidentialité, mais qui a un objectif plus large, est de convenir d'une clause de non-débauchage. Certes, la loi prévoit la responsabilité d'un employeur intervenant dans la rupture abusive d'un contrat de travail, ou qui a embauché quelqu'un qu'il savait lié par un contrat de travail[5]. Cependant, une clause spécifique a une portée plus vaste. Il peut ainsi être décidé que « *Les deux parties s'engagent à ne pas proposer à un salarié de l'autre, affecté à l'exécution des prestations du présent contrat, de le prendre à son service sous quelque forme que ce soit, sauf accord préalable et écrit de son employeur. Cet engagement vaut pour toute la durée d'exécution du contrat et X années suivant la fin de celui-ci* ».

La clause de confidentialité peut également être renforcée par une clause de non-sollicitation[6], imposant aux clients de l'ESN de ne pas recourir, pendant une durée déterminée, aux services de ses employés, même après leur départ de l'entreprise,

1. G. Mathias et C. Gabillat, *Valoriser l'entreprise par la propriété intellectuelle*, Eyrolles, 2017.
2. EN CE SENS : Com. 4 mars 2020, n° 17-21.764, NP, *RTD civ.* 2020. 630, obs. H. Barbier.
3. EN CE SENS : D. Sassolas, « La durée des clauses de confidentialité », *RTD com.* 2015. 625.
4. SUR LE SORT DES CLAUSES de confidentialité depuis la réforme : A.-S. Lucas-Puget, « L'opportunité des clauses de confidentialité aujourd'hui et demain ? », *LPA* 14 nov. 2016. 50.
5. C. trav., art. L. 1237-3, 1° et 2°.
6. NOT. : S. Bénilsi, « La clause de non-sollicitation », art. préc. – M. Depincé, « Les clauses de non-concurrence post-contractuelles et ses alternatives », art. préc., spéc. p. 268 – C. Caseau-Roche, « La clause de non-sollicitation », art. préc. – A.-S. Lucas-Puget, « Clause de non-sollicitation de collaborateurs », formule, préc. – A. Meillassoux, « Clauses restrictives de concurrence : la non-sollicitation assortie d'une clause pénale », *CCC* 2018. Fiche prat. 18, proposant pour, améliorer l'efficacité de la clause de non-sollicitation, de prévoir en cas de violation not. la résolution du contrat conclu en violation de la clause.

afin d'éviter qu'ils puissent transmettre des informations ou le savoir-faire acquis en son sein. La Cour de cassation a reconnu sa validité et sa spécificité par rapport à la clause de non-concurrence, en précisant qu'elle n'en constitue ni une variante ni une précision[1] (sauf à être requalifiée[2]), mais que, néanmoins, elle n'est licite entre entreprises concurrentes « *que si elle est proportionnée aux intérêts légitimes à protéger compte tenu de l'objet du contrat* »[3]. En revanche, elle peut être une des obligations imposées par celle-ci[4]. Sa validité exige une contrepartie financière mais uniquement si le débiteur de la clause est un salarié[5]. L'efficacité de la clause de non-sollicitation est assez faible ; en effet, il a été jugé que le juge, tant du principal que des référés, ne peut pas ordonner, à la demande du créancier de la clause, la résiliation du contrat de travail conclu en contradiction avec elle[6] (en raison de l'effet relatif des contrats[7]). Le créancier de la clause, victime de son inexécution, ne pourra donc obtenir qu'une indemnité (de nature contractuelle) de la part de son débiteur (et, éventuellement, des dommages et intérêts de nature délictuelle du salarié qui se serait rendu complice en connaissance de cause de la violation de la clause).

Lorsque le contrat ne comporte pas de clause de confidentialité ou de non-sollicitation et que l'ancien client d'un prestataire informatique débauche un salarié de celui-ci, sans que l'acte entre dans les prévisions de l'article L. 1237-3 du code du travail, la victime peut agir selon le Droit commun, c'est-à-dire en concurrence déloyale, à condition de prouver une faute, un préjudice et un lien de causalité[8].

Quant à la clause interdisant à un salarié, après la rupture de son contrat de travail, de démarcher ou de détourner la clientèle de son employeur, quand bien même elle l'aurait sollicité spontanément, il s'agit d'une pure et simple clause de non-concurrence, soumise aux conditions de validité de celle-ci[9]. Selon l'article 1230 du code civil, la résolution n'affecte pas les clauses destinées à produire effet même en cas de résolution, telles les clauses de non-concurrence.

SECTION 6
CLAUSES DE TEMPORALITÉ

§ 1
Clauses sur l'entrée en vigueur et la durée

116.101 **Entrée en vigueur.** L'entrée en vigueur du contrat doit être précisée *expressis verbis*. Elle ne suit pas toujours immédiatement sa signature. En effet, elle est parfois soumise à la réalisation d'une ou de plusieurs *conditions suspensives*. Ainsi, le contrat ne devient souvent exécutoire que lorsque le financement et les garanties financières sont obtenus, ou à partir de son approbation par les conseils d'administration des sociétés en cause. Parfois, la condition est relative à la mise au point d'un procédé technique, ou à son obtention d'un tiers.

Enfin, dans les pays en voie de développement ou en transition, l'entrée en vigueur dépend de l'octroi d'un régime fiscal dérogatoire et, plus généralement, de l'obtention des autorisations administratives nécessaires ou, plus précisément, de leur notification.

116.102 **Durée.** La durée du contrat peut être expressément convenue (avec la possibilité d'une éventuelle « tacite reconduction »[10], éventuellement précisée par le contrat[11]). Parfois, le contrat est de durée indéterminée mais avec une période minimale de *X* années.

§ 2
Clauses de tacite reconduction

116.110 **Bibliographie. Thèse.** C. Najm-Makhlouf, *Tacite reconduction et volonté des parties*, préf. H. Lécuyer, « BDPr », t. 542, LGDJ, 2013.

1. Com. 11 juill. 2006, n° 04-20.438, NP, *CCC* 2006, n° 232, obs. M. Malaurie-Vignal ; *RJDA* 2006, n° 1199 ; *RTD civ.* 2007. 111, obs. J. Mestre et B. Fages.
2. Soc. 20 nov. 2014, n° 13-20.387, NP, *LPA* 10 avr. 2015. 9, note J. Falxa : « *La clause interdisait au salarié, après son départ de la société et pendant une durée de vingt-quatre mois, d'entrer en contact, directement ou indirectement, sous quelque forme que ce soit, avec les clients et les partenaires de son employeur, la cour d'appel a décidé à bon droit que cette clause s'analysait en une clause de non-concurrence* ».
3. Com. 27 mai 2021, nos 18-23.261, 18-23.699, P, *CCC* 2021, n° 134, obs. M. Malaurie-Vignal ; *JCP E* 2021. 1434, obs. M. Malaurie-Vignal ; *D.* 2021. Pan. 2203, obs. M. Gomy ; *D.* 2022. Pan. 310, obs. R. Beffa.
4. Com. 11 mars 2008, n° 06-18.329, NP, *RJDA* 2008, n° 981.
5. Com. 10 mai 2006, n° 04-10.149, P IV, n° 116 ; *JCP E* 2006. Pan. n° 1945 ; *RTD civ.* 2007. 111, obs. J. Mestre et B. Fages : seul le salarié peut se prévaloir du trouble qu'est susceptible de lui causer une clause de non-sollicitation ne comportant pas contrepartie financière – Civ. 1re, 2 oct. 2013, n° 12-22.846, P I, n° 195 ; *D.* 2013. 2622, note C. Bahurel ; *CCC* 2013, n° 261, obs. M. Malaurie-Vignal.
6. Soc. 18 nov. 2009, n° 08-19.419, P V, n° 258 ; *Contrats* 2010, p. 575, note Y.-M. Laithier.
7. EN CE SENS : Y.-M. Laithier, note préc.
8. Paris, pôle 5, ch. 5, 8 sept. 2011, RG n° 09/03257, *CCÉ* 2012, n° 16, obs. M. Chagny : débauchage du chef de projet chargé du développement de son logiciel.
9. Soc. 27 oct. 2009, n° 08-41.501, P V, n° 232 ; *JCP S* 2010. 1055, note B. Bossu ; *JCP* 2010, n° 18. Chron. 516, n° 3, obs. M. Mekki.
10. V. *infra* ss nos 116.111 s.
11. C.-É. Bucher, « La clause de renouvellement automatique du contrat », *CCC* 2022. Formule 2.

Article. O. Penin, « Quelques réflexions techniques à propos de la dualité caractéristique de la tacite reconduction », *RTD civ.* 2015. 45.

116.111 Un mode particulier de formation des contrats. Il arrive assez souvent qu'un contrat à exécution successive[1] (comme la maintenance, ou la livraison régulière d'appareils à un distributeur) soit de durée déterminée et que *les relations commerciales se poursuivent après l'arrivée du terme fixé*. Une convention à durée indéterminée se noue alors entre les parties. La *tacite reconduction* (en anglais *automatic renewal*) est une institution de Droit commun, qui joue d'office à défaut de stipulation contraire dès lors que les parties ont manifesté leur volonté de le proroger par leur *comportement* après l'expiration du contrat. *L'exécution simultanée* des obligations prévues par le contrat « *révèle une intention commune aux parties : celles de* ne pas changer *un ordre satisfaisant* »[2] : *quieta non movere*. Cette volonté, s'extériorisant par des faits, emporte la conclusion (tacite) d'un nouveau contrat (C. civ., art. 1215). En effet, la tacite reconduction (mal nommée) n'emporte pas prorogation du contrat primitif, mais donne naissance *à un nouveau contrat*, de durée *indéterminée* (C. civ., art. 1214, al. 2, par renvoi impl. de l'art. 2015).

La « reconduction tacite » est un mode particulier de formation des contrats : Elle ramasse *en un seul instant* ses diverses étapes habituelles, que sont le projet, l'offre, l'acceptation et l'exécution[3]. Même si l'explication du mécanisme donnant naissance à un nouveau contrat est un peu courte, elle est la seule convenable : il serait inadmissible qu'un accord de volonté pût opérer la survie d'un contrat expiré par l'arrivée de son terme.

116.112 Information ? Un bailleur de matériel informatique n'est pas tenu de prévenir son locataire de l'arrivée du terme du contrat pour lui éviter l'application de la clause de reconduction tacite, et de la possibilité qu'il a d'acheter ce matériel à un euro[4]. En revanche, le professionnel prestataire de services doit informer le *consommateur* par écrit ou par courriel, au plus tôt trois mois et au plus tard un mois avant le terme de la période autorisant le rejet de la reconduction, de la possibilité de ne pas reconduire le contrat conclu avec une clause de reconduction tacite[5]. Lorsque cette information ne lui a pas été adressée conformément aux dispositions de ce texte, le consommateur peut mettre un terme au contrat, à tout moment à compter de la date de la reconduction[6]. Cet article doit être reproduit intégralement dans les contrats de prestation de services auxquels il s'applique[7].

116.113 Quel sera le contenu du nouveau contrat ? *A priori*, puisque le nouveau contrat s'est formé tacitement – la pratique parle même de *reconduction* –, il serait logique qu'il fût le simple décalque de son contrat originaire. Cette solution était généralement admise, à l'exception de sa durée : Sauf clause réglant la question, le contrat expiré de durée *déterminée* est remplacé par un contrat de durée *indéterminée*. Son avantage est de laisser aux parties la liberté de se dégager du contrat quand elles le voudront, selon les règles habituelles des contrats à durée indéterminée[8]. Il arrive aussi, plus rarement, que le juge écarte du nouveau contrat certaines clauses « *occasionnelles* [ne présentant] *aucun lien indivisible avec les autres stipulations* » (Com. 15 juin 1960[9]). La Cour de cassation a affirmé catégoriquement que « *la tacite reconduction d'un contrat de durée déterminée, dont le terme extinctif a produit ses effets, donne naissance à un nouveau contrat, de durée indéterminée, et dont les autres éléments ne sont pas nécessairement identiques* » (Civ. 1re, 15 nov. 2005, nº 02-21.366[10]). Cependant, un arrêt de 2012 avait jeté le doute, car s'il admettait la possibilité pour le nouveau contrat d'avoir le même contenu que le contrat précédent, il s'en remettait au pouvoir souverain d'appréciation de la volonté des parties, rendu nécessaire par l'absence d'expression écrite de celle-ci[11]. La réforme du droit des contrats a légalisé la position jurisprudentielle. En effet, selon l'article 1215 du code civil, la tacite reconduction « *produit les mêmes*

1. SUR la notion : Com. 8 févr. 2017, nº 14-28.232, *Christian Lacroix*, P IV, nº 24 ; *D.* 2017. 678, note A. Etienney-de Sainte-Marie ; *AJ contrat* 2017. 222, obs. G. Cattalano-Cloarec ; *CCÉ* 2017, nº 32, obs. G. Loiseau ; *RTD civ.* 2017. 389, obs. H. Barbier.
2. P. Godé, *Volonté et manifestations tacites*, préf. J. Patarin, PUF, 1977, nº 27.
3. P. Godé, *op. et loc. cit.*
4. Com. 3 mars 2004, nº 01-01.544, NP, *Expertises* 2004, p. 270 : d'autant plus qu'il était un professionnel.
5. C. consom., art. L. 215-1, al. 1er.
6. C. consom., art. L. 215-1, al. 2 ; La suite de cet alinéa statue sur le sort des avances effectuées par le consommateur.
7. C. consom., art. L. 215-4.
8. C. civ., art. 1211 ; mod. par ord. nº 2016-131, 10 févr. 2016, art. 2.
9. Com. 15 juin 1960, P III, nº 232.
10. Civ. 1re, 15 nov. 2005, nº 02-21.366, P I, nº 413 ; *D.* 2006. 587, note M. Mekki ; *RTD civ.* 2006. 114, obs. J. Mestre et B. Fages ; *RLDC* 2005/23, nº 946, obs. C. Le Gallou – Civ. 1re, 4 juin 2009, nº 08-14.481, P I, nº 113 ; *D.* 2009. AJ 1694, obs. I. Gallmeister ; *D.* 2009. 2137, note F. Labarthe ; *JCP E* 2009. 1904, note B. Duloum ; *RTD civ.* 2009. 530, obs. B. Fages ; *Contrats* 2009, p. 1330, note T. Genicon ; *D.* 2010. Pan. 226, obs. S. Amrani-Mekki : mais ici reprises des mêmes éléments, le silence conservé par le nouveau prestataire lors de la « reconduction » sur les anciennes conditions tarifaires, dont il avait été avisé, valant acceptation de celles-ci.
11. Com. 11 avr. 2012, nº 10-20.505, préc.

effets que le renouvellement du contrat » ; or, l'article précédent indique, dans son second alinéa, « *le renouvellement donne naissance à un nouveau contrat dont le contenu est identique au précédent mais dont la durée est indéterminée* ».

Parfois, le contrat comporte une clause réglant soigneusement la question, ce qui est bien préférable[1], surtout depuis l'incertitude créée par l'arrêt précité de 2012[2]. Elle prévoit que le contrat se trouvera « reconduit », sauf précision contraire des parties, pour la durée initiale du contrat ; ou, qu'au contraire, le contrat ne sera pas renouvelable par tacite reconduction[3]. Dans l'un et l'autre cas, il n'est que d'appliquer la clause. Par exemple, la « reconduction » ne saurait être déduite du seul comportement ultérieur des parties, sauf modification de leur accord sur ce point avant l'échéance du terme[4].

SECTION 7 CLAUSES DE RÉSILIATION

§ 1 Clauses de sortie

116.120 **Bibliographie. Thèse.** C. Paulin, *La clause résolutoire*, préf. J. Devèze, « BDPr », t. 258, LGDJ, 1996.

Articles. F. de Ly, « Les clauses de divorce dans les contrats de groupement d'entreprises internationaux », *RD aff. int.* 1995. 279 s. – B. Mercadal, « Validité des clauses de sortie au regard du droit français », *RD aff. int.* 1995. 320 s. – I. Pascual, « La prise en considération de la personne physique dans le droit des sociétés », *RTD com.* 1998. 273 s. – M. Vanwijck-Alexandre, « Les clauses mettant fin au contrat et les clauses survivant au contrat », *RD aff. int.* 2002. 407 s. – S. Vecchione, « Comment faciliter son "divorce contractuel" », *LPA* 12 avr. 2011, n° 72, Doctr. 3.

116.121 **Clause résolutoire.** Il est traditionnellement prévu dans les contrats d'affaires, internes comme internationaux, une *clause résolutoire*[5] (nommée parfois pacte commissoire exprès), dont fait état l'article 1225 du code civil (et implicitement l'art. 1211). Elle permet à une partie de résilier le contrat en respectant le délai de préavis contractuellement prévu (C. civ., art. 1211) ou en présence d'une défaillance de son partenaire (relative à une obligation expressément stipulée[6]), quelle qu'en soit la gravité[7], ou de l'ouverture d'une procédure collective à son encontre (dans la mesure toutefois où la loi applicable ne paralyserait pas cette faculté dans cette circonstance), voire d'une atteinte à sa réputation alors que le contrat avait été conclu *intuitu personæ*[8]. Elle est plus ou moins détaillée, pouvant prévoir quels types de manquements la mettront en branle, nécessiter ou non une mise en demeure restée infructueuse pendant tel délai[9], détailler les restitutions et les paiements à intervenir entre les parties (avec parfois le recours à un médiateur[10]), *etc.* La Cour de cassation a jugé que « *le seul écoulement du temps ne peut caractériser un acte manifestant sans équivoque la volonté de renoncer à se prévaloir des effets de la clause résolutoire* » (Civ. 3e, 19 mars 2008, n° 07-11.194[11]). En France, « *la résolution est subordonnée à une mise en demeure infructueuse, s'il n'a pas été convenu que celle-*

1. W. Dross, *Clausier*, 4e éd., Lexis Nexis, 2020, *V° Reconduction* – S. Berheim-Devaus, « Clause de tacite reconduction », *CCC* 2012. Formule 6.
2. Com. 11 avr. 2012, n° 10-20.505.
3. Paris, 5e ch. B, 29 mai 2008, n° 05-101, *Actua Buro c/Rank Xeros, RJDA* 2008, n° 1055, 2e esp. : c'était le cas ; les juges en tirent la conclusion qu'il n'y avait pas de relations commerciales établies au sens de l'anc. art. L. 442-6, I, 5 [devenu L. 442-1, II], du C. com. (sur celui-ci v. *infra* ss n° 334.11) – Com. 12 févr. 2013, n° 12-13.819, NP, *CCC* 2013, n° 115, obs. N. Mathey ; *RTD civ.* 2013. 374, obs. H. Barbier, *idem*.
4. CATÉGORIQUE : Com. 17 nov. 1992, n° 90-20.039, P IV, n° 356 – Com. 27 mars 2007, n° 06-10.588, NP, *JurisData* 038251 : *idem*, d'autant que le client avait demandé des modifications importantes du contrat de maintenance informatique, dont le mainteneur avait pris acte.
5. C. Paulin, *La clause résolutoire*, th. préc.
6. Civ. 3e, 15 sept. 2010, n° 09-10.339, P III, n° 157 ; *D.* 2010. 2225, obs. Y. Rouquet ; *D.* 2011. 1786, obs. M.-P. Dumont-Lefrand ; *RDC* 2011. 173, note J.-B. Seube ; *RTD com.* 2011. 57, obs. F. Kendérian : à propos d'un bail commercial.
7. Com. 10 juill. 2012, n° 11-20.060, P IV, n° 150 ; *D.* 2012. 1958 ; *D.* 2013. 391, obs. S. Amrani-Mekki et M. Mekki ; *RDC* 2013. 86, note Y.-M. Laithier ; *RTD civ.* 2012. 726, obs. B. Fages, 1re esp. : la clause autorisait « *chacune des parties à résilier le contrat pour faute, ce dont il résultait* [qu'elles] *avaient écarté l'appréciation judiciaire de la gravité de leur comportement* » – Civ. 3e, 5 oct. 2017, n° 15-25.018 ; NP, *Gaz. Pal.* 21 nov. 2017. 75, note J.-D. Barbier : « *le bénéfice d'une clause résolutoire prévoyant la résiliation de plein droit du bail, un mois après mise en demeure, en cas de persistance du manquement par le preneur à l'une des obligations stipulées au bail et rappelée au commandement, est acquis sans que le juge n'ait à apprécier la gravité du manquement contractuel* ».
8. COMP. : Com. 8 déc. 2015, n° 14-11.394, NP, *AJCA* 2016. 85, note Y. Dagorne-Labbe ; *RJDA* 2016, n° 510 : partenaire condamné pour corruption, alors que le contrat avait été conclu en considération de sa personne, application de la clause de résiliation unilatérale.
9. Com. 22 nov. 2016, n° 15-17.743, NP, *RDC* 2017. 56, note A. Danis-Fatôme : le client ayant fait jouer la clause résolutoire dans un contrat d'infogérance, mais sans respecter ses exigences procédurales, de sorte que l'arrêt de la cour d'appel qui l'avait validée fut cassé.
10. Le recours à un médiateur au sens déjà indiqué : v. *infra* ss n° 116.201.
11. Civ. 3e, 19 mars 2008, n° 07-11.194, P III, n° 53 ; *JCP E* 2008. Pan. n° 1541 : rendu en matière de baux commerciaux, mais la formule est générale.

ci résulterait du seul fait de l'inexécution. La mise en demeure ne produit effet que si elle mentionne expressément la clause résolutoire »[1]. Selon la jurisprudence, même stipulée « de plein droit »[2], la clause résolutoire doit être exercée de bonne foi[3] ; il incombe à la partie qui se plaint du manquement au devoir de bonne foi de prouver le comportement déloyal de son partenaire. Mais, d'une part, en cas d'inexécution de son engagement par le débiteur, sa bonne foi est sans incidence sur l'acquisition de la clause résolutoire[4]. D'autre part, en présence d'une clause résolutoire pour faute, le juge n'a pas à apprécier si la gravité du manquement invoqué justifie la résiliation[5] (ce qui est une différence fondamentale entre la clause résolutoire et la résolution, tant judiciaire qu'unilatérale[6]). Enfin, l'existence d'une clause résolutoire dans un contrat n'interdit pas à une partie de demander la résolution du contrat pour inexécution de ses engagements par l'autre[7] partie[8]. La clause résolutoire s'imposerait aux parties, excluant ainsi toute possibilité de rupture unilatérale pour manquement grave[9]. Une variante de la clause résolutoire est la clause de désinscription complète d'un contrat de fourniture de prestations de service[10].

116.122 Clause « de sortie » spécifique aux groupements. Lorsqu'un groupement d'entreprises est constitué pour la réalisation d'un projet, ce qui est fréquent[11], il est utile de prévoir une solution pour parer à la paralysie du fonctionnement du groupement, par une clause de sortie, parfois appelée de divorce[12]. Elle est précieuse pour déterminer les conditions *objectives*, non seulement *d'inexécution* mais aussi de *blocage* entraînant une procédure de *résiliation*. La clause de sortie est souvent accompagnée par une disposition complémentaire, prévoyant les modalités de *l'exclusion* d'un membre ne jouant pas le jeu. Tout cela est la rançon du caractère *intuitu personæ* ou *societatis* imprimé au contrat à sa naissance. Lorsque la personne (en réalité généralement une société) ne correspond plus aux critères qui avaient présidé à son choix, il est impératif, soit de pouvoir l'exclure, soit de dissoudre le pacte. Et si, sans décevoir l'attente qui avait été mise en elle, elle se trouve dans la nécessité de renoncer à accomplir ses obligations et désire céder ses droits, la clause d'agrément du cessionnaire permet de *sauvegarder dans le temps l'intuitus personæ* d'origine, en le reportant sur un autre élu[13].

Voici un exemple de clause de « sortie » spécifique aux groupements : « *Si un désaccord majeur survient entre les parties au groupement, que le comité de direction n'a pas réussi à régler dans le délai d'un mois, ou si une partie n'exécute pas ses obligations, chaque partie aura le droit de se retirer du groupement, c'est-à-dire de résilier le contrat quant à elle, six mois après avis aux autres de la mise en œuvre de la clause de sortie. Le contrat subsistera entre les autres parties, qui pourront confier à une nouvelle entreprise le soin de remplacer celle qui a été défaillante. Celle-ci devra fournir à celle-là toutes les informations et tous les documents nécessaires pour que la transition s'effectue dans les meilleures conditions possibles. Toutefois, si la partie faisant valoir la clause de sortie était le chef de file, le contrat serait intégralement résilié et le groupement dissous, six mois après avis de sa mise en œuvre. Dans chaque hypothèse, n'importe quelle partie pourra saisir le tribunal arbitral prévu à la clause X... afin de vérifier la réalité et la gravité du différend. Toute partie*

1. C. civ., art. 1225, al. 2 ; art. mod. par ord. n° 2016-131, 10 févr. 2016, art. 2 – G. Brunaux, « La clause résolutoire depuis l'ordonnance n° 2016-131 du 10 février 2016 portant réforme du droit des contrats, du régime général et de la preuve des obligations », *CCC* 2017. Formule 9.
2. M. Tirel, *L'effet de plein droit*, préf. D. R. Martin, « NBT », vol. 178, Dalloz, 2018, montrant que le régime juridique des mécanismes contractuels de plein droit n'est jamais gouverné par l'automaticité – Il faut se méfier de l'expression de « plein droit », en précisant soigneusement les effets que les rédacteurs du contrat entendent donner à la formule – EN CE SENS : J.-B. Seube, obs. *RDC* 2017. 455, sous Civ. 3e, 27 avr. 2017, n° 16-13.625, P III, n° 52 ; à propos d'une clause résolutoire dans un contrat de bail – AUSSI sur la formule de plein droit : C. Atias, « De plein droit », *D.* 2013. 2183.
3. Civ. 1re, 31 janv. 1995, n° 92-20.654, P I, n° 57 ; *D.* 1995. 58, note C. Jamin et Somm. 230, obs. D. Mazeaud ; *Defrénois* 1995. 749, obs. Ph. Delebecque ; *RTD civ.* 1995. 623, obs. J. Mestre, CATÉGORIQUE –Civ. 3e, 4 mars 2009, n° 08-11.090, NP, *JCP* 2009. Chron. 273, n° 25, obs. P. Grosser – Civ. 1re, 21 févr. 2006, n° 02-21.355, P I, n° 82 ; *D.* 2006. 2638, note S. Amrani Mekki et B. Fauvarque-Cosson ; *RDC* 2006. 704, note D. Mazeaud ; *RTD civ.* 2006. 314, obs. J. Mestre et B. Fages ; *RDSS* 2006. 751, obs. F. Arhab – Civ. 3e, 10 nov. 2010, n° 09-15.937, P III, n° 199 ; *Gaz. Pal.* 2011. 1, p. 291, note D. Houtcieff ; *RLDC* 2011/78 – Civ. 3e, 15 mai 2012, nos 10-26.391 et 11-13.972, NP, *RTD civ.* 2012. 727, obs. B. Fages : dans un contrat de location d'équipement médical. – Civ. 3e, 8 juill. 2021, n° 20-10.803, NP, *D.* 2022. Pan. 310, obs. R. Beffa.
4. Civ. 3e, 24 sept. 2003, n° 02-12.474, P III, n° 161 ; *CCC* 2003, n° 174, obs. L. Leveneur ; *RDC* 2004. 644, note D. Mazeaud – Civ. 3e, 4 mai 2009, n° 08-12.565, n° 08-12.568, NP, *JCP* 2009. Chron. 273, n° 25, obs. P. Grosser.
5. Com. 10 juill. 2012, n° 11-20.060, préc. – Civ. 3e, 5 oct. 2017, n° 15-25.018, préc.
6. V. *infra* ss nos 213.85 et 213.91.
7. Paris, 7 avr. 2004, *Bataille c/Verrechia, RJDA* 2005, n° 957 : à propos d'une vente.
8. C. civ., art. 1227.
9. V. *infra* ss n° 213.91.
10. G. Brunaux, « Les clauses de désinscription complète d'un contrat de fourniture de prestations de service », *CCC* 2020/12. Formule 11.
11. V. *infra* ss n° 253.21.
12. F. de Ly, « Les clauses de divorce dans les contrats de groupement d'entreprises internationaux », art. préc.
13. COMP. : I. Pascual, « La prise en considération de la personne physique dans le droit des sociétés », art. préc.

qui aura ainsi quitté le groupement restera néanmoins tenue envers le client des garanties légales et contractuelles prorata temporis ».

§ 2
Clauses de substitution

116.131 Organisation préalable de la substitution de personne morale. La clause de sortie prend un aspect particulier lorsque le groupement revêt la forme sociétaire. Elle régit alors les *transferts d'actions*. Les parties peuvent organiser à l'avance la substitution de personne morale[1]. Le mécanisme principal à cet effet est la clause *d'agrément*[2], qui, en Droit français, n'est plus autorisée que pour les sociétés n'ayant pas fait admettre leurs actions aux négociations sur un marché réglementé. L'agrément permet de maintenir l'*intuitus personæ* en le transférant sur la personne du cessionnaire. « *Si une clause d'agrément est stipulée, l'agrément d'un actionnaire doit être pur et simple, de sorte que les conditions posées par l'organe social habilité à autoriser la cession sont réputées non écrites* » (Com. 17 janv. 2012, n° 09-17.212[3]). Le mécanisme correcteur[4] de l'abus de droit[5] permet un certain contrôle judiciaire de l'agrément. Le refus, sans rime ni raison, engage la responsabilité de son auteur[6]. Le contrôle en ce domaine devrait être fondé sur une analyse de l'économie du contrat, se traduisant par une appréciation objective de l'adéquation entre les motifs de l'exercice de la prérogative et la finalité conventionnelle de celle-ci[7].

1. NOT. : B. Mercadal, « Validité des clauses de sortie au regard du droit français », art. préc. – Y. Guyon, *Les sociétés : Aménagements statutaires et conventions entre associés*, 5e éd., LGDJ, 2002, nos 217 s. – P. Le Cannu et B. Dondero, *Droit des sociétés*, Montchrestien, 6e éd., 2015, « Précis domat », LGDJ, nos 1180 s.
2. F.-X. Testu, *Contrats d'affaires*, « Dalloz référence », 2010, nos 85.01 s.
3. Com. 17 janv. 2012, n° 09-17.212, P IV, n° 10 ; *D.* 2012. AJ 279, obs. A. Lienhard ; *D.* 2012. 719, note J. Moury ; *D.* 2012. 2688, obs. J.-C. Hallouin, E. Lamazerolles et A. Rabreau ; *Rev. sociétés* 2012. 370, note P. Le Cannu ; *RTD civ.* 2012. 312, obs. B. Fages ; *RTD civ.* 2012. 334, obs. P.-Y. Gautier ; *RTD com.* 2012. 141, obs. P. Le Cannu et B. Dondero.
4. C. Bouix, *Les mécanismes correcteurs d'origine prétorienne*, préf. P. Deumier, PUAM, 2018 ; « *la correction désigne* [...] *l'opération par laquelle le juge écarte du règlement du litige la norme compétente et y met fin par un autre moyen* » (*op. cit.*, n° 322).
5. SUR LA NOTION : *Rép. civ.*, V° « Abus de droit ».
6. Com. 5 oct. 2004, n° 02-17.338, *Rover c/Marinho*, P IV, n° 181 ; *Cah. dr. entr.* 2004/6, p. 11, obs. J.-L. Respaud ; *CCC* 2005, n° 1, obs. L. Leveneur – Com. 3 nov. 2004, n° 02-17.919, *Manitou c/CMG*, NP, *RDC* 2005. 288, obs. Ph. Stoffel-Munck, « *le droit d'agrément est limité par l'abus* ».

SECTION 8
CLAUSES SUR LA LOI APPLICABLE ET LA COMPÉTENCE JURIDICTIONNELLE

§ 1
Clauses sur la loi applicable

116.140 Bibliographie. Encyclopédie. J.-M. Jacquet, *Rép. dr. international, V°* « Contrats », déc. 1998, actualisé janv. 2022.

Ouvrages. S. Corneloup et N. Joubert (dir.), *Le règlement communautaire « Rome I »* et *le choix de la loi dans les contrats internationaux*, Litec, 2011 – Ph. le Tourneau, *Responsabilité des vendeurs et fabricants*, 5e éd., « Dalloz référence », 2016.

Manuels. M.-É. Ancel, P. Deumier et M. Laazouzi, *Droit des contrats internationaux*, 2e éd., « Université », Sirey, 2019 – J.-M. Jacquet, Ph. Delebecque et L. Usunier, *Droit du commerce international*, 4e éd., « Précis », Dalloz, 2021, nos 332 s.

Thèse. I. Rueda, *Incidence des règles d'Unidroit sur le droit des contrats en Europe*, avant-propos d'Herbert Kronke, préf. S. Poillot Peruzzetto, « BDPr », t. 559, LGDJ, 2015.

Contributions. G. Cerqueira (dir.), « Les 40 ans de la convention de Vienne sur la vente internationale de marchandises », *AJ Contrat* 2020. Dossier 507 – J.-M. Jacquet, « L'autonomie de la volonté et la pensée juridique internationaliste », dans *Mél. B. Ancel*, LGDJ-Lextenso, 2018, p. 905 – H. Kenfack, « Bref retour sur l'esprit de liberté du commerce international », dans *Libre droit. Mél. Ph. le Tourneau*, Dalloz, 2008, p. 541 s.

Articles. M.-É. Ancel, « Le règlement de Rome I, nouvelle pièce du système communautaire de droit international privé », *RLDC* 2008, n° 3133 – T. Azzi, « La loi applicable à défaut de choix selon les articles 4 et 5 du règlement Rome I », *D.* 2008. Chron. 2169 s. – S. Bollée, S. Lemaire et autres, « Le règlement n° 593/2008 du 17 juin 2008 sur la loi applicable aux obligations contractuelles, dit "Rome I" », *D.* 2008. Dossier 2155 s. – O. Boskovic, « La protection de la partie faible dans le règlement Rome I », *D.* 2008. Chron. 2175 s. – S. Corneloup, « La loi applicable aux obligations contractuelles. Transformation de la convention de Rome en règlement communautaire "Rome I" », *JCP* 2008. I. 205 – E. Derieux, « Loi(s) applicable(s) aux activités de communication commerciale sans frontières », *RLDI*. Doctr. 4071 – P. Deumier et J.-B. Racine, « Règlement Rome I : le mariage entre la logique communautaire et la logique conflictuelle », *RDC* 2008. 1309 s. – B. Fauvarque-Cosson, « Vers un droit européen de la vente », *D.* 2012. Chron. 34 s. – S. Franck, « Le règlement "Rome I" sur la loi applicable aux obligations contractuelles, quelques changements », *JDI* 2009. 41 s. – H. Kenfack, « Le règlement (CE) n° 593/2008 sur la loi applicable aux obligations contractuelles ("Rome I"), navire aux instruments efficaces de navigation ? », *JDI* 2009. 3 s. –

7. EN CE SENS : Ph. Stoffel-Munck, obs. préc.

C. Nourissat, « Le nouveau droit européen des contrats internationaux », *RJ com.* 2011. 3 s. – V. Ranouil, « Remarques sur le droit applicable aux contrats de développement », *Gaz. Pal.* 1986. 1. Doctr. 401 s. – P. de Vareilles-Sommières, « Autonomie et ordre public dans les Principes de La Haye sur le choix de la loi applicable aux contrats commerciaux internationaux », *RDI* 2016/2. Doctr. 4 s.

116.141 Dans un contrat international. Il est souhaitable que, dans un contrat international, les parties indiquent la loi à laquelle elles entendent le soumettre par une clause d'*electio juris*[1]. En effet, il est admis en France depuis 1910 (Civ. 5 déc. 1910, *American Trading*[2]), que le contrat est en principe régi par la loi choisie par les parties (*principe d'autonomie*[3]). La loi d'autonomie présente l'avantage de la sécurité et de la prévisibilité, tout en permettant aux parties d'adopter le Droit qui leur semble répondre le mieux à leurs attentes et à la logique de leur convention ; de plus, elle leur permet d'en prévoir les conséquences économiques[4]. Elle est vivement encouragée par les « *Principes de La Haye sur le choix de la loi applicable aux contrats commerciaux internationaux* », publiés le 19 mars 2015 par la Conférence de La Haye de droit international privé[5]. Lesdits principes constituent des règles de conflit utiles aux arbitres. Ce sont des bonnes pratiques, des standards neutres pour les contrats internationaux, dont la nature juridique est celle d'un droit souple ou d'une *lex mercatoria* procédurale[6].

Il est préférable de préciser que la loi choisie s'appliquera non seulement au fond, mais aussi à la procédure d'arbitrage, si arbitrage il y a. Le choix de la loi applicable s'effectue en fonction des avantages qu'elle présente et, à cet égard, il existe « *une véritable concurrence des droits* »[7], et donc un marché de la loi (*law shopping*), associé à une sorte de marché du tribunal (*forum shopping*) en fonction de la loi qu'il appliquera. Du reste, les États cherchent à favoriser les investissements par des dispositions avantageuses[8], notamment fiscales, mais aussi juridiques[9]. Cependant, il convient de prendre garde de l'existence de lois locales d'ordre public, notamment celles qui régissent les transferts de maîtrise industrielle[10].

En Droit français, tout contrat est nécessairement rattaché à la loi d'un État : pas de contrat sans loi, et la référence au droit international ne peut pas valoir choix d'une loi pour régir les relations contractuelles[11]. Telle est la théorie. Néanmoins, nombreux sont les contrats internationaux ne se référant volontairement à aucune loi applicable, tout en donnant aux arbitres, par une clause compromissoire, le pouvoir de trancher les éventuels litiges nés de ces contrats en se référant aux principes généraux du droit et aux usages du commerce international (d'où il résulte parfois une application des principes d'Unidroit). Ce choix est valide[12].

Contrairement à ce qui est parfois suggéré, nous croyons inopportun d'adopter une loi « neutre », c'est-à-dire une loi d'aucune des parties. En effet, une telle solution introduit une complexité inutile. Toutefois, si le partenaire n'accepte pas votre loi ou que vous-même n'en voulez pas (par exemple le régime de la responsabilité des vendeurs du Droit français est un des plus rigoureux du monde), et si vous ne souhaitez pas adopter la sienne, qui vous paraît incertaine ou mauvaise, la transaction consistera peut-être à adopter la loi d'un pays tiers, ou un mélange de deux lois selon les dispositions (tel le contrat du concessionnaire du tunnel sous la Manche : « *Il peut, s'il y a lieu, être fait application des règles de droit français ou de droit anglais, lorsque le recours à ces règles est commandé par l'exécution d'obligations spécifiques de droit français ou de droit anglais* »).

Les parties peuvent choisir les règles matérielles des *Principes relatifs aux contrats du commerce international* d'Unidroit 2016 (très inspirés par la CVIM) et, éventuellement, les clauses types sur leur utilisa-

1. J. Mestre et J.-C. Roda (dir.), *Les principales clauses des contrats d'affaires, op. cit.*, p. 305 s. – F.-X. Testu, *Contrats d'affaires, op. cit.*, n°s 124.01 s.
2. Civ. 5 déc. 1910, *American Trading, S.* 1911. 1. 129.
3. SUR CELUI-CI et SES DIFFICULTÉS D'APPLICATION : J.-M. Jacquet, Ph. Delebecque et L. Usinier, *Droit du commerce international, op. cit.*, n°s 332 s. – D'UNE FAÇON PLUS GÉNÉRALE sur la place de l'autonomie dans l'arbitrage international : J.-M. Jacquet, « L'autonomie de la volonté et la pensée juridique internationaliste », art. préc.
4. P. Durand-Barthez et F. Lenglart (dir.), *Choisir son droit : conséquences économiques du choix du droit applicable dans les contrats internationaux*, « Entreprises et management », L'Harmattan, 2012.
5. P. de Vareilles-Sommières, « Autonomie et ordre public dans les Principes de La Haye sur le choix de la loi applicable aux contrats commerciaux internationaux », art. préc.
6. G. Lhuilier, « Les principes sur la loi applicable aux contrats commerciaux internationaux de la conférence de La Haye : l'émergence des "Best Practices" », *RDAI* 2016, p. 103 s.
7. G. Farjat, « Les pouvoirs privés économiques », dans *Mél. Ph. Kahn*, Litec, 2000, p. 613 s., spéc. p. 645.
8. C.-A. Michalet, « L'évolution de la législation sur les investissements directs étrangers et la dynamique de la mondialisation », dans *Mél. Ph. Kahn, op. cit.*, p. 433 s.
9. P. de Montalivet, « La "marketisation" du droit. Réflexions sur la concurrence des droits », *D.* 2013. Chron. 2923 s.
10. V. Ranouil, « Remarques sur le droit applicable aux contrats de développement », art. préc.
11. ARRÊT DE PRINCIPE : Civ. 21 juin 1950, *Messageries maritime* – POUR UN RAPPEL : Civ. 1re, 17 mai 2017, n° 15-28.767, NP, *Rev. crit. DIP* 2017. 431, obs. D. Sindres.
12. Civ. 1re, 9 oct. 1984, n° 83-11.355, *Norsolor,* P I, n° 248 ; *Clunet* 1985, p. 836, note P. Kahn ; *Rev. arb.* 1985, p. 485, obs. B. Goldman – Civ. 1re, 22 oct. 1991, n° 89-21.528, *Valenciana*, P I, n° 275 ; *Rev. crit. DIP* 1992. 113, obs. B. Oppetit ; *Rev. arb.* 1992, p. 457, obs. P. Lagarde.

tion (adoptées en mai 2013[1]). Cependant, non seulement peu de contrats internationaux choisissent expressément les principes d'Unidroit[2], mais encore ceux qui auraient vocation à les appliquer dans le silence des parties, c'est-à-dire les arbitres, ne le font qu'assez rarement[3]. Une tendance lourde de la Commission européenne est de parvenir à un code européen des contrats, voire à un code civil européen, à l'aide d'arguments fallacieux, et alors qu'elle n'a pas compétence pour ce faire[4]. Une telle œuvre serait parfaitement incongrue pour les nombreuses raisons exposées par Yves Lequette[5]. En outre, quant aux inconvénients de la disparité des Droits nationaux mis en avant par la Commission, ils sont inexistants dans le domaine contractuel. En effet, d'une part, dans les relations entre professionnels, le principe de la liberté de choix de la loi applicable leur permet de soumettre leurs contrats aux dispositions nationales qu'ils leur semblent les plus convenir à leurs besoins, comme nous venons de le voir ; d'autre part, les règles d'Unidroit contribuent de diverses façons à une harmonisation des règles contractuelles[6] ; enfin, dans les relations avec les consommateurs, l'Union européenne a procédé à l'harmonisation nécessaire.

La Conférence de La Haye de droit international privé (HCCH) a publié en avril 2021[7], conjointement avec la CNUDCI et Unidroit, un *Guide juridique*, portant sur les instruments uniformes dans le domaine du droit des contrats commerciaux internationaux (principalement les ventes). Il offre un aperçu général des principaux textes législatifs élaborés par chacune de ces organisations, tels que la Convention des Nations Unies sur les contrats de vente internationale de marchandises, les Principes de la HCCH sur le choix de la loi applicable aux contrats commerciaux internationaux et les Principes d'Unidroit relatifs aux contrats du commerce international. Il indique également la manière dont ces textes interagissent entre eux, pour remplir leurs objectifs communs que sont la prévisibilité et la souplesse.

La Fondation pour le droit continental a publié en 2015 un *Index de la Sécurité juridique*, évaluant celle-ci dans 13 pays[8].

Depuis la réforme du droit des contrats par l'ordonnance n° 2016-131 du 10 février 2016[9], le droit français dispose de nouveaux et sérieux atouts, qui lui confèrent une bien meilleure attractivité au plan international[10].

116.142 Convention de Vienne du 11 avril 1980. La Convention des Nations unies sur les ventes internationales de marchandises conclue à Vienne le 11 avril 1980 ne doit par être négligée (elle est généralement dite convention de Vienne sur les contrats de vente internationale de marchandises[11], et citée par le sigle CVIM)[12]. Elle régit (du moins dans le nombreux pays où, comme la France, elle est entrée en vigueur) certaines *ventes internationales et commerciales d'objets mobiliers corporels entre professionnels*[13] ; à savoir, lorsque soit les parties ont chacune leur établissement dans des États contractants différents, soit les règles du Droit international privé désignent comme loi du contrat celle d'un État contractant[14]. Le matériel informatique entre incontestablement dans le domaine de la CVIM, mais point les programmes, sauf ceux qui peuvent être considérés comme des accessoires de la chose. Mais la CVIM s'applique aussi à des contrats qui ne seraient pas des ventes en Droit français : ainsi, les contrats de fourniture de marchandises à fabriquer ou à produire sont en principe des ventes, en Droit uniforme, sauf si la personne qui a passé la commande fournit *une part essentielle* des éléments nécessaires à la fabrication[15]. En revanche, elle ne

1. B. Fauvarque-Cosson, « Les clauses-types sur l'utilisation des Principes d'Unidroit relatifs aux contrats du commerce international », *D.* 2013. 2037.
2. Rome, 1994, 3e éd. 2010.
3. CEPENDANT : CCI, sentence 13450 (2014), *JDI* 2014. 193, obs. P. Cavaliaros : application à titre subsidiaire de la CVIM et à titre plus subsidiaire des Principes d'Unidroit – A. Munoz et D. Geny, « Les Principes d'Unidroit dans l'arbitrage international », *RDAI* 2016, p. 109 s.
4. V. LA REMARQUABLE DÉMONSTRATION DE : Y. Lequette, « Le Code européen est de retour », *RDC* 2011. 1028 – *ADDE* NOT. : G. Cornu, « Un Code civil n'est pas un instrument communautaire », *D.* 2011. 351 ; J. Huet, « Le scandale de l'harmonisation totale », *RDC* 2011. 1070.
5. Y. Lequette, art. préc.
6. EN CE SENS : I. Rueda, *Incidence des règles d'Unidroit sur le droit des contrats en Europe*, th. préc.
7. Disponible en anglais, il sera bientôt publié dans d'autres langues officielles des Nations Unies.
8. B. Deffains et C. Kessedjian (dir.), *Index de la Sécurité juridique : Rapport pour la Fondation pour le droit continental*, 2015 ; disponible en français et en anglais sur : http://www.fondation-droitcontinental.org/fr/ – AUSSI : B. Deffains et M. Sejan (dir.), *Index de la Sécurité juridique*, Dalloz, 2018.
9. Ord. n° 2016-131, 10 févr. 2016 portant réforme du droit des contrats, du régime général et de la preuve des obligations, *JO* 11 févr., n° 26.
10. B. Deshayes, « La nouvelle place du droit français dans l'espace international », *Gaz. Pal.* 12 juin 2017. Doctr. 31 – *CONTRA :* L. Usinier, « L'attractivité internationale du droit français au lendemain de la réforme du droit des contrats, ou le législateur Français à la poursuite d'une chimère », *RTD civ.* 2017. 343.
11. Le mot de convention s'écrit sans majuscule.
12. Sur son interprétation : C. Witz, « Le défi de l'interprétation uniforme », dans G. Cerqueira (dir.), *Les 40 ans de la convention de Vienne sur la vente internationale de marchandises*, préc., p. 508.
13. *A contrario :* CVIM, art. 2, a.
14. CVIM, art. 1er.
15. CVIM, art. 3, § 1er.

régit pas les contrats de prestations de services, même lorsqu'ils comportent des fournitures, dès lors que les premières sont prépondérantes[1].

La convention ne pose que des règles supplétives[2] (système dit *opt out*). Les parties peuvent donc écarter ce régime, même tacitement à condition que l'exclusion soit consciente[3]. Toutefois, si les parties ne l'ont pas écartée (par une clause d'*exclusio juris*), elle joue d'office et s'applique exclusivement, dès lors que la vente entre dans son domaine[4]. En ce sens, ladite convention représente *le Droit commun de la vente internationale en Droit français* et « *constitue le droit substantiel français de la vente internationale de marchandises* » (Civ. 1re, 26 juin 2001, n° 99-16.118, *Muller c/Federal Tait*, préc. ; - Civ. 1re, 25 oct. 2005, n° 99-12.879, *Herbex Produtos*[5]). Il en résulte qu'une clause d'un contrat de vente renvoyant au Droit de l'une des parties à la convention, par exemple « *Le présent contrat est soumis au Droit français* », ne vaut pas exclusion tacite[6]. Bien au contraire, l'accord sur l'application de la loi française vaut accord sur l'application de la CVIM[7]. En revanche, si les parties soumettent leur contrat au Droit d'un État n'ayant pas ratifié la convention, elles écartent automatiquement celle-ci. D'un autre côté, les parties peuvent l'éluder en s'abstenant de l'invoquer devant le juge français (Civ. 1re, 26 juin 2001, n° 99-16.118, *Muller c/Federal Tait*, préc., cas de l'espèce ; si une partie veut l'invoquer il convient donc qu'elle en fasse état devant les juges du fond). La CVIM comporte un certain nombre d'incombances[8].

À l'inverse, les parties peuvent, sauf exception, décider de soumettre leur contrat à tout ou partie des dispositions de la convention, alors qu'il y aurait normalement échappé, ne remplissant pas les conditions précitées, par exemple quant à la nature de l'objet du contrat, tel un contrat de prestations informatiques. L'exception la plus notable est la vente à un consommateur, ce qui veut dire *qu'une vente d'un professionnel à un consommateur ne peut jamais être régie par la CVIM*, même du consentement éclairé des deux parties, et même à la demande du consommateur pour lequel elle serait éventuellement plus favorable que son Droit national[9].

116.143 Proposition de règlement relatif à un Droit commun de la vente. La Commission européenne a publié le 11 octobre 2011 une proposition de règlement relatif à un *Droit commun européen de la vente*[10], mais elle fut abandonnée en 2014. Ce règlement permettrait aux parties de soumettre leur contrat de vente et les contrats portant sur un contenu numérique[11] à un Droit uniforme optionnel (donc facultatif, ce qui sera une source de complication pour les intervenants du marché, en créant une fragmentation supplémentaire du droit ;

1. CVIM, art. 3, § 2.
2. SUR LA NOTION : C. Perès-Dourdou, *La règle supplétive*, préf. G. Viney, « BDPr », t. 421, LGDJ, 2004.
3. Civ. 1re, 25 oct. 2005, n° 99-12.879, *Herbex Produtos,* P I, n° 381 ; *D.* 2005. AJ 2872 ; *RTD civ.* 2006. 268, obs. P. Rémy-Corlay ; *RTD com.* 2006. 249, obs. Ph. Delebecque ; *RTD com.* 2006. 468, obs. B. Bouloc. – G. Cerqueira et N. Nord, « Retour sur le silence des parties à propos de l'application de la convention de Vienne sur la vente internationale de marchandises », dans G. Cerqueira (dir.), *Les 40 ans de la convention de Vienne sur la vente internationale de marchandises*, préc., p. 517.
4. Civ. 1re, 23 janv. 1996, n° 93-16.542, P I, n° 38 ; *D.* 1996. 334, note C. Witz – Civ. 1re, 5 janv. 1999, n° 96-19.992, *Thermo King c/Cigna insurance company of Europe,* P I, n° 6 ; *D.* 1999. 383, note C. Witz ; *JCP E* 1999. 962, note L. Leveneur – Civ. 1re, 26 juin 2001, n° 99-16.118, *Muller c/ Federal Tait,* P I, n° 189 ; *D.* 2001. 2591, obs. V. Avena-Robardet ; *D.* 2001. 3607, note C. Witz, 1re esp. ; la CVIM « *s'impose aux juges français* » – Civ. 1re, 26 juin 2001, n° 99-14.844, *Anton Huber c/Polyspace,* P I, n° 187 ; *D.* 2001. 3607, note C. Witz, 2e esp.
5. Civ. 1re, 25 oct. 2005, n° 99-12.879, *Herbex Produtos,* P I, n° 381 ; *D.* 2005. 2872, obs. E. Chevrier ; *RDC* 2006. 515, note P. Deumier ; *Rev. crit. DIP* 2006. 373, note D. Bureau ; *RTD civ.* 2006. 268, note P. Rémy-Corlay ; *RTD com.* 2006. 249, obs. Ph. Delebecque – COMP. : Com. 13 sept. 2011, n° 09-70.305, NP, *CCC* 2011, n° 254, obs. L. Leveneur ; *JCP E* 2011, n° 50, 1899, note L. Leveneur ; *LPA* 10 févr. 2012, n° 30, p. 9, note C. Granier : en stipulant que le contrat de vente serait soumis aux lois françaises, le vendeur n'a pas placé la solution de son litige avec l'acheteur sous le régime du Droit interne de la vente, mais sous celui du Droit substantiel constitué par la convention de Vienne.
6. Com. 17 déc. 1996, n° 95-20.273, NP, *D.* 1997. 337, note C. Witz, IMPL.
7. Com. 20 févr. 2007, n° 04-17.752, *Mimosa c/Yves Saint-Laurent Parfums,* P IV, n° 52 ; *D.* 2007. AJ 795, obs. E. Chevrier ; *D.* 2008. Pan. 2198, obs. D. Ferrier, IMPL. ; *D.* 2008. Pan. 2622, obs. C. Witz ; *RTD civ.* 2007. 302, obs. P. Rémy-Corlay ; *RDC* 2007. 1255, note J.-B. Racine ; *JDI* 2007. 1211, note S. Hotte ; *RTD com.* 2007. 586, obs. B. Bouloc ; *RTD com.* 2008. 208, obs. Ph. Delebecque.
8. B. Freleteau, *Devoir et incombance en matière contractuelle*, préf. L. Santonie-Laguionie, « BDPr », t. 576, LGDJ, 2017, nos 151 s. : L'auteur distingue le devoir contractuel de l'incombance contractuelle. Celle-ci est aussi une contrainte purement comportementale, mais elle ne pèse sur le contractant que s'il désire obtenir l'avantage qu'elle conditionne. Il s'agit donc d'une exigence préalable et adventice à l'exercice d'un droit. Si le manquement au devoir contractuel constitue une défaillance contractuelle, l'inobservation d'une incombance est sanctionnée par la déchéance du droit conditionné.
9. POUR DES DÉTAILS sur la CVIM : Ph. le Tourneau, *Responsabilité des vendeurs et fabricants, op. cit.*
10. SUR LA NOTION DE DROIT COMMUN EN GÉNÉRAL : N. Balat, *Essai sur le droit commun*, préf. M. Grimaldi, « BDPr », t. 571, LGDJ, 2016.
11. « *Par contenu numérique, on entend les données qui sont produites et fournies sous une forme numérique, comme les programmes informatiques, les applications, les jeux, la musique, les vidéos ou les textes, que l'accès à ces données ait lieu au moyen du téléchargement ou du streaming, depuis un support matériel ou par tout autre moyen* » (dir. 2011/83, considé. 19). Il est indiqué dans la suite de ce ►

système *opt in*, à l'inverse de la convention de Vienne). Ce régime écarterait les règles nationales, même impératives, du moins pour ce qu'il prévoit car il n'est pas complet (par exemple, il ne traite pas de la responsabilité précontractuelle ni des conditions de validité du contrat autres que les vices du consentement[1]).

Il serait applicable aux contrats transfrontaliers conclus entre professionnels et consommateurs ainsi qu'entre professionnels lorsque l'une au moins des parties est une PME (autre complication). Tout en adoptant certaines dispositions différentes du Droit français, il n'est pas fondamentalement différent de celui-ci. Son interprétation s'effectuerait de façon autonome[2]. Il a suscité de nombreux commentaires, sans doute plus critiques qu'approbateurs[3], à juste titre, notamment parce que les autorités de l'Union européenne n'ont pas compétence pour traiter ces questions et parce que, sous un titre modeste, il dissimule l'amorce d'un Droit européen des contrats[4]. De plus, ce projet est de mauvaise venue, tant rédactionnelle (d'un style détestable) que légistique (entrant dans tous les détails et imaginant toutes les hypothèses).

116.144 Convention de Rome du 19 juin 1980 et règlement 593/2008, dit Rome I. En dehors du jeu de la CVIM, lorsque les parties n'ont pas indiqué la loi applicable à leur contrat, alors que celui-ci est international, quelle est la solution ? La convention de Rome du 19 juin 1980, sur la loi applicable aux obligations contractuelles, en vigueur depuis le 1er avril 1991, entrait alors en scène, du moins pour les juridictions des États signataires. Elle prévoyait, qu'à défaut d'une autre désignation par les parties, la loi applicable était celle du pays avec lequel le contrat présentait les liens les plus étroits[5] ; la convention présumait que ce pays est celui où la partie devant fournir la prestation caractéristique a sa résidence habituelle au moment de sa conclusion[6] ; ce principe était toutefois écarté dans certains cas, notamment pour les contrats conclus[7] par des consommateurs[8].

Cette convention a été remplacée par le règlement 593/2008[9], dit Rome I, sur la loi applicable aux

▸ considérant que « *les contrats relatifs à des contenus numériques non fournis sur un support matériel ne devraient être qualifiés, aux fins de la présente directive, ni comme contrats de vente ni comme contrats de service* » ; cette exclusion nous paraît erronée, rien n'empêchant une vente ou un contrat de service de porter sur un objet immatériel (*streaming* = flux en continu sans téléchargement). Les offres musicales payantes sur internet, qui se sont beaucoup développées, utilisent ce procédé.

1. POUR D'AUTRES LACUNES : M. Fabre-Magnan, « Avantages ou inconvénients des principes directeurs ? », *RDC* 2012. 1430, spéc. p. 1432 s.
2. « *Le droit commun européen de la vente doit être interprété de façon autonome, conformément à ses objectifs et aux principes sous-jacents à celui-ci* », annexe 4 de la proposition de règl.
3. NOT. : O. Deshayes (dir.), *Le Droit commun européen de la vente. Examen de la proposition de règlement du 11 octobre 2011*, Société de législation comparée, 2012 ; l'ouvrage comporte en annexe une remarquable table de concordance des dispositions du projet de droit commun européen de la vente avec les textes voisins (convention de Vienne du 11 avr. 1980 ; principes d'Unidroit ; principes du droit européen des contrats ; projet de cadre commun de référence ; directive 2011/83 relative aux droits des consommateurs) – W. Doralt, « De quelques conditions de succès d'un instrument optionnel en droit européen des contrats », *RDC* 2011. 1313 – S. Piedelièvre, « Vers un nouveau droit européen de la vente », *Gaz. Pal.* 11-12 janv. 2012, p. 7 – G. Paisant, « La proposition d'un droit commun de la vente ou l'espéranto contractuel de la Commission européenne », *JCP* 2012, n° 18. Ét. 560 – V. Heuzé, « Le technocrate et l'imbécile. Essai d'explication du droit commun européen de la vente », *JCP* 2012, n° 25. Ét. 750 – M. Behar-Touchais, B. Fauvarque-Cosson et Z. Jacquemin, « Droit commun européen de la vente : l'unité sans l'uniformisation », *RDC* 2012. 191 – C. Aubert de Vincelles, « Naissance d'un droit commun européen de la vente et des contrats », *RDC* 2012. 457 – J.-S. Bergé, « Le droit national des contrats, nouveau complexe du droit européen des contrats ? », *RDC* 2012. 569 – P. Puig, « L'avènement des sources optionnelles », *RTD civ.* 2012. 493 – G. Pignarre, « La proposition de règlement européen pour la vente : un modèle de *jus commune* post-moderne ? », *RDC* 2014. 559 – ET *Actes* de colloques : tenu à Paris le 10 mai 2012, *RDC* 2012. 1393 ; à Grenoble et Chambéry les 29 nov. 2012 et 8 févr. 2013, *LPA* 24 déc. 2013, n° 256 – PARMI EUX : Ph. Brun, « Que faut-il entendre par droit commun européen de la vente ? Remarques lapidaires en guise d'introduction », *LPA* 24 déc. 2013, n° 256, p. 5 ; pour l'auteur « *on n'a affaire ni véritablement à du droit de la vente, ni véritablement à du droit commun, ni même, sans doute, véritablement à du droit européen* » !
4. Y. Lequette, « Avant-propos », *RDC* 2012. 1340 – M. Fabre-Magnan, « Avantages ou inconvénients des principes directeurs ? », art. préc.
5. Conv. Rome, 19 juin 1980, art. 4, 1°.
6. Conv. Rome, 19 juin 1980, art. 4, 2° – POUR DES APPLICATIONS : Civ. 1re, 25 nov. 2003, n° 01-01.414, P I, n° 237 ; *JDI* 2004. 1179, note M.-É. Ancel ; *D.* 2004. 494, note H. Kenfack, *idem* – Com. 19 oct. 2010, n° 09-69.246, P IV, n° 154 ; *RLDC* 2010/77, p. 11, obs. A. Paulin ; *RDC* 2011. 935, note J.-B. Racine, CRIT. : il ne résulte pas de la combinaison de l'article 4 de la convention de Rome du 19 juin 1980 « *que, dans le cas où la présomption, selon laquelle le contrat présente les liens les plus étroits avec le pays où est établi le débiteur de la prestation caractéristique, n'est corroborée par aucun autre facteur de rattachement, la loi du lieu d'exécution de cette prestation devrait nécessairement s'appliquer* ».
7. NOT. SUR LA QUESTION DU DROIT APPLICABLE aux contrats internationaux : J.-M. Jacquet, Ph. Delebecque et L. Usinier, *Droit du commerce international*, 4e éd., « Précis », Dalloz, 2021, nos 355 s. – H. Kenfack, « Bref retour sur l'esprit de liberté du commerce international », art. préc.
8. Conv. Rome, 19 juin 1980, art. 5.
9. Règl. 593/2008, Parlement et Conseil, 17 juin 2008 sur la loi applicable aux obligations contractuelles (Rome I), *JOCE* L 177, 4 juill., p. 6.

obligations contractuelles[1]. Entré en vigueur le 24 juillet 2008, il s'applique aux contrats conclus après le 17 décembre 2009. Ses rédacteurs ont adopté des règles plus précises que celles de la convention antérieure, laissant moins de place à l'interprétation des juges. Elle retient le principe d'autonomie[2]. À défaut de choix de la loi applicable, le règlement donne une liste de rattachements simples, relative aux contrats les plus usuels. Les *contrats de vente* sont régis par la loi du pays dans lequel le vendeur a sa résidence[3] habituelle[4] ; de même, les *contrats de prestation de services* sont régis par la loi du pays dans lequel le prestataire de services a sa résidence habituelle[5]. Pour les *contrats de consommation*, la loi applicable est en principe celle de la résidence[6] habituelle du consommateur[7], mais les parties peuvent choisir d'appliquer une autre loi[8], à condition que ce choix ne prive pas le consommateur de la protection que lui assurent les dispositions d'ordre public de la loi de sa résidence habituelle (qui sont nombreuses dans le Droit de la consommation).

116.145 Clause sur la loi applicable dans un contrat international et droit de la consommation. La clause, figurant dans les conditions générales de vente d'un professionnel selon laquelle la loi de son siège, celle d'un État n'appartenant pas à l'Union européenne, régit le contrat conclu électroniquement avec un consommateur, est abusive lorsqu'elle induit en erreur ce dernier, lui donnant l'impression que seule la loi de cet État s'applique, sans l'informer qu'il bénéficie aussi de la protection issue des règles impératives de son droit national[9]. En effet, d'une part, selon la directive 1999/44[10], sur certains aspects de la vente et des garanties des biens de consommation[11], la garantie légale de conformité des biens de consommation est d'ordre public (C. consom., art. L. 219-1 et L. 224-25-32[12]). D'autre part, lorsque la loi choisie est celle d'un État membre, l'article 6, paragraphe 2, du règlement 593/2008, dit Rome I[13], accorde aux parties la faculté de convenir du droit applicable à un contrat de consommation, sous la réserve que soit assuré le respect de la protection dont le consommateur bénéficie en vertu des dispositions de la loi de son *for*, auxquelles il ne peut pas être dérogé.

§ 2
Clauses attributives de juridiction ou d'élection du for

116.150 Bibliographie. Articles. C. Boillot, « Le régime des clauses relatives aux litiges », *RTD com.* 2013. 1 – C. Derache, « La transmission des clauses de règlement des litiges dans les groupes de contrat », *JCP E* 2012, n° 3. Ét. 1048 – J. Moury, « Réflexions sur la transmission des clauses de compétence dans les chaînes de contrats translatifs », *D.* 2002. Chron. 2744 s.

116.151 Admission restreinte. Achevant une évolution amorcée depuis longtemps, l'article 48 du code de procédure civile dispose : « *Toute clause qui, directement ou indirectement, déroge aux règles de compétence territoriale est réputée non écrite à moins qu'elle n'ait été convenue entre des personnes ayant toutes contracté en qualité de commerçant et qu'elle n'ait été spécifiée de façon très apparente dans l'engagement de la partie à qui elle est opposée* ».

1. SUR CE RÉGLEMENT : S. Bollée, S. Lemaire et autres, « Le règlement n° 593/2008 du 17 juin 2008 sur la loi applicable aux obligations contractuelles, dit "Rome I" », préc. – *ADDE* : S. Corneloup et N. Joubert (dir.), *Le règlement communautaire « Rome I » et le choix de la loi dans les contrats internationaux, op. cit.* – M.-É. Ancel, « Le règlement de Rome I, nouvelle pièce du système communautaire de droit international privé », art. préc. – T. Azzi, « La loi applicable à défaut de choix selon les articles 4 et 5 du règlement Rome I », art. préc. – S. Corneloup, « La loi applicable aux obligations contractuelles. Transformation de la convention de Rome en règlement communautaire "Rome I" », art. préc. – P. Deumier et J.-B. Racine, « Règlement Rome I : le mariage entre la logique communautaire et la logique conflictuelle », art. préc. – H. Kenfack, « Le règlement (CE) n° 593/2008 sur la loi applicable aux obligations contractuelles ("Rome I"), navire aux instruments efficaces de navigation ? », art. préc. – C. Nourissat, « Le nouveau droit européen des contrats internationaux », art. préc.
2. Règl. 593/2008, Parlement et Conseil, 17 juin 2008, art. 3.
3. L. d'Avout, « Le sort des règles impératives dans le règlement Rome I », art. préc., n° 5.
4. Règl. 593/2008, Parlement et Conseil, 17 juin 2008, art. 4, 1, a.
5. Règl. 593/2008, Parlement et Conseil, 17 juin 2008, art. 4, 1, b.
6. L. d'Avout, « Le sort des règles impératives dans le règlement Rome I », art. préc., n° 5 – O. Boskovic, « La protection de la partie faible dans le règlement Rome I », art. préc.
7. Règl. 593/2008, Parlement et Conseil, 17 juin 2008, art. 6.1.
8. Règl. 593/2008, Parlement et Conseil, 17 juin 2008, art. 6.2.
9. CJUE, 28 juill. 2016, *Verein für Konsumenteninformation contre Amazon EU Sàrl*, aff. C-191/15, *JOUE* 26 sept., p. 8 ; *D.* 2016. 2315, note F. Jault-Seseke ; *D.* 2016. 2141, obs. J. Larrieu, C. Le Stanc et P. Tréfigny ; *D.* 2017. 539, obs. H. Aubry, E. Poillot et N. Sauphanor-Brouillaud ; *ibid.* 1011, obs. H. Gaudemet-Tallon et F. Jault-Seseke ; *CCÉ* 2016, n° 90, obs. G. Loiseau ; *Rev. crit. DIP* 2017. 112, obs. S. Corneloup ; *D.* 2017. 2054, obs. L. d'Avout et S. Bollée ; *RDC* 2017. 483, obs. B. Haftel – E. Derieux, « Loi(s) applicable(s) aux activités de communication commerciale sans frontières », art. préc.
10. Dir. 1999/44, Parlement et Conseil, 25 mai 1999 sur certains aspects de la vente et des garanties des biens de consommation, *JOCE* L 171, 7 juill., p. 12.
11. V. *infra* s^s^ n°s 213.231 s.
12. Insérés par Ord. n° 2021-1247, 29 sept. 2021.
13. V. *infra* s^s^ n° 413.12.

Les exigences légales sont claires, et sont régulièrement rappelées par la Cour de cassation. Elles tiennent d'abord à la qualité des personnes qui toutes doivent avoir contracté *en qualité de commerçant*[1]. Elles concernent encore la forme de telles stipulations qui doivent être spécifiées *de façon suffisamment apparente*[2], la validité d'une clause attributive de compétence territoriale supposant encore qu'elle permette de déterminer le tribunal choisi[3], même si l'acceptation peut en être tacite[4]. Dès lors, et avant d'écarter les termes d'une clause d'élection de for, les juges du fond doivent indiquer en quoi la clause litigieuse ne satisfaisait pas aux exigences de l'article 48, eu égard aux conditions matérielles de sa présentation[5]. La clause peut être considérée comme connue et acceptée en raison des relations d'affaires habituelles entre les sociétés en cause, alors qu'elle avait toujours été stipulée dans leurs précédents contrats[6].

Diverses conséquences découlent encore du même texte et de sa combinaison avec d'autres règles de compétence. D'abord, une clause attributive de juridiction est inopposable à la partie qui saisit le juge des référés, de sorte qu'elle peut toujours se tourner vers le juge du lieu où les mesures doivent être prises ou exécutées[7]. Ensuite, s'il y a plusieurs défendeurs, la clause attribuant compétence à une autre juridiction que celle du lieu où demeure l'un d'entre eux ne peut produire effet, du moins si elle n'est pas opposable à tous les défendeurs et qu'il existe une indivisibilité entre les demandes formées contre eux[8]. De plus, lorsque les clauses attributives de juridiction, figurant dans les correspondances échangées par les contractants ou dans les documents contractuels, sont inconciliables, elles ont pour effet de s'annuler, ce qui conduit à revenir aux règles de compétence de droit commun[9]. Par ailleurs, si la clause a été stipulée dans l'intérêt exclusif de l'une des parties, celle-ci peut y renoncer[10]. Enfin, le fait pour le demandeur, bénéficiaire d'une clause attributive de compétence, de s'être initialement prévalu de la compétence ainsi définie ne le prive pas du bénéfice ultérieur du droit d'option de l'article 46, si la clause attributive de compétence était finalement réputée non écrite[11].

En revanche, une clause attributive de compétence, nulle en ce qu'elle vise la compétence territoriale, conserve son effet quant à la compétence d'attribution lorsqu'elle est valable à cet égard.

En raison de son autonomie par rapport à la convention principale dans laquelle elle s'insère, la clause attributive de compétence n'est pas affectée par l'inefficacité de celle-là[12]. Elle survit donc à l'expiration du contrat[13], à sa caducité[14], à sa nullité[15] ou à sa résolution[16], du moins si le litige en cause entre dans le champ d'application de la clause tel qu'il a été défini par les parties. Cette solution jurisprudentielle se trouve renforcée par l'article 1184, alinéa 1er, du code civil, selon lequel : « *Lorsque la cause de nullité n'affecte qu'une ou plusieurs clauses du contrat, elle n'emporte nullité de l'acte tout entier que si cette ou ces clauses ont constitué un élément déterminant de l'engagement des parties ou de l'une d'elles* ».

Une clause attributive de juridiction désignant le juge français empêche la reconnaissance d'une décision étrangère rendue en violation de la clause[17].

1. EX. : Civ. 2e, 26 juin 2003, no 01-20.890, P II, no 210 ; *D.* 2003. 2282 ; *Procédures* 2004, no 214, obs. R. Perrot – Civ. 2e, 4 juill. 2007, no 06-16.140, P II, no 189 ; *D.* 2007. AJ 2111 ; *Procédures* 2007, no 213, obs. R. Perrot.
2. EX. : Com. 20 nov. 2001, no 99-14.172, P IV, no 181 ; *D.* 2002. 325, note V. Avena-Robardet ; *D.* 2002. 2112, obs. A. Boujeka – Com. 4 janv. 2005, no 03-17.677, P IV, no 5 ; *D.* 2005. Pan. 2748, obs. H. Kenfack ; *D.* 2005. AJ 214, obs. E. Chevrier ; *Procédures* 2005, no 42, obs. H. Croze ; *RDC* 2005. 756, obs. Ph. Delebecque ; *RTD com.* 2005. 589, obs. B. Bouloc.
3. Civ. 1re, 30 oct. 2006, no 04-15.512, P I, no 441 ; *D.* 2006. IR 2873 ; *RTD civ.* 2007. 110, obs. J. Mestre et B. Fages.
4. Civ. 1re, 15 mai 2018, no 17-12.044, NP, *RJDA* 2019, no 158 : les trois documents établissant la relation contractuelle (la confirmation de commande, le bon de livraison et la facture), comportaient, au *recto*, une invitation en français à consulter les conditions de vente et de livraison et, au *verso*, la reproduction de l'intégralité des conditions générales de vente rédigées en allemand, dont l'art. 11.2 stipulait une clause de compétence au profit des juridictions du siège social du vendeur ; la cour d'appel a donc pu « *en déduire que, nonobstant sa rédaction en langue étrangère, cette clause sur laquelle l'attention de l'acheteur avait été spécialement attirée, et qui n'avait pas été contestée, avait fait l'objet d'une acceptation tacite et lui était opposable* ».
5. Com. 18 sept. 2007, no 05-21.395, NP.
6. COMP. : Civ. 1re, 17 nov. 2015, no 14-19.244, NP.
7. Civ. 2e, 19 nov. 2008, no 08-11.646, NP, *Procédures* 2009. comm. 77, obs. R. Perrot.
8. Civ. 2e, 13 juill. 2006, no 05-20.022, NP.
9. Civ. 1re, 28 mars 1995, no 93-13.237, P I, no 140 ; *RTD civ.* 1997. 118, obs. J. Mestre – RAPPR. EN MATIÈRE INTERNATIONALE : Civ. 1re, 16 juill. 1998, no 96-11.984, P I, no 252 ; *D.* 1999. 117, note C. Witz ; *Rev. crit. DIP* 1999. 122, note B. Ancel et H. Muir Watt.
10. Civ. 2e, 1er avr. 1981, no 79-15.762, P II, no 78 ; *Gaz. Pal.* 1982. 2. 421, note J. Viatte.
11. Com. 2 mars 1993, no 91-11.393, P IV, no 81 – SUR LA NOTION : S. Gaudemet, *La clause réputée non écrite*, préf. Y. Lequette, « Recherches juridiques », Economica, 2006.
12. ARRÊT DE PRINCIPE : Civ. 1re, 8 juill. 2010, no 07-17.788, P I, no 161 ; *D.* 2010. 3323, obs. L. d'Avout ; *RJDA* 2010, no 1120 ; *RTD civ.* 2010. 780, obs. B. Fages.
13. Civ. 1re, 15 avr. 2015, no 14-11.572, NP, *RJDA* 2015, no 619.
14. Com. 5 juill. 2017, no 15-21.894, NP, *JCP E* 2017. 1693, note C. Golhen.
15. Civ. 1re, 8 juill. 2010, no 07-17.788, P I, no 161, préc.
16. Civ. 2e, 11 nov. 1978, no 76-11.237, P II, no 13.
17. Civ. 1re, 15 mai 2018, no 17-17.546, P I ; *JCP G* 2018. 919, note F. Mailhé.

Saisi par la Cour de cassation[1] sur la transmission de la clause attributive de juridiction (d'élection du for) dans une chaîne communautaire de contrats, la CJUE énonça que, dans une chaîne européenne de contrats translatifs de propriété, la clause d'élection de for n'est pas opposable au sous-acquéreur, sauf s'il est établi qu'il y a effectivement consenti[2]. La Cour de cassation aligna rapidement sa position sur celle de la CJUE[3].

Une clause attributive de compétence est licite dans les rapports internationaux. Mais elle n'est opposable que s'il est établi que la partie à laquelle elle est opposée en a eu connaissance et l'a acceptée[4], de sorte qu'il convient d'être vigilant quant à sa clarté et sa lisibilité.

SECTION 9
CLAUSES SUR L'ARBITRAGE ET LA RÉSOLUTION NÉGOCIÉE DES DIFFÉRENDS

116.160 **Bibliographie. Ouvrages.** L. Cadiet et T. Clay, *Les modes alternatifs de règlement des conflits,* 3e éd., « Connaissance du droit », Dalloz, 2019 – C. Champaud et D. Danet, *Stratégies judiciaires des entreprises*, « États de droits », Dalloz, 2006 – T. Clay (dir.), *Le nouveau droit français de l'arbitrage*, HC, Lextenso, 2011 – B. Le Bars et J. Dalmasso, *Arbitrage commercial international*, préf. G. Worms, « Droit & Professionnels », LexisNexis, 2016 – N. Fricero (dir.), *Le guide des modes amiables de résolution des différends*, 3e éd., « Guides », Dalloz, 2017 – É. Loquin, *L'arbitrage du commerce international*, « Pratique des affaires », Joly, 2015 – J.-M. Mousseron et autres, *Technique contractuelle*, 4e éd., Francis Lefebvre, 2010, nos 1652 s. – T. Schultz et F. Ortino (dir.), *The Oxford Handbook of International Arbitration*, Oxford University Press, 2020.

Manuels. M. Audit, S. Bollée et P. Callé, *Droit du commerce international et des investissements étrangers,* 2e éd., « Précis Domat », LGDJ, 2016 – D. Mainguy et J. El-Ahdab, *Droit de l'arbitrage. Théorie et pratique,* LexisNexis, coll. « Manuel », 2021 – J. Ortscheidt et C. Seraglini, *Droit de l'arbitrage interne et international*, 2e éd., « Précis Domat », LGDJ-Lextenso, 2019 – J.-B. Racine, *Droit de l'arbitrage,* « Thémis », PUF, 2016.

Contributions. L. Aynès, « L'éthique du droit de l'arbitrage », dans J.-B. d'Onorio (dir.), *L'éthique du droit des affaires*, Téqui, 2008, 51 s. – J. Béguin, « L'étonnante liberté de l'amiable compositeur », dans *Mél. G. Wiederkehr*, Dalloz, 2009, p. 1 s. – B. de Belval, « Justice étatique et justice amiable : distinguer pour unir », dans *Mél. J.-M. Trigeaud*, éd. Bière, Bordeaux, 2020, p. 787 – Y. Desdevises, « Équité et conciliation », dans *Mél. G. Wiederkehr*, Dalloz, 2009, p. 209 s. – E. Gaillard, « L'effet négatif de la compétence-compétence », dans *Mél. J.-F. Poudret*, Lausanne, 1999, p. 387 s. – H. Kenfack, « Bref retour sur l'esprit de liberté du commerce international », dans *Libre Droit, Mél. Ph. le Tourneau*, Dalloz, 2008, p. 541 s. – É. Loquin, « L'énigme de la clause prévoyant que chacune des deux parties désignera un arbitre et que les deux arbitres ainsi désignés nommeront à leur tour le président du tribunal arbitral », dans *Mél. J.-J. Daigre*, Joly, 2017, p. 35 s.

Articles. Collectif, « Le contrat au secours de l'entreprise. Les modes contractuels de Résolution des conflits », *RJ com.* nov. 1999, no spécial – [CCI], « Règlement ADR de la Chambre de commerce internationale », *Gaz. Pal.* 2001. 2. Doctr. 1789 s. – J. Beguin et J. Ortscheidt, « Les dix commandements du président d'un tribunal arbitral *ad hoc* », *JCP* 2010, no 23, 646 – C. Boillot, « Le régime des clauses relatives au litige », *RTD com.* 2013. 1 – S. Bollée, « Le Droit français de l'arbitrage international après le décret no 2011-48 du 13 janvier 2011 », *Rev. crit. DIP* 2011. 553 – O. Caprasse, « The setting up of the arbitral tribunal in Multi-party arbitration », *RD aff. int.* 2006. 197 s. – J. Chapuy, « Précisions sur les critères d'extension de la clause compromissoire », *RLDA* 2013. Ét. 4552 – D. Chenu, « L'autonomie de la clause compromissoire après le décret du 13 janvier 2011 », *LPA* 21 avr. 2011, no 79, Doctr. 3 s. – C. Derache, « La transmission des clauses de règlement des litiges dans les groupes de contrat », *JCP E* 2012, no 3. Ét. 1048 – A. Dimolitsa, « Autonomie et "kompetenz-kompetenz" », *Rev. arb.* 1998. 305 s. – N. Dorandeu, « La transmission des clauses attributives de compétence en Droit international privé », *JDI* 2002. 1001 s. – N. Fricero, « Définir pour distinguer médiation et arbitrage », *JCP N* 2016. Chron. 1345 – E. Gaillard, « L'apport de la pensée juridique française à l'arbitrage international », *JDI* 2017.

1. Civ. 1re, 17 nov. 2010, no 09-12.442, P I, no 240 ; *D.* 2010. AJ 2829, obs. X. Delpech ; *D.* 2010. 2933, obs. T. Clay ; *JCP* 2010, no 52, 1307, note P. Chevalier ; *CCC* 2011, no 23, obs. L. Leveneur ; *LPA* 29 juin 2011, no 128, p. 11, note L. Charbonnel ; *RTD com.* 2011. 667, obs. Ph. Delebecque.
2. CJUE, 1re ch., 7 févr. 2013, *Refcomp,* aff. C-543/10, *D.* 2013. 1110, note S. Bollée, CRIT. ; *D.* 2013. 1503, obs. F. Jault-Seseke ; *D.* 2013. 2293, obs. L. d'Avout et S. Bollée ; *Rev. crit. DIP* 2013. 710, note D. Bureau ; *RLDA* 2013, no 4510, note M. Combet ; *LPA* 10 avr. 2013, no 72, p. 6, note V. Legrand ; *JCP* 2013, no 516, note Ph. Guez, APPROB. ; *JCP E* 2013, no 1332, note M. Attal, APPROB. ; *JDI* 2013. 1201, note S. Clavel ; *RTD civ.* 2013. 338, obs. P. Rémy-Corlay ; *RTD com.* 2013. 381, obs. A. Marmisse-d'Abbadie d'Arrast.
3. Civ. 1re, 11 sept. 2013, no 09-12.442, P I, no 162 ; *JCP* 2013, no 44, 1129, note C. Nourissat ; *JCP E* 2013, no 46, 1620, note C. Golhen ; *CCC* 2013, no 257, obs. L. Leveneur ; *RTD com.* 2013. 384, obs. Ph. Delebecque ; *RTD civ.* 2013. 839, 1re esp., obs. H. Barbier ; *D.* 2014. 121, note D. Mazeaud ; *LPA* 22 janv. 2014, 9, note J.-C. Mahinga – Civ. 1re, 25 mars 2015, no 13-24.796, P I, no 71 ; *AJCA* 2015. 272, obs. F. Jault-Seseke ; *LPA* 16 juin 2015, 7, note J.-G. Mahinga ; *JDI* 2015. 1168, note R. Mathieu ; *D.* 2016. Pan. 571, obs. M. Mekki – MAIS, adoptant des conditions un peu plus strictes : Civ. 1re, 4 mars 2014, no 13-15.846, P I, no 41 ; *JCP E* 2014. 1288, note M. Attal ; *RDC* 2014. 434, note M. Laazouzi : la C. de cass. reproche à la cour d'appel de ne pas avoir recherché si, au moment de la formation du contrat, la clause litigieuse n'était pas connue de la sté défenderesse et n'avait pas été acceptée par elle dans ses relations avec la sté demanderesse.
4. Civ. 1re, 13 mai 2020, nos 18-25.754, 18-25.103 et 18-25.104 (3 arrêts), NP, *CCC* 2020, no 111, obs. N. Mathey.

Ét. 2 – P. Genton, « Le nouveau règlement CCI sur les "Dispute Boards" », *Gaz. Pal.* 2004. 2. Doctr. 3596 s. – J.-F. Guillemin, « Les nouvelles attentes des entreprises en matière de règlement des conflits », *Rev. arb.* 1996. 583 s. – C. Jarrosson et J. Pellerin, « Le droit français de l'arbitrage après le décret du 13 janvier 2011 », *Rev. arb.* 2011. 5 s. – H. Kenfack, « La reconnaissance des véritables clauses de médiation ou de conciliation obligatoire hors de toute instance », *D.* 2015. Chron. 384 – J. Jaudard, « Réflexions critiques sur quelques aspects du régime de la relation entre l'arbitre et les parties », *RDAI* 2019. 259 – D. Lamèthe, « Les langues de l'arbitrage international : liberté raisonnée de choix ou contraintes réglementées ? », *JDI* 2007. 1175 s. – É. Loquin, « Le Contrôle de l'inapplicabilité manifeste de la convention d'arbitrage », *RTD com.* 2006. 764 s. – M.-H. Maleville, « Pathologies des Clauses compromissoires », *RD aff. int.* 2000/1, p. 61 s. – J. Moury, « Réflexions sur la transmission des clauses de compétence dans les chaînes de contrats translatifs », *D.* 2002. Chron. 2744 s. – J. Paillusseau, « Arbitrage : le choix entre le droit et l'équité », *JCP E* 2006, Doctr. n° 1008 – A.-F. Pascal, « Arbitrage international : le principe compétence-compétence et les clauses pathologiques », *RJDA* 2007. 423 s. – G. Pillet, « De la vocation des *Dispute Boards* », *RDAI* 2017. 253 – T. Portwood et A. Pinna, « L'arbitrage dit *fast track* », *JCP* 2009, n° 58, 340 – X. Pradel, « Cession de créance et transfert de la clause compromissoire », *D.* 2003. Chron. 569 s. – B. de Roquefeuil et G. Bourge, « Les enjeux de l'arbitrage pour les contentieux informatiques », *Gaz. Pal.* 2011. 2. Doctr. 2027, et p. 2764 – A. Westphalen, « Les mesures provisoires et conservatoires en arbitrage international », *RDAI* 2018. 19.

§ 1
Clauses d'arbitrage

116.171 **Clause compromissoire.** Les contrats d'affaires contiennent généralement une clause compromissoire[1] prévoyant, soit un arbitrage *ad hoc*[2], soit le recours à un arbitrage institutionnel. Cette dernière formule est souvent préférée, paraissant offrir une plus grande sécurité et célérité (ce qui n'est pas avéré[3]). L'arbitrage CCI s'engage par un « acte de mission », qui en est depuis longtemps une spécificité[4], même s'il n'est plus obligatoire depuis le 1er mars 2017. La Cour de cassation tend à considérer l'insertion dans un contrat d'une clause compromissoire comme un usage du commerce international[5].

En Droit français, la validité de la clause compromissoire est largement entendue par l'article 2061 du code civil[6], encore plus depuis sa modification par la loi du 18 novembre 2016[7]. Il faut évidemment veiller à la qualité de la rédaction de la clause pour éviter des déconvenues[8]. Mais la clause compromissoire peut figurer dans un document auquel le contrat liant les deux parties fait référence. En effet, dès lors qu'un contrat comporte une référence à un document, telles les conditions générales de vente, qui stipulent une clause compromissoire portée à la connaissance du partenaire, celui-ci a accepté cette référence, fût-ce par son silence[9] ; ledit document n'a pas besoin d'être signé par les parties.

Pour remédier à la longueur et à la lourdeur des procédures classiques d'arbitrages, surtout institutionnels, la pratique recourt parfois un arbitrage *ad hoc* particulier, *accéléré* (que les Anglais nomment *fast-track*), composé d'un arbitre unique ; la clause

1. J. Mestre et J.-C. Roda (dir.), *Les principales clauses des contrats d'affaires, op. cit.*, p. 185 s. – F.-X. Testu, *Contrats d'affaires*, « Dalloz référence », 2010, n°s 132.15 s.
2. J. Beguin et J. Ortscheidt, « Les dix commandements du président d'un tribunal arbitral *ad hoc* », art. préc.
3. V. *infra* s^s n° 116.186.
4. J.-J. Arnaldez, « L'acte déterminant la mission de l'arbitre », dans *Mél. P. Bellet*, Litec, 1991 p. 1 s. – A. Reiner, « L'acte de mission : le rôle de la Cour internationale d'arbitrage et l'application de l'article 16 par les arbitres », *Bull. CCI*, vol. 7, n° 2, 1996, p. 60 s.
5. Civ. 1re, 22 nov. 2005, n° 03-10.087, P I, n° 420 ; *D.* 2007. Pan. 111, obs. H. Kenfack ; *RTD com.* 2006. 251, obs. Ph. Delebecque ; *Rev. arb.* 2006. 437, note O. Cachard.
6. C. civ., art. 2061 ; mod. par L. n° 2001-420, 15 mai 2001, art. 126 ; puis par L. n° 2016-1547, 18 nov. 2016, art. 11 – Civ. 1re, 29 févr. 2012, n° 11-12.782, P I, n° 40 ; *D.* 2012. AJ 689, obs. X. Delpech ; *D.* 2012. 2991, obs. T. Clay ; *JCP* 2012, n° 14, 405, note J. Monéger ; *LPA* 6 juill. 2012, n° 135, p. 7, note A.-S. Courdier-Cuisinier ; *LPA* 18-19 sept. 2012, n° 187-188, p. 16, note E. Faivre : la condition de professionnalité doit être remplie dans la personne de l'une et de l'autre partie, et cette condition de professionnalité doit être remplie à la date de signature du contrat assorti de la clause compromissoire.
7. L. n° 2016-1547, 18 nov. 2016, de modernisation de la justice du XXIe siècle, *JO* 19 nov. – T. Clay, « L'arbitrage, les modes alternatifs de règlement des différends et la transaction dans la loi "justice du XXIe siècle" », *JCP* 2016. 1295 : relevant que la question de la validité de la clause compromissoire s'efface pour laisser place au critère du consentement. En effet, toute référence aux contrats conclus « *à raison d'une activité professionnelle* » a disparu de l'art. 2061, qui se réfère à la notion d'acceptation de la clause d'arbitrage. Depuis, certains contrats civils peuvent être soumis à l'arbitrage. De plus, l'alinéa 2 ouvre la possibilité du recours à l'arbitrage dans les contrats de consommation, avec la précision qu'il sera facultatif pour le non-professionnel, en ce sens que « *la clause ne pourra pas lui être opposée* ».
8. Paris, pôle 1, ch. 2, 25 oct. 2012, RG n° 12/15901, *Gaz. Pal.* 6 janv. 2013, n° 6, p. 18, obs. D. Bensaude : La clause ne soumettait à l'arbitrage que les difficultés d'interprétation du contrat, de sorte que le juge judiciaire conservait la compétence pour statuer sur les autres litiges.
9. Civ. 1re, 3 juin 1997, n° 95-17.603, P I, n° 177 ; *Rev. crit. DIP* 1999. 92, note P. Mayer – Civ. 1re, 11 mai 2012, n° 10-25.620, NP, *RLDA* 2012, n° 4236, obs. M. Combet ; *JCP* 2012, n° 50. Chron. 1354, n° 4, obs. C. Seraglini – Civ. 1re, 9 juin 2016, n° 15-25.554, NP, *JCP E* 2016. 1340, n° 2, obs. J. Ortscheidt ; *RTD com.* 2017. 844, obs. É. Loquin.

compromissoire doit préciser les délais et les questions de procédure[1].

La commission d'examen des pratiques commerciales a pertinemment estimé, dans un avis du 22 juin 2004[2], que le recours à l'arbitrage relève de la liberté contractuelle (l'arbitre, juge privé, est un prestataire de services) et qu'une clause compromissoire ne constitue pas une pratique abusive en soi ; que, certes, si son poids est parfois plus lourd pour l'un des deux cocontractants, des techniques de mutualisation, voire d'assurance, notamment via des organismes professionnels, peuvent atténuer les conséquences du risque d'arbitrage pour la partie la plus faible. Cela étant, le décret n° 2011-48 du 13 janvier 2011[3] a réformé sensiblement le Droit de l'arbitrage, tant interne qu'international, afin de clarifier la matière et de rendre plus efficaces les procédures arbitrales[4]. À peine de nullité, la convention d'arbitrage est écrite. Elle peut résulter d'un échange d'écrits ou d'un document auquel il est fait référence dans la convention principale[5]. Certains ont vu dans la réforme de l'arbitrage une occasion de développer son utilisation dans les litiges relatifs aux contrats informatiques[6]. La clause compromissoire dans un contrat international, dont une partie est un consommateur, peut être écartée en raison de son caractère abusif[7] ; l'effet négatif du principe « compétence compétence » est donc neutralisé par *l'effet utile* du droit de l'Union européenne.

116.172 Amiable composition. Les parties peuvent éventuellement donner aux arbitres le pouvoir de statuer en tant qu'*amiables compositeurs*[8], c'est-à-dire avec l'obligation de trancher le litige en équité, *ex æquo et bono*, sous réserve de ne pas modifier l'économie de la convention, en substituant aux obligations contractuelles des obligations nouvelles ne répondant pas à l'intention commune des parties[9]. Saisie d'un recours en annulation, la cour d'appel n'a pas le pouvoir de contrôler la pertinence du raisonnement juridique par lequel les arbitres, statuant comme amiables compositeurs et en dernier ressort, se sont prononcés sur la question dont ils étaient saisis[10]. Les motifs inspirés de l'équité, donnés à leur décision par une cour d'appel, statuant en amiable composition, échappent au contrôle de la Cour de cassation[11]. Tenus de statuer en équité, les amiables compositeurs peuvent cependant se prononcer exclusivement par application des règles de Droit, à la condition toutefois que leur sentence témoigne « *de la recherche d'une solution conforme à l'équité* » (Civ. 2e, 8 juill. 2004, n° 02-19.382[12] – Avant 2004, la Cour de cassation était plus exigeante : les arbitres devaient s'expliquer sur la conformité de la règle de droit à l'équité[13]) ; et encore faut-il qu'ils fassent bien référence à l'équité ou à la mission d'amiables compositeurs qui leur a été confiée[14]. Dans des affaires complexes, la clause

1. POUR DES DÉTAILS : T. Portwood et A. Pinna, « L'arbitrage dit *fast track* », art. préc.
2. CEPC, avis n° 04-06 du 22 juin 2004, relatif à certaines pratiques dans le secteur de la distribution alimentaire : www.pratiques-commerciales.minefi.gouv.fr/
3. Décr. n° 2011-48, 13 janv. 2011 portant réforme de l'arbitrage, *JO* 14 janv., p. 777.
4. PARMI LES INNOMBRABLES COMMENTAIRES : C. Jarrosson et J. Pellerin, « Le droit français de l'arbitrage après le décret du 13 janvier 2011 », art. préc. – S. Bollée, « Le Droit français de l'arbitrage international après le décret n° 2011-48 du 13 janvier 2011 », art. préc.
5. C. pr. civ., art. 1443 ; créé par décr. n° 81-500, 12 mai 1981, art. 5 ; mod. par décr. n° 2011-48, 13 janv. 2011, art. 2.
6. B. de Roquefeuil et G. Bourge, « La réforme de l'arbitrage : une opportunité pour les contentieux informatiques », art. préc.
7. Civ. 1re, 30 sept. 2020, n° 18-19.241, P ; *AJ contrat* 2020. 485, note D. Mainguy ; *D.* 2020. Pan. 2484, obs. T. Clay et 2501, notre D. Mouralis ; *CCC* 2020. 178, obs. S. Bernheim-Desvaux ; *RTD civ.* 2020. 845, obs. L. Usunier ; *JDI* 2020. 22, obs. E. Gaillard ; *JCP G* 2020. 1311, note M. de Fontmichel ; *RDC* 2021. 113, note J. Heymann, solution inédite.
8. C. pr. civ., art. 1512 ; réd. décr. n° 2011-48, 13 janv. 2011, art. 2. – SUR LA QUESTION : Collectif, *Amiable composition, RD aff. int.* 2008/5, p. 608 s. – J. Béguin, « L'étonnante liberté de l'amiable compositeur », art. préc. – B. de Belval, « Justice étatique et justice amiable : distinguer pour unir », art. préc.
9. Paris, 4 nov. 1997, *Rev. arb.* 1998. 704, note Y. Derains – Civ. 1re, 6 mai 2003, n° 00-16.822, *Sopip,* P I, n° 102 ; *JCP E* 2003. Pan. n° 998 ; REJET DU POURVOI : les juges du recours en annulation ayant relevé que les arbitres se sont prononcés en modifiant les conséquences d'une application stricte du contrat au nom de l'équité et du principe de bonne foi exigé dans les relations internationales, exerçant ainsi leur pouvoir d'amiables compositeurs – Civ. 2e, 26 juin 2003, n° 01-17.630, *Gena, dit Melnik,* P II, n° 208, formule comparable – Paris, 1re ch. A, 2 sept. 2008, n° 06/07547, *Gaz. Pal.* 2008. 2, Somm. 4030 : c'est parce qu'il statuait en amiable compositeur que l'arbitre a pu s'inspirer de textes qui n'étaient pas directement applicables à l'esp. pour fonder sa solution en équité.
10. Civ. 1re, 3 oct. 2006, n° 05-14.099, n° 05-14.507, P I, n° 422.
11. Civ. 2e, 26 juin 2003, n° 01-17.630, préc.
12. Civ. 2e, 8 juill. 2004, n° 02-19.382, NP, *JCP* 2004. I. 179, n° 4 ; *JCP E* 2004. 1816, n° 4, obs. C. Seraglini – Civ. 1re, 28 nov. 2007, n° 06-16.835, P I, n° 369 ; *D.* 2008. AJ 26, obs. X. Delpech ; *D.* 2008. Somm. 187, obs. T. Clay ; *JCP E* 2008, n° 1012, obs. J. Béguin ; *JCP* 2008. I. 164, n° 1, obs. J. Béguin ; *RJDA* 2008, n° 739 ; *LPA* 24-25 mars 2008, p. 14, note L. Jaeger – SUR LA QUESTION : J. Paillusseau, « Arbitrage : le choix entre le droit et l'équité », art. préc.
13. Civ. 2e, 15 févr. 2001, n° 98-21.324, P II, n° 26 ; *D.* 2001. 2780, note N. Rontchevsky ; *Rev. arb.* 2001. 135, note É. Loquin – Civ. 2e, 10 juill. 2003, n° 01-16.964, *Pion,* P II, n° 234 ; *D.* 2003. IR 2337 ; *JCP E* 2004. 112, note G. Chabot : pas le cas.
14. Civ. 1re, 17 déc. 2008, n° 07-19.915, P I, n° 284 ; *D.* 2009. AJ 173, obs. X. Delpech ; *JCP* 2009. II. 10013, note J. Béguin ; *JCP* 2009. I. 148, 2e esp., obs. J. Béguin [*mais donnant un n° de pourvoi erroné*] ; *JCP E* 2009. 1233, note G. Chabot ; *RTD com.* 2009. 550, note É. Loquin – Civ. 1re, 1er févr. 2012, n° 11-11.084, P I, n° 14 ; *D.* 2012. AJ 446, obs. X. Delpech ; *D.* 2012. 2991, obs. T. Clay ; *JCP* 2012. ▶

d'amiable composition est déconseillée, car comment l'équité sera-t-elle entendue par des arbitres de nationalités différentes ? Cette option est toutefois nécessaire lorsque le contrat n'a pas été soumis à une loi particulière.

116.173 Quelques précisions de la clause compromissoire. La clause compromissoire doit indiquer le Droit applicable, y incluant le cas échéant les usages du commerce[1], notamment les Principes d'Unidroit, en excluant parfois tout droit national[2], ce qui est déconseillé. La clause doit aussi désigner le siège et la langue de l'arbitrage (qui n'est pas forcément celle du contrat[3]), notamment quand le client a imposé pour celui-ci la sienne, alors qu'elle n'est pas une des grandes langues mondiales ; la précision de la langue est nécessaire pour éviter des litiges sur ce point[4]. Lorsqu'elle est précisée, le tribunal arbitral est tenu de la respecter, sauf à violer le principe du contradictoire, dès lors du moins que les éléments non traduits dans la langue convenue ont été déterminants dans la décision des arbitres, en l'absence d'acquiescement ou de renonciation à se prévaloir de la violation du principe[5]. Le choix de la langue n'est parfois pas entièrement libre dans les arbitrages institutionnels[6]. Ne pas oublier aussi, surtout dans une clause d'arbitrage *ad hoc*, de prévoir les modalités de choix des arbitres et leur nombre (il est assez fréquent que les parties prévoient, par une disposition constituant une énigme juridique, que chacune des deux parties désignera un arbitre et que les deux arbitres ainsi désignés nommeront à leur tour le président du tribunal arbitral[7]) ; le délai dans lequel la sentence doit être rendue ; il est possible d'ajouter éventuellement des dispositions sur les règles de procédure applicables, les conditions de mise en œuvre des mesures provisoires et conservatoires, et le mécanisme d'arbitrage multipartite[8]. Si les parties souhaitent que les faits ou certains éléments sensibles ne risquent pas d'être portés à la connaissance du public, elles peuvent insérer dans leur convention d'arbitrage une clause de confidentialité[9] les liant ainsi que les arbitres.

116.174 Autonomie de la clause compromissoire et ses conséquences. La Cour de cassation considérait que la clause compromissoire présente une *autonomie* juridique (depuis 1963 en matière internationale : Civ. 1re, 7 mai 1963, *Gosset*[10] ; depuis 2002 en matière interne : Civ. 2e, 4 avr. 2002, no 00-18.009, *Barbot*[11]). D'où elle n'est affectée ni par la nullité ni par l'inexistence du contrat qui la contient (par exemple parce que le contrat est expiré ou même n'a jamais été formé). En somme, elle constitue « un contrat dans le contrat ». Depuis le décret no 2011-48 du 13 janvier 2011, la règle figure dans le code de procédure civile[12], d'une façon générale pour toute convention d'arbitrage[13]. Il en résulte aussi le principe dit de « compétence-compétence », en vertu duquel les arbitres doivent se prononcer eux-mêmes sur leur compétence[14] lorsqu'elle est contestée[15]. Du reste, selon l'article 1230 du code civil : « *La résolu-*

▶ 201, note J. Béguin ; *Gaz. Pal.* 22 janv. 2012, note D. Bensaude ; *RJ com.* 2012, no 26 : « *le tribunal arbitral, auquel les parties avaient conféré mission de statuer comme amiable compositeur, devait faire ressortir dans sa sentence qu'il avait pris en compte l'équité* ».

1. CCI, sentence arbitrale finale 11236 (2002), *JDI* 2018. Chron. 1, no 1, obs. P. Cavalieros : les parties avaient visé dans leur contrat les « standards internationaux », regardés comme des usages du commerce.
2. COMME DANS : CCI, sentence arbitrale finale 11236 (2002), préc.
3. Sur celle-ci v. *supra* ss no 116.06.
4. EX. : CCI, ord., 8764 (1996) et 8817 (1996), *JDI* 1999. 1080, obs. D. H. : statuant avant dire droit sur la langue de l'arbitrage, la clause étant lacunaire à cet égard.
5. Paris, 2 avr. 2013, no 11/18244, *D.* 2012. 2936, obs. T. Clay ; *Gaz. Pal.* 5 mai 2013. 20, note C. Duclercq ; *Gaz. Pal.* 30 juin 2013. 18, note D. Bensaude.
6. COMP. : D. Lamèthe, art. préc.
7. É. Locquin, « L'énigme de la clause prévoyant que chacune des deux parties désignera un arbitre et que les deux arbitres ainsi désignés nommeront à leur tour le président du tribunal arbitral », art. préc.
8. SUR LES PIÈGES des clauses compromissoires et des conseils de rédaction, NOT. : M.-H. Maleville, « Pathologies des clauses compromissoires », art. préc. – ET, SUR la constitution d'un tribunal arbitral en cas d'arbitrage multipartie : O. Caprasse, art. préc.
9. Sur la clause de confidentialité v. *supra* ss no 116.81.
10. Civ. 1re, 7 mai 1963, *Gosset,* P I, no 246.
11. Civ. 2e, 4 avr. 2002, no 00-18.009, *Barbot,* P II, no 68 ; *D.* 2002. IR 1402 ; *JCP* 2002. II. 10154, note S. Reifegerste.
12. C. pr. civ., art. 1447 ; mod. par décr. no 2011-48, 13 janv. 2011, art. 2.
13. D. Chenu, « L'autonomie de la clause compromissoire après le décret du 13 janvier 2011 », art. préc. – C. Boillot, « Le régime des clauses relatives au litige », art. préc., nos 13 s.
14. C. pr. civ., art. 1465 ; mod. par décr. no 2011-48, 13 janv. 2011, art. 2.
15. Civ. 1re, 5 janv. 1999, no 96-21.430, P I, no 2 ; *JDI* 1999. 784, qualifiant pour la première fois cette règle de « principe » – Civ. 1re, 1er déc. 1999, no 97-21.488, *Metu System France,* P I, no 325 ; *D.* 2000. IR 1 – Civ. 1re, 26 juin 2001, no 99-17.120, *ABS,* P I, no 183 ; *Rev. arb.* 2001. 529, obs. E. Gaillard – Civ. 1re, 16 oct. 2001, no 99-19.319, *Quarto children's books,* P I, no 254 : en vertu du « *principe selon lequel il appartient à l'arbitre de statuer sur sa propre compétence* », la seule constatation d'une indivisibilité entre deux litiges « *ne suffisait pas à faire obstacle au jeu de la clause d'arbitrage* » – Civ. 2e, 27 juin 2002, no 01-13.935, *Verreries de Manières,* P II, no 146 ; *JCP E* 2002. Pan. no 1300 – Civ. 2e, 18 déc. 2003, no 02-13.710, *Fertiberry Semences,* P II, no 394 ; *JCP E* 2004. Pan. no 262 – Civ. 2e, 15 janv. 2004, no 02-13.675, *Peinture Normandie,* P II, no 4 – Civ. 1re, 8 nov. 2005, no 02-18.512, *Unic c/Mathieu,* P I, no 402 ; *D.* 2005. AJ 2896 – Com. 21 févr. 2006, no 04-11.030, *Belmarine,* P IV, no 41 ; *D.* 2006. IR 670 – ARRÊT DE PRINCIPE : Civ. 1re, 4 juill. 2006, no 05-17.460, *Prodim c/ Mohimont,* P I, no 338 – Civ. 1re, 11 juill. 2006, no 04-14.950, ▶

tion n'affecte ni les clauses relatives au règlement des différends, ni celles destinées à produire effet même en cas de résolution, telles les clauses de confidentialité et de non-concurrence. »

La clause compromissoire figurant dans un contrat donne compétence au tribunal arbitral dès l'instant où le litige a « *un lien avec le contrat* »[1]. Un arbitre peut même connaître d'un litige appelant l'application d'une règle de fond impérative (ou d'ordre public interne) pouvant, en outre, être qualifiée de loi de police[2]. Seule la nullité ou l'inapplicabilité « manifestes » de la clause d'arbitrage est de nature à faire obstacle à la compétence arbitrale[3].

116.175 Suites du principe de « compétence-compétence ». Le principe de « compétence-compétence » se prolonge par un principe dérivé, son effet négatif[4], selon lequel les juridictions étatiques doivent s'abstenir de connaître ces contestations, tant que les arbitres ne se sont pas prononcés sur elles, sauf « nullité manifeste » ou inapplicabilité[5] de la clause d'arbitrage[6] et encore lorsque l'existence même de clause compromissoire n'est pas établie par les documents produits[7]. Dans ces circonstances, il incombe seulement au juge étatique, qui retient que la convention d'arbitrage n'est pas manifestement inapplicable, de se déclarer incompétent, étant donné qu'il lui appartient de statuer par priorité sur sa propre compétence[8]. D'où aussi, lorsqu'un acte contient à la fois une clause attributive de juridiction et une clause compromissoire, l'existence de cette contradiction ne prive pas l'arbitre de sa compétence[9]. La seule désignation du siège de l'arbitrage et d'un droit étranger comme loi de la procédure arbitrale ne suffit pas à démontrer une renonciation expresse et non équivoque au principe de compétence-compétence[10]. Enfin, il n'est donc pas nécessaire que la clause compromissoire se réfère à une loi étatique, et donc à l'article 6 du code civil français[11].

116.176 Possibilité d'intervention du juge des référés malgré l'existence d'une clause compromissoire. En Droit français[12], l'existence d'une convention d'arbitrage ne fait pas obstacle, tant que le tribunal arbitral n'est pas constitué, à ce qu'une partie saisisse une juridiction de l'État aux fins d'obtenir une mesure d'instruction, une mesure provisoire ou conservatoire[13]. Ainsi, la présence d'une clause compro-

▶ P I, n° 364 ; *D.* 2006. IR 1985 : contrat expiré – SOLUTION INÉDITE : Civ. 1re, 28 nov. 2006, n° 05-10.464, *Good international c/Laiterie de Saint-Denis*, NP, *D.* 2008. Pan. 182, obs. T. Clay ; *JDI* 2007. 1255, note O. Diallo : l'arbitre doit statuer par priorité sur sa propre compétence, même si le protocole d'accord passé par les parties ne constitue pas à lui seul un contrat-cadre ou une lettre d'intention, c'est-à-dire alors que le contrat contenant la clause d'arbitrage n'a jamais été formé – Civ. 1re, 6 sept. 2010, n° 09-68.731, P I, n° 183 – Civ. 1re, 12 nov. 2010, n° 09-10.575, NP, *RJ com.* 2010. 38, obs. B. Moreau – Civ. 1re, 26 oct. 2011, n° 10-15.968, P I, n° 174 ; *D.* 2011. AJ 2736 ; *Gaz. Pal.* 2012. 1, 22 janv., note D. Bensaude ; *RJ com.* 2010. 20, obs. B. Moreau – A. Dimolitsa, « Autonomie et "kompetenz-kompetenz" », art. préc.

1. Civ. 1re, 8 juill. 2010, n° 09-67.013, P I, n° 156 ; *D.* 2010. 2884, note M. Audit et O. Cuperlier ; *Gaz. Pal.* 2010. 2, p. 2214, note G. Bertrou et O. Attias ; *JCP* 2010, n° 51. Chron. 1286, n° 3, obs. J. Beguin, APPROB. ; *JCP E* 2010, nos 51-52, Chron. 2134, n° 13, obs. J. Raynard (mais l'arrêt est indiqué comme émanant de la ch. com.).
2. Civ. 1re, 8 juill. 2010, n° 09-67.013, préc.
3. Civ. 1re, 4 juill. 2006, n° 05-17.460, *Prodim c/Mohimont*, préc. – Civ. 1re, 11 juill. 2006, n° 04-14.950, préc. – Civ. 1re, 20 févr. 2007, n° 06-14.107, P I, n° 62 ; *D.* 2007. AJ 734, obs. X. Delpech – V. LE RAPPORT SUR CET ARRÊT : A.-F. Pascal, « Arbitrage international : le principe compétence-compétence et les clauses pathologiques », art. préc. – Civ. 1re, 9 juill. 2008, n° 07-18.623, *Océa*, NP, *RJDA* 2008, n° 1322 – Com. 25 nov. 2008, n° 07-21.888, *Les Pains du sud*, P IV, n° 197 ; *D.* 2008. AJ 3091, obs. X. Delpech ; *D.* 2009. 1516, note G. Pillet ; *D.* 2009. Pan. 2963 et 2964, obs. T. Clay ; *JCP* 2009. II. 10023, note D. Mainguy ; *Rev. arb.* 2008. 677, note O. Cachard – Civ. 1re, 12 nov. 2010, n° 09-10.575, préc. – Civ. 1re, 24 févr. 2016, n° 14-26.964, NP, *AJCA* 2016. 245, note M. Boucaron-Nardetto : l'inapplicabilité d'une clause d'arbitrage n'est pas manifeste lorsque la possibilité de résolution du litige, par la médiation ou par la procédure de résolution des conflits appropriée suggérée par l'ordre des avocats, n'est pas retenue et que cette clause prévoit un arbitrage d'après les règles d'arbitrage pour les litiges commerciaux de l'*Association américaine d'arbitrage*, dont rien ne démontre que la mise en œuvre serait impossible – É. Loquin, « Le Contrôle de l'inapplicabilité manifeste de la convention d'arbitrage », préc.
4. E. Gaillard, « L'effet négatif de la compétence-compétence », art. préc.
5. Civ. 2e, 10 mai 1995, n° 93-12.676, P I, n° 135 ; *Rev. arb.* 1995. 617, obs. E. Gaillard – Civ. 1re, 1er déc. 1999, n° 97-21.488, *Metu System France*, préc. – Civ. 1re, 26 juin 2001, n° 99-17.120, *ABS*, préc. – Civ. 1re, 6 sept. 2010, n° 09-68.731, préc.
6. C. pr. civ., art. 1448 ; mod. par décr. n° 2011-48, 13 janv. 2011, art. 2.
7. Civ. 1re, 6 nov. 2013, n° 11-18.709, P I, n° 211 ; *RJDA* 2014, n° 493.
8. Civ. 1re, 12 févr. 2014, n° 13-10.346, P I, n° 23 ; *JCP E* 2014, n° 1212, note C. Asfar Cazenave – Civ. 1re, 6 juill. 2016, n° 15-19.521, P I, n° 154 ; *RJDA* 2016, n° 832.
9. Civ. 2e, 18 déc. 2003, n° 02-13.410, *La Chartreuse,* P II, n° 393 ; *JCP* 2004. II. 10075, note C. Noblot – Sur la contradiction entre la clause compromissoire du contrat-cadre et les clauses spécifiques de règlement des différends figurant dans les autres contrats v. *supra* ss n° 115.18.
10. Civ. 1re, 9 mars 2022, n° 20-21.572, P.
11. Civ. 1re, 20 déc. 1993, n° 91-16.828, *Dalico,* P I, n° 372 ; *JDI* 1994. 432, note E. Gaillard ; *JDI* 1994. 690, note E. Loquin – Civ. 1re, 30 mars 2004, n° 01-14.311, *Uni-Kod c/Ouralkali,* P I, n° 95 ; *JCP E* 2004. 1640, note G. Chabot – SUR TOUTES CES QUESTIONS : J.-M. Jacquet, Ph. Delebecque et L. Usinier, *Droit du commerce international*, 4e éd., « Précis », Dalloz, 2021, nos 1088 s.
12. A. Westphalen, art. préc., pour les arbitrages internationaux.
13. C. pr. civ., art. 1449 ; mod. par décr. n° 2011-48, 13 janv. 2011, art. 2 ; mod. par décr. n° 2019-966, 18 sept. 2019, art. 8.

missoire n'exclut pas la saisine du juge des référés. D'abord, en vue d'obtenir des mesures conservatoires ou de remises en état qui s'imposent. Ensuite, soit pour prévenir un dommage imminent, soit pour faire cesser un trouble manifestement illicite[1]. Enfin, dans le dessein d'obtenir une somme d'argent (le référé-provision[2]). Cependant, la compétence exceptionnelle reconnue au juge des référés, en présence d'une convention d'arbitrage, est soumise à la condition de l'urgence[3].

116.177 Renonciation à la clause compromissoire. Les parties peuvent renoncer au bénéfice d'une clause compromissoire[4]. Mais, pour que celle-ci soit effective, elle doit avoir été décidée d'un commun accord et être non équivoque. Il a été jugé que, lorsqu'une partie décide de saisir la justice étatique au fond, alors qu'existe une clause compromissoire et que le défendeur ne soulève pas *in limine litis* l'exception d'incompétence, la renonciation à la convention d'arbitrage est irrévocable[5].

116.178 Responsabilité des arbitres – Renvoi. V. *infra* s[s] n° 116.187.

§ 2
Arbitrage international – Transmission et extension de la clause compromissoire

116.181 Critères de l'arbitrage international. Selon l'article 1504[6] du code de procédure civile : « *Est international l'arbitrage qui met en cause des intérêts du commerce international* ». Dans un important arrêt de 2011 la Cour de cassation, se fondant sur cet article, a retenu une définition exclusivement économique de l'arbitrage international, donc objective et non subjective, les critères juridiques étant indifférents[7]. Cette qualification de l'arbitrage international est importante, car elle détermine le régime juridique qui lui est applicable en France, notamment les règles relatives à l'*exequatur* et aux voies de recours. En outre, elle constitue un moyen de Droit que le juge doit soulever d'office. Enfin, elle commande l'aptitude de l'État et des personnes publiques à compromettre dans les contrats du commerce international, malgré l'interdiction du Droit interne.

116.182 Apports de la pensée juridique française à l'arbitrage international. Il a été brillamment démontré que le droit savant français avait largement exporté sa conception de l'arbitrage international[8], notamment l'autonomie de la convention d'arbitrage[9], la règle « compétence-compétence »[10] ainsi que son effet négatif. Pour autant, cette influence considérable se conjugue avec l'adoption par la pratique internationale de techniques inspirées de la tradition de *Common law* (production de documents, contre-interrogatoire des témoins...).

Le droit français de l'arbitrage international est à juste titre considéré comme une référence mondiale, par la modernité et la pérennité de sa conception, de ses méthodes et des solutions qu'il consacre, sa prévisibilité, sa souplesse et sa clarté. Il est régi par le décret du 13 janvier 2011[11], figurant dans le code de procédure civile (art. 1504 s.), largement inspiré par la doctrine et la jurisprudence. Il a sans doute contribué à faire de Paris l'une des premières places de choix pour la tenue des arbitrages internationaux[12], sous l'égide de la Chambre de commerce internationale (CCI), dont le siège est dans cette capitale, de sa Cour internationale d'arbitrage, et alors que la

1. C. pr. civ., art. 873, al. 1er et 2 ; mod. par décr. n° 87-434, 17 juin 1987, art. 3.
2. C. pr. civ., art. 835 [anc. 809] ; mod. par décr. n° 2019-1333, 11 déc. 2019, art. 4 – Ph. le Tourneau (dir.), *Droit de la responsabilité et des contrats. Régimes d'indemnisation*, 12e éd., « Dalloz action », 2020, n° 2323.22.
3. Civ. 2e, 13 juin 2002, n° 00-20.077, *Sellem*, P II, n° 130 ; *D.* 2002. 2439, note I. Najjar – Paris, 14e ch. B, 24 oct. 2008, n° 08/05967, *Gaz. Pal.* 2008. 2, Somm. 4031 – Civ. 1re, 26 oct. 2011, n° 10-17.708, P I, n° 175 ; *D.* 2011. AJ 2736 ; *Gaz. Pal.* 2012. 1, 22 janv., note D. Bensaude ; *JCP* 2012, n° 5, 99, note J.-J. Barbièri ; *RJ com.* 2012. 17, obs. B. Moreau ; *RDC* 2012. 545, note X. Boucobza et Y.-M. Serinet.
4. Com. 5 janv. 1959, P I, n° 1 – Civ. 1re, 20 avr. 2017, n° 16-11.413, P I, n° 86 ; *AJ contrat* 2017. 343, obs. M. de Fontmichel ; *RDC* 2017. 441, obs. R. Libchaber.
5. Civ. 1re, 20 avr. 2017, n° 16-11.413, préc. – R. Libchaber (obs. préc.) se demande si la C. de cass. n'aurait pas dû se demander si la renonciation était définitive ou non.
6. C. pr. civ., art. 1504 ; mod. par décr. n° 2011-48, 13 janv. 2011, art. 2.
7. Civ. 1re, 26 janv. 2011, n° 09-10.198, P I, n° 15 ; *RJDA* 2011, n° 663 ; v. le rapport de G. Pluyette : *RJDA* 2011. 563 : « *L'internationalité de l'arbitrage fait appel à une définition économique selon laquelle il suffit que le litige soumis à l'arbitre porte sur une opération qui ne se dénoue pas économiquement dans un seul État, et ce, indépendamment de la qualité ou de la nationalité des parties, de la loi applicable au fond ou à l'arbitrage, ou encore du siège du tribunal arbitral, la cour d'appel retient que l'objet du protocole d'accord était de mettre en commun les efforts de l'Inserm et de la fondation "pour favoriser la réalisation d'un projet de construction d'un pôle de recherche en neurobiologie et la formation de cliniciens et de chercheurs dans ce domaine" avec un financement pour la plus grande partie par la fondation, ce qui impliquait des mouvements de fonds de la fondation norvégienne au-delà des frontières ; que, par ce seul motif, elle a exactement décidé que l'arbitrage était international* ».
8. E. Gaillard, « L'apport de la pensée juridique française à l'arbitrage international », art. préc.
9. V. *supra* s[s] n° 116.174.
10. V. *supra* s[s] n° 116.174.
11. Décr. n° 2011-48, 13 janv. 2011 portant réforme de l'arbitrage, *JO* 14 janv. p. 777.
12. Club des juristes, *La responsabilité des arbitres. Rapport*, 2017, p. 17 ; consultable sur : http://bit.ly/Responsabilitearbitre.

France comprend la plus grande communauté de praticiens internationaux du monde et des juridictions étatiques spécialisées. La cour internationale d'arbitrage de Paris veille au respect de la procédure et à la qualité des sentences arbitrales rendues sous son égide (not. quant à la clarté de la motivation, la réponse à la totalité des arguments des parties, l'exactitude des calculs des intérêts).

116.183 Transmission de la clause compromissoire. Dans « *une chaîne homogène de contrats translatifs de marchandises la clause d'arbitrage international se transmet avec l'action contractuelle, sauf preuve de l'ignorance légitime de cette clause* » (Civ. 1re, 6 févr. 2001, n° 98-20.776, *Peavy Company*[1]). La transmission de la clause est devenue « objective », le consentement du cessionnaire n'étant pas nécessaire[2]. L'article 2061[3] du code civil a adopté cette solution pour les arbitrages internes, en disposant que la clause compromissoire non acceptée par la partie produit effet lorsque celui à qui on l'oppose a « *succédé aux droits et obligations de la partie qui l'a initialement acceptée* ». La transmission de la clause compromissoire semblait, dans les contrats internationaux devoir être bornée à un domaine précis, celui « *des chaînes de contrats translatifs de propriété* » (D. Mainguy et J.-B. Seube[4]). Toutefois, cette limite a été évincée en 2007. Dans une chaîne de contrats translatifs de propriété, la clause d'arbitrage international est transmise, « *sans incidence du caractère homogène ou hétérogène de cette chaîne* » (Civ. 1re, 27 mars 2007, n° 04-20.842[5]). Cet arrêt précisa aussi que « *l'effet de la clause d'arbitrage international s'étend aux parties directement impliquées dans l'exécution du contrat et les litiges qui peuvent en résulter* »[6]. Ainsi, la clause compromissoire est attachée au droit transmis plus qu'au contrat. Le même arrêt abandonna la réserve de l'ignorance légitime (figurant dans le principe posé par l'arrêt du 6 février 2001, n° 98-20.776[7]). Il ne subsiste donc, apparemment, qu'une réserve, à savoir que le contrat n'ait pas été conclu *intuitu personæ*[8].

1. Civ. 1re, 6 févr. 2001, n° 98-20.776, *Peavy Company,* P I, n° 22 ; *D.* 2001. Somm. 1135, obs. Ph. Delebecque ; *JCP E* 2001, n° 1238, note D. Mainguy et J.-B. Seube – REVIREMENT PAR RAPPORT À : Civ. 1re, 6 nov. 1990, nos 88-12.132, 88-12.247, 88-12.270, 88-12.430, 88-12.633 et 88-14.477, P I, n° 230 ; – SUR CET ARRÊT : J. Moury, « Réflexions sur la transmission des clauses de compétence dans les chaînes de contrats translatifs », art. préc., émettant des réserves sur cette solution et craignant qu'elle contamine l'arbitrage interne – N. Dorandeu, « La transmission des clauses attributives de compétence en Droit international privé », art. préc. – C. Boillot, « Le régime des clauses relatives au litige », art. préc., nos 15 s. – *ADDE* DEPUIS : Civ. 2e, 20 déc. 2001, n° 00-10.806, *Quille Le Trident,* P II, n° 198 ; *D.* 2002. IR 251 : la cession de créance comprend ses accessoires, dont la clause compromissoire.
2. X. Pradel, « Cession de créance et transfert de la clause compromissoire », art. préc., relevant que cette solution soulève des difficultés en terme d'opposabilité des conventions aux tiers – D'UNE FAÇON GÉNÉRALE : C. Derache, « La transmission des clauses de règlement des litiges dans les groupes de contrat », art. préc. – ET : J. Chapuy, « Précisions sur les critères d'extension de la clause compromissoire », préc., montrant que la C. de cass. a étendu le champ d'application des clauses compromissoires, les critères objectifs ayant pris le pas sur les critères subjectifs.
3. C. civ., art. 2061 ; réd. L. 2016-1547, 18 nov. 2016, art. 11.
4. D. Mainguy et J.-B. Seube, note préc.
5. Civ. 1re, 27 mars 2007, n° 04-20.842, P I, n° 129 ; *D.* 2007. Pan. 184, obs. T. Clay et 2078, note S. Bollée ; *JDI* 2007. 968, note C. Legros ; *RTD civ.* 2008. 541, obs. Ph. Théry : succession de contrats de vente et d'entreprise portant sur des composants électroniques ; seul compte le caractère translatif de la clause – Civ. 1re, 17 nov. 2010, n° 09-12.442, P I, n° 240 ; *D.* 2010. AJ 2829, obs. X. Delpech ; *JCP* 2010, n° 52, 1307, note P. Chevalier ; *CCC* 2011, n° 23, obs. L. Leveneur ; *LPA* 29 juin 2011, n° 128, p. 11, note L. Charbonnel ; reprend mot pour mot la formule de : Civ. 1re, 27 mars 2007, n° 04-20.842, préc. – D'AUTRE PART : Civ. 1re, 17 nov. 2010, n° 09-12.442, préc. : avait saisi la CJUE sur la transmission de la clause attributive de juridiction (d'élection du for) dans une chaîne communautaire de contrats ; la CJUE énonça que, dans une chaîne européenne de contrats translatifs de propriété, la clause d'élection de for n'est pas opposable au sous-acquéreur, sauf s'il est établi qu'il y a effectivement consenti : CJUE, 1re ch., 7 févr. 2013, *Refcomp,* aff. C-543/10, *D.* 2013. 1110, note S. Bollée, CRIT. ; *D.* 2013. 1503, obs. F. Jault-Seseke ; *D.* 2013. 2293, obs. L. d'Avout et S. Bollée ; *Rev. crit. DIP* 2013. 710, note D. Bureau ; *RLDA* 2013, n° 4510, note M. Combet ; *LPA* 10 avr. 2013, n° 72, p. 6, note V. Legrand ; *JCP* 2013, n° 516, note Ph. Guez, APPROB. ; *JCP E* 2013, n° 1332, note M. Attal, APPROB. ; *JDI* 2013. 1201, note S. Clavel ; *RTD civ.* 2013. 338, obs. P. Rémy-Corlay ; *RTD com.* 2013. 381, obs. A. Marmisse-d'Abbadie d'Arrast (la solution ne vaut que pour les clauses soumises au règlement Bruxelles I ; cet arrêt ne porte pas sur les clauses compromissoires, mais peut-être que la C. de cass. alignera sa position sur celle-ci, ce qui conduirait à remettre en cause sa jurisprudence résultant des arrêts : Civ. 1re, 27 mars 2007, n° 04-20.842 et Civ. 1re, 17 nov. 2010, n° 09-12.442, préc.) – La C. de cass. aligna sa position sur celle de : CJUE, 1re ch., 7 févr. 2013, *Refcomp,* aff. C-543/10 : Civ. 1re, 11 sept. 2013, n° 09-12.442, P I, n° 162 ; *JCP G* 2013, n° 44, 1129, note C. Nourissat ; *JCP E* 2013, n° 46, 1620, note C. Golhen ; *RTD civ.* 2013. 839, 1re esp., obs. H. Barbier ; *D.* 2014. 121, note D. Mazeaud ; *LPA* 22 janv. 2014. 9, note J.-C. Mahinga – Civ. 1re, 25 mars 2015, n° 13-24.796, *AJCA* 2015. 272, obs. F. Jault-Seseke ; *LPA* 16 juin 2015, 7, note J.-G. Mahinga – MAIS, ADOPTANT des conditions un peu plus strictes : Civ. 1re, 4 mars 2014, n° 13-15.846, P I, n° 41 ; *JCP E* 2014. 1288, note M. Attal ; *RDC* 2014. 434, note M. Laazouzi : la C. de cass. reproche à la cour d'appel de ne pas avoir recherché si, au moment de la formation du contrat, la clause litigieuse n'était pas connue de la sté défenderesse et n'avait pas été acceptée par elle dans ses relations avec la sté demanderesse.
6. Civ. 1re, 27 mars 2007, n° 04-20.842, préc. – Civ. 1re, 7 nov. 2012, n° 11-25.891, NP, *D.* 2012. 2991, obs. T. Clay ; *JCP E* 2013. 1034, n° 5, obs. C. Seraglini ; *RJ com.* 2013. 29, note B. Moreau.
7. Civ. 1re, 6 févr. 2001, n° 98-20.776, *Peavy Company*, préc.
8. Civ. 1re, 28 mai 2002, n° 00-12.144, *Cimat,* P I, n° 146 ; *JCP E* 2003. 705, note C. Seraglini.

116.184 Extension de la clause compromissoire. La clause compromissoire peut, non seulement être transmise dans une chaîne de contrats, mais encore être étendue dans un ensemble contractuel[1]. Si l'interdépendance des contrats justifie la compétence d'une seule juridiction pour connaître de leur ensemble, c'est celle du tribunal arbitral dès lors que le « contrat pivot » comporte une clause compromissoire[2].

Lorsque la convention d'arbitrage est rédigée en termes larges, en englobant tout litige « en rapport » ou « en relation » avec le contrat, il est admis que les différends d'ordre délictuel entrent dans le champ de la compétence arbitrale[3].

116.185 Motivation des sentences arbitrales. La sentence doit être motivée[4]. Mais la Cour de cassation a considéré, qu'en dehors des cas graves énumérés par l'article 1502[5] du code de procédure civile, de la violation du principe de contradiction (qui s'impose[6] à l'arbitre[7]) ou de l'ordre public international, le contenu de la motivation d'une sentence arbitrale échappe au contrôle du juge de la régularité de la sentence[8]. Tout contrôle du contenu et donc de la suffisance ou de la *cohérence* des motifs est ainsi exclu[9].

Selon un arrêt contestable de la Cour de cassation, rendu en 2011, l'arbitre ne constituerait pas une juridiction[10].

116.186 Heurs et malheurs de l'arbitrage international. L'arbitrage présente des avantages considérables. L'un des plus remarquables est qu'il offre « *à des opérateurs venus d'horizons juridiques différents, une justice qui transcende les particularismes juridiques et culturels* »[11]. En ce sens, il est devenu une institution « mondialisée »[12], concourant à la mondialisation du Droit[13], tout en ayant connu ces dernières années des évolutions considérables, tant dans ses rites que dans ses acteurs[14]. D'autres bienfaits de l'arbitrage sont bien connus, que ce soit sa *souplesse* (flexibilité), l'*autonomie* des parties (qui participent à la nomination des arbitres et à la définition des procédures), dans un arbitrage international la *composition internationale* le plus souvent du tribunal (gage de neutralité culturelle et juridique), le *coût moindre* que les procédures étatiques (ponctuées de recours), la *confidentialité*[15], *la compétence* des arbitres (pouvant provenir de professions et de pays différents, ce qui peut limiter la nécessité de recourir à des expertises), son *efficacité* (au détriment d'autres objectifs, comme la protection des intérêts publics ou ceux de la partie faible[16]), le fait qu'il permet *d'échapper aux juridictions locales* dans des pays dont la justice n'est pas impartiale. Enfin, et peut-être surtout, à la *convention de New York* du 10 juin 1958[17], par laquelle 157 États

1. Com. 25 nov. 2008, n° 07-21.888, P IV, n° 197 ; *D.* 2008. AJ 3091, obs. X. Delpech ; *D.* 2009. 1516, note G. Pillet ; *JCP* 2009. II. 10023, note D. Mainguy, IMPL., SOLUTION INÉDITE.
2. Paris, pôle 1, ch. 2, 22 nov. 2012, RG n° 12/11878, *Gaz. Pal.* 6 janv. 2013, n° 6, p. 19, obs. D. Bensaude.
3. EX. : CCI, sentences arbitrales partielles 17803 (2012), *JDI* 2018. Chron. 1, n° 1, obs. P. Cavalieros : la clause compromissoire comportait la formule « *Any dispute arising from* ».
4. C. pr. civ., art. 1471, al. 2 ; art. mod. par décr. n° 2011-48, 13 janv. 2011, art. 2.
5. C. pr. civ., art. 1502 ; mod. par décr. n° 2011-48, 13 janv. 2011, art. 2.
6. Civ. 1re, 14 mars 2006, n° 03-19.764, P I, n° 145 ; *D.* 2006. IR 943, obs. V. Avena-Robardet ; *Rev. arb.* 2006. 653, note G. Bolard – Civ. 1re, 29 juin 2011, n° 10-23.321, P I, n° 125 ; *D.* 2011. AJ 1911, obs. X. Delpech.
7. C. pr. civ., art. 1494 et art. 1510 ; mod. par décr. n° 2011-48, 13 janv. 2011, art. 2.
8. Civ. 1re, 14 juin 2000, n° 98-12.053, *Inter Arab Investment Guarantee*, P I, n° 181 – COMP. : Paris, 1re ch. A, 2 sept. 2008, n° 06/07547, préc.
9. I. Fadlallah, « Nouveau recul de la révision au fond : motivation et fraude dans le contrôle des sentences arbitrales internationales », *Gaz. Pal.* 2000. 2. Doctr. 2055 s.
10. Com. 28 juin 2011, n° 11-40.030, P IV, n° 111 ; A. Bénabent, « Première entrave à l'arbitrage ? », *D.* 2012, point de vue 159 : l'enjeu portait sur la possibilité de transmettre une QPC ; – *CONTRA* : Civ. 1re, 12 oct. 2011, n° 11-11.058, P I, n° 163 ; *Gaz. Pal.* 2012. 1, 22 janv., note D. Bensaude ; *RJ com.* 2012. 26, obs. B. Moreau ; le tribunal arbitral est « *une juridiction internationale autonome* », et il n'entre pas dans « *les pouvoirs du juge étatique français d'intervenir dans le déroulement d'une instance arbitrale internationale* ».
11. B. Oppetit, « Philosophie de l'arbitrage commercial international », *JDI* 1993. 815.
12. Ph. Fouchard, « L'arbitrage et la mondialisation de l'économie », dans *Mél. G. Farjat,* Éd. Frison-Roche, 1999, p. 381 s.
13. E. Loquin et C. Kessedjian (dir.), *La mondialisation du droit*, « Credimi », Litec, 2000 – Collectif, *Mondialisation et droit économique, Rev. internat. dr. économique*, 2002 (n° spécial) – Le congrès annuel de l'*Association Henri Capitant des amis de la culture juridique française* eut pour thème, en 2016, en Allemagne (Münster et Berlin), *La mondialisation*, Travaux de l'association, t. LXVI, Éd. LB2V-Bruylant, 2017.
14. E. Gaillard, « Sociologie de l'arbitrage international », *JDI* 2015. 1089 s.
15. E. Gaillard, « Le principe de confidentialité de l'arbitrage commercial international », *D.* 1987. Chron. 153 s. – P. Cavalieros, « La confidentialité de l'arbitrage », *Gaz. Pal.* 2005. 2. Doctr. 3963 s., plus nuancé.
16. C'EST UNE PARTIE DE LA DÉMONSTRATION DE : J. Billemont, *La liberté contractuelle à l'épreuve de l'arbitrage*, préf. C. Jamin, « BDPr », LGDJ, 2013 – MAIS l'auteur relève aussi que, paradoxalement, la politique d'efficacité de l'arbitrage peut également limiter la liberté contractuelle des parties, l'objectif étant parfois de favoriser l'arbitrage lui-même plutôt que ses utilisateurs.
17. Conv. de New York du 10 juin 1958 – Guide de la CNUDCI sur la convention de New York : www.newyorkconvention1958.org.

se sont engagés à reconnaître et exécuter les sentences arbitrales sans les réviser au fond, ce qui contribue sans doute au fait que les *sentences arbitrales sont spontanément exécutées* à 90 %.

Toutefois, certains de ces avantages ne sont pas (ou plus) toujours constatés, notamment quant à sa confidentialité, à son efficacité, à son caractère courtois, à l'indépendance des arbitres, à sa rapidité et à son coût. Tels sont, à côté des « heurs » de l'arbitrage, ses « malheurs », que nous avons été le premier à mettre en lumière depuis de longues années, mais qui commencent à être relevées par les auteurs[1].

La confidentialité est aujourd'hui battue en brèche par le souci de transparence (*leitmotiv* dans tous les domaines) et la « traque » des réseaux sociaux. L'indépendance est parfois relative, notamment lorsqu'un arbitre se trouve en conflit de positions (*issue conflict*), s'étant déjà prononcé sur une question donnée, à l'occasion d'un article ou d'un précédent litige, de sorte qu'il est imprégné de préjugés ; mais surtout en cas de conflits d'intérêts ; à cet égard, les organismes institutionnels d'arbitrage imposent des déclarations[2]. L'efficacité[3], ou plutôt l'effectivité n'est pas toujours au rendez-vous de l'arbitrage pour plusieurs raisons. Quelles sont-elles ? Dans des affaires importantes il est de plus en plus souvent ponctué d'incidents de toutes sortes (se multipliant depuis quelques années, se traduisant par de nombreuses ordonnances procédurales ainsi que par des sentences partielles et/ou « intermédiaires »). En outre, les questions de compétence et de recevabilité étant de plus en plus complexes, on comprend qu'une sorte de « procéduralisation » se soit développée[4], d'autant qu'est parfois négligé « *le principe de loyauté procédurale régissant les parties à une convention d'arbitrage* »[5]. Ajoutez à cela que le gagnant se heurtera souvent, dans certains pays, à des difficultés pour obtenir l'*exequatur* et, plus encore, celui-ci étant acquis, pour faire exécuter la sentence[6], du moins lorsque le pays en cause n'a pas ratifié la convention de New York du 10 juin 1958.

D'un autre côté, en se banalisant, l'arbitrage a perdu son caractère de procédure, sinon fraternelle du moins courtoise (v. CCI, 8694 [1997], relevant au contraire que, dans cette espèce, « *le tribunal exprime sa reconnaissance aux conseils des parties pour leur compétence, professionnalisme, courtoisie et bonne humeur manifestés pendant le déroulement de l'arbitrage. Sans une telle coopération et approche constructives, notre travail aurait été beaucoup plus difficile* ») ; d'où l'apparition de la médiation[7]. De plus, des contentieux parallèles ou consécutifs aux procédures arbitrales, contraires à l'esprit de l'arbitrage, dont certains sont dirigés contre les arbitres, sont aujourd'hui fréquents. On constate aussi une « *perte d'acceptation sociale de l'arbitrage international au point de paraître légitimer sa remise en cause par l'Union européenne et nombre d'États européens, y compris la France, en tant que seule mode véritablement international et neutre de règlement des différends nés du commerce et de l'investissement international* »[8].

Les arbitres se sont grandement professionnalisés[9]. Nombre d'arbitres exercent cette activité comme un véritable métier, regroupant autour d'eux une équipe de collaborateurs. L'avantage est que cela garantit leur compétence (au sens de leur expertise). Mais l'inconvénient en est qu'ils forment une sorte de caste homogène d'amis[10], ayant tendance à l'unité de vues. Il arrive également que certains arbitres oublient leur devoir d'indépen-

1. COMP. : D. Mainguy et J. El-Ahdab, *Droit de l'arbitrage. Théorie et pratique*, *op. cit.*, 2021, décrivant tous les contours et règles de l'arbitrage, avec de nombreux tableaux et schémas, mais aussi sa « cuisine », ses habitudes, ses non-dits, ses pratiques, *etc.*
2. D. Cohen, « Indépendance des arbitres et conflits d'intérêts », *Rev. arb.* 2011. 653. – A. Westphalen et V. Carriou, « Obligation de révélation des arbitres et obligation d'investigation des parties : quels garde-fous pour garantir l'indépendance et d'impartialité des arbitres ? », *RDAI* 2018/6, p. 593 s.
3. L. Mistelis, « Efficiency : what else ? : efficiency as the emerging defining value of international arbitration : between systems theories and party autonomy », dans T. Schultz et F. Ortino (dir.), *The Oxford Handbook of International Arbitration*, Oxford University Press, 2020, p. 349 s.
4. A. de Nanteuil (dir.), *L'accès de l'investisseur à la justice arbitrale : Réflexions sur la procéduralisation du droit international de l'investissement*, Pedone, 2015.
5. Rappelé par : Civ. 1re, 9 févr. 2022, no 21-11.253, P.
6. EX. : D. Constantin, « India's amended arbitration law : What's new for Foreign investors ? », *RDAI* 2016/1, p. 41 s. : l'auteur relève not. que la loi indienne sur l'arbitrage de 2015 comporte des dispositions tendant à faciliter l'exécution des sentences arbitrales étrangères, et à restreindre la notion d'ordre public indien – SUR L'EXÉCUTION not. : A. Bjorklund, « Enforcement », dans T. Schultz et F. Ortino (dir.), *The Oxford Handbook of International Arbitration, op. cit.*, p. 186 s.
7. V. *infra* ss nos 116.200 s.
8. Club des juristes, *La responsabilité des arbitres : Rapport*, 2017, p. 13.
9. Y. Derains, « Le professionnalisme des arbitres », *Cah. dr. entr.* 2012/4, dossier 19.
10. La Cour internationale d'arbitrage de la *Chambre de commerce internationale* (CCI) a annoncé le 5 janvier 2016 que, en vue de renforcer la diversité des arbitres (du point de vue régional, générationnel, homme/femme ou quant à leur origine) et la transparence des procédures arbitrales conduites sous son égide, elle publiera sur son site les noms des arbitres siégeant dans les affaires CCI (sauf décision contraire commune des parties). Il sera également fait état de leur rôle au sein d'un tribunal arbitral, de leur nationalité et des modalités de leur nomination, à savoir s'ils ont été nommés par la Cour ou désignés par les parties et uniquement confirmés par la suite par celle-ci (R. Ziadé, « Deux innovations pour l'arbitrage CCI : un renforcement de la transparence et de l'efficacité », *JCP G* 2016, no 5, Libres propos 106).

dance ou d'impartialité[1] (rarement sans doute, mais le risque existe ; il appartient au président du tribunal arbitral de leur rappeler qu'ils ne sont pas des mandataires des parties qui les ont désignés[2] ; dans les arbitrages institutionnels, il est exigé des arbitres des déclarations précises sur les éventuels conflits d'intérêt[3] et sur leur possible connaissance des parties).

Quant à la rapidité maintenant. Sans doute à cet égard l'arbitrage *ad hoc* est mieux placé que l'arbitrage institutionnel, ralenti par ses lourdeurs. Nous avons connu des affaires dans lesquelles l'arbitrage a duré plus dix ans à l'étranger (avec les frais considérables relatifs aux déplacements et aux séjours sur place). La presse signala que, dans un litige opposant un *consortium* mené par une société française avec une société indienne (la première réclamant près de trois milliards de Francs à la seconde), la Chambre de commerce internationale s'était réunie quatre ans après la requête, uniquement pour définir la mission des arbitres, et que la première audience au fond eut lieu cinq ans après la requête[4]. Ajoutez à cela que, si l'un des arbitres est empêché, il ne peut pas être remplacé comme l'est un juge dans un tribunal étatique (sauf convention en sens contraire, où disposition en ce sens dans le règlement de l'arbitrage institutionnel). Il faut suspendre l'affaire jusqu'à la fin de son empêchement,à condition de rester dans les délais de l'arbitrage ; et si l'empêchement est trop long, ou si l'arbitre s'abstient de participer aux travaux du tribunal arbitral ou encore s'il meurt, certes il sera remplacé, mais il faudra en principe recommencer entièrement la procédure, à moins que les parties aient pris soin de stipuler le contraire. Enfin, lorsque l'arbitrage intéresse plus de deux parties (arbitrage multipartite), aux intérêts divergents, son déroulement sera malaisé, si ce n'est inextricable. La chambre de commerce internationale, consciente que la rapidité n'est pas toujours garantie dans les affaires, a décidé au début 2016 que le manque de diligence des arbitres dans la reddition des projets de sentences aura désormais des conséquences sur leurs honoraires, qui seront substantiellement réduits[5], tandis qu'à l'inverse ils pourront être majorés (au-delà du montant qu'elle envisagerait autrement de fixer), lorsque le tribunal arbitral aurait instruit l'affaire avec célérité. Un gestionnaire de contrat (*Contract Manager*)[6] peut sans doute être utile préalablement et pendant l'instance arbitrale pour en maîtriser les coûts et les délais[7].

L'ensemble des considérations ci-dessus, relativisant les avantages relatifs à l'efficacité et à la rapidité de l'arbitrage, laissent deviner que, par voie de conséquence, son coût soit souvent élevé, très élevé, contrairement à la vision traditionnelle, d'autant que les arbitres ont eu tendance à augmenter sensiblement leurs honoraires (mais ils sont généralement soumis à des barèmes dans les arbitrages institutionnels).

Pour remédier à la longueur et à la lourdeur des procédures classiques d'arbitrages, surtout institutionnels, la pratique recourt parfois à un arbitrage *ad hoc* particulier, accéléré (que les Anglais nomment *fast-track*), composé d'un arbitre unique ; la clause compromissoire doit préciser les délais et les questions de procédure[8] ; cette formule n'est évidemment pas conseillée pour les très gros contrats. Quoi qu'il en soit, il est important de savoir gérer le « risque arbitral », dans toutes ses composantes[9].

116.187 **De la responsabilité des arbitres.** La responsabilité des arbitres, tant en matière civile que pénale, donna lieu en 2017 à un remarquable Rapport du *Club des juristes*[10], à l'origine des brefs développements suivants (limités à l'aspect civil ; le Rapport préc., qui expose aussi la responsabilité pénale des arbitres, propose des solutions pour protéger les procédures arbitrales contre l'utilisation abusive de la procédure pénale). L'arbitre, juge privé, est un prestataire de services lié par un contrat[11] (sa mission est tellement éloignée de celle d'un entrepreneur ou d'un mandataire qu'il est préférable de considérer que le contrat est *sui generis*). Cependant, la spécificité juridictionnelle de la mission qui lui est contractuellement dévolue impose de soumettre ses

1. M. Henry, *Le devoir d'indépendance de l'arbitre*, préf. P. Mayer, avant-propos J.-D. Bredin, « BDPr », t. 352, LGDJ, 2001.
2. J. Billemont, *La liberté contractuelle à l'épreuve de l'arbitrage*, th. préc., n°s 564 s.
3. SUR les conflits d'intérêts en général : Ph. le Tourneau (dir.), *Droit de la responsabilité et des contrats. Régimes d'indemnisation*, 12e éd., « Dalloz action », 2020, n° 3124.246 et la bibliographie citée en note 4.
4. *Le Figaro économie* 12 avr. 1995.
5. POUR DES DÉTAILS : R. Ziadé, « Deux innovations pour l'arbitrage CCI : un renforcement de la transparence et de l'efficacité », Libres propos préc.
6. Sur le *Contract Manager*, v. *supra* s[s] n° 113.11.
7. G. Feld, « Le "*Contract management*" : levier de la maitrise des délais et des coûts de l'arbitrage commercial international », *RD aff. int.* 2021/3. 299.
8. POUR DES DÉTAILS : T. Portwood et A. Pinna, « L'arbitrage dit *fast track* », *JCP* 2009, n° 42, 340.
9. J. El Ahdab, « La gestion du risque arbitral par les parties », *RGDA* 2012. 235 s. – *ADDE*, sur les dérives de l'arbitrage international : D. Lévy, *Les abus de l'arbitrage commercial international*, préf. C. Larroumet, avant-propos T. Clay, « Logiques juridiques », L'Harmattan, 2015.
10. Club des juristes, *La responsabilité des arbitres. Rapport*, publié en 2017. – Ph. Stoffel-Munck, « La responsabilité de l'arbitre. À propos du rapport du Club des juristes », *JCP G* 2017. Libre propos 951.
11. J. Jaudard, « Réflexions critiques sur quelques aspects du régime de la relation entre l'arbitre et les parties », art. préc.

défaillances éventuelles à un régime juridique spécifique, une sorte d'immunité[1], mais seulement partielle. Le droit français offre un système équilibré, en évitant en amont que l'arbitrage ne soit paralysé par les recours abusifs au juge judiciaire, tout en ménageant en aval la faculté d'engager la responsabilité de l'arbitre lorsque celui-ci a manqué de façon grave à ses devoirs et obligations. En principe, l'arbitre ne doit pas pouvoir être attrait en justice en raison de ce qu'il a jugé, sauf faute personnelle dolosive, fraude[2], faute lourde ou déni de justice[3] (des auteurs suggèrent de fonder la responsabilité des arbitres sur la « faute lourde professionnelle »[4]). En revanche, il doit répondre de ses manquements dans le déroulement du processus arbitral[5]. Du reste, l'article 1464[6], alinéa 3, du code de procédure civile, applicable tant à l'arbitrage interne qu'à l'arbitrage international, fait état des obligations de loyauté et célérité « *dans la conduite de la procédure* » ; mais il s'agit de devoirs communs aux arbitres et aux parties. Les cas de condamnation d'arbitres par des juridictions françaises demeurent d'une rareté extrême : cinq en tout en 2017 depuis le début du XIXe siècle, dont deux depuis le début du XXe siècle (une fois pour démission intempestive, deux fois pour manque d'indépendance et deux fois pour dépassement du délai).

Dans un arbitrage dit institutionnel, c'est-à-dire supervisé par un centre d'arbitrage préconstitué, l'arbitre est lié à l'institution par un ensemble d'obligations de nature contractuelle, que ces obligations résultent, selon la doctrine, d'un contrat dit de « collaboration arbitrale » ou d'un contrat *sui generis*. Le non-respect d'obligations mises à sa charge par ce contrat est susceptible d'engager la mise en œuvre de sanctions contractuelles. Cependant, le rôle de l'institution dans le contrôle du comportement des arbitres ne se limite pas à l'application de mesures prévues par le règlement d'arbitrage ou les autres documents contractuels applicables ; elle peut aussi exercer un véritable pouvoir disciplinaire[7].

§ 3
Convention de procédure participative

116.190 **Bibliographie. Articles.** S. Amrani-Mekki, « La convention de procédure participative », *D.* 2011. Chron. 3007 ; « La résolution amiable des différends comme mesure de modernisation et de simplification de la procédure civile », *Gaz. Pal.* 25 juill. 2017. Dossier 60 – V. Aumage et Ph. Glaser, « Règlement des litiges. La convention de procédure participative. Un nouveau règlement des difficultés d'exécution des projets informatiques ? », *Expertises* 2011, p. 187 s. – N. Fricero, « La convention de procédure participative : un nouveau règlement amiable assisté », *Dr. et patr.* 2011/202, p. 30 s.

116.191 **Transaction contractualisée.** La loi du 22 décembre 2010[8] et le décret du 20 janvier 2012[9] instaurèrent une procédure de règlement des litiges, inspirée du Droit nord-américain, constituant une forme de recherche transactionnelle contractualisée, *la procédure participative*[10], qui apparaît comme un nouveau règlement amiable assisté[11]. Il s'agit d'une convention, conclue pour une durée déterminée[12], par laquelle les parties à un différend s'engagent, par un écrit précisant notamment le terme de la convention et l'objet du différend, à œuvrer conjointement de bonne foi à sa résolution amiable ou à la mise en état de leur litige, donc même lorsque celui-ci a déjà donné lieu à la saisine d'un juge ou d'un arbitre[13]. Il est possible de prévoir, dès la conclusion du contrat, qu'en cas de litige les

1. Dont les raisons sont exposées par le *Rapport* préc., p. 21.
2. POUR DES HYPOTHÈSES où la fraude a été retenue au soutien de l'annulation de la sentence arbitrale : Civ. 1re, 4 nov. 2015, no 14-22.630, *Vasarely,* P I, no 265 ; *D.* 2015. AJ 2326, obs. X. Delpech ; *D.* 2015. Pan. 2588, obs. T. Clay ; *Rev. arb.* 2016. 235, note F. de Berard – Civ. 1re, 30 juin 2016, no 15-13.755, *Tapie,* P I, no 151 (1) ; *D.* 2016. Pan. 2025, obs. L. d'Avout et S. Bollée ; *D.* 2016. Pan. 2589, obs. T. Clay ; *JCP* 2016. 954, note S. Bollée.
3. Civ. 1re, 15 janv. 2014, no 11-17.196, P I, no 1 ; *D.* 2014. Pan. 2551, obs. T. Clay ; *AJCA*, avr. 2014, p. 35, obs. M. de Fontmichel ; *JCP* 2014. 231, avis av. gén. P. Chevalier ; *RTD com.* 2014. 315, obs. E. Loquin ; *Rev. arb.* 2016. 493, note J.-S. Borghetti.
4. J.-Y. Garaud et G. de Raucourt, *Rev. arbitrage* 2017. 977 sous TGI Paris, 27 mai 2017, *Blow Pack c/ M. C...*
5. E. Loquin, « La dualité du régime de l'arbitre », *JCP G* 2014. Doctr. 255 – EX. : Civ. 1re, 6 déc. 2005, no 03-13.116, P I, no 462 ; *D.* 2006. 274, note P.-Y. Gautier ; *JCP* 2006. II. 10066, note T. Clay ; *RTD civ.* 2006. 144, obs. Ph. Thery ; *RTD com.* 2006. 297, obs. E. Loquin ; *RDC* 2006. 812, obs. G. Viney : pour ne pas avoir demandé une prorogation du délai de l'arbitrage.
6. C. pr. civ., art. 1464 ; mod. par décr. no 2011-48, 13 janv. 2011, art. 2.
7. SUR TOUS CES POINTS : Club des juristes, *La responsabilité des arbitres, Rapport*, préc., p. 83 s.
8. L. no 2010-1609, 22 déc. 2010, relative à l'exécution des décisions de justice, aux conditions d'exercice de certaines professions réglementées et aux experts judiciaires, *JO* 23 déc., p. 22552.
9. Décr. no 2012-66, 20 janv. 2012, relatif à la résolution amiable des différends, *JO* 22 janv., p. 1280.
10. V. Aumage et Ph. Glaser, « Règlement des litiges. La convention de procédure participative. Un nouveau règlement des difficultés d'exécution des projets informatiques ? », art. préc. – N. Fricero, « La convention de procédure participative : un nouveau règlement amiable assisté », art. préc. – S. Amrani Mekki, « La convention de procédure participative », art. préc.
11. C. civ., art. 2062 s. ; mod. par L. no 2016-1547, 18 nov. 2016. – C. pr. civ., art. 1542 s.
12. C. civ., art. 2062, al. 2.
13. DEPUIS LA MODIFICATION de l'art. 2062 par la L. no 2016-1547, 18 nov. 2016.

parties s'engagent à recourir à une convention participative. La procédure participative[1] peut contenir des actes contresignés par des avocats[2].

Tant qu'elle est en cours, la convention de procédure participative en vue de la résolution amiable d'un litige rend irrecevable tout recours au juge pour qu'il statue sur le litige (C. civ., art. 2065, prévoyant toutefois, que l'inexécution de la convention par l'une des parties autorise une autre partie à saisir le juge pour qu'il statue sur le litige. De plus, en cas d'urgence, la convention ne fait pas obstacle à ce que des mesures provisoires ou conservatoires soient demandées par les parties). L'accord auquel sont parvenues les parties à une procédure participative peut être soumis, aux fins de le rendre exécutoire, à l'homologation du juge compétent pour connaître du contentieux dans la matière considérée[3]. « *Le juge à qui est soumis l'accord ne peut en modifier les termes* »[4]. Cependant, il contrôle la « *nature de la convention* », en vérifiant que l'accord constitue bien l'issue d'une convention de procédure participative (laquelle est jointe à la requête), et que les conditions de sa régularité formelle sont remplies (signature des parties et assistance des avocats). Le juge s'assure aussi du respect de l'ordre public, puisque la convention de procédure participative ne peut concerner que des droits disponibles. L'homologation lui confère la qualité de titre exécutoire, et permet donc de recourir aux procédures civiles d'exécution forcée. Et l'accord homologué constitue un « contrat judiciaire », s'imposant aux parties sur le fondement de l'article 1103 du code civil. Pour autant, l'accord ne devient pas un acte juridictionnel et n'est donc pas susceptible de voies de recours. En revanche, il peut donner lieu à une action en nullité pour vice du consentement, erreur ou dol émanant du cocontractant. Selon l'effet relatif des contrats[5], cet acte ne peut pas engager des tiers (mais il leur est opposable).

L'accord non homologué est un contrat sous seing privé, relevant en tant que tel du Droit commun des contrats[6]. Si l'une des parties le conteste, elle peut former une action en nullité (pour erreur, dol ou violence). Tant qu'il n'est pas annulé, cet accord est la loi des parties et a force obligatoire, alors même qu'il n'a pas la qualité de titre exécutoire (de sorte qu'il ne peut pas faire l'objet de procédures civiles d'exécution forcées).

Lorsque, faute de parvenir à un accord au terme de la convention, les parties soumettent leur litige au juge, elles sont dispensées de la conciliation ou de la médiation préalable[7].

116.192 **Procédure participative de mise en état.** À côté de la procédure participative en vue de la résolution amiable d'un litige (peu utilisée), il existe depuis le décret du 6 mai 2017[8], une procédure participative de mise en état, visant à l'instruction de l'affaire[9]. La procédure participative[10] peut contenir des actes contresignés par des avocats[11].

§ 4
Clauses de médiation

116.200 **Bibliographie. Contributions.** E. Gaillard, « L'effet négatif de la compétence-compétence », dans *Mél. J.-F. Poudret*, Lausanne, 1999, p. 387 s. – H. Kenfack, « Bref retour sur l'esprit de liberté du commerce international », dans *Libre droit. Mél. Ph. le Tourneau*, Dalloz, 2008, p. 541 s.

Articles. Collectif, « Le contrat au secours de l'entreprise. Les modes contractuels de résolution des conflits », *RJ com.* nov. 1999, n° spécial – C. Boillot, « Le régime des clauses relatives au litige », *RTD com.* 2013. 1 – N. Dion, « L'esprit de la médiation », *Gaz. Pal.* 22 déc. 2013, n° 356, Doctr. 5 – N. Dorandeu, « La transmission des clauses attributives de compétence en Droit international privé », *JDI* 2002. 1001 s. – N. Fricero, « Médiation et contrat », *AJ contrat* 2017. Dossier 356 – P. Genton, « Le nouveau règlement CCI sur les "Dispute Boards" », *Gaz. Pal.* 2004. 2. Doctr. 3596 s. – J.-C. Goldsmith, « Les modes de règlement amiable des différends », *RD. affaires int.* 1996, p. 222 s. – J.-F. Guillemin, « Les nouvelles attentes des entreprises en matière de règlement des conflits », *Rev. arb.* 1996. 583 s. – G. Huchet, « La clause de médiation et le traitement de l'urgence », *LPA* 2008, n° 218, p. 3 – H. Kenfack, « La reconnaissance des véritables clauses de médiation ou de conciliation obligatoire hors de toute instance », *D.* 2015. Chron. 384 – C. Noblot, « La clause de médiation préalable et obligatoire », *CCC*

1. S. Amrani-Mekki, « La résolution amiable des différends comme mesure de modernisation et de simplification de la procédure civile », *Gaz. Pal.* 25 juill. 2017. 60.
2. C. civ., art. 2063, 4° ; réd. L. n° 2016-1547, 18 nov. 2016, art. 9 – C. pr. civ., 1546-3 ; créé par décr. n° 2017-892, 6 mai 2017, art. 26 ; mod. par décr. n° 2019-1333, 11 déc. 2019, art. 13.
3. C. pr. civ., art. 1565.
4. C. pr. civ., art. 1565.
5. C. civ., art. 1199.
6. C. civ., art. 1101 s.
7. C. civ., art. 2066.
8. Décr. n° 2017-892, 6 mai 2017 portant diverses mesures de modernisation et de simplification de la procédure civile, *JO* 10 mai.
9. C. pr. civ., art. 1529, al. 3 ; art. 1543, al. 2 ; art. 1546-1 et 1546-2 ; tous ajoutés par le décr. n° 2017-892, 6 mai 2017.
10. S. Amrani-Mekki, « La résolution amiable des différends comme mesure de modernisation et de simplification de la procédure civile », *Gaz. Pal.* 25 juill. 2017. 60.
11. C. civ., art. 2063, 4° ; réd. L. n° 2016-1547, 18 nov. 2016, art. 9. – C. pr. civ., 1546-3 ; créé par décr. n° 2017-892, 6 mai 2017, art. 26 ; mod. par décr. n° 2019-1333, 11 déc. 2019, art. 13.

2015. Formule 3 – L. Veyre, « La clause de conciliation : un régime à perfectionner ! », *D.* 2020. Chron. 1046.

116.201 Médiation en présence d'un litige. Les difficultés de l'arbitrage conduisent les parties à recourir plus fréquemment que naguère à une procédure contractuelle de *conciliation* ou de *médiation* (généralement dénommée « *mode alternatif de règlement des conflits* », par un anglicisme très fâcheux, puisqu'en français l'alternative est une situation dans laquelle il n'y a que deux partis possibles, comme dans les obligations alternatives ; en anglais, *alternative* ne désigne que la seconde possibilité d'un choix). Souvent, elle est le passage obligé avant un éventuel arbitrage, une étape préalable[1]. Une telle procédure est moins lourde et plus rapide que l'arbitrage[2].

Le décret du 22 juillet 1996[3] avait ajouté un titre VI *bis* dans le code de procédure civile[4] régissant la médiation judiciaire. Ensuite, ce fut au tour de la médiation conventionnelle de donner lieu à des dispositions légales, par l'ordonnance du 16 novembre 2011[5] (transposant la directive 2008/52[6]) ; le décret n° 2012-66 du 20 janvier 2012[7] intégra ces dispositions dans le code de procédure civile[8]. Sous l'une et l'autre forme, la médiation connaît un succès certain, avec un taux important de réussite. La clause doit résulter d'une stipulation contractuelle[9], qui doit être nette[10], mais peut aussi découler d'un code de déontologie[11]. La prescription est suspendue durant toute la durée de la médiation[12].

Il existe de multiples modalités de la médiation. Les parties peuvent s'engager, en cas de litige, à se rencontrer pour tenter de régler le différend par elles-mêmes ou par le truchement d'un tiers (personne physique ou institution, comme une chambre de commerce), dont il faut préciser comment il sera choisi. Quelle que soit la formule retenue, le médiateur ne peut pas trancher le litige (sinon il s'agit réellement d'un arbitre) et doit rester indépendant[13]. Son rôle consiste seulement à aider les parties à s'entendre et, le cas échéant, à aboutir à une véritable transaction (définie par C. civ., art. 2044[14]) ; elle sera rédigée par les avocats, éventuellement conseillés par le médiateur. Au fond, le médiateur anime la négociation entre les parties, il installe la confiance. La médiation est évidemment précieuse, évitant une procédure, à condition qu'elle soit acceptée et exercée de bonne foi par les parties, sans que l'une d'entre elles l'utilise seulement comme un moyen dilatoire destiné à retarder l'arbitrage ou l'action en justice.

Le respect de la clause de conciliation s'impose aux arbitres et aux juges dès lors que l'une des parties l'invoque, de sorte qu'elle constitue *une fin de non-recevoir d'origine contractuelle* ; elle a donc pour effet de rendre irrecevable l'action en justice engagée sans respecter la procédure de conciliation[15], dès

1. C. Noblot, « La clause de médiation préalable et obligatoire », formule préc.
2. J.-C. Goldsmith, « Les modes de règlement amiable des différends », art. préc. – J.-F. Guillemin, « Les nouvelles attentes des entreprises en matière de règlement des conflits », art. préc. – Collectif, « Le contrat au secours de l'entreprise. Les modes contractuels de résolution des conflits », art. préc. – Y. Desdevises, « Équité et conciliation », art. préc. ; « Règlement ADR de la Chambre de commerce internationale », art. préc., entré en vigueur le 1er juill. 2001 – H. Kenfack, « La reconnaissance des véritables clauses de médiation ou de conciliation obligatoire hors de toute instance », chron. préc. – L. Veyre, « La clause de conciliation : un régime à perfectionner ! », chron. préc. : l'auteur, estimant que les arrêts de la C. de cass. française en la matière sont incertains ou contradictoires, suggère des précisions et améliorations.
3. Décr. n° 96-652, 22 juill. 1996, relatif à la conciliation et à la médiation judiciaires, *JO* 23 juill., p. 11125.
4. C. pr. civ., art. 131-1 ; créé par décr. n° 96-652, 22 juill. 1996, art. 2.
5. Ord. n° 2011-1540, 16 nov. 2011, portant transposition de la directive 2008/52/CE du Parlement européen et du Conseil du 21 mai 2008 sur certains aspects de la médiation en matière civile et commerciale, *JO* 17 nov., p. 19286 – POUR UNE ANALYSE CRITIQUE : N. Nevejans, « L'ordonnance du 16 novembre 2011 – Un encouragement au développement de la médiation ? », *JCP* 2012, n° 6. Ét. 148.
6. Dir. 2008/52, Parlement et Conseil, 21 mai 2008, sur certains aspects de la médiation en matière civile et commerciale, *JOUE* L 136/3, 24 mai 2008, p. 3.
7. Décr. n° 2012-66, 20 janv. 2012, relatif à la résolution amiable des différends, *JO* 22 janv., p. 1280.
8. C. pr. civ., art. 1528 s.
9. Civ. 1re, 6 mai 2003, n° 01-01.291, P I, n° 108 ; *RDC* 2003. 186, obs. L. Cadiet.
10. Civ. 3e, 11 juill. 2019, n° 18-13.460, NP, *CCC* 2019, n° 192, obs. L. Leveneur ; *RDC* 2019/4, p. 74, obs. C. Pelletier : la clause était rédigée de manière elliptique, en termes très généraux, de sorte que la cour d'appel en a déduit à bon droit qu'il ne s'agissait pas d'une clause instituant une procédure de conciliation préalable et obligatoire.
11. Civ. 1re, 29 mars 2017, n° 16-16.585, P I, n° 75 ; *AJ contrat* 2017. 292, obs. N. Dissaux ; *RTD civ.* 2017. 653, obs. H. Barbier ; l'irrespect de la conciliation obligatoire prévue par le code de déontologie (en l'esp. des architectes) est sanctionné par une fin de non-recevoir.
12. C. pr. civ., art. 2238.
13. J.-C. Baujour, « L'indépendance du médiateur », *Gaz. Pal.* 30 janv. 2018. Chron. 11.
14. C. civ., art. 2044 ; mod. par L. n° 2016-1547, 18 nov. 2016, art. 10.
15. Cass. ch. mixte, 14 févr. 2003, n° 00-19.423, *Poiré c/Tripier*, P, n° 1 ; *D.* 2003. 1386, note P. Ancel et M. Cottin ; *RDC* 2003. 182, obs. L. Cadiet ; *JCP* 2003. I. 128, n° 17, obs. L. Cadiet ; *JCP* 2003. I. 134, n° 4, obs. J.-J. Caussain, F. Deboissy et G. Wicker ; *JCP* 2003. I. 142, nos 13 s., obs. G. Virassamy ; *JCP* 2003. I. 164, n° 9, obs. C. Seraglini ; *Procédures* 2003, n° 96, note H. Croze : adoptant la solution que nous préconisions dans la 2e éd. de cet ouvrage ; à propos d'une clause de conciliation – Civ. 1re, 8 avr. 2009, n° 08-10.866, P I, n° 78 ; *D.* 2009. AJ 1284, obs. X. Delpech ; *JCP* 2009, n° 26, 43, note O. Cuperlier ; *JCP* 2009, n° 47. Chron. 450, n° 9, obs. J. Beguin ; *JCP E* 2009, n° 50. Chron. 2167, ▶

lors du moins qu'elle a un caractère contraignant[1]. La troisième chambre civile de la Cour de cassation admet de façon extensive l'existence d'une procédure de conciliation obligatoire[2], alors que la chambre commerciale de la même juridiction semble plus exigeante, en exigeant que les termes de la clause soient suffisamment précis[3]. Le refus fautif d'un contractant d'engager la conciliation contractuellement prévue le prive du droit d'invoquer la fin de non-recevoir liée à l'irrespect de la clause[4]. La fin de non-recevoir résultant du non-respect de la clause de conciliation instituant une procédure obligatoire et préalable à la saisine du juge, n'est pas susceptible d'être régularisée par la mise en œuvre de la clause en cours d'instance[5]. Cependant, la solution est différente dans un contrat conclu avec un consommateur, la clause ayant pour objet ou pour effet d'obliger celui-ci à passer par une procédure de médiation ayant été déclarée abusive par le législateur[6]. Une clause imposant ou permettant une médiation préalablement à la présentation d'une demande en justice relative aux droits et obligations contractuels des parties ne peut, en l'absence de stipulation expresse en ce sens, faire obstacle à l'accomplissement d'une mesure d'exécution forcée[7]. Si la conciliation est un droit pour le consommateur, elle ne saurait constituer une obligation pour lui, de sorte que la clause le contraignant à celle-ci, en cas de litige avec un professionnel, est présumée abusive, par application de l'article L. 212-1 du code de la consommation, sauf au professionnel à rapporter la preuve contraire[8].

À défaut de médiation contractuelle, le code de procédure civile autorise le juge saisi d'un litige à ordonner une médiation (sans qu'elle le dessaisisse), et à en régler le fonctionnement (C. pr. civ., art. 131-1 s.[9] – Selon l'art. 131-2 du même code, la médiation au sens du C. pr. civ. implique que les deux parties soient parvenues à un accord par le truchement du médiateur). Un esprit particulier doit accompagner la médiation, tant lors de son déroulement que lors de son dénouement[10].

Selon l'actuel règlement de la CCI sur les *Dispute boards* (ou DB)[11], du 1er septembre 2004, lorsque les parties prévoient la création de cet organe de règlement des différends, généralement dès la conclusion du contrat, celui-ci est permanent. Constitué de trois personnes, il est destiné à aider les contractants à résoudre eux-mêmes les différends survenant au cours de l'exécution du contrat. Ce comité « *est autorisé à formuler soit des recommandations, soit des décisions, contribuant ainsi à la bonne exécution du contrat* »[12]. La décision du comité de règlement (DB) des différends peut revêtir deux formes. Il est prévu, soit qu'il rend un avis qui est obligatoire si aucune des parties n'exprime son désaccord dans un délai déterminé (*Dispute Resolution Board* ou *DRB*). Soit au contraire sa décision est immédiatement contraignante (*Dispute Adjudication Board* ou *DAB*).

Pour notre part, nous ne sommes pas très favorables à une clause de médiation lorsqu'il s'agit de régler un litige entre les parties. Nous craignons qu'elle ne constitue qu'une étape préliminaire à l'arbitrage, et donc qu'elle constitue une cause supplémentaire d'allongement de celui-ci.

L'ordonnance du 16 novembre 2011[13] transposa la directive 2008/52 sur certains aspects de la

► n° 9, obs. J. Beguin ; *Procédures* 2009, n° 203, note H. Croze ; *RTD civ.* 2009. 74, obs. Ph. Théry : pour une clause de médiation – Com. 2 juin 2015, n° 14-13.289, NP, *RJDA* 2015, n° 881 – Civ. 3e, 19 mai 2016, n° 15-14.464, P III, n° 65 ; *D.* 2016. 2377, note V. Mazeaud ; *Gaz. Pal.* 26 juill. 2016. 64, obs. F.-X. Ajaccio, A. Caston et R. Porte ; *Gaz. Pal.* 30 août 2016. 62, note L. Mayer ; *RJDA* 2016, n° 831 ; *RTD civ.* 2016. 621, obs. H. Barbier.

1. Com. 20 oct. 2021, n° 20-13.819, NP, *RJDA* 2022, n° 118, pas le cas.
2. Civ. 3e, 19 mai 2016, n° 15-14.464, P III, préc. : donnant plein effet à une clause minimaliste, dépourvue de conditions particulières de mise en œuvre, se contentant de charger un arbitre de donner un avis – Civ. 3e, 16 nov. 2017, n° 16-24.642, n° 123 ; *Gaz. Pal.* 6 févr. 2018. 38, note S. Amrani-Mekki ; *RDC* 2018. 235, obs. C. Pelletier, *idem* : mais encore plus large, l'avis étant sollicité à un tiers.
3. Com. 29 avr. 2014, n° 12-27.004, P IV, n° 76 ; *D.* 2014. Pan. 2541, obs. T. Clay ; *JCP E* 2014. 1290, obs. N. Dissaux ; *JCP G* 2014. 607, obs. H. Croze ; *JCP G* 2014. 711, note O. Sabard ; *RTD civ.* 2014. 655, obs. H. Barbier : « *La clause contractuelle prévoyant une tentative de règlement amiable, non assortie de conditions particulières de mise en œuvre, ne constitue pas une procédure de conciliation obligatoire préalable à la saisine du juge, dont le non-respect caractérise une fin de non-recevoir s'imposant à celui-ci* ».
4. Com. 3 juin 2014, n° 12-17.089, NP, *RDC* 2015. 86, obs. C. Pelletier.
5. Cass. ch. mixte 12 déc. 2014, n° 13-19.684, P, n° 3 ; *D.* 2015. 298, note C. Boillot ; *Gaz. Pal.* 8 mars 2015. 9, note S. Amrani-Mekki ; *AJCA* 2015. 128, note K. de la Asuncion-Planes ; *RTD civ.* 2015. 131, obs. H. Barbier, 1re esp. ; *RDC* 2015. 308, note C. Pelletier – Revirement par rapport à Civ. 2e, 16 déc. 2010, n° 09-71.575, P II, n° 212 ; *RDC* 2011. 916, note C. Pelletier, crit.
6. L. n° 2005-67, 28 janv. 2005, tendant à conforter la confiance et la protection du consommateur, *JO* 1er févr., p. 1648, art. 6 ; ajoutant à l'annexe mentionnée par C. consom., anc. art. L. 132-1 [devenu L. 212-1].
7. Civ. 2e, 22 juin 2017, n° 16-11.975, P II, n° 146 ; *RDC* 2017. 648, obs. C. Pelletier.
8. Civ. 3e, 19 janv. 2022, n° 21-11.095, P.
9. AJ. décr. n° 96-652, 22 juill. 1996, art. 2.
10. N. Dion, « L'esprit de la médiation », art. préc.
11. G. Pillet, « De la vocation des *Dispute Boards* », art. préc.
12. P. Genton, « Le nouveau règlement CCI sur les "Dispute Boards" », art. préc.
13. Ord. n° 2011-1540, 16 nov. 2011, portant transposition de la directive 2008/52/CE du Parlement européen et du Conseil du 21 mai 2008 sur certains aspects de la médiation en matière civile et commerciale, *JO* 17 nov., p. 19286.

médiation en matière civile et commerciale[1] ; le décret du 20 janvier 2012[2] intégra ces dispositions dans le code de procédure civile[3].

La résolution amiable des différends peut être facilitée par des algorithmes, mais ne saurait être entièrement automatisée[4]. Les lois n° 2016-1547 du 18 novembre 2016[5] de modernisation de la justice du XXIe siècle et n° 2019-222 du 23 mars 2019[6] de programmation 2018-2022 et de réforme pour la justice prévoient à juste titre que la conciliation, la médiation ou l'arbitrage en ligne ne peuvent résulter exclusivement d'un traitement par algorithme ou d'un traitement automatisé. Et que, lorsque la conciliation, la médiation ou l'arbitrage est proposé à l'aide d'un traitement par algorithme, l'intéressé doit en être informé par une mention explicite et doit expressément y consentir (art. 4-3 ; ajouté par la loi n° 2019-222 du 23 mars 2019). Il ajoute que « *Le responsable de traitement s'assure de la maîtrise du traitement et de ses évolutions afin de pouvoir expliquer, en détail et sous une forme intelligible, à la partie qui en fait la demande la manière dont le traitement a été mis en œuvre à son égard* ». Aux États-Unis et au Canada certaines plateformes de résolution amiable des différends en ligne substituent excessivement la machine à l'homme[7].

116.202 « Facilitation » en l'absence d'un litige. Nous recommandons vivement d'insérer dans les contrats portant sur des affaires un tant soit peu complexes, du reste dès les contrats préparatoires[8], une clause que nous nommons de « facilitation » (et non de médiation puisqu'elle doit jouer indépendamment de tout litige ; elle s'apparente à une clause de sauvegarde[9]). Étant donné que les projets d'ensembles informatiques sont souvent complexes, il est aujourd'hui fréquent que les contrats qui y sont relatifs comportent une clause de facilitation (mais sans cette appellation, le plus souvent sous le label erroné de médiation).

Durant la phase de négociation, elle permettra de confier à un tiers le soin de trouver un accord sur une question que les parties n'arrivent pas à résoudre. Ce que nous venons de dire pour la phase des négociations vaut aussi pour les difficultés qui surgiraient lors de l'exécution du contrat, sans qu'il y ait un litige à proprement parler, par exemple pour l'adapter à la suite d'événements imprévus[10] ou pour combler une lacune du contrat (le contrat ne pouvant tout prévoir[11], mieux ne devant pas tout prévoir afin de conserver une certaine souplesse, surtout s'il est complexe et de longue durée). Il faut indiquer comment sera désigné ce tiers (par quelque organe indépendant ; mais le mieux est sans doute de désigner le « facilitateur » dans l'acte qui prévoit son existence).

Il doit évidemment être *indépendant* des parties. Son rôle est variable. Tantôt, il est simplement chargé de tenter de concilier les points de vue, et de suggérer une solution (comme un *expert*) ; dans ce cas, il est généralement prévu qu'à défaut d'accord à l'issue de cette procédure les parties auront recours à l'arbitrage. Mais, plus radicalement, le facilitateur a pu recevoir le pouvoir de trancher, en décidant à la place des parties. Il forme au nom des parties un élément de la convention[12]. Ainsi, le code civil français prévoit que, dans le contrat de vente, les parties peuvent charger un tiers d'estimer le prix ; que « *si le tiers ne veut ou ne peut faire l'estimation, il n'y a point de vente, sauf estimation par un autre tiers* »[13].

116.203 Possibilité d'intervention du juge des référés malgré l'existence d'une clause de médiation. Selon plusieurs arrêts des juges du fond, la présence d'une clause de médiation n'exclut pas la saisine du juge des référés, par l'une ou l'autre des parties, que ce soit avant ou pendant les opérations de conciliation, dès lors que cette saisine est justifiée par l'urgence des mesures sollicitées, même s'il s'agit d'une demande de provision[14].

1. POUR UNE ANALYSE CRITIQUE : N. Nevejans, « L'ordonnance du 16 novembre 2011 – Un encouragement au développement de la médiation ? », *JCP* 2012, n° 6. Ét. 148.
2. Décr. n° 2012-66, 20 janv. 2012, relatif à la résolution amiable des différends, *JO* 22 janv., p. 1280.
3. C. pr. civ., art. 1528 s.
4. J.-B. Racine, « La résolution amiable des différends en ligne ou la figure de l'algorithme médiateur », *D.* 2018. Chron. 1700.
5. L. n° 2016-1547, 18 nov. 2016, de modernisation de la justice du XXIe siècle, *JO* 19 nov., n° 1.
6. L. n° 2019-222, 23 mars 2019, de programmation 2018-2022 et de réforme pour la justice, *JO* 24 mars, n° 2.
7. Sur la médiation dans les litiges de consommation, v. *infra* ss n° 412.12.
8. V. *supra* ss n° 114.11.
9. V. *supra* ss n° 116.23.
10. Sur l'imprévision v. *supra* ss n° 116.23.
11. E. Putman, « L'introuvable contrat complet », *RRJ* 2008/5, p. 2478 s.
12. EX. : Paris, 1re ch. C, 2 avr. 2009, n° 08/14550, *RTD com.* 2009. 539, obs. É. Loquin : indiquant bien que la décision en l'esp. n'est pas une sentence et ne peut donc pas donner un lieu à un appel.
13. C. civ., art. 1592 ; mod. par L. n° 2019-744, 19 juill. 2019, art. 37 – POUR UNE CRITIQUE de la modification de l'art. 1592 par la loi n° 2019-744 : J. Moury, « Modification prochaine de l'article 1592 du code civil : stérile, voire dangereuse », *D.* 2019. Chron. 1302.
14. Paris, 30 janv. 2008, *Gaz. Pal.* 2008. 2. Somm. 2671 – Paris, 7 mai 2008, RG n° 07/22212, *RDC* 2009. 1160, note C. Pelletier, 2e esp. : dans un contrat de franchisage, désignation d'un tiers conciliateur et autorisation donnée au franchiseur de « *s'affranchir de l'obligation d'exclusivité d'activités stipulée* » – Rouen, 21 oct. 2008, RG n° 08/00867, *RDC* 2009. 1160, note C. Pelletier, 1re esp. : condition d'urgence non remplie, dans un contrat d'approvisionnement.

CHAPITRE

117. Contrat modificatif éventuel

SECTION 0

ORIENTEUR

117.00 **Sommaire du chapitre.**

SECTION UNIQUE

ÉTUDE D'ENSEMBLE

117.11 **Avenant.** Lorsque le contrat est à exécution successive, et qu'une durée assez longue a été prévue, un *avenant* (ou *supplementary agreement* en anglais), parfois dénommé *protocole de recadrage*[1] ou encore « accord de clarification »[2], peut être conclu pour modifier les effets d'un contrat, en cours d'exécution mais pour l'avenir, en l'adaptant aux difficultés rencontrées, aux exigences nouvelles des parties ou aux conditions économiques[3], par exemple à propos de la maintenance ; notamment à la suite d'une renégociation résultant du jeu d'une clause de sauvegarde[4] ou découlant de l'intervention d'un médiateur en l'absence de tout litige[5].

En principe, le « protocole de recadrage » s'incorpore au contrat initial qu'il modifie, tout en le maintenant (il n'opère pas novation[6]), sauf précision contraire du document[7], et à condition que soit manifeste la volonté de substituer purement et simplement aux engagements initiaux convenus par les parties de nouveaux engagements en lieu et place des premiers[8].

Sa teneur est le résultat d'une libre négociation entre les parties (c'est un véritable contrat), alors que son existence est parfois imposée par une clause de renégociation (telle une clause de dureté[9]). *Le contrat est alors évolutif.* Il serait même sans doute possible de prévoir une clause de modification unilatérale, mais uniquement de la configuration technique des prestations de fourniture de contenus et services numériques (à condition qu'elles soient à prix constant, qu'elles n'altèrent pas la qualité des prestations prévues ou n'en modifient sensiblement les caractéristiques)[10].

Il arrive aussi qu'un avenant remanie un acte préparatoire ; dans ce cas, il est frappé de la même fugacité que lui. Mais cela est assez exceptionnel ; il faut supposer que les négociations ont été longues et que la réalisation est elle-même d'une certaine durée, s'agissant d'un contrat important.

1. V. LES FAITS de : Poitiers, 1re ch. civ., 25 nov. 2011, RG n° 10/00285, *IBM c/MAIF, RLDC* 2012/92, p. 57, obs. V. Fauchoux, plusieurs de ces protocoles – SUR POURVOI : Com. 4 juin 2013, n° 12-13.002, NP, *D.* 2013. Pan. 2487, obs. C. Le Stanc – SUR RENVOI : Bordeaux, 1re ch., sect. B, 29 janv. 2015, n° 13/05.939, *RLDI* 2015, n° 3713, note S. Staub ; *RDC* 2015. 871, note J. Huet.
2. COMME DANS L'AFF. ayant donné lieu à : CCI, sentence arbitrale finale 11236 (2002), *JDI* 2018. Chron. 1, n° 1, obs. P. Cavalieros.
3. V. *supra* s[s] n° 115.23.
4. V. *supra* s[s] n° 116.21.
5. V. *supra* s[s] n° 116.202.
6. SUR LA NOVATION : C. civ., art. 1329 s. ; mod. par ord. n° 2016-131, 10 févr. 2016, art. 3.
7. Poitiers, 1re ch. civ., 25 nov. 2011, RG n° 10/00285, *IBM c/MAIF*, préc. : les protocoles se sont substitués au contrat initial d'intégration – CASSATION SUR CE POINT PAR : Com. 4 juin 2013, n° 12-13.002, NP, préc. – SUR RENVOI : Bordeaux, 1re ch., sect. B, 29 janv. 2015, RG n° 13/05.939, préc. : adopta ce point de vue.
8. Com. 4 juin 2013, n° 12-13.002, NP, préc., CASSANT : Poitiers, 25 nov. 2011, n° 10/00285, préc. : la cour d'appel n'ayant pas relevé d'éléments faisant ressortir sans équivoque cette volonté – SUR RENVOI : Bordeaux, 1re ch., sect. B, 29 janv. 2015, RG n° 13/05.939, préc., maintient le contrat initial – SUR L'ARRÊT : Poitiers, 25 nov. 2011, RG n° 10/00285, préc. : M. Razavi et C. Bouffier, « IBM c/MAIF ou les nouvelles conséquences de l'arrêt de la Cour de cassation du 4 juin 2013 sur les contrats informatiques », *RLDI* 2013, Doctr. 3206.
9. Sur celle-ci v. *supra* s[s] n° 116.23.
10. G. Brunaux, « Les clauses de modification unilatérale de la configuration technique des prestations de fourniture de contenus et services numériques », *CCC* 2021. Formule 9.

TITRE

12. Les obligations des parties

SECTION 0

ORIENTEUR

12.00 Sommaire du titre.

Division. Il est de l'intérêt des parties de prévoir leurs obligations respectives, tant celles du client, maître de l'ouvrage (chap. 121) que celles de la société d'informatique (chap. 122).

12.03 Bibliographie. Encyclopédies. Y. Picod, « Force obligatoire des conventions. Bonne foi », *J.-Cl. Civil*, art. 1103 et 1104 [2020] – Ph. le Tourneau et M. Poumarède, *Rép. civ.*, *V°* « Bonne foi » [2017].

Ouvrages. R. Meyer, *Bona fides und lex mercatoria in der europäischen Rechstradition*, Verlag, Göttingen, 1994 – Ph. le Tourneau, *La responsabilité civile professionnelle*, 2e éd., « Dalloz référence », 2005 – Ph. le Tourneau (dir.), *Droit de la responsabilité et des contrats. Régimes d'indemnisation*, 12e éd., « Dalloz action », 2020.

Thèses. B. Gross, *La notion d'obligation de garantie dans le droit des contrats*, préf. D. Tallon, « BDPr », t. 13, LGDJ, 1964 – F. Osman, *Les principes généraux de la lex mercatoria : Contribution à l'étude d'un ordre juridique anational*, préf. E. Loquin, « BDPr », t. 224, LGDJ, 1992.

Contributions. C. Jarrosson, « La bonne foi, instrument de moralisation des relations économiques internationales », dans *Mél. Ph. Fouchard*, Pedone, 2006, p. 185 s. – É. Loquin, « Retour sur les sources premières de la *lex mercatoria* : les usages du commerce international », dans *Mél. J.-M. Jacquet*, LexisNexis, 2013, 215.

Articles. N. Balat, « Observations sur la bonne foi en droit des contrats à la veille de la réforme », *RD Assas* 2016/12, p. 59 s. – M. Bourdeau, « L'invocabilité des usages professionnels en matière contractuelle », *RJDA* 2011. Chron. 459 s. – F. Diesse, « L'exigence de la coopération contractuelle dans le commerce international », *RD aff. int.* 1999/7, p. 737 s. – O. Dorchies, « Les méthodes agiles dans les contrats informatiques », *CCÉ* 2020. Fiche prat. 13 – P. Mousseron, « Faut-il dissocier les usages du commerce international des usages du commerce ? », *RJ com.* 2011. 21 s. – G. Pillet, « L'achat d'innovation par les grandes entreprises auprès des *start-up* : intégrer la méthode agile dans le processus contractuel », *RDAI* 2019/2, p. 155 – G. Robin, « Le principe de bonne foi dans les contrats internationaux », *RD aff. int.* 2005. 695 s. – É. Varet, « Contrats informatiques. Répondre aux difficultés de la contractualisation Agile », *Expertises* févr. 2013, Doctr. 63.

SECTION UNIQUE

INTERMÈDE

12.11 Normes internationales ISO. Il est de l'intérêt bien compris des parties de prévoir minutieusement leurs obligations respectives, tant celles du client, maître de l'ouvrage que celles de la société d'informatique.

Comme nous l'avons déjà indiqué, leur tâche est à cet égard facilitée par l'existence de guides[1], sans compter des normes, notamment les *normes internationales ISO*, parmi lesquelles figurent celles de la série ISO 9000, définissant les normes de management et d'assurance de qualité dans la production et

1. V. *supra* s[s] n° 115.18.

la livraison de produits ou la conception et la prestation de services (la gamme des normes ISO 9000, datant de 1987, se répartit ainsi : 9000, expose les lignes directrices pour la sélection et l'utilisation des normes pour la gestion de la qualité et l'assurance de la qualité ; la deuxième, 9001, est sur la qualité de la conception/développement, la production et le soutien après vente ; la suivante, 9002, développe un modèle pour l'assurance de la qualité de la production et de l'installation ; la quatrième, 9003, donne un modèle pour l'assurance de la qualité des contrôles et des essais finaux ; enfin, la norme 9004 comporte les lignes directrices pour la gestion de la qualité et l'assurance de la qualité ; elle est à séparer des autres, non parce qu'elle est la dernière de cette série, mais parce qu'elle est proposée à des fins de gestion interne, contrairement aux trois précédentes, utilisables à des fins d'assurance externe de la qualité).

Les parties peuvent adopter l'une de ces normes, ou plusieurs d'entre elles, après avoir constaté qu'elles correspondaient au contrat ; le cas échéant elles pourront leur apporter des adaptations.

12.12 **Bonne foi.** Le code civil indique que les contrats doivent être exécutés de bonne foi (C. civ., art. 1104). Les développements sur les obligations des parties doivent donc toujours être sous-tendus par ce principe[1], d'autant plus que la jurisprudence en a déduit toute une série de conséquences[2]. La place de la bonne foi est encore plus considérable en Droit international qu'en Droit interne[3]. Elle est un principe fondamental de la *lex mercatoria*[4]. Confirmant cette vue, les principes d'Unidroit indiquent formellement que « *Les parties sont tenues de se conformer aux exigences de la bonne foi dans le commerce international* » (*Principes d'Unidroit 2016*, art. 1.7, 1). Le commentaire précise que la bonne foi est « *l'une des idées fondamentales à la base des Principes* », et il cite une longue série d'articles constituant une application directe ou indirecte de la bonne foi.

Toutefois, le Droit anglais n'impose pas une obligation générale de bonne foi aux parties, les affaires y étant dominées par la règle du *rough and tough*, c'est-à-dire l'interprétation stricte des termes du contrat.

1. EX. : Paris, pôle 5, 19 janv. 2011, RG n° 09/15092, *Axe Sélection, Expertises* 2011, p. 270 : résolution d'un contrat d'intégration (ERP ; sur celui-ci v. *infra* s^{s} n° 251.14), not. en raison du manque de loyauté de l'intégrateur.
2. LONGUEMENT EXPOSÉES DANS *La responsabilité civile professionnelle*, 2e éd., « Dalloz référence », 2005, n°s 3.26 s. – *ADDE* : Ph. le Tourneau et M. Poumarède, *V°* « Bonne foi », préc. – N. Balat, « Observations sur la bonne foi en droit des contrats à la veille de la réforme », art. préc.
3. NOT. : C. Jarrosson, « La bonne foi, instrument de moralisation des relations économiques internationales », art. préc. – G. Robin, « Le principe de bonne foi dans les contrats internationaux », art. préc.
4. R. Meyer, *Bona fides und lex mercatoria in der europäischen Rechstradition, op. cit.* – F. Osman, *Les principes généraux de la lex mercatoria. Contribution à l'étude d'un ordre juridique anational*, th. préc., p. 19 s.

CHAPITRE

121. Obligations du client

SECTION 0

ORIENTEUR

121.00 **Sommaire du chapitre.**

Division. Trois obligations principales. Trois obligations principales pèsent sur le client : de coopération (sect. 1), de discrétion (sect. 2) et de paiement (sect. 3). S'y ajoute un devoir de *constance* consistant à ne pas modifier sans cesse ses besoins ; nous n'en dirons rien d'autre ici (v. *infra* s^s^ n°s 122.151 et 252.45).

SECTION 1

DEVOIR DE COOPÉRATION

§ 1
Temps et forme de la coopération

121.11 **Généralités sur l'obligation de coopération.** Dans tout contrat pèse sur le créancier une obligation de coopération, particulièrement lorsque son objet est complexe, comme un contrat du numérique[1] ; elle est sans doute aussi de la nature d'un contrat conclu *intuitu personæ*[2]. Son fondement réside dans la bonne foi devant gouverner les rapports contractuels, de sorte qu'elle est implicite. Elle n'a donc pas besoin d'être expressément stipulée, sauf pour en préciser les modalités ce qui est sans doute utile, surtout en présence d'un client non professionnel[3]. Elle doit régner durant toute la vie contractuelle, du début des pourparlers à l'exécution du contrat[4]

1. V. *supra* s^s^ n°s 014.31 s.
2. SUR CETTE NOTION : Ph. le Tourneau et D. Krajeski, « Contrat *intuitu personæ* », *J.-Cl. Contrats distribution*, fasc. 420 [2020] – *ADDE* sur les clauses relatives à l'*intuitus personæ*, avec des exemples de clauses en français et en anglais : É. Vergès (dir.), *Contrats sur la recherche et l'innovation*, Dalloz, 2018, n°s 213.00 s.
3. POUR UN EX. DE CLAUSE détaillant minutieusement les obligations découlant de l'exigence de collaboration : *Expertises* 2000, p. 135, art. 4.
4. DANS LE MÊME SENS : F. Diesse, « L'exigence de la coopération contractuelle dans le commerce international », art. préc.

(comp. la formule du C. civ., art. 1104, al. 1er, depuis la réforme). C'est qu'un contrat de ce genre suppose une espèce d'*affectio contractus* assez forte, impliquant des deux partenaires des actes positifs au service d'un objectif commun, la réussite du projet. Du reste, il y a une sorte de *dynamique de la loyauté et de la confiance*.

121.12 Devoir de coopération lors des négociations. Le devoir de coopération se concrétise, lors des négociations, sous la forme d'une obligation d'information. En effet, le client est tenu de spécifier son dessein, les objectifs précis à atteindre[1]. Souvent, dans les projets importants, il rédige à cet effet un cahier des charges[2], qui servira de référentiel de conformité. Mais le fournisseur doit savoir demander des compléments d'information, voire suppléer le client[3] incompétent et défaillant[4]. L'implication du client est plus vive dans les méthodes dites *Agile*[5].

121.13 Devoir de coopération lors de la mise au point du projet. Une fois les négociations achevées, le devoir de coopération se poursuit durant la phase de mise au point du projet[6]. Ici encore, il se traduit par la transmission d'informations. Le client doit fournir toutes les données qu'il possède ou dont, par une clause *ad hoc*, il s'est chargé de recueillir. Parfois, le contrat énumère la liste précise des documents qu'il établira à l'intention de son partenaire. Le client est encore tenu de participer aux réunions, suivant la périodicité convenue entre les parties et chaque fois que l'entreprise de service du numérique (ESN, en réalité son représentant) le jugera nécessaire. À chaque étape de l'élaboration du projet, d'examiner les plans et documents qui lui sont communiqués par la société d'informatique, de présenter ses observations (dans les délais prévus au contrat) et de faire connaître son approbation (ou son refus). Dans les méthodes dites *Agile*[7], l'intervention du client est supérieure, le projet étant plus souple et modifiable en cours d'élaboration, sans la conclusion d'avenants[8].

Lorsque le contrat présente une certaine importance, tel celui qui porte sur un ensemble (que ce soit un contrat d'étude global ou, à un stade plus avancé, un contrat de réalisation de l'ensemble), la coopération du client implique qu'il désigne un *interlocuteur* unique de l'ESN (plus précisément, du directeur de projet désigné par celle-ci[9]). Le contrat comporte une disposition à cet égard, en le désignant nommément, et en prévoyant les modalités de son éventuel remplacement.

121.14 Devoir de coopération lors de l'installation et de la mise en route. L'obligation de collaboration du client se prolonge de même durant la phase d'installation et de mise en route[10]. Il doit notamment prévenir immédiatement son partenaire de toute information qui lui parvient, faciliter la coordination des personnels appelés à œuvrer ensemble (ses salariés avec ceux de la société d'informatique), effectuer à temps, et selon les spécifications, les tâches qui lui incombent d'après le contrat, tels l'aménagement des bâtiments ou leur climatisation dans un pays chaud, se doter des équipements nécessaires[11], l'installation d'un onduleur si le courant électrique est irrégulier, la formation du personnel...

1. Com. 7 janv. 1997, nº 94-16.558, NP, *Gaz. Pal.* 1998. 1, p. 54, note A.-F. Godet : le client n'avait pas informé ses fournisseurs de ses besoins particuliers, alors qu'il y avait une incompatibilité entre l'appareil et le progiciel – Paris, 29 juin 2001, *Henry, D.* 2001. IR 2459 ; *JCP E* 2002. 888, obs. M. Vivant – Paris, 30 sept. 2004, *Atac c/SAP, Expertises* 2005, p. 113, pas le cas.
2. V. *supra* ss nº 014.32.
3. SUR TOUTES CES QUESTIONS AUSSI : N. Balbo-Izarn, « Le professionnel face aux risques informatiques », *LPA* 16 févr. 2001, p. 4 s.
4. V. *supra* ss nº 014.33.
5. É. Varet, « Contrats informatiques. Répondre aux difficultés de la contractualisation Agile », art. préc. – N. Weinbaum, « Méthodes *Agile*. Une révolution dans les projets et contrats informatiques ? », art. préc. – G. Pillet, « L'achat d'innovation par les grandes entreprises auprès des *start-up* : intégrer la méthode agile dans le processus contractuel », art. préc. – O. Dorchies, « Les méthodes agiles dans les contrats informatiques », art. préc.
6. Com. 11 janv. 1994, nº 91-17.542, NP, *Expertises* 1994, p. 110 : le client a refusé de collaborer dans la recherche d'une solution qui aurait permis l'adaptation des logiciels à ses besoins – Orléans, 28 mai 1998, *Sedeval c/Soreco, Gaz. Pal.* 2000. 1, Somm. 261, obs. C. Rothhahn : devoir renforcé ici du fait que l'objet de la prestation étant standardisé, une adaptation sur le site était nécessaire – Paris, 26 juin 1998, *JCP E* 2000. 841, nº 7, obs. M. Vivant et C. Le Stanc : le client a manqué à son obligation de coopération en tardant à valider les analyses fonctionnelles nécessaires à la mise au point de l'application – Paris, 19 mars 1999, *GIA c/ACA, Expertises* 2000, p. 33 : logiciels spécifiques dont la mise au point suppose une « participation active » du client – Aix-en-Provence, 5 nov. 1999, *Groupe Leader c/Telemacom, Gaz. Pal.* 2001. 1, Somm. 267 : résiliation d'un contrat de fourniture de prestations informatiques aux torts du client, en raison de sa mauvaise foi lors de la rupture brutale des relations contractuelles, résultant not. du défaut « d'implication » de sa part lors de l'exécution du contrat – Paris 25 mai 2018, RG nº 16/172233, manquement du client à cet égard.
7. V. *supra* ss nos 014.32, 121.12 ; et v. *infra* ss nos 121.13, 223.21, 231.52, 231.71.
8. Sur ceux-ci v. *supra* ss nº 117.11.
9. V. *infra* ss nº 122.32.
10. Com. 11 janv. 1994, nº 91-17.542, préc. – COMP. : Paris, 10 oct. 2003, *Arsenal Recouvrement, CCÉ* 2004, nº 77, obs. Ph. Stoffel-Munck.
11. Civ. 1re, 2 juill. 2014, nº 13-10.076, NP, *JCP E* 2015. 1037, note C. Vanuls ; *RDC* 2015. 43, obs. A. Danis-Fatôme ; *RDC* 2015. 266, obs. J. Huet : not. un accès adéquat au réseau de télécommunication.

Le devoir de coopération s'évanouit finalement dans la participation du maître de l'ouvrage aux essais et aux délivrances qui s'achèveront par la réception.

§ 2
Limites de la coopération et les conséquences du manque de coopération

121.21 Limite de la coopération : l'immixtion. Toutefois, l'exigence de coopération ne doit pas dégénérer en intempestive *immixtion* dans la réalisation. Celle-ci se caractérise par la direction et le contrôle que le client prend des opérations, se comportant comme un maître d'œuvre [1]. Elle serait fautive et pourrait, en Droit français, exonérer la société d'informatique, partiellement ou totalement, du moins lorsque le maître de l'ouvrage était *notoirement compétent* dans le domaine en cause [2].

À l'inverse, si le maître de l'ouvrage était notoirement incompétent, son immixtion serait sans conséquence car, dans ce cas, le professionnel est tenu de résister à ses suggestions ou injonctions (il existe une jurisprudence en ce sens dans le domaine de la construction). L'acceptation délibérée d'un risque est une cause autonome d'exonération [3], distincte de l'immixtion, de sorte qu'un juge saisi de conclusions relatives à la seconde n'est pas tenu de statuer sur la première [4].

121.22 Corollaire de l'obligation d'information. L'obligation de collaboration du client est le *corollaire* de celle d'information ou de conseil pesant sur l'entreprise de service du numérique (ESN). La première atténue l'intensité de la seconde, car tout bon professionnel a le devoir de « se » renseigner avant de contracter, dans la mesure de ses capacités. Dès lors l'obligation de renseignement n'apparaît que lorsque cesse celle de *se* renseigner. Du reste, l'ignorance du client ne doit plus être admise aussi facilement que jadis ou naguère, notamment pour l'informatique [5]. Par exemple, nul ne peut prétendre aujourd'hui ignorer que l'installation d'un système informatique complexe nécessitera une période d'adaptation [6], de rodage [7], qu'il y aura au début des difficultés, des pannes. Seule est admissible *l'ignorance légitime* (comme en matière d'apparence) et, pour apprécier celle-ci, il importe de tenir compte de la vulgarisation des techniques. Il faut déjouer les menées des contractants indélicats qui, voulant se dégager de liens qu'ils ne trouvent plus assez avantageux, feignent d'être de pauvres ignorants ou de petits naïfs !

Toutefois, il convient de tenir compte aussi de l'inégalité des partenaires. De façon encore plus radicale, dans les contrats clé en main [8], le devoir de collaboration du client s'estompe. Certes, il doit répondre aux demandes qui lui sont présentées, mais il n'a plus ici à faire preuve d'initiative lors de l'élaboration du projet.

121.23 Conséquences du manque de coopération. La défaillance du client dans sa tâche de coopération pourra être invoquée par la société d'informatique pour se décharger, au moins partiellement, de la responsabilité de défauts, d'erreurs ou de retards qui lui seraient reprochés [9]. Elle peut même *transformer une obligation de résultat en obliga-*

1. Com. 4 juill. 1995, n° 93-18.871, NP, *Expertises* 1995, p. 436 – Com. 7 janv. 1997, n° 94-21.561, *Banque Franco-allemande*, NP, *D.* 1998. 45, note P. Chauvel – T. com. Paris, 13 janv. 1997, *Allianz, Gaz. Pal.* 1998. 2, Somm. 430.
2. Aix-en-Provence, 5 avr. 1996, *Dataid, D.* 1997. 184, note Ph. le Tourneau.
3. Civ. 3e, 20 mars 2002, n° 99-20.666, P III, n° 68 ; *RDI* 2002. 236, obs. Ph. Malinvaud.
4. Civ. 3e, 25 févr. 1998, n° 96-14.537, *Clot,* P III, n° 45.
5. COMP. : Com. 24 mars 1998, n° 94-21.076, NP, *RJDA* 1998, n° 967 : faisant allusion à « *l'évolution prévisible des techniques* » qu'un acheteur professionnel pouvait subodorer – Toulouse, 25 janv. 2001, *FRS c/Actipole, JCP E* 2001. 1001, note Ph. le Tourneau – T. com. Paris, 5 mai 2004, *Peyre c/ Silog, Expertises* 2004, p. 278 : relevant, not., qu'aujourd'hui il n'est pas besoin d'être un spécialiste en informatique pour connaître la signification générale de certains termes techniques – COMP., en dehors de l'informatique et à propos de l'obligation de renseignement : Com. 28 mai 2002, n° 99-19.806, *Richardson*, NP, *CCC* 2002, n° 138, obs. L. Leveneur : « *L'obligation d'information du vendeur à l'égard de son client sur l'adaptation du matériel vendu à l'usage auquel il est destiné* [n'existe] *à l'égard de l'acheteur professionnel que dans la mesure où sa compétence ne lui donne pas les moyens d'apprécier la portée exacte des caractéristiques du matériel vendu* » – Com. 23 mars 2018, n° 16-20.018, P IV, n° 34 ; *CCÉ* 2018, n° 34, obs. G. Loiseau ; *JCP E* 2018. 1272, note K. Rodriguez ; *RLDI* 2018, n° 5219, obs. L. Costes ; *RTD com.* 2018. 436, obs. D. Legeais, selon lequel, alors que l'hameçonnage (*phishing*) est une menace identifiée, dont tout internaute a sans doute déjà pu entendre parler, il n'est plus possible de prétendre ignorer le caractère frauduleux d'un courriel expédié à partir d'une adresse inhabituelle, truffé d'erreurs et invitant son destinataire à communiquer ses informations les plus sensibles (sur l'hameçonnage v. *infra* ss n° 335.53) – Com. 6 juin 2018, n° 16-29.065, NP, *D.* 2018. Pan. 2270, obs. J. Larrieu, C. Le Stanc et P. Tréfigny ; *RLDI* 2018. 5253 ; *Dalloz IP/IT* 2018. 643, note J. Lasserre Capdeville, 1re esp. ; *CCÉ* 2018, n° 68, obs. É. A. Caprioli, faits et arrêt comparables.
6. Rennes, 16 juin 1995, *JCP E* 1996. I, n° 14, obs. M. Vivant et C. Le Stanc.
7. V. *supra* ss n° 014.34.
8. V. *infra* ss nos 252.05 s.
9. COMP. : Paris, 20 janv. 1994, *Expertises* 1994, p. 117 – Paris, 10 oct. 2003, *Arsenal Recouvrement, CCÉ* 2004, n° 77, obs. Ph. Stoffel-Munck.

tion de moyens, dans la mesure où elle est une source d'aléas pour la société d'informatique [1].

La distinction des obligations de moyens et de résultat a été ignorée par l'ordonnance n° 2016-131 du 10 février 2016 portant réforme du droit des obligations ; elle ne figure pas non plus dans le projet de réforme de la responsabilité civile présenté par le garde des Sceaux le 13 mars 2017 [2].

SECTION 2 DEVOIR DE DISCRÉTION

§ 1 La question du secret aux divers stades des pourparlers

121.31 Sur toutes les connaissances procurant un avantage concurrentiel. Le client est tenu de conserver le secret sur tous les procédés, techniques, plans, études, mis au point par l'informaticien, brevetables ou non, qui ne sont pas protégés par un titre de propriété industrielle et relèvent du seul savoir-faire, dès lors qu'ils procurent un avantage concurrentiel. De même, il ne doit pas réutiliser des plans ou documents élaborés par son partenaire, dans une opération ultérieure. Une *clause de confidentialité* [3] est en effet presque toujours stipulée dans le contrat [4]. Elle est généralement *réciproque*, la société d'informatique s'engageant de son côté à garder le silence sur les données de toute nature, propres à son cocontractant, qu'elle aurait été amenée à connaître lors du projet.

121.32 Lors des études préliminaires. La question du secret se pose différemment au stade des pourparlers, pouvant se concrétiser par des études préliminaires puisque souvent, à ce moment, aucun contrat ne lie les parties, ce qui est au demeurant regrettable à plus d'un titre [5]. Le « maître de l'ouvrage » peut être tenté de faire usage des documents qui lui ont été présentés dans cette première phase, ou des connaissances qu'il a pu acquérir. Tant que les études préliminaires sont en cours, le danger est restreint, car il est possible de ne communiquer que les avantages du procédé envisagé, sans en révéler le contenu réel, ni le savoir-faire qui y serait attaché.

121.33 Lors de l'avant-projet. En revanche, la difficulté apparaît avec toute son acuité lors de l'élaboration et de la communication de l'avant-projet. Celui-ci comportera parfois la communication d'un procédé non breveté ou de plans, principes, méthodes, programmes, non brevetables d'après la loi [6], ou celle d'un savoir-faire, même partiellement. L'offre de contracter s'est transformée en révélation.

§ 2 Solutions en l'absence d'un contrat de « précaution »

121.41 Pas de secours dans le Droit des propriétés intellectuelles. La parade à l'usage par le client éventuel, et la divulgation par ce dernier à des tiers, ne réside pas dans la rétention des renseignements, la *réticence* au sens précis et exact de ce mot. Car, si l'inconvénient considéré serait bien éliminé, l'offre perdrait de son intérêt en demeurant trop vague, ce qui risquerait de favoriser une proposition concurrente. La société d'informatique ne peut guère trouver de protection dans le Droit de la propriété industrielle puisque, dans l'exemple choisi, il n'existe pas de droit de monopole. Et le recours au Droit d'auteur, s'il est en principe recevable, serait difficile à mettre en œuvre, car l'utilisateur des plans, principes, méthodes et logiciels se gardera bien de procéder à une copie servile. Or, les idées ne sont pas protégées : elles sont de « libres parcours », selon la formule traditionnelle héritée de Fichte (elle est régulièrement rappelée par la jurisprudence [7] – Le principe a été repris par l'art. 2 du traité de l'Ompi sur le Droit d'auteur [TDA], adopté à Genève le 20 déc. 1996, et approuvé par la décision du Conseil de la Communauté européenne du 16 mars 2000 [8] – Nous le contestons très vivement, par plusieurs arguments convergents [9]).

1. COMP. : Com. 5 avr. 2011, n° 09-71.756, NP, *RJDA* 2011, n° 680 : « *En se déterminant ainsi, sans rechercher, s'agissant d'une date de livraison contractuellement "planifiée", si l'exigence d'une collaboration étroite entre les parties pendant la phase d'étude ne comportait pas un aléa, exclusif de la qualification d'obligation de résultat, la cour d'appel n'a pas donné de base légale à sa décision* » – TGI Lyon, 1re ch., 23 janv. 2013, *Expertises* 2013, p. 193.
2. V. *supra* ss n° 014.14.
3. Sur cette clause v. *supra* ss n° 116.81.
4. Reims, 11 déc. 1990, *Expertises* 1993, p. 155.
5. Sur les contrats préparatoires de précaution, v. *supra* ss nos 114.11 s.
6. CPI, art. L. 611-10 ; mod. par L. n° 2008-776, 4 août 2008, art. 132.
7. EX. : Civ. 1re, 17 juin 2003, n° 01-17.650, *Bounaix c/Afflelou*, P I, n° 148 ; *CCÉ* 2003, n° 80, obs. C. Caron ; aménagement de magasins.
8. Cons. CE 16 mars 2000, n° 2000/278/CE, décision du Conseil du 16 mars 2000, relative à l'approbation, au nom de la Communauté européenne, du traité de l'Ompi sur le droit d'auteur et du traité de l'Ompi sur les interprétations et exécutions et sur les phonogrammes, *JOCE* L 89, p. 6.
9. Ph. le Tourneau, *Le Parasitisme*, Litec, 1998, nos 142 s. ; « Folles idées sur les idées », *CCÉ* 2001. Chron. 4 ; « L'illustre Gaudissart était visionnaire ! », *CCÉ* 2017 – DANS LE MÊME SENS pour une idée artistique : P. Noual, « Arc de triomphe empaqueté : quel esprit pour le droit d'auteur ? », *RLDI* 2021/11. Ét. 6071.

121.42 **Recours à la responsabilité civile.** Force est de se tourner vers la responsabilité civile puisqu'elle protège les sujets de droit lorsqu'aucune autre protection ne peut être trouvée[1]. Confident nécessaire du secret, le sachant devait le conserver. En dévoilant ce qui était destiné à demeurer caché, il commet une faute quasi délictuelle ou délictuelle.

Mais s'il ne révèle pas la teneur des communications qui lui ont été transmises, se satisfaisant de les utiliser lui-même ? Peu importe, il y a faute encore. Cet acte est un *agissement parasitaire fautif*[2]. Cette notion permet d'agir en responsabilité, alors même que l'action en concurrence déloyale aurait été irrecevable comme en l'espèce. En effet, par définition, celle-ci suppose des hommes aux activités lucratives rivales (essentiellement de commerçants), à la conquête ou à l'élargissement de la clientèle pour des produits et services identiques ou similaires. La jurisprudence a très bien su protéger les auteurs de plans et de techniques en considérant que le fait de s'en inspirer, même sans copie servile, est une faute (en tant qu'agissements parasitaires), dès lors que cet acte permet d'économiser des frais d'études, de recherches, de mises au point...

Selon l'article 1112-2 du code civil : « *Celui qui utilise ou divulgue sans autorisation une information confidentielle obtenue à l'occasion des négociations engage sa responsabilité dans les conditions de droit commun* ».

121.43 **Principe d'Unidroit.** Un principe d'Unidroit est très catégorique quant au devoir de confidentialité ; le voici : « *Qu'il y ait ou non conclusion du contrat, la partie qui, au cours des négociations, reçoit une information donnée à titre confidentiel par l'autre partie, est tenue de ne pas la divulguer ni l'utiliser de façon indue à des fins personnelles. Le manquement à ce devoir est susceptible de donner lieu à une indemnité comprenant, le cas échéant, le bénéfice qu'en aura retiré l'autre partie* ».[3]

SECTION 3
DEVOIR DE PAIEMENT

121.50 **Plan – Présentation.** Le prix est, pour la société d'informatique, le but du contrat (C. civ., art. 1162) et, pour le maître de l'ouvrage, l'objet de son obligation. Sa fixation implique que la première ait pu au préalable mesurer assez finement le coût économique du projet ; et que le second ait pris conscience de l'ampleur de l'investissement (§ 1). Il est alors possible de déterminer le prix, de façon juridique et mathématique, selon divers procédés (§ 2). Mais, dans un monde instable, il est bon de prévoir sa révision (§ 3) et son contrôle (§ 4). Les parties conviendront encore des modalités du paiement (§ 5). À ce stade, il ne restera plus qu'à jeter un regard sur les garanties et sûretés du paiement (§ 6).

§ 1
Détermination préalable : les coûts économiques du projet et de l'investissement

121.61 **Difficulté d'établir le coût économique d'un projet.** Rien de plus difficile que d'établir, pour un projet un tant soit peu important, son coût économique ; l'empirisme a longtemps régné en la matière. Une fâcheuse habitude s'était créée de sous-estimer le coût avec le risque, fréquemment couru et réalisé, de perdre de l'argent, tout compte fait, lors d'une opération spectaculaire et en apparence fructueuse. L'expérience aidant, et les crises économiques successives poussant à la prudence, la tendance est à plus de rigueur. Du reste elle est facilitée par l'existence de méthodes mathématiques d'évaluation des projets et de la rentabilité des investissements, avec des logiciels spécifiques.

Néanmoins, aujourd'hui comme hier, le savoir-faire reste généralement sous-évalué. Souvent, il est regardé comme l'accessoire des appareils, notamment dans les projets clé en main, alors que ce sont eux qui constituent l'accessoire de la connaissance, concrétisée principalement par des logiciels.

121.62 **Difficulté d'établir le coût économique d'un investissement.** Pour le maître de l'ouvrage maintenant, le prix n'est qu'un élément, sans doute important, parmi d'autres, dont l'ensemble constitue l'investissement. Ils doivent tous entrer en ligne de compte dans le calcul de rentabilité qu'il effectue avant d'accepter le prix que lui soumet la société d'informatique. Il lui faut évaluer correctement son investissement, afin d'arrêter sa décision en toute lucidité et en ayant une *stratégie des risques*. Certes, il arrive qu'un projet non rentable soit lancé pour des raisons politiques, sociales (création d'emplois) ou parce que l'on en attend un effet d'entraînement. Mais encore faut-il que la décision soit prise en connaissance de cause. Ce n'est pas toujours le cas : Certaines réalisations sont déficitaires par défaut. Selon une étude publiée en novembre 2002 par le *Club informatique des grandes entreprises françaises* (CIGREF) : « *La contribution actuelle des systèmes d'information* [dont l'informatique] *à la performance des entreprises est unanimement reconnue comme inférieure aux attentes* ».

1. Ph. le Tourneau, « La verdeur de la faute dans la responsabilité civile », *RTD civ.* 1988. 505 s.
2. Ph. le Tourneau, *Le Parasitisme, op. cit.*, n°s 88 s. ; *J.-Cl. Concurrence Consommation* fasc. 570 (2020).
3. *Principes d'Unidroit 2016*, art. 2.1.16.

§ 2
Modes de détermination du prix

121.71 **Généralités.** Le mode de détermination du prix est librement choisi par les parties - dans la limite des lois locales d'ordre public ou des contraintes internationales - parmi cinq méthodes que nous allons envisager successivement. Cependant, dans un contrat simple, notamment de vente de matériel, le prix sera souvent celui dit « du catalogue »[1].

Toutefois, il est parfaitement possible (bien que fâcheux) que les parties n'aient pas pris la précaution de fixer le prix ni d'en prévoir le mode de détermination. Cette omission n'affecte en rien la validité du contrat d'entreprise, qui est présumé à titre onéreux[2]. Une fois sa tâche achevée le prestataire indiquera la somme qu'il attend ; il appartiendra à son client, qui estimerait qu'elle est excessive, de saisir le tribunal[3].

121.72 **De la nécessité de la « déterminabilité » du prix dans les contrats de vente en Droit français.** Toutefois, lorsque le contrat est une vente, soumise au Droit français, le prix doit en être déterminé, ou au moins déterminable, dès sa conclusion, sous peine de nullité absolue[4]. Certes, l'Assemblée plénière de la Cour de cassation avait décidé, par trois arrêts fameux du 1er décembre 1995, que les clauses permettant une fixation unilatérale des prix sont *a priori* valables (sauf abus), car l'ancien article 1129 du code civil n'était pas applicable à la détermination du prix[5]. Mais ce revirement ne s'appliquait pas à la vente, en raison de l'existence d'un texte spécifique à ce contrat, l'article 1591 du code civil[6]. Du reste, selon l'actuel article 1163, alinéa 2, du code civil, l'obligation (donc le prix) doit être déterminée ou déterminable dans tous les contrats (la déterminabilité est définie par l'art. 1163, al. 3)[7].

Toutefois, 1) dans les contrats cadre le prix peut être fixé unilatéralement par l'une des parties, « *à charge pour elle d'en justifier le montant en cas de contestation* » (C. civ., art. 1164, al. 1er)[8]. 2) « *Dans les contrats de prestation de service, à défaut d'accord des parties avant leur exécution, le prix peut être fixé par le créancier, à charge pour celui-ci d'en motiver le montant en cas de contestation* » (C. civ., art. 1165, al. 1er)[9], dans les deux cas sous réserve d'abus dans cette fixation[10].

121.73 **Du caractère sérieux ou non du prix.** Le prix dérisoire, généralement dénommé le « vil prix », ne constituait pas une cause d'annulation du contrat, afin d'empêcher de tourner la prohibition générale de la rescision pour lésion dans la vente[11]. La nullité absolue pour *absence de contrepartie*[12] (de cause disait-on avant la réforme de 2016) n'était pas davantage admise, le contrat ayant bien une cause, même si le prix est inférieur à la valeur de la chose vendue.

Toutefois, il existait une jurisprudence audacieuse en sens contraire mais peu abondante. D'abord, sur le terrain de *l'erreur*, par le biais de l'erreur dite *obstacle* (à la formation du contrat), et non pas seulement vice du consentement[13].

1. W. Dross, *Clausier*, V° « Prix catalogue », LexisNexis, 4e éd., 2020 – C.-É. Bucher, *La clause de prix catalogue, CCC* 2021. Formule 1 1.
2. COMP. À PROPOS d'un architecte : Civ. 3e, 3 févr. 1999, n° 97-12.744, NP, *RDI* 1999. 253, obs. B. Boubli.
3. V. *infra* ss n° 121.171.
4. POUR UNE VUE RENOUVELÉE des nullités : D. Sadi, *Essai sur un critère de distinction des nullités en droit privé*, « Bibliothèque des thèses », Mare & Martin, 2015.
5. Cass., ass. plén., 1er déc. 1995, nos 91-15.578, 91-15.999, P, n° 7 ; n° 91-19.653, P, n° 8 ; n° 93-13.688, P, n° 9 ; *D.* 1996. 13, concl. M. Jéol, note L. Aynès ; *Gaz. Pal.* 1995. 2, p. 626, concl. M. Jéol, note P. de Fontbressin ; *JCP* 1996. II. 22565, concl. M. Jéol, note J. Ghestin ; *Gaz. Pal.* 1995. 2. 626, concl. M. Jéol, note P. de Fontbressin ; *RTD. civ.* 1996. 153, obs. J. Mestre ; *RTD. com.* 1996. 316, obs. B. Bouloc ; M. Jéol, « Le contenu juridique des décisions du 1er décembre 1995 », *RTD. com.* 1997. 1 – Ph. le Tourneau (dir.), *Droit de la responsabilité et des contrats…*, 12e éd., *op. cit.*, nos 3361.111 s.
6. Com. 12 nov. 1997, n° 95-14.214, NP, *CCC* 1998, n° 22, obs. L. Leveneur – Civ. 1re, 16 juill. 1998, n° 96-17.414, *Fazio*, P I, n° 265 ; *D. Affaires* 1998, 1442 – Civ. 3e, 7 oct. 1998, n° 97-11.448, *Gevaudan*, P III, n° 202 ; *Gaz. Pal.* 1999. 1. Pan. 32 – Civ. 1re, 19 janv. 1999, n° 99-10.695, *Empois*, P I, n° 25 ; *JCP E* 1999. Pan. 444 – Com. 14 déc. 1999, n° 97-15.654, *Fin*, P IV, n° 234 ; *D.* 2000. AJ 74 et Somm. 335, obs. A. Reygrobellet – Civ. 3e, 26 sept. 2007, n° 06-14.357, P III, n° 159 ; *RJDA* 2008, n° 19.
7. L. Leveneur, « La détermination du prix dans les contrats : une double approche », dans *Mél. B. Teyssié*, LexisNexis, 2019, p. 1057 s.
8. L. Leveneur, « La détermination du prix dans les contrats : une double approche », art. préc.
9. L. Leveneur, « La détermination du prix dans les contrats : une double approche », art. préc.
10. O. Deshayes, T. Genicon et Y.-M. Laithier, *Réforme du droit des contrats, du régime général et de la preuve des obligations*, 2e éd., LexisNexis, 2018, p. 317 s. – G. Hilger, « La fixation unilatérale du prix dans la réforme du droit des contrats : une évolution en demi-teinte », *LPA* 18 juill. 2018. 5 – D. Houtcieff, « L'étendue des nouveaux pouvoirs unilatéraux du contractant », *RCA* 2018. Dossier 505, nos 6 s.
11. C. civ., art. 1168 ; mod. par ord. n° 2016-131, 10 févr. 2016, art. 2.
12. C. civ., art. 1169 ; mod. par ord. n° 2016-131, 10 févr. 2016, art. 2.
13. EX. : Civ. 1re, 28 nov. 1973, *D.* 1975. 21, note R. Rodière – Orléans, 13 mai 2004, *Dyadem, CCÉ* 2004, n° 144, obs. Ph. Stoffel-Munck : pas d'échange des consentements et donc le contrat ne s'est pas formé, du fait de la confusion sur l'unité monétaire entre les francs et les euros, à propos de la vente d'une imprimante « haut de gamme » – En outre, la jurisprudence s'efforce de distinguer subtilement l'erreur procédant d'une appréciation économique erronée (NON RETENUE) de celle qui résulte d'une erreur sur la valeur *qualitative* de la chose (ADMISE) : Com. 7 févr. 1995, n° 93-14.257, ▶

Ensuite, pour *absence de cause* : le vil prix est parfois assimilé à une absence de prix. Faute d'une véritable contrepartie au transfert du droit de propriété la vente est nulle, de nullité absolue[1]. Il ne peut en être ainsi qu'en présence *d'un prix ridicule, hors de toute proportion véritable* avec la valeur du bien, traduisant une absence totale ou presque totale d'objet de l'obligation (et pas seulement son inexistence partielle[2]).

Si l'action en nullité pour vileté du prix est admise (sur l'un des fondements cités), les exigences relatives à la preuve de la lésion[3] ne lui sont pas applicables[4]. La vileté du prix est autonome et distincte de la lésion.

Aucune obligation d'information ne pèse sur l'acheteur quant au prix dérisoire que lui demande le vendeur[5].

Depuis la réforme du droit des contrats de 2016, le code civil indique expressément que l'erreur sur la valeur n'est pas une cause de nullité sauf si elle porte sur les qualités essentielles de la prestation due[6]. Mais, de façon radicale, l'article 1169 fulmine la nullité d'un contrat à titre onéreux « *lorsque, au moment de sa formation, la contrepartie convenue au profit de celui qui s'engage est illusoire ou dérisoire* » (ce qui est bien une survivance de la cause objective, sans le mot). Cette disposition est caractéristique de la réforme de 2016, marquée par le souci de l'équilibre contractuel.

A.
Sur devis ou au métré

121.81 Coût des vacations. La première méthode est le marché sur devis, où la rémunération dépend des *vacations*, c'est-à-dire de la durée de l'intervention des différentes personnes affectées à la mission, par application d'un taux par unité de temps. C'est donc la base de calcul qui est à l'origine déterminée, et non la somme due. Cette méthode présente l'avantage pour l'entrepreneur de ne pas courir le risque de supporter le coût des difficultés imprévues, ou du renchérissement des matières premières ni des salaires. Elle convient bien pour des missions de brève durée, ou dont l'objet est très limité (une étude de faisabilité), ou peut-être pour une reconfiguration. Elle est complètement inadaptée pour déterminer le prix d'un projet important, se traduisant par l'intervention de nombreuses personnes et la livraison de fournitures. Une variante, plus rare

► NP, *D.* 1996. 50, note R. Blasselle ; *RTD civ.* 1995. 878, obs. J. Mestre : pour la cession de parts sociales d'une sté déjà privée de l'essentiel de son actif, ce qu'ignoraient les cessionnaires – TI Strasbourg, 24 juill. 2003, *D.* 2003. AJ 2343, obs. C. Manara : erreur matérielle d'étiquetage informatique lors de la vente d'un bien par internet ; nullité du contrat faute de consentement du vendeur.

1. Civ. 1re, 20 oct. 1981, n° 80-14.741, P I, n° 301 – Com. 30 nov. 1983, n° 82-12.045, P IV, n° 333 – Civ. 3e, 2 déc. 1992, n° 90-19.032, NP, *JCP N* 1993. II. 195, note L. Leveneur – Civ. 3e, 18 juill. 2001, n° 99-17.496, *Moutouma*, P III, n° 101 ; *D.* 2002. 680, note C. Castets et Somm. 930, obs. G. Paisant ; *LPA* 4 juin 2002, 17, note Y. Dagorne-Labbe ; *Defrénois* 2001. 1421, note E. Savaux – Civ. 1re, 20 févr. 2008, n° 06-19.977, P I, n° 56 ; *CCC* 2008, n° 150, obs. L. Leveneur ; *LPA* 20 oct. 2008, note S. Renaud : ADMETTANT la résolution du contrat pour vileté du prix, sans doute pour absence de cause – Com. 17 nov. 2009, n° 09-11.824, NP, *RJDA* 2010, n° 152 : ADMETTANT IMPLICITEMENT la possibilité d'une nullité pour vileté du prix, mais rejetant la demande en l'esp., car « *l'économie générale de la transaction trouvait sa cause dans les accords conclus entre les parties en 1996 rappelés dans le préambule de la société en participation, de sorte que la cession était causée par une contrepartie réelle* » – À PROPOS de la vente de terrains, mais sans préciser le fondement de l'annulation : Civ. 3e, 25 mai 2011, nos 10-14.875, 10-14.464, NP, *RJDA* 2012, n° 267 – DANS UN contrat de bail à construction : Civ. 3e, 21 sept. 2011, n° 10-21.900, P III, n° 152 ; *D.* 2011. 2711, note D. Mazeaud, CRIT. ; *JCP* 2011, n° 47, 1276, note J. Ghestin, APPROB. ; *Gaz. Pal.* 2011. 2, 1er nov., note D. Houtcieff, CRIT. ; *RDI* 2011. 623, obs. M. Poumarède ; *LPA* 6 déc. 2011, p. 15, note D. Sindres ; *LPA* 12 janv. 2012, n° 9, p. 8, note A.-S. Lucas-Puget ; *CCC* 2011, n° 252, obs. L. Leveneur ; *RDC* 2012. 47, note É. Savaux ; *RDC* 2012. 130, note J.-B. Seube.
2. Civ. 1re, 4 juill. 1995, n° 93-16.198, P I, n° 303 ; *D.* 1997. 206, note Luciani ; *RTD civ.* 1995. 881, obs. J. Mestre : vente valable alors qu'à la suite d'une erreur d'étiquetage, le prix affiché, et auquel le contrat fut conclu, était largement inférieur au prix réel – Civ. 3e, 11 mars 2003, n° 01-11.756, *Arcohnay (Cne)*, NP, *RJDA* 2003, n° 709 : le prix même modeste d'un terrain ne peut être considéré comme inexistant – Com. 23 oct. 2007, n° 06-13.979, P IV, n° 226 ; *D.* 2008. 954, note G. Chantepie ; *JCP E* 2008. 1281, note H. Lécuyer, CRIT. ; *CCC* 2008, n° 65, obs. L. Leveneur ; *RDC* 2008. 234, note T. Genicon : l'arrêt en tira la conséquence que la prescription était trentenaire ; SUR CET ARRÊT : P. Chauvel, « Absence de vileté de prix dans la vente et nullité du contrat », *Dr. et patr.* juin 2008, n° 171, p. 36 (depuis la loi n° 2008-561 du 17 juin 2008 la prescription de Droit commun n'est plus trentenaire mais quinquennale [C. civ., art. 2224]).
3. C. civ., art. 1677.
4. Civ. 3e, 16 déc. 1998, n° 97-11.541, P III, n° 256 ; *D.* 2000. 504, note M.-C. Cauchy-Psaume, 2e esp. *Gaz. Pal.* 1999. 2, Somm. 468, obs. D. Guével – Civ. 3e, 18 juill. 2001, n° 99-17.496, *Moutouma*, préc.
5. Civ. 1re, 3 mai 2000, n° 98-11.381, P I, n° 131 ; *D.* 2002. Somm. 928, obs. O. Tournafond ; *JCP* 2001. II. 10510, note C. Jamin ; *JCP E* 2001. 1578, note P. Chauvel ; *LPA* 6 juill. 2000, 5, note A.-M. L. ; 5 déc. 2000, 14, note B. Fromion-Hebrard ; *CCC* 2000, n° 140, obs. L. Leveneur ; *RTD civ.* 2000. 566, obs. J. Mestre et B. Fages : à propos de photographies réalisées par un artiste réputé (Baldus) – Civ. 3e, 17 janv. 2007, n° 06-10.442, P III, n° 5 ; *D.* 2007. 1051, note D. Mazeaud, CRIT., et note Ph. Stoffel-Munck, APPROB. ; *JCP E* 2007. 1444, note C. Jamin.
6. C. civ., art. 1136 ; mod. par ord. n° 2016-131, 10 févr. 2016, art. 2 – PEUT-ÊTRE L'ART. LE PLUS ÉLÉGANT de l'ord. 2016-131, 10 févr. 2016, selon T. Genicon, « La grammaire dans la réforme du droit des contrats », *RDC* 2016. 751, n° 10.

dans ce domaine, est le marché au *métré* où le règlement est effectué en appliquant un prix unitaire (fixé au contrat) par quantité de travaux réellement exécutés. Dans les deux cas, il est possible de tempérer l'automaticité de la clause, en prévoyant un plafond (tant d'euros) au prix total et définitif, ce qui revient à faire supporter les risques par l'ESN au-delà de la limite fixée.

B.
Au forfait simple

121.91 **Prix fixé définitivement.** Dans le contrat à forfait (*lump-sum contract*), le prix est donné *ne varietur* dès la conclusion du contrat[1], sous la réserve cependant, d'une clause permettant son évolution[2] (en effet, une clause de révision de prix, en raison de la modification des conditions économiques, ne porte pas atteinte à la fixité du prix, caractérisant le forfait[3]). Pour que cette méthode soit praticable, encore faut-il que l'objet et l'étendue de l'intervention de la société d'informatique aient été définis avec une grande précision[4]. Elle est souvent adoptée dans les contrats *clé en main*, dans la mesure où elle correspond assez bien à la globalisation de ces contrats.

121.92 **Risques de cette méthode.** Cette façon de déterminer le prix conduit à prendre des *risques* énormes lorsque le contrat comporte, non seulement la conception, mais encore l'exécution. L'*aléa* de l'exécution et de l'installation pèse sur le maître d'œuvre, ainsi que les *erreurs* qu'il a pu commettre dans l'évaluation de son forfait[5]. Il faut sans doute savoir refuser le prix forfaitaire, quand le marché porte sur l'étude et la réalisation d'une unité importante s'étalant sur une longue durée.

121.93 **Cas du bouleversement du contrat.** Toutefois, la jurisprudence française décide avec bon sens que le forfait saute lorsque le client prescrit, en cours d'exécution, des modifications importantes qui *bouleversent l'économie du contrat* ; cela, indépendamment de toute clause et même si, contrairement à la lettre de l'article 1793 du code civil (limité du reste aux contrats de construction d'un « bâtiment » avec le « propriétaire du sol »), les modifications n'ont pas été demandées par écrit[6]. Toutefois, aucun supplément de prix n'est exigible si le contrat prévoyait que les prestations supplémentaires donneraient lieu à un avenant[7] ou à un autre document, et que celui-ci n'a pas été rédigé[8]. Mais le paiement, sans contestation ni réserve de la part du client, du montant des « situations » incluant les prestations supplémentaires vaut acceptation sans équivoque des prestations non incluses dans le forfait et de leur coût, après leur achèvement[9].

Lorsque l'importance des travaux imprévus n'est pas telle qu'elle bouleverse l'économie du contrat et que, par ailleurs, ils sont nécessaires, ils ne justifient pas une augmentation du prix, à condition qu'ils aient été effectués sur ordre écrit du maître de l'ouvrage accepté par le maître d'œuvre[10]. La simple survenance de difficultés, imprévues par l'entrepreneur, ne permet pas à celui-ci d'obtenir un supplément de prix, sauf à remplir les conditions précitées[11]. De façon inédite, la Cour de cassation a admis que le maître de l'ouvrage pouvait demander une diminution du prix forfaitaire lorsque l'entrepreneur n'a pas exécuté le contrat de bonne foi[12].

1. EX. : Poitiers, 1re ch. civ., 25 nov. 2011, n° 10/00285, *IBM c/ MAIF, Expertises* 2012, p. 28 ; *RLDC* 2012/92, p. 57, obs. V. Fauchoux – SUR POURVOI : Com. 4 juin 2013, n° 12-13.002, NP, *D.* 2013. Pan. 2487, obs. C. Le Stanc ; *Expertises* 2013, p. 317 – SUR RENVOI : Bordeaux, 1re ch., sect. B, 29 janv. 2015, n° 13/05.939, *RLDI* 2015, n° 3713, note S. Staub ; *RDC* 2015. 871, note J. Huet.
2. V. *infra* ss nos 121.130 s.
3. Civ. 1re, 7 mars 1966, P I, n° 162 – Civ. 3e, 2 mars 1983, n° 80-16.870, P III, n° 64.
4. COMP. : Civ. 3e, 20 nov. 1991, n° 90-10.286, P III, n° 284 : à propos d'un contrat de construction, où la qualification de marché à forfait a été déniée, en raison du manque de précision des obligations de l'entrepreneur.
5. Civ. 3e, 18 mars 1974, n° 73-10.124, P III, n° 125 ; *D.* 1974. 436 : L'erreur ne permet pas de demander un supplément de prix ; et le fournisseur ne pourra pas invoquer l'enrichissement sans cause, l'enrichissement du maître de l'ouvrage ayant une cause, le contrat.
6. Civ. 3e, 12 mars 1997, n° 95-10.904, P III, n° 54 ; *RJDA* 1997, n° 640.
7. V. *supra* ss nos 115.23, 117.11.
8. Civ. 3e, 12 juin 2002, n° 01-00.710, P III, n° 135 ; *Defrénois* 2003. 318, obs. H. Périnet-Marquet ; *RDI* 2002. 391, obs. B. Boubli, 1re esp. – Poitiers, 1re ch. civ., 25 nov. 2011, RG n° 10/00285, *IBM c/MAIF*, préc. : des avenants ont été signés par le client, faisant sauter le forfait, à la suite de difficultés dans la réalisation d'un contrat d'intégration informatique (sur cette notion, v. *infra* ss n° 251.14) – SUR POURVOI : Com. 4 juin 2013, n° 12-13.002, préc., cassant l'arrêt faute d'avoir relevé la volonté des parties de remplacer le contrat initial par les avenants – SUR RENVOI : Bordeaux, 1re ch., sect. B, 29 janv. 2015, n° 13/05.939, *RLDI* 2015, n° 3713, note S. Staub ; *RDC* 2015. 871, note J. Huet, adoptant cette solution.
9. Civ. 3e, 29 mai 2013, n° 12-17.715, P III, n° 67, en matière immobilière.
10. Civ. 3e, 5 juin 1996, n° 94-16.902, *BBOI*, P III, n° 136 ; *RTD civ.* 1997. 446, obs. P.-Y. Gautier – Civ. 3e, 18 avr. 2019, n° 18-18.801, P, *CCC* 2019, n° 117, obs. L. Leveneur ; *AJ contrat* 2019. 304, obs. M. Lagelée-Heymann : « *en cas de marché à forfait, les travaux supplémentaires relèvent du forfait s'ils sont nécessaires à la réalisation de l'ouvrage* ».
11. Civ. 3e, 6 mai 1998, n° 96-12.738, *Gazost*, P III, n° 94 ; *D.* 1998. IR 148.
12. Civ. 3e, 2 mars 2005, n° 03-18.080, *Bonaud*, P III, n° 51 ; *RJDA* 2005, n° 687.

121.94 Possibilité d'une résiliation unilatérale du contrat. Dans les marchés à forfait[1] le maître peut résilier le contrat par sa simple volonté, l'ouvrage aurait-il été commencé, en dédommageant l'entrepreneur[2]. Cette disposition est une survivance du caractère *intuitu personæ* du contrat d'entreprise (au moins à forfait) : La rupture unilatérale est sans doute licite en raison de ce caractère.

La jurisprudence a toutefois tempéré l'absolutisme de ce droit unilatéral de résiliation de deux façons. Cette faculté est paralysée lorsque l'ouvrage est presque achevé[3], ou lorsque son inachèvement porterait atteinte à un droit supérieur, celui du droit moral d'un artiste[4].

C.
Au forfait perfectionné

121.101 Forfait combiné avec un *malus* et/ou un *bonus*. Dans la clause de prix au forfait perfectionné, un prix total de réalisation est fixé comme objectif et une rémunération forfaitaire est arrêtée ; mais, pour inciter la société d'informatique à la diligence, elle variera en moins (*malus*) ou en plus (*bonus*), en fonction des résultats par rapport à l'objectif initial, compte tenu d'une marge de tolérance fixée dans le contrat.

D.
En régie

121.111 Prix en deux parties. Le prix en régie[5], ou sur dépenses contrôlées (en anglais *cost plus fee*), se décompose en deux parties. D'une part, une *somme variable* couvrant le coût du temps consacré par les divers intervenants et les dépenses effectuées pour la réalisation du projet (fournitures diverses, location de matériels, transports...). D'autre part, une *somme forfaitaire* représentant tant la rémunération de l'entreprise de service du numérique (ESN) que la couverture de ses frais généraux. La méthode convient aux missions dont le contenu et l'étendue sont susceptibles d'évoluer en cours d'exécution. Elle est avantageuse pour la société d'informatique, à laquelle elle assure le remboursement intégral des dépenses qu'elle a effectivement engagées. Mais les maîtres d'ouvrage acceptent de moins en moins ce mode de détermination pour les grands contrats, car il présente à leurs yeux deux inconvénients majeurs : l'incertitude quant au coût définitif et l'absence d'incitation pour l'informaticien à limiter ses dépenses. Le prix en régie est parfois combiné avec le prix au forfait pour une partie des prestations ou fournitures.

E.
En pourcentage

121.121 Avec des taux dégressifs. La société d'informatique peut enfin recourir au paiement au pourcentage du montant des travaux, selon la pratique, habituelle en France, des architectes. Le pourcentage est fixé par les contractants, en se référant à des barèmes syndicaux, qui tiennent compte de l'importance et de la complexité de l'œuvre. Généralement, il y a plusieurs taux, dégressifs en fonction de tranches de travaux exprimées en euros.

§ 3
Évolution du prix

121.130 Plan – Diverses circonstances. Le contrat peut prévoir que le prix évoluera, même dans un marché à forfait. Il peut varier d'abord en fonction de sujétions nouvelles (A) ou de l'évolution du prix de revient (B). Il peut encore être révisé en fonction de la variation des taux de change (C). Enfin, il faut se souvenir du jeu des clauses de sauvegarde[6] et de celui des pénalités et primes dans le forfait perfectionné[7]. De plus, il y a lieu de distinguer la révision de l'*actualisation* du prix. Cette dernière permet de réajuster le prix d'origine d'un marché en raison du retard qui est intervenu dans sa réalisation, indépendamment d'une faute de l'ESN (le délai résulte, par exemple, des atermoiements dans l'obtention des crédits nécessaires).

A.
Révision du prix en fonction de sujétions nouvelles

121.141 En présence de modifications substantielles. Lorsqu'au cours de l'exécution du contrat, à quelque stade qu'il soit parvenu, le client demande des *modifications substantielles*, obligeant à reprendre les études au moins pour partie, ou impose des

1. M. Faure-Abbad, « Le *marché à forfait : une histoire des interprétations doctrinales de l'article 1794 du code civil* », dans *Mél. J. Beauchard*, LGDJ, 2013, 553.
2. C. civ., art. 1794.
3. Civ. 3e, 18 févr. 1976, n° 74-13.480, P III, n° 69.
4. Versailles, 8 juill. 1981, *Dubuffet, D.* 1982. IR 45, obs. C. Colombet ; SUR POURVOI : Civ. 1re, 16 mars 1983, n° 81-14.454, P I, n° 101 – SUR CETTE AFF. CÉLÈBRE : C. Bernault, A. Lucas et A. Lucas-Schloetter, *Traité de la propriété littéraire et artistique*, 5e éd., « Traités », LexisNexis, 2017, n° 520 ; F. Pollaud-Duliann, *Le droit d'auteur*, 2e éd., « Corpus », Economica, 2014, nos 810 s.
5. COMME DANS l'aff. ayant donné lieu à : Paris, 5e ch., 27 nov. 2019, RG n° 17/20350, *RDC* 2020/1. 33, obs. A. Danis-Fatôme.
6. V. *supra* ss nos 116.21 s.
7. V. *supra* ss n° 121.101.

prestations nouvelles (telle la fourniture d'un logiciel supplémentaire, ou pour des tâches imprévues), il est normal que le prix soit réévalué pour ces tâches inédites, en l'absence même du reste de toute clause, par un *avenant* au contrat initial[1].

Il faut toutefois que les dépenses nouvelles soient réellement le fait du maître de l'ouvrage, et ne résultent pas de négligences de l'homme de l'art.

B. Révision du prix en fonction de la variation des éléments du prix de revient

121.151 Pour rétablir ou maintenir l'équilibre initial. Les clauses de révision de prix sont monnaie courante, si l'on peut dire, dans les contrats d'affaires, singulièrement dans les contrats internationaux. Elles permettent l'évolution du prix en fonction de la variation du coût des divers éléments qui avaient été pris en compte pour le fixer à l'origine. Elles conduisent donc à rétablir ou à maintenir l'équilibre initial, en stricte justice commutative. Cependant, les clauses d'indexation (dites aussi d'échelle mobile) sont parfois prohibées, ou soumises à des conditions impératives, par certains pays (ainsi elles ne sont valables en France que si l'indice choisi a une relation directe, soit avec l'objet de la convention, soit avec l'activité de l'une des parties [C. mon. fin, art. L. 112-2[2], al. 1er][3] ; le rapport ne doit pas être trop lointain, c'est-à-dire que l'interprétation de l'art. L. 112-2, al. 1er, préc. est stricte[4]).

Depuis la réforme du droit des contrats, l'article 1167 du code civil prévoit que : « *Lorsque le prix ou tout autre élément du contrat doit être déterminé par référence à un indice qui n'existe pas ou a cessé d'exister ou d'être accessible, celui-ci est remplacé par l'indice qui s'en rapproche le plus* ».

1. Sur cette notion v. *supra* ss nos 115.23, 117.11.
2. C. mon. fin, art. L. 112-2 ; mod. par ord. no 2009-15, 8 janv. 2009, art. 6.
3. Civ. 1re, 29 mars 2017, no 16-13.050, P I, no 78 ; *RJDA* 2017, no 835 : en l'esp. « *la relation directe du taux de change, dont dépendait la révision du taux d'intérêt initialement stipulé, avec la qualité de banquier de la société X était suffisamment caractérisée [...] ; la cour d'appel en a déduit, à bon droit, que la clause litigieuse, fût-elle afférente à une opération purement interne, était licite* ».
4. NOT SUR L'INDEXATION : J.-M. Mousseron et autres, *Technique contractuelle*, 4e éd., F. Lefebvre, 2010, nos 468 s. – S. Regnault, « Les avatars de la clause d'indexation (I). Le droit classique de la clause d'indexation », *AJ contrat* 2018. Doctr. 118 ; « Les avatars de la clause d'indexation (II). Le nouveau droit de la clause d'indexation », *AJ contrat* 2018. Doctr. 166 – Par un arrêt de 2016, la C. de cass. a édicté le nouveau principe, détaché de tout fondement textuel, selon lequel le propre d'une clause d'échelle mobile est de faire varier le prix du contrat à la hausse et à la baisse, de sorte qu'est nulle une clause (figurant dans un bail), écartant toute réciprocité de variation, faussait le jeu normal de l'indexation : Civ. 3e, 14 janv. 2016, no 14-24.681, P III, no 7 ; *D.* 2016. 199, obs. Y. Rouquet ; *D.* 2016. 1613, obs. M.-P. Dumont-Lefrand ; *JCP N* 2016. 1120, note C. Denizot et G. Trautmann ; *RTD com.* 2016. 56, obs. J. Monéger.

C. Révision du prix en fonction de la variation des taux de change

121.161 Contre les modifications des parités entre monnaies. Les parties peuvent insérer dans leur contrat une clause de variation des taux de change, en vue de se prémunir contre le risque, si fréquent dans le monde contemporain, de modification de la parité de la monnaie (dévaluation ou réévaluation) entre la signature du contrat et le paiement, même s'il a disparu au sein de la zone euro. Il sera par exemple indiqué ceci : « *Si la parité officielle ou, à défaut de cours officiel, le cours effectif de change de la monnaie de paiement, venait à être modifiée (par rapport au taux de change de la date de signature du contrat), le prix des facturations ultérieures serait automatiquement rectifié dans le même pourcentage de hausse ou de baisse* ».

Les parties ont un second moyen pour se couvrir des risques de change, du moins dans un contrat comportant quelque élément international. Il consiste à fixer le prix du marché dans une devise forte, qui sera la monnaie de *compte*. Le paiement interviendra dans une autre monnaie, dite de *paiement* ; le montant de la somme à payer sera calculé en fonction du cours de celle-ci par rapport à la première, au jour du paiement effectif ou de la date contractuellement prévu : C'est une application du système de la dette de valeur. Mais existe-t-il vraiment aujourd'hui une devise échappant aux fluctuations, et pouvant servir d'étalon ?

§ 4 Contrôle du prix

121.171 Modération judiciaire en cas d'abus. Les tribunaux ont le pouvoir de contrôler *a posteriori* la fixation unilatérale du prix ou des honoraires des prestations du contrat d'entreprise[5]. Cependant, ce

5. Civ. 1re, 4 oct. 1989, no 87-19.193, P I, no 301 – Civ. 1re, 18 nov. 1997, no 95-21.161, *Bernheim*, P I, no 313 ; *Gaz. Pal.* 1998. 1. Pan. 20 : consultations par un expert-comptable : « *Il incombe au prestataire, en sa qualité de demandeur* [au paiement], *d'établir le montant de sa créance et, à cet effet, de fournir les éléments permettant de fixer ce montant et il appartient au juge d'apprécier celui-ci en fonction notamment de la qualité du travail fourni* » ; cet arrêt est bien rigoureux pour les prestataires de services en exigeant d'établir qu'ils ont effectué un travail de qualité ce qui, dans le domaine intellectuel, est d'une évaluation quasiment impossible.

contrôle de l'abus n'a lieu qu'en l'absence d'une détermination préalable du prix dans le contrat. La réforme du droit des contrats a élargi ce contrôle de l'abus, l'article 1165, alinéa 2, précisant (*in fine*) qu'en « *cas d'abus dans la fixation du prix, le juge peut être saisi d'une demande en dommages et intérêts et, le cas échéant, la résolution du contrat* » [1].

Auparavant, tant pour les professions libérales que dans le mandat, le juge disposait d'un pouvoir modérateur absolu [2], lui permettant de réviser le prix fixé unilatéralement. Le nouveau texte semble avoir supprimé cette possibilité. Toutefois, elle pourra subsister subrepticement par la voie de dommages et intérêts compensant l'excès du prix ce qui, somme toute, conduit à un résultat identique. Mais il sera sans doute aussi possible d'invoquer des articles relatifs à l'exécution du contrat, que ce soit l'article 1166 (en prouvant que la prestation n'était pas conforme aux attentes légitimes des parties), ou les articles 1217 et 1223 (prévoyant la réduction du prix en cas d'exécution imparfaite).

121.172 **Du contrôle judiciaire du prix.** Du rapprochement de l'ancien article L. 442-6, I, 2° [devenu L. 442-1, I, 2° (numérotation datant de l'ord. n° 2019-359 du 24 avr. 2019 [3])] et de l'ancien article L. 441-7 [devenu L. 441-3, II, 2° (numérotation datant de l'ord. 24 avr. 2019)] du code de commerce, la Cour de cassation déduisit en 2017, par un arrêt de principe : 1°) qu'il autorisait un « *contrôle judiciaire du prix* » [4]. Un contrôle généralisé de la lésion dans les rapports entre un fournisseur et un distributeur serait donc instauré, dès lors que le prix ne résulte pas d'une libre négociation et caractérise un déséquilibre significatif dans les droits et obligations des parties. Selon le Conseil constitutionnel, l'ancien article L. 442-6, I, 2° [devenu L. 442-1, I, 2°] est conforme à la Constitution, ne méconnaissant ni la présomption d'innocence, ni le principe d'égalité devant la loi, ni aucun autre droit ou liberté que la Constitution garantit [5]. 2°) Que ce contrôle de la contrepartie (substitut de la défunte cause) pourrait s'opérer « ligne à ligne » [6], ce que la loi n° 2008-776 du 4 août 2008 [7], dite LME, avait pourtant fait disparaître. Chaque « obligation du contrat » devrait avoir une contrepartie formellement énoncée, de façon que l'administration puisse la contrôler [8].

§ 5
Modalités du paiement

A.
Règlement

121.181 **Diverses formes de paiement.** La forme normale du paiement est le paiement au comptant, dans la monnaie de paiement choisie (qui peut être différente de la monnaie de compte [9]), au moyen de chèques, traites ou virements classiques ou *swift* (par ordinateurs), en prenant garde à la prompte exécution des ordres et aux dates de valeur. Mais, comme notamment dans les affaires internationales, le client bénéficie presque toujours d'un crédit, l'entreprise de service du numérique (ESN) aura alors tout intérêt à obtenir que le paiement soit effectué par ce qui est appelé un *crédit documentaire* ; pour elle il constitue une garantie, à condition qu'il soit *irrévocable*. C'est alors l'organisme financier prêteur (dite banque apéritrice) qui, au nom du client, prend l'engagement de payer directement le créancier, contre remise des documents contractuellement prévus, marquant l'état de l'avancement de l'exécution du marché.

Le *nec plus ultra* du crédit documentaire est celui qui est *irrévocable et confirmé* : il comporte non

1. L. Thibierge, « La "réforme de la réforme". Les effets du contrat », *AJ contrat* 2018. 266 – L. Leveneur, « La détermination du prix dans les contrats : une double approche », dans *Mél. B. Teyssié*, LexisNexis, 2019, p. 1057 s.
2. Ph. le Tourneau (dir.), *Droit de la responsabilité et des contrats...*, 12e éd., *op. cit.*, nos 3321.303 s.
3. Ord. n° 2019-359, 24 avr. 2019 portant refonte du titre IV du livre IV du C. de com. relatif à la transparence, aux pratiques restrictives de concurrence et aux autres pratiques prohibées, *JO* 25 avr., n° 16.
4. ARRÊT DE PRINCIPE : Com. 25 janv. 2017, n° 15-23.547, P IV, n° 13 ; *D.* 2017. 481, note F. Buy ; *AJ contrat* 2017. 133, obs. D. Ferré et R. Pihéry ; *JCP E* 2017. 1135, note S. Le Gac-Pech ; M. Behar-Touchais, « La prise de pouvoir du juge sur les négociations commerciales – À propos de l'arrêt Galec », *JCP* 2017. Doctr. 255, TRÈS CRITIQUE.
5. Cons. const. 30 nov. 2018, n° 2018-749 QPC, *Société Interdis et a., déséquilibre significatif dans les relations commerciales*, CONFORMITÉ, *JO* 1 déc. 2018, n° 83 ; *D.* 2019. 279, obs. M. Mekki ; *JCP G* 2018. 1346, note M. Behar-Touchais ; *AJ contrat* 2019. 29, obs. F. Buy ; *CCC* 2019, n° 23, obs. N. Matthey ; *RDC* 2019/1. 68, note M. Behar-Touchais *RTD civ.* 2019. 92, obs. H. Barbier ; X. Henry, « Le contrôle du prix par le juge fondé sur l'interdiction de la soumission à un déséquilibre significatif entre les parties : beaucoup de bruit pour rien ? », *RJDA* 2019. Chron. 503.
6. CONTRA antérieurement : le déséquilibre s'appréciait globalement et non clause par clause, au regard du contexte dans lequel le contrat est conclu et de l'économie générale de celui-ci : Com. 3 mars 2015, n° 13-27.525, P IV, n° 42 ; *D.* 2015. 1021, note F. Buy ; *CCC* 2015, n° 115, obs. N. Mathey ; *RDC* 2015. 523, note M. Behar-Touchais. – Com. 27 mai 2015, n° 14-11.387, P IV, n° 87 ; *AJCA* 2015. 379, obs. S. Bros – Com. 4 oct. 2016, n° 14-28.013, NP, *D.* 2017. Pan. 881, obs. D. Ferrier ; *JCP E* 2017. 1053, note S. Le Gac-Pech ; *RDC* 2017. 81, note M. Behar-Touchais.
7. L. n° 2008-776, 4 août 2008, de modernisation de l'économie, *JO* 5 août, p. 12471.
8. Sur le déséquilibre significatif v. *infra* ss n° 312.154.
9. V. *supra* ss n° 121.161.

seulement l'engagement de la banque émettrice (apéritrice) mais aussi celui de la banque du créancier (banque notificative et confirmative).

B.
Calendrier des règlements

121.191 Un acompte et le solde par paiements échelonnés. La société d'informatique exigera toujours le versement d'un *acompte* substantiel (par exemple 10 % de la rémunération) dès le début du contrat. De plus, étant donné l'importance des sommes en jeu et lorsque la durée d'exécution de ces contrats est longue, il est généralement prévu des *paiements échelonnés* au cours de l'exécution. Ces règlements partiels interviennent à l'issue de chaque phase de la mission ou à des dates fixes prédéterminées.

Dans cet esprit, il peut être stipulé ceci : « *L'ESN présentera mensuellement une demande de paiement fondée sur l'état d'avancement des travaux. Les rémunérations rétribuant chaque fraction de sa mission seront dues dès que la fraction correspondante est achevée* ». Ou bien la clause suivante, plus élaborée : « *5 % du marché seront payés trente jours après l'entrée en vigueur du contrat ; 10 % trente jours après réception de l'avant-projet prévu à l'article... ; 25 % trente jours après réception des études et plans nécessaires à la réalisation de l'installation, conformément à l'article... ; 20 % trente jours après réception des études et plans définitifs de l'installation prévue à l'article... ; 30 % trente jours après la réception du procès-verbal de réception provisoire de l'installation prévue à l'article... ; le solde, soit 10 %, trente jours après la signature du procès-verbal de réception définitive de l'installation prévue à l'article...* ».

Lorsque le prix n'est pas fixé forfaitairement mais sur devis, en régie ou en pourcentage[1], les paiements partiels peuvent être effectués sur une estimation provisoire, étant entendu que la rectification sera opérée dès que les chiffres définitifs seront connus.

§ 6
Garanties et sûretés du paiement

121.201 Contre les risques. La société d'informatique court assurément des risques importants dans les grands contrats. Plusieurs sortes de garanties et d'assurances permettent d'en limiter les inconvénients. Le maître de l'ouvrage court moins de risques financiers (il craint surtout l'inexécution, la mauvaise exécution ou le retard). Néanmoins, il peut exiger une *caution de restitution d'acompte*, lui garantissant le remboursement des acomptes versés à l'ESN lorsque celle-ci jette l'éponge et qu'elle est hors d'état de restituer les sommes en cause (se trouvant en cessation de paiement). Et quant à l'exécution, le maître de l'ouvrage bénéficie éventuellement de la caution de « bonne fin » ou de « bonne exécution », qui lui permet de faire achever ou modifier le projet par un tiers, ou de remédier aux défauts constatés, en cas de défaillance de la société d'informatique.

1. V. *supra* s[s] n° 121.71.

CHAPITRE

122. Obligations de la société de service du numérique

SECTION 0
ORIENTEUR

122.00 Sommaire du chapitre.

Division. L'entreprise de service du numérique (ESN, anc. SSII ou SSLL), ou l'ingénieur-conseil (que nous appelons aussi le concepteur), doit fournir certaines prestations à sa cliente (sect. 1). Leur inexécution, mauvaise exécution ou exécution tardive, constitue des défaillances contractuelles (sect. 2). L'investigation se limite aux contrats de Droit privé, délaissant ceux qui relèvent du droit public (bien que les ressemblances entre les deux soient nombreuses).

SECTION 1
PRESTATIONS DE LA SOCIÉTÉ DE SERVICE DU NUMÉRIQUE

122.10 Plan et élimination. Le principal travail de la société d'informatique est la conception (§ 1) ; mais il est assorti de tâches annexes (§ 2). Nous ne traiterons pas de l'hypothèse où l'ESN n'a pour seule mission que de conseiller son partenaire ; celui-ci conçoit lui-même son système, ou procède personnellement à une reconfiguration, mais demande son avis au spécialiste sur tel ou tel choix technique.

122.11 Bibliographie. Ouvrage. É. Vergès (dir.), *Contrats sur la recherche et l'innovation*, Dalloz, 2018.

Article. G. Cordier, « Le contrat d'étude préalable aux opérations informatiques », *CCÉ* 2009. Fiche prat. 1.

§ 1
Tâche principale : la conception

122.20 Plan – Diverses phases. L'entreprise de service du numérique (ESN) ou l'ingénieur-conseil (le concepteur) doivent concevoir une installation informatique ou sa reconfiguration. De même que l'élaboration du contrat définitif a été marquée par toute une série d'étapes[1], la conception du projet connaît elle-même plusieurs phases. *Grosso modo*, il y a lieu de distinguer les études préliminaires (A), l'établissement de l'avant-projet (B) puis celui du projet définitif (C), qui précède la réalisation[2]. Parfois, une étape est brûlée : Les études préalables et l'avant-projet ne font qu'un, voire sont tous superflus, le maître de l'ouvrage les possédant déjà, en ayant passé commande à un ou plusieurs bureaux d'études indépendants[3]. Normalement, l'étude, à quelque stade qu'elle intervienne, appartient à son auteur en tant qu'œuvre

1. V. *supra* s^{s} n°s 11.03 s.
2. Sur laquelle v. *infra* le livre 2, s^{s} n°s 2.00 s.
3. POUR UN EX. DE CONTRAT d'étude préalable : X. Linant de Bellefonds et A. Hollande, *Pratique du droit de l'informatique*, 5e éd., « Encyclopédie Delmas », Dalloz, 2008, n° 302.

intellectuelle ; il est souhaitable de prévoir la cession de ces droits, en la subordonnant à leur paiement effectif.

122.21 **Projet standard.** Une bonne partie du labeur *sur mesure* qui va être dépeint disparaît lorsque l'ESN peut proposer un *projet standard*, particulièrement un programme standard, dit alors *progiciel*. En effet, certaines entreprises disposent de stocks de tels projets, constituant une part importante de leur capital, qui ont été établis lors d'affaires antérieures, ayant abouti ou non. C'est un véritable vivier dans lequel il leur est loisible de puiser, en fonction de la demande, un projet *ad hoc*, correspondant à peu près aux besoins d'une offre ou d'un appel d'offres. Il suffira de procéder à des ajustements, comme dans le *prêt-à-porter*, par les démarches appelées « par référence » ou « par la solution ». Ce système est beaucoup plus *économique*, non seulement pour la société d'informatique, mais aussi pour le maître de l'ouvrage. À cela s'ajoute le *gain de temps* qu'il procure, sa plus grande *fiabilité*, puisqu'il est probablement déjà en application ailleurs (où il est possible d'aller constater son fonctionnement). Dès lors, des garanties non illusoires de prix, de délai et de rendement pourront être données.

Toutefois, cette méthode n'est possible que pour des installations *d'importance limitée*, à l'exclusion de l'informatisation de grosses entreprises, dont le caractère répétitif est quasiment nul.

A. Études préliminaires

122.31 **Phase préliminaire.** Le contrat d'informatisation (ou de modification de l'installation existante) prévoit généralement une phase préliminaire d'étude, d'une durée déterminée ou non, toujours à titre onéreux (même si la rémunération n'a pas été spécifiée[1]), permettant d'aboutir à une définition sommaire du projet, à *l'identifier* dit-on dans les affaires, avec l'indication des coûts prévisionnels, les objectifs, les diverses options possibles... Certes, elles augmentent sensiblement le *coût global* de l'investissement mais, évitant des déboires ultérieurs qui suivent inéluctablement des études lacunaires ou superficielles, comme la nuée porte l'orage, elles constituent en réalité une économie pour chacune des parties. Le contrat doit soigneusement indiquer les tâches qui incombent à la société d'informatique et celles dont le client se charge ou qu'il confiera à des bureaux d'études spécialisés.

Par exception, les études préliminaires n'interviennent pas à ce moment, car elles ont déjà eu lieu, avant la signature du contrat, au cours des négociations, ou avant même leur ouverture, que ce soit par l'ESN signataire du contrat ou par un bureau d'études (ayant répondu à un appel d'offres, mais à l'issue de laquelle il n'a pas été retenu, ou auquel s'était adressé le futur maître de l'ouvrage).

122.32 **Une équipe avec un chef de projet.** La variété des fonctions suppose l'existence d'une *équipe pluridisciplinaire*, ayant l'habitude de travailler ensemble. Elle est placée sous l'autorité d'un *directeur (ou chef) de projet*, qui doit être doté du sens de l'animation d'une équipe et de l'esprit de synthèse[2]. Il est généralement prévu par une clause contractuelle, d'une part que le prestataire portera à la connaissance de son partenaire la composition initiale de l'équipe et ses modifications ultérieures. D'autre part, que la désignation du directeur (ou chef) de projet sera soumise à l'agrément du client, qui disposera de tant de jours ouvrables pour l'accepter ou le récuser.

B. Établissement de l'avant-projet

122.41 **Analyse fonctionnelle globale.** Les études préliminaires ont été menées à bien ; les résultats et conclusions qui en ont été tirés par la société d'informatique ont été approuvés par le client. Dès lors la gestation se poursuit par l'établissement de l'avant-projet. Sa nature n'est pas l'originalité mais, d'une part, *l'approfondissement et le développement* des études préliminaires ; d'autre part et surtout, la *synthèse* des éléments disparates sous forme cette fois d'un *ensemble* cohérent, l'avant-projet, succédant aux études parcellaires. Le projet a été identifié : II s'agit maintenant de le *définir*, en établissant un *plan informatique*. La société d'informatique va pousser plus avant son travail. Les documents qui recueillent le fruit des études sont plus détaillés et précis, surtout quant aux aspects techniques. Les installations, principaux matériels, logiciels, progiciels et procédés susceptibles d'être mis en œuvre, décrits avec plus de précisions qu'auparavant, avec leurs caractéristiques ; des devis estimatifs établis ainsi qu'un calendrier prévisionnel. Au fond,

1. COMP. : Civ. 3e, 24 sept. 2003, no 02-13.601, NP, *RDC* 2004. 368, obs. A. Bénabent.

2. A. Fernandez, *Le chef de projet efficace*, Éd. d'Organisation, 2005 – H.-P. Maders et E. Clet, *Comment manager un projet*, Éd. d'Organisation, 2004 – T. des Lauriers, *Manager un projet : Définir, concevoir, piloter*, « Basic », Eyrolles, 2016 – O. Englender et S. Fernandes, *Manager un projet informatique : Comprendre pour faire les bons choix tout au long du projet*, « Gestion de projets », Eyrolles, 2017 – Paris, 25e ch. A, 28 mai 2008, *Lenôtre c/Cilaos, Expertises* 2008, p. 313.

l'entreprise d'informatique se livre à une *analyse fonctionnelle globale*.

122.42 Éléments de l'analyse fonctionnelle globale. Les aspects suivants, de pure technique, doivent impérativement être décrits : *les modes de saisie de l'information* (nature des supports, caractéristiques physiques et logiques, volumes d'information, périodes d'utilisation) ; *les modes de mise à jour et de consultation* (fréquence des mises à jour, taux de consultation, personnes habilitées) ; *les modes de stockage ou de conservation* des données ; *les modes de traitement* de l'information (interconnexion et croisement des fichiers, entrées et sorties...) ; enfin *les modes de transmission* de l'information (nature et longueur des informations transmises, rapidité de transmission...).

122.43 Décision du maître de l'ouvrage projeté. La finalité de l'avant-projet est de permettre au maître de l'ouvrage projeté d'arrêter sa décision en *connaissance de cause*, en ayant à sa disposition une étude globale, envisageant tous les aspects du projet. Il bénéficie d'une vue précise des mérites respectifs des options proposées. Parfois, son choix est élargi par la proposition de deux avant-projets émanant de sociétés concurrentes. La décision est facilitée lorsqu'il existe la possibilité de visiter quelque installation comparable qui a été conçue (et éventuellement réalisée) par l'auteur de l'avant-projet.

Arrive le temps du *dénouement* : l'approbation (ou le rejet) de l'avant-projet, en choisissant éventuellement certaines des variantes proposées, le cas échéant sous la condition d'en modifier quelques éléments. Cet instant est capital dans le déroulement des opérations. Souvent, le contrat définitif n'est conclu avec l'entreprise de service du numérique (ESN) qu'à ce moment[1]. En effet, soit jusqu'alors les relations relevaient de la fugacité des contrats préparatoires[2] ; ou bien d'autres sociétés avaient été chargées de ces étapes (différentes de celle qui a été retenue pour la mise au point du projet définitif).

C.
Établissement du projet définitif

122.51 Analyse fonctionnelle. Lorsque l'avant-projet a été avalisé par le client, la société d'informatique met au point l'avant-projet, sur tous ses aspects, en tenant compte des essais et études effectués, pour aboutir au projet définitif. Voici la séquence de *l'analyse fonctionnelle détaillée*. De l'ensemble et des plans d'ensemble le concepteur descend aux sous-ensembles (des applications) et aux plans parcellaires, aux plans d'exécution. Les singularités et spécificités de chaque appareil, logiciel et progiciel sont précisées. Tous les traitements de l'information pris en charge sont indiqués (les états de sortie, les entrées, les temps de réponse, les fichiers, les postes de travail, les procédures de contrôle...). Des manuels de montage, d'exploitation et de maintenance, fort volumineux et nombreux pour un projet d'envergure, sont rédigés et publiés par CAO, DAO et PAO (respectivement conception, dessin et production assistés par ordinateur). Les devis sont établis ainsi qu'un calendrier précis des travaux, des commandes, des livraisons, des montages, des essais, tout en sachant bien que, s'il s'agit d'une installation importante, il risque de ne pas être respecté.

122.52 Analyse organique. L'analyse fonctionnelle détaillée est complétée, pour ce qui regarde les logiciels, par ce qu'il est convenu d'appeler une *analyse organique*, permettant d'établir la structure des programmes correspondant aux données de l'analyse fonctionnelle.

122.53 Sous-séquence relative aux procédés et savoir-faire. La sous-séquence relative aux procédés et savoir-faire (éléments du capital intellectuel[3]), comporte deux hypothèses principales :

1° les procédés ou savoir-faire nécessaires n'existent pas ou doivent être modifiés. Il convient de les élaborer ou de les transformer. Cela est fréquent quant aux logiciels spécifiques. Dans ce cas, le contrat d'informatisation comprend un *contrat de recherche*[4], soit avec l'ESN soit avec un tiers[5], qui est un contrat d'entreprise[6]. Une fois le résultat obtenu, la situation est la même que dans la deuxième hypothèse que voici.

1. V. *supra* s[s] n° 115.11.
2. V. *supra* s[s] n°s 114.00 s.

3. N. Binctin, *Le capital intellectuel*, préf. G. Bonnet et M. Germain, Litec, 2007.
4. POUR UNE ÉTUDE DÉTAILLÉE de ce contrat avec des modèles de clauses en français et en anglais : É. Vergès (dir.), *Contrats sur la recherche et l'innovation, op. cit.*, n°s 131.00 s.
5. COMP. : Paris, 27 mai 1993, *PIBD* 1993. III. 581 : contrat d'entreprise ayant pour objet l'étude et la mise au point d'une machine – Paris, 3 oct. 2002, *Iso Informatique, Legalis.net* 2003/2, p. 167 : « *accord de coopération en vue du développement en commun d'un module de compression d'image* » ; résiliation unilatérale fautive par l'une des parties – SUR LE CONTRAT d'étude : Ph. le Tourneau, *L'ingénierie, les transferts de technologie et de maîtrise industrielle*, 2e éd., « Droit & Professionnels », LexisNexis, 2016, n°s 77 s. – La Commission européenne a adopté le 14 décembre 2010 un règlement d'exemption n° 1217/2010, relatif à l'application de l'article 101, § 3, du TFUE à certaines catégories d'accords de recherche et de développement (*JOUE* L 335, 18 déc. 2010, p. 36).
6. N. Bronzo, *Propriété intellectuelle et valorisation des recherches dans la recherche publique*, préf. D. Velardocchio, PUAM, 2015, n° 526.

2° Les procédés ou les savoir-faire nécessaires existent. Premier cas, celui du *savoir-faire non breveté* : Son titulaire, l'ESN ou un tiers, le communiquera au maître de l'ouvrage, par un contrat d'enseignement (juridiquement d'entreprise), mais qui, dans le cas d'un logiciel, est réduit à sa plus simple expression (la transmission du logiciel, comportant les instructions relatives à son bon emploi). Second cas, un procédé utilisé dans l'ensemble informatique projeté est breveté : trois situations sont possibles. Soit *la société d'informatique n'a aucun droit sur le brevet* : Elle négociera une concession de licence avec son titulaire. Soit encore *la société d'informatique est licenciée* : Elle concédera une sous-licence dans les limites de son contrat. Soit, enfin, *la société d'informatique est titulaire du titre* : Elle accordera une licence à son client. Dans toutes les variantes, il convient de prévoir le sort des perfectionnements. Souvent, le contrat de licence (ou de sous-licence) de brevet est assorti d'une communication de savoir-faire portant sur lui.

§ 2
Tâches annexes

122.60 **Plan – Tâches de deux sortes.** La mission de l'entreprise de service du numérique (ESN) peut dépasser la conception telle que dépeinte, quelque vaste qu'elle puisse apparaître déjà. Elle peut comporter des tâches annexes, accessoires en quelque sorte, à condition de ne pas les voir comme mineures. Elles sont souvent importantes. Il en est de deux sortes : les études particulières (A) et les interventions dans l'exécution (B).

A.
Études particulières

122.71 **Grande variété.** Les premières études annexes qui peuvent avoir été confiées à la société d'informatique, conceptrice du projet dans son ensemble, sont des investigations particulières, qui relèvent normalement de la compétence de bureaux d'études spécialisés. En voici quelques exemples indicatifs (non limitatifs) : la négociation d'une licence de brevet[1] (ou/et de marque) ou la mise au point d'un procédé (par un contrat annexe de recherche[2]) ; le calcul des coûts ou de la rentabilité ; la détermination de l'évolution prévisible de ces éléments ; les études de marché ; l'élaboration d'un plan de financement. Le concepteur a pu encore accepter de prévoir toute l'organisation de l'entreprise (ce qui implique une étude de management, de dresser un organigramme avec la définition des postes, un plan comptable, l'organisation de la comptabilité, du service des achats, d'entretien, la procédure de remplacement des pièces détériorées ou usées...). C'est là de *l'ingénierie d'organisation* ou de reconfiguration (*reengineering* ; nous avons eu connaissance d'une entreprise qui n'arrivait plus à maîtriser son système, comportant plus de 100 000 programmes ; après reconfiguration, ce chiffre descendit à 55 000 ; à propos d'une reconfiguration, il convient de prévoir une gestion prévisionnelle des risques, permettant de mesurer leurs conséquences et les solutions de contournement envisageables[3]).

En somme, le champ des études particulières est illimité : Tout ce que les parties auront convenu de ce chef pour des prestations qui, normalement, se situent en *amont* ou en *aval* d'une mission stricte d'informatisation. L'ESN qui a ainsi accepté certaines des missions qui viennent d'être énumérées peut évidemment les sous-traiter partiellement ou en totalité.

B.
Intervention dans l'exécution

122.81 **Interventions relevant de l'assistance technique.** D'autres tâches annexes éventuellement acceptées par le concepteur participent déjà de l'exécution, même si elles ne vont pas jusqu'à la réalisation du projet[4]. Ces prestations s'apparentent à une *assistance technique* fournie par l'entreprise du service du numérique (ESN)[5]. Nous en donnons ici un échantillon ; mais il est rare que le concepteur reçoive une mission les englobant toutes, sauf dans les contrats clé en main[6]. Sous la réserve de cette observation, l'ESN préparera, le cas échéant, les documents pour les appels d'offres (cahiers des charges, plans, schémas, croquis et mémoires justificatifs). Elle lancera ceux-ci, examinera les soumissions et leur conformité aux spécifications, conseillera le maître de l'ouvrage dans le choix des divers

1. SUR CELLE-CI : É. Vergès (dir.), *Contrats sur la recherche et l'innovation, op. cit.*, n°s 143.00 s.
2. V. *supra* s^s^ n° 122.53.
3. Poitiers, 1re ch. civ., 25 nov. 2011, RG n° 10/00285, *IBM c/ MAIF, Expertises* 2012, p. 28 ; *RLDC* 2012/92, p. 57, obs. V. Fauchoux : le client reprochait au prestataire de services une défaillance à cet égard – SUR POURVOI : Com. 4 juin 2013, n° 12-13.002, NP, *D.* 2013. Pan. 2487, obs. C. Le Stanc ; *Expertises* 2013, p. 317 – SUR RENVOI : Bordeaux, 1re ch., sect. B, 29 janv. 2015, n° 13/05.939, *RLDI* 2015, n° 3713, note S. Staub ; *RDC* 2015. 871, note J. Huet.
4. V. *infra* livre 2, s^s^ n°s 2.00 s.
5. EX. : Paris, 30 sept. 2004, *Atac c/SAP, Expertises* 2005, p. 113, dans cette aff., il existait une convention d'assistance à la mise en œuvre du projet – Paris, 25e ch. B, 18 avr. 2008, *Axialog c/Christophe, JurisData* 364072 : contrat d'assistance technique, nécessitée par les difficultés de compatibilité entre deux systèmes informatiques.
6. V. *infra* s^s^ n°s 252.05 s.

soumissionnaires. Elle rédigera les commandes des logiciels à créer et des appareils à obtenir (mais les contrats seront signés par le maître de l'ouvrage : sauf clause particulière, la société d'informatique n'est pas un mandataire), diligentera les relances en cas d'impéritie des fournisseurs.

Enfin, le concepteur assistera le maître de l'ouvrage dans le contrôle de la fabrication des appareils spécifiques ainsi que dans la surveillance des travaux, dans le respect du calendrier prévu, dans le déroulement des essais et dans les réceptions. À l'extrême, voici une société d'informatique chargée de diriger elle-même le chantier, d'assurer le montage des appareils et l'installation des logiciels, d'être réellement et complètement maître d'œuvre, au sens habituel de cette expression dans le Droit de la construction. Il s'opère ainsi un passage insensible des *prestations de services* dans l'exécution aux *prestations matérielles*. Mais, alors, son rôle cesse complètement de pouvoir être rattaché à la conception : Elle fait plus que participer à la réalisation, elle exécute celle-ci.

SECTION 2
RÉGIME DE LA DÉFAILLANCE CONTRACTUELLE DE L'ENTREPRISE DE SERVICE DU NUMÉRIQUE (ESN)

122.90 **Plan.** Le régime juridique de l'éventuelle défaillance contractuelle de l'entreprise de service du numérique (ESN) ou de l'ingénieur-conseil (le concepteur) dépend de la qualification du contrat d'informatisation. Quelle est-elle ? Telle est la première question à envisager, comme un préalable indispensable (§ 1). Quelles sont les diverses circonstances engageant la responsabilité du concepteur ? C'est le deuxième point (§ 2). Enfin, quels sont ses moyens d'exonération ? Voici la dernière question (§ 3).

§ 1
Détermination préalable : nature juridique du contrat d'informatisation

122.101 **Contrat d'entreprise.** Nous traitons ici du contrat global d'informatisation, excluant les contrats parcellaires, comme la fourniture de matériel, comme une unité centrale (processeur) ou d'un logiciel, dont nous reparlerons plus loin[1].

Les articles 1779, 3°, et 1792-1, 1°, du code civil, assimilent aux « entrepreneurs » les « techniciens ». Ce mot, vague au possible, convient parfaitement aux informaticiens, travaillant dans les sociétés d'informatique et à celles-ci (les ESN). Dès lors, il convient de poser comme principe, d'une façon générale, que les sociétés d'informatique sont liées par un contrat d'entreprise avec leurs clients. Par le contrat d'entreprise quelqu'un s'engage contre une rémunération à exécuter un travail matériel ou intellectuel pour autrui (obligation de faire), de façon indépendante et sans le représenter. L'obligation de l'entrepreneur porte sur une *activité* à déployer pour le client (maître de l'ouvrage), alors que le contrat de la vente se traduit par une obligation de livrer. Le travail est effectué de façon *indépendante* (contrairement au contrat de travail). Il n'y a *pas de représentation*, ce qui distingue l'entreprise des mandats parfaits ; et il s'oppose à tous les mandats, parfaits, conditionnels (le prête-nom et la « déclaration de command ») ou incomplets (la commission), en ce qu'il porte sur l'accomplissement d'une tâche matérielle ou intellectuelle, alors que le mandat porte, à titre principal, sur l'accomplissement d'un acte juridique[2].

122.102 **La difficulté lorsque le contrat porte sur un ensemble.** Toutefois, la qualification d'entreprise semble inadéquate lorsque le contrat d'informatisation porte sur un projet de quelque ampleur, comportant des tâches très diversifiées et qui dépassent largement les activités intellectuelles, se prolongeant par la construction, le montage, la mise en route, la fourniture de procédés et d'équipements. Il en va particulièrement de la sorte dans le contrat *clé en main*[3].

Il paraît inconvenant de réunir cet ensemble d'obligations disparates sous l'appellation classique d'entreprise, pour accueillante qu'elle soit. Aussi est-il probablement préférable de retenir, dans ces hypothèses, la qualification passe-partout (et qui est souvent une coquille vide) de contrat *sui generis*. La jurisprudence a largement adopté ce parti en matière informatique, où elle considère que la fourniture d'un ensemble, dit le plus souvent *système informatique*, entraîne une qualification globale lorsque telle apparaît avoir été la volonté des parties, ou lorsqu'une indivisibilité de fait existe entre les divers éléments de l'ensemble[4].

§ 2
Circonstances constituant des défaillances contractuelles de l'entreprise de service du numérique (ESN)

122.110 **Plan – Dualité.** Diverses circonstances constituant des défaillances contractuelles de l'entreprise de service

1. Sur la vente de matériel v. *infra* s^s n°s 212.00 s., 213.00 s., 214.00 s. – Sur le contrat sur un logiciel v. *infra* s^s n°s 222.00 s., 223.00 s., 231.00 s., 232.00 s.

2. NOT. : Ph. le Tourneau (dir.), *Droit de la responsabilité et des contrats...*, 12e éd., *op. cit.*, n°s 3321.21 s. ; sur les mandats conditionnels et imparfaits, n°s 3321.40 s.
3. V. *infra* s^s n°s 252.05 s.
4. V. *supra* s^s n°s 013.12 s. et v. *infra* s^s n° 251.12.

du numérique (ESN) engagent sa responsabilité selon le vocabulaire plus habituel. Certaines découlent du Droit commun (A), tandis que d'autres résultent du droit particulier (B), c'est-à-dire des garanties spécialement prévues par les parties.

A. De Droit commun

122.121 Tous les manquements aux obligations contractuelles. Les actes constituant des défaillances contractuelles du concepteur sont tout manquement à ses obligations, explicites ou implicites (au titre des *suites* du contrat que leur donnent l'équité, l'usage [1] ou la loi, d'après l'art. 1194 du C. civ., issu de la réforme du droit des contrats, reprenant en la modifiant la formule de l'anc. art. 1135 [2]). Un grief fréquent est d'avoir manqué au devoir d'information, de conseil ou de mise en garde [3]. Le manquement peut encore tenir à une méprise dans la conception d'un élément de l'ensemble [4] ; ou dans la coordination de celui-ci. Les divers intervenants dans l'œuvre commune sont responsables de leurs fautes prouvées dans l'*évaluation* des travaux ; dans leur *conception* ; ou dans le *respect des dispositions réglementaires et légales*.

122.122 Normes techniques et règles de l'art. Les normes techniques permettent de déterminer ou de préciser la tâche du prestataire. Il est commode de s'y référer dans le contrat ; dans ce cas, leur irrespect constituera une défaillance contractuelle ; il en va de même lorsqu'une norme est imposée par une loi ou par un règlement. À défaut d'une stipulation particulière ou d'une obligation légale, l'irrespect d'une norme technique ne saurait constituer une défaillance contractuelle. Pour autant, il ne saurait être suppléé à cette absence par l'invocation des règles de l'art [5]. En effet, ces dernières caractérisent les bonnes méthodes et pratiques, de sorte qu'elles permettent seulement d'évaluer la qualité dans l'exécution de la mission, et non point de déterminer celle-ci [6]. Cependant, n'exonère pas automatiquement le professionnel le fait qu'il ait exécuté ses obligations conformément aux règles de l'art ou en respectant les normes techniques [7].

122.123 De la nécessité d'appeler des spécialistes. Tout professionnel se doit de faire appel aux spécialistes dont la présence s'avère nécessaire, en raison de quelque difficulté particulière, ou parce que telle ou telle question n'est pas de sa compétence. Nul n'est universel, aujourd'hui moins que jamais, où les disciplines se sont fractionnées, au fur et à mesure que les techniques devenaient plus pointues. Hélas, il n'est plus de Pic de la Mirandole ! Aussi, la jurisprudence retient comme une défaillance le fait de ne pas avoir sollicité l'intervention d'un tiers, qui aurait permis d'éviter une erreur de conception ou de réalisation [8].

122.124 Transmission de connaissances. Un contrat d'informatisation comporte souvent une transmission de connaissances. Lorsqu'elles ne sont pas couvertes par un brevet, qu'elles ressortent du savoir-faire, l'informaticien est quitte lorsqu'il a transmis loyalement et complètement le savoir-faire en sa possession et ses perfectionnements ultérieurs. En effet, si l'obligation de transmettre le savoir-faire, selon les modalités contractuelles prévues, est de résultat, l'obligation n'est que de moyens pour le surplus. Le sachant ne garantit pas, en l'espèce, l'efficacité de la transmission et, *a fortiori*, de l'application du savoir-faire par le client, sauf clause particulière. S'il délivre un brevet, il est tenu par la garantie contre les vices cachés (vices matériels et vices juridiques) mais, ici encore, il ne promet pas, en règle générale, un résultat précis ni la valeur industrielle ou commerciale de l'invention, sauf clause expresse en ce sens.

1. Pouvant servir à créer une obligation contractuelle : P. Mousseron (dir.), *Les usages : l'autre droit de l'entreprise*, LexisNexis, 2014, n°s 267 s.
2. POUR UNE VUE RENOUVELÉE SUR CE TEXTE : Ph. Jacques, *Regards sur l'article 1135 du code civil*, préf. F. Chabas, Dalloz, 2005, démontrant qu'il est une règle d'appréciation du contenu des accords de volontés ; les effets « complétifs » attachés à cet article sont inexprimés, complémentaires et accessoires – *ADDE* A. Etienney de Sainte-Marie, « L'"interprétation créatrice" : l'interprétation et la détermination du contenu du contrat », *RDC* 2015. 166.
3. DONT il a été déjà traité, v. *supra* s^s n°s 014.00 s.
4. Com. 4 févr. 1997, n° 94-17.440, *Longamo*, NP, *RJDA* 1997, n° 639 : à propos d'un contrat d'étude et d'organisation en vue de la réalisation d'un système informatique, à réaliser par un tiers ; le système s'était révélé complètement inadapté aux nécessités économiques.
5. COMP. dans le domaine de la construction : Civ. 3e, 1er déc. 2010, n° 09-15.282, P III, n° 209 ; *RDI* 2011. 169, obs. Ph. Malinvaud ; *RDC* 2011. 845, note O. Deshayes.
6. SURTOUT SUR LA DISTINCTION des normes techniques et des règles de l'art : A. Penneau, *Règles de l'art et normes techniques*, préf. G. Viney, « BDPr », LGDJ, 1989 – SUR LES RÈGLES DE L'ART comme utilisation juridique de la pratique : P. Deumier, *Le Droit spontané. Contribution à l'étude des sources du droit*, préf. J.-M. Jacquet, Economica, 2002, n°s 105 s.
7. DANS LE DOMAINE de la construction : Cass., ass. plén., 27 oct. 2006, n° 05-19.408, P, n° 12 ; *Gaz. Pal.* 2006. 2, p. 3906, avis F. Cavarroc ; *RDC* 2007. 410, note P. Puig, CRIT. ; *RDI* 2006. 502, obs. Ph. Malinvaud ; *RDI* 2007. 89, obs. O. Tournafond ; *D.* 2007. 1901, note Ph. Delebecque.
8. Paris, pôle 5, ch. 11, 16 oct. 2015, RG n° 13/06759, *CCÉ* 2015, n° 98, obs. G. Loiseau, à propos d'un site internet – COMP. EN MATIÈRE immobilière : Civ. 3e, 5 avr. 1995, n° 93-12.511, *Beal*, *Gaz. Pal.* 1995. 2. Pan. 225 et 228 [moyen non reproduit sur *Legifrance* ni dans le P III, n° 97] – Civ. 3e, 3 juill. 1996, n° 94-16.867, *Ferrero*, P III, n° 166 ; *JCP* 1997. II. 22758, note Ph. le Tourneau.

Rappel : La distinction des obligations de moyens et de résultat a été ignorée par l'ordonnance n° 2016-131 du 10 février 2016 portant réforme du droit des obligations ; elle ne figure pas non plus dans le projet de réforme de la responsabilité civile présenté par le garde des Sceaux le 13 mars 2017[1].

122.125 Régime des défaillances dans la conception, les conseils ou l'assistance. Les défaillances dans la conception, les conseils ou l'assistance technique engagent la responsabilité du prestataire de services, par exemple quant aux contrôles[2]. Il n'y a ici qu'une obligation de *moyens* et non de résultat[3] ; la solution s'impose en raison de *l'aléa* inhérent à ces activités et au fait que le rôle du bénéficiaire reste important (particulièrement dans le contrat de conseil, où le client demeure libre de ne pas suivre les conseils qui lui ont été donnés). Cela quant à l'efficacité de l'action (car sa réalité matérielle est évidemment de résultat). Il n'en irait autrement que si l'aléa faisait défaut pour telle prestation, ou si une clause du contrat avait promis un résultat.

122.126 Droit de la vente. Lorsque l'ESN a elle-même livré du matériel, le régime de sa défaillance contractuelle est celui du Droit commun de la vente : Elle doit livrer un objet conforme aux spécifications et exempt d'un vice caché[4].

B.
De Droit particulier

122.130 Bibliographie. Encyclopédie. S. Pimont, *Rép. civ., V°* « Clause pénale », avr. 2010, actualisé nov. 2021.

Thèse. D. Mazeaud, *La notion de clause pénale*, préf. F. Chabas, « BDPr », t. 223, LGDJ, 1992.

Articles S. Bernheim-Devaux, « La clause pénale », *CCC* 2012, formule 4 ; *JCP E* 2012, n° 38, formule 1554 – O. Dorchies, « La clause pénale dans les contrats informatiques et télécoms », *CCÉ* 2014, prat. 11 – A. Meillassoux, « Pratique du contentieux des contrats informatiques. Les clauses de pénalités », *CCÉ* 2017. Fiche prat. 14.

122.131 Clauses de garantie. Un contrat du numérique comporte souvent des clauses dites *de garantie*, d'équipement, de fonctionnement ou de performance, avec l'indication des procédures contradictoires pour vérifier que les objectifs prévus sont atteints. Parfois, le concepteur dispose d'un délai de grâce contractuel (d'une durée précisée), après la découverte d'un manquement aux garanties, pour y porter remède. Il arrive aussi qu'en cas de dépassement (en mieux) des garanties, la société d'informatique bénéficie d'une bonification de sa rémunération (sous forme d'un pourcentage du gain procuré, avec toutefois un plafond). Les *garanties d'équipement* ne portent, comme leur nom l'indique, que sur chacun des éléments d'une installation (elles garantissent uniquement le potentiel technique du matériel ou des logiciels, mais évidemment pas leur rendement économique, le concepteur ou fournisseur n'ayant pas la maîtrise de son exploitation).

Les *garanties de fonctionnement et de performance* sont globales : elles enserrent l'ensemble du projet, qui devra fonctionner correctement et parvenir aux performances escomptées. Il existe encore une garantie particulière contre toute revendication ou réclamation d'un tiers quant aux Droits de propriété industrielle[5].

122.132 Ambiguïté des clauses de garantie. Le plus souvent, l'expression de garantie est équivoque. En effet, il ne s'agit généralement pas, à proprement parler, d'une garantie au sens précis de ce terme. L'obligation de garantie se traduit par ce que le débiteur est tenu de réparer les conséquences de l'inexécution, à tout événement, quelle qu'en soit la cause, même lorsqu'elle résulte d'une circonstance de force majeure (c'est le cas des diverses garanties légales prévues par le C. civ.). Alors pourquoi dénier la qualification de garantie en l'espèce ? Parce que ces clauses n'ont pas la portée radicale qui vient d'être dite : elles n'apportent pas une précision relative à l'étendue de l'obligation du concepteur. En vérité il s'agit donc, tout simplement, d'une stipulation réglant le sort de la *charge de la preuve* : elle pèse sur la société d'informatique, c'est-à-dire que l'obligation devient de *résultat* alors que, dans un tel domaine, elle eût été normalement de moyens. Dès lors, toutes ces pseudo-garanties emportent, sauf clause contraire, une obligation de *résultat* (concept ignoré par le C. civ., même depuis la réforme de 2016). Néanmoins les garanties conventionnelles vont parfois au-delà du simple renversement du fardeau de la preuve et, quant au matériel, étendent la garantie du constructeur ou du fabricant par rapport à la garantie légale française contre les vices de la chose[6].

1. V. *supra* s[s] n° 014.14.
2. Civ. 3e, 5 avr. 1995, n° 93-12.511, *Beal*, préc.
3. Com. 4 févr. 1997, n° 94-17.440, *Longamo*, NP, *RJDA* 1997, n° 639, IMPL. – Versailles, 4 avr. 2002, *Matra, Expertises* 2003, p. 109, EXPRÉSSÉMENT – Rouen, 27 avr. 2005, *Stéphane S. c/Siac, CCÉ* 2006. Chron. 4, n° 29, obs. H. Bitan.
4. V. *infra* s[s] n°s 213.14 s.
5. V. *supra* s[s] n° 116.16.
6. EX. : Paris, 12 mars 1998, *International Computer, Expertises* 1999, p. 443, « *garantie d'un an pour les pièces, la main-d'œuvre et les déplacements* ».

Au demeurant, rien n'interdit aux parties de stipuler une véritable garantie spéciale, c'est-à-dire de faire peser sur l'ESN tous les *risques et aléas* de l'entreprise, en la chargeant de la responsabilité même lorsque le dommage résulte d'une circonstance de force majeure. Autant dire qu'une telle clause, très rare, est à déconseiller formellement, étant fort périlleuse pour le concepteur.

122.133 Clause pénale et la clause de bonification. À côté des clauses de garantie, il convient de mentionner les clauses prévoyant des pénalités ou, à rebours, des bonifications. Par une *clause pénale*[1], le montant des dommages et intérêts dus par le débiteur défaillant est fixé d'avance, forfaitairement[2] (tant d'euros par jour ou par semaine de retard), ou bien en pourcentage de la prestation inexécutée au moment convenu. Dans l'une et l'autre méthode, un plafond est éventuellement convenu, mais il importe d'arriver à une peine élevée, afin d'inciter le débiteur à la diligence et à la vigilance (effet comminatoire[3]). En Droit français, une clause pénale peut être augmentée ou modérée par le juge[4] lorsqu'elle est manifestement excessive ou dérisoire[5]. Dans un marché important, ces pénalités peuvent atteindre des montants considérables. Si elles sont fréquemment prévues pour le retard, elles figurent aussi dans les clauses dites de garantie.

Les pénalités sont souvent accompagnées, dans les deux cas, de bonification pour gain de temps ou performances supérieures à ce qui était attendu : là aussi, le client en escompte un soin particulier de la société d'informatique.

1. S. Bernheim-Devaux, « La clause pénale », formule préc. – O. Dorchies, « La clause pénale dans les contrats informatiques et télécoms », préc. – S. Pimont, *V°* « Clause pénale », préc. – A. Meillassoux, « Pratique du contentieux des contrats informatiques. Les clauses de pénalités », préc., donnant des conseils quant à la rédaction des clauses pénales.
2. Civ. 3e, 26 janv. 2011, n° 10-10.376, P I, n° 12 ; *RJDA* 2011, n° 498 – Paris, pôle 5, ch. 11, 9 janv. 2015, *Expertises* 2015. 230.
3. Com. 5 déc. 2018, n° 17-22.346, NP, *AJ contrat* 2019. 132, obs. Y. Dagorne-Labbe ; *RJDA* 2019. 165, distinguant par cet effet la clause pénale de celle de dédit.
4. J. Fischer, *Le pouvoir modérateur du juge en droit civil français*, préf. Ph. le Tourneau, PUAM, 2004 – Ph. le Tourneau (dir.), *Droit de la responsabilité et des contrats. Régimes d'indemnisation*, 12e éd., « Dalloz action », 2020, nos 3226.51 s. – Com. 14 juin 2016, n° 15-12.734, P IV, n° 86 ; *D.* 2016. 1628, note D. Mazeaud ; *CCÉ* 2016, n° 80, obs. G. Loiseau, à propos d'une clause pénale déguisée – Com. 6 déc. 2017, n° 16-12.804, NP, *AJ contrat* 2018. 39, obs. K. Magnier-Merran : clause d'un montant excessif, réduction.
5. C. civ., 1231-5, 2e al. 2 ; art. créé par ord. n° 2016-131, 10 févr. 2016, art. 2.

§ 3
Moyens d'exonération de la société d'informatique

122.141 Généralités – Couverture des risques. Les moyens d'exonération de l'entreprise de service du numérique (ESN) résultent tant du Droit commun que du Droit particulier, c'est-à-dire du contrat signé entre les parties. À défaut d'une cause d'exonération, le concepteur dont la défaillance a été retenue peut être couvert par une assurance de responsabilité civile classique, ou par une assurance spécifique (comme l'assurance *responsabilité professionnelle des bureaux d'études pour la conception*, une assurance *projet informatique* [ou bonne fin du projet], les assurances *dommages à l'ouvrage* ou *police unique de chantier*) ; l'assurance *garantie des risques* dits *technologiques* (pour techniques), rare et très onéreuse, couvre les garanties contractuelles. Enfin, lorsque le dommage résulte de l'intervention d'un tiers, qui ne présente pas les caractères d'une force majeure, la société reste responsable envers son client, mais peut se retourner contre le tiers[6]. Le syndicat professionnel *Syntec Numérique* propose à ses adhérents un audit de leurs contrats d'assurance et de bénéficier d'un ou de plusieurs contrats d'assurance spécifiques, dont un pour les éditeurs de logiciels[7], adaptés notamment aux ESN (les anciennes SSII).

122.142 Faits non exonératoires. D'une façon générale, un professionnel n'est pas exonéré du seul fait qu'il ait suivi l'avis d'une société de contrôle, ou des normes édictées par un organisme professionnel. En second lieu, lorsque plusieurs professionnels interviennent dans une affaire, la responsabilité de l'un n'efface pas et n'occulte pas celle de l'autre : Il n'existe *aucune hiérarchie* entre eux. Le créancier insatisfait peut attraire en justice l'un quelconque des responsables, sans avoir l'obligation d'intenter au préalable une instance contre une sorte de « super responsable », de premier rang[8]. Nul responsable n'est *a priori* plus responsable que tel autre (même si la faute de l'un peut être plus grave que celle d'un autre). Autrement dit, la responsabilité de

6. Sur l'assurance des risques informatiques v. *infra* ss nos 339.00 s.
7. Sur lequel : https://syntec-numerique.fr
8. EX. DANS D'AUTRES DOMAINES : Civ. 1re, 25 janv. 2000, n° 98-12.702, *Le Moal c/Signal*, P I, n° 29 ; *D.* 2000. Somm. 284, obs. C. Caron ; *RJDA* 2000, n° 857 : l'obligation de conseil du vendeur d'une chaudière n'exclut pas celle de l'installateur – Civ. 1re, 3 juill. 2001, n° 99-15.412, *GST Alcal*, NP, *RCA* 2001, n° 328 ; *RJDA* 2002, n° 32 : vendeur et installateur – Civ. 2e, 21 nov. 2002, n° 00-20.953, *Joly*, P II, n° 269 ; *D.* 2002. IR 3243 : la faute d'un avocat n'exonère pas l'huissier de sa responsabilité.

quelque professionnel que ce soit *n'est jamais subsidiaire*[1]. Tous les responsables d'un dommage sont sur un pied de parfaite égalité envers la victime : Aucune préséance n'a cours entre eux. C'est du reste tout l'intérêt des obligations solidaires et *in solidum* (sur la pluralité de débiteurs et de créanciers les « Principes d'Unidroit relatifs aux contrats du commerce international », v. art. 11.1.1 à 11.2.4, ajoutés dans l'édition 2010, inchangés dans l'édition de 2016).

A.
De Droit commun

122.151 Force majeure et faute de la victime. Selon le Droit commun, l'entreprise de service du numérique (ESN) peut d'abord s'exonérer en établissant un cas de *force majeure* (C. civ., art. 1218[2], 1231-1, 1351), à moins qu'elle ait accepté une véritable clause de garantie *stricto sensu*[3]. Ensuite, en prouvant (sauf à propos des véritables garanties) la *faute de la victime*, c'est-à-dire de son client qui, par son inaction, a provoqué des retards ; ou bien qui a interrompu dès la phase d'expérimentation l'exploitation avec les moyens antérieurs[4] ; s'est mêlé de façon intempestive du déroulement des opérations (immixtion fautive[5]) ; a imposé un sous-traitant auteur du dommage ; a *modifié ses demandes*[6] (l'informatisation implique la constance ![7]) ; a pris délibérément un *risque* dans le choix de tel procédé ou procédure, alors qu'il était compétent[8], ou contre les dangers et inconvénients desquels son attention avait été clairement attirée[9]. La force majeure peut être, non seulement une cause d'exonération de la défaillance contractuelle, mais aussi une cause de résolution de plein droit du contrat, à condition toutefois que le créancier n'ait pas pu profiter de la prestation qu'il attendait[10].

B.
De Droit spécial

122.161 Clauses sur la responsabilité ou sur les garanties. Le contrat peut comporter des clauses sur la défaillance ou sur les garanties[11].

1° Des *clauses élusives de responsabilité* et *limitatives d'indemnisation*. Le régime en a été rappelé précédemment[12] ;

2° Des *exclusions de garantie*. Elles n'ont pas plus de valeur qu'une clause limitative de « responsabilité » au regard des garanties légales. En revanche, elles sont efficaces quant aux garanties conventionnelles[13], renforçant les garanties légales ; il est possible de cantonner ce renforcement à certaines causes de dommages ou à certains appareils.

1. PAR EX., reprenant notre expression : Civ. 1re, 15 mars 2005, nº 03-17.835, *Kaufmann*, P I, nº 129 ; *D.* 2005. 1177.
2. Sur cet art. v. *supra* ss nº 116.24.
3. V. *supra* ss nos 122.131 s.
4. Com. 2 juill. 1996, nº 94-14.487, NP, *RJDA* 1996, nº 1457 : l'informatisation implique la *patience*.
5. V. *supra* ss nos 015.42 et 121.21.
6. Com. 6 oct. 1998, nº 96-13.685, *TMT*, NP, *RJDA* 1998, nº 1348 : client n'ayant pas cessé de modifier ses objectifs : Les difficultés qu'il rencontre sont de son fait – T. com. Paris, 23 mars 2000, *ISA c/Omniséquence, Expertises* 2000, p. 355 : mais ici ces demandes de changements n'ont pas été considérées comme suffisantes pour diminuer la responsabilité du concepteur – Civ. 1re, 8 juill. 2003, nº 98-20.475, *H et D Participations*, P I, nº 162 ; *JCP E* 2003. Pan. nº 1347 ; *CCC* 2003, nº 176, obs. L. Leveneur : client définissant le contenu des services télématiques qu'il désirait qu'en cours d'utilisation, en affinant le système de mois en mois.
7. V. *infra* ss nº 252.45.
8. T. com. Paris, 13 janv. 1997, *Allianz, Gaz. Pal.* 1998. 2, Somm. 430 : client « *spécialiste réputé en la matière* », ayant imposé le choix fâcheux du procédé – Com. 6 oct. 1998, nº 96-13.685, *TMT*, préc. : client compétent qui a accepté que l'analyse fonctionnelle commence avant l'achèvement du cahier des charges.
9. Civ. 3e, 25 janv. 1995, nº 93-15.413, P III, nº 28.
10. Civ. 1re, 25 nov. 2020, nº 19-21.060, P, *AJ Contrat* 2020. 550, obs. M. Mekki ; *D.* 2021. 114, note S. Tisseyre ; *D.* 2021. 89. Point de vue (crit.) C. Grimaldi ; *JCP E* 2021. 1131, note C. Lachièze ; *RDC* 2021/1. 17, obs. M. Latina, au visa C. civ., art. 1218, al. 1er ; *RTD civ.* 2021. 126, obs. H. Barbier.
11. NOT. : S. Lipovetski, « Les clauses limitatives de responsabilité et de garantie dans les contrats informatiques », *Expertises* 2000, p. 143 s.
12. V. *supra* ss nº 116.26.
13. V. *supra* ss nos 122.131 s. et v. *infra* ss nos 213.261 s.

LIVRE

2. LA RÉALISATION

SECTION 0

ORIENTEUR

2.00 **Sommaire du livre.**

Division. Lorsque la préparation est achevée (ou lorsqu'elle est inutile), vient le temps de la réalisation. Cette dernière peut porter sur la fourniture de matériel (titre 21). Elle peut également concerner les logiciels (titre 22). Quant à leur réalisation, il faudra envisager les obligations des parties (titre 23). Elle peut aussi porter sur la fourniture de contenus ou de services numériques (titre 24). Enfin, la réalisation peut avoir pour objet un système informatique (titre 25).

SECTION UNIQUE

PROLOGUE

2.11 **Généralités.** Comme l'étape préparatoire, cette phase de réalisation peut éventuellement comporter un contrat autonome de *conseil et d'assistance à la maîtrise d'ouvrage*[1].

Quel que soit le contrat adopté, il obéit au Droit commun de sa nature (vente, louage, entreprise) et au régime général des obligations, comme nous l'avons indiqué dès le livre introductif[2]. Par exemple, la date de livraison ferme a force obligatoire entre les parties et constitue une obligation de résultat[3]. De même, les rédacteurs des contrats doivent tenir compte de la loi n° 94-665 du 4 août 1994[4] sur l'emploi[5] de la langue française[6]. Enfin, les règles

1. POUR UN EX. d'un tel contrat : X. Linant de Bellefonds et F. Hollande, *Pratique du droit de l'informatique*, 6e éd., « Encyclopédie Delmas », Dalloz, 2008, n° 303.
2. V. *supra* ss n° 012.14.
3. Paris, 15 sept. 1995, *Donce, Gaz. Pal.* 1996. 2, Somm. 329, obs. H. Gabadou – Paris, pôle 5, 19 janv. 2011, n° 09/15092, *Axe Sélection, Expertises* 2011, p. 270 : à propos d'un contrat d'intégration (ERP) (sur celui-ci v. *infra* ss n° 251.14).
4. L. n° 94-665, 4 août 1994 relative à l'emploi de la langue française, *JO* 5 août, p. 11392.
5. V. *supra* ss nos 012.16 s.
6. L. n° 94-665, 4 août 1994, art. 2.

protectrices des consommateurs s'appliquent en plénitude envers ses bénéficiaires : que le fournisseur y prenne toujours garde ! Ainsi, dans un contrat conclu entre un professionnel et un non-professionnel ou un consommateur, est interdite en principe la clause par laquelle le premier se réserve le droit de modifier unilatéralement les caractéristiques du bien à livrer ou du service à rendre[1], sauf si elles résultent d'une évolution technique (fréquente dans le domaine de l'informatique), mais encore ne doit-il en résulter ni une augmentation du prix ni une altération de la qualité et que les caractéristiques auxquelles le non-professionnel ou le consommateur a subordonné son engagement ont pu figurer au contrat[2]. Cette disposition a un vaste domaine, puisqu'elle englobe tous les contrats relatifs à un bien à livrer ou à un service à rendre. De plus, alors que, d'une façon générale, la durée de la prescription peut être abrégée ou allongée par accord des parties (C. civ., art. 2254, al. 1er[3]), cette possibilité est prohibée dans les contrats entre un professionnel et un consommateur[4].

La loi du 10 février 2020[5] a introduit dans le code de l'environnement l'obligation aux producteurs, importateurs, distributeurs ou autres « metteurs sur le marché » (*sic*) d'équipements électroniques de délivrer diverses informations relatives à la « réparabilité » et à la « durabilité » des produits. Les vendeurs desdits produits, ainsi que ceux qui utilisent un site internet, une plateforme ou toute autre voie de distribution en ligne pour leur activité commerciale en France doivent informer le consommateur, au moment de l'achat, par voie de marquage, d'étiquetage, d'affichage ou par tout autre procédé les indices de réparabilité et de durabilité de ces équipements[6]. Quant à la réparabilité, le fabricant ou l'importateur est chargé de mettre ces informations à la disposition du public par voie électronique, dans un format aisément réutilisable et exploitable par un système de traitement automatisé. Pour la durabilité, le vendeur met à disposition du consommateur les paramètres ayant permis d'établir l'indice de durabilité du produit par tout procédé approprié[7]. La loi n° 2021-1485 du 15 novembre 2021 vise à réduire l'empreinte environnementale du numérique en France (REEN)[8].

Ce titre consacré à la *réalisation* doit être abordé avec ces observations en mémoire (du lecteur, en tant qu'être humain) et constamment présentes à l'esprit.

Rappel : La distinction des obligations de moyens et de résultat a été ignorée par l'ordonnance n° 2016-131 du 10 février 2016[9] portant réforme du droit des obligations ; elle ne figure pas non plus dans le projet de réforme de la responsabilité civile dévoilé par le garde des Sceaux le 13 mars 2017[10].

2.12 Preuve du contrat. De nombreux contrats informatiques sont conclus entre « commerçants » de sorte que leur preuve est libre (C. com., art. L. 110-3)[11]. Dans les autres cas (contrats civils, contrats conclus entre un commerçant et un non commerçant) une preuve écrite est exigée pour prouver les actes juridiques au-delà d'une somme fixée par décret (C. civ., art. 1359, al. 1er : 1 500 euros[12]), sauf existence d'un commencement de preuve par écrit[13], impossibilité matérielle ou morale de se procurer une preuve littérale ou perte de celle-ci par force majeure[14], disparition ou remplacement de l'écrit par une copie fidèle et durable[15], et sauf le recours aux moyens de preuve

1. C. consom., art. R. 212-1, 3°.
2. C. consom., art. R. 212-4, al. 4.
3. C. civ., art. 2254 ; mod. par L. n° 2008-561, 17 juin 2008, art. 1er.
4. C. consom., art. 218-1.
5. L. n° 2020-105, 10 févr. 2020, relative à la lutte contre le gaspillage et à l'économie circulaire, *JO* 11 févr., texte 1 – Trois décrets du 31 déc. 2021 (Décr. nos 2021-1943, 2021-1944, 2021-1945, 31 déc. 2021, *JO* 1er janv. 2022, textes 17, 18 et 19), pris en application de la loi du 10 févr. 2020 préc., apportent des précisions quant à la durée de disponibilité des pièces détachées, aux équipements concernés par des obligations de réparation, et aux informations à donner aux consommateurs.
6. Des arrêtés relatifs aux critères, sous-critères et au système de notation pour le calcul et l'affichage de l'indice de réparabilité ont été publiés, not. pour les ordinateurs portables (Arr. n° TRED2023819A, 29 déc. 2020) et les ordiphones (*smartphones* : Arr. n° TRED2023820A, 29 déc. 2020).
7. C. envir., art. L. 541-9-2, I et II.
8. L. n° 2021-1485, 15 nov. 2021, visant à réduire l'empreinte environnementale du numérique en France (REEN), *JO* 16 nov., texte 2 – Sur elle : M. Bourgeois, S. de Kermenguy et L. Schulte, « Loi visant à réduire l'empreinte environnementale du numérique en France : la fin de l'illusion ! », *JCP E* 2021. Ét. 1011 ; L. Fonbaustier, « Environnement. Le législateur environnemental s'empare (enfin !) du numérique. À propos des lois des 15 novembre et 23 décembre 2021 », *JCP G* 2022. Doctr. 186.
9. Ord. n° 2016-131, 10 févr. 2016 portant réforme du droit des contrats, du régime général et de la preuve des obligations, *JO* 11 févr., n° 26.
10. V. *supra* ss n° 014.14.
11. Com. 25 juin 2002, n° 00-14.326, P IV, n° 110 ; *RJDA* 2002, n° 1259 : rappel de la règle.
12. 1 500 € : depuis décr. n° 2004-836, 20 août 2004, art. 56.
13. C. civ., art. 1361 ; mod. par ord. n° 2016-131, 10 févr. 2016, art. 4.
14. C. civ., art. 1360 ; mod. par ord. n° 2016-131, 10 févr. 2016, art. 4.
15. C. civ., art. 1379 ; mod. par ord. n° 2016-131, 10 févr. 2016, art. 4 – Décr. n° 2016-1673, 5 déc. 2016 relatif à la fiabilité des copies et pris pour l'application de l'article 1379 du code civil, *JO* 6 déc., n° 61 : qui précise les modalités du procédé permettant de présumer la fiabilité de la copie réalisée, c'est-à-dire sa fidélité à l'original et son incorruptibilité – POUR DES COMMENTAIRES : É.-A. Caprioli, *CCÉ* 2017, n° 19 ; I. Renard et J.-L. Pascou, « Numérisation, un décret qui n'apporte pas toutes les garanties », *Expertises* 2017. 65.

parfaits, dont l'usage est de plus en plus rare, que sont l'aveu[1] et le serment[2]. Les parties peuvent aménager conventionnellement les règles de preuve, sauf exception (C. civ., art. 1356[3], al. 1er, issu de la réforme du droit des contrats, du moins lorsque les clauses sur la preuve « *portent sur des droits dont les parties ont la libre disposition* », et sous les réserves figurant dans le second alinéa[4]).

La preuve littérale fait l'objet des articles 1364[5] et suivants du code civil[6], admettant la preuve par un écrit sous forme électronique dont l'auteur est dûment identifié, à condition qu'il soit établi et conservé dans des conditions à en garantir l'intégrité. Si ces conditions ne sont pas remplies tout au plus pourra-t-il être considéré comme un commencement de preuve par écrit. Une présomption de fiabilité de la signature électronique a été posée par la loi[7], du moins lorsqu'elle remplit les critères définis par décret[8].

1. C. civ., art. 1383 s. ; art. mod. par ord. nº 2016-131, 10 févr. 2016, art. 4.
2. C. civ., art. 1384 s. ; art. mod. par ord. nº 2016-131, 10 févr. 2016, art. 4.
3. C. civ., art. 1356 ; mod. par ord. nº 2016-131, 10 févr. 2016, art. 4.
4. V. *supra* ss nº 116.00.
5. C. civ., art. 1364 ; mod. par ord. nº 2016-131, 10 févr. 2016, art. 4.
6. AUSSI : v. *infra* ss nos 412.51 s.
7. C. civ., art. 1366 ; mod. par ord. nº 2016-131, 10 févr. 2016, art. 4.
8. V. *infra* ss nº 412.56.

TITRE

21. La fourniture de matériel

SECTION 0
ORIENTEUR

21.00 **Sommaire du titre.**

Division. Nous nous contenterons ici d'étudier principalement le contrat de vente de matériel (chap. 211 à 213) et, accessoirement, le contrat de location de matériel (chap. 214 à 217).

Après des propos liminaires sur la vente de matériel (chap. 211), nous étudierons successivement les obligations du vendeur *erga omnes* relatives à la sécurité (chap. 212), les obligations du vendeur envers l'acheteur (chap. 213), puis les obligations de l'acheteur (chap. 214).

Ensuite, passant de la vente à la location de matériel, seront exposées des généralités sur le contrat de location (chap. 215), les obligations du bailleur (chap. 216), enfin celles du locataire (chap. 217).

21.03 **Bibliographie. Ouvrages.** J. Ghestin et B. Desché, *Traité des contrats : La vente*, LGDJ, 1990 – B. Gross et Ph. Bihr, *Contrats*, t. I, 2e éd., PUF, 2002 – J. Huet (dir.), *Les principaux contrats spéciaux*, 3e éd., « Traité », LGDJ, 2012 – Ph. le Tourneau, *Le contrat de vente*, « Connaissance du droit », Dalloz, 2005 – Ph. le Tourneau, *Responsabilité des vendeurs et fabricants*, 5e éd., « Dalloz référence », 2016 – Ph. le Tourneau (dir.), *Droit de la responsabilité et des contrats. Régimes d'indemnisation*, 12e éd., « Dalloz action », 2020.

Manuels. A. Bénabent, *Droit des contrats spéciaux civils et commerciaux*, 12e éd., « Précis Domat », LGDJ, 2017 – F. Collart Dutilleul et Ph. Delebecque, *Contrats civils et commerciaux*, 11e éd., « Précis », Dalloz, 2019 – Ph. Malaurie, L. Aynès et P.-Y. Gautier, *Droit des contrats spéciaux*, 11e éd., « Droit civil », LGDJ-Lextenso, 2020 – F. Zenati-Castaing et T. Revet, *Vente : Échange*, « Droit fondamental », PUF, 2016.

Thèse. J. Cayron, *La location de biens meubles*, préf. Ph. Delebecque, PUAM, 1999.

Articles. M. Behar-Touchais, « Être interopérable ou ne pas être : telle est la question ! », *CCÉ* 2008. Chron. 6 – M. Chagny, « De l'assouplissement du régime des offres liées à l'avènement d'un droit du marché ? », *D.* 2009. Chron. 2561 – J.-Ph. Feldman, « Le consommateur est-il pieds et poings liés à son logiciel ? », *CCC* 2009, n° 39 – M. Laine, « Réflexions sur le droit de la concurrence », *D.* 2007. Chron. 3082 – É. Le Quellenec, « Ordinateur et système d'exploitation : les deux prix n'ont plus à être affichés ? », *RLDI* 2012/85. Ét. 2856 – F. Macrez et F. Duflot, « L'interopérabilité, principe incontournable des libertés numériques », *Propr. intell.* 2017/65, p. 41 – C. Prieto, « La condamnation de Microsoft ou l'alternative européenne à l'antitrust américain », *D.* 2007. Chron. 2884 – Ph. Stoffel-Munck, « L'infraction de vente liée à la dérive... Observations sur les malfaçons du droit de la consommation », *JCP* 2009. Ét. 84 – P. Wilhelm et L. Ferchiche, « Le sort des ventes subordonnées et des ventes avec primes en droit français de la consommation, après l'arrêt de la CJCE du 23 avril 2009 », *CCC* 2009. Ét. 8.

SECTION UNIQUE
ÉTUDE D'ENSEMBLE

21.11 Matériel informatique. Le matériel informatique comprend d'abord *l'unité centrale* (et ses *logiciels d'exploitation* sans lesquels elle ne peut pas fonctionner), associée à des organes de stockage (internes et externes, dont les clés USB) ; puis, dans sa périphérie, le *matériel de saisie et d'interconnexion* (clavier[1], souris, scanneur [*scanner*]), connecteurs d'ordinateurs aux téléviseurs ou magnétoscopes, décodeurs, appareils de photographie numérique, écouteurs sans fil, casque de « réalité virtuelle », enceinte connectée [*smart speaker*] (à laquelle peuvent être adressées oralement des demandes) et de *sortie* (écran [moniteur], imprimante), avec leurs câbles (qui ne disparaissent pas tous, du moins pour l'instant, malgré le Wi-Fi[2]), couplés généralement avec des adaptateurs, complétés le cas échéant par un onduleur et des modems extérieurs (la souris fut inventée en 1963 par Douglas Carl Engelbart [décédé en 2013], du *Standford Research Institute* ; elle fut dotée de la lecture optique en 1995 [plus récemment au laser], et peut se passer de fil depuis 2001).

1. Clavier *Azerty* pour la langue française.
2. V. *infra* s[s] n° 211.12.

21.12 Qualification des contrats portant sur du matériel informatique. Souvent, le contrat relatif au matériel est un banal contrat de vente. Il arrive cependant que cette qualification soit impropre, parce que le matériel doit être fabriqué selon les spécifications propres du client. Il s'agit alors d'un contrat d'entreprise (selon le critère le plus pertinent, généralement admis aujourd'hui pour distinguer ces deux contrats[3] ; mais il est parfois d'application délicate[4]). La clause de réserve de propriété[5] peut être exercée dans un contrat d'entreprise[6]. Mais toutes sortes d'autres contrats peuvent se rencontrer. La location-vente ainsi que la location pure et simple sont assez fréquemment utilisées en la matière. Il en va de même du *crédit-bail*. Il comporte d'abord une vente entre un fournisseur et le bailleur, puis une location entre celui-ci et l'utilisateur, avec promesse de vente ou option d'achat au profit de ce dernier[7] ; en cas de défaillance du prestataire informatique, le crédit-bail n'a plus d'intérêt, ce qui soulève la question de l'éventuelle indivisibilité des contrats[8].

En revanche, si le prêt de matériel n'est pas inconnu du monde informatique, même entre sociétés (par exemple entre une société mère et une filiale, ou bien au titre de la maintenance[9]), il est tout de même rare. Ainsi, en présence d'un contrat de fourniture de matériel, il importe d'abord de le qualifier pour lui appliquer le régime juridique qui lui convient.

3. Ph. le Tourneau (dir.), *Droit de la responsabilité et des contrats..., op. cit.*, 12e éd., n°s 3311.25 s. – Com. 17 mars 1998, n° 95-17.997, P IV, n° 104 ; *Gaz. Pal.* 1998. 2. Pan. 196 ; *CCC* 1998, n° 88, obs. L. Leveneur : circuits imprimés fabriqués selon des plans informatiques et des photos fournis, d'où il résultait « *que cette fabrication ne répondait pas à des caractéristiques définies à l'avance* [par le fabricant] *mais portait sur un produit spécifique destiné à répondre aux besoins particuliers* [du client] », entreprise – Com. 13 oct. 1998, n° 96-14.656, P IV, n° 234 ; *D.* 1998. IR 244 ; *RJDA* 1998, n° 1351 : à propos d'un navire neuf.
4. COMME le montre les faits de l'arrêt suivant : Versailles, 25 juin 1998, *Bail Équipement c/Ateliers de Nissan, Gaz. Pal.* 1999. 2, Somm. 457 : est une vente la fourniture de matériels selon les études de construction du fabricant et avec sa matière première, bien que le procédé technique mis en œuvre ait été conçu par le client.
5. Sur cette clause v. *infra* s[s] n°s 211.17 s.
6. Com. 19 nov. 2003, n° 01-01.137, P IV, n° 174 ; *D.* 2004. 801, note A. et F.-X. Lucas.
7. V. *infra* s[s] n° 215.15.
8. V. *supra* s[s] n°s 013.12 s.
9. V. *infra* s[s] n°s 331.153 s.

CHAPITRE

211. Contrat de vente de matériel et obligations du vendeur : propos préliminaires

SECTION 0

ORIENTEUR

211.00 **Sommaire du chapitre.**

SECTION UNIQUE

ÉTUDE D'ENSEMBLE

211.11 **Importance du marché.** La vente de matériel a été le premier des contrats relatifs à l'informatique à connaître un succès foudroyant. En 1950, une sérieuse étude de marché aux États-Unis prévoyait que le parc d'ordinateurs ne serait que de 1 000 en l'an 2000. Or, il s'éleva à un million dès 1985 ! Et à plus de deux millions en 2005 pour la France seule. Le seuil des deux milliards de PC vendus dans le monde (depuis l'apparition de l'informatique) fut franchi dès 2008. Cette même année, il exista sur terre un milliard d'ordinateurs en service. 340 millions de PC ont été vendus dans le monde en 2021, record absolu, marché dominé actuellement par le fabricant chinois *Lenovo* [1]. L'importance de ces chiffres s'explique par la place prise par la micro-informatique (alors qu'en 1988, le rapport français, dit Nora-Minc [2], prévoyait que l'avenir appartiendrait aux « superordinateurs », et non à la micro informatique : de la valeur des prévisions et des certitudes des « experts » !). Il est vrai qu'il était inimaginable que l'on arriverait à ce que chaque famille possède un ordinateur, puis maintenant quasiment chaque personne en détienne un.

Cependant, sous l'effet de la crise, de l'allongement de la durée de vie des ordinateurs, et surtout du développement des tablettes et des ordiphones (*smartphones*), de plus en plus perfectionnées, le marché mondial des PC a connu une baisse importante à partir de 2012, suivi d'un renouveau spectaculaire, et qui semble appelé à durer, lié au développement du télétravail, lors de la pandémie de la covid-19 en 2020-2022. La demande émana surtout des particuliers et porta sur des ordinateurs portables (hausse de près de 80 %) ; au contraire, les ventes d'ordinateurs de bureau ont reculé de 5 %.

211.12 **Diversité du matériel.** Le domaine de l'informatique est fertile en incessantes innovations. Aussi l'éventail des matériels est immense : les *processeurs* ou unités centrales, communément dénommés ordinateurs (le processeur est le cerveau d'un ensemble informatique, transmettant les instructions des programmes à chacun des éléments ; son centre en est la *carte mère*, celle-ci étant le principal circuit imprimé sur lequel se fixe le processeur, le *bios* et la mémoire ; *bios* est l'abréviation de *Basic input ouput system*, donc un « système élémentaire d'entrée/sortie » qui est un ensemble de fonctions, contenu dans la mémoire morte (*Read-Only Memory* [ROM]) de la carte mère d'un ordinateur, lui permettant d'effectuer des opérations de base lors de sa mise sous tension, par exemple l'identification des périphériques d'entrée/sortie connectés et la lecture d'un secteur sur un disque. Par extension, le terme est souvent utilisé pour décrire l'ensemble du micrologiciel de la carte mère (il a été révélé en janvier 2018 l'existence d'une vulnérabilité matérielle trouvée dans les microprocesseurs *Intel x86*, sous les noms de *Meltdown et Spectre*, permettant à un processus non autorisé l'accès privilégié de la mémoire du processeur et de ses données sensibles ; il ne s'agit pas d'un virus ni d'un bogue mineur [*bug*] [3], mais d'une erreur de concep-

1. Près de 25 % en 2021.
2. S. Nora et A. Minc, *L'informatisation de la société*, La Documentation française, 1978.
3. Sur ce mot v. *infra* s[s] n° 231.55.

tion ancienne). Les batteries, claviers, souris, écrans (ou moniteur, de l'anglais *monitor*) et imprimantes. Les ordinateurs portables, dont les mini PC portables (*netbooks*), tablettes et ordiphones (*smartphones*) ; les *stations d'accueil* (périphérique se connectant à un ordinateur portable, comprenant des emplacements pour des cartes d'extension, des ports pour une imprimante, un moniteur, *etc.*) ; les concentrateurs ou *hubs* (appareil placé au nœud d'un réseau en étoile, concentrant et distribuant les communications de données ; ou servant d'interface pour raccorder des périphériques, tels un scanneur, une imprimante, une manette de jeu, *etc.*, notamment avec port « USB », sigle d'*Universal Serial Bus*, c'est-à-dire port universel en série, les données transitant par paquets homogènes qui embarquent des données de « pilotage » [le conducteur] et les données brutes [les passagers], d'où le terme de *Bus*) ; les serveurs (nécessaires pour les réseaux d'ordinateurs ; les *hubs* perdent de leur utilité avec les techniques de réseau sans fil [Wi-Fi, *Wireless-fidelity*, utilisant les ondes radio] ou par le luminaire haute fidélité [Li-Fi, *Light Fidelity*[1]] permettant l'échange de données entre la lumière LED et un ordinateur et ouvrant ainsi accès à l'internet[2], et celles de communication sans fil entre appareils [par *Bluetooth*, dent bleue, surnom d'un personnage historique]) ; les routeurs Wi-Fi ; les onduleurs ; les disques durs ; les graveurs de cédéroms ; les clés USB ; les lecteurs portables de cédéroms et de DVD ; les consoles de jeux (par lesquelles, outre le jeu, il est possible de procéder à des « compétitions sportives » [qui n'en sont pas réellement], régies par le code de la sécurité intérieure, art. L. 321-8 s.[3]) ; les agendas électroniques (en anglais *organizer*) ; les connecteurs de processeurs aux téléviseurs ou magnétoscopes ; les scanneurs (*scanners* en anglais) et les appareils de photographie numérique ; les modems (abréviation de « modulateur-démodulateur », appareil qui transforme les données numériques d'un ordinateur en données analogiques, transmissibles par une ligne téléphonique, et vice versa), les baladeurs numériques (*walkman* numériques) sur lesquels se répandit la baladodiffusion (*podcasting*), c'est-à-dire l'insertion sur son baladeur d'une émission de radio téléchargée préalablement sur son ordinateur, les liseuses[4], les tablettes internet (dont *iPad*), avec ou sans clé 3G.

211.13 Nuances. Cependant, malgré ce développement quantitatif et cette diversification, la situation n'est pas idéale pour tous. En effet, pour les matériels standards, notamment ceux qui sont destinés au « grand public », la concurrence entre les constructeurs est de plus en plus vive, de sorte que les prix ne cessent de baisser, au-delà des gains de productivité, c'est-à-dire que les marges bénéficiaires fondent au soleil, entraînant des difficultés pour les réseaux de distribution[5], et même pour certains constructeurs. De plus, le marché mondial des PC a connu une baisse importante à partir de 2012, due notamment aux tablettes, avant de connaître une nouvelle faveur en raison de l'essor du télétravail à l'occasion de la pandémie du covid-19. Un certain nombre de fabricants se sont retirés du domaine des PC grand public (*Samsung, Sony, Toshiba*), tandis que d'autres, comme *Dell*, ont choisi de se consacrer uniquement aux entreprises.

211.14 Évolution relative à la validité des ventes liées (ou subordonnées). La loi française interdisait d'une façon générale de subordonner la vente à un consommateur, sauf motif légitime, d'un produit à l'achat concomitant d'un autre produit ou à la commande d'un service[6] (C. consom., art. L. 121-11[7], qui interdit aussi le refus de vendre à un consommateur, sauf motif légitime). Cependant, cette disposition est à entendre de façon raisonnable, en la limitant aux cas dans lesquels le client risque d'être victime du procédé. Il en résulte que la vente par « lot » resterait licite lorsque les objets

1. Mis sur le marché en 2016 par la sté française *Lucibel* (créée en 2008).
2. Présentant un immense avantage quant à la sécurité des données, celles-ci ne pouvant pas être piratées à distance.
3. V. *infra* s[s] n° 451.30.
4. Dont la diffusion est considérablement moindre que ce qui avait été escompté car les personnes qui travaillent toute la journée sur des écrans aspirent à avoir du papier entre les mains lorsqu'ils lisent pour le plaisir (cas de l'auteur du présent ouvrage !). En France, les livres numériques (e.book) n'ont représenté en 2017 que 3,5 % des ventes. Le livre traditionnel et les librairies semblent sauvés – La CJUE considère que la vente de livres électroniques d'occasion constitue une « communication au public » (au sens de la dir. 2001/29, Parlement et Conseil, 22 mai 2001 art. 3, 1), soumise à l'autorisation de l'auteur, et non une « distribution au public » (au sens de l'art. 4, 1, du même texte) : CJUE, G[de] ch., 19 déc. 2019, *Nederlands Uitgeversverbond et a c/Tom Kabinet Internet BV a.*, aff. C-263/18, *D.* 2020. 471, note C. Maréchal Pollaud-Dulian ; *Dalloz IP/IT* 2020. 250, obs. J. Lapousterle ; *RTD com.* 2020. 62, obs. F. Pollaud-Dulian ; *CCÉ* 2020, n° 31, obs. C. Caron ; S. Haddad et A. Casanova, « Le débat est (enfin) tranché : le non-respect des termes du contrat de licence de logiciel est une contrefaçon », *RLDI* 2020, n° 5651 : elle est un « *service de la société de l'information* ».
5. Sur ceux-ci v. *infra* s[s] n°s 311.11 s.
6. TGI Nanterre, 15 déc. 2006, *UFC c/Sony*, *D.* 2007. AJ 219, obs. C. Manara ; *CCC* 2007, n° 76, obs. G. Raymond ; *CCÉ* 2007, n° 64, obs. É. A. Caprioli : application du texte à la fourniture en ligne de fichiers impliquant l'achat d'un appareil déterminé sans lequel ils ne pouvaient être lus ; l'application semble ici un peu excessive dans la mesure où le fournisseur de fichiers et celui de l'appareil [un baladeur] étaient juridiquement indépendants.
7. C. consom., art. L. 121-11 ; mod. par ord. n° 2018-361, 16 mai 2018, art. 11.

vendus sont complémentaires, le produit étant alors constitué par l'ensemble (même si chaque élément peut parfaitement être vendu séparément[1]). Il nous semblait que cette vue devait prévaloir pour les ventes aux consommateurs, dans les grandes surfaces, d'ensembles de micro-informatique (comprenant une unité centrale, un écran [moniteur], un clavier, une souris et quelques progiciels), qu'il y avait là place pour l'exception légale du motif légitime[2]. C'est ce que nous soutenions dans la deuxième édition de cet ouvrage (en 2002), très soucieux que nous sommes que la raison doit guider l'interprète du Droit. Pour autant, il ne doit pas négliger les réalités. Or, il se trouve que *Microsoft* occupait une sorte de quasi-monopole de fait des systèmes d'exploitation (ce n'est plus le cas ni pour les ordiphones [*smartphones*] ni pour les tablettes). D'où, les grandes surfaces qui souhaitent ne pas compliquer leur politique d'achat, ni leurs stocks et leurs offres, ne mettent en vente que les ordinateurs prêts à l'emploi qui leur sont proposés par les fabricants et les intégrateurs, c'est-à-dire comprenant *Microsoft*. Dans ces conditions, la protection du consommateur, objectif de l'ancien article L. 122-1, précité, commandait de considérer comme illicite la vente liée dans cette hypothèse, au regard de la position quasi monopolistique de *Microsoft*. Au demeurant, alors que l'informatique s'est largement répandue, le motif légitime fondé sur l'ignorance du consommateur moyen cesse d'être véridique, nombreux étant ceux qui sont actuellement capables d'installer eux-mêmes le système d'exploitation (*operating system*[3]) et les logiciels de base de leur choix.

Il y aurait peut-être un « créneau » intéressant, pour des personnes ayant l'âme du commerce, celui d'ouvrir des magasins de micro-informatique à bas prix, où les appareils seraient vendus « nus ».

Le ministre en charge de la consommation adopta notre point de vue dans deux réponses parlementaires[4]. Des juridictions de proximité commençaient à juger en ce sens[5]. Leurs jugements dépendaient évidemment des éléments de fait. Ainsi, lorsque l'acheteur avait pu obtenir le remboursement du logiciel, il ne pouvait pas invoquer à son profit la vente subordonnée, ne souffrant d'aucun préjudice, alors que, client averti, il n'avait jamais émis le souhait d'acquérir un ordinateur ne comportant pas de logiciels pré-installés et que, malgré le défaut d'affichage de la décomposition des prix du matériel informatique, la concurrence restait possible entre les différentes solutions présentes sur le marché[6]. De plus, la Commission européenne a considéré que *Microsoft* avait abusé de sa position dominante sur le marché des lecteurs *multimédia* (numériques) en liant la vente de son système d'exploitation *Windows* et la vente de son logiciel lecteur *Windows Media Player*, et l'a condamné de ce chef[7].

1. Mais v. *infra* s^s n° 221.15.
2. EN CE SENS : TGI Paris, 24 juin 2008, RG n° 06/17972, *UFC Que choisir ? c/Darty, CCÉ* 2008, n° 115, obs. Ph. Stoffel-Munck, 1re esp. ; *JCP E* 2008. 2331 note Ph. Stoffel-Munck, 1re esp. ; *JCP* 2008. II. 10185, note Ph. Stoffel-Munck, 1re esp. ; *D.* 2009. Pan. 2002, obs. C. Le S. – TOUTEFOIS, le jugement condamna le distributeur a afficher le prix des logiciels préinstallés sur les ordinateurs – IL FUT RÉFORMÉ SUR CE POINT PAR : Paris, 5e ch., 26 nov. 2009, n° 08/12771, *UFC Que choisir c/Darty, D.* 2010. AJ 9, obs. X. Delpech ; *CCÉ* 2010, n° 5, obs. Ph. Stoffel-Munck, 2e esp. ; *CCC* 2001, n° 85, obs. G. Raymond ; *Gaz. Pal.* 2010. 1, p. 1096, note L. Schurr – CET ARRÊT FUT CASSÉ PAR : Civ. 1re, 6 oct. 2011, n° 10-10.800, P I, n° 160 ; *D.* 2011. AJ 2464, obs. X. Delpech ; *JCP E* 2011, n° 45, 1787, note É. Bazin ; *CCC* 2012, n° 31, obs. G. Raymond ; *Gaz. Pal.* 2012. 22 févr., note S. Piedelièvre : car « *ces informations, relatives aux caractéristiques principales d'un ordinateur équipé de logiciels d'exploitation et d'application, sont de celles que le vendeur professionnel doit au consommateur moyen pour lui permettre de prendre une décision en connaissance de cause* » – Jur. prox. Caen, 30 avr. 2008, *H. R. c/Asus France, CCÉ* 2008, n° 115, obs. Ph. Stoffel-Munck, 3e esp. ; *JCP E* 2008. 2331, note Ph. Stoffel-Munck, 3e esp. ; mais il estima que la procédure pour obtenir le remboursement du logiciel est si lourde qu'elle viole la liberté du consommateur d'adhérer à tel ou tel système d'exploitation – Jur. prox. Tarascon, 20 nov. 2008, *CCÉ* 2009, n° 47, obs. Ph. Stoffel-Munck, 1re esp. – EN FAVEUR DE CETTE POSITION : J.-Ph. Feldman, « Le consommateur est-il pieds et poings liés à son logiciel ? », art. préc.
3. Sur sa définition v. *infra* s^s n° 213.32.
4. Rép. min. n° 53733, *JOAN Q* 22 févr. 2005, p. 1968 – Rép. min n° 57099, *JOAN Q* 8 mars 2005, p. 2544 – B. Tabaka, « Ordinateurs et logiciels pré-installés : le spectre de la vente liée », *D.* 2005. 1218 s.
5. EX. : Jur. prox. Puteaux, 23 juill. 2007, *Antoine c/Acer, Expertises* 2007, p. 397 ; *Legalis.net* 2008/3, p. 66 – Jur. prox. Libourne, 13 févr. 2008, *Gaz. Pal.* 2008. 2, Somm. 2735, obs. P. Arrigo et L. Schurr : mais rejetant la demande car il existait une possibilité de remboursement prévue par le « contrat de licence utilisateur final », qui apparaît sur l'écran lors de la première utilisation de l'ordinateur ; l'argument est erroné car, dès lors que le consommateur a refusé de consentir aux stipulations de ce contrat, la possibilité de remboursement ne peut pas lui être opposé.
6. Civ. 1re, 5 juin 2008, n° 06-21.514, NP, *CCC* 2008, n° 210, obs. D. Bosco ; *CCÉ* 2008, n° 115, obs. Ph. Stoffel-Munck, 2e esp. ; *JCP E* 2008. 2331, note Ph. Stoffel-Munck, 2e esp. ; *JCP* 2008. II. 10185, note Ph. Stoffel-Munck, 2e esp.
7. Commission CE 24 mars 2004, *RD aff. int.* 2004/3, p. 390, obs. O. Cachard – RECOURS REJETÉ : par TPICE 17 sept. 2007, aff. T-201/14, *JCP E* 2007, n° 2304, note M. Debroux ; *CCC* 2007, n° 279, obs. D. Bosco ; *JCP E* 2008. 1314, n°s 6 s., obs. G. Decocq ; *RTD com.* 2008. 715, obs. F. Pollaud-Dulian ; *RDC* 2008. 811, note C. Prieto – M. Behar-Touchais, « Être interopérable ou ne pas être : telle est la question ! », art. préc. – M. Laine, « Réflexions sur le droit de la concurrence », art. préc., CRIT. – C. Prieto, « La condamnation de Microsoft ou l'alternative européenne à l'antitrust américain », art. préc. [le mot alternative est ici un anglicisme, puisqu'en français l'alternative est une situation dans laquelle il n'y a que deux partis possibles, alors qu'en anglais *alternative* ne désigne que la seconde possibilité d'un choix].

Toutefois, la donne a fondamentalement changé en 2009, par l'intervention de la Cour de justice des Communautés européennes[1]. En effet, celle-ci a condamné l'interdiction générale des « ventes conjointes » du Droit belge, comme contraire à la directive 2005/29[2]. Ainsi, les ventes liées du Droit français, très comparables aux ventes conjointes, semblaient également contraires à la directive citée. La cause paraissait entendue : la vente d'ordinateur avec des logiciels pré-installés, donc prêt à fonctionner (*plug and play*), ne constitue pas une vente liée prohibée par l'ancien article L. 122-1 [devenu L. 121-11] du code de la consommation. Des décisions furent rendues en ce sens, y compris de la Cour de cassation[3], et une réponse ministérielle adopta la même position[4]. Une telle vente ne serait critiquable, au regard de ce dernier, que si elle constituait une pratique déloyale au sens de celui-ci (de l'actuel art. L. 121-1)[5]. Pour limiter les risques de notification d'une procédure d'infraction par la Commission européenne, la loi n° 2011-525 du 17 mai 2011[6] adapta le Droit français de la concurrence à l'état de la jurisprudence communautaire. Ainsi, elle conditionne l'interdiction des ventes liées, des ventes avec primes et des loteries commerciales avec obligation d'achat ou de prestations de services à l'appréciation du *caractère déloyal* de ces pratiques au sens de l'article L. 121-1 du code de la consommation[7], ce qui sera probablement rarement constaté[8]. Les ventes liées devraient donc

1. CJCE 23 avr. 2009, *VTB-VAB NV c/Total Belgium NV*, aff. C-261/07 et *Galatea BVBA c/Sanoma Magazines Belgium NV*, aff. C-299/07, *Rec.* I-02949 ; *D.* 2009. AJ 1273, obs. E. Petit ; *CCC* 2009, n° 183, obs. G. Raymond ; *RLDA* 2009/42, n° 2549, note C. Pellegrini et E. Bernardskayer ; *Gaz. Pal.* 2009. 2, Somm. 4040, obs. P. Greffe ; *RDC* 2009. 1458, note C. Aubert de Vincelles ; *RDC* 2010. 18, note J. Rochfeld, 2e esp. ; *CCC* 2010, alerte n° 22, obs. M. Razavi et A.-L. Falkman – Ph. Stoffel-Munck, « L'infraction de vente liée à la dérive... Observations sur les malfaçons du droit de la consommation », art. préc. – P. Wilhelm et L. Ferchiche, « Le sort des ventes subordonnées et des ventes avec primes en droit français de la consommation, après l'arrêt de la CJCE du 23 avril 2009 », art. préc. – M. Chagny, « De l'assouplissement du régime des offres liées à l'avènement d'un droit du marché ? », chron. préc. – MÊME RAISONNEMENT ADOPTÉ ensuite aux jeux, loteries et concours promotionnels : CJUE, 1re ch., 14 janv. 2010, *Zentrale zur Bekämpfung unlauteren Wettbewerbs eV c/Plus Warenhandelsgesellschaft*, aff. C-304/08, *Rec.* I-00217 ; *D.* 2010. AJ 258, obs. E. Chevrier ; *D.* 2010. Pan. 791, obs. N. Sauphanor-Brouillaud ; *RLDA* 2010, n° 2720 ; *CCC* 2001, n° 84, obs. G. Raymond ; *CCC* 2010, alerte n° 22, obs. M. Razavi et A.-L. Falkman ; *Gaz. Pal.* 2010. 1, 1043, note A. Pezé ; *RDC* 2010. 1290, obs. C. Aubert de Vincelles – PUIS AU SECTEUR des télécommunications : CJUE, 3e ch., 11 mars 2010, *Telekommunikacja Polska w Warszawie c/ Prezes Urz?du Komunikacji Elektronicznej*, aff. C-522/08, *Rec.* I-02097 ; *CCÉ* 2010, n° 63, obs. M. Chagny – ET À CELUI des ventes avec prime, CJUE, Gde ch., 9 nov. 2010, *Mediaprint Zeitungs – und Zeitschriftenverlag & Co. KG c/ Österreich – Zeitungsverlag*, aff. C-540/08, *Rec.* I-10909 ; *Gaz. Pal.* 2011. 1, p. 952, note S. Piedelièvre ; *RDC* 2011. 497, obs. C. Aubert de Vincelles.
2. Dir. 2005/29/CE, Parlement et Conseil, 11 mai 2005 relative aux pratiques commerciales déloyales des entreprises vis-à-vis des consommateurs dans le marché intérieur et modifiant la dir. 84/450/CEE du Conseil et les dir. 97/7/CE 98/27/CE et 2002/65/CE du Parlement et Conseil et le règl. n° 2006/2004 « directive sur les pratiques commerciales déloyales », *JOUE* L149, p. 22.
3. TGI Nanterre, 6e ch., 30 oct. 2009, *UFC Que choisir c/HP*, *CCÉ* 2010, n° 5, obs. Ph. Stoffel-Munck, 1re esp. ; *CCC* 2001, n° 86, obs. G. Raymond – Paris, 5e ch., 26 nov. 2009, n° 08/12.771, *UFC Que choisir c/Darty*, préc. ; mais cet arrêt fut cassé par : Civ. 1re, 6 oct. 2011, n° 10-10.800, préc. : car les « *informations, relatives aux caractéristiques principales d'un ordinateur équipé de logiciels d'exploitation et d'application, sont de celles que le vendeur professionnel doit au consommateur moyen pour lui permettre de prendre une décision en connaissance de cause* » – Chambéry, 10 janv. 2010, *JurisData* 000812 ; *JCP* 2010, n° 15, 408 : relevant not. que l'achat avait été effectué en pleine connaissance de cause – Civ. 1re, 15 nov. 2010, n° 09-11.161, P I, n° 232 ; *D.* 2010. AJ 2765, obs. X. Delpech ; *JCP E* 2010, nos 51-52, n° 2135, note N. Dupont ; *CCÉ* 2011, n° 5, obs. Ph. Stoffel-Munck ; *Gaz. Pal.* 2011. 1, p. 309, note L. Schurr ; *Gaz. Pal.* 2011. 1, p. 246, note G. Poissonnier ; *Gaz. Pal.* 2011. 1, p. 954, note S. Piedelièvre ; *LPA* 21 mars 2011, p. 8, note E. Ay : la formulation de cet arrêt lui donne l'apparence d'un arrêt de règlement (ou d'un « *arrêt à caractère législatif* » comme l'on dit parfois : J. Krynen, *Le théâtre juridique : Une histoire de la construction du droit*, NRF, 2018, p. 297 s.) – Civ. 1re, 29 mars 2017, n° 15-13.248 ; P I, n° 80 ; *D.* 2017. 813, obs. T. de Ravel d'Esclapon ; *AJ contrat* 2017. 231, obs. V. Legrand ; *JCP E* 2017. 1359, note S. Le Gac-Pech ; *CCÉ* 2017, n° 53, obs. G. Loiseau ; *Gaz. Pal.* 19 sept. 2017. 29, note S. Piédelièvre ; sur pourvoi contre Versailles, 22 janv. 2015 – SUR RENVOI DE : Civ. 1re, 6 oct. 2011, n° 10-10.800, préc.
4. Rép. min. n° 40866, du secrétaire d'État chargé de la prospective et du développement de l'économie numérique, *JOAN* 19 avr. 2011.
5. Civ. 1re, 15 nov. 2010, n° 09-11.161, préc. ; cassation pour défaut de base légale de la décision validant une offre conjointe sans examiner si la pratique incriminée entrait dans les prévisions de la directive 2005/29/CE du 11 mai 2005 préc. (transposée depuis dans le C. consom., anc. art. L. 120-1 s., préc., devenu art. L. 121-1) – Jur. prox. Aix-en-Provence, 9 janv. 2012, *Expertises* 2012, p. 89 – SUR RENVOI DE : Civ. 1re, 15 nov. 2010, n° 09-11.161, préc. : considérant qu'il y avait vente subordonnée.
6. L. n° 2011-525, 17 mai 2011 de simplification et d'amélioration de la qualité du droit, *JO* 18 mai, p. 8537.
7. NOT. pour une analyse de ce texte : E. Jouffin, « Pratiques commerciales déloyales : point d'actualité », *Journ. sociétés* 2012/1, p. 35 – É. Bazin, « Sur la loyauté de la vente d'un ordinateur pré-équipé de logiciels », *CCÉ* 2014. Ét. 20.
8. CEP. : Versailles, 3e ch., 5 mai 2011, RG n° 09/09169, *D.* 2011. Pan. 2374, 2e esp., obs. P. Tréfigny-Goy ; *CCC* 2011, n° 203, obs. G. Raymond ; *Gaz. Pal.* 2011. 2, p. 2929, note J. Philippe et M. Trabucchi ; *JCP E* 2011, n° 39, 1686, note Ph. Stoffel-Munck, CRIT. ; *JCP* 2011, n° 41, 1081, note Ph. Stoffel-Munck, CRIT. ; *CCC* 2011, n° 21, obs. Ph. Stoffel-Munck : l'arrêt donne en quelque sorte une première interprétation de l'anc. art. L. 121-1 ▶

continuer de se développer, sauf : – *1)* Lorsque l'acheteur (consommateur et même professionnel[1]) se trouve dans l'impossibilité de se procurer un appareil identique, sans les logiciels, auprès du même fournisseur[2]. – *2)* En présence de pratiques agressives altérant substantiellement le consentement[3] du consommateur moyen[4], notamment en présence d'une clause abusive[5] au sens de l'article L. 212-1[6] du code de la consommation[7]. – *3)* Ou encore lorsque la vente liée pourrait être considérée comme un abus de position[8] dominante[9]. L'appréciation du caractère déloyal de la pratique ne devrait pas s'opérer *in concreto*[10], mais bien *in abstracto*[11].

La Cour de cassation renvoya en juin 2015 une question préjudicielle à la CJUE, aux fins de répondre à plusieurs incertitudes sur une éventuelle qualification de pratique déloyale de diverses offres d'ordinateurs pré-équipés[12]. Dans son arrêt du 7 septembre 2016[13], la CJUE considéra que la vente d'un ordinateur équipé de logiciels préinstallés ne constitue pas, en soi, ni une pratique commerciale déloyale au sens de la directive 2005/29, dès lors qu'une telle offre « *n'est pas contraire aux exigences de la diligence professionnelle et n'altère pas le comporte-*

▶ [devenu L. 121-11] du C. consom., tel qu'il résulte de la loi préc. n° 2011-525 : le fait de vendre un ordinateur avec des logiciels préinstallés, sans mention du prix que représentent les logiciels et sans possibilité d'y renoncer avec déduction du prix correspondant à la licence, « *est contraire aux exigences de la diligence professionnelle eu égard aux possibilités techniques actuelles et étant susceptible d'altérer de manière substantielle le comportement économique du consommateur moyen auquel elle s'adresse, elle constitue une pratique commerciale déloyale prohibée* » – CASSÉ PAR Civ. 1re, 12 juill. 2012, n° 11-18.807, P I, n° 170 ; *D.* 2012. AJ 1951, obs. X. Delpech ; *D.* 2012. 2050. Chron. C. Creton et B. Vassallo ; *D.* 2012. 2343, obs. J. Larrieu, C. Le Stanc et P. Tréfigny ; *D.* 2013. 945, obs. H. Aubry, E. Poillot et N. Sauphanor-Brouillaud ; *LPA* 17 août 2012, n° 165, p. 14, note V. Legrand ; *Gaz. Pal.* 2012. 26-30 août, avis C. Petit, note G. Poissonnier ; *Gaz. Pal.* 2012. 5-6 sept., note S. Piedelièvre ; *JCP E* 2012, n° 37, 1531, note É. Bazin ; *CCÉ* 2012, n° 111, obs. G. Loiseau ; *RTD com.* 2012. 835, obs. B. Bouloc : car « *le consommateur pouvait en s'orientant sur le site dédié aux professionnels trouver des ordinateurs "nus", mais que l'installation d'un système d'exploitation libre restait une démarche délicate dont elle ne pourrait pas garantir la réussite, la cour d'appel [s'était] fondée sur des motifs desquels il ne résulte pas que la vente litigieuse présentait le caractère d'une pratique commerciale déloyale* » ; É. Le Quellenec, « Ordinateur et système d'exploitation : les deux prix n'ont plus à être affichés ? », art. préc. – SUR RENVOI : Paris, pôle 5, ch. 5, 5 juin 2014, RG n° 19/19175, *RLDI* 2014, n° 3563 ; *CCC* 2014, n° 285, obs. G. Raymond : la vente d'ordinateurs prééquipés d'un logiciel d'exploitation ne constitue pas une pratique de vente déloyale, dès lors qu'il existe une offre d'appareils nus.

1. Civ. 1re, 22 janv. 2014, n° 13-81.013, NP, *RLDI* 2014, n° 3399, note L. Costes ; *CCÉ* 2014, n° 37, obs. G. Loiseau, IMPL.
2. Civ. 1re, 5 févr. 2014, n° 12-25.748, P I, n° 19 ; *LPA* 28 févr. 2014, p. 7, note V. Legrand ; *CCÉ* 2014, n° 27, obs. G. Loiseau ; *JCP G* 2014, n° 14, 427, not crit. C. Aubert de Vincelles ; *RDC* 2015. 41, obs. J. Huet : le consommateur avait délibérément acquis l'ordinateur litigieux avant de solliciter le remboursement du prix des logiciels, dont il connaissait l'installation préalable, de plus, la demande de remboursement du prix des logiciels préinstallés en raison de l'existence d'une pratique commerciale déloyale implique l'impossibilité pour le consommateur de se procurer, après information relative aux conditions d'utilisation des logiciels, un ordinateur « nu » identique auprès du fournisseur ; cet arrêt marque donc une évolution par rapport à : Civ. 1re, 12 juill. 2012, n° 11-18.807, P I, n° 170, préc.
3. CJUE, 13 sept. 2018, *Autorità Garante della Concorrenza e del Mercato c/Wind Tre a.*, aff. jtes 54/17 et 55/17, *Rec.* N ; *Gaz. Pal.* 11 déc. 2018. 33, obs. S. Piédelièvre ; *RDC* 2018. 118, note J.-D. Pellier : constitue une pratique commerciale agressive, au sens de directive 2205/29/CE, le fait pour un opérateur de télécommunications, à commercialiser des cartes SIM (*Subscriber Identity Module*, module d'identification de l'abonné) « *sur lesquelles sont préinstallés et préalablement activés certains services, tels que la navigation sur internet et la messagerie vocale, sans avoir préalablement et de manière adéquate informé le consommateur de cette préinstallation et activation préalable ni des coûts de ces services* » – La directive 2205/29/CE, citée par l'arrêt, fut modifiée par la dir. 2019/2161, Parlement et Conseil, 27 nov. 2019, qui fut transposée dans le C. consom. par l'ord. n° 2021-1734, 22 déc. 2021 : v. *supra* n° 412.14.
4. Dir. 2005/29, Parlement et Conseil, 11 mai 2005, art. 2, 5.1, 5.2 et 8.
5. V. *infra* ss n° 412.42.
6. C. consom., art. L. 212-1 ; mod. par ord. n° 2016-131, 10 févr. 2016, art. 2.
7. COMP. : Jur. prox. Toulouse, 20 mai 2011, n° 91-09-00.0641, *Gaz. Pal.* 2011. 2, p. 2214, note G. Poissonnier : la vente liée d'un ordinateur et d'un logiciel sans informer le consommateur de ses droits, et sans lui laisser la possibilité de n'acheter que le seul appareil, ni de choisir son système d'exploitation, constitue une pratique commerciale créant un déséquilibre flagrant et significatif aux droits du consommateur au sens de l'art. L. 321-1 préc.
8. Sur celle-ci v. *infra* ss nos 312.181 s.
9. COMP. : Comm. CE 16 déc. 2009, décis. n° COMP/C-3/39.530, *Microsoft, Gaz. Pal.* 2010. 1, p. 1675, note J. Philippe et M. Trabucchi : acceptation par la Commission des engagements proposées par *Microsoft* pour permettre aux utilisateurs de *Windows* d'activer ou de désactiver le navigateur *Internet explorer.*
10. *CONTRA :* TI Asnières, 13 sept. 2012, *CCÉ* 2012, n° 123, obs. G. Loiseau, CRIT. [citant l'arrêt Civ. 1re, 12 juill. 2012, n° 11-18.807, préc., comme émanant de la chambre commerciale].
11. Civ. 1re, 22 janv. 2014, n° 13-81.013, NP, préc.
12. Civ. 1re, 17 juin 2015, n° 14-11.437, P I, n° 255 ; *D.* 2015. 2214, obs. C. Le Stanc et Pan. 2016. 617, obs. N. Sauphanor-Brouillaud ; *CCÉ* 2015, n° 69, obs. G. Loiseau ; *RLDI* 2015, n° 3831, note A. Gladz et É. Varet.
13. CJUE, 8e ch., 7 sept. 2016, *Vincent Deroo-Blanquart contre Sony Europe Limited,* aff. C-310/15, *Rec.* N ; *AJ contrat* 2016. 484, obs. H. Aubry ; *JCP E* 2016, n° 1538, note É. Bazin ; *CCÉ* 2016, n° 81, obs. G. Loiseau ; *RLDI* 2016, n° 4066, obs. L. Costes ; *JCP* 2016, n° 1221, note J. Huet, CRIT. ; *CCC* 2016, n° 243, obs. S. Bernheim-Desvaux – S. Piédelièvre, « Logiciels préinstallés et pratiques commerciales déloyales : l'épilogue ? », *CCÉ* 2016. Ét. 19.

ment économique des consommateurs », ni une pratique commerciale trompeuse. Il appartient donc aux juridictions nationales d'apprécier ce point en tenant compte des circonstances spécifiques de l'affaire, en se référant à un personnage abstrait selon la directive précitée, que ce soit quant à des pratiques déloyales [1], des pratiques trompeuses [2] ou des omissions trompeuses [3]. D'un autre côté, à propos d'une offre conjointe, consistant en la vente d'un ordinateur équipé de logiciels préinstallés, la CJUE considère que l'absence d'indication du prix de chacun des logiciels n'est, ni de nature à empêcher le consommateur de prendre une décision commerciale en connaissance de cause, ni susceptible de l'amener à prendre une décision commerciale qu'il n'aurait pas prise autrement ; le prix de chacun de ces logiciels ne constituant ainsi pas une information substantielle, l'absence d'indication du prix des logiciels ne saurait être considérée comme une pratique commerciale trompeuse. Il est à espérer que cet arrêt de la CJUE mette un terme aux litiges relatifs aux ventes d'ordinateurs avec des logiciels préinstallés [4].

211.15 Transfert de propriété et des risques. Selon un principe fondamental du Droit français, la vente est parfaite entre les parties (et la propriété est acquise de droit à l'acheteur) dès qu'elles sont convenues de la chose et du prix, quoique la chose n'ait pas encore été livrée ni le prix payé (C. civ., art. 1583 – Comp., d'une façon plus générale : C. civ., art. 1196 [5], al. 1er, issu de la réforme du droit des contrats). Il en découle logiquement que les risques de la chose sont pour l'acheteur dès la conclusion du contrat (C. civ., art. 1196, al. 3) : *Res perit domino*. L'acquéreur a obtenu l'exécution du principal effet attendu du contrat, l'effet translatif ; il est normal que, désormais propriétaire, il en assume les risques et reste tenu d'en payer le prix, viendrait-elle à disparaître par cas fortuit. *A contrario*, lorsque l'effet translatif n'a pas joué, il n'en supporte pas les risques. Il en est notamment ainsi lorsqu'une clause retarde le transfert de propriété (telle la *clause de réserve de propriété* [6]), ou le transfert des risques (jusqu'à la livraison). Et encore lorsque la vente porte sur une chose de genre (tant qu'elle n'a pas été individualisée, comme un ordinateur familial de série) ou sur une chose future (tant qu'elle n'a pas été achevée : ainsi d'une unité centrale [processeur] spécifique, sauf clause prévoyant le transfert à mesure de l'avancement de l'élaboration).

211.16 Exceptions au transfert des risques. La règle relative à la charge des risques connaît cependant deux exceptions. D'abord, lorsque dans la vente sous *condition suspensive* il a été convenu que l'accomplissement de la condition rétroagira au jour du contrat (donc aussi l'effet translatif de propriété), l'article 1304-6, alinéa 2, du code civil fait peser les risques sur le vendeur. Ensuite, si le débiteur de l'obligation de délivrer une chose, *mis en demeure de livrer*, n'obtempère pas, il en assume les risques (C. civ., art. 1344-2), sauf s'il peut prouver que la chose fut également périe si l'obligation avait été exécutée [7]. Enfin, lorsque la vente est conclue entre un professionnel et un consommateur « *Tout risque de perte ou d'endommagement du bien est transféré au consommateur au moment où ce dernier ou un tiers désigné par lui prend physiquement possession de ces biens* » (C. consom., art. L. 216-2 [8] ; cependant, lorsque le consommateur confie la livraison du bien à un transporteur autre que celui qui est « *proposé par le professionnel, le risque de perte ou d'endommagement du bien est transféré au consommateur lors de la remise du bien au transporteur* » (C. consom., art. L. 216-3 [9]). Ces dispositions sont applicables aux contrats conclus entre des professionnels et des non-professionnels (C. consom., art. L. 216-8).

211.17 Clause de réserve de propriété. La *clause de réserve de propriété* [10] est une sûreté par laquelle les parties conviennent que le transfert de la propriété de la chose ne se produira que lorsque le prix sera

1. Dir. 2005/29, Parlement et Conseil, 11 mai 2005, art. 5.
2. Dir. 2005/29, Parlement et Conseil, 11 mai 2005, art. 6.
3. Dir. 2005/29, Parlement et Conseil, 11 mai 2005, art. 7.
4. Civ. 1re, 14 déc. 2016, no 14-11.437, P I, no 255 ; *CCÉ* 2017, no 12, obs. G. Loiseau ; *AJ contrat* 2017. 81, obs. V. Legrand ; *CCC* 2017, no 44, obs. S. Bernheim-Desvaux – METTANT UN TERME à l'aff. ayant donné à la question préjudicielle à la CJUE par : Civ. 1re, 17 juin 2015, no 14-11.437, préc. ; finalement, il est reconnu qu'en l'esp. il n'y avait pas de pratique déloyale – Civ. 1re, 29 mars 2017, no 15-13.248, P I, no 80 ; *D.* 2017. 813, obs. T. de Ravel d'Esclapon ; *AJ contrat* 2017. 231, obs. V. Legrand ; *JCP E* 2017. 1359, note S. Le Gac-Pech ; *CCÉ* 2017, no 53, obs. G. Loiseau ; *RJDA* 2017, no 508 ; *Gaz. Pal.* 19 sept. 2017. 29, note S. Piédelièvre – SUR POURVOI CONTRE : Versailles, 22 janv. 2015 – SUR RENVOI DE : Civ. 1re, 6 oct. 2011, no 10-10.800, préc., *idem* – SUR l'arrêt : É. Bazin, « De la vente d'un ordinateur pré-équipé de logiciels », *CCÉ* 2017. Ét. 8 [donnant le no de pourvoi comme étant 14-13.437].
5. C. civ., art. 1196 ; mod. par ord. no 2016-131, 10 févr. 2016, art. 2.
6. V. *infra* ss nos 211.17 s.
7. C. civ., art. 1351-1, al. 1er. ; mod. par ord. no 2016-131, 10 févr. 2016, art. 3.
8. Réd. ord. no 2021-1247, 29 sept. 2021, art. 8 – Civ. 1re, 3 févr. 2021, no 19-22.046, NP, *CCÉ* 2021, no 20, obs. G. Loiseau ; *CCC* 2021, no 68, obs. S. Bernheim-Desvaux ; *JCP E* 2021. 96, note L. Bloch.
9. Numérotation datant de ord. no 2021-1247, 29 sept. 2021, art. 8.
10. F. Pérochon, *La réserve de propriété dans la vente de meubles corporels*, Litec, 1988 – J. Théron, « Pour une relecture de la réserve de propriété », *RTD civ.* 2019. 713.

intégralement payé, bien que la délivrance en ait déjà eu lieu[1]. La suspension du transfert ne remet pas en cause le caractère ferme et définitif de la vente intervenue dès l'accord des parties sur la chose et sur le prix[2]. Mais cette sûreté permet au vendeur de reprendre son bien lorsqu'il n'a pas reçu le paiement intégral, voire en cas de défaillance lors d'une échéance du paiement. Toutefois, son intérêt est moindre dans les contrats relatifs à l'informatique, en raison du vieillissement rapide du matériel, dont la valeur résiduelle est souvent minime. Le jeu de la clause peut être paralysé lorsque la chose ne se retrouve pas « en nature » ; soit parce qu'elle a été modifiée substantiellement ; soit qu'elle ait été incorporée à quel qu'autre bien dont elle ne peut être séparée ou ne pourrait l'être qu'en la détériorant de façon importante, ce qu'il appartient au juge du fond d'apprécier (v. C. com., art. L. 624-16, al. 3[3]) ; soit enfin qu'elle ait été revendue : l'article 2276, alinéa premier, du code civil protège alors l'acquéreur de bonne foi d'un meuble. Néanmoins, le prix peut en être revendiqué dans une procédure collective lorsqu'il n'avait pas encore été payé à la date du jugement d'ouverture[4]. Évidemment, la clause de réserve de propriété doit avoir été acceptée par l'acheteur. La loi précise qu'elle doit être convenue dans un écrit au plus tard au moment de la livraison. Mais, d'une part, ledit écrit peut régir « *un ensemble d'opérations commerciales convenues entre les parties* »[5] ; d'autre part, la délivrance d'un meuble s'opère par le seul consentement des parties si l'acheteur l'avait déjà en son pouvoir à un autre titre, de sorte que « *la clause de réserve de propriété affectant ce bien doit, pour être opposable aux tiers, avoir été convenue dans le contrat de vente* »[6].

211.18 Sort de la clause de réserve de propriété en cas de procédure collective. La clause de réserve de propriété soulève des difficultés en cas de procédure collective de l'acheteur. Le législateur est intervenu pour les régler. Si la loi admet bien la revendication du vendeur même dans cette circonstance, dès lors que les biens sont individualisés et identifiables entre les mains de leur détenteur[7], elle l'assujettit à diverses conditions particulières. La clause doit avoir été convenue entre les parties dans un écrit établi au plus tard au moment de la livraison (C. com., art. L. 621-122, al. 2[8]). Mais elle est présumée acceptée par l'acheteur (et opposable aux tiers) lorsque, stipulée unilatéralement par le vendeur, elle n'a pas été écartée ou modifiée par écrit[9]. Outre le contrat, l'écrit peut être les devis et les factures d'acomptes[10]. Cependant, la signature des bons de livraison sur lesquels figure la clause de réserve ne saurait valoir acceptation de celle-ci lorsqu'elle a été préalablement refusée par l'acheteur ; et l'opposabilité au vendeur du refus de celui-ci ne nécessite pas l'acceptation de celui-là (le vendeur) : il suffit qu'il en connaisse l'existence[11]. Enfin, la clause doit être invoquée dans le délai de trois mois suivant la publication du jugement d'ouverture de la procédure collective[12].

211.19 Élément international – Rappels. Lorsque les contractants se trouvent dans des pays différents, un conflit de loi surgira, qui se résoudra selon les règles habituelles (à défaut d'une clause sur la loi applicable[13]).

1. C. civ., art. 2367 ; créé par ord. n° 2006-346, 23 mars 2006, art. 13.
2. Com. 17 oct. 2018, n° 17-14.986, P, *AJ contrat* 2018. 524, obs. Ph. Delebecque ; *CCC* 2019, n° 1, obs. L. Leveneur ; *RDC* 2018. 131, note F. Danos : d'où une clause de réserve de propriété contenue dans des conditions générales d'une vente portant sur des machines à sous et des *kits* de jeu intégrés n'est pas contraire aux dispositions de la réglementation des jeux dans les casinos.
3. Com. 2 mars 1999, n° 95-18.643, P IV, n° 50 ; *D.* 1999. IR 98 – Com. 2 nov. 2016, n° 14-18.898, P IV, n° 138 ; *RJDA* 2017, n° 99.
4. C. com., art. L. 624-18 ; mod. par ord. n° 2008-1345, 18 déc. 2008, art. 44 – C. civ., art. 2370, créé par ord. n° 2006-346, 23 mars 2006, art. 13.
5. C. com., art. L. 624-16, al. 2 – C. civ., art. 2368, créé par ord. n° 2006-346, 23 mars 2006, art. 13 – Com. 31 janv. 2012, n° 10-28.407, P IV, n° 18 ; *D.* 2012. 432, obs. A. Lienhard ; *D.* 2012. 2196, obs. F.-X. Lucas et P.-M. Le Corre ; *RTD com.* 2012. 617, obs. A. Martin-Serf : « *À défaut d'écrit régissant un ensemble d'opérations commerciales convenues entre les parties, l'acceptation par le débiteur de la clause de réserve de propriété s'apprécie pour chaque vente objet de celle-ci au plus tard à la date de la livraison, cette acceptation pouvant, suivant les circonstances, être déduite de l'existence de relations d'affaires et de la réception par le débiteur, dans le courant de ces relations, de factures antérieures comportant la clause litigieuse, sans protestation de sa part* ».
6. Com. 3 juill. 2012, n° 11-20.425, P IV, n° 147 ; *D.* 2012. AJ 1815, obs. A. Lienhard ; *D.* 2012. 2548. Chron. J. Lecaroz, H. Guillou et F. Arbellot ; *RDC* 2012. 1244, note S. Pimont ; *RTD civ.* 2012. 557, obs. P. Crocq ; *RTD com.* 2013. 142, obs. A. Martin-Serf.
7. EX. À PROPOS DE matériels informatiques et logiciels : Paris, 26 févr. 1999, *Jet Télématique, Gaz. Pal.* 2000. 1, Somm. 905.
8. C. Maury, *Les contrats de concession et de franchisage dans le redressement et la liquidation judiciaires*, th., Toulouse, 2004, n°s 280 s.
9. C. com., art. L. 624-16, al. 2 *in fine* ; art. mod. par ord. n° 2008-1345, 18 déc. 2008, art. 41.
10. Com. 2 nov. 2016, n° 14-18.898, P IV, n° 138 : La clause figurait sur les devis et sur les factures d'acomptes avant la livraison ; celles-ci ont été payées sans observation par la sté débitrice, qui a également apposé sur le bon de livraison la mention « bon pour accord ».
11. SUR CES QUESTIONS, QUATRE ARRÊTS DE PRINCIPE, du même jour, dans des affaires opposant la sté *Codec* à des fournisseurs : Com. 11 juill. 1995, n° 93-10.385, n° 93-10.570, n° 93-10.102, n° 93-10.104, P IV, n°s 210 à 213 ; *JCP E* 1998, n° 971, note J. Vallansan.
12. C. com., art. L. 624-9 ; mod. par ord. n° 2008-1345, 18 déc. 2008, art. 41.
13. Sur celle-ci v. *supra* s^s^ n° 116.141.

Les ventes de marchandises sont en principe soumises à la convention des Nations unies sur les ventes internationales de marchandises conclue à Vienne le 11 avril 1980, dite convention de Vienne[1].

1. Sur laquelle v. *supra* s^{s} n° 116.142.

CHAPITRE

212. Contrat de vente de matériel : obligation du vendeur *erga omnes* (l'obligation de sécurité)

SECTION 0 ORIENTEUR

212.00 **Sommaire du chapitre.**

212.03 **Bibliographie. Ouvrages.** Collectif, *Sécurité des consommateurs et responsabilité du fait des produits*, PUF, 1998 – Ph. Gaudrat et F. Sardain, *Traité de droit civil du numérique*, t. II, Larcier, Bruxelles, 2015, n°s 1188 s. – Ph. le Tourneau, *Responsabilité des vendeurs et fabricants*, 5e éd., « Dalloz référence », 2016 – G. Viney, P. Joudain et S. Carval, *Les régimes spéciaux et l'assurance de responsabilité*, « Traité », LGDJ, 2017.

Manuels. J. Calais-Auloy et H. Temple, *Droit de la consommation*, 9e éd., « Précis », Dalloz, 2015 – J. Julien, *Droit de la consommation*, 3e éd., « Précis Domat », LGDJ-Lextenso, 2019.

Thèses. J.-S. Borghetti, *La responsabilité du fait des produits : Étude de droit comparé*, préf. G. Viney, « BDPr », t. 428, LGDJ, 2004 – E. Bramat, *L'obligation de sécurité : Produits et services mis sur le marché*, Montpellier, 2000 – P. Coëffard, *Garantie des vices cachés et « responsabilité contractuelle de droit commun »*, Poitiers, 2003 – Ph. Laurent, *L'enchevêtrement des actions de l'acheteur liées à l'état du bien vendu*, Nantes, 1998 – M. Leroy, *Contribution à l'étude des obligations du professionnel : Le devoir de répondre des risques créés et de maîtrise professionnelle*, préf. Ph. le Tourneau, Gazette éd., Toulouse, 1998 – P. Oudot, *Le risque de développement : Contribution au maintien du droit à réparation*, Bourgogne, 2001 – S. Taylor, *L'harmonisation communautaire de la responsabilité du fait des produits défectueux : Étude comparative du droit anglais et du droit français*, préf. G. Viney, « BDPr », t. 319, LGDJ, 1999 – M. Zoïa, *L'incidence du droit communautaire sur les contrats spéciaux*, th. Toulouse, 1999.

Contribution. J. Calais-Auloy, « Le risque de développement : une exonération contestable », dans *Mél. M. Cabrillac*, Dalloz-Litec, 1999, p. 81 s.

Articles. A. Batteur, « L'application de la loi du 19 mai 1998 », *LPA* 8 oct. 2001 – M. Cartapanis, « Faut-il repenser l'exonération pour risque de développement ? », *RTD civ.* 2021. 523 – J. Ghestin, « Le nouveau titre IV *bis* du Livre III du code civil : "*De la responsabilité du fait des produits défectueux*" », *JCP* 1998. I. 148 – S. Hocquet-Berg, « Le fabuleux destin de l'obligation de sécurité », *RCA* 2019. Dossier 4 – J. Huet, « Une loi peut en cacher une autre : mise en perspective de la loi sur la responsabilité du fait des produits défectueux », *D. Affaires* 1998, 1160 – P. Jourdain, « Commentaire de la loi du 19 mai 1998 relative à la responsabilité du fait des produits défectueux », *JCP E* 1998. 1204 – J.-P. Karila, « Les équipements participant à un procès industriel et/ou à fonction strictement professionnelle ne relèvent pas du champ d'application des articles 1792 et suivants du code civil », *Gaz. Pal.* 1999. 1. Doctr. 612 s. – C. Larroumet, « La responsabilité civile du fait des produits après la loi du 19 mai 1998 », *D.* 1998. Chron. 311 s.– P. Lokiec, « Le droit des contrats et la protection des attentes », *D.* 2007. Chron. 32 s. – A. Lucas, « La responsabilité du fait des "choses immatérielles" », dans *Mél. P. Catala*, Litec, 2001, p. 817 s. – Ph. Malinvaud, « La loi du 19 mai 1998 relative à la responsabilité du fait des produits défectueux et le droit de la construction », *D.* 1999. Chron. 85 – J. Revel, « La coexistence du droit commun et de la loi relative à la responsabilité du fait des produits défectueux », *RTD com.* 1999. 317.

SECTION 1
PREMIÈRES VUES

212.11 La fausse obligation de sécurité du code de la consommation. Le code de la consommation impose une obligation légale et générale de sécurité *erga omnes* : « *Les produits et les services doivent présenter, dans des conditions normales d'utilisation ou dans d'autres conditions raisonnablement prévisibles par le professionnel, la sécurité à laquelle on peut légitimement s'attendre et ne pas porter atteinte à la vie des personnes* »[1]. L'élément essentiel est *la sécurité à laquelle on peut légitimement s'attendre* (v. les précisions sur la notion de produit satisfaisant à l'obligation générale de sécurité apportées par le code de la consommation, art. L. 421-5, L. 421-6 et L. 421-7). L'emploi du pronom indéfini « on » ne résulterait pas de l'affadissement de la langue mais montrerait que « *la sécurité doit être jugée d'après l'attente du public à qui est destiné le produit ou le service, et non par référence à l'opinion de tel ou tel spécialiste* »[2]. Le renvoi à la *légitimité* est un rappel de la relativité des choses humaines : La sécurité ne peut pas être absolue (l'*insecuritas humana* subsistera toujours). Un auteur s'est efforcé de démontrer que l'obligation de sécurité n'a de véritable substance qu'en la rattachant aux produits et aux services[3]. Cette obligation de sécurité existe même en présence d'un usage anormal, dès lors que le professionnel pouvait *raisonnablement* le prévoir, mais pas dans le cas inverse.

Un tiers victime d'un accident corporel résultant du défaut de sécurité d'un produit peut-il agir contre le fabricant en se fondant sur ce texte ? Sa formulation est si vague, qu'il ne semblait guère pouvoir servir que de guide au juge saisi sur le fondement des articles 1240 [anc. 1382] et 1241 [anc. 1383], lui permettant de caractériser la faute d'un professionnel qui n'aurait pas respecté ses conditions. C'est dire que cette disposition ne crée pas une véritable obligation de sécurité, qu'elle constitue seulement une mesure d'incitation à la prudence et à la vigilance de la part des professionnels : plus qu'une loi de responsabilité et de réparation, il s'agit d'un texte incitatif[4].

212.12 L'obligation prétorienne de sécurité. Toutefois, la Cour de cassation n'avait pas hésité à instaurer une *obligation extracontractuelle de sécurité*, en allant au-delà du vœu pieux du code de la consommation. Elle pèserait sur les fabricants et vendeurs professionnels, à propos des choses qu'ils fabriquent et vendent, au profit des tiers qui seraient victimes d'un vice de la chose[5]. Il n'est pas resté isolé[6]. Cette obligation suppose néanmoins que le dommage résulte d'un vice ou d'un défaut de la chose[7] ; et que le défaut de sécurité ait causé un dommage à une personne ou à un bien autre que le produit défectueux[8].

1. C. consom., art. L. 421-3.
2. J. Calais-Auloy et H. Temple, *Droit de la consommation*, 9e éd., « Précis », Dalloz, 2015, n° 250.
3. E. Bramat, *L'obligation de sécurité [produits et services mis sur le marché]*, *op. cit.*
4. CEP. : Douai, 7 janv. 1999, *Union Générale du Nord, CCC* 2000, n° 73, obs. G. Raymond : condamnant au titre de cet art. le fabricant et les vendeurs successifs d'un luminaire, dont l'ampoule halogène a explosé, à réparer le préjudice subi par la victime – TGI Nanterre, 24 mai 2002, *D.* 2002. IR 1885, à propos d'un médicament.
5. Civ. 1re, 17 janv. 1995, n° 93-13.075, P I, n° 43 ; *D.* 1995. 351, note P. Jourdain et Somm. 15, obs. G. Paisant ; *RGDA* 1995, p. 675, note Ph. Rémy : l'aff. dite « du cerceau » – V. LES VIVES ET PERTINENTES CRITIQUES de Ph. Rémy, « Nouveaux développements de la responsabilité contractuelle », *RGAT* 1995. 529 s. – COMP. : S. Hocquet-Berg, « Le fabuleux destin de l'obligation de sécurité », art. préc.
6. NOT. : Civ. 1re, 3 mars 1998, n° 95-12.078, P I, n° 95 ; *D.* 1999. 36, note G. Pignarre et Ph. Brun ; *JCP* 1998. II. 10049, rapp. P. Sargos ; *JCP E* 1998, n° 1102, note J. Revel – Civ. 1re, 28 avr. 1998, n° 96-20.421, P I, n° 158 ; *D.* 1998. IR 142 ; *JCP* 1998. II. 1088, rapp. P. Sargos ; *RTD civ.* 1998. 684, obs. P. Jourdain – Civ. 1re, 7 nov. 2000, n° 99-12.255, P I, n° 279 ; *JCP* 2000. 2167 – SUR CET ARRÊT : J.-L. Respaud, « De la responsabilité médicale du fait des choses », *Cah. dr. entr.* 2001/1, p. 37 – Civ. 1re, 13 févr. 2001, n° 99-13.589, P I, n° 35 ; *D.* 2001. IR 832 et Somm. 2234, obs. Ph. Delebecque – Versailles, 2 mai 2001, *D.* 2001. IR 1592, vaccin contre l'hépatite B – Paris, 23 sept. 2004, *Ferring c/Mauduit, D.* 2005. 1012 : médicament mis en circulation avant la loi de 1998.
7. Toulouse, 7 juill. 1998, *G. Kunze-Bejon, Gaz. Pal.* 2001. 1. Somm. 700 : rappel de l'obligation de sécurité, mais rejet de la demande en l'absence de vice de la chose – Civ. 1re, 11 mai 1999, n° 97-16.957, NP, *CCC* 1999, n° 140, obs. L. Leveneur, IMPL. – Paris, 10 janv. 2002, *Axa, RCA* 2002, nos 143, note L. Grynbaum : chose non dangereuse par elle-même.
8. Civ. 1re, 9 juill. 2003, n° 00-21.163, P I, n° 173 ; *JCP E* 2003. Pan. n° 1348 ; *RCA* 2003, n° 268 : pas le cas – Civ. 1re, 14 oct. 2015, n° 14-13.847, P I, n° 247 ; *RTD civ.* 2016. 137, obs. P. Jourdain ; *RDC* 2016. 228, note J. Knetsch, *idem*.

La Cour de cassation a adopté cette solution en contemplation de la directive 85/374[1], dans un but de provocation, pour décider le législateur à intervenir, c'est-à-dire à transposer ladite directive. Mais maintenant que celle-ci est intervenue, cette obligation extracontractuelle de sécurité n'a plus de raison d'être[2], sauf à appliquer purement et simplement les articles 1245 et suivants du code civil quand il y a lieu. Elle semble même avoir été implicitement condamnée par la Cour de justice des Communautés[3]. Du reste la même juridiction a jugé que les droits conférés par la législation d'un État membre aux victimes d'un dommage causé par un produit défectueux pouvaient se trouver limités ou restreints à la suite de la transposition de la directive[4]. Toutefois, la CJCE a jugé que la directive 85/374 ne s'oppose pas à l'interprétation d'un Droit national ou à l'application d'une jurisprudence interne établie, selon lesquelles la victime peut demander réparation du dommage causé à une chose destinée à l'usage professionnel et utilisée pour cet usage[5]. Par conséquent, le régime jurisprudentiel français de responsabilité du fait des produits peut continuer à s'appliquer aux dommages causés par de telles choses[6]. Cependant, la responsabilité du fournisseur sur le terrain du Droit commun implique que la victime prouve qu'il a commis une défaillance distincte du défaut de sécurité[7], de sorte que, pour les produits mis en circulation après le 23 mai 1998, la victime ne pourrait plus invoquer la jurisprudence des années 1990, qu'elle ait agi ou non en tant que professionnel[8].

212.13 La véritable obligation de sécurité instaurée par la loi du 19 mai 1998, transposant la directive 85/374 du Conseil du 25 juillet 1985. Avec dix années de retard, et après avoir été lourdement condamnée pour manquement par la Cour de justice des Communautés européennes, la France « transposa » dans son Droit, par la loi du 19 mai 1998[9], la directive 85/374 « *relative au rapprochement des dispositions législatives, réglementaires et administratives des États membres en matière de responsabilité du fait des produits défectueux* »[10].

212.14 Conséquences de l'insertion de l'obligation légale de sécurité du fait des produits défectueux dans le code civil ; elle s'ajoute au Droit commun. En insérant la responsabilité du fait des produits défectueux dans le code civil et non dans le code de la consommation, le législateur érigea implicitement les dispositions (alors nouvelles) au rang de la

1. Dir. 85/374, Conseil, 25 juill. 1985 relative au rapprochement des dispositions législatives, réglementaires et administratives des États membres en matière de responsabilité du fait des produits défectueux, *JOCE* L 210, 7 août, p. 29.
2. DANS LE MÊME SENS : P. Coëffard, *Garantie des vices cachés et « responsabilité contractuelle de droit commun »*, th. préc., n° 181.
3. CJCE 25 avr. 2002, *Commission c/Rép. française*, aff. C-52/00, *Rec.* I, p. 3827 ; *D.* 2002. AJ 1670, obs. C. Rondey ; *D.* 2002. 2462, note C. Larroumet ; *CCC* 2002, n° 117, obs. G. Raymond ; *RTD civ.* 2002. 868, obs. J.-P. Margénaud et J. Raynard – J. Calais-Auloy, « Menace européenne sur la jurisprudence française concernant l'obligation de sécurité du vendeur professionnel (CJCE 25 avr. 2002) », *D.* 2002. Chron. 2458 s.
4. CJCE 25 avr. 2002, *Gonzalez Sanchez (Mme) c/Medicina Asturiana,* aff. C-183/00, *D.* 2002. 2462, note C. Larroumet ; J. Calais-Auloy, art. préc. – P. Oudot « Le piège communautaire de la responsabilité du fait des produits défectueux », *Droit et patrimoine* 2003/111, p. 40 s.
5. CJCE 4 juin 2009, *Moteurs Leroy c/Dalkia France,* aff. C-285/08, *D.* 2009. 1731, note J.-S. Borghetti, CRIT. ; *D.* 2010. Pan. 55, obs. O. Gout ; *JCP* 2009, n° 26, obs. F. Picod ; *JCP* 2009, n° 82, note P. Jourdain, CRIT. ; *JCP* 2009. Chron. 248, n° 5, obs. Ph. Stoffel-Munck ; *Gaz. Pal.* 2009. 2. Somm. 3321, note P. Oudot, CRIT. ; *CCC* 2009, n° 283, obs. G. R. ; *RDC* 2009. 1381, note G. Viney, APPROB. ; *RDC* 2009. 1448, note C. Aubert de Vincelles ; *RTD civ.* 2009. 738, obs. P. Jourdain.
6. Com. 26 mai 2010, n° 07-11.744, P IV, n° 100 ; *D.* 2010. 1484, obs. I. Gallmeister ; *JCP* 2010, n° 35, 848, note J.-J. Barbièri ; *RCA* 2010, n° 257, note S. Hocquet-Berg ; rendu dans l'aff. pour laquelle la C. de cass. avait interrogé la CJCE (CJCE 4 juin 2009, *Moteurs Leroy Somer c/Dalkia France et Ace Europe*, aff. C-285/08, *Rec.* I-04733, préc.). En effet, selon l'arrêt (de règlement ?), « *la Cour de justice des Communautés européennes a énoncé* (CJCE 4 juin 2009, aff. C-285/08, pt n° 28), *que la réparation des dommages causés à une chose destinée à l'usage professionnel et utilisée pour cet usage ne relève pas du champ d'application de la directive 85/374/CEE du Conseil, du 25 juillet 1985, relative au* [...] *fait des produits défectueux* » – Civ. 1re, 1er juill. 2015, n° 14-18.391, P I, n° 165 ; *Gaz. Pal.* 21 oct. 2015. 15, note M. Jaquen, CRIT. : les défauts relevés affectaient non seulement les bouteilles de verre, mais aussi le vin qu'elles devaient contenir, ce dont il résultait que la mévente des bouteilles défectueuses, était consécutive au caractère impropre à la consommation du vin ; ce dommage est indemnisable sur le fondement des anc. art. 1386-1 et suivants [devenus 1245 s.] du C. civ. – Civ. 1re, 11 juill. 2018, n° 17-20.154, P I, n° 139 ; *D.* 2018. 1840, note J.-S. Borghetti ; *AJ contrat* 2018. 442, obs. C.-E Bucher ; *JCP E* 2018. 1590, note L. Grynbaum ; *D.* 2019. Pan. 38, obs. C. Q.-A. ; *RTD civ.* 2019. 121, obs. P. Jourdain.
7. CJCE 25 avr. 2002, *Gonzalez Sanchez (Mme) c/Medicina Asturiana,* aff. C-183/00, préc. – Civ. 1re, 11 juill. 2018, n° 17-20.154, P I, préc. : le régime de responsabilité du fait des produits défectueux ne porte pas atteinte aux droits dont la victime d'un dommage peut se prévaloir au titre de la défaillance contractuelle comme de la responsabilité délictuelle ou encore au titre d'un régime spécial de responsabilité à la condition que ceux-ci reposent sur des fondements différents, telles la garantie des vices cachés ou la faute ; « *tel n'est pas le cas de l'action en responsabilité du fait des choses,* [...] *qui, lorsqu'elle est invoquée à l'encontre du producteur après la mise en circulation du produit, procède nécessairement d'un défaut de sécurité* ».
8. EN CE SENS : J.-J. Barbièri, note préc.
9. L. n° 98-389, 19 mai 1998, relative à la responsabilité du fait des produits défectueux, *JO* 21 mai, p. 774.
10. NOT. POUR UNE ÉTUDE DÉTAILLÉE de cette loi : Ph. le Tourneau, *Responsabilité des vendeurs et fabricants*, 5e éd., « Dalloz référence », 2016, nos 22.51 s.

théorie générale des obligations, leur donnant un domaine qui déborde les limites étroites des relations entre professionnels et consommateurs. L'endroit choisi pour placer cette obligation de sécurité confirme l'opinion. Les articles 1245 à 1245-17 du code civil composent en effet le chapitre 2 du sous-titre II consacré à la « responsabilité extracontractuelle ». Le régime de la responsabilité du fait des produits défectueux ne se substitue donc pas aux dispositions antérieures du *Droit commun* de l'inexécution contractuelle et de la responsabilité délictuelle. De même, elles ne remplacent pas les *règles spéciales* édictées par ailleurs, qu'il s'agisse de celles qui sont applicables à certains contrats (telle la garantie contre les vices cachés dans la vente), ou à certaines choses en particulier (ex. l'indemnisation des victimes d'accidents de la circulation par L. n° 85-677, 5 juill. 1985[1]). Ainsi le régime de 1998 s'ajoute à ceux qui existaient auparavant ; en ce sens il n'a pas bouleversé la matière.

212.15 L'obligation légale de sécurité du fait des produits défectueux n'exclut pas toujours le Droit commun. Non seulement l'obligation de sécurité du fait des produits défectueux s'ajoute aux obligations qui existaient auparavant, mais encore elle ne les exclut pas. Le premier alinéa de l'article 1245-17 du code civil le signifie très clairement, de la façon la plus générale et la plus compréhensive possible : « *Les dispositions du présent titre ne portent pas atteinte aux droits dont la victime d'un dommage peut se prévaloir au titre du droit de la responsabilité contractuelle ou extracontractuelle ou au titre d'un régime spécial de responsabilité* » Le second alinéa du même article ajoute, de manière redondante, et cette fois pour deux régimes particuliers (mais de Droit commun) de la responsabilité : « *Le producteur reste responsable des conséquences de sa faute et de celle des personnes dont il répond* ». Autrement dit, ce régime était tout à la fois *complémentaire des régimes antérieurs* et *facultatif dans le principe de son application*. Il y avait ici une singulière exception au principe classique et de bon sens exprimé par la maxime *specialia generalibus derogant*[2], qui s'applique traditionnellement dans le Droit de la responsabilité comme dans d'autres domaines[3], de sorte que les régimes spéciaux ont normalement le pas sur le régime général. La victime disposait d'un choix, mais il s'agissait d'une option globale : elle ne lui permettait pas « *de butiner, çà et là, dans chacun des deux corps de règles, celle qui lui est le plus favorable* »[4]. Ce parti pris législatif ne favorisait pas l'harmonisation des Droits nationaux, pourtant l'un des objectifs de la directive européenne. Bien au contraire, il ajoutait à la diversité antérieure, et rendait notre Droit encore un peu plus complexe. Au surplus, le caractère facultatif de ce régime tranchait singulièrement avec le fait que son contenu soit impératif. Aussi nous souhaitions l'abrogation de cet article 1245-17.

Un résultat voisin a été obtenu sans intervention législative. En effet, sous couvert d'interprétation de l'article 13 de la directive du 25 juillet 1985, mais opérant une distinction non prévue par elle, la Cour de justice des Communautés européennes considéra que le régime de la responsabilité issue de la directive du 25 juillet 1985 est exclusif : Il exclut l'application de tout autre régime de responsabilité, sauf si celui-ci repose sur un fondement différent, comme la faute ou la garantie contre les vices cachés[5]. La Cour de cassation s'est alignée sur cette position en 2007[6]. Non seulement l'acquéreur ne peut plus invoquer l'obligation prétorienne de sécurité du vendeur professionnel, mais il en va de même d'un tiers au contrat[7].

212.16 L'obligation légale de sécurité relève de la responsabilité civile. Pour autant, la loi du 19 mai 1998, précitée, ne constitue pas un *corpus separatum*, isolé et totalement indépendant. Elle se situe bien dans le Droit de la responsabilité, non seulement en raison de son titre, mais aussi de sa logique qui demeure celle de cette discipline. L'article 1245-8 du code civil, en donne une remarquable illustration, en rappelant que le demandeur doit prouver le

1. L. n° 85-677, 5 juill. 1985 tendant à l'amélioration de la situation des victimes d'accidents de la circulation et à l'accélération des procédures d'indemnisation, *JO* 6 juill., p. 7584.
2. H. Roland, *Lexique juridique des expressions latines*, LexisNexis, 8e éd., 2021, p. 358 – L. Lucienne, *Specialia generalibus derogant*, th. Tours (dir. F. Leduc), 2020 – H. Lécuyer, « La maxime *specialia generalibus derogant* », dans *Mél. Ph. Théry*, LGDJ-Dalloz, 2022.
3. Ph. le Tourneau (dir.), *Droit de la responsabilité et des contrats. Régimes d'indemnisation*, 12e éd., « Dalloz action », 2020, n° 0123.34.
4. J. Revel, art. préc., p. 319.
5. CJCE 25 avr. 2002, *Commission c/Rép. française*, aff. C-52/00, préc. : pas de cumul possible de la responsabilité du fait des produits défectueux et celle du fait des choses de l'anc. art. 1384, al. 1er *in fine* [1242, al. 1er *in fine*], C. civ. – CJCE 10 janv. 2006, *Skov c/Bilka Lavprisvarehus*, aff. C-402/03, *Rec.* I-00199 ; *D.* 2006. 1936, obs. Ph. Brun ; *JCP G* 2006. II. 10082, note L. Grynbaum ; *JCP G* 2006. I. 166, n° 12, obs. Ph. Stoffel-Munck.
6. Civ. 1re, 15 mai 2007, n° 05-17.947, P I, n° 186 ; *D.* 2007. AJ 1593, obs. I. Gallmeister ; *JCP* 2007. II, n° 2344, note L. Leveneur ; *RDC* 2007. 1147, note J.-S. Borghetti 1re esp. ; *RTD civ.* 2007. 580, obs. P. Jourdain – Civ. 1re, 14 nov. 2018, n° 17-23.668, NP, *Gaz. Pal.* 15 janv. 2019. 15, note A. Denizot ; *RJDA* 2019, n° 148.
7. Com. 26 mai 2010, n° 08-18.545, P IV, n° 99 ; *D.* 2010. AJ 1483 ; *JCP E* 2010, n° 34, 1721, note L. Leveneur ; *CCC* 2010, n° 198, obs. L. Leveneur ; *JCP G* 2010, n° 41. Chron. 1015, n° 8, obs. Ph. Stoffel-Munck ; *RCA* 2010, n° 256 ; *RGDA* 2010/4, p. 132, note J. Kullman.

dommage, le défaut et le lien de causalité entre le premier et le second[1]. De même, l'article 1245-12 du code civil, réduisant ou supprimant la responsabilité du producteur en considération de la faute de la victime[2]. Dès lors, à défaut d'une précision dans la loi, il convient de combler la lacune en se référant au Droit commun de la matière.

212.17 L'obligation légale de sécurité du fait des produits défectueux est un régime de responsabilité mixte, principalement objective mais pour partie subjective. L'obligation légale de sécurité du fait des produits défectueux est apparemment un régime de responsabilité *objective*[3]. En effet, il n'est pas nécessaire de prouver une faute (C. civ., art. 1245 et 1245-8), qui ne mentionnent pas la faute ; et l'article 1245-10 du même code, qui lâche la qualification de responsabilité « de plein droit », reprenant une expression souvent utilisée pour désigner la responsabilité générale du fait des choses (elle est frappante, mais inexacte et excessive, toute responsabilité restant soumise à certaines conditions). D'où il importe peu que les causes exactes du sinistre ne soient pas établies, dès lors que le produit n'a pas offert une sécurité normale[4]. Telle a été la volonté du législateur. La loi du 19 mai 1998, précitée, s'inscrit donc dans le vaste courant d'extension des responsabilités reposant sur le *risque créé* et non sur la faute[5].

Cependant, comme souvent, la faute continue de jouer un rôle quelque peu perturbateur dans ce régime objectif. Implicitement, par l'exonération pour le risque de développement[6], car au fond cela revient à ce que le producteur démontre qu'il n'a pas commis de faute. Ensuite, car la faute du producteur lui fait perdre le bénéfice du délai décennal d'extinction de l'action en responsabilité[7]. Enfin, et surtout, il est déchargé de toute responsabilité par la preuve d'une faute de la victime ou d'une personne dont celle-ci est responsable[8]. Certes, la solution est la même, quant à la faute de la victime, dans la responsabilité générale du fait des choses de l'article 1242[9], alinéa 1er *in fine*, du code civil. Et, dans la loi n° 85-677 du 5 juillet 1985 relative aux accidents de la circulation, précitée, toute faute commise par le conducteur limite ou exclut l'indemnisation de ses propres dommages, tandis que les autres victimes peuvent se voir opposer leur faute inexcusable, lorsqu'elle a été la cause exclusive de l'accident, sauf pour les mineurs de quinze ans et les personnes de plus de soixante-dix ans.

Mais cela n'en reste pas moins, dans tous les cas, une contradiction par rapport à la logique d'un régime objectif. De telle sorte qu'il serait sans doute plus juste de dire que ces responsabilités sont *quasi* objectives, et pas totalement objectives. En réalité, la loi du 19 mai 1998 a instauré un régime de responsabilité mixte[10]. La raison en réside sans doute dans le fait que « *Chassez la faute, elle revient au galop !* », comme nous avons pu l'écrire. En effet, *la notion de faute est tellement consubstantielle à notre civilisation, pour moraliser les rapports entre les citoyens, qu'il est difficile de la faire disparaître.* Cela ne peut arriver qu'en présence d'une volonté législative cohérente et forte, ce qui est rarissime ; la loi du 19 mai 1998, précitée, est un texte de transaction, de compromis et, comme tel, forcément bâtard.

212.18 L'obligation légale de sécurité du fait des produits défectueux est un régime de responsabilité extracontractuelle. L'obligation légale de sécurité du fait des produits défectueux est un régime de responsabilité *extracontractuelle*, puisqu'elle bénéficie à toute victime d'un défaut du produit, qu'elle ait été liée ou non par un contrat avec le producteur[11]. La dualité des responsabilités délictuelle et contractuelle est ainsi heureusement écartée, transcendée peut-être, mais sans création d'un troisième ordre de responsabilité, ni contractuelle ni délictuelle, comme cela a pu parfois être avancé.

212.19 L'obligation légale de sécurité du fait des produits défectueux est un régime de responsabilité pesant sur les professionnels. L'obligation légale de sécurité du fait des produits défectueux est un régime de responsabilité pesant nécessairement sur un *professionnel*, le « producteur » largement entendu par le code civil[12]. La loi du 19 mai 1998, précitée, participe de la tendance forte à alourdir la responsabilité du vendeur professionnel, en lui imposant de prendre en charge tous les risques créés par la circulation des biens[13], contribuant ainsi plus largement au renforcement de la responsabilité

1. V. *infra* ss n° 212.81.
2. V. *infra* ss n° 212.137.
3. Toulouse, 22 févr. 2000, *Mapa et Guardia, JCP G* 2000. II. 10429, note Ph. le Tourneau : emploie ce mot.
4. TGI Aix-en-Provence, réf., 2 oct. 2001, *Épx Inzerillo, D.* 2001. IR 3092.
5. Ph. le Tourneau (dir.), *Droit de la responsabilité et des contrats...*, 12e éd., *op. cit.*, nos 0121.11 s.
6. V. *infra* ss n° 212.133.
7. V. *infra* ss n° 212.152.
8. V. *infra* ss n° 212.137.
9. C. civ., art. 1242 ; mod. par ord. n° 2016-131, 10 févr. 2016, art. 2.
10. P. Oudot, th., préc., nos 292 s., est beaucoup plus radical. Cet auteur considère que, du fait de l'introduction de l'exonération pour risque de développement, la loi va à contre-courant du mouvement d'objectivation de la responsabilité civile et, qu'en définitive, la « faute subjective » est son principal fondement.
11. C. civ., art. 1245 ; mod. par ord. n° 2016-131, 10 févr. 2016, art. 2 (v. *infra* ss n° 212.72).
12. V. *infra* ss nos 212.61 s.
13. M. Leroy, th. préc., nos 185 s.

civile professionnelle, à laquelle nous nous intéressons particulièrement depuis longtemps[1].

212.20 Obligation légale de sécurité du fait des produits défectueux et primauté du droit de l'Union européenne. Le juge n'a pas, sauf règles particulières, l'obligation de changer le fondement juridique[2] des demandes[3]. Cependant, il est tenu, lorsque les faits dont il est saisi le justifient, d'appliquer les règles d'ordre public issues du droit de l'Union européenne, telle la responsabilité du fait des produits défectueux, même si le demandeur ne les a pas invoquées[4]. La Cour de cassation rappela ainsi solennellement la primauté du droit de l'Union européenne et l'obligation pour le juge national d'assurer sa pleine effectivité.

SECTION 2
DOMAINE DE LA RESPONSABILITÉ LÉGALE DU FAIT DES PRODUITS DÉFECTUEUX

212.30 Plan. Quels sont les produits (§ 1) et les personnes (§ 2) relevant du régime de la responsabilité légale du fait des produits défectueux ?

§ 1
Quant aux produits

A.
Notion de produit

212.41 Définition du produit. L'article 1245-2 du code civil en donne une définition spécifique : « *Est un produit tout bien meuble, même s'il est incorporé dans un immeuble, y compris les produits du sol, de l'élevage, de la chasse et de la pêche. L'électricité est considérée comme un produit* ». La notion de produit est entendue largement, puisque la loi vise « tout bien meuble » : aucune restriction ne semble possible à l'égard des meubles. Et la loi prévoit même des extensions (qu'il est inutile d'aborder, car elles sont trop éloignées de la matière du présent ouvrage ; pour la même raison nous n'étudierons pas la question des produits humains). La dernière phrase de l'article 1245-2 du code civil précise que l'électricité est un produit. Cela n'allait pas de soi, en raison du caractère incorporel de l'électricité. L'équivoque est donc dissipée, du moins pour l'électricité ; cependant, le cas n'est guère éclairant, les électrons possédant incontestablement une réalité matérielle.

212.42 Situation des œuvres de l'esprit. Mais qu'en est-il des autres biens incorporels, notamment des progiciels ou logiciels et les autres œuvres de l'esprit, plus éloignés ? Selon une réponse ministérielle[5], il sera exceptionnel qu'un logiciel réponde aux autres conditions d'application de la loi, quant au dommage et quant au défaut. Certes, mais cela pourra malheureusement se produire avec un logiciel d'assistance chirurgicale, ou un logiciel d'aide au pilotage d'un avion. Et les jeux vidéo peuvent causer de graves traumatismes aux enfants[6]... ou aux étudiants[7] (sans omettre, *cum grano salis*, certaines copies d'examen si mauvaises qu'elles provoquent un arrêt cardiaque du correcteur !). Ainsi que la dépendance (*addiction*) qu'ils peuvent susciter, exacerbée dans le cas des « boîtes de butin »[8] (*Loot boxes*), dont le contenu est défini aléatoirement ; le joueur achète boîte sur boîte dans l'espoir d'un gain[9]. Que dire des dégâts causés par la pornodivulgation[10] (*revenge porn*) qui se répandent chez les jeunes...

Il n'est guère douteux que ces biens puissent être dommageables ; mais ce n'est pas une raison suffisante pour considérer qu'ils entrent dans le domaine de la loi ! Il nous paraît difficile de considérer que les œuvres de l'esprit, parmi lesquels figurent les logiciels et progiciels, soient un produit dont le défaut puisse engager la responsabilité de leur auteur au sens de la loi du 19 mai 1998, précitée. D'abord, parce que nous croyons que seuls sont visés les biens matériels[11] ; du reste il semble que les auteurs de la

1. NOT. : Ph. le Tourneau, *Responsabilité civile professionnelle*, 2e éd., « Dalloz référence », 2005.
2. Ph. le Tourneau (dir.), *Droit de la responsabilité et des contrats...*, 12e éd., *op. cit.*, n°s 3213.351 s.
3. C. pr. civ., art. 12.
4. Cass. ch. mixte, 7 juill. 2017, n° 15-25.651, P n° 2 ; *D.* 2017. 1800, note M. Bacache ; *JCP* 2017. 926, note C. Quézel-Ambrunaz ; *Gaz. Pal.* 10 oct. 2017. 30, note N. Blanc ; *RCA* 2017. 250, note L. Bloch ; *RTD civ.* 2017. 829, obs. L. Usinier, 872, obs. P. Jourdain et 882, obs. P.-Y. Gautier – S. Grigon (avocat général), « Application du régime de la responsabilité du fait des produits défectueux. Avis », *RJDA*, p. 795 – CASSANT Paris, 6e ch., 10 sept. 2015, RG n° 12/02717, *D.* 2015. AJ 2247, obs. H. Seillan.
5. Rép. min. Justice n° 15677, *JOAN Q* 24 août 1998, p. 4728, à O. de Chazeaux, *JOAN Q* 15 juin 1998, p. 3230.
6. M. Desmurget, *La fabrique du crétin digital. Les dangers des écrans pour nos enfants*, Seuil, 2019.
7. V. *infra* s[s] n° 212.92.
8. N. Noto-Jaffeux, « La qualification de jeu d'argent à l'épreuve des transactions intra-jeu : l'exemple des coffres à butin *loot boxes*) », *AJ Contrat* 2020. Pratiques 431.
9. Y. Sanchez, « Le jeu vidéo à l'épreuve de la législation des jeux de hasard et d'argent : le cas des *loot boxes* », *CCÉ* 2018. Ét. 11, constatant l'inadaptation du droit français à ce phénomène nouveau et suggérant des solutions tant au plan national qu'européen.
10. Contenu sexuellement explicite, publiquement partagé en ligne sans le consentement de la ou des personnes apparaissant sur le contenu, en vue d'en faire une sorte de « vengeance ».
11. DANS LE MÊME SENS : P. Oudot, th. préc., n° 89.

directive 85/374, précitée, n'ont pas songé à ces biens immatériels[1] ; enfin, en raison de leur origine humaine (liée à leur caractère intellectuel), que n'envisage nullement l'article 1245-2 du code civil. Il n'est toutefois pas impossible que la jurisprudence élargisse le domaine de la loi, en y incluant les biens incorporels. Et il est probable que les algorithmes seront inclus dans le champ d'application des produits défectueux lors de la révision annoncée de la directive 85/374/CEE du 25 juillet 1985.

212.43 ***Quid* des plans et études ?** Les ingénieurs, contrôleurs techniques et architectes dressent des plans, élaborent des études, établissent des préconisations, qui serviront à construire des appareils, des machines ou des immeubles. L'application à leur égard du régime des produits défectueux paraît hasardeuse, et contraire aux prévisions des auteurs de la directive et de la loi de transposition. Il n'y a point ici de produit, même en entendant largement ce mot, mais des prestations intellectuelles[2]. Et si elles sont éventuellement incorporées dans l'œuvre, quelle qu'elle soit, cette incorporation[3] est purement intellectuelle et non matérielle, alors que celle d'un logiciel est d'une certaine façon matérielle (même si nous ne croyons pas qu'ils entrent dans la définition légale du produit). Un article, publié dans un journal, dispensant des conseils inexacts, ne constitue pas un produit défectueux[4].

B.
Mise en circulation du produit

212.51 **Double caractéristique de la mise en circulation du produit.** L'article 1245-4[5], alinéa 1er, du code civil donne la définition suivante : « *Un produit est mis en circulation lorsque le producteur s'en est dessaisi volontairement* » ; l'alinéa 2 ajoute : « *Un produit ne fait l'objet que d'une seule mise en circulation* »[6]. Il découle de ce texte que la mise en circulation du produit est une notion autonome, reposant sur un dessaisissement volontaire et unique du producteur.

212.52 **Remise matérielle.** Le dessaisissement volontaire est une *notion de fait*, qui se laisse plus facilement saisir par son contraire, le *dessaisissement involontaire*. Il est certain que le produit n'est pas mis en circulation par le producteur lorsque celui-ci a été dessaisi du produit *à son insu* ou *contre son gré*, en raison d'une réquisition, d'un vol, ou d'un détournement, même si cette perte résulte d'une négligence du producteur. Le *dessaisissement volontaire* suppose la *remise spontanée à autrui de la détention de la chose*. Ce qui compte, c'est la remise matérielle du produit à une autre personne et pas nécessairement le transfert de sa propriété (ou l'absence de celui-ci du fait d'une clause de réserve de propriété).

212.53 **Indifférence du destinataire de la remise.** Peu importe au profit de qui le producteur s'est volontairement dessaisi de son produit. Certes, cela peut être *directement*, entre les mains du *consommateur*, mais cette situation est de plus en plus rare, du moins pour les produits manufacturés. Ce sera le plus souvent entre les mains d'intermédiaires assurant la distribution du produit, du *transporteur* jusqu'au *détaillant*, en passant par le *grossiste*. La généralité de la notion conduit même à considérer que la mise en circulation est constituée lorsque le producteur s'est volontairement dessaisi du produit entre les mains d'un *agent commercial*, d'un *consignataire* voire, plus généralement, d'un *commissionnaire* (mais non d'un préposé ou d'un salarié, d'où la solution différente qu'appelle la situation du VRP). Au fond, un produit est mis en circulation lorsqu'il est sorti du processus de fabrication mis en œuvre par le producteur, et qu'il est entré dans un processus de commercialisation par lequel il se trouve offert au public afin d'être utilisé ou consommé[7].

Il est donc inopportun, pour caractériser le dessaisissement volontaire, de se référer au transfert de la garde de la chose, au sens de l'article 1242, alinéa 1er *in fine*, du code civil, c'est-à-dire le transfert des pouvoirs d'usage, de direction et de contrôle de la chose. D'une part, parce que le transfert de la garde est une limite à la responsabilité du gardien de la chose, alors que le dessaisissement volontaire est le critère de la responsabilité du producteur. D'autre part, parce que cet emprunt compliquerait la simplicité de la solution retenue, en ouvrant la porte à une casuistique restrictive qui n'est pas dans l'esprit libéral de la loi.

212.54 **Indifférence des finalités de la remise.** Mais tout dessaisissement volontaire constitue-t-il une mise en circulation au sens de l'article 1245-4 du code civil ? Pour certains la réponse est négative, car il conviendrait de tenir compte des raisons pour lesquel-

1. A. Lucas, « La responsabilité du fait des "choses immatérielles" », art. préc., no 23.
2. SUR CETTE QUESTION : Ph. Malinvaud, « La loi du 19 mai 1998 relative à la responsabilité du fait des produits défectueux et le droit de la construction », art. préc.
3. Sur l'incorporation v. *infra* ss no 212.61.
4. CJUE 10 juin 2021, aff. C-65/20, *D.* 2021. 1952, obs. J.-S. Borghetti ; *RLDI* 2021. 6079, note T. James ; *RTD civ.* 2021. 655, obs. P. Jourdain, conseils dans le domaine de la santé, mais pourrait s'appliquer aux conseils dans d'autres domaines.
5. C. civ., art. 1245-4 ; créé par ord. no 2016-131, 10 févr. 2016, art. 2.
6. POUR UNE EXCELLENTE ANALYSE DE LA NOTION : O. Sabard, « La mise en circulation et ses effets », *RCA* 2016. Dossier 3.
7. CJCE 9 févr. 2006, *Declan c/O'Byrne,* aff. C-127/04, *Rec.* I-01313 ; *D.* 2006. 1937, obs. Ph. Brun ; *JCP* 2006. II. 10083, note J.-C. Zarka.

les le producteur s'est dessaisi de son produit, autrement dit de *la finalité de son dessaisissement*. Cette interprétation ne semble ni logique ni correspondre à l'esprit de la loi. La mise en circulation est indépendante des finalités du dessaisissement. De plus, elle ne se confond pas avec la « mise sur le marché ». Du reste, dans la liste des causes d'exonération dressée par l'article 1245-10, la destination du produit est une cause visée distinctement de la mise en circulation du produit (C. civ., art. 1245-10, 1° et 3° [1]). Notre position a été adoptée par la CJCE, selon laquelle l'article 7, a, de la directive doit être interprété de la façon suivante : « *Un produit défectueux est mis en circulation lorsqu'il est utilisé à l'occasion d'une prestation de service concrète, de nature médicale, consistant à préparer un organe humain en vue de sa transplantation et que le dommage causé à celui-ci est consécutif à cette préparation* » (CJCE 10 mai 2001, *Veedfald*, aff. C-203/99 [2]). Ainsi est mis en circulation le produit qui est confié à un tiers (à l'exclusion d'un préposé) en vue de le mettre au point, de l'essayer, de le modifier, de le transporter ; de même celui qui est abandonné par le producteur (devenant un déchet au sens de la L. n° 75-633, 15 juill. 1975 [3]), ou qui a été donné par lui (mais non celui qui a été saisi par autorité de justice ou qui a été volé). Il faut, mais il suffit donc, que *le producteur ait spontanément remis à un tiers la détention du produit pour que celui-ci soit considéré comme étant mis en circulation*.

Le propos n'est pas académique. En dehors des causes d'exonération, plusieurs intérêts s'attachent à la mise en circulation, singulièrement la fixation du point de départ du délai d'extinction de la responsabilité du producteur [4].

212.55 Un dessaisissement unique ; les difficultés de la notion. La règle de l'unicité de la mise en circulation est logique et opportune. L'objectif de la loi du 19 mai 1998, précitée, fut de *canaliser la responsabilité du fait des produits défectueux sur la tête de celui qui a pris l'initiative et le risque de mettre un produit en circulation* : là est l'élément, donc le moment, déterminant. Mais la règle de l'unicité soulève des difficultés.

Une première incertitude porte sur les produits fabriqués en série. Faut-il prendre en considération la date de la mise en circulation du premier exemplaire de la série, ou celle de la mise en circulation de chacun des *exemplaires considérés isolément ?* L'opinion dominante est en faveur de cette seconde interprétation, adoptée finalement par la Cour de cassation [5].

Une autre situation est délicate : celle du *produit incorporé à un autre*, meuble ou immeuble, ce produit incorporé pouvant être une matière première ou une partie composante. Deux solutions sont possibles. Soit considérer que la mise en circulation concerne le produit fini dans sa totalité, l'accessoire suivant en quelque sorte le principal ; soit au contraire retenir que l'unicité de la mise en circulation vise chaque élément du produit fini pris isolément. La majorité de la doctrine adopta une *conception analytique*, retenant une mise en circulation pour chaque élément du produit incriminé. Mais qu'en est-il de la mise en circulation d'un produit intégrant des éléments de plusieurs producteurs, comme cela est fréquent ? Le garde des Sceaux de l'époque estima devant l'Assemblée nationale que chaque producteur d'un élément ou d'un composant du produit fini procède à une mise en circulation spécifique, engageant donc sa responsabilité. Cette opinion n'est pas satisfaisante : une conception synthétique nous semble préférable ; la jurisprudence aura à trancher cette difficulté. En pratique, la solution dépendra certes de la question préalable de savoir si le dommage subi est dû à un défaut du produit incorporé, ou à un défaut du produit fini (défaut de la part non incorporée, défaut d'assemblage voire, en amont, défaut de conception). Mais cette question intéresse davantage *les rapports entre le producteur du produit fini et le producteur du produit incorporé* que les relations de la victime avec ces derniers. Pour sa part, *la victime aura toujours intérêt à agir à l'encontre du producteur du produit fini*, celui-ci étant de toute façon, de par la loi, solidairement responsable avec le producteur de la partie composante en cas de dommage causé par le défaut du produit incorporé [6].

§ 2
Quant aux personnes

A
Responsables

212.61 Le producteur *stricto sensu*. Pour l'article 1245-5, alinéa 1er, du code civil, « *Est producteur,*

1. V. *infra* s[s] n° 212.131.
2. CJCE 10 mai 2001, *Veedfald*, aff. C-203/99, *Rec.* I-03569 ; *D.* 2001. 3065, note P. Kayser : relevant au demeurant que l'activité n'était pas effectuée à titre bénévole.
3. L. n° 75-633, 15 juill. 1975, relative à l'élimination des déchets et à la récupération des matériaux, *JO* 16 juill., p. 7279.
4. C. civ., art. 1245-15 ; créé par ord. n° 2016-131, 10 févr. 2016, art. 2.
5. Civ. 1re, 20 sept. 2017, n° 16-19.643, P I, n° 193 ; *D.* 2017. 2279, avis Av. gén. J.-P. Sudre et note G. Viney ; *LPA* 16 janv. 2018. 6, note C. Dubois – Civ. 1re, 21 oct. 2020, n° 19-18.689, P, *CCC* 2021, n° 22, obs. L. Leveneur ; *RDC* 2021/1. 35, obs. J. Knetsch ; *RTD civ.* 2021. 155, obs. P. Jourdain.
6. C. civ., art. 1245-7 ; créé par ord. n° 2016-131, 10 févr. 2016, art. 2.

lorsqu'il agit à titre professionnel, le fabricant d'un produit fini, le producteur d'une matière première, le fabricant d'une partie composante ». L'objectif de cette disposition fut de centraliser la responsabilité sur celui qui est au principe de la chaîne, allant de la production à la consommation. C'est également lui qui est probablement le plus apte à s'assurer.

La responsabilité du producteur est une responsabilité professionnelle. Il faut faire profession de fabriquer des produits finis, des parties composantes ou des matières premières. « *En cas de dommage causé par le défaut d'un produit incorporé dans un autre, le producteur de la partie composante et celui qui a réalisé l'incorporation sont solidairement responsables* »[1]. La victime peut donc s'adresser pour le tout à l'un ou à l'autre, quitte pour celui qui est cité en justice à se retourner contre l'autre, cette action récursoire obéissant alors aux conditions du Droit commun. Il a en effet été jugé que, dans les rapports entre le producteur du produit fini et celui de la partie composante, « *la détermination de leur contribution respective à la dette ne relève pas du champ d'application de la directive et, notamment, des dispositions de l'article 1386-11 du code civil* » (Civ. 1re, 26 nov. 2014, n° 13-18.819[2] ; l'art. 1386-11 est devenu 1245-10).

Deux autres enseignements peuvent être implicitement tirés de la rédaction de l'article 1245-7 du code. D'abord, qu'il n'y a pas de responsabilité solidaire entre le fabricant d'un produit fini et le producteur des matières premières entrant dans la fabrication du produit. Ensuite, que la solidarité n'existe pas davantage entre le producteur de la partie composante et celui qui a réalisé l'incorporation lorsque le dommage n'a pas été causé par le défaut du produit incorporé, mais par le défaut du produit principal, par l'assemblage des deux produits ou par la conception même du produit fini.

En dehors des hypothèses envisagées explicitement ou implicitement par l'article 1245-7, il nous semble que les divers responsables peuvent être actionnés ensemble et être condamnés *in solidum*, car si la loi est muette sur ce point, c'est le Droit commun.

212.62 Extension aux sociétés de grande distribution et aux importateurs. Le législateur procéda à une double extension par l'alinéa 2 de l'article 1245-5 du code civil, assimilant à un producteur, au sens de ce régime, « *toute personne agissant à titre professionnel* :

1° *Qui se présente comme producteur en apposant sur le produit son nom, sa marque ou un autre signe distinctif* ;

2° *Qui importe un produit dans la Communauté européenne en vue d'une vente, d'une location, avec ou sans promesse de vente, ou de toute autre forme de distribution* ».

La première extension vise les sociétés de grande distribution qui, en vendant des produits sous leur propre marque, se substituent aux producteurs dont ils doivent alors logiquement assumer les responsabilités. Au surplus, cette solution est, « *à la fois, une facilité pour les victimes et une manière de responsabiliser les professionnels qui utilisent ces moyens d'identification à titre publicitaire* »[3]. La seconde extension porte sur les produits importés à l'intérieur de l'Union européenne. L'assimilation de l'importateur au producteur d'un pays tiers simplifie sans nul doute l'action de la victime, même si l'assimilation se limite à l'importateur ayant introduit le produit dans le territoire de l'Union européenne, et non à celui qui a introduit le produit en France.

Ces deux extensions ne sont pas exclusives l'une de l'autre, de sorte que ce texte n'écarte pas de son champ d'application l'importateur parallèle commercialisant un produit au titre d'une autorisation de mise sur le marché simplifiée[4].

212.63 Restriction en matière de construction et de vente d'immeuble à construire. À côté de cette double extension il existe aussi une restriction, résultant de l'article 1245-5 *in fine* du code civil selon lequel « *Ne sont pas considérées comme producteurs, au sens du présent titre, les personnes dont la responsabilité peut être recherchée sur le fondement des articles 1792 à 1792-6 et 1646-1* ». Sont ainsi visés, d'une part les constructeurs, et d'autre part les vendeurs d'immeubles à construire, qui sont déjà soumis à un régime spécifique de responsabilité biennale et décennale[5]. Cette exclusion peut sembler contradictoire avec la définition donnée du produit par l'article 1245-2, comme « *tout bien meuble même s'il est incorporé dans un immeuble* ». Toutefois, la contradiction n'est qu'apparente dans la mesure où toutes les personnes qui œuvrent à la construction d'un immeuble ne relèvent pas nécessairement du régime spécial des articles 1792 à 1792-6 et 1646-1 du code civil.

Il en va principalement ainsi des sous-traitants, dont la responsabilité pourra donc être retenue sur le terrain de la responsabilité du fait des produits défectueux. Ils peuvent relever de la loi, car le législateur n'a pas voulu que leur sort fût différent

1. C. civ., art. 1245-7.
2. Civ. 1re, 26 nov. 2014, n° 13-18.819, P IV, n° 198 ; *Gaz. Pal.* 14 janv. 2015. 19, note M. Jaquen ; *D.* 2015. 405, note J.-S. Borghetti, CRIT.
3. G. Viney, P. Joudain et S. Carval, *Les régimes spéciaux et l'assurance de responsabilité, op. cit.*, n° 41.
4. Civ. 1re, 4 juin 2014, n° 13-13.548, P I, n° 105 ; *RJDA* 2015, n° 57 ; *RDC* 2014. 613, note J.-S. Borghetti, CRIT.
5. Ph. le Tourneau (dir.), *Droit de la responsabilité et des contrats. Régimes d'indemnisation*, 12e éd., « Dalloz action », 2020, nos 3312.141 s.

selon qu'ils interviennent dans le domaine de la construction ou dans un autre domaine. Une autre série de personnes peut se voir appliquer les articles 1245-5 et suivants du code civil : les fabricants de matériaux, composants et éléments d'équipements autres que les Epers (éléments pouvant entraîner la responsabilité solidaire) ; les fournisseurs de tous matériaux, composants et éléments d'équipement, y compris les Epers ; enfin, les entrepreneurs, « incorporateurs » et les constructeurs de maisons individuelles lorsque leur responsabilité peut être mise en jeu en vertu du Droit commun (et non en application des art. 1792 s. du C. civ.).

En revanche, les architectes, ingénieurs, contrôleurs et autres prestataires intellectuels échappent à l'application de la loi car, à proprement parler, ils ne fabriquent pas des produits incorporés dans la construction, mais accomplissent de pures prestations intellectuelles. Il pourrait cependant en aller autrement si la jurisprudence adoptait une conception très extensive de la loi[1]. La notion de produit défectueux pourrait bien être le moyen de cette expansion. Aujourd'hui, les procédés industriels et la « domotique » propagent des logiciels de toutes sortes dans la construction des immeubles[2].

212.64 Assimilation partielle des fournisseurs professionnels au producteur. Aux termes de l'article 1245-6, alinéa 1er, du code civil, modifié par les lois n° 2004-1343 du 9 décembre 2004[3] et n° 2006-406 du 5 avril 2006[4], « *le vendeur, le loueur, à l'exception du crédit-bailleur ou du loueur assimilable au crédit-bailleur, ou tout autre fournisseur professionnel, est responsable du défaut de sécurité du produit, dans les mêmes conditions que le producteur, à moins qu'il ne désigne son propre fournisseur ou le producteur, dans un délai de trois mois à compter de la date à laquelle la demande de la victime lui a été notifiée* ». L'extension est importante, mais elle n'a lieu que lorsque le producteur « *ne peut être identifié* », ce qui devrait être relativement rare. Seuls y échappent le crédit-bailleur et le loueur assimilable au crédit-bailleur, ce qui est d'autant plus curieux que la directive assimilait au producteur « *toute personne qui importe un produit dans la Communauté en vue* [d'un] *leasing* »[5].

En outre, les personnes assimilées au producteur échappent à ce régime si elles désignent leur propre fournisseur ou producteur (dans le délai de trois mois de la demande de la victime). Il découle de l'actuelle rédaction de l'article 1245-6 que la responsabilité du distributeur doit désormais être considérée comme *subsidiaire*. Les victimes devront d'abord agir contre le producteur (certes entendu largement), sauf à actionner le distributeur en prouvant une faute personnelle de celui-ci selon le Droit commun[6].

212.65 Recours des fournisseurs professionnels contre le producteur. Pour considérable qu'elle soit, l'assimilation des fournisseurs professionnels au producteur n'est cependant pas totale. En effet la loi leur accorde un recours subrogatoire contre le producteur du produit fourni, du moins si le défaut lui est imputable. Ce recours, conforme au principe de canalisation de la responsabilité sur la personne du producteur, est organisé par l'article 1245-6, alinéa 2, du code civil : « *Le recours du fournisseur contre le producteur obéit aux mêmes règles que la demande émanant de la victime directe du défaut* », sauf la précision que le fournisseur « *doit agir dans l'année suivant la date de sa citation en justice* ».

Ce recours n'est pas fondé sur le Droit commun comme l'est celui du producteur d'une partie composante à l'encontre du producteur du produit fini. Il est propre à la responsabilité du fait des produits défectueux. De sorte qu'il est soumis aux mêmes conditions et limites que l'action de la victime directe du dommage, à l'exception toutefois, comme souvent, de la prescription de l'action récursoire : elle est réduite à un an à partir de la date de la citation en justice du fournisseur par la victime directe[7].

B. Victimes

212.71 État du Droit commun. En Droit commun, la réparation des préjudices n'obéit pas aux mêmes règles selon qu'un contrat existe ou non entre l'auteur d'un dommage et la victime de celui-ci. Le régime de la défaillance contractuelle côtoie ainsi le Droit de la responsabilité délictuelle. Le

1. SUR CETTE QUESTION : Ph. Malinvaud, « La loi du 19 mai 1998 relative à la responsabilité du fait des produits défectueux et le droit de la construction », art. préc.
2. J.-P. Karila, « Les équipements participant à un procès industriel et/ou à fonction strictement professionnelle ne relèvent pas du champ d'application des articles 1792 et suivants du code civil », art. préc. ; l'emploi du terme « procès » est ici une erreur, ou une absence de traduction de l'anglais, puisque ce terme désigne un procédé.
3. L. n° 2004-1343, 9 déc. 2004, de simplification du droit, *JO* 10 déc., p. 20857.
4. L. n° 2006-406, 5 avr. 2006, relative à la garantie de conformité du bien au contrat due par le vendeur au consommateur et à la responsabilité du fait des produits défectueux, *JO* 6 avr., p. 5198.
5. Dir. 85/374, Conseil, 25 juill. 1985, art. 3.2.
6. P. Oudot, « L'obligation de sécurité et la responsabilité du distributeur », *CCC* 2003. Chron. n° 8.
7. SUR CE RECOURS : A. Batteur, « L'application de la loi du 19 mai 1998 », art. préc., II.

principe *de non-option des responsabilités* interdit même à la victime d'une inexécution contractuelle de se prévaloir des règles de la responsabilité délictuelle[1]. Cette distinction est très contestable[2]. Elle l'est d'abord dans son principe. Elle l'est aussi dans son application. En la matière, aucune raison sérieuse n'impose de dissocier le sort des victimes des dommages causés par un produit défectueux selon l'existence ou non d'un contrat.

212.72 Contrairement au Droit commun, la responsabilité du fait des produits défectueux bénéficie à toutes les victimes, aux contractants comme aux tiers. La distinction du Droit commun entre la responsabilité délictuelle et la défaillance contractuelle fut à juste titre répudiée par la directive, puis par la loi française de transposition. En effet, le premier des articles du code civil créant cette responsabilité précise d'emblée : « *Le producteur est responsable du dommage causé par un défaut de son produit, qu'il soit ou non lié par un contrat avec la victime* »[3]. Lorsque le dommage a été causé par un produit défectueux « *les tiers comme les contractants sont soumis au même risque* » ; la réparation doit donc être assurée de « *la même façon* »[4].

212.73 La responsabilité du fait des produits défectueux bénéficie à toutes les victimes, professionnelles ou non professionnelles. L'unification réalisée ne s'arrête d'ailleurs pas à la distinction des contractants victimes et des tiers victimes. En l'absence de restriction expresse, elle s'applique aussi à la distinction des victimes professionnelles et des victimes non professionnelles : peu importe que la victime soit un consommateur ou un professionnel[5]. Du reste la loi emploie le mot neutre de *victime*, et non celui de consommateur. La loi admet ainsi que la responsabilité du fait des produits défectueux bénéficie à l'utilisateur professionnel d'un produit défectueux. Ce choix est conforme à la position traditionnelle du Droit français, qui ne distingue pas entre les victimes selon qu'elles sont professionnelles ou non, hormis la protection contre les clauses abusives[6].

La CJCE a jugé que la directive 85/374 ne s'oppose pas à l'interprétation d'un Droit national ou à l'application d'une jurisprudence interne établie, selon lesquelles la victime peut demander réparation du dommage causé à une chose destinée à l'usage professionnel et utilisée pour cet usage[7] ; par conséquent, le régime jurisprudentiel français de responsabilité du fait des produits peut continuer à s'appliquer aux dommages causés par de telles choses[8]. Cependant, la responsabilité du fournisseur sur le terrain du Droit commun implique que la victime prouve qu'il a commis une défaillance distincte du défaut de sécurité[9].

1. Ph. le Tourneau (dir.), *Droit de la responsabilité et des contrats…, op. cit.*, 12e éd., nos 3213.321 s. – M. Bacache, « Office du juge et responsabilité civile », dans *Mél. J. Héron*, LGDJ, 2008, p. 23 s., souhaitant que la différence de nature entre les deux régimes se traduise sur le plan procédural par une obligation faite au juge de relever d'office le principe de « non-cumul » et la recherche de celui qui est le plus approprié (p. 43).
2. Ph. le Tourneau (dir.), *Droit de la responsabilité et des contrats…, op. cit.*, 12e éd., nos 3213.11 s.
3. C. civ., art. 1245 ; mod. par ord. no 2016-131, 10 févr. 2016, art. 2.
4. C. Larroumet, art. préc., no 12 – POUR UN RAPPEL que le régime de la loi joue au profit de toute victime, « *qu'il y ait eu ou non un engagement contractuel* » : Toulouse, 22 févr. 2000, *Mapa et Guardia*, préc.
5. Civ. 1re, 14 nov. 2018, no 17-23.668, NP, *Gaz. Pal.* 15 janv. 2019. 15, note A. Denizot ; *RJDA* 2019, no 148.
6. SOUS QUELQUES RÉSERVES : Ph. le Tourneau (dir.), *Droit de la responsabilité et des contrats…*, 12e éd., *op. cit.*, 2020, no 3221.51.
7. CJCE 4 juin 2009, *Moteurs Leroy c/Dalkia France*, aff. C-285/08, *Rec.* I-04733 ; *D.* 2009. 1731, note J.-S. Borghetti, CRIT. ; *D.* 2010, Pan. 55, obs. O. Gout ; *JCP G* 2009, no 26, obs. F. Picod ; *JCP G* 2009, no 82, note P. Jourdain, CRIT. ; *JCP G* 2009. Chron. 248, no 5, obs. Ph. Stoffel-Munck ; *Gaz. Pal.* 2009. 2, Somm. 3321, note P. Oudot, CRIT. ; *CCC* 2009, no 283, obs. G. R. ; *Contrats* 2009, p. 1381, note G. Viney, APPROB. ; *Contrats* 2009, p. 1448, note C. Aubert de Vincelles ; *RTD civ.* 2009. 738, obs. P. Jourdain.
8. Com. 26 mai 2010, no 07-11.744, P IV, no 100 ; *D.* 2010. AJ 1484, obs. I. Gallmeister ; *D.* 2010. 2628, note J.-S. Borghetti, CRIT. ; *JCP G* 2010, no 35, 849, note J.-J. Barbiéri ; *RCA* 2010, no 257, note S. Hocquet-Berg ; rendu dans l'aff. pour laquelle la C. de cass. avait interrogé la CJCE (CJCE 4 juin 2009, *Moteurs Leroy c/Dalkia France*, C-285/08, préc.) – Civ. 1re, 1er juill. 2015, no 14-18.391, P I, no 165 ; *D.* 2015. 2227, note B. Girard : les défauts relevés affectaient non seulement les bouteilles de verre, mais aussi le vin qu'elles devaient contenir, ce dont il résultait que la mévente des bouteilles défectueuses, était consécutive au caractère impropre à la consommation du vin ; ce dommage est indemnisable sur le fondement des art. 1386-1 s. du C. civ. [devenus 1245 s.] – Civ. 1re, 11 juill. 2018, no 17-20 154, P I, no 139 ; *D.* 2018. 1840, note J.-S. Borghetti ; *AJ contrat* 2018. 442, obs. C.-E. Bucher ; *JCP E* 2018. 1590, note L. Grynbaum ; *D.* 2019. Pan. 38, obs. C. Q.-A. ; *RTD civ.* 2019. 121, obs. P. Jourdain.
9. CJCE 25 avr. 2002, *Gonzalez Sanchez (Mme) c/Medicina Asturiana*, aff. C-183/00, préc. – Civ. 1re, 11 juill. 2018, no 17-20.154, P I, préc. : le régime de responsabilité du fait des produits défectueux ne porte pas atteinte aux droits dont la victime d'un dommage peut se prévaloir au titre de la défaillance contractuelle comme de la responsabilité délictuelle ou encore au titre d'un régime spécial de responsabilité à la condition que ceux-ci reposent sur des fondements différents, telles la garantie des vices cachés ou la faute ; « *tel n'est pas le cas de l'action en responsabilité du fait des choses, […] qui, lorsqu'elle est invoquée à l'encontre du producteur après la mise en circulation du produit, procède nécessairement d'un défaut de sécurité* ».

SECTION 3
RÉGIME DE LA RESPONSABILITÉ DU FAIT DES PRODUITS DÉFECTUEUX

§ 1
Conditions de la responsabilité

212.81 La preuve. L'article 1245-8 du code civil dispose que « *Le demandeur doit prouver le dommage, le défaut et le lien de causalité entre le défaut et le dommage* ». Cet article est important à trois titres. D'abord, quant à *la nature du régime* instauré par la loi du 19 mai 1998, précitée : il montre qu'il s'agit d'un cas supplémentaire de responsabilité civile[1]. Il l'est ensuite par la *définition qu'il donne des conditions de la responsabilité* : un défaut affectant le produit, un dommage, un lien de causalité entre les deux. Il l'est enfin par *l'attribution de la charge de la preuve* des conditions de la responsabilité : elle pèse sur le demandeur, c'est-à-dire, en pratique, la victime. *Nulle présomption de causalité n'a été retenue ici* : un produit n'est donc pas défectueux du seul fait qu'il a causé un dommage.

Cette sévérité est cependant atténuée par le fait que *la victime, si elle doit prouver le défaut du produit, n'a pas à prouver que ce défaut existait au moment de la mise en circulation de celui-ci*. Cet allégement du fardeau probatoire résulte de l'article 1245-10, 2° permettant au producteur de s'exonérer en prouvant que le défaut n'existait pas lors de la mise en circulation. C'est donc bien que l'antériorité du défaut est présumée. Mais il reste néanmoins à prouver le défaut, alors même que celui-ci découlerait d'une absence d'information sur les précautions à prendre dans l'utilisation du produit[2], donc contrairement à la règle générale de l'article 1112-1, alinéa 4, du code civil, légalisant la solution du fameux arrêt *Hédreul*[3].

A.
Un défaut

212.91 Le défaut du produit : ses deux éléments. Le seul fait du produit ne suffit pas à engager la responsabilité. Il doit résulter d'un *défaut*. La notion de défaut est l'axe central de ce régime. La définition du produit défectueux résulte de l'article 1245-3 du code civil, dont l'alinéa 1er indique les deux éléments caractérisant le produit défectueux. L'un est *objectif* : Le produit défectueux est un produit comportant un défaut de sécurité. L'autre est *subjectif* : Cette sécurité (défaillante en l'espèce) est celle à laquelle on pouvait légitimement s'attendre.

212.92 Le défaut de sécurité n'est pas le vice, ni le caractère dangereux, ni la non-conformité de la chose. Le mot de *défaut* est ambigu. Il évoque celui de *vice*, et donc le vice caché rendant la chose impropre à sa destination. Cependant, le terme de *sécurité* dissipe l'équivoque. Le défaut susceptible d'engager la responsabilité du producteur est seulement *celui qui compromet la sécurité de l'utilisateur du produit* ; à l'évidence sa sécurité physique, mais aussi éventuellement sa sécurité mentale (pensez à certains jeux vidéo proposés aux enfants).

De plus, *l'absence de sécurité ne résulte pas du caractère naturellement dangereux de la chose*, mais seulement du défaut de celle-ci. D'où, le fait qu'une chose dangereuse par nature cause un dommage à autrui, alors qu'elle n'est pas affectée par un défaut, n'engagera pas la responsabilité du producteur selon les articles 1245 et suivants du code civil mais, le cas échéant, si les conditions en sont remplies, sur les autres fondements contractuels ou délictuels.

Enfin, le défaut déterminant l'application du régime des produits défectueux n'est *pas celui qui compromet l'utilité du bien* ; c'est *encore moins un défaut de conformité*. Autrement dit, peu importe que le produit ait ou non les performances convenues : Cet aspect relève de l'action résolutoire pour défaut de conformité, ou en garantie contre les vices cachés[4]. Ce qui compte, ce sont les dommages que le produit est susceptible de causer à la personne ou aux biens de son utilisateur. Encore faut-il préciser comment doivent être appréciées ces potentialités de danger. À cela répond le code, en complétant la définition du défaut de sécurité, par la référence à l'attente légitime de l'utilisateur du produit.

212.93 Attente légitime de l'utilisateur du produit : l'idée générale. Un quelconque défaut de sécurité ne permet pas d'engager la responsabilité du producteur ; sinon, sous réserve de la force majeure, la seule survenance d'un dommage serait suffisante. La solution risquerait de conduire au retrait du marché de tout produit comportant la plus infime possibilité de danger ! Un produit n'est défectueux au sens de la loi que s'il « *n'offre pas la sécurité à laquelle on peut légitimement s'attendre* » (C. civ., art. 1245-3, al. 1er). L'expression n'est pas inédite. Elle figurait déjà dans l'ancien article L. 221-1 [devenu L. 421-3] du code de la consommation[5]. À

1. V. *supra* s[s] n° 212.16.
2. Civ. 1re, 4 févr. 2015, n° 13-27.505, P I, n° 32 ; *Gaz. Pal.* 1er avr. 2015. 8, note P. Oudot, 2e esp. ; *CCC* 2015, n° 110, obs. L. Leveneur ; *RTD civ.* 2015. 404, obs. P Jourdain.
3. V. *supra* s[s] n° 014.14.
4. Paris, 14 sept. 2001, *Les impressions Steve, RCA* 2002, n° 29, note L. Grynbaum : les vices de fonctionnement d'une imprimante, ne portant pas atteinte à la sécurité, ne relèvent pas des art. 1386-1 s. [devenus 1245 s.].
5. V. *supra* s[s] n° 212.11.

cet égard, la loi 19 mai 1998, précitée, ajouta un volet correctif à ces dispositions préventives. Il est donc possible de se référer à ce texte pour éclairer le sens de l'article 1245-3 du code civil, si tant est que cela soit nécessaire[1]. En dehors de son application précise par le code civil, cette idée d'attente légitime nous semble intéressante, et pouvoir être transposée plus largement, en ce sens que tout contractant face à un professionnel a des *attentes légitimes*, que celui-ci ne doit pas décevoir[2]. La sécurité « *à laquelle on peut légitimement s'attendre* » est une norme juridique de comportement[3].

212.94 Critère principal d'interprétation. Le législateur a réduit les marges d'interprétation, par la rédaction qu'il a donnée à l'article 1245-3, alinéa 1er, du code civil. Cela est clair pour l'emploi du pronom « on »[4]. Il signifie que l'attente légitime de l'utilisateur du produit ne doit pas être appréciée *in concreto*, mais *in abstracto*. Le juge saisi de la demande doit prendre en considération, non pas l'attente *particulière* de l'utilisateur du produit dommageable, attente éminemment variable selon l'instruction, l'âge, le sexe, les lubies ou les phobies de cet utilisateur, mais l'attente *commune* d'un utilisateur moyen, sans doute apparenté au traditionnel « bon père de famille »[5] ou, plus souvent, au « bon consommateur », en définitive le « grand public » (selon l'expression employée par la directive 85/374, considérant 6).

212.95 Critères complémentaires d'interprétation : l'attente légitime. L'alinéa 2 de l'article 1245-3 du code civil invite cependant à nuancer l'analyse, en indiquant que « *Dans l'appréciation de la sécurité à laquelle on peut légitimement s'attendre, il doit être tenu compte* [sous-entendu : par le juge] *de toutes les circonstances et, notamment, de la présentation du produit, de l'usage qui peut en être raisonnablement attendu et du moment de sa mise en circulation* » ; sur ce dernier aspect l'alinéa 3, précise qu'un « *produit ne peut être considéré comme défectueux par le seul fait qu'un autre, plus perfectionné, a été mis postérieurement en circulation* ». La solution est de bon sens : Un producteur ne doit pas être pénalisé « *lorsqu'il perfectionne la sécurité de ses produits* »[6]. Autrement dit, l'attente légitime d'un consommateur quant à la sécurité d'un produit qu'il utilise n'est pas la même selon les produits : *L'attente légitime est proportionnelle à l'innocuité naturelle du produit, et inversement proportionnelle à son danger potentiel.*

212.96 Rôle du mode d'emploi dans l'appréciation de l'attente légitime. Mais cette attente sera d'autant plus légitime que le produit aura été utilisé conformément à sa destination et comme il convenait de le faire. D'où l'importance de sa présentation et de son mode d'emploi : Par la connaissance qu'en prend l'utilisateur moyen, et l'intelligence qu'il est supposé en acquérir ainsi, la condition de l'attente légitime conserve un caractère subjectif la rendant irréductible au seul caractère anormalement dangereux du produit. La jurisprudence antérieure, relative à l'obligation d'information du vendeur au titre de l'obligation de délivrance, continue d'être éclairante à cet égard. Du reste des arrêts furent rendus en ce sens « *à la lumière de la directive*

1. COMP. POUR UN RAISONNEMENT INVERSÉ : TGI Nanterre, 5 juin 1998, *R. Janiak, D.* 1999. 336, note J.-C. Galloux ; *Gaz. Pal.* 1999. 2, Somm. 621, obs. N. Beslay : à propos d'un vaccin contre l'hépatite A, interprétant l'anc. art. L. 221-1 du code de la consom., « *à la lumière de la directive CEE du 25 juillet 1985* ».
2. Ph. le Tourneau (dir.), *Droit de la responsabilité et des contrats…, op. cit.*, 12e éd., no 3124.77 – SUR CETTE NOTION : P. Lokiec, « Le droit des contrats et la protection des attentes », art. préc. – X. Dieux, *Le respect dû aux anticipations légitimes d'autrui. Essai sur la genèse d'un principe général du droit*, Bruylant-LGDJ, 1995 – H. Aubry, « L'apport du droit communautaire au droit français des contrats : la notion d'attente légitime », *RID comp.* 2005. 627 s. – A. Albarian, *De la perte de confiance légitime en droit contractuel. Essai d'une théorie*, préf. J. Mestre, Mare et Martin, 2012 – L. Marignol, *La prévisibilité en droit des contrats*, th. Toulouse 1 Capitole, 2018, nos 344 s. et 403 s.
3. P. Oudot, th. préc., nos 386 s.
4. V. *supra* ss no 212.11.
5. S. Darmaisin, « À la recherche du bon père de famille », dans *Libre droit. Mél. Ph. le Tourneau*, Dalloz, 2007. 297 ; F. Viney, *La personne raisonnable (Le bon père de famille et le* plerumque fit). *Contribution à l'étude de la distinction des standards normatifs et descriptifs*, th. Paris I, 2013. Il faut probablement remplacer cette expression par celle de « *personne raisonnable* », puisque la loi no 2014-873 du 4 août 2014 (art. 26), a supprimé dans les divers codes toute référence au « bon père de famille », y voyant une inégalité entre les sexes, alors qu'évidemment la jurisprudence avait toujours entendu cette expression au sens d'une « bonne mère de famille » lorsqu'une femme était en cause. Mais les mots de personne, de victime, de partie civile, *etc.*, qui sont féminins, peuvent-ils s'appliquer à un homme ? Le législateur n'a pas perçu que ce changement, en apparence lexical, revêtait une importance beaucoup plus grande, car il conduisait à l'abaissement de la famille et au triomphe de l'individualisme. Au demeurant, il eut été plus conforme à l'esprit du droit français, quitte à supprimer le mot de père, de le remplacer par celui de parent (« bon parent »), alors que la référence à la personne raisonnable vient de la *Common law* – Après ce que certains nomment une « avancée », les députés de la majorité présidentielle ont adopté le 12 février 2019 un amendement substituant les mots père et mère par parent 1 et parent 2 dans les formulaires scolaires (avec l'idée de l'imposer partout par la suite). Proposer, puis voter une telle mesure (à laquelle s'est opposée le ministre de l'Éducation nationale), implique une dose d'inculture, d'irréflexion et d'intolérance qui restera dans les annales.
6. J. Ghestin, « Le nouveau titre IV *bis* du Livre III du code civil : "*De la responsabilité du fait des produits défectueux*" », *JCP* 1998. I. 148, no 33.

CEE 85/374 du 25 juillet 1985 »[1]. Pour la première fois en 2006, la Cour de cassation adopta cette solution en se fondant sur la responsabilité du fait des produits défectueux[2]. Ainsi un produit ne présentant pas d'anomalie matérielle (intrinsèque) peut cependant comporter un défaut, au sens de la loi, lorsque l'information et les mises en garde sur ses conditions d'utilisation n'ont pas été suffisantes, y compris lorsque l'utilisateur occasionnel n'est pas l'acheteur et ne dispose donc pas de la notice d'information[3] (autrement dit, il ne s'agirait plus seulement d'informer l'utilisateur pour assurer sa sécurité mais plutôt de garantir la délivrance d'une information[4], ce qui semble excessif). Il ressort nettement d'un arrêt de novembre 2019 que, pour offrir la sécurité à laquelle on peut légitimement s'attendre, un médicament doit être nécessairement accompagné d'une notice exposant tous les risques graves connus qu'il peut présenter[5].

À l'inverse, la légitimité de l'attente sera d'autant plus contestable que le produit n'aura pas été utilisé conformément à sa destination, ou aux prescriptions recommandées pour son emploi par le producteur. L'*appréciation in abstracto* du défaut de sécurité n'exclut donc pas des *considérations d'espèce* qui, en cas de litige, offriront aux parties une marge importante de discussion.

B.
Un dommage

212.101 **Définition large du dommage.** Sur le dommage, deuxième condition de la responsabilité, la loi du 19 mai 1998 précitée, ne se démarque guère du Droit commun. L'article 1245-1 du code civil édicte en effet : « *Les dispositions du présent titre s'appliquent à la réparation du dommage qui résulte d'une atteinte à la personne ou à un bien autre que le produit défectueux lui-même* ». « *Du dommage* »[6], c'est-à-dire de tout dommage ou, dans un langage plus précis, de tout préjudice[7], qu'il soit patrimonial[8] ou extrapatrimonial, économique ou moral ; et encore qu'il soit direct comme indirect, tels le préjudice d'affection ou la perte de subsides. Il est indispensable mais suffisant que ce préjudice résulte d'une atteinte à la personne ou à un bien[9]. Peu importe que ce bien ait été utilisé à des fins privées ou à des fins professionnelles. La simple imputabilité du dommage au produit incriminé ne suffit pas à établir son défaut[10].

212.102 **Restriction à la définition large du préjudice quant à celui qui est causé à une chose destinée à un usage professionnel.** Selon l'article 9 de la directive 85/374, le dommage couvre, outre le dommage causé par la mort ou par des lésions corporelles, celui qui est causé à une chose ou la destruction d'une chose, autre que le produit défectueux lui-même, sous déduction d'une franchise de 500 euros, à condition que cette chose soit d'un type normalement destiné à l'usage ou à la consommation privés et ait été utilisée par la victime principalement pour son usage ou sa consommation privés. Dès lors, la réparation des dommages causés à une chose destinée à l'usage professionnel et utilisée pour cet usage ne relève pas du champ d'application de ladite directive. D'où elle n'empêche pas un État membre de prévoir à cet égard un régime de responsabilité correspondant à celui de ce texte.

Telle est la position de la CJCE ; elle a donc jugé que la directive 85/374 ne s'oppose pas à l'interprétation d'un Droit national ou à l'application d'une jurisprudence interne établie, selon lesquelles la victime peut demander réparation du dommage causé à une chose destinée à l'usage professionnel et

1. SPÉC. : Civ. 1re, 5 janv. 1999, n° 97-10.547, NP, *RCA* 1999, n° 71 – Civ. 1re, 24 janv. 2006, n° 02-16.648, *Laboratoires Servier*, P I, n° 35 ; *D.* 2006. IR 396 ; *JCP* 2006. I. 166, n° 5, obs. Ph. Stoffel-Munck : au vu des mentions figurant sur la notice et le résumé des caractéristiques du médicament, l'utilisateur et le prescripteur ne pouvaient pas percevoir les risques d'hypertension artérielle pulmonaire.
2. Civ. 1re, 7 nov. 2006, n° 05-11.604, P I, n° 467 ; *CCC* 2007, n° 60, obs. G. Raymond ; *RDC* 2007. 312, note J.-S. Borghetti : fabricant n'ayant pas donné d'informations suffisantes quant aux précautions à prendre par l'utilisateur d'un béton – Cass. ch. mixte, 7 juill. 2017, n° 15-25.651, P n° 2 ; *D.* 2017. 1800, note M. Bacache ; *JCP* 2017. 926, note C. Quézel-Ambrunaz ; *Gaz. Pal.* 10 oct. 2017. 30, note N. Blanc ; *RCA* 2017. 250, note L. Bloch ; S. Grigon (avocat général), « Application du régime de la responsabilité du fait des produits défectueux. Avis », *RJDA* 2017, p. 795 : défaut d'information quant aux précautions à prendre pour l'emploi d'un produit – SUR POURVOI contre l'arrêt de renvoi : Civ. 1re, 21 oct. 2020, n° 19-18.689, P, *CCC* 2021, n° 22, obs. L. Leveneur ; *RDC* 2021/1. 35, obs. J. Knetsch ; *RTD civ.* 2021. 155, obs. P. Jourdain, *idem*.
3. Civ. 1re, 4 févr. 2015, n° 13-19.781, P I, n° 31 ; *Gaz. Pal.* 1er avr. 2015. 8, note P. Oudot, 1re esp. ; *CCC* 2015, n° 109, obs. L. Leveneur ; *JCP E* 2015. 1265, note S. Le Gac-Pech, CRIT.
4. Note S. Le Gac-Pech préc.
5. Civ. 1re, 27 nov. 2019, n° 18-16.537, P ; *JCP G* 2020. 53, note G. Viney ; *RCA* 2020, n° 15, obs. L. Bloch ; *RDC* 2020/1. 10, obs. J.-S. Borghetti ; *RTD civ.* 2020. 124, obs. P. Jourdain.
6. NOT. SUR LA NOTION : J. Traullé, « Les dommages réparables », *RCA* 2016. Dossier 4.
7. Ph. le Tourneau (dir.), *Droit de la responsabilité et des contrats...*, 12e éd., *op. cit.*, n° 2122.12.
8. Civ. 1re, 1er juill. 2015, n° 14-18.391, P I, n° 165 ; *D.* 2015. 2227, note B. Girard : les défauts relevés affectaient non seulement les bouteilles de verre, mais aussi le vin qu'elles devaient contenir, ce dont il résultait que la mévente des bouteilles défectueuses, était consécutive au caractère impropre à la consommation du vin ; ce dommage est indemnisable sur le fondement des art. 1386-1 s. [devenus 1245 s.] du C. civ.
9. Mais : v. *infra* ss n° 212.102.
10. Civ. 1re, 27 juin 2018, n° 17-17.469, P I, n° 119 ; *RTD civ.* 2018. 925, obs. P. Jourdain ; *RCA* 2018, n° 253, obs. L. Bloch.

utilisée pour cet usage, dès lors que cette victime rapporte seulement la preuve du dommage, du défaut du produit et du lien de causalité entre ce défaut et le dommage[1]. Ainsi, en France, l'article 1245-1, alinéa 2, du code civil est applicable aux biens à usage professionnel[2]. Lorsque les trois conditions énumérées par la CJCE sont remplies, le Droit commun pourrait même être invoqué (en dehors évidemment du champ d'application de la directive), ce qui serait singulier, car cela conduirait à faire bénéficier la réparation des dommages aux biens professionnels d'un traitement plus favorable que celui de tous les autres dommages.

Cependant, la responsabilité du fournisseur sur le terrain du Droit commun implique que la victime prouve qu'il a commis une défaillance distincte du défaut de sécurité, de sorte que, pour les produits mis en circulation après le 23 mai 1998, la victime ne pourrait plus invoquer la jurisprudence des années 1990, qu'elle ait agi ou non en tant que professionnel[3].

212.103 Restriction à la définition large du dommage quant à celui qui affecte le produit lui-même. Une autre restriction avait été prévue quant au préjudice : la loi ne s'applique pas à celui qui affecte le produit lui-même en raison de son défaut[4], et donc pas non plus aux préjudices économiques découlant de cette atteinte[5]. Dans ce cas, entre cocontractants, la victime invoquera le défaut de conformité[6] ou la garantie contre les vices ; si elle est un tiers, les articles 1240 et suivants du code civil. Cette restriction va de soi s'agissant d'une responsabilité fondée sur un défaut de sécurité, et non pas sur un défaut de conformité ou d'utilité, auquel répondent d'autres actions. Mais la loi du 19 mai 1998, précitée, est sortie de la logique de l'obligation de sécurité, en admettant la réparation des dommages causés aux biens, alors que celle-ci ne joue en principe qu'en faveur des personnes.

212.104 Réparation du dommage. Ainsi défini, le dommage résultant d'une atteinte à la personne a vocation à être *intégralement* réparé. Toutefois, la réparation pourra n'être que partielle, lorsque le dommage invoqué ne trouve pas exclusivement sa source dans le défaut du produit. C'est là l'incidence de la causalité[7]. En revanche, quant à l'atteinte aux biens autres que le produit défectueux lui-même, l'article 1245-1, alinéa 2, prévoit que les dispositions du présent titre « *s'appliquent également à la réparation du dommage supérieur à un montant déterminé par décret, qui résulte d'une atteinte à un bien autre que le produit défectueux lui-même* ». Le décret nº 2005-113 du 11 février 2005 fixa le montant de cette franchise à 500 euros, conformément aux prescriptions de la directive.

C.
Un lien de causalité

212.111 Pas de présomption légale de causalité. La victime est dispensée de prouver l'antériorité du défaut par rapport à la mise en circulation du produit. Pour autant, elle n'est pas affranchie de devoir prouver que le dommage subi a pour cause un défaut de sécurité, ce qui n'est pas aisé. Le législateur n'a pas édicté de *présomption de causalité*. La nécessité de la preuve du lien de causalité n'a pas seulement pour effet de rendre plus difficile la mise en œuvre de l'action de la victime ; elle offre aussi aux défendeurs, c'est-à-dire aux producteurs (entendus largement) et fournisseurs professionnels, de larges possibilités d'échapper à leur responsabilité[8]. La simple imputabilité du dommage au produit incriminé ne suffit pas à établir son défaut ni le lien de causalité entre ce défaut et le dommage[9].

212.112 Mais la possibilité de présomptions jurisprudentielles. Cependant, nous avions écrit qu'il ne serait pas étonnant que, par faveur renouvelée pour la victime, la jurisprudence créât dans certains cas une *présomption de défaut* ou, à tout le moins, qu'elle admît assez facilement *la preuve par exclusion* (qui s'apparente à une présomption).

1. CJCE 4 juin 2009, *Moteurs Leroy c/Dalkia France*, aff. C-285/08, *D.* 2009. 1731, note J.-S. Borghetti, CRIT. ; *D.* 2010. Pan. 55, obs. O. Gout ; *JCP* 2009, nº 26, obs. F. Picod ; *JCP* 2009, nº 82, note P. Jourdain, CRIT. ; *JCP* 2009. Chron. 248, nº 5, obs. Ph. Stoffel-Munck ; *Gaz. Pal.* 2009. 2, Somm. 3321, note P. Oudot, CRIT. ; *CCC* 2009, nº 283, obs. G. R. ; *Contrats* 2009, p. 1381, note G. Viney, APPROB. ; *Contrats* 2009, p. 1448, note C. Aubert de Vincelles ; *RTD civ.* 2009. 738, obs. P. Jourdain.
2. Com. 26 mai 2010, nº 07-11.744, P IV, nº 100 ; *D.* 2010. 1484, obs. I. Gallmeister ; *JCP* 2010, nº 35, 848, note J.-J. Barbièri ; *RCA* 2010, nº 257, note S. Hocquet-Berg ; rendu dans l'aff. pour laquelle la C. de cass. avait interrogé la CJCE (CJCE 4 juin 2009, *Moteurs Leroy Somer c/Dalkia France et Ace Europe*, aff. C-285/08, préc.).
3. EN CE SENS : J.-J. Barbièri, note préc.
4. C. civ., art. 1245-1, al. 2, *in fine* – Civ. 1re, 9 déc. 2020, nº 19-21.390, P, *RCA* 2021, nº 49, obs. L. Bloch ; *RTD civ.* 2021. 427, obs. P. Jourdain.
5. Civ. 1re, 9 déc. 2020, nº 19-21.390, P, préc., de sorte que la perte d'exploitation et l'absence de fourniture d'un appareil de remplacement ne sont pas indemnisables sur le fondement des produits défectueux.
6. Civ. 1re, 9 déc. 2020, nº 19-21.390, P, préc.
7. Sur la causalité v. *infra* ss nos 212.111 s.
8. POUR UN RAPPEL DE CETTE CONDITION : Civ. 1re, 23 sept. 2003, nº 01-13.063, *Laboratoires Glaxo-Smithkline*, P I, nº 188 ; *D.* 2004. 898, note Y.-M. Serinet et R. Mislawski : lien de causalité pas établi.
9. Civ. 1re, 27 juin 2018, nº 17-17.469, P I, nº 119 ; *RTD civ.* 2018. 925, obs. P. Jourdain ; *RJDA* 2018, nº 873.

Celle-ci avait été parfois retenue par la jurisprudence, lorsqu'aucune autre cause que celle qui était avancée ne permettait d'expliquer le dommage[1]. Mais elle est fragile : elle ne vaut que si l'exclusion est totale.

En 2008, la Cour de cassation a franchi le pas, en admettant expressément, à propos de médicaments, que la preuve du dommage, du défaut et du lien de causalité « *peut résulter de présomptions, pourvu qu'elles soient graves, précises et concordantes* » (Civ. 1re, 22 mai 2008, nº 06-10.967[2]).

L'indemnisation des victimes de sclérose en plaques, refusée par la Cour de cassation dans le passé, est possible depuis six arrêts du 22 mai 2008[3], la preuve de l'imputabilité de l'affection à la vaccination pouvant intervenir grâce à une présomption[4], en dépit de l'incertitude scientifique (ce qui

1. V., hors du domaine de la loi du 19 mai 1998 : Civ. 2e, 9 déc. 1992, nº 90-21.889, P II, nº 306 – Civ. 1re, 5 nov. 1996, nº 93-21.762, P I, nº 386 ; *D.* 1997. Somm. 348, obs. O. Tournafond ; *RCA* 1997, nº 27 – Civ. 1re, 8 déc. 1998, nº 96-22.139, P I, nº 350 ; *D.* 1999. IR 35 – Civ. 1re, 15 juill. 1999, nº 97-16.783, NP, *CCC* 1999, nº 175, obs. L. Leveneur – Civ. 1re, 10 juill. 2002, nº 01-02.132, P I, nº 198 ; *D.* 2002. IR 2517 – ET, DANS LE DOMAINE de la loi du 19 mai 1998 : Civ. 1re, 24 janv. 2006, nº 03-20.178, nº 02-16.648, *Institut Pasteur et Laboratoires Servier,* P I, nos 34 et 35 ; *JCP* 2006. I. 166, nº 5, obs. Ph. Stoffel-Munck.
2. Civ. 1re, 22 mai 2008, nº 06-10.967, P I, nº 149 ; *D.* 2008. AJ 1544, 1re esp., obs. I. Gallmeister ; *JCP* 2008. II. 10131, note L. Grynbaum, 1re esp. ; *JCP* 2008. I. 186, nº 3, obs. Ph. Stoffel-Munck ; *JCP E* 2008. 2137, note B. Daille-Duclos, 1re esp. ; *RDC* 2008. 1186, note J.-S. Borghetti, 1re esp. – *ADDE* DEPUIS NOT. : Civ. 1re, 22 janv. 2009, nº 07-16.449, P I, nº 11 ; *RCA* 2009, nº 58, note C. Radé ; *JCP* 2009. II. 10031, note P. Sargos ; *RTD civ.* 2009. 329, obs. P. Jourdain : pas de présomptions graves, précises et concordantes, donc pas d'imputabilité de la maladie de Guillain-Barré à la vaccination contre l'hépatite B – Civ. 1re, 25 juin 2009, nº 08-12.781, P I, nº 141 ; *D.* 2009. AJ 1895 ; *D.* 2010. Pan. 49, nº 2, obs. Ph. Brun, 1re esp. ; *JCP* 2009, nº 41, 308, note P. Sargos, 1re esp. ; *RCA* 2009, nº 293 ; *RTD civ.* 2009. 723, obs. P. Jourdain, 1re esp. – Civ. 1re, 9 juill. 2009, nº 08-11.073, P I, nº 176 ; *D.* 2009. AJ 1968, obs. I. Gallmeister ; *D.* 2010. Pan. 49, nº 2, obs. Ph. Brun, 1re esp. ; *Gaz. Pal.* 2009. 2, p. 2595, avis A. Legoux ; *JCP* 2009, nº 41, 308, note P. Sargos, 2e esp. ; *RLDC* 2009/64, nº 3571 ; *CCC* 2009, nº 262, obs. L. Leveneur ; *LPA* 4 déc. 2009, nº 242, p. 7, note N. Dupont, 1re esp. ; *RTD civ.* 2009. 723, obs. P. Jourdain, 2e esp., et p. 736, obs. P. Jourdain ; *RDC* 2010. 79, note J.-S. Borghetti, CRIT., 1re esp. ; *JCP* 2010, nº 16. Chron. 456, nº 13, obs. Ph. Stoffel-Munck : présomptions graves, précises et concordantes qu'un vaccin soit la cause de l'apparition de la sclérose en plaques – Civ. 1re, 25 nov. 2010, nº 09-16.556, P I, nº 845 ; *D.* 2010. AJ 2909, obs. I. Gallmeister ; *JCP* 2010, nº 49, veille 1201, obs. P. Mistretta ; *JCP* 2011, nº 4, 79, note J.-S. Borghetti, CRIT. ; *RCA* 2011, nº 24, note C. Radé, CRIT. ; *RTD civ.* 2011. 134, obs. P. Jourdain : appréciation souveraine des juges du fond de ces éléments (en l'esp. ils n'ont pas retenu l'existence de ces présomptions dans des circonstances de fait assez semblables à celles de l'arrêt Civ. 1re, 25 juin 2009, nº 08-12.781, préc.) – Civ. 1re, 26 sept. 2012, nº 11-17.738, P I, nº 187 ; *D.* 2012. 2853, obs. I. Gallmeister, note CRIT. J.-S. Borghetti ; *D.* 2012. 2376, entretien C. Radé ; *D.* 2013. 40, obs. Ph. Brun et. Gout ; *D.* 2013. 2802, obs. Ph. Delebecque, J.-D. Bretzner et I. Darret-Courgeon ; *JCP* 2012, nº 46, 1199, note C. Quézel-Ambrunaz ; *CCC* 2012, nº 273, obs. L. Leveneur ; *RCA* 2012. 350, note S. Hocquet-Berg ; *RTD civ.* 2013. 131, obs. P. Jourdain : il découle de cet arrêt que l'état de santé antérieur ▶ de la victime, l'absence d'antécédents familiaux et le lien temporel entre la vaccination et l'apparition de la maladie peuvent constituer des présomptions graves, précises et concordantes de nature à établir le caractère défectueux au sens de l'art. 1386-4 [devenu 1245-3] C. civ., du vaccin contre l'hépatite B ; c'est la première fois que la preuve du défaut est admise par présomptions (même si le principe avait été reconnu par les arrêts préc.) – Civ. 1re, 18 oct. 2017, nº 14-18.118 et 15-20.791 (2 arrêts), P I, nº 221 et 222 ; *D.* 2018. 490, note J.-S. Borghetti ; *LPA* 9 févr. 2018. 6, note P.-L. Niel et M. Morin ; *JCP G* 2017. 1220, note G. Viney ; *RTD civ.* 2018. 141, obs. P. Jourdain : pas de présomptions. – Civ. 1re, 21 oct. 2020, nº 19-18.689, P, *CCC* 2021, nº 22, obs. L. Leveneur ; *RDC* 2021/1. 35, obs. J. Knetsch ; *RTD civ.* 2021. 155, obs. P. Jourdain, présomptions établies.
3. Civ. 1re, 22 mai 2008, nº 06-10.967, P I, nº 149, préc. – Civ. 1re, 22 mai 2008, nº 06-14.952, *Laboratoires Glaxosmithkline,* P I, nº 147 ; *D.* 2008. AJ 1544, 2e esp., obs. I. Gallmeister ; *JCP* 2008. II. 10131, note L. Grynbaum, 4e esp. ; *LPA* 28 août 2008, nº 169, p. 6, note C. Sintez, 1re esp. ; *JCP E* 2008. 2137, note B. Daille-Duclos, 3e esp. ; *JCP* 2008. I. 186, nº 3, obs. Ph. Stoffel-Munck ; *RTD civ.* 2008. 492, obs. P. Jourdain, 3e esp. ; *RTD com.* 2009. 200, obs. B. Bouloc ; *RDC* 2008. 1186, note J.-S. Borghetti, 2e esp. – Civ. 1re, 22 mai 2008, nº 05-10.593, *Aventis Pasteur,* NP, *JCP* 2008. II. 10131, note L. Grynbaum, 2e esp. ; *JCP E* 2008. 2137, note B. Daille-Duclos, 5e esp. ; *RTD civ.* 2008. 492, obs. P. Jourdain, 5e esp. ; *RDC* 2008. 1186, note J.-S. Borghetti, 4e esp. – Civ. 1re, 22 mai 2008, nº 06-18.848, NP, *JCP* 2008. II. 10131, note L. Grynbaum, 3e esp. ; *LPA* 28 août 2008, nº 169, p. 6, note C. Sintez, 2e esp. ; *JCP E* 2008. 2137, note B. Daille-Duclos, 4e esp. ; *RTD civ.* 2008. 492, obs. P. Jourdain, 4e esp. ; *RDC* 2008. 1186, note J.-S. Borghetti, 3e esp. – Civ. 1re, 22 mai 2008, nº 05-20.317, P I, nº 148 ; *JCP E* 2008. 2137, note B. Daille-Duclos, 2e esp. ; *RTD civ.* 2008. 492, obs. P. Jourdain, 1re esp. ; *RTD com.* 2009. 200, obs. B. Bouloc ; *RDC* 2008. 1186, note J.-S. Borghetti, 1re esp. – Civ. 1re, 22 mai 2008, nº 07-17.200, *Laboratoires Glaxosmithkline,* NP, *RCA* 2008. Ét. 8, annexe, 6e esp. – Civ. 1re, 22 janv. 2009, nº 07-16.449, P I, nº 11 ; *RCA* 2009, nº 58, note C. Radé ; *JCP* 2009. II. 10031, note P. Sargos ; *RTD civ.* 2009. 329, obs. P. Jourdain : pas de présomptions graves, précises et concordantes, donc pas d'imputabilité de la maladie de Guillain-Barré à la vaccination contre l'hépatite B.
4. D'UNE FAÇON GÉNÉRALE : C. Radé, « Les présomptions d'imputabilité dans le droit de la responsabilité civile », dans *Libre droit, Mél. Ph. le Tourneau*, Dalloz, 2008, p. 885 s. – Civ. 1re, 26 sept. 2012, nº 11-17.738, P I, nº 187, préc. : il découle de cet arrêt que l'état de santé antérieur de la victime, l'absence d'antécédents familiaux et le lien temporel entre la vaccination et l'apparition de la maladie peuvent constituer des présomptions graves, précises et concordantes de nature à établir le caractère défectueux au sens de l'art. 1386-4 [devenu 1386-3] C. civ., du vaccin contre l'hépatite B ; c'est la première fois que la preuve du défaut est admise par présomptions (même si le principe avait été reconnu par les arrêts préc.) – SUR CET ARRÊT, V. AUSSI : O. Gout, « De la preuve du lien de causalité à celle de la défectuosité : nouvel épisode dans le contentieux de la vaccination contre l'hépatite B », *RLDC* 2011. Chron. 4888.

revient à se passer de la causalité scientifique, en admettant l'autonomie de la causalité juridique par rapport à celle-ci). Toutefois, la portée de cette évolution est limitée, car la Cour de cassation laisse aux juges du fond le soin d'apprécier souverainement si les éléments du dossier permettent de caractériser l'existence de présomptions graves, précises et concordantes [1], tout en retenant une interprétation subjective de la défectuosité du vaccin contre l'hépatite B [2]. Une nouvelle étape fut franchie en 2017 [3], la Cour de cassation précisant que demandeur doit prouver d'une part, que le dommage est imputable au produit, d'autre part, que celui-ci est défectueux. Et que cette preuve peut être rapportée par des présomptions pourvu qu'elles soient graves, précises et concordantes. Cependant, les présomptions jugées efficaces pour établir le lien entre le produit et le dommage ne le sont pas automatiquement pour établir le caractère défectueux du produit. Des circonstances qui sont habituellement retenues pour juger de l'imputabilité d'une maladie à un vaccin ne sont pas nécessairement pertinentes pour apprécier l'existence du défaut. Cette solution, qui est une innovation de l'arrêt de 2017, est justifiée car, comme l'a relevé Geneviève Viney, l'assimilation automatique des faits pour retenir l'imputabilité du dommage au produit à ceux qui sont susceptibles de faire présumer le défaut conduirait indirectement à effacer l'exigence du défaut comme condition distincte de la responsabilité du producteur. De plus, selon l'arrêt, les doutes sérieux exprimés par certains experts sur l'existence d'un lien entre le vaccin et la maladie ne peuvent constituer une présomption, dès lors que le défaut d'un vaccin ne peut se déduire de l'absence de certitude scientifique de l'innocuité du produit.

La Cour de justice de l'Union européenne, en réponse à une question de la Cour de cassation française jugea, dans une décision de juin 2017 [4], qu'en l'absence de consensus scientifique, le défaut d'un vaccin et le lien de causalité entre celui-ci et une maladie peuvent être prouvés par un *faisceau d'indices graves, précis et concordants*. La Cour précise néanmoins que les juridictions nationales doivent veiller à ce que ces indices soient effectivement tels pour permettre de conclure que l'existence d'un défaut du produit apparaît comme étant la cause la plus plausible de la survenance du dommage. Dans ce cas, le juge peut se prononcer « *selon sa propre liberté d'appréciation* », et pas seulement sur « *la preuve certaine issue de la recherche médicale* ». En l'espèce, la proximité temporelle entre l'administration d'un vaccin contre l'hépatite B et la survenance d'une maladie (la sclérose ne plaque), l'absence d'antécédents médicaux personnels et familiaux de la personne vaccinée ainsi que l'existence d'un nombre significatif de cas répertoriés de survenance de cette maladie à la suite de telles administrations peuvent, le cas échéant, constituer des indices suffisants pour établir une telle preuve. À la suite de la réponse de la CJUE du 21 juin 2017, précitée, la Cour de cassation rendit les deux arrêts précités d'octobre 2017. Elle jugea qu'il incombe au demandeur d'établir, outre que le dommage est imputable au produit incriminé, que celui-ci est défectueux. De plus, cette preuve peut être apportée par des présomptions, pourvu qu'elles soient graves, précises et concordantes [5].

§ 2
Exonération de la responsabilité

212.121 Gamme des moyens de défense. Les moyens d'échapper à la responsabilité du fait des produits défectueux figurent aux articles 1245-9 à 1245-16 du code civil. À une exception près, ils constituent tous des *défenses au fond*, au sens des articles 71 et 72 du code de procédure civile. Ces moyens peuvent être rangés dans trois catégories, au sein desquelles ils sont très divers : les *causes* d'exonération, les *clauses* d'exonération et les *délais* d'exonération. Il importe peu que les origines exactes du sinistre ne soient pas connues, dès lors que le

1. Civ. 1re, 24 sept. 2009, no 08-16.097, P I, no 185, préc. – Civ. 1re, 29 mai 2013, no 12-20.903, P I, no 116 ; *D.* 2013. 1717, obs.CRIT. I. Gallmeister, note APPROB. J.-S. Borghetti ; *D.* 2013. 1723, noteCRIT. Ph. Brun ; *D.* 2014. 47, obs. Ph. Brun et O. Gout ; *Gaz. Pal.* 14-18 juill. 2013, p. 4, note N. Bergue ; *RTD civ.* 2013. 625, obs. P. Jourdain ; *RTD com.* 2013. 797, obs. B. Bouloc : pas de telles présomptions, par de nombreux éléments relevés par la cour d'appel et repris par la C. de cass. – Civ. 1re, 10 juill. 2013, no 12-21.314, préc. : présomptions graves, précises et concordantes.
2. Civ. 1re, 26 sept. 2012, no 11-17.738, P I, no 187, préc. – Civ. 1re, 10 juill. 2013, no 12-21.314, préc.
3. Civ. 1re, 18 oct. 2017, no 15-20.791, P I ; *JCP G* 2017. 1220, note G. Viney ; *Gaz. Pal.* 16 janv. 2018. 33, note N. Blanc : absence de présomptions de défectuosité du produit à l'origine d'une sclérose en plaque – SUR NOUVEAU POURVOI CONTRE L'ARRÊT DE RENVOI intervenu après cassation par : Civ. 1re, 10 juill. 2013, no 12-21.314, préc.
4. CJUE, 21 juin 2017, *N. W et a. c/Sanofi Pasteur MSD et a.*, aff. C-621/15, *D.* 2017. 1807, note J.-S. Borhetti ; *D.* 2017. Pan. 2054, obs. L. d'Avout et S. Bollée ; *JCP G* 2017. 908, note G. Viney ; *JCP E* 2017. 1419, note L. Grynbaum ; *Gaz. Pal.* 19 sept. 2017. 21, note M. Cormier ; *Gaz. Pal.* 10 oct. 2017. 27, note M. Mekki ; *RLDI* 2017. 6339, note Ph. Brun et C. Quézel-Ambrunaz ; *RDC* 2017. 622, obs. E. Brosset et E. Supiot ; *RTD civ.* 2017. 877, obs. P. Jourdain.
5. Civ. 1re, 18 oct. 2017, nos 14-18.118 et 15-20.791 (2 arrêts), P I, no 221 et 222 ; *LPA* 9 févr. 2018. 6, note P.-L. Niel et M. Morin ; *D.* 2018. 490, note J.-S. Borghetti ; *JCP G* 2016. 8, note G. Viney ; *RTD civ.* 2018. 141, obs. P. Jourdain.

demandeur établit que le produit n'offrait pas une sécurité normale, le producteur ayant la charge de la preuve d'une cause exonératoire [1].

A.
Causes d'exonération

212.131 **Causes spécifiques d'exonération.** Les causes spécifiques d'exonération sont indiquées par l'article 1245-10 du code civil. Elles doivent toutes être interprétées *strictement* [2].

212.132 **Les deux premières causes d'exonération spécifiques.** Le défendeur tentera d'abord d'échapper à sa responsabilité en établissant qu'il n'a pas la qualité de producteur [3] ; où que le produit n'était pas défectueux au sens des textes [4].

212.133 **Troisième cause d'exonération spécifique : le risque de développement.** Aux termes du 4° de l'article 1245-10, 4e, du code civil, « *Le producteur est responsable de plein droit à moins qu'il ne prouve :* [...] *4° Que l'état des connaissances scientifiques et techniques, au moment où il a mis le produit en circulation, n'a pas permis de déceler l'existence du défaut* » (mais v. C. civ., art. 1245-11, al. 1er, à propos des dommages causés par le corps humain ou des produits issus de celui-ci). Tel est ce que la doctrine (mais non la loi) nomme le « risque de développement ». Cette expression ambiguë [5] est devenue usuelle (bien que malvenue car, en définitive, ce n'est jamais le risque qui exonère, mais *le défaut inconnu lors du lancement du produit* : l'exonération est la traduction juridique d'une ignorance de fait). Il en résulte que le régime de la loi du 19 mai 1998, précitée, est plus rigoureux pour les consommateurs que le Droit antérieur car, à propos de la garantie contre les vices de la chose, le vendeur ne peut pas invoquer cette circonstance [6].

Cette situation, paradoxale par rapport à l'évolution contemporaine du Droit et souvent critiquée [7], s'explique par l'objectif de faciliter les innovations [8], ce qui implique de prendre des risques, des risques de développement selon l'intitulé de l'exception, ni identifiés ni identifiables. La situation paradoxale indiquée ci-dessus n'est cependant pas grave, dans la mesure où la loi de 1998 n'exclut pas les régimes antérieurs [9]. Il n'est toutefois pas impossible que la jurisprudence s'aligne désormais (en moins) sur la loi issue de la directive, comme elle s'était alignée (en plus) auparavant. Quoi qu'il en soit, le risque d'absence d'indemnisation résultant de la prise en compte du risque de développement renforce notre conviction de la nécessité de créer un Fonds général de garantie, permettant d'indemniser (forfaitairement) toutes les victimes de dommages corporels. Nous plaidons en ce sens depuis 1972 [10].

212.134 **L'interprétation stricte de l'exonération pour risque de développement.** À la date de mise à jour de ces pages, l'exception pour risque de développement n'a été appliquée qu'une fois par la Cour de cassation française [11], de sorte que ses contours n'ont pas encore été précisés. Cependant, comme toute exception, l'exonération doit être interprétée *strictement* (mais non restrictivement), dans chacun de ses éléments figurant dans la loi, donc quant à trois aspects.

1° Quant à l'état des connaissances, la Cour de justice des Communautés européennes l'a jugé dans une affaire mettant en cause la Grande-Bretagne [12]. *D'abord*, ce n'est pas la connaissance personnelle et effective du producteur qui doit être prise en compte, mais *l'état objectif des connaissances scientifiques et techniques* auxquelles il pouvait accéder au moment de la fabrication du produit, et dont « il est présumé être informé » [13]. À cet égard, l'interprète devrait pouvoir s'inspirer de la jurisprudence rendue sur la notion de « l'état de la technique », à propos de la « brevetabilité » d'une invention, mais en adoptant une conception plus rigoureuse encore (CPI, art. L. 611-11 [14], al. 1er : « *Une invention est*

1. TGI Aix-en-Provence, réf., 2 oct. 2001, *Épx Inzerillo, D.* 2001. IR 3092 : explosion d'une plaque en vitrocéramique d'un « insert » de cheminée.
2. CJCE 10 mai 2001, *Veedfald*, aff. C-203/9, préc.
3. C. civ., art. 1245-10, 1° et 3°.
4. C. civ., art. 1245-10, 2°.
5. M. Cartapanis, « Faut-il repenser l'exonération pour risque de développement ? », art. préc., nos 7 s.
6. J. Calais-Auloy, « Le risque de développement : une exonération contestable », art. préc. – SUR SA QUALIFICATION exacte de « cause d'exonération » : P. Oudot, th. préc., nos 321 s.
7. Not. par M. Cartapanis, « Faut-il repenser l'exonération pour risque de développement ? », art. préc.
8. M. Cartapanis, « Faut-il repenser l'exonération pour risque de développement ? », art. préc., no 6.
9. V. *supra* ss no 212.14.
10. EN DERNIER LIEU : Ph. le Tourneau (dir.), *Droit de la responsabilité et des contrats. Régimes d'indemnisation*, 12e éd., « Dalloz action », 2020, no 0124.16 – *ADDE* : P. Oudot, th. préc., nos 427 s., propose la création d'un nouveau Fonds de garantie, mais spécial à la matière ; M. Cartapanis, « Faut-il repenser l'exonération pour risque de développement ? », art. préc., nos 39 s., *idem*.
11. Civ. 1re, 5 mai 2021, no 19-25.102, NP, *RDC* 2021/4, p. 27, obs. J.-S. Borghetti.
12. CJCE 29 mai 1997, *Commission c/Royaume Uni,* aff. C-300/95, *D.* 1998. 488, note A. Penneau ; *JCP* 1997. I. 4070, no 31, obs. G. Viney.
13. CJCE 29 mai 1997, *Commission c/Royaume Uni,* aff. C-300/95, préc., no 27, *in fine* – POUR la 1re application de cette cause d'exonération : Toulouse, 22 févr. 2000, *Mapa et Guardia, JCP* 2000. II. 10429, note Ph. le Tourneau : relevant qu'en l'esp. le risque était connu depuis longtemps par des études scientifiques, ainsi que les moyens de l'éviter – POUR UNE ANALYSE FOUILLÉE : P. Oudot, th. préc., nos 30 s.
14. CPI, art. L. 611-11 ; mod. par L. no 2008-776, 4 août 2008, art. 132.

considérée comme nouvelle si elle n'est pas comprise dans l'état de la technique »[1]). Il s'agit donc d'un concept nettement plus exigeant que celui des « règles de l'art »[2]. *En outre*, le champ des connaissances accessibles devant être pris en considération n'est pas limité au secteur industriel ou professionnel dans lequel opère le producteur. Il s'étend à *l'ensemble des champs du savoir*, dès lors que l'information disponible était de nature à éveiller l'attention du producteur sur le risque potentiel de son produit[3]. *Enfin*, le degré auquel se situent les connaissances scientifiques disponibles est « *le niveau le plus avancé tel qu'il existait au moment de la mise en circulation du produit en cause* » (CJCE 29 mai 1997, *Commission c/Royaume Uni*, C-300/95[4]), de sorte qu'il s'apprécie au plan international et non pas simplement national[5]. La somme de ces exigences conduit à ce que l'impossibilité de déceler le vice doit quasiment être *absolue* pour pouvoir valablement exonérer le producteur[6]. La défaillance d'un contrôle exercé pour déceler le risque connu ne permet évidemment pas de le déclarer indécelable[7]. Sans que la loi l'ait expressément indiqué, le défaut constitutif du risque de développement doit être inhérent.

2° L'interprétation stricte est de rigueur sur le second aspect de la notion de risque de développement, le fait indécelable. Ici aussi l'interprétation stricte signifie rigoureuse pour le producteur. Il se pourrait bien que le risque de développement s'assimilât au *cas fortuit*, distingué alors de la force majeure (par l'absence de son caractère insurmontable), et que le législateur de 1998 ait ainsi « réactivé » ce concept, en sommeil depuis Domat et Pothier[8].

3° Quant à la mise en circulation, elle s'entend, « *dans le cas de produits fabriqués en série, de la date de commercialisation du lot dont il faisait partie* »[9]. Autrement dit, le risque de développement doit être apprécié de manière évolutive et non point une fois pour toutes lors de la première mise en circulation.

212.135 Quatrième cause d'exonération spécifique, tenant à l'ordre de la loi. *Stricto sensu* : « *le fait du Prince* ». « *Le producteur est responsable de plein droit à moins qu'il ne prouve* : [...] 5° *Que le défaut est dû à la conformité du produit avec des règles impératives d'ordre législatif ou réglementaire* »[10]. Autrement dit, seul le respect scrupuleux des règles légales ou réglementaires impératives (en quelque sorte « le fait du Prince ») exonère le producteur, si bien que le défaut du produit n'est, en définitive, qu'un effet de la norme, une conséquence de son application. Le producteur n'en a été que l'instrument obligé et contraint : l'affaire des véhicules automobiles fonctionnant au GPL en a donné une illustration frappante puisque les normes administratives, interdisant la soupape de sûreté comme dispositif de sécurité, se révélèrent plus tard très dangereuses. En revanche, comme le rappelle l'article 1245-9, conformément à une jurisprudence constante : « *Le producteur peut être responsable du défaut alors même que le produit a été fabriqué dans le respect des règles de l'art ou de normes existantes ou qu'il a fait l'objet d'une autorisation administrative* ».

212.136 Quatrième cause d'exonération spécifique, tenant à l'ordre de la loi : *largo sensu* : *les instructions du cocontractant*. Peut être rapproché de l'ordre de la loi le fait pour le producteur d'une partie composante d'établir que « *le défaut est imputable à la conception du produit dans lequel cette partie a été incorporée ou aux instructions données par le producteur de ce produit* » (C. civ., art. 1245-10, *in fine*). Il s'agit en quelque sorte d'un ordre de *la loi privée*. La solution va de soi. Le fournisseur d'une partie composante ne saurait assumer une responsabilité qui incombe en réalité au seul producteur du produit fini. Les producteurs des parties composantes se voient donc offrir des possibilités d'exonération étendues.

212.137 Causes d'exonération du Droit commun : faute de la victime. Aux termes de l'article 1245-12 du code civil, « *La responsabilité du producteur peut être réduite ou supprimée, compte tenu de toutes les circonstances, lorsque le dommage est causé conjointement par un défaut du produit et par la faute de la victime ou d'une personne dont la victime est responsable* ». La faute de la victime, comme celle des personnes dont elle doit répondre (enfant, préposé...), est donc une cause d'exonération partielle ou totale, ayant pour effet de réduire ou de suppri-

1. SUR CETTE NOTION : A.-F. Guintrand de Peyre, « La jurisprudence française en matière d'accessibilité au public de l'état de la technique », *RD propr. intell.* 1998/91, p. 17 s. – F. Pollaud-Dulian, *La propriété industrielle*, Economica, 2010, n°s 309 s.
2. Sur celles-ci v. *supra* s^s^ n° 122.122.
3. Civ. 1re, 20 sept. 2017, n° 16-19.643, P I, n° 193 ; *D.* 2017. 2279, avis av. gén. J.-P. Sudre et note G. Viney ; *LPA* 16 janv. 2018. 6, note C. Dubois : applique ce point, la cour d'appel ayant relevé divers indices qui auraient dû attirer l'attention du laboratoire sur les risques du *Mediator*. C'est le 1er arrêt de la C. de cass. ayant eu à appliquer l'art. 1245-10, 4e, sur le risque de développement.
4. CJCE 29 mai 1997, *Commission c/Royaume Uni*, aff. C-300/95, préc., n° 26, *in fine*.
5. CJCE 29 mai 1997, *Commission c/Royaume Uni*, aff. C-300/95, préc. – Civ. 1re, 20 sept. 2017, n° 16-19.643, préc.
6. CF. J. Ghestin, art. préc., n° 45.
7. Toulouse, 22 févr. 2000, *Mapa et Guardia*, préc.
8. P. Oudot, th. préc., n°s 153 s.
9. Civ. 1re, 20 sept. 2017, n° 16-19.643, préc. – L. Bloch, « La responsabilité civile du producteur du Médiator© définitivement reconnue », *RCA* 2017. Ét. 12.
10. C. civ., 1245-10, 5°.

mer la responsabilité du producteur. Cette solution est apparemment conforme au Droit commun, à la réserve près que l'article 1245-12 précité n'indique pas le critère de distinction entre l'exonération partielle et l'exonération totale. La tentation existe donc de distinguer, comme en Droit commun, selon que la faute de la victime est constitutive d'une force majeure ou non, l'exonération étant totale dans le premier cas et partielle dans le second. Cependant, la Cour de cassation jugea en 2021, de façon surprenante, qu'était indifférente la faute de la victime ayant seulement aggravé le dommage [1].

212.138 **Fait du tiers.** Selon l'article 1245-13 du code civil, « *La responsabilité du producteur envers la victime n'est pas réduite par le fait d'un tiers ayant concouru à la réalisation du dommage* » [2]. Le fait du tiers n'est pas une cause d'exonération partielle du producteur. Ainsi, la défaillance d'un organisme de contrôle, mandaté par le producteur ou l'importateur, ne permet pas à ces derniers d'échapper à leur responsabilité [3]. Ils pourront tous être éventuellement condamnés *in solidum*, à la suite d'une action de la victime, quitte à ce que le tiers et le producteur se répartissent ensuite la charge définitive de la responsabilité au moyen d'actions récursoires [4].

En revanche, l'article 1245-13 du code civil n'indique pas si la responsabilité du producteur peut être supprimée par le fait d'un tiers. Ce silence soulève une difficulté car, en Droit commun, le fait du tiers est totalement exonératoire quand il présente les caractères de la force majeure. Cette solution peut-elle être étendue à la responsabilité du producteur ? La question risque de conduire à un débat sur *l'autonomie* de la loi du 19 mai 1998, précitée, par rapport au Droit commun. En faveur de l'autonomie, excluant l'exonération totale, il est possible d'avancer la spécialité de ce régime, la considération que si le fait du tiers ne peut réduire la responsabilité du producteur, il ne saurait *a fortiori* la supprimer. En outre, si le législateur avait voulu admettre la possibilité d'une exonération totale du producteur en raison du fait du tiers, il n'aurait pas manqué de le signaler, comme il le fit à propos de la faute de la victime à l'article 1245-12 du code civil.

Cependant, cette thèse n'a pas été retenue par la majorité des premiers interprètes de la loi. Ils firent valoir que les conditions de la responsabilité du producteur postulent, ou impliquent, l'effet totalement exonératoire de la force majeure, que cette force majeure caractérise la faute de la victime, le fait du tiers, ou du reste le cas fortuit. Au demeurant nous ne croyons pas à l'autonomie des régimes spéciaux de responsabilité, qui sont complémentaires des régimes généraux et leur sont assujettis [5].

212.139 **Force majeure.** La force majeure est l'événement dommageable qui, en Droit commun, a la vertu d'être totalement exonératoire lorsqu'il a été imprévisible et irrésistible pour l'auteur supposé du dommage. Sans doute, à la différence de la faute de la victime et du fait du tiers, la force majeure n'est pas envisagée par la loi du 19 mai 1998, précitée. Mais, dès lors que la responsabilité du producteur repose sur la preuve par la victime d'un lien de causalité entre le produit et le dommage, elle ne saurait être retenue lorsque celui-ci établit que le dommage a été inévitablement et irrésistiblement causé par un événement indépendant de lui, c'est-à-dire par un cas constitutif d'une force majeure ; or celle-ci rompt la causalité entre le fait imputé au responsable et le dommage subi par la victime. Au demeurant, la force majeure doit jouer son rôle traditionnel, le silence d'une loi spéciale ne pouvant pas écarter une disposition si fondamentale et si naturellement liée à la responsabilité (et alors que la loi du 19 mai 1998, précitée, est bien une loi de responsabilité). Du reste, un des arrêts précurseurs de l'obligation légale de sécurité [6], avait expressément réservé « *l'existence d'une cause étrangère exonératoire de sa responsabilité* ». Ce qui vaut pour la force majeure doit valoir, pour les mêmes raisons, *a pari*, pour le fait d'un tiers.

B.
Clauses d'exonération

212.141 **Principe.** Le producteur d'un produit peut-il s'exonérer de sa responsabilité éventuelle au moyen d'une clause limitative d'indemnisation, voire élusive de « responsabilité » ? La réponse à cette question est donnée par l'article 1245-14 du code civil, qui combine un principe et une exception. La solution de principe est négative. Elle résulte du 1er alinéa, selon lequel : « *Les clauses qui visent à écarter ou à limiter la responsabilité du fait des produits défectueux sont interdites et réputées non écrites* ».

1. Civ. 1re, 2 juin 2021, no 19-19.349, P, *JCP G* 2021. Doctr. 1182, no 6, obs. crit. C. Bloch ; *RDC* 2021/4, p. 16, obs. M. Dugué, relevant que la portée de la décision est incertaine.
2. Civ. 1re, 28 nov. 2018, no 17-14.356, P I ; *RCA* 2019, no 47, obs. L. Bloch ; *RJDA* 2019, no 232.
3. COMP. : Toulouse, 22 févr. 2000, *Mapa et Guardia, JCP* 2000. II. 10429, note Ph. le Tourneau.
4. SUR celles-ci voir l'importante thèse de : M. Ranouil, *Les recours entre coobligés*, préf. P. Jourdain, *RJS* Éd., 2014.
5. EN CE SENS : M. Poumarède, *Régimes de droit commun et régimes particuliers de responsabilité civile*, th. Toulouse 1, 2003, nos 480 s.
6. Civ. 1re, 17 janv. 1995, no 93-13.075, P I, no 43 ; *D.* 1995. 351, note P. Jourdain et Somm. 15, obs. G. Paisant ; *RGDA* 1995, p. 675, note Ph. Rémy ; aff. dite « du cerceau ».

Interdites, ce qui confère aux article 1245 et suivants du code civil un caractère *d'ordre public*, qui milite dans le sens de leur interprétation stricte ; l'interdiction frappe aussi bien les clauses élusives de « responsabilité » que les clauses limitatives d'indemnisation. *Réputées non écrites*, ce qui est une sanction traditionnelle du Droit de la consommation[1], la nullité limitée à la clause prohibée ne faisant pas perdre au consommateur le bénéfice du contrat conclu.

212.142 Exception pour les clauses convenues entre professionnels. La solution est générale, sauf la dérogation introduite par l'alinéa 2 du même article 1245-14 du code civil, aux termes duquel : « *Toutefois, pour les dommages causés aux biens qui ne sont pas utilisés par la victime principalement pour son usage ou sa consommation privée, les clauses stipulées entre professionnels sont valables* ». Les clauses élusives de responsabilité ou limitatives d'indemnisation sont donc licites dans les rapports entre professionnels, mais à titre exceptionnel, pour les seuls *dommages causés aux biens* et, qui plus est, aux *biens à usage principalement professionnels*.

C.
Délais d'exonération

212.151 Prescription de l'action. Selon l'article 1245-16 du code civil : « *L'action en réparation fondée sur les dispositions du présent titre se prescrit dans un délai de trois ans à compter de la date à laquelle le demandeur a eu ou aurait dû avoir connaissance du dommage, du défaut et de l'identité du producteur* ». Ce délai de prescription est classique dans sa nature, avec toutes les conséquences qui s'y attachent en termes de suspension et d'interruption[2]. La prescription de trois ans ne court qu'à compter du moment où la connaissance du défaut du produit par la victime est certaine. Pour écarter le défaut de présentation d'un médicament, tous ses risques graves connus doivent être signalés dans la notice[3].

Sa durée n'est que de trois ans, alors que le délai de Droit commun est de cinq ans depuis la loi n° 2008-561 du 17 juin 2008[4] (C. civ., art. 2224 ; le contraste était plus frappant avant cette réforme, puisqu'elle était de dix ans en matière délictuelle et de trente ans en matière contractuelle). Mais, d'un autre côté, ces trois années sont supérieures au délai de deux ans pour agir en garantie contre les vices cachés[5]. Si, d'une façon générale, la durée de la prescription peut être abrégée ou allongée par accord des parties (C. civ., art. 2254, al. 1er), cette possibilité est prohibée dans les contrats entre un professionnel et un consommateur[6].

La loi fait courir ce délai de la date à laquelle le demandeur a eu ou aurait dû avoir connaissance du dommage, du défaut et de l'identité du producteur[7].

Au demeurant, la victime n'a pas un droit acquis au bénéfice des trois années que la loi lui accorde ainsi pour agir en responsabilité du producteur. Ce délai de prescription de l'action est lui-même enfermé dans un second délai d'extinction de la responsabilité du producteur de sorte que, même si l'action en réparation n'est pas encore prescrite, il sera impossible à la victime de l'exercer à partir du moment où la responsabilité supposée du producteur sera éteinte par l'écoulement du délai d'extinction prévu par l'article 1245-15 (v. ci-dessous).

212.152 Extinction de la responsabilité. « *Sauf faute du producteur, la responsabilité de celui-ci, fondée sur les dispositions du présent titre, est éteinte dix ans après la mise en circulation du produit même qui a causé le dommage à moins que, durant cette période, la victime n'ait engagé une action en justice* »[8]. La principale raison de cette règle était indiquée par le considérant n° 11 de la directive 85/374 : il serait inéquitable de rendre le producteur responsable des défauts de son produit sans une limitation de durée, alors « *que les produits s'usent avec le temps, que des normes de sécurité plus strictes sont élaborées et que les connaissances scientifiques et techniques progressent* ».

La raison qui fonde ce délai décennal d'extinction en explique aussi le moment de départ autant que la limite. *Le point de départ* est constitué par la mise en circulation du produit, dont l'importance est ainsi une fois de plus mise en valeur. Quant à la limite, elle tient à la *faute du producteur* : elle lui fait perdre le bénéfice du délai décennal d'extinction, pour le faire tomber dans le giron du Droit commun (donc de cinq ans[9] depuis la loi n° 2008-561 du 17 juin 2008[10], à compter de la découverte du dommage).

1. SUR LA NOTION : S. Gaudemet, *La clause réputée non écrite*, préf. Y. Lequette, « Recherches Juridiques », Economica, 2006.
2. Ph. le Tourneau (dir.), *Droit de la responsabilité et des contrats. Régimes d'indemnisation*, 12e éd., « Dalloz action », 2020, nos 4141.61 s. et 4141.71 s.
3. Civ. 1re, 27 nov. 2019, n° 18-16.537, P, *JCP G* 2020. 53, note G. Viney ; *RCA* 2020, n° 15, obs. L. Bloch ; *RDC* 2020/1. 10, obs. J.-S. Borghetti ; *RTD civ.* 2020. 124, obs. P. Jourdain.
4. L. n° 2008-561, 17 juin 2008, portant réforme de la prescription en matière civile, *JO* 18 juin, p. 9856.
5. V. *infra* ss n° 213.181.
6. C. consom., art. 218-1.
7. Versailles, 7 déc. 2006, *Vinci c/MMA, RJDA* 2007, n° 425.
8. C. civ., art. 1245-15.
9. C. civ., art. 2224 ; mod. par L. n° 2008-561, 17 juin 2008, art. 1er.
10. L. n° 2008-561, 17 juin 2008 portant réforme de la prescription en matière civile, *JO* 18 juin, p. 9856.

Interprétant l'article 11 de la directive 85/37, la Cour de justice de l'Union européenne a estimé que ces règles relatives à la prescription doivent être uniformément appliquées. En effet, par ce système, le législateur communautaire assure la sécurité juridique. Étant donné que la responsabilité du producteur est objective et que, par conséquent, ce dernier supporte une charge supérieure à celle d'un régime traditionnel de responsabilité, cette sécurité juridique est importante pour le progrès technique et pour la répartition des risques assurables. Aussi la Cour a jugé que la substitution d'une partie défenderesse à une autre en cours d'instance n'est pas possible, si un producteur qui n'était pas partie défenderesse dans la procédure engagée dans le délai de dix ans, est attrait en tant que partie défenderesse après l'expiration dudit délai [1]. Toutefois, cette rigueur envers les consommateurs est compensée par deux suggestions de l'arrêt permettant de sauver le droit à réparation du demandeur, données *extra petita*.

D'une part, l'article 11 ne s'oppose pas à ce que la juridiction nationale considère que, dans la procédure judiciaire engagée, dans le délai qu'il fixe, à l'encontre de la filiale à 100 % du « producteur », au sens de l'article 3, paragraphe 1er, de la directive, ledit producteur puisse être substitué à cette filiale si cette juridiction constate que la mise en circulation du produit concerné a été déterminée en fait par ce producteur [2] (occultant par conséquent l'existence de personnes morales distinctes). D'autre part, l'article 3, paragraphe 3, de la directive doit être interprété en ce sens que, lorsque la victime d'un produit prétendument défectueux n'a raisonnablement pas pu identifier le producteur dudit produit avant d'exercer ses droits à l'encontre du fournisseur de ce dernier, le fournisseur doit être considéré comme un « producteur », aux fins, notamment, de l'application de l'article 11, précité, s'il n'a pas communiqué à la victime, de sa propre initiative et de manière diligente, l'identité du producteur ou de son propre fournisseur, ce qu'il appartient à la juridiction nationale de vérifier au vu des circonstances de l'espèce.

§ 3
Compétence territoriale

212.161 **Renvoi – Règlement 1215/20 du Parlement européen et du Conseil du 12 décembre 2012.** Le règlement 1215/2012 [3] régit notamment la compétence judiciaire en matière délictuelle [4]. Son article 7, point 2, doit être interprété en ce sens que, en cas de mise en cause de la responsabilité d'un fabricant du fait d'un produit défectueux, le lieu de l'événement causal à l'origine du dommage est le lieu de fabrication du produit en cause [5].

1. SOLUTION INÉDITE : CJUE, G^{de} ch., 2 déc. 2009, *Aventis-Pasteur c/O'Byrne,* aff. C-358/08, *Rec.* I-11305 ; *D.* 2010. 624, note J.-S. Borghetti ; *JCP* 2010, n° 9, 268, note V. A. Christianos ; *JCP* 2010, n° 16. Chron. 456, n° 12, obs. Ph. Stoffel-Munck ; *RTD civ.* 2010. 340, obs. P. Jourdain.

2. Cour suprême Royaume-Uni, 26 mai 2010 [2010] UKSC 23, *O'Byrne c/Aventis-Pasteur*, http://www.supremecourt.gov.uk ; *D.* 2010. 1753, note S. Carval : dans cet épilogue de l'aff. *O'Byrne c/Aventis-Pasteur*, ayant donné lieu à l'arrêt CJUE, G^{de} ch., 2 déc. 2009, *Aventis-Pasteur c/ O'Byrne,* aff. C-358/08 : répondant à une question préjudicielle de la *High Court of Justice*, cette juridiction décide not. que la victime, faute de prouver que le distributeur était étroitement associé au processus de fabrication, ne pouvait pas obtenir la substitution envisagée par la CJUE.
3. Règl. 1215/2012, Parlement et Conseil, 12 déc. 2012 concernant la compétence judiciaire, la reconnaissance et l'exécution des décisions en matière civile et commerciale, *JOUE* L 351, 20 déc., p. 1.
4. V. *infra* s^{s} n° 422.51.
5. CJUE, 4e ch., 16 janv. 2014, *K... c/Pantherwerke AG,* aff. C-45/13, *Rec.* N.

CHAPITRE

213. Contrat de vente de matériel : les obligations du vendeur envers l'acheteur

SECTION 0 ORIENTEUR

213.00 **Sommaire du chapitre.**

Division. Deux obligations spécifiques. En tenant pour acquise l'obligation de conseil (v. *supra* s[s] n°s 014.11 s.) et de sécurité (v. *supra* s[s] n°s 212.11 s.), le fabricant (vendeur initial) et le vendeur ont deux autres obligations principales envers l'acheteur (C. civ., art. 1603) : celle de *délivrer* (sect. 1) et celle de *garantir* la chose qu'ils vendent. Cette dernière se démultiplie elle-même en garantie contre l'éviction (sect. 2), en garantie contre les vices cachés (sect. 3), et en garantie pour défaut de conformité du bien au contrat (sect. 4). Ils peuvent encore être tenus au titre d'une garantie commerciale ou conventionnelle (sect. 5). Les expressions traditionnelles de garanties légales et conventionnelles ne sont pas très heureuses, car les garanties légales sont également conventionnelles, de sorte qu'il serait préférable de désigner les premières de *garanties d'ordre public dues par les professionnels.*

Toutes les garanties légales découlent de « plein droit » du contrat de vente : elles n'ont pas besoin d'être mentionnées de façon expresse. De plus, elles sont complémentaires, ayant des objectifs distincts. Par la première, l'acheteur « *est protégé dans sa qualité, juridique, de propriétaire* », tandis que par les autres « *il est protégé dans ses intérêts, économiques, d'utilisateur* » [1] ou de consommateur. Conceptuellement, la garantie contre l'éviction paraît plus fondamentale que celles contre les vices cachés ou pour le défaut de conformité, car après tout il aurait été possible de laisser les parties s'entendre sur l'utilité économique de la chose. Mais, en jurisprudence et en doctrine, autant la première eut une histoire paisible et taisante, autant la garantie contre les vices cachés connut une vie agitée et bruyante (ce qui n'est pas le cas de la garantie plus récente pour défaut de conformité). Quoi qu'il en soit, les diverses garanties montrent que les obligations accessoires d'un contrat, non seulement peuvent survivre à l'exécution des obligations principales, mais peuvent encore *ne trouver leur raison d'être qu'à partir de ce moment.*

L'effectivité de ces garanties suppose que leur bénéficiaire les invoque, elle leur incombe. C'est, pour un auteur, l'archétype de *l'incombance contractuelle*, par opposition au devoir contractuel. L'incombance contractuelle est aussi une contrainte purement comportementale, mais elle ne pèse sur le contractant que seulement s'il désire obtenir l'avantage qu'elle conditionne. Il s'agit donc d'une exigence préalable et adventice à l'exercice d'un droit. Si le manquement au devoir contractuel constitue une défaillance contractuelle, l'inobservation d'une incombance est sanctionnée par la déchéance du droit conditionné [2]. Le *Vocabulaire juridique Capitant* la définit ainsi : « *Charge, devoir dont l'inobservation expose son auteur non à une condamnation, mais à la perte des avantages attachés à l'accomplissement de ce devoir* » [3].

213.03 Bibliographie.
* V. *supra* s[s] n° 21.03 – ADDE :

Contribution. J. Calais-Auloy, « De la garantie des vices cachés à la garantie de conformité », dans *Mél. C. Mouly*, Litec, 1998, p. 62 s.

Thèses. D. Bohousson, *L'obligation de garantie dans les contrats relatifs à l'informatique*, Montpellier, 1993 – P. Coëffard, *Garantie des vices cachés et responsabilité contractuelle de droit commun* », Poitiers, 2003 – E. Jolivet, *Les Incoterms : Étude d'une norme du commerce international*, avant-propos Ph. Fouchard, préf. D. Ferrier, « Bibliothèque de droit de l'entreprise », t. 62, Litec, 2004 – Ph. Laurent, *L'enchevêtrement des actions de l'acheteur liées à l'état du bien vendu*, Rennes, 1998 – O. Gout, *Le juge et l'annulation du contrat*, préf. P. Ancel, PUAM, 1999.

Articles. S. Amrani-Mekki, « La résiliation unilatérale des contrats à durée déterminée », *Defrénois* 2003. 369 s. – D. Plantamp, « Le particularisme du remplacement dans la vente commerciale », *D.* 2000. Chron. 243 s. – Ph. le Tourneau, « Conformités et garanties dans la vente d'objets mobiliers corporels », *RTD com.* 1980. 231 ; « La transposition en Droit français de la directive du 25 mai 1997 : les droits de l'acheteur », *Cah. dr. entr.* 2003/1, p. 9 s.

SECTION 1
OBLIGATION DE DÉLIVRANCE

213.11 Définition et modalités de la délivrance. La délivrance, acte d'exécution du contrat (fait juridique), est *la mise à la disposition de la chose à l'acquéreur, au temps et au lieu convenus.* Cette définition recouvre toutes les variétés de la délivrance : remise de la main à la main ; remise de la chose à un transporteur ou à un commissionnaire pour le compte de l'acheteur ; remise par endossement du titre représentant la marchandise (ex. connaissement)...

L'acheteur ne peut pas refuser d'exécuter le contrat en prétextant l'apparition d'une nouvelle gamme : ce fait ne constitue pas un événement de force majeure, n'étant ni irrésistible ni imprévisible, surtout dans un tel domaine [4].

213.12 Lieu de la délivrance. La chose est en principe *quérable* au siège social ou succursale du vendeur et non « portable ». Il en est ainsi, tant lorsque la vente porte sur un corps certain que lorsqu'elle porte sur une chose à fabriquer ; simplement, dans ce dernier cas, l'objet de la vente ne deviendra un corps certain qu'après le temps nécessaire à sa fabrication. Le principe n'est pas d'ordre public : Il est possible d'y déroger par une clause particulière, ce qui est très fréquent. Dans les ventes internationales, souvent liées avec un transport, les parties renvoient généralement à un des INCOTERMS [5]. Mais ils peuvent aussi recourir aux diverses solutions proposées par la convention de Vienne [6].

1. J. Huet et a. (dir.), *Les principaux contrats spéciaux,* 3e éd., « Traité de droit civil », LGDJ, 2012, n° 11279.
2. B. Freleteau, *Devoir et incombance en matière contractuelle*, préf. L. Santonie-Laguionie, « BDPr », t. 576, LGDJ, 2017, n°s 415 s. – Le concept d'incombance est né en droit allemand puis s'est propagé dans d'autres systèmes juridiques, not. en Belgique grâce aux travaux de M. Fontaine. En droit français un des premiers auteurs à avoir attiré l'attention sur elle fut S. Licari, « Pour la reconnaissance de la notion d'incombance », *RRJ* 2002. 703.
3. G. Cornu (dir.), *Vocabulaire juridique,* 11e éd., « Quadrige », PUF, 2016 (auquel nous avons eu l'honneur et le bonheur de participer), *V°* « Incombance ».
4. À PROPOS de l'acheteur de mille appareils de bureautique : Versailles, 29 sept. 1988, *D.* 1988. IR 260.
5. DONT LA DERNIÈRE VERSION est celle des INCOTERMS 2020 – NOT. SUR LES INCOTERMS, MAIS DANS LEUR VERSION DE 2000 : E. Jolivet, *Les Incoterms : Étude d'une norme du commerce international*, th. préc. – Ils ont été qualifiés d'« *usages du commerce international* » : CJUE, 3e ch., 9 juin 2011, *Electrosteel Europe c/Edil Centro,* aff. C-87/10, *Rec.* I-04987 ; *D.* 2011. 1649, obs. X. Delpech ; *D.* 2011. Pan. 1702, obs. L. d'Avout ; *JCP* 2011, n° 38, 1002, note D. Martel ; *JCP E* 2011, n° 40, 1702, note D. Martel ; *RDC* 2012. 173, note É. Treppoz.
6. CVIM, art. 31.

213.13 Moment de la délivrance. La délivrance de la chose promise s'effectue au temps convenu et un retard justifie la résolution. À défaut de précision sur la date de délivrance, le délai ne doit pas excéder une limite *raisonnable*[1]. La convention de Vienne a adopté ce principe[2], déjà dégagé par la jurisprudence française. L'acheteur est en droit de refuser la délivrance d'une chose neuve affectée d'un défaut. « *La délivrance du matériel informatique n'a lieu que lorsque l'ensemble est en état de marche* » (Paris, 21 avr. 2005, *Unimat*[3]).

213.14 Preuve de la délivrance. Il incombe au vendeur de prouver qu'il a mis effectivement le bien vendu à la disposition de l'acheteur dans le délai convenu[4]. La délivrance se prouve par l'acte juridique de la *réception*, matérialisé par un procès-verbal (*acceptance memorandum*), qui couvre en principe les défauts *apparents*, du moins s'ils n'ont pas fait l'objet de *réserves*[5] par l'acheteur[6], et à condition que celui-ci soit suffisamment compétent pour les déceler dans ce domaine technique[7].

Une clause limitative quant aux conséquences d'un manquement à l'obligation de délivrance, est valable entre professionnels, même d'une spécialité différente.

213.15 Installation, montage et mise en service. Le client peut fort bien « faire son affaire » de l'installation (qu'il effectue lui-même ou dont il charge un tiers). Mais le contrat peut confier au vendeur la tâche de l'installation et du montage des appareils, en dépêchant du personnel à cet effet sur le site. Cette obligation apparaît secondaire par rapport à la vente, de sorte qu'elle n'entraîne pas une disqualification du contrat en louage d'ouvrage[8]. L'installateur répond de ses défaillances lors de la mise en service, consistant parfois en une simple inattention (provoquant par exemple la dégradation du disque dur, entraînant elle-même la perte des données[9]), ou dans le fait de ne pas avoir procédé aux vérifications indispensables[10]. L'installateur d'un appareil est normalement tenu d'une obligation de résultat[11] (concept ignoré par le C. civ., même depuis la réforme de 2016[12]).

Le tiers installateur, à la demande du fournisseur ou un client, est tenu de respecter les consignes du premier et de conseiller le second. Il a même pu être décidé, avec quelque excès (mais dans un autre domaine), que l'obligation de conseil imposait à l'installateur celle d'adapter l'installation existante aux caractéristiques du matériel livré[13]. En tout cas, l'installateur doit prendre en considération et traiter de façon appropriée les « interfaces », et son obligation est accrue en présence d'un système « innovant »[14].

Nota : Une interface de programmation (*Programming Interface* ou *Application Programming Interface* [API]) permet à deux programmes ou logiciels d'interagir entre eux, en se connectant pour échanger des données. Une interface de programmation est en principe ouverte et proposée par le propriétaire du programme. Elle permet à un logiciel d'utiliser les services et fonctionnalités d'un autre logiciel. Pour l'article liminaire du code de la consommation, la compatibilité est « *la capacité d'un bien, d'un contenu numérique ou d'un service numérique à fonctionner avec du matériel informatique ou des logiciels, avec lesquels des biens, des contenus*

1. Paris, 15 févr. 1994, *Expertises* 1994, p. 279 – Com. 12 nov. 2008, n° 07-19.676, P IV, n° 192 ; *D.* 2008. AJ 3011, obs. X. Delpech ; *CCC* 2009, n° 39, obs. L. Leveneur ; *RDC* 2009. 599, note S. Pimont : le délai était raisonnable en l'esp. pour les raisons indiquées par l'arrêt (dans un autre domaine), not. du fait de la complexité de la chose vendue (un « *dispositif de découpe laser, équipé de tables alternantes et raccordé à un logiciel de dessin et d'imbrication* », de plus ancienne et d'occasion). – COMP. : Civ. 1re, 21 oct. 2021, n° 19-15.392, NP, *RJDA* 2021, n° 84 : le délai de livraison (deux ans) d'un bateau de régate n'était pas raisonnable, alors que le « bon de livraison » prévoyait qu'il devrait être livré « le plus tôt possible », et que le prix de vente avait été intégralement réglé.
2. CVIM, art. 33.
3. Paris, 21 avr. 2005, *Unimat, RLDI* 2005/9, n° 263.
4. Civ. 1re, 19 mars 1996, n° 94-14.155, P I, n° 147 ; *Gaz. Pal.* 1996. 2. Pan. 288 ; *RTD civ.* 1997. 142, obs. P. Jourdain – Com. 15 sept. 2009, n° 07-21.842, NP, *RJDA* 2009, n° 1063.
5. À PROPOS d'un ensemble informatique : Civ. 1re, 12 juill. 2005, n° 03-13.851, P I, n° 333 ; *D.* 2005. IR 2179.
6. V. *infra* ss n° 214.31.
7. Paris, 25e ch. A, 26 nov. 2008, *Groupe Xalis, JurisData* 373763.
8. DANS UN AUTRE DOMAINE : Versailles, 25 juin 1998, *Bail Équipement c/Ateliers de Nissan, Gaz. Pal.* 1999. 2, Somm. 457.
9. Rennes, 1re ch. B, 5 oct. 2007, *MH Conseil c/Tortora Sausset, JurisData* 345881 : en s'abstenant de toute mesure de sauvegarde par transfert des données, le client a concouru à la survenance du préjudice dans la proportion d'un tiers, tout utilisateur averti d'un ordinateur sachant que de telles mesures doivent être prises afin de pallier une éventuelle panne ou disparition du disque dur.
10. Aix-en-Provence, 4 juin 1998, *JCP E* 2000. Pan. 841, n° 5, obs. M. Vivant et C. Le Stanc : installateur d'un second disque dur qui, pour ce faire, est obligé de « formater » le premier disque et détruit les données qui y figuraient, alors qu'il n'avait pas vérifié que le client disposait de copies de sauvegarde.
11. DANS D'AUTRES DOMAINES : Civ. 1re, 16 oct. 2001, n° 99-16.854, NP, *CCC* 2002, n° 25, obs. L. Leveneur ; *RTD civ.* 2002. 514, obs. P. Jourdain – Dijon, 22 févr. 2002, *Chauche, JCP E* 2002. Pan. 1487.
12. V. *supra* ss n° 014.14.
13. Civ. 1re, 25 janv. 2000, n° 98-12.702, P I, n° 29 ; *D.* 2000. Somm. 284, obs. C. Caron : à propos d'une chaudière livrée à un client profane.
14. Toulouse, 25 janv. 2001, *FRS c/Actipole, JCP E* 2001. 1001, note Ph. le Tourneau.

numériques ou des services numériques de même type sont normalement utilisés, sans qu'il soit nécessaire de convertir lesdits biens, matériels, logiciels, contenus numériques ou services numériques ».

§ 1
Une chose conforme

213.21 Détermination de la conformité par les parties. La conformité tient une place essentielle (et excessive) dans la jurisprudence contemporaine comme instrument d'interprétation du contrat, alors que *l'utilité* de la chose attendue par l'acheteur est toujours objective et nécessairement celle qui a été convenue entre les parties[1] (le *contenu* du contrat selon le mot de l'art. 1128[2], 3°, du C. civ. depuis la réforme de 2016). Le vendeur doit délivrer une chose conforme à ce qui était convenu, dans sa qualité, sa quantité et son identité[3]. Encore faut-il que les parties aient clairement déterminé les caractéristiques essentielles de la chose, souvent appelées ses *spécifications*, ou encore *le référentiel de conformité*.

Détaillée minutieusement dans les contrats de quelque importance ou singularité, cette description est souvent succincte dans les contrats ordinaires, portant sur un corps certain clairement désigné, ou sur une chose de genre d'une qualité précisée. Le laconisme est encore de mise lorsque le contrat renvoie à un objet extérieur. Il en est ainsi des *ventes sur référence*, quelle que soit cette référence : spécimen, type, modèle, norme, catalogue, plan, devis (voire publicité ; en effet, une tendance se dessine de prendre en compte, dans l'analyse de l'étendue des obligations contractuelles, les *documents publicitaires* du professionnel, du moins pour ceux qui ont été remis au client, catalogue, brochure, tract, dépliant, mais non les affiches ni les publicités dans les médias[4]). « *Les documents publicitaires peuvent avoir une valeur contractuelle dès lors que, suffisamment précis et détaillés, ils ont eu une influence sur le consentement du cocontractant* » (Civ. 1re, 6 mai 2010, n° 08-14.461[5]), même s'il est un professionnel[6]. Enfin, les spécifications peuvent être brèves si elles visent un *document annexe* (contrat type, conditions générales, cahier des charges). Le *marquage « CE »*, symbolisé par un logo et parfois suivi par le numéro d'identification d'un « organisme notifié », constitue une présomption de la conformité du produit aux exigences des directives le concernant[7]. Il est obligatoire pour tous les produits couverts par une ou plusieurs directives européennes qui le prévoient explicitement. L'apposition de ce marquage sur un produit ne répondant pas aux exigences des directives permet à l'acheteur d'agir en réparation[8].

Nota : On appelle fâcheusement « organisme notifié » (organisme certifié aurait été plus pertinent) une organisation qui a reçu d'une « autorité notifiante » (*notifying authority*, généralement un ministère) d'un État membre de l'Union européenne l'habilitation à pratiquer cette évaluation, et qui a fait l'objet d'une notification à la Commission et aux autres États membres (d'où son nom).

1. POUR UNE ANALYSE PERTINENTE : P. Coëffard, *Garantie des vices cachés et « responsabilité contractuelle de droit commun »*, th. préc., nos 232 s.
2. C. civ., art. 1128 ; mod. par ord. n° 2016-131, 10 févr. 2016, art. 2.
3. Chambéry, 24 févr. 1997, *Medistim*, *JCP E* 1997. Pan. 1893 : matériel plus coûteux, car ayant évolué et été amélioré ; peu importe, le contrat initial ne pouvait être modifié sans l'accord du client.
4. EX. : T. com. Paris, 17 févr. 1989, *Expertises* 1990, p. 69 : toutes les publicités du fabricant de matériel informatique reposaient sur la possibilité de reprise du matériel ancien, qui a été considérée comme une condition substantielle du marché – Paris, 10 mai 1989, *Expertises* 1989, p. 398 – Civ. 1re, 5 nov. 1991, *Expertises* 1992, p. 27, obs. S. Moreau : mais ici pour restreindre la responsabilité du vendeur, car sa notice publicitaire montrait bien les limites du système informatique qu'il vendait – Com. 25 oct. 1994, n° 93-10.184, NP, *Expertises* 1995, p. 155 ; *CCC* 1995, n° 3, obs. L. Leveneur : fournisseur n'ayant pas délivré un programme en rapport avec l'attente du client, en contradiction avec sa publicité – Paris, 27 sept. 1996, *Mai France*, *Expertises* 1997, p. 42, obs. B. Richard : progiciel dont les capacités ne correspondent pas aux affirmations de la plaquette publicitaire – COMP. : TGI Paris, 19 oct. 2004, *Assoc. Les utilisateurs du cybercâble*, *CCÉ* 2005, n° 9, obs. L. Grynbaum – *CONTRA* : Civ. 1re, 2 oct. 2001, n° 99-16.329, NP, *Expertises* 2002, p. 72 : la formule du document publicitaire selon laquelle l'obligation du fournisseur informatique était de résultat ne fut pas prise en considération, le contrat précisant qu'elle était de moyens.
5. Civ. 1re, 6 mai 2010, n° 08-14.461, NP, *Gaz. Pal.* 2010. 2, 2403, note D. Houtcieff ; *JCP* 2010, n° 38, 922, note F. Labarthe ; *JCP E* 2010, n° 39, 1834, note F. Labarthe ; *RTD civ.* 2010. 580, obs. P.-Y. Gautier, APPROB. ; *RDC* 2010. 1197, obs. D. Mazeaud, APPROB. : aucun arrêt antérieur n'avait énoncé de façon aussi catégorique et nette la règle et ses conditions – DEPUIS, DANS LE MÊME SENS : Com. 14 nov. 2019, n° 18-16.807, NP, *JCP G* 2020. Doctr. 210, n° 2, obs. D. Houtcieff.
6. Com. 14 nov. 2019, n° 18-16.807, NP, préc.
7. B. Cavalié, « Le marquage CE », *JCP E* 1996. I. 605.
8. Civ. 1re, 10 oct. 2018, n° 15-26.093, P I ; *Dr. et santé* 2019. 189, obs. D. Eskenazy : selon lequel il résulte de l'arrêt de la CJUE du 16 févr. 2017 (*Schmitt c/TÜV Rheinland*, aff. C-219/15, *Rec.* N) « *qu'en présence d'indices laissant supposer qu'un dispositif médical ne serait pas conforme aux exigences qui découlent de la directive 93/42, un organisme notifié est tenu de procéder au contrôle des dispositifs médicaux ou des documents du fabricant qui recensent les achats de matières premières ou à des visites inopinées* » ; cassation de l'arrêt n'ayant pas recherché, comme il le lui était demandé, si un examen de la « comptabilité matière » de la sté surveillée n'aurait pas permis à l'organisme de contrôle de constater des anomalies.

Parmi les caractères essentiels attendus figurent évidemment les performances, qui comprennent les disponibilités et temps de réponse des appareils. Les fabricants de microprocesseurs (à destination du grand public) ont tendance à brider les performances de leurs appareils pour leur ménager une marge de sécurité par rapport à celles qu'ils annoncent et garantissent. À propos de la quantité, les contrats contiennent parfois une clause dite de « tolérance », fixant un pourcentage en dessous duquel la délivrance des biens vendus est réputée intervenue, même si la quantité promise n'a pas été totalement fournie (mais évidemment elle n'autorise pas le vendeur à fournir sciemment moins que ce qu'il avait promis [1]).

La prise en compte des documents publicitaires s'impose même en présence de la mention « *ce document n'est pas contractuel* », qui est contradictoire avec la publicité elle-même et avec la réalité du document : la réserve doit être inopérante. Du moins à l'égard d'un consommateur : la réserve semble efficace dans les rapports entre professionnels (puisque la Cour de cassation a jugé « *qu'entre commerçants, une proposition de contracter ne constitue une offre que si elle implique la volonté de son auteur d'être lié par son acceptation* » [2]).

213.22 Situation en l'absence de détermination de la conformité par les parties. Lorsque les parties n'ont pas précisé les éléments de la conformité, ni renvoyé à une référence, comment remédier à cette lacune ? Selon l'article 1166 du code civil, issu de la réforme du droit des contrats, « *Lorsque la qualité de la prestation n'est pas déterminée ou déterminable en vertu du contrat, le débiteur doit offrir une prestation de qualité conforme aux attentes légitimes des parties en considération de sa nature, des usages et du montant de la contrepartie* ». Le juge tiendra donc compte des *usages* [3], mais aussi de *l'état de la technique*. Par exemple, un vendeur est tenu de livrer une chose de *qualité marchande*, ni la meilleure, ni la plus mauvaise et à la page (le dernier modèle dans sa catégorie, surtout dans le domaine de l'informatique où les choses évoluent si vite), non obsolète [4]. Du reste, le code de la consommation prohibe la programmation de l'obsolescence, visant à réduire délibérément la durée de vie d'un produit pour en augmenter le taux de remplacement [5].

De plus, la jurisprudence impose au fournisseur, comme complément de l'obligation de conseil, de vérifier la compatibilité (l'*interface* [6] ont tendance à dire les informaticiens) entre les équipements nouveaux et l'installation [7] ; voire d'adapter les matériels à l'utilisation qui en est prévue, si évidemment elle lui a été spécifiée [8]. Lorsque les modifications ont été demandées par le client lui-même qui, de surcroît, a accepté sans formuler de réserves les documents décrivant celles-ci, et que la chose livrée a été conforme, il ne saurait se plaindre des difficultés résultant de l'inadaptation du matériel [9]. Plus concrètement encore, l'équipement informatique standard vendu par un professionnel, adapté aux besoins exposés par le client, doit être « *fiable et immédiatement opérationnel* » [10]. En revanche, s'il est spécifique, une période de mise au point et d'adaptation sera normale [11]. Enfin, faute de mieux, le

1. Req. 20 févr. 1929, *S.* 1929. 1. 151 : condamnation d'un vendeur sur le fondement de l'abus de droit.
2. Com. 6 mars 1990, n° 88-12.477, P IV, n° 74 ; *JCP* 1990. 21583, note B. Gross – Ph. le Tourneau (dir.), *Droit de la responsabilité et des contrats. Régimes d'indemnisation*, 12ᵉ éd., « Dalloz action », 2020, n° 314.252.
3. D'UNE FAÇON GÉNÉRALE, sur la réceptivité des usages : M. Bourdeau, « L'invocabilité des usages professionnels en matière contractuelle », *RJDA* 2011. Chron. 459 s.
4. DANS UN AUTRE DOMAINE : Com. 16 mai 2006, n° 04-19.785, P IV, n° 124 ; *D.* 2006. AJ 1683 : mais affirmant nettement que la vente d'un produit périmé est hors commerce, et donc dépourvue d'objet (l'impossibilité de conclure un contrat relatif à une chose hors commerce, prévue par l'anc. art. 1128, ne figure plus directement dans le C. civ., mais implicitement par l'art. 1128 exigeant un « contenu licite »).
5. C. consom., art. L. 441-2 – Complété par la L. n° 2020-105 du 10 févr. 2020, relative à la lutte contre le gaspillage et à l'économie circulaire, créant les art. L. 441-3 à L. 441-5, érigeant la pérennité en mot d'ordre. Ces articles consacrent un droit de l'utilisateur à faire réparer son produit hors des circuits agréés, doublé d'un droit des professionnels de la réparation de se procurer les moyens de réparer le produit, sans pour autant reconnaître à l'utilisateur le droit d'opposer au fabricant sa propre maladresse dans la réparation (selon C. Dubois et M. Leroux-Campello, « L'obsolescence programmée a des petits frères ! », *D.* 2020. Chron. 1412, relevant le manque de rigueur terminologique des textes). Trois décrets du 31 déc. 2021 (Décr. n° 2021-1943, 2021-1944, 2021-1945, 31 déc. 2021, *JO* 1ᵉʳ janv. 2022, textes 17, 18 et 19), pris en application de la loi du 10 févr. 2020 préc., apportent des précisions quant à la durée de disponibilité des pièces détachées, aux équipements concernés par des obligations de réparation, et aux informations à donner aux consommateurs.
6. Pour une définition v. *supra* sˢ n° 213.15.
7. À PROPOS d'un logiciel : Montpellier, 24 juin 2003, *Lahcène, Expertises* 2004, p. 196 – Civ. 1ʳᵉ, 25 mai 2004, n° 02-11.785, NP, *Gaz. Pal.* 2005. 1, Somm. 606 : incompatibilité partielle entre le matériel, son paramétrage et les logiciels installés – COMP., NE RELEVANT pas de l'informatique : Civ. 1ʳᵉ, 17 févr. 1998, n° 95-12.707, *Deville*, P I, n° 61 ; *JCP E* 1998. Pan. 584.
8. COMP. : Civ. 1ʳᵉ, 7 avr. 1998, n° 96-16.148, P I, n° 150 ; *CCC* 1998, n° 97, obs. L. Leveneur.
9. Paris, 2 mars 2001, *Develay c/Setruck, CCÉ* 2001, n° 102 : vente d'un matériel d'une marque, difficilement compatible avec les équipements d'autres marques, sans en avertir le client – COMP. : Civ. 1ʳᵉ, 27 janv. 1998, n° 95-19.448, P I, n° 28 ; *Gaz. Pal.* 1998. 1. Pan. 128.
10. Versailles, 2 avr. 1998, *Sadvel, Gaz. Pal.* 1999. 1, Somm. 197.
11. V. *supra* sˢ n° 014.34 ; v. *infra* sˢ n° 213.52.

contrat doit être interprété contre le vendeur (C. civ., art. 1602)[1].

§ 2
Avec ses accessoires

213.31 Obligation de délivrance comprenant les accessoires de la chose. La règle est classique, et elle figure dans le code civil[2]. Il s'agit d'abord des accessoires *matériels*, du genre du câble d'alimentation d'un appareil, son disque dur, ainsi que des notices ou manuels d'utilisation, de fonctionnement et d'entretien (rédigés en français[3] en vertu de la loi du 4 août 1994[4], précitée). La plupart des fournisseurs ne délivrent plus de manuel d'utilisation, se contentant de la documentation en mémoire (lisible sur l'écran), ou d'une assistance chez lui en ligne (*on line*, par le biais d'un ordiphone [smartphone]). Cette pratique n'est pas correcte et, dans ce cas, l'obligation de délivrance n'est pas parfaite, car que faire lorsque l'ordinateur est en panne et qu'il est impossible de se connecter ? Il existe aussi des accessoires *incorporels*, comme un code de déblocage[5], et surtout l'ensemble des informations nécessaires à son exploitation[6].

Le code de la consommation dispose que, dans les contrats de son champ d'application, « *La délivrance ou la mise en service du bien s'accompagne de la remise de la notice d'emploi et des instructions d'installation ainsi que, s'il y a lieu, du contrat de garantie commerciale* »[7].

213.32 Question des accessoires périssables. Il se peut qu'un accessoire matériel soit périssable (une cartouche d'encre d'une imprimante, le cas échéant une pile destinée au programme « bios » de la mémoire morte d'un ordinateur), et qu'il doive donc être renouvelé périodiquement, alors qu'il est indispensable pour l'utilisation de la chose vendue, sans laquelle elle est inutilisable (*Basic input outpout system* [Bios] désigne un programme qui permet de lancer une unité centrale [processeur] lorsque l'utilisateur l'allume ; il contrôle les flux de données intervenant entre le système d'exploitation et les périphériques matériels – Le système d'exploitation (*operating system*, OS) est un ensemble de logiciels faisant en quelque sorte converser entre eux les divers éléments gérant l'ordinateur [programmes, mémoire vive, disque dur] et ses périphériques ; il coordonne le fonctionnement interne de l'appareil avec ces éléments et périphériques).

Dans ce cas, le vendeur se doit d'assurer la continuité de l'approvisionnement de ces accessoires aux clients de la chose principale, sinon *ad vitam æternam*, du moins pendant un délai *raisonnable* (au minimum le temps normal d'amortissement comptable du matériel, c'est-à-dire trois ans, ce qui est tout de même bien court), soit en continuant à les fabriquer (ou en se les procurant chez un autre fabricant), soit en constituant un stock suffisant[8]. Le marché de certains de ces accessoires périssables est très rentable pour les producteurs ; c'est notamment le cas des cartouches d'encre et de « toner » (la poudre pour les modèles laser), vendues à des prix élevés.

213.33 Question du matériel périphérique et des logiciels. En revanche, il est certain que le *matériel périphérique* de l'ordinateur (disque dur, lecteur de disquette, clavier[9], souris, imprimante, écran [*moniteur*], *hub* USB [concentrateur[10]], clé USB, transformateur, onduleur, scanneur...) ne saurait être considéré comme un accessoire de la chose[11].

La question est plus délicate quant aux logiciels et aux codes source[12]. Il est clair qu'est un accessoire l'*amorce* (*boot*), c'est-à-dire le programme nécessaire à la mise en marche de l'ordinateur, et exécuté à chaque mise sous tension ou « réinitialisation ». Le *logiciel de base (d'exploitation)* a été regardé comme présentant cette qualité, dans la mesure où, sans lui, le matériel n'est d'aucune utilité[13].

Un logiciel *d'application* n'est pas un accessoire de la chose[14]. L'inverse a cependant été jugé à propos d'une configuration informatique vendue en vue d'un usage particulier[15] ; cette solution était admissible dans le cas d'espèce, à propos d'un logiciel de large diffusion au sein d'une configuration « grand

1. À PROPOS d'un véhicule : Civ. 1re, 13 avr. 1999, n° 97-13.782, P I, n° 139 ; *RJDA* 1999, n° 654 : que le client prétendait non conforme à celui qu'il avait commandé, et alors que le vendeur n'avait pas établi de bon de commande.
2. C. civ., art. 1615.
3. Paris, 2 oct. 1997, *Dewavrin, Gaz. Pal.* 1999. 1, Somm. 23 – Montpellier, 27 mai 1999, *Gaz. Pal.* 2000. 2, Somm. 1695.
4. V. *supra* ss nos 012.16 s.
5. Versailles, 25 nov. 1987, *JCP* 1988. II. 15297.
6. V. *infra* ss n° 213.36.
7. C. consom., art. L. 216-4.
8. Versailles, 29 févr. 1996, *Jonhson, Gaz. Pal.* 1996. 2, Somm. 552 ; *JCP E* 1996. Pan. 622.
9. Clavier *Azerty* pour la langue française.
10. V. *supra* ss n° 211.12.
11. CONTRA pour un modem : Civ. 1re, 19 nov. 1996, n° 94-18.502, P I, n° 411 ; *D.* 1997. IR 14 ; *JCP* 1997. II. 968, note J. Huet.
12. Sur ceux-ci v. *infra* ss n° 213.34.
13. Civ. 1re, 19 mai 1998, n° 96-17.872, NP, *Expertises* 1998, p. 266, obs. N. Courtier ; *Gaz. Pal.* 1999. 1. Pan. 104 – Douai, 15 janv. 2003, *AB Informatique, CCÉ* 2003, n° 62, obs. Ph. Stoffel-Munck.
14. Com. 17 déc. 1991, n° 90-13.557, NP, *DIT* 1992/3, p. 27, note M. Tonnelier, 1re esp.
15. Civ. 1re, 19 mai 1998, n° 96-17.872, préc.

public » (acquise par un étudiant), sinon le client doit préciser ses besoins.

213.34 Et celle des codes sources. Constituent des accessoires du matériel les *codes sources* d'un logiciel spécifique, puisqu'ils ont été élaborés pour le client qui en a financé le développement[1]. Mais ce n'est pas le cas des codes sources d'un progiciel. La prudence commande de prévoir dans le contrat les droits sur le code source[2].

Terminologie. Le code source est la description d'un logiciel sous une forme lisible par l'homme dans un langage informatique, par exemple *Cobol* (pour *Common Business Oriented Language*) ; ce code est ensuite transcrit dans une forme binaire déchiffrable par l'appareil ; c'est donc un texte à la source d'un programme, indispensable pour en comprendre le fonctionnement et donc pour le modifier[3].

213.35 Accessoires juridiques. En deuxième lieu, il s'agit des accessoires *juridiques*, telles les *actions en justice* dans des chaînes de contrat, d'un sous-acquéreur contre les vendeurs successifs (jusqu'au premier vendeur, c'est-à-dire le fabricant[4]).

213.36 Accessoires intellectuels. La troisième catégorie d'accessoires pourrait être qualifiée d'*intellectuels* : toutes les *informations, renseignements ou conseils*, nécessaires à l'exploitation des appareils ou du système, complétant ceux qui ont dû être fournis avant le contrat[5]. Alors que le vendeur *occasionnel* n'est tenu que de dire ce qu'il sait, le *fabricant* ou le vendeur *professionnel spécialisé*, devant avoir la *maîtrise* de la chose, sont tenus de donner à l'acquéreur toutes les précisions indispensables ou utiles pour l'usage de la chose vendue, et de façon claire. Ce devoir leur incombe, non seulement envers un acheteur profane, mais aussi envers un professionnel hors du domaine de sa compétence ou, peut-être plus précisément, en dehors du domaine de sa *maîtrise technique*.

213.37 Installation. L'obligation de délivrance comporte, non seulement la livraison du matériel et de ses accessoires, mais encore :

• Son *installation*[6], c'est-à-dire les opérations de mise en route nécessaires pour le rendre opérationnel, se prolongeant par sa mise au point et les réglages[7]. Autrement dit, « *L'obligation de délivrance du vendeur de produits complexes n'est pleinement exécutée qu'une fois réalisée la mise au point effective de la chose vendue* » (Com. 11 juill. 2006, n° 04-17.093[8]). De sorte que, finalement, « *La délivrance du matériel informatique n'a lieu que lorsque l'ensemble est en état de marche* » (Paris, 21 avr. 2005, *Unimat*[9]).

• Une *démonstration*[10]. Les démonstrateurs doivent mesurer la portée de leurs déclarations et être prudents à cet égard[11].

1. CONTRA : Com. 10 mai 2000, n° 97-17.277, NP, *Expertises* 2000, p. 389 – TGI Paris, réf., 10 avr. 2002, *Silex, LPA* 28 janv. 2003, p. 10, note Fernandez : à défaut de clause particulière le client ne possède aucun droit à la communication et à l'utilisation des codes sources.
2. V. *infra* s[s] n°s 223.12, 331.164.
3. SUR CES QUESTIONS : P. Roussel, « La maîtrise d'un langage de programmation s'acquiert par la pratique », *CCÉ* 2005. Chron. n° 15.
4. V. *infra* s[s] n°s 213.221 s.
5. Com. 19 déc. 1995, n° 93-17.645, NP, *RJDA* 1996, n° 482 : il aurait fallu not. aviser l'utilisateur, même professionnel, que l'équipement n'était susceptible de donner les résultats escomptés que si son personnel avait été formé suffisamment et correctement – Civ. 1re, 25 juin 1996, n° 94-16.702, P I, n° 274 ; *D.* 1996. IR 188 ; *RJDA* 1996, n° 1456 : indiquant expressément que l'obligation de délivrance « *comporte une obligation accessoire d'information et de conseil du client* » – Douai, 15 janv. 2003, *AB Informatique*, préc., *idem* – Com. 9 déc. 2006, n° 05-13.283, NP, *RJDA* 2007, n° 245 : il aurait fallu informer l'acheteur de la nécessité de souscrire un contrat de maintenance et « d'actualiser » l'installation – Orléans, 31 mai 2008, *Cybervitrine, JurisData* 342466 : défaillance quant à l'obligation de conseil – Com. 31 janv. 2018, n°s 16-16.634 et 16-22.097, NP, *AJ contrat* 2018. 127, obs. Ph. le Tourneau ; *CCC* 2018, n° 63, obs. L. Leveneur : « *l'obligation de délivrance du vendeur d'un matériel informatique* [...] *comporte une obligation accessoire d'information et de conseil du client* ».
6. Sur l'installation aussi : v. *supra* s[s] n° 213.15.
7. Com. 11 juill. 2006, n° 04-17.093, NP, *D.* 2006. AJ 2788, obs. X. Delpech ; *CCC* 2006, n° 248, obs. L. Leveneur ; *CCÉ* 2007, n° 82, obs. Ph. Stoffel-Munck : à propos de logiciels complexes – *ADDE* : Civ. 1re, 25 juin 1996, n° 94-16.702, préc. – Bourges, 5 mars 1997, *JCP E* 1998. I. 846, n° 17 – Civ. 1re, 3 juill. 2001, n° 99-15.412, *GST Alcatel*, NP, *RCA* 2001, n° 328 ; *RJDA* 2002, n° 32 – Douai, 15 janv. 2003, *AB Informatique*, préc.
8. Com. 11 juill. 2006, n° 04-17.093, préc. – Com. 26 nov. 2013, n° 12-25.191, NP, *D.* 2014. 2317, obs. J. Larrieu, C. Le Stanc et P. Tréfigny ; *CCÉ* 2013, n° 5, obs. G. Loiseau, à propos de la délivrance d'un site internet – Com. 31 janv. 2018, n°s 16-16.634 et 16-22.097, NP, préc. : « *l'obligation de délivrance du vendeur d'un matériel informatique s'étend à sa mise au point* » – DÉJÀ : Civ. 1re, 3 juill. 2001, n° 99-15.412, *GST Alcatel*, préc., mais sans la mention de la complexité, à propos d'un système informatique – *ADDE*, en dehors de l'informatique, Com. 10 févr. 2015, n° 13-24.501, P IV, n° 33 ; *D.* 2015. 1683, note T. Rouhette et C. Tilliard, qui affirment que cet arrêt consacre pour la première fois l'obligation de mise au point effective ; *CCC* 2015, n° 111, obs. L. Leveneur ; *Gaz. Pal.* 8 juill. 2015. 19, obs. D. Houtcieff.
9. Paris, 21 avr. 2005, *Unimat, RLDI* 2005/9, n° 263.
10. Bourges, 5 mars 1997, préc.
11. COMP. : Paris, 5e ch. B, 18 oct. 2007, RG n° 04/18739, *Visiodent c/Soussan, Dell, RJDA 2008*, n° 116 ; *CCÉ* 2008, n° 70, obs. Ph. Stoffel-Munck : le vendeur d'un logiciel et d'un ordinateur a été condamné à des dommages et intérêts envers son client, not. parce que celui-ci avait été entretenu, par les démonstrateurs intervenus chez lui, dans l'idée que les sauvegardes s'effectuaient automatiquement ; – MAIS SELON : Rennes, 1re ch. B, 5 oct. 2007, *MH Conseil c/ Tortora Sausset, JurisData* 345881 : en s'abstenant de toute mesure de sauvegarde par transfert des données, le client a concouru à la survenance du préjudice dans la proportion d'un tiers, tout utilisateur averti d'un ordinateur sachant que de telles mesures doivent être prises afin de pallier une éventuelle panne ou disparition du disque dur.

• Souvent, le fournisseur propose un *protocole d'assistance* pour permettre de résoudre une difficulté d'emploi ou de faire face à une défaillance technique minime (aide au dépannage ou *trouble shooting*), évitant de faire venir sur le site un technicien.

• Voire la possibilité d'une *maintenance*[1].

• Mais pas son adaptation aux évolutions techniques, sauf clause particulière (malgré l'affirmation d'un arrêt d'Aix-en-Provence, 9 oct. 2003, *Nextiarone*, selon lequel l'obligation de délivrance se prolonge à tout ce qui est destiné à l'usage perpétuel de la chose [!] ; cependant, l'arrêt est un cas d'espèce intervenu à propos du passage à l'an deux mille[2]).

§ 3 Défaut de conformité

A. Notion

213.41 Nature de la non-conformité. La non-conformité existe en présence d'une différence entre ce qui était prévu et ce qui a été livré. Par exemple un ordinateur a une capacité inférieure à ce qui était convenu, notamment quant au débit de l'information (à l'élément binaire ou « bit » par seconde, « bit » est la contraction de *binary digit*, nombre binaire ; le « bit » est l'unité de *quantité* d'informations, tandis que le *bit*[3] par seconde est l'unité de *débit* d'information[4]). Ou le système de gestion est différent (même en mieux) de celui qui avait été commandé[5]. De même, lorsque le matériel est incompatible avec le reste de la configuration informatique[6]. Il y a absence de délivrance conforme, alors même que l'usage de la chose n'en est pas affecté ou qu'elle est très secondaire[7].

Le potentiel technique du matériel vendu doit correspondre à ce qui avait été convenu[8] ; mais pas, sauf clause particulière en ce sens, son rendement économique[9]. Lorsque le contrat porte sur un matériel « innovant » un aléa existe, excluant l'existence d'une obligation de résultat, du moins lorsque le client a été averti de ce fait ou est un professionnel compétent en la matière[10].

À l'inverse, l'obligation de délivrance est parfaitement accomplie lorsque la chose correspond bien à ce qui a été commandé en connaissance de cause, par un acheteur professionnel, alors même qu'elle est inapte à rendre le service qu'il en escomptait[11].

213.42 Le défaut de conception par rapport à la non-conformité. La mauvaise conception constitue une absence de conformité quand la chose livrée, tout en étant correcte, ne convient pas à l'utilisation pour laquelle elle avait été commandée. Lorsqu'au contraire la chose livrée est impropre à quelque usage que ce soit, le défaut de conception devient un vice[12].

213.43 Inconvénients de la distinction entre non-conformité et vice caché. La Cour de cassation

1. Versailles, 16 janv. 1998, *Centre de radiologie, JCP E* 1998. Pan. 729 ; *Gaz. Pal.* 1999. 1, Somm. 13 : la fourniture d'un matériel d'occasion, dont le constructeur assure ne plus pouvoir garantir la maintenance, constitue un défaut de conformité par rapport à ce que l'utilisateur est en droit d'attendre – COMP. : Paris, 31 janv. 1997, *Ingénierie informatique c/Hydrogas, Gaz. Pal.* 1997. 2, Somm. 322, obs. F. Brousse : imposant au vendeur d'une « *solution informatique complète* » une « *assistance en réponse aux difficultés rencontrées par l'utilisateur* », au titre de l'obligation de conseil, elle-même complément de l'obligation de délivrance – Sur la maintenance v. *infra* s[s] n°s 331.05 s.
2. Sur les difficultés liées aux passages à l'an deux mille et à l'euro, v. les éd. antérieures de cet ouvrage, dont celle de 2017, n°s 231.80 s.
3. Sur le bit v. aussi *supra* s[s] n° 011.12.
4. SUR LA NON-CONFORMITÉ relative à la capacité : Civ. 1re, 13 oct. 1993, n° 91-16.344, P I, n° 287 ; *D.* 1994. 211 ; *D.* 1994. Somm. 237, obs. O. Tournafond ; *JCP* 1994. I. 3757, n° 6, obs. M. Billiau ; – COMP. : Com. 7 juill. 1998, n° 96-14.818, NP, *D. Affaires* 1998, 1529, dans un autre domaine.
5. Chambéry, 24 févr. 1997, *Medistim, JCP E* 1997. Pan. 1893, où le produit avait été amélioré.
6. Toulouse, 13 déc. 2001, *Hitech, JAMP* 2002/2, p. 432, obs. Ph. le Tourneau.
7. CONTRA : Civ. 1re, 10 févr. 1998, n° 96-13.797, NP, *Gaz. Pal.* 1998. 2. Pan. 288 : la livraison d'un terminal en version semi graphique et non graphique ne permet pas de demander la résolution de la vente pour non-conformité.
8. À PROPOS d'un ordinateur d'une capacité inférieure : Civ. 1re, 13 oct. 1993, n° 91-16.344, préc. – Civ. 1re, 18 juill. 1995, n° 93-14.067, P I, n° 326 – Com. 7 juill. 1998, n° 96-14.818, préc., la productivité d'une machine inférieure à ce qui était prévu constitue une non-conformité – À PROPOS d'un matériel bas de gamme : Paris, 25e ch. A, 26 nov. 2008, *Groupe Xalis, JurisData* 373763 – Com. 16 sept. 2014, n° 13-18.996, NP, *RJDA* 2014, n° 891, vitesse d'impression d'une imprimante non conforme ; de plus, le fournisseur « *devait prendre toutes mesures nécessaires pour éviter d'éventuelles incompatibilités entre matériels et logiciels* ».
9. Com. 1er déc. 1992, n° 90-21.804, P IV, n° 390 ; *JCP E* 1993. Pan. n° 186.
10. Toulouse, 25 janv. 2001, *FRS c/Actipole, JCP E* 2001. 1001, note Ph. le Tourneau.
11. Com. 17 mars 1998, n° 95-21.153, P IV, n° 105 ; *Gaz. Pal.* 1998. 2. Pan. 208 ; *RJDA* 1998, n° 852 – COMP. : Bordeaux, 9 mai 2006, *Horo Quart c/CSS, Expertises* 2006, p. 276 : simple fournisseur d'un matériel « standard » [et non d'une solution informatique complète], qui n'avait pas été associé à la définition des besoins de la société ni à l'élaboration du dossier d'analyses fonctionnelles, et alors que ces pièces ne lui ont pas été remises ; incompatibilité entre le système d'exploitation du fournisseur et celui du client (assisté d'un conseil compétent en matière informatique).
12. EN MATIÈRE immobilière : Civ. 3e, 24 janv. 1996, n° 94-10.551, P III, n° 27 ; *D.* 1996. IR 56 ; *RJDA* 1996, n° 483, 2e esp.

veille au respect de la distinction légale entre l'obligation de délivrance conforme et la garantie contre les vices[1]. Cette distinction, logique dans son principe, est fâcheuse en pratique et assez inadaptée à l'informatique. Pour notre part, nous plaidons depuis longtemps pour une simplification de la matière, passant par une suppression de la distinction entre non-conformité et vice caché, et une unité de régime[2]. L'occasion a malheureusement été manquée de procéder à cette opération lors de la transposition de la directive sur les produits défectueux (L. 19 mai 1998[3], précitée), qui ignore cette fâcheuse opposition, comme la convention de Vienne du 11 avril 1980 relative à la vente internationale de marchandises[4]. Une nouvelle chance se présenta de procéder à cette unification lors de la transposition en Droit français de la directive 1999/44, concernant certains aspects de la vente et des garanties des biens de consommation[5]. Mais le Gouvernement rata le coche une nouvelle fois, en se contentant d'une réforme *a minima* par l'ordonnance n° 2005-136 du 17 février 2005[6].

B. Régime

213.51 Clauses sur la non-conformité. Contrairement à ce qu'il en est pour les vices cachés, les *clauses relatives à la conformité*, par lesquelles le vendeur se décharge de sa défaillance contractuelle en cas de non-conformité, sont en principe valables[7]. Le Droit commun des clauses sur la responsabilité s'applique donc, c'est-à-dire qu'elles ne jouent que pour les fautes ordinaires (à l'exclusion des fautes dolosives et lourdes) et qu'elles doivent laisser subsister l'obligation fondamentale (ou essentielle) : « *Toute clause qui prive de sa substance l'obligation essentielle du débiteur est réputée non écrite* »[8] (C. civ., art. 1170[9] – Avant la réforme de 2016, la jurisprudence décidait dans ce cas que le contrat était nul pour absence de cause[10]). Mais le code de la consommation interdit d'une façon générale[11], dans les contrats conclus entre un professionnel et un consommateur, la clause ayant pour objet ou pour effet de supprimer ou de réduire le droit à réparation du préjudice subi par le consommateur en cas de manquement du professionnel à l'une de ses obligations (une telle clause est considérée comme abusive au sens de l'art. L. 212-1 du code de la consommation). Le fait que le contrat soit conclu entre deux professionnels n'exonère évidemment pas le vendeur de son obligation de livrer une chose conforme.

213.52 Preuve de la non-conformité. Il appartient au vendeur de prouver qu'il a mis le bien vendu à la disposition de l'acheteur dans le délai convenu, mais il incombe à l'acheteur d'établir la non-conformité. La violation de la conformité se révélera par une comparaison entre ce qui avait été promis, expressément ou implicitement, et ce qui a été livré. Elle s'opère avant la réception définitive, mais normalement après la période de mise au point et de rodage[12]. Par conséquent, tous les défauts qui se révéleraient après la réception ressortent en théorie de la garantie contre les vices.

213.60 Plan. Pluralité d'actions. L'acheteur dispose d'une pluralité d'actions : en exécution (et ses succédanés) (1), en résolution judiciaire (ou en réfaction en cas d'inexécution partielle) (2) ou unilatérale (3), en remplacement (4), et/

1. Com. 24 avr. 2007, n° 05-17.051, NP, *Gaz. Pal.* 2008. 1, Somm. 557, obs. I. Pottier : CASSATION d'un arrêt ayant statué sur la non-conformité à propos d'ordinateurs ne fonctionnant pas du tout, ce qui est un vice.
2. Ph. le Tourneau, « Conformités et garanties dans la vente d'objets mobiliers corporels », art. préc. – DANS LE MÊME SENS DEPUIS NOT. : J. Calais-Auloy, « De la garantie des vices cachés à la garantie de conformité », art. préc. ; Ph. Laurent, *L'enchevêtrement des actions de l'acheteur liées à l'état du bien vendu*, th. préc., *passim* ; P. Coëffard, *Garantie des vices cachés et « responsabilité contractuelle de droit commun »*, th. préc., *passim* – O. Deshayes, « La distinction entre vices cachés et défauts de délivrance conforme », dans *Mél. Didier R. Martin*, LGDJ, 2015, p. 209 s., montrant que la distinction présente peu d'intérêts pour la vente de corps certains tandis que son application est impossible pour les ventes de choses de genre – W. Dross, « La déception contractuelle. Proposition d'un droit commun », *RTD civ.* 2018. 787 : l'auteur propose d'unifier en un principe clair, la déception contractuelle, le défaut de conformité, les vices cachés, l'erreur et le dol.
3. V. *supra* s[s] n°s 212.13 s.
4. CVIM, art. 35 et 36.
5. Ph. le Tourneau, « La transposition en Droit français de la directive du 25 mai 1997 : les droits de l'acheteur », art. préc.
6. V. *infra* s[s] n°s 213.231 s.
7. Civ. 1re, 20 déc. 1988, n° 87-16.369, P I, n° 373 ; *JCP* 1989. II. 21354, note G. Virassamy ; *Defrénois* 1989. 1418, obs. G. Vermelle – Civ. 1re, 24 nov. 1993, n° 91-17.753, NP, *D.* 1994. Somm. 236, obs. G. Paisant ; *JCP* 1994. II. 593, note L. Leveneur.
8. SUR LA NOTION : S. Gaudemet, *La clause réputée non écrite*, préf. Y. Lequette, « Recherches Juridiques », Economica, 2006.
9. Sur ce texte v. *supra* s[s] n° 116.26.
10. Civ. 1re, 22 oct. 1996, n° 93-18.632, *Chronopost*, P IV, n° 261 ; *D.* 1997. 121, note A. Sériaux ; *Defrénois* 1997. 333, obs. D. Mazeaud ; *CCC* 1997, n° 24, obs. L. Leveneur – ET, SUR RENVOI : Caen, 5 janv. 1999, *D.* 2000. Somm. 294, obs. D. Mazeaud.
11. C. consom., art. R. 212-1, 6°.
12. Liège, 11 févr. 1993, *DIT* 1993/4, 55 – Orléans, 30 sept. 1999, *Signal Ateliers Cado c/Allium, CCÉ* 2000, n° 65, obs. J.-C. Galloux – COMP. : Paris, 21 avr. 2005, *Unimat, RLDI* 2005/9, n° 263 : « *Le défaut de fonctionnement normal du matériel informatique [...] ne pouvait être décelé qu'après un certain usage du matériel* ».

ou en réparation (sous la forme de dommages et intérêts) (5), sans compter l'exception d'inexécution lui permettant de suspendre le paiement de tout ou partie du prix jusqu'à ce que le vendeur s'exécute, par application des articles 1219 et 1220 du code civil (auquel renvoie, pour les contrats de consommation, le C. consom., art. L. 216-6, I, 1°).

1°
Actions en exécution et ses succédanés

213.71 Actions en délivrance, en complément, en échange, et en réparation. Lorsque l'inexécution est totale (il n'y a pas eu de délivrance), l'acheteur peut demander en justice l'autorisation de prendre possession de la chose promise, lorsqu'elle existe chez le vendeur, le cas échéant avec la menace d'une astreinte. Il exerce alors *l'action en délivrance*. Mais l'exécution a pu avoir lieu, tout en étant défectueuse, parce que la chose livrée n'est pas conforme à ce qui était convenu. L'absence de conformité est soit *en quantité*, et l'acheteur peut demander qu'elle soit *complétée*. Soit *en qualité*, et alors l'acheteur est en droit d'exiger qu'elle soit *échangée* ou *réparée* (au sens matériel, indépendamment de la réparation au sens juridique, c'est-à-dire l'octroi de dommages et intérêts), sauf s'il l'a acceptée sans réserves et alors que la non-conformité était apparente.

Ces mesures apparaissent comme des *succédanés* de l'exécution en nature[1]. Une clause les prévoit parfois (toutes ou certaines d'entre elles), au titre de la garantie conventionnelle ; mais cela n'est pas nécessaire, dans la mesure où elles apparaissent comme des modalités de l'exécution en nature, qui est toujours le mode de satisfaction le plus souhaitable pour le créancier[2] figurant, depuis la réforme de 2016, à l'article 1221 du code civil, précisant toutefois « *sauf si cette exécution est impossible ou s'il existe une disproportion manifeste entre son coût pour le débiteur de bonne foi* et *son intérêt pour le créancier* »[3]. L'impossibilité de demander l'exécution en nature lorsque sont réunies les conditions de la fin de l'article 1221, précité, est-elle d'ordre public, ou au contraire peut-elle être écartée par une clause *ad hoc* ? La jurisprudence aura à trancher, étant entendu que le rattachement de cette disposition à l'abus de droit par le rapport au Président de la République manifeste que ses auteurs opineraient par la négative[4].

La réparation ou l'échange[5] peuvent être demandés au vendeur immédiat, mais aussi à n'importe quel vendeur antérieur jusqu'au fabricant, puisqu'il est admis que le sous-acquéreur jouit de tous les droits et actions attachés à la chose qui appartenaient à son auteur[6]. Elles s'effectuent au domicile de l'acheteur, ce qui signifie que, sauf clause *ad hoc*, il n'a pas à rapporter la chose défectueuse chez le vendeur[7].

213.72 Mise en demeure. Les actions en exécution et ses succédanés impliquent en principe que le vendeur ait été *mis en demeure* par l'acheteur de s'exécuter, et qu'il n'ait pas obtempéré. Cette exigence est cependant inutile lorsque le respect de l'échéance était assorti d'une clause pénale[8]. Du reste, les parties peuvent toujours décider que la seule exigibilité de l'obligation vaudra mise en demeure (C. civ., art. 1344[9], issu de la réforme du droit des contrats).

213.73 Échange et réparation dans la convention de Vienne : règles générales. La convention de Vienne sur la vente internationale de marchandises prévoit aussi la possibilité pour l'acheteur de demander, selon le cas, le *remplacement* de la marchandise non conforme, mais seulement si le défaut de conformité constitue une contravention essentielle au contrat[10] (la contravention essentielle est définie par ce traité à l'art. 25) ; et sa *réparation*, « *à moins que ce ne soit déraisonnable compte tenu de toutes les circonstances* »[11]. Toutefois, ces deux demandes ne sont admises que si l'acheteur agit dans un délai raisonnable[12]. Mais, lorsque le vendeur a livré les marchandises par anticipation, il

1. La norme dans le domaine contractuel : Ph. le Tourneau (dir.), *Droit de la responsabilité et des contrats. Régimes d'indemnisation*, 12e éd., « Dalloz action », 2020, nos 3212.11 s. – COMP. : *Droit européen du contrat*, art. 9.102, 1 ; A.-M. de Matos, dans C. Prieto (dir.), *Regards croisés sur les Principes du Droit européen du contrat et sur le Droit français*, avant-propos J. Mestre, PUAM, 2003, p. 415 s.
2. Ph. le Tourneau (dir.), *Droit de la responsabilité et des contrats...*, 12e éd., *op. cit*, nos 3212.11 s.
3. M. Mekki, « L'exécution forcée "en nature", sauf si... », *Gaz. Pal.* 5 juill. 2016. 15. Fiche prat. – D. Mazeaud, « L'exécution forcée en nature dans la réforme du droit des contrats », *D.* 2016. Chron. 2477, n° 12 – L. Thibierge, « La "réforme de la réforme". Les effets du contrat », *AJ contrat* 2018. 266 – G. Lardeux, « Le contrôle de proportionnalité des sanctions en matière contractuelle », *JCP G* 2021. Doctr. 502 – D'UNE FAÇON GÉNÉRALE sur l'exigibilité : B. Grimonprez, *De l'exigibilité en droit des contrats*, préf. C. Ophèle, LGDJ, 2006.
4. POUR LE DÉBAT : F. Chénedé, *Le nouveau droit des obligations et des contrats*, 2e éd., « Dalloz référence », 2018, n° 128.114.
5. SUR LE CONTRAT D'ÉCHANGE : Q. Guiguet-Schielé, « Repenser l'échange », *RTD civ.* 2013. 539.
6. *V. infra* ss nos 213.82, 213.114 s.
7. Com. 4 juin 1991, n° 88-17.247, P IV, n° 204 ; *D.* 1992. Somm. 200, obs. G. Paisant ; *JCP* 1991. IV. 3099 ; *RTD com.* 1992. 217, obs. B. Bouloc.
8. Civ. 3e, 7 mars 1969, P III, n° 208 ; *JCP* 1970. II. 16461, note J. Prieur.
9. C. civ., art. 1344 ; mod. par ord. n° 2016-131, 10 févr. 2016, art. 3.
10. CVIM, art. 46, § 2.
11. CVIM, art. 46, § 3.
12. CVIM, art. 39 et 46, § 2, combinés.

peut en imposer l'échange (de celles qui ne sont pas conformes), sous réserve d'opérer jusqu'à la date de livraison prévue, et encore à condition que l'exercice de ce droit ne cause à l'acheteur ni inconvénients ni frais déraisonnables [1].

L'article 39 de la CVIM prévoit que l'acheteur est déchu de son droit d'action s'il ne dénonce pas le défaut de conformité dans un délai raisonnable à partir du moment où il l'a constaté ou aurait dû le constater [2]. Mais de toute façon il ne peut plus se prévaloir du défaut de conformité s'il ne l'a pas dénoncé dans un délai de deux ans au plus tard à compter de la date à laquelle les marchandises ont été effectivement remises, sauf application d'une garantie contractuelle [3]. La dénonciation s'effectue par un moyen approprié aux circonstances [4]. Les deux délais de l'article 39, précité, portent exclusivement sur la dénonciation du vice et non pas quant à l'action en justice [5]. C'est-à-dire que ce sont des délais de déchéance du droit [6] (de dénonciation) et non des délais de prescription de l'action en justice [7].

213.74 Échange dans la convention de Vienne. Règles particulières. L'acheteur perd le droit de demander l'échange de la chose s'il n'est pas en mesure de la restituer « *dans un état sensiblement identique* » à celui dans lequel il l'a reçue [8]. Toutefois, une série *d'exceptions de l'exception* ramène au principe [9]. La déchéance cesse lorsque : 1° L'impossibilité de restituer la marchandise dans l'état indiqué ne résulte pas d'un acte ou d'une omission de l'acheteur. 2° Les marchandises ont péri ou ont été détériorées par leur examen lors de la livraison. 3° L'acheteur a revendu, consommé ou transformé les marchandises conformément à « leur usage normal ».

213.75 Réparation dans la convention de Vienne : règles particulières en présence d'une délivrance par anticipation. D'autre part la réparation n'est pas qu'une faculté au gré de l'acheteur, en ce sens que *le vendeur peut la lui imposer*, dans certaines limites. La convention de Vienne prévoit ainsi que, lorsque le vendeur a « livré » (entendez délivré) les marchandises par anticipation, mais de façon incomplète, il peut « livrer » la partie ou la quantité manquantes, jusqu'à la date de « livraison » initialement prévue, à condition que cela ne cause à l'acheteur ni inconvénients ni frais déraisonnables [10] (l'art. 34 de la CVIM donne la même règle pour les documents se rapportant aux marchandises).

213.76 Réparation dans la convention de Vienne ; autres règles particulières. Le vendeur peut encore imposer la réparation à l'acheteur, dans certaines limites, même après la date de la délivrance [11] (la convention traite aussi de la demande adressée par le vendeur à l'acheteur quant à son acceptation de la réparation, et de la notification de son intention, ainsi que de leurs délais et conséquences [12]) [13]. Toutefois, ce droit n'est pas totalement discrétionnaire : Il est *encadré*, puisqu'il ne faut pas que cette réparation entraîne « un retard considérable », ni qu'elle cause à l'acheteur des « inconvénients déraisonnables », et que ce dernier n'ait aucune incertitude quant au remboursement des frais qu'elle peut lui occasionner [14]. Et surtout, il s'exerce « *sous réserve de l'article 49* » [15], c'est-à-dire du droit de résiliation unilatérale dont dispose l'acheteur, principalement en présence d'une contravention essentielle au contrat. Mais ce droit est paralysé si l'acheteur a accepté la proposition de réparation que lui a adressée le vendeur. En effet, tant que le délai que celui-ci a indiqué n'est pas expiré, le premier ne « *peut se prévaloir d'un moyen incompatible avec l'exécution par le vendeur de ses obligations* » [16] : la résolution unilatérale de l'article 49 présente bien cette finalité.

La faculté de réparation dont dispose le vendeur, dans les conditions et la limite qui viennent d'être indiquées, est conforme à la logique du domaine contractuel, dans lequel l'exécution forcée de la prestation promise doit être privilégiée (fût-ce sous une forme différente de celle qui était prévue à l'origine) : étant la meilleure satisfaction possible du créancier, non seulement elle peut être exigée par celui-ci, mais encore elle ne peut pas être refusée par lui [17].

1. CVIM, art. 37.
2. CVIM, art. 39, § 2.
3. CVIM, art. 39, § 1.
4. CVIM, art. 27.
5. Sur la question : M. Mignot, « Les liens entre le délai de forclusion et le délai de prescription (à propos de l'article 39 de convention de Vienne sur la vente internationale de marchandises », dans G. Cerqueira (dir.), « Les 40 ans de la convention de Vienne sur la vente internationale de marchandises », *AJ Contrat* 2020. Dossier 507, p. 525.
6. SUR LA NOTION de déchéance : B. Freleteau, *Devoir et incombance en matière contractuelle*, préf. L. Santonie-Laguionie, « BDPr », LGDJ, 2017, n°s 415 s.
7. Grenoble, 13 sept. 1995, *JDI* 1996. 947, note C. Witz.
8. CVIM, art. 82, § 1.
9. CVIM, art. 82, § 2.
10. CVIM, art. 37.
11. CVIM, art. 48, § 1.
12. CVIM, art. 48, § 2.
13. SUR CE MÉCANISME : M. Tinel, « La correction, par le débiteur, de l'inexécution des obligations », *RRJ* 2012. 26.
14. CVIM, art. 48.
15. CVIM, art. 48, § 1, *in principio*.
16. CVIM, art. 48, § 2, *in fine*.
17. CONTRA : Y.-M. Laithier, *Étude comparative des sanctions de l'inexécution du contrat*, préf. H. Muir-Watt, « BDPr », t. 419, LGDJ, 2004, n°s 44 s.

213.77 Échange et la réparation dans l'ordonnance nº 2005-136 du 17 février 2005. Renvoi. V. *infra* s^s n°s 213.251 s.

213.78 Réfaction. Dans les *ventes commerciales* un usage ancien autorise le juge à réduire le prix, à condition que le défaut (ou le manque) soit mineur, de telle sorte que la chose reste propre à l'usage auquel elle est destinée, et qu'elle ne perde pas toute utilité pour l'acheteur[1]. Cette réduction, nommée la *réfaction*, constitue en réalité une révision partielle du contrat[2]. La réduction du prix peut se cumuler avec des dommages et intérêts réparant un préjudice[3] spécifique[4].

Cet usage commercial a été étendu aux ventes civiles et fut généralisé par la réforme du droit des contrats, dans sa rédaction issue de la loi nº 2018-287 du 20 avril 2018 de ratification. En effet, le créancier peut de son propre chef, en cas d'exécution imparfaite de la prestation, « *notifier dans les meilleurs délais au débiteur sa décision d'en réduire de manière proportionnelle le prix* »[5], après mise en demeure et s'il n'a pas encore payé tout ou partie du prix[6]. S'il a déjà payé, « *il peut demander au juge la réduction de prix* »[7], à défaut d'accord entre les parties[8]. Toutefois, la réfaction peut être *écartée*, soit par une clause expresse, soit tacitement par l'emploi d'une qualification de la marchandise (irréprochable, sans défaut, premier choix, *etc.*). La vente *sur échantillon* et la vente *en disponible* (d'une chose qui existe et qui doit être livrée très rapidement) excluent aussi la possibilité de la réfaction.

La réfaction, très utilisée dans le négoce international, est prévue par la convention de Vienne[9]. Cependant, celle-ci l'exclut lorsque le vendeur répare tout manquement à ses obligations en vertu des articles 37 ou 48, et lorsque l'acheteur refuse d'accepter l'exécution par le vendeur conformément à ces articles[10]. L'ordonnance nº 2005-136 du 17 février 2005, précitée, transposant la directive 1999/44, sur certains aspects de la vente et des garanties des biens de consommation, vise également la réfaction parmi les modes de dédommagement du consommateur[11]. La réduction proportionnelle du prix figure aussi dans l'ordonnance nº 2021-1247 du 29 septembre 2021, relative à la garantie légale de conformité pour les biens, les contenus numériques et les services numériques[12].

213.79 Choix. Si l'acheteur ne veut pas obtenir l'exécution forcée de la délivrance, notamment parce qu'elle ne présenterait plus d'utilité pour lui (la non-conformité est trop grave, le retard trop important notamment pour les articles saisonniers...) ou si, malgré son désir, il n'y parvient pas, il se tournera vers la résolution, soit judiciaire soit unilatérale, sans compter une demande éventuelle de dommages et intérêts.

2°
Résolution judiciaire

213.81 Mécanisme de la résolution judiciaire. Lorsque la défaillance est importante, l'issue logique et normale est de demander la résolution judiciaire du contrat[13], y compris du reste pour le manquement à l'obligation d'information[14]. Le créancier a le choix entre la demande de réduction du prix, l'action en exécution forcée et l'action résolutoire, comme l'indique l'article 1217 du code civil, d'une façon générale. L'article 1610, propre à la vente, rappelle la règle à propos du retard de livraison[15].

1. Com. 23 mars 1971, nº 69-12.029, P IV, nº 89 ; *D.* 1974. 40, note M. Alter – Com. 15 déc. 1992, nº 90-19.006, P IV, nº 421 ; *JCP E* 1993. I. 234, nº 13, obs. P.-H. Antonmattei ; *JCP* 1993. II. 22075, note M. Poulnais : l'acheteur peut fort bien demander, tout à la fois ou successivement, l'exécution forcée du contrat par la mise en possession de la chose et la réduction du prix – Civ. 3e, 14 mai 1997, nº 95-13.840, P III, nº 103 ; *RJDA* 1998, nº 31, 2e esp.
2. COMP. : O. Gout, *Le juge et l'annulation du contrat*, th. préc. : cet auteur étudie longuement la réfaction [n°s 655 s.], mais curieusement pas dans la vente – J.-M. Do Carmo Silva, *La stabilité de l'entité contractuelle*, th., Toulouse, 2001, n°s 492 s. – S. Pimont, *L'économie du contrat*, préf. J. Beauchard, PUAM, 2004, n°s 537 s. : se servant de l'économie du contrat pour en déterminer les conditions et les effets – P. Jourdain, « À la recherche de la réfaction du contrat, sanction méconnue de l'inexécution », dans *Libre droit. Mél. Ph. le Tourneau*, Dalloz, 2008, p. 448 s. – D. Mazeaud, « La réfaction unilatérale du contrat, sanction originale et générale de l'inexécution du contrat ? » dans *Mél. M. Germain*, LexisNexis, 2015, p. 543 s.
3. COMP. : C. civ., art. 1217, *in fine ;* mod. par ord. nº 2016-131, 10 févr. 2016, art. 2 ; puis par L. nº 2018-287, 20 avr. 2018, art. 10.
4. Com. 22 janv. 2008, nº 07-11.375, NP, *RJDA* 2008, nº 392.
5. G. Lardeux, « Le contrôle de proportionnalité des sanctions en matière contractuelle », *JCP G* 2021. Doctr. 502.
6. C. civ., art. 1223, al. 1er.
7. C. civ., art. 1223, al. 2.
8. L. Thibierge, « La "réforme de la réforme". Les effets du contrat », *AJ contrat* 2018. 266 – T. Douville (dir.), *La réforme du droit des contrats et du régime général et de la preuve des obligations*, Gualino, 2018, p. 225 s. – O. Deshayes, T. Genicon et Y.-M. Laithier, *Réforme du droit des contrats, du régime général et de la preuve des obligations*, 2e éd., LexisNexis, 2018, p. 558 s. – D. Houtcieff, « L'étendue des nouveaux pouvoirs unilatéraux du contractant », *RCA* 2018. Dossier 505, n°s 12 s. – C. Noblot, « Article 1223 du code civil : la clause de définition de l'exécution imparfaite », *CCC* 2019. Formule 2.
9. CVIM, art. 50.
10. CVIM, art. 50, *in fine.*
11. V. *infra* s^s nº 213.252.
12. Sur cette ordonnance v. *supra* s^s nº 013.34.
13. C. civ., art. 1227.
14. Civ. 1re, 28 mai 2009, nº 08-14.421, NP, *RCA* 2009, nº 221 ; *CCC* 2009, nº 216.
15. NOT. : J.-Ph. Tricoire, *Les concours d'action en matière immobilière*, préf. J.-L. Bergel, « BDPr », LGDJ, 2009, nº 31.

L'action en résolution est recevable alors même que le contrat serait arrivé à son terme [1]. En théorie, elle suppose une *défaillance* contractuelle (volontaire ou involontaire), que les juges du fond doivent relever ; sinon, la théorie *des* risques devrait logiquement s'appliquer. Mais la jurisprudence n'est pas aussi catégorique : Les juges admettent la résolution judiciaire quelle que soit la raison de l'inexécution [2], y compris la force majeure [3]. Autrement dit, la résolution judiciaire n'implique pas le caractère fautif de l'inexécution [4]. Cette position se justifie sans doute par la considération de *l'utilité économique* du contrat : la résolution est possible dès que celle-ci a cessé, même sans faute [5]. Un arrêt a même considéré, en prolongement, qu'elle pouvait être prononcée, aux torts réciproques des parties, dès lors que celles-ci « *n'avaient ni l'une ni l'autre voulu sérieusement poursuivre l'exécution du contrat après le dépôt du rapport d'expertises* » [6].

Un contractant peut renoncer par avance, au moyen d'une clause « *claire, précise, non ambiguë et compréhensible pour un profane* », à la résolution judiciaire, qui n'est pas d'ordre public [7]. Une certaine contractualisation de la résolution judiciaire s'est donc progressivement introduite.

213.82 Titulaires de l'action. Le premier acteur est l'acheteur immédiat, agissant contre son vendeur direct, quelle que soit la place de celui-ci dans le circuit de distribution. Mais l'action en résolution se transmet avec la chose : le sous-acquéreur peut également l'exercer [8]. Et, dans le crédit-bail, une clause transfère au crédit-preneur toutes les actions du crédit-bailleur relatives à la vente contre le fournisseur (donc l'action en résolution).

213.83 Délai. En principe, la résolution judiciaire peut être exercée durant cinq ans (prescription de Droit commun depuis la loi n° 2008-561 du 17 juin 2008 [9]). Toutefois, la *bonne foi* commande à l'acheteur d'agir sans trop attendre. En tout cas, elle échappe au délai de deux ans de l'action en garantie contre les vices [10] cachés [11]. Mais la réception sans réserves met fin à la possibilité d'action pour non-conformité.

213.84 Inutilité d'une mise en demeure spécifique. Une mise en demeure autonome et spécifique est superflue. En effet, l'acte introductif d'instance vaut mise en demeure, en raison de la formule très compréhensive employée par l'article 1344 du code civil : « *Le débiteur est mis en demeure soit par une sommation ou un acte portant interpellation suffisante* » [12].

213.85 Pouvoir d'appréciation du juge. Le juge du fond, saisi d'une action en résolution [13], dispose d'un pouvoir souverain [14] *d'appréciation* [15], et peut donc ne pas prononcer la résolution même en cas de manquement au contrat. En effet, il peut rejeter la demande en résolution, tout en allouant éventuellement une indemnité à l'acheteur, en présence d'un manquement peu important ou temporaire [16]. Il a encore la possibilité de ne prononcer qu'une résolu-

1. Civ. 3e, 19 sept. 2006, n° 03-19.132, NP, *CCC* 2007, n° 2, obs. L. Leveneur.
2. Civ. 1re, 2 juin 1982, n° 81-10.158, P I, n° 205 ; *RTD civ.* 1983. 340, obs. F. Chabas – Civ. 1re, 12 mars 1985, n° 94-10.169, P I, n° 94 ; *RTD civ.* 1986. 345, obs. J. Mestre – Civ. 3e, 11 oct. 2000, n° 98-21.826, P III, n° 163 ; *JCP* 2001. 10465, note Ph. Malinvaud.
3. Civ. 3e, 11 oct. 2000, n° 98-21.826, P III, n° 163 – Civ. 3e, 6 mai 2009, n° 08-13.824, NP, *RJDA* 2009, n° 930 – Civ. 1re, 13 nov. 2014, n° 13-24.633, NP, *RDC* 2015. 366, note A. Tadros.
4. Com. 9 mars 1999, n° 97-11.810, NP, *RJDA* 1999, n° 643.
5. Ph. Malaurie, L. Aynès et Ph. Stoffel-Munck, *Droit des obligations*, 10e éd., « Droit civil », LGDJ-Lextenso, 2018, n° 896.
6. Civ. 3e, 6 sept. 2018, n° 17-22.026, P III, n° 94 ; *D.* 2018. 2213, note S. Tisseyre, S'ÉTONNANT DE CETTE SOLUTION ; *RDC* 2018. 539, obs. Y.-M. Laithier, CRIT. ; *AJ contrat* 2019. 35, obs. T. Douville.
7. Com. 7 mars 1984, n° 82-13.041, P IV, n° 93 ; *JCP* 1985. II. 20407, note Ph. Delebecque ; *RTD civ.* 1985. 164, obs. J. Mestre – DE FAÇON PLUS CATÉGORIQUE : Civ. 3e, 3 nov. 2011, n° 10-26.203, P III, n° 178 ; *Gaz. Pal.* 2012. 11 janv., note D. Houtcieff ; *JCP* 2012, n° 3. Chron. 63, n° 18, obs. P. Grosser, CRIT. ; *LPA* 19 janv. 2012, n° 14, p. 3, note C. Delobel ; *LPA* 28-29 mai 2012, n° 106-107, p. 10, note O. Pignatari ; *D.* 2012. Pan. 469, obs. S. et M. Mekki ; *RDC* 2012. 402, note Y.-M. Laithier, APPROB. ; *RTD civ.* 2012. 114, obs. B. Fages – C.-É. Bucher, « La clause de renonciation anticipée à la résolution judiciaire », *CCC* 2020. Formule 6.
8. À PROPOS de l'action rédhibitoire : Com. 17 mai 1982, n° 80-16.040, P IV, n° 182 ; *RTD civ.* 1983. 135, obs. G. Durry.
9. L. n° 2008-561, 17 juin 2008, portant réforme de la prescription en matière civile, *JO* 18 juin, p. 9856.
10. C. civ., art. 1648 ; mod. par L. n° 2009-323, 25 mars 2009, art. 109.
11. SUR L'ANCIEN « bref délai » [remplacé par le délai de deux ans par l'ord. n° 2005-136 du 17 févr. 2005] : Com. 30 janv. 1978, n° 75-12.236, P IV, n° 42 – Civ. 1re, 29 janv. 1991, n° 88-13.097, P I, n° 41 ; *D.* 1992. Somm. 201, obs. O. Tournafond ; *JCP* 1992. II. 21935, note C. Ginestet, 1re esp. – Com. 1er déc. 1992, n° 91-10.275, P IV, n° 389.
12. NOT., RENDUS SUR L'ANC. art. 1139, pour une action en résolution : Civ. 16 mars 1910, *DP* 1913. 5, p. 25 – Com. 26 avr. 1977, n° 75-14.437, P IV, n° 118 – Civ. 1re, 23 janv. 2001, n° 98-22.760, *Buzonie (Mme) c/Leone (M.),* P I, n° 7 ; *CCC* 2001, n° 69, obs. L. Leveneur.
13. C. civ., art. 1227.
14. C. civ., art. 1228.
15. Civ. 1re, 3 févr. 2004, n° 01-02.020, P I, n° 27 ; *RJDA* 2005, n° 477.
16. Com. 25 févr. 1981, n° 79-13.851, P IV, n° 111 – Paris, 5 nov. 1986, *Expertises* 1987, p. 48 – Civ. 1re, 4 janv. 1995, n° 92-17.858, P I, n° 14 – Civ. 1re, 10 févr. 1998, n° 96-13.797, NP, *Gaz. Pal* 1998. 2. Pan. 288 : maintien du contrat sans dommages et intérêts – Com. 12 oct. 1999, n° 96-20.641, NP, *RJDA* 1999, n° 1307 : le manquement à l'obligation d'information ne justifie pas la résolution du contrat.

tion[1] partielle[2]. Pour autant, la résolution peut être prononcée en présence d'une inexécution partielle[3].

3°
Résolution unilatérale

213.91 Résolution unilatérale. En dehors même du jeu d'une clause résolutoire[4], la jurisprudence avait admis qu'un acheteur pouvait anticiper le prononcé de la décision judiciaire, en mettant fin au contrat de lui-même[5]. Peu importe que le contrat soit de durée déterminée ou non[6], qu'il ait donné lieu à l'établissement d'un acte instrumentaire ou qu'il ait été conclu verbalement[7], et que les modalités formelles de résiliation contractuelle n'aient pas été respectées[8] (à condition sans doute, sur ce dernier point, qu'aucune exécution utile par le débiteur ne soit plus envisageable[9]). Cette attitude est admise lorsque le comportement du cocontractant revêt une *gravité suffisante pour justifier cette rupture*[10] (C. civ., art. 1224), portant atteinte le cas échéant à la réputation du partenaire alors que le contrat avait été conclu *intuitu personæ*[11], soit lorsqu'il y a *urgence* et que l'acheteur se heurte à un *refus déclaré* du vendeur[12] ; soit lorsque l'exécution est devenue *impossible*. L'impossibilité peut tenir tant à un fait objectif, purement matériel[13], qu'à des circonstances subjectives, tenant au comportement du partenaire entraînant une perte de confiance[14]. Cette mesure doit être *proportionnée* à la

1. Sur la résolution partielle aussi v. *supra* s[s] n° 213.78 et sur la réfaction v. *infra* s[s] n° 213.212.
2. Civ. 5 mars 1894, *DP* 1894. 1, 508 ; *S.* 1897. 1. 74 – COMP. : Civ. 3e, 3 mai 2007, n° 06-11.591, P III, n° 67 ; *D.* 2007. 2068, note J. Rochfeld ; *JCP E* 2007. 2009, note F. Auque ; *CCC* 2007, n° 181, obs. M. Malaurie-Vignal ; *RDC* 2007. 1210, note J.-B. Seube ; *Defrénois* 2008. 1940, note C. Boulogne-Yang-Ting : en raison d'une défaillance d'un bailleur, résolution partielle du contrat (résolution de la clause de non-concurrence).
3. Com. 11 déc. 1990, n° 89-17.524, P IV, n° 316 ; *JCP* 1991. IV. 55 – Colmar, 2 mars 2007, *Servo info c/SDAG, JurisData* 338498.
4. C. civ., art. 1224 et 1225 (sur celle-ci v. *supra* s[s] n° 116.121).
5. Civ. 1re, 20 févr. 2001, n° 99-15.170, P I, n° 40 ; *D.* 2001. 1568, note C. Jamin : en dehors de la vente, à propos d'une société d'expertise ; l'arrêt précise que peu importe que le contrat soit à durée déterminée ou non – SUR CET ARRÊT ET CETTE QUESTION : S. Amrani-Mekki, « La résiliation unilatérale des contrats à durée déterminée », art. préc. ; Y.-M. Laithier, *Étude comparative des sanctions de l'inexécution du contrat*, préf. H. Muir-Watt, « BDPr », LGDJ, 2004, n°s 178 s. ; P. Grosser, « La résolution unilatérale : conditions et régime », *AJCA* 2014. 72.
6. Civ. 1re, 20 févr. 2001, n° 99-15.170, préc.
7. Com. 7 avr. 2010, n° 06-15.590, NP, *RDC* 2010. 1213, obs. D. Mazeaud, APPROB. : dans un autre domaine que la vente.
8. Com. 10 févr. 2009, n° 08-12.415, NP, *CCC* 2009, n° 124, obs. L. Leveneur, CRIT. ; *RDC* 2010. 44, note T. Genicon ; *RTD civ.* 2009. 319, obs. B. Fages : rendu dans un autre domaine que celui de la vente – Com. 1er oct. 2013, n° 12-20.830, NP, *RDC* 2014. 181, note Y.-M. Laithier, 1re esp., *idem* – Com. 20 oct. 2015, n° 14-20.416, NP, *CCC* 2016, n° 3, obs. L. Leveneur ; *Gaz. Pal.* 2 févr. 2016. 26, note D. Mazeaud.
9. Com. 15 nov. 2011, n° 10-27.838, NP, *RDC* 2012. 787, note T. Genicon – C'est une des suggestions de l'annotateur pour expliquer la divergence de cet arrêt avec Com. 10 févr. 2009, n° 08-12.415, préc. : « *il résultait des stipulations contractuelles que la société A devait impartir à la société B un délai de quinze jours pour lui permettre d'exécuter ses obligations et faire ainsi obstacle à la résiliation, la cour d'appel, qui a constaté que la société A avait résilié le contrat immédiatement, privant ainsi la société B de la faculté de régularisation dont elle bénéficiait, de sorte que la résiliation était irrégulière* ».
10. Com. 29 sept. 2015, n° 14-19.795, NP : cassation de l'arrêt ayant validé une résiliation unilatérale sans que la société l'ayant pratiquée n'ait apporté la preuve d'une faute de son partenaire d'une gravité suffisamment grave pour justifier la rupture du contrat plus de deux avant son terme – Com. 8 févr. 2018, n° 16-24.641, P IV, n° 16 ; *RJDA* 2018, n° 296 ; *RTD civ.* 2018. 404, obs. H. Barbier : cassation de l'arrêt n'ayant pas recherché si la résiliation ne trouvait pas sa justification dans la gravité des manquements de la société en cause.
11. COMP. : Com. 8 déc. 2015, n° 14-11.394, NP, *AJCA* 2016. 35, note Y. Dagorne-Labbe : partenaire condamné pour corruption, alors que le contrat avait été conclu en considération de sa personne, application de la clause de résiliation unilatérale – SUR CETTE NOTION : Ph. le Tourneau et D. Krajeski, « Contrat *intuitu personæ* », *J.-Cl. Contrats distribution*, fasc. 420 [2020] – *Adde* sur les clauses relatives à l'*intuitus personæ*, avec des exemples de clauses en français et en anglais : É. Vergès (dir.), *Contrats sur la recherche et l'innovation*, hors collection, Dalloz, 2018, n°s 213.00 s.
12. Nancy, 20 nov. 2000, *Dithol, JCP E* 2002. Pan. n° 199 : rappelant la nécessité de l'urgence, à propos d'un contrat de maintenance.
13. Com. 28 avr. 1982, n° 80-16.678, P IV, n° 145.
14. T. com. Paris, 14 déc. 1983, *RJ com.* 1984. 231, note Ph. le Tourneau : où la violation caractérisée du contrat, par l'une des parties, excluait toute confiance entre elles, et donc toute possibilité de collaboration – Com. 5 mars 1996, n° 94-15.624, NP, *RJDA* 1996, n° 745 : dans un contrat de concession, où le « *comportement agressif d'une des parties* » rendait impossible la poursuite des relations contractuelles – DANS UN AUTRE DOMAINE : Civ. 1re, 13 oct. 1998, n° 96-21.485, P I, n° 300 ; *D.* 1999. 197, note C. Jamin ; *D.* 1999. 115, obs. Ph. Delebecque ; *JCP* 1999. II. 10133, note N. Rzepecki ; *Defrénois* 1999. 374, obs. D. Mazeaud ; *RDSS* 2000. 378, obs. G. Mémeteau et M. Harichaux ; *RTD civ.* 1999. 394, obs. J. Mestre – Civ. 1re, 9 juill. 2002, n° 99-21.350, P I, n° 187 ; *JCP E* 2003. 629, note C. Lachièze – Paris, 7 nov. 2002, *EFI, Expertises* 2003, p. 153 : la résolution unilatérale est justifiée « *lorsque l'auteur de la rupture établit que les rapports personnels entre les parties sont devenues intolérables* », ce qui n'était pas le cas en l'esp. – *idem* À PROPOS de prestations de services : Civ. 1re, 28 oct. 2003, n° 01-03.662, *Tocqueville,* P I, n° 211 ; *JCP E* 2004. Pan. n° 1726 ; *RDC* 2004. 273, note L. Aynès et p. 277 note D. Mazeaud ; *RTD civ.* 2004. 89, obs. J. Mestre et B. Fages – CONDITION REMPLIE : Com. 4 févr. 2004, n° 99-21.480, NP, *JCP* 2004. I. 149, n° 15, obs. J. Rochfeld ; *RTD civ.* 2004. 731, obs. J. Mestre et B. Fages ; *RTD civ.* 2004. 731, obs. J. Mestre et B. Fages – CONDITION NON REMPLIE : Toulouse, 30 nov. 2004, *Fergui, JAMP* 2005/1, p. 144, obs. Ph. le Tourneau – EN DEHORS de la vente : Com. 18 juin 2013, n° 12-13.360, NP, *LPA* 18 oct. ▶

gravité de l'inexécution que le débiteur inflige au créancier[1]. Elle n'exclut pas nécessairement un délai de préavis[2] ni une mise en demeure[3]. En revanche, l'auteur de la rupture devrait motiver celle-ci ; cette solution, qui semble résulter d'un arrêt de la Cour de cassation[4], paraît conforme à la bonne foi[5].

La résolution reste judiciaire, mais le contractant, célébrant en quelque sorte Pâques avant les Rameaux, anticipe le prononcé de la décision judiciaire, en mettant fin au contrat de lui-même, le tribunal n'intervenant qu'*a posteriori*. L'acheteur exerce la résolution à ses *risques et périls*[6] (C. civ., art. 1226, al. 1er)[7]. Le tribunal peut le condamner en cas de mise en œuvre à contretemps et hors de propos, en présence d'un abus[8]. Mais s'il reconnaît le bien-fondé de la résolution par l'acheteur, il se contente de constater son jeu. Il rend donc un jugement déclaratif (non constitutif). Un des avantages de cette solution est que le bénéficiaire de la résolution, c'est-à-dire en l'espèce l'acheteur, peut *nouer immédiatement des liens contractuels avec un nouveau partenaire* (certes, à ses *risques et périls*), alors que, dans la figure habituelle de la résolution judiciaire, il ne peut se lier de la sorte qu'après son prononcé.

Peu importerait, selon la Cour de cassation, que les modalités formelles de résiliation contractuelle n'aient pas été respectées[9] (à condition sans doute qu'aucune exécution utile par le débiteur ne soit plus envisageable[10]). Cependant, un arrêt de la 3e chambre civile de la Cour de cassation du 9 octobre 2013 considéra que la clause résolutoire s'impose aux parties, excluant ainsi toute possibilité de rupture unilatérale pour manquement grave[11].

L'article 1226 du code civil régit la résiliation unilatérale par notification dans un sens voisin de l'état antérieur de la jurisprudence, mais en apportant des précisions : « *Le créancier peut, à ses risques et périls, résoudre le contrat par voie de notification. Sauf urgence, il doit préalablement mettre en demeure le débiteur défaillant de satisfaire à son engagement dans un délai raisonnable.*

La mise en demeure mentionne de manière apparente qu'à défaut pour le débiteur de satisfaire à son engagement, le créancier sera en droit de résoudre le contrat.

Lorsque l'inexécution persiste, le créancier notifie au débiteur la résolution du contrat et les raisons qui la motivent.

Le débiteur peut à tout moment saisir le juge pour contester la résolution. Le créancier doit alors prouver la gravité de l'inexécution »[12]. Espérons qu'il sera

► 2013, p. 6, note A. Albarian – EN DEHORS de la vente : Civ. 1re, 14 nov. 2018, n° 17-23.135, P ; *RDC* 2019/1. 10, note T. Genicon : « *une faute grave, par son importance, rend impossible le maintien d'un contrat* [...] *pendant la durée même limitée du préavis* », à condition que la résiliation ait été « *prononcée avec un effet immédiat* ».

1. Civ. 1re, 25 nov. 1980, n° 79-14.791, NP, *D.* 1982. 221, note G. Courlay – Civ. 1re, 20 févr. 2001, n° 99-15.170, préc. : cassation d'un arrêt n'ayant pas recherché si le comportement du cocontractant revêtait une gravité suffisante pour justifier cette rupture – *idem*, À PROPOS d'un contrat de sous-traitance : Com. 31 mars 2009, n° 07-20.991, NP, *JCP* 2009. Chron. 273, n° 24, obs. P. Grosser ; *D.* 2010. Pan. 233, obs. B. Fauvarque-Cosson – GRAVITÉ RECONNUE : Com. 30 juin 2009, n° 08-14.944, NP, *JCP* 2009. Chron. 273, n° 24, obs. P. Grosser ; *D.* 2010. Pan. 234, obs. B. Fauvarque-Cosson.
2. Civ. 1re, 13 oct. 1998, n° 96-21.485, P I, n° 300 ; *D.* 1999. 197, note C. Jamin ; *JCP* 1999. II. 10133, note N. Rzepecki ; *Defrénois* 1999. 374, obs. D. Mazeaud ; *RTD. civ.* 1999. 394, obs. J. Mestre.
3. Com. 4 févr. 2004, n° 99-21.480, préc. – Civ. 1re, 24 sept. 2009, n° 08-14.524, NP, *RDC* 2010. 690, note C. Pelletier.
4. D. Mazeaud, obs. sous Com. 7 avr. 2010, n° 06-15.590, NP, préc.
5. O. Deshayes, obs. *RDC* 2010. 1253.
6. Civ. 1re, 20 févr. 2001, n° 99-15.170, préc. – Paris, 7 nov. 2002, *EFI*, préc. – Toulouse, 30 nov. 2004, *Fergui*, préc. – Com. 20 oct. 2015, n° 14-20.416, NP, *CCC* 2016, n° 3, obs. L. Leveneur ; *Gaz. Pal.* 2 févr. 2016. 26, note D. Mazeaud : ajoutant, de façon curieuse, « *peu important les modalités formelles de résiliation contractuelle* » – SUR LA NOTION : H. Barbier, *La liberté de prendre des risques*, préf. J. Mestre, « Institut de droit des affaires-Centre de droit économique », PUAM, 2011, n° 362.
7. C.-É. Bucher, « Les clauses relatives à la résolution par notification », *CCC* 2021/4. Formule 4.
8. Nancy, 20 nov. 2000, *Dithol*, préc. – Paris, 7 nov. 2002, *EFI*, préc., cas en l'esp., où la rupture était abusive – Toulouse, 30 nov. 2004, *Fergui*, préc. – D. Mazeaud, « Rupture unilatérale du contrat : encore le contrôle des motifs », *D.* 2010. Chron. 2178.
9. Com. 10 févr. 2009, n° 08-12.415, NP, *CCC* 2009, n° 124, note L. Leveneur, CRIT. ; *RDC* 2010. 44, note T. Genicon ; *RTD civ.* 2009. 319, obs. B. Fages – Com. 1er oct. 2013, n° 12-20.830, NP, *RDC* 2014. 181, note Y.-M. Laithier, 1re esp., *idem* – Com. 20 oct. 2015, n° 14-20.416, NP, *CCC* 2016, n° 3, obs. L. Leveneur ; *Gaz. Pal.* 2 févr. 2016. 26, note D. Mazeaud ; *RJDA* 2016, n° 86.
10. Com. 15 nov. 2011, n° 10-27.838, NP, *RDC* 2012. 787, note T. Genicon – C'est une des suggestions de l'annotateur pour expliquer la divergence de cet arrêt avec Com. 10 févr. 2009, n° 08-12.415, préc. : « *il résultait des stipulations contractuelles que la société A devait impartir à la société B un délai de quinze jours pour lui permettre d'exécuter ses obligations et faire ainsi obstacle à la résiliation, la cour d'appel, qui a constaté que la société A avait résilié le contrat immédiatement, privant ainsi la société B de la faculté de régularisation dont elle bénéficiait, de sorte que la résiliation était irrégulière* ».
11. Civ. 3e, 9 oct. 2013, n° 12-23.379, P III, n° 122 ; *Gaz. Pal.* 12 févr. 2014, 12, note L.-F. Pignarre, CRIT. ; *RDC* 2014. 181, note Y.-M. Laithier, 2e esp.
12. SUR CE TEXTE (dont l'articulation, tant entre la règle générale et les règles spéciales relatives à la résolution qu'entre la résolution par notification et d'autres sanctions) : F. Chénedé, *Le nouveau droit des obligations et des contrats*, 2e éd., « Dalloz référence », 2018, nos 128.191 s. – O. Deshayes, T. Genicon et Y.-M. Laithier, *Réforme du droit des contrats, du régime général et de la preuve des obligations*, 2e éd., LexisNexis, 2018, p. 573 s. – E. Seifert, « Résolution unilatérale du contrat », *RCA* 2018. formule 3 – D. Houtcieff, ►

admis que la résolution puisse intervenir sans mise en demeure préalable lorsque le manquement est irrémédiable[1].

Selon un arrêt contestable, lorsqu'une résolution pour inexécution est intervenue, les stipulations contractuelles régissant les conditions et les conséquences de la résiliation unilatérale ne s'appliqueraient plus, le contrat étant anéanti[2]. Il est heureux que l'article 1230 du code civil, issu de la réforme, ait posé la règle inverse : « *La résolution n'affecte ni les clauses relatives au règlement des différends, ni celles destinées à produire effet même en cas de résolution, telles les clauses de confidentialité et de non-concurrence* ». Un arrêt avait anticipé cette solution pour les clauses limitatives de réparation[3].

213.92 Résolution unilatérale dans le code de la consommation. Le code de la consommation régit la résolution du contrat, ses conditions et ses effets (dont le remboursement des sommes versées[4]), en cas de manquement du professionnel à son obligation de délivrance du bien ou de fourniture du service, après mise en demeure infructueuse (C. consom., art. L. 216-6, I, 2°), ou immédiate (C. consom., art. L. 216-6, II).

213.93 Résolution unilatérale dans la convention de Vienne. La convention de Vienne a adopté une solution plus radicale que celle qui existe en Droit français d'origine interne, même assouplie par la possibilité d'une anticipation par l'acheteur de la décision judiciaire. En effet, elle prévoit que l'acheteur « *peut déclarer le contrat résolu* »[5], en notifiant cette décision à l'autre partie[6], cela dans deux cas :

1° D'abord, lorsque l'inexécution par le vendeur de l'une de ses obligations constitue une « contravention essentielle » au contrat (la contravention essentielle est définie par CVIM, art. 25). Pour certaines juridictions étrangères, le caractère essentiel de la contravention découle surtout de la constatation que l'acheteur n'a plus la possibilité de disposer de la marchandise affectée d'un défaut, en la transformant ou en la revendant dans des conditions normales, même avec une réduction de prix[7].

2° Ensuite, lorsque le vendeur ne s'exécute pas dans le délai supplémentaire qui lui a été consenti par l'acheteur (et donc, implicitement, pas en présence d'un retard par rapport au temps d'exécution initial).

Mais l'acheteur est déchu de ce droit unilatéral de résolution s'il ne l'a pas exercé dans un délai raisonnable (CVIM, art. 49, § 2, exposant les diverses situations possibles).

Au demeurant, cette faculté de résiliation unilatérale n'est pas réservée à l'acheteur : Le vendeur dispose de la même possibilité en présence de défaillances contractuelles de celui-là[8].

213.94 Régimes particuliers de la résolution unilatérale dans la convention de Vienne. À côté de la résiliation unilatérale de base[9], la convention de Vienne a prévu deux régimes particuliers, s'appliquant indifféremment au vendeur et à l'acheteur.

Voici le premier : Lorsqu'avant l'exécution du contrat « *il est manifeste qu'une des parties commettra une contravention essentielle au contrat* », l'autre partie peut le déclarer résolu[10] (CVIM, art. 72, § 1 – Les § 2 et 3 prévoient les conditions de la notification de cette décision).

Et maintenant le second : dans les *contrats à exécution successive*, si l'inexécution par l'une des parties d'une obligation relative à une livraison constitue une « contravention essentielle » au contrat, l'autre partie peut déclarer le contrat résolu pour ladite livraison, donc uniquement pour elle[11]. Mais si cette inexécution donne « *de sérieuses raisons de penser* » qu'il y aura dans l'avenir « contravention essentielle » au contrat pour les livraisons à venir, l'autre partie peut déclarer le contrat résolu pour l'avenir[12], ce qui est en réalité une application du cas de l'article 72. Enfin, l'acheteur peut déclarer le

► « L'étendue des nouveaux pouvoirs unilatéraux du contractant », *RCA* 2018. Dossier 505, n°s 21 s. – Sur le processus par étapes : N. Balat, « Les règles instituant des processus en droit des contrats : observations sur le "formalisme méthodique" », dans *Mél. B. Teyssié*, LexisNexis, 2019, p. 895 s.

1. Ph. Stoffel-Munck, « Le nouveau droit des obligations : les questions en suspens », *RDC* 2018, hors série, juin 2018. 52, spéc. n° 31.
2. Com. 3 mai 2012, n° 11-17.779, P IV, n° 86 ; *D.* 2012. 1719, note A. Etienney de Sainte-Marie, CRIT. ; *D.* 2013. 391, obs. S. Amrani-Mekki et M. Mekki ; *JCP* 2012, n° 35, 901, note A. Hontebeyrie ; *JCP E* 2012, n° 36, 1512, note A. Hontebeyrie ; *Gaz. Pal.* 2012. 10 oct., note D. Houtcieff, APPROB. ; *RTD civ.* 2012. 527, obs. B. Fages – SUR LA QUESTION : L. Bernheim-Vandecasteele, « Survie de certaines clauses en cas de résolution du contrat pour inexécution : Brèves réflexions à la lumière de la jurisprudence récente », *LPA* 15 févr. 2013, n° 34, p. 6.
3. Com. 7 mai 2018, n° 16-20.352, P IV, n° 19 ; *D.* 2018. 537, note D. Mazeaud ; *JCP E* 2018. 415, avis L. Le Mesle ; *JCP E* 2018. 416, note M. Leveneur-Azémar ; *JCP E* 2018. 1295, note N. Dissaux ; *RDC* 2018. 196, note J. Knetsch ; *RTD civ.* 2018. 401, obs. H. Barbier : « *en cas de résolution d'un contrat pour inexécution, les clauses limitatives de réparation des conséquences de cette inexécution demeurent applicables* ».
4. C. consom., art. L. 216-7.
5. CVIM, art. 49, § 1.
6. CVIM, art. 26.
7. Bundesgerichtshof [Cour fédérale de justice allemande], 3 avr. 1996, *D.* 1997. Somm. 218, obs. N. Spiegel – Tribunal fédéral suisse, 28 oct. 1998, *D.* 2000. Somm. 443, obs. W.-T. Schneider.
8. CVIM, art. 64.
9. CVIM, art. 49 et 64.
10. CVIM, art. 72, § 1.
11. CVIM, art. 73, § 1.
12. CVIM, art. 73, § 2.

contrat résolu pour une livraison et, en même temps, le déclarer résolu pour le passé (les livraisons déjà effectuées) et/ou pour l'avenir si, du fait de leur connexité, ces livraisons ne peuvent pas être utilisées aux fins envisagées par les parties [1].

213.95 Perte du droit de résolution unilatérale dans la convention de Vienne. L'acheteur perd le droit de déclarer le contrat résolu s'il n'est pas en mesure de restituer la chose « *dans un état sensiblement identique* » à celui dans lequel il l'a reçue [2]. Une série d'exceptions est cependant apportée à cette règle [3] : La déchéance ne joue pas si l'impossibilité de restituer la marchandise dans l'état indiqué n'est pas due à un acte ou une omission de l'acheteur ; et encore si les marchandises ont péri ou ont été détériorées par leur examen lors de la livraison ; enfin, lorsque l'acheteur a revendu, consommé ou transformé les marchandises conformément à « leur usage normal ».

213.96 Résolution unilatérale dans les Principes d'Unidroit 2016. Les *Principes d'Unidroit relatifs aux contrats du commerce international* prévoyaient la résolution unilatérale en présence d'une « *inexécution essentielle de la part de l'autre partie* » [4] (exposant longuement les conditions) ; elle intervient par notification [5]. De même une partie st fondée à résoudre le contrat si, avant l'échéance, il est « *manifeste qu'il y aura inexécution essentielle de la part de l'autre partie* » [6]. Enfin, depuis la version 2016 desdits Principes un article prévoit, à propos des contrats à long terme, qu'une partie peut le résoudre par notification s'il existe un *motif impérieux* de le faire. Est tel celui si, eu égard aux circonstances, il serait « *manifestement déraisonnable d'attendre de la partie qui résout le contrat qu'elle poursuive la relation contractuelle* » [7].

213.97 Le laissé pour compte. Un usage commercial consacre une pseudo-résolution unilatérale de l'acheteur : le laissé pour compte. L'acheteur peut refuser de prendre livraison d'une marchandise non conforme. Il la laisse pour le compte du vendeur (ou du transporteur, responsable de l'avarie). Ce n'est qu'un procédé *provisoire*, destiné à remédier aux inconvénients de la résolution judiciaire, que ce soit les délais d'une action en justice ou la difficulté de conserver une marchandise, encombrante, sujette à dépérissement ou à des variations de cours. Par là, le laissé pour compte s'apparente à l'exception d'inexécution. Les effets du contrat sont seulement suspendus. Le refus de prendre livraison comprend comme une *offre conditionnelle* de reprendre la vie contractuelle (intéressante pour un contrat de fourniture de longue durée), dès que le vendeur aura adressé une marchandise conforme, à la condition que l'exécution présente encore un intérêt pour l'acheteur (cela ne serait pas le cas, par exemple, pour des articles atteints d'obsolescence). Lorsque le juge, saisi par l'une des parties (donc en cas d'échec du laissé pour compte), aura résolu le contrat et validé le procédé [8], le laissé pour compte, devenu définitif, manifestera sa nature d'être un *mode original de réparation.* Si l'acheteur intente une action en justice il peut l'assortir d'une demande de dommages et intérêts.

4°
Remplacement

213.101 Le remplacement, forme de l'exécution en nature. L'exécution en nature est le mode idéal de satisfaction pour le créancier. En Droit commun, l'article 1222 du code civil permet au créancier de *faire exécuter* lui-même l'obligation aux dépens du débiteur [9] mais l'exécution en nature, dont la faculté de remplacement est une modalité, connaît des exceptions figurant à l'article 1221 : « *sauf* [10] *si cette exécution est impossible ou s'il existe une disproportion manifeste entre son coût pour le débiteur de bonne foi* et *son intérêt pour le créancier* » [11]. Pour les objets corporels fongibles, la disposition de l'article 1222 prend la forme d'une *faculté de remplacement* [12]. Lorsqu'une chose de genre n'a pas été livrée à la date convenue, qu'il y a donc inexécution totale, l'acheteur se fournit chez un autre vendeur, mais pour le compte du vendeur.

Cette mesure, fort commode, notamment du fait de sa rapidité, est très utilisée par la pratique. Elle présente le grand avantage d'assurer la continuité des relations commerciales d'un revendeur auprès

1. CVIM, art. 73, § 3.
2. CVIM, art. 82, § 1.
3. CVIM, art. 82, § 2.
4. Principes d'Unidroit, art. 7.3.1.
5. Principes d'Unidroit, art. 7.3.2.
6. Principes d'Unidroit, art. 7.3.3.
7. Principes d'Unidroit, art. 6.3.1.
8. Com. 18 mars 1969, *D.* 1969. 665, note R. Rodière – Com. 16 juill. 1980, n° 78-15.956, P IV, n° 297.
9. D. Mazeaud, « L'exécution forcée en nature dans la réforme du droit des contrats », *D.* 2016. Chron. 2477.
10. Sur ces exceptions v. *supra* s^{s} n° 213.71.
11. M. Mekki, « L'exécution forcée "en nature", sauf si... », *Gaz. Pal.* 5 juill. 2016. 15. Fiche prat. – D. Mazeaud, « L'exécution forcée en nature dans la réforme du droit des contrats », *D.* 2016. Chron. 2477, n° 12 – L. Thibierge, « La "réforme de la réforme". Les effets du contrat », *AJ contrat* 2018. 266 – G. Lardeux, « Le contrôle de proportionnalité des sanctions en matière contractuelle », *JCP G* 2021. Doctr. 502 – D'UNE FAÇON GÉNÉRALE sur l'exigibilité : B. Grimonprez, *De l'exigibilité en droit des contrats*, préf. C. Ophèle, « Faculté de droit Poitiers », LGDJ, 2006.
12. D. Plantamp, « Le particularisme du remplacement dans la vente commerciale », art. préc.

de ses propres clients[1], lorsque son fournisseur habituel ne l'a pas livré à temps ou en quantité suffisante. De plus, elle lui évite de commettre une défaillance contractuelle envers ses clients.

213.102 Conditions du remplacement. La possibilité de remplacement obéit en théorie au régime général de l'article 1221 du code civil, qui prévoit des exceptions : « *sauf si cette exécution est impossible ou s'il existe une disproportion manifeste entre son coût pour le débiteur et son intérêt pour le créancier* ». L'article 1222 précise que la faculté de remplacement doit s'opérer « *dans un délai et à un coût raisonnables* »[2]. Avant la réforme de 2016, le créancier devait au préalable se faire autoriser par le juge[3]. Toutefois, *l'urgence* faisait disparaître cette condition. Or, l'urgence étant supposée être l'état normal en matière commerciale, un *usage* très ancien en dispense dans ce domaine, notamment dans la vente commerciale, lorsque le vendeur refuse de livrer la chose. Il suffit qu'il ait été *mis en demeure* d'exécuter[4], par tout moyen[5]. Symétriquement, lorsque l'acheteur ne prend pas livraison des marchandises, le vendeur peut les revendre pour le compte de l'acheteur ; la CVIM qualifie cette dernière vente de « compensatoire »[6]. La nécessité d'une décision judiciaire disparaissait encore lorsqu'une *clause résolutoire* « de plein droit » avait été stipulée (mais celle-ci doit être exercée de bonne foi[7]). Depuis la réforme du droit des contrats, l'intervention du juge n'est nécessaire que s'il veut obtenir que le débiteur avance les sommes nécessaires à l'exécution de l'obligation[8]. Mais, pour éviter toute contestation ultérieure, rien n'empêche le créancier de solliciter l'autorisation préalable du juge[9].

213.103 Conséquences pour la partie défaillante. La différence entre le prix convenu et celui qui a été accepté par le tiers remplaçant sera à la charge de la partie défaillante, généralement le vendeur[10]. Le montant de cette différence, et donc le montant mis à la charge du débiteur, est apprécié librement par les juges du fond[11], afin d'inciter le créancier à la vigilance. Il supportera en outre toutes les dépenses subies par celui qui a procédé au remplacement (*perte éprouvée*), telle la commission de l'intermédiaire à qui il a confié le soin d'acquérir (ou de vendre) le bien[12] ; enfin, le *manque à gagner*[13]. En définitive, la faculté de remplacement est assimilable à une *résolution unilatérale de plein droit*[14]. Un contrôle judiciaire pourra certes avoir lieu, mais *a posteriori*.

213.104 Le remplacement dans la convention de Vienne. La convention de Vienne sur les contrats de vente internationale de marchandises prévoit également la faculté de remplacement, de façon expresse, dans la section consacrée aux dommages et intérêts (en réalité, la CVIM comporte une ambiguïté de vocabulaire, puisqu'elle emploie le même mot de remplacement pour désigner l'échange des marchandises[15])[16]. Lorsque le contrat est résolu et que, de manière raisonnable et dans un délai raisonnable, l'acheteur a procédé à un achat de remplacement, il peut demander, indépendamment des dommages et intérêts[17] (qui ne peuvent être supérieurs à la perte subie et au gain manqué), la différence entre le prix de celui-ci et « le prix du contrat »[18]. La mesure est du reste symétrique au profit du vendeur ayant procédé à une vente « compensatoire » (à une revente à un tiers).

5°
Dommages et intérêts

213.111 Action en réparation pour inexécution. L'acheteur, souffrant d'une absence de livraison, du retard ou de la non-conformité, qui sollicite la résolution, peut aussi demander réparation de son préjudice, au titre de la défaillance[19] contractuelle[20]. Du reste, il est libre de se contenter d'agir

1. D. Plantamp, art. préc., n° 11.
2. D. Mazeaud, « L'exécution forcée en nature dans la réforme du droit des contrats », *D.* 2016. Chron. 2477, n°s 15 s.
3. Com. 3 janv. 1957, P III, n° 2 – Civ. 3e, 29 nov. 1972, n° 71-14.198, P III, n° 642.
4. C. civ., art. 1222.
5. Req. 6 janv. 1869, *DP* 1869. 1, 207 – Com. 4 mars 1980, n° 78-12.047, P IV, n° 109.
6. CVIM, art. 75.
7. V. *supra* s^s n° 116.121.
8. C. civ., art. 1222, al. 2.
9. M. Faure-Abbad, « Article 1222 : la faculté de remplacement », *RDC* 2015. 785.
10. Req. 6 janv. 1869, *DP* 1869. 1, p. 207 – Com. 13 mai 1975, n° 73-12.413, P IV, n° 133.
11. Com. 4 mars 1980, n° 78-12.047, préc.
12. Paris, 22 avr. 1929, *JCP* 1929. 707.
13. Com. 1er juin 1959, *JCP E* 1959. II. 11206, note J. Hémard : à la suite d'une hausse des cours à l'achat, que le vendeur ne pouvait pas répercuter sur l'acheteur – Rouen, 9 juin 1981, *RJ com.* 1983. 133, note B. Gross.
14. Sur celle-ci *supra* s^s n° 116.121.
15. CVIM, art. 45 s.
16. V. *supra* s^s n°s 213.73 s.
17. CVIM, art. 74.
18. CVIM, art. 74.
19. C. civ., art. 1217, *in fine*.
20. Civ. 1re, 9 mars 1983, n° 82-10.654, P I, n° 92 ; *RTD civ.* 1983. 753, obs. Ph. Rémy : posant bien le principe, mais dans une esp. où la C. de cass., verrait aujourd'hui un vice caché – Toulouse, 13 déc. 2001, *Hitech, JAMP* 2002/2, p. 432, obs. Ph. le Tourneau : indemnité pour compenser le mauvais fonctionnement du système livré, et son blocage intentionnel par le fournisseur lorsque les relations entre les parties se détériorèrent – Colmar, 2 mars 2007, *Servo info c/SDAG, JurisData* 338498 – Paris, 25e ch. A, 26 nov. 2008, *Groupe Xalis, JurisData* 373763.

de ce chef[1]. Cette action est contractuelle, même si les faits pris en compte sont antérieurs ou concomitants à la conclusion du contrat, comme le défaut de renseignements[2]. Le fait que le client ait maintenu des rapports contractuels avec son fournisseur, dans l'espoir que celui-ci lui fournirait finalement des produits conformes à son attente, ne peut évidemment pas constituer un grief pouvant atténuer la défaillance contractuelle du fournisseur[3].

213.112 Application du Droit commun. Cette action en inexécution contractuelle est soumise au Droit commun à tous égards :

Quant à la *réparation*. Ainsi le préjudice réparable devait être prévisible au sens de l'article 1231-3 [anc. 1150][4] du code civil, sauf en cas de faute dolosive[5] ou de faute lourde qui lui était assimilée par la jurisprudence[6] et l'est désormais par la loi[7]. Le juge n'a pas la possibilité de modifier le prix déterminé par les parties. Il ne peut qu'allouer des dommages et intérêts[8]. Les juges du fond apprécient souverainement les modalités de la réparation du préjudice[9].

Quant à la *validité des clauses limitatives* de « responsabilité » entre professionnels[10].

Quant au *délai* : elle échappe au délai de deux ans de l'action en garantie contre les vices cachés (C. civ., art. 1648[11]). L'action peut donc être exercée durant cinq ans (prescription de Droit commun[12]). Cependant, la bonne foi veut que l'acheteur agisse rapidement.

213.113 La réparation dans la convention de Vienne. Maintes dispositions de la convention de Vienne prévoient la possibilité dont dispose l'acheteur de demander des dommages et intérêts en réparation du préjudice subi par lui, notamment lorsqu'il exerce un autre droit qui lui est reconnu (par ex. d'accorder un délai supplémentaire d'exécution[13]), ou lorsqu'il subit un droit reconnu au vendeur (celui de réparation[14]). Du reste, il est expressément indiqué, d'une façon générale, que « *L'acheteur ne perd pas le droit de demander des dommages-intérêts lorsqu'il exerce son droit de recours à un autre moyen* »[15]. Toutefois, il lui faut ne pas être déchu, du fait de la dénonciation tardive du défaut de conformité[16]. Et évidemment l'acheteur ne peut pas obtenir par ce biais deux réparations pour un seul dommage[17].

Les rédacteurs de ladite convention ont cru néanmoins nécessaire de rédiger une section spécifiquement consacrée aux dommages et intérêts[18]. Il y est rappelé classiquement que l'indemnité répare tant la perte subie que le gain manqué, causés par la contravention au contrat, étant entendu que ceux-ci doivent avoir été prévisibles lors de la conclusion du contrat[19]. Sous une forme alambiquée, cette disposition rejoint celle de l'article 1231-3. L'article 76 de la CVIM prévoit, avec un luxe de détails, les règles d'indemnisation en présence d'une variation du « prix courant »[20] de la marchandise, alors que le contrat a été résolu. Une obligation de minimiser le

1. Com. 25 févr. 1981, n° 79-13.851, P IV, n° 111 ; *RTD com.* 1982. 293, obs. B. Bouloc – COMP. : Paris, 11 janv. 1984, *Expertises* 1984, p. 25.
2. Civ. 1re, 20 juin 1995, n° 93-15.801, P I, n° 276 ; *D.* 1996. Somm. 13, obs. G. Paisant ; *RTD civ.* 1996. 177, obs. P. Jourdain, CRIT. : mais ici le manque d'information n'a pas été retenu, car l'inconvénient résultait d'une utilisation du produit dans des conditions inhabituelles et inconnues du vendeur.
3. Versailles, 14 janv. 1998, *Pronosor, Gaz. Pal.* 1999. 2, Somm. 645.
4. Paris, 11 janv. 2002, *L'Occitane, D.* 2002. IR 865 : se limite à la perte de la chance de réaliser la marge brute espérée – Com. 11 mars 2020, n° 18-22.472, P ; *JCP G* 2020. 898, note G. Trédoz ; *RDC* 2020/3. 27, note J. Knetsch : « *en matière de responsabilité contractuelle, le dommage n'est indemnisable que s'il était prévisible lors de la conclusion du contrat et a constitué une suite immédiate et directe de l'inexécution de ce contrat* ».
5. Ph. le Tourneau (dir.), *Droit de la responsabilité et des contrats. Régimes d'indemnisation*, 12e éd., « Dalloz action », 2020, nos 3213.111 s.
6. Req. 24 oct. 1932, *DP* 1932. 1. 176 – *ADDE* NOT., au ferme ATTENDU DE PRINCIPE : Civ. 1re, 29 oct. 2014, n° 13-21.980, P I, n° 180 ; *CCÉ* 2014, n° 94, obs. G. Loiseau ; *CCC* 2015, n° 3, obs. L. Leveneur ; *D.* 2015. Pan. 124, obs. Ph. Brun et O. Gout ; *D.* 2015. 188, note D. Mazeaud ; *JCP E* 2015. 1038, note N. Dupont-Le Bail ; *RTD civ.* 2015. 134, obs. H. Barbier, 1re esp. ; *RDC* 2015. 247 ; *RDC* 2015. 243, note O. Deshayes.
7. C. civ., art. 1231-3.
8. Civ. 3e, 29 janv. 2003, n° 01-02.759, P III, n° 23 ; *D.* 2003. IR 534 ; *RDC* 2004. 340, note Ph. Brun : inexécution partielle de l'obligation de délivrance.
9. Civ. 1re, 14 mai 1959, P I, n° 245 – Civ. 3e, 8 mars 2000, n° 98-15.345, P III, n° 50 ; *Gaz. Pal.* 2000. 1. Pan. 22 – Civ. 1re, 8 juill. 2003, n° 98-20.475, P I, n° 162 ; *JCP E* 2003. Pan. n° 1347 ; *CCC* 2003, n° 176, obs. L. Leveneur.
10. Civ. 3e, 26 mai 1992, n° 90-17.703, P III, n° 175 ; *Gaz. Pal.* 1993. 1, p. 427, note D. Mazeaud ; *RTD com.* 1993. 156, obs. B. Bouloc.
11. SUR l'ancien « bref délai » [remplacé par le délai de deux ans par l'ord. n° 2005-136 du 17 févr. 2005] : Civ. 1re, 5 nov. 1985, n° 83-12.621, P I, n° 287 ; *RTD civ.* 1986. 369, obs. J. Huet et *RTD civ.* 1986. 370, obs. Ph. Rémy – Douai, 4 nov. 1999, *Mat Services, D.* 2000. IR 94 ; *JCP E* 2000. Pan. 345.
12. C. civ., art. 2224.
13. CVIM, art. 47, § 2, *in fine*.
14. V. *supra* ss nos 213.73 s. – CVIM, art. 48, § 1, *in fine*.
15. CVIM, art. 45, § 2.
16. CVIM, art. 39.
17. T. fédéral suisse, 28 oct. 1998, *D.* 2000. Somm. 443, obs. W.-T. Schneider : si en principe le droit de solliciter des dommages et intérêts subsiste en cas de demande de réduction du prix de vente, cela n'est pas possible pour ce qui regarde le dommage résultant directement du défaut de la chose.
18. CVIM, art. 74 s.
19. CVIM, art. 74.
20. CVIM, art. 76.

préjudice est mise à la charge du créancier d'indemnité : « *La partie qui invoque la contravention doit prendre les mesures raisonnables, eu égard aux circonstances, pour limiter la perte, y compris le gain manqué, résultant de la contravention. Si elle néglige de le faire, la partie en défaut peut demander une réduction des dommages-intérêts égale au montant de la perte qui aurait dû être évitée* »[1]. Prévue aussi par les *Principes relatifs aux contrats du commerce international* d'*Unidroit*[2] et les *Principes du droit européen du contrat*[3], cette obligation nous semble être un devoir général de comportement (à l'aune du bon père de famille ou d'une personne raisonnable[4]), et pas seulement de tout vendeur, ni même de tout contractant[5].

213.114 **Transmission de l'action.** « *Le maître de l'ouvrage, comme le sous-acquéreur, jouit de tous les droits et actions attachés à la chose qui appartenait à son auteur ; qu'il dispose donc à cet effet contre le fabricant d'une action contractuelle directe fondée sur la non-conformité de la chose livrée* » (Cass., ass. plén., 7 févr. 1986, n°s 85-11.060, 83-14.631[6]). Les droits et actions attachés à la chose se transmettent à titre d'accessoires[7], notamment les actions contractuelles en réparation, fondées sur un manquement d'un fabricant ou d'un revendeur[8], dans la mesure toutefois où le sous-acquéreur souffre de la défaillance initiale[9] ; le point de départ du délai de prescription de cette action est la livraison à l'entrepreneur[10]. Cette action est nécessairement contractuelle ; dès lors, l'acheteur ne peut pas invoquer les articles 1240 et 1241 du code civil[11]. Il peut exercer indifféremment l'action contre son contractant direct (ex. l'acquéreur), un membre intermédiaire (ex. l'importateur), ou le membre extrême de la chaîne (le fabricant). De même, l'acquéreur d'un immeuble dispose d'une action contractuelle contre les fournisseurs des matériaux ou des éléments qui y ont été incorporés[12], sans compter celle qu'il peut exercer contre les constructeurs. En revanche, puisque la responsabilité du sous-traitant envers *le maître de l'ouvrage* est délictuelle, celle du fournisseur du sous-traitant envers le maître de l'ouvrage est de même nature[13].

213.115 **La position quant à la transmission de l'action dans les contrats soumis à la convention de Vienne.** La Cour de cassation a jugé, de la façon la plus catégorique, que la convention de Vienne du 11 avril 1980 sur les ventes internationales de marchandises (CVIM) régit *exclusivement* les droits et obligations qu'un tel contrat fait naître entre le vendeur et l'acheteur. La Cour s'est fondée sur une interprétation littérale des articles 1 et 4 de la convention (contraire aux intentions des rédacteurs de ce traité). La CVIM est donc inapplicable aux relations entre le sous-acquéreur et le vendeur initial

1. CVIM, art. 77.
2. Principes d'Unidroit 2016, art. 7.4.8, 2.
3. Principes du droit européen du contrat, art. 9.505, 1.
4. S. Darmaisin, « À la recherche du bon père de famille », dans *Libre droit. Mél. Ph. le Tourneau*, Dalloz, 2007, p. 297 – F. Viney, *La personne raisonnable (Le bon père de famille et le* plerumque fit). *Contribution à l'étude de la distinction des standards normatifs et descriptifs*, th. Paris I, 2013. Il faut probablement remplacer cette expression par celle de « *personne raisonnable* », puisque la loi n° 2014-873 du 4 août 2014 (art. 26), a supprimé dans les divers codes toute référence au « bon père de famille », y voyant une inégalité entre les sexes, alors qu'évidemment la jurisprudence avait toujours entendu cette expression au sens d'une « bonne mère de famille » lorsqu'une femme était en cause. Mais les mots de personne, de victime, de partie civile, etc., qui sont féminins, peuvent-ils s'appliquer à un homme ? Le législateur n'a pas perçu que ce changement, en apparence lexical, revêtait une importance beaucoup plus grande, car il conduisait à l'abaissement de la famille et au triomphe de l'individualisme. Au demeurant, il eut été plus conforme à l'esprit du droit français, quitte à supprimer le mot de père, de le remplacer par celui de parent (« bon parent »), alors que la référence à la personne raisonnable vient de la *Common law*.
5. Ph. le Tourneau (dir.), *Droit de la responsabilité et des contrats. Régimes d'indemnisation*, 12e éd., « Dalloz action », 2020, n° 0113.32.
6. Cass., ass. plén., 7 févr. 1986, n° 85-11.060, n° 83-14.631, P, n°s 1 et 2 ; *D.* 1986. 293, note A. Bénabent ; *JCP* 1986. II. 20616, note Ph. Malinvaud ; *RTD civ.* 1986. 364, obs. J. Huet, et p. 605, obs. Ph. Rémy – Civ. 1re, 22 févr. 2000, n° 97-20.731, *CAVML*, NP, *CCC* 2000, n° 91, obs. L. Leveneur.
7. COMP. : Civ. 3e, 12 juill. 2018, n° 17-20.627, P I, n° 84 ; *D.* 2018. 2436. Chron. A.-L. Collomp, V. Georget et L. Jariel ; *RDI* 2018. 504, obs. M. Poumarède ; *AJ contrat* 2018. 422, obs. N. Disseaux ; *RTD civ.* 2018. 883, obs. H. Barbier, 2e esp. : l'action engagée par les sous-acquéreurs, sur le fondement de la faute dolosive du constructeur, s'analyse en une action contractuelle ; attachée à l'immeuble, elle est transmissible aux acquéreurs successifs.
8. Civ. 1re, 9 mars 1983, n° 82-10.654, P I, n° 92 ; *RTD civ.* 1983. 753, obs. Ph. Rémy : posant bien le principe.
9. Civ. 1re, 27 janv. 1993, n° 90-19.777, P I, n° 44 ; *D.* 1994. Somm. 238, obs. O. Tournafond ; *RTD civ.* 1993. 592, obs. P. Jourdain – Com. 2 mars 1999, n° 96-12.071, NP, *RJDA* 1999, n° 519 – Civ. 1re, 21 janv. 2003, n° 00-15.781, P I, n° 18 ; *D.* 2003. 2993, note D. Bazin-Berost ; *RJDA* 2003, n° 281.
10. Civ. 3e, 26 juin 2002, n° 00-12.023, P III, n° 148 ; *CCC* 2002, n° 173, obs. L. Leveneur – Civ. 3e, 7 juin 2018, n° 17-10.394, P III, n° 59 ; *RTD civ.* 2018. 919, 1re esp., obs. P. Jourdain ; *RJDA* 2018, n° 718.
11. Com. 2 mars 1999, n° 96-12.071, préc.
12. Civ. 3e, 30 oct. 1991, n° 87-15.229, P III, n° 251 ; *CCC* 1992, n° 25, obs. L. Leveneur – Civ. 3e, 13 mai 1992, n° 90-13.378, NP, *JCP* 1992. I. 3608, p. 368, obs. C. Jamin.
13. Civ. 3e, 28 nov. 2001, n° 00-13.559, *Haironville,* P III, n° 137 ; *JCP E* 2002. II. 10037, note D. Mainguy, REVIREMENT – C. Laronde-Clarac, « La nature toujours controversée de la responsabilité dans les chaînes contractuelles », *CCC* 2003. Chron. 6 – Civ. 3e, 26 nov. 2014, n° 13-22.067 et 13-22.505, P III, n° 159 ; *Gaz. Pal.* 14 janv. 2015. 14, note S. Gerry-Vernières (donnant l'arrêt comme étant de Com.) ; *RDC* 2015. 243, note O. Deshayes.

au sein d'une chaîne internationale de contrats, alors même que la vente originaire lui serait soumise[1]. Cet arrêt diminue grandement et fâcheusement la portée de la CVIM, car la plupart des actions en responsabilité, relatives à l'inexécution d'un contrat de vente international de marchandises, sont précisément le fait d'un sous-acquéreur.

213.116 **Recours en garantie.** Lorsque le revendeur a été condamné pour avoir livré une chose non conforme, par exemple après la vente d'un appareil dont la capacité prévue n'est pas atteinte, le fabricant doit garantir le premier[2].

SECTION 2
GARANTIE CONTRE L'ÉVICTION

213.120 **Plan. Deux garanties.** La garantie contre l'éviction se dédouble traditionnellement en garantie du fait personnel (§ 1) et garantie du fait des tiers (§ 2). Il n'y a pas lieu de distinguer selon que la vente porte sur un objet neuf ou sur un objet d'occasion[3] (que ce soit un ordinateur, une tablette ou un ordiphone [*smartphone*]). Une forme particulière de vente d'occasion d'appareils électroniques se développe et a connu un bond spectaculaire lors la pandémie du coronavirus (covid-19) de 2020-2022 : celle des appareils « reconditionnés »[4], de 30 à 70 % moins chers que les appareils neufs tout en bénéficiant des mêmes garanties ; plusieurs sociétés sont spécialisées dans la vente de produits reconditionnés, notamment *Recommerce* et *Back Market*[5]. Outre le prix, le choix d'appareils reconditionnés est souvent motivé par des considérations écologiques.

Une éventuelle recodification du droit spécial des contrats devrait comporter une refondation de la garantie contre l'éviction[6], tout en la maintenant dans le code civil[7].

1. Civ. 1re, 5 janv. 1999, n° 96-19.992, P I, n° 6 ; *D.* 1999. 383, note C. Witz ; *JCP E* 1999, n° 962, note L. Leveneur – Sur la question : É. Farnoux, « La convention de Vienne et l'action directe : retour sur des liaisons dangereuses », dans G. Cerqueira (dir.), « Les 40 ans de la convention de Vienne sur la vente internationale de marchandises », *AJ Contrat* 2020. 507, p. 521.
2. Cass., ass. plén., 7 févr. 1986, n° 85-11.060, n° 83-14.631, préc. – Civ. 1re, 18 juill. 1995, n° 93-14.067, P I, n° 326 – Civ. 1re, 14 mai 1996, n° 94-16.570, P I, n° 214 ; *Gaz. Pal.* 1997. 1. Pan. 44 : ici après l'action du sous-acquéreur ayant demandé la restitution du prix d'une voiture « trafiquée » – Douai, 4 nov. 1999, *Mat Services, D.* 2000. 94 ; *JCP E* 2000. Pan. 345 : le vendeur initial de sable contentant des obus doit garantir le vendeur intermédiaire.
3. Com. 25 oct. 2017, n° 16-18.948, NP, *RJDA* 2017, n° 113.
4. Aussi sur le reconditionnement v. *supra* ss n° 011.50 ; et v. *infra* ss n° 215.13. – L'emploi de ce mot est soumis aux conditions indiquées par l'art. R. 122-4 du C. consom. (créé par décr. n° 2022-190, 17 févr. 2022, *JO* 18 févr., texte 2).
5. Licorne française malgré son nom, produits reconditionnés variés, NOT. ordiphones, tablettes, ordinateurs, appareils de photo, drones...

§ 1
Garantie du fait personnel

213.131 **Exposé.** Le vendeur ne doit pas perturber la jouissance paisible de l'acquéreur, soit en invoquant un *droit* sur le bien (trouble de droit) ou, plus fréquemment, par un *comportement* gênant le second, et diminuant la valeur du bien (trouble de fait[8]). Telle est ce qu'il est traditionnel de nommer la garantie du fait personnel (mais ce terme de garantie est impropre : il s'agit en réalité d'une obligation du vendeur[9]). Dans les deux cas, la garantie est d'ordre public[10]. Lorsqu'un acheteur est perturbé par un trouble de droit, il oppose à l'action en justice du vendeur *l'exception de garantie.* En revanche, si le trouble est de fait, c'est à l'acheteur de prendre l'initiative d'assigner le vendeur, généralement dans le délai de prescription de Droit commun, à savoir cinq ans depuis la loi n° 2008-561 du 17 juin 2008[11].

§ 2
Garantie du fait des tiers

213.141 **Troubles donnant lieu à garantie.** Le principal risque du fait d'un tiers est constitué par la revendication de propriété. Elle est paralysée en Droit français, pour les ventes des marchandises et des meubles corporels, par la disposition de l'article 2276, alinéa 1er, du code civil, « *En fait de meubles, la possession vaut titre* », presque toujours cité de façon erronée (au demeurant, il faut le compléter : en réalité, la règle est « *en fait de meubles* corporels, *la possession de* bonne foi *vaut titre de* propriété »). « *La présomption qui résulte de la possession implique pour le demandeur en revendication de prouver le titre précaire en vertu duquel le prétendu possesseur détient un meuble ou le vice affectant sa possession* »[12]. Le second alinéa de l'article 2276 exclut de la mesure les meubles perdus ou volés, qui connaissent un sort particulier. Mais d'autres menaces peuvent survenir, et des troubles se pro-

6. EN CE SENS : H. Boucard, « Repenser la garantie d'éviction et des charges ? Du passé ne faisons pas table rase », *RDC* 2016. 528 s.
7. EN CE SENS : J. Huet, « Plaidoyer pour le maintien de la garantie d'éviction dans le code civil », *RDC* 2016. 564 s.
8. C. civ., art. 1626 s.
9. Ph. Chauviré, « Faut-il supprimer la garantie contre l'éviction du fait personnel ? », *RDC* 2016. 549 s.
10. C. civ., art. 1628.
11. C. civ., art. 2224.
12. Civ. 1re, 24 oct. 2012, n° 11-16.431, P I, n° 214 ; *D.* 2013. 351, note A. Tadros ; *D.* 2013. 1089, obs. J.-J. Lemouland et D. Vigneau ; *D.* 2013. 2802, obs. Ph. Delebecque, J.-D. Bretzner et I. Darret-Courgeon ; *RTD civ.* 2013. 153, obs. W. Dross.

duire à propos de ventes, tant de meubles corporels qu'incorporels [1].

Le vendeur ne garantit que le *trouble de droit* des tiers (telle une action en contrefaçon), et non leurs troubles de fait. La règle est générale : Toute *charge* qui diminue la valeur de la chose, si elle n'a pas été révélée et qu'elle n'était pas apparente, donne lieu à garantie pour éviction *partielle*. La solution est *a fortiori* la même lorsque l'éviction est *totale*, notamment quand le vendeur a fourni un logiciel (incorporé dans un matériel), dont il avait concédé ou cédé précédemment l'exclusivité à un tiers [2].

213.142 **Application de la garantie.** L'acquéreur troublé dans sa jouissance dispose d'une option. Soit, assigné en justice par un tiers, il appelle en garantie le vendeur : c'est la *garantie incidente*. Soit, l'éviction réalisée, il agit à titre *principal*. La prescription est celle du Droit commun. Cette garantie n'est pas d'ordre public [3]. Il est relativement rare que les contrats relatifs à l'informatique comportent une clause portant sur la garantie du fait des tiers, pour l'étendre ou pour la restreindre. L'exclusion n'est totale (en respectant les règles habituelles des clauses de non-responsabilité) que dans deux cas [4] :

1° Lorsque l'acquéreur connaissait le danger d'éviction.

2° Lorsqu'il a acheté à ses *risques et périls* [5], rendant la vente *aléatoire* (*volenti non fit injuria* [6]). Elle est évidemment impossible en faveur d'un professionnel face à un non-spécialiste. Les effets de la garantie contre l'éviction sont précisés aux articles 1630 et suivants, distinguant selon que l'éviction est totale ou partielle [7].

SECTION 3

GARANTIE CONTRE LES VICES CACHÉS

§ 1
Conditions de la garantie légale contre les vices cachés

213.150 **Plan. Trois conditions.** Trois conditions doivent être réunies pour que la garantie contre les vices cachés puisse être invoquée [8] : l'existence d'un vice nuisible à l'usage de la chose (A), qui est caché (B) et qui est invoqué dans un délai relativement court (C).

Renvoi. Sur les inconvénients de la distinction entre non-conformité et vice caché, ainsi que la façon d'y porter remède, v. *supra* s[s] n° 213.43.

213.151 **Mise au point théorique.** La garantie avait été conçue à l'origine comme un « *mécanisme d'allocation des risques de la chose dans la vente* » [9], qui « *participe et procède de l'économie du contrat de vente* » [10]. Mais elle a été « *changée en une responsabilité du fait des choses livrées en exécution du contrat, à la charge du vendeur professionnel* » [11], ce qui a entraîné une transformation profonde de la notion même de garantie et de son régime [12].

La garantie contre les vices cachés, effet de l'obligation de délivrance, est une application spéciale de la théorie des risques, dictée par l'économie du contrat de vente. Elle met à la charge du débiteur de l'obligation de délivrance les risques de la chose quand celle-ci s'avère *inutile* à l'acheteur en raison d'un vice caché. « *Elle est destinée à préserver l'acheteur d'un événement imprévisible distinct de l'inexécution* stricto sensu *de ses obligations par le vendeur* » [13]. « *Le vendeur souffre seul de la diminution ou de la perte d'usage de la chose vendue* » [14], dès lors que le défaut en cause était antérieur au transfert des risques. Le dualisme des obligations du vendeur (livrer une chose à la fois conforme et utile) était parfaitement cohérent dans la conception classique : la garantie contre les vices cachés était regardée comme un complément de l'obligation de délivrance conforme, assurant à l'acheteur de recevoir la chose convenue.

1. Civ. 1re, 7 avr. 1998, n° 96-13.292, P I, n° 145 ; *D.* 1998. IR 130 ; *D.* 1999. Somm. 123, obs. T. Hassler et V. Lapp ; *JCP E* 1998. Pan. 676 – Civ. 1re, 13 mars 2008, n° 06-20.152, n° 06-20.443, P I, n° 78 ; *D.* 2008. 1347, note T. Lancrenon ; *CCÉ* 2008, n° 64, obs. C. Caron ; *PIBD* 2008. III. 350 ; *Propriétés intellectuelles* 2008, p. 362, obs. J. Passa – À PROPOS d'un modèle de dessin contrefait. : Paris, 4e ch. B, 30 avr. 2009, n° 2007/18235, *PIBD* 2009. III. 1373 : rappel catégorique que la garantie s'applique « *tant à la vente de biens corporels qu'aux biens incorporels* ».
2. COMP. : TGI Paris, 11 mars 1998, *Jacquet, PIBD* 1998. III. 425 : cession d'une marque contrefaisante ; le cédant doit garantir le cessionnaire.
3. IMPLICITEMENT : C. civ., art. 1629.
4. C. civ., art. 1629.
5. SUR LA CLAUSE de risques et périls : J. Mestre et J.-C. Roda (dir.), *Les principales clauses des contrats d'affaires*, « Les intégrales », Lextenso, 2011, p. 975 s.
6. COMP. : F. Viangalli, « Le consentement à la violence et la règle *volenti non fit injuria* dans la responsabilité civile », *Droits* 49, 2009, p. 29 s. – SUR LA CLAUSE DE RISQUES ET PÉRILS : H. Barbier, *La liberté de prendre des risques*, préf. J. Mestre, « Institut de droit des affaires – Centre de droit économique », PUAM, 2011, n° 362.
7. NOT. À CE PROPOS : Ph. le Tourneau (dir.), *Droit de la responsabilité et des contrats. Régimes d'indemnisation*, 12e éd., « Dalloz action », 2020, nos 3363.241 s.
8. Ph. Gaudrat et F. Sardain, *Traité de droit civil du numérique*, t. II, Larcier, Bruxelles, 2015, nos 129 s.
9. P. Coëffard, *Garantie des vices cachés et « responsabilité contractuelle de droit commun »*, th. préc., n° 7.
10. P. Coëffard, th. préc., n° 8.
11. P. Coëffard, th. préc., n° 7.
12. SUR TOUT CELA : la puissante démonstration de P. Coëffard, th. préc.
13. P. Coëffard, th. préc., n° 48.
14. P. Coëffard, th. préc., n° 37.

La conformité de la chose *au contrat* et *à l'usage* coexistait logiquement.

A. Existence d'un vice nuisible à l'usage de la chose

213.161 Nature du vice. En premier lieu, la garantie suppose l'existence d'un vice (d'un défaut, les deux mots sont ici synonymes). Le vice consiste *objectivement* dans l'absence d'une qualité normalement attendue, la chose devant être *propre à l'usage auquel elle est destinée* de par sa nature : ainsi d'un ordinateur de fonctionner[1]. Le vice rend donc la chose impropre à l'usage auquel on la destine, ou diminue grandement cet usage[2] ; d'où il ne l'empêche pas nécessairement. Le vice a toujours un caractère *qualitatif*, jamais quantitatif. Il peut se rapporter aux *qualités techniques* de la chose (fonctionnement défectueux), ou à ses *caractéristiques économiques* (efficacité, rendement, consommation). Son origine est aussi bien une *erreur de conception* qu'une *fabrication défectueuse*, voire qu'une caractéristique volontairement prévue par le fabricant, gênant l'usage de la chose, ce dont l'acheteur n'a pas été prévenu[3] ; ou encore si une modification de la chose est intervenue à la demande de l'acheteur[4] (dès lors qu'elle est antérieure au transfert des risques[5]). Le vice s'apprécie par rapport à la destination normale de la chose (c'est un défaut), alors que la non-conformité se mesure à l'aune des spécifications du contrat (c'est une différence par rapport à celles-ci). Dès lors, le vice s'apprécie en principe *in abstracto*, contrairement à la non-conformité. Néanmoins, le vice est souvent fort voisin de la non-conformité, bien que le concept soit différent : tout au plus est-ce une non-conformité qui n'apparaît pas à la délivrance, mais seulement après un certain temps.

Un arrêt intéressant a condamné au titre de la garantie des vices l'éditeur d'une revue contenant une disquette gratuite infectée d'un virus, la disquette constituant l'un des éléments du contrat de vente[6].

La constatation que la chose vendue est impropre à sa destination est une question de fait, appréciée librement par les juges du fond[7]. Mais encore faut-il, s'ils accueillent la demande sur le fondement de la garantie, qu'ils relèvent ce caractère, ou que l'acquéreur n'en aurait donné qu'un prix moindre s'il avait connu le vice[8].

213.162 Importance du vice. Le vice pris en considération doit être relativement important (c'est encore une différence avec la non-conformité[9]). Sinon, il n'empêche pas l'usage de la chose. Ne sont donc pas des vices les *défauts mineurs*, facilement réparables[10], ou ceux qui n'affectent que les *qualités secondaires* de la chose. Le vice prend souvent la figure de *l'indisponibilité* de l'unité centrale (processeur) ou du système. Or, il est considéré comme normal que le système connaisse des pannes, pendant une période d'adaptation et de rodage : elles ne constituent pas un vice, du moins lorsqu'elles restent dans des bornes raisonnables, conformes aux usages (et nul ne peut prétendre ignorer cela[11]).

213.163 Permanence du vice. Le vice caché ne peut donner lieu à une action en garantie des articles 1641 et suivants que s'il subsiste lors de sa mise en branle. Aussi, lorsque le vendeur a réparé les défauts, par exemple d'un appareil qui désormais fonctionne normalement, la chose n'est plus impropre à l'usage auquel elle est destinée, de sorte que la résolution de la vente n'est plus possible[12]

1. Com. 24 avr. 2007, n° 05-17.051, NP, *Gaz. Pal.* 2008. 1, Somm. 557, obs. I. Pottier : 29 ordinateurs sur les 40 commandés ne fonctionnant pas du tout – Com. 5 févr. 2013, n° 12-12.168 et n° 12-12.221, NP : pas de preuve du vice.
2. C. civ., art. 1641.
3. Versailles, 15 avr. 2005, *UFC Que choisir c/MI Music France, CCÉ* 2005, n° 173, obs. C. Chabert : à propos du système de protection d'un disque compact contre les copies, à l'origine de difficultés d'écoute sur certains supports, dans la mesure où l'acheteur n'avait pas été prévenu du risque de leur survenance.
4. Com. 15 déc. 2015, n° 14-24.567, NP, *CCC* 2016, n° 61, obs. L. Leveneur ; *RJDA* 2016, n° 363 ; *RTD civ.* 2016. 356, obs. H. Barbier, 2e esp.
5. Sur ce point *infra* ss n° 213.172.
6. Com. 25 nov. 1997, n° 95-14.603, P I, n° 308 ; *D.* 1999. Somm. 16, obs. O. Tournafond ; *JCP E* 1998. II. 853, note B. Gross ; *JCP E* 1998. 845, n° 20, obs. M. Vivant et C. Le Stanc ; *DIT* 1998/1, p. 60, note C. Bui ; *CCC* 1998, n° 43, obs. L. Leveneur ; *RCA* 1998, n° 132 ; *RTD civ.* 1998. 386, obs. P. Jourdain.
7. Civ. 3e, 22 janv. 1997, n° 95-11.045, P III, n° 23 ; *RJDA* 1997, n° 490.
8. Civ. 3e, 4 juill. 2001, n° 99-19.586, NP, *RJDA* 2002, n° 29.
9. Paris, 12 mars 1998, *International Computer, Expertises* 1999, p. 443 : désordres graves et répétés, provoquant la perte de données et le blocage du système ; le dommage est d'autant plus grand qu'il a affecté une petite entreprise – Paris, 8 mars 2002, *ICL, RJDA* 2002, n° 621 : le système livré se bloquait fréquemment – Paris, 8 mars 2002, *Fnac, D.* 2002. IR 1326 : l'impossibilité avérée d'éditer des documents rend l'ordinateur litigieux impropre à sa destination – Com. 24 avr. 2007, n° 05-17.051, préc. : 29 ordinateurs sur les 40 commandés ne fonctionnant pas du tout.
10. Com. 24 oct. 1995, n° 94-12.247, NP, *Gaz. Pal.* 1996. 2. Pan. 208 : par l'installation d'un onduleur adapté à la puissance du matériel.
11. V. *supra* ss nos 014.34, 121.22.
12. Civ. 1re, 2 déc. 1997, n° 96-11.210, P I, n° 351 ; *D.* 1999. Somm. 17, obs. Ph. Brun ; *D. affaires* 1998. 104, obs. J. F. ; *Gaz. Pal.* 1998. 1. Pan. 64 – Com. 1er févr. 2011, n° 10-11.269, P IV, n° 15 ; *D.* 2011. AJ 516, obs. X. Delpech ; *LPA* ▶

(cependant, l'acheteur peut solliciter l'indemnisation du préjudice éventuellement subi du fait du vice[1]). Cette solution prétorienne est une forte incitation au fournisseur de procéder à une prompte réparation. Elle ne doit évidemment pas exclure la condamnation du débiteur défaillant à des dommages et intérêts pour l'indisponibilité de la chose entre sa livraison et sa réparation.

213.164 Limites au jeu de la garantie contre les vices cachés tenant au comportement de l'acheteur. L'acheteur ne peut pas invoquer la garantie lorsque le défaut lui est imputable. Il en va notamment de la sorte :

1° Lorsqu'il a choisi lui-même un matériel inadapté à ses besoins[2].

2° Lorsqu'il a utilisé l'appareil sans respecter les prescriptions du fabricant (quant au courant, à la climatisation des locaux, au degré d'hydrométrie, à la maintenance...[3]).

3° Lorsqu'il a donné à la chose vendue un usage imprévu, à ses *risques et périls*[4], sans en prévenir le vendeur (rendant ainsi la vente aléatoire), réserves.

B.
Un vice qui est caché

213.171 Situation des vices apparents et des vices révélés. La nécessité d'un vice caché pour enclencher la garantie résulte de l'article 1641 du code civil, qui ne parle en effet que des « défauts cachés ». Et l'article suivant enfonce le clou, en précisant que « *Le vendeur n'est pas tenu des vices apparents et dont l'acheteur a pu se convaincre* »[5]. Certes, le vendeur doit livrer une chose conforme et sans défauts ; toutefois, si ceux-ci sont apparents, et que l'acheteur accepte néanmoins la chose sans émettre de réserves[6], c'est soit qu'ils sont très secondaires, soit qu'il est un idiot (*stultus absolutus*) ! Or, le Droit veut que les citoyens conservent un minimum de vigilance. L'acheteur a pu constater les défauts *apparents* lors des vérifications sommaires auxquelles il a procédé et surtout d'essais auxquels il s'est livré[7]. L'apparence implique toutefois que l'acheteur ait connu le vice « *dans sa cause et son amplitude* »[8] ou « *son étendue et sa gravité* »[9]. Le vice cesse aussi d'être caché lorsque, même non apparent, le vendeur en a *informé* son partenaire, qui a accepté la marchandise à ses *risques et périls*[10]. De même, n'est pas caché le défaut, dont la présence est incertaine, mais dont la survenance éventuelle est connue de l'acquéreur, soit parce que celui-ci est déjà en relation d'affaires avec le vendeur et qu'il s'est déjà produit[11], soit parce qu'il a été indiqué par le vendeur, notamment lors de la vente d'un matériel ou d'un système nouveau ou spécifique.

Le vice est difficilement considéré comme caché lorsque l'acheteur est un professionnel, achetant dans le domaine de sa compétence technique, car il est à même de procéder à une vérification minutieuse. N'est donc pas caché le défaut qui était décelable lors d'un examen normal par un bon professionnel[12]. Ce qui implique que le vice était facilement décelable lors de la vente, et à la condition que l'acheteur (même professionnel) ait la pratique habituelle de la chose. *A contrario*, il est des défauts qui restent indécelables pour un professionnel : il n'y a pas de présomption irréfragable de connaissance du vice par l'acheteur professionnel, si bien qu'il peut bénéficier de la garantie.

213.172 Antériorité du risque par rapport au transfert des risques. Le vice doit être *antérieur* au

► 15 avr. 2011, n° 75, p. 6, note D. Archer ; *CCC* 2011, n° 111, obs. L. Leveneur ; *LPA* 28 juill. 2011, p. 9, note S. Akhouad ; *RTD com.* 2011. 405, obs. B. Bouloc : « *L'acheteur d'une chose comportant un vice caché qui accepte que le vendeur procède à la remise en état de ce bien ne peut plus invoquer l'action en garantie dès lors que le vice originaire a disparu* » (à propos d'une voiture d'occasion, et alors qu'était demandée la résolution de la vente).

1. Com. 1er févr. 2011, n° 10-11.269, P IV, n° 15, préc. – Com. 4 juin 2013, n° 12-17.786, NP, *RJDA* 2013, n° 995.
2. Paris, 14 mai 1999, *SNC Trema gestion, RJDA* 1999, n° 914.
3. Com. 1er juill. 1997, n° 95-13.073, NP, *RJDA* 1997, n° 1478 – COMP. : TGI Paris, 26 oct. 1994, *RFD aérien* 1995, p. 103, à propos d'un avion, très net.
4. SUR LA NOTION : H. Barbier, *La liberté de prendre des risques*, préf. J. Mestre, « Institut de droit des affaires-Centre de droit économique », PUAM, 2011, n° 362.
5. C. civ., art. 1642.
6. SUR CELLES-CI : C. Noblot, « Les clauses de dénonciation des défauts et vices apparents dans la vente », *CCC* 2013. Formule 9.
7. Civ. 1re, 20 févr. 1996, n° 93-21.128, P I, n° 86 ; *CCC* 1996, n° 96, obs. L. Leveneur : le vice était bien caché, car il ne pouvait être décelé qu'après l'ouverture et le démontage du matériel.
8. Civ. 3e, 14 juin 1989, n° 87-19.312, P III, n° 140.
9. Civ. 1re, 7 juin 1995, n° 93-13.060, P I, n° 250 ; *D.* 1995. IR 188 : ce n'est pas le cas lorsque seule une expertise permit de le mesurer, à propos d'un véhicule d'occasion.
10. Versailles, 24 nov. 2000, *Lemarie (Mme), JCP E* 2001. Pan. 397 : à propos de la vente d'un véhicule d'occasion – Civ. 3e, 30 janv. 2008, n° 07-10.133, P III, n° 21 ; *D.* 2008. AJ 546 ; *CCC* 2008, n° 126, obs. L. Leveneur ; *RDC* 2008. 1242, note F. Collart Dutilleul, 1re esp. : aff. caractéristique, en matière immobilière ; l'acte de vente comportait une clause par laquelle l'acquéreur déclarait avoir parfaite connaissance de la présence de termites vivants et en faire son affaire personnelle – SUR LA CLAUSE DE RISQUES ET PÉRILS : H. Barbier, *La liberté de prendre des risques*, th. préc., n° 362.
11. Com. 29 nov. 1983, n° 82-13.503, P I, n° 329 ; *Gaz. Pal.* 1984. 1. Pan. 112, obs. Ph. le Tourneau.
12. Com. 4 mars 2003, n° 00-18.668, NP, *RJDA* 2003, n° 825.

transfert des risques, ne fût-ce que virtuellement ou potentiellement voire, à la limite, concomitant à la livraison, même s'il ne s'est révélé que plus tard. C'est à l'acheteur de prouver l'antériorité. *A contrario*, ne donne pas lieu à garantie le défaut d'un objet d'occasion acheté « en l'état »[1] ; ou, *a fortiori*, celui qui résulte de l'usage après transfert des risques, c'est-à-dire de l'usure, ou de la mauvaise utilisation de la chose.

C.
Un vice caché invoqué dans un délai de deux ans

213.181 Précisions. *L'action en garantie* est soumise à un délai de deux ans (depuis l'ord. n° 2005-136 du 17 févr. 2005), que nous allons étudier (dans les numéros suivants). Lorsque la durée du délai n'était pas fixée par le code civil (l'art. 1648 indiquait seulement que l'action devait être intentée « dans un bref délai »), la jurisprudence décidait que, lorsqu'elle remplissait cette condition, par exemple par une action en référé, une « interversion » de la prescription s'opérait ; c'est-à-dire que la prescription de Droit commun prenait le relais[2]. Ce n'est plus le cas depuis la réforme de la prescription en matière civile par la loi du 17 juin 2008, le délai qui court après une interruption est toujours *« un nouveau délai de même durée que l'ancien »*[3]. Sauf stipulation contraire, l'exigence du délai de deux ans ne s'applique pas à l'action tendant à faire sanctionner l'inexécution d'une garantie conventionnelle[4]. La reconnaissance par le vendeur de la réalité du vice lui interdit d'opposer ensuite l'irrecevabilité tirée de ce que l'action n'aurait pas été intentée dans le délai de deux ans[5].

213.182 Le délai de deux ans. L'acheteur, à qui incombe la charge de prouver le vice, doit agir dans un délai de deux ans[6]. Avant cette réforme, que nous avions appelée de nos vœux dès 1980[7], le code civil indiquait seulement que l'action devait être intentée dans un « bref délai », sans préciser davantage sa durée, indiquant seulement qu'elle était laissée à l'appréciation du juge, suivant la nature du bien et l'usage du lieu. Cette imprécision était à l'origine d'un abondant contentieux.

La règle n'est pas d'ordre public. D'où la fin de non-recevoir tirée de l'expiration du délai ne peut pas être soulevée d'office par le juge[8], ni invoquée pour la première fois devant la Cour de cassation[9]. *A priori*, l'exigence d'un délai court est de bon sens : si l'acheteur n'agit pas promptement, c'est sans doute que la chose n'est pas vraiment impropre à l'usage. Le délai de l'article 1648 est *susceptible d'interruption*, principalement par une citation en justice, même en référé[10] (notamment pour demander la désignation d'un expert), par une tentative de réparation inefficace ou par des négociations infructueuses avec le vendeur, mais *non de suspension*.

Alors que, d'une façon générale, la durée de la prescription peut être abrégée ou allongée par accord des parties[11], cette possibilité est prohibée dans les contrats entre un professionnel et un consommateur[12].

213.183 Naissance du délai de deux ans. Le délai ne commence à courir que du *jour de la découverte du vice*[13]. Le vice pourra n'apparaître qu'après un assez long temps : pour un système informatique complexe et de grande ampleur, la mise en plein régime supposera une durée importante, de sorte que le délai peut s'enfler. De plus, l'identification de la cause du désordre exigera sans doute une investigation approfondie, notamment une *expertise*. Le point de départ du délai est alors repoussé à l'issue de celle-ci[14]. La même solution a été admise à

1. Pau, 4 nov. 1998, *JAMP* 1999/1, n° 4957 – CONTRA : Rouen, 24 oct. 2003, *DMF* 2004. 524, à propos d'un navire.
2. Civ. 1re, 21 oct. 1997, n° 95-19.755, P I, n° 292 ; *D.* 1998. 409, note M. Bruschi ; *CCC* 1998, n° 23, obs. L. Leveneur ; *JCP E* 1998. 563, note L. Leveneur – Civ. 1re, 19 oct. 1999, n° 97-14.067, P I, n° 288 ; *RTD civ.* 2000. 133, obs. P.-Y. Gautier – Civ. 1re, 5 oct. 2000, n° 98-22.524, P I, n° 241 ; *RGDA* 2000, p. 1114, obs. Ph. Rémy ; *RJDA* 2001, n° 17 – Civ. 1re, 12 déc. 2000, n° 98-21.789, P I, n° 324 ; *D.* 2001. IR 358.
3. C. civ., art. 2231 – Civ. 1re, 11 avr. 2018, n° 17-14.091, NP, *CCC* 2018, n° 127, obs. L. Leveneur.
4. Com. 2 mai 1990, n° 88-15.930, P IV, n° 132 ; *RTD civ.* 1991. 136, obs. Ph. Rémy ; *RTD com.* 1991. 90, obs. B. Bouloc – Civ. 1re, 6 juill. 1999, n° 97-19.847, NP, *CCC* 1999, n° 174, note L. Leveneur.
5. SUR l'ancien « *bref délai* » de l'art. 1648 (remplacé par le délai de deux ans : ord. n° 2005-136, 17 févr. 2005, préc.) : Paris, 11 sept. 1997, *JCP E* 1997. Pan. 1133.
6. C. civ., art. 1648 ; depuis sa modification par l'ord. n° 2005-136 du 17 févr. 2005. – Y.-M. Serinet, « Le clair-obscur des délais en matière de conformité et garanties : l'éclairage des régimes spéciaux de la vente », dans *Mél. J. Huet*, LGDJ, 2017, p. 339 – A. Forestier, « Les délais en matière de garantie des vices cachés. Éclaircissements, incertitudes et perspectives », *JCP G* 2018. Doctr. 496.
7. Ph. le Tourneau, « Conformités et garanties dans la vente d'objets mobiliers corporels », *RTD com.* 1980. 231, spéc. n° 123.
8. C. pr. civ., art. 125.
9. Civ. 1re, 5 déc. 1995, n° 94-11.135, *France Télécom*, P I, n° 451.
10. C. civ., art. 2241 ; mod. L. n° 2008-561, 17 juin 2008, art. 1er.
11. C. civ., art. 2254, al. 1er ; art. mod. L. n° 2008-561, 17 juin 2008, art. 1er.
12. C. consom., art. 218-1 ; créé par ord. n° 2016-301, 14 mars 2016.
13. C. civ., art. 1648 ; mod. ord. n° 2005-136, 17 févr. 2005.
14. Civ. 1re, 25 juin 2002, n° 00-16.840, P I, n° 176 ; *LPA* 18 nov. 2002, obs. Ph. Stoffel-Munck.

propos de l'assignation du vendeur par l'acquéreur pour lui rendre commune l'expertise en cours[1]. L'ouverture de *pourparlers*, en vue d'un arrangement, produit le même effet[2].

213.184 **Prescription.** Le délai de deux ans (*processuel*), éteignant l'action en garantie, se distingue de la durée d'existence de la garantie (*substantielle*)[3]. Ainsi, la règle selon laquelle l'action en garantie doit être intentée dans le délai de deux à compter de la découverte du vice se combine avec le délai de prescription de droit commun : la garantie légale doit être mise en œuvre à l'intérieur de celle-ci (trente ans avant la réforme de la prescription, cinq ans depuis cette dernière : C. civ., art. 2224 ; C. com., art. L. 110-4, I). Mais quel est son point de départ ? La Cour de cassation ne donne pas une réponse uniforme. Pour sa première chambre civile et pour sa chambre commerciale, il court à compter de la vente, y compris en cas de ventes successives (donc à compter de la vente initiale, l'action récursoire contre le fabricant ne pouvant offrir à l'acquéreur final plus de droits que ceux qui étaient détenus par le vendeur intermédiaire[4]), peu important au demeurant que l'action du vendeur contre le fabricant soit prescrite[5]. En revanche, selon un arrêt rendu en 2021 par la troisième chambre civile, l'action en garantie doit être exercée, comme en principe pour toute action personnelle ou mobilière, avant le « délai butoir » de vingt ans à compter de la naissance du droit, par application de l'article 2232 du code civil[6]. Ce délai butoir n'est pas applicable à une situation où le droit est né avant l'entrée en vigueur de la loi du 17 juin 2008[7] (portant réforme de la prescription). Puis, en février 2022, la même chambre réitéra sa position, en appliquant au délai de l'article L. 110-4 du code de commerce le régime ordinaire des délais de prescription, ce qu'elle justifie par la nécessité de préserver le droit au recours du vendeur intermédiaire[8]. La réunion d'une chambre mixte serait souhaitable pour harmoniser les positions des chambres de la Cour de cassation sur cette question.

213.185 **Point de départ du délai en cas d'action récursoire.** En cas de ventes successives et d'action récursoire en garantie (de nature contractuelle) d'un revendeur contre un vendeur antérieur, notamment le fabricant, le délai ne part pas de la vente, mais du *jour de l'assignation* par l'actuel propriétaire de la chose, victime du vice. L'action en garantie ne peut pas se prescrire avant l'apparition du vice (ici par l'assignation), puisque les conditions de l'action ne sont pas encore réunies (*Actio non natæ non currit præscriptio*). La prescription obéit aux conditions posées aux articles 2228 et suivants du code civil. En présence d'une vente commerciale, l'action récursoire est enfermée dans le délai de prescription prévu par l'article L. 110-4 du code de commerce, qui court à compter de la vente initiale, l'action récursoire contre le fabricant ne pouvant offrir à l'acquéreur final plus de droits que ceux qui étaient détenus par le vendeur intermédiaire[9].

1. Com. 3 déc. 2003, n° 02-15.130, P IV, n° 197 ; *RJDA* 2004, n° 413.
2. Civ. 1re, 16 juill. 1998, n° 96-20.645, *La Concorde*, NP, *RCA* 1998, n° 391.
3. G. Nana, th. préc., n° 334 – M. Bruschi, *La prescription en droit de la responsabilité civile*, préf. A. Sériaux, Economica, 1997, nos 145 s.
4. Civ. 1re, 6 juin 2018, n° 17-17.438, P I, n° 106 ; *D.* 2018. 2166, note C. Grimaldi ; *AJ contrat* 2018. 377, obs. D. Mainguy, 2e esp. ; *RTD civ.* 2018. 919, 2e esp., obs. P. Jourdain et 931, obs. P.-Y. Gautier – Com. 16 janv. 2019, n° 17-21.477, P IV ; *D.* 2019. AJ 124 ; *AJ contrat* 2019. 139, obs. C. Nourissat ; *CCC* 2019, n° 61, obs. L. Leveneur ; *RTD civ.* 2019. 358, obsP.-Y. Gautier ; R. Kleiman, S. Monnerville Smith et M. Brasart, « Action directe du sous-acquéreur dans une chaîne internationale de contrats et prescription de l'action en garantie des vices cachés », *RJDA* 2019. Chron. 811 – Civ. 1re, 24 oct. 2019, n° 18-14.720, NP.
5. Civ. 1re, 8 avr. 2021, n° 20-13.493, P, *D.* 2021. 2023, note C.-É Bucher ; *RJDA* 2021, n° 462.
6. Civ. 3e, 8 déc. 2021, n° 20-21.439, P, *D.* 2022. 257, avis Ph. Brun, note J.-S. Borghetti ; *CCC* 2022, n° 23, obs. L. Leveneur ; *JCP G* 2022. 169, note J.-D. Pellier – J.-D. Pellier, « Retour sur le délai butoir de l'article 2232 du code civil », *D.* 2018. Chron. 2148.
7. Civ. 3e, 1er oct. 2020, n° 19-16.986, P, *D.* 2020. 2154, avis Ph. Brun, p. 2157 note P.-Y. Gautier ; *RJDA* 2021, n° 63 ; *CCC* 2021, n° 63, obs. L. Leveneur ; *RDC* 2021/1. 45, obs. J.-S. Borghetti – L. Andreu, « Retour sur l'application dans le temps de l'article 2232 du code civil prévoyant un butoir à l'extension de la durée de la prescription », *D.* 2021. Point de vue 187, CRIT.
8. Com. 16 févr. 2022, n° 20-19.047, P, *D.* 2022. 585, avis Ph. Brun, note J.-S. Borghetti.
9. Civ. 1re, 6 juin 2018, n° 17-17.438, P I, n° 106 ; 2018. 377, obs. D. Mainguy, 2e esp. ; *D.* 2018. 2166, note C. Grimaldi ; *RTD civ.* 2018. 919, 2e esp., obs. P. Jourdain et 931, obs. P.-Y. Gautier – Com. 16 janv. 2019, n° 17-21.477, P ; *D.* 2019. AJ 124 ; *AJ contrat* 2019. 139, obs. C. Nourissat ; *CCC* 2019, n° 61, obs. L. Leveneur ; *JDI* 2019/3. 19, note E. Fohrer-Dedeurwaerder ; *RTD civ.* 2019. 358, obs. P.-Y. Gautier, CRIT. ; R. Kleiman, S. Monnerville Smith et M. Brasart, « Action directe du sous-acquéreur dans une chaîne internationale de contrats et prescription de l'action en garantie des vices cachés », *RJDA* 2019. Chron. 811 : « *l'action en garantie des vices cachés, même si elle doit être exercée dans les deux ans de la découverte du vice, est aussi enfermée dans le délai de prescription prévu par l'article L. 110-4 du code de commerce, qui court à compter de la vente initiale* » (revirement) – Civ. 1re, 8 avr. 2021, n° 20-13.493, P, *D.* 2021. 2023, note C.-É. Bucher, *idem* – CONTRA : Civ. 3e, 6 déc. 2018, n° 17-24.111, NP, *RDI* 2019. 163, obs. M. Faure-Abbad : « *le délai dont dispose l'entrepreneur pour agir en garantie des vices cachés à l'encontre du fabricant en application de l'article 1648 du code civil court à compter de la date de l'assignation délivrée contre lui, le délai décennal de l'article L. 110-4 du code de commerce étant suspendu jusqu'à ce que sa responsabilité ait été recherchée par le maître de l'ouvrage* ».

213.186 **Interruption.** Le délai de l'article 1648 du code civil est *susceptible d'interruption* pour une des causes prévues par les articles 2240 à 2248 du même code, principalement en la matière par une citation en référé (not. pour demander une expertise[1]), mais *non de suspension*, étant un délai de forclusion[2]. Toutefois, très fâcheusement il existe une divergence sur ce point à la Cour de cassation[3]. En effet, sa première chambre civile qualifie le délai non point de forclusion mais de prescription (contrairement à la troisième chambre), donc suspendu lorsque le juge fait droit à une demande de mesure d'instruction présentée avant tout procès en application de l'article 2239 du code civil[4]. L'énumération des actes interruptifs de la prescription des articles 2240 à 2248 du code civil est limitative[5]. Depuis la loi du 17 juin 2008, portant réforme de la prescription en matière civile, l'interruption efface le délai de prescription acquis et fait courir un délai de même durée que l'ancien (C. civ., art. 2231), à compter de la date du prononcé de l'ordonnance désignant un expert[6]. De plus, un délai « butoir » général de vingt ans est instauré, au terme duquel aucune action ne peut plus être exercée (C. civ., art. 2232, al. 1er[7]).

213.187 **Lorsque le juge constate la tardiveté de l'action, doit-il rechercher si les circonstances ne permettent pas de statuer sur la non-conformité ? Les hésitations jurisprudentielles.** Cette question divisait la Cour de cassation. Il semblait que les différences entre les deux actions fussent trop marquées pour que le changement de qualification pût intervenir d'office. Cependant, les diverses chambres de la Cour de cassation décidèrent que, lorsqu'il y a vice caché, les juges du fond n'ont pas à rechercher *proprio motu* si le vice allégué était en réalité un manquement à une obligation de délivrance conforme. En effet, la garantie constitue alors « *l'unique fondement possible* » de l'action[8]. Lorsqu'au contraire, saisi sur le fondement des vices cachés, qui n'existe pas en l'espèce, alors qu'il n'y a pas eu délivrance conforme, la première chambre civile était catégorique : le juge doit requalifier[9] l'action[10], à condition de rouvrir les débats pour respecter le principe de la contradiction[11]. Les autres chambres refusaient aux juges du fond tout pouvoir de requalification.

213.188 **L'intervention de l'Assemblée plénière en 2007.** Un arrêt de l'Assemblée plénière du 21 décembre 2007 a été rendu pour tenter de régler la question, en opérant une distinction. Il a décidé que si, parmi les principes directeurs du procès, l'article 12 du code de procédure civile oblige le juge à donner ou restituer leur exacte qualification aux faits et actes litigieux invoqués par les parties au soutien de leurs prétentions, il ne lui impose pas, sauf règles particulières, de changer la dénomination ou le fondement juridique de leurs demandes. Dès lors, ayant constaté qu'elle était saisie d'une demande fondée sur l'existence d'un vice caché dont la preuve n'était pas rapportée, la cour d'appel, qui n'était pas tenue de rechercher si cette action pouvait être fondée sur un manquement du vendeur à son obligation de délivrance d'un véhicule conforme aux stipulations contractuelles, a légalement justifié sa décision de ce chef[12].

§ 2
Effets de la garantie contre les vices cachés

213.190 **Plan. L'existence d'un vice oblige à agir sur le fondement de la garantie.** Dès que le défaut affecte l'usage de la chose, y compris celui qui a été spécifié dans la conven-

1. Com. 2 avr. 1996, nº 93-20.901, P IV, nº 112 – Civ. 3e, 5 nov. 1997, nº 94-21.440, P III, nº 199 – Civ. 3e, 5 déc. 2001, nº 00-12.879, NP, *RJDA* 2002, nº 146.
2. Civ. 3e, 5 janv. 2022, nº 20-22.670, P.
3. G. Leroy, « Divergence jurisprudentielle relative à la nature du délai de l'action en garantie des vices cachés », *Gaz. Pal.* 1er mars 2022. 23.
4. Civ. 1re, 25 nov. 2020, nº 19-10.824, NP, *RTD com.* 2020. 177, obs. B. Bouloc – Civ. 1re, 20 oct. 2021, nº 20-15.070, NP.
5. À CET ÉGARD, rendus sur l'ancien art. 2244 du C. civ., avant la réforme opérée par la L. du 17 juin 2008 (préc.) : Com. 16 juin 1998, nº 96-14.170, P IV, nº 194 ; Civ. 1re, 18 sept. 2002, nº 00-18.325, P I, nº 206 ; *CCC* 2003, nº 4, note L. Leveneur ; *Gaz. Pal.* 2003. Somm. 1257, note E. du Rusquec ; *RTD com.* 2003. 359, obs. B. Bouloc.
6. Com. 6 sept. 2016, nº 15-13.128, NP, *RJDA* 2016, nº 871. – Civ. 3e, 5 janv. 2017, nº 15-12.605, P III, nº 3 ; *RJDA* 2017, nº 400.
7. J.-D. Pellier, « Retour sur le délai butoir de l'article 2232 du code civil », *D.* 2018. Chron. 2148 – Civ. 3e, 8 déc. 2021, nº 20-21.439, P, *D.* 2022. 257, avis Ph. Brun, note J.-S. Borghetti ; *CCC* 2022, nº 23, obs. L. Leveneur ; *JCP G* 2022. 169, note J.-D. Pellier.
8. Civ. 1re, 1er déc. 1998, nº 96-21.951, NP, *CCC* 1999, nº 39, obs. L. Leveneur.
9. Civ. 1re, 16 juin 1993, nº 91-18.924, P I, nº 224 ; *D.* 1994. 210 – Civ. 1re, 20 janv. 2004, nº 01-13.824, NP, *RDC* 2004. 691 – Civ. 1re, 24 janv. 2006, nº 04-11.903, P I, nº 36 ; *D.* 2006. IR 397 ; *JCP E* 2006. Pan. nº 1347.
10. C. pr. civ., art. 12 et 13.
11. C. pr. civ., art. 16.
12. Cass., ass. plén., 21 déc. 2007, nº 06-11.343, P nº 10 ; *D.* 2008. AJ 228 ; *JCP* 2008. II. 10006, note L. Weiller ; *RCA* 2008, nº 112, note S. Hocquet-Berg ; *RDC* 2008. 327, note A. Bénabent et p. 435, note Y.-M. Serinet ; *RTD civ.* 2008. 317, obs. P.-Y. Gautier – POUR DES CRITIQUES : O. Deshayes, « L'office du juge à la recherche de sens (à propos de l'arrêt d'assemblée plénière du 21 décembre 2007) », *D.* 2008. Chron. 1102 – SUR LA QUESTION : M. Bacache, « Office du juge et responsabilité civile », dans *Mél. J. Héron*, LGDJ, 2008, p. 23 s., souhaitant un renforcement de l'office du juge en matière de responsabilité.

tion des parties, l'action n'est possible que sur le fondement exclusif des articles 1641 et suivants du code civil[1]. Les effets de la garantie contre les vices cachés sont différents selon les personnes intéressées : l'acheteur direct (B) ou les acquéreurs successifs (C). Mais ils peuvent éventuellement être paralysés par des clauses de non-garantie ou limitatives de garantie (A).

A.
Clauses de non-garantie ou limitatives de garantie

213.201 Admission en principe. La garantie légale contre les vices cachés peut en théorie être écartée par une *clause de non-garantie*, ou atténuée par une *clause limitative de garantie* (par exemple en fixant un plafond à l'indemnité due, ou limitant son jeu dans le temps), dans la mesure où elles ne sont que des variantes des clauses de non-responsabilité ou limitatives de responsabilité[2]. Or, si celles-ci sont nulles en matière délictuelle, elles sont en principe valables dans le domaine contractuel, et par conséquent dans la vente.

213.202 L'inefficacité des clauses en présence d'un dol, d'une faute lourde et d'une faute inexcusable ou, dans certaines circonstances, lorsqu'elles excluent l'obligation essentielle. Toutefois, une clause de non-responsabilité ou limitative de responsabilité, et donc les clauses sur la garantie, ne peut pas exonérer le contractant des conséquences de son dol ou de sa réticence dolosive[3]. Il serait en effet choquant de permettre à un contractant de ne pas exécuter volontairement ses obligations, alors que les contrats doivent être exécutés de *bonne foi*. Peu importe d'ailleurs que l'inexécution n'ait pas été dictée par l'intention de nuire au cocontractant : dès lors que le défaut de la chose était connu du vendeur qui a conservé le silence, les clauses limitatives ou élusives de la garantie sont sans effet. La faute *inexcusable* et la faute *lourde* ont été, dans ce domaine, assimilées à la faute dolosive (or la faute d'un professionnel est souvent qualifiée de lourde[4]). Cette solution traditionnelle est admise par une jurisprudence constante.

De plus, une autre restriction est apparue plus récemment. Il fut d'abord décidé qu'une clause relative aux obligations d'une partie est inopérante lorsqu'elle exclut *l'obligation essentielle* du contrat, son obligation fondamentale[5]. Tout juriste a souvenance de l'affaire *Chronopost*, appliquant cette solution en dehors de la vente, suivie par d'autres espèces marquantes[6]. Toutefois, la Cour de cassation avait assoupli quelque peu sa position par l'arrêt *EDF* de

1. Civ. 1re, 27 oct. 1993, no 91-21.416, P I, no 305 ; *D.* 1994. 212 ; et d'innombrables arrêts postérieurs dont, dans le domaine de l'informatique : Com. 29 avr. 1997, no 94-15.631, NP, *Expertises* 1997, p. 275.
2. *CONTRA* : Civ. 1re, 8 juin 1999, no 95-13.866, P I, no 198 ; *D.* 2000. 407, note M.-L. Izorche ; *RTD com.* 2000. 164, obs. B. Bouloc ; *Gaz. Pal.* 1999. 2. Pan. 272 : distinguant curieusement la clause limitative de « responsabilité » de la clause limitative de garantie.
3. Civ. 3e, 16 déc. 2009, no 09-10.540, P I, no 288 ; *RCA* 2010, no 87, 1re esp. ; *RJDA* 2010, no 729 : connaissance par le vendeur de la présence de termites – Civ. 3e, 13 janv. 2010, no 08-21.677, P I, no 13 ; *D.* 2010. AJ 324 ; *RCA* 2010, no 87, 2e esp. ; *RJDA* 2010, no 703 : le colmatage du plancher et des plinthes avec du plâtre, avant peinture, permettait de retenir la connaissance par le vendeur de la présence de termites lors de la vente de l'immeuble ; le vendeur avait donc commis une réticence dolosive en faisant insérer à l'acte la mention d'un état parasitaire négatif alors qu'il se devait de signaler la présence de ces insectes à l'acquéreur, de sorte que la clause d'exonération de garantie était inapplicable – SUR CES DEUX ESP. : H. Groutel, *RCA* 2010, repère 4.
4. Ph. le Tourneau, *La responsabilité civile professionnelle*, 2e éd., « Dalloz référence », 2005.
5. À CE PROPOS : Ph. le Tourneau (dir.), *Droit de la responsabilité et des contrats. Régimes d'indemnisation*, 12e éd., « Dalloz action », 2020, nos 3222.21 et 3225.13 – Paris, 26 févr. 1999, *Rudy Schany, RJDA* 1999, no 773 : distingue bien la clause qui aménage seulement les conditions de la mise en œuvre de la garantie de celle qui exonère le vendeur d'un manquement total à l'obligation essentielle de la convention.
6. Civ. 1re, 22 oct. 1996, no 93-18.632, *Chronopost*, P IV, no 261 ; *D.* 1997. 121, note A. Sériaux ; *Defrénois* 1997. 333, obs. D. Mazeaud ; *CCC* 1997, no 24, obs. L. Leveneur – SURTOUT, BEAUCOUP PLUS CATÉGORIQUE : Cass. ch. mixte, 22 avr. 2005, no 03-14.112, *Chronopost*, P, no 4 ; *D.* 2005. 1864, note J.-P. Tosi ; *JCP* 2005. II. 10066, note G. Loiseau ; *JCP E* 2005. 1446, note C. Paulin ; *RCA* 2005, no 175, note B. Fauvarque-Cosson ; *RDC* 2005. 673, note D. Mazeaud ; *RTD civ.* 2005. 604, obs. P. Jourdain ; et p. 779, obs. J. Mestre et B. Fages ; *RTD com.* 2005. 828, obs. B. Bouloc : « *une clause limitant le montant de la réparation est réputée non écrite en cas de manquement du transporteur à une obligation essentielle du contrat* » – Com. 30 mai 2006, no 04-14.974, *Chronopost*, P IV, no 132 ; *D.* 2006. 2288, note D. Mazeaud – DANS LE MÊME SENS : Com. 17 juill. 2001, no 98-15.678, *Sécurinfor*, NP, *JCP E* 2002, no 1290, note G. Loiseau – Com. 13 févr. 2007, no 05-17.407, *Faurecia c/Oracle*, P IV, no 43 ; *D.* 2007. AJ 654, obs. X. Delpech ; *RDC* 2007. 707, note D. Mazeaud et p. 746, note S. Carval ; *JCP* 2007. II. 10063, note Y.-M. Serinet ; *JCP* 2007. I. 185, obs. Ph. Stoffel-Munck ; *JCP E* 2007. 2336, note J. Huet ; *RJ com.* 2008. 187, note H. Alterman et N. Herzog ; *Defrénois* 2007. 1042, note R. Libchaber ; *RLDC* 2007, no 2511, note G. Loiseau : dans le domaine informatique, mais allant plus loin que les arrêts *Chronopost*, car écartant les clauses sur la responsabilité alors qu'il y a eu manquement à l'obligation essentielle, sans égard au montant dérisoire ou non de la réparation stipulée [en l'esp. elle était importante] – Com. 5 juin 2007, no 06-14.832, *Thales c/Extand*, P IV, no 157 ; *D.* 2007. AJ 1720, obs. X. Delpech ; *CCÉ* 2007, no 151, obs. Ph. Stoffel-Munck, CRIT. : à propos d'un commissionnaire de transport, adoptant la même rigueur que : Com. 13 févr. 2007, no 05-17.407, *Faurecia c/Oracle*, préc. – Com. 9 juin 2009, no 08-10.350, NP, *RJDA* 2009, no 811 ; *RDC* 2009. 1359, note D. Mazeaud : pour une vente cette fois.

décembre 2007[1]. Elle n'invaliderait plus la clause du seul fait qu'elle vise une obligation essentielle : Il faudrait vérifier concrètement, « *compte tenu de l'étendue exacte de la limitation qu'elle pose, qu'elle entrave les moyens d'action du créancier, au point de vider de toute portée l'obligation du débiteur* » (T. Genicon[2]). En juin 2010, la Cour de cassation confirma et concrétisa cette évolution, en rejetant[3] dans des termes très clairs[4], dans l'affaire *Faurecia c/Oracle*, le pourvoi contre l'arrêt de la cour d'appel de Paris qui avait résisté[5]. Depuis, un seul critère était retenu pour déterminer la validité de la clause, s'appréciant au moment de la formation du contrat : contredit-elle ou non la portée de l'obligation essentielle souscrite par le débiteur ? L'article 1170 du code civil, issu de la réforme du droit des contrats, légalisa la solution : « *Toute clause qui prive de sa substance l'obligation essentielle du débiteur est réputée non écrite* »[6] (mais qu'est-ce que la substance ?[7]).

Il est curieux de constater que bien des contrats de vente comportent des clauses élusives de responsabilité inefficaces, selon les règles que nous venons de rappeler, par exemple par des formules excluant absolument la responsabilité du vendeur. Il est peu probable qu'elles soient le fruit de l'ignorance lorsqu'elles figurent dans des conditions générales de vente, ou des contrats d'adhésion, émanant d'entreprises d'une certaine importance, disposant donc d'un service juridique. Leurs rédacteurs en attendent sans doute un effet dissuasif, en pensant que des cocontractants renonceront à agir en justice en raison de la clause...

213.203 Application de ces règles à la vente. Le régime de Droit commun des clauses sur la « responsabilité » s'applique aux clauses relatives à la garantie contre les vices cachés dans la vente, d'autant plus que leur validité de principe est affirmée expressément par l'article 1643 du code civil, *in fine* (et *a contrario* par divers textes[8], puisqu'ils interdisent les clauses sur la garantie dans des cas particuliers). Cependant, il n'occupe plus qu'une place résiduelle dans ce domaine, du fait de l'intervention du législateur[9]. Il ne subsiste en réalité qu'à propos des clauses convenues au bénéfice de *vendeurs non professionnels de bonne foi*, qu'ils soient des particuliers, ou des professionnels vendant en dehors du domaine de leur spécialité (donc vendeurs occasionnels), ainsi qu'entre professionnels de la même spécialité[10]. De telles clauses sont pleinement efficaces[11], mais elles ne dispensent pas le vendeur de son obligation d'information[12].

1. Com. 18 déc. 2007, n° 04-16.069, P IV, n° 265 ; *D.* 2008. AJ 154, obs. X. Delpech ; *JCP* 2008. I. 125, n°s 13 s., obs. Ph. Stoffel-Munck ; *RDC* 2008. 262, note T. Genicon et p. 287, note G. Viney ; *RTD civ.* 2008. 310, obs. P. Jourdain ; D. Mazeaud, « Clauses limitatives de réparation : les quatre saisons », *D.* 2008. Chron. 1776 : il n'y avait peut-être pas en l'esp. de manquement à l'obligation essentielle, la clause limitative ne jouant qu'en cas de « coupure inopinée », d'où sa validité ; mais Ph. Stoffel-Munck [obs. préc.] releva que cet arrêt marque un assouplissement de la position de la C. de cass., qui accepterait la validité des clauses limitatives, sauf lorsqu'elles sont dérisoires.
2. T. Genicon, « Le régime des clauses limitatives de réparation : état des lieux et perspectives », *RDC* 2008. 982 s., spéc. p. 984-985, TRÈS CRIT.
3. Com. 29 juin 2010, n° 09-11.841, *Faurecia c/Oracle*, P IV, n° 115 ; *D.* 2010. AJ 1707, obs. X. Delpech ; p. 1383, note D. Mazeaud ; *JCP* 2010, n° 28, 787, note D. Houtcieff ; *JCP E* 2010, n° 37, 1790, note Ph. Stoffel-Munck ; *CCÉ* 2010, n° 99, obs. Ph. Stoffel-Munck ; *LPA* 7-8 sept. 2010, n° 178-179, p. 7, note C. Grimaldi ; *LPA* 13 sept. 2010, n° 182, p. 6, note R. Siri ; *Gaz. Pal.* 2010. 2, p. 2806, note Ph. Glaser et M.-E. Mathieu ; *RJ com.* 2010. 430, note H. Alterman ; *RDC* 2010. 1253, obs. O. Deshayes – L. Bloch, « L'ère post-Chronopost : le retour aux sources », *RCA* 2010. Ét. 11 – B. Daille-Duclos, « Clauses limitatives de responsabilité. Un nouvel avenir ? », *JCP E* 2010, n° 38, 1814 – M. Lamoureux, « Le regain de vitalité de la clause limitative de réparation », *RLDC* 2010/77. Chron. 4030.
4. « *Seule est réputée non écrite la clause limitative de réparation qui contredit la portée de l'obligation essentielle souscrite par le débiteur* » – DEPUIS : adoptant cette solution sans reprendre la formule, Com. 31 mai 2011, n° 10-13.633, NP, *Gaz. Pal.* 2011. 2, p. 2395, note D. Houtcieff ; *RJDA* 2011, n° 771, clause inapplicable – REPRENANT la formule : Civ. 3e, 23 mai 2013, n° 12-11.652, NP, *D.* 2013. 2142, note D. Mazeaud ; *AJDI* 2013. 754 : clause applicable – AUSSI : Com. 3 déc. 2013, n° 12-26.412, NP, *RDC* 2014. 176, note T. Genicon, cassation de l'arrêt n'ayant pas recherché « *en quoi la clause litigieuse, qui fixait à une somme égale au coût du transport le montant de l'indemnité en cas de retard dans la livraison, avait pour effet de contredire l'obligation pour le transporteur de respecter un strict délai* » – L'ARRÊT EST BIEN DANS LA LIGNÉE DE : Com. 29 juin 2010, n° 09-11.841, préc., tout en adoptant une position plus libérale quant à la validité des clauses.
5. Paris, 25e ch. A, 26 nov. 2008, *Faurecia c/Oracle*, *CCÉ* 2009, n° 37, obs. Ph. Stoffel-Munck ; *Gaz. Pal.* 2009. 1, Somm. 1438, obs. J.-F. Forgeron et C. Michau ; *RJ com.* 2009. 20, note H. Alterman ; *JCP E* 2009. 1674, n° 3, obs. M. Vivant, N. Mallet-Pujol et J.-M. Bruguière ; *RDC* 2009. 1010, note T. Genicon ; RÉSISTANT À : Com. 13 févr. 2007, n° 05-17.407, préc. – Le plafond doit être respecté lorsqu'il n'est pas dérisoire et qu'il ne vide pas l'engagement du débiteur de sa substance.
6. SUR LA NOTION : S. Gaudemet, *La clause réputée non écrite*, préf. Y. Lequette, « Recherches juridiques », Economica, 2006.
7. Sur ce texte v. *supra* s^s^ n° 116.26.
8. NOT. : CSP, art. L. 1334-5, al. 3, et CCH, art. L. 271-4, II, mod. par L. n° 2014-366, 24 mars 2014, art. 76.
9. V. *infra* s^s^ n° 213.204.
10. V. *infra* s^s^ n° 213.206.
11. NOT. POUR DES CONSEILS ET UN EX. DE CLAUSE : S. Moracchini-Zeidenberg, « Clause limitative de la garantie des vices cachés dans la vente », *RCA* 2012, formule n° 10 – C.-É. Bucher, « La clause d'exclusion de la garantie des vices cachés dans la vente », *CCC* 2018. Formule 2.
12. Civ. 3e, 28 juin 2000, n° 98-20.376, *Leduc c/Lemarquis*, NP, *RJDA* 2000, n° 851 : et alors que la clause, reproduite par l'arrêt, était extrêmement large – Civ. 3e, 27 mars 2007, n° 06-12.889, NP, *CCC* 2007, n° 199, obs. L. Leveneur : des époux vendeurs d'une maison, qui avaient connaissance de l'environnement radioactif et des risques de contamination, ne peuvent se prévaloir de la clause d'exonération des vices cachés figurant à l'acte.

Dans le domaine étroit que nous venons d'indiquer, une clause sur la garantie est licite et efficace[1], à condition qu'elle ait été acceptée par l'acheteur, fût-ce tacitement en concluant un contrat d'adhésion prérédigé[2], ou en adhérant aux conditions générales du vendeur, fut-elle même « de style », c'est-à-dire reproduite sans réflexion[3].

213.204 **Restriction d'origine légale.** Le Droit de la consommation a apporté une importante restriction à la liberté de stipuler une clause limitative ou élusive de « responsabilité » : en effet, elles sont interdites d'office entre un professionnel et un non professionnel ou un consommateur (au titre des clauses abusives[4]).

De plus, divers textes interdisent les clauses sur la garantie, en dehors du Droit de la consommation. Ainsi, selon le code de la santé publique, lorsqu'un immeuble est vendu dans une zone à risque d'exposition au plomb, la clause de non-garantie n'est valable qu'à la condition qu'un état « *des risques d'accessibilité au plomb* », datant de moins d'un an, ait été joint à la promesse et à l'acte authentique de vente[5]. Dans la même veine, la loi n° 99-471 du 8 juin 1999[6], tendant à protéger les acquéreurs et propriétaires d'immeubles contre les termites et autres insectes xylophages, prévoit une limitation de la validité de la clause exonératoire de la garantie du vendeur non professionnel pour vices cachés, quand l'acheteur découvre la présence de termites (et seulement de ces insectes). En effet, lorsque la vente concerne un immeuble bâti situé dans une zone déclarée, par arrêté préfectoral, contaminée par les termites, la clause de non-garantie n'est licite que si un « état parasitaire de l'immeuble », datant de moins de trois mois, a été annexé à l'acte authentique de vente[7]. « *Toute promesse unilatérale de vente ou d'achat et à tout contrat réalisant ou constatant la vente de certains immeubles bâtis* », doit comporter un état mentionnant la présence où, le cas échéant, l'absence de matériaux ou produits de construction contenant de l'amiante[8] ; faute de cette annexe, aucune clause d'exonération de la garantie contre les vices cachés ne peut être stipulée en raison des vices constitués par la présence de cette fibre dans les éléments de construction. Mais, malgré la présence d'un état parasitaire négatif, le vendeur peut être tenu à garantir le vice caché résultant de la présence de termites, lorsqu'il connaissait leur existence, en vertu de l'article 1643[9] du code civil[10] ; et, condamné au titre des vices cachés à la demande de l'acheteur, il ne peut exercer de recours en garantie contre le contrôleur technique, en l'absence de lien de causalité entre la défaillance du contrôleur et le vice de l'immeuble[11].

Nota : l'acte authentique peut être dressé sur support électronique s'il est établi et conservé dans des conditions fixées[12] par décret en Conseil d'État[13].

213.205 **Restriction d'origine prétorienne.** Le contrat de vente connaît une règle encore plus drastique que celle qui est donnée par le Droit de la consommation. En effet, la jurisprudence a déduit, *a contrario*, de l'article 1643 du code civil, relatif à la garantie contre les vices cachés, que les clauses de non-garantie sont nulles lorsque le vendeur connaissait le vice de la chose et était donc de mauvaise foi[14]. Peu importe à cet égard que le

1. Paris, 19e ch. A, 9 janv. 2008, *RJDA* 2008, n° 507.
2. Défini par le C. civ., art. 1110, al. 2 (T. Revet, « Les critères du contrat d'adhésion », *D.* 2016. Chron. 1771), modifié par la loi n° 2018-287, 20 avr. 2018 (L. Andreu, « Le nouveau contrat d'adhésion », *AJ contrat* 2018. 262). Le contrat d'adhésion sera peut-être à l'origine d'une renaissance de l'utilité des mentions « lu et approuvé » ou « bon pour accord », comme moyen d'identification (C. Barrillon, « "Lu et approuvé" : la nouvelle vie d'une mention tombée en désuétude », *JCP* 2017. Libres propos 754), alors qu'elles étaient sans aucun effet (Ph. le Tourneau, « Contre le "bon pour" », *D.* 1975. Chron. 188) – SUR L'APPLICATION DES RÈGLES du contrat d'adhésion aux contrats électroniques : T. Guillebon, « L'application du dispositif du code civil aux contrats du commerce électronique », *JCP E* 2017. Ét. 1454 (dans le titre, il eut été préférable de parler de dispositions plutôt que de dispositif) – Depuis la réforme de 2016, la *summa divisio* en matière contractuelle oppose les contrats de gré à gré aux contrats d'adhésion. Ce faisant, la notion de contrat est engagée dans un processus de recomposition qui aboutira peut-être (quand ? Qui le sait ?) à la naissance d'un nouveau contrat.
3. Civ. 3e, 3 mai 1968, n° 65-12.906, P III, n° 184 – *CONTRA* : Rouen, 28 nov. 1996, *RJDA* 1997, n° 631, mais la clause était surtout formulée en termes trop généraux – SUR CETTE NOTION : D. Denis, « La clause de style », dans *Mél. J. Flour, Defrénois*, 1979, p. 117 s.
4. C. consom., art. R. 212-1, 6° – NOT. : Ph. le Tourneau (dir.), *Droit de la responsabilité et des contrats…*, 12e éd., 2020, *op. cit.*, nos 3221.52 s. – *ADDE*, sur la notion de consommateur, le même ouvrage, nos 3124.13 s.
5. CSP, art. L. 1334-5, al. 3, réd. L. n° 98-657, 29 juill. 1998.
6. L. n° 99-471, 8 juin 1999, art. 8 ; CCH, art. L. 271-4, II ; mod. par L. n° 2014-366, 24 mars 2014, art. 76.
7. L. n° 99-471, 8 juin 1999, art. 8 ; CCH, art. L. 271-4, II ; mod. par L. n° 2014-366, 24 mars 2014, art. 76.
8. CSP, art. L. 1334-7 ; créé par L. n° 2000-1208, 13 déc. 2000, art. 176, dite loi SRU ; not. mod. par ord. n° 2005-655, 8 juin 2005, art. 19.
9. Civ. 3e, 8 avr. 2009, n° 08-12.960, P III, n° 87 ; *CCC* 2009, n° 186, obs. L. Leveneur ; *RJDA* 2009, n° 942.
10. V. *infra* ss n° 213.205.
11. À PROPOS de la présence d'amiante : Civ. 3e, 7 oct. 2009, n° 08-12.920, P III, n° 219 ; *RJDA* 2010, n° 139.
12. C. civ., art. 1369.
13. FNTC, *Vademecum juridique de la digitalisation des documents*, préf. É. A. Caprioli, 2016, p. 42. – F. Binois, *Consensualisme et formalisme à l'épreuve de l'électronique. Étude de droit civil*, préf. F. Labarthe, PUAM, 2021, nos 242 s.
14. Civ. 1re, 28 mars 2007, n° 06-12.299, P III, n° 49 ; *D.* 2007. AJ 1139 ; *RDC* 2007. 1201, note Ph. Brun, IMPL. – Civ. 3e, 8 avr. 2009, n° 08-12.960, préc. – Civ. 3e, 22 sept. 2009, n° 08-14.013, NP, *RJDA* 2010, n° 140.

vendeur n'ait qu'une connaissance partielle de l'étendue du vice : il sera tenu à l'entière garantie, même en présence d'une clause élusive ou limitative[1]. Autrement dit, la mauvaise foi du vendeur est *indivisible*.

Or la Cour de cassation établit, à partir des années 1960, le postulat que *tout fabricant ou vendeur professionnel est censé connaître les vices de la chose*. D'où, étant ainsi de mauvaise foi, ces professionnels ne peuvent pas invoquer en leur faveur une clause élusive ou limitative de responsabilité, même face à un acheteur professionnel, la mauvaise foi étant constitutive d'une faute lourde ou dolosive. La jurisprudence est abondante déclarant ainsi inopposable à l'acheteur la clause limitative ou exclusive de garantie convenue au profit d'un vendeur professionnel[2]. Cette règle, de fond, est d'ordre public : elle est *irréfragable*. De plus, elle est générale : elle s'applique quelle que soit la situation du vendeur dans le circuit de distribution, et quelle que soit la formule employée dans le contrat. En 2017 un arrêt singulier a élargi le domaine de la règle en assimilant implicitement le professionnel vendeur au vendeur professionnel[3].

213.206 Sa limite. Il existe cependant quelques circonstances dans lesquelles une clause relative à la garantie est valable :

- d'une part, lorsque le vendeur, de bonne foi, n'est pas un professionnel ;

- d'autre part, lorsque l'acheteur est un professionnel de *la même spécialité* que le vendeur[4]. Toutefois, encore faut-il que le vice n'ait pas été indécelable pour l'acheteur, car la présomption de connaissance du défaut n'est pas irréfragable à son égard[5]. En revanche, selon un arrêt, peu importerait que le vendeur connût le vice de la chose[6].

Cette exception est rarement utilisée, la jurisprudence admettant difficilement cette identité de professions[7].

L'appréciation de l'identité professionnelle s'opère évidemment *in concreto*[8].

1. Civ. 1re, 19 nov. 2008, n° 07-16.746, P I, n° 183 ; *JCP E* 2008. Pan. n° 2540 ; *D.* 2009. AJ 297, obs. S. Prigent ; *CCC* 2009, n° 40, obs. L. Leveneur ; *RJDA* 2009, n° 623 – Civ. 3e, 14 avr. 2010, n° 09-14.455, P III, n° 88 ; *D.* 2010. 1770, note Y. Dagorne-Labbe ; *RJDA* 2010, n° 937.
2. EX. : Civ. 3e, 11 mai 1994, n° 92-17.454, P III, n° 95 – Civ. 1re, 20 févr. 1996, n° 93-21.128, P I, n° 86 ; *CCC* 1996, n° 96, obs. L. Leveneur ; *Gaz. Pal.* 1996. 2, Somm. 288 – Com. 18 févr. 1997, n° 94-20.609, NP, *RJDA* 1997, n° 767 – Com. 23 nov. 1999, n° 96-17.637, NP, *RJDA* 2000, n° 255 – Civ. 3e, 27 sept. 2000, n° 99-10.297, NP, *D.* 2001. 2628, obs. J.-P. Storck.
3. Civ. 3e, 29 juin 2017, n° 16-18.087, P III, n° 84 ; *D.* 2017. 1889, note N. Rias ; *RLDC* 2017. 6372, note B. de Bertier-Lestrade.

213.207 Transmission de la clause. Lorsque la clause limitative ou élusive de « responsabilité » est licite elle se transmet aux acquéreurs successifs de la chose[9].

B.
Effets de la garantie contre les vices cachés entre les parties

213.210 Renvoi. Sur les actions spécifiques dans l'ordonnance n° 2005-136 du 17 février 2005, v. *infra* ss nos 213.251 s.

213.211 Actions spécifiques issues de la convention de Vienne. La convention de Vienne sur les ventes commerciales internationales de marchandises ne distingue pas les vices cachés de la conformité. Aussi, nous ne reviendrons pas ici sur les mesures qu'elle prévoit en présence d'un vice caché de la marchandise vendue, puisqu'elles ont été présentées précédemment[10], notamment la possibilité pour l'acheteur de demander, selon le cas et sous un certain nombre de conditions, le *remplacement*

4. Com. 8 juill. 1975, n° 72-12.602, P IV, n° 199 ; *RTD civ.* 1976. 569, obs. G. Cornu – Civ. 3e, 30 oct. 1978, n° 77-11.354, P III, n° 324 ; et Com. 6 nov. 1978, n° 76-15.037, P IV, n° 250 ; *JCP* 1979. 19178, note J. Ghestin [2 arrêts] ; *RTD civ.* 1979. 392, obs. G. Cornu – Com. 5 févr. 1985, n° 83-13.824, P IV, n° 48 – Civ. 1re, 27 janv. 1993, n° 91-13.724, NP, *CCC* 1993, n° 131, obs. L. Leveneur – Com. 22 juin 1993, n° 91-13.598, P IV, n° 267 – Civ. 3e, 23 févr. 1994, n° 92-15.479, NP, *D.* 1994. 524, note C. Mascala – Com. 18 févr. 1997, n° 94-20.609, NP, préc. – Com. 15 mai 2001, n° 98-18.603, NP, *RJDA* 2001, n° 957 – Toulouse, 20 juin 2002, *Volvestre Pyrénées, JurisData* 181868 : mais la clause est néanmoins inopérante en l'esp., du fait de la mauvaise foi *in concreto* du vendeur – Civ. 3e, 5 déc. 2006, n° 04-16.878, NP, *RJDA* 2007, n° 466, pas le cas.
5. Com. 15 nov. 1983, n° 82-11.310, P IV, n° 311 ; *RTD civ.* 1985. 180, obs. B. Bouloc.
6. Com. 3 févr. 1998, n° 95-18.602, P IV, n° 60 ; *D.* 1998. 455, note J. Revel ; *RCA* 1998, n° 247, note L. Leveneur – *CONTRA* : Toulouse, 20 juin 2002, *Volvestre Pyrénées*, préc.
7. CEP. : Com. 3 déc. 1985, n° 84-13.230, P IV, n° 287 ; *RTD civ.* 1986. 776, obs. J. Huet – Com. 31 janv. 1994, *JCP* 1995. II. 22385, note A. Perdriau ; *CCC* 1995, n° 65, obs. L. Leveneur – Com. 3 févr. 1998, n° 95-18.602, préc. : deux garagistes – Paris, 26 févr. 1999, *Rudy Schany, RJDA* 1999, n° 773 : mais avec une formulation assez alambiquée – Douai, 27 janv. 2005, *Richard c/Bouduin, JCP E* 2006. Pan. n° 1062 – Civ. 3e, 26 avr. 2006, n° 04-18.466, P III, n° 106 ; *Gaz. Pal.* 2007, Somm. 1377 : deux professionnels de l'immobilier.
8. Civ. 3e, 12 mai 2004, n° 02-20.911, P III, n° 93 ; *D.* 2004. IR 1934 ; *Defrénois* 2005. 77. Chron. H. Périnet-Marquet ; *RJDA* 2004, n° 1108 – Civ. 3e, 5 déc. 2006, n° 04-16.878, NP, préc.
9. Civ. 1re, 7 juin 1995, n° 93-13.898, P I, n° 249 ; *D.* 1996. Somm. 14, obs. O. Tournafond et p. 395, note D. Mazeaud, CRIT. – Aix-en-Provence, 27 mars 2002, *Rapt, CCÉ* 2002, n° 144, obs. Ph. Stoffel-Munck.
10. V. *supra* ss nos 213.104 s.

(au sens de l'échange) de la marchandise non conforme, lorsque le défaut de conformité constitue une contravention essentielle au contrat[1] ; et sa *réparation*, « *à moins que ce ne soit déraisonnable compte tenu de toutes les circonstances* »[2]. Mieux, le vendeur peut imposer à l'acheteur de remédier à la mauvaise exécution, à condition que ce soit dans un délai raisonnable, et qu'il n'en découle pas un inconvénient majeur pour ce dernier[3].

213.212 Option. Selon l'article 1644 du code civil, l'acheteur auquel est due la garantie contre les vices cachés a le choix entre deux possibilités. D'une part *rendre la chose* viciée et se faire restituer le prix : c'est l'action *rédhibitoire*, qui anéantit le contrat (*Redhbibere est reddere*[4]). L'action rédhibitoire est une variété d'action en répétition, distincte d'une action en résolution, puisqu'elle ne sanctionne pas l'inexécution de l'obligation du vendeur[5]. Ce qui explique que le vendeur occasionnel de bonne foi ne pourra pas être condamné à des dommages et intérêts, alors qu'il le pourrait sur le fondement de l'article 1228 du code civil. Si l'annulation de la vente entraîne de plein droit la remise des parties en l'état où elles se trouvaient antérieurement à sa conclusion, la restitution du prix en même temps que la reprise de la chose vendue n'est pas de plein droit (elle ne peut être ordonnée qu'en présence d'une demande expresse en ce sens)[6].

D'autre part *garder la chose et* se faire restituer une partie du prix (action *estimatoire*[7]). Cette action est une application de la réfaction[8]. Elle ne s'éteint pas avec la perte fortuite de la chose[9]. La fraction du prix à restituer devait être fixée par des experts, selon l'article 1644 *in fine* (obligatoirement[10]), les juges du fond, qui n'étaient pas entièrement libres dans leur appréciation de la réduction du prix[11], ne pouvaient rien accorder au-delà[12]. Cependant, la formule finale de l'article 1644 a été supprimée par la loi du 18 novembre 2016[13] (en raison de l'emploi équivoque du verbe arbitrer qu'elle comportait). Les juges du fond auront-ils désormais une plus grande liberté dans la fixation de la réduction de prix ?

213.213 Choix discrétionnaire. Le choix est *discrétionnaire*, selon son bon plaisir ou son intérêt : l'acheteur n'a pas à le justifier[14]. D'où il résulte que le juge n'a pas à motiver sa décision sur ce point[15], et ne peut pas refuser de prononcer la résolution pour y substituer la diminution du prix[16]. L'acheteur est libre d'exercer l'action rédhibitoire alors même que les défauts ont été réparés, dès lors que la chose n'a pas été utilisable pendant un certain temps[17]. De son côté, le vendeur ne peut pas le discuter, sauf évidemment si la chose n'est plus entre les mains de l'acheteur, parce que celui-ci l'a revendue (il ne lui reste que la seconde branche de l'alternative[18]) ou parce qu'elle a disparu.

Au choix du Droit spécial (entre l'anéantissement du contrat et la diminution du prix) l'acheteur préfère peut-être l'exécution en nature, c'est-à-dire la réparation ou le remplacement de l'objet défectueux. Elle est souvent prévue par les garanties contractuelles[19]. En l'absence même d'une telle clause expresse, l'acheteur peut la demander, car elle est de *Droit commun* (la norme dans le domaine

1. CVIM, art. 46, § 2.
2. CVIM, art. 46, § 3.
3. CVIM, art. 48.
4. Com. 16 déc. 1997, n° 95-19.035, NP, *RJDA* 1997, n° 409 – À PROPOS de la résolution d'un contrat relatif à la fourniture d'un ensemble informatique : Paris, 8 mars 2002, *ICL, RJDA* 2002, n° 621 – À PROPOS d'un ordinateur impropre à sa destination : Paris, 8 mars 2002, *Fnac, D.* 2002. IR 1326.
5. P. Coëffard, *Garantie des vices cachés et « responsabilité contractuelle de droit commun »*, th., préc., n°s 48 s.
6. Civ. 1re, 6 févr. 2019, n° 17-25.859, P I ; *Gaz. Pal.* 9 avr. 2019. 23, obs. D. Houtcieff ; *JCP E* 2019. 1233, note N. Dissaux ; *RJDA* 2019, n° 421.
7. Com. 17 nov. 1998, n° 96-18.724, NP, *RJDA* 1999, n° 28.
8. DANS LE MÊME SENS : P. Coëffard, th., préc., n° 59.
9. Civ. 1re, 3 déc. 1996, n° 94-19.176, P I, n° 441 ; *D.* 1997. IR 32 ; *CCC* 1997, n° 44, obs. L. Leveneur.
10. Civ. 3e, 11 juin 2013, n° 12-16.392, NP, *CCC* 2013, n° 202, obs. L. Leveneur.
11. Civ. 3e, 10 nov. 1999, n° 98-10.909, *Paris,* P III, n° 217 ; *RJDA* 2000, n° 402 : cassation d'un arrêt ayant pris trop de liberté par rapport aux dires des experts.
12. TRÈS CARACTÉRISTIQUE, en dehors de l'informatique : Civ. 1re, 6 avr. 2016, n° 15-12.402, P I, n° 81 *CCC* 2016, n° 155, obs. S. Bernheim-Desvaux et n° 160, obs. L. Leveneur ; *JCP* 2016. Doctr. 797, n° 7, obs. P. Grosser ; *RTD civ.* 2016. 649, obs. P.-Y. Gautier : cassation de l'arrêt qui, à propos d'un bateau, avait condamné le vendeur à payer le coût d'achat et d'installation d'un nouveau moteur, des frais de grutage et de stationnement ainsi que la réparation de la cassure d'une cloison.
13. L. n° 2016-1547, 18 nov. 2016 de modernisation de la justice du XXIe siècle, *JO* 19 nov.
14. Civ. 1re, 23 mai 1995, n° 93-17.367, P I, n° 216 ; *D.* 1996. Somm. 14, obs. O. Tournafond ; *RTD civ.* 1996. 190, obs. P.-Y. Gauthier ; *RTD com.* 1996. 107, obs. B. Bouloc – Civ. 1re, 6 oct. 1998, n° 96-14.660, NP, *RJDA* 1998, n° 1344 – Com. 15 déc. 2015, n° 14-24.567, NP, *CCC* 2016, n° 61, obs. L. Leveneur ; *RJDA* 2016, n° 363.
15. Civ. 3e, 20 oct. 2010, n° 09-16.788, P III, n° 191 ; *CCC* 2011, n° 2, obs. L. Leveneur ; *RJDA* 2011, n° 126 ; *RTD civ.* 2011. 141, obs. P.-Y. Gautier ; *RDC* 2011. 521, note Ph. Brun.
16. Civ. 1re, 23 mai 1995, n° 93-17.367, P I, n° 216 ; *D.* 1996. Somm. 14, obs. O. Tournafond ; *RTD civ.* 1996. 190, obs. P.-Y. Gauthier ; *RTD com.* 1996. 107, obs. B. Bouloc – Civ. 3e, 20 oct. 2010, n° 09-16.788, préc.
17. Civ. 1re, 27 nov. 1991, P IV, n° 367 ; *JCP* 1992. IV. 409 – Paris, 22 juin 2001, *Unisys France, CCÉ* 2001, n° 128 ; *LPA* 13 janv. 2003, note C. M.-R.
18. Com. 1er mars 2005, n° 01-15.007, NP, *Expertises* 2005, p. 231.
19. Sur celles-ci v. *infra* s^s^ n°s 213.261 s.

contractuel[1]). En revanche, le vendeur ne peut pas l'imposer à l'acheteur, dont la liberté de choix est entière[2].

213.214 Difficulté en présence d'un ensemble. Une question particulière se pose lorsque le vice atteint un élément d'un ensemble, que cet ensemble soit *matériel* (tant d'exemplaires de tels appareils, une configuration informatique), ou qu'il soit *juridique* (un groupe de contrats), voire les deux à la fois. La résolution totale de la vente sera possible lorsque cet ensemble était *indivisible*, qu'il soit matériel ou juridique[3]. Peu importe à cet égard que l'indivisibilité soit naturelle, *objective* ; ou qu'elle soit artificielle, c'est-à-dire *subjective* (de par la volonté de l'acheteur, mais qui a été connue du vendeur[4]). Dans l'hypothèse inverse, celle de l'ensemble divisible[5], la résolution ne portera que sur l'élément vicié.

213.215 Exercice de l'action rédhibitoire lorsque l'acheteur ne dispose plus de la chose viciée. L'action rédhibitoire suppose, par définition, que l'acheteur puisse rendre la chose, qu'elle n'ait donc pas été « perdue » au sens large[6]. Toutefois, la restriction tenant à la « perte » est écartée par la loi lorsque la chose « *a péri par suite de sa mauvaise qualité* »[7], c'est-à-dire lorsqu'elle résulte du vice lui-même. La restitution est aussi écartée par la jurisprudence lorsque le vendeur est à l'origine de l'impossibilité de restitution de la chose[8]. Le code civil précise que « *la perte arrivée par cas fortuit sera pour le compte de l'acheteur* »[9] ; mais il ne s'agit que d'un rappel du régime normal du transfert des risques issu de la règle *res perit domino*[10]. En revanche, le fait que l'acquéreur ait revendu le bien en question ne l'empêche pas d'exercer l'action rédhibitoire, sous la forme d'un recours en garantie de son vendeur (ou d'un vendeur antérieur) lorsqu'il est l'objet d'une action en résolution d'un sous-acquéreur[11]. Il a même été jugé que le vendeur pouvait demander la résolution de la vente initiale, indépendamment de toute action à son encontre, le juge ayant toutefois en ce cas à tenir compte de cette circonstance dans l'appréciation des restitutions réciproques[12] ; mais la mesure s'apparente alors à une action estimatoire.

213.216 Action en indemnisation. L'acheteur peut aussi bien souhaiter exercer une action indemnitaire, sans vouloir résoudre le contrat. Le code civil ne prévoit pas expressément cette possibilité[13], qui a été admise par la jurisprudence, de façon assez discrète[14] jusqu'à un arrêt de la Cour de cassation rendu en 2012. Celui-ci affirma catégoriquement le caractère autonome de l'action : « *La recevabilité de l'action en réparation du préjudice éventuellement subi du fait d'un vice caché n'est pas subordonnée à l'exercice d'une action rédhibitoire ou estimatoire de sorte que cette action peut être engagée de manière autonome* » (Com. 19 juin 2012, n° 11-13.176[15]). La formulation de cet arrêt est frappante. Cependant, il faut

1. Ph. le Tourneau (dir.), *Droit de la responsabilité et des contrats. Régimes d'indemnisation*, 12e éd., « Dalloz action », 2020, nos 3212.11 s. – COMP. : *Droit européen du contrat*, art. 9.102, 1 ; A.-M. de Matos, dans C. Prieto (dir.), *Regards croisés sur les Principes du Droit européen du contrat et sur le Droit français*, avant-propos J. Mestre, PUAM, 2003, 415.
2. Civ. 1re, 20 déc. 2017, n° 16-26.881, NP : l'offre de réparation du vendeur n'est « *pas de nature à faire obstacle au droit dont* [dispose] *l'acquéreur d'opter pour la résolution de la vente et d'exercer celui-ci sans avoir à en justifier* ».
3. Com. 16 janv. 1996, n° 93-20.563, NP, *Gaz. Pal.* 1996. 2. Pan. 260 ; *Expertises* 1996, p. 153 – Com. 4 mars 1997, n° 95-10.756, P IV, n° 65 ; *Expertises* 1997, p. 190, obs. J. Bertrand ; *RTD civ.* 1997. 691, obs. P.-Y. Gautier – Paris, 8 mars 2002, n° 93-20.563, *ICL*, préc.
4. EX. : Paris, 22 juin 2001, *Unisys France, CCÉ* 2001, n° 128 ; *LPA* 13 janv. 2003, note C. M.-R. : indivisibilité entre les contrats portant sur les logiciels avec ceux de vente de matériel ; application du régime de la vente à l'ensemble (sur l'indivisibilité v. *supra* ss nos 334.11 s. ; *ADDE* les renvois de l'index).
5. Sur l'indivisibilité v. *supra* ss nos 013.12 s.
6. Com. 6 juill. 1999, n° 96-20.014, P IV, n° 155 ; *RJDA* 1999, n° 1190.
7. C. civ., art. 1647.
8. Com. 10 mai 2000, n° 97-17.277, NP, *RJDA* 2000, n° 853.
9. C. civ., art. 1647, al. 2.
10. V. *supra* ss n° 211.15.
11. V. *infra* ss nos 213.221 s.
12. Com. 11 mai 1976, n° 75-10.011, P IV, n° 162 – Paris, 22 juin 2001, *Unisys France, CCÉ* 2001, n° 128 ; *LPA* 13 janv. 2003, note C. M.-R.
13. Cet art. laisse entendre que l'indemnisation est complémentaire des actions rédhibitoire et estimatoire.
14. Civ. 11 avr. 1933, *S.* 1933. 1. 163 – Com. 25 févr. 1981, n° 79-13.851, P IV, n° 111 ; *D.* 1981. Somm. 445, obs. C. Larroumet ; *RTD com.* 1982. 293, obs. B. Bouloc – Civ. 1re, 24 févr. 1998, n° 95-20.725, NP.
15. Com. 19 juin 2012, n° 11-13.176, P IV, n° 132 ; *JCP* 2012, n° 37, 963, avis L. Le Mesle ; *JCP E* 2012, n° 39, 1572, avis L. Le Mesle ; *Journ. sociétés* 2012/101, 62, note A. Hontebeyrie, APPROB. ; *RDI* 2012. 519, obs. Ph. Malinvaud ; *RDC* 2012. 1248, note C. Quérel-Ambrunaz ; *RDC* 2013. 101, note J.-S. Borghetti, CRIT., 1re esp. ; *RTD civ.* 2012. 741, obs. P.-Y. Gautier – *ADDE* DEPUIS : Civ. 1re, 26 sept. 2012, n° 11-22.399, P I, n° 192 ; *D.* 2012. 2306 ; *RDC* 2013. 101, note, J.-S. Borghetti, CRIT., 2e esp. ; *RDC* 2013. 164, note F. Viaud [mais donnant l'arrêt comme étant de Civ. 3e] ; *RLDC* 2013, n° 5145, note C. Moille – Civ. 3e, 24 juin 2015, n° 14-15.205, P III, n° 66 ; *D.* 2015. 1939, note B. Waltz-Teracol – Civ. 3e, 30 janv. 2020, n° 19-10.176, P III ; *D.* 2020. 282 ; *CCC* 2020, n° 59, obs. L. Leveneur – TOUTEFOIS : Com. 19 mars 2013, n° 11-26.566, P IV, n° 45 ; *D.* 2013. AJ 835, obs. X. Delpech ; *D.* 2013. 1947, note A. Hontebeyrie ; *JCP E* 2013, n° 22, 1309, note S. Le Gac-Pech, CRIT. ; *JCP* 2013, n° 25, 705, note G. Pillet ; *RDC* 2013. 967, note J. Le Bourg et C. Quézel-Ambrunaz ; *RTD com.* 2013. 323, obs. B. Bouloc ; cet arrêt laisse à penser que l'action de droit commun est écartée, la réparation allouée découlerait de la garantie légale, qui en fixerait aussi les limites : « *Le vice caché* [...] *ne donne pas ouverture à une action en responsabilité contractuelle mais à une garantie dont les modalités sont fixées par les articles 1641 et suivants du code civil* ».

sans doute relativiser l'autonomie dont il est fait état. En effet, l'action en réparation reste fondée sur l'existence d'un vice caché, de sorte qu'elle doit remplir les conditions des articles 1641 et suivants (la chose est impropre à son usage, elle était affectée d'un vice caché antérieur à la vente). Sans compter que l'acheteur doit établir le lien de causalité entre le vice invoqué et le préjudice subi, ainsi que son existence et son étendue. Enfin, le vendeur doit être de mauvaise foi ou être un professionnel face à un acheteur profane[1]. Cela étant, cette action doit-elle être intentée dans le délai de Droit commun de l'article 2224 du code civil (cinq ans), ou bien reste-t-elle soumise au délai de deux ans à compter de la découverte du vice afin de maintenir la frontière entre le Droit spécial de la vente et le Droit commun[2] ?

Il se pose également la question de la validité d'une clause abrégeant cette durée[3]. En 2015, la Cour de cassation déduisit de l'autonomie de l'action indemnitaire que, le syndicat des copropriétaires ayant qualité pour agir en vue de la sauvegarde des droits afférents à l'immeuble, « *a qualité pour exercer, contre le vendeur des lots, l'action en réparation des désordres affectant les parties communes de l'immeuble vendu* » (Civ. 3e, 24 juin 2015, n° 14-15.205, préc.).

L'action en garantie à raison des défauts cachés de la chose vendue n'est pas exclusive de l'action en responsabilité délictuelle fondée sur le dol ou la réticence dolosive commis avant ou lors de la conclusion du contrat[4].

213.217 Réparation de l'éventuel préjudice complémentaire lors de l'exercice de l'action *rédhibitoire* ou de l'action *estimatoire*. Il est possible que l'une ou l'autre des actions qui viennent d'être envisagées soit insuffisante pour remettre les choses en l'état. Lorsque le vendeur ignorait les vices de la chose l'acheteur ne peut se faire restituer (au-delà du prix) que « *les frais occasionnés par la vente* »[5]. Dans le cas contraire (vendeur connaissant les vices), l'acheteur souffrant de quelque dommage causé par eux (à lui d'établir ce lien), notamment une perte d'exploitation causée par l'indisponibilité prolongée de son ordinateur ou de son système, il pourra obtenir tous les dommages et intérêts (C. civ., art. 1645, relatif à l'action rédhibitoire, qui fut étendu à la seconde[6]). L'action en réparation du préjudice éventuellement subi du fait d'un vice caché n'est pas subordonnée à l'exercice d'une action rédhibitoire ou estimatoire de sorte que cette action peut être engagée de manière autonome[7].

213.218 Présomption pesant sur le vendeur professionnel. Mais la jurisprudence a posé le *postulat* assez déshonorant que le fabricant et le vendeur professionnel doivent connaître tellement bien les produits, objets de leur activité et du contrat, qu'ils *sont nécessairement au fait de leurs défauts* (la jurisprudence est innombrable[8]). L'article 1645, texte d'exception, a donc connu une extension considérable, au point qu'il forme par son champ d'application (les ventes par un professionnel) le « *droit commun de la matière* » (P. Coëffard[9]). Cette présomption joue même à l'encontre du vendeur qui a fait procéder à une livraison directe de la chose par le fournisseur à son client, c'est-à-dire alors même qu'il ne l'a jamais eue entre les mains[10]. Et le fabricant ou le vendeur sont fautifs lorsqu'ils ne connaissent pas les vices de la chose, ce qui revient donc au même. Autrement dit, la livraison d'une chose défectueuse suffit à établir la faute du fabricant ou du vendeur professionnel.

Ainsi, alors que le vendeur occasionnel peut se prévaloir de sa méconnaissance légitime du défaut, le fabricant et le vendeur professionnel ne le peuvent pas : ils sont tenus de réparer toutes les conséquences dommageables du vice. Ce principe (assez injurieux pour les professionnels) est *irréfragable*. Les intéressés ne sont pas admis à prouver, non seulement leur méconnaissance du vice, mais aussi l'impossibilité de le connaître dans l'état actuel de la technique lors de la vente ; autant dire qu'ils assument les *risques de développement* (contrairement à la solution donnée par la loi du 19 mai 1998[11], précitée, sur les produits défectueux[12]). Ce régime paraît certes rigoureux pour le vendeur, mais il est logique, car l'obligation de garantie est objective : elle est détachée de toute analyse de son comportement. Seule la preuve d'une cause étrangère libérerait le professionnel de cette charge. Il ne s'agira jamais de la force majeure proprement dite, car le vice caché n'est jamais extérieur à l'objet

1. Sur ce point v. *infra* ss nos 213.218 s.
2. Se reporter à cet égard à la démonstration de : A. Hontebeyrie, note au *Journ. sociétés* 2012/101, 62, préc.
3. Se reporter à cet égard la démonstration de : A. Hontebeyrie, note préc.
4. Civ. 3e, 23 sept. 2020, n° 19-18.104, NP, *JCP G* 2020, n° 1306, note M. Lagenée-Heymann ; *RJDA* 2020, n° 637 ; *RTD civ.* 2020. 879, obs. H. Barbier.
5. C. civ., art. 1646.
6. POUR UNE ANALYSE des divers chefs du préjudice résultant de la résiliation du contrat de fourniture d'un système informatique : Paris, 8 mars 2002, *ICL*, préc.
7. V. *supra* ss n° 213.115.
8. EX. : Paris, 8 mars 2002, *ICL*, préc. – Versailles, 15 avr. 2005, *UFC Que choisir c/MI Music France, CCE* 2005, n° 173, note C. Chabert.
9. P. Coëffard, th. préc., n° 16.
10. Civ. 1re, 8 juin 1999, n° 95-13.866, P I, n° 198 ; *D.* 1999. IR 206 ; *RJDA* 1999, n° 909.
11. L. n° 98-389, 19 mai 1998, relative à la responsabilité du fait des produits défectueux, *JO* 21 mai, p. 7744.
12. V. *supra* ss nos 212.133 s.

vendu[1]. Restent le *fait d'un tiers* (ce qui est rare en la matière), la *faute de l'acheteur* ou la circonstance que celui-ci était un *professionnel de la même spécialité*, et encore à condition que le vice n'ait pas été indécelable pour lui, car la présomption de sa connaissance du défaut n'est pas irréfragable.

213.219 Obligation de résultat du vendeur professionnel. Cette pseudo-présomption de mauvaise foi n'est pas une présomption de faute puisque, par définition, celle-ci supporte la preuve contraire, ce qui n'est pas le cas ici. En réalité, fabricants et vendeurs professionnels sont soumis à une *présomption de responsabilité*. Plus précisément, en utilisant le vocabulaire des contrats, il pèse sur eux ce que la doctrine nomme une *obligation de résultat*[2] (concept ignoré par le C. civ., même depuis la réforme de 2016[3]). Le résultat est la délivrance d'une chose dépourvue de vice, c'est-à-dire apte à l'usage pour lequel elle a été prévue. En effet, le créancier se contente de prouver que le résultat promis n'a pas été atteint, totalement ou partiellement : Il établit par là même que le débiteur n'a pas exécuté son obligation. Ainsi, l'obligation du vendeur est purement objective. Elle correspond bien à son appellation de « garantie », dont la philosophie s'évade de celle de la responsabilité.

C.
Effets de la garantie contre les vices cachés à l'égard des acquéreurs successifs

213.221 Transmission de l'action en garantie. La garantie contre les vices cachés se transmet automatiquement avec la chose[4]. Et cela, dans les chaînes translatives de propriété, même non homogènes (vente et entreprise), à condition toutefois qu'il s'agisse bien d'une action en garantie présentant le caractère d'accessoire de la chose, et non d'une action contractuelle de Droit commun[5]. D'où, en cas de ventes successives, le dernier acquéreur, l'actuel propriétaire, peut exercer une *action directe, de nature contractuelle*, aussi bien, du reste, l'action pour défaillance contractuelle que l'action rédhibitoire de son auteur[6]. Et cela, non seulement contre son vendeur, mais encore, à l'autre bout de la chaîne, contre le fabricant, premier vendeur, et contre tout vendeur intermédiaire. Mais l'action en garantie ne peut logiquement être exercée que contre les personnes qui ont vendu la chose alors que le *vice existait déjà*. De plus, la transmission de l'action n'existe pas au sein d'une chaîne internationale de contrats dans laquelle la vente originaire est soumise à la convention de Vienne du 11 avril 1980, sur les ventes internationales de marchandises (CVIM) ; car aux termes de ses articles 1er et 4, elle régit exclusivement les droits et obligations qu'un tel contrat fait naître entre le vendeur et l'acheteur[7]. Cependant, le contenu de l'action directe n'est pas celui de la revente mais celui de la vente originaire, d'où notamment le délai de la prescription extinctive commence à courir lors de cette dernière, l'action récursoire contre le fabricant ne pouvant offrir à l'acquéreur final plus de droits que ceux qui étaient détenus par le vendeur intermédiaire[8].

1. La condition de l'extériorité, qui avait pu paraître avoir été abandonnée par la C. de cass. En 2006, figure dans l'art. 1218, al. 1er, C. civ., issu de l'ord. n° 2016-131 du 10 févr. 2016, puisqu'il précise, parmi les éléments constitutifs de la force majeure en matière contractuelle, que l'événement doit échapper au contrôle du débiteur (bien que le rapport au Président de la République relatif à l'ord. préc. affirme que le texte délaisse « *le traditionnel critère d'extériorité* »). L'art. 1253, al. 2, du projet de réforme de la responsabilité civile de mars 2017 adopte la même formule – Cass., ass. plén., 10 juill. 2020, nos 18-18.541 et 18-21.814, P ; *JCP G* 2020. 1030, note P. Oudot ; *RTD civ.* 2020. 895, obs. P. Jourdain, revient de façon catégorique à l'exigence de l'extériorité, en matière contractuelle (dans une aff. où l'art. 1218 n'était pas encore applicable).
2. DANS LE MÊME SENS : J. Ghestin et B. Desché, *op. cit.*, n° 860 – *CONTRA* : P. Coëffard, th. préc., nos 83 s.
3. V. *supra* ss n° 014.14.
4. Cass., as. plén., 7 févr. 1986, n° 85-11.060, n° 83-14.631, P nos 1 et 2 ; *D.* 1986. 293, note A. Bénabent ; *RTD civ.* 1986. 364, obs. J. Huet ; *RTD civ.* 1986. 605, obs. Ph. Rémy : arrêt rendu à propos de la non-conformité, mais sa formule est générale.
5. Civ. 3e, 28 nov. 2001, n° 00-13.559, *Haironville,* P III, n° 137 ; *D.* 2002. IR 45 – P. Coëffard, th. préc., n° 128 – C. Laronde-Clarac, « La nature toujours controversée de la responsabilité dans les chaînes contractuelles », *CCC* 2003. Chron. 6 – SUR LA VÉRITABLE NATURE de l'action : Ph. le Tourneau, *Responsabilité des vendeurs et fabricants, op. cit.*, 5e éd., n° 52.262.
6. P. Puig, « Pour un renouveau de l'action directe dans les groupes de contrats », dans *Mél. B. Teyssié*, LexisNexis, 2019, p. 1073 s.
7. Civ. 1re, 5 janv. 1999, n° 96-19.992, P I, n° 6 ; *D.* 1999. 383, note C. Witz ; *JCP E* 1999, n° 962, note L. Leveneur.
8. REVIREMENT : Civ. 1re, 6 juin 2018, n° 17-17.438, P I, n° 106 ; *AJ contrat* 2018. 377, obs. D. Mainguy, 2e esp. ; *D.* 2018. 2166, note C. Grimaldi ; *RTD civ.* 2018. 919, 2e esp., obs. P. Jourdain et 931, obs. P.-Y. Gautier – Com. 16 janv. 2019, n° 17-21.477, P ; *D.* 2019. AJ 124 ; *AJ contrat* 2019. 139, obs. C. Nourissat ; *CCC* 2019, n° 61, obs. L. Leveneur ; *JDI* 2019/3. 19, note E. Fohrer-Dedeurwaerder ; *RTD civ.* 2019. 358, obs. P.-Y. Gautier, CRIT. ; R. Kleiman, S. Monnerville Smith et M. Brasart, « Action directe du sous-acquéreur dans une chaîne internationale de contrats et prescription de l'action en garantie des vices cachés », *RJDA* 2019. Chron. 811 : « *l'action en garantie des vices cachés, même si elle doit être exercée dans les deux ans de la découverte du vice, est aussi enfermée dans le délai de prescription prévu par l'article L. 110-4 du code de commerce, qui court à compter de la vente initiale* » – Civ. 1re, 8 avr. 2021, n° 20-13.493, P ; *D.* 2021. 2023, note C.-É. Bucher, *idem* – *CONTRA* : Civ. 3e, 6 déc. 2018, n° 17-24.111, NP, *RDI* 2019. 163, obs. M. Faure-Abbad : « *le délai dont dispose l'entrepreneur pour agir en garantie des* ▶

213.222 **Conséquences.** Le sous-acquéreur agit, au titre de la garantie, en tant qu'ayant cause de l'acheteur[1]. Dès lors :

L'action doit être intentée dans le *délai de deux ans* de l'article 1648 après la découverte du vice. La prescription obéit aux conditions posées aux articles 2228 et suivants du code civil.

Il peut se voir *opposer* par le fabricant ou vendeur antérieur tous les *moyens de défense* que ceux-ci pouvaient opposer à leur propre cocontractant, notamment sa connaissance de l'existence du vice[2].

La *voie délictuelle lui est fermée*[3].

213.223 **Action récursoire.** Quel que soit le vendeur intermédiaire actionné, il pourra toujours se retourner, par une *action récursoire*, contre ceux qui le précèdent dans la chaîne (à condition qu'il n'ait pas été de mauvaise foi lors de la revente du bien) : il a en effet un intérêt direct et certain à agir à titre personnel pour obtenir la réparation de son préjudice[4]. En définitive, le poids de l'indemnisation pèsera sur le fabricant, premier vendeur, du moins si le vice n'est pas né postérieurement, ou si le défaut ne résulte pas de quelque circonstance indépendante de lui[5]. Le délai de deux ans, quant aux recours, ne commence à courir que le jour de l'assignation du revendeur par l'acheteur. La prescription de l'action récursoire du vendeur intermédiaire contre le fabricant ne rend pas irrecevable à agir le sous-acquéreur à l'encontre du vendeur intermédiaire[6].

SECTION 4
GARANTIE DE CONFORMITÉ

213.230 **Bibliographie. Manuels.** J. Julien, *Droit de la consommation*, 3e éd., « Précis Domat », LGDJ-Lextenso, 2019, nos 295 s. – Y. et N. Picod, *Droit de la consommation*, 5e éd., Sirey, 2020, nos 469 s.

Contribution. A. Ghozi, « La conformité », dans D. Fenouillet et F. Labarthe (dir.), *Faut-il recodifier le droit de la consommation ?* Economica, 2002, p. 103 s.

Articles. B. Fages, « Projet de loi de transposition de la directive 99/44/CE du 25 mai 1999. Au retard s'ajoute le regret », *RLDC* 2004/9, p. 5 s. – G. Loiseau, « L'ordonnance du 29 septembre 2021 : un texte fondateur d'un droit des contrats portant sur les biens et services numériques », *CCÉ* 2021. Ét. 21 – D. Mainguy, « Le nouveau droit de la garantie de conformité dans la vente au consommateur », *JCP E* 2005. 630 – G. Paisant, « La transposition de la directive du 25 mai 1999 sur les garanties dans la vente de biens de consommation », *CCC* 2005. Chron. n° 8 – S. Pimont, « Commentaire de l'avant-projet de loi de transposition de la directive 1999/44 du Parlement européen et du conseil du 25 mai 1999 sur certains aspects de la vente et des garanties des biens de consommation (les modifications susceptibles d'être apportées aux articles 1641 à 1649 du code civil) », *RJ com.* 2003. 393 s. – O. Tournafond, « De la transposition de la directive de transposition de la directive à la réforme du droit civil », *D.* 2002. Chron. 2883 s. ; « Transposition de la directive de 1999 sur la garantie des consommateurs : article de foi ou réalisme législatif ? », *D.* 2003. Chron. 427 s. ; « La nouvelle "garantie de conformité" des consommateurs », *D.* 2005. Chron. 1557 S. – Ph. le Tourneau, « La transposition en Droit français de la directive du 25 mai 1997 : les droits de l'acheteur », *Cah. dr. entr.* 2003/1, p. 9 s. – G. Viney, « Quel domaine assigner à la loi de transposition de la directive européenne sur la vente ? » *JCP* 2002. I. 158 ; « Retour sur la transposition de la directive du 25 mai 1999 », *D.* 2002. Chron. 3162 s. ; « L'État des projets de transposition de la directive du 25 mai 1999 relative à la vente dans quelques pays européens », *Cah. dr. entr.* 2003/1, p. 1 s.

213.231 **Présentation.** La directive 1999/44[7], « *sur certains aspects de la vente et des garanties des biens de consommation* » fut transposée par l'ordonnance n° 2005-136 du 17 février 2005. Celle-ci créa une nouvelle garantie dite de conformité (du bien au contrat), annoncée par l'article 1603-1 du code civil, mais insérée dans le code de la consommation. La directive précitée fut remplacée par la directive 2019-771, qui fut elle-même transposée par l'ordonnance n° 2021-1247 du 29 septembre 2021[8]. La garantie de conformité ne remplace pas les actions du code civil fondées sur la responsabilité délictuelle, la défaillance contractuelle ou la garantie contre les vices cachés, mais se superpose à elles[9].

► *vices cachés à l'encontre du fabricant en application de l'article 1648 du code civil court à compter de la date de l'assignation délivrée contre lui, le délai décennal de l'article L. 110-4 du code de commerce étant suspendu jusqu'à ce que sa responsabilité ait été recherchée par le maître de l'ouvrage ».*

1. Civ. 1re, 27 nov. 2019, n° 18-18.402, NP, *CCC* 2020, n° 18, obs. L. Leveneur.
2. SUR CE POINT : M.-A. Houtmann, « La mauvaise foi effective des vendeurs professionnels en matière de garantie d'éviction et des vices cachés », *LPA* 1er août 2002 – Com. 28 janv. 2004, n° 02-11.522, NP, *RJDA* 2004, n° 667.
3. Civ. 2e, 29 avr. 2004, n° 01-17.321, NP, *Gaz. Pal.* 2004. 2, p. 2522.
4. POUR DES DÉTAILS : Ph. le Tourneau, *Responsabilité des vendeurs et fabricants, op. cit.*, 5e éd., nos 52.271 s.
5. Civ. 1re, 3 déc. 1996, n° 94-21.584, *Ariane II*, P I, n° 440 ; *D. Affaires* 1997, 247 : matériel impropre à l'usage spécifié par l'acheteur lors de la commande au distributeur, mais dont le fabricant n'avait pas été avisé.
6. Civ. 1re, 8 avr. 2021, n° 20-13.493, P, préc.
7. Dir. 1999/44, Parlement et Conseil, 25 mai 1999, sur certains aspects de la vente et des garanties des biens de consommation, *JOCE L* 171, 7 juill., p. 12.
8. C. consom., art. L. 217-3 à L. 217-17 – G. Loiseau, « L'ordonnance du 29 septembre 2021 : un texte fondateur d'un droit des contrats portant sur les biens et services numériques », art. préc.
9. C. consom., art. L. 217-30, L. 224-25-12 (6e al.) et L. 224-25-29.

Le consommateur peut donc à sa guise agir sur le fondement des dispositions du code de la consommation ou sur celui des règles du code civil (telles qu'elles figurent dans celui-ci ou ont été créées par la jurisprudence) ; mieux (ou pire), il peut les cumuler (l'une à titre principal, l'autre à titre subsidiaire, quelle que soit la priorité retenue[1]). Il existe ainsi un embrouillamini d'actions, se superposant les unes aux autres, par strates successives[2]. Dès lors, le choix d'invoquer la garantie contre les vices cachés ne prive pas l'acquéreur de la possibilité de se fonder sur la garantie de conformité prévue par le code de la consommation et vice versa[3].

Depuis l'ordonnance n° 2021-1247 du 29 septembre 2021 précitée, le code de la consommation comporte une garantie légale de conformité pour les contenus et les services numériques (C. consom., art. L. 224-25-12 s.), calquée sur la garantie légale des biens, de sorte que nous étudierons ces deux garanties ensemble.

213.232 Champ d'application quant à l'objet de la vente. Le champ d'application de la garantie de conformité est précisé par les articles L. 217-1 à L. 217-3 du code de la consommation[4] (il est plus étroit que celui de l'obligation de délivrance conforme traditionnelle, vue plus haut). D'abord, quant à *l'objet de la vente*. Il s'agit en premier lieu des contrats de vente de biens meubles corporels, ainsi que des contrats de fourniture de biens meubles à fabriquer ou à produire. Entrent dans la catégorie des meubles corporels tous les appareils informatiques et tous leurs accessoires corporels. Et aussi les biens comportant des éléments numériques lorsqu'ils sont fournis avec eux dans le contrat de vente, que ces contenus ou services numériques soient fournis par le vendeur ou par un tiers ; lorsqu'il n'apparaît pas clairement que la fourniture d'un contenu ou d'un service numérique fait l'objet d'un contrat distinct, elle est présumée relever du contrat de vente du bien[5]. La garantie s'applique également à l'eau, à l'électricité et au gaz, du moins lorsqu'ils sont conditionnés dans un volume déterminé ou en quantité déterminée. En revanche, sont exclus du champ de la garantie les biens vendus sur saisie ou par autorité de justice, les biens d'occasion vendus aux enchères publiques au sens des articles L. 320-1 et s. du code de commerce, dès lors que les consommateurs ont la faculté d'y assister en personne, les ventes d'animaux domestiques, aux contenus et services numériques ne relevant pas d'un contrat de vente de bien comportant des éléments numériques, ni aux contenus numériques fournis sur un support matériel servant exclusivement à leur transport (de tels contenus sont régis par les dispositions des art. L. 224-25-1 et s.), ni aux contenus et services numériques énumérés au II de l'article L. 224-25-3[6].

213.233 Mises à jour. Pour les biens comportant des éléments numériques, le producteur informe le vendeur professionnel de la durée au cours de laquelle les mises à jour[7] logicielles, qu'il fournit, restent compatibles avec les fonctionnalités du bien ; de plus, il informe le consommateur des caractéristiques essentielles de chaque mise à jour des éléments numériques du bien, notamment de l'espace de stockage qu'elle requiert, de son impact sur les performances du bien et de l'évolution des fonctionnalités qu'elle comporte (C. consom., art. L. 111-6[8]). Et encore, le professionnel veille à ce que le consommateur soit informé des mises à jour, y compris de celles de sécurité, qui sont nécessaires au maintien de la conformité de ces biens, et, pour les contenus ou services numériques, même si elles ne sont pas nécessaires au maintien de la conformité[9]. Il doit aussi s'assurer que le consommateur est informé de façon suffisamment claire et précise sur leurs modalités d'installation. Le professionnel veille à ce que le consommateur reçoive les mises à jour *nécessaires au maintien de la conformité des biens comme des contenus ou services numériques* : 1° au cours d'une période à laquelle le consommateur peut légitimement s'attendre eu égard au type et à la finalité des biens et éléments numériques et compte tenu des circonstances et de la nature du contrat, dans le cas d'une opération de fourniture unique du contenu ou du service numérique (C. consom., art. L. 217-19, I, 1°) ou d'une série d'opérations de fournitures distinctes de contenu ou service numérique (C. consom., art. L. 224-25-25, I, 1°) ; 2° durant une période de deux ans à compter du

1. Civ. 1re, 1er juill. 2020, n° 19-11.119, NP, *D.* 2020. 1819, note N. Balat ; *CCC* 2020, n° 149, obs. S. Bernheim-Desvaux : « *le choix d'invoquer la garantie des vices cachés ne prive pas l'acquéreur de la possibilité d'invoquer la garantie de conformité prévue par le code de la consommation* ».
2. COMP. le regard critique de S. Pimont, « La garantie de conformité... », art. préc., p. 264.
3. Civ. 1re, 1er juill. 2020, n° 19-11.119, NP, *D.* 2020. 1819, note N. Balat ; *CCC* 2020, n° 149, obs. S. Bernheim-Desvaux.
4. Mod. par l'ord. n° 2021-1247 du 29 sept. 2021, art. 9.
5. C. consom., art. L. 217-1, I, réd. ord. n° 2021-1247 du 29 sept. 2021.
6. Toutes ces exclusions figurent au C. consom., art. L. 217-2, réd. ord. n° 2021-1247 du 29 sept. 2021.
7. Définies par le C. consom., art. L. 217-18, al. 2 et, pour les contenus et services numériques, par le C. consom., art. L. 224-25-24.
8. Réd. L. n° 2021-1755, 23 déc. 2021, visant à renforcer la régulation environnementale du numérique par l'Autorité de régulation des communications électroniques, des postes et de la distribution de la presse, *JO* 24 déc., texte 2.
9. C. consom., art. L. 224-25-24, al. 2, *in fine*.

moment où les biens comportant des éléments numériques ont été délivrés, lorsque le contrat de vente prévoit la fourniture continue du contenu ou du service numérique pendant une certaine période (C. consom., art. L. 217-19, I, 2°) ; de même, pour les contenus ou services numériques, durant la période pendant laquelle ceux-ci sont fournis en vertu du contrat (C. consom., art. L. 224-25-25, I, 2°) ; 3° durant la période pendant laquelle le contenu ou le service numérique est fourni en vertu du contrat lorsque celui-ci en prévoit la fourniture continue pendant une durée supérieure à deux ans (C. consom., art. L. 217-19, I, 3°).

Le consommateur peut négliger d'installer les mises à jour. Dans ce cas, le professionnel n'est en principe pas responsable d'un éventuel défaut de conformité qui résulterait de la non-installation de la mise à jour (C. consom., art. L. 217-19, II et, pour les contenus et services numériques, art. L. 224-25-25, II), à condition que le consommateur ait été informé de la disponibilité des mises à jour et des conséquences de leur non-installation et que celle-ci ne soit pas due à des lacunes dans les instructions d'installation. Pour les mises à jour qui ne sont pas nécessaires au maintien de la conformité du bien ou du contenu comme du service numérique, que le consommateur est en droit de refuser, le code de la consommation, impose au professionnel « diverses » conditions depuis la réforme de l'ordonnance n° 19-1247 du 29 septembre 2021 (C. consom., art. L. 217-20 et, pour les contenus et services numériques, art. L. 224-25-26).

213.234 **Champ d'application quant aux personnes.** La garantie est applicable aux relations contractuelles entre le vendeur agissant pour son activité professionnelle ou commerciale et l'acheteur agissant en qualité de consommateur[1]. Elle joue aussi quant aux contrats conclus entre un vendeur professionnel et un acheteur non-professionnel[2]. Sont donc exclues les ventes de meubles corporels conclues entre deux professionnels ou entre deux consommateurs, de même que les ventes entre un vendeur consommateur et un acheteur professionnel. La loi définit en la matière le producteur comme le fabricant d'un bien meuble, l'importateur de ce bien sur le territoire de l'Union européenne ou toute personne qui se présente comme producteur en apposant sur le bien son nom, sa marque ou un autre signe distinctif[3].

1. C. consom., art. L. 217-1, I, al. 1er.
2. C. consom., art. L. 217-32.
3. C. consom., art. liminaire, réd. ord. n° 2021-1247 du 29 sept. 2021art. L. 217-3, al. 2 [anc. L. 211-3, al. 2] ; cette définition n'est pas exactement la même que celle du C. civ., art. 1245-5, pour la responsabilité du fait des produits défectueux ni que celle du C. consom., art. L. 421-1 sur la sécurité des produits et des services.

§ 1
Notion de garantie de conformité

213.241 **Notion unitaire.** Les articles L. 217-3 à L. 217-6 du code de la consommation, tels que modifiés par l'ordonnance n° 2021-1247 du 29 septembre 2021, définissent longuement les obligations du vendeur au titre de la conformité. Le premier de ces textes indique notamment que « *Le vendeur livre un bien conforme au contrat* [...]. *Il répond des défauts de conformité existant au moment de la délivrance du bien* [...] *qui apparaissent dans le délai de deux ans à compter de celle-ci* »[4]. Lorsque le contrat prévoit la fourniture continue d'un contenu ou d'un service numérique, la garantie existe mais la prise en considération de l'apparition du défaut diffère selon que le contrat est d'une durée inférieure ou égale à deux ans ou, au contraire est supérieure[5]. Le vendeur répond également, durant les mêmes délais, « *des défauts de conformité résultant de l'emballage, des instructions de montage ou de l'installation lorsque celle-ci a été mise à sa charge par le contrat ou a été réalisée sous sa responsabilité, ou encore lorsque l'installation incorrecte, effectuée par le consommateur comme prévu au contrat, est due à des lacunes ou erreurs dans les instructions d'installation fournies par le vendeur* »[6]. Le professionnel répond aussi, toujours dans les mêmes délais, des défauts de conformité résultant de l'intégration incorrecte du contenu ou du service numérique dans l'environnement numérique du consommateur lorsque celle-ci a été réalisée par lui ou sous sa responsabilité, ou encore lorsque l'intégration incorrecte, bien qu'effectuée par le consommateur, résulte de lacunes dans les instructions fournies par le professionnel (C. consom., art. L. 224-25-12, al. 5). Une simplification majeure découle de la notion légale de conformité du bien au contrat, à savoir que, dans le domaine de la loi, celle-ci est une *notion unitaire* : elle recouvre les notions traditionnelles de vice caché et de non-conformité (mais qui subsistent, même dans le champ d'application de la garantie, puisque l'acheteur est libre d'utiliser une autre action que celles qui sont prévues par le code de la consommation[7]).

4. C. consom., art. L. 217-3, al. 1 et 2, réd. ord. n° 2021-1247 du 29 sept. 2021.
5. C. consom., art. L. 217-3, al. 3, réd. ord. n° 2021-1247 du 29 sept. 2021 – COMP. C. consom., art. L. 224-25-12, distinguant le contrat prévoyant une opération de fourniture isolée (que l'ordonnance nomme malencontreusement de ponctuelle) ou une série d'opérations de fourniture distinctes, ou encore une fourniture de manière continue.
5. C. consom., art. L. 217-3, al. 3, réd. ord. n° 2021-1247 du 29 sept. 2021.
7. C. consom., art. L. 217-30, L. 224-25-12 (6eeal.) et L. 224-25-29.

213.242 Premier cas. Définition objective de la conformité. Les articles L. 217-4 et L. 217-5[1] du code de la consommation énumèrent une longue série de critères de la conformité quant aux biens, tandis que les articles L. 224-25-13 et L. 224-25-14 les décrivent pour les contenus ou services numériques. Les uns sont objectifs, les autres subjectifs. Cependant, ils sont mêlés dans les articles cités.

Les critères objectifs visent implicitement l'hypothèse du contrat d'adhésion, dans lequel le vendeur et l'acheteur n'ont rien convenu de spécifique (le contrat d'adhésion est défini par le C. civ.[2] depuis la réforme de 2016[3]). L'acheteur est alors en droit d'exiger la conformité, d'abord, d'une façon générale, au regard de *l'usage* habituellement attendu d'un bien semblable[4], comme d'un contenu ou d'un service numérique du même type[5].

Ensuite, le cas échéant, concrètement, au regard de la *description* qui en a été donnée par le vendeur et les échantillons ou modèles qu'il a présentés[6] ; quant aux contenus ou services numériques, il sera tenu compte des qualités que le professionnel a présentées au consommateur sous forme de version d'essai ou d'aperçu, avant la conclusion du contrat[7].

Enfin, toujours le cas échéant, au regard des *attentes légitimes* de l'acheteur[8]. Celles-ci portent sur la délivrance, tant des accessoires du bien (y compris l'emballage et les instructions d'installation)[9] que des mises à jour[10]. Mais encore quant à la quantité, à la qualité et aux autres caractéristiques (not. que les éléments numériques soient dans la version la plus récente au moment de la conclusion du contrat[11]), y compris en termes de durabilité, de fonctionnalité, de compatibilité et de sécurité[12]. Sur ces derniers aspects, on tiendra compte des « *déclarations publiques faites par le vendeur, par toute personne en amont dans la chaîne de transactions, ou par une personne agissant pour leur compte, y compris dans la publicité ou sur l'étiquetage* »[13]. Toutefois, le vendeur n'est pas tenu par lesdites déclarations publiques, s'il est établi qu'il ne les connaissait pas et n'était pas en mesure de les connaître, qu'elles avaient été rectifiées ou encore qu'elles n'ont pas pu influencer la décision de contracter[14]. En cas de fourniture continue d'un contenu ou d'un service numérique pendant une période donnée, il est délivré sans interruption tout au long de cette période[15]. Le professionnel est exonéré du défaut de conformité lorsqu'il démontre que celui-ci est directement imputable à l'incompatibilité entre le contenu ou le service numérique et l'environnement numérique du consommateur, et que celui-ci avait été informé par son partenaire des exigences techniques de compatibilité avant la conclusion du contrat[16].

1. Réd. ord. n° 2021-1247, 29 sept. 2021.
2. C. civ., art. 1110, al. 2.
3. Qui fut modifiée de façon plus stricte par la loi de ratification (L. n° 2018-287, 20 avr. 2018) : L. Andreu, « Le nouveau contrat d'adhésion », *AJ contrat* 2018. 262 – T. Douville (dir.), *La réforme du droit des contrats et du régime général et de la preuve des obligations*, Gualino, 2018, p. 51 s. – SUR LA DÉFINITION ANTÉRIEURE à cette loi du 20 avril 2018 : T. Revet, « Les critères du contrat d'adhésion », *D.* 2016. Chron. 1771 ; M. Mekki, « La notion de contrat d'adhésion : on est loin de la "haute définition" ! », *RDC* 2019/2. 112 – SUR L'APPLICATION DES RÈGLES du contrat d'adhésion aux contrats électroniques : T. Guillebon, « L'application du dispositif du code civil aux contrats du commerce électronique », *JCP E* 2017. Ét. 1454 (dans le titre, il eut été préférable de parler de dispositions plutôt que de dispositif) – Le bilan de l'application de ce texte est assez décevant : L. Thibierge, « Le contrat d'adhésion : beaucoup de bruit pour rien ? », *RJDA* 2021. Ét. 963. – Depuis la réforme de 2016, la *summa divisio* en matière contractuelle oppose les contrats de gré à gré aux contrats d'adhésion. Ce faisant, la notion de contrat est engagée dans un processus de recomposition qui aboutira peut-être (Quand ? Qui le sait ?) à la naissance d'un nouveau contrat.
4. C. consom., art. L. 217-5, I, 1°.
5. C. consom., art. L. 224-25-14, I, 1°, compte tenu, s'il y a lieu, de toute disposition du droit de l'Union européenne et du droit national ainsi que de toutes les normes techniques ou, en l'absence de telles normes techniques, des codes de conduite spécifiques applicables au secteur concerné.
6. C. consom., art. L. 217-5, I, 2°.
7. C. consom., art. L. 224-25-14, I, 2°.
8. NOT. SUR CETTE NOTION : P. Lokiec, « Le droit des contrats et la protection des attentes », *D.* 2007. Chron. 32 s. – X. Dieux, *Le Respect dû aux anticipations légitimes d'autrui : Essai sur la genèse d'un principe général du droit*, Bruylant-LGDJ, 1995 – H. Aubry, « L'apport du droit communautaire au droit français des contrats : la notion d'attente légitime », *RID comp.* 2005. 627 s. – A. Albarian, *De la perte de confiance légitime en droit contractuel : Essai d'une théorie*, préf. J. Mestre, Mare et Martin, 2012 – L. Marignol, *La prévisibilité en droit des contrats*, th., Toulouse 1 Capitole, 2018, n°s 344 s. et 403 s.
9. C. consom., art. L. 217-5, I, 4° – Et, pour les contenus et services numériques, C. consom., art. L. 224-25-13, 3°, ajoutant, par rapport à la fourniture d'un bien, « *l'assistance à la clientèle, devant être fournis conformément au contrat* », tandis que l'art. L. 224-25-14, I, 5°, précise avec « *l'assistance à la clientèle, auxquels le consommateur peut légitimement s'attendre* » (qui serait donc de droit).
10. C. consom., art. L. 217-5, I, 5°, renvoyant à l'art. L. 217-19 du même code ; sur lequel v. *supra* n° 213.231 – Et, pour les contenus et services numérique, art. L. 224-25-14, I, 6°, renvoyant à l'art. L. 224-25-25.
11. C. consom., art. L. 217-5, I, 3° et art. L. 224-25-14, I, 3° (pour les contenus et services numériques) ; les textes précisent : « *sauf si les parties en conviennent autrement* ».
12. C. consom., art. L. 217-5, I, 6° – Et, pour les contenus et services numériques, art. L. 224-25-13, 1°, ajoutant l'interopérabilité, tandis que l'art. L. 224-25-14, I, 7°, ajoute la continuité.
13. C. consom., art. L. 217-5, I, 6° – Et, pour les contenus et services numériques, art. L. 224-25-14, I, 7°.
14. C. consom., art. L. 217-5, II – Et, pour les contenus et services numériques, art. L. 224-25-14, II.
15. C. consom., art. L. 224-25-14, I, 4°.
16. C. consom., art. L. 224-25-16, II, al. 1er ; l'al. 2 indique la circonstance dans laquelle a lieu une interversion de la charge de la preuve de l'art. L. 224-25-16, I.

213.243 **Second cas. Définition subjective de la conformité.** Le second cas est celui dans lequel la conformité est *subjective,* ayant été précisée par le contrat : le bien doit présenter les caractéristiques définies d'un commun accord par les parties [1] (par les « spécifications contractuelles »), ou être propre à tout usage spécial recherché par l'acheteur, porté à la connaissance du vendeur et que ce dernier a accepté [2]. Dans les deux cas, conformément au contrat, le bien est délivré avec l'ensemble des accessoires et les instructions d'installation [3], tout en étant mis à jour [4]. Une précision complémentaire est donnée par l'article L. 217-5, III : l'acheteur ne peut pas contester la conformité en invoquant un défaut d'une ou plusieurs caractéristiques particulières du bien, dont il a été spécifiquement informé qu'elles s'écartaient des critères légaux de conformité, écart auquel il a expressément et séparément consenti lors de la conclusion du contrat [5].

213.244 **Date du défaut et présomption d'antériorité.** Le défaut pouvant déclencher la garantie de conformité doit exister lors de la délivrance [6]. Cette solution est plus favorable au consommateur que le moment qui est retenu dans la garantie contre les vices cachés (antérieur au transfert des risques qui, sauf clause contraire, intervient *solo consensu,* donc avant la délivrance). Le vendeur répond vis-à-vis du consommateur de tout défaut de conformité, existant au moment de la livraison du bien, qui apparaît dans un délai de deux ans à compter de ce moment [7]. Depuis l'ordonnance n° 2021-1247 du 29 septembre 2021, le code de la consommation a étendu et aménagé ce délai aux contrats de fourniture continue d'un contenu ou d'un service numérique [8].

Par faveur pour le consommateur, le législateur a créé une présomption d'antériorité du défaut : « *Les défauts de conformité qui apparaissent dans le délai de vingt-quatre mois à partir de la délivrance du bien sont présumés exister au moment de la délivrance, y compris du bien comportant des éléments numériques, sont, sauf preuve contraire, présumés exister au moment de la délivrance* » [9]. Pour les biens d'occasion, ce délai est fixé à douze mois [10]. La présomption d'antériorité existe aussi, tout en étant adaptée, aux contrats de vente d'un bien comportant des éléments numériques prévoyant la fourniture continue d'un contenu ou d'un service numérique [11].

Lorsque l'article L. 217-3, alinéa 2, du code de la consommation, parle du défaut de conformité apparaissant dans le délai de vingt-quatre mois, il faut entendre qu'il s'est *matériellement révélé* [12]. Le consommateur n'est pas tenu de prouver ce défaut de conformité ni d'établir que l'origine de celui-ci est imputable au vendeur [13]. Cependant, le vendeur peut combattre la présomption d'antériorité si celle-ci n'est pas compatible avec la nature du bien ou le défaut de conformité invoqué [14].

§ 2
Sanctions du défaut de conformité

213.251 **Cinq solutions hiérarchisées. D'abord, la réparation ou le remplacement du bien.** Le code de la consommation confère *cinq solutions* à l'acheteur (mise en conformité du bien par réparation, remplacement, réduction du prix, résolution du contrat, dommages et intérêts), énumérées par l'article L. 217-8 et exposées dans les articles L. 217-9 à L. 217-19 [15]. Pour les contenus ou services numériques, les remèdes sont la mise en conformité, la réduction du prix ou la résolution du contrat, sans préjudice de l'allocation de dommages et intérêts (C. consom., art. L. 224-25-17 s.). Ils ont lieu sans aucun frais pour lui [16]. Une *hiérarchie* est organisée entre eux. En effet, une priorité est donnée aux solutions contractuelles par excellence, c'est-à-dire celles qui assurent l'exécution conforme du contrat, soit la réparation ou le remplacement du bien [17]. *La réparation* s'entend évidemment dans son sens matériel, consistant à rendre le bien conforme ; et le *remplacement* au sens de l'échange de la chose présentant un défaut, contre une qui est conforme. La réparation et le remplacement sont placés au même plan, car elles apparaissent comme deux variantes de la satisfaction en nature, en l'espèce la mise en conformité. Cette prédominance des

1. C. consom., art. L. 217-4, 1°.
2. C. consom., art. L. 217-5, I, 2°.
3. C. consom., art. L. 217-4, 3°.
4. C. consom., art. L. 217-4, 4°.
5. C. consom., art. L. 217-5, III – Et, pour les contenus et services numériques, art. L. 224-25-14, III.
6. C. consom., art. L. 217-3.
7. C. consom., art. L. 217-3, al. 2.
8. C. consom., art. L. 217-3, al. 3.
9. C. consom., art. L. 217-7, al. 1er.
10. C. consom., art. L. 217-7, al. 2.
11. C. consom., art. L. 217-7, al. 3 – Et art. L. 224-25-16, I, al. 2, pour la fourniture d'un contenu ou d'un service numérique en général (l'art. L. 217-7, al. 3, portait sur une fourniture « continue »).
12. CJUE, 1re ch., 4 juin 2015, *Froukje Faber c/Autobedrijf Hazet Ochten,* aff. C-497/13, *Rec.* N, à propos du délai de six mois prévu par la directive, porté à vingt-quatre mois en France par la loi n° 2014-344 du 17 mars 2014 ; la numérotation date de l'ord. n° 2021-1247, 29 sept. 2021.
13. CJUE, 1re ch., 4 juin 2015, *Froukje Faber c/Autobedrijf Hazet Ochten,* aff. C-497/13, préc.
14. C. consom., art. L. 217-7, al. 1er.
15. Numérotation et réd. ord. n° 2021-1247, 29 sept. 2021.
16. C. consom., art. L. 217-11, al. 1er – Et, pour les contenus et services numériques, C. consom., art. L. 224-25-18, al. 1er.
17. C. consom., art. L. 217-8.

moyens offerts à l'acheteur permettant au contrat de produire ses effets est parfaitement logique, et en correspondance avec l'esprit du Droit des contrats : malgré une défaillance contractuelle constatée, il importe de faciliter au maximum l'exécution du contrat, de sauver le lien contractuel. Pour que la réparation ou le remplacement puisse s'effectuer, le consommateur met le bien à la disposition du vendeur[1]. La mise en conformité du bien a lieu dans un délai raisonnable, qui ne peut être supérieur à trente jours suivant la demande du consommateur et sans inconvénient majeur pour lui, compte tenu de la nature du bien et de l'usage qu'il en attend[2]. Tant que la mise en conformité n'a pas été effectuée, il peut suspendre le paiement de tout ou partie du prix ou de la remise de l'avantage prévu au contrat[3].

En principe, l'acheteur peut choisir librement entre la réparation et le remplacement. Cependant, cette liberté cesse lorsque le choix de l'acheteur est impossible ou entraîne un coût disproportionné au regard de l'autre modalité, compte tenu de la valeur du bien (du contenu ou du service numérique) et de l'importance du défaut ; le vendeur est alors tenu de procéder, sauf impossibilité, au second mode de réparation en nature[4] ; il prévient le consommateur par un écrit motivé ou sur un support durable[5]. Par exemple, lorsque le bien peut facilement et rapidement être réparé, pourquoi le consommateur pourrait-il exiger son remplacement, alors que la première solution ne présente aucun inconvénient majeur pour lui ? Mais si les conditions légales ne sont pas respectées, le consommateur peut, après mise en demeure, poursuivre l'exécution forcée en nature de la solution initialement sollicitée[6].

Tout produit réparé en vertu de la garantie légale de conformité bénéficie d'une extension de ladite garantie de six mois[7]. Lorsque le consommateur a choisi la réparation mais que celle-ci n'est pas mise en œuvre par le vendeur, il peut demander le remplacement du bien, qui s'accompagne dans ce cas d'un renouvellement de la garantie légale de conformité attaché au bien remplacé[8]. Cette disposition s'applique à compter du jour où le bien de remplacement est délivré au consommateur. Lorsque celui-ci demande au professionnel, pendant le cours de la garantie légale qui lui a été consentie lors de l'acquisition ou de la réparation d'un bien, comme lors de la fourniture d'un contenu ou d'un service numérique, une mise en conformité, toute période d'immobilisation ou d'indisponibilité suspend la garantie qui restait à courir jusqu'à la délivrance du bien remis en état ou la fourniture du contenu ou du service numérique remis en conformité. Cette période court à compter de la demande d'intervention du consommateur ou de la mise à disposition pour réparation ou remplacement du bien en cause ou du contenu ou du service numérique, si ce point de départ s'avère plus favorable pour lui. Le délai de garantie est également suspendu lorsque le consommateur et le professionnel entrent en négociation en vue d'un règlement à l'amiable (C. consom., art. L. 217-28 et L. 224-25-28).

213.252 **Ensuite, résolution de la vente ou réduction du prix.** Une autre option s'offre à l'acheteur, à savoir celle de rendre le bien et de se faire restituer le prix (action en résolution du contrat)[9], ou de garder le bien et d'obtenir le remboursement d'une partie du prix (action en réduction du prix, la traditionnelle réfaction[10]). La réduction du prix est proportionnelle à la différence entre la valeur du bien délivré (comme du contenu ou du service numérique) et la valeur de ce bien (comme du contenu ou du service numérique) en l'absence du défaut de conformité[11]. Mais qu'est-ce qu'une réduction du prix, sinon une modification du contrat, afin de rétablir l'équilibre des prestations réciproques[12] (mesure de pure justice commutative). Lorsque la vente porte sur un ensemble et que le défaut de conformité ne frappe que certains biens, le consommateur peut obtenir la résolution du contrat pour l'ensemble, du moins dès lors que l'on ne peut raisonnablement attendre de lui qu'il accepte de garder les seuls biens conformes[13].

Cette option est ouverte dans diverses circonstances. D'abord lorsque la réparation ou le remplacement sont impossibles ou entraînent des coûts disproportionnés[14]. Et aussi dans une série de cas

1. C. consom., art. L. 217-9, *in fine*.
2. C. consom., art. L. 217-10, al. 1er.
3. C. consom., art. L. 217-8, al. 2 – Et, pour les contenus et services numériques, art. L. 224-25-17, al. 2.
4. C. consom., art. L. 217-12.
5. C. consom., art. L. 217-12, *in fine* – Et, pour les contenus et services numériques, art. L. 224-25-19.
6. C. consom., art. L. 217-12 – Et, pour les contenus et services numériques, art. L. 224-25-19, al. 3.
7. C. consom., art. L. 217-13, al. 1er.
8. C. consom., art. L. 217-13, al. 2.
9. C. consom., art. L. 217-16. – L'art. L. 217-17 expose comment s'opère le remboursement.
10. V. *supra* ss no 213.78.
11. C. consom., art. L. 217-15, al. 2, pour les biens – C. consom., art. L. 224-25-21, al. 2, pour les contenus et services numériques.
12. Ph. le Tourneau, « La réciprocité dans les contrats », dans C. Mengès Le Pape (dir.), *La réciprocité : dimensions théologiques, juridiques et autres*, PU Toulouse 1 Capitole, 2019, p. 121 s.
13. C. consom., art. L. 217-16, al. 2 – V. AUSSI le 3e al. du même art. L. 217-16. – Sur les ensembles contractuels v. *supra* nos 013.12 s.
14. Au regard, selon l'art. L. 217-12 : 1° de la valeur qu'aurait le bien en l'absence de défaut de conformité ; 2° de l'importance du défaut de conformité ; et 3° de la possibilité éventuelle d'opter pour l'autre choix sans inconvénient majeur pour le consommateur.

énumérés par le code de la consommation aux articles L. 217-14 et L. 224-25-20 (pour les contenus ou services numériques), notamment lorsque le professionnel refuse toute mise en conformité et lorsque la non-conformité persiste en dépit de la tentative de mise en conformité du vendeur restée infructueuse.

La réduction du prix ou la résolution du contrat sont encore de droit lorsque le défaut de conformité est si grave qu'il justifie que ces sanctions soient immédiates ; le consommateur n'est alors pas tenu de demander la mise en conformité au préalable[1]. Le consommateur peut également recourir à l'une de ces actions lorsque la sanction de l'article L. 217-8 (la réparation ou le remplacement du bien) demandée, proposée ou convenue, ne peut pas être mise en œuvre dans un délai raisonnable, qui ne peut être supérieur à trente jours suivant sa réclamation[2] ; ou si cette solution ne peut pas l'être sans inconvénient majeur pour lui, compte tenu de la nature du bien et de l'usage qu'il en recherche[3]. Toutefois, la résolution du contrat ne peut pas être prononcée si le défaut de conformité est mineur (sauf si le contrat est à titre gratuit), ce qu'il incombe au professionnel de démontrer[4]. Cette règle est, tout à la fois, une application de l'exigence de la loyauté contractuelle (empêchant de faire donner l'artillerie lourde alors que l'inexécution est infime) et de la maxime *de minimis non curat prætor*[5]. Un terme suscite des hésitations, celui de l'impossibilité visée par l'article L. 217-12. Si le produit n'est plus fabriqué, qu'il ne s'en trouve plus en stock ni chez le vendeur ni chez le fabricant, ni chez aucun de ses distributeurs, il est clair que son remplacement est impossible. De même, la faculté de remplacement ne peut se concevoir que pour un bien fongible.

213.253 Spécificité des remèdes quant aux contenus et services numériques. De par la spécificité des contenus et services numériques, des dispositions particulières s'appliquent, tant au consommateur qu'au professionnel en cas de résolution du contrat.

D'abord quant au consommateur. Elles relèvent de la loyauté contractuelle, à savoir de s'abstenir d'utiliser le contenu ou le service numérique ou de le rendre accessible à des tiers[6]. De plus, lorsque le contenu numérique a été fourni sur un support matériel, le consommateur le restitue sans retard injustifié et aux frais du professionnel, dès lors que celui-ci formule une demande de restitution (au plus tard dans les quatorze jours suivant la date à laquelle il a été informé de la décision de résoudre le contrat)[7].

Ensuite quant au professionnel. Il est tenu de mettre à disposition du consommateur, sans frais et dans un délai raisonnable, dans un format couramment utilisé et lisible par machine, tout contenu, autre que les données à caractère personnel, qui a été fourni ou créé par ce dernier lors de l'utilisation du contenu ou du service numérique délivré par lui[8]. En deuxième lieu, de s'abstenir d'utiliser tout contenu, autre que les données à caractère personnel, qui a été fourni ou créé par le consommateur lors de l'exécution du contrat (prohibition du parasitisme), sauf si ce contenu a été généré conjointement par le consommateur et d'autres personnes, et si d'autres consommateurs peuvent continuer à en faire usage[9]. Toutefois ces deux obligations connaissent des exceptions de bon sens[10]. Enfin, le professionnel peut empêcher toute utilisation ultérieure du contenu ou du service numérique en le rendant inaccessible au consommateur ou en désactivant le compte utilisateur de ce dernier, néanmoins sans préjudice de ses droits à la récupération du contenu conformément ou à la consultation de ses factures[11].

213.254 Enfin, octroi éventuel de dommages et intérêts. Le dernier remède n'avait pas été prévu par la directive 1999/44, et était donc un ajout du législateur Français. Il s'agit de l'octroi éventuel de *dommages et intérêts*[12]. C'est un remède en quelque sorte *général*, dans la mesure où il peut accompagner n'importe lequel de ceux que nous avons rencontrés précédemment.

213.255 Transfert de propriété. Action récursoire. En cas de transfert de propriété, le sous-acquéreur bénéficie des droits acquis par l'acquéreur initial, relatifs à la garantie légale de conformité à l'égard du vendeur professionnel et, le cas échéant, à la garantie commerciale envers le garant (C. consom., art. L. 217-29[13]).

1. C. consom., art. L. 217-14 – Et, pour les contenus et services numériques, art. L. 224-25-20.
2. C. consom., art. L. 217-10 – COMP., pour les contenus et services numériques, art. L. 224-25-20, 2° : « *Lorsque la mise en conformité du contenu numérique ou du service numérique est retardée de manière injustifiée* ».
3. C. consom., art. L. 217-14, 2°.
4. C. consom., art. L. 217-14, dern. al. – Et, pour les contenus et services numériques, art. L. 224-25-20, *in fine*.
5. SUR LAQUELLE : J. Carbonnier, « De minimis… », dans *Mél. J. Vincent*, Dalloz, 1981, p. 29 s. – H. Roland, *Lexique juridique des expressions latines*, LexisNexis, 8e éd., 2021, p. 80.
6. C. consom., art. L. 224-25-22, II, al. 1er.
7. C. consom., art. L. 224-25-22, II, al. 2.
8. C. consom., art. L. 224-25-22, III, 3°.
9. C. consom., art. L. 224-25-22, III, 4°.
10. C. consom., art. L. 224-25-22, III, al. 5.
11. C. consom., art. L. 224-25-22, III, al. 6.
12. C. consom., art. L. 217-8, al. 3.
13. Contrairement à la solution admise avant la réforme de l'ord. n° 2021-1247, 29 sept. 2021 : Civ. 1re, 6 juin 2018, n° 17-10.553, P I, n° 102 ; *AJ contrat* 2018. 377, obs. D. Mainguy, 1re esp. ; *CCC* 2018, n° 165, obs. S. Bernheim-Desvaux ; *RDC* 2018. 545 obs. O. Deshayes, le vendeur était un importateur – P. Puig, « Pour un renouveau de l'action directe dans les groupes de contrats », dans *Mél. B. Teyssié*, LexisNexis, 2019, p. 1073 s.

De plus, une action récursoire peut être exercée par le vendeur final (par ex. un concessionnaire) à l'encontre des vendeurs ou intermédiaires successifs et du producteur du bien, selon les principes du code civil, qui ont été envisagés précédemment[1]. Le contenu de l'action directe n'est pas celui de la revente mais celui de la vente originaire. Une action récursoire peut également être exercée par le professionnel ayant fourni un contenu numérique ou un service numérique, à l'encontre de toute personne en amont dans la chaîne de transactions commerciales (C. consom., art. L. 224-25-30).

213.256 Prescription. L'ordonnance n° 2021-1247 du 29 septembre 2021 ne prévoit pas de durée spéciale de prescription, se limitant à renvoyer aux articles 2224 et s. du code civil, ce qui signifie que les prescriptions de droit commun s'appliquent. L'ordonnance se contente de fixer le point de départ de la prescription de l'action du consommateur au jour de la connaissance par ce dernier du défaut de conformité[2]. Avant la refonte opérée par ce texte, le code civil prévoyait que l'action en garantie de conformité se prescrivait par deux ans à compter *de la délivrance du bien*[3] (alors que pour la garantie contre les vices cachés l'article 1648 du C. civ. prévoit que le même délai part de la découverte du vice). Tout produit réparé grâce à la garantie légale de conformité bénéficie d'une extension de six mois de celle-ci[4]. Et lorsque le consommateur a choisi la réparation, mais qu'elle n'est pas mise en œuvre par le vendeur, il peut demander le remplacement du bien, qui s'accompagne dans ce cas d'un renouvellement de la garantie légale de conformité. Cette disposition s'applique à compter du jour où le bien de remplacement est délivré au consommateur[5].

SECTION 5
GARANTIES COMMERCIALES OU CONVENTIONNELLES

213.260 Bibliographie. Encyclopédie. J. Huet, « Conventions relatives à la garantie », *J.-Cl. Contrats distribution*, fasc. 390 (2006).

Thèses. S. Beaugendre, *Contrat d'assistance et activité d'assurance*, préf. F. Collart-Dutilleul, « BDPr », t. 338, LGDJ, 2000 – B. Gross, *La notion d'obligation de garantie dans le droit des contrats*, préf. D. Tallon, « BDPr », t. 13, LGDJ, 1964.

Article. P. Ancel, « La garantie conventionnelle des vices cachés dans les conditions générales de vente en matière mobilière », *RTD com.* 1979. 203.

213.261 Présentation des garanties commerciale ou conventionnelle. À côté des garanties légales, les contrats (ou un document annexé ou auquel il est renvoyé, telle des « conditions générales »[6] du vendeur) comportent souvent des garanties particulières, conventionnelles, que les professionnels vantent dans leur publicité comme des clauses extensives de leur responsabilité. Elles doivent être rédigées en français[7], sauf lorsque la vente est internationale[8]. La garantie est destinée à faciliter la formation du contrat (d'où son appellation de commerciale), en assurant au créancier une sécurité renforcée, du moins en apparence. Encore faut-il précisément que la clause de garantie mérite bien son nom, ce qui conduit à définir celle-ci.

213.262 Garantie commerciale dans l'ordonnance n° 2021-1247 du 29 septembre 2021. L'ordonnance n° 2005-136 du 17 février 2005[9], sur « *la garantie de conformité du bien au contrat due par le vendeur au consommateur* », introduisit dans le code de la consommation des dispositions relatives à ce qui est habituellement dénommé garantie conventionnelle (ou contractuelle) et qu'elle rebaptisa garantie commerciale (mais l'expression de garantie contractuelle figurait néanmoins à l'art. L. 217-16). La directive 2019/771 (remplaçant la directive 1999/44) réforma la matière. Elle fut transposée par l'ordonnance n° 2021-1247 du 29 septembre 2021. Celle-ci définit ladite garantie comme « *tout engagement contractuel d'un professionnel, qu'il s'agisse du vendeur ou du producteur, y compris par l'intermédiaire de toute autre personne agissant en leur nom ou pour leur compte* ([...] *dénommé "garant"), à l'égard du consommateur* » (C. consom., art. L. 217-21). Le consommateur en est informé, de manière lisible et compréhensible sur tout support durable, au plus tard au moment de la délivrance du bien ; est précisé son contenu, les modalités de sa mise en œuvre, son prix, sa durée, son étendue territoriale ainsi que le nom, l'adresse et le numéro de téléphone du garant (C. consom., art. L. 217-22, al. 1er). En outre, le vendeur indique, de façon claire et précise, que la garantie commerciale s'applique sans préjudice du droit pour le

1. V. *supra* n° 213.223.
2. C. consom., art. L. 217-3, *in fine* et art. L. 224-25-12, *in fine*.
3. C. consom., anc. art. L. 217-12.
4. C. consom., art. L. 217-13, al. 1er.
5. C. consom., art. L. 217-13, al. 2.
6. Sur les conditions générales v. *supra* ss n° 115.18.
7. L. n° 94-665, 4 août 1994, art. 2.
8. V. *supra* ss n° 012.16.
9. Ord. n° 2005-136, 17 févr. 2005 relative à la garantie de la conformité du bien au contrat due par le vendeur au consommateur, *JO* 18 févr., p. 2778 – G. Loiseau, « L'ordonnance du 29 septembre 2021 : un texte fondateur d'un droit des contrats portant sur les biens et services numériques », *CCÉ* 2021. Ét. 21.

consommateur de bénéficier de la garantie légale de conformité [...], et de celle contre les vices cachés, dans les conditions prévues aux articles 1641 à 1649 du code civil (C. consom., art. L. 217-22, al. 3 [1]). Les règles relatives à la garantie commerciale en matière de vente sont aussi applicables aux garanties commerciales souscrites à l'occasion de la fourniture d'un contenu ou d'un service numériques (C. consom., art. L. 217-25-27).

213.263 Définition de la garantie commerciale ou conventionnelle. Dans l'obligation de garantie, le débiteur peut être tenu d'indemniser le créancier, alors non seulement qu'il n'a point commis de faute, mais encore lorsque le dommage résulte d'un *cas de force majeure*. Elle entraîne donc l'obligation de réparer un dommage survenu, le cas échéant, par force majeure ou par le fait d'un tiers. Elle va ainsi beaucoup plus avant que l'obligation de résultat dont, à tout prendre, elle se sépare radicalement. La charge de la preuve n'est pas simplement renversée comme dans celle-ci ; l'étendue même de l'obligation se trouve affectée.

La garantie est plus ou moins large, selon que le débiteur a entendu assumer tous les cas de force majeure ou seulement quelques-uns d'entre eux. C'est évidemment cette dernière voie qui est adoptée par la plupart des vendeurs et fabricants. Il découle de ces indications que ces professionnels doivent veiller à rédiger avec le plus grand soin, en mesurant la portée des termes qu'ils emploient, y compris dans leur publicité [2], les clauses relatives aux garanties contractuelles, ou les dispositions de leurs conditions générales en traitant.

213.264 Nature juridique de la garantie commerciale ou conventionnelle. La nature juridique des aménagements conventionnels de garantie est discutée. Une thèse a proposé de les assimiler aux contrats d'assurance [3], en observant qu'ils possèdent les traits de ceux-ci : le caractère synallagmatique, le caractère aléatoire, le « *paiement d'une prime (individualisée ou intégrée dans un prix global), dont le montant est indépendant des prestations qui sont réellement fournies* » [4].

213.265 Ambiguïté de certaines garanties commerciales ou conventionnelles. Certaines dispositions de ces garanties conventionnelles sont ambiguës, pour ne pas dire fallacieuses. En effet, sous l'apparence d'étendre la responsabilité du vendeur, elles restreignent en réalité la garantie légale dans sa durée ou ses modalités. Seulement, en pratique, les choses sont rarement tranchées de façon nette. La même convention de garantie peut comporter des dispositions qui étendent effectivement la garantie du vendeur, tandis que d'autres la restreignent.

213.266 Débiteurs de la garantie commerciale ou conventionnelle. La garantie conventionnelle est généralement proposée par le fabricant (mais l'acheteur pourra habituellement la faire jouer chez le distributeur revendeur). Cependant, elle peut l'être par un distributeur, notamment lorsqu'il est à la tête d'un réseau (par exemple d'un sous-réseau de concessionnaires). Cette garantie conventionnelle du distributeur complète le cas échéant celle du fabricant ; et toutes deux s'ajoutent aux garanties légales. Le fait pour un revendeur de ne pas assurer la garantie conventionnelle habituelle du fabricant d'un produit (parce qu'il s'est fourni frauduleusement au moyen d'importations parallèles), constitue en soi un acte de concurrence déloyale envers le fabricant, distinct de la contrefaçon de marque [5].

213.267 Créanciers de la garantie commerciale ou conventionnelle. La garantie conventionnelle bénéficie à l'acheteur lui-même et à ses ayants cause à titre universel. Dans une chaîne de contrats, elle se transmet aussi normalement avec la chose, donc aux sous-acquéreurs successifs, exactement comme la garantie légale. Toutefois, une disposition de la garantie peut en restreindre l'application à l'acheteur direct, et à ses ayants cause à titre universel (voire seulement, parmi ceux-ci, aux membres de sa famille habitant avec lui lors de la vente). Une telle restriction, relativement rare, est licite, puisque par définition la garantie conventionnelle apporte des droits supplémentaires à l'acheteur : elle ne saurait en aucune manière être traitée comme une règle d'ordre public. Sa teneur relève de la liberté contractuelle (même si, en fait, elle est presque toujours rédigée unilatéralement par le vendeur, l'acheteur ne faisant qu'y adhérer).

213.268 Fréquence de cette garantie dans la vente d'appareils. Une garantie conventionnelle est fréquemment prévue dans les *ventes d'appareils*, surtout de série. Outre qu'elle peut encourager le candidat acheteur à contracter, elle évite de s'interroger sur la cause du dérangement desdits appareils ou machines. La clause de garantie figure généralement dans un contrat d'adhésion [6], ou dans des conditions

1. Réd. L. n° 2021-1485, 15 nov. 2021, visant à réduire l'empreinte environnementale du numérique en France (REEN), *JO* 16 nov., texte 2, art. 9, mod. par L. n° 2021-1755, 23 déc. 2021, visant à renforcer la régulation environnementale du numérique par l'Autorité de régulation des communications électroniques, des postes et de la distribution de la presse, *JO* 24 déc., texte 2.
2. C. consom., art. L. 217-21.
3. S. Beaugendre, *Contrat d'assistance et activité d'assurance*, *op. cit.*, n°s 261 s.
4. S. Beaugendre, *op. cit.*, n° 288.
5. Versailles, 7 sept. 2000, *Genedis*, *PIBD* 2000. III. 565.
6. DÉFINI PAR : C. civ., art. 1110, al. 2 (T. Revet, « Les critères du contrat d'adhésion », *D.* 2016. Chron. 1771), modifié par la loi n° 2018-287, 20 avr. 2018 (L. Andreu, « Le nouveau ▶

générales du vendeur fixées *ne varietur*, et n'est donc pas soumise à une libre discussion entre les parties. Si de telles clauses concernent essentiellement des biens neufs, elles couvrent parfois des objets d'occasion (mais rarement dans le domaine de l'informatique, à cause de l'obsolescence rapide des produits, même si l'on constate depuis 2017 une augmentation des transactions sur des objets d'occasion, que soit des ordinateurs, des tablettes ou des ordiphones [*smartphone*], mais sous une forme particulière, les appareils étant reconditionnés[1] ; plusieurs sociétés sont spécialisées dans la vente de produits reconditionnés, notamment *Recommerce* et *Back Market*[2]). Les garanties contractuelles se distinguent aisément d'abord du *service après-vente* du vendeur ou du fabricant, dont les prestations donnent lieu à un paiement (alors que le prix de la garantie est intégré dans le prix de vente ou, plus exactement, dans les frais généraux de l'entreprise, mais cela revient au même). Elles se distinguent ensuite du *contrat de maintenance*, qui peut être conclu avec le vendeur comme avec le fabricant, mais aussi avec un tiers[3].

§ 1
Modalités des garanties commerciales ou conventionnelles

A.
Nature et conditions de la garantie

213.271 Nature de la garantie commerciale ou conventionnelle : d'abord un délai d'épreuve. La stipulation d'un délai contractuel de garantie est une sorte de *temps d'épreuve* de la chose. Il en résulte qu'elle dispense l'acheteur de prouver l'antériorité du vice : *toute anomalie* de la chose survenue avant l'expiration du délai est présumée due à un défaut de fabrication ou à un vice de la matière[4].

213.272 Nature de la garantie commerciale ou conventionnelle : ensuite une garantie de bon fonctionnement. Les conditions générales de vente étendent encore la garantie quant à la gravité du vice couvert[5] : la garantie conventionnelle est une *garantie de bon fonctionnement*. Elle couvre toutes les avaries qui interviendraient durant la période convenue, même celles qui ne seraient pas considérées comme un vice au sens de l'article 1641 du code civil. Donc peu importe la gravité du vice ou qu'il soit apparent, contrairement à ce qu'il en est dans la garantie légale. Peu importe aussi qu'il n'affecte qu'une partie de la chose, par exemple un élément d'un ensemble informatique (sur cela il n'y a pas de différence avec la garantie des vices).

213.273 Conditions préalables. La garantie du fabricant est souvent conditionnée, lorsque l'objet qui en bénéficie a été vendu par un distributeur indépendant (non-mandataire, ni concessionnaire, ni franchiseur du premier), à l'envoi par l'acheteur d'un formulaire, après l'avoir rempli et fait viser par le vendeur.

213.274 Nécessité de prouver la réunion des conditions nécessaires à son application. La garantie conventionnelle implique que l'acheteur prouve la réunion des conditions nécessaires à son application, tel un défaut dans les matériaux ou dans la réalisation[6]. Cependant, lorsque la cause du sinistre survenu durant la période de la garantie est inconnue, mais qu'elle ne peut s'expliquer que par un défaut intrinsèque du bien vendu, en éliminant les autres causes envisageables (preuve par exclusion), les juges du fond peuvent décider qu'elle résulte de ce défaut et faire jouer la garantie[7].

213.275 Limitation de la garantie dans le temps. Dans la plupart des *conditions générales de vente*, les biens vendus ne sont garantis contractuellement que pendant une courte période, d'un trimestre à un an, parfois deux ans, à compter du jour de la vente ou de la livraison (et non de la découverte du défaut). Il semble qu'il ne s'agisse pas ici d'un délai

► contrat d'adhésion », *AJ contrat* 2018. 262). Le contrat d'adhésion sera peut-être à l'origine d'une renaissance de l'utilité des mentions « lu et approuvé » ou « bon pour accord », comme moyen d'identification (C. Barrillon, « "Lu et approuvé" : la nouvelle vie d'une mention tombée en désuétude », *JCP* 2017. Libres propos 754), alors qu'elles étaient sans aucun effet (Ph. le Tourneau, « Contre le "bon pour" », *D.* 1975. Chron. 188) – SUR L'APPLICATION DES RÈGLES du contrat d'adhésion aux contrats électroniques : T. Guillebon, « L'application du dispositif du code civil aux contrats du commerce électronique », *JCP E* 2017. Ét. 1454 (dans le titre, il eut été préférable de parler de dispositions plutôt que de dispositif) – Le bilan de l'application de ce texte est assez décevant : L. Thibierge, « Le contrat d'adhésion : beaucoup de bruit pour rien ? », *RJDA* 2021. Ét. 963 – Depuis la réforme de 2016, la *summa divisio* en matière contractuelle oppose les contrats de gré à gré aux contrats d'adhésion. Ce faisant, la notion de contrat est engagée dans un processus de recomposition qui aboutira peut-être (quand ? qui le sait ?) à la naissance d'un nouveau contrat.

1. L'emploi de ce mot est soumis aux conditions indiquées par l'art. R. 122-4 du C. consom. (créé par Décr. n° 2022-190, 17 févr. 2022, *JO* 18 févr., texte 2).
2. V. *supra* s^s n° 213.120
3. V. *infra* s^s n°s 331.31 s.
4. P. Ancel, art. préc., n° 12 – Civ. 1re, 5 nov. 1996, n° 93-21.762, P I, n° 386 ; *D.* 1997. Somm. 348, obs. O. Tournafond ; *RCA* 1997, n° 27 – Paris, 14 sept. 2001, *Les impressions Steve, RCA* 2002, n° 29, note L. Grynbaum.
5. Sur les conditions générales v. *supra* s^s n° 115.18.
6. Com. 12 oct. 2004, n° 03-12.632, P IV, n° 185 ; *RJDA* 2005, n° 114 : preuve non apportée.
7. Civ. 1re, 5 nov. 1996, n° 93-21.762, préc.

de prescription, mais d'une « *limitation dans le temps de la garantie* »[1], c'est-à-dire une condition de fond de l'obligation du vendeur.

Toutefois, dans un contrat avec un consommateur un professionnel peut consentir une garantie commerciale l'engageant pendant une période donnée, supérieure à deux ans, nommée « garantie commerciale de durabilité ». Il est alors directement tenu de réparer ou de remplacer le bien pendant la période indiquée dans l'offre de cette garantie ; enfin, il doit la mettre en œuvre dans des conditions identiques à la garantie légale (C. consom., art. L. 217-23, al. 1er). Le producteur peut offrir au consommateur des conditions plus favorables que celles qui sont décrites ci-dessus (C. consom., art. L. 217-23, al. 2). Les exigences prévues à l'article L. 217-22[2] sont applicables à la garantie commerciale de durabilité C. consom., art. L. 217-23, al. 3)[3].

B.
Mise en œuvre de la garantie

213.281 Précautions lors de la mise en œuvre de la garantie commerciale ou conventionnelle. Les garanties conventionnelles précisent parfois que le client, avant d'apporter ou d'envoyer un ordinateur défectueux chez le vendeur ou le fabricant, doit sauvegarder son contenu, que ce soit les logiciels qu'il a installés et toutes les données qui sont en mémoire sur le disque dur. Il peut encore lui être demandé de supprimer tous les composants, accessoires et connexions qui n'existaient pas lors de la configuration initiale. En dehors même de toute clause particulière, le fait de ne pas sauvegarder les données avant une intervention au titre de la garantie peut être considéré comme une faute, conduisant à un partage de responsabilité en cas de perte des données[4].

213.282 Lieu de la mise en œuvre de la garantie commerciale ou conventionnelle. Les conditions générales de vente prévoient souvent que l'acheteur doit apporter ou envoyer chez son vendeur l'objet garanti, lorsqu'il présente un défaut ou est en panne, sauf s'il est très volumineux (une grosse machine) ; dans ce cas la garantie impose au vendeur de venir sur place, soit quérir la chose, soit la réparer *in situ*. Toutefois, la garantie conventionnelle implique habituellement son envoi au fabricant, parfois dans son *emballage d'origine*, ce qui décourage en fait bien des acheteurs de la faire jouer, notamment lorsque la chose est de faible valeur (comme un modem). Parfois la garantie est assurée par une société filiale du constructeur, compétente pour une zone géographique regroupant plusieurs pays (voire toute l'Union européenne).

213.283 Modalités pratiques de la réparation en nature, lors de la mise en œuvre de la garantie commerciale ou conventionnelle. Les modalités pratiques de la mise en œuvre de la garantie contractuelle varient selon les contrats. L'obligation contractuelle de garantie se traduit normalement par une *réparation en nature*, qui est la reine des réparations, et celle qui est toujours préférable lorsqu'elle est possible (que ce soit en présence d'une faute délictuelle ou d'une défaillance contractuelle ; pour cette dernière, l'exécution forcée de la prestation promise doit toujours être privilégiée, fût-ce sous une forme différente de celle qui était prévue à l'origine). Elle peut s'opérer de différentes manières. La clause de garantie prévoit généralement que le vendeur a l'obligation de *remettre en état* la chose défectueuse[5], et de fournir les pièces de remplacement, ce qui est inconnu dans la garantie légale, voire toute autre prestation de service en relation avec le bien[6]. La garantie contractuelle « *pièces et main-d'œuvre* » comprend, pour le vendeur, une obligation de résultat (concept ignoré par le C. civ., même depuis la réforme de 2016[7]) l'obligeant à réparer toutes les conséquences dues à la défectuosité[8] ; que l'obligation soit de résultat paraît d'autant plus légitime que celle qui pèse normalement sur un réparateur ou un mainteneur est de cette nature, du moins en l'absence d'aléa particulier.

Mais la garantie conventionnelle peut aussi prévoir *l'échange* de la chose[9] (dit parfois « échange standard ») ; le choix entre la réparation ou le remplacement est généralement à la discrétion du vendeur, mais pas toujours.

213.284 La garantie conventionnelle aboutit parfois à l'anéantissement du contrat. Enfin, l'acheteur peut à l'extrême disposer du droit de demander

1. P. Ancel, art. préc., n° 9.
2. V. *supra* s[s] n° 213.262.
3. C. consom., art. L. 217-23, réd. L. n° 2021-1755, 23 déc. 2021, visant à renforcer la régulation environnementale du numérique par l'Autorité de régulation des communications électroniques, des postes et de la distribution de la presse, *JO* 24 déc. 2001, texte 2.
4. COMP. : TI Marseille 23 mars 2004, *C. Bloch c/Multimédia Market, CCÉ* 2004, n° 76, obs. Ph. Stoffel-Munck : ici perte des fichiers de la thèse du demandeur lors d'une intervention au titre de la garantie contractuelle, sur ordre du vendeur, mais par un tiers qu'il avait désigné.
5. C. consom., art. L. 217-21.
6. C. consom., art. L. 217-21.
7. V. *supra* s[s] n° 014.14.
8. Civ. 1re, 13 oct. 1993, n° 91-21.442, NP, *CCC* 1994, n° 13, obs. G. Raymond – Paris, 12 mars 1998, *International Computer, Expertises* 1999, p. 443 : « *garantie d'un an pour les pièces, la main-d'œuvre et les déplacements* ».
9. C. consom., art. L. 217-21.

le remboursement du prix[1], évidemment en restituant la chose, ou ce qu'il en reste (son « épave »), lorsque son insatisfaction est telle qu'il entend désormais contracter avec un autre vendeur. Il ne s'agit plus d'une réparation en nature (au sens de la défaillance contractuelle, c'est-à-dire l'exécution forcée de la prestation promise, fût-ce sous une forme différente de celle qui était prévue à l'origine) : La garantie s'évanouit alors dans la résolution du contrat (ce qui correspond à l'action rédhibitoire de la garantie des vices).

Les différentes mesures envisagées dans ce numéro et le précédent s'appliquent alors que la garantie légale ne permettrait pas de les mettre en œuvre.

213.285 Limites de la garantie commerciale ou conventionnelle. Toutefois, l'acheteur est déchu du bénéfice de la garantie conventionnelle (plus favorable que la garantie légale) dans diverses circonstances, soit de Droit commun, soit en vertu d'une disposition de la garantie elle-même. Ainsi, l'acheteur doit agir de bonne foi : par exemple, ce ne serait pas le cas de celui qui fait procéder de son propre chef à une remise en état quasi complète d'un appareil par un tiers, non imposée par des pannes ou des défectuosités[2]. De même, elle ne joue pas lorsque la panne est imputable à l'acheteur ; une clause le précise toujours expressément (mais de façon plus ou moins détaillée). Il s'agit principalement des pannes résultant d'un usage anormal, d'une inobservation des règles d'entretien prescrites par le fabricant[3], du démontage d'un appareil, de l'utilisation de pièces consommables ou de rechange « compatibles » mais non agréées, comme de réparations défectueuses effectuées par l'acheteur ou sur son ordre. La clause de garantie exclut aussi de son champ les accidents, et l'usure normale résultant de l'usage de la chose.

L'obligation de n'utiliser que des pièces « d'origine » et non des produits « compatibles », sous peine de perdre le bénéfice de la garantie contractuelle, a été regardée comme une convention susceptible d'affecter la concurrence[4] au titre de l'actuel article L. 420-1 du code de commerce[5]. Le Droit de la concurrence a ses règles et sa logique qui, souvent, s'opposent aux principes contractuels traditionnels : en l'espèce la clause litigieuse nous semble correcte au regard de ces derniers, d'autant que l'acheteur dispose toujours de la garantie légale[6].

213.286 Délai d'action pour inexécution de la garantie commerciale ou conventionnelle. L'action de l'acheteur contre le vendeur, en raison de l'inexécution de la garantie conventionnelle, n'est pas soumise au délai de deux ans de l'article 1648 du code civil[7]. Toutefois une stipulation peut décider du contraire.

Il semblerait logique de décider que l'acheteur doit agir pendant le laps de temps de la garantie conventionnelle ou, au minimum, avoir dénoncé le défaut durant cette période, et non selon le délai de prescription de Droit commun (cinq ans depuis la loi n° 2008-561 du 17 juin 2008[8] : C. civ., art. 2224). Quelques arrêts sont plus favorables, lui permettant d'agir après même l'expiration du délai contractuel de garantie, dès lors qu'il établit que le défaut dont il se plaint est apparu avant celle-ci[9].

De plus, lorsque le vendeur a sciemment fait traîner les choses, afin d'atteindre sans encombre l'achèvement du délai contractuel, son comportement fautif peut conduire les juges à le condamner à la réparation contractuelle[10]. Cette solution sera intéressante pour l'acheteur s'il s'agit d'obtenir une satisfaction que la garantie légale ne lui accorde pas.

Enfin, le consommateur bénéficie d'une protection particulière[11] : lorsqu'il invoque la garantie contractuelle à propos d'un bien meuble, toute période d'immobilisation de celui-ci d'au moins sept jours, pour sa remise en état, s'ajoute à la durée de la garantie qui restait à courir lors de sa demande d'intervention (ou du dépôt du bien, si celui-ci est postérieur à celle-là).

1. Civ. 1re, 5 nov. 1996, n° 93-21.762, P I, n° 386 ; *D.* 1997. Somm. 348, obs. O. Tournafond ; *RJDA* 1997, n° 190 ; *RCA* 1997, n° 27.
2. Versailles, 10 janv. 1997, *Danion, D.* 1997. 88 : de sorte qu'il fut débouté de sa demande en garantie contre le vendeur.
3. COMP. : Versailles, 16 nov. 1995, *Rover c/Vitalis, Gaz. Pal.* 1997. 1. Somm. 57 : le propriétaire d'un véhicule ne prouva pas avoir fait procéder à l'entretien aux fréquences recommandées.
4. Cons. conc. 2 oct. 1991, *Mannesmann Informatique, RJDA* 1991, n° 33 : ordonnant de supprimer des conditions générales du fabricant la clause en ce sens.
5. Pour une définition de la compatibilité v. *supra* s[s] n° 213.15.
6. V. *infra* s[s] n°s 213.287 s.
7. SUR L'ANCIEN « bref délai » [remplacé par le délai de 2 ans par l'ord. 2005-136 du 17 févr. 2005] : Req. 20 juin 1932, *DH* 1932, p. 460 – Lyon, 11 janv. 1967 *JCP* 1967. IV. 156 – Amiens, 23 janv. 1969, *JCP* 1970. IV. 216 – Com. 2 mai 1990, n° 88-15.930, P IV, n° 132 ; *RTD civ.* 1991. 136, obs. Ph. Rémy, CRIT. – Civ. 1re, 6 juill. 1999, n° 97-19.847, NP, *CCC* 1999, n° 174, obs. L. Leveneur – Civ. 1re, 22 juin 2004, n° 01-14.696, NP, *RJDA* 2004, n° 1310.
8. L. n° 2008-561, 17 juin 2008, portant réforme de la prescription en matière civile, *JO* 18 juin, p. 9856.
9. EX. : Civ. 1re, 5 juill. 1973, n° 72-11.068, P I, n° 236 ; *D.* 1974. Somm. 4.
10. COMP. : Civ. 1re, 5 juill. 1973, n° 72-11.068, préc. : le vendeur avait opposé une résistance déloyale aux demandes de son client, et procédé de mauvaise foi à des réparations inopérantes.
11. C. consom., art. L. 217-27.

§ 2
Combinaison des garanties commerciales ou conventionnelles et légales

213.287 La garantie commerciale ou conventionnelle ne s'applique que lorsqu'elle est plus favorable à l'acheteur que la garantie légale. Étant donné que la plupart des garanties conventionnelles sont de nature hybride, tantôt élargissant, tantôt restreignant la garantie légale, il convient de déterminer comment ces deux garanties se combinent.

Il est certain que *la garantie conventionnelle ne peut pas nuire à l'acheteur* : elle ne saurait que lui être favorable (dans un des aspects envisagés plus haut), en augmentant ses droits. Autrement dit l'acquéreur peut toujours invoquer la garantie légale lorsque la garantie contractuelle lui assure une protection plus faible que celle-ci [1], ou lorsqu'il n'accepte pas une des modalités de la garantie contractuelle [2]. Le Droit de la consommation est en ce sens. L'article 2 [3] du décret n° 78-464 du 24 mars 1978 [4] interdit d'une façon générale, dans les contrats conclus entre professionnels et consommateurs, la clause ayant pour objet ou pour effet de supprimer ou de réduire le droit à réparation du consommateur en cas de manquement du professionnel à l'une de ses obligations (une telle clause est considérée comme abusive au sens de l'art. L. 212-1 du C. consom. [5]). L'écrit mis à la disposition d'un acheteur relatif à la garantie commerciale [6] doit mentionner qu'elle s'applique sans préjudice du droit pour le consommateur de bénéficier de garanties légales de conformité et contre les vices cachés [7]. Que tout cela est lourd ! Ces solutions légales ne sont pas originales, car la jurisprudence les avait déjà données, dans la mesure où elle considérait (et considère toujours) comme nulles les clauses limitatives de responsabilité sauf entre professionnels de la même spécialité [8]. Or, une garantie conventionnelle moins protectrice que la garantie légale constitue incontestablement une clause limitative de « responsabilité ». En définitive, une garantie conventionnelle ne peut pas nuire à l'acheteur : elle n'est efficace que si elle augmente ses droits, tandis qu'elle est nulle dans le cas contraire.

Lorsque le juge entre en condamnation sur le fondement d'une garantie conventionnelle il doit le préciser [9].

213.288 Mise en œuvre du principe de l'application non exclusive de la garantie commerciale ou conventionnelle. Il avait été admis par la jurisprudence qu'un acheteur, qui n'avait pas respecté une condition imposée par le vendeur pour déclencher la garantie conventionnelle, pouvait invoquer les garanties légales des articles 1641 et suivants du code civil [10]. Cette solution est devenue légale. En effet, l'acheteur conserve toujours la possibilité d'invoquer la garantie légale qui lui serait plus favorable, que ce soit la garantie contre les vices cachés ou la garantie de conformité (C. consom., art. L. 217-22). De même, l'acquéreur qui a laissé passer le temps d'épreuve contractuel, ou qui constate le mauvais fonctionnement après cette période, pourra toujours utiliser la garantie légale, dès lors qu'il agit dans le délai de deux ans après la découverte du vice [11]. Ou encore, le refus du bénéfice de la garantie conventionnelle, opposé à l'acquéreur d'une machine qui s'est révélée atteinte de vices cachés, ne lui interdit pas d'invoquer les manquements du vendeur à ses obligations légales [12]. Enfin, un acheteur qui bénéficie de la garantie conventionnelle, par exemple pour faire remettre un appareil en état par le fabricant, peut en même temps obtenir la réparation des dommages corporels ou matériels causés par la chose en raison du vice dont elle était affectée. Par ce trait, les deux

1. EX. : Com. 6 juill. 1961, P III, n° 315 : quant aux délais – Com. 30 mai 1967, *Gaz. Pal.* 1967. 2, p. 79 : la garantie se limitait au remplacement des pièces défectueuses – Paris, 22 juin 2001, *Unisys France, CCÉ* 2001 n° 128 ; *LPA* 13 janv. 2003, note C. M.-R.
2. Com. 28 juin 1994, n° 92-16.083, P IV, n° 248 ; *Defrénois* 1995. 886, obs. Y. Dagorne-Labbe ; *RTD civ.* 1995. 138, obs. P.-Y. Gautier : le refus opposé par l'acheteur au remplacement de pièces défectueuses, prévues par la garantie contractuelle, ne lui interdit pas d'invoquer les manquements du vendeur à ses obligations légales, à l'appui d'une action rédhibitoire.
3. C. consom., art. R. 212-1, 6°.
4. Décr. n° 78-464, 24 mars 1978 portant application du chapitre IV de la loi n° 78-23 du 10 janvier 1978 sur la protection et l'information des consommateurs de produits et de services, *JO* 1er avr., p. 1412.
5. EX. : Colmar, 8 nov. 1996, *Citroën, Gaz. Pal.* 1997. 2, Somm. 337 : déclarant inapplicable une garantie contractuelle limitative en tant que clause abusive.
6. C. consom., art. L. 217-22.
7. C. consom., art. L. 217-22 et, pour les contenus et services numériques, C. consom., art. L. 224-25-9.
8. V. *supra* ss n° 116.26.
9. COMP. : Civ. 1re, 16 oct. 2001, n° 99-16.255, P I, n° 259 ; *D.* 2001. 3254 : cassant un arrêt s'étant contenté de relever que le constructeur devait de toutes façons répondre des conséquences de l'incendie d'une automobile, soit au titre de la garantie des vices cachés, soit à celui de la « *garantie de sécurité* » sans préciser le fondement juridique de cette dernière [qui semblait, d'après les faits, relever de la garantie conventionnelle].
10. Civ. 1re, 15 juill. 1975, n° 72-13.035, P I, n° 243.
11. SUR L'ANCIEN « bref délai » [remplacé par le délai de 2 ans par l'ord. n° 2005-136 du 17 févr. 2005] : Com. 4 juin 1969, *D.* 1970. 51 – Civ. 1re, 28 avr. 1971, n° 69-14.617, P I, n° 143 ; *JCP* 1972. II. 17280, note M. Boitard et A. Rabut – Com. 17 mai 1971, n° 69-10.748, P IV, n° 134.
12. Com. 28 juin 1994, n° 92-16.083, préc.

garanties apparaissent *complémentaires*, comme l'a excellemment écrit un auteur[1].

213.289 Conséquences d'une immobilisation du bien. Lorsque le consommateur demande au professionnel, pendant le cours de la garantie commerciale d'un bien ou de la fourniture d'un contenu ou d'un service numériques, une mise en conformité, toute période d'immobilisation ou d'indisponibilité (du bien, du contenu ou du service) suspend la garantie qui restait à courir jusqu'à la délivrance du bien remis en état ou la fourniture du contenu ou du service numérique remis en conformité. Cette période court à compter de la demande d'intervention du consommateur ou de la mise à disposition pour réparation ou remplacement du bien en cause ou du contenu ou du service numérique, si ce point de départ s'avère lui être plus favorable. Le délai de garantie est également suspendu lorsque le consommateur et le professionnel entrent en négociation en vue d'un règlement à l'amiable (C. consom., art. L. 217-28 et L. 224-25-28).

213.290 Protection de la loi personnelle. Enfin, est garantie aux consommateurs la possibilité de bénéficier de la protection de la loi de leur État transposant la directive, lorsqu'ils résident sur le territoire de l'un des États membres de l'Union européenne et lorsqu'ils concluent un contrat comportant un élément d'extranéité[2].

213.291 Remarque terminologique finale. L'opposition habituelle entre les garanties légales et les garanties conventionnelles est équivoque, en ce sens que les garanties légales sont, par certains côtés, contractuelles puisqu'elles naissent, certes *de lege*, d'un contrat. Peut-être serait-il plus exact de parler de *garantie d'ordre public due par les professionnels*, par contraste avec les garanties facultatives ou augmentatives.

1. P. Ancel, art. préc., n° 30.

2. C. consom., art. L. 232-2.

CHAPITRE

214. Contrat de vente de matériel : obligations de l'acheteur

SECTION 0
ORIENTEUR

214.00 **Sommaire du chapitre.**

Division. Outre son devoir de collaboration (v. *supra* s[s] n°s 014.31 s., 121.11 s.) et le paiement du prix (sect. 1), l'acheteur doit retirer la chose (sect. 2), la réceptionner (sect. 3) et l'utiliser de manière conforme (sect. 4).

SECTION 1
OBLIGATION DE PAIEMENT

214.11 **Obligation primordiale de l'acheteur.** L'obligation primordiale de tout acheteur est de payer le prix fixé, au moment convenu. Cependant, l'acheteur a le droit d'obtenir livraison complète de la chose, avec ses accessoires indispensables, avant de payer ou d'achever le paiement[1]. En l'absence du paiement du prix, le vendeur peut demander la résolution de la vente aux torts de l'acheteur, ou faire jouer la clause résolutoire que comportait le contrat. Il peut aussi solliciter l'octroi de dommages et intérêts, mais à la condition de démontrer l'existence d'un préjudice imputable à la faute de son cocontractant[2].

214.12 **Fixation du prix.** Le prix est fixé selon les modalités rencontrées précédemment[3]. Toutefois, lorsque le contrat est une vente, soumise au Droit français, le prix doit être déterminé dès l'origine[4], ou au moins déterminable (comme l'indique d'une façon générale pour l'objet le code civil[5])[6], sous peine de nullité absolue[7]. Les éléments de référence prévus par le contrat pour déterminer ultérieurement le prix, par exemple au moment de la livraison, ou après les essais, doivent être à la fois *précis* (pour permettre d'établir le prix sans nouvel accord des parties) et *objectifs* (c'est-à-dire ne pas dépendre de la volonté d'une des parties). Mais les parties peuvent convenir, par une clause « *à dire d'expert* », de laisser « l'estimation » du prix à un tiers[8], notamment lorsqu'elles ne parviennent pas à s'entendre. Le contrat doit définir les conditions de sa désignation, sans intervention des contractants. Selon l'article 1592 « *si le tiers ne veut ou ne peut faire l'estimation, il n'y a point de vente, sauf estimation par un autre tiers* »[9]. La qualification d'expert est inexacte, dans la mesure où, alors que les conclusions d'un expert ne sont jamais qu'un avis, une opinion, la décision du tiers de l'article 1592 s'impose absolument (sauf erreur grossière) ; en cela le contrat ressortit au mandat.

Alors quel est-il ? Serait-ce un entrepreneur, puisque tout prestataire de service qui n'est pas manda-

1. Civ. 1re, 19 nov. 1996, n° 94-18.502, P I, n° 411 ; *D.* 1997. IR 14 ; *JCP* 1997. II. 968, note J. Huet : ici il pouvait attendre la livraison d'un « modem d'émulation ».
2. Civ. 3e, 25 mai 2004, n° 03-10.231, *2000*, NP, *RJDA* 2005, n° 21, IMPL. : pas le cas.
3. V. *supra* s[s] n°s 121.71 s.
4. C. civ., art. 1591.
5. Actuel C. civ., art. 1163, al. 2.
6. Ph. le Tourneau (dir.), *Droit de la responsabilité et des contrats. Régimes d'indemnisation*, 12e éd., « Dalloz action », 2020, n°s 3361.61 s.
7. Com. 30 nov. 1983, n° 82-12.045, P IV, n° 333.
8. C. civ., art. 1592 – Ph. le Tourneau (dir.), *Droit de la responsabilité et des contrats*..., 12e éd., *op. cit.*, n° 3361.95.
9. C. civ., art. 1592, mod. par L. n° 2019-744, 19 juill. 2019, art. 37 – POUR UNE CRITIQUE de la modification de l'art. 1592 par la loi n° 2019-744 : J. Moury, « Modification prochaine de l'article 1592 du code civil : stérile, voire dangereuse », *D.* 2019. Chron. 1302.

taire est un entrepreneur ? Mais un entrepreneur en même temps mandataire. Ce contrat est donc *sui generis*, de « tiers estimateur »[1]. « *L'exigence de bonne foi n'autorise pas le juge à porter atteinte aux modalités de paiement du prix fixé par les parties, lesquelles constituent la substance même des droits et obligations légalement convenus entre les parties* »[2].

214.13 Montant du prix : l'évolution. Depuis 1965 le coût du matériel informatique se divise par deux tous les dix-huit mois (tandis que la capacité et la puissance des ordinateurs double tous les deux ans, ce qui a été énoncé par un dénommé Gordon E. Moore, d'où cette constatation est devenue la « loi de Moore »). Les fabricants eurent et ont tendance à ne répercuter qu'une partie de ces gains de productivité sur les prix de vente. Ils utilisent le surplus pour accroître leurs bénéfices, mais aussi pour augmenter la performance et la complexité des produits, qui deviennent donc moins chers et plus sophistiqués. Mais ce phénomène a permis de créer une obsolescence rapide[3], et la crainte des utilisateurs d'être « hors du coup » ; d'où leur envie de renouveler rapidement leurs appareils, toujours plus complexes, et dont bien des fonctions sont souvent inutiles pour l'utilisateur *lambda* (la durée de vie d'une machine en milieu professionnel n'est en moyenne que de trois à quatre ans en France [ce qui génère des déchets importants]). Ce phénomène a été dénoncé par certains auteurs, qui pensent néanmoins que les choses évoluent dans le bon sens, c'est-à-dire l'inverse de la politique suivie jusqu'alors[4].

SECTION 2
OBLIGATION DE RETIREMENT

214.20 Bibliographie. Thèse. J. Le Bourg, *La remise de la chose. Essai d'analyse à partir du droit des contrats*, Grenoble, 2010.

Articles. Y. Bismuth, « Pratique contractuelle. La clause de recette dans les contrats informatiques », *CCC* 2012. Fiche prat. n° 5 – G. Cordier, « La clause de recette dans les contrats informatiques : petit rappel des grands principes », *CCC* 2008/1. Fiche prat. p. 51 – O. Dorches, « La clause de réception dans les contrats informatiques et télécoms », *CCÉ* 2017. Pratique 12.

214.21 Acte matériel. L'obligation de délivrance, à la charge du vendeur, a pour complément l'obligation symétrique de retirement (acte matériel), qui incombe à l'acheteur[5] : il doit enlever les objets vendus, au temps et au lieu convenus, sauf si le contrat a chargé le vendeur (ou un transporteur) de les lui livrer. À défaut d'un terme convenu, l'acheteur devra retirer la marchandise dans un délai *raisonnable*, permettant, en cas d'abstention, de la commercialiser dans de bonnes conditions[6]. Toutefois, l'acheteur peut refuser de retirer la chose dans deux circonstances. D'abord, lorsqu'elle n'est pas exactement celle qu'il avait achetée dans son identité ou sa conformité (comp. : C. civ., art. 1343-4, al. 2, *a contrario*, issu de la réforme de 2016). Ensuite, lorsqu'elle est infectée de quelque vice qu'il aurait découvert ou qui lui aurait été dévoilé.

214.22 Inaction de l'acheteur. En présence d'un acheteur qui n'accomplit pas son obligation de

1. J. Moury, « Article 1592 du code civil : un heureux redressement de qualification », *D.* 2017. Point de vue 169.
2. Com. 19 juin 2019, n° 17-29.000, NP, *CCC* 2019, n° 151, obs. L. Leveneur ; *RTD civ.* 2019. 570, obs. H. Barbier, 2e esp. – APPLICATION D'UN PRINCIPE DÉGAGÉ par la C.de cass. en 2007 : Com. 10 juill. 2007, n° 06-14.768, P IV, n° 188 ; *D.* 2007. 2839, note Ph. Stoffel-Munck ; *D.* 2007. 2844, note P.-Y. Gautier ; *D.* 2007. Pan. 2973, obs. B. Fauvarque-Cosson ; *JCP* 2007. II. 10145, note D. Houtcieff ; *JCP E* 2007, n° 2394, note D. Mainguy et J.-L. Respaud ; *RDC* 2007. 1107, note L. Aynès ; *RDC* 2007. 1110, note D. Mazeaud ; *Dr. sociétés* 2007, n° 180, note H. Hovasse ; *CCC* 2007, n° 294, obs. L. Leveneur ; *RTD civ.* 2007. 773, obs. B. Fages ; *RTD com.* 2007. 786, obs. P. Le Cannu et B. Dondero.
3. La loi n° 2015-992 du 17 août 2015 a inséré dans le C. de la consom. un délit d'obsolescence programmée. Elle « *se définit par le recours à des techniques, y compris logicielles, par lesquelles le responsable de la mise sur le marché d'un produit vise à en réduire délibérément la durée de vie pour en augmenter le taux de remplacement* » (C. consom., art. L. 441-2, mod. par L. n° 2021-1485, 15 nov. 2021 ; la peine prévue est lourde : deux ans d'emprisonnement et 300 000 € d'amende : C. consom., art. L. 454-6, al. 1er). Cette incrimination est fâcheuse par le risque qu'elle fait courir aux fabricants, car la détermination d'une durée de vie normale est difficile à établir, de même qu'il ne sera souvent pas aisé de différencier l'obsolescence non préméditée de celle qui l'a été. La loi n° 2020-105 du 10 févr. 2020, relative à la lutte contre le gaspillage et à l'économie circulaire a renforcé la lutte contre l'obsolescence programmée par les art. L. 441-3 à L. 441-5 du C. consom., érigeant la pérennité en mot d'ordre. Ces articles consacrent un droit de l'utilisateur à faire réparer son produit hors des circuits agréés, doublé d'un droit des professionnels de la réparation de se procurer les moyens de réparer le produit, sans pour autant reconnaître à l'utilisateur le droit d'opposer au fabricant sa propre maladresse dans la réparation (selon C. Dubois et M. Leroux-Campello, « L'obsolescence programmée a des petits frères ! », *D.* 2020. Chron. 1412, relevant le manque de rigueur terminologique des textes). Trois décrets du 31 déc. 2021 (Décr. nos 2021-1943, 2021-1944, 2021-1945, 31 déc. 2021, *JO* 1er janv. 2022, textes 17, 18 et 19), pris en application de la loi du 10 févr. 2020 préc., apportent des précisions quant à la durée de disponibilité des pièces détachées, aux équipements concernés par des obligations de réparation, et aux informations à donner aux consommateurs.
4. F. de Closets et B. Lussato, *L'imposture informatique. Vive l'ordinateur simple et bon marché !*, Fayard, 2000.
5. NOT. : J. Le Bourg, th. préc., nos 129 s.
6. T. com. Bobigny, 20 oct. 1995, *Digital, Expertises* 1996, p. 281.

retirement, le vendeur dispose d'une option. Soit, il demande l'exécution forcée sous astreinte, après sommation, selon le Droit commun de la satisfaction en nature. Soit, il applique l'article 1657 du code civil, selon lequel la résolution de la vente aura lieu « de plein droit » [1] et sans sommation, au profit du vendeur, après l'expiration du terme convenu pour le retirement.

SECTION 3
OBLIGATION DE RÉCEPTION

214.31 Acte juridique unilatéral. La réception est un *acte juridique unilatéral*, déchargeant le fournisseur (sauf pour les réserves), et faisant courir le délai de garantie contre les vices cachés. Dans les contrats relatifs à l'informatique, la réception est souvent désignée par le mot de *recette*, mauvaise transcription de l'anglais *receipt* (qui s'est acclimaté en français, au XIXe siècle, pour la réception des navires ; son emploi est d'autant plus fâcheux que les anglophones utilisent plutôt, en dehors de ce dernier domaine, le mot *acceptance*). Il est fréquent que le procès-verbal de réception (*acceptance memorandum*) – qui est un acte juridique – consigne en même temps la livraison (acte matériel). Dans les contrats de quelque importance une clause spécifique porte sur la réception [2]. Elle est parfaitement licite, à condition qu'elle n'établisse pas une présomption irréfragable au profit de l'une des parties [3].

Il est parfois convenu que la signature par le client du « rapport d'intervention » du prestataire à la mise en service du matériel vaut procès-verbal de réception [4]. Un simple procès-verbal de prise en charge (par exemple par le preneur alors que le matériel donne lieu à un contrat de crédit-bail) ne vaut pas réception [5].

214.32 Acte unique ou pluralité d'actes. Juridiquement, la réception est un *acte unique*, pour l'ensemble d'une commande, sauf stipulation contraire expresse. Or, la pratique, dans les contrats de fourniture de systèmes informatiques, recourt souvent à des réceptions fractionnées et provisoires, précédant la réception définitive qui n'interviendra qu'après des tests satisfaisants de fonctionnement [6]. La première réception vaut réception complète (sauf précision contraire) et fait courir la garantie légale. Il est d'autant plus prudent de stipuler l'inverse qu'une réception partielle ne peut pas préjuger d'une satisfaction sur le fonctionnement global [7]. Les parties peuvent déroger expressément ou tacitement au principe d'unicité de la réception ; de plus, la réception partielle par lots n'est pas exclue lorsque plusieurs lots font l'objet d'un seul marché [8].

214.33 Réception amiable ou judiciaire. La réception intervient à la demande de la part de la plus diligente, soit à l'amiable, soit judiciairement (v. en matière immobilière C. civ., art. 1792-6, al. 1er). Lorsqu'elle est *amiable*, elle n'est soumise à aucun formalisme, mais elle doit être contradictoire [9]. Elle suppose la coopération du client : la *bonne foi* contractuelle lui impose de faciliter la tâche du fournisseur et, notamment, de parvenir à la réception définitive dans la période de garantie qui avait été convenue. Dans un contrat important, le maître de l'ouvrage se fait parfois assister par un tiers spécialiste (*Tierce Recette Applicative*, ou TRA). La procédure et les modalités de la réception donnent parfois lieu à des clauses détaillées dans le contrat [10].

Lorsqu'elle est *judiciaire*, le tribunal ne doit pas méconnaître le caractère spécifique de la réception, qui se traduit par la volonté du client de recevoir celui-ci, parce qu'il est achevé, conforme et sans vices apparents. D'où, pour prononcer la réception, un tribunal doit vérifier si la chose est achevée (en principe), conforme aux prévisions contractuelles (*due diligence*) et aux règles de l'art (*in accordance with recognized professional standards*). La jurisprudence a admis que la réception pouvait être *tacite*, à condition d'établir la volonté non équivoque du

1. M. Tirel, *L'effet de plein droit*, préf. D. R. Martin, « NBT », Dalloz, 2018, montre que le régime juridique des mécanismes de plein droit n'est jamais gouverné par l'automaticité – ADDE sur l'expression : C. Atias, « De plein droit », *D.* 2013. 2183 ; J.-B. Seube, « De plein droit dans la réforme ! », dans *Mél. J. Huet*, LGDJ, 2017, p. 351 s.
2. V. les arts. préc. de : Y. Bismuth, « Pratique contractuelle. La clause de recette dans les contrats informatiques » ; G. Cordier, « La clause de recette dans les contrats informatiques : petit rappel des grands principes » ; O. Dorches, « La clause de réception dans les contrats informatiques et télécoms ».
3. SOLUTION INÉDITE : Com. 6 déc. 2017, n° 16-19.615, P IV, n° 159 ; *AJ contrat* 2018. 37, obs. T. Douville ; *D.* 2018. 327, note G. Lardeux ; *RDC* 2018. 205, obs. J. Klein ; *RTD civ.* 2018. 123, obs. H. Barbier : solution qui semble une application par anticipation de l'art. 1356, al. 2, du code civil (ord. n° 2016-131, 10 févr. 2016).
4. C'était le cas dans l'aff. ayant donné lieu à Com. 22 janv. 2008, n° 06-12.341, NP.
5. Paris, 17 nov. 1995, *Expertises* 1996, p. 160.
6. Douai, 13 févr. 1986, *Olivetti c/Valengros, JurisData* 040776.
7. Com. 15 oct. 1991, n° 90-10.562, NP, *JCP E* 1992. I. 141, n° 12, obs. M. Vivant et A. Lucas (sur la réception des logiciels aussi : v. *infra* s^s n° 232.11).
8. Civ. 3e, 5 nov. 2020, n° 19-10.724, NP, *RDI* 2021. 106, note C. Charbonneau.
9. Civ. 3e, 7 mars 2019, n° 18-12.221, P ; *RDI* 2019. 334, obs. B. Boubli : la réception prononcée en présence du maître de l'ouvrage et du maître d'œuvre, alors que l'entrepreneur avait été valablement convoqué, est contradictoire.
10. NOT. : Y. Bismuth, fiche préc., avec un ex. de clause – G. Cordier, *CCC* 2008/1. Fiche préc.

maître de l'ouvrage de recevoir celui-ci, que les juges du fond doivent relever[1]. Le simple paiement intégral des travaux ne caractérise pas la volonté de les recevoir[2].

214.34 Effets de la réception. La réception vaut *décharge de responsabilité* par l'acheteur des défauts de conformité contractuels apparents et des vices apparents (et seulement ceux-ci[3]), s'ils n'ont pas donné lieu à des réserves[4]. Les vices apparents sont couverts par la réception sans réserve. Le caractère apparent ou caché d'un vice ou d'un défaut de conformité s'apprécie au regard du *seul vendeur*. En Droit commun, la réception fait courir les délais des diverses garanties légales.

214.35 Particularité de la vente à l'essai. La *vente à l'essai* est une vente sous condition suspensive[5], permettant à l'acheteur potentiel d'utiliser le bien pendant un certain temps afin d'en éprouver les qualités. Il en résultait que, tant que la condition ne s'était pas réalisée, les risques pesaient sur le vendeur (C. civ., anc. art. 1182, al. 1er[6]). Mais l'article 1304-6, alinéa 2, du code civil, n'a maintenu cette solution que si les parties ont prévu que l'accomplissement de la condition aura un effet rétroactif à compter du jour auquel l'engagement a été contracté : dans ce cas, la chose, objet de l'obligation, demeure aux risques du débiteur, « *qui en conserve l'administration et en perçoit les fruits jusqu'à l'accomplissement de la condition* ». Elle devient parfaite si, à l'expiration du délai d'essai, l'acheteur n'a pas manifesté sa volonté de ne pas conserver le bien[7] (décision qu'il est libre[8]). Sinon, le silence de l'acheteur laisse présumer que l'essai a été satisfaisant. Lorsque la *vente à l'essai* est sous condition d'agrément par l'acquéreur, le contrat doit prévoir les conditions et délais de l'essai, au terme duquel le client doit rendre le matériel ou l'acheter, sauf à en devenir locataire tacitement[9]. Le mécanisme correspond assez bien à une incombance sanctionnée[10] par une déchéance[11].

SECTION 4
OBLIGATION D'UTILISATION CONFORME

214.41 Condition pour que l'acheteur ne soit pas débouté de son action contre le vendeur. L'acheteur est tenu par ce qu'il est possible de désigner par l'expression (inhabituelle) d'utilisation conforme, du moins s'il veut pouvoir agir contre le fournisseur en présence d'une défaillance du matériel acheté. Nous entendons par là qu'il doit respecter non seulement les conditions d'utilisation indiquées par le fournisseur, mais aussi l'entretenir selon les consignes reçues[12].

1. COMP. : Civ. 3e, 13 déc. 1995, n° 92-11.637, P III, n° 255 ; *RDI* 1996. 223, obs. Ph. Malinvaud et B. Boubli : pas le cas en matière immobilière, le maître de l'ouvrage, qui avait pris possession des lieux, n'ayant cessé d'émettre des réserves.
2. Civ. 3e, 30 sept. 1998, n° 96-17.014, P III, n° 175 ; *Gaz. Pal.* 1999. 1. Pan. 5.
3. Com. 23 oct. 2012, n° 11-23.511, NP – DANS UN AUTRE DOMAINE : Com. 12 juill. 2017, n° 16-11.443, NP, *RJDA* 2017, n° 705.
4. À PROPOS d'un contrat de location de caméras de vidéo-surveillance : Aix-en-Provence, ch. 8 A, 6 janv. 2011, RG n° 2011/9 – d'une location de matériel de téléphonie : Paris, pôle 5, ch. 10, 6 avr. 2011, RG n° 09/22843.
5. C. civ., art. 1588.
6. Dijon, 10 avr. 2003, *JCP E* 2003. Pan. n° 1453 : condition pas réalisée ; vente « dépourvue d'effet ».
7. Civ. 1re, 13 oct. 1998, n° 96-19.611, P I, n° 304 ; *D.* 1998. IR 250 ; *CCC* 1998, n° 161, obs. L. Leveneur ; *RTD civ.* 1999. 376, obs. J. Mestre.
8. H. Boucard, *L'agréation de la livraison dans la vente. Essai de théorie générale*, préf. Ph. Rémy, « BDPr », LGDJ, 2005, n° 12.
9. Com. 12 nov. 1996, n° 94-19.766, NP, *Expertises* 1997, p. 35, obs. B. Richard.
10. Sur la notion d'incombance v. *supra* ss n° 213.00.
11. B. Freleteau, *Devoir et incombance en matière contractuelle*, préf. L. Santonie-Laguionie, « BDPr », LGDJ, 2017, n° 170.
12. COMP. : T. com. Paris, 19 févr. 1999, *Factory Mutuel, Gaz. Pal.* 2001. 1, Somm. 362 : rendu dans un autre domaine.

CHAPITRE

215. Contrat de location de matériel : généralités

SECTION 0

ORIENTEUR

215.00 **Sommaire du chapitre.**

SECTION UNIQUE

ÉTUDE D'ENSEMBLE

215.11 **Généralités.** La location de matériel existe dans le domaine de l'informatique, comme dans les autres, surtout pour les entreprises, qui louent parfois aussi bien leurs ordinateurs que leurs *systèmes* informatiques (matériels, progiciels et logiciels [1]). Les rédacteurs du code civil n'ont songé qu'au bail d'immeuble ; mais ces dispositions s'appliquent, en tant que de raison, aux baux mobiliers.

Plusieurs raisons justifient le recours à la location [2]. Cumulées, elles expliquent le développement considérable de la location, constaté depuis quelques années pour le matériel informatique, du moins par les entreprises (il est avancé que près de 50 % du matériel informatique des entreprises serait loué).

215.12 **Location de courte durée.** Parfois, la location est simplement *provisoire*, éventuellement de très courte durée (48 heures), pour remplacer un appareil tombant en panne au milieu d'un travail urgent, ou bien pour répondre à un besoin pressant et imprévu (résultant par exemple de l'augmentation soudaine de l'activité), et encore lors de salons ou foires.

1. Amiens, 27 juill. 2004, *Espace Info-Com c/Avenir Patrimoine, CCÉ* 2005, n° 70, obs. Ph. Stoffel-Munck.
2. V. *infra* s[s] n°s 215.14 s.

215.13 **Location de longue durée.** La location est souvent d'assez longue durée. Étant donné les évolutions rapides des appareils numériques de plus en plus d'entreprises, notamment d'ETI et de PME, louent leurs équipements. Or, étant donné l'obsolescence rapide du matériel dans ce domaine, il a été jugé avec une audace contestable que, lorsque les biens loués sont amortis à la fin de la période contractuelle de location, le bail se transforme en location financière avec option d'achat, malgré la clause prévoyant la prorogation du contrat initial [3].

Certaines sociétés, dont la banque *BNP Paribas*, se sont lancées dans ce qui est parfois nommé « l'économie circulaire », consistant à acheter des appareils numériques qu'elles louent ensuite pour une longue durée, à l'issue de laquelle elles les recyclent après les avoir reconditionnés [4].

215.14 **Location conçue comme mode de gestion.** Tantôt la location est comprise comme un *mode de gestion* de l'entreprise, évitant des immobilisations importantes (ou la multiplicité des intervenants du crédit-bail), allégeant l'assiette du calcul de la contribution économique territoriale (CET) [5] et, surtout, permettant d'échapper à l'obsolescence si rapide dans ce secteur d'activité (de 6 à 48 mois [6]).

3. Com. 28 janv. 2003, n° 99-20.137, NP, *CCÉ* 2003, n° 52, obs. Ph. Stoffel-Munck, CRIT. : cet arrêt se fonde sur l'appréciation souveraine (mais divinatoire) de la commune intention des parties.
4. SUR LE RECONDITIONNEMENT V. aussi *supra* s[s] n° 011.50.
5. La contribution économique territoriale (CET), ayant remplacé en 2010 la taxe professionnelle.
6. La loi n° 2015-992 du 17 août 2015 a inséré dans le code de la consommation un délit d'obsolescence programmée. Elle « *se définit par le recours à des techniques, y compris logicielles, par lesquelles le responsable de la mise sur le marché d'un produit vise à en réduire délibérément la durée de vie pour en augmenter le taux de remplacement* » (C. consom., art. L. 441-2, modifié par L. n° 2021-1485, 15 nov. 2021 ; la peine prévue est lourde : deux ans ►

Les contrats de location sont en moyenne de trois ans. Mais ils comportent généralement une clause *d'évolution* (telle est la location dite évolutive), qui permet au client de renouveler au bout d'un certain temps tout ou partie de son parc, notamment pour bénéficier des nouveautés (souvent sans augmentation du loyer), ou d'adopter des configurations et des périphériques nouveaux, en fonction des besoins qui sont apparus. Généralement, un délai est prévu (de 15 à 20 mois) au bout duquel le locataire peut, sans surcoût (pendant les deux à trois ans à venir), obtenir un renouvellement pour un pourcentage déterminé de son matériel (de 50 à 60 %). Dans une telle location évolutive le loyer est évidemment assez élevé (relativement) : son montant annuel peut atteindre jusqu'à 50 % de la valeur du matériel en cause (mais la tendance est à la baisse). La location n'est cependant acceptée par les loueurs (constructeurs ou ESN spécialisées) que pour des entreprises ayant un parc d'au minimum plus d'une dizaine de postes.

215.15 Location conçue comme mode de gestion, surtout dans le crédit-bail. Tantôt la location est en réalité un *mode de financement* : telle est la location-vente ou le crédit-bail (assorti d'une promesse unilatérale de vente). Le *crédit-bail* comporte d'abord une vente entre un fournisseur et le bailleur, puis une location entre celui-ci et l'utilisateur[1], avec promesse de vente ou option d'achat au profit de ce dernier (qui est un élément légalement indispensable à la qualification du contrat[2]). Le bailleur (finançant l'opération) donne presque toujours mandat à l'utilisateur-locataire (et mandataire) d'acheter lui-même le matériel ; de plus, il lui cède la créance en garantie des vices cachés contre le vendeur[3].

L'établissement de crédit conclut souvent avec le fournisseur un accord en vertu duquel, soit celui-ci se chargera de vendre le bien loué, soit le reprendra[4]. De telles dispositions évitent que l'équipement ou le local restent en fin de bail à la charge de l'établissement financier, qui n'a pas les compétences pour s'en occuper. Cette situation peut se présenter au terme du contrat lorsque le preneur n'a pas levé l'option, ou lorsqu'il ne bénéficiait pas de cette possibilité ; elle existe aussi en présence d'un contrat résilié avant terme à la suite d'une défaillance du preneur.

215.16 De l'indivisibilité de la vente et de la location dans le crédit-bail. La jurisprudence déduisit, après des hésitations, que la *résolution* de la vente entraîne nécessairement la *résiliation* du contrat de crédit-bail, sous réserve des clauses ayant précisément pour objet de régler les conséquences de cette résiliation[5]. Pour la même raison (l'indivisibilité), le locataire est en droit de refuser de payer le loyer au crédit bailleur, en invoquant l'exception d'inexécution, lorsque le fournisseur de l'installation n'a pas exécuté ses obligations[6], alors que le manquement

▶ d'emprisonnement et 300 000 € d'amende : C. consom., art. L. 454-6, al. 1er). Cette incrimination est fâcheuse par le risque qu'elle fait courir aux fabricants, car la détermination d'une durée de vie normale est difficile à établir, de même qu'il ne sera souvent pas aisé de différencier l'obsolescence non préméditée de celle qui l'a été – La loi n° 2020-105 du 10 févr. 2020, relative à la lutte contre le gaspillage et à l'économie circulaire a renforcé la lutte contre l'obsolescence programmée par les art. L. 441-3 à L. 441-5 du C. consom., érigeant la pérennité en mot d'ordre. Ces articles consacrent un droit de l'utilisateur à faire réparer son produit hors des circuits agréés, doublé d'un droit des professionnels de la réparation de se procurer les moyens de réparer le produit, sans pour autant reconnaître à l'utilisateur le droit d'opposer au fabricant sa propre maladresse dans la réparation (selon C. Dubois et M. Leroux-Campello, « L'obsolescence programmée a des petits frères ! », *D.* 2020. Chron. 1412, relevant le manque de rigueur terminologique des textes). Trois décrets du 31 déc. 2021 (Décr. nos 2021-1943, 2021-1944, 2021-1945, 31 déc. 2021, *JO* 1er janv. 2022, textes 17, 18 et 19), pris en application de la loi du 10 févr. 2020 préc., apportent des précisions quant à la durée de disponibilité des pièces détachées, aux équipements concernés par des obligations de réparation, et aux informations à donner aux consommateurs.

1. Paris, 25e ch. A, 24 juin 2009, RG n° 07/2935, *RJDA* 2009, n° 1028.
2. Com. 18 déc. 2001, n° 99-17.358, NP, *CCC* 2002, n° 56, obs. L. Leveneur.
3. Paris, 5 mars 1996, *Expertises* 1996, p. 279 – Com. 4 juin 1996, n° 94-14.768, P IV, n° 156 ; *D.* 1996. 630, note M. Billiau ; *RJDA* 1996, n° 1223 : à propos d'un « banc de contrôle électronique ».
4. POUR DES EX. de clauses à cet effet : D. Pigot, « Crédit-bail. Engagement de reprise par vente ou par location », *JCP E* 2000. 70.
5. Cass., ch. mixte, 23 nov. 1990, n° 88-16.883, *Bull. ch. mixte*, n° 3 ; *D.* 1991. 121, note C. Larroumet ; *RTD civ.* 1991. 360, obs. Ph. Rémy, 3e esp. : à propos de matériel informatique – Pau, 12 nov. 1997, *New co, Gaz. Pal.* 1999. 1, Somm. 196 : indivisibilité entre les contrats de crédit-bail et de maintenance – Com. 16 nov. 1999, n° 97-14.084, NP, *RJDA* 2000, n° 1, 2e esp. : Contrat d'accès à un réseau télématique et crédit-bail – Civ. 1re, 3 avr. 2002, n° 00-12.508, NP, *CCÉ* 2002, n° 131, obs. L. Grynbaum et Ph. Stoffel-Munck : rappelant que le contrat de crédit-bail est résilié et non pas annulé – COMP. : Com. 15 juin 1999, n° 97-12.122, NP, *D.* 2000. Somm. 357, obs. D. Mazeaud ; *CCC* 1999, n° 173, obs. L. Leveneur ; *JCP E* 2000. 802, note A. Constantin, 1re esp. : résiliation du contrat de bail à la suite de la liquidation judiciaire de la société de télécommunications, avec lequel il était indivisible – SUR les clauses aménageant l'après-contrat : G. Virassamy, « Les clauses contractuelles aménageant l'après-contrat de crédit-bail résolu ou résilié », *JCP E* 1992. I. 137 (aussi : v. *supra* ss nos 013.12 s.).
6. Com. 15 oct. 1996, n° 94-18.903, NP, *RJDA* 1997, n° 1 : le contrat conclu entre le fournisseur et le locataire, et entre celui-ci et la société de financement bailleresse, constitue une opération globale, générant des droits et obligations interdépendants.

présente une certaine gravité[1]. D'une façon, plus générale, il est désormais admis que la résolution de l'un des contrats de l'ensemble de l'opération du crédit-bail justifie la résiliation de celui-ci[2]. De plus, la jurisprudence a décidé que la nullité du contrat de vente peut entraîner la caducité[3] du prêt destiné à en financer le prix, mais ne libère pas la caution[4].

215.17 Cession-bail, variante du crédit-bail. La cession-bail (*lease-back*) est une variante du crédit-bail. Elle permet le refinancement d'un bien : Une entreprise possédant un bien, et qui désire des fonds, pourra obtenir ceux-ci en gardant la jouissance du premier. En effet, le « crédit-preneur » le vend à un établissement financier ; mais celui-ci le lui loue immédiatement, tout en lui consentant une promesse unilatérale de vente. Le but de l'opération est d'obtenir des fonds : ceux-ci sont constitués par le prix de la vente. Le contrat peut prévoir un engagement de l'acheteur-bailleur d'exécuter des travaux que le crédit-preneur lui remboursera par le versement de « pré-loyers ». Ce procédé est surtout connu et utilisé pour les immeubles, mais il est possible pour des meubles, sans que l'usage emploie à leur propos l'expression de cession-bail. Lorsque ce contrat porte sur des meubles, l'établissement de crédit, qui les achète à leur actuel propriétaire auquel elle les louera, n'est pas tenu de rechercher l'existence d'une clause de réserve de propriété au profit du vendeur antérieur[5].

215.18 Location conçue comme modes de gestion et de financement. La location peut constituer enfin *à la fois* un mode de gestion et un mode de financement : C'est la figure, encore peu répandue, mais qui existe, du *crédit-bail évolutif*.

215.19 Contrat dit de réservation et promesse de bail. Le contrat de bail est parfois précédé d'un contrat dit de réservation et, plus rarement, d'une promesse, soit unilatérale soit synallagmatique. La *promesse synallagmatique* de bail « *vaut bail* »[6], du moins si les éléments essentiels à la validité de ce contrat sont bien déterminés[7].

1. Com. 29 janv. 2013, n°s 11-28.576 et 11-28.979, NP, *CCC* 2013, n° 74 ; *RDC* 2013. 907, note O. Deshayes.
2. Com. 15 juin 1999, n° 97-12.122, préc. – Com. 15 févr. 2000, n° 97-19.793, P IV, n° 29 ; *D.* 2000. Somm. 364, obs. Ph. Delebecque ; *RTD civ.* 2000. 325, obs. J. Mestre et B. Fages : résiliation en 1er du contrat d'exploitation avec une société de publicité pour la diffusion d'images dans une pharmacie, à l'aide d'un matériel spécifique – Com. 25 avr. 2001, n° 98-19.718, NP, *RJDA* 2001, n° 898 : résolution du contrat de vente d'un matériel non conforme, et résiliation consécutive du contrat de crédit-bail dont il est l'objet.
3. Sur la caducité v. *supra* s^{s} n° 013.18.
4. Civ. 1re, 1er juill. 1997, n° 95-15.642, P I, n° 224 ; *Defrénois* 1997, n° 36681, note L. Aynès ; *RJDA* 1997, n° 1511 : revenant sur sa position antérieure.
5. À PROPOS de matériel informatique : Com. 19 nov. 2002, n° 01-03.484, NP, *RJDA* 2003, n° 424.
6. Civ. 3e, 28 mai 1997, n° 95-17.953, *Nasa,* P I, n° 116 ; *JCP E* 1997. Pan. 782.
7. Civ. 3e, 30 juin 1999, n° 97-20.402, NP, *RJDA* 1999, n° 886 : promesse ne valant pas bail, car pas d'accord sur le prix.

CHAPITRE

216. Contrat de location de matériel : obligations du bailleur

SECTION 0
ORIENTEUR

216.00 Sommaire du chapitre.

Division. Diversité. Tout contrat relatif à l'informatique comprend une obligation de renseignement, voire une obligation de conseil : la location comme les autres[1]. De plus, le bailleur est tenu de délivrer (sect. 1) et d'entretenir l'appareil (sect. 2), ainsi que de le garantir (sect. 3). Enfin, il est responsable des conséquences dommageables du défaut de la chose louée, lorsqu'elle « *n'offre pas la sécurité à laquelle on peut légitimement s'attendre* »[2] ; en effet, le bailleur est tenu à cet égard en tant qu'auteur d'une nouvelle « mise en circulation »[3]. Mais les loueurs indépendants de matériel informatique proposent désormais à leurs clients tous les services imaginables liés au poste de travail (pour cette raison, nous ne les étudierons pas spécialement ici).

SECTION 1
OBLIGATION DE DÉLIVRANCE

216.11 Obligation de délivrer le bien en bon état, mais supplétive de volonté. Comme le vendeur, le bailleur est tenu de délivrer le bien loué[4]. Il s'agit d'une obligation de *résultat* (concept ignoré par le C. civ., même depuis la réforme de 2016[5]). Le bailleur doit donc mettre à la disposition du locataire, à la date convenue, l'appareil loué, avec ses accessoires (y compris les précautions à prendre et les modes d'emploi en français des appareils). En matière immobilière, l'article 1720 du code civil précise que la chose doit être délivrée « *en bon état de réparation de toute espèce* » ; cette disposition a été étendue à juste titre aux locations mobilières[6]. Mais le locataire peut y renoncer, car règle n'est pas d'ordre public[7]. En pratique, la clause par laquelle le locataire déclare *bien connaître la chose et la prendre en l'état* est presque toujours stipulée. En revanche, le bailleur ne pourrait pas se dispenser de délivrer le bien. L'obligation de délivrance, exécutée en un trait de temps, se prolonge par l'obligation négative de ne pas changer la consistance du bien loué durant toute la durée du contrat[8]. Sauf clause précise en ce sens, le bailleur n'est pas tenu de fournir un matériel neuf, dès lors que celui qu'il a délivré *d'occasion* assure les services attendus. Les contrats de crédit-bail prévoient généralement que l'obligation de délivrance du bailleur se réduit au paiement du fournisseur, qu'il effectue sur présentation du procès-verbal de réception signé sans réserves par le locataire (mandataire).

1. COMP. : Paris, 3 avr. 2002, *Kiloutou, RJDA* 2002, n° 978 : un professionnel de la location de matériel aurait dû porter à la connaissance du locataire que le matériel n'était pas assuré, et qu'il lui appartenait de prendre les dispositions nécessaires à ce titre – MAIS L'OBLIGATION d'information n'impose pas au loueur d'indiquer au locataire qu'il a la possibilité d'acquérir le matériel informatique loué à la fin de la période de location : Com. 3 mars 2004, n° 01-01.544, NP, *Expertises* 2004, p. 270.
2. C. civ., art. 1245-3, al. 1er.
3. C. civ., art. 1245-6 (sur ces notions v. *supra* ss nos 212.51 s.).
4. C. civ., art. 1719, 1°.
5. V. *supra* ss n° 014.14.
6. EX. : Versailles, 16 janv. 1998, *Centre de radiologie, JCP E* 1998. Pan. 729 ; *Gaz. Pal.* 1999. 1. Somm. 13 : le bailleur n'a pas assuré la jouissance paisible de la chose louée, en ne vérifiant pas la conformité du matériel livré.
7. Civ. 3e, 30 juin 1999, n° 97-15.913, NP, *RJDA* 1999, n° 891.
8. C. civ., art. 1723.

SECTION 2
OBLIGATION D'ENTRETIEN

216.21 Obligation d'effectuer les grosses réparations. En cours de bail, selon le Droit commun le propriétaire a une obligation d'entretien, consistant à effecteur les réparations autres que locatives[1], c'est-à-dire les *grosses réparations*. Cette disposition n'étant pas d'ordre public, elle est souvent écartée par les contrats. Il est évident qu'il ne saurait être tenu de réparer les appareils détériorés par le fait du locataire. La jurisprudence tend à confondre, en matière informatique, cette obligation d'entretien avec la garantie contre les vices. Au demeurant, en présence d'un *système* loué (comprenant le matériel et les logiciels), le contrat inclut nécessairement une obligation de maintenance, sans qu'il soit besoin d'une clause particulière.

SECTION 3
OBLIGATIONS DE GARANTIE

216.30 Plan. Deux garanties. L'obligation de garantie se dédouble, comme dans la vente, entre la garantie contre l'éviction (§ 1), et la garantie contre les vices cachés (§ 2), la principale en pratique.

§ 1
Garantie contre l'éviction

216.41 Conséquence de l'obligation de délivrance. Le bailleur doit s'abstenir de tout fait personnel qui perturberait la jouissance de son locataire[2] : c'est une conséquence de son obligation de délivrance. Il lui est ainsi interdit de causer un trouble par un acte juridique. Le propriétaire ne répond pas des *faits* émanant des tiers[3] ; la raison en est qu'ils présentent pour lui le caractère d'événements de force majeure. Mais le bailleur garantit le preneur des troubles de *droit* causés par des tiers, s'il en a été informé[4]. Ainsi, il est tenu d'agir en contrefaçon contre quiconque viole les droits du licencié.

1. C. civ., art. 1720, al. 2.
2. C. civ., art. 1719, 3°.
3. C. civ., art. 1725 – Civ. 3e, 25 mars 1998, n° 96-10.119, P III, n° 73 ; *JCP E* 1998. II. 1042, note A. Djigo : vol par un autre copropriétaire – CONTRA : Toulouse, 23 mars 1999, *Sté européenne de protection, JCP E* 1999. Pan. 1702 : vol, mais parce que le règlement intérieur du centre commercial, annexé au contrat, prévoyait des rondes de nuit par des gardiens, qui n'ont pas été effectuées.
4. C. civ., art. 1725.

§ 2
Garantie contre les vices cachés

216.51 Étendue. Le bailleur garantit le preneur contre le mauvais fonctionnement des appareils loués[5], et contre leurs vices cachés qui empêchent l'usage de la chose, n'eussent-ils pas été connus de lui lors du bail (qui sont appelés *les risques de développement*), quelle que soit l'époque de leur naissance[6] (vices rédhibitoires). Le juge peut rejeter la demande en résolution tout en allouant éventuellement une indemnité au locataire[7], en présence d'un manquement peu important ou temporaire ; il a encore la possibilité de ne prononcer qu'une résolution partielle[8]. Contrairement à la garantie dans la vente, les clauses contraires sont licites, même de la part d'un professionnel, selon les règles habituelles des clauses sur la responsabilité, à condition qu'elles soient expresses. Telle n'est pas le cas de celle qui indique que le matériel loué est « *réputé en bon état de marche et d'entretien* » : Elle n'interdit pas au locataire de se prévaloir de la garantie[9].

En revanche, le bailleur ne saurait être responsable de l'insuffisance du matériel loué par un client, compétent en la matière, et qui a imposé ses spécifications[10]. De même, il ne répond ni des cas de force majeure, ni des vices apparents, l'appréciation s'opérant *in concreto*.

Dans le contrat de *crédit-bail*, le bailleur transfère le plus souvent le bénéfice de la garantie contre les vices cachés au locataire ; subrogé aux droits du bailleur dans ses rapports avec le fournisseur, il doit agir directement et exclusivement contre celui-ci en cas de vice caché[11].

5. Amiens, 27 juill. 2004, *Espace Info-Com c/Avenir Patrimoine*, préc.
6. C. civ., art. 1721.
7. Com. 11 déc. 2012, n° 11-25.493, P IV, n° 228 ; *D.* 2013. 12 ; *JCP* 2013, n° 5, Doctr. 124, n° 10, obs. P. Grosser : à propos d'un système de géolocalisation.
8. COMP. : Civ. 3e, 3 mai 2007, n° 06-11.591, P III, n° 67 ; *D.* 2007. 2068, note J. Rochfeld ; *D.* 2007. 1335, obs. Y. Rouquet ; *D.* 2008. 247, obs. Y. Picod, Y. Auguet, M. Gomy, V. Valette-Ercole et S. Robinne ; *D.* 2008. 1645, obs. L. Rozès ; *JCP E* 2007. 2009, note F. Auque ; *CCC* 2007, n° 181, obs. M. Malaurie-Vignal ; *RDC* 2007. 1210, note J.-B. Seube ; *Defrénois* 2008. 1940, note C. Boulogne-Yang-Ting : en raison d'une défaillance d'un bailleur, résolution partielle du contrat (résolution de la clause de non-concurrence).
9. Rouen, 23 mai 2002, *Alfagomma Sud, RJDA* 2002, n° 1265.
10. Com. 4 juill. 1995, n° 93-18.871, NP, *Expertises* 1995, p. 436.
11. V. *supra* ss n° 213.82.

CHAPITRE

217. Contrat de location de matériel : obligations du locataire

SECTION 0 ORIENTEUR

217.00 Sommaire du chapitre.

Division. Le locataire a trois obligations essentielles, relatives à l'usage de la chose (sect. 1), à sa conservation (sect. 2) et à sa restitution (sect. 3).

217.05 Diversité des obligations du locataire. La principale obligation du preneur, contrepartie de l'obligation de délivrance qui pèse sur le bailleur, est de payer le *loyer* (parfois appelé redevance). Celui-ci peut être indexé (en respectant les conditions du C. mon. et fin, art. L. 112-1). La clause de révision de prix peut prendre en compte divers éléments[1]. Mais les augmentations de la redevance ne peuvent être décidées unilatéralement par le bailleur[2]. En dehors de l'obligation de s'acquitter du loyer, le locataire a trois obligations essentielles, relatives à l'usage de la chose, à sa conservation et à sa restitution. Des obligations accessoires peuvent être convenues ; ainsi le contrat peut prescrire au locataire de souscrire une assurance, avec ou sans franchise, dont l'irrespect constitue une défaillance entraînant son obligation de réparer l'intégralité du dommage qui surviendrait aux biens loués[3].

SECTION 1 UTILISER

217.11 User de la chose raisonnablement. Le code civil donne deux directives au locataire quant à l'usage de la chose[4]. Premièrement, il doit user de la chose louée « raisonnablement »[5], en « bon père de famille » selon l'ancienne formule de l'article 1728 du code civil, ou, le cas échéant, en bon professionnel. Il doit donc assurer au système un environnement conforme à son utilisation normale (stabilisation du courant, électricité statique...), et ne pas s'opposer aux vérifications du bailleur. Cette consigne est complétée par celle de l'article 1732, en vertu duquel le locataire répond des pertes et dégradations pour *abus de jouissance*, dont il peut cependant être déchargé en prouvant qu'il n'a point commis de faute[6].

217.12 User de la chose selon sa destination. La seconde directive de l'article 1728 du code civil est d'user de la chose selon la *destination* qui lui a été donnée par les parties, soit expressément (par exemple pour un usage privé et pas professionnel, ou vice versa), soit implicitement. Dans ce dernier cas, les juges rechercheront, d'après les circonstances, quelle était la commune intention des parties, non seulement dans les termes employés par elles, mais encore dans leur comportement ultérieur de nature à la manifester. L'obligation de respecter la destination est renforcée par celle de ne pas modifier la substance de la chose : il ne peut procéder à aucune transformation importante sans demander l'autori-

1. V. *supra* s[s] n°s 121.130 s.
2. Versailles, 27 janv. 2000, *Socetat, RJDA* 2000, n° 859 ; *RTD civ.* 2000. 570, obs. J. Mestre et B. Fages : en l'esp. le bailleur d'un matériel téléphonique n'avait pas appliqué la clause de révision prévue par le contrat, mais avait notifié des avenants aboutissant à une hausse de plus de 100 % en huit ans, pour une installation de plus en plus démodée.
3. COMP. À PROPOS d'un avion : T. com. Nanterre, 25 mai 1998, *RFD aérien* 1999, p. 450.
4. C. civ., art. 1728, 1° ; art. mod. par L. n° 2014-873, 4 août 2014, art. 26.
5. RÉD. : L. n° 2014-873, 4 août 2014 pour l'égalité réelle entre les femmes et les hommes, *JO* 5 août, p. 12949, art. 26.
6. Com. 21 févr. 1995, n° 92-15.562, NP, *RJDA* 1995, n° 839 : perte à la suite d'un attentat, à propos de la location de matériel de travaux publics.

sation du loueur, même s'il s'agit d'une amélioration.

SECTION 2
CONSERVER

217.21 Obligation d'effectuer les petites réparations. Le preneur est tenu par une obligation de conservation de la chose. Elle se traduit d'abord par la charge qui pèse sur lui des *menues réparations* dites, en matière immobilière, locatives[1], mais qui existe aussi en matière mobilière, comme d'entretenir un appareil.

Toutefois, aucune réparation locative n'est due quand la détérioration résulte de la vétusté ou de la force majeure[2]. Conservateur, le locataire est présumé responsable des dégradations de la chose[3].

SECTION 3
RESTITUER

217.31 Obligation de restituer le bien lui-même. En fin de bail le locataire, débiteur d'un corps certain, a l'obligation absolue de restituer le bien, celui-là même qui lui avait été loué et point quelque semblable. Il doit le restituer dans l'état dans lequel il l'avait reçu, sans modifications non autorisées (sinon le bailleur peut en demander la destruction[4] selon l'art. 1222, C. civ.) ; et il répond des « pertes et dégradations »[5]. Cela suppose qu'un *état de la chose* ait été établi lors de la délivrance. Il n'est toutefois pas tenu compte de l'usure et de la vétusté normales, dues aux caresses du temps, ni des pertes[6] par force majeure[7]. La clause qui mettrait à la charge du locataire le risque de perte ou de détérioration dans cette dernière circonstance pourrait être annulée comme abusive (en vertu du C. consom., art. L. 212-1[8]) ; et celle par laquelle le locataire serait tenu de verser une « indemnité de jouissance » en cas de retard dans la restitution du matériel peut le cas échéant être requalifiée de clause pénale[9] et réduite lorsqu'elle est manifestement[10] excessive[11]. Mieux, le preneur peut se libérer en prouvant son absence de faute[12]. L'article 1731 du code civil précise, toujours à propos des immeubles, que s'il n'a pas été dressé d'état des lieux, le preneur est présumé les avoir reçus en bon état et qu'il doit les rendre tels, sauf preuve contraire.

1. C. civ., art. 1731 et 1754.
2. C. civ., art. 1755.
3. C. civ., art. 1732.
4. Sur l'anc. art. 1143 : Civ. 3e, 13 janv. 1999, no 97-12.581, NP, *RJDA* 1999, no 259.
5. C. civ., art. 1732.
6. À PROPOS d'un incendie d'origine criminelle : Civ. 3e, 18 mars 1998, no 96-10.769, P III, no 61 ; *D.* 1998. IR 105 ; *RJDA* 1998, no 563.
7. C. civ., art. 1730.
8. Civ. 1re, 17 mars 1998, no 96-11.593, P I, no 116.
9. Sur celle-ci v. *supra* ss no 122.133.
10. Com. 14 juin 2016, no 15-12.734, P IV, no 86 ; *D.* 2016. 1628, note D. Mazeaud ; *CCÉ* 2016, no 80, obs. G. Loiseau.
11. C. civ., art. 1231-5, al. 2.
12. C. civ., art. 1732.

TITRE

22. Le logiciel

SECTION 0
ORIENTEUR

22.00 **Sommaire du titre.**

Division. Le logiciel soulève des difficultés de qualification. Sa nature appelle des développements, destinés à présenter ses diverses sortes et leur sort au regard des propriétés intellectuelles (chap. 221). Sont ensuite envisagées successivement la mise à la disposition d'un logiciel existant (chap. 222), puis l'élaboration d'un logiciel spécifique (chap. 223).

Une fois ces difficultés résolues, elles déterminent assez facilement les obligations des parties dont l'étude est reportée au titre suivant (titre 23).

22.03 **Bibliographie. Encyclopédie.** G. Blanc-Jouvan, « Fourniture d'un logiciel ou d'un progiciel », *J.-Cl. Contrats Distribution*, fasc. 2440 (2009).

Ouvrages. M. Clément-Fontaine, *L'œuvre libre*, « Création, information, communication », Larcier, Bruxelles, 2014 – P. De Oliveira, *Droit du logiciel : Genèse d'une théorie matérialiste*, « JuriTiC », Fyp éd., 2012 – D. Forest, *Le droit des logiciels*, « Droit expert », Gualino-Lextenso, 2017.

Articles. J.-B. Auroux et S. Matakovic, « La nature "complexe" du jeu vidéo : pour quel régime juridique ? », *RLDI* 2009/52, n° 1738 – Z. Azzabi, « La qualification juridique du jeu vidéo : l'essai non transformé de la Cour de cassation », *RLDI* 2009/52, n° 1737 – C. Caron, « Les licences de logiciels dits "libres" à l'épreuve du droit d'auteur français », *D.* 2003. Chron. 1556 s. ; « L'œuvre libre confrontée à quelques aspects du droit commun des biens et du droit d'auteur », *CCÉ* 2018. Ét. 12. – M. Clément-Fontaine, « La clause non commerciale des licences ouvertes : sécurité juridique, libre concurrence et valorisation », *AJCA* 2015. Pratiques 164 – J. Crémer et A. Gaudeul, « Quelques éléments d'économie du logiciel libre », *Réseaux* 2004, n° 124, p. 111 s. – H. Bitan, « La délivrance des progiciels de gestion intégrée ERP », *Gaz. Pal.* 2001. 2. Doctr. 1124 s. – P. Desmarais, « Quel régime pour la *m-Health ?* », *CCÉ* 2013, Ét. 5 – T. Hassler, « Œuvre multimédia : vers une qualification plus complexe, mais plus fine que précédemment », *RLDI* 2009/52, n° 1739 – B. Jean et G. Vercken, « Comment encadrer l'utilisation de logiciels "libres" dans les contrats ayant pour objet des logiciels "propriétaires" ? », *Propr. intell.* 2012/42, p. 106 – X. Linant de Bellefonds, « Jeux vidéo : Le logiciel gagne des points », *CCÉ* 2003, Chron. 20 – L. Marino, « Le jeu vidéo devient enfin complexe », *RLDI* 2009/52, n° 1735 – L. Muselli, « Les licences informatiques. Un instrument stratégique des entreprises », *Réseaux* 2004, n° 124, p. 111 s. – S. Rambaud, « Le juge français et le logiciel libre », *RLDI* 2009/54, n° 1781 – F. Sardain, « Arrêt *Cryo :* la Cour de cassation consacre la qualif cation distributive du jeu vidéo », *RLDI* 2009/52, n° 173 – L. Schurr, « La licence GNU/GPL (V3) a presque deux ans : un bilan mitigé », *Gaz. Pal.* 2009. 1. Doctr. 1203 – T. Hassler, « Œuvre multimédia : vers une qualification plus complexe, mais plus fine que précédemment », *RLDI* 2009/52, n° 1739 – D. Torre, « Le modèle économique du logiciel *open source :* viabilité et compétitivité », *Rev. d'économie ind.* 2011/136, p. 11 s. – P. Van Den Bulck et T. Verbiest, « Jeux vidéo : synthèse d'un cadre juridique naissant », *JCP* 2007. I. 100.

22.05 **Importance du marché des logiciels.** Un ordinateur seul est inutile. Il lui faut des logiciels. Un logiciel est une suite de commandes écrites comprises par les ordinateurs, après diverses transformations. L'informatisation nécessite, outre des fournitures de matériel, des contrats relatifs aux logiciels, qui représentent un immense marché. La domination américaine dans ce domaine était écrasante. La plus grande entreprise mondiale du secteur est *Microsoft* ; sa capitalisation est la plus importante du monde, tous secteurs confondus. Cependant, l'Europe se trouve à la seconde place sur le marché mondial, certaines sociétés européennes occupant un bon rang dans certains « créneaux » ; par exemple, la Française *Dassault Systèmes*.

22.06 La remise d'un *logiciel d'application* n'est pas implicite. La remise d'un *logiciel d'application* ne découle pas nécessairement de la fourniture d'un ordinateur et d'un logiciel de base, alors même qu'il est nécessaire pour le fonctionnement du matériel[1]. Et il a été jugé n'y avait pas d'indivisibilité naturelle entre la fourniture d'un ordinateur et celle d'un logiciel[2], sauf volonté contraire des parties de traiter la *configuration informatique* comme un ensemble indivisible. Contrairement à ce qu'il en était au début de l'informatique, le logiciel tend à prendre le pas sur le matériel, d'où le choix de l'unité centrale (processeur) dépend souvent du premier.

22.07 Développement du marché des logiciels. Le marché des logiciels spécifiques s'est développé de façon intense, pour répondre aux attentes de la clientèle, essentiellement des entreprises. Il en va notamment de la sorte afin qu'elles puissent insérer leurs propres sites sur la « toile » (*l'internet*). Cette création répond, selon les cas, à des objectifs distincts. Elle peut d'abord se cantonner aux rapports internes (par des réseaux baptisés *intranet*, avec leurs bureaux dispersés, succursales, agences ou filiales), afin d'accélérer la communication interne, la transmission d'informations et de documents et, ce faisant, procéder à de substantielles économies ; mais aussi pour pouvoir organiser des séances de travail à distance, en partageant des données ou des applications, et en travaillant simultanément sur un même document (visioconférences[3]). Mais le site a éventuellement une visée bien différente : permettre des communications aisées avec les fournisseurs et les distributeurs (indépendants). Enfin, sa troisième possibilité est orientée vers les clients (*extranet*), pour les informer sur les produits et les services, d'une façon précise et visuelle inconnue auparavant. Outre ce rôle d'information, nombreuses sont les sociétés pratiquant le *commerce électronique*, c'est-à-dire la conclusion de contrats, de vente ou de prestations de services, directement *via* un site sur l'internet, grâce à un logiciel particulier[4]. Toutefois, ici il s'agit plus d'une extension hors du territoire national de ce qui se pratiquait déjà dans celui-ci grâce au minitel[5]. Ainsi, les chaînes de locations de voiture et hôtelières ont lancé leur site sur la toile mondiale (*World Wide Web*). Il est donc désormais possible, sans se déplacer ni même téléphoner, non seulement de retenir une voiture ou une chambre, mais de les visualiser (ainsi que les salles de réunion, l'environnement) et de prendre connaissance et commander des services annexes (not. la restauration). Les licences informatiques constituent un instrument stratégique de croissance et de valorisation pour les entreprises[6].

1. Com. 17 déc. 1991, n° 89-19.134, NP, *DIT* 1992/3, p. 27, note M.-H. Tonnelier, 1re esp. : d'autant plus que le client avait connaissance de cette nécessité ; sinon, il y aurait eu méconnaissance de l'obligation de conseil.
2. Com. 22 janv. 1991, n° 88-20.184, NP, *DIT* 1993/2, p. 40, note F. Dupuis-Toubol – Paris, 6 oct. 1994, *DIT* 1995/2, p. 52, note M.-H. Tonnelier.
3. Une plateforme collaborative sécurisée d'Office 365 (*Microsoft Teams*), optimisant le travail en équipe *via* la messagerie instantanée et la visioconférence *Skype* a connu un vif succès lors de la pandémie du coronavirus (covid-19) de 2020.
4. Sur le commerce électronique v. *infra* ss nos 412.11 s.
5. Le minitel a cessé de fonctionner le 30 juin 2012. Son apogée fut atteint en 2005, avec 5 millions d'utilisateurs, et 25 000 services disponibles – Le minitel a participé à la naissance d'internet. La France avait été pionnière en établissant le lien entre téléphone, ordinateur et téléviseur. Mais elle se contenta de son rôle de précurseur, laissant les États-Unis ramasser la mise, comme auparavant (certes dans une moindre mesure) pour l'automobile, l'avion ou le cinéma !
6. L. Muselli, « Les licences informatiques. Un instrument stratégique des entreprises », art. préc. : exposant une typologie des stratégies pouvant être opérées par les licences.

CHAPITRE
221. Qualification du logiciel

SECTION 0
ORIENTEUR

221.00 **Sommaire du chapitre.**

SECTION 1
DIVERSITÉ DES LOGICIELS

§ 1
Définition et typologie

221.11 **Définition du logiciel, sa distinction des programmes et de l'approche modulaire.** Le logiciel n'est pas défini par la loi mais seulement pas un arrêté déjà ancien relatif à l'enrichissement de la langue française[1], de la façon suivante : « *Ensemble des programmes, procédés et règles, et éventuellement de la documentation, relatifs au fonctionnement d'un ensemble de traitement de données* (en anglais : *software*) ». Sans être inexacte, cette définition est insuffisante à cerner la réalité, compte tenu des évolutions intervenues depuis 1981[2]. Le logiciel est un bien immatériel très particulier, fruit d'une création intellectuelle (comme une œuvre littéraire ou... un contrat).

Le mot de logiciel englobe plusieurs catégories distinctes, qui ne sont pas déterminantes ; mais toutes comprennent plus qu'un programme. Autrement dit, les deux mots ne sont pas synonymes : *le programme n'est qu'un élément constitutif d'un logiciel*, qui inclut notamment, outre des programmes et des sous-programmes, la documentation et le matériel de conception préparatoire. L'approche modulaire ou « objet » de la programmation se développe sensiblement, car elle est plus simple et plus rapide que la programmation habituelle. Le mot d'objet est ici entendu comme étant un élément logiciel, représentant ou simulant un élément du monde réel sous forme d'un ensemble de comportements et de données nécessaires pour mettre en œuvre ces comportements. La programmation « objet » modélise les données, au moyen d'entités réutilisables. Une facture prise comme « objet » comprendra des informations sur le fournisseur, le client ou le calcul de la TVA.

221.12 **Divers logiciels selon leurs fonctions.** Selon leurs fonctions, il y a lieu de dissocier les logiciels *d'exploitation*, indispensables au fonctionnement du système informatique, des logiciels *d'application*, destinés à « *faire produire un certain résultat ou un certain nombre de tâches à un système d'exploitation* » (H. Bitan)[3]. Parmi les logiciels d'exploitation figure le logiciel *pilote (driver)* permettant d'exploiter des périphériques matériels, par exemple pour utiliser une imprimante (certains *pilotes* sont fournis avec le système d'exploitation) Il existe aussi des *micrologiciels*, très rudimentaires,

1. Arr. 22 déc. 1981 sur l'enrichissement du vocabulaire de l'informatique, *JO* 17 janv. 1982, n° complémentaire, p. 293.

2. C. Caron, « Pour une définition large et contemporaine du logiciel », *CCÉ* 2019. Ét. 1, proposant une nouvelle définition.

3. Pour une définition du système d'exploitation [*operating system*, OS] v. *supra* s^s n° 213.32.

généralement contenus dans des *puces* insérées dans les circuits imprimés des matériels. Ils comportent un ensemble d'instructions et de structures de données, qui sont intégrées dans le matériel informatique, pour qu'il puisse fonctionner ; ils reconnaissent les éléments qui seront intégrés dans un système et dont les interfaces doivent être compatibles[1]. Ce sont donc des sortes de vigiles du système (de l'entreprise selon l'expression anglaise : *firmware*). Citons encore les logiciels récupérateurs de fichiers ou dossiers perdus ou effacés par mégarde.

D'autres appellations de logiciels sont purement descriptives ; tels sont le *didacticiel* (logiciel à usage didactique), ou le *ludiciel* (logiciel ludique).

Certains logiciels spécifiques permettent de travailler sur tous les appareils de l'utilisateur, l'enregistrement des données et la synchronisation des fichiers s'opérant instantanément dans les nuages[2], la nébulique[3]. À l'aide d'algorithmes[4] des logiciels permettent de concevoir des appareils de l'avenir (par exemple des avions) et pour moderniser l'intégralité de leur système de production[5].

221.13 De certains logiciels dans le domaine médical. La numérisation (partielle) du système de santé est en cours (certains parlent un peu vite de santé ou de médecine numérique). Elle est parfois présentée comme la perspective du meilleur soin, au moment opportun, partout sur le territoire. Des logiciels sont destinés à être utilisés spécifiquement à des fins diagnostiques ou thérapeutiques dans la télémédecine[6], mais pas seulement[7]. Déjà le dossier médical partagé[8], en cours de généralisation, est un merveilleux outil à condition qu'il ne prenne pas trop de temps aux médecins, au détriment de celui qu'ils consacrent aux patients. À partir de 2022 un carnet de santé en ligne sera proposé à tous les assurés sociaux (« mon espace santé »). Il comportera tout le dossier médical du patient (prises de sang, radios, IRM, opérations, ordonnances, allergies, *etc.*) ; il permettra aussi aux médecins d'échanger entre eux et avec leurs patients. Il est probable que la « prise de décision automatisée » (« l'intelligence artificielle » [IA])[9] aidera considérablement les praticiens[10] et même concurrencera rapidement certains spécialistes, comme les radiologues (les grands industriels se sont lancés dans la mise au point de l'IA au service de la radiologie[11]). Grâce à l'IA la signature « génomique » (l'ADN) d'une tumeur est analysée rapidement avec une analyse pixel par pixel largement supérieure à celle de l'œil humain, à un coût faible, permettant de repérer ses anomalies et de déterminer avec précision les traitements qui peuvent l'éradiquer. On estime que, sans l'IA, il faudrait 40 ans à un oncologue pour séquencer et analyser le génome d'un cancer, qui contient plus de 20 milliards d'informations ! Des chercheurs Américains et Chinois ont annoncé en avril 2020 avoir mis au point un algorithme pour prédire quels malades du coronavirus (covid-19) développeront des complications pulmonaires graves, afin de permettre aux médecins de déterminer les patients à traiter en priorité lorsque les hôpitaux sont surchargés. Pour autant, nul algorithme, aussi sophistiqué soit-il, ni « l'intelligence artificielle » ne pourront remplacer le diagnostic du médecin généraliste, fondé sur l'expérience, le flair, la connaissance du patient, le fameux « colloque singulier »[12] (même s'il tend à devenir de plus en plus un « colloque pluriel » du fait de la multitude des spécialistes auxquels il est fait appel), ni la nécessaire empathie qui demeure essentielle dans le processus de guérison... Plus la médecine est assistée par la technique, plus elle doit être imprégnée d'humanisme[13]. Et

1. Pour une définition de l'interface v. *supra* s[s] n° 213.15.
2. Sur le *cloud computing* v. *infra* s[s] n° 342.12 s.
3. SELON L'EXPRESSION de Ph. Gaudrat et F. Sardain, *Traité de droit civil du numérique*, t. II, Larcier, Bruxelles, 2015, n°s 578 s.
4. Pour la définition de ceux-ci v. *supra* s[s] n° 011.13.
5. Objectif des logiciels *3DExperience*, conçus par *Dassault Systèmes*, choisis en 2017 par *Boeing*.
6. SUR CELLE-CI : Ph. le Tourneau (dir.), *Droit de la responsabilité et des contrats. Régimes d'indemnisation*, 12e éd., « Dalloz action », 2020, n° 641.17 – N. Esplan, *Les métamorphoses de la relation de soin au prisme de l'évolution numérique*, th. Montpellier, 2011 ; l'auteur montre que l'évolution numérique, qui s'applique désormais à la relation médicale, constitue une étape significative dans le long développement historique de cette discipline ; elle oblige à une réflexion, où s'entremêlent conformité et originalité, car si le développement numérique participe à une meilleure qualité des soins et à une meilleure coordination, il ne doit pas faire oublier qu'il est avant tout au service des individus – *ADDE* : G. Vallancien, *La médecine sans médecin ? Le numérique au service du malade*, « Le débat », Gallimard, 2015 ; du même : *Homo artificialis : Plaidoyer pour un humanisme numérique*, Michalon, 2017, mettant en garde contre les dérives de la robotique médicale, et plaidant pour un nouvel humanisme, articulé autour de « *l'objet numérique à l'intelligence supérieure* » que sera *Homo artificialis* – J.-F. Mattei, *La santé, le grand bouleversement*, Les liens qui libèrent, 2020.
7. Sur les algorithmes et « l'intelligence artificielle » en matière médicale aussi v. *supra* n° 011.67.
8. CSP, art. L. 1111-14 s.
9. Sur celle-ci v. *supra* s[s] n° 011.13.
10. Déjà : v. *supra* s[s] n° 011.68.
11. En France le premier scanneur (*scanner*) équipé d'IA fut installé au CHU de Dijon en déc. 2018.
12. Expression du médecin et académicien Georges Duhamel dans « Étatisme et médecin », *Rev. des deux mondes* 1934. 277.
13. D. Gruson, « Régulation positive de l'intelligence artificielle en santé : les avancées de la garantie humaine algorithmique », *Dalloz IP/IT* 2020. Dossier 165 : l'auteur appelle à la tenue de réflexions en concertation avec les professionnels du secteur, portant sur une régulation éthique sans freiner l'innovation ; elle nécessite selon lui la constitution d'écosystèmes complets reposant sur le principe de garantie humaine.

jamais une décision en matière médicale ne saurait être prise automatiquement par un logiciel : elle doit rester le fait d'un homme (qui a obtenu, dans la mesure du possible, le consentement du patient[1]). Un algorithme est incapable de s'adapter en fonction de la personnalité, du vécu émotionnel, de la souffrance ou des valeurs du sujet.

Il existe aussi des logiciels d'applications de santé mobile[2] (destinés aux PC, aux tablettes, aux ordiphones [*smartphones*], voire aux téléphones portables). Ils peuvent s'analyser en produits de santé[3]. Les données physiologiques du patient (électrocardiogramme, tension artérielle, durée et qualité du sommeil), captées à l'aide d'électrodes, sont transmises au médecin qui peut établir son diagnostic à distance. Sanofi a conçu un dispositif de télémédecine permettant d'adapter les doses d'insuline des diabétiques (qui a été validé par les autorités sanitaires françaises en 2016). Sont apparus des centres de soins certifiés pouvant suivre des patients, restés à leur domicile, atteints de diverses pathologies (insuffisance cardiaque ou respiratoire, diabète), dotés d'instruments de mesure connectés (tensiomètre, oxymètre de pouls, glucomètre) ; en cas d'anomalie, une alerte se produit et l'infirmier du centre conseille par téléphone le client dans les cas simples, sinon transmet les informations au médecin[4]. Le domaine médical a vu aussi apparaître les cabines de télémédecine[5] (dotée de capteurs et logiciels intégrés, permettant d'établir à distance un bilan de santé d'un patient [poids, taille, fréquence et activité cardiaque, tension artérielle, glycémie...] ou de fournir une assistance chirurgicale). Il est superflu de relever l'utilité de cette évolution médicale pour les zones rurales, dans lesquelles le nombre de médecins diminue grandement (les « déserts médicaux »[6] ; on peut imaginer que de telles cabines pourront être installées dans des pharmacies). On en attend aussi des gains importants d'efficacité (les économies réalisables en transport sanitaire et d'hospitalisation sont estimées à 2,6 milliards d'euros par an !). Selon l'Assurance-maladie il y a eu dans l'Hexagone 1,3 million d'actes de télémédecine dès 2021. Mais cela supposerait, selon les opérateurs télécoms, une exception à la neutralité de la toile[7], pour que les données de santé passent en priorité. La loi du 30 décembre 2017[8], comprend des dispositions relatives à la télémédecine pour en faciliter le développement et la faisant basculer dans le droit commun. Une société californienne (*Arterys*) propose, sur abonnement, une plateforme d'imagerie médicale logée dans les nuages (*cloud*), la nébulique[9]. Les médecins peuvent ainsi échanger et commenter des images, en quelque lieu qu'ils se trouvent, tout en s'appuyant sur des algorithmes. Cela permet aussi d'agréger toutes les données du patient, facilitant le basculement vers une médecine tout à la fois curative, prédictive, préventive, personnalisée et participative. L'hôpital de Valenciennes est équipé de cet outil depuis 2019[10]. Il est aussi probable que, dans un avenir proche, des drones seront utilisés pour livrer des médicaments, notamment dans campagnes. Déjà la société *Zipline* effectue au Rwanda de telles livraisons ainsi que des poches de sang.

Une autre notable innovation est la mise au point par *Dassault Systèmes* d'un « jumeau numérique du cœur » (dit cœur virtuel), permettant de qualifier des thérapeutes, d'effectuer des essais cliniques et de trouver des explications qui ne s'obtiennent pas sur le vivant.

La Haute Autorité de santé établit la procédure de certification, tant des sites informatiques dédiés à la santé, que des logiciels d'aide à la prescription médicale ayant respecté un ensemble de règles de bonne pratique[11]. La société toulousaine *Medinbox* a développé en 2009, avec la clinique Pasteur de la ville rose, une solution intégrée de gestion d'images médicales dans les blocs opératoires, utilisée depuis dans le monde entier. Les Toulousains de *MHComm* ont mis au point un boîtier connecté pour les patients hospitalisés à domicile. S'il est certain que des algorithmes ne remplaceront pas les médecins, ils peuvent aider à poser le bon diagnostic[12], à choisir le meilleur traitement et à améliorer la

1. D. Gruson, *La machine, le médecin et moi*, Éd. de l'Observatoire, 2018, dressant le tableau réaliste d'un système de santé dans lequel l'association de la machine, du médecin et du patient est indispensable.
2. SUR CEUX-CI : P. Desmarais, « Quel régime pour la *m-Health ?* », ét. préc.
3. SUR CEUX-CI : Ph. le Tourneau (dir.), *Droit de la responsabilité et des contrats...*, 12e éd., *op. cit.*, nos 6412.24 et 6412.36.
4. Service d'e-santé « Chronic Care Connect » d'*Air Liquide*.
5. Ces cabines, inventées par le docteur français Franck Bodino, sont fabriquées par la société H4D qu'il a fondée.
6. Le Conseil national de l'Ordre des médecins estime que, d'ici 2025, la chute du nombre de généralistes pourrait se traduire par la disparition d'un praticien sur quatre.
7. Sur la neutralité de l'internet v. *supra* ss no 011.27.
8. L. no 2017-1836, 30 déc. 2017 de financement de la sécurité sociale pour 2018, *JO* 31 déc.
9. SELON L'EXPRESSION DE : Ph. Gaudrat et F. Sardain, *Traité de droit civil du numérique*, t. II, Larcier, Bruxelles, 2015, nos 578 s.
10. K. Lentschner, « La radiologie à l'heure des algorithmes », *Le Figaro* 16 oct. 2018, p. 25.
11. CSS, art. L. 161-38, I et II ; mod. par L. no 2011-2012, 29 déc. 2011 (relative au renforcement de la sécurité sanitaire du médicament et des produits de santé), art. 32 ; puis not. par L. no 2018-1203, 22 déc. 2018, art. 49.
12. SELON UNE ÉTUDE publiée en juin 2018, un logiciel fut plus performant que 58 dermatologues pour diagnostiquer des mélanomes (cancers de la peau), car il peut évaluer plus de critères géométriques que l'œil humain (la différence de ton d'un pixel à l'autre ou encore l'asymétrie des bords).

qualité des actes médicaux. Ils seront aussi sans doute précieux pour faciliter et soulager le travail des prestataires de soins. Pour autant, le contact humain et le fameux « colloque singulier »[1] devront conserver une place essentielle. À vrai dire, les nouvelles techniques devraient faciliter cela en redonnant du temps aux médecins, déchargés d'un certain nombre de tâches (et, grâce à la télémédecine, de supprimer certains rendez-vous redondants, sollicités par des patients souhaitant être rassurés). Lors du « grand confinement » imposé par les pouvoirs publics face à la pandémie du coronavirus (covid-19) de 2020, le gouvernement a dans l'urgence assoupli les conditions du recours à la télémédecine, plus précisément à la téléconsultation[2]. D'une part, celle-ci ne devra plus obligatoirement être réalisée par le médecin traitant du patient ; d'autre part, il ne sera plus impératif que le médecin ait vu au moins une fois le patient au cours des douze mois précédents. Le succès fut spectaculaire : en quelques jours, la France est devenue, avec la Chine, l'un des premiers pays de téléconsultation au monde, s'opérant par divers canaux. L'Assistance publique-Hopitaux de Paris (AP-HP) créa en hâte une structure, Covidom, pour assurer le suivi des malades, infectés mais assez bien portants pour ne pas être hospitalisés ; *via* une application pour ordiphone (*smartphone*), des questionnaires furent envoyés une à deux fois par jour aux malades inscrits par le médecin qui, en ville ou à l'hôpital, les avait diagnostiqués ; le système génère automatiquement des alertes, selon une grille de décision. Il est probable qu'une étape a été ainsi franchie vers, sinon une généralisation, du moins une augmentation significative des téléconsultations en dehors même d'une période de virus. 12 millions de téléconsultations ont été facturées à l'Assurance maladie en 2021 contre moins de 300 000 en 2019 !

En 2017, la CJUE jugea que les logiciels d'aide à la prescription de médicaments peuvent être qualifiés de dispositif médical : « *L'article 1er, paragraphe 1, et l'article 1er, paragraphe 2, a, de la directive 93/42/CEE du Conseil, du 14 juin 1993, relative aux dispositifs médicaux, telle que modifiée par la directive 2007/47/CE du Parlement européen et du Conseil, du 5 septembre 2007, doivent être interprétés en ce sens qu'un logiciel dont l'une des fonctionnalités permet l'exploitation de données propres à un patient, aux fins, notamment, de détecter les contre-indications, les interactions médicamenteuses et les posologies excessives, constitue, pour ce qui est de cette fonctionnalité, un dispositif médical, au sens de ces dispositions, et ce même si un tel logiciel n'agit pas directement dans ou sur le corps humain* »[3]. Le législateur français sera donc conduit à réviser les textes sur les dispositifs médicaux[4].

Une rééducation intensive, faisant appel à un système mêlant la « réalité virtuelle » à une interface cerveau-machine[5], a permis en 2016 à huit personnes paraplégiques de retrouver des sensations dans leurs membres paralysés et un contrôle partiel de leurs jambes[6]. En chirurgie et en endoscopie, la « réalité virtuelle » permet de voir les organes d'un patient et même leur intérieur, et ainsi de localiser précisément une tumeur. En guidant les chirurgiens par les images de caméras actuelles, très performantes, elle facilite le traitement invasif de tumeurs hépatiques ou pancréatiques, ainsi que de nodules bronchiques au stade précoce[7]. L'Institut Mutualiste Montsouris de Paris est pionnier en ce domaine. Pour la première fois au monde, des chirurgiens ont réalisé le 5 décembre 2017 une pose de prothèse d'épaule à l'aide de lunettes de réalité augmentée, avec une assistance vidéo internationale. L'opération réalisée à l'hôpital Avicenne de Bobigny pouvait être suivie en direct sur la plateforme *YouTube*. Elle était réalisée en interaction avec quatre chirurgiens de Corée du Sud, des États-Unis, et de Grande-Bretagne, qui pouvaient conseiller le chirurgien via *Skype* tout au long de l'intervention.

De nouveaux outils vont permettre aux personnes malvoyantes ou malentendantes de mieux percevoir leur environnement et de communiquer plus facilement.

Des chercheurs du MIT et d'Harvard aux États-Unis ont annoncé en février 2020 avoir découvert, grâce à un algorithme « d'intelligence artificielle » (IA), une nouvelle molécule capable de tuer des bactéries résistantes aux antibiotiques traditionnels. Les antibiotiques actuellement utilisés sont déjà anciens, et le processus habituel pour en découvrir de nouveaux est coûteux et lourd. L'IA permet de rechercher *in silico*, c'est-à-dire par modélisation

1. Expression de G. Duhamel, « Étatisme et médecin », *Rev. des deux mondes* 1934. 277 – J. Bouton, « Le code de déontologie médical, un code singulier pour un "colloque singulier" », dans *Mél. G. Wiederkehr*, Dalloz, 2009, p. 27.
2. Décr. n° 2020-227 du 9 mars 2020, adaptant les conditions du bénéfice des prestations en espèces d'assurance maladie et de prise en charge des actes de télémédecine pour les personnes exposées au covid-19 (entré en vigueur le jour de sa publication).
3. CJUE, 4e ch., 7 déc. 2017, *Syndicat national de l'industrie des technologies médicales (Snitem) et Philips France c/Premier ministre et Min. Affaires sociales et Santé*, aff. C-329/16, *Rec.* N ; *RLDI* 2018. 5166, *LPA* 8 mars 2018.6, note D. Eskenazy.
4. SUR CEUX-CI : Ph. le Tourneau (dir.), *Droit de la responsabilité et des contrats…*, 12e éd., *op. cit.*, n° 6412.11.
5. Sur la « réalité augmentée » v. *supra* ss n° 011.30 ; et sur l'utilisation des robots en médecine v. *supra* ss nos 011.65 s.
6. *Le Figaro* 13-14 août 2016, p. 12.
7. I. Guardolia, « Quand la réalité augmentée s'invite au bloc », *Valeurs mutualistes* 2018/310. 22.

informatique, quelles molécules chimiques seraient à même de s'attaquer à certaines bactéries, en faisant examiner des bibliothèques de composés chimiques par l'IA.

221.14 De certains logiciels dans le domaine juridique. De même que les logiciels ne sauraient remplacer les médecins, ils ne pourront pas se substituer aux juristes rédacteurs d'acte[1] ni aux avocats. Pas davantage aux juges, par ce que l'on nomme parfois la *justice prédictive*, qui est une expression fantaisiste pour ne pas dire fallacieuse, application pour ses thuriféraires de la « prise de décision automatisée » (dite intelligence artificielle), laissant accroire « *que des machines, dénuées d'affects, seront un jour mieux à même de "fiabiliser" l'acte de juger* »[2], en anticipant la décision judiciaire (par l'examen des mots utilisés par le tribunal auquel l'affaire sera soumise, on pourrait discerner sa manière de juger et donc diminuer l'aléa judiciaire). De sorte qu'il serait même inutile de recourir au juge, sauf pour les cas où le robot ne permettrait pas de prédire le jugement !

En réalité, aucun algorithme ne peut réellement décider de la bonne décision, par exemple celle à laquelle doit tendre un avocat dans la conception d'un dossier ou d'un acte, l'élaboration d'une plaidoirie comme la stratégie d'une défense[3]. Quant aux juges, il est rare que la solution s'impose à eux d'une façon évidente, car souvent il existe une large marge d'appréciation, qui ne peut être le fait que d'une personne, comme pour reconnaître l'existence d'une faute délictuelle ou, en matière contractuelle, un manquement à la bonne foi ; les juges ne sont pas de simples « machines à syllogisme » rappelait Carbonnier. La justice ne saurait se réduire à la technique et à ce qui est quantifiable ; la vérité ne peut pas émaner d'un appareil[4]. Le raisonnement juridique est inapte à une « modélisation » *a priori*. Les robots et algorithmes juridiques ne sont en réalité que des outils d'aide à la décision des professionnels du droit[5], très précieux, leur permettant d'ajuster leur stratégie en fonction des résultats qu'ils fournissent (après analyse d'une éventuelle base de données comprenant toutes les décisions de justice ; elles seront bientôt toutes disponibles[6] en

1. Sur cet aspect v. *supra* s[s] n° 011.46.
2. Y. Meneceur, « Intelligence artificielle. Quel avenir pour la "justice prédictive" ? Enjeux et limites des algorithmes d'anticipation des décisions de justice », *JCP* 2018. Ét. 190, n° 28 – M. Mekki, « Les fonctions de la responsabilité civile à l'épreuve du numérique : l'exemple des logiciels prédictifs », *Dalloz IP/IT* 2020.672, partageant nos vues – COMP. : P. Janot, *Lex humanoïde : Des robots et des juges*, Éd. Thot, 2017 : dans une fiction effrayante se déroulant en 2030, l'auteur met en scène une justice rendue par des machines. Les avocats ne plaident plus que dans les rares cas où Cujas, le système expert qui a remplacé les audiences du tribunal, est confronté à un vide juridique. Cujas, garant d'une justice rapide, efficace, égalitaire et non arbitraire, va même jusqu'à repérer les comportements illicites que lui signalent les objets connectés. Le rôle des juges se réduit au contrôle de la conformité des décisions de Cujas à « l'équité statistique », cette nouvelle « valeur » chevillée à l'intérêt général.
3. G. von der Weid, « Face à l'intelligence artificielle, l'avocature reste-t-elle une profession d'avenir ? », *D. avocats* 2017. 204.
4. A. Garapon et J. Lassègue, *Justice digitale : Révolution graphique et rupture anthropologique*, PUF, 2018 : cri d'alarme face au pouvoir incontrôlé de la technique, mais donnant les clés pour s'en affranchir. L'ouvrage rappelle aussi la force des symboles de la justice, permettant en matière pénale d'intégrer l'horreur, de sublimer la violence et de dépasser les conflits – F. Rouvière, « Dix problèmes épistémologiques sur la justice prédictive », *D.* 2021. Chron. 587 – V. DÉJÀ *supra* n°s 011.46 et 011.73.
5. D. Iweins, « La justice prédictive, nouvel allié des professionnels du droit ? », *Gaz. Pal.* 3 janv. 2017, p. 5 – A. Garapon, « Les enjeux de la justice prédictive », *JCP* 2017. Doctr. 31 – Y. Meneceur, « Intelligence artificielle – Quel avenir pour la "justice prédictive" ? Enjeux et limites des algorithmes d'anticipation des décisions de justice », art. préc., assez critique – O. Tcherkessoff, « Justice prédictive. La justice sans les hommes ? Le point de vue du magistrat », dans Y. Flour et P.-L. Boyer (dir.), *Transhumanisme : questions éthiques et enjeux juridiques,* Parole et silence, 2020, p. 153 – F. G'sell, *La justice numérique*, Dalloz, « À savoir », 2021 – COMP. : B. Barraud, « Un algorithme capable de prédire les décisions de justice : vers une robotisation de la justice ? », *Cahiers de la justice* 2017/1. 121 – B. Dondero, « Justice prédictive : la fin de l'aléa judiciaire ? », *D.* 2017. Chron. 532, identifiant les fantasmes et les dangers liés à cet instrument avant d'évoquer les bons usages de la statistique en matière juridique – V. Vigneau, « Le passé ne manque pas d'avenir. Libres propos sur la justice prédictive », *D.* 2018. Chron. 1095, relevant que si son arrivée est inéluctable, elle présente des dangers et des limites – L. Godefroy, « La performativité de la justice "prédictive" : un *pharmakon* ? », *D.* 2018. Chron. 1979 (en Grèce ancienne, le terme de *pharmakon* désignait à la fois le remède, le poison, et le bouc émissaire) ; l'auteur expose tant les craintes que les espoirs suscités par la justice dite prédictive – S. Merabet, *Vers un droit de l'intelligence artificielle*, préf. H. Barbier, Dalloz, « NBT », 2020, n°s 222 s. – Et l'analyse du débat par F. Rouvière, « La justice prédictive, version moderne de la boule de cristal ? », *RTD civ.* 2017. 527.
6. Si tous les arrêts de la C. de cass. figurent dans le site Legifrance, en 2017 seuls 4 % des arrêts de cours d'appel et encore moins de jugements étaient disponibles, en ajoutant à Legifrance les sites privés (not. Dalloz ou LexisNexis) – É. Buat-Ménard et P. Giambiasi, « La mémoire numérique des décisions judiciaires. L'*open data* des décisions de justice de l'ordre judiciaire », *D.* 2017. Chron. 1483 – L. Cadiet (dir.), *L'open* data *des décisions de justice : Rapport à M*[me] *le garde des Sceaux,* nov. 2017 ; sa recommandation n° 16 suggéra de « *développer sur le site internet de la Cour de cassation un canal de diffusion de la jurisprudence de l'ensemble des juridictions de l'ordre judiciaire assurant la mise en valeur de celle-ci, à l'instar de ce que pratique le Conseil d'État s'agissant des décisions de l'ordre administratif avec la base ArianeWeb* » – L. Cadiet, « Sur l'*open data* des décisions de justice », *D.* 2018. Entretien 232 – M. Lartigue, « *Open data* jurisprudentiel : 20 recommandations… et tout à faire », *Gaz. Pal.* 16 janv. 2018. 5 – ▶

vertu de la loi n° 2016-1321 du 7 oct. 2016[1] et de la loi n° 2019-222 du 23 mars 2019 de programmation 2018-2022 et de réforme pour la justice[2] ; mais, face à l'ampleur des décisions, le filtre effectué par la doctrine est indispensable : « *il est source de gain de temps et d'intelligence du droit, au sens propre, pour tous, alors que celui-ci devient chaque année plus touffu et compliqué* »[3]). Par exemple, pour un avocat, estimer le montant des dommages et intérêts qu'une personne peut espérer obtenir devant telle juridiction, le pourcentage de chance de gagner une procédure, les arguments les plus souvent utilisés avec succès, *etc*. Bien informé par son avocat de tous les éléments en sa possession, le justiciable sera plus à même de choisir d'ester en justice ou de transiger, voire de renoncer à toute demande.

Les magistrats pourraient aussi recourir à ces logiciels, notamment pour connaître l'interprétation donnée des standards juridiques par leurs collègues et ainsi rationaliser l'aléa judiciaire, ou bien pour statuer dans les affaires simples des contentieux de masse[4], éventuellement en recourant à des barèmes et autres référentiels[5]. Ils pourront donc concourir à aider le juge lors de sa décision mais sans remplacer sa liberté d'appréciation et de réflexion. Le risque de ces logiciels réside dans leur effet « performatif »[6] (le fait d'énoncer un résultat le fait advenir), mettant en cause l'effet relatif des jugements et, par voie de conséquence, une harmonisation de la jurisprudence, apparemment souhaitable, mais fâcheuse en ce qu'elle risquerait de négliger la prise en compte des éléments spécifiques de chaque affaire (tels les facteurs humains) et surtout qu'elle rendrait plus difficile les nécessaires évolutions de la jurisprudence (dynamique d'un droit vivant), sans même parler de ses revirements (parfois indispensables, même s'ils sont devenus trop nombreux[7]). Plus la juridiction est élevée dans la hiérarchie, plus le mimétisme de ses décisions, qui pourrait résulter de ces logiciels, serait contraire à une bonne justice. Afin de prévenir les dérives possibles, leur utilisation appelle une véritable « cyberéthique », permettant « *d'assurer une meilleure transparence et compréhension du fonctionnement des algorithmes utilisés au cours de la prise de décisions* »[8]. Le 4 décembre 2018, la Commission européenne pour l'efficacité de la justice (Cepej) a adopté, à Strasbourg, une charte éthique européenne d'utilisation de l'intelligence artificielle dans les systèmes judiciaires et leur environnement[9].

Les données ouvertes (l'*open data*) des décisions de justice et leur traitement algorithmique annoncent une évolution de la notion de jurisprudence. Alors qu'elle portait essentiellement sur les arrêts de la Cour de cassation, elle comprendra dans l'avenir toutes les décisions des juges du fond, portant sur le fond et non seulement sur le droit et donc par nature beaucoup plus diverse[10]. Il devrait en résulter que la jurisprudence sera une nouvelle source d'arguments. Cette mutation est importante, devant conduite à des transformations implicites de notre système[11].

► N. Fricero, « *Open Data.* Collecte, diffusion et exploitation des décisions de justice : quelles limites, quels contrôles ? À propos du rapport sur l'open data des décisions de justice », *JCP G* 2018. Aperçu rapide 168 – B. Mathis, « Rapport Cadiet : une vision frileuse de l'*open data* des décisions de justice », *JCP E* 2018. Ét. 1099 – *Nota : open data* = donnée ouverte, donnée numérique dont l'accès et l'usage sont libres pour les usagers.

1. L. n° 2016-1321, 7 oct. 2016, art. 21 – Le décret n° 2020-797 du 29 juin 2020 (*JO* 30 juin, texte 1) permet la mise à disposition du public des décisions de justice rendues par les juridictions judiciaires et administratives.
2. L. n° 2019-222, 23 mars 2019 de programmation 2018-2022 et de réforme pour la justice, *JO* 24 mars, n° 2 – Décr. n° 2021-1276, 30 sept. 2021, *JO* 1er nov. – D. Lovato, « Un pas décisif vers l'*open data* des décisions de justice », *RLDI* 2021/11. Ét. 6060.
3. P.-Y. Gautier, *JCP G* 2020. Entretien 47.
4. X. Henry, « Protection des consommateurs : le renouvellement de l'approche de la jurisprudence. À propos du site du Cerclab », *JCP G* 2020. Doctr. 938 : selon l'auteur, ce site décrit en continu la structuration progressive de « l'effectivement jugé » du droit des déséquilibres significatifs (C. consom., art. L. 212-1 – C. com., art. L. 442-1, I, 2° – C. civ., art. 1171), conduisant à un changement paradigmatique dans la « construction doctrinale » de la jurisprudence, à même d'accélérer et d'améliorer les prises de position de la C. de cass. dans les contentieux sériels.
5. I. Sayn (dir.), *Le droit mis en barème ?*, Dalloz, « Thèmes et commentaire », 2014 – S. Gerry-Vernières, Y. Joseph-Ratineau et M. Picq, « La barémisation de la justice ? Les enseignements d'une recherche collective de terrain », *D.* 2022. Chron. 368.
6. Selon la célèbre expression de John Langshaw Austin (philosophe anglais, 1911-1960) dans son ouvrage *How to do Things with Words* (littéralement *Comment faire des choses avec des mots*), Éd. Urmson, Oxford, 1962, publié en français sous le titre *Quand dire c'est faire*, Seuil, 1970 – AUSSI : A.-B. Caire, « La magie du verbe juridique. Réflexions sur la force du langage du droit », *RTD civ.* 2017. 321.
7. Ph. le Tourneau (dir.), *Droit de la responsabilité et des contrats...*, 12e éd., *op. cit.*, n° 0124.34.
8. Y. Meneceur, « Intelligence artificielle – Quel avenir pour la "justice prédictive" ? Enjeux et limites des algorithmes d'anticipation des décisions de justice », art. préc., n° 27.
9. A. Hyde, « Vers une cyberéthique de la justice "prédictive" », *Dalloz IP/IT* 2019. 324 – Cette charte éthique énonce une série de cinq principes devant guider l'introduction et le développement de « l'intelligence artificielle » dans le domaine de la justice ; à savoir le respect des droits fondamentaux (p. 6), la non-discrimination (p. 7), la qualité et la sécurité (p. 8), la transparence, la neutralité et l'intégrité intellectuelle (p. 9), ainsi que la maîtrise par l'utilisateur (p. 10).
10. Décr. n° 2021-1276, 30 sept. 2021, *JO* 1er nov. – D. Lovato, « Un pas décisif vers l'*open data* des décisions de justice », *RLDI* 2021/11. Ét. 6060.
11. SUR TOUT CELA : P. Deumier, « *Open data.* Une autre jurisprudence ? » *JCP G* 2020. Doctr. 277.

La résolution amiable des différends peut être facilitée par des algorithmes. Mais encore faut-il s'entendre, car si des plateformes offrent des systèmes de médiation ou de conciliation, d'autres proposeraient des arbitrages numérisés [1]. La plus grosse difficulté réside dans le fait que le droit au juge est fondamental, qu'il risquerait d'être anéanti si le recours à des algorithmes conduisait « *à proposer (ou à imposer en cas d'arbitrage) une solution qui n'est que le résultat d'une analyse de probabilités à partir de solutions passées* » [2]. Il serait sans doute souhaitable que ces plateformes fussent, mieux que certifiées (ce qui est une possibilité de par la loi [3]), soumises à une autorisation préalable, qui serait une plus grande protection [4]. La loi n° 2019-222 du 23 mars 2019, précitée, prévoit à juste titre que la conciliation, la médiation ou l'arbitrage en ligne ne peuvent résulter *exclusivement* d'un traitement par algorithme ou d'un traitement automatisé [5]. Et que, lorsque la conciliation, la médiation ou l'arbitrage est proposé à l'aide d'un traitement par algorithme, l'intéressé doit en être informé par une mention explicite et doit expressément y consentir. Il est prescrit aux personnes physiques ou morales qui concourent au service en ligne de conciliation, de médiation ou d'arbitrage d'accomplir « *leur mission avec impartialité, indépendance, compétence et diligence* » [6]. De plus, elles sont soumises aux obligations relatives à la protection des données à caractère personnel et, sauf accord des parties, de confidentialité [7]. Aux États-Unis et au Canada certaines plateformes de résolution amiable des différends en ligne substituent excessivement la machine à l'homme [8].

Quant aux audiences, il faudrait éviter leur « dématérialisation » sous prétexte d'efficacité et de numérisation. L'oralité, la prise de parole des uns et des autres, a ses vertus (comme, en matière médicale, le « colloque singulier » entre le médecin et le patient).

L'utilisation de ces logiciels et base de données juridiques soulève la question de la responsabilité de l'avocat [9] qui les utilise et les consulte ou qui, au contraire, s'en abstient [10].

221.15 Logiciels indépendants et logiciels dépendants. De nombreux logiciels sont pré-installés et donc liés à l'ordinateur acheté, même si, conceptuellement, ils sont totalement indépendants et qu'ils pourraient fort bien faire l'objet d'un contrat séparé (la vente d'ordinateur avec des logiciels préinstallés ne constitue pas une vente liée prohibée par l'article L. 121-11 du code de la consommation [11]). D'autres logiciels peuvent être considérés comme dépendants. Ce n'est pas par exemple le cas des logiciels sous licence FEO (sigle de Fabricant d'équipement d'origine, en anglais OEM, acronyme de *Original Equipment Manufacturer*), désignant un équipementier, c'est-à-dire un fabriquant de pièces détachées dans un ensemble, dont l'intégrateur assume la responsabilité. Les logiciels OEM, préinstallés sur un ordinateur neuf, ne peuvent pas en être séparés, et ne sont donc transférables qu'avec les appareils dans lesquels ils figurent, dont ils ne doivent pas être retirés pour être réinstallés sur un autre ordinateur. Autrement dit, le logiciel et l'ordinateur considérés sont considérés comme un produit intégré unique [12].

221.16 Libre choix du consommateur. Selon l'article L. 441-6 du code de la consommation [13], le consommateur doit conserver la liberté d'installer les logiciels ou les systèmes d'exploitation de son choix sur son terminal. Toute technique, y compris logicielle, dont l'objet serait de la restreindre, à l'issue du délai prévu à l'article L. 217-12, est interdite (sauf si elle vise à assurer la conformité de ce terminal aux exigences essentielles mentionnées à l'article L. 34-9 du CPCE).

221.17 Divers logiciels selon qu'ils existent ou qu'ils sont à réaliser. Dans notre perspective des contrats relatifs à l'informatique, la distinction majeure à opérer est entre la mise à disposition d'un logiciel à *élaborer* (spécifique), réalisé pour répondre

1. S. Amrani-Mekki, « Les plateformes de résolution en ligne des différends », dans X. Delpech (dir.), *L'émergence d'un droit des plateformes*, Dalloz, « Thèmes et commentaires », 2021, p. 189 s.
2. S. Amrani-Mekki, « Les plateformes de résolution en ligne des différends », art. préc., n° 3.
3. L. n° 2019-222, 23 mars 2019, préc., créant un art. 4-7 dans la loi n° 2016-1547, 18 nov. 2016, de modernisation de la justice du XXIe siècle.
4. EN CE SENS : S. Amrani-Mekki, « Les plateformes de résolution en ligne des différends », art. préc., n° 14.
5. Créant un art. 4-3 dans la loi n° 2016-1547, 18 nov. 2016, préc.
6. L. n° 2019-222, 23 mars 2019, préc., créant un art. 4-6 dans la loi n° 2016-1547, 18 nov. 2016, préc.
7. L. n° 2019-222, 23 mars 2019, préc., créant les art. 4-1, 4-2 et 4-5 dans la loi n° 2016-1547, 18 nov. 2016, préc.
8. J.-B. Racine, « La résolution amiable des différends en ligne ou la figure de l'algorithme médiateur », *D.* 2018. Chron. 1700.
9. S. Lataste, « Avocat et *legaltechs* : quelles responsabilités ? », *Gaz. Pal.* 21 nov. 2017, Doctr. 44 – A. Hyde, « Avocat et intelligence artificielle : quelles obligations, quelles responsabilités ? », *D.* 2019. 2107.
10. Sur la « technique au service du droit » [*Legaltech*] v. *supra* ss n° 011.73.
11. V. *supra* ss n° 211.14.
12. Douai, 26 janv. 2009, n° 09/157, *Gaz. Pal.* 2009. 2, Somm. 2698, obs. B. de Roquefeuil et G. Bourge ; *D.* 2009. Pan. 2000, obs. C. Le S. – TGI Paris, 31e ch., 25 juin 2009, *RLDI* 2009/53, obs. M. T.
13. Inséré par L. n° 2021-1485, 15 nov. 2021, visant à réduire l'empreinte environnementale du numérique en France (REEN), *JO* 16 nov., texte 2, art. 8.

aux besoins précis de l'utilisateur, et d'un logiciel *existant* (standard, dit progiciel[1]). Pour autant un progiciel, s'il est un logiciel standard, n'est pas forcément élémentaire. Il en est de très complexes, même pour des utilisations par des entreprises, permettant une informatisation moins coûteuse et simplifiée. Un arrêt a cru bon de définir, de façon savante, le progiciel comme « *un ensemble cohérent et indépendant constitué de programmes, de services, de supports de manipulation ou d'une formation et d'une documentation conçue pour réaliser les traitements informatiques standards, dont la diffusion revêt un caractère commercial et qu'un usager peut utiliser de façon autonome après mise en place d'une formation limitée* » (Paris, 26 févr. 1999[2]).

Mais si l'opposition entre le logiciel *stricto sensu* et le progiciel est intellectuellement exacte, elle est pratiquement assez illusoire, car tout concepteur d'un logiciel spécifique cherche ensuite à le commercialiser sous la forme d'un progiciel, plus ou moins dérivé (du moins lorsque le contrat ne le lui interdit pas, par une sorte de clause d'exclusivité au profit du client) ; ou à tout le moins tente d'en réutiliser des éléments qu'il assemble différemment[3]. Et il arrive aussi que l'acquéreur d'un progiciel demande son adaptation à ses besoins spécifiques, de sorte qu'il ne mérite plus cette appellation : Il s'agit en réalité d'un logiciel[4]. C'est notamment le cas des progiciels de gestion intégrée (ERP) qui nécessitent souvent une adaptation et un nouveau paramétrage pour l'intégrer au système du client[5]. De nombreux progiciels sont incorporés dans des *modems*, ajoutés à l'ordinateur pour lui permettre de répondre à certaines fonctions nouvelles (télécopie, répondeur, d'accès à l'internet, de « visioconférence »...).

221.18 **Système expert.** Un *système expert* comprend un logiciel spécifique (moteur d'inférence), au moins une base de données spécialisée et un savoir-faire. Dès lors, il forme une création complexe qu'il serait souhaitable d'apprécier globalement[6]. Un tel système comporte les connaissances apportées par des spécialistes, formalisées de telle sorte qu'il soit en mesure de trouver des solutions, comme le permettrait le raisonnement humain mais plus rapidement, dans son domaine limité[7]. Il peut constituer une aide précieuse à la prise de décisions et pour exercer des contrôles, mais évidemment toujours sous la surveillance humaine.

Il serait erroné à leur propos de parler d'une véritable intelligence, fût-ce artificielle[8] : tout part de l'homme et revient à lui ! Au mieux, il s'agit de l'intelligence intégrée[9]. L'expert est et restera toujours plus important que le système expert. Des prestataires se sont spécialisés dans la fourniture de services numériques fondés sur la « prise de décision automatisée » (« l'intelligence artificielle ») et sur leur apprentissage « de dialogue »[10] [*chatbot, conversational agent*].

221.19 **Produit multimédia.** Le *produit multimédia* numérique, dit généralement *œuvre multimédia*, est lui aussi une création complexe (plus technique qu'artistique), associant sur un même support « *plusieurs modes de représentation des informations tels que texte, son, image* »[11]. Sa structure et/ou son accès sont gouvernés par un logiciel, certes indispensable, mais dont la question est de savoir s'il se distingue de l'œuvre elle-même[12]. Le produit multimédia est en principe et par nature *interactif*[13].

Sa qualification juridique est incertaine, dépendant pour certains des situations de fait. Les diverses qualifications pouvant convenir, le cas échéant, sont celles de base de données, d'œuvre audiovisuelle et d'œuvre ordinaire sans statut particulier. Des auteurs considèrent que le produit multimédia est une création complexe, « *donnant lieu à l'application distributive de règles distinctes : le régime propre aux logiciels pour la partie logicielle, le régime propre*

1. RAPPELANT LA DISTINCTION : T. com. Paris, 20 avr. 2000, *New Software, Gaz. Pal.* 2001. 1, Somm. 266 – T. com. Paris, 5 mai 2004, *Peyre c/Silog, Expertises* 2004, p. 278 : considérant qu'elle est aujourd'hui connue de tous – TGI Caen, 18 janv. 2006, *Acibois c/Silog, Expertises* 2006, p. 118.
2. Paris, 26 févr. 1999, *CGIP, RJDA* 1999, n° 776.
3. EX. : Toulouse, 29 juin 2004, *Igrec c/PSI, CCÉ* 2004, n° 116, obs. L. Grynbaum.
4. COMP. : Com. 19 mai 1998, n° 96-12.801, NP, *Expertises* 1998, p. 267 : commande d'un « progiciel et de prestations complémentaires », ces dernières consistant précisément à « adapter ce produit ».
5. SUR ces progiciels : H. Bitan, « La délivrance des progiciels de gestion intégrée ERP », art. préc.
6. *Lamy* 2007, n° 514.
7. Sur l'intelligence dite artificielle (IA) v. *supra* s[s] n° 011.13.
8. CONTRA : G. Querzola, « AVA, premier compositeur de musique artificiel(le) ? », *RLDI* 2017. Ét. 5069.
9. V. *supra* s[s] n° 011.13.
10. Traduction officielle avec dialogueur de *chatbot et* de *conversational agent* par : Vocabulaire de l'intelligence artificielle (Liste de termes, expressions et définitions adoptés, *JO* 9 déc. 2018, n° 58, NOR : CTNR1832601K) – SUR LES NOUVEAUX MOTS : C. Le Stanc, « Nouveaux mots, nouvelles choses, nouvelles règles ? », *Propr. ind.* 2017/5. Repère 5.
11. Arr. 2 mars 1994 relatif à la terminologie des télécommunications, *JO* 22 mars, p. 4347, NOR : INDP9400067A – SUR L'EMPLOI DE L'EXPRESSION *produit* multimédia plutôt que celle *d'œuvre* multimédia les pertinentes observations de X. Linant de Bellefonds, « Jeux vidéo : Le logiciel gagne des points », art. préc.
12. TGI Nanterre, 26 nov. 1997, *Vincent, JCP E* 1998. 805, obs. M. Vivant et C. Le Stanc ; *PIBD* 1998. III. 212, opérant la distinction.
13. A. Lucas, « Droit d'auteur et multimédia », art. préc. – Civ. 1re, 28 janv. 2003, n° 00-20.294, P I, n° 29 : adopte franchement ce point de vue.

aux œuvres audiovisuelles pour les composantes audiovisuelles, le régime propre aux bases de données si l'œuvre répond à la définition légale, le droit commun du droit d'auteur pour tout ce qui ne fait pas l'objet de règles spécifiques »[1]. Cependant, nous préférerions une qualification *unitaire*, celle *d'œuvre logicielle*, comme l'avait décidé la Cour de cassation pour un jeu vidéo[2]. Un arrêt intéressant de la cour d'appel de Paris, rendu en 2007, écarta tant la qualification d'œuvre audiovisuelle que celle de logiciel pour retenir celle d'œuvre multimédia[3]. Le pourvoi contre cet arrêt fut rejeté, la Cour de cassation, jugeant cette fois, adoptant la conception des auteurs précités, « *qu'un jeu vidéo est une œuvre complexe qui ne saurait être réduite à sa seule dimension logicielle, quelle que soit l'importance de celle-ci, de sorte que chacune de ses composantes est soumise au régime qui lui est applicable en fonction de sa nature* » (Civ. 1re, 25 juin 2009, n° 07-20.387[4]). L'œuvre multimédia acquit ainsi son autonomie, tenant compte de sa nature complexe, et se traduisant juridiquement par une application distributive des règles particulières de chacun de ses éléments[5].

L'œuvre *transmédia*, utilisant de façon coordonnée plusieurs plateformes médiatiques, soulève également des hésitations. Il serait sans doute préférable de les déplacer du Droit d'auteur au Droit de la propriété industrielle[6].

221.20 Logiciels divers selon leur liberté ou non d'accès. Il existe une grande diversité des logiciels selon leur « accessibilité ».

1° Certains logiciels sont dans le *domaine public*, de par la volonté de leur créateur.

2° L'utilisation d'autres logiciels est également gratuite, alors pourtant qu'ils ne sont pas dans le domaine public, et donc appropriés (pour les désigner, certains emploient sottement l'expression de logiciels propriétaires : parlent-ils de brevets propriétaires ou de maisons propriétaires ?).

– Soit un tel logiciel est livré à titre *accessoire* d'un abonnement à un service, par exemple auprès d'un fournisseur d'accès à l'internet (« gratuiciel » ou logiciel *freeware, free* étant pris au sens de *gratuit* et non pas de libre ; mais la gratuité est en passe de devenir un leurre, car nombreux sont les gratuiciels qui téléchargent automatiquement un certain nombre de programmes satellites, transformant la configuration de l'opérateur, et qui sont en fait des supports de publicité et des outils de collecte de données).

– Soit un logiciel est mis à la disposition d'autrui à titre *d'essai* (« partagiciel » ou logiciel *shareware*), pour un temps limité et par une personne déterminée, un éventuel partenaire[7].

– Le logiciel dit *libre* (ou *open source*) est encore une autre catégorie, ne figurant pas dans le domaine public, contrairement à ce que cette désignation laisse entendre. C'est un bien meuble immatériel, qui est une œuvre de l'esprit[8], protégée par le Droit

1. A. Lucas, J. Devèze et J. Frayssinet, *Droit de l'informatique et de l'internet*, 2e éd., PUF, 2001, n° 614.
2. Crim. 21 juin 2000, n° 99-85.154, NP, *D.* 2001. Somm. 2552, obs. P. Sirinelli ; *JCP E* 2001. 312, obs. F. Sardain ; *JCP E* 2001. 843, n° 1, obs. M. Vivant ; *LPA* 27 juin 2001, p. 15, note É. Treppoz ; *LPA* 14 août 2001, p. 3, obs. X. Daverat ; *PIBD* 2001. III. 254 ; *CCÉ* 2001, n° 85, note C. Caron, CRIT. – Civ. 1re, 27 avr. 2004, n° 99-18.464, P I, n° 117 ; *CCÉ* 2004, n° 84, obs. C. Caron – SOLUTION VIVEMENT CRITIQUÉE, NOT. par F. Sardain, « La qualification logicielle des jeux vidéo : une impasse pour le multimédia », *JCP E* 2001. 312 s. – MAIS BRILLAMMENT DÉFENDUE par : X. Linant de Bellefonds, « Jeux vidéo : Le logiciel gagne des points », art. préc. – POUR UNE SYNTHÈSE des régimes juridiques envisageables pour les jeux vidéo : P. Van Den Bulck et T. Verbiest, art. préc. (v. *supra* ss n° 252.05).
3. Paris, 3e B, 20 sept. 2007, *Sesam c/Selafa, RLDI* 2007, n° 1061, obs. J.-B. Auroux ; *RLDI* 2008, n° 1130, note Z. Azzabi ; *Propr. intell.* 2008/27, p. 207 et 214, obs. A. Lucas ; *RIDA* avr. 2008, p. 486 ; *CCÉ* 2008, n° 51, note C. Caron ; *Propr. int.* 2008, p. 207, obs. A. Lucas ; *RTD com.* 2008. 106, obs. Ph. Gaudrat.
4. Civ. 1re, 25 juin 2009, n° 07-20.387, P I, n° 140 ; *D.* 2009. AJ 1819, obs. J. Daleau ; *JCP* 2009, n° 92, obs. T. Verbiest et P. Pelletier ; *CCÉ* 2009, n° 76, obs. C. Caron ; *RLDI* 2009, n° 1672, obs. L. C ; *JCP* 2009, n° 42, 328, note E. Trepoz ; *RIDA* 2009/221, p. 305, note P. Sirinelli ; *Gaz. Pal.* 2009. 2, Somm. 3312, obs. L. Tellier-Loniewski et M. Soulez ; *RTD com.* 2010. 319 : importante analyse de Ph. Gaudrat – NOT. SUR CET ARRÊT : les art. préc. (v. *supra* ss n° 252.05) : J.-B. Auroux et S. Matakovic, « La nature "complexe" du jeu vidéo : pour quel régime juridique ? » – Z. Azzabi, « La qualification juridique du jeu vidéo : l'essai non transformé de la Cour de cassation » ; L. Marino, « Le jeu vidéo devient enfin complexe » – F. Sardain, « Arrêt *Cryo* : la Cour de cassation consacre la qualification distributive du jeu vidéo » – T. Hassler, « Œuvre multimédia : vers une qualification plus complexe, mais plus fine que précédemment » – *ADDE* sur le jeu vidéo : G. Brunaux, *Le jeu vidéo : Un objet juridique identifié*, Mare & Martin, 2019.
5. C. Caron, *Droit d'auteur et droits voisins*, 6e éd., « Manuels », LexisNexis, 2020, n° 186 – CJUE 23 janv. 2014, *Nintendo*, aff. C-355/12, *D.* 2014, Pan. 2078, obs. P. Sirinelli ; *RLDI* 2014, n° 3342 ; *CCÉ* 2014, n° 26, obs. C. Caron ; *RTD com.* 2014. 108, note F. Pollaud-Dulian ; *RTD com.* 2014. 108, obs. F. Pollaud-Dulian ; B. Galopin, « Affaire *Nintendo* : la CJUE précise les conditions de protection des mesures techniques », *RLDI* 2014, n° 3402 ; A. Lefèvre, « L'arrêt *Nintendo* : l'étendue de la protection des mesures techniques de protection de la directive 2001/29 précisée par la CJUE », *RLDI* 2014, n° 3403.
6. EN CE SENS : X. Daverat, « Convergence des médias et droit d'auteur », dans *Mél. A. Lucas*, LexisNexis, 2014. 205 s. – D'UNE FAÇON GÉNÉRALE sur le droit des médias : E. Derieux, *Le droit des médias*, 6e éd., « Connaissance du droit », Dalloz, 2019.
7. EX., dans le contrat ayant donné lieu à : Paris, 30 sept. 2004, *Atac c/SAP, Expertises* 2005, p. 113.
8. POUR UNE ANALYSE EXHAUSTIVE : C. Caron, « L'œuvre libre confrontée à quelques aspects du droit commun des biens et du droit d'auteur », art. préc.

d'auteur, mais son créateur en assure la libre diffusion par une licence type[1].

3° Enfin, l'accès à l'usage de nombreux logiciels, sans doute encore la majorité, s'opère à *titre onéreux*[2].

Remarque. Le contrat par abonnement s'analyse en un contrat unique, comprenant un prix global (éventuellement assorti d'une clause de révision), alors que le partenaire sera tenu d'effectuer des prestations ou des livraisons à des échéances prévues. Le contrat est à exécution successive, ou plutôt, selon une analyse plus précise, *à exécution échelonnée*[3]. L'abonnement ne change pas la nature du contrat de vente, car il *constitue une simple modalité des contrats impliquant une exécution plus ou moins prolongée.*

§ 2
Cas du logiciel dit libre

221.31 **Logiciel dit libre (ou ouvert).** En dehors même des œuvres « tombées » dans le domaine public, certaines œuvres sont « libres » par la volonté de leur auteur[4]. Une association, *Creative Commons*, a pour dessein de faciliter la diffusion et le partage desdites œuvres, tout en accompagnant les nouvelles pratiques de création à l'ère numérique[5]. Certains logiciels sont ainsi dits libres. Cependant, par la force des choses, un logiciel a nécessairement un auteur à son origine, investi comme tel de droits moraux et patrimoniaux. Or, s'il est licite de renoncer aux seconds (en l'indiquant de façon expresse), cela est interdit pour les premiers en Droit français. Mais si son auteur entend éviter l'empire des droits moraux, il peut toujours le divulguer de façon anonyme. Cela étant, un logiciel est dit libre lorsque sa « source est ouverte » (*open source*), ce qui permet à toute personne d'obtenir et de modifier le code source[6], afin de l'adapter aux besoins de son utilisation, et de le redistribuer (ce qui sera souvent le fait, pour une entreprise, d'un intégrateur[7]).

Aussi le logiciel libre est un grand facilitateur d'innovation. Un logiciel libre est généralement gratuit, mais cet élément n'est pas un critère de qualification (du reste, son utilisation est parfois payante). La liberté ne caractérise pas tant le régime juridique du logiciel (protégé par le Droit d'auteur) que la possibilité qui est donnée à toute personne de l'utiliser quel qu'en soit l'usage envisagé et de le modifier (en respectant certaines conditions précisées par son auteur), si bien qu'il serait préférable de le dénommer *logiciel ouvert*. Il est entendu que le logiciel modifié reste lui-même ouvert. Ainsi, chaque utilisateur, devenant programmateur occasionnel, coopère à son perfectionnement, de sorte que le logiciel échappe à toute obsolescence ; que tout blocage dû à une erreur de programmation est immédiatement corrigé ; qu'une fonctionnalité peu efficace est presque instantanément améliorée ; que les tests sont plus nombreux, *etc.* Le risque du mauvais fonctionnement d'un logiciel libre est réduit, puisqu'il est le plus souvent testé sur une très grande échelle. L'idée était particulièrement ingénieuse et féconde ; elle fut d'autant plus couronnée de succès que le développement concomitant de l'internet facilita grandement l'échange des informations et des nouvelles versions des logiciels ouverts[8].

221.32 **Licence de logiciels dit « libres ».** Pour autant, il existe des licences de logiciels « libres », qui « encadrent » cette liberté (mais surtout afin d'éviter l'appropriation par quelqu'un), notamment la licence *GNU GPL*[9] (GPL étant en anglais le sigle de *General Public License* ; v. l'adaptation française [non officielle] de cette licence sur le site www.linux-France.org). La validité de la licence *GNU GPL* a été reconnue par la cour d'appel de Paris[10]. Elle doit évidemment respecter le formalisme de l'article L. 131-1 du code de la propriété intellectuelle. Cependant, ces licences comportent souvent des clauses illicites en Droit français[11]. Aussi trois organismes français (le CEA, le CNRS et l'INRIA) publièrent en 2004 un modèle de contrat de licence de logiciel libre, dénommée *CeCILL*, soumise au Droit français[12]. Il prévoit qu'en cas de

1. Sur le logiciel libre v. *infra* s[s] n°s 221.31 s.
2. V. *infra* s[s] n°s 222.11 s. et 222.21 s.
3. SUR CETTE NOTION : L. Cros, « Les contrats à exécution échelonnée », *D.* 1989. Chron. 49.
4. M. Clément-Fontaine, *L'œuvre libre*, préf. M. Vivant, Larcier, Bruxelles, 2014.
5. *Creative Commons* (v. son site) propose des contrats-types ou licences pour la mise à disposition d'œuvres en ligne. Les licences *Creative Commons* sont fondées sur le droit d'auteur mais incitent l'auteur à ne conserver qu'une partie de ses droits (« *certains droits réservés* ») – Sur la question : M. Vivant et J.-M. Bruguière, *Droit d'auteur et droits voisins*, 4e éd., « Précis », Dalloz, 2019, n°s 881 s.
6. Sur sa définition v. *supra* s[s] n° 213.34.
7. SUR LE MODÈLE ÉCONOMIQUE du logiciel libre : D. Torre, « Le modèle économique du logiciel *open source* : viabilité et compétitivité », art. préc.
8. SUR L'ASPECT ÉCONOMIQUE des logiciels libres : J. Crémer et A. Gaudeul, « Quelques éléments d'économie du logiciel libre », art. préc.
9. Sa troisième version a été divulguée le 29 juin 2007, mais n'a pas obtenu le succès escompté : L. Schurr, « La licence GNU/GPL (V3) a presque deux ans : un bilan mitigé », art. préc.
10. NOT. : Paris, pôle 5, 10e ch., 16 sept. 2009, RG n° 04/24298, *Edu4 c/Assoc. Afpa*, *Gaz. Pal.* 2010. 1, p. 405, note obs. L. Tellier-Loniewski et F. Revel de Lambert.
11. POUR UNE ANALYSE : C. Caron, « Les licences de logiciels dits "libres" à l'épreuve du droit d'auteur français », art. préc.
12. Le texte en est disponible sur http://www.cecill.info/licences.

conflit de contrats (c'est-à-dire lorsqu'un logiciel diffusé sous la licence *GNU GPL* intégrerait ou serait intégré à un logiciel diffusé sous licence *CeCILL*) la licence *GNU GPL* prévaudra. Celle-ci permet une utilisation libre du logiciel, mais requiert une licence particulière lorsque le travail fondé sur le programme ne peut pas être identifié comme raisonnablement indépendant et doit donc être considéré comme dérivé d'un autre programme[1]. Quoi qu'il en soit, dès lors qu'il y a une licence, l'utilisateur d'un logiciel libre doit évidemment respecter les obligations qu'elle implique, notamment de ne pas en tirer un profit commercial sans autorisation particulière[2] ; sinon, la défaillance contractuelle pourra entraîner la résolution du contrat[3]. Tout manquement aux obligations d'une licence de logiciel libre constitue une défaillance contractuelle (et non une contrefaçon)[4].

Le succès des logiciels libres est tel qu'il est assez fréquent que des éléments d'un logiciel libre soient intégrés dans un logiciel approprié[5].

221.33 Logiciels divers dits libres. Le pionnier des logiciels ouverts fut Richard Stallman qui créa *GNU* en 1989[6]. Ce logiciel libre se perfectionna ensuite petit à petit, mais l'apport décisif fut l'œuvre en 1991 d'un étudiant Finlandais de 21 ans (Linus Torvalds), qui le rendit complet comme système d'exploitation (sans se douter de l'importance de sa découverte[7]). D'où son changement de nom en *GNU/Linux*, sous lequel il est connu dans le monde entier. En effet, il est loin d'être une curiosité, ou de n'être utilisé que par des amateurs. Il est extrêmement répandu, notamment dans les entreprises (plus à même d'effectuer le travail de mise à jour, non seulement du logiciel mais aussi de sa compatibilité avec leur système), et même les administrations. *GNU/Linux* a ses « mordus », regroupés dans des associations, dont en France l'*AFUL* (Association francophone des utilisateurs de *Linux* et des logiciels libres).

D'innombrables autres logiciels ouverts sont apparus ensuite (tels *Apache, Mozilla, OpenOffice, Perl*), notamment de traitement de texte, de gestionnaires de bases de données, d'images, *etc.* Ainsi, *SPIP* (système de publication par l'internet), logiciel français de développement et de gestion des sites qui a connu un grand succès[8]. De même, est fort utilisé le navigateur *Netscape* (un navigateur est un logiciel envoyant et recevant les messages électroniques [en anglais *e.mail*, abréviation d'*electronic mail* ; en français *mél.* ou *courriel*, bien que *mail* (la Poste en anglais) trouve son origine dans le mot français malle-poste ; rappelons que le courrier désigne *l'ensemble* des lettres reçues ou envoyées par une personne, et que ce mot n'est donc pas synonyme de lettre, de message ou de courriel]).

221.34 Entreprises et logiciels dits libres. Les sociétés commercialisant des logiciels appropriés, surtout la si puissante *Microsoft* de Bill Gates, dont le quasi-monopole est écorné, affirment que les logiciels ouverts, souvent gratuits à l'achat, seraient plus onéreux en développement et en maintenance que les produits appropriés. Elles cherchèrent par tous les moyens à empêcher le développement des logiciels libres, mais en vain. Les grandes sociétés dans le domaine de l'informatique, *IBM* en tête, constatant leur utilisation de plus en plus importante par les entreprises, se mirent à développer des solutions matérielles et logicielles compatibles avec *GNU/Linux* ; et *DELL* suggère de n'utiliser sur ses appareils que des logiciels *Linux*. En outre, des entreprises utilisant des logiciels libres[9] se sont réunies au sein de groupements informels ou d'associations pour partager les frais générés par la mise au point de variantes spécifiques pour leur activité ou pour les faire évoluer[10]. Enfin, des sociétés se sont créées proposant une série de services contre un abonnement, venant compléter les logiciels libres qu'elles installent : entretien, sécurité, hébergement des données, offre d'assurance...[11]. Elles offrent des solutions clé en main, intégrant différents modules

1. TGI Paris, 28 mars 2007, *Educaffix c/CNRS, Expertises* 2007, p. 226, obs. J. Brami ; *Gaz. Pal.* 2008. 1, Somm. 503, obs. P. Saurel et B. Ohayon ; *JCP E* 2008. 2130, n° 7, obs. F. Sardain : ce jugement s'est prononcé pour la première fois sur la validité et l'opposabilité de la licence *GNU GPL* ; la solution est assez contestable.
2. M. Clément-Fontaine, « La clause non commerciale des licences ouvertes : sécurité juridique, libre concurrence et valorisation », préc.
3. TGI Paris, 28 mars 2007, *Educaffix c/CNRS*, préc. – Paris, pôle 5, 10e ch., 16 sept. 2009, RG n° 04/24298, *EDU4 c/ Assoc. Afpa*, préc. – S. Rambaud, « Le juge français et le logiciel libre », art. préc.
4. TGI Paris, 3e ch., 6 janv. 2017, RG n° 15/09391 – TGI Paris, 3e ch., 21 juin 2019, RG n° 5558, *RLDI* 2019, obs. A. Casanova.
5. B. Jean et G. Vercken, « Comment encadrer l'utilisation de logiciels "libres" dans les contrats ayant pour objet des logiciels "propriétaires" ? », art. préc.
6. R. Stallman théorisa le concept de logiciel libre, dont il fut et reste le chantre, et qu'il présente presque comme une idéologie libertaire.
7. L. Torvalds et D. Diamond, *Il était une fois Linux. L'extraordinaire histoire d'une révolution accidentelle*, Eyrolles, 2001.
8. Sur les sites internet v. *infra* ss nos 44.05 s.
9. A. Tessalonikos et G. Maronne, « Logiciels libres. Quels enjeux pour l'entreprise ? », *Expertises* 2014. 103.
10. En France, *Airbus, BNP Paribas,* la *Société générale* ou la *SNCF* font partie des grandes sociétés qui utilisent des logiciels libres.
11. La plus importante est *Red Hat* (car l'un de ses fondateurs était toujours couvert d'une casquette rouge !) fondée en 1993 (achetée en 2018 par *IBM* pour 34 milliards de dollars), dont le chiffre d'affaires annuel fut de près de 3 milliards de dollars en 2018. En France, plus de 400 sociétés de services utilisant des logiciels libres (SSLL) se sont créées.

développés par des communautés de logiciels libres ; le prix de leur prestation porte sur les adaptations et développements nécessités par les besoins spécifiques de leur client (mais par définition ne porte pas sur les logiciels ou progiciels en tant que tels), la formation des employés, la sécurisation des données ou encore la migration d'un logiciel approprié (non libre) à un logiciel libre[1]. Des entreprises investissent dans la recherche, le développement des logiciels libres et leur perfectionnement, de sorte qu'il existe maintenant un important marché des logiciels libres.

Le Conseil d'État a jugé[2] qu'un dispositif, mis en place par un exploitant aux fins de permettre l'interopérabilité de systèmes informatiques, s'il est rendu possible par la diffusion d'informations par les fournisseurs de mesures techniques, ne contourne pas les dispositions protectrices au sens du décret du 23 décembre 2006[3], relatif à la répression de certaines atteintes portées au droit d'auteur et aux droits voisins (pris en application de la loi n° 2006-961 du 1er août 2006[4]). En effet, le décret précité, ne vise pas l'exception de décompilation destinée à permettre le développement des logiciels libres.

SECTION 2
LE LOGICIEL ET LES PROPRIÉTÉS INTELLECTUELLES

221.40 **Bibliographie. Ouvrages.** B. Edelman, *Droits d'auteur et droits voisins : Droit d'auteur et marché*, Dalloz, 1993 – J.-F. Forgeron, *Le logiciel et le droit*, Hermès, 1994 – X. Linant de Bellefonds, *Droits d'auteur. Droits voisins*, 2e éd., Delmas, 1997 – A. Lucas et *alli*, *Traité de la propriété littéraire et artistique*, 5e éd., « Traités », LexisNexis, 2017 – J.-P. Martin, *Droit des inventions de salariés*, Litec, 2002 – F. Pollaud-Dulian, *La brevetabilité des inventions : Étude comparative de jurisprudence France – OEB*, Litec, 1997 – F. Pollaud-Dulian, *La propriété industrielle*, 2e éd., « Corpus », Economica, 2014.

Manuels. C. Caron, *Droit d'auteur et droits voisins*, 6e éd., « Manuel », LexisNexis, 2020 – C. Castets-Renard, *Droit interne et européen du numérique*, 3e éd., « Cours », Montchrestien-Lextenso, 2018 – J.-F. Forgeron, *Le logiciel et le droit*, Hermès, 1994 – P.-Y. Gautier, *Propriété littéraire et artistique*, 11e éd., « Manuel », PUF, 2019 – M. Vivant et J.-M. Bruguière, *Droit d'auteur et droits voisins*, 4e éd., « Précis », Dalloz, 2019.

Thèse. A. Lucas, *La protection des créations industrielles abstraites*, préf. E. du Pontavice, Litec, 1975.

Contributions. C. Le Stanc, « Logiciel : trente ans entre droit d'auteur et brevet. Bilan ? », dans *Mél. X. Linant de Bellefonds*, Litec, 2007, p. 271 s. – A. Lucas, « Droit d'auteur et multimédia », dans *Mél. A. Françon*, Dalloz, 1995, p. 325 s.

Articles. C. Caron, « Réflexions sur la coexistence du droit d'auteur et du droit des brevets sur un même logiciel », *RIDA* 2000/184, p. 3 s. – X. Desjeux, « Logiciel, originalité et activité créatrice », *Expertises* 1985/81, p. 38 s. – Ph. Gaudrat, « Forme numérique et propriété intellectuelle », *RTD com.* 2000. 910 s. ; « Du logiciel support à l'illicéité de la copie privée numérique. Chronique d'une subversion annoncée… », 1re partie, *RTD com.* 2001. 890 s. ; 2e partie, *RTD com.* 2002. 55 s. ; « L'invention informatique : un débat difficile et contourné », *RTD com.* 2005. 323 s. et 512 s. – C. Le Stanc, « Droit d'auteur et droit du brevet sur le logiciel : conséquences », *Propr. ind.* 2003. Chron. n° 2 – P. Roussel, « La maîtrise d'un langage de programmation s'acquiert par la pratique », *CCÉ* 2005. Chron. n° 15 – Ph. le Tourneau, « Variations autour de la protection du logiciel », *Gaz. Pal.* 1982. 2. Doctr. 370 s. ; « Du nouveau sur la protection du logiciel et des idées », *RJ com.* 1984. 65 s. – M. Vivant, « Ingénierie inverse, ingénierie perverse ? », *JCP E* 1991. I. 56.

§ 1
Logiciel et droit d'auteur

221.51 **Le logiciel, œuvre de l'esprit.** La loi du 3 juillet 1985[5], dite loi Lang, a élevé les logiciels au rang d'œuvres de l'esprit, « *y compris le matériel de conception préparatoire* »[6], dont les lignes de programmation, le code source et le code objet, et plus largement, « *toute forme d'expression du programme d'ordinateur* »[7], en ce sens que le code source ou le code objet sont les différentes formes d'expression d'une même création, d'un même programme d'ordi-

1. Un des principaux repaires de la communauté du logiciel libre est *GitHub*, plateforme de codage, outil privilégié des développeurs, créée en 2008 ; elle a été achetée en 2018 par *Microsoft*.
2. CE 16 juill. 2008, req. n° 301843, *April*, NP, *JCP E* 2008. 2377, note J.-C. Zarka ; *JCP E* 2009, n° 40. Chron. 1918, n° 10, obs. F. Sardain ; *Gaz. Pal.* 2009. 1, Somm. 647, obs. L. Tellier-Loniewski et A. Platon ; *RTD com.* 2008. 750, obs. F. Pollaud-Dulian.
3. Décr. n° 2006-1763, 23 déc. 2006, relatif à la répression pénale de certaines atteintes portées au droit d'auteur et aux droits voisins, *JO* 30 déc., p. 20161.
4. L. n° 2006-961, 1er août 2006, relative au droit d'auteur et aux droits voisins dans la société de l'information, *JO* 3 août, p. 11529.
5. L. n° 85-660, 3 juill. 1985 relative aux droits d'auteur et aux droits des artistes-interprètes, des producteurs de phonogrammes et de vidéogrammes et des entreprises de communication audiovisuelle, *JO* 4 juill., p. 7489.
6. CPI, art. L. 112-2, 13° – Cette disposition fut modifiée par la loi n° 94-361 du 10 mai 1994, pour inclure dans le domaine de la protection « *le matériel de conception préparatoire* » – POUR UNE ANALYSE de ces textes : A. Lucas, J. Devèze et J. Frayssinet, *Droit de l'informatique et de l'internet, op. cit.*, nos 520 s. – C. Caron, *Droit d'auteur et droits voisins, op. cit.*, nos 178 s.
7. Dir. 2009/24, Parlement et Conseil, 23 avr. 2009 concernant la protection juridique des programmes d'ordinateur, *JOUE* L 111/16, 5 mai 2009, p. 16, art. 1er, 2.

nateur (accord Adpic, art. 10, § 1[1]), à condition que cette forme soit susceptible « *d'aboutir, respectivement, à la reproduction ou à la réalisation ultérieure d'un tel programme* » (CJUE, 22 déc. 2010, *Bezpečnostní softwarová asociace - Svaz softwarové ochrany c/Ministerstvo kultury*, aff. C-393/09[2]). Ce n'est pas le cas de « *l'interface graphique* »[3], qui ne bénéficie donc pas de la protection spécifique des logiciels (tout en pouvant se voir appliquer, le cas échéant, le Droit commun du Droit d'auteur[4], dès lors qu'elle est originale ; elle doit aussi pouvoir bénéficier de la protection d'un droit de dessin et modèle). - *L'interface graphique* du logiciel[5] [appelé en anglais son *look and feel*], permet une communication entre le logiciel et l'utilisateur[6]. L'expression protégée se distingue des idées et des principes à la base de quelque élément que ce soit d'un programme d'ordinateur, qui ne sont pas protégés par le droit d'auteur[7] ; dans le prolongement, les fonctionnalités ne sont pas protégeables[8], cela afin de sauvegarder la liberté de création.

Toutefois, le Droit d'auteur des logiciels est spécifique. En effet, le droit moral de l'auteur est ici affaibli, la loi prévoyant que, sauf clause contraire, l'auteur ne bénéficie en la matière ni du droit de repentir ni du droit de retrait[9]. Et, par dérogation aux principes traditionnels du Droit d'auteur, les droits patrimoniaux (à l'exclusion des droits moraux) sur les logiciels créés par des salariés *dans l'exercice de leurs fonctions* sont dévolus à l'employeur[10]. Dans le même esprit, l'article L. 113-9-1 du code de la propriété intellectuelle[11] instaure une dévolution des droits patrimoniaux de propriété intellectuelle sur les logiciels et leur documentation, lorsque ceux-ci sont créés par des personnes physiques qui ne sont pas titulaires d'un contrat de travail ou du statut d'agent public, notamment les stagiaires, doctorants étrangers et professeurs ou directeurs émérites, et qui exercent des missions au sein et avec les moyens d'une personne morale de droit public ou de droit privé réalisant de la recherche.

Pour autant, une personne morale ne peut pas avoir la qualité d'auteur[12], de sorte que la présomption de l'article L. 113-9 du CPI ne bénéficie qu'aux créateurs personnes physiques et n'a pas vocation à s'appliquer à des associés créateurs d'un logiciel[13] (à côté de la présomption *légale* de l'art. L. 113-9, il existe une présomption *prétorienne*, en matière de contrefaçon, selon laquelle la commercialisation non équivoque d'une œuvre fait présumer à l'égard des tiers poursuivis en contrefaçon et en l'absence de toute revendication des droits d'auteur que la personne morale justifiant de cette commercialisation sous son nom est titulaire des droits patrimoniaux d'auteur correspondant[14]). Enfin, l'exception de *copie privée* est supprimée pour les logiciels[15].

1. CJUE, G^de^ ch., 2 mai 2012, *Institute Inc. c/World Programming Ltd,* aff. C-406/10, *Rec.* N ; *D.* 2012. 1186 ; *D.* 2012. Pan. 2343, obs. C. Le Stanc ; *D.* 2012. Pan. 2836, obs. P. Sirinelli ; *Gaz. Pal.* 2012. 2 août, note L. Marino ; *Propr. ind.* 2012, n° 61, note N. Bouche ; *CCÉ* 2012, n° 105, obs. C. Caron ; *Propr. intell.* 2012, p. 423, note V.-L. Benabou ; *RTD com.* 2012. 536, obs. F. Pollaud-Dulian.
2. CJUE, 22 déc. 2010, *Bezpečnostní softwarová asociace – Svaz softwarové ochrany c/Ministerstvo kultury,* aff. C-393/09, *Rec.* I-13971 ; *D.* 2011. Pan. 2171, obs. P. Sirinelli ; *D.* 2011. Pan. 2364, obs. C. Le Stanc ; *Propr. ind.* 2011, n° 37, note J. Larrieu, CRIT. ; *CCÉ* 2011, n° 42, obs. C. Caron, CRIT. ; *RLDI* 2011/70, note H. Bitan ; *JCP E* 2011, n° 48. Chron. 1859, n° 1, obs. M. Vivant, N. Mallet-Poujol et L.-M. Bruguière ; *RTD com.* 2011. 333, obs. F. Pollaud-Dulian.
3. Civ. 1re, 3 mai 2018, n° 16-26.531, NP, *D.* 2018. Pan. 2270, obs. J. Larrieu, C. Le Stanc et P. Tréfigny ; *RLDI* 2018, n° 5229, obs. L. Costes ; *Dalloz IP/IT* 2018. 627, note J. Dauzier et A. Pons ; *RTD com.* 2018. 329, obs. F. Pollaud-Dulian.
4. CJUE, 22 déc. 2010, *Bezpečnostní softwarová asociace – Svaz softwarové ochrany c/Ministerstvo kultury,* aff. C-393/09, préc., p^t^ 16.
5. La directive 2009/24, considérant 10, donne une longue définition de l'interface : « *Un programme d'ordinateur est appelé à communiquer et à fonctionner avec d'autres éléments d'un système informatique et avec des utilisateurs ; à cet effet, un lien logique et, le cas échéant, physique d'interconnexion et d'interaction est nécessaire dans le but de permettre le plein fonctionnement de tous les éléments du logiciel et du matériel avec d'autres logiciels et matériels ainsi qu'avec les utilisateurs. Les parties du programme qui assurent cette interconnexion et cette interaction entre les éléments des logiciels et des matériels sont communément appelées "interfaces". Cette interconnexion et cette interaction fonctionnelles sont communément appelées "interopérabilité" ; cette interopérabilité peut être définie comme étant la capacité d'échanger des informations et d'utiliser mutuellement les informations échangées* ».
6. Sur l'interface graphique aussi : v. *infra* s^s^ n° 221.61.
7. Dir. 2009/24, Parlement et Conseil, 23 avr. 2009, art. 1er, 2 ; – Accord Adpic, art. 9, 2.
8. CJUE, G^de^ ch., 2 mai 2012, *Institute Inc. c/World Programming Ltd,* aff. C-406/10, préc.
9. CPI, art. L. 121-7.
10. CPI, art. L. 113-9, al. 1er – À PROPOS DU CRITÈRE d'affectation des droits à l'employeur : TGI Paris, 6 mars 2001, *Négrier, JCP E* 2001. 1952, note J. Raynard, TRÈS FOUILLÉE – COMP., pour la création d'un site internet : Rennes, 1re ch., 13 mai 2014, *Naviciel, RLDI* 2014, n° 3491, pas d'originalité des pages graphiques des sites internets litigieux ; É. Varet, « Sites internet : vers une présomption de banalité ou la recherche casuistique d'une *plus grande sécurité juridique pour l'employeur ?* », *RLDI.* Chron. 3539.
11. Créé par ord. n° 2021-1658, 15 déc. 2021, *JO* 16 déc., texte 54 ; *CCÉ* 2022, n° 17, obs. P. Kamina.
12. IMPLICITEMENT : CPI, art. L. 113-1.
13. Civ. 1re, 15 janv. 2015, n° 13-23.566, P I, n° 11 ; *Gaz. Pal.* 11 févr. 2015. 20, note C. Hugon ; *CCÉ* 2015, n° 19, obs. C. Caron ; *RLDI* 2015, n° 3706, note P.-D. Cervetti ; *RTD com.* 2015. 307, obs. Ph. Gaudrat.
14. Civ. 1re, 10 avr. 2013, n° 12-12.886, P I, n° 73 ; *D.* 2013. 1392, note S. Chatry ; *D.* 2013. 1973. Chron. M. Vivant ; *CCC* 2013, n° 156, obs. M. Malaurie-Vignal ; *RTD com.* 2013. 290, obs. F. Pollaud-Dulian.
15. CPI, art. L. 122-5, 2 (v. *infra* s^s^ n° 232.42).

De leur côté les articles 10, 1°, de l'Accord relatif aux aspects des droits de la propriété intellectuelle du 15 décembre 1993 (Adpic), et 4 du traité du 20 décembre 1996 de l'Organisation mondiale de la propriété intellectuelle (Ompi) sur le Droit d'auteur (TDA), adopté à Genève le 20 décembre 1996 (approuvé par la décision du Conseil de la Communauté européenne n° 2000/278/CE 16 mars 2000[1]), disposent que les programmes d'ordinateurs sont protégés « *en tant qu'œuvres littéraires* » au sens de l'article 2 de la convention de Berne.

A priori, la protection des logiciels par le Droit d'auteur n'était pas aberrante. La doctrine l'avait suggérée[2]. Elle avait été suivie par la jurisprudence, notamment dans les fameux arrêts de l'Assemblée plénière de la Cour de cassation du 7 mars 1986, statuant sur des affaires dans lesquelles la loi du 3 juillet 1985 n'était pas applicable (mais qu'elle appliqua par anticipation)[3]. En effet, un programme suppose une création intellectuelle et constitue en partie une opération relevant du langage[4]. Cette création est éventuellement une œuvre collective lorsqu'elle remplit les conditions de cette qualification[5]. Sauf preuve contraire, celle-ci est la propriété de la personne physique ou morale sous le nom de laquelle elle est divulguée, qui est investie des droits de l'auteur[6]. La Cour de cassation précisa que la titularité de la personne physique ou morale s'étend aux prérogatives du droit moral, ce dont on pouvait douter quant aux personnes morales[7].

221.52 Critiques. Pourtant cette solution, qui s'était imposée comme une évidence en partant du constat qu'un programme s'écrit (ou plutôt son code source[8]), était erronée. Car tout ce qui s'écrit ne constitue pas une œuvre littéraire. Surtout, « *Le code source décrit la structure caractérisante d'un programme qui, en son état exécutable, délivrera les fonctions pour lesquelles il a été développé* [...]. *C'est une* forme conventionnelle *qui produit un* effet technique *dans son* état exécutable, *c'est-à-dire dans l'état dans* lequel il est commercialisé[9]. « L'écriture de programmation *n'a rien à voir avec* l'écriture littéraire, *parce que les* langages de programmation *ne sont pas conçus pour assumer la même fonction que les* langages vernaculaires. [...] Les langages de programmation ne sont pas *destinés à communiquer d'une personne à une autre, des états d'âmes, des réactions ou des réflexions à propos du réel : ils sont destinés, d'une part,* à noter des ordres *et, d'autre part,* à les faire exécuter par une machine. *Ce type de langage joue très exactement un rôle d'*interface *entre la pensée de l'homme et les fonctions de la machine.* [...] *Il va de soi que sa créativité ne peut se manifester que sous forme de nouveauté et d'activité inventive. Jamais sous forme d'originalité. Quand bien même l'informaticien voudrait exprimer sa personnalité* dans *le code développé, il en serait empêché par la nature du langage et la finalité de l'exercice* »[10].

Ainsi, le législateur a implicitement mais nécessairement créé un concept nouveau (même si les parlementaires n'en eurent pas conscience), celui d'originalité du logiciel.

221.53 Originalité du logiciel. En Droit d'auteur, on considéra longtemps que, selon l'expression de Desbois, la « pierre de touche » de l'œuvre littéraire et artistique est l'originalité de l'expression (l'empreinte de la personnalité ; ce critère de l'originalité, d'origine jurisprudentielle, émergea dans les années 1860, à l'occasion du contentieux relatif aux photographies[11]). La définition de l'œuvre par l'ori-

1. Décis. 2000/278/CE, Conseil, 16 mars 2000 relative à l'approbation, au nom de la Communauté européenne, du traité de l'Ompi sur le droit d'auteur et du traité de l'OMPI sur les interprétations et exécutions et sur les phonogrammes, *JOCE* L 89, p. 6.
2. NOT. : Ph. le Tourneau, « Du nouveau sur la protection du logiciel et des idées », art. préc.
3. NOT. : Cass., ass. plén., 7 mars 1986, n° 83-10.477, *Babolat Maillol*, P n° 3 ; *GAPI*, 3e éd., Dalloz, 2020, n° 45, obs. M. Vivant ; *D.* 1986. 405, concl. X. Cabannes, note B. Edelman ; *JCP E* 1986. II. 14713, note J.-M. Mousseron, B. Teyssié et M. Vivant ; *RD propr. industr.* 1986/3, p. 213, rapp. J. Jonquères ; *RTD com.* 1986. 399, obs. A. Françon.
4. COMP. : Paris, 10 nov. 1994, *PIBD* 1995. III. 101 : l'auteur d'un logiciel « *a transformé un langage théorique d'un programme d'étude d'écrasement en un langage adaptable au monde industriel* » – COMP. : P. Roussel, « La maîtrise d'un langage de programmation s'acquiert par la pratique », art. préc.
5. Civ. 1re, 3 juill. 1996, n° 92-18.627, P I, n° 294 ; *D.* 1996. 328, note A. Françon : où c'était le cas – Civ. 1re, 13 janv. 1998, n° 95-21.529, NP, *Expertises* 1998, p. 231 : *idem* – Versailles, 4 oct. 2001, *Thomas, RJDA* 2002, n° 327, *idem* – Paris, 2 juill. 2004, *PIBD* 2005. III. 123.
6. CPI, art. L. 113-5.
7. Civ. 1re, 22 mars 2012, n° 11-10.132, P I, n° 70 ; *GAPI*, 3e éd., Dalloz, 2020, nos 51, obs. C. Caron ; *D.* 2012. 1246, obs. J. Daleau, note A. Latil ; *D.* 2012. 2836, obs. P. Sirinelli ; *D.* 2013. 1924, obs. J.-C. Galloux et J. Lapousterle ; *Rev. sociétés* 2012. 496, note N. Binctin ; *CCE* 2012, n° 61, obs. C. Caron ; *RTD civ.* 2012. 338, obs. T. Revet ; *RTD com.* 2012. 321, obs. F. Pollaud-Dulian – SUR LA QUESTION : A. Bensamoun, « La personne morale en droit d'auteur : auteur contre-nature ou titulaire naturel ? », *D.* 2013. Chron. 376.
8. Sur la définition du code source v. *supra* ss n° 213.34.
9. Ph. Gaudrat, « Du logiciel support à l'illicéité de la copie privée numérique : chronique d'une subversion annoncée... », 1re partie, art. préc., p. 901.
10. Ph. Gaudrat, « L'invention informatique : un débat difficile et contourné », art. préc., spéc. p. 514-515.
11. L. Pfister, « L'œuvre, une forme originale. Naissance d'une définition juridique (XVIIIe-XIXe siècles) », dans H. Maurel-Indart (dir.), *Le plagiat littéraire, Rev. Littérature et Nation* 2002/27, p. 245 s. – RELEVANT L'ORIGINALITÉ d'une photo, traduisant « *une démarche propre à son auteur qui portait l'empreinte de la personnalité de celui-ci* » : Civ. 1re, 15 mai 2015, n° 13-27.391, P I, n° 116 ; *D.* 2016. 1672, note A. Bensamoun et P. Sirinelli ; *CCÉ* 2015, n° 55, obs. ▶

ginalité est aujourd'hui fortement contestée : elle « *n'est qu'un marqueur, certes immensément utile, mais inscrit* a posteriori *du "fait de la création"* » ; c'est par « *la notion de "conception de l'auteur" que se découvre l'essence de l'œuvre de l'esprit et le fondement du droit de propriété* » [1] ; l'analyse de la « conception de l'auteur », notion centrale du droit de la propriété littéraire, révèle les caractères essentiels que doit réunir l'œuvre de l'esprit (l'expression conception de l'auteur figure à l'art. L. 112-2 du CPI, qui ne comprend pas celui d'originalité). Pour le logiciel, un arrêt marquant de la Cour de cassation considéra, s'en tenant au vocabulaire habituel, que l'originalité se réduisait à une liberté du choix technique, un « *effort personnalisé* » du concepteur, portant « *la marque de son apport intellectuel* » (Cass., ass. plén., 7 mars 1986, n° 83-10.477 [2]). Si le terme *intellectuel* renvoyait à l'esprit de l'auteur, donc à un critère subjectif, celui d'*apport* présente une connotation objective. Aussi peut-on saluer comme plus pertinente l'analyse retenue par un arrêt de 2012, selon lequel la cour d'appel aurait dû rechercher en quoi « *les choix opérés témoignaient d'un apport intellectuel propre et d'un effort personnalisé de celui qui avait élaboré le logiciel litigieux, seuls de nature à lui conférer le caractère d'une œuvre originale protégée, comme telle, par le droit d'auteur* » (Civ. 1re, 17 oct. 2012, n° 11-21.641 [3]). Une communauté de vues réunit la Cour de cassation et la CJUE qui, notamment à propos de l'originalité de la structure d'une base de données [4], a retenu le critère des « *choix libres et créatifs* » [5].

L'article 3 de la directive 91/250 [6], « programme », adopta la solution de l'arrêt *Babolat* précité, tout en la formulant différemment : un programme est original en tant qu'il « *est la création intellectuelle propre à son auteur* » ; ce qui justifie que le législateur Français n'ait pas transposé cette définition dans le code de la propriété intellectuelle.

D'autres jugements et arrêts emploient des expressions comparables à celle de l'arrêt *Babolat* [7].

▶ C. Caron ; *RTD com.* 2015. 515, obs. F. Pollaud-Dulian (mais l'arrêt est surtout intéressant en ce qu'il applique la contestable « balance des intérêts » – A. Zollinger, « Droit d'auteur et liberté d'expression – Commenr procéder à la balance des intérêts *in concreto* ? », *CCÉ* 2017. Ét. 7) – SUR RENVOI : Versailles, 16 mars 2018, RG n° 15/06029 : P. Noual : « Le retour de l'affaire *Klasen* ou l'appropriationnisme (*sic* !) artistique entre liberté d'expression et droit d'auteur », *RLDI* 2018. Chron. 5193.

1. A. Portron, *Le "fait de la création" en droit de la propriété littéraire et artistique. Une proposition de lecture réaliste de l'article L. 111-3 du code de la propriété intellectuelle*, préf. Ph. Gaudrat, « BDPr », t. 606, LGDJ, 2021, n° 84, surtout nos 85 s.
2. Cass., ass. plén., 7 mars 1986, n° 83-10.477, *Babolat Maillot*, préc. – Douai, ch. 1, sect. 1, 5 avr. 2018, RG n° 16/04545, *D.* 2018. Pan. 2270, obs. J. Larrieu, C. Le Stanc et P. Tréfigny ; *RTD com.* 2018. 327, obs. F. Pollaud-Dulian, reprend la définition de l'arrêt *Babolat*. L'arrêt de Douai, rendu à propos d'un logiciel de gestion d'archives considère qu'il n'est pas original, car ce secteur, « *contraint et codifié, ne laisse que peu de place au choix et au libre arbitre de l'auteur du logiciel – de sorte que la créativité s'en trouve forcément bridée* ».
3. Civ. 1re, 17 oct. 2012, n° 11-21.641, NP, *Gaz. Pal.* 6-7 mars 2013, p. 16, note L. Marino, APPROB. ; *RTD com.* 2012. 768, obs. F. Pollaud-Dulian – *ADDE* : Civ. 1re, 14 nov. 2013, n° 12-20.687, NP, *D.* 2014. 2078, obs. P. Sirinelli ; *ibid.* 2317, obs. J. Larrieu, C. Le Stanc et P. Tréfigny ; *RTD com.* 2013. 708, obs. F. Pollaud-Dulian ; *RLDI* 2013, n° 3281 ; *D.* 2014. Pan. 2078, obs. P. Sirinelli : « *les intéressés n'avaient fourni aucun élément de nature à justifier de l'originalité des composantes du logiciel, telles que les lignes de programmation, les codes ou l'organigramme, ou du matériel de conception préparatoire* » – Paris, pôle 5, ch. 2, 5 mai 2017, RG n° 16/08788, *ADC Software c/Eylau Unilabs, RTD com.* 2017. 343, obs. F. Pollaud-Dulian : « *ni la fonctionnalité d'un programme d'ordinateur, dont l'ajout d'onglets appartient au fonds commun des outils de construction d'un logiciel, ni le langage de programmation ou le format de fichiers de données utilisés dans le cadre d'un programme, ne constituent une forme d'expression de ce programme ; enfin, le prétendu caractère innovant du logiciel, au demeurant non établi en l'espèce, n'est pas suffisant à en caractériser l'originalité* » – COMP. : CJUE 2 mai 2012, *Institute c/World Programming*, aff. C-406/10, *Rec.* N ; *D.* 2012. 1186 ; *D.* 2012. 2343, obs. J. Larrieu, C. Le Stanc et P. Tréfigny ; *D.* 2012. 2836, obs. P. Sirinelli ; *RTD com.* 2012. 536, obs. F. Pollaud-Dulian : « *Les mots-clés, la syntaxe, les commandes et les combinaisons de commandes, les options, les valeurs par défaut ainsi que les itérations sont composés de mots, de chiffres ou de concepts mathématiques qui, considérés isolément, ne sont pas, en tant que tels, une création intellectuelle de l'auteur du programme d'ordinateur. Ce n'est qu'à travers le choix, la disposition et la combinaison de ces mots, de ces chiffres ou de ces concepts mathématiques qu'il est permis à l'auteur d'exprimer son esprit créateur de manière originale et d'aboutir à un résultat, le manuel d'utilisation du programme d'ordinateur constituant une création intellectuelle* ».
4. Sur les bases de données v. *infra* ss nos 343.05 s.
5. CJUE, 1er mars 2012, *Football Dataco c/Yahoo UK*, aff. C-604/10, *D.* 2012. Pan. 2838, obs. P. Sirinelli ; *CCC* 2012, n° 47, obs. C. Caron ; *Gaz. Pal.* 2 août 2012, p. 11, note L. Marino ; *Propr. intell.* 2012, p. 421, note V.-L. Benabou ; *LPA* 28 janv. 2013, n° 20, p. 6, note X. Daverat ; P.-D. Cervetti, « L'utilité pratique du logiciel ne suffit pas à caractériser son originalité », *RLDI* 2012/88. Chron. 2934 – AUSSI, CATÉGORIQUE, À PROPOS, non pas d'une base de données, mais de la reproduction de parties d'art. : CJCE 16 juill. 2009, *Infopaq*, aff. C-5/08, *Rec.* I-06569 ; *GAPI*, 3e éd., Dalloz, 2020, n° 46 ; *JCP* 2009, n° 272, note L. Marino ; *CCÉ* 2009, n° 97, obs. C. Caron ; *RTD com.* 2009. 715, obs. Ph. Gaudrat. – SUR LA CRITIQUE du choix comme critère : A. Portron, *Le "fait de la création" en droit de la propriété littéraire et artistique*..., th., préc., nos 107 s.
6. Dir. 91/250, Conseil, 14 mai 1991, concernant la protection juridique des programmes d'ordinateur, *JOCE* L 122 du 17 mai 1991, p. 42.
7. Civ. 1re, 16 avr. 1991, n° 89-21.071, P I, n° 139 ; *JCP* 1991. II. 21770, note H. Croze, à propos de « modules mémoires » – Crim. 12 oct. 1994, n° 93-84.090, NP, *Gaz. Pal.* 1995. 1, Somm. 26 : « *inventivité et de réalisme pragmatique* » – Paris, 4 févr. 2004, *Alto Informatique, Expertises* ▶

Deux arrêts de cours d'appel adoptèrent une solution satisfaisante, l'un en approuvant les premiers juges « *de n'avoir pas considéré les éléments relatifs aux fonctionnalités et avantages comme étant de nature à caractériser les choix arbitraires révélant un effort intellectuel en termes de composition du logiciel et exprimés en langage informatique et qu'il n'était pas démontré en quoi l'architecture fonctionnelle de la base de données portait la trace d'un effort créatif empreint de la personnalité de l'auteur* »[1]. L'autre reprochant aux appelants de n'avoir pas apporté la preuve « *d'une personnalisation de la structure du logiciel caractérisant une œuvre de l'esprit protégeable* »[2].

Des éléments dont est composé un logiciel peuvent avoir un caractère banal pris isolément, mais leur conjonction lui donne, le cas échéant, « *un caractère propre, marquant l'empreinte des auteurs* » (T. com. Paris, 15 oct. 2004[3]). En revanche, les *fonctionnalités* en tant que telles, et leurs objectifs, dans la mesure où ils correspondent à une idée, ne peuvent pas bénéficier de la protection des œuvres de l'esprit[4]. « *Une fonctionnalité est la mise en œuvre de la capacité d'un logiciel à effectuer une tâche précise ou d'obtenir un résultat déterminé* » (Versailles, 9 oct. 2003[5]). La simple correction des anomalies d'un logiciel ne permet pas de considérer qu'il s'agit d'une nouvelle version (*release*) constituant une œuvre originale[6]. Ne suffisent pas à caractériser l'originalité d'un logiciel ni son utilité pratique[7] ni son caractère prétendument innovant[8]. En revanche, selon un arrêt de la Cour de cassation, la traduction ou l'adaptation d'un logiciel dans un autre langage informatique constitue une œuvre première (et non une œuvre dérivée), originale, protégée par le Droit d'auteur[9] ; il s'en déduit qu'un simple changement de langage de programmation suffirait pour établir l'originalité d'un logiciel, ce qui est assez contestable.

Il appartient à celui qui conteste la protection d'un logiciel d'établir l'absence d'originalité de celui-ci[10] et à celui qui se prévaut du droit d'auteur d'exposer « *les contours de l'originalité qu'il allègue* »[11].

221.54 Impossibilité de séparer la forme d'un logiciel de son fond. La forme d'un logiciel « *est toujours exclusivement dépendante de l'idée technique* »[12]. Dès lors, dans l'effort (critère de la protection selon l'Assemblée plénière de la Cour de cassation), la forme est inséparable du fond. Aussi, à partir du moment où l'effort « *est apprécié du point de vue des modifications qu'il apporte à un contenu technique, non seulement on protège ce contenu ainsi modifié, mais encore on donne une valeur à l'idée qui le représente* »[13]. Inévitablement, « *c'est le contenu même du programme qui sera pris en considération pour juger de l'originalité* »[14], ce qui revient à protéger l'idée par le Droit d'auteur. Dans un logiciel l'idée est l'élément déterminant, de sorte que force est de la protéger, alors qu'en théorie l'idée est dite de « libre parcours » (conception que nous contestons[15]). D'un autre angle de vue, en qualifiant le choix (de personnel ou de créatif), les juges s'intéressent, par la force des choses, au mérite du logiciel malgré l'interdiction légale[16].

▶ 2004, p. 156 : existence d'un « choix spécifique », et présence d'une « configuration d'ensemble » différente de celle qui existait auparavant – Civ. 1re, 22 sept. 2011, n° 09-71.337, NP, *RTD com.* 2011. 741, 2e esp., obs. F. Pollaud-Dulian ; *JCP E* 2012, n° 28. Chron. 1461, obs. F. Sardain - Paris, 24 oct. 2017, RG n° 16/06700, *Dalloz IP/IT* 2018. 194, obs. A. Lecourt - TI Marseille, 23 sept. 2021, *RLDI* 2022. 19, note A. Casanova, nombreux éléments, dont le choix d'une forte interopérabilité et l'utilisation d'un langage ee programmation différent de celui des concurrents.

1. Paris, 28 juin 2019, RG n° 17/01176, *RTD com.* 2020. 849, obs. Ph. Gaudrat, 2e esp.
2. Lyon, 26 sept. 2020, RG n° 16/08625, *RTD com.* 2020. 849, obs. Ph. Gaudrat, 1re esp.
3. T. com. Paris, 15 oct. 2004, *Conex c/Tracing Server*, préc.
4. Paris, 16 juin 2004, *Électronique c/Honeywell*, préc. – Civ. 1re, 13 déc. 2005, n° 03-21.154, P I, n° 499 ; *CCÉ* 2006, n° 18, 2e esp., obs. C. Caron ; *RTD com.* 2006. 79, obs. F. Pollaud-Dulian – C'ÉTAIT LA PREMIÈRE FOIS QUE LA C. DE CASS. AFFIRMAIT CELA, DANS LE REJET DU POURVOI CONTRE Versailles, 9 oct. 2003, *Microsoft c/Synx Relief*, préc. – T. com. Nanterre, 4e ch., 9 févr. 2007, *Dalysco c/Adelior, Propr. ind.* 2008, n° 8, note J. Larrieu ; *RLDI* 2008/36, n° 1195, note F. Macrez : selon le tribunal, « *Les similitudes conceptuelles tant des fonctions que des fonctionnalités des deux logiciels [sont] inhérentes à la nature des tâches et traitements à effectuer ;* [elles] *sont parfaitement normales et ne sauraient suffire à caractériser la contrefaçon alléguée* ».
5. Versailles, 9 oct. 2003, *Microsoft c/Synx Relief*, préc.
6. Paris, 14 juin 2006, *France Télécom c/Actane, Gaz. Pal.* 2007, Somm. 1316.
7. CJUE 1er mars 2012, *Football Dataco c/Yahoo UK*, aff. C-604/10, préc.
8. Montpellier, 2e ch., 6 mai 2014, RG n° 13/00995, *Codix, RTD com.* 2014. 802, obs. F. Pollaud-Dulian ; *RLDI* 2014. 3489, obs. L. Costes – SUR RENVOI DE : Civ. 1re, 17 oct. 2012, n° 11-21.641, NP, préc.
9. Civ. 1re, 22 sept. 2011, n° 09-71.337, préc.
10. Civ. 1re, 14 nov. 2013, n° 12-20.687, NP, préc. – Montpellier, 2e ch., 6 mai 2014, RG n° 13/00995, préc.
11. TGI Paris, 3e ch., 2e sect., 18 nov. 2016, RG n° 13/11351, *D.* 2017. 2016, obs. J. Larrrieu, C. Le Stanc et P. Tréfigny.
12. X. Desjeux, « Logiciel, originalité et activité créatrice », art. préc.
13. B. Edelman, *op. cit.*, n° 392.
14. B. Edelman, *op.* et *loc. cit.*
15. Ph. le Tourneau, *Le Parasitisme*, « Responsabilités », Litec, 1998, nos 146 s. ; « Folles idées sur les idées », *CCÉ* 2001/2. Chron. 8 s. ; « L'illustre Gaudissart était visionnaire ! », *CCÉ* 2007. Ét. 16 – DANS LE MÊME SENS pour une idée artistique : P. Noual, « Arc de triomphe empaqueté : quel esprit pour le droit d'auteur ? », *RLDI* 2021/11. Ét. 6071.
16. V. LES EXPRESSIONS CARACTÉRISTIQUES du T. com. Bobigny, 20 janv. 1995, *JCP* 1996. I. 559, n° 4, obs. M. Vivant et C. Le Stanc.

Il y a donc ici, à plusieurs égards, une modification certaine du Droit d'auteur. « *L'assimilation* à une œuvre de l'esprit, *contraire à la plus élémentaire évidence, oblige à bouleverser de fond en comble le droit d'auteur* »[1]. Le critère de protection n'est pas réellement celui de la *forme* (comme en matière de Droit d'auteur) ni celui de *l'apport* (comme en matière de brevet), mais finalement se réduit à ne pas avoir usurpé le produit informatique d'autrui, c'est-à-dire « *au respect d'une règle de morale commerciale élémentaire empruntée à la concurrence déloyale* »[2].

221.55 Spécificité de l'œuvre informatique. L'explication de ce brouillage conceptuel est que le législateur est intervenu sans mesurer la spécificité de l'œuvre informatique. Elle n'est pas l'expression d'une personnalité, mais relève plutôt du progrès technique, ce qui l'apparente à une invention brevetable. Un logiciel, tout en étant une création, n'est pas une œuvre de l'esprit au sens habituel, contrairement à ce qu'affirme la loi, mais une *valeur économique* au sein d'une branche industrielle spécifique, et ne présente d'utilité qu'en étant combiné avec un ordinateur compatible[3] (lui-même dépourvu de toute utilité fonctionnelle à défaut de logiciels). D'où l'inaptitude foncière dans ce domaine du critère classique de la forme[4]. Ce qu'il convient de protéger n'est pas tant une création qu'un *investissement* traduisant effectivement un effort personnel, l'apport d'idées plus ou moins nouvelles. Les programmes et logiciels sont des biens purement techniques et fonctionnels.

Ces observations donnent à penser que d'autres modes de protection doivent intervenir que le Droit d'auteur : à savoir la théorie des agissements parasitaires[5], efficace « instrument de réservation » des investissements[6], à défaut d'un droit spécifique *sui generis* qu'il serait préférable de créer, à l'instar de celui qui a été instauré pour les bases de données[7]. En attendant, la meilleure protection est assurément celle qui résulte des conventions particulières.

221.56 Insuffisante protection par le Droit d'auteur. Au demeurant, la protection offerte par le Droit d'auteur est dans cette matière fort insuffisante, puisqu'elle n'existe que contre la copie, ou plutôt contre la *copie servile*. Car si le tiers modifie suffisamment l'apparence du logiciel, en conservant l'essentiel, la structure, les fonctions, les performances (jeu d'enfant en la matière), il se trouvera blanchi. En effet, dans ce cas l'emprunt devient licite. Le cœur du logiciel appartient au domaine public, en raison de l'impossibilité de s'approprier les idées[8], même lorsqu'elles apportent un avantage concurrentiel (ce qui est regrettable[9]). Le piratage (légal) est si facile dans ce domaine, qu'il arrive que des logiciels ou des progiciels dérivés soient lancés sur le marché avant même les produits originaux !

Face à cette insuffisance de la protection, le remède est de recourir aux *agissements parasitaires* (à défaut d'un droit spécifique) : La jurisprudence n'a pas manqué d'utiliser ce fondement, même depuis la loi du 3 juillet 1985[10], précitée. Qui utilise sans droit le travail intellectuel d'autrui pour développer son propre logiciel ou, *a fortiori*, procède à une copie servile, commet un acte entrant dans la catégorie des agissements parasitaires. La victime dispose alors d'une action en cessation et/ou en réparation, même si les conditions d'application du code de la propriété intellectuelle ne sont pas remplies[11].

221.57 Protection par le Droit d'auteur du manuel d'utilisation. Le manuel d'utilisation n'est pas visé par la directive 91/250[12], de sorte qu'il est

1. Ph. Gaudrat, « Du logiciel support à l'illicéité de la copie privée numérique. Chronique d'une subversion annoncée… », art. préc., 2e partie, spéc. p. 57.
2. Ph. Gaudrat, « Forme numérique et propriété intellectuelle », art. préc., spéc. p. 926.
3. Pour une définition de la compatibilité v. *supra* ss no 213.15.
4. V. LES REMARQUABLES DÉVELOPPEMENTS très personnels de : Ph. Gaudrat, « Forme numérique et propriété intellectuelle », art. préc. ; et « Du logiciel support à l'illicéité de la copie privée numérique : chronique d'une subversion annoncée… », art. préc., 1re partie, identifiant les similitudes et les différences structurelles entre propriété corporelle, brevet et Droit d'auteur.
5. COMP. : Aix-en-Provence, 1re ch., 10 oct. 2013, *RLDI* 2013, no 3254, obs. L. Costes : agissements parasitaires consistant dans la reprise des algorithmes et des codes sources, alors même que le logiciel avait été totalement réécrit – ADOPTANT CETTE VUE : A. Portron, *Le "fait de la création" en droit de la propriété littéraire et artistique…*, th. préc., no 134.
6. G. Grundeler, *L'investissement : Étude juridique,* préf. J. Mestre, PUAM, 2017, no 276.
7. V. *infra* ss nos 343.31 s.
8. Versailles, 9 oct. 2003, *Microsoft c/Synx Relief*, préc.
9. Ph. le Tourneau, « L'Illustre Gaudissart était visionnaire ! », Ét. préc. – DANS LE MÊME SENS pour une idée artistique : P. Noual, « Arc de triomphe empaqueté : quel esprit pour le droit d'auteur ? », *RLDI* 2021/11. Ét. 6071.
10. EX. : TGI Paris, 19 mars 1993, *PIBD* 1993. III. 439 – Paris, 16 févr. 1994, *PIBD* 1994. III. 309 – TGI Évry, 14 févr. 2002, *Alto Informatique, Expertises* 2002, p. 436 : concurrence parasitaire résultant de la reproduction servile d'un logiciel non original, mais réformé par Paris, 4 févr. 2004, préc. : faute de « fait distinct » de la contrefaçon – Versailles, 9 oct. 2003, *Microsoft c/Synx Relief*, préc. : utilisation des algorithmes et des codes sources d'un logiciel pour procéder à la réécriture complète d'un logiciel semblable – T. com. Versailles, 2e ch., 11 avr. 2018, *RLDI* 2018, no 5211, obs. L. Costes ; *Propr. ind.* 2018, no 49, obs. J. Larrieu, l'utilisation des éléments du *design* d'un logiciel par un concurrent crée « *une distorsion de concurrence préjudiciable* ».
11. Ph. le Tourneau, « Variations autour de la protection du logiciel », art. préc. ; « L'Illustre Gaudissart était visionnaire ! », ét. préc. – COMP. : P. Roussel, « La maîtrise d'un langage de programmation s'acquiert par la pratique », art. préc.
12. Dir. 91/250, Conseil, 14 mai 1991, concernant la protection juridique des programmes d'ordinateur, *JOCE* L 122 du 17 mai, p. 42.

soumis au Droit commun[1] de la propriété intellectuelle[2].

§ 2
Logiciel et droit des dessins et modèles

221.61 Impossibilité de protéger un logiciel au titre des dessins et modèles. L'article L. 511-1[3], alinéa 2 *in fine*, du code de la propriété intellectuelle, dans sa rédaction résultant de l'ordonnance n° 2001-670 du 25 juillet 2001[4], exclut les « programmes d'ordinateurs » de la définition du « produit » dont « l'apparence » peut bénéficier de la protection au titre des dessins et modèles. L'expression d'*apparence*, retenue par le texte précité, est bienvenue pour les dessins et modèles, mais l'appliquer aux logiciels est pour le moins singulier car, à proprement parler, un tel bien incorporel n'a pas d'apparence.

En réalité, le législateur a entendu viser *l'interface graphique* du logiciel (appelé en anglais son *look and feel*, qui permet une communication entre le logiciel et l'utilisateur). La raison de cette exclusion n'est pas claire, et regrettable en la comparant au sort des « symboles graphiques » et des caractères typographiques admis au bénéfice de la protection.

§ 3
Logiciel et droit des brevets

221.70 Bibliographie.

V. *supra* s[s] n° 221.40. ADDE :

Contribution. X. Linant de Bellefonds, « La brevetabilité des logiciels », dans É. A. Caprioli, (dir.), *Les premières journées internationales du droit du commerce électronique*, Litec, 2002, p. 335 s.

Articles. A. Bertrand et G. Derousseaux, « Le projet de directive sur la brevetabilité des logiciels : la propriété "industrielle" doit-elle rester "industrielle" ? », *CCÉ* 2000/2, p. 11 s. – C. Caron, « Réflexions sur la coexistence du droit d'auteur et du droit des brevets sur un même logiciel », *RIDA* 2000/184, p. 3 s. ; « L'Europe timide des brevets de logiciels », *CCÉ* 2002. Chron. 20 – A. Casalonga, « Brevetabilité des inventions mises en œuvre par ordinateur (inventions dites de logiciel) », *Cah. dr. entr.* 2010/6, p. 41 s. – C. Desrousseaux et G.-G. Lamoureux, « Logiciels, "Business Methods" : Évolution de la Pratique de l'Office européen des brevets », *Gaz. Pal.* 2001. 2. Doctr. 1634 – C. Le Stanc, « L'introuvable brevet de logiciel : recherche d'un avis », *Propr. ind.* 2009, repère 6 – Ph. Schmitt, « L'accessibilité à la brevetabilité des inventions mises en œuvre par des programmes d'ordinateurs devant l'Office européen des brevets », *Gaz. Pal.* 2002. 1. Doctr. 621 s.

221.71 Impossibilité de breveter directement un logiciel. Le code de la propriété intellectuelle exclut des inventions brevetables « *Les plans, principes et méthodes dans l'exercice d'activités intellectuelles, en matière de jeu ou dans le domaine des activités économiques* »[5] (conv. Munich, 5 oct. 1973, art. 52)[6]. La raison d'être de cette disposition est que les plans, principes et méthodes ont un caractère intellectuel et abstrait, de sorte qu'ils ne témoignent pas de caractère industriel[7]. Le logiciel présente le même aspect, ce qui a poussé le législateur à ajouter, dans l'énumération des exclusions de l'actuel article L. 611-10, 2°, à la fin du point c, « *ainsi que les programmes d'ordinateurs* »[8] (en écartant les programmes le législateur a exclu les logiciels, les premiers n'étant que des éléments des seconds[9]) Du reste, la brevetabilité des logiciels en tant que tels, « *c'est-à-dire indépendamment de tout substrat tangible, se heurte à des difficultés rédactionnelles* »[10], qui supposeraient, pour être surmontées, une intervention législative[11]. Cependant, reprenant une solution admise par la cour d'appel de Paris[12], le législateur a autorisé la brevetabilité des inventions dont le

1. V. *supra* s[s] n°s 221.51 s.
2. CJUE, G[de] ch., 2 mai 2012, *Institute c/World Programming*, aff. C-406/10, préc.
3. CPI, art. L. 511-1 ; mod. par ord. n° 2001-670, 25 juill. 2001, art. 1er.
4. Ord. n° 2001-670, 25 juill. 2001 portant adaptation au droit communautaire du code de la propriété intellectuelle et du code des postes et télécommunications, *JO* 28 juill., p. 12132.
5. CPI, art. L. 611-10, 2°, c ; art. mod. par L. n° 2008-776, 4 août 2008, art. 132 – F. Pollaud-Dulian, *La propriété industrielle, op. cit.*, n°s 174 s.
6. Paris, 21 mars 2001, *P. Travère, PIBD* 2001, III, p. 397 : ne peut être brevetée une méthode relevant du domaine économique, et alors qu'elle se limite à la mise en œuvre de logiciels et de traitements, « *qui ne sont que des recommandations sur le mode opératoire du logiciel* ».
7. A. Lucas, *La protection des créations industrielles abstraites, op. cit.* – V. TOUTEFOIS LA REMARQUABLE MISE AU POINT de Ph. Gaudrat, « L'invention informatique : un débat difficile et contourné », art. préc., favorable à la brevetabilité, à la condition not. de rejeter la protection par le Droit d'auteur.
8. CPI, art. L. 611-10 ; issu de L. n° 68-1, 2 janv. 1968, art. 6 ; mod. not. par L. n° 78-742, 13 juill. 1978, art. 5, en conformité à l'art. 52 de la Conv. de Munich – NOT., refusant la brevetabilité : Paris, 4e ch. A, 15 mars 2006, *PIBD* 2006. III. 348 – TGI Paris, 3e ch., 19 mars 2010, *Exalead c/ Sinequa, www.Legelis.net ; D.* 2010. 1968, obs. C. L C.
9. V. *supra* s[s] n°s 221.11, 221.17.
10. X. Linant de Bellefonds, « La brevetabilité des logiciels », art. préc.
11. Sur les projets qui ont été abandonnés v. *infra* s[s] n° 221.75.
12. Paris, 15 juin 1981, *Schlumberger, Gaz. Pal.* 1982. 2, p. 368, note Ph. le Tourneau.

logiciel est seulement « *un des éléments* »[1]. En revanche, n'est pas réglé le sort des inventions dont la mise en œuvre nécessite l'utilisation d'un logiciel chargé dans un ordinateur[2].

221.72 Critiques. Les raisons avancées contre la brevetabilité des logiciels ne sont pas déterminantes[3], du moins pas pour tous les brevets dans ce domaine : « *L'application spécifique d'un algorithme*[4], *que réalise l'organigramme, peut le cas échéant donner prise au brevet car il peut s'agir d'une invention de procédé* »[5]. Toute invention permettant d'obtenir un brevet s'apprécie dans la résolution d'une question technique globale, donc indépendamment de tout emprunt à l'informatique, mais n'excluant pas *a priori* une démarche d'ingénierie visant à résoudre une question informatique[6].

221.73 Pratique contraire de l'Office européen des brevets (OEB) et ses conséquences. Cependant, la jurisprudence de l'Office européen des brevets (OEB), qui a délivré un nombre considérable de brevets européens depuis sa création, est pour le moins ambiguë[7]. En réalité, en interprétant non pas strictement mais restrictivement les exclusions prévues par l'article 52 de la convention de Munich du 5 octobre 1973, il admet la brevetabilité de certains programmes, notamment :

– D'une part, en interprétant largement la notion de « caractère technique » permettant la brevetabilité[8]. Il était possible de breveter les logiciels créant un « *effet technique supplémentaire* », au-delà de ce que produit nécessairement l'introduction de tout programme dans tout ordinateur.

– D'autre part, en présence de la *combinaison* d'un logiciel nouveau avec un matériel connu[9] ; ce qui revient indirectement à *protéger l'idée innovatrice*, ayant permis d'apporter une solution à une difficulté technique suscitée par le programme, mais le critère n'est pas bien net.

Or, les brevets de logiciels ainsi obtenus désignant la France sont valables et efficaces dans ce pays, de sorte qu'une coexistence des régimes de protection est possible (entre l'œuvre au sens protégée par le Droit d'auteur et le brevet), et risque de susciter des difficultés[10].

Néanmoins, l'OEB continue d'exclure de la brevetabilité les méthodes commerciales en elles-mêmes[11], et un communiqué très ferme a rappelé d'une part, que cet organisme n'effectue pas de recherches internationales pour une demande dont l'objet est « *uniquement une méthode en vue de faire des affaires sans aucun caractère technique apparent* » ; d'autre part, que « *les méthodes dans le domaine des activités économiques sont en tant que telles exclues de la brevetabilité* »[12].

221.74 Position contraire des accords Adpic. Les accords Adpic[13] disposent qu'« *Un brevet pourra être*

1. CPI, art. L. 611-10, 3° – TGI Paris, 10 juin 2005, *Freever c/ Atchik*, *PIBD* 2005. III. 541 : les revendications ne portent pas sur un logiciel considéré en tant que tel, mais sur un procédé décrit étape par étape et mettant en œuvre des moyens définis par leur fonction ; il est indifférent que ces fonctions puissent être assurées par tel ou tel logiciel, dès lors que ceux-ci ne sont pas revendiqués en tant que tels et que le procédé est de nature à produire un effet technique – TGI Paris, 3e ch., 1re sect., 20 nov. 2007, *Infomil c/Atos*, *Expertises* 2008, p. 34 : admettant la brevetabilité car le but de l'invention est de protéger « *une structure qui constitue un système informatique* » ; mais la nullité du brevet fut prononcée, en l'absence d'inventivité – TGI Paris, 4e ch. B, 5 juin 2009, RG n° 2007/20589, *PIBD* 2009. III. 1331 : brevetabilité car la revendication est constituée d'un ensemble de moyens techniques combinés pour réaliser un équipement ayant une structure propre – MAIS : Paris, 21 mars 2001, *P. Travère*, préc. : TOUTEFOIS, dans cette aff. la revendication ne mentionnait aucun caractère technique, ce qui imposait le rejet de ce seul chef – DANS l'arrêt *Schlumberger*, la cour d'appel de Paris avait pertinemment relevé qu'un « *procédé ne peut être privé de la brevetabilité pour le seul motif qu'une ou plusieurs de ces étapes* [énumérées auparavant dans l'arrêt] *sont réalisées par un ordinateur devant être commandé par un programme ; qu'une telle solution aboutirait, en effet, à exclure du domaine de la brevetabilité la plupart des inventions récentes qui nécessitent l'intervention d'un programme d'ordinateur et qu'une telle solution aboutirait à des résultats aberrants sur la pratique* ».
2. SUR LA QUESTION : A. Casalonga, « Brevetabilité des inventions mises en œuvre par ordinateur (inventions dites de logiciel) », art. préc. ; l'auteur est favorable à leur brevetabilité, à condition qu'il y ait bien une invention et que celle-ci témoigne d'une activité inventive.
3. *CONTRA* : F. Pollaud-Dulian, *La propriété industrielle, op. cit.*, n° 175.
4. Pour une définition des algorithmes v. *supra* ss n° 011.13.
5. C. Caron, « L'Europe timide des brevets de logiciels », art. préc., n° 2 ; c'est à partir de cet algorithme que le code source sera élaboré (SUR la définition du code source v. *supra* ss n° 213.34).
6. POUR DES SOLIDES DÉVELOPPEMENTS de : Ph. Gaudrat, « L'invention informatique : un débat difficile et contourné », art. préc.
7. POUR UNE PERTINENTE ÉTUDE COMPARATIVE – exhaustive à l'époque – des jurisprudences françaises et de l'OEB : F. Pollaud-Dulian, *La brevetabilité des inventions, op. cit.* – ADDE depuis : A. Louis, *L'évolution contemporaine de la notion de brevetabilité : Étude en droit français et européen*, PUAM, 2017.
8. OEB, ch. recours techn., 1er juill. 1998, T. 1173/97, *IBM*, *JO OEB* 10/1999, p. 60 ; 4 févr. 1999, T. 095/97, *IBM*, *JO OEB* 10/1999, p. 609 – NOT. SUR LA QUESTION : Ph. Schmitt, « L'accessibilité à la brevetabilité des inventions mises en œuvre par des programmes d'ordinateurs devant l'Office européen des brevets », art. préc. – SUR L'ÉVOLUTION de la pratique de l'OEB : C. Desrousseaux et G.-G. Lamoureux, art. préc. – La jurisprudence de l'OEB peut être consultée en ligne : *http://www.european-patent-office.org*.
9. EX. : OEB, T. 110/90, 15 avr. 1993, *PIBD* 1995. III. 6.
10. DIFFICULTÉS RELEVÉES PAR : C. Le Stanc, « Droit d'auteur et droit du brevet sur le logiciel : conséquences », art. préc.
11. T. 931/95, 8 sept. 2000, *Pension Benefits System Partnership*, *Propr. ind.* 2001, n° 1 p. 80, obs. B. Warusfel.
12. OEB, communiqué du 26 mars 2002, *JO OEB*, mai 2002, p. 260 ; *PIBD* 2002. I. 67.
13. V. *supra* ss n° 221.51.

obtenu pour toute invention, de produit ou de procédé, dans tous les domaines technologiques, à condition qu'elle soit nouvelle, qu'elle implique une activité inventive et qu'elle soit susceptible d'application industrielle »[1] (technologie est ici un anglicisme ; il eût fallu employer le mot de technique, qui n'est pas un synonyme[2]). Visant les inventions dans tous les domaines techniques, cet article incluait nécessairement les brevets. En conséquence, l'article 52 de la convention de Munich du 5 octobre 1973 sur le brevet européen aurait dû être modifié, ce qui ne fut pas le cas, de sorte que sur ce point les accords Adpic restèrent lettre morte.

221.75 Évolution bloquée. Les grands éditeurs de logiciels réclamaient la possibilité de breveter directement les logiciels « en tant que tels » (sous certaines conditions, éventuellement spécifiques), d'autant plus que c'est déjà le cas dans divers pays. Sans doute impressionnée par la pratique de l'OEB et par l'évolution de la jurisprudence du Japon et des États-Unis, admettant désormais la brevetabilité des méthodes d'affaires (*business methods*[3]), la Commission des Communautés européennes s'orienta dans cette direction, du moins pour les logiciels comportant de véritables inventions ; la protection par le Droit d'auteur resterait la norme[4]. Autrement dit, elle envisagea une coexistence du Droit d'auteur et du Droit des brevets[5]. Cette voie était semée d'embûches, bouleversant les schémas habituels (certes contestables, comme l'ont montré les art. préc. de Ph. Gaudrat). Au demeurant, ce premier projet de directive paraissait bien timoré. Il ne semblait pas en mesure de clarifier le Droit positif français, rendant précaire de nombreux brevets de logiciels. Et il eut laissé subsister l'actuelle situation paradoxale, consistant en ce que l'OEB délivre en fait des brevets européens de logiciels, qui deviennent des brevets nationaux y compris en France alors que celle-ci les prohibe[6]. Le Gouvernement français n'était pas disposé à entrer entièrement dans les vues de la Commission, tout en acceptant une évolution[7]. Les PME, farouchement opposées à la mise en place d'un brevet pour les logiciels (dont ils redoutent qu'il paralyse leurs activités), ainsi que les partisans des logiciels dits libres (comme *Linux*)[8], trouvèrent des appuis dans une partie de la doctrine et chez certains parlementaires européens (dont l'ancien Premier ministre Michel Rocard). Néanmoins, la Commission formula en mai 2004 une nouvelle proposition de directive sur les brevets des inventions mises en œuvre par ordinateur[9]. Le Parlement européen déposa un grand nombre d'amendements, dont aucun ne fut pris en compte par la Commission. Faute d'être entendus (alors même que le rejet du traité constitutionnel était intervenu entre-temps en France et aux Pays-Bas, et aurait pu inciter à une écoute plus grande des représentants du peuple), les députés européens rejetèrent définitivement le texte le 6 juillet 2005. La Commission avait annoncé au préalable qu'en cas de rejet elle ne présenterait plus de nouvelle proposition. Ainsi, à moyen terme l'évolution paraît bloquée.

Nous ne regrettons pas, intellectuellement, le rejet par le Parlement européen du texte de la Commission car, comme nous l'écrivions dans une édition antérieure de cet ouvrage, à tout prendre, nous préférerions la mise à plat du régime actuel et la création d'un droit spécifique *sui generis*, correspondant aux besoins de l'industrie, comme nous l'avons déjà indiqué (même si nous n'avons aucune réserve quant au brevet en soi). Mais même cette solution semble actuellement hors de saison en Europe. Cependant, en pratique, le blocage actuel n'est pas sans inconvénients. En effet, il laisse notamment le champ libre aux dérives de l'OEB, et il crée une distorsion de concurrence entre les entreprises communautaires et celles des pays dans lesquels la protection par le brevet est reconnue, tels les États-Unis et le Japon.

1. Adpic, art. 27.
2. V. *supra* s^s n° 012.31.
3. Cour suprême des États-Unis, 11 janv. 1999.
4. Projet dir. 20 févr. 2002, approuvé par le Parlement européen le 24 sept. 2003, mais en la vidant d'une partie de sa substance.
5. A. Bertrand et G. Derousseaux, « Le projet de directive sur la brevetabilité des logiciels : la propriété "industrielle" doit-elle rester "industrielle" ? », art. préc. – C. Caron, « Réflexions sur la coexistence du droit d'auteur et du droit des brevets sur un même logiciel », art. préc.
6. C. Caron, « L'Europe timide des brevets de logiciels », art. préc.
7. V. LA RÉPONSE ASSEZ ALAMBIQUÉE du secrétaire d'État de l'Industrie à la question d'un parlementaire du 21 janv. 2001, *PIBD* 2002. I. 57.
8. V. *supra* s^s n° 221.33.
9. *CCÉ* 2005, n° 3, obs. C. Caron.

CHAPITRE

222. Contrat de mise à disposition d'un logiciel existant

SECTION 0 ORIENTEUR

222.00 Sommaire du chapitre.

222.03 Bibliographie. Ouvrage. Ph. Gaudrat et F. Sardain, *Traité de droit civil du numérique*, t. II, Larcier, Bruxelles, 2015, n°s 406 s.

Thèse. G. Dezobry, *La théorie des facilités essentielles : Essentialité et droit communautaire de la concurrence*, « Bibliothèque de droit international et droit de l'Union européenne », t. 124, LGDJ, 2009.

Contribution. J. Huet, « De la "vente" de logiciel », dans *Mél. P. Catala*, Litec, 2001, p. 799 s.

Articles. Y. Bah, « L'épuisement du droit de distribution aux antipodes des traditionnelles licences de logiciels et le rappel à l'ordre par le juge européen (*affaire Usedsoft c/Oracle*) », *RLDI* févr. 2013, n° 3007 – G. Bonet, « Le point sur l'épuisement du droit de marque selon la jurisprudence communautaire », *D.* 2000. Chron. 337 – H. Bonnard et G. Bloret-Pucci, « Épuisement du droit des marques : risque réel de cloisonnement et preuve contraire », *Propr. intell.* 2009/33, p. 337 s. – C. Bourgeon et A. Van Eeckhout, « Licence de logiciel : son régime juridique à l'épreuve de la pratique », *RDC* 2004. 817 s. – L. Corvisier et A. Vichnievsky, « Épuisement du droit de distribution de licences d'occasion de logiciels », *RJDA* 2012, Doctr. 945 s. – G. Cousin, « L'épuisement du droit sur la marque », *Cah. dr. entr.* 2010/4, p. 44 s. – C. Girot, « La validité des licences de logiciel sous plastique en droit français : les enseignements du droit comparé », *DIT* 1998/1, p. 7 s. – M. Georges-Picot, « Pas de solde chez Dior ! (Commentaire de l'arrêt de la CJCE du 23 avril 2009) », *RLDI* 2009/52, n° 1704 – L. Gyselen, « Le titulaire d'un droit de propriété intellectuelle doit-il fournir le produit de son droit à un concurrent ? », *Concurrences* 2-2005, p. 24 s. – C. Grynfogel, « Les limites de la règle communautaire de l'épuisement des droits », *RJDA* 2001/4, p. 363 s. – J. Huet, « Le marché des logiciels d'occasion et la libre circulation des produits culturels », *D.* 2012. 2101 – M.-A. Ledieu, « Et si la licence de Logiciel était une location ? », *CCÉ* 2003. Chron. n° 27 – C. Le Stanc, « Trame commentée de contrat de prestations informatiques et de mise à disposition de logiciel », *Propr. ind.* 2014. Formule 1 – J. Raynard, « Le contrat d'exploitation de logiciels dépourvu de terme extinctif est-il encore un contrat à durée indéterminée ? », *Propr. ind.* 2002. Chron. 8 ; « Droit de marque et réseau de distribution exclusive devant la CJCE : la présomption d'épuisement du droit ou le bonheur retrouvé du distributeur parallèle », *Propr. ind.* 2003. Chron. n° 18 – V. Sédaillian, « Les licences logicielles d'occasion *(used soft)* », *JCP E* 2014, n° 13. Veille 229 – E. Tardieu Guigues, « Droit de marque et contrat de licence. Un élargissement du pouvoir des titulaires de marques de luxe à l'égard de leurs licenciés », *Propr intell.* 2009, n° 32, p. 2517 s. – Ph. le Tourneau, « Très brèves observations sur la nature des contrats relatifs aux logiciels », *JCP* 1982. I. 3078 – É. Varet, « Le contentieux des licences de logiciel dans tous ses états », *JCP E* 2012, n° 10. Ét. 1173 – C. Vilmart, « Parfums de luxe et grands whiskies. Les droits de propriété intellectuelle contre les importations parallèles », *JCP E* 1998. 1821.

222.05 Observation préliminaire. Il semble souhaitable de qualifier d'une façon uniforme les contrats portant sur un logiciel, quelle que soit la variété. En effet, il ne paraît pas déterminant de distinguer à cet égard selon qu'il s'agit d'un logiciel d'exploitation ou d'un logiciel d'application, et même d'un logiciel standard, dit *progiciel* (contrairement à ce que nous avions écrit en 1982 dans « Très brèves observations sur la nature des contrats relatifs aux logiciels », art. préc.). Dans la mesure où le logiciel donne lieu à un droit privatif (brevet ou Droit d'auteur), le droit conféré par son titulaire pourra, selon les cas, recevoir différentes qualifications[1]. Car les traits fondamentaux de la propriété se retrouvent dans les biens incorporels, dont les logiciels et progiciels, tenant dans « *la jouissance de toutes les utilités de la chose par celui qui se l'est appropriée* [et dans] *l'exclusion de tous les tiers du bénéfice de ces utilités* »[2].

De plus, il y a lieu de tenir compte de l'article L. 122-6-1[1], I, du code de la propriété intellectuelle, autorisant la personne ayant le droit d'utiliser le logiciel à intervenir sur celui-ci pour permettre son utilisation conformément à sa destination, y compris pour corriger des erreurs[2].

Enfin, quelle que soit la nature juridique du contrat portant sur le programme[3], celui-ci est un bien (les biens se définissent aujourd'hui par leur valeur, ce qui englobe l'immatériel[4] ; *le Droit s'approprie l'immatériel*). Il est délivré soit sur un support matériel (cédérom) soit par internet (il répond alors aux « *données produites et fournies sous forme numérique* », visées par la directive 2011/83, art. 2, 11[5]).

SECTION 1
LOGICIEL

222.11 **Vente.** La première possibilité qui s'offre à l'auteur du logiciel est de conférer un droit exclusif à son partenaire. Il y a alors une *cession*, autrement dit une vente[6]. Mais c'est une vente un peu particulière (encore une spécificité), car elle est à *effets limités* : l'acheteur se voit généralement interdire de multiplier les copies du logiciel pour les commercialiser, notamment afin de sauvegarder le droit moral du créateur, qui est incessible dans toute œuvre littéraire ou artistique[7]. Du fait de l'incessibilité du droit moral, l'auteur peut exiger que son nom figure sur « *tous les produits mettant en œuvre son logiciel* », fût-ce à l'encontre d'un sous-acquéreur de ce bien[8]. La cession doit comporter au profit de l'auteur la participation proportionnelle aux recettes provenant de l'exploitation de l'œuvre (dérogation au Droit commun propre au Droit d'auteur[9], sauf dans des cas où la loi autorise une rémunération forfaitaire[10]).

De plus, lorsque l'auteur a subi un préjudice de plus des sept douzièmes dus à une lésion ou à une prévision insuffisante des produits de l'œuvre il peut demander la révision des conditions du prix[11]. Enfin, l'auteur a droit à une rémunération supplémentaire lorsque la rémunération proportionnelle, initialement prévue dans le contrat d'exploitation, se révèle exagérément faible par rapport à l'ensemble des revenus ultérieurement tirés de l'exploitation par le cessionnaire[12].

222.12 **Prêt ou louage.** À l'inverse, et cette hypothèse est plus fréquente, l'auteur du logiciel n'entend conférer qu'un *droit d'usage personnel*. Il conclura dans ce cas : soit un contrat de prêt (le cas était relativement rare, mais s'est répandu, *Microsoft* ayant décidé en 2011 de proposer des abonnements au mois pour son logiciel *Office 365*, destiné à l'informatique décentralisée à la demande, le *cloud computing*[13]) ; soit un contrat de *licence*, appelé aussi contrat d'exploitation ou d'utilisation de logiciel[14] ; sous ces noms, il s'agit tout simplement d'une

1. CONTRA : A. Lucas, A. Lucas-Schloetter et C. Bernault, *Traité de la propriété littéraire et artistique*, 4e éd., « Traités », LexisNexis, 2017, nº 844 : pour lesquels la seule qualification convenable est celle d'entreprise, dans tous les cas – COMP. : TGI Paris, réf., 10 avr. 2002, *TT Car Transit, PIBD* 2003. III. 59, le contrat de commande d'un logiciel est un louage d'ouvrage, car aucune cession n'a été prévue – Caen, 4 avr. 2017, *RTD com.* 2017. 367, obs. F. Pollaud-Dulian, *idem*, à propos des codes sources d'un site internet.
2. R. Libchaber, *Rép. civ., V°* « Biens », sept. 2009, actualisé avr. 2015, nº 41.

1. CPI, art. L. 122-6-1 ; mod. par L. nº 2013-1168, 18 déc. 2013, art. 25.
2. V. *infra* ss nº 232.32.
3. V. *infra* ss nos 222.11 s.
4. P. Berlioz, *La notion de bien*, préf. L. Aynès, « BDPr », LGDJ, 2007, nos 473 s. – Ph. le Tourneau, *Responsabilité des vendeurs et fabricants*, 5e éd., « Dalloz référence », 2016, nos 12.11 s.
5. Dir. 2011/83, Parlement et Conseil, 25 oct. 2011 relative aux droits des consommateurs, modifiant la directive 93/13/CEE du Conseil et la dir. 1999/44/CE, Parlement et Conseil, abrogeant la directive 85/577/CEE du Conseil et la directive 97/7/CE du Parlement et Conseil, *JOUE* L 304, 22 nov. 2011, p. 64.
6. RETENANT CETTE QUALIFICATION : Com. 9 nov. 1993, nº 91-19.770, nº 91-20.246, P IV, nº 395 ; *RTD civ.* 1994. 373, obs. P.-Y. Gautier – Com. 19 févr. 2002, nº 99-15.722, NP, *Expertises* 2002, p. 190 – Com. 4 janv. 2005, nº 03-17.119, NP, *Gaz. Pal.* 2005. 2, Somm. 3606 – Pau, 4 sept. 2006, *Adour c/Acip, JAMP* 2006/3, p. 572 – CJUE, Gde ch., 3 juill. 2012, *Oracle*, aff. C-128/11 ; *GAPI*, 3e éd., Dalloz, 2020, nº 26 ; *D.* 2012. AJ 1817 obs. J. Daleau ; *D.* 2012. 2142, note A. Mendoza-Caminade ; *D.* 2012. 2101, point de vue J. Huet ; *D.* 2012. Pan. 2352, obs. C. Le Stanc ; *JCP* 2012, nº 37. Chron. 978, nº 9, obs. C. Caron ; *CCÉ* 2012, nº 105, obs. C. Caron ; *Gaz. Pal.* 2012. 2, 17 oct., note L. Marino ; *RTD com.* 2012. 542, obs. F. Pollaud-Dulian ; *RTD com.* 2012. 790. Chron. P. Gaudrat ; *RTD eur.* 2012. 947, obs. E. Treppo – C. Castets-Renard, « L'interprétation du droit d'auteur européen sur les logiciels par la Cour de justice », *RLDI* 2012/87. Chron. 2904 – Y. Bah, « L'épuisement du droit de distribution aux antipodes des traditionnelles licences de logiciels et le rappel à l'ordre par le juge européen (*affaire Usedsoft c/Oracle*) », *RLDI* 2013, nº 3007.
7. COMP. : Paris, 30 avr. 1998, *MCP Technologie c/Microsoft Corporation, Expertises* 1999, p. 441.
8. Paris, 26 sept. 2001, *S. Setbon, PIBD* 2002. III. 174 ; *Propr. ind.* 2002, nº 38, note J. Schmidt-Szalewski.
9. CPI, art. L. 131-4.
10. CPI, art. L. 131-5, I, al. 2.
11. CPI, art. L. 131-5, I, al. 1er – POUR DES APPLICATIONS à propos de la cession d'un logiciel : TGI Nanterre, 13 janv. 1993, *Expertises* 1993, p. 193 – Paris, 26 sept. 2001, *S. Setbon*, préc.
12. CPI, art. L. 131-5, II, ajouté par Ord. nº 2021-580, 12 mai 2021.
13. Sur celui-ci v. *infra* ss nos 342.12 s.
14. Paris, 14 nov. 2001, *Mysoft c/Legisoft, RJDA* 2002, nº 242 – SUR CET ARRÊT : J. Raynard, art. préc.

location (la seule réelle originalité d'une licence, par rapport au bail, est qu'elle porte sur un bien incorporel[1]), et évidemment pas une vente, malgré un arrêt au raisonnement alambiqué de la CJUE[2]. Toutefois, la spécificité du domaine de l'informatique apparaît nettement ici, en ce sens notamment que cette licence comprend une obligation de conseil particulièrement aiguisée, inconnue dans le Droit commun du bail. Parfois la licence est *globale* pour plusieurs postes de travail. Sa durée est variable. Il arrive qu'elle soit très courte, par exemple un trimestre : c'est alors une licence de *présentation* ou d'essai. Une variante de licence de logiciel est la licence FEO (sigle de Fabricant d'équipement d'origine, en anglais OEM, acronyme de *Original Equipment Manufacturer*), qui est liée à un matériel, le tout formant un ensemble indivisible[3]. Cela vaut tant pour le logiciel original que ses copies.

Certains éditeurs de logiciels donnent la possibilité aux internautes d'utiliser leurs produits sur l'internet (essentiellement pour des applications professionnelles), sans charger le disque dur de l'intervenant, qui paie une redevance proportionnelle à la durée de la « connexion » : Il y a bien ici une licence d'utilisation, quelque fugitive et immatérielle soit-elle. Cette solution est très intéressante pour les petites entreprises, dont les installations informatiques sont légères. Sauf clause spéciale, une licence n'autorise pas son bénéficiaire à céder, prêter ou louer le logiciel à un tiers ; cela constituerait une contrefaçon[4]. Certains loueurs de logiciels y insèrent « une bombe logique », c'est-à-dire un programme se déclenchant automatiquement à une date donnée, celle de l'échéance de la redevance due par l'utilisateur ou celle de l'expiration du contrat, bloquant alors son utilisation ou provoquant sa destruction. Si les parties n'ont pas eu la volonté de limiter dans le temps les effets du contrat, il ne peut s'agit d'une licence puisque le bail est temporaire par définition même[5] ; le contrat est alors de vente ou un contrat *sui generis*.

Tout manquement aux obligations d'une licence de logiciel libre constitue une défaillance contractuelle (et non une contrefaçon)[6].

222.13 Éventuellement hébergement des données à distance. Depuis les années 2000, des contrats permettent d'accéder à distance à une application hébergée sur les serveurs d'un prestataire de services (FAH ; traduction de ASP, pour *Application Service Provider*) ; ce système permet d'utiliser un logiciel à distance, généralement sans bénéficier sur lui d'une licence[7].

222.14 Exceptionnellement crédit-bail. Enfin, sauf cas rarissime où l'auteur du logiciel le cède en toute exclusivité à une entreprise de crédit-bail, un logiciel ne peut pas donner lieu à un crédit-bail, celui-ci supposant que le bien ait été acheté par le bailleur et que le preneur ait la faculté de l'acquérir contre un prix résiduel[8]. En revanche, le crédit-bail peut porter sur une configuration informatique comprenant en son sein un logiciel ou un progiciel[9].

222.15 Épuisement des droits. La première mise sur le marché d'un logiciel, fût-ce à titre gratuit, dans le territoire d'un État membre de l'Union européenne (donc même en France) ou d'un État partie à l'accord sur l'Espace économique européen (EEE), par son auteur ou avec son consentement, épuise le droit de mise sur le marché de cet exemplaire dans tous les États membres, à l'exception du droit d'autoriser la location ultérieure d'un exemplaire (l'article L. 122-6[10] CPI emploie le mot de « vente » de logiciel). L'épuisement du droit de distribution s'étend au logiciel mis à jour[11]. Les règles sont les mêmes que les exemplaires du logiciel soient commercialisés sur un support matériel ou par le biais d'un téléchargement en ligne, le « *mode de transmission en ligne [étant] l'équivalent fonctionnel de la remise d'un support maté-*

1. SUR LES DIFFICULTÉS DES LICENCES : É. Varet, « Le contentieux des licences de logiciel dans tous ses états », ét. préc.
2. CJUE 16 sept. 2021, aff. C-410/19, *D.* 2021. 1717 ; *RTD civ.* 2021. 905, obs. P.-Y. Gautier ; pour l'arrêt, « *la fourniture, moyennant le paiement d'un prix, d'un logiciel informatique à un client par voie électronique, lorsque cette fourniture est accompagnée de l'octroi d'une licence à titre perpétuel pour l'utilisation de ce logiciel peut relever de la notion de* "vente de marchandises" » (§ 43).
3. V. *supra* s[s] n° 221.15.
4. Paris, 30 avr. 1998, *MCP Technologie c/Microsoft Corporation*, préc.
5. Ph. le Tourneau (dir.), *Droit de la responsabilité et des contrats…*, 12e éd., *op. cit.*, n° 3371.11.
6. TGI Paris, 3e ch., 6 janv. 2017, RG n° 15/09391 – TGI Paris, 3e ch., 21 juin 2019, *RLDI* 2019, n° 5558, obs. A. Casanova.
7. V. *infra* s[s] n°s 338.11 s.
8. Pau, 8 juin 1995, *JCP E* 1996. I. 559, n° 11, obs. M. Vivant et C. Le Stanc.
9. Paris, 19 oct. 1995, *Gaz. Pal.* 1996. 2, Somm. 420.
10. CPI, art. L. 122-6 ; créé par L. n° 94-361, 10 mai 1994, art. 5.
11. CJUE, G[de] ch., 3 juill. 2012, *Oracle*, aff. C-128/11, *GAPI*, 3e éd., Dalloz, 2020, n° 26 ; *D.* 2012. AJ 1817, obs. J. Daleau ; *D.* 2012. 2142, note A. Mendoza-Caminade ; *D.* 2012. 2101, point de vue J. Huet ; *D.* 2012. Pan. 2352, obs. C. Le Stanc ; *JCP* 2012, n° 37. Chron. 978, n° 9, obs. C. Caron ; *CCÉ* 2012, n° 105, obs. C. Caron ; *Gaz. Pal.* 2012. 2, 17 oct., note L. Marino ; *RLDI* 2012, n° 2849, note L. Costes ; *RTD com.* 2012. 542, obs. F. Pollaud-Dulian ; *RTD com.* 2012. 790. Chron. P. Gaudrat ; *RTD eur.* 2012. 947, obs. É. Treppoz – J. Huet, « Le marché des logiciels d'occasion et la libre circulation des produits culturels », art. préc. – L. Corvisier et A. Vichnievsky, « Épuisement du droit de distribution de licences d'occasion de logiciels », art. préc. – C. Castets-Renard, « L'interprétation du droit d'auteur européen sur les logiciels par la Cour de justice », *RLDI* 2012/87. Chron. 2904.

riel » (CJUE, 3 juill. 2012, *Oracle*, aff. C-128/11[1]). D'où l'auteur ne peut plus, sauf accord contractuel particulier, poser des conditions restrictives de commercialisation[2] (une clause d'usage personnel ou une licence *intuitu personæ*), et l'acquéreur de la licence peut céder celle-ci[3]. Dès lors, le marché des logiciels d'occasion est parfaitement licite[4], ce qui constitue une particularité remarquable. Toutefois, la CJUE précisa d'une part, que le licencié initial doit détruire la copie téléchargée sur son ordinateur avant de la « revendre » (cela afin d'éviter qu'il la redistribue à l'infini) ; d'autre part, il ne peut, lorsque le support physique d'origine de la copie qui lui a été initialement délivrée est endommagé, détruit ou égaré, fournir à ce sous-acquéreur sa copie de sauvegarde sans l'autorisation du titulaire du droit[5]. Pour contrebalancer ces solutions, certains professionnels ont modifié leurs méthodes, en limitant la durée de la licence (puisqu'elle ne peut être « revendue » que tant qu'elle est en cours) et en développant les licences SaaS (dont l'application n'est pas hébergée chez le client mais conservée par l'éditeur ou un de ses prestataires[6]).

D'autre part, la règle de l'épuisement des droits ne permet pas de détourner les termes de la licence à laquelle est soumis le logiciel, mais autorise seulement l'acquéreur d'un logiciel de le céder « *dans les conditions ou il l'a acquis, et telles que définies au contrat et dans la licence d'utilisation dont il a accepté les termes avant sa mise en fonctionnement* » (Douai, 26 janv. 2009[7]), à condition que ces clauses soient licites à la lumière de l'arrêt CJUE (3 juill. 2012 *Oracle*, aff. C-128/11[8]), précité, de sorte qu'un logiciel Fabricant d'équipement d'origine (FEO)[9] (*Original equipment manufacturer - OEM*) ne peut être cédé sans le matériel qui lui est attaché[10].

222.16 Conditions de « l'épuisement » du droit sur la marque. Le consentement du titulaire de la marque à son exploitation dans l'Union européenne ou d'un État partie à l'accord sur l'EEE « *par un tiers n'ayant aucun lien économique avec le titulaire* » peut être implicite[11] ; mais il doit traduire de façon certaine « une renonciation claire » de ce dernier à son droit de s'opposer à une mise dans le commerce dans l'Union européenne et dans l'EEE[12], résultant « *d'éléments et de circonstances antérieurs, concomitants ou postérieurs à la mise dans le commerce dans cette zone* ». Un consentement implicite ne saurait résulter du simple silence du titulaire de la marque, ni d'une absence d'indication sur les produits d'une interdiction de mise sur le marché dans l'UE ou

1. SOLUTION INÉDITE : CJUE, G[de] ch., 3 juill. 2012, *Oracle*, aff. C-128/11, préc. : la CJUE subordonne l'épuisement à l'autorisation du titulaire des droits, et à la conclusion avec ce dernier d'une licence à titre onéreux – *CONTRA* : Paris, 23 sept. 1997, *Eda Systèmes c/Wang Laboratoires, DIT* 1998/1, p. 64, obs. G.-A. Guilleux ; *Gaz. Pal.* 1999. 2, Somm. 571 : selon cet arrêt, la théorie de *l'épuisement des droits* ne s'applique pas en présence d'une licence de logiciel, dans la mesure où elle ne confère au licencié que des droits limités et ne dessaisit pas le concédant de sa propriété, de sorte que celui-ci conserve tous ses droits, y compris celui de retirer le produit du marché – POUR UNE ANALYSE DE LA PORTÉE DE CE PRINCIPE : C. Grynfogel, art. préc. ; Y. Bah, « L'épuisement du droit de distribution aux antipodes des traditionnelles licences de logiciels et le rappel à l'ordre par le juge européen (*affaire Usedsoft c/Oracle*) », art. préc.
2. POUR UNE APPLICATION : T. com. Créteil, 12 nov. 1996, *Microsoft c/Direct Price, Gaz. Pal.* 1997. 1, p. 240, note B. Ducolombier.
3. CJUE, G[de] ch., 3 juill. 2012, *Oracle*, aff. C-128/11, préc. – CJUE, 3e ch., 12 oct. 2016, *Aleksandrs Ranks et Jurijs Vasiļevičs*, aff. C-166/15, *Rec.* N ; *RLDI* 2016. 4075, obs. L. Costes ; *CCÉ* 2016, n° 99, obs. C. Caron ; *RTD com.* 2016. 741, obs. F. Pollaud-Dulian ; *D.* 2017. Pan. 2016, obs. J. Larrrieu, C. Le Stanc et P. Tréfigny ; *Gaz. Pal.* 7 févr. 2017. 22, obs. L. Marino ; *JCP E* 2017. 1189, note T. Guillebon ; *RTD com.* 2017. 83, obs. F. Pollaud-Dulian ; *RDC* 2017. 268, obs. J. Huet – SUR CET ARRÊT : A. Casanova, « Épuisement des droits de distribution d'un logiciel et copie de sauvegarde ne vont pas de pair aux yeux de la CJUE », *RLDI* 2016, n° 4100.
4. SUR LA QUESTION : V. Sédaillian, « Les licences logicielles d'occasion *(used soft)* », préc.
5. CJUE, 3e ch., 12 oct. 2016, *Aleksandrs Ranks et Jurijs Vasiļevičs*, aff. C-166/15, préc.
6. V. *infra* s[s] n°s 252.05 et 252.05.
7. Douai, 26 janv. 2009, RG n° 09/157, *Gaz. Pal.* 2009. 2, Somm. 2698, obs. B. de Roquefeuil et G. Bourge.
8. CJUE, G[de] ch., 3 juill. 2012, *Oracle*, aff. C-128/11, préc.
9. Sur le logiciel FEO v. *supra* s[s] n° 221.15.
10. TGI Paris, 31e ch., 25 juin 2009, *RLDI* 2009/53, obs. M. T.
11. À PROPOS de l'EEE : Com. 9 avr. 2002, n° 99-15.428, P IV, n° 70 ; *PIBD* 2002. III. 369 ; *Europe* 2002, n° 256, note L. Idot – Com. 26 mars 2008, n° 06-20.828, *Hugo Boss*, NP, *PIBD* 2008. III. 342 – Com. 7 avr. 2009, n° 08-13.378, NP, *PIBD* 2009. III. 1126 – CJCE 1re ch., 15 oct. 2009, *Diesel*, aff. C-324/08, *JCP E* 2009, n° 44, 2026 ; *PIBD* 2009. III. 1538 ; *Propr. ind.* 2010, n° 3, note A. Folliard-Monguiral.
12. CJCE 20 nov. 2001, *Levi Strauss et Zino Davidoff*, aff. C-414/99 à C-416/99, *D.* 2002. AJ 214, obs. E. Chevrier ; *Europe* 2002, n° 31, note L. Idot ; *CCÉ* 2002, n° 55, obs. C. Caron – CJCE 8 avr. 2003, *Van Doren c/Lifestyle sports*, aff. C-244/00, *D.* 2003. AJ 1166 ; *JCP E* 2003. Pan. 640 – CJCE 30 nov. 2004, *Peak Holding*, aff. C-16/03, *Europe* 2005, n° 25, note L. Idot ; *RTD com.* 2005. 74, obs. J. Azéma – CJCE 23 avr. 2009, *Copad c/Christian Dior couture*, aff. C-59/08, *JCP E* 2009. 1675, note C. Caron ; *JCP E* 2009, n° 49. Chron. 2143, obs. C. Caron ; *CCÉ* 2009, n° 62, obs. C. Caron ; *Propr. ind.* 2009, n° 38, note A. Folliard-Monguiral ; *Europe* 2009, n° 205, note L. Idot ; *D.* 2009. AJ 1276, obs. J. Daleau ; *RLC* 2009/19, n° 2366 ; *PIBD* 2009. III. 1086 ; *RTD com.* 2009. 607, obs. B. Bouloc ; *RDC* 2010. 725, note J.-S. Bergé – E. Tardieu Guigues, « Droit de marque et contrat de licence. Un élargissement du pouvoir des titulaires de marques de luxe à l'égard de leurs licenciés », art. préc. – M. Georges-Picot, « Pas de solde chez Dior ! (Commentaire de l'arrêt de la CJCE 23 avr. 2009) », art. préc. – CJCE 1re ch., 15 oct. 2009, *Diesel*, aff. C-324/08, préc. – Com. 26 mars 2008, n° 06-20.828, NP, *Hugo Boss, PIBD* 2008. III. 342 – Com. 7 avr. 2009, n° 08-13.378, préc.

l'EEE, ni d'une absence de réserves contractuelles lors du transfert de propriété des produits revêtus de la marque[1]. La mise sur le marché implique la mise à la disposition de la clientèle, et c'est l'endroit où elle s'est réalisée qui constitue le lieu de la commercialisation. D'où, la seule importation des produits en vue de la vente ne suffit pas à considérer qu'ils ont été mis sur le marché, et il a même jugé que la seule offre de vente dans ses propres magasins par le titulaire de la marque, mais sans qu'elle ait été suivie d'effet, ne suffit pas à épuiser le droit[2].

Toutefois, le principe de l'épuisement des droits ne joue qu'au sein de l'Union européenne ou d'un État partie à l'accord sur l'EEE : Elle n'a pas d'équivalent à l'échelle internationale[3]. Il ne s'applique pas lorsque la commercialisation d'un produit est intervenue dans un pays tiers[4] : son titulaire peut donc exercer un droit de suite et de contrôle jusqu'à l'acquéreur final en France[5]. Dès lors, il peut agir en contrefaçon contre le distributeur qui a importé et vendu en France sans son autorisation les produits marqués[6]. D'où aussi le titulaire de la marque peut interdire l'utilisation de celle-ci pour les exemplaires du produit qui n'ont pas été mis dans le commerce au sein de l'Union européenne ou d'un État partie à l'accord sur l'EEE avec son consentement[7].

222.17 Preuve de « l'épuisement » du droit sur la marque. Par application du Droit commun, la preuve de l'exception que constitue la théorie de l'épuisement du droit de marque incombe à celui qui l'allègue, sauf à établir l'existence d'un risque réel de cloisonnement du marché européen[8] (l'analyse de ce risque s'opère *in concreto* ; les juges du fond doivent caractériser la réalité du cloisonnement du marché par des « *facteurs pertinents propres* »[9]). En dehors de cette exception, qui se prévaut de l'épuisement du droit de marque doit le démontrer pour chacun des exemplaires authentiques du produit en cause[10].

222.18 Limites de « l'épuisement » du droit sur la marque. L'article L. 713-4[11], alinéa 2, du code de la propriété intellectuelle, dans la ligne de la directive 89/104[12], limite la règle de l'épuisement, de sorte que le droit de suite du propriétaire de la marque reprend pleine vigueur, lorsque celui-ci justifie de « motifs légitimes » de « *s'opposer à tout nouvel acte de commercialisation* ». Il a été jugé que constituaient des motifs légitimes le fait que l'importateur « reconditionne » un produit célèbre[13], ou qu'il porte atteinte à son image de marque[14], notamment par de mauvaises conditions de commercialisation[15]. Il appartient à l'importateur parallèle de fournir au titulaire de la marque les informations suffisantes en vue de permettre à ce

1. CJCE 20 nov. 2001, *Levi Strauss et Zino Davidoff*, aff. C-414/99 à C-416/99, préc.
2. CJCE 30 nov. 2004, *Peak Holding*, aff. C-16/03, préc.
3. À PROPOS de logiciels : Crim. 16 déc. 2003, n° 03-80.002, P n° 247 ; *CCÉ* 2004, n° 26, obs. C. Caron – Paris, 19 janv. 2005, *CCÉ* 2005, n° 157, obs. C. Chabert.
4. PLUS NUANCÉ : Com. 21 oct. 2008, n° 05-12.580, *HTDC*, NP, cité par E. Dieny, « Vente par internet, vente hors-réseau : un aperçu des décisions 2008 », *JCP E* 2009. 1592, n° 18, p. 25 : « *Les produits en cause ayant été mis dans le commerce hors de l'Espace économique européen, la cour d'appel, qui a constaté qu'après leur importation dans cet Espace, le titulaire en avait seulement autorisé l'écoulement par l'importateur, dans des conditions particulières que ce dernier n'avait pas respectées, a souverainement apprécié l'intention commune des parties à cette transaction, et a pu retenir que ces circonstances ne caractérisaient pas le consentement du titulaire de la marque à une mise dans le commerce de ces produits dans l'Espace économique européen, ni ne traduisaient une renonciation, expresse ou même implicite, à son droit de s'opposer à cette importation* ».
5. CJCE 16 juill. 1998, *Silhouette*, aff. C-355/96, *D.* 1998. 199 ; *D. Affaires* 1998, 1592, obs. E. Arnaud – Paris, 3 mars 1997, *Ophtalmic*, *Gaz. Pal.* 1997. 1, Somm. 250, obs. A. Le Tarnec.
6. Com. 2 déc. 1997, n° 95-17.255, P IV, n° 320 ; *D.* 1998. 604, note É. Agostini.
7. CJCE 1er juill. 1999, *Sebago c/G.-B. Unic*, aff. C-173/98, *D.* 1999. 22 ; *PIBD* 1999. III. 414 – Versailles, 7 sept. 2000, *Genedis*, *PIBD* 2000. III. 565 – Paris, 12 janv. 2005, *Auchan c/Maxicalzado*, *PIBD* 2005. III. 208 – TGI Paris, 3e ch., 2e sect., 5 déc. 2008, RG n° 2008/14261, *Takira c/Twins*, *PIBD* 2009. III. 896.
8. Com. 29 janv. 2002, n° 98-20.778, *Nina Ricci*, NP, *RJDA* 2002, n° 705 – Com. 9 avr. 2002, n° 99-15.428, préc. – CJCE 8 avr. 2003, *Van Doren c/Lifestyle sports*, aff. C-244/00, préc., indiquant les éventuelles exceptions possibles ; V. LE COMMENTAIRE de J. Raynard, CRIT., « Droit de marque et réseau de distribution exclusive devant la CJCE : la présomption d'épuisement du droit ou le bonheur retrouvé du distributeur parallèle », art. préc. – Paris, 12 janv. 2005, *Auchan c/Maxicalzado*, *PIBD* 2005. III. 208 – TGI Paris, 3e ch., 3e sect., 7 nov. 2007, *PIBD* 2008. III. 89.
9. ÉTUDE de : H. Bonnard et G. Bloret-Pucci, « Épuisement du droit des marques : risque réel de cloisonnement et preuve contraire », préc.
10. Com. 7 avr. 2009, n° 08-13.378, préc.
11. CPI, art. L. 713-4 ; mod. par ord. n° 2019-1169, 13 nov. 2019, art. 5.
12. Dir. 89/104, Conseil, 21 déc. 1988 rapprochant les législations des États membres sur les marques, *JOCE* L 040, 11 févr., p. 1, art. 7, al. 2.
13. CJCE 11 juill. 1996, *MPA Pharma*, aff. C-232/94, *Rec.* I, p. 3671.
14. CJCE 4 nov. 1997, *Dior c/Evora*, aff. C-337/95, *Rec.* p. 6013, concl. F.-G. Jacobs ; *JCP E* 1998. I. 986, n° 24, obs. C. Gavalda et G. Parléani ; *RTD eur.* 1998. 595, obs. G. Bonet – CJCE 11 déc. 1997, *Frits Loendersloot c/George Ballantine*, aff. C-349/95, *D. affaires* 1998. 32 ; *PIBD* 1998. III. 266 – CJCE 19 oct. 1999, *Upjohn*, aff. C-379/97, *Rec.* I, p. 6927 – CJCE 23 avr. 2002, *Boehringer Ingelheim KG*, aff. C-143/00, et *Merck*, aff. C-443/99, *Sharp & Dohme*, *Europe* 2002, n° 225, note L. Idot – CJCE 23 avr. 2009, *Copad c/Christian Dior couture*, aff. C-59/08, préc.
15. Com. 23 mars 2010, n° 09-65.839, *Chanel*, NP, *JCP E* 2010, n° 34, 1714, note M. Schaffner et S. Georges ; *Propr. ind.* 2010, n° 40, note P. Tréfigny-Goy ; *CCÉ* 2011, n° 3, obs. C. Caron.

dernier de vérifier que le reconditionnement du produit sous cette marque est nécessaire afin de le commercialiser dans l'État membre d'importation [1]. De plus, l'épuisement du droit de marque cède aussi le pas dans le marché national en présence d'un réseau de distribution *licite* : Son existence est également un juste motif permettant à son titulaire d'interdire aux tiers de commercialiser les produits marqués, et d'agir éventuellement contre ceux qui diffuseraient les produits en cause en violation des règles du réseau [2].

En revanche, le fait que la revente ait été effectuée en violation d'une clause du contrat de licence de marque interdisant la revente à des tiers [3], à un réseau de distribution ou à des soldeurs [4], ne constitue pas un motif légitime de s'opposer à la commercialisation du produit. De même, le fait qu'un revendeur fasse la promotion des produits marqués et utilise la marque pour les besoins de cette promotion ne constitue pas un motif légitime pour s'opposer à leur commercialisation s'ils ont été licitement acquis [5]. Il convient cependant que le revendeur se présente clairement comme un simple « revendeur » des produits marqués, qu'il mentionne l'origine des produits et ainsi que l'identité de ses fournisseurs pour chacun d'entre eux et qu'il ne laisse pas entendre qu'il existe entre lui et la marque un partenariat économique [6].

La grande chambre de la CJUE a eu à décider en 2019 si la règle de « *l'épuisement du droit de distribution, instaurée dans le monde réel des copies-objets, est transposable au monde virtuel des copies-fichiers numériques* ». Elle jugea que la fourniture de livres électroniques par téléchargement en ligne pour un usage permanent relève, non pas du droit de distribution mais du droit de la communication au public et que, par conséquent, la règle de l'épuisement du droit de distribution ne s'applique pas aux livres électroniques d'occasion [7].

222.19 Droit dérivé et abus de position dominante. Application exceptionnelle de la théorie des *facilités essentielles*. Le refus, par une entreprise en position dominante d'octroyer une licence pour l'utilisation d'une œuvre protégée par le Droit d'auteur, en l'espèce un logiciel considéré comme indispensable pour exercer une activité donnée, peut constituer un abus de position dominante, au sens de l'article 102 [8] du traité de fonctionnement de l'Union européenne [TFUE], en présence du cumul de trois circonstances, il est vrai très exceptionnelles [9] :

- S'il fait obstacle à l'apparition d'un produit ou d'un service nouveau pour lequel existe une demande potentielle des consommateurs.

- S'il est dépourvu de justifications objectives.

- Enfin, s'il est de nature à exclure toute concurrence sur un marché dérivé.

Il résulte de l'arrêt *IMS Health* que la théorie des facilités essentielles s'applique au Droit d'auteur [10]. Elle consiste à s'assurer qu'une entreprise en position dominante met à la disposition de ses concurrents les facilités essentielles *indispensables* à leur entrée ou à leur maintien sur un marché, et qu'elle le fait à un prix raisonnable non discriminatoire. Les infrastructures essentielles sont des installations ou des équipements indispensables pour permettre la liaison avec des clients, ou pour donner la possibilité à des concurrents d'exercer leur activité [11]. Le critère

1. CJCE 2e ch., 22 déc. 2008, *The Wellcome Foundation,* aff. C-276/05, *Rec.* I-10479 ; *PIBD* 2009. III. 1005 ; *Gaz. Pal.* 2009. 1, Somm. 1457, obs. M.-C. Chemtob-Concé.
2. Com. 28 janv. 1992, n° 90-14.292, P IV, n° 49 – Com. 23 févr. 1993, n° 90-19.375, *Chanel*, NP, *D.* 1994. 318, note E. Fort-Cardon – Paris, 18 mars 1994, *JCP* 1994. IV. 2448 – Paris, 1re oct. 1997, *D. Affaires* 1997, 1293, obs. J.-P. S. ; *D.* 1998. 445, note M. Malaurie-Vignal, CRIT.
3. CJCE 30 nov. 2004, *Peak Holding*, aff. C-16/03, préc.
4. CJCE 23 avr. 2009, *Copad c/Christian Dior couture*, aff. C-59/08, préc.
5. Paris, 18 juin 2014, RG n° 13/00459, *CCC* 2014, n° 196, obs. M. Malaurie-Vignal.
6. Paris, 18 juin 2014, RG n° 13/00459, préc.
7. CJUE, Gde ch., 19 déc. 2019, *Nederlands Uitgeversverbond, Groep Algemene Uitgevers c/Tom Kabinet,* aff. C-263/18, *D.* 2020. 471, note C. Maréchal Pollaud-Dulian ; *Dalloz IP/IT* 2020. 250, obs. J. Lapousterle ; *RTD com.* 2020. 62, obs. F. Pollaud-Dulian ; *CCÉ* 2020, n° 31, obs. C. Caron ; S. Haddad et A. Casanova, « Le débat est (enfin) tranché : le non-respect des termes du contrat de licence de logiciel est une contrefaçon », *RLDI* 2020, n° 5651 : La CJUE considère que la vente de livres électroniques d'occasion constitue une « communication au public » (au sens de la dir. 2001/29, art. 2, 1), soumise à l'autorisation de l'auteur, et non une « distribution au public » (au sens de l'art. 4, 1, du même texte) : elle est un « *service de la société de l'information* ».
8. TFUE, 102 [TCE-A, 82 ; TCE 86] – I. Pingel (dir.), *De Rome à Lisbonne : Commentaire article par article des traités UE et CE* 2e éd., Helbing Lichtenhahn-Dalloz-Bruylant, 2010, p. 714.
9. CJCE 29 avr. 2004, *IMS Health,* aff. C-418/01, *Rec.* I-05039 ; *GAPI*, 3e éd., Dalloz, 2020, n° 30 ; *CCÉ* 2004, n° 69, obs. C. Caron ; *CCC* 2004, n° 111, obs. M. Malaurie-Vignal ; pt 38 ; – DÉJÀ : CJCE 6 avr. 1995, *RTE et ITP c/ Commission,* dite *Magill,* aff. jtes C-241/91 et C-242/91, *Rec.* I-00743 ; *GAPI*, 3e éd., Dalloz, 2020, n° 29 ; *RTD eur.* 1995. 834, obs. G. Bonet.
10. DÉJÀ : CJCE 26 nov. 1998, *Oscar Bronner*, aff. C-7/97, *Rec.* I-07791 – SUR LA NOTION : G. Dezobry, *La théorie des facilités essentielles : Essentialité et droit communautaire de la concurrence*, th. préc. ; L. Gyselen, « Le titulaire d'un droit de propriété intellectuelle doit-il fournir le produit de son droit à un concurrent ? », art. préc.
11. Com. 23 oct. 2007, n° 06-17.852, NP, *Concurrences* 1-2008, p. 121, note C. Prieto ; *CCC* 2007, n° 308, obs. G. Decocq, la boucle locale est une facilité essentielle – Cons. conc. 12 févr. 2008, n° 08-D-02, *Free : CCÉ* 2008, n° 68, obs. M. Chagny, l'accès à la boucle locale en fibre optique, mais pas d'urgence pour prononcer des mesures conservatoires – Cons. conc. 29 avr. 2008, n° 08-D-08, ▶

déterminant est celui de l'impossibilité dans laquelle se trouve le concurrent de reproduire l'infrastructure en cause à des conditions économiques raisonnables, et non le fait que d'autres solutions soient moins avantageuses pour lui. La théorie des facilités essentielles devrait être cantonnée à l'hypothèse dans laquelle il faut renforcer la concurrence par l'innovation. À défaut, elle risquerait de ne pas inciter les entreprises à innover [1].

Pour sa part, la Cour de cassation a affirmé que la théorie des facilités essentielles ne peut justifier l'accès à un logiciel que dans des conditions strictement limitées : Il doit être prouvé qu'il est impossible de concevoir matériellement et financièrement un logiciel spécifique équivalent, alors que l'accès au logiciel est indispensable à l'exercice de l'activité en cause [2]. Ainsi, les cas dans lesquels les droits de propriété intellectuelle cèdent devant le Droit de la concurrence doivent rester exceptionnels.

SECTION 2 PROGICIEL

222.21 Licences d'essai. Un progiciel est « *un outil incorporel standard* » [3] (même s'il doit parfois être paramétré pour le client [4]). Il existe d'abord sur ceux-ci des licences de progiciel de très courtes durées, en vue de permettre à leur bénéficiaire de procéder à l'évaluation des qualités et performances du produit par des essais. Une telle licence est soit à titre gratuit (*gratuiciel* ou *freeware*), notamment lorsqu'une disquette comportant le programme est délivrée avec la vente d'une revue informatique ; il y a alors *prêt* (bien qu'intéressé, le prêteur espérant contracter ensuite à titre onéreux ; il mérite parfois la qualification de prêt de consommation de l'article 1892 du code civil, le logiciel de démonstration s'évanouissant au bout de quelques utilisations) ; soit à titre onéreux, et il s'agit d'un contrat de *louage*. Un certain nombre de progiciels sont téléchargeables gratuitement par internet : le contrat est alors de prêt.

222.22 Hypothèse marginale. Un autre cas est simple, mais assez marginal, celui dans lequel le progiciel ne comprend aucun élément ou combinaison brevetés, et alors qu'il ne bénéficie pas de la protection du Droit d'auteur, notamment faute d'originalité. La qualification de contrat de vente paraît s'imposer.

222.23 Hésitations pour le progiciel type. En dehors des cas envisagés dans les numéros précédents, où aucune hésitation n'existe, la nature particulière (en fait) du *progiciel* entraîne une qualification elle-même particulière. Une controverse doctrinale existe à cet égard sur la nature du contrat portant sur un progiciel entre la vente, la location ou un contrat *sui generis*. Notre position a évolué. Pendant un certain nombre d'années nous estimions que, lorsque le progiciel est protégé par un brevet ou présente la qualité d'œuvre au sens du Droit d'auteur, il y a tout à la fois *vente* du support et *licence* (location) de la création logicielle [5]. Toutefois, une objection sérieuse quant à la location réside dans le fait que les parties n'ont pas eu la volonté de limiter dans le temps les effets du contrat : c'est que par définition le bail est temporaire [6]. De plus, l'inconvénient d'une telle qualification mixte est qu'elle ne permet pas d'appliquer le régime de l'un ou de l'autre contrat, sauf à prétendre que l'un d'entre eux prédomine. Or, les différences sont importantes. Alors que, dans la vente, le régime de la garantie contre les vices est d'ordre public, dans le louage les clauses sur la responsabilité peuvent être librement stipulées ; les restrictions à la libre circulation sont théoriquement interdites dans la vente (théorie de l'épuisement du droit [7]), mais licites dans le louage.

Certains estiment qu'il y a une vente portant sur un exemplaire du programme sans transmission des Droits intellectuels, ce dernier point résultant des règles habituelles du Droit d'auteur dissociant la propriété intellectuelle de celle de l'objet matériel sur lesquels il porte (CPI, art. L. 111-3 [8]). Mais les restrictions au droit de l'utilisateur sont si nombreuses, résultant du Droit d'auteur [9], que nous n'arrivons pas à adopter cette voie, de sorte que nous opinons finalement pour la qualification passe-partout de contrat *sui generis*, renouant avec nos premiers écrits sur ce sujet en 1982 [10] !

La jurisprudence dominante retient comme une évidence la qualification de vente, ce que nous

► *Secteur de l'édition et de la vente de monographies touristiques, CCC* 2008, n° 168, obs. G. Decocq : refus de reconnaître le caractère d'infrastructure essentielle pour les librairies du centre des Monuments nationaux.

1. EN CE SENS : D. Bosco, *CCC* 2009, n° 109.
2. Com. 12 juill. 2005, n° 04-12.388, P IV, n° 163 ; *CCÉ* 2005, n° 149, obs. C. Caron, et n° 160, obs. G. Decocq.
3. EXPRESSION de Ph. Gaudrat et F. Sardain, *Traité de droit civil du numérique*, t. II, Larcier, Bruxelles, 2015, n° 422.
4. COMME DANS : Com. 10 janv. 2018, n° 16-23.790, NP, *RJDA* 2018. 493.
5. EN CE SENS AUSSI : M. Vivant, *L'informatique dans la théorie générale..., op. cit.*, n° 3 ; et M.-A. Ledieu, art. préc.
6. Ph. le Tourneau (dir.), *Droit de la responsabilité et des contrats...*, 12e éd., *op. cit.*, n° 3371.11.
7. V. *supra* ss nos 222.15 s.
8. PLAIDANT AVEC FORCE pour la qualification de vente : J. Huet, « De la "vente" de logiciel », art. préc.
9. J. Huet, art. préc., nos 16 s.
10. « Très brèves observations sur la nature des contrats relatifs aux logiciels », art. préc.

avions prédit[1] (« *Toute vérité franchit trois étapes : d'abord elle est ridiculisée. Ensuite, elle subit une forte pression. Puis, elle est considérée comme ayant toujours été une évidence* »[2]). Cependant, la vente n'est pas totale, du fait que le droit moral est incessible[3].

Mais cette qualification est impossible pour les mises à disposition de progiciels sur internet, aujourd'hui répandue, différente du téléchargement pratiqué depuis plus longtemps. Nous visons ici l'accès par les utilisateurs à une plateforme où est logé le logiciel (il s'agit de la fourniture d'une application hébergée[4]). Cet accès est soit à titre gratuit, soit à titre onéreux par un contrat d'abonnement, comme ceux qui ont cours pour l'usage du téléphone ou la fourniture d'électricité[5].

222.24 Licence d'utilisation. La pratique ne s'embarrasse pas de ces querelles doctrinales[6] et emploie l'expression de « licence d'utilisation ou d'adhésion ». Elle se conclut généralement tacitement, par le fait de rompre une vignette adhésive fermant l'emballage de la disquette. Une formule inscrite sur l'emballage (ou figurant dans un document annexé) précise que cela implique l'acceptation des clauses et conditions d'utilisation du programme (restrictives et drastiques) : telle est la « clause étiquette » (*shrinkwrap licence*), ou licence « pour l'utilisateur final »[7]. Le même procédé est employé en matière de *cédérom*, pour lequel est applicable l'analyse dédoublée en vente et licence (CD-Rom, souvent abrégé en CD, est déjà une abréviation, celle de *Compact Disc Read-Only Memory*. Il se distingue du CD-RW, *Compact Disc ReWriteable*, en ce qu'il est possible sur celui-ci d'écrire, et même d'y réécrire des données plusieurs fois ; toutefois la pratique néglige cette distinction, et désigne CR-Rom ces deux catégories de disques. En français CD-Rom s'écrit *cédérom* comme l'a décidé l'*Académie française* le 30 mai 1996. Le DVD, sigle de *Digital Versatile Disk*, est un disque numérique optique d'une grande capacité très supérieure dont les usages sont divers : audio, vidéo, multimédia, mémoire vive, mémoire morte).

Les clauses de ces contrats nous semblent valables (opposables au client), sauf lorsqu'elles excluent ou limitent la responsabilité du fournisseur envers un consommateur, à condition qu'elles soient inscrites en caractères aisément lisibles sur les emballages, avant leur ouverture. Il est des contrats d'adhésion de « licence d'utilisation » de progiciel dont certaines clauses paraissent nulles au regard du Droit français, du moins envers un simple consommateur, notamment celles qui régissent les responsabilités et garanties.

222.25 Application de la théorie de *l'épuisement des droits*. La théorie de *l'épuisement des droits*[8] s'applique aussi aux progiciels, en tant que variété de logiciel. Il semble qu'elle doit être étendue, par analogie (cette *poésie du Droit* disait Carbonnier), à la diffusion d'un progiciel sur le réseau internet : À condition de respecter les droits moraux du créateur-diffuseur, il devient librement utilisable sur la toile mondiale (*World Wide Web*) par tous les internautes désirant butiner (comme disent joliment et de façon plus expressive nos amis Québécois pour « surfer », qui n'est pas une image parlante) ; il n'en irait autrement que si le code source[9] avait aussi été divulgué, faisant tomber l'œuvre dans le domaine public[10].

222.26 Code source. Normalement, un contrat accordant l'usage d'un progiciel ne comprend pas la communication du *texte source* (du code source)[11] au client, sauf stipulation d'une clause spécifique à cet égard[12]. Dans une affaire dont a eu à connaître la Cour de cassation, les parties avaient aménagé conventionnellement les conditions de l'accès et de la remise des codes sources au profit de la société utilisatrice en cas de défaillance du prestataire informatique. Or, celui-ci fut placé en liquidation judiciaire et le mandataire liquidateur refusa de procéder à la remise desdits codes, ce qui causa pour le client une perte de chance de « *rendre son logiciel opérationnel* » (Civ. 2e, 8 janv. 2009, nº 07-20.693[13]).

1. « Très brèves observations sur la nature des contrats relatifs aux logiciels », art. préc. – Com. 22 janv. 1991, nº 88-20.184, NP, *DIT* 1993/2, p. 40, note F. Dupuis-Toubol – Aix-en-Provence, 21 mai 1997, *JCP E* 1998. I. 845, nº 15, obs. M. Vivant et C. Le Stanc – Besançon, 9 avr. 1999, *Lacroix, Gaz. Pal.* 2000. 1, p. 820, obs. P. Arrigo – POURVOI REJETÉ PAR : Com. 19 févr. 2002, nº 99-15.722, NP, *Expertises* 2002, p. 190 – Bastia, 19 nov. 2002, *RD aff. int.* 2004/3, p. 389, obs. O. Cachard – *CONTRA*, qualifiant le contrat de licence : Com. 13 févr. 2007, nº 05-17.407, *Faurecia c/Oracle*, P IV, nº 43 ; *D.* 2007. AJ 654, obs. X. Delpech ; *RDC* 2007. 707, note D. Mazeaud et 746, note S. Carval ; *JCP* 2007. II. 10063, note Y.-M. Serinet ; *JCP* 2007. I. 185, obs. Ph. Stoffel-Munck ; *JCP E* 2007. 2336, note J. Huet ; *RJ com.* 2008. 187, note H. Alterman et N. Herzog ; *Defrénois* 2007. 1042, note R. Libchaber ; *RLDC* 2007, nº 2511, note G. Loiseau.
2. Schopenhauer (1788-1860).
3. COMP. : Paris, 26 sept. 2001, *S. Setbon, PIBD* 2002. III. 174 ; *Propr. ind.* 2002, nº 38, note J. Schmidt-Szalewski.
4. Sur ce concept v. *infra* s^s nº 338.11.
5. Sur la nature de l'abonnement v. *supra* s^s nº 221.20.
6. Sur celles-ci en général : Y. Guenzoui, « Les querelles doctrinales », *RTD civ.* 2013. 17.
7. C. Girot, « La validité des licences de logiciel sous plastique en droit français : les enseignements du droit comparé », art. préc.
8. Sur cette théorie v. *supra* s^s nºs 222.15 s.
9. Sur la définition du code source v. *supra* s^s nº 213.34.
10. COMP. : G.-A. Guilleux, art. préc.
11. Sur la définition du code source v. *supra* s^s nº 213.34 ; et sur les droits sur le code source aussi v. *infra* s^s nºs 223.12, 331.164.
12. Com. 15 nov. 2011, nº 10-26.617, NP, *RLDI* 2011, nº 2543, obs. L. C. : pas de clause en l'esp.
13. Civ. 2e, 8 janv. 2009, nº 07-20.693, NP, *Gaz. Pal.* 2009. 2, p. 2558, note P. Arrigo et D. Blin.

CHAPITRE

223. Contrat portant sur l'élaboration d'un logiciel spécifique

SECTION 0
ORIENTEUR

223.00 **Sommaire du chapitre.**

223.03 **Bibliographie. Articles.** S. Leriche et É. Varet, « Contrats informatiques. Méthodologie *Agile* et contrats de développement. Révolution ou adaptation ? », *Expertises* 2012, Doctr. 175 – N. Weinbaum, « Méthodes *Agile*. Une révolution dans les projets et contrats informatiques ? », *Expertises* 2014, Doctr. 218.

SECTION 1
NATURE DU CONTRAT ET DROITS SUR L'ŒUVRE

223.11 **Contrat d'entreprise.** D'évidence, le contrat de conception d'un logiciel spécifique dit aussi « premier »[1] (ou de développement d'un logiciel existant, dénommé parfois « portage de logiciel », voire d'un progiciel) est un contrat d'entreprise, plus concrètement, un *contrat d'étude*[2] *et de communication de savoir-faire*[3]. La réalisation du travail peut-être sous-traitée par l'ESN qui a accepté la commande à une société spécialisée[4]. L'entreprise qui a besoin d'un logiciel spécifique ou de sa modification (sa réécriture) peut aussi s'adresser à un prestataire spécialisé chargé du « pilotage » de l'œuvre, que celle-ci confiera éventuellement à un « développeur ». Dans ce cas, le « pilote » est non seulement tenu d'une obligation de conseil mais aussi d'une mission d'assistance, tant envers le maître de l'ouvrage que du « développeur », jusqu'à la fourniture d'une solution opérationnelle[5].

Quant à la qualification du contrat peu importe que le logiciel soit ensuite breveté ou protégé par le Droit d'auteur. La loi prévoit que les droits patrimoniaux sur les logiciels (et sur leur documentation) créés par des salariés, dans l'exercice de leurs fonctions ou sur instructions de leur employeur[6], sont dévolus à ce dernier[7]. Cette disposition n'est pas d'ordre public. La mesure est plus radicale que pour les inventions de salariés (puisque n'appartiennent de plein droit à l'employeur que les dites « de mission », réalisées sur ordre[8] de l'employeur[9]. La mission inventive peut être permanente lorsqu'elle est prévue au contrat de travail et qu'elle correspond à l'activité réelle du salarié ; en revanche, elle est occasionnelle lorsque celui-ci n'a pas été embauché

1. Ph. Gaudrat et F. Sardain, *Traité de droit civil du numérique*, t. II, Larcier, Bruxelles, 2015, n°s 358 s.
2. Sur celui-ci : É. Vergès (dir.), *Contrats sur la recherche et l'innovation*, hors collection, Dalloz, 2018, n°s 131.00 s.
3. É. Vergès (dir.), *Contrats sur la recherche et l'innovation*, *op. cit.*, n°s 145.00 s.
4. EX. : Paris, 25 janv. 2002, *Marben GL c/Cap Gemini, CCÉ* 2002, n° 87, obs. L. Grynbaum, où c'était le cas.
5. Grenoble, 4 juin 2015, *CIMM c/C3 Evolution, RLDI* 2015, n° 3801, obs. J. de Romanet ; *Expertises* 2015. 269 : défaillances du « pilote » de ces deux chefs, alors que son contrat avec le maître d'œuvre prévoyait expressément qu'il devait assurer « un accompagnement opérationnel ».
6. A. Lucas, J. Devèze et J. Frayssinet, *Droit de l'informatique et de l'internet*, *op. cit.*, n°s 535 s.
7. CPI, art. L. 113-9, al. 1er ; mod. par ord. n° 2019-964, 18 sept. 2019, art. 35.
8. F. Pollaud-Dulian, *La propriété industrielle*, « Corpus », Economica, 2010, n°s 355 s. – D. Por et C. Riffaud, « De l'innovation au brevet : l'émergence du droit de propriété », *JCP G* 2018. Doctr. 937 : les auteurs montrent que la C. de cass. a consacré, à propos des inventions de salarié, un droit au titre comme un objet autonome, situé entre l'invention et le brevet – Soc. 21 sept. 2011, n° 09-69.927, P V, n° 192 ; *JCP E* 2011, n° 47, 1840, note L. Drai.
9. CPI, art. L. 611-7 et L. 615-21 ; art. mod. par ord. n° 2019-964, 18 sept. 2019, art. 35.

pour une prestation de recherche inventive, mais auquel l'employeur adresse un ordre particulier en ce sens). Titulaire du droit au brevet sur une invention de mission, l'employeur est libre de céder ce droit à un tiers, lequel peut déposer le brevet et opposer au salarié inventeur, qui en revendique l'attribution, la nature d'invention de mission de l'invention protégée, sur laquelle le salarié n'a jamais détenu de droit à un titre de propriété industrielle [1].

Une difficulté particulière à la création spécifique tient à la possibilité de réaliser la commande. Si, dans l'état des connaissances, l'élaboration d'un logiciel répondant à des spécifications spéciales est impossible, le contrat serait nul, faute d'objet possible [2].

223.12 Les droits sur l'œuvre. Le contrat de commande [3] d'un logiciel spécifique doit indiquer quels sont les droits dont le client disposera sur le fruit de la recherche (qui, en Droit commun, sauf clause contraire, appartient à son auteur [4]). Si un transfert des Droits intellectuels est convenu entre le fournisseur et son client, le contrat doit préciser expressément quels sont les droits cédés [5]. Il est dans la logique d'un tel contrat que le *texte source* (le code source) soit communiqué au client, comme un *accessoire* [6] de la prestation fournie, afin de garantir la pérennité du logiciel, puisqu'il est indispensable pour comprendre son fonctionnement et donc pour le modifier ; mais autant le préciser par une clause spécifique. La simple mise à disposition des sources au partenaire n'est pas de nature à établir une cession en sa faveur des droits de l'auteur du logiciel [7]. Il est possible de ne pas communiquer la source, mais de la déposer chez un tiers, par exemple à l'*Agence pour la protection des programmes* (APP), en prévoyant les cas et les conditions dans lesquels le client pourra y avoir accès (par exemple sous le contrôle de la Commission d'arbitrage de l'APP « *en cas d'impossibilité ou de refus du fournisseur de garantir le logiciel, notamment en cas de panne bloquant son fonctionnement* »). C'est ce qui est appelé *l'entiercement* [8].

1. Com. 5 janv. 2022, n° 19-22.030, P.
2. C. civ., art. 1163, al. 2.
3. SUR CE CONTRAT EN GÉNÉRAL : S. Denoix de Saint-Marc, *Le contrat de commande en droit français*, avant-propos d'A. Françon, Litec, 2000.
4. Caen, 4 avr. 2017, *RTD com.* 2017. 367, obs. F. Pollaud-Dulian, à propos des codes sources d'un site internet, pas de clause de cession des droits de propriété intellectuelle, si bien que le concepteur était resté titulaire de ces droits sur les logiciels et le matériel de conception préparatoire.
5. CPI, art. L. 131-3, al. 1er.
6. Sur la question de l'accessoire et la définition du code source v. *supra* ss n° 213.34.
7. COMP. : Com. 9 nov. 1993, nos 91-19.770, 91-20.246, P IV, n° 395.
8. Sur l'entiercement v. *infra* ss n° 334.11.

223.13 Divers clients. Le client n'est pas forcément l'utilisateur final. En effet, la commande peut émaner d'un fabricant de matériel, d'un intégrateur de systèmes, ou bien d'une entreprise spécialisée dans le commerce des logiciels. Dans ce dernier cas, un contrat de « partenariat » [9] peut la lier à un fournisseur, en vertu duquel celui-ci développe des logiciels en fonction des demandes des clients du distributeur [10].

223.14 Rôle du client. Le client ne reste pas entièrement passif, même dans l'élaboration d'un logiciel ou d'une application logicielle. En principe, il doit suivre l'élaboration du projet, le respect de ses exigences, spécificités et délai, sans toutefois s'immiscer dans le labeur du concepteur, à qui incombe seul le choix des solutions techniques et de leur mise en œuvre. Il est sans doute sage de prévoir par quelle procédure le client suivra l'élaboration de l'application logicielle.

SECTION 2
RÉALISATION PROGRESSIVE DE L'OBJET DU CONTRAT

223.21 Deux phases principales. Le contrat prévoit généralement une *conception progressive* du logiciel, en deux phases principales [11], ponctuées d'actes divers [12]. La première période est *d'études*. Le concepteur doit d'abord se livrer à une *analyse fonctionnelle* (et globale), appelée à devenir le cahier des charges, aux spécifications claires, complètes et précises quant aux objectifs (mais non quant aux moyens et choix techniques, qui doivent rester ouverts). Le client est tenu de valider (ou de refuser) l'analyse fonctionnelle [13]. Elle est suivie d'une *ana-*

9. SUR CELUI-CI : Ph. le Tourneau (dir.), *Droit de la responsabilité et des contrats...*, 12e éd., *op. cit.*, n° 3124.73.
10. COMP. : Paris, 20 juin 2000, *Gentilhomme et Episoft, PIBD* 2001. III. 47 : aff. dans laquelle il existait un contrat de partenariat pour le développement de logiciels.
11. COMP. : v. *infra* ss n° 252.24.
12. Aix-en-Provence, 5 avr. 1996, *D.* 1997. 184, note Ph. le Tourneau – POUR UNE ÉTUDE DÉTAILLÉE technique en la matière des normes : « ISO 9001 : 2000 » : *Ingénierie et qualité du logiciel et des systèmes, op. cit.*
13. Paris, 26 juin 1998, *JCP E* 2000. 841, n° 7, obs. M. Vivant et C. Le Stanc : le client a manqué à son obligation de coopération en tardant à valider les analyses fonctionnelles nécessaires à la mise au point de l'application – T. com. Paris, 23 mars 2000, *ISA c/Omniséquence, Expertises* 2000, p. 355, le prestataire de services a commis une défaillance en ne rédigeant pas les spécifications externes du gestionnaire du logiciel – Civ. 1re, 2 oct. 2001, n° 99-16.329, *Ballario*, NP, *Expertises* 2002, p. 72 : manquement du client à son « *obligation de coopération* », car il n'a pas répondu aux sollicitations insistantes de la SSII « *lui demandant de valider les applications logicielles* ».

lyse organique, c'est-à-dire par organe (et détaillée) des diverses unités de traitement, assortie de la rédaction des spécifications techniques. Elle doit aussi être réceptionnée. L'ensemble des résultats de la phase d'étude constitue *le référentiel de conformité*, que devra honorer l'entreprise de service du numérique (ESN). La seconde période est celle de la *réalisation*. Les logiciels doivent être écrits, réalisés et chargés (éventuellement « téléchargés ») pour une date prédéterminée (dont le respect est généralement assorti d'une clause pénale). Le processus de création est simplifié lorsque le concepteur se contente d'adapter un logiciel préexistant ou d'assembler des éléments repris de logiciels antérieurs. Dans ce cas, il établit un prototype qu'il soumet au client, et fait évoluer jusqu'au logiciel définitif. Une autre méthode existe, dite *Agile*, réduisant sensiblement le délai entre la définition du besoin et la mise en fonctionnement[1] du logiciel[2].

1. S. Leriche et É. Varet, « Contrats informatiques. Méthodologie *Agile* et contrats de développement. Révolution ou adaptation ? », art. préc. – N. Weinbaum, « Méthodes *Agile*. Une révolution dans les projets et contrats informatiques ? », art. préc.
2. V. *supra* s[s] n°s 014.32, 121.12 et 121.13, *infra* s[s] n°s 231.52 et 231.71 – O. Dorchies, « Les méthodes agiles dans les contrats informatiques », *CCÉ* 2020. Fiche prat. 13.

TITRE

23. Le logiciel quant aux obligations des parties

SECTION 0

ORIENTEUR

23.00 **Sommaire du titre.**

Division. Nous verrons successivement les obligations du fournisseur (chap. 231) et celles de l'utilisateur (chap. 232).

23.05 **Observations préliminaires.** À dire vrai, les obligations des parties ne méritent pas un examen approfondi. Dans la mesure où les qualifications retenues sont celles de la vente, du louage, du prêt ou de l'entreprise, il suffit d'appliquer distributivement les régimes de ces contrats. Au demeurant, ils ont été dépeints précédemment. Dès lors nous pourrons nous contenter ici de quelques observations complémentaires. La commission des clauses abusives a adopté le 7 avril 1995 une recommandation n° 95-02 « *relative aux contrats proposés par les éditeurs ou distributeurs de logiciels ou de progiciels destinés à l'utilisation sur micro-ordinateurs* »[1].

1. CCA, 7 avril 1995, recommandation n° 95-02 ; *Expertises* 1995, p. 294.

CHAPITRE

231. Obligations du fournisseur

SECTION 0 ORIENTEUR

231.00 Sommaire du chapitre.

Division. Après avoir abordé la délivrance, qui est dotée ici d'une coloration particulière (sect. 1) la qualité du logiciel sera envisagée (sect. 2).

231.03 Bibliographie. Encyclopédie. G. Blanc-Jouvan, « Fourniture d'un logiciel ou d'un progiciel », *J.-Cl. Contrats Distribution*, fasc. 2440 (2009).

Ouvrages. Afnor, *Ingénierie et qualité du logiciel et des systèmes*, Éd. Afnor, 2002, 2 tomes – H. Bitan, *Contrats et litiges en informatique : La délivrance de logiciel*, préf. M. Armand-Prévost, PUAM, 1996 – X. Linant de Bellefonds, *Droits d'auteur et droits voisins*, 2e éd., « Cours », Dalloz, 2004.

Articles. H. Bitan, « Pour une consécration de l'obligation de moyens renforcée dans les contrats informatiques », *CCÉ* 2005. Chron. n° 34 – Q. Delaval « La responsabilité du créateur de logiciel et ses limites », *Gaz. Pal.* 1992. 1. Doctr. 281 s. – B. Jean et G. Vercken, « Comment encadrer l'utilisation de logiciels "libres" dans les contrats ayant pour objet des logiciels "propriétaires" ? », *Propr. intell.* 2012/42, p. 106 – S. Leriche, « Le logiciel et la loi du 19 mai 1998 sur la responsabilité du fait des produits défectueux », *DIT* 1999/3, p. 31 s. – L. Ravillon, « L'adaptation du droit des contrats aux innovations technologiques : l'exemple des secteurs informatique et spatial », *RD aff. int.* 2007. 453 – B. Warusfel, « Recours de l'acheteur face à la défaillance logicielle d'un système », *RLDI* 2005. Chron. 120.

231.05 Rappels et annonces. L'importance de l'obligation de conseil du fournisseur ou concepteur d'un logiciel a été suffisamment démontrée, à plusieurs reprises[1], pour ne pas y revenir, sauf à rappeler qu'il inclut éventuellement l'obligation de mettre en garde le client, par exemple sur la nécessité d'avoir un matériel compatible[2], ou quant aux difficultés et dangers du transfert ou migration des données[3] et des fichiers[4] ; comme, plus radicalement, sur l'obligation de résultat de s'assurer de la compatibilité du logiciel fourni avec le matériel et les logiciels existants[5]. Elle peut exister aussi à

1. NOT. V. *supra* ss nos 014.00 s.
2. Orléans, 23 oct. 1997, *JCP E* 1998. I. 846, n° 18 – Com. 31 janv. 2018, nos 16-16.634 et 16-22.097, NP, *AJ contrat* 2018. 127, obs. Ph. le Tourneau ; *CCC* 2018, n° 63, obs. L. Leveneur.
3. À PROPOS de la migration v. *infra* ss nos 232.34 s. sur *l'ingénierie inverse*.
4. Com. 8 févr. 2017, n° 15-17.222, NP : les sociétés clientes « *étaient seules responsables des opérations de migration de leurs données et fichiers, leur site devant être opérationnel et l'ensemble de la configuration devant être disponible et en état de marche lors de l'intervention de la société S., et* [...] *celle-ci les avait informées qu'elles devaient exécuter la reprise des données avant la signature du contrat et leur avait rappelé cette obligation plusieurs fois* », d'où la cour d'appel a pu retenir que les sociétés clientes « *ne pouvaient reprocher à la société S. un manquement à un devoir de conseil auquel celle-ci n'était pas tenue pour des tâches qu'elles s'étaient engagées à réaliser seules* » – Com. 10 juill. 2019, n° 18-12.213, NP, *Gaz. Pal.* 3 sept. 2019. 14, note C. Paulin : relevant que les prestataires étaient tenus à l'égard de la société cliente, « *profane sur l'objet du projet qu'elle leur confiait, d'une obligation de renseignement, de conseil, d'information et d'assistance* », not. quant à « *la période précédant la migration pour ne pas avoir mis en garde [la société cliente] sur la nécessité d'effectuer des tests de démarrage* ».
5. Montpellier, 24 juin 2003, *Lahcène, Expertises* 2004, p. 196 – TGI Paris, 5e éch., 1re sect., 13 mai 2014, *RLDI* 2014, n° 3502, défaillance à propos d'un logiciel, résolution du contrat.

propos des progiciels[1]. Les obligations du fournisseur, auxquelles est consacré ce chapitre, seront envisagées sous l'aspect de la délivrance du logiciel ou du progiciel (sect. 1) puis sous celui de leur qualité (sect. 2).

SECTION 1
DÉLIVRANCE DU LOGICIEL OU DU PROGICIEL

§ 1
Étapes

231.10 **Renvoi.** Sur la réception v. *infra* s[s] n° 232.11.

231.11 **Originalité de la délivrance d'un logiciel.** La délivrance d'un logiciel est assez originale par rapport au Droit commun de la délivrance (des contrats de bail, de prêt, de vente ou d'entreprise). Dite « en cascade », elle se décompose en plusieurs étapes[2], s'étalant dans le temps : la livraison du *support* du logiciel (avec éventuellement son code d'accès) – phase inutile en cas de téléchargement par internet –, *l'installation* du logiciel, par copie (saisie) de ses fichiers sur l'ordinateur du client ou dans son système d'exploitation[3] (*operating system* [OS])[4], des *essais* des programmes[5], éventuellement la formation du personnel du client[6], enfin la *mise en service* (dite aussi mise en charge, comme pour la livraison d'une unité industrielle, ou encore mise en ordre de marche), qui implique diverses opérations techniques ; la mise en service est assortie d'une réception[7]. Lorsque la commande porte sur un ensemble de logiciels spécifiques l'ESN s'engage à détacher des informaticiens chez le client jusqu'à l'achèvement de la délivrance, et même au-delà jusqu'au bon fonctionnement de l'ensemble, après la période des adaptations nécessitées par l'interaction des divers éléments. Ainsi la société *Cap Gemini* fut obligée de maintenir 70 collaborateurs à la Bibliothèque nationale de France (BNF), pendant une très longue période, le système informatique ne donnant pas satisfaction (et alors que la BNF avait assuré elle-même la maîtrise d'œuvre du projet).

231.12 **Contrat complémentaire de déploiement du logiciel.** Souvent, en présence d'une installation un peu complexe, le client s'adresse à une ESN distincte du fournisseur des logiciels, avec laquelle il conclut un contrat de « pilotage »[8] ou, un degré au-dessus, d'intégration des logiciels[9], dit aussi de « déploiement »[10]. Ces divers contrats forment généralement un ensemble indivisible[11].

231.13 **Renvoi – Élimination du contrat de gestion des logiciels.** Sur la gestion dynamique des logiciels (*Software Asset Management* ou SAM) d'une entreprise, v. *infra* s[s] n° 33.07.

§ 2
Moment

231.21 **Contrat précisant ou non le délai.** Le logiciel doit être livré dans les délais prévus[12]. Lorsqu'aucune date de livraison n'a été convenue et que le contrat porte sur des logiciels spécifiques, liberté (dans des limites *raisonnables*[13]) doit être laissée au concepteur quant à l'époque de l'exécution, à cause de l'*aléa* d'une telle prestation, avec cependant une date *ad quem*, c'est-à-dire une limite résultant des usages[14]. Il est évidemment préférable d'envisager le moment de la fourniture, soit en ne précisant qu'une date limite (laissant donc une certaine souplesse nécessaire dans une œuvre de création), soit en ayant établi un échéancier des diverses étapes (avec la même possibilité, en son sein, de dates butoirs). « *L'obligation de délivrance du vendeur de produits complexes n'est pleinement exécutée qu'une fois réalisée la mise au point effective de la chose*

1. Com. 19 févr. 2002, n° 99-15.722, NP, *Expertises* 2002, p. 190.
2. Com. 8 févr. 2017, n° 15-17.222, NP : installation d'un logiciel prévue en « trois phases ».
3. Montpellier, 24 juin 2003, *Lahcène, Expertises* 2004, p. 196, l'obligation est de résultat.
4. Pour une définition v. *supra* s[s] n° 213.32.
5. Paris, 30 sept. 2004, *Atac c/SAP, Expertises* 2005, p. 113.
6. Com. 6 déc. 2017, n° 16-19.615, P IV, n° 159 ; *AJ contrat* 2018. 37, obs. T. Douville ; *D.* 2018. 327, note G. Lardeux ; *RDC* 2018. 205, obs. J. Klein ; *RTD civ.* 2018. 123, obs. H. Barbier.
7. V. *infra* s[s] n° 232.11.
8. Grenoble, 4 juin 2015, *CIMM c/C3 Evolution, RLDI* 2015, n° 3801, obs. J. de Romanet ; *Expertises* 2015. 269.
9. Sur cette notion v. *infra* s[s] n° 251.14.
10. Com. 26 mars 2013, n° 12-11.688, NP, *RJDA* 2013, n° 685.
11. Sur cette notion v. *supra* s[s] n°s 013.12 s.
12. Com. 4 déc. 1990, n° 89-14.441, P IV, n° 310 : mais le retard était imputable aux logiciels de base et au comportement de l'utilisateur – Paris, 15 sept. 1995, *Gaz. Pal.* 1996. 2, Somm. 329, obs. H. Gabadou : le respect de la date est une obligation de résultat – Paris, 2 sept. 2005, *Exact software c/Nocibe, JurisData* 281263 : résolution du contrat aux torts du fournisseur qui n'a pas respecté le calendrier contractuel – Paris, 25e ch. A, 28 mai 2008, *Lenôtre c/ Cilaos, Expertises* 2008, p. 313, délai non respecté – Grenoble, 4 juin 2015, *CIMM*, préc., *idem* – Com. 8 févr. 2017, n° 15-17.222, NP : *idem*, mais demande de résiliation rejetée en raison des manquements du client, cause du retard.
13. COMP., en dehors de l'informatique : Civ. 3e, 10 févr. 2009, n° 07-21.656, NP – Civ. 3e, 16 mars 2011, n° 10-14.051, P III, n° 35 ; *CCC* 2011, n° 135, obs. L. Leveneur ; *JCP E* 2011. 1483, note L. Leveneur ; *RTD civ.* 2011. 533, obs. B. Fages – Civ. 3e, 29 sept. 2016, n° 15-18.238, P III, n° 120 ; *AJ contrat* 2016. 451, obs. T. de Ravel d'Esclapon.
14. Paris, 25 janv. 1991, *JurisData* 20624.

vendue » (Com. 11 juill. 2006, nº 04-17.093[1]). L'irrespect du délai par le fournisseur ne doit pas conduire le client à résilier le contrat, sauf s'il revêt « *une gravité suffisante*[2] *pour justifier cette rupture* » (Com. 22 janv. 2008, nº 07-11.050[3]).

§ 3
Contenu

231.31 **Exposé.** L'obligation de délivrance comprend évidemment celle de mettre le client à même de se servir du logiciel ou du progiciel[4]. Elle est assortie de celle de fournir la documentation[5], accessoire de la chose. Les modes d'emploi et instructions, sur papier ou incorporés, doivent être rédigés en français. La circulaire du Premier ministre, du 19 mars 1996, relative à la loi du 4 août 1994 sur l'emploi de la langue française[6], précise à bon escient : « *Les modes d'utilisation intégrés dans les logiciels d'ordinateurs et les jeux vidéo et comportant des affichages sur écran et des annonces sonores sont assimilés à des modes d'emploi. En conséquence, les modes d'utilisation des logiciels d'application et des logiciels d'exploitation doivent être établis en français, qu'ils soient sur papier ou intégrés dans le logiciel* ».

L'obligation de l'emploi du français s'étend non seulement aux modes d'emploi, y compris en ligne, auxquels l'utilisateur final d'un progiciel peut avoir accès après son installation, mais aussi aux documents destinés au professionnel chargé de procéder à cette installation[7]. Le client doit recevoir l'accès au code source d'un logiciel (mais non d'un progiciel, sauf clause spécifique à cet égard), à titre d'accessoire, pour pouvoir procéder à des vérifications ou à des adaptations[8].

En outre, le fournisseur peut s'être engagé à « implanter » le logiciel dans le système du client, à fournir une assistance technique à celui-ci momentanée ou pour plusieurs années[9], voire à former[10] ses utilisateurs[11]. La livraison d'un logiciel standard, adapté aux besoins, préalablement identifiés, de l'acquéreur, n'emporte pas, à elle seule, celle de son installation ni de son paramétrage[12].

SECTION 2
QUALITÉ DU LOGICIEL OU DU PROGICIEL

231.40 **Plan. Trois aspects.** Le programme fourni, logiciel ou progiciel, doit d'abord être conforme à tous égards (§ 1). Ensuite, son destinataire doit être garanti contre toute éviction, contrefaçon ou vice (§ 2). Enfin, le programme doit être capable d'évoluer (§ 3).

§ 1
Conformité

231.51 **Principes de base.** Le logiciel (ou le progiciel) doit évidemment être en *état de fonctionnement*[13] et *compatible* avec la configuration informatique du client (décrite dans une annexe du contrat). À cet égard, son obligation est de résultat[14]. Il est évident que le fournisseur doit « *maîtriser toutes les spécificités* » de son produit[15].

En outre, le logiciel (ou le progiciel) doit être *adapté* aux besoins du destinataire[16], donc ni trop performant ni pas assez[17]. L'obligation cesse si le

1. Com. 11 juill. 2006, nº 04-17.093, NP, *D.* 2006. AJ 2788, obs. X. Delpech ; *CCC* 2006, nº 248, obs. L. Leveneur ; *CCÉ* 2007, nº 82, obs. Ph. Stoffel-Munck : à propos de logiciels complexes – Com. 26 nov. 2013, nº 12-25.191, NP, *D.* 2014. 2317, obs. J. Larrieu, C. Le Stanc et P. Tréfigny ; *CCÉ* 2013, nº 5, obs. G. Loiseau, à propos de la délivrance d'un site internet – Com. 10 févr. 2015, nº 13-24.501, P IV, nº 33 ; *D.* 2015. 1683, note T. Rouhette et C. Tilliard (qui affirment que cet arrêt consacre pour la première fois l'obligation de mise au point effective) ; *CCC* 2015, nº 111, obs. L. Leveneur ; *Gaz. Pal.* 8 juill. 2015. 19, obs. D. Houtcieff, en dehors de l'informatique – DÉJÀ : Civ. 1re, 3 juill. 2001, nº 99-15.412, NP, *RCA* 2001, nº 328 ; *RJDA* 2002, nº 32, mais sans la mention de la complexité, à propos d'un système informatique.
2. COMP. : C. civ., art. 1224, faisant état d'une « inexécution suffisamment grave ».
3. Com. 22 janv. 2008, nº 07-11.050, NP.
4. Paris, 15 nov. 1988, *Expertises* 1989, p. 72 – COMP. : Com. 11 avr. 1995, nº 92-21.476, NP, *Expertises* 1995, p. 231.
5. Orléans, 23 oct. 1997, *JCP E* 1998. I. 846, nº 18.
6. V. *supra* ss nos 012.16 s.
7. Crim. 3 nov. 2004, nº 03-85.642, P nº 266 ; *RJDA* 2005, nº 352.
8. Sur la définition du code source v. *supra* ss nº 213.34.
9. SUR L'ASSISTANCE technique : Ph. le Tourneau et D. Krajeski, « Contrats d'assistance », *J.-Cl. Contrats Distribution*, fasc. 2040 (2020) – POUR DES EX. DE CLAUSES d'assistance technique dans un contrat de fourniture de logiciel : É. Vergès (dir.), *Contrats sur la recherche et l'innovation*, hors collection, Dalloz, 2018, nº 141.111.
10. Sur la formation v. *infra* ss nos 332.00 s.
11. Paris, 19 mars 1999, *GIA c/ACA, Expertises* 2000, p. 33 – Pau, 13 juill. 2004, *Cegid c/Bettinger, JAMP* 2004/3, p. 482.
12. Com. 6 janv. 2021, nº 19-17.413, NP, *RJDA* 2021, nº 156.
13. Chambéry, 1re ch. civ., 9 oct. 2007, *Cwick c/Syscars services, JurisData* 345875 : l'arrêt précise qu'il ne doit pas s'agir d'une simple ébauche.
14. Montpellier, 24 juin 2003, *Lahcène, Expertises* 2004, p. 196.
15. Pau, 4 sept. 2006, *Adour c/Acip*, préc., ce n'était pas le cas.
16. Douai, 2e ch., 30 oct. 2007, *Tiebergheim c/Flandre Artois Picardie Informatique, JurisData* 364901 : défaillance dans l'obligation de conseil, le logiciel ne pouvant pas s'adapter aux besoins spécifiques du client – Rouen, 21 juin 2018, nº 16/05587, *RJDA* 2018, nº 821 : le logiciel était bien adapté aux besoins.
17. Versailles, 9 nov. 2000, *Slibail Location, RJDA* 2001, nº 412 ; *JCP E* 2002. 888, obs. M. Vivant : les logiciels installés n'étaient pas les plus aptes à satisfaire les besoins du client ; le prestataire aurait dû réaliser une prestation conforme aux règles de l'art – Reims, 23 juill. 2007, *Progimed, JurisData* 364710 : logiciel inadapté.

client a été averti de la nécessité d'une adaptation particulière, dont il a fait son affaire [1] ; ou lorsqu'il n'a pas défini ses besoins et ses objectifs avec précision, alors qu'il était compétent [2] [3]. Lorsque le logiciel est destiné à une utilisation soumise à une réglementation spécifique, le fournisseur doit s'assurer qu'il est en conformité avec celle-ci [4].

Enfin, le logiciel (ou progiciel) ne doit *pas comporter de vice ou d'anomalie* [5].

Souvent, le fournisseur propose un protocole d'assistance pour permettre de résoudre une difficulté d'emploi [6] ou de faire face à une défaillance technique minime (aide au dépannage ou *troubleshooting*), évitant de faire venir sur le site un technicien.

231.52 Obligation de moyens ou de résultat ? Souvent la « *réussite complète du projet* », ce qui revient à qualifier son obligation de *résultat* [7] (selon un concept doctrinal ignoré par le C. civ., même depuis la réforme de 2016). Le fournisseur d'un logiciel ou d'un progiciel doit veiller à ne pas promettre à la légère un résultat. Toutefois, s'il s'engageait dans cette voie, il lui faudra préciser quel est exactement le résultat convenu. Il est évidemment plus prudent de ne prévoir qu'une simple obligation de moyens [8] (ce qui semble la règle dans la méthode [9] dite *Agile* [10]) ; mais l'accord sur cette question dépend du rapport de force entre les parties et du prix convenu. À défaut de précision à cet égard, la jurisprudence tend à reconnaître une obligation de résultat quant à l'obtention des performances annoncées [11]. Il serait sans doute plus pertinent de retenir la qualification d'obligation de moyens renforcée, conduisant le fournisseur, en cas de litige, à établir qu'il n'a commis aucune faute [12].

Rappel : La distinction des obligations de moyens et de résultat a été ignorée par l'ordonnance n° 2016-131 du 10 février 2016 portant réforme du droit des obligations ; elle ne figure pas non plus dans le projet de réforme de la responsabilité civile présenté par le garde des Sceaux le 13 mars 2017 [13].

231.53 Conformité aux spécifications. Le logiciel doit encore être conforme à ce qui a été convenu dans les *spécifications* ou *le référentiel de conformité* (dans le contrat ou une annexe, tel un cahier des charges [14]). Les développements donnés précédemment sur la conformité [15], à propos du contrat de fourniture de matériel, sont transposables ici. La conformité (ou son absence) s'apprécie au jour de l'installation du

1. Paris, 27 janv. 1994, *Bussière, Expertises* 1994, p. 242 – Com. 19 juin 2007, n° 06-13.868, NP, *Gaz. Pal.* 2008. 1, Somm. 480, obs. P. Saurel et B. Ohayon : client averti ; la solution retenue par lui, consistant à développer un logiciel à partir de « l'existant », n'était pas bonne mais il a maintenu son choix.
2. Aix-en-Provence, 21 mai 1997, *JCP E* 1998. I. 845, n° 15, obs. M. Vivant et C. Le Stanc – Com. 11 mai 1999, n° 96-16.322, NP, *Gaz. Pal.* 2000. 1. Pan. 822, obs. B. Amaudric du Chaffaut.
3. V. *supra* s^s n° 014.32.
4. Com. 9 déc. 2020, n° 19-10.119, NP, *RJDA* 2021, n° 155 ; *RDC* 2021/4, p. 41, obs. J. Huet.
5. Com. 6 mai 2003, n° 00-11.530, NP, *Expertises* 2003, p. 262 – Com. 11 mai 1993, n° 91-10.919, NP, *Expertises* 1993, p. 273, pas au point – Paris, 27 sept. 1996, *Expertises* 1997, p. 42, obs. B. Richard : progiciel inapte aux fonctions annoncées – Com. 30 nov. 1993, n° 91-16.198, NP, *DIT* 1995/3, p. 28, note M.-H. Tonnelier : pas d'erreur de conception d'un programme alors qu'il a été utilisé pendant trois ans sans incidents – Com. 11 déc. 2007, n° 04-20.782, NP, *Gaz. Pal.* 2008. 1, Somm. 1124, obs. A. Arrigo ; *Expertises* 2008, p. 195 : « *le logiciel comportait une anomalie dans l'écriture du programme de sorte que lorsqu'il a été réinstallé après la panne ayant affecté le serveur, les bases de données reçues des clients et préalablement importées et les développements spécifiques n'étaient pas sauvegardés. [Ayant] retenu que cette anomalie était imputable à l'auteur du logiciel, la cour d'appel a, sans méconnaître la loi des parties, légalement justifié sa décision* » de condamner le prestataire de services à des dommages et intérêts envers son client – Paris, 25e ch. A, 28 janv. 2009, *DMC Roche c/Égide développement, JurisData* 375113 : nombreux « bogues » empêchant le fonctionnement normal du système – Com. 6 déc. 2017, n° 16-19.615, P IV, n° 159 ; *AJ contrat* 2018. 37, obs. T. Douville ; *D.* 2018. 327, note G. Lardeux ; *RDC* 2018. 205, obs. J. Klein ; *RTD civ.* 2018. 123, obs. H. Barbier : multiples difficultés d'utilisation qui ont duré huit mois.
6. Rouen, 21 juin 2018, n° 16/05587, préc., c'était le cas.
7. Aix-en-Provence, 5 avr. 1996, *Dataid, D.* 1997. 184, note Ph. le Tourneau – COMP. : Paris, 25 janv. 2002, *Marben GL c/Cap Gemini, CCÉ* 2002, n° 87, obs. L. Grynbaum : obligation de résultat implicite.
8. Paris, 19 mars 1999, *GIA c/ACA*, préc. – Civ. 1re, 2 oct. 2001, n° 99-16.329, *Ballario*, NP, *Expertises* 2002, p. 72 : mais faute prouvée de la SSII.
9. Sur laquelle v. *supra* s^s n°s 014.32, 121.12, 121.13, 223.21 ; et v. *infra* s^s n° 231.71.
10. S. Leriche et É. Varet, « Contrats informatiques. Méthodologie *Agile* et contrats de développement. Révolution ou adaptation ? », art. préc. – N. Weinbaum, « Méthodes *Agile*. Une révolution dans les projets et contrats informatiques ? », art. préc.
11. Com. 11 déc. 2007, n° 04-20.782, préc., IMPL. – Riom, ch. com., 4 juill. 2007, *Tarreirias Bonjean c/Electoclass, JurisData* 342241 : malgré l'absence de cahier des charges – Grenoble, 4 juin 2015, *CIMM c/C3 Evolution, RLDI* 2015, n° 3801, obs. J. de Romanet ; *Expertises* 2015. 269, *idem*.
12. EN CE SENS : H. Bitan, « Pour une consécration de l'obligation de moyens renforcée dans les contrats informatiques », art. préc. – L. Ravillon, « L'adaptation du droit des contrats aux innovations technologiques : l'exemple des secteurs informatique et spatial », art. préc., spéc. p. 463.
13. V. *supra* s^s n° 014.14.
14. Paris, 1er févr. 2002, *Fichorga, CCÉ* 2002, n° 103, obs. L. Grynbaum : système de rédaction d'actes fourni à un notaire inapte à reprendre le fichier existant de ses clients, alors que cette nécessité avait été spécifiée – Paris, 30 sept. 2004, *Atac c/SAP, Expertises* 2005, p. 113 : conformité à la documentation fonctionnelle remise au client, mais pas à ses besoins spécifiques qu'il n'avait pas spécifiés – TGI Lyon, 1re ch., 23 janv. 2013, *Expertises* 2013, p. 193 : pas de cahier des charges, donc impossibilité d'établir la défaillance du fournisseur.
15. V. *supra* s^s n°s 213.21 s.

logiciel[1]. Le client a tout avantage à décrire minutieusement ses besoins et ses attentes, sous forme d'exigences vérifiables[2], ainsi que les procédures de validation des spécifications, notamment quant aux performances, aux taux d'occupation des fichiers et des bases de données... À défaut de précisions contractuelles le logiciel doit à tout le moins répondre aux normes admises (« ISO 9001 : 2000 » et « ISO/CEI 9126 »[3]). L'appréciation de la conformité des logiciels n'est pas toujours facile. Mais il existe divers logiciels permettant d'évaluer... les logiciels (Bootsrap, CMM, SPICE...[4]). Les usages tolèrent une certaine marge de difficultés pendant la période de mise au point et de paramétrage[5], ou certaines défaillances mineures dès lors qu'elles ont été promptement corrigées[6].

Le logiciel peut éventuellement comporter des éléments d'un logiciel dit libre[7] sous réserve, d'une part que le contrat ne l'ait pas interdit expressément ou implicitement (ce qui est le cas lorsque le client en demande l'exclusivité), d'autre part qu'il en ait donné l'autorisation en connaissance de cause, enfin étant entendu que cela ne saurait diminuer les engagements et garanties du prestataire[8].

231.54 Conséquences de la non-conformité. La livraison non conforme ou la présence de défaillances partielles peuvent justifier une résolution aux torts du fournisseur défaillant[9]. Si le client a souffert de quelque dommage il pourra obtenir des dommages et intérêts[10] selon le Droit commun[11].

231.55 Particularités en présence d'un progiciel. En présence d'un progiciel, les attentes sont un peu différentes. Aucune période d'essai n'est admissible[12], et les insuffisances, « coquilles » et erreurs des programmes (les fameux « bogues », *bugs* en anglais) ne devraient pas exister (bogue vient de l'anglais *bug*, bestiole nuisible, parce que dans les premiers temps de l'informatique, alors que les appareils étaient énormes, un bourdon [ou un papillon, selon d'autres sources] qui s'était introduit dans l'un d'entre eux avait causé de graves désordres !). Ce n'est malheureusement pas le cas. Ils sont fréquents dans les progiciels (lancés sur le marché prématurément, en raison de la concurrence acharnée qui existe pour certains d'entre eux, par exemple en matière de jeux, et leur rapide vieillissement ; un pamphlet a pu dénoncer les malfaçons des produits lancés par le géant *Microsoft*, dont notamment les logiciels seraient plus perméables aux virus informatiques que ceux des autres marques[13]). Le client reçoit alors une mise à jour corrigée sur disquette ou cédérom (ou est informé qu'il peut la trouver par l'internet)[14]. En revanche, si un système comprend un progiciel standard, le fournisseur ne serait tenu qu'à une obligation de moyens quant à l'ensemble[15].

De plus, qui acquiert la jouissance d'un progiciel ne saurait se plaindre de ses *limites, dès lors qu'elles lui ont été indiquées*[16]. En l'absence de dispositions

1. Paris, 28 sept. 2018, RG n° 17/03111, *Expertises* 2018. 375, note C. Bouffier.
2. Ph. Robert, art. préc.
3. POUR UNE ÉTUDE DÉTAILLÉE technique en la matière des normes ISO : *Ingénierie et qualité du logiciel et des systèmes, op. cit.*
4. M. David et M. Morel-Chevillet, art. préc. – C. Rouve, art. préc.
5. Orléans, 20 févr. 2003, *Développement immobilier, CCC* 2003, n° 135.
6. Com. 19 juin 2007, n° 06-13.868, préc.
7. V. *supra* s[s] n°s 221.31 s.
8. SURTOUT : B. Jean et G. Vercken, « Comment encadrer l'utilisation de logiciels "libres" dans les contrats ayant pour objet des logiciels "propriétaires" ? », art. préc.
9. Paris, 16 janv. 1998, *Babcock, Expertises* 1998, p. 395, obs. J. Bertrand : alors qu'une clause précisait que le contrat devrait être exécuté intégralement ; mais ici les torts ont été partagés avec le client – Com. 5 déc. 2000, n° 98-12.827, NP, *RJDA* 2001, n° 447 ; *Expertises* 2001, p. 271, obs. J. Drack, torts partagés – Paris, 1er févr. 2002, *Fichorga*, préc. – Pau, 13 juill. 2004, *Cegid c/Bettinger*, préc. : résiliation aux torts du fournisseur de logiciels inadaptés aux besoins exprimés par le client – Grenoble, 4 juin 2015, *CIMM*, préc., résolution aux torts de la SSII chargée du « pilotage » et du développeur – Com. 6 déc. 2017, n° 16-19.615, P IV, n° 159 ; *AJ contrat* 2018. 37, obs. T. Douville ; *D.* 2018. 327, note G. Lardeux ; *RDC* 2018. 205, obs. J. Klein ; *RTD civ.* 2018. 123, obs. H. Barbier, résolution aux torts du fournisseur.
10. C. civ., art. 1228.
11. EX. : Paris, 1er févr. 2002, *Fichorga*, préc. – Com. 6 mai 2003, n° 00-11.530, préc. : 1 million de francs – Reims, 23 juill. 2007, *Progimed*, préc. : mais ici réparation partielle, car le client, après avoir été informé par le fournisseur, au cours des journées de formation, de l'inadaptation du logiciel et de la nécessité d'un concentrateur pour obtenir les services souhaités, n'a jamais sollicité l'installation de celui-ci, préférant mettre fin au contrat sans préavis – Chambéry, 1re ch. civ., 9 oct. 2007, *Cwick c/Syscars services*, préc. : indemnisation de la « *perte de chance de croissance* » résultant de l'absence de livraison du logiciel promis.
12. Paris, 15 nov. 1988, préc.
13. R. Di Cosmo et D. Nora, *Le hold-up planétaire, La face cachée de Microsoft*, Calman-Lévy, 1998.
14. Sur les mises à jour, v. *supra* n° 213.231.
15. Orléans, 28 mai 1998, *Sedeval c/Soreco, Gaz. Pal.* 2000. 1, Somm. 261, obs. C. Rothhahn – Paris, 30 sept. 2004, *Atac c/SAP*, préc.
16. Com. 9 mai 1995, n° 93-16.539, NP, *Expertises* 1995, p. 271 : où la signature du contrat avait été précédée d'une démonstration satisfaisante – Com. 5 janv. 1999, n° 96-16.521, NP, *RJDA* 1999, n° 399 : remise d'une documentation complète, et démonstrations chez des utilisateurs – Paris, 26 févr. 1999, *CGIP c/Start informatique, RJDA* 1999, n° 776 : condamnation du client, qui avait refusé la réception et le paiement d'un ensemble informatique en raison de l'inadaptation du progiciel à ses besoins, alors qu'il avait assisté à sa démonstration, et qu'il ne pouvait pas ignorer la différence essentielle entre un progiciel et un logiciel ; il avait demandé des transformations du progiciel, ce qui revenait à modifier unilatéralement les obligations du fournisseur ▶

contraires, ou de besoins spécifiques exprimées formellement, le paramétrage d'un progiciel incombe au client[1].

Il arrive que le fournisseur s'engage à adapter le progiciel aux besoins particuliers de son client[2]. Dans ce cas, il est plus exact de parler de logiciel et d'appliquer alors les règles envisagées plus haut[3].

§ 2
Absence d'éviction, de contrefaçon et de vice

231.60 **Renvoi.** Sur les garanties conventionnelles v. *supra* s^s n°s 213.261 s.

231.61 **Garantie contre l'éviction.** Que le contrat sur le logiciel soit une cession (vente) ou une licence (location), le fournisseur est encore tenu par une garantie contre l'éviction, lui imposant de s'abstenir de tout fait personnel qui perturberait son partenaire. Une clause peut détailler la garantie du fournisseur[4].

231.62 **Absence de contrefaçon.** Le fournisseur s'engage implicitement envers son partenaire à ce que le logiciel en cause ne soit pas contrefaisant[5]. Il serait tenu de garantir son client si une action en contrefaçon était intentée contre lui et qu'elle était couronnée de succès. Une clause spécifique peut prévoir les modalités de cette garantie.

231.63 **Garantie contre les vices cachés.** De même, la garantie contre les vices cachés s'applique aussi bien lorsque le contrat est une vente[6] que lorsqu'il s'agit d'un louage, ou enfin d'une entreprise (dans ce dernier cas pour un logiciel spécifique[7]). En présence d'un système comprenant du matériel et des logiciels, l'appréciation du vice s'effectue par rapport à l'ensemble[8]. Les seules différences (mais d'importance) sont que pour la vente, mais pour la vente seule :

1° L'acheteur doit agir dans le délai de deux ans[9].

2° Que les clauses élusives de responsabilité ou limitatives d'indemnisation relatives à la garantie contre les vices cachés sont nulles pour un professionnel envers un non-professionnel ou un professionnel d'une autre spécialité[10]. Un *virus*, dont il serait possible de prouver qu'il existait dès la remise du logiciel, constituerait assurément un vice caché. Le fournisseur devra en garantir l'utilisateur[11]. Il a été jugé, à propos d'un progiciel nouveau « non confirmé » comportant des défectuosités, que le client ne pouvait s'en plaindre dans la mesure où il avait été averti de ce risque et, qu'étant une entreprise comportant un service informatique compétent, il devait mettre en place des moyens de contrôle lui permettant de déceler immédiatement les anomalies[12]. La responsabilité du fait des produits défectueux[13] peut théoriquement jouer à propos d'un logiciel, l'article 1245-2 du code civil définissant le produit comme « tout bien meuble ». Cependant, en pratique, il sera heureusement rare que le défaut d'un logiciel provoque des dommages corporels[14]. Il est néanmoins possible d'imaginer

► – Com. 14 mars 2000, n° 97-16.299, NP, *JCP E* 2000. 1430, note D. Talon : acquisition d'un progiciel, par un utilisateur de longue date de programmes informatiques, précédée d'une démonstration dans les locaux du fournisseur, en présence de plusieurs membres du personnel du client.

1. Paris, 6 oct. 2006, *Peyre c/Silog, Gaz. Pal.* 2007, Somm. 1290.
2. EX. : Com. 13 févr. 2007, n° 05-17.407, *Faurecia c/Oracle*, P IV, n° 43 ; *D.* 2007. AJ 654, obs. X. Delpech ; *RDC* 2007. 707, note D. Mazeaud et p. 746, note S. Carval ; *JCP* 2007. II. 10063, note Y.-M. Serinet ; *JCP* 2007. I. 185, obs. Ph. Stoffel-Munck ; *JCP E* 2007. 2336, note J. Huet ; *RJ com.* 2008. 187, note H. Alterman et N. Herzog ; *Defrénois* 2007. 1042, note R. Libchaber ; *RLDC* 2007, n° 2511, note G. Loiseau : contrat en ce sens, qualifié de « contrat de mise en œuvre » comportant onze applications ; SUR RENVOI : Paris, 25e ch. A, 26 nov. 2008, *Faurecia c/Oracle, CCÉ* 2009, n° 37, obs. Ph. Stoffel-Munck ; *Gaz. Pal.* 2009. 1, Somm. 1438, obs. J.-F. Forgeron et C. Michau ; *RJ Com.* 2009, 20, note H. Alterman ; *JCP E* 2009. 1674, n° 3, obs. M. Vivant, N. Mallet-Pujol et J.-M. Bruguière ; *RDC* 2009. 1010, note T. Genicon.
3. V. *supra* s^s n°s 231.51 s.
4. POUR DES EX. DE CLAUSES : É. Vergès (dir.), *Contrats sur la recherche et l'innovation*, hors collection, Dalloz, 2018, n° 144.121.
5. COMP. : Paris, 28 sept. 2018, RG n° 17/03111, *Expertises* 2018. 375, note C. Bouffier, responsabilité de l'intégrateur dans la contrefaçon commise par l'utilisateur.
6. EX. : Versailles, 15 avr. 2005, *UFC Que choisir c/MI Music France, CCÉ* 2005, n° 173, obs. C. Chabert, à propos d'un disque compact.
7. COMP. : Toulouse, 29 juin 2004, *Igrec c/PSI, CCÉ* 2004, n° 116, obs. L. Grynbaum : à propos d'une « anomalie », c'est-à-dire d'un vice, d'un logiciel ne pouvant pas sauvegarder les données ; pas de résolution du contrat pour diverses raisons exposées dans l'arrêt, mais condamnation à des dommages et intérêts.
8. Paris, 22 juin 2001, *Unisys France, CCÉ* 2001 n° 128 ; *LPA* 13 janv. 2003, note C. M.-R. – COMP. : Com. 4 janv. 2005, n° 03-17.119, NP, *Gaz. Pal.* 2005. 2, Somm. 3606 : l'inadéquation d'un logiciel aux besoins de son utilisateur ne constitue pas un vice caché ; SUR CET ARRÊT : B. Warusfel, « Recours de l'acheteur face à la défaillance logicielle d'un système », art. préc.
9. C. civ., art. 1648.
10. V. *supra* s^s n° 116.26.
11. Sur la garantie contre les vices dans la fourniture de matériel v. *supra* s^s n°s 213.150 s.
12. T. com. Paris, 8 sept. 1997, *Expertises* 2000, p. 438.
13. L. n° 98-389, 19 mai 1998 relative à la responsabilité du fait des produits défectueux, *JO* 21 mai, p. 7744 (sur laquelle aussi v. *supra* s^s n°s 212.41 s.).
14. Sur le régime de cette loi dans la vente de matériel v. *supra* s^s n° 212.42.

que le défaut d'un logiciel (ou d'un progiciel) du système informatique d'une tour de contrôle ou intégré dans un avion soit la cause de l'écrasement d'un appareil ; ou de celui d'une salle d'opération provoque la perte d'une chance de guérir ou le décès d'un patient, par exemple dans un service de réanimation. L'exonération pour « risque de développement » s'appliquera éventuellement[1].

231.64 Expiration du bail par la perte de la chose. La perte totale emporte la résiliation de plein droit[2] du bail[3]. À la perte totale est assimilée la perte partielle, lorsqu'elle est si considérable, qu'elle empêche en fait le locataire de jouir de la chose, ou en présence d'une disproportion entre sa valeur et le coût des réparations.

§ 3 Capacité d'évolution

231.71 Une exigence découlant de la conformité. Tout utilisateur sait que la durée d'un logiciel ou d'un progiciel est courte, et doit donc s'attendre à « migrer » d'une version à une autre à intervalles réguliers[4]. De par la nature d'un logiciel, qui est de traiter des données, fluctuantes avec le temps, une obligation particulière semble peser sur le fournisseur : *le logiciel doit avoir la capacité d'évoluer*[5]. La règle est la même pour un progiciel[6]. Elle est plus forte encore dans la méthode dite *Agile*[7], puisque l'adaptation est au cœur de son concept, y compris dans la phase d'élaboration[8]. La Cour de cassation a pu ainsi affirmer catégoriquement que « *tout concepteur d'un progiciel a l'obligation de s'assurer que ce progiciel, au moment de sa cession, réponde tant aux besoins du client qu'aux obligations légales prévues ou prévisibles pour sa durée de vie, soit quatre ans, durée de l'amortissement, ou sept ans, durée d'utilisation effective* » (Com. 19 févr. 2008, n° 06-17.669[9]). Cette obligation paraît devoir découler logiquement du contrat, sauf précision en sens opposé (justifiant une minoration du prix).

À défaut, l'obligation de délivrance serait imparfaitement remplie, puisque le logiciel ne répondrait pas à l'usage qui en est normalement attendu, c'est-à-dire qu'il ne serait pas conforme (et si cette incapacité n'apparaissait pas lors de la délivrance, mais seulement plus tard, il serait infecté d'un vice caché). Une telle capacité d'évolution évite d'avoir à « réécrire » le logiciel en présence d'un changement des données utilisées ou de l'environnement informatique. Toutefois, la possibilité d'évolution doit être entendue de façon raisonnable et, pour éviter des demandes injustifiées ou exagérées, il est prudent d'en borner les limites dans le contrat ou dans quelque document annexe, tant matériellement que temporellement[10].

231.72 Clause de mise à jour. La plupart des contrats de licence de progiciels (et certains contrats portant sur des logiciels[11]) comportent une clause prévoyant leur mise à jour, soit gratuitement, soit moyennant un prix modique, sous la condition d'avoir demandé « l'enregistrement » de la licence auprès du fournisseur, par l'envoi d'un document annexé au support du progiciel (parfois moyennant un abonnement[12]). La mise à jour est généralement effectuée périodiquement et automatiquement par téléchargement. Envers un consommateur, le vendeur veille à ce qu'il soit informé et reçoive les mises à jour nécessaires au maintien de la conformité des biens (C. consom., art. L. 217-9, I)[13].

1. V. *supra* s[s] n°s 212.133 s.
2. C. civ., art. 1722.
3. Toulouse, 24 juin 2008, *Parfip c/Sirven, JurisData* 368148 : bail portant sur un logiciel antivirus ; en l'esp., une attaque virale a détruit le système informatique du locataire et le matériel loué. La résiliation du contrat de location s'impose donc de plein droit puisque cette attaque a imposé, d'une part, le changement du disque dur de l'ordinateur qui atteste de la disparition du logiciel loué, et d'autre part, un nettoyage viral qui apporte la preuve de l'inefficacité du système de protection mis en place.
4. T. com. Paris, 5 mai 2004, *Peyre c/Silog, Expertises* 2004, p. 278.
5. Paris, 27 sept. 1996, *Mai France, Expertises* 1997, p. 42, obs. B. Richard : à propos d'un progiciel de gestion immobilière devenu inutilisable à la suite d'une modification de la loi sur les baux, et inadaptable à elle – COMP. : Versailles, 4 oct. 2001, *Thomas, RJDA* 2002, n° 327 : « *Considérant qu'un progiciel destiné à une branche professionnelle déterminée* […] *est un produit nécessairement évolutif, qui doit s'adapter aux changements rapides* » de la technique.
6. COMP. : Montpellier, 5 juill. 2000, *Courtex France, CCÉ* 2001, n° 37, obs. C. Le Stanc : à l'expiration du contrat faussement dit de maintenance [v. *infra* s[s] n°s 334.11 s.], l'utilisateur a le droit de faire procéder à des modifications du logiciel par des tiers, sauf clause contraire.
7. S. Leriche et É. Varet, « Contrats informatiques. méthodologie *Agile* et contrats de développement – Révolution ou adaptation ? », art. préc. – N. Weinbaum, « Méthodes *Agile*. Une révolution dans les projets et contrats informatiques ? », art. préc.
8. V. *supra* s[s] n°s 014.32, 121.12, 121.13, 223.21, 231.52 – O. Dorchies, « Les méthodes agiles dans les contrats informatiques », *CCÉ* 2020. Fiche prat. 13.
9. Com. 19 févr. 2008, n° 06-17.669, NP, *RJDA* 2008, n° 644 ; *Gaz. Pal.* 2008. 2, Somm. 2734, obs. J.-F. Forgeron et V. Lukia.
10. Sur la maintenance v. aussi *infra* s[s] n°s 331.05 s.
11. Rouen, 21 juin 2018, RG n° 16/05587, *RJDA* 2018, n° 821, pas le cas en l'esp., le client ne peut se plaindre du fait que le logiciel n'ait pas été adapté aux modifications législatives intervenues.
12. Sur la nature de l'abonnement, v. *supra* s[s] n° 221.20.
13. V. *supra* s[s] n° 213.231.

CHAPITRE

232. Obligations du client

SECTION 0 ORIENTEUR

232.00 **Sommaire du chapitre.**

Division. Choix des obligations qui seront traitées. Selon ce qui a été annoncé [1], il n'est pas question de retracer toutes les obligations du client, qui relèvent du contrat de vente, de louage, de prêt ou d'entreprise, mais seulement d'attirer l'attention sur quelques particularités, relatives à la réception (sect. 1) et aux droits sur le logiciel (sect. 2). Le client est tenu par une obligation de coopération, plus ou moins vive [2].

L'utilisateur doit, le cas échéant, payer un prix [3]. Celui-ci prend parfois, en cas de licence au profit d'une entreprise, la forme d'une redevance périodique, éventuellement proportionnelle à l'usage qui est fait du logiciel [4] (dans ce cas, il est logique que le contrat autorise le créancier à contrôler, soit directement, soit par un mandataire de son choix, les comptes relatifs aux redevances qui lui sont dues, ce qui est un inconvénient assez lourd [5]). Le fournisseur peut revendiquer le bien, tant que le paiement n'a pas été total, en vertu d'une clause de réserve de propriété [6], pouvant être exercée quelle que soit la nature juridique du contrat [7]. Les contrats relatifs aux logiciels (mais non aux progiciels) comportent généralement une clause de confidentialité, par laquelle le bénéficiaire s'engage à ne pas en divulguer les éléments secrets, ni par lui-même ni par ses salariés.

En droit commun, l'offre peut être librement rétractée tant qu'elle n'est pas parvenue à son destinataire [8] et « *tant que l'acceptation n'est pas parvenue à l'offrant, elle peut être librement rétractée, pourvu que la rétractation parvienne à l'offrant avant l'acceptation* » [9]. De plus, « *elle ne peut être rétractée avant l'expiration du délai fixé par son auteur ou, à défaut, l'issue d'un délai raisonnable* » [10]. Dans le droit de la consommation, le consommateur peut se *rétracter* pendant quatorze jours calendaires d'un contrat conclu à distance (par téléphone ou internet), ou hors établissement (par démarchage) [11]. Ce délai court, pour les contrats de prestation de services, à compter de leur conclusion ; pour les contrats de vente de biens, et les contrats de prestation de services incluant la livraison de biens, de la réception du bien par le consommateur ou par un tiers désigné par lui autre que le transporteur [12].

Renvoi.

- Sur la réception des appareils v. *supra* s^s n°s 214.31 s.
- Sur la réception des ensembles informatiques v. *infra* s^s n° 252.72.
- Sur la réception des interventions de maintenance v. *infra* s^s n° 331.191.

1. V. *supra* s^s n° 23.05.
2. Orléans, 28 mai 1998, *Sedeval, Gaz. Pal.* 2000. 1, Somm. 261, obs. C. Rothhahn : renforcée ici du fait que l'objet de la prestation étant standardisé elle nécessitait une adaptation sur le site – Paris, 26 juin 1998, *JCP E* 2000. 841, n° 7, obs. M. Vivant et C. Le Stanc, le client a manqué à son obligation de coopération en tardant à valider les analyses fonctionnelles nécessaires à la mise au point de l'application – Paris, 19 mars 1999, *GIA c/ACA, Expertises* 2000, p. 33 : contrat supposant une participation active du client – Orléans, 20 févr. 2003, *Développement immobilier (S^té), CCC* 2003, n° 135 – TGI Lyon, 1re ch., 23 janv. 2013, *Expertises* 2013, p. 193 : manque de coopération du client ne permettant pas d'obtenir une condamnation de son partenaire.
3. Sur la liberté ou non d'accès au logiciel v. *supra* s^s n° 221.20.
4. V. LES FAITS de : Com. 12 juin 2012, n° 11-20.204, NP, *RTD com.* 2013. 75. Chron. Ph. Gaudrat.
5. TGI Paris, 23 oct. 1996, *PIBD* 1997. III. 224.
6. Sur cette clause v. *supra* s^s n°s 211.17 s.
7. Com. 19 nov. 2003, n° 01-01.137, P IV, n° 174 ; *D.* 2004. 801, note A. et F.-X. Lucas.
8. C. civ., art. 1115.
9. C. civ., art. 1118, al. 2.
10. C. civ., art. 1116, al. 1er.
11. POUR des modèles de formulaire de rétractation commentés : A.-S. Lucas-Puget, « La clause informant le consommateur de son droit de rétractation dans les contrats à distance et hors établissement », *CCC* 2016. Formule 1.
12. C. consom., art. L. 221-18.

232.03 **Bibliographie. Articles.** Y. Bismuth, « Pratique contractuelle. La clause de recette dans les contrats informatiques », *CCC* 2012. Fiche prat. n° 5 – G. Cordier, « La clause de recette dans les contrats informatiques : Petit rappel des grands principes », *CCC* 2008/1. Fiche prat. p. 51 – O. Dorchies, « Pratique contractuelle. La clause de réception dans les contrats informatiques et télécoms », *CCC* 2017. Fiche prat. n° 12.

SECTION 1
RÉCEPTION

232.11 **Réception unique ou fractionnée.** La réception est souvent dite « recette »[1], dans le jargon franglais des informaticiens (Dieu veuille que les praticiens bannissent de leur vocabulaire l'horrible anglicisme de *recetter* : que ne disent-ils réceptionner ?). Celle d'un progiciel simple n'offre aucune particularité et est unique (si le progiciel est complexe, le régime de sa réception tend à se calquer sur celui d'un logiciel).

Au contraire, lorsqu'un logiciel spécifique est élaboré à la demande, il est généralement prévu une réception par le client à chaque phase de son élaboration[2]. Puis, celui-ci procède à blanc à certaines tâches concrètes pour lesquelles le logiciel est créé, grâce à des « jeux d'essais » fonctionnels, permettant donc des démonstrations partielles de l'aptitude des logiciels, dite vérification d'aptitude au bon fonctionnement (VABF). Ils sont presque toujours établis sous sa responsabilité (mais ils le sont parfois par le concepteur), dans un délai qu'il est souhaitable de prévoir. À l'issue de cette étape, une *réception provisoire* intervient, avec ou sans réserves. Si des réserves ont été émises, le prestataire devra y porter remède le plus rapidement possible. Lorsqu'elles portent sur des éléments importants, elles empêchent de passer à l'étape suivante tant qu'elles n'ont pas été levées. Puis la réception *définitive* a lieu, quelques mois après la mise en « service régulière », permettant de vérifier la conformité en « service régulier » (VSR) ; du moins en l'absence d'incidents sérieux durant ce laps de temps, ceux-ci étant définis objectivement par le contrat, généralement sous la forme d'un taux d'indisponibilité. La réception peut éventuellement être tacite[3] (celle-ci pouvant résulter de l'absence de réserve respectant le formalisme contractuellement prévu[4]). Mais le fait qu'une entreprise succède à une autre ne suffisait pas à caractériser l'existence d'une réception tacite[5].

La réception donne normalement lieu à un procès-verbal[6] (*acceptance memorandum*). Lorsque celui-ci ne contient pas de réserves, la réception purge, comme toujours, les vices et défauts de conformité apparents, et seulement ceux-ci[7]. En revanche, lorsque des réserves ont été émises, et qu'elles ne sont pas rapidement levées par une mise en conformité, le défaut de conformité entraîne les conséquences habituelles[8], sans oublier le jeu éventuel de la garantie légale de conformité[9].

Si le client est libre de refuser de réceptionner un logiciel non conforme, son refus sans rime ni raison est une défaillance contractuelle déchargeant d'autant son partenaire.

La procédure et les modalités de la réception donnent parfois lieu à des clauses détaillées dans le contrat[10].

1. V. *supra* s[s] n° 214.31.
2. V. *supra* s[s] n° 231.11.

SECTION 2
DROITS SUR LE LOGICIEL OU LE PROGICIEL

232.20 **Bibliographie. Encyclopédie.** G. Blanc-Jouvan, « Fourniture d'un logiciel ou d'un progiciel », *J.-Cl. Contrats Distribution*, fasc. 2440 (2009).

3. T. com. Paris, 8 sept. 1997, *Expertises* 2000, p. 438 : la mise en service opérationnelle d'un progiciel par l'équipe informatique du client vaut tacite réception – Paris, 19 mars 1999, *GIA c/ACA, Expertises* 2000, p. 33 : pas de réception formelle, mais le logiciel livré a été effectivement utilisé plus de deux ans – Toulouse, 29 juin 2004, *Igrec c/PSI, CCÉ* 2004, n° 116, obs. L. Grynbaum – La jurisprudence sur ce point est abondante en matière immobilière : Ph. le Tourneau (dir.), *Droit de la responsabilité et des contrats. Régimes d'indemnisation*, 12e éd., « Dalloz action », 2020, n°s 3312.24 s.
4. Com. 6 déc. 2017, n° 16-19.615, P IV, n° 159 ; *AJ contrat* 2018. 37, obs. T. Douville ; *D.* 2018. 327, note G. Lardeux ; *RDC* 2018. 205, obs. J. Klein ; *RTD civ.* 2018. 123, obs. H. Barbier : mais refus de prendre en considération la clause car elle créait une présomption irréfragable prohibée.
5. Civ. 3e, 19 mai 2016, n° 15-17.129, P III, n° 64 ; *JCP* 2016, n° 981, note J.-P. Karila, en matière immobilière.
6. TGI Lyon, 1re ch., 23 janv. 2013, *Expertises* 2013, p. 193 : absence de procès-verbal de réception, ne permettant pas au fournisseur d'établir que le logiciel était conforme – Versailles, 12e ch., 29 mars 2016, n° 14/00494 : *idem* à propos d'un progiciel.
7. Com. 23 oct. 2012, n° 11-23.511, NP – DANS UN AUTRE DOMAINE : Com. 12 juill. 2017, n° 16-11.443, NP, *RJDA* 2017, n° 705 – Paris, 28 sept. 2018, RG n° 17/03111, *Expertises* 2018. 375, note C. Bouffier : non-conformité pas apparente même pour un spécialiste dans le domaine informatique.
8. V. *supra* s[s] n° 231.54.
9. V. *supra* s[s] n°s 213.231 s.
10. NOT. : Y. Bismuth, fiche préc., avec un ex. de clause – G. Cordier, *CCC* 2008/1. Fiche préc. – O. Dorchies, « Pratique contractuelle. La clause de réception dans les contrats informatiques et télécoms », fiche prat. préc., présentant un synoptique de la procédure de réception.

Ouvrage. C. Bernault et A. Soreau, *Contrefaçon de logiciel. Les solutions juridiques*, préf. A. Lucas, Éd. des Parques, 2003.

Contribution. J. Huet, « De la "vente" de logiciel », dans *Mél. P. Catala*, Litec, 2001, p. 799 s.

Articles. H. Alterman et F. Perbost, « La "*compliance*" en matière de licences logicielles », *RJ com.* 2012. 44 s. – M. Behar-Touchais, « Être interopérable ou ne pas être : telle est la question ! », *CCÉ* 2008. Chron. 6 – N. Binctin, « Migration des données et interopérabilité (commentaire Civ. 1re, 20 oct. 2011, n° 10-14.069) », *CCÉ* 2012. Ét. 6 – H. Bitan, « La saisie-contrefaçon de logiciels et de bases de données à l'aune de la loi du 29 octobre 2007 relative à la lutte contre la contrefaçon », *CCÉ* 2008. Chron. 7 – N. Bouche, « La saisie-contrefaçon en matière de logiciels », *RJDA* 2004. 474 s. – J.-M. Bruguière, « Le droit à l'interopérabilité », *CCÉ* 2007. Chron. 3 – É. A. Caprioli, « Mesure techniques de protection et d'information des droits d'auteur », *CCÉ* 2006. Chron. 30 – S. Carre, « Le vertige de l'irrecevabilité (à propos de l'arrêt de la Cour de cassation du 19 juin 2008) », *RIDA* 2009/221, p. 65 s. – Ph. Challine, « L'informatique et le régime des sources », *D.* 1997. Chron. 162 – Y. Gaubiac, « La responsabilité des fournisseurs de logiciels dans la diffusion illégale des œuvres et autres prestations protégées », *CCÉ* 2006. Chron. 34 ; « Dimension de la copie privée dans le monde numérique de la communication », *CCC* 2008. Ét. 14 – L. Grynbaum, « Une illustration de la faute lucrative : le "piratage" de logiciels », *D.* 2006. Chron. 655 – C. Grynfogel, « Les limites de la règle communautaire de l'épuisement des droits », *RJDA* 2001/4, p. 363 s. – J. Huet, « Le *reverse engineering*, ou l'ingénierie inverse, et l'accès aux interfaces dans la protection des logiciels en Europe : questions de droit d'auteur et de droit de la concurrence », *D.* 1990. Chron. 101 – M. Laine, « Réflexions sur le droit de la concurrence », *D.* 2007. Chron. 3082 – A.-S. Lampe et S. Leriche, « Contrefaçon de logiciel, exception de décompilation et contournement de mesures techniques de protection : l'affaire *Nintendo*, ou la difficulté de la preuve au secours des distributeurs de "linkers" », *RLDI* 2010/57, n° 1880 – A. Latreille, « Variations autour de la définition de l'acte de copie privée », *CCÉ* 2010. Ét. 21 – B. Liard, « L'exploitation en commun d'un logiciel par des personnes morales », *D.* 2006. Chron. 1810 – X. Linant de Bellefonds, « Le droit de décompilation des logiciels : une aubaine pour les cloneurs », *JCP* 1998. I. 118 – F. Macrez et F. Duflot, « L'interopérabilité, principe incontournable des libertés numériques », *Propr. intell.* 2017/65, p. 41 – M. Martin, « Pratique contractuelle. Contrats de l'informatique. La clause d'audit de licence », *CCÉ* 2015. Fiche prat. 4 – N. Pinto et D. Taylor, « La décompilation des logiciels : un droit au parasitisme », *D.* 1999. Chron. 463 – C. Prieto, « La condamnation de Microsoft ou l'alternative européenne à l'antitrust américain », *D.* 2007. Chron. 2884 – F. Sardain, « Le droit d'auteur à l'épreuve du logiciel : l'exemple du droit de décompilation », *CCÉ* 2002. Chron. 24 – A. Van Eeckhout, « La maîtrise des codes sources par le client utilisateur d'un logiciel », *RDC* 2007. 1335 – É. Varet, « Maudit audit ! », *RLDI* 2015, n° 3670 – É. Varet, « Le point sur l'audit dans les contrats de licence de logiciel », *RLDI* 2012. Ét. 2872.

§ 1
Droits concédés

232.31 Détermination des droits concédés ou cédés. Parmi les créations humaines, le logiciel présente une singularité inédite : l'utilisateur peut le reproduire aisément et indéfiniment et, de plus, créer à partir de lui des œuvres dérivées, là encore très facilement. Le péril de dépérissement de l'œuvre originale est donc considérable, et redoutable pour les créateurs, même s'il est tempéré en fait par la rapidité de leur obsolescence, elle-même inégalée[1]. Aussi, le contrat de fourniture d'un logiciel ou d'un progiciel doit indiquer quels sont les droits dont le client disposera sur ce bien, de façon détaillée et précise (not. le code source[2]), en respectant les exigences[3] du code de la propriété intellectuelle[4]. Ainsi, une clause générale, du style le licencié jouira de « tous les droits compris » ou de « l'intégralité des droits d'auteur » est nulle[5]. Il existe donc une obligation de conformité d'utilisation, dite aussi

1. Un délit d'obsolescence programmée a été inséré par la loi n° 2015-992 du 17 août 2015 dans le C. de la consom. Elle « *se définit par le recours à des techniques, y compris logicielles, par lesquelles le responsable de la mise sur le marché d'un produit vise à en réduire délibérément la durée de vie pour en augmenter le taux de remplacement* » (C. consom., art. L. 441-2, mod.par L. n° 2021-1485, 15 nov. 2021). Cette incrimination est fâcheuse par le risque qu'elle fait courir aux fabricants, car la détermination d'une durée de vie normale est difficile à établir, de même qu'il ne sera souvent pas aisé de différencier l'obsolescence non préméditée de celle qui l'a été – La loi n° 2020-105 du 10 févr. 2020, relative à la lutte contre le gaspillage et à l'économie circulaire a renforcé la lutte contre l'obsolescence programmée par les art. L. 441-3 à L. 441-5 du C. consom., érigeant la pérennité en mot d'ordre. Ces articles consacrent un droit de l'utilisateur à faire réparer son produit hors des circuits agréés, doublé d'un droit des professionnels de la réparation de se procurer les moyens de réparer le produit, sans pour autant reconnaître à l'utilisateur le droit d'opposer au fabricant sa propre maladresse dans la réparation (selon C. Dubois et M. Leroux-Campello, « L'obsolescence programmée a des petits frères ! », *D.* 2020. Chron. 1412, relevant le manque de rigueur terminologique des textes). Trois décrets du 31 déc. 2021 (Décr. nos 2021-1943, 2021-1944, 2021-1945, 31 déc. 2021, *JO* 1er janv. 2022, textes 17, 18 et 19), pris en application de la loi du 10 févr. 2020 préc., apportent des précisions quant à la durée de disponibilité des pièces détachées, aux équipements concernés par des obligations de réparation, et aux informations à donner aux consommateurs.
2. V. *supra* ss n° 223.12.
3. JUGEANT QUE LES EXIGENCES de ce texte pour la transmission des droits d'auteur s'appliquent même en cas d'une rémunération forfaitaire : Paris, 13 déc. 2006, *Utac, Expertises* 2007, p. 152 – SUR LA PROTECTION des logiciels not. : L. Grynbaum, C. Le Goffic et L. Morlet-Haidara, *Droit des activités numériques*, « Précis », Dalloz, 2014, nos 612 s.
4. CPI, art. L. 131-3.
5. Civ. 1re, 9 oct. 1991, n° 90-12.476, P I, n° 253 ; *D.* 1993. Somm. 92, obs. C. Colombet ; *RIDA* 1992/1, p. 293.

compliance[1], caractérisant l'obligation d'utiliser le logiciel ou le progiciel dans le strict respect des droits qui lui sont attachés[2]. À cet effet, il est souhaitable que l'entreprise cliente nomme un responsable des logiciels, veillant au respect de la conformité, voire ayant seul le droit d'installer des logiciels.

Certains progiciels, diffusés sur la toile mondiale (*Web*), entrent dans le domaine public dès leur création, de par la volonté expresse de leur auteur ayant renoncé à tous droits sur eux. Soit, parce que la conception de cette œuvre participait du divertissement de son créateur ; soit, qu'il en attende des « retombées » ultérieures sous forme de commandes d'autres progiciels ou logiciels, cette fois à titre onéreux. Normalement, la situation est différente, car un logiciel est considéré comme une œuvre de l'esprit appartenant à son auteur[3], même si cela est sans doute contestable, le critère habituel de l'originalité s'appliquant avec peine dans ce domaine[4]. Il a été jugé que la création d'un logiciel à la demande d'une entreprise sans que celle-ci puisse l'utiliser ne présente aucune utilité pour elle, faute d'accord entre les parties sur une cession des droits d'auteur essentielle à la réalisation de leur projet ; que le contrat initial ne s'était donc pas valablement formé[5]. Un logiciel peut être exploité en commun par des personnes morales[6].

232.32 Divers actes non soumis à autorisation. L'acquéreur d'un logiciel peut normalement le céder librement au sein de l'Union européenne ou d'un État partie à l'accord sur l'Espace économique européen (EEE), en vertu de la règle dite de l'épuisement des droits[7], mais ne peut pas le louer (CPI, art. » L. 122-6[8]).

La « *reproduction permanente d'un logiciel en tout ou en partie d'un logiciel* » (visée par CPI, art. L. 122-6, 1er), ainsi que sa traduction, son adaptation, son arrangement ou toute autre modification (visés par CPI, art. L. 122-6, 2°), ne sont pas soumis à autorisation de l'auteur lorsqu'ils sont nécessaires « *pour permettre l'utilisation du logiciel, conformément à sa destination, par la personne ayant le droit de l'utiliser, y compris pour corriger des erreurs* »[9]. Ainsi l'utilisateur légitime d'un logiciel peut le modifier pour l'adapter à ses besoins personnels.

Toutefois, selon l'alinéa 2 du même article, l'auteur a le droit de se réserver par contrat la possibilité de corriger les erreurs et de déterminer les modalités particulières auxquelles seront soumis les actes nécessaires « *pour permettre l'utilisation du logiciel, conformément à sa destination, par la personne ayant le droit de l'utiliser* ».

232.33 Modification du logiciel et création d'un logiciel dérivé. L'auteur d'un logiciel ne peut pas s'opposer à sa modification « *par un cessionnaire des droits mentionnés au 2° de l'article L. 122-6* [rappelé ci-dessus], *lorsqu'elle n'est préjudiciable ni à son honneur ni à sa réputation* »[10]. Mais cette règle n'est pas d'ordre public. En revanche, le bénéficiaire d'un logiciel ne saurait en tirer un logiciel dérivé.

232.34 Droit de procéder à l'étude du fonctionnement du logiciel et à l'ingénierie inverse. Depuis la loi n° 94-361 du 10 mai 1994[11], suscitée par le règlement 1284/91[12] et par la directive 91/250[13], l'utilisateur est autorisé à décompiler afin de corriger les erreurs lorsque cela est nécessaire pour permettre à l'acquéreur légitime d'utiliser le programme d'une manière conforme à sa destination[14], *à étudier ou tester le fonctionnement* du logiciel, afin de déterminer les idées et principes qui sont à la base de n'importe quel élément du logiciel[15]. La CJUE a été amenée à déterminer (large-

1. Sur la compliance v. *supra* s[s] n° 115.13.
2. H. Alterman et F. Perbost, « La *"compliance"* en matière de licences logicielles », art. préc.
3. T. com. Paris, 20 avr. 2000, *New Software, Gaz. Pal.* 2001. 1, Somm. 266.
4. V. *supra* s[s] n° 221.53.
5. Poitiers, 14 mai 2003, *Egocom, CCÉ* 2003, n° 92, obs. C. Caron.
6. SUR CE POINT, étudiant les diverses formes possibles de l'indivision du logiciel : B. Liard, art. préc.
7. CPI, art. L. 122-6 (v. *supra* s[s] n°s 222.15 s.).
8. POUR UNE ANALYSE de la portée de ce principe : C. Grynfogel, « Les limites de la règle communautaire de l'épuisement des droits », art. préc.
9. CPI, art. L. 122-6-1, I, al. 1er ; art. créé par L. n° 94-361, 10 mai 1994, art. 5.
10. CPI, art. L. 121-7.
11. L. n° 94-361, 10 mai 1994, portant mise en œuvre de la directive (CEE) n° 91-250 du Conseil des communautés européennes en date du 14 mai 1991 concernant la protection juridique des programmes d'ordinateur et modifiant le code de la propriété intellectuelle, *JO* 11 mai, p. 6863.
12. Règl. 1284/91, Conseil, 14 mai 1991, modifiant le règlement (CEE) n° 3975/87 déterminant les modalités d'application des règles de concurrence applicables aux entreprises de transports aériens, *JOCE* L 122, 17 mai 1991, p. 2.
13. Dir. 91/250, Conseil, 14 mai 1991, concernant la protection juridique des programmes d'ordinateur, *JOCE* L 122 du 17 mai, p. 42, art. 5, 3.
14. CPI, art. L. 122-6-1, I. – Dir. 91/250, art. 5, 1 – CJUE 6 oct. 2021, aff. C-13/20, *CCÉ* 2021, n° 78, obs. P. Kamina ; *D.* 2021. Pan. 2152, obs. J. Larrieu, C. Le Stanc et P. Tréfigny ; *RLDI* 2021/11. 6058 ; *RTD com.* 2021. 811, obs. F. Pollaud-Dulian : l'arrêt précise que l'utilisateur peut procéder à la correction y compris quand elle « *consiste à désactiver une fonction qui affecte le bon fonctionnement de l'application dont fait partie ledit programme* », mais qu'il ne peut agir de la sorte que « *dans la mesure nécessaire à cette correction et dans le respect, le cas échéant, des conditions prévues contractuellement avec le titulaire du droit d'auteur sur ledit programme* ».
15. L. n° 94-361, 10 mai 1994, art. 4 – CPI, art. L. 122-6-1, III.

ment) ce qu'il était possible de faire[1] : d'abord les « *opérations autorisées par la licence* », ainsi que tous les actes qui « *ne portent pas atteinte aux droits de l'auteur* » du programme, c'est-à-dire les actes qui ne sont pas une « reproduction »[2] ou une « transformation »[3] du programme, ou qui sont une « reproduction » ou une « transformation » nécessaires à l'utilisation du programme par son acquéreur légitime d'une manière conforme à sa destination, y compris pour corriger des erreurs[4] ; enfin, « *les opérations de chargement et de déroulement nécessaires à l'utilisation du programme d'ordinateur* » par son acquéreur légitime d'une manière conforme à sa destination. Ainsi, un licencié peut étudier le programme pour en copier les fonctionnalités non protégeables. Toute clause contraire est « *nulle et non avenue*[5] »[6].

Cette disposition met à mal les droits du fournisseur, mais s'explique sans doute par le principe, traditionnel en Droit français (et repris par la directive 91/250[7]), que « *les idées sont de libres parcours* » (principe au demeurant très contestable[8]). Surtout, l'utilisateur a le droit de procéder, sous certaines conditions, à ce qui est nommé *l'ingénierie inverse* (par une mauvaise traduction de l'anglais *reverse engineering ;* il aurait été préférable de la dénommer *ingénierie rétrospective*). Elle est fort utilisée, notamment pour la mise en œuvre de la pseudo-maintenance évolutive (où elle permet des gains sensibles de productivité[9]). Elle n'a d'intérêt pratique que pour les logiciels *stricto sensu* (spécifiques), et non pour les progiciels, compatibles avec d'autres. L'ingénierie inverse constitue une exception au monopole spécifique sur les logiciels afin d'éviter que l'utilisateur soit « *captif d'un programme d'ordinateur* »[10] (de la sorte cette exception est une « *alliée du droit de la concurrence* »[11]). Elle consiste dans « *la reproduction du code du logiciel ou la traduction de la forme de ce code* » ; elle est admise lorsqu'elle est indispensable « *pour obtenir les informations nécessaires à l'interopérabilité*[12] *d'un logiciel créé de façon indépendante avec d'autres logiciels*[13] », sous réserve que soient réunies quatre conditions énumérées par cet article. Plus simplement, cela signifie que la structure d'un logiciel est « démontée » pour connaître les données qui en permettent le fonctionnement, afin d'assurer sa compatibilité avec les interfaces[14] d'autres logiciels ou appareils. La *décompilation* (ou « désassemblage ») est une partie de l'ingénierie inverse : elle consiste à traduire un programme d'un langage dans un autre, plus évolué, à passer du code objet (sous forme binaire compréhensible seulement par l'ordinateur) à un code source[15] (langage utilisé pour la programmation, donc compréhensible par tout individu averti[16]). Les règles relatives à l'étude du fonctionnement du logiciel et à l'ingénierie inverse[17] sont d'ordre public : Toute stipulation contraire « est nulle[18] ».

1. CJUE, G^de ch., 2 mai 2012, *Institute Inc. c/World Programming Ltd*, aff. C-406/10, *D.* 2012. 1186 ; *D.* 2012. Pan. 2343, obs. C. Le Stanc ; *D.* 2012. 2836, obs. P. Sirinelli ; *Propr. ind.* 2012, n° 61, note N. Bouche ; *CCÉ* 2012, n° 105, obs. C. Caron ; *Gaz. Pal.* 2 août 2012, note L. Marino ; *Propr. intell.* 2012, p. 423, note V.-L. Benabou ; *RTD com.* 2012. 536, obs. F. Pollaud-Dulian.
2. Dir. 2009/24, Parlement et Conseil, 23 avr. 2009 concernant la protection juridique des programmes d'ordinateur, *JOUE* L 111, 5 mai 2009, p. 16, art. 4, 1, a.
3. Dir. 2009/24, Parlement et Conseil, 23 avr. 2009, art. 4, 1, b.
4. Dir. 2009/24, Parlement et Conseil, 23 avr. 2009, art. 5, 1.
5. Dir. 91/250, Conseil, 14 mai 1991, art. 8, al. 2.
6. CJUE, G^de ch., 2 mai 2012, *Institute Inc. c/World Programming Ltd*, aff. C-406/10, préc.
7. Dir. 91/250, Conseil, 14 mai 1991, art. 1er, 2.
8. Ph. le Tourneau, *Le parasitisme*, Litec, 1998, n°s 146 s. ; « Folles idées sur les idées », *CCÉ* 2001/2. Chron. 8 s. ; « L'Illustre Gaudissart était visionnaire ! », *CCÉ* 2007. Ét. 14 – DANS LE MÊME SENS pour une idée artistique : P. Noual, « Arc de triomphe empaqueté : quel esprit pour le droit d'auteur ? », *RLDI* 2021/11. Ét. 6071 – COMP. : C. Caron, *Droit d'auteur et droits voisins*, 6e éd., « Manuel », LexisNexis, 2020, n°s 731 s.
9. T. com. Paris, 9 avr. 1996, *Expertises* 1997, p. 158 : admet que le licencié peut adapter le logiciel à un environnement connu par ce qu'il nomme faussement une maintenance évolutive (pour une critique de cette expression v. *infra* s^s n° 334.11).
10. C. Caron, obs. au *CCC* 2012, n° 2.
11. C. Caron, obs. préc.
12. Sur « l'interopérabilité » aussi v. *infra* s^s n° 232.36.
13. CPI, art. L. 122-6-1, IV. – Civ. 1re, 20 oct. 2011, n° 10-14.069, P I, n° 170 ; *D.* 2011. AJ 2595 ; *D.* 2012. Pan. 2849, obs. P. Sirinelli ; *JCP E* 2012, n° 28. Chron. 1461, obs. F. Sardain, CRIT. (approuvant la solution, mais critiquant le raisonnement car, en l'esp., l'opération de migration ne nécessitait qu'un accès au code objet du logiciel, pas à son code source, si bien que la décompilation du logiciel premier était totalement inutile) ; *JCP* 2011, n° 45, 1193, veille F. Mauris ; *CCÉ* 2012, n° 2, obs. C. Caron ; *RTD com.* 2011. 760, obs. F. Pollaud-Dulian – D. Blin et H. Gabadou, « La notion d'interopérabilité désormais plus précise », *Expertises* 2011, p. 417 – N. Binctin, « Migration des données et interopérabilité », Ét. préc. : approuvant la C. de cass. de garantir au propriétaire la libre migration de ses données d'un système informatique à un autre ; mais la critiquant lorsqu'elle considère cette opération comme une mesure d'interopérabilité entre logiciels.
14. Pour une définition de la compatibilité et de l'interface v. *supra* s^s n°s 213.15 et 252.05, en note.
15. Sur le code source v. *supra* s^s n°s 252.05 et 252.05 et pour une définition v. *supra* s^s n° 014.11.
16. SUR CES QUESTIONS : J. Huet, « Le *reverse engineering*, ou l'ingénierie inverse, et l'accès aux interfaces dans la protection des logiciels en Europe : questions de droit d'auteur et de droit de la concurrence », art. préc. – Ph. Challine, « L'informatique et le régime des sources », art. préc.
17. CPI, art. L. 122-6-1, III et IV.
18. CPI, art. L. 122-6-1, V, *in fine*. – RAPPELANT CETTE RÈGLE : Civ. 1re, 20 oct. 2011, n° 10-14.069, préc.

Le considérant 16 de la directive 2016/943[1] sur le secret des affaires précise que « *L'ingénierie inverse d'un produit obtenu de façon licite devrait être considérée comme un moyen licite d'obtenir des informations, sauf dispositions contractuelles contraires* ».

232.35 Dangers de l'ingénierie inverse. Toutefois, l'ingénierie inverse est soumise à de très nombreuses restrictions, énumérées par la loi. Cela laisse entendre implicitement qu'elle est *a priori* illicite comme acte de parasitisme[2], car elle entraîne la reprise par un tiers des connaissances appliquées d'autrui, voire la création de logiciels concurrents. Dès lors, l'autorisation légale doit être entendue de façon stricte[3]. Son bénéficiaire est celui qui a « *le droit d'utiliser un exemplaire du logiciel, ou pour son compte par une personne habilitée à cette fin* »[4], c'est-à-dire l'utilisateur à titre personnel, qu'il soit privé ou professionnel, mais en aucun cas un concurrent ou un parasite. L'ingénierie inverse et la décompilation, notions incertaines, présentent de graves dangers pour les concepteurs de logiciels (not. le danger de parasitisme[5]). Aussi, ces derniers peuvent avoir intérêt à interdire contractuellement ces opérations, même dans des cas où la loi les autorise, *à condition* qu'ils transmettent à leurs contractants les informations nécessaires à la compatibilité des logiciels en cause, soit *proprio motu* lors de sa délivrance, soit ultérieurement à la demande de l'utilisateur autorisé. Certains éditeurs de logiciels procèdent de la sorte.

232.36 Interopérabilité. La loi n° 2006-961 du 1er août 2006, relative au Droit d'auteur et aux droits voisins dans la société de l'information, créa dans cette matière une notion inédite et fort complexe, le droit à « l'interopérabilité », figurant dans l'article L. 331-7 du code de la propriété intellectuelle (la notion était déjà apparue dans un autre domaine, à propos de *l'ingénierie inverse*[6]). Par cet horrible néologisme légal « d'interopérabilité », il faut entendre rendre compatible les logiciels entre eux et avec des matériels ; elle est définie par un auteur comme permettant « *aux interfaces logiques de programme de communiquer entre elles* »[7] ; en somme, elle permet à deux logiciels complémentaires de dialoguer entre eux. Il serait aussi un principe essentiel des libertés numériques[8]. Pour l'article liminaire du code de la consommation, l'interopérabilité est « *la capacité d'un bien, d'un contenu numérique ou d'un service numérique à fonctionner avec du matériel informatique ou des logiciels différents de ceux avec lesquels des biens, des contenus numériques ou des services numériques de même type sont normalement utilisés* ».

Le droit à l'interopérabilité consiste d'abord dans la possibilité d'obtenir la communication de certaines informations nécessaires à la compréhension des interfaces logiques[9]. Lorsque le demandeur parvient à l'interopérabilité, une création nouvelle peut éventuellement apparaître, un logiciel indépendant et « interopérant », dont il peut publier le code source et la documentation technique, à condition que cette publication ne porte pas gravement atteinte à la sécurité et à l'efficacité de la mesure technique[10]. Selon le législateur, les informations essentielles à l'interopérabilité consistent dans « *la documentation technique et les interfaces de programmation nécessaires pour permettre à un dispositif technique d'accéder, y compris dans un standard ouvert au sens de l'article 4 de la loi n° 2004-575 du 21 juin 2004 pour la confiance dans l'économie numérique, à*

1. Dir. 2016/943, Parlement et Conseil, 8 juin 2016, sur la protection des savoir-faire et des informations commerciales non divulgués (secrets d'affaires) contre l'obtention, l'utilisation et la divulgation illicites, *JOUE* L 157, 15 juin, p. 1.
2. SUR LA NOTION : Ph. le Tourneau, *Le Parasitisme,* Litec, 1998 [épuisé] ; *J.-Cl. Concurrence Consommation* fasc. 570 et 571 (2020).
3. MAIS Paris, 12 déc. 1997, *Nomaï c/Iomega, D. Affaires* 1998, 384 ; *DIT* 1999/2, p. 65 s., obs. G.-A. Guilleux : considérant sans doute à tort que la décompilation est licite pour assurer la compatibilité entre un logiciel et un matériel.
4. CPI, art. L. 122-6-I, IV, 1°.
5. X. Linant de Bellefonds, « Le droit de décompilation des logiciels : une aubaine pour les cloneurs », art. préc., après une solide analyse juridique et technique l'auteur propose de voir ici un droit *sui generis* – F. Sardain, « Le droit d'auteur à l'épreuve du logiciel : l'exemple du droit de décompilation », art. préc. – N. Pinto et D. Taylor, « La décompilation des logiciels : un droit au parasitisme », art. préc.
6. V. *supra* s^s n° 232.34.
7. J.-M. Bruguière, « Le droit à l'interopérabilité », art. préc., n° 2.
8. EN CE SENS : F. Macrez et F. Duflot, « L'interopérabilité, principe incontournable des libertés numériques », art. préc. (le mot incontournable dans le titre est ridicule !).
9. V., indépendamment de la loi du 1er août 2006 préc., condamnant *Microsoft* pour refus abusif de communiquer à ses concurrents des informations techniques, certes protégées par la propriété intellectuelle mais jugée indispensables pour permettre l'interopérabilité entre les PC équipés du système d'exploitation *Windows* et les systèmes d'exploitation pour serveurs accomplissant certaines tâches fabriquées par d'autres entreprises : Commission CE 24 mars 2004, *RD aff. int.* 2004/3, p. 390, obs. O. Cachard – RECOURS REJETÉ PAR TPICE 17 sept. 2007, aff. T-201/14, *JCP E* 2007, n° 2304, note M. Debroux ; *CCC* 2007, n° 279, obs. D. Bosco ; *JCP E* 2008. 1314, n°s 6 s., obs. G. Decocq ; *RTD com.* 2008. 715, obs. F. Pollaud-Dulian, DÉCISION DÉFINITIVE – M. Behar-Touchais, « Être interopérable ou ne pas être : telle est la question ! », art. préc., APPROB. – M. Laine, « Réflexions sur le droit de la concurrence », art. préc., TRÈS CRIT. – C. Prieto, « La condamnation de Microsoft ou l'alternative européenne à l'antitrust américain », art. préc., APPROB.
10. CPI, art. L. 331-7, al. 3.

une œuvre ou à un objet protégé par une mesure technique et aux informations sous forme électronique jointe, dans le respect des conditions d'utilisation de l'œuvre ou de l'objet protégé qui ont été définies à l'origine »[1].

Il a été jugé que l'exception de décompilation à des fins d'interopérabilité écarte le grief de contrefaçon de logiciel[2] (tandis que la décompilation ne remplissant pas les conditions du CPI, art. L. 122-6-I, IV, constitue une contrefaçon[3]).

Nota : « *On entend par standard ouvert tout protocole de communication, d'interconnexion ou d'échange et tout format de données interopérables et dont les spécifications techniques sont publiques et sans restriction d'accès ni de mise en œuvre* »[4].

232.37 Interopérabilité (suite) ; les moyens juridiques de l'obtenir. La loi a privilégié la voie contractuelle comme instrument naturel de l'interopérabilité. Mais, à défaut d'accord, en cas de refus d'accès aux informations essentielles à l'interopérabilité, tout éditeur de logiciel, tout fabricant de système technique et tout exploitant de service peut demander à *l'Autorité de régulation des mesures techniques* de garantir l'interopérabilité des systèmes et des services, dans le respect des droits des parties, et d'obtenir du titulaire des droits sur la mesure technique les informations essentielles à celle-ci[5]. L'autorité peut accepter des engagements proposés par les parties de nature à mettre un terme aux pratiques contraires à l'interopérabilité.

En l'absence d'un accord entre elles, l'Autorité de régulation « *rend une décision motivée de rejet de la demande ou émet une injonction prescrivant, au besoin sous astreinte, les conditions dans lesquelles le demandeur peut obtenir l'accès aux informations essentielles à l'interopérabilité et les engagements qu'il doit respecter pour garantir l'efficacité et l'intégrité de la mesure technique, ainsi que les conditions d'accès et d'usage du contenu protégé* »[6]. Le Conseil constitutionnel a considéré, qu'à défaut du consentement du titulaire des mesures techniques, la décision de l'Autorité de régulation permettant l'interopérabilité devrait s'effectuer moyennant le paiement d'une indemnité[7].

§ 2
Limitations

232.41 Diverses limitations des droits concédés ou cédés. Il est logique que les droits de l'utilisateur soient plus étendus sur un logiciel spécifique que sur un progiciel, pour lesquels les contrats d'adhésion prérédigés sont extrêmement restrictifs[8]. Cependant, même pour un logiciel spécifique, il est fréquent que le contrat en limite l'usage sous les divers aspects suivants, dénommés parfois « *facteurs de non-conformité* ».

1° Quant à la *version* (définie par le contrat[9]). Il est parfois convenu que le client sera propriétaire des modifications, améliorations et adjonctions du logiciel qu'il a opérées ou qui ont été effectuées par le fournisseur à sa demande[10].

2° Pour un *domaine d'activité* précis sur un *matériel* dont la configuration est décrite dans une annexe du contrat. Il est souvent prévu que le client devra notifier à son partenaire toute modification ou installation supplémentaire de son système informatique, avec parfois une clause réservant l'exclusivité des adaptations éventuellement nécessaires des logiciels ou progiciels au fournisseur de ceux-ci (moyennant rémunération).

3° Sur une ou plusieurs « *unités* » spécifiées par le contrat[11].

4° Dans un *site* désigné (tel département de société, telle société, pour tant d'utilisateurs, *etc.*[12]). Une licence d'utilisation « à titre personnel » s'entend, pour une entreprise, de son usage sur ses ordinateurs dans son activité, y compris au profit de ses propres clients[13].

1. CPI, art. L. 331-7, al. 2 – Pour une définition de l'interface v. *supra* s^s n° 213.15.
2. TGI Paris, 3e ch., 3 déc. 2009, *RLDI* 2010/56, n° 1849 – A.-S. Lampe et D. Leriche, « Contrefaçon de logiciel, exception de décompilation et contournement de mesures techniques de protection : l'affaire *Nintendo*, ou la difficulté de la preuve au secours des distributeurs de "linkers" », art. préc.
3. V. *infra* s^s n°s 232.36 et 232.51.
4. L. n° 2004-575 du 21 juin 2004 *pour la confiance dans l'économie numérique* [LCEN], art. 4.
5. CPI, art. L. 331-7 ; mod. par L. n° 2019-775, 24 juill. 2019, art. 6.
6. CPI, art. L. 331-7, al. 4.
7. POUR DES PRÉCISIONS sur l'ensemble des questions relatives à l'interopérabilité : J.-M. Bruguière, art. préc.
8. SUR l'application des règles du contrat d'adhésion aux contrats électroniques : T. Guillebon, « L'application du dispositif du code civil aux contrats du commerce électronique », *JCP E* 2017. Ét. 1454 (dans le titre, il eut été préférable de parler de dispositions plutôt que de dispositif).
9. COMP. : Paris, 20 juin 2000, *Gentilhomme et Episoft, PIBD* 2001. III. 47.
10. V. le contrat cité dans Paris, 19 mars 1999, *GIA c/ACA, Expertises* 2000, p. 33.
11. Civ. 1re, 14 oct. 2010, n° 09-69.928, P I, n° 197, *Gaz. Pal.* 2010. 2, p. 3479, note D. Houtcieff ; *RTD civ.* 2010. 782, obs. B. Fages ; *RJDA* 2011, n° 104.
12. Montpellier, 5 juill. 2000, *Courtex France c/Isis, CCÉ* 2001, n° 37, obs. C. Le Stanc : méconnaît la clause d'interdiction de cession des droits à un tiers le licencié d'un logiciel qui en transmet l'usage au locataire-gérant de son fonds de commerce.
13. Civ. 1re, 1er juill. 1997, n° 95-13.319, NP, *JCP E* 1998. I. 845, n° 14, obs. M. Vivant et C. Le Stanc.

5° Enfin, pour une *durée* déterminée[1]. Toutefois, pour les progiciels « grand public », diffusés par des distributeurs et non par le concepteur, la licence est nécessairement de longue durée, tant que l'œuvre en question ne sera pas « tombée » dans le domaine public.

Remarques. Si la qualification de vente est retenue, certaines des restrictions ci-dessus sont probablement nulles, comme entravant la libre circulation des biens[2].

Le concédant d'un logiciel ou d'un progiciel peut confier à un organisme indépendant (comme l'APP) de contrôler leur utilisation, en prévoyant cela dans le contrat, et donc son acceptation par le licencié.

Il avait été jugé, sur le fondement de l'ancien article 1145 du code civil, que « *celui qui contrevient à une obligation contractuelle de ne pas faire doit des dommages-intérêts par le seul fait de la contravention* »[3]. Il en résultait qu'une compensation pécuniaire pouvait être allouée même en l'absence de préjudice. Il est probable que cette jurisprudence se maintiendra après la réforme du droit des contrats de 2016, même si elle est muette sur ce sujet.

232.42 Sort des copies. L'exception de *copie privée* est supprimée, *de lege*, pour les logiciels[4]. En revanche, la loi habilite depuis 1985 l'utilisateur légitime[5] d'un logiciel à établir une copie *de sauvegarde*, lorsque celle-ci « *est nécessaire pour préserver l'utilité du logiciel* »[6] (cette disposition est d'ordre public : toute stipulation contraire est nulle[7]), en évitant la destruction de son exemplaire (ou la perte du programme téléchargé). Constituant une dérogation au monopole de l'auteur sur son œuvre, la copie doit être opérée à partir d'une source licite[8]. Lorsque le fournisseur a délivré une copie de sauvegarde, l'utilisateur est rempli de ses droits à cet égard, de sorte qu'il ne peut pas réaliser une autre copie de sauvegarde[9]. Du reste, le droit ne porte bien que sur une *seule* copie[10]. La CJUE a jugé que le licencié initial ne peut, lorsque le support physique d'origine de la copie qui lui a été initialement délivrée est endommagé, détruit ou égaré, fournir à ce sous-acquéreur sa copie de sauvegarde sans l'autorisation du titulaire du droit[11]. Un prestataire de services, assistant technique, mainteneur, formateur..., peut éventuellement être autorisé par son contrat à effectuer également une copie, mais pour un usage limité aux besoins de son intervention[12]. Toute copie qui n'est pas de sauvegarde est illicite, de même que toute copie de sauvegarde supplémentaire au-delà de la première.

Cependant, même pour les progiciels, il est généralement prévu par le contrat que l'utilisateur a le droit de copier le logiciel sur son ordinateur portable. Pour éviter la multiplication des copies illicites, une parade technique a été trouvée : les disquettes (ou cédéroms) d'installation d'un logiciel s'effacent au bout d'un certain nombre d'utilisations (voire sont impossibles[13]). Les disquettes de

1. CE 21 nov. 2007, req. n° 262908, *Gaz. Pal.* 2008. 1, Somm. 1131 [mentionné dans les tables du *Lebon*] : relevant la faute commise par le bénéficiaire de droits d'usage sur des progiciels, qui a continué de les utiliser sans s'acquitter des droits après l'expiration de la concession.
2. J. Huet, « De la "vente" de logiciel », art. préc., n°s 24 s. : cet auteur admet cependant la validité les licences « multipostes » ou « multiutilisateurs », en vertu desquelles le client acquiert le logiciel pour un nombre déterminé d'ordinateurs ou de salariés ; « *en effet, chaque implantation sur un ordinateur de l'entreprise, ou chaque accès à une mémoire centrale à partir d'un poste d'un salarié, revient à l'usage d'un exemplaire distinct du programme, et met donc en cause le droit de reproduction du fournisseur* » [*op. cit.*, n° 25].
3. Civ. 1re, 14 oct. 2010, n° 09-69.928, préc. : à propos d'un contrat de concession de logiciel – DÉJÀ, dans d'autres domaines (à propos de clauses de non-concurrence) : Civ. 1re, 10 mai 2005, n° 02-15.910, P I, n° 201 ; *RTD civ.* 2005. 594, obs. J. Mestre et B. Fages ; 600, obs. P. Jourdain ; *JCP* 2006. I. 111, n° 3, obs. Ph. Stoffel-Munck ; *RDC* 2006. 326, obs. D. Mazeaud ; *Defrénois* 2005. 1247, obs. J.-L. Aubert – Civ. 1re, 31 mai 2007, n° 05-19.978, P I, n° 212 ; *D.* 2007. 2784, note C. Lisanti ; *JCP* 2007. I. 185, n° 3, obs. Ph. Stoffel-Munck ; *RDC* 2007. 1118, note Y.-M. Laithier, et p. 1140 note S. Carval.
4. CPI, art. L. 122-5, 2° ; art. mod. par L ; n° 2018-771, 5 sept ; 2018, art. 81.
5. Douai, 26 janv. 2009, RG n° 09/157, *Gaz. Pal.* 2009. 2, Somm. 2698, obs. B. de Roquefeuil et G. Bourge : pas le cas en l'esp.
6. CPI, art. L. 122-6-1, II.
7. CPI, art. L. 122-6-1, V, *in fine.*
8. Crim. 13 mai 2017, n° 13-84.088, NP, *CCÉ* 2014, n° 61, obs. C. Caron ; *Propr. intell.* 2014. 579, note A. Lucas.
9. EN CE SENS : Paris, 20 oct. 1988, *JCP E* 1990. II. 15751, n° 6, obs. M. Vivant et A. Lucas ; *JCP* 1989. II. 21188, note X. Linant de Bellefonds – POURVOI REJETÉ PAR : Com. 22 mai 1991, n° 89-11.390, P IV, n° 172 ; *JCP* 1992. II. 21792, note J. Huet.
10. Paris, 20 oct. 1988, préc. – POURVOI REJETÉ PAR : Com. 22 mai 1991, n° 89-11.390, préc.
11. CJUE, 3e ch., 12 oct. 2016, *Aleksandrs Ranks et Jurijs Vasiļevičs*, aff. C-166/15, *Rec.* N ; *RLDI* 2016. 4075, obs. L. Costes ; *CCÉ* 2016, n° 99, obs. C. Caron ; *RTD com.* 2016. 741, obs. F. Pollaud-Dulian ; *Gaz. Pal.* 7 févr. 2017. 22, obs. L. Marino ; *JCP E* 2017. 1189, note T. Guillebon ; *RTD com.* 2017. 83, obs. F. Pollaud-Dulian ; *RDC* 2017. 268, obs. J. Huet – Sur cet arrêt : A. Casanova, « Épuisement des droits de distribution d'un logiciel et copie de sauvegarde ne vont pas de pair aux yeux de la CJUE », *RLDI* 2016, n° 4100.
12. COMP. : Paris, 11 févr. 1998, *Texel informatique, PIBD* 1998. III. 358 : un assistant technique, autorisé à utiliser une copie du logiciel pour en surveiller le fonctionnement et l'améliorer, s'en était servi à des fins commerciales.
13. EX. POUR un disque compact : Versailles : 15 avr. 2005, *UFC Que choisir c/MI Music France, CCÉ* 2005, n° 173, obs. C. Chabert : mais le dispositif anti-copie rendait le cédérom inutilisable sur un poste autoradio, ce qui constitue un vice caché.

logiciels seront sans doute de plus en plus « autodégradables », en ce sens qu'elles se détérioreront en cas de copies répétées.

232.43 Mesures techniques de protection contre les copies. Il a été jugé que l'exception de copie privée[1], interprétée à la lumière des dispositions de la directive 2001/29[2] sur l'harmonisation de certains aspects du droit d'auteur et des droits voisins dans la société de l'information (notamment le « *test des trois étapes* », consacré par son art. 5.5), sur l'harmonisation de certains aspects du droit d'auteur et des droits voisins dans la société de l'information, n'interdit pas l'insertion dans les supports, sur lesquels est reproduite une œuvre protégée, de mesures techniques de protection destinées à en empêcher la copie, lorsque celle-ci aurait pour effet de porter atteinte à l'exploitation normale de l'œuvre, laquelle doit s'apprécier en tenant compte de l'incidence économique qu'une telle copie peut avoir dans le contexte de l'environnement numérique[3]. L'arrêt de la Cour de cassation du 28 février 2006 anticipait la modification de l'article L. 122-5 du code de la propriété intellectuelle par la loi n° 2006-961 du 1er août 2006[4], relative au Droit d'auteur et aux Droits voisins dans la société de l'information (complété par décr. n° 2006-1763 du 23 déc. 2006[5]) ; ledit article L. 122-5 dispose depuis que « *les exceptions énumérées par le présent article ne peuvent porter atteinte à l'exploitation normale de l'œuvre ni causer un préjudice injustifié aux intérêts légitimes de l'auteur* »[6]. Ainsi, de par la loi, les mesures techniques de protection sont compatibles avec l'exception de copie privée[7] (dont, depuis, la Cour de cassation a indiqué qu'elles ne constituaient pas un droit mais une exception légale[8]). Depuis l'entrée en vigueur de la loi du 1er août 2006, précitée, l'article L. 331-12 du code de la propriété intellectuelle impose aux producteurs de porter à la connaissance des utilisateurs toute mesure technique de protection[9].

232.44 Audit dans les contrats de licence. Généralement, les contrats de licence de logiciel comportent une clause relative à l'audit[10], permettant à son titulaire de vérifier, par lui-même ou par le truchement d'un tiers indépendant, le respect par l'utilisateur, tant des termes du contrat dans l'utilisation du logiciel que la concordance entre les redevances contractuelles et les redevances perçues[11]. Il est donc important de vérifier, lors de la négociation du contrat, la teneur de la clause et, dans les contrats d'ampleur, d'encadrer l'audit, ses méthodes, la liste des produits à examiner, ses délais et limites, afin qu'il puisse se dérouler sans perturber l'entreprise et sans que l'éditeur puisse exiger des informations qui n'ont pas lieu de lui être fournies. Il est sage de prévoir un délai assez long (par exemple deux mois) entre l'annonce de l'audit et sa réalisation, de déterminer qui en supportera le coût et de fixer les conditions financières d'une régularisation en cas de découverte d'usages supérieurs à ceux qui

1. CPI, art. L. 122-5.
2. Dir. 2001/29/CE, Parlement et Conseil, 22 mai 2001, sur l'harmonisation de certains aspects du droit d'auteur et des droits voisins dans la société de l'information, *JOCE* L 167, 22 juin 2001, p. 10.
3. Civ. 1re, 28 févr. 2006, n° 05-15.824, P I, n° 126 ; *GAPI*, 3e éd., Dalloz, 2020, n° 26 ; *D.* 2006. AJ 784, obs. J. Daleau ; *Gaz. Pal.* 2006. 1, p. 1040, concl. D. Sarcelet ; *JCP* 2006. II. 10084, note A. Lucas ; *CCÉ* 2006, n° 56, obs. C. Caron ; *RTD com.* 2006. 370, obs. F. Pollaud-Dulian : à propos d'un DVD du film *Mulholland drive*, réalisé par David Lynch en 2001 – SUR RENVOI : Paris, 4 avr. 2007, *D.* 2007. AJ 1209, obs. J. Daleau et Pan. 1992, obs. C. Le Stanc ; *CCÉ* 2007, n° 68, obs. C. Caron ; *Propr. intell.* 2007, n° 24, p. 320, obs. A. Lucas : déclarant l'action du consommateur irrecevable, et relevant à juste titre que la copie privée ne constitue pas un droit, mais une exception légale au principe de la prohibition de toute reproduction – NOUVEAU POURVOI REJETÉ PAR : Civ. 1re, 19 juin 2008, n° 07-14.277, P I, n° 177 ; *D.* 2008. AJ 1824, obs. J. Daleau ; *D.* 2009. Somm. 1824, obs. J. L. ; *CCÉ* 2008, n° 102, obs. C. Caron ; *RTD com.* 2008. 551, obs. F. Pollaud-Dulian – S. Carre : « Le vertige de l'irrecevabilité (à propos de l'arrêt de la Cour de cassation du 19 juin 2008) », art. préc. – DANS LE MÊME SENS : Civ. 1re, 27 nov. 2008, n° 07-18.778, NP, *Gaz. Pal.* 2009. 1, p. 508, note A. Stutzmann et A. Platon ; *LPA* 6 juill. 2009, n° 133, p. 12, note R.-M. Borges.
4. L. n° 2006-961, 1er août 2006, relative au droit d'auteur et aux droits voisins dans la société de l'information, *JO* 3 août, p. 11529.
5. Décr. n° 2006-1763, 23 déc. 2006, relatif à la répression pénale de certaines atteintes portées au droit d'auteur et aux droits voisins, *JO* 30 déc., p. 20161.
6. Le Conseil d'État a jugé qu'un dispositif, mis en place par un exploitant aux fins de permettre l'interopérabilité de systèmes informatiques, s'il est rendu possible par la diffusion d'informations par les fournisseurs de mesures techniques, ne contourne pas les dispositions protectrices au sens du décret n° 2006-1763 du 23 décembre 2006 : CE 16 juill. 2008, req. n° 301843, *April*, *JCP E* 2008. 2377, note J.-C. Zarka ; *JCP E* 2009, n° 40. Chron. 1918, n° 10, obs. F. Sardain ; *Gaz. Pal.* 2009. 1, Somm. 677, obs. L. Tellier-Loniewski et A. Platon ; *RTD com.* 2008. 750, obs. F. Pollaud-Dulian.
7. NOT., SUR celle-ci : A. Latreille, « Variations autour de la définition de l'acte de copie privée », art. préc.
8. Civ. 1re, 19 juin 2008, n° 07-14.277, préc.
9. Paris, 20 juin 2007, *Fnac c/Rivoiron*, préc. : information effectuée – SUR LA QUESTION de la copie privée dans le monde numérique : l'étude préc. d'Y. Gaubiac, « Dimension de la copie privée dans le monde numérique de la communication ».
10. Sur l'audit en général v. *infra* ss nos 333.00 s.
11. SURTOUT : É. Varet, « Le point sur l'audit dans les contrats de licence de logiciel », art. préc. – É. Varet, « Maudit audit ! », art. préc., analysant trois jugements du TGI de Paris relatif à cet audit – POUR UN EX. DE CLAUSE commentée : M. Martin, « Pratique contractuelle. Contrats de l'informatique. La clause d'audit de licence », fiche prat. préc.

avaient été convenus. Pour être en mesure d'assister avec efficacité l'audit, le client peut s'appuyer sur un programme de gestion de ses installations logicielles (*software asset management*), mis à jour régulièrement, associé à une gestion des contrats (*contract management*) [1], permettant notamment de s'assurer de la conformité de l'usage des logiciels.

§ 3 Contrefaçon

232.51 Contrefaçon quant aux actes non autorisés par contrat ou par la loi. Au-delà, tout usage, mise en vente sans l'autorisation du titulaire des droits, modification, duplication, reproduction, prêt, sous-location, ou développement d'un logiciel, sans autorisation expresse du fournisseur, constitue au minimum une défaillance contractuelle (justifiant une demande de dommages et intérêts et/ou de résolution du contrat) et plus probablement le délit [2] de contrefaçon [3]. Selon la CJUE, la violation d'une clause d'un contrat de licence d'un logiciel, portant sur des droits de propriété intellectuelle du titulaire du droit d'auteur, relève de la notion d'atteinte aux droits de la propriété intellectuelle (protégés par les dispositions de la directive 2004/48 [4]), et constitue donc une contrefaçon, indépendamment du régime de responsabilité applicable selon le droit national [5]. La règle de non-option (dite souvent à tort de non-cumul) ne permet pas d'invoquer en même temps la défaillance contractuelle et la contrefaçon [6], ni de choisir la voie délictuelle dès lors que le fait invoqué constitue un manquement à l'une des stipulations d'une licence portant sur un logiciel (fût-il « libre ») [7]. Mais l'action en contrefaçon relève-t-elle vraiment de la responsabilité civile ? La contrefaçon de logiciel est souvent accompagnée d'une contrefaçon de leur marque [8]. Elle est constituée alors même que les programmes contrefaits sont conformes à l'œuvre originale [9]. L'*Agence pour la protection des programmes* (APP) est recevable à agir dès lors que les logiciels litigieux ont été déposés chez cet organisme de défense professionnelle [10]. La contrefaçon est une forme ancienne de piratage économique, comme aussi le parasitisme [11]. L'internet en a vu apparaître des modalités inédites, le piratage par intrusion d'un virus [12].

1. Sur le manageur ou gestionnaire de contrat v. *infra* s[s] n° 252.26.
2. CPI, art. L. 335-3, al. 2.
3. EX. : Com. 9 nov. 1993, n°s 91-19.770, 91-20.246, P IV, n° 395 : adaptation non autorisée d'un logiciel ; l'arrêt parle de vente du logiciel – Paris, 23 sept. 1997, *Eda Systèmes c/Wang Laboratoires, DIT* 1998/1, p. 64, obs. G.-A. Guilleux ; *Gaz. Pal.* 1999. 2, Somm. 571 : par modification d'un logiciel sans autorisation – Paris, 27 mars 1998, *SDL Informatique c/Milotic, Gaz. Pal.* 1999. 2, Somm. 603 : car utilisation par un nombre supérieur de postes à celui qui avait été autorisé ; de plus, exploitation illicite des codes sources pour modifier des logiciels d'application, alors que le contrat ne donnait pas accès aux codes sources – TGI Colmar, 6 sept. 2001, *Eidos Interactive, Gaz. Pal.* 2002. 2, Somm. 1663 : est constitutif du délit de contrefaçon la reproduction de logiciels de jeux vidéo sans autorisation, et la mise sur le marché à titre onéreux ou gratuit de copies – Nancy, 12 sept. 2002, *François B. c/Pascal F., Expertises* 2003, p. 71 : installation d'un logiciel sans l'autorisation de son auteur – TGI Lille, réf., 17 sept. 2002, *Assoc. Tarotem, PIBD* 2003. III. 57 : par décompilation, et par la possibilité donnée aux tiers de télécharger des logiciels par internet – Crim. 16 déc. 2003, n° 03-80.002, P n° 247 ; *CCÉ* 2004, n° 26, obs. C. Caron : mise en vente en France, sans l'autorisation du titulaire des droits, de logiciels exclusivement destinés à la distribution sur le marché canadien – Paris, 17 juin 2005, *Gérard O., CCÉ* 2006, n° 3, obs. C. Caron : constitue une contrefaçon d'un logiciel la mise à la disposition du public d'un programme informatique désactivant ses systèmes de protection – TGI Bastia, 17 janv. 2006, *Soyez, D.* 2006. AJ 653, obs. J. Daleau : mise en ligne de logiciels protégés sans l'autorisation de leur auteur, et fourniture de moyens de nature à détourner des systèmes anti-piratage [parfois appelés *patchs* ou *cracks*] – T. com. Paris, 12 mai 2006, *Arkad c/Tech Airport, Expertises* 2006, p. 285 – Paris, 21 févr. 2006, n° 05/03075, *Propr. ind.* 2007, n° 8, ▶ note J. Scmmidt-Szalewski : décompilation ne remplissant pas les conditions du CPI, art. L. 122-6-I, IV – Paris, 13 déc. 2006, *Utac, Expertises* 2007, p. 152 – Caen, ch. corr., 18 mars 2015, *RLDI* 2015. 3771, note M. Duponchelle, *idem* – Versailles, 12e ch., 1er sept. 2015, RG n° 13/08074, utilisation du logiciel au-delà des droits cédés – NOT., SUR la contrefaçon : C. Bernault et A. Soreau, *Contrefaçon de logiciel. Les solutions juridiques, op. cit.*
4. Dir. 2004/48, Parlement et Conseil, 29 avr. 2004, relative au respect des droits de propriété intellectuelle, *JOUE* L 157, 30 avr. 2004, p. 45.
5. CJUE, 3e ch., 18 déc. 2019, *IT Development c/ Free Mobile*, aff. C-666/18, *Rec.* N ; *RLDI* 2020, n° 5633 ; *AJ contrat* 2020. 89, obs. A. Gendreau ; *CCÉ* 2020, n° 23, obs. C. Caron ; *RTD com.* 2020. 94, obs. F. Pollaud-Dulian ; *Dalloz IP/IT* 2020. 490, obs. P. Léger – S. Haddad et A. Casanova, « Le débat est (enfin) tranché : le non-respect des termes du contrat de licence de logiciel est une contrefaçon », *RLDI* 2020. Ét. 5651.
6. P. Léger, « La nature de la responsabilité dans l'hypothèse de la violation du périmètre d'une licence de logiciel », *D.* 2018. Chron. 1320.
7. Paris, pôle 5, ch. 2, 19 mars 2021, RG n° 19/17493, *CCÉ* 2021, n° 35, obs. P. Kamina ; *D.* 2021. Pan. 2152, obs. J. Larrieu, C. Le Stanc et P. Tréfigny ; *RLDI* 2021, n° 5963, note crit. P.-D. Cervetti ; *Propr. Ind.* 2021, n° 39, obs. J. Larrieu.
8. EX. : Paris, 23 sept. 1997, *Eda Systèmes c/Wang Laboratoires*, préc.
9. Crim. 10 déc. 2013, n° 13-81.572, NP, *PIBD* 2014. III. 142.
10. Paris, 23 sept. 1997, *Eda Systèmes c/Wang Laboratoires*, préc.
11. SUR LA NOTION : Ph. le Tourneau, *Le Parasitisme*, Litec, 1998 [épuisé] ; *J.-Cl. Concurrence Consommation* fasc. 570 et 571 (2020) – Paris, pôle 5, ch. 2, 19 mars 2021, RG n° 19/17493, préc., condamne pour parasitisme, estimant que les actes querellés sont distincts des manquements invoqués au titre de la contrefaçon.
12. V. *infra* s[s] n°s 335.52 s.

La vente des procédés dits de *déplombage* est elle-même illicite[1] ; ce mot désigne un moyen permettant de supprimer ou de neutraliser les dispositifs techniques protégeant un logiciel ou un progiciel (les *patchs* ou *cracks* précités sont des procédés de déplombage[2]). Est également punissable le fait de porter atteinte sciemment, à des fins autres que la recherche, à une mesure technique efficace afin d'altérer la protection d'une œuvre par décodage, décryptage ou toute autre intervention personnelle destinée à contourner, neutraliser ou supprimer un mécanisme de contrôle, ainsi que le fait de procurer ou de proposer des moyens conçus ou spécialement adaptés pour porter atteinte à une « mesure technique efficace »[3], tout comme le fait d'éditer ou d'inciter à l'usage d'un logiciel manifestement destiné à la mise à disposition du public non autorisée d'œuvres ou d'objets[4] protégés[5]. Les mesures techniques[6] efficaces sont définies par la loi[7]. Une des mesures techniques visées par l'article L. 331-5 est le *marquage* des œuvres, dit aussi tatouage. Il est constitué d'un codage numérique, permettant d'identifier et de contrôler l'intégrité des œuvres ainsi que leur devenir (*traçabilité*), ce qui est précieux en cas de contrefaçon ou en présence d'une revendication de paternité. Il offre aussi la possibilité de rendre l'œuvre impropre à son utilisation par un tiers non autorisé, voire d'identifier celui-ci. Une autre mesure technique est constituée par les *verrous*, qui permettent de contrôler l'accès à l'œuvre ; ils consistent en une clé, soit permettant l'usage de l'œuvre, soit au contraire bloquant toute possibilité de reproduction par un système anti-copie. La CJUE recommande aux juridictions nationales, dans l'examen du contournement des mesures techniques efficaces, de s'interroger de façon très pragmatique sur l'objectif de ces dispositifs, ainsi que sur la finalité de leur utilisation, tout en demandant de prendre en compte la proportionnalité desdites mesures techniques[8].

232.52 Sanctions de la contrefaçon. La contrefaçon est un délit, qui expose son auteur à trois ans d'emprisonnement et à 300 000 euros d'amende (l'amende peut être portée à 500 000 euros lorsque le délit a été commis en bande organisée[9]). L'emprisonnement semble rarement prononcé dans ce domaine[10]. Au plan civil, les contrefacteurs sont régulièrement condamnés, en tant qu'auteurs d'une faute délictuelle, à des dommages et intérêts au profit de la victime. Toutefois, ces sanctions civiles appliquées à la contrefaçon étaient souvent trop légères pour avoir une réelle valeur dissuasive. Un auteur avait démontré de façon éclairante l'adéquation entre la notion de faute lucrative et la contrefaçon de logiciels[11] et suggéré de sanctionner le piratage, tant par le versement d'une indemnité pour le passé que par le paiement de la licence pour l'avenir[12].

La loi du 29 octobre 2007[13], dite de lutte contre la contrefaçon (modifiée par L. n° 2014-315, 11 mars 2014[14], pour en renforcer les dispositions) accorda au juge le pouvoir de prendre en considération, pour fixer les dommages et intérêts de la victime d'une contrefaçon, « *distinctement : 1° les*

1. CPI, art. L. 122-6-2.
2. Com. 22 mai 1991, n° 89-11.390, P IV, n° 172 ; *JCP* 1992. II. 21792, note J. Huet.
3. CPI, art. L. 335-3-1, I ; art. créé par L. n° 2006-961, 1er août 2006, art. 22.
4. CPI, art. L. 335-2-1 ; créé par L. n° 2006-961, 1er août 2006, art. 21.
5. Crim. 25 sept. 2012, n° 11-84.224, P n° 196 ; *D.* 2012. 3005, note E. Dreyer ; *AJ pénal* 2013. 40, obs. G. Royer ; *Gaz. Pal.* 6-7 mars 2013, p. 21, note L. Marino, CRIT. ; *RTD com.* 2012. 771, note F. Pollaud-Dulian : condamnation – Crim. 27 févr. 2018, n° 16-86.881, P n° 35 ; *Gaz. Pal.* 25 sept. 2018. 23, obs. J. Traullé, *idem*.
6. SUR L'ENSEMBLE de ces dispositions : É. A. Caprioli, « Mesure techniques de protection et d'information des droits d'auteur », art. préc. – Y. Gaubiac, « La responsabilité des fournisseurs de logiciels dans la diffusion illégale des œuvres et autres prestations protégées », art. préc.
7. CPI, art. L. 331-5 ; créé par L. n° 2006-961, 1er août 2006, art. 13 et mod. not. par L. n° 2019-775, 24 juill. 2019, art. 5.
8. CJUE 23 janv. 2014, *Nintendo,* aff. C-355/12, *D.* 2014, Pan. 2078, obs. P. Sirinelli ; *RLDI* 2014, n° 3342 ; *CCÉ* 2014, n° 26, obs. C. Caron ; *RTD com.* 2014. 108, obs. F. Pollaud-Dulian ; B. Galopin, « Affaire *Nintendo :* la CJUE précise les conditions de protection des mesures techniques », *RLDI* 2014, n° 3402 ; A. Lefèvre, « L'arrêt *Nintendo :* l'étendue de la protection des mesures techniques de protection de la directive 2001/29 précisée par la CJUE », *RLDI* 2014, n° 3403.
9. CPI, art. L. 335-2, al. 4.
10. CEPENDANT : TGI Bastia, 17 janv. 2006, *Soyez*, préc. : condamnation à 24 mois d'emprisonnement, dont 9 avec sursis.
11. L. Grynbaum, « Une illustration de la faute lucrative : le "piratage" de logiciels », art. préc., I – L. Grynbaum, C. Le Goffic et L. Morlet-Haïdara, *Droit des activités numériques*, « Précis » Dalloz, 2014, nos 1310 s. – SUR LA NOTION de faute lucrative : D. Fasquelle, « L'existence de fautes lucratives en droit français », dans collectif, *Faut-il moraliser le droit français de la réparation du dommage ?, LPA* 20 nov. 2002 – Ph. le Tourneau (dir.), *Droit de la responsabilité et des contrats. Régimes d'indemnisation*, 12e éd., « Dalloz action », 2020, n° 0113.33.
12. L. Grynbaum, « Une illustration de la faute lucrative : le "piratage" de logiciels », art. préc., II.
13. L. n° 2007-1544, 29 oct. 2007 de lutte contre la contrefaçon, *JO* 30 oct., p. 17775 ; – TRANSPOSANT avec retard : dir. 2004/48, Parlement et Conseil, 29 avr. 2004 relative au respect des droits de propriété intellectuelle, *JOUE* L 157, 30 avr., p. 45 – C. Caron, « La loi du 29 octobre 2007, dite "de lutte contre la contrefaçon" », *CCÉ* 2007. Chron. 30 – C. Maréchal, « L'évaluation des dommages-intérêts en matière de contrefaçon », *RTD com.* 2012. 245 : un premier bilan de l'application de cette disposition.
14. L. n° 2014-315, 11 mars 2014 renforçant la lutte contre la contrefaçon, *JO* 12 mars, p. 5112, n° 1.

conséquences économiques négatives de l'atteinte aux droits, dont le manque à gagner et la perte subie par la partie lésée ; économiques négatives de l'atteinte aux droits, dont le manque à gagner et la perte subie par la partie lésée ; 2° le préjudice moral causé à cette dernière ; 3° et les bénéfices réalisés par l'auteur de l'atteinte aux droits, y compris les économies d'investissements intellectuels, matériels et promotionnels que celui-ci a retirées de l'atteinte aux droits » (not. dans le domaine de la propriété littéraire et artistique[1] ; dans celui des brevets[2] ; dans celui des marques[3]). L'adverbe « distinctement » est destiné à éviter que les tribunaux statuent « tous préjudices confondus » ; la conjonction "et" précédant le 3° signifie que les juridictions doivent prendre en compte les trois éléments constitutifs du préjudice. Selon l'alinéa 2 de ces articles, la juridiction peut, sur demande de la partie lésée, « *allouer à titre de dommages et intérêts une somme forfaitaire. Cette somme est supérieure au montant des redevances ou droits qui auraient été dus si l'auteur de l'atteinte avait demandé l'autorisation d'utiliser le droit auquel il a porté atteinte* »[4]. Les articles précités du code de la propriété intellectuelle permettent d'allouer à la victime une somme dépassant son préjudice réel ; ils se rapprochent donc des dommages et intérêts punitifs et présentent un vif aspect dissuasif. La sanction des « économies d'investissements » se distingue nettement du parasitisme, dans la mesure où elle n'exige pas la démonstration d'un préjudice (même si celui-ci est facilement admis par la démonstration d'un trouble[5]). De plus, il a été excellemment démontré, qu'alors que la contrefaçon protège l'atteinte à un bien incorporel en imposant la restitution des bénéfices illicites, le *parasitisme protège une activité* en indemnisant le préjudice causé à l'investissement[6].

1. CPI, art. L. 331-1-3, al. 1er.
2. CPI, art. L. 615-7, al. 1er – G. Henry, « Les nouvelles méthodes d'évaluation du préjudice en matière de contrefaçon : entre régime compensatoire et peine privée », *CCC* 2009. Ét. 2 – C. Casalonga, « La réparation de la contrefaçon des brevets d'invention dans le procès civil depuis la loi du 29 octobre 2007 », *Cah. dr. entr.* juin 2010. 41 – F. X. Testu, « Responsabilité civile et propriété des idées en matière de brevets et de savoir-faire », *RCA* 2017/5. Dossier 8.
3. CPI, art. L. 716-14, al. 1er.
4. POUR des applications de ces art. : Colmar, 1re ch. civ. A, 20 sept. 2011, RG n° 10/02039, *D.* 2012. Pan. 529, obs. J. Raynard ; *PIBD* 2012. III. 6 – Crim. 19 avr. 2017, n° 16-861.40, NP, *RLDI* 2017. 5007 : « l'indemnisation n'était pas inférieure aux droits qui auraient été dus si l'auteur avait demandé l'autorisation d'utiliser le droit auquel il a porté atteinte » (contrefaçon de logiciels Windows, évaluation du préjudice par la cour d'appel à près de 820 000 euros).
5. Ph. le Tourneau (dir.), *Droit de la responsabilité et des contrats...*, 12e éd., *op. cit.*, nos 2214.33 s.
6. A. Latil, « Les économies d'investissements du contrefacteur », *CCÉ* 2015. Ét. 6.

Ces dispositions sont pour l'instant assez peu invoquées par les plaideurs, de sorte que la contrefaçon reste encore souvent lucrative[7]. Dans cet esprit, il avait déjà été jugé que le contrefacteur ne doit pas être traité comme un cocontractant, c'est-à-dire que les dommages et intérêts doivent dépasser la redevance d'un licencié[8], anticipant l'esprit des articles précités du code de la propriété intellectuelle. Voici une manifestation de l'aspect punitif de la responsabilité civile[9]. Mais il nous semble que la fraction de l'indemnité ainsi majorée, qui dépasse le préjudice de la victime, ne doit pas enrichir celle-ci, mais être affectée à quelque organisme collectif ou au Fonds général d'indemnisation que nous appelons de nos vœux[10]. En outre, il serait préférable que la corrélation entre l'indemnité et le profit de l'auteur du dommage ne fût pas seulement une faculté à la discrétion du juge, mais une obligation pour lui dans ce domaine si particulier de la contrefaçon[11]. « *La réparation due doit raisonnablement être égale à la valeur économique dégagée par la présence indue du contrefacteur sur le marché* »[12].

232.53 Importance de la contrefaçon. La contrefaçon de progiciels et de logiciels connaît un accroissement considérable et inquiétant : plus d'un logiciel et progiciel sur trois dans le monde serait piraté. Le manque à gagner par les éditeurs est considérable. Un signe de l'importance de cette pratique est que l'un des quinze premiers mots demandés aux moteurs de recherche américains est celui de *warez* (désignant un logiciel piraté), suivant de peu celui de sexe ! Les étudiants et, d'une façon plus générale, les jeunes considèrent comme un acte normal de se prêter des logiciels et de les copier (sans généralement connaître l'aspect répréhensible de leur comportement). Nombreux sont aussi les citoyens, par ailleurs honnêtes, qui n'hésitent pas à télécharger illégalement, et souvent en toute connaissance de cause, des copies de programmes par l'internet. Parfois des salariés procèdent au téléchargement sur leur lieu de travail, pour éviter les frais de connexion, au risque pour leur entreprise de se voir assigner en justice pour contrefaçon. Pire, le pira-

7. H. Lécuyer, « Indemnisation du préjudice en matière de contrefaçon : comment la loi nouvelle est-elle reçue ? », *Gaz. Pal.* 2011. 1. Dossier 1882 – V. Dahan, « La loi du 29 octobre 2007 de lutte contre la contrefaçon : quel bilan ? », *Gaz. Pal.* 2011. 1. Doctr. 1885.
8. Paris, 20 mars 1995, *Gaz. Pal.* 1995. 1. Somm. 473.
9. Ph. le Tourneau (dir.), *Droit de la responsabilité et des contrats...*, 12e éd., *op. cit.*, nos 010.12 s.
10. Ph. le Tourneau (dir.), *Droit de la responsabilité et des contrats...*, 12e éd., *op. cit.*, nos 0124.16 s.
11. COMP. : M. Vivant, « Prendre la contrefaçon au sérieux », *D.* 2009. Chron. 1839, nos 7 s.
12. M. Vivant, « Prendre la contrefaçon au sérieux », art. préc., n° 7.

tage informatique est pratiqué à grande échelle par maintes entreprises. Et, très paradoxalement, ce sont souvent des bénéficiaires de la propriété intellectuelle (comme les architectes) ou des spécialistes du Droit (comme les avocats) qui utilisent illicitement des logiciels. Il existe des organismes nationaux et internationaux qui traquent les contrefacteurs de logiciels (notamment une association américaine regroupant les plus grands éditeurs de logiciels du monde, *Business Software Alliance*).

232.54 Saisie-contrefaçon. En matière de logiciel, la saisie-contrefaçon obéit à des règles spécifiques [1]. Elles s'appliquent seulement lorsque l'objet *contrefait*, fondement de la saisie-contrefaçon, est un logiciel, et non lorsque l'objet *contrefaisant* est un logiciel [2]. Mais la contrefaçon peut se prouver par tous moyens : la saisie-contrefaçon ne peut donc pas être considérée comme une condition de recevabilité de l'action [3].

232.55 Concurrence déloyale et parasitisme. Il est de jurisprudence constante que l'action en concurrence déloyale ou pour parasitisme peut être accueillie concurremment à l'action en contrefaçon, dès lors que sont établis des actes ou des faits distincts de la contrefaçon [4].

1. CPI, art. L. 332-4 ; mod. par L. n° 2007-1544, 29 oct. 2007, art. 37 ; puis mod. par L. n° 2014-315, 11 mars 2014, art. 4 – H. Bitan, « La saisie-contrefaçon de logiciels et de bases de données à l'aune de la loi du 29 octobre 2007 relative à la lutte contre la contrefaçon », art. préc. – N. Bouche, « La saisie-contrefaçon en matière de logiciels », art. préc.

2. Civ. 1re, 20 janv. 2004, n° 00-19.577, P I, n° 22 ; *RJDA* 2004, n° 644.
3. Aix-en-Provence, 26 juin 2006, *PC Web c/Microsoft, Expertises* 2007, p. 433.
4. Ph. le Tourneau (dir.), *Droit de la responsabilité et des contrats...*, 12e éd., *op. cit.*, n° 2214.28. – *Le Parasitisme,* Litec, 1998 ; *J.-Cl. Concurrence Consommation* fasc. 570 et 571 (2020) – NOT. À PROPOS de logiciels contrefaits : Paris, 7 mai 1999, *Vinci c/PMC, PIBD* 1999. III. 316 – TGI Paris, 20 juin 2000, *Gentilhomme et Episoft c/Gopal, PIBD* 2001. III. 47 : pas de fait distinct – Paris, 9 juin 2004, *Mocquery, Gaz. Pal.* 2005. 1, Somm. 636 : l'utilisation, pour désigner un logiciel, d'une dénomination de nature à créer un risque de confusion constitue un fait distinct de concurrence déloyale – Paris, 16 juin 2004, *Sté électronique c/ Honeywell, PIBD* 2005. III. 126 : pas de fait distinct – Paris, 4e ch., sect. A, 9 mars 2005, RG n° 04/00552, *C Com (Sté) c/Microsoft, RLDI* juill.-août 2005, n° 190 : l'utilisation des logiciels contrefaits comme argument pour favoriser la vente d'ordinateurs à bas prix, alors que l'agent ne supporte aucun des investissements lourds réalisés par *Microsoft*, en profitant en outre de sa notoriété, constitue des actes de concurrence déloyale et parasitaire – Civ. 1re, 3 mai 2018, n° 16-26.531, NP, *D.* 2018. Pan. 2270, obs. J. Larrieu, C. Le Stanc et P. Tréfigny ; *Dalloz IP/IT* 2018. 627, note J. Dauzier et A. Pons ; *RLDI* 2018, n° 5229, obs. L. Costes : « *les ressemblances constatées entre les logiciels en présence, relatives aux spécifications fonctionnelles générales ainsi qu'à la présentation des écrans, à leur contenu et à leur séquencement, avaient pour origine les nombreuses captures d'écran du logiciel TSM, l'arrêt retient que de tels actes caractérisent une appropriation du savoir-faire de la société 3DSoft réalisée en trompant la confiance de cette dernière, qui a permis aux sociétés Toyota d'éviter de supporter des investissements financiers et un risque économique* ».

TITRE

24. La fourniture de contenus ou de services numériques

SECTION 0 ORIENTEUR

24.00 Sommaire du titre.

24.05 Présentation. Une directive (UE) 2019/770, du Parlement européen et du Conseil, du 20 mai 2019, sur certains aspects des contrats de fourniture de contenus et de services numériques, est destinée à en faciliter aux consommateurs un meilleur accès, tout en facilitant la fourniture par les entreprises, afin de contribuer à stimuler l'économie numérique de l'Union ainsi que sa croissance globale. Pour ce faire, la directive entend harmoniser lesdits contrats, en prenant comme base un niveau élevé de protection des consommateurs, afin de réaliser un véritable marché unique numérique, et en même temps accroître la sécurité juridique et la réduction des coûts de transaction, en particulier pour les petites et moyennes entreprises (PME). Cette directive fut transposée par l'ordonnance n° 2021-1247 du 29 septembre 2021, qui créa dans le code de la consommation, après la section 2 du chapitre IV du titre II du livre II, une section 2 *bis*, « *Contrats de fourniture de contenus numériques et de services numériques* » (C. consom., art. L. 224-25-1 à L. 224-25-32)[1]. Elle commence par deux définitions (de l'environnement numérique et de l'intégration : C. consom., art. L. 224-25-1), complétant celles de l'article liminaire du même code, lui-même enrichi par l'ordonnance n° 2021-1247[2]. Cette ordonnance est d'une rédaction très médiocre, inélégante[3], redondante et prolixe, voisinant au verbiage.

24.06 Éliminations et renvois. Sur un certain nombre de points, l'ordonnance reprend les dispositions applicables aux contrats portant sur les biens, en les adaptant, le cas échéant, pour tenir compte des spécificités de lafourniture de contenus et de services numériques. Pour simplifier l'exposé, elles seront envisagées ensemble, tout en relevant les différences. C'est notamment le cas quant à la garantie légale de conformité (C. consom., art. L. 224-25-12 à L. 224-25-23)[4], à la garantie commerciale (C. consom., art. L. 217-21 à L. 217-24[5] ; art. L. 217-25-27) ou au sort des mises à jour (C. consom., art. L. 224-25-24 à L. 224-25-26[6]).

1. G. Loiseau, « L'ordonnance du 29 septembre 2021 : un texte fondateur d'un droit des contrats portant sur les biens et services numériques », *CCÉ* 2021. Ét. 21.
2. V. *supra* n° 011.102.
3. PAR EX. dans l'Ord. figure douze fois la formule ridicule et parfaitement superfétatoire « dans le cadre de ».
4. V. *supra* n°s 213.231 s.
5. V. *supra* n° 213.262.
6. V. *supra* n° 213.233.

CHAPITRE

241. Domaine

SECTION 0

ORIENTEUR

241.00 Sommaire du chapitre.

SECTION UNIQUE

ÉTUDE D'ENSEMBLE

241.11 Annonce. L'ordonnance énumère assez longuement, d'abord positivement, les contrats auxquels s'appliquent les dispositions qu'elle prescrit pour les contrats de fourniture de contenus et de services numériques, puis négativement ceux auxquels elles ne s'appliquent pas.

241.12 Positivement. Positivement, sont visés principalement « *tout contrat par lequel un professionnel, ou toute personne se présentant ou se comportant comme tel, fournit un contenu numérique et un service numérique au consommateur, et ce dernier s'acquitte d'un prix ou procure tout autre avantage au lieu ou en complément du paiement d'un prix* » (C. consom., art. L. 224-25-2, I, al. 1er). Et, au-delà du contrat avec un consommateur, tout contrat (dans le domaine visé) conclu entre un professionnel et un non-professionnel (C. consom., art. L. 224-25-31).

Les dispositions légales relatives aux contrats de fourniture de contenus et de services numériques s'appliquent aussi aux contrats à élaborer conformément aux spécifications du consommateur (C. consom., art. L. 224-25-2, I, al. 2) ; ainsi que, mais avec des limites indiquées par le code dans la suite du même article, des contrats de fourniture d'un contenu numérique sur un support matériel servant exclusivement à son transport ou de ceux qui réunissent la fourniture d'un contenu ou d'un service numérique *et* la fourniture d'autres biens ou services ne relevant pas des dispositions étudiées, celles-ci ne s'appliquent qu'aux contenus et services numériques qu'elle couvre.

241.13 Négativement. Négativement, les dispositions légales relatives aux contrats de fourniture de contenus et de services numériques ne s'appliquent pas aux contenus et services intégrés ou interconnectés à des biens et qui sont compris dans la vente de ces biens, qu'ils soient fournis par le vendeur ou par un tiers ; ces contrats de vente sont régis par les articles L. 217-1 et suivants[1] ; cependant, lorsqu'il n'apparaît pas clairement que la fourniture d'un contenu ou d'un service numérique a donné lieu à un contrat distinct, cette fourniture est présumée relever du contrat de vente du bien. À la suite de ces exclusions en quelques sortes générales (figurant dans le C. consom., art. L. 224-25-3, I), le code énumère une série de huit catégories de contrats, assez disparates et plus ou moins importants, échappant aux dispositions propres aux contrats de fourniture de contenus et de services numériques (C. consom., art. L. 224-25-3, II), parmi lesquels les soins de santé « *fournis par des professionnels de santé pour évaluer, maintenir ou rétablir l'état de santé* » (C. consom., art. L. 224-25-3, II, 5°), ou les logiciels sous licence libre et ouverte, lorsque le consommateur ne s'acquitte pas d'un prix et que les données à caractère personnel fournies par celui-ci sont exclusivement traitées par le professionnel pour en améliorer la sécurité, la compatibilité ou l'interopérabilité (C. consom., art. L. 224-25-3, II, 8°).

1. Sur lesquels v. *supra* nos 213.22 s.

CHAPITRE

242. Formation et durée

SECTION 0 ORIENTEUR

242.00 **Sommaire du chapitre.**

SECTION UNIQUE ÉTUDE D'ENSEMBLE

242.11 **Information.** L'information du consommateur est une des grandes préoccupations du législateur contemporain. L'ordonnance n° 2021-1247 en constitue une éclatante confirmation. L'article L. 224-25-5 du code de la consommation prescrit un nombre considérable d'informations, mais qui ne constituent que le minimum (comme l'indique l'al. 1er). D'abord, outre évidemment le nom et les adresses du professionnel, toutes les informations mentionnées par les articles L. 111-1[1] et L. 221-5[2] du même code (dont la date à laquelle ou le délai dans lequel le professionnel s'engage à livrer le bien ou à fournir le service, le service ou le contenu numérique[3]), et s'il y a lieu, les informations relatives aux garanties légales, aux fonctionnalités, à la compatibilité et à l'interopérabilité du contenu numérique, du service numérique ou du bien comportant des éléments numériques, aux autres conditions contractuelles et, le cas échéant, à l'existence de toute restriction d'installation de logiciel[4]. Le professionnel doit encore, le cas échéant, donner les informations prévues par les articles L. 221-8 pour les contrats conclus hors établissement et L. 221-11 quant aux contrats à distance. Et aussi, notamment, pour chaque service fourni, les éventuels niveaux minimaux de qualité de service pour autant qu'il en soit proposé ; lorsqu'aucun niveau minimal de qualité de service n'est proposé, mention en est faite (C. consom., art. L. 224-25-5, 3°) ; la durée du contrat, les conditions de renouvellement et d'interruption des services et du contrat, ainsi que toute utilisation ou durée minimale requise pour pouvoir bénéficier de promotions (C. consom., art. L. 224-25-5, 4°) ; le type de mesure qu'est susceptible de prendre le professionnel pour réagir à un incident de sécurité ou pour faire face à des menaces ou à des situations de vulnérabilité (C. consom., art. L. 224-25-5, 8°).

1. V. *supra* n° 014.11.
2. Complété par l'Ord. n° 2021-1734, 22 déc. 2021 (art. 6), transposant la dir. 2019/2161 du Parlement et du Conseil du 27 nov. 2019, relative à une meilleure application et une modernisation des règles de l'Union en matière de protection des consommateurs.
3. C. consom., art. L. 221-5, I, 3°, réd. Ord. n° 2021-1734, 22 déc. 2021, préc.
4. C. consom., art. L. 221-5, I, 5°, réd. Ord. n° 2021-1734, 22 déc. 2021, préc.

242.12 **Durée.** Est interdite toute clause imposant le respect d'une durée minimum d'exécution du contrat de plus de vingt-quatre mois à compter de la date de conclusion du contrat ou de sa modification (C. consom., art. L. 224-25-6). Lorsqu'une clause imposant une durée minimum d'exécution, respectant cette limite, a été souscrite par le consommateur, les facturations établies par le professionnel mentionnent la durée d'engagement restant à courir ou la date de la fin de l'engagement ou, le cas échéant, que cette durée minimum d'exécution du contrat est échue (C. consom., art. L. 224-25-7).

242.13 **Préavis de résiliation.** En l'absence ou au-delà d'une durée minimum d'exécution imposée par le contrat, la durée du préavis de résiliation par un consommateur d'un contrat de fourniture de contenus ou de services numériques ne peut excéder dix jours à compter de la réception par le professionnel de la demande de résiliation. Le consommateur peut toutefois demander que cette résiliation prenne effet plus de dix jours après la réception, par le professionnel, de sa demande de résiliation (C. consom., art. L. 224-25-7).

CHAPITRE

243. Exécution

SECTION 0

ORIENTEUR

243.00 **Sommaire du chapitre.**

SECTION UNIQUE

ÉTUDE D'ENSEMBLE

243.11 **Délivrance.** La délivrance s'effectue par la mise à la disponibilité ou l'accessibilité pour le consommateur (en tout lieu physique comme virtuel que ce dernier a choisi), du contenu ou du service numérique (conforme au contrat[1]), ou de tout moyen approprié pour y accéder ou le télécharger[2]. Elle est fournie avec notamment les accessoires et instructions d'installation[3] ainsi que les mises à jour conformément au contrat[4] ou, à défaut, que « *le consommateur peut légitimement attendre* »[5].

Selon l'article L. 225-24-10 du code de la consommation, le professionnel doit exécuter le contrat à la date prévue ou dans le délai convenu ; à défaut de stipulation sur ce point, dans le meilleur délai.

243.12 **Défaillance.** Le consommateur dispose de plusieurs solutions envisagées par l'article L. 225-24-11 du code de la consommation lorsque le professionnel manque à ses obligations. La plus simple est de suspendre le paiement jusqu'à l'exécution du contrat (exception d'inexécution : C. civ., art. 1219 et 1220). Sinon, le consommateur peut résoudre le contrat si, après mise en demeure, le professionnel ne s'est pas exécuté sans retard injustifié ou dans un délai supplémentaire ayant fait l'objet d'un accord exprès entre les parties.

Mais le consommateur peut résoudre immédiatement le contrat dans deux circonstances. D'abord, quand le professionnel refuse de fournir le contenu ou le service numérique ou lorsqu'il est manifeste qu'il ne procédera pas à cette fourniture. Ensuite, lorsqu'il n'exécute pas son obligation à la date ou à l'expiration du délai prévu, alors que cette date ou ce délai constitue pour le consommateur une condition essentielle du contrat (celle-ci résulte des circonstances qui entourent la conclusion du contrat ou d'un accord exprès entre le consommateur et le professionnel).

Le consommateur bénéficie de la garantie légale de conformité (C. consom., art. L. 224-25-12 à L. 224-25-23)[6], ainsi, le cas échéant, d'une garantie commerciale (C. consom., art. L. 217-21 à L. 217-24[7] ; art. L. 217-25-27).

Dans tous les cas, le consommateur peut demander l'allocation de dommages et intérêts.

243.13 **Spécificité.** De par la spécificité des contenus et services numériques, des dispositions particulières s'appliquent tant au consommateur qu'au professionnel en cas de résolution du contrat.

En premier lieu quant au consommateur. Elles relèvent de la loyauté contractuelle, à savoir de s'abstenir d'utiliser le contenu numérique ou le service numérique comme de le rendre accessible à des tiers[8]. De plus, lorsque le contenu numérique a été fourni sur un support matériel, le consommateur le restitue sans retard injustifié et aux frais du professionnel, dès lors que celui-ci formule une

1. C. consom., art. L. 225-24-13 et C. consom., art. L. 225-24-14, I, énumèrent les principaux critères de conformité.
2. C. consom., art. L. 225-24-10, al. 2.
3. C. consom., art. L. 225-24-13, 3° et C. consom., art. L. 225-24-14, I, 5°.
4. C. consom., art. L. 225-24-13, 4°.
5. C. consom., art. L. 225-24-14, I, 6°.
6. V. *supra* n°s 213.231 s.
7. V. *supra* n° 213.262.
8. C. consom., art. L. 224-25-22, II, al. 1er.

demande de restitution (au plus tard dans les quatorze jours suivant la date à laquelle il a été informé de la décision de résoudre le contrat) [1].

En second lieu quant au professionnel. Il est tenu de mettre à disposition du consommateur, sans frais et dans un délai raisonnable, dans un format couramment utilisé et lisible par machine, tout contenu, autre que les données à caractère personnel, qui a été fourni ou créé par ce dernier lors de l'utilisation du contenu ou du service numérique fourni par lui [2]. En outre, de s'abstenir d'utiliser tout contenu, autre que les données à caractère personnel, qui a été fourni ou créé par le consommateur lors de l'exécution du contrat (prohibition du parasitisme), sauf si ce contenu a été généré conjointement par le consommateur et d'autres personnes, et si d'autres consommateurs peuvent continuer à en faire usage [3]. Toutefois ces deux obligations connaissent des exceptions de bon sens [4]. Enfin, le professionnel peut empêcher toute utilisation ultérieure du contenu ou du service numérique en le rendant inaccessible au consommateur ou en désactivant le compte utilisateur du ce dernier, sans préjudice, néanmoins, de ses droits à la récupération du contenu ou à la consultation de ses factures [5].

1. C. consom., art. L. 224-25-22, II, al. 2.
2. C. consom., art. L. 224-25-22, III, 3°.
3. C. consom., art. L. 224-25-22, III, 4°.
4. C. consom., art. L. 224-25-22, III, al. 5.
5. C. consom., art. L. 224-25-22, III, al. 6.

TITRE

25. L'ensemblier informatique

SECTION 0

ORIENTEUR

25.00 **Sommaire du titre.**

Division. Après un aperçu général sur l'ensemblier informatique (chap. 241), nous étudierons les deux principales méthodes auxquelles la pratique recourt. Il s'agit d'une part du contrat clé en main (chap. 242) et, d'autre part de la co-traitance (chap. 243).

25.03 **Bibliographie. Ouvrages.** J.-A. Boon et R. Goffin, *Les contrats « clé en main »*, 2e éd., Masson, 1987 – E. Djuatio, *Management de projets : Technique d'évaluation, analyse, choix et planification*, L'Harmattan, 2004 – P. Mangold, *Gestion de projet informatique*, Éd. d'Organisation, 2006 – O. Englender et S. Fernandes, *Manager un projet informatique : Comprendre pour faire les bons choix tout au long du projet*, 4e éd., « Gestion de projets », Eyrolles, 2017 – Ph. le Tourneau, *L'ingénierie, les transferts de technologie et de maîtrise industrielle*, 2e éd., « Droit & Professionnels », LexisNexis, 2016.

Thèses. F. Hermet, *La maîtrise d'œuvre aéronautique civile et de défense en droit privé*, Toulouse 1, 2001 – J. Larrieu, *Le contrat d'ingénierie*, Toulouse 1, 1984.

Articles. J. Besse et Ph. Debry, « Implantation d'un système d'information : Conseils pour la rédaction d'un contrat d'intégration », *RLDC* 2009, nº 3520 – H. Bitan, « Pour une consécration de l'obligation de moyens renforcée dans les contrats informatiques », *CCÉ* 2005. Chron. nº 34 – G. Cordier, « La contractualisation de l'intégration d'un système informatique : l'exemple de l'ERP », *CCÉ* 2008. Fiche prat. 10 – C. Feucher, « Les contrôleurs techniques [le mythe et la raison] », *RD aff. int.* 1999. 343 s. – J. Huet, « Intégration du système : un complexe de contrats informatiques gravitant autour d'une obligation essentielle », *CCÉ* 2007. Ét. 22 – M.-A. Ledieu, « Le contrat de système "clé en main" (1re partie) », *Cah. dr. entr.* 2006/5, 66.

CHAPITRE

251. Ouverture

SECTION 0
ORIENTEUR

251.00 **Sommaire du chapitre.**

SECTION UNIQUE
ÉTUDE D'ENSEMBLE

251.11 **Originalité d'un contrat portant sur un ensemble.** La jurisprudence avait déjà relevé, dans d'autres domaines, l'originalité d'un contrat portant sur un ensemble. Cependant, cela est particulièrement frappant en matière informatique, où elle considère que la fourniture d'un ensemble, dit le plus souvent *configuration informatique* ou *système informatique* (voire *solution informatique*), entraîne une qualification et une responsabilité globales. L'approche systémique est née dans les années 1930 des travaux de Ludwig von Bertalauffy (dont il donna la synthèse en 1954 dans sa *Théorie générale des systèmes*), visant à mathématiser l'ensemble des systèmes de la nature (biologiques et cybernétiques). D'une façon générale, un système se définit comme « *un ensemble d'éléments en interaction dynamique organisé en fonction d'un but* » (J. de Rosnay). Plus techniquement, il s'entend d'un ensemble « *de moyens interconnectés entre eux et conçus globalement de manière cohérente pour remplir des objectifs opérationnels avec le meilleur rapport efficacité-coût* » (L. d'Hamada). Dans le domaine de l'informatique, il s'agit d'un ensemble comprenant du matériel et de l'immatériel (progiciels et logiciels), capable de gérer une ou plusieurs applications, de recevoir et de traiter des données.

251.12 **Circonstances dans lesquelles le contrat porte sur un ensemble.** Le contrat porte sur un ensemble, évidemment d'abord si telle apparaît avoir été la volonté des parties, alors même que les contrats sont formellement distincts[1]. Mais il est prudent d'insérer une clause indiquant que les contrats forment un ensemble indivisible et que l'exécution doit être intégrale[2].

Ensuite, le contrat est également d'ensemblier quand les diverses prestations sont intrinsèquement indivisibles[3], l'une ne pouvant pas exister sans l'autre[4].

1. T. com. Paris, 17 févr. 1989, *Expertises* 1990, p. 69 – Com. 11 avr. 1995, *Expertises* 1995, p. 231 – Com. 13 janv. 1998, n° 95-16.468, NP, *Expertises* 1998, p. 235 – Paris, 14 mai 1999, *SNC Trema gestion c/Sogitel, RJDA* 1999, n° 914 – Com. 26 juin 2001, n° 98-10.600, NP, *RJDA* 2002, n° 38 : il résultait des documents contractuels que les parties avaient « *l'intention de procéder à une informatisation globale et intégrée* » – Paris, 2 juill. 2004, *IFTH c/Léonard Fashion, Legalis.net* 2005/1, p. 125.
2. V. *supra* s[s] n°s 116.41 s.
3. V. *supra* s[s] n° 013.12.
4. Com. 11 avr. 1995, n° 92-21.476, NP, *Expertises* 1995, p. 231 – Com. 27 nov. 2001, n° 98-15.824, NP, *Expertises* 2002, p. 192 – Com. 13 févr. 2007, n° 05-17.407, *Faurecia c/Oracle,* P IV, n° 43 ; *D.* 2007. AJ 654, obs. X. Delpech ; *RDC* 2007. 707, note D. Mazeaud et p. 746, note S. Carval ; *JCP* 2007. II. 10063, note Y.-M. Serinet ; *JCP* 2007. I. 185, obs. Ph. Stoffel-Munck ; *JCP E* 2007. 2336, note J. Huet ; *RJ com.* 2008. 187, note H. Alterman et N. Herzog ; *Defrénois* 2007. 1042, note R. Libchaber ; *RLDC* 2007, n° 2511, note G. Loiseau – SUR RENVOI : Paris, 25e ch. A, 26 nov. 2008, *Faurecia c/Oracle, CCÉ* 2009, n° 37, obs. Ph. Stoffel-Munck ; *Gaz. Pal.* 2009. 1, Somm. 1438, obs. J.-F. Forgeron et C. Michau ; *RJ Com.* 2009, 20, note H. Alterman ; *JCP E* 2009. 1674, n° 3, obs. M. Vivant, N. Mallet-Pujol et J.-M. Bruguière ; *RDC* 2009. 1010, note T. Genicon : la motivation de l'arrêt de la chambre commerciale est exemplaire ; licence de progiciel, contrats de maintenance, d'adaptation du progiciel et de formation – COMP. : Civ. 1re, 13 nov. 2003, n° 02-10.229, NP, *D.* 2004. 657, note I. Najjar : à propos de contrats de commercialisation d'un programme immobilier, « *ces conventions interdépendantes conclues en vue de la même opération économique formaient un ensemble contractuel indivisible* ».

Et encore lorsqu'un intervenant a accepté formellement la fonction de maître d'œuvre[1], ou s'est comporté comme un *maître d'œuvre de fait*[2].

251.13 Diverses sortes d'ensembliers. Le plus modeste des ensembles est la « station de travail ». À un stade plus évolué se situe ce que la pratique nomme parfois, de façon ambiguë, un *contrat d'intégration*[3]. Allant au-delà, voici la configuration, au sein d'une entreprise ou d'un groupe de sociétés, d'un site *en réseau*, prêt à l'emploi. Un ensemble plus élaboré peut comporter notamment la mise au point d'un logiciel spécifique, la fourniture d'appareils, la formation du personnel (*training of the client's personal*), et une assistance technique[4]. L'envoi de salariés dans l'entreprise cliente, au titre de l'assistance technique, ne constitue ni un « marchandage » ni un « prêt de main-d'œuvre »[5] illicites. Il peut être prudent, à cet égard, de préciser dans le contrat que les salariés du prestataire, détachés chez le client, demeureront sous l'autorité hiérarchique et disciplinaire du premier.

Un système informatique peut être loué[6].

La pratique recourt à deux méthodes principales d'ensemblier informatique : celle du contrat clé en main et celle de la co-traitance.

251.14 Contrat d'intégration. Par un *contrat d'intégration* (notamment l'intégration dite ERP [*Enterprise Resource Planning*]), qui est un contrat d'entreprise (louage d'ouvrage) une entreprise de service du numérique (ESN) organise le fonctionnement conjoint de divers types d'appareils, ainsi que de plusieurs progiciels et/ou logiciels spécialement paramétrés[7], voire une base de données[8]. L'objectif est de réduire le nombre de logiciels utilisés et d'améliorer le système, spécialement en optimisant les processus de gestion (flux économiques et financiers), en augmentant la cohérence et l'homogénéité des fichiers, en supprimant les interfaces[9] des divers modules. L'intégration implique au préalable un audit du système en place[10]. L'intégration elle-même connaîtra, comme dans la plupart des contrats relatifs à l'informatique, une série de phases successives, comprenant notamment des développements spécifiques, le transfert des données, des tests, des réceptions provisoires, la formation des utilisateurs, la simulation de mise en route[11] (*benchmarking*), l'assistance lors du démarrage de la solution, la réception définitive[12]. Parfois, l'intégration donne lieu à un ensemble contractuel, à propos duquel se pose, comme d'habitude, la question de son indivisibilité ou de l'absence[13] de celle-ci[14]. Ce

1. Com. 27 nov. 2001, n° 98-15.824, préc.
2. Com. 3 mai 1995, n° 93-13.760, NP, *RJDA* 1995, n° 1353 – COMP. : la situation de Com. 4 mars 1997, n° 95-10.756, P IV, n° 65 ; *RTD civ.* 1997. 691, obs. P.-Y. Gautier : une sté d'un *groupe* accepta de fournir un ensemble informatique ; condamnation *in solidum* de plusieurs sociétés du groupe à réparer les conséquences de l'inexécution ; car d'abord la sté contractante n'avait *pas d'autonomie* ; ensuite parce que les autres s'étaient *immiscées* dans sa gestion ; voici une belle illustration de la notion de groupe de sociétés.
3. V. *infra* s[s] n° 251.14.
4. Com. 25 oct. 1994, n° 93-10.184, NP, *RJDA* 1995, n° 131 ; *CCC* 1995, n° 3, obs. L. Leveneur.
5. V. *supra* s[s] n° 116.14.
6. Comme dans l'aff. ayant donné lieu à : Amiens, 27 juill. 2004, *Espace Info-Com c/Avenir Patrimoine, CCÉ* 2005, n° 70, obs. Ph. Stoffel-Munck.
7. EX. de contrats d'intégration ayant échoué : Com. 7 oct. 2008, n° 07-15.423, NP : le module de gestion commerciale n'avait jamais pu être livré tandis que le logiciel de production présentait des temps de réponse estimés inacceptables par un expert désigné en référé ; résolution – Paris, 5e ch., sect. A, 18 mars 2009, RG n° 2003/062546, *CCÉ* 2011. Ét. 6, 1re esp., obs. J. Huet : résiliation aux torts partagés, car, selon l'analyse donnée par la cour d'appel du contrat, le client était aussi maître d'œuvre et avait la maîtrise de son projet informatique – TGI Niort, 14 déc. 2009, n° 09/00580, *CCÉ* 2011. Ét. 6, 2e esp., obs ? J. Huet : annulation pour dol – Paris, pôle 5, 19 janv. 2011, RG n° 09/15092, *Axe Sélection, Expertises* 2011, p. 270 : résolution du contrat en raison du non-respect du délai contractuel impératif, et du manque de loyauté de l'intégrateur ; réparation du préjudice subi, NOT. : le temps passé par les salariés du client – Poitiers, 1re ch. civ., 25 nov. 2011, RG n° 10/00285, *IBM c/MAIF, Expertises* 2012, p. 28 ; *RLDC* 2012/92, p. 57, obs. V. Fauchoux : échec pour diverses raisons d'un contrat d'intégration (de 7,3 millions d'€) comportant la refonte du système informatique de gestion de la relation clients et une gestion de la relation sociétaires, malgré une évolution du projet marquée par plusieurs avenants – SUR CET ARRÊT : L. Szuskin et A. David, « Contrat informatique : lorsque le fait du client exonère la responsabilité du prestataire », *Expertises* 2012, p. 73 – SUR POURVOI : Com. 4 juin 2013, n° 12-13.002, NP, *D.* 2013. Pan. 2487, obs. C. Le Stanc – SUR RENVOI : Bordeaux, 1re ch., sect. B, 29 janv. 2015, n° 13/05.939, *RLDI* 2015, n° 3713, note S. Staub ; *RDC* 2015. 871, note J. Huet – Com. 26 mars 2013, n° 12-11.688, NP, *RJDA* 2013, n° 685.
8. Com. 29 avr. 2014, n° 13-13.323, NP, *RDC* 2014. 637, note J. Huet.
9. Pour une définition de l'interface v. *supra* s[s] n° 213.15.
10. Paris, pôle 5, 19 janv. 2011, *Axe Sélection*, préc. ; défaillance à cet égard.
11. Paris, 5e ch., sect. A, 18 mars 2009, n° 2003/062546, préc.
12. SUR CE CONTRAT : G. Cordier, « La contractualisation de l'intégration d'un système informatique : l'exemple de l'ERP », art. préc. – J. Huet, « Intégration du système : un complexe de contrats informatiques gravitant autour d'une obligation essentielle », art. préc.
13. Sur la question v. *supra* s[s] n°s 013.12 s.
14. À PROPOS d'une intégration organisée par quatre contrats qui furent considérés comme interdépendants : Com. 13 févr. 2007, n° 05-17.407, *Faurecia c/Oracle*, P IV, n° 43 ; *D.* 2007. AJ 654, obs. X. Delpech ; *RDC* 2007. 707, note D. Mazeaud et p. 746, note S. Carval ; *JCP* 2007. II. 10063, note Y.-M. Serinet ; *JCP* 2007. I. 185, obs. Ph. Stoffel-Munck ; *JCP E* 2007. 2336, note J. Huet ; *RJ com.* 2008. 187, note H. Alterman et N. Herzog ; *Defrénois* 2007. 1042, note R. Libchaber ; *RLDC* 2007, n° 2511, note ▶

contrat implique évidemment, comme tous les contrats informatiques complexes, une collaboration du client[1], sans évidemment que le client se transforme en maître d'œuvre[2].

251.15 Contrats préalables aux contrats d'ensemblier. Dans l'une et l'autre méthode d'ensemblier, il arrive que le maître de l'ouvrage ait au préalable conclu un *contrat d'étude* avec une entreprise spécialisée, chargée uniquement de concevoir le système[3]. Un tel contrat d'étude s'apparente au contrat d'ensemblier, dans la mesure où il porte sur un ensemble, mais il s'en distingue fondamentalement puisqu'il se borne à ce stade, alors que le contrat que nous allons étudier se prolonge par l'exécution, et comporte de lourdes obligations. Parfois l'ensemblier aura obtenu, pour parvenir au but fixé par son client, la détention d'une innovation détenue par un tiers[4], par une licence d'un brevet[5] et/ou une communication d'un savoir-faire[6].

251.16 Contrats concomitants aux contrats d'ensemblier. De plus, le maître de l'ouvrage peut encore, concomitamment avec le contrat principal de réalisation, contracter avec une ESN ou un bureau de contrôle (indépendant de son ou de ses partenaires). Sa tâche est plus ou moins étendue, et s'étalant plus ou moins longuement dans le temps. Le Droit de la construction est éclairant à cet égard. En effet, l'article R.* 111-40 du code de la construction et de l'habitation dispose que : « *Au cours de la phase de conception, le contrôleur technique procède à l'examen critique de l'ensemble des dispositions techniques du projet. // pendant la période d'exécution des travaux, il s'assure notamment que les vérifications techniques énumérées à l'article 1792-1 (1°) du code civil s'effectuent de manière satisfaisante* ». Parfois, le contrôleur intervient dès la phase de conception. Dans d'autres cas, il n'apparaît que pour *assister* son client dans les réceptions. Mais sa fonction peut aussi consister à *contrôler* le bon déroulement de l'exécution, notamment quant à la conformité des travaux aux plans et spécifications contractuelles (en anglais, *Employer's Requirements*), aux normes officielles et au respect des règles de l'art (en principe, l'assistance technique emporte une obligation de moyens[7]).

251.17 Conseils pour la rédaction d'un contrat d'ensemblier. Par nature, un contrat d'ensemblier est complexe. Il augmente les risques de ceux qui participent à son élaboration et à son exécution. Les intervenants doivent donc impérativement identifier et évaluer soigneusement les risques techniques, juridiques et fiscaux de l'opération avant de s'y aventurer. La rédaction du contrat doit être soignée et détaillée, en adoptant tout en les adaptant les clauses étudiées auparavant[8].

251.18 Élément international. Lorsque les contractants se trouvent dans des pays différents, un conflit de loi surgira, qui se résoudra selon les règles habituelles (à défaut d'une clause sur la loi applicable[9]).

La convention de Vienne sur les ventes internationales de marchandises du 11 avril 1980 (CVIM), ne régit pas les contrats de prestations de services, même lorsqu'ils comportent des fournitures, dès lors que les premières sont prépondérantes[10] : La précision est intéressante pour les *contrats d'ensemblier*.

► G. Loiseau – SUR RENVOI : Paris, 25e ch. A, 26 nov. 2008, *Faurecia c/Oracle, CCÉ* 2009, n° 37, obs. Ph. Stoffel-Munck ; *Gaz. Pal.* 2009. 1, Somm. 1438, obs. J.-F. Forgeron et C. Michau ; *RJ com.* 2009. 20, note H. Alterman ; *JCP E* 2009. 1674, n° 3, obs. M. Vivant, N. Mallet-Pujol et J.-M. Bruguière.

1. J. Besse et Ph. Debry, « Implantation d'un système d'information : conseils pour la rédaction d'un contrat d'intégration », art. préc.
2. COMP. : Paris, 5e ch., sect. A, 18 mars 2009, RG n° 2003/062546, préc. : aff. dans laquelle le client était aussi maître d'œuvre et avait la maîtrise de son projet informatique, ce qui entraîna la résiliation aux torts partagés.
3. Com. 4 févr. 1997, n° 94-17.440, NP, *RJDA* 1997, n° 639 : RETENANT IMPLICITEMENT une obligation de moyens à sa charge, en relevant sa faute – POUR UN EX. de contrat d'étude : X. Linant de Bellefonds et A. Hollande, *Pratique du droit de l'informatique, op. cit.*, n° 302.
4. EX : G. Pillet, « L'achat d'innovation par les grandes entreprises auprès des *start-up* : intégrer la méthode agile dans le processus contractuel », *RDAI* 2019/2, p. 155 ; le mot d'achat est impropre – Sur les méthodes dites *Agile* v. *supra* s^s n°s 121.12, 121.13, 223.21, 231.52, 231.71 – O. Dorchies, « Les méthodes agiles dans les contrats informatiques », *CCÉ* 2020. Fiche prat. 13.
5. Sur celle-ci : É. Vergès (dir.), *Contrats sur la recherche et l'innovation*, hors collection, Dalloz, 2018, n°s 143.00 s.
6. V. *supra* s^s n°s 116.13 s.
7. NOT. quant à la défaillance de bureaux de contrôle technique : Versailles, 4 avr. 2002, *Expertises* 2003, p. 109 : pas de faute prouvée – DANS D'AUTRES DOMAINES : Versailles, 21 mars 1996, *Veritas, D.* 1996. 547, note Ph. le Tourneau – Civ. 1re, 28 janv. 1997, n° 94-19.747, P I, n° 35 – Civ. 3e, 25 mars 1998, n° 96-11.812, P III, n° 72 ; *D.* 1998. IR 106 – Civ. 2e, 28 mars 2002, n° 00-11.293, P II, n° 66 ; *JCP E* 2002. Pan. n° 788 ; *CCC* 2002, n° 105, obs. L. Leveneur : faute prouvée – Civ. 1re, 19 oct. 2004, n° 01-13.956, P I, n° 230 ; *D.* 2005. 1974, note H. Causse ; *JCP E* 2004, n° 1711 : pas de faute prouvée – SUR les contrôleurs : C. Feucher, « Les contrôleurs techniques [le mythe et la raison] », art. préc.
8. V. *supra* s^s n°s 116.05 s. – Et sur les prix v. *supra* s^s n°s 121.71 s.
9. Sur celle-ci v. *supra* s^s n° 116.141.
10. CVIM, art. 3, § 2.

CHAPITRE

252. Contrat d'ensemblier clé en main

SECTION 0 ORIENTEUR

252.00 **Sommaire du chapitre.**

252.05 **Deux variantes d'ensembliers « clé en main ».** Il existe deux variantes d'ensembliers « clé en main », pour retenir l'expression habituelle même si elle est sans doute en ce domaine plus une métaphore qu'une réalité.

La première, n'est qu'un mini-contrat d'ensemblier. Le professionnel se sera contenté de réaliser une configuration sur mesure pour son client, en *assemblant* des éléments provenant de divers fabricants, soit pour en abaisser le coût, soit pour la « doper » (en lui permettant d'atteindre des performances supérieures). Dans ce cas, il y a vente pure et simple. Ce qui a été indiqué précédemment au sujet de ce contrat s'applique, de sorte qu'il n'y a pas lieu de s'y attarder.

Mais le véritable contrat *clé en main*, dit aussi en la matière *système intégré*, est celui dans lequel l'engagement du prestataire porte sur un *résultat global*. C'est de lui que nous traiterons.

Les rédacteurs d'un contrat clé en main peuvent s'inspirer (mais non recopier) des modèles existants, telles les *Conditions applicables aux contrats de conception-construction clé en main* (*Conditions of contract for design-Build and turnkey*) de la Fidic (élaborée en 1995), connues sous le nom de *Livre orange*[1]. La version la plus récente est le « *livre argent* », élaboré pour tenir compte du développement des contrats dits BOT[2]. Cependant, leur destination est surtout la conception et la réalisation de grands projets industriels associés à des travaux d'infrastructures (ce qui n'est pas le cas dans le domaine de l'informatique). Il est recommandé que l'ensemblier désigne un chef de projet et que son client, maître de l'ouvrage, nomme un représentant qualifié et fondé de pouvoirs, interlocuteur du premier, qui suivra les diverses phases de l'élaboration et de l'exécution (et donnera ou refusera les approbations nécessaires en cours de route).

SECTION 1 PRÉSENTATION

§ 1 Aspects de fait caractéristiques

252.11 **Obligation de livrer un ensemble permettant de parvenir à un résultat.** Le contrat clé en main est avant tout celui dans lequel le prestataire s'engage à *livrer un ensemble permettant de parvenir à un résultat*, plus ou moins étendu, conforme à des

1. B. de Cazalet et R. Reece, « Conditions applicables aux contrats de conception-construction et clé en main », *RD aff. int.* 1996/3, p. 279 s.
2. SUR le « livre argent » : P. Le Goff, « A new standard for international turnckey contracts : The Fidic silver book », *RD aff. int.* 2000/2, p. 151 s. – *ADDE :* C. R. Seppälä, « Les nouveaux modèles Fidic de contrat de construction internationale », *RDI* 2002. 183 s.

spécifications[1] (que le client a pu parfois constater dans une installation *pilote* [*proof of concept* ou POC]). *L'ingénierie des systèmes* permet d'améliorer la précision et la qualité des spécifications, généralement consignées dans des cahiers des charges, servant de référentiel de conformité[2]. Toutefois, l'absence de cahier des charges n'exonère pas le prestataire lorsque le projet est complexe[3] ; dans ce cas, il devait refuser de s'engager en l'état, ou devait suppléer son client. Le concepteur d'un tel projet doit se souvenir de la loi de Murphy[4], à savoir que « *Tout ce qui est susceptible de mal tourner tournera nécessairement mal* », donc tenir compte, non seulement des accidents les plus improbables, mais aussi des manœuvres les plus stupides de la part des divers intervenants, afin de planifier et d'éliminer d'emblée les périls.

Normalement l'ensemblier est désigné *ab initio*. Mais il arrive que cela ne soit pas le cas, qu'il ne se soit vu confier cette mission que tardivement, ce qui aura pour effet de le décharger des défaillances éventuelles, au moins pour partie[5]. L'obligation globale peut résulter d'un contrat unique comme d'un ensemble de contrats indivisibles, avec les conséquences qui résulte de cette situation[6]. Lorsque des juges décident qu'un ensemble de contrats est indivisible, et que les obligations sont celles qui caractérisent le contrat clé en main (que nous allons énoncer), ils reconnaissent l'existence en fait d'un tel contrat (même s'ils ne le nomment pas).

252.12 Obligation de formation et d'assistance. De par sa nature, il comprend en principe une *formation du personnel* (*training of the client's personal*), et une *assistance technique*[7], mais légères, assez rudimentaires, dont une clause du contrat peut accroître les exigences[8]. Ces deux obligations se distinguent bien rationnellement, même si dans les hypothèses à la marge il est parfois délicat de les séparer. En effet, si la formation vise à transmettre des connaissances et un savoir-faire, le but de l'assistance technique est de *transférer une compétence* (permettant au bénéficiaire de maîtriser parfaitement son système informatique, et de mettre en œuvre lui-même les connaissances qu'il a pu acquérir) ; elle implique une sorte d'immixtion (légitime) par le débiteur de cette obligation dans l'entreprise du créancier, qui est le maître de l'ouvrage (d'où l'importance, une fois encore, d'une clause de confidentialité). De plus, le contrat clé en main est souvent associé (mais pas nécessairement) à un contrat de maintenance[9].

Le jumeau numérique, copie numérique parfaite, de l'ensemble facilite ces opérations[10].

§ 2
Qualification juridique adaptée

252.21 Un contrat *sui generis*. Quelle est la *nature juridique* du contrat portant sur un ensemble intégré ? D'abord, il convient d'adopter une *qualification unique*, en voyant ici *plus un contrat complexe qu'un complexe de contrats*. Ensuite, il nous semble préférable de le qualifier de contrat *sui generis* autonome[11] ; cela, car il est irréductible aux diverses prestations qu'il comporte. En effet, l'étroite symbiose créée entre toutes ses obligations fait surgir une entité singulière, qui occulte les qualifications particulières (ventes et entreprises), nulle d'entre elles ne prédominant réellement. Le concept récent *d'économie du contrat* pourrait sans doute expliquer la prise en considération de l'ensemble contractuel, considéré comme une opération économique concrète[12].

1. Paris, 20 févr. 1998, *Le store français, RJDA* 1998, n° 945, matériels et logiciels – Com. 19 mai 1998, n° 95-21.116, NP, *RJDA* 1998, n° 1096 : l'engagement clé en main impliquait non seulement l'installation des matériels dans les divers magasins d'une sté, mais aussi leur connexion avec le site principal, l'objectif étant la centralisation des opérations effectuées par toutes les caisses enregistreuses des divers magasins du client – T. com. Paris, 20 avr. 2000, *New Software, Gaz. Pal.* 2001. 1, Somm. 266 : contrat clé en main d'une « solution de gestion informatique », comprenant le matériel, « l'architecture réseau et communication », le câblage, le logiciel et la formation – Com. 26 juin 2001, n° 98-10.600, NP, *RJDA* 2002, n° 38 : affirmant que l'obligation est de résultat à propos de la livraison d'un ensemble informatique, global et intégré, mais qualifiant faussement ce contrat de vente – Com. 13 févr. 2007, n° 05-17.407, *Faurecia c/Oracle*, préc. (v. *supra* s[s] n° 213.202) : admettant implicitement que l'obligation de délivrance d'une solution informatique est de résultat, car il indique que le fournisseur ne peut s'exonérer qu'en prouvant la force majeure – Com. 17 mai 2017, n° 15-17.948, NP, *AJ contrat* 2017. 335, obs. T. Douville : « *le contrat portait sur la création d'un site "clés en main", de sorte que l'obligation souscrite par la société A. devait s'analyser en une obligation de résultat* ».
2. A. von Knethen et autres, « Une étude comparative des méthodes industrielles d'ingénierie des exigences », *Génie logiciel* 1999/50, p. 8 s.
3. Dijon, 19 févr. 2009, *Félix c/Godet, JurisData* 375797.
4. E. A. Murphy, 1918-1990.
5. COMP. : Paris, 14 mai 1999, *SNC Trema gestion c/Sogitel, RJDA* 1999, n° 914.
6. V. *supra* s[s] n°s 013.12 s.
7. Paris, 31 janv. 1997, *Ingénierie informatique c/Hydrogas, Gaz. Pal.* 1997. 2, Somm. 322, obs. F. Brousse : pour répondre aux difficultés de mise en œuvre du système.
8. Sur la formation v. *infra* s[s] n°s 332.00 s.
9. Sur celle-ci v. *infra* s[s] n°s 331.05 s.
10. SUR LE JUMEAU NUMÉRIQUE en matière médicale v. *supra* n° 011.19.
11. SUR CETTE EXPRESSION : M. Painchaux, « La qualification *sui generis* : l'inqualifiable peut-il devenir une catégorie ? », *RRJ* 2004. 1567 s.
12. EN CE SENS MAIS ne parlant pas des contrats clé en main : S. Pimont, *L'économie du contrat*, préf. J. Beauchard, PUAM, 2004, *passim*.

Mais celui d'*équilibre contractuel* semble plus précis. Alors que le premier « *signifie l'organisation du contenu du contrat* » le second « *désigne une certaine qualité de ce contenu apprécié globalement* »[1].

252.22 Éléments non déterminants. La qualification de contrat clé en main n'est pas liée à l'élaboration et à la fourniture d'un ou de plusieurs logiciels spécifiques, même si généralement cette prestation est incluse. Du reste, il est tout à fait possible qu'il y ait contrat clé en main en présence de la combinaison et de l'interaction de plusieurs progiciels, éventuellement légèrement adaptés (si les modifications sont peu importantes, le progiciel ne devient pas un logiciel). En tout cas, il est évident qu'un contrat clé en main comporte nécessairement des logiciels et/ou des progiciels, puisqu'il porte sur un ensemble qu'il s'agit de concevoir et de fournir.

Contrairement à ce qui est parfois avancé à la légère, la qualification est également indépendante du mode de fixation du prix (le plus souvent au forfait simple, parfois au forfait perfectionné et, dans les très gros contrats, en régie[2]). Mais le mode de détermination du prix n'est pas sans conséquences quant au rôle du maître de l'ouvrage. Celui-ci perd tout pouvoir d'intervenir en cours d'exécution si le prix est forfaitaire (comme l'indique le *Livre orange* précité de la Fidic). En revanche, si le prix est en régie, il conserve une certaine liberté d'intervention et de modification du projet (puisqu'il en supportera les conséquences financières), à condition toutefois de ne pas être inconstant et de ne pas se plaindre des retards qui en résulteraient.

252.23 Spécificité des contrats clé en main : l'existence d'un résultat global promis. En définitive, en dehors de la nature de la défaillance contractuelle dont il sera traité dans les numéros suivants, la spécificité des contrats clé en main réside d'une part, dans l'existence *d'un résultat global promis*, nécessitant une diversité et une complexité de prestations à la charge de l'ensemblier (maître d'œuvre) ; d'autre part, dans *l'unicité* de ce dernier.

Toutefois, cela n'empêche pas le maître d'œuvre de sous-traiter à des tiers des éléments du système, ce qui est fréquent en pratique[3]. Le contrat par lequel une entreprise confie ainsi à une autre la conception et/ou la réalisation d'une partie du marché dont elle a la charge globale constitue un contrat d'entreprise[4]. La loi n° 75-1334 du 31 décembre 1975[5] relative à la sous-traitance peut éventuellement s'appliquer, même si elle n'est généralement mise en œuvre que dans le domaine de la construction (et au contrat de transport de marchandises, auquel elle a été étendue par la loi n° 98-69 du 8 février 1998[6], ajoutant un deuxième al. à l'art. 1er de la loi du 31 déc. 1975 ; de son côté, la loi n° 2005-845 du 26 juill. 2005[7] a prévu que les dispositions de l'art. 14-1, al. 2 et 3, de la loi du 31 déc. 1975 s'appliquent au contrat de sous-traitance industrielle).

252.24 Spécificité (suite) ; une succession de phases. Les contrats d'ensemblier impliquent une succession d'étapes, plus ou moins nombreuses, indépendamment de l'établissement et de la transmission d'un cahier des charges par le client[8]. Par exemple, il peut être prévu une phase 0 consistant en une étude préliminaire de la faisabilité du projet et son échéancier (*planning*), d'une durée déterminée ou non, permettant d'aboutir à une définition sommaire du projet, à l'*identifier* dit-on dans les affaires, avec l'indication des coûts prévisionnels, les diverses options possibles ; les études préliminaires ayant été menées à bien, ses résultats et conclusions approuvés par le maître de l'ouvrage, la gestation se poursuit par une phase 1 d'étude et de modélisation, se concrétisant par l'établissement de l'avant-projet ; suit une phase 2 de réalisation du projet définitif, de documentation et de tests, associés le cas échéant à une simulation de mise en route pour déceler les éventuels défauts (*benchmarking*) ; une phase 3 d'intégration ; une phase 4 de mise en fonctionnement[9] ; enfin, une phase 5 de réception (celle-ci pouvant même être fractionnée[10]).

1. L. Fin-Langer, *L'équilibre contractuel*, préf. C. Thibierge, « BDPr », LGDJ, 2002, n° 237 – ADDE sur la notion : J.-J. Barbiéri, *Vers un nouvel équilibre contractuel ? Recherche d'un nouvel équilibre contractuel dans la formation et l'exécution du contrat*, th. Toulouse 1, 1981 – V. NOT. faisant référence à l'équilibre contractuel : Com. 7 oct. 2014, n° 13-21.086, P I, n° 143 ; *RDC* 2015. 18, note É. Savaux ; *RTD civ.* 2015. 381, obs. H. Barbier, 1re esp.
2. Sur ces notions v. *supra* ss nos 121.71 s.
3. Paris, 4 juill. 1997, *Apsylog c/CMG, Expertises* 1998, p. 113 – Com. 19 mai 1998, n° 95-21.116, préc. : mais en l'esp. le sous-traitant était nommé et dirigé par le client ; cependant, comme il était connu de l'ensemblier, étant désigné dans une annexe du contrat, l'arrêt considéra implicitement que cela n'empêchait pas son obligation d'être de résultat pour l'ensemble – T. com. Paris, 20 avr. 2000, *New Software, Gaz. Pal.* 2001. 1, Somm. 266.
4. Civ. 1re, 4 juill. 2000, n° 97-22.570, NP, *RCA* 2000, n° 331 : et non de vente, de sorte que le délai de deux ans [l'ancien « bref délai »] de l'art. 1648 du C. civ. ne s'applique pas.
5. L. n° 75-1334 du 31 décembre 1975 relative à la sous-traitance, *JO* 3 janv. 1976, p. 148.
6. L. n° 98-69, 8 févr. 1998 tendant à améliorer les conditions d'exercice de la profession de transporteur routier, *JO* 7 févr., p. 1975, art. 11.
7. L. n° 2005-845, 26 juill. 2005 de sauvegarde des entreprises, *JO* 27 juill., p. 12187, art. 186 ;
8. Comp. : v. *supra* ss n° 223.21.
9. Paris, 25e ch. A, 28 mai 2008, *Lenôtre c/Cilaos, Expertises* 2008, p. 313.
10. V. *infra* ss n° 252.72.

252.25 Spécificité (suite) ; une organisation minime. En outre, un contrat d'ensemblier nécessite la création d'une organisation, comportant au minimum un organe de coordination ou comité de pilotage (*steering committee*) et un chef[1] de projet[2]. L'organe de coordination est tantôt une structure collégiale, tantôt une structure unitaire.

Première situation : structure collégiale. Un comité de coordination (ou de gestion) est composé de toutes les sociétés parties prenantes (en cas de co-traitance). Les décisions s'y prennent à l'unanimité. Le comité est présidé à tour de rôle (selon une fréquence prévue par l'acte constitutif) par un de ses membres, mais sa fonction est restreinte à la convocation et à la présidence des réunions.

Seconde situation : structure unitaire. Ici l'assemblée générale du groupement désigne un gestionnaire de contrat ou *contract manager* (membre du groupement, salarié d'un membre du groupement, un salarié du groupement, ou encore un prestataire de services du groupement, tel un ingénieur-conseil indépendant). L'organe est aussi dénommé chef de file ou entreprise pilote[3] (*prime contractor*) : Il s'agit soit d'une des sociétés co-traitantes (représentée par un de ses salariés, chef du projet), soit d'une société commune *ad hoc* (la plus commode étant la société par action simplifiée, SAS), constituée uniquement avec cette fonction de management, représentée par son président. Le « pilotage » d'un projet complexe est une œuvre délicate, impliquant une collaboration intime et transparente des divers acteurs.

252.26 Spécificité (suite) : le gestionnaire de contrat. Le gestionnaire ou manageur de contrat (*contract manager*)[4], dit aussi *contract administrator*, est souvent présent dans les grands projets. Généralement, le gestionnaire de contrat est un travailleur indépendant (*freelance*), recruté pour un projet. Il assure la mise en œuvre et la gestion des contrats, identifie et propose des solutions pour minimiser les risques de toutes natures, pas seulement juridiques. Il supervise le contrat durant tout son cycle de vie, du début de son existence à la fin de son exécution (parfois même jusqu'à l'expiration de la garantie). Il gère aussi les relations entre les divers intervenants (pour fluidifier leurs rapports, tout en veillant à ce que le maître de l'ouvrage ne s'immisce pas intempestivement dans les prestations, bien que tenu à une certaine collaboration[5]). Il présente donc un aspect global et transversal.

252.27 Ou une entité commune. Pour les projets de grande ampleur, les membres du groupement peuvent souhaiter s'unir de façon plus poussée que par des liens contractuels ordinaires, en créant une entité commune, dotée de la personnalité morale. Souvent, elle est fâcheusement désignée par l'expression, équivoque au possible, de *joint venture*. Elle n'a aucune signification technique de précision, contrairement à ce qu'imaginent de nombreux hommes d'affaires. Il faut seulement l'entendre dans le sens d'entité commune, dépassant donc une formule purement contractuelle (du moins quand il s'agit d'une *equity joint venture* ou *joint entreprise*, alors que dans la *non-equity joint venture*, dite aussi *uncorporated joint venture*, il n'y a pas naissance d'une troisième entité ; en pratique, on utilise rarement ces expressions, moins équivoques, se contentant de *joint venture* tout nu. *Equity* est un des plus perfides faux-amis, ne désignant pas l'équité mais l'investissement). Mais quant à savoir quelle est la nature de l'entité, dotée ou non de la personnalité juridique[6], c'est une autre histoire, que la formule stéréotypée ne permet pas de déterminer (sauf, peut-être, aux États Unis où elle serait une société sans personnalité morale, mais les auteurs américains ne sont pas précis en la matière, et la distinguent difficilement du *partnership*).

Que sera cette personne morale ? C'est aux parties de décider ce qu'elles veulent, quelle force elles souhaitent donner à leur entité commune et d'adop-

1. Sur le chef de projet aussi v. *supra* s^s n°s 122.32 et 252.05.
2. Paris, 25e ch. A, 28 mai 2008, *Lenôtre c/Cilaos*, préc. : il existait bien un comité de pilotage, mais pas de chef du projet, ce qui fut une des causes de l'échec – Paris, pôle 5, 19 janv. 2011, RG n° 09/15092, *Axe Sélection, Expertises* 2011, p. 270 : comité de pilotage – A. Fernandez, *Le Chef de projet efficace*, Eyrolles, 2011.
3. COMP. : Paris, pôle 5, ch. 11, 9 janv. 2015, *Expertises* 2015. 230.
4. SURTOUT SUR ce personnage : G. Leveau, *Pratique du* Contract Management : *Optimisez la gestion du cycle de vie contractuel*, 3e éd., Gualino, 2019 : ce livre explique le rôle et les missions du manageur de contrats, mesure la valeur ajoutée de la fonction tout en préparant son intégration dans l'entreprise et propose tant des processus que des outils utiles, testés dans un cas pratique – T. des Lauriers, *Manager un projet. Définir, concevoir, piloter*, Eyrolles, 2016 – O. Englender et S. Fernandes, *Manager un projet informatique. Comprendre pour faire les bons choix tout au long du projet*, Eyrolles, 2017 – G. Feld, C. Delcamp et P. Delargy, « *Contract manager*, un autre métier du droit en entreprise », *JDI* 2013. 105 – D. Chekroun et E. Thomas, « Les contract managers en France : formation, rattachement dans l'organisation de l'entreprise, positionnement au sein des équipes projets », *RDAI* 2015. 262 s. – Ph. Beaussant, D. Chekroun, D. Tremblay et F. Fourcade, « La formation des contract managers au service de la performance contractuelle : l'initiative EDF/ESCP Europe », *RDAI* 2016. 1 s.
5. Sur ce point v. *supra* s^s n°s 014.31 s.
6. PAS LE CAS dans l'aff. ayant donné lieu à : CCI, sentence 11236 (2002), *JDI* 2018. Chron. 1, n° 1, obs. Ph. Cavalieros : les arbitres décidèrent donc que le contrat n'avait pas été conclu entre la « joint-venture » et la défenderesse, mais bien entre la demanderesse, la sté tierce et la défenderesse.

ter, dans le Droit applicable au contrat, ou dans un autre Droit si elles ont cette possibilité, le régime qui leur semble le plus approprié à leurs besoins. Un groupement d'intérêt économique (GIE), un groupement d'intérêt économique européen (GEIE), ou n'importe quelle forme de société, voire une société créée de fait[1]. En Droit français, la société par actions simplifiée (SAS) est bien adaptée. Plus rarement, les partenaires ne désirent pas doter leur entité commune de la personnalité juridique : ils recourront à la société en participation ou à une société équivalente dans les Droits étrangers.

SECTION 2
OBLIGATIONS DE L'ENSEMBLIER

§ 1
Obligation de conseil

252.31 **Une exigence très intense.** L'obligation de conseil[2] est exacerbée dans le contrat clé en main[3], tout en étant, comme d'habitude, moindre envers un client professionnel et/ou expérimenté[4]. À rebours, le devoir de collaboration du client[5] se trouve restreint[6], à l'exception de la période précontractuelle pour exposer ses *desiderata* (mais l'ESN doit l'aiguillonner à cet égard) et lors de la mise en route, et sauf si le contrat lui a laissé la charge de certaines prestations (par exemple ou la formation du personnel). Il semble que conclure un tel contrat sans cahier des charges soit nécessairement une faute du fournisseur.

§ 2
Obligation de résultat

252.41 **Solution de principe.** Dans un contrat clé en main l'obligation est, *en principe*, de *résultat*[7] (selon un concept doctrinal ne figurant pas dans le code civil même depuis la réforme de 2016[8]).

La solution n'est différente qu'en présence d'une stipulation en sens contraire, ou de données de fait excluant cette qualification[9].

1. COMP. : CCI, sentence 7518 (1994), *JDI* 1998. 1034, obs. Y. D. : les arbitres ont qualifié le *consortium* de sté de fait de Droit portugais.
2. Sur cette obligation v. *supra* s[s] n°s 014.00 s.
3. Paris, 27 mars 1984, *D.* 1985. Somm. 42, obs. J. Huet.
4. Poitiers, 1re ch. civ., 25 nov. 2011, RG n° 10/00285, *IBM c/ MAIF, Expertises* 2012, p. 28 ; *RLDC* 2012/92, p. 57, obs. V. Fauchoux : client disposant d'une « *division informatique très étoffée* », et qui n'ignorait pas, « *compte tenu de l'échec du projet préalablement confié à la société [S.] en 2002 les difficultés et les risques associés au projet* » – SUR CET ARRÊT : L. Szuskin et A. David, « Contrat informatique : lorsque le fait du client exonère la responsabilité du prestataire », *Expertises* 2012, p. 73 ; SUR POURVOI : Com. 4 juin 2013, n° 12-13.002, NP, *D.* 2013. Pan. 2487, obs. C. Le Stanc – SUR RENVOI : Bordeaux, 1re ch., sect. B, 29 janv. 2015, n° 13/05.939, *RLDI* 2015, n° 3713, note S. Staub ; *RDC* 2015. 871, note J. Huet : « *les équipes techniques* [du client], *loin d'être de simples exécutants du projet, en ont été des acteurs importants puisqu'elles l'ont activement copiloté avec IBM dont elles ont parfois discuté les orientations ou propositions et avec lesquelles elles ont collaboré dans des conditions exclusives d'une insuffisance d'information* » (néanmoins résolution du contrat pour d'autres raisons).
5. Sur ce devoir, v. *supra* s[s] n°s 121.11 s.
6. Paris, 3 mars 1987, *Expertises* 1987, p. 192 – Paris, 18 juin 1999, *France Télécom c/Matra Communication, Expertises* 2000, p. 154, obs. J. Bertrand, IMPL.
7. Com. 12 déc. 1984, n° 83-14.799, P IV, n° 346 ; *RTD civ.* 1986. 141, obs. J. Huet – Paris, 27 mars 1987, *JCP E* 1988. 15093, n° 5, obs. M. Vivant et C. Lucas – Aix-en-Provence, 10 nov. 1994, *JCP E* 1995. I. 461, n° 9, obs. M. Vivant et C. Le Stanc – Reims, 17 janv. 1996, *Gaz. Pal.* 1997. 1, Somm. 123 – Paris, 20 févr. 1998, *Le store français, RJDA* 1998, n° 945 ; *Expertises* 1999, p. 110 – Com. 8 déc. 1998, n° 96-15.728, NP, *Expertises* 1999, p. 387, REJET – Paris, 18 juin 1999, *France Télécom c/Matra Communication, Expertises* 2000, p. 154, obs. J. Bertrand – Versailles, 9 nov. 2000, *Slibail Location, RJDA* 2001, n° 412 ; *JCP E* 2002. 888, obs. M. Vivant : le système livré n'était atteint d'aucune défectuosité, mais il n'était pas en mesure de satisfaire les besoins du client – Com. 27 nov. 2001, n° 98-15.824, NP, *Expertises* 2002, p. 192 : le contrat précisait que l'obligation était de résultat pour une partie de l'ensemble ; la cour d'appel déduisit du fait du caractère indissociable des éléments que l'obligation était de résultat pour le tout ; la C. de cass. ne se prononça pas sur cela – Paris, 2 juill. 2004, *IFTH c/Léonard Fashion, Legalis.net* 2005/1, p. 125 : obligation de résultat du maître d'œuvre d'un ensemble informatique – Poitiers, 1re ch. civ., 25 nov. 2011, n° 10/00285, *IBM c/MAIF*, préc. – SUR POURVOI : Com. 4 juin 2013, n° 12-13.002, préc. – SUR RENVOI : Bordeaux, 1re ch., sect. B, 29 janv. 2015, n° 13/05.939, *RLDI* 2015, n° 3713, note S. Staub – *CONTRA* : H. Bitan : « Pour une consécration de l'obligation de moyens renforcée dans les contrats informatiques », art. préc., estimant qu'il serait plus pertinent de retenir la qualification d'obligation de moyens renforcée, conduisant le fournisseur, en cas de litige, à établir qu'il n'a commis aucune faute.
8. V. *supra* s[s] n° 014.14.
9. COMME DANS : Paris, 14 mai 1999, *SNC Trema gestion c/ Sogitel, RJDA* 1999, n° 914 : le contrat écartait expressément la responsabilité de l'ensemblier quant à « l'adéquation » des logiciels d'application, mais l'arrêt relève en outre que l'obligation n'était pas de résultat en raison de l'acceptation tardive de la maîtrise d'œuvre complète – Orléans, 28 mai 1998, *Sedeval c/Soreco, Gaz. Pal.* 2000. 1, Somm. 261, obs. C. Rothhahn : le système fourni comportait un logiciel *standard*, d'où le fournisseur n'était tenu qu'à une obligation de moyens – Civ. 1re, 2 oct. 2001, n° 99-16.329, *Ballario*, NP, *Expertises* 2002, p. 72 : obligation de moyens, car une clause du contrat de fourniture d'un ensemble informatique le précisait – POUR UNE ÉTUDE DÉTAILLÉE technique quant aux normes « ISO 9001 : 2000 » en la matière : *Ingénierie et qualité du logiciel et des systèmes*, Éd. Afnor, 2002, 2 tomes.

252.42 Ses conséquences. Normalement l'ensemblier garantit que :

1° Le système intégré sera *livré à la date convenue*[1], même si des ajustements peuvent être nécessaires par la suite[2], le contrat étant parfois évolutif[3].

2° Qu'il sera *opérationnel*, c'est-à-dire qu'il fonctionnera correctement au terme de la période de rodage, avec le personnel du client (sauf si celui-ci s'est chargé de leur formation). Il doit donc livrer tous les éléments nécessaires au fonctionnement de l'ensemble, y compris les « pilotes » (*drivers*)[4].

3° Que, sous réserve d'un taux d'indisponibilité fixé par les usages à environ 2 %, il sera *conforme* aux spécifications contractuelles[5]. Parfois, la formule « obligation de résultat » figure *expressis verbis* dans le contrat. Mais elle n'est pas nécessaire lorsqu'elle découle implicitement de l'ensemble des clauses, particulièrement lorsqu'il existe des engagements de performance[6]. Le maître de l'ouvrage n'a donc pas à déterminer la faute à l'origine de la défaillance, ni à identifier son auteur : Le maître d'œuvre est responsable de tout et de tous (y compris des sous-traitants, dont il fait son affaire). Certains arrêts ne retiennent que l'existence d'une obligation de moyens, en fonction des stipulations contractuelles[7]. La délivrance et la conformité doivent « *se comprendre comme portant sur l'ensemble des éléments commandés* »[8]. Ainsi le fonctionnement (bon ou mauvais) s'apprécie *globalement* (matériels et logiciels), et pas au regard de chacun de ses éléments. Dès lors que l'un d'entre eux est déficient, le maître d'œuvre a failli à son obligation[9].

4° Que le prix sera éventuellement fonction, en tout en partie, des résultats. Tels sont les contrats dits, de façon imprécise, contrats fondés sur les résultats (*performance-based contracts*).

252.43 Corollaire. Le corollaire de la lourdeur des obligations de l'ensemblier est sa liberté d'action. Puisqu'il est responsable globalement (en dehors de la partie que le maître de l'ouvrage s'est réservée), et tenu par une obligation d'atteindre un résultat, il est logique qu'il ait le libre choix des voies et moyens qui lui paraissent les meilleurs, sans interférence du client[10]. Il lui incombe de contrôler l'effectivité des tâches accomplies par les divers intervenants[11].

252.44 Prise en compte du fait du client. Toutefois, comme toujours, la *faute prouvée du client* est de nature à décharger ou à diminuer la défaillance contractuelle du maître d'œuvre[12] ; de même lorsqu'il a personnellement effectué les choix qui se sont révélés mauvais, ou s'est *immiscé* de façon intempestive[13].

252.45 Prise en compte des tergiversations du client. Dans l'appréciation de la conduite des par-

1. Paris, 25e ch. A, 28 mai 2008, *Lenôtre c/Cilaos, Expertises* 2008, p. 313 : délai non respecté – Paris, pôle 5, 19 janv. 2011, n° 09/15092, *Axe Sélection*, préc., *idem*.
2. Paris, 2 juill. 2004, *IFTH c/Léonard Fashion*, préc. – Poitiers, 1re ch. civ., 25 nov. 2011, n° 10/00285, *IBM c/MAIF*, préc. – MAIS CASSÉ SUR CE POINT PAR : Com. 4 juin 2013, n° 12-13.002, NP, *D.* 2013. Pan. 2487, obs. C. Le Stanc : la cour d'appel n'ayant pas relevé d'éléments faisant ressortir sans équivoque la volonté des parties de substituer purement et simplement aux engagements initiaux convenus dans le contrat d'intégration de nouveaux engagements en lieu et place des premiers) – SUR RENVOI : Bordeaux, 1re ch., sect. B, 29 janv. 2015, RG n° 13/05.939, préc., adopte ce point de vue et prononce la résolution du contrat.
3. Sur l'avenant v. *supra* s^s n° 117.11.
4. Orléans, 30 sept. 1999, *Signal Ateliers Cado, CCÉ* 2000, n° 65, obs. J.-C. Galloux.
5. Reims, 17 janv. 1996, *Toshiba, Gaz. Pal.* 1997. 1, Somm. 123 – Paris, 28 mars 1996, *Unisys France c/Caixa*, préc. ; SUR POURVOI : Com. 8 déc. 1998, n° 96-15.728, préc., REJET – Paris, 1er févr. 2002, *Fichorga, CCÉ* 2002, n° 103, obs. L. Grynbaum : où ce n'était pas le cas – Civ. 1re, 25 mai 2004, n° 02-11.785, NP, *Gaz. Pal.* 2005. 1, Somm. 606, *idem*.
6. Reims, 17 janv. 1996, *Toshiba*, préc.
7. EX. : Orléans, 30 sept. 1999, *Signal Ateliers Cado*, préc. : « *eu égard à la complexité et à la fragilité* » des systèmes en cause ; mais ce n'était sans doute pas un vrai contrat clé en main.
8. T. com. Paris, 17 déc. 1999, *Sem-Angles c/Bull et Projis, Expertises* 2000, p. 198.
9. Paris, 31 janv. 1997, *Ingénierie informatique c/Hydrogas, Gaz. Pal.* 1997. 2, Somm. 322, obs. F. Brousse – Com. 27 nov. 2001, n° 98-15.824, préc.
10. Sur les conséquences de l'immixtion d'une façon générale v. *supra* s^s n°s 015.42 et 253.12.
11. Paris, 2 juill. 2004, *IFTH c/Léonard Fashion*, préc.
12. Com. 1er juill. 1997, n° 95-13.073, NP, *Expertises* 1998, p. 226 ; *RJDA* 1997, n° 1478 : n'a pas fourni une alimentation conforme au cahier des charges, et n'a pas respecté les consignes d'exploitation – Poitiers, 25 nov. 2011, n° 10/00285, *IBM c/MAIF, Expertises* 2012, p. 28 ; *RLDC* 2012/92, p. 57, obs. V. Fauchoux : le client n'a pas mis en place « *une cellule assurant dès le début du projet le suivi de cohérence des systèmes* », à propos d'un projet important ; SUR POURVOI : Com. 4 juin 2013, n° 12-13.002, NP, *D.* 2013. Pan. 2487, obs. C. Le Stanc ; *Expertises* 2013, p. 317 – Bordeaux, 1re ch., sect. B, 29 janv. 2015, RG n° 13/05.939, *RLDI* 2015, n° 3713, note S. Staub ; *RDC* 2015. 871, note J. Huet : prononce la résolution du contrat considérant que le client n'a commis aucun manquement.
13. Rennes, 16 juin 1995, *JCP E* 1996. I. 559, n°s 14-15, obs. M. Vivant et C. Le Stanc : client particulièrement averti ayant imposé fâcheusement un progiciel au lieu d'un logiciel spécifique qui eût été nécessaire – Com. 7 janv. 1997, n° 94-16.558, NP, *Gaz. Pal.* 1998. 1, p. 54, note A.-F. Godet : où le client a assuré seul la responsabilité de maître d'œuvre – Paris, 14 mai 1999, *Trema gestion c/Sogitel, RJDA* 1999, n° 914 : où tous les choix avaient été effectués par le client, sans participation de l'ensemblier, du reste désigné tardivement – COMP. : T. com. Paris, 13 janv. 1997, *Allianz, Gaz. Pal.* 1998. 2, Somm. 430 : à propos de la livraison clé en main dans le domaine de la chimie ; le maître de l'ouvrage, spécialiste réputé en la matière, avait imposé le choix du procédé, qui se révéla désastreux.

ties, il y a lieu de prendre aussi en compte l'éventuelle *inconstance* du client qui, en cours d'exécution, a demandé des modifications[1], dont le comportement manque donc de cohérence[2]. De plus, elles peuvent faire « sauter » le forfait lorsqu'elles bouleversent l'économie du contrat[3].

252.46 Conseil final : décrire les attentes de façon objective. Étant donné la nature de ce contrat, le client a plus que jamais intérêt à décrire minutieusement ses besoins et ses attentes, sous forme *d'exigences objectives* (donc vérifiables), ainsi que les procédures de validation de la conformité, notamment quant aux performances, aux délais, au temps de réponse du système, aux taux d'occupation des fichiers et des bases de données, les environnements des tests (les configurations)... Mais l'ensemblier a également tout avantage à ce que le contrat soit très précis, afin d'éviter des contestations sur l'étendue de ses obligations[4].

Rappel. La distinction des obligations de moyens et de résultat a été ignorée par l'ordonnance n° 2016-131 du 10 février 2016[5] portant réforme du droit des obligations ; elle ne figure pas non plus dans le projet de réforme de la responsabilité civile présenté par le garde des Sceaux le 13 mars 2017, ce que nous approuvons d'autant plus que nous en souhaitions la disparition depuis longtemps ; mais il ne serait pas impossible que, face aux critiques d'une partie importante de la doctrine[6], attachée à cette distinction, elle soit introduite dans le texte avant son vote définitif. En outre, même si elle ne figurait pas dans la loi, il est probable qu'elle continuera pendant longtemps à être utilisée par les avocats, les juges et la doctrine, séduits par son apparente simplicité.

1. COMP. : Paris, 26 juin 1998, *JCP E* 2000. 841, n° 7, obs. M. Vivant et C. Le Stanc – Com. 6 oct. 1998, n° 96-13.685, *TMT*, NP, *RJDA* 1998, n° 1348 – V. *supra* s^s n° 122.151.
2. SUR LE PRINCIPE DE COHÉRENCE : Ph. le Tourneau (dir.), *Droit de la responsabilité et des contrats. Régimes d'indemnisation*, 12e éd., « Dalloz action », 2020, n°s 3124.251 s., avec les références doctrinales et jurisprudentielles.
3. V. *supra* s^s n° 121.93.
4. DANS : Com. 19 mai 1998, n° 95-21.116, NP, *Expertises* 1998, p. 349 ; *RJDA* 1998, n° 1096 : le contrat n'était pas explicite ; ce sont les juges du fond qui ont déterminé les fonctions acceptées, en interprétant les documents qui leur ont été soumis, dont des lettres.
5. Ord. n° 2016-131, 10 févr. 2016, portant réforme du droit des contrats, du régime général et de la preuve des obligations, *JO* 11 févr., n° 26 ; modifiée par la L. n° 2018-287, 20 avr. 2018, ratifiant l'ord. n° 2016-131 du 10 févr. 2016 portant réforme du droit des contrats, du régime général et de la preuve des obligations, *JO* 21 avr., texte 1.
6. P. Jourdain, « Quel avenir pour la distinction des obligations de résultat et de moyens ? », *JCP* 2016, n° 36, Libres propos, 909.

§ 3
Garantie contre les vices

252.51 Garants. Le maître de l'ouvrage, souffrant d'un *vice caché* d'un élément de l'ensemble (y compris pour un logiciel cédé), peut agir en garantie non seulement contre l'assembleur mais aussi contre le fabricant ou le concepteur du composant défectueux, sauf si le désordre découle d'un mauvais montage. La garantie contre les vices cachés est facilement admissible sur l'ensemble, pris en tant que tel, lorsque le matériel a une valeur plus grande que l'immatériel. Au-delà, nous croyons que la garantie contre les vices ne joue pas *de plano*, ni sur l'ensemble dans lequel les prestations intellectuelles prédominent, ni sur un logiciel simplement loué car, en dehors de la vente, la garantie contre les vices suppose théoriquement une chose corporelle.

Mais évidemment la meilleure solution consiste à prévoir une clause contractuelle à cet égard, que les clients doivent penser à insérer, dans la mesure où elle est rationnellement possible (ce n'est pas le cas pour les prestations purement intellectuelles, comme la formation). Lorsque la qualification retenue est celle de contrat *sui generis*, la garantie contre les vices peut être invoquée dans les conditions que nous venons d'indiquer, mais sans l'exigence du délai de deux ans de l'article 1648 du code civil : Elle n'est pas imposée dans le contrat d'entreprise, et ne doit pas l'être non plus ici. Il suffit que l'action soit intentée dans un délai raisonnable, apprécié par les tribunaux.

§ 4
Responsabilité du fait des produits défectueux

252.61 Application possible. La loi du 19 mai 1998[7] sur la responsabilité du fait des produits défectueux est applicable en théorie, puisque la loi mentionne parmi les responsables *tout fournisseur professionnel lorsque le producteur est inconnu*[8], donc celui d'un ensemble informatique, à supposer évidemment que soient réunies les conditions de ce régime particulier[9].

SECTION 3
ACHÈVEMENT DE L'EXÉCUTION

252.71 Délivrance. Le moment. Lorsqu'il existe un système complexe, l'obligation de délivrance

7. L. n° 98-389, 19 mai 1998, relative à la responsabilité du fait des produits défectueux, *JO* 21 mai, p. 774.
8. C. civ., art. 1245-6.
9. V. *supra* s^s n°s 212.41 s.

n'est considérée comme satisfaite qu'à partir du moment où l'ensemble est opérationnel, comme nous l'avons déjà indiqué, autrement dit lorsqu'il est en *mesure de fonctionner*[1]. Mais l'absence de délivrance *momentanée* d'un élément n'est pas une défaillance suffisante pour justifier la résolution du contrat portant sur l'ensemble[2]. Le moment de la livraison peut aussi être un élément important dans le choix du client ; la date peut être fixée de façon ferme, ou sous la forme d'une date limite (donnant un peu plus de souplesse) ; le plus souvent un échéancier détermine les diverses étapes de l'élaboration, de l'exécution et de la mise en route du système (en précisant que ces délais sont impératifs ou simplement indicatifs). La complexité d'un système complet implique un délai d'exécution assez long[3]. Plus que jamais, une période de mise au point, d'adaptation et de rodage est nécessaire[4], dont le maître de l'ouvrage ne saurait se plaindre, et pendant laquelle il doit collaborer intimement avec le maître d'œuvre[5]. Le contrat peut en prévoir la durée (par exemple 7 semaines pour le système informatique de la Bibliothèque nationale de France ; mais ce délai ne fut pas respecté, loin s'en faut).

252.72 Réceptions – Particularité. La délivrance est un acte matériel. Elle est suivie d'un acte juridique, la réception, souvent dite « recette », dans le jargon franglais des informaticiens. Toutefois, une particularité des contrats informatiques réside en ce que la réception de l'ensemble, qui est définitive et globale, est souvent précédée de réceptions élément par élément, *provisoires et fractionnées* (à propos des logiciels spécifiques[6]), chaque étape étant marquée par des contrôles de qualité et des essais divers, notamment de performance. Elles n'ont que des effets limités, dans la mesure où l'installation n'est pas achevée, et qu'elles ne sauraient préjuger d'une satisfaction sur le fonctionnement global[7]. L'appréciation de celui-ci ne peut en effet s'effectuer qu'une fois l'installation terminée et qu'elle est opérationnelle[8]. Lorsque le système est considérable, par son importance et sa complexité, la réception définitive peut être repoussée assez longtemps après l'achèvement complet de l'installation, par exemple six mois, retardant d'autant le point de départ des garanties. La réception matérielle se distingue donc de la réception opérationnelle. La réception de l'ensemble est matérialisée par un document, un procès-verbal de réception (*acceptance memorandum*)[9]. En son absence l'obligation du prestataire informatique n'est pas satisfaite[10]. La procédure et les modalités de la réception donnent parfois lieu à des clauses détaillées dans le contrat[11]. Le droit de s'opposer à la réception définitive ne peut évidemment s'exercer que sous réserve de l'abus de droit, qui en limite la possibilité[12]. Les parties peuvent déroger expressément ou tacitement au principe d'unicité de la réception ; de plus, la réception partielle par lots n'est pas exclue lorsque plusieurs lots font l'objet d'un seul marché[13].

1. Paris, 17 nov. 1995, *Cobatri c/Econocom, Expertises* 1996, p. 160 : pas le cas, le logiciel d'application n'ayant pas été mis en place – Civ. 1re, 19 nov. 1996, n° 94-18.502, P I, n° 411 ; *D.* 1997. IR 14 ; *JCP* 1997. II. 968, note J. Huet – COMP. : Com. 11 juill. 2006, n° 04-17.093, NP, *D.* 2006. AJ 2788, obs. X. Delpech ; *CCC* 2006, n° 248, obs. L. Leveneur ; *CCÉ* 2007, n° 82, obs. Ph. Stoffel-Munck : « *L'obligation de délivrance du vendeur de produits complexes n'est pleinement exécutée qu'une fois réalisée la mise au point effective de la chose vendue* », à propos de logiciels complexes – Com. 26 nov. 2013, n° 12-25.191, NP, *D.* 2014. 2317, obs. J. Larrieu, C. Le Stanc et P. Tréfigny ; *CCÉ* 2013, n° 5, obs. G. Loiseau : même formule à propos de la délivrance d'un site internet – Com. 10 févr. 2015, n° 13-24.501, P IV, n° 33 ; *D.* 2015. 1683, note T. Rouhette et C. Tilliard (qui affirment que cet arrêt consacre pour la 1re fois l'obligation de mise au point effective) ; *CCC* 2015, n° 111, obs. L. Leveneur ; *Gaz. Pal.* 8 juill. 2015. 19, obs. D. Houtcieff, *idem*, mais en dehors de l'informatique.
2. Com. 1er juin 1993, n° 91-17.800, NP, *Expertises* 1993, p. 278.
3. Rennes, 16 juin 1995, *JCP E* 1996. I, n° 14, obs. M. Vivant et C. Le Stanc : le client ne peut se plaindre du dépassement du délai, manifestement trop court ; la solution était cependant critiquable en l'esp., le délai contractuel ayant été accepté par le fournisseur, lui-même professionnel.
4. V. *supra* ss n° 014.34.
5. Rennes, 16 juin 1995, préc.
6. Déjà : v. *supra* ss nos 232.11 s.
7. Com. 15 oct. 1991, n° 90-10.562, NP, *JCP E* 1992. I. 141, n° 12, obs. M. Vivant et A. Lucas.
8. Paris, 4 juill. 1997, *Apsylog c/CMG, Expertises* 1998, p. 113.
9. Pour d'autres éléments sur la réception et sa nature juridique, se reporter à ce qui a été dit à propos du matériel vendu : v. *supra* ss nos 214.31 s. ; pour les conséquences de la non-conformité v. *supra* ss nos 213.41 s. ; enfin quant à la garantie de conformité v. *supra* ss nos 213.231 s.
10. Paris, pôle 5, ch. 11, 7 mai 2015, RG n° 12/22044.
11. NOT. : Y. Bismuth, « Pratique contractuelle. La clause de recette dans les contrats informatiques », *CCC* 2012. Fiche prat. n° 5, avec un ex. de clause – O. Dorchies, « Pratique contractuelle. La clause de réception dans les contrats informatiques et télécoms », *CCC* 2017. Fiche prat. n° 12.
12. CCI, sentence 14427 (2008), *JDI* 2013. 217, note F. Mantilla Serrano.
13. Civ. 3e, 5 nov. 2020, n° 19-10.724, NP, *RDI* 2021. 106, note C. Charbonneau.

CHAPITRE

253. Contrat d'ensemblier co-traitant

SECTION 0

ORIENTEUR

253.00 **Sommaire du chapitre.**

Division. Seront successivement envisagées les méthodes et les responsabilités dans la co-traitance (sect. 1) puis son organisation (sect. 2).

253.03 **Bibliographie. Thèses.** L. Tranchant, *La cotraitance*, préf. J.-L. Bergel, PUAM, 2004 – C.-H. Chenut, *Le contrat de consortium*, préf. A. Bénabent, « BDPr », t. 390, LGDJ, 2003.

253.05 **Pluralité d'exécutants.** À la formule de l'exécutant unique, seul interlocuteur du maître de l'ouvrage, quitte à lui à se substituer des sous-contractants, s'oppose celle de la pluralité d'exécutants. La situation est ici différente. Nous rencontrons une série de contrats, tous placés sur un pied d'égalité, tous principaux. Une *gerbe de contrats* naît, dans laquelle chacun conserve son indépendance et n'est responsable que de lui-même (et évidemment de ses préposés comme de ses sous-traitants), tout en coopérant à un objectif commun, faisant songer à la devise de la Comédie française *simul et singulis* (être ensemble et rester soi-même).

253.06 **Définition. Terminologie.** Les milieux professionnels ont l'habitude d'affubler de tels ensembles du vocable anglais de *consortium* (du latin association), alors que les juristes préfèrent utiliser l'expression simple de co-traitance ou celle, qui est plus complexe, de « convention de groupement momentané d'entreprises conjointes » (ou solidaires). La co-traitance est un groupement opératoire et momentané d'entreprises, aux activités hétérogènes mais complémentaires, qui se choisissent elles-mêmes en fonction d'un vif *intuitu personæ* (*firmæ* ou *societatis*).

SECTION 1

MÉTHODES ET RESPONSABILITÉS

253.11 **Conséquences de la co-traitance.** À côté du contrat clé en main, il existe une seconde modalité de ce que nous avons dénommé l'ensemblier informatique. À la formule de l'exécutant unique, seul interlocuteur du maître de l'ouvrage, quitte pour lui à se substituer des sous-contractants, s'oppose celle de la pluralité d'exécutants. Il y avait là un contrat principal couvrant une série de sous-contrats, sous forme de réseau horizontal ou de chaîne verticale, dans les deux cas de contrats partiels et dérivés. La situation est ici différente. Nous rencontrons une série de contrats horizontaux, mais points dérivés, tous placés sur un pied d'égalité, tous principaux. Une *gerbe de contrats* naît, dans laquelle chacun conserve son indépendance et n'est responsable que de lui-même (et évidemment de ses préposés), tout en coopérant à un objectif commun. L'objet du *consortium* est l'organisation temporaire de moyens d'action pour la réalisation en commun d'une commande spéciale (en vue de laquelle chacun exécute des prestations distinctes). Autrement dit, ce n'est pas tant l'exécution du marché principal avec le maître de l'ouvrage qui est le point de mire, que la coordination des actions individuelles tendant à réaliser l'œuvre commune[1]. Tous les intervenants se trouvent sur un plan d'égalité, et doivent coopérer fortement avec les autres. Le groupement ne donne pas naissance par lui-même à une personne morale. Le *consortium* est un contrat *sui generis*, qui peut parfois être un

1. C.-H. Chenut, *op. cit.*, n° 58.

« contrat composé », associant le *consortium* et le mandat. Le maître de l'ouvrage n'est pas membre de l'accord, mais il interfère nécessairement, puisque celui-ci s'est constitué pour réaliser sa commande.

Certes, le maître d'œuvre se charge de la conception générale et de la coordination de l'ensemble, comme dans le contrat clé en main. Mais, voici la différence, il n'assume pas l'entière responsabilité du projet envers le client, qui est réalisé par des co-traitants. Dès lors, l'obligation de l'ensemblier co-traitant n'est que de *moyens*, puisque l'intervention des divers co-traitants, sur lesquels ses pouvoirs sont des plus restreints, est créatrice d'un aléa particulier. *Chacun des intervenants contracte avec le client et reste responsable de ses prestations*, même en cas d'indivisibilité de l'ensemble[1]. Les divers intervenants, dont les fautes auraient concouru à la réalisation de l'entier dommage, sont tenus au minimum *in solidum* envers le maître de l'ouvrage, et solidairement en matière commerciale.

Cependant, lorsque l'ensemblier co-traitant (ou n'importe quel autre des intervenants) joue le rôle de maître d'œuvre (de fait), il est alors tenu de contrôler les prestations des divers partenaires[2], et ses défaillances à cet égard pourront lui être imputées. La qualification de maître d'œuvre (et la responsabilité qui en découle) implique évidemment une rémunération supplémentaire. Une difficulté spécifique à la co-traitance est le retrait intempestif de l'un des participants à l'œuvre commune, qui risque de compromettre celle-ci, ou à tout le moins de retarder son achèvement. Si les co-traitants ont créé un groupement les réunissant, une clause peut régler la question. Sinon, quiconque aura subi un préjudice d'un départ précipité pourra intenter une action en réparation contre le fautif.

253.12 De l'immixtion du client. L'immixtion[3] fautive du client peut décharger partiellement les autres responsables[4].

253.13 Délivrance et réception. Ce qui a été indiqué ci-dessus à propos de la délivrance et des réceptions dans les contrats clé en main[5] est transposable aux contrats de co-traitance d'un ensemble informatique.

La société chargée d'un tel projet est tenue d'accompagner les intervenants et le maître de l'ouvrage jusqu'à la fourniture opérationnelle de l'installation[6].

SECTION 2
ORGANISATION

253.21 Un groupement sans personnalité morale. La manière la plus simple, mais peut-être pas la plus commode, de pratiquer la co-traitance, consiste à assigner un objectif commun aux contrats séparés passés avec le maître de l'ouvrage. Par hypothèse, sans créer d'entité commune, les divers intervenants manifestent leur volonté dans un acte constitutif. Un ensemble objectivement indivisible est ainsi créé, dans la mesure où l'un n'a pas de raison d'être sans l'autre. De sorte que, si chaque contractant conserve son indépendance, il ne se crée pas moins une interdépendance entre les uns et les autres (pouvant conduire à une responsabilité *in solidum* entre eux). Un puissant intérêt commun les anime, qui les oblige à une loyauté parfaite dans leur coopération, en recherchant le bien du groupement plus que le leur propre. Ce groupement est parfois dénommé, dans le sabir anglo-américain, *non-equity joint venture* ou *uncorporated joint venture*.

Un acte constitutif donne naissance au groupement (sans personnalité morale) et organise ses modalités pratiques. Il s'agit d'un contrat classique ou, plus modestement d'une lettre d'intention ou d'un protocole d'accord, autour duquel viendront s'articuler les contrats ultérieurs. Le document constitutif du groupement doit comporter certaines clauses essentielles, habituelles dans tout contrat de coopération. Le document constitutif institue encore un organe coordinateur. Il est nécessaire, avant de constituer le groupement, de vérifier qu'il ne contrevient pas au droit de la concurrence, réprimant les ententes, de la loi applicable et de la loi locale, et qu'il ne risque pas d'être regardé, dans le pays de l'implantation, comme une société créée de fait[7].

1. Com. 3 janv. 1995, n° 93-14.047, NP, *Expertises* 1995, p. 116.
2. Com. 3 mai 1995, n° 93-13.760, NP, *RJDA* 1995, n° 1353 ; *Expertises* 1995, p. 316 – COMP. À PROPOS d'une SSII chargée du « pilotage » de développement d'un logiciel spécifique confié à un « développeur » : Grenoble, 4 juin 2015, *CIMM c/C3 Evolution*, *RLDI* 2015, n° 3801, obs. J. de Romanet ; *Expertises* 2015. 269.
3. Sur l'immixtion v. supra s[s] n°s 015.42 et 121.21.
4. Paris, 27 janv. 1994, *Bussière, Expertises* 1994, p. 242 : le client a pris seul la décision, en connaissance de cause, d'acquérir un système sous dimensionné.
5. V. *supra* s[s] n°s 252.71 s.
6. COMP. À PROPOS d'une SSII, chargée du « pilotage » de développement d'un logiciel spécifique confié à un « développeur », qui s'était retirée prématurément du projet au moment des tests : Grenoble, 4 juin 2015, *CIMM c/C3 Evolution*, préc.
7. C. civ., art. 1873 – Sur la notion de société créée de fait : H. Temple, *Les sociétés de fait*, préf. J. Calais-Auloy, « BDPr », t. 141, LGDJ, 1975 – S. Vacrate, *La société créée de fait : Essai de théorisation*, préf. H. Lécuyer, « BDPr », t. 405, LGDJ, 2003 – F.-X. Lucas, « La société dite créée de fait », dans *Mél. Y. Guyon*, Dalloz, 2003. 737 s.

Tout groupement a besoin d'un organe d'administration, superviseur de l'ensemble. Mais, étant donné la structure égalitaire de la cotraitance, cet organe n'a pas un pouvoir de direction mais de coordination, interne et externe. *Rôle interne* : Il est l'animateur du groupe qui, au centre de la toile, coordonne, planifie et synchronise les activités des membres, éventuellement approuve les contrats de sous-traitance et gère la comptabilité commune. *Rôle externe* : Il sert de trait d'union entre les intervenants et d'interface entre eux et le maître de l'ouvrage, transmet les directives émanant du maître de l'ouvrage et les informations de toute part, adresse les factures au maître de l'ouvrage, reçoit les paiements et les ventile entre ses destinataires. Les pouvoirs de l'organe sont précisés par l'acte constitutif du groupement.

L'organe de coordination est tantôt une structure collégiale, tantôt une structure unitaire. *Première situation* : structure collégiale. Un comité de coordination (ou de gestion) est composé de toutes les sociétés parties prenantes. Les décisions s'y prennent à l'unanimité. Le comité est présidé à tour de rôle (selon une fréquence prévue par l'acte constitutif) par un de ses membres, mais sa fonction est restreinte à la convocation et à la présidence des réunions. *Seconde situation* : structure unitaire. Ici l'assemblée générale du groupement désigne un gestionnaire ou manageur de contrat (*contract manager*) [1], dit aussi *contract administrator* (membre du groupement, salarié d'un membre du groupement, un salarié du groupement, ou encore un prestataire de services du groupement, tel un ingénieur-conseil indépendant). L'organe est aussi dénommé chef de file ou entreprise pilote *(prime contractor)* : il s'agit soit de l'une des sociétés cotraitantes (représentée par un de ses salariés, chef du projet), soit d'une société commune *ad hoc* (la plus commode étant en droit français la société par action simplifiée, SAS), constituée uniquement avec cette fonction de management, représentée par son président.

Quoi qu'il en soit, l'organe coordonne les activités au sens indiqué précédemment, mais généralement avec plus de pouvoirs qu'un simple comité de gestion. Parfois, ce gérant est investi d'un pouvoir de représentation de chacun des membres du groupement envers les tiers (sous-traitants, banquiers) ou/et envers le maître de l'ouvrage : c'est alors un mandataire commun. Il est clair que les pouvoirs de l'organe doivent être nettement délimités. L'organe unitaire est presque toujours assisté d'un comité de coordination, comme dans la structure collégiale, s'intéressant notamment aux questions présentant un caractère général.

1. V. *supra* s[s] n° 252.26.

Dans la cotraitance contractuelle, les entreprises conjointes répondent exclusivement, chacune pour sa part, de leurs faits et gestes, c'est-à-dire de leurs prestations personnelles. La responsabilité des membres du *consortium* n'est pas solidaire. Certes, la solidarité passive est présumée de façon irréfragable en matière commerciale [2], en vertu d'un ancien usage [3], mais elle suppose que les débiteurs soient engagés dans une même dette, issue d'une même opération. Cette condition fait ici défaut, puisque chacun a contracté séparément dans un contrat autonome. Évidemment, l'organe du groupement, jouant un rôle supplémentaire, risque de voir sa responsabilité engagée plus facilement (du reste, pas seulement par le maître de l'ouvrage, mais aussi par les sous-traitants, ou encore par un autre membre du groupement). Toutefois, en pratique, la responsabilité des membres du groupement connaît presque toujours un régime plus rigoureux, en ce sens que les actes de l'un d'entre eux engageront les autres pour deux raisons, une de fait une de droit.

D'abord une *raison de fait*. Il est parfois très difficile d'imputer nommément le dommage à tel intervenant, tant est grande, dans un marché complexe, l'imbrication des rôles. Toutefois, si plusieurs ont commis une faute, qui a concouru incontestablement à causer le dommage, ils seront tous tenus *in solidum* envers le maître de l'ouvrage, comme le sont, en droit français, architectes et entrepreneurs (ils exerceront les recours entre eux comme le font ces derniers). Il en ira de même s'il est impossible de disjoindre la part qui revient à l'activité de chacun (dans ce cas, le cotraitant qui a indemnisé le maître de l'ouvrage pourra se retourner contre les autres mais puisque, par hypothèse, l'imputabilité du dommage n'a pas pu être déterminée, il faudra procéder à une péréquation : Les dommages et intérêts seront donc répartis entre les membres susceptibles d'avoir contribué au dommage au *prorata* de l'importance de leurs prestations). Voilà la raison de fait qui, en pratique, modifie la règle de principe de la responsabilité purement autonome de chacun des cotraitants.

Voici maintenant la *raison de droit*. La question est fréquemment tranchée par le maître de l'ouvrage, qui aura exigé que tous les membres du

2. V. Forti, « Le domaine de la présomption de solidarité en matière commerciale », *RTD com.* 2021. 257.
3. Req. 20 oct. 1920, *S.* 1922. 1. 201, note J. Hamel, l'arrêt se fonde sur un « *usage antérieur à la rédaction du code de commerce et maintenu depuis* » – EN REVANCHE, la solidarité active ne se présume pas ; pour des rappels : Com. 26 sept. 2018, n° 16-28.133, P IV, n° 105 ; *D.* 2018. 2404, note J.-D. Pellier ; *RTD com.* 2018. 907, obs. B. Saintourens ; *Gaz. Pal.* 8 janv. 2019. 31, obs. D. Houtcieff – Civ. 1re, 14 nov. 2018, n°s 17-27.980, 17-28.529, P, *RDC* 2019/1. 47, obs. G. Viney.

groupement, ou les plus importants d'entre eux, s'engagent solidairement à son égard, alors même que la responsabilité des uns pourrait être dissociée de celle des autres : il n'a plus alors à identifier le ou les responsables. Cela ne préjuge en rien du poids réel et définitif de la responsabilité, réglé par l'exercice ultérieur d'une action récursoire (ou l'appel concomitant en garantie).

253.22 Ou un groupement doté de la personnalité morale. Les membres du groupement peuvent souhaiter s'unir de façon plus poussée que par des liens contractuels ordinaires, en créant une entité commune, dotée de la personnalité morale. Souvent, elle est fâcheusement désignée par l'expression, équivoque au possible, de *joint-venture* (plus rarement d'*equity joint venture* ou de *joint entreprise*). Il convient de l'éviter absolument, car elle n'a aucune signification technique de précision, contrairement à ce qu'imaginent de nombreux hommes d'affaires : Il faut seulement l'entendre dans le sens d'*entité commune*, dépassant donc une formule purement contractuelle. Mais quant à savoir quelle est la nature de l'entité, c'est une autre histoire, que la formule stéréotypée ne permet pas de déterminer. L'expression *joint-venture* recouvre tout ce que vous voulez, d'une association à n'importe quelle forme de société, en passant par un GIE. C'est aux parties de décider ce qu'elles désirent, quelle force elles souhaitent donner à leur entité commune et d'adopter le régime qui leur semble le plus approprié à leurs besoins. Plus rarement, les partenaires ne souhaitent pas doter leur entité commune de la personnalité juridique : ils recourront à la société en participation ou à une société équivalente dans les droits étrangers. À l'entité commune du *consortium* (ou aux entités communes des *consortiums*, technique, financier, des assureurs) s'ajoute souvent une autre entité commune, cette fois entre le *consortium* et le maître de l'ouvrage, dans l'esprit d'un partenariat.

Indépendamment des clauses habituelles relevant du type de la personne morale adoptée, il y a lieu d'insérer dans les statuts quelques clauses particulières, notamment de sortie ou d'exclusion (les motifs de l'exclusion doivent être précisés, et les organes chargés de prononcer la mesure, en respectant les droits de la défense). Un règlement intérieur complétera les statuts. Il précisera notamment les fonctions des uns et des autres, la répartition des prestations à accomplir en vertu du contrat avec le maître de l'ouvrage entre les membres du groupement et organisera les rapports de l'entité commune et du maître de l'ouvrage. Il faudra évidemment veiller à ce que l'entité commune soit conforme au droit des ententes de la loi applicable et de la loi locale et à ce que, si la personnalité morale ne lui a pas été donnée, elle ne puisse pas néanmoins être regardée, dans le pays de réalisation du projet, comme une société de fait.

Quant à la responsabilité, la situation est simple, puisqu'il existe une personne morale. Celle-ci sera responsable, dans la mesure et les limites que le droit des sociétés applicable prévoit pour le type de société adopté. Par conséquent, peu importe en principe au maître de l'ouvrage que le dommage ait été matériellement causé par tel ou tel intervenant : il n'a pas à s'en préoccuper, agissant directement contre l'entité commune du groupement. Cela ne l'empêche cependant pas d'assigner l'auteur réel du dommage, notamment lorsque ce dernier dépasse le risque couvert par la forme de société retenue, par exemple lorsqu'il s'agit d'une SARL.

LIVRE

3. L'ENVIRONNEMENT

SECTION 0

ORIENTEUR

3.00 Sommaire du livre.

Division. Ces éliminations effectuées il reste encore de la matière ! Pour tenter de donner une apparence de rigueur à l'étude des contrats retenus, qui ressemblera un peu à un inventaire disparate, ce livre sera divisé en trois catégories : les contrats de la distribution informatique par le biais des réseaux commerciaux (titre 31) ou des intermédiaires de commerce (titre 32) ; les contrats de services informatiques (titre 33) ; enfin, les contrats de location (et apparentés) dans ce domaine (titre 34).

Diversité des contrats de l'environnement informatique – Renvois. Ce livre, consacré à l'environnement de l'informatisation, est une sorte de fourre-tout, permettant d'aborder, fût-ce brièvement, la plupart des autres contrats relatifs à l'informatique, d'une extrême diversité. Ces contrats sont si nombreux qu'il a été nécessaire d'éliminer ceux qui sont le plus connus par les nombreuses utilisations qu'ils connaissent dans d'autres domaines. Tel est le cas :

– Du *contrat de travail*, dans lequel il est important de rédiger avec soin les clauses de confidentialité pendant les relations de travail et de non-concurrence à l'issue de celles-ci (et v. *supra* s[s] n° 012.36, quant à l'obligation du salarié d'accepter une formation dans le domaine de l'informatique).

– De la *transaction* (pour résoudre à l'amiable un différend ; définie par C. civ., art. 2044, réd. L. n° 2016-1547, 18 nov. 2016).

– Du *crédit-bail* permettant le financement de l'informatisation (qui a été effleuré précédemment çà et là ; v. l'index au mot Crédit-bail).

– Du contrat de *dépôt*, dit plutôt en la matière, de séquestre. Le code objet et sa documentation technique peuvent être déposés dans les mains d'un tiers (huissier, notaire, APP), comme mesure de sécurité, et afin de résoudre les difficultés suscitées par l'accès aux codes sources des logiciels[1] (sur la définition v. *supra* s[s] n° 213.34 ; et quant aux droits sur le code source, pouvant donner lieu à une clause spécifique v. *infra* s[s] n° 331.164).

1. H. Crozes et F. Saunier, « Logiciels : retour aux sources », *JCP N* 1996, Doctr. 895 s.

– Du contrat dit *d'installation* (par un autre que le fournisseur, sinon elle est une suite de l'obligation de délivrance), car il n'est qu'un banal contrat d'entreprise soumis aux règles habituelles.

TITRE

31. La distribution informatique par les réseaux commerciaux

SECTION 0
ORIENTEUR

31.00 **Sommaire du titre.**

Division. Les réseaux commerciaux quels qu'ils soient, sont toujours des circuits courts contractuels. Ils peuvent être catalogués de *concession* : voilà le *terme générique*, moins vague que celui d'affiliation (qui ne présente une certaine signification juridique que dans la commission affiliation [1]). Au sein de la large catégorie de la concession, trois figures retiennent particulièrement l'attention par leur importance : les concessionnaires sélectionnés (chap. 313), les concessionnaires exclusifs (chap. 314) et les franchisés (chap. 315). Mais avant d'y venir, nous commencerons par présenter les réseaux commerciaux (chap. 311) ainsi que les règles communes à ces derniers (chap. 312).

31.03 **Bibliographie. Ouvrages.** M. Behar-Touchais et G. Virassamy, *Les contrats de la distribution*, « Traité des contrats », LGDJ, 1999 – J.-C. Hallouin et H. Causse (dir.), *Le contrat électronique : au cœur du commerce électronique – Le Droit de la distribution : Droit commun ou Droit spécial ?,* Faculté de droit et de sciences sociales – Université de Poitiers, LGDJ, 2005 – L. et J. Vogel, *Traité de droit économique,* t. II, *Droit de la distribution,* 2e éd., « Lawlex », Bruylant, 2017.

Manuels. F. Buy, M. Lamoureux et J.-C. Roda, *Droit de la distribution*, 2e éd., LGDJ-Lextenso, « Manuel », 2019 – N. Dissaux, S. Loir, *Droit de la distribution*, « Manuel », LGDJ-Lextenso, 2017 – D. et N. Ferrier, *Droit de la distribution*, 9e éd., « Manuel », LexisNexis, 2020 – M. Malaurie-Vignal, *Droit de la distribution*, 4e éd., « Université », Sirey, 2017.

Thèses. Y. Auguet, *Concurrence et clientèle : Contribution à l'étude critique du rôle des limitations de concurrence pour la protection de la clientèle*, préf. Y. Serra, « BDPr », t. 315, LGDJ, 2000 – F. de Boüard, *La dépendance économique née d'un contrat*, préf. G. Viney, « Bibliothèque de l'institut André Tunc », t. 13, LGDJ, 2007 – Ph. Grignon, *Le fonde-*

1. D. Mainguy et J.-L. Respaud, « À propos du contrat de commission affiliation », art. préc. – Dans ce contrat, les obligations du commettant sont essentiellement celles d'un mandant, tandis que celles du commissionnaire sont essentiellement celles d'un mandataire (sans être un mandataire commercial). Le commissionnaire commercialise les produits en son nom propre, mais il agit pour le compte du commettant. Le commettant met à la disposition de son partenaire son savoir-faire, ses signes distinctifs tout en s'engageant à l'assister et à le contrôler.

ment de l'indemnité de fin de contrat des intermédiaires du commerce, préf. D. Ferrier et J.-M. Mousseron, Litec, 2000 – S. Lebreton, *L'exclusivité contractuelle et les comportements opportunistes : Étude particulière aux contrats de distribution*, préf. M. Pédamon, avant-propos J. Monéger, Litec, 2002 – S. Lequette, *Le contrat-coopération : Contribution à la théorie générale du contrat*, préf. C. Brenner, « Recherches juridiques », Economica, 2012 – X. Licari, *La protection du distributeur intégré en droit français et allemand*, préf. C. Witz, avant-propos M. Martinek, Litec, 2002 – D. Mainguy, *La revente*, préf. Ph. Malaurie, Litec, 1996 – G. Virassamy, *Les contrats de dépendance : Essai sur les activités professionnelles exercées dans une dépendance économique*, préf. J. Ghestin, « BDPr », t. 190, LGDJ, 1986 – M. Zoïa, *L'incidence du droit communautaire sur les contrats spéciaux*, Toulouse I, 1999.

Contributions. M. Behar-Touchais, « La protection du réseau de distribution », dans *Aspects contemporains du droit de la distribution et de la concurrence*, Montchrestien, 1996, p. 53 s. – D. Ferrier, « La considération juridique du réseau », dans *Mél. C. Mouly*, t. II, Litec, 1998, p. 95 s. – Ph. Grignon, « Le concept d'intérêt commun dans le droit de la distribution », dans *Mél. M. Cabrillac*, Dalloz-Litec, 1999, p. 127 s. – D. Mainguy et J.-L. Respaud, « À propos du contrat de commission affiliation », dans *Libre droit. Mél. Ph. le Tourneau*, Dalloz, 2008, p. 705 s.

31.05 Distribution directe ou par des intermédiaires. La distribution des biens informatiques utilise les mêmes voies que celles d'autres produits. Les producteurs, fabricants, importateurs, grossistes ou prestataires de services, peuvent distribuer leurs produits (tant matériels qu'immatériels) et proposer leurs services de diverses manières. *Soit directement* par le *démarchage* de leurs représentants de commerce (VRP) ou dans leurs *succursales*, et encore *sur la toile* mondiale (*World Wide Web*), par un site propre ou inséré dans un site généraliste du commerce électronique (dont le modèle est *e.Bay*[1]). *Soit indirectement*, par le *truchement* d'intermédiaires divers (agents commerciaux, commissionnaires ou courtiers)[2].

Le « système *Dell* » de vente directe du fabricant d'ordinateurs *Dell*[3] est astucieux, et a fait ses preuves. Les clients paient à la commande, alors que les fournisseurs sont réglés avec en moyenne un délai d'un mois, ce qui dégage des liquidités suffisantes pour financer trente jours d'exploitation. *Dell* assemble ses ordinateurs (en moins de quatre heures pour un appareil de bureau) quand il en reçoit la commande, ce qui lui permet de se contenter de stocks de trois à quatre jours de production (alors que ses concurrents doivent immobiliser au moins trois semaines de stocks). Ses sous-traitants sont situés à proximité des usines d'assemblage, auxquelles ils s'engagent à livrer dans des délais extraordinairement courts (moins de deux heures au maximum), de sorte qu'il peut livrer lui-même ses clients dans un temps bref (de 5 à 12 jours). Après la perte de sa primauté, et prenant conscience que maintenant de nombreux acheteurs d'ordinateurs portables entendent pouvoir en prendre possession immédiatement, comme des biens de consommation ordinaires, *Dell* propose ses appareils aux États-Unis dans des grandes surfaces ou dans des magasins spécialisés depuis 2007 ; c'est également le cas en Europe depuis 2008. Toutefois, la vente directe subsiste bien évidemment.

31.06 Distribution par des réseaux. Mais certains intervenants préfèrent recourir aux services d'entreprises indépendantes, sous la forme de réseaux verticaux de distribution (objet de ce titre). Ceux-ci, après avoir connu une grande prospérité dans le domaine de l'informatique, avec des marges importantes, subirent de plein fouet la concurrence des grandes surfaces (surtout les hypermarchés qui ont progressivement fait de l'informatique l'un de leurs fers de lance) et des fabricants, de sorte que leurs marges baissèrent (passant en quelques années de 15-20 % à 5-10 % du prix de vente selon les produits), ainsi que leur part de marché. Les réseaux ne pourront survivre que si leurs membres atteignent une taille suffisante (en se regroupant), pour être en mesure d'apporter des services complets et de qualité à leurs clients. Certains fabricants recourent simultanément à la distribution par des réseaux et par des distributeurs externes à ceux-ci (qui seront étudiés dans le titre 32), ce qui est licite[4].

1. Sur le commerce électronique v. *infra* s^{s} n°s 251.00 s.
2. V. *infra* s^{s} n°s 322.11 s.
3. Le fabricant d'ordinateurs *Dell* ne pratiqua longtemps que la vente directe, sans aucun magasin (et seulement six usines très performantes) ; en une vingtaine d'années, il était ainsi devenu le premier fabricant mondial (en dépassant *Compacq* en 2001, avant d'être détrôné par *HP* en 2006). Dès 2001 la moitié de son chiffre d'affaires fut réalisée sur la toile. L'histoire de cette sté est l'archétype du succès à l'américaine (*success story*) : elle fut fondée en 1984 par Michael Dell, à 19 ans, dans sa chambre d'étudiant, avec mille dollars (la barre des dix millions de PC *Dell* fut franchie dès 1997).
4. Paris, 26 juin 2001, *Time and Diamonds c/Seiko, RJDA* 2002, n° 373 ; *JCP E* 2001. Pan. 1648 : pour des montres ; il est dans ce cas normal que le fabricant ne délivre, avec les biens, des bons de garantie internationale qu'aux seuls membres du réseau.

CHAPITRE

311. Réseaux commerciaux

SECTION 0 ORIENTEUR

311.00 Sommaire du chapitre.

SECTION 1 DÉFINITION ET IMPORTANCE DU RÉSEAU

311.11 Des réseaux. Au sein des circuits de distribution, simples processus de diffusion des produits, sont apparus des réseaux de distribution des produits fabriqués et, plus récemment, d'offre de services [1]. La différence n'est pas que sémantique. Elle traduit un saut conceptuel, de nature qualitative. En effet, un réseau, au sens étroit auquel nous l'entendons, est un système d'organisation de la distribution par un circuit court, et de coopération contractuelle. Il crée une interdépendance entre ses membres. Le développement des réseaux est un corollaire de l'évolution actuelle de « l'entreprise territoire » vers « l'entreprise en réseau », constatée par les analystes et conseillée par les spécialistes du management, comme étant tout à la fois plus efficace et plus respectueuse de l'homme. Ils traduisent aussi la concentration et la structuration qui est intervenue dans la distribution.

Le développement des réseaux de distribution participe pour partie de la tendance actuelle des entreprises à se recentrer sur leur « métier » de base et à confier à l'extérieur (sous-traiter, « externaliser » dit-on souvent aujourd'hui), notamment à des distributeurs indépendants, tout ce qui n'est pas de leur compétence. Peu d'entreprises peuvent actuellement vivre dans un splendide isolement : Il leur faut s'allier avec toutes sortes de partenaires, principalement des prestataires de services. Dans l'économie contemporaine l'indépendance n'est plus l'autarcie. La notion de réseau est devenue juridique depuis que la loi n° 2015-990 du 6 août 2015 qui a inséré dans le code de commerce un titre « Des réseaux commerciaux » (C. com., art. L. 341-1 et L. 342-2 ; sur le premier de ces textes, v. *infra* s[s] n°s 312.81 s.).

311.12 Le réseau « ordre juridique » et « centre d'intérêt ». Selon Martine Behar-Touchais et Georges Virassamy le réseau est un système ou un « ordre juridique » (au sens de Santi Romano [2]). Son initiateur le constitue en utilisant la technique juridique des « contrats imbriqués » (selon une expression de Michel Cabrillac), se traduisant notamment par une multitude de contrats conclus par un personnage pivot et (ce qui est plus discuté) des stipulations pour autrui croisées entre les contractants du pivot [3].

Le réseau, considéré en lui-même, entrerait aussi sans doute dans la catégorie des « centres d'intérêts » proposée par Gérard Farjat [4]. Ces « centres d'intérêts » ne seraient ni des personnes ni des biens,

1. Sur la notion de réseaux : L. Amiel-Cosme, *Les réseaux de distribution*, préf. Y. Guyon, LGDJ 1995 – D. Ferrier, « La considération juridique des réseaux », dans *Mél. C. Mouly*, t. 2, Litec 1998, p. 95 s. – F. Buy, M. Lamoureux et J.-C. Roda, *Droit de la distribution*, LGDJ, « Manuel », 2e éd. 2019, n°s 100 s. – R. Fabre, « La franchise, un ménage à trois », *Cah. dr. entr.* 1999, n° 5, p. 26 – T. Pénard, E. Raynaud et S. Saussier, « Théorie des contrats et réseaux de franchise : analyse et enseignement », *RF économie* 2004, p. 151 s.

2. S. Romano, *L'ordre juridique*, Dalloz, 1975 ; 2e éd., 2002.
3. M. Behar-Touchais et G. Virassamy, *Les Contrats de distribution, op. cit.*, n° 884.
4. G. Farjat, « Entre les personnes et les choses, les centres d'intérêts. Prolégomènes pour une recherche », *RTD civ.* 2002. 221 s. – COMP. : L. Amiel-Cosme, « La théorie institutionnelle du réseau », dans *Mél. Y. Guyon*, Dalloz, 2003, p. 1 s., voyant dans le réseau une institution (au sens d'Hauriou), mais commerciale.

mais une catégorie intermédiaire dotée d'une « personnalisation juridique » dépourvue toutefois du droit d'agir. Ils pourraient bénéficier d'une protection particulière qui dépasse celles des choses sans atteindre celle des personnes. En contrepartie, les personnes juridiques impliquées dans leur fonctionnement pourraient voir leur responsabilité engagée du fait de celui-ci.

311.13 Réseaux et intégration. Le commerçant indépendant s'agrège à un réseau, dont il devient un des maillons, par un contrat-cadre, conclu *intuitu personæ*[1]. Toutefois, bien que juridiquement indépendant, le distributeur se trouve dominé par le maître du réseau : le contrat est incontestablement asymétrique, créant une sorte de dépendance[2], témoignant d'un retour du féodalisme dénoncé par Alain Supiot[3]. Pour autant, cette dépendance est associée à une interdépendance de tous les participants, ce qui permet une convergence de leurs objectifs vers un même intérêt commun entre eux : le bon fonctionnement et le développement du réseau.

L'expression d'intégration, communément admise à propos des divers réseaux de distribution de produits ou de proposition de services, est plus est imagée que réelle. D'une part, sauf dans quelques types de réseaux, l'intégration n'est pas complète de la production à la distribution (telle est la raison pour laquelle nous avons écrit qu'il y avait « une sorte » d'intégration). D'autre part, l'intégration au sein de l'unité est rarement absolue : les distributeurs membres du réseau conservent toujours une certaine autonomie (aussi nous avons qualifié l'intégration de « partielle »). En revanche, il est convenable de parler de *distribution distinctive*, marquant par là que chaque réseau est agrégé sous une enseigne unique (ou une marque) permettant de l'identifier[4].

1. NOT. sur l'*intuitus personæ* : M.-A. André, « L'*intuitus personæ* dans les contrats entre professionnels », dans *Mél. M. Cabrillac*, Litec-Dalloz, 1999, p. 23 s. – D. Krajeski, *L'intuitus personæ dans les contrats*, « Doctorat et notariat », La mouette, 2001 – Ph. le Tourneau et D. Krajeski, « *Intuitus personæ* », *J.-Cl. Contrats Distribution*, Fasc. 200 [2020] – *ADDE* sur les clauses relatives à l'*intuitus personæ*, avec des exemples de clauses en français et en anglais : É. Vergès (dir.), *Contrats sur la recherche et l'innovation*, hors collection, Dalloz, 2018, n°s 213.00 s.
2. G. Virassamy, *Les contrats de dépendance. Essai sur les activités professionnelles exercées dans une dépendance économique*, préf. J. Ghestin, « BDPr », t. 190, LGDJ 1986 – E. Lamazerolles, « La franchise », dans J.-Cl. Hallouin et H. Causse (dir.), *Le contrat électronique : au cœur du commerce électronique. Le droit de la distribution : droit commun ou droit spécial ?*, Faculté de droit et des sciences politiques, Université de Poitiers, LGDJ, 2005, p. 217 s.
3. A. Supiot, *Homo juridicus : Essai sur la fonction anthropologique du droit*, « La couleur des idées », Seuil, 2005.
4. EN CE SENS : G. Amédée-Manesme, « Plaidoyer pour la reconnaissance du concept de distribution distinctive », *RJ com.* 1995. 173 s.

311.14 Réseaux et secteur tertiaire. Le développement et l'importance des réseaux de distribution sont à la mesure de la croissance du secteur tertiaire. La distribution est déjà un service en elle-même, y compris lorsqu'elle porte sur un produit. De plus, des prestations de services interviennent entre les participants, dans presque tous les réseaux, accessoires peut être, mais importantes tout de même. Les nouveaux moyens techniques ont largement contribué et contribueront encore à ce développement du secteur tertiaire (informatique, électronique, télécommunication, internet).

311.15 Avantages des réseaux. Recourir à un réseau permet de multiplier les établissements de la marque, d'en établir un maillage serré sans que le concédant ait à en trouver le financement. Une autre des raisons qui militent pour l'existence de réseaux « externes » aux fabricants ou prestataires de services est que la concentration n'apparaît plus comme une panacée. Elle est même souvent considérée comme économiquement néfaste. La moyenne entreprise, de « taille humaine », a retrouvé la faveur des économistes et des analystes.

De plus, un concessionnaire indépendant sera, dans la plupart des cas, plus dynamique qu'un gérant salarié d'une succursale ou même qu'un gérant-mandataire. La précarité de sa situation est un aiguillon efficace à l'action ! Par conséquent, il y a tout lieu d'attendre d'un concessionnaire ou d'un franchisé une productivité et une rentabilité supérieures à celles d'une entreprise totalement intégrée. En outre, un réseau est un merveilleux système de veille stratégique et d'incitation à l'innovation, car les concessionnaires et franchisés, au contact de la clientèle, peuvent signaler au concédant les critiques, remarques et attentes de celle-ci.

SECTION 2
RELATIONS ENTRE LES MEMBRES DU RÉSEAU

311.21 De la coopération exigée par l'intérêt commun... La plupart des contrats sont des contrats antagonistes, en ce sens que les intérêts des cocontractants sont divergents et opposés. Néanmoins, dans tout contrat, chaque partie est tenue d'un devoir minimum de coopération avec l'autre, afin de parvenir à réaliser le mieux possible leurs objectifs, pourtant antagonistes. En effet, « *Les contrats forment une sorte de microcosme. C'est une petite société où chacun doit travailler dans un but commun* » (Demogue[5]). À plus forte raison en va-t-il de la sorte pour les contrats dans lesquels toutes les

5. R. Demogue, *Traité des obligations en général*, t. VI, 1931, n° 3.

parties poursuivent un but identique. Ce sont les contrats de collaboration ou de coopération, dont l'exemple type, en théorie, est le contrat de société. Du reste, une particularité de ce contrat est l'exigence de l'*affectio societatis*[1]. Mais celle-ci se retrouve sous-jacente dans de nombreux contrats, à un degré moindre sans doute, de sorte qu'il est peut-être préférable de parler d'*animus cooperandi*. Les contrats de concession et de franchisage entrent dans cette catégorie des contrats de collaboration ou de coopération, même s'il est indéniable qu'ils entraînent une dépendance de fait du concessionnaire ou du franchisé[2]. Nous avions mis l'accent sur cette catégorie des contrats de coopération dès nos premières publications sur les contrats de distribution remontant à 1978. Depuis, elle a donné lieu à d'importants développements[3]. La coopération des parties à un but commun est indispensable[4]. Le devoir de coopération « *opère une mise en relation d'actifs complémentaires [en vue] d'un projet commun mettant ainsi en scène des intérêts économiques convergents mais différents* »[5]. Instrument d'efficacité et de synergie du rapport contractuel, il renforce l'exigence de bonne foi, « *traduction de l'assujettissement des parties au but contractuel* »[6]. Quel est l'objectif commun ? Il porte principalement sur la clientèle : Sa « création », puis son maintien (sa « fidélisation ») et son développement, passant par la rentabilité de l'établissement du concessionnaire ou du franchisé (la rentabilité étant entrée dans le champ contractuel[7]). Les résultats de ce chef seront bénéfiques tant pour le concédant ou franchiseur et les concessionnaires ou franchisés d'une part, que pour les concessionnaires et franchisés entre eux d'autre part ; et, plus largement, du réseau. De sorte qu'il existe un « intérêt supérieur » aux contractants, celui de la « relation contractuelle » elle-même, proche d'un *intuitus firmæ*[8] ou *societatis*. Un *intérêt commun* vivifie l'ensemble, créant entre ses membres une interdépendance, conduisant à prendre en considération les intérêts de l'autre dans son propre intérêt. Il « *confère une dimension collective aux rapports bilatéraux* »[9] établis entre le maître du réseau et ses partenaires, et même sublime quelque peu ces contrats fondateurs (au profit de « l'effet de réseau » et de l'intérêt de ce dernier). L'une des parties (concédant ou franchiseur) fournit à l'autre (concessionnaire ou franchisé) des moyens que celle-ci s'engage à exploiter au mieux dans l'intérêt commun[10]. En définitive, chacun des partenaires doit « *agir au profit du contrat, c'est-à-dire de l'opération économique qu'il prend en charge* »[11].

Il résulte de l'évolution du contrat que les obligations ne sont plus regardées comme l'objectif principal « *mais comme de simples moyens de réaliser un projet contractuel qui les dépasse* »[12]. Le contrat n'impose pas seulement « *l'exécution d'obligations isolées mais la réalisation d'un projet contractuel qui les englobe et les dépasse* »[13]. Pour tenir compte de ce bouleversement, il a été habilement proposé une analyse renouvelée de la notion de contrat, articulée autour de deux aspects[14]. D'une part, le contrat « *est une norme juridique dont l'objet est d'encadrer une opération finalisée par les intérêts des parties* ». De l'autre, le contrat constitue « *la norme qui a pour objet d'opérer juridiquement la rencontre des intérêts des parties* ».

311.22 Au partenariat. Il nous semble qu'il faut sublimer l'intérêt commun en considérant le contrat de collaboration comme un partenariat[15], voire une alliance[16], mais sans aller jusqu'à employer le

1. N. Reboul, « Remarques sur une notion conceptuelle et fonctionnelle : l'*affectio societatis* », *Rev. sociétés* 2000. 425 s. – P. Serlooten, « L'*affectio societatis*, une notion à revisiter », dans *Mél. Y. Guyon*, Dalloz, 2003, p. 1007 s. – J.-F. Barbièri, « Retour sur l'*affectio societatis*, une intention mal aimée », dans *Mél. P. Serlooten*, Dalloz, 2015, p. 285 s. – V. Simon, « L'*affectio societatis* – Étude historique sur l'élément intentionnel du contrat de société », *RDC* 2016. 343 s. – S. Lacroix-de-Sousa, « Le rayonnement de l'*affectio societatis* », *Rev. sociétés* 2016. 499 s. : montrant que l'*affectio societatis* existe dans d'autres contrats étroitement liés au contrat de société, not. la promesse de sté et la cession de droit sociaux – G. Naffah, « L'*affectio societatis*, un critère qui n'en est pas un », dans *Mél. J.-J. Daigre*, Joly, 2017, p. 233 s., très critique sur ce concept « super-flou » et superflu.
2. V. *infra* s^s n° 311.23.
3. S. Lequette, *Le contrat-coopération : Contribution à la théorie générale du contrat*, th., préc., not. n°s 425 s. ; « Les réseaux de contrats. Contribution à la théorie des groupes de contrats », dans *Mél. B. Teyssié, op. cit.*, p. 1043 s., spéc. I.
4. M. Cabrillac, « Remarques sur la théorie générale du contrat et les créations récentes de la pratique commerciale », dans *Mél. G. Marty*, PU Toulouse 1, 1978, p. 235 s., n° 17.
5. S. Lequette, th. préc., n° 180.
6. S. Lequette, th. préc., n° 432.
7. À CET ÉGARD : S. Lequettte, « Le champ contractuel – Réflexions à partir de la rentabilité économique », *RDC* 2016. 135 s.
8. EN CE SENS : S. Lebreton, *L'exclusivité contractuelle et les comportements opportunistes : Étude particulière aux contrats de distribution*, th., préc., n° 66.
9. P. Pigassou, « La distribution intégrée », *RTD com.* 1980. 473 s., n° 8.
10. S. Lequette, th. préc., n° 571.
11. R. Libchaber, « Réflexions sur les effets du contrat », dans *Mél. J.-L. Aubert*, Dalloz, 2005, p. 211 s., n° 20.
12. S. Lequette, « La notion de contrat. Réflexions à la lumière de la réforme du droit commun des contrats », *RTD civ.* 2018. 541 s., n° 19.
13. S. Lequette, *op. et loc. cit.*
14. S. Lequette, art. préc., II, n°s 21 s.
15. À PROPOS DES CONTRATS de la distribution : Ph. le Tourneau, *Les contrats de franchisage*, 2e éd., « Litec professionnels », Litec, 2007, n°s 16 s. ; *Les Contrats de concession*, 2e éd., « Litec professionnels », Litec, 2010, n° 48.
16. Une alliance profane, donc sans rapport à la théologie de l'Ancienne et de la Nouvelle Alliance.

mot de mariage (Carbonnier relevait *cum grano salis* que le mariage se transforme en contrat tandis, que certains rêvent de transformer tout contrat en mariage[1]). Par le partenariat ou l'alliance, les alliés décident de mettre en commun des prestations, c'est-à-dire d'exercer une activité commune[2]. Ce partenariat se distingue, en étant d'une autre nature, de ce que le code de commerce désignait comme tel, depuis la loi n° 2008-776 du 4 août 2008[3], pour condamner certains comportements (C. com., art. L. 442-6, I, 1° et 2°[4] ; l'expression ne figure plus dans l'art. L. 442-1, I, 1° et 2°, ayant remplacé l'art. préc. depuis l'ord. n° 2019-359 du 24 avr. 2019[5]) ; ce partenariat de faible intensité était communément appelé la « coopération commerciale »[6] avant la loi du 4 août 2008, précitée[7].

Le partenariat implique non seulement une transparence totale entre les partenaires, mais également une participation de tous, dans des structures souples, à l'élaboration de la politique du réseau et d'un code interne (entre membres du réseau) et externe (envers la clientèle). Ce changement radical de perspective est dans l'air du temps. En effet, le management est dominé par la redécouverte de l'homme : la seule valeur qui compte, c'est l'homme, l'homme travailleur, créateur et, à l'autre bout, le consommateur. Or, précisément, le franchisage en partenariat, ou cofranchisage (comme il existe des coauteurs ou la cotraitance), répond à cette recherche et à cet objectif. Ces propos laissent entendre, en même temps, que le monde économique et le droit des affaires ne peuvent plus se passer d'une éthique, gage du succès[8].

311.23 Réseaux instruments d'éventuelle domination. Que les réseaux organisent une coopération commerciale entre ses membres est certain. Mais cette coopération est souvent inégalitaire, et se traduit fréquemment par la domination d'une entreprise sur les autres. À cet égard, les contrats conclus par les membres d'un réseau méritent souvent la qualification de contrats de dépendance[9]. Pour le professeur Virassamy cette qualification désigne le contrat « *régissant une activité professionnelle dans laquelle l'un des contractants, l'assujetti, se trouve tributaire pour son existence ou sa survie, de la relation régulière, privilégiée ou exclusive, qu'il a établie avec son cocontractant, le partenaire privilégié, ce qui a pour effet de le placer dans sa dépendance économique et sous sa domination* »[10]. Selon un autre auteur, les contrats de distribution seraient des contrats de commandement. En effet, l'objectif du contrat serait de satisfaire l'intérêt économique de l'une des parties (le concessionnaire ou le franchiseur), l'autre devant promouvoir l'intérêt de son cocontractant en priorité (le développement de la clientèle du concédant ou du franchiseur). Il en résulterait une véritable subordination juridique du concédant ou du franchisé aux intérêts juridiques du maître du réseau[11]. La classification des contrats de distribution dans la catégorie des contrats de commandement n'est pas neutre. Elle impliquerait une analogie entre le contrat de l'agent commercial et le contrat de distribution. Il s'agirait, dans les deux cas, d'une distribution intégrée « *ayant pour objet de*

1. J. Carbonnier, *Droit civil,* t. IV, *Les obligations*, 22e éd., « Thémis », PUF, 2000, n° 114 ; – COMP. : S. Moracchini-Zeidenberg, « La contractualisation du droit de la famille », *RTD civ.* 2016. 773 s.
2. Ph. le Tourneau, « Le contrat : de l'échange au partenariat », dans *Mél. J.-M. Trigeaud*, Éd. Bière, Bordeaux, 2020, p. 563 s.
3. L. n° 2008-776, 4 août 2008, de modernisation de l'économie, *JO* 5 août, p. 12471.
4. SELON la C. de cass., il s'entend comme « *d'échanges commerciaux conclus directement entre les parties* » : Com. 31 janv. 2018, n° 16-24.063, NP, *RTD com.* 2018. 635, obs. M. Chagny.
5. Ord. n° 2019-359, 24 avr. 2019, portant refonte du titre IV du livre IV du C. de com. relatif à la transparence, aux pratiques restrictives de concurrence et aux autres pratiques prohibées, *JO* 25 avr., n° 16.
6. Y. Picod, « Un nouveau contrat nommé : le contrat de coopération commerciale », dans *Libre droit, Mél. Ph. le Tourneau*, Dalloz, 2008, p. 805 s., montrant comment le législateur entend assurer un équilibre entre les partenaires et y faire régner la loyauté, essentiellement par l'art. L. 441-7 [devenu L. 441-3] du C. de com. (renumérotation datant de l'ord. n° 2019-359 du 24 avr. 2019) – COMP. : F. de Boüard, *La dépendance économique née d'un contrat*, th. préc., nos 371 s., estimant, qu'en vertu du devoir spécial de loyauté pesant sur « l'intégrateur », celui-ci doit respecter les intérêts de « l'intégré » et donc ne pas lui imposer des obligations trop lourdes.
7. POUR UN EX. de coopération commerciale baptisée partenariat : Com. 3 nov. 2016, n° 15-24.886, *JCP E* 2017. 1019, note S. Le Gac-Pech ; *AJCA* 2017. 85, obs. A. Bories, relevant qu'il existait des contrats de partenariat entre un franchiseur et des franchisés, et en en tirant des conséquences.
8. Ph. le Tourneau, *L'éthique des affaires et du management au XXIe siècle : Essai*, Dalloz-Dunod, 2000 [épuisé ; 3e éd. disponible gratuitement sur le site https://www.philippe-letourneau.fr] – COMP. : G. Farjat, « L'éthique et le système économique, une analyse juridique », dans *Mél. P. Fouchard*, Pédone 2006, p. 26 s.
9. G. Virassamy, *Les contrats de dépendance* [...], th., préc. – ADDE SUR CE CONCEPT : T. Revet, « Les apports au droit des relations de dépendance », *RTD com.* 1997. 37 s. – C. Del Cont, *Propriété, économie, dépendance et responsabilité*, préf. F. Collart Dutilleul et G. Martin, « Logiques juridiques », L'Harmattan, 1998, p. 38 s. – AUSSI : V. Lasbordes, *Les contrats déséquilibrés*, préf. C. Saint-Alary-Houin, PUAM, 2000.
10. G. Virassamy, th. préc., n° 2 et n° 226.
11. F.-X. Licari, « L'application par analogie du droit de l'agence commerciale, fondement possible de la reconnaissance d'une indemnité de fin de contrat au concessionnaire et au franchisé [quelques réflexions à propos de Paris, 1er mars 2006, *General Motors c/Coroller Automobiles*] », *RLDA* 2007, n° 785, p. 93 s.

représenter la marque du maître et de lui constituer une clientèle, dans le strict respect de ses intérêts »[1].

Mais, d'un autre côté, de façon complémentaire, toute agrégation à un réseau augmente la puissance d'action de l'adhérent, lui donne des moyens accrus, lui fait bénéficier de la synergie de l'ensemble et, en même temps, le libère de certaines tâches. Outil de domination sans doute, et pourtant de libération et parfois de dynamisme : la réalité est complexe et ne se laisse pas enfermer dans des schémas simplistes !

311.24 Indépendance juridique du concessionnaire ou du franchisé, tempérée par l'interdépendance qui résulte de son insertion dans un réseau. Que des rapports individuels naissent entre le concédant et chacun des concessionnaires ou franchisés est évident. Cet aspect des choses occulte souvent le fait que s'instaurent en même temps des rapports collectifs entre les divers concessionnaires et franchisés du même concédant ou franchiseur. Certes, ils demeurent juridiquement indépendants les uns des autres (et envers le concédant ou franchiseur), mais l'existence du réseau (vertical), dont tous sont membres d'office, crée *ipso facto* des liens entre eux : une sorte d'interdépendance. Tous les concessionnaires ou franchisés sont comme les branches d'un même arbre. Nous avions mis l'accent sur cet « effet de réseau » dans nos travaux antérieurs sur cette matière (dont les premiers remontent à 1978), qui a été développé par d'autres auteurs[2].

311.25 Réseaux, moyens d'une distribution intégrée ou d'une distribution distinctive ? Les réseaux se traduisent économiquement par une sorte d'intégration par le dominateur des unités de distribution au sein d'un ensemble. Aussi la doctrine a tendance à qualifier les contrats unissant les maîtres des réseaux à leurs membres de contrats d'intégration[3], et à baptiser d'intégrée la distribution par les réseaux. L'expression est imagée plus que réelle. D'une part, l'intégration n'est pas complète, sauf dans quelques types de réseaux. D'autre part, l'intégration au sein de l'unité est rarement absolue (sauf dans les mêmes figures de la distribution) : les distributeurs membres du réseau conservent toujours une certaine autonomie (même si elle est partiellement illusoire[4]).

En revanche, il est juste de parler de *distribution distinctive*, marquant par là que chaque réseau est agrégé sous une enseigne unique (et/ou une marque) permettant de l'identifier[5]. Ce qui conduit à rappeler le rôle capital pour un réseau de son enseigne et de son image (comme il est devenu usuel d'évoquer l'image de marque). Il importe qu'elles soient fortes afin de bien marquer la spécificité de la chaîne par rapport à la concurrence, en vue d'attirer et de fidéliser la clientèle.

311.26 Réseaux et Droit des contrats. Les réseaux sont le signe d'une époque qui est passée d'une économie indépendante à une *économie contractuelle*. Une bonne partie de l'activité économique de distribution est assurée par eux, c'est-à-dire par des ensembles contractuels. Dès lors, il apparaît clairement que les alliances et les groupements d'entreprises ne supposent pas nécessairement l'utilisation du Droit des sociétés. Les techniques du Droit commun remplissent très bien cet office. Concrètement, le réseau est constitué par un ensemble de contrats-cadre identiques, assortis de toutes sortes d'accords complémentaires et accessoires (et parfois précédés de contrats préparatoires[6]).

Les critères d'adhésion diffèrent de réseau en réseau, d'enseigne à enseigne, et aussi selon chaque type de réseau. Certains ne comportent que des critères qualitatifs. D'autres connaissent aussi des critères quantitatifs : il en va de la sorte lorsqu'une exclusivité territoriale est reconnue au distributeur. Quand un secteur n'est pas expressément concédé, la licéité du *numerus clausus* est controversée à l'égard du Droit de la concurrence. La question se pose surtout en pratique pour la distribution sélective.

1. F.-X. Licari, art. préc., p. 101, et pour la démonstration p. 100 et p. 101.
2. SURTOUT : L. Amiel-Cosme, *Les réseaux de distribution*, préf. Y. Guyon, « BDPr », LGDJ 1995 : th. de qualité mais il est regrettable que son auteur ait prétendu découvrir ces aspects de la question – *ADDE* DEPUIS : D. Ferrier, « La considération juridique du réseau », dans *Mél. C. Mouly*, Litec, 1998, t. II, p. 95 s.
3. V. PARTICULIÈREMENT CATÉGORIQUE en ce sens : F. de Boüard, *La dépendance économique née d'un contrat*, th., préc.
4. F. de Boüard, *La dépendance économique née d'un contrat*, th. préc., n°s 164 s.
5. EN CE SENS : G. Amédée-Manesme, « Plaidoyer pour la reconnaissance du concept de distribution distinctive », *RJ com.* 1995. 173 s.
6. POUR CERTAINS D'ENTRE EUX : Ph. le Tourneau, *L'ingénierie, les transferts de technologie et de maîtrise industrielle*, 2e éd., « Droit & Professionnels », LexisNexis, 2016, n°s 150 s. – POUR LE CONTRAT de « réservation » : Ph. le Tourneau, *Les contrats de franchisage*, 2e éd., « Litec Professionnels », 2007, n° 419.

CHAPITRE

312. De quelques règles communes

SECTION 0
ORIENTEUR

312.00 **Sommaire du chapitre.**

Division – Six questions. Nous envisagerons les contrats de distribution au regard du commerce électronique (sect. 1), ensuite les conditions spéciales de validité (sect. 2) et de licéité (sect. 3) des réseaux de distribution, puis les effets des réseaux envers les tiers (sect. 4) et la rupture du contrat de distribution (sect. 5) ; enfin, sa cession (sect. 6).

312.03 **Bibliographie. Ouvrage.** C. Féral-Schuhl, *Cyberdroit : Le droit à l'épreuve de l'internet*, 8e éd., « Praxis », Dalloz, 2020, nos 54.00 s.

Manuel. L. Grynbaum, C. Le Goffic et L. Morlet-Haidara, *Droit des activités numériques*, « Précis », Dalloz, 2014.

Thèses. H. R. Randriamialy, *Réseaux de distribution et internet*, Toulouse, 2012 – A. Riéra, *Contrat de franchise et droit de la concurrence*, Institut universitaire Varenne, 2014.

Contribution. L. Vogel, « Réseaux contre plateformes : la distribution sélective à l'épreuve de l'internet », dans *Mél. J. Huet*, LGDJ, 2017, p. 401 s.

Articles. G. Amédée-Manesme, « Il est "interdit d'interdire" la vente en ligne par internet aux membres d'un réseau de distribution sélective : arrêt *Pierre Fabre*, Paris, 31 janv. 2013 », *JCP E* 2013, n° 9. Ét. 1133 – J.-C. Bermond, « Le Conseil de la concurrence affine son approche de la distribution sélective sur internet », *LPA* 27 avr. 2007, n° 85, p. 6 – K. Biancone et A.-C. Martin, « Traitement des ventes en ligne », *Journ. soc.* 2010/78, p. 49 – G. Decocq, « Commerce électronique, concurrence et distribution : questions d'actualité », *CCÉ* 2003, Chron. n° 24 – N. Dissaux et R. Loir, « À quoi sert le droit de la distribution ? », *D.* 2021. 1809 – D. Ferrier, « La distribution sur internet dans le cadre d'un réseau », *D.* 2006, point de vue 2594 ; « La distribution sélective dans le cadre du nouveau règlement n° 330/2010 », *JCP E* 2011, n° 3, 1029 ; « L'obligation d'informer le futur franchisé », *RDC* 2012. 1068 s. – J.-L. Fourgoux, « Distribution sélective et ventes sur internet. *Bang & Olufsen* : après la carotte des engagements, le bâton de la sanction », *RLDI* févr. 2013. 2995 – E. Friedel et G. Toulouse, « Confirmation et modernisation des règles de concurrence applicables aux accords de distribution », *Journ. soc.* 2010/76, p. 53 – C. Grynfogel, « Distribution en ligne et droit de la concurrence : état des lieux (1re partie) », *RJDA* 2017. Chron. 355 – A. Gurin, « Nouvelles règles relatives aux restrictions verticales », *JCP E* 2011, n° 3, 1027 – B. Honorat, « Comment concilier distribution sélective et internet : le Conseil de la concurrence définit les limites », *CCC* 2007. Chron. 7 – A. Lecourt, « Franchise et internet : des rapports contractuels délicats », *D.* 2004. Chron. 626 – M. Lemperiere et F. Coulon, « Un fournisseur ne peut en principe pas interdire la commercialisation de ses produits par internet », *Expertises* 2013, p. 185 – R. Loir, « L'information du franchisé sur le futur », *D.* 2012. Chron. 1425 – O. Ottimi, « Réseaux de distribution et réseau internet. Le point 51 des lignes directrices ; 7 ans après : quelles interprétations ? Quelles applications ? Quelles déductions ? », *LPA* 5 déc. 2007, n° 243, p. 3 – J. Riffault-Silk, « Distribution sélective des produits cosmétiques et d'hygiène corporelle », *RJDA* 2014. Chron. 2 – S. de Senilhes et O. Roux, « Distribution sélective et commerce électronique : une évolution inachevée », *RJDA* 2011. 447 – J. Vanard, « Gérer les exclusivités territoriales à l'heure d'internet », *AJCA*. 306 – C. Vilmart, « La distribution sélective condamnée à la vente en ligne », *JCP E* 2013, n° 8. Ét. 1119.

312.05 **Noms de domaine et contrats de concession ou de franchisage.** Tout concessionnaire, au sens large, et franchisé a un droit d'usage de la marque du concédant ou franchiseur, mais limité par le contrat. Il a été jugé qu'il ne permet pas au distributeur de la déposer comme nom de domaine, ce qui constituerait une contrefaçon [1]. Cependant, le Centre d'arbitrage et de médiation de l'Organisation mondiale de la propriété intellectuelle (Ompi) a estimé qu'un distributeur a le droit d'enregistrer et d'utiliser un nom de domaine [2] *incorporant* la marque des produits qu'il distribue licitement, dès lors qu'il n'utilise pas son site de façon à créer une confusion [3].

312.06 **Protection contre la « distribution parallèle » ; renvoi.** Tous les membres du réseau sont protégés contre la « distribution parallèle » par internet, émanant de distributeurs non membres du réseau [4].

SECTION 1

LES CONTRATS DE DISTRIBUTION AU REGARD DU COMMERCE ÉLECTRONIQUE

312.11 **Contrats de concession et de franchisage au regard du commerce électronique ; généralités. – Liberté de principe pour les distributeurs.** Le commerce électronique [5] est l'activité économique par laquelle une personne propose ou assure à distance par voie électronique la fourniture des biens et des services (L. n° 2004-575, 21 juin 2004 [6], art. 14, al. 1er [7]). Les réseaux furent quelque peu perturbés par l'intrusion de l'internet et des plates-formes, qui risquaient de mettre à mal leur homogénéité et l'exclusivité (pour ceux dont elle était un élément important). Les concédants et franchiseurs tentent de remédier à ces inconvénients en accompagnant leur développement [8].

La liberté d'accéder à la toile est de principe. Selon le règlement 330/2010 [9] (concernant l'application de l'article 101 [10], § 3, du traité de fonctionnement de l'Union européenne [TFUE] à des catégories

1. TGI Nanterre, 20 mars 2000, *Sony c/Alifax, D.* 2000. AJ 287, obs. C. Manara ; *RJDA* 2000, n° 1058 ; *CCÉ* 2000, n° 46, obs. J.-C. Galloux : posant excellemment le principe à propos d'un contrat de distribution exclusive ; JUGEMENT RÉFORMÉ PAR : Versailles, 14 sept. 2000, *PIBD* 2000. III. 579 : mais pour des considérations de fait, qui ne remettent pas en cause le principe.

2. Sur les noms de domaine v. *infra* ss nos 443.11 s.
3. Centre d'arbitrage préc., 20 déc. 2001, *Chantelle c/Marvin Anhalt, D.* 2002. AJ 1274 : les faits étaient différents de ceux qui avaient donné lieu au jugement du TGI de Nanterre préc., puisqu'en l'esp. il n'y avait qu'une incorporation de la marque du distributeur à un autre élément, et non un dépôt tel quel – *ADDE* DANS LE MÊME SENS : TGI Paris, 20 déc. 2002, *PoFranceFrance, Propr. ind.* 2003, actu. 86, *a contrario*.
4. V. *infra* ss nos 312.221 s.
5. L. Grynbaum, C. Le Goffic et L. Morlet-Haidara, *Droit des activités numériques, op. cit.*, nos 223 s.
6. L. n° 2004-575, 21 juin 2004, pour la confiance dans l'économie numérique, *JO* 22 juin, p. 11168.
7. V. *infra* ss nos 411.21 s.
8. Sur la question des réseaux et de la distribution par internet l'ouvrage et les art. préc. v. not. *supra* ss n° 311.12.
9. Règl. 330/2010, Commission, 20 avr. 2010, concernant l'application de l'art. 101, § 3, du traité sur le fonctionnement de l'Union européenne à des catégories d'accords verticaux et de pratiques concertées, *JOUE* L 102, 23 avr. 2010, p. 1.
10. TFUE, 101 [TCE-A, 81 ; TCE 85] – I. Pingel (dir.), *De Rome à Lisbonne : Commentaire article par article des traités UE et CE* 2e éd., Helbing-Lichtenhahn-Dalloz-Bruylant, 2010, p. 695.

d'accords verticaux), le distributeur a en principe le droit d'utiliser l'internet ou des sites « d'aiguillages » pour vendre les produits ou pour effectuer de la publicité[1]. En revanche, le titulaire du réseau ne peut pas se réserver les ventes ou la publicité sur la « toile »[2]. La clause d'interdiction de vente par internet de certains produits contractuels à des utilisateurs finals est contraire au Droit de la concurrence[3], car elle constitue une restriction par l'objet, insusceptible d'exemption, du moins pour la distribution sélective (la distribution exclusive et le franchisage échappant à la prohibition d'interdire[4], une cour d'appel releva que, dans la décision du Conseil de la concurrence du 29 octobre 2008, les justifications admises à l'interdiction de vente par internet sont prévues pour « la distribution exclusive »[5], suivant en cela la position de la Commission européenne[6]). Toutefois, il est possible de réserver la vente par internet aux distributeurs agréés disposant d'un point de vente physique[7] (donc d'exclure les *pure players*[8], *via* notamment les plateformes ou places de marché), en respectant l'ensemble des critères du réseau[9]. Et le fournisseur peut demander à bénéficier d'une exemption individuelle au titre de l'article 101[10], § 3, TFUE[11], du moins s'il prouve que les critères qualitatifs objectifs l'exigent dans la distribution sélective et exclusive[12] ; ou, dans le franchisage, si les conditions de réussite du concept l'imposent. Autant dire, qu'il sera rare que l'interdiction de la distribution de produits ou de la proposition de services par l'internet soit possible, l'acceptation d'exemptions individuelles étant rarissimes.

Le développement considérable des plates-formes de marché constitue une menace pour les réseaux, surtout pour la distribution sélective. D'une part, les fournisseurs risquent de perdre la maîtrise de leur réseau en ligne ; d'autre part, la qualité des services rendus par les détaillants risque de n'être pas satisfaisante et donc de nuire au réseau[13].

312.12 Contrats de concession et de franchisage au regard du commerce électronique – Ventes pas-

1. Comm. UE, com. C 130/01, *Lignes directrices sur les restrictions verticales*, préc., p[t] n° 52 – NOT. : K. Biancone et A.-C. Martin, « Traitement des ventes en ligne », art. préc. – A. Gurin, « Nouvelles règles relatives aux restrictions verticales », art. préc. ; – S. de Senilhes et O. Roux, « Distribution sélective et commerce électronique : une évolution inachevée », art. préc.
2. Comm. UE, C 130/01, *Lignes directrices sur les restrictions verticales*, préc., p[t] n° 52 – Aut. conc., 18 sept. 2012, n° 12-A-20, *D.* 2013. 732, obs. D. Ferrier ; *RTD com.* 2012. 739, obs. E. Claudel, le principe est « *l'interdiction d'interdire la vente sur internet* » ; SUR CET AVIS : N. Kouchnir-Cargill, « La position de l'Autorité de la concurrence sur les limites au développement du commerce électronique », *RLDI* 2012/77. Chron. 4362.
3. CJUE, 13 oct. 2011, *Pierre Fabre Dermo-Cosmétique*, aff. C-439/09, *D.* 2011. AJ 2590, obs. E. Chevrier ; *CCC* 2011, n° 257, obs. M. Malaurie-Vignal et n° 263, obs. G. Decocq ; *JCP* 2011, n° 51, 1430, note D. Ferrier ; *CCÉ* 2012, n° 4, obs. M. Chagny ; *RJ com.* 2012. 35, note G. Decocq ; *RDC* 2012. 111, note C. Prieto, CRIT. ; *RDC* 2012. 522, note M. Behar-Touchais – C. Vilmart, « Distribution sélective des produits cosmétiques Pierre Fabre et internet. La CJUE fait une réponse tautologique », *JCP E* 2011, n° 47, 1833 – J.-L. Lesquins et L. Ferchiche, « Les ventes sur internet dans le cadre de la distribution sélective : fin de partie ? », *JCP E* 2011. Actu. 554 – L. Vogel, « La distribution par internet après l'arrêt Pierre Fabre », *JCP E* 2012, n° 11. Chron. 1182 – Paris, pôle 5, ch. 5-7, 31 janv. 2013, n° 2008/23812, *D.* 2011. 540, obs. D. Ferrier ; *D.* 2013. AJ 360, obs. E. Chevrier ; *D.* 2013. 887, note D. Ferrier ; *CCC* 2013, n° 64, obs. G. Decocq ; *CCC* 2013, n° 76, obs. M. Malaurie-Vignal ; *RLDI* 2013, n° 3040, obs. L. C. ; *RDC* 2013. 1401, note M. Behar-Touchais ; *RTD com.* 2010. 81, obs. E. Claudel : appliqua l'analyse de CJUE, 13 oct. 2011, dans l'aff. *Pierre Fabre Dermo-Cosmétique* ; l'arrêt écarte minutieusement les arguments invoqués par le producteur – Com. 24 sept. 2013, n° 12-14.344, P IV, n° 141 ; *D.* 2013. AJ 2270, obs. E. Chevrier ; *D.* 2013. 2487, obs. J. Larrieu, C. Le Stanc et P. Tréfigny ; *JCP E* 2013, n° 48, 1657, note C. Vilmart, CRIT. ; *CCÉ* 2013, n° 117, obs. V. Pironon ; *RLDI* 2013, n° 3259, obs. J. de Romanet ; *D.* 2014. 192, note A. Mendoza-Caminade – C. Vilmart, « *La distribution sélective condamnée à la vente en ligne* », étude préc. ; G. Amédée-Manesme, « Il est "interdit d'interdire" la vente en ligne par internet aux membres d'un réseau de distribution sélective… », Ét. préc. ; M. Lemperiere et F. Coulon, « Un fournisseur ne peut en principe pas interdire la commercialisation de ses produits par internet », Chron. préc. ; J. Riffault-Silk, « Distribution sélective des produits cosmétiques et d'hygiène corporelle », Chron. préc. – Paris, pôle 5, ch. 5-7, 13 mars 2014, *Bang & Olufsen*, *CCC* 2014, n° 118, obs. G. Decocq ; *JCP E* 2014, n° 23, 394, note P. de Lanzac et J. Hochart – A. Riera, *Contrat de franchise et droit de la concurrence*, th., Institut universitaire Varenne, 2014, n° 165.
4. V. LES ARGUMENTS de : G. Amédée-Manesme, « Il est "interdit d'interdire" la vente en ligne par internet aux membres d'un réseau de distribution sélective… », étude préc., n° 8.
5. Cons. conc. 29 oct. 2008, n° 08-D-25, préc., § 66.
6. Comm. UE, com. C 130/01, *Lignes directrices sur les restrictions verticales*, préc., p[t] 51.
7. Paris, pole 5, ch. 5-7, 31 janv. 2013, RG n° 2008/23812, préc.
8. V. *infra* s[s] n° 312.15.
9. Com. 13 sept. 2017, n° 16-15.067, NP, *RLDI* 2017, n° 5082, obs. L. Costes ; *CCC* 2017, n° 221, obs. M. Malaurie-Vignal ; *AJ contrat* 2017. 489, obs. F. Buy et J.-C. Roda ; *JCP E* 2017. 1632, note P. Wilhelm et É. Dumur ; *RLDI* 2017. 5088, note J.-L. Fourgoux.
10. TFUE, 101 [TCE-A, 81 ; TCE 85] – I. Pingel (dir.), *De Rome à Lisbonne : Commentaire article par article des traités UE et CE*, 2e éd., Helbing-Lichtenhahn-Dalloz-Bruylant, 2010, p. 695.
11. CJUE, 13 oct. 2011, *Pierre Fabre Dermo-Cosmétique*, aff. C-439/09, préc. – Paris, pôle 5, ch. 5-7, 31 janv. 2013, RG n° 2008/23812, préc.
12. Comm. UE, com. C 130/01, *Lignes directrices sur les restrictions verticales*, préc., p[t] n° 52 – SUR TOUTES CES QUESTIONS : H. R. Randriamialy, *Réseaux de distribution et internet*, th. préc.
13. L. Vogel, « Réseaux contre plates-formes : la distribution sélective à l'épreuve de l'internet », art. préc., suggérant des mesures pour encadrer les ventes sur les places de marché.

sives et ventes actives. L'internet étant considéré par les autorités de l'Union européenne comme un outil de vente passive, le concédant ne peut pas proscrire la vente à la demande d'un client domicilié sur le territoire d'un autre concessionnaire ou franchisé exclusif du même réseau, l'interdiction des reventes passives étant prohibée [1]. En revanche, il est possible d'interdire la sollicitation directe et active du client par ce procédé, notamment l'envoi de messages électroniques [2] à des personnes identifiées, des bandeaux publicitaires ou des liens dans les pages de fournisseurs d'accès visant spécifiquement la clientèle concédée ou franchisée [3]. Il est ainsi interdit, au titre des ventes actives, de payer un moteur de recherche ou un fournisseur d'espace publicitaire en ligne pour qu'ils diffusent une publicité aux utilisateurs spécifiquement établis sur le territoire exclusif d'un concessionnaire ou d'un franchiseur [4].

312.13 Contrats de concession et de franchisage au regard du commerce électronique – clause contractuelle l'autorisant sous certaines conditions. Les contrats de concession et de franchisage comportent souvent des dispositions relatives à la vente par internet.

1° Puisque la liberté de création d'un site marchand par les concessionnaires et franchisées est de principe [5], le maître du réseau a tout intérêt à prévoir une clause contractuelle l'autorisant, mais en le soumettant à des critères préalablement définis (notamment des normes de qualité) [6]. Ces critères figurent généralement dans un cahier des charges. Ils sont notamment destinés à permettre le respect de l'image de marque du concédant ou du franchiseur [7]. Les conditions pour la vente en ligne doivent seulement être équivalentes à celles qui sont imposées pour la vente dans un magasin physique, dans la mesure où il peut exister des différences de critères se justifiant par la nature différente de ces deux modes de distribution [8]. Ainsi, le concédant ou le franchiseur peut imposer des critères spécifiques relatifs à la présentation du site ou au conseil en ligne. Il peut exister également des différences dans les délais de livraison pratiqués entre les magasins physiques et le site internet [9]. Enfin, il est possible de mettre en place, pour les ventes par internet, des quantités maximum d'achats, afin d'éviter que des revendeurs hors réseau s'approvisionnent par l'intermédiaire des sites internet des distributeurs sélectionnés [10].

2° Toutefois, la vente en ligne ne doit pas se traduire par des contraintes plus lourdes pour le distributeur que celles de la vente traditionnelle [11], par exemple que le concessionnaire ou le franchiseur pratique des prix supérieurs pour les produits vendus en ligne ou qu'ils limitent la part des ventes globales réalisées par internet [12]. En effet, si le fournisseur peut imposer des conditions relatives à la qualité du site, destinées à préserver l'image de marque, elles ne doivent pas dissuader *indirectement* le distributeur de recourir au commerce électronique, ce qui revient à appliquer ici le principe de proportionnalité [13]. D'une façon plus générale, le fabricant doit se garder d'assortir l'autorisation de la vente en ligne de contraintes qui empêchent en fait d'y recourir [14].

1. Règl. 330/2010, Commission, 20 avr. 2010, art. 4 – À propos de clauses interdisant la revente en ligne à des licenciés : Paris, pôle 5, ch. 1, 15 sept. 2020, RG n° 18/06869, *CCC* 2020, n° 173, obs. M. Malaurie-Vignal.
2. Sur les courriels v. *supra* s[s] n° 221.33.
3. Comm. UE, com. C 130/01, *Lignes directrices sur les restrictions verticales*, préc., p[t] n° 53.
4. Comm. UE, com. C 130/01, Lignes directrices sur les restrictions verticales, préc., p[t] n° 53 – H. R. Randriamialy, *Réseaux de distribution et internet*, th. préc., n°s 183 s.
5. V. *supra* s[s] n° 312.11.
6. Comm. CE, com. C 130/01, *Lignes directrices sur les restrictions verticales*, préc., p[t] n° 54 ; – SUR LES DIFFÉRENTES normes de qualité qu'il est possible d'imposer : G. Decocq, « Commerce électronique, concurrence et distribution : questions d'actualité », art. préc., n° 8. – En revanche, en l'absence de caractère dangereux des produits, imposer leur remise en mains propres n'est pas justifiée : Paris, 17 oct. 2019, RG n° 18/24456, *RLDI* 2019, n° 165, obs. L. Costes.
7. COMP. : Versailles, 2 déc. 1999, *P. Fabre, CCC* 2000, n° 43, obs. M. Malaurie ; *PIBD* 2000. III. 323 : à propos d'un distributeur sélectionné, ce mode de distribution portait atteinte, en l'esp., à l'image de marque du produit du fabricant.
8. Comm. UE, com. C 130/01, *Lignes directrices sur les restrictions verticales*, préc., p[t] n° 56 – Cons. conc. 8 mars 2007, n° 07-D-07, *Produits cosmétiques et d'hygiène corporelle, CCC* 2007, n° 122, obs. M. Malaurie-Vignal ; *CCÉ* 2007, n° 72, obs. M. Chagny – Cons. conc. 29 oct. 2008, n° 08-D-25, *D.* 2008. AJ 2862, note C Manara ; *RJ com.* 2009. 131 s., note S. Lebreton-Derrien, 1re esp. ; *RDC* 2009. 120, note C. Prieto.
9. Comm. UE, com. C 130/01, *Lignes directrices sur les restrictions verticales*, préc., p[t] n° 560.
10. Comm. UE, com. C 130/01, *Lignes directrices sur les restrictions verticales*, préc., p[t] n° 56.
11. Cons. conc. 8 mars 2007, n° 07-D-07, *Produits cosmétiques et d'hygiène corporelle, CCC* 2007, n° 122, obs. M. Malaurie-Vignal ; *CCÉ* 2007, n° 72, obs. M. Chagny.
12. Comm. UE, com. C 130/01, *Lignes directrices sur les restrictions verticales*, préc., p[t] n° 52.
13. Cons. conc. 8 mars 2007, n° 07-D-07, *Produits cosmétiques et d'hygiène corporelle*, préc. – J.-C. Bermond, « Le Conseil de la concurrence affine son approche de la distribution sélective sur internet », art. préc.
14. Aut. conc. 12 déc. 2012, décis. n° 12-D-23, *Bang & Olufsen, D.* 2013. 732, obs. D. Ferrier ; *D.* 2013. 2487, obs. J. Larrieu, C. Le Stanc et P. Tréfigny ; *JCP E* 2013, n° 1202, note A. Mendoza-Caminade ; *CCÉ* 2013, n° 15, obs. M. Chagny ; *RLDI* 2013, n° 2980, obs. L. C. ; *CCC* 2013, n° 30, obs. M. Malaurie-Vignal : amende de 900 000 euros – J.-L. Fourgoux, « Distribution sélective et ventes sur internet. *Bang & Olufsen :* après la carotte des engagements, le bâton de la sanction », art. préc. ; – SUR RECOURS DANS CETTE AFFAIRE : Paris, pôle 5, ch. 5-7, 13 mars 2014, *Bang & Olufsen,* préc.

3° L'absence du respect de ces critères pourrait conduire le concédant à interdire au concessionnaire de vendre par internet, sous réserve que les règles de concurrence fussent respectées[1].

312.14 **Contrats de concession et de franchisage au regard du commerce électronique – Compétence en cas de violation des stipulations contractuelles.** En 2016, la CJUE a eu à déterminer si le juge français pouvait connaître d'une action contre les titulaires de sites internet vendant hors réseaux, en violation des stipulations contractuelles, alors qu'ils opéraient d'un autre territoire. Elle décida que l'élément déterminant réside dans la caractérisation du lieu de matérialisation du dommage allégué. Cela suppose de démontrer que « *le droit dont la violation est alléguée soit protégé dans l'État membre du juge saisi* ». Le juge français doit se déclarer compétent lorsque deux conditions sont réunies : d'une part, la violation de l'interdiction de revente hors réseau est sanctionnée par le droit français ; d'autre part, le dommage allégué se matérialise en France[2].

312.15 **De l'éventuelle exigence de l'existence d'un établissement physique.** Une entreprise peut exclure les *pure players* (distributeurs « tout en ligne ») en réservant la distribution par internet à ses seuls distributeurs sélectionnés, membres de son réseau, qui disposent d'un établissement physique nettement individualisé destiné à accueillir le public[3], en respectant l'ensemble des critères du réseau[4], dans lequel ils peuvent exposer les produits (spécialement de grand luxe ou de haute technicité) et/ou dans lesquels un spécialiste peut répondre aux questions de la clientèle[5]. Cela, notamment, afin de permettre avant la vente de prodiguer à la clientèle des conseils idoines (mais ils pourraient souvent être dispensés par internet, si des conseillers sont de permanence pour répondre instantanément aux questions ; bien qu'il soit difficile, par ce moyen de communication, de jauger de la capacité de l'internaute-éventuel cocontractant à comprendre les explications qui lui sont données) ; de permettre que le client puisse tester le produit (ne serait-ce que sentir un parfum, ce qui est impossible en ligne) ; ou d'assurer un service après-vente efficace pour les produits techniques. La vente par internet (qui, en principe, ne peut pas être interdite[6]), n'intervenant que comme complément. La circonstance, à la supposer établie, que l'accord ne bénéficie pas d'une exemption par catégorie n'implique pas nécessairement que le réseau de distribution sélective contrevient aux dispositions de l'article 101[7], § 1, du TFUE[8] ; autrement dit, l'existence de clauses « noires » n'exclut pas la licéité du réseau.

Parfois, l'exclusivité de la vente dans un établissement est limitée à la période de lancement du produit[9]. La cour d'appel de Paris a admis que la commercialisation en ligne de parfums puisse être réservée aux distributeurs du réseau sélectif disposant d'un point de vente physique depuis plus d'un an, cette condition ne constituant pas une restriction caractérisée[10].

Le conseil de la concurrence[11] justifie l'exclusion des distributeurs qui commercent seulement par internet par « *la prise en compte des coûts de constitution de réseau et du parasitisme, c'est-à-dire le fait pour une entreprise de tirer bénéfice des actions ou des efforts engagés par une autre, sans en partager les coûts. Le consommateur peut notamment se rendre dans les points de vente physiques où le produit est mis en valeur, peut*

1. G. Decocq, « Commerce électronique, concurrence et distribution », art. préc., p. 10, n° 9 – A. Lecourt, « Franchise et internet : des rapports contractuels délicats », art. préc. – AUSSI : Comm. com. CE 2000/C 291/01, p^t n° 51, préc.
2. CJUE 21 déc. 2016, *Concurrence c/Samsung Electronics France*, aff. C-618/15, *Rec.* N ; *D.* 2017. Pan. 881, obs. D. Ferrier ; *JCP G* 2017. Doctr. 226, n° 8, obs. C. Nourissat ; *CCC* 2017, n° 53, obs. M. Malaurie-Vignal ; *CCÉ* 2018. Chron. 1, obs. M.-É. Ancel, 1re esp. – Appliquant cette solution : Com. 5 juill. 2017, n° 14-16.737, P IV, n° 103 ; *CCÉ* 2017. 72, obs. G. Loiseau ; *RLDI* 2017. 5061 ; *Gaz. Pal.* 31 oct. 2017. 56, note E. Piwnica ; *AJ contrat* 2017. 488, obs. V. Pironon ; *D.* 2017. Chron. 2328 ; *CCÉ* 2018. Chron. 1, obs. M.-É. Ancel, 2e esp. ; *Dalloz IP/IT* 2018. 140, obs. M. Minois.
3. C. Grynfogel, « Distribution en ligne et droit de la concurrence : état des lieux (1re partie) », Chron. préc.
4. Com. 13 sept. 2017, n° 16-15.067, NP, *RLDI* 2017, n° 5082, obs. L. Costes ; *CCC* 2017, n° 221, obs. M. Malaurie-Vignal ; *AJ contrat* 2017. 489, obs. F. Buy et J.-C. Roda ; *JCP E* 2017. 1632, note P. Wilhelm et É. Dumur ; *RLDI* 2017. 5088, note J.-L. Fourgoux.
5. Comm. UE, C 130/01, *Lignes directrices sur les restrictions verticales*, préc., p^t n° 54 – Versailles, 23 févr. 1995, *RJDA* 1995, n° 706 la clause n'est pas restrictive de concurrence – Versailles, 2 déc. 1999, *P. Fabre*, préc. – Cons. conc. 24 juill. 2006, n° 06-D-24, *Bijourama c/Festina, CCC* 2006, n° 187, obs. M. Malaurie-Vignal, CRIT. ; – ET, SUR APPEL, maintenant la décision : Paris, 16 oct. 2007, *CCÉ* 2007, n° 152, obs. M. Chagny ; *CCC* 2007, n° 297, obs. M. Malaurie-Vignal – A. Riera, *Contrat de franchise et droit de la concurrence*, th., Institut universitaire Varenne, 2014, n° 171.
6. V. *supra* s^s n° 312.11.
7. TFUE, 101 [TCE-A, 81 ; TCE 85] – I. Pingel (dir.), *De Rome à Lisbonne : Commentaire article par article des traités UE et CE* 2e éd., Helbing-Lichtenhahn-Dalloz-Bruylant, 2010, p. 695.
8. Com. 16 mai 2018, n° 16-18.174, P IV ; *AJ contrat* 2018. 286, obs. F. Buy et J.-C. Roda.
9. Paris, 4e B, 18 avr. 2008, RG n° 07/04360, *PMC distribution c/Pacific création, D.* 2009. Pan. 2894, obs. D. Ferrier ; *CCC* 2008, n° 177, obs. D. Bosco, CRIT. ; *CCÉ* 2008, n° 90, obs. M. Chagny ; *RLDI* 2008, n° 1311, obs. J.-B. A. : pendant le délai d'un an ; la restriction est validée par l'arrêt.
10. Paris, 4e B, 18 avr. 2008, RG n° 07/04360, *PMC distribution c/Pacific création*, préc.
11. REMPLACÉ par l'Autorité de la concurrence par la loi n° 2008-776 du 4 août 2008.

être testé et peut faire l'objet de démonstration ou de conseils. Ces services à la clientèle sont le fruit d'investissements du point de vente ou du réseau. Le consommateur peut ensuite être tenté, une fois son choix arrêté, d'aller sur internet où il est susceptible d'acquérir le produit à un prix plus attractif puisque le vendeur sur internet n'a pas à supporter les investissements des points de vente physiques. Si elle est favorable, dans un sens, au consommateur dès lors qu'elle facilite la concurrence par les prix, la vente sur internet peut donc aussi être source de Distorsions de concurrence entre vendeurs et, en étant susceptible d'entraîner indirectement la disparition ou la raréfaction de certains services, induire des effets moins positifs pour le consommateur » (Cons. conc. 24 juill. 2006, n° 06-D-24[1]).

Il fut ensuite admis, dans le même esprit, que le titulaire d'un réseau de distribution sélective puisse réserver la vente par internet pour certains produits électro-acoustiques « *de haut niveau et rares sur le marché* » qu'aux clients « *pouvant attester d'une écoute préalable de ces produits chez un distributeur agréé et du bénéfice de conseils personnalisés pour leur installation* » (Cons. conc. 5 oct. 2006, n° 06-D-28[2], constatant des engagements[3]). Nombre de contrats-cadre de distribution comportent des clauses imposant le passage de l'internaute dans un magasin du réseau pour tous les produits de luxe ou de haute technicité (ce qui se comprend, mais est assez contraire à l'esprit des lignes directrices sur les restrictions verticales et à la logique libertaire de la toile).

Il arrive que des distributeurs agissant exclusivement sur internet (*pure players*) souhaitent intégrer un réseau. Afin d'éviter de rompre l'harmonie du réseau, il semble nécessaire de prévoir une série de clauses ayant pour objet de limiter leur puissance économique, et de renforcer la protection des distributeurs déjà en place[4].

312.16 Contrats de concession et de franchisage au regard du commerce électronique ; situation en l'absence de clause contractuelle l'autorisant. Le mutisme du contrat de concession sur la possibilité de vente par internet ne doit pas conduire à des pratiques contraires au Droit de la concurrence, notamment un traitement discriminatoire des revendeurs[5].

1. Cons. conc. 24 juill. 2006, n° 06-D-24, préc., point n° 70.
2. Cons. conc. 5 oct. 2006, n° 06-D-28, *Triangle industrie ; RJDA* 2007, n° 102.
3. COMP. Paris, pôle 5, ch. 5-7, 13 mars 2014, *Bang & Olufsen*, préc. : admettant implicitement la licéité de la réservation de la vente dans les magasins physiques « *des produits complexes de la gamme* ».
4. EN CE SENS : P. Lemay, « Les nouvelles pratiques contractuelles des réseaux de distribution. *Pure players et* réseaux de distribution autorisée : les clauses à prévoir », *RTD com.* 2015. 183.

312.17 Contrats de concession et de franchisage au regard du commerce électronique ; liberté de principe pour le titulaire du réseau. Un arrêt remarqué, rendu dans une affaire relative à un contrat de franchisage, avait proscrit la possibilité pour le maître du réseau d'ouvrir un site[6]. Il aurait donc fallu que ce dernier obtînt l'accord préalable des franchisés, et leur octroyât une contrepartie financière. Cette solution avait été justifiée par le fait que le franchiseur porterait atteinte à l'exclusivité du franchisé, alors qu'il s'était engagé à ne pas ouvrir d'autres points de vente. L'arrêt fut cassé, le contrat ne comportant pas d'exclusivité d'approvisionnement mais une « exclusivité d'enseigne », interdisant seulement au franchiseur d'ouvrir d'autres points de vente sur le territoire concédé. Or, « *la création d'un site internet n'est pas assimilable à l'implantation d'un point de vente dans le secteur concédé* » (Com. 14 mars 2006, n° 03-14.639[7]). Au fond, il se situe dans un autre espace (généralement dit virtuel), celui de la toile. Cependant, lorsque le concédant ou le franchiseur crée un site internet spécifique à la marque, il doit prendre deux précautions[8]. D'abord, le concédant ne doit pas pratiquer

5. Cons. conc. 3 févr. 2006, n° 06-S-01, *Bijourama c/Festina CCÉ* 2006, n° 100, obs. M. Chagny : la procédure « d'engagement » fut mise en œuvre : L'entreprise en cause s'engagea à modifier le contrat-cadre, afin de viser expressément la possibilité de conclure un contrat en ligne, et à établir un nouveau contrat de distribution spécifique à la vente en ligne ; SUR APPEL : Paris, 16 oct. 2007, *Bijourama c/Festina*, préc. : constatant que l'entreprise a respecté ses engagements.
6. Bordeaux, 26 févr. 2003, *CCÉ* 2004, n° 160, obs. Ph. Stoffel-Munck ; *RD aff. int.* 2004/3, p. 389, obs. O. Cachard – A. Lecourt, « Franchise et internet : des rapports contractuels délicats », art. préc.
7. Com. 14 mars 2006, n° 03-14.639, *Flora Partner c/Laurent Portal Rouvelet*, P IV, n° 65 ; *D.* 2006. 1901, note H. Kenfack ; *CCÉ* 2006, n° 98, obs. C. Chabert ; *RJ com.* 2006. 322, 1re esp., obs. S. Lebreton-Derrien ; – CASSANT : Bordeaux, 26 févr. 2003, préc. ; – *ADDE*, REPRENANT la même formule à propos de franchiseurs : Com. 14 mars 2006, n° 03-14.316, *Flora Partner c/Tanary*, NP, *RLDI* 2006/17, n° 500, obs. B. et J. Jacob : le même – Com. 10 sept. 2013, n° 12-11.701, NP, *D.* 2014. 893, obs. D. Ferrier ; *CCÉ* 2013, n° 115, obs. G. Loiseau ; – ET, DANS LE MÊME SENS, cette fois à propos d'autres contrats : Paris, 4 déc. 2008, *Chelmarne c/ Nouvelles frontières, CCC* 2009, n° 99, obs. M. Malaurie-Vignal : contrat de concession ; – POUR un agent de voyages : Com. 14 févr. 2012, n° 09-11.689, NP, *D.* 2012. 2343, obs. J. Larrieu, C. Le Stanc et P. Tréfigny ; *CCÉ* 2012, n° 65, obs. M. Chagny ; *RJDA* 2012, n° 664. – CEP. : Toulouse, 15 sept. 2021, RG n° 20/02800 : franchiseur sommé en référé de cesser la vente en ligne des produits sur son site, une clause interdisant la vente en ligne à tous les membres du réseau, sans distinction entre franchisés et franchiseur.
8. COMP. : J. Vanard, « Gérer les exclusivités territoriales à l'heure d'internet », préc., montrant que, pour assurer la pérennité de son réseau exclusif, le promoteur doit penser, anticiper et organiser le recours à internet au sein de son réseau.

de vente active à destination des clients du concessionnaire ou du franchisé bénéficiant d'une exclusivité, sauf clause spécifique à cet égard les autorisant. Ensuite, le concédant commet une faute engageant sa responsabilité en mentionnant sur son site l'existence d'une entreprise autre sur le territoire exclusif du concessionnaire, même si cette entreprise ne bénéficie pas d'un contrat de concession sur cette zone géographique [1]. La solution de l'arrêt de la Cour de cassation du 14 mars 2006 portait sur une exclusivité d'enseigne (dite encore d'implantation), et non sur une véritable exclusivité territoriale. Cependant, elle fut étendue à cette dernière par des arrêts ultérieurs [2] et par les lignes directrices sur les restrictions verticales du 19 mai 2010 [3].

312.18 **Contrats de concession et de franchisage au regard du commerce électronique ; le site du réseau.** Une autre voie consiste à créer *un site du réseau*, comportant un portail [4] unique de la marque, renvoyant par des liens hypertextes [5] aux membres locaux du réseau de distribution de biens ou de prestations de services. Ou bien pour que le titulaire du réseau procède directement à la vente de ses produits ou à la proposition de ses services [6].

312.19 **Contrats de concessions numériques.** Un nouveau mode de vente est appelé à se développer : les concessions numériques. Il s'agit d'un espace de vente de taille réduite, situé au cœur des villes ou au sein de centres commerciaux, voire lors de salons, n'hébergeant pas les produits à vendre, mais des écrans géants et des tablettes tactiles à partir desquels le client peut effectuer son choix et personnaliser le produit acheté, avec éventuellement des conseils dispensés par un vendeur personne physique.

312.20 **Contrat d'agent de voyage au regard du commerce électronique ; le site du voyagiste.** Un jugement original a décidé, qu'en ouvrant un site internet de réservation directe, un voyagiste a empêché ses agents de remplir leur rôle en vue du développement de la marque et les a donc privés de la rémunération sur le chiffre des contrats réalisés par internet ; or, étant liés par une clause d'exclusivité, ils sont dans l'impossibilité de compenser ce manque à gagner par la proposition de services concurrents de ceux de son partenaire ; le tribunal en conclut que, dans ces conditions, le voyagiste n'a pas respecté le principe d'exécution de bonne foi du contrat de mandat d'intérêt commun le liant à ses agents [7]. Par conséquent, si la création d'un site internet marchand « *n'est pas assimilable à l'implantation d'un point de vente dans le secteur protégé* » (Com. 14 mars 2006, n°s 03-14.639, 03-14.316 [8]), elle peut contrevenir au principe d'exécution de bonne foi des contrats de distribution lorsque, comme en l'espèce, la société ne peut ignorer le préjudice qui en résulte pour ses agents, placés dans une situation de dépendance juridique.

312.21 **Interdiction du blocage géographique.** Le règlement 2018/302 [9] est entré en vigueur le 3 décembre 2018. Ce texte cherche à mettre fin au blocage géographique (« géoblocage ») injustifié et toutes les autres discriminations fondées sur la nationalité, le lieu de résidence ou d'établissement du client dans le marché intérieur. Il entend également favoriser le commerce électronique entre un professionnel, vendeur ou prestataire de services, implanté dans un État membre de l'Union européenne et un acheteur originaire d'un autre État membre [10].

312.22 **Le fonds de commerce électronique – Renvoi.** Sur le fonds de commerce électronique v. *infra* s^s^ n° 411.24.

SECTION 2
CONDITIONS SPÉCIALES DE VALIDITÉ DES RÉSEAUX DE DISTRIBUTION

312.30 **Plan – Diversité.** Les conditions spéciales de validité des réseaux sont diverses. À côté de l'obligation précontractuelle d'information (§ 1), il est nécessaire de déterminer la durée du contrat (§ 2), ainsi que le prix des ventes (§ 3). La loi du 6 août 2015 [11], dite loi Macron, a créé une indivisibilité légale des contrats (§ 4), tout en encadrant les clauses postcontractuelles (§ 5). Mais l'aspect qui soulève le plus de difficulté est sans doute celui de la licéité des réseaux de distribution (sect. 3).

1. Paris, 5e ch. A, 1er oct. 2008, RG n° 06/5083, *Coupole finance c/Thomann-Hanry, RJDA* 2009, n° 421.
2. Paris, 4 déc. 2008, *Chelmarne c/Nouvelles frontières*, préc. – Com. 14 févr. 2012, n° 09-11.689, préc.
3. Lignes directrices sur les restrictions verticales du 19 mai 2010, point 57.
4. Sur le portail v. *infra* ss n° 432.17.
5. Sur les liens hypertextes *infra* ss nos 432.12 s.
6. V. *supra* ss n° 312.17.
7. T. com. Bobigny, 29 janv. 2008, *Assoc. des agents et mandataires exclusifs Nouvelles frontières c/Nouvelles frontières distribution, D.* 2008. AJ 474, obs. C. Manara ; *RLDI* 2008/35, n° 1184, obs. J.-B. A. ; *Gaz. Pal.* 2008. 1, Somm. 1150, note J.-B. Gouache ; *RJDA* 2008, n° 872.
8. Com. 14 mars 2006, n° 03-14.639, n° 03-14.316, préc. (v. *supra* ss n° 31.03).
9. Règl. 2018/302, Parlement et Conseil, 28 févr. 2018, visant à contrer le blocage géographique injustifié et d'autres formes de discrimination fondée sur la nationalité, le lieu de résidence ou le lieu d'établissement des clients dans le marché intérieur et modifiant les règlements (CE) n° 2006/2004 et (UE) 2017/2394 et la directive 2009/22/CE, *JOUE* L 60/1, 2 mars, p. 1.
10. V. *infra* ss n° 412.18.
11. L. n° 2015-990, 6 août 2015, pour la croissance, l'activité et l'égalité des chances économiques, *JO* 7 août, p. 13537.

§ 1
Obligation précontractuelle d'information

312.41 **Article L. 330-3 du code de commerce.** L'article L. 330-3 du code de commerce, qui serait une loi de police [1], impose une obligation précontractuelle d'information au bénéfice des acheteurs qui, dans certaines conditions, sont liés par une clause d'exclusivité ou de « quasi-exclusivité ». La Cour de cassation a entendu largement la disposition légale, estimant qu'elle inclut le cas des distributeurs disposant de la faculté d'exercer des activités non concurrentes de celles du maître du réseau, dès lors qu'ils sont tenus, pour les produits couverts par la convention, à une quasi-exclusivité [2] (mais il n'existe pas de quasi-exclusivité si l'engagement d'approvisionnement exclusif ne vise pas les produits ou les services couverts par le contrat de franchisage, mais seulement une catégorie limitée de produits ou de services [3]). L'article R. 330-1 [4] du code de commerce énumère les informations que doit comporter ce document [5]. L'obligation légale n'est remplie que si les informations données sont sérieuses [6]. Il a pu être jugé qu'un lien de causalité existe entre la mise en œuvre du cautionnement consenti pour la garantie d'un emprunt par le dirigeant d'un distributeur et l'étude de marché fautive effectuée par le promoteur du réseau [7].

La loi ne met pas expressément à la charge du concédant l'obligation d'établir une étude du marché local et des comptes prévisionnels [8] ; mais, s'il y procède, l'étude doit être sincère [9] et réaliste [10]. Certains souhaitent une évolution sur ce point, le franchiseur devrait avoir à se charger des études prospectives [11]. L'existence d'un écart entre les prévisions fournies à titre indicatif et les résultats effectifs de l'exploitation ne constitue pas, en tant que telle, la preuve de l'insincérité ou de l'irréalisme manifeste de ces prévisions [12]. D'autant que la rentabilité résulte de paramètres multiples, et en particulier de la gestion des franchisés eux-mêmes [13].

La jurisprudence a décidé que le défaut d'information (ou d'information sérieuse) n'entraîne la nullité du contrat soumis à ce texte que s'il a eu pour effet de vicier le consentement de l'autre partie [14]. À cet égard,

1. Paris, 25 oct. 2011, n° 10/24023, *RDC* 2012. 563, note J.-B. Racine.
2. Com. 19 janv. 2010, n° 09-10.980, P IV, n° 15 ; *D.* 2010. AJ 320, obs. E. Chevrier ; *Gaz. Pal.* 2010. 1, p. 905, note M. Mignot ; *CCC* 2010, n° 92, obs. M. Malaurie-Vignal ; *JCP E* 2010, n° 15, 1348, note E. Friedel et G. Toulouse ; *LPA* 22 juin 2010, n° 123, p. 11, note O. Tiquant.
3. Colmar, 22 janv. 2014, n° 12/01609, *D.* 2015. Pan. 952, obs. D. Ferrier : exclusivité d'approvisionnement uniquement pour les bières s'agissant d'une activité de café/restaurant.
4. C. com., art. R. 330-1 ; mod. par décr. n° 2009-557, 19 mai 2009, art. 4.
5. POUR UNE ANALYSE EXHAUSTIVE de ces textes : F.-X. Licari, *La protection du distributeur intégré en droit français et allemand*, th. préc. (v. *supra* s^s n° 313.11), p. 220 s. ; – AUSSI : « L'obligation d'informer le futur franchisé », art. préc.
6. Com. 24 févr. 1998, n° 95-20.438, NP, *RJDA* 1998, n° 854 – Paris, 4 déc. 2003, *Les Sables d'or c/Geneviève Lethu*, *CCC* 2004, n° 75, obs. L. Leveneur.
7. APPLIQUANT la théorie de l'équivalence des conditions : Com. 19 janv. 2010, n° 09-10.980, préc.
8. Com. 11 févr. 2003, n° 01-03.932, NP, *LPA* 17 sept. 2003, note V. Perruchot-Triboulet ; *D.* 2003. 2304, note H. Kenfack, 2e esp., franchisage – Versailles, 7 juin 2007, RG n° 06-1898, *Jacadi, RJDA* 2007, n° 1085, *idem* – Com. 3 avr. 2012, n° 11-16.303, NP, *D.* 2013. 732, obs. D. Ferrier ; *RJDA* 2012, n° 845, *idem.*
9. Com. 11 févr. 2003, n° 01-03.932, préc. – Com. 19 janv. 2010, n° 09-10.980, préc.
10. Com. 12 juin 2012, n° 11-19.047, NP, *D.* 2012. 2079, note N. Dissaux ; *D.* 2013. 732, obs. D. Ferrier ; *D.* 2013. Pan. 395, obs. S. Amrani-Mekki et M. Mekki ; *RTD civ.* 2012. 724, obs. B. Fages, 2e esp. : les chiffres prévisionnels contenus dans le document, fourni par le franchiseur, étaient exagérément optimistes au regard de l'écart très important qu'ils présentaient avec les chiffres d'affaires réalisés par la sté franchisée, à laquelle il ne fut reproché aucune faute de gestion.
11. R. Loir, « L'information du franchisé sur le futur », chron. préc.
12. Com. 3 avr. 2012, n° 11-16.303, NP, préc.
13. Com. 5 janv. 2016, n° 14-11.624, NP, *CCC* 2016, n° 66, obs. M. Malaurie-Vignal : alors que le franchisé avait été mis en garde par le franchiseur sur différents « dysfonctionnements », tandis que les autres établissements exploitant le même concept connaissaient dans le même temps des résultats bénéficiaires.
14. Com. 10 févr. 1998, n° 95-21.906, P IV, n° 71 ; *JCP E* 1998 Pan. n° 489 ; *JCP E* 1998. 894, obs. L. Leveneur : posant le principe de façon catégorique – Com. 16 mai 2000, n° 97-16.386, NP, *RJDA* 2000, n° 974 ; *JCP E* 2001. 269, n° 1, obs. Ph. Neau-Leduc : franchisage nul pour réticence dolosive, même si les exigences *formelles* de la loi avaient été respectées – Paris, 31 janv. 2002, *YBT*, préc. : l'écart entre les prévisions et les résultats effectifs n'engage pas la responsabilité du franchiseur – Toulouse, 3 déc. 2002, *Hermeline, JCP E* 2004. Pan. n° 125 : franchisage nul pour réticence dolosive – Paris, 4 déc. 2003, *Les Sables d'or c/Geneviève Lethu*, préc. : contrat nul pour erreur – Com. 4 févr. 2004, n° 00-21.319, NP, *Cah. dr. entr.* 2004/3, p. 29, obs. J.-L. Respaud – Com. 12 juin 2012, n° 11-19.047, NP, *D.* 2012. 2079, note N. Dissaux ; *D.* 2013. 391, obs. S. Amrani-Mekki et M. Mekki et 732, obs. D. Ferrier ; *RTD civ.* 2012. 724, obs. B. Fages : les données erronées portaient sur la substance même du contrat de franchisage, « *pour lequel l'espérance de gain est déterminante* », de sorte que la cour d'appel a prononcé l'annulation du contrat pour vice du consentement (erreur sur la rentabilité économique, même si l'arrêt ne vise pas nommément ce vice) – Com. 3 nov. 2016, n° 15-24.886, NP, *JCP E* 2017. 1019, note S. Le Gac-Pech ; *CCC* 2017, n° 7, obs. M. Malaurie-Vignal ; *AJCA* 2017. 85, obs. A. Bories : dol constaté, indemnisation – Com. 13 juin 2018, n° 17-10.618, NP, *RJDA* 2018, n° 635 : franchisage nul pour dol, indemnisation – S. Lebreton, *L'exclusivité contractuelle et les comportements opportunistes : Étude particulière aux contrats de distribution*, th. préc. (v. *supra* s^s n° 31.03), n° 131 : préférerait l'application du régime de la défaillance contractuelle, en se fondant sur l'absence de bonne foi lors de la formation du contrat.

il a été jugé que la rentabilité économique relevait du champ du contrat, dans la mesure où les chiffres prévisionnels contenus dans le document d'information précontractuel « *portent sur la substance même du contrat de franchise, pour lequel l'espérance de gain est déterminante* »[1]. Cette solution pourrait se maintenir en se fondant sur l'article 1136 du code civil : « *L'erreur sur la valeur par laquelle, sans se tromper sur les qualités essentielles de la prestation, un contractant fait seulement de celle-ci une appréciation économique inexacte, n'est pas une cause de nullité* » ; en effet, en l'espèce l'erreur serait peut-être considérée comme portant sur les qualités essentielles de la prestation. Mais l'erreur sur la rentabilité, variante d'erreur sur la valeur, ne peut conduire à la nullité du contrat pour vice du consentement du distributeur, sauf si elle procède de données établies et communiquées par le maître du réseau, comme cela a été jugé à plusieurs reprises en matière de franchisage[2].

Selon une solution classique, s'appliquant en la matière, la victime du vice du consentement peut demander des dommages et intérêts lorsque le défaut d'information lui a causé un préjudice[3]. La jurisprudence avait décidé que le préjudice résultant du manquement à une obligation précontractuelle d'information est constitué par la perte de la chance de ne pas contracter ou de contracter à des conditions plus avantageuses[4] ou de refuser éventuellement de contracter à d'autres conditions[5] et non par celle d'obtenir les gains attendus[6]. La solution avait été légalisée lors de la réforme du droit des contrats à l'article 1112, alinéa 2, du code civil, mais ce texte fut modifié par la loi de ratification n° 2018-287 du 20 avril 2018[7], pour exclure toute indemnisation de la perte de chance d'obtenir les avantages espérés du contrat[8].

La date à prendre en considération pour constater si le délai légal a été respecté est celle de la signature du contrat, peu important à cet égard que le contrat ait prévu qu'il prenait effet à une date antérieure[9].

L'obligation légale d'information ne semble pas applicable à la distribution sélective, puisque celle-ci ne comporte pas de clause d'exclusivité.

§ 2
Détermination de la durée

312.51 Rappel de la situation de fait à l'origine de la loi du 14 octobre 1943. S'il est vrai qu'un contrat de durée trop brève est pour le distributeur un facteur de dépendance, soucieux qu'il sera d'en obtenir le renouvellement, il arrive qu'à l'inverse un contrat de trop longue durée produise les mêmes effets. Le distributeur, fidèlement ancré à l'entreprise de son fournisseur pour une longue période, risque de se fermer toute issue de secours et de se couper du marché. Très tôt, la jurisprudence tenta de lutter contre les durées excessives. La clause d'exclusivité d'approvisionnement ne fut jugée valable que limitée dans le temps. Mieux, il suffisait que la durée, même non déterminée de façon précise dans le contrat, fût déterminable par référence à un événement certain dont la date n'était pas encore connue (par exemple le remboursement du prêt).

Mais certains fournisseurs, plus habiles et plus puissants que leurs partenaires, tournaient l'interdiction des clauses de durée illimitée par une disposition ingénieuse. Par exemple un fabricant d'appareils imposait à ses acheteurs une clause d'exclusivité de vingt ans, donc d'une durée parfaitement limitée, portant sur le matériel et les pièces de rechange. Or, cette clause était insérée, non seulement dans le contrat-cadre, mais également

1. Com. 12 juin 2012, n° 11-19.047, préc. – S. Lequettte, « Le champ contractuel – Réflexions à partir de la rentabilité économique », *RDC* 2016. 135 s.
2. Com. 12 juin 2012, n° 11-19.047, préc. – Com. 10 juin 2020, n° 18-21.536, NP, *CCC* 2020, n° 139, obs. *AJ contrat* 2020. 447, obs. N. Dissaux ; *RTD civ.* 2020. 869, obs. H. Barbier, 2e esp. ; *RDC* 2021. 8, obs. F. Dournaux « *l'espérance de gain est déterminante* » – Com. 24 juin 2020, n° 18-15.249, NP, *Gaz. Pal.* 15 sept. 2020. 25, obs. D. Houtcieff ; *CCC* 2020, n° 138, obs. M. Malaurie-Vignal ; *RDC* 2021/1.78, obs. C. Grimaldi, 2e esp., cassant un arrêt ayant annulé un contrat de franchisage, sans rechercher si « *les comptes n'avaient pas été établis par la société franchiseur, mais par* [la franchisée] *elle-même, assistée de son expert-comptable* ».
3. Com. 27 janv. 2009, n° 07-21.616, NP, *RJDA* 2009, n° 419 ; *RDC* 2009. 1150, note M. Behar-Touchais : à propos d'un contrat de franchisage – Com. 3 avr. 2012, n° 11-16.303, NP, préc., *idem :* le franchiseur, qui devait fournir un historique de la franchise, avait volontairement déformé la réalité du réseau en occultant sciemment les difficultés de son développement en province, procédant à une rétention d'informations essentielles mettant en cause la viabilité de l'exploitation, la cour d'appel, après avoir ainsi fait ressortir le caractère déterminant des manœuvres déployées, a octroyé d'importants dommages et intérêts au franchisé.
4. Com. 31 janv. 2012, n° 11-10.834, NP, *D.* 2013. Pan. 738, obs. D. Ferrier ; *RJDA* 2012, n° 583 et 763 – Com. 25 nov. 2014, n° 13-24.658, NP, *D.* 2015. Pan. 952, obs. D. Ferrier ; *AJCA* 2015. 138, obs. A. Riéra ; *RJDA* 2015, n° 646.
5. Com. 17 mars 2015, n° 14-10.595, NP, *Lettre distrib.* 2015/4, p. 1, obs. A. Bories.
6. Com. 25 nov. 2014, n° 13-24.658, préc.
7. L. n° 2018-287, 20 avr. 2018 ratifiant l'ordonnance n° 2016-131 du 10 février 2016 portant réforme du droit des contrats, du régime général et de la preuve des obligations, *JO* 21 avr., n° 1.
8. T. Douville (dir.), *La réforme du droit des contrats et du régime général et de la preuve des obligations*, Gualino, 2018, p. 54 s. – O. Deshayes, T. Genicon et Y.-M. Laithier, *Réforme du droit des contrats, du régime général et de la preuve des obligations*, 2e éd., LexisNexis, 2018, p. 97 s.
9. Com. 17 juill. 2001, n° 98-19.258, P IV, n° 153 ; *D.* 2001. AJ 2675, obs. E. Chevrier ; *RJDA* 2002, n° 34.

dans chaque contrat d'application, faisant ainsi repartir le délai de vingt ans à zéro. En fait, par ce biais, la clause était de durée illimitée. Une loi fut votée pour combattre cette pratique, celle du 14 octobre 1943[1]. Elle fut insérée dans le code de commerce lors de la « consolidation » de celui-ci[2].

312.52 Champ d'application de l'article L. 330-1 du code de commerce. L'article L. 330-1 du code de commerce n'interdit pas les clauses d'exclusivité mais limite à une *durée maximale de dix ans* certaines d'entre elles. « *Est limitée à dix ans la durée maximum de validité de toute clause d'exclusivité par laquelle l'acheteur, cessionnaire ou locataire de biens meubles, s'engage vis-à-vis de son vendeur, cédant ou bailleur, à ne pas faire usage d'objets semblables ou complémentaires en provenance d'un autre fournisseur* ». L'article L. 330-2[3] du même code a pour but d'éviter que la clause devienne perpétuelle, par le biais de la disposition présentée ci-dessus, qui provoqua l'intervention législative : « *Lorsque le contrat dans lequel cette clause est insérée est suivi ultérieurement, entre les parties, d'autres engagements analogues portant sur le même genre de biens, les clauses d'exclusivité contenues dans ces nouvelles conventions prendront fin à la même date que celle figurant au premier contrat* ». Ce texte fut appliqué à des contrats de location d'installation téléphonique, lorsque le locataire était en fait privé de toute possibilité de rompre les relations contractuelles[4]. La jurisprudence applique largement ce texte, même à des contrats qui, en s'en tenant à sa lettre, n'entrant pas réellement dans sa visée.

En effet, deux séries de conditions posées par la loi sont aujourd'hui abandonnées par la jurisprudence. D'une part, le code énumère les contrats principaux dans lesquels le plafonnement de la clause d'exclusivité est imposé : vente, cession ou location de biens meubles. Un *contrat-cadre* n'entre dans aucune de ces catégories. D'autre part, il limite les seules clauses portant sur *l'usage* d'un bien meuble. Un terme juridique employé dans un texte juridique doit recevoir son acception exacte. Usage s'oppose en Droit à disposition. Qui achète pour revendre sans en faire usage, ne peut pas être par ce terme visé. Quoi qu'il en soit cette disposition est inapplicable à la distribution sélective, celle-ci ne comportant aucune exclusivité[5].

312.53 Durée dans le Droit de la concurrence d'origine européenne. L'ancien règlement 1984/83[6] d'exemption de la Commission, relatif à l'application de l'ancien article 85[7], § 3, du traité de l'Union européenne à des catégories d'accords d'achat exclusif, limitait à 5 ans ces accords en général. Ce règlement spécial a été remplacé par le règlement 2790/1999[8], puis par l'actuel règlement 330/2010 d'exemption par catégorie. Ils ne contiennent plus de règle relative à la durée lorsque l'accord remplit les conditions pour bénéficier de l'exemption automatique. Toutefois, lorsque ce n'est pas le cas et qu'une exemption individuelle est demandée, celle-ci n'est possible qu'en l'absence d'une obligation directe ou indirecte de non-concurrence dépassant cinq ans[9] sauf exception prévue par le même article ; une clause de non-concurrence n'est pas une clause d'exclusivité d'approvisionnement mais aboutit à un résultat voisin.

312.54 Sanction de la violation de l'article L. 330-1 du code de commerce. Lorsqu'un contrat ne respecte pas le plafond décennal imposé par la loi (ou par la jurisprudence), le dépassement devrait en principe entraîner, non pas la nullité du contrat ou de la clause, mais sa réduction à la durée légale[10]. Mais la jurisprudence dominante considère que la sanction adaptée est la nullité absolue[11]. Ayant posé le principe de la nullité, la Cour de cassation en tira les conséquences suivantes : - 1° Les actes dont la nullité est absolue ne sont pas susceptibles de confirmation[12] - 2° Le droit de demander la nullité

1. L. 14 oct. 1943 tendant à réglementer la durée la clause d'exclusivité, *JO* 15 oct, p. 2673.
2. C. com., art. L. 330-1 et L. 330-2.
3. C. com., art. L. 330-2 ; anc[t] L. 14 oct. 1943, art. 2.
4. Com. 3 janv. 1989, n° 87-13.691, P IV, n° 3 – Com. 3 nov. 1992, n° 90-17.632, P IV, n° 339 ; *RJDA* 1993, n° 292.
5. DANS LE MÊME SENS : S. Lebreton, th. préc., n° 152.
6. Règl. 1984/83, Commission, 22 juin 1983, concernant l'application de l'art. 85, § 3, du traité à des catégories d'accords d'achat exclusif, *JOCE* L 173, 30 juin, p. 5 – AUSSI : Communication relative aux règlements (CEE) n° 1983/83 et (CEE) n° 1984/83 de la Commission, du 22 juin 1983, concernant l'application de l'art. 85, § 3, du traité à des catégories respectivement d'accords de distribution exclusive et d'accords d'achat exclusif, *JOCE* C 101, 13 avr., p. 2.
7. TFUE, 10 [TCE-A, 81 ; TCE 85] – I. Pingel (dir.), *De Rome à Lisbonne : Commentaire article par article des traités UE et CE* 2e éd., Helbing-Lichtenhahn-Dalloz-Bruylant, 2010, p. 695.
8. Règl. 2790/1999, Commission, 22 déc. 1999, concernant l'application de l'art. 81, § 3, du traité à des catégories d'accords verticaux et de pratiques concertées, *JOCE* L 336, 29 déc., p. 21.
9. Règl. 330/2010, Commission, 20 avr. 2010, art. 5, a.
10. EN CE SENS : Com. 1er déc. 1981, n° 79-16.147, P IV, n° 423 – Com. 10 févr. 1998, n° 95-21.906, P IV, n° 71 ; *D. affaires* 1998. AJ 373, obs. E. P. ; *JCP E* 1998. Pan. 489 et 894, obs. L. Leveneur ; *CCC* 1998, n° 55, obs. L. Leveneur, relevant qu'il n'existe aucune règle générale sanctionnant la violation d'une durée maximum : J. Ghestin, C. Jamin et M. Billiau, *Les effets du contrat*, 3e éd., LGDJ, 2001, n° 211.
11. EX. : Com. 25 févr. 1974, n° 73-11.785, P IV, n° 106 ; *JCP* 1976. II. 18318, note Ph. Simler ; *RTD com.* 1975. 897, obs. J. Hémard – Com. 7 avr. 1992, n° 90-21.260, IV, n° 154 ; *JCP E* 1992. II. 333, note M.-D. Schodermeier ; *CCC* 1992, n° 177, obs. L. Leveneur.
12. Com. 7 avr. 1992, n° 90-21.260, préc.

est ouvert à toute personne intéressée, donc au fournisseur.

312.55 **Possibilité de renouveler le contrat.** Que le contrat ne puisse pas avoir une durée de plus de dix ans ne signifie nullement que les relations contractuelles doivent impérativement cesser lorsque ce laps de temps est écoulé. Les parties peuvent se lier derechef pour une nouvelle décennie et ainsi de suite[1], car cela n'aboutit pas juridiquement à une prorogation du premier contrat[2].

312.56 **Sanction de la violation du règlement 330/2010 de la Commission du 20 avril 2010.** En principe, « *un règlement d'exemption n'établit pas de prescriptions contraignantes affectant directement* [...] *le contenu des clauses contractuelles ou obligeant les parties contractantes à adapter le contenu de leur contrat* » (CJCE 18 déc. 1986, *VAG c/Magne*, aff. 10/86[3]). Néanmoins, l'accord qui ne remplit pas les conditions d'un règlement d'exemption par catégorie et n'a pas bénéficié d'une exemption individuelle est nul[4].

§ 3 Détermination des prix

A. Détermination du prix de la vente initiale

312.61 **Revirements de la Cour de cassation.** Une épineuse difficulté, aujourd'hui résolue, porta sur la détermination ou l'indétermination du prix dans les contrats-cadre de distribution. À partir de 1971, la Cour de cassation exigea que le contrat-cadre de fourniture comportât, soit un prix, soit une clause de détermination objective du prix, ne dépendant pas de la volonté de l'une ou l'autre partie[5]. Cette solution, après avoir été fondée sur l'article 1591 du code civil, reposait depuis 1978 sur l'ancien article 1129 du même code[6] (selon lequel l'obligation doit avoir pour objet une chose déterminée ou déterminable ; une disposition semblable figure à l'actuel art. 1163, issu de la réforme des contrats de 2016[7]). La chambre commerciale de la Cour de cassation opéra un infléchissement notable de sa jurisprudence en 1987[8], confirmé et renforcé par deux arrêts de 1991[9]. L'exigence antérieure de la détermination du prix (ou de « déterminabilité » objective) n'existait plus que pour les contrats engendrant une *obligation de donner* (c'est-à-dire de transférer la propriété) et pas dans les contrats engendrant une obligation de faire, tels les contrats organisant une exclusivité de *fourniture* (au profit d'un distributeur). Nul ne parvint à expliquer la raison fondamentale pour laquelle l'obligation de donner se voyait conférer une telle fonction de qualification, et pourquoi cette catégorie d'obligation connaîtrait un régime spécifique quant à l'objet. Écarter l'exigence de l'article 1129 (anc.), texte général, pour certains contrats et point pour d'autres paraissait arbitraire et discutable.

312.62 **Leur aboutissement.** Devant l'ampleur des critiques suscitées par cette jurisprudence, et par la difficulté pratique de son critère d'application, la Cour de cassation se remit au travail. Pour vider le débat sa première chambre civile[10] adopta l'idée (suggérée par la doctrine) de recourir à la bonne foi dans l'exécution du contrat[11]. Elle décida que la référence au tarif du fournisseur est licite lorsque celui-ci n'abuse pas de l'exclusivité en vue d'en « *tirer un profit illégitime* » et, dès lors, ne méconnaît pas « *son obligation d'exécuter le contrat de bonne foi* ». Mais l'aboutissement de l'évolution jurisprudentielle fut le fait de trois arrêts du 1er décembre 1995, rendus par l'Assemblée plénière de la Cour de cassation[12]. Sans renoncer à la notion de bonne foi

1. Com. 11 mars 1981, n° 79-12.532, P IV, n° 135 ; *D.* 1982. IR 108 – Com. 21 févr. 1995, n° 93-13.302, P IV, n° 50 ; *RJDA* 1995, n° 803 ; *CCC* 1995, n° 104, obs. L. Leveneur.
2. SUR CE POINT : C. Lavabre, « Éléments de la problématique de l'après contrat : les clauses de négociation, de prorogation et de reconduction », *RJDA* 2003/5, Chron. 412, n° 8.
3. RENDU SUR L'ANCIEN règl. 2790/1999, Commission, 22 déc. 1999 : CJCE 18 déc. 1986, *VAG c/Magne,* aff. C-10/86, *Rec.* I, p. 4071, att. 12 – CJCE 15 févr. 1996, *Nissan France* aff. C-309/94, *CCC* 1996, n° 43, obs. L. Vogel, att. n° 15 – TPICE 21 janv. 1999, *Riviera Services,* aff. j[tes] T-185/96 et T-190/96, *Europe* 1999, n° 115, note L. Idot.
4. Com. 10 oct. 2000, n° 98-12.393, P IV, n° 149 ; *CCC* 2001, n° 13, obs. S. Poillot-Peruzzetto ; *LPA* 20 avr. 2001, n° 79, p. 5, obs. P. Arhel : rendu en matière de distribution automobile.
5. Com. 27 avr. 1971, n°s 70-10.752, 70-10.753, 69-13.010, P IV, n° 107 ; *JCP* 1972. II. 16975, 3 arrêts.
6. Com. 11 oct. 1978, n° 77-10.155, P IV, n° 223 ; *D.* 1979. 135, note R. Houin ; *RJ com.* 1979. 378, note Ph. le Tourneau.
7. L. Leveneur, « La détermination du prix dans les contrats : une double approche », dans *Mél. B. Teyssié*, LexisNexis, 2019, p. 1057 s.
8. Com. 9 nov. 1987, n° 86-13.984, P IV, n° 237 ; *D.* 1989. 35, note Ph. Malaurie ; *RTD civ.* 1988. 527, obs. J. Mestre.
9. Com. 22 janv. 1991, n° 88-15.961, P IV, n° 36 ; *JCP* 1991. II. 21679, note G. Virassamy – Com. 29 janv. 1991, n° 89-16.446, P IV, n° 43 ; *JCP E* 1991. II. 200, note L. Leveneur.
10. Civ. 1re, 29 nov. 1994, n° 91-21.009, P I, n° 348 ; *D.* 1995. 122, note L. Aynès ; *JCP* 1995. II. 22371, note J. Ghestin.
11. C. civ., art. 1104.
12. Cass., ass. plén., 1er déc. 1995, n°s 91-15.578, 91-15.999, P, n° 7 ; n° 91-19.653, P, n° 8 ; n° 93-13.688, P, n° 9 ; *D.* 1996. 13, concl. M. Jéol, note L. Aynès ; *Gaz. Pal.* 1995. 2. 626, concl. M. Jéol, note P. de Fontbressin ; *JCP* 1996. II. 22565, concl. M. Jéol, note J. Ghestin ; *RTD. civ.* 1996. 153, obs. J. Mestre ; *RTD. com.* 1996. 316, obs. B. Bouloc ; M. Jéol, « Le contenu juridique des décisions du 1er décembre 1995 », *RTD. com.* 1997. 1.

introduite en 1994, l'Assemblée plénière la compléta par celle *du principe correcteur d'abus de droit*[1]. Elle décida que :

1° L'ancien article 1129 du code civil n'est pas applicable à la détermination du prix (ce dernier n'étant pas l'obligation du fournisseur, qui est seulement de transférer la propriété de la chose vendue).

2° Les clauses permettant une fixation unilatérale des prix sont *a priori* valables.

3° Les contrats-cadre obligent les fournisseurs à fixer le prix de bonne foi (implicitement), comme la première chambre civile l'avait décidé en 1994.

4° La liberté de fixation (unilatérale) du prix ne doit pas dégénérer en abus. Celui-ci dépendra largement de l'existence ou non d'une situation de dépendance entre les parties en cause[2].

5° L'abus éventuel dans la fixation sera sanctionné par l'octroi d'une indemnité (de nature contractuelle), à condition de démontrer un préjudice et, lorsque l'abus a été important, éventuellement par la *résiliation, et* non par la nullité.

312.63 **Intervention législative.** Achevant la série des valses et contre-valses relative à la fixation du prix dans les contrats-cadre (marquée par une invraisemblable série de revirements ou d'infléchissements en la matière, six entre 1971 et 1995, ce qui est sans doute un record absolu), l'actuel article 1164 du code civil prévoit une disposition dérogatoire à la règle générale de détermination de l'objet (formulée à l'art. 1163) : « *Dans les contrats cadre, il peut être convenu que le prix sera fixé unilatéralement par l'une des parties, à charge pour elle d'en motiver le montant en cas de contestation.*

En cas d'abus dans la fixation du prix, le juge peut être saisi d'une demande tendant à obtenir des dommages et intérêts et le cas échéant la résolution du contrat »[3]. Cette disposition est caractéristique de la réforme de 2016, marquée par le souci de l'équilibre contractuel.

Il découle de cet article[4] :

1° Que le prix doit être déterminé ou déterminable (contrairement à la position de l'arrêt de l'Assemblée plénière de 1995).

2° Cependant, il peut être convenu que l'une des parties fixera unilatéralement le prix.

3° La fixation unilatérale du prix doit être motivée.

4° La fixation du prix ne doit pas être abusive, sous peine de dommages et intérêts, assortie le cas échéant de la résolution du contrat (ce que, sur ce dernier point, refusait la jurisprudence antérieure).

5° Indépendamment du texte, d'une façon générale, « *l'exigence de bonne foi n'autorise pas le juge à porter atteinte aux modalités de paiement du prix fixé par les parties, lesquelles constituent la substance même des droits et obligations légalement convenus entre les parties* »[5].

B.
Détermination du prix de revente

312.71 **Fixation du prix.** En tant que commerçant indépendant, c'est au distributeur que revient d'établir son prix de revente, en toute liberté, du moins en théorie, ce qui le conduit à s'attribuer la marge bénéficiaire qu'il souhaite. En pratique, dans une période difficile et lorsque la concurrence est vive pour des produits comparables, cette liberté est

1. C. Bouix, *Les mécanismes correcteurs d'origine prétorienne*, préf. P. Deumier, PUAM, 2018 ; « *la correction désigne* [...] *l'opération par laquelle le juge écarte du règlement du litige la norme compétente et y met fin par un autre moyen* » (*op. cit.*, n° 322).
2. COMP. : Com. 15 janv. 2002, n° 99-21.172, NP, *CCÉ* 2002, n° 61, obs. Ph. Stoffel-Munck, CRIT. ; *D.* 2002. 1974, note Ph. Stoffel-Munck, CRIT. ; *JCP E* 2002. 1641, note C. Jamin : le concédant qui, répercutant la crise du secteur, impose des sacrifices à ses partenaires en difficulté tout en distribuant des dividendes à ses actionnaires, a abusé de son droit de fixer unilatéralement les conditions de la vente ; le critère retenu de l'abus est peu satisfaisant – Com. 4 nov. 2014, n° 11-14.026, NP, *JCP E* 2014, n° 1639, note A.-S. Choné-Grimaldi ; *JCP G* 2014, n° 1310, note A.-S. Choné-Grimaldi ; *AJCA* 2015. 78, obs. S. Bros ; *D.* 2015. 183, note J. Ghestin (exposant des réserves quant à la motivation de l'arrêt) ; *RTD civ.* 2015. 123, obs. H. Barbier, 3e esp. ; *RDC* 2015. 233, note Ph. Stoffel-Munck : les prix unilatéralement fixés par le fournisseur, excessifs dès l'origine, ne permettaient pas à la sté distributrice de faire face à la concurrence, de sorte que la cour d'appel a pu retenir que le fournisseur avait abusé de son droit de fixer unilatéralement le prix des marchandises ; l'arrêt caractérise une faute de comportement et adopte une démarche proche du faisceau d'indices.
3. J. Moury, « La détermination du prix dans le "nouveau" droit commun des contrats », *D.* 2016. Chron. 1013 ; *AJCA* 2016. 123 – G. Hilger, « La fixation unilatérale du prix dans la réforme du droit des contrats : une évolution en demi-teinte », *LPA* 18 juill. 2018. 5.
4. O. Deshayes, T. Genicon et Y.-M. Laithier, *Réforme du droit des contrats, du régime général et de la preuve des obligations*, 2e éd., LexisNexis, 2018, p. 309 s.
5. Com. 19 juin 2019, n° 17-29.000, NP, *CCC* 2019, n° 151, obs. L. Leveneur ; *RTD civ.* 2019. 570, obs. H. Barbier, 2e esp. – APPLICATION D'UN PRINCIPE dégagé par la C. de cass. en 2007 : Com. 10 juill. 2007, n° 06-14.768, P IV, n° 188 ; *D.* 2007. 2839, note Ph. Stoffel-Munck ; *D.* 2007. 2844, note P.-Y. Gautier ; *D.* 2007. Pan. 2973, obs. B. Fauvarque-Cosson ; *JCP* 2007. II. 10145, note D. Houtcieff ; *JCP E* 2007, n° 2394, note D. Mainguy et J.-L. Respaud ; *RDC* 2007. 1107, note L. Aynès ; *RDC* 2007. 1110, note D. Mazeaud ; *Dr. sociétés* 2007, n° 180, note H. Hovasse ; *CCC* 2007, n° 294, obs. L. Leveneur ; *RTD civ.* 2007. 773, obs. B. Fages ; *RTD com.* 2007. 786, obs. P. Le Cannu et B. Dondero.

purement formelle et juridique. Encore faut-il que le fournisseur – en établissant son prix de vente au détaillant – ne prive pas ce dernier des moyens de pratiquer des prix concurrentiels, car ce serait violer la bonne foi contractuelle dans l'exécution du contrat[1]. D'un autre côté, si les prix imposés sont interdits, les prix conseillés restent licites.

312.72 Prohibition des prix imposés. Les contrats de distribution sont passés entre des commerçants juridiquement indépendants (même si les distributeurs sont sous la domination économique *de fait* des fournisseurs). Dans ces conditions, il n'est pas possible de les priver de la possibilité de déterminer librement le prix de vente à leur clientèle. La fixation du prix, donc de la marge bénéficiaire et des risques encourus, est un élément primordial de la stratégie commerciale du distributeur, qu'il est seul à même de juger. Aussi, l'article L. 442-6 du code de commerce incrimine le fait pour « *toute personne d'imposer, directement ou indirectement, un caractère minimal au prix de revente d'un produit ou d'un bien, au prix d'une prestation de service ou à une marge commerciale* »[2]. L'inobservation de ce texte est assortie d'une amende pénale. La prohibition se trouve encore renforcée par l'article L. 440-1 du code de commerce, visant les pratiques anticoncurrentielles ayant pour effet de faire obstacle à la fixation des prix par le libre jeu du marché. De plus, selon le règlement 330/2010[3], précité, le fournisseur ne doit pas restreindre la capacité du distributeur de fixer son prix de revente[4]. Le fait pour le fournisseur d'imposer à ses distributeurs un prix de revente aux consommateurs est une restriction de la concurrence par l'objet[5].

312.73 Autorisation des prix conseillés et des prix maximaux. Le fait, pour un fournisseur, de recommander des prix est licite, n'étant pas considéré comme une restriction de concurrence. D'où, en Droit d'origine interne comme en Droit d'origine communautaire, un fournisseur peut communiquer à ses cocontractants une liste de *tarifs conseillés* ou *indicatifs*, à titre d'information, pour les aider à fixer leur propre prix de vente[6]. Les prix conseillés sont parfois diversifiés selon le marché local. L'imposition de prix maximaux est aussi admise. Le fait d'offrir des rabais, des remises ou des ristournes, dans des conditions d'attribution définies de manière objective et ne prêtant pas à discrimination, a également été jugé comme n'étant pas de nature à aliéner la liberté de leur bénéficiaire de fixer le prix de revente de ces produits et qu'il ne saurait donc constituer une pratique tendant à conférer un caractère minimal au prix de revente[7].

§ 4
L'indivisibilité légale des contrats

312.81 Loi n° 2015-990 du 6 août 2015, dite loi Macron. L'article L. 341-1, alinéa 2, du code de commerce, créé par la loi du 6 août 2015, pour la croissance, l'activité et l'égalité des chances économiques, dite loi Macron, impose une échéance commune aux différents contrats conclus entre un opérateur amont et un opérateur aval[8]. L'objectif est de faciliter les changements d'enseigne. Lorsque l'un des contrats unissant l'opérateur amont (tel un franchiseur) avec l'opérateur aval (tel un franchisé) cesse, les autres contrats les liant sont automatiquement résiliés. Par exemple, si un contrat de franchisage est résilié, cette résiliation s'étend également aux contrats d'approvisionnement exclusif, de location-gérance, de prêt, de cautionnement, de la transmission de signes distinctifs et/ou de mise à disposition d'un terrain ou d'un local liant le franchiseur et le franchisé. L'objectif est d'éviter une prolongation artificielle des contrats lorsque les réseaux de distribution ont conclu avec leurs distributeurs des contrats différents n'ayant pas les mêmes durées, les mêmes échéances ou les mêmes conditions de résiliation.

1. Com. 3 nov. 1992, n° 90-18.547, P IV, n° 338 ; *JCP* 1993. II. 22164, note G. Virassamy ; – COMP. : T. Revet, « Les apports au droit des relations de dépendance », *RTD com.* 1997. 37 s., spéc. 38.
2. EX. : Com. 7 oct. 1997, n° 95-19.518, NP, *JCP* 1998. II. 10110, note D. Mainguy – Cons. conc. 19 juill. 2001, *Casino, RJDA* 2002, n° 103.
3. V. *infra* s[s] n°s 313.11 s.
4. Règl. 330/2010, Commission, 20 avr. 2010, art. 4, a.
5. Com. 7 oct. 2014, n° 13-19.476, NP, *CCC* 2014, n° 278, obs. G. Decocq. – Aut. conc. 16 mars 2020, n° 20-D-04, *Apple, Tech Data et Ingram, CCC* 2020, n° 112, obs. M. Malaurie-Vignal et n° 128, obs. D. Bosco ; *Contrats* 2020/4, p. 78, obs. L. Idot : *Apple* condamnée à plus d'un milliard d'euros au titre d'ententes de répartition de marché et d'imposition de prix de revente à ses distributeurs, ainsi que pour abus de dépendance économique.
6. Com. 23 févr. 1993, n° 91-13.625, P IV, n° 71 ; *Gaz. Pal.* 1993. 2. Pan. 182 – Com. 12 oct. 1993, n° 91-17.983, NP, *RJDA* 1994, n° 57, 2e esp. – Cons. conc. 31 mai 1994, n° 94-D-33, *Hitachi, BOCC* 23 août 1994, p. 377 – TPICE 13 janv. 2004, aff. T-67/01, *JCB Service c/Commission, CCC* 2004, n° 84, obs. S. Foillot-Peruzzetto. – À propos des prix affichés par le franchiseur sur son site internet et l'alignement que cela peut induire en matière de prix pratiqués par les franchisés : CEPC, avis n° 21-5, 15 avr. 2021, J.-B. Gouache et M. Behar-Touchais, « Actualité du droit de la franchise 2020 », *CCC* 2022. Ét. 3, spéc. n° 56.
7. Crim. 29 nov. 1993, n° 92-83.574, P n° 362 ; *RJDA* 1994, n° 57, 1re esp.
8. L. et J. Vogel, « Loi Macron : un nouveau régime des contrats de distribution inutile, coûteux et inadapté » *AJCA* 2015. 512 – COMP. : A. Riéra, « Vers un nouveau contrat d'affiliation ? », *AJCA* 2015. 411, distinguant l'affiliant et l'affilié.

Le champ d'application de ce texte est imprécis.

a) D'abord quant aux personnes visées. *L'opérateur amont* peut être une personne physique ou morale de droit privé : soit regroupant des commerçants, comme les centrales d'achat ou de référencement des réseaux de distribution [1], à l'exclusion des magasins collectifs de commerçants indépendants. Soit mettant à disposition d'une autre personne les services mentionnés par l'article L. 330-3, alinéa 1er, du code de commerce, à savoir un nom commercial, une marque ou une enseigne. En revanche, il n'est pas précisé si cette personne doit exiger, comme dans le même article L. 330-3, alinéa 1er, un engagement d'exclusivité ou de quasi-exclusivité pour l'exercice de l'activité conduisant à la mise à disposition d'un nom commercial, d'une marque ou d'une enseigne. *L'opérateur aval* est « *toute personne exploitant, pour son compte ou pour le compte d'un tiers, au moins un magasin de commerce de détail* » [2].

b) Les contrats visés par l'article L. 341-1 du code de commerce doivent présenter deux caractéristiques cumulatives :

– Les contrats conclus entre l'opérateur amont et l'opérateur aval doivent avoir pour « *but commun l'exploitation d'un magasin de détail* ». Il s'agit du magasin effectuant, « *pour plus de la moitié de son chiffre d'affaires,* [...] *la vente de marchandises à des consommateurs pour un usage domestique* » [3]. En pratique, sont visés les contrats de distribution (sélective, concession exclusive et franchisage), ainsi que les contrats de commission-affiliation, licence de marque, et contrat de partenariat [4].

– Les contrats conclus doivent comporter « *des clauses susceptibles de limiter la liberté d'exercice par cet exploitant de son activité commerciale* ». Il s'agit de manière certaine de la clause de non-concurrence post-contractuelle ou de la clause de non-réaffiliation à un réseau concurrent. Certains auteurs considèrent que pourraient également être visées les clauses relatives à l'usage d'une enseigne, les clauses prévoyant une politique d'achat commune [5], ainsi que les clauses de préférence ou de préemption [6].

§ 5
L'encadrement des clauses post-contractuelles

312.91 Loi n° 2015-990 du 6 août 2015, dite Macron. La loi du 6 août 2015 a également introduit dans le code de commerce, en complément de l'article L. 341-1 [7], un article L. 341-2. Selon son I : « *Toute clause ayant pour effet, après l'échéance ou la résiliation d'un des contrats mentionnés à l'article L. 341-1, de restreindre la liberté d'exercice de l'activité commerciale de l'exploitant qui a précédemment souscrit ce contrat est réputée non écrite* » [8]. Cette disposition est très critiquable [9]. La règle est fort large, de façon excessive, mais est tout de même restreinte par le paragraphe II de cet article.

En effet, il admet la validité de ces clauses sous réserve que le franchiseur apporte la preuve que quatre conditions cumulatives sont réunies. Celles-ci sont calquées sur celles qui sont prévues par l'article 5, § 3, du règlement 330/2010, relatif aux restrictions verticales :

a) la clause de non-concurrence post-contractuelle ou la clause de non-réaffiliation doit concerner des biens ou des services qui sont en concurrence avec les biens et services contractuels [10].

b) elle doit être limitée aux locaux et terrains à partir desquels le concessionnaire a opéré pendant la durée du contrat [11]. Les « *locaux et* [...] *terrains à partir desquels l'acheteur a opéré pendant la durée du contrat* » visent « *uniquement les lieux à partir desquels les biens ou services contractuels sont offerts à la vente et non pas l'ensemble du territoire dans lequel ces biens et ces services peuvent être vendus au titre du contrat* » de franchisage [12]. De ce fait, la clause de concurrence ne

1. D. Mainguy, « Premières vues sur "le droit français nouveau des réseaux de distribution commerciale" » : *JCP E* 2015. 1579, n° 7 – A. Riéra, « Vers un nouveau contrat d'affiliation ? », art. préc. – L. et J. Vogel, « Loi Macron : un nouveau régime des contrats de distribution inutile, coûteux et inadapté », art. préc.
2. C. com., art. L. 341-1, al. 1er ; art. créé par L. n° 2015-990, 6 août 2015, art. 31.
3. Aut. conc., *Lignes directrices de l'Autorité de la concurrence relatives au contrôle des concentrations*, 10 juill. 2013, point n° 80.
4. EN CE SENS : M. Maulaurie-Vignal, obs. *CCC* 2015, n° 256. – L. et J. Vogel, « Loi Macron : un nouveau régime des contrats de distribution inutile, coûteux et inadapté », art. préc., limitant l'application de ce texte à la grande distribution.
5. A. Riéra, « Vers un nouveau contrat d'affiliation ? », art. préc.
6. EN CE SENS : D. Mainguy, Premières vues sur « le droit français nouveau des réseaux de distribution commerciale », *JCP E* 2015. Ét. 1579, n° 13.
7. V. *supra* ss n° 312.81.
8. D. Mainguy, « Premières vues sur le "droit français nouveau des réseaux de distribution commerciale" », ét. préc. – SUR la notion : S. Gaudemet, *La clause réputée non écrite*, préf. Y. Lequette, « Recherches juridiques », Economica, 2006.
9. F. Buy, « Loi "Macron" : *focus* sur les clauses restrictives d'après-contrat », *D.* 2015. 1902 – L. et J. Vogel, « Loi Macron : un nouveau régime des contrats de distribution inutile, coûteux et inadapté », art. préc.
10. Règl. 330/2010, Commission, 20 avr. 2010, art. 5-3, a) – C. com., art. L. 341-1, I, 1°.
11. Règl. 330/2010, Commission, 20 avr. 2010, art. 5-3, b) – C. com., art. L. 341-1, I, 2°.
12. CJUE, ord., 7 févr. 2013, *La Retoucherie de Manuela*, aff. C-117/12, *Rec.* N ; *CCC* 2013, n° 83, obs. G. Decocq.

peut pas interdire au franchisé d'exercer son activité dans une zone limitée autour du point de vente[1].

c) La clause doit être indispensable à la protection d'un savoir-faire transféré par le franchiseur au franchisé[2]. Ce savoir-faire doit être substantiel, spécifique et secret[3]. De plus, ces clauses peuvent être annulées lorsqu'elles s'appliquent seulement si le contrat prend fin par anticipation à l'initiative du franchisé. En effet, il s'agit alors d'une mesure préventive visant à décourager les franchisés de quitter prématurément le réseau et non destinée à protéger l'identité commune et la réputation du réseau[4].

d) L'obligation de non-concurrence ou de non-réaffiliation doit être limitée à un an à compter de l'expiration du contrat de franchisage[5].

Quoi qu'il en soit, il sera toujours possible d'échapper au carcan de cette disposition par des prises de participation de la tête de réseau dans le capital des affiliés avec des clauses d'agrément et de préemption[6].

SECTION 3
LICÉITÉ DES RÉSEAUX DE DISTRIBUTION

312.100 **Bibliographie. Manuels.** F. Dekeuwer-Défossez et É. Blary-Clément, *Droit commercial : Actes de commerce, fonds de commerce, commerçants, concurrence*, 12e éd., « Précis Domat », LGDJ, 2019 – M. Malaurie-Vignal, *L'abus de position dominante*, « Systèmes », LGDJ, 2002 ; *Droit de la concurrence interne et européen*, 8e éd., « Université », Sirey, 2019 ; *Droit de la distribution*, 4e éd., « Université », Sirey, 2017 – A. Mendoza-Caminade, *Droit de la distribution*, « Cours », Montchrestien-Lextenso, 2011 – N. Petit, *Droit européen de la concurrence*, 2e éd., « Précis Domat », LGDJ-Lextenso, 2018.

Thèses. D. Bosco, *L'obligation d'exclusivité*, préf. C. Prieto, Bruylant, Bruxelles, 2008 – F. de Boüard, *La dépendance économique née d'un contrat*, préf. G. Viney, « Bibliothèque de l'institut André Tunc », LGDJ, 2007 – M. Chagny, *Droit de la concurrence et droit commun des obligations*, préf. J. Ghestin, « NBT », vol. 32, Dalloz, 2004 – S. Chaudouet, *Le déséquilibre significatif*, préf. N. Ferrier, « BDPr », LGDJ, t. 609, 2021 – M. Texier, *La désorganisation. Contribution à l'élaboration d'une théorie de la désorganisation en droit de l'entreprise*, préf. Y. Picod, PU Perpignan, 2006.

Contributions. B. Versterdof, « Considérations sur la notion de "concurrence par les mérites" », *in* G. Canivet (dir.), *Modernisation du droit de la concurrence, op. cit.*, p. 163 s. – P. Rey, « Concurrence par les mérites », *in* G. Canivet (dir.), *Modernisation du droit de la concurrence*, LGDJ, 2006, p. 151 s.

Articles. L.-M. Augagneur, « L'anticipation raisonnable de la rupture des relations commerciales. À propos d'un non-revirement de la Cour de cassation », *JCP E* 2009, n° 42. Chron. 1969 – M. Behar-Touchais, « Que penser de l'introduction d'une protection contre les clauses abusives dans le code de commerce ? », *RDC* 2009. 1258 s. – S. Bernheim-Desvaux, « La clause organisant la rupture des relations commerciales établies », *CCC* 2012, formule n° 11 – L. Bidaud, « La relation offre-demande et la délimitation du marché pertinent en droit français de la concurrence », *Cah. dr. entr.* 2000/4, p. 1 s. – D. Bosco, « Premières vues sur l'ordonnance de modernisation de la régulation de la concurrence », *CCC* 2008, n° 273 – F. Buy, « Entre droit spécial et droit commun : l'article L. 442-6, I, 2° du code de commerce », *LPA* 17 déc. 2008, n° 262, p. 3 s. – M.-J. Campana et L.-Ph. Barratin, « Marché pertinent : dix ans de pratique », *Gaz. Pal.* 1997. 1. Doctr. 243 s. – G. Canivet et C. Chamalaune, « La notion de marché dans la jurisprudence de la chambre commerciale, financière et économique de la Cour de cassation », dans *Mél. P. Bézard*, Montchrestien, 2002, p. 257 s. – M. Chagny, « L'article L. 442-6, I, 2°, du code de commerce entre droit du marché et droit commun des obligations », *D.* 2011. Chron. 392 – G. Chantepie, « Le déséquilibre significatif entre droit commun et droits spéciaux », *JCP G* 2018. Dossier 1336 – E. Claudel, « Le pouvoir du ministre de l'Économie de contrôler les micro PAC : une réforme contestée », *RTD com.* 2009. 111 s. – A.-S. Courdier-Cuisinier, « La rupture brutale d'une relation commerciale établie caractérisée par une série de contrats ponctuels », *RLDA* 2009/44, n° 2629 – G. Decocq, « La concurrence par les mérites », dans É. Le Dolley (dir.), *Les concepts émergents en droit des affaires*, LGDJ, 2010, p. 239 s. – E. Duminy et J.-D. Bretzner, « Petit manuel de survie à l'usage de ceux qui désirent rompre un contrat de distribution (ponctué de quelques réflexions ico-

1. Com. 9 juin 2009, n° 08-14.301, NP, *CCC* 2009, n° 221, obs. M. Malaurie-Vignal ; *JCP G* 2009. 312, note N. Dissaux ; *RDC* 2010. 920, note M. Behar-Touchais, pour une obligation de non-concurrence limitée à une année, mais dans un rayon de 30 km autour du point de vente – Com. 16 sept. 2014, n° 13-18.710, NP, *AJCA* 2014. 390, note C. Pecnard : est nulle « *la clause prévoyant l'interdiction de commercialiser des MDD de réseaux concurrents, pendant un an et dans un rayon de cinq kilomètres, et non dans le seul magasin concerné, alors que l'ancien franchisé n'adhère à aucun réseau et n'arbore aucune enseigne* ».
2. Règl. 330/2010, Commission, 20 avr. 2010, concernant l'application de l'art. 101, § 3, du traité sur le fonctionnement de l'Union européenne à des catégories d'accords verticaux et de pratiques concertées, *JOUE* L 102, 23 avr., p. 1, art. 5-3, c) – C. com., art. L. 341-1, I, 3°.
3. Com. 24 nov. 2009, n° 08-17.650, NP, *CCC* 2010, n° 43, obs. M. Malaurie-Vignal ; *JCP E* 2010, n° 1220, note N. Dissaux – Com. 31 janv. 2012, n° 11-11.071, P IV, n° 72 ; *D.* 2012. AJ 501, obs. E. Chevrier ; *RDC* 2012. 878, note C. Grimaldi – Com. 18 déc. 2012, n° 11-27.068, NP, *CCC* 2013, n° 53, obs. M. Malaurie-Vignal ; *RDC* 2013. 646, note M. Behar-Touchais, clause de non-réaffiliation nulle, not. en raison de l'absence de savoir-faire original, celui-ci étant commun à toutes les enseignes de distribution alimentaire.
4. Com. 16 sept. 2014, n° 13-18.710, NP, préc. – Com. 23 sept. 2014, n° 13-22.624, NP, *AJCA* 2015. 92, note A. Riera, 1re esp. ; *CCC* 2014, n° 269, obs. M. Malaurie-Vignal – Com. 23 juin 2015, n° 13-26.361, NP, *Lettre distrib.* 2015/9. 5, obs. F. Leclerc.
5. Règl. 330/2010, Commission, 20 avr. 2010, art. 5-3, d) – C. com., art. L. 341-1, I, 4°.
6. L. et J. Vogel, « Loi Macron : un nouveau régime des contrats de distribution inutile, coûteux et inadapté », art. préc., spéc. p. 516.

noclastes) », *RDC* 2011. 321 – L. Fériel, « La trajectoire conceptuelle du déséquilibre significatif », *JCP E* 2021, n° 1246 – D. Ferré, K Biancone et L. François-Martin, « Le nouveau traitement des micro-pratiques anticoncurrentielles en droit français », *RLDA* 2009/35, n° 2138, p. 45 – N. Ferrier, « La liberté de sélectionner dans la distribution sélective », *JCP E* 2017. Ét. 1678 – D. Ferrier et K. Biancone, « L'Autorité de la concurrence (après la loi du 4 août 2008 et l'ordonnance du 13 novembre 2008) », *D.* 2009. Chron. 1032 s. – J.-L. Fourgoux, « La loi du 4 août 2008 de modernisation de l'économie, une révolution prometteuse mais ténébreuse », *Gaz. Pal.* 2008. 2. Doctr. 2886 s. – E. Garcia-Rosado, « Pratiques anticoncurrentielles au sein des oligopoles : le lien entre les ententes et les abus de position dominante collective », *RLC* 2005/3, n° 259 – C. Lachèze, « La rupture des relations commerciales à la croisée du droit commun et du droit de la concurrence », *JCP E* 2004. 1815 – K. Le Couviour, « Regards critiques su la rupture brutale des relations commerciales établies » *RTD com.* 2008. 1 s. – C. Lucas de Leyssac et M. Chagny, « Le droit des contrats, instrument d'une forme nouvelle de régulation économique ? », *RDC* 2009. 1268 s. – M. Malaurie-Vignal, « Faut-il avoir peur du déséquilibre significatif ? », *CCC* 2015. Ét. 9 – L. Martinet et M.-L. Cartier-Marraud, « Les beaux jours de l'article L. 442-6-I, 5° du code de commerce », *Gaz. Pal.* 2007. 2. Doctr. 3671 s. – F. Marty et J. Pillot, « L'application de la théorie des facilités essentielles dans la décision "voyages-sncf.com" : une analyse économique », *RLDC* 2009/19, p. 20 s. – Ph. Rincazaux et E. Dieny, « Position dominante collective : vers une notion unifiée ? », *RLC* 2005/3, n° 257 – J. Rochefeld, « Au croisement du droit de la concurrence et du droit civil : l'avènement de la relation contractuelle », *RDC* 2006. 1033 – R. Saint-Esteben, « L'introduction par la loi LME d'une protection des professionnels à l'égard des clauses abusives : un faux ami du droit de la consommation », *RDC* 2009. 1275 s. – Y. Utzschneider et A. Lamothe, « Que penser d'une règle de protection contre les clauses abusives dans le code de commerce ? », *RDC* 2009. 1261 s.

§ 1
Licéité des réseaux de distribution au regard du droit des ententes anticoncurrentielles

312.110 **Plan.** D'évidence les réseaux de distribution emportent des conséquences sur le marché, analysées par les économistes. Par nature ils restreignent la concurrence. S'ils sont autorisés, en contemplation de leurs effets positifs pour les consommateurs, ils ne doivent pas donner lieu à des pratiques anticoncurrentielles (A) ni à des pratiques restrictives de concurrence (B).

A.
Pratiques anticoncurrentielles

312.121 **Sanction civile d'une pratique anticoncurrentielle : dommages et intérêts.** L'article L. 481-1 du code de commerce (introduit par l'ord. n° 2017-303 du 9 mars 2017) énonce que « *toute personne physique ou morale formant une entreprise ou un organisme mentionné à l'article L. 464-2 est responsable du dommage qu'elle a causé du fait de la commission d'une pratique anticoncurrentielle* [...] ». L'action est grandement facilitée car l'article L. 481-2 a créé une présomption irréfragable de faute : « *une pratique anticoncurrentielle* [...] *est présumée établie de manière irréfragable à l'égard de la personne physique ou morale désignée* [...] *dès lors que son existence et son imputation à cette personne ont été constatées par une décision qui ne peut plus faire l'objet d'une voie de recours ordinaire pour la partie relative à ce constat, prononcée par l'Autorité de la concurrence ou par la juridiction de recours* ». Et l'article L. 481-9 établit le principe d'une responsabilité solidaire [1].

312.122 **Les réseaux de distribution peuvent entraver le libre jeu de la concurrence – Plan.** L'article L. 420-1 du code de commerce et l'article 101 [2], paragraphe 1er, du traité sur le fonctionnement de l'Union européenne (TFUE) prohibent, dans des termes proches, les accords entre entreprises, les décisions d'associations d'entreprises et les pratiques concertées qui ont pour objet ou pour effet d'empêcher, de restreindre ou de fausser le jeu de la concurrence sur le marché. Tout accord se rapportant à une pratique anticoncurrentielle est frappé d'une nullité de plein droit [3], d'ordre public [4]. Mais, d'une part, les articles L. 420-3 du code de commerce et 101 § 1 et 2 du TFUE sont interprétés strictement [5]. D'autre part, dans de telles circonstances, le juge ne dispose en aucun cas du pouvoir d'ordonner la conclusion d'un contrat ou son renouvellement [6]. La nullité n'est encourue que si les engagements ou les clauses contractuelles se rap-

1. NOT. sur l'ord. 2017-303 du 9 mars 2017 : E. Claudel, « Transposition de la directive du 26 novembre 2014 sur les actions en dommages et intérêts en droit de la concurrence : la porte est grande ouverte aux actions en réparation ! » *RTD com.* 2017. 305 – Y. Broussolle, « Les principales dispositions de l'ordonnance du 9 mars 2017 relative aux actions en dommages et intérêts du fait des pratiques anticoncurrentielles », *LPA* 22 juin 2017. 7 – M. Chagny, « Responsabilité concurrentielle et civile de l'entreprise », *CCC* 2017. Dossier 6 – J.-D. Bretzner et A. Aynès, *D.* 2018. Pan. 259.
2. TFUE, 101 [TCE-A, 81 ; TCE 85] – I. Pingel (dir.), *De Rome à Lisbonne. Commentaire article par article des traités UE et CE*, 2e éd., Helbing-Lichtenhahn-Dalloz-Bruylant, 2010, p. 695.
3. C. com., art. L. 420-3 et TFUE, art. 101, § 1 et 2.
4. Com. 24 oct. 2000, n° 98-14.382, *Carrières de Sainte-Marthe,* P IV, n° 163 ; *D.* 2000. AJ 429, obs. A. Marmontel ; *CCC* 2001, n° 9, obs. M. Malaurie-Vignal ; *LPA* 20 avr. 2001, n° 75, p. 11, obs. P. Arhel ; *RTD com.* 2001. 427, obs. E. Claudel.
5. EX. CARACTÉRISTIQUE : Com. 13 sept. 2017, nos 15-22.837 et 15-23.070, NP, *RJ com.* 2017. 566, note M. Chagny.
6. Com. 24 oct. 2000, n° 98-14.382, P IV, n° 163 ; *D.* 2000. AJ 429, obs. A. Marmontel ; *CCC* 2001, n° 9, obs. M. Malaurie-Vignal ; *LPA* 20 avr. 2001, n° 75, p. 11, obs. P. Arhel ; *RTD com.* 2001. 427, obs. E. Claudel.

portent directement aux pratiques prohibées[1]. Cependant, il importe peu que l'une des parties à l'entente ait connu ou non leur caractère anti-concurrentiel[2]. La question se posera d'admettre ou non que la décision entravant le libre jeu de la concurrence puisse résulter d'un algorithme.

Une entente entre entreprises n'est pas en soi condamnable. Il faut qu'elle ait pour objet ou pour effet de fausser le libre jeu de la concurrence sur le marché (1°). Toutefois, si les réseaux de distribution tombent sous le coup de l'interdiction des ententes ils peuvent en être relevés de manière individuelle ou collective (2°).

1°
Les réseaux de distribution peuvent constituer des ententes anticoncurrentielles

312.131 Un réseau de distribution exclusive peut avoir pour objet ou pour effet de fausser la concurrence. Le contrat de concession exclusive peut avoir pour objet ou pour effet de restreindre le jeu de la libre concurrence pour trois raisons[3].

D'abord, le contrat de concession exclusive entraîne un risque de cloisonnement du marché, puisque le concédant s'engage à ne livrer des produits en vue de leur revente qu'au concessionnaire dans le territoire concédé. Dans le même temps, le concessionnaire est limité dans ses ventes actives vers les territoires exclusifs des autres concessionnaires. De ce fait, l'exclusivité territoriale entraîne une réduction de la concurrence intra-marque, c'est-à-dire de la concurrence entre les distributeurs appartenant au réseau de concession exclusive. En effet, le concessionnaire est le seul à distribuer les produits du concédant sur un territoire déterminé. Il en résulte que, la concurrence ne jouant pas, les prix risquent d'être plus élevés sur le marché « isolé » que dans un marché « ouvert ».

Ensuite, le contrat de concession réduit la concurrence inter-marque, c'est-à-dire la concurrence entre les concessionnaires et les distributeurs n'appartenant pas au réseau. En effet, l'exclusivité entre le concédant et les concessionnaires se traduit par l'exclusion du marché des revendeurs qui n'ont pas intégrés le réseau de distribution. Il en résulte une fermeture du marché, provoquant une diminution de la concurrence par les prix, car les concessionnaires sont soustraits à la concurrence d'autres distributeurs qui pourraient pratiquer des prix plus bas.

Enfin, lorsque la plupart ou la totalité des concédants ont mis en place un réseau de distribution pour assurer la commercialisation de leurs produits, la concurrence peut être faussée. Car un grand nombre de contrats du même genre, imposés par un nombre réduit de concédants concurrents, peut conduire, par un effet cumulatif, à une fermeture du marché lorsqu'il ne subsiste plus des canaux différents de distribution[4].

312.132 Un réseau de franchisage n'est pas en soi restrictif de concurrence. Le contrat de franchisage, qui « *permet au franchiseur de tirer parti de sa réussite, ne porte pas atteinte en soi à la concurrence* »[5]. En effet, l'organisation et le bon fonctionnement du réseau nécessitent la conclusion d'accords contenant des clauses qui ne présentent pas un objet ou un effet anti-concurrentiel.

En premier lieu, « *le franchiseur doit pouvoir communiquer aux franchisés son savoir-faire et leur apporter l'assistance* » sans risquer qu'ils « *profitent, ne serait-ce qu'indirectement, à des concurrents* »[6]. De ce fait, « *les clauses qui sont indispensables pour prévenir ce risque ne constituent pas des restrictions de la concurrence* »[7] au sens des articles L. 420-3 du code de commerce et 101, paragraphe 1, du TFUE. Ce sera le cas, par exemple, des clauses de non-concurrence qui interdisent au franchisé, pendant une durée raisonnable après l'expiration ou la rupture du contrat de franchisage, d'ouvrir un magasin ayant un objet identique ou similaire dans une zone où il pourrait entrer en concurrence avec un des membres du réseau.

En deuxième lieu, les clauses qui organisent le « *contrôle indispensable afin de préserver l'identité et la réputation du réseau* »[8] ne constituent pas des restrictions de la concurrence au sens des articles L. 420-3 du code de commerce et 101, paragraphe 1, du TFUE. Cela explique, par exemple, que « *le franchisé ne puisse pas céder les droits et obligations résultant du contrat sans l'accord du franchiseur* ». En effet, cette interdiction permet au franchiseur de s'assurer des qualifications professionnelles du franchiseur, ce qui constitue « *une condition pour établir et préserver la réputation du réseau* »[9].

312.133 Un réseau de distribution sélective purement qualitatif ne tombe pas sous le coup de

1. Com. 24 oct. 2000, n° 98-14.382, préc.
2. Com. 24 oct. 2000, n° 98-14.382, préc.
3. CJCE 30 juin 1966, *LTM Maschinenbau Ulm,* aff. C-56/65, *Rec.* I-00337 – Comm. UE, comm. C-130/01, Lignes directrices sur les restrictions verticales, *JOCE* C 130/01, 19 mai 2010, pt n° 151.
4. Sur l'effet cumulatif v. *infra* ss n° 312.145.
5. CJCE 28 janv. 1986, *Pronuptia*, aff. C-161/84, pt n° 15, *Rec.* p. 353 ; *Gaz. Pal.* 1986. 1, p. 198 ; *PIBD* 1986. III. 158.
6. CJCE 28 janv. 1986, *Pronuptia*, aff. C-161/84, pt n° 16.
7. CJCE 28 janv. 1986, *Pronuptia*, aff. C-161/84, pt n° 16.
8. CJCE 28 janv. 1986, *Pronuptia*, aff. C-161/84, pt n° 17 – Com. 20 déc. 2017, n° 16-20.500, NP, *CCC* 2018, n° 75, obs. D. Bosco ; *RJDA* 2018, n° 313 – Com. 20 déc. 2017, n° 16-20.501, NP, *RJ com.* 2018. 479, note J.-M. Leloup.
9. CJCE 28 janv. 1986, *Pronuptia*, aff. C-161/84, pt n° 20.

l'interdiction des ententes anticoncurrentielles. La distribution sélective purement qualitative consiste à agréer les revendeurs sur la seule base de critères objectifs requis par la nature du produit [1]. La jurisprudence admet que les systèmes de distribution purement qualitatifs ne tombent pas sous le coup de l'article L. 420-1 du code de commerce ou de l'article 101 [2], § 1er, du traité de fonctionnement de l'Union européenne. Il faut néanmoins que ces réseaux respectent trois conditions cumulatives : « *Premièrement, la nature du produit en question doit être telle qu'un système de distribution sélective est nécessaire, c'est-à-dire qu'un tel système doit constituer une exigence légitime eu égard à la nature du produit afin d'en préserver la qualité et d'en assurer le bon usage. Deuxièmement, les revendeurs doivent être choisis sur la base de critères objectifs de nature qualitative, qui sont fixés de manière uniforme pour tous, portés à la connaissance de tous les revendeurs potentiels et appliqués de façon non discriminatoire. Troisièmement, les critères définis ne doivent pas aller au-delà de ce qui est nécessaire* » [3]. Cette solution s'applique tant en droit d'origine interne [4] qu'en droit d'origine communautaire [5].

Lorsque ces trois conditions cumulatives sont réunies, la distribution sélective n'affecte pas la concurrence et ne tombe pas sous le coup de la prohibition des ententes anticoncurrentielles, car les critères de sélection purement qualitatifs n'imposent pas une limitation directe du nombre de distributeurs. De ce fait, tous les distributeurs remplissant les critères doivent être sélectionnés par le fournisseur [6]. Il a été cependant jugé en 2019 que l'exigence de bonne foi ne requiert pas, de la part de la tête d'un réseau de distribution, la détermination et la mise en œuvre d'un processus de sélection de ses distributeurs sur le fondement de critères définis et objectivement fixés et appliqués ceux-ci de manière non-discriminatoire [7]. Le refus d'agrément relève du droit des ententes [8].

312.134 Première condition : la nature adéquate du produit. La nature du produit nécessite de recourir à la distribution sélective afin d'en préserver la qualité et d'en assurer le bon usage [9]. Cette condition se justifie par le fait que la distribution sélective suppose une compétence ou des installations particulières, fondement des critères de sélection. Le domaine de prédilection de la distribution sélective fut celui des produits de luxe (not. des parfums) mais elle a été étendue à d'autres domaines en fonction de la nature spécifique du produit, particu-

1. Comm. UE, comm. C 130/01, « Lignes directrices sur les restrictions verticales », *JOCE* C 130/01, 19 mai 2010, point n° 175.
2. TFUE, 101 [TCE-A, 81 ; TCE 85] – I. Pingel (dir.), *De Rome à Lisbonne : Commentaire article par article des traités UE et CE*, 2e éd., Helbing-Lichtenhahn-Dalloz-Bruylant, 2010, p. 695.
3. Comm. UE, comm. C 130/01, Lignes directrices sur les restrictions verticales, 19 mai 2010, point n° 175.
4. Com. 21 oct. 1997, n° 95-19.419, P IV, n° 271 ; *D.* 1998. Somm. 340, obs. D. Ferrier ; *RJDA* 1997, n° 1480 – Com. 11 janv. 2005, n° 02-10.566, NP, *CCC* 2005, n° 89, obs. M. Malaurie-Vignal ; *JCP E* 2005. 1177, n° 5, obs. D. Mainguy ; *RDC* 2005. 768, obs. M. Behar-Touchais – Com. 24 sept. 2013, n° 12-14.344, *D.* 2014. 192, note A. Mendoza-Caminade et p. 902, obs. D. Ferrier ; *CCÉ* 2013, n° 117, obs. V. Pironon ; *RTD eur.* 2013. 842, obs. J.-B. Blaise.
5. CJCE 25 oct. 1977, *Metro SB-Großmärkte*, aff. C-26/76, *Rec.* p. 1875, pt 20 – CJCE 11 déc. 1980, *L'Oréal*, aff. C-31/80, *Rec.* p. 3775, pt 15 et 16 – CJCE 25 oct. 1983, *AEG Telefunken*, aff. C-107/82, *Rec.* p. 3151 – CJUE 6 déc. 2017, *Coty Germany*, aff. C-230/16, *Rec.* N ; *D.* 2018. 150, note C. Grimaldi ; *AJ contrat* 2018. 34, obs. F. Buy et J.-C. Roda ; *JCP E* 2018. 1189, note E. Dumur et P. Wilhelm ; *RJ com.* 2018. 48, obs. F. Kutscher-Puis – F. Viala, « Distribution sélective et restriction à la vente en ligne sur les marketplaces : quel cadre juridique après Coty ? », *CCC* 2018. Ét. 5.
6. EN DROIT D'ORIGINE INTERNE : Com. 21 oct. 1997, n° 95-19.419, P IV, n° 271 ; *D.* 1998. Somm. 340, obs. D. Ferrier ; – RAPPR. : Com. 14 janv. 2003, n° 99-14.198, NP, *D.* 2003. 2430, note D. Ferrier ; *LPA* 15 juin 2004. 16, note E. Bacchetti et J.-P. Dom : imposant au titulaire du réseau de continuer à approvisionner le distributeur évincé, dès lors qu'il continue de remplir les critères de sélection ; – EN DROIT D'ORIGINE DE L'UNION EUROPÉENNE : CJCE 18 déc. 1986, *VAG c/Magne*, aff. C-10/86, *Rec.* p. 4071 – CJCE 2 avr. 2009, *Pedro IV Servicios*, aff. C-260/07, *CCC* 2009, n° 60, obs. M. Malaurie-Vignal ; *Europe* 2009, n° 245, note L. Idot ; – EN MATIÈRE DE distribution automobile : CJUE, 14 juin 2012, *Land Rover*, aff. C-158/11, *D.* 2012. 2156, note D. Ferrier ; *CCC* 2012, n° 206, obs. M. Malaurie-Vignal ; *CCC* 2012, n° 212, obs. G. Decocq ; *LPA* 18 déc. 2012, n° 252, p. 9, note M. Junqua-Lamarque ; *RTD eur.* 2012. 917, obs. J.-B. Blaise ; L. Vogel, « Une sécurité juridique renforcée pour la distribution sélective qualitative », *RJDA* 2012, Chron. 755 : le non-respect d'une condition nécessaire à l'exemption ne peut, en soi, contraindre un fournisseur à agréer un candidat dans son réseau de distribution sélective.
7. Com. 27 mars 2019, n° 17-22.083, P IV ; *AJ contrat* 2019. 295, obs. F. Buy et J.-C. Roda ; *CCC* 2019, n° 111, obs. M. Malaurie-Vignal, 1re esp. ; *JCP E* 2019, n° 1416, note D. Mainguy ; *RTD civ.* 2019. 570, obs. H. Barbier, 1re esp.
8. Paris, 27 mars 2017, RG n° 17/09056, *CCC* 2019, n° 111, obs. M. Malaurie-Vignal, 2e esp. : « *Un refus d'agrément opposé à un distributeur remplissant les critères de sélection s'inscrit dans le cadre des contrats de distribution sélective prévoyant la politique d'agrément du fournisseur, acceptée par avance par les distributeurs. Il traduit donc nécessairement un concours de volontés entre le fournisseur et les distributeurs du réseau* [...]. *Il y a donc lieu de dire que le droit des ententes est applicable à un refus d'agrément dans un réseau de distribution* sélective. »
9. Comm. UE, comm. C 130/01, Lignes directrices sur les restrictions verticales, 19 mai 2010, préc., pt n° 175 ; – POUR UN RAPPEL DE CE PRINCIPE : CJUE, 13 oct. 2011, *Pierre Fabre Dermo-Cosmétique*, aff. C-439/09, préc. – Com. 24 sept. 2013, n° 12-14.344, préc. – Paris, 21 janv. 2015, RG n° 12/18926, préc. : le réseau de distribution doit être « *justifié par la nature du produit dont il y a une exigence légitime de préserver la qualité et le bon usage* ».

lièrement aux produits de haute technicité[1]. Il en découle *a contrario* qu'un produit banal ne peut pas en bénéficier[2]. Toutefois, la jurisprudence retient une conception large de la nature du produit, qui comporte un aspect objectif et un aspect subjectif.

Le *premier aspect, objectif,* apprécie les qualités intrinsèques du produit. Il s'agit d'un élément essentiel, en l'absence duquel la distribution sélective ne peut pas être validée. Il se décompose lui-même en une face matérielle, consistant à rechercher si le produit possède des *qualités intrinsèques* particulières, notamment une haute qualité ou une haute technicité, et une face immatérielle, à savoir *l'image* dont il bénéficie.

Le *second aspect, subjectif,* invite à tenir compte de la perception du produit par les consommateurs, son « aura de luxe ». *L'élément subjectif sert à valider l'élément immatériel du caractère objectif.* Il ne suffit pas qu'un produit dispose de caractéristiques complexes et de haute qualité. Encore faut-il que les consommateurs lui attribuent une nature spécifique, le distinguant de ceux qui sont similaires et qui relèvent d'autres « segments » du marché. Le tribunal de l'Union européenne se place donc du point de vue du consommateur pour valider les qualités spécifiques du produit. Ce faisant, il n'exclut aucune forme de commerce de la distribution sélective, « *la priorité étant donnée à l'élargissement de l'accès aux produits par le consommateur* »[3].

À notre avis, les fabricants et fournisseurs devraient indiquer concrètement pour quelles raisons (par ex. quels objectifs de production, quels risques de dépérissement, quelle zone de chalandise, *etc.*), la limitation du nombre des revendeurs leur paraît indispensable, dans une perspective de progrès économique, dont le consommateur doit tirer profit.

312.135 Deuxième condition : les critères de sélection qualitatifs objectifs. Cette condition signifie que les critères qualitatifs de sélection doivent être « *objectivement appropriés mais aussi nécessaires pour garantir la vente dans de bonnes conditions* »[4]. Ils ne doivent pas être subjectifs ou arbitraires[5]. Il peut s'agir de la compétence et des qualités professionnelles du distributeur et de son personnel ; de la qualité de son installation ; de la localisation et de l'aménagement du point de vente[6] ; du service après-vente ; du maillage territorial avec une définition des pôles d'attraction[7]. Il a même admis que peuvent être prises en compte la présentation valorisante des produits[8], l'enseigne[9], et l'absence de produits pouvant déprécier l'image de marque du fabricant[10].

Le critère de l'image de marque étant particulièrement imprécis, la jurisprudence exige que celui-ci fasse l'objet d'une appréciation objective. Il s'agit

1. POUR LE MATÉRIEL électronique grand public haut de gamme : CJCE 25 oct. 1977, *Metro c/Commission [Metro I]*, aff. 26-76, préc. – CJCE 22 oct. 1986, *Metro c/ Commission [Metro II]*, aff. 75-84, préc. – Cons. conc., 5 oct. 2006, n° 06-D-28, *Pratiques mises en œuvre dans le secteur de la distribution sélective de matériel hi-fi et home cinéma, CCC* 2006, n° 156, obs. M. Malaurie-Vignal – Aut. conc., décis. n° 12-D-23, 12 déc. 2012, *Pratiques mises en œuvre par la société Bang & Olufsen dans le secteur de la distribution sélective de matériels Hi-Fi et Home cinéma, CCC* 2013, n° 30, obs. M. Malaurie-Vignal ; *CCÉ* 2013, n° 15, obs. M. Chagny.
2. TPICE 12 déc. 1996, *YSL et Givenchy*, aff. 7-87/92 et T-88/92, *Rec.* II. 1931 ; *CCC* 1997, n° 14, obs. L. Vogel, att. 117 et 111.
3. B. Schaming, « La distribution sélective ; une voie de plus en plus Etroite », Chron. préc.
4. Comm. CE 21 déc. 1976, déc. 77/10, *Junghans, JOCE* L 30, 2 févr. 1977, p^t^ 21.
5. Com. 26 janv. 1999, n° 97-11.084, P IV, n° 23 – Com. 13 nov. 2003, n° 01-00.195, *c/Clarens*, NP, *CCC* 2004, n° 18, obs. L. Leveneur : le refus d'agrément et de vente par le fabricant fut fondé « *sur une appréciation objective de la réalité* » (NOT. : point de vente banal, d'aspect général froid et impersonnel, dans un environnement médiocre, ne convenant pas à un produit de luxe) – Com. 28 juin 2005, n° 04-15.279, P IV, n° 13 ; *CCC* 2005, n° 191, obs. M. Malaurie-Vignal ; *RJ com.* 2006. 132, obs. S. Lebreton-Derrien, cassation de l'arrêt n'ayant pas vérifié que les critères de sélection étaient objectifs – Com. 24 sept. 2013, n° 12-14.344, P IV, n° 141 ; *D.* 2014. 192, note A. Mendoza-Caminade et Pan. 902, obs. D. Ferrier ; *CCC* 2013, n° 117, obs. V. Pironon ; *RTD eur.* 2013. 842, obs. J.-B. Blaise – Com. 8 juin 2017, n° 16-15.372, NP, *CCC* 2017, n° 179, obs. M. Malaurie-Vignal, le distributeur ne répondait aux critères objectifs fixés ; – EN DROIT D'ORIGINE DE L'UNION EUROPÉENNE : CJCE 25 oct. 1977, *Metro SB-Großmärkte c/Commission,* aff. C-26/76, *Rec.* I-01875, p^ts^ 20 et 21 – CJCE 25 oct. 1983, *AEG Telefunken,* aff. C-107/82, *Rec.* I-03151, p^t^ 35 – CJCE 11 déc. 1980, *L'Oréal,* aff. C-31/80, *Rec.* I-03775, p^ts^ 15 et 16 – CJUE, 13 oct. 2011, *Pierre Fabre Dermo-Cosmétique*, aff. C-439/09, préc., p^t^ 41.
6. EN DROIT D'ORIGINE INTERNE : Com. 16 mai 2000, n° 98-14.712, P IV, n° 102 – Com. 1er juill. 2003, n° 99-17.183, P IV, n° 115 ; *JCP E* 2003. 1435, note C. Vilmart, magasin populaire – Com. 13 nov. 2003, n° 01-00.195, NP, *CCC* 2004, n° 18, obs. L. Leveneur, possibilité pour un producteur de refuser de sélectionner un point de vente situé dans une zone commercia e bon marché et excentrée – Com. 16 févr. 2016, n° 14-13.017, NP, *D.* 2017. Pan. 888, obs. D. Ferrier ; *CCC* 2016, n° 115, obs. M. Malaurie-Vignal, les produits de la sté *Chanel* étaient offerts à la vente et vendus dans une solderie.
7. Com. 6 mars 2007, n° 05-17.011, P IV, n° 76 ; *CCC* 2007, n° 148, obs. M. Malaurie-Vignal ; *D.* 2007. AJ 1010, obs. E. Chevrier ; *JCP* 2007. I. 195, n° 19, obs. M. Chagny.
8. Comm. CE, déc. 16 déc. 1985, aff. C-85/616, *Villeroy et Bosch, JOCE* L 376, 31 déc. 1985, p. 15.
9. TPICE 12 déc. 1996, *YSL Parfums et Givenchy*, aff. 7-87/92 et T-88/92, préc.
10. TPICE 12 déc. 1996, *YSL Parfums et Givenchy*, aff. 7-87/92 et T-88/92, préc. – Comm. CE 10 juill. 1985, *Grundig*, aff. 85/404, préc.

d'éviter qu'il aboutisse à l'exclusion *a priori* de certaines formes de distribution, notamment celles qui sont dites « agressives ». À cet effet, les critères qualitatifs de sélection devaient être fixés préalablement, d'une manière uniforme à l'égard de tous les candidats revendeurs. Cela empêche que les critères qualitatifs de sélection varient en fonction de chaque catégorie déterminée de commerce ou de chaque forme de distribution. Ce contrôle *a priori* de la non-exclusion de certaines formes de distribution est renforcé par un contrôle *a posteriori*. En effet, des critères de distribution sélective ne doivent pas être appliqués de manière discriminatoire entre les différents distributeurs remplissant les exigences fixées par le fournisseur, que ce soit lors de la conclusion du contrat, mais également lors du refus de son renouvellement[1]. Tout distributeur remplissant ces exigences doit donc être agréé. Ainsi les juridictions ont condamné l'exclusion d'une catégorie déterminée de commerce ou d'une forme de distribution, tels les supermarchés, les magasins « discount » ou la vente par internet. Il nous semble que les tribunaux devraient ordonner l'agrément en qualité de distributeur sélectionné lorsqu'un candidat écarté remplit les conditions objectives fixées par le concédant, sous réserve d'une sélection quantitative licite.

Toutefois, l'application discriminatoire par un fabricant des critères d'agrément n'est pas sanctionnée, lorsqu'elle n'a pas d'effet anticoncurrentiel, compte tenu de la faible part du marché qu'il détient[2]. De plus, le rejet de la demande de dossier d'agrément est licite, lorsqu'elle était entachée de mauvaise foi et présentait un caractère anormal[3].

312.136 Troisième condition : nécessité d'un lien étroit entre l'exigence du critère qualitatif et le produit (principe de proportionnalité). Pour autant, tout critère qualitatif de caractère objectif n'est pas systématiquement admis. Il doit être strictement nécessaire pour garantir la vente des produits dans de bonnes conditions[4]. Il est indispensable qu'un lien étroit relie le critère retenu et le produit en cause. Tel est le *principe de proportionnalité*, qui est une règle de bon sens. Il a ainsi été jugé que l'exigence d'installation d'un atelier d'entretien n'était pas licite pour la vente de montres et de réveils jetables, non réparables[5] ou que le contrat de distribution sélective ne doit pas comporter d'exigences disproportionnées quant aux quantités à acheter[6]. Autrement dit, la sélection qualitative ne doit pas être excessive[7] et disproportionnée par rapport au besoin de service et de conseil du consommateur[8].

2°
Les réseaux de distribution restrictifs de concurrence devant bénéficier d'une exemption

312.141 Distinction. Les réseaux de distribution tombant sous le coup de l'interdiction des ententes anticoncurrentielles de l'article L. 420-1 du code de commerce et de l'article 101[9], § 1er, du Traité de fonctionnement de l'Union européenne (TFUE) peuvent être relevés de cette interdiction de manière individuelle ou collective[10].

312.142 Exonérations individuelles *a posteriori*. L'article L. 420-4, I, 1, du code de commerce et l'article 101, § 3, du TFUE prévoient la possibilité d'obtenir une exonération individuelle *a posteriori*, lorsque le fournisseur prouve que les effets anticoncurrentiels sont contrebalancés par des effets « proconcurrentiels » apportés par le réseau de distribution sélective. Pour ce faire, le fournisseur doit prouver l'existence de quatre conditions cumulatives.

1. Paris, 30 sept. 2015, RG n° 13/7915, *Lettr. distrib.* nov. 2015, p. 5, note A.-C. Martin.
2. Cons. conc. 19 juill. 2001, *RJDA* 2002, n° 103.
3. Com. 4 déc. 2012, n° 11-17.864, NP, *CCC* 2013, n° 35, obs. M. Malaurie-Vignal : demande anormale, car la sté sollicitant l'agrément avait « *commis des actes de contrefaçon et des actes tendant à la désorganisation du réseau de la société BMW par la mise en cause de son concessionnaire le plus proche* ».
4. Comm. CE 21 déc. 1976, *Junghans*, déc. 77/10, préc. – CJCE 11 déc. 1980, *L'Oréal*, aff. C-31/80, *Rec.* I-03775 – CJUE, 13 oct. 2011, *Pierre Fabre Dermo-Cosmétique*, aff. C-439/09, préc. : caractère disproportionné de l'exigence d'un pharmacien diplômé pour délivrer des conseils de vente en matière de produits cosmétiques – DANS LA MÊME AFFAIRE : Com. 24 sept. 2013, n° 12-14.344, P IV, n° 141 ; *D.* 2013. AJ 2270, obs. E. Chevrier ; *D.* 2013. 2487, obs. J. Larrieu, C. Le Stanc et P. Tréfigny ; *CCÉ* 2013, n° 117, obs. V. Pironon ; *JCP E* 2013, n° 48, 1657, note C. Vilmart, CRIT. ; *RLDI* 2013, n° 3259, obs. J. de Romanet , *idem*.
5. CJCE 10 déc. 1985, *Eta*, aff. C-31/85, *Rec.* I-03939, concl. M. Darmon.
6. Com. 13 mai 1997, n° 95-14.035, P IV, n° 131 ; *D.* 1998. Somm. 339, obs. D. Ferrier ; *RJDA* 1997, n° 1185 ; *RTD civ.* 1998. 101, obs. J. Mestre, où ce n'était pas le cas.
7. Com. 11 janv. 2005, n° 02-10.566, *Auchan c/Levi Strauss*, NP, *CCC* 2005, n° 59, obs. M. Malaurie-Vignal ; *RDC* 2005. 768, note M. Behar-Touchais – Com. 18 déc. 2012, n° 11-27.342, NP, préc. : précisant que les critères ne doivent pas aller pas au-delà de ce qui est nécessaire – Com. 16 mai 2018, n° 16-18.174, P IV, *AJ contrat* 2018. 286, obs. F. Buy et J.-C. Roda ; *JCP E* 2018. 1296.
8. CJUE, 13 oct. 2011, *Pierre Fabre Dermo-Cosmétique*, aff. C-439/09, préc. : caractère disproportionné de l'exigence d'un pharmacien diplômé pour délivrer des conseils de vente en matière de produits cosmétiques – Com. 24 sept. 2013, n° 12-14.344, P IV, n° 141, préc., *idem*.
9. TFUE, 101 [TCE-A, 81 ; TCE 85] – I. Pingel (dir.), *De Rome à Lisbonne : Commentaire article par article des traités UE et CE* 2e éd., Helbing-Lichtenhahn-Dalloz-Bruylant, 2010, p. 695.
10. C. com., art. 420-4 – TFUE, art. 101, § 3.

Les deux premières sont positives :

- les pratiques doivent avoir pour effet d'assurer un progrès économique, par exemple l'accroissement de la productivité ou la mise en place d'un service après-vente de qualité ;

- elles doivent réserver aux utilisateurs une partie équitable du profit qui en résulte et non améliorer exclusivement la situation des entreprises parties à l'entente. Il s'agit par exemple de meilleurs services, notamment pour les produits de luxe ou de haute technicité.

- Les deux autres conditions sont négatives :

- les pratiques ne doivent pas donner aux entreprises intéressées la possibilité d'éliminer la concurrence sur une partie substantielle du marché des produits en cause ;

- elles ne doivent imposer des restrictions à la concurrence que dans la mesure où elles sont indispensables pour atteindre l'objectif du progrès économique. Cette condition, qui a été qualifiée de proportionnalité, suffit en fait, dans la majorité des cas, à rejeter la demande d'exonération.

312.143 **Exonérations collectives *a priori*.** En droit d'origine interne, l'article L. 420-4, II, *in fine*, du code de commerce habilite les autorités administratives (ministre chargé de la concurrence, par voie de décret, pris après avis conforme de l'Autorité de la concurrence) à exonérer de l'article L. 420-1 certaines catégories d'accords ou certains accords. Le texte cite les catégories d'accords et les accords ayant pour objet d'améliorer la gestion des entreprises moyennes ou petites. Mais la présence de l'adverbe « notamment » indique bien qu'il ne s'agit que d'un exemple. En pratique, aucun décret d'exemption n'a été publié s'agissant des contrats de distribution.

En revanche, en droit d'origine communautaire, les contrats de distribution bénéficient de l'exemption prévue par le règlement 330/2010 d'exemption par catégorie relatif aux restrictions verticales[1]. Le règlement entend de manière extensive les accords verticaux. De ce fait, il s'applique de manière uniforme à la quasi-totalité des contrats de distribution ou à leur combinaison : notamment les contrats de distribution sélective, les contrats de concession exclusive et les contrats de franchisage (sans compter le commerce électronique[2] par l'internet qui, en réalité, constitue *une nouvelle technique de vente* plus qu'un contrat de distribution inédit). L'objectif de la Commission d'adopter une *démarche globale* et un traitement unique des accords verticaux est toutefois démenti par l'analyse du règlement et des « *lignes directrices* »[3]. En effet, l'article 1er du règlement définit le contrat d'approvisionnement exclusif[4] et le contrat de distribution sélective[5]. Quant aux secondes, elles précisent la position de la Commission au regard de chacun des contrats (pour la distribution exclusive[6] ; pour la distribution sélective[7] ; pour le contrat de franchisage[8] ; pour le contrat d'approvisionnement exclusif[9]).

312.144 **Conditions de l'exemption.** Pour être exempté, le contrat de distribution doit remplir deux conditions cumulatives. En premier lieu, le fournisseur ne doit pas dépasser une part de 30 % sur le marché où il vend les produits[10] et l'acheteur ne doit pas dépasser une part de marché de 30 % sur le marché où il achète les produits[11]. Au-delà de ce seuil, les entreprises doivent obtenir une exemption individuelle du contrat. En second lieu, le contrat de distribution ne doit pas comporter des clauses restrictives de concurrence. Par exemple, la Commission de l'Union européenne a sanctionné des opérateurs du commerce en ligne pour leurs pratiques verticales de contrôle des prix et de répartition des marchés. Dans son analyse des conséquences de ces pratiques, la Commission prit en compte le rôle des algorithmes utilisés par les acteurs du commerce en ligne pour surveiller les prix pratiqués par les distributeurs[12].

1. Sur ce règlement : P. Arhel, « Réforme des restrictions verticales », *LPA* 8 juill. 2010. 4 s. – Collectif, « Le nouveau règlement d'exemption verticale du 20 avril et ses lignes directrices », *Gaz. Pal.* 4-5 juin 2010. 11 – Collectif, « Le contrat de distribution à l'aune du règlement 330/2010 », *Concurrences* 1-2014. 1 s. – L. Idot, « Aperçu du nouveau régime des accords verticaux », *Europe* 2010. Ét. 8 – C. Vilmart, « La nouvelle exemption des accords de distribution : une insécurité grandissante », *JCP E* 2010. 1556. – Entré en vigueur le 1er juin 2010, le règlement 330/2010 expirera le 31 mai 2022 (Règl., art. 10) : une proposition de règlement, ainsi qu'une proposition de lignes directrices, ont été publiées par la Commission européenne le 9 juillet 2021. Leur objectif est de moderniser les dispositions actuelles en les adaptant aux exigences contemporaines de la distribution en ligne : D. Bosco, « Règlement d'exemption sur les restrictions verticales : le temps de la réforme approche », *CCC* 2021, nº 28 ; E. Claudel (dir.), « Regards croisés sur le projet de réforme du règlement sur les restrictions verticales et de ses lignes directrices », *Concurrences*, 2021/3, art. nº 101642 ; L. Idot, « Les contours du nouveau régime des accords verticaux », *Europe* 2021/8-9, alerte 47.
2. Sur le commerce électronique v. *infra* ss nos 412.11 s.
3. Comm. UE, com. C 130/01, *Lignes directrices sur les restrictions verticales, JOCE* C 130/01, 19 mai 2010.
4. Règl. 330/2010, Commission, 20 avr. 2010, art. 1er, pt d.
5. Règl. 330/2010, Commission, 20 avr. 2010, art. 1er, pt e.
6. Comm. UE, com. C 130/01, *Lignes directrices sur les restrictions verticales,* pts 151 à 167.
7. Comm. UE, com. C 130/01, *Lignes directrices sur les restrictions verticales,* pts 174 à 188.
8. Comm. UE, com. C 130/01, *Lignes directrices sur les restrictions verticales,* pts 189 à 191.
9. Comm. UE, com. C 130/01, *Lignes directrices sur les restrictions verticales,* pts 192 à 202.
10. Règl. 330/2010, Commission, 20 avr. 2010, art. 7, a.
11. Règl. 330/2010, Commission, 20 avr. 2010, art. 7, a.
12. Comm. UE, 24 juill. 2018, aff. AT. 40465, *Asus*, C(2018), 4773 final ; aff. AT. 40469, *Denon & Marantz*, C(2018) 4474 final ; aff. 40181, *Philips*, C(2018), 4797 final ; aff. AT. 40182, *Pioneer*, C(2018) 4790 final, *CCC* 2018, nº 194, obs. D. Bosco.

312.145 Suppression de l'exemption. La Commission peut retirer le bénéfice de l'exemption : 1°) par voie de décision pour les accords qui ont des effets incompatibles avec l'article 101, § 3, de fonctionnement de l'Union européenne, dans l'hypothèse d'un effet cumulatif de réseaux parallèles [1] ; 2°) par voie de règlement « *lorsque des réseaux parallèles de restrictions verticales couvrent plus de 50 % du marché en cause* » [2]. Dans la même perspective, l'autorité nationale compétente peut retirer le bénéfice de l'exemption de l'accord produisant des effets incompatibles avec l'article 101, § 3, du traité de fonctionnement de l'Union européenne, dans l'hypothèse d'un effet cumulatif de réseaux parallèles [3].

312.146 Conclusion sur le règlement 330/2010. Ce règlement « *ne constitue qu'un cadre et ne signifie pas que les accords y entrant soient tous passibles de l'interdiction* » [4]. En conséquence, il « *n'établit pas de prescriptions contraignantes affectant directement* [...] *le contenu des clauses contractuelles ou obligeant les parties contractantes à adapter le contenu de leur contrat* » [5]. Le non-respect d'une condition nécessaire à l'exemption ne peut, en soi, donner lieu à des dommages et intérêts, ou contraindre un fournisseur à agréer un candidat dans son réseau de distribution sélective [6]. Le contrat de distribution sélective n'est donc pas nul de plein droit, car le seul fait qu'il ne bénéficie pas d'une exemption par catégorie n'implique pas nécessairement qu'il tombe sous les foudres de l'interdiction des ententes anticoncurrentielles de l'article 101, § 1er, du TFUE [7]. Toutefois, toute déviation par rapport au contrat type fixé par le règlement 330/2010 lui fait perdre le bénéfice de l'exemption *a priori*.

B.
Pratiques restrictives

312.151 Annonce. À la différence du droit d'origine communautaire, le code de commerce comporte un ensemble de mesures sur les pratiques restrictives, destinées à restaurer l'équilibre et la moralité des relations entre les producteurs et les distributeurs, pour tenir compte de la puissance considérable de la grande distribution. Ces pratiques sont condamnées en tant que telle indépendamment de leur incidence sur la concurrence. Elles se distinguent ainsi des pratiques anticoncurrentielles qui nécessitent la preuve qu'elles aient pour objet ou pour effet de fausser la concurrence.

312.152 Interdiction de la revente à perte. L'article L. 442-5 [8], I [9], du code de commerce [10] érige en délit la revente au-dessous du prix d'achat effectif (défini par son al. 2). Cette interdiction connaît de nombreuses exceptions, notamment pour les articles saisonniers, démodés ou dépassés techniquement [11]. Elle s'applique tant dans les relations entre professionnels et consommateurs que dans les relations entre professionnels.

Pourquoi cette rigueur ? Parce qu'une telle pratique n'a généralement pour seul objectif que d'éliminer un concurrent moins puissant. Cette disposition est assortie de l'interdiction complémentaire de la

1. Règl. 330/2010, Commission, 20 avr. 2010, consid. n° 15.
2. Règl. 330/2010, Commission, 20 avr. 2010, art. 6.
3. Règl. 330/2010, Commission, 20 avr. 2010, consid. 14.
4. CJCE 13 juill. 1966, *République italienne*, aff. C-32/65, *Rec.* I-00563.
5. CJCE 18 déc. 1986, *VAG c/Magne*, aff. C-10/86, *Rec.* I-04071, att. n° 12 – CJCE 15 févr. 1996, *Nissan France*, aff. C-309/94, *CCC* 1996, n° 43, obs. L. Vogel, att. n° 15 – TPICE 21 janv. 1999, *Riviera Services*, aff. Jtes T-185/96 et T-190/96, *Europe* 1999, n° 115, obs. L. Idot ; *RTD eur.* 2000. 747, obs. J.-B. Blaise et L. Idot.
6. CJCE 18 déc. 1986, *VAG c/Magne*, aff. C-10/86, préc. – CJCE 2 avr. 2009, *Pedro IV Servicios*, aff. C-260/07, *CCC* 2009, n° 160, obs. M. Malaurie-Vignal ; *Europe* 2009, n° 245, obs. L. Idot – EN MATIÈRE DE distribution automobile : CJUE, 14 juin 2012, *Land Rover*, aff. C-158/11, *D.* 2012. 2156, note D. Ferrier ; *CCC* 2012, n° 206, obs. M. Malaurie-Vignal ; *CCC* 2012, n° 212, obs. G. Decocq ; *LPA* 18 déc. 2012, n° 252, p. 9, note M. Junqua-Lamarque ; *RTD eur.* 2012. 917, obs. J.-B. Blaise ; L. Vogel, « Une sécurité juridique renforcée pour la distribution sélective qualitative », *RJDA* 2012, Chron. 755.
7. Com. 16 mai 2018, n° 16-18.174, P IV ; *AJ contrat* 2018. 286, obs. F. Buy et J.-C. Roda ; *JCP E* 2018. 1296, « *La circonstance, à la supposer établie, que l'accord ne bénéficie pas d'une exemption par catégorie n'implique pas nécessairement que le réseau de distribution sélective contrevient aux dispositions de l'article 101, paragraphe 1 TFUE.* »
8. C. com., art. L. 442-5 [numérotation datant de l'ord. du 24 avr. 2019] ; art. mod. par ord. n° 2019-359, 24 avr. 2019, art. 2.
9. M. Texier, *La désorganisation. Contribution à l'élaboration d'une théorie de la désorganisation en droit de l'entreprise*, th. préc., nos 498 s.
10. Sur ce texte : J.-L. et J. Vogel, « Droit de la négociation commerciale : une réforme courageuse mais perfectible », *AJ contrat* 2019 Dossier 208 – Ph. Vanni et A.-C. Martin, « Relèvement du seuil de vente à perte et encadrement des promotions : l'ouvrage à nouveau sur le métier », *AJ contrat* 2019. Dossier 221 – N. Dissaux et R. Loir, « Réforme d'ampleur du droit des relations commerciales », *JCP G* 2019, aperçu rapide 589.
11. C. com., art. L. 442-5, II [numérotation datant de l'ord. du 24 avr. 2019] – NOT., SUR CE TEXTE DANS SON ANCIENNE NUMÉROTATION : M. Malaurie-Vignal, *Droit de la concurrence interne et communautaire*, *op. cit.*, nos 340 s. – Crim. 22 nov. 2006, n° 06-83.008, P n° 293 ; *RJDA* 2007, n° 563 : infraction constatée. – Crim. 6 déc. 2006, n° 06-81.947, P n° 307 ; *D.* 2007. AJ 301 ; *RJDA* 2007, n° 564, *idem* : cette infraction ne suppose pas que le revendeur détienne la marchandise au moment de la vente et les opérations d'achat et de revente en l'état peuvent être concomitantes ; – RAPPR. pour une entente entre entreprises permettant d'augmenter artificiellement le seuil de revente à perte : Cons. conc. 20 déc. 2007, n° 07-D-50, *Secteur de la distribution des jouets*, *CCC* 2008, n° 39, obs. M. Malaurie-Vignal.

vente à des prix abusivement bas, dits « prix prédateurs »[1]. Une des exceptions notables à l'interdiction, justifiant la revente à perte, est l'exception d'alignement sur le prix d'un concurrent. Sa portée est limitée aux produits commercialisés dans des magasins de moins de mille mètres carrés (et même de moins de 300 mètres carrés pour les produits alimentaires[2]). L'alignement ne peut viser qu'un concurrent dans la même zone géographique d'activité. Il peut éventuellement n'être que partiel. Enfin, l'alignement doit se réaliser, sinon concomitamment, du moins dans un temps voisin de la pratique du concurrent. Il semble que l'interdiction de la revente à perte n'est pas conforme à la directive 2005/29[3], dès lors qu'elle a pour objectif la protection des consommateurs et qu'elle interdit de manière générale la revente à perte. Toutefois, la conformité de la pratique de la revente à perte à ladite directive ne se pose pas, selon la Cour de cassation, aux transactions entre professionnels, auxquels elle n'est pas applicable. Autrement dit, seuls les contrats avec les consommateurs pourraient justifier un débat sur la conformité de la règle à la directive[4].

312.153 Obtention d'un avantage manifestement disproportionné. Le code de commerce condamne le fait d'obtenir ou de tenter d'obtenir d'un partenaire commercial des conditions qui ne sont pas justifiées par des *contreparties réelles*[5], ou qui sont *manifestement disproportionnées*[6] au regard de la valeur du service[7] rendu[8]. Le contrôle du prix manifestement disproportionné est possible même s'il a été librement négocié ; le tout sera de savoir comment les juges du fond entendront le mot « manifestement ». Le texte est accompagné d'une liste d'exemples, dont la participation, non justifiée par un intérêt commun et sans contrepartie proportionnée, au financement d'une opération d'animation, du rapprochement d'enseignes (pratique dite de « la corbeille de la mariée ») ou de services rendus par une centrale internationale regroupant des distributeurs. La faiblesse du chiffre d'affaires réalisé par le distributeur sur les produits concernés par une action de coopération commerciale pendant la période de référence au regard de l'avantage qui lui a été consenti, comme l'absence de progression significative des ventes pendant cette période, peuvent constituer des éléments d'appréciation de l'éventuelle disproportion manifeste entre ces deux éléments ; toutefois, elles ne peuvent pas, à elles seules, constituer la preuve de cette disproportion manifeste, les distributeurs qui concluent des accords de coopération commerciale n'étant pas tenus à une obligation de résultat[9]. L'action est introduite par toute personne justifiant d'un intérêt[10], qui sollicitera principalement des dommages et intérêts. Le préjudice réparable est « *constitué par la totalité des sommes versées en trop* »[11]. Mais les autorités publiques peuvent également agir en justice, avec des objectifs divers énoncés par le texte.

312.154 Abus par création d'un déséquilibre significatif. La loi n° 2001-420 du 15 mai 2001[12], dite loi NRE, ajouta une infraction inédite d'abus de dépendance économique et de puissance d'achat ou de vente. En effet, selon l'article L. 442-6, I, du code de commerce tel que rédigé par cette loi : « *Engage la responsabilité de son auteur et l'oblige à réparer le préjudice causé le fait, par tout producteur, commerçant, industriel ou artisan : [...] D'abuser de la relation de dépendance à dans laquelle il tient un partenaire ou de sa puissance d'achat ou de vente en le soumettant des*

1. C. com., art. L. 420-5 ; mod. par L. n° 2018-938, 30 oct. 2018, art. 18.
2. C. com., art. L. 442-5, II, 5° [numérotation datant de l'ord. du 24 avr. 2019].
3. CJUE, 6e ch., 7 mars 2013, aff. C-343/12, *D.* 2013. AJ 913, obs. E. Petit ; *D.* 2013. Pan. 2487, obs. J. Larrieu, C. Le Stanc et P. Tréfigny ; *D.* 2013. Pan. 2812, obs. Centre de droit de la concurrence Yves Serra ; *RTD eur.* 2013. 570, obs. C. Aubert de Vincelles.
4. Com. 22 nov. 2017, n° 16-18.028, NP, *D.* 2018. Pan. 868, obs. Ferrier ; *AJ contrat* 2018 42, obs. S. Regnault ; *RJDA* 2018, n° 285 : revente à perte par une centrale d'achat regroupant des opticiens indépendants à des opticiens affiliés à un réseau de distribution concurrent – Crim. 16 janv. 2018, n° 16-83.457, P n° 13 ; *AJ contrat* 2018. 88, obs. A. Fortunato ; *CCC* 2018, n° 37, obs. S. Bernheim-Desvaux ; *RJDA* 2018, n° 366 : pour une centrale d'achat de vêtements qui pratiquait des prix de revente des chaussures inférieurs aux prix d'achat effectif auprès de distributeurs.
5. La contrepartie peut trouver son origine dans l'affiliation à un réseau : Com. 5 déc. 2000, n° 98-17.705, NP, *BRDA* 2000/24, n° 22 : pour des ristournes versées par les fournisseurs aux distributeurs en contrepartie de leur présence sur un catalogue présentant les produits avec leur prix, alors que catalogue publicitaire n'existait plus.
6. M. Behar-Touchais « Le contrôle de la lésion en droit commercial, avec l'interdiction de l'avantage disproportionné », *RDC* 2019/4, p. 41.
7. Com. 11 sept. 2012, n° 11-14.620, NP, *D.* 2012. 2760, obs. Centre droit de la concurrence Yves Serra ; *D.* 2013. 732, obs. D. Ferrier ; *RJDA* 2012, n° 1003 ; *CCC* 2012, n° 255, obs. N. Mathey : le prix facturé par le distributeur pour des services rendus au titre de la coopération commerciale était manifestement disproportionné.
8. C. com., art. L. 442-1, I, 1° [numérotation datant de l'ord. du 24 avr. 2019] – COMP. AVEC LA DISPOSITION du C. com., art. L. 442-1, I, 2° [numérotation datant de l'ord. du 24 avr. 2019] (v. *supra* ss n° 312.193).
9. Com. 27 avr. 2011, n° 10-13.690, P IV, n° 61 ; *D.* 2011. AJ 1276, obs. E. Chevrier ; *CCC* 2011, n° 160, obs. M. Malaurie-Vignal.
10. C. com., art. L. 442-4, I [numérotation datant de l'ord. du 24 avr. 2019].
11. Com. 11 sept. 2012, n° 11-14.620, NP, préc.
12. L. n° 2001-420, 15 mai 2001, relative aux nouvelles régulations économiques, *JO* 16 mai, p. 7776.

conditions commerciales ou obligations injustifiées »[1]. Cette innovation surprit. En effet, l'ordonnance du 1er décembre 1986 visait implicitement l'abus de puissance d'achat et de vente lorsque ses auteurs introduisirent la notion de dépendance économique en Droit français. Or, l'article L. 442-6, I, du code de commerce, tel que modifié, dissociait les deux notions. L'abus de puissance d'achat ou de vente pouvait donc être constitué en dehors de toute dépendance économique. Quoi qu'il en soit, la loi n° 2008-776 du 4 août 2008[2] remplaça cette disposition par la condamnation du « *fait de soumettre ou de tenter de soumettre un partenaire commercial à des obligations créant un déséquilibre significatif dans les droits et obligations des parties* »[3]. Cette mesure constitue une loi de police, dont l'application s'impose au juge saisi, sans qu'il soit besoin de rechercher la règle de conflit de lois conduisant à la détermination de la loi applicable[4]. Seules les activités de production, de distribution ou de services entrent dans le champ d'application de cet article[5]. Le déséquilibre significatif ne s'applique pas aux seuls contrats conclus mais aussi aux contrats types *proposés* à la négociation (puisque l'art. L. 442-1 prohibe le fait de « *tenter de soumettre* »[6]). Le déséquilibre significatif[7], dont l'origine est l'article L. 212-1, alinéa 1er, du code de la consommation[8], est une forme grave de l'abus, témoignant d'un manquement à la bonne foi contractuelle lors des négociations de son bénéficiaire, se traduisant par un déséquilibre économique, y compris l'inadéquation du prix par rapport au bien vendu[9]. Il s'apprécie globalement, *in concreto* au regard du contexte dans lequel le contrat est conclu et de l'économie générale de celui-ci[10] ; il peut être déduit de l'absence de pouvoir réel de négocier les clauses litigieuses, étayées par les circonstances de la cause[11] ; aussi il implique de démontrer l'absence de négociation effective des clauses incriminées[12]. Le critère de la réciprocité est un marqueur du déséquilibre significatif, en ce sens qu'elle exclut l'abus[13]. La

1. C. com., art. L. 442-6, I, 2°, b ; art. mod. par ord. n° 2019-359, 24 avr. 2019, art. 2.
2. L. n° 2008-776, 4 août 2008 de modernisation de l'économie, *JO* 5 août, p. 12471.
3. C. com., art. L. 442-1, I, 2° [numérotation datant de l'ord. du 24 avr. 2019] – NOT. SUR CE TEXTE : F. Buy, « Entre droit spécial et droit commun : l'article L. 442-6, I, 2° du Code de commerce », art. préc. – M. Behar-Touchais, « Que penser de l'introduction d'une protection contre les clauses abusives dans le Code de commerce ? », art. préc. – Y. Utzschneider et A. Lamothe, « Que penser d'une règle de protection contre les clauses abusives dans le Code de commerce ? », art. préc. – C. Lucas de Leyssac et M. Chagny, « Le droit des contrats, instrument d'une forme nouvelle de régulation économique ? », art. préc. – R. Saint-Esteben, « L'introduction par la loi LME d'une protection des professionnels à l'égard des clauses abusives : un faux ami du droit de la consommation », art. préc. – M. Malaurie-Vignal, « Faut-il avoir peur du déséquilibre significatif ? », art. préc. – G. Chantepie, « Le déséquilibre significatif entre droit commun et droits spéciaux », art. préc. ; – SUR LA QUESTION dans les contrats internationaux : M. Combet, « Le déséquilibre significatif dans les contrats d'affaires internationaux suite à la réforme du droit des contrats », *AJ contrat* 2019. Pratique 76 (à la place de « suite à » il eût été préférable d'écrire « à la suite de ») ; – POSTÉRIEUREMENT SUR CE TEXTE : J.-L. et J. Vogel, « Droit de la négociation commerciale : une réforme courageuse mais perfectible », *AJ contrat* 2019. Dossier 208 – Ph. Vanni et A.-C. Martin, « Relèvement du seuil de vente à perte et encadrement des promotions : l'ouvrage à nouveau sur le métier », *AJ contrat* 2019. Dossier 221 – N. Dissaux et R. Loir, « Réforme d'ampleur du droit des relations commerciales », *JCP G* 2019, aperçu rapide 589.
4. Com. 8 juill. 2020, n° 17-31.536, NP, *JCP E* 2020. 1375, note M. Behar-Touchais ; *CCC* 2020, n° 140, obs. N. Mathey ; *AJ contrat* 2020. 495, obs. G. Chantepie ; *RTD civ.* 2020. 840, obs. L. Usunier.
5. Civ. 3e, 15 févr. 2019, n° 17-11.329, P III, n° 21 ; *D.* 2019 Pan. 279, obs. M. Mekki.
6. Com. 4 oct. 2016, n° 14-28.013, NP, *D.* 2017. Pan. 881, obs. D. Ferrier ; *JCP E* 2017. 1053, note S. Le Gac-Pech ; *RDC* 2017. 81, note M. Behar-Touchais.
7. N. Mathey, « Le déséquilibre significatif : approche civiliste et consumériste », *CCC* 2013/5, dossier 3 – É. Gicquiaud, « Le contrat à l'épreuve du déséquilibre significatif », *RTD com.* 2014. 267.
8. V. *infra* ss n° 412.42.
9. Com. 25 janv. 2017, n° 15-23.547, P IV, n° 13 ; *D.* 2017. 481, note F. Buy ; *AJ contrat* 2017. 132, obs. D. Ferré et R. Pichéry ; *CCC* 2017, n° 77, obs. N. Mathey ; *RTD civ.* 2017. 383, obs. H. Barbier ; *RTD com.* 2017. 593, obs. M. Chagny ; *RDC* 2017. 470, obs. C. Grimaldi – Cons. const. 30 nov. 2018, n° 2018-749 QPC, *AJ contrat* 2019. 29, obs. F. Buy ; *JCP E* 2018. 1646, note M. Behar-Touchais ; *CCC* 2019, n° 23, obs. N. Matthey – X. Henry, « Le contrôle du prix par le juge fondé sur l'interdiction de la soumission à un déséquilibre significatif entre les parties : beaucoup de bruit pour rien ? », *RJDA* 2019. Chron. 503.
10. Paris, ch. 5-4, 11 sept. 2013, RG n° 11/17941, *RJDA* 2014, n° 172 ; *RDC* 2014. 231, note M. Behar-Touchais : d'après cet arrêt, le déséquilibre significatif suppose des obligations à la fois injustifiées à la charge du fournisseur, néfastes pour l'économie et le consommateur, enfin non compensées par la négociation d'autres clauses du contrat. – SUR POURVOI REJETÉ : Com. 3 mars 2015, n° 13-27.525, P IV, n° 42 ; *D.* 2015. 1021, note F. Buy ; *CCC* 2015, n° 115, obs. N. Mathey ; *RDC* 2015. 523, note M. Behar-Touchais – Com. 27 mai 2015, n° 14-11.387, P IV, n° 87 ; *AJCA* 2015. 379, obs. S. Bros ; *RJDA* 2015, n° 605.
11. Com. 27 mai 2015, n° 14-11.387, préc. – Civ. 2e, 14 oct. 2021, n° 19-11.758, P ; *CCÉ* 2021, n° 93, obs. G. Loiseau, la rédaction défectueuse de la clause portant sur l'objet principal du contrat, en tant qu'elle rend le contenu de celle-ci imprécis ou incertain, est susceptible de constituer un déséquilibre significatif au sens du C. consom., art. L. 212-1, et peut donc conduire à lui reconnaître un caractère abusif.
12. Com. 20 nov. 2019, n° 18-12.823, P ; *AJ contrat* 2020. 35, obs. F. Buy.
13. Com. 3 mars 2015, n° 13-27.525, P, préc. – Com. 12 avr. 2016, n° 13-27.712, NP, *JCP E* 2016. 174, note S. Le Gac-Pech ; *CCC* 2016, n° 142, obs. N. Mathey ; *RTD civ.* 2016. 618, obs. H. Barbier : l'arrêt de la cour d'appel « *relève que la clause de résiliation anticipée confère au concédant comme au concessionnaire le même droit de mettre fin au* ▶

notion étant imprécise dépend de l'interprétation du juge. Cette notion cadre a été jugée conforme à la Constitution[1]. La disposition légale subit l'attraction du Droit du marché quant à la règle énoncée, et celle du Droit commun des obligations quant aux sanctions dont elle est assortie[2]. Contrairement aux dispositions du code de la consommation relatives aux clauses abusives, le code de commerce ne renvoie pas aux clauses mais aux obligations. La Cour de cassation a entendu assez largement la notion de partenaire commercial : « *le partenaire commercial est la partie avec laquelle l'autre partie s'engage, ou s'apprête à s'engager, dans une relation commerciale* »[3] ; au fond, elle l'assimile à celle de relation commerciale, anticipant ainsi l'application des nouvelles dispositions de l'article L. 442-1, I, 2° du code de commerce, qui a abandonné la référence à la notion de partenaire commercial[4]. En dehors du domaine de la grande distribution, cette disposition n'a connu qu'un succès très limité, les demandes étant généralement rejetées[5]. La partie victime d'un déséquilibre significatif, au sens de l'article L. 442-6, I, 2°, du code de commerce, est fondée à faire prononcer la nullité de la clause du contrat créant ce déséquilibre[6].

L'article 1171 du code civil, issu de la réforme du droit des contrats de 2016, avait étendu aux contrats civils le contrôle des clauses créant un déséquilibre significatif entre les droits et obligations des parties, en les réputant non écrites. Cette disposition était périlleuse quant à l'insécurité qu'elle créait dans les relations contractuelles et risquait donc d'avoir un effet répulsif sur le choix du droit français (alors que l'un des objectifs de la réforme était d'en renforcer l'attractivité), même si elle était limitée aux contrats d'adhésion, et aux obligations accessoires puisque, selon le second alinéa de l'article 1171, que « *l'appréciation du déséquilibre significatif ne porte ni sur l'objet principal du contrat ni sur l'adéquation du prix à la prestation* »[7]. Sans écarter totalement l'insécurité, la loi n° 2018-287 du 20 avril 2018[8] de ratification en restreignit encore le domaine, toujours dans le contrat d'adhésion, à « *toute clause non négociable, déterminée à l'avance par l'une des parties* »[9]. L'article 1110, alinéa 2, donne une définition du contrat d'adhésion[10], modifiée de façon plus stricte par la loi précitée du 20 avril 2018[11].

▶ *contrat et dans les mêmes conditions, notamment sans justification d'une faute* […] ; *qu'en cet état, la cour d'appel* […] *a pu retenir que la clause ne créait pas un déséquilibre significatif entre les parties* » – Ph. le Tourneau, « La réciprocité dans les contrats », dans C. Mengès-Le Pape (dir.), *La réciprocité : dimensions théologiques, juridiques et autres*, PU Toulouse 1-Capitole, 2019, p. 121 s.

1. Cons. const. 13 janv. 2011, n° 2010-85 QPC, *D.* 2011. 415, note Y. Picod ; *JCP E* 2011, n° 1136, note D. Mainguy, CRIT. ; *JCP* 2011, n° 10, 274, note D. Mainguy, CRIT. ; *CCC* 2011, n° 62, obs. N. Mathey, et n° 62, obs. M. Malaurie-Vignal ; *LPA* 11 avr. 2011, n° 73, p. 17, note A. Dadoun ; *RTD civ.* 2011. 121, obs. B. Fages ; *RDC* 2011. 538, note M. Behar-Touchais.
2. V. LA DÉMONSTRATION de : M. Chagny, « L'article L. 442-6, I, 2°, du code de commerce entre droit du marché et droit commun des obligations », chron. préc.
3. Com. 15 janv. 2020, n° 18-10.512, P ; *CCC* 2020, n° 43, obs. N. Mathey ; *CCE* 2020, n° 24, obs. G. Loiseau ; *JCP G* 2020, n° 306, note F. Buy ; *AJ contrat* 2020. 155, obs. G. Chantepie ; *JCP E* 2020, n° 1212, note M. Behar-Touchais
4. Ord. n° 2019-359, 24 avr. 2019, portant refonte du titre IV du livre IV du code de commerce relatif à la transparence, aux pratiques restrictives de concurrence et aux autres pratiques prohibées, *JO* 25 avr., n° 16.
5. M. Behar-Touchais, « Un déséquilibre significatif à deux vitesses », *JCP G* 2015. Doctr. 603, n° 18.
6. Com. 30 sept. 2020, n°s 18-25.204 et 18-11.644 (2 arrêts), NP, *CCC* 2020, n° 12, obs. N. Mathey ; *RTD com.* 2021. 53, obs. M. Chagny ; P. Mihailov, « L'action en nullité de la victime du déséquilibre significatif. À propos de deux arrêts de la chambre commerciale de la Cour de cassation du 30 septembre 2020 », *JCP E* 2021. 1075.
7. NOT. sur ce texte : M. Mekki, « Fiche pratique sur les clauses abusives : quel *modus operandi* pour les professionnels du droit ? », *Gaz. Pal.* 10 mai 2016. Doct. 11 – D. Fenouillet, « Le juge et les clauses abusives », *RDC* 2016. 358 – X. Lagarde, « Questions autour de l'article 1171 du code civil », *D.* 2016. Chron. 2175 – A. Hontebeyrie, « 1171 contre L. 442-6, I, 2° : la prescription dans la balance », *D.* 2016. Chron. 2180 – Et dans SON ÉTAT ANTÉRIEUR, fort dangereux pour la sécurité juridique (n'étant pas réservé aux contrats d'adhésion) et dont les clauses querellées n'étaient pas réputées non écrites mais pouvaient être supprimées par le juge : Ph. Stoffel-Munck, « Les clauses abusives : on attendait Grouchy », *Dr. et Patr.* oct. 2014. 56 – R. Boffa, « Juste cause (et injuste cause) », *D.* 2015. Chron. 325 – T. Revet, « Le projet de réforme et les contrats structurellement déséquilibrés », *D.* 2015. Chron. 1217 – G. Chantepie, « Les clauses abusives et leur sanction en droit commun des contrats », *AJCA* 2015. 121 – L. Gratton, « Les clauses abusives en droit commun des contrats », *D.* 2016. Chron. 22.
8. L. n° 2018-287, 20 avr. 2018 ratifiant l'ordonnance n° 2016-131 du 10 février 2016 portant réforme du droit des contrats, du régime général et de la preuve des obligations, *JO* 21 avr., n° 1.
9. O. Deshayes, T. Genicon et Y.-M. Laithier, *Réforme du droit des contrats, du régime général et de la preuve des obligations*, 2e éd., LexisNexis, 2018, p. 340 s.
10. T. Revet, « Les critères du contrat d'adhésion », *D.* 2016. Chron. 1771 – Le contrat d'adhésion sera peut-être à l'origine d'une renaissance de l'utilité des mentions « lu et approuvé » ou « bon pour accord », comme moyen d'identification (C. Barrillon, « "Lu et approuvé" : la nouvelle vie d'une mention tombée en désuétude », *JCP G* 2017. Libres propos 754), alors qu'elles étaient sans aucun effet (Ph. le Tourneau, « Contre le "bon pour" », *D.* 1975. Chron. 188) – Sur l'application des règles du contrat d'adhésion aux contrats électroniques : T. Guillebon, « L'application du dispositif du code civil aux contrats du commerce électronique », *JCP E* 2017. Ét. 1454 (dans le titre, il eut été préférable de parler de dispositions plutôt que de dispositif).
11. L. Andreu, « Le nouveau contrat d'adhésion », *AJ contrat* 2018. 262 ; M. Mekki, « La notion de contrat d'adhésion : on est loin de la "haute définition" ! », *RDC* 2019/2. 112 ; ▶

Malgré les modifications apportées aux articles 1110 et 1171 par cette dernière, des incertitudes subsistent, la plus importante étant la notion de déséquilibre significatif, dont le critère n'est guère prévisible [1]. Il ne semble pas que l'article L. 442-1, I, 2° du code de commerce et l'article 1171 du code civil aient vocation à s'appliquer l'un et l'autre au gré des plaideurs [2]. L'articulation de ces deux textes sera sans doute une question centrale dans les années à venir [3]. En se fondant sur les travaux préparatoires de la loi d'habilitation, il apparaît que le jeu de l'article 1171 devrait être exclu dans tous les contrats se trouvant dans le champ d'application de l'article L. 442-1, I, 2°, du code de commerce [4], ce qui sauverait les contrats d'affaires (pour une raison de procédure civile, les actions portant sur ce texte étant réservées à 8 tribunaux de commerce et à la seule cour d'appel de Paris [5], de sorte que l'insécurité juridique en est minime) [6]. Il reste à espérer que les juges adopteront cette voie [7]. Telle ne fut pas la solution adoptée par la cour d'appel de Paris en novembre 2021 qui, au contraire, jugea que l'article 1171, de portée générale, ne pouvait être écarté par le texte du code de commerce [8]. En revanche, l a Cour de cassation a jugé que l'article 1171, interprété à la lumière des travaux parlementaires de la loi n° 2018-287 du 20 avril 2018, s'applique aux contrats, même conclus entre producteurs, commerçants, industriels ou personnes immatriculées au répertoire des métiers, lorsqu'ils ne relèvent pas de l'article L. 442-6, I, 2°, du code de commerce, dans sa rédaction antérieure à celle de l'ordonnance n° 2019-359 du 24 avril 2019, tels les contrats de location financière conclus par les établissements de crédit et sociétés de financement [9].

312.155 Déréférencement brutal (C. com., art. L. 442-1, II). Le code de commerce prohibe le déréférencement brutal sous l'appellation de rupture d'une relation commerciale établie [10]. Ces dispositions ont connu un tel succès (une telle dérive ? [11]), même si elles connaissent depuis quelque temps des vents contraires [12], qu'elles tendent à supplanter, dans la pratique contentieuse, la classique rupture abusive [13]. Il est sans doute prudent d'insérer dans les contrats importants, devant s'exécuter sur une longue durée, une clause relative à la rupture de telles relations commerciales établies [14]. Alors que l'article L. 442-1, II, avait été conçu comme un moyen de contrôle de l'abus, il est devenu un instrument de protection de la partie supposée faible [15].

► T. Douville (dir.), *La réforme du droit des contrats et du régime général et de la preuve des obligations*, Gualino, 2018, p. 51 s. – Depuis la réforme de 2016, la *summa divisio* en matière contractuelle oppose les contrats de gré à gré aux contrats d'adhésion. Ce faisant, la notion de contrat est engagée dans un processus de recomposition qui aboutira peut-être (quand ? Qui le sait ?) à la naissance d'un nouveau contrat.

1. Ph. Stoffel-Munck, « Le contenu du contrat. La révolution des clauses abusives », dans J. Caertwright, B. Fauvarque-Cosson et S. Whittaker (dir.), *La réécriture du code civil. Le droit français des contrats après la réforme de 2016*, Société de législation comparée, Collec. « Droit comparé européen », vol. 29, 2018, p. 149 s., spéc. p. 163 s. – N. Blanc, « L'équilibre du contrat d'adhésion », *RDC* 2019/2. 155 – V. Lasbordes-de Virville, « Retour sur les contrats déséquilibrés après l'ordonnance n° 2016-131 du 10 février 2016 portant réforme du droit des contrats, du régime général et de la preuve des obligations », dans *Mél. C. Saint-Alary-Houin*, LGDJ, 2020, p. 311 s.
2. NOT. : X. Lagarde, chron. préc. – A. Hontebeyrie, chron. préc.
3. F. Chénedé, *Le nouveau droit des obligations et des contrats*, 2e éd., « Dalloz référence », 2018, nos 13.361 s.
4. *CONTRA* : G. Chantepie, « Le déséquilibre significatif entre droit commun et droits spéciaux », art. préc., n° 9. Pour l'articulation des trois art. mentionnant le déséquilibre significatif (C. civ., C. com., C. consom.) : O. Deshayes, T. Genicon et Y.-M. Laithier, *Réforme du droit des contrats, du régime général et de la preuve des obligations*, 2e éd., LexisNexis, 2018, p. 342 s.
5. C. com., art. D. 442-3.
6. Ph. Stoffel-Munck, « Le nouveau droit des obligations : les questions en suspens », *RDC* 2018, hors série, juin 2018. 52, spéc. nos 19 s.
7. Le bilan de l'application de ce texte est assez décevant : L. Thibierge, « Le contrat d'adhésion : beaucoup de bruit pour rien ? », *RJDA* 2021. Ét. 963.
8. Paris, pole 5, ch. 11, 5 nov. 2021, RG n° 20/00022, *CCC* 2022, n° 6, obs. N. Mathey.
9. Com. 26 janv. 2022, n° 20-16.782, P ; *JCP G* 2022. Chron. 257, n° 3, obs. Y.-M. Serinet.
10. C. com., art. L. 442-1, II [numérotation datant de l'ord. du 24 avr. 2019] – SUR CE TEXTE : J.-L. et J. Vogel, « Droit de la négociation commerciale : une réforme courageuse mais perfectible », *AJ contrat* 2019. Dossier 208 – Ph. Vanni et A.-C. Martin, « Relèvement du seuil de vente à perte et encadrement des promotions : l'ouvrage à nouveau sur le métier », *AJ contrat* 2019. Dossier 221 – N. Dissaux et R. Loir, « Réforme d'ampleur du droit des relations commerciales », *JCP G* 2019, aperçu rapide 589 – M. Behar-Touchais, « La nouvelle rupture brutale des relations commerciales établies », *RDC* 2019/4, p. 45.
11. NOT. LES CRITIQUES de : C. Mouly-Guillemaud, « Assainir le contentieux de la rupture brutale par une réforme des principes jurisprudentiels », *D.* 2019. Chron. 2102.
12. R. Amaro, « La relation commerciale établie au sens de l'article L. 442-6, I, 5° du code de commerce ou les vents contraires de la jurisprudence », *AJ contrat* 2019. Dossier 9.
13. J.-M. Garinot, « Que reste-t-il de l'abus dans le non-renouvellement du contrat ? » *D.* 2014. Chron. 2014, critiquant l'interprétation extensive donnée à cette disposition par la C. de cass. ; not. car celle-ci porte atteinte à la sécurité juridique ; l'auteur souhaite que le droit commun reprenne sa place, ce qui suppose de procéder une lecture concurrentielle de l'art. L. 442-6, I, 5° [devenu L. 442-1, II].
14. S. Bernheim-Desvaux, « La clause organisant la rupture des relations commerciales établies », formule préc.
15. L. Vogel, « La dérive du droit de la rupture brutale des relations commerciales établies. Plaidoyer pour une réforme », dans *Mél. M. Germain*, LexisNexis, 2015, p. 855 s. ; l'auteur propose, pour atteindre un nouvel équilibre, tant de plafonner la durée du préavis que de réparer le préjudice ►

La rupture d'une relation commerciale établie[1] est indépendante d'une quelconque condition d'état de dépendance économique[2]. Le texte définit cette pratique comme *le fait de rompre brutalement, même partiellement, une relation commerciale établie sans préavis écrit tenant compte de la durée de la relation commerciale*, et respectant la durée minimale du préavis déterminée par les usages ou par des accords interprofessionnels[3]. « *Le caractère prévisible de la rupture d'une relation commerciale établie ne prive pas celle-ci de son caractère brutal si elle ne résulte pas d'un acte du partenaire manifestant son intention de ne pas poursuivre la relation commerciale et faisant courir un délai de préavis* »[4]. Un courriel (*e.mail*) est assimilé à l'écrit cité par la loi[5]. Le respect du délai de préavis contractuel n'est pas suffisant pour exonérer un concédant du manquement de brusque rupture[6] car, sauf circonstances particulières, l'octroi d'un préavis suppose le maintien de la relation commerciale aux conditions antérieures[7]. Et il ne dispense pas la juridiction d'examiner, lorsqu'elle en est requise, si ledit délai tient compte de la durée de la relation commerciale et d'autres circonstances au moment de la notification de la rupture[8]. Le délai du préavis suffisant s'apprécie en tenant compte de la durée de la relation commerciale et des autres circonstances au moment de la notification de la rupture (et non d'éléments postérieurs)[9]. En cas d'insuffisance du préavis, le préjudice en résultant est évalué en fonction de la durée du préavis jugée nécessaire à l'entreprise victime pour se réorganiser[10] ; et si une réorganisation est intervenue elle doit être prise en compte[11].

Selon le texte, la rupture peut n'être que partielle, telle la chute brutale du chiffre d'affaires réalisé par un fournisseur avec un client[12], y compris lors du préavis[13]. Pour la Cour de cassation, il convient d'apprécier concrètement la rupture, qui doit être délibérée (et donc ne peut pas découler en réalité de la crise économique[14]). Cependant, le commerçant qui diminue ses commandes n'engage pas sa responsabilité pour rupture brutale d'une relation commerciale établie lorsque sa décision s'inscrit dans un contexte de crise, (alors qu'il n'avait pris aucun engagement de volume envers son partenaire et s'il établit que, nonobstant le fait qu'il ait momentanément cessé de passer des commandes au cours d'une année, son partenaire a reçu des commissions au cours des douze mois de cette période[15]). En effet, « *le partenaire commercial n'a*

▶ effectif – Du même : « Ce qui ne va toujours pas en matière de rupture de relations commerciales établies après la réforme de l'ordonnance du 24 avril 2019 », *RJDA* 2020. Chron. 239 ; l'auteur considère insuffisante la réforme car, d'une part, elle maintient des durées et des indemnisations excessives et inéquitables ; d'autre part, elle ne met pas un terme à l'insécurité juridique créée par cette disposition.

1. SUR LA NOTION de relation « commerciale établie » : R. Amaro, « La relation commerciale établie au sens de l'article L. 442-6, I, 5° du code de commerce ou les vents contraires de la jurisprudence », *op. cit.*, n°s 7 s.
2. POUR UN RAPPEL : Com. 23 janv. 2007, n°s 04-16.779, 04-17.951, *La Redoute*, P IV, n° 8 ; *RJDA* 2007, n° 562 ; *JCP E* 2007. 2303, n° 14, obs. G. Decocq : application du texte en l'espèce à une rupture simplement partielle, ce que le texte ne prévoit pas.
3. EX. : Com. 6 mars 2007, n° 05-18.121, NP, *JCP E* 2007. 2303, n° 14, obs. G. Decocq : cassation de l'arrêt n'ayant pas vérifié que le préavis contractuel respecté par l'auteur de la rupture tenait compte de la durée des relations commerciales ayant existé entre les parties ou des usages susceptibles de leur être applicables – Paris, 5e ch. B, 8 janv. 2009, *Henri c/Man, JCP* 2009. Pan. n° 1238 : rupture brusque et sans préavis de relations commerciales existant depuis dix ans et s'étant renforcées pour aboutir à un véritable partenariat – POUR DES DÉTAILS : Ph. le Tourneau (dir.), *Droit de la responsabilité et des contrats. Régimes d'indemnisation*, 12e éd., « Dalloz action », 2020, n°s 2213.101 s. – À PROPOS des usages visés par l'anc. art. L. 442-6, I, 5 [devenu L. 442-1, II°] : Ph. Grignon, « Usages et préavis », *AJ contrat* 2018. Dossier 356.
4. Com. 6 sept. 2016, n° 14-25.891, P IV, n° 110 ; *D.* 2016. 2203, note C. Mouly-Guillemaud ; *JCP E* 2016. 1565, note N. Dissaux ; *D.* 2017. Pan. 881, obs. D. Ferrier.
5. Com. 8 déc. 2015, n° 14-18.228, NP, *CCÉ* 2016, n° 11, obs. G. Loiseau ; *CCC* 2016, n° 68, obs. N. Mathey ; *JCP E* 2016. 1201, note N. Mathey ; *JCP E* 2016. 1201, note N. Mathey.
6. Com. 20 mai 2014, n° 13-16.398, P IV, n° 89 ; *JCP E* 2014. 1381, note N. Mathey ; *CCC* 2014, n° 158, obs. N. Mathey ; *CCÉ* 2014. 31, n° 17, obs. F. Rizzo.
7. Com. 10 févr. 2015, n° 13-26.414, P IV, n° 19 ; *JCP E* 2015. 1180, note S. Le Gac-Pech ; *CCC* 2015, n° 89 ; *Gaz. Pal.* 16 avr. 2015. 19, note S. Gerry-Vernières, note N. Mathey : pas le cas, suppression de l'exclusivité territoriale.
8. Com. 22 oct. 2013, n° 12-19.500, P IV, n° 156 ; *D.* 2013. 2516 ; *JCP E* 2013, n° 50, 1693, note N. Mathey ; *CCC* 2013, n° 266, obs. N. Mathey ; *RJDA* 2014, n° 174 – Com. 20 mai 2014, n° 13-16.398, P IV, préc.
9. Com. 9 juill. 2013, n° 12-20.468, P IV, n° 115 ; *D.* 2013. 2324, note C. Mouly-Guillemaud ; *JCP E* 2013, n° 37, 1499, note C. Vilmart ; *CCC* 2013, n° 209, obs. N. Mathey, 1re esp.
10. Paris, pôle 5, ch. 5, 28 janv. 2016, RG n°s 14/22836, 14/13036 (2 arrêts), *JCP G* 2016. 228, note C. Grimaldi.
11. Paris, pole 5, ch. 5, 28 janv. 2016, RG n° 14/13036, préc.
12. Paris, 24 juin 2009, RG n° 09/2886, *RJDA* 2010, n° 82.
13. Paris, pole 5, ch. 5, 23 mai 2013, *CCC* 2013, n° 209, obs. N. Mathey, 2e esp.
14. Com. 12 févr. 2013, n° 12-11.709, NP, *CCC* 2013, n° 78, obs. N. Mathey ; *RJDA* 2013, n° 456 ; *RTD civ.* 2013. 375, obs. H. Barbier : les sociétés C ayant « *certes diminué de façon significative leur volume de commandes auprès de leur sous-traitant, mais compte tenu de la diminution de leurs propres commandes et donc de façon non délibérée* » (à propos de contrats de réalisation de travaux) – A. Bourdu, « La rupture brutale d'une relation commerciale ne peut résulter que d'une décision délibérée », *CCC* 2013, focus 28.
15. Com. 8 nov. 2017, n° 16-15.285, P IV, n° 145 ; *JCP E* 2017. 1680, note N. Dissaux ; *CCC* 2018, n° 10, obs. N. Mathey ; *RJDA* 2018, n° 189 ; *AJ contrat* 2018. 85, obs. J.-D. Bretzner ; *RDC* 2018. 37, obs. D. Pellet ; *RTD civ.* 2018. 112, obs. H. Barbier.

pas un droit à une relation inchangée et ne peut refuser toute adaptation commandée par l'évolution économique »(Com. 1er déc. 2021[1]).

L'existence d'un accord interprofessionnel ne dispense pas la juridiction d'examiner si le préavis, qui respecte le délai minimal fixé par cet accord, tient compte de la durée de la relation commerciale et des autres circonstances de l'espèce[2], notamment de l'état de dépendance économique de l'entreprise évincée[3] (mais celle-ci ne peut avoir pour effet que d'allonger le délai de préavis et non d'obtenir une réparation complémentaire). Cependant, les relations commerciales doivent réellement être « établies »[4]. Certains juges du fond retiennent à cet effet un « faisceau d'indices », tandis que la Cour de cassation juge que cette qualification implique des liens étroits, stables, suivis et habituels entre les personnes morales en cause[5], devant pouvoir faire l'objet d'une « *anticipation raisonnable* [...] *pour l'avenir d'une certaine continuité du flux d'affaires* »[6]. Autrement dit, un échange permanent et continu entre les parties n'est pas nécessaire, de sorte qu'une succession de contrats indépendants peut permettre la qualification[7] ; la discontinuité des relations peut être compensée, en quelque sorte, par leur régularité et leur stabilité permettant de croire qu'elles se poursuivront dans l'avenir[8]. En revanche, une juxtaposition ou succession de contrats indépendants, intervenant en fonction de l'ouverture des chantiers obtenus par l'une des sociétés, alors qu'aucun accord-cadre n'avait été conclu et que n'existe aucune garantie de chiffre d'affaires ou d'exclusivité, ne constitue pas une relation établie[9]. De même, en présence d'une relation entretenue par un fournisseur avec plusieurs sociétés d'un même groupe, la situation de dépendance doit être appréciée de façon individuelle au regard de chaque partenaire[10], sauf si elles ne sont pas autonomes du fournisseur ou qu'elles ont agi de concert[11]. On doit tenir compte de la durée globale des contrats successifs intervenus entre les parties[12]. En outre, la

1. Com. 1er déc. 2021, no 20-19.113, NP, *CCC* 2022, no 29, obs. N. Mathey.
2. Com. 2 déc. 2008, no 08-10.731, P IV, no 201 ; *RDC* 2009. 647, note M. Behar-Touchais ; *RDC* 2009. 1048, note G. Viney, 4e esp. – Com. 2 nov. 2011, no 10-25.323, NP, *D.* 2012. 795, note C. Mouly-Guillemaud ; *CCC* 2012, no 11, obs. N. Mathey ; *RJDA* 2012, no 721.
3. Com. 3 mai 2012, no 11-10.544, P IV, no 85 ; *D.* 2012. AJ 1324, obs. E. Chevrier ; *D.* 2012. 2760, obs. Centre de droit de la concurrence Yves Serra ; *D.* 2013. 732, obs. D. Ferrier ; *JCP* 2012, no 26, 867, note S. Le Gac-Pech, CRIT. ; *JCP E* 2012, no 43, 1642, note N. Mathey ; *CCC* 2012, no 174, obs. N. Mathey ; *RDC* 2013. 185, note C. Grimaldi – Com. 20 mai 2014, no 13-16.398, P IV, no 89, préc.
4. Com. 18 déc. 2007, no 06-10.390, NP, *RJDA* 2008, no 1055, 1re esp. – Com. 12 févr. 2013, no 12-13.819, NP, *CCC* 2013, no 115, obs. N. Mathey ; *RTD civ.* 2013. 374, obs. H. Barbier : les relations existaient depuis 15 ans, mais étaient fondées sur des contrats successifs renouvelés, contenant une clause excluant formellement tout renouvellement tacite ; ainsi la victime de la rupture « *ne pouvait légitimement s'attendre à la stabilité de la relation, la cour d'appel a déduit à juste titre que la relation revêtait un caractère précaire, exclusif de l'application de l'article L. 442-6, I, 5°, du code de commerce* ».
5. Versailles, 18 nov. 2004, *RJDA* 2005, no 762 : pas le cas à propos du déréférencement par une centrale de référencement d'un fournisseur de bagages, pour diverses raisons exposées par l'arrêt – SUR les centrales : D. Ferrier, « La centrale de référencement : serviteur ou maître ? », *AJ contrat* 2018. Dossier 16 – Versailles, 12e ch., sect. 1, 18 sept. 2008, *RJDA* 2008, no 1313, 2e esp. : pas le cas, car si une entreprise réalisait bien des prestations d'électricité pour des magasins d'un distributeur depuis plusieurs années, ce dernier lançait systématiquement un appel d'offres avant chaque ouverture de chantier, ce qui enlève aux relations commerciales toute permanence garantie et les place dans une situation de précarité – Paris, 5e ch. B, 8 janv. 2009, *Henri (Sté) c/Man*, *JCP* 2009. Pan. no 1238 : rupture brusque et sans préavis de relations commerciales existant depuis dix ans et s'étant renforcées pour aboutir à un véritable partenariat.
6. Cour de cassation, *Rapport* 2008, p. 306 s., sur : Com. 16 déc. 2008, no 07-15.589, P IV, no 207 ; *D.* 2009. AJ 225, obs. E. Chevrier ; *D.* 2009. Pan. 2892, obs. D. Ferrier ; *RCA* 2009, no 39 ; *CCC* 2009, no 73, obs. M. Malaurie-Vignal ; *RDC* 2009. 1048, note G. Viney, 3e esp. – L.-M. Augagneur, « L'anticipation raisonnable de la rupture des relations commerciales. À propos d'un non-revirement de la Cour de cassation », art. préc. – Com. 20 nov. 2012, no 11-22.660, NP, *JCP E* 2013, no 6, 1092, note N. Mathey ; *CCC* 2013, no 32, obs. N. Mathey : le contrat, non renouvelable par tacite reconduction, venait à échéance, le distributeur « *ne pouvait raisonnablement anticiper une continuité de la relation commerciale pour l'avenir* ».
7. Com. 15 sept. 2009, no 08-19.200, P IV, no 110 ; *D.* 2009. AJ 2277, obs. E. Chevrier ; *JCP E* 2009, no 41, 1951 ; *CCC* 2009, no 265, note N. Mathey ; A.-S. Courdier-Cuisinier : « La rupture brutale d'une relation commerciale établie caractérisée par une série de contrats ponctuels », art. préc. – Com. 6 sept. 2011, no 10-30.679, NP, *CCC* 2011, no 238, obs. N. Mathey ; *JCP E* 2011, no 47, 1835, note N. Mathey.
8. Com. 5 mai 2009, no 08-11.916, préc. : M. X... avait « *une relation avec les sociétés T. et A. suivie, stable, et dont il pouvait penser qu'elle allait continuer* » – Com. 18 mai 2010, no 08-21.681, P IV, no 89 ; *D.* 2010. AJ 1341, obs. E. Chevrier ; *RDC* 2011. 190, note M. Behar-Touchais : cassation de l'arrêt n'ayant pas recherché, « *si, eu égard à la nature de leur prestation de conception et réalisation de programmes télévisuels, les sociétés Planète Prod et Presse Planète pouvaient légitimement s'attendre à la stabilité de leur relation avec la société France 2* » ; – ET, SUR RENVOI : Paris, 1er juill. 2011, no 10/12993, *RJDA* 2012, no 338 : reconnaissance de la rupture brutale de relations commerciales établies.
9. Com. 16 déc. 2008, no 07-15.589, P IV, no 207 ; *RCA* 2009, no 39 ; *D.* 2009. AJ 225, obs. E. Chevrier ; *CCC* 2009, no 73, obs. M. Malaurie-Vignal.
10. Com. 31 mars 2015, no 14-11.329, NP, *RJDA* 2015, no 462 ; *CCC* 2015, no 145, obs. N. Mathey.
11. Com. 2 déc. 2008, no 08-10.731, préc.
12. Com. 29 janv. 2008, no 07-12.039, P IV, no 21 ; *RJDA* 2008, no 953 ; *RDC* 2008. 861, note M. Behar-Touchais.

relation commerciale établie comprend la relation qu'une partie a pu nouer avec un partenaire différent de l'auteur de la rupture, mais dont ce dernier a repris les obligations [1]. Cependant, la seule circonstance qu'un tiers, ayant repris l'activité ou une partie de l'activité d'une personne, continue une relation commerciale que celle-ci entretenait précédemment, ne suffit pas à établir que c'est la même relation commerciale qui s'est poursuivie avec ledit partenaire, si ne s'y ajoutent des éléments démontrant que telle était la commune intention des parties [2]. Mieux, il a été jugé que, pour apprécier l'existence d'une relation commerciale établie, les juges peuvent tenir compte des conventions qui avaient été conclues entre une entreprise et son précédent partenaire, dès lors que le contrat en cause « *s'inscrivait dans la lignée des précédents* » [3]. Il s'opère ainsi une *objectivisation* de la relation commerciale, unissant non seulement une succession de contrat entre les mêmes parties mais aussi, dans certains cas, la relation malgré la succession de contractants [4]. La faute d'une partie peut, non seulement justifier la rupture sans préavis par son cocontractant, mais aussi caractériser purement et simplement une rupture de la relation imputable à son auteur [5].

312.156 Déréférencement brutal (suite). L'article L. 442-1, II, s'applique à l'ensemble des relations commerciales portant sur la « *fourniture d'un produit ou d'une prestation de service* » [6], à condition qu'un texte spécial ne comporte pas de dispositions différentes (par ex. pour l'agent commercial [7]), et sous réserve de l'application d'une clause contractuelle spécifique « *librement convenue entre les parties* » [8] (qui est une clause résolutoire [9]). Un tiers peut même invoquer la rupture brutale d'une relation commerciale dès lors que ce manquement lui a causé un préjudice [10]. La reprise, par une filiale, des relations commerciales qu'un distributeur entretenait avec une autre filiale du même groupe industriel témoigne de la volonté des parties de s'inscrire en continuité des relations antérieures, de sorte que leur rupture relève de l'article L. 442-1, II, [11] ; ainsi, la notion de relations commerciales établies peut s'étendre au-delà des parties initiales au contrat. L'abandon réciproque de l'exclusivité, conformément aux stipulations contractuelles, n'est pas assimilable à une rupture partielle des relations commerciales [12]. L'article L. 442-1, II, du code de

1. Com. 29 janv. 2008, n° 07-12.039, préc. – Com. 15 sept. 2015, n° 14-17.964, P IV, n° 127 ; *AJCA* 2015. 477, note J.-D. Bretzner ; *JCP G* 2014, n° 1212, note M. Behar-Touchais ; *RJDA* 2015, n° 785 ; *LPA* 5 janv. 2016. 8, note A.-S. Courdier-Cuisinier ; *RTD civ.* 2015. 885, obs. H. Barbier, 1re esp., pas le cas.
2. Com. 10 févr. 2021, n° 19-15.369, P, *CCC* 2021, n° 60, obs. N. Mathey ; *RJDA* 2021, n° 342.
3. Com. 6 sept. 2011, n° 10-30.679, préc. : en l'esp. car le fonds de commerce avait été cédé à la victime de la rupture lors d'une procédure collective ouverte à l'égard du fournisseur originaire – Com. 2 nov. 2011, n° 10-25.323, NP, préc. – ADDE : Com. 20 mai 2014, n° 12-20.313, NP, *CCC* 2014, n° 193, obs. N. Mathey : « *les relations commerciales initialement entretenues au titre des relations intra-groupe s'étaient poursuivies avec le cessionnaire* » – Paris, pôle 5, ch. 4, 10 sept. 2014, RG n° 12/11809, *CCC* 2014, n° 243, obs. N. Mathey.
4. EN CE SENS : N. Mathey, note préc. ss Com. 6 sept. 2011, n° 10-30.679.
5. Com. 15 janv. 2020, n° 18-15.431, NP, *CCC* 2020, n° 44, obs. N. Mathey – Com. 14 oct. 2020, n° 18-22.119, NP, *AJ contrat* 2020, 562, obs. M. Ponsard : même en présence de manquements suffisamment graves pour justifier la rupture immédiate de la relation commerciale, l'autre partie peut lui accorder un préavis, ce qui n'écarte pas l'appréciation souveraine par les juges du fond de la gravité des manquements invoqués par l'auteur de la rupture.
6. Com. 16 déc. 2008, n° 07-18.050, P IV, n° 208 ; *D.* 2009. AJ 164, obs. E. Chevrier ; *D.* 2009. Pan. 2892, obs. D. Ferrier ; *JCP* 2009. II. 10034, note A.-L. Archambault ; *RJDA* 2009, n° 72 ; *CCC* 2009, n° 100, obs. N. Mathey, 1re esp. ; *RDC* 2009. 1048, note G. Viney, 1re esp. ; à propos d'un architecte. – Com. 23 avr. 2003, n° 01-11.664, P IV, n° 57 ; *D.* 2003. AJ 1434, obs. E. Chevrier ; *D.* 2003. 2433, note D. Ferrier ; *CCC* 2003, n° 107, obs. M. Malaurie-Vignal et n° 137, note L. Leveneur ; *RJDA* 2003, n° 917 ; *RJ com.* 2004. 107, obs. S. Lebreton-Derrien : rupture brutale reconnue en l'absence de tout préavis – Com. 16 déc. 2008, n° 07-18.050, P IV, n° 208 ; *D.* 2009. AJ 164, obs. E. Chevrier ; *D.* 2009. Pan. 2892, obs. D. Ferrier ; *JCP* 2009. II. 10034, note A.-L. Archambault ; *RJDA* 2009, n° 72 ; *CCC* 2009, n° 100, obs. N. Mathey, 1re esp. ; *RDC* 2009. 1048, note G. Viney, 1re esp. : à propos d'un architecte.
7. Com. 3 avr. 2012, n° 11-13.527, P IV, n° 71 ; *D.* 2012. 1062 ; *D.* 2012. 2760, obs. Centre de droit de la concurrence Yves Serra ; *D.* 2013. 732, obs. D. Ferrier ; *RJDA* 2012, n° 804 ; *CCC* 2012, n° 149, obs. N. Mathey : « *l'article L. 442-6, I, 5° du code de commerce ne s'applique pas lors de la cessation des relations ayant existé entre un agent commercial et son mandant, pour lesquelles la durée de préavis qui doit être respectée est fixée par l'article L. 134-11 du code de commerce en fonction du nombre d'années d'exécution du contrat* ».
8. Com. 11 sept. 2012, n° 11-23.067, NP, *CCC* 2012, n° 256, obs. N. Mathey ; *RTD civ.* 2012. 726, obs. B. Fages, 2e esp. : la cour d'appel avait relevé qu'une « *clause librement convenue entre les parties* [...] *stipulait expressément qu'en cas de manquement grave, dont il précisait la nature, le contrat pourrait être résilié avec effet immédiat et sans indemnité, par simple notification écrite* ».
9. Sur celle-ci v. *supra* ss n° 116.121.
10. Com. 6 sept. 2011, n° 10-11.975, P IV, n° 126 ; *D.* 2011. AJ 2196, obs. E. Chevrier ; *JCP E* 2011, n° 45, 1788, note D. de Lammerville, CRIT. ; *CCC* 2011, n° 258, obs. N. Mathey ; *RTD civ.* 2011. 763, obs. B. Fages ; *RJDA* 2012, n° 94 ; *Gaz. Pal.* 2012. 8 févr., note M. Mekki, CRIT. ; *RDC* 2012. 81, note J.-S. Borghetti ; *RDC* 2012. 148, note M. Behar-Touchais.
11. Com. 25 sept. 2012, n° 11-24.301, P IV, n° 166 ; *D.* 2012. AJ 2382, obs. E. Chevrier ; *RJDA* 2012, n° 1108 ; *CCC* 2012, n° 280, obs. N. Mathey ; *RTD civ.* 2012. 721, obs. B. Fages.
12. Com. 9 juill. 2013, n° 12-20.468, préc.

commerce ne saurait être invoqué pour reprocher à un partenaire le contrat signé avec un tiers ne traduisant pas une volonté cachée de rupture[1].

La responsabilité d'une société mère ne peut être retenue de ce chef que si elle a commis une faute civile, en s'immisçant dans la gestion de ses filiales de telle sorte qu'elles perdraient toute autonomie et toute personnalité morale[2].

La volonté exprimée au contrat ne peut pas contrarier les dispositions légales encadrant la rupture d'une relation commerciale établie, les dispositions légales en ce domaine étant d'ordre public[3]. Toutefois, il est possible de convenir, le moment venu, des modalités de la rupture et de transiger sur l'indemnisation du préjudice résultant d'une rupture brutale[4].

312.157 Déréférencement brutal : faute délictuelle, loi applicable et juridiction compétente. Selon la Cour de cassation, la rupture d'une relation commerciale établie est une faute délictuelle[5] (mais la CJUE a adopté une solution duale[6]). Un arrêt de la même juridiction a jugé que, sans heurter la règle de non-option (dite souvent de non-cumul), la victime peut invoquer deux prétentions distinctes, l'une fondée sur une défaillance contractuelle, l'autre sur l'article L. 442-1, II, du code de commerce[7]. Cette solution, certes logique quant à la règle de non-option (à la condition qu'il n'y ait pas un cumul de deux indemnités pour un même dommage causé par un fait générateur unique[8]), surprend par son caractère artificiel, « *tant il était difficile en l'espèce de distinguer clairement l'abus dans la rupture de la relation commerciale et ses conséquences, d'un côté, et le manquement contractuel et le dommage qui en résultait, de l'autre* »[9]. D'un autre côté, la règle de non-option n'interdit pas la présentation d'une demande fondée sur l'article L. 442-1, II, tendant à la réparation d'un préjudice résultant non pas d'un manquement contractuel mais du fait distinct qu'est la rupture brutale d'une relation commerciale établie[10]. Le juge des référés s'est vu reconnaître par la Cour de cassation le pouvoir, non seulement d'ordonner la reprise des relations brutalement rompues, mais aussi d'en fixer les conditions, notamment quant au prix[11].

Puisqu'il s'agit de responsabilité délictuelle, la loi applicable est celle de l'État du lieu où le fait dommageable s'est produit[12] et le tribunal compétant, dans l'ordre interne, se détermine par les règles établies à l'article 46, alinéa 3, du code de procédure civile[13]. Selon l'article L. 442-4, II[14], les litiges relatifs à l'application de cet article « *sont attribués aux juridictions dont le siège et le ressort sont fixés par décret* »[15]. Le contentieux est donc réservé à certaines juridictions, tandis que la cour d'appel pour connaître des décisions rendues par ces juridictions est à titre exclusif celle de Paris[16]. La Cour de cassation a effectué en 2017 un revirement de jurisprudence (et en donnant les raisons de celui-

1. Com. 11 mars 2014, n° 13-13.578, NP, *CCC* 2014, n° 115, obs. N. Mathey.
2. Com. 20 mai 2014, n°s 12-26.705, 12-26.970, 12-29.281, préc.
3. Com. 25 sept. 2007, n° 06-15.517, NP, *D.* 2007. 115, note C. Mouly-Guillemaud.
4. Com. 16 déc. 2014, n° 13-21.363, P IV, n° 186 ; *RJDA* 2015, n° 147 ; *JCP E* 2015. 34, note N. Mathey ; *JCP E* 2015. 1115, note N. Disseaux ; *AJCA* 2015. 133, note L. Arcelin ; *RTD civ.* 2015. 384, obs. H. Barbier.
5. PRÉCISION APPORTÉE POUR LA PREMIÈRE FOIS, qu'il s'agit d'une responsabilité délictuelle, et non d'une défaillance contractuelle, par : Com. 6 févr. 2007, n° 04-13.178, P IV, n° 21 ; *D.* 2007. Pan. 1688 ; *JCP* 2007. II. 10108, note F. Marmoz ; *CCC* 2007, n° 91, obs. M. Malaurie-Vignal ; *RJDA* 2007, n° 785 ; *RDC* 2007. 731, note J.-S. Borghetti ; *RTD civ.* 2007. 343, obs. J. Mestre et B. Fages ; *RTD com.* 2008. 210, obs. Ph. Delebecque ; – *ADDE* : Com. 13 janv. 2009, n° 08-13.971, P IV, n° 3 ; *D.* 2009. AJ 295, obs. E. Chevrier ; *D.* 2009. Pan. 2892, obs. D. Ferrier ; *CCC* 2009, n° 72, obs. N. Mathey ; *RJDA* 2009, n° 478 ; *RDC* 2009. 1016, note D. Mazeaud ; p. 1048, note G. Viney, 5e esp. ; p. 1147, note M. Behar-Touchais ; – Com. 15 sept. 2009, n° 07-10.493, NP, *RJDA* 2010, n° 84 ; *CCC* 2010, n° 179, obs. N. Mathey – Com. 6 sept. 2011, n° 10-11.975, préc. ; – Com. 25 mars 2014, n° 12-29.534, P IV, n° 58 ; *D.* 2014. 1250, note F. Jault-Seseke ; *RJDA* 2014, n° 570 ; *JCP E* 2014, n° 25, 1336, note L. Wynaendts et L. Marion ; *CCC* 2014, n° 157, obs. M. Malaurie-Vignal ; *D.* 2015. Pan. 1056, obs. H. Gaudemet-Tallon ; *RTD civ.* 2014. 656, obs. H. Barbier ; – Com. 20 mai 2014, n° 12-26.705, 12-26.970, 12-29.281, P IV, n° 90 ; *CCC* 2014, n° 192, obs. N. Mathey.
6. V. ci-dessous dans le même n° 312.157 *in fine*.
7. Com. 24 oct. 2018, n° 17-25.672, P ; *D.* 2018. 2396, note F. Buy (en approuvant l'arrêt, l'annotateur indique qu'il serait incompréhensible que le droit des ruptures brutales conduisît à la disparition du droit des contrats, alors que cela n'est pas son objectif et qu'il est des cas dans lesquels le plaideur aurait avantage à choisir la voie contractuelle) ; *RDC* 2019/1. 38, note J. Knetsch.
8. J. Knetsch, note préc., III.
9. J. Knetsch, note préc., spéc. p. 38.
10. Com. 10 avr. 2019, n° 18-12.882, NP.
11. Civ. 1re, 24 nov. 2021, P ; *CCC* 2022, n° 9, obs. N. Mathey.
12. Com. 21 oct. 2008, n° 07-12.336, NP, *CCC* 2009, n° 8, obs. M. Malaurie-Vignal ; *RDC* 2009. 197, note M. Behar-Touchais – Com. 20 mai 2014, n° 12-26.705, 12-26.970, 12-29.281, P IV, préc.
13. Com. 7 juill. 2009, n° 08-16.633, P IV, n° 96 ; *D.* 2009. AJ 1961, obs. E. Chevrier ; *CCC* 2009, n° 220, obs. N. Mathey – A. Bienvenu, « Rupture brutale d'une relation commerciale : compétence des juridictions saisies », *JCP E* 2016. Ét. 1464.
14. C. com., art. L. 442-4, II [numérotation datant de l'ord. n° 2019-359 du 24 avr. 2019].
15. C. com., art. D. 442-3 ; créé par décr. n° 2009-1384, 11 nov. 2009, art. 2.
16. C. com., art. D. 442-3, al. 2 ; – Com. 6 sept. 2016, n°s 14-27.085 et 15-15.328, P IV, n° 111 ; *CCC* 2016, n° 234, obs. N. Mathey.

ci), à propos des juridictions compétentes en matière de pratiques commerciales abusives. Elle a décidé qu'il convenait de retenir, qu'en application des articles L. 442-6, III, et D. 442-3 du code de commerce, seuls les recours formés contre les décisions rendues par les juridictions du premier degré spécialement désignées sont portés devant la cour d'appel de Paris, de sorte qu'il appartient aux autres cours d'appel, conformément à l'article R. 311-3 du code de l'organisation judiciaire, de connaître de tous les recours formés contre les décisions rendues par les juridictions situées dans leur ressort qui ne sont pas désignées par le second texte ; qu'il en est ainsi même dans l'hypothèse où celles-ci auront, à tort, statué sur l'application du premier, auquel cas elles devront relever, d'office, l'excès de pouvoir commis par ces juridictions en statuant sur des demandes qui, en ce qu'elles ne relevaient pas de leur pouvoir juridictionnel, étaient irrecevables [1].

Les dispositions de l'article D. 442-3 du code de commerce ne peuvent être mises en échec par une clause attributive de juridiction [2]. Des hésitations étaient apparues sur l'efficacité des clauses attributives de compétence dans ce domaine [3]. Certains arrêts de la chambre commerciale de la Cour de cassation considéraient que la clause attributive de compétence est inapplicable, puisque la responsabilité de l'auteur d'une rupture brutale d'une relation commerciale établie est de nature délictuelle [4]. Mais il fut admis que, dans les litiges internationaux [5], la nature délictuelle de la responsabilité pour rupture brutale de relations commerciales établies n'invalide pas la clause compromissoire ou attributive de compétence à un tribunal étranger [6], de sorte que le droit français de la rupture des relations commerciales établies peut facilement être écarté dans les contrats internationaux.

Puis, de façon générale, la Cour de cassation a jugé qu'une clause compromissoire rédigée en termes généraux traduit la volonté des parties de soumettre à l'arbitrage tous les litiges découlant du contrat, sans s'arrêter à la qualification contractuelle ou délictuelle de l'action engagée [7], et que l'arbitrage n'est pas exclu du seul fait que les dispositions impératives de l'article L. 442-1, II, du code de commerce sont applicables [8]. Cependant, il existe une différence selon que le défendeur invoque une clause internationale d'élection de *for* ou une clause compromissoire. Dans le premier cas, le juge saisi doit décider si elle est valable et applicable pour déterminer s'il est compétent ou non. En revanche, en présence d'une clause compromissoire, le juge étatique doit, en vertu du principe « compétence compétence », se dessaisir, sauf si le tribunal arbitral n'a pas été constitué et si la clause est manifestement nulle ou inapplicable [9].

Une clause de médiation figurant à un contrat a été jugée inapplicable, car elle était limitée aux différends portant sur la fin de ce contrat précis, alors que le litige portait sur la fin d'un contrat de référencement [10] (du soin à apporter à la rédaction des contrats [11]).

Le règlement 44/2001 [12], dit règlement de Bruxelles I, s'appliquait dans les litiges relatifs à rupture brutale d'une relation commerciale établie entre des parties de plusieurs États de l'Union européenne. Il a été remplacé par le règlement 1215/2012 [13]. La Cour de Justice de l'Union euro-

1. Com. 29 mars 2017, n° 15-24.241, P IV, n° 47 ; *RJDA* 2017, n° 437, 2ᵉ esp. ; deux autres arrêts identiques du même jour.
2. Com. 1ᵉʳ mars 2017, n° 15-22.675, P IV, n° 29 ; *AJ contrat* 2017. 189, obs. B. Ruy ; *JCP* 2017. 406, note D. Mouralis.
3. E. Fohrer-Dedeurwaerder, « Les clauses attributives de juridiction dans les relations commerciales établies », *RTD com.* 2018. 1083.
4. Com. 13 janv. 2009, n° 08-13.971, préc. – Com. 13 oct. 2009, n° 08-20.411, NP, *CCC* 2010, n° 180, obs. N. Mathey, 1ʳᵉ esp. – Com. 9 mars 2010, n° 09-10.216, *CCC* 2010, n° 180, obs. N. Mathey, 2ᵉ esp. – *CONTRA* : Civ. 1ʳᵉ, 6 mars 2007, n° 06-10.946, P I, n° 93, application de la clause.
5. SUR LA QUESTION : D. Sindres, « La rupture du contrat international », *AJ contrat* 2016. 464 s. ; – J. Jourdan-Marques « Le contentieux international de la rupture brutale des relations commerciale établies », *AJ contrat*. Dossier 60.
6. Civ. 1ʳᵉ, 22 oct. 2008, n° 07-15.823, P I, n° 233 ; *D.* 2008. AJ 2790, obs. I. Gallmeister ; *D.* 2009. 209, note F. Jault-Seseke ; *D.* 2009. Pan. 1565, obs. F. Jault-Seseke ; *JCP E* 2008. 2535, note N. Mathey ; *JCP G* 2009. II. 10187, note L. d'Avout ; *JCP E* 2009. 1409, note M. Ollivry ; *RDC* 2009. 691, note É. Trepoz ; A. Huet, « Clause attributive de juridiction à un tribunal étranger et loi française de police et de sûreté (étude de droit commun) », *D.* 2009. Chron. 684 s. – Civ. 1ʳᵉ, 8 juill. 2010, n° 09-67.013, P I, n° 156 ; *D.* 2010. 2884, note M. Audit et O. Cuperlier, obs. X. Delpech ; *D.* 2010. 2540, obs. N. Dorandeu ; *D.* 2010. 2933, obs. T. Clay ; *Rev. crit. DIP* 2010. 743, note D. Bureau et H. Muir Watt ; *RTD com.* 2011. 667, obs. Ph. Delebecque.
7. Civ. 1ʳᵉ, 21 oct. 2015, n° 14-25.080, P I, n° 248 ; *RJDA* 2016, n° 61 ; *JCP E* 2016, Chron. 1021, n° 9, obs. R. Loir ; *JCP G* 2016. 1138, note R. Kaminsky et J. Rozier ; *LPA* 23 juin 2016. 13, note A.-S. Courdier-Cuisinier ; *Gaz. Pal.* 12 juill. 2016. 29, obs. D. Bensaude ; *RTD com.* 2016. 693, obs. É. Loquin.
8. Com. 1ᵉʳ mars 2017, n° 15-22.675, P IV, préc.
9. C. pr. civ., art. 1448.
10. Com. 12 juin 2012, n° 11-18.852, NP, *JCP E* 2012, n° 40, 1585, note D. de Lamerville et L. Wynaendts, CRIT. ; *CCC* 2012, n° 231, obs. N. Mathey ; *RDC* 2013. 193, note C. Pelletier.
11. V. *supra* sˢ nᵒˢ 115.12, 115.24.
12. Règl. 44/2001, Conseil, 22 déc. 2000, concernant la compétence judiciaire, la reconnaissance et l'exécution des décisions en matière civile et commerciale, *JOCE* L 12, 16 janv., p. 1 (sur lequel v. *infra* sˢ n° 413.22).
13. Règl. 1215/2012, Parlement et Conseil, 12 déc. 2012, concernant la compétence judiciaire, la reconnaissance et l'exécution des décisions en matière civile et commerciale, *JOUE* L 351, 20 déc., p. 1 (sur lequel v. *infra* sˢ n° 413.22).

péenne, saisie de deux questions préjudicielles par la cour d'appel de Paris, a jugé qu'une action indemnitaire fondée sur une rupture brutale de relations commerciales établies de longue durée, ne relève pas de la matière délictuelle ou quasi délictuelle, du moins s'il existait entre les parties une relation contractuelle, même tacite, et que l'existence d'une telle relation repose sur un faisceau d'éléments concordants[1]. Par conséquent, c'est désormais une solution duale qui prévaut, tantôt délictuelle, tantôt contractuelle (s'il existe une relation contractuelle même tacite entre les parties), mais uniquement pour l'application du droit de l'Union européenne. De plus, toujours selon le même arrêt, l'article 5, point 1, b, du règlement 44/2001 doit être interprété en ce sens que les relations commerciales établies de longue date doivent être qualifiées de « contrat de vente de marchandises » l'obligation caractéristique du contrat en cause est la livraison d'un bien ou de « contrat de fourniture de services » si cette obligation est celle d'une prestation de services.

312.158 Déréférencement brutal : préjudice. Le préjudice réparable est celui qui a été causé par la rupture brutale (not. une perte de marge[2]), et non pas le dommage découlant de la rupture elle-même[3]. Il est évalué en fonction de la durée du préavis jugée nécessaire[4]. Il comprend, selon certains arrêts, le gain manqué durant la période normale de préavis qui n'a pas été respectée[5]. Toutefois, il a été jugé dans l'affaire *Auchan*[6] qu'en acceptant une situation de dépendance, et en ne développant pas d'activité nouvelle, le fournisseur a pris un risque, dont il a été tenu compte pour 25 % dans l'évaluation de son préjudice. De plus, l'arrêt accorda au fournisseur, victime de la rupture, une somme correspondant à l'amortissement des logiciels spécifiques développés pour la chaîne de grande distribution, tout en en déclarant cette dernière propriétaire, et en lui transférant l'ensemble des documents et sources des programmes s'y rapportant. Les juges semblent s'écarter sensiblement en ce domaine du canon de l'indemnisation dans le droit de la responsabilité[7], en accordant (évidemment sans le dire) une indemnisation forfaitaire et en ne tenant pas compte de l'éventuelle reconversion réussie de la victime lorsqu'ils statuent[8]. Les circonstances de la rupture peuvent être à l'origine d'un préjudice moral, en « déconsidérant » sa victime, justifiant alors une condamnation de son auteur à une indemnité sur le fondement de l'article 1240 du code civil, indépendamment de la responsabilité qu'il encourt sur celui de l'article 442-1, II, du code de commerce[9].

312.159 Au-delà du déréférencement brutal. Le déréférencement entre assurément dans la visée de l'article L. 442-1, II, du code de commerce[10]. Néanmoins, l'objectif de stabilisation des relations commerciales que sous-entend ce texte, et la généralité de ses termes, lui donne un champ plus large que celui du déréférencement. En effet, l'expression

1. CJUE, 14 juill. 2016, *Granarolo c/ Ambrosi Emmi France*, aff. C-196/15, *D.* 2016. Pan. 2025, obs. L. d'Avout et S. Bollée ; *JCP* 2016, n° 1017, note K. H. Beltz ; *JCP E* 2016, n° 1507, note D. de Lammerville et L. Marion ; *AJ contrat* 2016. 442, obs. I. Luc ; *JDI* 2016. 1217, note J. Heymann ; *RDC* 2016. 700, note B. Haftel ; *D.* 2017. Pan. 881, obs. D. Ferrier et Pan. 1011, obs. H Gaudemet-Tallon et F. Jault-Seseke – F. Buy, « Rupture de relations commerciales », *D.* 2016, point de vue 2223 – Citant et appliquant CJUE, 14 juill. 2016, préc., Com. 20 sept. 2017, n° 16-14.812, P IV, n° 127 ; *AJ contrat* 2017. 493, obs. R. Pihéry ; *CCC* 2017, n° 246, obs. N. Mathey ; *JCP E* 2018. 1190, note D. de Lamerville et L. Marion : en l'état de ses constatations et appréciations, « *faisant ressortir l'existence d'une relation contractuelle tacite, la cour d'appel* [...] *a pu retenir que l'action relevait de la matière contractuelle* ».
2. S. Carval, J.-F. Laborde et S. Nérot, « La réparation de la perte de marge », *D.* 2018. Chron. 252.
3. Douai, 15 mars 2001, *Auchan*, préc. – TGI Paris, 18 févr. 2003, *Sodexi Informatique c/IBM*, préc. : accordant 4 900 000 € de dommages et intérêts – Com. 23 janv. 2007, n°s 04-16.779, 04-17.951, *La Redoute*, préc. – Com. 10 févr. 2015, n° 13-26.414, P IV, n° 19 ; *JCP E* 2015. 1180, note S. Le Gac-Pech ; *CCC* 2015, n° 89, obs. N. Mathey ; *Gaz. Pal.* 16 avr. 2015. 19, note S. Gerry-Vernières ; *RTD civ.* 2015. 381, obs. H. Barbier, 2e esp.
4. Com. 9 juill. 2013, n° 12-20.468, préc. – Com. 20 mai 2014, n° 13-16.398, préc.
5. Aix-en-Provence, 8e ch. B, 17 avr. 2009, *Balicco c/Creno Impex, CCC* 2010, n° 4, obs. N. Mathey, 1re esp. – Paris, 1er juill. 2011, n° 10/12993, préc. – Versailles, 12e ch., 19 févr. 2013, n° 11/04961, *RJDA* 2013, n° 457, indemnisation de la perte de la marge brute qui aurait été réalisée durant le délai de préavis dont la victime a été privée – *CONTRA* : Paris, pôle 5, ch. 5, 28 janv. 2016, RG n° 14/22836, *JCP* 2016. 228, note C. Grimaldi, 2e esp.
6. Douai, 15 mars 2001, préc.
7. K. Magnier-Merran, « La réparation du préjudice né de la rupture brutale d'une relation commerciale établie : autopsie du principe de réparation intégrale », *AJ contrat* 2019, Dossier 56.
8. Com. 9 juill. 2013, n° 12-20.468, P IV, n° 115 ; *D.* 2013. 2324, note C. Mouly-Guillemaud ; *JCP E* 2013, n° 37, 1499, note C. Vilmart ; *CCC* 2013, n° 209, obs. N. Mathey, 1re esp. – Com. 4 oct. 2016, n° 15-14.025, NP, *CCC* 2017, n° 9, obs. N. Mathey ; *RJDA* 2017, n° 123 ; *RTD com.* 2016. 719, obs. M. Chagny : « *en cas d'insuffisance du préavis, le préjudice en résultant est évalué en fonction de la durée de celui-ci jugée nécessaire, sans qu'il y ait lieu de tenir compte de circonstances postérieures à la rupture* ».
9. Com. 20 mai 2014, n° 13-16.398, préc., aux faits caractéristiques.
10. NOT. SUR CE TEXTE : L. Martinet et M.-L. Cartier-Marraud, « Les beaux jours de l'article L. 442-6-I, 5° du Code de commerce », art. préc. – C. Lachèze, « La rupture des relations commerciales à la croisée du droit commun et du droit de la concurrence », art. préc. – K. Le Couviour, « Regards critiques su la rupture brutale des relations commerciales établies » art. préc.

« relations commerciales établies » n'est assortie d'aucune limitation quant à sa portée. Dès lors, cet article s'étend à l'ensemble des relations commerciales, englobant l'achat de produits, y compris les contrats de distribution[1]. La présence ou l'absence d'une exclusivité dans les relations commerciales importe peu[2], tout comme le statut juridique de la victime du comportement incriminé[3].

C. Compétence spéciale du droit européen de la concurrence

312.161 Affectation du commerce entre des États membres : notion. Le Droit d'origine communautaire de la concurrence dispose d'une compétence spéciale, en ce sens qu'il intervient uniquement lorsque l'entente affecte la libre concurrence dans le commerce entre les États membres[4]. En pratique, la condition d'affectation du commerce entre États membres se trouve remplie lorsque les entreprises parties au contrat exercent leur activité dans différents États membres, ou lorsque les pratiques d'une entreprise en position dominante couvrent l'ensemble d'un territoire national. En l'absence d'affectation du commerce entre États membres, la compétence du Droit de l'Union européenne ne peut être retenue. Pour autant, il ne s'agit pas d'une compétence exclusive. En effet, il existe un concours de compétences lorsque les deux Droits de la concurrence (d'origine communautaire et d'origine interne) ont vocation à s'appliquer simultanément. Cependant, en présence d'une de contradiction entre les deux, la CJUE applique le principe de primauté du Droit d'origine communautaire sur le Droit d'origine interne[5]. La solution du Droit d'origine communautaire est d'autant plus importante qu'elle a vocation à prévaloir en dehors de toute application cumulative des Droits de la concurrence des deux origines, interne et communautaire. En effet, un auteur remarque justement que les autorités et les juridictions françaises ne peuvent pas « *retenir deux lectures différentes de leur propre droit, selon que le droit communautaire est ou n'est pas applicable* », ce qui reviendrait à faire « *coexister en droit national* [...] *deux sens distincts d'une même règle* »[6].

312.162 Affectation du commerce entre des États membres : notion – Distinction de l'atteinte à la concurrence. Même si la jurisprudence communautaire et la Commission tendent parfois à les confondre, la condition d'affectation du commerce entre États membres est distincte de celle de l'atteinte à la concurrence. En effet, la qualification de cette notion ne nécessite pas la preuve d'une atteinte à la concurrence. Il faut seulement prouver que l'ensemble de l'accord peut affecter le commerce entre États membres[7], ce qui est une question de fait échappant au contrôle de la CJCE[8]. En revanche, il importe peu qu'une partie de l'accord prise isolément ne revête pas un tel effet[9]. En effet, « *l'affectation du commerce entre États membres résulte en général de la réunion de plusieurs facteurs qui, pris isolément, ne seraient pas nécessairement déterminants* » (CJCE 15 déc. 1994, *DLG*, aff. C-250/92[10]). Lorsque les relations contractuelles entre les mêmes parties couvrent plusieurs activités, celles-ci, pour faire partie du même accord, « *doivent être directement liées et être partie intégrante du même accord commercial global* »[11]. Si ce n'est pas le cas, chaque activité constituera un accord distinct.

312.163 Affectation du commerce entre des États membres : appréciation extensive de la notion. On constate un dépérissement progressif du Droit de la concurrence d'origine interne[12], en raison

1. À condition que les relations commerciales soient établies : Com. 18 déc. 2007, n° 06-10.390, *Cross Data technology*, NP, *RJDA* 2008, n° 1055, 1re esp. : rejet de la demande, en l'absence de véritables relations commerciales établies, les quatre contrats de vente invoqués ne permettant pas de retenir cette qualification, à propos de vente de logiciels – Paris, 5e ch. B, 29 mai 2008, n° 05-101, *Actua Buro c/Rank Xeros*, préc.
2. Com. 14 mars 2000, n° 97-15.981, NP, *Cah. dr. entr.* 2000/2, p. 21, note D. Mainguy et J.-L. Respaud.
3. Com. 6 févr. 2007, n° 03-20.463, P IV, n° 20 ; *CCC* 2007, n° 92, obs. M. Malaurie-Vignal ; *D.* 2007. 653, obs. E. Chevrier et p. 1317, note A. Cathiard ; *JCP* 2007. II. 10109, note A.-L. Archambault ; *RDC* 2007. 123, note M.-C. Mitchell.
4. NOT. : D. Bosco, P. Cardonnel, I. Luc, Ph. Rincazaux et J.-C. Roda, « Affectation du commerce entre les États membres et pratiques anticoncurrentielles : Question d'actualité », *Concurrences* n° 2-2011, Tendances.
5. CJCE 13 févr. 1969, *Walt Wilhelmn*, aff. C-14/68, *Rec.* p. 2, att. n° 6 – NOT. SUR CETTE PRIMAUTÉ en général : J.-S. Bergé et S. Robin-Olivier, *Introduction au droit européen, op. cit.*, nos 670 s.
6. J.-P. Viennois, « La portée du droit communautaire de la concurrence et le mythe du champ d'application exclusif du droit national », *RTD com.* 2002. 14 s., n° 22.
7. Comm. CE 27 avr. 2004, 2004/C 101/07, Lignes directrices relatives à la notion d'affectation du commerce figurant aux articles 81 et 82 du traité [devenus 101 et 102 TFUE], pt n° 14 – I. Pingel (dir.), *De Rome à Lisbonne : Commentaire article par article des traités UE et CE* 2e éd., Helbing-Lichtenhahn-Dalloz – Bruylant, 2010, p. 695 (art. 101), et p. 714 (art. 102).
8. CJCE 23 avr. 2009, *AEPI*, aff. T-425/07, *CCC* 2009, n° 175, obs. G. Decocq ; *Europe* 2009, n° 244, note L. Idot.
9. Comm. CE 27 avr. 2004, 2004/C 101/07, préc., pt n° 14.
10. CJCE 15 déc. 1994, *DLG*, aff. C-250/92, *Rec.* I, p. 5641 – CJCE 29 avr. 2004, *British sugar*, aff. C-359/01, *CCC* 2004, n° 129, obs. S. Poillot-Peruzzetto.
11. Comm. CE 27 avr. 2004, 2004/C 101/07, préc., pt n° 14.
12. C. Babusiaux, « Pour un espace européen de la concurrence », Chron. préc.

d'une appréhension large de la notion de commerce entre États membres par la CJUE, ce qui étend de plus en plus son champ d'application[1]. En effet, il suffit, pour que le Droit d'origine communautaire de la concurrence s'applique, que l'entente puisse exercer, avec un degré de probabilité suffisant, une influence directe ou indirecte, actuelle ou potentielle, sur les courants d'échanges entre États membres, sous réserve qu'elle ne soit pas insignifiante[2]. En outre, la CJUE considère qu'il peut également intervenir en présence d'une entente purement interne à travers son effet cumulatif[3]. Seules les ententes strictement locales échappent en principe à l'emprise du Droit d'origine communautaire de la concurrence[4], ou celles qui ont uniquement pour objet des échanges à l'intérieur d'un seul État membre[5]. Pour autant, le seul fait qu'une entente concerne un État membre ou une partie d'un État membre n'empêche pas la reconnaissance d'une affectation du commerce entre États membres[6]. En effet, les entreprises qui participent à des ententes dans un seul État membre doivent se protéger contre les concurrents d'autres États membres afin de conserver leur part de marché[7]. Dans ce dessein, elles vont chercher à entraver les exportations vers d'autres États membres ou les importations en provenance d'autres États membres. De ce fait, les accords verticaux[8] comme les accords horizontaux[9] peuvent réduire la pénétration du marché national, soit par la possibilité d'exportations, soit par l'implantation d'un établissement. Cela affectera par ricochet les courants d'échanges intracommunautaires[10]. Mais, si l'entente affecte seulement une partie d'un État membre, le volume de ventes affecté sur le marché régional doit être significatif par rapport au volume de ventes global des produits en cause à l'intérieur de l'État membre en cause pour que le commerce soit affecté de manière sensible[11].

312.164 Absence de compétence exclusive de la Commission pour appliquer l'article 101, § 3, du TFUE. Depuis le règlement 1/2003[12], les autorités nationales de la concurrence[13] et les juridictions de droit commun[14] peuvent appliquer, tant les articles 101[15], § 1er et 102[16] du traité de fonctionnement de l'Union européenne que l'article 101, § 3, afin de décentraliser de manière accrue l'application du Droit d'origine communautaire de la concurrence. La Commission conserve cependant la fonction essentielle d'interpréter ce dernier. L'objectif est de parvenir à son application homogène et cohérente, en supprimant tout risque de contradiction entre les solutions du Droit d'origine interne et du Droit d'origine communautaire. Pour parvenir à un tel résultat, le règlement combine deux moyens.

En premier lieu, lorsque l'intérêt communautaire l'exige, la Commission peut se saisir d'office pour adopter une décision précisant qu'un accord ne tombe pas sous le coup de l'interdiction des ententes parce

1. L. Idot, « L'application du "principe de subsidiarité" en droit de la concurrence », Chron. préc.
2. CJCE 28 avr. 1998, *Javico,* aff. C-306/96, *Rec.* I, p. 1983 – CJCE 21 janv. 1999, *Bagnasco,* aff. C-215/96 et C-216/96, *Rec.* I, p. 135 – CJCE 13 juill. 2006, *Manfredi,* aff. C-295/04 à C-298/04, *Rec.* I, p. 6619 – CJCE 23 nov. 2006, *Asnef-Equifax,* aff. C-238/05, *Rec.* I, p. 11125 – CJCE 25 janv. 2007, *Dalmine,* aff. C-407/04, *Rec.* I, p. 829 ; – POUR UN RAPPEL de ces principes : TUE, 13 juill. 2011, *ThyssenKrupp,* aff. T-144/07, T-147/07, T-148/07, T-149/07, T-150/07 et T-154/07, *CCC* 2011, n° 219, obs. D. Bosco ; *Europe* 2011, n° 358, note L. Idot.
3. Comm. CE 27 avr. 2004, 2004/C 101/07, préc., p^t^ n° 49 – Sur l'effet cumulatif v. *supra* s^s^ n° 312.145.
4. CJCE 17 oct. 1972, *Vereiniging von Cementhandlaren,* aff. C-8/72, *Rec.* p. 977.
5. CJCE 12 déc. 1967, *Brasseries de Haecht,* aff. C-23/67, *Rec.* I-00525 ; *JDI* 1968. 446, note B. Goldman.
6. POUR LES ENTENTES : Comm. CE 27 avr. 2004, 2004/C 101/07, préc., pt nos 77 à 92 ; – PAR EX., pour un appel d'offres concernant l'île de la Réunion : Com. 1er mars 2011, nos 09-72.655, 09-72.657, 09-72.705, 09-72.830, 09-72.894, P IV, n° 29, *CCC* 2011, n° 120, obs. D. Bosco ; – L. Idot, « Pour une lecture "modernisée" de l'affectation du commerce entre États membres », *Europe* 2011, alerte 26.
7. CJCE 11 juill. 1989, *Belasco,* aff. C-246/86, *Rec.* I-02117 – CJCE 29 avr. 2004, *British Sugar,* aff. C-359/01 P, *CCC* 2004, n° 129, obs. S. Poillot-Peruzzetto ; *Europe* 2004, n° 218, note L. Idot – Comm. CE 27 avr. 2004, 2004/C 101/07, préc., n° 79.
8. Comm. CE 27 avr. 2004, 2004/C 101/07, préc., pt nos 86 à 88.
9. Comm. CE 27 avr. 2004, 2004/C 101/07, préc., nos 83 à 85.
10. Comm. CE 24 juill. 2002, 2003/207/CE, *Gaz industriels et médicaux, Europe* 2003, n° 216, note L. Idot : entente horizontale aux Pays-Bas affectant le commerce entre États membres, car les entreprises concernées étaient des firmes transnationales réalisant des opérations d'exportations et d'importations importantes avec des acheteurs ayant des activités internationales – Comm. CE 11 déc. 2002, 2003/25/CE, *Frais bancaires pour la conversion de monnaie de la zone euro Allemagne, Europe* 2003, n° 108, note L. Idot : entente horizontale entre banques allemandes portant sur le taux de commission pour le change d'euros contre des monnaies étrangères.
11. Comm. CE 27 avr. 2004, 2004/C 101/07, préc., n° 90 – EX., pour l'absence d'une affection sensible du commerce entre États membres sur un marché régional : Com. 1er mars 2011, nos 09-72.655, 09-72.657, 09-72.705, 09-72.830, 09-72.894, préc.
12. Règl. 1/2003, Conseil, 16 déc. 2002, relatif à la mise en œuvre des règles de concurrence prévues aux articles 81 et 82 du traité, *JOCE* L 1, 4 janv., p. 1.
13. Règl. 1/2003, Conseil, 16 déc. 2002, art. 5.
14. Règl. 1/2003, Conseil, 16 déc. 2002, art. 6.
15. TFUE, 101 [TCE-A, 81 ; TCE 85] – I. Pingel (dir.), *De Rome à Lisbonne. Commentaire article par article des traités UE et CE* 2e éd., Helbing-Lichtenhahn-Dalloz-Bruylant, 2010, p. 695.
16. TFUE, 102 [TCE-A, 82 ; TCE 86] – I. Pingel (dir.), *De Rome à Lisbonne. Commentaire article par article des traités UE et CE* 2e éd., Helbing-Lichtenhahn-Dalloz-Bruylant, 2010, p. 714.

que les conditions de l'article 101, § 3, sont remplies ou celles de l'article 101, § 1er, ne le sont pas[1]. Cette décision est de nature déclaratoire et non constitutive de droits opposables aux tiers. À rebours, la Commission peut poursuivre, ordonner la cessation et infliger des amendes pour les infractions les plus graves susceptibles d'affecter l'intérêt communautaire[2].

En second lieu, le règlement instaure une étroite collaboration entre la Commission et les organes nationaux appliquant le Droit d'origine communautaire de la concurrence. Cette collaboration concerne non seulement les autorités de concurrence des États membres[3] par l'échange d'informations confidentielles[4] et par une assistance mutuelle[5], mais également les juridictions nationales[6]. Toutefois, il s'agit d'une collaboration caractérisée par un lien de subordination des autorités nationales de la concurrence par rapport à la Commission. En effet, les juridictions nationales et les autorités de la concurrence ne peuvent pas prendre une décision contraire à celle qui a été adoptée par la Commission[7]. Cependant, il n'est pas certain que l'uniformisation de l'application des règles de la concurrence dans l'Union soit effective. En effet, les juridictions peuvent parfaitement procéder à une application erronée du Droit d'origine communautaire de la concurrence[8].

§ 2
Licéité des réseaux de distribution au regard des abus de domination

312.170 Plan – Distinction. Le droit d'origine communautaire et le droit d'origine interne répriment les abus anticoncurrentiels, c'est-à-dire l'accomplissement d'actes unilatéraux anticoncurrentiels d'une entreprise ou de plusieurs entreprises se présentant sur le marché comme une entité unique. L'abus peut caractériser une domination absolue sur le marché. Il s'agit de l'abus de position dominante (A), lequel est sanctionné tant par le droit d'origine communautaire[9] que par le droit d'origine interne[10]. L'abus peut se traduire également par une domination relative sur le marché. Cela correspond à un abus de dépendance économique (B). Cette forme d'abus est condamnée en tant que telle uniquement dans le droit d'origine interne[11].

A.
Abus de position dominante

312.181 Éléments de la qualification d'abus de position dominante. Selon l'article 102, alinéa 1er, du TFUE, est interdit, dans la mesure où le commerce entre États membres est susceptible d'en être affecté, le fait, par une ou plusieurs entreprises, d'exploiter de façon abusive une position dominante sur le marché intérieur ou dans une partie substantielle de celui-ci[12]. La position dominante n'est pas condamnée en elle-même, mais seulement l'exploitation abusive de celle-ci. Il s'agit d'empêcher « *les géants économiques d'écraser le marché* »[13]. L'article L. 420-2, alinéa 1er, du code de commerce, s'est fortement inspiré de l'article 102 du TFUE. En effet, il prohibe l'exploitation abusive par une entreprise ou un groupe d'entreprises d'une position dominante sur le marché intérieur ou une partie substantielle de celui-ci. Deux étapes permettent de caractériser un abus de position dominante : d'abord l'existence d'une position dominante, ensuite son exploitation abusive. La preuve de la réunion de ces deux conditions incombe à celui qui s'en prétend victime ou bien aux autorités de la concurrence (Commission de l'Union européenne en droit d'origine communautaire et Autorité de la concurrence en droit d'origine interne).

Les effets anticoncurrentiels des pratiques mises en œuvre par les entreprises en position dominante doivent être recherchés sur un marché déterminé[14], afin qu'une concurrence par les mérites puisse se développer[15]. Il s'agit de vérifier si les pratiques mises

1. Règl. 1/2003, Conseil, 16 déc. 2002, art. 4.
2. Règl. 1/2003, Conseil, 16 déc. 2002, art. 10.
3. Règl. 1/2003, Conseil, 16 déc. 2002, art. 11, § 1er.
4. Règl. 1/2003, Conseil, 16 déc. 2002, art. 11, § 2 et 3.
5. Règl. 1/2003, Conseil, 16 déc. 2002, art. 21, § 1er et 2.
6. Règl. 1/2003, Conseil, 16 déc. 2002, art. 15.
7. CJCE 14 déc. 2000, *Masterfoods,* aff. C-344/98, *CCC* 2001, n° 48, obs. S. Poillot-Peruzzetto ; *Europe* 2001, n° 63, note L. Idot.
8. V. TROIS JUGEMENTS TRÈS CONTESTÉS : TGI Strasbourg, 3 mai 2004, *Brasseries Kronenbourg, CCC* 2005, n° 139, obs. S. Poillot-Peruzzetto ; *Europe* 2005, n° 216, note L. Idot – V. Sélinsky, « Quand les juges du commerce appliquent le droit de la concurrence (TGI Strasbourg, 3 févr. 2005 – TGI Strasbourg, 4 févr. 2005 ; T. com. Romans, 24 nov. 2004) », *RLC* 2005/3, n° 190, p. 17 s.
9. TFUE, art. 102.
10. C. com., art. L. 420-2, al. 1.
11. C. com., art. L. 420-2, al. 2.
12. POUR UNE ANALYSE EXHAUSTIVE : M. Malaurie-Vignal, *L'abus de position dominante, op. cit.* – AUSSI : J.-C. Roda, *Droit de la concurrence,* Dalloz, 2019, p. 114 s.
13. J.-C. Roda, *Droit de la concurrence, op. cit.*, p. 114.
14. CJCE 17 févr. 2005, *Viacom Outdoor,* aff. C-134/03, *CCC* 2005, n° 93, obs. S Poillot-Peruzzetto ; *Europe* 2005, n° 145, obs. L. Idot – CJCE 1er juill. 2008, *Motoë,* aff. C-49/07, *Europe* 2008, n° 276, obs. L. Idot – POUR UNE APPLICATION GÉNÉRALISÉE de cette analyse par les effets sur la concurrence : Cons. conc. 2 mai 2007, n° 07-D-14, *Transmontagne : Concurrences* 2007/3, p. 95, obs. A. Wachsmann ; – C. Prieto, « La généralisation de l'analyse fondée sur les effets », *LPA* 29 nov. 2007, n° 239, p. 3 s. – COMP. : Cons. conc. 3 juill. 2008, n° 08-D-16, *CCC* 2008, n° 209, obs. D. Bosco.
15. B. Versterdof, « Considérations sur la notion de "concurrence par les mérites" », art. préc. – P. Rey, « Concurrence par les mérites », art. préc. – G. Decocq, « La concurrence par les mérites », art. préc.

en œuvre par une entreprise dominante « *peuvent avoir pour objet ou pour effet d'exclure, de discipliner ou de pénaliser des concurrents par la mise en œuvre de comportements s'écartant d'une concurrence par les mérites* »[1]. La position dominante peut être celle d'une entreprise isolée[2], ce qui peut correspondre en pratique à un monopole de fait[3] ; mais aussi à un monopole de droit[4]. La position dominante peut également être détenue collectivement par plusieurs entreprises[5] ou par un groupe d'entreprises[6], ce que la jurisprudence désigne comme étant une *position dominante collective*[7]. La position dominante collective nécessite, non seulement l'existence de liens structurels, mais également la coordination stratégique des entreprises entre elles, la mise en œuvre d'une politique commerciale ou d'approvisionnement commune afin de se présenter ou d'agir ensemble sur un marché spécifique comme une entité collective[8].

La puissance économique d'une entreprise, qui conduit à la qualifier de dominante, se caractérise en contemplation du *marché concret* du produit ou du service qu'elle propose : dans ce marché, dit de *référence* ou *pertinent*, il importe *d'une part* de se demander si les produits ou services sont « substituables » (néologisme signifiant remplaçables) ou non pour une clientèle déterminée en fonction d'un faisceau d'indices[9] ; et, *d'autre part* d'évaluer la place qu'y occupe l'entreprise en cause (ou un groupe d'entreprises) afin d'examiner si elle domine le marché[10]. Pour déterminer la part de marché détenue par une entreprise en position dominante sur un marché géographique déterminé, il faut prendre en compte, non seulement les parts de marché de cette entreprise, mais également celles de ses concurrentes sur la base du chiffre d'affaires correspondant aux seuls produits en cause sur le marché dominé[11]. A été considérée comme une pratique entravant le fonctionnement normal du marché, lorsqu'elle émane d'une entreprise en position dominante, l'usage d'une marque et d'une *contremarque* pour le même produit, distribué par des canaux différents, à des prix différents, dans la vue de maintenir un prix élevé aux produits revêtus de la marque notoire. En revanche un fournisseur est libre de déterminer les conditions de distribution de ses produits, et de faire coexister plusieurs catégories de distributeurs soumis à des sujétions distinctes, sans que cela constitue un abus de position dominante, dès lors qu'il n'existe aucune discrimination de nature anticoncurrentielle à l'intérieur de chaque catégorie[12]. L'application d'une augmentation tarifaire équivaut à la fixation

1. Cons. conc. 27 janv. 2009, n° 09-D-04, *NMPP dans le secteur de la distribution de la presse, CCÉ* 2009, n° 45, obs. M. Chagny ; *JCP E* 2009. 1239, p. 27, note E. Derieux ; *RLC* 2009/19, n° 1336, note P. Arhel ; *RDC* 2009. 561, note C. Prieto – Cons. conc. 5 févr. 2009, n° 09-D-06, *SNCF et Expédia dans le secteur de la vente de voyages en ligne, CCC* 2009, n° 109, obs. D. Bosco ; *CCÉ* 2009, n° 35, obs. M. Chagny – F. Marty et J. Pillot, « L'application de la théorie des facilités essentielles dans la décision "voyages-sncf.com" : une analyse économique », art. préc. – RAPPR. EN DROIT D'ORIGINE de l'Union européenne : CJCE 3 juill. 1991, *Akzo*, aff. C-62/86, *JCP E* 1992. II. 273, note L. Vogel – CJUE, 27 mars 2012, *Post Danmark*, aff. C-209/10, *Concurrences* n° 2-2012. 64, note A.L. Sibony ; *RDC* 2012. 849, obs. L. Idot ; *RTD eur.* 2012. 450, obs. J.-B. Blaise.
2. Paris, 13 avr. 1999, *BOCC* 12 mai 1999, p. 457 – Cons. conc. 7 mars 1995, n° 95-D-21, *Spedidam, Rapp.* 1995, p. 58 – Cons. conc. 9 mars 1999, n° 99-D-20, *Implants intraoculaires, BOCC* 25 août 1999, p. 457.
3. EN DROIT D'ORIGINE interne : Com. 6 janv. 2015, n°s 13-21.305, 13-22.477, P IV, n° 1 ; *AJCA* 2015. 129, note M. Ponsard ; *CCC* 2015, n° 70, obs. G. Decocq, monopole de fait avec plus de 80 % du marché de la téléphonie mobile dans la zone Antilles-Guyane. – et EN DROIT D'ORIGINE de l'Union européenne : CJCE 6 avr. 1995, *RTE et ITP*, aff. j^{tes} C-241/91 et C-242/91, *Rec.* I-00743.
4. EN DROIT D'ORIGINE interne : Com. 10 déc. 2003, n° 01-17.493, P IV, n° 202 ; *CCC* 2004, n° 58, obs. M. Malaurie-Vignal. – et EN DROIT D'ORIGINE de l'Union européenne : CJCE 3 oct. 1985, *CBEM*, aff. C-311/84, *Rec.* p. 3261.
5. TFUE, art. 102.
6. C. com., art. L. 420-1, al. 1er.
7. Ph. Rincazaux et E. Dieny, « Position dominante collective : vers une notion unifiée ? », art. préc. – E. Garcia-Rosado, « Pratiques anticoncurrentielles au sein des oligopoles : le lien entre les ententes et les abus de position dominante collective », art. préc.
8. EN DROIT D'ORIGINE INTERNE : Com. 7 juill. 2009, n° 08-15.609 et n° 08-16.094, P IV, n° 97 ; *D.* 2009. AJ 1889 ; *CCC* 2009, n° 227, obs. J. Decocq ; *RJDA* 2010, n° 297 ; – et EN DROIT D'ORIGINE de l'Union européenne : CJCE 27 avr. 1994, *Almelo*, aff. C-393/92, *D.* 1995. 17, note J. Dutheil de la Rochère ; *JDI* 1995. 693, obs. M.-A. Hermitte – CJCE 16 mars 2000, *Cie Maritime belge transports*, aff. C-395/96 et C-396/96, *Cah. dr. eur.* 2000. 548, obs. A. Vallery et F. Louis ; *CCC* 2000, n° 113, obs. S. Poillot-Peruzzetto ; Europe 2000, n° 143, obs. L. Idot – CJCE 21 sept. 2000, *H. Van der Woude*, aff. C-222/98, *Europe* 2000, n° 355, obs. L. Idot – CJCE 19 juill. 2001, *Irish Sugar*, aff. C-497/99, *CCC* 2001, n° 175, obs. S. Poillot Peruzzetto ; *Europe* 2002, n° 269, obs. L. Idot.
9. M. Chagny, *Droit de la concurrence et droit commun des obligations*, th., préc.
10. M.-J. Campana et L.-Ph. Barratin, « Marché pertinent : dix ans de pratique », art. préc. – L. Bidaud, « La relation offre-demande et la délimitation du marché pertinent en droit français de la concurrence », art. préc. – G. Canivet et C. Chamalaune, « La notion de marché dans la jurisprudence de la chambre commerciale, financière et économique de la Cour de cassation », art. préc. – M. Malaurie-Vignal, *Droit de la concurrence, op. cit.*, n°s 152 s. – Com. 15 juin 1999, n° 97-15.185, P IV, n° 128 ; *RJDA* 1999, n° 1013 : majoration d'un produit A sans équivalent sur le marché, avec remise en cas d'achat simultané d'un produit B tombé dans le domaine public – Com. 6 déc. 2005, n° 04-19.541, P IV, n° 240 ; *JCP E* 2006. Pan. n° 1163.
11. Com. 26 févr. 2008, n° 07-14.126, NP, *CCC* 2008, n° 105, obs. G. Decocq.
12. Paris, 26 juin 2001, *Time and Diamonds c/Seiko, RJDA* 2002, n° 373 ; *JCP E* 2001. Pan. 1648.

d'un prix ; d'où l'appréciation du caractère équitable ou non équitable de l'augmentation qui se confond avec celle du caractère équitable ou non du prix en résultant, se mesurant notamment par rapport à la valeur économique de la prestation fournie[1].

Les clauses attributives de compétence sont applicables aux actions en dommages et intérêts fondées sur un abus de position dominante[2].

B. Abus de dépendance économique

312.191 Exploitation abusive d'un état de dépendance économique. Inspirée par le droit allemand et n'ayant aucun équivalent en droit d'origine communautaire, l'exploitation abusive d'un état de dépendance économique[3] est une « *incrimination dont l'objet est de protéger le marché* ». Elle n'a donc pas « *pour finalité de protéger le partenaire cocontractant en position de dépendance économique* »[4]. Elle naît de la force d'une entreprise (voire de plusieurs entreprises[5]) dans son domaine, de sa puissance, de son monopole ou quasi-monopole, comme du prestige de sa marque, puissance telle qu'il n'existe pas d'autres solutions (de substitution), pour ses clients, que de contracter avec elle[6]. La dépendance économique peut également trouver sa source dans la rupture de relations commerciales lorsqu'elle est brutale[7], sans justification objective et lorsqu'elle est susceptible d'affecter le fonctionnement ou la structure de la concurrence[8].

L'exploitation abusive de cette situation consiste à en profiter pour imposer des conditions draconiennes[9] ou exorbitantes[10]. Il en est notamment ainsi du commerçant spécialisé qui ne peut pas exercer normalement son activité sans proposer à la vente des produits d'une marque disposant d'une notoriété particulière ; du concessionnaire d'une marque prestigieuse qui ne peut pas aisément se reconvertir pour trouver un autre partenaire. Le texte mentionne quelques abus d'exploitation de dépendance économique : refus de vente, ventes liées, ou pratiques discriminatoires visées à l'article L. 442-1, lorsque ces mesures ont été prises au seul motif que le partenaire refuse de se soumettre à des conditions commerciales injustifiées[11]. La jurisprudence exige toutefois qu'il existe un rapport de client à fournisseur[12]. L'exploitation abusive d'un état de dépendance économique ne peut être dénoncée que par le concurrent qui en souffre[13], qui doit la prouver[14].

312.192 Critères objectifs de l'exploitation abusive d'un état de dépendance économique. Selon la jurisprudence, la dépendance économique suppose la réunion cumulative de quatre critères objectifs : – 1° l'importance de la part du fournisseur dans le chiffre d'affaires du revendeur, ou la part des livraisons du fournisseur en cause dans ses approvisionnements[15]. Toutefois, la seule circonstance qu'un distributeur réalise une part très importante,

1. Com. 7 juill. 2021, nos 19-25.586 et 19-25.502, P ; *RJDA* 2022, n° 42 : l'abus allégué n'était pas établi – V. Lorieul, « Prix excessifs pratiqués par une entreprise en position dominante : une appréciation délicate pour les autorités de la concurrence », *RJDA* 2022. Chron. 3.
2. CJUE 24 oct. 2018, *Apple Sales International c/MJA,* aff. C-595/17, *Rec.* N ; *RJ com.* 2019. 49, note G. Decocq.– La CJUE a retenu la qualification délictuelle, pour déterminer la juridiction compétente en matière d'abus de position dominante, quant aux actes portant atteinte à la libre concurrence : CJUE, 24 nov. 2020, *Wikingerhof GmbH& Co.* aff. C-59/19, *CCC* 2021, n° 1, obs. M. Malaurie-Vignal, à propos d'un litige s'inscrivant dans un lien contractuel entre une société hôtelière et la plateforme *Booking.com.*
3. C. com., art. L. 420-2, al. 2 ; art. mod. par ord. n° 2019-698, 3 juill. 2019, art. 2.
4. Paris, 26 mars 2014, n° 12/08406, *AJCA* 2014. 136, obs. C. Cohen.
5. Cons. conc. 10 déc. 2008, n° 08-D-31, *Concurrence (Sté) c/ Philips, CCC* 2009, n° 49, obs. M. Malaurie-Vignal : semblant admettre la notion de dépendance économique collective, même si elle n'est pas retenue en l'esp.
6. M. Chagny, *Droit de la concurrence et droit commun des obligations*, « NBT », vol. n° 32, Dalloz, nos 752 s.
7. Sur la rupture brutale des relations commerciales établies, v. *infra* ss n° 312.155.
8. Com. 28 févr. 2006, n° 05-12.138, *EFS c/min. Économie,* P IV, n° 49 – Cons. conc. 10 déc. 2008, n° 08-D-31, *Concurrence (Sté) c/Philips*, préc.
9. EX. : Angers, 7 févr. 2006, *CCC* 2006, n° 165, obs. M. Malaurie-Vignal ; *D.* 2007. Pan. 1914, obs. D. Ferrier : la sté de distribution de services de secrétariat a abusé de l'état de dépendance dans lequel se trouvait la sté cliente, « *en appliquant, sans justification, ni concertation, une augmentation subite et immodérée de son prix dans une proportion supérieure à 30 %* ».
10. Com. 29 janv. 2008, n° 07-13.778, *Inbev France c/France boissons,* P IV, n° 20 ; *CCC* 2008, n° 102, obs. M. Malaurie-Vignal.
11. Com. 6 déc. 2005, n° 04-19.320, *Concurrence (Sté) c/Sony,* P IV, n° 241 ; *JCP E* 2006. Pan. n° 1164, *CCC* 2006, n° 32, obs. M. Malaurie-Vignal : pas le cas.
12. Versailles, 22 nov. 2001, *D.* 2002. 1824, note S. Zeidenberg.
13. Versailles, 2 févr. 1995, *Dargaud, D.* 1996. IR 143 : analysant bien la notion de concurrence.
14. Com. 12 janv. 1999, n° 97-13.125, P IV, n° 9 ; *CCC* 1999, n° 42, obs. M. Malaurie-Vignal ; *LPA* 25 nov. 1999, n° 235, note N. Reboul.
15. Com. 12 janv. 1999, n° 96-21.644, P IV, n° 10 ; *RJDA* 1999, n° 482 ; abus non constitué – Com. 29 janv. 2008, n° 07-13.778, préc. : preuve de l'importance du chiffre d'affaires non rapportée – Caen, 13 déc. 2007, *Biomedix et M. c/Veda Lab, CCC* 2008, n° 156, obs. M. Malaurie-Vignal : dépendance économique avec 90 % du chiffre d'affaires du distributeur avec un seul fournisseur – Cons. conc. 29 avr. 2008, n° 08-D-08, *Secteur de l'édition et de la vente de monographies touristiques, CCC* 2008, n° 168, obs. G. Decocq : refus de retenir l'état de dépendance économique en raison d'un chiffre d'affaires peu élevé avec le fournisseur (2,5 %).

voire exclusive, de son approvisionnement auprès d'un seul fournisseur ne suffit pas à caractériser son état de dépendance au sens de l'article L. 420-2 du code de commerce[1]. De plus, l'état de dépendance économique est écarté lorsque l'importance du chiffre d'affaires est la conséquence d'un choix délibéré du revendeur de concentrer ou recentrer son activité avec un seul partenaire. En effet, dans ce cas, le revendeur ne subit pas son état de dépendance économique : il l'a choisi en adoptant une stratégie commerciale à ses *risques et périls*[2] ; - 2° La notoriété de la marque du fournisseur, mais qui n'est pas à elle seule suffisante à constituer l'abus de dépendance économique[3] ; - 3° L'importance de la part de marché de ce dernier[4] ; - 4° Enfin, l'absence sur le marché pertinent d'une solution de remplacement[5] (généralement fâcheusement qualifiée par l'anglicisme « d'alternative », alors qu'en français ce mot désigne une situation dans laquelle il n'y a que deux partis possibles). Elle se traduit par l'impossibilité dans laquelle se trouve le distributeur de contracter avec d'autres fournisseurs, ou avec des grossistes, pour des produits identiques ou équivalents (« substituables » est-il souvent écrit, en recourant encore à un anglicisme) à des conditions comparables[6] ou exorbitantes[7].

312.193 Nécessité d'un abus. La dépendance n'est pas répréhensible en elle-même. Seul l'abus de l'exploitation l'est. Il se caractérise par l'absence de liberté du partenaire dépendant dans le choix des stipulations contractuelles, et par suite de l'obligation dans laquelle il se trouve « d'accepter » celles qui lui sont dictées par le partenaire dominant. Il s'agit de vérifier que celui qui dispose d'une puissance économique par rapport à son partenaire n'en abuse pas afin de retirer des avantages qu'il ne devrait pas normalement obtenir. L'exploitation abusive d'un état de dépendance économique n'est répréhensible que si elle a pour objet ou pour effet « *d'affecter le fonctionnement ou la structure de la concurrence* »[8]. Par exemple, est légitime et licite le remplacement d'un réseau de concession par un système de franchisage, ou le passage d'une distribution sélective à une distribution exclusive. Le Conseil de la concurrence et les juridictions tiennent compte de ces conditions, de sorte qu'ils n'ont que rarement reconnu l'existence d'une exploitation abusive d'un état de dépendance économique. La majorité des décisions publiées de ce chef sont de rejet[9].

SECTION 4
EFFETS DU RÉSEAU DE DISTRIBUTION ENVERS LES TIERS

312.200 Bibliographie.

* V. *supra* s[s] n° 312.03 ; *ADDE :*

Thèses. J. Duclos, *L'opposabilité : Essai d'une théorie générale*, préf. D. Martin, « BDPr », t. 179, LGDJ, 1984 – A. Rièra,

1. Com. 3 mars 2004, n° 02-14.529, P IV, n° 44 ; *JCP E* 2004. 1247, note M. Chagny – Cons. conc. 10 déc. 2008, n° 08-D-31, *Concurrence (S[té]) c/Philips*, préc.
2. Cons. conc. 12 mai 2006, n° 06-D-10, *Bouygues Télécom*, *RDC* 2006. 1109, note L. Idot ; *CCÉ* 2007, n° 9, obs. M. Chagny – Cons. conc. 10 déc. 2008, n° 08-D-31, *Concurrence (S[té]) c/Philips*, préc. – NOT., SUR LA NOTION : H. Barbier, *La liberté de prendre des risques*, préf. J. Mestre, « Institut de droit des affaires – Centre de droit économique », PUAM, 2011, n° 362.
3. Com. 12 janv. 1999, n° 96-21.644, préc.
4. Com. 9 avr. 1996, n° 94-13.293, NP, *RJDA* 1996, n° 1070 – Paris, 13 avr. 1999, *Dectra*, *CCC* 1999, n° 159, obs. M. Malaurie-Vignal.
5. POUR cette exigence d'une solution équivalente par la jurisprudence : Com. 6 déc. 2005, n° 04-19.320, préc. – Com. 3 oct. 2006, n° 04-13.987, NP, *CCC* 2007, n° 27 : arrêt exigeant en outre l'existence d'« *un mal menaçant directement les intérêts légitimes* » de celui qui se trouve en situation de dépendance économique – Com. 6 févr. 2007, n° 05-21.948, NP, *CCC* 2007, n° 99, obs. G. Decocq ; *D.* 2007. AJ 653, obs. E. Chevrier et Pan. 1694, obs. A. B.-L – Com. 29 janv. 2008, n° 07-13.778, préc. : pas de preuve de l'absence d'une solution équivalente ne permettant pas de retenir un abus de dépendance économique.
6. POUR l'existence d'une autre solution avec absence d'état de dépendance : Com. 10 déc. 1996, n° 94-16.192, P IV, n° 310 ; *RJDA* 1997, n° 530 – Com. 12 janv. 1999, n° 96-21.644, préc. – Com. 23 oct. 2007, n° 06-14.981, *TND*, NP, *JCP* 2008. I. 136, n° 14, obs. M. Chagny – Com. 29 janv. 2008, n° 07-13.778, préc. : absence de preuve de solution de remplacement – Paris, 8 mars 2006, *Galerie Sainte-Anne c/Mendes, JurisData* 299515 – Cons. conc. 10 déc. 2008, n° 08-D-31, *Concurrence (S[té]) c/Philips*, préc. – Com. 12 févr. 2013, n° 12-13.603, P IV, n° 23 ; *D.* 2013. 494 ; *RJDA* 2013, n° 365 ; *CCC* 2013, n° 114, obs. M. Malaurie-Vignal ; *RDC* 2013. 988, note C. Grimaldi : « *absence d'obstacle juridique ou factuel à la faculté de diversification* » – RAPPR. POUR UNE APPLICATION de la notion concernant l'anc. art. L. 442-6, I, 5° [devenu L. 442-1, II] du C. de com. : Com. 4 oct. 2016, n° 15-14.025, NP, *CCC* 2017, n° 9, obs. N. Mathey ; *RJDA* 2017, n° 123 ; *RTD com.* 2016. 719, obs. M. Chagny, « *la dépendance économique résulte notamment de la difficulté pour le distributeur d'obtenir d'autres fournisseurs des produits équivalents dans des conditions économiques comparables* » – Com. 26 avr. 2017, n° 15-23.078, NP, *L'essentiel du droit de la distribution et de la concurrence*, juin 2017. 3, obs. C. Bourgeon.
7. Com. 29 janv. 2008, n° 07-13.778, *Inbev France c/France boissons*, préc.
8. C. com., art. L. 420-1, al. 2.
9. EX. : Com. 6 déc. 2005, n° 02-14.529, préc. – TOUTEFOIS NOT. : Com. 18 avr. 2000, n° 99-13.627, *France Télécom c/N.C. Numéricâble*, P IV, n° 75 ; *LPA* 30 mars 2001, n° 64, p. 6, obs. M. Malaurie-Vignal : relevant que *Numéricâble* était « *en état de dépendance par rapport à la société France Télécom, les infrastructures de celle-ci étant essentielles et sans alternative pour elle* » – Cons. conc. 27 janv. 1998, n° 98-D-08, *Secteur des fromageries, Gaz. Pal.* 1999. 1, p. 262.

Contrat de franchise et droit de la concurrence, « Thèse », Institut universitaire Varenne, 2014 – R. Wintgen, *Étude critique de la notion d'opposabilité : Les effets du contrat à l'égard des tiers en droit français et allemand*, préf. J. Ghestin, « BDPr », t. 426, LGDJ, 2004.

Contribution. G. Virassamy, « La connaissance et l'opposabilité », dans *Les effets du contrat à l'égard des tiers*, LGDJ, 1992, p. 151 s.

Articles. N. Ferrier et L. Sautonie-Laguionie, « La distribution parallèle à l'épreuve de l'opposabilité des réseaux », *RTD civ.* 2011. 225 s. – C. Grynfogel, « Les limites de la règle communautaire de l'épuisement des droits », *RJDA* 2001/4, p. 363 s. – J. Raynard, « Droit de marque et réseau de distribution exclusive devant la Cour de justice : la présomption d'épuisement du droit ou le bonheur retrouvé du distributeur parallèle », *Cah. dr. entr.* 2003, n° 5, p. 6 s. – M. Schaffner et A. Abello, « Marques de luxe, contrats de licence et réseaux de distribution », *RLDI* 2010/57, n° 1901 – E. Tardieu Guigues, « Droit de marque et contrat de licence. Un élargissement du pouvoir des titulaires de marques de luxe à l'égard de leurs licenciés », *Propr intell.* 2009, n° 32, p. 2517 s.

312.201 Débat. Un réseau de distribution crée un lien privilégié entre le fournisseur et ses membres. L'intensité des relations contractuelles peut aller jusqu'à l'exclusion des tiers, comme dans la concession exclusive. La distribution sélective, si elle ne crée pas nécessairement cette exclusion, a cependant pour conséquence de réserver la distribution des produits en cause aux seuls distributeurs sélectionnés par le fabricant. Dès lors, la question s'est posée de savoir si un revendeur non-membre du réseau pouvait néanmoins, après avoir obtenu les produits par un approvisionnement détourné, les vendre au mépris du système de distribution mis en place par l'importateur ou par le fabricant. D'un côté, ce distributeur invoque le principe de la libre concurrence pour justifier son entreprise. De l'autre, le fournisseur met en avant la nécessité d'offrir aux acheteurs des lieux de vente organisés selon certaines normes, avec un personnel compétent et un service après-vente efficace. Selon la préférence donnée à l'une ou à l'autre de ces deux thèses, c'est bien évidemment l'efficacité des réseaux de distribution qui pouvait en être renforcée ou affaiblie.

La Cour de cassation a tranché ce litige en faveur des fabricants, donc des réseaux de distribution, en posant deux règles : le réseau est en principe inopposable aux tiers. Cependant si son titulaire prouve sa licéité, le procédé bénéficie alors d'une pleine protection.

§ 1
Inopposabilité du réseau de distribution aux tiers

312.211 Opposabilité et libre concurrence. L'opposabilité est l'obligation pour les tiers de respecter le contrat et la situation créée par lui *en tant que fait*[1]. Il ne s'agit évidemment pas d'exiger d'eux l'exécution de la prestation prévue par le contrat (elle ne regarde que les cocontractants conformément au C. civ., art. 1199) ; mais seulement qu'ils n'entravent pas cette exécution, ou qu'ils ne méconnaissent pas les engagements pris par les contractants. En réalité, il s'agit de permettre au contrat de *développer tous ses effets* entre les parties contractantes : L'opposabilité est un instrument au service de la force obligatoire du contrat, le complément de celle-ci[2], qui fut intégrée dans le code civil lors de la réforme de 2016 (mais sans le mot) à l'article 1200. En conséquence, dès qu'un tiers a connaissance du contrat de distribution, celui-ci lui est normalement opposable[3]. Il ne doit accomplir aucun acte susceptible de porter atteinte aux prévisions des parties, ni pouvoir bénéficier indirectement des efforts comme des investissements déployés par le promoteur du réseau et par ses membres, en se comportant comme un passager clandestin (*free rider*).

Cependant, l'effet relatif des contrats subsiste, ainsi que le principe de la libre concurrence, reconnaissant à chacun le droit d'être concurrent, et donc de développer une activité pouvant gêner et concurrencer le système de distribution mis en place. Aussi, est-ce en faveur de l'inopposabilité que devait nécessairement se prononcer la jurisprudence[4].

312.212 Choix de l'inopposabilité. Pour éviter le *cloisonnement du marché*, la jurisprudence considère que le distributeur indépendant (hors réseau) qui achète à un tiers (approvisionnement parallèle, notamment *importation parallèle*), puis revend (fût-ce à un prix très bas) les produits relevant d'une concession ne commet pas, en dehors d'autres éléments, un acte de concurrence déloyale ou parasitaire. De même, le fait pour un concessionnaire de vendre des produits du concédant à des revendeurs extérieurs au réseau ne constitue pas en soi un acte de concurrence déloyale ou parasitaire (depuis un

1. J. Duclos, *L'opposabilité*, th. préc., n° 21 – M. Texier, *La désorganisation. Contribution à l'élaboration d'une théorie de la désorganisation en droit de l'entreprise*, th. préc. (*supra* s[s] n° 313.11), n°s 440 s. – Cette conception a été brillamment contestée par : R. Wintgen, *Étude critique de la notion d'opposabilité*, th. préc.
2. EN CE SENS : G. Virassamy, « La connaissance et l'opposabilité », art. préc., n° 48.
3. N. Ferrier et L. Sautonie-Laguionie, « La distribution parallèle à l'épreuve de l'opposabilité des réseaux », art. préc.
4. SUR CETTE QUESTION de la considération des tiers concurrents à propos des réseaux : M. Chagny, *Droit de la concurrence et droit commun des obligations*, th. préc. (*supra* s[s] n° 313.11), n°s 441 s. – N. Ferrier et L. Sautonie-Laguionie, « La distribution parallèle à l'épreuve de l'opposabilité des réseaux », art. préc. – A. Rièra, *Contrat de franchise et droit de la concurrence*, th., Institut universitaire Varenne, 2014, n°s 542 s.

arrêt de 1983, constituant un revirement[1]). De même, le fait pour un concessionnaire de vendre des produits du concédant à des revendeurs extérieurs au réseau ne constitue pas en soi un acte de concurrence déloyale. Cependant, la protection du réseau est assurée dans certaines circonstances[2].

§ 2
Protection du réseau dont la licéité est démontrée

312.221 Protection par le Droit de la concurrence. La jurisprudence ayant consacré l'inopposabilité[3] n'exclut pas toute protection des réseaux. Les contrats sur la base desquels ils sont organisés peuvent en effet devenir opposables aux tiers. Certes, les tiers peuvent licitement leur porter atteinte, en dépit de la connaissance qu'ils en ont, lorsqu'ils jouissent d'un droit légitime de concurrence. Aussi l'opposabilité apparaît lorsque cesse celui-ci. Or, le Droit positif en donne les moyens au maître du réseau, par l'article L. 420-4 du code de commerce[4]. En effet, ce texte fait échapper aux dispositions des articles L. 420-1 et L. 420-2 du même code, prohibant notamment les ententes et donc les réseaux, certaines pratiques qui, par la méthode dite du *bilan économique* (c'est-à-dire la mise en balance des effets) apparaissent globalement satisfaisantes pour le progrès économique et pour le consommateur. Lorsque la légitimité de ces réseaux est ainsi démontrée, *le droit de nuire du concurrent devient illégitime* puisque, par définition, la structure contractuelle mise en place a été jugée utile, pour le progrès économique et pour le consommateur, par les pouvoirs publics ou par les autorités compétentes. Elle obtient donc la pleine opposabilité, qui lui faisait initialement défaut en raison du droit d'être concurrents dont pouvaient licitement se prévaloir les tiers[5]. *La protection du réseau est ainsi subordonnée à la preuve de sa licéité.*

Mais les juges se contentent en fait, à cet égard, de la production des contrats de distribution qui bénéficient d'un *a priori* favorable. C'est aux tiers contestataires d'apporter la preuve contraire. En effet, selon la Cour de cassation, s'il appartient bien aux fournisseurs de prouver la licéité de leurs réseaux, il incombe en revanche aux tiers-revendeurs, par définition non-membres de ceux-ci, de prouver que leurs importations parallèles sont licites, en indiquant la provenance du produit[6]. Et la jurisprudence considère comme fautif, en lui seul, le refus ou l'impossibilité par un distributeur non-membre du réseau de justifier de la provenance des produits[7].

312.222 Circonstances dans lesquelles l'intrusion dans un réseau constitue une faute. Lorsque la revente des produits s'accompagne de diverses autres circonstances, une condamnation pour *concurrence déloyale ou parasitaire* peut intervenir à l'encontre de l'intrus[8], se révélant un efficace « instrument de réservation » des investissements[9]. Ces circonstances sont notamment la commercialisation des produits sans être soumis aux contraintes habituelles des membres du réseau, le fait de bénéficier de la valeur publicitaire de la marque pour développer sa propre commercialisation, d'utiliser les produits en cause comme « marques d'appel », ou la perte de prestige de la marque du promoteur du réseau résultant de la vente dans des locaux inadaptés et avec un personnel incompétent. De même, le fait de mettre en vente des produits dont le conditionnement porte la mention de la vente par des distributeurs sélectionnés ou exclusifs, lorsque le vendeur n'est pas membre du réseau, est un acte de concurrence déloyale. Cet acte peut constituer en même temps une pratique commerciale trompeuse[10].

Les solutions indiquées ici sont possibles, parce que le Droit de la concurrence d'origine communautaire n'a normalement aucune incidence sur le Droit

1. Com. 16 févr. 1983, n° 81-14.506, P IV, n° 69 ; *Gaz. Pal.* 1983. 2. Pan. 206, obs. J. Dupichot – ADDE not. : Com. 10 févr. 1998, n° 96-11.281, *Givry*, P IV, n° 65 ; *D.* 1998. IR 70 ; *PIBD* 1998. III. 287 – Com. 25 janv. 2000, n° 97-19.809, NP, *PIBD* 2001. III. 154 – Com. 6 mai 2003, n° 01-11.323, NP, *Propr. ind.* 2003, n° 72, note J. Schmidt Szalewski ; *RDC* 2004/2, p. 297, obs. J.-S. Bergé – Com. 8 nov. 2016, n° 15-15.072, NP, *RJDA* 2017, n° 131 ; *CCC* 2017, n° 34, obs. M. Malaurie-Vignal.
2. V. *infra* s[s] n°s 312.221 s.
3. V. *supra* s[s] n° 312.212.
4. EN CE SENS : G. Virassamy, art. préc., n° 39.
5. G. Virassamy, art. préc., n° 40.
6. EX. : Com. 19 oct. 1999, n° 97-16.506, *Le Brasseur c/ Garages Sorin*, P IV, n° 168 ; *D.* 2000. 341, note L. Mauger-Vielpeau.
7. EX. : Paris, 7 nov. 2001, *Auchan c/Levi Strauss, Gaz. Pal.* 2002. 2, Somm. 1119 – TGI Strasbourg, réf., 8 janv. 2008, 2 ord., *Puma c/France Télécom*, préc. : à propos de la vente par internet de produits que le fabricant confie normalement à un réseau de distribution sélective – A. Riera, *Contrat de franchise et droit de la concurrence*, th. préc., n°s 566 s.
8. EX. : Paris, 5 sept. 2003, *Rue du commerce (S[té]), CCÉ* 2004, n° 19, obs. Ph. Stoffel-Munck, CRIT. ; *RJDA* 2004, n° 646 : à propos de la distribution par internet par un distributeur non-membre du réseau de distribution sélective ; la formule de condamnation par l'arrêt est sans doute trop générale – Paris, 4e B, 18 avr. 2008, RG n° 07/04360, *PMC distribution c/Pacific création, D.* 2009. Pan. 2888, obs. D. Ferrier ; *CCC* 2008, n° 177, note D. Bosco, CRIT. ; *CCÉ* 2008, n° 90, obs. M. Chagny ; *RLDI* 2008, n° 1311, obs. J.-B. A. – Paris, pôle 5, 2e ch., 3 sept. 2010, *CCÉ* 2010, n° 110, obs. A. Debet, 3e esp. ; *JCP* 2010, n° 45, 1111, note J. Huet, 3e esp. ; *RLDI* 2010, n° 65, obs. O. Roux (sur les contrats de concession, au sens large, au regard du commerce électronique, v. *supra* s[s] n° 313.11).
9. G. Grundeler, *L'investissement : Étude juridique*, préf. J. Mestre, PUAM, 2017, n° 276.
10. C. consom., art. L. 121-1.

de la concurrence déloyale (d'origine nationale), comme l'a indiqué nettement la Cour de justice[1].

312.223 Violation délibérée par un tiers est illicite dans certains cas. Le principe de l'opposabilité des réseaux au tiers garde sa pleine vigueur lorsque le tiers s'approvisionne (ou simplement tente de le faire) auprès d'un distributeur sur le même marché national, en violation consciente du contrat liant le concessionnaire-vendeur au concédant[2]. Ainsi, la violation délibérée d'une convention de réservation de la distribution reste en soi un acte de concurrence déloyale par *tierce complicité*, dans le manquement par le concessionnaire à ses obligations contractuelles. La tierce complicité est du reste expressément condamnée en l'espèce par l'article L. 442-2 du code de commerce (numérotation datant de l'ord. n° 2019-359 du 24 avr. 2019[3]).

Ainsi, le revendeur hors réseau engage sa responsabilité délictuelle lorsqu'il se fournit chez un membre du réseau (tandis que celui-ci commet une transgression contractuelle). Mais le fait d'acquérir un produit relevant du réseau auprès d'un tiers au réseau n'est pas un acte illicite.

312.224 Participation à la violation de l'exclusivité. L'article L. 442-2 du code de commerce (numérotation datant de l'ord. n° 2019-359 du 24 avr. 2019) interdit de « *participer directement ou indirectement à la violation de l'interdiction de revente hors réseau faite au distributeur lié par un accord de distribution sélective ou exclusive exempté au titre des règles applicables du droit de la concurrence* » (cette formule renvoie à l'application, tant de l'art. 101, § 3[4], du traité de fonctionnement de l'Union européenne [TFUE], qu'à l'art. L. 420-4 du code de commerce). Ainsi, ne pas respecter l'exclusivité constitue *ipso facto* une faute, que cet acte émane d'un concessionnaire revendant en dehors du réseau des produits commercialisés par celui-ci (transgression contractuelle[5]), ou d'un tiers (tierce complicité, responsabilité délictuelle[6]). Cette disposition spéciale n'est guère différente de celle qui découle du droit commun, à la différence près qu'elle stigmatise le fait de participer, non seulement directement, mais aussi indirectement à la violation d'une interdiction de revente. L'interdiction de la revente hors-réseau persiste pour le distributeur sélectif lorsqu'il est l'objet d'une procédure collective[7]. Ainsi la liquidation judiciaire de la société d'un distributeur sélectif ne prive pas d'effet le contrat de distribution sélective. Il en résulte que le liquidateur ne peut pas procéder à des ventes aux enchères des produits objet du contrat de distribution sélective, même s'il indique, dans les annonces légales de la vente aux enchères, que l'acquéreur s'oblige à solliciter l'accord du fabricant pour la revente des produits[8]. Toutefois, le fournisseur doit démontrer la licéité de son réseau de distribution en prouvant que le système de distribution sélective bénéficie d'une exemption individuelle ou collective[9].

Il a été jugé qu'une place de marché ne peut pas être considérée comme ayant participé à la violation de l'interdiction de revente hors des réseaux de distribution sélective mis en place par une société, dès lors que les ventes ont eu lieu au bénéfice de simples particuliers[10]. L'exploitant de la place de

1. EX. : CJCE 20 févr. 1997, *Fontaine*, aff. C-128/95, *D.* 1997. IR 74 ; *CCC* 1997, n° 97 – CJCE 5 juin 1997, *Vag*, aff. C-41/96, *D.* 1997. IR 155 ; *JDI* 1998. 539, obs. M.-A. Hermitte ; *LPA* 29 juin 1997, p. 16, note P. Arhel ; *Gaz. Pal.* 1999. 2, p. 405, note M. Nicollela.
2. EX. : Com. 9 juill. 1996, n° 94-14.723, *SPEA*, P IV, n° 204 ; *D.* 1996. IR 212 ; *RJDA* 1996, n° 1140 – Paris, 2 juill. 1997, *Micro Call, Expertises* 1998, p. 115.
3. SUR CE TEXTE : J.-L. et J. Vogel, « Droit de la négociation commerciale : une réforme courageuse mais perfectible », *AJ contrat* 2019. Dossier 208 – Ph. Vanni et A.-C. Martin, « Relèvement du seuil de vente à perte et encadrement des promotions : l'ouvrage à nouveau sur le métier », *AJ contrat* 2019. Dossier 221 – N. Dissaux et R. Loir, « Réforme d'ampleur du droit des relations commerciales », *JCP G* 2019, aperçu rapide 589 – M. Behar-Touchais, « Les autres pratiques survivantes à l'ordonnance du 24 avril 2019 réformant le titre IV du livre IV du Code de commerce », *RDC* 2019/4, p. 51.
4. TFUE, 101 [TCE-A, 81 ; TCE 85] – I. Pingel (dir.), *De Rome à Lisbonne : Commentaire article par article des traités UE et CE* 2e éd., Helbing-Lichtenhahn-Dalloz-Bruylant, 2010, p. 695.
5. Paris, 8 juin 2005, *La Roche Posay, Gaz. Pal.* 2005. 2, p. 3126.
6. Com. 11 janv. 2005, n° 02-10.566, NP, *CCC* 2005, n° 59, obs. M. Malaurie-Vignal ; *RDC* 2005. 768, note M. Behar-Touchais – TGI Paris, 9 juill. 2008, *Christian Dior c/Bazar chic, RLDI* 2009/47, n° 1553, p. 19, note E. Arnaud : condamnation.
7. Com. 16 févr. 2016, n° 14-13.017, NP, *D.* 2017. Pan. 888, obs. D. Ferrier ; *CCC* 2016, n° 115, obs. M. Malaurie-Vignal.
8. Com. 16 févr. 2016, n° 14-13.017, NP, préc.
9. Com. 21 juin 2011, n° 09-70.304, *JurisData* 012328 – Paris, 2 févr. 2016, n° 15/01542, *CCC* 2016, n° 92, obs. M. Malaurie-Vignal, le fabricant ne démontre pas la licéité de son réseau de distribution sélective, car les contrats conclus avec les distributeurs sélectionnés leur interdisaient le recours à des plateformes électroniques – SUR POURVOI : Com. 13 sept. 2017, n° 16-15.067, NP, *D.* 2018. Pan. 867, obs. D. Ferrier ; *AJ contrat* 2017. 489, obs. F. Buy et J.-C. Roda ; *CCC* 2017, n° 221, obs. M. Malaurie-Vignal ; *JCP E* 2017. 1632, note P. Wilhem et E. Dumur ; *RJDA* 2017, n° 800.
10. Com. 3 mai 2012, n° 11-10.508, *e.Bay*, P IV, n° 89 ; *D.* 2012. AJ 1261, obs. C. Manara ; *D.* 2012. 1684, point de vue L. Mauger-Vielpeau ; *D.* 2012. Pan. 2331, obs. L. d'Avout et S. Bollée ; *D.* 2012. Pan. 2343, obs. J. Larrieu, C. Le Stanc et P. Tréfigny ; *D.* 2012. Pan. 2836, obs. P. Sirinelli ; *D.* 2013. 1503, obs. F. Jault-Seseke ; *CCC* 2012, n° 207, obs. M. Malaurie-Vignal [mais qui indique qu'il s'agit de l'arrêt rendu sur le pourvoi n° 11-10.507] ; *JCP* 2012, n° 72, 789, note A. Debet, 2e esp. ; *JCP E* 2012, n° 28, 1458, note A. Debet, 2e esp. ; *Rev. crit. DIP* 2013. 192, note J. Knetsch.

marché ne faisant pas un « usage » des signes identiques ou similaires à des marques ne commet pas de contrefaçon[1]. En revanche, il pourra être responsable si, avisé du fait illicite, il n'a pas réagi promptement[2] ou s'il a joué un rôle actif[3]. En revanche, le prestataire de services peut jouer un rôle actif, par exemple en optimisant la présentation des offres de vente, en incitant les acheteurs à acquérir certains produits ou en proposant à un enchérisseur n'ayant pu emporter une enchère de se reporter sur un objet similaire[4]. Dans ce cas, il n'est plus un simple hébergeur neutre, car il contribue activement à la violation de l'interdiction de la revente hors-réseau. Il engage alors sa responsabilité délictuelle au titre de l'article L. 442-2 du Code de commerce. Il s'infère *a contrario* de cet article qu'est licite la clause *d'étanchéité*, interdisant de vendre hors du réseau.

312.225 Protection par le Droit des marques : le droit de suite sur les produits marqués. L'article L. 716-9 du code de la propriété intellectuelle réprime (civilement et pénalement) l'usage frauduleux de la marque d'autrui de la façon la plus large : il n'implique pas une reproduction illicite préalable. Dès lors, cette disposition accorde un *droit de suite* au titulaire de la marque, lui permettant de contrôler étroitement les lieux de distribution de ses produits marqués, même acquis régulièrement et non altérés, et *a fortiori* s'ils ont été acquis illicitement[5].

312.226 « L'épuisement » du droit sur la marque. Cependant, le droit de suite du titulaire de la marque est paralysé par le principe de *l'épuisement des droits sur la marque*[6]. Il fut d'abord appliqué par la Cour de justice[7], avant d'être affirmé par la directive 89/104[8], devenu l'article L. 713-4, alinéa 1er, du code de la propriété intellectuelle : « *Le droit conféré par la marque ne permet pas à son titulaire d'interdire l'usage de celle-ci pour les produits qui ont été mis dans le commerce dans la Communauté économique européenne ou de l'Espace économique européen sous cette marque par le titulaire avec son consentement* »[9]. Selon cette théorie, la première mise sur le marché communautaire (avec le consentement du titulaire) d'un de ces droits épuise celui-ci[10]. Dès lors, son titulaire ne peut pas invoquer la législation d'un État membre pour s'opposer à l'importation ou à la commercialisation d'un produit, qui a été écoulé licitement sur le marché d'un autre État membre, par lui-même, ou avec son consentement[11]. La stipulation dans un contrat de vente, conclu entre le titulaire de la marque et un opérateur établi dans l'Espace économique européen (EEE), d'une clause interdisant la revente des produits[12] ou la revente à des soldeurs[13] n'empêche pas l'épuisement du droit exclusif du titulaire de la marque.

La solution se justifie par le principe de l'inopposabilité du contrat aux tiers, la clause étant applicable aux seules parties au contrat et n'étant pas opposable aux tiers. La théorie de l'épuisement du droit permet la libre circulation des produits, et met en échec le principe de la territorialité des droits de propriété industrielle.

312.227 Conditions géographiques de « l'épuisement » du droit sur la marque. Le principe de l'épuisement des droits ne joue qu'au sein de l'Union européenne et de l'Espace économique européen (EEE). Il ne s'applique pas lorsque la

1. CJUE, Gde ch., 12 juill. 2011, *L'Oréal c/eBay International AG*, aff. C-324/09, *Rec.* I-06011 ; *D.* 2011. AJ 1965, obs. C. Manara ; *D.* 2011. Pan. 2372, obs. P. Tréfigny-Goy ; *CCÉ* 2011, no 99, obs. C. Caron.
2. V. *infra* ss no 422.35.
3. V. *infra* ss nos 441.16 et 422.42.
4. Com. 3 mai 2012, no 11-10.507, NP, *D.* 2012. AJ 1261, obs. C. Manara ; *D.* 2012. 1684, point de vue L. Mauger-Vielpeau ; *D.* 2012. Pan. 2339, obs. L. d'Avout ; *D.* 2012. Pan. 2349, obs. P. Tréfigny ; *D.* 2012. Pan. 2836, obs. P. Sirinelli ; *CCC* 2012, no 207, obs. M. Malaurie-Vignal ; *Gaz. Pal.* 2012. 2246, obs. L. Marino.
5. Versailles, 7 sept. 2000, *Genedis, PIBD* 2000. III. 565 : condamnation d'un importateur de jeux vidéos du Japon, en tant que contrefacteur au titre de l'article L. 713-2 du CPI, et au titre de l'anc. art. 1382 [devenu 1240] du C. civ., pour des faits distincts de parasitisme.
6. V. *supra* ss nos 222.15 s.
7. CJCE 31 oct. 1974, *Centrafarm,* aff. C-16/74, *Rec.* I-01183 ; *GAPI*, 3e éd., Dalloz, 2020, no 24.
8. Dir. 89/104, Conseil, 21 déc. 1988, rapprochant les législations des États membres sur les marques, *JOCE* L 040, 11 févr., p. 1.
9. AUSSI pour les logiciels (CPI, art. L. 122-6), et pour les brevets (CPI, art. L. 613-6).
10. CJCE 20 nov. 2001, *Levi Strauss et Zino Davidoff,* aff. C-414/99 à C-416/99, *Rec.* I-08691 ; *CCC* 2002, no 55, obs. C. Caron ; *Europe* 2002, no 31, note L. Idot ; *D.* 2002. AJ 214, obs. E. Chevrier – CJCE 8 avr. 2003, *Van Doren,* aff. C-244/00, *JCP E* 2003. Pan. 640 ; *RJDA* 2003, no 790 – CJCE 30 nov. 2004, *Peak Holding,* aff. C-16/03, *Europe* 2005, no 25, note L. Idot ; *RTD com.* 2005. 74, obs. J. Azéma – CJCE 23 avr. 2009, *Copad c/Christian Dior couture,* aff. C-59/08, *JCP E* 2009. 1675, note C. Caron ; *CCÉ* 2009, no 62, obs. C. Caron ; *Propr. ind.* 2009, no 38, note A. Folliard-Monguiral ; *Europe* 2009, no 205, note L. Idot ; *D.* 2009. AJ 1276, obs. J. Daleau ; *RLC* 2009/19, no 2366 ; *PIBD* 2009. III. 1086 – E. Tardieu Guigues, « Droit de marque et contrat de licence. Un élargissement du pouvoir des titulaires de marques de luxe à l'égard de leurs licenciés », art. préc. – M. Schaffner et A. Abello, « Marques de luxe, contrats de licence et réseaux de distribution », art. préc. – A. Riera, *Contrat de franchise et droit de la concurrence,* th. préc., nos 582 s.
11. Ce sera le cas pour un licencié de la marque : CJCE 23 avr. 2009, *Copad c/Christian Dior couture*, aff. C-59/08, préc.
12. CJCE 30 nov. 2004, *Peak Holding*, aff. C-16/03, préc.
13. CJCE 23 avr. 2009, *Copad c/Christian Dior couture*, aff. C-59/08, préc.

commercialisation d'un produit est intervenue dans un pays tiers : il peut donc exercer un droit de suite et de contrôle jusqu'à l'acquéreur final en France[1]. Dès lors, le titulaire de la marque peut agir en contrefaçon contre le distributeur qui a importé et vendu en France sans son autorisation les produits marqués[2]. D'où aussi, le titulaire de la marque peut interdire l'utilisation de celle-ci pour les exemplaires du produit qui n'ont pas été mis dans le commerce au sein de l'EEE avec son consentement[3].

312.228 Autres conditions de « l'épuisement » du droit sur la marque. La mise dans le commerce en elle-même, visée par le texte, est une notion de fait facilement constatable, qui ne soulève pas de difficultés particulières dans le commerce traditionnel (en dehors du consentement que nous allons évoquer). Mais qu'en est-il pour le commerce électronique ? Il nous semble que l'offre sur la toile étant par définition accessible en tous lieux elle l'est donc nécessairement au sein de l'espace géographique envisagé (UE et EEE).

Le consentement du titulaire de la marque à son exploitation dans l'Union européenne et dans l'Espace économique européen est nécessaire. Cependant, il peut être implicite, à condition de traduire de façon certaine « une renonciation claire » du titulaire à son droit de s'opposer à une mise dans le commerce dans l'UE et l'EEE[4]. Un consentement implicite ne saurait résulter d'un simple silence du titulaire de la marque, ni d'une absence d'indication sur les produits d'une interdiction de mise sur le marché dans cet espace géographique, ni d'une absence de réserves contractuelles lors du transfert de propriété des produits revêtus de la marque[5].

Par application du Droit commun, la preuve de l'épuisement du droit de marque incombe à celui qui l'allègue[6]. Ainsi, il appartient à l'opérateur de prouver le consentement implicite du titulaire[7] ou de la première commercialisation dans l'UE ou dans l'EEE[8]. En revanche, « *dans l'hypothèse où le tiers parvient à démontrer qu'il existe un risque réel de cloisonnement des marchés nationaux si lui-même supporte la charge de cette preuve, en particulier lorsque le titulaire de la marque commercialise ses produits dans l'EEE au moyen d'un système de distribution exclusive, il appartient au titulaire de la marque d'établir que les produits ont été initialement mis dans le commerce par lui-même ou avec son consentement en dehors de l'EEE. Si cette preuve est rapportée, il incombe alors au tiers d'établir l'existence d'un consentement du titulaire à la commercialisation ultérieure des produits dans l'EEE* » (CJCE 8 avr. 2002, *Van Doren c/ Lifestyle sports*, aff. C-244/00[9]).

312.229 Limites de « l'épuisement » du droit sur la marque. L'article L. 713-4, alinéa 2, du code de la propriété intellectuelle, dans la ligne de la directive 89/104[10], précitée, limite la règle de l'épuisement, de sorte que le droit de suite du titulaire de la marque reprend pleine vigueur, lorsque celui-ci justifie de « motifs légitimes » de « *s'opposer à tout nouvel acte de commercialisation* »[11]. Il a été jugé que constituaient des motifs légitimes le fait que l'importateur « reconditionne » un produit célèbre, ou lui fasse une publicité dans des conditions qui portent atteinte à son image de marque[12]. L'épuisement du droit de marque cède aussi le pas dans le

1. CJCE 16 juill. 1998, *Silhouette,* aff. C-355/96, *Rec.* I-04799 ; *D.* 1998. IR 199 ; *D. affaires* 1998. 1592, obs. E. Arnaud ; *PIBD* 1998. III. 483.
2. Com. 2 déc. 1997, n° 95-17.255, *Carrefour,* P IV, n° 320 ; *D.* 1998. 604, note É. Agostini ; *PIBD* 1998. III. 136.
3. CJCE 1er juill. 1999, *Sebago,* aff. C-173/98, *D.* 1999. 22 ; *PIBD* 1999. III. 414 – CJCE 30 nov. 2004, *Peak Holding*, aff. C-16/03, préc. ; – RAPPR. : Paris, 21 mars 2007, *Twins c/ Yakira, CCC* 2007, n° 212, obs. M. Malaurie-Vignal, CRIT. : arrêt affirmant que « *l'existence d'un réseau de distribution exclusive est indifférente au regard du délit d'importations parallèle* ».
4. CJCE 20 nov. 2001, *Levi Strauss,* aff. C-414/99 à C-416/99, préc. – CJCE 8 avr. 2003, *Van Doren*, aff. C-244/00, préc. – CJCE 30 nov. 2004, *Peak Holding*, aff. C-16/03, préc. – CJCE 23 avr. 2009, *Copad c/Christian Dior couture*, aff. C-59/08, préc. – Com. 9 avr. 2002, n° 99-15.428, *Agrévo Prodetech et Hoechst Marion Roussel,* P IV, n° 70 ; *Europe* 2002, n° 256, note L. Idot ; *PIBD* 2002. II. 369 : admettant de manière extensive un consentement implicite pour une clause ne comportant « *aucune restriction quant à la fabrication, commercialisation et exportation des produits couverts par la marque accordée en licence* » – Com. 26 mars 2008, n° 06-20.828, NP, *PIBD* 2008. III. 342 : pas de consentement de la société *Hugo Boss* à la commercialisation des produits marqués *Hugo Boss* – Com. 7 avr. 2009, n° 08-13.378, *PIBD* 2009. III. 1126.
5. CJCE 20 nov. 2001, *Levi Strauss*, aff. C-414/99 à C-416/99, préc.
6. Com. 29 janv. 2002, n° 98-20.778, NP, *RJDA* 2002, n° 705.
7. CJCE 20 nov. 2001, *Levi Strauss*, aff. C-414/99 à C-416/99, préc.
8. CJCE 8 avr. 2002, *Van Doren c,* aff. C-244/00, *D.* 2003. AJ 1166, Obs. E. Chevrier ; *Propr. ind.* 2003, Chron. n° 18, obs. J. Raynard ; J. Raynard, « Droit de marque et réseau de distribution exclusive devant la Cour de justice : la présomption d'épuisement du droit ou le bonheur retrouvé du distributeur parallèle », art. préc.
9. CJCE 8 avr. 2002, *Van Doren*, aff. C-244/00, préc.
10. Dir. 89/104, Conseil, 21 déc. 1988, art. 7, al. 2.
11. C. Grynfogel, « Les limites de la règle communautaire de l'épuisement des droits », art. préc.
12. CJCE 4 nov. 1997, *Dior c/Evora,* aff. C-337/95, *JCP E* 1998. I. 986, n° 24, obs. C. Gavalda et G. Parléani ; *Rec.* p. 6013, concl. F.-G. Jacobs ; *RTD eur.* 1998. 595, obs. G. Bonet – CJCE 11 déc. 1997, *Frits Loendersloot c,* aff. C-349/95, *D. Affaires* 1998, 32 ; *PIBD* 1998. III. 266 ; *RJDA* 1998, n° 357 – CJCE 23 avr. 2002, *Boehringer Ingelheim,* aff. C-143/00, *Europe* 2002, n° 225, note L. Idot – CJCE 23 avr. 2002, *Merck, Sharp & Dohme,* aff. C-443/99, *Europe* 2002, n° 225, note L. Idot.

marché national en présence d'un réseau de distribution *licite* : son existence est également un juste motif permettant à son titulaire d'interdire aux tiers de commercialiser les produits marqués, et d'agir éventuellement contre ceux qui diffuseraient les produits en cause en violation des règles du réseau [1].

SECTION 5
RUPTURE DU CONTRAT DE DISTRIBUTION

312.230 Bibliographie.

* V. *supra* s[s] n° 312.03. ADDE :

Contribution. J. Beauchard, « La nécessaire protection du concessionnaire et du franchisé à la fin du contrat », dans *Libre Droit : Mél. Ph. le Tourneau*, Dalloz, 2008, p. 37 s.

Articles. S. Amrani-Mekki, « La résiliation unilatérale des contrats à durée déterminée », *LPA* 12 août 2002 – E. Duminy et J.-D. Bretzner, « Petit manuel de survie à l'usage de ceux qui désirent rompre un contrat de distribution (ponctué de quelques réflexions iconoclastes) », *RDC* 2011. 321 – J. Raynard, « Le contrat d'exploitation de logiciels dépourvu de terme extinctif est-il encore un contrat à durée indéterminée ? », *Propr. ind.* 2002. Chron. 8.

§ 1
Le distributeur ne bénéficie d'aucun droit particulier

312.241 Contrats à durée déterminée. Lorsque le contrat est conclu pour une durée déterminée, les parties sont tenues de l'exécuter jusqu'au terme convenu, selon le Droit commun, ou de respecter le délai contractuellement prévu pour le résilier avant terme, mais un point c'est tout [2]. En Droit positif, le principe est clair : *le distributeur n'a aucun droit au renouvellement de son contrat, de sorte que le concédant n'a pas à motiver son refus de renouvellement* [3]. Cela est d'autant plus certain, qu'à défaut d'un texte impératif, rien ne pourrait justifier qu'un contrat poursuivît ses effets au-delà du terme fixé, contre la volonté de l'un des partenaires. La jurisprudence décide donc que le refus de renouvellement est normal dans un contrat à durée déterminée, et en principe ne donne pas lieu à dommages et intérêts.

Peu importe que le distributeur ait procédé à d'importants investissements qui, en raison de la clause de non-concurrence post-contractuelle, risquent de devenir sans objet : Il avait accepté cette éventualité, ces risques, qui étaient la contrepartie de l'avantage que lui conférait, pour un temps, cette exclusivité ; toutefois une tendance en sens contraire existe [4].

312.242 Contrats à durée indéterminée. Les principes qui viennent d'être dégagés sont transposables, *mutatis mutandis*, aux contrats à durée indéterminée (relativement rares à l'origine dans la distribution commerciale, mais le devenant souvent à la suite de ce qui est faussement appelé une tacite reconduction, notamment par le C. civ. à l'art. 1215 [5]). Le distributeur n'a aucun droit à la perpétuation du contrat, auquel le concédant peut mettre fin quand bon lui semble [6], sans avoir à motiver sa décision [7]. Mais s'il la motive, les raisons invoquées doivent être exactes [8]. En effet, le principe de l'interdiction des contrats perpétuels veut que la rupture d'un contrat à durée indéterminée soit toujours possible, même s'il est déjà d'une grande ancienneté. Cette faculté unilatérale de résiliation est cependant soumise aux conditions suivantes :

1° De respecter le délai de *préavis contractuel* [9] ou, à défaut, un *préavis de durée raisonnable*, comme

1. Com. 23 févr. 1993, n° 90-19.375, NP, *D.* 1994. 318, note E. Fort-Cardon – Paris, 1er oct. 1997, *Piaggoo, D. Affaires* 1997, 1293, obs. J.-P. S. ; *D.* 1998. 445, note M. Malaurie-Vignal, CRIT.
2. C. civ., art. 1212 ; mod. par ord. n° 2016-131, 10 févr ; 2016, art. 2.
3. Com. 23 mai 2000, n° 97-10.553, NP, *RJDA* 2000, n° 973 ; *RTD civ.* 2001. 137, obs. J. Mestre et B. Fages – Com. 3 juill. 2001, n° 99-11.390, NP, *RJDA* 2002, n° 35 ; *RTD civ.* 2002. 293, obs. J. Mestre et B. Fages.
4. EX. : Com. 20 janv. 1998, n° 96-18.353, P IV, n° 40 ; *D.* 1998. Somm. 333, obs. D. Ferrier et 413, note C. Jamin, 2e esp. : tenant compte de la lourdeur des investissements et du caractère déficitaire de la concession qui a été « reprise », l'arrêt juge fautive une rupture au bout de deux ans ; l'idée de *cohérence* pourrait justifier cette position ; SUR LE PRINCIPE de cohérence : Ph. le Tourneau (dir.), *Droit de la responsabilité et des contrats. Régimes d'indemnisation*, 12e éd., « Dalloz action », 2020, n°s 3124.251 s.
5. V. *supra* s[s] n° 116.111.
6. C. civ., art. 1211 ; mod. par ord. n° 2016-131, 10 févr. 2016, art. 2.
7. Com. 7 oct. 1997, n° 95-19.232, P IV, n° 217 ; *CCC* 1998, n° 20, obs. L. Leveneur ; *JCP* 1998. 10085, note J.-P. Chazal ; *RTD civ.* 1998. 130, obs. P.-Y. Gautier – Com. 11 mai 1999, n° 97-10.999, NP, *RJDA* 1999, n° 918 – Versailles, 17 juin 1999, *Epoxy Technology, Gaz. Pal.* 2000. 1, Somm. 762 – Com. 5 oct. 2004, n° 02-17.338, P IV, n° 181 ; *Cah. dr. entr.* 2004/6, p. 11, obs. J.-L. Respaud ; *CCC* 2005, n° 1, obs. L. Leveneur – Versailles, 14 juin 2007, n° 06-4347, *Daimler Chrysler c/Sofiba, RJDA* 2008, n° 28 ; *CCC* 2008, n° 77, obs. M. Malaurie-Vignal – Com. 10 nov. 2009, n° 08-21.175, NP, *CCC* 2010, n° 36, obs. L. Leveneur : *RJDA* 2010, n° 209 ; *LPA* 19 mai 2010, p. 20, note O. Roumélian, 1re esp. : « *celui qui use de son droit de résilier un contrat à durée indéterminée dans le respect des modalités prévues par celui-ci n'a pas à justifier d'un quelconque motif* ».
8. COMP. : Com. 13 mars 2001, n° 98-19.260, *Garage des Eyssagnières c/Volvo France*, NP, *CCC* 2001, n° 100, note L. Leveneur : relevant que les motifs invoqués par le concédant n'étaient « pas fallacieux ».
9. Com. 4 sept. 2018, n° 17-17.891, NP, *Gaz. Pal.* 8 janv. 2019. 30, obs. D. Houtcieff, préavis respecté.

l'indique expressément l'article 1211 du code civil depuis la réforme de 2016. La durée du préavis résulte des usages propres à chaque domaine de l'activité économique. Le préavis doit être effectif, ce qui ne serait pas le cas si le concédant refusait au distributeur de passer de nouvelles commandes pendant son délai, et alors que les stocks dont disposait celui-ci ne lui permettaient pas de continuer à assurer les ventes[1]. Le concédant ne peut se dispenser du préavis qu'en cas de faute grave du concessionnaire, justifiant une résiliation immédiate.

2° De ne pas être exercée de façon abusive[2] ; mais l'abus ne peut pas être déduit de l'absence de motifs[3], puisque celui qui use de son droit de résilier un contrat à durée indéterminée dans le respect des modalités prévues par celui-ci n'a pas à justifier d'un quelconque motif. N'est pas abusive la rupture d'un contrat de concession d'un logiciel après un préavis de durée raisonnable ; car, contrairement aux dires du concessionnaire, le concédant n'était pas tenu de maintenir le contrat pendant la durée légale de protection du logiciel, cette dernière bénéficiant seulement à son auteur[4]. L'article L. 442-1, II, du code de commerce dispose qu'engage sa responsabilité un opérateur rompant brutalement, même partiellement, une relation commerciale établie, sans préavis écrit tenant compte de la durée de la relation commerciale et sans respecter la durée minimale du préavis déterminée par les usages ou des accords interprofessionnels[5].

312.243 **Loi n° 2015-990 du 6 août 2015, dite Macron.** Selon l'article 341-1, alinéa 1er, du code de commerce, issu de la loi Macron du 6 août 2015, les contrats de distribution relevant de la loi, tels qu'énumérés par ce texte (de façon fort imprécise et alambiquée), lorsqu'ils constituent un ensemble doivent prévoir « une échéance commune », c'est-à-dire une uniformité des échéances contractuelles, afin de faciliter les changements d'enseigne. Ce texte soulève de nombreuses difficultés[6] et incertitudes[7].

§ 2
Le distributeur est protégé selon le Droit commun

A.
Indemnité de brusque rupture

312.251 **Contrats à durée déterminée.** Selon le Droit commun, la *rupture unilatérale en cours de contrat à durée déterminée constitue une défaillance*, ouvrant droit à une action en dommages et intérêts de la victime, quel que soit du reste l'auteur de la rupture, concessionnaire ou concédant, comme c'est le cas le plus fréquemment. Toutefois, la rupture unilatérale est justifiée lorsque le partenaire commet *une faute grave ou n'exécute pas ses obligations et que le contrat prévoit cette faculté par une clause résolutoire*[8] *expresse*[9].

312.252 **Contrat à durée indéterminée.** Des dommages et intérêts pourront être alloués au concessionnaire, non fautif s'entend, lorsque le contrat de concession dont la durée est indéterminée aura été *résilié sans préavis suffisant*, comme l'indique l'article L. 442-1, II, du code de commerce. Néanmoins ce texte autorise la résiliation unilatérale sans préavis en cas d'inexécution par l'une ou par l'autre partie. Lorsque le contrat n'a pas fixé la durée du préavis, celle-ci résulte des usages ; mais elle dépend aussi de l'ancienneté des rapports contractuels entre les parties.

B.
Indemnité de rupture ou de non-renouvellement abusifs

312.261 **Contrat de durée déterminée.** Le concédant a évidemment le droit de refuser de renouveler un contrat à durée déterminée arrivé à terme[10]. Et l'article L. 442-1, II, du code de commerce, relatif à la rupture brutale d'une relation commerciale établie sans préavis écrit ou sans préavis suffisant[11], ne

1. Com. 9 nov. 2010, n° 09-15.889, NP, *CCC* 2011, n° 7, obs. N. Mathey ; *RJDA* 2011, n° 106.
2. V. *infra* s^s^ n°s 312.251 s.
3. Com. 10 nov. 2009, n° 08-21.175, préc.
4. Paris, 14 nov. 2001, *Mysoft c/Legisoft, RJDA* 2002, n° 242 – J. Raynard, « Le contrat d'exploitation de logiciels dépourvu de terme extinctif est-il encore un contrat à durée indéterminée ? », art. préc., montrant bien que la temporalité du monopole « *n'a pas de d'influence sur la nature du contrat qui dépend de la seule volonté des parties* » ; de sorte que, si le contrat est de durée indéterminée, chacune peut y mettre fin après un préavis convenable.
5. V. *supra* s^s^ n° 312.155.
6. V. *supra* s^s^ n° 312.81.
7. NOT. : L. et J. Vogel, « Loi Macron : un nouveau régime des contrats de distribution inutile, coûteux et inadapté », *AJCA* 2015. 512, spéc. p. 515 pour cette question.
8. Sur la clause résolutoire v. *supra* s^s^ n°s 116.121 s.
9. Com. 8 juin 1999, n° 96-19.145, NP, *RJDA* 1999, n° 917 : application de la clause résolutoire, le distributeur n'ayant réalisé aucune vente pendant la durée des relations contractuelles, alors qu'au cours de la même période les ventes des « produits contractuels » ont progressé en dehors du territoire concédé – NOT., SUR LA QUESTION : S. Amrani-Mekki, « La résiliation unilatérale des contrats à durée déterminée », art. préc.
10. C. civ., art. 1212, al. 2.
11. V. *supra* s^s^ n° 312.155.

s'applique pas[1], dès lors du moins que le contrat ne prévoyait pas la possibilité d'un renouvellement « tacite ». En revanche, la responsabilité du concédant sera engagée en cas d'abus de droit[2], que doit prouver celui qui l'invoque[3]. Il est manifeste lorsque le concédant, de mauvaise foi, a commis une faute intentionnelle. Mais l'abus de droit n'implique pas une faute intentionnelle : Il peut exister en présence d'une simple faute non intentionnelle, *d'imprudence*. L'abus le plus fréquent consiste à indiquer faussement au concessionnaire que son contrat sera *renouvelé*[4] ; ou à ne pas lui avoir indiqué que son contrat serait substantiellement modifié. Serait encore abusif le fait de n'avoir avisé le concessionnaire du non-renouvellement que quelques jours avant le terme du contrat (surtout lorsqu'il avait, dans le passé, déjà été renouvelé à plusieurs reprises à la satisfaction générale) ; cette hypothèse entre dans les prévisions de l'article L. 442-1, II, du code de commerce[5].

Plusieurs des circonstances énumérées ci-dessus manifestent un manque de cohérence du comportement[6] du concédant. Or, d'une façon générale, la jurisprudence tend maintenant à imposer aux contractants de respecter une certaine cohérence[7]. En cas de rupture anticipée fautive d'un contrat d'approvisionnement exclusif, le préjudice du fournisseur est égal à la perte de marge réalisée sur les ventes prévues jusqu'à l'échéance contractuelle[8].

312.262 **Contrats à durée indéterminée.** De la même manière, des dommages et intérêts pourront être infligés à l'auteur de la rupture abusive d'un contrat à durée indéterminée[9]. La Cour de cassation a posé nettement le principe, de façon lapidaire, que « *La résiliation d'un contrat à durée indéterminée peut, même si le préavis est respecté, revêtir un caractère abusif en raison des circonstances qui accompagnent la rupture* » (Com. 5 oct. 1993, n° 91-10.408[10]) ; de même, si le droit de résiliation, même respectant le préavis, n'a pas été exercé de bonne foi[11].

L'abus peut se manifester, non seulement par le caractère brusque de la rupture[12], mais aussi par un comportement incohérent[13] ; ou encore par des actes tendant à (ou de nature à) désorganiser l'entreprise du concessionnaire, ce qui est une figure classique de la concurrence déloyale[14] ; relève de cette catégorie le fait de confier la distribution dans le même secteur à d'autres commerçants, en exigeant des garanties nouvelles et des efforts supplémentaires du concessionnaire[15].

312.263 **Critère de l'abus.** Il est traditionnel de considérer que la protection du distributeur contre la résiliation unilatérale des contrats à durée indéterminée résulte d'une application du mécanisme correcteur[16] de l'abus de droit. Mais le débat rejaillit sur le critère de celui-ci. Il a été suggéré de recourir à la notion d'économie du contrat : « *L'abus consiste à avoir un comportement, dans la rupture notamment, qui est contraire à l'économie générale des relations*

1. Paris, 5ᵉ B, 10 mai 2007, *Soceb c/Xerox, RJ com.* 2007. 427, note S. Lebreton-Derrien.
2. NOT. : F.-X. Licari, *La protection du distributeur intégré en droit français et allemand*, th. préc. (v. *supra* sˢ n° 334.11), p. 505 s.
3. Com. 6 juin 2001, n° 99-10.768, *Norelem c/LJ Financière*, NP, *Cah. dr. entr.* 2002, n° 3, p. 33, obs. D. Mainguy ; *RJDA* 2001, n° 1201.
4. COMP. : Com. 23 mai 2000, n° 97-10.553, *Ligne Roset*, NP, *RJDA* 2000, n° 973 ; *RTD civ.* 2001. 137, obs. J. Mestre et B. Fages : le concédant « *a entretenu jusqu'au bout le concessionnaire dans l'illusion que le contrat serait renouvelé* » – Com. 4 sept. 2018, n° 17-17.891, NP, *Gaz. Pal.* 8 janv. 2019. 30, obs. D. Houtcieff, pas le cas.
5. V. *supra* sˢ n° 312.155.
6. SUR CELUI-CI : Ph. le Tourneau (dir.), *Droit de la responsabilité et des contrats. Régimes d'indemnisation*, 12ᵉ éd., « Dalloz action », 2020, nᵒˢ 3124.251 s., avec les références doctrinales et jurisprudentielles.
7. Sur celle-ci déjà v. *supra* sˢ n° 116.41.
8. Chambéry, 23 juin 2009, *Café français c/Cafés Folliet, CCC* 2010, n° 4, obs. N. Mathey, 2ᵉ esp.
9. NOT. : F.-X. Licari, th. préc., p. 505 s.
10. Com. 5 oct. 1993, n° 91-10.408, P IV, n° 326 – Com. 7 oct. 1997, n° 95-14.158, P IV, n° 252 ; *JCP* 1998. II. 10085, note J.-P. Chazal ; *CCC* 1998, n° 20, obs. L. Leveneur ; *RTD civ.* 1998. 130, obs. P.-Y. Gautier : *a contrario* – Com. 3 juill. 2001, n° 99-12.513, NP, *RJDA* 2002, n° 147 : rappelant qu'il est nécessaire de relever un abus pour condamner le concédant.
11. Com. 8 oct. 2013, n° 12-22.952, P IV, n° 148 ; *D.* 2013. 2617, note D. Mazeaud ; *CCC* 2013, n° 265, obs. N. Mathey ; *D.* 2014. Pan. 638 : le concédant avait sciemment entravé la reconversion des concessionnaires.
12. V. *supra* sˢ nᵒˢ 312.251 s.
13. Com. 23 juin 1998, n° 96-10.015, NP, *RJDA* 1998, n° 1213 : avoir résilié peu après la demande de réalisation d'importants travaux et le recrutement de personnel – Com. 29 janv. 2002, n° 00-11.433, NP, *RJDA* 2002, n° 820 ; *CCC* 2002, nᵒˢ 123-124, obs. M. Malaurie-Vignal : concédant ayant incité le concessionnaire, peu avant la rupture, à réaliser d'importants travaux, et alors qu'il avait pris une part active dans leur conception et leur mise en œuvre – Com. 5 oct. 2004, n° 02-17.338, P IV, n° 181 ; *Cah. dr. entr.* 2004/6, p. 11, obs. J.-L. Respaud ; *CCC* 2005, n° 1, obs. L. Leveneur ; – CASSATION DE : Paris, 2 mai 2002, *JCP E* 2002, n° 1508, note R. Bertin ; *RDC* 2003. 50, obs. Ph. Stoffel-Munck : ne relevant pas que le concédant avait fait croire au concessionnaire que le contrat serait poursuivi pour l'inciter à procéder à des investissements.
14. Com. 27 oct. 1998, n° 96-14.540, NP, *D.* 2000. Somm. 362, obs. D. Mazeaud ; *RJDA* 1998, n° 1352 : le concédant a « *programmé la mort lente du concessionnaire* » – Paris, 11 mars 1999, *Outsider c/Hitier, RJDA* 2000, n° 754 : franchiseur rompant avec déloyauté le contrat, en raison du succès de distributeur dans un centre commercial, pour y ouvrir une boutique – Com. 15 févr. 2000, n° 96-22.543, *Wis*, NP, *RJDA* 2000, n° 506.
15. Paris, 21 mars 1997, *LS Auto, D.* 1997. IR 134.
16. C. Bouix, *Les mécanismes correcteurs d'origine prétorienne*, préf. P. Deumier, PUAM, 2018.

contractuelles, voulues au moins implicitement par les parties »[1].

SECTION 6
CESSION DU CONTRAT DE DISTRIBUTION

312.271 Possibilité d'une clause spécifique prévoyant la cession du contrat de distribution. Les parties peuvent convenir d'organiser ce que l'on nomme habituellement la cession de contrat[2] et que le code civil appelle plus exactement cession de la « *qualité de partie au contrat* »[3]. Il suppose l'accord du cédé, mais celui-ci peut être donné par avance[4] ; dans ce cas, pour que la cession produise effet à l'égard du cédé, il suffit qu'elle lui soit notifiée ou bien qu'il en prenne acte (même texte). Cette possibilité d'un accord anticipé semble impossible pour le contrat de franchisage, conclu *intuitu personæ*.

Une clause, généralement d'agrément, prévoit souvent la cession de contrat[5]. L'agrément permet de maintenir l'*intuitus personæ* (*firmæ* ou *societatis*) en le transférant sur la personne du cessionnaire ou du franchisé, possédant les qualités requises (l'*intuitus qualitatis* remplace alors l'*intuitus personæ*). La clause d'agrément peut être circonstanciée, en ce sens qu'elle en précise les conditions objectives (délai, qualités du candidat...). En revanche, elle ne peut plus prévoir la possibilité d'un refus totalement discrétionnaire du concédant ou du franchiseur. En effet, la Cour de cassation a décidé, comme nous le souhaitions, que le refus d'agrément par le maître du réseau doit « *être justifié par des impératifs tenant à la sauvegarde de ses intérêts commerciaux légitimes et que, pour éviter tout arbitraire, il lui* [appartient] *de le motiver à seule fin de permettre au concessionnaire de vérifier que sa décision était fondée sur un examen équitable et soigneux, conforme à ses engagements contractuels* »[6]. L'absence de motivation de ne pas agréer la cession du contrat de distribution n'est pas sanctionnée lorsque le concessionnaire ou le franchiseur prouve la légitimité de son refus quand le juge statue[7]. La Cour de cassation n'impose donc pas une obligation de motivation, mais condamne le refus d'agrément arbitraire caractérisant un abus de droit[8]. La cession est un acte solennel : elle doit être formalisée par un écrit, à peine de nullité[9].

312.272 Transmission du contrat de distribution en l'absence d'une clause spécifique. La substitution de distributeur peut cependant être convenue par les parties postérieurement à sa conclusion, par un *mutuus dissensus*[10] et *consensus* qui, du reste, vaudra reconnaissance du substitué comme *persona grata*, alors même que le contrat avait été conclu *intuitu personæ* (*firmæ* ou *societatis*), même lorsque l'*intuitus personæ* est bilatéral comme c'est généralement le cas dans le contrat de franchisage. La Cour de cassation a posé ce principe d'une façon générale : « *Le fait qu'un contrat ait été conclu en considération de la personne du cocontractant ne fait pas obstacle à ce que les droits et obligations de ce dernier soient transférés à un tiers dès lors que l'autre partie y a consenti* »[11]. Légalisant la jurisprudence, l'article 1216, alinéa 1er, du code civil dispose qu'un

1. J. Beauchard, « La nécessaire protection du concessionnaire et du franchisé à la fin du contrat », art. préc., spéc. p. 43-44 – SUR CETTE NOTION : S. Pimont, *L'économie du contrat*, préf. J. Beauchard, PUAM, 2004 – Ph. le Tourneau (dir.), *Droit de la responsabilité et des contrats. Régimes d'indemnisation*, 12e éd., « Dalloz action », 2023, no 33.20.
2. G. Pillet, « La cession conventionnelle de contrat du code civil : une consécration en demi-teinte », *RDC* 2017. 392 – SUR la cession de contrat depuis la réforme not. l'important dossier dans *RDC* 2017. 370 s.
3. C. civ., art. 1216 ; mod. par ord. no 2016-131, 10 févr. 2016, art. 2.
4. C. civ., art. 1216, al. 2.
5. M. Oudin, « La transmission des contrats de distribution », *RTD com.* 2011. 447 s.
6. Com. 14 janv. 1997, no 95-12.769, NP, *D. Affaires* 1997, 273 ; *RTD civ.* 1997. 427, obs. J. Mestre : mais l'abus n'avait pas été caractérisé par les juges du fond – COMP. : Lyon, 17 mai 2001, *Opel France, RJDA* 2001, no 1204 : dans un autre domaine, affirmant que le droit d'agrément est discrétionnaire mais pas arbitraire, et que le refus devait être motivé, en raison de la formule de la clause d'agrément selon laquelle le bénéficiaire du droit d'agrément examinerait le changement proposé « équitablement » ; ET, SUR POURVOI Com. 2 juill. 2002, no 01-12.685, P IV, no 113 ; *D.* 2003. 93, note D. Mazeaud ; *JCP G* 2003. 10023, note D. Mainguy ; *RDC* 2003. 50, obs. Ph. Stoffel-Munck – Com. 5 oct. 2004, no 02-17.338, P IV, no 181 ; *Cah. dr. entr.* 2004/6, p. 11, obs. J.-L. Respaud ; *CCC* 2005, no 1, obs. L. Leveneur ; cassant Paris, 2 mai 2002, *JCP E* 2002, no 1508, note R. Bertin ; *RDC* 2003. 50, obs. Ph. Stoffel-Munck : le refus d'agrément d'un candidat à l'achat du fonds de commerce peut être légitime même s'il n'est pas fondé sur des motifs tenant à la personne du candidat – Com. 3 nov. 2004, no 02-17.919, NP, *RDC* 2005. 288, obs. Ph. Stoffel-Munck ; *RJDA* 2005, no 539, « *le droit d'agrément est limité par l'abus* ».
7. Com. 2 juill. 2002, no 01-12.685, préc.
8. Com. 3 nov. 2004, no 02-17.919, préc.
9. C. civ., art. 1216, al. 3.
10. SUR LA NOTION : A. Siri, *Le mutuus dissensus : Notion, domaine, régime*, avant-propos Ph. Stoffel-Munck, préf. R. Bout, PUAM, 2015.
11. Com. 7 janv. 1992, no 90-14.831, P IV, no 3 ; *D.* 1992. Somm. 278, obs. L. Aynès ; *JCP G* 1992. I. 3591, no 17, obs. C. Jamin ; *CCC* 1992, no 110, obs. L. Leveneur – Civ. 1re, 6 juin 2000, no 97-19.347, P I, no 173 ; *D.* 2001. 1345, note D. Krajeski – Cet arrêt ne consacre pas réellement la cession de contrat (contrairement à ce qu'ont avancé nombre de ses annotateurs), ne visant que le transfert des droits et des obligations des parties (conséquence de la substitution des personnes ; mais d'autres arrêts utilisent l'expression de cession de contrat).

contractant peut céder sa qualité de partie à un tiers avec l'accord de son cocontractant. Cependant, selon l'alinéa 3 du même article, la cession doit être formalisée par un écrit, à peine de nullité[1]. Il n'est donc plus possible d'admettre une cession tacite, contrairement à la jurisprudence antérieure à la réforme de 2016 du droit des obligations[2]. La cession non autorisée du contrat justifie sa résiliation, par le jeu d'une clause résolutoire expresse[3], sinon soit judiciaire[4] soit unilatérale « par voie de notification »[5].

312.273 La cession de contrôle du contrat de distribution. La personne morale est autonome par rapport à ses associés ou à ses dirigeants[6]. Aussi le maître du réseau ne peut pas résilier le contrat de concession ou de franchisage, en l'absence de stipulation contractuelle en ce sens, à la suite d'un changement de contrôle de la société du distributeur. En effet, il a contracté avec la personne morale et non avec les associés et/ou les dirigeants qui exploitent l'entreprise. De ce fait, il n'existe pas de changement de partenaire lorsque la totalité des parts ou actions d'une société est cédée ou lorsque les dirigeants de la société sont renouvelés[7].

Toutefois, une clause du contrat peut introduire un *intuitus socii* dans la relation contractuelle unissant la société et le distributeur. Dans ce cas, la personne de l'actionnaire principal ou du dirigeant devient déterminante. En présence d'une telle disposition (fréquente), toute modification du contrôle de cette société ou tout changement des dirigeants peut entraîner une rupture de plein droit du contrat de distribution ou sa caducité[8]. À dire vrai, une telle clause est même inutile lorsque la prise de contrôle de la société d'un distributeur est le fait d'un concurrent du titulaire du réseau ; c'est une cause légitime de résiliation[9].

312.274 *Quid* de la cession de contrôle du fonds de commerce ? Il est de jurisprudence constante que la cession du fonds de commerce n'entraîne pas automatiquement la cession du contrat de distribution[10]. Cette solution est sans doute regrettable, car le contrat de distribution est à l'origine de la fixation d'une clientèle attachée au fonds de commerce. Cependant, le contrat de distribution n'est cédé au cessionnaire du fonds que si l'acte de cession de ce dernier le prévoit et que le concédant ou le franchiseur y a consenti[11]. Quoi qu'il en soit, le maître du réseau ne peut pas s'opposer à la vente du fonds de commerce par le distributeur, en l'absence de clause de préemption ou d'agrément.

En revanche, il peut soit accepter soit refuser le cessionnaire du contrat. S'il l'accepte, un nouveau contrat sera conclu entre le maître du réseau et le nouveau titulaire du fonds. S'il le refuse, le contrat est résilié du fait du cédant, auteur d'une défaillance contractuelle consistant dans la rupture anticipée du contrat.

312.275 Du jeu d'une clause de préemption. Les contrats de distribution comportent souvent une clause de préemption, permettant au maître du réseau de se porter acquéreur du fonds de commerce lorsque ce dernier est vendu par le distributeur. Elle peut être complétée par un pacte de préférence[12] à la charge du distributeur, par lequel ce dernier s'engage à proposer prioritairement au bénéficiaire du pacte de traiter avec lui dans le cas où il déciderait de vendre[13]. Le distributeur n'est pas obligé de vendre

1. C. civ., art. 1216, al. 3.
2. Com. 7 janv. 1992, n° 90-14.831, P IV, n° 3 ; *D.* 1992. Somm. 278, obs. L. Aynès ; *CCC* 1992, n° 110, obs. L. Leveneur, par la poursuite « sans réserve » du contrat avec une nouvelle entreprise de maintenance.
3. C. civ., art. 1225.
4. C. civ., art. 1227.
5. C. civ., art. 1226.
6. SUR CE POINT : D. Mainguy, « Cession de contrôle et sort des contrats de la distribution », *Rev. sociétés* 1996. 17 s. – B. Dondero, « Les personnes morales de droit étranger Et l'effet d'écran de la personnalité morale », *Cah. dr. entr.* 2017/5. Dossier 32 – G. Viney, « L'influence souhaitable sur l'attribution des responsabilités des relations de dépendance entre sociétés », *Cah. dr. entr.* 2017/5. Dossier 33 – A. Danis-Fatôme, « L'articulation entre responsabilité personnelle et responsabilité fondée sur le contrôle », *Cah. dr. entr.* 2017/5. Dossier 34. – Sur le débat juridique entre fiction et réalité de la personne morale : C. Gazeau, « La personne morale, un enjeu sociétal », *D.* 2020. Chron. 1132.
7. Com. 29 janv. 2013, n° 11-23.676, P IV, n° 19 ; *BJS* 2013. 246, note A. Seube ; *CCC* 2013, n° 75, obs. N. Mathey ; *Gaz Pal.* 2013. 1146, obs. D. Houtcieff ; *JCP E* 2013. 1225, note F. Buy ; *D.* 2014. 897, obs. D. Ferrier ; *RTD civ.* 2013. 397, obs. P.-Y. Gauthier, pour un contrat de concession – Com. 3 juin 2014, n° 13-21.345, NP, *AJCA* 2014. 228, obs. J. Dubarry ; *D.* 2015. 953, obs. D. Ferrier ; *Rev. sociétés* 2015. 179, note A. Reygrobellet, « *la cession de la totalité des parts sociales d'une société ne peut être assimilée ni à une cession de bail ni à une cession de fond* ».
8. C. civ., art. 1186.
9. Com. 15 janv. 1991, n° 89-12.537, NP, *Dr. sociétés* 1991, n° 135.
10. Com. 14 mars 2006, n° 05-12.073, NP, *CCC* 2006, n° 81, obs. M. Malaurie-Vignal – Com. 23 janv. 2007, n° 05-11.919, NP, *RJDA* 2007, n° 574, 3e esp.
11. C. civ., art. 1216.
12. C. civ., art. 1123.
13. Com. 15 mars 2017, n° 15-20.440, NP, cite par J.-B. Gouache et M. Behar-Touchais, *CCC* 2017. Ét. 13, n° 44, violation du pacte de préférence – Com. 3 mai 2018, n° 16-27.926, NP, *D.* 2018. 1529, note C. Grimaldi ; *CCC* 2018, n° 132, obs. M. Malaurie-Vignal, dans un contrat de franchisage, « *la clause de "gérant mandataire", incluse dans le contrat de cession du fonds de commerce, n'entrait pas dans le périmètre visé par le pacte de préférence* », de sorte que « *cette clause ne pouvait empêcher la société Z… de contracter à des conditions équivalentes avec la société C* » ; rejet du pourvoi contre Paris, pôle 5, ch. 3, 7 oct. ▶

le fonds de commerce et le maître du réseau n'est pas obligé de l'acquérir. Toutefois, le droit de préemption ne doit pas avoir pour objet ou pour effet de restreindre artificiellement le jeu de la concurrence, en limitant la possibilité, pour des réseaux de distribution concurrents, d'acheter les fonds des distributeurs. En effet, il risque d'exister un effet cumulatif condamnable, du fait que la quasi-totalité des contrats de distribution comporte un tel droit de préemption[1]. Cela peut conduire à un verrouillage du marché. L'existence d'un faisceau de contrats similaires réduit les possibilités ou empêche les concurrents nationaux ou originaires d'autres États membres de s'implanter sur le marché ou d'y accroître leurs parts de marché. En pratique, la jurisprudence procède à une appréciation nuancée de l'objet ou de l'effet anticoncurrentiel du pacte de préférence et de la clause de préemption. Ainsi, la Cour de cassation a pu approuver une cour d'appel d'avoir jugé qu'un franchiseur peut sécuriser ses investissements, pendant plusieurs années, grâce à un pacte de préférence, *« en empêchant l'appropriation des effets commerciaux favorables* [du] *partenariat par un concurrent »* et qu'il *« n'apportait aucun élément de nature à mesurer* in concreto, *à partir d'une analyse de marché et de données économiques, si la clause de préférence avait pour effet de restreindre artificiellement la concurrence, ce dont elle a déduit que le droit de préférence était compatible avec les règles de droit de la concurrence »*[2].

Une difficulté particulière se pose lorsque c'est l'associé majoritaire ou le dirigeant de la société distributrice qui décide de céder le fonds de commerce, nonobstant la clause de préemption ou le pacte de préférence. Dans ce cas, la responsabilité personnelle de l'associé majoritaire peut être mise en œuvre par le maître du réseau, s'il prouve que cet associé a commis une faute intentionnelle d'une particulière gravité, incompatible avec l'exercice normal des prérogatives attachées à la qualité d'associé[3].

Pour lever toute incertitude, le tiers au pacte de préférence (tiers acquéreur du fonds de commerce) peut exercer une action « interrogatoire » à l'encontre de son bénéficiaire. Deux conditions cumulatives doivent être respectées[4].

312.276 Effets de la cession du contrat de distribution. Si le maître du réseau accepte la cession, il en résulte deux conséquences[5]. D'abord, le concessionnaire ou franchisé est libéré[6] pour l'avenir[7]. Le nouveau distributeur (cessionnaire) est désormais tenu de l'exécution du contrat de distribution transmis à l'égard du cédé (le maître du réseau). Il peut donc opposer à ce dernier les exceptions inhérentes au contrat de distribution, par exemple la nullité, l'exception d'inexécution, la résolution ou la compensation de dettes connexes[8]. En revanche, il ne peut opposer les exceptions personnelles au cédant[9], comme un vice du consentement. Ensuite, le maître du réseau (le cédé) peut opposer au nouveau distributeur (cessionnaire) toutes les exceptions qu'il aurait pu opposer à son ancien partenaire (le cédant[10]).

Lorsque le maître du réseau refuse la cession du contrat de distribution, le cédant n'est pas libéré et reste donc tenu solidairement tenu avec le cessionnaire de l'exécution du contrat[11], sauf clause contraire[12]. En outre, les sûretés[13] qui garantissent l'exécution du contrat sont maintenues de plein droit[14]. De ce fait, si le distributeur cède son fonds de commerce malgré le refus du maître du réseau, il sera résolu, soit par l'effet d'une clause résolutoire, soit par une action en justice.

312.277 Transmission du réseau de distribution. À notre époque de concentrations et, d'une façon plus générale, de modifications incessantes de l'économie, les transferts de réseaux sont fréquents. Normalement, un concédant ou franchiseur peut librement céder son réseau (ce qui suppose qu'il en transmette tous les éléments, y compris son savoir-faire). Mais il doit obtenir le consentement de l'ensemble les membres du réseau[15], et formaliser la cession par un écrit[16].

► 2016, n° 14/23965, *AJ contrat* 2016. 537, obs. N. Dissaux ; *D.* 2017. Pan. 881, obs. D. Ferrier – SUR LES RISQUES du pacte de préférence dans le contrat de franchisage : W. Chaiehloudj, « Du risque contractuel au risque concurrentiel : le cas du pacte de préférence inclus dans le contrat de franchise », *JCP G* 2018. Ét. 1128.

1. A. Van de Wynckele-Bazela, « Pacte de préférence et contrat de franchise », *D.* 2004. 2489.
2. Com. 3 mai 2018, n° 16-27.926, NP, préc. – Paris, pôle 5, ch. 3, 28 oct. 2020, RG n° 18/23849, sanctionnant le non-respect d'un pacte de préférence par le franchisé.
3. Com. 18 févr. 2014, n° 12-29.752, P IV, n° 40 ; *D.* 2014. 764, note T. Favario ; *JCP* 2014. 1160, note B. Dondero ; *Gaz. Pal.* 5 févr. 2014. 13, note N. Blanc ; *RJDA* 2014, n° 628 ; *RDC* 2015. 75, obs. C. Grimaldi.
4. C. civ., art. 1123, al. 2.
5. D'une façon générale sur les effets de la cession de contrat : L. Gratton, « Le contrat de cession, instrument de sécurisation la cession de contrat », *RDC* 2017. 370, spéc. 375 s.
6. Mais quel avenir ? : A. Hontebeyrie, « Quelques observations sur la délimitation temporelle de la cession de contrat », *RDC* 2017. 378.
7. C. civ., art. 1216-1, al. 1er.
8. C. civ., art. 1216-2, al. 1er.
9. C. civ., art. 1216-2, al. 1er.
10. C. civ., art. 1216-2, al. 2.
11. C. civ., art. 1216-1, al. 2.
12. C. civ., art. 1216-1, al. 2.
13. C. Juillet, « Le sort des sûretés du cédé dans la cession de contrat de droit commun », *RDC* 2017. 382.
14. C. civ., art. 1216-3.
15. C. civ., art. 1216.
16. C. civ., art. 1216, al. 3.

Toutefois, le maître de réseau étant le plus souvent une société commerciale, la cession du réseau s'opérera par une prise de contrôle de son capital par le repreneur, qui ne nécessite pas le consentement des distributeurs (à moins d'une clause expresse en sens contraire), sauf pour les contrats de franchisage du fait qu'ils sont conclus *intuitu personæ*[1]. Le cessionnaire est tenu de respecter les contrats de distribution, qu'il ne peut modifier qu'avec l'accord des membres du réseau.

1. Com. 19 mars 2013, n° 12-16.081, NP, *Rev. Sociétés* 2013. 618, obs. L. Amiel-Cosme.

CHAPITRE

313. Contrat de distribution sélective

SECTION 0 ORIENTEUR

313.00 Sommaire du chapitre.

313.03 Bibliographie.

* V. *supra* s[s] n° 312.03 – ADDE :

Ouvrages. Ph. le Tourneau, *Les contrats de concession*, 2e éd., « Litec Professionnels », 2010 – L. et J. Vogel, *Droit de la distribution : Droit de la distribution,* « Lawlex », Bruylant, 2015.

Contribution. L. Vogel, « Réseaux contre plateformes : la distribution sélective à l'épreuve de l'internet », dans *Mél. J. Huet*, LGDJ 2017, p. 401 s.

Articles. G. Amédée-Manesme, « Plaidoyer pour la reconnaissance du concept de distribution distinctive », *RJ com.* 1995. 173 s. – J.-L. Fourgoux, « Distribution sélective : l'organisation des réseaux », *RLDA* 2020/158, p. 32 s. – O. Gast et H. Grillault Laroche, « La distribution sélective et la franchise », *Cah. dr. entr.* 2000/4, p. 36 s. – T. Lambert, « De la distribution qualitative au commerce électronique ou les trois âges de la distribution sélective », *JCP G* 2018. Doctr. 1092 s. ; « Le paradoxe de la distribution sélective qui valide beaucoup mais protège peu ou mal : qui trop embrasse mal étreint... », *D.* 2021. Chron. 1593 – A.-C. Martin, « Les critères de sélection », *AJ contrat* 2016. Dossier 362 – B. Schaming, « La distribution sélective ; une voie de plus en plus étroite », *D.* 2000. Chron. 173 s.

SECTION 1 IDENTIFICATION DE LA DISTRIBUTION SÉLECTIVE

313.11 Définition de la distribution sélective. Le règlement 330/2010 de la Commission du 20 avril 2010[1] définit ce mode de distribution ainsi : « *Un système de distribution dans lequel le fournisseur s'engage à vendre les biens ou les services contractuels, directement ou indirectement, qu'à des distributeurs sélectionnés sur la base de critères définis, et dans lequel ces distributeurs s'engagent à ne pas vendre ces biens ou ces services à des distributeurs non agréés dans le territoire réservé par le fournisseur pour l'opération de ce système* »[2]. Il résulte de cette définition que la distribution sélective n'est pas réservée à la distribution de biens mais qu'elle peut exister aussi pour les prestations de service (pour lesquelles il est regrettable que la directive emploie le mot de vente).

313.12 Assimilation de la distribution agréée et de la distribution sélective. La distribution agréée, qui constituait un degré en dessous par rapport à la distribution sélective, tendait depuis de nombreuses années à être confondue ou assimilée à celle-ci, comme nous le relevions dans la première édition de cet ouvrage. L'usage s'était progressivement établi d'employer indifféremment (comme synonymes), sauf de rares exceptions, les expressions d'agréation et de distribution sélective. La plupart des jugements ou arrêts qui étaient amenés à examiner ces contrats employaient, dans la même décision, les deux appellations. Les auteurs des « lignes directrices » du règlement 330/2010 firent de même, de sorte qu'il est inutile de tenter de distinguer ces deux sortes de réseaux, qui ne constituent plus qu'une catégorie.

313.13 Distinction de la distribution sélective et la concession commerciale. La distinction de la distribution sélective et de la concession commer-

1. Règl. 330/2010, Commission, 20 avr. 2010, concernant l'application de l'art. 101, § 3, du traité sur le fonctionnement de l'Union européenne à des catégories d'accords verticaux et de pratiques concertées, *JOUE* L 102, 23 avr., p. 1.
2. Règl. 330/2010, Commission, 20 avr. 2010, art. 1, e.

ciale *stricto sensu* est aisée. En effet, alors que dans cette dernière il y a une double exclusivité, une exclusivité réciproque, la distribution sélective ne comporte *aucune exclusivité.* Le producteur se contente d'accorder une espèce d'habilitation officielle à un distributeur : il informe la clientèle, notamment par l'apposition d'un panonceau, que le commerçant a reçu son agrément pour revendre ses produits ou assurer des services. Ainsi, ce dernier va apparaître aux yeux de la clientèle comme un distributeur privilégié, préféré du producteur – à défaut d'un concessionnaire exclusif avec lequel il entretient des liens beaucoup plus étroits – et elle aura tendance à s'approvisionner chez lui. En fait, dans la mesure où le fabricant limite le nombre des distributeurs, il y a au profit de ceux-ci comme une apparence d'exclusivité. Mais ce n'est qu'une apparence, et elle est purement provisoire. Car quand bon lui semble, le producteur peut augmenter le nombre de ses distributeurs. Cette souplesse est un avantage de la formule par rapport à la concession exclusive. Le fabricant ou l'importateur peut approvisionner d'autres commerçants, et le distributeur peut se fournir chez d'autres producteurs ou importateurs. Les uns et les autres gardent leur liberté commerciale.

Toutefois, comme toujours, cette liberté est relative, car elle est bridée soit par le contrat, soit par la bonne foi. Ainsi un distributeur sélectionné ne peut pas vendre les produits couverts par le contrat à un revendeur non sélectionné. De même, le producteur ne saurait démarcher indirectement la clientèle du distributeur : ce serait un acte de concurrence déloyale. Il arrive cependant qu'il limite contractuellement sa liberté, en s'engageant à n'investir de nouveaux distributeurs dans le territoire de ceux qui sont déjà installés qu'à certaines conditions convenues.

313.14 Importance de la distribution sélective. Le développement considérable des plateformes de marché constitue une menace pour les réseaux, surtout pour la distribution sélective. D'une part, les fournisseurs risquent de perdre la maîtrise de leur réseau en ligne ; d'autre part, la qualité des services rendus par les détaillants risque de n'être pas satisfaisante et donc de nuire au réseau [1].

Cependant, la distribution sélective, largement validée par le règlement sur les restrictions verticales et ses lignes directrices, a connu un engouement important, concomitant à l'expansion de la distribution en ligne, car elle permet aux maîtres des réseaux un contrôle strict de la qualité et des prix des produits distribués [2].

1. L. Vogel, « Réseaux contre plates-formes : la distribution sélective à l'épreuve de l'internet », art. préc., suggérant des mesures pour encadrer les ventes sur les places de marché.

SECTION 2
CRITÈRES DE LA DISTRIBUTION SÉLECTIVE

313.21 Critères qualitatifs et objectifs de sélection. La licéité des critères *qualitatifs* de sélection est reconnue, afin que le réseau ait une image de marque uniforme, principalement pour les produits « de haute technicité », parmi lesquels figurent les produits informatiques (bien que le règlement ne comporte aucune référence à la nature du produit). La raison en est qu'ils ne produisent pas d'effets préjudiciables à la concurrence. Toutefois, ces critères doivent être nécessaires [3] et objectifs [4], leur contenu précis devant pouvoir être vérifié [5], fixés de manière uniforme pour tous [6], portés à la connaissance de tous les revendeurs potentiels, appliqués de façon non discriminatoire [7], et ne comportant pas « d'exigences disproportionnées », par exemple à la nature des produits en cause (Comm. UE, comm. n° C 130/01, *Lignes directrices sur les restrictions verticales*, 19 mai 2010, point n° 175 [8]) ou aux

2. T. Lambert, « Le paradoxe de la distribution sélective qui valide beaucoup mais protège peu ou mal : qui trop embrasse mal étreint… », chron. préc., regrettant la difficile défense de la distribution sélective, car il est malaisé d'obtenir gain de cause d'une action contre le ou les tiers revendeurs coupables d'une violation du réseau.
3. A.-C. Martin, « Les critères de sélection », art. préc.
4. Com. 26 janv. 1999, n° 97-11.084, P IV, n° 23 – Com. 13 nov. 2003, n° 01-00.195, NP, *CCC* 2004, n° 18, obs. L. Leveneur : le refus d'agrément et de vente par le fabricant fut fondé « *sur une appréciation objective de la réalité* » (NOT. : point de vente banal, d'aspect général froid et impersonnel, dans un environnement médiocre, ne convenant pas à un produit de luxe).
5. EN MATIÈRE DE distribution automobile : CJUE, 14 juin 2012, *Land Rover,* aff. C-158/11, *D.* 2012. 2156, note D. Ferrier ; *CCC* 2012, n° 206, obs. M. Malaurie-Vignal ; *CCC* 2012, n° 212, obs. G. Decocq ; *RJDA* 2012, n° 900 ; *LPA* 18 déc. 2012, n° 252, p. 9, note M. Junqua-Lamarque ; *RTD eur.* 2012. 917, obs. J.-B. Blaise ; L. Vogel, « Une sécurité juridique renforcée pour la distribution sélective qualitative », *RJDA* 2012, Chron. 755 ; – DANS LA MÊME AFFAIRE : Com. 15 janv. 2013, n° 10-12.734, P IV, n° 14 ; *D.* 2013. AJ 236, obs. E. Chevrier ; *JCP E* 2013, n° 13, 1186, note A. Tercinet ; *RJDA* 2013, n° 77 ; *CCC* 2013, n° 77, obs. M. Malaurie-Vignal.
6. Com. 21 oct. 1997, n° 95-19.419, P IV, n° 271 ; *RTD civ.* 1999. 79, obs. J. Mestre.
7. Com. 16 mai 2000, n° 98-14.712, P IV, n° 102 ; *Gaz. Pal.* 2000. 2. Pan. 20 – Cons. conc. 21 juill. 2006, n° 06-D-22, *NGK Spark Plugs, RJ com.* 2007. 153, note S. Lebreton-Derrien : pas de discrimination en l'espèce.
8. CJCE 25 oct. 1983, *AEG Telefunken,* aff. C-107/82, *Rec.* p. 3151 – CJCE 25 oct. 1977, *Metro SB-Großmärkte,* aff. C-26/76, *Rec.* I-01875, pt 20 – CJCE 11 déc. 1980, *L'Oréal,* aff. C-31/80, *Rec.* I-03775, pt 15 et 16 – CJUE, 13 oct. 2011, *Pierre Fabre Dermo-Cosmétique,* aff. C-439/09, *Rec.* I-09419 ; *D.* 2011. 2590, obs. E. Chevrier ; *JCP* 2011, n° 51, 1430, note D. Ferrier ; *CCC* 2011, n° 257, obs. M. Malaurie-Vignal ; *CCC* 2011, n° 263, obs. G. Decocq ; *CCÉ* 2012, n° 4, obs. M. Chagny ; *RJDA* 2012, n° 208 ; *RJ com.* 2012. 35, note G. Decocq ; *RDC* 2012. 111, note ►

quantités à acheter[1]. Les critères peuvent tenir à la localisation du magasin de vente, à sa surface, au taux de densité de chalandise, à la création d'un service après-vente, à la détention la majeure partie de la gamme de ses produits, voire de la totalité[2], de la constitution d'un stock minimum (supposant un certain capital), de la réalisation d'un chiffre d'affaires annuel fixé par le contrat[3], *etc.* D'autres conditions se rapportent à la compétence du distributeur et de son personnel (par ex. l'exigence de tel diplôme), à sa disponibilité pour dispenser les conseils[4] et pour assurer les services annexes (telle l'installation du matériel). Mais la qualification professionnelle, condition de l'investiture, ne se limite pas à cette aptitude. Elle s'étend au service après-vente ou de maintenance au sens large, qui suppose une organisation déjà plus lourde et plus complexe qu'un simple service d'installation. La « surface » financière du distributeur peut aussi être un élément du choix.

Cependant, l'application discriminatoire par un fabricant des critères d'agrément n'est pas sanctionnée, lorsqu'elle n'a pas d'effet anticoncurrentiel, compte tenu de la faible part du marché qu'il détient[5]. De plus, le rejet de la demande de dossier d'agrément est licite, lorsqu'elle était entachée de mauvaise foi et présentait un caractère anormal[6]. Ni le droit européen, ni le droit national de la concurrence ne prohibent le seul refus, par l'opérateur à la tête d'un réseau de distribution sélective qualitative, d'agréer des distributeurs qui remplissent les critères de sélection ; seule une mise en œuvre discriminatoire de ces derniers, ayant pour objet ou pour effet de fausser la concurrence, ou un refus ayant le même objet ou effet, sont prohibés par les articles 101, § 1, du TFUE et L. 420-1 du code de commerce[7].

► C. Prieto, CRIT. ; *RDC* 2012. 522, note M. Behar-Touchais – C. Vilmart, « Distribution sélective des produits cosmétiques Pierre Fabre et internet – La CJUE fait une réponse tautologique », *JCP E* 2011, n° 47, 1833 – J.-L. Lesquins et L. Ferchiche, « Les ventes sur Internet dans le cadre de la distribution sélective : fin de partie ? », *JCP E* 2011, actu. 554 – L. Vogel, « La distribution par internet après l'arrêt Pierre Fabre », *JCP E* 2012, n° 11, Chron. 1182.

1. Com. 13 mai 1997, n° 95-14.035, P IV, n° 131 ; *D.* 1998. Somm. 339, obs. D. Ferrier ; *RJDA* 1997, n° 1185 ; *RTD civ.* 1998. 101, obs. J. Mestre, où ce n'était pas le cas.
2. Versailles, 15 sept. 2011, *Sonodesign c/Bang, CCC* 2011, n° 236, obs. M. Malaurie-Vignal.
3. Versailles, 15 sept. 2011, préc.
4. Versailles, 16 mai 2002, *Parasanté, JCP E* 2002. Pan. n° 1187 – Colmar, 22 mars 2021, RG n° 17/02203, *CCC* 2021, n° 97, obs. M. Malaurie-Vignal.
5. Cons. conc. 19 juill. 2001, *RJDA* 2002, n° 103.
6. Com. 4 déc. 2012, n° 11-17.864, NP : le demandeur avait commis des actes de contrefaçon, en utilisant sans droit la marque du constructeur.
7. Com. 16 févr. 2022, n° 20-11.754, P.

313.22 Critères quantitatifs. La distribution sélective, d'abord entendue comme qualitative, s'est ensuite vue reconnaître la possibilité d'être quantitative, par une analyse économique, en sélectionnant les revendeurs retenus par le critère du nombre. Le règlement 2790/1999[8], applicable aujourd'hui, posa le principe d'une « zone de sécurité » pour tous les accords, sans laquelle ils ne seraient pas viables économiquement. Le principe vaut pour tous les accords, y compris donc pour les accords de distribution sélective, n'excédant pas 30 % de parts de marché, à la double condition du respect des prescriptions impératives relatives aux restrictions caractérisées et d'une certaine durée pour les obligations de monomarquisme stipulées, les deux conditions sous peine de défaut d'exemption de la clause litigieuse. Au-delà du seuil de parts de marché fixé un examen individuel du réseau déterminera son sort. Comme la distribution sélective quantitative est la forme de distribution sélective la plus pratiquée, et que le nombre de réseaux dépassant le seuil critique est restreint, l'exemption automatique est ainsi devenue la règle de droit commun en la matière.

Il est plus difficile que les critères de la sélection quantitative soient objectifs que pour la sélection qualitative. Cependant, sont objectifs des critères dont le contenu précis peut être vérifié[9]. À notre avis les fabricants et fournisseurs doivent indiquer concrètement pour quelles raisons (quels objectifs de production par exemple, quels risques de dépérissement, quelle zone de chalandise, *etc.*), la limitation du nombre des revendeurs leur paraît indispensable, dans une perspective de progrès économique, dont le consommateur doit tirer profit. Elle semble plus facilement admissible pour les produits de luxe que pour les produits techniques. Le refus d'introduire un candidat dans le réseau pour un motif de densité ne doit pas être exercé de façon discriminatoire. Tant que l'on se trouve dans la « zone de sécurité » de parts de marché, il n'est pas nécessaire que le système de distribution quantitative pratiqué repose sur des critères objectivement justifiés et appliqués de façon uniforme et non différenciée à l'égard de tous les candidats à la sélection. En revanche, au-delà l'examen individuel des critères intervient, en vertu de l'article 101[10], § 3, du TFUE, pour exempter l'accord au vu des gains d'efficacité qu'il procure.

8. Règl. 2790/1999, Commission, 22 déc. 1999, concernant l'application de l'art. 81, § 3, du traité à des catégories d'accords verticaux et de pratiques concertées, *JOCE* L 336, 29 déc. p. 21.
9. CJUE, 14 juin 2012, *Land Rover,* aff. C-158/11, préc.
10. TFUE, 101 [TCE-A, 81 ; TCE 85] – I. Pingel (dir.), *De Rome à Lisbonne : Commentaire article par article des traités UE et CE* 2e éd., Helbing-Lichtenhahn-Dalloz-Bruylant, 2010, p. 695.

L'intrusion du commerce électronique[1] a fait franchir une nouvelle étape à la distribution sélective[2]. Un règlement 2018/302, applicable depuis le 3 décembre 2018, vise à contrer le blocage géographique injustifié et d'autres formes de discrimination fondée sur la nationalité, le lieu de résidence ou le lieu d'établissement des clients[3] dans le marché intérieur[4].

313.23 Compétence. Pour un produit technique l'aménagement du local et l'amabilité du personnel comptent moins que la compétence technique du distributeur. Il doit être un *professionnel avisé* dans son domaine, au fait des plus récents perfectionnements ; il lui faut posséder et maintenir un stock minimum pour rendre les services qui lui sont demandés. Car il est amené à rendre maints services à la clientèle. La pierre de touche de sa sélection par le fabricant sera sa capacité à les assurer de la meilleure façon. Une clause de rendement lui est parfois imposée. Elle est valable dès lors qu'elle est fixée de façon objective et qu'elle est raisonnable[5].

313.24 Prestations avant la vente. Avant la vente, le distributeur doit conseiller de manière pertinente le client et, pour ce faire, le cas échéant l'interroger, lui demander des explications complémentaires sur ses besoins, procéder à une étude approfondie, à des investigations, à des mises en garde. Dans le domaine de l'informatique où, d'une part il existe des composants multiples dont le choix dépend de l'usage auquel le matériel est destiné et où, d'autre part, certains clients potentiels sont encore inexpérimentés, le rôle du vendeur est plus lourd. Mais il est à penser qu'avec la simplification des procédés et la vulgarisation des connaissances, cette obligation de conseil, actuellement renforcée, connaîtra un affaiblissement.

313.25 Prestations après la vente. Après la vente, le distributeur est tenu d'assurer le service de la garantie et de la maintenance, ce qui suppose la présence d'un personnel compétent et disponible, la constitution de stocks de pièces de rechange, et la création d'une installation adaptée, à la pointe de la technique. Toutefois, l'exigence de telles installations ne doit pas être discriminatoire.

313.26 Critères quantitatifs de sélection. Le règlement 330/2010 reconnaît la licéité de la sélection quantitative, limitant le nombre de revendeurs, en imposant par exemple un niveau de vente minimal ou maximal. Mais ici aussi les critères retenus doivent être objectifs, fixés de manière uniforme et appliqués de façon non discriminatoire[6]. Toutefois, la licéité de la sélection qualitative est subordonnée au fait que la part de marché n'excède pas 30 % sur le marché où il vend les produits[7] et que l'acheteur ne dépasse pas une part de marché de 30 % sur le marché où il achète les produits[8]. De plus, les distributeurs sélectionnés doivent pouvoir procéder à des ventes actives tant entre eux qu'aux consommateurs finaux[9].

313.27 Du retrait du bénéfice de l'exemption. La Commission peut retirer le bénéfice du règlement 330/2010 d'exemption lorsqu'elle constate que, dans un cas déterminé, par l'effet cumulatif de réseaux parallèles, des accords verticaux restreignent de façon significative l'accès au marché ou la concurrence par l'effet cumulatif de réseaux parallèles[10]. Pour mesurer celui-ci un double seuil a été établi[11]. D'abord, la part de marché réalisée par l'ensemble du réseau de distribution sélective doit être supérieure à 50 %. Ensuite, la part de marché cumulée détenue par les cinq plus importants fournisseurs doit dépasser 50 %.

SECTION 3
DROITS DU DISTRIBUTEUR

313.31 Des restrictions quant aux destinataires des ventes. Un fournisseur peut interdire aux membres sélectionnés de vendre les produits à des *distributeurs* extérieurs[12]. En effet, la logique d'un

1. Sur le commerce électronique v. *infra* s^s n°s 411.21 s. ; sur la vente en ligne v. *infra* s^s n°s 411.41 s.
2. T. Lambert, « De la distribution qualitative au commerce électronique ou les trois âges de la distribution sélective », art. préc.
3. V. *infra* s^s n° 412.18.
4. Règl. 2018/302, Parlement et Conseil, 28 févr. 2018, visant à contrer le blocage géographique injustifié et d'autres formes de discrimination fondée sur la nationalité, le lieu de résidence ou le lieu d'établissement des clients dans le marché intérieur et modifiant les règlements (CE) 2006/2004 et (UE) 2017/2394 et la directive 2009/22/CE, *JOUE* L 60/1, 2 mars.
5. Com. 13 mai 1997, n° 95-14.035, P IV, n° 131 ; *D.* 1998. Somm. 339, obs. D. Ferrier ; *RJDA* 1997, n° 1185 ; *RTD civ.* 1998. 101, obs. J. Mestre – POUR UNE APPLICATION au contrat de distribution sélective : Versailles, 15 sept. 2011, *Sonodesign c/Bang & Olufsen France*, préc.
6. POUR UN RAPPEL net : Paris, 5e B, 29 nov. 2007, *HBC c/Cartier, CCC* 2008, n° 70, obs. M. Malaurie-Vignal.
7. Règl. 330/2010, Commission, 20 avr. 2010, art. 7, a.
8. Règl. 330/2010, Commission, 20 avr. 2010, art. 7, a.
9. Comm. UE, comm. C 130/01, *Lignes directrices sur les restrictions verticales*, 19 mai 2010, p^t 176.
10. Règl. 330/2010, Commission, 20 avr. 2010, art. 6.
11. Comm. UE, comm. C 130/01, *Lignes directrices sur les restrictions verticales*, 19 mai 2010, p^t 179.
12. Comm. UE, comm. C 130/01, *Lignes directrices sur les restrictions verticales*, 19 mai 2010, p^t 178. – Invoquant l'interdiction de vente sur les plateformes comme un moyen de préserver la sécurité du consommateur et de garantir l'image de marque et la qualité des produits concernés : Aut. conc., décis. n° 18-D-23, 24 oct. 2018 ; confirmée par Paris, 17 oct. 2019, RG n° 18/24456, *CCC* ▶

tel réseau est d'être « fermé », « étanche » dit-on parfois. En revanche, le règlement prohibe :

1° La restriction « *des livraisons croisées entre distributeurs à l'intérieur d'un même système de distribution sélective, y compris entre les distributeurs opérant à des stades différents du commerce* »[1].

2° La restriction des ventes actives et passives aux « utilisateurs finals », sans préjudice de la possibilité d'interdire à un membre du système d'opérer « à partir d'un lieu d'établissement non autorisé »[2]. Au lieu géographique les auteurs du texte ont assimilé un site internet, à lire le point 54 des « lignes directrices », selon lequel « *le fournisseur peut imposer des normes de qualité pour l'utilisation du site internet à des fins de vente de ses produits, comme il le ferait pour un magasin* ».

L'interdiction de principe faite aux membres d'un réseau de distribution sélective de commercialiser des produits contractuels sur les plateformes en ligne correspond à la finalité du réseau. Cependant, un doute existait sur la possibilité de la faire pouvoir bénéficier de l'exemption de l'article 101[3], § 3, du TFUE[4]. Un arrêt avait considéré que cette interdiction est susceptible de constituer, sauf justification objective, une restriction de concurrence caractérisée[5]. En 2016 la CJUE fut saisi d'un recours préjudiciel en interprétation sur cette question. Elle statua par un arrêt du 6 décembre 2017, très satisfaisant pour les réseaux, en jugeant que l'article 101, § 1, du TFUE ne s'oppose pas à une clause contractuelle interdisant « *aux distributeurs agréés d'un système de distribution sélective de produits de luxe visant, à titre principal, à préserver l'image de luxe de ces produits de recourir de manière visible à des plateformes tierces pour la vente sur internet des produits contractuels, dès lors que cette clause vise à préserver l'image de luxe desdits produits, qu'elle est fixée d'une manière uniforme et appliquée d'une façon non discriminatoire, et qu'elle est proportionnée au regard de l'objectif poursuivi* »[6]. On peut penser, qu'au-delà des produits de luxe, la conformité d'un système de distribution sélective à l'article 101, § 1, précité, s'applique aussi aux produits de prestige ce qui, dans ce cas, inclurait certains appareils techniques nouveaux, du moins lorsqu'ils sont encore confidentiels et donc des « marqueurs » sociaux. D'une façon générale, la Cour de cassation proscrit, à la suite de l'arrêt *Pierre Fabre* de la CJUE, les clauses limitatives de revente en ligne, directement ou indirectement, même dans les réseaux de distribution sélective[7].

313.32 De l'environnement de marques. Le maître du réseau ne peut pas interdire à ses membres de vendre des produits de marques « *de fournisseurs concurrents déterminés* »[8] ; le texte use d'un raccourci équivoque, en employant la formule « *ne pas vendre des marques* ». *A contrario*, il semble possible d'imposer la présence dans l'établissement d'un certain nombre de marques de même niveau de notoriété, selon une clause fréquente en pratique. Mais un distributeur sélectionné manquerait à la loyauté en se présentant comme distributeur exclusif de produits concurrents et en privilégiant la vente de ceux-ci[9] ; un tel comportement constitue un motif légitime de non-renouvellement du contrat.

313.33 Utilisation de la marque du concédant. Le distributeur sélectionné va pouvoir se targuer officiellement de l'investiture de confiance, ce qui

► 2019, nº 203, obs. G. Decocq ; *CCC* 2020, nº 7, obs. M. Malaurie-Vignal – J.-L. Fourgoux, « Distribution sélective : l'organisation des réseaux », *RLDA* 2020, nº 158 ; confirmant encore la solution *Coty* : Aut. conc., décis. nº 20-D-20, 3 déc. 2020, *CCC* 2021, nº 23, obs. M. Malaurie-Vignal.

1. Règl. 330/2010, Commission, 20 avr. 2010, art. 4, d.
2. Règl. 330/2010, Commission, 20 avr. 2010, art. 4, c.
3. Sur celui-ci v. *supra* s[s] nº 312.11.
4. C. Brel, « Les plateformes électroniques et la vente de produits bénéficiant d'une distribution sélective », *AJCA* 2014. 308.
5. Paris, pôle 1, ch. 3, 2 févr. 2016, RG nº 15/01542, *AJCA* 2016. 210, obs. M. Ponsard ; *CCC* 2016, nº 92, obs. M. Malaurie-Vignal ; *RJDA* 2016, nº 524 – D. Tsiaklagkanou, « Un réseau de distribution sélective peut-il renoncer aux ventes effectuées par ses distributeurs agréés via une plate-forme tierce ? », *RLDI* 2016. Doctr. 4037 – C. Grynfogel, « Distribution en ligne et droit de la concurrence : état des lieux (2e partie) », *RJDA* 2017. Doctr. 443.
6. CJUE, 6 déc. 2017, *Coty*, aff. C-230/16, *Rec.* N ; *CCC* 2017, nº 198, obs. M. Malaurie-Vignal, concl. av. gén. N. Wahl ; *D.* 2018. 150, note C Grimaldi (on se demande pourquoi l'annotateur emploie l'expression de *market place* plutôt que celle de place de marché) ; *AJ contrat* 2018. 34, obs. F. Buy et J.-C. Roda ; *RLDA* janv. 2018, note F. Audran et A. Choffel ; *RLDI* 2018, nº 5145, obs. L. Costes ; *RLDI* 2018. 5161, note J.-L. Fourgoux – N. Petrignet et V. Coursière-Pluntz, « Distribution sélective et vente de produits sur une plateforme en ligne », *RJDA* 2018. Chron. 107 – G. Decocq, « Distribution sélective des produits de luxe et restriction de vente sur internet », *CCÉ* 2018. Ét. 14 ; – APPLIQUANT LA SOLUTION de l'arrêt de la CJUE : Paris, pôle 5, ch. 4, 28 févr. 2018, RG nº 16/02263, *Coty*, *D.* 2018. Pan. 2270, obs. J. Larrieu, C. Le Stanc et P. Tréfigny ; *Dalloz IP/IT* 2018. 377, note C. Maréchal – DANS UNE AUTRE AFF. : Paris, pôle 1, ch. 8, 13 juill. 2018, RG nº 17/20787, *Caudalie*, *D.* 2018. Pan. 2270, obs. J. Larrieu, C. Le Stanc et P. Tréfigny ; *Dalloz IP/IT* 2018. 645, note C. Maréchal ; *AJ contrat* 2018. 435, obs. L. et J. Vogel – A. Robin, « Les places de marché en ligne. Du millefeuille à la mouvance des qualifications juridiques », *JCP E* 2020, 1041 – F. Sabrinni, « La notion de plateforme au cœur des nouvelles relations entre professionnels », *RTD com.* 2020. 215 s.
7. V. *supra* s[s] nº 312.11.
8. Règl. 330/2010, Commission, 20 avr. 2010, art. 5, c.
9. À PROPOS de matériel de bureautique : Paris, 19 janv. 2001, *Se.Pro.Dis c/Canon France*, *RTD civ.* 2001. 360, obs. J. Mestre et B. Fages.

implique qu'il puisse utiliser la marque désignant le producteur ou ses produits - dans les limites de son habilitation -, sans que cet usage puisse être considéré comme un acte de concurrence déloyale par rattachement [1]. Cette Autorisation d'utiliser la marque ne vaut que dans les limites fixées par le concédant, notamment géographiques, ou quant aux produits (il peut n'avoir été sélectionné que pour certains produits de la gamme du fournisseur).

1. MAIS à propos des noms de domaine et du commerce électronique v. *supra* s[s] n°s 312.05 s.

CHAPITRE

314. Contrat de concession commerciale exclusive

SECTION 0 ORIENTEUR

314.00 **Sommaire du chapitre.**

314.03 **Bibliographie. Ouvrages.** M. Behar-Touchais et G. Virassamy, *Les contrats de la distribution*, « Traité des contrats », LGDJ, 1999 – P. Crahay, *Les contrats internationaux d'agence et de concession de vente*, « Droit des affaires », LGDJ, 1991 – Ph. le Tourneau, *Les contrats de concession*, 2e éd., « Litec Professionnels », Litec, 2010 – L. et J. Vogel, *Traité de droit économique. Droit de la distribution*, « Lawlex », Bruylant, 2015.

Manuels. F. Buy, M. Lamoureux et J.-C. Roda, *Droit de la distribution*, 2e éd., LGDJ, « Manuel », 2019 – D. et N. Ferrier, *Droit de la distribution*, 8e éd., « Manuel », LexisNexis, 2017.

Thèses. D. Bosco, *L'obligation d'exclusivité*, préf. C. Prieto, « Fondation pour l'étude du droit et des usages du commerce international », Bruylant, Bruxelles, 2008 – N. Éréséo, *L'exclusivité contractuelle*, préf. D. Ferrier, « FNDE-Bibliothèque de droit de l'entreprise », Litec, 2008 – S. Lebreton, *L'exclusivité contractuelle et les comportements opportunistes : Étude particulière aux contrats de distribution*, préf. M. Pédamon, avant-propos J. Monéger, « FNDE – Bibliothèque de droit de l'entreprise », Litec, 2002 – X. Licari, *La protection du distributeur intégré en droit français et allemand*, préf. C. Witz, avant-propos M. Martinek, « FNDE – Bibliothèque de droit de l'entreprise », Litec, 2002 – C. Maury, *Les contrats de concession et de franchisage dans le redressement et la liquidation judiciaires*, Toulouse, 2004.

Article. T. Lambert, « La durée de l'exclusivité d'approvisionnement », *JCP E* 2017. Ét. 1017.

314.05 **Définition.** La concession commerciale exclusive est un contrat de distribution, de durée limitée, par lequel le concédant accorde *exclusivement* au concessionnaire le droit de revendre ses produits de marque sur un territoire déterminé, tandis que le concessionnaire s'engage à s'approvisionner *exclusivement* chez le concédant. La qualification de concession exclusive peut exister en l'absence d'une clause expresse, pouvant se déduire de *l'économie du contrat*[1]. Il n'y a pas concession commerciale *stricto sensu* en l'absence d'une exclusivité réciproque. Elle implique nécessairement la reconnaissance au profit du concessionnaire d'une zone protégée : La clause d'exclusivité territoriale est même l'élément déterminant de la qualification. Le concédant a le droit de traiter avec les distributeurs de son choix, et il n'est pas tenu de motiver sa décision, ni même de communiquer les critères selon lesquels il exerce ce choix[2]. La concession commerciale exclusive n'est pas seulement utilisée pour la revente du matériel. Elle l'est aussi pour la distribution des progiciels ; mais la nature particulière de ce bien entraîne la présence de clauses spéciales[3].

1. Com. 3 juill. 2001, n° 99-11.390, NP, *RJDA* 2002, n° 35 ; *RTD civ.* 2002. 293, obs. J. Mestre et B. Fages.
2. Com. 7 avr. 1998, n° 96-13.219, P IV, n° 126 ; *D.* 1998. IR 127 ; *RJDA* 1998, n° 975 ; *CCC* 1998, n° 118, obs. S. Poillot-Peruzzetto.
3. POUR UN EX. de concession exclusive de progiciel : *Expertises* 1994, p. 144 et 145 – D'UNE FAÇON PLUS GÉNÉRALE : les divers ex. de contrats de concession donnés *in extenso* dans *J.-Cl. Contrats Distribution*, fasc. F 1000 (2014).

314.06 Indépendance du concessionnaire. Comme tous les contrats constitutifs de réseaux, la concession commerciale crée des liens très vifs entre ses divers membres, auxquels le concédant impose toutes sortes de contraintes, normes et contrôles. Toutefois, chaque concessionnaire est un commerçant indépendant. Il est donc seul responsable de ses faits et gestes, et la responsabilité du concédant ne peut pas être recherchée à leur égard. Si, dans telle espèce, l'indépendance est inexistante, la requalification s'impose.

314.07 Critères de choix du concessionnaire. Les critères qualitatifs de choix des distributeurs doivent être objectifs[1]. Il s'agit d'une transposition pure et simple de la solution bien établie en matière de distribution sélective[2]. Par définition, la distribution commerciale suppose une exclusivité et donc un choix quantitatif (en fonction de l'étendue du territoire concédé).

SECTION 1
OBLIGATIONS DU CONCÉDANT

§ 1
Respecter l'exclusivité

314.11 Le concédant doit fournir les produits. Le concédant doit bien évidemment se conformer à la clause d'exclusivité qui a été stipulée. Cette obligation revêt plusieurs aspects. Le concédant doit d'abord *fournir* à son partenaire les marchandises qu'il s'est engagé à lui livrer, selon les modalités prévues, sauf à commettre une défaillance contractuelle ; c'est le Droit commun de la vente, mais qui se trouve renforcé ici par l'exclusivité et l'intérêt commun (du réseau). Et, s'il a imposé au concessionnaire un volume minimum de vente[3], corrélativement, c'est le revers de cette stipulation, il est tenu de lui livrer cette quantité.

Lorsque le concédant, lié par une clause d'exclusivité, ne respecte pas ses engagements et refuse de livrer à son concessionnaire, celui-ci est en droit, selon la règle de principe exprimée avec force par l'article 1221, du code civil, d'exiger l'exécution des prestations promises, en l'espèce la livraison des produits, tant qu'elle est possible.

314.12 Le concédant doit respecter le territoire concédé. Ensuite et surtout, le concédant a l'obligation de respecter le secteur géographique qu'il a confié à la diligence du concessionnaire (y compris en ne mentionnant pas l'existence d'autres entreprises que celles de ses concessionnaires sur son site internet[4]). L'exclusivité s'analyse comme *une clause de non-concurrence produisant ses effets durant la vie contractuelle*[5]. Selon un auteur, au-delà du respect du territoire, le débiteur d'exclusivité (en l'espèce le concédant) est tenu d'une véritable *garantie de la valeur économique de l'exclusivité*, de sorte qu'il ne doit pas « *priver le créancier de l'intérêt économique qu'il pouvait légitimement espérer [en] tirer* »[6].

Mais l'intensité de la protection dépend de la nature de l'exclusivité en cause. Soit l'exclusivité, bien que réciproque, est simple. Elle peut être simple, tant du côté du concédant que de celui du concessionnaire. Soit, au contraire, loin d'être simple, l'exclusivité est renforcée, là encore aussi bien en se plaçant du côté du concédant que du côté du distributeur.

314.13 Exclusivité simple. Lorsqu'une *exclusivité simple* a été stipulée au bénéfice du distributeur, le concédant s'est engagé à ne vendre, dans une zone déterminée, qu'à un seul distributeur professionnel, qu'à un seul concessionnaire. Mais il conserve la liberté de commercer avec quiconque hors de ce lieu et, même au sein de celui-ci, avec ses clients personnels. Dans ce cas, il est parfois tenu contractuellement de verser au concessionnaire une indemnité forfaitaire pour chaque vente qu'il a ainsi effectuée.

Parfois, les contrats ne comportent pas une exclusivité territoriale de vente au profit du concessionnaire, mais une *exclusivité de prospection dans ce secteur géographique*. Les concessionnaires ont alors le droit de vendre à des *utilisateurs* hors de leur territoire, à condition que ces acheteurs ne soient pas des intermédiaires et qu'ils se soient adressés d'eux-mêmes au concessionnaire, sans avoir été démarchés.

314.14 Exclusivité renforcée. L'exclusivité, loin d'être simple, peut être *renforcée*, pour chacune des parties. Exclusivité renforcée de la part du *concédant*, qui s'interdit de vendre dans le secteur protégé, à qui

1. Com. 25 janv. 2000, n° 97-15.292, NP, *Cah. dr. entr.* 2000/2, obs. D. Mainguy et J.-L. Respaud, p. 19 ; *CCC* 2000, n° 64, obs. M. Malaurie-Vignal – POUR un contrat de distribution automobile : Com. 6 mars 2007, n° 05-17.011, P IV, n° 76 ; *CCC* 2007, n° 148, obs. M. Malaurie-Vignal ; *D.* 2007. AJ 1010, obs. E. Chevrier ; *JCP* 2007. I. 195, n° 19, obs. M. Chagny.
2. V. *supra* s[s] n° 313.21.
3. Sur la clause de *quota*, v. *infra* s[s] n°s 314.71 s.
4. Paris, 5e ch. A, 1er oct. 2008, RG n° 06/6083, *RJDA* 2009, n° 421.
5. V. les développements d'Y. Auguet, *Concurrence et clientèle. Contribution à l'étude critique du rôle des limitations de concurrence pour la protection de la clientèle*, préf. Y. Serra, « BDPr », t. 315, LGDj, 2000, n°s 114 s.
6. N. Éréséo, *L'exclusivité contractuelle*, th., préc. n° 390.

que ce soit, et sous quelque forme que ce soit (c'est en somme une clause de non-concurrence). Exclusivité renforcée de la part du *concessionnaire,* qui s'interdit d'empiéter, de quelque manière que ce soit, sur le territoire des autres membres du réseau. Cette exclusivité renforcée aboutit donc à confier un *véritable monopole de vente dans un secteur géographique* au concessionnaire, de sorte qu'elle est souvent dénommée « exclusivité territoriale absolue ». Ces clauses de territorialité absolue cloisonnent de façon étanche le marché. Ce sont elles qui soulèvent le plus de difficultés au regard du Droit des ententes. Elles sont prohibées lorsqu'elles interdisent absolument aux concessionnaires de commercer sur le territoire d'un autre membre du réseau, alors qu'elles restent licites si elles se contentent de limiter sa liberté de manœuvre hors de sa zone (en lui interdisant des campagnes publicitaires en dehors de celle-ci, ou la création d'une succursale...).

314.15 Respect de l'exclusivité. Le maître du réseau doit veiller à son unité et à son intégrité. Il a envers ses distributeurs le devoir de défendre la *cohérence* du système et de l'ensemble. Dès lors, il lui incombe d'abord d'agir en responsabilité délictuelle contre les tiers qui, se procurant les biens couverts par ce mode de distribution, les mettraient en vente sans autorisation[1]. Ils désorganisent le réseau par ces actes de concurrence déloyale[2]. En revanche, le « rachat par transaction » de la clause d'exclusivité par le concédant ne permet pas au concessionnaire d'engager une action en responsabilité à son encontre pour violation de ladite clause, que cette action soit antérieure ou postérieure à la transaction[3].

Le concédant doit également agir, le cas échéant, par une action contractuelle (pour défaillance ou en résiliation) envers ceux qui n'en respecteraient pas les règles[4], particulièrement en fournissant des distributeurs non adhérents[5]. À cet égard, il s'engage à faire respecter l'exclusivité par chaque membre du réseau de distribution, pour lesquels il se porte en quelque sorte garant. À lui d'agir contre les concessionnaires qui ne respecteraient pas les règles du jeu[6]. Son inaction de ce chef constituerait une défaillance contractuelle envers les membres du réseau[7].

Les concédants créent parfois un organisme de contrôle de l'exclusivité, par exemple un « Comité de respect du territoire », auquel les concessionnaires adhèrent obligatoirement par un document annexé au contrat-cadre. Ils adressent leurs réclamations, quant aux intrusions d'autres concessionnaires dans leur zone, au comité qui peut infliger des amendes aux contrevenants. Cette procédure permet d'éviter le recours à la justice, avec la publicité qui en résulterait, et de maintenir l'apparence de cohésion du réseau. Mais il n'est pas certain que ce système soit valide au regard du Droit de la concurrence.

Enfin, un concessionnaire peut agir directement contre un autre concessionnaire qui viole ses obligations contractuelles. En effet, la Cour de cassation affirme que « *le tiers à un contrat peut invoquer, sur le fondement de la responsabilité délictuelle, un manquement contractuel dès lors que ce manquement lui a causé un dommage* »[8].

1. RAPPR. : Com. 3 nov. 2004, n° 02-17.919, NP, *JCP E* 2005. 1324, obs. D. Mainguy : le concédant avait laissé s'installer sur le territoire exclusif celui qu'il souhaitait nommer comme nouveau concessionnaire.
2. Com. 15 mars 1994, n° 91-13.523, P IV, n° 108 ; *RJDA* 1994, n° 794.
3. Paris, 20 mars 2003, *LPA* 8 mars 2006, n° 48, p. 10, obs. D. Mainguy, J.-L. Respaud et V. Cadoret.
4. Com. 28 nov. 1995, n° 94-14.898, P IV, n° 276 : a commercialisé des « coffrets cadeaux » en supprimant une mention – Com. 20 févr. 2007, n° 04-17.752, P IV, n° 52 ; *D.* 2007. AJ 795, obs. E. Chevrier ; *RDC* 2007. 1255, note J.-B. Racine ; *JDI* 2007. 1211, note S. Hotte ; *D.* 2008. Pan. 2198, obs. D. Ferrier.
5. Com. 12 juill. 1993, n° 90-19.660, P IV, n° 295 ; *Gaz. Pal.* 1994. Pan. 115 ; P IV, n° 295.
6. Com. 20 févr. 2007, n° 04-17.752, préc. : affirmant catégoriquement qu'il « *appartient au fournisseur de faire respecter l'exclusivité qu'il a concédée* » (et non au concessionnaire victime de la violation de l'obligation d'exclusivité), à propos d'un concédant ayant laissé un distributeur agréé concurrencer un concessionnaire dans son territoire.
7. Com. 9 juill. 1996, n° 94-16.655, NP, *PIBD* 1997. III. 165 – Com. 1er juill. 2003, n° 99-17.183, P IV, n° 115 ; *JCP E* 2003. 1435, note C. Vilmart ; *RDC* 2004. 396, note M. Behar-Touchais ; *CCC* 2003, n° 161, obs. M. Malaurie-Vignal : responsabilité du maître du réseau maintenant un distributeur ne disposant pas du personnel compétent et qui exploitait son magasin dans des conditions ternissant l'image de marque du réseau de distribution – Com. 20 févr. 2007, n° 04-17.752, préc. – Com. 8 juin 2017, n° 15-26.755, NP, *AJ contrat* 2017. 439, obs. R. Pihery ; *RJDA* 2018, n° 117 : cas un peu différent, car il s'agissait de ventes réalisées par des distributeurs tiers au réseau (ventes parallèles) ; condamnation néanmoins du concédant à des dommages et intérêts, pour défaillance de sa part, ce qui est assez critiquable, not. au regard du règl. UE n° 320-2010 du 20 avr. 2010 (art. 4) sur les restrictions verticales, puisque le titulaire d'un réseau ne peut pas, en principe, interdire à ses membres de revendre ses produits à des distributeurs (sur ce règlt. v. *supra* ss n° 313.31).
8. Cass., ass. plén., 6 oct. 2006, n° 05-13.255, *Myr'Ho*, P, n° 9 ; *D.* 2006. 2825, note G. Viney ; *D.* 2006. IR 1870, obs. I. Gallmeister ; *JCP* 2006. II. 10181, avis A. Gariazzo, note M. Billiau ; *JCP E* 2007. 1000, note F. Auque ; *RDC* 2007. 269, note D. Mazeaud ; 381, note J.-B. Seube ; 569, art. Ph. Jacques ; *RTD civ.* 2007. 123, obs. P. Jourdain – Civ. 1re, 19 sept. 2018, n° 16-20.164, P I, n° 156 ; *AJ Contrats* 2018. 480, obs. B. Néraudau et P. Guillot ; *JCP E* 2018. 1609, obs. S. Moracchini-Zeidenberg [donnant l'arrêt comme de Civ. 2e] – Cass., ass. plén., 13 janv. 2020, n° 17-19.963, P ; *JCP G* 2020. Doctr. 210, n° 6, obs. G. Virassamy ; *AJ contrat* 2020. 80, obs. M. Latina ; *D.* 2020. 416, note crit. J.-S. Borghetti ; *LPA* 26 mars 2020. ▶

314.16 **Renvoi.** Sur la durée de la clause d'exclusivité v. *supra* s^s n°s 312.53 s.[1]

§ 2
Garantir

314.21 **Garantie contre l'éviction.** Le concédant, comme tout vendeur, doit garantir le concessionnaire contre *l'éviction*. À son propos, il a pu être considéré qu'une baisse subite et unilatérale des prix, décidée par le concédant, équivalait à une éviction partielle de la valeur des objets détenus en stock. Le distributeur qui a contribué à une contrefaçon, en mettant en vente des produits qu'il savait contrefaisants, ne peut pas faire jouer la garantie d'éviction à son profit, car celle-ci résulte de son fait[2].

314.22 **Garantie contre les vices cachés.** Le concédant doit aussi, très classiquement, garantir le concessionnaire contre les vices cachés de la chose. Or, il est admis que, lorsque la chose fait l'objet de ventes successives, cette garantie se *transmet avec la chose*[3]. Dès lors, l'acheteur peut actionner aussi bien son propre vendeur que le *concédant*, envers lequel il dispose d'une *action directe, que l'un et l'autre* (qui seront tenus solidairement).

Cette action est de nature contractuelle, même depuis l'arrêt *Besse* de l'Assemblée plénière de la Cour de cassation du 12 juillet 1991[4]. En effet, le revirement n'étant intervenu qu'à propos des chaînes de contrats *n'emportant pas transfert de propriété d'une chose*[5].

314.23 **Exercice de la garantie contractuelle par tout le réseau.** L'acheteur bénéficie également d'un avantage appréciable dans la mise en œuvre de la garantie conventionnelle du fabricant. Il n'est pas obligé de s'adresser à son propre vendeur ou au concédant ; au contraire, la possibilité lui est accordée d'exiger la réparation convenue de n'importe quel membre du réseau du fabricant. L'acheteur a en quelque sorte *une garantie contre tout le réseau du fabricant* (même du reste s'il a contracté avec un distributeur ordinaire, non membre du réseau[6]).

Du reste, tout vendeur est tenu d'assurer l'obligation de garantie auprès de l'acquéreur final, quelles que soient les modalités par lesquelles cette obligation s'exerce[7]. Cette facilité est destinée à assurer l'égalité entre les divers intervenants du marché, et à faciliter le libre jeu de la concurrence. Cependant, une clause du contrat entre le fabricant et le vendeur intermédiaire peut exclure la garantie du premier en présence d'une vente hors réseau ; elle serait opposable au sous-acquéreur en tant qu'accessoire de la chose.

§ 3
Autoriser l'usage de sa marque et de son enseigne

314.31 **Droit d'utiliser la marque.** Le concédant autorise le concessionnaire à utiliser sa marque et son enseigne, afin d'estampiller de façon ostensible, envers tous, son appartenance au réseau[8]. Au concédant revient la tâche de conduire la politique générale du réseau. Il est seul à même d'élaborer la stratégie globale de l'ensemble dans la conquête de

► 13, note G. Trédez (l'auteur relève que cet arrêt, selon lequel il existerait implicitement un nouveau délit, à savoir l'inexécution d'un contrat, comporte des imprécisions et est source de dangers, not. quant à la frontière entre le droit des contrats et le droit de la responsabilité délictuelle, car il ouvre une brèche à la non-option des responsabilités) – M. Bacache, « L'assimilation des fautes délictuelle et contractuelle réaffirmée par l'assemblée plénière », *D.* 2020. Point de vue 395, suggérant que cet arrêt pourrait être interprété dans le sens d'une incitation à consacrer l'al. 2 de l'art. 1234 du projet de réforme de la responsabilité, toutefois au prix d'une légère modification – La C. de cass. justifie sa jurisprudence en affirmant que « *le principe ainsi énoncé* (par l'arrêt Myr'Ho) *était destiné à faciliter l'indemnisation du tiers à un contrat qui, justifiant avoir été lésé en raison de l'inexécution d'obligations purement contractuelles, ne pouvait caractériser la méconnaissance d'une obligation générale de prudence et diligence, ni du devoir général de ne pas nuire à autrui* » (arrêt point 14) ; elle ajoute not. qu'il « *importe de ne pas entraver l'indemnisation de ce dommage* » (point 21) ; ces arguments sont contestables et contestés – SUR CES ARRÊTS : Ph. le Tourneau (dir.), *Droit de la responsabilité et des contrats. Régimes d'indemnisation*, 12e éd., « Dalloz action », 2020, n°s 3213.171 s.

1. *ADDE* : T. Lambert, « La durée de l'exclusivité d'approvisionnement », art. préc.
2. Civ. 1re, 15 oct. 1996, n° 94-18.499, P I, n° 355 ; *D. Affaires* 1997, 257 ; *RJDA* 1997, n° 290.
3. V. *supra* s^s n°s 213.114 s., 213.221 s.
4. Cass., ass. plén., 12 juill. 1991, n° 90-13.602, *Besse*, P, n° 5 ; *D.* 1991, jur. 549, note J. Ghestin et Somm. 321, obs. J.-L. Aubert ; *D.* 1992. Somm. 119, obs. A. Bénabent ; *JCP* 1991. II. 21743, note G. Viney ; *RDI* 1992. 27, obs. B. Boubli ; 71, obs. Ph. Malinvaud et B. Boubli ; *RTD civ.* 1991. 750, obs. P. Jourdain et 90, obs. J. Mestre ; *RTD civ.* 1992. 593, obs. F. Zenati ; *GADI*, Dalloz, 2002, n° 38, obs. L. Tranchant.
5. Ph. le Tourneau (dir.), *Droit de la responsabilité et des contrats...*, 12e éd., « Dalloz action », 2020, *op. cit.*, n°s 3116.33 s.
6. Com. 10 févr. 1998, n° 96-11.281, P IV, n° 65 ; *D.* 1998. IR 70 ; *PIBD* 1998. III. 287 – Com. 1er déc. 1998, n° 96-21.946, NP, *CCC* 1999, n° 55, obs. M. Malaurie-Vignal ; *PIBD* 1999. III. 77 ; *JCP E* 1999. II. 224, note J.-C. Fourgoux – *CONTRA* : CJCE 13 janv. 1994, *Metro c/Cartier*, aff. C-376/92, *Rec.* I-00015 ; *D.* 1994. IR 35.
7. Com. 19 oct. 1999, n° 97-16.506, P IV, n° 168 ; *D.* 2000. 341, note L. Mauger-Vielpeau.
8. MAIS à propos des noms de domaine et du commerce électronique v. *supra* s^s n°s 312.05 s.

la clientèle. C'est dans cette optique qu'il crée un *style de vente* autour de sa marque, dans une publicité nationale, toujours recommencée pour maintenir le public en éveil.

§ 4
Assister

314.41 Surtout commerciale et technique. Le concédant doit encore une certaine assistance au concessionnaire. L'assistance est principalement *commerciale et technique*. Elle est de la nature du contrat et, en théorie, n'a pas besoin d'être stipulée : elle découle, selon nous, de l'existence de « l'intérêt commun » des parties, qui a pour effet de transformer l'obligation contractuelle (de Droit commun) de renseignements en une obligation plus aiguë de conseil et d'assistance [1].

SECTION 2
OBLIGATIONS DU CONCESSIONNAIRE

§ 1
Obligations générales

314.51 De nombreuses obligations ; leur raison d'être ; la sanction en cas d'inobservation. Les obligations du concessionnaire découlent du contrat de concession lui-même, qui les prévoit généralement avec un luxe de précautions. Le contrat insiste le plus souvent sur les obligations de prospection de la clientèle, d'organiser un service après-vente efficace, réalisé par du personnel dont les connaissances techniques *minima* sont évaluées, afin d'assurer le renom de la marque concédée, d'assurer la garantie à l'égard de tout acheteur [2] ; ou encore sur l'obligation de procéder à une publicité locale, déterminée en harmonie avec la publicité nationale du concédant. Le but poursuivi par ces stipulations est d'assurer *l'unité* dans le fonctionnement du réseau de vente, unité qui correspond à l'idée *d'intégration économique* des entreprises concessionnaires et répond au désir de maintenir le renom de la marque concédée. Toute défaillance du concessionnaire peut constituer un motif de rupture du contrat. Le manquement du concessionnaire à ses obligations n'entraîne pas la résolution de plein droit du contrat : le concédant doit la demander en justice, sauf, ce qui est très fréquent en pratique, si la convention comporte une clause résolutoire expresse. Elle s'impose aux juges ; cependant, la jurisprudence a tempéré l'automatisme de la clause résolutoire en posant le principe qu'elle doit être mise en œuvre de bonne foi [3] ; de plus, une certaine tolérance peut également paralyser la clause pour une défaillance minime [4] ou obliger le créancier à mettre en demeure son partenaire de s'exécuter [5].

314.52 Obligations relatives au stock. Le concessionnaire a généralement l'obligation de constituer un stock des produits ou/et de pièces de rechange, pour répondre immédiatement à la clientèle, tant celle qui achète que celle qui entend bénéficier du service après-vente. Le stock est parfois en *consignation*, c'est-à-dire que les produits en cause font l'objet d'un *dépôt* chez le concessionnaire, dont le concédant garde la propriété – et les risques – et qui lui seront retournés en cas d'invendu passé tel délai. Le plus souvent, le stock est la propriété du concessionnaire, qui a acheté ferme les produits qui le constituent. Son sort soulève alors des difficultés au moment de la cessation du contrat. En effet, en cas de rupture ou de non-renouvellement du contrat, le concessionnaire évincé du réseau n'a plus le droit de vendre les marchandises en stock bien qu'elles soient sa propriété [6], et il ne peut pas en imposer la reprise au concédant (sauf clause en ce sens qu'il est recommandé de stipuler [7]).

La seule possibilité qui lui reste, c'est d'agir sur le fondement de la responsabilité civile pour faute, si

1. Paris, 11 févr. 1999, *Fiat, D.* 1999. IR 82 ; *RJ com.* 1999. 395, note Ph. Grignon : décidant que l'obligation d'assistance et de conseil ne cesse qu'après la fin du contrat de concession ; et que le concédant doit veiller loyalement à ce que ses concessionnaires puissent partir sans perdre le fruit de leur participation à l'effort commun, contrepartie de leur engagement dans le réseau – ARRÊT CASSÉ PAR : Com. 6 mai 2002, n° 99-14.093, P IV, n° 81 ; *JCP* 2002. II. 10146, note Ph. Stoffel-Munck ; *JCP E* 2003, n° 66, note A. Sonet ; *LPA* 7 mars 2003, n° 48, p. 20, note C. Diloy ; *LPA* 3 juill. 2003, n° 132, p. 29, note N. Matthey : le concédant, ayant respecté le délai de préavis, n'étant pas tenu d'une obligation d'assistance du concessionnaire en vue de sa reconversion – SUR CET ARRÊT : J.-L. Respaud, « Préavis, assistance et reconversion du distributeur », *Cah. dr. entr.* 2002/5, p. 19 – *ADDE*, DANS LE MÊME SENS : Com. 7 avr. 2004, n° 02-15.287, NP, *Cah. dr. entr.* 2004/3, p. 30, obs. J.-L. Respaud ; *RJ com.* 2005. 197, obs. S. Lebreton-Derrien.
2. V. *supra* s^s n° 314.23.
3. V. *supra* s^s n° 116.121.
4. COMP. : Com. 14 févr. 2012, n° 11-10.346, NP, *CCC* 2012, n° 150, obs. N. Mathey : le concédant avait adressé une lettre à son partenaire, se bornant à la mettre en garde pour l'avenir, précisant qu'en cas de répétition du comportement reproché, il pourrait être conduit à résilier le contrat ; il ne pouvait donc résilier le contrat en faisant jouer la clause.
5. Montpellier, 2e ch., n° 14/03085, *RTD civ.* 2015. 877, obs. H. Barbier.
6. Com. 9 sept. 2015, n° 14-17.130, NP, *Concurrences* 2016/1. 113, obs. N. Éréséo.
7. Ph. le Tourneau, *Les contrats de concession*, 2e éd., *op. cit.*, n°s 192 s. – M.-E. André, M.-P. Dumont et Ph. Grignon, *L'après-contrat*, F. Lefebvre, 2005, n° 224.

faute il y a[1]. Sauf à ce que les juges aient l'audace de considérer que la reprise est une conséquence obligée du devoir de loyauté particulièrement vif dans ces contrats[2].

314.53 Obligations découlant de l'exclusivité. Le concessionnaire est tenu de respecter le monopole de revente découlant du contrat de concession exclusive. Cela implique deux types de conséquences. D'abord, il ne saurait vendre pour son compte personnel un produit similaire à celui qui fait l'objet du contrat : ce serait un acte de concurrence contractuellement interdit. Ensuite, le concessionnaire qui bafoue la clause d'exclusivité, en se fournissant chez un tiers, ou en travaillant hors de sa zone en ne respectant pas les limitations contractuelles licites, commet une *défaillance contractuelle* envers le concédant, de nature à justifier la rupture du contrat.

Ce fait peut, en même temps, constituer une *faute délictuelle* à l'égard des concessionnaires sur les territoires desquels il serait furtivement intervenu, sous l'aspect de la concurrence déloyale.

314.54 Mais la liberté dans la fixation du prix. Commerçant indépendant, le concessionnaire établit librement le prix de vente des produits ; le concédant n'a pas le droit de lui imposer le prix de revente, ni de lui interdire de procéder à des soldes, mais il peut lui conseiller un prix. De même, il peut licitement prohiber la pratique de *démarque ostensible et permanente (discount)*, qui risquerait de porter atteinte à la marque.

§ 2 Clauses d'objectif

314.61 Leur finalité. Généralement, le contrat prévoit une clause *d'objectif*, dite aussi *de rendement*, contrepartie de l'exclusivité. Elle connaît diverses catégories : les clauses de *quota*, de *minima et* de coefficients de pénétration. Toutes ont la même finalité, *dynamiser le distributeur*, le pousser à l'action. Elles sont généralement soumises à révision annuelle, alors même que le contrat-cadre est d'une durée plus longue.

A. Diversité des clauses d'objectif

314.71 Clauses de *minima* et de *quota*. Il est rationnellement possible de distinguer la clause de *minima* de celle du *quota*. Dans la première, le débiteur s'engage à acquérir un volume minimal ou une valeur minimale de marchandises. Dans la seconde, il indique qu'il achètera un pourcentage déterminé de son chiffre d'affaires. Si celui-ci est élevé, la clause s'apparente à une quasi-exclusivité. La pratique, en réalité, ne s'embarrasse guère de cette subtilité et confond allégrement les deux clauses (ce qui est sans aucune conséquence).

314.72 Clause prévoyant un coefficient de pénétration. La troisième catégorie de clause de rendement ne prévoit ni un *minima* ni un *quota* mais ce qui est appelé un coefficient de pénétration. Il s'agit d'un objectif, en pourcentage de vente pour telle période, fixé en contemplation de l'importance du marché (comme d'atteindre 10 %), par exemple par rapport aux ventes totales d'ordinateurs de la zone d'exclusivité, toutes marques confondues, pour telle gamme de produits. Le but est de parvenir à un *coefficient déterminé de pénétration par rapport à la concurrence*. La clause est souvent pondérée par un second paramètre, qui est la moyenne de vente de la marque en France, ce qui revient à mesurer le succès d'un concessionnaire par rapport à ses collègues de la même maison dans les autres territoires.

Il est généralement prévu que le coefficient de pénétration sera révisé selon une périodicité fixée, d'un commun accord entre les parties, mais en tenant compte de divers paramètres.

B. Intensité des clauses d'objectif

314.81 La qualification des clauses de rendement dépend de la rédaction du contrat. Toute clause de rendement constitue une indication conventionnelle de l'objectif assigné d'un commun accord au concessionnaire, de l'étendue quantitative des diligences auxquelles il s'engage. Toutefois, elle ne vaut pas promesse d'achat, mais simplement un engagement de contracter, d'acheter (obligation de faire, se résolvant en dommages et intérêts en cas d'inexécution). Cela étant, l'intensité juridique de l'obligation du concessionnaire dépendra de la rédaction du contrat. Dans certains cas, le contrat imposera au distributeur un *résultat* déterminé à atteindre ; le fait de ne parvenir à réaliser cet objectif constituera en soi une défaillance contractuelle (justifiant éventuellement la résiliation du contrat, après mise en demeure restée infructueuse). Mais, le plus souvent, la clause contractuelle n'aura prévu qu'une simple

1. PAR EX. avoir laissé entendre que le contrat serait renouvelé, de sorte que le concessionnaire a continué à s'approvisionner ; condamnation à réparer le préjudice par la reprise du stock – TGI Paris, 18 févr. 2003, *Sodexi Informatique c/IBM*, *Legalis.net* 2003/2, p. 141 – Com. 26 oct. 1982, n° 81-12.360, P IV, n° 328 ; *Gaz. Pal.* 1983. 1. Pan. 124, obs. Ph. le Tourneau – Com. 23 mai 2000, n° 97-10.553, NP, *RJDA* 2000, n° 973 ; *RTD civ.* 2001. 137, obs. J. Mestre et B. Fages : le contrat obligeait le concessionnaire à maintenir un stock élevé ; or il a été entretenu par le concédant dans l'illusion.
2. EN CE SENS : F.-X. Licari, th. préc., p. 589 s.

obligation de *moyens* ; elle découlera des termes employés (par ex. de la mention que le distributeur *s'efforcera* de parvenir à tel ou tel objectif, *fera tout son possible...*).

Rappel : La distinction des obligations de moyens et de résultat a été ignorée par l'ordonnance nº 2016-131 du 10 février 2016 portant réforme du droit des obligations ; elle ne figure pas non plus dans le projet de réforme de la responsabilité civile présenté par le garde des Sceaux le 13 mars 2017[1].

314.82 La qualification souhaitable des clauses de rendement en obligation de moyens. La qualification des clauses de rendement, quelles qu'elles soient, en obligation de moyens nous semble préférable[2]. Car si les résultats du distributeur sont le fruit, pour une certaine partie de ses propres diligences et de ses capacités de vendeur sur le territoire qui lui a été concédé, il n'est pas moins vrai qu'ils dépendent pour une part non négligeable de l'activité, de la dynamique commerciale comme publicitaire et de l'image de marque du concédant et, tout autant, des concurrents de celui-ci. Il va de soi que le concessionnaire n'a guère de prise sur ces éléments. Dès lors, il ne saurait lui être reproché, au travers de l'absence de réalisation des objectifs, un déficit d'activité ou d'image du concédant, ou la pugnacité d'un producteur concurrent, spécialement dynamique ou dont les produits sont plus attractifs. Autrement dit, les résultats sont trop *aléatoires* pour pouvoir, en règle générale, être fixés comme des résultats à atteindre absolument.

314.83 Incertitude de la jurisprudence. La jurisprudence semble quelque peu incertaine ; mais ce fait résulte sans doute de la différence de rédaction des clauses figurant dans les contrats que les juges eurent à connaître. Il ne s'agit sans doute pas d'une incohérence, mais d'un pragmatisme de bon aloi, imposé par la diversité des clauses (et par la maladresse de leurs rédacteurs). Il n'est donc pas étonnant de trouver des arrêts retenant une obligation de *moyens* ; tandis que d'autres, à l'inverse, opinent pour une obligation de *résultat* (selon des concepts doctrinaux, ignorés par le C. civ., même depuis la réforme de 2016[3]).

C.
Validité des clauses d'objectif

314.91 Dans le Droit d'origine interne. Les clauses de rendement sont parfaitement valides *en Droit d'origine interne*, du moins quand elles fixent des objectifs raisonnables, c'est-à-dire réalisables[4] ; qu'elles en définissent précisément les paramètres[5], de façon objective ; et qu'elles ne sont pas discriminatoires par rapport aux clauses imposées aux autres concessionnaires. Des incertitudes demeurent quant aux modes et à la charge de la preuve de l'échec ou du succès dans la poursuite de l'objectif fixé[6].

314.92 Dans le Droit européen. Les clauses de rendement sont également licites *en Droit d'origine communautaire*, car elles sont favorables au consommateur, en maintenant une concurrence effective entre les concessionnaires[7]. Toutefois, trois conditions doivent être réunies (semblables aux précédentes) :

1° Que les prévisions soient objectives[8] ; l'objectivité des coefficients de pénétration est en réalité difficilement imaginable : les résultats sont par nature *aléatoire* (cet aléa commercial est le risque consubstantiel à toute activité commerciale ; il se distingue donc de l'aléa de l'article 1108 du code civil).

2° Qu'elles ne soient pas déterminées unilatéralement par le concédant : elles doivent être fixées en commun ou, en cas de désaccord, l'être par un tiers (un expert, mandataire commun).

3° Que les objectifs soient raisonnables et que l'insuffisance des performances ne soit prise en considération qu'à l'issue d'une assez longue période.

1. V. *supra* s[s] nº 014.14.
2. EN CE SENS AUSSI : F.-X. Licari, th. préc., p. 454 s.
3. V. *supra* s[s] nº 014.14.
4. Com. 13 mai 1997, nº 95-14.035, P IV, nº 131 ; *D.* 1998. Somm. 339, obs. D. Ferrier ; *RTD civ.* 1998. 101, obs. J. Mestre : nullité, au regard de l'ord. 1er déc. 1986, art. 7 et 9, d'une clause imposant d'atteindre un chiffre d'affaires excessif – Com. 9 juin 2004, nº 02-21.204, NP, *RJ com.* 2004. 506, 1re esp., note S. Lebreton-Derrien, objectif raisonnable.
5. Paris, 2 oct. 1991, *D.* 1991. IR 284 : nullité au motif que la région par rapport à laquelle le coefficient de pénétration devait s'appliquer n'avait pas été indiquée – Com. 9 juin 2004, nº 02-21.204, *Centre bureautique 49 c/Xerox*, préc., critères objectifs.
6. Com. 12 avr. 2016, nº 14-24.263, NP, *RTD civ.* 2016. 631, obs. H. Barbier.
7. Com. 16 déc. 1997, nº 96-14.515, NP, *RJDA* 1998, nº 416.
8. Com. 7 avr. 1998, nº 96-15.303, P IV, nº 125 ; *RJDA* 1998, nº 974.

CHAPITRE

315. Contrat de franchisage

SECTION 0

ORIENTEUR

315.00 **Sommaire du chapitre.**

Division. Il s'impose de commencer par présenter le franchisage et le définir (sect. 1). Il sera alors temps d'envisager les obligations du franchiseur (sect. 2), puis celles du franchisé (sect. 3).

315.03 **Bibliographie. Ouvrages.** M. Behar-Touchais et G. Virassamy, *Les contrats de la distribution*, « Traité des contrats », LGDJ, 1999 – N. Dissaux et C. Bellet, *Le guide de la franchise*, « Guide », Dalloz, 2021 – N. Dissaux et R. Loir (dir.), *La protection du franchisé au début du XXIe siècle. Entre réalité et illusion*, L'Harmattan, 2009 – C. Grimaldi, S. Méresse et O. Zakharova-Renaud, *Droit de la franchise. Contrat, distribution, concurrence*, « Droit & Professionnels », LexisNexis, 2017 – J.-M. Leloup, *La franchise : Droit et pratique*, 7e éd., « Encyclopédie Delmas », Dalloz, 2015 – F.-L. Simon, *Théorie et pratique du droit de la franchise*, « Pratique des affaires », Joly, 2009 – Ph. le Tourneau, *Les contrats de franchisage*, 2e éd., « Litec Professionnels », Litec, 2007 – L. et J. Vogel, *Traité de droit économique : Droit de la distribution*, « Lawlex », Bruylant, 2015.

Manuel. A. Mendoza-Caminade, *Droit de la distribution*, « Cours », Lextenso-Montchrestien, 2011.

Thèses. A. Calvet, *Franchise et concurrence : la protection du franchiseur face à la concurrence de son ancien franchisé*, Perpignan *Via Domitia*, 2011 – H. Kenfack, *La franchise internationale*, Toulouse, 1996 – S. Lebreton, *L'exclusivité contractuelle et les comportements opportunistes : Étude particulière aux contrats de distribution*, préf. M. Pedamon, avant-propos J. Monéger, Litec, 2002 – S. Lequette, *Le contrat-coopération : Contribution à la théorie générale du contrat*, préf. C. Brenner, « Recherches juridiques », Economica, 2012 – X. Licari, *La protection du distributeur intégré en droit français et allemand*, préf. C. Witz, avant-propos M. Martinek, Litec, 2002 – C. Maury, *Les contrats de concession et de franchisage dans le redressement et la liquidation judiciaires*, Toulouse, 2004 – A. Rièra, *Contrat de franchise et droit de la concurrence*, Institut universitaire Varenne, 2014.

Contributions. J. Beauchard, « Protection du franchisé : faut-il une réforme législative ? », dans N. Dissaux et R. Loir (dir.), *La protection du franchisé au début du XXIe siècle. Entre réalité et illusion*, *op. cit.*, p. 261 s. – N. Dissaux, « La protection du franchisé au début du XXIe siècle : pour qui ? pour quoi ? comment ? », dans N. Dissaux et R. Loir (dir.), *La protection du franchisé au début du XXIe siècle. Entre réalité et illusion*, *op. cit.*, p. 47 s.

Articles. R. de Balmann, « Franchise et équilibres contractuels : non à une législation impérative, oui à une régulation par les usages professionnels », *D.* 2021. 475 s. – N. Dissaux, « La responsabilité du franchiseur en cas de défaillance du franchisé », *AJCA* 2014. 60 ; « L'essai en matière de franchise », *RTD com.* 2015. 403 ; « Les franchisés, vitrines de mode ? », *D.* 2021. 1295 s. – B. Dondero, « L'instrumentalisation du droit des sociétés : la franchise participative », *JCP E* 2012, n° 46. Ét. 1671 – D. Ferrier, « Pour une juste application du droit social aux distributeurs », *D.* 2017. Chron. 2495 – L. Fin-Langer et D. Bazin-Beust, « L'instance de dialogue social du réseau de franchise – Ou la rencontre tumultueuse du droit du travail et du droit de la distribution », *JCP E* 2017. Ét. 1114 – M. Ponsard et M. Marcinkowski, « De certaines problématiques liées à la franchise internationale », *AJCA* 2015. 252 – S. Regnault, « Le sort des données dans la franchise », *AJCA* 2016. 191 – B. Soltner et J. Boddaert, « Les réseaux de distribution menacés par l'application extensive de l'article L. 7321-2 du code du travail », *D.* 2017. Chron. 368.

Renvois.

• Sur l'obligation précontractuelle d'information de l'article 330-3 du code de commerce v. *supra* s^s n°s 312.41 s.

• Sur quelques règles communes à tous les contrats de distribution v. *supra* s^s n°s 312.00 s

315.05 Droit commun. Le droit commun des contrats s'applique évidemment aux contrats de franchisage, que ce soit notamment l'exigence d'une sorte d'équilibre contractuel[1], l'interdiction de priver de substance l'obligation principale[2] ou celle de rompre brutalement, même partiellement, une relation commerciale établie[3].

315.06 Organe de dialogue social. Selon la loi du 8 août 2016[4], lorsqu'une organisation syndicale représentative le demande, « *le franchiseur engage une négociation visant à mettre en place une instance de dialogue social*[5] *commune à l'ensemble du réseau, comprenant des représentants des salariés et des franchisés et présidée par le franchiseur* »[6]. Toutefois, cet organe (malencontreusement appelé instance) n'est imposé que dans les réseaux comportant au moins trois cents salariés en France et à condition que les contrats contiennent des clauses ayant un effet sur l'organisation du travail et les conditions de travail dans les entreprises franchisées. L'accord mettant en place cet organe prévoit sa composition, le mode de désignation de ses membres, la durée de leur mandat, la fréquence des réunions, les heures de délégation octroyées pour participer à cette instance et leurs modalités d'utilisation. La loi supplée l'absence d'accord en indiquant quels seront ces éléments. Le décret du 4 mai 2017[7] précise les conditions relatives à la négociation de l'accord, les dispositions relatives à son absence, ainsi que la juridiction compétente pour connaître des litiges relatifs à sa mise en place et à son fonctionnement. Cet organe[8] se contente de formuler, à son initiative, et d'examiner « *à la demande du franchiseur ou de représentants des franchisés, toute proposition de nature à améliorer les conditions de travail, d'emploi et de formation professionnelle des salariés dans l'ensemble du réseau ainsi que les conditions dans lesquelles ils bénéficient de garanties collectives complémentaires* »[9].

Un système d'engagement numérique[10] (*system of engagement*) peut être mis en place par le franchiseur pour faciliter les liens avec ses franchisés et ses franchisés entre eux. Et les franchisés peuvent agir de la sorte avec leurs principaux clients, afin notamment d'étudier leur comportement ou leurs centres d'intérêt.

SECTION 1
INTRODUCTION

§ 1
Définition et distinctions

315.11 Premières vues. Le franchisage organise une coopération entre des entreprises indépendantes[11]. D'une part, celle du franchiseur, qui a mis au point et expérimenté un concept substantiel, identifié et réitérable, à même de générer un flux d'activité économique. D'autre part, celles des franchisés, qui s'affilient au réseau du premier. Ils en deviennent un des maillons, de sorte qu'ils bénéficient notamment du savoir-faire, des signes de ralliement de la clientèle ainsi que de l'assistance continue et individualisée du franchiseur. Il se crée un effet de réseau entre tous ses membres, une synergie[12]. La transmission du savoir-faire du fran-

1. C. civ., art. 1168, 1169 et 1171. – C. com., art. L. 442-1, I, 2 (sur les deux derniers textes v. *supra* s^s n° 312.153).
2. C. civ., art. 1170.
3. C. com., art. L. 442-1, II (v. *supra* s^s n° 312.155).
4. L. n° 2016-1088, 8 août 2016, relative au travail, à la modernisation du dialogue social et à la sécurisation des parcours professionnels, *JO* 9 août, dite loi El Khomri.
5. L. Fin-Langer et D. Bazin-Beust, « L'instance de dialogue social du réseau de franchise – Ou la rencontre tumultueuse du droit du travail et du droit de la distribution », étude préc.
6. L. n° 2016-1088, 8 août 2016, art. 64.
7. Décr. n° 2017-773, 4 mai 2017, relatif à l'instance de dialogue social mise en place dans les réseaux d'exploitants d'au moins trois cents salariés en France liés par un contrat de franchise, *JO* 6 mai.
8. C. Grimaldi, S. Méresse et O. Zakharova-Renaud, *Droit de la franchise, op. cit.*, n°s 53 s.
9. L. n° 2016-1088, 8 août 2016, art. 64.
10. DONT UNE DÉFINITION a été donnée par : Vocabulaire de l'informatique et de l'internet (liste de termes, expressions et définitions adoptés), *JO* 9 déc. 2018, n° 57, NOR : CTNR1832597K : « *Ensemble des services mis en ligne par une organisation pour renforcer ses liens avec ses clients, ses partenaires extérieurs et ses employés ou pour créer des relations entre eux, dans le cadre d'une stratégie commerciale ou managériale, ou encore d'une stratégie de communication* ».
11. Le préambule du contrat prévoit souvent l'esprit de collaboration devant régner entre les parties ; ex. : Amiens 10 janv. 2019, RG n° 17/01699, *RTD civ.* 2019. 327, obs. H. Barbier, 1re esp.
12. Com. 4 sept. 2018, n° 17-16.536, NP : cassation de l'arrêt d'appel « *en ce qu'il rejette les demandes indemnitaires […] au titre du manque à gagner lié à l'absence de synergie réseau pour la vente et des redevances indûment versées* » (par « synergie réseau », il faut entendre synergie du réseau) – Com. 4 sept. 2018, n° 17-18.132, NP, *RJDA* 2018, n° 899, fait état de la « synergie inter-agences » franchisées.

chiseur aux franchisés permet à ces derniers d'en réitérer le succès de façon profitable ; ils vont œuvrer pour acquérir et développer une situation concurrentielle sur un marché, dont ils bénéficieront avec leur partenaire. Les rapports entre les parties sont régis par un contrat-cadre d'adhésion (suivis, le cas échéant, de contrats d'application). Le contrat-cadre est le moule, standardisé et permanent, dans lequel viendront se fondre les contrats ultérieurs entre les parties. Il exprime leur volonté de faciliter et de « standardiser » leurs relations, ce qu'un auteur a qualifié *d'affectio modulus*[1]. Instrument de fidélité entre professionnels[2], il comporte toutes sortes de normes obligatoires (la notion de norme rend mieux compte de sa force obligatoire, allant au-delà de l'obligation au sens strict du terme[3]).

Le contrat-cadre mêle plusieurs contrats nommés, mais l'élément dominant est le louage d'ouvrage[4], de sorte que cette qualification lui convient (ou d'entreprise selon le mot plus généralement admis aujourd'hui). Ledit contrat (légalement innommé) est synallagmatique, à exécution successive et conclu *intuitu personæ*[5]. Cet *intuitus personæ* est ici généralement *bilatéral*, chacun n'ayant contracté qu'en considération de l'autre : la personne du franchisé pour le franchiseur, tandis que pour le franchisé le point de mire est la personne morale détentrice d'un savoir-faire performant et d'une marque-enseigne réputée : l'*intuitus* est alors *firmæ* ou *societatis*[6]. Toutefois, une partie de la doctrine affirme que l'*intuitus personæ* n'est pas réciproque. Elle considère que, si le franchiseur conclut le contrat de franchisage en fonction des qualités personnelles du franchisé, en revanche le franchisé choisit un concept (gage de réussite) et non pas les personnes qui sont à l'origine de ce concept[7]. L'aspect de la personne prise en considération est sa compétence, son expérience, sa surface financière et, plus largement, ce que nous avions appelé son « profil économique »[8]. L'*intuitus personæ* est souvent doublé d'un *intuitu loci* également marquant, car la localisation de l'établissement franchisé est souvent déterminante pour attirer la clientèle. Toute stipulation contraire dans le contrat de franchisage, précisant que l'*intuitus personæ* ne concerne que la personne du franchisé et non celle du franchiseur, est nulle[9].

Enfin, le contrat est purement consensuel. Ce dernier caractère peut apparaître fâcheux du fait de l'inégalité des partenaires et il a pu être suggéré, sinon un véritable formalisme, du moins l'application par analogie de l'article L. 134-2 du Code de commerce, permettant aux agents commerciaux d'obtenir un écrit signé mentionnant le contenu du contrat et de ses avenants[10]. En réalité, en pratique, la quasi-totalité des contrats de franchisage sont consignés par écrit. Ce contrat est néanmoins « innommé »[11], puisqu'il n'est pas défini par la loi (et qu'il n'est pas soumis à un véritable régime juridique légal particulier, malgré des règles spéciales, l'obligation précontractuelle d'information de l'article 330-3 du code de commerce[12], l'indivisibilité légale des contrats[13], l'encadrement des clauses post-contractuelles[14] ou, dans certains cas, la création d'un organe de dialogue social[15]).

315.12 Élément déterminant, la communication d'un savoir-faire. Le contrat de franchisage (selon la terminologie officielle, alors que la pratique préfère parler de franchise) permet la distribution de produits ou de services. Il repose sur un système identifié et expérimenté (doté de signes de rallie-

1. J. Gatsi, *Le contrat-cadre,* préf. M. Behar-Touchais, « BDPr », t. 273, LGDJ, 1996, n° 328.
2. G.-A. Likillimba, *La fidélité en Droit privé,* préf. J. Mestre, PUAM, 2003, n°s 847 s.
3. P. Ancel, « Force obligatoire et contenu obligationnel du contrat », *RTD civ.* 1999. 771 s.
4. EN CE SENS : F.-X. Licari, *La protection du distributeur intégré en droit français et allemand,* préf. C. Witz, avant-propos de M. Martinek, Litec, 2002, p. 116 s.
5. EX. : Com. 14 nov. 2018, n° 17-19.851, NP, *AJ contrat* 2019. 92, obs. S. Regnault ; *D.* 2019. Pan. 2374, obs. Y. Picod ; *RTD civ.* 2019. 100, obs. H. Barbier : le contrat de franchisage précisait qu'il était conclu *intuitu personæ* – SUR CETTE QUESTION dans les contrats de distribution : C. Maury, *Les contrats de concession et de franchisage dans le redressement et la liquidation judiciaires,* th. Toulouse 1, 2004, n°s 351 s. – D'UNE FAÇON GÉNÉRALE : Ph. le Tourneau et D. Krajeski, « Contrat *intuitu personæ* », *J.-Cl. Contrats distribution*, fasc. 420 [2020] – *ADDE* sur les clauses relatives à l'*intuitus personæ,* avec des modèles de clauses en français et en anglais : É. Vergès (dir.), *Contrats sur la recherche et l'innovation*, hors collection, Dalloz, 2018, n°s 213.00 s.
6. CE QUI RELATIVISE CERTAINES DES CRITIQUES émises par deux auteurs contre : Com. 3 juin 2008, n° 06-13.761 et n° 06-18.007, par G. Amédée-Manesme et H. Helwaser, *Le rachat ou la fusion de réseaux : JCP E* 2012. Ét. 1364 : car une partie des critiques, fondée sur l'inexistence d'*intuitu personæ* dans le choix du franchiseur par le franchisé, nous paraît méconnaître l'existence d'un « *intuitu firmæ* » ou « *societatis* ».
7. G. Amédée-Manesme, « La vraie nature juridique du fonds de commerce du franchisé et l'impact de l'appartenance à un réseau en cas de cession de ce fonds de commerce », *JCP E* 2010. 1110.
8. Ph. le Tourneau, *La concession commerciale exclusive*, Economica-Poche, 1994, p. 30.
9. Com. 24 nov. 2009, n° 08-16.428, NP, *CCC* 2010, n° 42, obs. M. Malaurie-Vignal.
10. F.-X. Licari, *La protection du distributeur intégré en droit français et allemand, op. cit.*, p. 295 s.
11. C. civ., art. 1105, al. 1er, désigne les contrats n'ayant pas « *une dénomination propre* ».
12. V. *supra* s^s^ n°s 312.41 s.
13. V. *supra* s^s^ n° 312.81.
14. V. *supra* s^s^ n° 312.91.
15. V. *supra* s^s^ n° 315.05.

ment de la clientèle bénéficiant d'une renommée établie), fondé sur un savoir-faire (ayant permis la réussite du franchiseur[1]), secret, substantiel, transmissible et assurant un avantage concurrentiel réitérable à son titulaire[2], associé à une assistance technique continue[3]. Le savoir-faire est un bien intellectuel[4]. *La communication d'un savoir-faire est l'élément déterminant*[5] (assortie souvent d'un savoir pour éviter les erreurs[6]). D'où, lorsque cet aspect est absent, la dénomination de franchisage est fallacieuse[7]. Le cas est assez fréquent en pratique pour des franchisages de distribution qui, faute de communication d'un authentique savoir-faire, ne sont, tout au plus (s'ils comportent une exclusivité territoriale), des concessions commerciales, voire, un degré en dessous (si l'exclusivité territoriale est absente), des contrats de fourniture ou même des concessions sélectives. L'exclusivité n'est pas indispensable à la validité d'un contrat de franchisage[8], contrairement à ce qu'il en est pour la concession commerciale *stricto sensu*. Lorsque le contrat comporte pour le franchisé une obligation d'approvisionnement exclusif celle-ci ne relève pas de l'article 101[9], § 1, du TFUE[10] lorsqu'elle est nécessaire au maintien de l'identité commune et de la réputation du réseau[11]. La qualité de commerçant indépendant est aussi un élément essentiel du contrat de franchisage[12].

Le contrat est parfois assorti d'une période d'essai[13]. En ce cas, le caractère précaire du contrat entraînerait le fait que le franchisé ne pourrait pas exciper d'une résiliation abusive lorsque le franchiseur met un terme à leurs relations pendant cette période dans le respect du préavis contractuel[14].

315.13 Diversité du franchisage. Le franchisage est polymorphe, notamment quant à ses secteurs d'activité. Le plus caractéristique est le franchisage de services, qui ne regarde pas réellement la distribution : nous l'écartons pour cette raison, même s'il peut exister dans le domaine de l'informatique (il existe par ex., des réseaux de franchisage de dépannage informatique n'accomplissant que cette fonction[15]). Il ne nous reste donc à envisager que le franchisage de distribution, qui est assez répandu dans le domaine qui nous intéresse.

§ 2
Des divers franchisages de distribution

315.21 Nécessité d'un « concept » de distribution. Dans le franchisage de distribution, le système franchisé porte sur la distribution (agencement et organisation des magasins de vente, gamme de produits, enseigne, savoir-faire...). C'est *le plus simple des franchisages* et celui aussi qui est le plus proche de la concession commerciale *stricto sensu* ; d'où de fréquentes erreurs de qualification. Il n'est correct de parler de franchisage de distribution que si le franchiseur a mis au point un « concept » de distribution cohérent, comportant un savoir-faire important qu'il transmet au franchisé.

Dans le franchisage de distribution, le savoir-faire commercial se décompose en un savoir-sélectionner (ou savoir-acheter à bon escient le bon article au bon prix) et en un savoir-vendre[16] (par une merca-

1. A. Calvet, *Franchise et concurrence : la protection du franchiseur face à la concurrence de son ancien franchisé*, th., préc., n°s 189 s. – C. Grimaldi, S. Méresse et O. Zakharova-Renaud, *Droit de la franchise*, « Droit & professionnels », LexisNexis, 2017, n° 27 : « *Le savoir-faire est une* méthode : *la* méthode d'un succès ».
2. AUSSI SUR LES CARACTÈRES du savoir-faire : A. Calvet, *Franchise et concurrence : la protection du franchiseur face à la concurrence de son ancien franchisé*, th. préc., nos 212 s.
3. REPRENANT les termes de notre définition : Toulouse, 25 mai 2004, *France Évaluation c/Blervaque, JAMP* 2004/3, p. 525 : pour dénier en l'esp. cette qualification.
4. N. Binctin, *Le capital intellectuel,* préf. G. Bonnet et M. Germain, Litec, 2007, p. 66 s. ; pour l'auteur, un bien intellectuel « *est une chose issue de l'imagination humaine dans l'exercice d'une activité créative susceptible d'appropriation indépendamment de tout support* », *op. cit.*, spéc. n° 32.
5. COMP. : E. Tricoire, *L'extracommercialité*, préf. B. Beignier, Éd. universitaires européennes, 2012, n° 86 – C. Maury, *Les contrats de concession et de franchisage dans le redressement et la liquidation judiciaires,* th. préc., n° 105 ; et, sur le savoir-faire, nos 414 s.
6. V. plus généralement : O. Gast, « Plaidoyer pour une révision du savoir-faire en matière de franchise : du savoir-faire au savoir-réussir », *LPA* 3 nov. 1995. 9 s.
7. COMP. : Paris, 11 mars 1999, *Outsider c/Hitier, RJDA* 2000, n° 754 : pas de communication de savoir-faire – Com. 4 sept. 2018, n° 17-16.536, NP : cassation de l'arrêt n'ayant pas recherché, comme la cour d'appel y était invitée, « *si le franchiseur s'était acquitté de son obligation d'assistance et de mise à disposition [de son] savoir-faire* », alors que dans plusieurs courriels le franchisé dénonçait « *le caractère inadapté du logiciel mis à disposition des franchisés ainsi que ces lacunes* ».
8. Com. 9 nov. 1993, n° 91-20.382, P IV, n° 403.
9. TFUE, 101 [TCE-A, 81 ; TCE 85] – I. Pingel (dir.), *De Rome à Lisbonne : Commentaire article par article des traités UE et CE*, 2e éd., Helbing-Lichtenhahn-Dalloz-Bruylant, 2010, p. 695.
10. Sur cet art. v. *supra* ss n° 312.164.
11. Com. 20 déc. 2017, n° 18-20.500, NP, *RJ com.* 2018. 479, note J.-M. Leloup.
12. Paris, 18 juin 2003, *Mignan, CCC* 2004, n° 19, obs. L. Leveneur.
13. N. Dissaux, « L'essai en matière de franchise », art. préc.
14. Com. 21 juin 2017, n° 16-15.365, NP, *AJ contrat* 2017. 394, obs. crit. L. Bettoni ; *RJDA* 2017, n° 697.
15. V. *infra* ss n° 33.06.
16. NOTRE DISTINCTION A ÉTÉ ADOPTÉE par un arrêt de la cour d'appel de Lyon et citée par l'arrêt de rejet de : Com. 8 juin 2017, n° 15-22.318, NP, *RJDA* 2018, n° 118 ; cité par J.-B. Gouac et M. Behar-Touchais, *CCC* 2017. Ét. 13, n° 38.

tique propre, dans un magasin organisé et géré d'une façon spécifique, l'ensemble ayant été expérimenté par le franchiseur dans des succursales ou des magasins tests).

315.22 Deux catégories de franchisage de distribution. Le franchisage de distribution connaît deux catégories. Dans la première, le franchiseur est le producteur des produits qui seront distribués par son réseau ; dans la seconde, il n'est qu'un sélectionneur de produits fabriqués par d'autres. Dans l'un et l'autre cas, le franchisé est un commerçant indépendant juridiquement[1]. Cependant, le franchiseur impose parfois, et même assez souvent, au franchisé distributeur la création d'une société commerciale comme préalable à leur coopération. Dans ce cas, le franchiseur entre généralement dans le capital de la société franchisée.

315.23 Franchiseur producteur. Voici un producteur ou un importateur exclusif de produits qui entend s'assurer des débouchés réguliers sans s'astreindre à créer un réseau intégré de succursales. Il peut recourir à la concession commerciale. Mais s'il a élaboré un système de distribution, reposant sur un savoir-faire original et expérimenté par lui, il utilisera le franchisage. Puisqu'il y a unité entre le producteur et le distributeur, les marques de fabrication et de distribution sont identiques.

315.24 Franchiseur sélectionneur. Une autre situation est celle dans laquelle le franchiseur n'est ni producteur ni importateur exclusif : la *distribution* est sa seule activité. Soit, il gère une *centrale d'achat*, soit il établit une liste de *produits référencés*. Les articles sélectionnés sont ensuite distribués par le réseau de franchisage (magasins classiques ou grandes surfaces). Le franchiseur en retire un profit (rémunération de son savoir-faire, en l'espèce savoir vendre, qu'il transmet à son partenaire).

Le système fonctionne selon diverses modalités. Dans la plus simple, le franchiseur se contente de dresser la liste de *référencement*, et chaque franchisé se fournit directement auprès des producteurs visés. Un degré de plus dans l'accroissement du rôle du franchiseur : Il crée et gère une *centrale d'achat*, qui achète au nom et pour le compte des franchisés (tout en négociant pour eux divers avantages, par exemple des remises de fin d'année[2]). Autrement dit, dans ce cas le franchiseur joue le rôle de commissionnaire[3]. Enfin, il se peut que le franchiseur achète lui-même, en son propre nom, les produits sélectionnés, pour les revendre aux divers membres du réseau c'est alors un grossiste (franchisage d'approvisionnement).

1. Com. 3 mai 1995, n° 93-12.981, NP, *JCP E* 1995. II. 748, note L. Leveneur : absence totale d'indépendance et requalification en contrat de gérance salariée.

315.25 Franchisage participatif. Le plus souvent le franchisé exploite son entreprise sous forme sociale. Il arrive assez fréquemment que le franchiseur souhaite prendre une participation dans le capital de la société franchisée pour avoir un droit de regard direct, associé éventuellement à une minorité de blocage (à condition de ne pas encourir le grief d'abus de minorité[4]), tout en étant à même de conserver le contrôle de l'établissement du franchisé après la cessation du contrat de franchisage, voire de changer de partenaire[5]. Le franchisage est alors *participatif*[6]. Mais la qualification de franchisage n'est recevable que si le contrôle exercé par le franchiseur-associé n'est pas trop important, que les franchisés conservent donc une large part d'autonomie[7]. Sinon, une requalification s'imposerait en contrat de mandat, ou même de travail par application de l'article L. 7321-2, 2°, du code du travail (entendu et étendu parfois de manière excessive[8]). Au pire, il se pourrait que l'on reconnaisse une relation de direction de fait, voire une société créée de fait[9].

2. Com. 8 juin 2017, n° 15-27.146, NP, *AJ contrat* 2017. 443. obs. N. Dissaux ; *CCC* 2017, n° 171, obs. M. Malaurie-Vignal : la C. de cass. approuve la cour d'appel d'avoir invoqué le secret des affaires pour affirmer qu'un mandataire n'a pas à rendre compte de ses négociations et donc qu'il n'est pas tenu de communiquer les éléments permettant de déterminer les remises en question. Cette solution est critiquable, car tout mandataire est tenu par un devoir de transparence (Ph. le Tourneau, *Rép. civ.*, V° « Mandat » [2022], n°s 215 s.).
3. Paris, 2 mars 1999, *3 R*, *JCP E* 1999. Pan. 792.
4. SUR LEQUEL : Ph. le Tourneau (dir.), *Droit de la responsabilité et des contrats. Régimes d'indemnisation*, 12e éd., « Dalloz action », 2020, n° 2213.188.
5. Com. 30 mai 2012, n° 11-18.024, NP, *D.* 2012. 2717, note A. Constantin ; *D.* 2013. 732, obs. D. Ferrier ; *JCP E* 2012, n° 35, 1641, note B. Dondero : selon cet arrêt, la clause conférant au franchiseur le contrôle du changement d'enseigne pourrait être privée d'effet par le juge ; cependant, il faut en relativiser la portée (v. la fin de la note préc. de B. Dondero) ; du reste il n'est pas publié au *Bulletin*.
6. B. Dondero, « L'instrumentalisation du droit des sociétés : la franchise participative », art. préc.
7. Com. 5 juill. 2016, n° 14-27.030, NP, *RJDA* 2016, n° 739 ; *CCC* 2016, n° 213, obs. N. Mathey : la sté franchiseur « *était seule décisionnaire pour ses filiales détenues à 100 %. [...] Les filiales et les franchisés n'avaient disposé d'aucune autonomie dans la décision de nouer des relations commerciales avec la société BOV puis dans celle de les rompre* », de sorte que le franchiseur est seul responsable de la rupture brutale des relations commerciales établies (C. com., art. L. 442-1, II° ; sur ce texte v. *supra* s^s^ n° 312.155).
8. B. Soltner et J. Boddaert, « Les réseaux de distribution menacés par l'application extensive de l'article L. 7321-2 du code du travail », chron. préc. – D. Ferrier, « Pour une juste application du droit social aux distributeurs », chron. préc. – Ex. d'excès d'interprétation de cet article : Com. 12 févr. 2020, n° 18-10.790, P ; *AJ contrat* 2020. 201, note D. Mainguy ; *D.* 2020. Chron. 1254, obs. C. de Cabarrus.
9. SUR TOUS CES POINTS : B. Dondero, art. préc.

Le franchiseur peut même désirer une imbrication plus grandes des sociétés des deux partenaires. Dans ce cas, une société commune ou mixte sera créée. La méthode est fréquemment utilisée dans le franchisage international. Cette société commune est dans les faits une co-entreprise, dont le franchiseur possède une partie importante du capital (généralement 50 %). Ses principaux avantages sont, d'une part, que le franchiseur contrôlera plus facilement l'entreprise franchisée. D'autre part, qu'il bénéficiera de l'expérience de son associé quant au marché local. Mais cette solution présente deux inconvénients pour le franchiseur. D'abord, il doit apporter de l'argent frais, à hauteur de sa participation, alors que l'un des avantages du franchisage est précisément de pouvoir s'affranchir en grande partie du capital. Ensuite, la prise de participation peut être soumise au contrôle formaliste des contrôles de concentrations entre entreprises[1].

315.26 Distinction du franchisage de la commission affiliation. Le contrat de commission affiliation n'est pas un contrat de franchisage, même s'il présente quelques affinités avec celui-ci. Dans la commission affiliation, les obligations du commettant sont essentiellement celles d'un mandant, tandis que celles du commissionnaire sont essentiellement celles d'un mandataire (sans être un mandataire commercial, de sorte qu'il ne contient pas d'intérêt commun[2]). Le commissionnaire commercialise les produits en son nom propre, mais il agit pour le compte du commettant. Ce commissionnaire s'engage généralement par une clause d'exclusivité quant à son activité ; il bénéficie du paiement d'une commission portant sur le volume des ventes réalisées par lui. Le commissionnaire ne possède pas le stock des marchandises à vendre (qui restent la propriété du commettant), ce qui limite l'apport personnel du premier. Comme dans le franchisage, le commettant met à la disposition de son partenaire son savoir-faire et ses signes distinctifs, tout en s'engageant à l'assister et à le contrôler.

Toutefois, ce contrat est sous la menace des articles L. 7321-1 et L. 7321-2 du code du travail, selon lesquels les dispositions de ce code s'appliquent aux personnes dont la profession consiste essentiellement soit à « *vendre des marchandises de toute nature qui leur sont fournies exclusivement ou presque exclusivement par une seule entreprise* », soit « *à recueillir les commandes ou à recevoir des marchandises à traiter, manutentionner ou transporter, pour le compte d'une seule entreprise, lorsque ces personnes exercent leur profession dans un local fourni ou agréé par cette entreprise et aux conditions et prix imposés par cette entreprise* ». N'est-ce pas souvent le cas dans la commission affiliation ? La mise en œuvre de ces textes n'est pas subordonnée à la preuve d'un lien de subordination juridique[3].

1. M. Ponsard et M. Marcinkowski, « De certaines problématiques liées à la franchise internationale », *AJCA* 2015. 253.
2. Com. 25 nov. 2014, n° 13-24.306, NP, *AJCA* 2015. 89, obs. A. Lecourt, qualifie bien l'affiliation de mandat.

SECTION 2
OBLIGATIONS DU FRANCHISEUR

§ 1
Obligations antérieures ou concomitantes au contrat

315.31 Création d'un système original. Tout franchiseur a eu l'idée d'un service et des moyens les plus propres à le proposer avec efficacité à la clientèle. Autour de cette idée, il a élaboré tout un système réitérable, c'est-à-dire un ensemble de techniques commerciales, assis sur un *savoir-faire original*, assorti d'une marque. I l comprend toutes les opérations relatives à la création et au lancement d'un établissement (qu'il s'engagera le cas échéant à livrer « clés en mains »[4], mais cela ne relève pas du franchisage mais d'une obligation annexe d'ingénierie) ; il porte aussi sur la gestion, entendue largement, du fonds de commerce. Le système est opérationnel pour une certaine *zone d'achalandage* (nombre d'habitants). Il a donné lieu à des essais préliminaires, qui ont été réussis et qui ont permis d'y apporter des ajustements et des améliorations[5].

À cette étape, le candidat franchiseur a un *concept franchisable identifié, standardisé et réitérable* (que le franchisé ne peut pas modifier brutalement ce qui serait bafouer l'esprit de collaboration[6]). Après la mise au point théorique du concept franchisable, il convient de l'essayer, dans sa totalité, grâce à une installation modèle (dite souvent *pilote ; proof of concept* [POC]).

315.32 Son identification. Le concept franchisé doit être nettement *identifié* par des *signes de ralliement de la clientèle*, au premier chef desquels se trouve la

3. Not. sur le contrat de commission affiliation : D. Mainguy et J.-L. Respaud, « À propos du contrat de commission affiliation », dans *Libre droit. Mél. Ph. le Tourneau*, Dalloz, 2007, p. 705 s. – N. Dissaux, « La commission-affiliation : un monstre juridique ? », *RTD com.* 2011. 32, exposant les dangers de la commission affiliation, tant pour le commettant que pour le commissionnaire.
4. EX. : Com. 21 juin 2016, n° 15-10.029, NP, *RJDA* 2016, n° 750 ; *RTD civ.* 2016. 611, obs. H. Barbier, à propos d'un restaurant franchisé.
5. N. Dissaux, « L'essai en matière de franchise », art. préc.
6. Amiens 10 janv. 2019, RG n° 17/01699, préc.

marque. Le franchiseur en accorde une licence au franchisé, souvent exclusive sur un territoire déterminé. Le franchiseur confère aussi un droit d'usage de son *enseigne*. Enfin, il autorise son cocontractant à utiliser ses *devises publicitaires* (slogans), et ses *logos*. En définitive, par le franchisage, le franchiseur procure une *renommée* au franchisé qui, d'emblée, en bénéficie.

315.33 **Communication du savoir-faire.** La communication d'un savoir-faire[1] est constitutive du franchisage[2]. Si le contrat de concession commerciale peut lui aussi comporter une transmission de savoir-faire, cette obligation est secondaire et le savoir-faire peu important, en tout cas beaucoup moins important que dans le franchisage[3]. Il doit être communiqué *dès la signature du contrat*, afin de permettre au franchisé de le mettre en œuvre immédiatement et, ainsi, de *réitérer* le succès initial. Le savoir-faire est transmis verbalement et par écrit au moyen de manuels d'instructions, ou de fiches, dossiers, logiciels, disquettes informatiques, cédéroms..., comme par vidéo ou sur un site internet (de sorte que l'absence de remise d'un manuel ne caractérise pas à elle seule le défaut de savoir-faire, d'autres éléments pouvant établir son existence[4]). Cette communication est souvent précédée d'un ou de plusieurs *stages de formation*, dans un établissement de la chaîne, ou dans un centre spécial de formation, propre au réseau. En effet, la distribution de produits informatiques, qui sont souvent complexes, nécessite une prestation de service par le franchisé au bénéfice de la clientèle, soit lors de la conclusion du contrat, soit après[5].

Le savoir-faire peut éventuellement bénéficier de la protection du secret des affaires de la loi n° 2018-670 du 30 juill. 2018[6] (dont le texte a été validé par le Conseil constitutionnel le 26 juill. 2018, n° 2018-768 DC[7]). La loi a complété le livre 1er du code de commerce par un titre V, « De la protection du secret des affaires »[8]. Le décret n° 2018-1126 du 11 déc. 2018[9] précise les modalités d'application de la loi du 30 juill. 2018 précitée[10].

Les services rendus par le franchisé peuvent être relativement importants : ils supposent une formation adéquate de cet intermédiaire par le franchiseur.

315.34 **Procéder à une prestation d'ingénierie.** La prestation d'ingénierie dans le franchisage peut être tant de conception, sous l'une ou l'autre de ses variétés (organisation, technique), que d'exécution. Souvent, cependant, une seule de ces fonctions aura été assumée par le franchiseur (ainsi pour un projet d'installation élaboré par ce dernier[11]).

1. V. *supra* s^s n° 315.12.
2. Paris, pôle 5, ch. 4, 4 mai 2016, n° 15/10674, *AJ contrat* 2016. 441, obs. F.-L. Simon : pas de contrat de franchisage en l'absence de transmission de savoir-faire – Sur le contrat de communication de savoir-faire en général : É. Vergès (dir.), *Contrats sur la recherche et l'innovation*, Dalloz, 2018, n°s 145.00 s., étude détaillée avec des exemples de clauses.
3. Com. 18 déc. 2007, n° 06-15.970, NP : refus de requalifier un contrat de concession en contrat de franchisage, car le titulaire du réseau ne transmettait « *son savoir-faire qu'à titre accessoire, la simple lecture du bon de commande permettant de distinguer que le savoir-faire est facturé pour 10 % du total des sommes dues* [et alors] *que le contrat principal dispose que "le concédant accorde au concessionnaire le droit exclusif de vendre des produits et de réaliser des prestations de services* [...] *sur le territoire concédé"* ». – Paris, pôle 5, ch. 4, 1er sept. 2021, RG n° 18/15431, *CCC* 2022. Ét. 3, par J.-B. Gouache et M. Behar-Touchais : rejette la qualification de contrat de franchisage pour retenir celle de contrat de partenariat.
4. Toulouse, 18 nov. 2020, RG n° 19/00757.
5. Sur la maintenance v. *infra* s^s n°s 331.05 s.
6. L. n° 2018-670, 30 juill. 2018, relative à la protection du secret des affaires, *JO* 31 juill., n° 1 – M. Dhenne, « La loi n° 2018-670 du 30 juillet 2018 relative à la protection du secret des affaires », *D.* 2018. Chron. 1817 – T. d'Alès et O. Sicsic, « Secret des affaires : un nouvel arsenal législatif pour une protection renforcée », *JCP E* 2018. Ét. 1444 – S. Piédelièvre, « La loi du 30 juillet 2018 sur le secret des affaires », *Gaz. Pal.* 9 oct. 2018. Doctr. 13 – J.-C. Galloux, « La transposition de la directive relative à la protection du secret des affaires (Loi n° 2018-670 du 30 juill. 2018 relative à la protection du secret des affaires, *JO* n° 0174 du 31 juill. 2018) », *RTD com.* 2018. 643 – O. de Maison-Rouge, « Le secret des affaires : la reconnaissance juridique de l'information protégée », *Dalloz IP/IT* 2018. 659 – J.-C. Galloux, « Secret des affaires et propriété intellectuelle », *Dalloz IP/IT* 2018. 666 – M. Behar-Touchais, « Un franchiseur a-t-il intérêt à se fonder sur la loi du 30 juillet 2018 sur le secret des affaires ? », *RDC* 2018. 73 – J. Raynard, « Secret des affaires, effet relatif du contrat, liberté d'entreprendre », *JCP G* 2020. Libre propos 2018 (l'auteur estime que certaines des dispositions nouvelles élargissent à l'excès le périmètre du délit civil d'atteinte au secret des affaires, venant contrarier, tant la règle de l'effet relatif du contrat que le jeu de libertés fondamentales du commerce encadrant l'exercice des activités économiques) – G. Jacquot, « La réparation de l'atteinte au secret des affaires », *Propr. ind.* 2020. Dossier 4 – Et le dossier dans *AJ contrat* 2018. 407 s.
7. Conseil constitutionnel le 26 juill. 2018, n° 2018-768 DC, *loi relative à la protection du secret des affaires,* CONFORMITÉ, *JO* 31 juill., n° 64 ; *RDT* 2018. 666. Ét. V. Champeil-Desplats.
8. C. com., art. L. 151-1 à L. 152-2.
9. Décr. n° 2018-1126, 11 déc. 2018, relatif à la protection du secret des affaires, *JO* 13 déc., n° 6.
10. J.-C. Galloux, « Le décret d'application de la loi du 30 juillet 2018 relative à la protection du secret des affaires (Décr. n° 2018-1126, 11 déc. 2018, relatif à la protection du secret des affaires pour l'application de la loi n° 2018-670 du 30 juill. 2018, *JO* 13 déc. 2018) », *RTD com.* 2019. 80 s. – Sur l'ensemble de la question : S. Marcellin et T. du Manoir de Juaye, *Le secret des affaires*, 2e éd., « Droit et professionnels », LexisNexis, 2019 – POUR LA TRANSPOSTION en droit belge : V. Cassiers (dir.), *Secret d'affaires*, « Les dossiers du Journal des tribunaux », Larcier, Bruxelles, 2020.
11. Com. 8 janv. 2002, n° 98-19.526, NP, *RJDA* 2002, n° 494 : mais le franchiseur ne conseilla pas efficacement le franchisé.

La responsabilité des franchiseurs a surtout été mise en jeu à propos des *études de marché* et de rentabilité de l'établissement envisagé. Dès lors que les études ont été rigoureuses et ses résultats présentés avec prudence, le franchiseur ne saurait être responsable de l'absence du résultat prévu, qui dépend d'un nombre de facteurs considérables, sur lesquels il n'a pas de pouvoir : l'obligation est de moyens[1]. En revanche, le franchisé obtiendra réparation de son préjudice (gain manqué) s'il établit qu'il est la conséquence des études insuffisantes du franchiseur[2].

§ 2
Obligations pendant la durée du contrat

315.41 Des obligations continues. Les obligations du franchiseur ne s'achèvent pas à l'ouverture de l'établissement commercial du franchisé. Elles se prolongent en effet par une assistance technique *continue*[3] qu'il va fournir à son partenaire *durant toute la durée du contrat*, en vérifiant que l'assimilation des connaissances est convenablement réalisée par le franchisé[4]. Pour autant, elle n'est évidemment pas permanente, de tous les instants (ce qui annihilerait la nécessaire indépendance du franchisé). Cette obligation d'assistance est intrinsèque au contrat de franchisage, de sorte que son absence est motif à annulation du contrat ou à sa résiliation aux torts du franchisé. Elle est en effet le complément de la transmission du savoir-faire, son prolongement dans le temps. Au demeurant, le franchiseur s'engage à transmettre à ses franchisés tous les perfectionnements qu'il apporterait au savoir-faire et au concept (généralement par une clause expresse, mais l'obligation semble découler implicitement de l'exigence de bonne foi)[5].

315.42 Contrôle. Le franchiseur est tenu de *contrôler* en permanence l'activité des membres du réseau, le respect par les franchisés des normes de qualité qui leur sont imposées... Il doit protéger le réseau[6]. Le franchiseur doit être le premier à veiller à l'intégrité et à la cohésion du réseau. Il s'engage à faire respecter l'exclusivité par chacun de ses membres. À lui d'agir contre les franchisés qui ne respecteraient pas les règles du jeu. Son inaction de ce chef engagerait sa responsabilité[7]. Il lui incombe aussi de protéger le réseau contre les intrusions des tiers[8]. Cette question pose celle de l'opposabilité du contrat de franchisage aux tiers[9].

315.43 Soutien de la renommée. En outre, le franchiseur s'engage à soutenir la renommée de sa marque par des *campagnes publicitaires* incessantes, renouvelées régulièrement. Le franchiseur se charge encore du secteur *innovation/créativité* du réseau, dans la mesure où le concept franchisé ne conservera sa valeur que s'il est constamment révisé et recyclé, tout en gardant une identité forte.

315.44 Gestion de services communs. Le franchiseur peut gérer certains *services communs*, telle une centrale d'achats, un service de maintenance, un fichier de clientèle, un contentieux pour le recouvrement des créances impayées, un système de carte de paiement de réseau...

315.45 Responsabilité. Le franchiseur est évidemment responsable comme tout un chacun de ses fautes, voire du fait des choses en qualifiant ainsi le savoir-faire[10] et même, *de lege ferenda*, du fait d'autrui[11]. Mais il n'est point responsable des actes des franchisés[12].

SECTION 3
OBLIGATIONS DU FRANCHISÉ

315.51 Énumération. Le franchisé doit avoir ou obtenir un emplacement, payer une redevance ini-

1. Com. 11 janv. 2000, n° 97-16.419, NP, *RJDA* 2000, n° 239 – Paris, 17 oct. 2003, *RJDA* 2004, n° 269.
2. Com. 7 mars 1995, n° 93-10.368, NP, *RJDA* 1995, n° 836 – Versailles, 29 juin 1995, *D.* 1997. Somm. 55, obs. D. Ferrier. – Com. 12 mai 2021, n° 19-17.701, NP.
3. Paris, pole 5, ch. 4, 10 mai 2017, RG n° 14/20469, *AJ contrat* 2017. 341, obs. S. Regnault : violation par le franchiseur de son devoir d'assistance, justifiant la résiliation du contrat par le franchisé.
4. Douai, 2e ch., 6 sept. 2007, *Phildar c/Le Donnant, D.* 2007. AJ 2303, obs. E. Chevrier ; *D.* 2008. Pan. 2198, obs. D. Ferrier.
5. É. Vergès (dir.), *Contrats sur la recherche et l'innovation, op. cit.*, nos 145.211 s., avec des exemples de clauses. – Cependant, le développement d'une application informatique par le franchiseur, permettant aux clients des franchisés de commander des produits à distance à partir de leur ordiphone (*smartphone*), ne constitue pas une évolution du savoir-faire devant être communiquée gratuitement aux franchisés : Paris, pôle 5, ch. 4, 24 nov. 2021, RG n° 18/14501, *CCC* 2022, n° 25, obs. M. Malaurie-Vignal.
6. Paris, 24 janv. 1997, *RJ com.* 1999. 375.
7. Com. 20 sept. 2016, n° 13-15.935, P IV, n° 117 ; *D.* 2016. AJ 1924, obs. E. Chevrier ; *CCC* 2016, n° 254, obs. M. Malaurie-Vignal.
8. EX. : Com. 9 juill. 1996, n° 94-16.655, NP, *PIBD* 1997. III. 165, pour un contrat de concession.
9. V. *supra* ss nos 312.211 s.
10. Ce qui constituerait une évolution importante : Ph. le Tourneau (dir.), *Droit de la responsabilité et des contrats. Régimes d'indemnisation*, 12e éd., « Dalloz action », 2020, n° 2221.44.
11. SUR TOUT CELA : N. Dissaux, « La responsabilité du franchiseur en cas de défaillance du franchisé », *AJCA* 2014. 60.
12. *CONTRA* : Civ. 1re, 17 févr. 2021, n° 19-20.380, NP : solution étonnante ; la vente d'un appareil avait été conclue par le franchiseur mais livré dans le magasin du franchisé ; il semble que seul le premier était responsable, de ses propres faits, et que le franchisé ne l'était donc point.

tiale forfaitaire (particularité du franchisage), investir et se former. Il lui faut encore verser la redevance périodique prévue par le contrat, et coopérer le plus activement possible avec le franchiseur. De plus, le franchisé doit exploiter son établissement franchisé de façon indépendante, en tant que commerçant personne physique ou, presque toujours, personne morale.

En matière de franchisage, les clauses qui organisent le contrôle indispensable à la préservation de l'identité et de la réputation du réseau, symbolisés par l'enseigne, ne constituent pas des restrictions de concurrence au sens des articles 101, paragraphe 1, du Traité sur le fonctionnement de l'Union européenne et L. 420-1 du code de commerce. Aussi est valide la clause d'approvisionnement exclusif imposée aux franchisés dès lors qu'elle est nécessaire pour disposer chez chacun d'eux d'une uniformité de qualité des produits fabriqués selon un cahier des charges et un procédé propre au franchiseur, constituant ainsi un élément décisif pour l'image et l'identité du réseau de franchisage[1].

§ 1
Exploiter de façon indépendante

315.61 Conséquences de l'indépendance quant à la responsabilité. L'indépendance emporte diverses conséquences. Voici les plus saillantes. Le franchisé reste *responsable de ses faits et gestes*. Il n'y a pas de responsabilité du franchiseur du fait du franchisé, sauf à prouver une faute personnelle du premier[2]. Sa responsabilité est celle de Droit commun, tant en matière délictuelle qu'en matière contractuelle. De même, le franchiseur n'est nullement tenu de payer les dettes de l'un de ses franchisés. Toutefois, l'immixtion intempestive d'un franchiseur dans les affaires du franchisé risque de conduire à le considérer comme dirigeant de fait, avec les conséquences qui s'attachent à cette qualité[3] lors d'une procédure collective[4] ou, selon le Droit commun de l'immixtion, comme coupable d'une faute. Ainsi, un franchiseur pourrait éventuellement être considéré comme solidairement responsable du préjudice causé à un tiers du fait des agissements du franchisé, lorsque son immixtion a été de nature à créer pour le partenaire une apparence trompeuse, propre à lui permettre de croire légitimement que cette société était aussi son cocontractant[5].

315.62 Conséquences de l'indépendance quant à la fixation du prix. L'indépendance du franchisé se manifeste encore en ce que le franchisé peut, en théorie, librement négocier sa marge bénéficiaire avec son franchiseur (pour les produits qu'il distribue) et *fixer le prix des objets ou services* qu'il propose à la clientèle. Si le franchiseur n'a pas le droit d'imposer un prix minimum, directement ou indirectement[6], il conserve la possibilité, sous certaines conditions, de conseiller un prix[7], à condition, toutefois, que sous l'apparence du simple conseil, il n'y ait pas obligation.

Le seul fait de créer et de participer à une association de défense des intérêts des franchisés, constitutif d'une liberté fondamentale, ne constitue pas en soi une atteinte du franchisé à l'image de marque du réseau ou un manquement affectant gravement les intérêts du franchiseur[8].

§ 2
Exploiter sous la marque et l'enseigne du réseau, en respectant les normes

315.71 Obligation d'utiliser la marque et l'enseigne. Le franchiseur concède au franchisé une licence de sa marque et de son enseigne. Il ne s'agit pas là d'une faculté discrétionnaire accordée au franchisé. Il a *l'obligation d'utiliser la marque* qui signe, aux yeux du public, son appartenance au réseau. Du reste, il y va de son intérêt, car un courant de clientèle, attaché à la marque, va immédiatement se porter chez lui.

315.72 Exploitation selon des normes. Le réseau, fondement de *l'identité* de l'entreprise de service,

1. Com. 20 déc. 2017, n° 16-20.501, NP, *RJDA* 2018, n° 313 ; *CCC* 2018, n° 75, obs. D. Bosco.
2. Com. 22 févr. 2000, n° 97-18.728, NP, *CCC* 2000, n° 81, obs. M. Malaurie-Vignal : faute prouvée.
3. Com. 9 nov. 1993, n° 91-18.351, P IV, n° 390 ; *Rev. sociétés* 1994. 321, note Ph. le Tourneau – Com. 19 déc. 1995, n° 92-20.116, P IV, n° 307 ; *Rev. soc.* 1996, p. 347, note Ph. le Tourneau.
4. C. com., art. L. 624-3.
5. Comp. : Cass., ass. plén., 9 oct. 2006, n° 06-11.056, *Tapie*, P, n° 11 ; *D.* 2006. 2933, note D. Houtcieff ; *D.* 2006. 2525, obs. X. Delpech ; *D.* 2007. 753, obs. D. R. Martin ; *JCP* 2006. II. 10175, note T. Bonneau ; *JCP E* 2006. 2618, note A. Viandier ; *RDI* 2007. 408, obs. H. Heugas-Darraspen ; *RTD civ.* 2007. 115, obs. J. Mestre et B. Fages ; *RTD civ.* 2007. 145 et 148, obs. P.-Y. Gautier ; *RTD com.* 2007. 207, obs. D. Legeais – Com. 12 juin 2012, n° 11-16.109 : P IV, n° 121 ; *D.* 2012. 1608 ; *BJS* 2012. 611, note J.-F. Barbiéri ; *CCC* 2012, n° 203, obs. N. Mathey ; *RTD civ.* 2012. 546, obs. P.-Y. Gautier ; J. Schmeidler, « La responsabilité de la société mère pour les actes de sa filiale », *D.* 2013. Chron. 584 ; il est regrettable que la C. de cass. ait assimilé les deux notions d'immixtion et d'apparence trompeuse, qui reposent sur des agissements distincts, même si une apparence trompeuse peut résulter d'une immixtion.
6. C. com., art. L. 442-6 [numérotation datant de l'ord. n° 2019-359 du 24 avr. 2019].
7. Paris, 2 mars 1999, *3 R*, préc.
8. Com. 28 nov. 2018, n° 17-18.619, NP.

doit être *homogène*. La seule façon d'y parvenir est d'imposer aux franchisés des normes très strictes. Mais seules sont licites les clauses restrictives de la concurrence destinées à préserver l'identité du réseau ou la confidentialité de son savoir-faire[1].

315.73 Exploitation personnelle. Les caractères de collaboration, de confiance et d'*intuitus personæ, firmæ* ou *societatis* (bilatéral) sont beaucoup plus marqués dans ce contrat que dans les autres contrats de concession *lato sensu*. Ce trait découle de la communication de savoir-faire qui intervient entre les parties et de l'assistance technique qui la prolonge. Le franchisé doit donc exploiter lui-même ou par ses préposés le « système » qui lui est concédé.

315.74 Existence fréquente d'une exclusivité territoriale. L'exclusivité territoriale n'est pas de l'essence du franchisage, alors qu'elle l'est de la concession commerciale. Cependant, en pratique, l'exclusivité territoriale est stipulée dans la majorité des contrats de franchisage. Le franchiseur s'interdit de contracter avec un autre partenaire dans ce territoire. Et le franchisé s'engage généralement à ne pas assurer des services au-delà de ses frontières. Celui qui viole cette obligation commet une défaillance contractuelle, permettant à l'autre partie de résilier le contrat[2]. Parfois, le franchiseur se réserve la possibilité de traiter directement avec certains clients personnels dans la zone.

315.75 Existence fréquente d'une clause d'approvisionnement exclusif. Contrairement au contrat de concession, l'exclusivité d'approvisionnement n'est pas de l'essence du contrat de franchisage. En effet, celui-ci repose essentiellement sur la communication d'un savoir-faire. Néanmoins, de nombreux contrats organisent l'approvisionnement exclusif des produits que le franchisé revendra ou, dans un franchisage de services, qu'il utilisera. Une telle clause constitue un procédé de moralisation du marché, en empêchant l'intrusion de « passagers clandestins » qui, sans bourse délier, viendraient s'approprier le fruit des investissements immatériels des franchiseurs, de sorte qu'elle peut être regardée comme « *un instrument de lutte contre le parasitisme* »[3]. Toutefois, la clause d'approvisionnement exclusif n'est licite que si elle est « *indispensable pour préserver l'identité et la réputation du réseau* »[4]. L'exclusivité ne relève pas de l'article 101[5], § 1, du TFUE[6] lorsqu'elle est nécessaire au maintien de l'identité commune et de la réputation du réseau.

315.76 Non-concurrence. L'exclusivité peut être protégée par une *clause de non-concurrence* pendant la durée du contrat, par laquelle le distributeur s'interdit de proposer à la clientèle, directement ou indirectement, des services concurrents de ceux qui font l'objet du contrat ou par laquelle il s'interdit d'ouvrir un autre magasin, ayant un objet identique ou similaire, dans le territoire d'un autre membre du réseau. À vrai dire, une stipulation expresse en ce sens n'est pas indispensable, car elle découle naturellement de la nature du contrat d'intérêt commun[7], qui implique une fidélité mutuelle, au moins provisoire[8]. Elle constitue en quelque sorte la face passive de l'assistance que le franchisé reçoit du franchiseur et sa finalité est de protéger le savoir-faire du franchiseur. Les lignes directives du règlement[9] 330/2010[10] du 20 avril 2010 relatives aux accords verticaux autorisent, au regard dudit règlement d'exemption, tant l'interdiction pour le franchisé d'exercer, « *directement ou indirectement, une activité concurrente* »[11] que celle d'acquérir « *dans le capital d'une entreprise concurrente, une participation financière qui lui donnerait le pouvoir d'influencer le comportement économique de cette entreprise* »[12].

Il avait été jugé, sur le fondement de l'ancien article 1145 du code civil, que « *celui qui contrevient à une obligation contractuelle de ne pas faire doit des*

1. Cons. conc. 18 juin 1997, n° 97-D.48, *CCC* 1997, n° 152. – Rennes, 25 févr. 2020, RG n° 17/03287, *RLDC* 2020/2, n° 99, obs. N. Ferrier.
2. À PROPOS de franchiseurs n'ayant pas respecté l'exclusivité : Com. 12 nov. 1996, n° 94-14.329, *Adidas*, NP, *D.* 1996. IR 263 ; *RJDA* 1997, n° 343 ; *RTD civ.* 1997. 931, obs. J. Mestre.
3. D. Bosco, *L'obligation d'exclusivité*, préf. C. Prieto, Bruylant, Bruxelles, 2008, n°s 36 s.
4. DEPUIS : Com. 10 janv. 1995, n° 92-17.892, *Phildar*, NP, *RJDA* 1995, n° 561.
5. TFUE, 101 [TCE-A, 81 ; TCE 85] – I. Pingel (dir.), *De Rome à Lisbonne : Commentaire article par article des traités UE et CE*, 2e éd., Helbing-Lichtenhahn-Dalloz-Bruylant, 2010, p. 695.
6. Sur cet art. v. *supra* s^s^ n° 313.31.
7. C. civ., art. 1194.
8. COMP. : Paris, 6 juin 2008, RG n° 07/03323, *LPA* 13 nov. 2009, n° 227 (n° spécial), n° 149 : pas de clause de non-concurrence dans le contrat, mais les juges déduisirent cette obligation de l'exclusivité territoriale – Com. 14 nov. 2018, n° 17-19.851, NP, *AJ contrat* 2019. 92, obs. S. Regnault ; *D.* 2019. Pan. 2374, obs. Y. Picod ; *RTD civ.* 2019. 100, obs. H. Barbier, la cour d'appel a pu retenir qu'il résultait de la commune intention des parties que le franchisé ne pouvait pas créer un établissement entrant en concurrence avec ceux du réseau.
9. Sur ce règlement v. *supra* s^s^ n°s 313.11 s.
10. Règl. 330/2010, Commission, 20 avr. 2010, concernant l'application de l'art. 101, § 3, du traité sur le fonctionnement de l'Union européenne à des catégories d'accords verticaux et de pratiques concertées, *JOUE* L 102, 23 avr., p. 1.
11. Comm. UE, comm. C 130/01, *Lignes directrices sur les restrictions verticales, JOCE* n° C 130/01, 19 mai 2010, point n° 45 a.
12. Comm. UE, comm. C 130/01, *Lignes directrices sur les restrictions verticales, JOCE* n° C 130/01, 19 mai 2010, point n° 45 b.

dommages-intérêts par le seul fait de la contravention »[1]. Il en résultait qu'une compensation pécuniaire pouvait être allouée même en l'absence de préjudice. Il est probable que cette jurisprudence se maintiendra après la réforme du droit des contrats de 2016, même si elle est muette sur ce sujet.

315.77 Non-concurrence post-contractuelle. La prohibition de la concurrence pendant la durée du contrat est presque toujours prolongée dans le temps par une clause de non-concurrence *post-contractuelle*[2]. Une variante en est la *clause de non-réaffiliation* à un réseau concurrent[3] (existant ou non). Certains arrêts semblent admettre qu'elle existe implicitement, en condamnant comme constitutif d'une faute le fait, par un ancien franchisé, de créer un réseau concurrent de celui de son ancien franchiseur, en s'inspirant de ses concepts et méthodes, créant une confusion dans l'esprit de la clientèle, en détournant son savoir-faire et ses investissements, donc par une motivation s'apparentant au parasitisme[4]. Elle a pour objectif de laisser au franchiseur le temps de réinstaller un franchisé dans la zone d'exclusivité, afin de lui permettre de fidéliser sa clientèle. Une clause de non-concurrence post-contractuelle ou de non-réaffiliation ne peut résulter que de la loi ou d'un contrat. Elle ne saurait être imposée par un tribunal, sauf accord des parties constaté par lui[5]. La soumission des deux clauses aux mêmes exigences trouve sa source dans le fait que la clause de non-réaffiliation rend également difficile la reconversion du distributeur, d'autant qu'elle est souvent complétée par une clause d'agrément du successeur. Avant la loi Macron[6], le régime de ces clauses était calqué pour l'essentiel (sans être absolument identique) sur celui des clauses de non-concurrence imposées aux salariés[7], qui avait été étendu aux salariés se trouvant en même temps associé ou actionnaire[8]. Elles devaient donc notamment être limitées dans le temps et dans l'espace, répondre aux principes de proportionnalité aux intérêts légitimes de son bénéficiaire (le franchiseur[9]) et de nécessité pour protéger ceux-ci[10] (dans le domaine du franchisage, la

1. À PROPOS DE clauses de non-concurrence : Civ. 1re, 10 mai 2005, n° 02-15.910, P I, n° 201 ; *RTD civ.* 2005. 594, obs. J. Mestre et B. Fages, et p. 600, obs. P. Jourdain ; *JCP* 2006. I. 111, n° 3, obs. Ph. Stoffel-Munck ; *RDC* 2006. 326, obs. D. Mazeaud ; *Defrénois* 2005. 1247, obs. J.-L. Aubert – Civ. 1re, 31 mai 2007, n° 05-19.978, P I, n° 212 ; *D.* 2007. 2784, note C. Lisanti ; *JCP* 2007. I. 185, n° 3, obs. Ph. Stoffel-Munck ; *RDC* 2007. 1118, note Y.-M. Laithier, et p. 1140 note S. Carval.
2. A. Rièra, *Contrat de franchise et droit de la concurrence*, « Thèse », Institut universitaire Varenne, 2014, nos 329 s.
3. M. Texier, *La désorganisation. Contribution à l'élaboration d'une théorie de la désorganisation en droit de l'entreprise*, préf. Y. Picod, PU Perpignan, 2006, nos 399 s. – H. Kenfack, « Fin des incertitudes sur la clause de non-réaffiliation ? », *RLDA* 2006, n° 263 – M. Depincé, « Les clauses de non-concurrence post-contractuelles et ses alternatives », *RTD com.* 2009. 259 s., spéc. p. 267, sur les clauses de non-réaffiliation – A. Calvet, *Franchise et concurrence : la protection du franchiseur face à la concurrence de son ancien franchisé*, th. préc., nos 451 s. (importants développements sur la clause de non-réaffiliation) – B. Baugard, « Unité et diversité des clauses de non-concurrence et de non-réaffiliation », *RLDC* 2012. Ét. 4798 – A.-S. Lucas-Puget, « Clause de non-réaffiliation », *CCC* 2013, formule 11 – C.-É. Bucher, « La clause de non-réaffiliation à un réseau de distribution », *CCC* 2018, formule 10.
4. Com. 14 févr. 2012, n° 10-30.872, NP, *RJDA* 2012, n° 723 ; *Propr. ind.* 2012. Chron. 8, n° 16, obs. J. Larrieu, même si l'arrêt affirme que la cour d'appel n'a pas fondé sa condamnation au titre de la concurrence déloyale et parasitaire.
5. NONOBSTANT : Com. 25 juin 1991, n° 89-20.506, P IV, n° 236 ; *D.* 1992. 249, note Batteur ; *RTD civ.* 1992. 390, obs. J. Mestre ; *RTD com.* 1992. 448, obs. B. Bouloc ; *JCP E* 1992. 303, note G. Virassamy – Cet arrêt a reconnu aux juges du fond le pouvoir de mettre à la charge d'un ancien mandataire d'intérêt commun une obligation de non-concurrence post-contractuelle, limitée dans le temps et l'espace (à propos d'un agent commercial). Mais il n'est pas pertinent, car il s'agissait en fait d'une mesure de suppression de la situation illicite, comme l'a relevé G. Virassamy – SUR CETTE NOTION, qui est la règle d'or de la responsabilité civile : Ph. le Tourneau (dir.), *Droit de la responsabilité et des contrats. Régimes d'indemnisation*, 12e éd., « Dalloz action », 2020, n° 0111.20 ; et C. Bloch, *La cessation de l'illicite. Recherche sur une fonction méconnue de la responsabilité civile extracontractuelle*, préf. R. Bout, avant-propos Ph. le Tourneau, Dalloz, 2008.
6. V. *supra* ss n° 315.82.
7. NOT. SUR CE RÉGIME : Ph. le Tourneau, *Les contrats de franchisage*, 2e éd., *op. cit.*, nos 680 s. – Y. Picod, Y. Auguet et S. Robinne, « Concurrence : obligation de non-concurrence », *Rép. com.* (2018).
8. Com. 15 mars 2011, n° 10-13.824, P IV, n° 39 ; *D.* 2011. 1261, note Y. Picod et Somm. 2578, obs. E. Lamazerolles ; *JCP E* 2011, n° 21, 1409, note A. Couret et B. Dondero, CRIT. ; *JCP* 2011, n° 24, 692, note F. Khodri ; *CCC* 2011, n° 138, obs. M. Malaurie-Vignal ; *Gaz. Pal.* 2011. 2, p. 2393, note D. Houtcieff ; *Rev. soc.* 2011, p. 620, note L. Godon ; *RTD com.* 2011. 361, obs. A. Constantin ; *RTD civ.* 2011. 348, obs. B. Fages : « *Lorsqu'elle a pour effet d'entraver la liberté de se rétablir d'un salarié, actionnaire ou associé de la société qui l'emploie, la clause de non-concurrence signée par lui, n'est licite que si elle est indispensable à la protection des intérêts légitimes de l'entreprise, limitée dans le temps et dans l'espace, qu'elle tient compte des spécificités de l'emploi du salarié et comporte l'obligation pour la société de verser à ce dernier une contrepartie financière, ces conditions étant cumulatives* » ; de façon inattendue l'arrêt est fondé sur la cause (C. civ., anc. art. 1131).
9. ET NON ceux du franchisé : Com. 30 mai 2012, n° 11-18.779, NP, *D.* 2012. 2760, obs. Centre de droit de la concurrence Yves Serra ; *D.* 2013. 732, obs. D. Ferrier ; *CCC* 2012, n° 230, obs. M. Malaurie-Vignal.
10. Civ. 2e, 10 janv. 2008, n° 07-13.558, NP, *D.* 2009. Pan. 1442, obs. Y. P. et Pan. 2896, obs. D. Ferrier ; *CCC* 2008, n° 71, obs. M. Malaurie-Vignal – SUR CET ARRÊT AUSSI : L.-M. Augagneur, « Changer d'enseigne » *JCP E* 2008. 2170 – Com. 20 mai 2008, n° 06-19.234, NP, *D.* 2009. Pan. 1442, obs. Y. P. et Pan. 2896, obs. D. Ferrier : clause privée ▶

proportionnalité devait se jauger en contemplation du savoir-faire [1]). Enfin, elles ne devaient pas violer le « *principe fondamental de libre exercice d'une activité professionnelle* » (Soc. 10 juill. 2002, n°s 99-43.334, 99-43.335, 99-43.336 [2]). En revanche, elles n'ont pas à être rémunérées [3]. Une contrepartie financière n'est exigée qu'au bénéfice du salarié sur lequel pèse une clause de non-concurrence post-contractuelle [4]. Une clause de non-réaffiliation peut tomber sous le coup de l'interdiction de l'article L. 420-1 du code de commerce, prohibant les conventions ayant pour objet ou pouvant avoir pour effet d'empêcher, de restreindre ou de fausser le jeu de la concurrence, notamment en limitant l'accès au marché [5].

Une clause interdisant à un salarié de déposer des titres de propriété intellectuelle et de diffuser des informations commerciales et techniques après la rupture de son contrat de travail ne constitue pas une clause de non-concurrence et n'ouvre donc pas droit au paiement d'une contrepartie financière [6].

315.78 De la possibilité d'une clause complémentaire d'inutilisation du savoir-faire : son caractère illusoire. La communication d'un savoir-faire substantiel est fondamentale dans tout contrat de franchisage. Aussi les franchiseurs sont tentés d'insérer dans les contrats-cadre avec leurs franchisés que ceux-ci ne pourront plus utiliser le savoir-faire spécifique du réseau, une fois que le contrat aura achevé ses effets. Cette disposition est importante en pratique. Cette clause est distincte de la clause de non-concurrence ou de non-réaffiliation, avec laquelle elle présente cependant une certaine affinité et dont elle renforce l'efficacité. Elle implique que le savoir-faire en cause soit resté secret, qu'il continue donc de présenter un avantage concurrentiel. Toutefois, sans être purement platonique, la prohibition est assez illusoire. En effet, le savoir-faire est par définition un savoir, c'est-à-dire des connaissances, des informations. Dans ces conditions, comment empêcher que le sachant le conserve et l'utilise ? Il est désormais partie intégrante de sa personnalité qui, par l'exercice professionnel, s'est développée et enrichie. C'est donc à bon escient que le considérant 14 de la directive 2016/943 sur le secret des affaires précise que la définition de celui-ci « *exclut les informations courantes et l'expérience et les compétences obtenues par des travailleurs dans l'exercice normal de leurs fonctions* ».

▶ d'effet – Com. 24 nov. 2009, n° 08-17.650, NP, *CCC* 2010, n° 43, obs. M. Malaurie-Vignal ; *JCP E* 2010, n° 9-10, 1220, note N. Dissaux ; *RDC* 2010. 921, note M. Behar-Touchais, 2e esp. : clause valide, car limitée dans le temps et dans l'espace, proportionnée aux intérêts légitimes du franchiseur au regard de l'objet du contrat – Paris, pôle 5, ch. 4, 9 févr. 2011, n° 08/15667, *RJ com.* 2011. 179, obs. J.-M. Leloup : clause de non-réaffiliation dans un contrat de franchisage nulle, car insuffisamment limitée dans l'espace – Com. 31 janv. 2012, n° 11-11.071, P IV, n° 17 ; *D.* 2012. AJ 501, obs. E. Chevrier ; *D.* 2012. 2760, obs. Centre de droit de la concurrence Yves Serra ; *D.* 2013. 732, obs. D. Ferrier ; *Gaz. Pal.* 2012. 5 oct., note B. Dondero ; *RDC* 2012. 878, note C. Grimaldi : clause de non-réaffiliation valide, car limitée dans le temps et l'espace, et proportionnée aux intérêts de la sté maître du réseau – Com. 3 avr. 2012, n° 11-16.301, P IV, n° 72 ; *D.* 2012. AJ 1119, obs. E. Chevrier ; *D.* 2012. 2760, obs. Centre de droit de la concurrence Yves Serra ; *D.* 2013. Pan. 732, obs. D. Ferrier ; *CCC* 2012, n° 169, obs. L. Leveneur ; *Gaz. Pal.* 4 juill. 2012, note D. Houtcieff, CRIT. ; *JCP E* 2012, n° 17, 1264, obs. N. Dissaux ; *LPA* 28-29 août 2012, n° 172-173, p. 6, note S. Le Gac-Pech : clause de non-réaffiliation insuffisamment limitée dans l'espace, et donc non proportionnée aux intérêts légitimes du franchiseur – Com. 23 sept. 2014, n° 13-22.624, NP, *CCC* 2014, n° 269, obs. M. Malaurie-Vignal ; *AJCA* 2015. 92, obs. A. Riéra : une clause de non-réaffiliation d'une durée trop longue, alors que le savoir-faire était faible, est disproportionnée au but poursuivi – Paris, pôle 1, ch. 2, 16 nov. 2017, RG n° 16/16213, *AJ contrat* 2018. 44, obs. A. Lecourt : clause de non-réaffiliation nécessaire et proportionnée – Paris, pôle 5, ch. 4, 13 déc. 2017, RG n° 13/12625, *AJ contrat* 2018. 89, obs. A. Bories : « *la clause est disproportionnée à son objectif* » – Com. 30 mai 2018, n° 17-14.303, NP : la clause post-contractuelle de non-concurrence, d'une durée limitée et qui a « *pour objet de protéger le savoir-faire de l'ancien franchiseur et d'éviter qu'il ne soit divulgué dans un autre réseau, est une restriction justifiée par l'objet de la franchise* » ; en l'esp. l'arrêt de la cour d'appel relève « *que la clause de non-concurrence post-contractuelle n'est pas disproportionnée au regard des obligations à la charge du franchiseur, de mise à disposition d'une enseigne, de fourniture d'un savoir-faire et d'assistance, et en déduit qu'aucun déséquilibre ne saurait, en soi, en résulter* ».

1. Paris, 6 mars 2013, *Prodim c/Champion, CCC* 2013, n° 113, obs. M. Malaurie-Vignal : obligation de non-réaffiliation pas indispensable à la protection du savoir-faire – Com. 16 sept. 2014, n° 13-18.710, NP, *AJCA* 2014. 390, obs. C. Pecnard : *idem*, faute de savoir-faire spécifique.
2. Soc. 10 juill. 2002, n°s 99-43.334, 99-43.335, 99-43.336, P V, n° 239 (3 arrêts) ; *JCP* 2002. II. 10162, note F. Petit, CRIT. ; *JCP E* 2002. 1511, note D. Corrignan-Carsin ; *D.* 2002. 2491, note Y. Serra – Com. 15 mars 2011, n° 10-13.824, préc. – Com. 23 sept. 2014, n° 13-22.624, préc.
3. À PROPOS D'UNE CLAUSE de non-réaffiliation : Com. 31 janv. 2012, n° 11-11.071, préc. – MÊME SOLUTION À PROPOS d'un contrat de mandat : Com. 17 janv. 2012, n° 10-27.701, NP, *Gaz. Pal.* 2012. 1, 27 juin, note L.-F. Pignarre.
4. NOT. : Com. 24 nov. 2009, n° 08-17.650, *Casino*, préc. : se contentant d'une limitation de la clause dans le temps et dans l'espace associée à la proportionnalité aux intérêts du bénéficiaire.
5. Paris, pôle 1, ch. 2, 16 nov. 2017, RG n° 16/16213, préc.
6. Soc. 3 mai 2018, n° 16-25.067, P V, n° 75 ; *Dalloz IP/IT* 2018. 689, obs. A. Latil : « *L'engagement du salarié, après la rupture du contrat de travail, à ne déposer aucun brevet pour des créations inventées pendant l'exécution de son contrat ainsi que son engagement à ne publier aucun article scientifique et à ne diffuser aucune information commerciale ni aucun renseignement technique, relatifs à la société Ilog, n'étaient pas assimilables à une clause de non-concurrence et n'ouvraient pas droit au paiement d'une contrepartie financière* ».

La loi n° 2018-670 du 30 juillet 2018 [1] de transposition ne comporte pas de disposition *expressis verbis* en ce sens, mais ne semble pas y contrevenir.

Le risque d'utilisation abusive et parasitaire du savoir-faire par un ancien franchisé doit cependant être relativisé. En effet, un concept franchisé performant implique que le savoir-faire soit incessamment recyclé et revitalisé par des ajustements, perfectionnements et innovations, auxquels l'ancien franchisé n'aura pas accès. *La meilleure protection du savoir-faire réside dans l'innovation permanente et substantielle* !

315.79 **Critiques et suggestions.** Que le franchiseur souhaite insérer une clause de non-concurrence post-contractuelle peut sembler, de prime abord, parfaitement justifié. En son absence le fonds de commerce du franchisé bénéficierait, au moins pendant un certain temps, d'une clientèle qui a été essentiellement attirée par le franchiseur grâce à son « système », vanté par une incessante publicité, à l'assistance permanente accordée au franchisé et au contrôle vigilant du réseau ; de plus, le franchisé, qui a eu communication du savoir-faire, pourrait continuer d'utiliser celui-ci sans encourir aucune sanction. Les juges entendirent protéger les intérêts des titulaires de réseaux, dans un louable souci de prise en considération des réalités économiques. Mais cela les conduisit à sacrifier, dans une certaine mesure, les intérêts des franchisés évincés.

Le franchisé, tenu par une clause de non-concurrence, et qui désire continuer à exercer une activité commerciale dans son établissement, se trouve devant un dilemme. Soit, il entend conserver la même activité et doit, dans ce cas, attendre l'expiration de la période de non-concurrence stipulée, avec le risque considérable de la disparition du fonds, faute d'exploitation. Soit, il se résigne à changer le domaine, afin de ne pas cesser d'exercer une activité commerciale. Mais, d'une part, il perdra « sa clientèle » (qui représente une valeur économique chiffrable) ; et, d'autre part, la modification du fonds qui en résulte peut susciter des difficultés juridiques quant au bail (bien que la « déspécialisation » des fonds soit aujourd'hui encouragée par le législateur et la jurisprudence). Quoi qu'il arrive, il souffre d'un préjudice commercial et financier de taille. Étant donné le rôle primordial de la marque dans le franchisage, l'affirmation selon laquelle le franchisé garde la propriété de son fonds de commerce [2], juridiquement exacte, est parfois purement théorique dans certains secteurs d'activité : La clientèle attachée et attirée au premier chef (et réflexe) à la marque, le franchisé évincé du réseau risque fort de voir « sa clientèle » l'abandonner, alors même qu'il arriverait – dans la plus favorable des hypothèses d'école – à trouver un autre franchiseur dans son domaine, lui accordant l'investiture pour son ancien territoire.

Il y a donc une contradiction fondamentale dans le Droit français actuel sur la question. Car il prétend que la clientèle reste attachée au franchisé et non pas à la marque (donc au franchiseur), d'où il n'a pas droit à une « indemnité de clientèle », tout en validant les clauses qui interdisent au franchisé de continuer à exercer son activité, ce qui revient à lui faire perdre son fonds avec sa clientèle. Une réforme législative pourrait être envisagée [3].

Nous avions proposé dans nos anciens travaux l'alternative suivante : Ou bien le franchisé est soumis à une obligation de non-concurrence et reçoit une « indemnité de clientèle » contractuelle, prévue au contrat. Ou bien aucune indemnité ne lui est allouée en fin de contrat, mais il peut continuer d'exercer son activité. Une seconde voie, plus radicale, consisterait à affranchir le franchisé de la clause de non-concurrence lorsque son exécution, même limitée dans le temps et dans l'espace, et indispensable à la protection des intérêts légitimes du franchiseur, « *est susceptible d'entraîner le dépôt de bilan du franchisé et le contraindre à changer complètement d'activité* » [4]. De plus, peut-être conviendrait-il de prévoir que le franchisé dont le contrat n'est pas renouvelé reçoive une indemnité importante, correspondant à l'accroissement de la valeur du réseau due à son labeur, que nous avons proposé (il y a déjà bien longtemps) de baptiser « redevance de sortie de réseau » [5], et tenant compte aussi du chiffre d'affaires réalisé par lui durant les dernières années ; il est certain que son appréciation est malaisée. Nous avions aussi avancé l'idée qu'une telle redevance devrait être versée lorsque les investissements effectués par le franchisé ne seraient pas amortis lors de la rupture [6], depuis, elle nous semble justifiée par le

1. C. com., art. L. 151-1 s. – DONT LE TEXTE AVAIT ÉTÉ VALIDÉ par Cons. const. 26 juill. 2018, n° 2018-768 DC, loi relative à la protection du secret des affaires, conformité, *JO* 31 juill., n° 64.

2. Civ. 3e, 27 mars 2002, n° 00-20.730, *Trévisan*, P IV, n° 77 ; *D.* 2002. 2400, note H. Kenfack ; *JCP* 2002. II. 10112, p. 1312, note F. Auque – SUR LA QUESTION : A. Calvet, *Franchise et concurrence : la protection du franchiseur face à la concurrence de son ancien franchisé*, th. préc., nos 44 s.
3. J. Beauchard, « Protection du franchisé : faut-il une réforme législative ? », art. préc. – N. Dissaux, « La protection du franchisé au début du XXIe siècle : Pour qui ? Pour quoi ? Comment ? », art. préc.
4. C. Jamin, « Clause de non-concurrence et contrat de franchise », *D.* 2003. Chron. 2878 s.
5. V. ADOPTANT notre position : M.-E. André, M.-P. Dumont et Ph. Grignon, *L'Après-contrat*, F. Lefebvre, 2005, n° 192.
6. COMP. : A. Calvet, *Franchise et concurrence : La protection du franchiseur face à la concurrence de son ancien franchisé*, th. préc., nos 121 s.

principe « de ne pas se contredire au détriment d'autrui », application de celui de cohérence[1].

315.80 Autres suggestions. Un auteur allait plus loin[2]. S'inspirant de l'exemple du Droit allemand, il propose d'accorder au franchisé évincé (et au concessionnaire) une indemnité compensatrice de fin de contrat, en appliquant par analogie l'article L. 134-12 du code de commerce relatif à l'agent commercial, dans la mesure où il existe des traits communs importants à l'agent commercial, au franchisé et au concessionnaire, qui subliment en quelque sorte les indéniables différences entre eux. Cette indemnité serait donc légale, et par conséquent ne supposerait pas l'existence d'une disposition contractuelle, ce qui est un avantage certain par rapport à notre suggestion d'une « redevance de sortie de réseau ». En 2007, un arrêt de la Cour de cassation avait admis la possibilité d'une indemnité de clientèle déguisée pour le franchisé en fin de contrat, sous le visa de l'ancien article 1371 du code civil[3] (définissant le quasi-contrat ; l'actuel art. 1300 en donne une définition plus précise[4]). L'arrêt n'indiquait pas quel était le quasi-contrat envisagé. Souvent, lorsque la Cour de cassation citait l'ancien article 1371, comme en l'espèce, c'était l'enrichissement injustifié (sans cause) qui était retenu (faute de texte, puisqu'il s'agissait à l'époque d'une création jurisprudentielle). Tel était sans doute le cas ici : la clause de non-concurrence non rémunérée ne serait pas alors une cause juridique à l'enrichissement du franchiseur. Mais, après résistance de la cour d'appel de renvoi, la Cour de cassation rejeta le pourvoi par un arrêt de principe, citant bien cette fois l'enrichissement sans cause pour le rejeter : Mais, après résistance de la cour d'appel de renvoi, la Cour de cassation rejeta le pourvoi par un arrêt de principe : « *les règles gouvernant l'enrichissement sans cause ne peuvent être invoquées dès lors que l'appauvrissement et l'enrichissement allégués trouvent leur cause dans l'exécution ou la cessation de la convention conclue entre les parties* »[5].

Il fut aussi suggéré de recourir au quasi-contrat à *l'issue de l'exécution d'un contrat de distribution*, lorsqu'il apparaît que l'une des parties, en l'espèce le franchiseur (mais aussi bien parfois le concédant *stricto sensu*), a réalisé un profit non prévu à l'origine dans l'équilibre des prestations, car il constitue un enrichissement sans cause ; dans cette circonstance, « *le quasi-contrat innommé peut devenir un remède à l'injustice patrimoniale consécutive à une situation contractuelle* »[6].

315.81 Sort des données informatisées. Le franchisé est en principe propriétaire des données informatiques relatives à ses clients, en tant que producteur d'une base de données[7]. Aucune clause ne peut avoir pour effet de l'en priver, directement ou indirectement, à l'issue du contrat de franchisage[8].

315.82 Loi nº 2015-990 du 6 août 2015, dite loi Macron. La loi du 6 août 2015, dite loi Macron, introduisit dans le code de commerce un article L. 341-2 ; selon son I, « *Toute clause ayant pour effet, après l'échéance ou la résiliation d'un des contrats mentionnés à l'article L. 341-1, de restreindre la liberté d'exercice de l'activité commerciale de l'exploitant qui a précédemment souscrit ce contrat est réputée non écrite* »[9]. Cette disposition est très critiquable[10]. La règle est fort large, de façon excessive, mais est tout de même restreinte[11] par le II[12].

315.83 Obligation post-contractuelle de confidentialité. Une clause de confidentialité post-contractuelle est bienvenue dans le contrat de franchisage, étant donné l'importance de la transmission du savoir-faire qu'il implique. Elle prolonge la clause

1. Ph. le Tourneau (dir.), *Droit de la responsabilité et des contrats. Régimes d'indemnisation*, 12e éd., « Dalloz action », 2020, nos 3124.251 s.
2. F.-X. Licari, *La Protection du distributeur intégré en droit français et allemand*, th. préc., p. 145 s., et dans toute la suite de l'ouvrage pour les conséquences ; *ADDE*, du même, « L'application par analogie du droit de l'agence commerciale, fondement possible de la reconnaissance d'une indemnité de fin de contrat au concessionnaire et au franchisé (Quelques réflexions à propos de Paris, 1er mars 2006, General Motors c/Coroller Automobiles) », *RLDA* 2007, nº 785.
3. Com. 9 oct. 2007, nº 05-14.118, NP, *D.* 2008. 388, note D. Ferrier ; *CCC* 2007, nº 298, obs. M. Malaurie-Vignal ; *JCP* 2007, nº 10211, note N. Dissaux ; *JCP E* 2008. 1020, note N. Dissaux ; *RTD civ.* 2008. 119, obs. P.-Y. Gautier ; *RTD civ.* 2008. 300, obs. B. Fages.
4. Ph. le Tourneau, *Rép. civ.*, Vº « Quasi-contrat » (2018).
5. Com. 23 oct. 2012, nº 11-21.978, P IV, nº 192 ; *D.* 2012. 2862, note N. Dissaux, CRIT. ; *D.* 2013. 732, obs. D. Ferrier ; *D.* 2013. 2812, obs. Centre de droit de la concurrence Yves Serra ; *RDC* 2013. 641, note C. Grimaldi ; *RDC* 2013. 646, note M. Behar-Touchais ; *RTD civ.* 2013. 114, obs. B. Fages.
6. M. Vonwill, *L'indemnité légale de rupture des contrats d'intermédiation commerciale. Essai d'une analyse quasi-contractuelle*, th. Nantes, 2021, nº 381.
7. CPI, art. L. 341-1 (v. *supra* ss nos 343.31 s.).
8. Paris, pôle 5, ch. 4, 10 mai 2017, RG nº 14/20469, *AJ contrat* 2017. 341, obs. S. Regnault – SUR LA QUESTION : S. Regnault, « Le sort des données dans la franchise », préc.
9. D. Mainguy, « Premières vues sur le "droit français nouveau des réseaux de distribution commerciale" », *JCP E* 2015. Ét. 1579 – SUR la notion : S. Gaudemet, *La clause réputée non écrite*, préf. Y. Lequette, « BDPr », LGDJ, 2006.
10. F. Buy, « Loi "Macron" : *focus* sur les clauses restrictives d'après-contrat », *D.* 2015. 1902 – L. et J. Vogel, « Loi Macron : un nouveau régime des contrats de distribution inutile, coûteux et inadapté », *AJCA* 2016. 512.
11. V. *supra* ss nº 312.91.
12. L. et J. Vogel, « Loi Macron : un nouveau régime des contrats de distribution inutile, coûteux et inadapté », art. préc., spéc. p. 516.

de confidentialité qui avait pu être convenue pour les pourparlers[1] et/ou pour la durée de vie du contrat[2]. Elle est parfois complétée par une clause de non-utilisation du savoir-faire et du concept[3]. Elle implique que le savoir-faire en cause soit resté secret, qu'il continue donc de présenter un avantage concurrentiel. Toutefois, sans être purement platonique, la prohibition est assez illusoire. En effet, le savoir-faire est par définition un savoir, c'est-à-dire des connaissances, des informations. Dans ces conditions, comment empêcher que le sachant le conserve et l'utilise ? Il est désormais partie intégrante de sa personnalité qui, par l'exercice professionnel, s'est développée et enrichie[4]. Le risque d'utilisation abusive et parasitaire du savoir-faire par un ancien franchisé doit cependant être relativisé. En effet, un concept franchisé performant implique que le savoir-faire soit incessamment recyclé et revitalisé par des ajustements, perfectionnements et innovations, auxquels l'ancien franchisé n'aura pas accès. La meilleure protection du savoir-faire réside dans l'innovation permanente et substantielle !

315.84 Interdiction pour un ancien franchisé d'utiliser les signes de ralliement de la clientèle du réseau. L'intérêt commun du réseau est indirectement protégé par *l'interdiction aux anciens franchisés d'utiliser les signes de ralliement* de la clientèle. Après la rupture du contrat, le franchisé ne peut plus utiliser la marque, l'enseigne, le logo, le nom de domaine, le site internet et la publicité du franchiseur[5]. Il en est ainsi, non seulement lorsque le contrat règle la question, ce qui est souvent le cas, mais aussi en l'absence d'une clause en ce sens. Le propriétaire d'une marque a en effet un droit absolu sur ce signe distinctif. Il doit pouvoir s'opposer à tout usage à titre intéressé par un tiers, y compris par des formules ancien franchisé ou spécialiste de la marque X ou Y[6].

La solution de la jurisprudence dominante est d'autant plus heureuse que les clients auraient tendance à croire que le commerçant s'affichant comme spécialiste est un franchisé privilégié, « super compétent ».

315.85 Qualification juridique de l'utilisation des signes de ralliement de la clientèle du réseau par un ancien membre de celui-ci. En l'absence d'une disposition du contrat-cadre l'interdisant, l'utilisation post-contractuelle de l'un des signes de ralliement de la clientèle du réseau est généralement considérée comme une concurrence déloyale ou parasitaire, par la confusion qu'elle crée ou risque de créer dans l'esprit de la clientèle ; plus précisément, elle est un des exemples types de la concurrence déloyale ou parasitaire par « rattachement indiscret »[7]. L'imitation de la marque, de l'enseigne, du logo, du nom de domaine ou de la publicité de l'ancien franchiseur entre dans la même catégorie.

De plus, plusieurs de ces agissements peuvent éventuellement constituer une contrefaçon. Pénalement, ils sont parfois qualifiables d'escroquerie par prise de fausse qualité[8].

315.86 Intervention de la bonne foi : octroi d'un délai de grâce. Le bon sens, qui est une facette de la *bonne foi*[9], commande toutefois de reconnaître une espèce de délai de grâce au franchisé, consistant à lui laisser le temps matériel d'enlever le panonceau du concédant[10].

315.87 Clause de non-utilisation de certains éléments. Une clause obligeant le franchisé à ne plus utiliser, après la cessation du contrat, certains

1. V. *supra* s[s] n° 114.11.
2. V. *supra* s[s] n° 116.81.
3. A. Calvet, *Franchise et concurrence : la protection du franchiseur face à la concurrence de son ancien franchisé*, th. préc., n°s 435 s.
4. COMP. : Paris, 5 mai 2004, *Rexam dispensing systems c/MT Packaging, PIBD* 2004. III. 636 : relevant qu'une entreprise « *n'est pas fondée à se plaindre que ses anciens salariés n'aient pas été atteints d'amnésie* » ! Le même arrêt ajoute que, si une société « *a pris le risque de se séparer de techniciens éminents et* [...] *ne leur impose pas une obligation de non-concurrence,* [elle ne peut pas se plaindre] *qu'ils utilisent, hors de tout secret de fabrique ou de toute formule confidentielle constituant un savoir-faire, leurs connaissances personnelles* » – Paris, 17 févr. 2006, *Boitelle c/Dito Sama, PIBD* 2006. III. 336 : le salarié quittant l'entreprise a le droit d'user librement des connaissances acquises dans son emploi, mais il ne doit emporter ni documents ni dessins ; condamnation pour avoir utilisé pour son propre compte des plans d'un modèle.
5. Paris, pole 5, ch. 4, 18 mars 2011, *CCC* 2011, n° 142, obs. M. Malaurie-Vignal : le franchisé peut être condamné, en référé, sous astreinte, à cesser d'utiliser les signes distinctifs du franchiseur à la résiliation du contrat – Com. 14 févr. 2012, n° 10-30.872, NP, *RJDA* 2012, n° 723 : utilisation du logo du franchiseur par un ancien franchisé. – Com. 20 févr. 2019, n° 17-20.652, NP, *Dalloz IP/IT* 2019. 444 : « *L'utilisation illicite par la société J. des signes distinctifs de ralliement de la clientèle du réseau de franchise "Éléphant bleu", portant atteinte à l'image du réseau, était de nature à causer un préjudice à la société Hypromat, laquelle, en tant que franchiseur, était fondée à la protéger contre toute banalisation ou altération* ».
6. EX. : Com. 15 déc. 1998, n° 96-21.675, NP, *PIBD* 1998. III. 130 ; *RJDA* 1999, n° 357 – Com. 23 nov. 1999, n° 97-20.462, NP, *PIBD* 2000. III. 177.
7. SUR CETTE NOTION : Ph. le Tourneau (dir.), *Droit de la responsabilité et des contrats*..., 12e éd., *op. cit.*, n°s 2215.52 s.
8. C. pén., art. 313-1.
9. EN CE SENS : Ph. le Tourneau et M. Poumarède, *Rép. civ., V° Bonne foi* (2017).
10. COMP. : Paris, 19 nov. 1969, *JCP G* 1970. II. 16253, note P. L. ; *Gaz. Pal.* 1970. 1, p. 34, note G. H. : refusant de considérer comme fautif le fait pour un concessionnaire de n'avoir pas retiré le panonceau le jour même de la rupture du contrat, toute affaire cessante.

éléments du système franchisé (par ex. telle ou telle couleur et à faire repeindre son centre dans d'autres couleurs dans un délai précisé), ne constitue pas une atteinte disproportionnée au principe de la liberté d'entreprendre, au regard des intérêts légitimes du franchiseur[1].

1. Com. 16 févr. 2022, nº 20-20.429, P ; *CCC* 2022, nº 60, obs. M. Malaurie-Vignal.

TITRE

32. La distribution informatique par des intermédiaires du commerce

SECTION 0
ORIENTEUR

32.00 **Sommaire du titre.**

Division. Nous étudierons les intermédiaires traditionnels du commerce, qui relèvent du Droit commercial – que sont l'agent commercial (chap. 321), le courtier (chap. 322) et le commissionnaire (chap. 323) –, à l'exclusion du représentant de commerce (VRP), dont le statut, bien que spécial, est celui d'un salarié[1].

Nous avons employé dans le titre de cette section le mot d'intermédiaire d'une façon en quelque sorte neutre, c'est-à-dire sans connotation juridique. Toutefois, un auteur a présenté un plaidoyer habile en faveur d'une reconnaissance du mot d'intermédiaire en tant que qualification juridique[2]. Selon lui, l'intermédiaire peut être partie tant à la procédure contractuelle qu'au résultant de celle-ci (comme le mandataire ou l'agent commercial). En revanche, il se peut qu'il soit seulement partie à la procédure contractuelle, restant un tiers aux bénéfices et charges issus du contrat principal (ce qui est le cas du courtier et du commissionnaire).

32.03 **Bibliographie. Thèse.** N. Dissaux, *La qualification d'intermédiaires dans les relations contractuelles*, préf. C. Jamin, « BDPr », t. 485, LGDJ, 2007.

1. NOT. : Ph. Grignon, *Rép. com., V°* « VRP », oct. 2007, actualisé avr. 2015.
2. N. Dissaux, *La qualification d'intermédiaires dans les relations contractuelles*, préf. C. Jamin, « BDPr », t. 485, LGDJ, 2007.

CHAPITRE

321. Contrat d'agence commerciale

SECTION 0 ORIENTEUR

321.00 **Sommaire du chapitre.**

Renvoi. Sur la compétence judiciaire en matière contractuelle, le règlement 1215/2012 du 12 décembre 2012, v. *infra* s[s] n°s 413.21 s.

321.03 **Bibliographie. Ouvrages.** P. Crahay, *Les contrats internationaux d'agence et de concession de vente*, « Droit des affaires », LGDJ, 1991 – J.-M. Leloup, *Les agents commerciaux*, 7e éd., « Encyclopédie Delmas », Dalloz, 2015 – L. et J. Vogel, *Traité de droit économique : Droit de la distribution*, t. II, 2e éd., « Lawlex », Bruylant, Bruxelles, 2015.

Thèses. C. Diloy, *Le contrat d'agence commerciale en droit international*, avant-propos J.-M. Jacquet, préf. L. Peyrefitte, « BDPr », t. 334, LGDJ, 2000 – F.-X. Licari, *La protection du distributeur intégré en droit français et allemand*, préf. C. Witz, avant-propos de M. Martinek, « Bibliothèque de droit de l'entreprise », n° 58, Litec, 2002.

SECTION 1 STATUT ET DÉFINITION

321.11 **Textes applicables.** Le statut des agents commerciaux résulte d'un décret n° 58-1345 du 23 décembre 1958[1], complété par la loi n° 91-593 du 25 juin 1991[2], relative aux rapports entre les agents commerciaux et leurs mandants (qui procéda à l'harmonisation de notre Droit à la directive 86/653[3]) ; depuis elle a été codifiée[4]. La loi du 25 juin 1991, codifiée aux articles L. 134-1 et suivants du code de commerce, loi protectrice d'ordre public interne, n'est pas une loi de police applicable dans l'ordre international[5]. À la suite de la loi du 25 juin 1991, le décret du 10 juin 1992[6] a modifié le décret du 23 décembre 1958. Enfin, un arrêté du 8 janvier 1993[7] porte sur l'immatriculation (obligatoire) des agents commerciaux, personnes physiques ou morales, sur un registre spécial. Le contrat reste néanmoins consensuel, et peut se prouver par tout moyen[8]. Au-delà du statut spécial, les règles du mandat s'appliquent.

321.12 **L'agent commercial, mandataire indépendant.** Selon une conception traditionnelle l'agent commercial est un mandataire *indépendant*. La circonstance qu'une personne exerce son activité dans l'établissement de son commettant n'empêche pas qu'elle puisse être qualifiée d'agent commercial, au sens de la directive 86/653, pourvu que cela ne l'empêche pas d'exercer son activité de manière indépendante[9]. De même, le fait que cette personne exerce, non seulement une activité de négociation

1. Décr. n° 58-1345, 23 déc. 1958, relatif aux agents commerciaux, *JO* 28 déc., p. 11947.
2. L. n° 91-593, 25 juin 1991, relative aux rapports entre les agents commerciaux et leurs mandants, *JO* 27 juin, p. 8271.
3. Dir. 86/653, Conseil, 18 déc. 1986, relative à la coordination des droits des États membres concernant les agents commerciaux indépendants, *JOCE* L 382, 31 déc., p. 17.
4. C. com., art. L. 134-1 s.
5. Com. 28 nov. 2000, n° 98-11.335, P IV, n° 183 ; *D.* 2001. 305, obs. E. Chevrier ; *JCP E* 2001. 997, note L. Bernardeau – Com. 5 janv. 2016, n° 14-10.628, NP, *JCP E* 2016. 1468, note P. Alfredo.
6. Décr. n° 92-506, 10 juin 1992 modifiant le décret n° 58-1345 du 23 décembre 1958 relatif aux agents commerciaux, *JO* 12 juin, p. 7719.
7. Arr. 8 janv. 1993, relatif à l'immatriculation au registre spécial des agents commerciaux, *JO* 10 mars, p. 3715, NOR : COMK9206003A.
8. Com. 25 juin 2002, n° 00-14.326, P IV, n° 110 ; *RJDA* 2002, n° 1259 ; rappel de la règle.
9. CJUE, 4e ch., 21 nov. 2018, *Zako c/Sanidel*, aff. C-452/17, *Rec.* N ; *CCC* 2019, n° 4, obs. N. Mathey ; *RJDA* 2019, n° 82 – Ph. Grignon, « À propos de la clause d'itinérance en ▶

pour le compte de son commettant, mais également des activités d'une autre nature, sans que les secondes soient accessoires par rapport aux premières, ne fait pas obstacle à ce qu'elle puisse être qualifiée d'agent commercial, pour autant qu'elle puisse exercer les premières activités de manière indépendante[1]. Dès lors qu'un mandat d'agent commercial est confié à une personne physique, celle-ci peut, sous réserve de dispositions de ce contrat le prévoyant, se substituer une personne morale à la condition que cette dernière soit titulaire de la carte professionnelle d'agent immobilier[2].

Mandataire indépendant, l'agent commercial est chargé, de façon *permanente* (non occasionnelle), de négocier et, éventuellement, de conclure des contrats de vente, d'achat, de location ou de prestations de services, au nom et pour le compte de producteurs, d'industriels, de commerçants ou d'autres agents commerciaux[3], qu'il ait ou non la faculté de modifier le prix des objets dont il assure la vente[4]. La loi qualifie ce mandat *d'intérêt commun*[5], ce qui a pour effet de le rendre *relativement* irrévocable : il ne peut être révoqué que par le consentement mutuel des parties ou pour une cause légitime reconnue en justice, faute de quoi le mandant engage sa responsabilité, et est tenu légalement de verser une indemnité[6] compensatrice[7].

Parmi les conditions pour la qualification d'agent commercial, la directive 86/653 du 18 décembre 1986 (préc.) exige une activité consistant, soit à négocier la vente ou l'achat de marchandises pour le commettant, soit à négocier et à conclure ces opérations au nom et pour le compte de celui-ci. Le terme de « *marchandises* », en raison de sa définition générale, peut couvrir un logiciel informatique, dès lors qu'il a une valeur commerciale et est susceptible de faire l'objet d'une transaction commerciale[8]. Quant à la notion de « *vente* », afin de permettre à un agent commercial, dont le contrat avait été résilié, de bénéficier de l'indemnité légale, alors qu'il ne procédait pas à des ventes, la CJUE, au prix d'un raisonnement alambiqué et *contra legem*, décida qu'une licence de logiciel pouvait constituer une vente : « *la fourniture, moyennant le paiement d'un prix, d'un logiciel informatique à un client par voie électronique, lorsque cette fourniture est accompagnée de l'octroi d'une licence à titre perpétuel pour l'utilisation de ce logiciel peut relever de la notion de "vente de marchandises"* »[9]. En constatant que l'activité principale de d'agent commercial est de négociation au sens large (incluant la prospection et le développement de la clientèle), il a pu être affirmé qu'en réalité ce contrat est d'entreprise, comprenant à titre accessoire la représentation[10]. Cependant, dans l'esprit de la réforme du Droit des contrats, ayant créé dans le code civil un paragraphe nouveau et autonome à la représentation[11], il faut admettre, qu'à côté du mandat représentatif, il existe un *mandat d'entremise*, dans lequel le mandataire peut n'être chargé que de négocier. Au demeurant, il est certain que l'agent n'engage son mandant envers les tiers que lorsqu'il a reçu un pouvoir de représenta-

▶ matière d'agence commerciale », *JCP E* 2020. Et. 1063 : l'auteur s'interroge sur la validité de la clause qui, en prolongement de la solution communautaire, imposerait à l'agent de prospecter la clientèle par des déplacements physiques.

1. CJUE, 4e ch., 21 nov. 2018, *Zako c/Sanidel*, aff. C-452/17, préc.
2. Civ. 1re, 3 févr. 2021, no 19-21.403, P ; *CCÉ* 2021, no 20, obs. G. Loiseau ; *CCC* 2021, no 68, obs. S. Bernheim-Desvaux.
3. Com. 10 déc. 2003, no 01-11.923, P IV, no 198 ; *RJDA* 2004, no 416 ; *RTD civ.* 2004. 285, obs. J. Mestre et B. Fages : le contrat n'est pas d'agent commercial, l'intéressé n'ayant ni indépendance ni pouvoir de négocier – Com. 20 mai 2008, no 07-12.234, NP, *D.* 2009. Pan. 2892, obs. D. Ferrier ; *CCC* 2008, no 179, obs. N. Mathey : pas de contrat d'agence, l'intermédiaire ne bénéficiant d'aucun pouvoir de négociation, assumant uniquement des tâches matérielles de diffusion des offres d'un fournisseur sans accomplir d'acte juridique – Com. 27 avr. 2011, no 10-14.851, P IV, no 58 ; *D.* 2011. AJ 1279 ; *CCC* 2011, no 167, obs. N. Mathey – Com. 13 sept. 2017, no 16-15.248, NP, *AJ contrat* 2017. 491, obs. O. Ancelin et F. Aufaure : l'intervenant « *disposait d'un mandat permanent pour négocier des ordres de publicité au nom et pour le compte de X...* [...] *la cour d'appel a exactement déduit* [qu'il] *avait la qualité d'agent commercial* ».
4. CJUE, 4 juin 2020, *Trendsetteuse*, aff. C-828/18, *Rec.* ; *D.* 2020. 1497, note N. Dissaux ; *AJ Contrat* 2020. 378, note J.-M. Leloup ; *JCP E* 2020. 1483, note Ph. Grignon : « *L'article 1er, paragraphe 2, de la directive 86/653/CEE du Conseil, du 18 décembre 1986, relative à la coordination des droits des États membres concernant les agents commerciaux indépendants, doit être interprété en ce sens qu'une personne ne doit pas nécessairement disposer de la faculté de modifier les prix des marchandises dont elle assure la vente pour le compte du commettant pour être qualifiée d'agent commercial, au sens de cette disposition* » (solution inédite) – La C. de cass. s'est alignée : Com. 2 déc. 2020, no 18-20.231, P ; *CCC* 2021, no 22, obs. N. Mathey ; *CCC* 2021, no 38, obs. L. Leveneur ; *RJDA* 2021, no 157 – Com. 12 mai 2021, no 19-17.042, P ; *D.* 2021. Pan. 993, no 8, obs. A.-C. Le Bras ; *CCC* 2021, no 115, obs. N. Mathey ; *RJDA* 2021, no 561.
5. C. com., art. L. 134-4, al. 1er.
6. Com. 27 oct. 1998, no 96-11.012, P IV, no 256 ; *RJDA* 1999, no 32 : rupture abusive de la part du mandant – Com. 18 janv. 2000, no 97-21.368, NP, *CCC* 2000, no 75, obs. L. Leveneur : cassation d'un arrêt n'ayant pas recherché si le mandant justifiait d'une cause légitime de résiliation, ou si le mandataire avait contractuellement renoncé à son droit à une indemnité.
7. C. com., art. L. 134-12.
8. CJUE 16 sept. 2021, aff. C-410/19, *RTD civ.* 2021. 859, obs. L. Usunier ; *RTD civ.* 2021. 905, obs. P.-Y. Gautier.
9. CJUE 16 sept. 2021, aff. C-410/19, préc., § 43.
10. C. Diloy, th. préc., nos 83 s. – F.-X. Licari, th. préc., p. 116 s.
11. C. civ., art. 1153 s.

tion (dans les limites du mandat), en concluant des contrats de vente, et non lorsqu'il négocie[1].

Le distributeur qui a une clientèle propre n'est pas un agent commercial[2].

321.13 Droit à commission. En vertu de l'article L. 134-5 du code de commerce, l'agent commercial a droit à une commission fixée par les parties ou, dans le silence du contrat, conformes aux usages, ou enfin, à défaut, à une commission raisonnable en tenant compte « *de tous les éléments qui ont trait à l'opération* ». Le droit à la commission ne peut s'éteindre que s'il est établi que le contrat entre le tiers et le mandant ne sera pas exécuté et si l'inexécution n'est pas due à des circonstances imputables au mandant[3].

Le droit à commission est également reconnu pour toute opération commerciale conclue pendant la durée du contrat d'agence grâce à son intervention, ou lorsqu'elle a été conclue avec un tiers dont il a obtenu antérieurement la clientèle par des opérations du même genre[4]. De plus, sauf convention contraire, l'agent commercial, chargé d'un secteur géographique ou d'un groupe déterminé de personnes, a droit à une commission pour toute opération conclue pendant la durée du contrat d'agence avec une personne appartenant à ce secteur ou à ce groupe[5]. Il en va de la sorte même si l'opération a été conclue sans son intervention[6], et même s'il ne bénéficie pas d'une exclusivité territoriale[7], mais seulement dans la mesure où le commettant est intervenu, directement ou indirectement, dans la conclusion de cette opération[8]. Le droit à commission subsiste pour toute opération commerciale conclue après la cessation du contrat d'agence, soit lorsqu'elle est principalement due à son activité au cours du contrat d'agence et a été conclue dans un délai raisonnable à compter de sa cessation, soit lorsque, dans les conditions prévues à l'article L. 134-6, l'ordre du tiers a été reçu par le mandant ou par l'agent avant la cessation du contrat[9].

Enfin, il ne peut s'éteindre que s'il est établi que le contrat entre le tiers et le mandant ne sera pas exécuté et si l'inexécution ne résulte pas de circonstances imputables au mandant[10]. De même, il subsiste en cas de rupture du contrat pendant la période d'essai[11].

321.14 Droit à indemnité de cessation du contrat. L'agent a même statutairement droit à une indemnité de cessation du contrat, indépendamment de toute faute du « mandant », « *en réparation du préjudice subi* »[12]. Celui-ci se dédouble[13]. Il peut d'abord être constitué par la perte des commissions jusqu'à la date conventionnellement prévue ; mais il peut aussi consister dans la perte pour l'avenir des revenus tirés de l'exploitation de la clientèle commune qu'il a contribué à créer, de sorte que le droit à l'indemnité existe même en présence de la cessation d'un contrat d'agent commercial à durée déterminée[14]. Lors de la résiliation du contrat à l'initiative du « mandant » l'agent peut prétendre, soit à ces dommages et intérêts, soit à une indemnité de « perte de la clientèle », mais non au cumul des deux. L'agent perd ce droit à réparation s'il n'a pas notifié au mandant, dans un délai d'un an à compter de la cessation du contrat, qu'il entend faire valoir ses droits[15] ; selon la Cour de cassation, il ne s'agit pas ici d'une prescription extinctive mais d'une déchéance[16], de sorte que les règles de la première sont inapplicables[17]. Les

1. C. Diloy, th. préc., n°s 172 s.
2. Com. 10 juill. 2007, n° 05-19.373, P IV, n° 184 ; *D.* 2007. AJ 2158 ; *RJDA* 2008, n° 29.
3. Com. 31 mars 2015, n°s 14-10.346, 14-10.654, P IV, n° 58 ; *D.* 2015. 802, obs. X. Delpech ; *AJCA* 2015. 284, obs. O. Ancelin et F. de Bekker ; *CCC* 2015, n° 139, obs. N. Mathey ; *RJDA* 2015, n° 648.
4. C. com., art. L. 134-6, al. 1er.
5. C. com., art. L. 134-6, al. 2.
6. PRÉCISION APPORTÉE PAR : CJCE 12 déc. 1996, *Kontogeorgas*, aff. C-104/95, *Rec.* I-06643 ; *D.* 1997. 438, note J.-M. Leloup.
7. PRÉCISION APPORTÉE PAR : Com. 23 janv. 2007, n° 05-10.264, P IV, n° 5 ; *JCP E* 2007, n° 2540, note M. Faure-Abbad.
8. PRÉCISION APPORTÉE PAR : CJCE 17 janv. 2008, *Chevassus III*, aff. C-19/07, *Rec.* I-00159 ; *RJDA* 2008, n° 637 ; *D.* 2008. AJ 408, obs. E. Chevrier : V. CES OBS. POUR la précision des cas dans lesquels le commettant intervient.
9. C. com., art. L. 134-7.
10. Com. 31 mars 2015, n°s 14-10.346, 14-10.654, P IV, n° 58 ; *D.* 2015. 802, obs. X. Delpech ; *AJCA* 2015. 284, obs. O. Ancelin et F. de Bekker ; *CCC* 2015, n° 139, obs. N. Mathey.
11. CJUE, 19 avr. 2018, *Conseils et mise en relations (CMR)* aff. C-645/16, *Rec.* N ; *JCP E* 2018. 1294, note Ph. Grignon ; *AJ contrat* 2018. 294, obs. C. Nourissat ; *CCC* 2018, n° 128, obs. N. Matthey – APPLIQUANT CETTE SOLUTION : Com. 23 janv. 2019, n° 15-14.212, P, *AJ contrat* 2019. 187, obs. O. Ancelin et M. Legros ; *JCP E* 2019. 1166, note Ph. Grignon.
12. C. com., art. L. 134-12, al. 1er.
13. Com. 23 avr. 2003, n° 01-15.639, P IV, n° 55 ; *D.* 2003. 2883, note D. Ferrier ; *CCC* 2003, n° 121, obs. L. Leveneur.
14. Com. 23 avr. 2003, n° 01-15.639, préc. – Com. 3 oct. 2006, n° 05-10.127, NP, *CCC* 2007, n° 40, obs. L. Leveneur.
15. C. com., art. L. 134-12, al. 2.
16. SUR LA NOTION de déchéance : B. Freleteau, *Devoir et incombance en matière contractuelle*, préf. L. Santonie-Laguionie, « BDPr », LGDJ, 2017, n°s 415 s.
17. Com. 18 mai 2005, n° 03-20.820, P IV, n° 134 ; *CCC* 2005, n° 134, obs. M. Malaurie-Vignal, CRIT. : l'annotateur remarque que l'arrêt, distinguant nettement la prescription et la déchéance, s'inscrit à contre-courant de l'évolution actuelle, et que la qualification de déchéance est contestable – Com. 27 sept. 2005, n° 03-18.579, P IV, n° 180 ; *JCP E* 2006, n° 1207, note M. Faure-Abbad. – Com. 22 sept. 2021, n° 18-26.690, NP, *CCC* 2021, n° 164, obs. N. Mathey.

ayants droit de l'agent bénéficient du « droit à réparation » lorsque la cessation du contrat est due au décès de l'agent [1], même s'il résulte d'un suicide, car la loi ne distingue pas entre les causes du décès, « *qui constitue l'événement objectif à l'origine de la rupture du contrat* » (Com. 23 nov. 2010, n° 09-17.167 [2]).

Toutefois, selon l'article L. 134-13 du même code, cette réparation n'est pas due dans trois circonstances : – 1) Lorsque le contrat a cessé en raison d'une faute grave de l'agent, prouvée par le donneur d'ordre. La faute grave a été définie en l'espèce comme celle « *qui porte atteinte à la finalité du mandat d'intérêt commun et rend impossible le maintien du lien contractuel* » [3]. Le mandant peut invoquer l'existence d'une faute commise antérieurement à la rupture, même si elle n'a été révélée qu'après [4]. En revanche, d'évidence, il ne saurait être question de retenir le comportement de l'agent postérieur à la rupture pour le priver son indemnité [5]. De plus, lorsque la faute grave de l'agent n'a pas été à l'origine de la rupture par le mandant, elle ne le saurait priver de son droit à indemnité [6] ; – 2) Lorsque le contrat a cessé par la volonté de l'agent (mais sauf si elle est justifiée par une des circonstances énumérées par l'art. L. 134-13, 2° [7]) ; ce n'est pas le cas du refus de conclure un nouveau contrat à l'expiration du précédent (de sorte que l'agent conserve son droit à indemnité [8]) ; – 3) Enfin, en présence d'une transmission des droits. En effet, consacrant un usage ancien, la loi prévoit que l'agent commercial peut « céder » à un tiers avec l'accord du « mandant », « *les droits et obligations qu'il détient en vertu du contrat d'agence* » [9]. Si le « mandant » demeure en principe libre de refuser le « successeur » qui lui est présenté, il engagerait sa responsabilité en refusant sans rime ni raison tous les prétendants (car il abuserait de son droit). Mais si une indemnité pour refus d'agrément peut être due à l'agent, elle ne saurait se cumuler avec l'indemnité de cessation du contrat [10].

321.15 Durée du contrat. Lorsque le contrat d'agence est à durée indéterminée, chacune des parties peut évidemment y mettre fin moyennant un préavis, dont les règles de fixation de la durée résultent de l'article L. 134-11 du code de commerce. Du fait du principe que les règles spéciales dérogent aux règles générales, les dispositions citées prévalent [11] sur celles de l'article L. 442-1, II, sur la rupture des relations commerciales établies [12].

SECTION 2
DE L'ACTIVITÉ DE L'AGENT

321.21 Clauses de rendement et de ducroire. Pour inciter l'agent à une grande diligence, le contrat peut comporter une clause de *rendement*, libellée en quantité (tant de produits : *quota*), en qualité (coefficient de pénétration, par rapport à la concurrence) ou en valeur (tant de chiffre d'affaires). Une clause de *ducroire* est parfois stipulée [13] ; dans ce cas l'agent se porte garant à l'égard du

1. C. com., art. L. 134-12, al. 3.
2. SOLUTION INÉDITE : Com. 23 nov. 2010, n° 09-17.167, P IV, n° 182 ; *RJDA* 2011, n° 137 ; *CCC* 2011, n° 27, obs. N. Mathey.
3. Com. 15 oct. 2002, n° 00-18.122, NP, *CCC* 2003, n° 19, obs. L. Leveneur – Com. 29 nov. 2011, n° 10-25.874, NP, *CCC* 2012, n° 90, obs. N. Mathey ; *RJDA* 2012, n° 493 – Com. 9 déc. 2014, n° 13-28.170 et n° 13-28.781, NP, *CCC* 2015, n° 60, obs. N. Mathey ; *RJDA* 2015, n° 263 – Com. 9 juin 2015, n° 14-14.396, NP, *RJDA* 2015, n° 820 : « *La cour d'appel, qui a retenu [...] que M. X... avait délaissé son activité d'une manière si conséquente qu'elle rendait impossible le maintien du mandat d'intérêt commun, a caractérisé la faute grave commise par celui-ci [...] de nature à le priver des indemnités qu'il sollicitait* ».
4. Com. 15 mai 2007, n° 06-12.282, P IV, n° 128 ; *D.* 2007. AJ 1592, obs. E. Chevrier ; *JCP E* 2007, n° 2395, note V. Perruchot-Triboulet ; *CCC* 2007, n° 202, obs. M. Malaurie-Vignal ; *RTD com.* 2008. 172, obs. B. Bouloc – MAIS CETTE SOLUTION semble devoir être remise en cause par : CJUE, 1re ch., 28 oct. 2010, *Volvo Car Germany* aff. C-203/09, *Rec.* I-10721 ; *D.* 2010. AJ 2575, obs. E. Chevrier ; *RJDA* 2011, n° 136 ; *RDC* 2011. 955, note A. Tenenbaum, 3e esp.
5. Com. 23 sept. 2008, n° 07-13.338, NP, *JCP E* 2009. 1006, note N. Mathey ; *RJDA* 2009, n° 91 : l'arrêt indique le comportement de l'agent n'explique par la rupture mais en est la conséquence ; TOUTEFOIS, les circonstances de l'esp. étaient plus ambiguës, car en réalité le contrat n'était pas encore résilié.
6. Com. 8 juin 2017, n° 15-29.313, NP, *CCC* 2017, n° 169, obs. N. Mathey.
7. Com. 23 juin 2004, n° 02-17.311, P IV, n° 130 ; *CCC* 2004, n° 134, obs. L. Leveneur : « *l'initiative de la rupture incombait au mandant qui l'avait provoquée de façon détournée* ».
8. Com. 21 juin 2017, n° 15-29.127, P IV, n° 87 ; *AJ contrat* 2017. 392, obs. O. Ancelin et J. Manière ; *CCC* 2017, n° 168, obs. N. Mathey.
9. C. com., art. L. 134-13, 3°.
10. Com. 9 déc. 2014, n° 13-23.309, P IV, n° 180 ; *JCP E* 2015. 1054, note N. Ferrier ; *AJCA* 2015. 141, note J.-M. Leloup ; *RDC* 2015. 296, note C. Grimaldi.
11. Com. 3 avr. 2012, n° 11-13.527, P IV, n° 71 ; *D.* 2012. 1062 ; *D.* 2012. 2760, obs. Centre de droit de la concurrence Yves Serra ; *D.* 2013. 732, obs. D. Ferrier ; *RJDA* 2012, n° 804 ; *CCC* 2012, n° 149, obs. N. Mathey : « *L'article L. 442-6, I, 5° du code de commerce ne s'applique pas lors de la cessation des relations ayant existé entre un agent commercial et son mandant, pour lesquelles la durée de préavis qui doit être respectée est fixée par l'article L. 134-11 du code de commerce en fonction du nombre d'années d'exécution du contrat* ».
12. Sur celle-ci v. *supra* ss n° 312.155.
13. J. Mestre et J.-C. Roda (dir.), *Les principales clauses des contrats d'affaires*, « Les intégrales », Lextenso, 2011, p. 317 s.

mandant de l'exécution intégrale de l'opération par le tiers avec lequel il a traité.

321.22 Prestations de services accessoires. La recherche de clients (ou de fournisseurs) peut être accompagnée de *prestations de services accessoires* fournies par l'agent lui-même (mentionnées par le contrat), comme d'encaisser les factures, de reprendre les marchandises vendues et de restituer le prix en cas de résolution de la vente, de recevoir en dépôt les marchandises du mandant (pour les vendre) ou, plus radicalement, d'assurer un service après-vente de maintenance ou de réparation (ce qui implique qu'il dispose d'un stock constant de pièces de rechange).

321.23 Activités hiérarchisées ou parallèles. Dans les hypothèses que nous venons d'envisager, les activités de l'agent peuvent être *hiérarchisées*. S'il en est ainsi, il y a une activité principale (celle d'agent), et une activité accessoire (celle par exemple de dépositaire ou de mainteneur). Elles peuvent tout aussi bien être *parallèles*, en ce sens qu'elles sont totalement indépendantes les unes des autres. Ce n'est pas parce que l'individu est agent d'une part, qu'il exerce d'autre part une seconde activité. Voici un agent qui revend en son nom et pour son compte des marchandises qu'il a achetées à son mandant. Sa qualité d'agent n'interfère en rien dans cette activité commerciale. C'est l'occasion de noter qu'un agent peut effectuer de telles activités personnelles, pour son propre compte (distinctes du mandat).

321.24 Absence d'exclusivité. De même, l'agent peut accepter, sans autorisation préalable, la représentation d'autres mandants (*agent multicartes*), y compris de concurrents de son mandant mais, dans cette dernière circonstance, avec l'accord de ce dernier[1] (sinon, il manquerait à son obligation de loyauté[2], ce qui justifierait la résiliation du contrat sans indemnité[3]). Et, réciproquement, le mandant peut, pour le même territoire ou la même clientèle, traiter avec d'autres agents ou intermédiaires, et encore agir personnellement (vendre directement).

321.25 Possibilité de prévoir une exclusivité. Cependant, la loi n'interdit pas aux parties contractantes de stipuler une *clause d'exclusivité* unilatérale ou bilatérale. *Unilatérale*, très fréquente (presque une clause de style), par laquelle le mandant confie à son partenaire le monopole de la représentation pour un territoire géographique spécifié ou pour une clientèle déterminée. *Bilatérale*, plus rare, par laquelle l'agent s'engage de son côté à ne représenter que ce mandant.

321.26 Clause de non-concurrence post-contractuelle. Si l'exclusivité cesse, par la force des choses, avec le contrat dont elle était une composante et dont elle renforçait l'efficacité, une *clause de non-concurrence* peut perdurer après la cessation du contrat. La loi admet sa validité, à condition qu'elle précise le secteur géographique et, le cas échéant, la clientèle confiée à l'agent, ainsi que le genre de biens ou de services pour lesquels il exerce la représentation ; et encore limite-t-elle sa validité dans le temps (à une période maximale de deux ans[4] après la cessation du contrat[5]). Bien que la loi ait réglementé dans ce domaine les clauses de non-concurrence, la jurisprudence a ajouté aux conditions légales la condition prétorienne du Droit commun des clauses de non-concurrence, à savoir la *proportionnalité*[6]. En revanche, contrairement à ce qu'il en est pour les salariés, l'obligation de non-concurrence dans ce domaine est licite même si elle ne comporte pas de contrepartie financière, dès lors du moins qu'elle respecte les conditions de l'article L. 134-14 du code de commerce[7]. L'octroi de dommages et intérêts au titre de l'inexécution d'une obligation contractuelle de *non-concurrence* est subordonné à la démonstration du préjudice que ce manquement cause au créancier[8].

Un arrêt singulier a cru pouvoir mettre une obligation de non-concurrence à la charge d'un

1. C. com., art. L. 134-3 – Com. 20 oct. 2021, n° 19-24.667, NP, *CCC* 2021, n° 177, obs. N. Mathey.
2. Com. 15 mai 2007, n° 06-12.282, P IV, n° 128 ; *D.* 2007. AJ 1592, obs. E. Chevrier ; *JCP E* 2007, n° 2395, note V. Perruchot-Triboulet ; *CCC* 2007, n° 202, obs. M. Malaurie-Vignal ; *RTD com.* 2008. 172, obs. B. Bouloc – Com. 24 mai 2011, n° 10-16.969, NP, *CCC* 2011, n° 166, obs. N. Mathey – Com. 8 oct. 2013, n° 12-24.064, NP, *RJ com.* 2014. 413, note J.-M. Leloup – Com. 7 janv. 2014, n° 12-29.934, NP, *RJDA* 2014, n° 324.
3. V. *supra* s[s] n° 321.14.
4. C. com., art. L. 134-14.
5. Com. 23 sept. 2014, n° 13-21.285, NP, *D.* 2014. Pan. 2488, obs. M. Gomy ; *AJCA* 2014. 377, obs. F. Jault-Seseke ; *RJDA* 2014, n° 894, clause nulle.
6. Com. 4 juin 2002, n° 00-14.688, *CBI*, P IV, n° 98 ; *D.* 2002. AJ 2328, obs. E. Chevrier ; *RJDA* 2002, n° 1133 – Com. 17 janv. 2012, n° 10-27.701, NP, *Gaz. Pal.* 2012. 1, 27 juin, note L.-F. Pignarre : clause de non-concurrence disproportionnée avec l'objet du contrat d'agent commercial, car trop importante, puisque son étendue sur un rayon de 50 km autour de chaque agence du mandant restreignait de manière excessive la liberté d'exercice professionnel de l'agent – SUR CE PRINCIPE : Ph. le Tourneau (dir.), *Droit de la responsabilité et des contrats. Régimes d'indemnisation*, 12e éd., « Dalloz action », 2020, n°s 0124.34 et 3113.44 – POUR SA CRITIQUE : F. Terré, « La proportionnalité comme principe ? », *JCP* 15 juin 2009. Ét. n° 31.
7. PRÉCISION APPORTÉE PAR : Com. 4 déc. 2007, n° 06-15.137, P IV, n° 255 ; *D.* 2008. AJ 10, obs. E. Chevrier ; *CCC* 2008, n° 38, obs. N. Mathey – Com. 17 janv. 2012, n° 10-27.701, préc. – Com. 10 févr. 2015, n° 13-25.667, NP, *RJDA* 2015, n° 490 ; *D.* 2015. Pan. 2526, obs. M. Gomy.
8. Civ. 1re, 26 févr. 2002, n° 99-19.053, P I, n° 68 ; *LPA* 18 nov. 2002, obs. Ph. Stoffel-Munck, 2e esp.

ancien agent, en raison de la faute qu'il avait commise en conservant le fichier de la clientèle[1].

Il avait été jugé, sur le fondement de l'ancien article 1145 du code civil, que « *celui qui contrevient à une obligation contractuelle de ne pas faire doit des dommages-intérêts par le seul fait de la contravention* »[2]. Il en résultait qu'une compensation pécuniaire pouvait être allouée même en l'absence de préjudice. Il est probable que cette jurisprudence se maintiendra après la réforme du droit des contrats de 2016, même si elle est muette sur ce sujet.

Une menace planait sur les clauses de non-concurrence post-contractuelle lorsque le contrat est résolu, car un arrêt de la Cour de cassation de 2012 avait décidé, qu'en cas de résolution pour inexécution, le contrat étant anéanti, le partenaire n'est « *pas fondé à se prévaloir des stipulations contractuelles régissant les conditions et les conséquences de sa résiliation unilatérale* »[3]. Il est heureux que l'article 1230 du code civil, issu de la réforme de 2016, ait posé la règle inverse : « *La résolution n'affecte ni les clauses relatives au règlement des différends, ni celles destinées à produire effet même en cas de résolution, telles les clauses de confidentialité et de non-concurrence* ».

321.27 **Défaillance contractuelle.** L'agent commercial répond contractuellement envers son mandant de l'inexécution, de la mauvaise exécution, de l'exécution tardive de la mission qui lui a été confiée, ou encore de la brusque rupture de ses fonctions. C'est surtout lors de la résiliation du contrat d'agence à durée *indéterminée* que la responsabilité de l'agent est invoquée, puisqu'en cas de faute *grave*, le mandant cesse de devoir verser l'indemnité statutaire[4]. Il appartient au mandant d'établir la réalité de la faute. Le mandant peut invoquer l'existence d'une faute commise antérieurement à la rupture, même si elle n'a été révélée qu'après[5]. Une clause prévoyant la résiliation du contrat sans indemnité en cas de non-réalisation des objectifs est nulle, puisque toute clause restreignant le droit à indemnité est réputée non écrite[6].

Lors de la résiliation du contrat à l'initiative du mandant, l'agent a droit à une indemnité de « perte de la clientèle », soit à des dommages et intérêts compensant le préjudice causé par la cessation des relations contractuelles, mais non au cumul des deux[7].

321.28 **Obligations du mandant.** À l'égard de l'agent commercial, le mandant est évidemment tenu de se comporter loyalement[8]. Il doit aussi mettre l'agent « en mesure d'exécuter » sa tâche[9], c'est-à-dire lui fournir les instructions nécessaires, ainsi que les pièces et documents, voire les objets convenus ; respecter son exclusivité et lui verser les commissions convenues[10]. Il lui incombe encore, au cours de l'exécution du contrat, de l'informer des éléments nouveaux qui parviendraient à sa connaissance et, le cas échéant, de l'aider ou, à tout le moins, de lui faciliter la tâche[11]. Cela découle du devoir réciproque de coopération dans l'exécution des contrats, conséquence de la bonne foi qui doit présider à celle-ci[12]. Son intensité sera plus grande si le mandant est lui-même un professionnel. Ainsi, manque à la loyauté le mandant qui ne prend pas des mesures concrètes pour permettre à l'agent de

1. Com. 25 juin 1991, n° 89-20.506, P IV, n° 236 ; *D.* 1992. 249, note A. Batteur ; *D.* 1993. Somm. 156, obs. Y. Picod ; *JCP E* 1992. II. 303, note G. Virassamy.
2. À PROPOS DE clauses de non-concurrence : Civ. 1re, 10 mai 2005, n° 02-15.910, P I, n° 201 ; *RTD civ.* 2005. 594, obs. J. Mestre et B. Fages et p. 600, obs. P. Jourdain ; *JCP* 2006. I. 111, n° 3, obs. Ph. Stoffel-Munck ; *RDC* 2006. 326, obs. D. Mazeaud ; *Defrénois* 2005. 1247, obs. J.-L. Aubert – Civ. 1re, 31 mai 2007, n° 05-19.978, P I, n° 212 ; *D.* 2007. 2784, note C. Lisanti ; *JCP* 2007. I. 185, n° 3, obs. Ph. Stoffel-Munck ; *RDC* 2007. 1118, note Y.-M. Laithier, et p. 1140, note S. Carval.
3. Com. 3 mai 2012, n° 11-17.779, P IV, n° 86 ; *D.* 2012. 1719, note A. Etienney de Sainte-Marie, CRIT. ; *D.* 2013. 391, obs. S. Amrani-Mekki et M. Mekki ; *JCP* 2012, n° 35, 901, note A. Hontebeyrie ; *JCP E* 2012, n° 36, 1512, note A. Hontebeyrie ; *Gaz. Pal.* 2012. 10 oct., note D. Houtcieff, APPROB. ; *RTD civ.* 2012. 527, obs. B. Fages – SUR LA QUESTION : L. Bernheim-Vandecasteele, « Survie de certaines clauses en cas de résolution du contrat pour inexécution : Brèves réflexions à la lumière de la jurisprudence récente », *LPA* 15 févr. 2013, n° 34, p. 6.
4. C. com., art. L. 134-13, 1°.
5. Com. 15 mai 2007, n° 06-12.282, P IV, n° 128 ; *D.* 2007. AJ 1592 ; *JCP E* 2007, n° 2395, note V. Perruchot-Triboulet.
6. C. com., art. L. 134-16. – Versailles, 15 sept. 2000, *Bertran, RJDA* 2001, n° 21. – Com. 28 mai 2002, n° 00-16.857, NP, *D.* 2002. AJ 2405 ; *JCP E* 2002, n° 1842, note V. Perruchot-Triboulet : MAIS, IMPLICITEMENT, la clause autorisant le mandant à résilier le contrat en cas de non-réalisation des objectifs est licite lorsqu'elle ne prive pas l'agent de son droit à indemnité. – Com. 21 oct. 2014, n° 13-18.370, P IV, n° 151 ; *D.* 2014. IR 2173, obs. E. Chevrier – SUR LA NOTION : S. Gaudemet, *La clause réputée non écrite*, préf. Y. Lequette, « BDPr », LGDJ, 2006.
7. Com. 25 juin 2002, n° 99-20.959, *DSR*, P IV, n° 109 ; *D.* 2002. AJ 2467, obs. E. Chevrier ; *RJDA* 2002, n° 1260.
8. Com. 4 nov. 2014, n° 13-18.024, P IV, n° 155, le mandant n'avait pas exécuté loyalement ses engagements en entravant l'action de son agent commercial, dont la perte de commissions doit être compensée.
9. C. com., L. 134-4.
10. Com. 5 oct. 2004, n° 02-17.231, NP, *RJDA* 2005, n° 373 : rupture du contrat à l'initiative de l'agent mais néanmoins imputable au mandant qui na pas respecté l'exclusivité et n'a pas versé les commissions.
11. Com. 24 nov. 1998, n° 96-18.357, P IV, n° 277 ; *Defrénois* 1999. 371, obs. D. Mazeaud : pas le cas d'un mandant ne permettant pas à son agent commercial de pratiquer des « prix concurrentiels » – Com. 4 nov. 2014, n° 13-18.024, P, préc.
12. V. *supra* ss nos 121.11 s.

pratiquer des prix concurrentiels[1]. De plus, le mandant doit laisser l'agent accomplir sa mission, et ne pas agir à sa place, sauf convention contraire, possible même en présence d'une clause d'exclusivité.

1. Com. 24 nov. 1998, nº 96-18.357, P IV, nº 277 ; *RTD civ.* 1999. 98, obs. J. Mestre ; *RTD civ.* 1999. 646, obs. P.-Y. Gautier.

CHAPITRE

322. Contrat de courtage

SECTION 0
ORIENTEUR

322.00 **Sommaire du chapitre.**

Renvoi. Sur le courtier « en ligne » v. *infra* s[s] n°s 411.14 s.

322.03 **Bibliographie. Encyclopédie.** N. Dissaux, *Rép. com.*, *v° Courtage*, 2019, actualisé déc. 2021.

Thèse. Ph. Devesa, *L'opération de courtage, un groupe de contrats au service de la notion d'entreprise*, préf. J.-M. Mousseron, Litec, 1993.

Contribution. C. Grimaldi, « Mandat et courtage », dans N. Dissaux (dir.), *Le mandat : Un contrat en crise ?*, Economica, 2011, p. 79.

Articles. N. Balat, « L'ubérisation et *Les faux-courtiers* – ou les plateformes numériques rattrapées par le droit des contrats », *D.* 2021. Chron. 646 – N. Dissaux, « La qualification de courtage : l'un sous le multiple », *AJ contrat* 2017. Dossier 512 – D. Gantschnig, « La rémunération du courtier », *AJ contrat* 2017. Dossier 515 – F. Le Cornec, « Le devoir de conseil du courtier », *RD bancaire et bourse* 1999. 12 – P. Lemay, « La responsabilité du courtier », *AJ contrat* 2017. Dossier 518.

SECTION 1
DÉFINITION ET RÔLE

322.11 **Fonction.** Le courtier met en rapport des personnes qui entendent contracter en sens opposé. Au courant des intentions des uns et des autres, il tente de rapprocher les positions et prodigue ses conseils. Quand ce rapprochement est opéré, il s'efface. Mais il ne traite pas lui-même l'opération ni ne représente les clients. Les centrales d'achats agissent parfois comme courtiers. Dans le commerce électronique, les sites de mise en relations de vendeurs et d'acheteurs d'objets en ligne (dont les ventes en ligne, dites aux enchères) sont en réalité des courtiers en ligne[1]. Il en va de même des plateformes qui rapprochent les parties en vue d'un covoiturage (*BlaBlaCar*)[2] ou en vue d'un hébergement de courte durée (*AirBnb*[3]). Les « *professionnels qui mettent en relation des conducteurs ou des entreprises de transport et des passagers pour la réalisation de déplacements* »[4], qui sont généralement des centrales de réservation, semblaient être également des courtiers, mais ce n'est plus le cas[5].

1. V. *infra* s[s] n° 411.14.
2. X. Delpech, « Des plateformes de transport en général et de cotransportage en particulier », dans X. Delpech (dir.), *L'émergence d'un droit des plateformes*, Dalloz, « Thèmes et commentaires », 2021, p. 111 s.
3. COMP. : CJUE, 19 déc. 2019, *Airbnb Ireland*, aff. C-390/18, *CCC* 2019, n° 35, obs. S. Bernheim-Desvaux ; *Dalloz IP/IT* 2020. 265, obs. A. Lecourt ; *AJ contrat* 2020. 99, obs. D. Richard : elle est un « *service de la société de l'information* » au sens de la dir. n° 2000/31/CE du 8 juin 2000, art. 2, a – SUR CET ARRÊT : J.-D. Bretzner, « Régulation de l'activté des plateformes. État des lieux après l'arrêt de la Cour de justice de l'Union européenne du 19 décembre 2019 », dans X. Delpech (dir.), *L'émergence d'un droit des plateformes*, Dalloz, « Thèmes et commentaires », 2021, p. 65 s. – *ADDE* : CJUE, 3 déc. 2020, aff. C-62/19, *RLDI* 2020, n° 5984 : « *constitue un "service de la société de l'information" [...], un service d'intermédiation consistant, au moyen d'une application pour* [ordiphone], *à mettre en relation, contre rémunération, des personnes qui souhaitent effectuer un déplacement urbain et des chauffeurs de taxi autorisés, pour lequel le prestataire dudit service a conclu à cette fin des contrats de fourniture de services avec ces chauffeurs en contrepartie du paiement d'un abonnement mensuel, mais ne leur transmet pas les commandes, ne fixe pas le prix de la course ni n'en assure la perception auprès de ces personnes, qui paient celui-ci directement au chauffeur de taxi, et n'exerce pas davantage de contrôle sur la qualité des véhicules et de leurs chauffeurs ainsi que sur le comportement de ces derniers* ».
4. C. transp., art. L. 3141-1, créé par L. n° 2016-1920, 29 févr. 2016, art. 1er.
5. V. *infra* s[s] n° 322.22.

322.12 Indépendance. Le courtier agit en toute indépendance, en son nom propre, ce qui exclut toute subordination. Dès lors, le courtier ne saurait bénéficier d'une indemnité de clientèle en fin de contrat. Il en résulte aussi qu'il est impossible d'imposer une clause d'exclusivité au courtier, sous peine de disqualifier le contrat. En revanche, une telle clause au *bénéfice* du courtier est parfaitement valable.

322.13 Qualification. Le courtier *n'est pas* un mandataire au sens traditionnel, puisqu'il n'engage ni l'un ni l'autre de ses clients[1]. Cependant, il peut éventuellement entrer dans la catégorie des *mandataires d'entremise*[2], dans laquelle le mandataire est simplement chargé de négocier un acte. La tâche qui lui est confiée n'est pas la conclusion d'un acte juridique ; mais rien ne s'oppose à ce qu'il reçoive, par une clause spéciale, un mandat particulier à titre accessoire (si le mandat est le principal, la qualification de courtage cesse d'être possible, même si la pratique ne s'embarrasse pas de ces distinctions[3]). Positivement, le contrat de courtage est un contrat *sui generis*, présentant les particularités d'avoir pour objet une activité d'entremise, de façon indépendante, et en faveur des deux parties aux intérêts opposés.

SECTION 2
OBLIGATIONS

322.21 Obligation principale : trouver une contrepartie. La principale obligation du courtier est de tenter de *trouver une contrepartie*, avec laquelle le donneur d'ordre puisse conclure une affaire. Il n'agit pas au nom de ses clients : il intervient à leur demande, mais en son propre nom et en toute indépendance. Il se contente de mettre en rapport des personnes qui entendent contracter en sens inverse. Dès lors, les deux parties sont ses clients au même titre. Pour satisfaire à son obligation principale, le courtier est tenu d'informer chaque donneur d'ordre de la réussite ou de l'échec de son entremise, et de tout élément intéressant. Le cas échéant, il constate l'accord des parties et le notifie à chacune d'elles par un bordereau, rappelant les conditions de l'opération. Mais celle-ci ne devient parfaite (puisqu'il n'y a qu'un simple mandat d'entremise) qu'au moment de l'échange postérieur des consentements par les parties, qui pourra être très simplifié.

Toutefois, des usages locaux et particuliers à un domaine peuvent prévoir qu'une « lettre de confirmation » envoyée par le courtier à l'acheteur et au vendeur, et non dénoncée rapidement par ceux-ci, donne naissance au contrat (et le courtier est alors en réalité mandataire des deux parties).

322.22 Obligations accessoires. Le courtier a l'obligation de garantir à chacun de ses clients l'identité de l'autre. Et, s'il n'est pas garant de la solvabilité des parties, il commettrait une défaillance contractuelle en recommandant une personne notoirement insolvable. De même, irresponsable quant à la conclusion et à l'exécution du contrat, il supporte les conséquences des négligences commises dans son labeur[4], telle la fourniture de conseils[5] ou de renseignements *erronés* ou *insuffisants*. Pour autant, il n'a pas à procéder à des enquêtes approfondies, sauf s'il a été spécialement missionné à cet effet.

Les centrales de réservation en matière de transport de personnes[6] sont responsables « *de plein droit, à l'égard du client, de la bonne exécution des obligations résultant du contrat de transport, que ce contrat ait été conclu à distance ou non et que ces obligations soient à exécuter par la centrale elle-même ou par d'autres prestataires de services, sans préjudice du droit de recours de la centrale contre ceux-ci* »[7]. Cette disposition est la transposition à la matière de l'article 211-16[8] du code du tourisme, auquel sont soumis les opérateurs de voyages et de séjours[9]. Comme ceux-ci, la centrale peut s'exonérer de tout ou partie de sa responsabilité en prouvant que l'inexécution ou la mauvaise exécution du contrat est imputable soit au client, soit au fait imprévisible et insurmontable d'un tiers étranger à la fourniture de la prestation prévue au contrat, soit à un cas de force majeure[10]. Toutefois, la CJUE a jugé en décembre 2017 puis en avril 2018 que la qualifica-

1. Civ. 1re, 18 oct. 2005, n° 03-12.229, P I, n° 366 ; *RTD com.* 2006. 470, obs. B. Bouloc – DANS LE MÊME SENS : C. Grimaldi, « Mandat et courtage », art. préc.
2. N. Dissaux, *La qualification d'intermédiaire dans les relations contractuelles*, préf. C. Jamin, « BDPr », t. 485, LGDJ, 2007 – D. Gantschnig, *La qualification générique du contrat d'entremise*, préf. M. Poumarède, « BDPr », t. 582, LGDJ, 2018 – N. Dissaux, « La qualification de courtage : l'un sous le multiple », art. préc.
3. Civ. 1re, 2 déc. 1997, n° 95-15.015, P IV, n° 342 ; *RTD com.* 1998. 665, obs. B. Bouloc : intermédiaire baptisé de « courtier-mandataire », en réalité un mandataire d'intérêt commun.
4. P. Lemay, « La responsabilité du courtier », art. préc.
5. F. Le Cornec, « Le devoir de conseil du courtier », art. préc.
6. V. *supra* ss n° 322.11.
7. C. transp., art. L. 3142-3 – X. Delpech, « Des plateformes de transport en général et de cotransportage en particulier », dans X. Delpech (dir.), *L'émergence d'un droit des plateformes*, Dalloz, « Thèmes et commentaires », 2021, p. 111 s.
8. C. tourisme, art. L. 211-16 ; mod. par L. n° 2019-486, 22 mai 2019, art. 206.
9. Ph. le Tourneau (dir.), *Droit de la responsabilité et des contrats. Régimes d'indemnisation*, 12e éd., « Dalloz action », 2020, n° 3351.83.
10. C. transp., art. L. 3142-3, al. 2.

tion de courtage n'était possible qu'à la condition que la mise en relation soit l'élément principal et, qu'à propos d'*Uber*, ce n'était pas le cas, le transport étant prépondérant, lui-même renforcé par un contrôle sur l'exécution effective de la prestation et son prestataire[1].

Selon la Cour de cassation, un coursier de plateforme numérique peut être qualifié de salarié, et bénéficier du régime de celui-ci, lorsqu'il existe un lien de subordination, par exemple du fait de son traçage numérique (*tracking*) ou du traçage de ses contacts (*contacts tracking*), notamment par géolocalisation permanente[2]. Elle précisa ensuite[3] que la cour d'appel de Paris, qui avait déduit d'un ensemble important d'éléments que le statut de travailleur indépendant d'un chauffeur « *était fictif et que la société Uber BV lui avait adressé des directives, en avait contrôlé l'exécution et avait exercé un pouvoir de sanction, a, sans dénaturation des termes du contrat* » légalement justifié la requalification du contrat en cause de contrat de travail (not. car le chauffeur, qui a recours à l'application *Uber*, ne constitue pas sa propre clientèle, ne fixe pas librement ses tarifs et ne détermine pas les conditions d'exécution de sa prestation de transport). Cet arrêt remet en cause le modèle économique du géant américain, fondé sur le statut d'autoentrepreneurs, ce qui signifie qu'ils n'ont pas de contrat de travail, d'assurance-chômage ni de congés payés pour un travail souvent à plein temps. D'autres chauffeurs ne vont pas manquer de demander la requalification de leur contrat avec *Uber* pour devenir salariés de l'entreprise, même si beaucoup d'entre eux veulent rester indépendants, tout en souhaitant bénéficier d'une certaine protection. Il résulte, moins des décisions de la CJUE du 20 décembre 2017 et du 10 avril 2018 (préc.), que des arrêts de la Cour de cassation du 28 novembre 2018 et du 4 mars 2020 (préc.) : 1) que la relation plateforme-prestataire n'est pas indépendante mais constitue une relation salariée ; 2) qu'*Uber* ne peut plus être considéré comme un courtier dans les rapports avec ses clients[4].

La CJUE décida, en avril 2020, que la directive 2003/88/CE[5] s'oppose à ce qu'une personne engagée par son employeur présumé sur le fondement d'un accord de services précisant qu'elle est entrepreneure indépendante soit qualifiée de « travailleur » au sens de cette directive, lorsqu'elle dispose des facultés : – de recourir à des sous-traitants ou à des remplaçants pour effectuer le service qu'elle s'est engagée à fournir ; – d'accepter ou de ne pas accepter les différentes tâches offertes par son employeur présumé, ou d'en fixer unilatéralement un nombre maximal ; – de fournir ses services à tout tiers, y compris à des concurrents directs de l'employeur présumé ; – de fixer ses propres heures de « travail » dans le respect de certains paramètres, ainsi que d'organiser son temps pour s'adapter à sa convenance personnelle plutôt qu'aux seuls intérêts de l'employeur présumé, dès lors que, d'une part, l'indépendance de cette personne n'apparaît pas fictive et, d'autre part, il n'est pas permis d'établir l'existence d'un lien de subordination entre ladite personne et son employeur présumé[6].

La Commission européenne a présenté, le 9 décembre 2021, un projet de directive sur les travailleurs des plateformes numériques (v. *supa* s[s] n° 011.25).

322.23 De la clause de ducroire... Les obligations du courtier peuvent être aggravées par une clause idoine, notamment de *ducroire*, par laquelle il se porte garant de l'exécution du contrat par une partie au profit de l'autre, voire au bénéfice de ses deux clients, généralement contre une rémunération spéciale[7].

1. CJUE, 20 déc. 2017, *Uber Systems Spain SL*, aff. C-434/15, *Rec.* N ; *D.* 2018. 934, note N. Balat ; *CCC* 2018. Alerte 6, obs. N. Malvert ; *CCÉ* 2018, n° 11, obs. G. Loiseau : par cette décision, *Uber* se voit obligée de respecter l'ensemble des contraintes légales et réglementaires du secteur du transport de personnes et perd ainsi un avantage concurrentiel certain – J. Sénéchal, « Le "courtage" des opérateurs en ligne. Analyse sous le prisme de l'arrêt *Uber Systems Spain SL* de la Cour de Justice de l'Union européenne », *AJ contrat* 2018. Dossier 8 – V. Bensoussan-Brulé et B. Martinez, « *Uber* : qualification de service dans le domaine des transports », *RLDI* 2018. Ét. 5156 – CJUE, 10 avr. 2018, *Uber France SAS*, aff. C-320/16, *D.* 2018. 934, note N. Balat, 1412, obs. H. Kenfack.
2. Soc. 28 nov. 2018, n° 17-20.079, P ; *D.* 2019. 46, avis av. gén. C. Courcol-Bouchard, note M.-C. Escande-Varniol ; *AJ contrat* 2019. 46, obs. L. Gamet ; *CCÉ* 2019, n° 2, obs. G. Loiseau ; *RLDI* 2019, n° 5304 : *JCP G* 2019. 46, note V. Roche ; *JCP E* 2019. 1031, note B. Bossu ; *RDC* 2019/3. 40, obs. J. Huet, par application de l'art. L. 8221-6, II, du C. du trav. – *CONTRA* : Paris, pôle 6, ch. 4, 7 avr. 2021, RG n° 18/02846, *Deliveroo, CCÉ* 2021, n° 46, obs. G. Loiseau.
3. Soc. 4 mars 2020, n° 19-13.316, *Uber*, P ; *D.* 2020. Pan. 1136, obs. S. Vernac et Y. Ferkane ; *AJ contrat* 2020. 227, obs. P. Pasquier ; *RLDI* 2020, n° 5678, obs. L. Costes – MAINTIENT : Paris, pôle 6, ch. 2, 10 janv. 2019, RG n° 18/08357, *AJ contrat* 2019. 53, obs. X. D. ; *Dalloz IP/IT* 2019. 186, obs. J. Sénéchal ; *CCÉ* 2019, n° 17, obs. G. Loiseau.
4. V. la forte démonstration de N. Balat, « L'ubérisation et *Les faux-courtiers* – ou les plateformes numériques rattrapées par le droit des contrats », chron. préc.
5. Dir. C-692/19/CE du 4 novembre 2003 concernant certains aspects de l'aménagement du temps de travail.
6. CJUE, ord. 22 avr. 2020, aff. C-692/19, *JCP E* 2020. 1247, note G. Loiseau.
7. La prime de ducroire, certes fréquemment convenue, n'est pas essentielle. La cause de l'engagement de ducroire ne consiste pas nécessairement dans une rémunération spéciale ; ainsi, elle peut résider dans l'intérêt personnel que l'intermédiaire débiteur a à soutenir le rapport d'affaires entre les parties qu'il tend à rapprocher : Com. 27 oct. 2009, n° 08-10.391, NP, *JCP E* 2010, n° 5, 1111, note N. Dissaux.

322.24 **... Au mandat.** Parfois, le courtier reçoit un mandat spécifique, par exemple de rédiger un contrat de vente ; dans ce cas, le régime du mandat s'appliquera.

322.25 **Rémunération du courtier.** Dès lors que le courtier est appelé de deux côtés[1], sa rémunération, dite courtage, est en principe due par les deux parties mises en rapport[2]. Elle est le plus généralement librement déterminée par accord entre les intéressés. Parfois, elle est fixée par un pourcentage du chiffre d'affaires réalisé grâce à son intervention (not. lorsque les parties sont en relations d'affaires régulières). Elle n'est pas forcément identique pour chacun des partenaires du courtier (qui consentira par ex. un rabais à un client habituel). La rémunération n'est exigible qu'à partir de la conclusion du marché entre les parties, et dès ce moment, sauf stipulation contraire ou usage particulier à un secteur économique. Comme pour toutes les activités d'intermédiaires, la Cour de cassation a reconnu aux juges du fond le pouvoir de modérer un courtage disproportionné aux services rendus[3].

En principe, le courtier ne peut obtenir une rémunération que pour le marché pour lequel il s'est entremis. On dit à cet égard qu'il n'existe pas de « droit de suite » de sa part sur les nouveaux marchés directement arrêtés entre les parties mises en relation grâce à lui[4], sauf dispositions contractuelles expresses ou circonstances particulières.

1. V. *supra* s^{s} n° 322.11.
2. D. Gantschnig, « La rémunération du courtier », art. préc.
3. Ph. Devesa, th. préc., n°s 334 s. – SUR CE POUVOIR EN GÉNÉRAL : Ph. le Tourneau (dir.), *Droit de la responsabilité et des contrats. Régimes d'indemnisation*, 12e éd., « Dalloz action », 2020, n° 0113.14.
4. Com. 24 juin 2014, n° 12-27.908, NP, *AJCA* 2014. 280, obs. J. Dubarry ; *JCP* 2014. 1337, note J. Ghestin : annulation pour défaut de cause d'un contrat de courtage, faute de service effectif rendu postérieurement à sa conclusion.

CHAPITRE

323. Contrat de commission

SECTION 0 ORIENTEUR

323.00 **Sommaire du chapitre.**

SECTION 1 DÉFINITION ET RÔLE

323.11 **Fonction.** Le commissionnaire agit pour le compte d'un autre (*commettant*), mais en son nom propre ou sous un nom social[1]. Dès lors, il s'engage personnellement à l'égard des tiers[2]. Il a la possibilité de procéder à un *marché d'application*, lorsqu'il reçoit deux ordres en sens inverses de deux commettants (mandat double). De même, il peut traiter parallèlement des affaires pour son compte et pour le compte d'autrui : dans ce cas il est dit *négociant commissionnaire*.

En revanche, il lui est interdit, comme aux mandataires, de se porter *contrepartie*, sauf accord du commettant.

323.12 **Qualification.** Faute de représentation, le commissionnaire n'est pas lié par un mandat : tout au plus ce contrat est un mandat *incomplet*. Le commettant n'a pas de lien direct avec le partenaire du commissionnaire : seul celui-ci est engagé. Mais, par application de leurs conventions internes, le représentant et le représenté sont réciproquement tenus de « se faire raison », pour reprendre l'expression de l'article 1993 du code civil. Le commissionnaire transmet au commettant les droits et obligations qu'il a acquis pour le compte de ce dernier.

Ces solutions sont acquises, mais leur justification a donné lieu à une brillante analyse de M.-L. Izorche[3]. Cet auteur a mis en lumière que, si le commissionnaire ne représente pas la *personne* du commettant, il représente les *intérêts* de celui (et parfaitement), ce qui nous a conduit à rebaptiser la commission de *mandat incomplet* (car dans le mandat en plénitude il y a représentation et de la personne et des intérêts du mandant). Ce mandat incomplet est un *mandat d'entremise*[4]. En revanche, si le commissionnaire agit au nom du commettant, il est investi d'un mandat représentatif.

SECTION 2 RÉGIME DE LA DÉFAILLANCE

323.21 **En principe obligation de moyens.** Le commissionnaire répond de ses fautes, appréciées avec une certaine sévérité du fait de sa qualité de professionnel. Néanmoins, il n'est en principe tenu que d'une *obligation de moyens*. Toutefois, pour ce qui regarde les marchandises, le commissionnaire est tenu de les conserver et les livrer ou restituer : son obligation est alors de résultat.

Le régime de sa défaillance contractuelle est souvent aggravé par une clause de *ducroire*, par laquelle il garantit au commettant l'exécution intégrale de l'opération par le tiers avec lequel il a contracté (en son nom, mais pour le commettant).

1. C. com., art. L. 132-1.
2. COMP. : C. civ., art. 1154, al. 2 ; art. mod. par ord. n° 2016-131, 10 févr. 2016, art. 2.
3. « À propos du "mandat sans représentation" », *D.* 1999. Chron. 369.
4. N. Dissaux, *La qualification d'intermédiaire dans les relations contractuelles, op. cit.*

TITRE

33. Les services informatiques

SECTION 0

ORIENTEUR

33.00 Sommaire du titre.

Division – Huit services. Nous avons retenu huis contrats : la maintenance (chap. 331), la formation (chap. 332), l'audit (chap. 333), la sauvegarde (chap. 334), la surveillance (chap. 335), la sous-traitance de spécialité (chap. 336), le traitement à façon (chap. 337), la fourniture d'applications hébergées (chap. 338), enfin, l'assurance des risques informatiques (chap. 339). Ils relèvent tous des services. Chacun sait que ceux-ci constituent le fer de lance de l'économie contemporaine, et plus encore de celle de l'avenir, particulièrement dans ce domaine, et qu'ils sont des vecteurs de l'innovation[1]. Ils impliquent un management spécifique[2]. Les clients, surtout les professionnels, attendent de plus en plus la solution de questions pratiques, davantage que la livraison de processeurs ou la conception de logiciels[3].

Toutes les prestations de service conclues « à distance et hors établissement » entre un consommateur et un professionnel sont soumises à des règles particulières[4].

Il est admis aujourd'hui que la résolution n'est plus uniquement judiciaire. Elle peut être unilatérale dans certaines circonstances[5], y compris pour des contrats de service[6].

1. SUR LES SPÉCIFICITÉS de l'innovation dans les activités de service : J.-P. Flipo, *L'innovation dans les secteurs de service*, Éd. d'Organisation, 2000.
2. É. Vogler, *Management stratégique des services*, Dunod, 2004.
3. M. Robichon, « La relation de service en informatique », *Éducation permanente* 2000, n° spécial, p. 69 s.
4. C. consom., art. L. 221-1 s. (v. *infra* ss n° 412.14).
5. V. *supra* ss n° 213.91.
6. Nancy, 20 nov. 2000, *Dithol, JCP E* 2002. Pan. n° 199 : contrat de maintenance – Civ. 1re, 20 févr. 2001, n° 99-15.170, P I, n° 40 ; *D.* 2001. 1568, note C. Jamin : Sté d'expertise – Dijon, 11 avr. 2003, *JCP E* 2003. Pan. n° 1453 – Com. 3 mai 2012, n° 11-17.779, P IV, n° 86 ; *D.* 2012. 1719, note A. Etienney de Sainte-Marie, CRIT. ; *D.* 2013. 391, obs. S. Amrani-Mekki et M. Mekki ; *JCP* 2012, n° 35, 901, note A. Hontebeyrie ; *JCP E* 2012, n° 36, 1512, note A. Hontebeyrie ; *Gaz. Pal.* 2012. 10 oct., note D. Houtcieff, APPROB., *RJDA* 2013, n° 8, *RTD civ.* 2012. 527, obs. B. Fages : services ▶

Rappels : La distinction des obligations de moyens et de résultat a été ignorée par l'ordonnance n° 2016-131 du 10 février 2016[1] portant réforme du droit des obligations ; elle ne figure pas non plus dans le projet de réforme de la responsabilité civile présenté par le garde des Sceaux le 13 mars 2017[2].

33.05 Élimination du contrat de conseil. Le contrat de *conseil* ne sera pas envisagé isolément ici, d'autant qu'il n'offre aucune particularité dans le domaine de l'informatique (ou de l'internet). Nous l'avons abordé à maintes reprises dans les chapitres précédents (et nous l'avons étudié ailleurs[3]). Du reste, ce contrat est rarement isolé, sauf lorsqu'une entreprise de service du numérique (ESN) assiste une entreprise, modifiant son système informatique, pour l'aider à choisir une offre parmi celles qui lui sont présentées. Généralement le conseil est une obligation d'un contrat de portée plus vaste ou, s'il constitue un contrat indépendant, celui-ci est un élément d'un ensemble. Le conseil comprend le *conseil stratégique*, consistant à aider les entreprises à s'adapter aux changements (qui est en réalité une variété de l'ingénierie).

Le numérique est devenue une commodité du contrat de conseil, pour préparer l'information, à l'aide d'un « croqueur » ou « avaleur de données » (*crunching data*). Il permet de mieux cerner et valoriser ce qui constitue l'essence du conseil, à savoir de contextualiser, d'opérer des rapprochements pertinents, d'expliquer les options possibles, d'évaluer leurs conséquences et leurs coûts (croquer de données est une méthode permettant un traitement automatisé de grandes quantités de données et d'informations [*Big Data*] ; elle consiste à préparer et à modéliser un système ou une application).

33.06 Élimination du contrat de dépannage. L'informatique s'est largement répandue dans toutes les couches sociales. Chacun aujourd'hui sait à peu près se débrouiller, et les systèmes sont beaucoup plus fiables que naguère. Néanmoins, des pannes imprévues surviennent, sans compter qu'il est parfois difficile pour un particulier d'installer certains éléments supplémentaires, et alors que les centres de renseignement par téléphone sont généralement saturés[4]. Des dépanneurs sont donc apparus, généralement sous la forme de réseaux de franchisage[5], comme nous l'avions prédit dans des éditions antérieures de ce livre[6]. Le prix est généralement d'au moins quarante euros les trente minutes pour les dépannages simples ; les pannes graves s'effectuent sur devis, à des tarifs horaires nettement plus élevés.

L'obligation de réparation est en principe de résultat, évidemment quant à la panne actuelle. Le dépanneur peut se décharger en établissant quelque cause étrangère, notamment le vice interne de la chose, une faute du client, la limitation de la mission que ce dernier lui a confiée, ou encore son immixtion. D'un autre côté, l'obligation peut se transformer en une simple obligation de moyens si le client a demandé une réparation urgente ou provisoire. Le dépanneur peut en outre être tenu à la garantie contre les vices cachés pour les pièces qu'il a fournis, ou les aménagements auxquels il a procédé.

33.07 Élimination du contrat de gestion des logiciels. La gestion dynamique des logiciels d'une entreprise (*Software Asset Management* ou SAM), prenant en compte les évolutions de celle-ci, présente de nombreux avantages. Elle permet notamment la rationalisation du portefeuille de logiciels et la réduction de leurs coûts, par une utilisation optimisée, des achats centralisés, une vue d'ensemble des contrats de licence et de maintenance, sans compter une réduction des risques juridiques et quant à la sécurité. Cette gestion est au fond une variante du management des contrats. Elle peut se pratiquer en interne, ou bien par un intervenant extérieur spécialisé[7].

33.08 Réseaux de franchisage. Des réseaux de franchisage[8] dédiés aux services informatiques se sont créés[9].

33.09 Tacite reconduction. Le professionnel prestataire de services doit informer le consommateur par écrit, « *par lettre nominative ou courrier électronique dédiés* », au plus tôt trois mois et au plus tard un mois avant le terme de la période autorisant le rejet de la reconduction, de la possibilité de ne pas

▶ d'assistance à la stratégie de développement ; résiliation unilatérale justifiée par le fait que le prestataire « *n'avait pas satisfait à ses engagements contractuels* ».

1. Ord. n° 2016-131, 10 févr. 2016, portant réforme du droit des contrats, du régime général et de la preuve des obligations, *JO* 11 févr., n° 26.
2. V. *supra* s[s] n° 014.14.
3. Ph. le Tourneau (dir.), *Droit de la responsabilité et des contrats. Régimes d'indemnisation*, 12e éd., « Dalloz action », 2020, n°s 3313.00 s.
4. Sur ces centres v. *infra* s[s] n° 331.165.
5. Sur le franchisage v. *supra* s[s] n°s 315.11 s.
6. PAR EX. : *Bugbusters, ChronoMicro, Ciel mon ordi, Docteur ordinateur, Go Micro, PC Global service, PC 30* (dépannage en 30 minutes), *Famiclic* (n'intervenant que chez les particuliers, et mettant l'accent sur la formation), *SOS PC assistance*.
7. Se reporter au rapport publié en 2012 par le CIGREF : www.elee.fr/.../2012-Software-Asset-Management.
8. V. *supra* s[s] n°s 315.11 s.
9. *Cap Antigone*, pour les entreprises, réseau lancé en 2006, 7 établissements dont 4 franchisés ; *Chronomicro ; Go Micro ; Infopro worldwide France*, destiné aux PME/PMI ; *NTIC Services*, pour les entreprises et les professions libérales.

reconduire le contrat qu'il a conclu avec une clause de reconduction[1] tacite[2].

33.10 Droit commun. Le Droit commun s'applique aux contrats de services du numérique (informatiques électroniques), par exemple le régime de la défaillance contractuelle ou celui de la responsabilité extracontractuelle. Ainsi, l'obligation d'employer la langue française s'impose dans certaines conditions[3]. Ou les dispositions de l'article L. 442-1, II, du code de commerce[4], relative à la rupture brutale d'une relation commerciale établie sans préavis écrit tenant compte de la durée de la relation commerciale, ont connu un grand succès dans ces contrats, qu'elles tendent à supplanter, dans la pratique contentieuse, la classique rupture abusive. De même, le code de la consommation s'applique dans toutes ses dispositions entre un professionnel et un consommateur. Ainsi, tout prestataire de services doit, par voie de marquage, d'étiquetage, d'affichage ou par tout autre procédé approprié, informer le consommateur sur les prix et les conditions particulières de vente ou d'exécution des services, selon des modalités fixées par arrêtés du ministre chargé de l'Économie[5]. Dans un contrat à durée indéterminée ou un contrat assorti d'un abonnement, le prix total inclut l'ensemble des frais exposés pour chaque période de facturation. Lorsque de tels contrats sont facturés à un tarif fixe, le prix total inclut également l'ensemble des coûts mensuels. Cependant, quand le coût total ne peut être raisonnablement calculé à l'avance, le mode de calcul du prix est communiqué[6].

33.11 Faveur pour le consommateur. Par faveur pour le consommateur, le code de l'environnement impose aux distributeurs d'équipements informatiques de communiquer sans frais aux consommateurs de leurs produits, au cours de leur utilisation, des alertes et des conseils d'usage ou d'opérations d'entretien, de maintenance ou de nettoyage informatique afin d'optimiser leur performance, notamment la gestion de la mémoire et du stockage, afin d'allonger leur durée de vie (C. envir., art. L. 541-9-3-1[7]).

1. C. consom., art. L. 215-1, al. 1er.
2. Sur la tacite reconduction v. *supra* s[s] n° 116.111.
3. V. *supra* s[s] n°s 012.16 s.
4. V. *supra* s[s] n° 312.153.
5. C. consom., art. L. 112-1.
6. C. consom., art. L. 112-3.
7. Créé par L. n° 2021-1485, 15 nov. 2021, visant à réduire l'empreinte environnementale du numérique en France (REEN), *JO* 16 nov., texte 2.

CHAPITRE

331. Contrat de maintenance

SECTION 0
ORIENTEUR

331.00 **Sommaire du chapitre.**

Division. Après avoir indiqué la source de la maintenance (sect. 1) qu'elle soit liée ou autonome, nous envisagerons ses modalités (sect. 2), sa durée (sect. 3), enfin les obligations des parties, tant celles du mainteneur (sect. 4) que celles du bénéficiaire (sect. 5).

331.03 **Bibliographie. Encyclopédie.** Ph. le Tourneau, *Répertoire civil Dalloz, V^is* « Contrat de maintenance » [2022].

Ouvrages. Afnor, *Ingénierie et qualité du logiciel et des systèmes*, t. II, Afnor, 2002 – D. Bachelier, *Les contrats de maintenance*, Éd. d'Organisation, 2004 – Ph. Gaudrat et F. Sardain, *Traité de droit civil du numérique*, t. II, Larcier, Bruxelles, 2015, n°s 194 s. – F. Monchy et C. Kojchen, *Maintenance. Méthodes et organisations pour une meilleure productivité*, 4e éd., « Technique et ingénierie », Dunod, 2018.

Thèses. P.-A. Morand, *Le contrat de maintenance en droit suisse*, Schulthess, Fribourg (Suisse), 2007 – M. Pretnar, *Le service et le suivi de logiciel : aspects contractuels*, Paris XIII, 1993.

Articles. C. Casal, « Les contrats de maintenance : aléa et risques d'annulation », *Expertises* 2007, p. 179 – G. Cordier, « Prévention et évolution de quelques difficultés pratiques du contrat de maintenance », *CCÉ* 2009. Fiche prat. 3 – H. Crozes et F. Saunier, « Logiciels : retour aux sources », *JCP N* 1996, Doctr. 895 s.

331.05 **Nature du contrat de maintenance.** La pratique a donné le nom de maintenance au contrat par lequel une entreprise se charge de *vérifier, entretenir ou réparer* un appareil technique, ou une installation complexe tel un ensemble ou système informatique. Les praticiens le nomment aussi *contrat de support*. La maintenance est souvent une tâche délicate, tant il est vrai qu'« *il est plus facile de renverser que de maintenir, et de détruire que de conserver* » (Chamfort[1]). Juridiquement, la mainte-

1. Chamfort (1741-1794). Notre ancêtre Philippe Antoine Grouvelle fut un grand ami de Chamfort (sur Philippe Antoine Grouvelle, personnage historique intéressant, v. sur le site <https://www.philippe-le-tourneau.fr> la rubrique « De la famille du titulaire du site », puis le nom en question).

nance entre dans le moule du contrat d'entreprise[1]. Plus précisément, il est une variété du contrat *d'assistance technique*, son premier degré. Toutefois, la qualification de contrat d'entreprise est plus une sorte de raccourci qu'une réalité. En effet, comme un contrat-cadre de distribution n'est pas une vente, même s'il prépare et précède une série de ventes ultérieures qu'il engendre nécessairement[2], le contrat de maintenance n'est pas en lui-même un contrat d'entreprise, à s'en tenir à la définition que donne de celui-ci l'article 1710 du code civil. Mais la jurisprudence ne s'embarrasse pas de cette subtilité. Ce contrat, généralement d'adhésion[3], est par abonnement[4]. Cette dernière précision ne change en rien sa nature, l'abonnement constituant *une simple modalité des contrats impliquant une exécution plus ou moins prolongée*[5].

De même que l'assistance technique, la maintenance repose sur un *savoir-faire* de l'entreprise de maintenance et de son personnel. La maintenance informatique est sans doute aujourd'hui la branche la plus importante de cette activité de service (avec la maintenance aérienne). La défaillance d'un système informatique, que la panne affecte le matériel ou que le logiciel comporte des erreurs d'écriture (les « bogues » ou *bugs*[6]), est lourde de conséquences, sans aucune mesure avec l'importance du défaut. Plus que dans la plupart des autres domaines, *le bon fonctionnement continu du système est vital pour l'utilisateur*, dont l'entreprise risque d'être totalement paralysée en cas d'incident. L'utilisateur recherche moins la propriété que la *disponibilité sans faille* de son système informatique, au fond sa valeur d'usage. Aussi la maintenance informatique est-elle regardée comme un véritable outil industriel.

331.06 Objet et forme du contrat de maintenance. Le contrat de maintenance doit avoir un objet déterminé, comme tout contrat[7]. Si aucune forme particulière n'est exigée pour sa validité (c'est un contrat purement consensuel), elle doit être *expressément stipulée*, fût-ce dans un document annexe entré dans le champ contractuel[8]. En effet, elle est facultative, même dans la maintenance dite liée : Elle ne découle pas, faute de consentement de l'acquéreur, de la simple mention d'une clause figurant au *verso* de la facture d'un objet vendu. La plupart du temps, il s'agit d'un contrat d'adhésion, matérialisé par un contrat type, qui est en même temps un contrat-cadre d'abonnement[9]. Le client étant libre de conclure ou non un contrat de maintenance, le fournisseur ne saurait refuser de mettre en route le système sous le prétexte de sa non-conclusion[10].

331.07 Preuve du contrat de maintenance. La preuve du contrat de maintenance obéit au Droit commun. En pratique, il n'y a guère de difficultés à cet égard, les contrats de maintenance donnant presque toujours lieu à la rédaction d'un contrat écrit, en double exemplaire. Dans un contrat avec un consommateur, la loi prescrit que le service après-vente fait l'objet d'un contrat dont un exemplaire lui est remis (C. consom., art. L. 217-25). Toutefois, en présence de la location d'un *système* (comprenant le matériel et les logiciels), le contrat inclut nécessairement une obligation de maintenance, sans qu'il soit besoin d'une clause particulière.

331.08 Maintenance et responsabilité du fait des choses. La garde est expressément ou tacitement transférée du propriétaire de la chose au mainteneur, puisqu'il est de règle que *la garde est alternative et non cumulative*[11], dans la mesure où elle implique une maîtrise de la chose, un pouvoir autonome[12]. Ainsi, c'est sur le mainteneur que pèse la présomption de responsabilité de l'article 1242, alinéa 1er *in fine*, du code civil, dite responsabilité « de plein droit ». Cependant, une clause contraire du contrat pourrait paralyser ce changement de gardien. Que la décision ait été expresse ou tacite, le transfert de la garde ne sera reconnu que si la *transmission de la maîtrise de la chose a été effective et* qu'elle a été prouvée par le gardien précédent[13].

1. DANS LE MÊME SENS : Ph. Gaudrat et F. Sardain, *Traité de droit civil du numérique, op. cit.*, t. 2, n° 212.
2. Ph. le Tourneau, *Les contrats de concession*, 2e éd., « Litec professionnels », 2010, n° 41.
3. SUR l'application des règles du contrat d'adhésion aux contrats électroniques : T. Guillebon, « L'application du dispositif du code civil aux contrats du commerce électronique », *JCP E* 2017. Ét. 1454 (dans le titre, il eut été préférable de parler de dispositions plutôt que de dispositif ; v. *supra* ss n° 011.11).
4. EX. : Civ. 1re, 30 avr. 2014, n° 13-11.068, NP, *RJDA* 2014, n° 835.
5. V. *supra* ss n° 221.20 *in fine*.
6. V. *supra* ss n° 231.55.
7. Pau, 18 mars 1999, *Secura c/Flore Deco, JAMP* 1999/2, p. 287 : nullité absolue d'un contrat de maintenance faute d'objet déterminé.
8. Paris, 28 mai 1991, *Expertises* 1992, p. 33 : dans un livret annexé au contrat principal – NOT. quant à la clause de maintenance : J. Mestre et J.-C. Roda (dir.), *Les principales clauses des contrats d'affaires*, « Les intégrales », Lextenso, 2011, p. 601.
9. Sur la nature de l'abonnement v. *supra* ss n° 221.20.
10. Nîmes, 21 juin 1996, *Gaz. Pal.* 1998. 1, Somm. 50, obs. S. Martin : résolution aux torts du fournisseur.
11. Ph. le Tourneau (dir.), *Droit de la responsabilité et des contrats...*, 12e éd., *op. cit.*, nos 2221.170 s.
12. Ph. le Tourneau (dir.), *Droit de la responsabilité et des contrats...*, 12e éd., *op. cit.*, n° 2221.151.
13. Civ. 2e civ. 6 janv. 1993, n° 91-13.434, P II, n° 5 – À PROPOS d'une cuve de gaz : Versailles, 11 mai 2006, *JCP E* 2006. Pan. n° 2544 : pas le cas.

SECTION 1
SOURCE DE LA MAINTENANCE

331.10 **Plan – Distinction.** La maintenance liée (§ 1) se distingue de la maintenance autonome (§ 2). Qu'elle soit liée ou autonome, la maintenance est parfois associée à une *assurance spécifique de maintenance*.

§ 1
Maintenance liée

331.21 **Dépendant d'un autre contrat.** La maintenance peut d'abord être liée, en ce sens qu'elle *dépend d'un autre contrat*, dont elle est une clause ou un contrat annexe indivisible[1]. Il peut s'agir de la *vente* d'un ordinateur, d'une imprimante, d'un scanneur, ou d'un ensemble plus complexe[2] (voire un contrat relatif à un logiciel[3], mais alors c'est à tort que le mot de maintenance est utilisé[4]). Souvent expresse, elle découle aussi, fût-ce implicitement, des clauses de *garanties contractuelles*, qui obligent le vendeur à réparer gratuitement l'appareil[5], ou à remédier aux défaillances d'un logiciel (si tant est qu'il puisse exister une maintenance à leur égard, ce qui est contestable[6]). D'un autre côté, il nous semble qu'un professionnel est tenu, de par sa qualité, d'assurer au minimum un service après-vente (qui est distincte de la maintenance), indépendamment de toute garantie conventionnelle.

À côté de la vente, la maintenance peut aussi être liée à un *contrat*[7] *de sécurité*[8], un *crédit-bail*[9], à une *location-vente*, à une *location* classique d'une unité centrale (processeur) comme de tout autre matériel informatique[10], ou encore à une *location-service* (dite parfois *renting*), dans laquelle le locataire est mandaté par le loueur pour acheter les biens qui lui conviennent (comme dans le crédit-bail), alors que le loueur se charge de leur maintenance. La formation peut encore être liée à des licences de logiciel et à de la maintenance[11].

331.22 **Conséquences.** Lorsque la maintenance est ainsi associée à un contrat principal de fourniture ou de location, la *résiliation du contrat principal entraîne automatiquement celle du contrat de maintenance*, dans la mesure où ils sont indivisibles[12].

La circonstance qu'un contrat de maintenance soit lié à un autre contrat, dont il peut être regardé comme l'accessoire, emporte une importante conséquence en cas de modification du titulaire des droits du contrat de base, qui est son support. Si le propriétaire ou le locataire de l'installation change, le contrat de maintenance sera *transféré* sur la tête du nouveau propriétaire[13] ou du nouveau locataire, après simple signification au débiteur cédé. Parfois, le contrat supprime même cette exigence[14] ; dès lors, le débiteur cédé ne peut pas s'opposer à la cession. Cependant, les parties ont pu convenir d'une clause en sens contraire. Il en existe de deux sortes. Soit elle précise que le contrat a été conclu *intuitu personæ*, ou *firmæ*, comme cela est presque d'usage dans les contrats de maintenance informatique, pour interdire toute transmission ; soit,

1. V. *supra* s[s] n°s 013.12 s.
2. Paris, 8 mars 2002, *ICL, RJDA* 2002, n° 621 – Com. 5 juin 2007, n° 04-20.380, P IV, n° 156 ; *D.* 2007. AJ 1723, obs. X. Delpech ; *JCP* 2007. II. 10184, note Y.-M. Serinet, CRIT. ; *RJDA* 2008, n° 217 : contrat de vente de matériel informatique, de location et de maintenance, constituant « *un ensemble contractuel complexe et indivisible* » – Civ. 1re, 13 mars 2008, n° 06-19.339, P I, n° 72 ; *JCP E* 2008. Pan. n° 1594 ; *RDC* 2008. 841, note J.-B. Seube ; *RJDA* 2009, n° 402 : location, installation et maintenance d'un matériel téléphonique – Com. 5 févr. 2013, n°s 12-12.168, 12-12.221, NP : contrat de fourniture de matériel, de licence de logiciels, de maintenance, de formation et de crédit-bail – Com. 5 nov. 2013, n° 12-13.349, NP, *CCÉ* 2013, n° 125, obs. G. Loiseau : cassation de l'arrêt n'ayant pas recherché, comme la cour y était invitée, si le contrat de vente et les contrats de maintenance ne formaient pas un ensemble indivisible – COMP. : Com. 9 déc. 2006, n° 05-13.283, *SDAA c/GMK*, NP, *RJDA* 2007, n° 245 : où la maintenance était indispensable, à propos d'un matériel informatique d'une technique « pointue » ; mais elle n'avait pas été conseillée par le vendeur, ce qui fut une des causes de la résiliation du contrat.
3. Com. 8 févr. 2017, n° 15-17.222, NP : « *trois contrats de prestation, de maintenance et de licence d'utilisation d'un logiciel* ».
4. V. *infra* s[s] n° 331.161.
5. Civ. 1re, 13 oct. 1993, n° 91-21.442, NP, *CCC* 1994, n° 13, obs. G. Raymond : obligation de résultat.
6. V. *infra* s[s] n°s 331.161 s.
7. Sur le contrat de sécurité v. *infra* s[s] n°s 335.11 s.
8. Paris, pôle 5, ch. 10, 23 févr. 2011, RG n° 07/21976, *CCC* 2011, n° 93, obs. É. A. Caprioli.
9. Civ. 1re, 28 mai 2008, n° 07-10.786, NP, *RJDA* 2009, n° 403 : crédit-bail, télésurveillance et maintenance, formant un ensemble indivisible.
10. COMP. À PROPOS d'un photocopieur : Com. 27 mars 2007, n° 06-10.890, *Canon c/Starpack*, NP.
11. COMME NOT. DANS : Com. 13 févr. 2007, n° 05-17.407, *Faurecia c/Oracle*, P IV, n° 43 ; *D.* 2007. AJ 654, obs. X. Delpech ; *RDC* 2007. 707, note D. Mazeaud et p. 746, note S. Carval ; *JCP* 2007. II. 10063, note Y.-M. Serinet ; *JCP* 2007. I. 185, obs. Ph. Stoffel-Munck ; *JCP E* 2007. 2336, note J. Huet ; *RJ com.* 2008. 187, note H. Alterman et N. Herzog ; *Defrénois* 2007. 1042, note R. Libchaber ; *RLDC* 2007, n° 2511, note G. Loiseau – SUR RENVOI : Paris, 25e ch. A, 26 nov. 2008, *Faurecia c/Oracle, CCÉ* 2009, n° 37, obs. Ph. Stoffel-Munck ; *Gaz. Pal.* 2009. 1, Somm. 1438, obs. J.-F. Forgeron et C. Michau ; *RJ Com.* 2009, 20, note H. Alterman ; *JCP E* 2009. 1674, n° 3, obs. M. Vivant, N. Mallet-Pujol et J.-M. Bruguière ; *RDC* 2009. 1010, note T. Genicon – Com. 24 avr. 2007, n° 06-12.443, NP, *RJDA* 2007, n° 927 ; *RDC* 2008. 276, obs. D. Mazeaud.
12. V. *supra* s[s] n° 013.12.
13. Paris, 24 nov. 1995, *Wagner, Gaz. Pal.* 1997. 2, Somm. 325.
14. Com. 6 mai 1997, n° 95-10.252, P IV, n° 118 ; *D.* 1997. 588, note M. Billiau et C. Jamin.

un degré en dessous, elle soumet la transmission à un agrément de l'autre partie.

Mais il a été jugé que le contrat de maintenance était automatiquement transmis (sous-entendu malgré toute clause contraire) au sous-acquéreur d'un ordinateur et d'un système d'exploitation (*operating system* [OS])[1], lorsque le fournisseur initial a le monopole en France du matériel et du système, d'où personne d'autre ne peut effectuer cette prestation[2].

331.23 Chevauchement des garanties contractuelles et de la maintenance. En pratique, il existe une sorte de *chevauchement entre la réalisation de l'installation* (comportant les garanties contractuelles) et *la maintenance* (selon la pertinente remarque de J. Huet). C'est qu'en la matière, l'obligation de délivrance comporte, non seulement la livraison du matériel, mais son installation, c'est-à-dire les opérations de mise en route nécessaires pour le rendre opérationnel. La réception définitive n'interviendra qu'après les tests de fonctionnement. Le client ne saurait se plaindre des incidents de fonctionnement au cours de la période de mise en route, auxquels de fournisseur doit porter remède au titre de la délivrance[3]. Ce n'est qu'à partir de la réception définitive qu'entrent en scène les garanties contractuelles : le contrat de maintenance ne couvre pas ce qui relève normalement de leur domaine. En effet, *la maintenance débute logiquement lorsque cesse l'exécution du contrat principal*, à laquelle participent les garanties légales et contractuelles[4]. Il est bon de préciser dans le contrat, surtout lorsque la maintenance est liée, qu'elle ne « *commencera qu'à compter de la réception définitive* ». Il a été excellemment jugé que le contrat de maintenance possède bien une cause, se distinguant de la simple garantie conventionnelle des pièces d'un matériel informatique, le premier incluant la vérification, l'entretien et la réparation et comportant un travail tant matériel qu'intellectuel[5].

§ 2
Maintenance autonome

331.31 Maintenance directe et maintenance tierce. La maintenance est dite autonome lorsqu'elle ne dépend pas d'un autre contrat (elle est en quelque sorte *déliée*), mais qu'elle fait l'objet d'un contrat spécifique, *indépendant de tout autre contrat*[6]. Le mainteneur peut cependant être lui-même fabricant ou membre du réseau de distribution du fabricant (distributeur agréé, concessionnaire, franchisé, agent commercial...). Telle est la *maintenance directe*. L'indépendance sera plus marquée encore lorsqu'il y a ce que la pratique nomme la *maintenance tierce*, c'est-à-dire assurée par des entreprises de services totalement autonomes des fabricants et de leurs réseaux de distribution (ESN). Moins onéreuse pour les clients (de 20 à 30 %), elle tend à se développer, dans le domaine de l'informatique[7]. Une raison propre à ce secteur pousse à cela. Le fait que les parcs des unités centrales (processeurs) et les systèmes informatiques des *entreprises* sont fréquemment *multiconstructeurs*. Plus il y a de connexions, plus les utilisateurs sont portés à s'adresser à un mainteneur neutre, pouvant traiter la question de façon globale. Les contrats autonomes de maintenance comportent généralement une clause relative à la compatibilité comme celle-ci : « *Le client s'engage à ce que tous ses logiciels et matériels destinés à fonctionner conjointement aux logiciels et matériels entretenus par [le mainteneur] en vertu du présent contrat soient parfaitement installés, opérationnels et compatibles avec ces derniers* ». Il découle de l'autonomie du contrat de maintenance qu'il ne saurait être affecté par les vices du contrat de fourniture ou de location de l'appareil, ni par la résiliation de ces contrats[8].

Toutefois, une solution différente a pu être donnée, à propos de la fausse maintenance de logiciel dans les circonstances suivantes. Un contrat de maintenance portant sur un logiciel antivirus loué était indépendant du contrat de location. Mais il fut jugé que la disparition fortuite de la chose louée, consécutive à une attaque virale et indépendante de toute faute du débiteur, conduisait à la résiliation de plein droit du contrat de maintenance et, par suite, à l'extinction de toute obligation pesant sur les parties, par application des anciens articles 1234 et 1302 du code civil : le logiciel objet du contrat de maintenance ayant péri, le client ne saurait être tenu de payer les mensualités postérieures au sinistre[9].

331.32 Maintenance d'un système. Lorsque le contrat de maintenance autonome ne porte pas sur un seul appareil, mais sur un système ou un

1. Pour une définition v. *supra* s^s n° 213.32.
2. Civ. 1re, 24 mars 1998, n° 96-13.341, NP, *Gaz. Pal.* 1999. 1, Somm. 300 : cette solution suppose qu'il existe une maintenance des systèmes d'exploitation, donc des logiciels, ce que nous contestons [v. *infra* s^s n°s 334.11 s.], car sinon, pour le matériel, ledit monopole est indifférent.
3. Ph. Gaudrat et F. Sardain, *Traité de droit civil du numérique, op. cit.*, n°s 202 s.
4. Ph. Gaudrat et F. Sardain, *Traité de droit civil du numérique, op. cit.*, n°s 198 s.
5. Rouen, 21 mars 2002, *ORL informatique, RJDA* 2002, n° 1263.
6. Versailles, 4 avr. 2002, *Matra, Expertises* 2003, p. 109 : il y avait bien un ensemble contractuel, mais les prestations étaient indépendantes et non indivisibles.
7. EX. : Paris, pôle 5, ch. 11, 9 janv. 2015, *Expertises* 2015. 230.
8. Paris, 20 nov. 1992, *Gaz. Pal.* 1993. 2, p. 329, note D. Véret.
9. Toulouse, 24 juin 2008, *Parfip c/Sirven, JurisData* 368148.

ensemble, le contrat aura généralement été précédé d'un *appel d'offres* assorti d'un *cahier des charges* (éventuellement rédigé par un conseil extérieur), qui sera annexé au contrat de maintenance et dont les spécifications engageront donc le mainteneur.

SECTION 2
MODALITÉS DE LA MAINTENANCE

331.40 **Plan – Détermination des opérations de maintenance.** Les opérations de maintenance peuvent se définir de plusieurs manières, dont les principales sont par leur finalité (§ 1), par leur résultat (§ 2) et par les moyens techniques d'intervention (§ 3).

§ 1
Définition de la prestation par sa finalité

331.51 **Maintenance préventive et maintenance corrective.** La maintenance peut connaître une double finalité, selon qu'elle est une *maintenance préventive* ou une *maintenance corrective*[1]. La première cherche à empêcher tout incident par un entretien régulier, indépendamment de toute panne, et une vérification de certains mécanismes et procédures, pour détecter par anticipation toute éventuelle source de difficultés (*Proactive problem management*), tant il est vrai, particulièrement dans le domaine informatique, que d'après Talleyrand « *quand il est urgent, c'est déjà trop tard* ». Ces prestations s'effectuent en respectant des prescriptions impératives émanant du constructeur ou du cahier des charges. La maintenance préventive comprend une garantie antivirus. Les fréquences et durées d'intervention sont précisées. La seconde (maintenance corrective) intervient, une fois qu'une avarie s'est produite, pour y porter remède le plus rapidement possible et en supprimer la cause. Elle suppose que le prestataire de services dispose d'une *équipe de techniciens* compétents, suffisamment importante pour répondre sur le champ à un appel.

Tout utilisateur d'ordinateur, surtout connecté à l'internet, connaît la nécessité de posséder un logiciel antivirus, régulièrement mis à jour. Mais nombreux sont ceux qui se contentent d'une protection insuffisante. Les meilleurs parades aux virus[2] éventuels consistent à installer des protections à tous les niveaux du système d'information (passerelles internet [FTP, SMTP et HTTP], serveurs de fichiers et de courriers électroniques, postes de travail et assistants personnels). La maintenance corrective peut être considérée comme un contrat aléatoire[3].

331.52 **Maintenance corrective et maintenance curative.** Souvent, le contrat prévoit ces deux modalités de la maintenance (préventive et corrective), la seconde n'ayant du reste qu'un rôle subsidiaire, dans la mesure où la première est effectuée correctement. En raffinant à l'extrême, la seconde peut elle-même se dédoubler en *dissociant la maintenance corrective (stricto sensu), de la maintenance curative* ; celle-là aurait une portée moins vaste que celle-ci. L'entretien correctif viserait la simple réparation des pannes, tandis que l'entretien curatif aurait pour dessein de remédier aux *causes* des défauts et pannes. Cette distinction a cours dans la maintenance aérienne, mais est inconnue dans le domaine informatique.

331.53 **Maintenance évolutive.** Il est encore parfois fait état d'une *maintenance évolutive*, qui mettrait au point les modifications à apporter dans le système informatique de l'entreprise cliente. Mais elle est faussement nommée ; en effet, il s'agit en ce cas d'une prestation d'ingénierie (ou plus précisément, selon le vocabulaire américain de *reengineering*, c'est-à-dire de reconfiguration). La pratique tend également à assimiler à la maintenance évolutive le « suivi »[4] de logiciel ou de progiciel, ce qui est contestable.

§ 2
Définition de la prestation par son résultat

331.61 **Selon la norme Afnor.** Selon la norme Afnor le résultat peut être exprimé :

1° En « *unités d'usage* » du bien ou de « *coefficient de productivité* »[5].

2° En terme de *disponibilité* (*availability* ; ex. tant de jours par semaine, un temps maximum d'indisponibilité par intervention, un temps de réponse à la demande d'intervention).

3° En terme « *d'état de référence* » à maintenir (le contrat spécifie l'état désiré et l'écart toléré par rapport à lui, qui est l'état de référence).

4° En terme de *durabilité résiduelle ou potentielle* d'utilisation en fin de contrat (ce qui est imaginable, même dans le domaine informatique, d'obsolescence rapide, pour les appareils importants, sans doute plus à la page, de sorte que son propriétaire désire les

1. Paris, 14 déc. 1995, *Tom Asi, Expertises* 1996, p. 161 : contrat comportant les deux.
2. Sur les diverses catégories de virus v. *infra* s[s] n°s 335.51 s.
3. SUR CE POINT : C. Casal, « Les contrats de maintenance : aléa et risques d'annulation », art. préc.
4. Sur ce « suivi » v. *infra* s[s] n°s 331.161 s.
5. COMME DANS : Paris, pôle 5, ch. 11, 9 janv. 2015, *Expertises* 2015. 230.

remplacer, mais encore performants, si bien qu'une autre entreprise pourrait les acquérir d'occasion[1]).

§ 3
Définition de la prestation par les moyens techniques d'intervention

331.71 Maintenance automatisée. Aujourd'hui, dans certains domaines, notamment en matière informatique, la maintenance est parfois *automatisée et effectuée à distance* (le cas échéant à l'aide de la réalité augmentée[2]), au moins pour les incidents simples de fonctionnement. Des logiciels permettent la prise en main sécurisée à distance par le mainteneur[3], à l'aide d'une clé et d'un mot de passe d'usage unique. Des *procédures automatiques d'alerte*, utilisant téléphone et ordinateur, sont également organisées, afin que le service de maintenance puisse intervenir de lui-même, dès qu'est détecté un certain nombre de conditions qui pourraient conduire à une panne[4]. Elle est complétée par un service « d'assistance » par téléphone, permettant au client d'obtenir tous conseils en cas de difficulté[5].

La création d'un « jumeau numérique »[6] de l'appareil ou du système objet du contrat de maintenance (*digital twin*) devrait permettre, dans un avenir proche, d'organiser une « maintenance prédictive », afin d'anticiper les incidents techniques et les pannes et donc de les prévenir. D'un autre côté, ces jumeaux numériques laissent craindre l'apparition de faux numériques[7].

331.72 Progiciels de gestion de maintenance assistée par ordinateur (GMAO). Enfin, il existe sur le marché des *progiciels* de gestion de maintenance assistée par ordinateur (GMAO), conçus pour la maintenance. Leurs fonctions sont certaines ou la totalité de celles que voici : détermination et suivi de la politique de maintenance ; établissement de son budget et tenue de sa comptabilité ; planification et préparation des opérations ; lancement des ordres d'intervention de maintenance préventive ; gestion du stock de pièces détachées et des composants ; gestion de la disponibilité opérationnelle des installations et équipements ; connaissance instantanée de leur état d'entretien ; analyse des causes antérieures de panne et détermination des risques de défaillances dans l'avenir ; aide au diagnostic... L'utilisation d'un GMAO entraîne, en moyenne, une réduction de 6 % des frais directs de maintenance et une amélioration de l'efficacité industrielle de 15 %, tout cela avec un temps de retour sur investissement de deux ans.

1. POUR UNE ÉTUDE DÉTAILLÉE technique quant aux normes « ISO 9001 : 2000 » en la matière : *Ingénierie et qualité du logiciel et des systèmes*, Éd. Afnor, 2002, t. II.
2. Sur celle-ci v. *supra* n° 011.23.
3. EX. : *Bomgar, Team Viewer.*
4. Poitiers, 12 sept. 1995, *GTI c/Bocavet, Expertises* 1996, p. 42.
5. Orléans, 23 oct. 1997, *JCP E* 1998. I. 846, n° 18 : défaillance dans cette assistance.
6. Modélisation d'un objet physique dans le monde virtuel.
7. D. Lovato, « Le faux numérique ou la promesse d'une réalité nouvelle », *RRJ* 2022.

SECTION 3
DURÉE DE LA MAINTENANCE

331.81 Trop brève ou trop longue ? La durée des contrats de « maintenance liée » à un contrat à exécution successive, une location, une location-vente ou une location-service, est évidemment *la même que celle du contrat principal*. La question s'est posée de l'application de l'article 1er de l'ancienne loi du 14 octobre 1943[8], limitant à dix ans la durée maximale de certaines clauses d'exclusivité. Il a été à juste titre décidé que la maintenance n'entrait pas dans la visée de cette loi[9]. Toutefois, les contrats perpétuels étant nuls selon le Droit commun[10], toute clause qui aurait pour effet d'enchaîner indéfiniment le bénéficiaire de la maintenance invaliderait le contrat la comportant[11]. La durée des contrats de maintenance autonome est généralement très brève, trop brève, souvent *d'une année*[12], renouvelable par ce qui est improprement appelé la tacite reconduction[13] (il s'agit en réalité d'un nouveau contrat[14]). La solution la meilleure est évidemment que les parties conviennent d'une durée de maintenance correspondant à la durée prévisible de fonctionnement des appareils sur laquelle elle porte.

SECTION 4
OBLIGATIONS DU MAINTENEUR

331.90 Plan – Distinction. Par la force des choses, les obligations du mainteneur ne sont pas les mêmes dans le

8. C. com., art. L. 330-1.
9. Com. 9 mai 1990, n° 88-17.238, P IV, n° 143 ; *Gaz. Pal.* 1990. 2. Pan. 213 : pour un contrat de location et d'entretien d'un matériel téléphonique.
10. C. civ., art. 1210, al. 1er.
11. COMP. : Com. 7 avr. 1998, n° 95-18.278, NP, *RJDA* 1998, n° 977 : contrat de location et de maintenance d'une installation téléphonique, réservant au bailleur l'adjonction de matériels complémentaires, prévoyant que le contrat serait « reconduit » pour dix ans chaque fois que de nouveaux équipements seraient ajoutés pour une certaine valeur : La clause de prolongation est nulle, le contrat pouvant par elle se prolonger indéfiniment.
12. EX. : Versailles, 4 avr. 2002, *Matra, Expertises* 2003, p. 109.
13. C. civ., art. 1215.
14. V. *supra* ss n° 116.111.

contrat de maintenance de matériel (§ 1), et dans la pseudo maintenance de logiciel ou de progiciel (§ 2).

331.91 Contrat de consommation ? Lorsque le contrat de maintenance présente les caractéristiques d'un contrat de consommation, car conclu entre un professionnel et un consommateur, les règles propres du Droit de la consommation s'appliquent, notamment les exigences relatives au devoir d'information du professionnel[1], la prohibition des clauses abusives[2] ou les dispositions relatives au prix[3].

331.92 Exécution personnelle. Dans l'une et l'autre la maintenance doit être exécutée par l'entreprise elle-même qui s'y est engagée, en raison du caractère *intuitu personæ* de cette mission. Autrement dit la sous-traitance est exclue, sauf accord exprès du client. Du reste les rédacteurs des contrats de maintenance portant sur de grands ensembles précisent généralement cela.

§ 1
Dans la maintenance de matériel

331.100 Plan – Énumération des obligations du « mainteneur » de matériel. Le « mainteneur » est tenu des nombreuses obligations suivantes : d'information et de mise en garde (A), de célérité (B), d'efficacité (C), de confidentialité (D) et de suppléance (E). Elles comportent cependant quelques limites de bon sens, que nous exposons d'abord.

331.101 Les cinq degrés de la maintenance de matériel. Les obligations de mainteneur dépendent de la nature de la tâche qu'il a acceptée : *maintenance préventive et/ou corrective*[4]. Et dans cette dernière, l'usage a prévalu de distinguer *cinq degrés* :

1° Simples réglages et remplacements d'éléments consommables facilement accessibles, telles les cartouches d'encre d'une imprimante, ou les piles du programme « bios ».

2° Échange standard de certains éléments de conception modulaire. Dans un contrat de consommation, tout professionnel effectuant des prestations d'entretien et de réparation de petits équipements informatiques et de télécommunications, d'écrans ou de moniteurs prévoit au moins une offre, pour certaines catégories de pièces de rechange, incluant des pièces issues de l'économie circulaire à la place des pièces neuves[5].

3° Identification des pannes, « réalignement » des appareils et nouvel essai de l'ensemble.

4° Remise en ordre globale.

5° Remise à neuf d'un ou de plusieurs éléments ; mais, en vérité, cette fonction sort du domaine de la maintenance *stricto sensu*.

Est interdit tout accord ou pratique ayant pour objet de limiter l'accès d'un professionnel de la réparation, du réemploi ou de la réutilisation, aux pièces détachées, modes d'emploi, informations techniques ou à tout autre instrument, équipement ou logiciel permettant la réparation[6].

331.102 Limites des obligations du « mainteneur » de matériel. Il est certain que le mainteneur n'est tenu d'effectuer l'entretien et les réparations que des appareils qui lui sont confiés[7], quels qu'ils soient, y compris les robots qui prennent de plus en plus de place. En outre, le contrat de maintenance n'oblige pas, sauf accord exprès en ce sens des parties, le prestataire de services à adapter l'installation (du reste, matériel comme logiciel) à des modifications qui surviendraient, qu'elles résultent de textes législatifs ou réglementaires, ou qu'elles affectent les méthodes et les structures de l'entreprise cliente[8]. De même, le mainteneur n'a pas à remettre l'installation à neuf. De plus, il ne peut entreprendre de son propre chef des travaux qui ne lui ont pas été commandés, même s'ils sont intéressants pour le client ; ou du moins s'il les exécute sans ordre il ne pourra pas en obtenir le paiement forcé[9]. Enfin, le mainteneur ne doit pas modifier unilatéralement l'installation, ou l'un de ses éléments, lorsque cela risque de perturber le fonctionnement du système entier[10].

331.103 Indisponibilité des pièces de rechange. Quelles sont les conséquences de l'indisponibilité des pièces de rechange du fait de l'ancienneté des

1. V. *supra* s[s] n° 014.11.
2. C. consom., art. L. 212-1 s.
3. V. *supra* s[s] n° 33.10.
4. V. *supra* s[s] n°s 331.51 s.
5. C. consom., art. L. 224-109 ; mod. par L. n° 2020-105, 10 févr. 2020, art. 19.
6. C. consom., art. L. 441-4 ; mod. par L. n° 2020-105, 10 févr. 2020, art. 25 et par L. n° 2021-1485, 15 nov. 2021, visant à réduire l'empreinte environnementale du numérique en France (REEN), *JO* 16 nov., texte 2, art. 18, 2°.
7. Civ. 1re, 30 mars 1999, n° 97-16.390, NP, *CCC* 1999, n° 87, obs. L. Leveneur : le mainteneur n'est pas responsable d'un sinistre dont l'origine est inconnue, dans un autre domaine que l'informatique – COMP. : Civ. 1re, 25 janv. 2000, n° 19-12.324, NP, *Expertises* 2001, p. 273, obs. G. Flambard : la cour d'appel a retenu que le contrôle des éléments tombés en panne n'entrait pas dans la mission du contrat d'entretien.
8. Paris, 28 févr. 1987, *Expertises* 1988, p. 324.
9. COMP. DANS UN AUTRE DOMAINE : Versailles, 16 juin 2000, *Aero Entreprise c/Avion Bravo Oscar, D.* 2000. IR 249 : travaux indispensables au renouvellement du certificat de navigabilité, mais qui n'ont pas été commandés.
10. Montpellier, 18 juin 1987, *DIT* 1988/3, p. 46, note M. Espagnon : où le prestataire de services, qui était en même temps le fournisseur des logiciels, avait modifié ceux-ci, *proprio motu*, afin de simplifier la tâche de la maintenance, ce qui avait eu pour effet de bloquer le système.

matériels, qui empêche ou retarde la réparation ? Il a été jugé qu'elle ne constituait pas une défaillance contractuelle, et que la clause exonératoire à cet égard était valide[1]. Mais un arrêt a statué différemment, de façon argumentée. La décision du fabricant de ne plus produire de pièces détachées correspondant à l'appareil du client n'est pas une circonstance de force majeure, n'étant ni imprévisible ni irrésistible ; s'agissant d'un appareil ancien, le prestataire devait s'attendre, lors de la signature du contrat, à avoir des difficultés pour obtenir les pièces détachées ; en outre, en tant que professionnel connaissant les pièces à remplacer sur un tel appareil, il pouvait s'en constituer un stock, d'autant plus que le fabricant avait annoncé sa décision plusieurs mois à l'avance[2]. Sur la question de la disponibilité ou de la non-disponibilité des pièces détachées dans les contrats de consommation la loi du 10 février 2020[3] a apporté de sérieuses améliorations[4].

A.
Obligation d'information et de mise en garde

331.111 Principe. Le prestataire de service a l'obligation d'informer son client, et même de le conseiller, en lui communiquant toute donnée qui peut lui être utile[5], notamment quant à la sécurité de son installation. En prolongement, il ne doit pas procéder à des travaux nécessaires sans en aviser son client[6]. Le mainteneur doit prendre l'initiative de mettre son partenaire en garde contre tout risque qu'il pressent, l'inviter à modifier une maintenance obsolète[7] ; ou à adopter telle ou telle mesure souhaitable[8], comme de modifier régulièrement le mot de passe[9]. L'intensité de l'obligation de renseignement ou d'information dépend de la qualité du client.

331.112 Distinction. Informer n'est pas former : la formation du personnel, ou sa « mise à niveau » n'entre pas dans le travail normal du mainteneur, même s'il doit informer son partenaire de cette nécessité[10]. C'est une autre forme d'assistance technique, qui ne peut exister qu'en présence d'une stipulation expresse : on ne maintient pas des hommes !

B.
Obligation de célérité

331.121 Dans la maintenance préventive comme dans la maintenance corrective. Étant donné l'importance du fonctionnement continu d'une installation informatique pour son utilisateur, le mainteneur doit faire montre d'une célérité toute spéciale[11]. La maintenance préventive doit impérativement se dérouler selon la fréquence convenue. À défaut de précision sur la périodicité dans le contrat, celui-ci est néanmoins valable (l'obligation n'est pas purement potestative). La fréquence doit être raisonnable, cet élément étant apprécié par les juges du fond, en fonction de l'importance de l'installation et des usages. C'est au mainteneur à prouver la réalité des visites de contrôle ; il a intérêt à se préconstituer cette preuve, en faisant signer à la fin de chaque visite une *fiche d'intervention* par le responsable de l'informatique du client. Quant aux interventions correctives, le contrat peut prévoir *un temps maximum de réponse* du prestataire à l'appel qui lui est lancé[12]. Mais, même en l'absence d'une telle clause, il se doit d'intervenir en toute diligence.

1. T. com. Paris, 17 sept. 2002, *BOS c/Computerland, CCÉ* 2003, n° 30, obs. Ph. Stoffel-Munck : l'annotateur considère qu'en l'absence d'une clause il y aurait lieu d'admettre que le prestataire s'est trouvé en face d'une circonstance de force majeure.
2. Nancy, 30 nov. 2004, *Obayda, JCP E* 2005. Pan. n° 775 : à propos d'un photocopieur ; condamnation du prestataire à assurer la maintenance jusqu'au terme convenu ou, en cas d'impossibilité de remise en l'état de l'appareil, de mettre à la disposition du client un appareil équivalent et à en assurer la maintenance pour la même durée.
3. L. n° 2020-105, 10 févr. 2020, relative à la lutte contre le gaspillage et à l'économie circulaire, *JO* 11 févr., n° 1.
4. V. *supra* s^s^ n° 014.11.
5. Civ. 1re, 11 juin 1996, n° 94-18.250, P I, n° 245 ; *D.* 1996. IR 187 ; *RJDA* 1996, n° 1452 ; *Defrénois* 1996. 1007, note D. Mazeaud ; *RTD civ.* 1997. 425, obs. J. Mestre : une sté de maintenance de chauffage aurait dû informer son client de la modification favorable des tarifs EDF.
6. COMP. : Com. 3 mars 1998, n° 95-20.692, *JCP E* 1998. Pan. 728 ; *RJDA* 1998, n° 856 : à propos d'une entreprise de maintenance d'un navire qui procéda à des travaux inutiles, acte considéré comme un manquement à son devoir de conseil [ni le P IV, n° 91 ni le site *Legifrance* ne reproduisent le second moyen portant sur cette question].
7. Versailles, 16 mai 1991, *Expertises* 1994, p. 112 – T. com. Paris, 17 sept. 2002, *BOS c/Computerland*, préc. – COMP. DANS UN AUTRE DOMAINE : Paris, 4 avr. 2005, *Koné c/Minier (Mme), Gaz. Pal.* 2005. 1, Somm. 2865 : le mainteneur devait appeler l'attention du syndicat des copropriétaires sur la nécessité de la rénovation urgente d'un ascenseur.
8. COMP. DANS UN AUTRE DOMAINE : Paris, 12 sept. 2001, *Duhamel, RCA* 2001, n° 369, note L. Grynbaum.
9. Versailles, ch. 12, 25 mars 2014, n° 12/07.079, *RLDI* 2014, n° 3476, obs. J. de R. ; *CCÉ* 2014, n° 59, obs. É. A. Caprioli, à propos d'une installation téléphonique ; défaillance du mainteneur à cet égard – T. com. Nanterre, 3e ch., 5 févr. 2015, *CCÉ* 2015, n° 53, obs. É. A. Caprioli, *idem.*
10. Com. 19 déc. 1995, n° 93-17.645, NP, *RJDA* 1996, n° 482 : à propos d'équipements industriels de décongélation.
11. Toulouse, 5 déc. 1979, *JCP* 1980. IV. 392 – Dijon, 21 mai 1986, *Expertises* 1987, p. 144.
12. Paris, 14 déc. 1995, *Tom Asi, Expertises* 1996, p. 161, en l'esp. 2 heures – Versailles, 7 nov. 2002, *KPMG c/Sécurinfor, RJDA* 2003, n° 378 : intervention sur n'importe quel site du client en France 8 heures « ouvrées » après son appel.

331.122 Disponibilité. Autrement dit, le mainteneur doit *être toujours disponible*[1]. L'obligation est de résultat[2]. C'est sa disponibilité qui est en cause à cet égard, et non la rapidité de la réparation, laquelle est affectée d'un certain caractère aléatoire (par exemple alors qu'un virus puissant a été introduit dans un système complexe). Cependant, même quant à cet aspect des choses, il peut s'être engagé, notamment par une stipulation garantissant un temps maximum *d'indisponibilité* de l'installation pour le client[3]. Elle n'est raisonnable que si elle est associée à une clause de secours[4]. Toutes ces dispositions sont souvent renforcées par la menace d'une pénalité (clause pénale). Le seul fait d'un *risque* de non intervention rapide (même non réalisé), par l'absence d'une équipe spécialisée, justifie la résiliation du contrat qui n'a plus de cause[5].

C. Obligation d'efficacité

331.131 Conséquences. Bien des professionnels sont tenus d'une obligation d'efficacité[6]. Tel est le cas du mainteneur. Il doit effectuer des prestations de qualité[7], en conformité aux données actuelles de la technique et aux règles de l'art (*in accordance with recognized professional standards*), le mieux possible compte tenu de la vétusté, avec un personnel compétent. Pour ce faire, il lui faut respecter les « préconisations » du fabricant, dont il doit s'informer[8]. La vétusté oblige le mainteneur à effectuer des visites techniques « *particulièrement complètes, soigneuses et précises* » (Paris, 4 avr. 2005, *Koné c/ Minier (Mme)*[9]). Il doit rechercher les causes de la défaillance, en dressant un « *bilan technique* », pour y porter remède[10], fournir le cas échéant les pièces détachées (le contrat doit préciser cette question[11], et poursuivre l'exécution de sa tâche jusqu'à parfait achèvement). Puis il lui incombe de *contrôler* le fonctionnement de l'appareil ou de l'installation et de procéder à des *essais* concluants.

Lorsqu'un contrat comprend à la fois une maintenance préventive et une maintenance curative, celles-ci restent cependant bien distinctes ; aussi, un mainteneur actionné pour une défaillance de la seconde ne peut se dégager en établissant qu'il a toujours parfaitement assuré la première.

Une jeune pousse (*start-up*) française prometteuse, à forte croissance, *Matooma*, est spécialisée dans la connexion des objets. Elle a développé une offre de cartes SIM (*Subscriber Identity Module*, module d'identification de l'abonné) multi-opérateurs (*MatooCard*) pour les objets connectés, qui repose sur des partenariats avec plus de 140 entreprises européennes. La connexion des appareils permet d'optimiser les opérations de maintenance.

Remarque : la carte SIM est une puce contenant un microcontrôleur et de la mémoire, placée dans les téléphones portables. Elle contient un numéro IMSI, constitué du code du pays (MCC), de l'identifiant de l'opérateur (MNC), et de l'identifiant de l'abonné (MSIN).

331.132 Qualification, en fonction des dispositions contractuelles. Quelle est la nature de son obligation, de résultat ou de moyens ? Tout dépend, comme toujours, des stipulations contractuelles et de la nature du contrat, d'entreprise encore une fois (et non de dépôt, celui-ci se caractérisant par la remise d'une chose au dépositaire, en vue de sa conservation et de sa restitution, ce qui ne correspond pas à la situation en cause[12]). Les contrats tendent de plus en plus à adopter *l'obligation de résultat*[13] du fait, d'une part, de la concurrence entre prestataire de services ; d'autre part, du refus par les utilisateurs de l'incertitude[14].

331.133 Qualification, à défaut de dispositions contractuelles. À défaut de stipulation, voici quelques directives. En premier lieu, l'obligation d'entretenir, de réparer ou de maintenir en état est toujours de *résultat* quant à sa *matérialité*[15]. Il en va de même

1. COMP. : Paris, 12 nov. 1998, *Microénergie, RJDA* 1999, n° 513 : à propos de la maintenance d'une installation téléphonique ; la résiliation par le client était justifiée dans la mesure où, depuis son déménagement, le prestataire de services n'était plus en mesure d'intervenir rapidement.
2. Versailles, 7 nov. 2002, *KPMG c/Sécurinfor*, préc.
3. V. *supra* ss n° 331.61.
4. V. *infra* ss n° 331.151.
5. Paris, 14 déc. 1995, *Tom Asi*, préc.
6. Sur cette obligation, v. *supra* ss nos 015.00 s.
7. COMP. : Paris, 7 juin 1994, *Le Pélican, Expertises* 1994, p. 273 : mainteneur « *incapable de faire face à ses engagements* » – Com. 27 mars 2007, n° 06-10.890, NP : défaillance de la maintenance d'un photocopieur.
8. Civ. 1re, 25 janv. 2000, n° 19-12.324, NP, *Expertises* 2001, p. 273, obs. G. Flambard : où c'était le cas – COMP., DANS UN AUTRE DOMAINE : Com. 14 janv. 1997, n° 95-10.188, P IV, n° 16 ; *RJDA* 1997, n° 612 ; *DMF* 1997. 141, rapp. J.-P. Reméry.
9. À PROPOS d'un ascenseur : Paris, 4 avr. 2005, *Koné c/Minier (Mme)*, préc.
10. Paris, 25 févr. 1993, *Gaz. Pal.* 1993. 2, p. 470, note D. Véret.
11. C'ÉTAIT LE CAS DANS : Versailles, 7 nov. 2002, *KPMG c/Sécurinfor*, préc.
12. Ph. le Tourneau, *Rép. com.*, *V°* « Dépôt », 2018.
13. *CONTRA* : T. com. Nanterre, 2e ch., 9 avr. 2014, *CCÉ* 2014. 64, obs. G. Loiseau, obligation de moyens – Com. 7 juill. 2021, n° 19-22.807, NP, *RJDA* 2021, n° 762, *idem,* d'après les termes du contrat pour la maintenance d'un système d'alarme.
14. Sur la notion d'incertitude : B. Alidor, *L'incertitude et le contrat en droit privé*, th., Toulouse 1 Capitole, 2019.
15. Paris, 7 juin 1994, *Le Pélican, Expertises* 1994, p. 273 – Paris, 22 juin 2001, *Unisys France, CCÉ* 2001, n° 128 ; *LPA* 13 janv. 2003, note C. M.-R. – Versailles, 7 nov. 2002, *KPMG c/Sécurinfor*, préc.

quant à son *efficacité*, pour les prestations simples, donc non aléatoires, tant de maintenance préventive que curative[1]. Lorsqu'au contraire il existe *quelque aléa, l'obligation n'est que de moyens*[2], *ou de moyens renforcée* : Le mainteneur ne garantit pas le bon fonctionnement ni l'absence de panne (sauf clause en ce sens), mais qui serait presque extravagante. Il appartient alors au client d'établir une faute à son encontre en cas d'incident. Il en ira *a fortiori* de la sorte quand la prestation de maintenance a eu lieu de façon gracieuse[3].

L'immixtion du propriétaire de la chose transforme éventuellement l'obligation de résultat en obligation de moyens[4]. Et le mainteneur ne répond évidemment pas des conséquences des manipulations défectueuses du client, alors qu'il est intervenu efficacement à plusieurs reprises[5].

Rappel : La distinction des obligations de moyens et de résultat a été ignorée par l'ordonnance n° 2016-131 du 10 février 2016 portant réforme du droit des obligations ; elle ne figure pas non plus dans le projet de réforme de la responsabilité civile présenté par le garde des Sceaux le 13 mars 2017[6].

331.134 Garantie contre les vices cachés. Le réparateur peut en outre être tenu à la garantie contre les vices cachés pour les pièces qu'il a fournies, ou les aménagements auxquels il a procédé[7].

331.135 Écrasement de fichiers. Un des risques majeurs de la maintenance, même s'il se produit rarement, et même s'il est possible d'en limiter les conséquences par des sauvegardes extérieures, est celui de *l'écrasement de fichiers* par le mainteneur, surtout lorsque celui-ci intervient dans *l'urgence*, à la suite d'une panne, et alors que la sauvegarde n'a pas été mise à jour. Une première difficulté à cet égard porte sur la preuve par le client de la destruction des données, c'est-à-dire sur leur existence et leur consistance avant l'intervention ; dans la dernière situation décrite, elle sera quasiment impossible à apporter. Plaçons-nous cependant dans l'hypothèse où cette preuve a été effectuée, notamment par témoignages, voire par l'aveu de l'agent. Le mainteneur doit répondre de l'incident ; son obligation à cet égard est de résultat[8]. Il semble que tout dépanneur d'un ordinateur doit, avant d'agir, contrôler l'existence d'une sauvegarde convenable et efficace[9]. Il existe des logiciels récupérateurs de fichiers et de dossiers perdus ou effacés par mégarde.

331.136 Compétence du personnel. L'obligation d'efficacité implique que les sociétés acceptant de se charger de la maintenance aient un personnel qualifié. La meilleure formation est sans doute celle qui est dispensée par les divers fabricants eux-mêmes, dans leurs établissements ou dans des centres spécialisés[10]. Et, étant donné l'évolution très rapide des matériels, il est nécessaire que ces techniciens bénéficient d'une mise à niveau permanente.

331.137 Relevé des interventions. Le mainteneur transmet à son client un relevé de ses interventions et des pannes, selon une périodicité convenue.

331.138 De l'entrave au fonctionnement du système par une « bombe logique ». Une « bombe logique » est un programme qu'un informaticien insère subrepticement dans un logiciel, qu'il peut activer lorsqu'il le souhaite, se déclenchant automatiquement à la réception d'un signal donné, bloquant alors toute l'application, voire la détruisant[11]. Le « mainteneur » qui introduit une « bombe logi-

1. Paris, 19 déc. 1986, *Expertises* 1987, p. 108 – Com. 22 oct. 1991, n° 89-21.818, NP, *DIT* 1994/2, p. 28, note M. Espagnon – Bordeaux, 8 févr. 1999, *Fermetures et automatismes du S.-O., JAMP* 1999/2, p. 308 : de portes automatiques d'un magasin – Com. 16 mars 1999, n° 96-14.846, NP, *RJDA* 1999, n° 666 : à propos de la maintenance d'un photocopieur – Civ. 1re, 15 juill. 1999, n° 96-22.796, P I, n° 238 ; *D.* 1999. IR 221 ; *RJDA* 1999, n° 1394 : mauvaise réparation d'un ascenseur.
2. Paris, 17 févr. 1989, *D.* 1990. Somm. 327 – Civ. 1re, 25 janv. 2000, n° 19-12.324, NP, *Expertises* 2001, p. 273, obs. G. Flambard : l'accident survenu était imprévisible selon le constructeur – Chambéry, 4 sept. 2007, *JurisData* 343175 : car, selon l'arrêt, la maintenance implique la participation active du client.
3. Paris, 17 mars 1989, *Expertises* 1989, p. 117.
4. COMP. : Com. 28 nov. 2000, n° 98-14.748, NP, *RJDA* 2001, n° 298 : au titre du devoir de conseil du réparateur d'un appareil.
5. Pau, 1re ch., 27 nov. 2007, n° 05/02606, *Conserves et salaisons de la Noureppe c/ABI, JurisData* 351600 : le mainteneur a parfaitement assuré la maintenance de l'installation informatique créée, en déplaçant à de nombreuses reprises un technicien afin de sécuriser le fichier client de son cocontractant ; les difficultés résultent de manipulations défectueuses par l'utilisateur et not. de la suppression physique d'enregistrements clients dans *Access,* de la réutilisation de code client supprimé et du transfert sur un autre logiciel d'une fiche client créée dans un logiciel différent.
6. V. *supra* s^s n° 014.14.
7. COMP. : Com. 16 févr. 1999, n° 97-13.605, P IV, n° 45 ; *Gaz. Pal.* 1999. 1. Pan. 119 : à propos de la réparation d'un bateau, mais pas le cas en l'esp.
8. Civ. 1re, 19 mai 1998, n° 96-17.872, NP, *Expertises* 1998, p. 266, obs. N. Courtier ; *Gaz. Pal.* 1999. 1. Pan. 104, IMPL. – *CONTRA* : Paris, 17 févr. 1989, *Wang, JurisData* 020921 : obligation de moyens – T. com. Nanterre, 2e ch., 9 avr. 2014, préc. : obligation de moyens stipulée par le contrat, faute prouvée – T. com. Nanterre, ch. 2, 2 mai 2014, *RLDI* 2014, n° 3503, obs. J. de R., obligation de moyens.
9. Paris, 5e ch. B, 18 oct. 2007, n° 04/18739, *Visiodent c/ Soussan, Dell, RJDA 2008*, n° 116 ; *CCÉ* 2008, n° 70, obs. Ph. Stoffel-Munck, IMPL. – T. com. Nanterre, ch. 2, 2 mai 2014, préc. : défaillance à cet égard, mais limitation de l'indemnisation par le jeu d'une clause limitative de « responsabilité ».
10. Sur la formation v. *infra* s^s n°s 332.00 s.
11. Aussi : v. *infra* s^s n° 335.55.

que » manque à la bonne foi contractuelle. De plus, il commet le délit d'entrave au fonctionnement d'un système de traitement automatisé de données[1] lorsqu'il agit ainsi afin de paralyser régulièrement son réseau, dans le dessein de s'assurer du paiement de factures de maintenance aux échéances convenues, c'est-à-dire comme une garantie de paiement[2] !

331.139 **Recours en garantie contre le mainteneur.** Le détenteur du bien qui a causé un dommage à autrui, et qui a été condamné à réparation à la demande de la victime, peut intenter une action en garantie contre le mainteneur ou réparateur, lorsque le dommage résulte d'une réparation défectueuse ou d'une maintenance insuffisante[3].

D.
Obligation de confidentialité

331.141 **Du secret.** Dans bien des cas, la maintenance informatique donne accès à des données confidentielles sur les activités de l'entreprise cliente. Le prestataire de service est tenu, *ipso jure*[4], par une obligation de confidentialité[5].

E.
Obligation de suppléance

331.151 **Clause de secours.** Souvent, une clause particulière ou un contrat annexe prévoit que le mainteneur (ou un tiers) mettra à la disposition de son client, lorsqu'une panne sérieuse rend le système informatique indisponible, un appareil ou un système de remplacement équivalent, selon les cas, compatibles[6] avec les données et logiciels du client[7]. La commission de terminologie désigna cette clause de « secours » (*backup*[8]) ; les praticiens la dénomment parfois de « soutien ». La mise à disposition peut avoir lieu *in situ*. Elle peut aussi intervenir à l'extérieur, mais dans une relative proximité (60 km semblent un maximum), dans un *centre de soutien* appartenant, soit au mainteneur, soit à un fournisseur de matériel (fabricant ou distributeur), soit encore à une société de services de sous-traitance et suppléance informatiques, soit enfin dans un centre constitué par plusieurs utilisateurs. Le centre de soutien doit être relié par télétransmission aux services du client.

331.152 **Modalités.** Le contrat doit déterminer les applications vitales visées, et prévoir la forme de fonctionnement de la suppléance. Deux modalités sont envisageables : ou bien plusieurs utilisateurs recourent au même système (fonctionnant en « *fill time* ») ; ou bien ils ne partagent pas le même système (fonctionnant en « *back time* »). Cette mise à disposition doit intervenir dans un délai très court, inférieur à vingt-quatre heures après la constatation de l'indisponibilité du système du client et de l'impossibilité d'y porter remède promptement.

331.153 **Qualification de la clause de secours.** Comment qualifier juridiquement ce secours ? À titre gracieux (bien qu'intéressé), il s'agira d'un *prêt*[9] ; si une rémunération est prévue, la qualification de *location* est préférable. Mais, dans certaines hypothèses, la suppléance comporte une obligation telle pour le centre que ces qualifications sont impropres. Si le centre se charge des prestations informatiques du client, il y a sous-traitance de spécialité, dite « *facilities management* »[10]. Enfin, lorsque plusieurs utilisateurs exécutent simultanément des travaux indépendants sur un même ordinateur extérieur, la qualification convenable est celle de « *fourniture d'énergie informatique* »[11].

§ 2
Dans la pseudo-maintenance de logiciel ou de progiciel

331.160 **Bibliographie. Article.** Y. Bismuth et M. Martin, « Pratique contractuelle. Contrats de l'informatique. La clause d'accès aux codes sources », *CCÉ* 2013. Fiche prat. 4.

331.161 **« Suivi de logiciel » ; objectifs divers.** Il ne peut pas exister une réelle maintenance à propos

1. C. pén., art. 323-2 ; mod. par L. n° 2004-575, 21 juin 2004, art. 45.
2. Paris, 15 mars 1994, *JCP E* 1994. Pan. 700.
3. Bordeaux, 8 févr. 1999, *Fermetures et automatismes du S.-O., JAMP* 1999/2, p. 308 : à propos de portes automatiques d'un magasin, qui ont blessé un client en se fermant de façon intempestive.
4. Sur les liens historiques entre « de plein droit » et *ipso jure* : M. Tirel, *L'effet de plein droit*, préf. D. R. Martin, « NBT », vol. 178, Dalloz, 2018, p. 98 s.
5. COMP. : Versailles, 7 nov. 1991, *D.* 1992. IR 15 : à propos du transfert d'un système informatique d'exploitation sur un nouveau matériel.
6. Pour une définition de la compatibilité v. *supra* s[s] n° 213.15.
7. Versailles, 7 nov. 2002, *KPMG c/Sécurinfor, RJDA* 2003, n° 378 : le contrat prévoyait pour toute indisponibilité excédant cinq jours la mise à disposition d'un matériel de remplacement, dès lors que ce dernier est un matériel courant sur le marché ; l'arrêt qualifie cette obligation de résultat.
8. Arr. 22 déc. 1981 enrichissement du vocabulaire de l'informatique, *JO* 17 janv. 1982, n° complémentaire, p. 293.
9. Bordeaux, 30 janv. 1990, *Gaz. Pal.* 1991. 2, p. 562, note D. Véret – COMP. : Bourges, 15 oct. 2009, *JCP* 2010, n° 21, zoom 554, obs. J. Leroy : à propos du prêt d'un serveur informatique par le mainteneur.
10. V. *infra* s[s] n°s 336.12 s.
11. V. *infra* s[s] n° 342.11.

des logiciels ou progiciels, malgré l'utilisation de ce mot par une partie de la doctrine, la pratique et la jurisprudence [1].

D'une part, lorsque le fournisseur s'engage à effectuer la correction des erreurs d'écriture de programmation (les *bogues* [2]), il ne s'agit pas véritablement de maintenance, mais de l'exercice de la garantie. Celle-ci se traduit généralement par la remise d'une version corrigée du logiciel. Avant sa remise et son installation il est possible que le fournisseur procède à une solution provisoire dite de *contournement* (*workaround*), permettant de rétablir le fonctionnement du logiciel, tout en paralysant momentanément certaines fonctionnalités secondaires. Ou bien qu'il mette à la disposition de son client un serveur informatique [3].

D'autre part, c'est à tort [4] que la pratique emploie le mot de maintenance pour désigner l'une des obligations suivantes du fournisseur d'un logiciel. Soit de *restaurer* (dans la mesure du possible) des données perdues. Soit *d'ajouter* un élément logiciel à une application pour en étendre les fonctions par un *module d'extension* (*plug-in*). Soit d'*adapter* le logiciel à un nouvel « environnement » réglementaire [5] ou technique [6] de l'installation du client (pseudo « maintenance-adaptation » ; on parle aussi de « gérer la configuration », en reprenant une expression née dans le domaine de l'aéronautique). Soit, enfin, de le mettre à jour des *améliorations* fonctionnelles ou de performances apportées à chaque nouvelle version du logiciel (« mise à niveau », ou pseudo « maintenance-évolution » [7]). Dans cette dernière hypothèse la pratique se répand d'un *contrat d'abonnement aux mises à jour et aux nouvelles versions*, notamment de la part de *Microsoft*, qui a fâcheusement baptisé ce contrat de « Software Assurance », alors qu'il ne s'agit nullement d'une assurance [8].

Lorsque la maintenance consiste en réalité à réécrire les logiciels, l'intervention comporte diverses phases. Après la réalisation du travail intervient une phase de transmission d'apprentissage des nouveaux logiciels sous la forme d'un binôme constitué par un opérationnel du prestataire et un salarié du client, avant que l'équipe en charge de la maintenance de ce dernier devienne autonome [9].

Le producteur de biens comportant des éléments numériques informe le vendeur professionnel de la durée au cours de laquelle les mises à jour des logiciels fournis lors de l'achat du bien restent compatibles avec les fonctionnalités du bien (C. consom., art. L. 111-6 et L. 217-19), et il met ces informations à la disposition du consommateur [10].

331.162 « Suivi de logiciel » ; la réalité : apporter une amélioration. Dans tous les cas cités au numéro ci-dessus, il ne s'agit pas de maintenir quelque chose en état de fonctionnement, mais bien de lui apporter une amélioration ; du reste, techniquement, modifier un logiciel, consiste toujours à développer un nouveau programme à l'intérieur de l'ancien. La seule qualification générique possible est celle de contrat *d'entreprise* (ces observations sont du reste transposables aux opérations de *mise à jour* d'un site sur la toile [*Web*], que les praticiens commencent à appeler de maintenance). Le Groupe

1. EX. : Paris, 30 sept. 2004, *Atac c/SAP, Expertises* 2005, p. 113 – Paris, 14 juin 2006, *France Télécom c/Actane, Gaz. Pal.* 2007, Somm. 1316 – Com. 27 mars 2007, nº 06-10.588, NP, *JurisData* 038251 : maintenance portant sur 31 logiciels – Toulouse, 24 juin 2008, *Parfip c/Sirven, JurisData* 368148 : maintenance d'un logiciel anti-virus – Com. 2 déc. 2008, nº 07-16.707, NP, *JurisData* 146119 – À PROPOS du passage à l'an 2000 : Paris, 1er juill. 1999, *Appel 24/24, D. Affaires* 1999, 1281, obs. J. F. ; *JCP E* 1999. Pan. 1215 : relevant l'absence de contrat de maintenance d'un logiciel – Amiens, 9 nov. 1999, *Teamco Systems, JCP E* 2000. Pan. 1018 : licence « à perpétuité » de l'utilisation d'un logiciel accompagnée d'un contrat de maintenance par lequel le fournisseur s'engageait à livrer les révisions du logiciel et à corriger les dérangements qui surviendraient ; POURVOI REJETÉ PAR : Civ. 1re, 3 avr. 2002, nº 00-11.297, NP, *Expertises* 2002, p. 268 – Bourges, 15 oct. 2009, préc. – SUR LES DIFFICULTÉS liées aux passages à l'an deux mille et à l'euro : les éd. antérieures de cet ouvrage, dont celle de 2017, nos 231.80 s.
2. V. *supra* ss nº 231.55.
3. Bourges, 15 oct. 2009, préc. : bien que le contrat n'ait pas prévu de rémunération à cet égard, l'arrêt affirme, contrairement à ce qu'indique l'art. 1876 du C. civ., que « *la gratuité du prêt n'est pas présumée* » et que la sté ayant bénéficié du serveur doit payer, n'établissant pas « *qu'il s'agissait d'un geste commercial à titre gracieux* » – Sur le geste commercial : *RTD civ.* 2019. 312, obs. H. Barbier.
4. Arr. 30 déc. 1983 relatif à l'enrichissement du vocabulaire de l'informatique, *JO* 19 févr. 1984, p. 1740.
5. Paris, 5e ch. B, 20 févr. 2009, *Askienazy c/Agfa Healthcare, JurisData* 375693 : le client demandait une mise à jour du logiciel, pour tenir compte d'une modification réglementaire des tarifs et de la nomenclature des actes médicaux, mais elle n'était pas prévue dans le contrat – Civ. 1re, 30 avr. 2014, nº 13-11.068, NP, *RJDA* 2014, nº 835 : maintenance d'un programme de comptabilité pour tenir compte des modifications par décret du tarif des notaires (le commentaire de la *RJDA* reproduit un passage du présent livre sans le citer).
6. Paris, 5e ch. B, 20 févr. 2009, *Askienazy c/Agfa Healthcare*, préc. : le prestataire était tenu de mettre à jour le logiciel en fonction de l'évolution des techniques normalement connues de lui.
7. Paris, 11 févr. 1998, *Texel informatique, PIBD* 1998. III. 358 : retient à juste titre la qualification de contrat d'assistance technique.
8. Sur la nature de l'abonnement v. *supra* ss nº 221.20.
9. Paris, pôle 5, ch. 11, 9 janv. 2015, *Expertises* 2015. 230 : relevant que l'usage est en ce sens et que cette phase est habituellement de trois mois.
10. Sur les mises à jour v. *supra* nº 213.231.

permanent d'étude des marchés informatiques[1] a proposé l'expression de « suivi de logiciel ou de progiciel ». Ce *suivi* ne pèse sur le fournisseur qu'en présence d'une clause spéciale dans le contrat ou de l'existence d'un contrat spécifique (un « après-contrat » pour employer une expression symétrique à celle d'avant-contrat) ; autrement dit, l'adaptation des logiciels n'est pas de droit[2]. De par sa nature, ce contrat serait aléatoire, de sorte que le peu d'importance des modifications apportées, hors de proportion avec les redevances, ne serait pas une cause de nullité[3]. Il convient de distinguer ce « suivi » de logiciel de sa capacité à évoluer, de façon raisonnable, qui est un aspect de sa conformité.

331.163 **« Suivi de progiciel ».** Pour les *progiciels*, les contrats de licence prévoient généralement un contrat *d'abonnement* pour la fourniture de ses versions ultérieures (*releases*), ou une *promesse unilatérale de vente* au profit de l'utilisateur. Selon un arrêt, le fournisseur pourrait même imposer à ses clients d'installer la nouvelle version, mais à condition qu'il prenne à sa charge les frais des modifications nécessaires[4]. *A priori*, il est intéressant pour l'utilisateur de bénéficier des dernières versions de ses progiciels. Mais elles ne sont pas sans risques : elles peuvent éventuellement provoquer des erreurs dans d'autres logiciels ou progiciels, et perturber le fonctionnement d'un ensemble cohérent.

331.164 **Sort des « codes sources ».** Dès lors que des logiciels ou progiciels donnent lieu à une « maintenance », le mainteneur crée en réalité nécessairement un nouveau logiciel, quels que soient les termes du contrat[5]. Il est donc logique que le client reçoive ses codes sources[6], en tant qu'accessoires de la prestation fournie[7]. Mais étant donné les incertitudes régnant en la matière, il convient de prévoir expressément le sort des codes sources[8], s'ils sont transférés ou non au client ou s'il dispose d'un droit d'accès auprès d'un tiers auquel ils ont été déposés, par exemple à l'APP[9] ou sur une chaîne de blocs (*blockchain*)[10].

331.165 **Fausse télémaintenance.** De même, est fallacieuse l'appellation de la télémaintenance (*hot line*, qu'il ne faut pas traduire par ligne chaude, mais par ligne rapide ou active ; elle est nommée ainsi parce que la ligne a tendance à surchauffer en raison de l'abondance des appels ; les traductions officielles sont « service en ligne » et « numéro d'urgence »). Le client appelle par téléphone le centre de maintenance (parfois gratuitement à un numéro vert), auquel il peut poser toutes questions relatives à l'utilisation, aux caractéristiques et possibilités du logiciel, et procéder à la vérification des causes d'erreurs ou des défauts de fonctionnement du logiciel. Le mainteneur, après diagnostic, donne les instructions nécessaires pour remettre en route le système. Il s'agit en effet d'une prestation purement intellectuelle, du ressort de l'assistance technique. L'obligation du centre est de résultat quant à sa disponibilité (*availability*), de moyens pour le surplus, comme pour toutes les activités intellectuelles. Certains centres de télémaintenance fonctionnent 24 heures sur 24, 7 jours sur 7. En pratique, il est difficile d'obtenir un correspondant, les centres étant saturés.

SECTION 5
OBLIGATIONS DU BÉNÉFICIAIRE DE LA MAINTENANCE

331.170 **Plan – Énumération.** Le bénéficiaire de la maintenance est tenu de coopérer (§ 1), recevoir (§ 2) et payer la redevance (§ 3). Il doit aussi utiliser son système de façon correcte, conformément aux consignes d'exploitation du fournisseur. De plus, sauf clause en sens contraire, le client prend à sa charge le coût du remplacement des éventuelles pièces défectueuses, y compris celui de la main-d'œuvre nécessaire, le cas échéant sur présentation d'un devis préalable. Enfin, une clause d'exclusivité est généralement prévue, c'est-à-dire que le client assure au prestataire l'exclusivité des prestations définies au contrat[11].

§ 1
Obligation de coopérer

331.181 **Diligences du client.** Un *devoir de collaboration*, issu de la bonne foi de rigueur dans

1. V. *supra* s[s] n° 231.71.
2. Paris, 20 mai 1986 et Paris, 27 févr. 1987, cités par J. Huet et H. Maisl, *op. cit.*, p. 407 – Paris, 5e ch. B, 20 févr. 2009, *Askienazy c/Agfa Healthcare*, préc. – CONTRA : Versailles, 26 févr. 1999, *D.* 1999. IR 97 : car l'éventualité de la nécessité de modifications pour le client est connue des professionnels de l'informatique.
3. Paris, 24 mars 1992, *DIT* 1994/2, p. 32 – POUR TROIS EX. D'EXTRAITS de contrats de développement de logiciels : *Expertises* 1994, p. 342.
4. Montpellier, 18 juin 1987, *DIT* 1988/3, p. 46, note M. Espagnon.
5. V. *supra* s[s] n° 331.162.
6. Pour une définition v. *supra* s[s] n° 213.34.
7. V. *supra* s[s] n° 223.12.
8. Com. 15 nov. 2011, n° 10-26.617, NP, *RLDI* 2011, n° 2543, obs. L. C. : pas de clause en l'esp. – POUR D'UTILES RECOMMANDATIONS en la matière et un ex. de clause : Y. Bismuth et M. Martin, « Pratique contractuelle. Contrats de l'informatique. La clause d'accès aux codes sources », fiche prat. préc.
9. V. *supra* s[s] n° 223.12.
10. V. *supra* s[s] n° 011.50.
11. SUR CETTE CLAUSE : D. Bosco, *L'obligation d'exclusivité*, préf. C. Prieto, Bruylant, Bruxelles, 2008.

l'exécution des contrats[1], pèse sur le bénéficiaire de la maintenance[2]. Comment ? D'abord, en facilitant le travail de son partenaire, quant à l'accès aux locaux, aux appareils et systèmes ; en lui confiant tous documents en sa possession remis par le fournisseur. Ensuite, en le laissant emporter chez le constructeur des composants d'un appareil ou l'appareil lui-même, lorsque la réparation ne peut pas être effectuée convenablement *in situ*. Et encore, en le prévenant à temps des défaillances et anomalies, dès qu'elles surgissent, sans attendre qu'elles s'aggravent ; et en l'informant, de façon précise et détaillée, grâce à la tenue d'un registre spécial généralement informatisé (cahier de maintenance, parfois appelé livre de bord), des dérangements qui ont pu se produire.

Mais ce n'est pas tout. Le devoir de collaboration du client lui impose d'utiliser le matériel dans des *conditions normales*, notamment en respectant les prescriptions techniques du constructeur. Il doit aussi autoriser le mainteneur à arrêter le fonctionnement des appareils, des systèmes ou des installations, objets du contrat, en tout en partie, lorsque cela est nécessaire. De plus, le client s'engage généralement à n'apporter aucune modification aux installations sans en informer le prestataire, afin que celui-ci sache à quoi s'attendre lors de sa prochaine intervention.

331.182 **Mais sans immixtion.** Toutefois, la collaboration à l'œuvre commune ne saurait dégénérer en *immixtion*[3] dans l'accomplissement de la mission propre au mainteneur. À chacun sa tache et sa responsabilité ! Toute immixtion intempestive du client est fautive et exonérerait, au moins partiellement, le prestataire[4].

331.183 **Circonstances allégeant l'éventuelle défaillance contractuelle du mainteneur.** Au surplus, d'une façon plus générale, conformément au Droit commun, *toute faute du bénéficiaire* de la maintenance diminuera d'autant la défaillance du mainteneur, même tenu par une obligation de résultat (puisqu'il peut toujours se décharger de celle-ci, précisément en prouvant une faute du créancier). Ainsi, a été regardé comme partiellement responsable du dommage, un client dont le personnel avait une formation initiale insuffisante, qui était incapable d'établir des sauvegardes et qui avait laissé la situation se dégrader[5] ; ou celui qui, n'ayant pas raccordé son ordinateur à une prise de téléphone, avait paralysé la *télémaintenance*[6]. Enfin, le refus d'accepter un nouveau contrat de maintenance, plus adapté à sa situation, peut être regardé comme un manque fautif de collaboration[7].

§ 2
Obligation de « recevoir »

331.191 **Procès-verbal de réception.** Pour éviter toute contestation sur la matérialité de l'intervention du mainteneur, il est opportun de la constater, à son issue, par un procès-verbal *de réception* (*acceptance memorandum*). Lorsque le mainteneur s'est engagé à un résultat (par exemple de disponibilité) ou– lorsque l'intervention a été importante, il nous semble nécessaire de procéder à une réception expresse, intervenant après des essais. Le client peut recevoir purement et simplement, recevoir en émettant des réserves, ou refuser de recevoir.

§ 3
Obligation de payer la redevance

331.201 **Exposé.** Il n'y a rien à signaler ici de bien particulier, par rapport à l'obligation de tout bénéficiaire d'une prestation de maintenance de payer une redevance[8], si ce n'est le risque de paiement indu, en raison du chevauchement, qui a été signalé des garanties et de la maintenance[9]. Le client doit s'assurer que la prestation d'entretien ou de révision n'est pas déjà couverte par l'obligation de délivrance (avant la réception définitive ou par une garantie [légale ou contractuelle]). Il semble qu'en pratique la situation ne soit pas toujours très claire. La redevance, généralement payable à l'avance, consiste souvent dans un forfait annuel (révisable). Dans ce cas, le client ne doit rien de plus, même si le mainteneur a effectué des travaux supplémentaires utiles (voire indispensables), dès lors qu'il n'est pas

1. C. civ., art. 1104 ; mod. par ord. n° 2016-131, 10 févr. 2016, art. 2.
2. Sur ce devoir v. *supra* s[s] n°s 121.11 s.
3. Sur l'immixtion v. *supra* s[s] n°s 121.21 s.
4. Com. 28 nov. 2000, n° 98-14.748, *Reno*, NP, *RJDA* 2001, n° 298.
5. Paris, 7 juin 1994, *Expertises* 1994, p. 273 – COMP. : Civ. 1re, 30 avr. 2014, n° 13-11.068, NP, préc. : le mainteneur avait adressé des instructions simples, claires et précises, « *ne présentant aucune complexité pour un usager du programme de comptabilité* » ; l'erreur commise par la préposée du client « *n'était due qu'au non-respect d'une consigne simple mentionnée en caractère gras et à l'omission d'effectuer la vérification préconisée en fin d'intervention* ».
6. Poitiers, 12 sept. 1995, *GTI c/Bocavet, Expertises* 1996, p. 42.
7. COMP. : Com. 18 janv. 1994, n° 91-18.096, NP, *Expertises* 1994, p. 114 : « *Le refus de signer des contrats de maintenance plus performants* » avait « *directement contribué à la réalisation de son préjudice* ».
8. Sur l'obligation de paiement du prix v. *supra* s[s] n°s 121.50 s.
9. V. *supra* s[s] n° 331.23.

en mesure de produire un bon de commande[1]. Lorsqu'un professionnel propose une réparation forfaitaire à un consommateur, il l'informe par écrit ou sur un support durable, au plus tard lors de la conclusion du contrat, de l'origine de la panne, de la nature de l'intervention envisagée et des pièces à remplacer et qu'il ne bénéficie pas de la garantie légale de conformité pour les pièces ou fournitures fournies à titre accessoire lors de cette intervention, sauf si elles constituent l'objet principal du contrat conclu ou qu'elles aient été acquises par lui par un contrat de vente distinct (C. consom., art. L. 217-26)[2]. La maintenance est parfois gratuite pendant la première année après la livraison d'un ensemble[3]. Dans la pseudo-maintenance de logiciel, la redevance est souvent fixée en fonction d'un pourcentage de celle de la licence.

Il est parfois convenu que le prix sera fonction, en tout en partie, des résultats, c'est-à-dire en l'espèce de la disponibilité de l'installation (hors cas de force majeure). Tels sont les contrats dits, de façon imprécise, contrats fondés sur les résultats (*performance-based contracts*).

1. Versailles, 16 juin 2000, *Aero Entreprise c/Avion Bravo Oscar, D.* 2000. IR 249.
2. Réd. Ord. nº 20121-1247, 29 sept. 2021.
3. EX. : Versailles, 4 avr. 2002, *Matra, Expertises* 2003, p. 109.

CHAPITRE

332. Contrat de formation

SECTION 0
ORIENTEUR

332.00 **Sommaire du chapitre.**

Division. Quels sont les aspects pratiques de la formation (sect. 1) et ses aspects juridiques (sect. 2) ?

332.03 **Bibliographie. Ouvrages.** A. Audevart et M. Alonzo *Apprendre demain : Quand intelligence artificielle et neurosciences révolutionnent l'apprentissage*, Dunod, 2019 – D. Belet, *Devenir une vraie entreprise apprenante : les meilleures pratiques*, Éd. d'Organisation, 2003 – A. Bouthuy, *Construire son projet de formation en ligne*, « Livres outils – Formation », Éd. d'Organisation, 2007 – B. Dondero, *Droit 2.0. Apprendre et pratiquer le droit au* XXIe *siècle*, « Forum », LGDJ-Lextenso, 2015 – G. Chastenet de Géry, *Le knowledge management : Un levier de transformation à intégrer*, « Information et stratégie », De Boeck Supérieur, 2018 – C. Ernst, *E-Learning : conception et mise en œuvre d'un enseignement en ligne : Guide pratique pour une e-pédagogie*, Cépaduès, 2009 – M. Ferrary et Y. Pesqueux, *Management de la connaissance : knowledge management, apprentissage organisationnel et société de la connaissance*, Economica, 2006 – M. Ledru, *Le e-learning : projet d'entreprise*, Éd. Liaisons, 2002 – V. Lungu, Knowledge management *en entreprise. La gestion des connaissances au service de la performance*, Gereso, 2017 – P. Malassingue, *Mesurer l'efficacité de la formation : Évaluer le résultat et la rentabilité*, Eyrolles - Éd. d'Organisation, 2007 – J.-Y. Prax, *Manuel de* Knowledge Management : *Mettre en réseau les hommes et les savoirs pour créer de la valeur*, 4e éd., « Management / Leadership », Dunod, 2019 – S. Enlart, *De la formation à la Learning Company : L'apprentissage connecté au cœur des entreprises*, Eyrolles, 2018.

332.05 **Du savoir-faire au faire-savoir.** À côté de la maintenance, une autre catégorie d'assistance technique, consiste à former le personnel du bénéficiaire, c'est-à-dire que l'assistant va transmettre son savoir-faire technique ou commercial (par une *translatio studii*). Voici qu'il ne se contente pas d'utiliser ses connaissances : Il les révèle à autrui. Son savoir-faire se transforme en *faire-savoir*. Ses connaissances, en quelque sorte cristallisées, sont incorporées par autrui, qui en fait son miel et, désormais, devient l'égal de son maître, du moins si la formation est réussie... L'élève, à son tour, pourra être formateur. « *Former les hommes, ce n'est pas remplir un vase. C'est allumer un feu* » (Aristophane). La formation est essentielle pour une bonne utilisation de logiciels nouveaux et surtout de systèmes complexes. Le refus d'un salarié de se former à l'informatique ou à ses évolutions constitue un motif de licenciement[1]. Mais le caractère fautif de suivre une formation s'apprécie concrètement. Des circonstances particulières peuvent le justifier dès lors que le refus opposé n'est pas « de principe »[2].

La formation est de plus indispensable tout au long de la vie professionnelle étant donné Les évolutions techniques considérables qui interviennent de plus en plus rapidement, de sorte que l'on estime que 20 % des salariés devront même

1. Montpellier, 11 sept. 2002, *JM c/Ambulances du Haut Vernet, CCÉ* 2003, n° 17, obs. Ph. Stoffel-Munck.
2. Metz, 16 oct. 2002, *Haudis E. Leclerc, CCÉ* 2003, n° 29, obs. Ph. Stoffel-Munck.

changer de métier lors de leur carrière ou, à tout le moins, verront leur métier évoluer profondément.

SECTION 1
ASPECTS PRATIQUES DE LA FORMATION

§ 1
Conditions de la formation

332.11 Qualités du formateur et des bénéficiaires de la formation. La formation implique un certain climat psychologique, imprégné de confiance et de respect mutuels, teintée peut-être même d'une certaine admiration des disciples envers leur maître[1]. Elle suppose aussi une compréhension fine, par le formateur, des processus de transmission et d'assimilation du savoir. Ne s'improvise pas formateur, c'est-à-dire professeur, qui veut ! En outre, elle nécessite une connaissance sérieuse du bagage intellectuel et de la culture des receveurs, afin d'adapter les méthodes aux hommes. La liberté pédagogique du formateur doit être garantie. Il importe de préciser qu'il se réserve le droit de renvoyer les mauvais éléments ou les sujets perturbateurs. D'un autre côté, un « prérequis » (un seuil minimum de connaissances) est souvent demandé aux stagiaires qui, en outre, doivent être assez disponibles.

332.12 Ingénierie de formation. Le péril de la formation est l'existence de sociétés qui se sont lancées dans cette activité, assez lucrative, sans une réelle compétence, s'abritant derrière le fait que, dans un tel domaine, le résultat ne peut jamais être promis[2]. Il semble que les stages proposés par les distributeurs d'ordinateurs et de logiciels soient rarement satisfaisants, étant dispensés par des techniciens, certes compétents dans leur domaine, mais peu pédagogues et dispensant un enseignement standardisé. À la vérité, une formation efficace est une formation à la carte, sur mesure, par ce que les praticiens nomment maintenant une *ingénierie de formation* (le mot d'ingénierie est mis à toutes les sauces depuis quelques années). Elle n'est réellement sur mesure que si elle spécifique pour telle entreprise cliente : Les stages ou cours interentreprises sont à proscrire, même dans des domaines apparemment assez universels que l'informatique. Ainsi, l'ingénierie de formation suppose un *audit* préalable[3].

1. COMP. : Ph. le Tourneau, « La plume professorale est libre ! », *D.* 1995. Chron. 273 s.
2. V. *infra* s^s n°s 332.50 s.
3. Sur celui-ci v. *infra* s^s n°s 333.00 s.

§ 2
Modalités de la formation

332.21 Deux aspects de la formation. La formation comprend une partie *théorique* et une partie *pratique*, qui sont complémentaires. L'importance relative de chacun de ces éléments dépend de la fonction des élèves, de leur niveau préalable et de leur place dans l'organigramme de l'entreprise. En vérité, la formation la plus efficace mélange intimement les deux aspects. La formation est soit individuelle, soit collective. Dans ce dernier cas, le groupe doit être restreint ou divisé en sous-groupes, et le maître doit être un animateur, faisant participer ses membres, arrivant à leur faire exprimer leurs difficultés... La formation est progressive. Elle tend à une certaine rationalisation et standardisation.

332.22 Méthodes de la communication du savoir, dont la formation en ligne. La communication du savoir est pratique, dans des installations identiques à celles dans laquelle les bénéficiaires de la formation auront à travailler, et théorique. Plusieurs moyens sont utilisés pour cette dernière : la fourniture d'une documentation technique, sous forme de manuels, fiches, dossiers, disquettes, logiciels[4] (ou *didacticiels*[5]), ou encore par le multimédia numérique comme par vidéo (éventuellement sous forme de jeux avec simulations en trois dimensions [3D], largeur, hauteur et profondeur), voire par la réalité augmentée[6]. Mais la révolution dans ce domaine fut l'apparition de la formation en « en ligne » par l'internet (ce que certains nomment le « cyber enseignement » ou, en charabia, « *E.Learning* »), variété du télétravail[7]. Par ses merveilleuses possibilités, elle a bouleversé ce secteur[8]. La formation en ligne est en progression, notamment dans les grandes entreprises tenues d'assurer une formation continue. Elle présente de multiples avantages : la souplesse, l'interactivité, la possibilité d'obtenir une formation « à la carte », celle de délivrer le même enseignement à des salariés se trouvant dans différents sites, en évitant les coûts de déplacement et une immobilisation trop longue des intéressés. Dans un avenir proche, on utilisera sans doute la « prise de décision automatisée », que l'on nomme abusivement intelligence artificielle (IA)[9] pour améliorer et personnaliser la formation en fonction des caractéristiques cognitives de chaque bénéfi-

4. Com. 12 juin 2012, n° 11-20.204, NP, *RTD com.* 2013. 75, obs. Ph. Gaudrat.
5. Selon : arr. 30 déc. 1983 enrichissement du vocabulaire de l'informatique, *JO* 19 févr. 1984, p. 1740.
6. Sur celle-ci v. *supra* n° 011.23.
7. Sur le télétravail v. *supra* s^s n° 011.74.
8. NOT. : J.-P. Archambault, art. préc.
9. Sur l'expression v. *supra* s^s n° 011.13.

ciaire. Mais la formation en ligne est souvent complétée, en amont ou en aval, par des rencontres physiques, rien ne pouvant remplacer les rapports entre humains[1], entre le formateur (*coach*), et une personne ou une équipe, qu'il accompagne, pour l'aider à développer ses aptitudes et ses connaissances. Les campus numériques universitaires pourraient être un facteur de coopération essentiel entre le Nord et le Sud, en associant des universités et des centres de recherches des deux ensembles géographiques. L'enseignement assisté par ordinateur (EAO) se développe aussi dans certains domaines, avec un logiciel d'initiation et d'exercices (appelé *didacticiel* par *IBM*, son promoteur), ainsi que des logiciels de simulation. La formation comprend souvent l'apprentissage de l'utilisation de logiciels spécifiques à l'activité en cause. Tout cela doit être précisé avec minutie dans le contrat. Et puis un enseignement traditionnel, sous forme de conférences et d'exposés de cas pratiques. Des exercices interactifs peuvent être organisés.

La formation en ligne, pour merveilleuse qu'elle soit, et même si bonnement interactive, ne se substituera jamais totalement à l'enseignement traditionnel, rien ne pouvant remplacer le face à face de deux personnes, de deux êtres de chair et de sang. D'une part, de l'homme d'expérience, avec certes ses faiblesses, mais aussi avec son charisme, son habileté et ses tours de mains personnels, un ton, une manière d'être et de parler, un rythme, un mouvement qui se communique et qui est la vie même. De l'autre, du néophyte ardent, avide de comprendre. La technique peut apporter beaucoup, mais c'est la relation entre les hommes qui est au cœur de l'éducation, surtout pour acquérir une pensée critique. L'intensité du message perdrait 70 % de son intensité lorsqu'il est numérique[2]. Face au rêve d'une instruction de masse, grâce aux nouveaux instruments techniques, à l'échelle d'une civilisation de masse, il est bon de relire les mises en garde de Georges Gusdorf, dans un essai célèbre[3], insistant sur la signification permanente de l'entreprise éducative, à travers la relation confiante de maître à disciple. « *Le cours du professeur est comme un livre ouvert devant les yeux de ses élèves* »[4] ; mais, à la différence d'un livre qui est une chose inerte, le professeur est un être vivant, sensible à son auditoire, avec lequel il interagit, qu'il intéresse, émeut, fait rire. La transmission d'un savoir comporte un engagement de tout l'être (le maître enseigne d'abord ce qu'il est) : instruire est une action (« *Docere est opus activæ vitæ* » [saint Thomas d'Aquin[5]]). Et si « *connaître ce n'est point démontrer ni expliquer [mais] c'est accéder à la vision* » (Saint-Exupéry[6]), comment parvenir à celle-ci sans le truchement de quelqu'un ?[7] Selon un auditeur des fameux cours de Bergson au Collège de France « *ce que ses livres avaient été impuissants à me faire comprendre, à me faire sentir, le contact de l'homme, et sa parole, me le révélaient* »[8]. À cet égard, Platon exprimait sa méfiance envers les livres (qu'aurait-il dit de l'internet !), qui ne peuvent être questionnés, ni perfectionnés par le dialogue et qui affaiblissent la mémoire[9] (ce qui ne l'empêcha pas d'être un écrivain fécond ; mais, de façon caractéristique, la plupart de ses œuvres épousent le moule du dialogue). L'élève reçoit sans doute des savoirs, réception à laquelle s'ajoute une rencontre avec le maître et avec des condisciples. Il ne s'agit pas seulement d'apprendre des connaissances, mais aussi de devenir quelqu'un.

Tous les degrés d'enseignement recourent maintenant au numérique, y compris le supérieur. La première université en ligne fut *Udacity*, créée en 2011 par Sébastien Thrun, professeur à Stanford, dont l'objectif était d'offrir un savoir de qualité aux étudiants du monde entier, principalement des pays pauvres. Les cours universitaires en ligne[10] se développent donc, plus ou moins interactifs[11]. Les universités, les écoles d'ingénieur et, plus encore, les écoles de commerce, les multiplient,sous le sigle grotesque de MOOC (pour *Massive Open Online Courses*), alors qu'il serait si simple de dire cours en ligne ou cours en ligne ouvert à tous (Clo), sans

1. Déjà : v. *supra* s[s] n° 011.87.
2. SELON : M. Desmurget, *La fabrique du crétin digital. Les dangers des écrans pour nos enfants*, Seuil, 2019.
3. G. Gusdorf, *Pourquoi des professeurs ?* PUF, 2019 (1re éd. 1922).
4. Pouillet, *Traité théorique et pratique de la propriété littéraire et artistique*, 3e éd., par Maillard et Claro, 1908, n° 38.
5. Saint Thomas d'Aquin, *Somme*, II-II, question 181, art. 3, réponse *in fine*.
6. A. de Saint-Exupéry, *Pilote de guerre*, Bibliothèque de la Pléiade, NRF, 1963, p. 287.
7. COMP. : G. Glikman, art. préc., qui, à propos de l'enseignement en ligne, insiste sur l'importance de la fonction « tutorale » pour aider les moins armés.
8. J. Chevalier, *Bergson*, Plon, 1926, p. 3, cité par C. Riquier, « Présention », dans H. Bergson, *Histoire de l'idée de temps : Cours au Collège de France 1902-1903*, PUF, 2016, p. 15.
9. Phèdre, 274-278.
10. A. Gouron-Mazel, « Professeurs ou automates ? (Une expérience d'enseignement assisté par ordinateur en droit des assurances) », *JCP G* 1990. I. 3461 : le logiciel comporte un module accessoire « glossaire », auquel les modules thématiques offrent des possibilités plus ou moins large d'accès facultatif, selon leur niveau de difficulté.
11. PAR EX. le site d'une sté toulousaine : http://www.juriscampus.fr, qui propose une formation dans de nombreux domaines, de niveau universitaire, sanctionnée le cas échéant par un diplôme reconnu – Sur les universités virtuelles : J. Perriault, *L'accès au savoir en ligne, op. cit.*, p. 87 s.

supprimer pour autant l'enseignement magistral, mais en l'aménageant substantiellement ; c'est ce que nos nouveaux trissotins nomment *blended learning* (mélange d'enseignements, sous-entendu traditionnel et en ligne). Les facultés de Droit ont été plus lentes à s'y adonner, mais ont heureusement suivi le mouvement, ce qui est une bonne chose, à condition d'adopter de judicieuses méthodes[1].

Lors du « grand confinement » imposé par les pouvoirs publics face à la pandémie du coronavirus (covid-19) en 2020-2021, le gouvernement a incité les écoles et universités fermées par précaution a recourir massivement, pour assurer « *une continuité pédagogique* » et « maintenir le lien » dans ce contexte si particulier, aux cours en ligne, autant que possible interactifs, parfois grâce à une visioconférence (à l'aide des logiciels américains *Zoom* ou *Teams* et, plus rarement, français [malgré leur nom] *Klaxoon* et *Livestorm*). L'Éducation nationale dispose d'un outil officiel, le CNED, qui propose des « parcours de formation » quotidiens, de la grande section de maternelle aux terminales, que les professeurs ont plus ou moins adaptés. Le CNED conseilla assez rapidement aux établissements de transmettre le lien des cours *via* les environnements numériques de travail (ENT), car des petits malins l'ont transmis sur *Facebook*, permettant à des intrus de s'inviter dans les classes : le chahut numérique est aussi perturbant que le chahut *in situ* ! Dans les rares régions, notamment outre-mer (DOM), où la fracture numérique est sensible, la radio fut utilisée pour maintenir un lien entre les écoliers et l'école. La crise sanitaire de 2020-2021 mit en lumière, à propos des cours en ligne, le fossé entre les établissements privés et les établissements publics, ceux-ci s'étant souvent révélés incapables d'assurer le suivi pédagogique, alors même que leurs classes comportent beaucoup moins d'élèves. Quant aux universités, elles dispensaient déjà presque toutes des cours en ligne (MOOC) avant l'arrivée du virus ; ils ont été augmentés. Mais cette expérience en grandeur nature a permis de mesurer les limites de l'enseignement à distance, que nous avions posées dans cet ouvrage dès ses premières éditions. La transmission des savoirs implique une rencontre, des échanges en présence les uns des autres et en interaction avec les autres élèves ou étudiants. L'enseignement se partage, se confronte, s'éprouve, se vit. Nombreux furent les élèves et étudiants qui, non seulement décrochèrent lors de la pandémie, mais furent dépressifs. Du reste des études académiques et institutionnelles antérieures, menées depuis une vingtaine d'années, avaient montré que, plus l'effort de numérisation augmente, plus la qualité de l'enseignement baisse, les résultats des élèves ou étudiants diminuent, et plus enfin les inégalités sociales s'accroissent[2].

332.23 **Mises à jour de la formation.** La formation peut être actualisée par de nouvelles séances ou des mises à jour par internet. Aujourd'hui elles interviennent aussi au moyen des tablettes, voire des ordiphones (*smartphones*).

332.24 **Lieu de la formation.** La formation peut intervenir soit sur place, *in situ*, soit dans un établissement spécialisé, soit encore dans un établissement du fournisseur du matériel ou du logiciel. Il est sans doute préférable que la formation s'effectue dans un site extérieur à l'entreprise des salariés intéressés, où des personnes de divers horizons se réuniront : Cette interactivité est également féconde. Aussi, dans cet esprit, l'enseignement par internet est parfois perçu comme une préparation ou un complément d'une formation traditionnelle[3] ; mais elle peut parfaitement être autonome.

332.25 **Lieu de la formation (suite).** Des écoles de formation spécialisées dans le secteur informatique, particulièrement pour apprendre les codes informatiques (qui se renouvellent incessamment), créer des sites ou des applications mobiles, sont nées dans la Silicon Valley, avant de connaître un développement spectaculaire en Europe, particulièrement en France (notamment la *Grande école du numérique* [GEN], le *Wagon* à Lille, l'*École 42* à Paris, qui exporte son modèle à l'international). Ces formations sont plus axées sur le développement de la capacité à innover en permanence des élèves que sur les connaissances, celles-ci étant aujourd'hui facilement accessibles à tous[4].

332.26 **De la loyauté du formateur.** Le formateur est tenu comme tout contractant de se comporter loyalement, ce qui doit le retenir notamment de se livrer à des actes de détournement du savoir-faire de l'entreprise cliente, de débauchage de ses salariés, ou de propagande en faveur d'une secte[5].

1. POUR UN BRILLANT PLAIDOYER de : B. Dondero, *Droit 2.0. Apprendre et pratiquer le droit au XXIe siècle, op. cit.*
2. M. Desmurget, *La fabrique du crétin digital. Les dangers des écrans pour nos enfants*, Seuil, 2019. L'auteur, docteur en neurosciences, s'attaque aux idées reçues sur les bienfaits de la révolution numérique. Il expose les effets délétères des nouvelles techniques sur l'attention et la réussite scolaire.
3. J. T., « Vraies et fausses promesses de l'E.Learning », *Enjeux Les Échos* juin 2001, p. 82 s., spéc. p. 86.
4. CEPENDANT, sur l'importance des rapports humains v. *supra* s[s] n° 332.22.
5. SUR CE DERNIER POINT : Versailles, 22 janv. 1998, *Cassan, Gaz. Pal.* 1999. 1. Somm. 13 : l'organisateur d'un stage de formation mettait à profit sa mission pour effectuer du prosélytisme en faveur du mouvement dit « église » de scientologie, invitant même certains stagiaires à son domicile pour les « initier », tout en leur demandant la discrétion sur ses démarches ; le contrat a été résilié à son tort, sans qu'il puisse prétendre à une rémunération.

§ 3
Suites de la formation

332.31 Constatation de la formation. À l'issue de la formation un *certificat* est parfois remis au stagiaire, qui ne garantit que sa présence aux enseignements et exercices, sauf s'il sanctionne un examen (ce qui était rarissime mais se répand) ou un test d'évaluation (ce qui est un peu moins rare[1]). Réciproquement, il lui est presque toujours demandé de remplir un *questionnaire d'évaluation du stage*, utile pour la société de formation afin d'améliorer ses méthodes et prestations (il sera par exemple demandé au stagiaire d'exposer les difficultés qu'il a rencontrées dans les cours théoriques, les exercices pratiques, la présentation du matériel ; d'indiquer si les méthodes d'animation ont répondu aux attentes, si les commentaires reçus par les participants lors des exercices étaient constructifs...). Lorsque la formation est dispensée par le fournisseur (du matériel ou du logiciel), le contrat prévoit parfois qu'elle est incluse dans les réceptions provisoires qui interviennent.

332.32 Le complément dans le temps. La formation est normalement complétée par une sorte de service après prestations : elle permet au « formé » se trouvant face à une difficulté qu'il n'arrive pas à surmonter de téléphoner à un correspondant chez le formateur (par ce que les professionnels de l'informatique se plaisent à appeler *hot line*). L'enseignement dispensé peut être complété par un programme de *recyclage* (mise à niveau) ou, mieux, de *formation permanente*, s'effectuant souvent par l'internet. Enfin, dans les contrats avec une entreprise d'un pays en voie de développement, la formation se prolonge généralement par l'envoi chez le partenaire d'un volant de techniciens du fournisseur. Ils assisteront et aideront leurs homologues, ayant reçu la formation, pendant un certain temps : il s'agit alors d'une *assistance technique dans l'exécution*.

SECTION 2
ASPECTS JURIDIQUES DE LA FORMATION

§ 1
Généralités sur le contrat de formation

332.41 Indivisible ou autonome. Comme tous les contrats d'assistance, le contrat de formation est lié[2] ou « délié » (autonome[3]), lié impérativement ou non (indivisible ou non du contrat portant sur le matériel ou l'immatériel[4]). L'obligation de formation n'est jamais implicite : Elle doit avoir été prévue par les parties[5]. Le fournisseur est tenu de prévenir son client de la nécessité, le cas échéant, de former spécialement son personnel[6]. De son côté, le client ne peut se plaindre du mauvais fonctionnement de son système informatique s'il a négligé de se former ou de faire former son personnel, alors qu'il avait été mis en garde sur ce point. Enfin, il est normal qu'une fonction ne soit pas accessible avant que l'utilisateur ait reçu la formation convenable[7].

Le contrat de formation présente les caractéristiques d'un contrat de consommation, puisqu'il est conclu entre un professionnel (l'établissement privé) et un consommateur (l'élève). Dès lors s'appliquent certaines règles propres du Droit de la consommation, notamment les exigences relatives au devoir d'information du professionnel, la prohibition des clauses abusives[8] ou les dispositions

1. NOT. SUR l'évaluation de l'efficacité de la formation : P. Malassingue, *op. cit.*

2. EX. : Com. 13 févr. 2007, n° 05-17.407, *Faurecia c/Oracle*, P IV, n° 43 ; *D.* 2007. AJ 654, obs. X. Delpech ; *RDC* 2007. 707, note D. Mazeaud et p. 746, note S. Carval ; *JCP* 2007. II. 10063, note Y.-M. Serinet ; *JCP* 2007. I. 185, obs. Ph. Stoffel-Munck ; *JCP E* 2007. 2336, note J. Huet ; *RJ com.* 2008. 187, note H. Alterman et N. Herzog ; *Defrénois* 2007. 1042, note R. Libchaber ; *RLDC* 2007, n° 2511, note G. Loiseau – SUR RENVOI : Paris, 25e ch. A, 26 nov. 2008, *Faurecia c/Oracle, CCÉ* 2009, n° 37, obs. Ph. Stoffel-Munck ; *Gaz. Pal.* 2009. 1, Somm. 1438, obs. J.-F. Forgeron et C. Michau ; *RJ Com.* 2009, 20, note H. Alterman ; *JCP E* 2009. 1674, n° 3, obs. M. Vivant, N. Mallet-Pujol et J.-M. Bruguière ; *RDC* 2009. 1010, note T. Genicon : contrat de licence, de mise en œuvre d'un logiciel, de formation et de maintenance – Com. 24 avr. 2007, n° 06-12.443, NP, *RJDA* 2007, n° 927 ; *RDC* 2008. 276, obs. D. Mazeaud : licences de logiciel, maintenance et formation – Reims, 23 juill. 2007, *Progimed, JurisData* 364710 : contrat de fourniture de matériels et de logiciels, avec des prestations de formation – Com. 5 févr. 2013, nos 12-12.168, 12-12.221, NP : contrat de fourniture de matériel, de licence de logiciels, de maintenance, de formation et de crédit-bail.
3. COMME DANS : Paris, 25e ch. A, 24 juin 2009, RG n° 07/2935, *RJDA* 2009, n° 1028.
4. Sur l'indivisibilité v. *supra* ss nos 013.12 s.
5. Paris, 2 juill. 2004, *IFTH c/Léonard Fashion, Legalis.net* 2005/1, p. 125 : où c'était le cas – Nancy, 1re ch. civ., 15 oct. 2012, n° 10/00362, *JCP* 2013, n° 546, obs. X. Henry, *idem* : très caractéristique, mais en dehors du domaine de l'informatique.
6. Com. 19 déc. 1995, n° 93-17.645, NP, *RJDA* 1996, n° 482 : où il a manqué à son devoir de conseil en n'en parlant pas, à propos d'appareils de décongélation de haute technicité.
7. Com. 28 mars 1995, n° 93-18.279, NP, *Gaz. Pal.* 1996. 1. Pan. 21 : le client est donc tenu de payer le solde du prix de sa commande, cette indisponibilité n'étant pas une non-conformité.
8. Civ. 1re, 13 déc. 2012, n° 11-27.766, P I, n° 260 ; *D.* 2013. 818, note P. Lemay ; *D.* 2013. 945, obs. H. Aubry, E. Poillot et N. Sauphanor-Brouillaud ; *JCP* 2013, n° 1, veille 6, obs. S. Prieur ; *JCP E* 2013, n° 4, 1054, note N. Le Bail-Dupont ; ▶

relatives au prix[1]. Le consommateur peut se *rétracter* pendant quatorze jours calendaires d'un contrat conclu à distance (par téléphone ou internet), ou hors établissement (par démarchage)[2]. Ce délai court, pour les contrats de prestation de services, à compter de leur conclusion ; pour les contrats de vente de biens, et les contrats de prestation de services incluant la livraison de biens, de la réception du bien par le consommateur ou par un tiers désigné par lui autre que le transporteur[3].

Des réseaux de franchisage[4] dédiés à la formation dans le domaine de l'informatique se sont créés[5].

§ 2
Résultats attendus en général de la formation

332.50 **Plan de formation.** Le contrat de formation définit les objectifs attendus de la formation, par un *plan de formation*, sous trois aspects.

1°) *Quantitatif* : le nombre de travailleurs à former, selon chaque degré de qualification.

2°) *Temporel* : l'échéancier et le délai dans lequel la formation doit être achevée.

3°) *Qualitatif* : la bonne réception par le personnel de l'enseignement.

Les deux premiers aspects ne donnent pas lieu à difficulté. Il est certain qu'une obligation de résultat pèse sur le formateur quant à eux. Il en va différemment pour le troisième aspect pour lequel l'obligation n'est que de moyens (selon des concepts doctrinaux, ignorés par le C. civ., même depuis la réforme de 2016[6]).

332.51 **Obligation de moyens.** En effet, il est clair que, pour les fruits de la formation, c'est-à-dire les progrès des stagiaires, une obligation de résultat est absolument impossible (sauf pour la réalité de la formation) : l'obligation n'est que de moyens[7] (selon des concepts doctrinaux, ignorés par le C. civ., même depuis la réforme de 2016[8]). Nul ne peut donner des garanties sur des hommes et, selon le mot de Sylvain Seurat[9], nul ne peut promettre « le piano et Mozart ». Le formateur ne saurait en aucun cas être responsable de la mauvaise compréhension et de l'absence de progrès de ses disciples, dès lors qu'il a dispensé son enseignement en bon professionnel. Toutefois, le formateur est évidemment responsable de l'incompétence du personnel qu'il délègue sur place[10].

La formation en ligne (*e-learning*) possède maints atouts et avantages[11]. Toutefois, elle est parfois considérée de façon quelque peu utopique, et les résultats économiques et pédagogiques ne sont pas toujours à la hauteur des espoirs qu'elle a suscité[12].

§ 3
Résultats attendus exceptionnellement de la formation

332.61 **Dans le contrat « produits en mains ».** Cependant, dans le contrat *produits en mains*, rare en matière informatique, la société d'ingénierie fournit un ensemble comprenant, selon l'expression imagée (mais quelque peu excessive) de Sylvain Seurat, « l'équipement et l'équipage ». Concrètement, cela se traduit par le fait que le maître d'œuvre s'engage à ce que le maître de l'ouvrage puisse réellement faire fonctionner l'installation avec son personnel et aux normes prévues. Il s'achève par une *réception particulière*, dite *de fin de gestion*, profondément originale. En effet, elle n'est pas seulement technique, comme l'étaient toutes celles qui existent dans le contrat clé en main : elle est aussi *économique*, car elle implique que l'installation fonctionne réellement, de façon satisfaisante à tous égards, avec la main-d'œuvre du client, et que les capacités hautes fixées sont atteintes. Encore une fois, le maître d'œuvre a promis, et il en donne la preuve tangible, que le maître de l'ouvrage est désormais apte à faire fonctionner l'installation, avec son personnel et aux normes et spécifications convenues. Autrement dit, l'obligation de formation, incluse *ipso facto* dans le contrat produits en mains, est par exception de *résultat*.

► *JCP* 2013, n° 6, 140, note G. Paisant ; *Gaz. Pal.* 20-21 févr. 2013, p. 18, note S. Piedelièvre ; *LPA* 19 mars 2013, p. 7, note A. Atani ; *CCC* 2013, n° 65, obs. G. Raymond – Paris, 23 mai 2013, *CCC* 2013, n° 223, obs. G. Raymond : est abusive la clause d'un contrat d'enseignement laissant acquises à l'établissement les sommes versées par l'élève, quelles que soient les causes de la résiliation par celui-ci ; mais le juge doit apprécier le sérieux et la légitimité de la mesure.

1. Sur celle-ci v. *supra* s^s n°s 013.31 s.
2. POUR DES EX. DE FORMULAIRES de rétractation commentés : A.-S. Lucas-Puget, « La clause informant le consommateur de son droit de rétractation dans les contrats à distance et hors établissement », *CCC* 2016. Formule 1.
3. C. consom., art. L. 221-18.
4. V. *supra* s^s n°s 315.11 s.
5. EX. : *Famiclic ; Futurkids*, pour les enfants ; *Informatique minute*.
6. V. *supra* s^s n° 014.14.
7. Com. 25 oct. 1994, n° 93-10.184, NP, *RJDA* 1995, n° 131 ; *CCC* 1995, n° 3, obs. L. Leveneur : faute prouvée, la formation promise n'avait pas été assurée – Versailles, 9 nov. 1995, *JHM, D.* 1996. IR 18 : affirmation de l'obligation de moyens ; pas de faute prouvée – Pau, 13 juill. 2004, *Cegid c/Bettinger, JAMP* 2004/3, p. 482, faute prouvée : retard, mauvaise qualité et inachèvement – Com. 5 févr. 2013, n° 12-12.168 et n° 12-12.221, NP : « *la formation dispensée s'était révélée incomplète* ».
8. V. *supra* s^s n° 014.14.
9. Sylvain Seurat, fondateur d'*Euréquip*.
10. Civ. 1re, 1er mars 1983, n° 82-10.609, P I, n° 82.
11. V. *supra* s^s n° 332.22.
12. J. Perriault, *L'accès au savoir en ligne, op. cit.*, portant un regard désenchanté.

CHAPITRE

333. Contrat d'audit

SECTION 0

ORIENTEUR

333.00 **Sommaire du chapitre.**

Division. Après de brèves généralités sur l'audit (sect. 1), nous en examinerons les degrés (sect. 2), en quelque sorte universels car applicables à tous les secteurs de l'activité humaine, puis les finalités (sect. 3), plus spécifiques au monde de l'informatique[1].

Renvoi. Les contrats de licence de logiciel comportent souvent une clause d'audit permettant de contrôler la conformité au contrat de l'utilisation effectuée par le licencié (v. *supra* s[s] n° 232.44).

333.03 **Bibliographie. Ouvrages.** D. Hallépée, *Conduite et maîtrise de l'audit informatique*, Les écrivains de Fondcombe, 2013 – H. Ly, *L'audit informatique*, « Management et Informatique », Hermes-Lavoisier, 2005 – M. Thorin, *L'audit informatique*, Hermes, 2000 – J.-P. Ravalec, *Audit informatique*, Encyclopédie Delmas, 1991.

SECTION 1

INCIPIT

333.11 **Une activité ancienne qui s'est développée dans des secteurs nouveaux.** Si le mot d'audit est relativement récent, cette activité est ancienne. En effet, l'activité de *l'expert-comptable* est de la même nature : celle d'un audit partiel, dans le domaine de la comptabilité. Le *commissaire aux comptes* a bien également une fonction d'audit, mais imposée par la loi ; de plus, il est investi d'une mission d'intérêt général, de sorte qu'il est un organe social et non un prestataire contractuel de services[2]. L'audit s'est largement développé en dehors de la comptabilité et des comptes, notamment en matière informatique. Cela, parce qu'une informatisation mal conçue techniquement, insuffisante, obsolète ou mal vécue, peut perturber et pénaliser une entreprise. Longtemps, l'audit – même informatique – négligeait les aspects juridiques et sociaux de l'informatique dans l'entreprise. Ce n'est plus le cas : il existe aujourd'hui un audit informatique spécifique, qui se prononce sur l'ensemble des structures juridiques et sociales de l'entreprise, en relation avec l'informatique et son fonctionnement. L'audit est exercé soit par un service interne de l'entreprise, soit par un intervenant extérieur, auquel nous nous intéresserons principalement. Les grands cabinets d'expert-comptable ont étendu leur champ d'action à l'audit complet. Le recours à un audit préalable est aussi fortement recommandé aux entreprises désirant développer un site sur la toile (*Web*) par l'internet.

333.12 **Analyse sans réalisation.** Quelles que soient l'intensité et la finalité de l'audit, que nous allons envisager, le professionnel se contente d'observer, de recenser et d'analyser les procédures, difficultés et périls dans l'entreprise « auditionnée », afin d'émettre un avis circonstancié et des recommandations dans un rapport : il n'intervient jamais dans la conception ou la réalisation de l'informatisation, ni dans les aménagements ou les « reconfigurations » nécessaires pour remédier aux dérangements qu'il a pu constater. Mais il arrive que sa mission se prolonge par une activité d'ingénierie, si son client lui demande de mettre en œuvre les recommandations qu'il a présentées, le prenant à son propre jeu.

1. POUR UN EX. de contrat d'audit informatique : X. Linant de Bellefonds et A. Hollande, *Pratique du droit de l'informatique, op. cit.*, n° 304.

2. Ph. le Tourneau (dir.), *Droit de la responsabilité et des contrats. Régimes d'indemnisation*, 12e éd., « Dalloz action », 2020, n° 3313.132.

Comme tout contractant, l'auditeur doit se comporter de façon loyale, en respectant la bonne foi[1]. Tel n'est pas le cas de celui qui, à la suite d'un audit, intente une action en contrefaçon contre son client qui refusait de signer un avenant[2].

SECTION 2
DEGRÉS UNIVERSELS DE L'AUDIT

333.21 Audit de conformité, audit d'efficacité et audit stratégique. L'audit comporte plusieurs *degrés* : de conformité, d'efficacité et stratégique[3].

1° Dans *l'audit de conformité ou de régularité*, l'auditeur examine si l'entreprise ou les services contrôlés se conforment tant aux normes internes à l'entreprise qu'aux normes externes (la réglementation). La responsabilité de l'intervenant est en principe de résultat, puisqu'il s'agit d'examiner la stricte observance de normes préétablies, tâche nullement frappée d'aléa.

2° *L'audit d'efficacité ou de performance* est plus exigeant puisqu'ici l'auditeur est appelé à confronter les résultats de l'entreprise ou du service par rapport aux objectifs, à apprécier leurs coûts et leurs qualités, en se demandant si les premiers ne pourraient pas être abaissés et les secondes augmentées. En outre, il jauge la valeur des contrôles internes, la cohérence des solutions informatiques retenues et la pertinence des contrats informatiques utilisés. Enfin, il apprécie en termes de coûts et de risques *tous* les contrats de l'entreprise, y compris les contrats d'assurance. Il est clair que, pour ces différentes fonctions, la responsabilité du professionnel n'est que de moyens, car l'analyse et l'interprétation des faits est aléatoire, relevant de l'art de discernement plus que de la technique.

3° Le troisième stade de cette activité est *l'audit stratégique ou de direction*. Cette fois l'auditeur se charge d'apprécier les méthodes de management, d'en contrôler l'application, et de déterminer si les exécutants ont les moyens d'appliquer les choix de management. À nouveau, sa responsabilité est de moyens.

SECTION 3
FINALITÉS PARTICULIÈRES DE L'AUDIT INFORMATIQUE

333.31 Une diversification des finalités de l'*audit dans l'informatique*. Les degrés envisagés ci-dessus sont opérationnels pour tous les audits, y compris informatique. Mais leur application au domaine de l'informatique se traduit par une diversification des *finalités* de l'audit, en six catégories[4].

1° *L'audit préalable à l'informatisation ou à une reconfiguration.* L'informatisation d'une entreprise ou la reconfiguration de son système informatique nécessite au préalable une évaluation de l'état des lieux (la cohérence du système en place, ses performances...) et des besoins, qui relève de l'audit[5]. L'achat d'occasion d'un système informatique ou d'éléments de ce système donne lieu à un audit préalable[6].

2° *L'audit de l'information* appréhende les systèmes utilisés pour traiter les flux d'informations parvenant à l'entreprise cliente ou émanant d'elles, ainsi que les circuits qu'elles empruntent.

3° *L'audit de la fonction informatique* analyse la configuration informatique dans son ensemble, sa fiabilité, sa sécurité et son efficacité. Il se prononce aussi sur les méthodes de saisie des données et de gestion des programmes.

4° *L'audit des applications informatiques.* L'audit de la fonction informatique se prolonge par l'audit des applications informatiques, comme la gestion des stocks et le service de paye ; ou encore l'audit financier, contrôlant les systèmes informatisés de la comptabilité et autres informations financières de l'entreprise.

5° *L'audit de l'environnement informatique*, enfin, œuvrant tant dans le domaine juridique que social. Pour le premier aspect, il apprécie le contentieux informatique ; en outre, il évalue la qualité, les garanties, les coûts et les risques de tous les contrats informatiques de l'entreprise, notamment de maintenance, de conseil, de fourniture de processeurs et de logiciels, de crédit-bail, de formation, d'assurance... Le cas échéant, il conseillera de modifier certains d'entre eux par des avenants négociés[7], ou de les résilier. Il sera souvent opportun de suggérer de les intégrer dans une base de données (car il n'est pas rare que des contrats soient passés par divers services de l'entreprise, sans aucune centralisation, et sans cohérence entre eux). Sur le plan social, il examine les pratiques et les structures liées aux « ressources humaines » (le personnel) dans le domaine informatique. Il apparaît ainsi que l'audit informatique interfère ou recoupe souvent d'autres audits : raison de plus pour bien préciser l'objectif de chacun d'eux, afin d'éviter des prestations superflues (et onéreuses).

1. C. civ., art. 1104 ; mod. par ord. n° 2016-131, 10 févr. 2016, art. 2.
2. Paris, pôle 5, ch. 1, 10 mai 2016, *Expertises* 2016. 425.
3. J.-P. Ravalec, *op. cit.*
4. J.-P. Ravalec, *op. cit.*
5. Sur celui-ci v. *supra* s[s] n°s 333.00 s.
6. Com. 25 oct. 2017, n° 16-18.948, NP, *RJDA* 2017, n° 113.
7. V. *supra* s[s] n°s 115.23, 117.11.

6° *L'audit des contrats de licence.* Les contrats de licence de logiciel comportent généralement une clause relative à l'audit, permettant à son bénéficiaire de vérifier, par lui-même ou par le truchement d'un tiers indépendant, le respect par l'utilisateur, tant des termes du contrat dans l'utilisation du logiciel que la concordance entre les redevances contractuelles et les redevances perçues [1].

1. V. *supra* s[s] n° 232.44.

CHAPITRE

334. Contrat de sauvegarde

SECTION 0

ORIENTEUR

334.00 Sommaire du chapitre.

334.03 Bibliographie. Article. A. Van Eeckhout, « La maîtrise des codes sources par le client utilisateur d'un logiciel », *RDC* 2007. 1335 s., spéc. p. 1342 s.

SECTION UNIQUE

ÉTUDE D'ENSEMBLE

334.11 Entiercement. Tout détenteur légitime d'un logiciel peut craindre une défaillance dans l'assistance de son fournisseur lorsqu'il éprouve des difficultés de fonctionnement, notamment s'il vient à modifier sa configuration informatique. Une bonne parade consiste, si le fournisseur n'a pas accepté de lui remettre le programme source à la base du logiciel, de convenir avec lui, dans un contrat annexe, que des copies de celui-ci (et la documentation technique ayant servi à sa conception et à sa réalisation) seront déposées chez un tiers. L'agence pour la protection des programmes (APP) propose ainsi un contrat [1] qu'elle a élégamment baptisé *d'entiercement* [2]. Les praticiens emploient parfois à son propos le mot de séquestre, ce qui est à éviter, car il a un sens juridique précis [3].

Le dépôt doit être mis à jour chaque fois qu'une modification ou une nouvelle version a été installée chez l'utilisateur. Celui-ci peut accéder au programme source sous le contrôle de la Commission d'arbitrage de l'APP, principalement en cas de panne bloquant le fonctionnement du logiciel, alors qu'elle n'a pas été réparée par le fournisseur dans le délai de 8 jours à compter de sa constatation. L'entiercement, ou sauvegarde du logiciel envers le fournisseur, est totalement distincte de la surveillance dont il va être question maintenant [4].

1. Sur ce contrat : http://www.legalis.net.
2. SUR CETTE PRATIQUE : A. Van Eeckhout, « La maîtrise des codes sources par le client utilisateur d'un logiciel », art. préc., spéc. p. 1342 s.
3. Ph. le Tourneau (dir.), *Droit de la responsabilité et des contrats. Régimes d'indemnisation*, 12e éd., « Dalloz action », 2020, nos 3391.17 s.
4. Sur la télésauvegarde des données informatisées v. *infra* ss no 336.22.

CHAPITRE

335. Contrat de surveillance

SECTION 0 ORIENTEUR

335.00 **Sommaire du chapitre.**

Division : surveillance *ad intra* et *ad extra*. De nombreuses sociétés de services se sont créées dans le secteur de la surveillance (dite aussi la sécurité), quel que soit le domaine de celle-ci. En se limitant au monde de l'informatique, deux directions paraissent mériter de retenir l'attention : la surveillance *ad intra* (sect. 1), c'est-à-dire au sein de l'entreprise ; et *ad extra* (sect. 2), c'est-à-dire quant à l'extérieur, notamment l'activité des concurrents (mais non exclusivement).

SECTION 1 SURVEILLANCE AU SEIN DE L'ENTREPRISE (*AD INTRA*)

335.10 **Plan.** La surveillance peut être tant matérielle (§ 1) qu'immatérielle (§ 2). Elle peut également revêtir la forme de « gestion des connaissances » (§ 3).

335.11 **Matérielle ou immatérielle.** La surveillance *ad intra*, au sein de l'entreprise, se dédouble elle-même selon qu'elle est matérielle (c'est un contrat de sécurité) ou immatérielle (contrat anti-piratage). En dehors de ce qui va être envisagé ci-dessous, la première surveillance, la plus élémentaire, consiste tout bonnement à compliquer l'accès à son ordinateur par l'usage de codes complexes, voire en installant un dispositif de reconnaissance de l'empreinte numérique (*digitale*) pour le contrôle de son accès[1] ; à coder (crypter[2]) les informations sensibles ; à « segmenter » les circuits informatiques ; et, en utilisant son mobile ou son ordiphone (*smartphone*), ne jamais dévoiler de secret, car rien n'est plus facile que d'être écouté sur ces appareils. De plus, en déplacement, notamment en voyage, à veiller avec vigilance à ses clés USB, à ses dossiers, à son ordinateur portable[3], à ne travailler sur celui-ci qu'à l'abri des regards des tiers (la pose d'un filtre de confidentialité sur l'écran empêche théoriquement le voisin de siège d'un moyen de transport de pouvoir prendre connaissance des pages ouvertes) et à se méfier de la teneur des conversations avec des collaborateurs tenus dans des moyens de transport ou dans des lieux publics. Enfin, à ne jamais accepter de clé USB en cadeau (elle peut comporter des logiciels espions, tels des chevaux de Troie[4]),

1. La Cnil a adopté, par une délibération n° 2011-074 du 10 mars 2011 (*JO* 31 mars 2011), une autorisation unique (AU 27), sous certaines conditions, du contrôle de l'accès aux ordinateurs portables professionnels utilisant un dispositif biométrique reposant sur la reconnaissance d'empreintes numériques (digitales) intégrées – SUR la biométrie : É. A. Caprioli (dir.), *Banque et assurance digitales. Droit et pratiques*, préf. M. Roussille, RD éd., 2017, n°s 547 s.
2. L'Académie française conseille d'éviter crypter et d'employer coder.
3. EX. : En Europe, en 2010, 200 000 ordinateurs avaient été perdus !
4. V. *infra* s^{s} n°s 335.51 s.

permettant à des tiers d'accéder à n'importe quel ordinateur connecté à elle. L'espionnage industriel est de plus en plus sophistiqué... L'équipementier aéronautique *Safran* a développé depuis 2014 des modules de jeu pour sensibiliser ses collaborateurs aux dangers de l'espionnage industriel (chaque joueur devient un enquêteur découvrant comment une information sensible est tombée aux mains d'un concurrent ; le groupe espère sensibiliser 5 000 collaborateurs tous les ans). Le numérique, si perfectionné soit-il, comporte une certaine fragilité[1]. Il est évident qu'une entreprise assurant la sécurité d'une autre doit respecter la réglementation en vigueur, notamment quant au matériel installé, sous peine de commettre une défaillance contractuelle pouvant conduire à une résolution du contrat[2].

Un homme d'affaire ayant l'habitude de se rendre en Chine affirme qu'il convient d'y arriver les mains vides : sans son téléphone mobile et sans son ordinateur portable (le cas échéant il en loue avant son départ, dont il efface le contenu à son départ et à son retour), il désactive *Bluetooh* et les connexions sans fil (*Wifi*) ; pendant les réunions, non seulement il l'éteint mais il ôte la batterie, de peur qu'un micro puisse être actionné à distance[3].

§ 1 Surveillance matérielle

A. Présentation

335.21 Surveillance humaine. La surveillance matérielle s'exerce dans sa forme la plus ancienne de façon humaine, par des gardiens, veilleurs ou vigiles. La surveillance humaine présente toute une gamme d'objectifs : la protection des personnes, la prévention des vols, des incendies, des accidents du travail, l'alerte, le filtrage des individus entrant dans l'établissement contrôlé, l'observation du comportement des chalands dans un magasin... Le rôle du surveillant peut être *passif* (simple présence dissuasive) ou *actif* (contrôle des entrants dans une usine, contrôle des achats à la sortie d'un magasin) ; *statique* (à un poste fixe) comme *itinérant*, se déplaçant à l'intérieur du site (ainsi du veilleur de nuit effectuant des rondes dans une grande surface) ou à l'extérieur (telle la centrale de surveillance assurant des tournées de contrôle, la nuit, des bâtiments qu'elle surveille) ; *permanent* ou *intermittent* (lors de la fermeture de l'établissement protégé).

335.22 La télésurveillance et la vidéosurveillance, ou les araignées des temps modernes. L'intrusion du téléphone, de la télévision, de la vidéo, de l'électronique et de l'internet, jumelée au perfectionnement considérable et à l'augmentation sensible de la fiabilité des alarmes et détecteurs ou capteurs divers, a modifié substantiellement les données. Souvent, la présence humaine *in situ* n'est plus nécessaire. Un opérateur, dans son centre opérationnel de sécurité informatisé, telle une araignée au centre de sa toile, peut vérifier sur ses écrans et sur les voyants lumineux de son tableau de bord, d'un seul regard, que tout est normal dans les divers locaux, plus ou moins éloignés, dont la surveillance lui a été confiée. La télésurveillance est aussi utilisée pour détecter d'éventuelles anomalies d'équipements particuliers, et pour y remédier le plus rapidement possible, notamment pour les systèmes informatiques : c'est alors une modalité de la maintenance[4]. La télésurveillance, dite aussi surveillance électronique ou cybersurveillance, est très répandue. La télésurveillance électronique fit l'objet d'une recommandation de la Commission des clauses abusives[5]. L'inobservation de celle-ci a pu entrer en ligne de compte par des juges pour décider qu'une clause d'un contrat de télésurveillance était abusive, prévoyant une durée de 48 mois « irrévocable et indivisible »[6].

La télésurveillance est souvent liée[7] à la location[8] ou à la vente d'un matériel[9]. L'inconvénient de cette méthode est que sa fiabilité dépend pour une bonne part de la capacité de l'opérateur d'apprécier la situation à distance, face à une anomalie, et de prendre la décision *ad hoc* et immédiate ; par exemple, en présence de la détection d'une intrusion, d'envoyer en toute diligence une équipe de sécurité ou de prévenir la police et, alors qu'un incendie est

1. J. Denis, « L'informatique et la sécurité. Le souci de la fragilité technique », *Réseaux* (Ed. La Découverte), 2012/171, p. 161.
2. Paris, pôle 5, ch. 10, 23 févr. 2011, n° 07/21976, *CCC* 2011, n° 93, obs. É. A. Caprioli : résolution de l'ensemble contractuel (contrat de sécurité et contrat de maintenance), le dispositif biométrique « à traces » installé contrevenant à la réglementation.
3. SELON *The New York Times*, reproduit par *Le Figaro* 18 févr. 2012.
4. V. *supra* s[s] n° 331.165.
5. CCA, recomm. n° 97-01, *JCP E* 1997. III. 68496.
6. Aix-en-Provence, 11e ch. A, 25 juin 2008, *JCP E* 2008. Pan. n° 2368 ; *JurisData* 367742.
7. Sur l'interdépendance des contrats v. *supra* s[s] n°s 013.12 s.
8. Com. 12 juill. 2017, n° 15-23.552, P IV, n° 104 ; *AJ contrat* 2017. 429, obs. S. Bros, 1re esp. ; *Gaz. Pal.* 26 sept. 2016. 34, note D. Houtcieff, 1re esp. ; *RJDA* 2017, n° 782, 2e esp. ; *RDC* 2017. 590, obs. T. Genicon, 2e esp. et 627, obs. J.-B. Seube, 2e esp. ; *D.* 2018. Pan. 371, obs. M. Mekki : contrat de location de matériel de protection et contrat de prestation de surveillance électronique.
9. EX. : Civ. 1re, 29 oct. 2002, n° 99-20.265, P I, n° 254 ; *JCP E* 2002. Pan. n° 1778 ; *RDC* 2003. 92, note M. Bruschi : contrat d'abonnement de télésurveillance comportant une clause abusive au sens C. consom., anc. art. L. 132-1 [devenu L. 212-1].

décelé, alerter les pompiers. En dernier ressort, le mot ultime revient toujours à l'homme !

Les employés doivent être informés de la mise en œuvre d'un système de télésurveillance ou de vidéosurveillance sur leur lieu de travail lorsqu'il vise à contrôler[1] leur activité[2]. D'une façon générale, toute atteinte aux droits et aux libertés des salariés doit être justifiée par la nature de la tâche à accomplir et proportionnée au but recherché[3]. L'installation d'un système de vidéosurveillance doit respecter le principe de proportionnalité, donc être strictement nécessaire à l'objectif poursuivi. Cependant, selon la CEDH, la vidéosurveillance secrète des salariés ne porte pas une atteinte répréhensible à leur droit au respect de la vie privée, protégé par l'article 8 de la convention européenne de sauvegarde des droits de l'Homme et des libertés fondamentales, dès lors qu'elle répond à des motifs légitimes et ne méconnaît pas le principe de proportionnalité. Des caméras de vidéosurveillance, dont les enregistrements servent à fonder le licenciement de salariés, peuvent même être installées sans les en avertir préalablement, en cas de soupçons raisonnables de vol[4]. Cette décision de la CEDH entraînera peut-être une évolution de la jurisprudence de la Cour de cassation afin d'admettre, dans certaines situations et compte tenu des enjeux en cause, l'absence d'information préalable à la mise en place d'un système de vidéosurveillance.

335.23 La télégestion, ou du magicien des temps modernes. Une forme plus sophistiquée de la surveillance artificielle, apparue ensuite, est la *télégestion*. Elle comprend la télésurveillance, mais la dépasse, l'opérateur, tel un magicien, pouvant cette fois intervenir à distance pour modifier tel ou tel paramètre (déclencher un mécanisme, arrêter une machine défaillante ou en présence d'un risque d'incendie...), voire pour remédier à une anomalie constatée : mais, à ce stade, une fois encore, on quitte la surveillance pour pénétrer dans les terres de la maintenance, plus précisément de la maintenance corrective[5]. La réalité dépasse la fiction : même Jules Verne ou George Orwell (dans *1984*, pourtant publié seulement en 1949) n'avaient pas imaginé semblable tour de prestidigitation, rendu possible par les progrès techniques !

B. Obligations

335.31 Limitée ou vaste. Comme tout professionnel, l'entreprise de surveillance est tenue d'informer son client[6]. Au surplus, l'obligation dépend des stipulations contractuelles. Elle peut se limiter à la télédétection et à prévenir le client et la police d'une intrusion[7] ; mais elle peut aussi comprendre une intervention en cas d'incident, voire une protection permanente *in situ*. Limitée ou vaste, l'obligation du surveillant est de moyens[8]. D'un gardien de nuit, on escompte qu'il ne dormira pas[9]. Le préjudice consistera souvent dans la *perte d'une chance*, principalement celle de « *voir éviter le dommage* » (Civ. 1re, 16 mai 2000, n° 97-13.909[10]) ; ou celle de récupérer tout ou partie des fonds ou objets dérobés[11].

335.32 Responsabilité du fait d'autrui. Il a été excellemment jugé que les sociétés de gardiennage sont *contractuellement* tenues (du fait d'autrui), à l'égard de leurs clients, des dommages causés par leurs préposés aux biens qu'ils étaient chargés de garder[12]. Mais certains arrêts de la Cour de cassation se placent fâcheusement sur le terrain délictuel de la

1. C. Féral-Schuhl, *Cyberdroit. Le droit à l'épreuve de l'internet*, 8e éd., « Praxis Dalloz », nos 29.23 s. – AUSSI sur la cybersurveillance des salariés : É. A. Caprioli (dir.), *Banque et assurance digitales. Droit et pratiques*, préf. M. Roussille, RD éd., 2017, nos 474 s.
2. C. trav., art. L. 1222-4.
3. C. trav., art. L. 1121-1.
4. CEDH, Gde ch., 17 oct. 2019, *Lopez Ribalda et a. c/ Espagne*, req. nos 1874/13, 8567/13, *JCP E* 2020. 1089.
5. V. *supra* ss n° 331.51.
6. Paris, 25 sept. 1996, *Mutuelle du Mans, D.* 1996. IR 250 ; *Expertises* 1997, p. 42 : du vieillissement de l'installation de télésurveillance – Paris, 26 janv. 1999, *Sté générale de surveillance, Gaz. Pal.* 2000. 2, Somm. 1772 : de l'existence d'un décret dont les dispositions sont de nature à restreindre le champ de ses obligations contractuelles.
7. Civ. 1re, 16 juill. 1997, n° 95-19.641, NP, *RCA* 1997, n° 341.
8. Paris, 25 sept. 1996, *Mutuelle du Mans*, préc. : faute prouvée, n'a pas procédé aux appels de contrôle – Civ. 1re, 3 déc. 1996, n° 96-16.042, NP, *Gaz. Pal.* 1997. 2. Pan. 205 : faute prouvée – Civ. 1re, 16 juill. 1997, n° 95-19.641, préc. : abstention fautive – Paris, 26 janv. 1999, *Sté générale de surveillance*, préc. : *idem*, et la sté ne peut pas invoquer l'existence d'un décret qui aurait limité ses obligations par rapport au contrat, dès lors que celui-ci est postérieur à celui-là, et qu'il lui fallait donc adapter les stipulations contractuelles – Dijon, 17 nov. 2000, *Helvetia, JCP E* 2001. Pan. 1307 : l'inaction d'une heure, après l'émission de trois signaux d'alarme signalant une intrusion, est fautive, même en l'absence de consignes du client sur la conduite à tenir dans cette circonstance – Bourges, 17 avr. 2002, *MMA, RCA* 2002, n° 262 : rondes prévues non effectuées – Toulouse, 20 févr. 2002, *ITP, JAMP* 2002/2, p. 433, obs. Ph. le Tourneau : fautes graves prouvées – Aix-en-Provence, 29 nov. 2002, *Ruffinati, JurisData* 217906 : pas de faute prouvée – Toulouse, 12 déc. 2002, *Andro, JAMP* 2003/2, p. 389, obs. Ph. le Tourneau : faute prouvée.
9. Com. 15 mars 1954, *D.* 1954. 625, note J. Carbonnier.
10. Civ. 1re, 16 mai 2000, n° 97-13.909, NP, *RCA* 2000, n° 266 – Dijon, 17 nov. 2000, *Helvetia c/Teles*, préc. – Toulouse, 12 déc. 2002, *Andro*, préc.
11. Civ. 1re, 3 déc. 1996, n° 96-16.042, préc. – Toulouse, 20 févr. 2002, *ITP*, préc. : bijoux.
12. Civ. 1re, 18 janv. 1989, n° 87-18.081, P I, n° 32 ; *RTD civ.* 1991. 350, obs. P. Jourdain.

responsabilité des commettants[1]. Soit en décidant que le commettant (Société de gardiennage) n'était pas responsable lorsque l'employé avait volontairement incendié ou volé les biens qu'il gardait, ces actes étant contraires à ses attributions[2]. Certes, mais c'est tout de même assez paradoxal ; aussi nous approuvons le revirement opéré sur ce point[3]. Soit en considérant qu'un transfert de la qualité de commettant était intervenu de l'entreprise de gardiennage à son client[4]. Ces deux solutions sont erronées par erreur d'aiguillage : Seul le régime de la défaillance contractuelle était applicable.

335.33 **Pas de transfert de la garde.** La mission de surveillance d'un immeuble confiée à une entreprise spécialisée n'a pour effet de transférer la garde au sens de l'article 1242, alinéa 1er *in fine*, du code civil[5].

§ 2
Surveillance immatérielle

A.
D'un système informatique

335.40 **Bibliographie. Ouvrages.** N. Arpagian, *La cybersécurité*, 3e éd., « Que sais-je ? », PUF, 2018 – P. Gastineau et Ph. Vasset, *Armes de déstabilisation massive : Enquête sur le business florissant des fuites de données*, Fayard, 2018 – R. Hennion et A. Makhlouf, *Cybersécurité*, Eyrolles, 2018.

Articles. T. Douville, « L'émergence d'un droit commun de la cybersécurité », *D.* 2017. Point de vue 2255 ; « Cybersécurité : transposition de la directive NIS, ses limites et ses conséquences », *JCP E* 2018. Aperçu rapide 284 – L.-C. Henry et M.-L. Guinamant, « L'utilisation frauduleuse de la carte bancaire après hameçonnage : la recherche d'un équilibre », *D.* 2018. Chron. 2316.

1°
Un mal

335.51 **Surveillance contre l'intrusion de tiers par un virus – Diversité des virus.** La surveillance (*monitoring*) immatérielle est destinée à empêcher toutes sortes de cybermenaces, dont l'infiltration de tiers dans des systèmes informatiques (ou les objets connectés), par des témoins de connexion (*cookies*)[6], des programmes espions (*spyware*)[7], des « mouchards électroniques »[8] ou, pire, par des virus. Et, s'ils sont entrés dans la place, à les neutraliser. Un *virus* est un véritable programme (micro programme sans doute) qui a la faculté de modifier d'autres programmes, dont il altère le fonctionnement ; tout programme ainsi perturbé produisant ensuite des copies du virus, qui contamineront des hôtes différents. La contamination s'opère lors de l'échange de disquettes ou de cédéroms ; de l'implantation d'un nouveau programme dans lequel il est inséré ; ou plus fréquemment, lors d'une connexion internet (virus de « surf », c'est-à-dire du surfeur), particulièrement par l'intermédiaire de jeux téléchargés, à l'ouverture d'une pièce jointe dans la messagerie électronique (virus de « messagerie ») ou lors d'échanges et de discussions (de *chat*, que les Québecois désignent par le mot de *clavaudage*, venant de bavardage et de clavier ; le « dialogue » se tient éventuellement avec une machine programmée par le partenaire : c'est alors « agent de dialogue »[9] [*chatbot, conversational agent*]). Un virus peut infecter la zone de démarrage du disque dure (virus de *boot*), effaçant le programme qui permet de lancer le processeur (*bios*). Le virus de fichiers parasite les fichiers systèmes ou les fichiers exécutables.

Certains combinent les deux précédents. Plus un système est complexe, plus il peut tomber en panne de manière aussi complexe ; les progrès techniques et les logiciels sophistiqués rendent difficile l'identification des failles et la garantie de leur sécurité. La cybercriminalité, qui ne cesse de progresser, frappe tant les individus que les entreprises, qui restent souvent mal protégées.

335.52 **Diversité des virus.** Le macro virus (le plus fréquent des virus) s'installe dans les macros, c'est-à-dire dans les commandes nécessaires pour les applications (principalement bureautiques, comme *World, Excel, Outlook*). Le virus de *script* utilise les divers langages de *scripts*, permettant de vérifier l'environnement d'un logiciel. Le « ver informatique » (*worm*) est un parasite se déplaçant en permanence sur le réseau mondial ; il organise le désordre en

1. C. civ., art. 1242, al. 5 : art. mod. par ord. n° 2016-131, 10 févr. 2016, art. 2.
2. Crim. 23 juin 1988, nos 84-92.215, 86-90.509, 84-95.978, 84-94.923, 87-81.184, 84-94.433, 87-82.118, 84-92.915, 87-80.410, 9 esp., P n° 289.
3. Crim. 16 févr. 1999, n° 96-86.225, P n° 23, statuant bien sur l'anc. art. 1384, al. 5 [devenu 1242, al. 5] du C. civ., mais en considérant que la sté de gardiennage restait responsable des vols commis par ses préposés.
4. Civ. 1re, 18 janv. 1989, nos 87-16.269, 87-17.595, P I, n° 33 ; *JCP* 1989. II. 21326, note C. Larroumet ; *RTD civ.* 1989. 561, obs. P. Jourdain, CRIT.
5. Civ. 1re, 16 juin 1998, n° 96-20.640, P I, n° 217 ; *D.* 1998. IR 180 ; *RJDA* 1998, n° 1438 – SUR le transfert de la garde : Ph. le Tourneau (dir.), *Droit de la responsabilité et des contrats. Régimes d'indemnisation*, 12e éd., « Dalloz action », 2020, nos 2221.170 s.
6. V. *infra* ss n° 411.49.
7. V. *infra* ss n° 335.74.
8. V. *infra* ss n° 335.55.
9. Traduction officielle avec dialogueur de *chatbot et* de *conversational agents* : Vocabulaire de l'intelligence artificielle (liste de termes, expressions et définitions adoptés, *JO* 9 déc. 2018, n° 58, NOR : CTNR1832601K) – Sur les nouveaux mots : C. Le Stanc, « Nouveaux mots, nouvelles choses, nouvelles règles ? », *Propr. ind.* 2017/5. Repère 5.

surchargeant artificiellement le trafic sur l'internet[1] (*Storm Worm* est un programme malicieux d'une grande envergure, destiné à contaminer le plus grand nombre possible d'ordinateurs dans le monde ; il se présente sous la forme d'un message électronique changeant fréquemment d'apparence, avec ou sans fichier joint). Contrairement à un virus ordinaire, un « ver informatique » est autonome : il se reproduit lui-même dès la connexion à l'internet (sans programme hôte, ni courrier électronique, ni même un clic de souris), adressant éventuellement des messages prioritaires, assortis d'une pièce jointe infectée, à tous les correspondants des répertoires de sa victime.

Il existe aussi des virus qui s'attaquent au matériel (les microprocesseurs et autres circuits électroniques), en les faisant fonctionner au-delà de leur vitesse normale si bien qu'ils se détériorent et ne peuvent plus remplir leur office. En janvier 2003 il n'a fallu que dix minutes à *Slammer* pour repérer et attaquer tous les serveurs vulnérables de 90 % du réseau mondial ; il a paralysé pendant une fin de semaine une bonne partie de celui-ci, avec de graves conséquences comme le blocage de distributeurs de billets, l'empêchement du départ d'avions ou la mise hors service des centres d'appels d'urgence aux États-Unis[2]. Né en janvier 2004, *MyDoom* fut particulièrement dangereux, car ce fut le premier virus utilisant simultanément toutes les techniques connues d'intrusion, ce qui prouve que ses auteurs étaient des informaticiens de haut niveau. Le virus *Stuxnet* (2010) se propagea sur les réseaux à partir d'une simple clé USB, et désactiva les sécurités même d'un système industriel ; il endommagea les centrifugeuses iraniennes et retarda le programme nucléaire iranien (de six mois à deux ans selon les sources). 1,5 million de comptes *Facebook*[3] ont été détournés en Europe par des pirates, pour la seule année 2010, puis transmis moyennant finance à d'autres pirates, qui les utilisent pour usurper des identités et transmettre des virus par courriel. Et l'on estime que 15 % des liens sur les comptes *Facebook* dirigent l'internaute peu vigilant sur des sites infectés.

L'inflammation (*flaming*, de *flame*, flamme) est une pratique consistant à « poster » des messages délibérément hostiles ou insultants, généralement avec l'intention de créer un conflit dans un groupe de discussion, un forum (sur un site) ou une liste de diffusion (par messagerie électronique). De tels messages sont appelés flammes (*flames*).

1. En voici quelques uns : *Nimda, Bugbear, Slammer* (2003, aussi connu sous le nom de *Sapphire*), *MyDoom* (2004), *Sasser* (2004) *ou Kama sutra* (2006), *Storm Worm* (2008).
2. SELON*Newsletter high-tech*, 6 févr. 2003, sur le site lexpansion.com/
3. Sur les réseaux sociaux, dont *Facebook* ; v. *supra* s[s] n° 011.82 – Sur le piratage par contrefaçon v. *supra* s[s] n°s 232.51 s.

Plus l'entreprise est importante, plus en général les mesures de sécurité sont fortes et donc leur vulnérabilité faible. Aussi les attaquants cherchent à passer par des sociétés moins importantes qui entourent la cible, tels des sous-traitants, des fournisseurs ou des prestataires de services. Ce procédé est désigné par l'expression imagée de « *naviguer d'île en île* » (*hopper island*).

335.53 Hameçonnage (*phishing*). Le hameçonnage (*phishing*) ou filotage n'est pas un vrai virus mais présente les mêmes dangers. Des individus expédient de faux courriels, se faisant passer pour la banque, le fisc ou encore un partenaire commercial du destinataire. Alors que celui-ci croit avoir affaire à ses interlocuteurs habituels, il livre les informations sensibles qui lui sont demandées : nom, prénom, adresse, état civil ou pire, ses codes bancaires. Le prestataire de services de paiement est tenu de rembourser le payeur du montant de l'opération non autorisée[4], sauf fraude ou négligence grave du titulaire de la carte de paiement, qui doit être prouvée par le prestataire de services de paiement[5]. Si, cette preuve ne peut pas se déduire du seul fait que l'instrument de paiement ou les données personnelles qui lui sont liées ont été effectivement utilisés[6], la conscience que la victime avait ou aurait dû avoir que le procédé utilisé pour communiquer ses données personnelles était frauduleux est parfois considérée comme une négligence grave de sa part[7]. Ladite

4. C. mon. fin., art. L. 133-1.
5. C. mon. fin., art. L. 133-19, IV et art. L. 133-23.
6. Com. 18 janv. 2017, n° 15-18.102, P IV, n° 6 ; *JCP E* 2017. 1122, note K. Rodriguez ; *CCÉ* 2017, n° 32, obs. G. Loiseau ; *CCÉ* 2017, n° 39, obs. É. A. Caprioli ; *RDC* 2017. 270, obs. A. Danis-Fâtome, 1re esp. ; *RTD com.* 2017. 154, obs. D. Legeais (et 4 autres arrêts du même jour dans le même sens) – Paris, ch. 5, sect. 6, 12 janv. 2018, RG n° 16/12983, *Gaz. Pal.* 27 févr. 2018. 22, obs. J. Lasserre Capdeville, précisant que les renseignements utilisés par les pirates pouvaient être aisément obtenus par des malfaiteurs hostiles – Com. 23 mars 2018, n° 16-20.018, P IV, n° 34 ; *CCÉ* 2018, n° 34, obs. G. Loiseau ; *JCP E* 2018. 1272, note K. Rodriguez ; *RLDI* 2018, n° 5219, obs. L. Costes ; *RTD com.* 2018. 436, obs. D. Legeais, hameçonnage des données d'une carte bancaire – Com. 6 juin 2018, n° 16-29.065, NP, *D.* 2018. Pan. 2270, obs. J. Larrieu, C. Le Stanc et P. Tréfigny ; *RLDI* 2018. 5253 ; *Dalloz IP/IT* 2018. 643, note J. Lasserre Capdeville, 1re esp. ; *CCÉ* 2018, n° 68, obs. É. A. Caprioli, *idem*.
7. Com. 31 mai 2016, n° 14-29.906, NP, *RJDA* 2016, n° 728 – Com. 17 mai 2017, n° 15-28.209, NP, *CCÉ* 2017, n° 77, obs. E. A. Caprioli – Com. 25 oct. 2017, n° 16-11.644, P IV, n° 139 ; *D.* 2017. 2465, note F. Mélin ; *JCP E* 2017. 1685, note D. Legeais ; *CCÉ* 2017, n° 96, obs. G. Loiseau ; *Gaz. Pal.* 27 févr. 2018. 55, obs. C. Houin-Bressand ; *RTD civ.* 2018. 485, obs. N. Cayrol : cassation de l'arrêt n'ayant pas recherché si le titulaire de la carte de paiement « *n'aurait pas pu avoir conscience que le courriel qu'elle avait reçu était frauduleux et si, en conséquence, le fait d'avoir communiqué son nom, son numéro de carte bancaire, la date d'expiration de celle-ci et le cryptogramme figurant au* ▶

« conscience » s'apprécie *in abstracto*[1]. Le porteur doit prendre toute mesure raisonnable pour préserver la sécurité de ses dispositifs de sécurité personnalisés[2]. La cour de cassation s'efforce de trouver un équilibre entre les obligations du prestataire de services de paiement et des droits de l'utilisateur de ces services après un hameçonnage, afin d'accompagner le développement du commerce électronique et de l'emploi des cartes de paiement[3]. Le hameçonnage, de plus en plus sophistiqué et crédible, fait de plus en plus de victimes en France[4]. Les virus ne doivent pas être confondus avec les petits bogues[5] ou les graves erreurs de conception, tels *Meltdown et Spectre*, révélés en 2018[6].

335.54 **Importance des dépenses générées par les virus.** Les dépenses causées par les virus informatiques sont considérables. Songez que plus de 600 personnes s'occupent à plein temps du secret informatique d'EADS, qui est attaqué plus d'une fois par jour. Le seul *Code rouge*, qui mit hors service le site de la *Maison Blanche* et frappa plus d'un million d'ordinateurs en juillet et en août 2001, aurait provoqué 1,1 milliard de dollars en frais de nettoyage, et 1,5 milliard en perte de production. Le virus *Love*, apparu en mai 2000, aux cinquante variantes, pénétra dans 40 millions d'ordinateurs, et causa 8,7 milliards de dollars de dépenses et de pertes[7]. *Lovsan* causa de grosses perturbations durant l'été 2003, tout autant que son contre poison, le virus *Welchi*, chargé de le détruire, mais ayant saturé les systèmes informatiques d'un certain nombre de grandes entreprises. *SoBig*, apparu en janvier 2003, se propagea à une rapidité jamais constatée auparavant. Mais ce n'était rien à côté du virus *WannaCry*, associé à un rançongiciel (*ransomware*) qui, en mai 2017, infesta plus de 200 000 ordinateurs dans 150 pays, bloquant une usine de Renault, des dizaines d'hôpitaux anglais, plus de 200 000 victimes dans 150 pays, *etc.* Les virus sont estimés à plus de 200 millions, et il en apparaît chaque semaine 10 000 nouveaux, venant infecter, bloquer, piller ou espionner des milliards d'ordinateurs. Un véritable marché des virus[8] ! Le coût de la cybercriminalité fut estimé à 5,5 milliards d'euros dans l'Union européenne en 2020. Il est possible, pour quelques centaines d'euros, de recourir aux services de cyberdélinquants (capables notamment de récupérer des codes confidentiels), de louer des réseaux d'ordinateurs à la journée pour mener des attaques. Le contexte d'explosion des nouvelles techniques numériques, de la « prise de décision automatisée » (« l'intelligence artificielle ») et de l'interconnexion de plus en plus poussée, tant des systèmes d'information que des usines, crée de nouvelles vulnérabilités et donc de commodes portes d'entrée pour les cybercriminels (et alors que ceux-ci sont de plus performants : selon l'Agence nationale de la sécurité des systèmes d'information ils ont maintenant un niveau comparable à celui des services de renseignement). Dans les usines 4.0, tout est connecté : les appareils et machines (dont les robots), les entrepôts logistiques (*fulfillment centers*), les donneurs d'ordre et les sous-traitants, les fournisseurs, les salariés et les clients ou encore le stockage des données (l'informatique en nuage, *cloud*).

335.55 **« Mouchards électroniques », *chevaux de Troie*, « bombes logiques » et virus polymorphes.** Un « mouchard électronique » est une variété de virus qui s'introduit silencieusement dans le disque dur d'un ordinateur lors d'une connexion à un site sur l'internet. Il détruit les données par « reformatage » du disque dur ou par effacement des supports magnétiques, parfois après les avoir transmises à

► *verso de la carte* », ne caractérisait pas « *un manquement, par négligence grave, à ses obligations mentionnées à l'article L. 133-16 du code monétaire et financier* » – Com. 23 mars 2018, n° 16-20.018, P IV, préc. : « *manque, par négligence grave, à son obligation de prendre toute mesure raisonnable pour préserver la sécurité de ses dispositifs de sécurité personnalisés l'utilisateur d'un service de paiement qui communique les données personnelles de ce dispositif de sécurité en réponse à un courriel qui contient des indices permettant à un utilisateur normalement attentif de douter de sa provenance, peu important qu'il soit, ou non, avisé des risques d'hameçonnage* » – Com. 6 juin 2018, n° 16-29.065, NP, *D.* 2018. Pan. 2270, obs. J. Larrieu, C. Le Stanc et P. Tréfigny ; *RLDI* 2018. 5253 ; *Dalloz IP/IT* 2018. 643, note J. Lasserre Capdeville, 1re esp. ; *CCÉ* 2018, n° 68, obs. É. A. Caprioli, faits et arrêt comparables – Com. 3 oct. 2018, n° 17-21.395, NP, *LPA* 27 déc. 2018. 10, note J. Lasserre Capdeville : cassation de l'arrêt n'ayant pas recherché, au regard des circonstances de l'esp., si le fait que M. X… « *ait répondu à un courriel d'hameçonnage ne résultait pas d'un manquement de celui-ci, par négligence grave, à ses obligations* » mentionnées à l'art. L. 133-16 du C. mon. fin. – Com. 24 nov. 2021, n° 20-13.767, NP, *CCÉ* 2022, n° 15, obs. É. A. Caprioli, *idem*.

1. Com. 23 mars 2018, n° 16-20.018, P IV, préc.
2. C. mon. fin., art. L. 133-16 – Com. 2 juin 2021, n° 19-19.577, NP : les juges du fond auraient dû rechercher si Mme [G], utilisatrice de services de paiement, « *n'avait pas manqué à son obligation de prendre toute mesure raisonnable pour préserver la sécurité de ses dispositifs de sécurité personnalisés* », en communiquant les données personnelles de ceux-ci « *en réponse à un courriel qui aurait contenu des indices permettant à un utilisateur normalement attentif de douter de sa provenance* ».
3. L.-C. Henry et M.-L. Guinamant, « L'utilisation frauduleuse de la carte bancaire après hameçonnage : la recherche d'un équilibre », chron. préc.
4. EN CAS DE DOUTE sur un message reçu, se rendre sur le site Phishing-initiative.fr, où des experts répondent aux questions.
5. V. *supra* ss n° 231.55.
6. V. *supra* ss n° 211.12.
7. *Le Figaro économie* 3 sept. 2001.
8. C. Gabizon, « Le grand marché du virus informatique », *Le Figaro* 15 mai 2011.

son auteur, un « fouineur » selon la terminologie officielle (pour traduire de façon délicate *hacker*[1], dont le sens littéral est plus violent : « hacheur de code » ; la forme la plus redoutable est le *cracker*, « casseur de la toile »).

Certains « mouchards électroniques », très redoutables, utilisent la méthode du *Cheval de Troie* (ou *Trojan*, nommés aussi des *Keyloggers*), *summum* des logiciels malveillants (*malwares*), tels *Subversen, Back Orifice, Storm Worm* ou *Emotet*. En effet, ils s'introduisent dans la place, se chargent, se démultiplient à vive allure, et vont infecter tous les appareils du réseau et même tous les appareils connectés (ceux-ci démultiplient les points d'entrée pour les cyber attaques. Pour ruiner un pays, on incendiait les récoltes il y a deux cents ans, on bombardait les usines il y a cent ans, aujourd'hui on paralyse un pays par des cyber attaques). Leur fonction ne consiste pas à détruire mais à ouvrir les portes de la ville pour y faire pénétrer les envahisseurs. Ils permettent donc à un pirate, se trouvant à l'extérieur, d'accéder à l'ordinateur dès que son utilisateur se connecte à l'internet. Le cas échéant, un tel « cheval » envoie par courrier électronique au « fouineur » les informations et données qu'il a rencontrées, de sorte qu'en réalité l'intrus prend le contrôle à distance du système informatique de sa victime. Une variante en est la *bombe logique*, qui ne se déclenche qu'à un moment différé prédéterminé pour accomplir son effet nuisible[2]. *Emotet*, découvert pour la première fois en 2014 en tant que cheval de Troie bancaire, a bloqué, pillé et rançonné des centaines de milliers d'internautes jusqu'à son démantèlement au début de 2021, par une action coordonnée des cyberpoliciers de nombreux pays, qui en ont pris le contrôle ; il ne comportait pas moins d'une trentaine de serveurs rien qu'en France !

Le FBI a développé un virus de la catégorie du *Cheval de Troie, Magic Lantern*, qui n'aurait pas encore été utilisé. Il pourrait contrôler et garder en mémoire les lettres et les chiffres tapés sur le clavier de l'utilisateur de l'ordinateur dans lequel il s'est installé, données qui pourraient ensuite être transmises à l'organisme en cause. Il lui permettrait d'intercepter les mots de passe et les clefs utilisés pour coder (crypter[3]) les messages. Le pire, imaginé mais heureusement pas encore réalisé pour l'instant, serait un super *Cheval de Troie* baptisé par ironie *Good Luck* (bonne chance). Il s'introduirait dans l'ordinateur cible en restant invisible, communiquerait avec son expéditeur, en choisissant à chaque fois des routes différentes pour transmettre les informations récupérées, se mettant éventuellement en sommeil sur ordre, puis finalement pouvant s'autodétruire en détruisant en même temps toutes les données du système ciblé[4].

Un redoutable réseau de robots (*botnet*), connu sous le nom de *Retadup*, a été démantelé en 2019 par le Centre de lutte contre les criminalités numériques (C3N). Il permettait l'envahissement d'un réseau afin d'empêcher son fonctionnement ; les pirates étaient capables de déclencher des milliers de connexions à la seconde et de taper à la porte d'un site ciblé au point de le faire voler en éclat quasiment instantanément ; sans doute plus d'un million d'ordinateurs de particuliers furent infectés. Il a été à l'origine de nombreux vols de données et de blocages de systèmes. Le C3N a réussi à effectuer une copie du serveur lors d'une perquisition, d'en trouver une faille permettant de le démanteler à distance, puis de nettoyer le réseau de robots et de désinfecter à distance la majorité des ordinateurs ciblés.

Enfin, il existe des virus polymorphes, particulièrement difficiles à détecter, car ils intègrent un « moteur de mutation » qui leur permet de se dupliquer sous des aspects toujours nouveaux.

335.56 **Fuites massives de données.** Des fuites (*leaks*) massive de données interviennent régulièrement depuis 2005 et sont révélées au public sur des forums de discussion ou des sites parfois créés spécialement pour l'occasion, avec parfois de lourdes conséquences. Elles se sont multipliées après la création en 2006 du site *Wikileaks* par le Suédois J. Assange. À l'origine, ces révélations ciblaient des acteurs du monde de la Défense, du Renseignement ou de la Politique. Aujourd'hui elles frappent aussi assez souvent de grandes sociétés privées, de tous les secteurs[5]. Des spécialistes du renseignement ont fondé des cabinets de conseil portant sur ce marché de la fuite de données pour tenter de les éviter et d'en limiter les effets.

335.57 **Objectifs des auteurs d'intrusions.** Le fouineur, qui pénètre ainsi subrepticement chez autrui, d'une façon ou d'une autre, peut avoir des objectifs divers. Son motif peut être la simple curiosité, l'envie de parvenir ainsi à une certaine notoriété, ou le jeu sous forme de défi personnel (forcer les défenses d'un organisme particulièrement protégé, comme le centre de commandement des armées), voire le vandalisme (gêner le plus

1. Liste des termes, expressions et définitions adoptés, *JO* 16 mars 1999, p. 3905 ; NOR : CNTX9903444K.
2. Aussi : v. *supra* s[s] n° 331.138.
3. L'Académie française conseille d'éviter crypter et d'employer coder.
4. *Le Figaro Économie* 30 janv. 2002.
5. P. Gastineau et Ph. Vasset, *Armes de déstabilisation massive : Enquête sur le business florissant des fuites de données, op. cit.*

possible *Microsoft* ; « casser » des systèmes informatiques par des virus, comme d'autres « cassent » des voitures ; et même détruire ou ridiculiser les autres inventeurs de virus, ce qui est de plus en plus fréquent !) et même le terrorisme (déstabiliser ou de détruire une usine, une installation essentielle). Le plus souvent l'intrus est donc animé par une intention malveillante ou par le goût du lucre, comme lorsque, grâce à une usurpation d'identité, il obtient un faux ordre de virement international[1]. Dans ce cas, le fouineur est en réalité un voleur, comme à presque chaque fois qu'il s'attaque à une entreprise commerciale, voulant par exemple créer un fichier de clients, « ciblés » en fonction de divers paramètres ; soit, plus grave encore, cherchant à *pirater* les logiciels, voire des données confidentielles informatisées (savoir-faire, secrets industriels, tarifs, procurant un avantage concurrentiel[2]). Parfois, l'intrus ne cherche qu'à obtenir une rançon : un virus de cryptage rend illisible les fichiers ; un message s'affiche indiquant que, pour les récupérer, il convient de télécharger un logiciel spécial moyennant une somme d'argent, en réalité une rançon (d'où le nom de rançongiciel [ou *ransomware*])[3]. La cybercriminalité est donc bien, hélas, une réalité multiforme contre laquelle le droit, tant d'origine interne que d'origine européenne, a commencé à réagir. Le Parlement européen et le Conseil publièrent une directive 2016/1148[4], sur les « *mesures destinées à assurer un niveau élevé commun de sécurité des réseaux et des systèmes d'information dans l'Union* »[5]. Elle fut transposée *a minima* par la loi n° 2018-133 du 26 février 2018[6]. Elle encadre, d'une part, la sécurité des réseaux et des systèmes d'information des opérateurs de services essentiels ; d'autre part, celle des fournisseurs de service numérique[7].

Le plus dramatique serait l'hypothèse, envisagée par les responsables de la sécurité informatique (ou cybersécurité) des pays occidentaux, de cyberterroristes qui, par un virus *Good Luck* paralyserait rapidement et de façon radicale grand nombre d'entreprises et d'administrations vitales[8]. Les États-Unis craignent, en cas de tension avec la Chine, des attaques par saturation de leurs réseaux, paralysant les transmissions (déjà, en temps normal, les réseaux militaires américains font l'objet d'une attaque par minute[9]). La cybercriminalité risque de se transformer en cyberguerre : Les cyberattaques sont des armes de guerre en temps de paix apparente[10]. En 2007, l'Estonie, pays très connecté, a subi une attaque massive qui a bloqué pendant plusieurs jours les services internet des administrations, des banques et des médias. En 2010, les États-Unis introduisent dans le programme nucléaire irakien, par une simple clé USB, un ver malfaisant extrêmement puissant, baptisé *Stuxnet*, qui détruisit un cinquième des centrifugeuses de ce pays. En 2012, des internautes s'intitulant « Groupe de la jeunesse arabe » lancent le virus *Shamoon* qui détruisit 30 000 ordinateurs de la société pétrolière américaine *Aramco*. Plus récemment, il semble que

1. É. A. Caprioli (dir.), *Banque et assurance digitales. Droit et pratiques*, préf. M. Roussille, RD éd., 2017, n°s 588 s.
2. NOT. sur le secret, particulièrement le secret des affaires : V. Cassiers et S. Gilson (dir.), *L'entreprise et le secret*, Larcier, Bruxelles, 2014 – J.-L. Gillet et autres, « Le secret entre opacité et transparence », *Cahiers de la Justice* 2014/3. 341 s. – Une directive 2016/943/UE sur la protection du secret des affaires fut adoptée par le Conseil de l'Union européenne le 8 juin 2016. Elle fut transposée en droit français par la loi n° 2018-670 du 30 juill. 2018 (dont le texte a été validé par le Conseil constitutionnel le 26 juill. 2018, n° 2018-768 QPC). La loi a complété le livre 1er du code de commerce par un titre V, « De la protection du secret des affaires » (C. com., art. L. 151-1 à L. 152-2) – M. Dhenne, « La loi n° 2018-670 du 30 juillet 2018 relative à la protection du secret des affaires », *D.* 2018. Chron. 1817 ; T. d'Alès et O. Sicsic, « Secret des affaires : un nouvel arsenal législatif pour une protection renforcée », *JCP E* 2018. Ét. 1444 ; S. Piédelièvre, « La loi du 30 juillet 2018 sur le secret des affaires », *Gaz. Pal.* 9 oct. 2018. Doctr. 13 ; J.-C. Galloux, « La transposition de la directive relative à la protection du secret des affaires (Loi n° 2018-670 du 30 juill. 2018, relative à la protection du secret des affaires, *JO* 31 juill. 2018) », *RTD com.* 2018. 643 – O. de Maison-Rouge, « Le secret des affaires : la reconnaissance juridique de l'information protégée », *Dalloz IP/IT* 2018. 659 – J.-C. Galloux, « Secret des affaires et propriété intellectuelle », *Dalloz IP/IT* 2018. 666 – et LE DOSSIER dans : *AJ contrat* 2018. 407 s. – Le décret n° 2018-1126 du 11 déc. 2018 précise les modalités d'application de la loi préc. 2018-670 : J.-C. Galloux, « Le décret d'application de la loi du 30 juillet 2018 relative à la protection du secret des affaires (Décr. n° 2018-1126 du 11 déc. 2018, relatif à la protection du secret des affaires pour l'application de la loi n° 2018-670 du 30 juill. 2018, *JO* du 13 déc. 2018) », *RTD com.* 2019. 80 s.
3. É. A. Caprioli (dir.), *Banque et assurance digitales. Droit et pratiques, op. cit.*, n°s 608 s. – En 2017, le virus *NotPetya* coûta plus de 220 millions d'euros de chiffre d'affaires à *Saint-Gobain* et immobilisa une partie de l'Ukraine. En mai 2019, près de 10 000 ordinateurs de la ville de Baltimore (États-Unis) furent paralysés par un virus, dont les auteurs (les pirates) demandaient une importante rançon en crypto monnaie (*bitcoin*) pour débloquer la situation.
4. Dir. 2016/1148, Parlement et Conseil, 6 juill. 2016, concernant des mesures destinées à assurer un niveau élevé commun de sécurité des réseaux et des systèmes d'information dans l'Union, *JOUE* L 194, 19 juill., p. 1.
5. T. Douville, « L'émergence d'un droit commun de la cybersécurité », art. préc.
6. L. n° 2018-133, 26 févr. 2018, portant diverses dispositions d'adaptation au droit de l'Union européenne dans le domaine de la sécurité, *JO* 27 févr., n° 2.
7. T. Douville, « Cybersécurité : transposition de la directive NIS, ses limites et ses conséquences », art. préc. – É. A. Caprioli, *CCÉ* 2018. 50.
8. Déjà : v. *supra* s^{s} n° 011.86 ; et sur le ver *Slammer* v. *supra* s^{s} n° 335.52 ; aussi : v. *infra* s^{s} n° 335.111.
9. A. de La Grange, « L'Amérique s'arme pour la cyberguerre », *Le Figaro* 29 oct. 2007, p. 2.
10. D. Mongin, « Les cyberattaques, armes de guerre en temps de paix », *Esprit* 2013/1, p. 32.

la Russie ait influencé les élections présidentielles des États-Unis qui ont vu le succès de M. Trump en 2016. Autrement dit, il existe aujourd'hui des risques d'atteintes à l'indépendance nationale et à la souveraineté numérique[1]. Les cyberattaques se déroulent aussi dans le domaine spatial pour pénétrer les secrets militaires et techniques des puissances. Afin de s'en prémunir, la France a lancé en 2018 un satellite d'observation militaire (intitulé CSO-1).

Quant aux fuites massives[2], certaines sont le fait d'individus qui prétendent dénoncer un scandale, la plupart d'entre elles relèvent d'opérations de cyber espionnage émanant d'acteurs privés, recrutés par des États ou de grands groupes financiers pour déstabiliser leurs adversaires.

À l'inverse, ces habiles mouchards mis en œuvre par des organismes publics sont destinés à combattre des pratiques illicites et le cyberterrorisme.

2°
Des remèdes

335.61 Norme Afnor. L'Afnor a homologué le 14 novembre 2007 une norme spécifique de management de la sécurité des systèmes d'information[3]. Elle est complétée par une série de guides[4].

335.62 Ordinateurs quantiques. La « révolution quantique », qui devrait intervenir entre 2025 et 2035, bouleversera (en bien) les questions de sécurité. Elle sera le fruit des ordinateurs quantiques (*quantum computer*)[5]. L'informatique quantique est fondée sur des propriétés physiques de la matière (et non sur les mathématiques comme l'informatique actuelle). Cela permettra une augmentation considérable de la puissance de calcul et fera sauter toutes les barrières cryptographiques qui protègent actuellement les données. Non seulement les ordinateurs seront cent millions de fois plus rapides qu'un ordinateur classique, mais aussi ils devraient garantir une sécurité absolue, en utilisant les propriétés quantiques de la matière, telle la superposition et l'enchevêtrement (« l'intrication » préfèrent dire affreusement les ingénieurs) afin d'effectuer des opérations sur des données, opérations uniques donc infalsifiables et impénétrables (mais nous ne pouvons pas en dire plus, n'ayant pas les compétences techniques nécessaires). Une jeune pousse (*start-up*) française, *CryptoNext Security*, créée en 2019, a développé une cryptographie dite « post-quantique » (en anglais *quantum safe*), résistante au quantique, permettant de sécuriser dès maintenant les communications de l'Armée.

335.63 Les façons de se prémunir de l'intrusion de virus ; les précautions de base et les connaissances nécessaires. Certaines précautions élémentaires sont maintenant connues de tous (ou presque...). Changer régulièrement ses mots de passe et ne pas utiliser le même sur ses différents comptes. Ne pas laisser ses serveurs et ordinateurs connectés et ouverts inutilement. Ne jamais mettre en marche le processeur avec une disquette insérée ; ne pas introduire de disquette ou de cédérom dont l'origine n'est pas certaine ; ne jamais ouvrir la pièce jointe d'un message électronique (en anglais *e.mail ;* en français *mél* ou *courriel*) dont on ne connaît pas l'expéditeur ; rejeter systématiquement les fichiers à extension.*exe* et n'accepter qu'avec une extrême prudence les autres (not.*pif*,.*inf*,.*reg*,.*msp*) ; se méfier des liens de certains sites, dans lesquels de nombreuses fenêtres s'ouvrent simultanément, qui vont elles-mêmes en ouvrir d'autres ; mais aussi des fichiers qui contiennent une succession de commandes enregistrées (les *macros*), tels les fichiers de bureautique bien connus (*World, Excel*), car ils peuvent être contaminés (de l'intérêt de ne pas les copier chez un tiers, mais d'en obtenir une licence !) ; utiliser des mots de passe réellement secrets, qui ne soient pas trop simples (de 8 à 12 caractères alphanumériques), différents pour chacun des services utilisés, les renouveler fréquemment, configurer le navigateur internet pour qu'il ne se souvienne pas des mots de passe ; dans une entreprise limiter strictement l'accès aux salles des serveurs et aux placards de connexion tout en codant (cryptant[6]) les informations confidentielles[7] ; utiliser de préférence à la technique sans fil (*Wi-FI*) celle du luminaire haute fidélité [*Li-Fi, Light Fidelity*[8]] permettant l'échange de données entre la lumière LED et un ordinateur et ouvrant ainsi accès à l'internet[9]. Lorsqu'un message demande à son destinataire de le transférer à tous ses contacts, c'est généralement un canular (souvent dénommé un *hoax*), c'est-à-dire une information fausse, périmée ou invérifiable propagée spontanément par les internautes. Les *hoax* sont nombreux et divers ; ils peuvent porter sur tout sujet

1. COMP. : P. Türk et C. Vallar, *La souveraineté numérique. Le concept, les enjeux*, Mare et Martin, 2018.
2. V. *supra* s[s] n° 335.56.
3. NF ISO : CEI 27001 : 2007-12 ; OSP 27001 : 2005.
4. Dont ISO 27002, détaillant les mesures de sécurité.
5. Fondé sur la mécanique quantique, un ordinateur quantique est doté d'une importante puissance de calcul afin de résoudre des problèmes complexes. Sur un ordinateur classique, chaque bit représente soit un 0, soit un 1. Mais sur un ordinateur quantique, les bits sont des « qubit » et peuvent représenter de façon simultanée un 0 et un 1.
6. L'Académie française conseille d'éviter crypter et d'employer coder.
7. V. *infra* s[s] n° 411.63.
8. Mis sur le marché en 2016 par la sté française *Lucibel* (créée en 2008).
9. Présentant un immense avantage quant à la sécurité des données, celles-ci ne pouvant pas être piratées à distance.

susceptible de déclencher une émotion chez l'internaute : alerte au virus, disparition d'enfant, promesse de bonheur, annonce d'un gain, pétition, *etc.* Il ne faut absolument pas tomber dans le piège d'ouvrir le message et, surtout de le répandre. Certaines de ces mesures sont inefficaces en présence d'un « ver informatique ».

La surveillance contre les périls décrits aux numéros précédents suppose d'abord de connaître les « trous de sécurité » de certains logiciels, un homme averti en valant deux [1], ainsi que de mettre à jour ses logiciels mais aussi et surtout ses systèmes d'exploitation, permettant de corriger les vulnérabilités des programmes. Il est indispensable de disposer d'un logiciel antivirus (mais un seul : l'installation de plusieurs antivirus n'assurera pas une meilleure protection, mais provoquera des difficultés, car ils se combattront entre eux), vérifiant automatiquement toute disquette ou cédérom introduits, tout message électronique ainsi que leurs pièces jointes ; il doit être remis à jour régulièrement (au moins une fois par jour, en le téléchargeant). Le marché des logiciels antivirus dépasse en France deux milliards d'euros. Mais aucun d'entre eux n'est infaillible, et de nouveaux virus apparaissent à une fréquence redoutable (des sites permettent de connaître les derniers virus, par exemple http://www.infovirus.com ; le site officiel de l'Agence nationale de sécurité des systèmes d'information [ANSII], créée en 2009,[2] recense notamment les nouveaux virus, les failles des programmes informatiques et les « arnaques » numériques : http://www.securite-informatique.gouv.fr). Le pire est que de faux logiciels de sécurité, censés nettoyer les systèmes des virus et des logiciels espions, se développent de plus en plus sur internet. Téléchargés, ils installent eux-mêmes des virus et des logiciels espions. Ces antivirus factices, dénommés *rogues* ou *scareware*, se présentent sous des airs respectables et protecteurs. L'attention de l'internaute est attirée par des messages indiquant que son ordinateur est infecté et qu'il faut procéder à une analyse de son contenu ou d'acheter un logiciel pour éliminer le danger. 93 % des installations des 50 faux antivirus les plus répandus ont été effectuées de façon volontaire par des internautes trop confiants ! Conclusion : Il ne faut jamais télécharger un antivirus sans s'assurer de la qualité du fournisseur.

Aujourd'hui, les techniques sont si complexes et offrent tant d'outils aux criminels que même les services de sécurité les plus à la pointe n'arrivent pas à arrêter toutes les cyberattaques.

Pour une entreprise, en cas de doute, un *audit* [3] de l'informatisation de l'entreprise est nécessaire, afin d'en détecter les faiblesses quant à sa sécurité informatique ou cybersécurité. Tous les collaborateurs de l'entreprise doivent être informés des risques et des précautions à prendre. Les grandes entreprises possèdent généralement une procédure de gestion des incidents de sécurité, mise à jour régulièrement et d'une cellule de crise.

À l'occasion du Forum international de la cybersécurité, qui s'est tenu à Lille les 23 et 24 janvier 2018, il a été indiqué que les budgets de sécurité informatique ne représentent que de 6 % à 8 % des ressources allouées à la direction des systèmes d'information des entreprises, alors qu'il faudrait y consacrer entre 8 % à 12 %. En septembre 2017, il a été décidé de transformer l'Agence européenne de sécurité des réseaux et de l'information en véritable Agence de cybersécurité de l'Union, une lutte à l'échelle européenne paraissant seule à même de combattre ce fléau. De plus, une plateforme de collaboration, financée par l'Europe, est en cours d'élaboration, afin de permettre aux 27 pays membres de disposer des mêmes outils d'échange, d'analyse et de travail.

335.64 Des organismes de cybersécurité. Des sociétés se sont spécialisées dans la cybersécurité (ou sécurité numérique). La société française *Thales* est devenue le leader mondial de la spécialité (après son rachat en 2015 de l'américain *Vormetric et* sa fusion en 2017 avec *Gemalto*). Depuis 2019, *Orange* se revendique comme le numéro un de la cybersécurité en Europe. La société française *Ledger*, outre sa maîtrise des coffres-forts numériques [4], se charge de sécuriser les transactions autour des objets connectés et entre eux [5]. *CyberAngel* permet de lutter contre la fuite des éléments de propriété intellectuelle, en alertant ses clients sur la présence en ligne de données ou de documents sensibles (projets de R & D, base de données, code source de logiciels, *etc.*), dérobés ou laissés sur la toile par la négligence de prestataires ou de salariés.

En France, la loi n° 2018-607 du 13 juillet 2018 [6], de programmation militaire (LPM) pour les années

1. EX. : l'actualité de la sécurité informatique sur http://news.secuser.com, diffusant not. des avertissements – AUSSI SUR la sécurité informatique les portails officiels : www.securite-informatique.gouv.fr et www.ddm. gouv.fr/surfezintelligent
2. À l'origine sa mission était de défendre les systèmes d'information de l'État. Depuis, ses champs et compétence ont été élargis. L'Anssi accompagne les entreprises françaises dans leurs efforts de sécurité, surtout celles qui gèrent des « *infrastructures critiques* » (not. dans les domaines de l'énergie et de la santé). Mais elle s'adresse aussi de plus en plus au grand public.
3. Sur l'audit v. *supra* s[s] n°s 333.00 s.
4. Sur ceux-ci v. *infra* s[s] n°s 338.16 s.
5. Sur les objets connectés not. v. *supra* s[s] n° 011.65.
6. L. n° 2018-607, 13 juill. 2018 relative à la programmation militaire pour les années 2019 à 2025 et portant diverses dispositions intéressant la défense, *JO* 14 juill., n° 1.

2019 à 2025, oblige les opérateurs d'intérêt vital (OIV), soit environ 200 entreprises d'énergie, de finances et de communications stratégiques, à prendre des mesures de protection.

L'office central de lutte « *contre la criminalité liée aux technologies de l'information et de la communication* » du ministère de l'Intérieur met à la disposition des internautes une plateforme dédiée au signalement des contenus et comportements illicites circulant sur la toile (Plateforme d'harmonisation, d'analyse, de recoupement et d'orientation des signalements [Pharos]).

Soixante sociétés françaises de la cybersécurité, grandes[1] comme petites, dont de jeunes pousses (*start-ups*), se sont installées avec des chercheurs et des centres de formation ainsi qu'une équipe de l'Anssi (Agence nationale de la sécurité des systèmes d'information), tour Eria, dans le quartier parisien de La Défense, créant ainsi un « Campus cyber » (sous la forme d'une SAS privée-publique, avec un capital de 2 millions d'euros) de 25 000 mètres carrés, qui a ouvert ses portes le 15 février 2022. Il réunit en son sein l'élite du savoir-faire français, tant privé que public, de ce domaine hautement stratégique. L'objectif est de permettre aux meilleurs connaisseurs Français en la matière de partager leurs connaissances, de créer des projets communs et d'assurer un meilleur rayonnement international de la cybersécurité française, pour en faire un élément essentiel, tant de notre souveraineté que de notre économie (à l'instar du luxe). Un des enjeux est d'élever le niveau de sécurité informatique du pays.

335.65 Les façons de se prémunir de l'intrusion de virus (suite) ; les systèmes de protection. Ensuite, il convient de créer des systèmes de protection destinés d'abord à empêcher les intrusions intempestives ; puis, à supposer l'intrusion réussie, dans une seconde ligne de défense, du reste plus importante, à empêcher que l'intrus puisse y laisser des traces et, surtout, se maintienne (de même que les châteaux forts possédaient une succession d'obstacles jusqu'au donjon central, un des exemples les plus évocateurs étant celui de Pierrefonds, dans la forêt de Compiègne, largement reconstitué au XIXe siècle par Viollet Le Duc). Lorsque les réseaux sont très vastes, ils ressemblent à d'immenses labyrinthes dans lesquels l'intrus se perdra généralement, sans trouver ce qu'il recherchait. Il existe sur le marché des « barrières de sécurité » ou « pare-feu » (*firewall*) assez efficaces, mais dont la fiabilité est loin d'être absolue (ce sont des dispositifs filtrant le flux d'informations entre un réseau interne et un réseau externe, en vue de neutraliser les tentatives de pénétration).

En France près de 50 % des entreprises se contentent de cette mesure de précaution rudimentaire. Mais dans les entreprises d'une certaine importance, possédant un système informatique intégré, tous les processeurs étant en réseau, il arrive assez souvent que certains sites n'aient pas été dotés d'un « pare-feu ». Le pirate entrera alors par cette brèche. Certains malfaiteurs sont très ingénieux dans ce domaine : Ils créent des logiciels leur permettant de repérer les ordinateurs vulnérables. Et dérobent des informations et même des fonds transférés électroniquement. La rumeur prétend que des millions de dollars se « perdent » ainsi sur le réseau mondial des transferts de fonds. En 1994 le Russe Vladimir Levin détourna 10 millions de dollars de la *City Bank* de New York. Six ans plus tard un jeune vandale Américain de 16 ans lança une série d'attaques contre d'importantes entreprises dites à l'époque de la « nouvelle économie »[2], entraînant des pertes estimées à plus d'un milliard de dollars. Il est donc nécessaire de procéder à des tests de fiabilité (*proof of concept* [POC]), ou démonstration de faisabilité.

À mesure qu'une entreprise recourt à l'informatique en nuage (*cloud computing*[3]) elle doit songer à la sécurité des données et des applications dans celle-ci.

335.66 Les façons de se prémunir de l'intrusion de virus (suite) ; les sauvegardes. Enfin, la mesure la plus efficace consiste à sauvegarder régulièrement toutes ses données, sur un support extérieur ou dans un site internet, soit par ses propres services soit en recourant à une entreprise de service du numérique (ESN) spécialisée[4]. L'archivage à distance sur un serveur internet est proposé de plus en plus souvent[5], soit à titre gratuit (pour une capacité limitée), soit à titre onéreux dans un centre de stockage (*Data center*)[6], sur terre ou dans les nuages (parfois dans deux nuages différents pour diminuer les risques[7]). Les données sont sécurisées, et ne sont accessibles qu'avec un mot de passe. Il est même sage de créer une disquette de démarrage saine contenant un antivirus, pouvant être utilisée en présence d'une attaque réussie d'un virus[8].

1. Dont *Capgemini, Orange, Airbus Defenc&Space, Sopra Steria, Thales*.

2. EX. : *Yahoo, e.Bay, Amazon, Dell.com*.
3. V. *infra* n° 342.12.
4. Sur la sous-traitance de spécialité v. *infra* s^s^ n°s 336.12 s.
5. EX. : *Yahoo, Skydesk, Storage Telecom*.
6. V. *infra* s^s^ n°s 342.13 s. et 422.05.
7. Sur le *cloud computing* v. *infra* s^s^ n°s 342.12 s.
8. NOT. SUR l'archivage électronique : J.-M. Reich, M.-A. Chabin et É. A. Caprioli, *Dématérialisation et archivage électronique*, Dunod, 2006 – FNTC, *Vademecum juridique de la digitalisation des documents*, préf. É. A. Caprioli, 2016, p. 28 s.

335.67 Intervention d'un tiers. Il existe des ESN spécialisées dans l'anti-piratage, proposant des contrats de protection contre les cyberattaques et de remise en fonctionnement après une éventuelle pénétration de virus. Ces contrats peuvent comporter accessoirement une location de matériel de sauvegarde. Autant il est normal que la réalité des prestations relève de l'obligation de moyens, autant il est évident que l'efficacité des interventions ne peut être que de moyens, étant donné l'aléa consubstantiel à cette activité. La jurisprudence est peu abondante. Un arrêt est intéressant. Le prestataire de services n'ayant pas réussi à éradiquer les virus infectant le système du client, celui-ci résilia le contrat. Les juges considérèrent cette résiliation comme fautive. D'une part, le contrat ne prévoyant pas de dispositions contractuelles sur l'étendue des obligations (il n'y avait donc pas d'obligation de résultat). D'autre part, le client avait manqué à son obligation de prudence quant à l'utilisation de son système, en laissant son personnel se connecter à des sites connus pour être des sources de virus, rendant ainsi inefficace la protection dont il bénéficiait[1] ; les entreprises doivent encadrer l'accès de leurs salariés à la toile.

Plusieurs des sociétés spécialisées dans l'anti-piratage ont été fondées par d'anciens malfaiteurs de ce domaine qui, repentis, ont décidé de battre monnaie de leur compétence, de même qu'au XIXe siècle Vidocq, de bandit était devenu chef de la police (inspirant à Balzac cette même carrière pour son fameux personnage de Vautrin), confirmant la sagacité d'un vieux dicton, selon lequel « *les braconniers font les meilleurs gardes-chasse* ». D'autres, parmi les plus malfaisants, ont été condamnés à de longues peines d'emprisonnement et à de lourdes amendes (not. Kevin Mitnick, qui se désignait par le pseudonyme de *Condor*, en référence au film éponyme de Pollack, dans lequel le héros devait déjouer un complot gouvernemental. *Condor* commença sa carrière de pirate à 17 ans, et fut finalement arrêté par le FBI, après des années de traque, grâce à un ancien pirate embauché par cet organisme ; une fois sa peine purgée, il fut engagé par une société éditant des antivirus. En 2004, Seven Jaschan, auteur à 18 ans du virus *Sasser*, trouva un emploi dans l'équipe des développeurs de *Securepoint*).

Certains as de l'informatique (*geeks*[2]) ou « fouineurs » (*hackers*), loin d'utiliser leur savoir-faire à des fins malveillantes, proposent leurs services aux entreprises, dans lesquelles ils partent à la chasse aux failles de sécurité et aux erreurs d'écriture (chasse aux bogues [*bug bounty*], dit aussi fouineur éthique). La chasse aux bogues est un programme de récompenses, proposé par de nombreux sites sur la toile et développeurs de logiciel, aux personnes qui rapportent des bogues, surtout ceux qui sont associés à des vulnérabilités. Les développeurs peuvent ainsi découvrir et corriger des bogues, coupant l'herbe sous le pied des pirates (la prévention est toujours préférable). Les fouineurs, effectuant cette tâche, sont rémunérés par les sociétés en fonction du nombre et de la gravité des failles de sécurité qu'ils détectent et permettent de réparer. Ces fouineurs sont mieux adaptés à une démarche de sécurité en continu qu'un service dédié d'une entreprise. Des sociétés (not. *YesWeHack* ou *Yogosha*, qui sont françaises malgré leur nom) se sont spécialisées dans la mise en relation des fouineurs (*hackers*), dont c'est rarement l'activité principale et des entreprises. Elles garantissent à leurs clients le sérieux des personnes qu'elles leur envoient, notamment quant à la confidentialité. Non seulement de nombreuses entreprises privées recourent à de tels fouineurs, mais aussi des administrations, et même en 2020 le ministère des Armées, afin de tester l'application *TousAntiCovid*. La pandémie de 2020-2022 fut un facteur d'une forte accélération du recours aux fouineurs, afin de tester rapidement et à distance toutes sortes d'outils et de services en ligne mis en place lors du grand confinement.

Thales a inauguré en mars 2016, dans la région parisienne, un vaste centre opérationnel de 120 experts, dédié à la protection des systèmes d'information de ses principaux clients, surveillant 20 000 équipements 24 h/24 h, 7 jours/7[3]. Le marché de la cybersécurité est considérable et il devrait croître de plus de 10 % par an (augmentant parallèlement à la révolution numérique se traduisant par de plus en plus d'usines, d'entreprises ou d'objets connectés, accroissant d'autant les risques d'attaques).

À côté des fouineurs blancs, se répandent aussi les lanceurs d'alerte (*whistleblowing*) ou fouineurs éthiques, qui avertissent bénévolement et spontanément les responsables de la sécurité des systèmes d'information de la vulnérabilité de ceux-ci. Le législateur leur assure une protection juridique depuis la loi n° 2016-1321 du 7 octobre 2016[4], ayant inséré l'article L. 2321-4 dans le code de la défense : « *Pour les besoins de la sécurité des systèmes d'information, l'obligation prévue à l'article 40 du code de procédure pénale n'est pas applicable à l'égard d'une personne de bonne foi qui transmet à la seule autorité nationale de sécurité des systèmes d'information une*

1. Paris, 2e ch. B, 4 mai 2007, *Normaction c/KBC France, CCÉ* 2008, n° 30, obs. É. A. Caprioli.
2. Déformation du mot de l'argot anglais *geck* signifiant imbécile !
3. *Le Figaro* 11 mars 2016. 25.
4. L. n° 2016-1321, 7 oct. 2016 pour une République numérique, *JO* 8 oct. 2016, n° 1.

information sur l'existence d'une vulnérabilité concernant la sécurité d'un système de traitement automatisé de données. L'autorité préserve la confidentialité de l'identité de la personne à l'origine de la transmission ainsi que des conditions dans lesquelles celle-ci a été effectuée. L'autorité peut procéder aux opérations techniques strictement nécessaires à la caractérisation du risque ou de la menace mentionnés au premier alinéa du présent article aux fins d'avertir l'hébergeur, l'opérateur ou le responsable du système d'information ».

335.68 Considérations finales. La vigilance contre les virus est parfois émoussée chez les internautes du fait que, par jeu, certaines personnes s'amusent à créer de faux messages d'alerte, demandant de les diffuser le plus largement possible. Cette simple demande est la signature probable d'un canular, car aucun éditeur d'antivirus n'utilise un tel procédé (néanmoins, si le message émane d'un de vos correspondants fiables, mieux vaut en tenir compte, au moins pour prendre des mesures de sauvegarde). Le pire est que certains de ces messages d'alerte fantaisistes peuvent servir à transmettre subrepticement d'authentiques virus, qui se multiplieront si son receveur obéit à l'injonction de diffusion. Des sites recensent les canulars [1].

L'atteinte aux systèmes de traitement automatisés des données est réprimée [2] pénalement [3], notamment lorsqu'elle intervient en bande organisée [4]. Malgré la généralisation des techniques de l'information pour les besoins professionnels et particuliers, la jurisprudence sanctionnant l'accès ou le maintien frauduleux dans un système de traitement automatisé de données n'est pas abondante. Quelques arrêts de la chambre criminelle de la Cour de cassation ont eu à connaître de l'application de ces textes. Un du 3 octobre 2007 rappelle opportunément les éléments constitutifs de l'infraction de maintien dans un système de traitement automatisé de données [5]. Un autre du 27 mars 2018 a maintenu l'arrêt de la cour d'appel ayant condamné, sur le fondement de l'article 323-1 du code pénal, un individu ayant accédé à la messagerie électronique de l'une de ses collègues de travail et qui avait envoyé trois messages à l'adresse professionnelle du conjoint de celle-ci mettant en cause sa moralité [6].

B.
Surveillance immatérielle d'un site internet ou extranet

335.71 Surveillance à l'encontre des graffitis virtuels. La surveillance peut s'exercer aussi sur le site internet ou extranet d'une entreprise afin de parer aux cybermenaces. Le besoin s'en fait sentir, car une pratique fâcheuse est apparue, celle des *graffitis virtuels* (*tags* ou *meta-tags*) utilisant le procédé des *liens hypertextes* [7]. Elle consiste à polluer les données de transmissions d'un site par des informations ou des abstrats, qui n'apparaissent pas à l'écran, mais sont reconnus par divers moteurs de recherche. D'où l'utilisateur, qui lance une recherche dans une direction polluée, atterrit directement sur les pages secondaires sans passer par les pages d'accueil ou, pire, est orienté vers le site du professionnel malhonnête. Ainsi, dans le commerce électronique, l'internaute verra apparaître sur son écran le site d'une marque concurrente de celle qu'il attendait [8]. Un tel acte est condamnable au regard de la concurrence parasitaire et, lorsque les entreprises ne sont pas concurrentes, à celui des agissements parasitaires [9], à la condition évidemment d'être à l'origine d'un préjudice. L'utilisation de la marque d'un

1. http://www.hoaxbuster.com, ou http://www.secuser.com/hoax.
2. NOT. : C. Robaczewski, « Atteinte aux systèmes de traitement automatisés des données », *J.-Cl. pénal*, fasc. 20 (2010).
3. C. pén., art. 323-1 (créé par L. n° 89-19, 5 janv. 1988, art. unique ; mod. par L. n° 2015-912, 24 juill. 2015, art. 4) à 323-8 (créé par L. n° 2015-912, 24 juill. 2015, art. 18).
4. C. pén., art. 323-4 (mod. par L. n° 2004-575, 21 juin 2004, art. 46) et 323-4-1 (mod. par L. n° 2015-912, 24 juill. 2015, art. 4).
5. Crim. 3 oct. 2007, n° 07-81.045, P n° 236 ; *RLDI* 2007/32, n° 1082, obs. J.-B. Auroux ; Ph. Belloir et M. Pendu, « L'incrimination d'accès ou de maintien frauduleux dans un système automatisé de données », *RLDI* 2008/35, n° 1176.
6. Crim. 27 mars 2018, n° 17-81.989, NP, *CCÉ* 2018, n° 59, obs. É. A. Caprioli.
7. Sur ces derniers v. *infra* s[s] n°s 432.12 s.
8. V. aussi *infra* s[s] n° 431.15.
9. COMP. : T. com. Paris, réf., 26 déc. 2000, *Havas Numérique c/Keljob, D.* 2001. AJ 1389, obs. C. Manara ; *CCÉ* 2001, n° 21, obs. C. Caron : condamnant une sté exerçant l'activité de moteur de recherche, non concurrente de la victime des agissements – TGI Paris, réf., 8 janv. 2001, *Cadremploi c/Keljob, CCÉ* 2001, n° 46, obs. C. Le Stanc ; *PIBD* 2001. III. 294 : liens hypertextes profonds permettant de récupérer des pans entiers des données du site visité ; ORDONNANCE RÉFORMÉE par : Paris, 25 mai 2001, *PIBD* 2001. III. 455 : considérant qu'il n'y avait pas concurrence déloyale – Paris, 13 mars 2002, *S[té] de fabrication d'outillage de la Brie, D.* 2002. AJ 1752, obs. C. Manara ; *CCÉ* 2002, n° 99, obs. L. Grynbaum ; *D.* 2003. Somm. 1030, obs. Y. Auguet : condamnation pour concurrence déloyale (SUR les liens hypertextes v. *infra* s[s] n°s 432.12 s.) – Douai, ch. 1, sect. 2, 5 oct. 2011, RG n° 10/03751, *D.* 2011. AJ 2861, obs. C. Manara, CRIT. : l'annotateur critique l'arrêt not. parce qu'il a condamné pour concurrence déloyale sans établir un préjudice ; mais selon nous le préjudice est le trouble commercial causé par l'acte de concurrence déloyal : Ph. le Tourneau (dir.), *Droit de la responsabilité et des contrats. Régimes d'indemnisation*, 12e éd., « Dalloz action », 2020, n° 2214.33 ; *Propr. ind.* 2012, n° 9, obs. J. Larrieu ; *RJDA* 2012, n° 355.

concurrent par un *meta-tag* constitue une contrefaçon[1].

335.72 Situation du fournisseur de contenu non professionnel. Normalement un fournisseur de contenu amateur, ne se connectant pas au réseau à titre professionnel, entre sur la toile mondiale (*Web*) et y « butine » pour des raisons variées mais toutes estimables : Afin de s'informer, de s'instruire, de se distraire, de répandre ses idées, de dialoguer (dans des « groupes de discussions virtuels »). Hélas, il arrive aussi qu'il cherche à nuire : Il est des voyous du « cyber espace » (fort nombreux !), émettant des virus ou des graffitis virtuels par pure malignité. Le rôle du fournisseur de contenu amateur est également divers (passif comme consommateur de messages, ou au contraire actif introduisant de la matière supplémentaire). S'il est actif, sa responsabilité est engagée pour tout dommage qu'il causerait, exactement comme le professionnel diffuseur d'informations[2]. La seule atténuation sera que le *seuil* de qualification de la faute sera rehaussé, le critère de comparaison étant le bon père de famille (ou la personne raisonnable[3]), le *bon internaute* plus exactement, et point le bon professionnel.

En revanche, contrairement à ce que certains auteurs ont pu avancer, il est indifférent qu'il agisse de façon désintéressée. Ainsi la vigilance s'impose autant dans le monde virtuel que sur terre.

335.73 Cryptologie. Dans le monde dématérialisé de l'internet, où les données s'expriment comme dans l'informatique sous la forme binaire de 0 et de 1, la cryptologie[4] est précieuse pour en assurer la sécurité (par exemple dans son utilisation par les notaires[5]) [6]et pour renforcer la fiabilité de la signature électronique[7]. La cryptologie, permettant une navigation privée, est libre[8], sous réserve de sa déclaration[9]. Elle permet par exemple de garantir (sinon totalement mais du moins avec une grande probabilité) que la personne qui accède à des données est habilitée à en prendre connaissance, et qu'elles sont authentiques (non dénaturées). Ces données peuvent être conservées dans des archives électroniques[10], ou bien adressées à un correspondant comme pièce jointe à un message électronique (et être constituées d'informations confidentielles et/ou procurant un avantage concurrentiel : secret de fabrique, état de négociations commerciales avec un tiers, réponse à un appel d'offres, contrat, voire l'intégralité d'un ouvrage [nous avons adressé ainsi celui-ci à son éditeur]).

335.74 Logiciels parasites et espions s'insinuant par l'internet. Des logiciels parasites et espions s'insinuent par l'internet (les *spywares*), soit ostensiblement sous le prétexte de faciliter la navigation, soit de façon totalement occulte. Leur objectif réel est de saturer le système informatique de bandeaux publicitaires comme de relever les faits et gestes de son utilisateur pour les transmettre à un serveur publicitaire, voire de noter des données confidentielles afin d'alimenter des bases de données. De toute façon, ils ralentissent le fonctionnement du système. Il est donc recommandé de les déceler et de les supprimer régulièrement en lançant un programme spécifique (tels *SpySweeper*, *SpyBot* ou *AdAware*).

§ 3
« Gestion des connaissances »

335.80 Bibliographie. Ouvrages. V. *supra* s[s] n° 332.03 – *Adde* : J.-F. Ballay, *Capitaliser et transmettre les savoir-faire de l'entreprise*, Eyrolles, 1997 – I. Getz et A. Robinson, *Vos idées changent tout*, 2e éd., Eyrolles-Éd. d'Organisation, 2017 – R. Teullier, J. Charlet et P. Tchounikine (dir.), *Ingénierie des connaissances*, L'Harmattan, 2005.

Articles. P. Cohendet, « La firme évolutionniste. Information, acquisition des connaissances, apprentissage », *Informations et commentaires* 1996/97 – T. Durand, « L'Alchimie de la compétence », *Rev. française de gestion* 2000/127, p. 119 s.

1. TGI Grenoble, 23 juin 2005, *CNRRH c/Ép[x] C.*, *Expertises* 2005, p. 352.
2. EX. : TGI Versailles, réf., 22 oct. 1998, *Élancourt (C[ne])*, *D.* 1999. Somm. 118, obs. T. Hassler et V. Lapp.
3. S. Darmaisin, « À la recherche du bon père de famille », dans *Libre droit. Mél. Ph. le Tourneau*, Dalloz, 2008. 297 – F. Viney, *La personne raisonnable (Le bon père de famille et le* plerumque fit). *Contribution à l'étude de la distinction des standards normatifs et descriptifs*, th. Paris I, 2013 – Il faut probablement remplacer cette expression par celle de « *personne raisonnable* », puisque la loi n° 2014-873 du 4 août 2014 (art. 26), a supprimé dans les divers codes toute référence au « bon père de famille », y voyant une inégalité entre les sexes, alors qu'évidemment la jurisprudence avait toujours entendu cette expression au sens d'une « bonne mère de famille » lorsqu'une femme était en cause. Mais les mots de personne, de victime, de partie civile, etc., qui sont féminins, peuvent-ils s'appliquer à un homme ? Le législateur n'a pas perçu que ce changement, en apparence lexical, revêtait une importance beaucoup plus grande, car il conduisait à l'abaissement de la famille et au triomphe de l'individualisme. Au demeurant, il eut été plus conforme à l'esprit du droit français, quitte à supprimer le mot de père, de le remplacer par celui de parent (« bon parent »), alors que la référence à la personne raisonnable vient de la *Common law*.
4. Cnil, « Comprendre les grands principes de la cryptologie et du chiffrement », 25 oct. 2016 : www.cnil.fr/fr
5. À PROPOS du notariat : J. Sanchez, *Internet et dématérialisation au service du notariat*, mémoire Toulouse 1, 2012.
6. Aussi : v. *infra* s[s] n° 411.62.
7. V. *infra* s[s] n° 412.56.
8. L. n° 2004-575, 21 juin 2004, art. 30 s., dite loi LCEN.
9. L. n° 2004-575, 21 juin 2004, art. 31.
10. SUR CELLES-CI : FNTC, *Vademecum juridique de la digitalisation des documents*, préf. É. A. Caprioli, 2016, p. 28 s.

335.81 Création, capitalisation et transmission du savoir-faire des entreprises. Un service supplémentaire aux entreprises est la « gestion des connaissances » (*knowledge management*), dite aussi l'ingénierie des connaissances (mais le mot d'ingénierie est ici impropre). Elle se distingue assurément de la surveillance envisagée ci-dessus, tout en ayant une certaine affinité avec elle, car il s'agit tout de même de veiller à certains éléments immatériels *ad intra*. Il est en effet apparu que les entreprises sont souvent riches de savoirs précieux, ignorés par la plupart de ses membres, étant propres à certains salariés, et qui risquent donc d'être perdus lors du départ de leurs détenteurs. Pour conjurer ce péril, la « gestion des connaissances » consiste à capitaliser et à transmettre le savoir-faire de l'entreprise, c'est-à-dire des salariés qui se trouvent à la charnière du « savoir » et du « faire ». Ce sont eux qui constituent la mémoire de l'entreprise, l'enrichissent, l'actualisent, la transmettent... [1]. Pour faciliter ladite gestion, on peut utiliser un logiciel de flux des travaux (*workflow*) [2].

La gestion des connaissances vise aussi à faciliter la création de connaissances et d'idées nouvelles (que des « systèmes de management des idées » [SMI] essaient de favoriser [3]). L'entreprise est désormais regardée comme étant surtout constituée par ses savoirs, de sorte que son moteur est la création de connaissances nouvelles ainsi que des moyens de formation et d'apprentissage. L'entreprise doit être « apprenante » [4]. En se fondant sur ces données, certains qualifient l'entreprise contemporaine d'évolutionniste, car elle serait un « *lieu d'agencement, de construction, de sélection et d'entretien des compétences* » [5]. La certification et les démarches de qualité peuvent être un tremplin pour une bonne gestion des connaissances, en utilisant les éléments qui ont été capitalisés lors de ces opérations. La production et la diffusion des connaissances importent plus que celles des informations : il s'agit sans doute d'une évidence, mais l'attention n'a été attirée sur elle que récemment.

1. M. Ballay, *Capitaliser et transmettre les savoir-faire de l'entreprise, op. cit.* ; « Nous sommes tous des travailleurs », art. préc. – J.-Y. Bück, *Le management des connaissances, op. cit.* – J. Charlet et autres, *Ingénierie des connaissances. Évolutions récentes et nouveaux défis, op. cit.* – G. Balmisse, *Guide des outils du knowledge management, op. cit.*
2. Sur cette notion v. *supra* s[s] n° 115.11.
3. I. Getz et A. Robinson, *Vos idées changent tout, op. cit.*
4. D. Belet, *Devenir une vraie entreprise apprenante, op. cit.*
5. P. Cohendet, « La Firme évolutionniste. Information, acquisition des connaissances, apprentissage », art. préc. – *ADDE* T. Durand, « L'Alchimie de la compétence », art. préc., pour lequel la compétence comprend des *connaissances* (les savoirs), des *pratiques* (le savoir-faire) et des *attitudes* (le savoir-être).

L'informatique est évidemment un outil commode pour parvenir efficacement et rapidement à ce partage des connaissances (sauf pour ce qui est des « tours de main »), comme pour faciliter la créativité. Il est également possible de recourir à un site intranet. Toutefois, l'homme reste au centre du processus, quel que soit son degré dans la « hiérarchie », car non seulement c'est lui qui crée, maîtrise et possède des savoirs, mais c'est aussi lui qui décidera de les diffuser ou de les conserver sous le boisseau. La gestion des connaissances implique donc un état d'esprit d'ouverture et de partage, au service du bien commun de l'entreprise. Mais lui-même n'existera que si un climat de respect, de confiance et de motivation des salariés règne dans cette dernière. Or, en ce moment un *nouveau management* remet précisément au premier plan l'homme dans l'entreprise. Les analystes relèvent tous la nécessité de favoriser l'esprit d'initiative, l'autonomie et la formation des salariés (nous avons longuement traité par ailleurs de ce nouveau management, ayant redécouvert l'homme [6]). Le management a été une des innovations notables du XXe siècle, qui contribua largement au long cycle de croissance des « trente glorieuses » (années) après la seconde guerre mondiale.

SECTION 2
SURVEILLANCE À L'EXTÉRIEUR DE L'ENTREPRISE (*AD EXTRA*)

335.90 Bibliographie. Ouvrages. E. Delbecque et J.-R. Fayol, *Intelligence économique*, « Référence Management », Vuibert, 2018 – X. Delengaigne, *100 fiches pour organiser sa veille sur Internet : Au-delà de* Google... *– Outils et astuces pour le professionnel*, Eyrolles, 3e éd., 2019 – F. Jakobiak, *L'intelligence économique*. 2e éd., « Techniques & outils », Eyrolles, 2009 – A. Guilhon et N. Moinet (dir.), *Intelligence économique . S'informer, se protéger, influencer*, Pearson, 2016 – C. Harbulot (dir.), *Manuel d'intelligence économique : Comprendre la guerre économique*, 3e éd., PUF, 2019 – T. du Manoir de Juaye, *Le droit de l'intelligence économique*, « Litec professionnels », Litec, 2007 – A. Pelletier et P. Cuenot, *Intelligence économique, mode d'emploi : Maîtrisez votre information stratégique*, Pearson, 2015 – C. Revelli, *Intelligence stratégique sur internet*, préf. J. de Rosnay, 2e éd., « Stratégies et Management », Dunod, 2000.

Articles. A. Juillet et F. Puaux, « L'intelligence économique et le droit », *Cah. dr. entr.* 2008/5, n° 42, p. 22 s. – T. du Manoir de Juaye, « Intelligence économique et secret des

6. Ph. le Tourneau, *L'Éthique des affaires et du management au XXIe siècle : Essai*, Dalloz-Dunod, 2000 ; 2e tirage, 2001 [épuisé ; une version régulièrement mise à jour est consultable librement sur https://www.philippe-le-tourneau.fr, *passim*].

affaires : le point de vue des juristes », *Cah. dr. entr.* 2008/5, n° 42, p. 29 s.

§ 1
Veille technique

335.101 Recherche des innovations techniques effectuées par des tiers. Une forme très évoluée de surveillance, née relativement récemment dans le domaine technique, est ce que les professionnels nomment la *veille technique* ou, de façon maladroite, veille technologique (les deux mots ne sont pas synonymes, la technologie étant l'art d'élaborer et d'utiliser une technique[1]). Elle est encore appelée intelligence économique[2] ; mais le mot d'*intelligence* est ici un anglicisme, signifiant récolter et traiter des informations, comme le fameux service de renseignement britannique, l'*Intelligence service*. Il existe une *Association française pour le développement de l'intelligence économique* (Afdie), qui entend le concept de la façon la plus large, y incluant notamment, outre ce que nous en indiquons ici, la mise en œuvre des « fonctions offensives ou défensives » (relevant de la surveillance immatérielle[3]).

L'intelligence économique intervient dans les circonstances suivantes. Une entreprise, qui se consacre exclusivement à sa fonction propre, surtout si elle est de taille modeste, n'est pas toujours à même de connaître les progrès techniques survenus dans d'autres domaines et qui pourraient être transposés dans le sien, au prix éventuellement d'une adaptation. À sa demande, une entreprise de service (par exemple la société SVP), en état de *veille technique*, peut l'aviser des nouveautés utilisables. Le cas échéant, elle peut se charger des transformations nécessaires, si elle en a la capacité, elle ou une société de son groupe. Il existe des « courtiers en informations », dont la fonction est de mettre en relation le titulaire d'un savoir-faire ou d'un brevet et une entreprise désireuse d'une telle connaissance technique. Des logiciels spécifiques trient les informations collectées par la veille, qui peut s'organiser sur la toile[4]. Toute entreprise doit se protéger contre l'intrusion intempestive des tiers, surtout de ses concurrents, et les manœuvres de déstabilisation (qu'elle peut faire cesser en référé, et dont elle peut faire condamner les auteurs au moyen de l'action en concurrence déloyale ou en parasitisme[5]). Certaines officines spécialisées dans la « veille » technique se livrent aussi à l'espionnage industriel[6]. Les entreprises dans ce domaine aiment embaucher des anciens de la Direction générale de la sécurité extérieure (DGSE), dont l'expertise est précieuse.

§ 2
Ingénierie d'information

335.111 Extension à toutes sortes d'informations. Cette veille a vu son champ d'action se développer de façon significative à toutes sortes d'informations, au-delà de la technique *stricto sensu* : commerciales, financières, juridiques[7]... Il faut partir de l'idée qu'aujourd'hui les informations sont, au même titre que le savoir, gisements de richesse, et peuvent même être considérées comme un bien juridique ou une valeur économique (sans compter une arme de guerre : la guerre du Kosovo en 1999 a été présentée comme la première « guerre de l'information »).

Du reste, rejoignant nos vues, le *Forum économique mondial* de Davos a décidé, en janvier 2012, de classer les données parmi les actifs économiques, au même titre que les devises ou que l'or. L'information et la communication influent sur les performances des organisations et sur leur capacité à accroître la richesse. Dès lors, les entreprises recherchent les informations et sont, à cet égard, en état permanent de « veille », plus ou moins active. Si elles n'ont pas la capacité de procéder elles-mêmes à cette surveillance spéciale, elles confieront cette fonction à une officine spécialisée. Du fait de l'explosion du volume, de la variété, de la vitesse de traitement, de la valeur des données et de la vivacité du support (ce que l'on appelle la règle des cinq V), les systèmes d'analyse de mégadonnées, dites aussi données massives (ou *Big Data*), se sont développés pour permettre à tout le monde d'accéder instantanément à des bases de données géantes. Un métier spécifique est même né à cet égard, dit *l'ingénierie d'information* (même si le mot d'ingénierie peut sembler inadapté). Elle consiste à créer une synergie de toutes les sources d'informations, nationales ou internationales, publiques ou privées. Ce récolement porte sur les renseignements de toute nature : économique, technique, juridique, fiscal, politique, culturel... La synergie annoncée permet aux entreprises bénéficiaires de les optimiser dans les meilleurs délais, autant que possible avant les concurrents. La veille apporte aux dirigeants de l'entreprise bénéficiaire des données, qui alimentent leur réflexion et leur permettent d'anticiper des change-

1. V. *supra* s[s] n° 012.31.
2. Sur les ouvrages et art. cités v. *supra* s[s] n° 335.90.
3. V. *supra* s[s] n°s 335.51 s.
4. X. Delengaigne, *Organiser une veille sur internet, op. cit.*
5. SUR LA NOTION : Ph. le Tourneau, *Le Parasitisme*, Litec, 1998 [épuisé] ; *J.-Cl. Concurrence Consommation* fasc. 570 et 571 (2020).
6. V. *supra* s[s] n°s 335.11 s.
7. A. Juillet et F. Puaux, « L'intelligence économique et le droit », art. préc.

ments à opérer dans divers domaines, notamment juridiques (par exemple à l'annonce d'un projet de loi, ou à la suite d'un revirement de jurisprudence) ; elle s'insère dans une gestion stratégique des risques et des occasions de développement.

En effet, à s'en tenir à l'aspect juridique, le Droit ne se réduit pas à la présentation des contraintes et des obstacles à l'action : il présente une face positive, dynamique, de facteur de valorisation et de protection des ressources techniques comme des biens de l'entreprise. Évidemment, le danger existe (se réalisant) que cette veille, lorsqu'elle est pratiquée par un groupe industriel ou pour son compte, se transforme en espionnage industriel des concurrents !

335.112 De la veille sur la toile mondiale (*World Wide Web*). La toile mondiale (*Web*) est devenue un des gisements les plus importants d'informations, de plus en plus dense : la masse des données disponibles augmente de 50 % par an ! Des sociétés de veille ont créé un site sur la toile, auquel chacun peut se rendre pour y remplir une fiche d'identité indiquant ses centres d'intérêt ; le veilleur lui enverra alors dans sa boîte aux lettres toutes les informations qu'il récolterait. Le service d'une telle société peut être gratuit en aval, mais payant en amont : ce sont les entreprises dont les communiqués sont diffusés qui versent une commission.

Il existe des logiciels d'analyse sémantique et de traitement statistique permettant d'extraire et d'analyser de l'information publiée sur l'internet avec pour objectif la veille économique concurrentielle ou technique. Maintenant, avec le perfectionnement des outils informatiques, l'afflux de données nourrit les progrès en informatique ! En effet, pour les algorithmes [1] de l'apprentissage automatique, plus il y a de données, plus la machine apprend.

1. Pour une définition des algorithmes v. *supra* s^{s} n° 011.13.

CHAPITRE

336. Contrat de sous-traitance de spécialité (infogérance)

SECTION 0

ORIENTEUR

336.00 **Sommaire du chapitre.**

336.03 **Bibliographie. Ouvrages.** Collectif, *Les aspects juridiques de « l'outsourcing »*, Bruylant, Bruxelles, 2002 – A. Bensoussan, I. Demuard-Tellier et J.-F. Forgeron, *Le facilities management et le droit*, 3e éd., Éd. Bensoussan, 2000.

Articles. Collectif, « Enjeux et limites de l'externalisation », *Expansion Management Review* 2002/104, p. 43 s. – G. Cordier, « La clause de réversibilité : retour aux sources de l'*outsourcing* », *CCÉ* 2008. Fiche prat. n° 5 – G. Cordier et D. Guidford, « De quelques difficultés pratiques des phases préparatoires des opérations d'*outsourcing* informatique : approche franco-britannique », *CCÉ* 2009/7. Fiche prat. n° 7 – S. Darmaisin, « L'applicabilité de l'article L. 122-12 alinéa 2 du code du travail aux opérations d'externalisation », *Cah. dr. entr.* 2006/3, p. 21 s. – F. Dupuis-Toubol et F. Vergne, « Le contrat de facilities management », *JCP E* 1993. I. 225 et *DIT* 1993/1, p. 8 s. – El-Moktar Bey, « Du contrat de "facilities management" », *Gaz. Pal.* 1991. 1. Doctr. 19 s. – G. Flambard, « L'externalisation, technique contractuelle pour les contrats-cadre et pour les contrats d'application d'infogérance de système d'information », *Cah. dr. entr.* 2006/3, p. 51 s. – A. Hollande et J. Hejazi, « La clause de réversibilité », *CCÉ* 2003. Fiche prat., p. 10 – S. Lemarchand et C. Thain-Navarro, « L'infogérance internationale : quelles structures et quelle fiscalité ? », *Cah. dr. entr.* 2006, n° 3, p. 45 – M. Martin, « Pratique contractuelle. Contrats de l'informatique. La clause de réversibilité », *CCÉ* 2014. Fiche prat. n° 4 – P. Mousseron, « Les filiales d'externalisation », *Cah. dr. entr.* 2006/3, p. 40 s.

SECTION 1

DÉFINITION ET APPELLATION

336.11 **Deux sortes de sous-traitance.** La sous-traitance (*subcontracting*) comprend tant la *sous-traitance de capacité* que la *sous-traitance de spécialité*. La première permet au donneur d'ordres de répondre à la croissance conjoncturelle de la demande, sans augmenter ses propres installations, en s'adressant à une entreprise concurrente dans la même spécialité. Elle est momentanée par nature.

Au contraire, la seconde implique la durée : elle intervient lorsque le donneur d'ordre n'a pas la compétence, les équipements ou le personnel nécessaires pour accomplir sa tâche – Le RGPD [1] prévoit la conclusion de contrats qualifiés de sous-traitance ; mais ils ne répondent pas réellement à cette qualification ; ils sont donc plutôt des contrats *sui generis* [2] - ; il s'adresse à un spécialiste, seule celle-ci constitue une véritable « externalisation » (*externalization*), solution présentant des avantages et des inconvénients.

336.12 **Une entreprise se charge de la gestion et de l'exploitation du système informatique de son client.** Par la sous-traitance de spécialité, une entreprise charge un prestataire de services (ESN ou constructeur) de tout ou partie *de la gestion et de l'exploitation de son système informatique* (avec ou sans « délocalisation », ce qui est autre chose). Elle est aussi dénommée *infogérance, gérance de l'informatique, hébergement de services (ou d'applications) informatiques*, et, en anglais, *facilities management* (FM) ou *outsourcing* (voire *business process outsourcing* [BPO]). Une variante est constituée par le contrat de fournisseur d'applications hébergées (FAH), traduc-

1. Sur le RGPD v. *supra* ss n° 011.22.
2. EN CE SENS : M. Guillemain, « La sous-traitance en droit des données personnelles », *RLDI* 2018. Ét. 5265.

tion du sigle ASP (*Application Service Provider* [ASP])[1]. La sous-traitance de spécialité a connu une forte croissance. Cette expansion est plus ou moins importante selon les pays.

Les entreprises offrant ses services ont besoin de machines puissantes et, ce qui peut apparaître inconciliable, peu volumineuses. Des ordinateurs dits de « haute densité » leur sont proposés par les constructeurs. D'une épaisseur très réduite (moins de 5 cm), ils peuvent être empilés dans des armoires verticales (*racks*), jusqu'à une cinquantaine ; à chaque nouveau client il suffit d'ajouter un nouvel appareil en haut de l'armoire. L'ensemble est administré d'une console unique. Conçus pour une fonction précise, ils peuvent être achetés « préinstallés » (ce qui signifie qu'ils n'ont pas besoin d'être « configurés » par l'acheteur).

Les prestations assurées par le prestataire sont diverses. Comme toujours, si les rédacteurs du contrat n'ont pas pris le soin de préciser cela[2], la question se posera en cas de litige de la divisibilité ou de l'indivisibilité des prestations[3]. Les risques pris par les entreprises de sous-traitance sont assez considérables (ils varient en fonction des tâches acceptées et de l'importance des entreprises clientes), et impliquent donc une solide couverture par une assurance adaptée.

Ce contrat conduit souvent à un transfert de « données personnelles »[4] (de la personne morale s'entend) du client au sous-traitant ; ce transfert est juridiquement un dépôt accessoire à une prestation de services[5] ; il est soumis aux contraintes de la loi n° 78-17 du 6 janvier 1978[6] *Informatique et Libertés*, modifiée à plusieurs reprises[7].

La sous-traitance de spécialité est bien différente, sauf le nom, de la sous-traitance pour l'exécution d'un marché, principalement en ce que dans la première la relation est nouée entre un prestataire et son client alors que, dans la seconde, elle intervient entre plusieurs prestataires dans une chaîne de contrats. Aussi la loi n° 75-1334 du 31 décembre 1975[8], relative notamment à l'agrément du sous-traitant par le maître de l'ouvrage, destiné à lui garantir d'être payé, est inapplicable (et du reste, malgré la généralité de ses termes, elle n'est généralement mise en œuvre que dans le domaine de la construction[9] [et aux opérations de transport[10] ; et de sous-traitance industrielle depuis la loi n° 2005-845 du 26 juillet 2005[11], y ajoutant un alinéa à l'article 14-1[12]][13]). Impliquant une confiance particulière dans la personne du prestataire, d'autant plus nécessaire qu'il va être amené à connaître bien des données confidentielles, le contrat de « *facilities management* » est conclu *intuitu personæ*. D'un autre côté, il suppose une franche et constante collaboration du client.

SECTION 2
UTILITÉ

336.21 Économie, efficacité, souplesse, *etc.* La sous-traitance de spécialité est d'abord apparue comme un moyen pour les entreprises de maîtriser et de limiter leurs dépenses informatiques, étant moins coûteuses pour l'utilisateur (l'économie serait de 20 % à 30 %, selon *Syntec Informatique*[14]). Mais surtout, elle participe du grand mouvement contemporain de recentrage des entreprises sur *leur métier de base*, se traduisant par le fait de confier à des tiers de nombreuses tâches (la logistique, la maintenance, « les ressources humaines », *etc.*), ce que les hommes d'affaires nomment affreusement « l'externalisation » des services (alors qu'il est tellement plus simple de dire sous-traitance !), sorte de désintégration verticale des entreprises, si fréquente aujourd'hui (alors que la *forme verticale intégrée* des entreprises fut le modèle au cours de presque tout le XXe siècle). Les fonctions qui doivent nécessairement être traitées par les entreprises elles-mêmes sont de plus en plus restreintes.

La sous-traitance est d'autant plus prisée dans le domaine de l'informatique que les évolutions y sont extrêmement rapides : l'entreprise qui recourt à la sous-traitance de spécialité est assurée de disposer

1. V. *infra* s^s^ n°s 338.11 s.
2. V. *supra* s^s^ n° 116.41.
3. EX. : Paris, 4 juill. 1997, *Barrière, Expertises* 1997, p. 315, pas d'indivisibilité en l'esp.
4. SUR LE TRANSFERT des données personnelles : É. A. Caprioli (dir.), *Banque et assurance digitales. Droit et pratiques*, préf. M. Roussille, RD éd., 2017, n°s 318 s. (aussi : v. *infra* s^s^ n° 412.20).
5. J. Huet, « Les contrats encadrant les transferts de données personnelles », *CCÉ* 2001/5. Chron. n° 11.
6. L. n° 78-17, 6 janv. 1978, relative à l'informatique, aux fichiers et aux libertés, *JO* 7 janv., p. 227.
7. Sur cette loi et le RGPD v. *supra* s^s^ n° 011.22.
8. L. n° 75-1334, 31 déc. 1975, relative à la sous-traitance, *JO* 3 janv. 1976, p. 148.
9. CEPENDANT POUR SON APPLICATION dans le domaine des services : Civ. 3e, 28 févr. 1984, n° 82-15.550, P III, n° 51 – Civ. 3e, 19 juin 2007, n° 06-12.469, NP.
10. C. transport, art. L. 1432-13 ; mod. par ord. n° 2018-1074, 26 nov. 2018, art. 9 ; codifié par ord. n° 2010-1307, 28 oct. 2010 ; reprenant : L. n° 75-1334, 31 déc. 1975, art. 1er, al. 2 ; ajouté par L. n° 98-69, 6 févr. 1998, art. 11.
11. L. n° 2005-845, 26 juill. 2005, de sauvegarde des entreprises, *JO* 27 juill., p. 12187.
12. L. n° 75-1334, 31 déc. 1975, art. 14-1, al. dernier ; ajouté par L. n° 2005-845, 26 juill. 2005, art. 186.
13. Com. 5 nov. 2013, n° 12-14.645, P IV, n° 158 ; *CCC* 2014, n° 33, obs. L. Leveneur.
14. Début 2006, *Unilever* a sous-traité son informatique à *Accenture* et en escomptait une économie de 15 %.

d'un système informatique constamment à la pointe, et cela sans avoir à investir. De plus, celui-ci sera toujours assez puissant pour répondre à ses besoins imprévus (ou saisonniers), et alors que la *mondialisation* de l'économie (dite en anglais *globalization*) provoque des fluctuations brusques et sensibles du marché. Les délocalisations débridées, face négative d'une mondialisation exacerbée, ont montré leur péril lors de la grave crise du coronavirus (covid-19) de 2020-2022. Les conséquences économiques disproportionnées qui en ont résulté découlent du fait de l'extrême concentration de la production manufacturière mondiale en Chine (près de 30 %). Le monde entier se trouve dans une étroite dépendance des chaînes de production de Pékin, à ses crises sanitaires, sans parler de ses choix politiques, alors que cette nation représentait déjà 16 % du PIB mondial en 2018 (contre 3 % en 2000).

La sous-traitance de spécialité constitue donc une manière d'introduire de la *souplesse* (la fameuse « flexibilité » en employant un anglicisme). Son intérêt est aussi vif pour une petite ou une moyenne entreprise, inapte à faire évoluer son système en fonction de l'évolution des données (techniques ou internes). Autrement dit, le recours au contrat de « *facilities management* » peut apparaître comme une *mesure stratégique de compétitivité et de réactivité.* Il présente encore l'attrait de favoriser la qualité (par moins de défaillances, l'informatique étant assurée par des spécialistes), qualité qui est aujourd'hui le maître-mot des entreprises désireuses de conquérir et de conserver des marchés ; autant dire qu'il améliore les processus de l'entreprise qui y recourt. Et, si l'entreprise répartit ses services informatiques entre plusieurs prestataires, afin de stimuler la compétition, elle réduit son exposition au risque et pousse ses partenaires à mieux répondre à ses besoins (ainsi GM avait annoncé en février 2006 avoir réparti ses services informatiques, par des contrats pour un montant total de quinze milliards de dollars entre six entreprises). Enfin, ce mécanisme est particulièrement adapté à la situation d'une entreprise entre deux configurations informatiques, une première qu'elle abandonne, une seconde qu'elle adopte.

Toutes ces raisons cumulatives expliquent le grand succès de la formule. La sous-traitance présente donc des avantages certains. Toutefois, poussée à l'extrême, elle risque paradoxalement de faire perdre aux entreprises leur indépendance ; de plus, mais cette conséquence est liée à la précédente, elles les conduisent parfois à se séparer de collaborateurs possédant un savoir-faire stratégique. De nombreuses sociétés importantes ont « externalisé » leur informatique[1]. La marine nationale a elle-même procédé ainsi[2] pour l'informatique très complexe de son service aéronautique[3]. Parfois, l'entreprise assurant ce service crée une société commune avec son client[4].

336.22 Sauvegarde des données informatisées. Un domaine important de la sous-traitance de spécialité porte sur la *sauvegarde des données informatisées*. Les grandes entreprises (au-delà de 15 millions d'euros de chiffre d'affaire), peuvent ne pas se contenter de sauvegardes artisanales et aléatoires en leur sein (même électroniques), fussent-elles assorties d'une assurance propre[5]. Elles utilisent souvent à cet effet des sociétés de sauvegarde ou de secours (dites de *back-up*). Pour un coût inférieur à 1 % du budget relatif à l'informatique, elles offrent un service complet de sauvegarde, commençant par l'archivage[6] et la sauvegarde des bandes informatiques reçues de ses clients (généralement par internet [télésauvegarde], en données « compressées »), avec éventuellement la duplication des supports. En cas de sinistre, elles reconstituent d'abord les données, s'étant engagées à fournir immédiatement à l'entreprise cliente une copie conforme et actualisée des données informatisées. Ce service peut même comprendre la mise à disposition d'une ou de plusieurs « *plateformes de secours informatique multi-environnements* » (réseaux, serveurs, techniciens, *etc.*), voire des locaux provisoires, en cas de sinistre imprévu et exceptionnel, qu'il soit accidentel ou humain. Ainsi, la tempête de décembre 1999 avait contraint nombre d'entreprises de recourir à un tel dispositif[7]. Il arrive encore qu'une grève dure, pendant laquelle les salariés bloquent (illégalement) le service informatique, conduisant une entreprise à mettre en œuvre un plan de secours.

Le contrat d'abonnement de télésauvegarde[8] est parfois associé à un contrat de location d'un serveur,

1. EX. : *Alstom, GM, Philips, France Télécom, Euromarché, Eurodisney, Kodak, Rhône-Poulenc, Yoplait, JP Morgan Chase, Royal Dutch-Shell, Unilever*...
2. T. Parisot, art. préc.
3. EX. : En 2003, *Procter & Gamble* a conclu un contrat de sous-traitance avec *Hewlett-Packard* (HP), d'un montant de 3 milliards de dollars sur dix ans ; Début 2006, l'enseigne américaine de textile *GAP* a confié son infrastructure informatique à *IBM* par un contrat d'un montant de 1,1 milliard de dollars sur dix ans ; en mars 2008, le groupe *Royal Dutch-Shell* a conclu trois contrats « d'externalisation » de son informatique et de ses télécommunications pour plus de quatre milliards de dollars avec deux sociétés américaines et une allemande.
4. AINSI en juill. 1999 *IBM Global services* (filiale d'*IBM*) a pris en mains l'informatique des *Galeries Lafayette*, par un contrat de 7 milliards de francs, la création d'une sté commune fut annoncée.
5. V. *infra* s[s] n°s 339.11 s.
6. V. *supra* s[s] n° 335.66.
7. EX. : *Total-Fina* l'a aussi utilisé après l'explosion de l'usine *AZF* de Toulouse en septembre 2001.
8. Sur la nature de l'abonnement v. *supra* s[s] n° 221.20.

par lequel se réalisent les sauvegardes[1]. Il est recommandé de prévoir contractuellement que le client devra informer son partenaire de toute modification de son système et de son environnement, qui pourrait nuire au bon fonctionnement de la prestation[2].

Les entreprises de service du numérique (ESN) spécialisées dans ces services[3] disposent de bâtiments eux-mêmes sécurisés au maximum (par des vigiles, des radars, des détecteurs d'intrusion, des portes ne s'ouvrant que par code ou avec une carte, des systèmes de détection et de lutte contre les incendies, *etc.*) ; mais des chats, au sens courant du mot, sont aussi parfois lâchés dans certains centres pour faire disparaître les souris, là aussi au sens de l'animal, venant grignoter les câbles de connexion : ce n'est pas un gag (de l'utilité des chats. Malraux prétendait que les Anglais gagnèrent la bataille d'Azincourt en 1415 grâce à leurs compagnies de chats, tuant les rats venant ronger les cordes des arcs, ce qui n'était pas le cas dans l'armée française). L'électricité y est alimentée par plusieurs sources, protégées par de puissants onduleurs, sans compter l'existence de groupes électrogènes. Le téléphone est lui-même relié à plusieurs points des réseaux. En outre, d'autres centres de la même société peuvent immédiatement prendre le relais en cas de défaillance.

336.23 Structures juridiques de la sous-traitance de spécialité. L'infogérance (totale ou seulement partielle) est le plus souvent organisée par la voie contractuelle ordinaire, comportant parfois un contrat-cadre assorti de contrats d'application pour chacun des sites du donneur d'ordre[4]. Ce contrat de service n'entre pas dans le moule du mandat, et revêt donc la nature juridique du contrat d'entreprise (nous en verrons les principales dispositions contractuelles[5]). Mais il arrive qu'une formule sociétaire soit retenue. Elle-même connaît deux modalités. Dans l'une, le prestataire informatique et l'entreprise cliente constituent une société commune, regroupant les actifs et le personnel informatique de la première, la société commune devenant le prestataire de celle-ci[6]. Dans l'autre, le client crée une société informatique, constitué de son service informatique, dont il cède le contrôle au prestataire.

SECTION 3
DISPOSITIONS CONTRACTUELLES

§ 1
Définition des objectifs et des modalités d'exécution

336.31 Prestations. La sous-traitance suppose un *audit* préalable du système informatique de l'éventuel donneur d'ordre (suggérant parfois une reconfiguration du système). Lorsqu'il a été effectué et que les conclusions en ont été tirées, le contrat de sous-traitance lui-même est conclu, assorti d'un cahier des charges. Il doit principalement définir les fonctions transférées, les performances objectives attendues, les temps de réponse, la protection des données[7] et les mesures de sauvegarde, les modalités d'exécution (moyens matériels, logiciels, lieu, personnel), la continuité du service, le prix (forfaitaire ou en fonction des prestations effectuées) et, éventuellement, la localisation des données. Le contrat doit spécifier tous ces points avec minutie, et en entrant dans les détails techniques. Il est évident, mais mieux vaut le préciser par une clause de confidentialité, que le partenaire est tenu à un strict devoir de réserve sur toutes les informations secrètes du client dont il pourra avoir connaissance lors de l'exécution du contrat. Le cas échéant, la possibilité *d'évolution* du système, en termes fonctionnels et techniques, est encore à envisager, à l'aune des besoins du client, en prévoyant qui aura le pouvoir de la décider et comment la charge financière sera assurée (par exemple par une augmentation des redevances mensuelles). De même, le contrat comporte presque toujours une *clause de retour*, souvent nommée de « réversibilité »[8] (ce retour peut aussi

1. COMME DANS L'AFF. ayant été jugée par : Nîmes, 14 déc. 2004, *Adhersis, CCÉ* 2005, n° 86, obs. Ph. Stoffel-Munck – Civ. 1re, 14 janv. 2010, n° 08-15.657, NP, *RLDI* 2010/57, n° 1900, obs. M. T. ; *JCP E* 2010, n° 20. Chron. 1470, n° 5, obs. M. Vivant, N. Mallet-Pujol et J.-M. Bruguière ; *RJDA* 2010, n° 590 : contrat de télésauvegarde et contrat de location financière du matériel informatique.
2. Nîmes, 14 déc. 2004, *Adhersis*, préc. : rejet de la demande par le client de résolution du contrat pour le mauvais fonctionnement des sauvegardes, alors qu'il n'avait pas averti la sté prestataire des changements qu'il avait apporté à son système.
3. EX. : En France, *SchlumbergerSema Global Recovery Service.*
4. NOT. : G. Flambard, « L'externalisation, technique contractuelle pour les contrats-cadres et pour les contrats d'application d'infogérance de système d'information », art. préc.
5. V. *infra* ss nos 336.31 s.
6. NOT. : P. Mousseron, « Les filiales d'externalisation », art. préc.
7. Sur la protection des données v. *infra* ss n° 412.20.
8. POUR DES EX. DE CLAUSE de retour : A. Hollande et J. Hejazi, « La clause de réversibilité », *CCÉ* 2003, Fiche prat. préc. – G. Cordier, « La clause de réversibilité… », art. préc. – M. Martin, « Pratique contractuelle. Contrats de l'informatique. La clause de réversibilité », fiche prat. préc. – Com. 22 nov. 2016, n° 15-17.743, NP, *RDC* 2017. 56, note A. Danis-Fatôme : le client était convaincu que le prestataire d'infogérance cherchait à rendre impossible la bonne exécution de la période de réversibilité en refusant de lui communiquer les mots de passe qu'il avait pris l'initiative de changer ; il fit jouer la clause résolutoire, mais sans respecter ses exigences procédurales, de sorte que l'arrêt de la cour d'appel qui l'avait validée fut cassé.

être nommé « réintégration », mais en aucun cas réinternalisation). Elle régit la possibilité technique, soit de reprise en main par le client de la conduite de son informatique (ce qui est rare, mais arrive notamment en cas de fusion/acquisition, du client ou du prestataire), soit de son transfert à un nouveau prestataire. Ce retour est effectué « *dans son dernier état connu* », selon la formule habituelle. Le client doit pouvoir débaucher une partie du personnel de l'ESN qui était affecté à son exploitation, sans que cela soit considéré comme un acte de concurrence déloyale. Pour que le retour puisse concrètement avoir lieu, il importe que le client conserve le contrôle des décisions stratégiques durant la vie contractuelle. Pour autant, le sous-traitant effectue son travail en toute indépendance, selon ses méthodes propres, même s'il est possible de prévoir au profit du client un droit d'accès aux fichiers.

La sous-traitance de spécialité peut être assortie de prestations complémentaires, tels le traitement à façon ou la fourniture d'énergie informatique [1].

336.32 Sort des programmes. Les logiciels et progiciels dont disposait l'entreprise ayant décidé « d'externaliser » son informatique ne seront transférés au sous-traitant de spécialité que si les clauses de leurs licences n'y font pas obstacle, explicitement ou implicitement. D'un autre côté, le contrat de sous-traitance peut prévoir que les programmes spécialement conçus par le prestataire de services pour accomplir les missions contractuelles d'un client déterminé ne pourront pas être utilisés pour un autre client, et qu'ils lui seront remis en fin de contrat.

336.33 Lieu de réalisation des prestations. Trois possibilités sont utilisées quant au lieu de réalisation des prestations. Dans la première, le système informatique reste *in situ*, mais le sous-traitant apporte son savoir-faire et son personnel. Dans la seconde, une « délocalisation » de l'informatique du client intervient : elle est transférée dans le centre de traitement du prestataire de services, dans le même pays, voire dans un pays en voie de développement (ce qui est dangereux). Reste la troisième : seuls les traitements et logiciels du client sont transférés chez le prestataire. Dans les deux derniers cas, un transfert des droits sur les matériels et logiciels est généralement prévu.

336.34 Sort du personnel du donneur d'ordre. L'entreprise de service du numérique (ESN) retenue reprend en général tout ou partie des informaticiens du client (par application de C. trav., art. L. 1224-1) [2].

Mais la Cour de cassation veille à ce que des transferts abusifs de personnel ne s'opèrent pas par le biais de l'infogérance. Elle exerce son contrôle à cet égard sur la notion *d'entité économique*, sous-jacente à la disposition de l'article L. 1224-1, précité ; elle implique une autonomie caractérisée [3]. La Cour de cassation considère que constitue une entité économique un ensemble organisé de personnes et d'éléments corporels ou incorporels permettant l'exercice d'une activité économique qui poursuit un objectif propre [4].

336.35 Phases. Souvent, après l'audit préalable [5], l'infogérance comprend une première phase de migration, se subdivisant elle-même en conversion et en intégration, puis une seconde phase d'exploitation, qui est la véritable sous-traitance [6]. Il est évidemment peu recommandé de commencer l'accomplissement de la tâche avant la conclusion du contrat définit [7].

Lorsque plusieurs entreprises interviennent dans l'opération l'une d'entre elles peut avoir été chargée d'une mission de coordination [8].

Ces contrats qui étaient auparavant conclus pour une décennie le sont maintenant généralement pour trois ou cinq ans.

1. RESPECTIVEMENT : v. *infra* s[s] n°s 337.11, 342.11.

2. EX. : en France, en 1999, les 283 informaticiens des *Galeries Lafayette* sont passés chez *IBM Global services* à l'occasion du contrat d'infogérance conclu entre ces deux sociétés ; en 2003, 1 300 salariés de la sté *Alstom* (soit 90 % de ses effectifs spécialisés dans l'informatique) ont été « transférés » chez le géant américain des services informatiques *EDS*, lorsque la première confia à la seconde son infrastructure informatique, ses applications et les services associés dans 14 pays ; de même, au cours du premier semestre 2003, 4 000 membres du personnel de *JP Morgan Chase* ont été « transférés » à *IBM*, en conséquence d'un contrat de sous-traitance.
3. Soc. 8 juill. 2009, n° 08-44.396, NP, *Gaz. Pal.* 2010. 1, p. 407, note J.-F. Forgeron et M.-C. Grasset-Illouz : « *la cour d'appel, qui a constaté que le service informatique de la société SEI disposait de moyens spécifiques et jouissait d'une autonomie de gestion et que l'ensemble des moyens nécessaires à la poursuite de son activité avaient été transmis à la société Capgemini, a ainsi caractérisé le transfert d'une entité économique autonome* » – NOT., À PROPOS d'une sous-traitance dans un autre domaine : Soc. 18 juill. 2000, n° 98-18.037, *Perier Vittel*, P V, n° 285 – Soc. 14 mai 2003, n° 01-40.597, NP, *Dr. soc.* 2003. 1130, obs. J. Mouly – SUR LA QUESTION : S. Darmaisin, « L'applicabilité de l'article L. 122-12 alinéa 2 du Code du travail aux opérations d'externalisation », art. préc.
4. Soc. 7 juill. 1998, n° 96-21.451, P V, n° 363.
5. V. *supra* s[s] n° 336.31.
6. POUR L'ANALYSE DE CES PHASES : Com. 7 mars 2006, n° 04-17.408, NP, *Expertises* 2007, p. 40.
7. À CE PROPOS : G. Cordier et D. Guidford, « De quelques difficultés pratiques des phases préparatoires des opérations d'*outsourcing* informatique : approche franco-britannique », art. préc.
8. COMME DANS : Com. 7 mars 2006, n° 04-17.408, préc.

Rappel : La distinction des obligations de moyens et de résultat a été ignorée par l'ordonnance n° 2016-131 du 10 février 2016[1] portant réforme du droit des obligations ; elle ne figure pas non plus dans le projet de réforme de la responsabilité civile présenté par le garde des Sceaux le 13 mars 2017[2].

§ 2
Nature des obligations

336.41 Obligation de moyens ou de résultat ? Comme pour la plupart des contrats de services, l'obligation du prestataire *devrait être* en principe de *moyens*. Mais ce principe est ici assorti de nombreuses exceptions, résultant d'une clause expresse en sens contraire, assez fréquente en la matière[3], prévoyant une obligation *de résultat*, très logiquement pour les tâches purement matérielles ou techniques simples, non aléatoires (par exemple, en matière de système de gestion, le fait que les salariés reçoivent leur bulletin de paye ; la distinction d'obligations de résultat et de moyens, d'origine doctrinale ne figure pas dans le code civil même depuis la réforme de 2016). De même, et cette fois l'extension est plus notable, quant au respect des délais, au taux de disponibilité, à la continuité de l'activité ou au taux de réponse sur la base d'une transaction type. Parfois, plus radicalement et plus imprudemment, quand la sous-traitance est totale, le prestataire s'engage purement et simplement à une obligation complète de résultat (par contagion sans doute du contrat clé en main, qui lui aussi présente un caractère global) ; toutefois, elle n'a de sens que si elle précise les résultats promis. Ainsi, la marine nationale, qui externalisa l'informatique de son service aéronautique, a obtenu un engagement de résultat de l'ESN. Le contrôle de la prestation repose sur un ensemble d'indicateurs objectifs de qualité, définis en communs[4].

336.42 Clause de suspension de service. Les contrats d'infogérance comportent souvent dans leurs conditions générales une clause de suspension de service[5], autorisant le prestataire, sous certaines conditions, à suspendre son service tant que le client n'exécute pas ses propres obligations, application de l'exception d'inexécution. Cette dernière est prévue par le code civil, depuis l'ordonnance n° 2016-131 du 10 février 2016, aux articles 1219 et 1220 ; le premier prévoit une exception palliative tandis que le second autorise une exception préventive (*exceptio timoris*).

1. Ord. n° 2016-131, 10 févr. 2016 portant réforme du droit des contrats, du régime général et de la preuve des obligations, *JO* 11 févr., n° 26.
2. V. *supra* s[s] n° 014.14.
3. PAR EX. DANS l'aff. jugée par : Com. 7 mars 2006, n° 04-17.408, préc. : pour les tâches de conversion et d'intégration ; mais pas pour la mission de coordination : l'obligation est de moyens de par sa nature.
4. T. Parisot, art. préc.
5. O. Dorchies, « Pratique contractuelle. La clause de suspension du service dans les contrats informatiques et télécoms », *CCÉ* 2016. Fiche prat. 47, avec un ex. de clause.

CHAPITRE

337. Contrat de traitement à façon

SECTION 0

ORIENTEUR

337.00 Sommaire du chapitre.

SECTION UNIQUE

ÉTUDE D'ENSEMBLE

337.11 Service-bureau. Le contrat de service-bureau, aussi appelé *traitement ou travail à façon* dans le domaine informatique est une variété de la sous-traitance informatique, une infogérance au petit pied. La qualification juridique est celle du contrat d'entreprise.

Cependant, dans ce contrat, le prestataire de service (façonnier) travaille sur son matériel et avec ses programmes et, ce qui est caractéristique par rapport à la sous-traitance, sous la direction étroite de son client (sans aucune autonomie). Il intervient ainsi pour des tâches *déterminées* (contrairement à l'infogérance qui est globale). Celles-ci peuvent être les plus diverses : la gestion des stocks, la comptabilité, la saisie et le traitement de données ou de documents, l'édition de documents, l'archivage sur disquettes ou cédérom, la numérisation et le stockage des informations de l'entreprise sur son site *Web, etc.* Les prestations de traitement à façon peuvent aussi bien être occasionnelles que régulières. Le client fournit ses données de façon brute, ou bien par un support informatique, le plus souvent par le moyen de la toile (*Web*). Il doit être mis en mesure de connaître en permanence l'emplacement de leur stockage, et de suivre l'avancement de leur traitement (leur *cheminement*, que l'on tend à appeler leur « traçabilité », en utilisant un affreux néologisme né dans d'autres domaines[1]). L'exploitation offerte par le prestataire est standardisée (et ne s'adapte pas aux besoins particuliers du client, sauf demande en ce sens, assortie d'une rémunération spéciale, mais alors le contrat cesse de figurer dans la catégorie du service-bureau *stricto sensu*).

337.12 Clauses. Outre les clauses habituelles, les parties ne doivent pas omettre de prévoir dans le contrat la nature des prestations, les conditions de stockage de l'information et les procédés pour suivre leur cheminement, la confidentialité, les délais d'exécution, l'assurance que doit souscrire le façonnier, les procédures d'essais et de réception, ainsi que la nature de la responsabilité du prestataire (généralement de résultat, faute d'aléa). Le contrat comporte parfois une obligation d'assistance à la charge de l'ESN.

1. D. Tapinos, *Prévention, précaution et responsabilité civile*, préf. N. Molfessis, L'Harmattan, 2008, nos 389 s. – B. Faraggi, *Traçabilité. Réglementation, normes, technologies, mise en œuvre*, Dunod-L'Usine nouvelle, 2006 – Ph. Pedrot (dir.), *Traçabilité et responsabilité*, Economica, 2003.

CHAPITRE

338. Contrat de fournisseur d'applications hébergées

SECTION 0
ORIENTEUR

338.00 Sommaire du chapitre.

338.03 Bibliographie. Articles. H. Alterman et F. Perbost, « Les points essentiels du contrat SaaS », *RJ com.* 2010. Chron. 26 s. – G. Cordier, « Le contrat d'ASP », *CCÉ* 2008. Fiche prat. n° 9.

SECTION UNIQUE
ÉTUDE D'ENSEMBLE

338.11 Utilisation à distance de logiciels et d'ordinateurs. Une autre modalité de la sous-traitance informatique (« externalisation ») est la fourniture d'applications hébergées à distance (FAH), pour *Application Service Provider* (*ASP*) permet à une entreprise (ainsi que ses succursales ou filiales) de se connecter à un réseau informatique central localisé sur la « plateforme » du « fournisseur » (l'usage de ce mot est devenu usuel mais est maladroit) de contenus numériques. Les applications pouvant être traitées par le client chez son fournisseur sont diverses[1], des plus simples aux plus complexes, pouvant aller jusqu'à la mise à la disposition clé en main, et la gestion complète à distance d'un système spécifique adapté à ses besoins. Les prestations attendues sont détaillées dans le contrat (d'entreprise) ou dans un cahier des charges annexé, après éventuellement un audit. Le contrat détermine quels sont les logiciels qui seront utilisés et pour quels usages (ceux-ci étant similaires à ceux qui peuvent être obtenus par la sous-traitance de spécialité ou le traitement à façon). Dans sa forme la plus évoluée, les acteurs désignent ce concept par l'expression imagée de *cloud computing*[2] (calcul informatique dans les nuages) *ou nébulique*[3], l'appellation de *cloud* (nuage en anglais) venant de ce que l'on considère maintenant l'informatique comme un énorme nuage, constitué d'un nombre infini de points de services et de capacités informatiques en réseau[4], grâce à des logiciels spécifiques et à un système d'identification[5].

Le prix peut être constitué par un abonnement forfaitaire, ou/et par un versement lié au volume des informations échangées, en fonction de la « consommation »[6].

338.12 Performances. Le contrat prévoit le nombre d'utilisateurs autorisés, les performances promises par le « fournisseur » et attendues par le client (quant à la disponibilité des applications et du réseau, la rapidité du transfert des données, les temps maximums d'interruption, les délais de restauration des données, *etc.*). Une clause pénale peut être associée à cette clause de performance, sanctionnant le fournisseur défaillant.

338.13 Licences. Comme l'utilisateur bénéficiera les logiciels et progiciels du fournisseur d'applications, il est sans doute opportun de prévoir dans le

1. Pour des ex. v. *supra* s[s] n° 222.23 et *infra* s[s] n° 338.14.

2. B. Poidevin et A. Arbusa, « Les enjeux contractuels du *cloud computing* », art. préc. ; F. Chafiol-Chaumont et A. David, « Entrer dans l'ère du *cloud computing* en maîtrisant ses aspects contractuels », art. préc. ; D. Lebeau-Marianna et E.-C. Verrynck, « Le passage au *cloud computing* : une nécessaire coopération entre l'informatique et le juridique afin de ne pas rester dans les nuages ! », art. préc.
3. SELON L'EXPRESSION de Ph. Gaudrat et F. Sardain, *Traité de droit civil du numérique*, t. II, Larcier, Bruxelles, 2015, n°s 578 s.
4. V. *infra* s[s] n°s 342.12 s.
5. Sur celle-ci v. *infra* s[s] n° 412.53.
6. Sur la nature de l'abonnement v. *supra* s[s] n° 221.20.

contrat une licence de leur utilisation[1], ce qui suppose que le fournisseur soit titulaire desdits logiciels ou, dans le cas inverse, qu'il ait le droit d'accorder des sous-licences. Mais, en pratique, il ne semble pas qu'une clause de licence soit convenue dans les contrats ASP. Dans les contrats SaaS, le prestataire dispose des logiciels, ce qui lui permet de faire bénéficier ses clients de leurs mises à jour et améliorations.

338.14 **Services complémentaires.** La fourniture d'applications hébergées comporte généralement des services complémentaires. Ceux-ci sont eux-mêmes variés (formation, documentation, personnalisation des interfaces, paramétrages, archivage, maintenance, *etc.*). Les niveaux qualitatifs et quantitatifs de ces services sont spécifiés par le contrat, le plus souvent en pourcentages associés à certaines périodes[2].

Il est possible que le fournisseur d'applications hébergées sous-traite auprès d'une entreprise spécialisée certains services auxquels il s'est engagé envers son client, par exemple quant à l'archivage électronique[3].

338.15 **Sort des données du client.** Le fournisseur doit garantir la sécurité et la confidentialité des données du client, de son fait ou de celui des sous-traitants qu'il introduit dans l'exécution du contrat. Il est recommandé de stipuler que l'obligation est de résultat quant à la sécurité contre toute altération ou perte des données. Une *clause de retour*, souvent nommée de « réversibilité », doit être insérée pour régir la récupération des données par le client[4].

338.16 **Exemple : le coffre-fort numérique pour documents confidentiels.** La dématérialisation a étendu son domaine[5]. De nombreuses entreprises confient l'archivage de leurs documents, plus ou moins confidentiels, à un tiers archiveur[6], par un contrat *sui generis* de garde, marqué d'un fort *intuitu personæ*. Ledit tiers insère (virtuellement) les documents dans ses coffres électroniques, donc dans de puissantes mémoires informatisées (sur des disques optiques numériques ou, mieux, sur des disques durs, en plusieurs exemplaires, conservés dans des sites distincts sécurisés). Les traitements sont entièrement automatisés. À l'arrivée, le document est daté, son contenu analysé automatiquement par des métadonnées définies au préalable par chaque client, afin de l'indexer. Un logiciel spécifique calcule ensuite une empreinte, puis chaque document est codé (crypté[7]) au moyen d'un système à double clés (clé publique et clé privée). L'archiveur ne peut ni le modifier, ni même en connaître le contenu. En revanche, le « déposant » peut le consulter librement, mais sans pouvoir le modifier[8]. Le marché des coffres-forts numériques est destiné principalement à sécuriser les détenteurs de cryptomonnaies[9].

338.17 **Objet du coffre-fort numérique.** L'objet du coffre-fort numérique a été déterminé légalement par l'article L. 103[10] du code des postes et des communications électroniques[11]. Il comporte cinq obligations principales[12] :

1° La réception, le stockage, la suppression et la transmission de données ou documents électroniques dans des conditions permettant de justifier de leur intégrité et de l'exactitude de leur origine.

2° La traçabilité des opérations réalisées sur ces documents ou données et la disponibilité de cette traçabilité pour l'utilisateur.

3° L'identification de l'utilisateur lors de l'accès au service par un moyen d'identification électronique[13].

4° La garantie de l'accès exclusif aux documents électroniques, données de l'utilisateur ou données associées au fonctionnement du service à cet utilisateur, aux tiers autres que le prestataire de service de coffre-fort numérique, explicitement autorisés par l'utilisateur à accéder à ces documents et données et, le cas échéant, au prestataire de service de coffre-fort numérique réalisant un traitement de ces documents ou données au seul bénéfice de l'utilisateur et après avoir recueilli son accord exprès.

5° La possibilité donnée à l'utilisateur de récupérer les documents et les données stockées dans un standard ouvert aisément réutilisable et exploitable

1. EN CE SENS : F. Mascré, « ASP : Quels dispositifs contractuels ? », art. préc. ; plutôt que *dispositifs* il eût été préférable d'écrire *dispositions* (les deux mots ne sont pas synonymes) – et POUR LES PRÉCISIONS À APPORTER, NOT. : G. Cordier, « Le contrat d'ASP », art. préc.
2. NOT. : G. Cordier, « Le contrat d'ASP », art. préc.
3. É. A. Caprioli (dir.), *Banque et assurance digitales : Droit et pratiques*, préf. M. Roussille, RD éd., 2017, n°s 857 s.
4. V. *supra* s^s^ n° 336.31.
5. PAR EX. à propos du notariat : J. Sanchez, *Internet et dématérialisation au service du notariat*, mémoire Toulouse 1, 2012.
6. V. *supra* s^s^ n° 335.73.
7. L'Académie française conseille d'éviter crypter et d'employer coder.
8. EX. : une filiale de la Caisse des Dépôts (*CDC Arkhinéo*) exerce cette activité, à laquelle *Carrefour* a not. recours ; la sté française *Ledger* s'est imposée dans le monde sur le marché des coffres-forts numériques.
9. Sur celles-ci v. *supra* s^s^ n° 011.51.
10. CPCE, art. L. 103 ; mod. par ord. n° 2017-1426, 4 oct. 2017, art. 1er ; puis par ord. n° 2018-1125, 12 déc. 2018, art. 14.
11. POUR UN COMMENTAIRE : É. A. Caprioli, *CCÉ* 2017, n° 28.
12. COMP. avec les obligations du banquier gardien d'un coffre-fort : Ph. le Tourneau (dir.), *Droit de la responsabilité et des contrats. Régimes d'indemnisation*, 12e éd., « Dalloz action », 2020, n° 3331.93.
13. Sur celle-ci v. *infra* s^s^ n° 412.53.

par un système de traitement automatisé de données, sauf dans le cas des documents initialement déposés dans un format non ouvert ou non aisément réutilisable qui peuvent être restitués dans leur format d'origine.

338.18 Modalités de mise en œuvre du coffre-fort numérique. La loi prévoyait la publication d'un décret en Conseil d'État pour préciser les modalités de mise en œuvre du service de coffre-fort numérique et sa certification. Publié le 30 mai 2018 le décret n° 2018-418 du 30 mai 2018 [1] a créé les articles R. 55-1 à R. 55-6 du code des Postes et des communications électroniques. Le décret impose d'abord au fournisseur d'un service de coffre-fort numérique « *une obligation d'information claire, loyale et transparente sur les modalités de fonctionnement et d'utilisation du service, préalable à la conclusion d'un contrat* ». L'information porte sur : 1° le type d'espace mis à sa disposition et les conditions d'utilisation associées ; 2° les mécanismes techniques utilisés ; 3° la politique de confidentialité ; 4° l'existence et les modalités de mise en œuvre des garanties de bon fonctionnement ; 5° son engagement sur la conformité du service aux exigences fixées aux 1° à 5° de l'article L. 103 [2] du code des Postes et des communications électroniques [3]. De plus, à propos de ces exigences, le fournisseur du service doit exposer la façon dont il en assure le respect [4].

Le fournisseur d'un service de coffre-fort numérique est également tenu de prendre « *des mesures de sécurité adaptées et conformes à l'état de l'art* » pour garantir l'intégrité, la disponibilité et l'exactitude de l'origine des données et documents stockés dans le coffre-fort numérique [5]. Selon l'article R. 55-4 [6] un socle minimum de mesure doivent être mises en œuvre pour permettre la « *traçabilité des opérations réalisées sur les données et documents stockés dans le coffre-fort numérique et la disponibilité de cette traçabilité pour l'utilisateur* » (1° l'enregistrement et l'horodatage des accès et tentatives d'accès ; 2° l'enregistrement des opérations affectant le contenu ou l'organisation des données et documents de l'utilisateur ; 3° l'enregistrement des opérations de maintenance affectant les données et documents stockés dans les coffres-forts numériques). « *Les durées de conservation de ces données de traçabilité constituent une mention obligatoire du contrat de fourniture de service de coffre-fort électronique* ».

Afin de prévenir toute intrusion par un usurpateur, l'identification de l'utilisateur lors de l'accès au service de coffre-fort numérique doit être « *assurée par un moyen d'identification électronique adapté aux enjeux de sécurité du service* » [7]. Au demeurant, le fournisseur garantit l'exclusivité d'accès aux documents et aux données de l'utilisateur ou aux données associées au fonctionnement du service [8]. Le décret prévoit que cette garantie requiert au minimum un certain nombre de mesures : « *1° un mécanisme de contrôle d'accès limitant l'ouverture du coffre-fort numérique aux seules personnes autorisées par l'utilisateur ; 2° des mesures de sécurité destinées à garantir la confidentialité des documents et données stockés ainsi que des métadonnées correspondantes ; 3° le chiffrement par le service de coffre-fort numérique de l'ensemble des documents et données stockés par le coffre-fort numérique ou transférés vers ou depuis celui-ci. Ce chiffrement doit être effectué à l'aide de mécanismes cryptographiques conformes à l'état de l'art et permettre une évolution de la taille des clés et des algorithmes utilisés. La conformité à l'état de l'art est présumée lorsque les mécanismes impliqués dans ces opérations de chiffrement sont conformes aux règles et recommandations de l'Agence nationale de sécurité des systèmes d'information concernant le choix et le dimensionnement des mécanismes cryptographiques* ».

Le décret n° 2018-853 du 5 octobre 2018 [9] précise les conditions de récupération des documents et données stockés par un service de coffre-fort numérique [10].

1. Décr. n° 2018-418 du 30 mai 2018, relatif aux modalités de mise en œuvre du service de coffre-fort numérique, *JO* 31 mai, n° 36 – SUR LEQUEL : *D.* 2018. Act. 1252, obs. T. Douville ; X. Delpech, « Un cadre réglementaire pour les services de coffre-fort numérique », *AJ contrat* 2018. 248 ; T. Piette-Coudol, « Le coffre-fort numérique et autres espaces de stockage de données », *RLDI* 2018. Chron. 5238 ; É. A. Caprioli, *CCÉ* 2018, n° 77.
2. CPCE, art. L. 103 ; mod. par ord. n° 2018-1125, 12 déc. 2018, art. 14.
3. CPCE, art. R. 55-1 ; créé par décr. n° 2018-418, 30 mai 2018, art. 1er.
4. CPCE, art. R. 55-2 ; créé par décr. n° 2018-418, 30 mai 2018, art. 1er.
5. CPCE, art. R. 55-3 ; créé par décr. n° 2018-418, 30 mai 2018, art. 1er.
6. CPCE, art. R. 55-4 ; créé par décr. n° 2018-418, 30 mai 2018, art. 1er.
7. CPCE, art. R. 55-5 ; créé par décr. n° 2018-418, 30 mai 2018, art. 1er.
8. CPCE, art. L. 103, 4°.
9. Décret n° 2018-853 du 5 octobre 2018, relatif aux conditions de récupération des documents et données stockés par un service de coffre-fort numérique, *JO* 7 oct., 26.
10. X. Delpech, « Conditions de récupération des documents et données stockées par un service de coffre-fort numérique », *AJ contrat* 2018. 448 – É. A. Caprioli, *CCÉ* 2018, n° 94.

CHAPITRE

339. Contrat d'assurance des risques informatiques

SECTION 0

ORIENTEUR

339.00 **Sommaire du chapitre.**

Renvois.

• Sur la couverture des risques encourus par les ESN envers leurs clients v. *supra* s[s] n° 122.141.

• Sur la comparaison entre les garanties conventionnelles et l'assurance v. *supra* s[s] n° 213.264.

339.03 **Bibliographie. Manuels.** Y. Lambert-Faivre, *Risques et assurances des entreprises*, 4e éd., « Précis », Dalloz, 1997 – Ph. Laroche, *Les assurances dommages aux biens de l'entreprise*, 3e éd., « Les Fondamentaux », L'Argus de l'assurance, 2016.

Articles. D. de Badereau, « Les risques de l'informatique », *Gaz. Pal.* 1999. 2. Doctr. 1167 s. – N. Balbo-Izarn, « Le professionnel face aux risques informatiques », *LPA* 16 févr. 2001, p. 4 s. – L.-M. Duong, « Le traitement juridique du préjudice "immatériel" », *JCP E* 2005. 525 – B. Foussat, « Informatique et risque de responsabilité », *Gaz. Pal.* 1999. 2. Doctr. 1161 s. – P.-G. Marly, « L'assurance du risque cyber », *Dalloz IP/IT* 2019. 603.

SECTION UNIQUE

ÉTUDE D'ENSEMBLE

339.11 **Auto-assurance ou véritable assurance ?** L'auto-assurance (sur fonds propres) est raisonnable pour des risques présentant les caractères suivants : – Leur survenance est peu probable (statistiquement), ou bien elle est fréquente mais une meilleure maintenance (interne ou par une société extérieure) permet de la réduire sensiblement. – Surtout le coût de leur remise en état est modeste par rapport aux bénéfices de l'entreprise.

En dehors ces cas il est impératif de contracter des assurances adaptées aux risques informatiques, quelle que soit l'importance de l'entreprise. Son coût dépendra évidemment des garanties demandées (en évaluant à leur juste valeur les conséquences financières des risques encourus), mais aussi des mesures de prévention et de précaution adoptées par l'entreprise assurée. L'assuré doit prendre les mesures de sécurité afin de limiter les risques, notamment des cyber attaques, et les faire respecter par ses salariés.

339.12 **Des polices globales aux polices spécifiques.** Au début de l'informatisation des entreprises, celles-ci englobèrent les risques informatiques dans leurs polices globales, couvrant donc les risques informatiques parmi les autres risques de l'entreprise, par exemple une assurance « multirisque commerce »[1]. Il apparut assez vite qu'il était plus pertinent de prévoir des polices particulières mais classiques, relatives au matériel (y compris pour les ordinateurs portables, mais moyennant des primes élevées et des franchises importantes), comme surtout aux biens immatériels (y compris les pertes d'exploitation liées à un sinistre[2]). Elles subsistent.

Toutefois, devant la gravité des conséquences des risques informatiques, tels ceux qui résultent d'actes de sabotage, des polices spécifiques apparurent, qui se répandirent (elles couvrent aujourd'hui 80 % du marché). Ces risques sont redoutables pour leurs victimes, non seulement par leur coût économique direct, mais aussi par la perte du savoir-faire qui peut en résulter, la perte d'image envers la clientèle, *etc.*

1. Paris, 2 nov. 2004, *CPP c/Zurich Assurances, CCÉ* 2005, n° 30, obs. L. Grynbaum : couvrant les pertes et dommages matériels directs subis par les biens assurés ; d'où la perte « d'archives informatiques » [de données], qui constitue un dommage indirect, n'est pas couvert par cette assurance.
2. SUR LES PRÉJUDICES IMMATÉRIELS : L.-M. Duong, « Le traitement juridique du préjudice "immatériel" », art. préc.

339.13 Polices spécifiques. Les principales polices spécifiques sont au nombre de cinq.

1° La police TRI (*Tous risques informatiques*). Elle couvre tous les dommages qui ne sont pas exclus expressément, que ce soit des accidents « ordinaires » (incendie, explosion, implosion, choc, chute) ; ou des accidents « extraordinaires », résultant d'un cas de force majeure naturel (inondation, tempête, tremblement de terre) ou humain (sabotage, attentat, vol). L'assureur impose généralement au souscripteur de prouver, soit qu'il possède un service interne de maintenance (dont l'efficacité a été vérifiée par un audit indépendant), soit qu'il a conclu un contrat de maintenance avec une société tierce. De plus, l'assuré doit prendre les mesures de sécurité afin de limiter les risques, notamment des cyber attaques, et les faire respecter par ses salariés. Lorsque le sinistre a détruit totalement un appareil ou un ensemble, l'indemnisation s'opère sur la base de la valeur de remplacement, moins éventuellement un abattement pour vétusté et, le cas échéant, une franchise (très fréquente). En présence d'un sinistre partiel l'indemnisation ne couvrira que les frais réellement engagés pour remettre l'appareil ou le système en état (moins la franchise). Si la garantie « bris de machine » ou « bris informatique » peut permettre d'obtenir l'indemnisation d'une perte de données (permettant de reconstituer celles-ci), encore faut-il que les conséquences de ce bris revêtent « *le caractère d'un événement accidentel et soudain* », ce qui ne serait pas le cas du sinistre survenu au moment de l'exécution du script de sauvegarde et alors que des messages d'alerte l'avaient précédé[1]. La charge de la preuve du caractère accidentel et soudain incombe évidemment à l'assuré.

2° La police GI (*Globale informatique*) protège l'entreprise contre tous les risques informatiques énumérés expressément, alors que la police TRI (v. ci-dessus) obéit à une logique inverse.

3° La police ERI (*Extension aux risques informatiques*) couvre les sinistres survenant au système informatique indiqué dans le contrat, et dont les causes éventuelles sont ici aussi énumérées, mais étant entendu qu'elles constituent des infractions pénales (principalement les actes de malveillance, fraudes et sabotages, tant sur le matériel que sur les logiciels, même commis par des préposés de la victime). Elle ne peut être mise en jeu que si l'entreprise a porté plainte au pénal. Le contrat peut prévoir que l'indemnisation s'étendra aux pertes d'exploitation qui seraient la conséquence d'une perte de données, ou d'une utilisation illicite d'informations[2].

4° La garantie GV (*Garantie virus*), dont le nom est explicite, mais ne se limitant pas aux simples virus, s'étendant aux « bombes », aux « mouchards électroniques », *etc.*[3] Les virus peuvent être à l'origine de dommages « sériels », en se propageant par l'internet.

5° La garantie GRD ou GRI (*Garantie reconstitution de données, ou Garantie reconstitution d'informations*), complément indispensable de la précédente (*Garanties virus*). Elle couvre les frais de reconstitution des données, mais n'a de sens et d'efficacité que s'il existe chez l'assuré un plan sérieux de sauvegarde[4]. Les compagnies d'assurance tendent à ne plus assurer les conséquences des erreurs de programmation commises lors d'un développement au sein de l'entreprise ou d'une filiale (provoquant la perte de données) ; ce risque est plus facilement couvert lorsque le développement est effectué par un tiers.

339.14 Considérations générales sur les polices spécifiques. Quelle que soit la police spécifique envisagée, le souscripteur examinera soigneusement leurs clauses, notamment les exclusions de garantie[5] et les franchises qu'elles peuvent comporter. Il doit fournir à l'assureur tous les éléments lui permettant d'évaluer les risques, et le tenir au courant, au cours de la vie contractuelle, de l'évolution de son système informatique.

Le client peut demander, dans l'une quelconque des polices spécifiques, l'inclusion de clauses particulières. Notamment une clause couvrant *l'indisponibilité* du système (qui ne sera acceptée par l'assureur qu'après un audit des mesures de prévention et de protection prises par l'assuré) ; ou une *clause de secours*, s'il ne dispose pas déjà d'une telle solution au titre de son contrat de maintenance[6]. Mais aussi une clause *garantissant les frais supplémentaires d'exploitation*, c'est-à-dire le coût des services de remplacement provisoires, des matériels, des logiciels et des personnels. Ou encore une *clause garantissant les pertes d'exploitation*, autrement dit la diminution de la marge brute provoquée par le sinistre.

1. Lyon, ch. civ. 1 A, 28 avr. 2016, RG n° 12/06958, *CCÉ* 2016, n° 77, obs. É. A. Caprioli.

2. SUR les préjudices immatériels : L.-M. Duong, « Le traitement juridique du préjudice "immatériel" », art. préc.
3. V. *supra* s[s] n°s 335.55 s.
4. Sur cette question not. v. *supra* s[s] n°s 335.66 s.
5. EX. : Paris, ch. 7, sect. A, 2 nov. 2014, RG n° 03/07044, cité par É. A. Caprioli, obs. *CCÉ* 2016, n° 77 : la perte d'exploitation survenue à l'issue d'un sinistre informatique, que l'assuré voulait faire couvrir, était expressément exclue de la garantie par les dispositions particulières.
6. Sur la clause de secours v. *supra* s[s] n°s 331.151 s.

TITRE

34. La location (et les prestations apparentées)

SECTION 0
ORIENTEUR

34.00 Sommaire du titre.

Division – Renvoi. Dans *l'environnement* de l'informatisation certains contrats de location, ou s'apparentant à une location, présentent une originalité certaine. Il en est ainsi principalement de l'infogérance (chap. 341), de l'informatique en nuage (*cloud computing*) et de la colocation à distance de système ou de logiciel (chap. 342), enfin du contrat d'utilisation d'une base de données (chap. 343). Nous ne reviendrons pas sur les contrats ordinaires de location de matériel informatique, de logiciel ou de progiciels, rencontrés précédemment[1].

1. V. *supra* s[s] n°s 215.11 s., 222.12, 222.21 s.

CHAPITRE

341. Contrat d'infogérance

SECTION 0
ORIENTEUR

341.00 Sommaire du chapitre.

Renvoi. Sur la sous-traitance de spécialité v. *supra* s[s] n°s 336.12 s.

SECTION UNIQUE
ÉTUDE D'ENSEMBLE

341.11 Définition. La location s'est développée dans le domaine du matériel informatique, sinon au profit des particuliers, du moins par les entreprises[1]. Cette tendance est renforcée par ce qui a été baptisé *l'infogérance*[2]. Celle-ci est un contrat *sui generis*, cumulant la location à titre principal, et toutes sortes de prestations accessoires, la gestion du parc informatique, sa maintenance, sa mise à jour, voire la formation des utilisateurs. Elle présente donc une grande affinité avec la sous-traitance de spécialité[3], ce qui explique que les praticiens ne distinguent pas ces deux contrats.

1. V. s[s] n°s 215.11 s.
2. Ph. Gaudrat et F. Sardain, *Traité de droit civil du numérique*, t. II, Larcier, Bruxelles, 2015, n°s 558 s.
3. Sur la sous-traitance de spécialité v. *supra* s[s] n°s 336.12 s.

CHAPITRE

342. Informatique dans les nuages (*cloud computing*) et contrat de colocation à distance de système ou de logiciel informatique dans les nuages (*cloud computing*) et contrat de colocation…

SECTION 0
ORIENTEUR

342.00 **Sommaire du chapitre.**

342.03 **Bibliographie. Ouvrages.** B. Fauvarque-Cosson et C. Zolynski (dir.), *Le cloud computing : L'informatique en nuage*, « Colloques », Société de législation comparée, 2014 – S. Caicoya et G. Saury, *Cloud computing : Maîtrisez les enjeux et solutions de l'informatique dans les nuages !*, Micro applications, 2011.

Contributions. S. Albrieux, « Réflexions autour de la réversibilité et de la qualification du prestataire de *cloud* », dans B. Fauvarque-Cosson et C. Zolynski (dir.), *op. cit.*, p. 117 – M. Mossé, « Le nuage saisi par le droit », dans B. Fauvarque-Cosson et C. Zolynski (dir.), *op. cit.*, p. 131.

Articles. M. Berguig, « Le *cloud* : ombres et lumières sur l'informatique décentralisée », *CCÉ* 2012. Ét. 19 – G. Brunaux, « *Cloud computing*, protection des données : et si la solution résidait dans le droit des contrats spéciaux ? », *D.* 2013. Chron. 1158 – F. Chafiol-Chaumont et A. David, « Entrer dans l'ère du *cloud computing* en maîtrisant ses aspects contractuels », *Cah. dr. entr.* 2010/2, prat. 10 – G. Chantepie, « L'inexécution du contrat de *cloud computing* », *RLDI* 2013. Chron. 3272 – G. Cordier et M. Daniluas, « Le *cloud computing* et le traitement des données personnelles : approche franco-britannique », *CCÉ* 2009. Fiche prat. 11 – A. Cruquenaire et A. Cassart, « L'évolution des services en *cloud* : difficultés juridiques et solutions contractuelles », *RLDI* 2013. Chron. 3271 – A. Gendreau, « La dématérialisation du dépôt : l'exemple du *cloud computing* », *AJ contrat* 2016. 519 – D. Lebeau-Marianna et E.-C. Vermynck, « Le passage au *cloud computing* : une nécessaire coopération entre l'informatique et le juridique afin de ne pas rester dans les nuages ! », *RLDI* 2011. Chron. n° 2287 B. Poidevin, « Le contenu du contrat de *cloud computing* », *RLDI* 2013. Chron. 3270 – B. Poidevin et A. Arbusa, « Les enjeux contractuels du *cloud computing* », *CCÉ* 2011. Focus 12 – J. Sénéchal, « Les règles applicables au contrat international de *cloud computing* : des règles bien imparfaites pour un contrat d'avenir », *RLDI* 2013. Chron. 3269 – E. Sordet et R. Milchior, « Le *cloud computing*, un objet juridique non identifié ? », *CCC* 2011. Ét. 20 ; « La définition des contours juridiques du *cloud computing* », *CCÉ* 2012. Ét. 18.

SECTION UNIQUE

ÉTUDE D'ENSEMBLE

342.11 Partage de temps – Informatique décentralisée. Les entreprises, dans le domaine informatique comme dans les autres, recourent de plus en plus à ce qui est affreusement dénommé « l'externalisation » des services, ce qui en français s'appelle tout simplement sous-traitance. Une des modalités en est le contrat de « *fourniture d'énergie informatique* », qui est aussi désigné par les expressions, en anglais de *time sharing, et* en français de *partage de temps*[1]. Que recouvrent ces formules un peu énigmatiques ? Ceci : une entreprise de service du numérique (ESN) permet à un client d'accéder par internet (après identification[2]), de son ordinateur, mais aussi à partir d'un ordiphone (*smartphone*) ou d'une tablette, à ses logiciels et/ou à ses matériels, qui restent chez elle. La nature juridique de ce contrat est celle du *louage*[3], mais *à distance* (il convient d'éviter de dire et d'écrire client *distant* comme le font certains informaticiens, car le sens en est bien différent, il n'y a qu'eux pour l'ignorer).

Cette location est assortie de prestations de services ; si celles-ci apparaissaient plus importantes que celle-là, alors la qualification de louage d'ouvrage (contrat d'entreprise) s'imposerait. Aujourd'hui, il semble que cela soit presque toujours le cas. L'utilisateur est maître de sa propre configuration informatique, qui doit être compatible avec celle du bailleur, dont la maintenance doit être soigneusement diligentée. Cette mise à disposition n'est pas exclusive, de sorte que plusieurs utilisateurs peuvent exécuter des travaux indépendants sur un même processeur ou sur un même programme, en fonction de leur disponibilité. Ils sont en quelque sorte co-locataires desdits matériels et programmes. Le contrat doit préciser les moments et durées d'utilisation, les délais d'attente et les temps de réponse. La responsabilité du loueur est de résultat quant à la disposition des choses promises ainsi que la sécurité de son système, mais évidemment pas sur le fruit du traitement, puisque celui-ci est effectué par le locataire-abonné.

342.12 Informatique en nuage (*cloud computing*) – Les entreprises. Alors que la colocation à distance de système ou de logiciel n'était pratiquée que par des ESN, les géants de l'internet[4] puis de la téléphonie[5] comme de l'informatique[6] se sont lancés dans cette activité, sous le nom de *cloud computing*, généralement abrégé en *cloud*, qui s'est considérablement développée (*cloud computing* signifie « *calcul informatique dans le nuage* » ; la traduction officielle est *informatique en nuage*[7] ; sont également utilisées les expressions *d'informatique dématérialisée*, et de façon plus brève, *infonuage* ou encore *nébulique*[8]). Elle représente un potentiel considérable, car c'est la base de la transformation numérique (*digitale*[9])[10]. Afin de sauvegarder l'indépendance nationale, donc que les entreprises françaises puissent s'affranchir des contraintes réglementaires imposées par la loi américaine du *Patriot act* (et assurer la confidentialité des données), *Orange, Thales* et la *Caisse des dépôts et consignations* fondèrent en 2012 la société *CloudWatt*, tandis que *SFR, Bull* et la *Caisse des dépôts et consignations* lançaient la même année un concurrent, *Numergy*. Par ailleurs *Atos et Microsoft* ont créé une offre spécifique dématérialisée pour le secteur public ; cette ESN utilise des centres de données situés en France (pour répondre à la question de la souveraineté des données sensibles, qui doivent rester sur le territoire national, et aussi parce que la proximité géographique permet de garantir des temps de réponse très courts)[11]. En janvier 2022 a été créée une plateforme collaborative privée « secret-défense », permettant aux industriels de l'armement, à leurs sous-traitants, leurs clients ainsi qu'au ministère des Armées et à la Direction générale de l'armement d'échanger des données sensibles[12]. Elle permet de transmettre des documents contractuels, de partager des informations confidentielles, de dialoguer en ligne (*chat*), de procéder à des vidéoconférences, d'échanger des courriels, le tout dans les nuages (*cloud*), au sein d'une bulle de confiance, au sein de laquelle les participants sont interconnectés.

1. Arr. 22 déc. 1981 enrichissement du vocabulaire de l'informatique, *JO* 17 janv. 1982, n° complémentaire, p. 293.
2. Sur celle-ci, v. *infra* s[s] n° 412.53.
3. Et non de dépôt, celui-ci ne pouvant porter que sur un meuble corporel.
4. DONT : *Amazon, Google* et *Alibaba*.
5. EX. : *Orange* et *SFR*.
6. NOT. : *Dell, HP, Apple* avec *iCloud et Microsoft*.
7. Commission générale de terminologie et de néologie, Vocabulaire de l'informatique et de l'internet, *JO* 6 juin 2010, p. 10453, NOR : CTNX1012892X.
8. SELON L'EXPRESSION de : Ph. Gaudrat et F. Sardain, *Traité de droit civil du numérique*, t. II, Larcier, Bruxelles, 2015, n°s 578 s.
9. Le mot anglais *digital* est l'ex. type du faux-ami, car en français il signifie « qui appartient à la main », comme les empreintes digitales.
10. *Salesforce*, éditeur de logiciel, fondé en 1999 à San Francisco par Marc Benloff (transfuge de l'éditeur américain *Oracle*) fut le précurseur de l'infonuage. Au niveau mondial, la première place dans ce domaine est occupée par *Dell*.
11. *Dassault Systèmes* pratique aussi l'informatique en nuage. Mais le champion français dans ce domaine est la sté *OVH*, fondée à Roubaix en 1999 par Octave Kabla, qui occupe la première place en Europe et la quatrième dans le monde.
12. Nommée *TrustNestRestricted* (sous-entendu espace de confiance pour l'échange de données confidentielles), en anglais bien que française.

À côté des puissants centres de données dans l'*infonuage*, se développe vivement la tendance inverse, à savoir traiter les données d'une entreprise ou d'une machine appareil au plus près de leur source, par le périphérique qui les génère (par exemple pour une voiture dite autonome ou tout autre objet connecté), ou par un ordinateur/serveur local, du moins lorsqu'il ne s'agit pas de mégadonnées, plutôt que de les transmettre à un centre de stockage (*Data center*) éloigné. C'est ce qui est appelé l'*edge computing*, qui peut se traduire par informatique embarquée ou informatique en périphérie. Elle offre une puissance de traitement décentralisée. L'informatique embarquée est surtout utilisée dans le domaine de l'internet des objets. Une partie des nombreuses données collectées par les appareils connectés sont traitées localement, afin de réduire le trafic en direction de l'infonuage ou des centres de stockage, permettant une analyse presque instantanée des données.

342.13 Informatique en nuage (*cloud computing*) – Les services. Les prestataires de *cloud computing* autorisent leurs partenaires, moyennant rémunération proportionnelle à la consommation (*pay per use* ou *pay as you go*), à utiliser les logiciels, la mémoire et les capacités de calcul de leurs installations. Celles-ci, pour être dans les nuages, n'en sont pas moins réelles et n'échappent pas « à l'attraction terrestre »[1]. Ces installations sont d'énormes ensembles d'ordinateurs et de serveurs sis au sein d'usines numériques[2] (*data centers*), que certains nomment « coffres forts de données » (mais cette expression est réductrice), produisant de l'énergie numérique. Ces usines numériques sont réparties dans le monde entier, liées par le réseau internet (le nuage). De sorte que l'informatique est *décentralisée*, et que la localisation des applications n'est pas connue du client. Il y a une *externalisation* des données sur des serveurs à distance. Ainsi, le *cloud computing* permet à ses bénéficiaires de gérer et d'optimiser leurs ressources, et d'accéder à de nombreux services en ligne, qui ne cessent d'augmenter, tels que le stockage des données ou la messagerie, mais aussi des applications strictement professionnelles comme la gestion des relations avec les clients, la gestion du personnel, voire celle des secrets de fabrication (mais cela est à déconseiller), la sécurité des données et des objets connectés[3], bureau « virtuel », les offres internet, des commandes vocales… D'où les particuliers n'ont plus besoin de stocker les données sur leur disque dur, tandis que les entreprises n'ont plus besoin d'investir dans des ordinateurs de grande capacité. L'informatique s'utilise alors à la demande, au fond un peu comme l'électricité, si bien que l'expression la plus pertinente pour désigner ce service semble être *informatique à la demande* (du reste, le prix est fonction de la consommation réelle du client comme pour l'électricité). Il existe des logiciels spécifiques pour cette informatique décentralisée à la demande, comme *Office 365*[4]. La France compte un grand nombre d'usines numériques. Cette informatique à la demande implique l'existence d'un sérieux *système d'identification*[5] fiable pour accéder aux données confidentielles à distance ; le spécialiste français de la carte à puce, *Gemalto*, est aussi en pointe quant aux cartes sécurisées d'accès.

L'informatique dans les nuages, comme toute technique, présente dangers (dont la perte des données) et des inconvénients, dont une illustration spectaculaire s'est produite le 12 décembre 2014 lorsqu'une panne informatique a touché l'une des installations du contrôle aérien britannique *Nats*, basée à Swanwick dans le sud-est de l'Angleterre ; l'ensemble des aéroports britanniques a été paralysé pendant plusieurs heures et, par contrecoup, de nombreux aéroports d'autres pays ont été perturbés. Un autre grave incident eut lieu en mars 2021 : un violent incendie ravagea un centre de stockage de données à Strasbourg (d'*OVHCloud*), détériorant l'ensemble et détruisant complètement un quart de l'installation. L'entreprise s'est appuyée sur ses autres centres pour relancer les services de ses clients, notamment des serveurs utilisés par diverses applications indispensables au fonctionnement des entreprises. La commodité du *cloud* conduit à négliger les sauvegardes par des moyens simples (comme par bande magnétique peu coûteuse et ne nécessitant pas même de l'électricité). Les usines numériques (*data centers*), constituent une menace pour l'environnement, étant dévoreuses d'espace au sol, ainsi que d'énergie pour les faire fonctionner et plus encore refroidir. À l'échelle mondiale, les centres de stockage de données numériques consomment environ 30 millions de kilowatts, soit à peu près la production de trente centrales nucléaires[6] (mais

1. A. Gendreau, « La dématérialisation du dépôt : l'exemple du *cloud computing* », art. préc.
2. POUR donner une idée de l'importance de ces *data centers*, celui qui fut inauguré en 2012 à Pantin, en Île de France, pour l'américain *Equinix* compte 11 000 m² de salles climatisées, pouvant héberger 220 000 serveurs informatiques. L'alimentation électrique est sécurisée par le raccordement à deux réseaux distincts, sans compter, en cas de rupture de courant, la possibilité de mettre en route six turbines au fioul.
3. S. Bernheim-Desvaux, « L'objet connecté sous l'angle du droit des contrats et de la consommation », *CCE* 2017. Ét. 1.
4. V. *supra* s^s^ n° 222.12.
5. Sur celle-ci *infra* s^s^ n° 412.53.
6. SELON *The New York Times, international wekly* 28 sept. 2012, p. 1. – En 2015, on estimait que les *data centers* représentaient entre 8 % et 10 % de la consommation électrique en France !

dont une partie est compensée par la récupération de la chaleur émise par les ordinateurs pour alimenter un réseau de chauffage ou d'eau chaude). La solution, dans un avenir relativement proche, sera de stocker les données sur ADN. Elles pourraient ainsi être conservées pendant des milliers d'années (échappant à l'obsolescence des supports), pour une dépense énergétique quasiment nulle, à température ambiante, dans de minuscules capsules en inox. L'opération suppose la fabrication d'ADN de synthèse, sur lequel seront écrites les informations à conserver. La seconde phase consiste à « écrire de l'ADN ». Alors que le numérique repose sur un système binaire de 1 et 0 (*bit*), l'ADN se décline en quatre lettres, A, C, G et T. Vient ensuite la phase du stockage[1]. La loi n° 2021-1485 du 15 novembre 2021 vise à réduire l'empreinte environnementale du numérique en France (REEN)[2].

342.14 Diversité de l'informatique en nuage. L'*informatique en nuage* (*infonuage*) présente plusieurs variantes. Celle qui est apparue en premier est IaaS (*Infrastructure as a Service*), comme *Microsoft* ou *Amazon*, consistant en la mise à disposition de ressources informatiques virtualisées de calcul, de stockage et de connectivité (serveurs, processeurs, mémoire, capacités de stockage, infrastructure réseau, *etc.*). Mais celle qui semble dominante est SaaS (*Software as a Service*), comme *Google, Yahoo* ou *OVH*, présentant l'avantage d'une grande personnalisation des applications accessibles en ligne, en fonction des besoins spécifiques des utilisateurs[3]. Toutefois, le modèle PaaS (*Platform as a Service*) se développe. Le prestataire met alors à disposition du partenaire une plateforme virtuelle, permettant le développement et l'hébergement des logiciels des entreprises destinés à leurs clients professionnels ou particuliers (par exemple une messagerie). Ainsi *Microsoft* propose un service de « poste de travail virtuel », permettant à un salarié en télétravail d'accéder à distance et en toute sécurité à ses logiciels professionnels, même s'ils ne sont pas installés sur son ordinateur personnel. Souvent, le prestataire sous-traite tout ou partie des fonctions à plusieurs entreprises, parfois localisées à l'étranger (qui elles-mêmes auront peut-être recours à d'autres sous-traitants, ce qui multiplie les risques). Enfin, est apparu l'*open cloud* (ou informatique en nuage libre), fondé sur des logiciels libres[4]. Généralement l'informatique en nuage est *hybride*, en ce sens qu'elle mêle l'informatique interne à l'entreprise et des ressources dans le « nuage ». Quoi qu'il en soit, le centre de stockage de données (*data center*) assure la protection la plus efficace possible contre les attaques et virus. En 2017, la société *OVH* a révélé avoir déjoué l'année précédente de 1 500 à 2 000 attaques par jour[5].

Des logiciels spécifiques sont apparus, nichés dans les nuages, accessibles sur tous les appareils de l'utilisateur, lui permettant de commencer un travail sur un ordinateur, de le reprendre sur un mobile pour l'achever sur une tablette, les sessions ayant été synchronisées et sauvegardées au fur et à mesure sur les serveurs dans les nuages des fabricants desdits logiciels[6].

342.15 Nature du contrat d'informatique en nuage. L'informatique en nuages n'est pas un dépôt (malgré la tentation de la baptiser ainsi[7]), car le dépôt ne peut porter que sur un meuble corporel[8]. Le contrat permettant de loger des données dans l'espace est principe un louage (à distance). Cependant, lorsque des prestations de services sont importantes, la qualification de louage d'ouvrage (d'entreprise) s'impose. En effet, des services complémentaires peuvent éventuellement être proposés, moyennant une rémunération supplémentaire[9], comme la configuration/initialisation, la maintenance ou l'assistance. Ce contrat se distingue précisément de la fourniture d'applications hébergées[10], qui relèvent de la nature du contrat d'entreprise, par l'importance des services complémentaires assurés par le fournisseur. Sinon, la parenté de ces deux contrats est fort grande.

342.16 Informatique en nuage et droit d'auteur. Interprétant l'article 5, § 2, de la directive 2001/29[11],

1. E. Bembaron, « Le stockage sur ADN », *Le Figaro économie,* 7 nov. 2020, p. 31.
2. L. n° 2021-1485, 15 nov. 2021, visant à réduire l'empreinte environnementale du numérique en France (REEN), *JO* 16 nov. 2021, texte 2.
3. H. Alterman et F. Perbost, « Les points essentiels du contrat SaaS », art. préc.
4. Sur ceux-ci v. *supra* s^s n°s 221.31 s.
5. *Le Figaro* 13 janv. 2017, p. 25.
6. C'est not. le cas pour *Adobe* des logiciels *Creative Cloud* (en 2015, 4 millions de clients) et *Cloud Marketing* ; pour *Microsoft* de *Office 365* (en 2015, 12 millions de clients).
7. A. Gendreau, « La dématérialisation du dépôt : l'exemple du *cloud computing* », art. préc.
8. Ph. le Tourneau, *Rép. com., V°* « Dépôt », 2018, n° 3.
9. NOT. : F. Chafiol-Chaumont et A. David, « Entrer dans l'ère du *cloud computing* en maîtrisant ses aspects contractuels », art. préc. ; G. Cordier et M. Daniluas, « Le *Cloud Computing* et le traitement des données personnelles : approche franco-britannique », art. préc. ; D. Lebeau-Marianna et E.-C. Vermynck, « Le passage au *cloud computing :* une nécessaire coopération entre l'informatique et le juridique afin de ne pas rester dans les nuages ! », art. préc. ; B. Poidevin et A. Arbusa, « Les enjeux contractuels du *cloud computing* », art. préc. ; E. Sordet et R. Milchior, « Le *cloud computing*, un objet juridique non identifié ? », art. préc.
10. V. *supra* s^s n°s 338.11 s.
11. Dir. 2001/29, Parlement et Conseil, 22 mai 2001, sur l'harmonisation de certains aspects du droit d'auteur et des droits voisins dans la société de l'information, *JOCE* L 167, 22 juin 2001, p. 10.

sur l'harmonisation de certains aspects du droit d'auteur et des droits voisins dans la société de l'information, la CJUE a jugé qu'elle s'oppose à une législation nationale (italienne) permettant à une entreprise commerciale de fournir à des particuliers un service d'enregistrement à distance dans le nuage de copies d'œuvres protégées par le droit d'auteur (programmes de télévision), au moyen d'un système informatique, en intervenant activement dans l'enregistrement de ces copies, sans l'autorisation du titulaire de droits[1], car ce service constitue une retransmission de ces programmes. Autrement dit, *brevitatis causa*, le *cloud* ne doit pas nuire au droit d'auteur.

342.17 Quelques éléments du contrat de l'informatique en nuage. La préparation commence par un audit[2]. Celui-ci détermine d'abord les applications, services ou traitements devant bénéficier du service. Puis il identifie les traitements sensibles qui seront effectués à distance, ainsi que les garanties à obtenir. En 2012, la Cnil a établi en ce sens des modèles de clauses contractuelles. Un cahier des charges détaille les spécificités techniques et fonctionnelles attendues (capacité de stockage et de traitement, puissance de calcul, évolution des besoins, localisation du serveur, *etc.*). Il mentionne également les exigences relatives à la maintenance (incluant la fluidité du service et le délai maximum de rétablissement), à la traçabilité et à la reprise des données, ainsi qu'à leur confidentialité et à leur sécurité (qui est évidemment le risque majeur de ces services ; le codage (cryptage[3]) en ligne des données semble une mesure indispensable).

Le cahier des charges permet d'évaluer les différentes offres après un éventuel appel d'offres.

Pour une société importante, le contrat sera évidemment individualisé. Mais la majorité des contrats de *cloud computing* sont des contrats types, à prendre ou à laisser, avec tout au plus quelques modifications marginales. Il doit indiquer, en cas de recours à des sous-traitants, les noms de ceux-ci et garantir qu'ils respecteront les engagements, tant de sécurité que de performance[4]. Un plan de sécurité peut être élaboré (comprenant diverses mesures, notamment la segmentation des données, leur cryptologie, leur sauvegarde et un audit de sécurité pouvant être déclenché régulièrement par le client). De plus, un système de secours (*backup*)[5] doit permettre d'assurer la continuité de l'activité ou, à tout le moins, sa reprise rapide. Il peut être prévu un comité de pilotage. Les obligations sont généralement qualifiées de moyens (et non de résultat), et il est stipulé une clause limitative de « responsabilité »[6]. Les clauses relatives à la *réversibilité*[7] sont importantes[8], et sont souvent insuffisamment précises (elles devraient mentionner le format des données et leur « portabilité »[9], le délai de restitution, *etc.*[10]). Il est parfois convenu que le prix est à la prestation (*pay as you go* : payez ce que vous consommez). Le plus souvent, il est par abonnement, dont le montant est soit fixe, soit proportionnel au volume de données ou de ressources[11].

Le fait de délocaliser hors de l'Union européenne l'informatique en nuage (*cloud computing*) entraîne des risques sérieux quant à la sécurité des données personnelles[12], et des difficultés quant à la détermination du Droit applicable[13].

342.18 Clause de suspension de service. Les contrats d'informatique en nuage comportent souvent dans leurs conditions générales une clause de suspension de service[14], autorisant le prestataire, sous certaines conditions, à suspendre son service tant que le client n'exécute pas ses obligations, application de l'exception d'inexécution. Cette dernière figure dans le code civil, depuis l'ordonnance n° 2016-131 du

1. CJUE 29 nov. 2017, *VCAST c/RTI*, aff. C-265/16, *Rec.* N ; *RLDI* 2017, n° 5113, obs. L. Costes ; *CCÉ* 2018, n° 1, obs. C. Caron ; *D.* 2018. Pan. 2270, obs. J. Larrieu, C. Le Stanc et P. Tréfigny ; *RTD com.* 2018. 100, obs. F. Pollaud Dulian ; *Dalloz IP/IT* 2018. 118, obs. S. Darmon – Ph. Mouron, « Les services d'enregistrement numérique, entre le droit de communication au public et l'exception de copie privée », *RLDI* 2018. Doctr. 5208.
2. Sur celui-ci v. *infra* s^s^ n°s 333.00 s.
3. L'Académie française conseille d'éviter crypter et d'employer coder.
4. M. Mossé, « Le nuage saisi par le droit », dans B. Fauvarque-Cosson et C. Zolynski (dir.), *op. cit.*, spéc. p. 144.
5. Sur cette clause v. *supra* s^s^ n° 331.151.
6. G. Chantepie, « L'inexécution du contrat de *cloud computing* », art. préc.
7. S. Albrieux, « Réflexions autour de la réversibilité et de la qualification du prestataire de *cloud* », art. préc.
8. Sur celles-ci v. *supra* s^s^ n° 336.31.
9. Sur celle-ci v. *supra* s^s^ n° 011.23.
10. A. Cruquenaire et A. Cassart, « L'évolution des services en *cloud* : difficultés juridiques et solutions contractuelles », art. préc.
11. SUR l'informatique en nuage et les données personnelles : É. Le Quellenec, « *Cloud computing* et droit, retour sur une année de grands changements », *RLDI* 2017. Ét. 5019.
12. SUR leur transfert : É. A. Caprioli (dir.), *Banque et assurance digitales. Droit et pratiques*, préf. M. Roussille, RD éd., 2017, n°s 318 s.
13. E. Sordet et R. Milchior, « La définition des contours juridiques du *cloud computing* », art. préc. – M. Berguig, « Le *cloud* : ombres et lumières sur l'informatique décentralisée », art. préc. – J. Sénéchal, « Les règles applicables au contrat international de *cloud computing* : des règles bien imparfaites pour un contrat d'avenir », art. préc.
14. O. Dorchies, « Pratique contractuelle. La clause de suspension du service dans les contrats informatiques et télécoms », *CCÉ* 2016. Fiche prat. 47, avec un ex. de clause.

10 février 2016, aux articles 1219[1] et 1220[2] ; le premier prévoit une exception palliative tandis que le second autorise une exception préventive (*exceptio timoris*).

1. C. civ., art. 1219 ; mod. par ord. nº 2016-131, 10 févr. 2016, art. 2.
2. C. civ., art. 1220 ; mod. par ord. nº 2016-131, 10 févr. 2016, art. 2.

CHAPITRE

343. Contrat d'utilisation d'une base de données

SECTION 0
ORIENTEUR

343.00 Sommaire du chapitre.

343.03 Bibliographie. Ouvrages. J.-M. Bruguière, *Les données publiques et le droit*, « Droit@Litec », Litec, 2002 – P. Catala, *Le droit à l'épreuve du numérique : Jus ex Machina*, PUF, 1998 – Ph. Gaudrat et F. Sardain, *Traité de droit civil du numérique*, t. II, Larcier, Bruxelles, 2015 – A. Lucas, H.-J. Lucas et A. Lucas-Schloetter, *Traité de la propriété littéraire et artistique*, 5e éd., « Traités », LexisNexis, 2017 – N. Mallet-Poujol, *Commercialisation des bases de données*, CNRS, 1993 – B. Michaux, *Droit des bases de données*, Klewer, Bruxelles, 2005 – F. Pollaud-Dulian, *Le droit d'auteur*, « Corpus », Economica, 2004, nos 1692 s. – Ph. le Tourneau, *Le Parasitisme*, Litec, 1998.

Manuel. C. Caron, *Droit d'auteur et droits voisins*, 6e éd., « Manuel », LexisNexis, 2020 – C. Castets-Renard, *Droit interne et européen du numérique*, 3e éd., « Cours », Montchrestien-Lextenso, 2018 – J.-F. Forgeron, *Le logiciel et le droit*, Hermès, 1994 – P.-Y. Gautier, *Propriété littéraire et artistique*, 11e éd., « Manuel », PUF, 2019 – M. Vivant et J.-M. Bruguière, *Droit d'auteur et droits voisins*, 4e éd., « Précis », Dalloz, 2019.

Thèse. S. Becquet, *Le bien industriel*, préf. T. Revet, « BDPr », t. 448, LGDJ, 2005.

Contribution. X. Daverat, « Droit d'auteur et "protections périphériques" », dans *Mél. P. Le Cannu*, Dalloz, 2014, p. 513 s.

Articles. T. Azzi, « *Open data* et propriété intellectuelle. État des lieux au lendemain de l'adoption de la loi pour une République numérique », *D.* 2017. Chron. 583 – H. Bitan, « La saisie-contrefaçon de logiciels et de bases de données à l'aune de la loi du 29 octobre 2007 relative à la lutte contre la contrefaçon », *CCÉ* 2008. Chron. 7 – Ph. Gaudrat, « Loi no 96-536 du 1er juillet 1998 portant transposition de la directive 96/9/CE du Parlement européen sur les bases de données », *RTD com.* 1998. 598 s. ; 1999, p. 86 s., p. 398 s. – B. Edelman, « Les bases de données ou le triomphe des droits voisins », *D.* 2000. Chron. 89 – G. Koumantos, « Les bases de données dans la directive communautaire », *RIDA* 1997/1, p. 79 s. – M. Lecardonnel, « Pas de protection pour les investissements liés à la création d'une base de données », *Legalis.net* 2009/1, p. 51 – C. Le Gal et N. Martin, « Droit des bases de données et parasitisme ; un arrêt en demi-teinte de la cour d'appel de Paris », *RLDI* janv. 2006, p. 13 s. – R. Perray, « La loi pour une République numérique », *RLDI* 2017. Ét. 5151 – F. Pollaud-Dulian, « Brèves remarques sur la directive du 11 mars 1996 concernant la protection juridique des bases de données », *D. Affaires* 1997, 539 – A. Robin, « Les données scientifiques au prisme du dispositif *open data* », *CCÉ* 2017. Ét. 14.

343.05 Définition. Une base de données est un « *recueil d'œuvres, de données ou d'autres éléments indépendants, disposés de manière systématique ou méthodique, et individuellement accessibles par des moyens électroniques ou par tout autre moyen* »[1]. Pour la CJCE, la base doit être constituée d'éléments « *séparables les uns des autres sans que la valeur de leur contenu s'en trouve affectée* », et qui sont disposées selon une « *méthode ou un système, de quelque nature que ce soit, permettant de retrouver chacun de ses éléments constitutifs* » (CJCE 9 nov. 2004, *Fixtures Marketing*, aff. C-444/02[2] ; ce n'est pas le cas d'une collection de catalogues de ventes aux enchères, constituant en réalité un simple fonds

1. CPI, art. L. 112-3, al. 2 ; art. mod. par L. no 98-536, 1er juill. 1998, art. 1er ; transposant dir. 96/9, Parlement et Conseil, 11 mars 1996, art. 1.2.
2. CJCE 9 nov. 2004, *Fixtures Marketing*, aff. C-444/02, *CCÉ* 2005, no 2, obs. C. Caron ; *D.* 2005. Somm. 1495, obs. P. Sirinelli ; *Propr. ind.* 2005, no 7, note P. Kamina ; *RTD com.* 2005. 90, obs. F. Pollaud-Dulian.

d'archive[1]). Cela signifie qu'une base de données doit permettre de déterminer facilement le lieu des éléments qui la compose, de sorte qu'elle doit nécessairement être assortie d'un procédé électronique, d'un index, d'une table des matières ou d'un plan[2].

Les bases (dites aussi banques) informatisées de données se sont répandues dans tous les domaines, notamment en Droit, où elles occupent une place importante[3]. L'imprimerie avait permis une extraordinaire accumulation d'informations et de connaissances (qui a tant manqué à l'Afrique, dont la culture est restée longtemps de tradition orale), mais dont l'ampleur même défiait toute appréhension par une intelligence humaine. « *L'imprimerie nous donnait une mémoire collective excellente, mais la mémoire individuelle n'était pas à sa mesure* » (J. Ellul). Or, voici que l'informatique supplée aux limites de la mémoire individuelle : elle rend l'information engrangée utilisable *hic et nunc* par quiconque.

Une base de données est évidemment un bien (immatériel), constituant un actif incorporel du patrimoine de son producteur[4].

Il existe des logiciels libres de gestion des bases de données[5] (ainsi *PostegreSQL*).

SECTION 1
LA QUESTION PRÉALABLE : LA BASE EN TANT QU'ŒUVRE

§ 1
Le droit de l'auteur de l'œuvre originale

343.11 Remise en cause de la jurisprudence par la loi du 1er juillet 1985. Une grosse difficulté des bases de données portait sur l'hypothèse où la collecte des données était limitée à de simples références, de courtes citations, voire des résumés : le consentement de l'auteur était-il nécessaire ? La Cour de cassation donna une réponse négative, dans la retentissante affaire *Microfor c/Le Monde*, c'est-à-dire qu'elle adopta une position très favorable aux créateurs de bases de données[6]. Le critère adopté tenait compte du fait que la donnée enregistrée, par son caractère lacunaire, *ne dispense pas le lecteur de recourir à la source*, ce qui revenait à porter l'attention sur le fond de l'œuvre, contrairement aux règles classiques du droit d'auteur. La *liberté documentaire* était ainsi reconnue, même si elle comportait des limites. Les auteurs d'une base de données avaient la liberté de « *répertorier les œuvres d'autrui, en les identifiant par leur titre, ainsi que d'en présenter des résumés signalétiques, au besoin sous forme de courtes citations de l'œuvre* » (J. Huet et H. Maisl[7]) ; cela sous réserve d'indiquer le nom de l'auteur, la source utilisée, sans dénaturer l'œuvre, et à condition que la citation ou le résumé ne puisse pas se *substituer* à cette dernière.

Cette jurisprudence a été condamnée par le législateur qui réserve, d'une façon générale, les droits « *de l'auteur de l'œuvre originale* »[8] ; originale signifie ici première, initiale, en somme *originelle*, à condition évidemment qu'elle soit aussi originale, au sens cette fois que possède ce mot en droit d'auteur[9]. Le traité de l'Ompi sur le droit d'auteur (TDA), adopté à Genève le 20 décembre 1996[10], et approuvé par la décision du Conseil de la Communauté européenne n° 2000/278/CE du 16 mars 2000[11] protège les bases des données, mais en précisant que « *cette protection ne s'étend pas aux données ou éléments eux-mêmes et elle est sans préjudice de tout droit d'auteur existant sur les données ou éléments contenus dans la compilation* » (TDA, art. 5 *in fine*)[12].

343.12 Remise en cause de la jurisprudence par la loi du 7 octobre 2016[13]. La loi du 7 octobre 2016

1. TGI Paris, 30 mars 2010, n° 08/14954, *Propr. ind.* 2010, n° 75, obs. J. Larrieu ; *D.* 2011. Pan. 2365, obs. J. Larrieu – EN REVANCHE, le site « leboncoin.fr » constitue une base de données dès lors qu'il remplit les conditions définies par l'art. L. 112-3, CPI : TGI Paris, 1er sept. 2017, RG n° 17/06908, *RJDA* 2018, n° 193 – A. Migalski et A. Vichnievsky, « Affaire leboncoin.fr : les obstacles à l'action du producteur de base de données », *RJDA* 2018. Chron. 11.
2. C. Caron, note préc.
3. P. Catala, *Le droit à l'épreuve du numérique*, PUF, 1998, not. p. 157 s.
4. SUR LA PROTECTION des bases de données not. : L. Grynbaum, C. Le Goffic et L. Morlet-Haidara, *Droit des activités numériques*, « Précis », Dalloz, 2014, nos 656 s.
5. Sur les logiciels libres v. *supra* ss nos 221.33 s.
6. Cass., ass. plén., 30 oct. 1987, n° 86-11.918, P, n° 4 ; *D.* 1988. 21, concl. J. Cabannes.
7. J. Huet et H. Maisl, *op. cit.*, n° 508.
8. CPI, art. L. 112-3, al. 1er ; mod. par L. n° 98-536, 1er juillet 1998, art. 1er.
9. T. com. Paris, 15e ch., 5 févr. 2010, n° 2008-00.338, *AFP c/ Topix, Gaz. Pal.* 2010. 1, p. 1101, note B. de Roquefeuil et G. Bourge ; *Propr. intell.* 2010, 846, obs. J.-M. Bruguière ; *RTD com.* 2011. 98, obs. F. Pollaud-Dulian : les dépêches originales de l'AFP sont protégées par le Droit d'auteur – Com. 5 avr. 2018, n° 13-21.001, NP, *RTD com.* 2018. 669, obs. F. Pollaud-Dulian : catalogue et photographies manifestant « *un parti pris esthétique empreint de la personnalité de l'auteur* ».
10. Traité de l'Ompi sur le droit d'auteur (TDA), adopté à Genève le 20 décembre 1996.
11. Décision du Conseil de la Communauté européenne n° 2000/278/CE du 16 mars 2000.
12. POUR les données publiques : J.-M. Bruguière, *op. cit.*
13. L. n° 2016-1321, 7 oct. 2016 pour une République numérique, *JO* 8 oct., n° 1 – Sur cette loi v. *supra* ss nos 011.27, 011.41, 011.43, 013.33, 014.11, 221.14, 338.17 – Et v. *infra* ss nos 4.10, 4.19, 411.31, 412.20, 412.52, 421.17, 431.18, 451.30.

« pour une République numérique »[1], a créé une exception nouvelle de « fouille » ou d'exploration électronique de documents (en anglais : *Text and Data Mining* ou TDM), imposée également depuis par la directive 2019/770[2], et complétée par l'ordonnance n° 2021-1518 du 24 novembre 2021[3]. Ladite fouille consiste en un procédé de recherche et d'analyse automatisé, par lequel un appareil (fonctionnant à partir d'algorithmes) consulte de grandes quantités de documents et de contenus numériques pour en extraire les informations pertinentes au regard des instructions de recherche paramétrées par l'utilisateur. Lorsque l'œuvre a été divulguée, l'auteur ne peut interdire « *Les copies ou reproductions numériques d'une œuvre en vue de la fouille de textes et de données réalisée dans les conditions prévues à l'article L. 122-5-3* »[4]. La fouille de textes et de données consiste en la mise en œuvre d'une technique d'analyse automatisée de textes et données sous forme numérique, afin d'en dégager des informations, notamment des constantes, des tendances et des corrélations[5]. Des copies ou reproductions numériques d'œuvres auxquelles il a été accédé de manière licite peuvent être réalisées sans autorisation des auteurs en vue de fouilles de textes et de données menées à bien aux « *seules fins de la recherche scientifique* » par les organismes de recherche, les bibliothèques accessibles au public, les musées, les services d'archives ou les institutions dépositaires du patrimoine cinématographique, audiovisuel ou sonore, ou pour leur compte et à leur demande par d'autres personnes[6]. Les titulaires des droits ne peuvent pas s'y opposer (CPI, art. L. 122-5-3, II). La seconde exception légitime toutes les fouilles, peu important leurs finalités, menées par « toute personne », sauf si le titulaire des droits a exprimé son opposition « *de manière appropriée* », notamment « *par des procédés lisibles par machine pour les contenus mis à la disposition du public en ligne* » (CPI, art. L. 122-5-3, III).

Lorsqu'une base de données est mise à la disposition du public par le titulaire des droits, celui-ci ne peut interdire « *L'extraction et la réutilisation d'une partie substantielle, appréciée de façon qualitative ou quantitative, du contenu de la base, sous réserve des bases de données conçues à des fins pédagogiques et des bases de données réalisées pour une édition numérique de l'écrit, à des fins exclusives d'illustration dans le cadre de la recherche, à l'exclusion de toute activité ludique ou récréative, dès lors que le public auquel cette extraction et cette réutilisation sont destinées est composé majoritairement de chercheurs directement concernés, que la source est indiquée, que l'utilisation de cette extraction et cette réutilisation ne donne lieu à aucune exploitation commerciale et qu'elle est compensée par une rémunération négociée sur une base forfaitaire* »[7]. Et aussi l'extraction et la réutilisation d'une partie substantielle, appréciée de façon qualitative ou quantitative, du contenu de la base à des fins exclusives lors de l'enseignement et de la formation professionnelle[8].

Sont aussi imposées, par le droit communautaire comme en droit français, les exceptions d'enseignement au sein d'activités transfrontières[9] et de conservation[10]. L'utilisation aux fins d'enseignement est réputée avoir lieu uniquement dans l'État membre dans lequel l'établissement d'enseignement est établi.

D'un autre côté, l'exception relative à la représentation ou à la reproduction d'extraits d'œuvres à des fins exclusives d'illustration dans l'enseignement et la formation professionnelle est strictement réglementée (CPI, art. L. 122-5, 3°, e, et 12° ; art. L. 122-5-4). Elle couvre les activités d'enseignement numériques transfrontières. Elle a pour contrepartie « *une rémunération négociée sur une base forfaitaire* ». Mais elle peut être écartée lorsque les actes de reproduction ou de représentation ont été autorisés par des licences (CPI, art. L. 122-5-4, II).

§ 2
Le droit de l'auteur de la base

343.21 La base de données est une œuvre en soi. Avant comme après la réforme opérée par la loi du

1. T. Azzi, « *Open data* et propriété intellectuelle. État des lieux au lendemain de l'adoption de la loi pour une République numérique », chron. préc. – A. Robin, « Les données scientifiques au prisme du dispositif *open data* », étude préc. (il eut été préférable de parler de dispositions plutôt que de dispositif) – R. Perray, « La loi pour une République numérique », étude préc.
2. Dir. 2019/770, Parlement et Conseil, 20 mai 2019, relative à certains aspects concernant les contrats de fourniture de contenus numériques et de services numériques, PE/26/2019/REV/1, *JOUE* L 136, 22 mai, p. 1, art. 4 et 5 (sur cette directive v. *supra* s[s] n° 013.34) – A. Mendoza-Caminade, « Libérer la recherche en Europe : la nouvelle conciliation du droit de la propriété intellectuelle et de fouille des textes et de données », dans *Mél. C. Saint-Alary-Houin*, LGDJ, 2020, p. 397.
3. N. Maximin, « Loi complétant la transposition de la directive "Damun". Ord. n° 2021-1518 du 24 nov. 2021 », *Dalloz IP/IT* 2021.592.
4. CPI, art. L. 122-5, 10°, réd. Ord. n° 2021-1518, 24 nov. 2021, art. 1, I, 2°.
5. CPI, art. L. 122-5-3, I, créé par Ord. n° 2021-1518, 24 nov. 2021, art. 1, II.
6. CPI, art. L. 122-5-3, II, créé par Ord. n° 2021-1518, 24 nov. 2021, art. 1, II.
7. CPI, art. L. 342-3, 4°, réd. Ord. n° 2021-1518, 24 nov. 2021.
8. CPI, art. L. 342-3, 4 bis, créé par Ord. n° 2021-1518, 24 nov. 2021.
9. Dir. 2019/770, Parlement et Conseil, 20 mai 2019, art. 5.
10. Dir. 2019/770, Parlement et Conseil, 20 mai 2019, art. 6.

1er juillet 1998[1], une base de données constitue en elle-même (le contenant) une œuvre protégeable par la propriété littéraire (lorsqu'elle est originale), quel qu'en soit le contenu[2]. Dès lors, sa reproduction sans droit constitue une contrefaçon[3]. Du reste, la loi n° 2007-1544 du 29 octobre 2007[4] a instauré une procédure de saisie-contrefaçon spécifique aux producteurs de bases[5] de données[6]. Une société qui commet une défaillance contractuelle (en l'espèce la violation d'une clause de confidentialité) et qui accepte que sa filiale bafoue délibérément les engagements contractuels souscrits par ses soins, permet et facilite l'appropriation illicite de la base de données par un tiers concourant ainsi à la réalisation du dommage ; d'où la société en question, qui a manqué à ses obligations contractuelles, peut être condamnée *in solidum* avec l'entreprise contrefactrice[7].

Le titulaire du droit doit se ménager les éléments de preuve, afin de pouvoir établir, le cas échéant, que telle œuvre a été créée à telle date, en la déposant, soit dans une enveloppe Soleau à l'INPI, soit dans un pli scellé à un huissier, soit enfin à l'*Agence pour la protection des programmes* (APP).

Il est évident qu'une base de données ne constitue une œuvre protégeable par la propriété littéraire qu'à la condition qu'elle soit originale (ne serait-ce que par le choix effectué, comme dans une anthologie, ou par la disposition des matières[8]), ce qui n'est pas le cas d'un recueil de fichiers dont la mise en œuvre procède d'une logique automatique, sans démarche véritablement créative dans la présentation, l'ordonnancement, la physionomie ou tout autre composant[9], ni probablement du calendrier des rencontres de football[10]. La preuve de l'originalité

1. L. n° 96-536, 1er juillet 1998 portant transposition de la directive 96/9/CE du Parlement européen sur les bases de données, *JO* 2 juill., p. 10075.
2. Civ. 1re, 13 mai 2014, n° 12-27.691, NP, *RLDI* 2014, n° 3490, obs. L. Costes ; *Propr. ind.* 2014, n° 68, note J. Larrieu ; *RTD com.* 2014. 595, obs. F. Pollaud-Dulian ; *Gaz. Pal.* 19 nov. 2014. 14, note C. Hugon (indiquant que l'arrêt est du 13 mars) : la base témoigne d'un « *apport intellectuel, caractérisant, au regard des choix effectués et de la classification élaborée, une œuvre collective originale, éligible à la protection par le droit d'auteur* » ; le critère objectif d'apport intellectuel est proche de celui qui est retenu en matière de logiciels (v. *supra* ss n° 121.21).
3. EX. : T. com. Nanterre, 27 janv. 1998, *Edirom, D.* 1998. IR 102 ; *Expertises* 1998, p. 157 ; *DIT* 1993/3, 42, note C. Girot : à propos d'une base relatives aux matériels et logiciels informatiques reproduite sur un site internet, y compris ses fautes et coquilles – Lyon, 22 juin 2000, *Consorts E. c/Éditions législatives, Expertises* 2001, p. 74 – T. com. Paris, 15e ch., 5 févr. 2010, n° 2008-00.338, *AFP c/ Topix*, préc. : pour la base de données de l'AFP – Paris, 28 sept. 2018, RG n° 17/03111, *Expertises* 2018. 375, note C. Bouffier, responsabilité de l'intégrateur dans la contrefaçon commise par l'utilisateur.
4. L. n° 2007-1544, 29 oct. 2007 de lutte contre la contrefaçon, *JO* 30 oct., p. 17775.
5. H. Bitan, « La saisie-contrefaçon de logiciels et de bases de données à l'aune de la loi du 29 octobre 2007 relative à la lutte contre la contrefaçon », art. préc.
6. CPI, art. L. 343-1 et L. 343-2 ; mod. par L. n° 2007-1544, 29 oct. 2007, art. 39.
7. Civ. 1re, 13 mai 2014, n° 12-25.900, P I, n° 85 ; *RLDI* 2012, n° 3523, obs. L. Costes ; *Gaz. Pal.* 19 nov. 2014. 14, note C. Hugon (indiquant que l'arrêt est du 13 mars).
8. EN CE SENS : CPI, art. L. 112-3, al. 1er ; mod. par L. n° 96-1106, 18 déc. 1996, art. 1er ; puis par L. n° 98-536, 1er juill. 1998, art. 1er – *ADDE* le traité préc. de l'Ompi sur le Droit d'auteur, TDA, art. 5 : « *Les compilations des données ou d'autres éléments, sous quelque forme que ce soit, qui, par le choix ou la disposition des matières, constituent des créations intellectuelles sont protégées comme telles* » – Paris, 18 juin 2003, *Crédinfor, D.* 2003. Somm. 2756, obs. P. Sirinelli : base non originale – TGI Strasbourg, 22 juill. 2003, *Jataka, Expertises* 2003, p. 393, *idem* – Civ. 1re, 20 janv. 2004, n° 00-19.577, P I, n° 22 ; *RJDA* 2004, n° 644 : base originale, car marquée par « *la personnalité de l'auteur* » – Paris, 20 févr. 2004, *Alinea c/Aist, CCC* 2004, n° 67, 1re esp., obs. C. Caron : base originale car témoignant « *d'un apport intellectuel et créateur de la part de l'auteur* » – Paris, 2 mars 2005, *Digital Airways c/ Éd. du Seuil, PIBD* 2005. III. 443 : base originale car « *l'ordonnancement des informations recueillies ne résulte pas d'une simple compilation mais procède d'un parti pris portant l'empreinte de la personnalité de l'auteur* » – Versailles, 8 sept. 2005, *RL Polk marketing c/Jato dynamics, JCP E* 2005. Pan. n° 1737 : guides comparatifs d'automobiles témoignant d'un effort créatif et, de par leur originalité, une création intellectuelle – Paris, 9 sept. 2005, *Grup cosmetics Martin c/OCP Repartitions, PIBD* 2005. III. 713 ; *Expertises* 2006, p. 34 : base originale, car comportant « un apport intellectuel » au regard de l'organisation et de la classification mises en œuvre – C. Le Gal et N. Martin, « Droit des bases de données et parasitisme ; un arrêt en demi-teinte de la cour d'appel de Paris », art. préc. – Paris, 3 mai 2006, *Bresson, PIBD* 2006. III. 502 : agenda dont le choix arbitraire des informations révèle une création intellectuelle – Aix-en-Provence, 2e ch., 3 sept. 2009, *Propr. ind.* 2009, n° 69, note J. Larrieu : un site d'annonces de cessions de fonds de commerce « *ne reflète par aucun aspect l'empreinte de la personnalité de son créateur/concepteur ;* [il] *ne contient aucune particularité notable révélant l'apport intellectuel créatif de son auteur dans la composition, la forme, le graphisme* » – Civ. 1re, 22 sept. 2011, n° 10-23.073, NP, *RJDA* 2012, n° 96 ; *RTD com.* 2011. 741, obs. F. Pollaud-Dulian, 1re esp. : base originale – Civ. 1re, 13 mai 2014, n° 12-27.691, NP, préc. : base originale – Civ. 1re, 13 mai 2014, n° 12-25.900, P I, n° 85, préc. : *idem*.
9. Aix-en-Provence, 2e ch., 3 sept. 2009, préc.
10. CJUE, 1er mars 2012, *Football Dataco c/Yahoo UK*, aff. C-604/10, *D.* 2012. Par. 2838, obs. P. Sirinelli ; *CCC* 2012, n° 47, obs. C. Caron ; *Gaz. Pal.* 2 août 2012, p. 11, note L. Marino ; *Propr. intell.* 2012, p. 421, note V.-L. Benabou ; *LPA* 28 janv. 2013, n° 20, p. 6, note X. Daverat – Selon la CJUE, la protection par le Droit d'auteur accordée par la directive 96/9/CE du 11 mars 1996 a pour objet la *structure* de la base et non son *contenu*, de sorte qu'elle ne s'étend pas aux données elles-mêmes. La notion de *création intellectuelle*, condition nécessaire pour pouvoir bénéficier de la protection par le Droit d'auteur, renvoie au seul critère de l'originalité. Le fait que la constitution de la base de données ait requis un travail et un savoir-faire significatifs de ▶

est toujours assez aléatoire, de sorte que le titulaire de la base a intérêt à agir en tant que producteur, bénéficiant du droit *sui generis*[1], même s'il peut s'appliquer cumulativement avec le Droit d'auteur[2].

343.22 Détermination du titulaire des droits sur les données. La détermination du titulaire des droits sur les données présente deux aspects.

Quant au premier, une partie de la doctrine estime à juste titre qu'une base de données peut constituer une *œuvre collective*, au sens du code de la propriété intellectuelle[3], à l'instar d'une encyclopédie. Cependant, ce code ne prévoit pas une dévolution d'office des droits sur la base à l'employeur lorsque le créateur est un *salarié* : celui-ci conserve donc l'intégralité de ses droits, sauf clause contraire, que le titulaire de la base doit veiller à stipuler, en n'omettant pas de limiter la transmission (quant à son étendue, sa destination, son lieu et sa durée[4] – ADDE que « *La cession globale des œuvres futures est nulle* »[5]). Ainsi, le régime sur cette question est opposé à celui qui existe en matière de logiciel[6]. La raison qui a été avancée, lors des débats parlementaires de la loi du 1er juillet 1998, précitée, est que les bases de données constituent des « produits composites » à la différence des logiciels. En outre, alors que ces derniers seraient souvent créés dans des entreprises dont ce n'est pas la vocation, cette situation n'existerait pas pour les bases de données[7].

343.23 Exceptions. L'*exception de copie privée* pour les bases de données est écartée par l'article L. 122-5, 2°, du code de la propriété intellectuelle. En revanche, le même article, au 5°, fait échapper au droit de reproduction : « *Les actes nécessaires à l'accès au contenu* [...] *pour les besoins et dans les limites de l'utilisation prévue par le contrat* ».

343.24 Application de la théorie de *l'épuisement des droits*. La théorie de *l'épuisement des droits* irrigue tout le Droit européen[8]. Elle a été étendue aux bases de données. En effet, le code de la propriété intellectuelle dispose que la première vente d'une copie matérielle d'une base de données dans le territoire d'un État membre de l'Union européenne ou d'un État partie à l'accord sur l'Espace économique européen, par le titulaire d'un droit ou avec son consentement, épuise le droit de contrôler la revente de cette copie matérielle dans tous les États membres (depuis la L. 1er juill. 1998).

Toutefois, la transmission en ligne n'épuise pas le droit du producteur de contrôler la revente d'une copie matérielle de la base ou d'une partie de celle-ci[9].

343.25 Droit dérivé et abus de position dominante. Le refus, par une entreprise en position dominante d'octroyer une licence pour l'utilisation d'une œuvre protégée par le Droit d'auteur, par exemple une base de données, considérée comme indispensable pour exercer une activité donnée peut constituer un abus de position dominante, au sens de l'article 102[10] du traité de fonctionnement de l'Union européenne [TFUE], en présence du cumul de trois circonstances exceptionnelles[11].

§ 3
Le droit *sui generis* du producteur de la base

343.31 Article L. 341-1 du code de la propriété intellectuelle, issu de la directive 96/9 du Parlement et du Conseil du 11 mars 1996. La directive 96/9[12] introduisit un droit portant sur le contenu disparate de la base de données[13], qu'elle qualifiait de *sui generis*. Il relève des Droits de propriété intellectuelle, dont il constitue un des *droits voisins*, et s'applique *cumulativement* avec le Droit d'auteur ou les autres propriétés incorporelles dont bénéficient les œuvres incorporées dans la base. La directive précitée n'est pas applicable à une base de données qui ne serait protégée ni par le droit d'auteur ni par le droit *sui generis*[14]. Dans cette situation d'absence

▶ son auteur, ne justifie pas, en tant que tel, sa protection par le Droit d'auteur si ce travail et ce savoir-faire n'expriment aucune originalité dans le choix ou la disposition de ces données.

1. V. *infra* ss nos 343.31 s.
2. TGI Paris, 3e ch., 1re sect., 13 avr. 2010, *Optima on line*, *LPA* 17 mars 2011, n° 54, p. 6, note X. Daverat : le jugement donne quelques précisions sur la manière de prouver l'originalité, impliquant que le demandeur s'explique « *sur la structure, le choix des thèmes, leur présentation au sein de la base de données* [et] *la charte graphique* ».
3. CPI, art. L. 113-2, al. 3.
4. CPI, art. L. 131-3, al. 1er.
5. CPI, art. L. 131-1.
6. V. *supra* ss n° 221.51.
7. POUR les données publiques : J.-M. Bruguière, *op. cit.*
8. V. *supra* ss nos 222.15, 312.226 s.
9. CPI, art. L. 342-4.
10. TFUE, 102 [TCE-A, 82 ; TCE 86] – I. Pingel (dir.), *De Rome à Lisbonne. Commentaire article par article des traités UE et CE*, 2e éd., Helbing-Lichtenhahn-Dalloz-Bruylant, 2010, p. 714.
11. V. *supra* ss nos 222.19 s.
12. Dir. 96/9, Parlement et Conseil, 11 mars 1996, consid. 17 – P.-Y. Gautier, *Propriété littéraire et artistique*, 11e éd., « Droit fondamental », PUF, 2019, nos 181 s.
13. Dir. 96/9, Parlement et Conseil, 11 mars 1996, concernant la protection juridique des bases de données, *JOCE L* 77, 27 mars 1996, p. 20 ; intégrée dans le droit positif français par la loi n° 98-536 du 1er juill. 1998, préc.
14. CJUE, 2e ch., 15 janv. 2015, *Ryanair c/PR Aviation*, aff. C-30/14, *CCÉ* 2015, n° 10, obs. C. Caron [donnant l'aff. comme étant C-30/15] ; *RLDI* 2015. 3685, note C. Castets-Renard ; *LPA* mai 2015. 7, note I. Tricot-Chamard ; *RDC* 2015. 348, note J. Passa ; *RTD com.* 2015. 294, note F. Pollaud-Dulian.

de protection, la base est ignorée par la directive, de sorte son créateur peut établir des limites contractuelles à son utilisation par des tiers, sans préjudice du droit national applicable. Le droit *sui generis* est un moyen efficace de protection, car l'importance de l'investissement[1] se prouve de manière objective, donc plus facilement que l'originalité de l'œuvre. Il est quelque peu paradoxal qu'un « *régime censé reposer sur des prérogatives d'une moindre intensité* » soit plus protecteur que le Droit d'auteur[2] !

Ce droit *sui generis* figure actuellement (sans l'appellation latine) à l'article L. 341-1 du code de la propriété intellectuelle. Son bénéficiaire est celui « *qui prend l'initiative et le risque des investissements* »[3] ; la directive le qualifiait malencontreusement de « fabricant », mais la loi l'appelle le « *producteur d'une base de données* » (retenant une suggestion émise dans notre précédent ouvrage[4]). L'apôtre d'une protection des investissements contre le parasitisme que nous sommes[5] ne put que se réjouir de cette consécration légale[6] ; mais elle souleva une intense émotion et une grande surprise de la plupart des jurisconsultes, qui y décelèrent un grave péril (il est vrai que leur effroi n'est pas moindre envers la théorie du parasitisme ; nous avons pu montrer qu'il était vain[7]). Toutefois, si le Droit *sui generis* trouve son inspiration dans la théorie des agissements parasitaires[8], il est sorti de la logique de celle-ci. En effet, la protection est accordée au producteur sans qu'il ait à prouver une faute, un préjudice et un lien de causalité. Par conséquent, elle relève de la nature des Droits de propriété incorporelle, un « Droit voisin », dont il constitue une remarquable illustration[9]. Les bases de données résultent d'un investissement productif, donc d'une industrie[10]. « *L'industrie constitue la cause immédiate et fondamentale du droit sui generis* » (S. Becquet)[11]. Il semble que le producteur de la base, qui la commercialise, possède un fonds de commerce.

1. V. *infra* s[s] n° 343.33.
2. EN CE SENS : X. Daverat, note sous TGI Paris, 3e ch., 1re sect., 13 avr. 2010, *Optima on line, LPA* 17 mars 2011, n° 54, p. 6.
3. CPI, art. L. 341-1, al. 1er.
4. Ph. le Tourneau, *Les contrats informatiques*, « Connaissance du droit », Dalloz, 1997.
5. Ph. le Tourneau, *Le Parasitisme, op. cit.*
6. POUR UN ATTENDU montrant bien la communauté d'inspiration du droit *sui generis* et du parasitisme : TGI Paris, 3e ch., 1re sect., 13 avr. 2010, *Optima on line*, préc. : « *La société* Optima on line *subit un préjudice résultant de l'accaparement indu des investissements substantiels effectués chaque année qui a permis à la société Media Contact Israel de détourner des clients de la société demanderesse en offrant la même base de données à moindre coût* ».
7. *Le Parasitisme, op. cit.*, n°s 356 s.
8. X. Daverat, « Droit d'auteur et "protections périphériques" », art. préc., spéc. p. 526 s.

343.32 Application de la théorie du parasitisme dans des affaires où la loi du 1er juillet 1998 n'était pas encore applicable ou lorsque ses conditions ne sont pas réunies. La jurisprudence condamna des auteurs de pillage d'une base de données au titre du parasitisme, la loi du 1er juillet 1998, précitée, *n'étant pas encore applicable* à la cause[12].

Le parasitisme pourra être encore invoqué lorsque les conditions du Droit *sui generis* ne seront pas remplies[13] ; ou lorsque *des faits distincts* de l'extraction illicite seront établis[14]. On peut considérer cette situation comme un « débordement » du droit *sui generis*[15].

343.33 Critère déterminant de la naissance du Droit *sui generis*. Le Droit *sui generis* n'existe qu'en présence d'une base de données, dont la constitution, la vérification ou la présentation « *atteste d'un investissement financier, matériel ou humain substantiel* »[16]. L'élément déterminant (comprenant lui-même deux aspects) est le *caractère substantiel de*

9. B. Edelman, « Les bases de données ou le triomphe des droits voisins », art. préc., défavorable à cette attribution d'un Droit voisin aux producteurs – C. Caron, *Droit d'auteur et droits voisins*, 6e éd., « Manuel », LexisNexis, 2020, n° 659 – POUR UNE ANALYSE APPROFONDIE MAIS TRÈS SÉVÈRE DE LA LOI : Ph. Gaudrat, « Loi n° 96-536 du 1er juillet 1998 portant transposition de la directive 96/9/CE du Parlement européen sur les bases de données », art. préc.
10. S. Becquet, *Le bien industriel, op. cit.*, n°s 84 et 108.
11. S. Becquet, *op. cit.*, n° 108.
12. EX. : Douai, 22 oct. 1998, *Conex c/Encyclopédie douanière, DIT* 1999/3, p. 51, note C. Girot ; *Expertises* 1999, p. 235, obs. J. Bertrand – Lyon, 22 juin 2000, *E... (C[ts]) c/Éditions législatives, Expertises* 2001, p. 74 – Paris, 12 sept. 2001, *Tigest c/Reed Expositions, JCP E* 2002. II. 10000, note F. Pollaud-Dulian, CRIT. ; *Propr. ind.* 2002, n° 13, note J. Draigne – MAINTENANT : TGI Paris, 22 juin 1999, *CCÉ* 1999, n° 21, 1re esp., obs. C. Caron – *ADDE* : TGI Paris, réf., 8 janv. 2001, *Cadremploi c/Keljob, CCÉ* 2001/5, p. 27, obs. C. Le Stanc ; *PIBD* 2001. III. 294, alors que la loi de 1998 aurait été applicable – CETTE ORDONNANCE FUT RÉFORMÉE PAR : Paris, 25 mai 2001, *PIBD* 2001. III. 455 : considérant qu'il n'y avait pas concurrence déloyale, et que les conditions d'application de la loi de 1998 n'étaient pas remplies.
13. DANS LE MÊME SENS : A. Lucas, J. Devèze et J. Frayssinet, *Droit de l'informatique et de l'internet*, 2e éd., « Thémis », PUF, 2001, n° 1, 595 – Paris, 2 mars 2005, *Digital Airways c/Éd. du Seuil, PIBD* 2005. III. 443 – Aix-en-Provence, 2e ch., 3 sept. 2009, préc.
14. TGI Paris, 14 nov. 2001, *Éd. Neressis c/France Telecom, PIBD* 2002. III. 255 : pas de fait distinct – Paris, 20 mars 2002, *Construct Data Verlag, PIBD* 2002. III. 33 : le risque de confusion et les actes de dénigrement constituent des faits distincts – Paris, 9 sept. 2005, *RLDI* 2005, n° 244, obs. L. Costes ; Paris, 23 janv. 2009, *JCP E* 2009. 1674, n° 2, obs. M. Vivant, N. Mallet-Pujol et J.-M. Bruguière.
15. M. Vivant et J.-M. Bruguière, *Droit d'auteur et droits voisins*, 4e éd., « Précis » Dalloz, 2019, n° 228.
16. CPI, art. L. 341-1, al. 1er.

l'investissement[1]. Son appréciation par les juges du fond est délicate[2], mais ni plus ni moins que tant d'autres notions cadres ou floues du Droit au contenu variable (*open terms*), ne serait-ce que l'originalité ou la faute. Cette appréciation relève de la compétence des juges du fond et échappe donc au pouvoir du juge des référés[3]. En 2004, la CJCE a précisé que la notion d'investissement doit s'entendre comme désignant les seuls moyens consacrés à la recherche d'éléments existants et à leur réunion dans la base ; elle ne comprend pas les moyens mis en œuvre pour la création de ses éléments constitutifs[4]. Seuls les *moyens spécifiques et autonomes* consacrés à une base de données, dont la constitution ne résulte pas de l'activité du producteur, doivent être retenus pour l'appréciation du caractère substantiel de l'investissement. Ainsi, dans l'affaire *Fixtures Marketing* (CJCE 9 nov. 2004, *Fixtures Marketing*, aff. C-444/02)[5], les demandeurs avaient pour activité principale d'organiser le calendrier des rencontres sportives ; ils accumulaient donc en permanence des données, sans que leur réunion dans une base exigeât des moyens spécifiques et autonomes pour l'obtention, la vérification et la présentation de leur contenu ; d'où, selon la CJCE, ils ne peuvent pas bénéficier du droit *sui generis*[6]. Un arrêt a exclu du champ de l'investissement entrant dans la constitution, la vérification ou la présentation du contenu de base, tant le coût des logiciels destinés à assurer le fonctionnement du système de gestion commerciale que les dépenses relatives à l'application informatique de la billetterie d'un transporteur aérien[7]. D'un autre côté, le caractère officiel et accessible au public des données extraites ne dispense pas les juges de rechercher si les éléments extraits constituent d'un point de vue qualitatif un important investissement[8]. Enfin, en présence d'une extraction partielle, celle-ci doit être analysée de manière quantitative par rapport au volume de l'ensemble de la base, l'extraction d'une partie quantitativement substantielle étant répréhensible[9]. Le caractère substantiel de l'extraction s'apprécie évidemment par rapport au contenu de la base parasitée et non point par rapport au contenu de celle de l'auteur de la faute[10].

343.34 Titulaire des droits. Le titulaire des droits est la personne physique ou morale à l'origine des investissements, qualifiée de producteur, qui est unique. Celui-ci est différent de l'auteur (v. la définition qu'en donne CPI, art. L. 341-1, toute économique), et la protection en question est indépendante et s'exerce sans préjudice du Droit d'auteur (CPI, art. L. 341-1, al. 2).

Ici aussi le titulaire du droit doit se ménager les éléments de preuve, afin de pouvoir établir, le cas échéant, non seulement que telle œuvre a été créée à telle date, mais aussi l'importance et la diversité des investissements réalisés spécialement pour la constitution de la base, en la déposant, soit dans une enveloppe Soleau à l'Inpi, soit dans un pli scellé à un huissier, soit enfin à l'*Agence pour la protection des programmes* (APP). Pour ce faire, il convient de constituer un dossier complet et précis, détaillant les investissements sur le plan quantitatif et qualitatif, et de rassembler les éléments probants[11].

343.35 Application de l'article L. 341-1 du code de la propriété intellectuelle. Les espèces dans lesquelles la loi du 1er juillet 1998, précitée, *était applicable*, et où les juges furent donc amenés à statuer sur l'article L. 341-1 du code de la propriété intellectuelle, sont nombreuses. Malgré les inquiétudes exprimées ici

1. G. Grundeler, *L'investissement : Étude juridique*, préf. J. Mestre, « Institut de droit des affaires », PUAM, 2017, nos 294 s. – L'auteur définit l'investissement comme « *l'acte juridique par lequel une personne engage une valeur dont elle attend une rémunération liée aux profits tirés de l'exploitation* » (th. préc., no 398).
2. Pour l'application v. *infra* ss nos 343.35 s.
3. T. com. Nanterre, réf., 4 oct. 1999, *PR Line c/Communication and Sales, CCÉ* 2000, no 1, obs. C. Caron.
4. CJCE 9 nov. 2004, *The British Horseracing Board Ltd,* aff. C-203/02, *CCÉ* 2005, no 2, obs. C. Caron ; *D.* 2005. Somm. 1495, obs. P. Sirinelli ; *Propr. ind.* 2005, no 7, note P. Kamina – V., s'inscrivant dans la continuité de cet arrêt, mais en n'appliquant pas strictement les critères : Com. 23 mars 2010, nos 08-20.427, 08-21.768, NP, *D.* 2010. 1970, obs. J. L. ; *Gaz. Pal.* 2010. 2, p. 2360, note L. Tellier-Loniewski et C. Fagot ; *CCÉ* 2010, no 84, obs. C. Caron, 1re esp. ; C. Castets-Renard, « L'annuaire *France Telecom* protégé par le droit *sui generis* des bases de données », *RLDI* 2010/62 – Aix-en-Provence, 2e ch., 28 mars 2012, no 10-21.745, *RJDA* 2012, no 113 : application des critères, d'où exclusion de la qualification d'investissement substantiel au sens de l'art. L. 341-1, à propos de la constitution de deux bases de données à partir d'annuaires, de la vérification des éléments recueillis et de leur mise à jour.
5. CJCE 9 nov. 2004, *Fixtures Marketing,* aff. C-444/02, *Rec.* I-10549 ; *CCÉ* 2005, no 2, obs. C. Caron ; *D.* 2005. Somm. 1495, obs. P. Sirinelli ; *Propr. ind.* 2005, no 7, note P. Kamina.
6. CJCE 9 nov. 2004, *Fixtures Marketing,* aff. C-444/02, préc.
7. Com. 10 févr. 2015, no 12-26.023, P IV, no 29 ; *D.* 2015. 908, note T. Lancrenon ; *RJDA* 2015, no 716.
8. CJCE 9 nov. 2004, *Fixtures Marketing*, aff. C-444/02, préc. – CJCE 4e ch., 5 mars 2009, *Apis*, aff. C-545/07, *D.* 2009. AJ 947, obs. J. Daleau ; *CCÉ* 2009, no 44, obs. C. Caron ; *JCP E* 2009. 1674, no 1, obs. M. Vivant, N. Mallet-Pujol et J.-M. Bruguière ; *Propr. ind.* 2009, no 48, note J. Larrieu, CRIT. ; *RIDA* 2009/221, p. 415 ; *JCP E* 2010, no 4, 1070, no 10, obs. F. Sardain, 2e esp.
9. CJCE 4e ch., 5 mars 2009, *Apis*, aff. C-545/07, préc.
10. Civ. 1re, 13 mai 2014, no 12-27.691, NP, *RLDI* 2014, no 3490, obs. L. Costes ; *Propr. ind.* 2014, no 68, note J. Larrieu ; *RTD com.* 2014. 595, obs. F. Pollaud-Dulian ; *Gaz. Pal.* 19 nov. 2014. 14, note C. Hugon [indiquant que l'arrêt est du 13 mars].
11. POUR de pertinentes suggestions : F. Bourguet, préc., spéc. p. 56 s.

et là les juges effectuent un tri, se fondant sur les critères légaux, et ne protègent pas systématiquement toutes les bases de données qu'ils ont à connaître.

1° *Voyez, entrant en condamnation* : TGI Paris, 5 sept. 2001[1], encore dans l'affaire *Cadremploi c/ Keljob*, mais cette fois au fond, relevant l'investissement substantiel du producteur, et les extraits qualitativement importants et fréquents d'un tiers – Paris, 12 sept. 2001, *Tigest c/Reed Expositions*, préc. ; peu importe que l'ensemble des informations fût communiqué au public sous forme d'un « catalogue papier » (l'existence d'une base de données ne dépendant pas de la nature de son support), et qu'elles aient été recueillies lors de l'organisation de salons concomitante à l'édition des catalogues – Paris, 20 mars 2002, *Construct Data Verlag*[2], catalogue papier contenant des informations recueillies lors de salons, mais impliquant des investissements substantiels pour sa constitution, la vérification et la mise à jour des informations – Paris, 18 juin 2003, *Crédinfor*, préc. – Paris, 20 févr. 2004, *Alinea c/Aist*, préc., à propos de l'annuaire d'une association d'ingénieurs – T. com. Paris, 19 mars 2004, *OCP Répartition c/Salvea*[3], copie servile, y compris les coquilles et fautes d'orthographe, des notices d'une base de données sur des produits pharmaceutiques et para-pharmaceutiques – T. com. Nanterre, 14 mai 2004, *Consultants immobilier c/Aptitudes immobilier*[4], investissement substantiel du producteur, et extraction non autorisée du fichier de clientèle d'une agence immobilière – Paris, 15 sept. 2004, *Les Éd. du Boisbaudry c/Le Point vétérinaire*[5], annuaire professionnel consacré aux vétérinaires exerçant en France, qui contient des informations ordonnées en fonction de critères ne résultant pas d'une simple compilation, mais procédant d'un choix arbitraire ; extraction par un tiers qualitativement substantielle – Paris, 9 sept. 2005, *Grup cosmetics Martin c/OCP Repartitions*[6] – Paris, 3 mai 2006, *Bresson*[7], l'éditeur d'un agenda, comportant des informations sous forme de tableaux, justifie d'un investissement financier substantiel – T. com. Paris, 8 déc. 2006, *Motor Presse France*[8], investissement substantiel du producteur, et extraction non autorisée à des fins commerciales de 93 % des éléments d'une base – TGI Paris, 3e ch., 1re sect., 20 juin 2007, *PMU c/Eturf*[9], investissements lourds et substantiels, extractions de données (y compris les erreurs) qualitativement substantielles – TGI Paris, 3e ch., 1re sect., 3 nov. 2009[10], la diffusion et la commercialisation d'un logiciel permettant d'extraire des informations qualitativement substantielles d'une base portent atteinte aux droits du producteur de celle-ci – T. com. Paris, 15e ch., 5 févr. 2010, n° 2008-00.338, *AFP c/Topix*[11], extractions non substantielles, mais excédant cependant les conditions normales de l'utilisation de la base, en mettant gratuitement à la disposition du public les dépêches de l'AFP, alors que leur accès sur le site du « producteur » est payant – Paris, pôle 5, ch. 2, 14 sept. 2012[12], reprise d'éléments de la base de données du PMU par un site internet proposant des paris hippiques – Civ. 1re, 13 mai 2014[13], investissements considérables relatifs à une base de données d'un système de contrôle parental sur internet – TGI Paris, 1er sept. 2017, n° 17/06908, *LBC France c/Entreparticuliers.com, Propr. ind.* 2018, n° 6, obs. J. Larrieu : Un site d'annonces immobilières créé par des particuliers est une base de données relevant du droit *sui generis* quand la condition d'investissement substantiel dans « *la constitution, la vérification ou la présentation* » du contenu de la base se trouve satisfaite au regard des lourdes dépenses de publicité consenties par le producteur pour attirer les annonceurs.

2° *Et des espèces n'ayant pas appliqué l'article L. 341-1 du code de la propriété intellectuelle, ses conditions n'étant pas réunies* : Paris, 25 mai 2001, *Keljob c/Cadremploi*, préc., les éléments extraits ne représentaient pas une part quantitativement et qualitativement substantielle du contenu de la base – Versailles, 11 avr. 2002, *News Invest*[14], mais parce que les extractions n'avaient pas été quantitativement substantielles – Paris, 2 mars 2005, *Digital Airways c/Éd. du Seuil*[15], aucun document n'attestant la nature et l'importance des investissements engagés pour la réalisation de la base – T. com. Rennes, 16 juin 2005, *Precom c/Direct annonces*[16], le demandeur ne prouvant pas sa qualité de producteur – TGI Caen, réf., 15 sept. 2005, *Itac c/Equipeme-*

1. *CCÉ* 2002, n° 16, obs. C. Caron.
2. *PIBD* 2002. III. 33.
3. *Expertises* 2004, p. 353.
4. *Expertises* 2004, p. 397.
5. *PIBD* 2005. III. 184.
6. *PIBD* 2005. III. 713 ; *Expertises* 2006, p. 34.
7. *PIBD* 2006. III. 502.
8. *Expertises* 2007, p. 197.
9. *Legalis.net* 2008/1, p. 13.
10. Reg. n° 09/13088, *RLDI* 2009/55, n° 1816, obs. L. C. ; C. Castets-Renard, « La protection des bases de données contre l'extraction de données par un logiciel », *RLDI* 2010/56, n° 1841.
11. T. com. Paris, 15e ch., 5 févr. 2010, n° 2008-00.338, *AFP c/ Topix, Gaz. Pal.* 2010. 1, p. 1101, note B. de Roquefeuil et G. Bourge ; *Propr. intell.* 2010, 846, obs. J.-M. Bruguière ; *RTD com.* 2011. 98, obs. F. Pollaud-Dulian.
12. Paris, pôle 5, ch. 2, 14 sept. 2012, n° 10/24522, *PIBD* 2012. III. 757.
13. Civ. 1re, 13 mai 2014, n° 12-25.900, P I, n° 85 ; *RLDI* 2012, n° 3523, obs. L. Costes ; *Gaz. Pal.* 19 nov. 2014. 14, note C. Hugon (indiquant que l'arrêt est du 13 mars).
14. *CCÉ* 2002, n° 98, obs. C. Caron.
15. *PIBD* 2005. III. 443.
16. *Gaz. Pal.* 2006. 1, Somm. 1398 ; *Legalis.net* 2008/1, p. 31.

dical[1], les « emprunts » d'une base sur internet n'étant pas substantiels, mais ils ont été considérés comme des actes de concurrence parasitaire - Paris, 15 févr. 2006, *Traing server c/Conex*[2], en raison de l'absence de preuve de l'importance des investissements - Civ. 1re, 5 mars 2009, nos 07-19.734, 07-19.735, *Ouest France multimédia c/Direct annonces*[3], *idem*. Selon cet arrêt, les investissements liés à la création du contenu de la base n'ont pas à être pris en considération, seuls étant à retenir les investissements destinés à la recherche de données préexistantes, ce qui est très contestable - TGI Paris, 3e ch., 1re sect., 13 avr. 2010, n° 08/17636[4], la preuve des investissements réalisés pour la création de la base n'est pas rapportée - Paris, pôle 5, ch. 2, 20 déc. 2013, 12/20260, aucun investissement substantiel[5] - Com. 10 févr. 2015, n° 12-26.023, *idem*[6] - Civ. 1re, 12 nov. 2015, n° 14-14.501, l'investissement spécifique n'est pas démontré[7].

343.36 Application cumulative du Droit *sui generis* et du parasitisme. La condamnation sur le fondement du Droit *sui generis* doit pouvoir être assortie d'une condamnation au titre de la concurrence déloyale ou du parasitisme[8], du moins en présence de « faits distincts ». Ceux-ci peuvent consister dans le pillage des investissements nécessaires à la création de la base qui, comme tels, ne bénéficient pas du droit *sui generis* selon les arrêts de la CJCE du 9 novembre 2004[9].

1° V. notamment quant à la condamnation des deux chefs : TGI Paris, 5 sept. 2001, dans l'affaire *Cadremploi c/Keljob*, préc., relève, en appliquant le Droit *sui generis*, que le tiers s'est approprié indûment le travail du producteur, ce qui montre bien la parenté de ce Droit avec le parasitisme[10]. Dans un arrêt du 23 janvier 2009, la cour d'appel de Paris jugea : « *que la société S. fonde son action en concurrence déloyale et parasitisme sur les dispositions de l'article 1382* [devenu 1240] *du code civil ; que* [...] *la société S. est recevable à agir sur le fondement des dispositions de ce texte dès lors qu'elle se prévaut de faits distincts de ceux visés par les dispositions du code de la propriété intellectuelle et en particulier des textes relatifs à la protection des bases de données* »[11].

2° Et quant au rejet de l'action, en l'absence de faits distincts, TGI Paris, 14 nov. 2001, *Ed. Neressis c/ France Télécom*[12] - Paris, 18 juin 2003, *Crédinfor*, préc. - Paris, 9 sept. 2005, *Grup cosmetics Martin c/ OCP Repartitions*, préc.[13] - TGI Paris, 3e ch., 1re sect., 20 juin 2007, *PMU c/Eturf*, préc. - TGI Paris, 3e ch., 1re sect., 13 avr. 2010, *Optima on line*, préc.

343.37 Droits du producteur. Le producteur (qui est en réalité un investisseur) a un *droit exclusif*, lui permettant d'interdire (sous réserves d'exceptions) l'extraction et la réutilisation[14] :

- « *1° L'extraction, par transfert permanent ou temporaire de la totalité ou d'une partie qualitativement ou quantitativement substantielle du contenu d'une base de données sur un autre support, par tout moyen ou sous toute forme que ce soit.*

- *La réutilisation, par la mise à la disposition du public de la totalité ou d'une partie qualitativement ou quantitativement substantielle du contenu de la base, qu'elle qu'en soit la forme* ».

Si les extractions et les réutilisations visées sont entendues largement par la loi, le critère déterminant est le caractère substantiel du pillage économique (quantitatif ou qualitatif[15]). Il appartient aux

1. *PIBD* 2006. III. 193.
2. *CCC* 2006, n° 93, obs. M. Malaurie-Vignal.
3. Civ. 1re, 5 mars 2009, nos 07-19.734, 07-19.735, P I, n° 46 ; *JCP* 2009. Pan. 1570 ; *D.* 2009. AJ 947, obs. J. Daleau ; *CCÉ* 2009, n° 43, obs. C. Caron ; *JCP E* 2009. 1674, n° 1, obs. M. Vivant, N. Mallet-Pujol et J.-M. Bruguière ; *Propr. ind.* 2009, n° 36, note J. Larrieu ; *Propr. intell.* 2009, n° 32, p. 275, obs. J.-M. Bruguière, 2e esp. ; *RIDA* 2009/221, p. 303, note P. Sirinelli, 1re esp. ; *Gaz. Pal.* 2009. 2, p. 3093, note L. Tellier-Loniewski et F. Revel de Lambert ; *JCP E* 2010, n° 4, 1070, n° 4, obs. N. Binctin ; M. Lecardonnel, « Pas de protection pour les investissements liés à la création d'une base de données », art. préc. – E. Dreyer, « Un an du droit de la publicité », *CCÉ* 2009. Chron. 7, n° 6.
4. TGI Paris, 3e ch., 1re sect., 13 avr. 2010, n° 08/17636, *Hospimédia, CCÉ* 2010, n° 84, obs. C. Caron, 3e esp.
5. *RLDI* 2014, n° 3348.
6. Com. 10 févr. 2015, n° 12-26.023, P IV, n° 29 ; *D.* 2015. 908, note T. Lancrenon.
7. Civ. 1re, 12 nov. 2015, n° 14-14.501, NP, *RLDI* 2015, n° 3874 ; *D.* 2016, Pan. 2141, obs. J. Larrieu ; *CCÉ* 2016, n° 4, obs. G. Loiseau.
8. A. Lucas, A. Lucas-Schloetter et C. Bernault, *Traité de la propriété littéraire et artistique*, 4e éd., « Traités », LexisNexis, 2017, n° 1156 : se posaient la question – SUR LA NOTION : Ph. le Tourneau, *Le Parasitisme,* Litec, 1998 [épuisé] ; *J.-Cl. Concurrence Consommation* fasc. 570 et 571 (2020).
9. V. *supra* ss n° 343.33.
10. TGI Strasbourg, 22 juill. 2003, *Jataka*, préc. – AUSSI : T. com. Paris, 19 mars 2004, *OCP Répartition c/Salvea*, préc. – T. com. Paris, 8 déc. 2006, *Motor Presse France*, préc. – Civ. 1re, 13 mai 2014, n° 12-25.900, P, préc.
11. Paris, 4e ch., 23 janv. 2009, *JCP E* 2009. 1674, n° 2, obs. M. Vivant, N. Mallet-Pujol et J.-M. Bruguière.
12. *PIBD* 2002. III. 255.
13. SUR CET ARRÊT : C. Le Gal et N. Martin, « Droit des bases de données et parasitisme ; un arrêt en demi-teinte de la cour d'appel de Paris », art. préc.
14. VALIDANT LE DROIT pour *France Télécom* de restreindre ou d'interdire l'utilisation de sa liste « orange » : Com. 23 mars 2010, nos 08-20.427, 08-21.768, NP, *D.* 2010. 1970, obs. J. L. ; *Gaz. Pal.* 2010. 2, p. 2360, note L. Tellier-Loniewski et C. Fagot ; *CCÉ* 2010, n° 84, obs. C. Caron, 1re esp. ; C. Castets-Renard, « L'annuaire France Telecom protégé par le droit *sui generis* des bases de données », *RLDI* 2010/62.
15. CJCE 9 nov. 2004, *The British Horseracing Board Ltd*, aff. C-203/02, pt 82 (préc., v. *supra* ss n° 334.11) – CJCE 4e ch., 5 mars 2009, *Apis*, aff. C-545/07, pts 68-74 (préc., v. *supra* ss n° 343.33).

juges d'interpréter ces notions aussi larges que floues (volontairement). L'originalité de la base n'est pas une condition du mécanisme : il est distinct et complémentaire de celui qui résulte du Droit d'auteur[1].

Pour faire bonne mesure, la loi autorise également le producteur à interdire « *L'extraction ou la réutilisation répétée et systématique de partie qualitativement ou quantitativement non substantielles du contenu de la base lorsque ces opérations excèdent manifestement les conditions d'utilisation normales de la base de données* »[2] (pour la liste des actes qu'il ne peut interdire[3]).

La CJCE retient une conception large des notions d'extraction et de réutilisation qui, selon elle, doivent être interprétées comme se référant à tout acte non autorisé d'appropriation et de diffusion au public de tout ou partie du contenu d'une base de données ; ces notions ne supposent pas un accès direct à la base[4], ni que « l'extracteur » ait enrichi sa base également à partir d'autres sources[5]. Constitue une extraction tout acte de nature à frustrer le titulaire de la base de l'ensemble des fruits de son investissement[6]. L'extraction d'une partie substantielle s'apprécie au regard de la proportion que les données extraites représentent par rapport au contenu global de la base[7]. À défaut d'extraction substantielle, l'extraction ou la réutilisation répétée et systématique de données est répréhensible lorsque ces opérations excèdent manifestement les conditions normales d'utilisation de la base[8]. Le critère décisif de l'extraction est l'existence d'un transfert sur un autre support, indépendamment de sa durée[9], ce qui revient à assimiler une simple consultation. Peu importe également l'objectif poursuivi par l'acte de transfert[10], y compris dans une utilisation privée non lucrative, pour se cultiver ou s'informer, donc sans esprit parasitaire, ce qui est excessif. Toutefois, un moteur de recherche indexant des données[11], rassemblées dans une base de données, ne procède pas à une extraction que le producteur de la base serait habilité à interdire au nom de son droit *sui generis*[12]. Cependant, en 2021 la CJUE[13] ajouta au texte de la directive 96/9/CE, en conditionnant l'atteinte au droit *sui generis* à l'existence d'un risque pour les possibilités d'amortissement de l'investissement dans le contenu de la base. Cette solution réduit grandement la portée du droit en cause ; elle pourrait légitimer certaines extractions et réutilisations substantielles, notamment celles qui ne relèvent pas de l'exploitation normale de la base[14]. Elle pourrait dès lors inciter les intéressés à délaisser ce droit au profit de la voie plus aisée de l'action en concurrence parasitaire (ce qui constituerait un retour au passé ; puisque le droit *sui generis* a été créé sur le modèle du parasitisme)[15].

Amenée à déterminer la juridiction compétente en présence d'un acte de réutilisation, la CJUE a décidé que celui-ci a lieu dans un État membre dès qu'il existe des indices permettant de conclure qu'il révèle l'intention de son auteur de cibler des membres du public établis dans cet État membre[16].

343.38 **Durée des droits.** La durée de principe des droits du producteur est de quinze ans après le 1er janvier de l'année civile qui suit celle de son achèvement[17]. Mais si, avant l'expiration de cette période, la base a été mise à la disposition du public, un nouveau délai de protection de quinze ans commence à courir[18]. Enfin, lorsqu'une base donne lieu à

1. Dir. 96/9, Parlement et Conseil, 11 mars 1996, art. 7, 4° – T. com. Paris, 18 juin 1999, *France Télécom c/MA Éditions*, *D.* 2000. 105, note D. Goldstein, relève la banalité de la base – CJCE 4e ch., 5 mars 2009, *Apis*, aff. C-545/07, préc.
2. CPI, art. L. 341-2 ; créé par L. n° 98-536, 1er juill. 1998, art. 5.
3. CPI, art. L. 342-3 ; mod. par L. n° 2006-961, 1er août 2006, art. 3 ; puis par L. n° 2016-1321, 7 oct. 2016, art. 38.
4. CJCE 9 nov. 2004, *The British Horseracing Board Ltd*, aff. C-203/02, préc. – CJCE 4e ch., 9 oct. 2008, *Directmedia Publishing*, aff. C-304/07, *Rec.* I-07565, *CCE* 2008, n° 24, obs. C. Caron ; *Propr. ind.* 2008, n° 98, obs. J. Larrieu ; *RLDI* 2008/44, n° 1451, note S. Rambaud ; *JCP E* 2010, n° 4, 1070, n° 10, obs. F. Sardain, 1re esp.
5. CJCE 4e ch., 9 oct. 2008, *Directmedia Publishing*, aff. C-304/07, préc.
6. CJCE 4e ch., 9 oct. 2008, *Directmedia Publishing*, aff. C-304/07, préc., p[t] 49.
7. TGI Paris, 1er sept. 2017, RG n° 17/06908, *RJDA* 2018, n° 193 – A. Migalski et A. Vichnievsky, « Affaire leboncoin.fr : les obstacles à l'action du producteur de base de données », *RJDA* 2018. Chron. 111.
8. TGI Paris, 1er sept. 2017, RG n° 17/06908, préc.
9. CJCE 4e ch., 9 oct. 2008, *Directmedia Publishing*, aff. C-304/07, préc. – CJCE 4e ch., 5 mars 2009, *Apis*, aff. C-545/07, préc.
10. CJCE 4e ch., 5 mars 2009, *Apis*, aff. C-545/07, préc.
11. V. *infra* s[s] n°s 431.11 s.
12. TGI Paris, 3e ch., 1re sect., 1er févr. 2011, *D.* 2011. Pan. 2366, obs. J. Larrieu ; *JCP E* 2011, n° 21, 1417, note J. Larrieu ; *Propr. ind.* 2011, n° 44, obs. J. Larrieu – TGI Paris, 1er sept. 2017, RG n° 17/06908, préc.
13. CJUE, 5e ch., 3 juin 2021, aff. C-762/19, *Propr. ind.* 2022, n° 5, obs. J. Larrieu.
14. V. les CRITIQUES de J. Larrieu, obs. préc.
15. EN CE SENS : *Propr. ind.* 2011, n° 44, obs. J. Larrieu.
16. CJUE, 3e ch., 18 oct. 2012, *Football Dataco*, aff. C-173/11, *D.* 2012. 2736 ; *D.* 2013. 527, obs. Centre de droit et d'économie du sport, Université de Limoges ; *D.* 2013. 1503, obs. F. Jault-Seseke ; *D.* 2013. 2293, obs. L. d'Avout et S. Bollée ; *D.* 2013. 2487, obs. J. Larrieu, C. Le Stanc et P. Tréfigny ; *CCÉ* 2013, n° 22, obs. C. Caron ; *RTD com.* 2013. 309, obs. F Pollaud-Dulian ; *RTD eur.* 2012. 947, obs. É. Treppoz.
17. CPI, art. L. 343-1, al. 1er.
18. CPI, art. L. 343-1, al. 2.

un nouvel investissement substantiel, sa protection cesse quinze ans après le 1er janvier de l'année civile suivant celle de ce dernier[1].

343.39 Paralysie des droits par le Droit de la concurrence. « *Si le titulaire d'un droit de propriété intellectuelle sur une base de données peut légitimement prétendre à une rémunération, il ne peut, lorsque cette base de données constitue une ressource essentielle pour des opérateurs exerçant une activité concurrentielle, subordonner l'accès à cette base de données au paiement d'un prix excessif* » (Com. 4 déc. 2001, n° 99-16.642, *France Télécom*[2]). Une telle pratique restreint l'accès au marché en question et constitue éventuellement un abus de position dominante (ce qui fut considéré comme étant le cas dans les deux aff. préc.). Il est à espérer que la jurisprudence n'admettra qu'exceptionnellement qu'une base de données constitue une « ressource essentielle ».

SECTION 2
LA QUESTION FONDAMENTALE : LES DROITS D'UTILISATION DE LA BASE

343.41 Cession de la base ; concession de licence. Le producteur d'une base de données peut éventuellement la *céder*, avec l'accord de son créateur[3]. Mais, d'autres possibilités moins radicales s'offrent à lui. D'abord concéder une *licence* sur elle[4], dont un exemplaire du support (disquette ou cédérom) est remis au licencié, qui contracte en outre un abonnement[5] de mise à jour[6].

La location et le prêt d'une base de données sont régis par une directive de l'Union européenne du 19 novembre 1992[7].

343.42 Droit d'accès à une base de données. Ensuite, le producteur peut accorder un *droit d'accès* à la base de données, grâce à un code secret, sous forme d'abonnement. Ce contrat est juridiquement une *location*, mais non exclusive. Il suppose parfois, pour son effectivité, une formation préalable de l'utilisateur et comporte une obligation d'assistance au profit de ce dernier. Le contrat doit prévoir l'intensité de l'obligation de l'auteur ou du producteur, que ce soit quant à la qualité du service et quant aux données proposées (fiables, récentes, complètes...). La loi du 1er juillet 1998, précitée, prévoit que l'auteur ne peut interdire « *les actes nécessaires à l'accès au contenu d'une base de données électroniques pour les besoins et dans les limites de l'utilisation prévue par le contrat* »[8]. Et l'article L. 343-3 du code de la propriété intellectuelle ajoute que l'utilisateur légitime a le droit d'extraire ou de réutiliser des parties non substantielles de son contenu, évaluées de façon qualitative ou quantitative. *L'extraction* se définit par un transfert sur un autre support (dont traite le CPI, art. L. 121-5, al. 4), tandis que la réutilisation consiste en « *la mise à disposition du public* »[9].

343.43 Abus ? Les bases de données peuvent être qualifiées de *facilités essentielles* si elles sont détenues par une entreprise en position dominante[10] et, par conséquent, donner lieu à un abus de celle-ci[11]. Le refus d'accès à une base de données (fichier mondial de référence) est constitutif d'une pratique discriminatoire dès lors qu'il s'inscrit dans une stratégie commerciale de refus à tous les utilisateurs actuels et potentiels du logiciel d'une société. Ledit refus, commis par une société en position dominante sur le marché des bases de données du domaine en cause (les professionnels de la santé) est constitutif d'un abus au sens des articles L. 420-2 du code de commerce[12] et 102 du traité sur le fonctionnement de l'Union européenne (TFUE)[13], allant au-delà de la défense légitime des droits du titulaire de la base. Ses soupçons sur d'éventuels actes de contrefaçon peuvent donner lieu aux actions judiciaires prévues par le droit mais ne sauraient justifier la commission de l'abus constaté[14].

343.44 Responsabilité – Comparaison avec les agences de renseignement. Le régime de la défaillance contractuelle et de la responsabilité délictuelle des agences de renseignement est transposable, *mutatis mutandis*, aux bases informatisées de données[15]. Un arrêt de la cour d'appel de Paris, rendu en

1. CPI, art. L. 343-1, al. 3.
2. Com. 4 déc. 2001, n° 99-16.642, P IV, n° 35 ; *Propr. ind.* 2002, n° 12, obs. J. Schmidt Szalewski ; *CCÉ* 2003, n° 38, obs. C. Caron – DANS LE MÊME SENS : CE 29 juill. 2002, req. n° 200886, *Lebon ; Cegedim, Expertises* 2003, p. 35.
3. CPI, art. L. 342-1, al. 4.
4. CPI, art. L. 342-1, al. 4.
5. Sur la nature de l'abonnement v. *supra* s[s] n° 221.20.
6. POUR UN EX. d'un tel contrat : *Expertises* 1994, p. 102 et 103.
7. Dir. 92/100, Conseil, 19 nov. 1992, relative au droit de location et de prêt et à certains droits voisins du droit d'auteur dans le domaine de la propriété intellectuelle, *JOCE* L 346, 27 nov., p. 61.
8. CPI, art. L. 125-5, 5°.
9. CPI, art. L. 342-1, 2°.
10. Sur les facilités essentielles v. *supra* s[s] n° 222.19.
11. M. Ponsard, « Abus de position dominante : la question de l'accès aux données », *AJCA* 2016. 231.
12. V. *supra* s[s] n°s 312.181 s.
13. V. *supra* s[s] n° 222.19.
14. Com. 21 juin 2017, n° 15-25.941, NP, *RJDA* 2017, n° 762.
15. SUR le contrat de renseignement : Ph. le Tourneau (dir.), *Droit de la responsabilité et des contrats. Régimes d'indemnisation*, 12e éd., « Dalloz action », 2020, n°s 3313.30 s.

2006 à propos d'un analyste financier, a excellemment résumé les règles que doit observer ce professionnel, à savoir l'objectivité, la rigueur et l'impartialité, tout en demeurant modéré dans l'expression de ses opinions[1].

1. Paris, 30 juin 2006, *Morgan Stanley c/LVHM, D.* 2006. 2241, note X. Delpech ; *BJB* 2006. 594, note D. Schmidt : faute retenue, informations erronées par la révélation d'un faux conflit d'intérêts.

LIVRE

4. LES CONTRATS RELATIFS À L'INTERNET

SECTION 0 ORIENTEUR

4.00 Sommaire du livre.

Division. L'internet, qui a bouleversé les rapports au temps [1] et à l'espace fut aussi le vecteur par lequel des contrats classiques connurent une nouvelle extension, telle la vente, devenue « en ligne » (titre 41). En outre, il suscita l'apparition de plusieurs contrats spécifiques (mais qui utilisent sans doute des moules juridiques connus). Nous envisagerons les principaux d'entre eux. D'abord, la fourniture d'accès et d'hébergement (titre 42), cette dernière ayant attiré particulièrement l'attention par la mise en jeu de la responsabilité de ses intervenants. Ensuite, les contrats de référencement (titre 43), puis la création d'un site, à laquelle nous joindrons la question des noms de domaine (titre 44). Enfin, la publicité en ligne (titre 45).

Renvois.

- Sur l'emploi de la langue française et la loi Toubon v. *supra* s^s n°s 012.16 s.
- Sur les contrats de fournitures d'applications hébergées v. *supra* s^s n°s 338.11 s.
- Sur les contrats d'enseignement par l'internet v. *supra* s^s n°s 332.22 et 332.24.
- Sur les contrats relatifs aux bases de données v. *supra* s^s n°s 343.05 s.
- Sur la compétence judiciaire en matière contractuelle v. *infra* s^s n°s 413.21 s.
- Sur la compétence judiciaire en matière délictuelle v. *infra* s^s n°s 422.46 s.

4.03 Bibliographie. Ouvrages. J.-M. Bruguière, P. Desprez, F. Dumont et V. Fouchoux, *Le droit de l'internet*, 3e éd., « Droit & Professionnels », LexisNexis, 2017 – C. Féral-Schuhl, *Cyberdroit. Le droit à l'épreuve de l'internet*, 8e éd., « Praxis Dalloz », 2020 – J. Huet, *Les contrats électroniques*, « Droit & Professionnels », LexisNexis, 2017 – X. Linant de

1. De sorte que le temps lent du droit n'est peut-être plus adapté aux rapides mutations de l'internet ; EN CE SENS : B. Barraud, « Internet et temps du droit », *RLDI* 2016, n° 3929.

Bellefonds (et autres), *Internet saisi par le droit*, préf. F. Fillon, Éd. des Parques, 1997, p. 105 s.

Manuel. C. Castets-Renard, *Droit interne et européen du numérique*, 3e éd., « Cours », Montchrestien-Lextenso, 2018 – ADDE : v. *infra* ss nos 411.60 et 412.03.

Contribution. Ph. le Tourneau, « La notion de contrat électronique », dans Collectif, *Les deuxièmes journées internationales du commerce électronique*, Litec, 2005, p. 1 s.

Articles. H. Bitan, « Comprendre les mots de l'internet (version 2000). Glossaire », *Gaz. Pal.* 2000. 1. Doctr. 1006 s. – B. Chaffois, « La personne numérique : Partie I : La personne numérique, sujet numérique », *RLDI* 2020. Ét. 5891 ; « La personne numérique : Partie II : La personne, objet numérique », *RLDI* 2021. Ét. 5909 – A. Debet, « Les chartes et autres usages du droit de l'internet », *Cah. dr. entr.* 2008/4, no 40, p. 48 – Y. Gaubiac, « Dimension de la copie privée dans le monde numérique de la communication », *CCC* 2008. Ét. 14 – J. Giusti et A. Ndiaye, « L'identité numérique, monnaie d'aujourd'hui et rente de demain », *RLDI* 2017. Ét. 5065 – B. Gleize, « La responsabilité civile dans la loi "création et internet" », *RLDC* 2009/64, no 3565 – B. Gorchs, « Vers un référé de l'internet autonome », *CCÉ* 2007. Chron. 31 – G. Kessler, « Le rôle des mesures techniques dans la lutte contre le téléchargement illicite », *D.* 2005. Chron. 2527 – F. Olivier et E. Barbry, « Des réseaux aux autoroutes de l'information : Révolution technique ? Révolution juridique ? », *JCP* 1996. I. 3928 – O. Roche et É. Drouard, « Pour la CJUE, les plateformes "peer-to-peer" réalisent des "actes de communication au public" », *RLDI* 2017. Ét. 5045 – J. Sabbah, « L'appréhension de l'identité sur internet », *RLDI* 2014. Ét. 3368 – P. Tafforeau, « L'internet et le droit d'auteur », *Gaz. Pal.* 2007. 2. Doctr. 3544 – M. Teller, « Les difficultés de l'identité numérique : quelle qualification pour l'adresse IP ? », *D.* 2009. Chron. 1988.

SECTION UNIQUE
PRÉLUDE

4.10 Rappels – Renvois. Tous les contrats qui seront abordés dans ce livre doivent évidemment respecter les conditions habituelles de validité (avec des particularités lorsque le client est un consommateur face à un professionnel[1]). Certaines des clauses énumérées précédemment[2] sont à insérer le cas échéant. Il convient notamment de décrire avec précision les équipements du client, les prestations qui devront lui être assurées, la nature de ses réseaux, *etc.* Plus que jamais, les contrats du monde de l'internet ont une fonction normative, en induisant des comportements des intervenants.

De nombreuses mentions informatives supplémentaires, assez alambiquées, ont été ajoutées par l'article 53 de la loi du 7 octobre 2016[3] dans le code de la consommation[4] à la liste déjà longue de celles devant figurer dans le contrat de fourniture de services de communications électroniques[5].

4.11 Élimination : un ordinateur n'est pas un contractant ! Une nouveauté aussi extraordinaire que l'internet émerveilla tellement certains qu'ils en oublièrent, non seulement leur langue comme nous l'avons souvent relevé, mais aussi de réfléchir. Ainsi il s'est trouvé des auteurs (que nous n'aurons pas la cruauté de nommer) pour affirmer, à propos des contrats passés électroniquement, qu'un processeur (un ordinateur) pourrait être mandataire sur la toile ! L'impossibilité coule de source à la seule lecture de l'article 1984, alinéa 1er, du code civil, selon lequel : « *Le mandat ou procuration est un acte par lequel une personne donne à une autre le pouvoir de faire quelque chose pour le mandant et en son nom* ». Il en résulte que le mandataire est nécessairement une personne, physique ou morale (tout autant du reste que le mandant).

Cependant, des appareils peuvent être programmés pour conclure des contrats, par exemple passer des ordres d'achat si le cours de telle matière descend en dessous de tel prix, mais évidemment le contractant sera toujours celui qui a mis en route le processus. Mieux, ou plutôt pire, un *alter ego* numérique apparaît, fruit des « algorithmes prédictifs »[6] du commerce électronique ; loin d'être une émanation de la personne, il aboutit à une dépersonnalisation (et réification ?) de l'individu, qui est inconsciemment influencé par lui dans ses achats[7].

4.12 Élimination (suite) : le téléchargement et l'échange de fichiers par internet. Le téléchargement d'une œuvre de l'esprit, notamment des œuvres musicales et des films, à partir d'un site internet avait parfois été considéré comme licite au regard de l'exception de *copie privée*[8]. Pour la Cour de cassa-

1. V. *supra* ss nos 013.31 s.
2. V. *supra* ss nos 116.05 s.
3. L. no 2016-1321, 7 oct. 2016 pour une République numérique, *JO* 8 oct.
4. C. consom., art. L. 224-30.
5. V. *supra* ss no 014.11 et v. *infra* ss no 412.32.
6. V. *supra* ss no 011.13.
7. L. D. Godefroy, « Pour un droit du traitement des données par les algorithmes prédictifs dans le commerce électronique », *D.* 2016. Chron. 438.
8. CPI, art. L. 122-5 – MAIS À PROPOS de cédéroms reproduits sans l'autorisation des titulaires de droit : Montpellier, 10 mars 2005, *Aurélien D.*, *JCP* 2005. II. 10078, note C. Caron ; CASSÉ PAR : Crim. 30 mai 2006, no 05-83.335, NP, *D.* 2006. 2676, note E. Dreyer, CRIT. ; *D.* 2006. Pan. 2996, obs. P. Sirinelli ; *CCÉ* 2006, no 116, obs. C. Caron : l'arrêt n'ayant pas justifié sa décision de relaxe ; SUR RENVOI : Aix-en-Provence, 5 sept. 2007, RG no 2007/501, *CCÉ* 2007, no 130, obs. C. Caron ; *Gaz. Pal.* 2008. 1, Somm. 1995, note C.-É. Renault, condamnation pour contrefaçon – CONTRA : TGI Vannes, 29 avr. 2004, *CCÉ* 2004, no 86, obs. C. Caron – POUR UNE VUE D'ENSEMBLE sur la question : Y. Gaubiac, « Dimension de la copie privée dans le monde numérique de la communication », *CCE* 2008. Ét. 14 – POUR DES EXCEPTIONS à la licéité de la copie privée quant aux logiciels v. *supra* ss no 232.42 ; quant aux bases de données v. *supra* ss no 343.23.

tion, il serait nécessaire que sa source fût elle-même licite, et exempte de toute atteinte aux prérogatives des titulaires de droits sur l'œuvre en cause[1], ce qui ajoute une condition non prévue par la loi (cependant, est tenu d'acquitter la rémunération pour copie privée française le vendeur de supports d'enregistrement établi dans un autre État membre qui contribue à l'importation desdits supports en France[2]). En revanche, quiconque met à la disposition des internautes, sans autorisation des auteurs, des fichiers musicaux ou vidéos (poste à poste [*peer to peer*]) favorise un usage collectif, excluant l'exception de copie privée, et le rendant contrefacteur[3]. Des mesures techniques permettent de lutter contre le téléchargement illicite[4]. La loi n° 2006-961 du 1er août 2006, relative au droit d'auteur et aux droits voisins dans la société de l'information, a donné le pouvoir au juge des référés[5] de prendre toutes les mesures nécessaires à la protection d'œuvres ou d'objets protégés, lorsqu'un logiciel est principalement utilisé pour la mise à leur disposition illicite[6] ; cependant, les mesures ainsi ordonnées ne peuvent avoir pour effet de dénaturer les caractéristiques essentielles ou la destination initiale du logiciel[7]. De plus, « *La personne titulaire de l'accès à des services de communication au public en ligne a l'obligation de veiller à ce que cet accès ne fasse pas l'objet d'une utilisation à des fins de reproduction, de représentation, de mise à disposition ou de communication au public d'œuvres ou d'objets protégés par un droit d'auteur ou par un droit voisin sans l'autorisation des titulaires des droits prévus aux livres Ier et II lorsqu'elle est requise* »[8]. Autrement dit, il existe en la matière une responsabilité spéciale de surveillance, à la charge des abonnés à un service internet, de toutes les personnes pouvant avoir accès à son ordinateur[9]. *L'abonné est présumé responsable.* Seules trois causes d'exonération sont prévues par la loi : le fait qu'il a mis en œuvre un moyen de « sécurisation » figurant sur une liste officielle ; la démonstration que son accès internet a été utilisé frauduleusement (la preuve sera bien difficile à apporter) ; enfin, la force majeure. Le titulaire des droits sur les œuvres protégées peut demander au tribunal, le cas échéant en référé, toute mesure propre à prévenir ou à faire cesser l'atteinte à un droit d'auteur ou à un droit voisin[10], principalement la suspension de l'accès[11] à l'internet[12]. À côté de cette suppression de l'illicite[13], agissant sur la cause du dommage, la victime doit pouvoir obtenir des dommages et intérêts, selon le Droit commun, en prouvant non seulement une faute, mais aussi un dommage et le lien de causalité.

Le *peer to peer* (ou P2P), auquel il a été fait allusion ci-dessus, est un moyen d'échanger des fichiers par internet[14]. L'expression a été traduite en français par *pair-à-pair* (*de pair à pair* aurait été sans doute plus élégant, à défaut *de pair à compagnon*, et *de poste à poste* plus éclairant), car les ordinateurs sont tour à tour serveur et client. Les serveurs sont multiples, chaque internaute pouvant donner accès à tout ou partie du fichier. En effet, le fichier complet est segmenté en différentes parties (*pack*), et celles-ci sont stockées sur un ou plusieurs ordinateurs à distance (fichier source). Le logiciel de *peer to peer* réassemble les différents morceaux pris de différents endroits, et recrée localement un fichier complet.

Les données sont échangées sur la toile par des éléments IP (ou « paquets » IP ; IP signifie *Internet*

1. Crim. 30 mai 2006, n° 05-83.335, préc., IMPL. – MAIS POUR E. Dreyer, note préc. : il ne s'agit pas de déterminer si la source des copies était illicite mais de s'interroger sur le comportement du prévenu, car « *la copie privée d'une œuvre suppose que l'on y accède de manière licite et, en tout cas, de bonne foi* ».
2. Civ. 1re, 5 févr. 2020, n° 18-23.752, P ; *Dalloz IP/IT* 2020. 366, obs. V.-L. Benabou.
3. CPI, art. L. 335-2-1 – CPI, art. L. 336-1 ; créé par L. n° 2006-961, 1er août 2006, art. 27 ; mod. par ord. n° 2019-964, 18 sept. 2019, art. 35 – TGI Pontoise, 2 févr. 2005, *CCÉ* 2005, n° 35, obs. C. Caron ; *D.* 2005. 1435, note B. Legros – TI Pontoise, 21 avr. 2005, *CCÉ* 2005, n° 111, obs. C. Caron.
4. G. Kessler, « Le rôle des mesures techniques dans la lutte contre le téléchargement illicite », art. préc.
5. B. Gorch, « Vers un référé de l'internet autonome », art. préc.
6. CPI, art. L. 336-1.
7. CPI, art. L. 336-1, al. 2.
8. CPI, art. L. 336-3 ; créé par L. n° 2009-669, 12 juin 2009, art. 11, loi dite Hadopi I [remplaçant : L. 335-12] ; mod. par L. n° 2009-1311, 28 oct. 2009, art. 10.
9. NOT. : B. Gleize, « La responsabilité civile dans la loi "création et internet" », art. préc.
10. CPI, art. L. 336-2 ; inséré par L. n° 2009-669, 12 juin 2009, dite Hadopi I, préc. ; mod. par ord. n° 2019-738, 17 juill. 2019, art. 10.
11. Sur la charge des frais de blocage v. *supra* ss n° 421.12.
12. COMP., à propos de la suggestion de mots clés orientant vers des sites comportant des enregistrements mis à la disposition du public sans l'autorisation des artistes-interprètes ou des producteurs de phonogrammes par le service *Google Suggest* : Civ. 1re, 12 juill. 2012, n° 11-20.358, P I, n° 168 ; *D.* 2012. AJ 1880, obs. C. Manara, CRIT. ; *D.* 2012. 2343, obs. J. Larrieu, C. Le Stanc et P. Tréfigny ; *D.* 2012. 2836, obs. P. Sirinelli ; *Gaz. Pal.* 25 juill. 2012, note C. Le Goffic, APPROB. – CASSANT, EN PREMIERE APPLICATION de l'art. L. 336-2, préc., entendu largement : Paris, pôle 1, ch. 3, 3 mai 2011, RG n° 10/19845, *D.* 2011. AJ 1341, obs. C. Manara ; *JCP* 2011, n° 24, 679, veille A. Lucas-Schloetter ; *CCÉ* 2011, n° 63, obs. C. Caron : condamnant la contrefaçon par fourniture de moyens.
13. SUR CETTE NOTION : Ph. le Tourneau (dir.), *Droit de la responsabilité et des contrats. Régimes d'indemnisation*, 12e éd., « Dalloz action », 2020, n° 0111.20 – *ADDE* : C. Bloch, *La cessation de l'illicite. Recherche sur une fonction méconnue de la responsabilité civile extracontractuelle*, préf. R. Bout, avant-propos Ph. le Tourneau, Dalloz, 2008.
14. NOT. SUR ce procédé : C. Féral-Schuhl, *Cyberdroit*, *op. cit.* [v. *supra* ss n° 312.03], nos 322.00 s.

Protocol, et désigne le langage d'échange des données sur la toile ; « paquet » est une mauvaise traduction de l'anglais *package* : il eût fallu dire « ensemble IP »). En effet, les données sont transférées par fractions (les éléments IP) qui, une fois arrivées à destination, sont reconstituées. On parle ainsi d'adresse IP, pouvant être considérée comme *l'identité numérique*, permettant l'identification de l'internaute[1]. Cette identité numérique subsistera indéfiniment sur la toile, sauf si l'on a pris la précaution de donner des directives relatives à l'effacement des données à caractère personnel après son décès. Il a pu être suggéré d'insérer dans le code civil un nouvel article relatif à « *l'acte de décès numérique* »[2]. Au-delà de l'identité numérique se pose la question de savoir s'il existe une personnalité numérique, consistant pour le sujet à avoir des droits, être lié par des obligations[3], et être un objet numérique[4].

La CJUE a précisé que la notion de communication au public, au sens du droit communautaire, doit être interprétée en ce sens qu'elle couvre la mise à disposition et la gestion, sur internet, d'une plateforme de partage qui, par l'indexation de métadonnées relatives à des œuvres protégées et la fourniture d'un moteur de recherche, permet aux utilisateurs de cette plateforme de localiser ces œuvres et de les partager au sein d'un réseau paire à paire (*peer to peer*)[5]. Elle jugea aussi que la vente d'un boîtier multimédia comportant une interface donnant gratuitement accès à des sites en flux continus (*streaming*), proposant des contenus numériques sans l'autorisation des titulaires des droits, constitue une communication au public ; de plus, les actes de reproduction temporaire effectués par le consommateur final sur le lecteur multimédia ne sont pas exemptés du droit de reproduction[6]. Les offres musicales payantes sur internet, qui se sont beaucoup développées, utilisent ce procédé[7]. L'ordonnance n° 2021-580 du 12 mai 2021[8] prévoit, qu'en donnant accès aux œuvres « téléversées » par ses utilisateurs, un fournisseur de service de partage de contenus en ligne effectue des actes de représentation, pour lesquels il doit donc obtenir une autorisation des titulaires de droits. Tout en retenant le principe de la responsabilité du fournisseur de service de partage de contenus en ligne pour contrefaçon en cas d'actes d'exploitation non autorisés, le texte prend en compte « ses meilleurs efforts » pour obtenir une autorisation des titulaires de droits, ainsi que pour lutter contre la présence de contenus protégés non autorisés. Un niveau allégé de diligences est prévu, conformément à la directive, pour les fournisseurs de services dont la mise à disposition auprès du public au sein de l'UE date de moins de 3 ans et dont le chiffre d'affaires ainsi que l'audience sont en deçà de certains seuils (CPI, art. L. 137-2-1). L'ordonnance prévoit également des obligations de transparence à la charge des fournisseurs de services de partage de contenus en ligne (CPI, art. L. 137-3-1 et art. L. 131-5-1).

4.13 Assurance des prestataires de services dans le domaine de l'internet. Les risques liés à l'internet, pesant sur les prestataires de services intervenant dans ce domaine, sont assez spécifiques et parfois très lourds. L'assurance permet d'en amortir le poids[9].

4.14 Apporteurs d'affaires. Des sociétés de conseil peuvent s'engager à apporter un chiffre d'affaires minimum par an à une société prestataire spécialisée dans l'internet[10].

4.15 « Nétiquette ». Des moyens d'autorégulation du réseau sont apparus, sous les espèces de codes ou chartes de bonne conduite ou de déontologie (dont la « nétiquette »), relatives au comportement (au « savoir-vivre ») que doit respecter l'internaute sur le réseau[11], « droit assourdi » (selon la

1. NOT. : M. Teller, « Les difficultés de l'identité numérique : quelle qualification pour l'adresse IP ? », art. préc. – J. Sabbah, « L'appréhension de l'identité sur internet », art. préc. – J. Giusti et A. Ndiaye, « L'identité numérique, monnaie d'aujourd'hui et rente de demain », ét. préc.
2. D. Lovato, *La prudence et le droit*, th. Université Toulouse 1 Capitole, 2020, n° 66.
3. B. Chaffois, « La personne numérique : Partie I. La personne numérique, sujet numérique », art. préc., pour lequel la personnalité numérique émerge des différentes branches du droit, à partir desquelles l'identité numérique du sujet le rend apte à disposer et à s'obliger.
4. B. Chaffois, « La personne numérique : Partie II. La personne, objet numérique », art. préc., selon lequel la personne numérique peut être qualifiée de bien *intuitu personæ* (ce qui nous paraît contestable), pouvant être commercialisé.
5. CJUE 14 juin 2017, *Stichting Brein*, aff. C-610/15, *D.* 2017. Pan. 2016, obs. J. Larrrieu, C. Le Stanc et P. Tréfigny ; *RLDI* 2017, n° 5023 ; *RTD com.* 2017. 900, obs. F. Pollaud-Dulian ; *RJDA* 2018, n° 85 : la fourniture et la gestion d'une plateforme de partage en ligne d'œuvres protégées peut constituer une violation du droit d'auteur – O. Roche et É. Drouard, « Pour la CJUE, les plateformes "peer-to-peer" réalisent des "actes de communication au public" », ét. préc.
6. CJUE, 26 avr. 2017, *Stichting Brein*, aff. C-527/15, *Rec.* N ; *RLDI* 2017, n° 5021, note G. Busseuil.
7. Sur la communication au public par internet et le droit d'auteur, v. *infra* s^s^ n° 432.16.
8. P. Kamina, « Commentaire de l'ordonnance n° 2021-580 du 12 mai 2021 portant transposition partielle de la directive 2019/790 du 17 avril 2019 », *CCÉ* 2020. Ét. 12.
9. ADDE : v. *supra* s^s^ n°s 339.11 s.
10. Paris, 10 janv. 2003, *Accenture*, *RJDA* 2003, n° 683 : d'après les termes du contrat il s'agissait en l'esp. d'une obligation de résultat.
11. A. Debet, « Les chartes et autres usages du droit de l'internet », art. préc. – D'UNE FAÇON GÉNÉRALE : P. Deumier, « Les sources de l'éthique des affaires. Codes de bonne conduite, chartes et autres règles éthiques », dans *Libre droit. Mél. Ph. le Tourneau*, Dalloz, 2008, p. 337 s. – L. Maurin, « Le droit souple de la responsabilité civile », *RTD civ.* 2015. 517 s.

belle expression que François Rigaux utilise pour traduire le *soft law*[1], qu'il serait peut-être encore possible d'appeler un soupir de droit), créateur de normes résultant des usages[2]. Une version de la nétiquette peut être consultée sur le site www.afa-france.com/netiquette.html (dans la 3e éd. de cet ouvrage, nous avions comparé la nétiquette à *l'étiquette*, désignant jadis les usages des cours royales, car ce néologisme résulte de la combinaison du radical de *network* [réseau] et du mot anglais *etiquette* signifiant règles de savoir-vivre [cette comparaison fut reprise par L. Marino[3]] ; mais, à la différence de l'étiquette, immuable par nature, la nétiquette évolue incessamment). Elle est souvent incorporée aux contrats[4] (d'adhésion) ; ses règles s'imposent alors aux parties dès lors qu'elles ont été acceptées. Connue dans le monde entier, elle constitue une sorte de coutume internationale (mais évolutive), participant sans doute à la *lex internautica* (cette expression de *lex internautica*, que nous avons forgée dès 1997, est souvent utilisée par les auteurs ; certains préfèrent l'expression de *lex electronica*, voire de *lex retis* [loi du réseau]).

4.16 **Réseaux de franchisage.** Des réseaux de franchisage dédiés aux services internet se sont créés, se chargeant de l'assistance, de la formation, de la création de site, *etc.*[5]

4.17 **Publication sur son site internet d'une décision de justice relative à un concurrent.** Les décisions de justice peuvent être diffusées par son bénéficiaire même contre un concurrent[6], de quelque façon que ce soit, y compris par conséquent sur son propre site internet[7]. À notre sens, les décisions de justice étant publiques, la victime peut même prendre cette initiative alors que les juges ne l'ont pas ordonnée, faute d'avoir été demandée[8] ou procéder à toute autre mesure de publicité[9]. Il convient cependant, d'une part que la publication ne soit pas dictée par l'intention de nuire[10] ; d'autre part, que la décision soit définitive[11], sauf si l'autre partie a jeté la suspicion sur son adversaire, en faisant connaître l'existence d'une instance contre lui.

4.18 **Site utile.** Le secrétariat d'État en charge de la Prospective et du Développement de l'économie numérique a créé un site proposant quelques repères et bonnes pratiques indispensables pour surfer en toute sérénité[12].

4.19 **Maintien forcé de l'accès à l'internet.** L'article 108 de la loi du 7 octobre 2016[13] conçoit l'accès à l'internet comme un service essentiel dans la vie quotidienne, de sorte qu'elle a introduit la possibilité d'un maintien temporaire de ce service au profit de personnes en difficultés financières malgré le non-paiement de factures. Ainsi, une singulière exécution forcée du contrat est imposée dans l'intérêt du débiteur défaillant au détriment des droits contractuels du fournisseur d'accès[14].

1. Citée par C. Kessedjian, « Un exercice de rénovation des sources du droit des contrats du commerce international : les Principes proposés par Unidroit », *Rev. crit. DIP* 1995. 641 s., note 64 – SUR CE DROIT mou ou assourdi : G. Abi-Saab, « Éloges du "droit assourdi". Quelques réflexions sur le rôle de la *soft law* en droit international contemporain », dans *Mél. F. Rigaux*, Bruylant, Bruxelles, 1993, p. 59 s.
2. A. Tourette, *Responsabilité civile et neutralité de l'internet. Essai de conciliation*, th. Nice Sophia Antipolis, 2015, nos 413 s.
3. DANS SA NOTE : L. Marino, *D.* 2002. 1544.
4. SUR LA CLAUSE DE NÉTIQUETTE : J. Mestre et J.-C. Roda (dir.), *Les principales clauses des contrats d'affaires*, « Les intégrales », Lextenso, 2011, p. 637.
5. *NTIC Services ; WSI ; Zenmicro*, réseau créé en 2006.
6. Com. 18 oct. 2017, n° 15-27.136, P IV, n° 137 ; *JCP G* 2017. 1340, note J. Larrieu ; *CCE* 2017, n° 94, obs. C. Caron ; *D.* 2018. 653, note J. Chacomac ; *RTD civ.* 2018. 488, obs. N. Cayrol, à propos d'une condamnation pour contrefaçon.
7. Colmar, 3 sept. 2002, *Webisio, D.* 2002. AJ 2867, obs. C. Manara ; *Propr. ind.* 2003, n° 7, note J. Dragne.
8. Ph. le Tourneau, *Le parasitisme, op. cit.*, n° 266.
9. Com. 18 oct. 2017, n° 15-27.136, P, préc.
10. Aix-en-Provence, 13 mars 1997, *JCP* 1997. IV. 2305 : intention malveillante, d'où la publication était dénigrante, c'est-à-dire un acte de concurrence déloyale.
11. *CONTRA* : Colmar, 3 févr. 2002, *Webisio*, préc.
12. Surfez-intelligent.dgmic.culture.gouv.fr/
13. L. n° 2016-1321, 7 oct. 2016 pour une république numérique, *JO* 8 oct., n° 1.
14. G. Loiseau, « Accès à Internet : une exécution forcée du contrat au profit du débiteur défaillant », *CCÉ* 2016, n° 101.

TITRE

41. La vente « en ligne » et le commerce électronique

SECTION 0 ORIENTEUR

41.00 **Sommaire du titre.**

Division. L'internet a donné l'occasion à des contrats classiques de connaître une nouvelle extension, telle la vente, devenue « en ligne ». Après avoir envisagé les données de fait des contrats de commerce en ligne (chap. 411), nous envisagerons les données juridiques de droit interne (chap. 412), puis de droit international (chap. 413). Enfin, nous étudierons plus particulièrement le contrat de commerce en ligne de services financiers (chap. 414) et de médicaments (chap. 415).

41.03 **Bibliographie. Ouvrages.** S. Chatry (dir.), *La régulation d'Internet. Regards croisés de droit de la concurrence et de droit de la propriété intellectuelle*, « Droit privé & sciences criminelles », Mare et Martin, 2016 – T. de Coster, M. Demoulin et autres, *Les pratiques du commerce électronique,* « Cahiers du Crid », Bruylant, Bruxelles, 2007 – V. Fauchoux, P. Deprez, F. Dumont et J.-M. Bruguière, *Le droit de l'internet*, « Droit & Professionnels », LexisNexis, 2017 – H. D'Hondt et Ph. Nieuwbourg, *Places de marché sur internet : nouvelles règles pour le XXIe siècle*, BNTP, 2001 – F. Duret-Robert (dir.), *Droit du marché de l'art*, 7e éd., « Dalloz action », 2020 – G. Haas, *Guide juridique de l'e-commerce et de l'e.marketing*, ENI, 2015 – ADDE : *infra* s^s^ n° 412.03.

Thèses. F. Altenbourger, *Les enchères électroniques en droit privé*, Paris II, 2004 – O. Boskovic, *La réparation du préjudice en Droit international privé*, préf. P. Lagarde, « BDPr », t. 407, LGDJ, 2003 – G. Brunaux, *Le contrat à distance au XXIe siècle*, préf. N. Sauphanor-Brouillaud, « BDPr », t. 524, LGDJ, 2010 – O. Cachard, *La régulation internationale du marché électronique*, préf. Ph. Fouchard, « BDPr », t. 365, LGDJ, 2002.

Contributions. J. Larrieu, « L'ingénierie des mots », dans *Libre droit. Mél. Ph. le Tourneau*, Dalloz, 2008, p. 590 s. – A. Mendoza-Caminade, « La notion de fonds de commerce à l'épreuve de l'internet : faut-il admettre le fonds de commerce électronique ? », dans *Libre droit. Mél. Ph. le Tourneau*, Dalloz, 2008, p. 763 s.

Articles. C. Avignon, « Les nouvelles recettes des *cookies* à la française », *Gaz. Pal.* 2011. 2. Doctr. 2744 – A. Bascoulergue, « Précisions sur le champ d'application de la loi du

10 juillet 2000 relative à la vente volontaire de meubles aux enchères publiques », *RLDI* 2013. Chron. 3210 – C. Brel, « Les plateformes électroniques et la vente de produits bénéficiant d'une distribution sélective », *AJCA* 2014. 308 – T. Douville, « Le fonds de commerce électronique : de sa reconnaissance à sa marginalisation », *Dalloz IP/IT* 2019. 670 – M. Griguer, « *Cookies* : les obligations à respecter », *Cah. dr. entr.* 2013/5. Prat. 15 – L. Godefroy, « Vers une régulation juridique des places de marché de commerce en ligne entre particuliers », *D.* 2015. Chron. 2513 – J. Huet, « La problématique juridique du commerce électronique », *RJ com.* 2001. 1er janv. (nº spéc.), p. 17 s. – F. Labarthe, « "Vraies ou fausses" enchères ?, à propos de la distinction entre ventes volontaires aux enchères et courtage en ligne », *RLDI* 2013. Chron. 3099 – D. Martel, « Voyage aux frontières du droit de rétractation », *RLDI* 2011/68, nº 2234 – L. Mauger-Vielpeau, « Les enchères inversées », *D.* 2006, point de vue 642 – A. Maymont, « Les *marketplaces*. De l'incertitude du statut juridique au choix contraignant d'un statut », *JCP E* 2017. Ét. 1295 – R. Routier, « Le prêt entre particuliers sur internet : un financement alternatif ? », *D.* 2008. Chron. 2960 s. – E. Sordet et G. Salord, « La responsabilité des plateformes d'e.commerce : l'exemple d'*e.bay* », *JCP E* 2009, nº 43. Chron. 1991 – Ph. Stoffel-Munck et G. Decocq, « L'avènement du fonds de commerce électronique », *Gaz. Pal.* 2009. 1. Doctr. 1781 – T. Verbiest, « Le fonds de commerce électronique : vers une reconnaissance juridique ? », *CCÉ* 2008. Ét. 10.

CHAPITRE

411. Contrat de commerce en ligne : données de fait

SECTION 0 ORIENTEUR

411.00 Sommaire du chapitre.

SECTION 1 PRÉSENTATION

§ 1 Contrats à distance : définition et illustrations

411.11 Distinction. Le contrat en ligne est tant celui qui se conclut *par voie* électronique (commande en ligne) que celui qui se conclut *sous forme* électronique (et constitue donc un acte juridique électronique[1])[2].

411.12 Contrats à distance, parmi lesquelles les ventes « en ligne ». Lorsque les contractants ne sont pas en présence l'un de l'autre le contrat est traditionnellement dit *à distance*[3]. Il connaissait diverses formules déjà anciennes : par correspondance (sur catalogue), par téléphone, par télex (qui a été supprimé), par télécopie ou par minitel (qui connut son heure de gloire[4], avant de disparaître le 30 juin 2012). Il s'est ajouté à cette panoplie les contrats par l'internet, constituant le commerce électronique, dont la vente, dénommée parfois vente « en ligne » ou, dans le charabia des « accrocs » de l'internet, la « cyber-vente ». Elle ressemble beaucoup à une vente par correspondance améliorée (plus rapide et dans laquelle le choix est plus aisé, car l'internaute peut quasiment choisir dans une vitrine électronique comme dans un magasin) ; et elle ne se distingue guère de la vente qui exista à une époque par minitel (sauf pour la rapidité des connexions, et l'existence de liens hypertextes sur le site du vendeur). La Cour de cassation a reconnu expressément en 2010, pour la première fois, qu'un contrat électronique était un contrat à distance[5].

Les expressions utilisées pour ces contrats sont des images ou des raccourcis. En réalité, il serait plus exact de dire et d'écrire, par exemple à propos des ventes, qu'elles sont *conclues électroniquement* ou « *en*

1. V. *infra* s[s] n°s 412.35 s.
2. SUR CETTE DISTINCTION : FNTC, *Vademecum juridique de la digitalisation des documents*, préf. É. A. Caprioli, 2016, p. 12 s. et p. 21 s.

3. SUR CETTE NOTION : G. Brunaux, *Le contrat à distance au XXIe siècle*, th. préc. : l'auteur distingue le contrat à distance du contrat « entre absent » (dans celui-ci l'éloignement géographique est purement factuel, alors que dans celui-là la « distance contractuelle » est un critère juridique) ; il considère que le contrat à distance constitue un nouveau genre de contrat, une catégorie juridique particulière, ayant vocation à regrouper la majorité des contrats dits spéciaux (« *le contrat spécial fait* [...] *référence aux prestations dues par les parties, alors que le contrat à distance rappelle les circonstances dans lesquelles le contrat a été conclu* », th. préc., n° 385).
4. Son apogée fut atteint en 2005, avec 5 millions d'utilisateurs, et 25 000 services disponibles.
5. Civ. 1re, 25 nov. 2010, n° 09-70.833, P I, n° 244 ; *JCP E* 2011, n° 4, 1054, note G. Brunaux ; *CCC* 2011, n° 49, obs. G. Raymond ; *RLDC* 2011/78 ; *Gaz. Pal.* 2011. 1, p. 953, note S. Piedelièvre ; *D.* 2011. 802, Y. Lagorne-Labbe ; *CCÉ* 2011, n° 36, obs. A. Debet ; D. Martel, « Voyage aux frontières du droit de rétractation », art. préc.

ligne » (grâce à un site[1]). En effet, le critère déterminant est le mode de conclusion du contrat, et non son exécution ; celle-ci peut être soit sous une forme traditionnelle, soit s'effectuer elle aussi électroniquement, par le réseau[2].

Quoi qu'il en soit, un des éléments déterminants pour leur succès est la confiance des internautes, dépendant de la sécurité (d'où l'importance de la signature électronique[3]). Il est également capital de disposer d'une marque de qualité ; d'où l'apparition et le succès d'agences de création de marques. Il existe en effet une sorte d'ingénierie des mots[4].

411.13 Ventes aux enchères « en ligne », dont les enchères dites « inversées ». Il avait été jugé, sous l'empire de l'ancien statut des commissaires-priseurs (abrogé, d'une façon générale, par la L. n° 2000-642 du 10 juill. 2000[5]) que leur ancien monopole légal des ventes publiques de meubles corporels s'étendait aux transactions commerciales effectuées par l'internet[6]. Les articles L. 321-1[7] et suivants du code de commerce, modifiés par la loi n° 2011-850 du 20 juillet 2011[8], réglementent les *ventes volontaires aux enchères* (c'est-à-dire par adjudication au « mieux-disant ») et *publiques de meubles neufs ou d'occasion*, éventuellement reconditionnés[9]. Le code de commerce définit les ventes aux enchères[10] et très largement les meubles d'occasion[11]. Ces ventes volontaires sont organisées et réalisées « *par des opérateurs exerçant à titre individuel ou sous la forme juridique de leur choix* »[12], qui doivent remplir un certain nombre de conditions, distinctes selon que l'opérateur est une personne physique ou une personne morale[13]. Le même code précise que le fait de proposer, en tant que mandataire du propriétaire, un meuble aux enchères publiques à distance par voie électronique pour l'adjuger au mieux-disant des enchérisseurs constitue une vente soumise[14] à ce texte[15].

Les enchères peuvent être « inversées », l'expression signifiant que c'est en principe le « moins-disant » qui est retenu pour les achats ou pour les prestations de services ; « *Ce ne sont pas des enchères ascendantes, mais des enchères descendantes* »[16]. Les enchères inversées sont réglementées depuis l'ordonnance n° 2019-359 du 24 avril 2019[17]. Toutefois, d'autres éléments que le prix peuvent être pris en considération par celui qui organise les enchères, de sorte que ce ne sera pas forcément le « moins-disant » avec lequel il contractera. Une autre particularité est que le produit est mis en vente ou le service proposé à l'initiative du client et non du vendeur ou du prestataire de services[18]. Les enchères électroniques inversées sont licites au regard du Droit des obligations et du Droit de la concurrence[19]. Du reste, elles ont été légalisées et réglementées par la loi n° 2005-882 du 2 août 2005[20]

1. La C. de cass. a adopté ce point de vue dans Civ. 1re, 25 nov. 2010, n° 09-70.833, préc. : où il est écrit que « *le droit de rétractation* [...] *ne s'applique pas aux contrats conclus par voie électronique ayant pour objet la prestation de services d'hébergement, de transport, de restauration, de loisirs qui doivent être fournis à une date ou selon une périodicité déterminée* ».
2. Pour les biens incorporels ; v. *infra* s^s n° 411.45.
3. V. *infra* s^s n°s 412.54 s.
4. J. Larrieu, « L'ingénierie des mots », art. préc., spéc. p. 597 s. ; l'auteur décrit l'objet du contrat (l'onomasiologie), les obligations des parties et la propriété des résultats.
5. L. n° 2000-642, 10 juill. 2000 portant réglementation des ventes volontaires de meubles aux enchères publiques, *JO* 11 juill., p. 10474.
6. TGI Paris, 3 mai 2000, *Chambre nationale des commissaires-priseurs c/NART, D.* 2000. Somm. 278, obs. C. Caron ; *D.* 2000. 641, note L. Mauger-Vielpeau.
7. C. com., art. L. 321-1 ; mod. par L. n° 2011-850, 20 juill. 2011, art. 3.
8. L. n° 2011-850, 20 juill. 2011, de libéralisation des ventes volontaires de meubles aux enchères publiques, *JO* 21 juill., p. 12441.
9. L'emploi de ce mot est soumis aux conditions indiquées par l'art. R. 122-4 du C. consom. (créé par Décr. n° 2022-190, 17 févr. 2022, *JO* 18 févr., texte 2).
10. C. com., art. L. 320-2, al. 1er ; art. mod. par L. n° 2011-850, 20 juill. 2011, art. 2.
11. C. com., art. L. 321-1, al. 3.
12. C. com., art. L. 321-2, al. 1er ; art. mod. par L. n° 2011-850, 20 juill. 2011, art. 4.
13. C. com., art. L. 321-4 ; mod. par L. n° 2011-850, 20 juill. 2011, art. 6.
14. C. com., art. L. 321-3, al. 1er ; art. mod. par L. n° 2011-850, 20 juill. 2011, art. 5.
15. Civ. 1re, 19 févr. 2013, n° 11-23.287, P I, n° 22 ; *D.* 2013. 1188, note C. Durez ; *CCÉ* 2013, n° 52, obs. A. Debet ; *JCP* 2013, n° 464, note L. Mauger-Vielpeau ; *CCC* 2013, n° 108, obs. L. Leveneur ; *RTD com.* 2013. 326, obs. B. Bouloc : l'activité litigieuse n'était pas soumise à la réglementation des ventes volontaires de meubles aux enchères publiques, car « *le bien mis en vente n'était pas adjugé à l'issue des enchères et que le dernier enchérisseur restait libre de ne pas contracter* » – F. Labarthe, « "Vraies ou fausses" enchères ? À propos de la distinction entre ventes volontaires aux enchères et courtage en ligne », chron. préc. – A. Bascoulergue, « Précisions sur le champ d'application de la loi du 10 juillet 2000 relative à la vente volontaire de meubles aux enchères publiques », chron. préc.
16. L. Mauger-Vielpeau, « Les enchères inversées », art. préc.
17. C. com., art. L. 442-8 ; mod. par ord. n° 2019-359, 24 avr. 2019, art. 2 – SUR CE TEXTE : L. et J. Vogel, « Droit de la négociation commerciale : une réforme courageuse mais perfectible », *AJ contrat* 2019. Dossier 208 – Ph. Vanni et A.-C. Martin, « Relèvement du seuil de vente à perte et encadrement des promotions : l'ouvrage à nouveau sur le métier », *AJ contrat* 2019. Dossier 221 – N. Dissaux et R. Loir, « Réforme d'ampleur du droit des relations commerciales », *JCP G* 2019, aperçu rapide. 589.
18. C. com., art. L. 442-8, I, 1°.
19. Commission d'examen des pratiques commerciales, avis n° 04-08, 15 déc. 2004, *CCC* 2005, n° 66, obs. M. Malaurie-Vignal.
20. L. n° 2005-882, 2 août 2005, en faveur des petites et moyennes entreprises, *JO* 3 août, p. 12639.

puis par l'ordonnance n° 2019-359 du 24 avril 2019[1] (dispositions insérées dans le code de com., art. L. 442-8[2]). Le texte comporte des dispositions destinées à protéger les enchérisseurs de certains comportements déloyaux et à assurer une meilleure transparence des enchères, notamment inversées[3]. Enfin, les enchères électroniques inversées sont interdites pour certains produits agricoles ou alimentaires[4] ainsi qu'en matière de fixation du salaire[5].

411.14 Courtage « en ligne ». Les « *opérations de courtage aux enchères réalisées à distance par voie électronique* » (ou « courtage en ligne »[6] ; ces « enchères » n'en sont pas réellement, puisqu'elles ne comportent pas d'adjudication) ont été libéralisées par la loi n° 2011-850 du 20 juillet 2011[7]. Selon l'article L. 321-3, alinéa 2, du code de commerce : « *Les opérations de courtage aux enchères réalisées à distance par voie électronique, se caractérisant par l'absence d'adjudication au mieux-disant des enchérisseurs et d'intervention d'un tiers dans la description du bien et la conclusion de la vente ne constituent pas des ventes aux enchères publiques au sens du présent chapitre* »[8]. Les « courtiers en ligne », interviennent dans les ventes aux enchères par voie électronique de toutes sortes de biens, par exemple pour les transactions boursières. Et aussi pour des objets les plus divers, neufs ou d'occasion[9]. La société *e.Bay*, créée en 1996 (par un Français, mais aux États-Unis), se consacre à cette activité. Les opérateurs n'étaient à l'origine que des particuliers. Cependant, des entreprises prestigieuses, alléchées par l'importance des « cibles » potentielles, ont ouvert un magasin virtuel sur ce site (un site dans le site). C'est notamment le cas, dans le domaine de l'informatique, de *Dell, IBM* ou *Palm*. Rapidement il se vendit par l'intermédiaire de ce site un ordinateur portable toutes les trente secondes (et un livre toutes les quatre secondes). Ce site se finance grâce aux annonces payantes et à une commission prélevée sur les transactions réalisées par son intermédiaire (dont le montant varie en fonction du prix). C'est un extraordinaire gisement de bénéfices, car les coûts sont très bas, l'entreprise n'ayant ni magasins, ni entrepôts ni stocks. Pour renforcer la confiance des éventuels utilisateurs, *e.Bay* leur propose de bénéficier d'un « *programme de protection des acheteurs contre la fraude* », consistant en une indemnité (plafonnée) aux acheteurs non livrés ; il a été jugé que ce système ne pouvait pas bénéficier à l'internaute ayant pris directement contact avec le vendeur, sans se porter enchérisseur[10].

Remarque. Au-delà du courtage, les opérations boursières par internet ont connu un développement spectaculaire, passé inaperçu du grand public. Plus de la moitié d'entre elles dans le monde sont effectuées ainsi, par l'intermédiaire de robots[11], « *traders à haute fréquence* », programmés pour acheter ou vendre des titres dans des délais inférieurs à la seconde, dès lors qu'ils détectent des possibilités de gains.

Élimination – Renvoi. Nous ne traiterons pas du courtage en ligne de prêts. Sur la création d'un site internet dont l'objet serait de faciliter la conclusion de prêts intéressés d'argent entre particuliers, les qualifications possibles et les difficultés juridiques soulevées : R. Routier, art. préc.

411.15 Obligations du courtier « en ligne ». Il semble que le courtier « en ligne » soit tenu de vérifier l'identité des intervenants (comme tout courtier), et de veiller au bon fonctionnement des enchères, mais pas au-delà. Toutefois, s'il jouait un rôle actif, dépassant celui d'un courtier, ses obligations augmenteraient en proportion.

La plateforme de courtage *e.Bay* donna lieu à de nombreux procès, intentés essentiellement par des industriels du luxe, se plaignant d'actes de « cyber-contrefaçon » de leurs marques[12] (la « cyber-contrefaçon » est parfois dénommée contrefaçon ubiquitaire, *ubiquitous infrigement*). Les juridictions eurent d'abord tendance à retenir une qualification globale. Soit, en premier lieu, d'hébergeur[13], si bien que ce

1. SUR CE TEXTE : L. et J. Vogel, « Droit de la négociation commerciale : une réforme courageuse mais perfectible », *AJ contrat* 2019. Dossier 208 – Ph. Vanni et A.-C. Martin, « Relèvement du seuil de vente à perte et encadrement des promotions : l'ouvrage à nouveau sur le métier », *AJ contrat* 2019. Dossier 221 – N. Dissaux et R. Loir, « Réforme d'ampleur du droit des relations commerciales », *JCP G* 2019, aperçu rapide. 589.
2. C. com., art. L. 442-8 ; mod. par ord. n° 2019-359, 24 avr. 2019, art. 2.
3. C. com., art. L. 442-10 ; créé par L. n° 2005-882, 2 août 2005, art. 51 ; mod. par ord. n° 2019-359, 24 avr. 2019, art. 2.
4. C. com., art. L. 442-8, III.
5. C. trav., art. L. 1221-4 [anc[t] L. 121-10, créé par L. n° 2006-396, 31 mars 2006, art. 12].
6. Sur les courtiers v. *supra* s[s] n°s 322.11 s.
7. C. com., art. L. 321-3, al. 2 s.
8. C'est le cas de la plateforme *e.Bay* surtout en raison de l'absence d'adjudication au mieux-disant : Paris, pôle 5, 11e ch., 25 mai 2012, RG n° 10/13925, *CCÉ* 2012, n° 91, obs. A. Debet.
9. Civ. 1re, 19 févr. 2013, n° 11-23.287, P I, n° 22, préc. : véhicules d'occasion – MAIS : Com. 7 juill. 2021, n° 15-426, NP, *RDC* 2021/4, p. 37, obs. A. Danis-Fatôme, qualifie l'opérateur d'enchères en ligne de mandataire, en raison de ses conditions générales.
10. TI Pau, 26 févr. 2004, *Dan Rick c/e.Bay France, CCÉ* 2004, n° 92, obs. Ph. Stoffel-Munck.
11. Sur les robots v. *supra* s[s] n° 011.13.
12. E. Sordet et G. Salord, « La responsabilité des plateformes d'e.commerce : l'exemple d'*e.bay* », chron. préc.
13. Sur laquelle v. *infra* s[s] n°s 422.22 s. – TI Saint-Jean-de-Maurienne, 6 août 2003, *B. Axelrad c/e.Bay France, CCÉ* 2004, n° 91, obs. Ph. Stoffel-Munck – Paris, 4e ch., 9 nov. 2007, *e.Bay c/DWC, D.* 2008. 1032, note J. Huet ; *RLDI* 2007, n° 1115, obs. A. Saint-Martin ; *CCÉ* 2008, n° 9, obs. A. Debet : à propos d'un site d'annonce – TGI Paris, 3e ch., réf., 20 mai 2009, RG n° 2008/13617, *e.Bay, PIBD* 2009. III. 1366.

commerçant bénéficie du régime exonératoire[1] de la loi dite LCEN. Soit, en deuxième lieu, de courtier[2] ou d'éditeur de service[3] (et non de contenu) ; dans ce cas, n'étant pas un « *intermédiaire technique de service internet* », il ne peut pas bénéficier du régime exonératoire de la loi dite LCEN[4], de sorte qu'il est soumis au régime de la responsabilité de Droit commun ; et, à propos de celle-ci, les tribunaux furent assez sévères, estimant que ce courtier est tenu d'une obligation extracontractuelle générale de surveillance[5], afin de s'assurer que son activité ne génère pas d'actes illicites (notamment de cyber-contrefaçon). Une autre voie consisterait à adopter une qualification distributive tant d'hébergeur que de courtier ; pour la première, l'intermédiaire, notamment *e.Bay*, pourrait invoquer le régime dérogatoire de la loi dite LCEN[6], le Droit commun s'appliquant à la seconde. Sans être tenu d'une obligation générale de surveillance, il doit mettre en œuvre une politique systématique de sanction *a posteriori*, tout en collaborant avec les titulaires des marques pour lutter contre les cyber-contrefaçons.

La plateforme *Uber* a été condamnée, sur le fondement de la concurrence, à verser des dommages-intérêts à une plateforme concurrente et à « *cesser d'inciter les chauffeurs à circuler et stationner sur la voie publique en quête de clients et d'inciter les chauffeurs à ne pas retourner à leur base ou dans un endroit situé hors de la chaussée dans l'attente d'une réservation sauf s'ils justifient d'une autre réservation préalable* »[7].

§ 2
Commerce électronique : premières vues

411.21 Plus largement que la vente et le courtage « en ligne », le commerce électronique. Le commerce électronique (dit aussi, de façon peu claire, *économie numérique*), qu'il serait préférable de dénommer *le marché électronique* (selon l'expression que préfère Olivier Cachard[8]) ne se limite pas aux ventes. Il est possible de conclure aussi des contrats de prestation de service par cette voie. Du reste, la loi n° 2004-575 du 21 juin 2004[9] « *pour la confiance dans l'économie numérique* », dite LCEN, transposant la directive 2000/31[10], définit (assez médiocrement, de façon vague) le commerce électronique comme « *l'activité économique par laquelle une personne propose ou assure à distance et par voie électronique, la fourniture de biens et de services* »[11]. La loi précitée précise qu'entre également dans le champ du commerce électronique les services tels ceux qui consistent à fournir des informations en ligne, des communications commerciales et des outils de recherche, d'accès et de récupération de données, d'accès à un réseau de communication ou d'hébergement d'informations[12]. Il n'est pas exigé que le fournisseur soit un professionnel : Le texte emploie le mot de *personne*, de sorte qu'une activité proposée par un particulier par voie électronique, même de façon isolée ou épisodique, entre dans le domaine du commerce électronique. Peu importe que l'opération ne soit que partiellement en ligne (par exemple pour un bien matériel, acheté par voie électronique mais qui, par définition, devra être livré physiquement).

Pour les services, il s'agit principalement de contrats d'entreprise mais aussi éventuellement, plus rarement, de contrats de mandats (conclus « en ligne »). Le cas échéant, certains des contrats de service relevant

1. Sur lequel v. *infra* s[s] n°s 422.32 s.
2. Paris, pôle 5, 2e ch., 3 sept. 2010, RG n° 08/12820, *D.* 2010. AJ 1997 ; *CCÉ* 2010, n° 110, obs. A. Debet, 1re esp. ; *JCP* 2010, n° 45, 1111, note J. Huet, 1re esp. : l'arrêt expose de manière très concrète les raisons permettant de retenir cette qualification – MAINTENANT : T. com. Paris, 30 juin 2008, 1re ch. B, *Vuitton c/e.Bay*, *D.* 2008. AJ 1989, obs. A. Astaix ; *CCÉ* 2008, n° 113, 1re esp., obs. A. Debet – T. com. Paris, 30 juin 2008, 1re ch. B, *Dior couture c/e.Bay, CCÉ* 2008, n° 113, 2e esp., obs. A. Debet ; *JCP* 2008. II. 10168, note X. Vuitton – T. com. Paris, 30 juin 2008, 1re ch. B, *Parfums Dior c/e.Bay, CCÉ* 2008, n° 113, 3e esp., obs. A. Debet – COMP. : Reims, 1re ch., 5 mai 2009, RG n° 2008/01519-11, *e.Bay c/Hermès, D.* 2009. 2470, note A. Huet : le courtier en ligne fut considéré comme hébergeur et comme éditeur de services de communication, car il contrôle la présentation des pages de ce site et tire profit de l'exploitation des annonces des hébergés ; la responsabilité de la sté *e.Bay* fut retenue sur le fondement de l'art. L. 716-7-1 CPI [réd. L. n° 2007-1544, 29 oct. 2007], les mesures techniques adoptées par elles n'étant pas de nature à permettre une information complète des utilisateurs et des titulaires de droit de propriété intellectuelle – REJETANT L'APPEL CONTRE : TGI Troyes, 4 juin 2008, *Hermès c/e.Bay, RLDI* 2008, n° 1296, obs. J.-B. A. et n° 1302, note A. Saint-Martin ; *D.* 2008. 2261, note J. Huet.
3. Reims, ch. civ. 1re sect., 20 juill. 2010, *e.Bay c/Hermès, CCÉ* 2010, n° 96, obs. A. Debet ; *JCP* 2010, n° 45, 1111, note J. Huet, 4e esp.
4. Paris, pole 5, 2e ch., 3 sept. 2010, RG n° 08/12820, préc.
5. MAIS QUALIFIÉE de simple obligation de moyens par Reims, ch. civ., 1re sect., 20 juin 2010, *e.Bay c/Hermès*, préc.
6. EN CE SENS, LE RAISONNEMENT EMBERLIFICOTÉ de : TGI Paris, 3e ch., 13 mai 2009, n° 2007/11365, *L'Oréal c/e.Bay France, D.* 2009. AJ 1474, obs. C. Manara ; *D.* 2009. 2910, note J. Huet, CRIT., 1re esp. ; *CCÉ* 2009, n° 79, obs. A. Debet ; *RLDI* 2009, n° 1664, note N. Dreyfus ; *Gaz. Pal.* 2009. 2, Somm. 3880, note V. Staeffen et J. Delucenay.
7. Paris, pole 5, 5e ch., 12 déc. 2019, n° 17/03541, *CCC* 2020, n° 41, obs. M. Malaurie-Vignal – *CCÉ* 2020, n° 25, obs. G. Loiseau.
8. O. Cachard, *La régulation internationale du marché électronique*, th. préc.
9. L. n° 2004-575, 21 juin 2004, pour la confiance dans l'économie numérique, *JO* 22 juin, p. 11168.
10. Dir. 2000/31, Parlement et Conseil, 8 juin 2000, relative à certains aspects juridiques des services de la société de l'information, et not. du commerce électronique, dans le marché intérieur, *JOCE L* 178, 17 juill., p. 1.
11. L. n° 2004-575, 21 juin 2004, art. 14.
12. L. n° 2004-575, 21 juin 2004, art. 14.

de la qualification d'entreprise (au sens de louage d'ouvrage) pourront également s'exécuter de la même manière virtuelle, avec une extrême rapidité, parfois quasiment instantanément (sur le champ, aussitôt, en « temps réel », selon l'expression tautologique et grotesque dont se gargarisent tant d'observateurs et de praticiens, alors que le temps est forcément une réalité). Le commerce « en ligne » des services a connu un développement considérable. Par le commerce électronique a émergé un nouveau marché, « *échappant aux traditionnelles limitations liées aux contraintes physiques (temps et espace)* »[1].

Toutes les opérations du commerce électronique peuvent être assurées par *Fia-net*.

411.22 Quelques traits du commerce électronique. Les auteurs des « *lignes directrices sur les restrictions verticales* »[2] ont relevé à juste titre que le commerce électronique constitue une *nouvelle technique de vente* plus qu'un contrat de distribution biens ou de prestations de services. Il se caractérise par trois mots : *l'immatérialité, l'interactivité et l'internationalité*, puisqu'il possède des normes mondiales et qu'il ignore les frontières[3]. Le commerce électronique des biens et des services renforce le pouvoir du client par rapport à celui du fournisseur, surtout pour la vente de biens matériels, l'internaute pouvant visualiser les produits concurrents grâce à des moteurs de recherche ou des « portails »[4]. Et, tant pour les biens matériels comme immatériels que pour les services, il peut comparer les conditions générales, les prix, *etc.* Aussi ses exigences vont s'accroître, en terme de rapidité d'exécution (d'où l'automatisation des processus d'exécution s'amorce), de fiabilité, de souplesse (ce qui conduira probablement, pour les biens matériels, à une généralisation de la production à la commande [sans stock, en flux tendus], selon une configuration personnalisée, pas seulement dans le domaine de l'informatique, où cela est déjà la pratique de *Dell*)...

411.23 La marque dans le commerce électronique. Le rôle de la marque, loin de disparaître en raison de la toile mondiale (*Web*), apparaît plus que jamais importante : Elle est même un élément de différenciation indispensable du commerce électronique[5]. Comme toujours, elle doit être distinctive, c'est-à-dire arbitraire[6]. Le nom de domaine, qui ressemble plus à une adresse, ne saurait remplacer la marque[7].

411.24 Fonds de commerce électronique. L'entreprise qui, contre rémunération, délivre des services ou vend des biens par internet bénéficie d'une clientèle. Son nom de domaine, la marque, la charte graphique du site, le savoir-faire logistique, le fichier de clientèle sont les principaux éléments de ralliement de la clientèle dans le commerce électronique. Il découle de cela que l'exploitation d'une clientèle par l'internet donne naissance à un véritable fonds de commerce, un fonds de commerce électronique. Lorsque l'entreprise en cause n'exerce son activité que de cette façon (par internet), ledit fonds est sans conteste autonome. En revanche, lorsque le commerce par internet n'est pas exclusif (l'entreprise proposant les mêmes services ou produits par les moyens traditionnels), le fonds de commerce est secondaire (par conséquent non autonome), les éléments de ralliement de la clientèle sont les mêmes que ceux du fonds de commerce initial (primaire), à l'exception du nom de domaine[8].

Nous avons utilisé dans ce paragraphe des images traditionnelles, que nous récusons en réalité. Car, pour nous[9], la clientèle n'est nullement un élément du fonds de commerce, mais le *révélateur dynamique de son existence*, autour duquel s'articulent les éléments disparates servant de support à l'ensemble structuré qu'il constitue[10].

411.25 Des algorithmes dans le commerce électronique. Dans le commerce électronique les algo-

1. É. A. Caprioli, dans *Les premières journées internationales du droit du commerce électronique, op. cit.*, p. 347.
2. *Lignes directrices sur les restrictions verticales, JOCE* C 270/12, 24 sept. 2000.
3. J. Huet, « La problématique juridique du commerce électronique », art. préc.
4. Sur ces notions, v. *infra* s^s n°s 431.11 s.
5. EX. : J.-M. Lehu, *Stratégies de marque.com, concevoir, protéger et gérer la marque sur l'internet, op. cit.*
6. TPICE 26 oct. 2000, aff. T-345/99, *Rec.* II, p. 3525 ; *D.* 2001. 1941, note J.-C. Galloux : le terme « link » signifie ce qui relie, si bien que le signe « Trustedlink » veut dire lien fiable et « *ne fait donc que décrire la qualité souhaitée d'un lien* » : il ne peut pas servir de marque dans le domaine du commerce électronique.
7. Sur les noms de domaine v. *infra* s^s n°s 443.11 s.
8. SUR TOUTES CES QUESTIONS du fonds de commerce électronique, les développements et les références doctrinales de : A. Reygrobellet, *Fonds de commerce*, 2e éd., « Dalloz action », 2012, n°s 1333.40 s., proposant des solutions plus diversifiées – ET L'IMPORTANT art. préc. de : A. Mendoza-Caminade, « La notion de fonds de commerce à l'épreuve de l'internet : faut-il admettre le fonds de commerce électronique ? » – *ADDE* : T. Verbiest, « Le fonds de commerce électronique : vers une reconnaissance juridique ? », art. préc. – Ph. Stoffel-Munck et G. Decocq, « L'avènement du fonds de commerce électronique », art. préc. – T. Douville, « Le fonds de commerce électronique : de sa reconnaissance à sa marginalisation », art. préc. : selon l'auteur, la concentration du commerce électronique sur des plateformes qui servent d'intermédiaire entraîne une marginalisation progressive du fonds de commerce électronique, dont cependant la consécration n'apparaît pas utile – AUSSI : X. Delpech, *Fonds de commerce*, 19e éd., « Encyclopédie Delmas », Dalloz, 2019, n°s 013.11 s.
9. Ph. le Tourneau, *Responsabilité des vendeurs et fabricants*, 5e éd., « Dalloz référence », 2016, n° 12.84.
10. Sur les contrats de concession et de franchisage au regard du commerce électronique, v. *supra* s^s n°s 312.11 s.

rithmes prédictifs[1], tels des chasseurs à l'affût de leur proie, servent à apprécier la réceptivité des clients potentiels (*prospects*) à une offre personnalisée, qui aura été élaborée en fonction d'un profilage effectué *via* les traces laissées sur les réseaux (par notre moi numérique ou jumeau numérique [*digital twin*][2]). Ainsi *Amazon* a mis en place un algorithme grâce auquel la plateforme envoie au client un produit qu'il pourrait vouloir acheter près de chez lui avant même qu'il le commande ! Les plateformes permettent en effet une « *individualisation la plus grande possible du service à destination de l'utilisateur* »[3]. Une jeune pousse (*start-up*), *ContentSquare* (française malgré son nom anglais), en pointe dans son domaine, développe des outils permettant aux entreprises de comprendre ce que font les consommateurs qui visitent leurs sites internet ou leurs applications. Comprendre le cheminement des visiteurs permet d'améliorer la conversion des visites en achat. L'entreprise émet des recommandations à ses clients afin de les aider à améliorer le parcours des consommateurs sur leurs sites.

Des algorithmes ont donc la capacité d'apprendre et de s'améliorer de manière automatique (*machine learning*), dit aussi apprentissage non supervisé (*data clustering, unsupervised learning, unsupervised training*) ; ils anticipent le choix de l'utilisateur en se fondant, non seulement sur son comportement antérieur mais aussi sur les solutions les plus fréquemment adoptées par les autres utilisateurs. Du paradoxe que les plus récentes innovations conduisent à une sorte de mimétisme, pour ne pas dire de conformisme ! Une autre illustration s'en trouve dans la recherche opérationnelle.

411.26 De l'importance du commerce électronique – Au début bilan en demi-teinte. Dans la première édition du présent ouvrage (en 2000), nous écrivions que la vente « en ligne » restera *relativement* limitée pendant un certain temps, du moins avec des consommateurs (mais pas d'entreprise à entreprise), dans des zones géographiques (même vastes), pour les biens matériels (sauf pour les livres et les vêtements), notamment en raison des frais et lenteurs d'expédition comme de la difficulté d'assurer le service après-vente, sans compter des motifs d'ordre psychologique (le succès de *Dell* apporta cependant un démenti à cette affirmation[4]). Le consommateur Français effectuant une commande électronique, par exemple à un fournisseur Japonais ou des États-Unis, est parfois dirigé vers un centre de distribution en France, ou quelque part en Europe. En revanche, cet obstacle n'existe pas pour la fourniture de biens immatériels (pouvant être téléchargés). Néanmoins, pour ceux-ci un obstacle certain résulta pendant plusieurs années de la lenteur du procédé pour ceux qui n'étaient pas abonnés au « haut débit » (mais il est vrai que celui-ci se popularisa rapidement[5]) ; dans ce cas, il fallait par exemple plus de six heures à un internaute européen pour télécharger un film par l'internet !

Pour autant, le commerce électronique a connu rapidement quelques beaux succès commerciaux, notamment dans le domaine de l'informatique. Mais le premier distributeur mondial par l'internet fut longtemps un *épicier* Britannique « en ligne », *Tesco*, avant d'être largement dépassé par *Amazon* (233 milliards de dollars en 2018) et par le champion chinois *Alibaba* (40 milliards d'euros en 2018). Un des plus beaux succès français est *Cdiscount.com*, distributeur de produits d'équipements et de loisirs à bas prix (entre 5 et 10 % moins chers que les concurrents). Cependant, les échecs furent longtemps plus nombreux. Beaucoup de sites disparurent lors de l'effondrement à la fin de l'an 2000 de la « bulle » boursière autour des valeurs dites de la « nouvelle économie », nombre de « jeunes pousses » (*start-up*) n'étant pas devenues des plantes vigoureuses. Il est des « boutiques virtuelles » qui furent maintenues en vie malgré les pertes qu'elles provoquaient, leurs titulaires espérant que le succès viendrait (ce fut souvent le cas) et, en attendant, ils les financèrent partiellement par des « bandeaux » publicitaires. Le pourcentage des sites de commandes « en ligne » rentable fut longtemps peu élevé (la rumeur parlait de 5 %). Les principales enseignes d'hypermarchés[6] ont trouvé le moyen de développer les ventes par internet en créant des entrepôts de livraison spécifiques, où les clients viennent retirer leurs achats (toutes les enseignes pratiquant cette formule emploient, pour la désigner, le mot *drive* accolé à un autre mot ; par exemple *Chrono Drive* chez *Auchan* ou *Express Drive* chez *Leclerc*). Ce système connaît un succès certain.

Pour les entreprises qui ne créent pas leur propre lieu de livraison, *Ocyto* (filiale de *Presstalis*, les anciennes *NMPP*) a conclu, en novembre 2009, un contrat de partenariat avec le groupe *Kialia*, spécialisé dans le service de livraison dans des « relais ». *Kialia* assure la livraison, le retour, l'échange et le paiement contre remboursement de produits achetés par internet en s'appuyant sur un réseau de plusieurs milliers de points relais en France, consti-

1. Pour une définition, v. *supra* s[s] n° 411.41.
2. O. Tesquet, *À la trace. Enquête sur les nouveaux territoires de la surveillance*, Premier parallèle, 2020, réquisitoire contre les ravages de la surveillance numérique.
3. Conseil d'État, *Puissance publique et plateformes numériques : accompagner l'"ubérisation"*, Étude annuelle, Documentation française, juill. 2017, p. 37.
4. V. *supra* s[s] n° 31.05.
5. V. *supra* s[s] n° 011.41.
6. En France : *Auchan, Casino, Intermarché, Leclerc, Système U.*

tués par des commerces de proximités (librairies, dépôt de presse, tabacs, *etc.*).

411.27 D'autres raisons du bilan provisoire en demi-teinte. Une des causes de la déconvenue de certaines sociétés, s'étant hardiment lancées dans le commerce électronique à destination des consommateurs, résulta de défaillances quant à la *logistique* (aux chaînes ou circuits d'approvisionnements : *Supply Chain* [1]). Or, celle-ci est la clé du succès ou de l'échec du commerce électronique pour les biens matériels. Il est révélateur que le premier de la classe, *Tesco*, utilise ses 660 points de vente pour répondre aux commandes de ses acheteurs « en ligne ». L'internet ne dispense pas de la livraison par des professionnels ; or, livrer « *c'est sortir du monde virtuel et retrouver toutes les contraintes du monde réel. Si le temps est parfois raccourci, on ne peut rien contre l'espace* » [2].

Ont sans doute aussi participé à ces résultats en demi-teinte l'insuffisance des études de marché de ceux qui se sont lancés dans la vente « en ligne », des stocks trop limités (en concordance avec la méthode des « flux tendus »), des services après-vente défaillants, la lenteur des systèmes, la méconnaissance des réactions des quidams face à l'écran, la crainte de la clientèle quant à la sécurité des paiements [3] et au risque d'être « fichés » (pour beaucoup l'internet restait encore *l'interflou*). Ajoutez à cela que l'internaute consommateur ne réagit pas exactement de la même façon que le client d'une grande surface, et encore moins que celui d'un magasin « de proximité ». De plus, s'il se renseigne volontiers sur le site extranet des entreprises fournissant le bien qu'il convoite ou le service qu'il attend, il tient encore parfois à s'adresser à une personne physique pour conclure un contrat important, tel l'achat d'une voiture ou la commande d'un système informatique complexe et complet. Dans ce cas, le site a seulement préparé et sans doute facilité la conclusion de l'affaire, mais rien de plus. Pour un produit de luxe, le client souhaite le voir, le toucher (vêtements), le sentir (parfum), *etc.* Au demeurant, l'objectif des fabricants de produits de luxe n'est pas tant de vendre beaucoup (ce que permet un site sur la toile) que de vendre cher (dans une boutique sélectionnée sur le fondement de critères qualitatifs).

Le règlement 2018/302 [4], applicable depuis le 3 décembre 2018, vise à contrer le blocage géographique injustifié et d'autres formes de discrimination fondée sur la nationalité, le lieu de résidence ou le lieu d'établissement des clients dans le marché intérieur [5].

411.28 De l'importance du commerce électronique – Perspectives optimistes. Néanmoins, l'importance du commerce électronique envers les consommateurs s'est considérablement accrue, du fait notamment que les sociétés de vente par correspondance (par catalogue) s'y adonnent ; or, elles disposent d'une longue expérience et d'une logistique rodée. Le phénomène fut renforcé lorsque les grandes enseignes de distribution s'y lancèrent à leur tour [6], ainsi que des chaînes spécialisées telles la *Fnac* ; même si elles n'avaient pas l'expérience de la vente à distance, leur puissance d'achat, la notoriété de leur marque et le nombre (parfois très important) de leurs points de vente (qui peuvent servir de centres pour retirer les objets commandés) les conduisirent au succès et donc à doper le secteur (le site *Fnac.com* est devenu le dixième « magasin » de la marque). En outre, la clientèle jeune, pour laquelle « surfer » dans le monde virtuel de l'internet est comme une seconde nature, prise grandement le commerce électronique, et est une des causes de son succès grandissant, amplifié par la pandémie du covid-19. Enfin, le nombre d'internautes est en hausse continue.

Le commerce électronique entre professionnels (« *Business to Business* » ou « *B2B* ») a connu moins d'à-coups que le commerce électronique à destination des consommateurs (« *Business to Consumer* » ou « *B2C* »). Il a progressé et progresse de façon plus régulière, sinon linéaire, notamment au sein des réseaux de distribution et dans les relations de sous-traitance, sans oublier le rôle des « places de marché » [7]. Cela étant acquis, et en tenant compte du développement attendu du commerce électronique chez les consommateurs, il est probable qu'une large part de l'économie des pays développés s'opérera électroniquement dans un avenir relativement proche (en ne limitant pas le commerce électronique aux ventes, mais en y incluant les services, qui occupent une place grandissante dans ces pays). Apparu quasiment concomitamment à la mondialisation de l'économie, le commerce « en ligne » ne peut que faciliter et accroître celle-ci, d'autant qu'il permet l'accès au

1. SUR CELLE-CI : F.-R. le Tourneau (dir.), *Supply Chain Vision*, Aslog, 2018 – B. Lyonnet, M.-P. Senkel et S. Clamens, *Supply Chain Management*, Dunod, 2019.
2. D. Wolton et O. Jay, *Internet. Petit manuel de survie*, *op. cit.*, p. 111.
3. V. *infra* s[s] n°s 411.61 s.
4. Règl. 2018/302, Parlement et Conseil, 28 févr. 2018 visant à contrer le blocage géographique injustifié et d'autres formes de discrimination fondée sur la nationalité, le lieu de résidence ou le lieu d'établissement des clients dans le marché intérieur et modifiant les règlements (CE) n° 2006/2004 et (UE) 2017/2394 et la directive 2009/22/CE, *JOUE* L 60/1, 2 mars, p. 1.
5. V. *infra* s[s] n° 412.18.
6. Auchan, Carrefour (*Carrefour* s'est associé en 2018 avec *Google* et en Chine avec *Tencent* pour développer son activité en ligne), Casino, Leroy-Merlin…
7. V. *infra* s[s] n° 411.41.

marché mondial des petites et moyennes entreprises qui n'auraient pas pu facilement y pénétrer auparavant. Pour autant, les pays en voie de développement peuvent aussi y trouver des satisfactions. En effet, il donne à leurs entreprises la possibilité de se faire connaître (notamment pour devenir sous-traitant), d'exporter davantage, et d'importer à un coût inférieur que par les procédés habituels. Toutefois, comme il implique d'assez gros investissements, un certain nombre de ces pays, les plus pauvres, risquent de ne pas parvenir à s'intégrer dans le circuit, ce qui pourrait conduire à les écarter encore plus du marché, et par conséquent à creuser davantage l'écart de développement entre les pays.

Le commerce électronique (ou « en ligne ») s'est installé dans les habitudes, et est devenu familier. En 2021, le commerce électronique (avec des consommateurs et entre professionnels) a continué de progresser sensiblement pour atteindre en France un chiffre d'affaires de 130 milliards d'euros (en hausse de 15 % par rapport à 2020, due en partie au « grand confinement » lors de la pandémie du covid-19). Toutefois, cela reste relativement modeste, si l'on songe que le chiffre d'affaires du premier distributeur mondial, l'américain *Walmart*, s'éleva en 2020 à plus de 559,2 milliards de dollars. À la fin 2021 il existait en France 177 000 sites marchands actifs (contre 11 000 au début de 2005 !) ; mais la majorité d'entre eux ont de petits chiffres d'affaires. Pour autant, il est évident que le commerce ne sera jamais intégralement électronique. Aussi l'avenir du commerce sera « multi ou omni canal ». Le succès d'une « boutique virtuelle » dépend largement de la qualité de ses référencements (sur ceux-ci v. *infra* s[s] n°s 43.05 s.), de sa charte graphique (c'est-à-dire de son architecture et de son esthétique), de la rapidité de la livraison et du faible prix de celle-ci. La pandémie du coronavirus (covid-19) en 2020-2022 entraîna une intensification notable des achats en ligne. La Fédération du e-commerce et de la vente à distance (Fevad), créée en 1957, est en France l'organisation représentative du secteur du commerce électronique et de la vente à distance. Elle publie les données statistiques et donne des informations diverses[1].

Le développement du commerce électronique est la cause d'une augmentation substantielle du nombre de contrats (de ventes et de services) qui se nouent chaque jour dans le monde.

411.29 **Sites privatifs des principaux clients.** Certains vendeurs sur la toile mondiale (*World Wide Web*) ont imaginé, pour « fidéliser » leurs principaux clients professionnels et faciliter leurs commandes, de créer des sites internet privatifs pour chacun d'entre eux. La création d'un tel site s'effectue parfois d'office pour les grosses sociétés clientes (c'est le cas chez *Dell*), tandis qu'elle intervient sur demande chez d'autres fabricants (par ex. chez *Compacq* ou *IBM*).

411.30 **Économie collaborative.** Le commerce en ligne est sérieusement concurrencé par l'économie dite *collaborative* ou *de partage* (*crowdfunding*), qui semble bien constituer un parasitisme du marché, dont l'un des exemples français le plus significatif est *Blablacar* (de covoiturage, qui pourrait éventuellement fonctionner par une chaîne de blocs[2] [*blockchain*][3]).

Une remarquable montée en puissance de l'économie collaborative[4] s'opère par les plateformes de mise de relation en ligne[5], qui permettent la mise en relation d'un nombre infini de personnes. Elles recourent éventuellement à des espaces de travail collaboratif, en quelque sorte jumeau numérique du lieu de travail (*digital workplace*), engendrant une rupture avec l'économie traditionnelle. Les activités exercées par le biais des plateformes sont de plus en plus nombreuses et diverses, notamment les sites de réservation d'hôtel ou de restaurant, de livraison de repas, de services de coiffure, de transport, *etc.* Une ordonnance de référé a eu à connaître d'une plateforme de mise de relation en ligne d'expéditeurs et de coursiers pour le transport de lettres ou de colis. Le tribunal fut bien embarrassé et estima que cette activité n'entrait dans aucune des catégories juridiques existantes[6].

En réalité, cette activité relève de qualifications classiques. À retenir la situation ayant donné lieu à l'ordonnance précitée, l'ensemble contractuel comporte quatre personnes : le donneur d'ordre (expéditeur), l'opérateur de la plateforme, le coursier, enfin le destinataire. De prime abord, la qualification de courtier pourrait être retenue pour les rapports donneur d'ordre-plateforme, plateforme-coursier, dans les deux cas le courtier mettant en rapport des personnes entendant contracter. Mais comme un courtier n'engage ni l'un ni l'autre de ses clients, cette qualification semble inappropriée. Il semble plus exact de considérer qu'un contrat de mandat lie tant le donneur d'ordre à l'opérateur que celui-ci au prestataire (coursier), tandis que l'expéditeur et le coursier sont parties à un contrat de transport. En

1. http://www.fevad.com

2. E. Guilhaudis, « Comprendre la *blockchain* à travers l'étude d'un cas pratique : le covoiturage "*blockcar*" », *RLDI* 2017, n° 5134.
3. Sur celle-ci v. *supra* s[s] n° 011.50.
4. SUR l'économie collaborative v. le dossier : *Cah. dr. entr.* 2017/3, n°s 10 à 20.
5. V. *supra* s[s] n°s 011.18 et 411.15.
6. TGI Paris, réf., 12 mai 2016, *CCC* 2016, n° 61, obs. G. Loiseau.

revanche, de nombreuses plateformes semblent bien relever du courtage[1], dont celles de financement participatif[2]. Quant à la responsabilité délictuelle, la jurisprudence relative à la responsabilité du contractant à l'égard des tiers s'appliquera (puisque « *le tiers à un contrat peut invoquer, sur le fondement de la responsabilité délictuelle, un manquement contractuel dès lors que ce manquement lui a causé un dommage* »[3]). Et à celle des plateformes la loi n° 2004-575 du 21 juin 2004, « *pour la confiance dans l'économie numérique* », dite LCEN[4], pourra, le cas échéant, être invoquée, à défaut des articles 1240 et suivants du code civil.

411.31 Opérateur de plateforme en ligne – Informations à leur charge. La qualification d'opérateur de plateforme en ligne[5] est déterminée légalement, tant par l'article 242 *bis* du code général des impôts[6] que par l'article L. 111-7[7], I, du code de la consommation (réd. L. n° 2016-1321 du 7 oct. 2016[8], « *pour une République numérique* »[9]). Tout opérateur de plateforme en ligne est tenu de délivrer au consommateur « *une information loyale, claire et transparente* » sur un certain nombre d'éléments[10] (l'art. 242 *bis* du CGI prescrit la même obligation dans les mêmes termes). Les deux piliers du droit des plateformes sont la loyauté et la transparence[11]. Le décret n° 2017-1434 du 29 septembre 2017[12] détermine le contenu, les modalités et les conditions d'application de l'article 111-7, précité. Les obligations d'information mises à la charge des opérateurs de plateformes numériques tiennent compte de la nature de leur activité, selon qu'ils contribuent à la mise en relation de plusieurs parties (plateformes collaboratives, places de marché [*marketplaces*]...) ou qu'ils se contentent de classer ou de référencer des contenus, des biens ou des services proposés ou mis en ligne par des tiers (moteurs de recherche). De plus, ce décret reprend les obligations d'information applicables aux sites comparateurs en ligne. Enfin, il fixe également les modalités de présentation des informations que doivent communiquer les opérateurs de plateformes en ligne.

Un autre décret du même jour (n° 2017-1435[13]), entré en vigueur le 1er janvier 2019, fixe le seuil de connexions à partir duquel les opérateurs de plateformes en ligne élaborent et diffusent des bonnes pratiques pour renforcer la loyauté, la clarté et la transparence des informations transmises aux consommateurs. Il précise les critères à partir desquels ce seuil est apprécié. Un 3e décret du même jour (n° 2017-1436[14]), lui aussi entré en vigueur à la même date, détermine le contenu et les modalités d'application des informations prévues par l'article L. 111-7-2 du code de la consommation qui impose une information loyale, claire et transparente sur les modalités de publication et de traitement des avis en ligne à toute personne physique ou morale dont l'activité consiste, à titre principal ou accessoire, à collecter, à modérer ou à diffuser des avis en ligne provenant de consommateurs. Il définit la notion d'avis en ligne, énumère les informations relatives aux modalités de fonctionnement du service d'avis en ligne et aux procédures de contrôle des avis qui doivent figurer dans une rubrique spécifique et

1. K. Magnier-Merran, « La "plate-formologie" ou l'art de se dégager de l'essentiel : Aspects contractuels du *crowdfunding* », *AJ contrat* 2017. Dossier 421 – D. Houtcieff, « Les plateformes au défi des qualifications », dans X. Delpech (dir.), *L'émergence d'un droit des plateformes*, Dalloz, « Thèmes et commentaires », 2021, p. 51 s., spéc. nos 18-19.
2. É. A. Caprioli (dir.), *Banque et assurance digitales. Droit et pratiques*, préf. M. Roussille, RD éd., 2017, nos 881 s.
3. Cass., ass. plén., 6 oct. 2006, n° 05-13.255, *Myr'ho*, P, n° 9 ; *D.* 2006. 2825, note G. Viney ; *D.* 2006. IR 1870, obs. I. Gallmeister ; *JCP* 2006. II. 10181, avis A. Gariazzo, note M. Billiau ; *JCP E* 2007. 1000, note F. Auque ; *RTD civ.* 2007. 123, obs. P. Jourdain – Civ. 1re, 19 sept. 2018, n° 16-20.164, P I, n° 156 ; *AJ Contrats* 2018. 480, obs. B. Néraudau et P. Guillot – Cass., ass. plén., 13 janv. 2020, n° 17-19.963, P ; *JCP G* 2020. Doctr. 210, n° 6, obs. G. Virassamy ; *AJ contrat* 2020. 80, obs. M. Latina ; *D.* 2020. 416, note J.-S. Borghetti ; *LPA* 26 mars 2020. 13, note G. Trédez – SUR CES ARRÊTS : Ph. le Tourneau (dir.), *Droit de la responsabilité et des contrats. Régimes d'indemnisation*, 12e éd., « Dalloz action », 2020, nos 3213.171 s.
4. Sur celle-ci, v. *infra* nos 422.32 s.
5. Sur les plateformes : X. Delpech (dir.), *L'émergence d'un droit des plateformes, op. cit.* – La commission générale de terminologie a choisi d'écrire le mot plateforme en un seul mot, sans tiret (*JO* 18 avr. 2001, annexe p. 42025) – Sur la qualification : D. Houtcieff, « Les plateformes au défi des qualifications », art. préc., p. 51 s.
6. Imposant aux opérateurs de plateformes diverses obligations d'information.
7. C. consom., art. L. 111-7 ; mod. par L. n° 2016-1321, 7 oct. 2016, art. 49.
8. L. n° 2016-1321, 7 oct. 2016 pour une république numérique, *JO* 8 oct., n° 1.
9. F. Bouguettaya, « Loi "pour une République numérique" : quel impact pour l'e.commerce ? », *RLDI* 2017. Ét. 4934.
10. C. consom., art. L. 111-7, II – POUR UN COMMENTAIRE : G. Loiseau, *CCÉ* 2016, n° 91. – G. Brunaux, « L'information due par les plateformes de consommation collaborative quant aux voies de recours relevant du droit civil », *CCC* 2020. Formule 2.
11. X. Delpech, « La loyauté et la transparence, les deux piliers du droit des plateformes », *AJ Contrat* 2020. 301.
12. Décr. n° 2017-1434, 29 sept. 2017, relatif aux obligations d'information des opérateurs de plateformes numériques, *JO* 5 oct., n° 22.
13. Décr. n° 2017-1435, 29 sept. 2017, relatif à la fixation d'un seuil de connexions à partir duquel les opérateurs de plateformes en ligne élaborent et diffusent des bonnes pratiques pour renforcer la loyauté, la clarté et la transparence des informations transmises aux consommateurs, *JO* 5 oct., n° 23.
14. Décr. n° 2017-1436, 29 sept. 2017, relatif aux obligations d'information relatives aux avis en ligne de consommateurs, *JO* 5 oct., n° 24.

précise les informations devant figurer à proximité de l'avis, ainsi que les modalités dans lesquelles le consommateur est informé du refus de la publication de son avis. L'objectif est notamment de prévenir la pratique des « faux avis » et des « avis de complaisance ».

Un règlement 2019/1150[1] est relatif aux relations entre les plateformes et les entreprises utilisatrices des services d'intermédiation en ligne (*Platform to Business* ou P2B). Applicable le 12 juillet 2020, il promeut « *l'équité et la transparence pour les entreprises utilisatrices de services d'intermédiation en ligne* ». Son objectif est de rééquilibrer les relations entre les plateformes et les entreprises qui les utilisent pour élargir leurs débouchés. Certaines des mesures qu'il énumère dans cette perspective concernent les conditions générales d'utilisation[2], en assurant une meilleure lisibilité de celles-ci et une plus grande transparence dans le fonctionnement de la plateforme (en particulier en cas de suspension ou de résiliation de l'accès de l'entreprise aux services fournis par la plateforme, mais aussi en cas de déclassement dans le référencement). D'autres dispositions visent à faciliter le règlement des différends entre l'entreprise utilisatrice et la plateforme[3]. La mise en place d'un système interne de traitement des plaintes est requis des plateformes (hormis les plus petites), tandis que la médiation est encouragée et encadrée[4]. Si l'entreprise insatisfaite peut préférer emprunter la voie judiciaire, le règlement promeut aussi des actions exercées par des organisations, associations ou organismes publics, dans l'intérêt collectif, prenant ainsi en compte le fait que les clauses de compétence et de loi applicable pourraient l'en dissuader.

En matière d'hébergement, l'article L. 324-2-1 du code du tourisme charge l'intermédiaire d'une obligation spécifique d'information envers le loueur.

La loi n° 2022-309 du 3 mars 2022[5] impose aux opérateurs de plateformes en ligne destinées au grand public de réaliser un « audit de cybersécurité », dont les résultats sont présentés au consommateur, par une certification de cybersécurité, sous la forme d'un « cyberscore », afin que les internautes puissent évaluer la sécurité de leurs données sur les sites et réseaux sociaux qu'ils fréquentent (C. consom., art. L. 111-7-3).

Renvois. Sur la responsabilité sociale des plateformes[6] v. *supra* s^s^ n° 011.18 ; sur la protection des données personnelles par les plateformes en ligne v. *supra* s^s^ n° 011.22 ; sur les travailleurs des plateformes en ligne v. *supra* s^s^ n° 011.24.

SECTION 2
VENTE EN LIGNE

411.41 Cocontractants divers du commerce électronique, dont les « places de marché ». Lorsqu'un contrat de vente (ou de prestation de service) est conclu « en ligne » entre une entreprise et un consommateur, les anglophones le désigne par la formule ramassée de « *B to C* » (ou *B2C*), soit « *Business to Consumer* ». Le consommateur visé peut être indifférencié, ou bien « ciblé » (les sportifs, les jeunes mères, le troisième âge, *etc.*). Pour le commerce avec des particuliers, l'offrant crée sur son site une « boutique virtuelle », dont une partie essentielle est le catalogue, attractif, avec des liens simples et rapides. Les transactions entre particuliers, « *C to C* » (ou *C2C*), pour « *Consumer to Consumer* », a connu un grand développement, qui ne cesse de s'accroître. Bien qu'aucun des protagonistes n'agisse en tant que professionnel, elles relèvent du commerce électronique en raison de la définition légale[7] de celui-ci[8]. Mais quant à la nature du contrat, la qualification repose sur le caractère dissociable de l'opération d'achat et de vente : lorsque le bien n'a pas été acheté avec l'intention d'être revendu, la vente est civile ; elle est en revanche commerciale lorsque les deux opérations sont liées l'une à l'autre[9]. Si le contrat est conclu entre entreprises, voici le « *B to B* » (ou *B2B*), pour « *Business to Business* » (nous nous demandions dans la 1re éd. de *Responsabilité des vendeurs et fabricants*[10], s'il ne s'agissait pas là d'un avatar de « *to be or not to be ?* »).

Sont apparus ensuite des sites nouveaux, qui ont été appelés, d'une expression ambiguë, les « places

1. Règl. 2019/1150, Parlement et Conseil, 20 juin 2019, promouvant l'équité et la transparence pour les entreprises utilisatrices de services d'intermédiation en ligne, *JOUE* L 186, 11 juill., p. 57 – G. Loiseau, « Le règlement *Plateform to Business* », *CCÉ* 2020. Ét. 13 – F. Viangalli, « Le règlement européen du 20 juin 2019 sur les services d'intermédiation en ligne : de la loyauté commerciale à la transparence algorithmique », *RLDI* 2020. Ét. 5972 – D'une façon plus générale : G. Loiseau, « La protection contractuelle des travailleurs de plateformes », *D.* 2021. Chron. 147.
2. Règl. 2019/1150, Parlement et Conseil, 20 juin 2019, art. 3 à 10.
3. Règl. 2019/1150, Parlement et Conseil, 20 juin 2019, art. 11 à 14.
4. Règl. 2019/1150, Parlement et Conseil, 20 juin 2019, art. 11 à 13.
5. L. n° 2022-309, 3 mars 2022, *JO* 4 mars, texte 1.
6. C. trav., art. L. 7342-1 s. ; créés par L. n° 2016-1088, 8 août 2016, art. 60, loi dite El Khomri.
7. V. *supra* s^s^ n° 411.21.
8. L. 2004-575, 21 juin 2004, art. 14.
9. L. Paulet, « De la nature juridique des opérations de vente réalisées en ligne par des particuliers », *LPA* 12 mars 2020, p. 6.
10. Ph. le Tourneau, *Responsabilité des vendeurs et fabricants*, 1re éd., « Dalloz référence », 2000.

de marché » (*marketplaces*) ou « places de marché électroniques » (*digital marketplaces*[1]), voire encore plateforme (sous-entendu de ventes ou de services[2]).

L'ordonnance n° 2021-1734 du 22 décembre 2021[3] inséra dans l'article liminaire du code de la consommation une définition des places de marché en ligne : « *un service utilisant un logiciel, y compris un site internet, une partie de site internet ou une application, exploité par un professionnel ou pour son compte, qui permet aux consommateurs de conclure des contrats à distance avec d'autres professionnels ou consommateurs* ». Selon le même texte est opérateur de place de marché en ligne « *tout professionnel qui fournit une place de marché en ligne aux consommateurs, au sens du 2° du I de l'article L. 111-7* ». À l'origine, les places de marché ne concernaient que des entreprises. Une « place de marché » (*market place*) est soit fermée (les praticiens disent plutôt « privée »), assurant la connexion entre une entreprise avec ses fournisseurs ou avec ses clients (professionnels), y compris un franchiseur avec ses franchisés. La « place de marché » peut aussi être ouverte (les praticiens disent plutôt « publique ») – c'est celle-ci qui est originale – ; elle met en présence plusieurs fournisseurs (ou prestataires de services) et plusieurs clients professionnels, créant donc une concurrence plus vive et une transparence accrue, tout en permettant un appréciable gain de temps. La « place » sert aux appels d'offres, aux contrats « en ligne », achats et ventes assurément, mais aussi prestations de services (notamment informatiques). Elle est également utilisée pour des échanges, des « tableaux de choix » (permettant au client de « configurer » son produit à l'aide d'un « menu » dynamique), *etc.* La procédure de la « place de marché » est parfois aux enchères « inversées »[4]. Ce qui caractérise le plus les places de marché est sans doute l'accent mis sur la *coopération* entre les acheteurs et les fournisseurs, plutôt que sur des rapports fondés uniquement sur la contemplation des prix. À cet égard, elles se distinguent des centrales d'achat. Certaines « places de marché » sont contrôlées par les acheteurs. D'autres émanent des fournisseurs[5]. Plusieurs places de marché sont dédiées aux prestations informatiques[6]. D'autres sont des plateformes de négociation dans le domaine financier (marchés réglementés, *Multilateral Trading Facilities, Organised Trading Facilities*), qui ont donné naissance à de nouveaux intermédiaires, les prestataires[7] de services de communication de données[8], sous-entendu de données de marché (*market data*). Ils sont régis par le code monétaire et financier[9] (depuis ord. n° 2016-827 du 23 juin 2016[10], complétée par les décr. n° 2017-1253 du 9 août 2017[11] et n° 2017-1324 du 6 sept. 2017[12]).

Certaines places de marché permettent la rencontre des fournisseurs et des consommateurs ; elles ont connu un grand développement. En France, les quatre premiers sites du commerce électronique sont de telles places : *Amazon* (20 % du marché en France), *Cdiscount* (du groupe *Casino*), *Fnac Darty* et *eBay*. Face au consommateur très informé et qui n'est plus attaché à une enseigne ou à une marque, la variété de l'offre est un impératif, que permettent les places de marché. Lors de la pandémie du covid-19 en 2020-2022, les places de marché sont apparues comme la bouée de sauvetage pour les commerçants et les PME ; en s'insérant sur une place de marché généraliste (comme *Amazon, Cdiscount* et *eBay*), qui permettent aussi de s'ouvrir à l'international, ou spécialisée (dont la *FNAC* pour les produits culturels, *ManoMano* « licorne » française pour le bricolage, *Pourdebon* quant à la gastronomie, *La Redoute* pour l'habillement et la décoration, *StockPro* pour le réemploi de matériaux neufs de chantier). Pour avoir leur vitrine dans ces véritables centres commerciaux virtuels, les vendeurs payent à l'hébergeur un abonnement mensuel ainsi qu'une commission sur les transactions réalisées (entre 8 % et 18 %). Les places de marché jouent en quelque sorte sur la toile le rôle des galeries marchandes ou des centres commerciaux dans le monde physique. Un de leurs atouts majeurs est la souplesse (*flexibility*), leur permettant de proposer rapidement de nouvelles variétés de produits, cela sans avoir à gérer ni financer de stocks. Un tiers des internautes Français ont déjà acheté sur une place de marché. Celles-ci

1. SUR CETTE NOTION : H. d'Hondt et Ph. Nieuwbourg, *Places de marché sur internet…, op. cit.*
2. V. *supra* s^s n°s 411.15 et 411.30 s.
3. Transposant dir. 2019/2161, Parlement européen et Conseil, du 27 nov. 2019, relative à une meilleure application et une modernisation des règles de l'Union en matière de protection des consommateurs.
4. Sur celles-ci v. *supra* s^s n° 411.13.
5. EX. : *MetalSite* dans la sidérurgie.
6. PAR EX. : *Client4You, HiTechPros, Pros2Pros, Web-profils…*
7. S. Neuville, « Les prestataires de services de communication de données. Les professionnels de la transparence post-négociation », dans Association européenne de droit bancaire et financier (dir.), *Mélanges VII*, Revue Banque Éd., 2018, p. 1 s.
8. C. mon. fin., art. L. 323-1 ; créé par ord. n° 2016-827, 23 juin 2016, art. 2.
9. C. mon. fin., art. L. 549-1 s.
10. Ord. n° 2016-827, 23 juin 2016, relative aux marchés d'instruments financiers, *JO* 24 juin, texte 17.
11. Décr. n° 2017-1253, 9 août 2017, relatif aux marchés d'instruments financiers et à la séparation du régime juridique des sociétés de gestion de portefeuille de celui des entreprises d'investissement, *JO* 10 août, texte 28.
12. Décr. n° 2017-1324, 6 sept. 2017, relatif aux marchés d'instruments financiers et à la séparation du régime juridique des sociétés de gestion de portefeuille de celui des entreprises d'investissement, *JO* 8 sept., texte 23.

ont connu en France une croissance du volume d'affaires de 27 % en 2020.

Si à l'origine les places de marché ne concernaient que des entreprises, elles furent ensuite utilisées par des particuliers entre eux (*C to C*) de deux façons [1]. D'une part, au service de l'économie dite collaborative ou de partage [2] ; ces places mettent en relation des particuliers qui échangent des biens, qui se prêtent des services ou qui donnent des choses (dans ce domaine les places de marché sont nommées en anglais *marketplace lending* [3]). D'autre part, elles sont employées par des individus souhaitant louer ou vendre des biens (tant mobiliers qu'immobiliers) ou dispenser des services à d'autres particuliers. Le régime juridique applicable est celui des contrats en cause (vente, louage, entreprise), à l'exclusion du Droit de la consommation.

Chaque innovation génère l'apparition d'un nouveau métier. Ainsi, une jeune pousse (*start-up*) fut créée en France en 2012, *Mirakl*, pour fournir les solutions techniques permettant de fonder des places de marché clés en mains. Elle s'imposa rapidement comme le leader mondial en ce domaine. Une autre plateforme française, devenue une « licorne », *Ankorstore*, se charge de référencer des fournisseurs pour les commerçants indépendants souhaitant commercer en ligne.

Tout contrat conclu électroniquement par le biais d'une place de marché est régi par la loi n° 2004-575 du 21 juin 2004 [4], « *pour la confiance dans l'économie numérique* » [5]. Le préalable nécessaire au commerce électronique est la fourniture d'accès [6].

411.42 Du régime juridique des places de marché. L'exploitant d'une place de marché « *B to C* » doit évidemment respecter tant le Droit de la consommation que le Droit commun [7], et ainsi, notamment, ne pas rompre brusquement les relations commerciales établies le liant à un utilisateur du site [8], dont traite l'article L. 442-1, II, du code de commerce [9]. L'interdiction *per se* de vendre sur les places de marché en ligne ne semble pas pouvoir bénéficier d'une exemption en vertu de l'article 101, § 3, du TFUE [10]. Un arrêt a considéré que l'interdiction de principe faite aux membres d'un réseau de distribution sélective de commercialiser des produits contractuels sur les plateformes en ligne est susceptible de constituer, sauf justification objective, une restriction de concurrence caractérisée [11].

Selon l'article 9, paragraphe 2, sous b), du règlement (CE) n° 207/2009 du Conseil, du 26 février 2009, sur la marque, et l'article 9, paragraphe 3, sous b), du règlement (UE) 2017/1001 du Parlement européen et du Conseil, du 14 juin 2017, sur la marque, une personne qui entrepose pour un tiers des produits portant atteinte à un droit de marque, sans avoir connaissance de cette atteinte, doit être considérée comme ne détenant pas ces produits aux fins de leur offre ou de leur mise dans le commerce, au sens de ces dispositions, dès lors que cette personne ne poursuit pas elle-même ces finalités [12].

Cela étant, il n'existait pas de régime juridique spécifique à cette activité. Cependant, la situation a changé avec la transposition de la directive 2015/2366 [13], seconde directive sur les services de paiement dans le marché intérieur, dite DSP 2 [14], par l'ordonnance n° 2017-1252 du 9 août 2017 [15], intégrée au

1. L. Godefroy, « Vers une régulation juridique des places de marché de commerce en ligne entre particuliers », chron. préc.
2. V. *supra* s^s n° 011.18.
3. SUR ces places : A.-V. Le Fur, « Les nouveaux services de crédit alternatif : la pratique du *peer to peer lending* ou l'ubérisation du crédit », *RD banc. fin.* 2017. Dossier 7.
4. L. n° 2004-575, 21 juin 2004, pour la confiance dans l'économie numérique, *JO* 22 juin, p. 11168.
5. V. *infra* s^s n° 412.14.
6. Sur celle-ci v. *infra* s^s n°s 421.11 s.
7. DÉJÀ : v. *supra* s^s n°s 412.11 s.
8. T. com. Paris, 1re ch., 13 sept. 2011, *Dimitech c/Pixmania, CCÉ* 2011, n° 103, obs. A. Debet : condamnation de la plateforme *Pixmania* pour rupture brutale du contrat, la condamnant à indemniser le vendeur de la perte de ses marges et de la perte d'une chance d'obtenir des fonds supplémentaires (évaluée à 1 million d'euros).
9. Sur cette disposition v. *supra* s^s n° 312.155 – Sur la question de l'utilisation des marques sur les places de marché et de leur responsabilité, dépendant de leur rôle actif ou passif v. *infra* s^s n° 422.42.
10. Sur cet art. v. *supra* s^s n° 422.42 – TFUE, 101 [TCE-A, 81 ; TCE 85] – I. Pingel (dir.), *De Rome à Lisbonne. Commentaire article par article des traités UE et CE*, 2e éd., Helbing-Lichtenhahn-Dalloz-Bruylant, 2010, p. 695 – C. Brel, « Les plateformes électroniques et la vente de produits bénéficiant d'une distribution sélective », art. préc.
11. Paris, pôle 1, ch. 3, 2 févr. 2016, RG n° 15/01542, *AJCA* 2016. 210, obs. M. Ponsard ; *CCC* 2016, n° 92, obs. M. Malaurie-Vignal, CRIT. ; *RJDA* 2016, n° 524 – D. Tsiaklagkanou, « Un réseau de distribution sélective peut-il renoncer aux ventes effectuées par ses distributeurs agréés via une plateforme tierce ? », *RLDI* 2016. Doctr. 4037 – C. Grynfogel, « Distribution en ligne et droit de la concurrence : état des lieux (2e partie) », *RJDA* 2017. Doctr. 443.
12. CJUE, 5e ch., 2 avr. 2020, C-567/18, *D.* 2020. 1599, note A. Mendoza-Caminade ; *Dalloz IP/IT* 2020. 444, obs. C. Maréchal Pollaud-Dulian ; *RTD civ.* 2020. 910, obs. P.-Y. Gautier.
13. Dir. 2015/2366, Parlement et Conseil, 25 nov. 2015 concernant les services de paiement dans le marché intérieur, modifiant les directives 2002/65/CE 2009/110/CE et 2013/36/UE et le règlement (UE) n° 1093/2010, et abrogeant la directive 2007/64/CE, *JOUE* L 337, 23 déc., p. 35.
14. T. Verbiest et E. Corcos, « Services de paiement. La directive révisée sur les services de paiement (DSP 2) », *RD bancaire et fin* 2016. Ét. 17.
15. Ord. n° 2017-1252, 9 août 2017 portant transposition de la directive 2015/2366 du parlement européen et du conseil du 25 novembre 2015 concernant les services de paiement dans le marché intérieur, *JO* 10 août, n° 26 – SUR LAQUELLE : D. Legeais, *RTD com.* 2017. 959.

code monétaire et financier. Son objectif est de mieux les contrôler ces places, et de mettre fin à l'indétermination de leur régime juridique sous la DSP 1 qui a été longtemps source d'incertitudes [1]. Les places de marché pourront demander une exemption (dans des cas très limités [2]), sinon elles seront obligées de choisir, soit le statut de prestataire de services de paiement (au sens du C. mon. fin., art. L. 522-1), soit, dans une moindre mesure, celui d'agent de prestataire de services de paiement (au sens du C. mon. fin., art. L. 523-1) [3], à l'exclusion de celui d'agent commercial [4]. Cette option est assortie de nouvelles contraintes, tant en termes de conformité, de logistique que de coût. Si un franchiseur exploite une place de marché il semble que les activités pour lesquelles il encaisse des prestations pour le compte de ses franchisés seront soumises à la DSP 2.

411.43 Des entrepôts nécessités par la vente en ligne. Le développement fulgurant de la vente en ligne a entraîné une croissance importante des entrepôts logistiques (*fulfillment centers*). Certains vendeurs ont leurs propres entrepôts, comme *Amazon*. Mais beaucoup d'autres sous-traitent cette fonction à des sociétés spécialisées. Les prestataires en logistique (généralement implantés près d'une autoroute), ont vu leur activité croître à vive allure. Certains se chargent de transporter les biens vendus, en plus de les entreposer et de les expédier. Les entrepôts sont de plus en plus équipés de système de « convoyage », apportant les produits commandés au préparateur des commandes qui les empaquettent et les expédient. Dans un avenir proche ces opérations seront sans doute effectuées par des robots.

411.44 De l'éventuelle coexistence de la vente en ligne avec des établissements physiques. Certains producteurs, fabricants ou importateurs, recourent à une pluralité de modes de vente, tant la vente en ligne que la vente hors ligne (*click and mortar*), donc dans des établissements physiques. Mieux, certains d'entre eux excluent même les *pure players* (distributeurs « tout en ligne »), voulant que la clientèle puisse venir voir les produits (notamment de grand luxe ou de haute technicité) dans un local de qualité, dans lesquels un spécialiste peut répondre à leurs questions [5]. Cela, notamment, afin de permettre avant la vente de prodiguer des conseils idoines (mais ils pourraient souvent être dispensés par internet dès lors que des conseillers compétents sont de permanence pour répondre instantanément aux questions) ; aussi que le client puisse tester le produit (ne serait-ce que sentir un parfum, ce qui est impossible en ligne) ; ou d'assurer un service après-vente efficace pour les produits techniques. La vente par internet (qui, en principe, ne peut pas être interdite [6]), n'intervenant alors que comme complément. La tendance serait à l'ouverture de boutiques par les commerçants en ligne [7].

411.45 Ventes électroniques dans le domaine de l'informatique. La question à propos des biens immatériels. Les pionniers *des ventes électroniques* ont été bien naturellement les intervenants de l'informatique, fournisseurs et clients professionnels : Les commandes par ce moyen sont maintenant courantes, notamment sur certains sites spécialisés (comme www.rue ducommerce.fr). Le procédé est particulièrement commode pour les biens *incorporels*, notamment les progiciels (et, en dehors de l'informatique, des produits multimédias, des informations, des fichiers de toutes sortes, *etc.*). Ces créations, qui sont des biens juridiques et des valeurs économiques, peuvent être facilement « téléchargés » (ou, pour les informations et bases de données, le cas échéant seulement consultées, sans aucun transfert du bien). Mais la qualification de vente est incertaine [8]. À cet égard, peu importe : Il suffit alors d'employer, plutôt que le mot de vente, l'expression plus neutre de commerce électronique. Il n'existe donc en l'espèce aucun déplacement de quiconque ou de quelque bien matériel. Pour un progiciel la procédure habituelle est la suivante : Le client potentiel se connecte au site internet du fournisseur, où il répond sur l'écran à un questionnaire ; la possibilité de tester pendant un ou deux mois le progiciel (protégé) lui est alors proposée ; si le client décide de conclure le contrat au terme de cette période, il reçoit (après paiement) une « clé » débloquant les licences, et un mot de passe lui permettant de télécharger le produit définitif à une adresse virtuelle.

411.46 Interdiction des ventes liées. Le code de la consommation interdit de subordonner la vente à un consommateur d'un produit à l'achat concomitant d'un autre produit ou à la commande d'un service (C. consom., art. L. 121-11, qui interdit aussi le refus de vendre à un consommateur, sauf motif légitime). Un jugement a appliqué ce texte à la fourniture en ligne de fichiers impliquant l'achat

1. A. Maymont, « Les *marketplaces*. De l'incertitude du statut juridique au choix contraignant d'un statut », Ét. préc., 1re partie.
2. A. Maymont, « Les *marketplaces*. De l'incertitude du statut juridique au choix contraignant d'un statut », Ét. préc., no 11.
3. A. Maymont, « Les *marketplaces*. De l'incertitude du statut juridique au choix contraignant d'un statut », Ét. préc., 2e partie.
4. Dir. 2015/2366, Parlement et Conseil, 25 nov. 2015, art. 3, b.
5. Sur la question à propos des réseaux de distribution v. *supra* ss no 312.15.
6. V. *supra* ss no 312.11.
7. *Le Figaro,* 16 nov. 2016, p. 26.
8. Pour les progiciels v. *supra* ss no 222.23.

d'un appareil déterminé (un baladeur), sans lequel ils ne pouvaient être lus [1]. La solution semble sévère en l'espèce, dans la mesure où le fournisseur de fichiers et celui de l'appareil étaient juridiquement indépendants [2]. Il n'est pas certain que l'interdiction des ventes liées soit encore conforme au Droit d'origine communautaire [3].

411.47 Ventes électroniques de matériel informatique. La vente « en ligne » de matériel informatique existe aussi, mais n'est guère différente des autres ventes à distance, du moins quant à son exécution (supposant une livraison), sa formation possédant une certaine spécificité (mais fort ténue par rapport aux contrats conclus par minitel, qui avaient connu un vif succès [4], plaçant au début la France en avance à cet égard, y compris par rapport aux États-Unis). La vente de matériel informatique sur la toile (*Web*) continue de se développer, qu'elle soit le fait de fabricants ou de distributeurs, concessionnaires et franchisés, mais aussi d'indépendants. Il est probable que l'acheteur pourra de plus en plus commander sur des sites de constructeurs des ordinateurs « sur mesure », en quelque sorte à la carte (c'est déjà le cas chez *Dell*).

411.48 Distribution de voitures par internet. Le règlement 461/2010 [5], relatif à l'application de l'article 101 [6], § 3, du traité de fonctionnement de l'Union européenne [TFUE], à des catégories d'accords verticaux et de pratiques concertées dans le secteur automobile, comporte des dispositions relatives au commerce électronique. Aucun distributeur, satisfaisant aux critères du constructeur, ne peut faire l'objet de restrictions quant à sa capacité de vendre en ligne ou d'utiliser un site « d'aiguillage » sur la toile [7].

411.49 Témoins de connexion (*cookies*). Les témoins de connexion (ou *cookies*) sont des enregistrements d'informations par le serveur, dans un fichier de texte situé sur l'ordinateur du client, que ce serveur peut ultérieurement relire et modifier [8]. Ils servent notamment à collecter des données relatives aux clients, afin de leur proposer des offres personnalisées en fonction de leurs préférences. Ils présentent aussi l'avantage, cette fois pour le client, de lui faciliter l'accès aux sites et la navigation. L'utilisateur de l'ordinateur sur lequel ont été placés des témoins de connexion en est parfois averti, avec la faculté de s'y opposer, et dans ce cas cette pratique ne suscite aucune objection. Mais les témoins de connexion sont souvent installés subrepticement, à l'insu du titulaire de l'appareil ; cette façon de procéder, très contestable, constitue généralement une violation de la vie privée. L'article 2 [9] de la loi n° 78-17 du 6 janvier 1978 [10], dite *Informatique et Libertés*, modifiée à plusieurs reprises dont en dernier lieu par la loi n° 2018-493 du 20 juin 2018 [11] encadre strictement cette pratique, afin de protéger les personnes physiques à l'égard des traitements de données à caractère personnel. Tout abonné ou utilisateur d'un service de communications électroniques doit être informé de manière claire et complète, de la finalité de toute action tendant à accéder, par voie de transmission électronique, à des informations déjà stockées dans son équipement terminal de communications électroniques, ou à inscrire des informations dans cet équipement ainsi que des moyens dont il dispose pour s'y opposer. Ces accès ou inscriptions ne peuvent avoir lieu qu'à condition que l'abonné ou la personne utilisatrice ait exprimé, après avoir reçu cette information, son accord qui peut résulter de paramètres appropriés de son dispositif de connexion ou de tout autre dispositif placé sous son contrôle [12].

411.50 Abonnements dans le commerce électronique. Depuis peu, un des moteurs du commerce électronique, singulièrement de la vente en ligne, est l'abonnement, qui est en pleine croissance. Les offres des opérateurs proposant de tels abonnements donnent notamment accès à la livraison très rapide, gratuite et illimitée, en contrepartie d'un forfait assez faible, dont le but est de créer chez l'internaute le réflexe pavlovien d'acheter, au début pour amortir

1. TGI Nanterre, 15 déc. 2006, *UFC c/Sony, D.* 2007. AJ 219, obs. C. Manara ; *CCC* 2007, n° 76, obs. G. Raymond ; *CCE* 2007, n° 64, obs. É. A. Caprioli.
2. Sur les ventes liées v. aussi *supra* s[s] n° 211.14, à propos de la vente d'ordinateurs comprenant les logiciels *Microsoft.*
3. V. *supra* s[s] n° 211.14.
4. Son apogée fut atteint en 2005, avec 5 millions d'utilisateurs, et 25 000 services disponibles. Le minitel a cessé de fonctionner le 30 juin 2012.
5. Règl. 461/2010, Commission, 27 mai 2010, concernant l'application de l'art.101, § 3, du traité sur le fonctionnement de l'Union européenne à des catégories d'accords verticaux et de pratiques concertées dans le secteur automobile, *JOUE* L 129, 28 mai, p. 52. Il s'appliquera jusqu'au 31 mai 2023.
6. TFUE, 101 [TCE-A, 81 ; TCE 85] – I. Pingel (dir.), *De Rome à Lisbonne, commentaire article par article des traités UE et CE,* 2e éd., Helbing-Lichtenhahn-Dalloz-Bruylant, 2010, p. 695.
7. Sur la conciliation de la distribution sélective et du commerce électronique v. *supra* s[s] n°s 312.11 s., et sur le fonds de commerce électronique *supra* s[s] n° 411.24.
8. É. A. Caprioli (dir.), *Banque et assurance digitales. Droit et pratiques*, préf. M. Roussille, RD éd., 2017, n°s 145 s.
9. L. n° 78-17, 6 janv. 1978, art. 2 ; mod. par ord. n° 2018-1125, 12 déc. 2018, art. 1er.
10. L. n° 78-17, 6 janv. 1978, relative à l'informatique, aux fichiers et aux libertés, *JO* 7 janv., p. 227.
11. L. n° 2018-493, 20 juin 2018, relative à la protection des données personnelles, *JO* 21 juin, texte 1.
12. L. n° 78-17, 6 janv. 1978, art. 82 ; mod. par ord. n° 2018-1125 du 12 déc. 2018, art. 1er (sur cette loi et le RGPD v. *supra* s[s] n° 011.22).

son forfait, puis ensuite par habitude, d'autant que la gratuité de port lui donne l'illusion d'effectuer une affaire. Une étude a démontré que les personnes qui détiennent un abonnement dépensent plus régulièrement que la moyenne des acheteurs [1]. Les services offerts par les abonnements sont très variés selon les chaînes. Outre, la livraison gratuite et rapide, il peut s'agir du stockage illimité de photos ou, plus largement, la sauvegarde de données dans les nuages (*Cloud comput-ing*).

SECTION 3
SÉCURITÉ DES PAIEMENTS

411.60 **Bibliographie.**

* V. *supra* s^s^ n° 41.03 – ADDE :

Ouvrage. É. A. Caprioli, *Signature électronique et dématérialisation,* « Droit et professionnels », LexisNexis, 2014.

Contributions. É. A. Caprioli, « Signature et confiance dans les communications électroniques en droit français et européen », dans *Libre droit. Mél. Ph. le Tourneau*, Dalloz, 2008, p. 155 s. – M. Espagnon, « Existe-t-il un droit du paiement électronique ? », dans *Mél. J. Huet*, LGDJ, 2017, p. 161 s.

Articles. É. A. Caprioli, « Sécurité et confiance dans le commerce électronique. Signature numérique et autorité de certification », *JCP* 1998. I. 123 ; « Principales évolutions du régime de signature, du cachet et de la copie numériques », *AJ contrat* 2016. 418 s. – C. Lucas de Leyssac et X. Lacaze, « Le paiement en ligne », *CCÉ* 2001/2, Chron. 5.

Renvoi. Sur la signature électronique v. *infra* s^s^ n°s 412.54 s.

411.61 **De la sécurité des paiements – La carte à mémoire.** Un des freins au développement du commerce électronique fut pendant longtemps relatif à la sécurité des paiements [2]. En effet, certaines personnes, clientes potentielles, s'abstenaient en raison des risques encourus en tapant leur numéro de carte bancaire pour payer un achat par internet (ou plutôt en donnant, ce faisant, mandat à l'émetteur de la carte de payer telle somme). Et les fraudes par carte bancaire sur l'internet existent. Une précaution élémentaire consiste à n'utiliser sa carte bancaire qu'au bénéfice d'entreprises connues, dont le site comporte une zone de paiement sécurisée (ou sécurité de la couche de transport, *Transport Layer Security, TLS*, et son prédécesseur *Secure Sockets Layer, SSL*), symbolisée par un petit cadenas affiché en position *fermée* en bas à gauche de l'écran ; dans ce cas, l'adresse dans la fenêtre commence par *https* et non plus *http* (elle utilise en réalité le codage [3] [cryptage [4]] des données personnelles).

Une solution plus sûre, tout en restant simple, consiste à utiliser un modem lecteur de carte de paiement à mémoire (par lequel l'internaute donnerait un ordre de paiement, comme dans le cas précédent, la différence étant qu'il sera traité électroniquement). À cet égard la France a eu une longueur d'avance, grâce à la carte « à puce » (créée par M. Moreno ; elle explique que le taux de fraude par cartes bancaires est cent fois moins élevé en France qu'aux États-Unis). Pour autant, la sécurité qu'elle procure est loin d'être absolue. Un moyen plus rudimentaire consiste à ouvrir un compte sur un site internet d'une société de paiement par internet, qui se charge de régler les achats « en ligne », le compte étant crédité par carte bancaire ou par chèque ; en France, la première société s'étant lancée dans cette activité fut *Minute-Pay* en 2001. La sécurité en ligne devrait assez prochainement franchir un grand pas par le paiement avec reconnaissance faciale.

Quoi qu'il en soit, la montée en puissance du commerce en ligne a donné un coup de fouet aux cartes bancaires. Du reste, les nouvelles solutions de paiement reposent sur la carte bancaire du consommateur, dont les données sont intégrées sur internet. C'est notamment le cas des portefeuilles électroniques (ou *Wallet*), qui sont des interfaces de paiement, servant d'intermédiaires entre le consommateur et le commerçant. Le plus ancien et le plus célèbre de ces acteurs est *PayPal*.

411.62 **De la sécurité des paiements – Cryptologie.** Un autre procédé de sécurité est *le chiffrement* [5] dit *cryptologie* [6]. Elle se définit comme le procédé par lequel une information intelligible est transcrite en une information inintelligible par l'application d'un code secret, ou d'une clé (comme une notation musicale dont seuls les initiés posséderaient le sens). Autrement dit, c'est le contraire de la fonction d'un professeur ! Elle assure la confidentialité et la sécurité du message d'identification de l'émetteur [7]. Elle est en principe libre depuis la loi du 21 juin 2004 [8], contrairement à la situation antérieure (mais le régime des moyens et prestations de cryptologie résulte du décret

1. Enquête *CSA Research*, pour la Fédération de l'e.commerce, févr. 2018.
2. NOT. : C. Lucas de Leyssac et X. Lacaze, « Le paiement en ligne », art. préc. – SUR le paiement électronique aussi : FNTC, *Vademecum juridique de la digitalisation des documents*, préf. É. A. Caprioli, 2016, p. 23 s. ; M. Espagnon, « Existe-t-il un droit du paiement électronique ? », art. préc.
3. Sur cette technique v. *infra* s^s^ n° 411.62.
4. L'Académie française conseille d'éviter crypter et d'employer coder.
5. Aussi : v. *supra* s^s^ n° 335.73.
6. NOT. SUR elle : C. Féral-Schuhl, *op. cit.* [v. *supra* s^s^ n° 312.03], n°s 532.00 s. – É. A. Caprioli, *Signature électronique et dématérialisation, op. cit.*, n°s 296 s.
7. POUR UNE DÉFINITION : loi n° 2004-575 du 21 juin 2004, dite LCEN, art. 29.
8. L. n° 2004-575, 21 juin 2004, art. 30, I.

n° 2007-663 du 2 mai 2007[1] et d'un arrêté du 25 mai 2007[2])[3]. Elle contribue au développement du commerce électronique (principalement lorsque la prestation est immatérielle et surtout entre entreprises, car elle effarouche encore pour l'instant le consommateur). Techniquement la cryptologie s'opère par un *chiffrement à clés asymétriques*, associant des clés publiques et des clés privées.

La sécurité attendue de la cryptologie dépend largement du sérieux de l'intermédiaire obligé qu'est l'autorité de certification, habilitée à « authentifier » le signataire[4].

Les prestataires fournissant des prestations de cryptologie à des fins de confidentialité sont responsables au titre de ces prestations du préjudice causé aux personnes leurs confiant la gestion de leurs conventions secrètes en cas d'atteinte à l'intégrité, à la confidentialité ou à la disponibilité des données transformées à l'aide de ces « conventions », nonobstant toute stipulation contractuelle contraire, sauf si elles prouvent n'avoir commis aucune faute[5].

411.63 De la sécurité des paiements – Stéganographie. Tandis que la cryptologie consiste à chiffrer des données pour en éviter la connaissance par des tiers, la stéganographie est plus ambitieuse, puisqu'elle en dissimule l'existence même. Le message est invisible et indécelable. Il y a, comme dans la simulation en matière d'acte juridique, un mécanisme destiné à tromper les tiers. L'information confidentielle (au même titre que la contre-lettre) est couverte par une autre, seule apparente (comme l'est l'acte ostensible). De tout temps les espions ont tenté de parvenir à ce résultat et y sont souvent parvenus. Les techniques actuelles rendent la création de ce masque plus aisée. Parfois, la stéganographie est jumelée avec la cryptologie : l'information est rendue *inintelligible par celle-ci, puis celée aux tiers par celle-là.*

1. Décr. n° 2007-663, 2 mai 2007 pris pour l'application des articles 30, 31 et 36 de la loi n° 2004-575 du 21 juin 2004 pour la confiance dans l'économie numérique et relatif aux moyens et aux prestations de cryptologie, *JO* 4 mai, p. 7865.
2. Arr. 25 mai 2007 définissant la forme et le contenu des dossiers de déclaration et de demande d'autorisation d'opérations relatives aux moyens et aux prestations de cryptologie, *JO* 3 juin, p. 10013, NOR : PRMD0753669A.
3. POUR UN COMMENTAIRE DE CES TEXTES : É. A. Caprioli, *CCÉ* 2007, n° 128.
4. É. A. Caprioli, « Sécurité et confiance dans le commerce électronique. Signature numérique et autorité de certification », art. préc. – SUR la certification : O. Cachard, *La régulation internationale du marché électronique*, th. préc., n°s 484 s. – É. A. Caprioli, « Signature et confiance dans les communications électroniques en droit français et européen », art. préc., spéc. p. 172 s.
5. L. n° 2004-575, 21 juin 2004, art. 32 – É. A. Caprioli, *Signature électronique et dématérialisation, op. cit.*, n°s 392-393.

CHAPITRE

412. Contrat de commerce en ligne : données juridiques

SECTION 0
ORIENTEUR

412.00 **Sommaire du chapitre.**

Renvois. Sur les réseaux de distribution et le commerce électronique v. *supra* s^s n° 312.11 et *infra* s^s n°s 412.11 s.

412.03 **Bibliographie.**

* V. *supra* s^s n° 41.03 et *infra* s^s n°s 412.30 et 413.03. *Adde* :

Encyclopédie. P. Arhel, *V° Internet et commerce électronique (Droit de la concurrence), Rép. com.*, janv. 2013.

ADDE :

Ouvrages. L. Bochurberg, *Internet et commerce électronique*, 2e éd., « Encyclopédie Delmas », Dalloz, 2003 – G. Bonet (dir.), *Commerce électronique et propriétés intellectuelles*, « Irpi », Litec, 2001 – É. A. Caprioli, (dir.), *Les premières journées internationales du droit du commerce électronique*, « Actualités de droit de l'entreprise – FNDE », Litec, 2002 – R. V. Gola, *Droit du commerce électronique. Guide pratique du e-commerce*, « Guides pro », Gualino, 2013 – J.-C. Hallouin et H. Causse (dir.), *Le contrat électronique : au cœur du commerce électronique – Le Droit de la distribution. Droit commun ou Droit spécial ?*, Faculté de droit et de sciences sociales-Université de Poitiers, LGDJ, 2005 – O. Hance (dir.), *Business et droit d'internet*, Bruylant, Bruxelles, 1996 [donnant l'exemple de vingt contrats d'affaires pour l'internet en français et en anglais].

Manuels. J.-P. Clavier et A. Mendoza-Caminade, *Droit du commerce* électronique, « Paradigme », Bruylant, Bruxelles, 2019 – J. Julien, *Droit de la consommation*, 3e éd., « Précis Domat », LGDJ-Lextenso, 2019 – Y. et N. Picod, *Droit de la consommation*, 5e éd., Sirey, 2020, n°s 483 s.

Thèses. G. Brunaux, *Le contrat à distance au XXIe siècle*, préf. N. Sauphanor-Brouillaud, « BDPr », t. 524, LGDJ, 2010 – L. Marino, *Responsabilité civile, activités d'information et médias*, avant-propos J. Mestre, PUAM, 1997 – F. Proal, *La responsabilité du fournisseur d'information en réseau*, préf. M. Vivant, avant-propos J. Mestre, PUAM, 1997.

Contribution. J. Rochfeld, « Les nouveaux défis du droit des contrats : l'efficacité de la lutte contre les pratiques commerciales déloyales de l'internet », dans J. Rochfeld (dir.), *Les nouveaux défis du commerce électronique*, LGDJ, 2010, p. 5 s.

Articles. T. Douville, « La prohibition des discriminations géographiques dans le marché intérieur en général et dans le commerce électronique en particulier », *AJ contrat* 2018. Pratiques 221 – J.-Ph. Feldman, « La loi Lang est-elle à la page ? », *D.* 2007. Chron. 2311 ; « Une prime à la souveraineté du consommateur ? (sur et au-delà de l'arrêt de la Cour de cassation du 6 mai 2008 relatif à la loi Lang) », *D.* 2008. Chron. 2186 – G. Loiseau, « Le contrat électronique, l'indigent de la réforme du droit des contrats », *CCÉ* 2016. Ét. 9 – J. Huet, « La problématique juridique du commerce électronique », *RJ com.* 2001. 1er janv. (n° spéc.), p. 17 s. – T. Piette-Coudol, « Règlement européen n° 910/2014 : le renouveau de la signature électronique et la consécration du cachet électronique », *RLDI* 2015. Chron. 3680.

SECTION 1
DROIT COMMUN ET DROIT SPÉCIAL

412.11 **Droit commun.** Le Droit commun s'applique au commerce électronique, particulièrement aux ventes (sauf disposition en sens contraire), par exemple le régime de la défaillance contractuelle ou celui de la responsabilité extracontractuelle. Il a ainsi été jugé, en se fondant sur l'ancien article 1382 [devenu 1240] du code civil, que le consommateur doit être informé des incidences éventuelles des disparités concurrentielles résultant de divergences réglementaires au sein de l'Union européenne[1] ; où que la reprise des conditions générales d'une société de vente sur internet, non protégeables par le Droit d'auteur, n'est pas constitutive de contrefaçon[2]. L'obligation d'employer la langue française[3] s'impose dans le commerce électronique dans les mêmes conditions que dans le commerce traditionnel[4].

Les dispositions de l'article L. 442-1, II, du code de commerce[5], relative à la rupture brutale d'une relation commerciale établie sans préavis écrit tenant compte de la durée de la relation commerciale, ont connu un tel succès qu'elles tendent à supplanter, dans la pratique contentieuse, la classique rupture abusive.

Le Droit commun comporte tant le Droit civil et le Droit commercial que le Droit pénal. Or, certains comportements sont interdits, sous peine de nullité relative du contrat et de sanctions pénales. Sont ainsi visées, d'une façon générale, « *les pratiques commerciales déloyales* » (C. consom., art. L. 121-1, qui sont définies dans la suite de cet article[6]). Et, d'une façon particulière, notamment, outre la longue liste des *pratiques trompeuses* énumérées par les articles L. 121-2 et suivants du code de la consommation, les *pratiques commerciales agressives* (C. consom., art. L. 121-6, énumérées par ce texte et expliquées par l'art. suivant), les ventes : – avec primes[7] ; – Et, pour les livres (L. n° 81-766 du 10 août 1981[8], dite loi Lang[9]), liées ou jumelées[10] (mais il n'est pas certain que l'interdiction des ventes liées soit encore conforme au Droit d'origine communautaire :[11]) ; sans commande préalable[12] ; « à la boule de neige »[13].

Le Droit commun comprend aussi la convention des Nations unies sur les ventes internationales de marchandises conclue à Vienne le 11 avril 1980 (CVIM)[14], dite convention de Vienne, dont la rédaction est dans l'ensemble si souple qu'elle peut s'appliquer facilement au commerce électronique. Il reste qu'en employant le mot de marchandise elle ne peut concerner que les choses matérielles. Il serait donc souhaitable de la modifier, en remplaçant ce mot par celui de bien (sans autre précision, de sorte qu'il couvrirait tant les biens matériels que les biens immatériels).

412.12 Droit commun (suite) ; le Droit de la consommation. Au sein du Droit commun, le Droit de la consommation occupe aujourd'hui une place importante. Nous n'en traiterons pas, nous contentant de quelques rappels[15]. Les loteries et jeux publicitaires, sans être interdits, ne doivent pas constituer des pratiques déloyales au sens de l'article L. 121-1 du code de la consommation[16]. Toutefois, même licites, ils peuvent comporter une annonce

1. Civ. 1re, 27 nov. 2008, n° 07-15.066,. P I, n° 268 ; *D.* 2008. AJ 3081, obs. C. Manara ; *Propr. ind.* 2009, n° 17, note J. Larrieu ; *JCP E* 2009. 1238, note I. Breyneix ; *RTD com.* 2009. 131, obs. F. Pollaud Dulian ; *JCP E* 2010, n° 4, 1070, n° 2, obs. I. A. Randrianirina : à propos la rémunération pour copie privée due par les acquéreurs de supports de stockage numérique – Civ. 1re, 5 févr. 2020, n° 18-23.752, P ; *JCP E* 2020. Act. 122 ; *CCÉ* 2020, n° 40, obs. P. Kamina : un commerçant opérant d'un autre pays membre de l'UE et vendant des supports vierges en France, *via* un site de commerce électronique, doit s'acquitter de la rémunération pour copie privée. La C. de cass. modifie ainsi son interprétation de l'art. L. 311-4 du C. de la propr. intell. sur les débiteurs de la rémunération pour copie privée afin de se conformer à la jurisprudence européenne.
2. Paris, 4e ch. A, 24 sept. 2008, RG n° 07/3336, *Vente privée.com c/Kalypso, CCÉ* 2009, n° 25, obs. A. Debet ; *RJDA* 2009, n° 278.
3. V. *supra* ss nos 012.16 s.
4. Com. 24 nov. 2009, n° 08-15.002, P IV, n° 150 ; *RLDI* 2009/55, n° 1819, obs. L. C. ; *CCC* 2010, n° 63, obs. G. Raymond ; *CCC* 2010, n° 75, obs. M. Malaurie-Vignal ; *RJDA* 2010, n° 447.
5. V. *supra* ss n° 312.153.
6. La mise en œuvre de cet art. et de l'art. L. 121-1 est malaisée et les sanctions guère pertinentes – À CET ÉGARD : J. Rochfeld, « Les nouveaux défis du droit des contrats : l'efficacité de la lutte contre les pratiques commerciales déloyales de l'internet », art. préc.
7. C. consom., art. L. 121-19 – MAIS L'INTERDICTION générale fulminée par ce texte n'est sans doute plus conforme au Droit d'origine européenne.
8. L. n° 81-766, 10 août 1981 relative au prix du livre, *JO* 11 août, p. 2197, art. 6 [assez obscur].
9. Paris, 23 mai 2007, *France Télécom et Wanadoo c/Syndicat de la librairie française, CCÉ* 2007, n° 110, obs. A. Debet, considérant que la vente par internet de livres avec offre de frais de port constitue une telle vente avec prime – J.-Ph. Feldman, « La loi Lang est-elle à la page ? », art. préc., critique l'arrêt et appelle à une modification de la loi ; ARRÊT CASSÉ par : Com. 6 mai 2008, n° 07-16.381, P IV, n° 97 ; *D.* 2008. AJ 1474, obs. C. Rondey ; *JCP E* 2008. 1941, note S. Prieur ; *CCÉ* 2008, n° 93, obs. A. Debet ; *RDC* 2008. 1222, note D. Fenouillet ; *RDC* 2009. 147, note S. Pimont – SUR CET ARRÊT AUSSI : J.-Ph. Feldman, « Une prime à la souveraineté du consommateur ? », art. préc. : l'arrêt sur renvoi après cassation s'est incliné : Paris, 5e ch. B, 9 avr. 2009, *D.* 2009. AJ 1534 – TGI Versailles, 12 déc. 2007, *Syndicat de la librairie française c/Amazon.fr, CCÉ* 2008, n° 22, obs. A. Debet – ADOPTANT LA MÊME SOLUTION QUE : Paris, 23 mai 2007, *France Telecom et Wanadoo c/Syndicat de la librairie française*, préc. : de plus, l'offre de « chèques cadeaux » par le site constituerait une vente à prix réduit, contraire à l'art. 1er de la loi préc. du 10 août 1981, imposant un prix unique du livre.
10. C. consom., art. L. 121-11.
11. V. *supra* ss n° 211.14.
12. C. consom., art. L. 121-12 s.
13. C. consom., art. L. 121-15 – Paris, 15 juin 2001, *Pointop.com, CCC* 2002, n° 19, obs. G. Raymond ; *CCÉ* 2002, n° 43, obs. L. Grynbaum : assimilant la vente pyramidale, par parrainage sur l'internet, à la vente à la boule de neige.
14. Sur laquelle v. *supra* ss n° 116.142 et l'index à ce sigle.
15. AUSSI NOT. V. *supra* ss nos 213.51, 213.231 s., 411.45, et v. *infra* ss nos 412.14, 412.33, 413.12, 414.11.
16. C. consom., art. L. 121-20.

fallacieuse de gain, causant un préjudice à son destinataire [1].

Les clauses abusives, au sens de l'article L. 212-1 du code de la consommation [2], sont prohibées, et peuvent être annulées par les juges, à la demande du client ou d'une association de consommateur [3].

L'ordonnance n° 2015-1033 du 20 août 2015 [4], transposant la directive 2013/11 [5], a introduit dans le code de la consommation un titre relatif au règlement extrajudiciaire des litiges [6] de consommation [7] ; dans ce domaine, la médiation autonome et indépendante est destinée à se généraliser [8].

Le forum des droits sur l'internet a publié, en septembre 2007, une recommandation sur « *l'application du droit de la consommation au commerce électronique* » [9]. Elle formule des « bonnes pratiques », notamment quant à l'information des consommateurs.

412.13 Droit spécial : directives successives. La directive 2011/83 est relative aux droits des consommateurs [10]. Elle « *établit des règles relatives aux informations à fournir pour les contrats à distance, les contrats hors établissement et les contrats autres que les contrats à distance et hors établissement. La présente directive régit également le droit de rétractation pour les contrats à distance et hors établissement et harmonise certaines dispositions traitant de l'exécution et de certains autres aspects des contrats conclus entre entreprises et consommateurs* » [11].

La directive 1999/93 [12] sur les signatures électroniques [13]. Le règlement 910/2014 [14] consolide la signature électronique et l'étend à des « services de confiance » [15] (remplaçant les prestataires de services de certification).

La directive 2000/31 [16] couvre tous les services de « la société de l'information », tant entre entreprises et consommateurs qu'entre entreprises. Elle vise aussi bien les services fournis gratuitement (financés par la publicité ou le parrainage [17] [*sponsoring*]) que les transactions à titre onéreux de commerce électronique au sens large. Toutefois, la directive ne s'applique pas à un certain nombre de domaines énumérés par l'article 1er, point 5. Les États membres peuvent imposer des restrictions supplémentaires à la prestation de services à partir d'un autre État membre lorsqu'elles sont nécessaires au regard de l'ordre public, la protection de la santé publique, la sécurité publique et la protection des consommateurs, à condition qu'elles soient proportionnées à leur objet déclaré [18]. Le règlement des litiges doit pouvoir être assuré par des moyens extrajudiciaires [19]. Les États membres doivent prévoir des recours juridictionnels rapides et efficaces, y compris par voie de référé [20]. Les sanctions applicables en cas de violation des dispositions nationales doivent être efficaces, proportionnées et dissuasives [21]. Quant aux contrats par voie électronique les États membres peuvent exclure ceux qui créent ou transfèrent des droits sur des biens immobiliers, à l'exception des droits de location ; les contrats pour lesquels la loi requiert l'intervention des tribunaux, des autorités publiques ou de professions exerçant une autorité publique ; les contrats de sûreté et garanties fournies par des personnes n'agissant pas à titre professionnel ; enfin les contrats relevant du Droit de la famille ou

1. SUR CETTE QUESTION : Ph. le Tourneau, *Responsabilité des vendeurs et fabricants*, 5e éd., « Dalloz référence », 2016, nos 31.11 s. – Cass. ch. mixte, 6 sept. 2002, n° 98-22.981, *Assoc. Que choisir*, P, n° 4 ; *D.* 2002. 2963, note D. Mazeaud ; *JCP* 2002. II. 10173, 2e esp., note S. Reifegerste ; *Defrénois* 2002, n° 1608, note É. Savaux – Ph. le Tourneau et A. Zabalza, « Le réveil des quasi-contrats (à propos des loteries publicitaires) », *CCC* 2002. Chron. 22.
2. AUSSI : C. consom., art. R. 212-1, détaillant une liste *noire* de 12 clauses abusives, et l'art. R. 212-2, énumérant une liste *grise* de 10 clauses abusives (G. Paisant, « Le décret portant listes noire et grises de clauses abusives », *JCP* 2009. Ét. 116).
3. V. *infra* ss n° 412.42.
4. Ord. n° 2015-1033, 20 août 2015 relative au règlement extrajudiciaire des litiges de consommation, *JO* 21 août, p. 14721.
5. Dir. 2013/11, Parlement et Conseil, 21 mai 2013 relative au règlement extrajudiciaire des litiges de consommation et modifiant le règlement (CE) n° 2006/2004 et la directive 2009/22/CE, *JOUE* L 165, 18 juin, p. 63.
6. J. Julien, *Droit de la consommation*, 3e éd., « Précis Domat », LGDJ-Lextenso, 2019, nos 447 s.
7. C. consom., art. L. 611-1 s.
8. Sur la médiation en général v. *supra* ss n° 116.201.
9. Forum des droits sur l'internet, recommandation, sept. 2007, *JCP* 2007, actu. 436.
10. Dir. 2011/83, Parlement et Conseil, 25 oct. 2011, relative aux droits des consommateurs, modifiant la directive 93/13/CEE du Conseil et la directive 1999/44/CE du Parlement européen et du Conseil et abrogeant la directive 85/577/CEE du Conseil et la directive 97/7/CE du Parlement européen et du Conseil, *JOUE* L 304, p. 64.
11. Dir. 2011/83, Parlement et Conseil, 25 oct. 2011, consid. 9.
12. Dir. 1999/93, Parlement et Conseil, 13 déc. 1999, sur un cadre communautaire pour les signatures électroniques, *JOCE* L 13, 19 janv. 2000, p. 12.
13. V. *infra* ss n° 412.54.
14. Règl. 910/2014, Parlement et Conseil, 23 juill. 2014, sur l'identification électronique et les services de confiance pour les transactions électroniques au sein du marché intérieur et abrogeant la directive 1999/93/CE, *JOUE* L 257, 28 août, p. 73.
15. T. Piette-Coudol, « Règlement européen n° 910/2014 : le renouveau de la signature électronique et la consécration du cachet électronique », chron. préc. – K. Magnier-Merran, « Le contrat de parrainage en pratique », art. préc.
16. Dir. 2000/31, Parlement et Conseil, 8 juin 2000, préc.
17. Sur le parrainage v. *infra* n° 451.13.
18. Dir. 2000/31, Parlement et Conseil, 8 juin 2000, art. 3, point 4.
19. Dir. 2000/31, Parlement et Conseil, 8 juin 2000, art. 17.
20. Dir. 2000/31, Parlement et Conseil, 8 juin 2000, art. 18.
21. Dir. 2000/31, Parlement et Conseil, 8 juin 2000, art. 20.

du Droit des successions [1]. La directive régit les transactions d'entreprise à consommateur. Pour celles qui se nouent entre professionnels, les parties peuvent en écarter telle ou telle disposition. L'existence d'une protection réservée aux consommateurs n'est peut-être pas totalement pertinente dans ce domaine ; toute personne pouvant être sollicitée par les moyens électroniques mériterait sans doute de bénéficier de ces mesures [2].

La directive 2002/65 [3] traite de la commercialisation à distance des services financiers aux consommateurs [4].

La directive 2005/29 [5], est relative aux pratiques commerciales déloyales commises dans des magasins aussi bien que par internet envers les consommateurs, avant pendant et après une transaction commerciale portant sur un produit [6].

La directive 2019/770, du Parlement et Conseil, du 20 mai 2019 [7], est relative à certains aspects concernant les contrats de fourniture de contenus numériques et de services numériques.

Une directive 2019/2161, du Parlement et du Conseil, du 27 novembre 2019 [8], modifie les directives 93/13/CEE, 98/6/CE, 2005/29/CE et 2011/83/UE, en vue d'une meilleure application et d'une modernisation des règles de l'Union en matière de protection des consommateurs.

412.14 Textes de transposition. La directive 1999/93 fut transposée par la loi du 13 mars 2000 [9], et ses décrets d'application [10] (mais en partie seulement, car elle ne statua pas sur la responsabilité des prestataires de service de certification [11]). L'ordonnance n° 2001-741 du 25 août 2001 [12] inséra partiellement dans le code de la consommation [13] les directives 97/7 [14] et 2000/31, précitée. La transposition de la deuxième directive (2000/31) fut essentiellement effectuée par la loi n° 2004-575 du 21 juin 2004 [15], « *pour la confiance dans l'économie numérique* », dite LCEN, qui a défini officiellement pour la première fois le commerce électronique [16]. Puis fut promulguée l'ordonnance n° 2005-674 du 16 juin 2005 [17] relative à l'accomplissement de certaines formalités contractuelles par voie électronique. La loi n° 2014-344 du 17 mars 2014 [18] modifia le code de la consommation en fonction de la directive 2011/83 [19] (qui ne changea guère les droits existants des consommateurs en France) [20]. Puis la directive 2019/770 du 20 mai 2019 fut transposée dans le même code par l'ordonnance n° 2021-1247 du 29 septembre 2021 [21]. Enfin (si tant est qu'il puisse y avoir une fin dans la frénésie de textes de l'Union européenne), la directive 2019/2161 du 27 novembre 2019, donna lieu à son tour à une réforme du code de la consommation, par l'ordonnance n° 2021-1734 du 22 décembre 2021 [22].

L'ensemble de ces textes (qui sont cités dans maints paragraphes du présent ouvrage) régissent donc les contrats conclus entre un professionnel et un consommateur (et du reste pas seulement les ventes d'un bien, mais aussi les prestations de services, à l'exclusion des services financiers [23]). Le contrat à distance est défini comme se concluant sans la présence physique simultanée des parties (un pro-

1. Dir. 2000/31, Parlement et Conseil, 8 juin 2000, art. 9.
2. POUR UNE VUE COMPARATISTE quant à la protection des consommateurs dans le commerce électronique : J. Drexl : « Le commerce électronique et la protection des consommateurs », *RID éco.* (De Boeck, Bruxelles), 2002, p. 405 s.
3. Dir. 2002/65, Parlement et Conseil, 23 sept. 2002 concernant la commercialisation à distance de services financiers auprès des consommateurs, et modifiant les directives 90/619/CEE du Conseil, 97/7/CE et 98/27/CE, *JOCE* L 271, 9 oct., p. 16.
4. V. *infra* s[s] n° 414.11.
5. Dir. 2005/29, Parlement et Conseil, 11 mai 2005, préc.
6. Dir. 2005/29, Parlement et Conseil, 11 mai 2005, art. 3.
7. Dir. 2019/770, Parlement et Conseil, 20 mai 2019, relative à certains aspects concernant les contrats de fourniture de contenus numériques et de services numériques, PE/26/2019/REV/1, *JOUE* L 136, 22 mai, p. 1.
8. Dir. 2019/2161, Parlement et Conseil, 27 nov. 2019, *JOUE* L 328, 18 déc.
9. L. n° 2000-230, 13 mars 2000, portant adaptation du droit de la preuve aux technologies de l'information et relative à la signature électronique, *JO* 14 mars, p. 3968.
10. NOT. : décr. n° 2017-1416, 28 sept. 2017, relatif à la signature électronique, *JO* 30 sept., n° 8.
11. V. *infra* s[s] n°s 412.54 s.
12. Ord. n° 2001-741, 23 août 2001, portant transposition de directives communautaires et adaptation au droit communautaire en matière de droit de la consommation, *JO* 25 août, p. 13645.
13. C. consom., art. L. 221-1 s. – V. Vigneau, « Les conséquences de la signature des contrats à distance par les consommateurs », *CCÉ* 2021. Ét. 5.
14. Dir. 97/7, Parlement et Conseil, 20 mai 1997, concernant la protection des consommateurs en matière de contrats à distance – Déclaration du Conseil et du Parlement européen sur l'art. 6, § 1 – Déclaration de la Commission sur l'art. 3 § 1, 1er tiret, *JOCE* L 144, 4 juin, p. 19.
15. L. n° 2004-575, 21 juin 2004, pour la confiance dans l'économie numérique, *JO* 22 juin, p. 11168.
16. V. *supra* s[s] n° 411.21.
17. Ord. n° 2005-674, 16 juin 2005, relative à l'accomplissement de certaines formalités contractuelles par voie électronique, *JO* 17 juin, p. 10342.
18. L. n° 2014-344, 17 mars 2014 relative à la consommation, *JO* 18 mars, p. 5400.
19. Dir. 2011/83, Parlement et Conseil, 25 oct. 2011, relative aux droits des consommateurs, modifiant la directive 93/13/CEE du Conseil et la directive 1999/44/CE du Parlement européen et du Conseil et abrogeant la directive 85/577/CEE du Conseil et la directive 97/7/CE du Parlement européen et du Conseil, *JOUE* L 304, 22 nov., p. 64.
20. POUR UN COMMENTAIRE : C. Aubert de Vincelles, *RDC* 2011. 1224 s.
21. Sur ces divers textes v. *supra* s[s] n°s 011.13, 011.44, 013.31, 014.11, 011.102, 213.78, 213.231 s., 213.241, 213.255 s., 24.05 s., 411.41, 412.62.
22. *CCÉ* 2022, n° 18, obs. G. Loiseau.
23. Pour ces derniers v. *infra* s[s] n° 414.11.

fessionnel et un consommateur), dans un « *système organisé de vente ou de prestation de services à distance, [...] par le recours exclusif à une ou plusieurs techniques de communication à distance jusqu'à la conclusion du contrat* » (C. consom., art. L. 221-1, 1° [1]), c'est-à-dire par correspondance, internet, *etc.*, mais pas par des distributeurs automatiques (précise l'art. L. 221-2, 10°, C. consom.). Le contrat doit obligatoirement comporter, sous peine de nullité relative, de nombreuses mentions informatives [2]. Mais l'offre d'un tel contrat doit déjà comporter une vaste série de mentions obligatoires destinées à informer le bénéficiaire (C. consom., art. L. 221-8, renvoyant à l'art. L. 221-5 ; les obligations d'information définies par ce dernier texte s'imposent aussi, d'une façon générale, à tout prestataire de services « *à l'égard de tout destinataire de prestations de services* » : C. com., art. L. 441-2, al. 1er, numérotation datant de l'ord. n° 2019-359 du 24 avr. 2019 [3]) ; notamment la durée de sa validité et de son prix, « *le coût de l'utilisation de la technique de communication à distance utilisée* » ; le cas échéant, « *la durée minimale du contrat proposé, lorsqu'il porte sur la fourniture continue ou périodique d'un bien ou d'un service* » ; ou l'existence d'un droit de rétractation et ses limites éventuelles [4], ou l'absence de ce droit [5]. Selon la directive 2011/83 [6], relative aux droits des consommateurs, les informations doivent être fournies au consommateur ou mises « *à sa disposition sous une forme adaptée à la technique de communication à distance utilisée dans un langage clair et compréhensible. Dans la mesure où ces informations sont fournies sur un support durable, elles doivent être lisibles* » [7].

De plus, le consommateur doit recevoir par écrit, ou « *sur un support durable à sa disposition, en temps utile et au plus tard au moment de la livraison* », confirmation desdites informations, complétées par plusieurs autres [8] (dont les adresses postales et électroniques de l'entreprise et son numéro de téléphone [9]) ; le support durable est défini (par C. consom., art. liminaire [10]).

L'exigence dite « du double », posée par l'article 1375, alinéa 1er, du code civil, n'a pas disparu, mais elle s'entend dans ce domaine comme obligeant le commerçant, contractant avec un non-commerçant et alors que la convention en cause doit être prouvée par écrit (comme lorsque son objet porte sur un bien ou service d'au moins 1 500 euros), à permettre à son partenaire un accès permanent à ce que l'on peut appeler « l'original électronique ».

Selon la CJUE, l'article 6, paragraphe 1, sous c), de la directive 2011/83 (préc.), « *n'implique pas une obligation pour le professionnel de mettre en place une ligne téléphonique, ou de télécopieur, ou de créer une nouvelle adresse électronique pour permettre aux consommateurs de le contacter et n'impose de communiquer ce numéro ou celui du télécopieur ou son adresse électronique que dans les cas où ce professionnel dispose déjà de ces moyens de communication avec les consommateurs* » [11].

À propos des contrats électroniques, l'ordonnance n° 2016-131 du 10 février 2016 [12] portant réforme du droit des obligations, a regroupé les dispositions figurant dans le code civil (pour la conclusion, C. civ., art. 1125 s., et pour la forme du contrat, C. civ., art. 1174 s.), presque à l'identique, sous réserves de quelques modifications mineures [13] et, depuis, de l'abrogation de deux articles [14].

1. Le « contrat hors établissement » conclu entre un professionnel et un consommateur est défini par C. consom., art. L. 221-1, 2°.
2. C. consom., art. L. 221-5.
3. Ord. n° 2019-359, 24 avr. 2019, portant refonte du titre IV du livre IV du code de commerce relatif à la transparence, aux pratiques restrictives de concurrence et aux autres pratiques prohibées, *JO* 25 avr., n° 16 – SUR CE TEXTE : L. et J. Vogel, « Droit de la négociation commerciale : une réforme courageuse mais perfectible », *AJ contrat* 2019. Dossier 208 – Ph. Vanni et A.-C. Martin, « Relèvement du seuil de vente à perte et encadrement des promotions : l'ouvrage à nouveau sur le métier », *AJ contrat* 2019. Dossier 221 – N. Dissaux et R. Loir, « Réforme d'ampleur du droit des relations commerciales », *JCP G* 2019, aperçu rapide 589.
4. V. *infra* ss n° 412.62.
5. C. consom., art. L. 221-1 s. – *ADDE* C. consom., art. L. 221-5, I, 10°, réd. Ord. n° 2021-1734, 22 déc. 2021, transposant la dir. 2019/2161 du Parlement et du Conseil, 27 nov. 2019, relative à une meilleure application et une modernisation des règles de l'Union en matière de protection des consommateurs.
6. POUR UN COMMENTAIRE : C. Aubert de Vincelles, *RDC* 2011. 1224 s.
7. Dir. 2011/83, Parlement et Conseil, 25 oct. 2011, art. 8, 1.
8. C. consom., art. L. 221-13.
9. Aix-en-Provence, 30 avr. 2008, *European city balmes c/SPA*, *CCC* 2008, n° 262, obs. G. Raymond : insuffisance des renseignements communiqués et difficulté à les lire – CJCE 4e ch., 16 oct. 2008, *Bundesverband der Verbraucherzentralen und Verbraucherverbände – Verbraucherzentrale Bundesverband eV c/Deutsche internet versicherung*, aff. C-298/07, *Rec.* I-07841 ; *D.* 2008. AJ 2716, obs. C. Manara ; *CCÉ* 2009, n° 26, obs. Ph. Stoffel-Munck : selon cette décision, le prestataire de services doit toujours être en mesure de proposer aux consommateurs un moyen non électronique lui permettant d'assurer une communication efficace (et, implicitement, rapide).
10. V. *supra* n° 011.102 SUR la notion de support durable : É. A. Caprioli (dir.), *Banque et assurance digitales. Droit et pratiques*, préf. M. Roussille, RD éd., 2017, nos 51 s.
11. CJUE 10 juill. 2019, *Bundesverband der Verbraucherzentralen und Verbraucherverbände – Verbraucherzentrale Bundesverband e.V. c/Amazon EU*, aff. C-649/17, *Rec.* IN ; *RLDI* 2019, n° 5563 ; *AJ contrat* 2019. 444, obs. V. Legrand ; *CCC* 2019, n° 167, obs. S. Bernheim-Desvaux ; *Dalloz IP/IT* 2019. 707, obs. A. Lecourt.
12. Ord. n° 2016-131, 10 févr. 2016, portant réforme du droit des contrats, du régime général et de la preuve des obligations, *JO* 11 févr., n° 26.
13. G. Loiseau, « Le contrat électronique, l'indigent de la réforme du droit des contrats », ét. préc.
14. C. civ., art. 1127-4 et 1127-5 ; art. mod. par L. n° 2016-1321, 7 oct. 2016, art. 93 (v. *infra* ss n° 412.52).

412.15 Contrat type et loi type. Un « *contrat type de commerce électronique commerçant-consommateur* » a été élaboré par un groupe de travail, à l'initiative de la Chambre de commerce de Paris et de l'Association française pour le commerce et les échanges électroniques ; il est accompagné de commentaires [1]. Selon les observations qui l'accompagnent, ce contrat type constitue un contrat *a minima*, constituant une base de discussion entre les parties.

La CNUDCI a rédigé une loi type sur le commerce électronique [2] le 16 décembre 1996, et publié un guide [3] pour son incorporation [4].

412.16 Code de conduite. La Ligue internationale contre la concurrence déloyale a adopté en 2000 un document intitulé « *Code de conduite eu égard à la concurrence loyale dans le commerce électronique* » [5]. Le titre est quelque peu alambiqué, et est ambigu, car il ne traite que des rapports entre fournisseurs et clients, et non entre les divers intervenants professionnels du commerce électronique. Mais le texte, assorti de commentaires, est de bonne venue. Il ne s'agit que de suggestions, que les professionnels sont invités à respecter. De plus, en cas de litige, ce code pourra servir d'élément d'appréciation aux juges et aux arbitres. La directive 2000/31 demande aux États membres de veiller à ce que les prestataires indiquent les éventuels codes de conduite pertinents auxquels le contrat est soumis, ainsi que les informations sur la façon dont ces codes peuvent être consultés par voie électronique [6].

412.17 Libre circulation dans l'Union européenne. La libre circulation des marchandises commercialisées par l'internet et la liberté des prestations de services assurées par la même voie n'ont pas donné lieu à des dispositions particulières en Droit communautaire. Elles relèvent donc du traité de l'Union européenne et des directives d'harmonisation des législations [7].

En revanche, la directive 2000/31 organise la liberté *de circulation* des services du commerce électronique (et seules quelques restrictions sont possibles, en vertu de dir. 2000/31, art. 3.3 et 7.4).

412.18 Marché unique numérique. L'Union européenne entend parvenir à un *marché unique numérique*, en vue d'améliorer l'accès aux biens et aux services numériques dans toute l'Europe pour les consommateurs et les entreprises. S'inscrivent notamment dans cette stratégie, d'une part, les règles sur la portabilité transfrontalière des contenus numériques [8] dans le marché intérieur [9]. D'autre part, le règlement 2018/302 [10], visant à contrer le blocage géographique (« géoblocage ») injustifié et d'autres formes de discrimination fondées sur la nationalité, le lieu de résidence ou le lieu d'établissement des clients dans le marché intérieur [11]. L'objectif est d'éviter la fragmentation du marché par les acteurs économiques là où la libre circulation est le principe et donc de stimuler la consommation intra-européenne. La non-discrimination est un principe essentiel du Droit de l'Union européenne. Bien que déjà consacré en matière de libre prestation de services (TFUE, art. 56 [12] et 57 [13] ; dir. 2006/123 [14], art. 1er, § 1er), ce principe n'était pas pleinement garanti. Le règlement 2018/302 cherche à le renforcer, en combattant certaines discriminations géographiques [15]. Toutefois, le règlement prévoit un certain nombre d'exclusions (notamment les services financiers, audiovisuels ou portant sur des œuvres protégées par le droit d'auteur ou un droit voisin ainsi que les activités de jeux de hasard).

1. NOT. : *JCP E* 1998. 1579 s.
2. https://www.uncitral.org/pdf/french/texts/electcom/05-89451_Ebook.pdf
3. Nations unies, New York, 1997.
4. NOT. sur la CNUDCI : « La Commission des Nations unies pour le droit commercial international », *LPA* 18 déc. 2003.
5. PUBLIÉ PAR : *RI conc.* 2001/1, p. 5 s. pour la version en français ; p. 9 s. pour la version en allemand ; et p. 13 s. pour la version en anglais – D'UNE FAÇON GÉNÉRALE : P. Deumier, « Les sources de l'éthique des affaires. Codes de bonne conduite, chartes et autres règles éthiques », dans *Libre droit. Mél. Ph. le Tourneau*, Dalloz, 2008, p. 337 s. – M. Larouer, *Les codes de conduite : sources du droit*, préf. P. Deumier, « NBT », vol. 176, Dalloz, 2018.
6. Dir. 2000/31, Parlement et Conseil, 8 juin 2000, art. 10, point 2.
7. NOT., sur le Droit européen de la concurrence : Ph. le Tourneau, *Les contrats de franchisage*, 2e éd., « Litec Professionnels », 2007, nos 475 s. – P. Arhel, « Internet et commerce électronique (Droit de la concurrence) » art. préc.
8. G. Brunaux, « La clause de portabilité transfrontalière de service de contenu en ligne », *CCC* 2019. Formule 4.
9. Règl. 2017/1128, Parlement et Conseil, 14 juin 2017, relatif à la portabilité transfrontalière des services de contenu en ligne dans le marché intérieur, *JOUE* L 168, 30 juin, p. 1.
10. Règl. 2018/302, Parlement et Conseil, 28 févr. 2018, visant à contrer le blocage géographique injustifié et d'autres formes de discrimination fondée sur la nationalité, le lieu de résidence ou le lieu d'établissement des clients dans le marché intérieur, et modifiant les règlements (CE) no 2006/2004 et (UE) 2017/2394 et la directive 2009/22/CE, *JOUE* L 60I, 2 mars, p. 1.
11. M.-É. Ancel, « Un an de droit international privé du commerce électronique », *CCÉ* 2019. Chron. 1, no 2.
12. TFUE, 56 [TCE-A, 49 ; TCE 52] – I. Pingel (dir.), *De Rome à Lisbonne. Commentaire article par article des traités UE et CE*, 2e éd., Helbing-Lichtenhahn-Dalloz-Bruylant, 2010, p. 535.
13. TFUE, 57 [TCE-A, 50 ; TCE 53] – I. Pingel (dir.), *De Rome à Lisbonne : Commentaire article par article des traités, op. cit.*, p. 556.
14. Dir. 2006/123, Parlement et Conseil, 12 déc. 2006 relative aux services dans le marché intérieur, *JOCE* L 376, 27 déc., p. 36.
15. POUR UNE ANALYSE des situations visées : T. Douville, « La prohibition des discriminations géographiques dans le marché intérieur en général et dans le commerce électronique en particulier », art. préc.

412.19 Marché pertinent et commerce électronique. Une difficulté particulière propre au commerce électronique porte sur l'appréciation du « marché pertinent » sur la toile. Un jugement a jugé que cette dernière ne constituait pas un tel marché[1]. La situation a pu être comparée à celle de la vente de livres par des clubs[2]. Or, le Conseil de la concurrence[3] et la cour d'appel de Paris avaient considéré à leur propos que la méthode de commercialisation et les conditions d'utilisation par les consommateurs constituaient un nouveau critère de définition du marché[4]. L'arrêt fut cassé, faute d'avoir précisé en quoi « *la vente de livres par clubs formait un marché économique suffisamment identifiable pour être distinct du marché général du livre* » (Com. 10 mars 1992, n° 90-16.298[5]). Les « lignes directrices » ne soufflent mot de la question. *A priori*, un marché pertinent pourrait être reconnu si le commerce électronique présentait une particularité très marquée dans tel ou tel domaine. Néanmoins, cela sera sans doute rare car le marché s'apprécie, tant en Droit européen qu'en Droit interne, au regard du caractère interchangeable des produits ou des services et non par rapport à leur mode de commercialisation.

Cette position est également recevable pour la proposition de services sur la « toile » (et donc le franchisage de services), puisque dans les « lignes directrices » (point 9) la notion de produit vise indistinctement les produits et les services. Fin 2017, la Cour de cassation a considéré qu'il ne pouvait y avoir d'action pour abus de position dominante contre « Vente-privee.com », en l'absence d'un marché pertinent de la vente événementielle en ligne, maintenant un arrêt de la cour d'appel de Paris. Comme la cour d'appel, la Cour de cassation a aussi estimé que c'était à juste titre que l'Autorité de la concurrence avait refusé de renvoyer le dossier à une instruction complémentaire pour s'assurer de l'existence d'un marché pertinent dans le domaine en cause. En effet, elle a pris en compte le fait que le secteur avait fortement évolué depuis une dizaine d'années et que la perception contemporaine qu'ont les acteurs aujourd'hui ne mènerait pas à une analyse suffisamment fiable[6].

412.20 Transferts de données personnelles. Le commerce électronique implique l'enregistrement, l'utilisation et le transfert de données personnelles[7]. La protection de celles-ci (qui a un lien étroit avec la protection de la vie privée[8]) est assurée par la loi n° 78-17 du 6 janvier 1978[9], dite *Informatique et Libertés*, modifiée plusieurs fois, notamment par la loi n° 2018-493 du 20 juin 2018[10], transposant le règlement 2016/679[11] relatif à la protection des personnes physiques à l'égard du traitement des données à caractère personnel et à la libre circulation de ces données (RGPD). Elle modifie considérablement la loi précitée informatique et libertés pour y intégrer l'ensemble « données » (règlement et directive) dans notre ordre interne[12].

SECTION 2
OFFRE

412.30 Bibliographie. Ouvrages. Assoc. Henri Capitant (dir.), *Le contrat électronique*, Éd. Panthéon-Assas, 2002 – G. Desgens-Pasanau, *La protection des données à caractère personnel. Le RGPD et la nouvelle loi française*, 4ᵉ éd., LexisNexis, 2019 – C. Féral-Schuhl, *La protection des données personnelles,* « À savoir », Dalloz, 2019 – FNTC, *Vademecum juridique de la digitalisation des documents*, préf. É. A. Caprioli, 2016 – J.-C. Hallouin et H. Causse (dir.), *Le contrat électronique : au cœur du commerce électronique – Le Droit de la distribution : Droit commun ou Droit spécial ?*, Faculté de droit et de sciences sociales-Université de Poitiers, LGDJ, 2005.

Thèses. F. Binois, *Consensualisme et formalisme à l'épreuve de l'électronique. Étude de droit civil*, préf. F. Labarthe, PUAM, 2021 – G. Brunaux, *Le contrat à distance au XXIᵉ siècle*, préf. N. Sauphanor-Brouillaud, « BDPr », t. 524, LGDJ, 2010 – O. Cachard, *La régulation internationale du marché*

1. T. com. Nanterre, 4 oct. 2000, *D.* 2001. 1317, obs. C. Manara.
2. C. Manara, obs. préc.
3. REMPLACÉ par l'Autorité de la concurrence par la loi n° 2008-776 du 4 août 2008.
4. Cons. conc. 28 nov. 1989, n° 89-D-41 ; – CONFIRMÉ PAR : Paris, 21 mai 1990, *D.* 1990, note C. Gavalda.
5. Com. 10 mars 1992, n° 90-16.298, P IV, n° 111 ; *LPA* 23 janv. 1993, p. 9, note F. Dreifuss-Netter.
6. Com. 6 déc. 2017, n° 16-18.835, NP, *RLDI* 2018, n° 5147, obs. L. C. (donnant l'arrêt comme P, avec le n° de pourvoi 15-19.048).
7. SUR LE TRANSFERT des données personnelles : É. A. Caprioli (dir.), *Banque et assurance digitales. Droit et pratiques*, préf. M. Roussille, RD éd., 2017, nᵒˢ 318 s. – SUR LES DANGERS des « traces » que chaque internaute laisse sur la toile, les rendant totalement transparents pour les plateformes : D. Olivennes et M. Chichportich, *Mortelle transparence*, Albin Michel, 2018.
8. M. Clément-Fontaine, « L'union du droit à la protection des données personnelles et du droit à la vie privée », *Legipresse* 2018/356, p. 19.
9. L. n° 78-17, 6 janv. 1978, relative à l'informatique, aux fichiers et aux libertés, *JO* 7 janv., p. 227.
10. L. n° 2018-493, 20 juin 2018, relative à la protection des données personnelles, *JO* 21 juin, n° 1 – SUR LAQUELLE NOT. : G. Desgens-Pasanau, *La protection des données personnelles. Le RGPD et la nouvelle loi française*, 4ᵉ éd., LexisNexis, 2019 – C. Féral-Schuhl, *La protection des données personnelles,* « À Savoir », Dalloz, 2019.
11. Règl. 2016/679, Parlement et Conseil, 27 avr. 2016, relatif à la protection des personnes physiques à l'égard du traitement des données à caractère personnel et à la libre circulation de ces données, et abrogeant la directive 95/46/CE (règlement général sur la protection des données), *JOUE* L 119, 4 mai, p. 1.
12. V. *supra* sˢ n° 011.22.

électronique, préf. Ph. Fouchard, « BDPr », t. 365, LGDJ, 2002 – F. Mas, *La conclusion des contrats du commerce électronique*, préf. M. Vivant, « BDPr », t. 437, LGDJ, 2005.

Contributions. M. Bacache, « Les nouveaux défis du droit de la responsabilité : l'article 15 de la loi pour la confiance dans l'économie numérique consacre-t-il un nouveau cas de responsabilité contractuelle autonome du fait d'autrui ? », dans J. Rochfeld (dir.), *Les nouveaux défis du commerce électronique*, LGDJ, 2010, p. 30 s. – J. Beauchard, « L'offre dans le commerce électronique », dans *Le contrat électronique : Au cœur du commerce électronique, op. cit.*, p. 35 s. – É. A. Caprioli, « Signature et confiance dans les communications électroniques en droit français et européen », dans *Libre droit : Mél. Ph. le Tourneau*, Dalloz, 2008, p. 155 s. – E. Derieux, « Données à caractère personnel et communication publique. Règlement (UE) 2016/79 du 27 avril 2016 relatif à la protection des personnes physiques à l'égard du traitement des données à caractère personnel et à la libre circulation de ces données », dans *Mél. J. Huet*, LGDJ, 2017, p. 127 s. – J. Devèze, « La forme du contrat électronique », dans Assoc. Henri Capitant (dir.), *Le contrat électronique, op. cit.*, p. 58 s. – D. Noguero, « L'acceptation dans le commerce électronique », dans *Le contrat électronique : Au cœur du commerce électronique, op. cit.*, p. 49 s. – T. Piette-Coudol, « Les errances de la signature électronique, ou comment résister à la convergence de la technique et du droit », dans *Mél. Linant de Bellefonds*, Litec, 2007, p. 395 s. – A. Raynouard, « La formation du contrat électronique », dans Assoc. Henri Capitant (dir.), *Le Contrat électronique, op. cit.*, p. 15 s. – T. Revet, « Rapport introductif », dans Assoc. Henri Capitant (dir.), *Le Contrat électronique, op. cit.*, p. 9 s.

Articles. Ph. Ballet et V. Bensoussan-Brulé, « La lettre recommandée électronique, enfin ? », *Gaz. Pal.* 2011. 1. Doctr. 781 – E. Bazin, « Le droit de repentir en droit de la consommation », *D.* 2008. Chron. 3028 s. – É. A. Caprioli, « Écrit et preuve électroniques dans la loi n° 2000-230 du 13 mars 2000 », *Cah. dr. entr.* 2000/2, p. 1 s. ; « Lettre recommandée électronique », *CCÉ* 2011, n° 40 ; « Les lettres recommandées électroniques », *Cah. dr. entr.* 2011, prat. 15 – P. Catala, « L'électronique et la cohérence du droit », *CCÉ* 2000/2, repères p. 3 – G. Cordier, « Conditions générales de vente en ligne. Formule », *JCP E* 2012, n° 9, 1141 – G. Cordier et A. Jobard, « L'opposabilité des conditions générales de vente aux consommateurs », *JCP* 2013, n° 35. Ét. 1464 – L. Grynbaum, « Contrats entre absents : les charmes évanescents de la théorie de l'émission de l'acceptation », *D.* 2003. Chron. 1706 s. ; « Pour une bonne réception de la lettre recommandée électronique », *JCP* 2011, aperçu rapide 162 – B. Liard, « La responsabilité des prestataires de service de certification », *CCÉ* 2002. Chron. 26 – E. Netter, « Réflexions sur la preuve et l'imputabilité des contrats électroniques », *RLDI* 2013. Ét. n° 2984 – P. Oudot, « L'internet et la responsabilité civile », *Gaz. Pal.* 2007, Doctr. 3539 – J. Passa, « Commerce électronique et protection des consommateurs », *D.* 2002. Chron. 555 s. – A. Penneau, « La certification des produits et systèmes permettant la réalisation des actes et signatures électroniques », *D.* 2002. Chron. 2065 s. – T. Piette-Coudol, « LCEN. L'écrit électronique et la signature électronique depuis la LCEN », *CCÉ* 2004, n° 29 ; « La signature électronique dans le nouveau droit des obligations (article 1367 du code civil) », *RLDI* 2017. Ét. 5130 – A. Raynouard, « La loi n° 2004-575 pour la confiance dans l'économie numérique… ou comment disqualifier le consensualisme dans un élan d'harmonisation du droit des contrats européen sans le dire », *RDC* 2005. 565 s. – Ph. Stoffel-Munck, « LCEN. La réforme des contrats du Commerce électronique », *CCÉ* 2004. Chron. n° 30 – M. Zoïa, « La notion de consentement à l'épreuve de l'électronique », 1re partie *Gaz. Pal.* 2001. 2. Doctr. 1129 s. ; 2e partie *Gaz. Pal.* 2001. 2. Doctr. 1552 s.

412.31 **Distinctions.** Les contrats conclus par voie électronique entrent dans la catégorie juridique, soit des ventes par démarchage, soit des ventes à distance. Les circonstances de fait permettent de trancher. Lorsque l'internaute a reçu une offre commerciale directement sur sa messagerie, sans aucune demande de sa part, l'achat qu'il effectuera ensuite relèvera du démarchage[1]. Si, au contraire, il a été actif, ce qui est le cas le plus fréquent, se connectant de son propre chef sur un site, alors il y aura éventuellement vente à distance[2].

Quoi qu'il en soit, dans les deux cas, les parties ne sont pas en présence l'une de l'autre. La majorité des contrats électroniques sont conclus ainsi, sans que les parties soient physiquement en présence l'une de l'autre. Toutefois, entrent aussi dans la catégorie des contrats électroniques ceux qui se concluent de façon électronique alors que les parties sont ensembles[3]. L'hypothèse est rare, mais il fallait la signaler.

En pratique, les contrats électroniques sont presque toujours des contrats d'adhésion[4], même s'ils sont conclus entre deux professionnels. Le client ne peut qu'adhérer au contrat proposé en ligne, qui est « à prendre ou à laisser », sans la possibilité d'y changer quoi que ce soit.

412.32 **Information.** La loi n° 2004-575 du 21 juin 2004[5] « *pour la confiance dans l'économie numérique* », dite LCEN, impose une obligation d'information préalable à la conclusion du contrat, à la charge de *quiconque* offre des biens ou des services par internet (not. son identité ou sa raison

1. CONTRA : L. Bochuberg, *Internet et commerce électronique, op. cit.*, n° 904, écrivant sans nuance que « *le contrat électronique est un contrat de vente à distance* ».
2. CEP. : N. Cuzacq, « Le luxe et le droit », *RTD com.* 2002. 615 s. : pour lequel l'assimilation ne doit pas être systématique.
3. EN CE SENS : A. Raynouard, « La formation du contrat électronique », dans *Le Contrat électronique, op. cit.*, p. 15 s., spéc. p. 17.
4. SUR L'APPLICATION DES RÈGLES du contrat d'adhésion aux contrats électroniques : T. Guillebon, « L'application du dispositif du code civil aux contrats du commerce électronique », *JCP E* 2017. Ét. 1454 (dans le titre, il eut été préférable de parler de dispositions plutôt que de dispositif).
5. L. n° 2004-575, 21 juin 2004, pour la confiance dans l'économie numérique, *JO* 22 juin, p. 11168 – TRANSPOSANT : dir. 2000/31, préc.

sociale, son adresse, son immatriculation aux divers registres[1]). L'objectif légal a été de contrôler l'asymétrie dans l'information, en protégeant la partie faible. Les opérateurs doivent assurer un accès facile, direct et permanent à ces informations sur leur page d'accueil, et sur chacune des pages visionnées par le client à partir du moment où il commence la transaction. Ces exigences s'appliquent sans préjudice des autres obligations d'information prévues par les textes législatifs ou réglementaires en vigueur[2], donc notamment celles qui résultent du code de la consommation[3]. La superposition des textes, leur profusion, a un effet pervers, contraire à l'objectif recherché, mettant en péril l'engagement de l'internaute[4]. La voie électronique peut être utilisée pour mettre à disposition des conditions contractuelles ou des informations sur des biens ou services[5]. Les informations destinées à un professionnel peuvent lui être adressées par message électronique dès lors qu'il a communiqué son adresse électronique[6]. Les informations figurant sur le site, et qui ne seraient pas imposées par la loi, sont néanmoins importantes pour déterminer les obligations de l'offrant, même en présence d'une mention « *ne constitue pas un document contractuel* », du moins envers un professionnel[7].

Le commerçant étranger offrant aux consommateurs Français des supports d'enregistrements numériques est tenu de les informer que le prix du produit est augmenté de la rémunération pour copie privée que doit acquitter l'acquéreur[8]. En omettant de procéder à cette information, il commet un acte déloyal par détournement de la clientèle de ses concurrents Français[9].

412.33 **Offre.** L'offre, exposée par le site, doit être claire et explicite[10], se distinguer nettement de la publicité, celle-ci devant être identifiée comme telle[11], et les internautes doivent être protégés contre l'envoi par courrier électronique de publicité non sollicitée[12]. L'offre doit notamment comporter les conditions générales de vente, l'identification précise de l'objet de la vente, la disponibilité du bien et le délai de livraison, le prix (hors la taxe à la valeur ajoutée [TVA], en indiquant le taux de celle-ci lorsqu'elle est applicable), le montant des frais de port s'il en existe (préciser livraison gratuite dans le cas contraire), les modalités de paiement, les garanties contractuelles (au-delà des garanties légales si le contrat est soumis au Droit français). Toutes les informations précontractuelles habituelles doivent aussi être données. Ne pas omettre de préciser la durée de l'offre et, étant donné qu'un site peut être consulté du monde entier, les territoires pour lesquels elle est valable (ou ceux pour lesquels elle ne l'est pas).

Dans son offre à un consommateur, tout vendeur professionnel et tout prestataire de services doit communiquer le prix[13], accompagné de nombreuses informations énumérées[14] par le code de la consommation. La CJUE a jugé qu'une pratique commerciale consistant à ne rendre accessibles les informations prévues à l'article 5, § 1er, de la directive 97/7[15] (parlant de support durable[16]) que par un hyperlien sur un site internet de l'entreprise ne satisfait pas aux exigences du texte[17]. L'ordonnance n° 2005-648 du 6 juin 2005[18] prévoit des dispositions semblables pour la commercialisation à distance de services financiers[19]. Toutefois, le concept juridique de consommateur n'est guère pertinent dans le commerce électronique, les biens et services étant souvent proposés indifféremment aux consommateurs et aux professionnels.

1. L. n° 2004-575, 21 juin 2004, art. 19.
2. L. n° 2004-575, 21 juin 2004, art. 19.
3. V. *infra* s^s n° 412.33.
4. F. Binois, *Consensualisme et formalisme à l'épreuve de l'électronique. Étude de droit civil*, th. préc., n°s 20 s. ; ADDE les trois propositions de l'auteur pour rationaliser les informations : th. préc., n°s 29 s.
5. C. civ., art. 1126 ; mod. par ord. n° 2016-131, 10 févr. 2016, art. 2 – Ord. n° 2005-674, 16 juin 2005 relative à l'accomplissement de certaines formalités contractuelles par voie électronique, *JO* 17 juin, p. 10342.
6. C. civ., art. 1127 ; mod. par ord. n° 2016-131, 10 févr. 2016, art. 2 – Ord. n° 2005-674, 16 juin 2005.
7. V. *supra* s^s n° 213.21.
8. Le régime de la rémunération pour copie privée a été modifié par : la loi n° 2011-189 du 20 déc. 2011 – SUR LAQUELLE : C. Caron, *CCÉ* 2012, n° 13.
9. T. com. Bobigny, 15 sept. 2005, *Rue du commerce (Sté) c/ Dabs.com, CCÉ* 2005, n° 168, obs. C. Caron.
10. Sur les suggestions et recommandations du contrat type v. *supra* s^s n° 412.15.
11. L. n° 2004-575 du 21 juin 2004, art. 20.
12. V. *infra* s^s n° 421.22.
13. C. consom., art. L. 212-1.
14. C. consom., art. L. 221-4.
15. Dir. 97/7, Parlement et Conseil, 20 mai 1997, concernant la protection des consommateurs en matière de contrats à distance – Déclaration du Conseil et du Parlement européen sur l'art. 6, § 1 – Déclaration de la Commission sur l'art. 3, § 1, 1er tiret, *JOCE* L 144, 4 juin, p. 19 – Dir. remplacée depuis le 13 juillet 2014 par : dir. 2011/83, Parlement et Conseil, 25 oct. 2011, préc.
16. Défini par C. consom. : v. *supra* n° 011.102 – Sur la notion : F. Binois, *Consensualisme et formalisme à l'épreuve de l'électronique. Étude de droit civil*, th. préc., n°s 73 s.
17. CJUE, 5 juill. 2012, *Content services Ltd c/ Bundesarbeitskammer*, aff. C-49/11, *D.* 2012. 1878 ; *D.* 2013. 945, obs. H. Aubry, E. Poillot et N. Sauphanor-Brouillaud ; *CCC* 2012, n° 292, obs. G. Raymond ; *LPA* 9 janv. 2013, n° 9, p. 6, note G. Brunaux ; *RLDI* 2013/92, n° 3062, note J. Huet ; *RTD eur.* 2012. 666, obs. C. Aubert de Vincelles – SUR CETTE DÉCISION : C. Castets-Renard, « Le formalisme informatif en droit européen du commerce électronique », *RLDI* 2012/88. Chron. 2932.
18. Ord. n° 2005-648, 6 juin 2005, relative à la commercialisation à distance de services financiers auprès des consommateurs, *JO* 7 juin, p. 10002, TRANSPOSANT dir. 2002/65, préc.
19. C. consom. art. L. 222-1 s. (v. *infra* s^s n° 414.11).

Selon la loi du 21 juin 2004[1], *le professionnel* proposant par voie électronique la fourniture de biens ou la prestation de services met *à disposition* les stipulations contractuelles applicables d'une manière qui permette leur conservation et leur reproduction[2]. Le texte n'impose pas une obligation de mise à disposition, mais prévoit seulement que, si celle-ci existe, les conditions contractuelles doivent pouvoir être conservées et reproduites (à défaut, elles sont inopposables au destinataire[3]).

Lorsque l'offre intervient à titre professionnel, elle doit en outre énoncer « *les différentes étapes techniques à suivre pour conclure le contrat par voie électronique* » ; les moyens techniques pour identifier ou corriger les erreurs commises dans la saisie des données avant que la conclusion du contrat ; les langues proposées pour la conclusion du contrat (ce qui ne signifie pas que le français ne serait plus obligatoire dans les contrats internes) ; si le contrat une fois conclu est archivé ou non par le prestataire, et s'il est accessible ou non ; les moyens de consulter par voie électronique les règles professionnelles et commerciales auxquelles l'auteur de l'offre entend, le cas échéant, se soumettre[4]. Il peut être dérogé aux dispositions de l'article 1127-1, alinéa 3, du code civil, dans les conventions conclues entre professionnels[5]. Le mot d'offre dans les articles 1127-1, alinéa 3, et 1127-2 n'a pas son acception technique habituelle : il est entendu comme une simple proposition d'engager des pourparlers[6].

Le Droit assure donc une information la plus complète et la plus sérieuse possible des contractants sur la toile. Au demeurant, il est assuré que dans le cyberespace l'acheteur est nettement mieux informé que dans les formes traditionnelles du commerce. D'abord, car la plupart des sites marchands comportent des renseignements détaillés et clairs. Ensuite, dans la mesure où l'acheteur peut visiter des sites concurrents pour comparer les produits. Enfin, puisque les internautes peuvent se renseigner sur les biens qu'ils envisagent d'acquérir auprès de détenteurs de ces biens par l'intermédiaire des forums de discussion (*chat rooms*). Peut-être serait-il opportun de créer une présomption (simple) de l'existence d'un vice du consentement en cas de violation du formalisme informatif[7].

La voie électronique peut être utilisée pour mettre à disposition des conditions contractuelles ou des informations sur des biens ou services[8].

412.34 Durée et destinataires de l'offre. Sans préjudice des conditions de validité mentionnées dans l'offre (toujours entendue comme invitation à entrer en pourparlers), son auteur reste engagé par elle tant qu'elle reste accessible par voie électronique de son fait[9]. Ainsi, une offre pour une durée déterminée perd toute valeur si l'acceptation est donnée lorsqu'elle est expirée, alors même qu'elle resterait en ligne. Elle peut comprendre d'autres conditions, tel l'agrément par une clause de confirmation de commande. Si l'offre est ferme, précise et complète, qu'elle constitue donc une véritable offre, elle engage réellement son auteur tant qu'elle reste accessible par voie électronique de son fait[10]. La prudence commande donc aux professionnels de toujours assortit leurs offres d'un délai de validité.

La singularité de l'offre véritable par voie électronique réside en ce qu'elle est en quelque sorte infinie, et que l'offrant est réellement en état d'offre permanent (dans la durée de validité qu'il détermine). L'offre peut tant être au public (en général sur le site de l'offrant), qu'à une personne dénommée (par courrier électronique). À nos yeux, l'offre n'est pas publique même si elle est adressée par la messagerie à un grand nombre de destinataires, dès lors que chacun d'entre eux est désigné[11].

Qui propose sur son site un bien mis en vente chez un concurrent se rend coupable de concurrence déloyale[12].

412.35 Consensualisme et commerce électronique. Il est nécessaire que le client donne la possibilité de l'identifier, ce qui est une différence avec la majorité des contrats actuels de la vie courante. De façon assez paradoxale, « *Dans le monde virtuel on est moins anonyme que dans le monde réel* » (J. Huet[13]).

De prime abord, le principe du consensualisme est si ouvert qu'il trouve à s'appliquer dans le commerce électronique, sans coup férir, en prenant simplement en compte de nouvelles manières d'exprimer le consentement[14]. À cet égard, l'électronique n'apparaît que comme un instrument inédit

1. L. n° 2004-575, 21 juin 2004, art. 25, II.
2. C. civ., art. 1127-1, al. 1er.
3. Ph. Stoffel-Munck, art. préc., n° 26. – F. Binois, *Consensualisme et formalisme à l'épreuve de l'électronique. Étude de droit civil*, th. préc., n° 60.
4. C. civ., art. 1127-1, al. 3, 1° à 5°.
5. C. civ., art. 1127-3, al. 2.
6. Ph. Stoffel-Munck, art. préc., nos 31 s.
7. EN CE SENS not. : F. Binois, *Consensualisme et formalisme à l'épreuve de l'électronique. Étude de droit civil*, th. préc., nos 53 s.
8. C. civ., art. 1126.
9. C. civ., art. 1127-1, al. 2.
10. Ph. Stoffel-Munck, art. préc., n° 37.
11. EN CE SENS : M. Zoïa, « La notion de consentement à l'épreuve de l'électronique », art. préc., 2e partie, p. 1553.
12. TGI Paris, 3 oct. 2003, *B. G. c/Agences Mercure*, *CCE* 2004, n° 28, obs. L. Grynbaum : à propos d'un agent immobilier.
13. J. Huet, « La problématique juridique du commerce électronique », art. préc., p. 27.
14. V. CEP. sur le « consensualisme électronique » les riches analyses de F. Binois, *Consensualisme et formalisme à l'épreuve de l'électronique. Étude de droit civil*, th. préc., nos 329 s.

d'échanges des volontés, de sorte qu'elle n'impliquerait « *aucune modification de la notion d'engagement contractuel* »[1]. La manifestation de volonté, qui traditionnellement était verbale ou sur un support corporel (le papier), est *dématérialisée*. Car, si le support électronique est un support matériel (puisqu'il comprend des inscriptions numériques physiques), il est en même temps incorporel (les inscriptions étant inintelligibles sans l'intermédiaire d'un appareil[2]). Il existe donc une équivalence fonctionnelle entre le numérique et le papier. La formation du contrat résulte d'une série d'opérations matérielles, au fond d'une *action*, transférant électroniquement et *instantanément* des informations. Mais cela ne préjuge en rien le moment où le destinataire de l'information en prend connaissance. La manifestation du consentement s'opère par un *geste électronique*, en remplissant des formulaires sur l'écran (moniteur) de l'ordinateur, ou parfois plus simplement par un double « clic », après lecture d'une proposition de contrat. Pour autant (le premier pour choisir, le second pour confirmer), le consentement reste de même nature que celui qui est donné sur un support papier ou verbalement, à savoir *une action transformant un projet en acte juridique*. Peu importe que l'offre ait elle-même été électronique ou non, ce qui compte étant le mode électronique de rencontre des volontés. Toutefois, un doute peut naître quant à la concordance entre la volonté interne de l'internaute et sa volonté déclarée. En apparence, il est plus vif que dans le monde matériel. La réalité est sans doute différente, car la formation du contrat électronique, si elle peut être quasiment instantanée, implique en réalité une série d'opérations, de gestes électroniques, qui garantissent assez largement la réalité du consentement[3].

Quoi qu'il en soit, alors que la tradition du Droit français était de privilégier la volonté interne, la volonté déclarée semble prévaloir dans le monde électronique, au moins implicitement, puisqu'une présomption de fiabilité de la signature est reconnue (à certaines conditions : C. civ., art. 1367, al. 2 ; précisées par décr. n° 2017-1416 du 28 sept. 2017)[4]. Encore faudrait-il savoir sur quoi elle porte. Il serait sans doute bon que le client fût amené à valider, par des clics successifs, les principales clauses des conditions générales et du contrat[5]. Car le consentement à la conclusion du contrat n'implique pas automatiquement celui de son contenu. Mais il a été jugé que le clic de fin de commande valide les conditions générales[6] de vente[7] et témoigne de l'acceptation par l'internaute de celles-ci, dès lors du moins qu'une mention claire figure sur le bon de commande enjoignant de les consulter et qu'un lien hypertexte est proposé à cette fin[8]. Il serait sans doute souhaitable de standardiser les conditions générales applicables aux consommateurs dans les contrats électroniques[9].

Les conditions générales de fourniture d'un service de communications électroniques peuvent être modifiées unilatéralement par le prestataire, en respectant un certain nombre de conditions énumérées par l'article L. 224-10 du code de la consommation[10].

« *Le simple fait de se rendre sur un site internet afin de consulter celui-ci sans encore présenter une quelconque demande, telle une commande ou une réservation, ne saurait engager l'internaute dans des liens contractuels avec la société propriétaire du site* » (Paris, pôle 5, ch. 2, 23 mars 2012[11]) ; autrement dit, bien évidemment, la création de liens contractuels suppose une action positive d'acceptation.

Un contrat peut parfaitement être formé par l'interaction entre les systèmes d'information automatisés des deux parties, même si aucune personne n'a examiné chacune des actions exécutées par ces systèmes ni la convention qui en résulte[12]. Car, si le processus contractuel est alors automatique grâce à

1. T. Revet, « Rapport introductif », *op. cit.*, spéc. p. 10. – F. Binois, *Consensualisme et formalisme à l'épreuve de l'électronique. Étude de droit civil*, th. préc., n°s 367 s. : le consensualisme doit s'adapter, not. en raison d'une hiérarchie entre les formes électroniques.
2. A. Raynouard, « La formation du contrat électronique », art. préc., spéc. p. 17.
3. Sur l'erreur dans la manifestation de l'acceptation électronique : F. Binois, *Consensualisme et formalisme à l'épreuve de l'électronique. Étude de droit civil*, th. préc., n°s 107 s.
4. Décr. n° 2017-1416, 28 sept. 2017 relatif à la signature électronique, *JO* 30 sept., texte 8 – SUR LEQUEL : *JCP G* 2017. Zoom 1047 par É. A. Caprioli – T. Piette-Coudol, « La signature électronique dans le nouveau droit des obligations (article 1367 du code civil) », préc. – A. Penneau, « Le décret n° 2017-1416 du 28 septembre 2017 relatif à la signature électronique », *JCP E* 2018. Actu. 28.
5. EN CE SENS : M. Zoïa, « La notion de consentement à l'épreuve de l'électronique », art. préc., 2e partie, p. 1555 – SUR les difficultés relatives à l'opposabilité des conditions générales de vente aux consommateurs : G. Cordier et A. Jobard, étude préc.
6. Sur les conditions générales not. v. *supra* s^s^ n° 115.18.
7. Sur les conditions générales de vente en ligne la formule détaillée proposée par : G. Cordier, « Conditions générales de vente en ligne. Formule », préc.
8. Paris, 25 nov. 2010, RG n° 08/22287, *CCÉ* 2011, n° 56, obs. A. Debet : à propos d'un contrat de voyage conclu en ligne.
9. F. Bouguettaya et C. Chancé, « Contrats B2C sur internet : réalités et perspectives d'un secteur reposant sur la confiance », *RLDI* 2015. Doctr. 3782.
10. Civ. 1re, 27 nov. 2013, n° 12-22.024, NP, *CCC* 2014, n° 76, obs. G. Raymond.
11. Paris, pôle 5, ch. 2, 23 mars 2012, RG n° 10/11168, *D.* 2012. AJ 1060, obs. C. Manara.
12. EN CE SENS l'avant-projet de convention sur l'utilisation de messages de données dans le commerce électronique de la CNUDCI du 26 août 2003, art. 14.

l'échange de données informatisées (EDI), une programmation a été préalablement effectuée en ce sens, et celle-ci manifeste la volonté préalable de ses auteurs. Ce procédé est largement utilisé dans les relations commerciales entre entreprises. Il l'est parfois aussi par de simples consommateurs qui, grâce à des logiciels spécifiques, peuvent saisir immédiatement une offre dès qu'elle se présente, notamment dans les ventes aux enchères en ligne.

SECTION 3
CONSENTEMENT

412.41 Consentement, acceptation et moment de formation du contrat. Dans le commerce électronique la détermination du moment de la formation du contrat est liée à des questions purement techniques. « *Si un incident se produit dans la communication, il est nécessaire de décider dans quelle mesure le contrat est déjà formé, nonobstant le défaut de réception du message d'acceptation* »[1]. La *théorie de l'émission* préserve les droits de l'acceptant, auquel sera inopposable la rétractation opérée par le sollicitant pendant l'incident technique ou la caducité de l'offre. De plus, elle facilite « *la preuve de la formation du contrat et des conditions auxquelles il a été conclu* », puisque l'acceptant « *détiendra dans son propre système la matérialité de l'émission du message d'acceptation et l'étendue de son contenu* »[2]. Le client évitera ainsi l'arbitraire de son partenaire. Il était donc logique d'opter pour ce mécanisme. Tel fut le choix des auteurs de la directive 2000/31[3]. Elle prévoit que le contrat est conclu lorsque le destinataire de l'offre (au sens juridique précis du mot, pas une simple proposition) a émis son acceptation, après avoir eu la possibilité de vérifier le détail de sa commande et son prix total, ainsi que d'en corriger d'éventuelles erreurs[4]. Le procédé du « double-clic » reçut ainsi sa consécration légale (le premier pour choisir, le second pour confirmer). La mesure est intéressante, car les risques d'erreurs matérielles (des clics impulsifs et malheureux) sont effectivement à craindre. Cette disposition est d'ordre public (« *Le contrat n'est valablement conclu* »[5]), sauf entre professionnels, puisque ceux-ci peuvent y déroger[6], ce qui est judicieux.

La théorie de l'émission en sort rajeunie et enrichie, puisque l'acceptation ne produit des effets *que si elle est vérifiée et confirmée* (théorie de l'émission certes, mais vérifiée, confirmée et acceptée[7]). Voilà une des particularités du Droit des contrats résultant de l'utilisation de l'électronique (alors que, depuis la réforme du droit des contrats, la théorie de la réception a été consacrée pour l'offre par l'art. 1115, C. civ., et d'une façon générale par l'art. 1121, C. civ.). Il est précisé que le prestataire est tenu d'accuser réception de la commande « *sans délai injustifié et par voie électronique* »[8] la confirmation de l'acceptation de l'offre et l'avis de réception sont considérés comme reçus lorsque les parties auxquels ils ont été adressés peuvent y avoir accès[9]. Le système de *la réception* réapparaît donc sous cet aspect ou, du moins, une présomption en ce sens. À vrai dire, le choix entre la théorie de l'émission et celle de l'acceptation est sans doute un peu académique, dans la mesure où l'émission et l'acceptation sont généralement pratiquement concomitantes dans le commerce électronique.

Les dispositions des deux premiers alinéas de l'article 1127-2 du code civil ne sont pas applicables aux contrats ayant été conclus « *exclusivement par échange de courriers électroniques* »[10] (le mot courrier est ici employé d'une façon impropre, car « courrier » désigne l'ensemble des lettres reçues ou envoyées par une personne ; il aurait fallu écrire messages électroniques ou courriels[11]). Cette exception est regrettable. Pourquoi distinguer les offres et les commandes effectuées sur un site de celles qui utilisent la messagerie électronique ? Il peut être dérogé aux dispo-

1. L. Grynbaum, « Contrats entre absents : les charmes évanescents de la théorie de l'émission de l'acceptation », art. préc., spéc. p. 1707.
2. L. Grynbaum, *op.* et *loc. cit.*
3. COMP. avec les solutions de la CNUDCI, la loi type sur le commerce électronique du 16 déc. 1996 : art. 15, et l'avant-projet de convention sur l'utilisation de messages de données dans le commerce électronique du 26 août 2003, art. 10.
4. Dir. 2000/31, Parlement et Conseil, 8 juin 2000, art. 11, point 2 – L. n° 2004-575, 21 juin 2004, art. 25. – C. civ., art. 1127-2, al. 1er.
5. C. civ., art. 1127-2.
6. C. civ., art. 1127-3, al. 2.
7. *CONTRA* : G. Brunaux, *Le contrat à distance au XXIe siècle*, th. préc., nos 407 s., selon lequel le choix de la théorie de la réception s'impose et s'applique à l'ensemble des contrats conclus à distance ; F. Binois, *Consensualisme et formalisme à l'épreuve de l'électronique. Étude de droit civil*, th. préc., nos 143 s. – La C. de cass. a pu sembler consacrer le système de la réception, mais sa décision ne concerne que l'acceptation de l'offre adressée par un propriétaire au preneur à bail rural titulaire d'un droit de préemption, en se fondant du reste sur l'art. L. 412-8, C. rur. : Civ. 3e, 16 juin 2011, n° 09-72.679, P III, n° 103 ; *D.* 2011. 2260, note N. Dissaux ; *JCP* 2011, n° 39, 1016, note Y.-M. Serinet ; *JCP* 2011, n° 42. Chron. 1141, n° 5, obs. G. Loiseau, APPROB.
8. Dir. 2000/31, Parlement et Conseil, 8 juin 2000, art. 11, point 1, 1er tiret – C. civ., art. 1127-2, al. 2.
9. Dir. 2000/31, Parlement et Conseil, 8 juin 2000, art. 11, point 1, second tiret – C. civ., art. 1127-2, al. 3.
10. Dir. 2000/31, Parlement et Conseil, 8 juin 2000, art. 11, point 3 ; C. civ., 1127-3, al. 1er.
11. V. *supra* ss n° 221.33.

sitions de l'article 1127-2 du code civil dans les conventions conclues entre professionnels[1].

Aucun texte n'a réglé la question de l'incapable, particulièrement du mineur, concluant un contrat « en ligne ». Il est donc frappé de nullité relative, selon le Droit commun[2], sauf s'il peut être considéré comme un acte courant autorisé par la loi ou l'usage[3]. Ces dispositions représentent un risque pour les sociétés du commerce électronique, mais qui semble plus théorique que pratique, en ce sens qu'il ne semble pas donner lieu à du contentieux.

Il a été jugé que l'acheteur, étant invité à prendre connaissance des conditions générales du vendeur (figurant en tête de la page) avant de commander, la validation vaut acceptation de celle-ci[4] ; et que l'exonération de responsabilité relative à la navigation sur le site est valide (même décision), ne constituant pas un déséquilibre significatif entre les droits et obligations des parties (au sens du C. consom., art. L. 212-1) ; cette solution peut paraître choquante, car il pèse sur le professionnel une obligation de bon fonctionnement[5].

412.42 **Clauses abusives.** Les clauses abusives, au sens de l'article L. 212-1 du code de la consommation, qui ont notamment pour objet ou pour effet de créer un « *déséquilibre significatif* » entre les droits et les obligations des parties entre professionnels et consommateurs, au détriment de ce dernier, sont prohibées tant dans le commerce traditionnel[6] que dans le commerce en ligne[7], et peuvent être annulées par les juges, à la demande du client ou d'une association de consommateur[8]. L'article L. 212-1 du même code étend la règle aux contrats conclus entre des « professionnels et des non-professionnels ». L'article R. 212-1 énumère les clauses qui, dans les contrats conclus entre des professionnels et des consommateurs, sont de manière irréfragable présumées abusives, au sens des dispositions des premier et quatrième alinéas de l'article L. 212-1, et dès lors interdites[9].

1. C. civ., 1127-3, al. 2.
2. C. civ., art. 1147.
3. C. civ., art. 1148.
4. TGI Paris, 4 févr. 2003, *Assoc. Familles de France c/Père-Noël.fr*, préc.
5. C. Manara, obs. préc.
6. POUR UNE ÉTUDE APPROFONDIE : J. Julien, *Droit de la consommation*, 3e éd., « Précis Domat », LGDJ-Lextenso, 2019, nos 219 s. – Y. et N. Picod, *Droit de la consommation*, 5e éd., Sirey, 2020, nos 297 s. – Ph. le Tourneau (dir.), *Droit de la responsabilité et des contrats. Régimes d'indemnisation*, 12e éd., « Dalloz action », 2020, nos 3221.51 s.
7. SUR les mécanismes de protection contre les clauses abusives en ligne : É. A. Caprioli (dir.), *Banque et assurance digitales. Droit et pratiques*, préf. M. Roussille, RD éd., 2017, nos 87 s.

SECTION 4
PREUVE

412.50 **Bibliographie. Ouvrages.** É. A. Caprioli, *Signature électronique et dématérialisation*, LexisNexis, 2014.

Contributions. É. A. Caprioli, « Signature et confiance dans les communications électroniques en droit français et européen », dans *Libre droit. Mél. Ph. le Tourneau*, Dalloz, 2008, p. 155 s. – J. Devèze, « Vive l'article 1322 ! Commentaire critique de l'article 1316-4 du code civil », dans *Mél. P. Catala*, Litec, 2001, p. 529 s.

Articles. L. Assaya et V. Baudouin, « La signature électronique par cryptographie à clé publique », *JCP E* 2003, no 146 – É. A. Caprioli, « Sécurité et confiance dans le commerce électronique. Signature numérique et autorité de certification », *JCP* 1998. I. 123 – É. A. Caprioli et P. Agosti, « Principales évolutions du régime de signature, du cachet et de la copie numériques », *AJ contrat* 2016. 418 s. – P.-Y. Gautier et X. Linant de Bellefonds, « Preuve et commerce électronique. De l'écrit électronique et des signatures qui s'y attachent », *JCP* 2000. I. 236 – T. Piette-Coudol, « La signature électronique dans le nouveau droit des obligations (article 1367 du code civil) », *RLDI* 2017. Ét. 5130 – I. Renard, « Le courrier recommandé électronique », *JCP* 2011, no 26, 772 – T. Douville, « Désordre dans le contentieux de la signature électronique », *D.* 2022. Point de vue 121.

412.51 **Écrit « électronique ».** L'écrit électronique *ad validitatem* accéda à la vie juridique en 2004[10]. En effet, selon l'article 1174, alinéa 1er, du code civil, « *Lorsqu'un écrit est exigé pour la validité d'un acte juridique, il peut être établi et conservé sous forme électronique dans les conditions prévues aux articles 1366 et 1367 et, lorsqu'un acte authentique est requis, au second alinéa de l'article 1369* » (c'est-à-

8. TGI Paris, 4 févr. 2003, *Assoc. Familles de France c/Père-Noël.fr*, *D.* 2003. AJ 762, obs. C. Manara ; *Gaz. Pal.* 2003. 2, Somm. 2618, note Ph. Charpentier : neuf clauses jugées abusives et annulées dans les conditions générales d'une sté de vente par internet – TGI Bordeaux, 11 mars 2008, no 3703-2006, *UFC Que choisir c/Cdiscount, RJDA* 2008, no 1190 : sept clauses abusives – TGI Paris, 1re ch., 28 oct. 2008, *UFC Que choisir c/Amazon.com, CCÉ* 2009, no 15, obs. A. Debet : nombreuses clauses contenues dans les conditions générales de vente du site *Amazon.fr* déclarées illicites – NOT. SUR les clauses abusives : Ph. le Tourneau (dir.), *Droit de la responsabilité et des contrats…*, 12e éd., *op. cit.*, nos 3221.52 s. – Le code de la consom. énumère une liste *noire* de 12 clauses abusives (art. R. 212-1) et une liste *grise* de 10 clauses abusives (art. R. 212-2).
9. PAR EX. : Civ. 1re, 11 déc. 2019, no 18-21.164, P I ; *AJ contrat* 2020. 97, obs. V. Legrand ; *CCC* 2020, no 36, obs. L. Leveneur ; *RJDA* 2020, no 181 : « *la clause ayant pour objet de supprimer ou de réduire le droit à réparation du préjudice subi par le consommateur en cas de manquement du professionnel à l'une de ses obligations est présumée abusive de manière irréfragable* » (art. R. 212-1, 6o).
10. NOT. SUR L'ÉCRIT électronique : FNTC, *Vademecum juridique de la digitalisation des documents*, préf. É. A. Caprioli, 2016, p. 12 s.

dire que les conditions de validité *ad probationem* de la signature électronique doivent être respectées [1]). Un contrat peut donc être conclu par voie électronique [2], même s'il exige pour sa validité l'établissement d'un écrit [3]. Lorsqu'une mention manuscrite est nécessaire elle peut être apposée sous forme électronique si les conditions de son apposition sont de nature à garantir que la mention ne peut émaner que de celui qui s'oblige [4]. L'article 1174 du code civil comporte des exceptions (prévues par l'art. 1175, C. civ.). Un auteur, à partir de l'évolution découlant des contrats conclus par voie électronique, a proposé l'absorption du formalisme *ad validitatem* par le formalisme *ad probationem*, pas seulement dans ce domaine, mais d'une façon plus générale en droit commun des contrats [5].

Nota : L'acte authentique peut être dressé sur support électronique s'il est établi et conservé dans des conditions [6] fixées par décret en Conseil d'État [7].

412.52 **De la lettre « recommandée électronique » à l'envoi « recommandé électronique ».** Depuis l'ordonnance du 16 juin 2005 [8], une lettre, simple ou recommandée, relative à la conclusion ou à l'exécution d'un contrat pouvait être envoyée par courriel, dans des conditions précisées par la loi [9] – Le décret n° 2011-144 du 2 févr. 2011 [10] précisait les modalités d'application de l'art. 1369-8 [devenu 1227-5], autorisant l'envoi d'une telle lettre recommandée électronique [11]. La loi du 7 octobre 2016 [12], en consacra une nouvelle formulation, avec un domaine d'application élargi, et sous un nom inédit, à savoir l'envoi recommandé électronique (ERE) [13]. La disposition [14] a été insérée dans le code des postes et des communications électroniques [15]. Et les articles 1127-4 et 1127-5 du code civil (qui venaient juste d'être renumérotés par l'ord. n° 2016-131 du 10 févr. 2016) ont été abrogés, tandis que l'article 1127-6 est devenu l'article 1127-4. Quelle méthode législative de gribouille !

L'article 100, précité, pose l'équivalence entre l'envoi recommandé électronique et la lettre recommandée, dès lors du moins qu'il satisfait aux exigences de l'article 44 [16] du règlement 910/2014, précité, sur l'identification électronique et les services de confiance pour les transactions électroniques. Lorsque « *le destinataire n'est pas un professionnel, celui-ci doit avoir exprimé à l'expéditeur son consentement à recevoir des envois recommandés électroniques* » [17]. Du reste, le prestataire peut proposer que le contenu de l'envoi, acheminé par voie électronique [18], soit aussi imprimé sur papier puis adressé au destinataire par La Poste [19]. Les modalités d'application de l'ERE ont été précisées par le décret n° 2018-347 du 9 mai 2018 [20].

412.53 **« Identification électronique ».** L'identification électronique est un procédé permettant à une personne d'établir qui elle est (comme la carte d'identité ou le passeport dans le monde matériel) ; elle est souvent complétée par une authentification, confirmant que la personne revendiquant une identité est bien la personne qu'elle affirme être. L'ordonnance n° 2017-1426 du 4 octobre 2017 [21], relative à l'identification électronique et aux services de confiance pour les transactions électroniques, introduisit dans le code des postes et des télécommunications électroniques [22] une définition des notions

1. Sur celles-ci v. *infra* s^s n°s 412.54 s.
2. Civ. 1re, 1er juill. 2015, n° 14-19.781, NP, *RDC* 2018. 48, obs. J. Huet.
3. Civ. 1re, 11 juill. 2018, n° 17-10.458, P I, n° 134 ; *CCÉ* 2018. 87, obs. É. A. Caprioli ; *RDC* 2018. 560, obs. J. Huet.
4. C. civ., art. 1174, al. 2.
5. F. Binois, *Consensualisme et formalisme à l'épreuve de l'électronique. Étude de droit civil*, préf. F. Labarthe, PUAM, 2021, n°s 463 s.
6. FNTC, *Vademecum juridique de la digitalisation des documents*, préf. É. A. Caprioli, 2016, p. 42 – Ph. Gaudrat et F. Sardain, *Traité de droit civil du numérique*, t. II, Larcier, Bruxelles, 2015, n°s 531 s. – F. Binois, *Consensualisme et formalisme à l'épreuve de l'électronique. Étude de droit civil*, th. préc., n°s 242 s.
7. C. civ., art. 1369.
8. Ord. n° 2005-674, 16 juin 2005, relative à l'accomplissement de certaines formalités contractuelles par voie électronique, *JO* 17 juin, p. 10342.
9. C. civ., art. 1127-4 [anc. 1369-7] et 1227-5 [anc. 1369-8] ; articles mod. par ord. n° 2016-131, 10 févr. 2016.
10. Décr. n° 2011-144, 2 févr. 2011, relatif à l'envoi d'une lettre recommandée par courrier électronique pour la conclusion ou l'exécution d'un contrat, *JO* 4 févr., p. 2274.
11. Ph. Ballet et V. Bensoussan-Brulé, « La lettre recommandée électronique, enfin ? », art. préc. – É. A. Caprioli, « Lettre recommandée électronique », art. préc. – L. Grynbaum, « Pour une bonne réception de la lettre recommandée électronique », art. préc. – I. Renard, « Le courrier recommandé électronique », art. préc.
12. L. n° 2016-1321, 7 oct. 2016 pour une république numérique, *JO* 8 oct., texte 1.
13. É. A. Caprioli, *CCÉ* 2017, n° 8.
14. É. A. Caprioli, *CCÉ* 2017, n° 8.
15. CPCE, art. L. 100 ; créé par L. n° 2016-1321, 7 oct. 2016, art. 93.
16. Le renvoi à l'art. 44 du règl. 910/2014 signifie que seuls les envois recommandés électroniques « qualifiés » seront équivalents à une lettre recommandée sur papier.
17. CPCE, art. 100, I, al. 2.
18. X. Delpech, « Mesures réglementaires sur la lettre recommandée électronique », *AJ contrat* 2018. 200 – T. Piette-Coudol, « La nouvelle lettre recommandée électronique », *RLDI*. Ét. 5231 – É. A. Caprioli, « Lettre recommandée électronique », *CCÉ* 2018, n° 60.
19. CPCE, art. 100, I, al. 3.
20. Décr. n° 2018-347, 9 mai 2018, relatif à la lettre recommandée électronique, *JO* 12 mai, n° 16 – CPCE, art. R. 53 s.
21. Ord. n° 2017-1426, 4 oct. 2017, relative à l'identification électronique et aux services de confiance pour les transactions électroniques, *JO* 5 oct., texte 2.
22. CPCE, art. 102.

d'« identification électronique » et de « moyen d'identification électronique » : « *L'identification électronique est un processus consistant à utiliser des données d'identification personnelle sous une forme électronique représentant de manière univoque une personne physique ou morale, ou une personne physique représentant une personne morale. // un moyen d'identification électronique est un élément matériel ou immatériel contenant des données d'identification personnelle et utilisé pour s'authentifier pour un service en ligne* ». Ces définitions sont reprises du règlement 910/2014, dit eIDAS. Mais le législateur est resté jusqu'à présent silencieux sur le cadre juridique de l'identification électronique. Cependant, une expérimentation est en cours (en 2019) et le Gouvernement semble se préoccuper de la question [1].

412.54 Signature « électronique ». La directive 1999/93 [2] sur la « signature électronique » fut transposée par la loi n° 2000-230 du 13 mars 2000 [3], fort commentée [4]. Celle-ci modifia le paragraphe consacré par le code civil à la preuve littérale, en y ajoutant plusieurs articles [5]. L'objectif était d'admettre tant « l'écrit sur support électronique » et sa valeur [6] probante [7], que la signature électronique [8]. Les dispositions de la loi du 13 mars 2000 furent donc insérées dans le tronc des dispositions fondamentales, constituant le Droit commun, afin de leur assurer une certaine stabilité et une nécessaire souplesse ; par exemple, un écrit électronique imparfait peut valoir commencement de preuve par écrit aux conditions de l'article 1362 du code civil [9].

La signature « *identifie son auteur* » et « *manifeste son consentement aux obligations qui découlent de cet acte* » [10]. Cet article donna à la signature une valeur inédite. En effet, en faisant attention aux mots employés, il apparaît qu'elle ne se limite plus à marquer l'approbation formelle du contenu du document sur lequel elle est apposée ; elle identifie son auteur et participe à la formation de la relation contractuelle elle-même [11]. D'où forme et fond se confondent. Lorsque la signature est électronique, « *elle consiste en un procédé fiable d'identification garantissant son lien avec l'acte auquel elle s'attache* » [12]. Une présomption de fiabilité de la signature électronique a été posée par la loi [13] (précisée par le décret du 28 sept. 2017 [14]) [15], du moins lorsqu'elle remplit les critères définis par le décret en Conseil d'État (préc.). Si une signature simplement scannée ne saurait être considérée d'une façon générale comme valide, il en irait autrement pour les actes de prêt consentis par des établissements de crédit [16]. La reconnaissance de l'écrit et de la signature électroniques facilite grandement le développement du commerce sur la toile.

Lors du « grand confinement » imposé par les pouvoirs publics face à la pandémie du coronavirus (covid-19) de 2020, la signature électronique a connu un développement spectaculaire dans tous les types d'activités (au-delà du notariat [17]), car elle permit à de nombreuses entreprises de continuer à travailler dans les meilleures conditions. Il est pro-

1. T. Douville, « Enfin un cadre juridique général pour l'identification électronique ! », *D.* 2018. Point de vue 676 (dont le titre est trompeur, anticipant ledit cadre), montrant les apports d'un cadre juridique pour l'identification électronique.
2. Dir. 1999/93, Parlement et Conseil, 13 déc. 1999, sur un cadre communautaire pour les signatures électroniques, *JOCE L* 13, 19 janv. 2000, p. 12.
3. L. n° 2000-230, 13 mars 2000, portant adaptation du droit de la preuve aux technologies de l'information et relative à la signature électronique, *JO* 14 mars, p. 3968.
4. SURTOUT : É. A. Caprioli, *Signature électronique et dématérialisation,* LexisNexis, 2014 – *ADDE* : L. Assaya et V. Baudouin, « La signature électronique par cryptographie à clé publique », art. préc. – É. A. Caprioli, « Écrit et preuve électroniques dans la loi n° 2000-230 du 13 mars 2000 », art. préc. ; « Signature et confiance dans les communications électroniques en droit français et européen », art. préc. – É. A. Caprioli et P. Agosti, « Principales évolutions du régime de signature, du cachet et de la copie numériques », art. préc. – J. Devèze, « Vive l'article 1322 ! Commentaire critique de l'article 1316-4 du code civil », art. préc. – P.-Y. Gautier et X. Linant de Bellefonds, « Preuve et commerce électronique. De l'écrit électronique et des signatures qui s'y attachent », art. préc. – I. Renard, *op. cit.* – L. Grynbaum, *V°* « Preuve », préc., n°s 109 s. – F. Binois, *Consensualisme et formalisme à l'épreuve de l'électronique. Étude de droit civil*, préf. F. Labarthe, PUAM, 2021, n°s 191 s.
5. C. civ., art. 1365 s.
6. EX. pour donner mandat : Caen, 5 mars 2015, RG n°s 13/03009 et 13/03010 (2 arrêts), *CCÉ* 2015, n° 45, obs. É. A. Caprioli ; *RDC* 2016. 241, obs. J. Huet ; les arrêts ajoutent que ledit écrit électronique doit être revêtu d'une signature électronique telle que visée par l'art. 1367, al. 2, ce qui est contestable, surtout en matière commerciale comme dans les esp. ayant donné lieu aux deux arrêts puisque dans ce domaine la preuve est libre (C. com., art. L. 110-3), mais même sans doute en matière civile : v. J. Huet, obs. préc.
7. C. civ., art. 1366.
8. C. civ., art. 1367.
9. EN CE SENS : P. Catala, « L'électronique et la cohérence du droit », art. préc.
10. C. civ., art. 1367, al. 1er
11. T. Revet, « Rapport introductif », *op. cit.*, p. 11.
12. C. civ., art. 1367, al. 2 – Civ. 1re, 6 avr. 2016, n° 15-10.732, NP, *CCÉ* 2016, n° 57, obs. É. A. Caprioli ; *RGDA* 2016. 298, note R. Ghueldre ; *RDC* 2016. 667, note A. Danis-Fâtome ; intégrité de l'écrit électronique ; signature électronique valide ; sa valeur juridique ne dépend pas de la technique utilisée.
13. C. civ., art. 1367, al. 2, *in fine*.
14. Décr. n° 2017-1416, 28 sept. 2017 relatif à la signature électronique, *JO* 30 sept., n° 8.
15. NOT. : *JCP* 2017. Zoom 1047 par É. A. Caprioli – T. Piette-Coudol, « La signature électronique dans le nouveau droit des obligations (article 1367 du code civil », préc.).
16. Aix-en-Provence, ch. 8 B, 27 avr. 2017, n° 2017/96, *CCÉ* 2017, n° 102, obs. É. A. Caprioli.
17. V. *supra* n° 011.46.

bable que son usage se pérennisera après la crise sanitaire, les entreprises ayant pu en apprécier les avantages, à savoir, en plus de pouvoir l'effectuer à distance, un gain de temps important et de sérieuses économies de papier.

412.55 Rigidité et souplesse de la preuve et de la « signature électronique ». Un écrit et une signature électroniques ne peuvent être considérés comme équivalents à une preuve littérale et à une signature manuscrite que s'ils sont conformes aux prescriptions des articles 1366 et 1367, alinéa 2, du code civil, complétés par deux décrets et un arrêté[1]. Mais les parties peuvent établir au préalable une convention dérogeant aux dispositions sur la preuve[2], celle-ci étant libre en matière commerciale[3]. De plus, à défaut de convention, une certaine souplesse reste de mise car « *le juge règle les conflits de preuve par écrit en déterminant par tous moyens le titre le plus vraisemblable* »[4]. Enfin, le contrat en vertu duquel un mandataire exerce son activité peut être établi sous la forme électronique, à condition d'être revêtu d'une signature électronique ; cependant, si celle-ci constitue l'une des conditions de validité du contrat, son absence peut être couverte par une exécution volontaire du contrat en connaissance de la cause de nullité, valant confirmation, dès lors que ne sont contestées ni l'identité de l'auteur du courriel ni l'intégrité de son contenu[5]. Un contentieux important existe devant les juridictions du fond à propos de l'existence et de la fiabilité de la signature électronique[6].

412.56 Fiabilité de la « signature électronique ». La fiabilité de la signature est assurée par son *chiffrement à clés asymétriques*[7] (dénommé curieusement cryptage[8]), et par une *certification d'identité numérique* délivrée par un établissement homologué (v. les dispositions du décr. n° 2017-1416, 28 sept. 2017, relatif à la présomption de fiabilité de la signature électronique[9], abrogeant le décr. n° 2001-272, 30 mars 2001)[10]. Un décret précisa en 2002 les procédures d'évaluation et de certification de « *la sécurité offerte par les produits et systèmes des technologies* (sic) *de l'information* » (décr. n° 2002-535, 18 avr. 2002[11] ; technologie est ici un anglicisme[12]). Enfin, un arrêté du 31 mai 2002 compléta ces dispositions ; il acheva de préciser la présomption de fiabilité de la signature électronique, en déterminant les conditions de la qualification des prestataires de certification électronique et de l'accréditation des organismes chargés de l'évaluation[13]. La signature électronique, remplissant les conditions prévues par l'ensemble de ces textes, est un procédé technique permettant de remplir le rôle autrefois attribué à une signature manuscrite mais sans que le nom du signataire soit apparent. De plus, la signature codée (cryptée[14]) garantit *l'intégrité du texte*, ce qui était une nouveauté radicale. Malgré ses avantages, la signature électronique n'a pas rencontré le succès escompté[15]. Le règlement 910/2014, précité, consolida la signature électronique et l'étendit aux « services de confiance »[16] (remplaçant les prestataires de services de certification). Le règlement consacra aussi une nouvelle notion, celle de « cachet électronique ». La simple signature scannée (qui n'est qu'une image

1. V. ci-dessous.
2. C. civ., art. 1368 – M. Martin, « Contrats de l'informatique. Les clauses de convention de preuve », *CCÉ* 2021. Fiches prat. 43.
3. C. com., art. L. 110-3 (sur la preuve aussi : v. *supra* s[s] n° 2.12).
4. C. civ., art. 1368, *in fine*.
5. Civ. 1re, 7 oct. 2020, n° 19-18.135, P, *D.* 2021. 5966, note S. Tisseyre ; *RTD civ.* 2020. 881, obs. H. Barbier, à propos d'un agent sportif.
6. T. Douville, « Désordre dans le contentieux de la signature électronique », préc.
7. V. *supra* s[s] n°s 335.73, 411.62.
8. L'Académie française conseille d'éviter crypter et d'employer coder.
9. *CCÉ* 2017, n° 92, obs. É. A. Caprioli (commentaire du décr. n° 2017-1416 ; 28 sept. 2017).
10. Décr. n° 2001-272, 30 mars 2001, pris pour l'application de l'art. 1316-4 du C. civ. et relatif à la signature électronique, *JO* 31 mars, p. 5070 – Sur l'identité numérique v. *supra* s[s] n° 4.13.
11. Décr. n° 2002-535, 18 avr. 2002, relatif à l'évaluation et à la certification de la sécurité offerte par les produits et les systèmes des technologies de l'information, *JO* 19 avr., p. 6944 – SUR LEQUEL : *CCÉ* 2002, n° 101, obs. L. Grynbaum.
12. V. *supra* s[s] n° 012.31.
13. É. A. Caprioli, *Signature électronique et dématérialisation*, LexisNexis, 2014, n°s 318 s. – *CCÉ* 2002, n° 117, obs. L. Grynbaum – NOT., sur la certification : O. Cachard, *La régulation internationale du marché électronique*, th. préc., n°s 484 s. – A. Penneau, « La certification des produits et systèmes permettant la réalisation des actes et signatures électroniques », art. préc. ; L. Assaya et V. Baudouin, « La signature électronique par cryptographie à clé publique », art. préc. – L'arrêté du 31 mai 2002 fut remplacé par celui du 26 juill. 2004 [*JO* 7 août, p. 14104], relatif à la reconnaissance de la qualification des prestataires de service de certification électronique et à l'accréditation des organismes qui procèdent à leur évaluation – NOT. sur la qualification de ces prestataires de service : É. A. Caprioli, « Signature et confiance dans les communications électroniques en droit français et européen », art. préc., spéc. le schéma p. 170.
14. L'Académie française conseille d'éviter crypter et d'employer coder.
15. T. Piette-Coudol, « Les errances de la signature électronique, ou comment résister à la convergence de la technique et du droit », art. préc.
16. T. Piette-Coudol, « Règlement européen n° 910/2014 : le renouveau de la signature électronique et la consécration du cachet électronique », chron. préc.

numérisée de la signature) ne constitue pas une signature électronique[1] ; sa valeur est incertaine.

412.57 « Signature numérique ». La signature *numérique* (*digital signature* en anglais, dite parfois scannérisée, en utilisant encore un anglicisme), est définie par la norme ISO 7498-2 de la sorte : « *Données ajoutées à une unité de données, ou transformation cryptographique d'une unité de données permettant à un destinataire de prouver la source et l'intégrité de cette unité en la protégeant contre la contrefaçon par le destinataire par exemple.* » Elle apporte la *sécurité technique de la transmission* du message, puisqu'elle en assure l'intégrité et l'identification (comme en témoigne, pour ce second aspect, la formule « prouver la source »). Mais elle n'équivaut pas à la signature électronique visée par le législateur : celle-ci assure la *sécurité juridique du message*, en garantissant le consentement aux obligations contenues dans l'acte[2].

412.58 Responsabilité des prestataires de service de certification. La signature électronique et les mesures destinées à en assurer la fiabilité ont fait apparaître une nouvelle profession : celle de *prestataire de service de certification électronique*[3]. L'article 33 de la loi n° 2004-575 du 21 juin 2004[4] « *pour la confiance dans l'économie numérique* » traite de leur responsabilité[5].

Son premier alinéa établit une *présomption de responsabilité* quant au préjudice causé aux tiers utilisateurs qui se sont fiés raisonnablement aux certificats que ces organismes délivrent dans quatre circonstances qu'il énumère. Le second alinéa apporte une *limite de bon sens*, en prévoyant qu'ils ne sont pas responsables du préjudice causé par un usage du certificat dépassant les limites fixées à son utilisation ou à la valeur des transactions pour lesquelles il peut être utilisé, mais à la condition que ces limites aient été clairement portées à la connaissance des utilisateurs dans le certificat et soient *accessibles* aux utilisateurs (le mot accessible peut s'entendre comme le fait que les limites d'utilisation du certificat sont perçues de façon à éviter toute confusion[6]).

1. Civ. 2e, 28 mai 2020, n° 19-11.744, NP, *CCÉ* 2020, n° 85, obs. É. A. Caprioli ; *RDC* 2021/1. 63, obs. J. Huet.
2. T. Piette-Coudol, art. préc.
3. V. *supra* s[s] n° 412.56.
4. L. n° 2004-575, 21 juin 2004, pour la confiance dans l'économie numérique, *JO* 22 juin, p. 11168.
5. É. A. Caprioli, *Signature électronique et dématérialisation*, LexisNexis, 2014, n°s 384 s. – B. Liard, « La responsabilité des prestataires de service de certification », art. préc. – É. A. Caprioli, « Signature et confiance dans les communications électroniques en droit français et européen », art. préc., spéc. p. 178 s.
6. EN CE SENS : É. A. Caprioli, « Signature et confiance dans les communications électroniques en droit français et européen », art. préc., spéc. p. 180.

Le texte ne prévoit rien quant aux conditions de la défaillance contractuelle applicable entre l'organisme certificateur et son client, c'est-à-dire le bénéficiaire de la certification (sauf à entendre largement les personnes visées par l'al. 1er de l'art. 33 de loi préc.). Le Droit commun s'appliquera donc. La certification est une prestation de service, relevant du contrat d'entreprise (louage d'ouvrage). S'agissant d'une opération purement technique, dénuée de tout aléa, elle mérite la qualification d'obligation de résultat[7]. S'il s'avérait que le susdit 1er alinéa de l'article 33 est applicable au certificateur, ce texte érigerait bien une obligation de résultat à leur encontre. Toutefois, ce prestataire de service pourra négocier avec son partenaire l'insertion d'une clause limitative de « responsabilité », soumise aux conditions habituelles d'efficacité[8].

Rappel : La distinction des obligations de moyens et de résultat a été ignorée par l'ordonnance n° 2016-131 du 10 février 2016 portant réforme du droit des obligations ; elle ne figure pas non plus dans le projet de réforme de la responsabilité civile présenté Par le garde des Sceaux le 13 mars 2017[9].

SECTION 5
RÉGIME JURIDIQUE SPÉCIFIQUE AUX VENTES À DISTANCE

412.61 Généralités. Les ventes à distance, sous les diverses formes indiquées, présentent des dangers spécifiques pour l'acheteur qui ne voit pas le produit (et, même s'il peut le voir, sur un catalogue ou sur un écran, il ne peut pas le saisir, l'examiner en profondeur, ni le tester, sauf pour un progiciel). Il risque donc de se décider à la légère. Aussi le législateur a institué des mesures protectrices, d'abord au bénéfice d'un client consommateur[10], puis au profit de quiconque[11]. Outre les règles envisagées précédemment, notamment celles qui sont relatives à l'offre et au consentement[12], l'acheteur (même professionnel) bénéficie d'un droit de rétractation (pour d'autres dispositions relatives au consommateur dans les contrats à distance aussi[13]).

412.62 Rétractation. L'acheteur peut en effet se *rétracter* pendant quatorze jours calendaires d'un

7. Ph. le Tourneau (dir.), *Droit de la responsabilité et des contrats. Régimes d'indemnisation*, 12e éd., « Dalloz action », 2020, n° 3311.52.
8. Ph. le Tourneau (dir.), *Droit de la responsabilité et des contrats...*, 12e éd., *op. cit.*, n°s 3221.11 s.
9. V. *supra* s[s] n° 014.14.
10. V. *supra* s[s] n°s 412.14 et 412.33.
11. V. *supra* s[s] n°s 412.33 et 412.35.
12. V. *supra* s[s] n°s 412.33 et 412.35.
13. V. *infra* s[s] n°s 412.71, 413.11 et 413.12.

contrat conclu à distance (par téléphone ou internet), ou hors établissement (par démarchage), en retournant la chose pour remboursement, sans avoir à payer de pénalités. Ce délai court, pour les contrats de vente de biens et les contrats de prestation de services incluant la livraison de biens, de la réception du bien par le consommateur ou par un tiers désigné par lui autre que le transporteur [1] (droit dit de retour [2]). Lorsque les informations relatives au droit de rétractation n'ont pas été fournies au consommateur dans les conditions prévues au 7° de l'actuel article L. 221-5, I [3], le délai de rétractation est prolongé de douze mois à compter de l'expiration du délai de rétractation initial [4]. La possibilité de se rétracter comporte des exceptions données par l'article L. 221-28.

Le consommateur n'est tenu qu'aux frais de la réexpédition s'il en a été informé avant le contrat [5] (et encore, la plupart des vendeurs à distance les prennent à leur charge), et non des frais d'expédition des marchandises au consommateur [6], sauf, pour les contrats à distance lorsque le bien, en raison de sa nature, ne peut normalement être renvoyé par la poste, s'il en a été informé avant le contrat [7]. Toutefois, selon la CJCE, une indemnité compensatrice équitable de l'utilisation du bien pourrait être imposée au consommateur en présence d'une déloyauté ou d'un enrichissement sans cause [8]. Selon la directive 2011/83, précitée, la responsabilité du consommateur n'est engagée qu'à l'égard de la dépréciation des biens résultant de manipulations des biens autres que celles qui sont nécessaires pour établir la nature, les caractéristiques et le bon fonctionnement de ces biens. En tout état de cause, il n'est pas responsable de la dépréciation des biens lorsque le professionnel a omis de l'informer de son droit de rétractation conformément à l'article 6 [9].

Depuis l'ordonnance n° 2021-1734 du 22 décembre 2021 [10], le code de la consommation détermine minutieusement le sort des contenus et données à propos des contrats pour lesquels le droit de rétractation a été exercé [11]. Ainsi le professionnel doit s'abstenir d'utiliser tout contenu qui a été fourni ou créé par le consommateur lors de l'utilisation du contenu ou du service numérique fourni par le professionnel sauf, notamment, lorsque ce contenu n'est d'aucune utilité pour le consommateur dès lors qu'il ne l'utilise plus, ou n'a trait qu'à l'activité de ce dernier lorsqu'il utilise le contenu ou le service numérique ; et encore lorsqu'il a été agrégé avec d'autres données par le professionnel et ne peut être désagrégé ou ne peut l'être que moyennant des efforts disproportionnés [12]. De son côté, le consommateur a le droit de récupérer gratuitement ce contenu numérique, sans que le professionnel y fasse obstacle, dans un délai raisonnable et dans un format couramment utilisé et compatible avec une lecture par machine [13]. Mais il doit s'abstenir d'utiliser le contenu numérique et de le rendre accessible à des tiers [14]. En cas de rétractation du contrat, le professionnel peut empêcher toute utilisation ultérieure du contenu ou du service numérique par le consommateur, notamment en faisant en sorte qu'il soit

1. C. consom., art. L. 221-18.
2. POUR DES EX. de formulaires de rétractation commentés : A.-S. Lucas-Puget, « La clause informant le consommateur de son droit de rétractation dans les contrats à distance et hors établissement », *CCC* 2016. Formule 1.
3. Réd. Ord. n° 2021-1734, 22 déc. 2021, transposant la dir. 2019/2161 du Parlement et du Conseil, 27 nov. 2019, relative à une meilleure application et une modernisation des règles de l'Union en matière de protection des consommateurs.
4. C. consom., art. L. 221-20.
5. C. consom., art. L. 221-5, I, 8°, réd. Ord. n° 2021-1734, 22 déc. 2021, préc.
6. CJUE, 4e ch., 15 avr. 2010, *Handelsgesellschaft Heinrich Heine c/Verbraucherzentrale Nordrhein-Westfalen,* aff. C-511/08, *Rec.* I-03047 ; *D.* 2010. 2132, note G. Busseuil ; *Gaz. Pal.* 2010. 1, p. 1666, 2e esp., note S. Piedelièvre ; *JCP* 2010, n° 27, 773, note G. Paisant ; *CCÉ* 2010, n° 125, obs. Ph. Stoffel-Munck ; *RDC* 2010. 1295, obs. C. Aubert de Vincelles.
7. C. consom., art. L. 221-5, I, 8°, réd. Ord. n° 2021-1734, 22 déc. 2021, préc.
8. CJCE 1re ch., 3 sept. 2009, *Pia Messner c/ Firma Stefan Krüger,* aff. C-489/07, *JCP E* 2009, actu. 412 ; *D.* 2009. AJ 2161, obs. A. Valérie-Robardet ; *JCP* 2009, n° 47, 459, note G. Paisant ; *JCP E* 2009, n° 50, 2168, note G. Rousset ; *RLDC* 2009, n° 3595, obs. C. Le Gallou ; *D.* 2010. Pan. 794, obs. E. Poillot ; *RDC* 2010. 113, note S. Pimont ; *RDC* 2010. 643, obs. C. Aubert de Vincelles ; *Contrats* 2010, p. 643, note C. Aubert de Vincelles ; *LPA* 3 mai 2010, n° 87, p. 7, note G. Busseuil ; *RTD eur.* 2010. 695. Chron. C. Aubert de Vincelles ; *CCÉ* 2010, n° 64, obs. Ph. Stoffel-Munck : « *Les dispositions de l'art. 6, paragraphes 1, deuxième phrase, et 2, de la directive 97/7/CE du 20 mai 1997, concernant la protection des consommateurs en matière de contrats à distance* [...] *ne s'opposent pas à ce que le payement d'une indemnité compensatrice pour l'utilisation de ce bien soit imposé au consommateur dans l'hypothèse où celui-ci aurait fait usage dudit bien d'une manière incompatible avec les principes de droit civil, tels que la bonne foi ou l'enrichissement sans cause, à la condition qu'il ne soit pas porté atteinte à la finalité de ladite directive et, notamment, à l'efficacité et à l'effectivité du droit de rétractation, ce qu'il incombe à la juridiction nationale de déterminer* ».
9. C. consom., art. L. 221-23, al. 3, IMPL.
10. Transposant dir. 2019/2161 du Parlement et du Conseil, 27 nov. 2019, relative à une meilleure application et une modernisation des règles de l'Union en matière de protection des consommateurs.
11. C. consom., art. L. 221-26-1, I, réd. Ord. n° 2021-1734, 22 déc. 2021, préc.
12. C. consom., art. L. 221-26-1, II, réd. Ord. n° 2021-1734, 22 déc. 2021, préc.
13. C. consom., art. L. 221-26-1, III, réd. Ord. n° 2021-1734, 22 déc. 2021, préc.
14. C. consom., art. L. 221-26-1, V, réd. Ord. n° 2021-1734, 22 déc. 2021, préc.

inaccessible au consommateur ou en désactivant le compte d'utilisateur de ce dernier[1].

Ce droit de rétractation est discrétionnaire (l'acheteur n'a pas « à motiver sa décision » selon C. consom., art. L. 221-18, al. 1er)[2]. Cependant, pour les denrées périssables (telle une cartouche d'encre d'une imprimante ou une pile du programme « bios ») le retour ne devrait être admis qu'en cas de non-conformité ou de vice de la chose. Au demeurant, il est admis d'une façon générale que « *le caractère discrétionnaire est limité par un éventuel abus de droit* » (Civ. 3e, 2 mai 2005[3]). Les droits ne sont pas absolus mais seulement relatifs, car leur exercice ne doit pas nuire à autrui.

La Cour de cassation a jugé (dans un autre domaine, mais la règle semble générale) que la rétractation pouvait être tacite[4], et qu'elle entraîne toujours « *l'anéantissement du contrat* »[5], de sorte qu'il n'est pas possible de revenir sur elle ; la seule solution serait de conclure un nouveau contrat.

Outre les cas légaux, la faculté de rétractation peut être prévue par le contrat. La partie qui a exercé son droit de rétractation pourrait y renoncer en poursuivant l'exécution du contrat ou en effectuant des actes d'exécution incompatibles avec lui, selon un arrêt d'espèce auquel il ne faut sans doute pas attacher trop d'importance[6].

412.63 Rétractation et prestation de services. Le droit de rétractation a été étendu à certaines prestations de services (celles qui n'ont pas été exclues par les textes préc.), pour lesquelles le point de départ du délai est le jour de la conclusion du contrat[7]. Le consommateur en est cependant privé pour les contrats « *de fourniture de services pleinement exécutés avant la fin du délai de rétractation et dont l'exécution a commencé après accord préalable exprès du consommateur et renoncement exprès à son droit de rétractation* »[8] (car le « retour » des services *exécutés* est évidemment impossible). De même, la rétraction est impossible à propos de la « *fourniture de biens ou de services dont le prix dépend de fluctuations sur le marché financier échappant au contrôle du professionnel et susceptibles de se produire pendant le délai de rétractation* »[9]. De plus, le droit de rétractation ne s'applique pas aux contrats conclus par voie électronique ayant pour objet des « *prestations de services d'hébergement, autres que d'hébergement résidentiel, de services de transport de biens, de locations de voitures, de restauration ou d'activités de loisirs qui doivent être fournis à une date ou à une période déterminée*[10] »[11].

Dans la commercialisation à distance de services financiers[12], le consommateur dispose en principe d'un délai de rétractation de quatorze jours calendaires révolus[13], à compter soit du moment où le contrat est conclu, soit du jour où il reçoit les conditions contractuelles si cette date est postérieure à la première[14] (comportant un certain nombre d'exceptions[15]).

412.64 Nature de la rétractation. Comment expliquer ce pouvoir de rétractation (dit aussi de repentir) ? Normalement, l'accord des volontés engendre le contrat. Mais ici *l'échange des consentements ne met pas fin à la formation du contrat*[16]. La naissance de celui-ci ne s'achève pas à son accou-

1. C. consom., art. L. 221-26-1, IV, réd. Ord. no 2021-1734, 22 déc. 2021, préc.
2. V. Vigneau, « Les conséquences de la signature des contrats à distance par les consommateurs », *CCÉ* 2021. Ét. 5, nos 5 s.
3. Civ. 3e, 2 févr. 2005, nos 03-15.409, 03-15.482, P III, no 24 ; *JCP* 2005. II. 10077, note O. Guérin ; *RDI* 2005. 291, obs. H. Périnet-Marquet, à propos du refus par un maître d'ouvrage d'accepter un sous-traitant – Civ. 2e, 19 mai 2016, no 15-12.767, P II, no 138 ; *JCP* 2016, no 811, note L. Mayaux ; *RTD civ.* 2016. 605, obs. H. Barbier, 1re esp. : « *si la faculté prorogée de renonciation prévue par* [C. assur., art. L. 132-5-2] *en l'absence de respect, par l'assureur, du formalisme informatif qu'il édicte, revêt un caractère discrétionnaire pour le preneur d'assurance, son exercice peut dégénérer en abus* », à propos de la renonciation à une assurance-vie.
4. Civ. 3e, 7 avr. 2016, no 15-13.064, P III, no 52 ; *RTD civ.* 2016. 605, obs. H. Barbier, 2e esp. ; *RJDA* 2017, no 73 : « *la signature par les acquéreurs de l'acte authentique de vente sans réserve vaut renonciation à se prévaloir de l'irrégularité de la notification du droit de rétractation* » du CCH, art. L. 271-1.
5. Civ. 3e, 13 févr. 2008, no 06-20.334, P III, no 29 ; *D.* 2008. 1530, note Y. Dagorne-Labbé ; *CCÉ* 2008, no 91, obs. Ph. Stoffel-Munck ; *JCP E* 2008. 2094, note Ph. Stoffel-Munck.
6. Civ. 1re, 1er juill. 2020, no 19-12.855, NP, *CCC* 2020, no 148, obs. S. Bernheim-Desvaux ; *AJ Contrat* 2020. 442, obs. D. Houtcieff ; *RTD civ.* 2020. 611, obs. H. Barbier ; *RDC* 2021. 17, obs. M. Latina.
7. C. consom., art. L. 221-18, al. 2, 1°.
8. C. consom., art. L. 221-28, 1° – Dir. 2011/83, Parlement et Conseil, 25 act. 2011, art. 16.
9. C. consom., art. L. 221-28, 2°.
10. C. consom., art. L. 221-28, 12°.
11. Civ. 1re, 25 nov. 2010, no 09-70.833, P I, no 244 ; *JCP E* 2011, no 4, 1054, note G. Brunaux ; *CCC* 2011, no 49, obs. G. Raymond ; *RLDC* 2011/78 ; *Gaz. Pal.* 2011. 1, p. 953, note S. Piedelièvre ; *D.* 2011. 802, Y. Dagorne-Labbe ; *CCÉ* 2011, no 36, obs. A. Debet.
12. Sur ceux-ci v. *infra* ss no 414.11.
13. G. et I. Parleani, « Accepter d'un "clic", sans lire et sans comprendre, pour se rétracter ensuite ou les services financiers à l'heure d'Internet », dans *Mél. J.-J. Daigre*, Joly, 2017, p. 605 s., spéc. nos 27 s. (on se demande pourquoi les auteurs ont mis une majuscule à internet, qui n'est ni un dieu, ni un nom de famille, ni une marque...).
14. C. consom., art. L. 222-7 ; mod. par L. no 2017-203, 21 févr. 2017, art. 7.
15. C. consom., art. L. 222-9 s.
16. La nature juridique de ce pouvoir de rétractation est cependant controversée – POUR UNE ANALYSE des diverses explications doctrinales : E. Bazin, « Le droit de repentir en droit de la consommation », art. préc.

chement. Assurément, cela est bien singulier : mais la loi peut tout faire, ou presque ! Le consentement continue de pouvoir s'exprimer après la formation du contrat, mais uniquement de façon négative, pour le *rétracter*. Le consommateur reste maître de défaire ce qui a été fait, d'abandonner ce qui a été convenu, de revenir sur sa parole, sur son écrit ou sur son double-clic, en définitive de détruire le contrat. Celui-ci est légalement assorti d'un terme qui en suspend momentanément les effets.

412.65 Distinction de la rétractation, du dédit, de l'acompte et des arrhes. Le droit unilatéral de rétraction du consommateur se distingue de la *clause de dédit*. Celle-ci autorise l'une des parties, ou les deux, à renoncer au contrat (pendant un certain temps), moyennant le paiement d'une somme d'argent, le dédit[1]. La clause de dédit peut être réciproque, au profit tant de l'acheteur que du vendeur : Tel est le sens des *arrhes*. Selon le code civil, celui qui les a données les perd s'il « renonce » au contrat ; mais, si c'est celui qui les a reçues qui change d'avis, il est tenu de verser le double[2]. Le public commet généralement une erreur à propos des arrhes, en les confondant avec un simple acompte (ce dernier est une fraction du prix payé d'avance, normalement remboursable en cas d'inexécution ; il a été suggéré de généraliser à tous les contrats la distinction entre arrhes et acomptes, cantonnée par le C. civ. au contrat de vente[3]).

SECTION 6
EXÉCUTION

412.71 Moment de la livraison ou de l'exécution. Le fournisseur doit indiquer, avant la conclusion du contrat, la date limite à laquelle il s'engage à livrer le bien ou à exécuter la prestation de services. En l'absence d'exécution immédiate du contrat, le professionnel doit indiquer la date ou le délai auquel il s'engage à délivrer le bien ou à exécuter le service[4]. Selon la directive 2011/83, relative aux droits des consommateurs[5], « *Sauf si les parties en disposent autrement concernant le moment de la livraison, le professionnel livre les biens en en transférant la possession physique ou le contrôle au consommateur sans retard injustifié, mais au plus tard trente jours après la conclusion du contrat* »[6]. Cette disposition figure au sein du code de la consommation[7]. « *L'obligation de délivrance du vendeur de produits complexes n'est pleinement exécutée qu'une fois réalisée la mise au point effective de la chose vendue* » (Com. 11 juill. 2006[8]).

412.72 Responsabilité. Toute personne physique ou morale (donc même non professionnelle) proposant ou assurant par voie électronique la fourniture de biens ou de services est « *responsable de plein droit à l'égard de l'acheteur de la bonne exécution des obligations résultant du contrat, que ces obligations soient à exécuter par elle-même ou par d'autres prestataires de services, sans préjudice de son droit de recours contre ceux-ci* », sauf à s'exonérer en prouvant que l'inexécution est imputable soit à l'acheteur, soit à un cas de force majeure (L. n° 2004-575, 21 juin 2004, art. 15, I[9]). Cette disposition ne semble concerner que *la vente*, du fait de l'emploi à deux reprises du mot acheteur et des travaux préparatoires[10], malgré la mention des prestations de service. Par responsabilité « de plein droit » il faut entendre que le vendeur est donc tenu par une obligation de résultat quant à l'exécution du contrat, dans tous ses éléments. La loi a étendu ce régime aux hypothèses dans lesquelles l'obligation serait *exécutée* par un tiers. À vrai dire, s'agissant de la vente, on ne voit pas trop de quels tiers il peut s'agir, à l'exception des préposés et des sous-traitants pour lesquels la solution était déjà acquise ; ce texte n'innovait donc en rien pour la vente.

En revanche, une autre règle instaurée par la loi du 21 juin 2004 a sans conteste une portée plus large lorsque la vente à distance est conclue entre un professionnel et un consommateur. « *Le professionnel est responsable de plein droit à l'égard du consom-*

1. EX. : Paris, 1re ch. A, 25 mars 2008, n° 07-1437, *First Fiat c/ Artcurial*, *RJDA* 2008, n° 984 : distinguant la clause en dédit, comme en l'esp., de la clause pénale – C.-É. Bucher, « La clause de dédit », *CCC* 2020. Formule 3 – E. Seifert, « Retour sur la clause de dédit », *CCÉ* 2020. Formule 3.
2. C. civ., art. 1590.
3. J.-D. Pellier « Plaidoyer pour une généralisation de la distinction entre arrhes et acomptes », *D.* 2020. Point de vue 1366.
4. C. consom., art. L. 111-1, 3°.
5. POUR UN COMMENTAIRE : C. Aubert de Vincelles, *RDC* 2011. 1224 s.
6. Dir. 2011/83, Parlement et Conseil, 25 oct. 2011, art. 18, 1 – POUR LES CONSÉQUENCES du manquement du professionnel quant au moment de la livraison : dir. 2011/83, Parlement et Conseil, 25 oct. 2011, art. 18.
7. C. consom., art. L. 216-1.
8. Com. 11 juill. 2006, n° 04-17.093, NP, *D.* 2006. AJ 2788, obs. Delpech ; *CCC* 2007, n° 248, obs. L. Leveneur ; *CCÉ* 2007, n° 82, obs. Ph. Stoffel-Munck : à propos de logiciels complexes – Com. 26 nov. 2013, n° 12-25.191, NP, *D.* 2014. 2317, obs. J. Larrieu, C. Le Stanc et P. Tréfigny ; *CCÉ* 2013, n° 5, obs. G. Loiseau : à propos de la délivrance d'un site internet – Com. 10 févr. 2015, n° 13-24.501, P IV, n° 33 ; *D.* 2015. 1683, note T. Rouhette et C. Tilliard (qui affirment que cet arrêt consacre pour la première fois l'obligation de mise au point effective) ; *CCC* 2015, n° 111, obs. L. Leveneur ; *CCC* 2015, n° 111, obs. L. Leveneur ; *Gaz. Pal.* 8 juill. 2015. 19, obs. D. Houtcieff : en dehors de l'informatique.
9. G. Brunaux, *Le contrat à distance au XXIe siècle*, th. préc., nos 455 s.
10. Ph. Stoffel-Munck, art. préc., nos 57 s.

mateur de la bonne exécution des obligations résultant du contrat conclu à distance, que ces obligations soient à exécuter par le professionnel qui a conclu ce contrat ou par d'autres prestataires de services, sans préjudice de son droit de recours contre ceux-ci », sauf à s'exonérer en prouvant que l'inexécution est imputable soit au client, soit à un cas de force majeure (L. n° 2004-575, 21 juin 2004, art. 15, II ; C. consom., art. L. 221-15 [1]). Cette disposition concerne *tous les contrats à distance* conclus par un professionnel avec un consommateur, et pas seulement la vente, à l'exception des agents de voyage (selon C. tourisme, art. L. 211-1, II [2]), en raison d'un régime spécifique à ceux-ci [3]. Par responsabilité « de plein droit », il faut entendre obligation de résultat [4]. Pour autant, celle-ci ne devrait pas être systématiquement retenue. Il a été judicieusement suggéré que les tribunaux limitent la portée de cet article « *aux seules obligations par rapport auxquelles la distance qui existait entre les contractants au moment de la conclusion du contrat a joué un rôle* » [5].

En outre, le préjudice invoqué doit découler de l'inexécution d'une obligation « résultant du contrat », selon les termes de la loi [6]. Le législateur aurait créé une responsabilité objective et autonome du fait d'autrui [7]. Il a été jugé que le prestataire de service auquel le professionnel a recours pour l'exécution des obligations résultant d'un contrat conclu à distance n'est pas un tiers au contrat au sens de l'article L. 221-15 du code de la consommation [8], en l'espèce un transporteur ; il en résulte que la marchandise ne voyagerait plus aux risques et périls du destinataire.

412.73 Contrôle et suites. Lorsque la transaction a porté sur un objet corporel, il convient de contrôler l'état du colis lors de la livraison et d'émettre, le cas échéant, des réserves sur le bordereau du transporteur, en les faisant accepter par le préposé du transporteur (pour échapper, quant à l'action contre ce dernier, à la fin de non-recevoir de l'art. L. 133-3, C. com. [9]). L'acheteur insatisfait peut faire jouer son droit de rétractation [10]. Il bénéficie aussi de l'obligation du régime de l'obligation de résultat du vendeur [11]. En cas de difficulté, avant d'intenter une action en justice, il est préférable de saisir le médiateur de la toile [12] ou une association de défense des consommateurs [13]. En présence d'une infraction, la signaler à la Direction générale de la concurrence et de la répression des fraudes [14].

1. Paris, pôle 4, 9e ch., 12 sept. 2013, RG n° 11/10899, *CCÉ* 2013, n° 124, obs. A. Debet ; *CCC* 2014, n° 55, obs. G. Raymond : responsabilité de plein droit du vendeur, en raison du retard de livraison causé par le transporteur – V. Vigneau, « Les conséquences de la signature des contrats à distance par les consommateurs », *CCÉ* 2021. Ét. 5, n° 8.
2. C. tourisme, art. L. 211-1, II ; réd. L. n° 2009-888, 22 juill. 2009, art. 1er ; puis mod. ord. n° 2017-1717, 20 déc. 2017, art. 1er – C. Lachièze, « Allègement de la responsabilité des agents de voyage », *JCP* 2009, n° 41, 303 : l'auteur relève à juste titre que cette éviction est aussi singulière que regrettable.
3. SUR LEQUEL : Ph. le Tourneau (dir.), *Droit de la responsabilité et des contrats. Régimes d'indemnisation*, 12e éd., « Dalloz action », 2020, n° 3121.63.
4. COMP. À PROPOS de l'accès à l'internet : TGI Paris, 26 juin 2007, n° 05/08845, *Stock c/Free, D.* 2007. AJ 2157, obs. C. Manara – Civ. 1re, 19 nov. 2009, n° 08-21.645, *D. c/ Free*, NP, *D.* 2009. AJ 2927, obs. P. Guiomard ; *RLDI* 2009/55, n° 1835, obs. M. T. ; *LPA* 22 janv. 2010, n° 16, p. 12, note M. Fernet ; *RCA* 2010, n° 19, note S. Hocquet-Berg ; *CCC* 2010, n° 35, obs. L. Leveneur ; *Gaz. Pal.* 2010. 1, p. 917, note M. Mekki ; *Gaz. Pal.* 2010. 1, p. 1095, note Ph. Ballet – Paris, pôle 5, ch. 11, 11 juin 2010, *Free, RLDI* 2010/63.
5. Ph. Stoffel-Munck, art. préc., n° 53.
6. TI Grenoble, 1er févr. 2007, *e.bay, CCÉ* 2007, n° 73, obs. Ph. Stoffel-Munck : pas le cas.
7. COMP. : M. Bacache, « Les nouveaux défis du droit de la responsabilité : l'article 15 de la loi pour la confiance dans l'économie numérique consacre-t-il un nouveau cas de responsabilité contractuelle autonome du fait d'autrui ? », art. préc. – CETTE OPINION EST CONTESTÉE PAR CERTAINS, DONT D. Fenouillet, note *RDC* 2009. 568.
8. Civ. 1re, 13 nov. 2008, n° 07-14.856, P I, n° 263 ; *D.* 2008. AJ 3006, obs. V. Avena-Robardet ; *D.* 2009. Somm. 399, obs. E. Poillot ; *CCC* 2008, n° 288, obs. G. Raymond ; *JCP E* 2009. 1173, note G. Chantepie ; *RDC* 2009. 515, note O. Deshayes, 1re esp. ; et p. 568, note D. Fenouillet ; *RJDA* 2009, n° 838 ; rendu sur l'ancien art. L. 121-20-3 du C. consom.
9. SUR CE POINT : Ph. le Tourneau (dir.), *Droit de la responsabilité et des contrats…*, 12e éd., *op. cit.*, n° 3314.109.
10. V. *supra* ss n° 412.61.
11. V. *supra* ss n° 412.72.
12. https://www.economie.gouv.fr/mediation-conso
13. https://www.inc-conso.fr/
14. https://www.economie.gouv.fr/dgccrf

CHAPITRE

413. Contrat de commerce en ligne : droit international privé

SECTION 0 ORIENTEUR

413.00 **Sommaire du chapitre.**

413.03 **Bibliographie. Ouvrages.** É. A. Caprioli, *Droit international de l'économie numérique*, préf. R. Sorieul, Litec, 2e éd., 2007, comportant d'importantes annexes – L. Draetta, *Internet et le commerce électronique en droit international des affaires*, Feduci, 2003 – V. Gautrais, *Le contrat électronique international : encadrement juridique*, Bruylant, Bruxelles, 2002 – P. Thieffry, *Commerce électronique : Droit international et européen*, « Droit@Litec », Litec, 2002.

Thèse. O. Cachard, *La régulation internationale du marché électronique*, préf. Ph. Fouchard, « BDPr », t. 365, LGDJ, 2002.

Contributions. R. de Bottini, « Détermination de la juridiction compétente et commerce électronique international entre professionnels », dans É. A. Caprioli, (dir.), *Les premières journées internationales du droit du commerce électronique*, Litec, 2002, p. 57 s. ; « Litiges entre professionnels dans le commerce électronique international (la détermination objective du tribunal compétent) », dans *Mél. J.-P. Sortais*, Bruylant, Bruxelles, 2002 – O. Cachard, « Le contrat électronique et la convention de Vienne », dans *Les deuxièmes journées internationales du droit du commerce électronique*, Litec, 2005, p. 107 s. – B. Dutoit, « Quand le virtuel débouche sur le réel : Le Droit international privé conventionnel et européen à l'épreuve des contrats conclus par internet », dans *Mél. J.-P. Sortais*, préc. – J.-M. Jacquet, « Contrats du commerce électronique et conflits de lois », dans É. A. Caprioli, (dir.), *Les premières journées internationales du droit du commerce électronique*, *op. cit.*, p. 93 s. – J. Passa, « Le contrat électronique international : conflit de lois et de juridictions », dans C. Hallouin et H. Causse (dir.), *Le contrat électronique. Au cœur du commerce électronique*, Faculté de droit et de sciences sociales-Université de Poitiers, LGDJ, 2005, p. 87 s. – S. Poillot-Peruzzetto, « La loi applicable au contrat électronique », dans Assoc. Henri Capitant (dir.), *Le contrat électronique*, Éd. Panthéon-Assas, 2002, p. 35 s.

Articles. L. d'Avout, « La refonte du règlement Bruxelles I (règlement (UE) n° 1215/2012 du 12 décembre 2012) », *D.* 2013. Chron. 1014 – P. Berlioz, « La notion de fourniture de services au sens de l'article 5-1 b) du règlement "Bruxelles I" », *JDI* 2008. 675 ; « Révision du règlement Bruxelles I », *RJ com.* 2014. 416 – D. Bureau, « À la pointe de la modernité ? Le contrat électronique international », *RDC* 2005. 450 s. – O. Cachard, « Le domaine coordonné par la directive sur le commerce électronique et le droit international privé », *RD aff. int.* 2004/2, p. 161 s. ; « LCEN. Définition du commerce électronique et loi applicable », *CCÉ* 2004, n° 31 – É. A. Caprioli, « Arbitrage et médiation dans le commerce électronique », *Rev. arb.* 1999. 225 s. – A. Cayol, « La fourniture de services au sens de l'article 5-1 b du règlement "Bruxelles I" », *JCP E* 2010, n° 47, Doctr. 2009 – B. Deshayes, « Le "lieu de livraison" au sens de l'article 5-1 b du règlement de "Bruxelles I" – de nouvelles précisions », *JCP* 2010, n° 48, Doctr. 1190 – P. Deumier, M. Laazouzi et É. Treppoz, « Le règlement *Bruxelles I bis* et la géométrie dans l'espace », *RDC* 2013. 1037 – J. Huet, « Aspects juridiques du commerce électronique : Approche internationale », *LPA* 1999, n° 14, p. 15 s. ; « Le droit applicable dans les réseaux numériques », *JDI* 2002. 739 s. ; « Ordre public et loi de police et du for dans le droit international de la communication numérique », *RLDI* 2010/63, supplément – J. Huet et S. Valmachino, « Réflexions sur l'arbitrage électronique dans le commerce international », *Gaz. Pal.* 2000. 1. Doctr. 103 s. – A. Mitmann, « Compétence internationale en matière contractuelle ; quelques éclaircissements récents dans l'obscurité de l'article 5, 1, du règlement Bruxelles I », *D.* 2011. Chron. 834 – C. Nourissat, « Le nouveau Droit européen des contrats internationaux », *RJ com.* 2011. 3 s. – S. Sénac, « La vente internationale et le commerce électronique », *RD aff. int.* 2001. 489 s.

SECTION 1
CONFLITS DE LOIS

413.11 Généralités. Lorsque les internautes concluent « en ligne » un contrat de vente ou de service, et qu'ils se trouvent dans des pays différents, un conflit de loi surgira, qui se résoudra selon les règles habituelles[1]. Il est préférable que les parties conviennent d'une clause sur la loi applicable[2], y compris par voie électronique[3]. Selon la loi n° 2004-575 du 21 juin 2004[4] « *pour la confiance dans l'économie numérique* », dite LCEN, la loi applicable aux contrats du commerce électronique est en principe « *celle de l'État membre sur le territoire duquel la personne qui exerce [cette activité] est établie, sous réserve de la commune intention de cette personne et de celle à qui sont destinés les biens ou services* »[5]. La loi du fournisseur peut donc être écartée par une clause de Droit applicable dite d'*electio juris*[6], déterminant la loi applicable. Cependant, la primauté de la loi du fournisseur ou de la loi d'autonomie connaît un tempérament (inspiré de la convention de Rome du 19 juin 1980[7], art. 5, 2) : Cette disposition ne peut pas avoir pour effet de priver un consommateur ayant sa résidence habituelle sur le territoire national de la protection que lui assurent les dispositions impératives de la loi française relatives aux obligations contractuelles, « *conformément aux engagements internationaux souscrits par la France* »[8]. Les incidences des dispositions de l'article 17 sont complexes et incertaines[9]. En principe, le consommateur ne saurait être privé de la protection garantie par la loi de son pays de résidence habituelle. Néanmoins, la référence aux engagements internationaux a été voulue pour exprimer que le consommateur perd le bénéfice du Droit français de la consommation (par application de la Conv. de Rome, art. 5, 2, préc.) lorsqu'il s'est spontanément connecté à un site fournisseur étranger. Une personne est regardée comme établie en France, au sens de ces dispositions, lorsqu'elle y est installée d'une manière stable et durable pour exercer effectivement une activité, quel que soit, s'agissant d'une personne morale, le lieu d'implantation de son siège social[10].

413.12 Droit de la consommation. Depuis l'ordonnance du 23 août 2001[11], le code de la consommation comprend des dispositions relatives aux conflits de lois : « *Lorsque les parties ont choisi la loi d'un État non membre de l'Union européenne pour régir le contrat, le juge devant lequel est invoquée cette loi est tenu d'en écarter l'application au profit des dispositions plus protectrices de la loi de la résidence habituelle du consommateur assurant la transposition de la directive 2002/65/CE*[12] *du Parlement européen et du Conseil du 23 septembre 2002 concernant la commercialisation à distance de services financiers auprès des consommateurs, et modifiant les directives 90/619/CEE*[13] *du Conseil, 97/7/CE*[14] *et 98/27/CE*[15], *lorsque le contrat présente un lien étroit avec le territoire d'un ou plusieurs États membres de l'Union européenne* »[16].

Si la loi choisie par les parties est celle d'un État membre de la Communauté, mais *n'ayant pas transposé* la directive 97/7, la convention de La Haye du 15 juin 1955[17] (sur la loi applicable à la vente internationale d'objets mobiliers corporels) et le règlement

1. SURTOUT POUR UNE ÉTUDE EXHAUSTIVE de tous les aspects communautaires et internationaux du commerce électronique : O. Cachard, *La régulation internationale du marché électronique*, th. préc. – *ADDE* articles et ouvrages cités *supra* s^s n° 413.03.
2. Sur celle-ci v. *supra* s^s n° 116.141.
3. O. Cachard, th. préc., n°s 200 s.
4. L. n° 2004-575, 21 juin 2004, pour la confiance dans l'économie numérique, *JO* 22 juin, p. 11168.
5. L. n° 2004-575, 21 juin 2004, art. 17, al. 1er.
6. J. Mestre et J.-C. Roda (dir.), *Les principales clauses des contrats d'affaires,* « Les intégrales », Lextenso, 2011, p. 305 s. – F.-X. Testu, *Contrats d'affaires*, « Dalloz référence », 2010, n°s 124.01 s.
7. Conv. de Rome de 1980, sur la loi applicable aux obligations contractuelles, *JOCE* C 027, 26 janv., p. 34 (v. *supra* s^s n° 116.144).
8. L. n° 2004-575, 21 juin 2004, art. 17, al. 2.
9. D. Bureau, « À la pointe de la modernité ? Le contrat électronique international », art. préc.
10. L. n° 2004-575, 21 juin, 2004, art. 14, al. 3.
11. Ord. n° 2001-741, 23 août 2001, portant transposition de directives communautaires et adaptation au droit communautaire en matière de droit de la consommation, *JO* 25 août, p. 13645.
12. Dir. 2002/65, Parlement et Conseil, 23 sept. 2002, concernant la commercialisation à distance de services financiers auprès des consommateurs, et modifiant les directives 90/619/CEE du Conseil, 97/7/CE et 98/27/CE, *JOCE* L 271, 9 oct., p. 16.
13. Deuxième dir. 90/619, Conseil, 8 nov. 1990, portant coordination des dispositions législatives, réglementaires et administratives concernant l'assurance directe sur la vie, fixant les dispositions destinées à faciliter l'exercice effectif de la libre prestation de services et modifiant la directive 79/267/CEE, *JOCE* L 330, 29 nov., p. 50.
14. Dir. 97/7, Parlement et Conseil, 20 mai 1997, concernant la protection des consommateurs en matière de contrats à distance – Déclaration du Conseil et du Parlement européen sur l'article 6 paragraphe 1 – Déclaration de la Commission sur l'art. 3, §1, 1er tiret, *JOCE* L 144, 4 juin, p. 19.
15. Dir. 98/27, Parlement et Conseil, 19 mai 1998, relative aux actions en cessation en matière de protection des intérêts des consommateurs, *JOCE* L 166, 11 juin, p. 51.
16. C. consom., art. L. 232-4 – Quant aux clauses sur la loi applicable aux contrats de consommation aussi : v. *supra* s^s n° 116.145.
17. Conv. du 15 juin 1955, sur la loi applicable aux ventes à caractère international d'objets mobiliers corporels [Septième session de la Conférence de La Haye de droit international privé] – ENTRÉE EN VIGUEUR LE 1er oct. 1964.

593/2008[1], dit Rome I, sur la loi applicable aux obligations contractuelles[2] ont vocation à jouer.

Pour la convention de La Haye, la loi applicable peut être celle de l'acheteur lorsque c'est la commande a été reçue dans ce pays, ce qui dans le commerce en ligne désigne en fait l'établissement du vendeur où elle est adressée, de sorte que la loi applicable ne sera jamais celle du consommateur.

Selon le règlement Rome I, les contrats de vente sont régis par la loi du pays dans lequel le vendeur a sa résidence habituelle[3] ; de même, les *contrats de prestation de services* sont régis par la loi du pays dans lequel le prestataire de services a sa résidence habituelle[4]. Pour les contrats de consommation, la loi applicable est en principe celle de la résidence habituelle du consommateur[5], mais les parties peuvent choisir d'appliquer une autre loi[6], à condition que ce choix ne prive pas le consommateur de la protection que lui assurent les dispositions d'ordre public de la loi de sa résidence habituelle (qui sont nombreuses dans le Droit de la consommation).

413.13 Vente internationale de marchandises. Si la vente porte sur des marchandises, elle sera le cas échéant soumise à la Convention des Nations unies sur les ventes internationales de marchandises du 11 avril 1980, dite convention de Vienne[7] (CVIM)[8]. Le commerce électronique sera peut-être à l'origine d'une évolution du Droit de la vente internationale[9].

SECTION 2
CONFLITS DE JURIDICTION

413.21 Compétence judiciaire. Les règles traditionnelles s'appliquent. *D'une part*, la compétence du tribunal du domicile (réel) du défendeur[10] (Conv. Bruxelles, 27 sept. 1968[11] et Conv. Lugano, 16 sept. 1988[12]). *D'autre part*, en matière contractuelle lorsque le litige est extra communautaire le tribunal compétent est celui de la livraison effective de la chose ou le lieu d'exécution de la prestation promise[13]. La détermination du lieu d'exécution de prestations de services « en ligne » est impossible, à s'en tenir aux critères habituels. La solution souhaitable serait de donner compétence au tribunal du domicile du destinataire des services, mais le prestataire prendra généralement soin de prévoir au contraire la compétence de son tribunal (élection du for qui ne sera pas toujours admise[14]).

413.22 Règlement 1215/2012 du Parlement et du Conseil du 12 décembre 2012. Le règlement 1215/2012[15] (entré en vigueur le 10 janv. 2015, a refondu le règl. 44/2001, dit règlement de Bruxelles I[16]) est relatif à la compétence judiciaire et à l'exécution des décisions en matière civile et commerciale au sein de l'Union européenne. Il précise que « *Toute transmission par voie électronique qui permet de consigner durablement la convention est considérée comme revêtant la forme écrite* »[17]. La CJUE considère que cet article[18], peut être interprété en ce sens que la technique d'acceptation par clic (*Click wrapping*) d'un contrat de vente conclu par voie électronique, contenant une clause attributive de juridiction, constitue une transmission par voie électronique permettant de consigner durablement cette clause[19].

Lorsque le demandeur est un consommateur, il peut porter son action, soit devant le tribunal du lieu où il est domicilié, soit devant les tribunaux de

1. Règl. 593/2008, Parlement et Conseil, 17 juin 2008 sur la loi applicable aux obligations contractuelles (Rome I), *JOCE* L 177, 4 juill., p. 6 – ENTRÉ EN VIGUEUR le 24 juill. 2008, il s'applique aux contrats conclus après le 17 déc. 2009.
2. V. *supra* s[s] n° 116.144.
3. Règl. 593/2008, Parlement et Conseil, 17 juin 2008, art. 4, a.
4. Règl. 593/2008, Parlement et Conseil, 17 juin 2008, art. 4, b.
5. Règl. 593/2008, Parlement et Conseil, 17 juin 2008, art. 6.1.
6. Règl. 593/2008, Parlement et Conseil, 17 juin 2008, art. 6.2.
7. Sur laquelle v. *supra* s[s] n° 116.142.
8. O. Cachard, « Le contrat électronique et la convention de Vienne », art. préc.
9. S. Sénac, « La vente internationale et le commerce électronique », art. préc.
10. C. pr. civ., art. 42.
11. Conv. de Bruxelles de 1968, concernant la compétence judiciaire et l'exécution des décisions en matière civile et commerciale, *JOCE* L 299, 31 déc., p. 32 [signée le 27 sept. 1968].
12. Conv. concernant la compétence judiciaire et l'exécution des décisions en matières civile et commerciale [88/592/CEE, faite à Lugano le 16 septembre 1988], *JOCE* L 319, 25/11/1988, p. 9, art. 2.
13. C. pr. civ., art. 46, al. 2.
14. V. *infra* s[s] n° 413.23.
15. Règl. 1215/2012, Parlement et Conseil, 12 déc. 2012, concernant la compétence judiciaire, la reconnaissance et l'exécution des décisions en matière civile et commerciale, *JOUE* L 351, 20 déc., p. 1.
16. C. Nourissat, « Le nouveau Droit européen des contrats internationaux », art. préc. – L. d'Avout, « La refonte du règlement Bruxelles I (règl. (UE) n° 1215/2012, 12 déc. 2012) », préc. – P. Deumier, M. Laazouzi et É. Treppoz, « Le règlement *Bruxelles I bis* et la géométrie dans l'espace », préc. – P. Berlioz, « Révision du règlement Bruxelles I », art. préc.
17. Règl. 1215/2012, Parlement et Conseil, 12 déc. 2012, art. 25, 2.
18. Anc. règl. 44/2001, Conseil, 22 déc. 2000, dit règl. Bruxelles I, art. 23, 2.
19. CJUE 21 mai 2015, *El Majdoub c/ CarsOnTheWeb.Deutschland,* aff. C-322/14, *D.* 2015. 1279 ; ibid. 2031, obs. L. d'Avout et S. Bollée ; *D.* 2016. 1045, obs. H. Gaudemet-Tallon et F. Jault-Seseke ; *AJCA* 2015. 370, obs. L. Constantin ; *CCÉ* 2015. 67, obs. G. Loiseau ; *RTD com.* 2015. 777, obs. A. Marmisse-d'Abbadie d'Arrast ; *RDC* 2016. 43, note J. Huet.

l'État contractant sur le territoire duquel est domicilié le défendeur[1]. Lorsqu'au contraire l'action est intentée contre le consommateur par le professionnel, elle ne peut être portée que devant les tribunaux de l'État membre sur le territoire duquel est domicilié le premier[2].

Sinon, une personne domiciliée sur le territoire d'un État membre peut être attraite dans un autre État membre en matière contractuelle devant la juridiction du lieu d'exécution de l'obligation qui sert de base à la demande[3]. Il est précisé que, sauf convention contraire[4], le lieu de l'exécution de l'obligation qui sert à la base de la demande est pour la vente de marchandises, le lieu d'un État membre où, en vertu du contrat, les marchandises ont été ou auraient dû être livrées[5] ; pour la fourniture de services le lieu d'un État membre où, en vertu du contrat, les services ont été ou auraient dû être fournis[6]. Ces dispositions s'appliquent évidemment au commerce électronique. Selon la CJUE, quant au lieu de livraison dans une vente à distance, le texte doit être interprété en ce sens que « *le lieu où les marchandises ont été ou auraient dû être livrées en vertu du contrat doit être déterminé sur la base des dispositions de ce contrat. S'il est impossible de déterminer le lieu de livraison sur cette base, sans se référer au droit matériel applicable au contrat, ce lieu est celui de la remise matérielle des marchandises par laquelle l'acheteur a acquis ou aurait dû acquérir le pouvoir de disposer effectivement de ces marchandises à la destination finale de l'opération de vente* » (CJUE, 25 févr. 2010, *Car Trim c/DeySafety Systems*, aff. C-381/08[7]). La même juridiction précisa ensuite, qu'afin de vérifier si le lieu de livraison est déterminé « en vertu du contrat », « *la juridiction nationale saisie doit prendre en compte tous les termes et toutes les clauses pertinents de ce contrat qui sont de nature à désigner de manière claire ce lieu, y compris les termes et les clauses généralement reconnus et consacrés par les usages du commerce international, tels que les Incoterms ("international commercial terms"), élaborés par la Chambre de commerce internationale, dans leur version publiée en 2000. S'il est impossible de déterminer le lieu de livraison sur cette base, sans se référer au droit matériel applicable au contrat, ce lieu est celui de la remise matérielle des marchandises par laquelle l'acheteur a acquis ou aurait dû acquérir le pouvoir de disposer effectivement de ces marchandises à la destination finale de l'opération de vente* » (CJUE, 3e ch., 9 juin 2011, *Electrosteel Europe c/Edil Centro*, aff. C-87/10[8]).

Dans le cas d'un contrat de fourniture de services exécuté dans plusieurs États membres, la règle de compétence spéciale de l'ancien article 5, 1), b) second tiret[9] [devenu règl. 1215/2012, art. 7, 1, b)], est applicable, toujours selon la CJUE. Est donc compétent le tribunal du lieu de la fourniture principale des services, lequel est déterminé à partir des stipulations du contrat, ou à défaut, le lieu de l'exécution effective[10].

Relativement aux règles de compétence judiciaire applicables aux contrats de consommation, l'article 15, 1, c, du règlement 1215/2012 exige, pour les opérations nouées au comptant, que le professionnel ait sollicité le consommateur chez lui, soit parce qu'il y est également établi, soit parce qu'il « *dirige (s)es activités vers cet État* »[11] ; « *par tout moyen* »,

1. Anc. règl. 44/2001, Conseil, 22 déc. 2000, dit règl. de Bruxelles I, art. 16, 1.
2. Règl. 1215/2012, Parlement et Conseil, 12 déc. 2012, art. 18, 2.
3. Règl. 1215/2012, Parlement et Conseil, 12 déc. 2012, art. 7, 1, a.
4. SUR LA PLACE RÉSERVÉE à la volonté des parties, qui demeure incertaine : A. Mitmann, « Compétence internationale en matière contractuelle », chron. préc., spéc. II.
5. Règl. 1215/2012, Parlement et Conseil, 12 déc. 2012, art. 7, 1, b [anc. règl. 44/2001, Conseil, 22 déc. 2000, dit Bruxelles I, art. 5, 1, b] – B. Deshayes, « Le "lieu de livraison" au sens de l'article 5-1 b du règlement de "Bruxelles I" : de nouvelles précisions », art. préc. – A. Mitmann, « Compétence internationale en matière contractuelle », chron. préc., montrant NOT. les incertitudes qui subsistent sur la détermination du champ d'application de la règle spéciale de l'art. 5, 1°, b.
6. Règl. 1215/2012, Parlement et Conseil, 12 déc. 2012, art. 7, 1, b [anc. règl. 44/2001, Conseil, 22 déc. 2000, dit Bruxelles I, art. 5, 1, b] – SUR CE TEXTE : P. Berlioz, « La notion de fourniture de services au sens de l'article 5-1 b) du règlement "Bruxelles I" », art. préc. ; A. Cayol, « La fourniture de services au sens de l'article 5-1 b du règlement "Bruxelles I" », art. préc.
7. CJUE, 25 févr. 2010, *Car Trim*, aff. C-381/08, *Rec.* I-01255 ; *D.* 2010. 1837, note T. Azzi ; *D.* 2010. 1585, obs. P. Courbe et F. Jault-Seseke ; *D.* 2010. 2323, obs. L. d'Avout et S. Bollée ; *D.* 2012. 1144, obs. C. Witz ; *RTD eur.* 2010. 421. Chron. M. Douchy-Oudot et E. Guinchard ; *Gaz. Pal.* 2010. 1, p. 878, note A. Mittmann ; *RDC* 2010. 976, note É. Treppoz ; *RDC* 2011. 955, note A. Tenenbaum, 1re esp.
8. CJUE, 3e ch., 9 juin 2011, *Electrosteel Europe*, aff. C-87/10, *Rec.* I-04987 ; *D.* 2011. AJ 1649, obs. X. Delpech ; *D.* 2011. Pan. 1702, obs. L. d'Avout ; *JCP* 2011, n° 38, 1002, note D. Martel ; *JCP E* 2011, n° 40, 1702, note D. Martel ; *RDC* 2012. 173, note É. Treppoz.
9. Anc. règl. 44/2001, Conseil, 22 déc. 2000, dit règl. Bruxelles I, art. 5, 1, b.
10. À PROPOS d'un agent commercial : CJUE, 3e ch., 11 mars 2010, *Wood Floor Solutions Andreas Domberger*, aff. C-19/09, *Rec.* I-02121 ; *D.* 2010. 834 ; *D.* 2010. 2323, obs. L. d'Avout et S. Bollée ; *D.* 2011. 1374, obs. F. Jault-Seseke ; *JCP E* 2010, n° 24, 1579, note M. Fernet ; *RTD com.* 2010. 451, obs. A. Marmisse d'Abbadie d'Arrast ; *RTD eur.* 2010. 421. Chron. M. Douchy-Oudot et E. Guinchard ; *RLDA* 2010, n° 51, p. 72, obs. Percheron ; *RDC* 2010. 1395, note E. Treppoz : demandant le paiement d'une indemnité de clientèle – AUSSI : Civ. 1re, 7 déc. 2011, n° 10-26.557, NP, *D.* 2012. 1228, obs. H. Gaudemet-Tallon et F. Jault-Seseke ; *Rev. crit. DIP* 2012. 430, note S. Corneloup ; *CCC* 2012, n° 89, obs. M. Malaurie-Vignal – Com. 13 sept. 2017, n° 15-26.019, NP, *RJ com.* 2017. 568, obs. J.-M. Leloup.
11. Anc. règl. 44/2001, Conseil, 22 déc. 2000, dit règl. Bruxelles I, art. 15, 1, c.

précise le texte dans sa rédaction du 22 décembre 2000, par conséquent l'internet. La CJUE a été amenée à préciser le sens de cette disposition, notamment la notion *d'activité dirigée*. Pour elle, l'article 15, 1, c, signifie que « *le commerçant doit avoir manifesté sa volonté d'établir des relations commerciales avec les consommateurs d'un ou de plusieurs autres États membres, au nombre desquels figure celui sur le territoire duquel le consommateur a son domicile* » (CJUE, 7 déc. 2010, *Pammer*, aff. j[tes] C-585/08 à C-144/09[1]). L'accessibilité du site internet d'un professionnel à partir d'un État membre ne suffit pas à caractériser une direction d'activité de ce professionnel vers cet État membre ; la CJUE exige un *ciblage délibéré* du pays du consommateur, dont elle donne plusieurs exemples. La « prise de contact à distance » et, *a fortiori*, « *la conclusion d'un contrat de consommation à distance* » sont des indices de nature à établir que le contrat se rattache à une activité dirigée vers l'État du domicile du consommateur[2]. En effet, selon la CJUE, ledit règlement doit être interprété en ce sens qu'il n'existe pas de « lien de causalité » entre le moyen employé pour diriger l'activité commerciale ou professionnelle vers l'État membre du domicile du consommateur, à savoir un site internet, et la conclusion du contrat par ce consommateur[3] ; de plus, l'existence d'un tel « lien de causalité » constitue un indice du rattachement du contrat à une telle activité. Enfin, selon la CJUE, l'article 15 du règlement 44/2001 « *doit être interprété en ce sens qu'un utilisateur d'un compte Facebook privé ne perd pas la qualité de "consommateur", au sens de cet article, lorsqu'il publie des livres, donne des conférences, exploite des sites internet, collecte des dons et se fait céder les droits de nombreux consommateurs afin de faire valoir ces droits en justice* »[4].

Pour l'application de la convention de Bruxelles du 27 septembre 1968[5], la CJCE avait jugé, à propos des dispositions spécifiques aux consommateurs, qu'il appartient à la juridiction saisie de décider si le contrat en cause a été conclu pour couvrir, dans une mesure non négligeable, les besoins relevant de l'activité professionnelle ou si, au contraire, l'usage professionnel ne revêtait qu'un rôle insignifiant. Et d'examiner si la personne invoquant la qualité de consommateur s'est comportée, lors de la conclusion du contrat, de manière telle qu'elle a pu légitimement faire naître l'impression, dans le chef de son cocontractant, qu'elle agissait à titre professionnel[6].

Le règlement 1215/2012, précité, énonce que la question de sa validité se tranche conformément au droit de l'État membre de la ou des juridictions désignées dans l'accord, y compris conformément aux règles de conflit de lois de cet État membre[7]. En outre, est consacrée à propos des clauses attributives une exception à la règle générale de la litispendance, conduisant à ce que la juridiction désignée par la clause a priorité pour décider de sa validité, et peut déterminer si le litige pendant devant elle entre bien dans le champ de cette clause.

Entre les parties à un contrat, la qualification délictuelle donnée par un droit national à la nature de l'action intentée par l'un des contractants contre les autres (par ex. de concurrence déloyale) ne constitue pas un obstacle au for européen du contrat désigné par l'ancien article 5, 1, du règlement de Bruxelles I[8] [devenu règl. 1215/2012, art. 7, 1]. Mais, par une décision de 2020, la CJUE est revenue largement sur cette solution, en énonçant que les actions intentées

1. CJUE, 7 déc. 2010, *Pammer*, aff. j[tes] C-585/08, C-144/09, *D.* 2011. 990, obs. C. Manara, note M.-E. Pancrazi, APPROB. ; *D.* 2011. 908, obs. S. Durrande ; *D.* 2011. 974, obs. H. Aubry, E. Poillot et N. Sauphanor-Brouillaud ; *D.* 2011. 1374, obs. F. Jault-Seseke ; *D.* 2011. 2363, obs. J. Larrieu, C. Le Stanc et P. Tréfigny-Goy ; *D.* 2011. 2434, obs. L. d'Avout et S. Bollée ; *JT* 2011, n° 128, p. 11, obs. X.D. ; *Rev. crit. DIP* 2011. 414, note O. Cachard ; *JCP* 2011, n° 5, 129, note L. d'Avout, CRIT. ; *CCC* 2011, n° 103, obs. G. Raymond ; *RDC* 2011. 511, obs. C. Aubert de Vincelles et p. 567, note É. Treppoz ; *RJ com.* 2011. 274, note M.-É. Ancel ; *RTD com.* 2011. 663, obs. A. Marmisse-d'Abbadie d'Arrast ; *RTD eur.* 2011. 475, obs. E. Guinchard.
2. CJUE, 3e ch., 17 oct. 2013, *Emrek*, aff. C-218/12, *D.* 2013. 2472 ; *D.* 2014. 1059, obs. H. Gaudemet-Tallon et F. Jault-Seseke ; *D.* 2013. 1967, obs. L. d'Avout et S. Bollée ; *Rev. crit. DIP* 2014. 630, note O. Boskovic ; *CCE* 2013, n° 126, obs. G. Loiseau ; *RLDI* 2013, n° 3292, obs. L. Costes ; *RTD com.* 2013. 832, obs. A. Marmisse-d'Abbadie d'Arrast.
3. POUR L'APPLICATION de l'ancien règl. 44/2001, Conseil, 22 déc. 2000, dit règl. Bruxelles I, art. 16, 1 [devenu règl. 1215/2012, Parlement et Conseil, 12 déc. 2012, art. 17, 1, c)].
4. CJUE, 3e ch., 25 janv. 2018, *Schrems c/Facebook*, aff. C-498/16, *D.* 2018. 2000, note F. Jault-Seseke et C. Zolynski ; *D.* 2018. 966, obs. S. Clavel et F. Jault-Seseke ; *D.* 2018. 1033, obs. B. Fauvarque-Cosson et W. Maxwell ; *D.* 2018. 1934, obs. L. d'Avout et S. Bollée ; *D.* 2018. 2270, obs. J. Larrieu, C. Le Stanc et P. Tréfigny ; *D.* 2019. 607, obs. H. Aubry, E. Poillot et N. Sauphanor-Brouillaud ; *RLDI* 2018. 5168, *AJ contrat* 2018. 124, obs. V. Pironon ; *Dalloz IP/IT* 2018. 371, note M. Combet ; *LPA* 3 mai 2018. Chron. 3, V, obs. V. Parisot ; *Rev. crit. DIP* 2018. 595, obs. H. Muir Watt.
5. Conv. de Bruxelles de 1968 concernant la compétence judiciaire et l'exécution des décisions en matière civile et commerciale, *JOCE* L 299, 31 déc. 1972, p. 32 [signée le 27 sept. 1968].
6. CJCE 20 janv. 2005, *Gruber c/Bay Wa*, aff. C-464/01, *Rec.* I, 439 ; *D.* 2005. IR 458 ; *D.* 2006. 1495, obs. P. Courbe et F. Jault-Seseke ; *Rev. crit. DIP* 2005. 493, note J.-M. Jude ; *RTD com.* 2005. 636, obs. A. Marmisse-d'Abbadie d'Arrast.
7. Règl. 1215/2012, Parlement et Conseil, 12 déc. 2012, consid. 20 et art. 25.
8. CJUE 13 mars 2014, *Marc Brogsitter*, aff. C-548/12, *Rec.* N ; *D.* 2014. 1068, obs. F. Jault-Seseke ; Pan. 1967, obs. S. Bolée ; *RTD com.* 2014. 446, obs. A. Marmisse-d'Abbadie d'Arroz ; *RDC* 2014. 691, obs. M. Laazouzi – SUR LA QUESTION : S. Bollée, « *La responsabilité extracontractuelle du cocontractant en droit international privé* », dans *Mél. B. Audit*, LGDJ-Lextenso, 2014, p. 119 s.

entre contractants mais fondées sur des dispositions extracontractuelles (en l'esp. une allégation de position dominante) relèvent de la matière délictuelle[1].

413.23 Clause attributive de juridiction dans un contrat électronique. Toute clause attributive de juridiction dans un contrat conclu avec un consommateur est interdite[2], sauf dans trois cas : lorsque la clause est postérieure à la naissance du différend ; si la clause permet au consommateur de saisir d'autres tribunaux que ceux qui sont indiqués dans le règlement ; enfin, quand la clause attribue compétence aux tribunaux du pays de leur domicile ou de leur résidence habituelle si le consommateur et son cocontractant ont, lors de la conclusion du contrat, leur domicile dans un même État membre (à condition que cet État ne prohibe pas de telles conventions). Le règlement s'applique aux contrats ayant pour objet une fourniture de services ou d'objets mobiliers corporels.

En revanche, les clauses d'élection du for, et même de prorogation de compétence matérielles, sont valides en Droit communautaire en dehors d'un contrat conclu avec un consommateur[3]. Toutefois, lorsqu'elles sont *asymétriques* (n'étant obligatoires que pour l'une des parties[4]), elles ne devraient pas être déséquilibrées[5] et le contrat comporter une dimension internationale[6]. Une clause attributive de juridiction stipulée dans des conditions générales de vente, mentionnées dans des factures émises par l'une des parties contractantes, ne satisfait pas aux exigences de l'article 25[7] du règlement précité[8].

413.24 Preuve de la clause attributive de juridiction. L'acceptation d'une clause attributive de juridiction par la voie électronique soulevait des difficultés. Elles ont été résolues par le règlement précité, dès lors que la convention attributive de compétence est consignée durablement. Tel sera le cas lorsqu'elle est établie et conservée dans les conditions de l'article 1366 du code civil. Cela implique l'utilisation *« soit des procédés de signature électronique "simple" mais dont la fiabilité devra être démontrée en cas de litige, soit des signatures électroniques sécurisées* [bénéficiant] *de la présomption de fiabilité, au sens du décret du 30 mars 2001*[9] »[10].

413.25 « L'arbitrage électronique. » La pratique a vu apparaître la « cybermédiation » et « l'arbitrage électronique »[11]. Une fois encore la formule est

1. CJUE 24 nov. 2020, *Wikingerhof*, aff. C-59/19, *RDC* 2021/1. 90, obs. B. Haftel ; *RTD com.* 2021. 229, obs. A. Marmisse-d'Abbadie d'Arrast ; *Dalloz IP/IT* 2021. 224, obs. A. Lecourt ; *JDI* 2021/3, n° 22, obs. H. Meur.
2. Règl. 1215/2012, Parlement et Conseil, 12 déc. 2012, art. 19.
3. Règl. 1215/2012, Parlement et Conseil, 12 déc. 2012, art. 25.
4. Clauses considérées alors à tort par certains arrêts comme potestatives : Civ. 1re, 26 sept. 2012, n° 11-26.022, *Banque Rothschild,* P I, n° 176 ; *D.* 2012. 2876, note D. Martel, CRIT. ; *D.* 2013. 1503, obs. F. Jault-Seseke ; *D.* 2013. 2293, obs. L. d'Avout et S. Bollée ; *Rev. crit. DIP* 2013. 256, note D. Bureau ; *LPA* 14 nov. 2012, p. 7, note J.-G. Mahinga, APPROB. ; *JCP* 2013, n° 5, 105, note L. Defos et D. Akchoti ; *JDI* 2013. 175, note C. Brière ; *RLDA* 2013, n° 4509, obs. C. Nourissat ; *Gaz. Pal.* 12 avr. 2013, 37, note J. Morel-Maroger ; *RDC* 2013. 565, note J. Klein, CRIT. ; *RDC* 2013. 661, note J.-B. Racine, APPROB. : *RTD com.* 2013. 383, obs. Ph. Delebecque ; *RTD eur.* 2013. 292-24, obs. C. Lonchamp et C. Reydellet : « *la clause, aux termes de laquelle la banque se réservait le droit d'agir au domicile de Mme X... ou devant "tout autre tribunal compétent", ne liait, en réalité, que Mme X... qui était seule tenue de saisir les tribunaux luxembourgeois, la cour d'appel en a exactement déduit qu'elle revêtait un caractère potestatif à l'égard de la banque, de sorte qu'elle était contraire à l'objet et à la finalité de la prorogation de compétence ouverte par l'article 23 du Règlement Bruxelles I* » – *CONTRA* : Com. 11 mai 2017, n° 15-18.758, NP, *D.* 2017. Pan. 2054, obs. L. d'Avout et S. Bollée ; *Rev. crit. DIP* 2017. 483, obs. D. Bureau : cassation de l'arrêt qui, ayant déclaré nulle la clause attributive de compétence du contrat de concession, car revêtant un caractère potestatif, après avoir constaté « *la volonté des parties de convenir d'une prorogation de compétence dans les termes du contrat, peu important que cette clause attributive ne s'impose qu'à l'une des parties* ».
5. Civ. 1re, 25 mars 2015, n° 13-27.264, *Danne Holding,* P I, n° 72 ; *JCP* 2015. 600, note L. d'Avout ; *LPA* 16 juin 2015. 7, note J.-G. Mahinga ; *RDC* 2015. 552, note É. Treppoz ; *RTD civ.* 2015. 844, obs. L. Usunier, 1re esp. : insistant moins sur le principe de l'asymétrie que sur la prévisibilité du choix des juridictions ouvertes à la partie forte au contrat (à propos de l'art. 23 de la convention de Lugano du 30 oct. 2007) – Civ. 1re, 7 oct. 2015, n° 14-16.898, *eBizzcuss,* P I, n° 235 ; *D.* 2015. Pan. 2526, obs. Y. Auguet ; *D.* 2015. 2620, note F. Jault-Seseke ; *JCP G* 2015. Zoom 1123, obs. F. Mailhé ; *Gaz. Pal.* 11-14 nov. 2015. 19, note C. Dupoirier et V. Bouvard ; *LPA* 24 nov. 2015. 8, note V. Legrand ; *CCC* 2015, n° 287, obs. G. Decocq ; *RTD civ.* 2015. 844, obs. L. Usunier, 2e esp. ; *JCP E* 2016. 1087, note M.-É Ancel et L. Marion ; *RDC* 2016. 282, note É. Treppoz : validité de la clause car elle permettait « *d'identifier les juridictions éventuellement amenées à se saisir d'un litige* » – Civ. 1re, 7 févr. 2018, n° 16-24.497, NP : « *la validité d'une telle clause attributive de juridiction est subordonnée à une exigence de précision afin de satisfaire à l'objectif de prévisibilité et de sécurité juridique* » poursuivi par la convention de Lugano ; pas le cas en l'esp.
6. Com. 23 sept. 2014, n° 12-26.585, P IV, n° 134 ; *Gaz. Pal.* 8 mars 2015. 18, note M. Nioche : la domiciliation des parties dans deux États différents suffit à conférer au contrat ce caractère international.
7. Règl. 1215/2012, Parlement et Conseil, 12 déc. 2012, art. 25.
8. CJUE 8 mars 2018, *Saey Home & Garden,* aff. C-64/17, *Rec.* N ; *D.* 2018. 565 ; *D.* 2018. 1934, obs. L. d'Avout et S. Bollée ; *D.* 2019. 783, obs. N. Ferrier ; *AJ contrat* 2018. 240, obs. I. Luc.
9. Décr. n° 2001-272, 30 mars 2001 pris pour l'application de l'article 1316-4 du code civil et relatif à la signature électronique, *JO* 31 mars, p. 5070.
10. É. A. Caprioli, *Droit international de l'économie numérique, op. cit.*, n° 16.
11. NOT. : O. Cachard, *La régulation internationale du marché électronique*, th. préc., nos 562 s. ; « Les modes électroniques de règlement des litiges (MERL) », *CCÉ* 2003. Chron. ▶

excessive, car ce sont bien évidemment des hommes qui seront médiateurs ou arbitres, mais une partie ou l'intégralité de la procédure peuvent être traitée « en ligne », ce qui constitue un gain de temps certain et des économies substantielles. Divers organismes ont élaboré des règlements spécifiques à l'arbitrage par la toile (*Web*). Parmi bien d'autres organismes, la chambre de commerce et d'industrie de Paris (CCIP) a créé un centre (payant) de médiation pour les entreprises, « CyberCMAP » [1].

▶ [n° 30 – E. A. Caprioli, *Droit international de l'économie numérique, op. cit.*, n°s 124 s.

1. http://www.cmap.fr/

413.26 Clause compromissoire dans un contrat électronique. Étant donné les évolutions récentes quant à la prise en compte de la forme et de la signature électronique, l'insertion d'une clause compromissoire dans un contrat conclu électroniquement paraît valide, même au regard de la Convention de New York du 10 juin 1958 [2] sur la reconnaissance de l'exécution des sentences arbitrales, ou de la loi-type de la CNUDCI du 21 juin 1985 sur l'arbitrage commercial international [3]. Cela vaut *a fortiori* pour la médiation, qui est plus souple, mais dont l'efficacité est relative, reposant sur le bon vouloir des parties [4].

2. Convention pour la reconnaissance et l'exécution des sentences arbitrales étrangères signées à New York le 10 juin 1958 – Décr. n° 90-170, 16 févr. 1990, portant publication de la lettre française du 17 novembre 1989 relative au retrait d'une déclaration faite par le Gouvernement de la République française lors de la ratification de la Convention pour la reconnaissance et l'exécution des sentences arbitrales étrangères, faite à New York le 10 juin 1958, *JO* 23 févr., p. 2344.
3. EN CE SENS : R. de Bottini, « Détermination de la juridiction compétente et commerce électronique international entre professionnels », art. préc. – *CONTRA* : J. Huet et S. Valmachino, « Réflexions sur l'arbitrage électronique dans le commerce international », art. préc.
4. Sur la médiation v. *supra* s[s] n°s 116.201 s.

CHAPITRE

414. Contrat de commerce en ligne de services financiers

SECTION 0

ORIENTEUR

414.00 **Sommaire du chapitre.**

414.03 **Bibliographie. Ouvrage.** É. A. Caprioli (dir.), *Banque et assurance digitales : Droit et pratiques*, préf. M. Roussille, « Droit », RD édition, 2017.

Contribution. G. et I. Parleani, « Accepter d'un "clic", sans lire et sans comprendre, pour se rétracter ensuite ou les services financiers à l'heure d'Internet », dans *Mél. J.-J. Daigre*, Joly, 2017, p. 605 s.

Article. M. Roussille, « Démarchage et services financiers à distance : Quelle protection pour le consommateur ? », *CCC* 2010, ét. 2 ; *JCP E* 2010, n° 4, ét. 1078.

SECTION UNIQUE

ÉTUDE D'ENSEMBLE

414.11 **Commercialisation à distance des services financiers aux consommateurs.** Depuis le 13 juillet 2014 la directive 2011/83[1] régit la *commercialisation à distance des services financiers* aux consommateurs[2]. Ses dispositions ont été transposées dans le code de la consommation[3].

Ses dispositions[4] sont voisines de celle de la directive 2000/31[5], transposée par la loi n° 2004-575 du 21 juin 2004[6], dite LCEN. Cependant, son domaine est distinct. Elle ne s'applique qu'aux services financiers, mais à tous ceux-ci (bancaires, d'assurance, valeurs mobilières, *etc.*), dès lors qu'ils sont conclus à distance[7]. Lorsque l'opération a été précédée d'un démarchage à domicile (réglementé par C. consom.[8]), la conclusion d'un service financier à distance entre alors dans le champ d'application de deux régimes, celui du démarchage bancaire et financier et celui de la commercialisation à distance des services financiers ; toutefois, il semble qu'ils ne puissent pas s'appliquer cumulativement et que le dernier, d'origine communautaire, doit prévaloir[9].

L'offre par voie électronique doit d'abord répondre aux exigences générales de l'article 1127-1 du code civil, complétées, pour la commercialisation à distance de services financiers, par l'article L. 222-5 du code de la consommation, prévoyant la communication de toutes sortes d'informations[10]. Le consommateur doit notamment recevoir une information préalable claire et compréhensible portant sur le fournisseur, le cas échéant sur l'intermédiaire, le service financier proposé (caractères, prix total,

1. Dir. 2011/83, Parlement et Conseil, 25 oct. 2011, relative aux droits des consommateurs, modifiant la directive 93/13/CEE du Conseil et la directive 1999/44/CE du Parlement et Conseil et abrogeant la directive 85/577/CEE du Conseil et la directive 97/7/CE du Parlement et Conseil. Texte présentant de l'intérêt pour l'EEE, *JOUE* L 304, 22 nov., p. 64.
2. C. Féral-Schuhl, *Cyberdroit. Le droit à l'épreuve de l'internet*, 8e éd., « Praxis », Dalloz, 2020, nos 235.00 s.
3. C. consom., art. L. 221-1 s.
4. Étudiées précédemment : v. *supra* ss nos 412.13 s.
5. Dir. 2000/31, Parlement et Conseil, 8 juin 2000, relative à certains aspects juridiques des services de la société de l'information, et notamment du commerce électronique, dans le marché intérieur, *JOCE* L 178, 17 juill., p. 1.
6. L. n° 2004-575, 21 juin 2004, pour la confiance dans l'économie numérique, *JO* 22 juin, p. 11168.
7. É. A. Caprioli (dir.), *Banque et assurance digitales : Droit et pratiques*, étude approfondie.
8. C. consom., art. L. 221-16 s.
9. M. Roussille, « Démarchage et services financiers à distance : Quelle protection pour le consommateur ? », art. préc.
10. G. et I. Parleani, « Accepter d'un "clic", sans lire et sans comprendre, pour se rétracter ensuite ou les services financiers à l'heure d'Internet », art. préc., spéc. nos 7 s. (on se demande pourquoi les auteurs ont mis une majuscule à internet, qui n'est ni un dieu, ni un nom de famille, ni une marque…).

coût supplémentaire résultant de l'utilisation d'une technique de communication à distance, les risques particuliers de paiement, les modes de paiement, *etc.*). L'information préalable porte également sur les conditions du contrat qui sera éventuellement conclu (droit de rétractation durée, droit de résiliation par anticipation, loi applicable, *etc.*), ainsi que l'existence ou non de procédures extrajudiciaires de réclamation et de recours. Ces informations doivent être communiquées sur un support papier ou sur un autre support[1] durable[2].

Le consommateur dispose en principe d'un délai de rétractation de quatorze jours calendaires révolus, à compter soit à compter du moment où le contrat est conclu, soit du jour où il reçoit les conditions contractuelles si cette date est postérieure à la première[3] (comportant un certain nombre d'exceptions[4]). Cependant, ce droit disparaît lorsque le contrat a été exécuté intégralement à la demande expresse de l'intéressé avant que le délai ait expiré (ce qui prive de toute efficacité la disposition). Certains services financiers dont le prix dépend des fluctuations du marché ne connaissent pas de droit de rétractation (tels les contrats à terme).

La fourniture de services financiers non sollicités par le consommateur est interdite lorsqu'elle comporte une demande de paiement, même différé. La prospection commerciale par internet est soumise à l'accord préalable (système « *opt in* »[5], alors que la directive sur le commerce électronique a adopté le système inverse « *opt out* »).

414.12 **Renvoi.** Sur l'offre de minibons par l'intermédiaire d'un prestataire de services d'investissement ou d'un conseiller en investissements participatifs au moyen d'un site internet v. *supra* s[s] n° 011.53.

1. C. mon. fin., art. L. 341-12 ; mod. par L. n° 2014-344, 17 mars 2014, art. 33 ; puis par mod. par ord. n° 2016-301, 14 mars 2016, art. 2.
2. SUR LA NOTION de support durable : É. A. Caprioli (dir.), *Banque et assurance digitales. Droit et pratiques, op. cit.*, n°s 51 s.
3. C. consom., art. L. 222-8.
4. C. consom., art. L. 222-9 – SUR LES DROITS de rétractation et de renonciation dans les services bancaires et d'assurance : É. A. Caprioli (dir.), *Banque et assurance digitales. Droit et pratiques, op. cit.*, n°s 69 s. – Pour les services financiers : G. et I. Parleani, « Accepter d'un "clic", sans lire et sans comprendre, pour se rétracter ensuite ou les services financiers à l'heure d'Internet », art. préc., spéc. n°s 27 s.
5. É. A. Caprioli (dir.), *Banque et assurance digitales. Droit et pratiques, op. cit*, n°s 238 s.

CHAPITRE

415. Contrat de commerce en ligne de médicaments

SECTION 0

ORIENTEUR

415.00 **Sommaire du chapitre.**

415.03 **Bibliographie. Articles.** O. Debarge, « Le commerce électronique des médicaments : une mutation inachevée » *LPA* 24 janv. 2019. 9 – A. Debet, « La vente de médicaments en ligne autorisée en France ! », *CCÉ* 2013, n° 25 – T. Donville, « Courtage et commerce en ligne de médicaments », *JCP E* 2013, n° 5, Étude 1067 – J.-L. Fourgoux, « Le Conseil d'État suspend partiellement l'application du nouveau régime de la vente en ligne de médicaments sur internet », *RLDA* 2013, Doctr. 4541 – É. Le Quellenec, « Vente de médicaments en ligne : la tortueuse fixation du cadre juridique national », *RLDI* 2013, Doctr. 3191 – C. Mascret et G. Issenhuth, « Analyse critique de la nouvelle réglementation relative au commerce en ligne de médicaments », *LPA* 23 mai 2013, p. 6 – G. Rousset, « Vente sur internet de médicaments : suite et fin ? », *Gaz. Pal.* 4-8 août 2013, Doctr. 5 (plutôt que vente *sur* internet, il aurait été préférable d'écrire *par* internet) – V. Syranyan, « Bonnes pratiques de dispensation des médicaments Par voie électronique », *Rev. gén. dr. médical* 2018/67. 33.

SECTION UNIQUE

ÉTUDE D'ENSEMBLE

415.11 **Commercialisation en ligne de médicaments.** La vente en ligne des médicaments n'est pas anodine. Elle présente un certain nombre de dangers, d'abord thérapeutiques. Ceux-ci portent essentiellement sur la sécurité de la chaîne d'approvisionnement (avec la multiplication des offres illégales, notamment de produits contrefaits) mais aussi sur la difficulté (ou plutôt l'impossibilité) de délivrer des conseils pertinents et adaptés, enfin sur la surconsommation (résultant des pratiques d'automédication[1]). Il n'est donc pas étonnant que la vente de médicaments par internet soit strictement réglementée (ord. n° 2012-1427, 19 déc. 2012[2] et décr. n° 2012-1562, 31 déc. 2012[3], figurant au CSP, transposant dir. 2011/62[4]). Le code de la santé publique en donne une définition : « *On entend par commerce électronique de médicaments l'activité économique par laquelle le pharmacien propose ou assure à distance et par voie électronique la vente au détail et la dispensation au public des médicaments à usage humain et, à cet effet, fournit des informations de santé en ligne* »[5]. Elle n'est évidemment autorisée que pour les produits qui ne sont pas soumis à une prescription médicale[6], et elle est réservée aux officines de pharmacie, à partir du site desquelles elle s'exerce. Aucune intermédiation n'est admise en ce domaine[7]. Une autori-

1. SUR CELLE-CI : S. Fainzaing, *L'automédication ou les mirages de l'autonomie*, PUF, 2012.
2. Ord. n° 2012-1427, 19 déc. 2012, relative au renforcement de la sécurité de la chaîne d'approvisionnement des médicaments, à l'encadrement de la vente de médicaments sur internet et à la lutte contre la falsification de médicaments, *JO* 21 déc., p. 20182.
3. Décr. n° 2012-1562, 31 déc. 2012, relatif au renforcement de la sécurité de la chaîne d'approvisionnement des médicaments et à l'encadrement de la vente de médicaments sur internet, *JO* 1er janv. 2013, p. 74.
4. Dir. 2011/62, Parlement et Conseil, 8 juin 2011, modifiant la directive 2001/83/CE instituant un code communautaire relatif aux médicaments à usage humain, en ce qui concerne la prévention de l'introduction dans la chaîne d'approvisionnement légale de médicaments falsifiés, *JOUE* L 174, 1er juill., p. 174.
5. CSP, art. L. 5125-33, al. 1er ; art. mod. par L. n° 2014-201, 24 févr. 2014, art. 4.
6. CSP, art. L. 5125-34 ; mod. par L. n° 2014-201, 24 févr. 2014, art. 4.
7. Com. 19 juin 2019, n° 18-12.292, P IV ; *AJ contrat* 2019. 387, obs. K. Magnier-Merran ; *RLDI* 2019, n° 5440 ; *Dalloz IP/IT* 2019. 709, obs. J. Huet et P.-X. Chomiac de Sas ; *RDC* 2019/4. 28, obs. A. Danis-Fâtome (donnant l'arrêt comme du 10 juin) ; *RTD civ.* 2019. 848, obs. H. Barbier et 891, [obs. P.-Y. Gautier : est interdite la vente au public de tous ▶

sation préalable est nécessaire[1]. Est licite l'activité d'un prestataire qui n'agit qu'en qualité de sous-traitant technique des pharmaciens, alors que les actes de vente en ligne de médicaments interviennent directement entre les pharmaciens et leurs clients[2]. À cet égard, cet intermédiaire semble constituer une plateforme en ligne[3].

La vente en ligne des médicaments présente aussi des dangers économiques, en premier lieu liés à l'équilibre général des systèmes de santé ; en second lieu affectant les professionnels du secteur ; en troisième lieu touchant directement les consommateurs[4].

415.12 Commercialisation en ligne de médicaments et droit de la concurrence. Pour éviter que cette réglementation porte atteinte à la libre concurrence, il est prévu que cette activité peut être exercée par des membres de l'Union européenne : « *Une personne physique ou morale légalement habilitée à vendre des médicaments au public dans l'État membre de l'Union européenne dans laquelle elle est installée doit, dans le cadre d'une activité de commerce électronique de médicaments à destination d'une personne établie en France, respecter les dispositions de l'article ainsi que la législation applicable aux médicaments commercialisés en France* »[5]. L'article L. 5125-34 du code de la santé publique précité ne limitait pas l'interdiction de vente en ligne aux seuls médicaments soumis à prescription obligatoire, puisqu'il réservait cette activité uniquement à certains médicaments non soumis à prescription - ceux qui sont dits « de médication officinale », dont la liste est fixée par le directeur général de l'Agence française du médicament et des produits de santé et que le pharmacien peut présenter en accès direct au public - ; il excluait ainsi de la vente en ligne le reste des médicaments non soumis à prescription.

Cette restriction a été jugée non conforme à la directive 2011/62 par le Conseil d'État[6]. Puis, statuant sur le fond de l'affaire, le Conseil d'État a annulé cette disposition en tant qu'elle ne limitait pas l'interdiction de commerce en ligne aux seuls médicaments soumis à prescription obligatoire. Il a rappelé que la directive 2011/62, instituant un code communautaire relatif aux médicaments à usage humain, ainsi que la jurisprudence de la CJUE, ne permettent aux États membres de n'exclure de la vente en ligne que les médicaments soumis à prescription[7]. Un arrêté du 20 juin 2013[8] portait sur les bonnes pratiques de dispensation des médicaments par voie électronique[9]. Il fut annulé par le Conseil d'État[10], pour défaut de notification à la Commission européenne[11] et parce que le ministre de la Santé était incompétent à édicter des règles qui ne concernent pas la dispensation des médicaments (ce qui était le cas dans une annexe de l'arrêté). Le Gouvernement revint à la charge. *D'une part*, la loi n° 2016-41 du 26 janvier 2016[12], de modernisation de notre système de santé, introduisit un article L. 5125-39 dans le code de la santé publique ; il dispose que le ministre chargé de la Santé « *définit les règles techniques applicables aux sites internet de commerce électronique de médicaments relatives à la protection des données de santé, aux fonctionnalités des sites et aux modalités de présentation des médicaments* ». *D'autre part*, le ministre de la Santé prit le 28 novembre 2016 deux arrêtés en la matière. Le premier est relatif aux bonnes pratiques de dispensation des médicaments dans les pharmacies, mentionnées à l'article L. 5121-5 du code de la santé publique. Parmi les bonnes pratiques, il est exigé qu'avant la

▶ médicaments, produits et objets mentionnés à l'article L. 4211-1 du code de la santé publique par l'intermédiaire de personnes non titulaires d'un diplôme de pharmacien, et il est aussi interdit aux pharmaciens de recevoir des commandes de ces mêmes produits par l'entremise habituelle de courtiers ou d'intermédiaires ; cassation de l'arrêt ayant admis la licéité d'un site, alors que l'activité que la s^té^ D. exerçait sur son site consistait, not., à mettre en relation des pharmaciens et des clients pour la vente de médicaments, ce dont il résultait qu'elle avait un rôle d'intermédiaire entre eux et participait de la sorte au commerce électronique de vente de médicaments bien que n'étant pas pharmacien.

1. CSP, art. L. 5125-35 et L. 5125-36.
2. Versailles, 12e ch., 12 déc. 2017, RG n° 16/05167, *Dalloz IP/IT* 2018. 367, note J. Huet et P.-X. Chomiac de Sas ; *JCP E* 2018. 1099, note T. Douville.
3. Sur celle-ci v. *supra* ss n° 011.20.
4. R. Amaro, « Les risques de la vente en ligne de médicaments », art. préc., II.
5. CSP, art. L. 5125-40 ; mod. par L. n° 2014-201, 24 févr. 2014, art. 4.
6. CE, réf., 14 févr. 2013, req. n° 365459, *Lailler, Lebon ; D.* 2013. 628, note O. Le Bot ; *AJDA* 2013. 1140 ; *JCP E* 2013, actu. 167 ; *CCÉ* 2013, n° 42, note A. Debet - J.-L. Fourgoux : « Le Conseil d'État suspend partiellement l'application du nouveau régime de la vente en ligne de médicaments sur internet », art. préc.
7. CE 17 juill. 2013, req. nos 365317, 366195, 366272, 366468, *D.* 2013. 1905, obs. G. Rousset ; *RDSS* 2013. 887, concl. M. Vialettes ; *RDSS* 2013. 942, obs. J. Peigné ; *CCC* 2013, alerte 57 ; *RLDI* 2013, n° 3200.
8. Arr. 20 juin 2013 relatif aux bonnes pratiques de dispensation des médicaments par voie électronique, *JO* 23 juin, p. 10446, NOR : AFSP1313848A.
9. POUR DES COMMENTAIRES : G. Rousset, art. préc. ; É. Le Quellenec, art. préc. ; V. Syranyan, art. préc.
10. CE 16 mars 2015, req. nos 370072, 370721, 370820, *JCP E* 2015. Act. 242, obs. T. Douville ; *LPA* 2 juill. 2015. 7, note G. Rousset.
11. CONTREVENANT à : dir. 98/34, Parlement et Conseil, 22 juin 1998 prévoyant une procédure d'information dans le domaine des normes et réglementations techniques, *JOCE* L 204, 21 juill., p. 37.
12. L. n° 2016-41, 26 janv. 2016, de modernisation de notre système de santé, *JO* 27 janv., texte 1.

première commande le patient remplisse un formulaire contenant différentes informations, permettant au pharmacien de contrôler l'adéquation de la commande avec l'état de santé de celui-là ; le pharmacien doit insister sur le bon usage du médicament (posologie, contre-indications...), la bonne observance du traitement (durée...) et s'assurer de la compréhension de ces conseils par le patient, qui doit pouvoir poser des questions complémentaires. Le Conseil d'État annula la disposition de cet arrêté obligeant à ce que les commandes fussent préparées dans l'officine et non dans le lieu de stockage utilisé par le pharmacien [1]. Et il estima que l'exigence de contiguïté des locaux n'est pas incompatible avec la directive 2011/62 (préc.) [2]. Ainsi les locaux de l'officine de pharmacie doivent être d'un seul tenant et la dispensation des médicaments doit s'y dérouler. Lorsqu'un local de stockage est utilisé, il doit se trouver à proximité de la pharmacie [3]. Le second arrêté est relatif aux règles techniques applicables aux sites internet de commerce électronique de médicaments prévues à l'article L. 5125-39 du même code de la santé publique, portant notamment sur les fonctionnalités du site et la présentation des produits en ligne. Son annexe interdisait la recherche de référencement dans les moteurs de recherche ou des réparateurs de prix contre rémunération. Cette disposition fut annulée par le Conseil d'État en 2021 [4].

Le décret du 26 février 2018 [5] précise le champ des activités d'hébergement de données de santé à caractère personnel qui sont soumises à un agrément délivré par le ministre chargé de la santé ou à une certification. Il détermine les conditions d'application de l'obligation, pour toute personne physique ou morale à l'origine de la production ou du recueil de ces données de santé, de recourir à un hébergeur certifié ou agréé lorsqu'il externalise la conservation des données dont il est responsable. Le texte définit le périmètre des activités d'hébergement de données de santé relevant de la certification, fixe les conditions d'obtention du certificat de conformité et les clauses minimales que doit comporter le contrat d'hébergement de données de santé.

Le contentieux relatif à la légalité des dispositions réglementaires en vigueur est assez important, ayant amené le Conseil d'État à circonscrire les contours des règles techniques appliquées au commerce électronique des médicaments. De plus, les juridictions civiles ont à se prononcer sur des pratiques menant à contourner ces règles. En effet, certains pharmaciens ont recours à des plateformes commerciales de vente ; et des sites francophones, établis dans d'autres États membres de l'Union européenne, appliquent le droit plus souple de leur pays d'origine pour réaliser cette activité. Aussi la question n'est pas encore réellement stabilisée [6].

1. CE 1re et 4e ch. réunies, 26 mars 2018, req. nos 407289, 408886, (2 arrêts), *Lebon, D.* 2018. 1475, note T. Douville, 1re esp. ; *RTD eur.* 2018. 831, obs. A. Bouveresse.
2. CE 1re, 4e ch. réunies, 26 mars 2018, req. nos 407289, 408886, (2 arrêts), 2e arrêt, NP.
3. V. la note préc. de T. Douville. L'auteur, constatant que les conditions d'installation limitent le développement du commerce électronique de médicaments suggère des adaptations qu'il serait possible de lui apporter.
4. CE, ch. réunies, 17 mars 2021, req. no 440208, *Lebon* avec concl. – G. Rousset, « Interdiction de référencement payant des sites de commerce électronique de médicaments ; revirement du Conseil d'État », *CCÉ* 2021. Ét. 20.
5. Décr. no 2018-137, 26 févr. 2018 relatif à l'hébergement de données de santé à caractère personnel, *JO* 28 févr., texte 16.
6. EN CE SENS : O. Debarge, « Le commerce électronique des médicaments : une mutation inachevée », art. préc.

CHAPITRE

416. Contrat de commerce en ligne et « produits » d'assurance

SECTION 0 ORIENTEUR

416.00 Sommaire du chapitre.

416.03 Bibliographie. Articles. D. Langé, « Le nouveau droit de la distribution de l'assurance », *RGDA* 2018/10. 6 s. – P.-G. Marly, « De l'intermédiation à la distribution – Le nouveau livre V du Code des assurances », *JCP E* 2018. Ét. 1550.

SECTION UNIQUE ÉTUDE D'ENSEMBLE

416.11 Commercialisation en ligne de « produits d'assurance ». L'ordonnance n° 2018-361 du 16 mai 2018[1], transposant la directive 2016/97[2], a donné une définition large de l'activité de distribution de contrats d'assurance, à son article L. 511-1, I, al. 2 : « *Est également considérée comme de la distribution d'assurances la fourniture d'informations sur un ou plusieurs contrats d'assurance selon des critères choisis par le souscripteur ou l'adhérent sur un site internet ou par d'autres moyens de communication et l'établissement d'un classement de produits d'assurance comprenant une comparaison des prix et des produits, ou une remise de prime, lorsque le souscripteur ou l'adhérent peut conclure le contrat directement ou indirectement au moyen du site internet ou par d'autres moyens de communication* ». Il témoigne de la volonté du législateur d'assujettir à la réglementation relative à la distribution de « produits » d'assurance l'activité de sites internet de comparateurs dans ce domaine, du moins lorsque la procédure mise en œuvre par ces sites permet aux internautes de conclure un contrat d'assurance, directement ou indirectement. Les comparateurs d'assurance sont donc considérés comme des intermédiaires d'assurance, soumis aux obligations de ceux-ci énumérées par ledit code. Les sites comparateurs en ligne de produits et services sont soumis à des obligations d'information spécifiques depuis la loi n° 2016-1321 du 7 octobre 2016 « pour une République numérique »[3].

416.12 Exigences légales des intermédiaires d'assurance. Tout intermédiaire en assurance ou réassurance doit être immatriculé sur un registre spécial[4], se comporter honnêtement[5], remplir des conditions d'honorabilité[6] et de capacités professionnelles déterminées par décret[7], éviter les conflits d'intérêts[8] et est tenu de souscrire un contrat d'assurance le couvrant contre les conséquences pécuniaires de sa responsabilité civile professionnelle[9].

1. Ord. n° 2018-361, 16 mai 2018, relative à la distribution d'assurances, *JO* 17 mai, n° 29.
2. Dir. 2016/97, Parlement et Conseil, 20 janv. 2016, sur la distribution d'assurances, *JOUE* L 26, 2 févr., p. 19.
3. TGI Paris, 17 déc. 2019, RG n° 17/06223, *CCC* 2020, n° 54, obs. S. Bernheim-Desvaux, condamnation du site comparateur de produits d'assurance *Le Lynx* pour non-respect des obligations légales d'information.
4. C. assur., art. L. 512-1 et L. 512-2.
5. C. assur., art. L. 521-1, I : « *Les distributeurs de produits d'assurance agissent de manière honnête, impartiale et professionnelle et ce, au mieux des intérêts du souscripteur ou de l'adhérent* » ; la même formule figure à l'art. L. 522-4, 2°, du même code (le mot d'impartialité est malvenu ; il aurait mieux valu employer celui d'objectivité).
6. C. assur., art. L. 512-4.
7. C. assur., art. L. 512-5, art. R. 512-1 s.
8. C. assur., art. L. 522-1 et L. 522-2.
9. C. assur., art. L. 512-6.

416.13 Obligations légales d'information et de conseil. Avant la conclusion d'un contrat d'assurance, l'intermédiaire d'assurance doit fournir au souscripteur ou adhérent éventuel de nombreuses informations et certains conseils, exigences qui ont été renforcées par l'ordonnance du 16 mai 2018[1], précitée. Selon l'article L. 522-5, I, alinéa 2, du code des assurances, l'intermédiaire ou l'entreprise d'assurance ou de capitalisation conseille un contrat qui est cohérent avec les exigences et les besoins du souscripteur éventuel ou de l'adhérent éventuel et précise les raisons qui motivent ce conseil ; à cette fin, cet intermédiaire ou cette entreprise s'enquiert auprès du souscripteur ou de l'adhérent de sa situation financière et de ses objectifs d'investissement, ainsi que de ses connaissances et de son expérience en matière financière. De plus, pour ces contrats de capitalisation, le conseil se transforme en « service de recommandation personnalisée », consistant à « *expliquer en quoi, parmi différents contrats ou différentes options d'investissement au sein d'un contrat, un ou plusieurs contrats ou options* » sont plus adaptés aux exigences et besoins de l'éventuel souscripteur ou adhérent, « *en particulier plus adaptés à sa tolérance aux risques et à sa capacité à subir des pertes* »[2].

1. C. assur., art. L. 112-2 s. ; L. 521-2 s. ; L. 522-3 s.

2. C. assur., art. L. 552-5, II.

TITRE

42. La fourniture d'accès et l'hébergement

SECTION 0

ORIENTEUR

42.00 **Sommaire du titre.**

42.03 **Bibliographie. Ouvrages.** C. Alcantara (dir.), *E-réputation : Regards croisés sur une notion émergente,* Gualino, 2015 – C. Alloing, *(E)-réputation : Médiation, calcul, émotion,* « Communication », CNRS, 2016 – B. Beignier, B. de Lamy et E. Dreyer (dir.), *Traité de droit de la presse et des médias*, « Traités », LexisNexis, 2009 – Th. Brenet, *E-réputation, votre guide ! Comprendre, surveiller et défendre sa e-reputation*, Afnor, 2011 – C. Féral-Schuhl, *Cyberdroit : Le droit à l'épreuve de l'internet*, 8e éd., « Praxis », Dalloz, 2020 – C. Faillet, *L'art de la guerre digitale : Survivre et dominer à l'ère du numérique,* « Stratégie d'entreprise », Dunod, 2016 – V. Fauchoux, P. Deprez, F. Dumont et J.-M. Bruguière, *Le droit de l'internet*, « Droit & Professionnels », LexisNexis, 2017 – É. Fillias et A. Villeneuve, *E-réputation : Stratégies d'influence sur internet*, 2e éd., Ellipses, 2012 – J. Huet, *Les contrats électroniques*, LexisNexis, « Droit & Professionnels », 2017 – J. Larrieu, *Droit de l'internet*, 2e éd., « Mise au point », Ellipses, 2010 – B. Rosoor, *Agir sur l'e-reputation de l'entreprise : Développer et défendre son identité numérique*, « Marketing », Eyrolles, 2012.

Manuel. C. Castets-Renard, *Droit interne et européen du numérique,* 3e éd., « Cours », Montchrestien-Lextenso, 2018.

Thèse. W. Duhen, *La responsabilité extracontractuelle du fournisseur d'accès à internet*, avant-propos H. Isar, préf. J. Frayssinet, PUAM, 2013.

Contributions. J. Larrieu, « Les contrats spéciaux des réseaux numériques », dans Assoc. Henri Capitant (dir.), *Le contrat électronique*, Éd. Panthéon-Assas, 2002, p. 85 s. – A. Mendoza-Caminade, « La notion de fonds de commerce à l'épreuve de l'internet : faut-il admettre le fonds de commerce électronique ? », dans *Libre droit. Mél. Ph. le Tourneau*, Dalloz, 2008, p. 763 s.

Articles. I. Cantero et P. Agosti, « Une Arlésienne enfin visible. Décret n° 2011-219 du 25 février 2011… », *CCC* 2012. Ét. 2 – A. Fiévée et C. Martin, « L'"e.réputation" : la gestion juridique de l'image de l'entreprise sur internet », *RLDI* 2011, Doctr. n° 2401 – M. Griguer et S. Franco, « Comment défendre sa réputation sur internet ? », *Cah. dr. entr.* 2017/4. Fiche prat. 20 – A. Neri, « Pratique contentieuse. La demande d'obtention de mesures de cessation d'un dommage sur internet et de communication des Données permettant d'identifier l'auteur de ce dommage », *CCÉ* 2012, fiche. prat. n° 6 – V. Varet, « Le cadre juridique du spam : État des lieux », *CCÉ* 2002, Chron. 21.

42.05 **Élimination du Droit pénal, dont la violation du secret des correspondances.** Cet ouvrage ne traite que des contrats. Il n'aborde pas les aspects de Droit pénal soulevés par l'internet, notamment l'application des incriminations relatives à l'atteinte au secret des correspondances. Nous relevons cependant un arrêt, surtout pour l'intérêt des suggestions émises par certains de ses commentateurs. Il décida qu'un organisme pouvait *vérifier le contenu* des messages à caractère privés reçus ou émis par ses préposés, mais qu'il n'était pas en droit de les divulguer, et qu'il tombait donc sous le coup des incriminations pénales à cet égard[1]. La vérification paraît relever des *faits justificatifs*, qu'il conviendrait d'entendre assez largement, afin d'assurer la sécurité du réseau sous deux aspects[2]. D'abord, la *sécurité technique*, pour lutter contre les agressions extérieures, notamment les virus (en se fondant sur C. pén., art. 122-7). Mais aussi *la sécurité juridique*, afin d'empêcher que les préposés commettent des infractions sur le réseau (le fondement étant ici C. pén., art. 122-7), par exemple profère des propos racistes ou procède à des contrefaçons.

42.06 Élimination du contrat de la gestion de la réputation en ligne (e-reputation). Une des particularités de la toile est que n'importe qui peut y insérer des données, sans contrôle, et qu'elles restent longtemps accessibles. Elles peuvent porter sur des personnes physiques ou morales sans que les intéressées s'en rendent compte, alors qu'elles risquent éventuellement de nuire à leur réputation et, par conséquent, à leur image de marque. Tout intervenant du marché doit veiller avec soin à celle-ci sur la toile et à son « identité numérique »[3]. Aussi des sociétés spécialisées dans la gestion de la réputation en ligne se sont créées (ou *e.reputation*, dans le charabia actuel[4]), telle en France *Reputation Squad* (pourquoi ses fondateurs n'ont-ils pas choisi un nom français ?). *Osculteo* est la première plateforme en ligne grand public de gestion de l'identité numérique, tandis que *Protego* se charge de redresser l'image auprès des entreprises, de comités de direction ou de personnalités publiques. Elles effectuent à la demande un travail de « veille » pour déceler les mentions fâcheuses de leurs clients, par un contrat d'entreprise (parfois dénommé dans ce domaine *community management*). Ces entreprises de service du numérique (ESN) spécialisées interviennent aussi auprès des sites ou des fournisseurs d'accès pour qu'ils retirent le contenu litigieux. Enfin, elles peuvent créer une présence positive, créant même le *buzz*[5]. En dernier recours, si les atteintes à la réputation subsistent, il est possible de déposer une plainte en ligne sur le site de la Cnil.

42.07 Site utile. Le secrétariat d'État en charge de la prospective et du développement de l'économie numérique a créé un site proposant quelques repères et bonnes pratiques indispensables pour surfer en toute sérénité[6].

1. C. pén., art. 432-9 ; Paris, 17 déc. 2001, *JCP E* 2002, n° 1204, note J. Devèze et M. Vivant.
2. V. LA NOTE préc. de J. Devèze et M. Vivant.
3. NOT. : A. Fiévée et C. Martin, « L'"e.réputation" : la gestion juridique de l'image de l'entreprise sur internet », art. préc. – M. Griguer et S. Franco, « Comment défendre sa réputation sur internet ? », art. préc. – B. Rosoor, *Agir sur l'e-reputation de l'entreprise. Développer et défendre son identité numérique, op. cit.* – V. AUSSI *supra* ss n° 4.12.
4. L'Institut Mac Luhan (Ircom, 23 rue Édouard Guinel, 49130 Les Ponts-de-Cé) propose une option d'e-réputation dans son master de communication. – *E-réputation, votre guide ! Comprendre, surveiller et défendre sa e-reputation, op. cit.* – D. Régner, *E-réputation ; Manager la réputation à l'heure du digital, op. cit.* – É. Fillias et A. Villeneuve, *E-réputation : Stratégies d'influence sur internet, op. cit.* – C. Alcantara (dir.), *E-réputation : Regards croisés sur une notion émergente, op. cit.*
5. Sur la responsabilité des hébergeurs et des autres des intermédiaires techniques de services internet v. *infra* ss nos 422.22 s.
6. http://surfez-intelligent.dgmic.culture.gouv.fr/spip.php?accueil=1.

CHAPITRE

421. Contrat de fourniture d'accès

SECTION 0
ORIENTEUR

421.00 **Sommaire du chapitre.**

421.05 **Présentation.** Le *fournisseur d'accès* (*provider*, en anglais) à l'internet met à la disposition de son partenaire *une clé d'accès* pour parvenir à un serveur, et ainsi pouvoir se connecter au réseau, y « naviguer » et bénéficier des services qu'il offre. Cette clé permet d'accéder au réseau, mais rien de plus, c'est-à-dire que le fournisseur ne prend aucun engagement au regard du contenu. Le contrat ne porte donc pas sur la communication d'informations mais sur l'acheminement de celle-ci. Parfois, l'accès à l'internet est personnalisé, en ce sens que les sites et informations sont présélectionnés automatiquement, en fonction des centres d'intérêt du visiteur. Les pages les plus demandées par les abonnés peuvent être copiées dans un *serveur* (nommé *Proxy* ou *One line data service*). Un serveur d'internet est un ordinateur contenant un programme attendant la requête du client et y répondant, cela indéfiniment, du moins tant que l'ordinateur est en marche. Par exemple un serveur de messagerie est prêt à recevoir des messages et à les faire parvenir aux boîtes électroniques des destinataires. Il existe une association des fournisseurs d'accès et de services internet (AFA [1]), membre de la fédération européenne des fournisseurs d'accès et de services internet (EuroISPA [2]).

421.06 **Nature juridique du contrat.** Quelle est la nature juridique de ce contrat ? Certains opinent pour un contrat d'entreprise. Il nous semble qu'il s'agit plutôt d'une location (d'un « espace disque »), le client bénéficiant d'un *droit d'usage* intermittent d'un réseau pour parvenir à un *serveur*, par abonnement, exactement comme pour le téléphone ou la télécopie [3]. Si aucun prix n'est exigé par le fournisseur, le contrat est alors un prêt (et ne saurait être d'entreprise, puisqu'il est admis que ce contrat est par essence à titre onéreux, la définition qu'en donne l'article 1710 du code civil, faisant effectivement référence à un *prix convenu* ; mais cette solution n'est étayée par aucun argument déterminant et nous semble une erreur). La pratique utilise fâcheusement l'expression de transport [4], mais sans songer à ce que ce mot possède une acception technique. Pourquoi parler ici de transport, alors que ce verbe n'a jamais été employé pour le téléphone, le télex ou le minitel ? Par définition, le contrat de transport suppose le déplacement d'une chose matérielle (ou d'une personne) : Une information ou une connaissance ne remplissent pas cette condition (le mot de transport est donc ici une métaphore, au sens étymologique).

Lorsque le contrat est conclu par internet il est soumis à diverses règles envisagées précédemment [5].

SECTION 1
OBLIGATIONS DU FOURNISSEUR D'ACCÈS

421.11 **Nature des principales obligations contractuelles du fournisseur d'accès.** Le contrat précise les obligations du fournisseur [6]. Nous ne revenons pas sur les clauses habituelles des contrats d'affaires

1. www.afa-france
2. www.euroispa.org

3. Sur la nature de l'abonnement v. *supra* s[s] n° 221.20.
4. POUR DES clauses des contrats de deux opérateurs relatives à leur responsabilité : *Expertises* 1996, p. 183.
5. V. *supra* s[s] n°s 412.31 s.
6. POUR DES EX. DES PRINCIPALES CLAUSES de tels contrats : *Expertises* 1996, p. 430 s.

(par ex. relative au prix), ni sur les faits constituant des défaillances du fournisseur dans les conditions de Droit commun, par exemple quant à l'obligation de conseil[1], comme en cas de suspension ou de rupture brutale du contrat[2]. Mais il existe des obligations spéciales d'information à la charge du fournisseur d'accès. En effet, selon la loi nº 2004-575 du 21 juin 2004[3] « *pour la confiance dans l'économie numérique* », dite LCEN, « *Les personnes dont l'activité est d'offrir un accès à des services de communication au public en ligne informent leurs abonnés de l'existence de moyens techniques permettant de restreindre l'accès à certains services ou de les sélectionner et leur proposent au moins un de ces moyens* »[4]. De plus, les fournisseurs de services de communications électroniques accessibles au public sont tenus de communiquer au consommateur, préalablement à la conclusion du contrat, de nombreuses informations énumérées par la loi[5].

Le fournisseur s'engage généralement à rendre disponible en permanence son centre serveur (24 h/24, 7 jours/7), sous réserves des périodes de maintenance (sauf évidemment cas de force majeure[6]). À cet égard (quant à la connexion au réseau internet et son flux [*streaming*] continu[7]) son obligation est de *résultat*[8], l'aléa étant peu important[9]. Toutefois, le contrat peut ne fournir aucune garantie de service ininterrompu et ne pas garantir le taux de disponibilité à 100 % ; dans ce cas, l'obligation est de moyens[10]. Les offres musicales, de pièces de théâtre et de films sur internet en flux continu (*streaming*) furent, non seulement considérablement augmentées lors de la pandémie du coronavirus (coivd-19) de 2020, mais aussi souvent proposées à titre gratuit.

Pour le surplus, l'obligation du fournisseur d'accès est de *moyens* (sauf clause contraire), notamment quant à l'accès aux informations circulant sur le réseau, aux services, aux taux de transfert et aux temps de réponse des informations circulant à partir de son centre serveur vers l'internet, dans la mesure où il n'a pas la maîtrise de celui-ci[11]. Les performances du réseau ne dépendent pas de lui. Le contenu du réseau n'entre pas dans l'objet du contrat passé avec le fournisseur, d'autant moins qu'il se trouve dans l'impossibilité de contrôler les données circulant sur les autoroutes de l'information[12]. Toutefois, les prestations qu'il assure personnellement doivent correspondre à celles qu'il a promises dans son offre[13]. De l'importance, une fois encore, d'une rédaction réfléchie des contrats... Le contrat ou une annexe peut préciser de façon technique les attentes du client et les engagements du fournisseur.

1. TGI Paris, 26 juin 2007, RG nº 05/08845, *Stock c/Free, D.* 2007. AJ 2157, obs. C. Manara – Versailles, 14e ch., 28 oct. 2009, *Globalisnet c/SFR*, www.legalis.net ; *RLDI* 2009/54, nº 1801, obs. M. T. : pas de défaillance de l'obligation de conseil, le demandeur étant « *un acteur majeur du commerce électronique en Europe et [déclarant] être spécialisé dans le traitement sécurisé des flux bancaires et sensibles, est à l'évidence un spécialiste de l'internet* » (v. *supra* ss nos 014.11 s.).
2. Versailles, 9 févr. 2001, *Marie c/SFR, D.* 2001. IR 909 : suspension sans préavis du contrat.
3. L. nº 2004-575, 21 juin 2004 pour la confiance dans l'économie numérique, *JO* 22 juin, p. 11168.
4. L. nº 2004-575, 21 juin 2004, art. 6, I, 1.
5. C. consom., art. L. 224-27 s. (mod. par ord. nº 2021-650, 26 mai 2021, *JO* 27 mai, art. 45) et art. D. 224-53 s. (mod. par décr. nº 2022-163, 11 févr. 2022, *JO* 12 févr., texte 11).
6. Versailles, 14e ch., 28 oct. 2009, *Globalisnet c/SFR*, préc. : force majeure constatée en l'esp.
7. *Streaming* a été officiellement traduit par *flux* (se dit de la diffusion ou de la réception par l'internet de contenus audio et vidéo, selon un mode de transmission permettant une lecture en continu sans téléchargement). Les offres musicales payantes sur internet, qui se sont beaucoup développées, utilisent ce procédé.
8. AUSSI : L. nº 2004-575, 21 juin 2004, art. 5 (v. *supra* ss nº 412.72).
9. Versailles, 14 mars 2001, *AOL Bertelsmann Online France, Gaz. Pal.* 2002. 1, Somm. 261 : quelles que soient les raisons techniques le prestataire de service, qui s'est engagé à permettre un accès illimité à l'internet, ne peut pas interrompre arbitrairement l'accès au réseau à l'issue d'une certaine période de communication – TGI Paris, 5 avr. 2005, *UFC Que choisir ? c/Tiscali, CCÉ* 2005, nº 104, obs. Ph. Stoffel-Munck : ce « *professionnel est tenu d'une obligation de résultat quant à l'accès* » – TGI Paris, 26 juin 2007, RG nº 05/08845, *Stock c/Free*, préc. – Civ. 1re, 8 nov. 2007, nº 05-20.637, *AOL c/UFC*, NP, *JCP E* 2007. Pan. obs 2547 ; *CCÉ* 2008, nº 7, obs A. Debet – REJETANT LE POURVOI CONTRE : Versailles, 15 sept. 2005, *AOL c/Que choisir ?, CCÉ* 2005, nº 171, obs Ph. Stoffel-Munck : qui posait bien le principe de l'obligation de résultat du fournisseur d'accès – Civ. 1re, 19 nov. 2009, nº 08-21.645, *D. c/Free*, NP, *D.* 2009. AJ 2927, obs. P. Guiomard ; *RLDI* 2009/55, nº 1835, obs. M. T. ; *LPA* 22 janv. 2010, nº 16, p. 12, note M. Fernet ; *RCA* 2010, nº 19, note S. Hocquet-Berg ; *CCC* 2010, nº 35, obs. L. Leveneur ; *Gaz. Pal.* 2010. 1, p. 917, note M. Mekki ; *Gaz. Pal.* 2010. 1, p. 1095, note Ph. Ballet : obligation de résultat : le fournisseur d'accès ne peut s'exonérer des conséquences d'une défaillance technique, même émanant d'un tiers, que si elle était imprévisible lors de la conclusion du contrat et irrésistible au moment de son exécution – Paris, pôle 5, ch. 11, 11 juin 2010, *Free, RLDI* 2010/63, *idem* – COMP. : T. com. Paris, 23 mars 2000, *ISA c/Omniséquence, Expertises* 2000, p. 355 : un prestataire de services devait mettre à la disposition de son client un serveur et les logiciels nécessaires, mais fut défaillant.
10. Versailles, 14e ch., 28 oct. 2009, *Globalisnet c/SFR*, préc.
11. A. Tourette, *Responsabilité civile et neutralité de l'internet. Essai de conciliation*, th. Nice Sophia Antipolis, 2015, nº 462.
12. COMP. : Pau, 14 oct. 1999, *France Télécom, JCP E* 2000. Pan. 873.
13. TI Saint-Affrique, réf., 18 janv. 2001, *M. A. Fernandez c/ One Tel Net, CCÉ* 2001, nº 49, obs. C. Le Stanc : commet une défaillance contractuelle le fournisseur d'accès incapable d'apporter le service promis – TGI Paris, 19 oct. 2004, *Assoc. Les utilisateurs du cybercâble, CCÉ* 2005, nº 9, obs. L. Grynbaum : condamnation d'un fournisseur d'accès, ne respectant pas la vitesse de transmission indiquée dans sa publicité, à des dommages et intérêts, ainsi qu'à rétablir sous astreinte la vitesse initialement prévue.

Rappel : La distinction des obligations de moyens et de résultat a été ignorée par l'ordonnance n° 2016-131 du 10 février 2016[1] portant réforme du droit des obligations ; elle ne figure pas non plus dans le projet de réforme de la responsabilité civile présenté par le garde des Sceaux le 13 mars 2017[2].

421.12 Obligations accessoires éventuellement acceptées par le fournisseur d'accès. Le fournisseur d'accès délivre généralement un logiciel permettant la connexion et la navigation (ou de gestion du courrier), voire, plus rarement, du matériel (modem), vendu, loué ou prêté. Il s'engage souvent à assurer une assistance technique (téléphonique et/ou par le réseau) à ses clients, à permettre l'accès à des services « en ligne ». Enfin, il assume presque toujours en même temps la fonction d'hébergeur, qui est distincte mais en constitue en quelque sorte le prolongement[3].

Le titulaire d'œuvres protégées peut demander au tribunal, le cas échéant en référé, toute mesure propre à prévenir ou à faire cesser l'atteinte à un droit d'auteur ou à un droit voisin[4], notamment le filtrage et le blocage de sites contrefaisants. Mais qui doit en assumer le coût ? La Cour de cassation a approuvé les juges du fond d'avoir décidé que ce n'est que dans l'hypothèse où une mesure particulière de blocage ou de déréférencement devait s'avérer disproportionnée, eu égard à sa complexité, à son coût et à sa durée, au point de compromettre, à terme, la viabilité du modèle économique des intermédiaires techniques, qu'il conviendrait d'apprécier la nécessité d'en mettre le coût, en tout ou en partie, à la charge du titulaire de droits. Procédant de façon concrète à la mise en balance des droits en présence, la cour d'appel a, d'une part, relevé que l'équilibre économique des syndicats professionnels en cause, déjà menacé par ces atteintes, ne pouvait qu'être aggravé par l'engagement de dépenses supplémentaires qu'ils ne pouvaient maîtriser ; d'autre part, souverainement estimé que ni les fournisseurs d'accès à l'internet (FAI) ni les fournisseurs de moteurs de recherche ne démontraient que l'exécution des mesures ordonnées leur imposerait des sacrifices insupportables, ni que leur coût mettrait en péril leur viabilité économique. Elle a donc pu en déduire que la prise en charge, par ces intermédiaires, du coût des mesures de blocage et de déréférencement ordonnées était strictement nécessaire à la préservation des droits en cause[5].

En revanche, selon la CJUE, il ne saurait mettre en place un système de filtrage de toutes les communications électroniques transitant par lui, à titre préventif à la demande d'un client (afin de bloquer des transferts de données pouvant porter atteinte à ses droits d'auteur), car cela serait attentatoire à la liberté d'entreprendre et excessif pour la protection du Droit de propriété intellectuelle[6].

421.13 Clauses abusives – Recommandation de la Commission des clauses abusives. La Commission des clauses abusives a émis une recommandation n° 03-01 (du 26 sept. 2002)[7] relative aux contrats de fourniture d'accès à internet, en relevant qu'ils comportent un nombre élevé de clauses abusives[8]. Elle recommande que soient éliminés des modèles de convention habituellement proposés aux consommateurs par les FAI un grand nombre de clauses. Cette recommandation n'a pas toujours été suivie par les fournisseurs d'accès[9]. Saisie par un tribunal en 2005, la Commission des clauses abusives, dans

1. Ord. n° 2016-131, 10 févr. 2016, portant réforme du droit des contrats, du régime général et de la preuve des obligations, *JO* 11 févr., n° 26.
2. V. *supra* s[s] n° 014.14.
3. V. *infra* s[s] n°s 422.05 s.
4. CPI, art. L. 336-2.
5. Civ. 1re, 6 juill. 2017, n° 16-17.217, P I, n° 170 ; *GAPI*, 3e éd., Dalloz, 2020, n° 11 ; *D.* 2017. 2016, note C. Le Goffic ; *CCC* 2017, n° 80, obs. G. Loiseau ; *RLDI* 2017. 5087, note E. Derieux ; *Dalloz IP/IT* 2018. 137, obs. O. Henrard.
6. CJUE, 3e ch., 24 nov. 2011, *Scarlet Extended,* aff. C-70/10, *Rec.* I-11959 ; *D.* 2011. Actu 2925, obs. C. Manara ; *D.* 2012. Pan. 2343, obs. P. Tréfigny et Pan. 2836, obs. P. Sirinelli ; *Gaz. Pal.* 2012. 15 févr., p. 20, note L. Marino, APPROB. ; *CCÉ* 2012, n° 63, obs. A. Debet, 1re esp. – En 2012, la CJUE a rendu une décision dans le même sens quant aux hébergeurs (v. *infra* s[s] n° 422.05).
7. CCA, recomm., n° 03-01, 26 sept. 2002 relatives aux contrats de fourniture d'accès à internet (FAI), *BOCCRF* 31 janv. 2003 ; *JCP E* 2003, n° 362 ; *CCÉ* 2003, n° 25, obs. L. Grynbaum ; *RDC* 2003. 22, obs. J. Rochfeld.
8. Sur les clauses abusives v. *supra* s[s] n° 412.42.
9. NOT. : TGI Nanterre, 2 juin 2004, *UFC Que choisir ? c/AOL, JCP* 2005. II. 10022, note B. Fages : relevant le caractère abusif d'un certain nombre de clauses du contrat du fournisseur d'accès ; SUR APPEL : Versailles, 15 sept. 2005, *AOL c/Que choisir ?*, préc. ; POURVOI REJETÉ PAR : Civ. 1re, 8 nov. 2007, n° 05-20.637, *AOL c/UFC*, préc. : est abusive la clause d'un fournisseur d'accès l'exonérant de son obligation essentielle – TGI Paris, 5 avr. 2005, *UFC Que choisir ? c/ Tiscali*, préc. : déclarant abusives un nombre considérable de clauses figurant dans les conditions générales d'utilisation du contrat de fourniture d'accès – TGI Paris, 9 févr. 2006, *UFC Que choisir ?, c/France Télécom, CCÉ* 2006, n° 126, obs. Ph. Stoffel-Munck : ordonne la suppression d'une quarantaine de clauses – TI Béthune, 5 avr. 2007, *Numéricable* et TI Cherbourg, 12 juill. 2007, *AOL, CCÉ* 2007, n° 135, obs. A. Debet : clauses abusives déclarées non écrites à la demande de deux consommateurs – Paris, 25e ch. B, 13 févr. 2009, *Free c/Familles de France et UFC Que choisir ?, CCC* 2009, n° 155, obs. G. R. ; *Gaz. Pal.* 2009. 2, Somm. 2697, obs. B. de Roquefeuil et J. Bellesort : ordonne la suppression de 32 clauses abusives – TGI Paris, 22 mars 2011, n° 09-18.791, *RJDA* 2011, n° 580, 2e esp. : clause abusive dans une offre « triple play » (internet, téléphonie fixe et télévision) – COMP. : Versailles, 4 févr. 2004, *UFC c/Orange, CCC* 2004, n° 99, obs. G. Raymond : annulant comme abusive la clause d'un contrat de téléphonie mobile affirmant que les obligations étaient de moyens.

son avis n° 05-05 (du 29 septembre 2005)[1], estima que sont abusives certaines clauses du contrat d'abonnement auprès d'un fournisseur d'accès par câble à internet. Comme de coutume, un contractant ne peut pas se prévaloir des dispositions relatives aux clauses abusives lorsque le contrat a un rapport direct avec son activité professionnelle[2].

421.14 Interdiction des ventes liées. Le code de la consommation interdit de subordonner la vente à un consommateur d'un produit ou la prestation d'un service, sauf motif légitime, à l'achat concomitant d'un autre produit ou à la commande d'un autre service (C. consom., art. L. 121-11, qui interdit aussi le refus de vendre à un consommateur, sauf motif légitime). Il n'est pas certain que l'interdiction des ventes liées soit encore conforme au Droit d'origine communautaire[3]. Quoi qu'il en soit, la jurisprudence l'interprète maintenant avec souplesse. Ainsi, il a été jugé que le fait de subordonner au service payant d'*Orange Sports* à la souscription d'un abonnement internet auprès d'*Orange* ne caractérise pas une pratique déloyale de vente liée[4].

421.15 Directive 2000/31 du Parlement et du Conseil du 8 juin 2000 sur la « société de l'information ». La directive 2000/31[5] est relative à certains aspects juridiques des services de la société de l'information. Elle prévoit notamment qu'en cas de fourniture d'un service « *consistant à transmettre, sur un réseau de communication, des informations fournies par le destinataire du service ou à fournir un accès au réseau de communication* »[6], le prestataire n'est en principe pas responsable des informations transmises[7]. Toutefois, ce principe est soumis à trois conditions relatives au prestataire : qu'il ne soit pas à l'origine de la transmission ; qu'il ne sélectionne pas le destinataire de la transmission ; qu'il ne sélectionne et ne modifie pas les informations faisant l'objet de la transmission. La directive englobe, aux activités de transmission et de fourniture d'accès, le stockage « *automatique, intermédiaire et transitoire des informations transmises, pour autant que ce stockage serve exclusivement à l'exécution de la transmission sur le réseau de communication et que sa durée n'excède pas le temps raisonnablement nécessaire à sa transmission* »[8].

421.16 Loi de transposition – Irresponsabilité sous conditions du fournisseur d'accès. L'article 6 de la loi n° 2004-575 du 21 juin 2004 « *pour la confiance dans l'économie numérique* », dite LCEN, transposa les dispositions de la directive ci-dessus. Il consacra implicitement une singulière immunité de principe du fournisseur d'accès, ne traitant pas expressément de leur responsabilité[9]. La loi prévoit seulement : – 1) Que le fournisseur d'accès n'est pas en principe responsable du contenu, civilement ou pénalement, sauf s'il est à l'origine de la transmission litigieuse, ou s'il sélectionne ou modifie les contenus faisant l'objet de la transmission[10] ; – 2) Que l'autorité judiciaire peut toujours prescrire en référé toutes mesures propres à faire cesser un dommage causé par le contenu d'un service de communication publique en ligne[11]. La responsabilité du fournisseur d'accès ne semble donc pouvoir être engagée que si ce dernier n'obtempère pas à l'injonction du juge des référés. La Cour européenne des Droits de l'homme considère que les États ont une marge d'appréciation des intérêts en présence ; elle a donc une conception souple de la liberté d'expression[12].

Les fournisseurs d'accès à l'internet (FAI) sont tenus de détenir et de conserver les données de nature à permettre l'identification de quiconque a contribué à la création du contenu ou de l'un des

1. CCA, avis n° 05-05, 29 sept. 2005 relatifs à la télévision par câble couplée à un accès Internet, *BOCCRF* 4 mars 2006 ; *CCÉ* 2005, n° 188, obs. L. Grynbaum.
2. Versailles, 14ᵉ ch., 28 oct. 2009, *Globalisnet c/SFR*, préc. ; cas en l'esp.
3. V. *supra* sˢ n° 211.14.
4. Paris, 4ᵉ ch., 14 mai 2009, RG n° 09/03660, *France Télécom c/Free*, *D.* 2009. AJ 1475, obs. F. Petit ; *CCÉ* 2009, n° 68, obs. Ph. Stoffel-Munck ; *CCC* 2009, n° 201, obs. D. Bosco ; *JCP* 2009, n° 31-35. Chron. 181, n° 12, obs. A. Mendoza-Caminade ; *RDC* 2010. 18, note J. Rochfeld, 1ʳᵉ esp. ; *Gaz. Pal.* 2010. 1, p. 1046 ; M. Chagny, « De l'assouplissement du régime des offres liées à l'avènement d'un droit du marché ? », *D.* 2009. Chron. 2561 – POURVOI REJETÉ par : Com. 13 juill. 2010, nᵒˢ 09-15.304, 09-66.970, P IV, n° 128 ; *CCÉ* 2010, n° 98, obs. M. Chagny ; *CCÉ* 2010. Chron. 10, n° 11, obs. C. A.-M. ; *CCC* 2010, n° 253, obs. M. Malaurie-Vignal ; *LPA* 11 avr. 2011, n° 73, p. 10, note C.-A. Maetz.
5. Dir. 2000/31, Parlement et Conseil, 8 juin 2000 relative à certains aspects juridiques des services de la société de l'information, *JOCE* L 178, 17 juill., p. 1.
6. Dir. 2000/31, Parlement et Conseil, 8 juin 2000, art. 12, point 1.
7. C. Féral-Schuhl, *op. cit.*, n° 113.31 – CJUE, 3ᵉ ch., 15 sept. 2016, *Tobias Mc Fadden c/Sony Music Entertainment Germany*, aff. C-484/14, *CCÉ* 2016, n° 88, obs. C. Caron ; *RTD com.* 2016. 751, obs. F. Pollaud-Dulian : l'exploitant d'un service de connexion sans fil (*Wi-Fi*) fournit un service de la société de l'information, de sorte qu'il n'engage pas sa responsabilité ; mais il peut lui être enjoint de sécuriser l'usage de son système au moyen d'un mot de passe, afin de lutter contre la contrefaçon.
8. Dir. 2000/31, Parlement et Conseil, 8 juin 2000, art. 12, point 2.
9. C. Castets-Renard, *Droit de l'internet, op. cit.*, nᵒˢ 752 s. – W. Duhen, *La responsabilité extracontractuelle du fournisseur d'accès à internet*, th. préc.
10. CPCE, art. L. 32-3-3 ; mod. par L. n° 2004-575, 21 juin 2004, art. 9 ; puis par L. n° 2004-669, 9 juill. 2004, art. 1ᵉʳ.
11. V. *infra* sˢ n° 421.18.
12. CEDH 19 mars 2019, *Høiness c/Norvège*, req. n° 4324/14, *JCP* 2019. 369, obs. F. Sudre ; *RTD civ.* 2019. 302, obs. A.-M. Leroyer.

contenus des services dont ils sont prestataires[1]. De plus, ils doivent concourir à la lutte contre l'apologie des crimes contre l'humanité, l'incitation à la haine raciale, et la diffusion d'images pédophiles. À cet effet, ils doivent mettre en place un dispositif, facilement accessible et visible, permettant à toute personne de porter à leur connaissance de telles données ; elles ont aussi l'obligation d'informer promptement les autorités publiques compétentes de ces activités illicites qui leur auraient été signalées et qu'exerceraient les destinataires de leurs services[2].

La directive 2019/790[3] sur le droit d'auteur et les droits voisins dans le marché unique numérique, a entendu cantonner le jeu des dispositions de la directive 2000/31, précitée, créant ainsi une quasi irresponsabilité de fait des hébergeurs. En effet, son article 17 décide que les sites de partage de contenus en ligne, mettant à la disposition du public des « matériaux » protégés, téléversés par les utilisateurs, sont responsables pour cette mise à disposition, sauf s'ils démontrent : a) qu'ils ont fourni leurs « meilleurs efforts » pour obtenir une autorisation ; b) qu'ils ont fourni leurs « meilleurs efforts » pour garantir l'indisponibilité de ces matériaux ; c) enfin, qu'ils ont agi promptement, dès réception d'une notification de la part des titulaires de droits, pour bloquer l'accès à ceux-ci et ont fourni leurs « meilleurs efforts » pour empêcher qu'ils soient à nouveau téléversés (l'emploi de « meilleurs efforts » est fâcheux dans la version française de la directive, car il s'agit d'une expression de la *Common law* [*Best efforts*][4] signifiant en droit français *obligation de moyens*). L'objectif étant d'empêcher *ex ante* une mise en ligne contrefaisante, et non plus simplement de mettre fin *ex post* à une telle mise en ligne[5]. Cette directive fut transposée : d'une part, par la loi n° 2019-775 du 24 juillet 2019[6], créant un droit voisin au profit des agences de presse et des éditeurs de presse[7]. D'autre part, par l'ordonnance n° 2021-580 du 12 mai 2021[8]. Celle-ci définit le fournisseur d'un service de partage de contenus en ligne de l'article 17 comme la personne fournissant un service de communication au public en ligne, dont l'objectif principal ou l'un des objectifs principaux est de stocker et donner au public accès à une quantité importante d'œuvres et d'autres objets protégés « téléversés » par ses utilisateurs, que les fournisseurs de service organisent et promeuvent en vue d'en tirer un profit, direct ou indirect (CPI, art. L. 137-1, comportant des exceptions).

421.17 Transferts de données personnelles. L'activité des fournisseurs d'accès et d'hébergement implique la collecte et l'utilisation de données à caractère personnel[9]. La protection de celles-ci (qui a un lien étroit avec la protection de la vie privée[10]) est assurée par la loi n° 78-17 du 6 janvier 1978[11], dite *Informatique et Libertés*, modifiée plusieurs fois, notamment par la loi n° 2018-493 du 20 juin 2018[12] transposant le règlement 2016/679[13], relatif à la protection des personnes physiques à l'égard du traitement des données à caractère personnel et à la libre circulation de ces données (RGPD). Elle modifie considérablement la loi précitée informatique et libertés pour y intégrer l'ensemble « données » (règlement et directive) dans notre ordre interne[14].

421.18 Référé. La loi n° 2004-575 du 21 juin 2004, dite LCEN, a prévu que l'autorité judiciaire peut prescrire, en référé ou sur requête, aux fournisseurs d'accès à l'internet (FAI) toutes mesures

1. L. n° 2004-575, 21 juin 2004, art. 6, II ; – Décr. n° 2011-219, 25 févr. 2011 relatif à la conservation et à la communication des données permettant d'identifier toute personne ayant contribué à la création d'un contenu mis en ligne, *JO* 1er mars, p. 3643 – I. Cantero et P. Agosti, « Une Arlésienne enfin visible. Décret n° 2011-219 du 25 février 2011... », Ét. préc.
2. L. n° 2004-575, 21 juin 2004, art. 6, I, 7.
3. Dir. 2019/790, Parlement et Conseil, 17 avr. 2019, sur le droit d'auteur et les droits voisins dans le marché unique numérique et modifiant les directives 96/9/CE et 2001/29/CE, *JOUE* L 130, 17 mai, p. 92.
4. Sur la clause de *best efforts* : J. Mestre et J.-C. Roda (dir.), *Les principales clauses des contrats d'affaires*, « Les intégrales », Lextenso, 2011, p. 129 s.
5. M. Vivant, « Une responsabilité *ad hoc* pour les sites de partage (commentaire de l'article 17 de la directive) », *CCE* 2019/10, dossier 8.
6. L. n° 2019-775, 24 juill. 2019, tendant à créer un droit voisin au profit des agences de presse et des éditeurs de presse, *JO* 26 juill., texte 4.
7. F. Pollaud-Dulian, « Un nouveau venu, le droit voisin des éditeurs de presse », *RTD com.* 2019. 661. – C. Caron, « Le nouveau droit voisin des éditeurs de publications de presse », *CCE* 2019. Dossier 7 – T. Azzi, « Commentaire de la loi du 24 juillet 2019 tendant à créer un droit voisin au profit des agences de presse et des éditeurs de presse », *Dalloz IP/IT* 2020. 61.
8. P. Kamina, « Commentaire de l'ordonnance n° 2021-580 du 12 mai 2021 portant transposition partielle de la directive 2019/790 du 17 avril 2019 », *CCE* 2021. Ét. 12.
9. SUR LE TRANSFERT des données personnelles : É. A. Caprioli (dir.), *Banque et assurance digitales. Droit et pratiques*, préf. M. Roussille, RD éd., 2017, nos 318 s.
10. M. Clément-Fontaine, « L'union du droit à la protection des données personnelles et du droit à la vie privée », *Legipresse* 2018/356, p. 19.
11. L. n° 78-17, 6 janv. 1978, relative à l'informatique, aux fichiers et aux libertés, *JO* 7 janv., p. 227.
12. G. Desgens-Pasanau, *La protection des données personnelles. Le RGPD et la nouvelle loi française*, 4e éd., LexisNexis, 2019 – C. Féral-Schuhl, *La protection des données personnelles*, « À Savoir », Dalloz, 2019.
13. Règl. 2016/679, Parlement et Conseil, 27 avr. 2016, relatif à la protection des personnes physiques à l'égard du traitement des données à caractère personnel et à la libre circulation de ces données, et abrogeant la directive 95/46/CE (règlement général sur la protection des données), *JOUE* L 119, 4 mai, p. 1.
14. V. *supra* ss n° 011.22.

propres à prévenir un dommage ou à faire cesser un dommage occasionné par le contenu d'un service de communication[1] en ligne[2]. La cessation de la situation illicite, reconnue par ce texte, est une fonction primordiale de la responsabilité civile[3]. Il a été jugé que les fournisseurs d'accès peuvent être condamnés, en référé de l'article 6, I, 8°, de la loi précitée, à prendre toutes les mesures visant à empêcher l'accès du territoire français à un site illicite, alors même que les hébergeurs de ce dernier n'ont pas été préalablement et infructueusement condamnés à le faire[4]. En effet, selon la Cour de cassation, « *la prescription de ces mesures n'est pas subordonnée à la mise en cause préalable des prestataires d'hébergement* »[5], malgré l'expression « à défaut » figurant Dans l'article 6, I, 8°, précité, laissant entendre l'existence d'une gradation.

SECTION 2
OBLIGATIONS DU CLIENT

421.21 Généralités. Le client utilisateur doit se procurer et maintenir en état les matériels informatiques, logiciels et le modem qui sont nécessaires à sa connexion à l'internet, sauf clause prévoyant que le fournisseur d'accès mettra à la disposition de son partenaire tel ou tel de ses éléments, de façon accessoire. Il lui appartient de veiller à sa propre sécurité informatique (ou cybersécurité). Il doit choisir un mot de passe lors de son abonnement, sur la confidentialité duquel il devra veiller, avec d'autant plus de vigilance que se vendent sur internet des listes de comptes avec leurs mots de passe ! Il existe des moyens pour vérifier si un pot de passe a été piraté. *Firevox Monitor* est le service le plus simple à cet effet : se connecter sur <monitor.firefox.com>, puis saisir son adresse de messagerie. Lorsque s'inscrit le message « *pas de fuite de données* », choisir l'option « *M'alerter lors de nouvelles fuites de données.* » *Google* fournit aussi un outil semblable : se connecter sur <passwords.google.com>, inscrire ses identifiants *Google*, puis cliquer sur « *Checq-up Mots de passe.* »

Un prix est généralement prévu, mais pas toujours, certains fournisseurs assurant un accès à titre gratuit, se rémunérant par la publicité. Le contrat comporte presque toujours une clause résolutoire expresse en cas de manquement du client à ses obligations, mais qui ne peut être valide que si elle prévoit avec précision quel manquement à quelle obligation déterminée entraînera son application[6].

Le contrat comporte généralement une annexe relative au savoir-vivre sur le réseau ou, au minimum, s'y réfère (principalement à la nétiquette[7]). Le client s'engage alors à en respecter les prescriptions (dès lors qu'il les a acceptées), et à ne pas commettre d'actes illicites, par exemple à ne pas diffuser de messages racistes ou pornographiques. De plus, il existe une responsabilité spéciale de surveillance, à la charge des abonnés à un service internet, de toutes les personnes pouvant avoir accès à son ordinateur[8].

Le contrat (d'adhésion) est généralement conclu « en ligne » ; l'internaute est réputé lié par ses dispositions, leur acceptation expresse conditionnant son inscription[9].

421.22 Question du multipostage (pourriels [*spams*]). Le client peut également prendre l'engagement de ne pas procéder à des multipostages ou publipostages abusifs[10]. Les agissements d'un inter-

1. B. Gorchs, « Vers un référé de l'internet autonome », *CCÉ* 2007. Chron. 31.
2. L. n° 2004-575, 21 juin 2004, art. 6, I, 8°.
3. Ph. le Tourneau (dir.), *Droit de la responsabilité et des contrats. Régimes d'indemnisation*, 12e éd., « Dalloz action », 2020, n° 0111.20 – *ADDE* : C. Bloch, *La cessation de l'illicite : Recherche sur une fonction méconnue de la responsabilité civile extracontractuelle*, préf. R. Bout, avant-propos Ph. le Tourneau, Dalloz, 2008 – A. Neri, « Pratique contentieuse. La demande d'obtention de mesures de cessation d'un dommage sur internet... », fiche prat. préc. – SUR LES MODALITÉS de l'injonction judiciaire par laquelle il peut être demandé à un fournisseur d'accès à internet d'interdire à ses clients l'accès à des sites contrefaisants : CJUE, 4e ch., 27 mars 2014, *UPC Telekabel Wien,* C-314/12, *Rec.* N ; *D.* 2014. 1246, note C. Castes-Renard ; *Gaz. Pal.* 13 juill. 2014. 18, note L. Marino – G. Busseuil, « La libre circulation des contenus numériques entre accès et consentement : les précisions de la CJUE en matière de respect des droits de propriété intellectuelle », *RLDI* 2014. Doctr. 3483.
4. TGI Paris, réf., 13 juin 2005, *UEJF, SOS Racisme et a.* , *CCÉ* 2005, n° 140, obs. Ph. Stoffel-Munck : injonction à diverses sociétés de mettre en œuvre toutes mesures propres à interrompre l'accès à partir du territoire français au contenu négationniste du service de communication en ligne d'une adresse hébergée ; maintenu an appel par Paris, 14e ch. B, 24 nov. 2006, *Juris.com.net* – POURVOI REJETÉ PAR : Civ. 1re, 19 juin 2008, n° 07-12.244, P I, n° 178 ; *D.* 2008. AJ 1894, obs. C. Manara ; *CCÉ* 2008, n° 99, obs. C. Caron ; *RCA* 2008, n° 256, note S. Hocquet-Berg ; *JCP* 2008. I. 209, n° 7, obs. E. Dreyer.
5. Civ. 1re, 19 juin 2008, n° 07-12.244, préc.
6. Sur la clause résolutoire, v. *supra* ss n° 116.121.
7. Sur laquelle v. *supra* ss n° 4.15.
8. CPI, art. L. 336-3 (v. *supra* ss n° 4.12).
9. T. com. Paris, 5 mai 2004, *Microsoft et AOL, Gaz. Pal.* 2004. 2, p. 3258, note E. Garnier.
10. TGI Paris, réf., 15 janv. 2002, *PV c/Liberty Surf, D.* 2002. 1544, note L. Marino : considérant que le multipostage est contraire à la nétiquette [v. *supra* ss n° 4.15], et permet au fournisseur d'accès de suspendre l'accès à l'internet d'un utilisateur indélicat – T. com. Paris, 5 mai 2004, *Microsoft et AOL*, préc. : un fournisseur d'accès est en droit de « fermer les comptes » d'un internaute, ayant procédé à des publipostages contractuellement prohibés, sans préavis ni mise en demeure, par application d'une clause contractuelle – Poitiers, 11 mai 2004, *Gueret c/Wanadoo, JCP E* ▶

naute indélicat, ne respectant pas l'interdiction contractuelle des publipostages non sollicités, portent atteinte à l'image du fournisseur ; ils justifient donc sa condamnation à des dommages et intérêts [1].

Le multipostage ou publipostage (c'est-à-dire la prospection directe par de la publicité non sollicitée et répétitive envoyée par courrier électronique) est appelé aussi *arrosage* et, dans le charabia des internautes, le *spamming* (constitué par des *spams* ; à l'origine *spam* constituait l'acronyme de *spiced pork and meat* [pâté épicé à base de porc] figurant sur des conserves de « singe », que les Américains consommèrent durant et après la Seconde guerre mondiale ; le passage de cet acronyme de la nourriture aux autoroutes de l'information est un peu mystérieux, mais s'opéra par l'intermédiaire d'une saynette [*sketch*] de comique britannique). En français, *spam* se dit *pourriel* (ce mot, créé par les Québécois, est la contraction de poubelle et de courrier électronique).

En 2005, 58 % des messages électroniques furent des pourriels. Leur coût mondial est estimé à plus de 10 milliards d'euros. Robert Soloway, surnommé « le roi du *spam* » a été jugé aux États-Unis en mars 2008 pour avoir envoyé des milliards de pourriels dans le monde ; sa base de données contenait près de 158 millions d'adresses, qu'il inondait de messages (pour moins de 500 dollars il proposait d'en envoyer 20 millions en quinze jours ; grâce à cette technique, il aurait gagné 300 000 dollars en 2005 [2]). Il existe des et des organismes luttant contre les pourriels (ex. Steve Linford : *http://www.spamhaus.org*). Il est possible de dénoncer à la Cnil les auteurs de messages non désirés [3].

421.23 Multipostage publicitaire. Deux systèmes sont possibles quant à l'envoi de publicité par courrier électronique (*e.mailing*) : celui du consentement préalable (*opt in*), en cliquant dans une case du site son acceptation ; et celui du refus (*opt out*), manifesté dans un registre d'opposition tenu par le fournisseur d'accès ou l'hébergeur. L'ancien article L. 121-20-5, alinéa 2, du code de la consommation [4], avait adopté le second système. Mais la directive 2002/58/CE [5], sur *le traitement des données à caractère personnel et la protection de la vie privée dans les secteurs des communications électroniques* (que voilà un titre concis !), a retenu le système inverse, plus protecteur [6].

Depuis lors, le multipostage est interdit envers les personnes physiques (mais reste donc possible envers les personnes morales), sauf si l'internaute a donné son consentement préalable [7] ; le système de l'*opt in* est ainsi consacré. Le destinataire doit toujours pouvoir transmettre une demande tendant à obtenir que ces communications cessent [8]. Cependant, la communication commerciale par message électronique (courriel), non sollicitée mais identifiable « *de manière claire et non équivoque* », est autorisée lorsqu'elle propose un service ou un produit sous forme d'offre promotionnelle ou de rabais [9]. Cette disposition est inopportune, vidant en fait de toute sa substance celle qui précède, car il suffit de procéder à une opération de « promotion » pour échapper à l'interdiction du publipostage. Toutefois, « *ces messages doivent indiquer une adresse ou moyen électronique permettant effectivement au destinataire de transmettre une demande visant à obtenir que ces publicités cessent* » [10]. D'un autre côté, les entreprises qui ont obtenu directement de leurs clients, lors d'une opération commerciale, les données permettant de leur adresser des messages électroniques, peuvent les utiliser pour leur propre prospection commerciale de produits ou de services analogues, « *au cas où il n'aurait pas refusé d'emblée une telle exploitation* » [11].

Selon la CJUE l'article 13, § 1, de la directive 2002/58/CE (préc.) « *constitue une "utilisation [...] de courrier électronique à des fins de prospection directe", au sens de cette disposition, l'affichage dans la boîte de réception de l'utilisateur d'un service de messagerie électronique de messages publicitaires sous une forme qui s'apparente à celle d'un véritable courrier électronique et au même emplacement que ce dernier sans que la détermination aléatoire des destinataires desdits messages ni la détermination du degré d'intensité de la charge imposée à cet utilisateur n'aient d'incidence à cet égard, cette utilisation n'étant autorisée qu'à condition que ledit utilisateur ait été informé de manière claire et*

► 2005. Pan. n° 652 : le multipostage est contraire à la netiquette [v. *supra* s[s] n° 4.16], et justifie la résiliation du contrat pour inexécution fautive par le client, ayant continué à agir ainsi malgré des mises en garde.

1. T. com. Paris, 5 mai 2004, *Microsoft et AOL*, préc.
2. *Le Figaro Magazine* 28 juin 2008, p. 104.
3. SUR : *spam@cnil.fr* – Ou sur : www.cnil.fr, rubrique « Vos libertés », formulaire « Plainte en ligne ».
4. RÉSULTANT DE : ord. n° 2001-741, 23 août 2001, portant transposition de directives communautaires et adaptation au droit communautaire en matière de droit de la consommation, *JO* 25 août, p. 13645 – TRANSPOSANT dir. 97/7/CE 20 mai 1997, art. 10 – Il fut abrogée à compter du 13 juillet 2014 par L. n° 2014-344, 17 mars 2014.
5. Dir. 2002/58, Parlement et Conseil, 12 juill. 2002, concernant le traitement des données à caractère personnel et la protection de la vie privée dans le secteur des communications électroniques (directive vie privée et communications électroniques), *JOCE L* 201, 31 juill. 2002, p. 37.
6. M. Clément-Fontaine, « L'union du droit à la protection des données personnelles et du droit à la vie privée », *Legipresse* 2018/356, p. 19.
7. CPCE, art. L. 34-5.
8. CPCE, art. L. 34-5, al. 5.
9. C. consom., art. L. 122-8.
10. C. consom., art. L. 122-8, al. 2.
11. CPCE, art. L. 34-5, al. 4.

précise des modalités de diffusion d'une telle publicité, notamment au sein de la liste des courriers électroniques privés reçus, et ait manifesté son consentement de manière spécifique et en pleine connaissance de cause à recevoir de tels messages publicitaires »[1].

421.24 Droit voisin des éditeurs de presse. La directive 2019/790[2], sur le droit d'auteur et les droits voisins dans le marché unique numérique, créa par son article 15 un nouveau droit voisin, au profit des éditeurs de presse[3], pour l'utilisation en ligne de leurs publications par les prestataires de services, tels que les « agrégateurs ». L'objectif est de permettre à l'éditeur d'obtenir une meilleure rémunération pour l'exploitation en ligne de ses publications. Cette directive fut transposée par la loi n° 2019-775 du 24 juillet 2019 tendant à créer un droit voisin au profit des agences de presse et des éditeurs de presse[4]. Depuis la date d'entrée en vigueur de la loi, *Google* ne référence plus que les publications de presse des entreprises qui renoncent à leur droit voisin. Cette décision, si elle contrevient à l'esprit de la loi, est conforme à son texte. En attendant une éventuelle modification législative, les entreprises de presse doivent essayer de trouver des solutions pour sauvegarder leurs intérêts[5].

1. CJUE, 3e ch., 25 nov. 2021, aff. C-102/20, *Gaz. Pal.* 10 avr. 2022, obs. T. Douville.
2. Dir. 2019/790, Parlement et Conseil, 17 avr. 2019, sur le droit d'auteur et les droits voisins dans le marché unique numérique et modifiant les directives 96/9/CE et 2001/29/CE, *JOUE* L 130, 17 mai, p. 92 (sur cette directive aussi v. *supra* s^s n° 421.16).
3. T. Azzi, « Les droits voisins des éditeurs de publications de presse ou l'avènement d'une propriété intellectuelle catégorielle », *Dalloz IP/IT* 2019. 297 – E. Derieux, « Droits voisins des agences et éditeurs de presse », *RLDI* 2019. Ét. 5448.
4. F. Pollaud-Dulian, « Un nouveau venu, le droit voisin des éditeurs de presse », *RTD com.* 2019. 661 – C. Caron, Le nouveau droit voisin des éditeurs de publications de presse, *CCÉ* 2019. Dossier 7 – T. Azzi, « Commentaire de la loi du 24 juillet 2019 tendant à créer un droit voisin au profit des agences de presse et des éditeurs de presse », *Dalloz IP/IT* 2020. 61.
5. POUR DES SUGGESTIONS : A. Lebois, « *Google* et le droit voisin des éditeurs de presse », *D.* 2019. Chron. 2053.

CHAPITRE

422. Contrat d'hébergement et stockage d'informations

SECTION 0

ORIENTEUR

422.00 **Sommaire du chapitre.**

Division. Nous étudierons successivement les obligations découlant du contrat d'hébergement (sect. 1), les responsabilités relatives à l'hébergement (sect. 2), la responsabilité des intermédiaires techniques selon la loi du 21 juin 2004 (sect. 3), la responsabilité des intervenants sur les contenus (sect. 4), enfin les règles procédurales (sect. 5).

422.05 **Présentation – Renvois.** Le contrat d'hébergement et de stockage d'informations est le prolongement naturel de l'accès, du moins pour un professionnel qui ne se contente pas de butiner sur le réseau, et même pour un particulier voulant par exemple participer à un forum de discussion (*chat room*). Il consiste à « héberger » virtuellement sur ses appareils le site (lui aussi virtuel) du client, ce qui revient à *stocker des données et à les rendre accessibles* sur la toile mondiale (*World Wide Web*). L'hébergeur est un stockeur d'informations (alors que le fournisseur d'accès achemine celles-ci[1]), dans ses centres de stockage et de traitement de données (*Data center*), dits parfois usines numériques[2]. Particuliers et entreprises recourent de plus en plus à ces centres. Ces derniers présentent de nombreux avantages, notamment de préserver ses données des attaques et de désencombrer leurs systèmes informatiques (en y délocalisant leurs bases de données, leur comptabilité, *etc.* ; c'est ce qui est désigné par la métaphore *d'informatique dans les nuages* ou nébulique [*Cloud computing*][3]). Certains centres de stockage sont propres à une profession ; ainsi en est-il du minutier central des notaires, sis à Venelles, près d'Aix-en-Provence, qui bénéficie d'une procédure automatique de duplication dans un second bâtiment au même endroit, ainsi que dans une casemate (*bunker*) de sauvegarde dont la localisation est tenue secrète[4].

Le contrat d'hébergement et de stockage comprend une location d'un espace dans le disque dur de l'hébergeur, et une mise à disposition des capacités de traitement en « temps machine » (d'une « bande passante » d'une capacité suffisante pour absorber l'afflux des visiteurs du site hébergé). Elle est associée à des prestations de service (relevant du contrat d'entreprise), telles la mise à la disposition du partenaire de statistiques ou la « redirection » des noms de domaine (des exemples de prestations complémentaires dans le contrat donné[5]). Mais, la première fonction paraissant principale, il semble possible de qualifier ce *contrat de location* (ou de prêt s'il est à titre gratuit). Très souvent, le contrat d'hébergement est passé avec le fournisseur d'accès par un contrat unique. La nature juridique des deux contrats est identique : nous n'y revenons pas[6]. Lorsque le contrat est conclu par internet il est soumis à diverses règles envisagées précédemment[7]. L'hébergeur peut accomplir parallèlement d'autres

1. V. *supra* s[s] n° 421.05.
2. Aussi : v. *supra* s[s] n° 342.13.
3. V. *supra* s[s] n°s 342.12 s.
4. J. Sanchez, *Internet et dématérialisation au service du notariat*, mémoire, Toulouse 1, 2012, p. 67.
5. V. *infra* s[s] n° 422.12.
6. V. *supra* s[s] n° 421.06.
7. V. *supra* s[s] n°s 412.31 s.

prestations au bénéfice de son client[1]. Il ne semble pas souhaitable d'assimiler le contrat d'hébergement au bail commercial[2].

SECTION 1
OBLIGATIONS DÉCOULANT DU CONTRAT D'HÉBERGEMENT

422.11 Pluralité des obligations de l'hébergeur. Les obligations de l'hébergeur sont nombreuses. La plupart d'entre elles sont assez banales, et ne méritent pas de développements particuliers. Elles apparaîtront dans le modèle de clause relative à l'objet du contrat[3]. Les personnes physiques ou morales dont l'activité est d'offrir un accès à des services de communication en ligne autres que de correspondance privée sont tenues d'une part, d'informer leurs abonnés de l'existence de moyens techniques permettant de restreindre l'accès à certains services ou de les sélectionner ; d'autre part, de leur proposer au moins un de ces moyens[4] (L. n° 2004-575, 21 juin 2004, art. 6, I, 1). La loi leur enjoint d'archiver les données permettant d'identifier les créateurs de site[5] (L. n° 2004-575, 21 juin 2004, art. 6, II). Sur ce fondement, le juge des référés peut enjoindre au fournisseur d'accès de communiquer à la victime demanderesse les données permettant d'identifier l'auteur d'un contenu illicite[6]. Si l'hébergeur perd des fichiers au cours de leur transfert vers un autre hébergeur, il est tenu de les rechercher dans ses sauvegardes. À défaut, il peut être condamné, éventuellement sous astreinte, à effectuer cette recherche[7].

L'hébergeur détermine librement les modalités de fonctionnement et d'utilisation de ses appareils, et il peut prendre les initiatives nécessaires au bon fonctionnement de l'hébergement[8] ; d'autant, qu'à défaut, sa responsabilité pourrait éventuellement être engagée envers les tiers[9].

La mise à la disposition de l'espace du disque dur est par nature une obligation de résultat. Pour l'accessibilité du site la plupart des contrats prévoient une obligation de moyens.

Rappel : La distinction des obligations de moyens et de résultat a été ignorée par l'ordonnance n° 2016-131 du 10 février 2016[10] portant réforme du droit des obligations ; elle ne figure pas non plus dans le projet de réforme de la responsabilité civile présenté par le garde des Sceaux le 13 mars 2017[11].

422.12 Exemple de clause. L'objet de la convention pourra être défini ainsi :

« *A s'engage aux prestations suivantes* :

1) *Héberger le site de B par la mise à disposition d'une partie des ressources de son matériel, c'est-à-dire des espaces du disque dur et une capacité suffisante de traitement en « temps machine » (des précisions de nature techniques peuvent être apportées quant à l'espace réservé, aux configurations du support, etc. L'obligation est de résultat).*

2) *Tout mettre en œuvre pour offrir un accès 24 heures sur 24, sept jours sur sept (obligation de moyens ; mettre « Offrir impérativement un accès* [etc.] *» en cas du choix d'une obligation de résultat, assez peu adaptée sur ce point*[12]*). Sous réserve des causes suivantes*

1. EX. : Paris, 7 juin 2006, *Tiscali*, *CCÉ* 2006, n° 139, obs. É. A. Caprioli ; – POURVOI REJETÉ PAR : Civ. 1re, 14 janv. 2010, n° 06-18.855, P I, n° 8 ; *D.* 2010. AJ 260, obs. C. Manara, CRIT. ; *RLDI* 2010/56, n° 1864, obs. L. C. ; *CCÉ* 2010, n° 25, obs. Ph. Stoffel-Munck, CRIT. ; *Gaz. Pal.* 2010. 1, p. 1091, note M. Prud'homme et D. Blin ; L. Thoumyre, « Les notions d'éditeur et d'hébergeur dans l'économie numérique », *D.* 2010, point de vue p. 837 – C. Castet-Renard, « La décision *Tiscali Média* : coup d'arrêt de la jurisprudence sur les hébergeurs ? », *RLDI* 2010/58 : hébergeur étant également éditeur, même si cette qualification était contestable en l'esp., tirée du seul fait que l'intermédiaire plaçait des bandeaux publicitaires sur les pages personnelles des internautes (ce qui, pour la C. de cass., excédait « *les simples fonctions techniques de stockage* ») – MAIS LADITE COUR EFFECTUA ENSUITE UN REVIREMENT sur ce point, rejetant ce critère économique par : Civ. 1re, 17 févr. 2011, n° 09-67.896, P I, n° 30 ; *D.* 2011. AJ 668, obs. C. Manara, 2e esp. ; *D.* 2011. 1113, note L. Grynbaum, CRIT. ; *Expertises* 2011, p. 151, 1re esp. ; *JCP* 2011, n° 18, 520, note A. Debet ; *RJDA* 2011, n° 750, 1re esp. (v. *infra* ss n° 422.05).
2. A. Mendoza-Caminade, « La notion de fonds de commerce à l'épreuve de l'internet : faut-il admettre le fonds de commerce électronique ? », art. préc., spéc. p. 778 s.
3. V. *infra* ss n° 422.12.
4. L. n° 86-1067, 30 sept. 1986, art. 43-7 ; créé par L. n° 2000-719, 1er août 2000, art. 1er ; version abrogée par L. n° 2004-575, 21 juin 2004, art. 5.
5. L. n° 86-1067, 30 sept. 1986, art. 43-9 ; créé par L. n° 2000-719, 1er août 2000, art. 1er ; version abrogée par L. n° 2004-575, 21 juin 2004, art. 5 – Décr. n° 2011-219, 25 févr. 2011 relatif à la conservation et à la communication des données permettant d'identifier toute personne ayant contribué à la création d'un contenu mis en ligne, *JO* 1er mars, p. 3643 – Paris, 7 juin 2006, *Tiscali*, préc. – POURVOI REJETÉ PAR : Civ. 1re, 14 janv. 2010, n° 06-18.855, préc. : condamnation d'un hébergeur n'ayant pas respecté cette obligation.
6. TGI Paris, réf., 1er déc. 2003, *Régie publique des transports parisiens*, *CCÉ* 2004, n° 8, obs. L. Grynbaum.
7. T. com. Paris, réf., 20 mars 2002, *Sergus*, *Expertises* 2002, p. 279.
8. TGI Paris, 12 déc. 2001, *D.* 2002. 3103, note G. Jeannot-Pagès : à propos d'un forum de discussion ; l'association l'ayant ouvert peut en exclure un membre dont le comportement n'était pas correct, car il paralysait en fait le forum.
9. V. *infra* ss nos 422.22 s.
10. Ord. n° 2016-131, 10 févr. 2016, portant réforme du droit des contrats, du régime général et de la preuve des obligations, *JO* 11 févr., n° 26.
11. V. *supra* ss n° 014.14.
12. RETENANT UNE OBLIGATION de moyens : T. com. Paris, 11 oct. 2000, *CCÉ* 2000, n° 129, obs. J.-C. Galloux.

d'indisponibilité : la survenance d'un événement de force majeure ; les opérations de mises à jour du contenu hébergé ; la maintenance du centre serveur, annoncée trois semaines à l'avance, et à condition que les interruptions de ce chef soient d'une durée inférieure à deux heures et ne se produisent que deux fois par mois au maximum.

3) *Corriger immédiatement, et au plus tard dans l'heure, toute panne ou incident affectant le centre serveur ou paralysant l'accès du site ou son utilisation.*

4) *Assurer la maintenance du centre serveur (dans les conditions indiquées dans le 2 ci-dessus).*

5) *Garantir les performances suivantes [à préciser] quant aux pertes d'éléments IP et de latence*[1].

6) *Prendre toutes les mesures idoines pour protéger les données et programmes qui lui ont été confiés par B. Pour ce faire, A effectuera des sauvegardes quotidiennes qui seront conservées dix jours.*

7) *Délivrer à B un identifiant (nom d'utilisateur) et un mot de passe.*

8) *Fournir un relevé de la fréquentation du site, en ligne (tous les mois, ou plus fréquemment, voire en permanence).*

9) *Héberger et gérer le nom de domaine principal et les noms de domaine secondaires.*

10) *Créer une boîte aux lettres, gérer le courrier électronique et fournir [préciser le nombre] adresses internet.*

11) *Mettre à jour par transfert automatique de fichiers à B.*

12) *Apporter à B un soutien technique, conformément aux spécifications.*

13) *Mettre à la disposition de B des logiciels anti-virus et coupe-feu, mis à jour régulièrement.*

14) *À ne communiquer aucune information du site hébergé.*

15) *Retirer à la demande du client tout ou partie des données du site à tout moment au cours de l'exécution du contrat, et le cas échéant à permettre leur transfert vers autre hébergeur.*

16) *À transférer en fin de contrat les données à un nouvel hébergeur.*

17) *Moyennant un prix initial de mise en ligne de X... et un loyer mensuel de X...*

18) *Pour une durée de...* »

Une obligation d'information particulière pèse sur l'hébergeur[2].

422.13 Principales obligations du client. Le client doit fournir en temps utile ses spécifications, et toutes les données nécessaires à l'hébergement du site. Il s'engage aussi, notamment, à coopérer avec l'hébergeur, à respecter la nétiquette[3] et à posséder un système informatique permettant l'accès aux serveurs internet et compatible avec les prestations de l'hébergeur. Le client est souvent tenu de payer un prix (mais le contrat d'hébergement peut être à titre gratuit). Le contrat d'hébergement d'un site internet est généralement forfaitaire et par abonnement[4], pour un trafic correspondant à un transfert de données exprimées en mégaoctets[5]. Tout dépassement de volume donne lieu à une facturation complémentaire, calculée selon une méthode précisée par le contrat. Les redevances sont soit mensuelles soit trimestrielles.

422.14 Compétence territoriale. La victime d'une défaillance contractuelle peut saisir, outre la juridiction du lieu où demeure le défendeur, celle du lieu d'exécution de la prestation de service[6]. Pour l'accès à l'internet cette prestation « *s'exécute non à l'adresse à laquelle est souscrit l'abonnement mais au domicile de l'abonné, d'où il se connecte* »[7].

SECTION 2
RESPONSABILITÉS ENVERS LES TIERS RELATIVES À L'HÉBERGEMENT

422.20 Bibliographie. Ouvrages. S. Corneloup et N. Joubert (dir.). *Le règlement communautaire « Rome II » sur la loi applicable aux obligations non contractuelles*, Litec, 2008 – F. Dupuis-Toubol, M.-H. Tonnelier et S. Lemarchand, dans *Internet saisi par le droit*, préf. F. Fillon, Éd. des Parques, 1997 – C. Féral-Schuhl, *Cyberdroit : Le droit à l'épreuve de l'internet*, 8e éd., « Praxis », Dalloz, 2020 – Ph. Gaudrat et F. Sardain, *Traité de droit civil du numérique*, t. II, Larcier, Bruxelles, 2015, nos 905 s. – J. Huet, *Les contrats électroniques*, « Droit & Professionnels », LexisNexis, 2017.

Manuel. C. Castets-Renard, *Droit interne et européen du numérique*, 3e éd., « Cours », Montchrestien-Lextenso, 2018.

Thèse. A. Tourette, *Responsabilité civile et neutralité de l'internet. Essai de conciliation*, th. Nice Sophia Antipolis, 2015.

Contributions. J. Devèze, « À propos de l'évolution des "délits contre les biens" », dans *Libre droit. Mél. Ph. le Tourneau*, Dalloz, 2008, p. 359 s. – A. Lucas, « La responsabilité du fait des "choses immatérielles" », dans *Mél. P. Catala*, Litec, 2001, p. 817 s. – E. Tricoire, « La responsabilité du fait

1. Sur les éléments IP v. *supra* ss no 014.13.
2. Sur leur responsabilité v. *infra* ss nos 422.23 s.
3. Sur l'obligation de coopération v. *supra* ss no 121.11 ; et sur la nétiquette v. *supra* ss no 4.16.
4. Paris, 25e ch. A, 24 juin 2009, no 07/2935, *RJDA* 2009, no 1028.
5. Sur la nature de l'abonnement v. *supra* ss no 221.20.
6. C. pr. civ., art. 46 (v. *supra* ss no 413.21).
7. Paris, 7 mars 2001, *Free Surf*, *RJDA* 2001, no 830 ; *Gaz. Pal.* 2001. 1, Somm. 809.

des choses immatérielles », dans *Libre Droit. Mél. Ph. le Tourneau*, Dalloz, 2008, p. 983 s. – M. Vivant, « De l'usage du raisonnable dans la régulation de l'internet », dans *Mél. L. Mehl*, Doc. fr., 1999, p. 153 s.

Articles. F. Arhab, « Les nouveaux territoires de la faute », *RCA* 2003/6, p. 43 s. – B. Barraud, « Le droit de l'internet abandonné aux juges ? Illustration par la construction du régime de responsabilité des sites de partage de vidéos », *RLDI* 2014. Ét. 3643 – G. Bonet, « Publicité sur internet et référencement selon la Cour de justice : contrefaçon de marque ou directive 2000/31/CE ? », *CCÉ* 2010, ét. 12 – V. Brunot, « Référencement payant : la fin d'un suspense à l'issue... presque annoncée », *Gaz. Pal.* 2010. 1. Doctr. 782 s. – P. Cadio et A. Gendreau, « Le service *Adwords* sous la loupe de la CJUE : la fin de l'histoire ? », *RJDA* 2010/7, p. 659 s. – C. Castet-Renard, « La décision *Tiscali Média* : coup d'arrêt de la jurisprudence sur les hébergeurs ? », *RLDI* 2010/58 ; « Revirement de l'arrêt *Tiscali et* confirmation de la qualité d'hébergeur pour *DailyMotion* », *RLDI* 2011/69, Chron. 2258 ; « Après *Google, eBay :* contrefacteur ? Passif ou actif ? Telles sont les questions », *RLDI* 2011/74, n° 2460 – G. Cordier, « Les liens sponsorisés devant la CJCE : point d'étape (et de réflexion) sur la notion d'hébergement », *CCÉ* 2009, ét. 27 – G. Danjanne, « La responsabilité du fait de l'information », *JCP* 1996. I. 3895 – E. Derieux, « Internet et responsabilité », *LPA* 11 juill. 2008, n° 139, p. 7 – P.-Y. Gautier, « De l'éventuel « rôle actif » des opérateurs internet dans la réalisation du dommage (qualifications de responsabilité civile) », *D.* 2011, point de vue 2054 – L. Grynbaum, « LCEN. Une immunité relative des prestataires de services internet », *CCÉ* 2004, n° 28 ; – « *e.Bay :* être ou ne pas être hébergeur selon la CJUE », *RLDI* 2011/74, n° 2459 – R. Hardouin, « La jurisprudence, les textes et la responsabilité des hébergeurs », *RLDI* 2008, n° 1313 – A. Lepage, « Liberté d'expression, responsabilité et forums de discussion », *CCÉ* 2003, Chron. n° 3 – S. Lemarchand et M. Barbier, « Le fournisseur d'hébergement au sens de l'article 14 de la directive 2000/31 et la (nouvelle ?) condition de neutralité », *RLDI* 2009/54, n° 1804 – C. Manara, « *Sedo* est bien un hébergeur ! », *RLDI* 2009/55, n° 1837 – C. Maréchal, « Liens "sponsorisés" et droit des marques : les suites de l'arrêt *Google* », *Gaz. Pal.* 2010. 2. Doctr. 3358 s. – N. Marchet, « La responsabilité des hébergeurs des sites de discussion », *Legalis.net* 2002/3, p. 59 s. – L. Marino, « Internet et concurrence déloyale », *CCÉ* 2007, Chron. 27 ; « Internet. Le fabuleux destin de la responsabilité des hébergeurs (à propos des arrêts *Dailymotion* et autres : Civ. 1re, 17 févr. 2011) », *RCA* 2011, étude 8 – L. Mauger-Vielpeau, « *e.Bay* n'est pas un simple hébergeur ! », *D.* 2012, point de vue 1684 – B. May, « Responsabilité des acteurs du web 2.0 : l'histoire sans fin », *JCP E* 2006. 1540 – C. Romano, « Quel avenir pour les sites de contenus générés par les utilisateurs ? », *Légipresse* 2007, n° 244, II, p. 103 – O. Roux, « En leur qualité d'hébergeur, les plates-formes internet de partage de contenus ne peuvent être jugées responsables qu'*a posteriori* », *RLDI* 2009/54, Chron. 1791 – G. Tardieu Guigues, « Liens commerciaux... un déplacement de problème », *RLDI* 2010/62 – G. Teissonnière, « Obligations et responsabilités des plates-formes de partage vidéo », *RLDI* 2010/65, étude n° 1873 – F. Terré, « Être ou ne pas être... responsable – À propos des prestataires de service par internet », *JCP* 2011, n° 43, Ét. 1175 – L. Thoumyre, « L'art et la manière de notifier l'hébergeur 2.0 », *CCÉ* 2008, Chron. 5 ; « Précisions contrastées sur trois notions clés relatives à la responsabilité des hébergeurs », *RLDI* 2008/35, n° 1164 ; « Les notions d'éditeur et d'hébergeur dans l'économie numérique », *D.* 2010, point de vue p. 837 – Ph. le Tourneau, « La responsabilité civile des acteurs de l'internet ; conversation à bâtons rompus », *Expertises* 1999, p. 419 s.

422.21 De l'usage de la raison. Nous n'avons cessé d'écrire, depuis des années, que le Droit doit être appliqué et interprété à la lumière de la raison. Un auteur en a excellemment traité à propos des acteurs de l'internet (M. Vivant[1]). Le « raisonnable » est source de reconnaissance des pratiques des acteurs[2], et il devrait guider la délimitation du cadre légal applicable[3]. Le standard de la raison est très présent dans le code civil depuis la réforme du droit des contrats de 2016, surtout sous la forme de « raisonnable »[4].

422.22 Élimination de la responsabilité du fait des choses. La responsabilité du fait des choses de l'article 1242, alinéa 1er, *in fine*, du code civil, est inapplicable dans ce domaine[5]. D'abord, parce qu'il n'y a pas de chose[6]. Ensuite, en admettant même un instant de raison (ou plutôt de déraison) qu'il en existât une en la matière, on ne voit pas qui serait le gardien[7] et où giserait le *fait de la chose*[8]. Il s'est pourtant trouvé des auteurs pour aller jusqu'à suggé-

1. M. Vivant, « De l'usage du raisonnable dans la régulation de l'internet », art. préc.
2. M. Vivant, art. préc., p. 155 s. – COMP. : L. Duong, « Le raisonnable dans les principes du droit européen des contrats », *RID comp.* 2008. 701 s.
3. M. Vivant, art. préc., p. 161 s.
4. N. Blanc, « Le juge et les standards juridiques », *RDC* 2016. 394 – L. Marignol, *La prévisibilité en droit des contrats*, thèse, Toulouse 1 Capitole, 2018, nos 427 s. – M. Lagelée-Heymann, « Le "raisonnable" dans le nouveau droit des contrats », *RDC* 2018. Tribune libre 473.
5. DANS LE MÊME SENS : A. Lucas, « La responsabilité du fait des "choses immatérielles" », art. préc., n° 12 – *CONTRA :* G. Danjanne, « La responsabilité du fait de l'information », art. préc., n° 32, pour lequel l'information est une chose, pouvant donner lieu à l'application de l'anc. art. 1384, al. 1er *in fine* [devenu 1242, al. 1er *in fine*].
6. *CONTRA :* A. Livory, obs. dans *DIT* 1999/1, p. 69, pour lequel la chose serait « *le site internet correspondant matériellement à l'espace-disque mis à la disposition du titulaire du site par le prestataire* », ce qui est contestable – E. Tricoire, « La responsabilité du fait des choses immatérielles », art. préc., très argumenté, pour lequel une chose peut être immatérielle – A. Signorile, « Vers une responsabilité du fait des choses incorporelle à l'ère du numérique ? Partie I », *RLDI* 2019. Ét. 5402.
7. A. Tourette, *Responsabilité civile et neutralité de l'internet : Essai de conciliation*, th. préc., n° 183.
8. *CONTRA :* E. Tricoire, art. préc.

rer d'appliquer ici la distinction de la garde de la structure et de la garde du comportement [1] ; cette proposition est singulière, alors que ladite distinction est de plus en plus décriée par la doctrine, ignorée par le législateur contemporain (par exemple dans la loi du 19 mai 1998 sur la responsabilité du fait des produits défectueux), et restreinte par la jurisprudence aux choses dangereuses, particulièrement à celles qui sont dotées d'un dynamisme propre [2] : comment y inclure des informations ? F. Dupuis-Toubol, M.-H. Tonnelier et S. Lemarchand crurent pouvoir s'appuyer, pour considérer que l'information est une chose, et donc que l'anc. art. 1384, alinéa 1er, *in fine* [devenu 1242, al. 1er, *in fine*] est applicable, sur la jurisprudence de la chambre criminelle de la Cour de cassation retenant la qualification de vol « du contenu informationnel » de disquette [3], mais l'arrêt était ambigu, et la jurisprudence postérieure réaffirma longtemps que le vol ne peut porter que sur des biens corporels, en déniant notamment la qualification à propos de l'appréhension de programmes de télévision codés ou de l'utilisation indue d'un minitel [4].

Toutefois, l'hésitation n'est plus de mise depuis un arrêt du 9 sept. 2003 [5] qui a repris la formule de « contenu informationnel », et a admis le vol de données informatisées, quoique sans établir une règle générale applicable au vol de biens incorporels ; la même solution a été adoptée pour l'abus de confiance [6]. En 2015, un pas supplémentaire fut franchi dans une sorte de dématérialisation de l'élément matériel du vol par une interprétation extensive de la « soustraction » [7] (se prolongeant par une consécration de la propriété de l'information [8], même si celle-ci est de libre accès [9]). Depuis l'entrée en vigueur de la loi n° 2014-1353 du 13 novembre 2014 [10], la « soustraction » de données informatiques relève de l'article spécial 323-3 du code pénal, et non plus des articles 311-1 à 311-3 sur le vol. Quoi qu'il en soit, les solutions adoptées en matière criminelle [11], pour défendre l'ordre social, ne sont pas nécessairement transposables telles quelles au Droit civil, de sorte que nous persistons dans notre opinion, adoptée par la cour d'appel de Paris [12]. Le

1. F. Dupuis-Toubol, M.-H. Tonnelier et S. Lemarchand, dans *Internet saisi par le droit, op. cit.*, p. 105 s., spéc. p. 125.
2. Ph. le Tourneau (dir.), *Droit de la responsabilité et des contrats. Régimes d'indemnisation*, 12e éd., « Dalloz action », 2023, nos 2221.221 s.
3. Crim. 12 janv. 1989, n° 87-82.265, P n° 14 ; *RSC* 1990. 346, obs. P. Bouzat et p. 507, obs. M.-P. Lucas de Leyssac.
4. Ph. le Tourneau, *Le Parasitisme*, Litec, 1998, n° 149 – Crim. 1er mars 1989, P n° 100 – CEP. D. Ciolino-Berg, « Vol d'information sur l'internet », *CCÉ* 2003. Chron. n° 28.
5. Crim. 9 sept. 2003, n° 02-87.098, NP, *Gaz. Pal.* 2004. Somm. 1338, note A. Delvoie – *ADDE* DEPUIS : Crim. 4 mars 2008, n° 07-84.002, NP, *D.* 2008. 2213, note S. Detraz ; *JCP E* 2009. 1674, n° 22, obs. M. Vivant, N. Mallet-Pujol et J.-M. Bruguière J. Huet, « Vol de fichiers informatiques », *CCÉ* 2008. Ét. 25 – ENCORE PLUS CATÉGORIQUE : Crim. 27 avr. 2011, n° 10-86.233, NP.
6. Crim. 16 nov. 2011, n° 10-87.866, P n° 233 ; *D.* 2011. AJ 2935, obs. M. Léna ; *D.* 2012. 137, note G. Beaussonie ; *JCP* 2012, n° 11, 322, note S. Detraz ; *RSC* 2012. 169, obs. J. Francillon ; *RDC* 2012. 551, note R. Ollard : des informations peuvent avoir la qualité de bien détourné, donnant lieu à l'incrimination d'abus de confiance ; N. Thomassin, « Le bien susceptible d'abus de confiance (réflexion sur la jurisprudence récente) », *D.* 2012. Chron. 964 – Crim. 22 oct. 2014, n° 13-82.630, NP, *D.* 2015. 415, note A. Mendoza-Caminade ; *Gaz. Pal.* 7 janv. 2015. 7, note J.-M. Garinot : abus de confiance par détournement de fichiers informatiques – Crim. 16 déc. 2015, n° 14-83.140, P n° 304 ; *D.* 2016. 587, note L. Saenko ; *D.* 2016. Pan. 1779, obs. L. Neyret ; *RLDI* 2016, n° 3971, obs. A. Gailliard : « *un enregistrement d'images et de sons constitue un bien susceptible d'appropriation* » et donc d'abus de confiance – DANS LA MÊME VEINE, quoique ne reproduisant pas le même attendu : Crim. 22 mars 2017, n° 15-85.929, P n° 78 ; *D.* 2017. Pan. 1877, obs. C. Mascala ; *RTD com.* 2017. 447, obs. L. Saenko ; *RSC* 2017. 747, obs. H. Matsopoulou : « *constitue un abus de confiance le fait, pour une personne, qui a été destinataire, en tant que salariée d'une société, d'informations relatives à la clientèle de celle-ci, de les utiliser par des procédés déloyaux dans le but d'attirer une partie de cette clientèle vers une autre société* ».
7. Crim. 20 mai 2015, n° 14-81.336, P n° 119 ; *D.* 2015. 1466, note L. Saenko ; *Gaz. Pal.* 17 juin 2015. 8, note S. Detraz ; *RLDI* 2015, n° 3784, note T. Berger ; *JCP G* 2015. 887, note G. Beaussonie ; *LPA* 29 juill. 2015. 15, note É. Chauvin ; *CCÉ* 2015. 74, obs. É. A. Caprioli ; *RLDI* 2015, n° 3855, note B. Auroy ; *RDC* 2015. 951, note P. Berlioz : le prévenu, qui s'est maintenu dans un système de traitement automatisé après avoir découvert que celui-ci était protégé, « *a soustrait des données qu'il a utilisées sans le consentement de leur propriétaire* » ; l'arrêt a ainsi anticipé la loi n° 2014-1353 du 13 nov. 2014, non applicable à l'esp.
8. P. Berlioz, note préc. *RDC* 2015.
9. Crim. 28 juin 2017, n° 16-81.113, P n° 191 ; *D.* 2017. 1885, note crit. G. Beaussonie ; *RLDI* 2017. 5057 ; *RTD com.* 2017. 713, obs. L. Saenko ; *RSC* 2017. 752, obs. H. Matsopoulou : « *le libre accès à des informations personnelles sur un réseau informatique d'une entreprise n'est pas exclusif de leur appropriation frauduleuse par tout moyen de reproduction* » ; condamnation pour vol, alors qu'il s'agissait d'un détournement, constitutif d'abus de confiance.
10. L. n° 2014-1353, 13 nov. 2014, renforçant les dispositions relatives à la lutte contre le terrorisme, *JO* 14 nov., p. 19162.
11. NOT. SUR CELLES-CI : J. Devèze, « À propos de l'évolution des "délits contre les biens" », art. préc.
12. Paris, pôle 5, ch. 1, 9 avr. 2014, RG n° 13/05025, *CCÉ* 2014, n° 54, obs. G. Loiseau ; *PIBD* 2014. III. 741 : application sans la nommer de la règle *Specialia generalibus derogant,* l'arrêt relevant, à propos de mots-clés stockés par *Google,* que la responsabilité des hébergeurs relève d'un régime spécifique et dérogatoire (celui de la L. n° 2004-575 du 21 juin 2004) ; mais il ajoute « *qu'au surplus un bien incorporel tel qu'un message électronique d'une part ne peut pas être une chose gardée au sens de l'article 1384, alinéa 1er, seul son* instrumentum *ou son support pouvant l'être, et d'autre part ne peut pas causer un dommage du fait de l'homme au sens des articles 1382 et 1383* ».

projet de réforme de la responsabilité présenté le 13 mars 2017[1] renforce notre point de vue, puisque selon son article 1243, alinéa 1er, « *on est responsable de plein droit des dommages causés par le fait des choses corporelles que l'on a sous sa garde* ».

422.23 Application aux hébergeurs de la responsabilité délictuelle pour faute avant la loi LCEN. Premières décisions. En revanche, la responsabilité subjective des articles 1240 [anc. 1382] et 1241 [anc. 1383] joua son rôle traditionnel, *sine scripto* (à défaut de texte spécifique[2]). D'abord, quant à la responsabilité des divers acteurs de l'internet, pour les dommages causés sur la toile. Il a notamment été admis sans difficulté qu'un fournisseur d'accès commet une faute envers un tiers en diffusant une information erronée à la suite d'une confusion entre deux entreprises[3]. Surtout un arrêt de la cour d'appel de Paris, qui fut très remarqué (notamment du fait de l'un des protagonistes), a retenu la responsabilité d'un hébergeur, en relevant qu'il agissait à titre professionnel et intéressé[4]. Et, dans une autre affaire la Cour de cassation a même semblé admettre l'existence d'une responsabilité objective d'un fournisseur d'un service télématique quant à la teneur des messages[5].

422.24 Conditions raisonnables pour engager la responsabilité de l'hébergeur. Leur synthèse dans un arrêt de 2000. Dans la 1re édition de cet ouvrage nous écrivions, dans la lignée de M. Vivant[6], qu'il serait raisonnable de subordonner la responsabilité d'un tel intervenant à la condition qu'ayant eu connaissance du message critiquable, et possédant la faculté technique d'intervenir, il se soit abstenu[7]. Les juridictions s'orientèrent dans cette voie. La cour d'appel de Versailles devait développer avec beaucoup de pertinence les divers aspects de la question de la façon suivante : « *À l'occasion de son activité, une société prestataire d'hébergement est tenue à une obligation de vigilance et de prudence quant au contenu des sites qu'elle accueille et dont elle assure la connexion au réseau internet aux fins de diffusion, par l'intermédiaire de fournisseurs d'accès, de messages écrits, visuels ou sonores, qui s'analyse en une obligation de moyens portant sur les précautions à prendre et les contrôles à mettre en œuvre pour prévenir oui faire cesser le stockage et la fourniture de messages contraires aux dispositions légales en vigueur ou préjudiciables aux droits des tiers concernés ; que cette obligation de moyens, qui n'implique pas l'examen général et systématique des contenus des sites hébergés, doit néanmoins se traduire, au stade de la formation du contrat avec le client-créateur du site, par des mesures préventives telles la prohibition de l'anonymat ou de la non-identification, l'adhésion à une charte de comportement ou tout autre procédé incitatif au respect des textes et des droits des personnes, et, au stade de l'exécution du contrat, par des diligences appropriées pour repérer tout site dont le contenu est illégal, illicite ou dommageable afin de provoquer une régularisation ou d'interrompre la prestation ; qu'indépendamment des cas où elle en est requise par l'autorité publique ou sur décision judiciaire, de telles diligences doivent être spontanément envisagées par la société prestataire d'hébergement lorsqu'elle a connaissance ou est informée de l'illégalité, de l'illicéité ou du caractère dommageable du contenu d'un site ou lorsque les circonstances ou modalités de la réalisation, de l'évolution ou de la consultation d'un site, auxquelles elle doit veiller par des outils, méthodes ou procédures techniques d'analyse, d'observation et de recherche, la mettent en mesure d'en suspecter le contenu ; que, dans ces hypothèses, ces diligences ne trouvent, sous le contrôle du juge, d'autres limites que l'incompétence ou l'abus de droit de l'hébergeur à apprécier l'illégalité, l'illicéité ou le caractère dommageable du contenu litigieux ; qu'en dehors de ces hypothèses, il ne peut être fait grief à cet hébergeur de ne pas avoir contrôlé le contenu d'un site qu'il a pu légitimement ignorer* » (Versailles, 8 juin 2000, *Multimania Production et France Cybermédia c/ Lynda Heineman, épse Lacoste*[8]).

1. SUR LEQUEL : Ph. le Tourneau (dir.), *Droit de la responsabilité et des contrats. Régimes d'indemnisation*, 12e éd., « Dalloz action », 2020, no 0124.24.
2. NOT. ADOPTANT nos vues : F. Arhab, « Les nouveaux territoires de la faute », art. préc.
3. T. com. Romans, 14 févr. 1996, *JCP E* 1996. Pan. 1211.
4. Paris, 10 févr. 1999, *Lacombe c/Lefébure (Mme), épse Smet Halliday, D.* 1999. 389, note N. Mallet-Poujol ; *JCP* 1999. II. 10102, note F. Olivier et E. Barbry : à propos de photographies portant atteinte à l'image et à la vie privée de la victime – *ADDE* : TGI Paris, 22 févr. 1999, *Christian Dior couture c/ Fashion TV, Expertises* 1999, p. 319 : responsabilité du titulaire du site, mais aussi celle de l'hébergeur – T. com. Paris, 7 mai 1999, *Electre c/Dubois, Legipresse* 1999, III : l'hébergeur n'est pas tenu de vérifier le contenu des informations ; sa responsabilité ne peut pas être engagée en l'esp. alors que, prévenu d'un litige, il a agi promptement en fermant le site à titre conservatoire.
5. Crim. 8 déc. 1998, no 97-83.709, P no 335 ; *Expertises* 1999, p. 234 : cet arrêt fut rendu en matière pénale, à propos de messages provoquant à la haine, à la violence raciale et religieuse..., mais ses formules sont très générales : « *Ayant pris l'initiative de créer un service de communication audiovisuelle en vue d'échanger des opinions sur des thèmes définis à l'avance,* [X] *pouvait être poursuivi, en sa qualité de producteur, sans pouvoir opposer un défaut de surveillance des messages incriminés* » – COMP. : TGI Paris, 12 déc. 2001, préc. : statuant en matière contractuelle, mais reconnaissant à l'organisateur d'un forum de discussion le droit d'exclure un participant.
6. *Lamy informatique* 1999, no 2449.
7. Le « Document d'orientation » intitulé *Une société de l'information pour tous*, soumis à la consultation publique par le gouvernement en nov. 1999, adopta une position semblable, not. p. 9 et 10.
8. Versailles, 8 juin 2000, *Multimania Production et France Cybermédia, D.* 2000. IR 270 ; *RJDA* 2000, no 976 : l'arrêt considère qu'en l'esp. l'hébergeur n'a pas commis de faute ▶

422.25 Jurisprudence prolongeant les premières décisions. Bien d'autres décisions furent ensuite rendues, et la moisson n'est pas achevée[1]. La jurisprudence semble très raisonnable et bien fondée. Il a ainsi été jugé qu'un fournisseur d'hébergement n'avait pas engagé sa responsabilité à propos d'injures proférées à l'encontre de quelqu'un, ayant respecté « *les règles de la "netiquette"*[2], *en mettant en place un ensemble de précautions déontologiques et éthiques à l'attention de tous les internautes* » qui ont accès par son intermédiaire à un forum de discussion (au sein duquel furent prononcés les propos contestés) ; « *que, ce faisant, elle a permis aux hébergés et aux "contributeurs" d'être informés des droits et, surtout, des obligations qui sont les leurs, et a pris les précautions nécessaires et raisonnables pour éviter de léser les droits des tiers* » ; enfin, le tribunal constate que l'hébergeur est intervenu pour « purger » certains « *dialogues contraires aux règles de bienséance et de courtoisie élémentaires* » (TGI Paris, 12 oct. 2000, *Alain B. c/Assoc. Vienne informations*[3]).

Les mêmes règles pourraient s'appliquer aux organisateurs et exploitants de services de communication audiovisuelle en vue d'échanger des opinions, dits « forums de discussion »[4].

422.26 De l'universalité de la responsabilité civile. Autrement dit, la responsabilité civile remplissait parfaitement son office de comblement des éventuelles lacunes législatives, et d'adaptation aux nouvelles techniques[5]. Cette discipline a une vocation *universelle*, de sorte qu'elle s'adapte sans coup férir aux modifications des données, à défaut de loi spéciale : Elle veille sur *l'internet*. Rien n'est plus révélateur de l'éternelle jeunesse de la responsabilité subjective que son application à la dernière trouvaille de l'esprit humain : si, sur les autoroutes terrestres, il y a longtemps que la faute ne régit plus que secondairement les dommages qui s'y produisent, les *autoroutes de l'information* offrent un nouveau et immense champ d'action aux vénérables articles 1240 [anc. 1382] et 1241 [anc. 1383]. C'est aussi sur la faute que repose la responsabilité prévue par l'article 82 du règlement 2016/679[6], relatif à la protection des personnes physiques à l'égard du traitement des données à caractère personnel et à la libre circulation de ces données (RGPD[7])[8].

Au demeurant, la fonction première de la responsabilité subjective est de *prévenir* les dommages, plus que de les réparer.

422.27 Bévue du législateur. L'œuvre de la jurisprudence, si souvent décriée aujourd'hui (parfois à juste titre), paraissait prometteuse en la matière, comme elle l'a été dans le domaine de la concurrence déloyale et du parasitisme (bien que cette notion soit critiquée par certains[9]). Cependant, elle se trouva brisée net par une réforme législative intempestive, issue de la loi n° 2000-719 du 1er août 2000[10] réformant la loi n° 86-1067 du 30 septembre 1986[11] relative à la liberté de communication. En effet, une invraisemblable bévue du législateur fut à l'origine d'une éviction partielle de la responsabilité pour faute à l'encontre des fournisseurs d'hébergement, résultant d'une censure du Conseil constitutionnel. Leur responsabilité ne peut plus l'être « *du fait du contenu de ces services que, si ayant été saisies par une autorité judiciaire, elles n'ont pas agi promptement pour empêcher l'accès à ce contenu*[12] »[13].

▶ – ARRÊT RÉFORMANT PARTIELLEMENT : TGI Nanterre, 8 déc.1999, *Gaz. Pal.* 2000. 1, p. 88, note H. Bitan ; *Expertises* 2000, p. 115.

1. EX. : TGI Paris, 24 mars 2000, *MP c/MG, Gaz. Pal.* 2001. 1, Somm. 300, obs. I. Matthyssens : responsabilité de l'hébergeur d'un site reproduisant servilement une œuvre protégée au regard du Droit d'auteur et du Droit des marques – TGI Nanterre, 24 mai 2000, *UEJF c/Multimania Production, Gaz. Pal.* 2000. 1. Somm. 1286 : pas de responsabilité de l'hébergeur d'un site nazi, alors qu'il lui aurait été très difficile en fait de détecter ce site illicite, pour des raisons techniques.
2. Sur la nétiquette v. *supra* s^s n° 4.16.
3. TGI Paris, 12 oct. 2000, *Alain B.* , *Expertises* 2001, p. 237, obs. J. Dumon.
4. COMP. : TGI Lyon, 28 mai 2002, *Père-Noël.fr, Expertises* 2002, p. 393 : condamnation pour faute au visa des anc. art. 1382 [devenu 1240] et 1383 [devenu 1241] du C. civ., mais aussi pour diffamation et injure sur le fondement de la loi du 29 juill 1881 sur la liberté de la presse – TGI Paris, 3e ch., 1re sect., 5 févr. 2008, *SNE c/Free, Illad, Legalis.net* 2008/1, p. 142 : *Free* a été considéré comme n'étant pas hébergeur du forum sur *Usenet*, en raison du caractère provisoire du stockage – SUR CES QUESTIONS : N. Marchet, « La responsabilité des hébergeurs des sites de discussion », art. préc. – C. Lepage, « Liberté d'expression, responsabilité et forums de discussion », art. préc.
5. COMP. : G. Viney, « Pour ou contre un "principe général" de responsabilité civile pour faute ? », dans *Mél. P. Catala*, Litec, 2001, p. 555 s.
6. Règl. 2016/679, Parlement et du conseil, 27 avr. 2016, relatif à la protection des personnes physiques à l'égard du traitement des données à caractère personnel et à la libre circulation de ces données, et abrogeant la directive 95/46/CE (règlement général sur la protection des données), *JOUE* L 119, 4 mai, p. 1.
7. EN CE SENS : L. Marignol, « Principe de responsabilité et action en responsabilité dans le règlement général sur la protection des données (I) », *RLDI* 2020. Ét. 5643.
8. Sur le RGPD v. *supra* ss n° 011.22.
9. EX. par : A. Lucas, J. Devèze et J. Frayssinet, *Droit de l'informatique et de l'internet, op. cit.*, n° 478.
10. L. n° 2000-719, 1er août 2000, modifiant la loi n° 86-1067 du 30 septembre 1986 relative à la liberté de communication, *JO* 2 août, p. 11903.
11. L. n° 86-1067, 30 sept. 1986, relative à la liberté de communication, *JO* 1er oct., p. 11749.
12. L. n° 86-1067, 30 sept. 1986, art. 43-8, *in fine ;* art. créé par L. n° 2000-719, 1er août 2000, art. 1er ; version abrogée par L. n° 2004-575, 21 juin 2004, art. 5.
13. TGI Paris, 18 févr. 2002, *Telecom City, CCÉ* 2002, n° 102, obs. L. Grynbaum : site contenant des propos dénigrants, ▶

Cette proposition était parfaitement inutile, car il est évident que toute personne, saisie par une autorité judiciaire, est tenue de s'exécuter ! Certes, ce texte cite « *les personnes physiques ou morales qui assurent, à titre gratuit ou onéreux, le stockage direct et permanent par mise à disposition du public de signaux, d'écrits, d'images, de sons ou de messages de toute nature accessibles par ces services* » ; par conséquent il vise les simples « stockeurs » et non les hébergeurs plus actifs, qui fédèrent les données éparses émises par leurs abonnés, pour les structurer et en permettre l'exploitation sous leur « URL » personnel. De plus, la responsabilité de l'hébergeur reste entière quant aux données protégées par la propriété intellectuelle ou par les Droits de la personnalité. Le domaine de la limitation légale de la responsabilité est donc beaucoup moins vaste qu'il n'y paraît au premier abord ; pour autant, elle reste très fâcheuse [1].

Nous incitions les juges, en recherchant la *ratio decidendi* du Conseil (des considérations de nature pénale) et la *ratio legis* de la loi du 1er août 2000, de continuer d'appliquer largement les articles 1240 [anc. 1382], et 1241 [anc. 1383], notamment aux fournisseurs d'hébergement qui, informés par n'importe qui du péril, se sont abstenus d'agir [2]. Car il aurait été surprenant que le régime de base de la responsabilité civile, celui de la responsabilité subjective, pût ainsi être évacué à l'occasion d'une censure du Conseil constitutionnel qui ne statuait pas sur cette question ! De ce que les lois inutiles sont souvent nuisibles...

Un autre recours existe dans les dispositions des anciens articles 808 [devenu 834] [3] et 809 [devenu 835] [4] du code de procédure civile, permettant aux tribunaux de prononcer une interdiction en présence d'un trouble [5] *manifestement illicite* [6].

SECTION 3

RESPONSABILITÉ DES INTERMÉDIAIRES TECHNIQUES SELON LA LOI DU 21 JUIN 2004

422.31 Directive 2000/31 sur la société de l'information. Selon la directive 2000/31 [7], en cas de stockage d'informations à la demande d'un destinataire de services le prestataire (l'hébergeur) ne doit pas être responsable, sous deux conditions [8] : d'abord, qu'il n'ait pas effectivement connaissance de l'activité ou de l'information illicites et, pour « *une demande en dommages et intérêts, qu'il n'ait pas connaissance de faits ou de circonstances selon lesquels l'activité ou l'information illicite est apparente* » (quelle obscurité dans l'écriture !) ; ensuite, que le prestataire, dès le moment où il a de telles connaissances, agisse promptement pour retirer les informations ou rendre l'accès à celle-ci impossible. Les États membres ne doivent pas imposer « *une obligation générale de surveiller les informations* [comme si des informations pouvaient être surveillées !] *qu'ils transmettent ou stockent, ou une obligation générale de rechercher activement des faits ou des circonstances révélant des activités illicites* » [9]. Sur la base des articles 14 et 15 de ladite directive, la CJUE a été amenée à se prononcer fin 2019 d'une part, sur les conditions de l'obligation de suppression de l'accès au message litigieux pesant sur l'hébergeur ; sur ce point, elle jugea que les articles précités exonèrent l'hébergeur d'une obligation générale de surveillance et de contrôle des messages, mais qu'il est tenu à une obligation spéciale d'intervention lorsqu'il est informé des messages litigieux. D'autre part, sur la portée territoriale de l'obligation de suppression, que la Cour considère comme devant produire « *des effets à l'échelle mondiale* » [10].

▶ injurieux et diffamatoires ; pas de responsabilité de l'hébergeur, qui a agi promptement après avoir été saisi par l'autorité judiciaire, en procédant au retrait des messages incriminés, et en mettant en place des mesures de contrôle propres à éviter leur réitération – TGI Toulouse, réf., 5 juin 2002, *Assoc. Domexpo, CCÉ* 2002, nº 118, obs. L. Grynbaum, *idem :* mais renvoyant aux juges du fond pour décider des conséquences du caractère injurieux du contenu du site – TGI Paris, 11 févr. 2003, *Amicale des déportés d'Auschwitz c/Yahoo, D.* 2003. IR 603 : hébergeur d'un service de ventes aux enchères d'objets nazis ; responsabilité dégagée car, ayant été saisi par l'autorité judiciaire, a promptement mis en place un système de filtrage des offres de vente – TGI Marseille, 11 juin 2003, *Escota c/ Lycos, CCÉ* 2003, nº 85, obs. L. Grynbaum : site portant atteinte à une sté ; pas de responsabilité de l'hébergeur, qui a retiré ce site dès l'assignation.

1. REJETANT la condamnation d'un hébergeur par application de la loi du 1er août 2000 : TGI Paris, 7 sept. 2001, *CIVC c/ Rocknet.Com et Saber, PIBD* 2002. III. 169 – TGI Paris, 21 juin 2002, *TTHD, Expertises* 2003, p. 36 – TGI Paris, réf., 17 janv. 2003, *Le Pen, CCÉ* 2003, nº 50, obs. L. Grynbaum : mais ici justifiée car l'hébergeur avait immédiatement retiré le site à la demande du tiers victime.
2. V. *infra* ss nº 422.32.
3. C. pr. civ., art. 834 [anc. 808] ; mod. par décr. nº 2019-1333, 11 déc. 2019, art. 4.
4. C. pr. civ., art. 835 [anc. 809] ; mod. par décr. nº 2019-1333, 11 déc. 2019, art. 4.
5. AUSSI : v. *infra* ss nº 422.55.
6. EX. : TGI Nice, réf., 28 mars 2002, *D.* 2002. AJ 2255, obs. C. Manara : injonction d'empêcher totalement l'accès à un site contenant not. des mentions injurieuses contre une personne désignée.
7. Dir. 2000/31, Parlement et Conseil, 8 juin 2000, relative à certains aspects juridiques des services de la société de l'information, *JOCE* L 178, 17 juill., p. 1.
8. Dir. 2000/31, Parlement et Conseil, 8 juin 2000, art. 14, point 1.
9. Dir. 2000/31, Parlement et Conseil, 8 juin 2000, art. 15.
10. CJUE, 3e ch., 3 oct. 2019, *Eva Glawischnig-Piesczek c/Facebook Ireland,* aff. C-18/18, *Rec.* N ; *Dalloz IP/IT* 2020. 198, ▶

Les États membres doivent prévoir des recours juridictionnels rapides et efficaces, y compris par voie de référé [1]. Les sanctions applicables en cas de violation des dispositions nationales doivent être efficaces, proportionnées et dissuasives [2].

422.32 Loi du 21 juin 2004 pour la confiance dans l'économie numérique, dite LCEN – Principes. La loi n° 2004-575 du 21 juin 2004, « *pour la confiance dans l'économie numérique* » (transposant dir. 2000/31), dite LCEN, créa un corps de dispositions autonomes et dérogatoires quant à la responsabilité des intermédiaires techniques de services internet, non seulement des fournisseurs d'accès [3], mais aussi des hébergeurs [4]. Elles visaient à protéger ces prestataires et non l'internaute [5], dans la logique de la neutralité [6] du réseau qu'est l'internet [7] ; la loi est fondée sur la « *liberté des usages, dont la neutralité des intermédiaires techniques est la condition* » [8]. Ces règles protectrices semblent d'ordre public [9]. La neutralité de la toile implique que les fournisseurs d'accès ne contrôlent, discriminent ou limitent la circulation des contenus disponibles et licites, sauf pour préserver l'intégrité et la sûreté du réseau comme de prévenir une congestion imminente et, évidemment, pour « *se conformer aux actes législatifs de l'Union ou à la législation nationale qui est conforme au droit* » de celle-ci [10]. Toutefois, la loi n° 2021 du 24 août 2021, inséra dans la loi du 21 juin 2004 (préc.) un article 6-2, d'une longueur invraisemblable, mettant à la charge des opérateurs de plateforme en ligne une vaste série d'obligations afin de concourir à la lutte contre la diffusion de contenus illicites [11]. La neutralité apparaît ainsi comme une nouvelle source du droit des contrats, teintée de régulation [12].

Les hébergeurs ne peuvent pas être tenus pour civilement ou pénalement responsables du contenu stocké s'ils n'avaient pas eu connaissance de son caractère illicite (la loi a instauré à cet effet une procédure de notification aux hébergeurs des contenus illicites présents sur internet [13]). Le régime de la responsabilité de ces intermédiaires est donc dérogatoire par rapport à celui de l'article 1240 [anc. 1382], puisque toute faute n'est pas prise en considération, mais seulement une faute spéciale. De plus, ils ne sont pas responsables si, dès le moment où ils ont eu connaissance du caractère illicite des données (ou de faits et circonstances mettant en évidence ce caractère illicite), ils ont agi promptement pour les retirer ou en rendre l'accès impossible. *A contrario*, leur responsabilité est engagée s'ils ne remplissent pas ces conditions [14]. Est ainsi avalisé le devoir de faire cesser le fait illicite imputable à autrui. Les intermédiaires techniques ont donc un rôle essentiel dans la cessation de l'illicite sur internet. Qui sollicite un tel retrait de manière abusive est condamnable pénalement [15]. La connaissance des faits litigieux est présumée acquise lorsque la personne qui sollicite le retrait précise certains éléments [16] (le signalement doit respecter les formes prescrites par ce texte [17]).

En outre, ces prestataires techniques ne sont pas soumis à une obligation générale de surveiller les informations qu'ils transmettent ou stockent, ni à une obligation générale de rechercher des faits ou des circonstances révélant des activités illicites [18],

▶ obs. O. de Maison-Rouge – E. Derieux, « Réseau social : obligations de l'exploitant en matière de contrôle et de suppression de l'accès à un contenu litifieux », *RLDI* 2020. Ét. 5650, s'étonnant de l'affirmation d'une application mondiale du droit de l'un des pays membres de l'UE, alors qu'une décision antérieure de quelques jours avait raisonnablement jugé le contraire (CJUE, G^de ch., 24 sept. 2019, *Google c/Cnil*, aff. C-507/17, *Rec.* N ; *D.* 2019. 2022, note J.-L. Saurou ; *RLDI* 2019, n° 5580, obs. L. Costes ; *Dalloz IP/IT* 2019. 631, obs. N. Martial-Braz ; *D.* 2020. 515, note T. Douville ; *JCP G* 2019. 1031, obs. F. Donnat ; *JDI* 2020. 6, obs. L. Pailler).

1. Dir. 2000/31, Parlement et Conseil, 8 juin 2000, art. 18.
2. Dir. 2000/31, Parlement et Conseil, 8 juin 2000, art. 20.
3. V. *supra* s^s n° 421.16.
4. C. Castets-Renard, *Droit de l'internet, op. cit.*, n°s 771 s.
5. L. Grynbaum, art. préc., n° 7.
6. V. *supra* s^s n° 011.27.
7. V. LA PUISSANTE DÉMONSTRATION de : A. Tourette, *Responsabilité civile et neutralité de l'internet : Essai de conciliation*, th. Nice Sophia Antipolis, 2015, *passim*.
8. A. Tourette, *Responsabilité civile et neutralité de l'internet. Essai de conciliation*, th. préc., n° 210.
9. Versailles, 15 sept. 2005, *AOL c/Que choisir ?*, *CCÉ* 2005, n° 171, obs. Ph. Stoffel-Munck : considérant comme abusive et illicite une clause d'irresponsabilité générale d'un hébergeur, IMPL. – POURVOI REJETÉ PAR : Civ. 1re, 8 nov. 2007, n° 05-20.637, *AOL c/UFC*, NP, *JCP E* 2007. Pan. n° 2547, *CCÉ* 2008, n° 7, obs. A. Debet ; *RJDA* 2008, n° 333.
10. CJUE, 15 sept. 2020, aff. jtes C-807/18 et C-39/19, *RLDI* 2020. 5959, obs. A. Casanova ; *JCP E* 2021. 1060, note T. Douville – E. Derieux, « Signification et portée du principe de "neutralité du net" », *RLDI* 2020. Doctr. 5927.
11. G. Loiseau, « Dissémination de contenus illicites : la pression monte vis-à-vis des opérateurs numériques », *CCÉ* 2021, n° 72.
12. EN CE SENS : T. Douville, note préc.
13. L. n° 2004-575, 21 juin 2004, art. 6, I, 5 – A. Tourette, *Responsabilité civile et neutralité de l'internet. Essai de conciliation*, th. préc., n°s 301 s.
14. L. n° 2004-575, 21 juin 2004, art. 6, I, 2 et 3.
15. L. n° 2004-575, 21 juin 2004, art. 6, I, 4.
16. L. n° 2004-575, 21 juin 2004, art. 6, I, 5.
17. Civ. 1re, 17 févr. 2011, n° 09-15.857, P I, n° 32, *D.* 2011. AJ 668, obs. C. Manara, 1re esp. ; *Expertises* 2011, p. 151, 2e esp. – Civ. 1re, 17 févr. 2011, n° 09-67.896, *Dailymotion*, P I, n° 30 ; *D.* 2011. AJ 668, obs. C. Manara, 2e esp. ; *D.* 2011. 1113, note L. Grynbaum, CRIT. ; *JCP* 2011, n° 18, 520, note A. Debet.
18. L. n° 2004-575, 21 juin 2004 pour la confiance dans l'économie numérique, *JO* 22 juin, p. 11168, art. 6, I, 8.

sans doute parce qu'un tel devoir de contrôle et de surveillance aurait été irréaliste[1], et afin de garantir la liberté d'expression ; voici une puissante manifestation de la neutralité[2] du réseau que constitue l'internet[3]. Pour autant, cela ne dispense évidemment pas l'hébergeur « *de veiller dans la mesure de ses moyens à ce que son site ne soit pas utilisé à des fins répréhensibles* » (Paris, 4e ch., 9 nov. 2007, *e.Bay c/ DWC*[4]). Toutefois, il existait une tendance jurisprudentielle à imposer à l'hébergeur, non seulement de retirer le contenu illicite qui leur a été notifié, mais aussi de prendre les mesures pour qu'il ne réapparaisse plus[5] ; même si le procédé utilisé présente un caractère automatique et volontaire[6], il s'agissait bien d'une obligation générale de surveillance déguisée, contraire à l'esprit de la loi. Mais, la CJUE a jugé, en 2012, que l'hébergeur ne saurait mettre en place un système de filtrage pour l'ensemble de ses utilisateurs, à titre préventif, à ses frais et sans limitation de durée, de la totalité ou de la plus grande partie des informations qu'il stocke, car cela serait attentatoire à la liberté d'entreprendre, et excessif pour la protection du Droit de propriété intellectuelle[7]. Et la Cour de cassation, par trois arrêts catégoriques rendus en 2012, a mis un terme à cette dérive ; l'intermédiaire n'est tenu d'agir que sur un contenu précis et identifié, et non pas contre un comportement général, de sorte que l'on ne saurait exiger de lui qu'il empêche qu'un contenu illicite réapparaisse sans nouvelle notification[8]. Cette solution logique se fonde sur la connaissance qui est à la base de toute responsabilité des hébergeurs.

De plus, les prestataires techniques de l'article 6 de la loi du 21 juin 2004, dite LCEN, doivent concourir à la lutte contre l'apologie des crimes contre l'humanité, l'incitation à la haine raciale, et la diffusion d'images pédophiles. À cet effet, ils sont tenus de mettre en place un dispositif, facilement accessible et visible, permettant à toute personne de porter à leur connaissance de telles données ; elles ont aussi l'obligation d'informer promptement les autorités publiques compétentes de ces activités illicites qui leur auraient été signalées et qu'exerceraient les destinataires de leurs services[9]. Enfin, les hébergeurs doivent détenir et conserver les données de nature à permettre l'identification de quiconque a contribué à la création du contenu ou de l'un des contenus des services dont il est prestataire[10].

1. TGI Paris, réf., 29 oct. 2007, *Marie B. c/Wikipedia, D.* 2007. AJ 3000, obs. C. Manara ; *Expertises* 2007, p. 437, obs. M. Lecardonnel ; *CCÉ* 2007, n° 155, obs. A. Lepage : rappelant que les hébergeurs ne sont pas tenus d'une obligation générale de surveillance des informations stockées – L. Thoumire, « L'art et la manière de notifier l'hébergeur 2.0 », art. préc. (v. *supra* ss n° 422.05) – Paris, 4e ch., 9 nov. 2007, *e.Bay c/DWC, D.* 2008. 1032, note J. Huet ; *RLDI* 2007, n° 1115, obs. A. Saint-Martin ; *CCÉ* 2008, n° 9, obs. A. Debet, à propos d'un site d'annonce – T. com. Paris, 8e ch., 20 févr. 2008, n° 2006/080166, *Flach fim c/Google France, Gaz. Pal.* 2008. 1, Somm. 1998, note C.-É. Renault – Paris, 4e ch. A, 6 mai 2009, RG n° 07/14097, *Dailymotion c/Carion, D.* 2009. AJ 1410, obs. A. Astaix ; *CCÉ* 2009, n° 86, obs. C. Caron – TGI Paris, 3e ch., réf., 20 mai 2009, RG n° 2008/13617, *e.Bay, PIBD* 2009. III. 1366 – TOUTEFOIS : TGI Paris, 13 juill. 2007, *Carion c/Dailymotion, CCÉ* 2007, n° 143, obs. C. Caron, 2e esp. : admettant curieusement, contrairement au texte légal, une espèce de connaissance générale du fait que des vidéos illicites étaient mises en ligne, et condamnant l'hébergeur sans qu'il y ait eu une notification du contenu illicite – MAIS LE JUGEMENT FUT INFIRMÉ SUR CE POINT PAR : Paris, 4e ch. A, 6 mai 2009, n° 2007/ 14097, *Dailymotion c/Carion*, préc.
2. V. *supra* ss n° 011.27.
3. A. Tourette, *Responsabilité civile et neutralité de l'internet. Essai de conciliation*, th. préc., n° 214 – Paris, pôle 1, ch. 8, 10 mars 2017, *RLDI* 2017. 5003, note C.-É. Armigaud et C. Schmit, consacrant le principe de neutralité et en en déduisant que le prestataire de communication électronique n'a qu'une possibilité limitée de filtrage des messages.
4. Paris, 4e ch., 9 nov. 2007, *e.Bay c/DWC*, préc.
5. Paris, pôle 5, ch. 2, 4 févr. 2011, RG n° 09/21941, *Google* – CASSÉ PAR : Civ. 1re, 12 juill. 2012, n° 11-15.165, P I, n° 162 ; *GAPI*, 3e éd., Dalloz, 2020, n° 39, obs. T. Azzi ; *D.* 2012. AJ 2075, obs. C. Manara, note C. Castets-Renard ; *D.* 2012. 2071, concl. C. Petit ; *D.* 2012. 2331, obs. L. d'Avout et S. Bollée ; *D.* 2012. 2343, obs. J. Larrieu, C. Le Stanc et P. Tréfigny ; *D.* 2012. 2836, obs. P. Sirinelli ; *D.* 2013. 1503, obs. F. Jault-Seseke ; *Rev. crit. DIP* 2013. 607, note L. Usunier ; *Gaz. Pal.* 2012. 2, 17 oct., note L. Marino – TGI Paris, 3e ch., 4e sect., 28 avr. 2011, RG n° 09/08485, *YouTube, Gaz. Pal.* 2011. 1, p. 1747, note L. Marino, CRIT.
6. TGI Paris, 3e ch., 4e sect., 28 avr. 2011, n° 09/0485, *YouTube*, préc.
7. À PROPOS d'un réseau social : CJUE, 3e ch., 16 févr. 2012, *Belgische Vereniging van Auteurs, Componisten en Uitgevers CVBA (Sabam)*, aff. C-360/10, *D.* 2012. AJ 549, obs. C. Manara ; *CCÉ* 2012, n° 63, note A. Debet, 2e esp. ; *Gaz. Pal.* 2012. 2 août, note L. Marino ; O. Roux, « Le refus communautaire d'un réseau internet régulé par un filtrage général : les affaires *Scarlet* et *Netlog* », *RJDA* 2012, Doctr. 315 : la CJUE avait déjà rendu une décision en ce sens, en 2011, quant au fournisseur d'accès (v. *supra* ss n° 421.12).
8. Civ. 1re, 12 juill. 2012, nos 11-15.165, 11-13.666, 11-13.669 (3 arrêts), P I, n° 162 ; *GAPI*, 3e éd., Dalloz, 2020, n° 39, obs. T. Azzi *D.* 2012. AJ 2075, obs. C. Manara, APPROB., note C. Castets-Renard, APPROB. ; *D.* 2012. 2071, concl. C. Petit ; *D.* 2012. 2331, obs. L. d'Avout et S. Bollée ; *D.* 2012. 2343, obs. J. Larrieu, C. Le Stanc et P. Tréfigny ; *D.* 2012. 2836, obs. P. Sirinelli ; *D.* 2013. 1503, obs. F. Jault-Seseke ; *Rev. crit. DIP* 2013. 607, note L. Usunier ; *JCP* 2012, n° 39, 1007, note J.-M. Bruguiere ; *CCC* 2012, n° 91, obs. C. Caron, APPROB. (n° 11-13.666) ; *Gaz. Pal.* 2012. 2, 17 oct., note L. Marino ; *RTD com.* 2012. 771, obs. F. Pollaud-Dulian (n° 11-13.666).
9. L. n° 2004-575, 21 juin 2004, art. 6, I, 7.
10. L. n° 2004-575, 21 juin 2004, art. 6, II.

Il découle d'une « réserve d'interprétation » de la loi du 21 juin 2004, donnée par la décision n° 2004-496 du 10 juin 2004[1] du Conseil constitutionnel, que la responsabilité de l'hébergeur peut être engagée lorsqu'il n'a pas retiré une information dénoncée comme illicite par un tiers, dès lors que le caractère illicite est manifeste (et évidemment si un juge en a ordonné le retrait).

422.33 **Bénéficiaires.** Le régime de responsabilité prévue par la loi du 21 juin 2004, dite LCEN, étant très favorable, nombreux sont ceux qui entendent se placer sous cette bannière. Les juridictions ont donc été amenées à déterminer quel en sont les bénéficiaires[2] (mais, sur les critères dégagés par la CJUE en 2010 et par la Cour de cassation en 2011[3]).

1° Ce n'est pas le cas : - d'un *auteur*[4] ; - de l'activité de *régie publicitaire*[5] ; - *d'un internaute éditeur* d'un lien hypertexte et du titre[6] ; - d'un *site « parking »* vendant des noms de domaine (exploitant commercialement le site *www.sedo.fr*), et alors qu'il offrait une expertise destinée à aider à la fixation de la valeur, et percevait une rémunération proportionnelle à la valeur du contenu accueilli pour être commercialisé[7] ; il en résulte qu'un hébergeur se caractérise par la gratuité de ses prestations ou par une rémunération établie en fonction de l'espace mis à la disposition d'autrui ; - d'un site de courtage en ligne ou place de marché (*e.bay*[8]) ; - *d'une société dont l'activité est la vente en ligne* de compléments alimentaires de différentes marques publiant sur son site internet marchand des avis sur les produits qui y sont commercialisés[9].

2° En revanche, ont été considérées par certaines juridictions comme présentant bien la qualité de prestataire technique au sens de l'article 6 de la loi 21 juin 2004, dite LCEN : - un *site d'annonces*[10] ; -

1. Cons. const. 10 juin 2004, n° 2004-496 DC, *loi pour la confiance dans l'économie numérique*, NON CONFORMITÉ PARTIELLE, *JO* 22 juin, p. 11182, texte 3 ; *Rec.*, p. 101 ; *AJDA* 2004. 1534, note J. Arrighi de Casanova ; *AJDA* 2004. 1937 ; *AJDA* 2004. 1385, tribune P. Cassia ; *AJDA* 2004. 1497, tribune M. Verpeaux ; *AJDA* 2004. 1537, note M. Gautier et F. Melleray, note D. Chamussy ; *AJDA* 2004. 2261. Chron. J.-M. Belorgey, S. Gervasoni et C. Lambert ; *D.* 2005. 199, note S. Mouton ; *D.* 2004. 1739. Chron. B. Mathieu ; *D.* 2004. 3089. Chron. D. Bailleul ; *D.* 2005. 1125, obs. V. Ogier-Bernaud et C. Severino ; *RFDA* 2004. 651, note B. Genevois ; *RFDA* 2005. 465. Ét. P. Cassia ; *RTD civ.* 2004. 605, obs. R. Encinas de Munagorri ; *RTD eur.* 2004. 583, note J.-P. Kovar ; *RTD eur.* 2005. 597. Ét. E. Sales.
2. QUANT AUX CRITÈRES pour distinguer l'éditeur de l'hébergeur : B. May, « Responsabilité des acteurs du web 2.0 : l'histoire sans fin », art. préc.
3. V. *infra* s^s n° 422.35.
4. Civ. 1re, 13 mars 2007, n° 06-10.983, P I, n° 118 ; *D.* 2007. AJ 1009, obs. C. Manara ; *CCÉ* 2007, n° 136, obs. Ph. Stoffel-Munck.
5. TGI Paris, 3e ch., 13 mai 2009, RG n° 2007/11365, *L'Oréal c/e.Bay France*, *D.* 2009. AJ 1474, obs. C. Manara ; *D.* 2009. 2910, note J. Huet, CRIT., 1re esp. ; *CCÉ* 2009, n° 79, obs. A. Debet ; *RLDI* 2009, n° 1664, note N. Dreyfus ; *Gaz. Pal.* 2009. 2, Somm. 3880, note V. Staeffen et J. Delucenay – EN RÉALITÉ, la sté *e.bay*, « *en proposant, stimulant et finalisant des enchères en ligne* » (J. Huet) ne devrait pas être qualifiée de simple hébergeur.
6. Paris, 14e ch. B, 21 nov. 2008, RG n° 2008/52543, *Bloobox, Gaz. Pal.* 2009. 1, Somm. 1439, obs. M. Prud'homme et C. Fagot ; *D.* 2009. Pan. 1999, obs. J. L.
7. Com. 21 oct. 2008, n° 07-14.979, *Sedo*, NP, *D.* 2009. 410, note J. Huet ; *D.* 2009. Pan. 1999, obs. J. L. ; *PIBD* 2008. III. 664 ; *CCÉ* 2008, n° 134, obs. C. Caron ; *Gaz. Pal.* 2009. 1, Somm. 620, obs. V. Brunot – Paris, pôle 5, 1re ch., 23 sept. 2009, RG n° 2007/20549, *Sedo c/Inpi, PIBD* 2009. III. 1553 ; *Propr. ind.* 2010, n° 25, note J. Larrieu : en offrant un service de *domaine parking*, la sté est un co-éditeur du site (et non un hébergeur), responsable en tant que tel de son contenu ; condamnation pour contrefaçon de marque et concurrence déloyale pour l'utilisation du nom de domaine – SUR CET ARRÊT LES CRITIQUES de : C. Manara, « *Sedo* est bien un hébergeur ! », art. préc.
8. Com. 3 mai 2012, n° 11-10.505, NP, *D.* 2012. AJ 1261, obs. C. Manara ; *D.* 2012. 2331, obs. L. d'Avout et S. Bollée ; *D.* 2012. 2343, obs. J. Larrieu, C. Le Stanc et P. Tréfigny ; *D.* 2012. 2836, obs. P. Sirinelli ; *D.* 2013. 1503, obs. F. Jault-Seseke ; *CCC* 2012, n° 74, obs. C. Caron ; *JCP* 2012, n° 72, 789, note A. Debet, 1er esp. ; *JCP E* 2012, n° 28, 1458, note A. Debet, 1er esp. – Com. 3 mai 2012, n° 11-10.507, NP, *D.* 2012. AJ 1261, obs. C. Manara –*D.* 2012. 2331, obs. L. d'Avout et S. Bollée ; *D.* 2012. 2343, obs. J. Larrieu, C. Le Stanc et P. Tréfigny ; *D.* 2012. 2836, obs. P. Sirinelli ; *D.* 2013. 732, obs. D. Ferrier ; *D.* 2013. 1503, obs. F. Jault-Seseke – Com. 3 mai 2012, n° 11-10.508, P IV, n° 89 ; *D.* 2012. AJ 1261, obs. C. Manara ; *D.* 2012. 1684, point de vue L. Mauger-Vielpeau ; *D.* 2012. 2331, obs. L. d'Avout et S. Bollée ; *D.* 2012. 2343, obs. J. Larrieu, C. Le Stanc et P. Tréfigny ; *D.* 2012. 2836, obs. P. Sirinelli ; *D.* 2013. 1503, obs. F. Jault-Seseke ; *CCC* 2012, n° 207, obs. M. Malaurie-Vignal [mais qui indique qu'il s'agit de l'arrêt rendu sur le pourvoi n° 11-10.507] ; *JCP* 2012, n° 72, 789, note A. Debet, 2e esp. ; *JCP E* 2012, n° 28, 1458, note A. Debet, 2e esp. ; *Rev. crit. DIP* 2013. 192, note J. Knetsch – L. Mauger-Vielpeau, « *e.Bay* n'est pas un simple hébergeur ! », art. préc., CRIT.
9. Com. 24 nov. 2009, n° 08-15.002, P IV, n° 150 ; *RLDI* 2009/55, n° 1819, obs. L. C. ; *CCC* 2010, n° 63, obs. G. Raymond ; *CCC* 2010, n° 75, obs. M. Malaurie-Vignal.
10. T. com., réf., 17 oct. 2006, *CCÉ* 2006, n° 159, obs. L. Grynbaum – T. com. Paris, 31 oct. 2007, *Kenzo c/DMIS, CCÉ* 2008, n° 25, obs. A. D. – Paris, 4e ch., 9 nov. 2007, *e.Bay c/ DWC*, préc. – MAIS V. LES CRIT. de : J. Huet dans sa note sous l'arrêt – Com. 5 mai 2009, n° 08-11.672, *DWC c/e.Bay*, NP, *D.* 2009. 2910, note J. Huet, 2e esp. ; *CCÉ* 2009, n° 80, obs. A. Debet ; – *CONTRA :* TGI Troyes, 4 juin 2008, *Hermès c/e.Bay, RLDI* 2008, n° 1296, obs. J.-B. A. et n° 1302, note A. Saint-Martin ; *D.* 2008. 2261, note A. Huet : le courtier en ligne fut considéré comme hébergeur et comme éditeur de services de communication, car il contrôle la présentation des pages de ce site et tire profit de l'exploitation des annonces des hébergés ; la responsabilité de la sté *e.Bay* fut retenue sur le fondement de l'art. L. 713-2 du CPI, les mesures techniques adoptées par elles n'étant pas de nature à permettre une information complète des utilisateurs et des titulaires de droit de propriété intellectuelle – TGI Paris, 3e ch., réf., 20 mai 2009, n° 2008/13617, *e.Bay*, préc., le courtier en ligne est un hébergeur.

un *forum de discussion*[1] ; – un *exploitant de jeu* de réalité virtuelle[2] ; – un service *d'hébergement de bloc-notes* (*blogs*[3])[4] ; – un *prestataire de stockage*[5] ; – un *site de partage de vidéos*[6] ; – les *fournisseurs d'accès à l'internet*[7] (FAI). La doctrine s'interroge sur la possibilité de qualifier d'hébergeur *les plateformes électroniques* permettant la publication d'annonces proposant à la vente des produits pouvant être illicites ou contrefaisants[8].

Les distinctions entre courtier, hébergeur et éditeur ont donné lieu à bien des difficultés en France, suscitées en grande partie par la loi 21 juin 2004, dite LCEN. Elles semblent en voie d'apaisement. Car, très pragmatiquement, les tribunaux tendent à prendre en compte, pour établir les responsabilités, le rôle effectivement joué par un site, et non sa qualification attribuée *a priori*[9]. D'où un hébergeur pourra être condamné pour des propos qu'il a édités, tandis qu'un éditeur pourra ne pas l'être s'il s'est contenté d'héberger.

Pour l'instant la Cour de cassation est divisée quant à son contrôle des éléments de qualification : si la chambre commerciale effectue celui-ci[10], la première chambre civile laisse les juges du fond les apprécier souverainement[11].

1. Versailles, 12 déc. 2007, *ERF c/Lesaranaques.com*, *Legalis.net* 2008/1, p. 164.
2. TGI Paris, réf., 2 juill. 2007, *CCÉ* 2007, n° 111, obs. A. Lepage.
3. Paris, 14e A, 12 déc. 2007, RG n° 07/10036, *Google c/ Benetton*, www.juriscom.net ; L. Thoumire, « Précisions contrastées sur trois notions clés relatives à la responsabilité des hébergeurs », art. préc.
4. Sur les blogues v. *infra* ss n° 44.05.
5. Paris, 14e ch. B, 21 nov. 2008, RG n° 08/52543, *Bloobox*, préc. – TGI Paris, 3e ch., 13 mai 2009, RG n° 07/11365, *L'Oréal c/e.Bay France*, préc.
6. Paris, 4e ch. A, 6 mai 2009, RG n° 07/14097, *Dailymotion c/Carion*, *D.* 2009. AJ 1410, obs. A. Astaix ; *CCÉ* 2009, n° 86, obs. C. Caron – Paris, pole 5, 1re ch., 14 avr. 2010, RG n° 2008/08604, *Dailymotion*, *CCÉ* 2010, n° 74, obs. A. Debet ; *RLDI* 2010, n° 2034 ; R. Hardouin, « L'hébergeur et la publicité : la neutralité comme condition d'une coexistence », *RLDI* 2010/62 – SUR LA QUESTION : B. Barraud, « Le droit de l'internet abandonné aux juges ? Illustration par la construction du régime de responsabilité des sites de partage de vidéos », étude préc.
7. CJUE, 4e ch., 27 mars 2014, *UPC Telekabel Wien*, aff. C-314/12, *D.* 2014. 1246, note C. Castes-Renard ; *Gaz. Pal.* 13 juill. 2014. 18, note L. Marino ; G. Busseuil : « La libre circulation des contenus numériques entre accès et consentement : les précisions de la CJUE en matière de respect des droits de propriété intellectuelle », *RLDI* 2014. Doctr. 3483.
8. B. Tabaka, art. préc., OPINANT POUR L'AFFIRMATIVE – *CONTRA* : TGI Paris, 3e ch., 2e sect., 18 sept. 2009, *Parfums Christian Dior c/e.Bay*, *JCP E* 2009, n° 48, 2109, note L. Giret et M. Bourgeois.
9. À propos de la première distinction v. *supra* ss n° 411.15.
10. Com. 3 mai 2012, nos 11-10.505, 11-10.507, 11-10.508 (3 arrêts), préc.
11. Civ. 1re, 12 juill. 2012, nos 11-15.165, 11-13.669, 11-13.666 (3 arrêts), préc.

422.34 Difficile application. La disposition de la loi 21 juin 2004, dite LCEN, relative à la responsabilité des intermédiaires techniques de services internet[12] donna rapidement lieu à une abondante jurisprudence, dont voici un échantillon représentatif.

1° Entrant en condamnation : TGI Paris, 19 oct. 2007, *Zadig production c/Google*[13], responsabilité car, si l'hébergeur avait bien enlevé le contenu illicite placé sur un site communautaire[14], il n'avait pas empêché qu'il réapparaisse et n'en avait donc pas rendu l'accès impossible – Paris, 12 déc. 2007, *Google c/Benetton*[15], de l'hébergeur d'un forum de discussion qui, bien qu'avisé du contenu illicite, n'a pas procédé à son retrait – Paris, 14e A, 12 déc. 2007, *Google c/Benetton*, RG n° 07/10036, préc., car n'a retiré le bloc-notes (*blog*) litigieux qu'un mois après avoir été prévenu de son illicéité[16] – T. com. Paris, 8e ch., 20 févr. 2008, *Flach fim c/Google France*, préc. – Paris, pôle 5, 1re ch., 14 avr. 2010, *Dailymotion*, RG n° 2008/08604, préc., car bien que l'illicéité de certains contenus ait été notifiée, ils n'avaient pas été retirés – TGI Versailles, 1re ch., 26 févr. 2019, n° 16/07633, condamnant un hébergeur à rendre inaccessible en France le site d'une entreprise espagnole proposant de servir d'intermédiaire pour des projets de GPA[17].

2° Estimant que les conditions légales de la responsabilité ne sont pas remplies : TGI Nice, 7 févr. 2006, TWD industries c/Google[18], le prestataire a pris des mesures propres à faire cesser les troubles allégués dans un délai raisonnable – TGI Paris, réf., 29 oct. 2007, *Marie B. c/Wikipedia*, préc., la Fondation *Wikipedia*[19] en cause n'ayant pas eu connaissance du caractère illicite des pages litigieuses[20] – Versailles, 12 déc. 2007, *ERF c/Lesaranaques.com*, préc., en l'absence de notification du caractère illicite – Paris, 4e ch. A, 6 mai 2009, RG n° 07/14097, préc. – TGI Paris, 3e ch., 13 mai 2009, RG n° 07/11365, *L'Oréal c/e.Bay France*, préc., les défendeurs ayant mis en œuvre des moyens techniques importants pour limiter ou empêcher les actes illicites.

12. L. n° 2004-575, 21 juin 2004, art. 6, I, 2 et 3.
13. TGI Paris, 19 oct. 2007, *Zadig production c/Google*, *CCÉ* 2007, n° 143, obs. C. Caron, 3e esp.
14. Sur celui-ci v. *infra* ss n° 422.43.
15. Paris, 12 déc. 2007, *Google c/Benetton*, *Legalis.net* 2008/1, p. 155.
16. SUR CET ARRÊT : L. Thoumire, « Précisions contrastées sur trois notions clés relatives à la responsabilité des hébergeurs », art. préc.
17. TGI Versailles, 1re ch., 26 févr. 2019, RG n° 16/07633, *RDC* 2019/3, note M. Bernelin et E. Supiot.
18. TGI Nice, 7 févr. 2006, *TWD industries c/Google*, *D.* 2006. AJ 575, obs. C. Manara ; *PIBD* 2006. III. 827.
19. V. *supra* ss n° 011.28.
20. L. Thoumire, « L'art et la manière de notifier l'hébergeur 2.0 », art. préc. [v. *supra* ss n° 422.05].

422.35 Critères d'application de la CJUE et de la Cour de cassation. La CJUE, dans la retentissante affaire *Google AdWords*, a donné une clé permettant de déterminer qui peut bénéficier du régime de responsabilité atténuée, tout en renvoyant aux juridictions nationales la détermination exacte du rôle de la société en cause. Le critère proposé est le suivant : au sein du programme *AdWords, Google* a-t-il eu un comportement « *purement technique, automatique et passif, impliquant l'absence de connaissance ou de contrôle des données* » stockées ? Si tel était le cas, il pourrait bénéficier du régime de responsabilité aménagé par l'article 14 de la directive 2000/31 sur le commerce électronique. La qualification d'hébergeur dépend donc de sa neutralité[1]. Cependant, même s'il n'est pas prouvé un rôle actif, le régime de l'article 14 précité ne s'applique pas à l'opérateur ne s'étant pas comporté en professionnel diligent, par son manque de réaction alors que les faits illicites avaient été portés à sa connaissance[2]. Selon la CJUE (12 juill. 2011, *L'Oréal c/eBay International*, aff. C-324/09[3]), la preuve du manquement de l'opérateur à son obligation de diligence existe en présence de « *la situation dans laquelle l'exploitant découvre l'existence d'une activité ou d'une information illicite, à la suite d'un examen effectué de sa propre initiative, ainsi que celle dans laquelle l'existence d'une telle activité ou d'une telle information lui est notifiée* ».

De son côté, et en tenant compte des enseignements de la CJUE, la Cour de cassation française donna les critères de la qualité d'hébergeur, par trois arrêts du 17 février 2010[4], qui semblent destinés à fixer enfin la jurisprudence. Est tel celui qui ne décide pas du contenu mis en ligne, de même que celui qui procède à des modifications techniques du contenu ou crée son indexation permettant sa consultation, ou encore accompagne de publicités la diffusion des contenus stockés par les bénéficiaires de son service (sur ce dernier point, la Cour de cassation opéra un revirement, car elle avait décidé précédemment que l'insertion de publicités sur des pages personnelles hébergées par *Tiscali* excluait la qualité d'hébergeur[5]). Autrement dit, « *ce qui importe est de ne pas déterminer ou sélectionner le contenu* » (C. Manara[6]). Le critère retenu par la Cour de cassation de la notion d'hébergeur est donc celui de sa *neutralité*[7], de son absence de contrôle intellectuel sur les contenus mis en ligne (sur eux pas de sélection, pas de choix, pas d'action[8]). Il permet de

1. CJUE, G^de^ ch., 23 mars 2010, *Google c/Louis Vuitton*, aff. j^tes^ C-236/08 à C-238/08, *GAPI*, 3e éd., Dalloz, 2020, n° 117 ; *D.* 2010. AJ 885, obs. C. Manara ; *Gaz. Pal.* 2010. 1, p. 1104 ; *CCC* 2010, n° 132, obs. M. Malaurie-Vignal ; *CCÉ* 2010, n° 70, obs. C. Caron, 1re esp. ; *JCP* 2010, n° 23, 642, note L. Marino, CRIT. ; *Propr. ind.* 2010, n° 45, note J. Larrieu ; *CCÉ* 2010, n° 88, obs. Ph. Stoffel-Munck – AUSSI, TRÈS NET, à propos du critère du rôle actif : CJUE, G^de^ ch., 12 juill. 2011, *L'Oréal c/eBay International*, aff. C-324/09, *D.* 2011. AJ 1965, obs. C. Manara ; *D.* 2011. Pan. 2372, obs. P. Tréfigny-Goy ; *CCÉ* 2011, n° 99, obs. C. Caron ; P.-Y. Gautier, « De l'éventuel « rôle actif » des opérateurs internet dans la réalisation du dommage (qualifications de responsabilité civile) », art. préc. (v. *supra* s^s^ n° 422.05) ; L. Grynbaum, « *e.Bay :* être ou ne pas être hébergeur selon la CJUE », art. préc. (v. *supra* s^s^ n° 422.05) ; C. Castets-Renard, « Après *Google, eBay :* contrefacteur ? Passif ou actif ? Telles sont les questions », préc. (v. *supra* s^s^ n° 422.05) ; F. Terré, « Être ou ne pas être… responsable », étude préc. – CJUE, 7e ch., 11 sept. 2014, *Sotiris Papasavvas c/O Fileleftheros Dimosia Etaireia Ltd e.a., RLDI* 2014. 3616, obs. L. C. ; *CCÉ* 2014, n° 95, obs. G. Loiseau : il en résulte que le régime de responsabilité atténuée dont bénéficie l'hébergeur ne s'applique pas à un éditeur de presse disposant d'un site internet sur lequel est diffusée la version électronique du journal papier, dès lors qu'il a connaissance des informations publiées et qu'il exerce un contrôle sur celles-ci.
2. CJUE, G^de^ ch., 12 juill. 2011, *L'Oréal c/eBay International*, aff. C-324/09 ; P.-Y. Gautier, art. préc. ; L. Grynbaum, art. préc. ; C. Castets-Renard, art. préc. ; F. Terré, « Être ou ne pas être… responsable », ét. préc.
3. CJUE, 12 juill. 2011, *L'Oréal c/eBay International*, aff. C-324/09, préc.
4. Civ. 1re, 17 févr. 2011, n° 09-15.857, *Amen*, préc. – Civ. 1re, 17 févr. 2011, n° 09-67.896, *Dailymotion*, préc. – Civ. 1re, 17 févr. 2001, n° 09-13.202, *Fuzz,* P I, n° 31, *D.* 2010. AJ 668, obs. C. Manara, 3e esp. : parmi ces trois arrêts, celui de l'aff. *Dailymotion* se détache, comme étant le plus emblématique – C. Castet-Renard, « Revirement de l'arrêt *Tiscali et* confirmation de la qualité d'hébergeur pour *DailyMotion* », art. préc. (v. *supra* s^s^ n° 422.05) ; L. Marino, « Internet. Le fabuleux destin de la responsabilité des hébergeurs… », art. préc. (v. *supra* s^s^ n° 422.05) – Com. 20 janv. 2015, n° 11-28.567, P IV, n° 5 ; *D.* 2015. 1079, note S. Chatry ; *CCÉ* 2015, n° 21, obs. G. Loiseau ; *RLDA* 2015, n° 5497, obs. M. de Montaigne ; *LPA* 22 déc. 2016. 19, obs. Ph. Mozas – Paris, pôle 5, ch. 1, 2 déc. 2014, *RLDI* 2015, n° 3658 ; C. Castets-Renard, « *Dailymotion* hébergeur… dans l'attente d'une loi sur le numérique », *RLDI* 2015. Chron. 3362.
5. Civ. 1re, 14 janv. 2010, n° 06-18.855, P I, n° 8 ; *D.* 2010. AJ 260, obs. C. Manara, CRIT. ; *RLDI* 2010/56, n° 1864, obs. L. C. ; *CCÉ* 2010, n° 25, obs. Ph. Stoffel-Munck, CRIT. ; *Gaz. Pal.* 2010. 1, p. 1091, note M. Prud'homme et D. Blin.
6. Obs. préc.
7. RETENU PAR : Paris, pôle 5, ch. 12, 23 janv. 2012, *e.Bay c/Burberry, RJDA* 2012, n° 813 : pas de neutralité en l'esp. d'*e.Bay*, condamnation pénale pour « *recel de vente de produits présentés sous une marque contrefaite* », alors que, devant l'ampleur des faits de contrefaçon et le nombre de plaintes émanant d'acheteurs abusés, cette sté ne pouvait pas ignorer l'activité frauduleuse des contrefacteurs, et n'avait pris aucune mesure de nature à la faire cesser ; D. Challamel, « Responsabilité des prestataires. Une victoire exemplaire des titulaires de droits de propriété intellectuelle à l'encontre d'*e.Bay* », *Expertises* 2012, p. 148.
8. L. Marino, « Internet. Le fabuleux destin de la responsabilité des hébergeurs… », art. préc. – COMP. : Paris, pôle 1, ch. 8, 10 mars 2017, *RLDI* 2017. 5003, note C.-É. Armigaud et C. Schmit, consacrant le principe de neutralité et en en déduisant que le prestataire de communication électronique n'a qu'une possibilité limitée de filtrage des messages.

faire bénéficier largement du statut protecteur de la LCEN divers opérateurs sur internet (peut-être à l'excès), dont certains sites d'annonces en ligne[1].

422.36 Référé. La loi du 21 juin 2004 dite LCEN, précitée, permet également à l'autorité judiciaire de prescrire en référé « *toutes mesures propres à faire cesser un dommage occasionné par le contenu d'un service de communication publique en ligne* »[2].

Une protection propre au Droit d'auteur : lorsqu'une atteinte aux droits patrimoniaux de l'auteur est commise « *au moyen d'un service de communication au public en ligne* », il est possible de prononcer une peine complémentaire de suspension de l'accès à un service de communication au public en ligne pour une durée maximale d'un an, assortie de l'interdiction de souscrire pendant la même période un autre contrat portant sur un service de même nature auprès de tout opérateur[3].

SECTION 4
RESPONSABILITÉ DES INTERVENANTS SUR LES CONTENUS

422.41 Responsabilité du fournisseur de contenu. Pour le fournisseur du contenu, il suffit d'appliquer le régime applicable aux agences de presse, ainsi qu'aux agences de renseignements et autres organismes similaires[4].

La distinction entre les fournisseurs de contenu et les prestataires techniques doit s'opérer en ce que les premiers interviennent nécessairement, d'une façon ou d'une autre, sur les contenus.

422.42 Responsabilité du prestataire de services publicitaires. Les prestataires de services publicitaires sont soumis aux mêmes règles que les fournisseurs du contenu. Un arrêt de la cour d'appel de Paris distingua bien l'activité des intermédiaires techniques, des prestataires de services publicitaires, soumis au Droit commun. En l'espèce, la société *Google* ne s'était pas bornée à stocker des informations, mais avait déployé une activité de régie publicitaire, par son service *AdWords* (abréviation d'*advertising words*, qui est un générateur de mots-clés)[5], et ne pouvait donc pas invoquer le régime dérogatoire[6].

Les titulaires des grandes marques se plaignent de l'usage de leurs marques dans la sélection, la réservation et l'usage de mots-clés correspondants pour référencer des sites concurrents, voire contrefaisants. De nombreuses actions en justice furent introduites ainsi contre des concurrents ou contrefacteurs. La Cour de cassation avait renvoyé à la CJCE la question de savoir si un moteur de recherche peut être considéré comme un simple hébergeur, et bénéficier ainsi du régime favorable de celui-ci[7]. Dans ses conclusions du 22 septembre 2009, l'avocat général de la CJCE avait proposé une réponse négative, en raison de l'absence de neutralité du prestataire à l'égard de l'information hébergée et transmise[8]. La CJUE statua le 23 mars 2010 dans trois affaires jointes relatives à *Google*[9]. Elle décida, en premier lieu, que *Google* ne

1. TGI Paris, 4 déc. 2015, *CCÉ* 2016, n° 12, obs. G. Loiseau : à propos du site « leboncoin.fr », reconnu comme hébergeur n'ayant aucun rôle actif.
2. L. n° 2004-575, 21 juin 2004, art. 6, I, 8 (v. *infra* s[s] n° 422.55).
3. CPI, art. L. 335-7 ; mod. par L. n° 2009-1311, 28 oct. 2009, art. 7.
4. Ph. le Tourneau (dir.), *Droit de la responsabilité et des contrats. Régimes d'indemnisation*, 12e éd., « Dalloz action », 2020, n°s 3322.41, 3313.30 s. – COMP. : Paris, 26 oct. 2001, *Cariacco c/France Télécom, CCÉ* 2002, n° 90, note Ph. Stoffel-Munck : condamnation d'un fournisseur de service télétel [minitel], ayant laissé transiter des annonces de caractère pédophile : manquement à son obligation de surveillance ayant causé un préjudice « de principe » à *France Telecom* ; la C. de cass. interdit pourtant de condamner pour un préjudice « de principe » : Ph. le Tourneau (dir.), *Droit de la responsabilité et des contrats...*, 12e éd., *op. cit.*, n° 2321.41 – TGI Paris, réf., 4 janv. 2002, *L. P. et M. P... c/Hachette, D.* 2002. Somm. 2299, obs. C. Caron ; *CCÉ* 2002, n° 93, obs. A. Lepage : un éditeur « en ligne » avait bien expurgé de son site des reportages portant atteinte à la vie privée d'autrui ; il fut cependant condamné (au visa des C. civ., art. 9 et anc. art. 1382), au motif de sa négligence consistant à ne pas s'être assuré qu'un important « moteur de recherche » (sur ceux-ci v. *infra* s[s] n° 431.11) ne permettait pas aux internautes de continuer à y avoir accès ; cette solution est sévère.
5. Sur le référencement et les liens commerciaux v. *infra* s[s] n°s 431.11 s.
6. Paris, 4e A, 28 juin 2006, *Google c/Louis Vuitton, Gaz. Pal.* 2007. 1, Somm. 2114 – ADDE : Aix-en-Provence, 2e ch., 6 déc. 2007, *TWD industrie c/Google, Expertises* 2008, p. 76 ; *RLDI* 2008/34, n° 1137, obs. J.-B. Auroux, même solution.
7. Com. 20 mai 2008, n° 06-15.136, *Google*, P IV, n° 101 ; *JCP E* 2008. Pan. n° 1859 ; *CCC* 2008, n° 187, obs. M. Malaurie-Vignal ; *Propr. ind.* 2008, n° 56, note P. Tréfigny ; *CCÉ* 2009, n° 4, obs. C. Caron, 1re esp. ; *D.* 2009. 1065, note I. Gavanon et J. Huet, 1re esp. ; *D.* 2009. Pan. 1998, obs. J. L. – Com. 20 mai 2008, n° 06-20.230, NP, *CCÉ* 2009, n° 4, obs. C. Caron, 2e esp. ; *D.* 2009. 1065, note I. Gavanon et J. Huet, 2e esp. – Com. 20 mai 2008, n° 05-14.331, NP, *CCÉ* 2009, n° 4, obs. C. Caron, 3e esp. ; *D.* 2009. 1065, note I. Gavanon et J. Huet, 3e esp.
8. G. Cordier, « Les liens sponsorisés devant la CJCE : point d'étape (et de réflexion) sur la notion d'hébergement », art. préc. – S. Lemarchand et M. Barbier, « Le fournisseur d'hébergement au sens de l'article 14 de la directive 2000/31 et la (nouvelle ?) condition de neutralité », art. préc.
9. CJUE, G[de] ch., 23 mars 2010, *Google c/Louis Vuitton*, aff. j[tes] C-236/08 à C-238/08, préc. – V. Brunot, « Référencement payant : la fin d'un suspense à l'issue... presque annoncée », art. préc. – G. Bonet, « Publicité sur internet et référencement selon la Cour de justice : contrefaçon de marque ou directive 2000/31/CE ? », art. préc. – P. Cadio et A. Gendreau, « Le service *Adwords* sous la loupe de la CJUE : la fin de l'histoire ? », art. préc. ; G. Tardieu ►

fait pas « usage » du signe dans la vie des affaires (puisqu'il ne l'utilise pas pour sa propre communication), de sorte qu'il n'est pas susceptible d'être contrefaisant. Toutefois, l'action en contrefaçon pourra prospérer contre les annonceurs dès lors qu'il existe une atteinte à la fonction essentielle de la marque[1], ce qui sera le cas lorsqu'aura été choisi un mot-clé identique à la marque d'autrui pour désigner des produits identiques sans y avoir été autorisé[2]. Quant à la responsabilité du prestataire de référencement, ce qui est une autre question, l'arrêt indique qu'il convient de rechercher si, au sein du programme *AdWords*, *Google* a un comportement neutre[3]. Si tel était le cas, il pourrait bénéficier du régime de responsabilité aménagé par l'article 14 de la directive 2000/31 sur le commerce électronique[4]. Tenant compte de la position de la CJUE, la Cour de cassation, par quatre arrêts du 13 juillet 2010 (toujours dans le feuilleton *Google Adwords*), en a déduit que ne commet pas de cyber-contrefaçon le prestataire de service de référencement se bornant à stocker des mots-clés et à afficher les annonces[5]. En revanche, elle approuva une cour d'appel d'avoir condamné pour contrefaçon l'entreprise ayant fait publier une annonce dont la présentation ne permettait pas à un internaute, normalement informé et raisonnablement attentif, de savoir s'il était ou non lié avec le titulaire de la marque. L'affaire semble entendue[6]. L'utilisation d'une marque, d'une dénomination sociale ou d'un nom de domaine d'un concurrent comme mot-clé *Adwords* devrait, à défaut d'autre moyen juridique, être considérée comme un acte de parasitisme[7].

À la suite des décisions précitées de la CJUE, *Google* a décidé d'autoriser, à compter du 14 septembre 2010, les annonceurs à retenir les mots-clés correspondant aux marques de leurs concurrents, ce qui n'était pas le cas en France. Les titulaires des marques ne peuvent pas s'y opposer *a priori*, mais pourront *a posteriori* déclarer leur opposition à *Google*. Par cette fâcheuse décision, ce moteur de recherche facilite les pratiques concurrentielles déloyales, la contrefaçon et le développement de réseaux illégaux de distribution.

Selon la CJUE (12 juillet 2011, *L'Oréal c/eBay International*, aff. C-324/09[8]), les articles 5 de la directive 89/104[9] et 9 du règlement 40/94[10] doivent être interprétés « *en ce sens que le titulaire d'une marque est habilité à interdire à l'exploitant d'une place*

► Guigues, « Liens commerciaux... un déplacement de problème », art. préc.

1. DANS LE MÊME SENS : CJUE, 25 mars 2010, *BergSpechte*, aff. C-278/08, *D.* 2010. 1966, obs. J. Larrieu, C. Le Stanc et P. Tréfigny-Goy ; *D.* 2011. 908, obs. S. Durrande ; *CCÉ* 2010, n° 70, obs. C. Caron, 2e esp. ; *RTD eur.* 2010. 939. Chron. É. Treppoz.
2. CJUE, 1re ch., 8 juill. 2010, *Portakabin*, aff. C-558/08, *CCÉ* 2010, n° 93, obs. C. Caron, 5e esp. ; *Propr. ind.* 2010, n° 64, note A. Folliard-Monguiral ; C. Maréchal, « Liens "sponsorisés" et droit des marques : les suites de l'arrêt *Google* », art. préc. (*supra* ss n° 422.05) – CJUE, 1re ch., 22 sept. 2011, *Interflora*, aff. C-323/09, *D.* 2011. AJ 2332, obs. C. Manara ; *JCP E* 2011, n° 46. Chron. 1818, n° 13, obs. C. Caron ; *CCÉ* 2011, n° 112, obs. C. Caron ; *JCP E* 2012, n° 3, 1058, note M. Bourgeois ; *Gaz. Pal.* 15 févr. 2012, p. 19, note L. Marino ; *Propr. intell.* 2012, p. 63, note G. Bonnet ; *RTD com.* 2012. 103, obs. J. Azéma : la CJUE rappelle que c'est surtout la rédaction du lien commercial et de son annonce qui permet de déterminer s'il existe ou non une atteinte à la fonction essentielle, consistant à indiquer l'origine du produit ou du service au consommateur.
3. V. *supra* ss n° 422.35.
4. POUR UNE APPLICATION de cette solution : Paris, pôle 5, ch. 2, 19 nov. 2010, RG n° 08/00620, *Gaz. Pal.* 2011. 1, p. 457, note L. Marino, APPROB. ; *CCÉ* 2011, n° 52, obs. C. Caron, 1re esp. : *Google Adwords* n'exerçant aucun contrôle sur le choix des mots clés (effectué par l'annonceur), il bénéficie du régime dérogatoire d'hébergeur.
5. Com. 13 juill. 2010, nos 08-13.944, 06-15.136, 06-20.230 (3 arrêts), P IV, nos 122, 123, 124 ; et n° 05-14.331, NP, *JCP* 2010, n° 30, 817 ; *JCP E* 2010, n° 44, 1961, note C. Caron ; *CCÉ* 2010, n° 93, obs. C. Caron ; *Propr. ind.* 2010, n° 66, obs. P. Tréfigny-Goy ; *Concurrences* 2010/4, p. 150, note R. Mesa – SUR RENVOI : Paris, pole 5, ch. 2, 19 nov. 2010, RG n° 08/00620, préc. ; même solution.
6. AUSSI, excluant toute contrefaçon ou faute civile de *Google* : Paris, pôle 5, ch. 2, 19 nov. 2010, RG n° 08/00620, préc. : considérant en outre que les annonceurs eux-mêmes n'ont pas fait un emploi illicite de la marque d'un concurrent en y associant leurs annonces commerciales – Paris, pôle 5, ch. 1, 2 févr. 2011, RG n° 08/02354, *Google*, *D.* 2011. AJ 741, obs. C. Manara, APPROB. ; *CCÉ* 2011, n° 52, obs. C. Caron, 2e esp. ; *RJDA* 2011, n° 856 ; SUR POURVOI (rejeté) contre ce dernier arrêt : Com. 25 sept. 2012, n° 11-18.110, NP, *D.* 2013. 2487, obs. J. Larrieu, C. Le Stanc et P. Tréfigny ; *CCÉ* 2012, n° 130, obs. C. Caron ; *RJDA* 2013, n° 367 : la rédaction de l'annonce litigieuse ne pouvant pas induire en erreur l'internaute moyen ne porte pas atteinte à la fonction d'identification de la marque ; SUR CET ARRÊT : A. Mendoza-Caminade, « La responsabilité en matière de service de référencement payant », *RLDI* 2012/87. Chron. 2911 ; M. de Guillenchmidt, « Lutte contre l'utilisation d'une marque comme mot-clé *Adwords* : nombreux fondements, peu de succès », *RLDI* 2013. Doctr. 3051 – Com. 29 janv. 2013, nos 11-21.011, 11-24.713, NP, *D.* 2012. 1818 ; *RTD civ.* 2012. 727, obs. B. Fages ; *LPA* 24 févr. 2015. 4, obs. P. Mozas : pas de risque de confusion, donc pas d'acte déloyal, et pas de publicité trompeuse ; SUR CET ARRÊT : M. de Guillenchmidt, art. préc.
7. EN CE SENS : M. de Guillenchmidt, art. préc. – SUR LA NOTION : Ph. le Tourneau, *Le Parasitisme*, Litec, 1998. – *J.-Cl. Concurrence Consommation* fasc. 570 et 571 (2020) (not. sur le parasitisme v. *infra* ss nos 343.32 et 343.36).
8. CJUE 12 juill. 2011, *L'Oréal c/eBay International*, aff. C-324/09, préc.
9. Dir. 89/104, Conseil, 21 déc. 1988 rapprochant les législations des États membres sur les marques, *JOCE* L 040, 11 févr., p. 1.
10. Règl. 40/94, Conseil, 20 déc. 1993 sur la marque communautaire, *JOCE* L 11, 14 janv. 1994, p. 1.

de marché en ligne de faire, à partir d'un mot-clé identique à ladite marque que cet exploitant a sélectionné dans le cadre d'un service de référencement sur internet, de la publicité pour des produits de cette marque mis en vente sur ladite place de marché, lorsque cette publicité ne permet pas ou permet seulement difficilement à l'internaute normalement informé et raisonnablement attentif de savoir si lesdits produits proviennent du titulaire de la marque ou d'une entreprise économiquement liée à celui-ci ou, au contraire, à un tiers »[1]. D'où le prestataire d'un service de référencement sur internet, qui stocke en tant que mot-clé un signe identique à une marque et organise l'affichage d'annonces à partir de celui-ci, ne fait pas un usage de ce signe au sens de l'article 5, paragraphes 1 et 2, de la directive 89/104[2]. Dans la ligne de cette décision, la Cour de cassation décida que la place de marché en ligne *e.Bay* doit être qualifiée d'éditeur (et non de simple hébergeur), compte tenu de son rôle actif dans la promotion des annonces illicites, d'où la possibilité d'engager sa responsabilité délictuelle dans les conditions du Droit commun[3].

Un *générateur de mots-clés* est un moteur de recherches qui répertorie automatiquement des marques et des milliers d'autres mots en relation avec l'activité demandée par un annonceur ; le choix des mots clés est ensuite effectué librement par celui-ci (les plus connus de ces générateurs de mots-clés [de référencement payant] sont *AdWords* ou *Google Suggest* de *Google*). La requête de l'internaute sur le mot-clé choisi par l'annonceur déclenche l'annonce correspondante parmi la liste des « liens commerciaux ». Autrement dit, n'importe quel annonceur peut, en retenant certains mots-clés, être associé à une marque ou à un nom commercial dont il n'est pas titulaire, en faisant apparaître les références à son site lors d'une recherche effectuée sous le nom de cette marque ou de ce nom commercial. L'annonceur ne paye que lorsque l'internaute clique sur l'annonce déclenchée.

422.43 Responsabilité de l'éditeur d'un site, dont les sites communautaires. L'éditeur d'un site (ou *webmaster*) ne devrait pas en principe être responsable du nom du site qu'il exploite, sauf s'il en est titulaire[4]. Il est parfois jugé que l'hébergeur a également le statut d'éditeur, dont il doit assumer les responsabilités, parmi lesquelles celle qui découle de l'existence d'une contrefaçon ou d'une concurrence déloyale[5]. D'autres décisions jugent, au contraire, que l'hébergeur d'un site communautaire de vidéos qui ne détermine pas les contenus devant être mis en ligne, ne procédant qu'à des opérations techniques, n'est pas un éditeur[6]. Un arrêt de la cour

1. Sur les places de marché v. *supra* s[s] n° 411.41.
2. CJUE, G[de] ch., 23 mars 2010, *Google c/Louis Vuitton*, aff. j[tes] C-236/08 à C-238/08, préc. – Com. 20 janv. 2015, n° 11-28.567, P IV, n° 5 ; *D.* 2015. 1079, note S. Chatry ; *CCÉ* 2015, n° 21, obs. G. Loiseau ; *RLDA* 2015, n° 5497, obs. M. de Montaigne ; *LPA* 22 déc. 2016. 19, obs. Ph. Mozas, cite : CJUE, G[de] ch., 23 mars 2010, *Google c/ Louis Vuitton*, aff. j[tes] C-236/08 à C-238/08, préc.
3. Com. 3 mai 2012, n° 11-10.505, NP, *D.* 2012. AJ 1261, obs. C. Manara ; *D.* 2012. 2331, obs. L. d'Avout et S. Bollée ; *D.* 2012. 2343, obs. J. Larrieu, C. Le Stanc et P. Tréfigny ; *D.* 2012. 2836, obs. P. Sirinelli ; *D.* 2013. 1503, obs. F. Jault-Seseke ; *CCC* 2012, n° 74, obs. C. Caron ; *JCP* 2012, n° 72, 789, note A. Debet, 1er esp. ; *JCP E* 2012, n° 28, 1458, note A. Debet, 1er esp. – Com. 3 mai 2012, n° 11-10.507, NP, *D.* 2012. AJ 1261, obs. C. Manara ; *D.* 2012. 2331, obs. L. d'Avout et S. Bollée ; *D.* 2012. 2343, obs. J. Larrieu, C. Le Stanc et P. Tréfigny ; *D.* 2012. 2836, obs. P. Sirinelli ; *D.* 2013. 732, obs. D. Ferrier ; *D.* 2013. 1503, obs. F. Jault-Seseke – Com. 3 mai 2012, n° 11-10.508, P IV, n° 89 ; *D.* 2012. AJ 1261, obs. C. Manara ; *D.* 2012. 1684, point de vue L. Mauger-Vielpeau ; *D.* 2012. 2331, obs. L. d'Avout et S. Bollée ; *D.* 2012. 2343, obs. J. Larrieu, C. Le Stanc et P. Tréfigny ; *D.* 2012. 2836, obs. P. Sirinelli ; *D.* 2013. 1503, obs. F. Jault-Seseke ; *CCC* 2012, n° 207, obs. M. Malaurie-Vignal [mais qui indique qu'il s'agit de l'arrêt rendu sur le pourvoi n° 11-10.507] ; *JCP* 2012, n° 72, 789, note A. Debet, 2e esp. ; *JCP E* 2012, n° 28, 1458, note A. Debet, 2e esp. ; *Rev. crit. DIP* 2013. 192, note J. Knetsch – L. Mauger-Vielpeau, « *e.Bay* n'est pas un simple hébergeur ! », art. préc., CRIT.
4. *CONTRA* : Rennes, réf., 10 févr. 2004, *Le Maguer, D.* 2004. AJ 1808, obs. C. Manara (sur la création et la protection des sites, v. *infra* s[s] n°s 422.05 s.).
5. EX. : Civ. 1re, 14 janv. 2010, n° 06-18.855, P I, n° 8 ; *D.* 2010. AJ 260, obs. C. Manara, CRIT. ; *RLDI* 2010/56, n° 1864, obs. L. C. ; *CCÉ* 2010, n° 25, note Ph. Stoffel-Munck, CRIT. ; *Gaz. Pal.* 2010. 1, p. 1091, note M. Prud'homme et D. Blin ; L. Thoumyre, « Les notions d'éditeur et d'hébergeur dans l'économie numérique », art. CRIT. préc. (v. *supra* s[s] n° 422.05) ; C. Castet-Renard, « La décision *Tiscali Média* : coup d'arrêt de la jurisprudence sur les hébergeurs ? », art. préc. (v. *supra* s[s] n° 422.05) – REJETANT LE POURVOI CONTRE : Paris, 7 juin 2006, *Tiscali c/Dargaud Lombard, CCÉ* 2006, n° 139, obs. É. A. Caprioli – SUR LA QUALIFICATION, à propos d'un site dit « communautaire » (parce que la sté *Tiscali* « *a offert à l'internaute de créer ses pages personnelles à partir de son site et proposé aux annonceurs de mettre en place, directement sur ces pages, des espaces publicitaires payants dont elle assurait la gestion* » ; la qualification d'éditeur, contestable en l'esp., fut tirée du seul fait que l'intermédiaire plaçait des bandeaux publicitaires sur les pages personnelles des internautes, ce qu , pour la C. de cass., excédait « *les simples fonctions techniques de stockage* ») – TGI Paris, réf., 22 juin 2007, *Lafesse c/Myspace, CCÉ* 2007, n° 143, obs. C. Caron, 1re esp. ; *RIDA* 2007, n° 213, p. 305, note P. Sirinelli, *idem* – Paris, pôle 5, 1re ch., 23 sept. 2009, RG n° 2007/20549, *Sedo c/Inpi*, préc., pour des « pages parking » – SUR LA QUESTION : C. Romano, « Quel avenir pour les sites de contenus générés par les utilisateurs ? », art. préc. et C. Manara, « *Sedo* est bien un hébergeur ! », art. préc.
6. TGI Paris, 3e ch., 15 avr. 2008, n° 08-01.371, *Lafesse c/ Dailymotion, D.* 2008. AJ 1341, obs. A. Astaix ; *RLDI* 2008, n° 1162, obs. J.-B. Auroux et n° 1297, note N. Dreyfus ; *JCP* 2008. II. 10140, note E. Derieux ; *Gaz. Pal.* 2008. 2, ▶

d'appel de Paris a ainsi clairement exposé ce critère : « *L'exploitation du site par la commercialisation d'espaces publicitaires, dès lors qu'elle n'induit pas une capacité d'action du service sur les contenus mis en ligne, n'est pas* [...] *de nature à justifier de la qualification d'éditeur du service en cause* » (Paris, 4e ch. A, 6 mai 2009, n° 07/ 14097, *Dailymotion c/Carion*[1]). Ainsi, la jurisprudence tend à assimiler l'activité de diffusion des contenus mis en ligne, par les *plateformes de partage de contenus*, spécialement les *plateformes de partage de vidéos*[2], à une activité d'hébergement[3], donc d'un simple prestataire de services (ce qui est contestable[4]), de sorte que ces intervenants ne peuvent être jugés responsables qu'*a posteriori*[5].

Est dit « communautaire » ou social (*social networking*) un site interactif, dont les contenus sont fournis par les internautes (qui peuvent les retirer), leur permettant de diffuser leurs connaissances et informations[6]. Le site *Facebook* (trombinoscope) est un de ceux-là ; il comptait au début 2009 plus de cent cinquante millions de membres dans le monde. Ces réseaux sociaux sont particulièrement visés par les « vers informatiques »[7].

422.44 La responsabilité civile protège aussi les titulaires des données. La responsabilité civile est pertinente pour la protection des titulaires des données circulant sur ces canaux (par les théories de la concurrence déloyale et des agissements parasitaires[8]).

422.45 Mode d'appréciation de la faute. Dans toutes les situations rencontrées dans les numéros précédents, où la responsabilité civile joue au regard des acteurs de l'internet, la faute s'apprécie et s'appréciera comme toujours par comparaison avec le critère du *bon père de famille* (ou de la personne raisonnable[9]), le cas échéant du bon professionnel. Et, pour jauger la conduite de ce dernier, dans ce monde nouveau et éthéré, sans doute la *lex mercatoria* n'est d'aucun secours, mais il se créera assez rapidement un *corpus* des pratiques correctes et de celles qui ne le sont pas, en bref une *lex internautica*[10], dont la « nétiquette »[11], désignant les règles de bonne conduite des internautes, constitue la première mouture.

Ainsi, si l'internet est un monde virtuel, il est bien régi par un Droit, que nous ne pouvons qualifier de réel, puisque ce mot a un sens technique précis, en tout cas par un Droit certain, même s'il n'est pas spécifique. En l'espèce la révolution technique ne génère nulle révolution juridique. Le Droit français

► Somm. 2748, obs. G. Barbry et C. Fagot, à propos encore du site *Dailymotion* – TGI Paris, 3e ch., 14 nov. 2008, *Lafesse c/Youtube, CCÉ* 2009, n° 6, obs. Ph. Stoffel-Munck : à propos du gestionnaire d'une plateforme électronique – Paris, 4e ch. A, 6 mai 2009, RG n° 07/14097, *Dailymotion c/Carion, D.* 2009. AJ 1410, obs. A. Astaix ; *CCÉ* 2009, n° 86, note C. Caron : site *Dailymotion* – TGI Paris, 2e ch., 22 sept. 2009, n° 09/06246, *Youtube, RLDI* 2009/53, n° 1768, obs. L. C. ; O. Roux, « En leur qualité d'hébergeur, les plateformes internet de partage de contenus ne peuvent être jugées responsables qu'*a posteriori* », art. préc. – COMP. : TGI Paris, 3e ch., 1re sect., 5 févr. 2008, *SNE c/Free, Illad, Legalis.net* 2008/1, p. 142 : *Free* n'est pas éditeur d'un forum de discussion sur *Usenet* car cette sté n'opère ni contrôle ni sélection des fichiers.

1. Paris, 4e ch. A, 6 mai 2009, RG n° 07/14097, *Dailymotion c/Carion*, préc. – POURVOI REJETÉ PAR : Civ. 1re, 17 févr. 2011, n° 09-67.896, préc. – Paris, pôle 5, ch. 1, 2 déc. 2014, *RLDI* 2015, n° 3658 ; C. Castets-Renard, « *Dailymotion* hébergeur... dans l'attente d'une loi sur le numérique », *RLDI* 2015. Chron. 3362.
2. SUR LA QUESTION : B. Barraud, « Le droit de l'internet abandonné aux juges ? Illustration par la construction du régime de responsabilité des sites de partage de vidéos », étude préc.
3. Paris, 2e ch., 11 déc. 2009, *Lafesse c/OVH, RLDI* 2010/57, n° 1878, note C. Castets-Renard, et n° 1884, obs. M. T.
4. SUR LA QUESTION : G. Tessonnière, « Obligations et responsabilités des plateformes de partage vidéo », art. préc. (v. *supra* ss n° 334.11).
5. O. Roux, « En leur qualité d'hébergeur, les plateformes internet de partage de contenus ne peuvent être jugées responsables qu'*a posteriori* », art. préc.
6. Sur l'interactivité aussi : v. *supra* ss n° 011.28, 422.05, 221.31 et sur les sites sociaux v. *supra* ss n° 221.31.
7. Sur ceux-ci v. *supra* ss n° 335.52.
8. EX. : TGI Marseille, réf., 23 févr. 2001, *Stratégies Networks, CCÉ* 2001, n° 47, obs. C. Le Stanc ; *Gaz. Pal.* 2001. 1, Somm. 956 : copie servile, à la coquille près, du site du demandeur ; condamnation du défendeur au titre de la concurrence déloyale et du parasitisme – COMP. : TGI Nanterre, réf., 31 janv. 2000, *Les Trois Suisses, La Redoute, Quelle, D.* 2000. 293 ; *Expertises* 2000, p. 277 : condamnation pour faute d'un fournisseur d'hébergement, alors qu'un site proposait à la vente un certain nombre de marques notoires – D'UNE FAÇON GÉNÉRALE SUR internet et concurrence déloyale, L. Marino, « Internet et concurrence déloyale », art. préc.
9. S. Darmaisin, « À la recherche du bon père de famille », dans *Libre droit. Mél. Ph. le Tourneau*, Dalloz, 2008. 297 – F. Viney, *La personne raisonnable (Le bon père de famille et le* plerumque fit) : *Contribution à l'étude de la distinction des standards normatifs et descriptifs*, th., Paris I, 2013. Il faut probablement remplacer cette expression par celle de « *personne raisonnable* », puisque la loi n° 2014-873 du 4 août 2014 (art. 26), a supprimé dans les divers codes toute référence au « bon père de famille », y voyant une inégalité entre les sexes, alors qu'évidemment la jurisprudence avait toujours entendu cette expression au sens d'une « bonne mère de famille » lorsqu'une femme était en cause. Mais les mots de personne, de victime, de partie civile, *etc.*, qui sont féminins, peuvent-ils s'appliquer à un homme ? Le législateur n'a pas perçu que ce changement, en apparence lexical, revêtait une importance beaucoup plus grande, car il conduisait à l'abaissement de la famille et au triomphe de l'individualisme. Au demeurant, il eut été plus conforme à l'esprit du droit français, quitte à supprimer le mot de père, de le remplacer par celui de parent (« bon parent »), alors que la référence à la personne raisonnable vient de la *Common law*.
10. Sur la *lex internautica* v. *supra* ss n° 4.16.
11. V. *supra* ss n° 4.16.

remplit parfaitement son rôle (sous les espèces de la responsabilité subjective) ; d'où il est non seulement superflu mais encore regrettable que le législateur ait élaboré une réglementation particulière, qui ne manqua pas de soulever des difficultés nouvelles (d'autant que sa première version fut marquée par une énorme bévue[1]).

422.46 Compétence territoriale en matière délictuelle. Les règles classiques s'appliquent sans difficulté dans le domaine de l'internet. Il n'existe pas de vide juridique[2]. En matière délictuelle, l'article 46 du code de procédure civile permet à la victime d'assigner devant la juridiction du lieu où le fait dommageable *a été commis*, ou celle dans le ressort de laquelle le dommage *a été subi*. Dès lors qu'un site est accessible dans la ville où réside le demandeur le dommage (éventuel) a été subi dans ce lieu, de sorte que le tribunal qui s'y trouve est territorialement compétent, même si le fait dommageable s'est également produit dans le ressort d'autres tribunaux, fût-ce sur l'ensemble du territoire national ou à l'étranger[3]. Peu importe aussi le lieu où l'auteur a commis ou commet le fait dommageable (pouvant se situer à l'étranger[4]).

422.47 Évolution des critères : du critère de l'accessibilité du site à la « focalisation ». Des arrêts de la première chambre civile de la Cour de cassation, consacrent nettement, pour déterminer la juridiction compétente en matière de contrefaçon ou d'atteinte au droit d'auteur effectuée sur un site ce critère d'accessibilité du site[5]. Le juge français aurait bénéficié ainsi d'une sorte de compétence universelle.

Cependant, la cour d'appel de Paris, par un important arrêt de 2007[6] (suivi par d'autres depuis), avait rejeté catégoriquement la compétence systématique du juge français découlant du critère de l'accessibilité du site internet, qui « *aurait nécessairement pour conséquence d'institutionnaliser la pratique du* forum shopping »[7] (ou « course au tribunal », consistant à saisir le tribunal du pays qui rendra la décision la plus favorable). Il subordonnait cette compétence à la démonstration, dans chaque cas, d'un « *lien suffisant, substantiel et significatif* » entre les faits reprochés et le dommage allégué[8],

1. V. *supra* s^s n° 422.27.
2. POUR DES ÉTUDES APPROFONDIES V. *supra* s^s n° 334.11 – J. Huet, « Ordre public et loi de police et du for dans le droit international de la communication numérique », *RLDI* 63, suppl. août 2010, p. 29 ; J. Passa, « Compétence juridictionnelle et loi applicable en matière de protection de la propriété intellectuelle sur internet », *RLDI* 63, suppl. août 2010, p. 23.
3. TGI Nanterre, 8 déc. 1999, *Lynda Heineman (Épse Lacoste), Gaz. Pal.* 2000. 1, p. 88, note H. Bitan ; *Expertises* 2000, p. 115 – Paris, 1er mars 2000, *Allaban Web systems, D.* 2000. AJ 251, obs. B. Poisson, 2e esp. ; *CCÉ* 2000, n° 75, obs. C. Caron : le fait dommageable se produit dans tous les lieux où les informations sont mises à la disposition des utilisateurs éventuels du site – Com. 7 mars 2000, n° 97-20.885, *Podovanoc c/France 2*, P IV, n° 48 ; *D.* 2000. AJ 251, obs. B. Poisson, 1re esp. ; *Expertises* 2000, p. 316 ; *PIBD* 2000. III. 617 – TGI Paris, 3 mai 2000, *Chambre nationale des commissaires-priseurs, D.* 2000. Somm. 278, obs. C. Caron ; *D.* 2000. 641, note L. Mauger-Vielpeau – Amiens, 19 févr. 2004, *Châteaux and country, JCP E* 2005. Pan. n° 507 : à propos d'une infraction au Droit de la propriété intellectuelle commise par une diffusion sur la toile – TGI Paris, 28 janv. 2005, *Valeo, PIBD* 2005. III. 292, *idem*.
4. TGI Lille, réf., 10 juill. 2001, *Assoc. Le commerce du bois, PIBD* 2002. III. 176 : émetteur en Amérique, mais réception des informations litigieuses en France – COMP. : TGI Paris, 30 avr. 2003, *Chantelle, Legalis.net* 2003/2, p. 124 : à propos d'une contrefaçon de marque, site accessible espagnol accessible sur tout le territoire national.
5. Civ. 1re, 9 déc. 2003, n° 01-03.225, *Castelbanch c/Louis Roederer*, P I, n° 245 ; *CCÉ* 2004, n° 40, obs. C. Caron ; *JCP* 2004. II. 10055, note C. Chabert ; *Rev. crit. DIP* 2004. 632, note O. Cachard, CRIT. ; *JDI* 2004. 872, note A. Huet ; *Propr. intell.* 2004/11, p. 672, obs. X. Buffet Delmas ; M.-É. Ancel, « Contrefaçon de marque sur un site web… », art. préc. ; F. Pollaud-Dulian, « À propos des conflits de juridictions en matière de contrefaçon par internet », art. préc., I : de plus, il déduit de l'accessibilité du site en France une présomption de préjudice – *ADDE* DANS LE MÊME SENS : Paris, pôle 1, ch. 2, 2 déc. 2009, *e.Bay c/Maceo, Gaz. Pal.* 2009. 2, p. 3833, note M.-E. Taudou Miquelard ; *JCP* 2010, n° 8, 216, note C. Chabert ; *JCP E* 2101, n° 11, 1261, note A. Caminade-Mendoza – COMP. : Com. 11 janv. 2005, n° 02-18.381, *Hugo Boss*, P IV, n° 206 ; *CCÉ* 2005, n° 37, obs. C Caron ; *PIBD* 2005. III. 206 : *a contrario* ; F. Pollaud-Dulian, « À propos des conflits de juridictions en matière de contrefaçon par internet », art. préc., II : les produits en cause n'étaient pas disponibles en France, le site ne saurait donc être considéré comme visant le public Français, d'où l'usage de la marque ne constitue pas une infraction – Civ. 1re, 18 oct. 2017, n° 16-10.428, P I, n° 219 ; *Legipresse* 2018/356. 25, note T. Douville ; *CCC* 2018, n° 7, obs. M. Malaurie-Vignal ; *Dalloz IP/IT* 2018. 122, obs. T. Azzi : « *l'accessibilité, dans le ressort de la juridiction saisie, d'un site internet diffusant le spot publicitaire litigieux suffit à retenir la compétence de cette juridiction, prise comme celle du lieu de la matérialisation du dommage allégué, pour connaître de l'atteinte prétendument portée aux droits d'auteur revendiqués* », rendu au visa de l'art. 6 C. pr. civ., à propos d'un site diffusant un message publicitaire (*spot*) pour le *Coca-Cola*.
6. Paris, 6 juin 2007, n° 06-14.890, *Google c/Axa, LPA* 8 nov. 2007, n° 224, p. 6, note A. Mendoza-Caminade ; *JCP* 2007. II. 10151, note M.-É. Ancel : dans une aff. de concurrence déloyale et de contrefaçon – DANS LE MÊME SENS : Paris, pôle 5, 2e ch., 3 sept. 2010, RG n°s 08/12820, 08/12821, *D.* 2010. AJ 1997 ; *CCÉ* 2010, n° 110, obs. A. Debet, 1re esp. ; *JCP* 2010, n° 45, 1111, note J. Huet.
7. NOT. SUR le *forum shopping* : H. Muir Watt, *Dictionnaire de la justice*, PUF, 2004, à ces *V^is*.
8. EN CE SENS DÉJÀ : Paris, 26 avr. 2006, *Scherrer et Normalu, CCÉ* 2007, n° 106, obs C. Caron ; *RLDI* 2006/18, n° 523, obs. L. Pech – *CONTRA* : Paris, pôle 1, ch. 2, 2 déc. 2009, *e.Bay c/Maceo*, préc. : se contentant de l'accessibilité du site en France, adoptant donc la position de : Civ. 1re, 9 déc. 2003, n° 01-03.225, *Castelbanch c/Louis Roederer*, préc.

caractérisé par un faisceau d'indices, prouvant concrètement que le site litigieux donne lieu à « un flux économique » en France[1].

Le critère de l'accessibilité du site peut paraître rudimentaire, tandis que celui de la disponibilité en France des produits est plus élaboré ; un courant jurisprudentiel s'était dessiné en ce sens, y compris à la Cour de cassation[2].

Plusieurs arrêts de la chambre commerciale de la Cour de cassation de 2010 adoptèrent une autre solution. Le critère essentiel résiderait dans le fait que le site vise les internautes français et que les produits qui y sont proposés étaient livrables en France[3] ; ou, pour le dire autrement, qu'ils sont « *destinés au public de France* »[4]. Il importerait de rechercher, à l'aide de différents critères exposés par les arrêts, si le site a, « *de manière délibérée ou non, un impact économique sur le public français* »[5]. Cette position de ciblage ou de « focalisation », qui permet un rattachement national raisonnable, adoptée ensuite par la CJUE[6], semble pertinente. La méthode est donc objective, et non plus subjective. La première chambre civile de la même cour adopta une position voisine fin 2017, en jugeant que « *l'accessibilité, dans le ressort de la juridiction saisie, d'un site internet diffusant* [la publicité litigieuse] *suffit à retenir la compétence de cette juridiction, prise comme celle du lieu de la matérialisation du dommage allégué, pour connaître de l'atteinte prétendument portée aux droits d'auteur revendiqués* » par le demandeur[7].

D'un autre côté, la jurisprudence utilise souvent une distinction relative au *dynamisme des sites*, entre les sites dits passifs et les sites dits actifs, mais cette fois, non plus sur la compétence, mais quant au fond du droit[8].

SECTION 5
RÈGLES PROCÉDURALES

422.50 Bibliographie. Contribution. M.-É. Ancel, « Contrefaçon de marque sur un site web : quelle compétence intracommunautaire pour les tribunaux français ? », dans *Mél. X. Linant de Bellefonds*, Litec, 2007, p. 1 s.

1. M.-É. Ancel, note préc. sous : Paris, 6 juin 2007, RG n° 06-14.890, *Google*– EN CE SENS DEPUIS : Paris, 9 nov. 2007, RG n° 06/16286, *Casse c/e.bay*, *D.* 2008. AJ 8, obs. C. Manara ; *RLDI* 2007, n° 1088 ; *JCP* 2008. II. 10016, note C. Chabert : le juge français ne peut pas se prononcer sur l'usage litigieux sur un site internet d'une marque protégée en France, dès lors que le public visé par ledit site où cet usage a eu lieu n'est pas le public Français – Paris, 1re ch. D, 18 juin 2008, *Digital*, *JCP* 2008. II. 10180, note C. Chabert : en matière de contrefaçon de Droit d'auteur sur la toile, le demandeur doit établir une diffusion effective destinée à un public français – Paris, 4e ch. A, 18 mars 2009, RG n° 2007/21920, *e.Bay c/Kenzo*, *PIBD* 2009. III. 1135 ; *CCÉ* 2010. Chron. 1, n° 4, obs. M.-É. Ancel – Paris, pole 5, 1re ch., 9 sept. 2009, RG n° 08/17985, *Gaz. Pal.* 2010. 1, p. 450, note L. Marino – Com. 9 mars 2010, n° 08-16.752, P IV, n° 46 ; *D.* 2010. AJ 834 ; *D.* 2010. 1183, note G. Lardeux ; *CCÉ* 2010, n° 47, obs. C. Caron ; *CCÉ* 2010. Chron. 11, nos 10 et 15, obs. N. Dreyfus ; *CCC* 2010, n° 204, obs. M. Malaurie-Vignal ; D. Martel, « Quelle compétence internationale pour le *typosquatting* et la concurrence déloyale », art. préc. (le *typosquatting*, dont se gargarise l'auteur est tout simplement la concurrence déloyale en ligne) : la cour d'appel, ayant fait ressortir, « *tant l'accessibilité à ces sites pour les internautes français que la disponibilité en France des produits litigieux* », a justifié sa décision de retenir la compétence des juridictions françaises à propos de faits d'actes de concurrence déloyale et de parasitisme dans l'exploitation de sites internet.
2. Com. 9 mars 2010, n° 08-16.752, préc. – DÉJÀ : Com. 20 mars 2007, n° 04-19.679, P IV, n° 91 ; *JCP* 2007. II. 10088, note M.-É. Ancel ; *CCÉ* 2007, n° 119, obs. C. Caron ; *CCC* 2007, n° 150, obs. M. Malaurie-Vignal.
3. Com. 7 déc. 2010, n° 09-16.811, *e.bay c/Vuitton*, P IV, n° 189 ; *D.* 2011. AJ 908, obs ; S. Durrande ; Pan. 2440, obs. S. Bollée ; *PIBD* 2011. III. 96 ; *Gaz. Pal.* 2011. 1, p. 450, note L. Marino, APPROB. ; *CCC* 2011, n° 60, obs. M. Malaurie-Vignal.
4. Com. 23 nov. 2010, n° 07-19.543, NP, *CCÉ* 2011, n° 11, obs. C. Caron ; *CCC* 2011, n° 59, obs. M. Malaurie-Vignal ; *PIBD* 2011. III. 13 ; *RJDA* 2011, n° 486 – Com. 20 sept. 2011, n° 10-16.569, NP, *RJDA* 2011, n° 1082.
5. Com. 23 nov. 2010, n° 07-19.543, préc. – *ADDE* : Civ. 1re, 12 juill. 2012, nos 11-15.165, 11-13.669, 11-13.666 (3 arrêts), P I, n° 162 ; *GAPI*, 3e éd., Dalloz, 2020, n° 39, obs. T. Azzi ; *D.* 2012. AJ 2075, obs. C. Manara, APPROB., note C. Castets-Renard, APPROB. ; *D.* 2012. 2071, concl. C. Petit ; *D.* 2012. 2331, obs. L. d'Avout et S. Bollée ; *D.* 2012. 2343, obs. J. Larrieu, C. Le Stanc et P. Tréfigny ; *D.* 2012. 2836, obs. P. Sirinelli ; *D.* 2013. 1503, obs. F. Jault-Seseke ; *Rev. crit. DIP* 2013. 607, note L. Usunier ; *CCC* 2012, n° 91, obs. C. Caron, APPROB. [n° 11-13.666] ; *JCP* 2012, n° 39, 1007, note J.-M. Bruguiere ; *Gaz. Pal.* 2012. 2, 17 oct., note L. Marino : retenant « *le lieu de destination et de réception* ».
6. CJUE, Gde ch., 12 juill. 2011, *L'Oréal c/eBay International AG*, aff. C-324/09, *D.* 2011. AJ 1965, obs. C. Manara ; *D.* 2011. Pan. 2372, obs. P. Tréfigny-Goy ; *CCÉ* 2011, n° 99, obs. C. Caron ; *D.* 2011. 2363, obs. J. Larrieu, C. Le Stanc et P. Tréfigny-Goy ; *D.* 2012. 1228, obs. H. Gaudemet-Tallon et F. Jault-Seseke ; *D.* 2012. 2836, obs. P. Sirinelli ; *Légipresse* 2011. 463 ; *Légipresse* 2011. 465 ; *RTD eur.* 2011. 847, obs. É. Treppoz ; P.-Y. Gautier, « De l'éventuel "rôle actif" des opérateurs internet dans la réalisation du dommage (qualifications de responsabilité civile) », *D.* 2011. 2054, point de vue, art. préc. (v. *supra* ss n° 422.05) ; L. Grynbaum, « *e.Bay* : être ou ne pas être hébergeur selon la CJUE », art. préc. (v. *supra* ss n° 422.05) ; C. Castets-Renard, « Après *Google*, *eBay* : contrefacteur ? Passif ou actif ? Telles sont les questions », art. préc. (*supra* ss n° 422.05) ; F. Terré, « Être ou ne pas être… responsable. À propos des prestataires de service par internet », étude préc. (v. *supra* ss n° 422.05).
7. Civ. 1re, 18 oct. 2017, n° 16-10.428, P I, n° 219 ; *Legipresse* 2018/356. 25, note T. Douville ; *CCC* 2018, n° 7, obs. M. Malaurie-Vignal ; *Dalloz IP/IT* 2018. 122, obs. T. Azzi.
8. V. *infra* ss n° 441.16.

Articles. L. d'Avout, « Que reste-t-il du principe de territorialité des faits juridiques ? (une mise en perspective du système Rome II) », *D.* 2009. Chron. 1629 – C. Brière, « Le règlement [CE] n° 864/2007 du 11 juillet 2007 sur la loi applicable aux obligations non contractuelles ["Rome II"] », *JDI* 2008. 31 s. – F. Guerchoun et S. Piedelièvre, « Le règlement sur la loi applicable aux obligations non contractuelles ["Rome 2"] », *Gaz. Pal.* 2007. 2. Doctr. 3106 s. – E. Guinchard, « Pour une transformation du règlement Rome II sur la loi applicable aux obligations non contractuelles en convention de La Haye », *LPA* 19 août 2009, n° 165, p. 6 – J. Huet, « Ordre public et loi de police et du for dans le droit international de la communication numérique », *RLDI* 2010/63, supplément – G. Légier, « Le règlement « Rome II » sur la loi applicable aux obligations non contractuelles », *JCP* 2007. I. 207 – A.-M. Luciani, « Regards critiques sur l'article 6 du règlement « Rome II » relatif à la loi applicable à la concurrence déloyale et aux actes restreignant la libre concurrence », *JCP E* 2008. 2458 – D. Martel, « Quelle compétence internationale pour le *typosquatting* et la concurrence déloyale », *RLDI* 2010/62 – J. Passa, « Compétence juridictionnelle et loi applicable en matière de protection de la propriété intellectuelle sur internet », *RLDI* 2010/63, supplément – F. Pollaud-Dulian, « À propos des conflits de juridictions en matière de contrefaçon par internet », *Gaz. Pal.* 2008. 2. Doctr. 3601 s.

422.51 Compétence territoriale en matière délictuelle et règlement de Bruxelles I. Le règlement 1215/2012 [1], relatif à la compétence judiciaire et à l'exécution des décisions en matière civile et commerciale au sein de l'Union européenne (ayant remplacé le règl. 44/2001 [2], dit règl. de Bruxelles I), prévoit que, pour une action en matière délictuelle, le demandeur peut agir, outre devant le domicile du défendeur, devant « *le tribunal du lieu où le fait dommageable s'est produit ou risque de se produire* » [3]. Ainsi une juridiction est compétente lorsque les faits allégués de commercialisation de produits sur le territoire national « *seraient susceptibles de causer un préjudice* » [4]. Il a été jugé, que l'article 5, 3, du règlement de Bruxelles I (identique à l'art. 7, 2 du règl. actuel) doit être interprété en ce sens que, en cas de mise en cause de la responsabilité d'un fabricant du fait d'un produit défectueux, le lieu de l'événement causal à l'origine du dommage est le lieu de fabrication du produit dont il s'agit [5]. Le lieu où le fait dommageable s'est produit s'entend à la fois du lieu où le dommage est survenu et de celui de l'événement causal. Lorsqu'ils ne sont pas identiques, le défendeur peut être attrait devant le tribunal de l'un d'eux. En matière de responsabilité du fait des produits défectueux, la CJUE (16 juill. 2009, *Zuid-Chemie BV*, aff. C-189/08 [6]) a dit pour droit que les termes lieu où le fait dommageable s'est produit « *désignent le lieu où le dommage initial est survenu du fait de l'utilisation normale du produit aux fins auxquelles il est destiné* » [7].

La possibilité de saisir le tribunal au *lieu où le fait risque de se produire* (par une action préventive) s'entend comme ouvrant le choix entre le lieu où l'acte dommageable risque de se produire et celui où il risque de se réaliser [8]. En matière d'atteinte aux droits de la personnalité causée sur internet le demandeur peut, sur le fondement de l'article 7, 2 du règlement 1215/2012, porter une action en responsabilité au titre de l'intégralité du dommage subi, soit devant les juridictions du lieu d'établissement du responsable, soit devant les juridictions de l'État membre sur le territoire duquel se trouve le centre de ses intérêts [9]. Selon la Cour, ce régime se justifie par la bonne administration de la justice, notamment en ce que les tribunaux de l'État membre du « centre des intérêts » de la victime sont les mieux placés pour mesurer les conséquences des contenus litigieux, ce chef de compétence étant tout à la fois facilement identifiable pour le demandeur et prévisible pour le défendeur. Plus récemment, la Cour de justice admit qu'une personne morale puisse jouir de ce régime de compétence qu'elle avait mis en place pour les atteintes aux droits de la personnalité d'une personne physique [10]. Selon la Cour, le « centre des intérêts » d'une société reflète « *le lieu où sa réputation commerciale est la plus établie et doit, donc, être déterminé en fonction du lieu où elle exerce l'essentiel de son activité économique* » ; le siège social n'est pas

1. Règl. 1215/2012, Parlement et Conseil, 12 déc. 2012, concernant la compétence judiciaire, la reconnaissance et l'exécution des décisions en matière civile et commerciale, *JOUE* L 351, 20 déc., p. 1.
2. Règl. 44/2001, Conseil, 22 déc. 2000, concernant la compétence judiciaire, la reconnaissance et l'exécution des décisions en matière civile et commerciale, *JOCE* L 12, 16 janv., p. 1.
3. Règl. 1215/2012, Parlement et Conseil, 12 déc. 2012, art. 7, 2.
4. Com. 20 mars 2007, n° 04-19.679, préc. : à propos d'une action en concurrence déloyale ; application du règl. Bruxelles I, art. 5, p[t] 3.
5. CJUE, 4e ch., 16 janv. 2014, *K. c/Pantherwerke AG*, aff. C-45/13, *D.* 2014. AJ 1059. obs. F. Jault-Seseke ; *RTD com.* 2014. 447, obs. A. Marmisse-d'Abbadie d'Arrast ; *RJ com.* 2014. 267, obs. P. Berlioz.
6. CJUE, 16 juill. 2009, *Zuid-Chemie BV*, aff. C-189/08, *Rec.* 2009 I-06917.
7. Civ. 1re, 19 déc. 2018, n° 17-25.903, NP, *RJDA* 2019, n° 396.
8. Sur la compétence en matière contractuelle v. *supra* s[s] n° 422.14.
9. CJUE, G[de] ch., 25 oct. 2011, *eDate Advertising c/X et MGN*, aff. j[tes] C-509/09, C-161/10, *D.* 2011. 2262 ; *JCP* 2012, n° 1, 29, note S. Francq ; *JDI* 2012. 6, note G. Guiziou ; *CCÉ* 2012, n° 10, obs. M.-E. Ancel ; *RTD com.* 2012. 423, obs. A. Marmisse-d'Abbadie d'Arrast.
10. CJUE, 17 oct. 2017, *Bolagsupplysningen OÜ et Ingrid Ilsjan*, aff. C-194/16, *D.* 2018. 276, note F. Jault-Seseke ; *CCÉ* 2018. Chron. 1, n° 6, obs. M.-É. Ancel ; *JDI* 2018/4. 10, note C. Latil ; *CCÉ* 2018. Ét. 8.

« en soi, un critère décisif » (point 41). L'identification du « centre des intérêts » est donc très circonstancielle. Mais s'agissant d'atteinte aux droits patrimoniaux d'auteur commise au moyen de contenus mis en ligne, la juridiction compétente est celle de l'État membre garantissant les droits patrimoniaux de l'auteur[1] (toujours pour l'application du règl. 1215/2012, art. 7, 2) ; et cette juridiction n'est compétente que pour connaître du seul dommage causé sur le territoire de l'État membre dont elle relève. Le droit d'auteur (et ses droits voisins) faisant l'objet d'une protection territoriale, le juge compétent est celui sur le territoire duquel le demandeur estime que ses droits ont été violés ; et ce juge ne pourra connaître que du préjudice subi sur le territoire de l'État qu'il représente[2]. Autrement dit le critère de la destination est devenu inopérant au profit de celui de l'accessibilité.

Bien qu'elle ne contienne pas de règle spécifique de Droit international privé, la directive e-commerce interdit que le prestataire d'un service soit soumis à des exigences plus strictes que celles qui sont prévues par le Droit matériel applicable dans son État d'établissement[3]. Pour l'application du règlement de Bruxelles I [devenu règl. 1215/2012] la Cour de cassation adopta la théorie de la « focalisation »[4], n'admettant la compétence des juridictions françaises que si l'information litigieuse était destinée aux internautes Français[5].

422.52 Compétence de la loi française en matière délictuelle. Une ordonnance de référé du tribunal de grande instance de Paris, qui avait défrayé la chronique dans une affaire *Yahoo*, fut emblématique[6]. Elle obligea l'entreprise américaine *Yahoo !* à prendre toutes mesures de nature à rendre impossible la consultation, à partir du territoire français, des pages *web* d'un site hébergé par des serveurs californiens *Yahoo !* qui proposent aux enchères des objets nazis et des messages faisant l'apologie du nazisme (après avoir demandé à une Cour fédérale américaine de déclarer l'ordonnance inexécutable, la société en cause décida de supprimer purement et simplement les pages litigieuses [donc au-delà de ce qui avait été exigé par le juge parisien], et de refuser à l'avenir la mise en vente d'objets nazis sur son site). Malgré les cris d'orfraie de certains commentateurs, cette décision était banale quant à l'affirmation de la compétence de la loi française, loi du lieu où le dommage est réalisé (ici, les actes en cause constituant des infractions pénales). Mais elle constitua une étape significative dans la voie du respect des valeurs éthiques dans le monde de l'internet, alors qu'il semblait marquer le triomphe du libéralisme absolu et des seules considérations marchandes. Reste la difficulté de faire exécuter dans maints pays une mesure d'interdiction ordonnée par une juridiction nationale. Ainsi, un juge Californien a estimé que le premier amendement de la Constitution américaine sur la liberté d'expression s'opposait à l'exécution de l'ordonnance précitée dans l'affaire *Yahoo* du 20 novembre 2000[7].

Cependant, en Europe la Convention de Bruxelles[8] du 27 septembre 1968[9], modifiée par le règlement 44/2001, facilite grandement l'exécution des décisions rendues dans un des États membres, la procédure *d'exequatur* en étant très légère[10]. L'affaire *Yahoo* fut suivie d'autres décisions, au fond cette fois, dans le même sens[11].

1. CJUE, 3 oct. 2013, *Pinckney,* aff. C-170/12, *GAPI*, 3e éd., Dalloz, 2020, n° 40, obs. T. Azzi ; *D.* 2013. 2345 ; *Gaz. Pal.* 5 mars 2014. 21, note L. Marino ; *CCÉ* 2014, n° 33, obs. C. Caron, 3e esp. – X. Près, « De l'ubiquité d'internet à la compétence systématique du juge français pour connaître des atteintes aux droits patrimoniaux d'auteur, ou la consécration de la théorie de l'accessibilité par la Cour de justice de l'Union européenne », *RLDI* 2013, Doctr. 3277 – Civ. 1re, 22 janv. 2014, n° 10-15.890, P I, n° 9 ; *D.* 2014. Pan. 2078, obs. P. Sirinelli ; *Gaz. Pal.* 26 févr. 2014. 13, note S. Prieur ; *RLDI* 2014, n° 3375 ; *CCÉ* 2014, n° 33, obs. C. Caron, 1re esp. : « *L'accessibilité, dans le ressort de la juridiction saisie, d'un site internet commercialisant le CD argué de contrefaçon est de nature à justifier la compétence de cette juridiction, prise comme celle du lieu de la matérialisation du dommage allégué* ».
2. CJUE, 4e ch., 22 janv. 2015, *Hejduk,* aff. C-441/13, *JCP G* 2015. 421, note M. Attal ; *RLDI* 2015, n° 3705, note X. Près ; *Gaz. Pal.* 12 juill. 2015. 20, obs. L. Marino.
3. CJUE, gr. ch., 25 oct. 2011, *eDate Advertising,* aff. jtes C-509/09, C-161/10, préc.
4. V. *supra* ss n° 422.47.
5. Com. 20 mars 2012, n° 11-10.600, NP, *D.* 2012. 2331, obs. L. d'Avout et S. Bollée ; *D.* 2012. 2760, obs. Centre de droit de la concurrence Yves Serra ; *D.* 2013. 1503, obs. F. Jault-Seseke ; *CCÉ* 2012, n° 80, obs. V. Pironon ; *RTD eur.* 2013. 292-24, obs. C. Lonchamp et C. Reydellet.
6. TGI Paris, réf., 20 nov. 2000, *Yahoo c/Licra et UEJF, CCÉ* 2000, n° 132, obs. J.-C. Galloux.
7. US District Court for the Northern District of California, 7 nov. 2001, *CCÉ* 2002, n° 9, obs. L. Grynbaum.
8. H. Muir Watt, D. Bureau et S. Corneloup (dir.), « Le cinquantenaire de la convention de Bruxelles », *Rev. crit. DIP* 2018. Dossier 409 s.
9. Conv. de Bruxelles de 1968, concernant la compétence judiciaire et l'exécution des décisions en matière civile et commerciale, *JOCE* L 299, 31 déc. 1972, p. 32 [signée le 27 sept. 1968].
10. Règl. 44/2001, Conseil, 22 déc. 2000, concernant la compétence judiciaire, la reconnaissance et l'exécution des décisions en matière civile et commerciale, art. 41 s.
11. TGI Paris, 26 févr. 2002, *Timothy et Yahoo, CCÉ* 2002, n° 77, obs. A. Lepage : quant à la vente en ligne d'objets nazis ; – ET, SUR APPEL : Paris, 17 mars 2004, *CCÉ* 2005, n° 72 – Paris, 3 mai 2001, *Freiberger, CCÉ* 2002, n° 71, obs. L. Grynbaum : pour une contrefaçon de marque effectuée sur un site à l'étranger.

422.53 Compétence de la loi du lieu de connexion en matière délictuelle. Il a été judicieusement proposé d'incarner la *lex loci delicti* dans la loi du lieu de connexion, car cette dernière est l'étape indispensable pour passer du virtuel au réel, « *le stade indiscutable où le fait dommageable se matérialise et entre dans le domaine de la responsabilité délictuelle et, éventuellement, dans la sphère du conflit de lois* »[1]. En effet, le délit n'existe que virtuellement sur la toile, de façon inactive, et n'accède à la réalité que lorsque la victime se connecte au site infecté d'un « cyberdélit ». Or, le Droit « *ne peut saisir le virtuel que dans son aspect réel, dans sa traduction matérielle* »[2]. Le même auteur suggère, en complément et afin de faciliter l'application de ce principe, la reconnaissance de présomptions, « *dans une logique de proximité* »[3]. La connexion serait présumée se réaliser au domicile, au lieu de résidence ou au lieu du principal établissement de la victime lorsqu'il s'agit d'une atteinte au Droit de la personne (telle une diffamation). De plus, le lieu présumé serait celui du marché affecté en matière de concurrence déloyale ou de parasitisme.

422.54 Règlement 864/2007, dit règlement Rome II en matière délictuelle. Le règlement 864/2007[4] sur la loi applicable aux obligations non contractuelles, dit règlement Rome II, s'applique aux obligations non contractuelles dont le fait générateur est survenu à partir du 11 janvier 2009. Le texte pose, comme première règle générale de conflit, le rattachement de l'obligation non contractuelle à la loi « *du pays où le dommage survient, quel que soit le pays où le fait générateur du dommage se produit et quels que soient le ou les pays dans lesquels des conséquences indirectes de ce fait surviennent* »[5] ; le règlement s'applique non seulement au dommage survenu mais aussi à celui qui est susceptible de survenir[6]. Pour les rédacteurs du texte, ce rattachement « *crée un juste équilibre entre les intérêts de la personne dont la responsabilité est invoquée et ceux de la personne lésée et correspond également à la conception moderne du droit de la responsabilité et au développement des systèmes de responsabilité objective* »[7].

Cependant, « *lorsque la personne dont la responsabilité est invoquée et la personne lésée ont leur résidence habituelle dans le même pays au moment de la survenance du dommage, la loi de ce pays s'applique* »[8]. À ces deux cas répond une clause d'exception permettant d'appliquer la loi d'un autre pays s'il résulte de l'ensemble des circonstances que l'obligation présente *des liens manifestement plus étroits* avec celui-ci[9]. Enfin, aux règles générales de conflits de lois s'ajoutent des règles spéciales de conflits dans différents domaines, que ce soit la responsabilité des produits défectueux[10], la concurrence déloyale et les actes restreignant la libre concurrence[11], les atteintes à l'environnement[12] et aux droits de propriété intellectuelle[13]. En revanche, les atteintes aux droits de la personnalité, qui étaient mentionnées dans la proposition de règlement, ont fini par être exclues du champ du règlement (et resteront donc soumises au Droit international privé de chaque État membre).

Selon l'article 6, précité, pour la concurrence déloyale, il faudra appliquer la loi du pays « *sur le territoire duquel les relations de concurrence ou les intérêts collectifs des consommateurs sont affectés ou susceptibles de l'être* »[14], sauf lorsque l'acte de concurrence déloyale affecte exclusivement les intérêts d'un concurrent déterminé[15]. Quant aux actes restreignant la libre concurrence, la loi applicable est celle du pays « *dans lequel le marché est affecté ou susceptible de l'être* »[16] ; mais le demandeur qui saisit

1. C. Nourissat, « L'internet et la loi applicable à la responsabilité civile délictuelle », *Cah. dr. entr.* 2002/4, 27 s., spéc. 31.
2. C. Nourissat, art. préc.
3. C. Nourissat, art. préc., p. 32.
4. Règl. 864/2007, Parlement et Conseil, 11 juill. 2007 sur la loi applicable aux obligations non contractuelles, *JOUE* L 199, 31 juill., p. 40 – SUR CE TEXTE : *D.* 2007. 2569, obs. L. d'Avout ; M.-É. Ancel, *CCÉ* 2008. Chron. 1, p. 21, n°s 1 s. ; C. Brière, « Le règlement [CE] n° 864/2007 du 11 juillet 2007 sur la loi applicable aux obligations non contractuelles ["Rome II"] », art. préc. ; S. Corneloup et N. Joubert (dir.). *Le règlement communautaire « Rome II » sur la loi applicable aux obligations non contractuelles, op. cit.* ; F. Guerchoun et S. Piedelièvre, « Le règlement sur la loi applicable aux obligations non contractuelles ["Rome 2"] », art. préc. ; G. Légier, « Le règlement « Rome II » sur la loi applicable aux obligations non contractuelles », art. préc. ; A.-M. Luciani, « Regards critiques sur l'article 6 du règlement "Rome II" relatif à la loi applicable à la concurrence déloyale et aux actes restreignant la libre concurrence », art. préc. ; L. d'Avout, « Que reste-t-il du principe de territorialité des faits juridiques ? (une mise en perspective du système Rome II) », art. préc. – E. Guinchard, « Pour une transformation du règlement Rome II sur la loi applicable aux obligations non contractuelles en convention de La Haye », suggérant que l'Union européenne négocie une convention universelle sur la loi applicable aux obligations non contractuelles au sein de la Conférence de La Haye, dont elle est membre depuis 2007, en prenant pour point de départ les discussions le règlement Rome II.
5. Règl. 864/2007, Parlement et Conseil, 11 juill. 2007, art. 4, 1.
6. Règl. 864/2007, Parlement et Conseil, 11 juill. 2007, art. 2, 3, b.
7. Règl. 864/2007, Parlement et Conseil, 11 juill. 2007, consid. 16.
8. Règl. 864/2007, Parlement et Conseil, 11 juill. 2007, art. 4, 2.
9. Règl. 864/2007, Parlement et Conseil, 11 juill. 2007, art. 4, 3.
10. Règl. 864/2007, Parlement et Conseil, 11 juill. 2007, art. 5.
11. Règl. 864/2007, Parlement et Conseil, 11 juill. 2007, art. 6.
12. Règl. 864/2007, Parlement et Conseil, 11 juill. 2007, art. 7.
13. Règl. 864/2007, Parlement et Conseil, 11 juill. 2007, art. 8.
14. Règl. 864/2007, Parlement et Conseil, 11 juill. 2007, art. 6, 1.
15. Règl. 864/2007, Parlement et Conseil, 11 juill. 2007, art. 6, 2, dans ce cas, application de l'art. 4.
16. Règl. 864/2007, Parlement et Conseil, 11 juill. 2007, art. 6, 3, a.

le tribunal du domicile du défendeur peut décider de fonder sa demande sur une seule loi, celle de l'État du tribunal saisi, à condition que le marché de cet État figure parmi ceux qui sont affectés [1].

422.55 **Référé.** La loi n° 2004-575 du 21 juin 2004, dite LCEN, a prévu que l'autorité judiciaire peut prescrire aux fournisseurs d'hébergement, en référé ou sur requête, toutes mesures propres à prévenir un dommage ou à faire cesser un dommage provoqué par le contenu d'un service de communication en ligne [2]. Voici un texte inutile (et donc regrettable), car l'ancien article 809 [3] [devenu 835] du code de procédure civile permettait déjà au juge des référés d'intervenir alors que le dommage n'est pas encore survenu mais qu'il est imminent, afin de le prévenir. Nous avons souvent relevé l'intérêt de cette action en interdiction de l'illicite (et sa conformité avec l'objectif principal de la responsabilité civile, qui est plus de prévenir les dommages que de les réparer, contrairement à ce qui est généralement affirmé de façon hâtive [4]). Il a été jugé, sur le fondement de l'article 6 précité, que le juge des référés pouvait ordonner à l'auteur d'un site dont le contenu est illicite (car comportant des propos diffamatoires) de le supprimer, peu important à cet égard que les auteurs du texte litigieux ne fussent pas les titulaires ou les exploitants du site mis en cause [5]. De plus, selon la Cour de cassation, « *la prescription de ces mesures n'est pas subordonnée à la mise en cause préalable des prestataires d'hébergement* » (Civ. 1re, 19 juin 2008, n° 07-12.244 [6]), malgré l'expression « à défaut » figurant dans l'article 6, I, 8° (préc.), laissant entendre l'existence d'une gradation.

422.56 **Délai de prescription en matière extracontractuelle.** Le délai de prescription de l'action en responsabilité civile extracontractuelle engagée à raison de la diffusion sur le réseau internet d'un message court à compter de sa première mise en ligne, date de la manifestation du dommage allégué [7].

422.57 **Loi compétente en matière contractuelle – Renvoi.** Sur les conflits de lois dans le domaine contractuel v. *supra* s^s^ n°s 413.11 s.

1. Règl. 864/2007, Parlement et Conseil, 11 juill. 2007, art. 6, 3, b.
2. L. n° 2004-575, 21 juin 2004, art. 6, I, 8 ; – DÉJÀ : v. *supra* s^s^ n° 421.18.
3. C. pr. civ., art. 835 [anc. 809] ; mod. par décr. n° 2019-1333, 11 déc. 2019, art. 4.
4. Ph. le Tourneau (dir.), *Droit de la responsabilité et des contrats. Régimes d'indemnisation*, 12e éd., « Dalloz action », 2020, n° 0111.20 – ET LA BELLE THÈSE de : C. Bloch, *La cessation de l'illicite : Recherche sur une fonction méconnue de la responsabilité civile extracontractuelle*, préf. R. Bout, avant-propos Ph. le Tourneau, Dalloz, 2008.
5. Civ. 1re, 13 mars 2007, n° 06-10.983, P I, n° 118 ; *D.* 2007. AJ 1009, obs. C. Manara ; *CCÉ* 2007, n° 136, obs. Ph. Stoffel-Munck.
6. Civ. 1re, 19 juin 2008, n° 07-12.244, P I, n° 178 ; *D.* 2008. AJ 1894, obs. C. Manara ; *CCÉ* 2008, n° 99, obs. C. Caron ; *RCA* 2008, n° 256, note S. Hocquet-Berg ; *JCP* 2008. I. 209, n° 7, obs. E. Dreyer.
7. Civ. 2e, 12 avr. 2012, n° 11-20.664, P II, n° 78 ; *D.* 2012. 1124 ; *D.* 2012. 2060. Chron. O.-L. Bouvier ; *D.* 2013. 457, obs. E. Dreyer.

CHAPITRE

423. Contrat de fourniture de services de partage de contenus en ligne

SECTION 0 ORIENTEUR

423.00 Sommaire du chapitre.

423.03 Bibliographie. Article. M. Vivant, « Sites de partage : la responsabilité nouvelle est arrivée », *CCÉ* Ét. 16.

423.05 Présentation. L'article 17 de la directive (UE) 2019/790, du Parlement européen et du Conseil, du 17 avril 2019 sur le droit d'auteur et les droits voisins dans le marché unique numérique (modifiant les directives 96/9/CE et 2001/29/CE), fixe les conditions de responsabilité des fournisseurs de services de partage de contenus en ligne (revenant sur la quasi-irresponsabilité des intermédiaires techniques de l'internet[1]). Ce texte fut largement transposé dans le code de la propriété intellectuelle par l'ordonnance n° 2021-580 du 12 mai 2021, insérant dans ledit code deux nouveaux chapitres spécifiques (l'un pour le droit d'auteur[2], l'autre pour les droits voisins[3]), tout en y ajoutant un certain nombre d'articles et en en modifiant d'autres.

1. V. *supra* n°s 421.16 et 422.32 s.
2. CPI, art. L. 137-1 à L. 137-4.
3. CPI, art. L. 219-1 à L. 219-4.

SECTION 1 CHAMP D'APPLICATION

423.11 Positivement. Qui est un fournisseur de services de partage de contenus en ligne ? Il s'agit, selon l'article L. 137-1 du code de la consommation, de « *la personne qui fournit un service de communication au public en ligne dont l'objectif principal ou l'un des objectifs principaux est de stocker et de donner au public accès à une quantité importante d'œuvres ou d'autres objets protégés téléversés par ses utilisateurs, que le fournisseur de service organise et promeut en vue d'en tirer un profit, direct ou indirect* ». Trois éléments déterminants sont ainsi mis en évidence : le fait que le public téléverse les œuvres ou objets ; le rôle actif du fournisseur ; enfin la recherche d'un profit. Mais le texte mentionne d'autres éléments plus incertains : « *l'objectif principal* » et « *une quantité importante* ». Pour cette dernière, l'alinéa 4 de l'article précité suggère des éléments d'appréciation, tout en renvoyant, « *pour les modalités d'application* » à un décret en Conseil d'État.

423.12 Négativement. Selon l'article L. 137-1, alinéa 2, « *Cette définition ne comprend pas les encyclopédies en ligne à but non lucratif, les répertoires éducatifs et scientifiques à but non lucratif, les plateformes de développement et de partage de logiciels libres, les fournisseurs de services de communications électroniques au sens de la directive (UE) 2018/1972 du 11 décembre 2018 établissant le code des communications électroniques européen, les fournisseurs de places de marché en ligne, les services en nuage entre entreprises et les services en nuage qui permettent aux utilisateurs de téléverser des* *contenus pour leur usage strictement personnel* ». L'exclusion des premières personnes visées par ce texte semble superflue (et témoigne donc d'une mauvaise rédaction), puisqu'elles n'entrent pas dans le champ visé du premier alinéa, dans la mesure où elles ne cherchent pas à en tirer un profit ou du fait qu'il s'agit de services relevant exclusivement de la sphère privée. Au demeurant, la liste est-elle exhaustive ou simplement indicative ? À s'en tenir à la lettre, la première branche de l'alternative devrait prévaloir ; mais la seconde serait plus conforme à la formule de la directive (« *les prestataires de services tels que...* »[1]).

Toutefois, les articles du code relatifs à la responsabilité du fournisseur d'un service de partage de contenus quant aux actes d'exploitation non autorisés d'œuvres protégées par le droit d'auteur (CPI, art. L. 137-2, III) ou par un droit voisin (CPI, art. L. 219-2, III) ne s'appliquent pas aux services de communication au public en ligne dont l'objet est de porter atteinte à un de ces droits (CPI, art. L. 137-1, al. 3, et CPI, art. L. 219-1, *in fine*).

SECTION 2
LES OBLIGATIONS DU FOURNISSEUR

423.21 Représentation. « *En donnant accès à des œuvres protégées par le droit d'auteur téléversées par ses utilisateurs, le fournisseur d'un service de partage de contenus en ligne réalise un acte de représentation de ces œuvres* » (CPI, art. L. 137-2, I). Pour un droit voisin la loi affirme que, dans les mêmes circonstances, « *le fournisseur d'un service de partage de contenus en ligne réalise un acte d'exploitation qui relève du droit de communication au public ou du droit de télédiffusion des titulaires* » (CPI, art. L. 219-2, I). Ces solutions, qualifiées de raisonnables par un auteur important, relevant qu'elles étaient nécessaires tant la jurisprudence de la CJUE « *était devenue illisible* »[2].

423.22 Représentation autorisée. Le fournisseur d'un service de partage de contenus en ligne peut donner accès à des œuvres protégées par le droit d'auteur dès lors qu'il a sollicité et obtenu l'autorisation des titulaires de droits (CPI, art. L. 137-2, I et L. 219-2, I). Mais le même code ajoute que « *Les contrats en vertu desquels sont accordées les autorisations [...] sont, dans la limite de leur objet, réputés autoriser également les actes de représentation accomplis par l'utilisateur de ce service à la condition que celui-ci n'agisse pas à des fins commerciales ou que les revenus générés par les contenus téléversés par cet utilisateur ne soient pas significatifs* » (CPI, art. L. 137-2, IV et L. 219-2, IV).

423.23 Représentation non autorisée. Le fournisseur d'un service de partage de contenus en ligne est évidemment responsable de l'exploitation des œuvres en l'absence d'autorisation (CPI, art. L. 137-2, III, 1°, et L. 219-2, III, 1°). Toutefois, cette responsabilité peut être écartée lorsque le fournisseur démontre qu'il a rempli un ensemble de conditions énumérées par le code (CPI, art. L. 137-2, III, 1°, et L. 219-2, III, 1°) ; celui-ci donne ensuite plusieurs exemples d'éléments permettant de déterminer si le fournisseur a bien respecté les obligations lui incombant (CPI, art. L. 137-2, III, 2°, et L. 219-2, III, 2°). Des règles comparables mais allégées sont prévues pour une période de 3 ans à compter de la mise à disposition du public du service au sein de l'Union européenne, et à la condition que le fournisseur ait un chiffre d'affaires annuel inférieur à dix millions d'euros calculés conformément à la recommandation 2003/361/CE de la Commission européenne du 6 mai 2003 concernant la définition des micro, petites et moyennes entreprises (CPI, art. L. 137-2, III, 3°, et L. 219-2, III, 3°).

423.24 Information. Deux articles du code régissent, sous l'appellation de transparence, l'obligation d'information à la charge du fournisseur au profit des titulaires des droits (CPI, art. L. 137-3 et L. 219-3). Deux autres prescrivent au fournisseur de prévoir, dans ses conditions générales d'utilisation, une information « adéquate » sur les exceptions et limitations au droit d'auteur prévues par le code de la propriété intellectuelle permettant une utilisation licite des œuvres (CPI, art. L. 137-4, VI, et L. 219-4, VI).

SECTION 3
LES DROITS DES UTILISATEURS

423.31 Libre usage de l'œuvre. Le code prend soin de rappeler une évidence, rendue nécessaire par le flou[3] de la directive, à savoir que les dispositions nouvelles « *ne peuvent s'opposer au libre usage de l'œuvre dans les limites des droits prévus par le présent code, ainsi que de ceux* [qui sont] *accordés par les titulaires de droits. En particulier, elles ne doivent pas avoir pour effet de priver les utilisateurs* [...] *du bénéfice effectif des exceptions au droit d'auteur prévues par le présent code* » (CPI, art. L. 137-4, I, et L. 219-4, I).

423.32 Traitement des plaintes. Suivant la directive, le code impose au fournisseur de rendre « *accessible aux utilisateurs de son service un dispositif de*

1. M. Vivant, art. préc., n° 5.
2. M. Vivant, art. préc., n° 6.
3. Sur celui-ci : M. Vivant, art. préc., n° 11.

recours et de traitement des plaintes relatives aux situations de blocage ou de retrait, résultant des actions mentionnées au III de l'article L. 137-2, d'œuvres téléversées par ces utilisateurs » (CPI, art. L. 137-4, II, et L. 219-4, II). Le titulaire de droits d'auteur qui, à la suite d'une plainte d'un utilisateur, demande le maintien du blocage ou du retrait d'une œuvre, doit justifier sa demande. Le traitement du recours doit être rapide et efficace (CPI, art. L. 137-4, III, et L. 219-4, III). Ce « dispositif » n'exclut nullement le recours aux juridictions de droit commun.

Mais le code autorise l'utilisateur ou le titulaire de droits d'auteur à saisir l'Arcom [1] en cas de litige sur les suites données par le fournisseur de service à la plainte de l'utilisateur (CPI, art. L. 137-4, IV, et L. 219-4, IV ; la suite de ces articles précisent les tenants et aboutissants des recours). Outre cet aspect contentieux, l'Arcom se voit confier un rôle de recommandation et d'encouragement de coopération entre les titulaires des droits et les sites de partage (CPI, art. L. 331-23-1) [2].

1. L'Arcom résulte de la fusion, le 1er janv. 2022, de la Haute Autorité pour la diffusion des œuvres et la protection des droits sur internet (HADOPI) et du CSA.
2. V. les remarques dubitatives de M. Vivant, art. préc., nº 15.

TITRE

43. Le référencement

SECTION 0
ORIENTEUR

43.00 **Sommaire du titre.**

Division. Le référencement s'effectue soit par un moteur de recherche ou par un annuaire (chap. 431) ; soit par site partenaire ou par un portail (chap. 432) ; il existe aussi le référencement « affiliation » (chap. 433).

Renvois.

- Sur les *graffitis virtuels* (*tags* ou *meta-tags*) v. *supra* s[s] n° 335.71.
- Sur les *méta balises* v. *infra* s[s] n°s 443.38.

43.03 **Bibliographie. Ouvrages.** J.-L. Bénard (dir.), *Les portails d'entreprises : conception et mise en œuvre*, « Nouvelles Technologies Informatiques », Hermès, 2002 – G. Bonet (dir.), *Commerce électronique et propriétés intellectuelles*, Litec, 2001 – V. Fauchoux, P. Deprez, F. Dumont et J.-M. Bruguière, *Le droit de l'internet*, « Droit & Professionnels », LexisNexis, 2017 – T. Massart (dir.), *Créer un site internet : 300 questions juridiques*, Editoo.com, 2003.

Contributions. J. Larrieu, « Les contrats spéciaux des réseaux numériques », dans Assoc. Henri Capitant (dir.), *Le contrat électronique*, Éd. Panthéon-Assas, 2002, p. 85 s. ; « L'ingénierie des mots », dans *Libre droit. Mél. Ph. le Tourneau*, Dalloz, 2008, p. 590 s. – A. Mendoza-Caminade, « La notion de fonds de commerce à l'épreuve de l'internet : faut-il admettre le fonds de commerce électronique ? », dans *Libre droit. Mél. Ph. le Tourneau*, Dalloz, 2008, p. 763 s.

Articles. A. Cousin, « "Google Suggestions" : injure sans intention de nuire ou dénigrement involontaire », *RLDI* 2009/52, n° 1714 – C. Curteline, « L'utilisation des liens hypertextes, des frames ou des meta-tags sur les sites d'entreprises commerciales », *DIT* 1999/3, p. 6 s. – A. Diméglio, « Les contrats de référencement dans l'internet », *CCÉ* 2001/3. Chron. n° 8 – C. Fabre, « Panorama de la jurisprudence en matière de lien hypertextes : de l'affaire Keljob à l'affaire Keljob », *Expertises* 2001, p. 179 s. – J. Larrieu, « Le lien hypertexte entre normalité et responsabilité », *Expertises* 2001, p. 257 s. ; « La propriété intellectuelle s'encanaille. Protection du site, des « méta-tags » et des pages de référencement d'un sex-shop en ligne », *Expertises* 2003, p. 334 – A. Mendoza-Caminade, « Les risques numériques à l'épreuve du droit : l'exemple du lien hypertexte », *RLDI* 2008, n° 1312 – F. Sardain, « La contrefaçon du fait des liens hypertextes », *CCÉ* 2005, n° 21 – A. Stowel et N. Ide, « La responsabilité des intermédiaires sur internet : actualités et question des hyperliens (2e partie) », *RIDA* 2000/186, p. 3 s. – L. Tellier-Loniewski et A.-S. Cantreau, « Le référencement sur les moteurs de recherche : un moyen de valorisation du patrimoine intellectuel d'une entreprise », *Gaz. Pal.* 2008. 2. Doctr. 2197 s. – L. Tellier-Loniewski et A. Fiévée, « La responsabilité des moteurs de recherche dans le cadre de leur activité de vente d'espaces publicitaires », *Gaz. Pal.* 2005. 2. Doctr. 2450.

Sitographie. Le secrétariat d'État en charge de la prospective et du développement de l'économie numérique a créé un site proposant quelques repères et bonnes pratiques indispensables pour surfer en toute sérénité : http://surfez-intelligent.dgmic.culture.gouv.fr/spip.php?accueil=1

43.05 **Division. Le nœud de la « toile » mondiale (*World Wide Web*).** Le référencement est de la nature de la « toile », sa clé de voûte, car seul il permet d'assurer la publicité de son contenu au sein de l'immensité des données qu'elle véhicule. Il assure la diffusion des informations et, dans le commerce par voie électronique, les ventes de produits et les prestations de services. Être référencé, et bien placé sur un moteur de recherche, est d'une importance capitale pour les entreprises. Un site mal référencé ou pas référencé n'a aucune existence réelle. Le référencement s'effectue soit par un moteur de recherche ou par un annuaire (chap. 431) ; soit par site partenaire ou par un portail (chap. 432) ; il existe aussi le référencement « affiliation » (chap. 433). Certains assimilent au référencement les encyclopédies collaboratives, dont *Wikipedia*[1], dans la mesure où s'agit de sites dédiés à la compilation et au classement d'informations (mais cela ne nous paraît pas convaincant). La nature des pages dites communautaires, créées par le réseau social *Facebook* en 2010, est également incertaine. Il s'agit de pages créées par les utilisateurs de ce réseau social sur toutes sortes de sujet, notamment les marques, qui sont référencées sur leur « profil ». Dès lors, un nombre considérable de pages de *Facebook* reprennent des marques notoires, distinctes des pages officielles de celles-ci. Ainsi, lorsqu'un utilisateur cite une marque notoire, par exemple *Chanel*, sur son « profil », ce dernier sera automatiquement associé à une page *Chanel* créée par *Facebook* (reprenant des données de l'encyclopédie collaborative *Wikipedia*), mais sans aucune autorisation ni aucun contrôle du titulaire de la marque.

43.06 Nature juridique du contrat de référencement. Le « référenceur » assure un service ; comme celui-ci ne consiste pas à accomplir un acte juridique il s'agit forcément d'un contrat d'entreprise (louage d'ouvrage), à moins de considérer qu'il est un courtier[2]. Il ne semble pas souhaitable d'assimiler le contrat de référencement au bail commercial[3].

Lorsque le contrat est conclu par internet il est soumis à diverses règles envisagées précédemment[4].

43.07 Intermédiaires de référencement. Des intermédiaires interviennent dans les divers référencements, parfois comme courtiers, mais dans d'autres cas en représentant l'une des parties, donc en tant que mandataire[5]. Cependant, ils assurent généralement un certain nombre de prestations, par exemple la création des références dans le code source du référencé[6], un audit du site à référencer, voire sa reconfiguration. Dans cette hypothèse, la qualification du contrat dépendra, comme de coutume, de l'activité principale, mandat ou entreprise selon le cas[7], et les obligations attendues des stipulations contractuelles[8].

1. V. *supra* s^s n° 011.28.

2. SUR le courtage : Ph. le Tourneau (dir.), *Droit de la responsabilité et des contrats. Régimes d'indemnisation*, 12e éd., « Dalloz action », 2020, n°s 3351.70 s. – TGI Paris, 31 oct. 2006, *Illiad c/Google, Expertises* 2007, p. 73, obs. M. Lecardonnel, le qualifie de régie publicitaire.
3. A. Mendoza-Caminade, « La notion de fonds de commerce à l'épreuve de l'internet : faut-il admettre le fonds de commerce électronique ? », art. préc., spéc. p. 780 s.
4. V. *supra* s^s n°s 412.31 s.
5. A. Diméglio, « Les contrats de référencement dans l'internet », art. préc.
6. Sur la définition du code source v. *supra* s^s n° 213.34 et sur son sort *supra* s^s n° 331.164.
7. Ph. le Tourneau, *Rép. civ.*, *V°* « Mandat », 2022.
8. T. com. Paris, 28 oct. 2014, *RLDI* 2014, n° 3637 : prestataire chargé d'améliorer le référencement naturel du site de son client, tenu contractuellement par une obligation de résultat ; défaillance à cet égard – T. com. Paris, 8e éch., 14 sept. 2016, *Maquinay, RLDI* 2016, n° 4069, obs. L. Costes, obligation de moyens ; défaillance à cet égard.

CHAPITRE

431. Contrat de référencement par un moteur de recherche ou par un annuaire

SECTION 0

ORIENTEUR

431.00 **Sommaire du chapitre.**

SECTION UNIQUE

ÉTUDE D'ENSEMBLE

431.11 **Distinction du moteur de recherche et de l'annuaire.** Le référencement (ou indexation numérique) assure la publicité du site, et permet donc à tout internaute de le découvrir. De ce fait, il représente la première source de trafic sur internet. Il peut s'opérer par une mention dans un *annuaire numérique* (effectué *manuellement*, à la suite normalement d'une demande d'inscription du site). Ou bien par *un moteur de recherche* (*Search engine* en anglais), logiciel d'exploitation des bases de données, permettant d'indexer *automatiquement* (et sans aucune demande), par le biais de mots clés ou par sujets, tous les sites qu'il trouve[1]. Le plus utilisé dans le monde est *Google*[2]. Un moteur de recherche français, *Qwant*, lancé en 2013, tente de se frayer une place, en sensibilisant le public sur le fait qu'il respecte la vie privée (n'utilisant ni témoins de connexion [*cookies*], ni d'historiques de navigation) et que ses infrastructures (centres de stockage [*Data centers*]) sont situées en France. Mais en réalité l'opposition entre l'annuaire numérique et un moteur de recherche est moins tranchée[3]. L'Institut national de la propriété industrielle (INPI) a lancé en décembre 2019 un moteur de recherches dédié aux entreprises (<data.inpi.fr>), permettant d'accéder aux données de plus de 6 millions d'entreprises françaises. Les moteurs de recherche permettent aussi aux internautes d'accéder à une page sur la toile référençant les sites ayant un rapport avec les requêtes qu'ils ont formulées.

Enfin, moyennant une redevance, les moteurs de recherche permettent une publicité sur leurs pages (les *liens commerciaux* de l'annonceur [principalement l'adresse électronique de son site] apparaissent sur la page de résultat du moteur de recherche, lorsqu'il existe une concordance entre les mots de la requête de l'internaute et des mots clés convenus entre l'annonceur et l'exploitant du moteur de recherche[4]).

431.12 **Obligations.** Lorsqu'il existe un véritable accord, conclu généralement « en ligne », des obligations naissent à la charge des parties (celles-ci étant le titulaire du site, demandant son insertion dans la base de données du moteur de recherche ou

1. POUR UNE ANALYSE technique du fonctionnement des moteurs de recherche : L. Tellier-Loniewski et A.-S. Cantreau, « Le référencement sur les moteurs de recherche : un moyen de valorisation du patrimoine intellectuel d'une entreprise », art. préc.
2. Depuis 2015 *Google* est une filiale du conglomérat *Alphabet*.
3. J. Larrieu, « Les contrats spéciaux des réseaux numériques », art. préc., p. 97 – SUR LE POINT de savoir si une page de référencement constitue une œuvre littéraire : même auteur, « La propriété intellectuelle s'encanaille… », art. préc.
4. NOT. : J. Larrieu, « L'ingénierie des mots », art. préc., spéc. p. 604 s., traitant not. de l'ingénierie linguistique (la sémasiologie).

de l'annuaire, et le référenceur). La prestation est tantôt à titre gratuit, tantôt à titre onéreux, notamment lorsque le titulaire du site référencé souhaite que son site apparaisse d'une façon particulière (par exemple sous la mention « site recommandé », « site référencé »). Les exploitants d'annuaires et de moteurs de recherche s'engagent seulement à insérer le site du demandeur dans un délai assez bref. À défaut de précision contractuelle contraire, l'obligation de référencement constitue une obligation de moyens [1], ce qui est la solution raisonnable dans ce domaine ; néanmoins, le contrat peut prévoir une obligation de résultat [2], avec les conséquences qui s'y attache. Les moteurs de recherche proposent généralement leurs services pour mettre en place les liens commerciaux, en suggérant des mots-clés. Les contrats comportent souvent une clause élusive de responsabilité ou limitative d'indemnisation, notamment quant aux éventuelles « retombées » commerciales de l'insertion (ou leur absence de « retombées »...).

Ni la directive 2000/31 [3], ni la loi n° 2004-575 du 21 juin 2004 [4], *pour la confiance dans l'économie numérique*, dite LCEN, de transposition de celle-ci, ne régissent les moteurs de recherche. Il a été jugé que ne constituait pas un trouble illicite le fait, par un moteur de recherche qui a détecté que la visite d'un site peut endommager un ordinateur, d'en avertir ses utilisateurs [5] ; cette solution se justifie d'autant plus que la responsabilité de l'exploitant du moteur de recherche peut être engagée, notamment du fait de liens hypertexte pointant vers une page au contenu illicite. Différents procédés déloyaux sont utilisés par les moteurs de recherche : le camouflage (*cloaking*), consistant à proposer deux versions différentes d'une même page de la toile, l'une visible par les internautes, l'autre destinée uniquement aux robots d'indexation des moteurs de recherche [6] (de sorte que le même site pourra être indexé plusieurs fois, modifiant ainsi le classement établi par les algorithmes). Et le référencement abusif (*spamdexing*), trompant les robots d'indexation des moteurs de recherche pour assurer à un site de la toile une meilleure position dans les résultats proposés par ces moteurs [7].

431.13 Licéité du contenu du site. Il est prudent de rappeler dans le contrat au titulaire du site référencé que le contenu de son site doit être licite. Les règles élaborées à propos de la responsabilité des hébergeurs avant la loi n° 2004-575 du 21 juin 2004, « *pour la confiance dans l'économie numérique* », peuvent être transposées [8] aux titulaires de moteurs de recherche ou d'annuaires [9].

Il n'y a pas lieu de faire bénéficier les moteurs de recherche de l'immunité de l'article 6 [10] de la loi du 21 juin 2004 [11], précitée [12], dans la mesure où celle-ci repose sur le fait que fournisseurs d'accès et les hébergeurs (visés par la loi) n'interviennent pas sur le contenu ; au contraire, les moteurs de recherche contribuent à établir le lien commercial, en suggérant des mots-clés.

431.14 De l'éventuelle condamnation des exploitants de moteurs de recherche pour contrefaçon. La question s'est posée de l'éventuelle condamnation du moteur de recherche lorsque, dans un lien commercial, l'annonceur a utilisé un mot-clé, suggéré par lui (même automatiquement par un « générateur de mots-clés » comme les services *AdWords* ou *Google Suggest* de *Google*), portant atteinte aux droits d'un tiers. En premier lieu, la reproduction de termes

1. Lyon, 29 juin 2006, *Zubieta, JurisData* 313426 ; *CCÉ* 2007, p. 28, n° 45, obs. H. Bitan.
2. EX. : Montpellier, 2e ch., 1er juill. 2008, *Synergie sport, Gaz. Pal.* 2009. 1, Somm. 1440, obs. B. de Roquefeuil et G. Bourge, résultat non obtenu – Rennes, 1re ch. B ; 19 sept. 2008, *KBC c/Roussel, JCP* 2009. IV. 1711 ; *JCP E* 2009. Pan. 1481 : ne qualifie par l'obligation, mais affirme que l'absence de référencement du site internet sur les moteurs de recherche, qui était une obligation essentielle mise à la charge du prestataire, constitue une inexécution du contrat le vidant de tout intérêt, justifiant sa résolution – Paris, pôle 5, ch. 11, 13 mai 2016, *RLDI* 2016, n° 4008 ; *Expertises* 2016. 234 : résultat non obtenu, résiliation unilatérale par le client justifié.
3. Dir. 2000/31, Parlement et Conseil, 8 juin 2000 relative à certains aspects juridiques des services de la société de l'information, et notamment du commerce électronique, dans le marché intérieur, *JOCE* L 178, 17 juill., p. 1, dite directive sur le commerce électronique.
4. L. n° 2004-575, 21 juin 2004, pour la confiance dans l'économie numérique, *JO* 22 juin, p. 11168.
5. Paris, 4e B, 25 janv. 2008, RG n° 07/13334, *D.* 2008. AJ 609, obs. C. Manara.
6. Vocabulaire de l'informatique et de l'internet (Liste de termes, expressions et définitions adoptés, *JO* 9 déc. 2018, n° 57, NOR : CTNR1832597K).
7. Vocabulaire de l'informatique et de l'internet (Liste de termes, expressions et définitions adoptés, *JO* 9 déc. 2018, n° 57, NOR : CTNR1832597K).
8. V. *supra* ss nos 422.22 s.
9. Paris, 15 mai 2002, *Altavista, D.* 2003. AJ 621, obs. C. Manara ; *Expertises* 2002, p. 433 : l'opérateur n'a pas à vérifier les liens hypertextes indexés sur son moteur de recherche, n'étant pas un hébergeur au sens de la loi – TGI Paris, 12 mai 2003, *Lorie c/Wanadoo Portails, D.* 2004. IR 1638 : l'exploitant d'un moteur de recherche n'est pas responsable du contenu illicite des sites qu'il référence, dès lors que les mots clés sont choisis par les utilisateurs et non par le moteur, et qu'il n'y a pas d'erreur dans le procédé technique de référencement. L'obligation du moteur se limite à une procédure de déréférencement du site litigieux lorsqu'il a connaissance de son contenu.
10. L. n° 2004-575, 21 juin 2004, art. 6 ; mod. par L. n° 2018-898, 23 oct. 2018, art. 29.
11. L. n° 2004-575, 21 juin 2004, pour la confiance dans l'économie numérique, *JO* 22 juin, p. 11168.
12. V. *supra* ss n° 422.32.

protégés par le code source HTM d'un site, afin que les moteurs de recherche puissent le sélectionner plus efficacement, constitue une contrefaçon [1] (une « cyber-contrefaçon », parfois dénommée « contrefaçon ubiquitaire », *ubiquitous infrigement*). De nombreuses décisions ont également considéré que constituait une contrefaçon l'usage d'une marque, par l'exploitant d'un moteur de recherche, quel qu'en soit le motif, par exemple afin de permettre à des concurrents de son titulaire de proposer à d'éventuels clients des produits ou services désignés dans l'enregistrement [2]. Encore faut-il, pour que la contrefaçon soit retenue, que le droit des marques soit applicable en l'espèce [3]. La cour d'appel de Versailles a jugé, dans l'arrêt du 10 mars 2005, précité, que le prestataire de référencement payant, s'il n'est pas l'auteur principal du délit de contrefaçon, en est complice par fourniture de moyens. Il ne peut pas opposer aux titulaires des marques une contrainte économique ou technique, laquelle résultant de son propre choix.

En revanche, d'autres tribunaux ont écarté la contrefaçon, le fait de proposer un mot-clé à un annonceur ne réalisant pas un acte de contrefaçon au sens de la loi, l'usage de la marque ne s'accompagnant d'aucune proposition de produits ou de services visés à l'enregistrement de la marque, ce qui semble exact [4].

La CJUE statua le 23 mars 2010 dans trois affaires jointes relatives à *Google* [5]. Elle décida, en premier lieu, que *Google* ne fait pas « usage » du signe dans la vie des affaires (puisqu'il ne l'utilise pas pour sa propre communication), de sorte qu'il n'est pas susceptible d'être contrefaisant. Toutefois, l'action en contrefaçon pourra prospérer contre les annonceurs dès lors qu'il existe une atteinte à la fonction essentielle de la marque [6], ce qui sera le cas lorsqu'aura été choisi un mot-clé identique à la marque d'autrui pour désigner des produits identiques sans y avoir été autorisé [7]. Quant à la responsabilité du prestataire de référencement, l'arrêt indique qu'il convient de rechercher si, au sein du programme *AdWords, Google* a un comportement « *purement technique, automatique et passif, impliquant l'absence de connaissance ou de contrôle des données* » stockées. Si tel était le cas, il pourrait bénéficier du régime de responsabilité aménagé par l'article 14 de la directive 2000/31 [8] sur le commerce électronique [9]. Tenant compte de la posi-

1. Paris, 14 mars 2001, *Distrimart, CCÉ* 2002, n° 3, obs. C. Caron, 3e esp.
2. TGI Nanterre, 13 oct. 2003, *Viaticum et Luteciel c/Google France, CCÉ* 2003, n° 119, obs. C. Caron ; – ET, SUR APPEL : Versailles, 10 mars 2005, *Google c/Viaticum, PIBD* 2005. III. 428 ; N. Martin, « Suite de la saga Google », *Legalis.net* 2005/3, p. 37 – TGI Nanterre, 2 mars 2006, *Méridien c/ Google, www.legalis.net* – Versailles, *Google c/Anrrh, www.legalis.net* – Versailles, 2 nov. 2006, *Overture c/Accor, Legalis.net* 2006/4, p. 46 ; *JCP E* 2007, n° 1440, note A. Singh – Aix-en-Provence, 2e ch., 6 déc. 2007, *TWD industrie c/Google, Expertises* 2008, p. 76 ; *RLDI* 2008/34, n° 1137, obs. J.-B. Auroux – Paris, 4e B, 1er févr. 2008, *Gifram c/Google, RLDI* 2008/35, n° 1171, obs. L. C. ; *RLDI* 2008/36, n° 1194, note A. Tardieu-Guigues ; *D.* 2008. 1529, note I. Gavanon et J. Huet – L. Tellier-Loniewski et A. Fiévée, art. préc.
3. TGI Paris, 30 janv. 2004, *Esso c/Greenpeace, CCÉ* 2004, n° 39, obs. C. Caron : pas le cas, en raison du principe de spécialité.
4. TGI Paris, 8 déc. 2005, *Kertel c/Google, Expertises* 2006, p. 164 – TGI Paris, 12 juill. 2006, *Gifram c/Google, CCÉ* 2006, n° 144, note L. Grynbaum ; MAIS CASSÉ PAR : Paris, 1er févr. 2008, préc. – TGI Paris, réf., 11 oct. 2006, *Citadines c/Google, Expertises* 2006, p. 438.
5. CJUE, Gde ch., 23 mars 2010, *Google c/Louis Vuitton*, aff. jtes C-236/08 à C-238/08, *GAPI*, 3e éd., Dalloz, 2020, n° 117 ; *D.* 2010. AJ 885, obs. C. Manara ; *Gaz. Pal.* 2010. 1, p. 1104 ; *CCC* 2010, n° 132, obs. M. Malaurie-Vignal ; *CCÉ* 2010, n° 70, obs. C. Caron, 1re esp. ; *JCP* 2010, n° 23, 642, note L. Marino, CRIT. ; *Propr. ind.* 2010, n° 45, note J. Larrieu ; *CCÉ* 2010, n° 88, obs. Ph. Stoffel-Munck ; V. Brunot, « Référencement payant : la fin d'un suspense à l'issue... presque annoncée », art. préc. ; G. Bonet, « Publicité sur internet et référencement selon la Cour de justice : contrefaçon de marque ou directive 2000/31/CE ? », art. préc. ; P. Cadio et A. Gendreau, « Le service *Adwords* sous la loupe de la CJUE : la fin de l'histoire ? », art. préc. ; G. Tardieu Guigues, « Liens commerciaux... un déplacement de problème », art. préc.
6. DANS LE MÊME SENS : CJUE, 25 mars 2010, *BergSpechte*, aff. C-278/08, *D.* 2010. 1966, obs. J. Larrieu, C. Le Stanc et P. Tréfigny-Goy ; *CCÉ* 2010, n° 70, obs. C. Caron, 2e esp. ; *RTD eur.* 2010. 939. Chron. É. Treppoz – CJUE, 1re ch., 22 sept. 2011, *Interflora*, aff. C-323/09, *D.* 2011. AJ 2332, obs. C. Manara ; *JCP E* 2011, n° 46. Chron. 1818, n° 13, obs. C. Caron ; *CCÉ* 2011, n° 112, obs. C. Caron ; *JCP E* 2012, n° 3, 1058, note M. Bourgeois ; *Gaz. Pal.* 15 févr. 2012, p. 19, note L. Marino ; *Propr. intell.* 2012, p. 63, note G. Bonnet ; *RTD com.* 2012. 103, obs. J. Azéma : la CJUE rappelle que c'est surtout la rédaction du lien commercial et de son annonce qui permet de déterminer s'il existe ou non une atteinte à la fonction essentielle, consistant à indiquer l'origine du produit ou du service au consommateur.
7. CJUE, 1re ch., 8 juill. 2010, *Portakabin*, aff. C-558/08, *CCÉ* 2010, n° 93, obs. C. Caron, 5e esp. ; *Propr. ind.* 2010, n° 64, note A. Folliard-Monguiral ; C. Maréchal, « Liens "sponsorisés"et droit des marques : les suites de l'arrêt *Google* », art. préc. (v. *supra* ss n° 422.05).
8. Dir. 2000/31, Parlement et Conseil, 8 juin 2000 relative à certains aspects juridiques des services de la société de l'information, et notamment du commerce électronique, dans le marché intérieur, *JOCE* L 178, 17 juill., p. 1, dite directive sur le commerce électronique.
9. AUSSI, TRÈS NET à propos du critère du rôle actif : CJUE, Gde ch., 23 mars 2010, *L'Oréal c/eBay International AG*, aff. C-324/09, *Rec.* I-06011 ; *D.* 2011. AJ 1965, obs. C. Manara ; *D.* 2011. Pan. 2372, obs. P. Tréfigny-Goy ; *CCÉ* 2011, n° 99, obs. C. Caron ; P.-Y. Gautier, « De l'éventuel "rôle actif" des opérateurs internet dans la réalisation du dommage (qualifications de responsabilité civile) », art. préc. (v. *supra* ss n° 422.05) ; L. Grynbaum, « *e.Bay* : être ou ne pas être hébergeur selon la CJUE », art. préc. (v. *supra* ss n° 422.05) ; C. Castets-Renard, « Après *Google, eBay* : contrefacteur ? Passif ou actif ? Telles sont les ▶

tion de la CJUE, la Cour de cassation, par quatre arrêts du 13 juillet 2010 (dans le feuilleton *Google Adwords*), en a déduit que ne commet pas de cyber-contrefaçon le prestataire de service de référencement se bornant à stocker des mots-clés et à afficher les annonces[1]. En revanche, elle approuva une cour d'appel d'avoir condamné pour contrefaçon l'entreprise ayant fait publier une annonce dont la présentation ne permettait pas à un internaute, normalement informé et raisonnablement attentif, de savoir s'il était ou non lié avec le titulaire de la marque. L'affaire semblait entendue[2], consistant à favoriser le commerce électronique sur la propriété intellectuelle[3]. Cependant, un retour de celle-ci semble s'amorcer, par l'article 17 de la directive UE 2019/790 du 17 avril 2019[4], transposé en 2021[5].

431.15 Éventuelle responsabilité civile des exploitants de moteurs de recherche. Pour autant, les moteurs de recherche peuvent être condamnés, le cas échéant, pour faute[6] de Droit commun[7], par action ou par omission[8]. « *L'exploitant d'un moteur de recherche n'échappe pas à toute responsabilité et celle-ci peut être engagée tant pour les fautes, imprudences ou négligences qu'il commet dans l'exercice de son activité* » (Paris, 19 mars 2009[9]). La faute peut consister à ne pas avoir vérifié, après le choix par l'annonceur d'un mot-clé constituant une marque ou une dénomination sociale, que cette utilisation est licite, tant au regard des droits éventuels des tiers sur ces signes qu'au regard des règles de loyauté du commerce[10]. Le prestataire de référencement, même s'il n'est pas tenu de mettre en place un système de contrôle préalable des

▶ questions », art. préc. (v. *supra* s[s] n° 422.05) ; F. Terré, « Être ou ne pas être… responsable. À propos des prestataires de service par internet », étude préc. (v. *supra* s[s] n° 422.05) – APPLIQUANT CETTE SOLUTION : Paris, pôle 5, ch. 2, 19 nov. 2010, RG n° 08/00620, *Gaz. Pal.* 2011. 1, p. 457, note L. Marino, APPROB. ; *CCÉ* 2011, n° 52, obs. C. Caron, 1re esp. : *Google Adwords* n'exerçant aucun contrôle sur le choix des mots clés (effectué par l'annonceur), il bénéficie du régime dérogatoire d'hébergeur – CJUE, 7e ch., 11 sept. 2014, *Sotiris c/O Fileleftheros Dimosia Etaireia*, aff. C-291/13, *Rec.* N ; *RLDI* 2014. 3616, obs. L. C. ; *CCÉ* 2014, n° 95 : il en résulte que le régime de responsabilité atténuée dont bénéficie l'hébergeur ne s'applique pas à un éditeur de presse disposant d'un site internet sur lequel est diffusé la version électronique du journal papier, dès lors qu'il a connaissance des informations publiées et qu'il exerce un contrôle sur celles-ci.

1. Com. 13 juill. 2010, n°s 08-13.944, 06-15.136, 06-20.230 (3 arrêts), P IV, n°s 122, 123, 124 ; et n° 05-14.331, NP, *D.* 2010. 1966, obs. P. Tréfigny-Goy ; *D.* 2010. 2540, obs. Y. Picod ; *D.* 2011. 908, obs. S. Durrande, 1374, obs. F. Jault-Seseke, et 2363 ; *JCP* 2010, n° 30, 817 ; *JCP E* 2010, n° 44, 1961, note C. Caron ; *CCÉ* 2010, n° 93, obs. C. Caron ; *Propr. ind.* 2010, n° 66, obs. P. Tréfigny-Goy ; *Concurrences* 2010/4, p. 150, note R. Mesa ; SUR RENVOI : Paris, pôle 5, ch. 2, 19 nov. 2010, RG n° 08/00620, préc. : même solution.
2. AUSSI, excluant toute contrefaçon ou faute civile de *Google* : Paris, pôle 5, ch. 2, 19 nov. 2010, RG n° 08/00620, préc. : considérant en outre que les annonceurs eux-mêmes n'ont pas fait un emploi illicite de la marque d'un concurrent en y associant leurs annonces commerciales – Paris, pôle 5, ch. 1, 2 févr. 2011, RG n° 08/02354, *Google*, *D.* 2011. AJ 741, obs. C. Manara, APPROB. ; *CCÉ* 2011, n° 52, obs. C. Caron, 2e esp. ; SUR POURVOI (rejeté) contre ce dernier arrêt : Com. 25 sept. 2012, n° 11-18.110, NP, *D.* 2013. 2487, obs. J. Larrieu, C. Le Stanc et P. Tréfigny ; *CCÉ ;* 2012, n° 130, obs. C. Caron ; *RJDA* 2013, n° 367 : la rédaction de l'annonce litigieuse ne pouvant pas induire en erreur l'internaute moyen ne porte pas atteinte à la fonction d'identification de la marque ; SUR CET ARRÊT : A. Mendoza-Caminade, « La responsabilité en matière de service de référencement payant », *RLDI* 2012/87. Chron. 2911 ; M. de Guillenchmidt, « Lutte contre l'utilisation d'une marque comme mot-clé *Adwords :* nombreux fondements, peu de succès », *RLDI* 2013. Doctr. 3051 – Com. 29 janv. 2013, n°s 11-21.011 et 11-24.713, NP, *D.* 2012. 1818 ; *RTD civ.* 2012. 727, obs. B. Fages ; *LPA* 24 févr. 2015. 4, obs. P. Mozas : pas de risque de confusion, donc pas d'acte déloyal, et pas de publicité trompeuse ; SUR CET ARRÊT : M. de Guillenchmidt, art. préc.
3. EN CE SENS : É. Treppoz, « La propriété intellectuelle est-elle de retour sur les plateformes ? », dans X. Delpech (dir.), *L'émergence d'un droit des plateformes*, Dalloz, « Thèmes et commentaires », 2021, p. 147 s.
4. EN CE SENS : É. Treppoz, « La propriété intellectuelle est-elle de retour sur les plateformes ? », art. préc., spéc. p. 155 s.
5. V. *supra* n° 423.05.
6. C. civ., art. 1240 et 1241 ; art. mod. par ord. n° 2016-131, 10 févr. 2016, art. 2.
7. TGI Paris, 8 déc. 2005, *Kertel c/Google*, préc. – TGI Paris, 12 juill. 2006, *Gifram c/Google*, préc. – TGI Paris, 3e ch., 7 janv. 2009, *Voyageurs du monde c/Google, D.* 2009. AJ 293, obs. C. Manara ; *Legalis.net* 2009/3, p. 203 : faute à ne pas avoir vérifié, après le choix par l'annonceur d'un mot-clé constituant une marque que son utilisation par l'annonceur est licite tant au regard du droit des marques que de la loyauté du commerce – T. com. Paris, réf., 7 mai 2009, n° 2009/17577, *Direct Énergie c/Google*, *JCP E* 2009, n° 40, 1919, note M. Bourgeois, CRIT. ; *Gaz. Pal.* 2009. 2, Somm. 3288, obs. D. Marcellesi et A. Platon, 1re esp. ; *CCÉ* 2010, n° 4, obs. A. Debet, CRIT., 1re esp. ; A. Cousin, « "Google Suggestions" : injure sans intention de nuire ou dénigrement involontaire », art. préc. ; condamnation pour faute du moteur de recherche pour les dommages causés par la mise en œuvre du service de suggestion de mots clés *Google Suggest* (présentant une liste de dix mots ou expressions se rapprochant de la recherche effectuée par un internaute) – D'UNE FAÇON PLUS GÉNÉRALE, sur la responsabilité des moteurs de recherche en matière de liens commerciaux : A. Mendoza-Caminade, « Les risques numériques à l'épreuve du droit : l'exemple du lien hypertexte », art. préc.
8. SUR CELLE-CI EN GÉNÉRAL : S. Paricard, « Du vide dans le Droit. Réflexions sur la faute négative dans la responsabilité civile », *RRJ* 2011. 153.
9. Paris, 5e ch. B, 19 mars 2009, RG n° 08/05175, *D.* 2009. AJ 1275, obs. C. Manara ; *RJDA* 2009, n° 1129.
10. Versailles, 10 mars 2005, *Google c/Viaticum*, préc. – TGI Paris, 12 juill. 2006, *Gifram c/Google*, préc. – TGI Paris, 31 oct. 2006, *Illiad c/Google*, *Expertises* 2007, p. 73, obs. M. Lecardonnel : condamnation pour parasitisme, NOT. quant à l'emploi d'une marque de renommée au sens du CPI, art. L. 713-5 – T. com. Paris, 24 nov. 2006, *One Tel c/ Google*, *Legalis.net* 2006/4, p. 31 : usurpation de la déno-▶

mots clés utilisés par ses clients, doit être en mesure d'interdire l'usage des mots-clés quand ils sont manifestement illicites ou dont il est averti du fait qu'ils sont tels. Il a ainsi été jugé que le maître d'un moteur de recherche engage sa responsabilité[1] s'il ne procède pas au déréférencement lorsqu'il est informé qu'un référencement cause un dommage à autrui, ce qui suppose qu'il ait mis au point une procédure d'alerte[2].

Dans la mesure où l'exploitant du moteur de recherche fait intervenir un robot indexeur, et qu'il n'a ni créé ni hébergé l'information litigieuse, il n'a pas à sa charge d'obligation automatique de surveillance[3]. De plus, le fonctionnement intrinsèque dudit moteur exclut tout contrôle *a priori* des sites indexés et un contrôle de chaque page susceptible d'être indexée est impossible[4].

Le prestataire est encore logiquement exonéré dès lors qu'il a mis à la disposition des annonceurs un outil de vérification des mots-clés choisis par rapport aux marques déposées[5] ou une procédure d'alerte[6]. Enfin, il est également exonéré en cas de prompte cessation du trouble[7].

431.16 Éventuelle responsabilité civile de l'auteur de liens faussant le référencement des moteurs de recherche. Une entreprise ne dominant pas son marché peut chercher à fausser les référencements des moteurs de recherche. Pour y parvenir, un prestataire crée artificiellement d'innombrables liens (dits liens retours, *back links*), comprenant tous la marque du concurrent *leader*. Aussi, lorsqu'est tapée en tant que mot-clé celle-ci, c'est celle du concurrent indélicat qui apparaît en premier. Il n'existe pas de contrefaçon, la marque du tiers n'étant pas utilisé dans les liens retours en tant que marque pour désigner des produits ou des services. Mais cet usage constitue un acte de concurrence parasitaire[8].

431.17 Difficultés suscitées par les « traces » subsistant sur les moteurs de recherche. Une difficulté inédite découle du fait que des informations qui ont été enlevées du réseau y subsistent cependant sous forme de « traces », et peuvent y être retrouvées par des moteurs de recherche, grâce à des procédés numériques d'archivage ou de « sites miroirs ». La question s'est posée à propos d'une société qui, après avoir cédé sa marque, en avait bien retiré toute référence sur son site. Mais les moteurs de recherche continuaient à la référencer en l'associant au site du cédant. Le cessionnaire l'assigna en contrefaçon ; il fut débouté[9]. Le tribunal releva que le cédant avait pris les mesures nécessaires pour faire disparaître toute référence à la marque litigieuse, et qu'il n'avait pas la possibilité d'en effacer les « traces » qui subsistaient sur le réseau.

Selon la CJUE, dans son arrêt *Google Spain* de 2014, consacrant ce que certains nomment fallacieusement un droit à « l'oubli numérique », l'exploitant d'un moteur de recherches sur internet peut être tenu de supprimer un lien d'une liste de résultats[10] (dit aussi droit au déréférencement), mesure induite des dispositions de la directive 95/46. Cependant, l'expression « droit à l'oubli » n'a aucune consistance juridique car « l'oubli » ne peut pas être réellement réalisé[11]. En l'état de la techni-

► mination sociale, du nom commercial et du nom de domaine de la sté *One Tel* – Versailles, 24 mai 2007, RG n° 06-3009, *Google c/Hôtels Méridien, RJDA* 1997, n° 1165 : responsabilité de l'exploitant du moteur de recherche quant à l'emploi d'une marque de renommée au sens du CPI, art. L. 713-5.

1. Sur cette responsabilité aussi : v. *supra* s[s] n° 422.42.
2. TGI Paris, 31 juill. 2000, *B. Delanoë c, Expertises* 2001, p. 79 – TGI Paris, réf., 27 févr. 2006, *Afflelou c/Google, CCE* 2006, n° 127, obs. L. Grynbaum : le moteur de recherche doit retirer le référencement d'images illicites sous peine d'engager sa responsabilité sur le fondement du droit commun ; pas de responsabilité en l'esp. – TGI Paris, 3e ch., 4e sect., 28 mai 2009, RG n° 2009/00626, *Look voyages c/ Google, PIBD* 2009. III. 1362 ; *Legalis.net* 2009/3, p. 184 : rappel du principe – TGI Paris, 3e ch., 2e sect., 10 juill. 2009, *Bayard Presse c/Youtube, RLDI* 2009/52, n° 1723, obs. L. C. : faute relevée.
3. Paris, 5e ch. B, 19 mars 2009, préc.
4. Paris, 5e ch. B, 19 mars 2009, préc.
5. TGI Paris, réf., 11 oct. 2006, *Citadines c/Google*, préc.
6. Paris, 5e ch. B, 19 mars 2009, préc.
7. TGI Nice, 7 févr. 2006, *TWD industries c/Google, D.* 2006. AJ 575, obs. C. Manara ; *PIBD* 2006. III. 827 – TGI Paris, réf., 11 oct. 2006, *Citadines c/Google*, préc.
8. Paris, 2e ch., 28 mars 2014, RG n° 13/07517, *PIBD* 2014. III. 454 ; *Propr. ind.* 2014, n° 58, obs. P. Tréfigny.
9. TGI Roanne, 27 févr. 2002, *Fonthieure, RJDA* 2002, n° 1208.
10. CJUE, G[de] ch., 13 mai 2014, *Google Spain,* aff. C-131/12, *Rec.* N ; *D.* 2014. 1481, note N. Martin-Braz et J. Rochfeld ; *RLDI* 2014, n° 3500 – C. Castets-Renard, « *Google* et l'obligation de déréférencer les liens vers les données personnelles, ou comment se faire oublier du monde numérique », *RLDI* 2014, Doctr. 3535 – D. Forest, « *Google* et le "droit à l'oubli numérique" : genèse et anatomie d'une chimère juridique », *RLDI* 2014, Doctr. 3536 – R. Perray et P. Salen, « La Cour de justice, les moteurs de recherche et le "droit à l'oubli numérique" : une fausse innovation, de vraies questions », *RLDI* 2014, Doctr. 3609 – O. Pignatari, « Droit à l'oubli : la CJUE n'oublie pas les internautes », *RLDI* 2014. Chron. 3550 – J. Le Clainche, « CJUE : le droit à l'oubli n'est pas inconditionnel », *RLDI* 2014. Chron. 3569 – J.-M. Bruguière, « Droit à l'oubli numérique des internautes ou… responsabilité civile des moteurs de recherche du fait du référencement ? (Retour sur l'arrêt de CJUE du 13 mai 2014) », *CCE* 2015. Ét. 15.
11. AUSSI sur le droit à l'oubli : E. Cruysmans et C. Romainville, « Les diverses dimensions du "droit à l'oubli" dans la sphère numérique. Un processus de positivation rentrant en conflit avec la liberté d'expression ? », dans C. Alcantara (dir.), *E-réputation. Regards croisés sur une notion émergente*, Gualino, 2015, p. 81 – « Le droit à l'oubli : un droit nouveau ? Fondements et perspectives suite au projet de ►

que, les données restent toujours emmagasinées quelque part[1]. En revanche, il est possible de revendiquer un « droit à l'effacement » sur le site source, de même qu'un « droit à la désindexation » permettant de ne plus être visible sur un moteur de recherche ou encore un « droit de suppression » prévu par la loi informatique et liberté, plus efficace, permettant de tout faire disparaître (sauf si le déréférencement constituerait une atteinte disproportionnée à la liberté de la presse[2]). Techniquement, l'expression « droit à la décorrélation » serait préférable, car il s'agit uniquement d'obtenir que ne s'affiche plus un résultat lors d'une recherche effectuée à partir du nom d'une personne[3]. Plus fondamentalement, s'opère ici un remarquable retour aux sources de la responsabilité civile[4]. Celle-ci, fondé sur le risque créé, est une responsabilité spéciale dérivant de la directive[5] 95/46[6], et se traduisant par la cessation de l'illicite[7], c'est-à-dire en l'espèce le déréférencement. Par deux arrêts de septembre 2019, la CJUE confirma la solution ébauchée dans l'affaire *Google Spain*, tout en précisant les conditions et les effets de l'exercice du droit au déréférencement, avec la mise en balance des droits fondamentaux de la personne intéressée et de l'internaute[8]. En premier lieu, l'exploitant d'un moteur de recherche est tenu de faire droit à une demande de déréférencement portant sur des liens affichés à la suite d'une recherche effectuée à partir du nom de la personne intéressée, dès lors qu'ils mènent à des pages internet sur lesquelles figurent des catégories particulières de données. Cependant, le référencement peut licitement subsister lorsque les éléments pertinents au cas d'espèce démontrent qu'il est strictement nécessaire pour protéger la liberté d'information des internautes. Ensuite, l'exploitant d'un moteur de recherche, qui fait droit à une demande de déréférencement, n'est pas tenu de l'opérer sur l'ensemble des versions de son moteur de recherche. Mais il doit y procéder sur les versions de celui-ci correspondant à l'ensemble des États membres, jumelées si nécessaire avec des mesures qui, tout en satisfaisant aux exigences légales, permettent effectivement d'empêcher ou, à tout le moins, de sérieusement décourager les internautes effectuant une recherche sur la base du nom de la personne intéressée à partir de l'un des États membres.

La Cour de cassation a approuvé les juges du fond d'avoir décidé que ce n'est que dans l'hypothèse où une mesure particulière de blocage ou de déréférencement devait s'avérer disproportionnée, eu égard à sa complexité, à son coût et à sa durée, au point de compromettre, à terme, la viabilité du modèle économique des intermédiaires techniques, qu'il conviendrait d'apprécier la nécessité d'en mettre le coût, en tout ou en partie, à la charge du titulaire de droits. Procédant de façon concrète à la mise en balance des droits en présence, la cour d'appel a, d'une part, relevé que l'équilibre économique des syndicats professionnels en cause, déjà menacé par ces atteintes, ne pouvait qu'être aggravé par l'engagement de dépenses supplémentaires qu'ils ne pouvaient maîtriser ; d'autre part, souverainement estimé que ni les FAI ni les fournisseurs de moteurs de recherche ne démontraient que l'exécution des mesures ordonnées leur imposerait des sacrifices insupportables, ni que leur coût mettrait en péril leur viabilité économique. Elle a donc pu en déduire que la prise en charge, par ces intermédiaires, du coût des mesures de blocage et de déréférencement ordonnées était strictement nécessaire à la préservation des droits en cause[9].

▶ règlement relatif à la protection des données personnelles », dans C. Alcantara (dir.), *E-réputation : Regards croisés sur une notion émergente, op. cit.*, p. 93 – Y. Padova, « Le droit à l'oubli : un droit universel ? », *RLDI* 2016. Ét. 4072 – F. Mattatia et F. Mordelet, « La mise en œuvre du RGPD au prisme du risque juridique », *RLDI* 2017. Ét. 5066.

1. SUR les dangers des « traces » que chaque internaute laisse sur la toile, les rendant totalement transparents pour les plateformes : D. Olivennes et M. Chichportich, *Mortelle transparence*, Albin Michel, 2018 – O. Tesquet, *À la trace. Enquête sur les nouveaux territoires de la surveillance*, éd. Premier parallèle, 2020, réquisitoire contre les ravages de la surveillance numérique.
2. Civ. 1re, 12 mai 2016, n° 15-17.729, NP, *RLDI* 2016, n° 3999 ; *RLDC* 2016, n° 6237, obs. M. Dupuis – Ph. Mouron, « La liberté de la presse fait oublier le "droit à l'oubli" », *RLDI* 2016. Ét. 4033 – Y. Padova, « Le droit à l'oubli, un droit universel ? », ét. préc.
3. EN CE SENS : É. Gefray, « La protection des données personnelles, élément clé à l'ère numérique », *Légipresse* 2014. 515.
4. J.-M. Bruguière, « Droit à l'oubli numérique des internautes ou... responsabilité civile des moteurs de recherche du fait du référencement ? », ét. préc.
5. J.-M. Bruguière, art. préc.
6. Dir. 95/46, Parlement et Conseil, 24 oct. 1995 relative à la protection des personnes physiques à l'égard du traitement des données à caractère personnel et à la libre circulation de ces données, *JOCE* L 281, 23 nov., p. 31.
7. SUR CETTE NOTION : C. Bloch, *La cessation de l'illicite : Recherche sur une fonction méconnue de la responsabilité civile extracontractuelle*, préf. R. Bout, avant-propos Ph. le Tourneau, Dalloz, 2008.
8. EN RÉPONSE À DEUX QUESTIONS PRÉJUDICIELLES : CJUE, Gde ch., 24 sept. 2019, aff. C-137/17, *Google LLC c/Cnil*, C-507/17, *Rec.* N ; *D.* 2019. 2022, note J.-L. Saurou ; *RLDI* 2019, n° 5580, obs. L. Costes ; *Dalloz IP/IT* 2019. 631, obs. N. Martial-Braz ; *D.* 2020. 515, note T. Douville ; *JCP G* 2019. 1031, obs. F. Donnat ; *JDI* 2020. 6, obs. L. Pailler.
9. Civ. 1re, 6 juill. 2017, n° 16-17.217, P I, n° 170 ; *GAPI*, 3e éd., Dalloz, 2020, n° 11 ; *D.* 2017. 2016, note C. Le Goffic ; *RLDI* 2017. 5048 ; *CCC* 2017, n° 80, obs. G. Loiseau ; *Dalloz IF/IT* 2018. 137, obs. O. Henrard – Civ. 1re, 14 févr. 2018, n° 17-10.499, P I, n° 31 ; *RJDA* ▶

431.18 Droit des personnes physiques à l'effacement. L'article 52[1] de la loi n 78-17 du 6 janvier 1978[2], dans sa rédaction résultant de l'ordonnance n° 2018-1125 du 12 décembre 2018[3], précise les conditions du droit des personnes physiques à l'effacement des données personnelles : « *Sur demande de la personne concernée, le responsable du traitement est tenu d'effacer dans les meilleurs délais les données à caractère personnel qui ont été collectées dans le cadre de l'offre de services de la société de l'information lorsque la personne concernée était mineure au moment de la collecte. Lorsqu'il a transmis les données en cause à un tiers lui-même responsable de traitement, il prend des mesures raisonnables, y compris d'ordre technique, compte tenu des technologies disponibles et des coûts de mise en œuvre, pour informer le tiers qui traite ces données que la personne concernée a demandé l'effacement de tout lien vers celles-ci, ou de toute copie ou de toute reproduction de celles-ci. // en cas de non-exécution de l'effacement des données à caractère personnel ou en cas d'absence de réponse du responsable du traitement dans un délai d'un mois à compter de la demande, la personne concernée peut saisir la Commission nationale de l'informatique et des libertés, qui se prononce sur cette demande dans un délai de trois semaines à compter de la date de réception de la réclamation* ».[4] Il a pu être suggéré d'insérer dans le code civil un nouvel article relatif à « *l'acte de décès numérique* »[5].

431.19 Protection des données personnelles. Le référenceur est évidemment tenu de respecter le règlement 2016/679[6] relatif à la protection des personnes physiques à l'égard du traitement des données à caractère personnel et à la libre circulation de ces données (RGPD)[7].

► 2018, n° 484 ; *CCE* 2018, n° 48, obs. A. Debet : « *la juridiction saisie d'une demande de déréférencement est tenue de porter une appréciation sur son bien-fondé et de procéder, de façon concrète, à la mise en balance des intérêts en présence, de sorte qu'elle ne peut ordonner une mesure d'injonction d'ordre général conférant un caractère automatique à la suppression de la liste de résultats, affichée à la suite d'une recherche effectuée à partir du nom d'une personne, des liens vers des pages internet contenant des informations relatives à cette personne* ».

1. L. n° 78-17, 6 janv. 1978, art. 52 ; mod. par ord. n° 2018-1125, 12 déc. 2018, art. 1er.
2. L. n° 78-17, 6 janv. 1978, relative à l'informatique, aux fichiers et aux libertés, *JO* 7 janv., p. 227.
3. Ord. n° 2018-1125, 12 déc. 2018, prise en application de l'article 32 de la loi n° 2018-493 du 20 juin 2018 relative à la protection des données personnelles et portant modification de la loi n° 78-17 du 6 janvier 1978 relative à l'informatique, aux fichiers et aux libertés et diverses dispositions concernant la protection des données à caractère personnel, *JO* 13 déc., n° 5.
4. Sur le « testament numérique » v. *supra* s[s] n° 011.43.
5. D. Lovato, *La prudence et le droit,* th. Université Toulouse 1 Capitole, 2020, n° 66.
6. Règl. 2016/679, Parlement et Conseil, 27 avr. 2016, relatif à la protection des personnes physiques à l'égard du traitement des données à caractère personnel et à la libre circulation de ces données, et abrogeant la directive 95/46/CE (règlement général sur la protection des données), *JOUE* L 119, 4 mai, p. 1.
7. Sur celui-ci v. *supra* s[s] n° 011.22.

CHAPITRE

432. Contrat de référencement par un site partenaire ou par un portail

SECTION 0

ORIENTEUR

432.00 **Sommaire du chapitre.**

SECTION UNIQUE

ÉTUDE D'ENSEMBLE

432.11 **Interaction de la « toile ».** La « toile » est fondée sur un principe général d'interaction, dont les liens hypertextes sont la clé de voûte[1]. « *L'usage des liens hypertextes est consubstantiel à internet* » (TGI Nice, 7 févr. 2006, *TWD industries c/Google*[2] ; il aurait fallu écrire à l'internet, avec l'article). Un clip, un bouton ou une icône conduit à des produits et des prestations de services référencées ou à un site, l'opération étant exécutable immédiatement. Cette interaction a renouvelé et renouvellera encore notre rapport aux sources d'information et, au-delà, à l'écriture, aux signes et à l'indexation de l'information[3]. Mais le procédé est plus qu'une information, il est une incitation à se diriger du site partenaire ou du portail vers le site commercial référencé. Ainsi, quelqu'un consultant le site A trouvera un bouton permettant d'accéder directement au site B d'un autre intervenant du monde économique (par exemple le site d'un transporteur aérien comporte un bouton permettant d'accéder au site d'une chaîne hôtelière). La différence entre le site partenaire et le portail est que le premier est un site non-professionnel, alors que le second est un site professionnel. Ni la directive 2000/31[4], ni la loi du 21 juin 2004[5], dite LCEN, ne régissent les liens hypertextes et les portails.

432.12 **Liens hypertextes simples.** Les liens hypertextes *simples*, donnant seulement accès à la page d'accueil du site ciblé, sont licites[6]. En effet, ils sont censés avoir été implicitement autorisés par tout opérateur du réseau internet, car ils en constituent une caractéristique essentielle, et que la toile ne peut pas se concevoir sans eux[7]. Aussi, selon l'ordonnance rendue dans l'affaire *Stepstone France* (préc.), l'entreprise qui refuse la création de liens vers ses sites, ou entend la soumettre à autorisation préalable, doit le signaler sur sa page d'accueil ; mais cette exigence est si contraire à l'esprit de la toile que son omission ne devrait sans doute pas être regardée comme fautive à elle seule[8]. Il semble opportun de permettre la reproduction des marques dans un lien hypertexte lorsqu'elle est *nécessaire* pour évoquer les produits ou les services désignés par cette marque, en appliquant la disposition de l'article L. 713-6, b, du code de la propriété

1. SUR LES MOTIFS : T. com. Nanterre, réf., 8 nov. 2000, *Stepstone France, Expertises* 2001, p. 200 – SUR les liens hypertextes, NOT. : A. Mendoza-Caminade, « Les risques numériques à l'épreuve du droit : l'exemple du lien hypertexte », art. préc.
2. TGI Nice, 7 févr. 2006, *TWD industries c/Google*, préc.
3. NOT. F. Ghitalla, art. préc.
4. Dir. 2000/31, Parlement et Conseil, 8 juin 2000 relative à certains aspects juridiques des services de la société de l'information, et notamment du commerce électronique, dans le marché intérieur, *JOCE* L 178, 17 juill., p. 1, dite directive sur le commerce électronique.
5. L. n° 2004-575, 21 juin 2004 pour la confiance dans l'économie numérique, *JO* 22 juin, p. 11168.
6. Paris, 19 sept. 2001, *NRJ, D.* 2002. AJ 643, obs. C. Manara : mais en l'esp. le référencement constituait un acte de concurrence déloyale, car arrivé sur le site l'internaute se trouvait en présence de propos dénigrants la sté référencée.
7. T. com. Nanterre, réf., 8 nov. 2000, *Stepstone France*, préc. – TGI Nice, 7 févr. 2006, *TWD industries c/Google*, préc.
8. EN CE SENS : J. Larrieu, « Le lien hypertexte entre normalité et responsabilité », art. préc., spéc. p. 259.

intellectuelle, à condition qu'elle ne soit pas accompagnée d'un acte fautif et qu'elle ne crée pas un risque de confusion [1].

432.13 **Liens hypertextes profonds.** En revanche, la création de liens hypertextes *profonds*, qui renvoient directement aux pages secondaires d'un site ciblé sans passer par sa page d'accueil, suppose une autorisation. À défaut, elle est condamnable, éventuellement comme *contrefaçon* de marque [2] ; voire, en tant qu'extraction d'une partie substantielle d'une base [3] de donnée [4]. Ou, en présence d'une marque notoirement connue, sur le fondement de l'article L. 713-5 [5] du code de la propriété intellectuelle [6]. Enfin, le plus souvent, au regard de la *concurrence parasitaire* (et à celui des agissements parasitaires si les entreprises ne sont pas concurrentes [7]). La responsabilité des moteurs de recherche en matière de liens commerciaux est donc presque systématiquement mise en cause et retenue ; peut-

1. COMP. Paris, 19 oct. 2001, *Wolke Inks, CCÉ* 2002, n° 3, obs. C. Caron, 2e esp. ; *PIBD* 2002. III. 259 : ici contrefaçon en présence d'un lien créant un risque de confusion – Aix-en-Provence, 10 mars 2004, *Legalis.net* 2004/4, p. 104 : la mise à la disposition sur un site de liens hypertextes renvoyant à d'autres sites proposant le téléchargement illégal de jeux constitue une contrefaçon par fourniture de moyens – TGI Paris, 4 févr. 2005, *Vuitton c/Google, D.* 2005. 1037, note C. Hugon : contrefaçon, car les liens faisaient apparaître des annonces publicitaires désignant des sites dont certains proposaient des produits contrefaisants – TGI Nice, 7 févr. 2006, *TWD industries c/Google*, préc. : les liens publicitaires n'étaient pas de nature à induire en erreur ni à créer un risque de confusion.
2. TGI Paris, 5 sept. 2001, *Cadremploi c/Keljob, PIBD* 2001. III. 578 ; *Legalis.net* 2001/3, p. 94 – Paris, 19 oct. 2001, *Wolke Inke & Printers, JurisData* 159030 – TGI Nanterre, 14 déc. 2004, *CNRRH c/Google, Expertises* 2005, p. 355 : condamnation tant des annonceurs que du fournisseur de liens hypertextes.
3. V. *infra* ss nos 343.31 s.
4. TGI Paris, 14 nov. 2001, *Éd. Neressis c/France Télécom, PIBD* 2002. III. 255.
5. Sur cet article L. 713-5 aussi : v. *infra* ss n° 443.38.
6. TGI Paris, 3e ch., 12 déc. 2007, *Syndicat de la literie c/Google*, www.legalis.net ; *Propr. ind.* 2008, n° 11, note P. Tréfigny : la marque semi-figurative collective *Belle literie* constitue une marque de renommée, compte tenu de son ancienneté, de sa reconnaissance par le consommateur Français et des investissements consacrés à sa promotion ; l'usage à titre de mot-clé de sa partie nominale pour créer des liens commerciaux en faveur de concurrents représente un usage injustifié de sa renommée et doit être condamné à ce titre – Paris, pôle 5, 2e ch., 9 sept. 2011, RG n° 2010-08.926, *PIBD* 2011. III. 617 ; *JurisData* 022821 : l'usage du terme *Isocod*, à titre de dénomination sociale, nom commercial, nom de domaine et métatags, qui évoque clairement la marque renommée *ISO* (dont est titulaire l'Organisation Internationale de Normalisation), porte atteinte aux droits du titulaire de cette marque en ce qu'il permet à la sté qui l'exploite en commercialisant des équipements liés à la sécurité et à l'hygiène sur les lieux du travail de bénéficier indûment de la réputation de la marque renommée, et préjudicie au crédit de cette dernière auprès du public et des professionnels et à son rayonnement.
7. T. com. Paris, réf., 26 déc. 2000, *Havas Numérique et cadres on line c/Keljob, D.* 2001. AJ 1389, obs. C. Manara ; *CCÉ* 2001/3, n° 21, obs. C. Caron : condamnant une sté exerçant l'activité de moteur de recherche, non concurrente de la sté victime des agissements – TGI Paris, réf., 8 janv. 2001, *Cadremploi c/Keljob, CCÉ* 2001, n° 46, obs. C. Le Stanc ; *PIBD* 2001. III. 294 : liens hypertextes profonds permettant de récupérer des pans entiers des données du site visité – ORDONNANCE RÉFORMÉE par : Paris, 25 mai 2001, *PIBD* 2001. III. 455 : considérant qu'il n'y avait pas concurrence déloyale – DANS LE MÊME SENS, statuant au fond dans la même aff. : TGI Paris, 5 sept. 2001, préc. : car les liens ne constituaient pas un fait distinct de la contrefaçon de marque retenue – Paris, 8 sept. 2004, *Sport Auto Galerie c/Porsche, PIBD* 2004. III. 657 : acte de parasitisme [distinct de la contrefaçon de marque], consistant à avoir référencé un site www.specialiste-porsche.com, renvoyant à un simple revendeur de pièces détachées, créant dans l'esprit de la clientèle internaute un risque de confusion sur l'origine du service offert – Paris, 15e A, 17 oct. 2007, *Life c/Ergoline, CCÉ* 2008, n° 41, obs. M. Chagny ; *RJDA* 2008, n° 965 : le fait d'utiliser le nom du dirigeant d'un concurrent dans un lien internet pour promouvoir ses produits crée nécessairement une confusion dans l'esprit des internautes et constitue un acte de concurrence déloyale – Douai, 1re ch., sect. 2, 5 oct. 2011, RG n° 10/03751, *D.* 2011. AJ 2861, obs. C. Manara, CRIT. ; *Propr. ind.* 2012, n° 9, obs. J. Larrieu : considérant que l'usage excessif des techniques de référencement de site auprès des moteurs de recherche, en particulier par la multiplication des pages de référencement sous des noms de domaine reproduisant le même terme, constitue un acte de concurrence déloyale – POUR les États-Unis : United States Court of Appeals for the ninth circuit, 10 mars 1999, *Brookfielf Communication, Inc. c/Wewt Coast Entertainment Corporation, Gaz. Pal.* 1999. 2, p. 655, note B. Langlois – COMP. : C. Fabre, « Panorama de la jurisprudence en matière de lien hypertextes », art. préc. ; F. Sardain, « La contrefaçon du fait des liens hypertextes », art. préc. – CJUE, 1re ch., 22 sept. 2011, *Interflora*, aff. C-323/09, *Rec.* I-08625 ; *D.* 2011. AJ 2332, obs. C. Manara ; *D.* 2012. 1362, obs. S. Durrande ; *D.* 2012. 2343, obs. J. Larrieu, C. Le Stanc et P. Tréfigny ; *JCP E* 2011, n° 46. Chron. 1818, n° 13, obs. C. Caron ; *CCÉ* 2011, n° 112, obs. C. Caron ; *JCP E* 2012, n° 3, 1058, note M. Bourgeois ; *Gaz. Pal.* 15 févr. 2012, p. 19, note L. Marino ; *Propr. intell.* 2012, p. 63, note G. Bonnet ; *RTD com.* 2012. 103, obs. J. Azéma : l'acte de parasitisme peut résulter de l'emploi d'une marque comme mot-clé pour déclencher sur internet une publicité concurrente (point 89) ; toutefois, l'arrêt *Interflora* écarte la protection car, les produits désignés n'étant pas des imitations, la concurrence est « saine et loyale », ce qui constitue un « juste motif » (au sens des art. 5, § 2, dir. 89/104 et art. 9, § 1, c, règl. 40/94) de l'utilisation de la marque (CJUE, 1re ch., 22 sept. 2011, *Interflora*, aff. C-323/09, pt 91) ; il est paradoxal de considérer qu'un acte reconnu de parasitisme relève en même temps d'une « concurrence saine et loyale » ! C'est, qu'à propos des marques, la CJUE retient une notion de parasitisme nettement plus étroite que celle d'agissements parasitaires, dégagés par la jurisprudence française, qui paraît tout à fait adaptée pour lutter contre l'usurpation d'un signe à des fins publicitaires.

être faudrait-il envisager un régime spécifique, dont la responsabilité varierait en fonction du rôle effectif du prestataire de référencement[1].

432.14 Éventuelle responsabilité civile de l'auteur de liens faussant le référencement des moteurs de recherche. Une entreprise ne dominant pas son marché peut chercher à fausser les référencements des moteurs de recherche. Pour y parvenir, un prestataire crée artificiellement d'innombrables liens (dits liens retours, *back links*), comprenant tous la marque du concurrent *leader*. Aussi, lorsqu'est tapée en tant que mot-clé celle-ci, c'est celle du concurrent indélicat qui apparaît en premier. Il n'existe pas de contrefaçon, la marque du tiers n'étant pas utilisé dans les liens retours en tant que marque pour désigner des produits ou des services. Mais cet usage constitue un acte de concurrence parasitaire[2].

432.15 Encadrement. Quant à « l'encadrement » *(framing)* qui, combiné avec la technique du lien profond, désoriente l'internaute ne sachant plus sur quel site il se trouve[3], il est illicite[4].

432.16 Liens hypertextes et Droit d'auteur. Interprétant l'article 3, § 1, de la directive 2001/29[5] sur l'harmonisation de certains aspects du droit d'auteur et des droits voisins dans la société de l'information, la CJUE a jugé que l'établissement par un site internet de liens vers des œuvres « librement accessibles » sur un autre site ne constitue pas un acte de « communication au public » (car tous les internautes formeraient un seul public). Dès lors, leurs auteurs ne peuvent pas se prévaloir de droits sur cette forme d'exploitation[6]. De même, le fait d'intégrer sur un site une vidéo déjà publiée par un autre site a été considéré comme ne portant pas atteinte au droit d'auteur[7]. En 2016, la CJUE précisa que, pour apprécier si le fait de placer sur un site des liens hypertexte vers des œuvres protégées librement disponibles, sur un autre site sans l'autorisation du titulaire du droit d'auteur, constitue une *communication au public*, il convient de déterminer si ces liens sont fournis sans but lucratif par une personne qui ne connaissait pas ou ne pouvait raisonnablement pas connaître le caractère illégal de la publication de ces œuvres sur cet autre site ou si, au contraire, lesdits liens sont fournis dans une telle perspective, hypothèse dans laquelle cette connaissance doit être présumée[8]. Puis, l'année suivante, elle étendit cette solution à la commercialisation d'un matériel contenant des liens hypertextes vers des contenus numériques sans l'autorisation de l'auteur[9].

Cependant, la notion de communication au public doit être interprétée en ce sens qu'elle couvre la mise en ligne sur un site internet d'une photographie préalablement publiée, sans mesure de restriction empêchant son téléchargement et avec l'autorisation du titulaire du droit d'auteur, sur un autre site[10]. Il existe donc deux communications au public distinctes sur internet. D'une part, celle qui a lieu avec un public nouveau s'il implique une nouvelle mise en ligne ; d'autre part, celle qui ne comporte pas un public nouveau lorsqu'un lien hypertexte est apposé pour accéder à un contenu librement accessible[11].

1. EN CE SENS : A. Mendoza-Caminade, « Les risques numériques à l'épreuve du droit : l'exemple du lien hypertexte », art. préc.
2. Paris, 2e ch., 28 mars 2014, RG n° 13/07517, *PIBD* 2014. III. 454 ; *Propr. ind.* 2014, n° 58, obs. P. Tréfigny.
3. Sur les *graffitis virtuels* [*tags* ou *meta-tags*] v. *supra* s[s] n° 335.71.
4. J. Larrieu, « Le lien hypertexte entre normalité et responsabilité », art. préc., spéc. p. 260.
5. Dir. 2001/29, Parlement et Conseil, 22 mai 2001, sur l'harmonisation de certains aspects du droit d'auteur et des droits voisins dans la société de l'information, *JOCE* L 167, 22 juin 2001, p. 10.
6. CJUE, 4e ch., 13 févr. 2014, *Svensson,* aff. C-466/12, *D.* 2014. 480 ; *D.* 2014. 2078, obs. P. Sirinelli ; *D.* 2014. 2317, obs. J. Larrieu, C. Le Stanc et P. Tréfigny ; *Légipresse* 2014. 135 ; *JAC* 2014, n° 12, p. 6, obs. E. Scaramozzino ; *Propr. intell.* juill. 2014, p. 234-241, obs. S. Dormont ; *RLDI* 2014, n° 3371, note E. Derieux, CRIT. ; *CCÉ* 2014, n° 34, obs. C. Caron ; *Gaz. Pal.* 13 juill. 2014. 17, note L. Marino ; G. Busseuil, « La libre circulation des contenus numériques entre accès et consentement : les précisions de la CJUE en matière de respect des droits de propriété intellectuelle », *RLDI* 2014, Doctr. 3483 ; L. Dubois et F. Gaullier, « Les liens hypertextes après l'arrêt *Svensson* : quelles conséquences pratiques ? », *RLDI* 2014. Doctr. 3616 ; *RTD com.* 2014. 600, obs. F. Pollaud-Dulian ; *RTD eur.* 2014. 965, obs. E. Treppoz.
7. CJUE, 9e ch., 21 oct. 2014, ord., *BestWater International,* aff. C-348/13, *RTD com.* 2014. 808, obs. F. Pollaud-Dulian ; *RLDI* 2014, n° 3623, note L. Dubois et F. Gaullier ; *JCP E* 2015. 1063, note G. Busseuil.
8. CJUE, 2e ch., 8 sept. 2016, *GS Media,* aff. C-160/15, *D.* 2016. 1905, note F. Pollaud-Dulian, CRIT. ; *D.* 2016, Pan. 2141, obs. J. Larrieu ; *CCÉ* 2016, n° 78, obs. C. Caron (distinguant cinq hypothèses principales pour distinguer les liens licites des liens illicites) ; *JCP G* 2016, n° 1222, note L. Marino – SUR CET ARRÊT : G. Busseuil, « Propriété intellectuelle, fourniture d'hyperliens et communication au public », *RLDI* 2016, n° 4093 ; S. Dormont, « L'arrêt GS Media de la Cour de justice de l'Union européenne : de précisions en distinctions, l'hyperlien lui fait perdre son latin… », *CCÉ* 2017. Ét. 4.
9. CJUE, 26 avr. 2017, *Strichting Brein,* aff. C-527/15, *Rec.* N ; *RLDI* 2017, n° 5021, note G. Busseuil : la vente d'un boîtier multimédia comportant une interface donnant gratuitement accès à des sites en flux continus (*streaming*) proposant des contenus numériques sans l'autorisation des titulaires des droits constitue une communication au public. De plus les actes de reproduction temporaire effectués par le consommateur final sur le lecteur multimédia ne sont pas exemptés du droit de reproduction. Les offres musicales payantes sur internet, qui se sont beaucoup développées, utilisent ce procédé.
10. CJUE, 2e ch., 7 août 2018, *Land Nordrhein-Westfalen,* aff. C-161/17, *Rec.* N ; *CCÉ* 2018, n° 80, obs. C. Caron ; *RJDA* 2019, n° 55.
11. SELON L'ANALYSE DE : C. Caron sous CJUE, 2e ch., 7 août 2018, *Land Nordrhein-Westfalen,* aff. C-161/17, préc.

432.17 **Portail virtuel.** Le contrat de portail consiste aussi dans un référencement, un site professionnel s'ouvrant par des « portes » (virtuelles) sur d'autres sites grâce à des liens hypertextes [1]. L'internaute se connectant à un site découvrira donc d'autres sites, pourra y accéder, éventuellement y contracter, ce qui constitue évidemment « un plus » pour les titulaires de ces derniers. Mieux, il peut exister comme une chaîne de portails (à l'instar des chaînes de sous-traitants), en ce sens que le site ouvert par le « portail » peut lui-même conduire à un autre site, et ainsi de suite jusqu'à la fin des temps. Ce service est en principe à titre onéreux entre commerçants. Le prix peut comporter un forfait de base (comme abonnement), et un pourcentage du chiffre d'affaires du site grâce aux clients survenus par le portail. Le titulaire du site référencé s'engage à accorder un accès à son contenu, exclusif ou non. La mise en place du portail peut être ponctuée par des tests, et validée par un procès-verbal de réception (*acceptance memorandum*). Le contrat de portail est un contrat d'entreprise comme le contrat de référencement ordinaire [2].

Nous avons raisonné sur un portail d'entreprise ouvert sur l'extérieur, *extranet*, que ce soit en amont vers les fournisseurs et/ou en aval vers les clients. Mais il existe des portails d'entreprise en quelque sorte *intranet*, entre la maison mère, ses diverses directions, les filiales, succursales, *etc*. D'autres enfin sont mixtes, intranet et extranet, en ce sens qu'ils réunissent fournisseurs, clients et collaborateurs de l'entreprise au centre, vendant des biens ou délivrant des services, permettant ainsi un fructueux dialogue entre tous ces acteurs, voire une féconde collaboration dans le meilleur des cas.

1. NOT. : J.-L. Bénard [dir.], *Les portails d'entreprises*, art. préc.

2. V. *supra* s[s] n° 43.06.

CHAPITRE

433. Contrat de référencement « affiliation »

SECTION 0

Orienteur

433.00 **Sommaire du chapitre.**

SECTION UNIQUE

Étude d'ensemble

433.11 **Affilié, « affilieur » et cible.** Le référencement « affiliation » est un degré au-dessus des référencements envisagés précédemment. En effet, l'affiliation est une technique commerciale permettant à un éditeur de site internet (l'affilié), d'envoyer du trafic de son site vers un autre, la « cible », appartenant à un autre éditeur (« l'affilieur »).

Le premier est donc prescripteur pour le compte du second, aboutissant normalement à un apport de clientèle au profit de celui-ci, qu'il s'agisse d'un vendeur ou d'un prestataire de services. Le lien entre les sites n'est pas une simple faculté, mais une obligation convenue entre les parties contre une rémunération (fixée en considération, soit du nombre de visiteurs dirigés sur le site, soit du nombre d'internautes ayant rempli un formulaire sur le site cible, soit enfin au nombre de contrats effectivement réalisés par celui-ci). Le « pointage » ou routage vers le site cible doit respecter les normes exigées par son titulaire. Il s'effectue selon diverses manières. Selon la plus simple et la plus fréquente, il se traduit par l'insertion sur le site de l'affilié de dispositifs techniques (tels des liens hypertextes ou des bandeaux publicitaires) permettant aux internautes le visionnant d'avoir un accès direct aux pages du site cible.

Dans l'autre procédé, l'affilié acquiert de moteurs de recherches le droit d'usage de mots-clés, établissant des liens commerciaux ; ceux-ci permettent renverront l'internaute cliquant sur eux soit sur le site de l'affilié, soit directement sur celui de « l'affilieur ».

433.12 **Plateforme d'affiliation.** L'affiliation prend généralement la forme d'une convention conclue directement entre « l'affilieur » et chacun des affiliés. Mais le premier peut préférer charger une société, dénommée *plateforme d'affiliation*, de développer un réseau d'affiliés. Il est prudent d'insérer une clause élusive de responsabilité quant à l'utilisation sans droit d'un nom commercial, d'une marque ou d'un nom de domaine[1]. Il a été jugé, à juste titre, à propos d'un contrat d'affiliation recourant à une plateforme que les affilieurs n'engagent pas leur responsabilité quant au fait que les mots-clés se trouvaient être des marques déposées, appartenant à des tiers, dès lors qu'ils « *n'ont ni la maîtrise, ni n'exercent de contrôle a priori sur les choix [de ceux-ci] par leurs affiliés* » (TGI Paris, 3e ch., 2e sect., 18 sept. 2009, *Parfums Christian Dior c/ e.Bay*[2]). Les plateformes d'affiliation ne bénéficieraient pas du régime particulier de la LCEN[3], de sorte qu'elles seraient soumises au régime de la responsabilité de Droit commun[4].

433.13 **Application du régime légal de la publicité ?** Le contrat d'affiliation s'apparente à une

1. V. LES FAITS : TGI Strasbourg, 19 mai 2005, *CNRRH c/21 Multimédia, D.* 2005. AJ 1630, obs. C. Manara.
2. TGI Paris, 3e ch., 2e sect., 18 sept. 2009, *Parfums Christian Dior c/e.Bay, JCP E* 2009, n° 48, 2109, note L. Giret et M. Bourgeois – COMP. : TGI Strasbourg, 19 mai 2005, *CNRRH c/21 Multimédia*, préc.
3. Sur lequel v. *supra* ss nos 422.32 s.
4. TGI Paris, 3e ch., 2e sect., 18 sept. 2009, *Parfums Christian Dior c/e.Bay*, préc. : condamnation de *e.Bay* pour contrefaçon, du fait qu'elle a utilisé des marques, non pas à titre informatif, mais à des fins purement « promotionnelles » – T. com. Toulouse, 18 juill. 2017, *D.* 2017. Pan. 2016, obs. J. Larrieu, C. Le Stanc et P. Tréfigny : parasitisme par l'affilié.

prestation de services de publicité[1], au point que certains auteurs ont suggéré d'appliquer la loi n° 93-122 du 29 janvier 1993[2], dite de moralisation de la publicité[3], dont les termes[4] sont généraux[5]. En vertu de cette loi, tout « achat » d'espace publicitaire, ou de prestations ayant pour objet l'édition ou la distribution d'imprimés publicitaires, ne peut être réalisé par un intermédiaire que pour le compte d'un annonceur, exclusivement par un contrat de mandat conclu par écrit. « L'affilieur » revêtirait alors la qualité d'annonceur ; les responsabilités entre les divers acteurs en seraient clarifiées.

Le référencement en ligne par des plateformes numériques, peut donner lieu à un abus de position dominante[6].

1. RETENANT CETTE QUALIFICATION : TGI Strasbourg, 19 mai 2005, *CNRRH c/21 Multimédia*, préc. – TGI Paris, 3e ch., 2e section, 18 sept. 2009, *Parfums Christian Dior c/e.Bay*, préc. : le tribunal considéra que le service payant de réservation des mots-clés constituait une forme de publicité ; d'où l'utilisation de marques appartenant à des tiers constituait une opération « promotionnelle ».
2. L. n° 93-122, 29 janv. 1993 relative à la prévention de la corruption et à la transparence de la vie économique et des procédures publiques, *JO* 30 janv., p. 1588.
3. SUR LAQUELLE : Ph. le Tourneau (dir.), *Droit de la responsabilité et des contrats. Régimes d'indemnisation*, 12e éd., « Dalloz action », 2020, nos 3322.94 s.
4. V. *infra* ss n° 451.21.
5. L. Giret et M. Bourgeois, note préc.
6. N. Lenoir et A. Jacquin, « Référencement en ligne et abus de position dominante : quelles problématiques pour les plateformes numériques ? », *AJCA* 2016. 223.

TITRE

44. La création d'un site

SECTION 0 ORIENTEUR

44.00 Sommaire du titre.

Renvoi – Compétence. Sur la compétence, territoriale et légale, les développements relatifs à la responsabilité des hébergeurs sont transposables aux agissements des titulaires de site sur la toile[1].

44.03 Bibliographie. Ouvrage. T. Massart (dir.), *Créer un site internet : 300 questions juridiques*, Editoo.com, 2003.

Article. M. Griguer, « Mettre en conformité son site internet », *Cah. dr. entr.* 2013/2, prat. 10.

44.05 Site virtuel, bloc-notes en ligne et noms de domaine. Un site, ensemble de données localisées à une adresse internet, est une « *des facettes d'internet* »[2]. Ce n'est pas un service en soi, mais éventuellement le support de celui-ci[3]. Tout un chacun peut se créer un site virtuel sur la toile (qui bénéficiera automatiquement d'une audience internationale), en veillant évidemment qu'il soit conforme à la réglementation[4]. Il existe des logiciels destinés à créer des sites, notamment le fameux logiciel libre *SPIP*[5]. Les sites personnels qui se développent le plus sont les « blogs » (blogue ou *bloc-notes en ligne* – Le mot *blog* est la contraction de *web* et de *log* [journal de bord des bateaux] ; son équivalent officiel en français est bloc-notes[6]). L'auteur d'un tel bloc-notes en ligne y insère des textes, y compris dans le domaine juridique, des photos, des informations, qu'il livre aux internautes en leur donnant la possibilité de commenter ces données, de les compléter, d'y répondre[7]. La logique de ces blocs-notes implique que le plus grand nombre puisse y avoir accès, ce qui nécessite un bon référencement dans les moteurs de recherche[8]. Des blocs-notes juridiques en ligne se développent[9]. L'auteur d'un bloc-notes engage, le cas échéant, sa responsabilité selon le Droit commun, tant quant à sa propre contribution qu'aux commentaires apportés par des tiers, sous la réserve importante que les abus de la liberté d'expression ne peuvent être réprimés que par les dispositions de la

1. V. *supra* s[s] n°s 422.46 s.
2. TGI Paris, réf., 20 nov. 2000, *Yahoo c/Licra et UEJF, CCÉ* 2000, n° 132, obs. J.-C. Galloux.
3. Com. 13 déc. 2005, n° 04-10.143, P IV, n° 254 ; *GAPI*, 3e éd., Dalloz, 2020, n° 101 ; *D.* 2006. AJ 63, obs. C. Manara ; *JCP E* 2006. 1234, note C. Caron ; *PIBD* 2006. III. 149, IMPL.
4. M. Griguer, « *Mettre en conformité son site internet* », art. préc.
5. Sur les logiciels libres v. *supra* s[s] n°s 221.31 s.
6. Vocabulaire de l'internet (liste de termes, expressions et définitions adoptés), *JO* 20 mai 2005, p. 8803, NOR : CTNX0508288K.
7. SUR LA QUALIFICATION et le régime juridique : G. Kessler, « Aspects juridiques du *blog* », *D.* 2006. Chron. 116.
8. NOT., SUR les secrets d'un référencement efficace : L. Le Meur et L. Beauvais, *Blogs pour pros*, Dunod, 2006.
9. A.-S. Chambost (dir.), *Les blogs juridiques et la dématérialisation de la doctrine*, « Contextes », LGDJ, 2015.

loi du 29 juillet 1881 sur la liberté de la presse[1]. Pour ces derniers, il possède la qualité d'hébergeur[2], mais un hébergeur un peu particulier, car il peut difficilement invoquer son ignorance du contenu : il y aurait ici une sorte de présomption de connaissance, qu'il lui appartiendrait de renverser par la preuve contraire. Sa responsabilité n'exonère évidemment celle de l'auteur des textes litigieux (engagée selon le Droit commun) ; toutefois, il sera parfois difficile de l'identifier s'il ne s'est manifesté qu'en utilisant un pseudonyme.

Toutefois, les entreprises sont les premières intéressées par la création d'un site virtuel (y compris par les « blogs », mais surtout utilisés en leur sein[3]). Le nombre des sites ne cesse d'augmenter à une vitesse prodigieuse. Les sites n'ont d'efficacité que s'ils sont en permanence modifiés, de sorte qu'ils font l'objet d'une création continue. Ils représentent une valeur économique que des tiers ont donc tendance à piller ; nous rappellerons brièvement quelles sont les protections dont son titulaire peut bénéficier. Un site suppose une adresse. Telle est la raison pour laquelle nous joindrons (il est vrai assez artificiellement) au contrat de création d'un site la question des noms de domaine, donnant lieu à un abondant contentieux.

44.06 **Publicité comparative en ligne.** La publicité comparative *objective*[4] a été autorisée par la loi n° 92-60 du 18 janvier 1992[5], à l'instigation du Droit de l'Union européenne (dont le dernier état est la dir. 2006/114[6]). L'article L. 122-1 du code de la consommation exige une identification du concurrent, mais qui peut être aussi bien explicite qu'implicite. Les conditions de licéité de la publicité comparative résultent des articles L. 122-1 à L. 122-4 du code de la consommation. La comparaison n'est licite selon l'article L. 122-1 que si : 1°) « *Elle n'est pas trompeuse ou de nature à induire en erreur* » ; 2°) « *elle porte sur des biens ou services répondant aux mêmes besoins ou ayant le même objectif* » ; 3°) « *elle compare objectivement une ou plusieurs caractéristiques essentielles, pertinentes, vérifiables et représentatives de ces biens ou services, dont le prix peut faire partie* »[7]. L'annonceur pour le compte duquel la publicité comparative est diffusée doit être en mesure de prouver l'exactitude matérielle des énonciations, indications et présentations contenues[8] dans la publicité[9]. Il n'est pas nécessaire que la publicité comparative énonce les différences entre les produits, dès lors qu'elle montre qu'ils sont interchangeables[10]. L'usage d'un signe identique ou similaire à celui du titulaire du produit comparé est licite, sauf s'il existe un risque de confusion dans l'esprit du public[11]. Peu importe que la publicité soit effectuée par un moyen traditionnel ou par internet[12].

Est une publicité comparative licite celle dans laquelle son auteur avait choisi les paramètres qui lui étaient les plus favorables, dès lors qu'ils étaient exacts[13] ; de même, la publicité comparative par internet portant sur les prix moyens de vente[14]. En revanche, constitue une publicité comparative illicite, celle dont les éléments de comparaison sont imprécis[15] ou incomplets[16], comme celle dont la comparaison n'est ni loyale ni véridique[17] ; ou ne porte pas sur une qualité essentielle du produit[18],

1. Cass., ass. plén., 12 juill. 2000, n°s 98-10.160, 98-11.155, P, n° 8 – Civ. 1re, 6 oct. 2011, n° 10-18.142, P I, n° 159 ; *D.* 2011. 2476 ; *D.* 2012. 765, obs. E. Dreyer ; *AJCT* 2012. 98, obs. M. Yazi-Roman ; *CCÉ* 2012, n° 18, obs. A. Lepage, CRIT. – B. de Lamy, « Les tribulations de l'article 1382 du code civil au pays de la liberté d'expression », dans *Libre droit. Mél. Ph. le Tourneau*, Dalloz, 2008, p. 275 s. – SUR la loi du 29 juillet 1881 : Ph. le Tourneau (dir.), *Droit de la responsabilité et des contrat ; Régimes d'indemnisation*, 12e éd., « Dalloz action », 2020, n° 0123.34.
2. Sur celle-ci v. *supra* s^s n°s 422.05 s.
3. NOT. : J.-C. Morand, *RSS, blogs : un nouvel outil pour le management*, Éd. MM2, 2006 ; F. Nonnenmacher, *Blogueur d'entreprise*, Éd. d'Organisation, 2006.
4. C. consom. art. L. 122-1 s.
5. L. n° 92-60, 18 janv. 1992, renforçant la protection des consommateurs, *JO* 21 janv., p. 968.
6. Dir. 2006/114, Parlement et Conseil, 12 déc. 2006 en matière de publicité trompeuse et de publicité comparative, *JOUE* L 376, 27 déc., p. 21.
7. REPRENANT LES TERMES de « comparaison de caractéristiques essentielles, pertinentes, vérifiables et représentatives [des] produits » : Com. 26 mars 2008, n° 06-18.366, P IV, n° 71 ; *CCÉ* 2008, n° 132, obs. C. Caron, 2e esp. : à propos de produits pharmaceutiques.
8. C. consom., art. L. 122-5.
9. Com. 14 juin 2000, n° 98-10.689, P IV, n° 126 ; *Gaz. Pal.* 2000. 2, Somm. 21 ; *JCP E* 2000. Pan. 1011 : publicité illicite, son auteur n'ayant pas pu apporter la preuve de l'exactitude de la comparaison.
10. Com. 26 mars 2008, n° 06-18.366, préc.
11. CJCE 12 juin 2008, *O2 Holdings et O2 UK*, aff. C-533/06, *Rec.* I-04231 ; *CCÉ* 2008, n° 132, obs. C. Caron, 1re esp. ; E. Dreyer, « Un an du droit de la publicité », *CCÉ* 2009. Chron. 7, n° 12.
12. T. com. Paris, 29 mars 2007, *Carrefour c/Galec Leclerc*, *Gaz. Pal.* 2007. 2. Somm. 4227, note J.-J. Biolay : site internet de *Galec*, comparant les prix de 2 327 produits de grandes marques de huit enseignes de « grandes surfaces ».
13. Com. 18 juin 1996, n° 94-16.639, P IV, n° 185 ; *RJDA* 1996, n° 1574.
14. T. com. Paris, 29 mars 2007, *Carrefour c/Galec Leclerc*, préc. : et alors que toutes les conditions légales ont été respectées.
15. Paris, 1er juill. 1998, *D.* 1998. IR 197.
16. Com. 1er juill. 2008, n° 07-15.839, NP, *RJDA* 2008, n° 1317.
17. Versailles, 26 mars 1999, *JCP E* 1999. Pan. 1753.
18. COMP. : Crim. 9 mai 2007, n° 06-86.373, P n° 119 ; *RJDA* 2007, n° 905 ; *D.* 2007. 2144, note L. Arcelin : publicité comparative des prix illicite, car il n'était pas démontré que les produits présentaient les mêmes caractéristiques essentielles.

mais sur son caractère plus ou moins « agréable »[1] ; et encore lorsque l'étude publiée est de nature à induire en erreur les consommateurs[2].

En dehors du respect des conditions légales et jurisprudentielles, la publicité comparative constitue un acte de concurrence déloyale, notamment lorsqu'elle est dénigrante[3]. L'usage de la marque du concurrent dans une publicité comparative illicite peut en même temps constituer une contrefaçon[4].

1. Paris, 26 janv. 2000, *Gaz. Pal.* 2001. 1268.
2. À PROPOS d'un site comparateur d'avocats : Civ. 1re, 18 mai 2017, n° 16-13.669, P I, n° 106 ; *RLDI* 2017, n° 5073, note B. Charrier : la cour d'appel « *a caractérisé l'existence d'une pratique commerciale trompeuse, donc déloyale, de nature à altérer de manière substantielle le comportement de l'internaute moyen par rapport aux prestations offertes* ».
3. Com. 18 mai 1993, n° 91-19.829, P IV, n° 199 ; *JCP* 1994. II. 22243, note F. Dekeuwer : sté incapable de prouver la véracité de ses dires – Orléans, 27 mai 1999, *CCC* 2000, n° 36, obs. G. Raymond : comparaison dans un tract des prix de produits ne pouvant être identifiés, vendus dans des « grandes surfaces » – Com. 1er juill. 2003, n° 99-17.183, P IV, n° 115 ; *JCP E* 2003. 1435, note C. Vilmart : arguments faux.
4. Paris, 10 sept. 1999, *NRJ c/Europe 1*, *PIBD* 2000. III. 427.

CHAPITRE
441. Contrat de création ou de développement d'un site

SECTION 0 ORIENTEUR

441.00 **Sommaire du chapitre.**

441.03 **Bibliographie. Ouvrages.** S. Bordage, *Conduite de projet Web*, 6e éd., « Solutions d'entreprise », Eyrolles, 2011 – V. Fauchoux, P. Deprez, F. Dumont et J.-M. Bruguière, *Le droit de l'internet*, « Droit & Professionnels », LexisNexis, 2017 – T. Massart (dir.), *Créer un site internet : 300 questions juridiques*, Editoo.com, 2003.

Articles. A. Bac, « Il ne faut pas sous-estimer les questions de droits d'auteur lors de la création d'un site internet », *JCP E* 2000. 930 s. – L. Marino, « Internet et concurrence déloyale », *CCÉ* 2007. Chron. 27 – A. Mendoza, « Création de sites internet et droit d'auteur des salariés », *Expertises* 2002, p. 144.

SECTION UNIQUE ÉTUDE D'ENSEMBLE

441.11 **Nature du contrat de conception de développement ou de refonte d'un site.** Le contrat de *conception*, de *développement* ou de *refonte*[1] *d'un site* sur la toile mondiale (*Web*), quel qu'il soit (intranet ou extranet), est souvent dit clés en mains (de façon imagée, car tout est ici virtuel[2]). Le prestataire conçoit et réalise le site, réserve le nom de domaine, assure l'hébergement et le référencement, tout en assurant la mise à jour selon une périodicité prévue (mise à jour plutôt qu'une véritable maintenance). La nature du contrat dépend de ce qui est réalisé. Le contrat est *d'entreprise*[3]. L'obligation d'information ou plus exactement de conseil est ici particulièrement exacerbée, à la charge du professionnel envers un client inexpérimenté[4], afin qu'il prenne conscience de tous les éléments à intégrer au site pour qu'il ait quelque chance d'être efficace, et d'attirer la clientèle s'il est destiné au commerce électronique. L'objectif du contrat est une création. La norme est que le site est original, et qu'il constitue donc une *œuvre de l'esprit* au sens du code de la propriété intellectuelle[5] ; sous cet aspect, c'est un contrat de commande, donc un louage d'ouvrage[6].

Quelle est la nature de l'obligation du créateur ? Assurément de résultat quant à l'existence de la création elle-même (et au délai de sa réalisation[7], si le créateur s'était engagé à cet égard). En revanche, l'obligation est seulement de moyens quant à la qualité du site, et donc à son efficacité[8], sauf si le

1. Com. 5 juin 2019, no 17-26.360, NP, *Dalloz IP/IT* 2019. 629, obs. A. Lecourt ; *CCC* 2019, no 150, pour un contrat de refonte.
2. Sur cette notion de clés en mains v. *supra* ss nos 252.05 s.
3. ADOPTANT CETTE ANALYSE : Montpellier, 19 févr. 2002, *Capline, CCÉ* 2002, no 145, obs. Ph. Stoffel-Munck – Toulouse, 9 janv. 2003, *123 immo, CCÉ* 2003, no 71, obs. L. Grynbaum.
4. COMP. *supra* ss nos 014.11 s.
5. T. com. Paris, 9 févr. 1998, *Expertises* 1998, p. 238 – Paris, 10 oct. 2003, *Belleville, CCÉ* 2004, no 14, obs. C. Caron : l'arrêt caractérise l'originalité par le concept, c'est-à-dire l'idée du site – TGI Lille, 24 févr. 2005, *Courta Finanace*, www.foruminternet.org
6. Caen, 4 avr. 2017, *RTD com.* 2017. 367, obs. F. Pollaud-Dulian – Civ. 1re, 20 févr. 2019, no 17-18.415, NP, *AJ contrat* 2019. 240, obs. X. Près, à propos de la commande de l'adaptation à l'écran d'un roman – SUR CE CONTRAT EN GÉNÉRAL : S. Denoix de Saint-Marc, *Le contrat de commande en droit français*, avant-propos d'A. Françon, Litec, 2000.
7. Paris, 25e ch. A, 4 mars 2009, *VRDCI c/Nom d'un Net, Juris-Data* 375695 : « *méconnaissance de l'impératif de rapidité* » de la création d'un site.
8. Paris, 28 janv. 2005, *Grenke location et Cybervitrine, CCÉ* 2005, no 103, obs. L. Grynbaum : ne retient que la qualification d'obligation de moyens ; contrat de création d'un site internet et contrat de location de matériel informatique « étroitement liés » (sur l'indivisibilité v. *supra* ss ▶

contrat portait sur la création d'un site « clés en main [1] » [2]. Un site commercial doit être rédigé en français (en vertu de la loi du 4 août 1994 [3], dite loi Toubon [4]), et respecter les règles de la publicité, du moins selon un arrêt ayant considéré de façon catégorique qu'il constituait un « support publicitaire », destiné à présenter au public les services et produits de son titulaire et à inciter à la conclusion de contrats [5].

Le concepteur ne doit pas commencer sa tâche pendant la phase des pourparlers : qu'il attende la conclusion du contrat pour éviter des déconvenues [6] !

Rappel : La distinction des obligations de moyens et de résultat a été ignorée par l'ordonnance n° 2016-131 du 10 février 2016 [7] portant réforme du droit des obligations ; elle ne figure pas non plus dans le projet de réforme de la responsabilité civile présenté par le garde des Sceaux le 13 mars 2017 [8].

► nos 334.11 s.) – Lyon, 31 mars 2005, *Pernot c/Locam, Juris-Data* 272612 ; *CCÉ* 2006. Chron. 4, n° 37 : indivisibilité entre les contrats de « location financière de matériel informatique » et de mise en place d'un site internet ; défaillance à cet égard ; RÉSOLUTION – Paris, 25e ch. A, 4 mars 2009, *VRDCI c/Nom d'un Net*, préc. : livraison d'un site non-conforme, car incomplet ; RÉSOLUTION – Com. 28 sept. 2010, n° 09-10.486, NP, *RLDI* 2010, n° 65 : obligation de moyens en raison de l'imprécision du cahier des charges – Paris, pôle 5, ch. 11, 16 mars 2012, *Uzik c/Moralotop, Expertises* 2012, p. 198 : rupture du contrat par le prestataire de services, du fait de son incapacité à réaliser le site « *d'une extrême complexité* » – Paris, pôle 5, ch. 11, 16 oct. 2015, RG n° 13/06759, *CCÉ* 2015, n° 98, obs. G. Loiseau : mais ne statuant pas sur ce point ; l'arrêt prononça à tort la résolution du contrat pour délivrance non conforme, alors que le site fourni correspondait réellement à la commande ; il eût fallu statuer sur la défaillance du prestataire, et le manquement à son obligation de moyens.

1. SUR LES PARTICULARITÉS de ces contrats v. *supra* ss nos 252.05 s.
2. Com. 17 mai 2017, n° 15-17.948, NP, *AJ contrat* 2017. 335, obs. T. Douville : « *Le contrat portait sur la création d'un site "clés en main", de sorte que l'obligation souscrite par la société A. devait s'analyser en une obligation de résultat* ».
3. L. n° 94-665, 4 août 1994 relative à l'emploi de la langue française, *JO* 5 août, p. 11392.
4. V. *supra* ss n° 012.16.
5. Rennes, 31 mars 2000, *D.* 2000. AJ 358, obs. C. Manara ; *CCÉ* 2000, n° 66, obs. J.-C. Galloux.
6. Paris, pôle 5, 2e ch., 11 mai 2012, RG n° 11/01247, *CCÉ* 2012, n° 77, obs. G. Loiseau : pendant les négociations, une des parties avait réalisé un site internet pour l'autre sans que le contrat soit conclu, du fait de la déloyauté de ce dernier ; la cour octroya au concepteur, sous forme d'indemnité pour rupture abusive des pourparlers, l'équivalent de la rémunération à laquelle il aurait pu prétendre en exécution d'un contrat pour le travail fourni.
7. Ord. n° 2016-131, 10 févr. 2016 portant réforme du droit des contrats, du régime général et de la preuve des obligations, *JO* 11 févr., n° 26.
8. V. *supra* ss n° 014.14.

441.12 Quelques précisions sur le contrat. Un audit est éventuellement diligenté, suivi d'une étude stratégique sur la finalité du site envisagé, permettant d'établir les spécifications recherchées. Celles-ci figureront dans le *cahier des charges* qui est généralement rédigé ; il servira de référentiel de conformité, ce qui implique qu'il soit précis [9]. Un préambule est bienvenu, indiquant que le site est appelé à évoluer, par nature, et que l'auteur se montrera disposé le moment venu à coopérer à cette évolution (il ne peut pas s'engager plus, car « *la cession globale des œuvres futures est nulle* » [10]). Qui dit évolution dit modification. Normalement, celle-ci suppose l'accord, au cas par cas, de l'auteur, afin de sauvegarder son droit moral qui est primordial dans la propriété littéraire. Cependant, cette règle fait mauvais ménage avec la logique d'un site commercial, de sorte qu'en pratique les contrats comportent une clause autorisant le client à le modifier *proprio motu* ; mais elle est nulle ! En cas de litige, le créateur pourra toujours invoquer la nullité. Le site est « livré » sous forme de code objet ou de code exécutable, c'est-à-dire dans un langage binaire compréhensible que par la machine, l'auteur conservant le code source (dans un langage intelligible par l'homme [11]) ; néanmoins, le contrat peut prévoir la communication du code source au client [12], voire celle d'une documentation sur celui-ci, moyennant éventuellement une rémunération particulière.

Le mode de rémunération le plus approprié est le forfait, comme cela est autorisé par le code de la propriété intellectuelle [13], en distinguant éventuellement un forfait pour le site lui-même en tant que produit *multimédia, et* un forfait pour le ou les auteurs des œuvres qui y ont été incorporées. L'obligation du concepteur du site est de résultat quant à la conformité du site aux spécifications du client [14]. Il est prudent d'insérer dans le contrat une clause de confidentialité [15].

9. SUR LES RISQUES d'un cahier des charges flou quant aux fonctionnalités et aux échéances : Paris, pôle 5, ch. 11, 16 mars 2012, *Uzik c/Moralotop*, préc. – Aix-en-Provence, 8e ch., B, 5 oct. 2017, *RLDI* 2017. 5104 : résiliation d'un contrat de refonte d'un site, le client n'ayant pas exprimé ses besoins ni fourni de cahier des charges, malgré les demandes du prestataire.
10. CPI, art. L. 131-1.
11. V. *supra* ss n° 213.34.
12. Caen, 4 avr. 2017, préc., pas de clause de cession des droits de propriété intellectuelle sur les codes sources, si bien que le concepteur était resté titulaire des droits de la propriété intellectuelle sur les logiciels et le matériel de conception préparatoire.
13. CPI, art. L. 131-4.
14. EN CE SENS : L. Grynbaum, note préc. sous Toulouse, 9 janv. 2003, *123 immo*.
15. V. *supra* ss n° 116.81.

Souvent, le contrat de création d'un site est un élément d'un ensemble contractuel[1]. Le cas échéant, se posera alors la question de la divisibilité ou de l'indivisibilité des divers contrats[2]. Il est parfois accompagné d'une licence « d'exploitation du site »[3], consistant principalement à en assurer la maintenance[4] et l'évolution[5].

441.13 **Exemple de clause sur l'objet du contrat.** Le contrat doit définir avec soin les prestations attendues par le client. L'objet de la convention pourra être défini de la façon suivante, en y apportant des précisions techniques :

« *Le concepteur A s'engage envers le client B à assurer les prestations suivantes :*

a) *Concevoir et développer un site internet pour le (jour et mois), en fonction des spécifications du cahier des charges remis par B à A, comportant notamment : - La conception de l'architecture d'information et de l'organisation du site - La conception, la rédaction et la mise en forme du contenu de l'information, de la documentation, ainsi que des textes, dessins, icônes, images, illustrations, photographies, tableaux et tous les autres éléments fournis par B - L'encodage des pages du site et la programmation des composantes logicielles requises, y compris s'il y a lieu les scripts, applets, applications, programmes, fichiers exécutables, logiciels, moteurs de recherche, moteur de gestion de bases de données et composantes multimédia - La conception visuelle des pages web, y incluant la conception graphique et infographique des textes, dessins, icônes, images, illustrations, photographies, tableaux et tous les autres éléments requis par les spécifications.*

b) *Procéder aux essais et aux tests de fonctionnement du site, avant son lancement, et vérifier notamment le fonctionnement des applets, des liens hypertexte, du renvoi du courrier, du téléchargement des documents ; plus généralement, à tout test nécessaire à l'utilisation des diverses composantes et parties du site.*

c) *Dispenser au client et à ses préposés qu'il désignera la formation précisée dans les spécifications.*

d) *Remettre au client l'information et la documentation relative au site, comprenant notamment les fichiers HTML, les composantes logicielles et les éléments graphiques, l'ensemble sur un support informatique approprié.*

e) *Délivrer au client les codes sources*[6]*, si celui-ci le demande.*

f) *Apporter au client un soutien technique, conformément aux spécifications.*

g) *Assurer la maintenance technique du site et son suivi (par le « suivi » est visée son évolution*[7]*).*

h) *Garantir la jouissance paisible des droits consentis contre tout trouble de fait ou de droit.*

i) *Déclarer le site à la Cnil* ».

(Le cas échéant, moyennant une rémunération supplémentaire) *j) Garantir au client l'exclusivité de* (préciser les développements bénéficiant de celle-ci).

La déclaration à la Cnil (qui peut s'opérer en ligne) est obligatoire pour toute personne mettant eu œuvre un traitement nominatif (ce qui est le cas de tout site recevant des courriels[8]) ; le concepteur du site peut recevoir mandat de procéder à cette déclaration.

Il peut aussi s'engager à créer et enregistrer un nom de domaine. Dans ce cas, il faut prévoir que son titulaire en sera le client, pour éviter des difficultés ultérieures.

De son côté, le client doit payer le prix convenu (généralement un forfait global, assorti éventuellement de redevances pour la maintenance technique du site), et coopérer avec le concepteur pour lui faciliter la tâche.

441.14 **Étapes de la création d'un site.** Comme pour la création d'un logiciel[9], celle d'un site comprend généralement plusieurs étapes, prévues par le contrat (ou annexées dans un cahier des charges[10], qui servira de référentiel de conformité), avec une rémunération pareille ; leurs résultats doivent être validés par le client (dans un procès-verbal, pouvant comporter des réserves), avant de passer à l'étape suivante. Ce contrat implique donc une participation active du donneur d'ordre[11]. Une

1. PAR EX. : Civ. 1re, 28 oct. 2010, nº 09-68.014, P I, nº 213 ; *D.* 2010. AJ 2703, obs. X. Delpech ; *D.* 2011. 566, note D. Mazeaud ; *JCP E* 2010, nos 51-52. Chron. 2134, nº 3, obs. J.-B. Seube, APPROB., 2e esp. ; *JCP* 2011, nº 11, 303, note C. Aubert de Vincelles, CRIT. ; *JCP E* 2011, nº 16, 1326, note C. Aubert de Vincelles, CRIT. ; *RJDA* 2011, nº 367.
2. V. *supra* ss nos 013.12 s.
3. Com. 6 déc. 2016, nº 15-12.981, NP, *AJ contrat* 2017. 127, obs. A. Bories ; *CCÉ* 2017, nº 12, obs. G. Loiseau ; *RJDA* 2017, nº 440, 1re esp.
4. Com. 6 déc. 2016, nº 15-12.981, NP, préc., défaillance à cet égard ; résiliation unilatérale aux risques et périls de la partie qui y procède.
5. V. *infra* ss nº 441.13, g.
6. Sur la définition v. *supra* ss nº 213.14 ; et quant aux droits sur le code source, pouvant donner lieu à une clause spécifique, v. *supra* ss nº 331.164.
7. Sur cela v. *supra* ss nº 441.12.
8. V. *supra* ss nº 221.33.
9. V. *supra* ss nº 223.21.
10. Paris, 5e ch. B, 6 nov. 2008, RG nº 05/13455, *Optium, JurisData* 005458 : le cahier des charges insuffisamment précis est à l'origine des défaillances du site ; la résiliation par le prestataire n'est donc pas abusive – Com. 28 sept. 2010, nº 09-10.486, préc. : cahier des charges imprécis.
11. Com. 5 juin 2019, nº 17-26.360, préc. : « *La conception ou la refonte d'un site internet exige la participation active du client, tenu de fournir au prestataire les informations sans lesquelles celui-ci ne peut mener à bien sa mission, ce dont il résulte que cette collaboration fait nécessairement partie du périmètre contractuel* ».

telle procédure avec validation de chaque étape évite des difficultés sur la « conformité » du site, et sur le changement d'avis du donneur d'ordre (comme dans Montpellier, 19 févr. 2002, *Capline*, préc., où l'arrêt appliqua l'art. 1794[1] du C. civ. sans le mentionner, alors qu'en réalité le contrat semblait affecté d'une condition suspensive[2]). Comme dans tout contrat comportant des étapes pour la réalisation de son objet il est bienvenu de prévoir que le client désignera une personne déterminée chargée de s'occuper du « suivi » du projet.

Ces étapes peuvent être, par exemple :

1° l'établissement, après analyse du cahier des charges (ou à l'issue de réunion de travail en commun), d'un *dossier de production*, contenant les aspects graphiques, de navigation, fonctionnels et informationnels.

2° La réalisation du site (avec notamment le développement informatique du système de gestion qui abritera le contenu du site ; la production de sa charte graphique spécifique, c'est-à-dire son architecture et son esthétique ; le montage, *etc.*).

3° La présentation d'une version 0 du site (dite parfois version bêta[3]), sous la forme d'une « maquette » provisoire.

4° Sa mise en ligne provisoire.

5° La réalisation d'une série de tests.

6° Après les corrections effectuées à la suite des tests, la réception par le client (qui, une fois encore, peut formuler des réserves[4]). La procédure et les modalités de la réception donnent parfois lieu à des clauses détaillées dans le contrat[5].

7° Éventuellement, la location d'un logiciel permettant de « gérer » le site[6].

8° Le cas échéant, la création d'un nom de domaine (v. *infra* n°s 443.00 s.) ou le transfert d'un nom de domaine préexistant[7].

9° Enfin, la mise en ligne définitive.

Le contenu du site est soit inséré directement dans les appareils de son titulaire, soit chez un hébergeur[8].

La réception définitive intervient alors (éventuellement tacite[9]), pouvant comporter des réserves sur des points mineurs (sinon elle ne doit pas être acceptée[10]). Lorsqu'il existe un système complexe, l'obligation de délivrance n'est considérée comme satisfaite qu'à partir du moment où l'ensemble est opérationnel, autrement dit lorsqu'il est en *mesure de fonctionner pour remplir l'usage pour lequel il a été conçu* ; c'est-à-dire pas au moment de sa mise à disposition et de sa réception[11] mais ultérieurement[12]. La délivrance matérielle se distingue donc de la délivrance opérationnelle. Chaque réception donne lieu à un procès-verbal (*acceptance memorandum*). Le client est évidemment libre de refuser de réceptionner un site non conforme, son refus sans rime ni raison est une défaillance contractuelle déchargeant d'autant son partenaire[13].

441.15 Création d'un site à visée internationale. L'internet permet d'atteindre une clientèle potentielle dans le monde entier. L'entreprise visant ainsi d'élargir sa clientèle au-delà du territoire national ou des pays francophones doit prévoir des versions du site dans les langues des pays ciblés. La page d'accueil doit proposer d'emblée les versions dans les différentes langues, de façon très claire.

La traduction des données qui y figurent doit être effectuée par des spécialistes, de préférence dont la langue en question est leur langue maternelle.

1. Sur l'art. 1794 du code civil v. *supra* s^s^ n° 121.94.
2. V. LA NOTE préc. de Ph. Stoffel-Munck sous cet arrêt.
3. DANS le contrat ayant donné lieu à : Paris, pôle 5, ch. 11, 16 mars 2012, *Uzik c/Moralotop*, préc.
4. Toulouse, 9 janv. 2003, *123 immo*, préc. : absence de réserves – Aix-en-Provence, 2e ch., 2 mars 2017, *Drilnet c/ J. Christian*, cité par O. Dorchies, « Pratique contractuelle. La clause de réception dans les contrats informatiques et télécoms », *CCC* 2017. Fiche prat. n° 12 : 109 pages de réserves dans le PV de réception provisoire !
5. NOT. : Y. Bismuth, « Pratique contractuelle. La clause de recette dans les contrats informatiques », *CCC* 2012. Fiche prat. n° 5, avec un ex. de clause – O. Dorchies, « Pratique contractuelle. La clause de réception dans les contrats informatiques et télécoms », fiche prat. préc., présentant un synoptique de la procédure de réception.
6. COMME DANS : Paris, 25e ch. A, 24 juin 2009, RG n° 07/ 2935, *RJDA* 2009, n° 1028.
7. Paris, pôle 5, ch. 10, 3 mai 2021, RG n° 19/16132, *CCÉ* 2021. Chron. 13, n° 11, obs. N. Dreyfus : résiliation d'un contrat de création de site, faute de transfert du nom de domaine, alors que le client était un profane.
8. V. *supra* s^s^ n°s 422.05 s.
9. Aix-en-Provence, 2e ch., 2 mars 2017, *Drilnet c/J. Christian*, préc.
10. T. com. Marseille, 15 oct. 2013, *RLDI* 2013, n° 3263, obs. L. Costes.
11. Sur les réceptions v. not. *supra* s^s^ n° 232.11.
12. Com. 26 nov. 2013, n° 12-25.191, NP, *D.* 2014. 2317, obs. J. Larrieu, C. Le Stanc et P. Tréfigny ; *CCÉ* 2013, n° 5, obs. G. Loiseau, « *L'obligation de délivrance du vendeur de produits complexes n'est pleinement exécutée qu'une fois réalisée la mise au point effective de la chose vendue* », à propos de la délivrance d'un site internet – COMP. Com. 11 juill. 2006, n° 04-17.093, NP, *D.* 2006. AJ 2788, obs. X. Delpech ; *CCC* 2006, n° 248, obs. Leveneur ; *CCÉ* 2007, n° 82, obs. Ph. Stoffel-Munck : même formule à propos de la délivrance de logiciels complexes – Com. 10 févr. 2015, n° 13-24.501, P IV, n° 33 ; *D.* 2015. 1683, note T. Rouhette et C. Tilliard (qui affirment que cet arrêt consacre pour la première fois l'obligation de mise au point effective) ; *CCC* 2015, n° 111, obs. L. Leveneur ; *Gaz. Pal.* 8 juill. 2015. 19, obs. D. Houtcieff : en dehors de l'informatique.
13. Grenoble, ch. com., 29 mars 2016, RG n° 15/00172 : résiliation du contrat aux torts du client qui avait refusé toute réception provisoire, alors qu'elle aurait été de nature à lui permettre de faire état de la non-conformité du site.

Souvent, les sites en français d'origine étrangère et les sites en anglais ou en espagnol d'origine française sont du charabia ubuesque (du même ordre que celui qui résulte d'un logiciel de traduction automatique), et contre-productifs. Du reste, la langue parlée n'est pas exactement identique en Grande-Bretagne et aux États-Unis, de même entre l'Espagne et les pays d'Amérique latine. Si bien que, pour s'en tenir à l'anglais et à l'espagnol, il serait plus efficace de créer deux versions. Mais, au-delà de cet aspect important de la langue, la version d'un site destinée à tel ou tel pays, ou tel groupe de pays, doit être adaptée à la culture locale, par l'emploi de symboles, couleurs, références, *etc.*, valorisantes, et en évitant au contraire celles qui pourraient être perçues négativement. Le dicton italien *Traduttore, tradittorre* (traducteur, traître) est plus que jamais exact dans ce domaine. La traduction efficace doit en réalité être associée à une adaptation. Pour autant, l'identité française du site ne doit pas être occultée, et doit même être renforcée, notamment dans les domaines où elle bénéficie d'une forte attractivité (le tourisme, les produits de luxe, les vins, les services de gestion de l'eau, l'ingénierie dans le domaine ferroviaire, *etc.*).

Les informations pratiques doivent aussi être adaptées aux pays cibles, que ce soit les prix affichés dans les monnaies locales (de même, le cas échéant, que les unités de mesure ne seront pas nécessairement le système métrique), les délais de livraison, le fonctionnement du service après-vente, éventuellement les dépôts ou agents locaux, *etc.*

441.16 Contrefaçon ou concurrence déloyale sur un site – Distinction des sites passifs et des sites actifs. À l'instigation des praticiens, la jurisprudence a progressivement élaboré une distinction, qu'elle utilise, relative au dynamisme des sites, entre les sites dits passifs et ceux qui sont dits actifs. Si un site actif a pour objectif de pénétrer dans une zone géographique par le commerce en ligne, un site passif, constitué de simples pages lisibles sans interface linguistique ni interactivité, est non marchand. Ainsi, une juridiction française peut être compétente pour statuer sur une contrefaçon de marque reproduite sur un site, dès lors que celui-ci est accessible en France, même s'il est « passif », car cela implique la possibilité d'un éventuel préjudice[1]. Cependant, l'exploitant du site peut échapper à la condamnation pour contrefaçon, notamment en démontrant que son site ne saurait être considéré comme visant le public français[2] ; ou en prouvant que les produits en cause ne sont pas disponibles en France, en raison d'un « faisceau d'indices »[3] (se pose aussi la question de la compétence territoriale[4] ; et de l'utilisation du même critère du rôle actif pour faire bénéficier les intermédiaires techniques de services internet du régime de responsabilité aménagé par l'article 14 de la directive 2000/31[5] sur le commerce électronique[6]).

Des solutions semblables ont été retenues à propos de la concurrence déloyale sur un site : les juridictions françaises sont compétentes s'il existe des « *faits allégués de commercialisation de ces produits sur le territoire national [alors] qu'ils sont susceptibles de causer un préjudice* »[7].

La mise en relation par des sites internet de justiciables avec des avocats constitue un acte de concurrence déloyale au préjudice d'un avocat, dès lors que la société exploitant ledit site est détenue par des personnes étrangères à la profession[8].

441.17 Cession d'un site. Le contrat doit prévoir le sort des droits de propriété intellectuelle. Œuvre de l'esprit[9], un site peut être cédé comme toute propriété incorporelle. Il est logique que son créateur la cède (même s'il lui est possible de ne concéder qu'une licence [exclusive]). En vertu de l'article L. 131-3, alinéa 1er, du code de la propriété intellectuelle, chaque droit cédé doit donner lieu à une mention distincte dans l'acte de cession, avec la précision de sa durée, de son étendue et des modes d'exploitation autorisés[10]. Comme le site est généralement un produit *multimédia*[11], incorporant des productions de plusieurs natures et/ou de plusieurs auteurs, de textes, d'images, de sons et de liens

1. Com. 11 janv. 2005, n° 02-18.381, P IV, n° 8 ; *CCÉ* 2005, n° 37, obs. C Caron ; *PIBD* 2005. III. 206 : *a contrario*, les produits en cause n'étaient pas disponibles en France, le site ne saurait donc être considéré comme visant le public Français, d'où l'usage de la marque ne constitue pas une infraction – Paris, 23 mars 2007, *Ferrari*, *PIBD* 2007. III. 350.
2. Com. 11 janv. 2005, n° 02-18.381, préc.
3. Paris, 27 sept. 2006, *Marie-Claire Album c/Marie-Claire*, *JCP* 2007. II. 10089, note C. Chabert : pas de condamnation en l'esp. – Com. 10 juill. 2007, n° 05-18.571, P IV, n° 189 ; *JCP* 2007. II. 10161, note C. Chabert, 1re esp. ; *CCC* 2007, n° 275, obs. M. Malaurie-Vignal ; *idem*.
4. Sur laquelle v. *supra* ss n° 422.46.
5. Dir. 2000/31, Parlement et Conseil, 8 juin 2000, relative à certains aspects juridiques des services de la société de l'information, et notamment du commerce électronique, dans le marché intérieur, *JOCE* L 178, 17 juill., p. 1, dite directive sur le commerce électronique.
6. Sur laquelle v. *supra* ss n° 422.35.
7. Com. 20 mars 2007, n° 04-19.679, P IV, n° 91 ; *JCP* 2007. II. 10088, note M.-É. Ancel ; *CCÉ* 2007, n° 119, obs. C. Caron : sur le fondement du règlement de Bruxelles I, art. 5, pt 3 (sur celui-ci v. *supra* ss n° 334.11) – D'UNE FAÇON GÉNÉRALE sur internet et concurrence déloyale : L. Marino, « Internet et concurrence déloyale », art. préc.
8. Versailles, 14 nov. 2017, RG n° 16/03656, *RLDI* 2018, n° 5138, obs. L. Costes.
9. V. *supra* ss n° 411.11 et v. *infra* ss nos 442.11 s.
10. Paris, 20 nov. 2003, *CD Édition c/Créanet*, *Expertises* 2004, p. 236.
11. Sur cette notion v. *supra* ss n° 221.19.

hypertextes, il est nécessaire de prévoir la cession au client des contrats que le créateur du site a lui-même conclu avec lesdits auteurs (en respectant les dispositions de CPI, art. L. 131-1). Lorsque le créateur est un salarié, le site ne pourra être utilisé qu'après cession des droits patrimoniaux selon les dispositions de l'article L. 111-1, alinéa 3, du code de la propriété intellectuelle, même si l'œuvre est considérée comme collective (CPI, art. L. 113-2, al. 1er [1]). En revanche, il est fréquent que le site soit créé à l'initiative de l'employeur, et puisse alors être considérée comme une œuvre collective (définie par le CPI, art. L. 113-2, al. 3), dont les Droits d'auteur restent sa propriété (CPI, art. L. 113-5 [2]).

441.18 **Location d'un site.** Le site, propriété incorporelle, peut faire l'objet de contrats, notamment être cédé (v. ci-dessus) ou loué [3].

1. TGI Toulouse, réf., 6 juin 2001, *Gaz. Pal.* 2002. 1, Somm. 5321, obs. M. Depadt-Bels : reconnaissant la qualité d'auteur à un salarié ayant participé à la création des graphismes des sites de son employeur.
2. EN CE SENS : Versailles, 25 mars 2004, *Log-Access, www.foruminternet.org* – TGI Lille, 24 févr. 2005, *Courta Finanace*, préc. – SUR LE DÉBAT : A. Mendoza, art. préc.
3. Com. 15 janv. 2020, n° 18-10.512, P IV ; *CCC* 2020, n° 43, obs. N. Mathey ; *CCÉ* 2020, n° 24, obs. G. Loiseau ; *JCP G* 2020, n° 306, note F. Buy ; *AJ contrat* 2020. 155, obs. G. Chantepie ; *JCP E* 2020, n° 1212, note M. Behar-Touchais : le contrat parlait de « *mise à disposition d'un site* », que la cour d'appel, approuvé par la C. de cass. requalifia en contrat de location ; les clients signaient « *un contrat dit d'abonnement de sites Internet et un contrat de licence d'exploitation, lequel était ensuite cédé à un loueur financier* ».

CHAPITRE

442. Protection d'un site

SECTION 0

ORIENTEUR

442.00 **Sommaire du chapitre.**

SECTION UNIQUE

ÉTUDE D'ENSEMBLE

442.11 **Droit d'auteur ou droit *sui generis* du titulaire d'une base de données.** Lorsque le site répond aux critères d'une œuvre littéraire, il sera protégeable en tant que telle[1]. Toutefois, le fait d'intégrer sur un site une vidéo déjà publiée par un autre site a été considéré comme ne portant pas atteinte au droit d'auteur[2]. L'originalité du site s'apprécie d'une manière globale et non au regard de chaque élément qui le compose[3].

En outre, si le contenu du site constitue *une base de données*, il bénéficiera de la protection de celle-ci lorsqu'il répond aux conditions légales[4].

442.12 **Responsabilité civile.** À défaut, les théories de la concurrence déloyale ou du parasitisme[5] entreront en jeu, comme du reste elles s'appliquèrent aux producteurs d'une base avant l'apparition du Droit *sui generis*[6]. La reprise de l'architecture d'un site, de son atmosphère, de ses méthodes d'organisation, de sa présentation[7], de son concept[8], de ses

1. TGI Paris, 13 févr. 2001, *Prisma Presse, Expertises* 2001, p. 275 : oui – Douai, 23 févr. 2004, *Courta Finance, Gaz. Pal.* 2005. 1, Somm. 642 : confirmation de l'ordonnance de référé ayant rejeté la demande, car une contestation sérieuse existait sur le degré d'originalité du site [ne pouvant pas être tranché par le juge des référés] – Paris, 4ᵉ ch. A, 12 janv. 2005, *Kalinoga, Expertises* 2005, p. 118 ; *RLDI* 2005/2, nº 52, obs. L. Costes : pas de protection des pages de référencement, faute d'originalité, même si le site est lui-même une œuvre originale, quant à ses éléments graphiques, l'organisation des rubriques, le choix des couleurs et logos – Paris, 12 oct. 2006, *DSD c/Blue acacia, CCÉ* 2006, nº 123 ; *JurisData* 299982 : œuvre originale, contrefaçon – TGI Paris, 3ᵉ ch., 4ᵉ sect., 28 mai 2009, *Jérôme S. c/ Assoc. Lexeek, Legalis.net* 2009/4, p. 42 : pas de protection, en l'absence d'originalité – Civ. 1ʳᵉ, 12 mai 2011, nº 10-17.852, NP, *JCP* 2011, nº 37. Chron. 977, nº 5, obs. C. Caron ; *CCÉ* 2011, nº 84, obs. C. C. : RAPPEL IMPL. DU PRINCIPE de la protection lorsque « l'architecture » du site est originale – T. com. Paris, réf., 16 juill. 2011, *Propr. ind.* 2011, nº 76, obs. J. Larrieu : RAPPEL DU PRINCIPE – Paris, pôle 5, ch. 1, 27 mars 2013, RG nº 10/23315 : *idem*, mais pas d'originalité en l'esp. – Versailles, 11ᵉ ch., 2 juill. 2013, RG nº 12/04705 : site original, en raison de la combinaison d'éléments caractéristiques – Paris, pôle 5, ch. 1, 25 sept. 2013, RG nº 12/04705, *RLDI* 2013, nº 3246, obs. L. Costes : pas de protection, en l'absence d'originalité – ► Paris, pôle 5, ch. 2, 20 déc. 2013, RG nº 12/20260, *RLDI* 2014, nº 3348 : *idem* – Rennes, 1ʳᵉ ch., 13 mai 2014, *Naviciel, RLDI* 2014, nº 3491 : pas d'originalité des pages graphiques des sites internet litigieux ; É. Varet, « Sites internet : vers une présomption de banalité ou la recherche casuistique d'une *plus grande sécurité juridique pour l'employeur ?* », *RLDI* 2014. Chron. 3539.
2. CJUE, 9ᵉ ch., 21 oct. 2014, *BestWater International*, aff. C-348/13, *RTD com.* 2014. 808, obs. F. Pollaud-Dulian ; *RLDI* 2014, nº 3623, note L. Dubois et F. Gaullier ; *JCP E* 2015. 1063, note G. Busseuil.
3. Versailles, 12ᵉ ch., 21 juin 2016, RG nº 15/00612, *Propr. int.* 2017. 14, obs. C. Bernault.
4. V. *supra* sˢ nᵒˢ 343.31 s.
5. SUR LA NOTION : Ph. le Tourneau, *Le Parasitisme*, Litec, 1998 [épuisé] – *J.-Cl. Concurrence Consommation*, fasc. 570 et 571 (2020) – Ph. Gaudrat et F. Sardain, *Traité de droit civil du numérique*, t. II, Larcier, Bruxelles, 2015, nᵒˢ 1167 s.
6. V. *supra* sˢ nº 343.32.
7. T. com. Paris, 15ᵉ ch., 28 sept. 2015, *Propr. ind.* 2015, nº 83, note J. Larrieu, 2ᵉ esp. – Paris, pôle 5, ch. 7, 7 oct. 2015, RG nº 10/11257, *Propr. ind.* 2015, nº 83, note J. Larrieu, 1ʳᵉ esp. – Paris, pôle 5, ch. 2, 15 avr. 2016, RG nº 12/072530, *D.* 2016. Pan. 2141, obs. J. Larrieu ; *RLDI* 2016, nº 3976.
8. COMP. Com. 7 févr. 1995, nº 93-14.569, NP, *JCP* 1995. II. 22411, note Ph. le Tourneau : reprise du concept d'une émission de TV.

conditions générales[1], de son contenu[2], de son organisation, de son ergonomie[3], de ses mots clés[4], *etc.*, peuvent donner lieu à une action en cessation et dommages et intérêts pour concurrence déloyale ou pour parasitisme[5]. Encore faut-il évidemment, d'une part, que les éléments reproduits, d'une part, présentent quelque originalité[6] ; d'autre part, qu'ils ne soient pas des données indispensables de l'activité en cause[7]. La compensation du préjudice subi comprend, outre le préjudice matériel s'il existe, le préjudice moral, consistant par exemple dans la perte de la valeur et de « *l'intérêt de ce site par sa banalisation [qui] lui a fait perdre de sa visibilité sur internet* »[8].

1. Paris, 4e ch. A, 24 sept. 2008, RG n° 07/3336, *Vente privée.com c/Kalypso, CCÉ* 2009, n° 25, obs. A. Debet ; *RJDA* 2009, n° 278 : reprises des conditions générales d'un site par un autre – T. com. Paris, 5e ch., 22 juin 2012, *CCÉ* 2012, n° 108, obs. A. Debet ; *CCÉ* 2012, n° 112, obs. M. Chagny ; *RLDI* 2012, n° 2852, obs. M. Trézéguet, *idem* – Paris, pole 5, ch. 2, 14 sept. 2012, RG n° 10/24522, *PIBD* 2012. III. 757 : constitue des actes de parasitisme la reprise sur les sites internet proposant des paris hippiques en ligne des « codes couleur » exploités par le PMU pour individualiser chacun de ses paris, témoignant de la volonté de profiter de la renommée d'autrui.
2. Paris, pole 5, ch. 2, 9 nov. 2012, RG n° 11/23316, *Le Point, D.* 2012. AJ 2796, obs. C. Manara ; *RLDI* 2012, n° 2945, obs. L. C. ; *CCC* 2013, n° 29, obs. M. Malaurie-Vignal : parasitisme constitué par de nombreuses reprises d'informations du site d'un hebdomadaire, non protégeables par le Droit d'auteur, permettant de tirer profit des efforts d'autrui, tendant à s'approprier sa notoriété, sans développer d'efforts tant intellectuels que de recherche, et sans engagements financiers – Paris, pôle 5, ch. 1, 27 mars 2013, RG n° 10/23315, préc. – T. com. Créteil, réf., 10 juill. 2013, *Propr. ind.* 2013, n° 74, note J. Larrieu – TGI Paris, 3e ch., 6 mars 2014, n° 2011/16210, *PIBD*. III. 518 : profite à titre lucratif et de façon injustifiée des investissements importants effectués par le titulaire du site pour promouvoir ses produits – Paris, pôle 5, ch. 7, 7 oct. 2015, RG n° 10/11257, préc.
3. Com. 23 sept. 2014, n° 13-20.535, NP, *CCC* 2014, n° 274, obs. M. Malaurie-Vignal : mais action refusée par la cour d'appel et pourvoi rejeté.
4. Com. 20 mai 2014, n° 13-17.200, NP, *Concurrences* 2014/3. 117, obs. R. Mésa : confusion entre les sites de deux sociétés créée par l'une d'entre elles grâce à l'enregistrement de la marque K en mot-clé sur le service *Adwords* du moteur de recherche *Google,* afin de distribuer ses nouveaux produits à bas prix en utilisant des clés d'activation de logiciels correspondant aux versions d'années antérieures, récupérées auprès de grossistes.
5. COMP. Aix-en-Provence, 17 avr. 2002, *Hauguel, JCP* 2003. II. 10095, note D. Bosco : « *Le fait de s'approprier à bon compte le travail et les investissements d'autrui constitue, sans contestation sérieuse possible, un comportement parasite qui engage la responsabilité* » de son auteur ; dans cette aff. un tiers avait repris par le procédé « copié-collé » les pages graphiques d'un site. Le rappel des principes est excellent mais en l'esp. la qualification de parasitisme était contestable pour des raisons de fait – Paris, 12 janv. 2005, 4e ch. A, *Kalinoga c/Dreamex*, préc. : la reproduction à l'identique de la présentation et du contenu de la page de référencement d'un site est un acte de concurrence déloyale, créant un risque de confusion – Paris, 9 févr. 2007, *Mossalgue, PIBD* 2007. III. 266 : imitation non fortuite de la page d'accueil d'un concurrent, marquant la volonté de s'inscrire dans le sillage de celui-ci pour profiter des investissements publicitaires et de la notoriété de cette sté – TGI Paris, 3e ch., 25 avr. 2007, *RLDI* 2008/35, n° 1164, obs. J.-B. A : la création par un ancien partenaire commercial d'un site copiant l'architecture, le contenu et le nom de domaine du site initial est constitutive de contrefaçon et de concurrence déloyale – TGI Paris, 3e ch., 4e sect., 28 mai 2009, *Jérôme S. c/Assoc. Lexeek*, préc. : certaines pages du site du demandeur sont reprises dans celui du défendeur : « *l'appropriation de ce travail et de ce savoir-faire, sans autorisation et sans frais, constitue un acte de parasitisme qui a permis à l'association L. de réaliser des économies en limitant ses investissements humains et matériels en profitant de l'expérience de J. S.* » – T. com. Paris, 15e ch., 30 oct. 2009, *Dreamnex c/In'Exes, RLDI* 2010/57, n° 1885, obs. M. T. : la copie servile d'un site par un autre est constitutive de contrefaçon, de concurrence déloyale et de parasitisme – TGI Paris, 3e ch., 4e sect., 10 nov. 2011, *Expertises* 2012, p. 36 – Paris, 7 mars 2017, *JCP E* 2018. Chron. 1050, n° 37 : la sté C, en créant un site internet concurrent, s'est rendue coupable d'actes de concurrence déloyale et de parasitisme, en s'inspirant « *de la valeur économique créée par SE, laquelle justifie des investissements importants réalisés notamment pour la conception de son site* ».
6. Versailles, 12e ch. 2, 24 nov. 2015, *Digitre, Expertises* 2016. 31 : pas le cas donc pas de concurrence déloyale.
7. T. com. Paris, réf., 16 juill. 2011, préc. : cas en l'esp., donc pas de concurrence déloyale.
8. Paris, 7 mars 2017, préc.

CHAPITRE

443. Contrat de création d'un nom de domaine et sa protection

SECTION 0 ORIENTEUR

443.00 **Sommaire du chapitre.**

443.03 **Bibliographie. Encyclopédie.** C. Manara, *V°* « Nom de domaine », *Rép. com.*, Dalloz, juin 2013, actualisé juin 2019.

Ouvrages. N. Beaurin et E. Jez, *Les noms de domaine de l'internet*, Litec, 2001 – A. Cruquenaire, *Le règlement extrajudiciaire des litiges relatifs aux noms de domaine. Analyse de la procédure UDRP*, Bruylant, Bruxelles, 2002 – G. Kaufman, *Noms de domaine sur internet : Aspects juridiques*, « Entreprendre », Vuibert, 2001.

Thèses. J. Canlorbe, *L'usage de la marque d'autrui*, préf. G. Bonet, Litec, 2007 – F. Dalzé, *Marques et usurpations de la personnalité*, préf. Y. Reboul, Litec, 2006 – A. Mendoza, *Les noms de l'entreprise*, préf. J. Larrieu, PUAM, 2003.

Articles. C. Alleaume, « Les contraintes juridiques du choix d'un nom de domaine », *RJ com.* 2000. 102 s. – A. Bouvel, « "Cybersquattage" de marque notoire : contrefaçon ou parasitisme (À propos des affaires Vichy et Lancôme) », *CCC* 2000/6. Chron. 9 s. – N. Dreyfus, « Spécificité du contrat de cession de nom de domaine », *CCÉ* 2010. Fiche prat. 2 ; « Nouvelle loi sur les noms de domaine du territoire français : évolution ou révolution ? », *CCÉ* 2011. Ét. 13 ; « Les noms de domaine du territoire national français : point à date [*sic !*] avec le décret du 1er août 2011 », *CCÉ* 2011. Ét. 19 ; « Pratique contractuelle. Spécificités de la licence de nom de domaine », *CCÉ* 2012. Fiche prat. 7 ; « Pratique contractuelle. Accord de coexistence relatif au nom de domaine », *CCÉ* 2013. Fiche prat. 6 ; « Pratique contractuelle. Contrats de nom de domaine. Contrat de *vanity email* », *CCÉ* 2016. Fiche prat. 5 – Y. El Shazly, « Dix ans de l'"UDRL" : un premier bilan », *RLDI* 2010/63 – T. de Galard, « Internet et nom de domaine. Le déroulement d'une "procédure administrative" selon la politique uniforme de l'Icann », *Gaz. Pal.* 2000. 1. Doctr. 695 s. – O. Garlin-Ferrard, « Le point sur la répression du *celebrity squatting* par l'Icann ou un conseil aux célébrités : veillez à exploiter commercialement votre nom », *Propr. ind.* 2003. Chron. n° 5 – F. Gelinas, « Splendeurs et misères de la célérité : bilan du système de règlement des différends relatifs à l'adressage internet », *Gaz. Pal.* 2002. 1. Doctr. 933 s. – J. Hejazi, « L'accord de coexistence en matière de nom de domaine sur internet », *CCÉ* 2002. Chron. 4 – J. Huet, « Accord de coexistence de marques et nom de domaine », *D.* 2009. Chron. 1185 – J. Huet et S. Valmachino, « Réflexions sur l'arbitrage électronique dans le commerce international », *Gaz. Pal.* 2000. 1. Doctr. 103 s. – J. Larrieu, « Un petit tour du PARL ? Bref panorama de la jurisprudence de la procédure alternative de résolution des litiges concernant le.fr », *Expertises* 2007, p. 255 s. – G. Loiseau, « Nom de domaine et internet : turbulences autour d'un nouveau signe distinctif », *D.* 1999. Chron. 245 – C. Manara, « Observations sur l'évolution des noms de domaine », *D.* 2002. Chron. 2958 s. ; « Le nom de domaine s'est-il trouvé un régime ? », *CCÉ* 2004. Chron. n° 19 ; « *Sedo* est bien un hébergeur ! », *RLDI* 2009/55, n° 1837 – L. Marino, « Internet et concurrence déloyale », *CCÉ* 2007. Chron. 27 ; « Un an de droit des noms de domaine », *CCÉ* 2008. Chron. 11 ; « Un an de droit des noms de domaine », *CCÉ* 2009. Chron. 10 – A. Rabagny-Lagoa, « Propos sur la nature juridique du nom de domaine », *CCÉ* 2015. Chron. 8 – L. Ravillon, « Le recours à la technique du « premier arrivé, premier servi » dans le droit des nouvelles technologies », *JCP* 2000. I. 273 – F. Sardain, « Séisme pour le régime juridique des noms de domaine français », *CCÉ* 2001. Ét. 2 – É. Schahl et A.-L. Muyard, « L'appréciation du degré de notoriété d'une personne en matière de résolution des litiges relatifs aux noms de domaine auprès de l'Ompi », *JCP E* 2002, n° 637.

SECTION 1
GÉNÉRALITÉS

443.11 **Définition.** Le mot *domaine* (*domain*) a reçu une nouvelle acception à propos de l'internet, maintenant connue de tous, à savoir un « *ensemble d'adresses faisant l'objet d'une gestion commune* », selon la définition officielle[1]. Et l'expression équivoque de « nom de domaine » a prévalu pour désigner « *l'ensemble des caractères qui, s'inscrivant dans un domaine, permettent de dénommer un serveur* »[2], principalement de messagerie électronique sur la toile mondiale (*World Wide Web*), créé notamment pour proposer des services ou vendre des produits. La chaîne de caractères structurés du nom de domaine « *se combine avec et identifie une adresse dite Internet Protocol (IP) ou un ensemble d'adresses IP*[3]. *Le protocole IP, qui a donné son nom au "réseau des réseaux", permet de "relier" les ordinateurs qui disposent d'une telle adresse, nécessaire à la communication et à l'échange d'informations entre ces terminaux* »[4]. Au-delà de cette définition technique, le nom de domaine est la dénomination électronique de l'entreprise et son adresse sur la toile. Il remplit la double fonction du nom commercial et de l'enseigne.

443.12 **Le nom de domaine, objet d'un droit privatif ?** Le nom de domaine semble constituer un nouvel objet de propriété incorporelle, une *res electronica*. Diverses décisions l'ont admis[5]. Le ministère des finances adopta ce point de vue[6]. Puis la CEDH affirma que le nom de domaine est un bien, au sens de l'article 1er du protocole de la convention européenne de sauvegarde des Droits de l'homme[7]. Toutefois, la portée de cette décision doit sans doute être relativisée car, au fil des années, la CEHD a défini un bien (au sens du texte préc.) comme un droit doté d'une valeur économique, ce qui ne correspond pas à l'acception classique du mot, centrée sur l'appropriation. Il serait sans doute préférable de le regarder comme une *res nullius*[8]. Quoi qu'il en soit, il semble qu'un nom de domaine puisse être vendu, donné ou loué (par un contrat de licence[9], exclusive ou non), voire nanti comme élément du fonds de commerce[10]. En revanche, le règlement communautaire en « .eu » précise que les noms de ce domaine sont attribués seulement « pour usage »[11].

443.13 **Le nom de domaine, signe distinctif.** Lorsque le nom de domaine est utilisé pour accéder et identifier un site à vocation commerciale il entre incontestablement dans la catégorie des signes distinctifs de ralliement de la clientèle[12]. Mais il ne peut en aller de la sorte que s'il n'est pas descriptif ou générique (tout en pouvant être regardé comme un nom de domaine valable, même en ce cas[13]).

Le nom de domaine est le seul des signes distinctifs à échapper au principe de la territorialité, en raison du réseau mondial sur lequel il est situé et qui est sa raison d'être[14]. Un jugement a assimilé le nom de domaine à l'enseigne[15].

443.14 **Diversité des noms de domaine, et leur attribution.** Il existe des noms de domaine de « premier niveau », se subdivisant en noms géographiques (comme « .fr » pour France ; « .de » pour Deutchland [Allemagne]) et en noms génériques (« .com » [un des plus connus], « .org », « .edu », « .net », « .gov », « .mil », « .int » [pour les organisations internationales], « .aero » [pour entreprises aéronautiques], « .biz » [pour le commerce], « .coop » [pour coopératives], « .info » [pour l'information], « .museum » [pour musée], « .name », « .pro » [pour professions

1. Liste du 16 mars 1999 des termes, expressions et définitions adoptés, *JO* 16 mars 1999, p. 3905, NOR : CNTX9903444K – Sur le droit des noms de domaine not. : L. Grynbaum, C. Le Goffic et L. Morlet-Haidara, *Droit des activités numériques*, « Précis » Dalloz, 2014, nos 917 s.
2. C. Manara, *V°* « Nom de domaine », préc., n° 1.
3. Sur les éléments IP, v. *supra* ss n° 4.13.
4. C. Manara, *op. et loc. cit.*
5. Paris, 18 oct. 2000, *Virgin interactive*, préc. – T. com. Paris, 10 avr. 2002, *Éd. Neressis*, préc. – Nîmes, 13 juin 2002, *Patrick Immo, CCÉ* 2003, n° 41, obs. Ph. Stoffel-Munck, CRIT. – Douai, 9 sept. 2002, *Codina c/Assoc. Le commerce du bois*, préc. – COMP. : TGI Lille, réf., 10 juill. 2001, *Assoc. Le commerce du bois*, préc. : affirmant que l'association en cause a « un droit d'occupation » sur l'expression utilisée – MAIS *CONTRA* : Douai, 1re ch., sect. 2, 5 oct. 2011, RG n° 10/03751, préc., catégorique.
6. Instr. fisc. n° 4 C-4-03, 9 mai 2003.
7. CEDH 18 sept. 2007, *Paeffgen c/Allemagne,* req. nos 25379/04, 21722/05, 31770/05, *CCÉ* 2008, n° 88, obs. C. Caron ; *RLDC* 2009, n° 59, p. 70, obs. D. Galan ; *D.* 2009. Pan. 1996, obs. P. T. ; L. Marino, « Un an de droit des noms de domaine », 2008, art. préc., n° 35 ; *RTD civ.* 2008. 503, note T. Revet.
8. A. Rabagny-Lagoa, « Propos sur la nature juridique du nom de domaine », chron. préc.
9. POUR UN EX. DE CLAUSE : N. Dreyfus, « Pratique contractuelle. Spécificités de la licence de nom de domaine », fiche prat. préc.
10. N. Dreyfus, « Pratique contractuelle. Nantissement de noms de domaine », *CCÉ* 2017. Fiche prat. 5.
11. Règl. 874/2004, Commission, 28 avr. 2004, établissant les règles de politique d'intérêt général relatives à la mise en œuvre et aux fonctions du domaine de premier niveau.eu et les principes applicables en matière d'enregistrement, *JOCE* L 162/40, p. 40, art. 2.
12. Douai, 9 sept. 2002, *Codina c/Assoc. Le commerce du bois*, préc. – TGI Lons-le-Saulnier, 14 janv. 2003, *Expertises* 2003, p. 112 – G. Loiseau, « Nom de domaine et internet : turbulences autour d'un nouveau signe distinctif », art. préc.
13. V. *supra* ss n° 443.11.
14. A. Mendoza, th. préc., n° 113.
15. TGI Paris, 8 avr. 2005, *min. public c/Nicole T., RLDI* sept. 2005, p. 31.

libérales]). L'Icann a autorisé en 2011 l'utilisation de nouveaux noms de domaine, lancés à partir de 2012, terminés par le nom de l'entreprise, comme.dalloz.

Une association de Droit privé américaine (de Droit californien), l'Icann (*Corporation for Assigned Names and Numbers*), fondée en 1998, fut chargée par le département du commerce du Gouvernement des États-Unis de la création et de l'attribution des suffixes internationaux constituant ces noms de domaine « de premier niveau ». La gouvernance des noms de domaine, assurée par ces organismes à vocation mondiale mais liées en fait et en droit au Gouvernement des États-Unis, était très critiquée. En 2016 le Sénat des États-Unis accepta qu'il fût mis un terme au contrat liant le ministère américain du commerce à l'Icann. La supervision de cet organisme a été transférée à la communauté mondiale des acteurs de l'internet à dater du 1er octobre 2016. Depuis, son assemblée générale est composée de quatre parties : le secteur privé ; la communauté technique ; les gouvernements ; enfin les associations de consommateurs et de défense des libertés.

L'Icann confia la gestion des noms de domaine en « .org » à l'Isoc (*Internet Society*), organisation non gouvernementale (mais regroupant la plupart des grandes sociétés informatiques).

Les autres noms de domaine, dits de « second niveau », constitués d'un radical, sont créés librement (sous réserve de ce que qui sera exposé ci-dessous). Ils sont enregistrés par d'autres organismes (moyennant des redevances annuelles).

Les noms de domaine comprenant des suffixes supranationaux sont gérés par des sociétés, notamment *VeriSign* (société américaine) pour la plupart d'entre eux, *Neulevel* (société américano-australienne ; <www.neulevel.com>) pour « .biz » (désignant *business*) et *Affilias* pour « .info » (désignant information en général). La procédure de dépôt de ces derniers noms de domaine tient compte, des droits des titulaires des marques.

L'Icann élabora en 1999 une procédure administrative de résolution des litiges relatifs aux noms de domaine génériques « .com », « .net » et « .org », exposée dans des « Principes directeurs » et des « Règles d'application »[1]. L'*Organisation mondiale de la propriété intellectuelle (Ompi)* a créé un centre de médiation et d'arbitrage relatif aux noms de domaine, qui connaît une intense activité[2].

Les adresses géographiques relèvent de personnes morales différentes, appelées « registres » ou « offices d'enregistrement »[3].

1. NOT. : T. de Galard, « Internet et nom de domaine. Le déroulement d'une "procédure administrative" selon la politique uniforme de l'Icann », art. préc.
2. V. *infra* ss no 443.51.
3. POUR la France v. *infra* ss no 443.27.

443.15 Difficultés concrètes du choix d'un nom de domaine. Le nom de domaine ne s'acquiert pas par la création mais par l'occupation du signe[4]. Pour autant, un contrat de création d'un nom de domaine peut être conclu ; il n'appelle pas de développements spécifiques. Les particularités ne relèvent pas du contrat mais des faits. D'abord, qu'un signe générique (ne pouvant pas être déposé comme marque) peut constituer un nom de domaine valable[5]. Ensuite, le règlement 874/2004, précité, permet d'exclure de l'extension « .eu » des noms géographiques et géopolitiques, qui figureront sur une liste publiée par la Commission. Surtout, un nom de domaine est *unique*, le principe de spécialité du Droit des marques et de l'enseigne n'existant pas ici. Il en résulte qu'imaginer un signe nouveau (donc disponible) n'est pas aisé, d'autant que la plupart des déposants de noms de domaine font enregistrer un nombre important de *noms satellites* (inutilisés, mais protégeant l'adresse dont ils se servent). De plus, nombreux sont ceux qui, adoptant des noms de domaine à connotation anglaise, compliquent encore la tâche de trouver un signe disponible (sans compter que ce phénomène est fâcheux quant à la sauvegarde des autres langues).

Toutefois, il est possible d'utiliser un nom de domaine descriptif de l'activité commerciale exercée associé éventuellement à sa localisation (sauf s'il est composé de la dénomination d'une profession réglementée dont n'est pas membre le titulaire du nom[6] ; serait-il membre de la profession qu'il ne pourrait pas pour autant accaparer la désignation de celle-ci ou une spécialité[7]). Mais, dans ce cas, la

4. V. *infra* ss no 443.31.
5. TGI Nanterre, 19 nov. 2001, *E-Learning*, inédit : une marque commençant par la lettre e est générique dans le commerce électronique.
6. Com. 11 mai 2017, no 16-13.669, P I, no 106 ; *RDC* 2017. 615, obs. J. Huet : l'usage des noms de domaine www.avocat.net et www.avocat, associés « *à l'offre concomitante d'accès à des fiches juridiques, est de nature à créer, dans l'esprit du public non averti, qui peut croire être en relation avec des avocats, une confusion sur la qualité de ses interlocuteurs ; que, par ces énonciations et appréciations, la cour d'appel, qui a estimé que l'utilisation [de ces noms] prêtait à confusion, a pu* [...] *ordonner, en réparation, la suppression de ces noms de domaine ou leur transfert au CNB, chargé de représenter la profession d'avocat* ».
7. Civ. 1re, 4 mai 2012, no 11-11.180, NP, *D.* 2012. AJ 1450, obs. C. Manara : ayant constaté « *que le nom de domaine "avocat-divorce. Com" était exploité sans que n'y soit nommément désigné le cabinet concerné, situation aboutissant à une appropriation d'un domaine d'activité que se partage l'ensemble de la profession et entretenant la confusion dans l'esprit du public, mis directement en relation avec le site personnel de Mme X... par l'usage de mots-clés aussi généraux, la cour d'appel a pu en déduire que cette pratique consistant à ne pas faire apparaître l'identité de l'avocat exploitant le domaine constituait une infraction aux* ▶

reprise d'un nom similaire par un tiers est licite, puisqu'il relève du domaine public[1]. Le choix du nom de domaine est soumis à des contraintes juridiques[2], afin de protéger les titulaires de signes antérieurs (comme nous le verrons *infra*[3]). Mais il n'existe pas de régime spécifique pour empêcher l'utilisation des noms des États ou des collectivités territoriales. Les personnes publiques doivent déployer des stratégies intelligentes pour revendiquer ou défendre leur identité en ligne[4].

L'Afnic gère une base de données permettant d'obtenir pour la France des informations sur un nom de domaine. Elle est fâcheusement désignée par l'expression anglaise *who is ?* (signifiant « qui est ? »), alors qu'il eut été plus convenable de la baptiser *Qui est-ce ?*

SECTION 2 MODALITÉS D'ATTRIBUTION

443.21 Noms de domaine en « .eu ». Afin de contrebalancer l'hégémonie américaine sur la toile (*Web*), l'Europe a créé son suffixe « .eu », ne dépendant pas de l'Icann. Il est ouvert à tous, personnes physiques comme personnes morales, justifiant d'un rattachement suffisant au territoire représenté par l'extension « .eu ». EURID (*European Registry for Internet Domains*), siégeant à Bruxelles, a été désigné par la Commission européenne pour exploiter ce suffixe et gérer les enregistrements. Un règlement communautaire précisa les conditions de réservation de ces nouveaux noms de domaine (règl. 874/2004). Les enregistrements se font auprès de sociétés accréditées.

Pour pouvoir enregistrer prioritairement un nom de domaine, un critère territorial d'éligibilité est imposé. En vertu de l'article 10, paragraphe 1, premier alinéa, du règlement 874/2004, les personnes autorisées à demander l'enregistrement de noms de domaine de premier niveau « .eu » pendant la période d'enregistrement par étapes peuvent être les « *titulaires de droits antérieurs reconnus ou établis par le droit national et/ou communautaire* », nonobstant leur domiciliation géographique. Cependant, selon l'article 12, paragraphe 2, troisième alinéa, du même règlement, peuvent également demander l'enregistrement les licenciés de droits antérieurs, dès lors qu'ils disposent, même partiellement et/ou temporairement, du droit antérieur et satisfont au critère de présence sur le territoire de l'Union. La CJUE a jugé qu'un contrat par lequel une partie s'oblige, contre rémunération, à faire des « efforts raisonnables » pour déposer une demande et obtenir l'enregistrement d'un nom de domaine « .eu » pour le titulaire d'une marque, alors qu'elle n'a pas le droit d'utiliser cette marque, n'est pas un contrat de licence en droit des marques, et ne pouvait donc pas procéder à l'enregistrement du nom de domaine[5].

443.22 Vie du nom de domaine. Une fois qu'il est créé ou utilisé, le nom de domaine doit être enregistré[6], ce qui permet à son titulaire de disposer du droit d'utiliser la toile pour son activité (un louage d'espace virtuel ?).

Comme tout bien[7], le nom de domaine peut être cédé[8] (par un apport en société, un contrat de vente comme par une donation) ou loué[9] (par un contrat de licence). Quel que soit le contrat en cause, il convient de vérifier au préalable les conditions d'enregistrement et de transfert. Puis de préciser avec soin le nom de domaine qui en fait l'objet, des noms de domaine pouvant se ressembler, les extensions étant constituées seulement de quelques lettres.

Il est recommandé d'insérer des clauses limitatives de responsabilité, chaque partie ne répondant que des actions effectuées par le prestataire technique qu'il a désigné. Lorsque le cédant ou bailleur est titulaire d'une marque identique au nom de domaine, un accord de coexistence de la marque et du nom doit être conclu, voire une cession ou une licence concomitante de la marque. Lorsque le nom est seul, sans marque sœur, le cessionnaire ou licencié a tout intérêt à déposer le signe en question en tant que marque.

443.23 Contrat d'entreprise. Le contrat portant sur la *création d'un nom de domaine* est un contrat de

► *règles sur la publicité individuelle, ainsi qu'un acte de concurrence déloyale et, partant, un manquement aux principes essentiels de loyauté, de modération et de discrétion auxquels sont tenus les avocats* ».

1. EN CE SENS : Com. 8 avr. 2008, n° 07-11.385, NP, *RIDI* 2008, n° 1164, obs. L. Costes ; *RLDI* 2008/39, p. 11, note J. Lacker ; *Propriétés intellectuelles* 2008, p. 329, obs. J. Passa ; L. Marino, « Un an de droit des noms de domaine », 2008, art. préc., n° 37 – Paris, pôle 5, ch. 4, 5 mai 2010, RG n° 07/18057, *CCÉ* 2010. Chron. 11, n° 16, obs. N. Dreyfus – Toulouse, 28 avr. 2010, RG n° 09/00093, *D.* 2010. AJ 1413, obs. C. Manara – Bastia, ch. civ. B, 20 mars 2012, *RLDI* 2013, n° 3128, obs. L. C.
2. C. Alleaume, « Les contraintes juridiques du choix d'un nom de domaine », art. préc.
3. V. *infra* s[s] n°s 443.22 s.
4. C. Manara, « Nom des personnes publiques et droit de l'internet », *CCÉ* 2016. Ét. 5.
5. CJUE, 2e ch., 19 juill. 2012, *Pie Optiek*, aff. C-376/11, *Rec.* N ; *JCP E* 2012, n° 44-45, 1664, note A. Mendoza-Caminade, APPROB.
6. V. *infra* s[s] n°s 443.26 s.
7. A cet égard v. *supra* s[s] n° 443.12.
8. POUR DES PRÉCISIONS : N. Dreyfus, « Spécificité du contrat de cession de nom de domaine », art. préc.
9. N. Dreyfus, « Pratique contractuelle. Contrats de nom de domaine. Contrat de *vanity email* », *op. cit.*

louage d'ouvrage, autrement dit d'entreprise. Il ne diffère en rien de celui qui porte sur la création d'une marque.

443.24 **Courtiers spécialisés.** Des courtiers[1] se sont spécialisés dans les noms de domaine[2].

443.25 **Association française pour le « nommage » interne (Afnic).** Pour la France (*.fr, .nom.fr, .com.fr*), « l'office d'enregistrement » chargé d'enregistrer les adresses géographiques est l'*Association française pour le nommage internet en coopération* (Afnic) [une fois encore, le mépris de la langue française se manifeste par le détestable emploi de *nommage* aux lieu et place de *dénomination* ; même « adressage » eût été préférable]. Le gouvernement a désigné l'Afnic pour être l'office d'enregistrement en charge de l'extension « .fr ». La charte de dénomination (fâcheusement dite de « nommage ») de la zone « .fr », a été modifiée à plusieurs reprises. Sa dernière version date de mai 2018. Elle peut être consultée sur le site de l'Afnic (<*http://www.afnic.fr*>). Si l'Afnic est un « office d'enregistrement », il n'est pas un « bureau d'enregistrement ». Présentent cette qualité les personnes morales qui, en vertu de contrats conclus avec un « office d'enregistrement », fournissent des services d'enregistrement de noms de domaine[3].

L'enregistrement dans le « .fr » a été largement assoupli. En effet, depuis le 31 décembre 2011, la réservation dans chacun des domaines du premier niveau du territoire français est ouverte aux personnes physiques résidant sur le territoire de l'Union européenne, ainsi qu'aux personnes morales ayant leur siège social ou leur établissement principal sur le territoire de l'un des États membres de celle-ci[4]. Depuis 2004, le nom de domaine peut être formé de n'importe quel terme, y compris par conséquent par un nom de produit et, depuis juin 2006, par un nom de famille (cependant avec certaines difficultés de choix[5]).

443.26 **Procédure de l'enregistrement.** L'enregistrement est effectué sur présentation de certaines pièces, notamment : extrait du registre du commerce pour les entreprises enregistrées directement sous « .fr » ; dépôt de la marque à l'Inpi (à l'Ohmi pour les marques communautaires, ou encore à l'Ompi) pour le « tm.fr » réservé aux marques (mais les marques peuvent également être enregistrées directement dans la racine « .fr ») ; déclaration à la préfecture ou publication au *Journal officiel* pour les associations dans le « assoc.fr » ; pièce d'identité pour les personnes physiques dans le « nom.fr ». Les vérifications sont effectuées par l'Afnic *a posteriori et* « en ligne », ce qui allège la procédure d'enregistrement. Une exception porte sur le sous-domaine « com.fr », puisque le choix du nom est libre, sous réserve qu'il ne soit pas déjà utilisé dans un autre sous domaine. Une société peut donc enregistrer de nombreux noms dans le « com.fr ». Aucun document n'est exigé pour seulement *réserver* une adresse internet. L'enregistrement d'un domaine internet dans le « .fr » ne peut être effectué qu'en s'adressant à un prestataire de services adhérent à l'Afnic, un enregistreur (en anglais *registrar*). En cas de litige, c'est ce dernier qui assume la responsabilité du nom de domaine attribué ; cela signifie qu'il lui incombe de s'assurer que l'adresse ne viole pas de droit des marques ou la propriété intellectuelle d'un tiers.

L'enregistrement d'un nom de domaine lui assure une publicité, le rendant opposable aux tiers[6]. Toutefois, il ne vaut que pour une année, mais peut être renouvelé indéfiniment (moyennant le paiement d'une taxe) ; à défaut de renouvellement, le nom est radié et devient disponible, tombant dans les *res derelictæ* et pouvant donc être repris par un tiers (sauf circonstances particulières conduisant à caractériser ce fait comme un acte de concurrence déloyale ou parasitaire[7]).

La charte de dénomination « .fr » prévoit l'incessibilité des noms de domaine enregistré comportant cette indication géographique. Toutefois, en pratique un subterfuge permet de procéder à des cessions : le cédant radie son nom alors qu'au même moment le cessionnaire l'inscrit[8].

443.27 **Attribution et gestion des noms de domaine.** Selon l'article L. 45 du code des postes et des communications électroniques les noms de domaine de premier niveau pour chacune des extensions françaises sont attribués et gérés chacun par un organisme unique dénommé « office d'enregistrement ».

L'article L. 45-1 énonce les principes généraux de d'attribution et de gestion des noms de domaine français. Il précise notamment que les règles définies par les offices doivent être non discriminatoires et

1. Sur les courtiers en général v. *supra* s[s] n°s 322.11 s., et sur les courtiers en ligne *supra* s[s] n°s 411.14 s.
2. Paris, pôle 5, ch. 1, 17 avr. 2013, RG n° 10/14270, *D.* 2013. AJ 1205, obs. C. Manara, CRIT. : un courtier en noms de domaine qui a eu un rôle actif, de nature à lui conférer une connaissance ou un contrôle des données relatives aux offres de ses clients, engage sa responsabilité quant aux contenus hébergés au titre des services dont il est prestataire ; condamnation pour contrefaçon de marque (sur la responsabilité des hébergeurs et des autres des intermédiaires techniques de services internet v. *supra* s[s] n°s 422.05 s.).
3. CPCE, art. L. 45-4.
4. CPCE, art. L. 45-3.
5. V. *supra* s[s] n° 443.15.
6. A. Mendoza, th. préc., n° 295.
7. V. *infra* s[s] n°s 443.35 s.
8. A. Mendoza, th. préc., n° 144.

transparentes, garantir le respect de la liberté de communication, la liberté d'entreprendre et des droits de propriété intellectuelle. Il en découle qu'elles n'ont ni pour objet ni pour effet de restreindre le droit du titulaire de la marque d'interdire l'usage sans son consentement. Le principe du « premier arrivé, premier servi »[1] est confirmé, ainsi que ceux de la responsabilité du demandeur lors de l'enregistrement des noms de domaine, et de l'attribution des noms de domaines pour une durée limitée mais renouvelable. L'article L. 45-2 du code des postes définit les motifs de refus d'enregistrement ou de suppression des noms de domaine (atteinte à l'ordre public, à des droits de propriété intellectuelle ou de la personnalité et au nom des institutions publiques). Le refus d'enregistrement ou de renouvellement comme la suppression du nom de domaine ne peuvent intervenir, pour l'un de ces motifs, qu'après que l'office d'enregistrement a mis le demandeur en mesure de présenter ses observations et, le cas échéant, de régulariser sa situation. Toutefois, peut être refusé l'enregistrement ou le renouvellement des noms de domaine, tant susceptibles de porter atteinte à des droits de propriété intellectuelle ou de la personnalité, qu'identiques ou apparentés à celui de la République française, d'une collectivité territoriale, d'un groupement de collectivités territoriales comme d'une institution ou service public national ou local, sauf si le demandeur justifie d'un intérêt légitime (son nom de famille ou le nom d'une marque) et agit de bonne foi (notamment en ne cherchant pas à porter atteinte à la collectivité ou ne se livrant pas à du parasitisme). La Cour de cassation a consacré ces principes d'une façon catégorique : « *les règles gouvernant l'attribution des noms de domaine sur internet, qui respectent tant les principes de liberté de communication et de liberté d'entreprendre que les droits de propriété intellectuelle, n'ont ni pour objet ni pour effet de restreindre le droit du titulaire de marque d'interdire l'usage sans son consentement, dans la vie des affaires, d'un signe identique ou similaire à la marque, pour des produits ou services identiques ou similaires à ceux pour lesquels elle est enregistrée, si cet usage porte atteinte à la fonction essentielle de la marque, qui est de garantir aux consommateurs la provenance des produits ou des services, en raison d'un risque de confusion dans l'esprit du public, sauf les effets de l'intérêt légitime et de la bonne foi quant au renouvellement de l'enregistrement de noms de domaine sur internet* »[2]. L'article R. 20-44-46 du code des postes définit la notion d'intérêt légitime et les cas d'où peut résulter la mauvaise foi.

1. V. *infra* s[s] n° 443.31.
2. Com. 5 juin 2019, n° 17-22.132, NP, *CCÉ* 2019, n° 52, obs. C. Caron ; *RLDI* 2019. 5422, obs. L. Costes ; *RLDI* 2019, n° 5434, note P. Noual ; *RLDI* 2019, n° 5557, note A. Mendoza-Caminade.

L'article L. 45-4 précise que l'attribution des noms de domaine est assurée par les offices d'enregistrement (activités de régulation) par l'intermédiaire de bureaux d'enregistrements (qui commercialisent ensuite les noms de domaine auprès des particuliers, à des tarifs librement fixés selon les prestations proposées).

L'article L. 45-6 donne une base juridique à l'établissement d'une procédure de règlement des litiges administrée par l'office d'enregistrement dont le règlement doit être homologué par le ministre. L'office statue sur la demande dans un délai de deux mois suivant sa réception, selon une procédure contradictoire. Les décisions prises par l'office sont susceptibles de recours devant le juge judiciaire.

L'Afnic s'efforce de faire respecter la loi française sur les marques, bien qu'elle ne procède à aucune recherche d'antériorité, son rôle étant purement technique ; si elle y procède, son obligation ne peut être que de moyens[3].

Lorsqu'a été notifiée à l'office d'enregistrement l'existence d'un nom de domaine portant atteinte à un droit de propriété intellectuelle et qu'il a été mis en demeure de le bloquer, son obligation est de résultat[4]. Il a été jugé que, mis en demeure de bloquer un nom de domaine et s'étant abstenu de le faire, l'Afnic « *a contribué à la persistance de l'impact publicitaire du site* [...] et *à la perte d'image de la société* »[5]. Le bureau d'enregistrement d'un nom de domaine ne fait pas « emploi » de ce mot, au sens de l'article L. 713-5 du code de la propriété intellectuelle sur les marques notoirement connues ; il n'a pas d'obligation de contrôle *a priori* des demandes d'enregistrement qu'il reçoit, et n'est pas non plus tenu de prendre des mesures conservatoires en situation contentieuse ou précontentieuse[6].

443.28 Contrats. L'organisme *enregistrant* le nom de domaine est lié par un contrat *d'entreprise* avec le demandeur. Il n'engage pas sa responsabilité envers les titulaires de signes que le déposant reprend, en l'absence de toute réglementation à cet égard[7].

3. TGI Paris, 3e ch., 26 août 2009, n° 08/17160, *3 Suisses international, D.* 2009. AJ 2219, obs. C. Manara ; *PIBD* 2009. III. 1485 – L. Marino, « Un an de droit des noms de domaine », *CCÉ* 2009. Chron. 10, n° 41 – ARRÊT MAINTENU PAR : Paris, pôle 5, ch. 2, 19 oct. 2012, RG n° 09/20514, *D.* 2012. AJ 2511, obs. C. Manara ; *PIBD* 2012. III. 788.
4. TGI Paris, 3e ch., 26 août 2009, n° 08/17160, *3 Suisses international*, préc.
5. TGI Versailles, 6 oct. 2009, *JCP E* 2010, n° 5. Chron. 1107, n° 12, obs. E. Tardieu-Guigues.
6. Paris, pôle 5, ch. 2, 19 oct. 2012, RG n° 09/20514, préc. – N. Dreyfus, « Pratique contractuelle. Contrat d'enregistrement de nom de domaine », *CCÉ* 2015, fiches prat. 6 : donnant un ex. de clause de ce contrat d'enregistrement.
7. TGI Paris, réf., 13 sept. 2001, *ANPE c/7 Ways, D.* 2001. AJ 3041.

Toutefois, selon un jugement, l'Afnic a l'obligation de résultat de veiller au respect par ses clients de la charte de dénomination[1]. Une fois l'enregistrement technique d'un nom de domaine effectué, le prestataire s'engage à diriger les internautes ayant saisi ce nom de domaine vers le serveur hébergeant le client ou vers son site internet (grâce à son adresse IP).

SECTION 3
PROTECTION DU NOM DE DOMAINE

443.31 Protection des titulaires de signes contre leur reprise comme nom de domaine par la priorité. À défaut de réglementation, le principe qui a prévalu est celui de la priorité accordée au premier demandeur ou utilisateur d'un nom sur l'internet : « *Premier arrivé, premier servi* »[2]. Dès lors, tout utilisateur d'un nom de domaine peut s'opposer à sa reprise par un tiers comme nom de domaine, à condition qu'il soit *exploité* et s'il existe un *risque de confusion* dans l'esprit du public[3]. Pour apprécier le risque de confusion, les juges utilisent une méthode globale, tenant compte de l'impression d'ensemble produite par les signes (transposant à la matière la règle classique relative aux conflits entre deux marques). Dans la deuxième édition de cet ouvrage (en 2002) nous ajoutions toutefois qu'à notre avis il était nécessaire que ledit nom ne fût pas générique ni purement descriptif. Cette solution a été adoptée[4]. Quant à l'exploitation, un infléchissement de la jurisprudence semble être intervenu en 2016 ; en effet, un arrêt (mais non publié au *Bull. civ.*) a jugé qu'un site pouvait être qualifié d'exploité malgré un contenu quasi inexistant et bien qu'aucun produit, service ou activité n'y soit proposé, dès lors que ce qui figure sur ce site permet d'en déduire la spécialité exercée par le réservataire[5].

L'action en concurrence déloyale étant ouverte à celui qui ne peut se prévaloir d'un droit privatif, le caractère original ou distinctif des éléments dont la reprise est incriminée n'est pas une condition de son bien-fondé, mais seulement un facteur susceptible d'être pertinent pour l'examen d'un risque de confusion[6].

443.32 Nature du principe de priorité. Le principe « *Premier arrivé, premier servi* », sans doute assez simpliste, se rattache cependant à la maxime

1. TGI Nanterre, 17 nov. 2005, *Free c/Laurent N., PIBD* 2006. III. 267 : à propos d'un demandeur de nom de domaine ayant porté atteinte au nom commercial et au nom de domaine d'un tiers.
2. EX. : TGI Strasbourg, réf., 29 mai 2001, *CCÉ* 2001, n° 79.
3. TGI Paris, réf., 29 nov. 2002, *Des femmes, PIBD* 2003. III. 334 : risque de confusion entre <desfemmes.fr>, et <des-femmes.com>, l'extension « com » ne caractérisant pas suffisamment le nom de domaine querellé – Paris, 8 oct. 2003, *Médiastratégie c/Les éditions Nérésis, D.* 2004. Somm. 1157, obs. Y. Auguet : risque de confusion entre <annoncesvacances.com> et <annonces-vacances.com>, le trait d'union ajouté entre annonces et vacances ne permettant évidemment pas d'empêcher la confusion – TGI Paris, 19 sept. 2005, *Edit internet et translation, PIBD* 2006. III. 150 – Com. 13 déc. 2005, n° 04-10.143, P IV, n° 254 ; *GAPI*, 3e éd., Dalloz, 2020, n° 101 ; *D.* 2006. AJ 63, obs. C. Manara ; *JCP E* 2006. 1234, note C. Caron ; *PIBD* 2006. III. 149 : cassation de l'arrêt ayant condamné le déposant d'un nom de domaine, sans rechercher si les sociétés en cause exerçaient des activités identiques ou concurrentes et s'il en résultait un risque de confusion – TGI Paris, 3e ch., 19 déc. 2007, *Netuneed, RLDI* 2008, n° 1150 : les déposants des noms de domaine <onvasortir.org> et <onvasortir.fr> ont commis des actes de concurrence déloyale et de parasitisme au préjudice du titulaire des noms antérieurs <onvasortir.org> et <www.onvasortir.fr>, alors que le risque de confusion est grand – Com. 26 mai 2009, n° 08-15.856, NP, cité par L. Marino, « Un an de droit des noms de domaine », 2009, art. préc., n° 38 : nom de domaine <azurvilla.com> ; confusion créée par le site <azurvilla.net>, dans le même secteur d'activité d'une agence proche géographiquement – Paris, pôle 5, 1re ch., 23 sept. 2009, RG n° 2007/20549, *Sedo c/ Inpi, PIBD* 2009. III. 1553 ; *Propr. ind.* 2010, n° 25, note J. Larrieu : nom de domaine <euridile> offrant des services similaires à ceux de l'Inpi ayant déjà réservé ce mot ; condamnation pour concurrence déloyale (POUR DES CRITIQUES : C. Manara, « *Sedo* est bien un hébergeur ! », art. préc.).
4. Douai, 9 sept. 2002, *Codina c/Assoc. Le commerce du bois, D.* 2003. AJ 62, obs. C. Manara ; *CCÉ* 2002, n° 141, 1re esp., obs. C. Caron – RÉFORMANT : TGI Lille, réf., 10 juill. 2001, *D.* 2002. AJ 2410, obs. C. Manara ; *PIBD* 2002. III. 176 – Paris, 5 mars 2003, *Tracing Server c/Conex, D.* 2004. Somm. 1158, obs. N. Dorandeu : à propos de <tarifdouanier.com> – Paris, 25 mai 2005, *OGF, D.* 2005. AJ 1846, obs. C. Manara ; *CCÉ* 2005, n° 181, obs. C. Caron : « *Un nom de domaine est susceptible de protection par application de l'article 1382 du code civil et ce pour éviter le risque de confusion* [...] ; *qu'il résulte que seul est protégeable un nom de domaine distinctif* » – TGI Paris, 12 juill. 2006, *Acces moto c/Tuning bike, PIBD* 2006. III. 756 – Paris, 5e ch. B, 8 janv. 2008, *Sofrecom, JurisData* 373708 – L. Marino, « Un an de droit des noms de domaine », 2009, art. préc., n° 40 : le titulaire du nom de domaine <architecture.com> échoue dans son action contre le titulaire du nom <arche-itecture.com> – Paris, pôle 5, ch. 4, 5 mai 2010, RG n° 07/18057, *CCÉ* 2010. Chron. 11, n° 16, obs. N. Dreyfus – Douai, 1re ch., sect. 2, 5 oct. 2011, RG n° 10/03751, *D.* 2011. AJ 2861, obs. C. Manara, CRIT. ; *Propr. ind.* 2012, n° 9, obs. J. Larrieu ; *RJDA* 2012, n° 355 – TGI Paris, 3e ch., 3e sect., 13 nov. 2015, *Vizion'Air c/Minigroup, CCÉ* 2016, n° 7, obs. Ph. Mouron ; – COMP. : TGI Paris, 4 févr. 2005, *Vuitton c/Google, D.* 2005. 1037, note C. Hugon : l'utilisation dans des liens commerciaux d'un site d'un nom de domaine constitue un acte de concurrence déloyale.
5. Com. 2 févr. 2016, n° 14-20.486, NP, *RLDI* 2016, n° 3964 ; *CCC* 2016, n° 139, obs. M. Malaurie-Vignal ; *Propr. ind.* 2016, n° 49, obs. J. Larrieu ; *Propr. intellec.* 2016. 367, note A. Bouvel.
6. Com. 6 déc. 2016, n° 15-18.470, NP, *Propr. ind.* 2017, n° 28, obs. J. Larrieu : un nom de domaine peut donc être « protégé » par l'action en concurrence déloyale malgré son caractère descriptif.

traditionnelle *Prior tempore potior jure*[1]. Il est fréquemment affirmé que ce principe reconnaît en ce domaine un droit d'occupation (en l'espèce *primoccupatio*). Il semble plutôt accorder le bénéfice d'une création, même si celle-ci se limite au choix d'un nom. Cependant, la priorité est reconnue alors que le nom est déjà utilisé par ailleurs, étant entendu que chaque nom de domaine est unique. Toutefois, le règlement 874/2004, précité, prévoit expressément que le premier déposant d'un nom de domaine comportant l'extension « .eu » ne bénéficie que d'un droit d'usage. Ce même texte accorde une priorité d'enregistrement aux noms faisant l'objet « *de droits antérieurs reconnus ou établis par le droit national et/ou communautaire* » ; comprenant notamment les marques, les indications géographiques, les appellations d'origine, les noms commerciaux, les noms de sociétés, les noms de personnes et les titres distinctifs des œuvres littéraires et artistiques protégées[2]. Et il prévoit qu'un nom de domaine puisse être « révoqué » lors d'une procédure extrajudiciaire[3] ou judiciaire appropriée[4], rejoignant ainsi la jurisprudence française envisagée *infra*[5].

L'enregistrement par un tiers d'un nom de domaine qui est tombé dans le domaine public (faute pour son titulaire d'avoir renouvelé ses droits) peut constituer un acte de concurrence déloyale ou de parasitisme lorsqu'une confusion a été « sciemment entretenue » par le repreneur, nouveau déposant[6].

443.33 Protection du nom de domaine contre sa reprise par un tiers comme marque. Un nom de domaine peut avoir été enregistré avant que la dénomination soit déposée comme marque par un tiers. Dans ce cas, le régime a été calqué sur celui du nom commercial et de l'enseigne[7].

D'une part, l'action du titulaire de la marque contre le déposant du nom de domaine est alors rejetée s'il existe un risque de *confusion*, du moins si le nom de domaine a été concrètement *utilisé* avant la marque[8]. D'autre part, celui qui a demandé l'enregistrement du nom de domaine est protégé lorsque son antériorité est certaine, qu'il l'utilise, et qu'un risque de confusion pourrait naître dans l'esprit du public par l'utilisation de ce signe par un tiers en tant que *marque*[9].

La protection la plus efficace d'un nom de domaine est de le déposer comme marque, alors qu'il était encore disponible, et de l'utiliser immédiatement.

443.34 Protection des titulaires de signes contre leur reprise comme nom de domaine par le Droit des appellations d'origines et des marques. Le Droit français des appellations d'origines et des marques protège dans certains cas les titulaires des signes repris sur la toile, tant par la théorie du parasitisme[10] que par le jeu de textes spécifiques : l'article L. 641-5 du code rural pour les premières[11]. Et, pour les marques, les articles L. 713-2 et L. 713-3 du code de la propriété intellectuelle[12].

1. H. Roland, *Lexique juridique des expressions latines*, LexisNexis, 8ᵉ éd., 2021, p. 296.
2. Règl. 874/2004, Commission, 28 avr. 2004, art. 10.
3. V. *infra* sˢ nº 443.34.
4. Règl. 874/2004, Commission, 28 avr. 2004, art. 21.
5. V. *infra* sˢ nºˢ 443.34 s.
6. Com. 2 févr. 2016, nº 14-20.486, NP, *RLDI* 2016. 3964 ; *RJDA* 2016, nº 403 ; *CCC* 2016, nº 139, obs. M. Malaurie-Vignal.
7. CPI, art. L. 711-4, c.
8. TGI Paris, 13 déc. 1998, *Agaphon, DIT* 1999/3, p. 67 – TGI Paris, 9 juill. 2002, *Peugeot Motocycles, Propr. ind.* 2002, nº 87, note P. Tréfigny : action du titulaire de la marque recevable, car le nom de domaine déposé antérieurement par un tiers n'a été utilisé qu'après la marque – TGI Nanterre, 4 nov. 2002, *Élie S. et Temesis, RJDA* 2003, nº 338 ; *Expertises* 2003, p. 275, *idem* : et alors que le nom de domaine n'avait été enregistré que quelques semaines avant la marque.
9. Paris, 18 oct. 2000, *Virgin interactive, D.* 2001. 1379, note G. Loiseau – T. com. Paris, 10 avr. 2002, *Éd. Neressis, CCÉ* 2002, nº 141, 2ᵉ esp., obs. C. Caron.
10. Sur la théorie du parasitisme v. *infra* sˢ nºˢ 443.36 s.
11. EX. À PROPOS de l'appellation *Champagne* : TGI Paris, 7 sept. 2001, *CIVC c/Rocknet.com et Saber, PIBD* 2002. III. 169 : radiation du nom de domaine « Champ-pagne.com » – TGI Paris, 3ᵉ ch., 14 déc. 2005, nº 2004/15816, *CVIM c/Le Champagne, PIBD* 2006. III. 235 : radiation du nom de domaine « vin-de-champagne.com » – TGI Paris, 3ᵉ ch., 9 avr. 2008, *CIVC c/ Cornu (Sᵗᵉ), Propr. ind.* 2008, nº 60, note P. Tréfingny-Goy ; 2009. Pan. 1996, obs. P. T. ; L. Marino, « Un an de droit des noms de domaine », 2008, art. préc., nº 22 : radiation du nom « champagne.ch ».
12. D'UNE FAÇON GÉNÉRALE : J. Canlorbe, *L'usage de la marque d'autrui*, th. préc. – POUR DES EX. D'APPLICATION : TGI Nanterre, 10 janv. 2000, *Lancôme Parfums et Beauté, D.* 2000. AJ 117, 2ᵉ esp. ; *CCÉ* 2000, nº 63, obs. C. Caron : application de l'article L. 713-2 du CPI, contrefaçon – TGI Nanterre, réf., 13 nov. 2000, *France Manche c/Georges 5, Expertises* 2001, p. 78 : *idem*, transfert ordonné – TGI Paris, 7 mars 2001, *Éd. Radiophonique Ediradio, Expertises* 2001, p. 354 : contrefaçon – Versailles, 5 sept. 2001, *Laboratoires Garnier c/M. Garnier, Expertises* 2001, p. 388, obs. X. Furst, *idem* : transfert ordonné – TGI Paris, 10 juill. 2002, *AFP, Expertises* 2003, p. 39, *idem* – TGI Nanterre, 4 nov. 2002, *Élie S. et Temesis c/ Afaq, RJDA* 2003, nº 338 ; *Expertises* 2003, p. 275 – T. com. Grenoble, 2 déc. 2002, *Jeux video.com, Expertises* 2003, p. 278 : l'utilisation d'une marque déposée comme *méta balise* d'un moteur de recherche d'un concurrent, conduisant automatiquement au site de celui-ci, constitue une contrefaçon – TGI Paris, 30 avr. 2003, *Chantelle, Legalis.net* 2003/2, p. 124 : contrefaçon – Paris, 3 sept. 2004, *Sport Auto Galerie c/Porsche, PIBD* 2004. III. 657, *idem* – Paris, 28 sept. 2005, *Taupin c/Visa international service, PIBD* 2005. III. 704, *idem* – Paris, 19 oct. 2005, J.-J. *Valognes c/A. Coratella, D.* 2005. AJ 221, obs. C. Manara : reprise d'une marque comme nom de domaine, contrefaçon – Paris, 4ᵉ ch. B, 8 juin 2007, *Online Travel, Gaz. Pal.* 2008. 1, Somm. 484, obs. C. Salo-▶

Dans ces affaires, l'interdiction du nom de domaine est prononcée, ainsi que, généralement, son transfert au titulaire de la marque (ou seulement le blocage, le juge demeurant libre de choisir la mesure la plus adaptée pour faire cesser le trouble [1]). Cependant, en vertu du principe de territorialité de la marque, il arrive que l'interdiction ne soit prononcée que pour la France, et que le transfert ne soit pas ordonné lorsque le site n'est pas spécialement destiné au public français [2]. Selon la Cour de cassation ce transfert, n'étant « *ni une mesure conservatoire, ni une mesure de remise en état* », ne peut pas être ordonnée en référé [3] – l'arrêt est intervenu à propos du référé de Droit commun (en l'espèce C. pr. civ., anc. art. 809 [devenu 835 [4]]) –, mais semble devoir être généralisé au référé spécial de l'art. L. 716-6 CPI, relatif à la contrefaçon, le transfert du nom constituant une mesure grave, de sorte qu'il semble nécessiter une décision des juges du fond ; le demandeur doit donc se contenter, à ce stade de la procédure, de demander la mise en sommeil du nom de domaine.

En vertu du principe de spécialité, la contrefaçon suppose qu'il existe un risque de confusion entre le nom de domaine et les produits ou services similaires visés par le dépôt de marque [5] ; le risque de confusion s'apprécie de façon globale, en tenant compte de *l'impression d'ensemble produite par les signes* [6]. Cette règle est toutefois écartée en présence d'une marque renommée ou notoirement connue [7]. Peu importe, selon la jurisprudence, que le nom ne soit pas original ; mais à tout le moins faut-il à notre avis qu'il ne soit pas générique. La reproduction de marques d'un tiers dans un nom de domaine serait peut-être admissible lorsqu'elle est réellement *nécessaire* pour commercialiser des produits complémentaires ou de rechange [8], à condition qu'elle ne soit pas accompagnée d'un acte fautif et qu'elle ne crée pas un risque de confusion [9]. En outre, le principe à valeur constitutionnel de la liberté d'expression ne pouvant subir que les restrictions imposées par le respect des droits d'autrui, l'imitation de marques dans un nom de domaine permettant d'accéder à un site (et son utilisation dans celui-ci), ne constitue pas une contrefaçon, étant nécessaire pour indiquer la nature du site et alors que son objectif est purement polémique et étranger à la vie des affaires [10] (soulevant des questions de compétence territoriale) [11].

Est un argument de défense inopérant le fait que le site utilisant des marques déposées aurait un objectif de moquerie : La bonne foi est de nul effet au civil en matière de contrefaçon, et la notion de parodie n'est pas reçue dans le domaine des marques [12]. En revanche, un nom de domaine ne peut contrefaire par reproduction ou par imitation une marque antérieure (même déposée dans la classe 38 des services de télécommunications), que si les produits ou services offerts sur ce site sont identiques ou similaires à ceux qui sont visés dans l'enregistrement, et de nature à créer un risque de confusion dans l'esprit du public [13].

► mon et A. Sebille : l'exploitation du nom de domaine *leadinghotels.com* pour un site de réservation d'hôtels constitue une contrefaçon de la marque française *The Leading Hotels* désignant des services hôteliers – TGI Paris, 3e ch., 3e sect., 10 déc. 2008, nº 2008/02616, *PIBD* 2009. III. 866 : la reproduction des marques de *Laforêt* par le défendeur sur son site constitue une contrefaçon – Paris, pôle 5, 1re ch., 23 sept. 2009, RG nº 2007/20549, *Sedo c/Inpi, PIBD* 2009. III. 1553 ; *Propr. ind.* 2010, nº 25, note J. Larrieu : le nom de domaine *euridile.fr* constitue la contrefaçon de la marque *Euridile*, déposé par l'Inpi – POUR DES CRITIQUES : C. Manara, « *Sedo* est bien un hébergeur ! », art. préc. (sur la *meta balise* v. *supra* ss nº 443.38).

1. TGI Paris, réf., 5 janv. 2009, *RLDI* 2009/46, nº 1520, obs. L. C.
2. Paris, 4e ch. B, 8 juin 2007, *Online Travel*, préc.
3. Com. 9 juin 2009, nº 08-12.904, P IV, nº 76 ; *D.* 2009. AJ 1599, obs. C. Manara ; *D.* 2009. Pan. 1997, obs. J. L. ; *CCÉ* 2009, nº 78, note C. Caron ; *RLDI* 2009, nº 51, note F. Sardain ; *Propr. ind.* 2009, nº 61, note M.-E. Haas ; *Propr. intell.* 2009/33, p. 428, obs. M. Sabatier ; *JCP E* 2009, nº 49. Chron. 2143, nº 17, obs. C Caron ; *Gaz. Pal.* 2009. 2, p. 3831, note N. Dreyfus ; L. Marino, « Un an de droit des noms de domaine », 2009, art. préc., nº 11.
4. C. pr. civ., art. 835 [anc. 809] ; mod. par décr. nº 2019-1333, 11 déc. 2019, art. 4.
5. Versailles, 22 nov. 2001, *Zebank, CCÉ* 2002, nº 56, obs. C. Caron – Nancy, 1re ch. civ., 16 janv. 2012, RG nº 182/2012, *PIBD* 2012. III. 326 : risque de confusion constaté, transfert du nom de domaine.
6. Paris, 4e ch. A, 9 avr. 2008, RG nº 07/5649, *Reed Business Information* ; cité par L. Marino, « Un an de droit des noms de domaine », 2008, art. préc., nº 17 : en l'esp. pas de risque de confusion.
7. CPI, art. L. 713-5 (v. *infra* ss nº 443.35).
8. PAR APPLICATION du CPI, art. L. 713-6, b.
9. COMP. Paris, 19 oct. 2001, *Wolke Inks, CCÉ* 2002, nº 3, obs. C. Caron, 2e esp. ; *PIBD* 2002. III. 259 : ici contrefaçon en présence d'un risque de confusion et, alors au surplus que l'emploi de la marque n'était pas nécessaire.
10. Paris, 30 avr. 2003, *Olivier M., Réseau Voltaire c/Danone, Expertises* 2003, p. 266 – TGI Paris, 30 janv. 2004, *Esso c/ Greenpeace, CCÉ* 2004, nº 39, obs. C. Caron.
11. POUR LA COMPÉTENCE territoriale v. *supra* ss nos 422.46 s.
12. TGI Paris, 8 janv. 2002, *Ricard, Propr. ind.* 2003, nº 28, note P. Tréfigny : contrefaçon ; ce jugement condamne l'usurpateur n'agissant pas à titre commercial, ce qui semble contestable au regard du libellé des articles L. 713-2 et L. 713-3 du code de la propriété intellectuelle.
13. RAPPELANT DE FAÇON NETTE, À PROPOS des noms de domaine, le principe de spécialité du droit des marques : Com. 13 déc. 2005, nº 04-10.143, P IV, nº 254 ; *GAPI*, 3e éd., Dalloz, 2020, nº 101 ; *D.* 2006. AJ 63, obs. C. Manara ; *JCP E* 2006. 1234, note C. Caron ; *PIBD* 2006. III. 149 ; – CASSANT : Paris, 29 oct. 2003, *JCP* 2004. I. 113, obs. C. Caron – *CONTRA* : Versailles, 5 sept. 2001, *Laboratoires Garnier c/M. Garnier*, préc.

443.35 Protection des titulaires de signes contre leur reprise comme nom de domaine par la concurrence déloyale ou le parasitisme. Principes. Grâce à la théorie du parasitisme[1] les tribunaux peuvent réagir contre l'utilisation comme nom de domaine d'un signe distinctif, quel qu'il soit (marque, enseigne, nom commercial, dénomination sociale). Du moins lorsque cette reprise s'avère préjudiciable aux intérêts du titulaire du signe (généralement morale) ; notamment en ce qu'elle l'empêche de se faire attribuer le nom de domaine correspondant, qui constitue donc le préjudice[2], ou quand existe un risque de confusion ; pour apprécier le risque de confusion, les juges utilisent une méthode globale, tenant compte de l'impression d'ensemble produite par les signes (transposant à la matière la règle classique relative aux conflits entre deux marques). Cela, que le nom soit repris par un concurrent ou non, ou qu'il ait été déposé comme marque ou non[3].

Cependant, lorsqu'il y a eu dépôt, le code de la propriété intellectuelle a expressément consacré l'action pour parasitisme quant aux marques *renommées ou notoirement connues*[4].

Les tribunaux ont donc la possibilité d'interdire, y compris sous astreinte, d'adopter pour désigner un site un signe déjà utilisé, et d'en imposer le transfert au bénéfice de la victime. Mais la Cour de cassation a jugé en 2009 que ce transfert, n'étant ni une mesure conservatoire ni une mesure de remise en état, ne pouvait pas être ordonné en référé[5]. De plus, l'emploi d'une marque déposée constitue une contrefaçon, qui rend impossible l'action en parasitisme, sauf s'il existe des *faits distincts*[6]. Attention ! Lorsque la concurrence déloyale ou le parasitisme est *connexe* à une contrefaçon de marque le tribunal judiciaire (et précédemment tribunal de grande instance) est seul compétent[7] ; du moins cette action met en jeu des dispositions du Droit des marques[8].

1. SUR LA NOTION : Ph. le Tourneau, *Le Parasitisme*, Litec, 1998 [épuisé] ; – *J.-Cl. Concurrence Consommation*, fasc. 570 et 571 (2020) – Ph. Gaudrat et F. Sardain, *Traité de droit civil du numérique*, t. II, Larcier, Bruxelles, 2015, nos 1167 s.
2. TGI Paris, réf., 14 avr. 1998, *Champagne céréales (Coop.), DIT* 1999/3, p. 63 – Paris, 16 juin 2000, *Les Grandes étapes françaises, CCÉ* 2000, n° 128, obs. C. Caron.
3. D'UNE FAÇON GÉNÉRALE sur internet, concurrence déloyale et parasitisme : L. Marino, « Internet et concurrence déloyale », art. préc.
4. CPI, art. L. 713-5 ; mod. par ord. n° 2008-1301, 11 déc. 2008, art. 2 ; puis par ord. n° 2019-1169, 13 nov. 2019, art. 5 (sur la jurisprudence v. *infra* ss nos 443.36 s.).
5. Com. 9 juin 2009, n° 08-12.904, préc.
6. CPI, art. L. 716-3.
7. CPI, art. L. 716-3.
8. Ph. le Tourneau (dir.), *Droit de la responsabilité et des contrats. Régimes d'indemnisation*, 12e éd., « Dalloz action », 2020, n° 2214.40.

443.36 Échantillon de la jurisprudence sur le parasitisme appliqué aux noms de domaine, antérieure à 2000. La jurisprudence condamnant l'usurpation d'un signe comme nom de domaine apparut d'abord à propos de dénominations très célèbres, puis s'étendit à des noms plus ordinaires. Elle est fort abondante.

En voici un échantillon (TGI Bordeaux, 22 juill. 1996, *Sapeso et Atlantel c/Icare et Reve*[9], ici contrefaçon de marque – Paris, 17 déc. 1997, *Interpol*[10] – TGI Paris, 12 mars 1998, *Alice*[11], bien motivé, infirmé par Paris, 4 déc. 1998[12], mais pour des raisons tenant au référé : il n'y avait en l'esp. ni trouble manifeste ni dommage imminent ; puis, statuant au fond, TGI Paris, 23 mars 1999[13], rejet de l'action, la notoriété de la demanderesse n'étant pas assez grande pour que l'enregistrement du nom de domaine par la défenderesse engendrât un risque de confusion – TGI Paris, réf., 14 avr. 1998, *Champagne Céréales [Coop.]*[14], utilisation d'une dénomination sociale ; risque de confusion ; interdiction – TGI Marseille, 18 déc. 1998, *Lumipharma*[15], reprise dans une activité concurrente – TGI Draguignan, 18 déc. 1998, *Pacanet*[16], usage frauduleux d'une marque déposée – TGI Paris, 8 janv. 1999, *Grofilex c/Plastiken*[17], reprise d'une dénomination sociale – TGI Nanterre, 18 janv. 1999, *SFR c/W3 Systems INC*[18], contrefaçon – TGI Paris, réf., 27 avr. 1999, *Radio France c/ Fouché*[19], contrefaçon de la marque *France Info* – TGI Paris, 23 sept. 1999, *Mutuelle du Mans*[20], refus de condamnation car aucun risque de confusion – TGI Paris, 19 oct. 1999, *Marc Laurent [Sté]*[21], ici condamnation sur le fondement de l'anc. art. 1382 du C. civ. à des dommages et intérêts et au retrait sous astreinte du nom de domaine litigieux [*Celio.com*], mais sans en ordonner le transfert – TGI Nanterre, réf., 4 nov. 1999, *Sony France*[22] – *TGI Hazebrouck*, réf., 16 déc. 1999[23]).

443.37 Jurisprudence sur le parasitisme appliqué aux noms de domaine, postérieure à 2000.

1° *Admettant l'existence d'acte de concurrence déloyale ou de parasitisme :* TGI Nanterre, 20 mars

9. *Expertises* 1996, p. 444.
10. *Expertises* 1998, p. 107.
11. *D.* 1998. IR 173.
12. *Expertises* 1999, p. 151.
13. *Expertises* 1999, p. 239.
14. *DIT* 1999/3, p. 63.
15. *Expertises* 1999, p. 78.
16. *DIT* 1999/3, p. 59.
17. *PIBD* 1999. III. 175.
18. *Expertises* 1999, p. 197 ; *PIBD* 1999. III. 147.
19. *Legipresse* 1999, I, p. 118.
20. *D.* 2000. AJ 259, obs. C. Manara.
21. *Expertises* 2000, p. 236.
22. *Expertises* 2000, p. 443.
23. *D.* 2000. AJ 54.

2000, *Sony c/Alifax* [1], un distributeur exclusif n'a pas le droit de déposer comme nom de domaine la marque, sur laquelle il ne bénéficie que d'un simple droit d'usage précaire ; ce jugement a été infirmé par Versailles, 14 sept. 2000 [2], mais pour des raisons de fait : selon l'arrêt, le contrat permettait cette utilisation. Néanmoins, le contrat ayant été résilié, le distributeur ne peut plus utiliser la marque comme nom de domaine, et doit donc transférer ce dernier au concédant - TGI Paris, réf., 13 sept. 2001, *ANPE c/7 Ways*, préc., l'usage, par un tiers, comme nom de domaine de la marque *ANPE* constitue un détournement de notoriété de cette dernière - Versailles, 22 nov. 2001, *Zebank* [3], qualifiant expressément l'utilisation de la marque d'un tiers comme nom de domaine d'acte de parasitisme - TGI Paris, 30 nov. 2001, *Radio France* [4], le dépôt du nom de la radio *France Bleu* comme nom de domaine, afin de nuire à celle-ci, engage la responsabilité du déposant ; radiation du dépôt - TGI Paris, réf., 29 nov. 2002, *Des femmes* [5] - Paris, 14 nov. 2003, *Générale de voyages* [6] - TGI Paris, 8 déc. 2005, *Kertel* [7], la reprise du nom de domaine d'un concurrent dans des offres commerciales sur internet constitue une concurrence déloyale - Paris, 15 févr. 2006, *Traing server c/ Conex* [8], l'imitation du nom de domaine d'autrui, entraînant un risque de confusion, constitue un acte de concurrence déloyale - TGI Paris, 28 juin 2006, *BDPME c/Azoulay* [9], le choix d'un nom de domaine voisin pour exploiter un site offrant des services complémentaires est générateur d'un risque de confusion, et constitue un acte de parasitisme - TGI Paris, 29 juin 2006, *Datexia c/Prospects online* [10] - Lyon, 3e ch. B, 31 janv. 2008, RG n° 06/05922, *Pneus-Online Suisse c/Delticom* [11], concurrence déloyale constituée selon l'arrêt, alors que les noms de domaine en cause étaient dépourvus de distinctivité - TGI Paris, 3e ch., 2 avr. 2009, *Trokers* [12]. - Paris, pôle 5, ch. 1, 2 oct. 2013 [13], contrefaçon et concurrence déloyale - Paris, 17 mars 2017, *JCP E* 2018. Chron. 1050, n° 10, condamnation du défendeur utilisant « *le nom et la notoriété des marques litigieuses et des parfums créés par elle en vue de promouvoir ses propres fragrances, et ce sans bourse délier* ».

2° *Déniant l'existence d'acte de concurrence déloyale ou de parasitisme :* Com. 23 janv. 2007, n° 05-13.352 [14], pas de concurrence déloyale les parties en cause n'étant pas concurrentes, et pas de parasitisme, à propos du nom de domaine *argus.fr* déposé pour le commerce de matériel informatique - Com. 8 avr. 2008, n° 07-11.385 [15], la Cour de cassation approuve la cour d'appel d'avoir retenu que le terme banal et commun *Gay* peut être utilisé par un tiers au sein d'un nom de domaine en vue d'identifier la clientèle à laquelle s'adresse le site correspondant, en l'absence de risque de confusion dans l'esprit des consommateurs, « et *que si une telle reprise est susceptible de procurer à celui qui la pratique des économies, elle ne saurait, à elle seule, être tenue pour fautive* ».

443.38 Échantillon de la jurisprudence sur le parasitisme appliqué aux noms de domaine depuis 2000, à propos des marques notoires et renommées.

Jurisprudence sur le parasitisme appliqué aux noms de domaine, postérieure à 2000 (suite). L'article L. 713-5 [16] du code de la propriété intellectuelle (modifié par l'ord. n° 2019-1169 du 13 nov. 2019, art. 5) dispose qu'engage « *la responsabilité civile de son auteur l'usage dans la vie des affaires, pour des produits ou des services, non autorisé par le titulaire d'une marque notoirement connue au sens de l'article 6 bis de la convention de Paris pour la protection de la propriété industrielle* », d'un signe identique à la marque et utilisé pour des produits ou des services identiques à ceux pour lesquels la marque est notoirement connue et d'autres situations comparables énumérées par le texte. Et aussi en cas de simple similitude, s'il existe dans l'esprit du public un risque de confusion « *incluant le risque d'association du signe avec la marque* ». Enfin, lorsque cet usage, « *sans juste motif, tire indûment profit du sans juste motif, tire indûment profit du caractère distinctif*

1. *D.* 2000. AJ 287, obs. C. Manara ; *CCÉ* 2000, p. 64, obs. J.-C. Galloux ; *RJDA* 2000, n° 1058.
2. *Expertises* 2001, p. 148 ; *PIBD* 2000. III. 579.
3. *CCÉ* 2002, n° 56, obs. C. Caron.
4. *CCÉ* 2002, n° 84, obs. L. Grynbaum.
5. *PIBD* 2003. III. 334.
6. *Gaz. Pal.* 2005. 1, Somm. 615.
7. *Expertises* 2006, p. 164.
8. *CCC* 2006, n° 93, obs. M. Malaurie-Vignal.
9. *PIBD* 2006. III. 681.
10. *PIBD* 2006. III. 759.
11. Lyon, 3e ch. B, 31 janv. 2008, RG n° 06/05922, *Pneus-Online Suisse c/Delticom, JCP* 2008. II. 10136, note C. Chabert ; *CCC* 2008, n° 240, obs. M. Malaurie-Vignal ; L. Marino, « Un an de droit des noms de domaine », 2008, art. préc., n° 36 – POURVOI REJETÉ PAR : Com. 9 mars 2010, n° 08-16.752, P IV, n° 46 ; *D.* 2010. AJ 834 ; *CCÉ* 2010, n° 47, obs. C. Caron ; *CCÉ* 2010. Chron. 11, nos 10 et 15, obs. N. Dreyfus ; *D.* 2010. 1183, note G. Lardeux ; *CCC* 2010, n° 204, obs. M. Malaurie-Vignal.
12. TGI Paris, 3e ch., 2 avr. 2009, *Trokers* ; cité par L. Marino, « Un an de droit des noms de domaine », 2009, art. préc., n° 17 : nom de domaine très proche d'une marque.
13. Paris, pôle 5, ch. 1, 2 oct. 2013, RG n° 12/03236, *RLDI* 2013, n° 3283 ; *LPA* 23 févr. 2015. 6, obs. P. Mozas.
14. *D.* 2007. AJ 794, 1re esp., obs. C. Manara ; *RJDA* 2007, n° 421 ; *CCÉ* 2007, n° 55, obs. C. Caron.
15. Com. 8 avr. 2008, n° 07-11.385, NP, *RIDI* 2008, n° 1164, obs. L. Costes ; *RLDI* 2008/39, p. 11, note J. Lacker ; *Propriétés intellectuelles* 2008, p. 329, obs. J. Passa ; L. Marino, « Un an de droit des noms de domaine », 2008, art. préc., n° 37 – COMP. : Bastia, ch. civ. B, 20 mars 2012, *RLDI* 2013, n° 3128, obs. L. C.
16. CPI, art. L. 713-5 ; mod. par ord. n° 2019-1169, 13 nov. 2019, art. 5.

ou de la notoriété de la marque, ou leur porte préjudice ». L'article L. 713-5 organise une protection spéciale des marques notoires ; elles ne relèvent pas de la contrefaçon (comme le texte l'indique expressément depuis sa modification en 2019), mais de la responsabilité civile, de sorte qu'il ne peut pas servir de fondement à la réparation du préjudice résultant de la contrefaçon, celle-ci obéissant à des règles spéciales. Contrairement à la situation antérieure à la réforme de 2019, l'article L. 713-5 ne cite plus la marque « jouissant d'une renommée », mais seulement celle qui est « notoirement connue ».

La distinction entre la marque notoire et la marque renommée réside désormais, en droit français, en ce que cette dernière est enregistrée (contrairement à la première) et que son usage peut donner lieu à une contrefaçon, contrairement à l'autre. En effet, est interdit « *sauf autorisation du titulaire de la marque, l'usage dans la vie des affaires, pour des produits ou des services, d'un signe identique ou similaire à la marque jouissant d'une renommée et utilisé pour des produits ou des services identiques, similaires ou non similaires à ceux pour lesquels la marque est enregistrée, si cet usage du signe, sans juste motif, tire indûment profit du caractère distinctif ou de la renommée de la marque, ou leur porte préjudice* » (CPI, art. L. 713-3).

Voici un échantillon de la jurisprudence rendue sur ce texte depuis 2000 : 1° *Admettant l'existence d'acte de concurrence déloyale ou de parasitisme :* TGI Nanterre, 10 janv. 2000, *Vichy* (marque de *L'Oréal* usurpée par un tiers) [1], application de l'art. L. 713-5 du CPI - TGI Nanterre, 10 janv. 2000, *Lancôme Parfums et Beauté c/Grandtotal*, préc. - TGI Nanterre, réf., 31 janv. 2000, *Les Trois Suisses, La Redoute, Quelle c/ Axinet Communication* [2] - TGI Nanterre, réf., 16 mars 2000, *Renault c/IWC* [3], « préjudice d'image », lié au détournement de la notoriété - Paris, 9 avr. 2004, *SVP c/N. Rousseaux* [4], interdiction d'utiliser dans un nom de domaine la marque renommée *SVP* - Versailles, 27 avr. 2006, *Budimir c/Kraft foods* [5], exploitation injustifiée de la marque *Milka*, jouissant d'une renommée particulière, le choix du nom de domaine *Milka.fr* - Aix-en-Provence, 13 avr. 2006, *Finaxa c/ Axacom* [6], l'utilisation des noms de domaine *axacom.com et axacom.fr* porte atteinte à la marque renommée *Axa* - Com. 20 févr. 2007, n° 05-10.462, *Atari c/Brasserie Fischer* [7], application de l'art. L. 713-5 du CPI alors même que la marque n'a pas été reproduite à l'identique - Paris, 7 mars 2007, *Hôtels Méridien c/Hellequin* [8], l'utilisation du nom de domaine *hotel-meridien.fr* [et d'autres semblables] porte atteinte à la marque renommée *Hôtels Méridien* - Comp. : TGI Paris, 30 nov. 2004, *Afnor c/NF Consultants* [9], l'usage des lettres *NF*, marque notoire, à titre de *meta balise* sur un site internet risque d'induire en erreur les internautes.

2° *Déniant l'existence d'acte de concurrence déloyale ou de parasitisme :* Com. 20 févr. 2007, n° 05-10.319 [10], l'utilisation d'une marque notoire comme nom de domaine par un tiers est licite, dans la mesure où il utilise ce mot dans son sens usuel, à propos de *Décathlon* (une marque notoire constituée d'un nom commun est donc moins protégée que d'autres, car son titulaire ne peut en interdire l'usage dans son acception courante) - Paris, 9 mars 2005, *Anuman Interactive* [11], la reprise d'un titre banal dans la *meta balise* d'un site ne constitue pas un acte de parasitisme.

Remarque. Une *meta balise* n'est pas visible à l'écran ; son rôle est de qualifier le contenu de la page internet, par exemple par l'auteur, les mots-clefs, *etc.* ; ces balises furent très utiles pour les moteurs de recherche, mais devant les abus constatés (beaucoup de mots-clefs sans rapport avec le contenu), les moteurs désormais privilégient le référencement du contenu au détriment de sa qualification dans les *meta balises*.

443.39 Autre application du parasitisme pour protéger les noms de domaine. Certains commerçants enregistrent des noms de domaine dont la graphie ou la phonétique est voisine de celles de sites connus et fréquentés, afin que, lorsqu'un internaute effectue une faute de frappe ou d'orthographe, il se retrouve sur un de ses sites. Cette pratique, dite parfois le « *typosquatting* », constitue un comportement parasitaire, pouvant donner lieu à une condamnation de son auteur [12].

SECTION 4
DIVERS CONFLITS RELATIFS AUX NOMS DE DOMAINE

443.40 Renvoi. Sur la protection du nom de domaine v. *supra* s[s] n°s 443.22 s.

1. *D.* 2000. AJ 117, 1re esp.
2. *D.* 2000. 293 ; *Expertises* 2000, p. 277.
3. *Expertises* 2000, p. 397.
4. *PIBD* 2004. III. 485.
5. *JCP E* 2006. Pan. n° 2106.
6. *Gaz. Pal.* 2007. 1, Somm. 1294.
7. NP, *RLDI* 2007/28, n° 906, obs. D. Forest et E. Dangleterre ; *Expertises* 2008, p. 139, obs. Y. El Shazly – L. Marino, « Un an de droit des noms de domaine », 2008, art. préc., n° 19.
8. *PIBD* 2007. III. 377.
9. *PIBD* 2005. III. 150.
10. NP, *D.* 2007. AJ 794, 2e esp., obs. C. Manara ; *PIBD* 2007. III. 275 ; *CCÉ* 2007, n° 93, obs. C. Caron ; *RLDI* 2007/27, n° 877, note S. Alma-Delettre ; L. Marino, « Un an de droit des noms de domaine », 2008, art. préc., n° 20.
11. *Expertises* 2005, p. 194 ; *D.* 2006. Pan. 2931, obs. Y. Picod.
12. Paris, ch. 5, 30 nov. 2011, RG n° 09/17146, *RJDA* 2012, n° 724.

443.41 **Conflit entre un nom de domaine et un nom géographique.** L'enregistrement ou le renouvellement des noms de domaine peut être refusé ou le nom de domaine supprimé lorsque le nom de domaine est « *identique ou apparenté à celui de la République française, d'une collectivité territoriale ou d'un groupement de collectivités territoriales ou d'une institution ou service public national ou local, sauf si le demandeur justifie d'un intérêt légitime et agit de bonne foi* »[1] (l'art. R. 20-44-46[2] du code des postes énumère les principaux cas dans lesquels l'intérêt légitime peut être admis et les circonstances caractérisant la mauvaise foi, notamment « *d'avoir obtenu ou demandé l'enregistrement d'un nom de domaine principalement [en vue] de profiter de la renommée du titulaire d'un intérêt légitime* », autrement dit un fait de parasitisme). Ainsi, une personne physique ou morale peut mentionner le nom de la commune dans laquelle elle exerce son activité. Toutefois, cette utilisation ne doit pas susciter une confusion dans l'esprit du public avec les sites et organismes officiels. Et l'article 13 de la charte de dénomination de l'Afnic[3] qualifie de termes « réservés » les noms des communes françaises dans leur forme « canonique », ce qui implique que leur enregistrement est soumis à des conditions particulières liées à l'identité et au droit du demandeur, devant notamment justifier avoir la capacité juridique de représenter la commune. La forme dite (curieusement et improprement) canonique consiste, selon l'Afnic, « *en la réduction des noms des communes à la suite des caractères correspondants privés des signes diacritiques, avec et sans l'article* ».

La majorité des décisions rendues sont en faveur des collectivités territoriales qui entendent se réserver leur nom[4]. Mais il y a aussi des décisions ayant admis la licéité de l'emploi du nom d'une commune[5].

443.42 **Conflit entre un nom de domaine et d'autres signes.** Des conflits peuvent aussi surgir entre le déposant d'un nom de domaine et le titulaire d'une enseigne, d'un nom commercial ou d'une dénomination sociale, dont l'antériorité est certaine. Le déposant est le cas échéant condamné pour concurrence déloyale en présence d'un risque de confusion[6] (même éventuellement, dans des circonstances particulières, en cas de reprise d'un nom de domaine non renouvelé et donc devenu disponible[7]). L'interdiction du nom de domaine peut être demandée, avec ou non son transfert au bénéfice de la victime (mais la C. de cass. jugea en 2009 que ce transfert, n'étant ni une mesure conservatoire ni une mesure de remise en état, ne pouvait pas être ordonné par le juge des référés[8]). Lorsqu'il n'existe pas de risque de confusion et que les activités en cause ne sont pas concurrentes la théorie du parasitisme[9] sera le fondement à invoquer.

443.43 **Conflit entre un nom de domaine et le droit d'un auteur.** Plus rarement, le nom de domaine contrevient aux droits patrimoniaux et

1. CPCE, art. L. 45-2, 3e ; mod. par ord. no 2014-329, 12 mars 2014, art. 1er.
2. CPCE, art. R. 20-44-46 ; mod. par décr. no 2015-1317, 20 oct. 2015, art. 2.
3. V. *supra* ss no 443.25.
4. EX. : TGI Nanterre, réf., 30 janv. 2007, *Levallois Perret (Cne), Legalis.net* 2007/4, p. 99 – TGI Paris, 3e ch., 2e sect., 6 juill. 2007, *Ville de Paris c/Paris-sans-fil, RLDI* 2007/31 no 1027, obs. J. Lacker ; *RLDI* 2007/33, no 1099, note A. Saint-Martin ; *Propr. ind.* 2007, no 84, note J. Larrieu – Com. 10 juill. 2012, no 11-21.919, P IV, no 155 ; *D.* 2012. 1955 ; *D.* 2012. 2760, obs. Centre de droit de la concurrence Yves Serra ; *AJDA* 2012. 1434 ; *Propr. ind.* 2013, no 12, note É. Ricbourg-Attal : fondé sur l'anc. art. 1382 [devenu 1240] du C. civ. – N. Dreyfus, *CCÉ* 2017. Ét. 11 – SUR Versailles, 12e ch., 14 mars 2017, RG no 15/08491, département Saône et Loire – SUR POURVOI REJETÉ : Com. 5 juin 2019, no 17-22.132, P ; *CCÉ* 2019, no 52, obs. C. Caron ; *RLDI* 2019. 5422, obs. L. Costes ; *RLDI* 2019, no 5434, note P. Noual ; *RLDI* 2019, no 5557, note A. Mendoza-Caminade.
5. Versailles, 29 mars 2000, *Loïc L. c/Élancourt (Cne), D.* 2000. 909, note F. Hercot : rejet de l'action en l'absence de risque de confusion – Paris, 28 janv. 2003, *Office du tourisme de La Plagne, D.* 2003. AJ 690, obs. C. Manara : un nom de domaine peut utiliser une indication géographique déposée comme marque, dès lors qu'il est utilisé pour exploiter un site évoquant le lieu désigné (à condition qu'il n'existe pas de risque de confusion ni de parasitisme) – Versailles, 13 sept. 2007, *Sem Issy Média c/Mohamed E., Issy on Line, RLDI* 2007/33, no 1099, note A. Saint-Martin ; *Propr. ind.* 2007, no 95, note P. Tréfigny ; L. Marino, « Un an de droit des noms de domaine », 2008, art. préc., no 27 : car le site ne laissait aucun doute sur le fait qu'il n'était pas officiel et que son déposant était de bonne foi.
6. T. com. Paris, réf., 28 janv. 2000, *Alta vista, Legalis.net*, nom commercial – TGI Paris, 27 juin 2000, *No Problemo, Legalis.net* : dénomination sociale – TGI Paris, réf., 27 juill. 2000, *Koodpo.com, Legalis.net* : dénomination sociale et nom commercial – TGI Paris, réf., 29 nov. 2002, *Des femmes (Sté)*, préc., *idem* – Com. 7 juill. 2004, no 02-17.416, P IV, no 149 ; *D.* 2004. AJ 2151, obs. C. Manara ; *CCÉ* 2004, no 111, obs. C. Caron : oui, enseigne et nom commercial – TGI Paris, 7 juin 2006, *Hôtels Méridien, PIBD* 2006. III. 761 ; *Gaz. Pal.* 2007. 1, Somm. 1295 : la réservation du nom de domaine *hotel-meridiana* constitue un acte de concurrence déloyale, puisqu'il a pour objet de détourner la clientèle de la sté des *Hôtels Méridien* en imitant sa dénomination sociale – TGI Paris, 12 juill. 2006, *Acces moto, PIBD* 2006. III. 756 : dénomination et nom commercial – Paris, 7 mars 2007, *Hôtels Méridien c/Hellequin*, préc. : le nom de domaine *hotel-meridien.fr* porte atteinte à la dénomination sociale et au nom commercial de la société *Hôtels méridien.*
7. Com. 9 févr. 2016, no 14-20.486, NP, *Propr. ind.* 2016, no 49, obs. J. Larrieu, où c'était le cas.
8. Com. 9 juin 2009, no 08-12.904, préc. (v. *supra* ss no 443.34).
9. SUR LA NOTION : Ph. le Tourneau, *Le Parasitisme,* Litec, 1998 [épuisé] ; – *J.-Cl. Concurrence Consommation*, fasc. 570 et 571 (2020).

moraux d'une œuvre littéraire ou artistique. Si le nom de domaine déposé est en réalité un titre antérieur, relevant de la protection des œuvres littéraires et artistiques, il est nul[1].

D'un autre côté, un nom de domaine original constitue une œuvre de l'esprit au sens du code de la propriété intellectuelle[2].

443.44 Conflit entre un nom de domaine et un nom patronymique célèbre. Enfin, des « petits malins » tentent d'exploiter la célébrité de certaines personnes, surtout des acteurs et des sportifs (mais aussi des hommes politiques), en déposant leur nom patronymique comme nom de domaine. Il convient d'appliquer les principes dégagés pour leur utilisation par des tiers comme marque, enseigne ou nom commercial, à savoir qu'ils sont indisponibles lorsqu'ils sont célèbres et qu'il existe un risque de confusion[3]. Il en va de même des titres nobiliaires[4]. En Droit français, l'interdiction (le blocage) et le transfert peuvent être demandés au regard du parasitisme (et, dès le stade des référés, sur le fondement de l'anc. art. 809 [devenu 835[5]] du C. pr. civ.)[6]. Mais il est aussi possible, et peut-être plus expéditif, de recourir à la procédure UDRP du Centre d'arbitrage et de médiation de l'Ompi[7], qui suppose toutefois que le titulaire du nom l'exploite commercialement[8]. Quand le titulaire du nom agit ainsi devant ce Centre d'arbitrage et de médiation, celui-ci lui donne gain de cause (et ordonne le transfert du nom de domaine à leur profit) lorsque le nom est connu notoirement de façon internationale (et même mondiale), que le déposant était de mauvaise foi, et qu'il existe un risque de confusion[9].

Mais si la marque ou le nom commercial est très célèbre, et que le nom patronymique identique ne l'est pas en tant que tel, son titulaire doit renoncer à l'utiliser comme nom de domaine[10]. De tels litiges existaient déjà entre un nom patronymique et un nom commercial, une dénomination sociale ou une marque ; en présence d'un signe célèbre, la jurisprudence n'a jamais hésité à interdire d'utiliser le nom patronymique dans le même domaine[11].

443.45 Inaliénabilité du nom patronymique. « *Le principe de l'inaliénabilité et de l'imprescriptibilité du nom patronymique, qui empêche son titulaire d'en disposer librement pour identifier une autre personne physique, ne s'oppose pas à la conclusion d'un accord portant sur l'utilisation de ce nom comme dénomination sociale ou nom commercial* » (Com. 12 mars 1985, nº 84-17.163, *Bordas*[12]) ; à la liste donnée par l'arrêt il faut ajouter les marques et les noms de domaine. Le contrat par lequel une personne physique autorise une société à utiliser son nom à titre de signe distinctif constitue une convention à durée indéterminée que chaque partie peut résilier unilatéralement, à condition de respecter un juste préavis[13]. Pour autant, le consentement donné par un associé fondateur, dont le nom est notoirement connu, à l'utilisation de son patronyme dans la dénomination d'une société exerçant son activité dans le même domaine ne saurait, sans accord de sa part et en l'absence de renonciation expresse ou tacite à ses droits patrimoniaux[14], autoriser la

1. COMP. : TGI Paris, 24 mars 2000, *Pagotto, CCÉ* 2000, nº 63, obs. C. Caron ; – TGI Nanterre, 20 sept. 2000, *Vincent, Juriscom.net* – TGI Bobigny, 25 juin 2002, *Carpoint c/3D Soft, Expertises* 2003, p. 272 : marque non déposée protégée comme œuvre de l'esprit ; interdiction et transfert au profit de l'auteur de celle-ci ; – Paris, 17 févr. 2006, *Microsoft et Carpoint c/3D Soft, Expertises* 2007, p. 272 : contrefaçon par un nom de domaine du titre original d'un logiciel.
2. TGI Nanterre, 20 sept. 2000, *CCÉ* 2001, nº 27, obs. C. Caron.
3. POUR le nom de domaine constitué du patronyme d'une joueuse de tennis, sans son aval : TGI Nanterre, réf., 13 mars 2000, *Amélie Mauresmo, D.* 2000. Somm. 275, obs. A. Lepage ; *Légipresse* 2000/172, I, p. 74 : se référant aux « *principes généraux du droit commun* » – AUSSI : TGI Saint-Malo, réf., 7 mars 2008, *RLDI* 2008/36, nº 1214, obs. J.-B. Auroux ; L. Marino, « Un an de droit des noms de domaine », 2008, art. préc., nº 24 : radiation du nom de domaine d'un candidat à une élection, déposé par son adversaire ! – SUR LE RÉGIME DU Droit patronymique en concurrence avec des signes distinctifs : F. Dalzé, *Marques et usurpations de la personnalité*, th. préc. – SUR les signes distinctifs, dont les noms de domaine, l'étude importante de : A. Mendoza, th. préc.
4. TGI Paris, réf., 5 janv. 2009, *RLDI* 2009/46, nº 1520, obs. L. C. ; L. Marino, « Un an de droit des noms de domaine », 2009, art. préc., nº 12 : blocage, à la demande d'Henri d'Orléans, du nom de domaine « comtedeparis.fr » pour une agence de voyage.
5. C. pr. civ., art. 835 [anc. 809] ; mod. par décr. nº 2019-1333, 11 déc. 2019, art. 4.
6. TGI Paris, réf., 5 janv. 2009, préc.
7. V. *supra* s[s] nº 443.14.
8. O. Garlin-Ferrard, « Le point sur la répression du *celebrity squatting* par l'Icann ou un conseil aux célébrités : veillez à exploiter commercialement votre nom », art. préc.
9. É. Schahl et A.-L. Muyard, art. préc.
10. C. Fédérale de Karlsruhe, 22 nov. 2002, *CCÉ* 2002/11, p. 5, obs. A. Brüning : à propos d'un M. Andreas Shell, qui avait déposé son nom.
11. EX. : Com. 5 juill. 1994, nº 92-21.478, NP, *RJDA* 1994, nº 1402 – Com. 12 févr. 2002, nº 00-11.602, P IV, nº 32 ; *D.* 2003. Somm. 1032, obs. Y. Picod ; *RJDA* 2002, nº 708.
12. Com. 12 mars 1985, nº 84-17.163, *Bordas*, P IV, nº 95 ; *D.* 1985. 471, note J. Ghestin – G. Loiseau, *Le nom, objet d'un contrat*, préf. J. Ghestin, « BDPr », LGDJ, 1997.
13. Com. 8 févr. 2017, nº 14-28.232, *Christian Lacroix*, P IV, nº 24 ; *D.* 2017. 678, note A. Etienney-de Sainte-Marie ; *AJ contrat* 2017. 222, obs G. Cattalano-Cloarec ; *CCÉ* 2017, nº 32, obs. G. Loiseau ; *RTD civ.* 2017. 389, obs. H. Barbier – A. Marie, « Pratique contractuelle. Peut-on sécuriser la cession de marques constituées d'un nom patronymique ? », *CCÉ* 2017. Fiche prat. 7, avec des ex. de clauses.
14. SUR LA NOTION de renonciation : F.-X. Ruellan, « Nouveau regard sur la renonciation en droit privé », *Journ. sociétés* 2012/101. 53.

société à déposer ce patronyme à titre de marque pour désigner les mêmes produits ou services [1] ; il en va de même quant à l'utilisation comme nom de domaine.

443.46 **Accords sur l'usage du nom.** La meilleure solution, en cas de risque de conflit entre un signe antérieur et un nom de domaine (ou comme mesure de transaction), consiste pour le déposant du nom de domaine à tenter d'obtenir l'autorisation du titulaire du signe antérieur [2]. Toutefois, cette voie n'est possible que si le signe en cause est « dans le commerce », ce qui n'est pas le cas des appellations d'origine (qui appartiennent à la collectivité des producteurs locaux).

SECTION 5
MODES DE RÈGLEMENT DES DIFFÉRENDS

443.51 **Médiation et arbitrage relatifs aux noms de domaine.** À la suite d'une suggestion de l'*Organisation mondiale de la propriété intellectuelle* (Ompi), l'*Internet Corporation for Assigned Names and Numbers* (Icann) a agréé divers organismes quant au règlement des différends portant sur les noms de domaine [3]. Outre le *National Arbitration Forum* (NAF) et le *CPR Institute for Dispute Resolution*, il s'agit surtout de l'Ompi, dont le Centre d'arbitrage et de médiation a mis en place plusieurs procédures permettant de régler « en ligne » de tels litiges (sur le site de l'Ompi *www.ompi.org*). D'abord, une procédure devant les commissions de contestation administrative relatives aux noms de domaine ; ensuite, une médiation (dite UDRP [4], acronyme de *Uniform Dispute Resolution Conflicts*) ; enfin, un arbitrage accéléré en ligne. Ces procédures ont connu un remarquable succès. La validité de l'arbitrage proprement dit en ligne est incertaine en l'état des textes sur l'arbitrage. Une décision rendue grâce à la procédure UDRP n'est pas une sentence arbitrale, la décision de l'expert n'étant pas contraignante à l'égard des parties et n'ayant pas l'autorité de la chose jugée [5].

L'Eurid [6] a désigné le *Czech Arbitration Court* (CAC), centre tchèque d'arbitrage siégeant à Prague, pour gérer les litiges sur les noms de domaine en « .eu ».

De son côté, l'Afnic avait mis en place en 2004 une procédure rapide et peu onéreuse de résolution des litiges portant sur les noms de domaine.fr et.re (dite PARL), que certains nomment (à tort [7]) de procédure alternative de résolution des litiges. À la suite du décret n° 2011-926 du 1er août 2011 [8], la PARL a été remplacée par le Syreli, dont le règlement a été approuvé par arrêté du 21 octobre 2011 [9]. Toute personne ayant intérêt à agir peut demander à l'Afnic la suppression ou le transfert du nom de domaine lorsque celui-ci risque de porter atteinte à l'ordre public, aux bonnes mœurs, à des droits de propriété intellectuelle ou de la personnalité, au nom d'une collectivité territoriale ou d'une institution, *etc.*

Une autre procédure extrajudiciaire est prévue par l'article L. 45-6, alinéa 1er, du code des postes et des communications électroniques. En cas d'atteinte à des droits selon l'article L. 45-2 dudit code, toute personne démontrant un intérêt légitime à agir pourra demander à l'office d'enregistrement la suppression ou le transfert d'un nom de domaine ; la décision, qui devra être rendue dans un délai de

1. Com. 6 mai 2003, n° 00-18.192, *Ducasse*, P IV, n° 69 ; *D.* 2003. 2228, note G. Loiseau ; *JCP* 2003. II. 10169, note E. Tricoire ; *Rev. sociétés* 2003. 548, note G. Parléani ; *RTD civ.* 2003. 548, note J. Hauser : ARRÊT REMARQUABLE en ce qu'il évoque un « *droit de propriété incorporelle sur son patronyme* » – Com. 24 juin 2008, nos 07-10.756, 07-12.115, *Beau (Sté)*, P IV, n° 129 ; *D.* 2008. 2569, note A. Mendoza-Caminade ; *JCP E* 2008. 2466, note C.-A. Maetz ; *CCÉ* 2008, n° 133, obs. C. Caron.
2. J. Hejazi, « L'accord de coexistence en matière de nom de domaine sur internet », *CCÉ* 2002. Chron. 4, proposant un ex. de contrat en ce sens – N. Dreyfus, « Pratique contractuelle. Accord de coexistence relatif au nom de domaine », fiche prat. préc., *idem* – J. Huet, « Accord de coexistence de marques et nom de domaine », préc.
3. A. Cruquenaire, *Le règlement extrajudiciaire des litiges relatifs aux noms de domaine. Analyse de la procédure UDRP, op. cit.* – F. Gelinas, « Splendeurs et misères de la célérité : bilan du système de règlement des différends relatifs à l'adressage internet », art. préc. – J. Huet et S. Valmachino, « Réflexions sur l'arbitrage électronique dans le commerce international », art. préc. – L. Marino, « Un an de droit des noms de domaine », 2008, art. préc., nos 28 s., citant diverses décisions rendues par les organismes indiqués au texte.
4. SUR L'APPLICATION de cette médiation : Y. El Shazly, « Dix ans de l'« UDRP » : un premier bilan », *RLDI* août-sept. 2010, p. 81.
5. Paris, 17 juin 2004, *Michel L.P. et Assoc. Miss Francophonie c/Comité Miss France, JCP* 2004. II. 10156, note G. Chabert ; *Expertises* 2005, p. 38 : au demeurant, si elle constitue bien une médiation au sens large, en l'esp. elle ne pouvait pas recevoir cette qualification au regard de l'art. 131-2 C. pr. civ., celui supposant que les deux parties soient parvenues à un accord par le truchement du médiateur, ce qui n'était pas le cas.
6. V. *supra* ss n° 443.21.
7. Le mot alternatif est ici un fâcheux anglicisme (l'alternative, en français, est une situation dans laquelle il n'y a que deux partis possibles, comme c'est le cas dans les obligations alternatives).
8. Décr. n° 2011-926, 1er août 2011 relatif à la gestion des domaines de premier niveau de l'internet correspondant aux codes pays du territoire national, *JO* 3 août, p. 13294.
9. Arr. 21 oct. 2011 approuvant le règlement intérieur de l'Association française pour le nommage internet en coopération en tant qu'il définit le système de résolution de litiges, *JO* 3 nov., p. 18517, NOR : INDI1125644A.

deux mois, pourra faire l'objet d'un recours devant le juge judiciaire.

Enfin, le règlement 874/2004 [1] prévoit la possibilité d'une révocation d'un nom de domaine comportant l'extension « .eu » par une procédure extrajudiciaire, lorsque le nom est identique ou susceptible d'être confondu avec un nom sur lequel un droit est reconnu ou établi par le droit national et/ou communautaire, et qu'il a été enregistré, soit sans que son titulaire ait un droit ou intérêt légitime à faire valoir sur ce droit, soit qu'il ait été enregistré ou utilisé de mauvaise foi. La CJUE a été amenée en 2010 à préciser très minutieusement les circonstances dans lesquelles l'enregistrement d'un nom de domaine en « .eu » peut être considéré comme « spéculatif » et abusif [2].

443.52 Compétence (renvoi). Sur la compétence, territoriale et légale, les développements relatifs à la responsabilité des hébergeurs [3], sont transposables aux agissements des titulaires de site sur la toile.

1. Règl. 874/2004, Commission, 28 avr. 2004, art. 21.

2. CJUE, 2e ch., 3 juin 2010, *Internetportal und Marketing*, aff. C-569/08, *Rec.* I-04871 ; *D.* 2010. AJ 1477 ; *Gaz. Pal.* 2010. 2, p. 3092, note V. Brunot et E. Renaud ; *CCÉ* 2010, nº 109, obs. C. Caron.

3. V. *supra* ss nos 422.46 s

TITRE

45. La publicité en ligne

SECTION 0

ORIENTEUR

45.00 Sommaire du titre.

45.05 Vocabulaire. Le monde de la publicité numérique est particulièrement friant de termes et d'expressions en anglais. La commission d'enrichissement de la langue française a publié un certain nombre de mots pour les remplacer, dont l'usage est recommandé. En voici un échantillon.

– *Adtech* (ou *ad tech*, pour *advertising technology*) : publicité programmatique.

– *Advergame* : jeu publicitaire (jeu vidéo conçu pour faire la promotion d'un produit, d'un service, d'une marque ou d'un évènement).

– *Advertainment* : publicité-divertissement ou publidivertissement (message publicitaire qui prend la forme d'un divertissement, dont les supports peuvent être des spots audiovisuels, des séries ou des jeux vidéo, conçus à cet effet).

– *Behavioral search retargeting* : reciblage (consistant à adresser un message publicitaire aux profils ayant manifesté une intention d'achat).

– *Display* : publicité par affichage.

– *Key Opinion Leader* (KOL) : influenceur.

– *Native advertising* : publicité caméléon ou publicité mimétique (publicité en ligne, intégrée à un site dont elle adopte les codes formels, qui n'est pas toujours signalée comme telle).

– *Retargeting* : reciblage.

– *Roll up, roll up banner* : bannière mobile (ou kakémono mobile) et bannière publicitaire.

– *Search* : publicité liée à la recherche.

– *Search engine advertising* : service d'indexation payant.

CHAPITRE

451. Contrat de publicité en ligne

SECTION 0

ORIENTEUR

451.00 **Sommaire du chapitre.**

Division – Généralités. La publicité occupe une place considérable sur la toile ; du reste, l'économie de celle-ci repose en grande partie sur la publicité, très envahissante, sous des formes les plus variées, et se jouant des frontières[1]. Pour la première fois en 2016 l'investissement publicitaire sur la toile dépassa celui de la télévision. Si ses modalités pratiques sont nouvelles et ses cibles distinctes, la publicité en elle-même n'a rien de spécifique, et les contrats portant sur elles ne présentent aucune originalité. Seront envisagées la diversité des intervenants (sect. 1), et leurs obligations (sect. 2).

La publicité en ligne est dominée de façon écrasante en France par un duopole[2]. L'Autorité de la concurrence a décidé en 2018 d'étudier la situation. Elle relève notamment des comportements perturbant le jeu concurrentiel du marché, justifiant une attention soutenue de sa part, y compris de se saisir d'office le cas échéant pour examiner d'éventuelles pratiques anticoncurrentielles si elle devait estimer que les éléments pour ce faire sont suffisants[3].

L'Autorité de régulation professionnelle de la publicité (ARPP) est une association veillant à concilier la liberté d'expression avec le respect de consommateurs.

1. POUR LES QUESTIONS pouvant se poser en présence d'un contrat relatif à la publicité s'affranchissant des frontières : G. Cerqueira, « Réflexions internationalistes sur les contrats de publicité », *AJ contrat* 2019. Dossier 524.
2. En France, le duopole de *Google* et de *Facebook* détenait 90 % de part de marché de la publicité en ligne en 2018.
3. Autorité de la concurrence, avis n° 18-A-03, 6 mars 2018 portant sur l'exploitation des données dans le secteur de la publicité sur internet.

451.01 **De quelques modalités de la publicité numérique.** Un format publicitaire spécial est *la bannière* (*roll up banner*), qui prend la forme d'un bandeau et s'affiche sur une page d'un site internet. Les bannières sont généralement actives : en cliquant sur le bandeau, l'internaute est directement dirigé vers le site concerné.

Une technique de publicité, le *ciblage*, consiste à personnaliser les contenus promotionnels qui vont être diffusés à l'internaute en fonction de critères, tels que son comportement sur internet ou ses centres d'intérêt (ciblage comportemental), la thématique et le contenu d'un site (ciblage contextuel), la localisation géographique d'une personne (ciblage géographique), les caractéristiques sociales, démographiques et économiques d'un individu, comme l'âge, le sexe, le revenu, *etc.* (ciblage sociodémographique) ou encore l'heure, le jour, la semaine (ciblage temporel). Le « reciblage » (*retargeting* ou *behavioral search retargeting*) est une forme de ciblage comportemental, consistant à adresser un message publicitaire aux profils ayant manifesté une intention d'achat, par exemple en ayant rempli puis abandonné un panier lors de la visite du site d'un annonceur.

La publicité par affichage (*display*) désigne les formes de publicité numérique utilisant des éléments graphiques ou vidéos, intégrés au contenu d'un site éditeur pour être vus des internautes. C'est le mode de publicité sur internet qui se rapproche le plus de la publicité classique.

La publicité liée à la recherche (*Search*) est une méthode de placement de liens commerciaux au sein de résultats obtenus à partir d'une requête effectuée *via* un moteur de recherche. Les publicités de liens commerciaux liés à la recherche ciblent les mots-clés que l'internaute entre sur un moteur de recherche. Les publicitaires ciblent les biais cognitifs des internautes, leurs faiblesses, pour stimuler ou inhiber leur attention. La différence avec la publicité classique est que l'algorithme est en évolution constante, capable de mesurer instantanément son effet et par conséquent de s'ajuster afin d'améliorer son efficacité[1]. Tel est le fruit de la captologie (*Computers as Persuasive Technology*).

Les opérations de publicité en ligne utilisent souvent une plateforme de gestion de données (*Data Management Platform*, DMP). Ces plateformes sont le support technique permettant d'intégrer de manière automatisée les différentes sources de données afin de les enrichir et de les recouper. Pour les annonceurs, une telle plateforme permet de centraliser le stockage des données d'audience auxquelles peuvent directement accéder les partenaires publicitaires, de comprendre dans le détail le comportement en ligne et hors ligne de ses clients, d'utiliser les données hors-ligne pour les campagnes en ligne ainsi que d'automatiser et normaliser les retours sur les campagnes. Pour les éditeurs, les plateformes ont pour fin de mieux connaître les audiences des sites concernés à travers toutes sortes de critères. Cette connaissance approfondie permet aux éditeurs de mieux valoriser leur propre inventaire et de rassurer leurs partenaires sur la véracité des audiences proposées.

Depuis 2018, la publicité en ligne a commencé à utiliser les chaînes de blocs (en anglais *blockchains*[2]), ce qui devrait permettre de rendre moins opaque le maquis de la publicité en ligne tout en lui apportant plus de traçabilité et de sécurité.

Les internautes recourent de plus en plus à des logiciels de blocage (*Adblocker*), empêchant l'affichage des publicités sur les sites qu'ils visionnent, que ce soit des bandeaux ou des liens commerciaux (*sponsorisés*). Ces logiciels de blocage analysent le code source de la page avant son affichage ; ils détectent les graffitis (*tags*) des principales régies publicitaires et suppriment la portion de code concernée, qui n'apparaît pas à l'écran.

Renvois.

• Sur la responsabilité des prestataires de services publicitaires v. *supra* s^s n° 422.42.

• Sur la publicité comparative en ligne v. *supra* s^s n° 44.06.

451.03 **Bibliographie. Encyclopédies.** J.-J. Biolay, « Contrats de publicité », *J.-Cl. Contrats distribution*, fasc. 4020 et 4030 (2013) – T. Hassler, *Rép. com., V°* « Contrat de publicité », oct. 2008, actualisé janv. 2012.

Ouvrages. J. Allary et V. Balusseau (dir.), *La publicité à l'heure de la date : Ad tech et programmatique expliqués par des experts*, « Marketing / Communication », Dunod, 2018 – X. Delsol, *Mécénat et parrainage : guide juridique et fiscal*, 2e éd., Juris-Associations, 2004 – R. Fabre, M.-P. Bonnet-Desplan, N. Sermet et N. Genty, *Droit de la publicité et de la promotion des ventes*, 4e éd., « Dalloz référence », 2014 – P.-B. et F. Greffe, *La publicité et la loi*, préf. M. Levy, 11e éd., Litec, 2009.

Manuels. C. Caron, *Droit d'auteur et droits voisins*, 6e éd., « Manuel », LexisNexis, 2020 – C. Castets-Renard, *Droit interne et européen du numérique*, 3e éd., « Cours », Montchrestien-Lextenso, 2018 – J.-F. Forgeron, *Le logiciel et le droit*, Hermès, 1994 – P.-Y. Gautier, *Propriété littéraire et artistique*, 11e éd., « Manuel », PUF, 2019 – M. Vivant et J.-M. Bruguière, *Droit d'auteur et droits voisins*, 4e éd., « Précis », Dalloz, 2019.

Contributions. C. Caron, « Les contrats d'exploitation de l'image de la personne », dans Association Capitant (dir.), *L'image*, Dalloz, « Thèmes & commentaires », 2005, p. 95 s. – J. Larrieu, « L'ingénierie des mots », dans *Libre droit. Mél. Ph. le Tourneau*, Dalloz, 2008, p. 590.

Articles. C. Blanquart, « Les influenceurs et l'accès au salariat », *JCP S* 2020. Ét. 3020 – A. Boisson, « L'achat d'espaces publicitaires sur internet rentre dans le rang », *RLDC* 2017. Repères 6377 – L. Boulet, « Le contrat d'achat d'espace publicitaire », *CCÉ* 2011. Fiche prat. 16 ; « Pratique contractuelle. Contrats de publicité. Le contrat de parrainage », *CCÉ* 2012. Fiche prat. 17 ; « Pratique contractuelle. Contrat d'achat d'espaces publicitaires et nouveaux modes de communication », *CCÉ* 2013. Fiche prat. 17 ; « Pratique contractuelle. Contrat d'achat d'espaces publicitaires et protection de l'image de l'annonceur », *CCÉ* 2014. Fiche prat. 17 ; « Décret n° 2017-159 du 9 février 2017 relatif à la publicité digitale : application de la loi dite "Sapin" aux nouveaux modes de commercialisation des espaces publicitaires », *CCÉ* 2017. Ét. 10 – L. Boulet et L. Frossard, « Pratique contractuelle. Communication publicitaire digitale et influenceur : organiser l'identification du caractère commercial », CCÉ 2018. Fiche prat. 17 – J.-M. Bruguière et L. Carrié, « Rémunération de l'image des mannequins : rétribution du travail et/ou exploitation de la notoriété ? », *CCÉ* 2014. Ét. 1 – R. Fabre et D. Mainguy, « Vers la transparence des relations publicitaires », *Cah. dr. entr.* 1993/3, 33 – T. Girard-Gaymard, « Les influenceurs et le droit », *D.* 2020. Chron. 92 – R. Gola, « Publicité digitale et encadrement des algorithmes », *RLDI* 2017. Ét. 5084 N. Kilgue, « Les contrats relatifs à la publicité à "deux" », *AJ contrat* 2019. Dossier 508 – É. Le Quellenec, « Externalisation du *Search Engine Advertising* : quelles précautions contractuelles ? », *RLDI* 2013. Doctr. n° 3045 – K. Magnier-Merran, « Le contrat de parrainage en pratique », *AJ contrat* 2019. Dossier 516 – X. Près, « Les cessions et sous-cessions de droits d'auteur portant sur les créations publicitaires », *AJ contrat* 2019. Dossier 520 – T. de Ravel d'Esclapon, « L'acquisition d'espaces publicitaires : variations autour du rôle de l'agence de publicité », *AJ contrat* 2019. Dossier 512 – D. Roskis, « Publicité digitale : plus de transparence en matière d'achat d'espaces publicitaires – Décret n° 2017-159 du 9 février 2017 », *JCP E* 2017. Ét. 1277.

1. Y. Marry et F. Souillot, *La guerre de l'attention. Comment ne pas la perdre*, L'Échappée, 2022.
2. Sur celles-ci v. *supra* s^s n° 011.50.

SECTION 1
DIVERSITÉ DES INTERVENANTS

451.11 Rôle et qualification des agences de publicité. Le premier rôle des agences de publicité est de louer un espace à un « *support* » ou à sa régie pour un annonceur, puis de réserver un temps de passage. L'expression de la pratique, consacrée par la loi, « d'achat d'espace » est donc inexacte. Il s'agit plutôt d'obtention des *parts d'audience*, celles-ci s'apparentant à une location[1]. Dans cette activité l'agent est agent commercial (donc mandataire).

Mais les agences exercent aussi d'importantes et diverses fonctions de *conseil* auprès de leurs clients. Dans le choix des « supports », dans celui d'une stratégie de communication et des campagnes publicitaires (les thèmes, les phases successives), qu'elles imaginent et conçoivent. Elles réalisent éventuellement les œuvres (littéraires, plastiques, musicales, *etc.*[2]), qui seront utilisées pour dynamiser une marque d'un produit ou d'un service (ou en chargent un tiers), qu'elles acceptent le cas échéant de mener à bien elles-mêmes ; les créations publicitaires font l'objet d'une cession de droits d'auteur (ou d'une sous-cession)[3]. Les agences peuvent accepter encore d'assurer le « suivi » des campagnes.

Enfin, il est fréquent que l'agence soit chargée d'évaluer l'influence de la publicité réalisée, à l'aide d'enquêtes, de sondages et de tests de rendement. Toutes ces tâches méritent la qualification d'entreprise. Elles ne leur sont nullement interdites par la loi[4] n° 93-122 du 29 janvier 1993[5], dite loi Sapin. Comme tout mandataire, l'intermédiaire de publicité en ligne doit rendre compte[6]. Il est prudent d'insérer dans le contrat une clause sur les données[7].

Une régie publicitaire est une entité (société, groupement d'intérêt ou service d'une entreprise) chargée de la commercialisation des espaces publicitaires d'un support, d'un ensemble de supports ou d'un groupe de média. La régie peut être un département de la société dont elle commercialise les espaces ou une société indépendante commercialisant les espaces de plusieurs supports.

451.12 Autres intervenants dans la publicité. La publicité est un vaste monde, où fourmillent toutes sortes d'intervenants. D'abord, le *courtier* en publicité, démarchant librement et de sa propre initiative en faveur de « supports » choisis par lui[8]. Ensuite, l'agence ne négocie pas toujours directement avec le « support ». Elle peut s'adresser à des *commissionnaires* spécialisés, les *régisseurs* de publicité, qui représentent les « supports » dont ils ne dévoilent pas les noms. Parfois, ces régies exercent parallèlement les fonctions d'agences[9] de publicité[10]. La loi les assimile aux « vendeurs d'espace »[11] ce qui implique qu'ils bénéficient de l'exclusivité de la part du « support ».

Il est des cabinets se chargeant de *conseiller* les annonceurs dans le choix d'une agence de publicité, ou dans l'évaluation des propositions de centrales d'achat d'espace. En effet, il existe ce que la pratique nomme des *centrales d'achat d'espace*[12] ; ce sont généralement des *commissionnaires*. Elles sont parfois accréditées par un annonceur auprès d'un « support ». Le « support » peut lui-même commettre une défaillance contractuelle dommageable. Des plateformes particulières sont apparues[13].

Le service d'indexation payant (*Search engine advertising*) assuré par les « moteurs de recherche »[14] peut être assimilé à une prestation de publicité[15]. Il permet à un annonceur de se placer au-dessus ou à côté des résultats de recherche naturels, par le biais d'un système d'enchères instantanées (« en temps réel », en anglais *Real-Time bidding*, RTB). Le système de référencement payant le plus connu est *AdWords* de *Google*. Un annonceur sélectionne des mots-clés sur lesquels il souhaite se placer, tout en définissant son budget et le coût maximal qu'il est disposé à payer pour que son annonce apparaisse de manière visible dans la liste de résultats à la suite de la requête d'un internaute. Le système d'enchères en temps réel est un procédé programmé (programma-

1. N. Kilgue, « Les contrats relatifs à la publicité à "deux" », art. préc.
2. V. *infra* n° 451.17.
3. X. Près, « Les cessions et sous-cessions de droits d'auteur portant sur les créations publicitaires », art. préc.
4. CE 10 juill. 1996, req. n° 163228, NP, *D.* 1996. IR 220.
5. L. n° 93-122, 29 janv. 1993 relative à la prévention de la corruption et à la transparence de la vie économique et des procédures publiques, *JO* 30 janv., p. 1588 (sur laquelle v. *infra* s[s] n° 451.21).
6. NOT. L. Boulet, « Pratique contractuelle. Contrat d'achat d'espaces publicitaires et nouveaux modes de communication », préc.
7. NOT. L. Boulet, « Pratique contractuelle. Contrat d'achat d'espaces publicitaires et nouveaux modes de communication », préc.
8. Com. 13 sept. 2017, n° 16-15.248, NP, *AJ contrat* 2017. 491, obs. O. Ancelin et F. Aufaure, requalifiant un contrat de courtage publicitaire en contrat d'agent commercial.
9. Paris, 15 mai 1998, *ODA*, *Gaz. Pal.* 1998, Somm. 676 : régie exclusive de la publicité dans les annuaires imprimés et électroniques de *France Télécom* – TGI Paris, 10 mars 1999, *ODA*, *PIBD* 1999. III. 286 : *idem*.
10. POUR UNE DÉFINITION des régies v. *supra* s[s] n° 451.11.
11. L. n° 93-122, 29 janv. 1993, art. 25 ; mod. par ord. n° 2019-698, 3 juill. 2019, art. 13.
12. POUR LA CRITIQUE du mot achat en l'esp. v. *supra* s[s] n° 451.11.
13. V. *infra* s[s] n° 451.31.
14. V. *supra* s[s] n°s 431.11 s.
15. J. Larrieu, « L'ingénierie des mots », art. préc., spéc. p. 604 s. – SUR LES CLAUSES contractuelles : É. Le Quellenec, « Externalisation du *Search Engine Advertising* : quelles précautions contractuelles ? », art. préc.

tique) sur internet, par lequel des espaces publicitaires internet sont alloués instantanément en fonction d'enchères réalisées par des annonceurs ou agences sur les formats et les critères de ciblages correspondants. Au sein de ce système d'enchères, les échanges peuvent être privés ou sur des places de marchés publiques.

L'activité de conseil et de réservation de parts d'audience (dite achat d'espace) des groupes traditionnels de publicité a été en partie court-circuitée par les géants du numérique[1], qui offrent des capacités de communication massives et ciblées à des prix très intéressants. Ainsi une part importante du marché publicitaire échappe maintenant aux agences, au profit des géants précités, dont les plateformes monopolisent le marché de la publicité en ligne[2].

Des sociétés se sont spécialisées dans le ciblage publicitaire. Une société française, cotée au Nasdaq, *Criteo*, s'appuie sur les témoins de connexion (*cookies*) pour proposer aux annonceurs sa solution de reciblage (*retargeting*). Elle permet de suivre leurs parcours d'opérations en ligne et de les exposer à des publicités sur des produits ou des services pour lesquels ils ont manifesté de l'intérêt. Mais la montée en puissance de la protection de la vie privée sur la toile, se traduisant notamment par une restriction dans le temps des témoins de connexion par les navigateurs et donc le traçage numérique (*tracking*) des internautes, limite l'action de ces sociétés. Elles se trouvent dans l'obligation de se réorganiser, en développant l'activité de conseil.

Il sera encore fait état des salles de marché (*Trading desk*) dans le domaine de la publicité sur internet. Il s'agit d'une plateforme de service centralisée de réservation d'espaces publicitaires, s'effectuant automatiquement et instantanément (« en temps réel ») par le biais de médias numérisés. Celle-ci sert d'intermédiaire entre une plateforme de demandes (*Demand-Side Platform*) d'achats, de visites d'internautes et d'autres plateformes techniques numérisées. Les données prises en compte et traitées par la salle de marché sont toutes les traces laissées par les internautes lorsque ceux-ci naviguent sur la toile. Ces dernières permettent d'élaborer des critères très précis et de proposer de la publicité ciblée susceptible de les toucher. Grâce au traitement instantané des données, ce ciblage publicitaire peut s'affiner en permanence. En outre, la salle de marché permet de réaliser des enchères d'achat et de vente d'espaces publicitaires, grâce à un algorithme automatisé. Ces salles de marché peuvent être intégrées dans une agence média, indépendantes, ou internes à certains annonceurs importants.

1. *Facebook, Google, Instagram, YouTube.*
2. Sur les plateformes v. *infra* s[s] n° 451.31.

451.13 **Parrainage.** Dans la première forme du parrainage (*sponsoring*) une entreprise soutient, à titre publicitaire, une activité sportive ou culturelle ; elle comprend une licence de marque, associée à diverses obligations de chacune des parties[3]. Une autre forme, fort répandue, est celle d'une personne réputée (acteur, artiste ou sportif), acceptant contre redevance que son nom et/ou son image soient utilisés pour vanter tel produit ou tel service[4]. L'analyse juridique de cette convention est incertaine. Certains y voient une forme particulière de contrat de travail « *dans lequel un des attributs de la personnalité vient remplacer la force de travail* »[5]. Pour d'autres, il y aurait une licence[6]. Cette qualification est impropre, car elle désigne une location d'un bien incorporel ; or, nous récusons l'idée qu'une personne puisse louer sa renommée. Il est donc préférable d'y voir un contrat *sui generis* d'usage. Le créancier a le droit, dans les conditions fixées, de se servir du patronyme d'une personnalité célèbre et/ou de son image (le code du sport encadre les conditions dans lesquelles un sportif ou un entraîneur professionnel peut conclure un contrat relatif à l'exploitation commerciale de son image, de son nom ou de sa voix[7]). Nous ne visons ici que le droit à l'image en quelque sorte statique de l'intéressé. En effet, si celui-ci joue un personnage, par exemple dans un film publicitaire, il déploie alors une activité, et il est clair qu'il s'agit d'un contrat d'entreprise ou d'un contrat de travail (éventuellement de mannequin, régi par le code du travail[8]). De plus, il convient de distinguer le « droit à l'exploitation de son image » (dont nous venons de constater qu'il consiste en réalité à autoriser autrui à utiliser sa notoriété) du « droit à la protection de son image » (appellation douteuse du respect d'un droit de la personnalité[9]).

3. X. Delsol, *Mécénat et parrainage : guide juridique et fiscal*, *op. cit.* – K. Magnier-Merran, « Le contrat de parrainage en pratique », art. préc. – L. Boulet, « Pratique contractuelle. Contrats de publicité. Le contrat de parrainage », fiche prat. préc.
4. C. Caron, « Les contrats d'exploitation de l'image de la personne », art. préc.
5. E. Tricoire, *L'extracommercialité*, th. Toulouse 1 Capitole, 2002, n° 161.
6. COMP. D. Lefranc, *La renommée en droit privé*, préf. H.-J. Lucas, Defrénois, 2004, n°s 369 s., distinguant la cession de renommée de la licence de celle-ci.
7. C. sport, art. L. 222-2-10-1, créé L. n° 2017-261, 1er mars 2017, art. 17.
8. C. trav., art. L. 7123-6 s.
9. Civ. 1re, 11 déc. 2008, n° 07-19.494, P I, n° 282 ; *JCP G* 2009, II, 10025, note G. Loiseau ; *CCÉ* 2009, n° 12, obs. C. Caron : la cession « *de droit à l'image* » relève de la ▶

451.14 **Influenceurs.** Relèvent aussi de la publicité les influenceurs (*Key Opinion Leader*, KOL), nouvelle modalité du parrainage. Un influenceur est une personne qui, par sa notoriété, sa compétence dans un domaine et son exposition médiatique, bénéficie d'un puissant pouvoir de suggestion, lui permettant d'orienter le choix des internautes, en utilisant un support sur la toile (bloc-note [*blog*], forum, réseau social, *etc.* [1]). Il existe des influenceurs sur tous les réseaux sociaux (*Twitter, Facebook, Snapchat, Instagram, YouTube*). L'influenceur, souvent en réalité une influenceuse, peut être un particulier agissant spontanément de façon désintéressée, ou au contraire être stipendié par une entreprise pour vanter tel produit ou tel service, donner leur évaluation ou annoncer les nouveautés. Son rôle consiste à créer et à publier un contenu, dans lequel il promeut un produit ou un service. Aucun texte spécifique ne régit cette activité, qui s'est beaucoup développée, notamment émanant de jeunes prescripteurs. S'applique donc le droit commun. *A priori*, l'influenceur déploie une activité au profit de l'influencé, donc est lié par un contrat d'entreprise. La prestation est souvent assortie d'une licence sur les textes, les images ou les vidéos créées par l'influenceur, en tant qu'œuvres intellectuelles [2], à moins que le contrat unissant l'influenceur et l'influencé soit un contrat publicitaire de commande (v. sur celui-ci *infra* n° 451.18). Lorsque l'influenceur se met en scène, en suivant les indications de l'entreprise qu'il promeut, il devient alors un artiste-interprète, dont le régime figure dans le code de la propriété intellectuelle [3]. Cependant, une requalification en contrat de travail pourra être opérée, compte tenu des modalités d'exercice de l'activité, à condition évidemment que les critères du contrat de travail soient réunis [4].

Il y a lieu de tenir compte, le cas échéant, des dispositions relatives à la publicité et à la protection des consommateurs, notamment l'article 20 de la loi n° 2004-575 du 21 juin 2004 (LCEN), selon lequel « *Toute publicité, sous quelque forme que ce soit, accessible par un service de communication au public en ligne, doit pouvoir être clairement identifiée comme telle. Elle doit rendre clairement identifiable la personne physique ou morale pour le compte de laquelle elle est réalisée* ». Ou encore des articles L. 3323-2 et suivants du code de la santé publique, portant sur la publicité des boissons alcooliques. Selon la Cour de cassation le fait qu'un « *message soit relayé par l'intervention d'un internaute à l'intention de son "réseau d'amis" ne lui* [fait] *pas perdre son caractère publicitaire* » [5]. La production à titre habituel de messages de promotion de produits, en contrepartie d'une rémunération, revêt la nature d'acte de commerce [6], de sorte que le tribunal de commerce est compétent pour juger des litiges portant sur l'activité de l'influenceur [7].

451.15 **Publicitaires, plateformes collaboratives et intelligence artificielle.** Les nouvelles techniques permettent aux publicitaires de réinventer leur manière d'opérer. Ainsi *Publicis* va créer dans les prochaines années une plateforme collaborative, baptisée *Marcel*, qui permettra de faire travailler ensemble les 80 000 collaborateurs de cette entreprise dans plus d'une centaine de pays, donc de trouver instantanément l'employé dont la compétence est requise. Elle rassemblera aussi tous les avoirs du groupe. L'intelligence artificielle *Microsoft Azure* rendra *Marcel* pertinent et évolutif. Chaque employé de *Publicis* pourra indiquer sur son « profil » ses compétences, ses réalisations et ses disponibilités. Les découvrant, *Marcel* lui enverra régulièrement des propositions personnalisées, ainsi que des informations sur les nouveautés techniques et les créations du groupe.

La publicité en ligne est maintenant souvent gérée et optimisée par des logiciels spécifiques de technique publicitaire ; celle-ci est généralement désignée par l'expression anglaise *ad tech* (ou *adtech*, pour *advertising technology*) ou par celle de publicité

► liberté contractuelle, et est parfaitement valide « *dès lors que* [...] *les parties avaient stipulé de façon suffisamment claire les limites de l'autorisation donnée quant à sa durée, son domaine géographique, la nature des supports, et l'exclusion de certains contextes* » – Civ. 1re, 4 nov. 2011, n° 10-24.761, P I, n° 116 ; *CCÉ* 2012, n° 33, obs. A. Lepage ; *RTD civ.* 2012. 90, obs. J. Hauser, statuant sur l'anc. art. 1134 C. civ., décidant que l'accord donné par une personne pour la diffusion de son image ne peut valoir accord pour la divulgation de ses nom et grade – Versailles, 22 sept. 2005, RG n° 03/06185, *CCÉ* 2006, n° 4, obs. C. Caron ; *D.* 2006. 2705, obs. L. Marino, reconnaissant formellement l'existence d'un « droit exclusif » sur l'image, pouvant donner lieu à l'établissement de contrats – J.-M. Bruguière et L. Carrié, « Rémunération de l'image des mannequins : rétribution du travail et/ou exploitation de la notoriété ? », préc., adoptant le point de vue que nous défendons depuis des années, à savoir que l'objet de ce contrat est la notoriété.

1. É. Fillias et F.-C. Rohard, *Manuel de l'influenceur*, Ellipses, 2021.
2. T. Girard-Gaymard, « Les influenceurs et le droit », chron. préc. ; dans sa 2e partie, l'art. étudie tant la protection de l'influenceur que celle de l'influencé.
3. CPI, art. L. 212-1 s.
4. C. Blanquart, « Les inf uenceurs et l'accès au salariat », *JCP S* 2020. Ét. 3020.
5. Civ. 3e, 3 juill. 2013, n° 12-22.633, NP.
6. L. Boulet et L. Frossard, « Pratique contractuelle. Communication publicitaire digitale et influenceur : organiser l'identification du caractère commercial », fiche prat. préc.
7. Paris, pôle 5, ch. 11, 24 sept. 2021, RG n° 19/17218, actes de dénigrement.

programmatique[1]. Les acteurs de la publicité en ligne recourent à des places de marché[2], sur lesquelles ils font ce qui est appelé des actes programmatiques (qu'il serait préférable de désigner par actes programmés ou automatiques), une manière automatisée de commercialiser par des enchères instantanées (*Real-Time Bidding* [RTB]), pour réserver ou facturer des espaces. Des algorithmes et logiciels spécifiques de plus en plus efficaces sont créés pour optimiser ces procédés. Ils permettent aussi d'analyser l'efficacité de la publicité.

Ainsi *Procter & Gamble* a décidé en 2018 de réduire de 200 millions de dollars dans le monde ses dépenses de publicité numériques, ayant notamment constaté que beaucoup de ces publicités n'étaient consultés que par des robots, que de nombreuses autres étaient vues moins de deux secondes et que les consommateurs étaient trop exposés aux mêmes messages (surexposition contre-productive).

451.16 **Succession des contrats et durée.** Les rapports entre agences ou régisseurs et annonceurs se déroulent généralement sur une longue durée. Aussi un contrat-cadre, *l'ordre général* de publicité, précède les contrats d'application que sont *les ordres particuliers* de publicité.

Lorsqu'une agence de publicité a reçu *une mission générale*, c'est-à-dire une gestion complète, ou à tout le moins prépondérante, du budget publicitaire de son client, les usages de la profession prévoient que le contrat ne peut être rompu qu'après un préavis de six mois[3].

451.17 **Précision de l'objet de l'obligation.** L'objet de l'obligation consistant à diffuser un message publicitaire sur des écrans pendant une durée donnée implique que la quantité de supports ainsi que le nombre et la fréquence du message soient déterminés ou déterminables (par application à ce domaine de l'art. 1163 du C. civ.)[4].

451.18 **Des œuvres de commande.** Le contrat de commande (d'une œuvre inédite) pour la publicité ne fait l'objet de dispositions spécifiques que depuis trois articles de la loi nº 85-660 du 3 juillet 1985[5], dont ne subsiste que le premier[6] (les deux autres ont été abrogés par la L. nº 2011-525 du 17 mai 2011[7]). Selon l'article L. 132-31, alinéa 1er, du code de la propriété intellectuelle, « *Dans le cas d'une œuvre de commande utilisée pour la publicité, le contrat entre le producteur et l'auteur entraîne, sauf clause contraire, cession au producteur des droits d'exploitation de l'œuvre, dès lors que ce contrat précise la rémunération distincte due pour chaque mode d'exploitation de l'œuvre en fonction notamment de la zone géographique, de la durée de l'exploitation, de l'importance du tirage et de la nature du support* »[8]. Ce texte ne s'applique pas aux rapports entre l'annonceur et l'agence de publicité, ces dispositions régissant les seuls contrats consentis par l'auteur, personne physique, dans l'exercice de son droit d'exploitation et non ceux que peuvent conclure, avec des sous-exploitants, les cessionnaires ou les personnes investies par la loi de ce droit sur les œuvres collectives[9]. Le « producteur » (le bénéficiaire de la cession) visée par la loi[10] est, selon les cas, soit l'annonceur soit l'agence de publicité.

La loi a prévu qu'un « *accord entre les organisations représentatives d'auteurs et les organisations représentatives des producteurs en publicité fixe les éléments de base entrant dans la composition des rémunérations correspondant aux différentes utilisations des œuvres* »[11]. L'accord peut être rendu obligatoire pour l'ensemble des intéressés par décret[12].

SECTION 2
OBLIGATIONS DES INTERVENANTS

451.21 **Contrat de publicité en ligne.** La loi nº 93-122 du 29 janvier 1993[13], dite loi Sapin (modifiée par la L. nº 2015-990 du 6 août 2015[14]), a notamment voulu moraliser les rapports entre les divers acteurs de la publicité. Aussi, elle a décidé[15]

1. J. Allary et V. Balusseau (dir.), *La publicité à l'heure de la date.* Ad tech *et programmatique expliqués par des experts, op. cit.*
2. V. *infra* ss nº 451.31.
3. Paris, 29 sept. 1995, *Gaz. Pal.* 1996, Somm. 273 – Lyon, 1er mars 1996, *op. et loc. cit.*
4. Com. 9 mai 2018, nº 17-14.030, NP, *RJDA* 2018, nº 609, pas le cas en l'esp.
5. L. nº 85-660, 3 juill. 1985 relative aux droits d'auteur et aux droits des artistes-interprètes, des producteurs de phonogrammes et de vidéogrammes et des entreprises de communication audiovisuelle, *JO* 4 juill., p. 7489.
6. CPI, art. L. 132-31.
7. L. nº 2011-525, 17 mai 2011 de simplification et d'amélioration de la qualité du droit, *JO* 18 mai, p. 8537.
8. Civ. 1re, 4 oct. 2017, nº 16-10.411, NP, *RTD com.* 2017. 906, obs. F. Pollaud-Dulian ; *RLDI* 2017. 5089, obs. L. Costes ; *RTD civ.* 2018. 100, obs. H. Barbier : absence d'accord sur l'exploitation de l'œuvre publicitaire.
9. Civ. 1re, 8 déc. 2009, nº 08-18.360, P I, nº 239 ; *JCP E* 2010, nº 4, 1079, note C. Caron ; *CCÉ* 2010, nº 12, obs. C. Caron ; *PI* 2010/34, p. 625, note A. Lucas ; *RLDI* 2010/56, nº 1846, obs. M. T. ; *RTD com.* 2010. 118, obs. F. Pollaud-Dulian.
10. M. Vivant et J.-M. Bruguière, *Droit d'auteur et droits voisins, op. cit.*, nº 853.
11. CPI, art. L. 132-31, al. 2.
12. CPI, art. L. 132-31, al. 4.
13. L. nº 93-122, 29 janv. 1993, relative à la prévention de la corruption et à la transparence de la vie économique et des procédures publiques, *JO* 30 janv., p. 1588.
14. L. nº 2015-990, 6 août 2015, pour la croissance, l'activité et l'égalité des chances économiques, *JO* 7 août, p. 13537.
15. L. nº 93-122, 29 janv. 1993, art. 20 ; mod. par L. nº 2015-990, 6 août 2015, art. 131.

que tout « *achat d'espace publicitaire, ou de prestations ayant pour objet l'édition ou la distribution d'imprimés publicitaires* », ne peut être réalisé par un intermédiaire que pour le compte d'un annonceur. La notion d'espace publicitaire, non définie par le texte, doit s'entendre largement et, par conséquent, inclure l'internet[1]. La loi ne vise que ce qu'elle nomme l'achat d'espace et point l'opération inverse de « vente ». Le contrat est nécessairement de mandat[2]. Il doit être conclu par écrit (la loi énumère[3] ce que doit contenir le contrat[4]). Le « vendeur » d'espace publicitaire doit communiquer directement sa facture à l'annonceur[5] ; mais, s'il ne la fait pas, il ne perd pas le droit d'être payé par ce dernier, qui est son mandant[6]. La loi précise que le statut d'agent commercial est exclu, ce qui a pour effet de priver ces intermédiaires du bénéfice de l'indemnité de fin de contrat. Il est interdit à ce mandataire d'être rémunéré par le « support »[7], de sorte qu'il ne peut pas être commissionnaire du titulaire du « support » publicitaire, sauf s'il bénéficie d'une exclusivité[8]. Le prestataire qui fournit des services de conseil en cette matière ne peut recevoir aucune rémunération ni avantage quelconque de la part du « vendeur d'espace »[9]. Les intermédiaires de la publicité en ligne doivent rendre compte[10].

451.22 **Publicité numérique.** La loi du 29 janvier 1993, précitée, dite loi Sapin, se révéla insuffisante en présence de l'essor de la publicité numérique (dite aussi, en utilisant fâcheusement un anglicisme, *digitale*), notamment grâce aux mégadonnées (*big data*) dont le marché dépasse maintenant celui de la publicité télévisée. La numérisation de la publicité permet aux annonceurs de cibler spécifiquement les destinataires en fonction des produits ou des services concernés. L'utilisation de témoins de connexion (*cookies*) et d'algorithmes permet d'identifier de façon précise les centres d'intérêt des internautes[11] et donc de leur adresser des messages publicitaires ciblés. Y compris lorsqu'ils se sont contentés de visiter un site, ce qui permet de les repérer et de les viser, par ce que l'on nomme le *reciblage*, ou le reciblage publicitaire (*retargeting* ou *behavioral search retargeting*). La réceptivité des destinataires est détectée grâce au profilage effectué *via* les traces[12] laissées sur les réseaux (par le jumeau numérique [*digital twin*]). Un algorithme peut prévoir les intentions d'achat des internautes à partir de leur historique de navigation, ce qui permet d'afficher des publicités ciblées[13].

Déjà la loi n° 2015-990 du 6 août 2015, précitée, dite loi Macron, avait modifié l'article 20 de la loi du 29 janvier 1993 afin de préciser qu'un mandat écrit est obligatoire pour les mandataires achetant de l'espace publicitaire « *sur quelque support que ce soit* ». Puis un décret n° 2017-159 du 9 février 2017[14] a défini les obligations de reddition de comptes de la loi du 29 janvier 1993[15]. Il s'applique « *aux prestations de publicité digitale entendues comme celles ayant pour objet la diffusion de messages sur tous supports connectés à internet tels qu'ordinateurs, tablettes, téléphones mobiles, téléviseurs et panneaux numériques* »[16] (il faut inclure, dans les téléphones mobiles, les ordiphones [*smartphones*]). Les dispositions du décret ne s'appliquent pas aux vendeurs d'espaces publicitaires établis dans un autre État membre de l'Union européenne ou partie à l'Espace économique européen lorsqu'ils sont soumis, en application de dispositions du droit national de cet État, à des obligations équivalentes en matière de compte rendu[17]. Ajoutant aux obligations de l'arti-

1. Rennes, réf., 30 mars 2000, *DA* 2000, 358, obs. C. Manara ; *JCP E* 2000. 1902, n° 22, obs. M. Vivant ; *CCÉ* 2000, n° 66, obs. C. Galloux.
2. T. de Ravel d'Esclapon, « L'acquisition d'espaces publicitaires : variations autour du rôle de l'agence de publicité », art. préc.
3. L. n° 93-122, 29 janv. 1993, art. 20.
4. Civ. 1re, 24 févr. 1998, n° 95-21.591, P I, n° 76 : cassation d'un arrêt ayant condamné le client d'une agence au paiement d'une rémunération, en se référant à des documents extérieurs au contrat ne satisfaisant pas aux exigences légales.
5. L. n° 93-122, 29 janv. 1993, art. 20, al. 3.
6. Com. 4 oct. 2011, n° 10-24.810, P IV, n° 149 ; *RJDA* 2011, n° 1077 ; *CCC* 2012, n° 1, obs. L. Leveneur.
7. L. n° 93-122, 29 janv. 1993, art. 21.
8. V. *supra* ss n° 451.12.
9. L. n° 93-122, 29 janv. 1993, art. 22.
10. L. n° 93-122, 29 janv. 1993, art. 23 ; mod. par L. n° 2015-990, 6 août 2015, art. 131.
11. Y compris lorsqu'ils se sont contentés de visiter un site, ce qui permet de les repérer et de les viser, par ce que l'on nomme le *reciblage*, ou le reciblage publicitaire (*retargeting* ou *behavioral search retargeting*).
12. Sur ces traces v. *supra* n° 011.13.
13. La sté *Criteo*, jeune pousse [*start-up*] figurant la catégorie fermée des « licornes » françaises (sur lesquelles v. *supra* ss n° 011.44) est le leader français du ciblage publicitaire sur internet. L'algorithme mis au point par la sté tente de prévoir les intentions d'achat des internautes à partir de leur historique de navigation, ce qui permet d'afficher des publicités ciblées. *Criteo* est également une des entreprises pionnières dans le domaine de la mercatique (*marketing*) programmatique avec le développement de ses propres techniques.
14. Décr. n° 2017-159, 9 févr. 2017 relatif aux prestations de publicité digitale, *JO* 11 févr., texte 24.
15. D. Roskis, « Publicité digitale : plus de transparence en matière d'achat d'espaces publicitaires – Décret n° 2017-159 du 9 février 2017 », ét. préc. – L. Boulet, « Décret n° 2017-159 du 9 février 2017 relatif à la publicité digitale : application de la loi dite "Sapin" aux nouveaux modes de commercialisation des espaces publicitaires », étude préc. – A. Boisson, « L'achat d'espaces publicitaires sur internet rentre dans le rang », art. préc.
16. Décr. n° 2017-159, 9 févr. 2017, art. 1er.
17. Décr. n° 2017-159, 9 févr. 2017, art. 4.

cle 23 de la loi Sapin, le décret de 2017 détaille minutieusement le contenu du compte rendu par le vendeur d'espace publicitaire à l'annonceur [1], singulièrement en cas de commercialisation d'espaces par enchères automatisées et instantanées (*Real-Time Bidding - RTB*) sur des plateformes en ligne (*Ad exchange*) [2]. Les annonceurs ont ressenti la publication du décret comme une victoire. Les enchères automatisées s'opèrent lorsque l'internaute consulte une page sur le réseau, l'espace publicitaire y figurant est mis instantanément aux enchères ; le mieux-disant emporte l'enchère et voit sa publicité affichée, quasi instantanément [3].

451.23 Rémunération de l'intervenant dans la publicité numérique. La rémunération de tout intervenant dans la publicité numérique est librement convenue avec l'annonceur. Diverses méthodes sont utilisées pour la déterminer, dont voici quelques-unes. Dans le *coût par action* (CPA), l'annonceur est facturé en fonction du nombre d'actions engendrées par la campagne. Le coût pour une action renvoie le plus souvent au clic suivi d'une inscription ou d'un achat sur le site internet ou les applications de l'annonceur. Dans le *coût par clic* (C. pr. civ.), la rémunération de l'intervenant dépend du nombre de clics enregistrés sur la création publicitaire. Le mode dominant de tarification de la publicité par affichage (display) [4] est le *coût pour mille* (CPM) ; l'annonceur est facturé en fonction du prix de l'espace publicitaire exprimé pour mille affichages de la création ; le prix dépend donc du nombre d'impressions, c'est-à-dire d'affichages de la publicité.

Cet indicateur permet d'évaluer et de comparer les tarifs publicitaires des différents sites en fonction du nombre de pages vues avec publicité. Le mode de tarification spécifique au format vidéo est le *coût par vue* (CPV) : le prix est fondé sur le visionnage réel de la vidéo, pendant un laps de temps déterminé. Le ratio de surface affiché et le temps d'affichage d'un encart vidéo font partie des critères permettant de déterminer si la publicité est considérée comme vue.

451.24 Identification de la publicité en ligne. Selon l'article 20 [5], alinéa 1er, de la loi n° 2004-575 du 21 juin 2004 [6], dite LCEN : « *Toute publicité, sous quelque forme que ce soit, accessible par un service de communication au public en ligne, doit pouvoir être clairement identifiée comme telle. Elle doit rendre clairement identifiable la personne physique ou morale pour le compte de laquelle elle est réalisée* », sans préjudice des dispositions réprimant les pratiques commerciales trompeuses prévues à l'article L. 121-2 du code de la consommation [7]. Selon la Cour de cassation, un site permettant à des marchands sur la toile de bénéficier du référencement prioritaire de leurs produits ou offres, alors que l'internaute, pour être informé de la différence de classement entre e.commerçants « payants » ou non, doit consulter divers mots (dont « *en savoir plus sur les résultats* »), assure de façon indirecte la promotion des produits ou services proposés par commerçants bénéficiant du référencement prioritaire, de sorte qu'il exerce une activité de prestataire de service commercial et publicitaire [8]. Un arrêt de la cour d'appel de Paris a entendu largement la notion de publicité au sens de ce texte, en l'étendant à toute information commerciale même référencée gratuitement [9].

451.25 Obligations de l'agence quant au succès de la campagne publicitaire. La réussite d'une campagne publicitaire dépendant de nombreux facteurs externes est, par nature, aléatoire. Aussi, une agence de publicité n'est tenue en ce domaine que par une *obligation de moyens* [10]. Cependant, l'agence pourra voir sa responsabilité engagée lorsque la campagne publicitaire n'a pas été organisée avec soin, a été effectuée hors des délais impartis [11] ou ne présente pas les créations de l'annonceur de façon attrayante [12], voire lorsqu'elle porte atteinte à l'image de l'annonceur [13].

1. Décr. n° 2017-159, 9 févr. 2017, art. 2.
2. Décr. n° 2017-159, 9 févr. 2017, art. 3.
3. POUR des détails : A. Boisson, « L'achat d'espaces publicitaires sur internet rentre dans le rang », art. préc.
4. V. *supra* s^s^ n° 451.01.
5. L. n° 2008-3, 3 janv. 2008, pour le développement de la concurrence au service des consommateurs, *JO* 4 janv., p. 258.
6. L. n° 2004-575, 21 juin 2004, pour la confiance dans l'économie numérique, *JO* 22 juin, p. 11168.
7. Sur celles-ci v. *supra* s^s^ n° 412.11 ; et sur la publicité comparative en ligne v. *supra* s^s^ n° 44.06.
8. Com. 4 déc. 2012, n° 11-27.729, P IV, n° 221 ; *D.* 2012. AJ 2956, obs. C. Manara ; *D.* 2013. 2487, obs. J. Larrieu, C. Le Stanc et P. Tréfigny ; *CCÉ* 2013, n° 14, obs. G. Loiseau ; *RLDI* 2013, n° 2970, note L. Grynbaum : un faux comparateur de prix constitue une pratique commerciale déloyale.
9. Paris, pôle 1, ch. 3, 22 janv. 2013, RG n° 11/05403, *D.* 2013. 2487, obs. J. Larrieu, C. Le Stanc et P. Tréfigny ; *CCÉ* 2013, n° 53, obs. G. Loiseau, CRIT.
10. Com. 10 févr. 1970, n° 68-14.015, P IV, n° 53 ; *D.* 1970. 588 – Com. 24 juin 1986, n° 84-15.058, IV, n° 143 ; *D.* 1988. 537, note C. Carreau – Com. 9 oct. 1990, n° 88-19.804, P IV, n° 234 ; *D.* 1992. Somm. 76, obs. T. Hassler – Paris, 27 juin 1991, *Expertises* 1992, p. 34 – Versailles, 1er mars 2002, *RJDA* 2002, n° 1092 : faute prouvée, car elle n'a pas n'a pas procédé à une étude de faisabilité – Paris, pôle 5, ch. 10, 17 févr. 2010, n° 08/06345, *Gaz. Pal.* 2010. 1, p. 1039 ; *RJDA* 2010, n° 816 : pas de faute prouvée.
11. T. com. Nanterre, 7e ch., 20 mars 2009, *Ad'link c/Live banner, D.* 2009. 1137, obs. C. Manara : mais le report fut considéré comme ayant été tacitement admis par le client.
12. Com. 9 oct. 1990, n° 88-19.804, P IV, n° 234, préc.
13. L. Boulet, « Pratique contractuelle. Contrat d'achat d'espaces publicitaires et protection de l'image de l'annonceur », préc., donnant un ex. de clause de garantie à cet égard.

Pour optimiser les campagnes et réduire certains effets intrusifs ou de lassitude liés à l'excès de publicité (contre-productif), un serveur permet de limiter un nombre d'affichages maximum de la création publicitaire auprès d'un même internaute. C'est ce qui est appelé le *capping*, qui pourrait se traduire par plafonnement.

On mesure notamment l'efficacité de l'intervenant par ce qui est nommé la couverture (*Reach*). La couverture d'une campagne publicitaire est la part ou le nombre d'internautes appartenant à la cible ayant été exposé à une création publicitaire au moins une fois pendant la période de la campagne. Les témoins de connexion (*cookies*) permettent aussi d'assurer un suivi d'une campagne publicitaire.

Rappel. La distinction des obligations de moyens et de résultat a été ignorée par l'ordonnance n° 2016-131 du 10 février 2016 [1] portant réforme du droit des obligations ; elle ne figure pas non plus dans le projet de réforme de la responsabilité civile présenté par le garde des Sceaux le 13 mars 2017 [2].

451.26 Obligations de l'agence envers l'annonceur quant aux droits des tiers. L'obligation de l'agence envers l'annonceur est de *résultat* quant au respect des droits des tiers par la publicité qu'il conçoit et met en œuvre. Elle s'engage donc :

– à ce qu'une photographie utilisée ne porte pas atteinte au « droit à l'image » d'un tiers [3] ;

– à ce que la publicité ne transgresse pas les droits de *propriété intellectuelle* d'autrui [4] ;

– que la publicité ne constitue pas un acte de concurrence déloyale manifeste de la part de l'annonceur [5]. De leur côté, les tiers ne doivent pas usurper ou plagier une publicité.

Au-delà, il serait souhaitable que des règles déontologiques vinssent régir l'utilisation des algorithmes dans la publicité en ligne [6].

451.27 Responsabilité délictuelle envers les tiers. L'agence de publicité est responsable délictuellement envers les tiers des atteintes qui sont portées à leur image ou à leurs droits de propriété intellectuelle.

1. Ord. n° 2016-131, 10 févr. 2016 portant réforme du droit des contrats, du régime général et de la preuve des obligations, *JO* 11 févr., texte 26.
2. V. *supra* s[s] n° 014.14.
3. Paris, 8 déc. 1994, *RJDA* 1995, n° 517 – Paris, 20 sept. 1995, *Publicis, Gaz. Pal.* 1996, Somm. 178.
4. Com. 30 nov. 1993, n° 91-21.628, P IV, n° 445 – TGI Paris, 10 mai 2002, 2002, *Gaz. Pal.* 2002, Somm. 1664 – Paris, 15 sept. 2004, *Gaz. Pal.* 2005, Somm. 2207 – TGI Paris, 3e ch., 7 janv. 2009, *Voyageurs du monde c/Google, D.* 2009. AJ 293, obs. C. Manara.
5. Paris, 29 sept. 1995, *Guerlain, Gaz. Pal.* 1996, Somm. 265 – T. com. Paris, 10 mai 1996, *PIBD* 1997. III. 19.
6. COMP. : R. Gola, « Publicité digitale et encadrement des algorithmes », étude préc.

451.28 Pratiques commerciales trompeuses ou agressives. La publicité ne doit pas constituer une pratique commerciale trompeuse, condamnée par les articles L. 121-2 et suivants du code de la consommation [7], ni une pratique agressive [8] elle aussi condamnée [9].

451.29 Publicité comparative. Depuis la loi n° 92-60 du 18 janvier 1992 [10], renforçant la protection des consommateurs, la publicité comparative est autorisée sous certaines conditions et dans certaines limites [11]. Ces dispositions figurent maintenant dans le code de consommation [12]. Selon son article L. 122-2 [13], alinéa 1er, il est interdit de « *tirer indûment profit de la notoriété attachée à une marque de fabrique, de commerce ou de service, à un nom commercial, à d'autres signes distinctifs d'un concurrent ou à l'appellation d'origine ainsi qu'à l'indication géographique protégée d'un concurrent* ». Dans une publicité comparative, l'annonceur ne peut pas faire apparaître le fait que le produit qu'il commercialise constitue une imitation ou une reproduction du produit ou du service portant une marque notoirement connue ; le profit qu'il réaliserait grâce à une telle publicité illicite serait « indûment tiré » de la notoriété attachée à la marque, autrement dit un acte de parasitisme [14]. Non seulement tout signe distinctif est ainsi indirectement protégé, mais surtout la comparaison parasitaire est illicite, même lorsqu'elle ne porte pas à titre principal sur la notoriété. Cette modification est significative de la consécration de la théorie du parasitisme.

7. J. Julien, *Droit de la consommation*, 3e éd., « Précis Domat », LGDJ-Lextenso, 2019, nos 111 s. – Com. 13 juin 2018, n° 16-22.054, NP : allégations publicitaires litigieuses trompeuses, susceptibles d'altérer de manière substantielle le comportement économique du consommateur normalement informé, raisonnablement attentif et avisé à l'égard du produit considéré ; l'arrêt de la cour d'appel retient que les consommateurs étant attirés par « les accroches publicitaires » et dirigeant leur acte d'achat vers un appareil décrit comme le plus performant.
8. C. consom., art. L. 121-6 s.
9. J. Julien, *Droit de la consommation, op. cit.*, n° 120.
10. L. n° 92-60, 18 janv. 1992, renforçant la protection des consommateurs, *JO* 21 janv., p. 968.
11. Ph. le Tourneau (dir.), *Droit de la responsabilité et des contrats. Régimes d'indemnisation*, 12e éd., « Dalloz action », 2020, n° 2214.75 s.
12. C. consom., art. L. 122-1 s.
13. C. consom., art. L. 121-2 ; mod. par ord. n° 2019-1169, 13 nov. 2019, art. 13.
14. CJCE 1re ch., 18 juin 2009, *L'Oréal*, aff. C-487/07, *Rec.* I-05185 ; *GAPI*, 3e éd., Dalloz, 2020, n° 116 ; *JCP G* 2009. 180, note M.-L. Marino ; *JCP E* 2009. 2143, n° 8, obs. C. Caron ; *Propr. industr.* 2009, n° 51, obs. A. Folliard-Monguiral ; *Gaz. Pal.* 2009. Somm. 3984, obs. P. Greffe – Com. 30 mars 2016, n° 13-12.122, NP, *D.* 2017. 318, obs. J.-P. Clavier, N. Martial-Braz et C. Zolynski ; *CCC* 2016, n° 164, obs. M. Malaurie-Vignal : volonté de tirer profit de la « force attractive » du produit concurrent.

Les « tableaux de concordance des prix » ne relèvent pas de la publicité comparative et restent illicites comme constituant une contrefaçon[1]. Selon la CJUE, est susceptible d'être illicite une publicité comparant les prix de produits vendus dans des magasins de tailles ou de formats différents, lorsque ces magasins font partie d'enseignes possédant chacune une gamme de magasins de tailles et de formats différents et que l'annonceur compare les prix pratiqués dans les magasins de tailles ou de formats supérieurs de son enseigne avec ceux qui sont relevés dans des magasins de tailles ou de formats inférieurs des enseignes concurrentes, à moins que les consommateurs ne soient informés, de façon claire et par le message publicitaire lui-même, que la comparaison a été effectuée entre les prix pratiqués dans les magasins de tailles ou de formats supérieurs de l'enseigne de l'annonceur et ceux qui sont relevés dans les magasins de tailles ou de formats inférieurs des enseignes concurrentes[2].

Ne constitue pas une publicité comparative tirant indûment profit de la notoriété attachée à une marque la mention de celle du *princeps* sur un médicament générique, lorsqu'elle est destinée à informer les pharmaciens et autres professionnels de santé, en leur faisant comprendre immédiatement que ce produit est un générique de la spécialité de référence[3].

451.30 Protection des consommateurs. Le multipostage[4] (*spamming*) est interdit envers les personnes physiques (mais reste donc possible envers les personnes morales), sauf si l'internaute a donné son consentement préalable[5]. Cependant, la communication commerciale par message électronique (courriel), non sollicitée mais identifiable « *de manière claire et non équivoque* », est autorisée lorsqu'elle propose un service ou un produit sous forme d'offre promotionnelle ou de rabais[6]. Le code de la consommation ajoute que, sans préjudice des dispositions réprimant les pratiques trompeuses prévues à l'article L. 122-8, « *Les conditions auxquelles sont soumises la possibilité de bénéficier d'offres promotionnelles ainsi que celle de participer à des concours ou à des jeux promotionnels, lorsque ces offres, concours ou jeux sont proposés par voie électronique, doivent être clairement précisées et aisément accessibles* »[7]. La protection des consommateurs a encore été renforcée par l'ordonnance n° 2011-1012 du 24 août 2011[8], selon laquelle « *ces messages doivent indiquer une adresse ou moyen électronique permettant effectivement au destinataire de transmettre une demande visant à obtenir que ces publicités cessent* »[9].

Les jeux d'argent et de hasard en ligne sont régis par la loi n° 2010-476 du 12 mai 2010[10], modifiée par la loi n° 2016-1321 du 7 octobre 2016[11] « pour une République numérique ». Les « compétitions sportives » par internet[12] (qui n'en sont pas réellement), sont réglementées par le code de la sécurité intérieure aux articles L. 321-8[13] et suivants. Selon le site de l'association « France Esports », l'esport (*sic*) « *désigne l'ensemble des pratiques permettant à des joueurs de confronter leur niveau par l'intermédiaire d'un support électronique, et essentiellement le jeu vidéo, et ce quel que soit le type de jeu ou la plateforme (ordinateur, console ou tablette)* ». Ces compétitions se déroulent en ligne (*on line*) ou hors ligne (*off line*).

451.31 Plateformes de publicité en ligne. Une remarquable montée en puissance des plateformes (ou places de marché) de publicité en ligne (ou publicité numérique) est intervenue après 2010, sur lesquelles annonceurs et agences enchérissent auprès des sites supports, des réseaux ou des régies publicitaires à des achats ou des ventes d'espace aux enchères (*ad exchanges*[14])[15]. Certaines de ces plate-

1. Crim. 16 juin 2015, n° 14-82.595, P n° 151 ; *AJ pénal* 2016. 43, obs. G. Royer ; *Propr. intell.* 2015. 434, note J. Canlorbe ; *RTD com.* 2015. 607, obs. B. Bouloc.
2. CJUE, 8 févr. 2017, *Carrefour Hypermarchés,* aff. C-562/15, *Rec.* N ; *D.* 2018. Pan. 586, obs. E. Poillot ; *CCC* 2017, n° 90, obs. S. Bernheim-Desvaux ; *Gaz. Pal.* 28 janv. 2017. 30, note S. Prieur.
3. Com. 24 mai 2011, n° 09-70.722, P IV, n° 85 ; *D.* 2011. 1550, obs. X. Delpech ; *Gaz. Pal.* 2011. 2, p. 3076, note L. Marino ; *RTD com.* 2012. 101, obs. J. Azéma : le générique étant substituable au *princeps* et constituant son équivalent, il ne l'imite pas.
4. Sur le multipostage publicitaire v. *supra* s^s n°s 421.22 s.
5. CPCE, art. L. 34-5, mod. par L. n° 2004-669, 9 juill. 2004, art. 10 – L. n° 2004-801, 6 août 2004 relative à la protection des personnes physiques à l'égard des traitements de données à caractère personnel et modifiant la loi n° 78-17 du 6 janvier 1978 relative à l'informatique, aux fichiers et aux libertés, *JO* 7 août, p. 14063 – TRANSPOSANT la directive 95/46/CE du 6 oct. 1995, modifiant la loi n° 78-17 du 6 janv. 1978, modifié par l'art. 8 de l'ord. n° 2011-1012, 24 août 2011 et par l'art. 115 de la loi n° 2014-344 du 17 mars 2014.
6. C. consom., art. L. 122-8.
7. C. consom., art. L. 122-9.
8. Ord. n° 2011-1012, 24 août 2011, relative aux communications électroniques, *JO* 26 août, p. 14473.
9. C. consom., L. 122-8, al. 2.
10. L. n° 2010-476, 12 mai 2010, relative à l'ouverture à la concurrence et à la régulation du secteur des jeux d'argent et de hasard en ligne, *JO* 13 mai, p. 8881.
11. L. n° 2016-1321, 7 oct. 2016, pour une république numérique, *JO* 8 oct., texte 1, art. 95 s.
12. S. du Puy-Montbrun, « E-sport – Vers la construction d'un droit de l'e.sport ? », *JCP G* 2018. Entretien 1194.
13. CSI, art. L. 321-8 ; créé par L. n° 2016-1321, 7 oct. 2016, art. 101.
14. NOT. : L. Boulet, « Pratique contractuelle. Contrat d'achat d'espaces publicitaires et nouveaux modes de communication », préc.
15. POUR LA CRITIQUE du mot achat en l'esp. et pour la définition des régies, v. *supra* s^s n° 451.11 ; et sur les places de marché v. *supra* s^s n° 411.41.

formes sont automatisées (programmatiques)[1]. Sur certaines d'entre elles les « achats » se font à la performance (*ad networks*). Il existe une tendance fâcheuse à la course aux « pages vues », alors qu'en réalité ce qui importe est le temps passé. *Google*[2] et *Facebook* sont les deux acteurs majeurs de la publicité numérique.

451.32 Publicité numérique et droit international privé. Sur la question : B. Haftel, « Publicité digitale : quel juge ? quelle loi ? », *Dalloz IP/IT* 2021. 436.

1. V. *supra* s[s] n° 451.15.
2. Depuis 2015 *Google* est une filiale du conglomérat *Alphabet*.

Principales abréviations utilisées

Nota : *Passim* [ça et là] est un procédé de renvoi à un ouvrage sans indiquer un endroit précis, car il revient de nombreuses fois sur le sujet.

Actu. Actualités
aff. affaire
AJ contrat *Actualité juridique contrat*
AJCA *Actualité juridique contrats d'affaires, remplacée par AJ Contrat*
anc. ancien
Arr. arrêté
art. article

BDPr Bibliothèque de droit privé (LGDJ – Lextenso)
BOCC *Bulletin officiel de la concurrence, de la consommation et de la répression des fraudes*
Bull. ass. plén. *Bulletin des arrêts de la Cour de cassation* (assemblée plénière)
Bull. ch. mixte. *Bulletin des arrêts de la Cour de cassation* (chambre mixte)
Bull. civ. *Bulletin des arrêts de la Cour de cassation* (chambres civiles)
Bull. crim. *Bulletin des arrêts de la Cour de cassation* (chambre criminelle)
BJB *Bulletin Joly Bourse*
BJS *Bulletin Joly Société*

C. civ. Code civil
C. com. Code de commerce
C. consom. Code de la consommation
C. pén. Code pénal
C. pr. civ. Code de procédure civile (NCPC *précédemment*)
C. trav. Code du travail
c/ contre (Dupont c/Durand)
CA cour d'appel
Cah. dr. entr. *Cahiers de Droit de l'entreprise*
Cass., ass. plén. Cour de cassation, assemblée plénière
Cass. ch. réunies Cour de cassation, chambres réunies
CCC *Contrats, concurrence, consommation*
CCA Commission des clauses abusives
CCE Communication, commerce électronique
CCH Code de la construction et de l'habitation
CE Conseil d'État
CEDH Cour européenne des droits de l'homme
CEE Communauté Économique Européenne
Cep. Cependant
CGI Code général des impôts
Chron. chronique,
aussi partie « Chronique » (dans divers recueils et revues)
Circ. circulaire
Civ. 1re Cour de cassation, première chambre civile
Civ. 2e Cour de cassation, deuxième chambre civile
Civ. 3e Cour de cassation, troisième chambre civile
CJCE Cour de justice des Communautés européennes
CJUE Cour de justice de l'Union européenne
Cne commune
coll. collection
Com. Cour de cassation, chambre commerciale et financière
Com. Commission de l'Union européenne
comm. commentaire(s)
comp. comparer
concl. conclusions
Cons. conc. Conseil de la concurrence
Cons. const. Conseil constitutionnel

consid. considérant
CPCE Code des postes et des communications électroniques
CPI Code de la propriété intellectuelle
Crim. Cour de cassation, chambre criminelle
CRIT. critique
CVIM convention de Vienne sur la vente internationale de marchandises

D. décret
D. *Dalloz* (recueil)
D. Affaires *Dalloz Affaires*
Dalloz IP/IT *Dalloz IP/IT, droit de la propriété intellectuelle et du numérique*
décis. décision
dir. directive européenne
dir. sous la direction de
DIT *Droit de l'informatique et des télécoms* (revue trimestrielle)
Doctr. partie « Doctrine » (dans divers recueils et revues)

éd. édition(s)
ESN entreprise de service du numérique
esp. espèce
ét. étude
ex. exemple
Expertises *Expertises des systèmes d'information (revue mensuelle)*

fasc. fascicule

GAPI *Grands arrêts de la propriété intellectuelle*
Gaz. Pal. *Gazette du Palais*
G^de^ Ch. Grande chambre

impl. implicite, implicitement
infra ci-dessous
instr. instruction
IR partie « Informations rapides » (dans le *Recueil Dalloz*)

J.-Cl. *Juris-Classeur*
JAMP *Cahiers de jurisprudence d'Aquitaine et de Midi-Pyrénées*
JCP juge des contentieux de la protection
JCP *Juris-Classeur périodique* (*Semaine juridique*), *édition générale*
JCP E *Juris-Classeur périodique, édition Entreprise*
JCP N *Juris-Classeur périodique, édition Notariale*
JCP S *Juris-Classeur périodique, édition Sociale*
JDI *Journal du droit international* (Clunet)
JO *Journal officiel*
JOCE *Journal officiel des Communautés européennes*
JONC *Journal officiel* (numéro complémentaire)
JOUE *Journal officiel de l'Union européenne*
JurisData *JurisData* (banque de données juridiques)

L. loi
LPA *Petites affiches (Les)*

Mél. *Mélanges*
mod. modifié(e)

NBT Nouvelle bibliothèque de thèses (Dalloz)
n°(s) numéro(s)
not. Notamment
nouv. nouveau
NP Arrêt non publié au Recueil officiel de la juridiction concernée

obs. observations
op. et loc. cit. *opere* et *loco citatis* (dans l'ouvrage précité et au même endroit)
ord. ordonnance

p. page
P arrêt publié au Recueil officiel de la juridiction concernée
pan. partie « Panorama » (dans divers recueils et revues)
PIBD *Propriété industrielle – Bulletin de documentation*
préc. précité
préf. préface
Propr. ind. *Propriété industrielle*
p^t^ point
PUAM Presses universitaires d'Aix-Marseille

R. *Rapport annuel de la Cour de cassation*
rappr. rapprocher
RCA *Responsabilité civile et assurances*
RD aff. int. *Revue de droit des affaires internationales*
RDC *Revue des contrats*
RDI *Revue de droit immobilier*

RD propr. ind.	*Revue du droit de la propriété industrielle* (devenue depuis octobre 1991 la *Revue du droit de la propriété intellectuelle*)
RDTI	*Revue du droit des technologies de l'information* (Éd. Larcier)
recom.	recommandation
réd.	rédaction
régl.	réglement européen
Rép.	Répertoire
Rép. civ. Dalloz	*Encyclopédie Dalloz* (Répertoire civil)
Rép. com. Dalloz	*Encyclopédie Dalloz* (Répertoire commercial)
Req.	Cour de cassation, chambre des requêtes
Rev. arb.	*Revue de l'arbitrage*
Rev. conc. consom.	*Revue de la concurrence et de la consommation*
Rev. crit. DIP	*Revue critique de droit international privé*
RI conc.	*Revue internationale de la concurrence*
RIDA	*Revue internationale du droit d'auteur*
RID comp.	*Revue internationale de droit comparé*
RJC	*Revue de jurisprudence commerciale*
RJDA	*Revue de jurisprudence de droit des affaires*
RLC	*Revue Lamy de la concurrence*
RLDA	*Revue Lamy Droit des affaires*
RLDC	*Revue Lamy Droit civil*
RLDI	*Revue Lamy Droit de l'immatériel*
RRJ	*Revue de recherche juridique – Droit prospectif*
RTD civ.	*Revue trimestrielle de droit civil*
RTD com.	*Revue trimestrielle de droit commercial et de droit économique*
RTDI	*Revue trimestrielle de droit immobilier*
s.	suivant(e)(s.)
S.	*Sirey (Recueil)*
Sté	société
Soc.	Cour de cassation, chambre sociale
Somm.	sommaire
spéc.	spécialement
supra	ci-dessus
t.	tome
T. corr.	tribunal correctionnel
T. com.	tribunal de commerce
T. jud	Tribunal judiciaire (dénomination commune de TI et de TGI depuis l'entrée en vigueur le 1er janvier 2020 de la loi du 23 mars 2019)
TDA	Traité de l'Ompi sur le droit d'auteur
TFUE	Traité sur le fonctionnement de l'Union européenne
TGI	tribunal de grande instance (jusqu'au 1er janvier 2020)
TI	tribunal d'instance (jusqu'au 1er janvier 2020)
UE	Union européenne
V.	voir
Vis	*Verbis* (mots)
Vo	*Verbo* (mot)
vol.	volume

Lexique anglo-français de termes de l'informatique et de l'internet et des contrats s'y rapportant

- Les mots auxquels des numéros sont attachés sont sauf exception ceux qui font l'objet de développements dans l'ouvrage.

A

ACCEPTANCE
- Réception, 214.31

ACCEPTANCE MEMORANDUM
- Procès-verbal de réception, 213.14

ACCORDANCE WITH RECOGNIZED PROFESSIONAL STANDARDS
- Conformité aux données actuelles de la technique et aux règles de l'art, 214.33, 331.131

ACCOUNTABILITY
- Responsabilité, avoir à répondre de ses actes à rendre des comptes, 011.22

AD EXCHANGES
- « achats » d'espace à la performance, 451.31
- Vente d'espace aux enchères, 451.31

AD NETWORKS
- « achats » d'espace aux enchères, 451.31
- Plateforme automatisée de vente et d'achat d'espaces, 451.31

AD TECH, ADTECH, ADVERTISING TECHNOLOGY
- Technique publicitaire numérique, en ligne, 451.15

ADAPTATIVE LEARNING
- Apprentissage adapté, 011.44

ADBLOCKER
- Blocage, 451.01
- Logiciel de blocage, 451.01

ADDICTION
- Dépendance, 011.87, 212.42

ADTECH OU AD TECH, ADVERTISING TECHNOLOGY
- Publicité programmatique, 45.05

ADVERGAME
- Jeu publicitaire, 45.05

ADVERTAINMENT
- Publicité-divertissement ou publidivertissement, 45.05

ADVERTISING TECHNOLOGY, AD TECK, ADTECH
- Publicité programmatique, 451.15

ADVERTISING WORDS, ADWORDS
- Publicité textuelle, 422.35

ADWORDS
- Publicité textuelle, 422.35

AGREEMENT TO AGREE
- Accord de principe, 114.21
- Engagement de négocier, 114.21

AGREEMENT TO NEGOCIATE
- Contrat de négociation, 114.11
- Contrat préparatoire de négociation, 114.11

APPLICATION PROGRAMMING INTERFACE (API)
- Interface de programmation, 213.15

APPLICATION SERVICE PROVIDER (ASP)
- Fournisseur d'applications hébergées (FAH), 222.13, 336.12
- Hébergement des données à distance (FAH), 222.13

ARTIFICIAL INTELLIGENCE
- Intelligence artificielle (IA), 011.13, 011.44

ASSUMPTION
- Hypothèse, 012.21

AUTOMATIC RENEWAL
- Tacite reconduction, 116.111

AVAILABILITY
- Disponibilité, 331.165, 331.61

B

BACK END
> V. *Front end*

BACK LINK
- Lien retour, 431.16, 432.14

BACK MARKET
- Vente de produits reconditionnés, 213.268

BACK OFFICE
- Arrière-guichet (support informatique et logistique d'un ou de plusieurs guichets)

BACKLOG
- Référentiel des fonctionnalités, référentiel des tâches, 014.32

BACKUP
- Clause de secours, 331.151

BARGAIN
- Contrat définitif, marché, 115.11

BASHING
- Éreintage

BASIC INPUT OUPUT SYSTEM (BIOS)
- Système élémentaire d'entrée/sortie, 211.12

BATTLE OF THE FORMS
- Bataille de formes, 115.18

BEHAVIORAL RETARGETING, BEHAVIORAL SEARCH RETARGETING
- Reciblage, reciblage publicitaire, 45.05, 451.01

BENCHMARK
- Test de performance, 251.14, 252.24

BEST EFFORTS
- Obligation de moyens, 012.21, 421.16

BEST OFF
- Florilège

BID BOND
- Caution de soumission, 111.33

BIG DATA
- Données massives, mégadonnées, 011.20

BINARY DIGIT
- Élément binaire, nombre binaire, 011.12

E

E-BOOK
- Livre numérique (ou livre électronique), 211.12

E-CONFERENCE, WEB CONFERENCE
- Cyberconférence (téléconférence utilisant l'internet ou des réseaux informatiques privés et pouvant combiner le son, l'image et le texte

E-MAIL
- Mél (comme tél. pour téléphone), messagerie électronique, courriel, 221.33

E-REPUTATION
- Contrat de gestion de la réputation en ligne, 42.06

E-SPORT
- Esport, 451.30

EDGE COMPUTING
- Informatique embarquée, informatique en périphérie, 342.12

ELECTRONIC DATA INTERCHANGE (EDI)
- Échange de données informatisé (EDI), 412.35

ÉMOTICON
- Binette ou frimousse

EMPLOYER'S REQUIREMENTS
- Spécifications contractuelles, 251.16

EMPOWERMENT
- Autonomisation, pouvoir d'action, 013.33

ENGINEERING
- Ingénierie, 331.53

ENTIRE AGREEMENT CLAUSE
- Clause d'intégralité, 116.51

ETHIC BY DESIGN
- Éthique dès la conception, 011.13

EXTERNALIZATION
- Externalisation, sous-traitance, 336.11

F

FACILITY MANAGEMENT
- Infogérance ou gérance de l'informatique *(est parfois employé au sens de sous-traitance)*, 336.12

FAIR PLAY
- Franc jeu

FAKE NEWS
- Bobards, fausses nouvelles, infox, 011.55, 011.82, 011.86

FAKES
- Avis (des internautes sur les sites), bouche-à-oreille (électronique)

FAN
- Supporteur, 011.22

FAST-TRACK
- Arbitrage accéléré, 116.171

FAX (DU LATIN FAC SIMILE)
- Télécopie, 012.22

FEES MANAGEMENT
- Frais de gestion

FIREWALL
- Barrière de sécurité, 335.63

FIRMWARE
- Micrologiciel, 221.12

FLAME
- Flamme, 335.52

FLAMING
- Inflammation, 335.52

FLASH BACK
- Retour en arrière

FLICK BOOK, FLIP BOOK, FLIPBOOK
- Folioscope (petit livre qui, lorsqu'il est feuilleté rapidement à un rythme régulier, permet de voir une succession d'images créant l'illusion d'une séquence animée)

FLOPPY DISK
- Disquette

FOLLOWER
- Suiveur (ou abonné) du réseau social Twitter

FOLLOWING
- Suivi (ou abonnement) du réseau social Twitter

FORM CONTRACT
- Contrat type, 115.18

FORUM SHOPPING
- Course au tribunal, marché du tribunal, 116.141, 422.47

FRAME
- Cadre

FRAMEWORK
- Environnement de développement (interface permettant de développer, compiler et exécuter un programme dans un langage donné)

FRAMING
- Encadrement, 432.15

FRANCHISING
- Franchisage, 315.00 s.

FREE FLOATING
- Autopartage (not. de voitures électriques)

FREE RIDER
- Passager clandestin, 312.211

FREE SHOP
- Boutique franche

FREELANCE
- Travailleur indépendant, 252.26

FREEWARE
- Gratuiciel, licence d'essai, 221.20, 222.21

FRONT END
> V. *Back end*

FRONT OFFICE
- Guichet (interface permettant d'accéder aux services en ligne proposés par une entreprise ou une organisation)

FRUSTRATION
- Force majeure, 116.24

FULFILLMENT CENTER
- Entrepôt logistique, 335.54, 411.43

G

GAMING DISCORDER
- Trouble de jeu vidéo, 011.87

GATEKEEPERS
- Plateformes sutructurantes, 011.62

GEEK
- As de l'informatique : dingue, passionné d'informatique et/ou des techniques de communication, dont l'internet, 011.42

GENERAL PUBLIC LICENSE (GPL)
- Licence publique générale GNU, 221.32

GLOBALIZATION
- Mondialisation, 336.21

GOVERNING AGREEMENT
- Contrat-cadre, 114.00

H

HACKER
- Fouineur, hacheur de code, 335.55

HARDSHIP
- Clause de dureté, 116.23

HARDWARE
- Matériel ; essentiellement l'ordinateur, mais pas seulement, 011.12, 21.11

HASH
- Empreinte numérique ou cryptographique, selon les cas, 011.50

HASHTAG
- Mot-dièse (ou Mot clic)

HEAD OF TERMS
- Protocole d'accord, 114.31

HIDDEN WEB
- Toile profonde, abysse

HIERACHICAL LEARNING
- Apprentissage profond, 011.65

HIT PARADE
- Palmarès

HOAX
- Canular, 335.63

HOT LINE
- Assistance en ligne, aide en ligne, numéro d'urgence, 331.165, 332.32

HUB
- Concentrateur, 211.12

MITIGATION OF LOSS
- Minimisation du préjudice, 116.31

MODEL FORM
- Contrat type, 115.18, 221.13

MONITOR
- Écran

MONITORING
- Surveillance, 115.14, 335.51

MOOC, MASSIVE OPEN ONLINE COURSES
- Cours en ligne ou cours en ligne ouvert à tous (CLO), 332.22

MOOK
- Livre-magazine

MOUSE JACKING
- Vol par effraction électronique, vol à la souris

MULTILATERAL TRADING FACILITIES
- Marchés réglementés, 116.131, 411.41

N

NATIVE ADVERTISING
- Publicité caméléon ou publicité mimétique, 45.05

NETBOOKS
- Mini PC, 211.12

NETWORKING
- Travail en réseau, 422.43

NEWSGROUP
- Forum, 011.81 s.

NEWSLETTER
- Infolettre, lettre d'information

NO ORAL MODIFICATION (NOM) CLAUSE
- Clause de non-modification orale, 116.51

NO ORAL VARIATION CLAUSE
- Clause de non-modification orale, 116.51

NON-DISCLOSURE AGREEMENT (NDA)
- Accord de confidentialité, 114.11, 116.81

NON-FUNGIBLE TOKEN (NFT)
- Coupon non fongible (JNF), 011.52

NOTIFYING AUTHORITY
- Autorité notifiante, 213.21

O

OEM (ORIGINAL EQUIPMENT MANUFACTURER)
- Feo (fabricant d'équipement d'origine) ou équipementier, 222.12, 222.15

OFF LINE
- Hors ligne, autonome, présentiel, 451.30

ON LINE
- En ligne, 451.30

ON LINE BULLYING
- Cyberharcèlement

ONE LINE DATA SERVICE
- Service de données en ligne, 421.05

OPEN CLOUD
- Informatique en nuage libre, 342.13

OPEN DATA
- Donnée ouverte ; donnée numérique dont l'accès et l'usage sont libres pour les usagers ; jurisprudence, logiciel spécifique dans le domaine juridique, 221.14

OPEN SOURCE
- Libre, logiciel libre, source ouverte, 011.51, 221.20, 221.31

OPERATING SYSTEM (OS)
- Système d'exploitation, 211.14, 213.32, 331.22

OPT IN
- Option d'adhésion (à), consentement préalable, par ex. de témoin de connexion, 116.143, 414.11, 421.23

OPT OUT
- Option de retrait (à), refus exprès, par ex. de témoin de connexion, 116.142, 414.11, 421.23

ORGANISED TRADING FACILITIES (OTF)
- Marchés réglementés, 411.41

ORGANIZER
- Agenda électronique, 211.12

ORIGINAL EQUIPMENT MANUFACTURER (OEM)
- Fabricant d'équipement d'origine (feo), 222.12, 222.15

OUTSOURCING
- Infogérance ou gérance de l'informatique, 336.12

P

PACK, PACKAGE
- Ensemble, 4.12

PAGE TURNER
- Accrolivre (livre à ce point captivant qu'il se lit d'une traite)

PAGE WEB
- Page sur la toile

PARADIGME
- Modèle

PAY AS YOU GO
- Payez ce que vous consommez, paiement au fur et à mesure, 342.13, 342.17

PAY PER USE
- Facturation à l'usage, payez ce que vous consommez, 342.13

PAYWALL
- Péage (droit d'accès payant à certains contenus numériques)

PC, PERSONAL COMPUTER
- Ordinateur personnel, 011.13

PEACEFUL POSSESSION GUARANTEE
- Clause de garantie d'éviction, 116.16

PEARLTREES
- Réseau d'intérêts, 011.82

PEER TO PEER
- Echange de fichier par internet, pair à pair, 011.26, 011.50, 4.12

PENALTY CLAUSE
- Clause pénale, 112.33

PERFORMANCE-BASED CONTRACT
- Contrat fondé sur les résultats (en réalité c'est la rémunération qui est fondée dans ce cas sur les résultats), 331.201

PERSONAL COMPUTER (PC)
- Ordinateur personnel, 011.13

PHISHING
- Filoutage, hameçonnage, 121.22, 335.53

PINTEREST
- Réseau d'intérêts, 011.82

PLANNING
- Planigramme, calendrier, plan de charge, 251.14, 252.24

PLAY BACK
- Post sonorisation

PLAYLIST
- Sélection

PLUG AND PLAY (PNP)
- Brancher et jouer, prêt à fonctionner, 211.14

PLUG-IN
- Module d'extension, 331.161

PODCASTING
- Baladodiffusion, 211.12

POOL
> V. *Cluster*

POP-UP, POP-UP BOOK
- Livre en relief (*livre dont certaines pages sont façonnées de manière que ses illustrations se déploient en trois dimensions*)

POST
- Message (*publié sur un forum de discussion*), 011.81

POSTER
- Publier (*sur un forum de discussion*)

PRELIMINARY STATEMENT
- Exposé préalable, 115.17

PRESS JUNKET
- Interviews à la chaîne

PRIME CONTRACTOR
- Chef de file ou entreprise pilote, 252.25

T

TWEET
- Littéralement gazouillis ; micromessage, 011.82

TWITTER
- Envoyer un micromessage ; blablater (ne pas confondre avec tweeter : haut-parleur destiné à reproduire les fréquences sonores élevées), 011.82

TYPOSQUATTING
- Concurrence déloyale en ligne, 422.47, 443.38, 443.39

U

UBIQUITOUS INFRIGEMENT
- Contrefaçon ubiquitaire, cyber-contrefaçon, 411.15, 431.14

ULTRABOOKS
- Ultrafins (ordinateurs portables)

UNEXPECTED CIRCUMSTANCES
- Imprévision, 116.23

UNIFORM DISPUTE RESOLUTION CONFLICTS
- UDRP, 443.51

UNIVERSAL SERIAL BUS (USB)
- Port universel en série (port usb), 211.12

UNSUPERVISED LEARNING
- Apprentissage automatique, apprentissage non supervisé, 011.13, 411.25

UNSUPERVISED TRAINING
- Apprentissage non supervisé, 411.25

UPLOAD
- Débit ascendant (fourni par un opérateur de réseau)

USED SOFTWARE
- Logiciel d'occasion

USER INTERFACE (UI)
- Interface avec l'utilisateur, interface utilisateur (IU), interface homme-machine (IHM)

V

VENTURE-CAPITAL
- Capital-risque

VICARIOUS LIABILITY
- Responsabilité du fait du préposé, 012.21

VINTAGE
- Rétro

W

WALKMAN
- Baladeur, 211.12

WALLET
- Portefeuille

WEBMASTER
- Administrateur de site, de serveur

WHISTLEBLOWING
- Lanceur d'alerte, mesure de surveillance et d'alerte professionnelle, 115.12, 115.13, 335.67

WI-FI, WIFI, WIRELESS-FIDELITY
- Communication sans fil par ondes électromagnétiques, 211.12

WILFUL MISCONDUCT (OR NEGLECT)
- Faute (ou négligence) délibérée, 116.26

WORKAROUND
- Contournement (permettant de rétablir le fonctionnement du logiciel, tout en paralysant momentanément certaines fonctionnalités secondaires), 331.161
- Contournement, permettant de rétablir le fonctionnement du logiciel, tout en paralysant momentanément certaines fonctionnalités secondaires, 331.161

WORKFLOW
- Flux des travaux, 115.11, 335.81

WORKFLOW MANAGEMENT
- Gestion de flux de travail, 011.42, 011.74

WORKSHOP
- Atelier créatif

WORLD WIDE WEB *(SIGNIFIE MOT À MOT LA TOILE D'ARAIGNÉE MONDIALE)*
- Toile mondiale, 443.11

WORM
- Ver informatique, 335.52

Z

ZAPPING
- Zappage

> V. aussi *Les sites :*
- wikilf.culture.fr.
- www.academie-francaise.fr, rubrique *actualités*, puis le lien « Dire, ne pas dire ».
- L'Académie française a mis en garde, dans sa séance du 3 février 2022, contre l'insécurité linguistique, résultant de l'abus d'anglicismes et de mots fantaisistes d'apparence anglaise, dans un rapport sur la communication institutionnelle, disponible sur le site de cette institution. Des listes de terminologie officielles peuvent être consultées dans le *code de la communication Dalloz* ou sur le site internet de la *Délégation générale à la langue française* (http://www.dglf.culture.gouv.fr). Deux autres sites sont précieux. L'un propose un vaste dictionnaire de l'informatique et de l'internet (http://www.dicofr.com) ; l'autre, émanant du Québec, s'intitule *Banque de dépannage linguistique* (http://bdl.oqlf.gouv.qc.ca).

Index thématique alphabétique

D

E

I

M

S

T

U

V

PHOTOCOMPOSITION
SCM • Toulouse

721171 - (I) - OSB-Pr 60 g - SCM (JB)
Achevé d'imprimer en juin 2022 sur les presses de l'Imprimerie CHIRAT
42540 Saint-Just-la-Pendue
Dépôt légal : juin 2022 - N° 202205.0367

Imprimé en France